上海市志

新闻出版分志
广播电视卷

1978—2010

上海市地方志编纂委员会 编

上海古籍出版社

▲位于浦东世纪大道1号的东方明珠广播电视塔，1995年5月1日起发射广播电视节目信号。东方明珠塔还接待中外宾客登高观光，成为上海著名的旅游景点和文化新地标

◀1951年4月,华东人民广播电台、上海人民广播电台迁入北京东路2号大楼。此后,市广播事业局、市广播电视局、东方广播电台、市广播电影电视局、市文化广播影视管理局、上海文化广播影视集团曾在此办公(摄于1995年)

▶虹桥路1376号的广播大厦于1996年8月落成。上海人民广播电台、东方广播电台、上海音像资料馆在此办公。2014年6月起,上海广播电视台东方广播中心在此办公

◀虹桥路1380号的文广大厦于2011年3月落成。曾是上海文化广播影视集团总部办公楼

▲1975年7月,上海电视台迁入南京西路651号新址。大院内的电视塔于1974年12月26日起发射彩电信号,1998年7月拆除

▲威海路298号的上视大厦于1999年4月落成。曾是上海电视台、上海文广新闻传媒集团总部办公楼。2009年10月起,上海广播电视台总部及下属东方卫视中心、融媒体中心、纪录片中心等在此办公。2001年7月1日,该楼主立面张挂一面长80米、宽56米的巨幅党旗庆祝建党80周年

◀南京西路651号的广电大厦于1995年4月落成。曾是上海电视台、上海有线电视台办公楼。2002年起,传媒集团、上海广播电视台下属的第一财经频道、五星体育频道、影视剧中心、广告经营中心等在此办公

▲ 大连路1541号的教视大厦于1999年10月落成。上海教育电视台在此办公

▲ 东方路2000号的东视大厦于1998年1月18日落成,是东方电视台办公楼。2014年3月起,上海广播电视台东方卫视中心等在此办公

▶1958年10月1日,上海电视台在南京东路627号的新永安大楼开播节目。1993年1月18日,东方电视台也在这幢楼内开播节目。东方明珠新媒体公司所属七重天宾馆在此营业

▼洛川东路487号的上海文广互动电视公司办公楼。1995年至1999年上海有线电视台在此办公（摄于2010年）

▲宜山路757号的办公楼是东方明珠新媒体股份有限公司总部所在地

▲老沪太路203号的广视大厦于1998年落成。上海广播电视台技术中心在此办公

▲康定路211号的艺海大厦于2001年落成，是艺海剧院所在地。上海文广演艺（集团）公司、每周广播电视报社、中国上海国际艺术节中心、上海国际影视节中心等在此办公

广 电 建 筑

▲人民大道300号的上海大剧院于1998年7月落成,由市广播电影电视局投资10亿元建造

◀浦东滨江大道2727号的上海国际会议中心于1999年8月落成,由上海有线电视台、东方明珠股份公司等投资建造

▶共和新路2266号的上海马戏城于1999年9月落成启用,后由上海文化广播影视集团管辖

▶1992年9月24日，探索建立我国广播媒体新体制、新机制的上海东方广播电台成立揭牌仪式在北京东路2号举行

◀1999年9月22日，影视合流的新机构上海动画影视（集团）公司成立，探索中国动画影视产业振兴之路。市委副书记龚学平（右五），市委常委、宣传部部长金炳华（右四），副市长周慕尧（右六）和市广播影视局领导等参加公司挂牌仪式

▶2000年5月11日，市委副书记龚学平（左二），市委常委、宣传部部长金炳华（右三），副市长周慕尧（右二），市政府副秘书长殷一璀（右一），市文广局局长叶志康（左一）等参加上海市文化广播影视管理局挂牌仪式。该局的成立，是合理配置文化资源、转换政府职能的一个标志

◀2000年5月28日零点,市委副书记龚学平点击开通东方网。市委副秘书长、宣传部副部长王仲伟(左三),文新报业集团党委书记、社长赵凯(左四),参建东方网的解放日报副总编辑吴谷平(左一)等共同见证这一历史时刻

▶2006年元旦,市委副书记殷一璀在东方明珠广播电视塔元旦登高暨迎新长跑活动仪式上,勉励市民"迎世博,人人运动"

▲2009年10月21日,上海市广播电视制播分离改革推进大会举行,这是广播电视体制改革的重大举措。上海广播电视台、上海东方传媒集团有限公司于当天揭牌成立

▶2005年6月12日，中宣部副部长、国家广播电影电视总局局长王太华（左二），中央电视台台长赵化勇（左一）考察第一财经，传媒集团副总裁高韵斐（左三）介绍改革发展情况

◀2010年3月19日，"中国下一代广播电视网应用实验室"落户上海东方有线网络公司，国家广电总局副局长张海涛（左二），市委常委、副市长屠光绍（左一）等为实验室揭牌，推进"三网"（有线电视网、电信网、计算机互联网）融合发展

▶2005年5月18日，传媒集团启动人力资源管理综合改革，市委常委、宣传部部长王仲伟（左一），文广集团总裁薛沛建参加动员大会并为"东方传媒学院"揭牌

◀2001年12月31日,文广集团副总裁、传媒集团总裁朱咏雷(右),传媒集团执行副总裁胡劲军做客东方电台《今日新话题》直播室,就发展新闻传播、2002年起推出11套专业电视节目与受众互动交流

▶2004年1月1日,传媒集团东广新闻台为进一步增强新闻时效性、提高信息密度,推出新闻30分钟滚动播出模式。传媒集团总裁黎瑞刚(前排左一)等参加开播仪式

▲2004年10月18日,传媒集团与广州日报报业集团、北京青年报社三方签约合办《第一财经日报》,由此形成以"第一财经"为品牌的广播、电视、日报等多媒体融合互动的传播新格局

记者采访

▶2001年10月21日，亚太经合组织（APEC）上海会议举行中外记者招待会。国家主席江泽民在接受东方电视台记者何小兰提问如何评价会议的筹备工作时，竖起大拇指回答："顶呱呱！"

◀美国前总统尼克松最后一次访华期间，参观上海锦江小礼堂内有关1972年他在此地与中方签署联合公报图片展后，接受上海电台记者姚树坤（右二）、东方电台记者徐威（左一）采访（摄于1993年4月12日）

▲2000年5月10日，美国亚洲协会第十一届企业年会在上海国际会议中心开幕，上海电视台新闻主播印海蓉作现场报道

▲上海电视台记者邬志豪在虹桥机场拍摄外国贵宾抵沪访问（摄于1998年）

◀2004年4月7日，传媒集团记者褚嘉骅（左）、袁鸣等在哈瓦那采访拍摄古共中央总书记、古巴国务委员会主席菲德尔·卡斯特罗后，向他赠送西班牙文版《共产党宣言》，该书由节目合作方中共中央编译局出版

▶1995年11月7日，美国前国务卿基辛格在上海电视台外语频道演播室接受记者戴骅（右）采访

◀1998年1月20日，德国前总统魏茨泽克（右一）在柏林接受上海电视台记者冯乔（左三）采访

▶2001年7月13日，中国北京获得2008年奥运会举办权，国际奥委会主席萨马兰奇在莫斯科接受上海电台胡敏华（右二）等中国记者采访

▲著名电影艺术家谢晋（左）在浙江绍兴古纤道上，接受上海电视台纪录片《谢晋和他的孩子们》记者汤炯铭采访，述说曾在此执导电影《舞台姐妹》拍摄的往事（摄于1992年4月）

▲美籍华裔科学家杨振宁（左）接受上海电视台编导倪既新采访，讨论电视专题片拍摄文案（摄于1995年1月11日）

◀第八届全国运动会在沪举办期间，国家体委副主任、国际乒联主席徐寅生（左）就开展全民健身运动、中国体育走向世界等话题，接受上海电视台《新闻透视》记者吴忠伟（中）采访（摄于1997年10月）

▶人民教育家于漪（右三）参加上海教育电视台《师缘》节目录制，会见节目其他嘉宾并接受记者采访（摄于2005年9月10日）

◀国画大师刘海粟（右）接受上海电台记者蒋孙万录音采访（摄于1980年）

▶越剧表演艺术家徐玉兰（左一）、王文娟（左二）接受上海电视台节目主持人小辰（陈佩英，右一）、晨光（贺海林，右二）采访（摄于1985年）

▲京昆大师俞振飞（左一）、京剧表演艺术家袁世海（右一）接受上海电台记者郑丽娟（右二）录音采访（摄于1985年）

▲物理学家、北京大学原校长陈佳洱（右）做客宝山电视台，接受《精彩人生》栏目主持人采访（摄于2006年3月28日）

◀电影表演艺术家王晓棠、于洋接受传媒集团电视节目主持人叶惠贤（左）采访（摄于2006年10月）

▶1991年6月,南浦大桥建设工程总指挥朱志豪(左二)冒雨参与上海电台新闻直播节目,接受记者(左起)温凌燕、袁晖、王幼涛采访

◀2003年10月15日,东方卫视记者李姬芸现场报道我国首次载人航天飞船"神舟五号"在甘肃酒泉发射

▶2003年6月28日,传媒集团多个广播频率、电视频道联合直播卢浦大桥通车仪式

▶2009年10月31日,上海长江隧桥建成通车。东方卫视、新闻综合频道当天在隧桥桥面上直播相关报道

▲为纪念中国工农红军长征胜利60周年，1996年4月15日，上海电视台开拍系列专题片《长征 — 世纪丰碑》，台领导金闽珠（右二）、盛重庆（右三）、孙重亮（左一）、潘永明（左二）、张延平（左三）等为摄制组送行

▲1996年7月2日，市广电局领导孙刚（后排左六）、赵凯（后排右四），东方电视台领导单根源（后排右三）、刘文国（后排左五）在中共一大会址纪念馆前迎接东方电视台《世纪·长征》摄制组归来

▼1998年7月,上海电视台记者姜迅(左二)在长江特大洪水湖南省灾区围堰上采访解放军医疗队员

▲1985年7月5日,上海市新闻工作者协会召开大会,表彰上海电视台朱黔生等8位新闻工作者6月27日不顾危险抢拍扑灭上海造漆厂恶性火灾的优秀事迹。朱黔生(左)接受协会领导王维授予的奖状。7月7日《人民日报》报道这一消息并发表短评《做新时期的"战地记者"》

►2008年5月19日,东方卫视记者靳松(左一)在四川汶川地震中心地带的水库大坝上采访报道

▲2008年5月15日,东方卫视记者何晓深入四川汶川地震灾区,报道解放军舟桥部队在都江堰紫坪铺水库接运受灾群众

▲2008年5月16日,传媒集团广播新闻中心记者丁芳(左二)、周导(右一)在四川汶川地震灾区采访受灾群众

◀2006年7月12日,传媒集团广播新闻中心"夏令热线"节目开播,副市长杨雄接受广播记者袁家福(左一)、陆兰婷(中)采访

▶1992年10月8日,上海交通广播首次采用直升机直播路况信息,上海电台台长陈文炳(中)与节目组成员在直升机上

◀1993年8月,上海电视台编导章焜华(左四)、记者朱盾(右二)拍摄纪录片《大动迁》

►1996年12月,东方电台记者江小青报道患先天性罕见病的9岁患儿吴青因病全家陷入困境。报道播出后,电台收到社会捐款3万多元用于吴青手术治疗。手术当天,江小青守候在医院,从7时到16时,逢整点直播手术过程(摄于1997年3月7日)

▲1993年2月21日,上海电视台《新闻透视·培红热线》栏目主持人李培红在黄浦区少年宫参加栏目300期直播,采访营养学家

▲2002年,东方网首次在上海两会新闻中心设立网络直播室,邀请人大代表通过在线方式就民生热点话题与网民互动交流

◄2006年6月8日,上海交通广播《爱心专列》栏目主持人金蕾(中)、黄祯(左)到上海儿科医院探望接受心脏修复手术的患儿马晓惠,并转交听众的数万元捐款

◀1987年，上海电视台记者余永锦（前左）、编导宋继昌（前右）在云南泸沽湖畔拍摄纪录片《摩梭人》

▼上海电台新闻编辑丁文元（左四）参加援藏挂职任西藏电台新闻责任编辑期间，在藏北那曲草原采访藏族同胞举办的赛马会（摄于1987年夏）

▲1995年9月，上海电视台《当代军人》摄制组赴新疆红其拉普边防检查站采访，行进途中编导等下车奋力推车前行

▲上海电视台《走进非洲》15集纪录片摄制组辗转非洲多国，图为记者在坦桑尼亚拍摄当地渔民作业（摄于1998年夏季）

▶1999年8月,上海卫视《星光下相逢》摄制组到新疆乌恰县采访,节目主持人董卿(右二)和瑞金医院医疗组随同"白衣圣人"吴登云(左三)在当地行医途中

◀1999年8月,上海卫视编导杨剑芸(右二)带领摄制组在新疆帕米尔高原采访拍摄

▲2000年2月,东方电视台编导徐荐带领的《守望壶口》摄制组在黄河壶口冒险抢拍百年一遇的特大冰山封冻奇观

记者采访·行走天下

▲2002年4月,传媒集团纪实频道纪录片《走通黄浦江》摄制组和志愿者在浙江安吉山地跋涉

▲2007年,东方卫视节目主持人骆新在四川采访老红军

▲奉贤电视台记者到西藏采访来自奉贤的上海援藏干部,作现场报道(摄于2003年)

◀2006年6月,传媒集团"巅峰之旅"报道团成员在即将通车的青藏铁路沿线采访高原地区的少数民族居民

▲1998年11月12日，第七届上海电视节国际评委、加拿大班夫电视节总裁杰瑞·埃泽克（前左）向"白玉兰奖"得主颁奖。历届上海电视节节目展播和评奖，吸引各国优秀节目集聚沪上，丰富了人民群众的精神文化生活

▲1996年11月10日，第六届上海电视节在上海展览中心广场开幕

◀2004年6月9日，参加第十届上海电视节"白玉兰奖"节目评选的国际评委接受中外记者采访。获历届上海电视节"白玉兰奖"的作品均由国际评委们集体酝酿投票产生

▶上海电视节举办的国际广播电影电视设备展览会，为国内同行搭建不出国门考察、订购先进技术装备的平台（摄于2002年6月）

▲2010年4月30日,中国2010年上海世博会开幕式文艺表演在世博文化中心举行,由上海广播电视台承办,副台长滕俊杰任总导演

▲2010年10月31日中国2010年上海世博会闭幕,东方卫视记者沈倩在世博园澳大利亚馆前采访外宾

▲文广互动电视公司摄制组在上海世博会园区采用立体电视摄像机组拍摄花车巡游盛况(节目由中央电视台独家播出,摄于2010年6月)

◀香港影视演员成龙(左)作为上海世博会形象大使参加"迎世博MV"录制时,听编导王国平介绍拍摄方案(摄于2010年3月)

◀1993年5月，上海广电系统集资筹款支持首届东亚运动会在沪举办。广电媒体实时转播开闭幕式和各项赛事。图为东方电台记者李平用手持电话连线电台，第一时间播报运动员夺冠消息

▶1991年7月，上海广播电视媒体通过市场运作方式，自主举办"万宝路杯"国际足球锦标赛并进行全程转播与采访报道

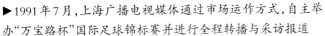

◀1995年11月26日，第五届上海国际广播音乐节在广电大厦开幕

▼1997年，上海广电系统运用市场运作方式集资筹款，支持市政府承办第八届全国运动会，出资新建体育场馆。由上海电视台策划并举办的八运会开幕式文艺演出《祖国万岁》在新落成的上海体育场举行（摄于1997年10月12日）

◀1999年12月31日深夜,上海迎接新世纪新千年文艺联欢活动在东方明珠塔广场举行。市广播电影电视局党委副书记张元民(左)、副局长穆端正(右)在现场商量广播电视直播文案

▶2000年2月20日,上海卫视、上海电视台和中央电视台国际频道在上海大剧院、澳大利亚悉尼歌剧院同时举办《上海·悉尼——2000年的跨越》大型直播音乐会,通过卫星双向同步传送演出实况

▲2000年11月3日、4日,市文广局主办、东方电视台等承办的世界超大型景观歌剧《阿依达》在上海体育场上演,东方电视台副台长刘文国任总导演,创下世界演出史上舞台规模最大(5298平方米)、演员人数最多(3500多人)、现场观众最多(约10万人)的纪录

▶2001年10月20日,为庆祝亚太经济合作组织(APEC)上海会议召开,文广集团主办、东方电视台承办《今宵如此美丽》大型景观音乐焰火表演。在黄浦江两岸绵延1.8公里的建筑物和江面上空,210种焰火持续燃放20分钟

▼2001年10月20日,上海电视台小荧星艺术团为参加亚太经济合作组织(APEC)上海会议的多国领导人演出文艺节目

▲2006年6月15日,传媒集团承办"和谐礼赞"——庆祝上海合作组织成立5周年文艺晚会暨成员国艺术节开幕式

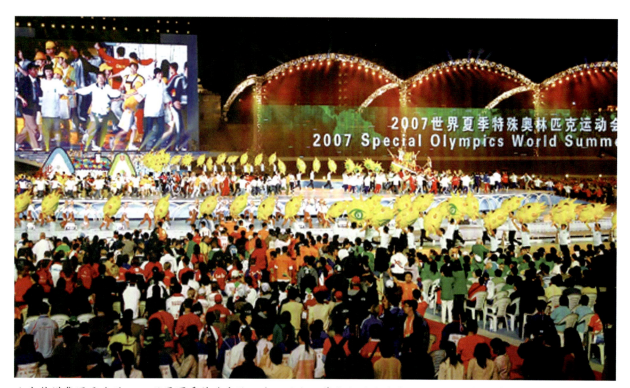

▲由传媒集团承办的2007世界夏季特殊奥林匹克运动会闭幕式文艺演出在上海江湾体育场举行(摄于2007年10月11日)

►2004年10月1日,文广集团、传媒集团组织200多名演员在北京劳动人民文化宫举办国庆55周年演出

◄2005年9月27日,传媒集团、广西电视台等在上海外滩联合举办《爱我中华——56朵金花浦江欢庆新中国成立56周年》大型文艺晚会

▼2009年10月1日,上海广电系统制作的"腾飞上海"彩车参加在北京举行的国庆60周年群众游行,驶经天安门广场

◀1985年10月，市广电局党委书记龚学平（左）等拜访著名文学大师巴金，就上海电视台拟将其名著"激流三部曲"改编投拍电视连续剧《家·春·秋》听取巴金意见。图为龚学平与巴金亲切交谈

▶1997年9月3日，市广播电影电视局艺术总监，电影、电视剧《海之魂》编剧、导演吴贻弓（左一）在开机仪式上讲话。市委常委、宣传部部长金炳华（左五），副市长龚学平（左四），市广电局局长叶志康（左二）和海军方面领导出席仪式

◀上海电视台导演张戈（右一）在山涧执导电视剧《森林日记》拍摄（摄于1982年）

▲▶1981年起，上海电视台率先以"贴片广告"方式购买海外影视剧播放权，译制播出日剧《姿三四郎》《血凝》，播出港剧《上海滩》等，出现广大观众争相收看的局面。1987年开播《海外影视》栏目，《成长的烦恼》等热播剧屡创收视率新高

◀1981年，上海电视台引进日本电视连续剧《姿三四郎》，译制导演毕克（右二）给主要配音演员晨光（右一）、张欢（前排左二）、李定保（左一）、黄其（后排左）等说戏

影 视 剧

▼上海电视台编剧黄允(左一)和日本导演、编剧山田信夫(中)商谈中日合作摄制电视剧《亲属》(摄于1986年)

▲上海电视台一台台长郑礼滨(左二)与主创人员白桦(左一)、日本电影演员中野良子(右二)等在电视报道剧《今年在这里》拍摄现场说戏(摄于1986年9月)

▼上海电视台导演李莉(右一)在电视剧《上海一家人》拍摄现场给演员说戏(摄于1991年)

▲上海电视台导演张佩琍(左二)在无锡太湖影视城执导越剧电视剧《金缕曲》拍摄,给演员说戏(摄于1995年)

◀上海电视台译制部演员为《海外影视》节目配音。(从左至右)前排:计泓、张欢、王玮、刘彬;后排:陈兆雄、丹宁军、张峰、金琳、刘家桢(摄于1996年)

▶东方电台创制的广播剧《纸月亮》1996年获精神文明建设"五个一工程"奖。该剧创作时,台长陈圣来(左四)、副台长陈接章(右一)同主创人员共商编创事宜

◀上海电台创制的广播剧《凝聚》1999年获精神文明建设"五个一工程"奖。该剧创作时,副台长邱洁宇(右四)偕主创人员与剧中主角原型上海市长宁区华阳路街道党工委书记陈建新(左四)等交流

▶上海电台创制的广播剧《嫁给了公家人》,反映西北地区基层广播站站长金占林的优秀事迹,该剧2001年获精神文明建设"五个一工程"奖。图为导演雷国芬(左二)与剧组演员在录制现场(摄于2000年)

◀ 20世纪80年代,上海电视台举办"卡西欧杯睦邻家庭演唱大奖赛"系列节目,开创了中国电视"真人秀"节目新样式

▶ 1987年5月10日,上海电台《滑稽王小毛》栏目在中国大戏院开播,王汝刚(右一)等4位"王小毛"和"王妈妈"扮演者庆贺栏目开播

▼ 1995年8月27日,为纪念中国人民抗日战争暨世界反法西斯战争胜利50周年,东方电视台与北京电视台合作,在北京八达岭长城顶上通过卫星直播大型演唱会《永恒的长城》

▲1997年8月21日,东方电台举办《邓小平之歌》诗歌朗诵会

▲1999年9月,东方电台节目主持人张培主持该台庆祝国庆50周年音乐会《祖国在我心中》

▶1996年10月1日,东方电视台在外滩陈毅广场现场直播中国交响乐团上海之行的首场音乐会

◀1997年12月31日,上海电视台联手央视海外中心举办《我们共同的亚细亚——'98亚洲风元旦文艺晚会》,通过卫星直播,将亚洲各国人民的新年祝福传送到世界120多个国家和地区。中国等15个亚洲国家的300多位演员出演这台盛大晚会

◀2000年5月,上海电台有线电视戏剧频道开播5周年,滑稽演员(左起)王辉荃、姚慕双、周柏春、杨华生、笑嘻嘻、绿杨、嫩娘、吴媚媚等参加庆贺演出

▼2000年8月25日,上海电视台在新疆边境口岸霍尔果斯举办"希望之旅"歌舞晚会,祝贺沪上媒体"2000西部行"采访报道团抵达312国道终点,千余位当地群众现场观看演出

◀2001年6月11日,上海电台在中共一大会址纪念馆前举办《难忘的旋律》音乐会,纪念建党80周年

▲2001年9月29日，东方电台在鲁迅公园举办《千筝和鸣，花好月圆》大型音乐晚会，共有1150名古筝弹奏者同时献演

▲2003年4月28日，来自传媒集团的广播电视节目主持人冒雨相聚浦东滨江大道，参加主题为"守望相助，共抗'非典'"的音乐电视片《非凡英勇》拍摄

◀2002年7月23日,传媒集团文艺频道、新闻娱乐频道组织演员到海军上海基地军港,登上军舰为官兵演出

▲由传媒集团策划举办的《非常有戏》戏曲表演真人秀系列节目,于2007年1月12日举行开幕式并向海内外直播。剧作家魏明伦(左一),戏剧艺术家筱文艳(左二)、梁伟平(左三)、沈铁梅(左五)、许倩云(左六)、徐玉兰(左七)、梅兰珍(右前)、小王彬彬(右后一)等登台祝贺并接受主持人曹可凡(左四)、陈辰(右二)访谈

▶2008年9月22日,传媒集团艺术人文频道举办"快乐人永远是年轻——上海社区老人电视大赛",秦怡(前右三)、曹鹏(前右四)、严顺开(前右二)、周洁(前左二)等艺术家与参赛老人谈笑风生

▲ 2008年5月17日，由文广集团、传媒集团承办的上海市社会各界赈灾文艺晚会对外直播。此时距5月12日四川汶川大地震发生仅120多小时

▲2009年9月19日，传媒集团艺术人文频道联手青海等黄河流域9省、自治区广播电视媒体在上海主会场和黄河流域9个分会场同时举办《黄河大合唱》大型演出，参与者总共达3万多人

◀1996年5月1日,上海电视台邀请市委常委、宣传部部长金炳华(右三),副部长贾树枚(左一),市广电局局长叶志康(右二)到节目制作现场,与主创人员一起研讨新闻专题《世纪回响》。左二是台党委书记金闽珠

▶2010年9月15日,上海新闻广播《市民与社会》节目主持人秦畅(左)在直播室邀请市委常委、组织部部长沈红光就上海公开招聘300多名局处级领导干部的话题与听众互动交流

◀1990年5月,88岁的著名音乐家贺绿汀到上海电台辅导上海少儿广播合唱团小朋友演唱节目

▶上海电视台《纪录片编辑室》栏目组编创人员研讨纪录片拍摄与制作(摄于1993年)

▲1997年10月,上海电视台举办与日本大阪NHK电视台建立友好台10周年音乐晚会。中日双方节目主持人(左起)任艳、吴四海、上田早苗共同主持晚会

▲上海电视台摄像师用摇臂摄像机在直播现场拍摄《世纪回响》大型歌会(摄于1996年5月1日)

▶1999年10月,上海卫视节目中心主任滕俊杰(左二)在四川岷江执导纪录片《质朴与辉煌——解读廖昌永》拍摄,采访歌唱家廖昌永(左一)

▲2002年3月31日,第九届《东方风云榜》十大金曲颁奖演唱会

▲上海卫星电视频道《英语新闻》节目主持人在演播室做直播前准备(摄于2000年12月)

▶传媒集团新闻综合频道"夏令热线"特别节目组邀请市政府委、办、局和各区政府领导分批进入新世界商厦临街的透明演播室,直面普通市民现场办公,解决民生热点难点问题(摄于2003年7月)

◀2003年10月1日,藏族歌唱家才旦卓玛(左二)参加传媒集团戏文频率举办的"爱我中华——民族之花国庆文艺演出",与编导、主持人交谈

▲2007年1月28日,星期广播音乐会创办25周年暨恢复50期庆典音乐会在上海音乐厅举行。市委宣传部副部长陈东(左二)向指挥家陈燮阳(右二)、曹鹏(左四)、张国勇(左三)、王永吉(右四)、张洁敏(右三)赠送"金指挥棒"

►上海教育电视台举办的科普知识竞赛,吸引众多学子探索身边的科学奥秘(摄于2007年7月)

▲上海教育电视台多年举办《高考咨询大直播》节目,及时回应广大考生和家长关注的热点话题(摄于2008年4月26日)

◄2008年1月17日,传媒集团节目资料中心举办"上海老艺术家作品数字化抢救工程"成果发布会。参观成果展的老艺术家有(左起):袁雪芬、朱践耳、黄准、吕其明、毕春芳、马革顺、戴鹏海、吕瑞英、孟波

▲20世纪80年代,上海电台广播技术人员在录音室制作节目

▶1996年上海广播技术部门启用广播大厦内新的录音棚

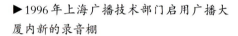

▲1998年9月建成的上海广播电视卫星地球站

▲传媒集团数字电视总控室(摄于2002年)

▶上海电视台自制的摄影高架车首次用于拍摄庆祝上海解放40周年节目（摄于1989年9月）

▼青浦县广电局干部职工共同架设有线电视缆线（摄于1997年11月）

▶传媒集团技术人员协同五星体育频道记者跟随探险勇士王龙祥穿越新疆罗布泊，在荒漠中通过卫星传输现场报道（摄于2002年2月）

▲2001年10月20日，文广集团技术中心人员在转播车上紧张工作，保障东方电视台为亚太经合组织（APEC）会议开幕承办的大型音乐焰火晚会安全播出

◀20世纪80年代,市民在北京东路2号上海电台办公楼前排队购买上海广播电视服务公司出版的盒式音乐磁带

▶2000年8月,上海大剧院总经理乐胜利接过英国帕尔质量认证体系公司负责人凯利·理查德授予的证书。上海大剧院由此成为国内首家通过ISO9002质量体系认证的文化单位。1993年,乐胜利任上海大剧院建设工程总指挥,上海大剧院建成后获"新中国50年上海十大金奖经典建筑"称号

▲东方明珠广播电视塔1994年11月18日向公众开放后,成为上海市集观光、旅游、展览、娱乐、购物、餐饮于一体的新地标

▲由上海电视台、东方电视台分别投资、组建、经营的上视女足、东方男篮分获第九届全国运动会女足冠军、男篮亚军后,于2001年11月15日凯旋

▶2005年7月29日,东方明珠股权分置改革方案推出,股民赞成率达98%

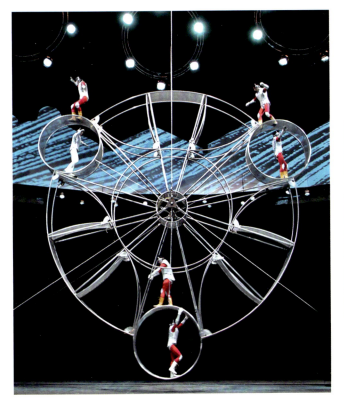

◀由传媒集团投资、上海杂技团原创的多媒体梦幻剧《时空之旅》在上海马戏城首演(摄于2005年9月27日)

▲2005年7月14日,分众传媒股票在美国纳斯达克上市

◀2007年4月23日，上海文广互动电视公司举行电影《红美丽》全国数字付费平台首映式

▲2008年11月7日，传媒集团举办广告招商会

◀2009年9月，东方购物电视公司联手汽车制造厂商开创汽车零售电视直销新模式。截至2010年6月，在汽车直销节目播出时段，平均每96秒钟就售出一辆家用轿车

▲1991年2月11日,上海市广播电视局举行春节团拜会,老干部谈笑风生。(左起)上海电台原台长苗力沉,原市广播事业局党委书记、局长郑英年,市广播电视局原党委书记、局长邹凡扬,原市广播事业局党委副书记吴建,上海电台原党委书记王永贤,上海电台原党组书记、台长杨时

▲1999年5月23日,上海人民广播电台第一任台长周新武(右,1955年任中央广播事业局副局长)在庆祝上海人民广播诞辰50周年文艺晚会上接受第十任台长李尚智敬献鲜花

▶1998年1月18日,东方电视台举办开播5周年文艺晚会,东方电视台节目主持人袁鸣(左)向上海第一代电视工作者周峰献花

49

▲1998年4月10日，上海电台举行"十佳"编辑记者颁奖仪式

◀2001年6月29日，传媒集团党委副书记、执行副总裁胡劲军带领64名新党员在中共一大会址纪念馆举行入党宣誓仪式

▶2003年9月29日，上海东方电视台新闻娱乐频道通过ISO9001:2000认证。频道总监林罗华(中)、主编陶丽娟(右)、副主编余浩峰(左)上台接受证书

▶2003年11月15日，传媒集团党委书记宗明（右）参加上海电台《小茗心声》新书签售会，慰问因车祸去世的优秀广播节目主持人小茗（何晓明）的父母

◀2007年12月2日举行的第四届上海"德艺双馨"电视艺术工作者荣誉称号颁授仪式

▲2008年11月29日，在纪念上海电视50周年活动中，18位见证上海电视开播的老同志上台接受献花。他们曾创下上海电视史上的诸多"第一"。（均左起）前排：杨慧茵、伍亚东、周宝馨、许诺、朱盾、张青严、陈嘉榴、张芝；后排：陈醇、胡文金、乔善珍、邹志民、苏扬、张庆科、陈绍楚、俞鸿祥、沈曾修、何允

51

◀2009年5月15日，传媒集团举办新老广播人座谈会，纪念上海人民广播事业60周年。老广播人赵志芳（左二）、李世嘉（左四）、张芝（左六）、钱乃立（右一）、李学成（右二）、黄其（右三）接受献花

▲2009年5月26日，传媒集团广播工作者参加纪念上海人民广播60华诞盛典，表达"与时代同行"心声

▶ 2010年12月13日，上海广播电视台党委书记王建军（后排左七）、纪委书记唐余琴（后排左六）向技术运营中心"十佳道德建设标兵"和演讲比赛优胜者颁奖

▲播音艺术家、上海电台播音指导陈醇(前排左三)与中青年播音员、节目主持人探讨广播业务(摄于1998年)

▶上海电台沪语节目《阿富根谈生产》(该栏目创办于1961年7月)三代节目主持人万仰祖(右二)、李征(右一)、叶进(左二)、肖玲(左一)交流播音主持业务(摄于2002年)

◀2006年1月22日,在"蓝天下的至爱"爱心全天大放送晚会上,上海义工大队主持人分队举行成立宣誓仪式,领誓人是传媒集团电视节目主持人叶惠贤

◀1997年4月20日，上海电视台等单位组织文艺工作者到云南丽江"文化支边"，为当地群众举办慰问演出

▶1997年9月1日，东方电视台出资援建的广安东方小学在邓小平家乡四川广安开学

▲1997年10月26日，东方电台和市广电局技术中心的代表向江西于都县广播电台赠送广播设备并举办慰问革命老区人民文艺演出

▲2000年7月22日，由上海电视台组织的百人艺术团在甘肃酒泉卫星发射中心举办慰问航天工作者及其家属演出

▲2001年12月3日，上海电台记者孙向彤（左）、节目主持人秦畅作为志愿者，在安徽砀山魏庙小学向学生义务授课

◀2002年7月28日，传媒集团戏文频率《戏曲周周演》栏目组在豫园中心广场举办公益演出

◀2004年4月24日，传媒集团系列广播剧《刑警803》剧组在静安寺下沉式广场举行听众见面会暨新作开播仪式

▼2005年10月22日，传媒集团音乐频率节目部举办"星期广播音乐会进社区"公益演出

◀2008年1月26日，"蓝天下的至爱"广播电视爱心全天大放送在上海江湾体育场直播"慈善爱心大乐园"开园仪式。"蓝天下的至爱"主题系列节目，是上海广播电视的慈善公益服务品牌项目

上海市广播电视主要单位分布图

审图号：沪S(2021)016号

❶	❷	❸	❹
上海市文化和旅游局 （上海市广播电视局） 大沽路 100 号	**上海广播电视台** （上视大厦） 威海路 298 号	**上海广播电视台** （广电大厦） 南京西路 651 号	**上海广播电视台** （东视大厦） 东方路 2000 号
❺	❻	❼	❽
上海广播电视台 （广播大厦） 虹桥路 1376 号	**上海广播电视台** （文广大厦） 虹桥路 1380 号	**上海教育电视台** （教视大厦） 大连路 1541 号	**上海广播电视台** （广视大厦） 老沪太路 203 号
❾	❿	⓫	⓬
艺海大厦 康定路 211 号	**东方明珠新媒体股份公司** 宜山路 757 号	**东方明珠广播电视塔** 世纪大道 1 号	**上海国际会议中心** 滨江大道 2727 号

上海郊区广播电视单位分布图

崇明区融媒体中心
定澜路1500号

嘉定区融媒体中心
塔城路565号

宝山区融媒体中心
友谊路2359号

青浦区融媒体中心
公园东路1828号

松江区融媒体中心
九峰路2号

闵行区融媒体中心
莘凌路198号

浦东新区融媒体中心
秀沿路1515号

奉贤区融媒体中心
解放东路866号

金山区融媒体中心
蒙山北路280号

图 例

注：2019年9月16日前，上海郊区各家广播电视台并入所在区的融媒体中心。

审图号：沪S（2021）016号

《上海市志·新闻出版分志·广播电视卷（1978—2010）》
编纂委员会

《上海市志·新闻出版分志·广播电视卷（1978—2010）》
编辑组

《上海市志·新闻出版分志·广播电视卷（1978—2010）》
资料提供人员（以姓氏笔画为序）

卜静燕	于 洁	马文洁	王 旭	王 欢	王 吟	王 玥	王 莹
王 彬	王 静	王 豫	王小甫	王文渊	王史荣	王伟华	王岑巍
王良鸣	王青华	王金国	王怡荣	王玲玲	王俊杰	王益民	王琦聪
王福根	水臻颖	毛建倩	丹 孃	方 亚	方文霞	古 越	左辛宁
左宗泽	石 岚	石建敏	石战晓	平奇灵	卢 行	卢亿意	叶 菁
史光平	付小燕	仅升彪	包 盛	包志军	包慧烨	冯 越	冯浩栉
宁 菁	邢斐嫣	毕 伟	吕智凡	吕源泉	朱 文	朱 光	朱 玲
朱 涛	朱 野	朱正强	朱弘强	朱志远	朱建中	朱承捷	朱振邦
朱振华	朱晓雯	朱爱华	朱静雅	朱静寒	朱慧娟	任 超	任 意
华 巍	邬志豪	刘 阳	刘 君	刘 畅	刘卫华	刘文国	刘伟末
刘伟敏	刘志强	刘金兵	刘彩凤	刘景锜	刘婷婷	刘新娟	刘嘉泉
江小青	江东晓	汤 毅	汤晓操	祁 鸣	许 乐	许 欢	许 勤
许志伟	孙 琦	孙广龙	孙启新	孙莉莉	孙婧霏	花 蕾	严 杰
严 静	苏 莞	苏光霞	杜 应	巫亚西	李 阳	李 隽	李 勤
李 燕	李 臻	李丹青	李炳荣	李晓明	李培樑	李森华	李雁杰
李慧萍	杨 菊	杨咏朝	杨建荣	杨海生	杨彬奎	吴 征	吴 敏
吴 颖	吴 燕	吴孝明	吴妍婷	吴雨桐	吴南山	吴研雨	吴剑东
吴艳红	吴晓菁	吴凌玲	邱 炜	何雨雄	何高潮	谷一飞	邹学益
邹素珍	辛 涛	闵蓉红	汪 蕾	沙 琳	沈 元	沈 丹	沈 炜
沈 真	沈 健	沈 强	沈小枫	沈小榆	沈心怡	沈永毅	沈剑文
沈裕伟	宋 寒	宋江勇	宋佳琳	宋秋云	张 丹	张 平	张 华
张 灵	张 玥	张 俊	张 莉	张 超	张文良	张未炜	张立杰
张汉均	张朱恋	张延苏	张忠伦	张德鹏	陆 健	陆 瑾	陆 毅
陆俊伟	陈 文	陈 文	陈 红	陈 骏	陈 琳	陈 瑜	陈 臻
陈子建	陈东湖	陈礼华	陈再现	陈林颐	陈金友	陈轶菲	陈乾年
陈逸青	邵 洋	邵 勇	范冬虹	范成涛	范金慧	范艳华	范新中
茅月华	林 煌	林 蔚	林伟明	林罗华	林嗣雄	杭 璇	郁 雯

郁伟华	欧阳新华	欧阳巍	易宇	易非	季佳	季琴雯	卑赢
卑根源	金伟	金利	金健	金一超	金丹青	金向民	金希章
金闽珠	周赟	周文枫	周俊峰	周培雯	郑进生	项雪梅	赵云
赵青	赵洁	赵琦	赵勤	赵毓	赵娅芳	赵晓春	胡骏
胡佩丽	胡莺春	茹伟光	钟玥倩	钟征宇	钟雯瑾	侯晓	俞卫东
俞亮鑫	俞菊华	施仁杰	施晓亮	姚蔚	贺莉	骆闻天	秦晋
秦臻	秦武平	秦佳岭	敖德芳	袁念琪	耿月波	贾彦秋	夏薇怡
顾问	顾静	顾佳丽	钱军	钱晶	钱林佳	钱峻崖	倪奕
倪明昊	徐婷	徐瑾	徐雨歆	徐国春	徐旻旨	徐建荣	徐祖达
徐晓珺	徐雯怡	徐潇文	徐慧妍	殷炯	翁频	翁伟民	翁治方
高飞	高原	高康	高贵祥	郭丰	郭小丹	唐海漫	谈川玉
陶丰	黄玮	黄海	黄曦	黄奇志	黄晋晋	梅志红	梅国平
曹刚	曹俊	曹莹	曹斌	曹荣新	戚超平	龚明	龚勇
盛松	常龙虎	常永新	符曙光	商骥耀	梁晓雯	梁霞萍	屠佩华
蒋敏	蒋龙根	蒋佳佳	蒋金戈	韩峻	韩琪	韩毅龙	嵇丽娜
程琪	鲁书潮	童谌超	游明灵	游海洋	富玲云	谢晏琲	雷国芬
虞傲祺	虞蔚菁	鲍晓群	窦旻知	蔡杰	蔡炜	蔡文奎	蔡建华
蔡莹莹	蔚兰	谭娅萍	翟子青	樊蓓明	滕寄望	潘勇	潘伟平
潘宏明	薛菊	薛亚非	薛艳婷	霍秋林	戴琦	戴永兴	鞠里
濮嘉丽							

《上海市志·新闻出版分志·广播电视卷（1978—2010）》评议专家

组　　长　　宋　超

成　　员　　（以姓氏笔画为序）

吕新雨　邱洁宇　金希章　胡国强　姜　迅　章　平　梁晓庄　缪国琴
滕俊杰　薛沛建

《上海市志·新闻出版分志·广播电视卷（1978—2010）》审定专家

组　　长　　宋　超

成　　员　　（以姓氏笔画为序）

王依群　吕　健　杨仁雷　金希章　胡国强　梁晓庄　缪国琴　薛沛建

《上海市志·新闻出版分志·广播电视卷（1978—2010）》验收单位和人员

验收单位　　上海市地方志办公室

验收人员　　洪民荣　姜复生　黄晓明　过文瀚　杨军益

业务编辑　　刘雪芹

序

  《上海市志·新闻出版分志·广播电视卷(1978—2010)》(以下简称《上海广电卷》),是上海市广播电视局和上海广播电视台根据上海市人民政府2010年2月印发的通知而组织编纂的。《上海广电卷》是上海市第二轮新编地方志书的组成部分,它独立成卷,也是1999年版《上海广播电视志》的续志。2012年9月,《上海广电卷》编委会组织人员成立编辑组,开始拟定提纲、收集资料、撰写文稿。历经9年的艰苦努力,这部《上海广电卷》终于编纂完成,付梓问世了。

  1978年党的十一届三中全会开启了中国改革开放的新时代,上海广播电视事业迎来了繁荣发展的春天。上海广播电视工作者励精图治,改革创新,出色完成了重要的舆论宣传任务,事业管理、产业经营、技术发展、新媒体开发、队伍建设、对外合作等各项工作都取得了显著成绩,积累了宝贵的经验和财富。1978—2010年的33年,正是上海广播电视事业和产业开拓、发展、壮大的重要时期和黄金时期。全面勾勒、真实记录上海广播电视在这一时期的发展历程,是时代赋予我们的使命和重任。

  盛世修志,功在当代,利在千秋。我们今天编纂《上海广电卷》,旨在"存史、资政、育人"。我们存的是上海广播电视发展壮大的历史,本书记录了上海广播电视工作者奋斗、开拓、创新的历程,记录了他们的精神、智慧和情怀,这段历史资料经过寻觅、挖掘、抢救、核实,编纂成书,弥足珍贵,具有重要的文献意义和史料价值;我们资的是如何建设有中国特色的社会主义广播电视事业这个政,本书记录了上海广播电视发展变化的轨迹、状况和特点,记录了改革发展中许多成功的经验和案例,也客观反映了探索和发展进程中存在的不足、失误和教训,为后人研究探讨创新发展和经营管理提供了宝贵的史料;我们育的是能把上海广播电视事业不断推向前进的新人,他们可以从这段历史中探究规律,学习方法,传承精神,受到启迪,增强实现更高质量发展的信念、勇气和责任。

习近平总书记曾指出,历史是人类最好的老师。要高度重视修史修志,把历史智慧告诉人们,帮助人们从历史的启迪中更好探寻前进方向。我们的编纂人员正是遵循着上述精神努力工作的。

《上海广电卷》概括了上海广播电视33年改革发展的全貌。全卷分为三大部分:第一部分包括图照、序、编纂说明、概述和大事记,是本书的纲要和提示,其中的概述和大事记记述上海广播电视改革发展的脉络和历程;卷首彩色图照展现上海广播电视的雄伟建筑、重大活动和人物风采,"历史瞬间"的每一幕背后都有着令人难忘的故事。第二部分记述上海广播电视行业的机构、节目、经营、技术、新媒体、管理、交流、合作、研究、出版等等,是本书的主干和筋骨,史料翔实,内容丰富。第三部分收录上海广播电视行业的人物传略和人物简介,记述他们的成长经历和突出贡献;以表录形式集纳广电行业代表人物的政治身份、社会职务和各种荣誉称号、专业技术职称等;专记记载这一时期的重要事件和具有行业特色的发展变化亮点,是改革创新成果的缩影;附录辑存这一历史阶段中领导的重要讲话和重要文件;还有索引和编后记。全卷共计120万字、311幅图照,篇章中记述的史实,凸显出上海广播电视工作者的改革之志、奋斗之气和创新之美,它也是上海广播电视事业和产业实现跨越式发展的生动写照。从某种意义上来说,本书可谓是上海广播电视(1978—2010)重要的史料平台和上海广播电视工作者的精神家园。

《上海广电卷》全部文稿几经修订,终于交付出版。本书编委会和全体编纂人员亲历、见证了上海广播电视改革发展的非凡征程,并为志书付出心血和辛劳。我们对话历史、书写历史,从而激活了历史、留住了历史,我们为此感到荣幸和欣慰。学史明志,知史明道,鉴史明智。我们期望本书成为"四史"学习教育的生动教材,让包括广播、电视、报刊、新媒体从业人员在内的广大读者,从上海广播电视行业勇于开拓、创新求变、快速发展的历史中,汲取前进的智慧和力量,不辱使命,接续奋斗。

主编

2021年6月

凡　例

一、本志坚持以马克思主义为指导，遵循辩证唯物主义和历史唯物主义原理，实事求是记述上海市自然、政治、经济、文化和社会的历史与现状。

二、本志为上海市首轮社会主义新方志中《上海通志》《上海市专志系列丛刊》之续，续义不续例，体例方面创新调整，并对首轮志书补缺正误。采用小篇平列体，分别编纂，陆续出版，汇为全志。

三、本志记述地域范围，以2010年底上海市行政区划为准。由上海市辐射至全国其他地区及国外事物，兼及记述。

四、本志记述内容的时限，上起1978年，下迄2010年，反映这一时期上海改革开放全貌。首轮《上海市专志系列丛刊》所缺或记述内容不够丰富的分志、分卷，上溯至事物发端。中国共产党分志、人民代表大会分志、人民政府分志、人民政协分志、民主党派分志，为保持同一届次内容记述的完整性，下延至2010年后的首个换届年份。

五、本志按自然、政治、经济、文化和社会为序设置分志、分卷，事以类从，类为一志，并兼顾当代社会分工的原则。全志除总述外，中国共产党分志、农业分志、工业分志、商业分志、服务业分志、城乡建设分志、金融分志、口岸分志设置综述卷，并设经济综述分志，加强全志整体性。各分志、分卷采用篇章节体，卷首设概述、大事记，以专记、附录、索引殿后。

六、本志体裁以述、记、志、传、图、表、录为主，力求内容与形式统一。

七、本志人物传遵循"生不立传"原则。入传人物排列先后以卒年为序，在世人物以人物简介（排列以生年为序）、人物表（人物录）记载。

八、本志采用规范的语体文、记述体，行文按《〈上海市志（1978—2010）〉编纂行文规范》，力求严谨、朴实、简洁、流畅，以第三人称记述。

九、本志纪年,凡1949年5月27日上海市解放以前的用历史纪年,一般标示朝代、年号、年份,括注公元纪年;1949年5月27日上海市解放后,一律采用公元纪年。

十、本志所记述的地名、机构名称、职称及币种、计量单位,一般按当时称谓。

十一、本志所用统计资料,原则上根据统计部门公布的材料;未列入统计部门统计的,根据部门统计的材料。

十二、本志资料来源于国家档案馆、上海市及有关省市档案馆、部门档案馆(室),以及历史文献、口碑资料、社会调查、部门提供的材料等,均经考证核实,一般不注明出处。

编 纂 说 明

一、《上海市志·新闻出版分志·广播电视卷(1978—2010)》(以下简称"本卷")力求客观、全面地记述 1978—2010 年上海广播电视行业改革开放、创新发展的变化和成果。

二、本卷以编纂大纲为统揽。概述为全卷总纲,大事记为各年度要事概览。以下各篇按广播电视主要业务等分类记述;除广播电视外,还包括与之相关的报刊、音像出版、新媒体等。卷首有记事年代中拍摄的历史图照,内文中有插图,以真实反映历史原貌。

三、本卷体例以述、记、志、传、图、表、录为主要表述形式,以"志"为主体。各篇下设章、节、目等层次结构。对部分重要、跨篇的兼类史实,以"专记"形式记述。

四、基于这 33 年中上海广播电视机构沿革等实际情况,本卷中机构、单位或团体在不同阶段有不同称谓。机构名称、特定名称和专业术语等在同一篇内首次出现时用全称并括注简称,其后用简称。

五、为求资料的完整性,本卷记述个别机构、单位及事项的演进时限适当延至 2010 年后。上海广播电视机构改革、整合年份,去世人物记载年份,分别延至 2020 年、2021 年本卷截稿之前。

六、本卷内容以上海广播电视(1978—2010)为主干。由于体制变化等因素,部分内容涉及电影(1995—2010)、文化(2000—2010)等领域。因《上海电影卷》《上海戏剧卷》正在编纂中,有关电影系统和文艺院团的人物、事件和获奖作品等,本卷不做详细收录。

七、本卷所列人物和集体荣誉称号情况表、获奖项目情况表中记述的内容,均为有关部门认定的省(直辖市)级及以上的荣誉称号或奖项。

八、本卷引用的史料真实有据,一般不注出处,仅对统计表格数据来源做说明。

目　　录

Contents

Tu Zuxiao ·· 919

Wang Yitong ··· 919

Li Xiaogeng ·· 919

Li Lanying ·· 919

Yang Buchun ··· 920

Pan Zuqi ·· 920

Zhang Chi ··· 920

Zhang Zhengyi ·· 920

Hu Wenjin ·· 920

Qian Suying ·· 920

Hu Yunchou ·· 921

Xia Zhengya ··· 921

Shi Shengyang ·· 921

Li Deming ·· 921

Zhang Kunhua ·· 921

Liu Xianglan ··· 922

Yang Songhao ·· 922

Zhang Shaofeng ·· 922

Shan Zi-en ··· 922

Jin Xiaoqiang ·· 922

Kong Xiangyu ··· 923

Cai Zhenghe ··· 923

Zhang Youfei ·· 923

Jia Shumei ··· 923

Liu Jingqi ·· 923

Rong Xuefeng ··· 924

Huang Haiqin ··· 924

Luo Jialing ··· 924

Fan Junren ··· 924

Qiao Qigan ··· 924

Li Senhua ·· 925

Yu Zhuyuan ·· 925

Xu Linda ··· 925

Sheng Chongqing ··· 925

Nie Mengqian ··· 925

Shi Dihua ·· 926

Gong Xueping ··· 926

Zhang Ge ··· 926

Kong Fanli ··· 927

概　述

上海的广播电台、电视台分别于20世纪20年代初、50年代末诞生。1923年1月23日，上海广东路上一家由外国人经营的50瓦电台开始播音。这是在上海建立的第一家广播电台，上海也由此成为中国最早建立无线广播电台的城市。1949年5月27日，上海市军事管制委员会派员接管国民党办的上海广播电台，上海人民广播电台当天成立开播，揭开了上海人民广播事业的新篇章。1958年10月1日，上海电视台建成开播。上海成为中国最先建成开播省级电视台的城市。

　　1978—2010年的33年间，上海广播电视工作者解放思想，励精图治，奋发有为，出色完成了重要的宣传任务，创作了一大批具有社会影响力的广播影视精品力作，涌现出一批知名播音员、节目主持人。上海广播电视系统不断推进管理体制机制重大改革，推动节目繁荣、产业兴旺，电台、电视台从单一的节目制作、播出机构，发展成为融制作、播出、发行、投资、服务、产业于一体的现代媒体集团；发展成为坚守社会主义核心价值观、弘扬民族优秀文化传统、推进传播创新、提升产业实力，并且拥有广泛社会影响力和公信力的主流媒体。

一

　　20世纪70年代末到80年代（1978—1989年）。从1980年10月20日开始，上海广播电视逐步开展新闻改革。上海电台一改"文化大革命"时期新闻节目单纯"读报"的做法，恢复自办新闻节目、自采新闻信息，将《新闻与报纸摘要》节目改为《上海新闻与报纸摘要》节目，包括开办"广播杂谈""广播漫谈"等评论类节目。同时强化新闻的信息性、时效性和可听性，从1983年1月起播出"最新消息""整点新闻"等。上海电视台的新闻改革体现出三个重要变化：一是新闻求新求快。1983年8月19日18时，上海电视台记者在虹桥机场采用无剪辑、不复制、一次性合成的现场报道方法完成采访，驱车火速赶回电视台，将这条最新报道赶在18时30分的新闻节目中播出，创下上海电视新闻自开办以后的最快时效。二是新闻播出方式由原来的录播改为直播。三是优化工作流程，使电视新闻节目编播效率大为提高。1984年春节起，上海电视台建立新闻播出中心，在全国同行中首创"采、编、播一条龙"的运作方式。上海广播电视的新闻报道在解放思想、实事求是精神指引下，不断突破新闻报道观念旧有的误区。1979年7月4日，上海电视台报道了上海电机厂发生严重火灾，受到境内外关注，引起有关方面警醒。该新闻在当时实现了灾害性社会新闻报道题材的突破。1980年上海电台、上海电视台均及时播出上海石化总厂因老鼠作祟导致重大生产事故、造成重大损失的社会新闻，引起社会关注和有关方面的重视。上海广播电视遵循国家改革开放和以经济建设为中心的总方针，不断拓展新闻报道的广度和深度，增加经济新闻、文体新闻和社会新闻的数量，提高新闻质量，增强新闻的可听性、可看性。20世纪80年代初、中期，上海电视台推出《国际瞭望》《观众中来》《新闻透视》等一批新闻专栏节目。1986年上海电台、上海电视台相继开办英语新闻节目，为在沪的外国人了解上海和学习英语的市民提供了方便。电台、电视台对重大事件注重实况转播、现场报道，提高了新闻的传播力和影响力。

　　内容生产的优化发展催生出一系列节目和演出活动品牌。上海广播电视立足于丰富人民群众的精神文化生活，重视和加强内容制作与生产，一系列形式新颖、格调高雅的文娱节目纷纷涌现，构建了自身的文化品牌，拓展了具有上海特色的文化影响力。20世纪80年代初，上海电台《听众点播》《外国音乐》以及各种戏曲节目走进市民生活。1982年1月和1983年1月，又先后创办《星期广播音乐会》《星期戏曲广播会》，听众既可从广播里收听，又可进剧场中欣赏，节目内外联动属国内首创，并成为上海广播文艺节目的品牌，一直保持着良好的社会影响力。上海电视台体育、文娱节目种类丰富、形式新颖。1982年4月起开办的《体育大看台》《大舞台》《大世界》等节目广受欢迎。群众参与的智能竞技、文艺类节目《60秒智力竞赛》《国际知识竞赛》《"卡西欧杯"家庭演唱大奖赛》《外国友人唱中国歌电视大赛》等，以其耳目一新的节目内涵和表现形态，丰富了上海乃至长三角地区群众的文化生活，也形成了节目品牌。1987年5月，上海电视剧制作中心成立，电视剧从剧本创作到前期拍摄、后期制作，从单本剧到连续剧，以及外国电视译制剧，形成了较为完整的专业化生产链，自制电视剧和引进海外影视剧译制数量逐年增加，质量不断提高。1987年拍摄制作电视剧80集，译制外国电视剧117集。在此后的10多年中，上海电视台创作、生产和译制了大批具有社会影响力的电视剧，成为国内重要的电视剧创作生产基地。

节目制播能力不断提升，规模也相应扩大。上海电台自办节目从改革开放初的5套增至80年代末的7套，每天总播出时间逾100小时，创全国地方广播电台之最。1988年，上海重建对台广播，以3个短波频率向台湾地区开展广播宣传。根据在沪外籍人员激增的状况，上海电台在原有英语新闻节目的基础上，新辟英语调频广播，每天播音6小时，为在沪外国听众提供文化娱乐节目。1978年上海电视台自办节目日均播出约3小时。至1988年，上海电视台自办2套节目，日均播出超27小时。1984年，上海音像资料馆成立，完成上海音像公司生产架构，组装功能齐全的盒式录音带生产线，产品品种和发行数量进入全国先进行列。1986年12月，上海电视台创办上海国际友好城市电视节（1988年10月更名为上海电视节），标志着上海电视开始与国际同行展开较大规模的交流与合作，被广播电视部部长艾知生称为"中国电视史上的一个创举"。1988年5月，上海电台创办首届上海国际音乐节目展播（1993年11月更名为上海国际广播音乐节；2001年，更名为上海之春国际音乐节）。上海广播电视依靠人才集聚、创意设计和技术投入，制播大型活动的规模越来越大，从20世纪80年代初自办和联办文艺联欢会，到90年代全程直播首届东亚运动会、第八届全运会开闭幕式和各项赛事，到2000年11月参与承办世界超大型景观歌剧《阿依达》，展现出日趋成熟的能力和日臻广泛的影响力。上海市郊广播电视的制播规模也有长足发展。1986年，10个县的广播电台（站）每周的自办节目播出时间由以前的10小时增加到60小时。同年5月起，市郊各县级电视台和市区各区级电视中心陆续建立。

改变单纯依赖国家财政拨款办事业的局面，全面开拓发展广播电视产业经营功能。市广电局领导提出"自主建设、自主发展、自我积累、自我约束"的创新思路，通过经营广告增加收入。1979年1月28日，上海电视台排除认识观念上的羁绊，播出中国内地第一条电视商业广告"参桂养荣酒"，此后又播出中国内地第一条电视外商广告"瑞士雷达表"。同年3月5日，上海电台在中国内地广播电台中率先恢复广告业务。这些新举措引发社会轰动，促进经贸、消费等领域的信息交流，受到社会普遍欢迎。上海电台、上海电视台坚持正确舆论导向，一手抓节目制作，一手抓广告经营，以此发展广播电视事业。1987年，市广电局以广告为主的多种经营收入突破3000万元，大大超过国家财政拨款额。1988年，按照上海市委、市政府对宣传文化事业在财政上实行零承包的指示精神，市广电局被定为差额补贴单位，同市财政局、市人事局签订"财政综合承包协议"，实行预算包干。全局以广播电视宣传为依托，发展多种经营，创建经济实体，形成广告、音像制品与报刊出版发行、旅游饮食文化、贸易经营等6个系列，创收能力逐年增强，到1991年经营收入超过1亿元，形成以自身积累为主、国家拨款为辅的新局面。

"五台三中心"机构体制改革激发事业、产业的创新活力。1987年5月，经上海市委批准，市广电局对所属的上海电台和上海电视台的体制实施重大改革，建立"五台三中心"的内部体制架构，按照专业化分工思路，推动资源配置优化。上海电台成立新闻教育、文艺、经济3个编辑室，对外呼号分别是上海人民广播电台新闻教育台、文艺台和经济台。上海电视台分别成立第一、第二编辑室。第一编辑室负责新闻、文艺节目，对外呼号上海电视台一台；第二编辑室负责经济、体育、社教节目，对外呼号上海电视台二台。同时组建由上海电视台主管的上海电视剧制作中心；技术和服务部门全部从电台、电视台剥离，成立由市广电局主管的技术中心、服务中心。这种体制为宣传提供更集中、更专业、更有质量的技术、后勤服务，激发了各级各类从业人员的创新、创优热情。这一改革将社会化专业生产理念引进到广播电视工作中，并引入适度竞争机制。此外，局内部实行经费切块管理、节目制作成本核算量化管理，激发出新的活力。

二

20世纪90年代（1990—1999年）。20世纪90年代，上海广播电视持续推进机构体制改革，构建既竞争又合作的工作机制，开创节目繁荣、产业发展的新局面。

1991年，邓小平强调"思想更解放一点，胆子更大一点，步子更快一点"，极大鼓舞了上海广电系统干部群众深化改革的勇气和信心。在浦东开发开放政策的引导下，市广电局自1992年起构建新的内部竞争机制，以增强广播电视的创新活力。在上海电台、上海电视台的基础上，建立上海东方广播电台（以下简称"东方电台"）和上海东方电视台（以下简称"东方电视台"）两个新台，均在浦东新区注册，公开招聘台长。两台的编辑、记者、播音员、主持人和其他工作人员都通过公开招聘、竞聘上岗。中共中央总书记江泽民对此予以首肯，并为两台题写台名。1992年10月28日、1993年1月18日，东方电台、东方电视台先后开播，连同1992年12月26日成立的上海有线电视台，与上海电台、上海电视台形成五台相互竞争、共同促进的新格局。上海电台根据城市交通和市场经济发展的需要，于1991年9月开办上广交通台，定向服务于公共交通和驾车族；于1993年元旦开播的上广市场经济台，服务于生产、经营、投资和消费。至此，形成以新闻综合台为龙头的8个广播系列台。根据上海金融业的快速发展，东方电台于1995年3月开办东广金融台，与上广市场经济台形成差异化运行。上海电视台建立内部竞争机制，形成内容生产创新创优态势，使电视节目质量有了显著提升。东方电视台节目以活泼清新的格调受到人们的青睐。上海电视台和东方电视台形成节目内容互补的良性竞争态势，收视率均屡创新高。1993年8月，上海电视台撤销电视剧制作中心，1994年5—7月组建2个电视剧制作公司、3个电视剧制作社和1个文学编辑部，推动电视剧生产。上海有线电视台按照分众化传播理念，开办10个专业频道，赢得了相对稳定的收视群体，占据的市场份额也更稳定。此外，加快有线电视联网入户。到1994年底，上海有线电视的入网用户总数超过100万户，成为世界最大的城市有线电视网络。上海教育电视台于1994年2月应运而生，自办一套电视节目，在无线26频道播出，并由上海有线电视台增补35频道转播，全天播出15个小时。

广电的体制机制改革既促进各台间的竞争，也促进合作，使广播电视节目充满生机和活力。

1992年8月,东方电台开播后实行全频率直播,上海电台也增加了直播节目,得到市民的普遍认同。1994年10月,东方电台与上海有线电视台联合创办有线电视音乐频道。1995年5月,上海电台与上海有线电视台联合创办有线电视戏剧频道。广播工作者首次将单一的声音传播转向广播电视声像复合传播,体现了媒体融合的实践和探索。

注重精品意识,推行名牌节目战略,大大提升了社会影响力。1991年12月,上海市委发布《关于当前加强社会主义精神文明建设的若干意见》。1994年12月,市委通过《上海市1995—1997年社会主义精神文明建设规划》。上海广播电视更加注重节目的精品意识,推行名牌战略,优秀节目层出不穷,收听、收视率获得较大提高。1992年前,上海电台《早新闻》节目收听率约为30%,1992年东方电台开播后,两台相加的新闻节目收听率增加10%左右。2003年1月东方电视台开播后,该台新闻节目连同上海电视台的新闻节目,收视人次总量增加近一倍。

20世纪90年代,上海广播电视历经体制机制方面的诸多改革,新闻节目的改革也在深化,体现出三个特点:其一,节目规模继续扩大。东方电台开播《东方新闻》,上海电台将原先的《早新闻》改为播出容量翻番的《990早新闻》,上海电视台开播《上海早晨》《今日报道》,东方电视台开播《东视新闻》《东视夜新闻》《东视深夜新闻》,上海有线电视台推出《有视新闻》和面向少年儿童的《"小小"看新闻》。此外,上海市郊县区广播电视、上海中心城区有线电视中心也增加了区域性新闻栏目的设置。其二,持续跟踪报道国内及上海改革开放和浦东开发开放进程,并将新闻报道的视角全面延伸。上海广播电视对万众瞩目的南浦大桥、杨浦大桥、徐浦大桥和卢浦大桥的合龙、通车相继做了现场直播;浦东开发开放5周年之际,播出《迈向新世纪的浦东新区》国际广播联播节目。1993年,上海广播电视还成功采访、报道在新加坡举行的"汪辜会谈"。其三,新闻播报更贴近社会,贴近民众,贴近生活。1992年10月,上海电台、东方电台分别开设《市民与社会》《今日新话题》日播谈话类栏目,在市民与政府、市民与社会间架起沟通的桥梁。

广播电视产业经营发展大大增强了经济实力,从而反哺了上海文化、广播电视事业。上海市委、市政府从政策、方案、立项等方面全力支持上海广播电视发展产业。1991年,上海东方明珠广播电视塔开工建设。其建设资金由市广电局自筹,通过银团贷款筹措,共向中国人民银行上海分行牵头的数十家银行借贷1000多万美元和1.5亿元人民币,这在国内是个创举。然而,建造东方明珠广播电视塔的资金缺口还很大。1992年4月24日,市广电局以东方明珠广播电视塔为实体,成立了全国第一家文化企业股份有限公司——东方明珠股份有限公司,开创国内向社会发行文化股票之先河。该公司1994年上市后8年总共募集到17亿元,从根本上解决了建造东方明珠广播电视塔的资金缺口难题。1995年5月,上海东方明珠广播电视塔建成并投入使用,它不仅是全国一流的广播电视发射塔、上海的标志性建筑,而且很快成为闻名遐迩的文化旅游景点。至1997年,东方明珠股份有限公司还清贷款,2000年公司税利超过建塔经费8.3亿元。通过深化改革,上海广电系统产业功能得到显著增强,创收能力不断提高,至1997年全年收入高达15亿元,为广播电视事业自主经营、自我积累、自主发展打开了新局面。20世纪90年代,随着上海广播电视经济实力的增强,一批重大工程相继开工建设,包括:广电大厦(1995年4月启用)、广播大厦(1996年10月启用)、东视大厦(1998年1月启用)、上海大剧院(1998年8月启用)、上海广播电视卫星地球站(1998年10月启用)、上视大厦(1999年4月启用)、教视大厦(1999年10月启用)。广播电视重要基础设施相继投入使用以及产业的快速发展,使上海广播电视以更多的担当和作为促进上海发展,包括支持市政府承办首届东亚运动会、第八届全运会、上海电视节、中国上海国际艺术节;出资建设上海国际会议中心、上海体育场、东方绿舟、松江大学城;与市体育系统合作,组建由广电媒体出资、管理的上海有线电视台 02 足球俱乐部、上海电视台女子足球俱乐部、上海申花 SVA 足球俱乐部、上海东方篮球俱乐部(由东方电视台出资建立)、上海有线电视台排球俱乐部,为上海文化和教育、体育事业发展做出重要贡献。

　　20 世纪 90 年代中期,上海的广播电视和其他文化娱乐项目日益繁荣,电影业却尤显落伍。1995 年 8 月,上海市委、市政府决定,上海市广播电视局和上海市电影局“撤二建一”,组建上海市广播电影电视局(以下简称“市广电局”),实施“影视合流”,形成 5 台、3 中心、4 集团(公司)为主体的组织框架,即:上海电台、东方电台、上海电视台、东方电视台、上海有线电视台;技术中心、服务中心、节目资料中心;上海电影电视集团公司、上海永乐电影电视集团公司、上海广播电影电视发展总公司、东方明珠股份有限公司,以及部分直属单位。伴随这一轮重大体制改革,市广电局强化内部机制改革,实现了发展战略规划、基建规划、宣传管理、技术管理和财务管理的 5 个统一,形成“以宣传为中心,以影视创作为重点,以事业发展为基础,以队伍建设为保证,以加强管理为抓手”的工作方针,为上海广播影视事业整体发展增添活力、增强实力。上海美术电影制片厂和上海电视台的动画片制作部门合并成立上海动画影视集团公司,实现资源优势互补,动画片年生产能力从改革前的 800 分钟提升至 10 000 分钟。原上海科教电影制片厂与东方电视台合并。原永乐发行公司和上海电视台电视剧制作中心重组成立永乐影视集团,相继拍出《红河谷》《黄河绝恋》《紧急迫降》等一批佳作,繁荣了影视创作。“影视合流”后,广播影视优势互补,广播电视节目也不断创新,节目质量大幅度提高,产生一批受到广大群众喜欢的名牌栏目,如上海电台《中华风情》、东方电台《977 晚间音乐》、上海电视台《新闻观察》、东方电视台《东方视点》、上海有线电视台《百姓视点》等栏目。在 1997 年“中国广播电视奖”的评选中,上海获得 4 个一等奖,2 个二等奖和 2 个三等奖。在第六届“上海新闻奖”评选中,上海广播电视单位共获得 14 个奖项,其中一等奖 6 个,二等奖 2 个。1997 年,上海电视台和东方电视台的新闻被 CNN《世界报道》栏目采用 56 条,1998 年达 74 条,增幅为 32%。上海电视台、东方电视台、上海有线电视台不断拓展投拍电视剧的生产方式,即与国内电视台合作摄制,与文艺团体合作摄制,与工矿企业、机关团体合作摄制,与外国和中国港台地区电视机构合作拍摄。依靠社会力量拍摄制作,尝试市场化运作,在产量、质量和社会影响方面成果丰硕。1997 年 6 月,上海市政府委托市广电局管理局属系统的国有资产,这在全市事业单位中尚属首例。随着一批重大项目相继建成并投入运行,1997 年市广播电影电视局系统广告和其他经营收入达 15 亿元,拥有固定资产 51 亿元;1998 年经营收入增长 17%,固定资产超过 100 亿元。上海广播电影电视系统的综合实力全面增强,形成以广播电影电视为重点、拥有多种媒体、兼营相关产业的集团公司的格局。

　　卫星电视节目覆盖全国并在国外部分地区落地、上海教育电视台开播等,拓展了传播渠道,提高了社会影响力,进一步满足了人民群众的精神文化需求。1998 年 10 月 1 日,上海卫星电视中心成立,上海卫视开播。上海实行“卫视搭台,全员唱戏”的模式,由上海电视台、东方电视台、上海有线电视台、上海教育电视台以及上海电影电视集团公司、上海永乐影视集团公司等共同提供节目资源,将地面频道中社会反响好的节目进行二度创作,满足更大规模收视群体的多元需求,取得良好效果。2003 年 10 月 23 日,上海卫视突破地域概念的局限,更名为“上海东方卫视”,同时在中国澳门落地。其定位以新闻为核心,记者第一时间出现在国内外一些重大新闻现场,迅捷、真实、权威地报道;加大对国际新闻的报道,每日 19 时播出的《环球新闻站》在国内电视的国际新闻栏目中颇具影响力。2004 年,东方卫视基本实现全国全覆盖。2005 年在澳大利亚落地,2006 年在欧洲部分国家落地。东方卫视内容建设不断出新,选秀节目《加油!好男儿》《我型我秀》《创智赢家》和《舞林大会》成为上海电视综艺节目的品牌。

上海教育电视台于1994年开播,致力于传播社会文化教育和经济信息等,为民众提供了新的电视节目窗口。

公开出版、发行广播电视报纸和刊物,是上海广播电视的一大亮点。20世纪90年代至2010年,随着节目发展繁荣,上海广电系统自办或与社会有关单位合办的报纸、刊物也日渐丰富,《每周广播电视》报、《上海电视》杂志,《新闻午报》《天天新报》《哈哈画报》《星尚OK》《星尚画报》《第一财经日报》《第一财经周刊》等受到社会大众的欢迎。

市郊区县广播电视规模扩大,呈现欣欣向荣景象。20世纪90年代,市郊区县无线广播电台增至9座,有线广播电台增至10座;电视台陆续兴建,至1995年底,南汇、松江、宝山、金山、崇明、青浦、闵行、嘉定、奉贤等电视台先后建成播出,初步形成覆盖全市的两级电视传播网络。

三

21世纪初的10年(2000—2010年)。21世纪初,上海广播电视实行"政企政事分开、管办分离"改革,推行集团化及频道频率专业化和文艺院团由媒体托管等举措。

为合理配置文化资源和转换政府职能,2000年4月15日,上海市委、市政府决定,市广电局和市文化局"撤二建一",组建上海市文化广播影视管理局(以下简称"市文广局"),5月11日挂牌。"文广合并"着力健全行业管理体系,提高行业管理水平,推进精简行政审批制度。2001年4月19日,上海市委、市政府决定在文化广播影视领域实行"政企政事分开、管办分离"的体制改革,成立上海文化广播影视集团(以下简称"文广集团")。市文广局主要负责文广影视行业行政管理,文广集团主要负责事业产业发展。

市文广局在管理上主要体现在五个方面:一是加强对广播电视和网络视听媒体播出秩序和内容管理,严格舆论导向和价值取向的引导管理,严格落实意识形态责任制。2004年,设立信息网络视听节目传播监管中心,加强对网络视听新媒体规范运营的监管。二是加强各郊区(县)广播电视播出机构管理。定期召开宣传通气会和业务讲评会,支持各区(县)"新闻立台",创作广播电视节目精品。三是加强完善有线电视和卫星电视管理。2008年,推动上海农村有线电视"户户通"工程,各郊区有线网络中心持续推进联网入户工程,截至2010年,上海农村有线电视用户入户率达80.6%,基本实现"户户通"目标。四是与紫竹科学园区共同建设中国(上海)网络视听产业基地,成为国内首个国家级网络视听产业基地。五是强化对一大批民营广播电视制作机构的管理。围绕重大节点,加强对重点电视剧创作引导,着力提升节目思想内涵和审美价值。

在文广集团实行集团化进程中,经上海市委、市政府批准,2001年8月3日,上海文广新闻传媒集团(以下简称"传媒集团")成立,原来以台为主的管理体制全面转向集团管理体制,频道、频率的内容制作和播出朝着专业化方向发展。传媒集团确定了"整合频道频率资源、明确节目定位、优化人员配置、创造强势品牌、形成竞争优势"总体思路。第一项改革举措是依循节目生产特性,重组电视专业频道。在上海电视台呼号、台标下设立新闻综合、生活时尚、电视剧、财经、体育、纪实、上海卫视、电影8个频道;在东方电视台呼号、台标下设立新闻娱乐、文艺、音乐和戏剧4个频道。第二项改革举措是实行资源优化整合,重组广播专业频率。在上海电台呼号下设立新闻、交通、戏剧、文艺4个频率;在东方电台呼号下设立新闻综合、金色、金融、流行音乐、综合古典音乐、浦江之声6个频率。同步配套推出人事、分配制度的改革措施。第三项改革举措是对电视广告实行"统一经营,统一管理",对广播广告实行"统一管理,分散经营",初步摸索出新的广告经营管理模式。为改变多年来广播电视产业经营较多地依赖广告的局面,培植新的盈利增长点,2003年8月28日,传媒集团与韩国CJ家庭购物株式会社签订合资合同,共同投资成立上海东方希杰商务有限公司,进军家庭购物产业。2004年4月1日,"东方CJ家庭购物"节目开播。随后,电视购物的规模日益扩大,至2010年,东方购物顾客数突破300万名;购物销售额从2004年的1.5亿元,增长到45.81亿元,年均复合增长率为70%;每年购物销售额一直名列国内电视购物行业首位。

新闻报道更加关注热点,更加注重时效性。传媒集团成立后,在电视新闻综合频道和上海卫视频道(2003年更名为上海东方卫视频道)中,增加新闻节目版面和播出频次,更加关注新闻热点和报道的时效性,及时满足群众的精神文化和社会信息需求。东方卫视先后推出《城际连线》《环球新闻站》《看东方》《东方快报》《东方午新闻》栏目。传媒集团对广播频率重组后,将新闻频率每日播出时间增至24小时,新闻资讯频率部分时段实施"半点滚动"播出,新增《昨夜今晨》等新闻节目板块。2006年1月1日,传媒集团启动新闻资源整合,广播新闻中心、电视新闻中心分别成立。其目的是进一步加强采、编、播力量,提高、扩大新闻节目的质量和影响,满足社会的期待和关切。此后,上海广播电视经常举办反映上海和国内的重大工程、建设成就等大型专题报道。2006年9月,广播新闻中心、电视新闻中心联合社会其他媒体,展开"穿越长三角"实地采访报道活动,连续15天行车3000公里,完成30档直播节目。这一时期,市郊广播电视在新闻播报方面,开始从过去偏重会议报道,转变为增加现场采访,增加新闻的信息量,增强时效性。

整合大型活动机构,完成重要文艺演出任务。传媒集团成立后,对原上海电视台、东方电视台的8个晚会组进行整合,隶属于文艺频道。2005年,传媒集团大型活动部(2009年更名为大型活动中心)成立,负责内容策划创制,牵手多方面技术队伍,完成诸多国家级、市级活动的开闭幕式文艺演出,在2010年前承办的"迎中国2010年上海世博会"活动和当年承办的上海世博会开闭幕式等上的高水准文艺演出,都获得广泛赞誉。

调整技术部门,为广播电视节目的制播提供更有力的支撑和保障,推进技术市场化运作。2003年7月,市文广局技术中心被划入传媒集团,为广播电视内容产业提供直接的技术支撑和安全播出保障。同时组建文广科技发展公司,使之进入市场化运作,由文广集团直接管理。

文艺院团托管促进了演艺发展。2001年,市委宣传部推出关于国有文艺院团的改革举措,上海京剧院、上海歌剧院、上海民族乐团、上海歌舞团、上海芭蕾舞团、上海交响乐团、上海昆剧团、上海淮剧团、上海评弹团、上海话剧艺术中心、上海轻音乐团、上海木偶剧团、上海杂技团、上海滑稽剧团、上海广播交响乐团及上海市马戏学校由文广集团或传媒集团托管。传媒集团贯彻"以演出为中心"的工作方针,充分发挥媒体在市场运作、宣传推广、资金筹措等方面的优势和能力,构建艺术院团和媒体之间优势互补互利的机制,为文艺繁荣构建出新的体制环境。2002年1—11月,托管的15个院团及上海市马戏学校共演出6118场,比2001年增长37%。2005年3月,文广集团整合演艺资源,将传媒集团托管的文艺院团、学校划归文广集团管理;传媒集团的院团管理部改为文广集团直属管理,对外称上海文广演艺中心。2009年11月,文广集团成立上海文广演艺(集团)有限公司,集演艺创作、生产、演出、营销于一体,进一步推动演艺产业市场化发展。

"第一财经"成为财经传媒品牌。为更好服务于上海建设"四个中心"的战略目标,在上海市委、市政府支持下,经国家广电总局批准,2003年7月6日,传媒集团将电视财经频道和广播财经频率组建成"第一财经"。此后,"第一财经"迅速发展成为财经传媒品牌。2004年11月15日,由传媒集团、广州日报报业集团、北京青年报社联合创办的《第一财经日报》出版发行;2008年2月25日,《第一财经周刊》在北京创刊。由此,形成以"第一财经"为品牌的广播、电视、报刊、网站等分众覆盖、传播的多媒体融合的新格局。2008 年 4 月 9 日,第一财经频道在香港 NowTV 开播。第一财经的全媒体架构颇受国内财经媒体关注。

四

上海广播电视构建新媒体传播、新媒体产业,将其作为新的改革发展战略和抓手。

基于互联网的中国网络媒体发轫于 20 世纪 90 年代初期,上海有线电视顺势而为,在这一时期从初创、发展进入黄金期,整合众多小规模区域有线电视网,完成覆盖全市的有线电视网络建设。至 2010 年底,上海有线电视用户达 5 730 175 户;其中数字电视用户 2 356 332 户(包括付费数字电视用户 225 952 户),成为上海"三网融合"和"智慧城市"建设的网络基础之一。

新兴数字传播技术拓宽了广播电视传播渠道。文广集团把构建新媒体产业作为集团发展战略的主导。2002 年 8 月,东方明珠移动电视有限公司(以下简称"移动电视公司")面向移动和户外人群,大力发展无线数字电视,率先在全国推出移动数字电视。2005 年 7 月,移动电视公司联合其他单位推进楼宇电视建设,开通上海公共视频信息平台。2008 年,移动电视公司与申通地铁资产管理公司合资成立上海地铁电视有限公司,建立覆盖上海地铁和轨道交通的数字电视平台。传媒集团实施数字化建设,拓展互动电视、数字电视和手机电视等业务,快速发展互联网电视。2003 年 9 月,传媒集团开播东方宽频网络电视,开设新闻、影视剧、体育、音乐、互动财经等 10 多个频道和短信数据增值服务。2004 年 1 月,传媒集团成立东方宽频传播有限公司,运营宽频网络电视业务,每天播出 300 小时电视节目。同年 7 月,上海东方龙移动信息有限公司成立(2006 年更名为上海东方龙新媒体有限公司)。同年 12 月,传媒集团与上海移动签约合作的手机电视在上海开播。2005 年 1 月 1 日,该手机电视成功推出中国第一部手机短剧《新年星事》。2005 年 3 月,上海东方龙移动信息公司获得国家广电总局颁发的国内第一张手机电视集成运营牌照。同年 9 月 28 日,东方手机电视全网平台开通。2007 年 7 月 5 日,在中国移动和中国联通的手机电视平台上推出为手机用户专设的直播新闻资讯频道——"第五媒体"。东方明珠移动电视公司于 2009 年与国家广电总局建立战略合作关系,成为 CMMB 手机电视在上海地区的运营商。

交互式网络电视、网络视频广播、数字高清电视等相继推出,助推文化产业发展。2005 年 5 月,由传媒集团控股的百视通网络电视技术发展有限责任公司(BesTV)成立。传媒集团根据市委宣传部 2006 年 9 月 1 日颁布的《关于加强上海文化产业发展的若干意见》精神,在新媒体传播上开展新的探索。2006 年 9 月,交互式网络电视(IPTV)商用业务开播,建成全国最大的 H. 264 IPTV 商用系统。2008 年 1 月 1 日,传媒集团采用 IPTV 模式,实现东方卫视长城(拉美)平台在中美洲、南美洲和西印度群岛等地区落地播出,覆盖人口总数超过 3 亿。至 2010 年,百视通全国 IPTV 用户数突破 400 万户,其中上海地区用户超过 130 万户。2009 年 5 月 21 日,传媒集团和谷歌中国合作的"上海电视台"视频专区上线,提供新闻、财经、体育、娱乐等资讯。2007 年 8 月,由传媒集团流行音乐频率开办的全国第一家网络视频广播——动感 101 视频广播开播。受众不仅可以听广播,还可以通过东方宽频网站看到直播室内的主持人和嘉宾,实现广播节目的可视化。2009 年 9 月 28 日,上海有线电视网播出 12 套数字高清晰度电视节目,东方明珠广播电视塔播出 2 套地面高清数字电视节目,上海开始进入高清电视时代。至此,上海广播电视初步形成新媒体领域的新战略架构,在国内处于领先地位。

改革是一项系统工程。在应对数字传播新挑战的同时,上海广播电视多措并举,适时开展媒体资源整合、人力资源改革。2004年,上海广播电视开启以对接资本市场、适度资源整合为重点的改革。同年12月26日,经国家广电总局批准,由上海精文投资公司、传媒集团、上海电影集团、文新报业集团、世纪出版集团和东方网6家主流传媒集团联合投资1.5亿元组建的专业电视卡通频道"炫动卡通"频道开播,通过卫星传送覆盖全国,每天播出18小时。"炫动卡通"频道以其专业化动漫节目内容设置和集成播出受到青少年的青睐。2005年5月,传媒集团全面启动人力资源管理综合改革,规范组织管控体系,推行绩效管理,完善激励机制。9月8日,文广集团公开选拔传媒集团副总裁。

2007年5月17日,上海市委书记习近平前往中央驻沪新闻单位和上海各大媒体调研。在传媒集团调研时,习近平视察了电视新闻中心和新媒体展示厅以及第一财经公司。在东方网调研时,习近平表示,中国的互联网事业需要掌握网络技术的年轻人。在随后召开的各主要新闻媒体负责人调研座谈会上,习近平指出,面对新形势,要不断提高舆论引导能力,使宣传舆论工作覆盖更广泛,引导更及时,说理更充分,手段更生动,挖掘更深入,真正起到春风化雨、润物无声的效果。习近平强调,要加快建设一支政治可靠、业务精湛、作风过硬的新闻工作者队伍。习近平的重要讲话给新闻工作者指明了前进的方向。

数字传播手段在突发事件、灾难救援报道方面体现出独特优势。上海广播电视紧扣社会热点,突出时代特点,充分运用现代广播电视技术和先进数字传播手段,发挥现场直播优势,及时有效地报道重大活动、突发事件和灾难救援等。传媒集团电视新闻中心整合新闻综合频道、新闻娱乐频道和东方卫视的新闻资源,依靠数字传播手段,提出"直播世界变化,感受新闻力量"的口号,记者第一时间出现在国内外许多重大新闻现场。2006年7月1日,青藏铁路建成通车,广播、电视全程直播报道;2008年5月12日,四川汶川发生特大地震,广播、电视记者奔赴震区,连续播出抗震救灾节目。2008年8月,传媒集团组建广播、电视记者"集团军",从北京奥运会现场播发大量信息和实况。2010年元旦起,上海广播电视台和上海世博事务协调局联手,持续推出"世博现场"专题节目;成功直播中国2010年上海世博会的开闭幕式及大型文艺演出实况。

"制播分离"的实施提高了节目制作和发行能力,依托数字传播手段,提升了传播效能。在上海市委、市政府的推动、支持下,上海广播电视系统实施"制播分离"改革。2009年10月21日,经国家广电总局批准,上海文广新闻传媒集团更名为上海广播电视台,由台出资组建的控股企业集团公司——上海东方传媒集团有限公司(简称"东方传媒集团公司")同时成立。"制播分离"的目的是将制作与播出进行分离,提升内容制作能力和发行能力,寻找更大的市场发展空间。东方传媒集团公司在大型娱乐节目、纪录片等生产和制作上,让更多的社会制作机构介入,让更多成熟的国外电视综艺节目模式引入,非新闻类电视节目创作生产进入快速发展期。2010年10月,东方传媒集团公司所属欢腾宽频信息技术有限公司、东方龙新媒体公司和东方宽频传播公司,以资产评估值7.07亿元注入百视通。2010年,上海文广互动电视有限公司的16个专业化付费频道覆盖29个省(自治区、直辖市)的有线数字电视网络,市场覆盖率达98%以上。

五

1978—2010年,上海广播电视在节目繁荣、技术进步、产业兴旺的道路上阔步前进,实现跨越式发展。上海广播电视节目的获奖层次高、数量多,1992—2010年,获得精神文明建设"五个一工程"奖 29 个;1983—2010 年,获得全国好新闻奖、中国新闻奖 91 个,体现出节目创新创优的高水平。至 2010 年,上海广电系统获得全国科技类奖 42 个,获得 29 项国家级专利授权,完成著作权登记 38 项。2001 年传媒集团广播电视营业收入为 19.82 亿元,利润为 7.67 亿元。至 2010 年,上海广播电视台营业收入达到 105 亿元,利润为 14.03 亿元;文广集团营业收入为 159.29 亿元,利润为 22.86 亿元。1986—2010 年,上海电视节、上海国际广播音乐节/上海之春国际音乐节分别举办 16 届,成为亚洲乃至全球知名的艺术交流盛会。

上海广播电视行业的改革发展经验基本上可以归纳为以下七个方面:

一、坚持解放思想、实事求是,在实践中勇于创新。主要表现为:1979 年广播电视节目推动"真理标准"大讨论;电视播出全国首条商品广告,广播率先恢复广告业务;1994 年东方明珠股份有限公司在上海证券交易所挂牌上市,成为中国第一家文化类上市公司,并连续多年被评为"全国最具发展潜力 50 强上市公司",东方明珠广播电视塔成为上海的标志性建筑和世界著名的文化旅游景点;2010 年百视通全国 IPTV 用户数突破 400 万户,上海地区拥有超过 130 万用户,成为全球"IPTV 第一城"等。正因为思想认识明确,敢担当、真作为,上海广播电视取得的成果在国内引人瞩目。

二、市委、市政府高度重视、大力支持广播电视业的发展,是上海广播电视业发展的根本保障和巨大动力。市领导在财政投入、财税支持、资金统筹、干部调配、行政资源上支持上海广播电视行业;批准和支持广播电视展开一系列重大项目的建设和新技术的运用,推动广播电视发展;在组织、制度上推动上海广播电视体制机制开展一轮又一轮改革。体制机制创新是改革的关键。为使台领导从繁冗的事务堆里解脱出来,一心一意抓宣传和经营,1987 年实行"五台三中心"改革;为引入竞争机制,推动宣传、丰富节目和促进经营,1992—1993 年初新建东方广播电台、上海有线电视台、东方电视台;为使广播影视优势互补,1995 年 8 月实行"影视合流";为实施政府职能进一步转换和文化资源合理配置,2000 年 8 月实行"文广合并";为建立符合中国传媒业特点的现代企业制度,2001 年 4 月实行"管办分离",成立文广集团,8 月成立传媒集团;为进一步提升制作能力,同时使制作业在本地以外的市场寻找空间,壮大发行能力,2009 年 10 月实行"制播分离",传媒集团更名为上海广播电视台,并出资成立东方传媒集团有限公司。这些改革无不激发了上海广播电视的生产力和前进动力。

三、加强和重视内容制作与生产,打造一大批具有新亮点的节目,扩大上海广播电视的传播力和影响力。至 2010 年,上海广播电视台在内容制作和生产方面形成新的六大亮点:一是东方卫视在新闻硬件建设上的投入超亿元,每天新闻节目播出总量长达 5 小时,在重大新闻事件报道中发挥了及时性、全面性、权威性的专业优势。新闻谈话类节目《东方直播室》稳居全国省级卫视同时段收视前三名。二是百视通新媒体业务横跨 IPTV、网络视频、互联网电视、3G 手机电视等平台和终端,实现了中国广电领域完整的新媒体产业布局。三是第一财经传媒立足于传统媒体平台,向数字媒体和数据库、终端服务领域拓展转型。四是以东方娱乐为控股平台,拥有传媒运营、电视栏目制作与版权发行、影视剧制作与发行、音乐制作与发行、现场演出、艺人经纪等完整业务布局。五是东方购物在 2010 年已成为中国最大的电视购物公司,也是中国唯一一家模拟频道和数字频道兼具的电视购物频道。六是炫动传播以动漫和教育为核心,业务覆盖动漫及少儿影视节目制作、发行、广告、图书、培训和衍生品等全产业链。经验表明,不断提升内容产品的生产能力、原创能力、集成能力、营销能力,是广播电视不断发展的必由之路。

四、立足于丰富人民群众的文化生活,不断构建自身的文化品牌。从 20 世纪中期开始,上海广播电视媒体倾听群众的呼声,创新内容生产和制作,使品牌节目、栏目和精品力作层出不穷,不断扩大具有上海特色的文化影响力。品牌经营是品牌节目发展的升级版。2003年开始,传媒集团以"第一财经"品牌致力于向两个产业维度发展,一是大众传播领域,逐步打造"第一财经"频道、频率、报纸、网站,二是专业咨询领域,创建"第一财经"行业指数、发布财经分析报告、建立专业数据库服务等。东方明珠(集团)股份有限公司作为一家文化类上市公司,截至2010年底取得了广泛的文化品牌效应:入围"中国最具发展潜力上市公司50强""上海上市公司盈利15强",并被评为"中国25家最受尊敬上市公司"等。"东方明珠"还获得"上海著名商标"和"中国驰名商标"称号。此外,东方明珠移动电视先后获得"新媒体新十年,十大创新品牌""2010公益传播平台(世博)贡献特别奖"。上海世博文化中心把世界顶尖时尚的文化演艺活动、体育赛事引进上海,使世博文化中心成为世界级的文化娱乐新地标。

五、对内整合、对外合作是推动改革发展的必要举措。通过改革创新,对内整合资产,整合机构,整合业务,整合人力资源等,这一切为的是提高核心竞争力,提高效率。在对外合作方面,影视文化与业外资源(资本)、体外资源(资本)、海外资源(资本)灵活对接;与资源互补性机构、资源竞争性机构、资源垄断性机构合作,以发展和壮大自己。上海电视节、上海国际广播音乐节等已成为国内成熟、具有专业性和影响力的国际电视、广播交易展示平台和活动。2003年"非典"时期,第一财经《中国财经资讯》栏目播发了160多条中国抗击"非典"的报道,通过合作方、国际主流财经传媒CNBC传播至海外,驳斥了一些不明真相的海外媒体传播的不实报道。东方明珠移动电视有限公司于2009年与国家广电总局建立战略合作关系,成为CMMB手机电视在上海地区的运营商。

六、在数字传播的新形势下,上海广播电视面对挑战,不断开拓新媒体。中央领导、中宣部、国家广电总局、上海市委、市政府和市委宣传部一直大力支持上海的新媒体试点,有力推动了新媒体产业的发展。数字技术、网络技术和信息技术深刻影响着广播电视的发展。文广集团成立后,一直追踪新媒体技术,围绕家庭用户和移动人群两大目标市场,谋划新媒体发展。先后集中发展了面向家庭用户的数字付费电视、宽频电视和交互式网络电视(IPTV),面向移动人群的移动电视、楼宇电视、手机电视和公交电子站牌7个新媒体项目。这些成果表明,发展新媒体是占领新的舆论传播阵地的必然选择,也是广播电视事业和产业发展的现实需求。

七、上海广播电视工作者在改革开放、创新发展的实践中充分展现四种"精神",即努力拼搏、敢闯敢试的担当精神;追求卓越、勇创一流的争先精神;忠于职守、艰苦奋斗的奉献精神;团结一致、协力创新的团队精神。正是这些精神,激励着上海广播电视工作者不断续写新篇章,开创新传奇。

上海广播电视33年的大发展、大繁荣充分说明,新闻传播和节目内容生产是广播电视事业、产业的根基,而其内核和动力则是文化。

文化不仅能推动社会发展,而且能提升人类文明水平;不仅能凝聚人心、陶冶情操,而且关乎民生、促进幸福;不仅对经济增长的直接贡献越来越大,而且对提升经济发展质量的作用日益凸显。从世界发展大势,中国革命、建设和改革开放的生动实践可知,上海广播电视媒体要继续发展繁荣,就必须大力弘扬传承中华优秀传统文化,倍加珍惜和继承党领导人民创造的革命文化,以开放包容、为我所用的姿态参与世界文化的对话与交流,吸纳和融汇世界优秀文化成果。根据上海加快建设国际文化大都市的任务要求,面对传媒界激烈竞争的态势,上海广播电视需坚持主流媒体价值观,提升舆论引导水平,提高节目、剧目和大型演出活动等各类内容产品的文化追求,走节目创新驱动、文化业态融合发展之路,创新文化产品的形态,培育丰富多彩、健康有益的,具有广泛社会影响的原创节目、影视精品和品牌项目,从而形成富有自身传媒特色的文化品格。与此同时,进一步发挥市场在文化资源配置中的积极作用,提高文化产品的市场化运作和产业化经营水平。上海广播电视将迎来更高层次、更高质量的大发展和大繁荣。

大事记

1978 年

1月1日　《每周广播》报复刊,改名为《每周广播电视》报。

1月17—19日　上海市广播事业局(以下简称"市广播局")召开郊县农村广播系统先进集体、先进工作者代表大会,表彰先进集体48个,先进工作者191人。

3月28日　中共上海市委(以下简称"市委")任命郑英年为上海市广播事业局党委书记、局长。

4月24日　上海电视大学恢复办学。上海市革命委员会副主任杨恺兼任校长,郑英年兼任副校长。

8月18日　上海电视台成立临时领导班子,邹凡扬为负责人。

10月10日　中共上海市委宣传部(以下简称"市委宣传部")批复同意陈晓东兼任上海人民广播电台(以下简称"上海电台")台长。

11月1日　上海电视台实况转播话剧《于无声处》。该剧以1976年清明节北京天安门广场群众悼念周恩来总理为背景,颂扬了人民群众反对"四人帮"的斗争。上海电台播出该剧实况录音。

同日　上海电台《对农村广播》"阿富根谈生产、谈家常"节目恢复播出,该节目此前被停止播出达12年。

11月4日　上海电台播出工厂、农村、商店、部队等基层单位作者撰写的稿件,谈学习领会《实践是检验真理的唯一标准》重要文章的认识体会。

11月13—20日　上海电台举办《关于真理标准问题》的专题讲座,共10讲。

11月23日　根据1975年国际电信联盟中波广播会议规定,中国中波广播电台改用新频率。其中,上海电台的频率790千赫改为792千赫,1300千赫改为1296千赫,1420千赫改为1422千赫,990千赫不变。

11月　上海电视台举办《实践是检验真理的唯一标准》电视讲座,邀请理论、文艺界人士夏征农、徐盼秋、王西彦、唐秋生、周抗等主讲。

12月23日　中共十一届三中全会18—22日在北京召开。上海电台23、24日播出《中共十一届三中全会公报》11次,简明新闻摘要播出。录音报道《上海人民热烈欢呼党的十一届三中全会的胜利召开》,连续播出到25日。上海电视台播出会议召开和《中共十一届三中全会公报》发表的新闻报道,以及上海各界人民热烈欢庆党的十一届三中全会胜利召开的新闻片。

同日　上海电台、上海电视台转播宝山钢铁厂开工典礼实况,播出有关的录音通讯、消息等。上海电视台还播出《"宝钢"工地巡礼》电视片。

12月26日　毛泽东诞辰85周年。上海电台、上海电视台转播上海市纪念大会实况及文艺晚会演出实况。25日和26日,上海电台、上海电视台分别播出专题节目,演播纪念毛主席诞辰的文艺节目。

1979 年

1月6日　上海广播乐团恢复原名上海广播电视艺术团。

1月25日　上海电视台成立广告业务科。1月28日农历正月初一17时09分,上海电视台播出中国内地电视史上第一条电视广告"参桂养荣酒",片长1分30秒;同年3月15日,播出中国内地第一条外商电视广告"瑞士雷达表",片长60秒。

3月5日　上海电台在中国内地广播电台中率先恢复广告播出,首条为"春蕾药性发乳",其中运用了评弹、演唱、配乐等多种艺术形式。

3月28日　上海电视台组成新领导机构,市广播局副局长刘冰兼任台长、台党总支书记。

3月　贯彻落实中共中央文件精神,经复查,市广播局被错划为右派分子、反党分子的28人全部改正,恢复名誉。

5月1日　上海电视台即日起播出以中共中央副主席、全国政协主席、国务院副总理邓小平题写的上海电视台台名制作而成的台标。

5月7日　上海电台增加广播评论,恢复《知识杂志》《广播漫谈》和《报刊文选》节目,新办《听众信箱》《星期文谈》节目。节目日均播出时间比原来增加5小时。

5月12日　市委任命邹凡扬为上海市广播事业局党委委员、副局长,兼任上海人民广播电台台长。

6月　市广播局派工程师与上海无线电三厂联合设计、制造的40千瓦5频道电视发射机调试完成。

7月1日　上海电视台播放颂扬与林彪、"四人帮"极左路线做斗争而献身的张志新烈士的电视报道剧《永不凋谢的红花》,该剧编剧黄允。上海电台播出同样主题的广播剧《共产党人正气歌》。

7月4日　上海电视台新闻节目播出记者朱黔生拍摄的《上海电机厂发生严重火灾事故》报道。这是上海电视主流媒体对重大灾害事故报道的首次探索。

9月24日　上海市教育局和市广播局联合开办的全国首个电视业余中学举行开学典礼,学员达17万人。

9—10月　第四届全国运动会在北京举行。上海电台记者陈乾年、上海电视台记者祁鸣、穆端正前往采访。这是上海广电系统首次派出记者采访报道全国大型体育赛事。

11月5日　上海电台新增第五套广播节目,频率为95.6兆赫,后改为103.7兆赫调频广播。

1979年12月5日—1980年1月4日　上海电视台首次和外国电视机构合作拍摄电视剧。日本特立帕克电视节目公司摄影队到上海合作拍摄电视剧《望乡之星》,日本著名演员栗原小卷担任该剧主角。

1980 年

1月1日　市委第一书记、市长彭冲在上海电台、上海电视台分别发表广播讲话、电视讲话,向全市人民祝贺新年。

同日　上海电台中波990千赫发射功率由7.5千瓦增大到50千瓦,功率增大6倍多。

1月4日　上海电台、上海电视台分别播出上海石化总厂因老鼠作祟发生重大生产事故,导致损失产值 1 000 多万元的新闻。此后,社会新闻在上海广播电视中常有播出。

2 月 1 日　上海广播电视服务公司成立,该公司制作、经营盒式录音带。

5 月 11 日　中共十一届五中全会为中共中央原副主席、国家原主席刘少奇平反昭雪。上海电台播出怀念刘少奇的一组文章《少奇同志和人民在一起》《回忆少奇同志二三事》;上海电视台播出专题节目《人民心中的丰碑》和《献给少奇同志的诗》。16 日,上海电台播出广播漫谈《少奇同志革命精神永在》。

5 月 26 日　上海电视台举行上海电视新闻通讯网成立大会,发展文字通讯员 600 人。

6 月 1 日　上海电视台新闻节目开设口播新闻。

7 月 1 日　上海电视台同华东地区省市电视台联合举办的《华东见闻》专栏开播。

8 月　上海电视台引进 NEC730N 型 30 千瓦 20 频道分米波电视发射机及天线馈线系统,建立全国第一个分米波电视发射台。

1980 年 10 月 1 日—1981 年 9 月 30 日　由联邦德国艾伯特基金资助,上海电视台技术部主任王忻济、上海电台顾笃瑛赴联邦德国进修学习电视、广播发射技术,这是市广播局第一次派技术人员出国进修。

10 月 20 日　上海电台新增中波 1197 千赫发射频率,节目由 5 套增为 6 套。日均播出总时数为 87 小时 32 分,比 1976 年增加 30 小时以上。

11 月 26 日　市广播局首次公开向社会招聘有志从事广播电视工作的编辑、记者,5 535 人应聘。1981 年录用 31 人。1983 年 9 月 27 日,市广播局第二次向社会公开招聘编辑、记者,应聘者 1 452 人,录用近 70 人。

1981 年

1 月 26 日　上海电视台播出《最高人民法院特别法庭对林彪、江青反革命集团 10 名主犯进行宣判》实况录像。

2 月 4 日　上海电台调频立体声节目首次播音。

3 月　上海电视台摄制完成首部电视连续剧《流逝的岁月》,共 6 集,由奚里德任总导演。

4 月 22 日　上海电视台以电视教育为主要内容的 20 频道开播,这是全国第一个用分米波大功率发射教育类内容的电视频道。

5 月 17—28 日　市广播局首次与日本广播协会(NHK)合作拍摄电视剧。经中央广播事业局批准,日本广播协会(NHK)派摄影队在上海拍摄电视剧《真理子》。市广播局对该剧剧本、场景、服务方面提出修改意见,并组织导演、美工、服装、照明和群众演员等人员与日方合作拍摄。

5 月 20 日　市委批复邹凡扬任上海市广播事业局局长、局党委副书记。

5 月 30 日—6 月 4 日　为哀悼国家名誉主席宋庆龄逝世,上海电台、上海电视台通过新闻和专题节目,大量报道了宋庆龄的生平业绩和各界人士的悼念文章、谈话以及瞻仰遗容、举行追悼大会和葬礼等消息。

5 月　市广播局“复查”小组复查“文化大革命”中的冤假错案,使原立案审查的 147 人(包括落实中央 23 号文件的 33 人)陆续得到平反改正。

6 月 30 日　为庆祝中国共产党成立 60 周年,上海电台和解放日报联合举办文艺晚会,电台播送实况录音。上海电视台转播上海文艺界为此举行的歌舞晚会实况。

7月1日　上海电台、上海电视台转播上海市庆祝中国共产党成立60周年大会实况,并播送文艺节目。上海电台新闻节目设立《发挥共产党员的先锋模范作用》专栏,《学习节目》播出《毛泽东同志和毛泽东思想》专题讲座六讲。上海电视台播出电视片《献身四化的共产党员》《星火燃起的地方——党早期在上海的活动地址》,图片报道《没有共产党就没有新中国》等。

7月4日　上海电视台组织译制的日本电视连续剧《姿三四郎》开始播出,总共26集。这是上海电视台译制、播出的第一部外国电视连续剧。

7月25日　上海广播电视服务公司制作的第一批盒式录音磁带《白色彷徨》投放市场,为广播电视产业发展探路。

7月　上海电视台首次播出"中学生智力竞赛"节目。

9月11—27日　上海电台、上海电视台为纪念鲁迅诞辰100周年,播出介绍鲁迅的生活、创作及根据鲁迅作品改编的文艺节目。其中有广播剧《长明灯》、诗剧《过客》、越剧《仙台行》《祥林嫂》、绍剧《女吊》、滑稽戏《阿Q正传》,以及小说、散文、杂文等广播诵读节目。上海电视台播出电视片《孔乙己》、纪录片《他瞩望着祖国未来》和江苏话剧团演出的话剧《阿Q正传》,以及上海乐团演出的为鲁迅诗词谱曲的歌咏节目,曲目有《自题小像》《湘灵歌》《自嘲》《无题》等。

9月20—24日　经中央广播事业局批准,市广播局在上海文化广场举行日本"佐田雅志音乐会",共演出4场。这是市广播局第一次邀请外国大型音乐团体来沪演出。

11月21日　上海电台开办"最新消息"新闻节目。此举打破沿袭多年的广播新闻全部经录音后播出的规定,部分新闻节目直播,增强了新闻的时效性。

12月26日　上海电台派出编辑、记者、技术人员协助日本东京放送(TBS)制作《在上海》8小时特别节目,并向东京实况转播。这是上海电台首次同国外电台进行大规模合作。

1982 年

1月23日(农历小年夜)　上海电视台首次播出"上海迎春文艺晚会"演出实况。著名演员王丹凤、侯宝林、马季、姜昆、田华、唐国强、姚慕双、周柏春等参加演出。

同日　《上海电视》杂志创刊。

1月24日　上海电台创办《星期广播音乐会》栏目,首场演出在上海音乐厅举行。剧场内的演出实况,由上海电台对场外听众直播,每两周举行1次。

1月　日本大阪朝日放送派电视摄影队来上海,在外滩直播了上海电视台《上海的早晨》节目实况,市广播局组织电视演播、技术人员并提供设备协助转播。

4月17日　上海电视台开播《体育大看台》专栏节目。内容有"体育见闻""国际体坛""体育集锦"等。

6月1日　上海电台创办的学龄前儿童节目《百灵鸟》首次播出。

6月22日　市委宣传部任命高宇为上海人民广播电台台长。

6月　上海电视台党总支领导班子改选,柳星三担任党总支书记。

9月1—11日　中国共产党第十二次全国代表大会在北京举行。上海电视台除转播中央电视台的《党的十二大专题》节目外,还录制新闻专题《在党的旗帜下前进》等节目,集中反映上海城乡自党的十一届三中全会以来发生的深刻变化和取得的重大成就。上海电台《学习节目》播出《学习十二大文件》专题节目。

10月20日　上海电视台播放市委第一书记陈国栋题为《十二大的成就和历史意义》的讲话录像。

10月24日　广播电视部(以下简称"广电部")部长吴冷西视察市广播局并做重要讲话。

10月31日　市委书记、市长汪道涵在上海电视台发表题为《进一步发挥上海经济骨干城市的作用,开创社会主义建设新局面》的电视讲话。

10月　市委第一书记陈国栋,市委第二书记胡立教,市委书记、市长汪道涵,副市长杨堤,市人大常委会副主任李培南、狄景襄等视察上海电视台。

12月13日　市人大常委会副主任李培南在上海电视台发表题为《新宪法是治国安邦的根本大法》电视讲话。

12月24日　广电部部长吴冷西到上海电视台视察。

12月　市广播局增设总工程师室。

1983 年

1月1日　上海电台开设《整点新闻》节目,第一套(中波990千赫)新闻节目从早晨5时起至24时,每逢整点播出一档新闻节目。

同日　上海电台《气象预报》改为《新闻和气象》,节目首先预报上海市和长江口区的天气、温度、风向、风力等,然后播报5分钟新闻,最后用记录速度播送上海中心气象台发布的气象预报。

同日　上海电视台电视动画制片厂开业。

1月2日　上海电台创办《星期戏曲广播会》栏目。由上海电台节目主持人组织串连演员在剧场公演节目,场内演出实况由上海电台向场外听众直播。

1月27日　市广播局党委原书记、首席军代表刘象贤,在"文化大革命"期间犯有严重错误。经市委宣传部批准,给予其撤销党内外职务、留党察看两年的处分。

2月12日(除夕之夜)　上海电视台首次以直播形式播出新闻节目。

3月3日　上海广播电视服务公司更名为上海音像公司。

3月10—19日　应日本东京放送(TBS)邀请,上海广播电视考察团邹凡扬一行4人在日本考察。

5月23—24日　上海电台播送向优秀共青团员张海迪学习的文章和文艺节目。其中有报告文学《金星——张海迪的故事》、广播剧《张海迪》等。

5月　市广播局试制成功中国第一套10千瓦级调频天馈线四工器,并投入使用。

7月4日　上海电视台调整频道功能定位,5频道转播中央电视台节目,8频道播出自办节目,20频道播出教育类节目。

8月19日　上海电视台采用无剪辑、不复制、一次性合成的现场报道方法,以最快的时效,播出《胡耀邦陪同意大利共产党总书记贝林格到上海访问》新闻片。

8月25日　上海电台配合日本东京放送(TBS)制作的广播剧《上海幻影路》获日本国文化厅艺术节大奖。

9月16日—10月1日　第五届全国运动会在上海举行。上海电台、上海电视台播出第五届全运会开幕式实况和专题节目。全运会期间,上海电视台每天录制20分钟节目传送给中央电视台,向全国播送。

9月25日　市委决定邹凡扬任上海市广播事业局党委书记、局长。

10月15日　上海电视台开播《国际瞭望》专栏节目,这是以国际新闻为主兼有知识性、趣味性的综合节目。

1984 年

1月1日　经市政府批准,上海市广播事业局更名为上海市广播电视局(以下简称"市广电局")。

同日　市政府批准市公安局、市广电局联合发布《上海市保护广播电视和有线广播设施安全的通告》。

1月8—14日　中国广播剧研究会第一次全体会员会议在上海举行。市广电局局长邹凡扬主持开幕式。中央人民广播电台台长杨兆麟,市委宣传部副部长吴建、丁锡满到会。会议选举杨兆麟为理事长,王健儒、黎家健为副会长。

2月1日　上海电视台建成新闻播出中心,实现采、录、编、播"一条龙"工作流程。

2月14日　经市委宣传部批准,上海电台、上海电视台分别设立党委;高宇为上海人民广播电台党委书记兼任台长和总编辑;市广电局副局长龚学平兼任上海电视台党委书记、台长和总编辑。

同日　市广电局成立艺术委员会和技术委员会。市广电局副局长刘冰兼任艺术委员会主任,市广电局副局长、总工程师何允兼任技术委员会主任。

3月1日　市政府批准施行《上海市录音、录像制品和录像设备的使用管理办法》和《上海市录音、录像制品出版、复录、销售管理细则》。同日,市广电局录音录像制品管理处成立。

3月27日　市广电局第一个电视剧外景拍摄基地——黄山拍摄基地建成并投入使用,总投资为37万元。

4月6日　上海广播电视艺术团划归上海电视台,副台长郑礼滨兼任团长。

4月9日　上海电视台《大舞台》戏曲晚会型专栏节目首次播出。

同日　上海电台播出第一部立体声广播剧《蝴蝶泉》。

4月14日　上海电视台综合性文艺栏目《大世界》首次播出。

4月16—22日　以市广电局副局长龚学平为团长的上海电视代表团一行3人,应日本电视网株式会社(NTV)的邀请,赴日访问。龚学平和日本读卖电视台台长青山行雄正式签订上海电视台与日本读卖电视台友好业务合作协议书。

4月30日　美国总统里根访华,上海电视台总工程师室、技术部派出14人在锦江饭店设立临时电视中心,将里根总统在沪活动的电视录像通过卫星传送到美国。

5月27日　上海电台隆重庆祝建台35周年。中共中央书记处书记、全国人大常委会副委员长陈丕显为上海电台题词:充分发挥广播电视这一现代化宣传工具作用,为两个文明建设服务。

同日　上海电台新建的播控中心正式投入使用。1985年1月该中心被评为国家优秀设计项目。

5月29日　市委第一书记陈国栋,市委书记、市长汪道涵,市委书记、副市长阮崇武等到上海电台视察。

6月30日　上海音像资料馆成立。

7月4日　日本读卖电视广播一部广播员竹山一到上海电视台进修语言,为期半年。这是上海电视台第一次接待外国进修人员。

8月20日　经市政府批准,市广电局成立上海广播电视发展公司。

8月23日　市广电局正式上报《关于400米电视发射塔选址的意见》。塔址最终选在浦东陆家嘴沿江至浦东公园一带。1986年6月,上海市规划委员会批复,确定在浦东陆家嘴新建450米电视塔。1987年1月,国家计委批准上海建造450米电视塔。

8月　经上海市外经贸委批准,上海广播电视发展公司、中国人民银行上海信托公司和日本岩田事务所签订合作改造经营上海南京东路627号的"上海七重天宾馆"的合同。这是市广电局直接引进外资的第一个合作项目。七重天宾馆建设面积2 200平方米,总投资480万元,1985年12月20日对外营业。

9月14日　为培养新闻采、编、播干部,市广电局新闻函授班(即北京广播学院新闻函授班)开学。

10月1日　上海电台播出《国庆的一天》特别节目,从7时30分开始到18时30分结束。采取多点广播、多种节目穿插,内容丰富,形式多样,是改革广播新闻传播的一次尝试。该节目于1985年获全国广播节目特别奖、第六届全国好新闻一等奖。

10月12日　联邦德国总理科尔访沪,在上海电视台演播室接受记者采访的电视录像通过卫星传送到联邦德国。上海电台记者在浦江游览船上对科尔进行了录音采访。

10月28日　上海电台《星期戏曲广播会》与上海电视台《大舞台》合作,在无锡直播《苏、皖、沪锡剧演员交流汇演》实况。这是上海电台首次运用微波传输技术从外地对上海做现场直播。

10月　上海电台新增第七套以戏曲为主的立体声节目,频率为调频95兆赫(后改为调频101.7兆赫)。

11月24日　为祝贺文学大师巴金80诞辰,上海电视台首播人物专题片《巴金》。25日,上海电台《文学爱好者》节目播出巴金接受广播记者采访的讲话录音。

1985 年

1月13日　上海电视台小荧星艺术团成立。至2004年,小荧星艺术团发展成为拥有合唱团、舞蹈团、歌舞团、影视戏剧团、演奏团等分团的大型少儿课余综合文艺表演团体。

1月28日　上海电视台《电视剧艺术》杂志创刊(1989年底停刊)。

1月　上海电台中波广播虹桥路发射机房三套广播节目发射的三大电声指标均达到甲级,创历史最佳纪录。

2月　市广播局第一次以自筹资金方式建造的位于南市区南江路职工住宅竣工,建筑面积13 733平方米,总投资242万元,共279套房。

3月　上海电视台实行干部聘用制,对所属部、室主任,总工程师的聘用期为两年,其副职及科长、副科长聘用期为一年。

4月10日　上海电视台的广播电视光纤传输试验第一期工程(从南京西路651号电视台到南京东路627号新永安大楼的光纤线路)架设成功,全长1.21公里。

4月11日　上海录像发行公司成立。

4月26日　上海职工群众评选上海十种"群众喜爱的精神产品"结果揭晓,上海电视台《国际瞭望》《体育大看台》节目和上海电台《新闻、气象和为您服务》《星期广播音乐会》《立体声外国音乐节目》被评为上海"群众喜爱的精神产品"。

5月16日　市委第二书记胡立教,市委常委吴邦国、黄菊,副市长李肇基到上海电视台现场办公,听取市广电局局长邹凡扬和上海电视台领导的工作汇报。

5月22日　上海电视台新设的《法律与道德》专栏播出后,反响较大。最高人民法院院长郑天翔等领导看完节目后表示"此片很好"。

5月　上海电视台举办首届"卡西欧杯家庭演唱大奖赛"。

6月27日　上海电视台记者朱黔生、郭大康等8人冒着生命危险在火灾现场抢拍的上海造漆厂扑灭恶性火灾新闻报道,受到市委领导表扬。市广电局党委为他们记集体一等功,上海电视台党委授予他们"优秀电视工作者"荣誉称号。《人民日报》在7月7日报道这一消息,发表短评《当新时期的"战地记者"》。1986年5月5日,该报道组被市政府授予"1985年度模范集体"荣誉称号。

7月18日　市委书记芮杏文,市委副书记、市长江泽民到上海电台、上海电视台视察,勉励广播电视工作者要做党和人民的喉舌。

7月21日　中国电视艺术家协会上海分会成立。周峰任主席,郑礼滨任副主席。

9月1日　上海电台调频立体声节目开播。《音乐之声》(调频103.7兆赫)节目每天播音16小时。以戏曲为主的立体声节目(调频101.7兆赫)每天播音10小时。

9月2日　上海新闻广播电视职业学校开学,招生160名。设新闻编务、新闻管理、音响录音和电视摄像、广播电视技术4个专业。该校由市新闻工作者协会、市广电局、静安区教育局联合创办。后由香港实业家邵逸夫和上海市教育行政部门共同投资改建,并更名为逸夫职业技术学校。

9月7日　市委任命龚学平为上海市广播电视局党委书记。10月30日,市人大常委会任命龚学平为上海市广播电视局局长。

10月6日　上海电视台与国外合作的第一个电视教育讲座节目"卡西欧BP-700型电子计算机讲座"在8频道播出。

10月　市广电局党委书记龚学平、四川省广播电视厅厅长郑体仁、四川电视台副台长奉晓芬、四川人民广播电台副台长吕齐等拜访文学大师巴金,就拟将"激流三部曲"《家》《春》《秋》改编为电视连续剧听取巴金意见。1988年6月9日,龚学平和四川省广播电视厅副厅长、四川电视台台长卢子贵,上海电视台导演李莉,编剧黄海芹拜访巴金,聆听巴金对沪蜀合拍的19集电视连续剧《家·春·秋》的意见。

11月15日　北京、天津、上海、重庆、武汉、沈阳、大连7城市广播电视协作会在上海召开。会议主要议题是研讨广播电视在建设社会主义精神文明中的地位和作用。广电部部长艾知生到会讲话。

11月22日　市委宣传部对上海电台、上海电视台领导班子做调整:李森华任上海人民广播电台台长、总编辑;龚学平兼任上海电视台党委书记、台长,郑礼滨为总编辑。

1986 年

1月1日　上海市郊县第一个电视台——松江电视台试播。

2月20—22日　由上海电视台和宁波电视台联合发起的上海经济区部分城市电视台新闻协作会议在宁波举行。杭州、嘉兴、温州、绍兴、无锡、常州、常熟、镇江、扬州、南通等13城市的广播电视厅、电视台的22位代表参加会议,这是上海经济区部分城市电视台的首次新闻协作会议。

2月　市广电局参与援外建设的摩洛哥体育中心工程竣工。

3月23日　上海电视台首次成功向国外传送在上海举行的由9个国家114名运动员参加的国际女子马拉松比赛实况电视信号。这次实况传送,共出动3辆转播车,30台摄像机,近300名工作人员,还用直升机进行全景拍摄。

4月5日　市广电局局长龚学平应美国新闻总署邀请赴美访问,并采访了美国前总统福特。

4月25日　广播电影电视部(以下简称"广电部")部长艾知生视察上海电视台。

6月8日　中共中央政治局委员胡乔木,由上海市副市长杨凯、市社联主席罗竹风陪同,在上海电视台演播室观看录制中的上海市第二届《我爱祖国语言美》家庭组现场评比。节目组完成录制后,胡乔木走上舞台,称赞"评比内容很好,体现了语言美、形式美、风格美,不仅推广了讲普通话,还推动了上海市整个精神文明的建设"。

6月12日　上海电视台开辟全国第一档由中学生采访、编辑和主持的综合性专栏节目《你我中学生》,反映上海中学生的学习和生活。设有"校园内外""生活ABC""青橄榄""周末热线"等板块。每周四晚上播出,每期15分钟。

6月18日　上海电视台体育部和节目科的编辑、记者、播音员等工作人员,从凌晨2时50分开始接收国际通信卫星传送的世界杯足球赛意大利队与法国队比赛实况画面,在播音室同步配上汉语解说播出。

7月1日　上海电视台26频道正式启用。该频道主要用于电视教育。

7月　上海电视台与美国苹果电视台签订协议书,从7月起,上海电视台每周向美国苹果电视台输送新闻节目。

8月29日　上海市第八届人民代表大会常务委员会第二十三次会议,决定当年12月举办上海国际友好城市电视节。

9月15日　上海电台开办英语广播《本市新闻和气象》节目,在中波990千赫播出。

9月18日　上海电台和中央人民广播电台(以下简称"中央电台")、福建人民广播电台(以下简称"福建电台",各地方人民广播电台同此简称)在福州市联合举办《星期广播音乐会》海峡中秋专场,并对台湾地区现场直播。

10月1日　上海电视台在8频道开设《英语新闻》节目。上海市市长江泽民当晚在节目中用英语致词,祝贺该节目的诞生。

10月18日　由上海电台和每周广播电视报联合主办的"我喜爱的播音员"听众评选揭晓,近11万人参加投票活动,顾超获第一名,袁超获第二名,蔚兰、肖亚并列第三名。

10月20日—11月5日　市广电局局长龚学平随上海经济代表团访问约旦、希腊和新加坡,探讨引进外资在沪建设电视塔事宜。

10月31日　上海电台与联邦德国北德意志广播电台首次合作,在上海联合举办上海—汉堡港口音乐会。市长江泽民、联邦德国驻沪总领事出席在美琪大戏院举行的音乐会。这台节目分别向两国听众播出,受到好评。

11月10日　市广电局研制的调频天线五工器通过广电部部级鉴定。

12月10—16日　上海国际友好城市电视节在上海举行。由上海电视台和上海市人民政府外事办公室共同筹办,16个国家的18个城市23家电视台参加。这届电视节的主要活动内容是电视节目的展播和交流。电视节期间,上海电视台播出电视剧17部、文化专题片16部、风光专题片25部。广电部部长艾知生称,这是中国电视史上的一个创举。

12月18日　上海电视台播出电视专题片《胡耀邦同志在上海》。该片记录了中共中央总书记胡耀邦在上海为期10天的考察。

12月19日　市广电局召开庆祝上海市郊县有线广播建立30周年大会。郊县已有广播台（站）10座，电视台2座，乡镇广播站227座，有线广播喇叭106万只，形成有线广播、广播电视共用天线等组成的广播电视网络。10个县广播台每天自办节目合计60多小时。

1987 年

1月1日　上海电视台卫星地面接收站建成，并转播中国教育电视台节目。

1月8日　上海电视台首次与日本大阪读卖电视台合作拍摄电视剧《亲属》，并派出11人组成的摄制组在日本参与合作拍摄。

1月10日　经市委同意，上海电视台、上海电台定为相当于副局级单位。

1月20—29日　上海电视台记者穆端正、邬志豪、袁雷、汪万利在云南老山对越自卫反击战前线战地采访、拍摄，进行连续报道。春节期间，这组连续报道在上海电视台新闻节目中播出。

2月20日　由市广电局办公室编辑的16开2版《广播与电视》内刊出版。它传递信息，沟通情况，交流经验，发至局系统班组。当年8月15日改为16开4版。1995年10月1日改由市广播电影电视局主办，更名为《广播影视》，8开4版，该内刊刊号为上海市连续性内部资料准印证（B）第0057号。2000年4月25日改由市文化广播影视管理局主办，更名为《文广影视》。2001年5月15日，《文广影视》改由上海文化广播影视集团主办。这份内刊出版至2014年3月31日结束，共出版1 239期。

3月14日　上海电视台摄制的电视连续剧《孙中山与宋庆龄》在香港举行首映式。

同日　经国家科委、上海市人民政府批准，上海市广播科学研究所成立，何允任所长。

3月　市委副书记、市长江泽民到上海音像资料馆视察工作并题词。

4月13日　《每周广播电视》报创刊1 000期，期最高发行量达230万份。

5月2日　经市委批准，上海电台、上海电视台的体制实行重大改革。上海电台成立新闻教育、文艺、经济节目3个编辑室，对外呼号分别为：上海人民广播电台新闻教育台（使用中波990、1422、1296千赫）；上海人民广播电台文艺台（使用中波1197千赫，调频103.7、101.7兆赫）；上海人民广播电台经济台（使用中波792千赫）。上海电视台成立两个编辑室。其中，第一编辑室负责新闻、文艺类节目，对外呼号为上海电视台一台（使用8频道）；第二编辑室负责经济、体育、社教节目，对外呼号为上海电视台二台（使用20频道）。上海电视台组建上海电视剧制作中心，上海市广播电视局组建技术中心、服务中心。

5月11日　上海电台新闻教育台、经济台、文艺台开播。

同日　上海电台新闻台开播《今日论坛》节目。中共中央顾问委员会委员夏征农为《今日论坛》开播题词：正视听、明是非。首档节目播出复旦大学著名教授苏步青撰写的评论稿《青年的社会责任》。5月15日和6月30日，该节目先后播出市委副书记、市长江泽民撰写的文章《同心协力 办好十五件实事》和讲话录音《永远坚持为人民服务的宗旨》。

5月12日　上海电台经济台播出世界四大金融市场（纽约、伦敦、东京、香港）行情。一周后又新设周播专栏节目《一周外汇市场述评》。

5月27日　上海电视台召开首届职工代表大会，通过了《上海电视台工作人员职业道德规范》，同时向社会公布并对外设立监督电话。

6月15日　上海电视台一台、二台正式开播。全国人大常委会副委员长陈丕显题词：加强经济宣传和经济信息的交流,面向现代化,面向世界,面向廿一世纪。全国人大常委会副委员长荣毅仁题词：愿你们为建设具有中国特色的社会主义作出贡献！市委书记芮杏文,市委副书记、市长江泽民分别题词。

7月5日　上海电视台开办全国第一个杂志型电视新闻栏目《新闻透视》。

7月18日　市广电局举行题桥发射台工程开工典礼。1990年9月25日,题桥发射台正式对外播出上海电台的五套中波广播节目。上海市广播科学研究所研制的全国第一台10千瓦多频率全固态中波发射机启用。

7月　市广电局设立广播电视节目(含音像制品)优质奖和创新奖。评选工作由即将成立的市广播电视学会主办。

8月23日　日本电视网(NTV)与上海电台、上海电视台联合举办的"亚洲和平音乐大会"在上海体育馆举行。来自美国、法国、日本和中国的艺术家表演了精彩的文艺节目,上海电台103.7兆赫调频立体声节目现场直播,上海电视台实况转播,NTV通过卫星向全日本做实况转播。

8月28日　市委副书记、市长江泽民,市委副书记曾庆红到上海电视台与台负责人、新闻记者进行两个半小时的座谈,并就党的十三大期间的宣传报道工作提出要求。

9月28日　上海电视台和日本大阪读卖电视台联合摄制的电视剧《亲属》在上海同观众见面。

10月1日　上海电视台摄制的电视剧《穷街》在日本札幌举办的第三届世界电视节上获纪念奖,这是中国电视剧首次在国际性电视节获奖。

10月25日—11月1日　市广电局党委书记、局长龚学平参加中国共产党第十三次全国代表大会。

11月11日　位于岳阳路44号的上海音像资料馆大楼建成。该工程于1986年3月开工,总投资为200万元,总建筑面积约1700平方米。

11月　由上海电视台和南斯拉夫萨格勒布电视台共同举办的南斯拉夫萨格勒布电视周在上海举办。

12月6日　上海电台举办特别节目《宁波的一天》,从7时30分到18时连续从宁波向上海直播,这在上海电台尚属首次。

12月24日　经市政府批准,市公安局、市广电局联合发出《关于贯彻执行国务院广播电视设施保护条例的通知》。

12月　上海音像管理处对全市录像放映单位进行全面整顿,130余个录像放映单位因不符合《上海市录像放映管理规定》而被撤销。

1988 年

1月1日　浦江之声广播电台17时55分正式开播,播出频率为短波3280千赫、3990千赫、4950千赫。中共中央政治局委员、上海市委书记、市长江泽民发表新年贺词作为开播词。此前,江泽民题写台名,并为开播题词：传播乡音乡情,弘扬爱国主义。全国人大常委会副委员长周谷城题词：浦江之声,广播新闻,对台广播,怀念亲人。

同日　《每周广播电视》报由邮局发行改为自办发行。

2月22日　上海市对外经济贸易委员会批复市广电局，同意上海电视台与美国华侨日报所属苹果电视有限公司在纽约合资建立华申国际事业有限公司的项目建议书。该项目的注册资金5万美元，经营年限暂定10年，这是市广电局第一个在海外合作经营的公司。

2月23日　经广电部批准，上海音像公司出版录像节目的业务被划给上海录像发行公司，同时上海录像发行公司更名为上海录像公司。

2月27日　"中国音像大百科"编委会成立。委员共17人，龚学平任主任，刘冰、邹凡扬任副主任。

3月24日　上海境内发生两列客运火车相撞的恶性事故，造成中日旅客伤亡127人。上海电台在当天17时的新闻节目中首先播出关于这次事故的报道。7分钟后，日本新闻媒体驻沪机构将这条消息传送到日本。截至28日，上海电台共播出这方面新闻47条；上海电视台播出录像新闻20条，供给中央电视台新闻10条。部分录像新闻直接传送到日本、英国等，被当地多家电视台采用。

3月28日　上海电台开办的调频107.7兆赫英语广播播出，每天播出6小时新闻、文学、音乐、专题节目。这是全国第一家地方英语广播电台。

3月　市广电局职称改革小组在1987—1988年中，对全局12个专业系列的专业技术人员进行专业职务职称的评定，评出高级专业人员191名，中级专业人员425名。

4月1日　上海文艺广播促进会成立。龚学平任会长，孙道临、李德铭等任副会长，著名剧作家曹禺担任顾问。

4月4日　上海市旅游事业管理局批复同意市广电局成立上海市广播电视国际旅游公司，经营第二类旅游业务。这是全国广播电视系统中成立的第一家国际旅游公司。

5月1日　上海电视台二台与市总工会合办的《当代工人》节目开播。中共中央顾问委员会主任陈云为该节目题名。

5月6日　中共中央政治局委员、上海市委书记江泽民在上海电视台召开全市新闻单位负责人座谈会，就改革开放新形势下如何做好新闻宣传工作提出要求。市广电局、上海电台、上海电视台等单位的负责人出席会议。

5月28日　上海电台举行首届上海国际音乐节目展播，历时16天，播出14个国家提供的15套音乐节目。

5月　市广电局与市财政局就实行全面性财政总承包改革试点达成协议，即从1988年到1990年，市财政局对市广电局（包括局属各事业单位）核定基数，实行经费包干，同时实行增收同抵顶财政拨款与提高职工奖励双挂钩的办法。

6月14日　经上海市计划委员会同意，市广电局在上海电视台增设14频道。此频道用于转播中央电视台第二套节目，项目总投资380万元。

6月15日　经中共上海市委宣传部和中共海南省委宣传部批准，上海电台、上海电视台在海南省设立记者站。

6月30日　上海市广播电视学会成立，选出77位理事，龚学平为会长，聘请邹凡扬等14人为顾问。

7月21日　经深圳市市长会议讨论同意，上海电台、上海电视台在深圳设立记者站。

8月1日　上海电视台《当代军人》专栏开播。解放军总政治部致贺信，国防部原部长张爱萍题写栏目名。中共中央政治局委员、上海市委书记江泽民和南京军区司令向守志出席开播仪式并讲话。

9月4日　上海电视台与联邦德国二台联合制作播出《上海—汉堡电视之桥》卫星实况转播对话节目。双方各有30名市民参加对话,联邦德国有50多家新闻单位报道这项活动。

9月19日　市人大常委会副主任陈铁迪率领市人大代表22人,到上海市音像管理处检查《上海市青少年保护条例》在音像制品方面的执行情况。

9月27日　上海电视台召开庆祝建台30周年大型座谈会。会上,向1958年参加上海电视台开播工作的30多人颁发荣誉证书。上海电视台还出版纪念文集《我和电视》。

10月22—29日　第二届上海电视节(上海国际友好城市电视节更名为上海电视节)在上海举行,25个国家和地区的92家电视台、影视公司的1 000余名代表参加。

11月8日　上海录像公司自行安装、调试成功全国规模最大的1∶150录像节目复制系统。

11月9日　市广电局召开向首批高级工程师颁发聘任证书大会,王忻济、何允等20名高级工程师获颁聘书。

1989年

1月10日　上海电视台和江西、山东、江苏、安徽、福建、浙江电视台联合举办"华东六省一市电视台纪念改革开放10周年"联播节目,上海电视台当日起在8频道播出该节目。

1月23日　中共中央政治局委员、上海市委书记江泽民,市委副书记曾庆红在上海电视台会见"中国音像大百科"部分编委。江泽民说:"你们这项旨在发掘、保存、荟萃、弘扬中国音像文化精华的宏大工程很有意义,市委将给予大力支持。"

2月1日　市广电局党委决定成立局研究室,撤销局宣传办公室,广播电视研究所(筹)并入研究室,《每周广播电视》报归研究室领导。

2月10日　上海电视台电视移动字幕首次对外播出,新华社、《新民晚报》、香港《大公报》等对此做了报道。

2月16日　市委副书记、市长朱镕基在"信誉杯"优质服务竞赛授奖大会上称赞上海电视台二台《小菜场》专栏节目:"我非常感谢这个节目的编辑和采访的同志们,你们做了很多工作,为上海的菜篮子工程作出了很好的贡献。"

2月18日　中国电视艺术家协会上海分会举行年会,市广电局党委书记、局长龚学平当选为主席。

2月　市广电局离休干部监听监视组成立。

3月4日　市委常委会在听取专家意见的基础上,确定采用由华东建筑设计研究院设计的上海广播电视塔"东方明珠"方案,该塔设计高度为450米。

5月21日　上海电台举行第二届上海国际音乐节目展播。中共中央政治局委员、上海市委书记江泽民此前题词:办好"89上海国际音乐节目展播活动",发展各国人民的友好往来。从5月22日起,上海电台在调频103.7兆赫陆续播出由37个国家的广播电台、广播公司、驻华使领馆选送的44套音乐节目。该届展播历时24天。

5月22日　市委副书记、市长朱镕基发表题为《稳定上海、稳定大局》的电视讲话,号召全市人民要为稳定上海、稳定大局共同负起历史的责任。

同日　上海电台在中波990千赫特设的《我和广播》征文节目开播。该节目是为庆祝5月27日上海电台建台40周年开设的。中共中央顾问委员会主任陈云为上海电台建台40周年题词:上海人民广播电台 40 周年。上海电台出版广播业务论文集《只不过是起步》。

5 月 28 日　上海电台新闻台播出为庆祝上海解放 40 周年制作的特别节目《上海在奋起》。在近 6 小时的节目里,有解放后上海市第一任市长陈毅的讲话录音,有原国民政府上海市代理市长赵祖康回忆上海解放情景的录音特写等。

6 月 8 日　上海电台、上海电视台分别在黄金时段播出市委副书记、市长朱镕基向全市人民发表题为《稳定上海,稳定大局,坚持生产,保障生活》的广播电视讲话。

6 月 9 日　市委副书记曾庆红,市委常委、统战部部长毛经权,市委常委、宣传部部长陈至立,副市长刘振元等到上海电台、上海电视台,向坚守在工作岗位上的一线编辑、记者、播音员、技术人员等进行慰问。

6 月 29 日　市委决定陈文炳任上海人民广播电台党委书记,金闽珠任上海电视台党委书记。

7 月 6 日　市政府任命市广电局副局长陈文炳兼任上海人民广播电台台长,市广电局副局长金闽珠兼任上海电视台台长。

7 月 18 日　上海市音像管理处召开全市录像放映单位工作会议。会后,公开销毁淫秽、非法录像带一万余盒。

9 月 5 日　市广电局在上海科技大学设立"SBT 奖学金",从当年起至 1993 年的 5 年内,每年向上海科技大学提供奖学金 1.5 万元,奖励品学兼优的学生。

9 月 30 日　为庆祝中华人民共和国成立 40 周年,上海电台举办《伟大的祖国在奋进》国庆专题节目。从 10 月 1 日至 3 日新闻节目播出专题《飘扬吧,共和国的国旗》《上海人民欢声笑语迎国庆》《捷报频传四十年——来自祖国各地的报告》。国庆期间,上海电台文艺台播出 6 场大型文艺晚会的实况或录音。上海电视台 10 月 1 日晚现场直播大型文艺晚会——《祖国颂》;国庆期间播出《礼花齐放——上海表演艺术四十年礼赞》4 集,专题系列片《中华之最》30 集。新闻节目连续播出系列报道《上海:四十年回响》。《您好,中国》专栏相继播出巴基斯坦、土耳其、苏联、联邦德国等 12 个国家的 14 家电视台为祝贺新中国成立 40 周年特意选送的节目。上海电视台还为中央电视台专题节目《弹指一挥间》提供 9 集专题节目。

10 月 1 日　上海电视台 14 频道开播。这是上海电视台建立的第三个分米波电视频道,也是市政府计划年内为上海人民办的十二件实事之一。当天,转播中央电视台第二套节目。

10 月 14—15 日　为庆贺上海电台《星期戏曲广播会》播出 200 期,全国戏曲名家大型研讨会暨汇演活动在上海举行。来自 8 省市的 12 个剧种 60 多名戏曲精英和 20 多位戏剧理论工作者参加,有 5 场精彩演出。17、18 日举行"振兴戏曲艺术,弘扬民族文化"大型研讨会。

11 月 10 日　上海电视台举办首届上海电视广告理论研讨会。会议收到 30 余篇论文和交流文章,会后编辑出版《电视广告纵横谈》一书。

1990 年

1 月 1 日　市长朱镕基发表元旦献辞,零时在上海电台、上海电视台播出。

2 月 10 日　上海市有线电视协会成立。

2 月 19—20 日　市广电局召开广播电视少儿节目研讨会,决定成立上海广播电视少儿节目协调领导小组;市广电局成立少儿节目促进会;上海电台、上海电视台分别成立少儿部。

2 月 20—24 日　上海电视台《国际瞭望》专栏在播出 300 期之际,举办部分省市电视台国际栏目展播。提供节目的有北京、天津、福建、贵州、河南、浙江、黑龙江、武汉 8 家省(市)电视台。

4 月 5—11 日　上海电台主办"上海国际相声交流演播"。在为期一周的交流演播中,有 32 位全国相声艺术名家和来自美国、新加坡、马来西亚、加拿大、巴西、坦桑尼亚以及中国台湾地区的相声演员参加。上海电台于 7、8 日转播演出盛况,上海电视台也播出演出的实况录像。

4 月 16—18 日　上海电视台新闻节目连续播出"上海 30 万吨乙烯工程建成投产""宝钢冷轧连铸生产线建成投产、热轧生产线负荷试车""上海大众汽车有限公司成立五周年"三大工程庆祝活动报道,国务院总理李鹏称赞上海电视新闻搞得很好。

7 月 5—8 日　全国第三届科普广播优秀节目、论文评选会由上海电台承办,历时 4 天,27 个省(市)电台的同行出席。上海电台经济台选送的 5 篇作品分获 2 个一等奖、2 个二等奖、1 个三等奖。

7 月 15 日　上海电视台《今夜星辰》文艺专栏开播。

8 月 20 日　市广电局成立宣传编辑委员会。编委会负责对全局宣传工作进行指导、协调和决策。委员 13 人,龚学平任主任,刘冰任副主任。

10 月 1 日　上海电台文艺台小说连播节目开始播出记述陈赓将军传奇经历的长篇小说《风流大将军》。原中共中央顾问委员会常务副主任薄一波,全国政协原副主席杨成武为该节目开播题词,解放军政治学院原院长兼政委刘志坚为节目首播做录音讲话。

11 月 2 日　崇明、金山、青浦 3 县的 4 座电视塔建成。播出的电视图像清晰,改善了边远郊县居民收看电视的效果。

11 月 10—15 日　第三届上海电视节在上海举行。中共中央总书记江泽民题词:友谊的彩带　合作的桥梁——祝贺第三届上海电视节开幕。中共中央政治局常委李瑞环致贺词。这届电视节主要活动项目除电视节目白玉兰奖评选、电视节目交易会、广播电视设备展览外,还增加了国际电视学术交流会。

1991 年

2 月 6 日　市广电局与市财政局签订为期 2 年的第二轮财政综合承包协议。采取超收入和上交财政、超收入和奖励的"双挂钩"办法,体现国家、集体、个人三者利益兼顾的原则。

2 月 14 日　上海电视台记者朱黔生、林罗华,灯光王建华、蒋伟立在西郊宾馆采访拍摄邓小平、杨尚昆等中央领导同上海党政军领导欢度农历除夕迎新春活动。邓小平与记者一起合影留念。

2 月　市政府根据上海有线电视发展情况,确定将建立上海有线电视台作为 1992 年精神文明建设实事。

4 月 10 日　由中国人民银行上海分行牵头,工商银行上海市浦东分行、建设银行上海市浦东分行等全市 44 家金融机构组成银团,为建造上海广播电视塔工程提供 1.5 亿元人民币和 1 000 万美元贷款并举行合同签字仪式。

4 月 16 日　由上海电视台与美国旧金山西湖投资开发公司合办的华声电视台,在旧金山华声电视台 66 频道正式开播。上海电视台每天提供 1 小时华语节目,周一至周六 19 时至 20 时播出。

4 月 20 日　市政府批准,上海市广播电视局音像管理处更名为上海市音像管理处,统一归口管理全市音像工作;各区(县)文化局、广播电视局负责其地区内的音像管理,并受市音像管理处归口管理和领导。

4 月　市广电局成立上海有线电视台筹备小组。组长刘冰,副组长叶志康、胡运筹、陈建新。

5月23日　上海电台为纪念西藏自治区和平解放40周年,特派记者陈足智在西藏采访制作了一套反映40年来上海人民支援西藏经济、文化、教育事业,为西藏的稳定与发展做贡献的专题节目,并在上海电台播出。

5月　位于南京西路651号的广电大厦(上海广播电视国际新闻交流中心)开工。1995年4月28日竣工交付使用。该大厦由市广电局自筹资金2.808亿元建设,华东建筑设计研究院设计,总建筑面积27 000平方米,基地面积5 000平方米,主楼24层,最高点为128米,裙房6层,配有广播电视播出中心、节目制作传送中心及卫星地面站、微波通讯和闭路电视等配套设施。

6月1日　上海市统一供片站成立,向各有线电视台(站)供应录像带。

6月26日　上海电视台、市委党史研究室联合编制的系列专题片《上海百年英烈传》24集,开始在20频道播出。

6月　市政府批准上海广播电视塔建设领导小组由副市长倪天增为组长,副市长刘振元为副组长,市广电局局长龚学平为秘书长。

7月14日　由市广电局主办的"'91万宝路杯"上海国际足球邀请赛闭幕。有4支欧洲足坛劲旅和国内2支强队参赛。罗马尼亚国家队获冠军,中国奥林匹克队获亚军,这场比赛收入50万元,全部捐赠给青浦、金山、松江、崇明等县的洪涝灾害受灾群众。

7月30日　上海广播电视塔奠基仪式在浦东陆家嘴隆重举行,市委副书记陈至立、副市长倪天增参加。

9月12日　市广电局颁发《上海市有线电视技术规划》和《上海市有线电视工程设计、安装、施工、验收管理暂行规定》,用以指导上海有线电视网的建设。根据以上《规划》,上海有线电视台采用光缆传输技术,与各街道(镇)有线电视站实现联网。

9月25日　上海《有线电视》报创刊。创刊号发表市委书记吴邦国撰写的题为《发展有线电视,建设精神文明》的专稿。

9月30日　上海电台交通信息台正式播出,广播频率为中波648千赫,每天7时至19时播音。

10月7—8日　在沪全国人大代表、市人大代表一行30余人,视察上海音像制品出版、销售、放映单位,并听取市音像管理处负责人的工作汇报。

10月15日　国务院副总理朱镕基在市委副书记、市长黄菊,副市长、上海广播电视塔建设领导小组组长倪天增陪同下,视察上海广播电视塔建设工地,称赞上海市广播电视局自筹资金建塔是一个创举。

10月19日　中共中央政治局常委李瑞环到上海广播电视塔工地现场视察,市委书记吴邦国,市委副书记、市长黄菊陪同,市广电局局长龚学平汇报了建塔情况。

11月18日　中共中央政治局常委、国务院总理李鹏在市委书记吴邦国,市委副书记、市长黄菊陪同下,视察上海广播电视塔工地。

11月21日　全国人大常委会委员长万里在市人大常委会主任叶公琦和副市长倪天增的陪同下,视察上海广播电视塔工地。

12月10日　上海电视台记者孙泽敏、王一敏、颜迪明、沈渊培等采制的《彩虹从浦江升起》获首届中国新闻奖一等奖。

12月28日　市委决定贾树枚任上海市广播电视局党委书记,市广电局党委副书记徐济尧兼任上海人民广播电台党委书记。

12月30日　市政府任命盛重庆为上海电视台台长。

1992 年

1月1日　上海电视台举行"三百六十行"元旦电视文艺晚会。邀请1991年《新闻报道》节目中报道过的370位在平凡岗位上默默奉献的能人作为嘉宾参加晚会。出席晚会的市委书记吴邦国、市委副书记、市长黄菊，市人大常委会主任叶公琦等感谢他们为国家和人民做出贡献。

1月17日　中共中央总书记江泽民在市委书记吴邦国，市委副书记、市长黄菊和南京军区政委史玉孝的陪同下，视察东方明珠广播电视塔工程建设工地。

1月21—22日　上海市广播科学研究所研制的1千瓦调频五工器，进行全功率状态下的试验，测试结果表明，达到国际同类产品的先进水平。

2月17日　邓小平在西郊宾馆观看浦东开发规划模型，听取市委副书记、市长黄菊介绍东方明珠广播电视塔施工进度情况。

3月16—19日　由上海电台和广电部磁带厂联合主办的"大型系列广播剧《刑警803》、电影录音剪辑、音乐音响资料全国订货暨研讨会"在西安举行。三天里《刑警803》系列广播剧录音磁带订购量达3054集，约4.5万元。

4月4日　市政府第13号令发布《上海市电视剧制作管理暂行规定》。

4月24日　市委宣传部批复同意组建上海东方明珠股份有限公司。该公司注册资金4.1亿元，其中发起人单位入股3.7亿元，占注册资金总额90.24%，向企业法人和社会个人各发行2000万元，各占4.88%。其中上海广播电视发展总公司入股3.5亿元，占85.37%，上海电视台入股1000万元，占2.44%，上海电台、每周广播电视报社入股各500万元，分别占1.22%。5月9日，市工商局批准成立，注册地为浦东陆家嘴路504弄2号，企业法人代表龚学平。

5月11日　市委宣传部召开电视剧创作座谈会，嘉奖上海电视台摄制的26集电视连续剧《上海一家人》。

5月14日　为纪念毛泽东《在延安文艺座谈会上的讲话》发表50周年，由上海电台发起，联合中央电台、陕西电台、延安地委宣传部等单位共同举办的大型文艺演出在延安杨家岭广场举行。中央电台、上海电台、陕西电台进行现场实况转播。23日，上海电台、上海电视台、上海音像公司在上海联合举办《雨露滋润禾苗壮》大型文艺晚会。

5月20日　上海电视台新闻部召开"实行双向选择、重新聘用"会议。截至5月30日，有73人应聘上岗，23人变动了工作岗位。

5月23日　中国人民银行上海市分行金融行政管理处批准上海东方明珠股份有限公司发行股票4.1亿元，每股面值10元，发行价格51元，发行流通股400万股，其中法人股、社会个人股各200万股。

6月10日　市广电局决定在浦东建立具有独立法人资格的电台和电视台。局长龚学平发布招聘启事，在全局范围内按照"公平竞争，择优聘用"的原则，公开招聘两台台长。

6月22日　著名美籍物理学家、诺贝尔奖获得者杨振宁访问上海电视台，与市委宣传部、市广电局、上海电视台、解放日报、文汇报负责人进行座谈。杨振宁向与会者介绍了世界科技的发展及生物工程的内容。

7月2日　市委宣传部同意市广电局在浦东新设立浦江之声广播电台；同意浦江之声电台、上海电视二台公开招聘台长。8月1日，市广电局召开干部大会，宣布局党委决定，聘任陈圣来为浦江之声广播电台台长,穆端正为上海电视二台台长。

8月7日　东方明珠股份有限公司在上海文艺会堂召开创立大会暨第一届股东大会,出席会议的股东代表407人,占持有股票数额的92.2%。会议通过公司第一届董事会名单,推选龚学平为公司董事长,贾树枚为公司监事长。

8月8日　上海东方明珠股份有限公司举行揭牌仪式。广电部致电祝贺,市委宣传部部长金炳华讲话。

同日　上海电视台农村台开播,使用14频道,每天从18时至21时30分播出节目,设置新闻、专题、综艺等节目。

9月24日　由新设立的浦江之声广播电台更名的上海东方广播电台(以下简称“东方电台”)在北京东路2号大楼挂牌成立。10月28日东方电台开播,使用中波792千赫和调频101.7兆赫两个频率;当晚在虹口体育馆举办开播晚会。

9月　上海电视台记者邬志豪、劳有林、李培红采制的电视报道《南浦大桥成为上海人民心中的丰碑》获第二届中国新闻奖一等奖。

10月1日　上海电台英语台在调频105.7兆赫正式对外播出。该英语台每天播出12小时,内容为国内外和上海新闻、金融信息,以及教外国人学汉语、中外文艺欣赏等节目。

10月8日　上海电台为庆祝交通信息台开播一周年,首次租用直升机在市中心上空进行一小时的空中直播。

10月21日　市广电局和市广播电视学会对广播电视节目评奖工作做出规定:从1992年起,将上海市优秀节目评奖改名为“上海广播电视政府奖”“上海广播电视学会奖”。

10月26日　上海电台新闻类谈话节目《市民与社会》开始直播,主持人、嘉宾通过热线电话与市民讨论热点问题,在市民与政府、市民与社会间架起一座沟通的桥梁。

10月　中共十四大召开期间,中共中央总书记江泽民应上海市广电局党委书记、局长龚学平之请,题写上海东方广播电台、上海东方电视台两台台名。

11月17日　中共中央总书记、国家主席江泽民在中共中央政治局委员、上海市委书记吴邦国,市委副书记、市长黄菊,市委副书记王力平等陪同下,视察正在建设中的东方明珠广播电视塔工地现场。市广电局局长龚学平汇报了自1月17日以来各项工程的进展情况以及市广电局的改革措施。

11月20日　市广电局在长宁区遵义街道召开全市有线电视工程大型现场会。市政府副秘书长兼市广电局局长龚学平到会并讲话。市委副书记陈至立专程到长宁区了解上海有线电视网络工程和居民收看情况。

12月5日　市广电局离休干部监听监视组获“全国老有所为创新奖先进集体”称号。

12月24日　市广电局党委聘任胡运筹为上海有线电视台台长。

12月26日　经广电部批准,上海有线电视台成立并开播。

12月28日　上海电台市场经济台举行开播式。

1993年

1月1日　川沙县人民广播电台更名为浦东新区农村广播电台。

1月18日　上海东方电视(以下简称“东方电视台”)开播,使用20频道。每天播出16小时以上,其中自制节目约 4 小时。

1 月 20 日　市委副书记、市长黄菊到上海电台直播室,参与《市民与社会》节目,分别与电话连线的 8 位市民就上海市政府当年为民办实事等话题进行广泛交谈。

1 月 22 日(农历除夕)　上海电视台、东方电视台在晚新闻节目中播出《邓小平同志与上海各界人士欢度新春佳节》。

1 月 23 日(农历正月初一)　上海电视台播出与台湾"中视"、香港亚洲电视台联合录制的《大家恭喜》春节文艺晚会。上海电台调频 103.7 兆赫、中波 1197 千赫全天举办春节文艺大联欢节目。东方电台从零时到拂晓播出《金鸡报春鸣四方》空中大团拜节目。

1 月 28 日　东上海国际文化影视公司成立。该公司由中国对外文化交流协会、上海市广播电视局等 5 个单位合资组建,是国内首家由中央和地方合资经营的大型文化影视有限公司。国务院原新闻办公室主任朱穆之担任名誉董事长,原广电部副部长丁峤担任董事长,市政府副秘书长、市广电局局长龚学平担任副董事长兼总经理。

2 月 1 日　上海电视台《纪录片编辑室》开播,每周播出 1 期,每期 40 分钟。这是全国第一个以纪录片命名的专栏节目,也是第一个在黄金时段播出的纪录片栏目。

2 月 9 日　东方电视台首次通过卫星向香港无线电视传送《刘嘉玲肖像侵权案开庭审理》《上海股市今日创新高》新闻。

2 月 10 日　上海电台《早新闻》更名为《990 早新闻》,播出时长从原先半小时扩展为一小时。

2 月 17 日　市委副书记、市长黄菊在上海市第十届人民代表大会第一次会议上做的《政府工作报告》中,把"扩大有线电视网络"列为市政府 1993 年要办的实事项目之一。

2 月 18 日　上海电视台上海电视制作公司成立,该公司从事舞美、灯光、音响、影视制作及广告拍摄等经营业务。

2 月　从 1990 年 8 月起,市广电局先后 3 次派技术人员赴乍得承担人民宫工程的广播扩声和译音系统设备安装调试等工作。该工程获得乍得总统颁发的国家荣誉证书。

3 月 1 日　上海有线电视台制订统一收费办法。经市物价局核准,从 3 月份开始,每月向每家用户收取收视维护费 8 元。

3 月 14 日　上海电视台节目主持人叶惠贤作为第八届全国政协委员,到北京参加全国两会。此后,叶惠贤连任第九、第十届全国政协委员。

3 月 30 日　东方电视台成功转播第六十五届奥斯卡电影节金像奖颁奖仪式,这是中国内地首次购买这项活动的电视播出版权。

4 月 14 日　东方电视台首部 20 集电视剧《人生急转弯》开拍。该剧采用制片人模式,借助社会力量筹集资金。同年 12 月 27 日起在东方电视台每天播出 1 集。

4 月 21 日　市广电局与市财政局签订第三轮财政综合承包协议,实行逐年递减财政预算、拨款和增加事业收入与职工工资待遇挂钩的办法。

4 月 24—29 日　东方电视台租用国际通信卫星,成功报道在新加坡举行的"汪辜会谈"。上海电台派出记者姜璧苗在新加坡进行采访,发回新闻报道 26 篇。

5 月 9—18 日　第一届东亚运动会在上海举行。市广电局及所属各单位纷纷出资,支持市政府承办这一国际体育盛会。市广电局专门成立广播电视委员会,下设国际广播中心(IBC)、国内广播电视宣传部,开、闭幕式转播部,技术运行总部等 8 个部门。期间,除了直播开、闭幕式盛况外,上海电视台、东方电视台、上海有线电视台对 12 个项目赛事做实况转播共 173 小时。上海电台、东方电台对各项赛事也做了实况转播和全面及时的报道。上海电视台主办并播出《我为东亚运献爱心》文艺晚会。

5月24日　上海电视台电视剧制作中心摄制的8集电视连续剧《天梦》获得第二届精神产品生产"五个一工程"奖。

7月18日　东方电台等单位在上海体育馆举办《东方之光——为宋庆龄基金会集资演唱会》,香港歌星张学友、黎明、郭富城等参加演唱会。东方电台向宋庆龄基金会捐赠了演唱会利润50万元。

8月10日　东方电台章茜、陈丹燕、江小青采制的广播新闻专题《奉献一片爱心》获第三届中国新闻奖一等奖。

8月24—31日　市委宣传部与市广电局联合举办首期节目主持人培训班。学员来自上海电台、上海电视台、东方电台、东方电视台,共30余人。

8月31日　上海电视台召开大会宣布,撤销上海电视台电视剧制作中心,成立由李莉、张戈分别任总经理的电视剧制作一公司、二公司。1994年5—7月,上海电视台成立求索电视剧制作社、开拓电视剧制作社、创新电视剧制作社。这三个制作社由独立制片人负责。

9月11—15日　全国广电系统经营管理领导干部培训班在市广电局东海影视乐园举行,各省、自治区、直辖市广电厅(局)分管经营管理的厅(局)长、计划财务处长等60余人参加,副市长龚学平到会讲话。

9月22日　中共中央总书记江泽民为上海电视台建台35周年题词:稳定鼓劲,求实创新。中共中央政治局委员、上海市委书记吴邦国于9月20日题词:脚踏实地,稳步前进。

9月25日　中共中央政治局常委、全国人大常委会委员长乔石在中共中央政治局委员、上海市委书记吴邦国和市委副书记、市长黄菊的陪同下,到东方明珠广播电视塔工程建设工地视察。

10月5日　市广电局举行局党委会扩大会议,同意成立上海电视台新闻中心。

10月7日　广电部部长艾知生视察东方明珠广播电视塔工程建设工地、东海影视乐园。

10月26日　东方电台儿童台举行开播仪式,28日正式播出。

10月27—29日　由东方电台、中国广播电视学会、上海市广播电视学会联合举办的《迈向21世纪——现代广播上海研讨会》举行。来自北京、上海的专家学者、新闻工作者及全国40家电台台长、节目主持人参加研讨。

11月7—11日　第四届上海国际广播音乐节在沪举行(前三届名称为上海国际广播音乐节目展播)。上海电台制作的节目《神州采风》获金编钟奖。

11月19日　市委任命孙刚为上海市广播电视局党委书记。

12月4日　为纪念上海市与日本横滨市缔结友好城市20周年,上海电台和NHK横滨放送局互派人员,联合举办《一衣带水,空中彩桥》3小时直播特别节目。

12月12日　上海有线电视台新设的体育频道开播。这是国内第一个体育电视专业频道。

同日　市广电局向全市各街道(镇)有线电视站下发《有线电视收视维护费管理的规定实施细则》。

12月12—13日　上海电台、东方电视台、新民晚报社等联合主办《纪念毛泽东诞辰100周年——中国著名歌唱家演唱会》。

12月15日　市政府任命叶志康为上海市广播电视局局长。

12月16日　位于虹桥路1376号的广播大厦开工,1996年10月竣工,上海电台、东方电台分别迁此办公。广播大厦总建筑面积 46 334 平方米,建筑用地 14 578 平方米,主楼 23 层,裙房 3 层,塔楼 7 层。建筑最高点为微波传送广播节目点,标高 150 米。广播大厦由市广电局投资 3.067 亿元建造,由华东建筑设计研究院设计。

12 月 21 日　市政府第 54 号令发布《上海市音像市场管理办法》。

12 月 26 日　上海有线电视台成立一周年。中共中央政治局委员、上海市委书记吴邦国题词:发展具有中国特色的有线电视事业,满足人民群众精神文化需求。

12 月　上海市区完成有线电视 70 万用户联网的年度目标。

1994 年

1 月 1 日　东方电台推出《792 为您解忧》特别节目,在每年一月份的每一天为听众解决生活、工作、学习上遇到的一桩困难事。

同日　经国家新闻出版署批准,上海《有线电视》报正式公开发行。到 4 月份,期发行量超过 50 万份。

1 月 18 日　东方电视台开播一周年。中共中央政治局委员、上海市委书记吴邦国题词祝贺:架三色电视长桥,创七色美好未来。市委副书记、市长黄菊致信祝贺。

同日　位于东方路 2000 号的东视大厦奠基,同年 12 月 29 日打桩开工。大厦由东方电视台投资 4.48 亿元建造,1998 年 1 月 18 日竣工使用。该大厦由上海市建筑设计院设计,占地面积 34 023 平方米,建筑面积 41 890 平方米,主楼 18 层,高 100 米,拥有一个能容纳千余人的多功能演播剧场。

1 月 25 日　东方明珠股份有限公司召开第三次股东大会,会议通过有关决定。公司社会个人股申请上市,并把股票每股面值 10 元拆细为 1 元,每股发行价格为 5.1 元。

2 月 20 日　东方电台在上海黄浦体育馆举办首届“群星耀东方”十大金曲评选颁奖演唱会。此次评选出的 50 首歌曲是从《东方风云榜》歌曲中挑选出来的。之后,《东方风云榜》每年举办评选颁奖演唱会。

2 月 24 日　东方明珠股份有限公司股票在上海证券交易所挂牌交易,股票溢价发行,每股 5.1 元,共上市 2 000 万股(社会个人股)。该公司是中国证券市场第一家文化企业上市公司。

2 月 27 日　上海教育电视台开播,使用 26 频道,日均播出 15 小时。上海教育电视台隶属于上海市教育委员会,张德明任台长。

2 月　上海市十届人大二次会议决定,将“市区全部实现有线电视联网”列为 1994 年市政府十件实事之一。这是继 1992、1993 年后,上海有线电视建设再度列为市政府实事项目。

3 月 18—24 日　东方电视台等单位在上海联合举办上海国际哑剧节。来自 8 个国家和地区的哑剧表演艺术家进行了精彩的表演。

3 月 22—24 日　全国首次“电视谈话节目研讨会”在沪举行。该会议由东方电视台倡议,20 个省(市)电视台 30 余名代表观摩各台选送的 16 个电视节目并展开讨论。

3 月 27 日　东方电视台直播《爱满天下——好心人帮助孤儿残疾人》活动,在新华医院手术室里架设 4 台摄像机,从上午 9 时至 12 时,直播新华医院免费为两名残疾孤儿做手术的过程,开创国内电视直播医疗手术的先例。

4 月 3 日　上海电台调频 103.7 兆赫首播《中国原创音乐联合榜》节目。该“联合榜”由上海电台音乐台、北京音乐台、广东珠江经济台联合倡议举办。

4月6日　市广电局与上海民族乐团签订为期6年的合作协议。市广电局每年向上海民族乐团提供50万元基金,上海民族乐团负责提供专场音乐会和各种音乐节目给局属各台播出。

4月20日　1994年是联合国确定的国际家庭年,上海电视台《财经报道》《新闻透视》《英语新闻》节目联手推出40集微型社会调查——《算算家庭经济账》。

5月1日　东方明珠广播电视塔天线桅杆整体高度攀升到468米。

5月26—29日　首届上海广播节目交易会举行。全国50多家广播电台参加,成交额近12万元。

5月27日　上海电台建台45周年。中共中央总书记江泽民题词:发展广播事业,为建设有中国特色的社会主义服务。中共中央政治局委员、上海市委书记吴邦国,市委副书记、市长黄菊分别题词、致贺信。

6月10日　市广电局技术中心新体制开始运行,将上海电视台、上海有线电视台、上海电台的制作、播出等技术工种,划归市广电局技术中心管理。局技术中心下设广播技术部、电视制作部、传送播出部、技术保障部。

6月21日　市委决定雷德昌任上海人民广播电台党委书记。

7月9日　上海市总工会电视制作中心、上海文化发展总公司联合创作的电视连续剧《大潮汐》获第三届精神文明建设"五个一工程"奖。

7月26—29日　上海电台市场经济台等单位联合发起的"首届全国主要城市电台金融证券节目协作交流会"在杭州举行。会议通过成立全国城市电台金融证券节目联合会的决议。上海电台市场经济台被选为理事长台兼常务理事台、秘书长台。

7月29日　市委宣传部批复同意上海市广播电视局成立编委会,总编辑为叶志康。

7月　上海电视台记者翟东升、郭大康、陈海采制的报道《邓小平和上海各界人士共度新春佳节》获第四届中国新闻奖一等奖。

8月2日　美国有线电视新闻网(CNN)首次在新闻节目中完整播出上海电视台英语节目组采制的新闻报道《'94国际少儿文化艺术节在上海举行》,片长2分30秒。

8月10—13日　第二届全国省级广播电台台长会议在上海召开,38家省级电台的100余名台长、总工程师参加,与会代表就全国广播资源共享和节目联网达成共识。广电部部长孙家正,上海市委常委、宣传部部长金炳华,副市长龚学平出席会议。

9月5日　中共中央政治局委员、上海市委书记吴邦国为上海音像资料馆题词:祝贺上海音像资料馆建馆十周年,希望在总结经验的基础上办成有上海特色的资料馆,更好为全国服务。

9月7—13日　上海电视节组委会、上海电视台和巴西环球电视台联合在沪举办巴西电视周。除播出巴西电视连续剧外,还在上海电视台14频道《时代立体声》栏目播出巴西现代音乐精品《巴西之声》,在《科技博览》栏目播出巴西科教片《蛇岛探秘》。播出的风光片《圣保罗掠影》全面介绍上海友好城市圣保罗的历史、经济和文化。

9月15日　市广电局成立审片组,并发布《关于加强电视剧审看的通知》。

9月24日　由上海电视台与市委宣传部合拍的电视访谈节目《我的上海缘》在上海电视台14频道开播。该节目共25集,讲述上海当代史上的独特人物、独特事件、独特场景等。

9月28日　位于市中心人民广场的上海大剧院开工建造。上海大剧院建设项目由市广电局投资10亿元,由法国夏邦杰建筑公司和华东建筑设计研究院联合设计。其占地面积约2.1公顷,总建筑面积64803平方米,总高度为40米,分地下2层,地面8层,共计10层。1998年8月27日,上海大剧院竣工并启用。首场演出是中央芭蕾舞团的芭蕾舞剧《天鹅湖》,票房收入 50 万元全部捐赠给长江流域洪水灾区人民。

9 月 30 日　市广电局科技委员会成立,孙士衡为主任。

10 月 1 日　东方电视台通过卫星传送,直播上海文艺工作者在北京劳动人民文化宫庆祝国庆 45 周年演出盛况。中共中央总书记、国家主席江泽民,中共中央政治局常委、全国人大常委会委员长乔石在上海市副市长龚学平陪同下观看演出。

10 月 13 日　市广电局首届科学技术代表大会召开,广电部副部长何栋材、副市长龚学平出席并讲话。

10 月 16 日　中共中央政治局常委胡锦涛在中共中央政治局委员、上海市委书记、市长黄菊,副市长龚学平陪同下,视察东方明珠广播电视塔。

10 月 28 日　由上海有线电视台和东方电台联合开办的有线音乐台开播。这是国内第一个音乐电视专业频道,设有《中国歌潮》《有线音乐厅》等 10 多个栏目,每天播出 18 小时。

11 月 4 日　上海电台进行第二轮改革,调整原有的 8 个系列台结构,建立新闻、经济、文艺、浦江之声 4 个中心台,实行节目总监制。

11 月 12—17 日　第五届上海电视节在上海举行。39 个国家和地区的 584 家电视台、电视片公司、广播电视制作公司等共 1 600 余名中外嘉宾参加。

11 月 15 日　中共中央政治局常委、国务院副总理朱镕基在中共中央政治局委员、上海市委书记、市长黄菊,市委常委、副市长赵启正,副市长龚学平陪同下,视察东方明珠广播电视塔。18 日,朱镕基参观了广电大厦。

11 月 17 日　上海电视台记者邬志豪获全国第二届"范长江新闻奖",上海电视台召开表彰大会。

11 月 18 日　东方明珠广播电视塔正式对国内外游客开放。

11 月 26 日　上海电视台与中央电视台联合制作第 96 期《综艺大观》,通过卫星向全国和东南亚及北美地区直播。

同日　上海有线电视台有线电视联网用户达 116.3 万户,提前并超额完成市府下达的有线网络发展计划指标。

11 月 28 日　《每周广播电视》报举行创办 40 周年纪念座谈会,出版总期数为 1 402 期,最高期发行量 230 万份。

1995 年

1 月 1—5 日　上海电视台举办《上海 '95 中国民族风——全国 56 个民族音乐舞蹈邀请展演》活动,现场直播 3 台专场晚会——《蓝天白云》《青山绿水》《春风大地》,汇集各民族歌舞的精粹,各民族共 100 多位演员表演了具有各自民族特色的歌舞节目,100 多个节目精彩纷呈。

1 月 18 日　东方电视台开播 2 周年,推出《蓝天下的至爱——'95 新年慈善义演晚会》。当晚义演收到捐款达 1 350 多万元。

1 月 20 日　中共中央政治局常委、全国人大常委会委员长乔石在中共中央政治局委员、上海市委书记、市长黄菊,副市长龚学平陪同下参观东方明珠广播电视塔。

同日　市广电局节目中心成立,与上海音像资料馆是两块牌子、一套工作班子。

1月　上海电视台求索电视剧制作社摄制的 20 集电视连续剧《孽债》播出后,其中有一个星期收视率达 42.65%。上海多家报刊和《人民日报》陆续发表有关这部电视剧的消息、评论、访谈文章,总共近百篇。

2月6日　市政府发布《上海市有线电视管理办法》。

2月7—27日　上海电台《市民与社会》栏目和人民日报华东分社联合举办《华东六省一市省市长热线》系列访谈节目。上海市市长徐匡迪和华东地区 6 位省领导,通过上海电台《市民与社会》节目,分别就华东地区全方位多侧面的合作和 7 省市 1995 年改革开放的构想,与上海及华东地区的听众连线交流讨论。

3月7日　东方电视台在上海举行长江流域电视台新闻合作研讨会,有 37 家电视台台长及新闻部主任出席会议。副市长龚学平、市委宣传部副部长贾树枚、市广电局局长叶志康出席会议并讲话。

3月24日　东方电台和上海市慈善基金会共同出资 100 万元,成立"792 为您解忧"基金会。中共中央政治局委员、上海市委书记黄菊致贺信。

3月29日　东方电台金融台开播,每天 7 时到 18 时利用卫星接收并播出世界各大金融城市的金融信息,由上海证券交易所通过卫星向全国 400 多个城市传送。

4月9日　上海有线电视台从延安西路 1319 号迁到洛川东路 487 号办公。

4月18日　当日是上海浦东开发开放 5 周年。上海电台与海外广播媒体合作,主办《迈向新世纪的浦东新区》国际广播联播节目,用汉语、英语、法语和日语 4 种语言,在加拿大、法国、澳大利亚、新西兰、美国、日本、新加坡等多国联播。海外有媒体称,这是一次"空前的国际广播传媒的大合作"。

4月19日　中共中央政治局常委、国务院总理李鹏在中共中央政治局委员、上海市委书记黄菊,市委副书记、市长徐匡迪,市委常委、副市长赵启正,副市长龚学平陪同下参观东方明珠广播电视塔。

4月21日　东方电视台和日本广播协会(NHK)于北京时间 19—20 时联合举办的"亚洲歌坛实况传送"获得成功。东方电视台举行跨国界卫星双向直播的歌星演唱会在全国尚属首次。

5月1日　高度为 468 米的东方明珠广播电视塔发射开播,正式对外播出 4 套调频广播节目和 4 套电视节目,分别是:中央电台的 107.7 兆赫,上海电台的 103.7 兆赫、105.7 兆赫,东方电台的 101.7 兆赫;中央电视台的 38 频道,上海电视台的 8 频道、14 频道,东方电视台的 20 频道。

同日　广电大厦 16、17 层新的电视播控中心建成并投入使用,采用 PROBEL 系统多频道集中控制磁带自动播出系统。

5月2日　东方电台节目主持人李蓓蓓(方舟)获全国先进工作者称号。

5月8日　上海有线电视台和上海电台联合开办的有线戏剧台正式开播。这是国内第一个戏剧电视专业频道,设《海上大剧院》《电视书苑》等栏目,每天播出 16 小时。

5月17日　中共中央总书记、国家主席江泽民在中共中央政治局委员、上海市委书记黄菊,市委副书记、市长徐匡迪,市委副书记陈至立,市委常委、副市长赵启正,副市长夏克强、龚学平等陪同下,参观东方明珠广播电视塔。

5月19日　市广电局节目中心研制的电视新闻资料检索系统投入使用,节目资料实现由封闭保存到向各电台、电视台开放。

6月10日　上海电台记者王曼华、周导采制的《海外游子故乡情》、东方电视台记者温天采制的

《外滩：崛起的上海金融街》获第五届中国新闻奖一等奖。

6月30日　16时58分57秒,广播播控中心受暴风雨影响断电,13个广播频率停播7小时44分24秒。

7月4日　上海电视台宣传邓小平理论的专栏节目《时代》开播,每档15分钟。

7月31日　东方电视台《东视新闻》改版,开始播出国内第一档60分钟直播新闻节目。

8月12日　中央电视台与上海东方电视台首次尝试两地通过卫星双向直播第110期《综艺大观》晚会节目,纪念1937年8月13日的淞沪会战。晚会场景是中央电视台大演播室和上海外滩陈毅广场上的露天舞台,京沪两地的老干部、老艺术家通过视频连线,拉歌对唱抗战歌曲,激发了勿忘国耻、振兴中华的精神。

8月15日　市委、市政府决定撤销上海市广播电视局、上海市电影局,组建上海市广播电影电视局(以下简称"市广电局")。

同日　市委决定孙刚任上海市广播电影电视局党委书记。8月18日,市政府任命叶志康为上海市广播电影电视局局长,吴贻弓为上海市广播电影电视局艺术总监。

8月16日　上海有线电视台与上海市足协共同组建的上海有线电视02足球俱乐部成立。上海有线电视台出资660万元设立"上海有线电视台青少年足球基金"。

8月24日　市委宣传部在广电大厦召开干部大会,市委常委、组织部部长罗世谦宣布市委、市政府关于撤销上海市广播电视局、上海市电影局,组建上海市广播电影电视局的决定,并宣布上海市广播电影电视局领导班子名单。市委常委、宣传部部长金炳华讲话。

8月27日　为纪念中国人民抗日战争暨世界反法西斯战争胜利50周年,东方电视台联手北京电视台在北京长城八达岭举办《永恒的长城》大型演唱会,并通过卫星做现场直播。著名歌唱家周小燕在八达岭演唱《长城谣》。

9月1日　上海电视台外语台开播。这是全国第一家省级电视播出机构创办的外语台。

10月1日　上海电台中波990千赫,湖北电台中波774千赫,四川电台中波1116千赫联手合作,同时直播国庆特别节目《腾飞的长江》。在节目中,上海市市长徐匡迪、湖北省省长蒋祝平、四川省省长肖秧接受记者采访并发表谈话。

同日　上海有线电视台调整节目,新增设直播形式的《有视新闻》《财经总汇》和以少年儿童为收看对象的《小小看新闻》。

10月22日　上海电视台摄制的11集电视连续剧《上海大风暴》获第四届精神文明建设"五个一工程"奖。

10月26日　中共中央政治局委员、国务院副总理钱其琛在中共中央政治局委员、上海市委书记黄菊陪同下,参观东方明珠广播电视塔。

10月26—27日　中共中央政治局委员、书记处书记、中宣部部长丁关根,广电部部长孙家正视察上海电影制片厂、上海电影技术厂、上海电视台。27日,丁关根由市委常委、宣传部部长金炳华陪同,视察上海有线电视台并与台干部座谈交流。

11月10日　市广电局党委决定,撤销上海电影乐团和上海广播电视乐团建制,新建上海广播交响乐团,12月6日宣布成立。

11月11日　上海电台播音指导、著名播音艺术家陈醇获中国广播电视学会播音学研究会颁发的"杰出贡献奖"。

11月15日　上海有线电视台有线电视联网用户达150万户,创世界单一城区有线网络用户数量之最。

11月22日　上海市广播科学研究所研制的1—3千瓦调频天线五工器获上海市科学技术进步奖二等奖。

11月26—30日　第五届上海国际广播音乐节举行。51个国家和地区的120家电台(公司)提供126套节目参加展播评奖。其间,还举办国际广播学术研究讨论会,中国、美国、新西兰、日本等国家和地区的19家传媒机构代表发言交流。

11月　经广电部批准,浦东新区农村广播电台更名为浦东人民广播电台。

12月4日　古巴共和国国务委员会主席菲德尔·卡斯特罗在中共中央政治局委员、上海市委书记黄菊,副市长龚学平等陪同下,参观东方明珠广播电视塔。

12月16日　巴西总统费尔南多·恩里克·卡多佐在上海接受上海电视台记者独家采访。这是该台首次对在任的外国元首做电视采访。

12月18日　东方明珠传输公司捐助20万元建造的"上海东方明珠希望学校"在湖南省芷江县梨溪口乡竣工并投入使用。

12月20日　上海市广播科学研究所的波导型大功率分米波电视10—30千瓦天线双工器研制项目获1995年度国家科技进步奖三等奖。

12月26日　上海市影视音像管理处发出通知,落实文化部、广电部《关于停止营业性放映激光视盘故事片的通知》要求,决定对上海的录像放映厅进行年审换证复核登记,取缔营业性激光视盘放映厅。

12月28日　上海东方电视台与上海科教电影制片厂实现"合流",新组建的上海东方电视台和上海科教电影制片厂实行两块牌子、一套班子、一个实体的运作模式。

同日　经上海市机构编制委员会批准,成立上海市广播电影电视局国际大型活动办公室(对外挂牌上海电视节办公室、上海国际电影节办公室),主要负责组织实施上海电视节和上海国际电影节。2001年4月,上海市广播电影电视局国际大型活动办公室划归上海文化广播影视集团管理。

12月29日　上海首档电视手语栏目《迎着阳光》在东方电视台开播。开办此栏目被市政府列为1995年度实事项目之一。

12月31日　中共中央政治局委员、上海市委书记黄菊,市委副书记陈至立,市委常委、宣传部部长金炳华于23时40分辞旧迎新之际,到广电大厦慰问正在紧张工作的新闻采编播和技术人员并祝贺新年。

1996 年

1月1日　东方明珠娱乐总公司、东方电视台联合举办各界人士攀登东方明珠广播电视塔259米球体观光层活动,东方电视台进行直播。之后它作为一项上海市民健身的传统活动,每年元旦举行。

1月5日　由东方电视台参与策划经营的职业体育俱乐部——上海东方篮球俱乐部成立。

1月17日　由东方电视台参与组建管理的上海东方青春舞蹈团成立。

1月18日　上海电台的《市民与社会》栏目组与山西、陕西、宁夏、甘肃、青海、贵州、四川7省区电台联合举办"东西部手拉手,求发展共繁荣"特别节目。

1月29日　上海电视台捐赠30万元建造的海南省乐东县三平乡白玉兰小学竣工。

1月30日　上海市广播科学研究所蒋明浚作为国家科技进步奖获奖代表与其他获奖代表一起,在北京人民大会堂受到中共中央总书记、国家主席江泽民,中共中央政治局常委、国务院总理李鹏接见。

2月7日　上海有线电视台与上海体育运动技术学院共同组建的排球俱乐部——上海有线电视台排球俱乐部成立。

2月16日　上海电视台、上海美术电影制片厂合并,实行"一套班子、两块牌子"的管理体制。

2月18日　中央电视台、上海电视台、陕西电视台联合举办'96春节联欢晚会,通过卫星传送北京、上海、西安三个会场演出实况,做现场直播。上海会场有近千名演员参加演出。

3月17日　上海电视台东上海小荧星文化艺术学校成立,上海市广播电影电视局艺术总监吴贻弓任名誉校长、上海电视台台长盛重庆兼任校长。

3月30日　中共中央政治局常委、全国政协主席李瑞环在中共中央政治局委员、上海市委书记黄菊,市委副书记、市长徐匡迪陪同下参观东方明珠广播电视塔。

同日　东方电视台33频道开播,社教、科技、青少年、综艺、体育、动画、影视剧等26个栏目与观众见面。

同日　东方电视台推出《东视少儿新闻》栏目。这是一档由少年儿童自己拍摄,在教师辅导下写作、配音,并由东视节目主持人与小朋友共同主持的新闻专栏节目。

4月25—26日　俄罗斯总统叶利钦、吉尔吉斯斯坦总统阿卡耶夫、塔吉克斯坦总统拉赫莫诺夫先后参观东方明珠广播电视塔。

4月26日　17时40分,中国、俄罗斯、哈萨克斯坦、吉尔吉斯斯坦、塔吉克斯坦5国元首在上海展览中心大厅共同签署《关于在边境地区加强军事领域信任协定》。上海电视台与中央电视台合作,于当天17时28分至18时01分,向全国和世界其他国家和地区直播这一重大历史事件的现场实况。

5月1日　上海市为庆祝五一国际劳动节举行《世纪回响》大型歌会。中共中央总书记、国家主席、中央军委主席江泽民,国家副主席荣毅仁,中共中央政治局委员、上海市委书记黄菊参加。上海电视台现场直播歌会,中央电视台当晚在第一套节目向全国播出歌会录像。

5月15日　由上海市广播科学研究所承包、派工程技术人员赴赞比亚援建的两套短波100千瓦广播台(包括机房土建)、一座百米发射塔,历时6个多月竣工。

5月20—21日　亚洲—太平洋广播联盟第六十届行政理事会在上海举行。广电部部长孙家正、副部长刘习良、上海市副市长龚学平和亚广联11位理事会成员出席会议。

5月25日　东方电视台与中国福利会少年宫联合组建的上海东方小伙伴艺术团成立。

同日　上海有线男排在'96全国男排锦标赛上七战全胜获得冠军,举行庆功大会。

5月28日　上海东方广播民族乐团成立,乐团隶属东方电台。

7月15—23日　上海电视台与澳大利亚悉尼中文电视台合作,在悉尼举办为期9天的"上海电视台节目展播",节目有介绍上海城市概况的专题片、纪录片,还有反映上海市民生活的电视剧《上海风情》等。

7月24—25日　东方电视台和新民晚报社联合主办"情系大别山——上海艺术家赴革命老区安徽金寨县慰问演出"。

8月5—11日　上海电视台和欧洲东方中文电视台联合在英国伦敦举办"上海电视周"。其间,欧洲东方中文电视台每天连续播出上海电视台摄制的电视节目一个半小时。

9月3日　上海有线电视台与上海电影电视集团(公司)举行签约仪式,合资成立上海江南影视制作公司。市广电局党委书记孙刚、局长叶志康、局艺术总监吴贻弓等参加签字仪式。1997年6月,上海江南影视制作公司挂牌运作。

9月13日　市委宣传部批准尤纪泰任上海东方广播电台党委书记,王根发任上海有线电视台党委书记。

9月25日　上海电视台美术电影制片厂、上海教育电视台等单位创作的百集系列动画片《自古英雄出少年》、上海电视台电视剧一公司创作的6集电视连续剧《跨越》、东方电台创作的广播剧《纸月亮》获得第五届精神文明建设"五个一工程"奖。

9月27日　上海电视台外语台日语节目《中日之桥》开播。

10月1日　东方电台出资为延安宝塔安装的泛光照明工程试亮灯。5日,中共上海市委常委、宣传部部长金炳华和延安地委书记高宜新摁亮泛光照明开关。

10月7日　为纪念中国工农红军长征胜利60周年,上海电视台社教节目中心承拍的大型系列专题片《长征——世纪丰碑》举行首播式。东方电视台推出合作摄制的大型系列片《世纪—长征》。

10月14—17日　中共中央政治局委员、国务院副总理姜春云,中共中央政治局原常委宋平分别在中共中央政治局委员、上海市委书记黄菊的陪同下参观东方明珠广播电视塔。

10月18日　上海广播大厦播控中心正式启用,采用了奥地利西门子网络化录播一体数字音频工作站自动化播出系统。

11月19日　美国有线电视新闻网(CNN)播出上海电视台新闻中心制作的新闻报道《第三届全国农运会在沪举行》。

11月30日　上海有线电视台有线联网用户总量已达到180.8万户。

12月26日　上海市广播科学研究所研制成功的PDM全固态10千瓦中波广播发射机,获1996年度广电部科技进步一等奖。

同日　上海有线电视台向"上海市再就业工程"捐赠100万元,支持专项设立"非正规就业经济责任保险",为下岗人员再就业解除后顾之忧。

1997 年

1月1—4日　上海电视台主办《'97"中国风"群星系列晚会》,连续4天在8频道直播4台风格各异的大型文艺晚会:《唱着歌走进1997年——音乐舞蹈专场》《笑迎1997——相声小品专场》《中华戏曲再现辉煌——第11届全国戏曲电视剧颁奖晚会》《群星在今夜升起——第二届全国广播电视主持人金话筒颁奖晚会》。

1月15日　中共中央政治局常委、全国人大常委会委员长乔石视察广播大厦并题词:大力发展广播影视事业,为人民群众和社会主义现代化建设服务。

1月23日　由上海有线电视台编辑、光明日报出版社出版的《你我话城区》一书在上海有线电视台举行首发式。该书集纳了1996年4—7月上海有线电视台策划、组织直播的《你我话城区——区领导与居民对话热线直播》系列访谈节目内容。据统计,收看该系列节目的观众累计逾600万人次。

2月19日　邓小平逝世。在悼念邓小平逝世期间,上海各广播电台、电视台转播中共中央、全国人大常委会、国务院、全国政协、中央军委发出的《告全党全军全国各族人民书》和25日追悼会实况。上海电视台《新闻透视》节目播出专题片《七次难忘的农历新年——追思敬爱的小平同志》。25日播出综合新闻《浦江儿女承遗志，申城含悲悼伟人》等上海各界参加的悼念活动。《东视新闻》当晚连续播出 2 小时 38 分钟思念邓小平节目。在一周时间里，上海市级广播电视 5 个台共播出节目 3 018.5 小时，录制和摄制有关悼念活动的节目 609 小时，并完成 10 次国际传送。24 日，《上海电视》杂志出版《悼念邓小平特刊》。

3 月 7 日　市委决定赵凯任上海市广播电影电视局党委书记。

4 月 5 日　中共中央政治局委员、国务委员李铁映视察广播大厦并题词：电波传万里，一心为人民。

4 月 18 日　市广电局召开精神文明建设工作会议，表彰市级文明单位东方电台、东方电视台、上海影城、东方明珠娱乐总公司和一批局级文明单位。

4 月 20 日　为贯彻中办国办 37 号文件精神，上海电台各播出频率改称专业频率，各频率对外呼号为：上海电台(AM990)；浦江之声广播电台(7115SW 等)；上海电台市场经济频率(AM1422)；上海电台交通信息频率(AM648)；上海电台文艺频率(AM1197)；上海电台外语教学频率(AM1296)；上海电台少儿频率(AM1296)；上海电台音乐频率(FM103.7)；上海电台音乐频率(FM105.7)；上海电台英语频率(FM105.7)。

4 月 23 日　东方电视台派出的第四十四届世乒赛报道组，在英国曼彻斯特发现赛场上挂有台湾当局所用"青天白日"旗，当即向有关部门严正交涉，并由中国乒协负责人提出严正抗议。经多方努力，该旗帜当天下午即在赛场被扯下。

5 月 13 日　上海市广播科学研究所科技项目，25—50 千瓦等级的 PDM 全固态中波发射机通过广电部部级鉴定。

5 月 14—18 日　上海电视周在法国巴黎举办。法国电视 5 台展播上海电视台提供的《世纪彩虹》《大动迁》《豫园》《歌舞·杂技·京剧》等 8 部电视片。同年 7 月 14—19 日，巴黎电视周在沪举办。上海电视台播出法国电视连续剧《梅格雷探长》、风光探险专题片等。上海和巴黎互办电视周，引起中法两国媒体和观众的热情关注。法国媒体撰文称，"上海电视周"无论是节目还是中国的改革开放形象，都给法国人民留下深刻印象。

6 月 1 日　上海电台少儿频率开播。

同日　上海女子排球队(有线电视排球俱乐部女排队)九战九捷，获第八届全国运动会女排冠军。

6 月 27 日　在香港回归祖国前夕，93 岁高龄的文学大师巴金接受东方电视台记者采访，并手书"为香港回归而欢呼"的书法条幅。

6 月 30 日—7 月 2 日　上海电台 990 千赫、105.7 兆赫从 6 月 30 日 12 时开始，推出 36 小时的《欢腾啊，中国——香港回归祖国特别节目》。东方电台连续播出 48 小时的专题节目。上海电视台连续 3 天在《新闻报道》和《上海早晨》节目中推出《喜庆香港回归特别报道》，并通过卫星报道了美国、日本、澳大利亚华人欢庆香港回归的新闻。上海电视台外语台两条上海迎回归、庆回归的英语新闻在美国有线电视新闻网(CNN)全球报道中完整播出；纪录片《'97 话回归》在新加坡、日本广播协会(NHK)和韩国广播公司(KBS)播出；特别节目《上海的祝福》在香港凤凰卫视中文台播出。东方电视台在浦江两岸和位于黄浦江中心的登陆舰上直播《迎香港回归，颂伟大祖国——浦江两岸百支歌队万人唱》大型歌会。

7 月 1 日　由市委、市政府主办，市委宣传部、市广电局承办，市文化局协办的"上海市庆祝香港回归祖国文艺晚会"在东方明珠广场举行。中共中央政治局委员、上海市委书记黄菊,市委副书记、市长徐匡迪等出席晚会并对晚会给予赞扬。

7月2日 东方电视台与中央电视台联合制作的大型文艺节目《祝福你,香港——全球华人庆回归》向全国播出,并经由5颗国际通信卫星传送到世界120个国家和地区。

同日 东方电视台与中央电视台、中国对外演出公司等联合主办的《为中国喝彩——'97中国之夜大型焰火音乐歌舞晚会》在美国洛杉矶好莱坞碗形剧场隆重举行。

7月23日 上海市国有资产管委会委托市广电局监管局属系统国有资产保值增值责任书签字仪式举行。

7月25日 上海有线电视台与江西有线电视台同时播出联合拍摄的理论文献系列专题片《共和国之魂》。这部10集系列专题片真实记述八一南昌起义、秋收起义和井冈山革命根据地创建等艰难历程。11月25日起该片在中央电视台第一套节目中连续播出。

7月26日 东方电视台等单位为纪念中国人民解放军建军70周年摄制的20集大型电视纪录片《将军世纪行》,在北京钓鱼台国宾馆举行首映式。

7月31日 上海电视台直播《上海市庆祝中国人民解放军建军70周年文艺晚会》;次日推出大型综艺晚会《军旗、军歌、军礼》。

8月2日 东方电视台为中共一大会址等首批20家爱国主义教育基地摄制的公益广告片在20频道和33频道滚动播出。

8月23日 中央电台与上海电台等28家省级电台举行《八运大家谈》全国联播节目,副市长龚学平在上海电台《990直播室》向全国广大听众介绍八运会各项筹备工作进展情况。

8月 东方电台记者江小青采制的广播系列报道《爱心创造奇迹》获第七届中国新闻奖一等奖。

9月1日 由副市长龚学平题写校名、东方电视台出资120万元在邓小平家乡援建的广安东方小学,建成并举行开学典礼。

9月2日 上海电台创作的广播剧《热血男儿》、东方电台创作的广播剧《留守支部》获第六届精神文明建设"五个一工程"奖。

9月4日 市委副书记、市长徐匡迪,副市长龚学平到上海电视台新闻中心、电视播控中心,上海电台和东方电台的直播室、数控室等,检查第八届全运会的广播电视宣传报道、开闭幕式和赛事实况转播等相关准备工作。

9月12日 东方电视台出资40万元建设的遵义会议会址泛光照明工程举行亮灯仪式。

9月30日 市广电局发文,同意上海有线电视台增设财经频道;撤销综合频道,改设为影视频道。

9月 上海广电系统的第一台数字录像机和第一台数字摄像机在上海电视台投入使用。

10月1日 《上海市音像制品管理条例》开始实施。

10月12—24日 第八届全国运动会在上海举办。市广电局及所属各单位相继出资,支持市政府承办此次体育盛会。上海电视台成功转播八运会开幕式暨大型文体表演《祖国万岁》,东方电视台圆满完成闭幕式演出和转播任务。上海广播电视播出32个赛事项目,并向全球提供赛事实况的公共电视信号781小时,计261场次;参加转播的中央电视台、上海电视台、部分省市电视台17家,使用转播车20辆,电视卫星车2辆;首创1辆转播车开通13路讯道供导演切割和4辆转播车合成转播田径赛的操作。

11月2—13日　上海电视台、东方电视台派出记者赴长江三峡,进行三峡截流工程报道。上海电视台配备卫星通信车,发回新闻20多篇,制作三期《新闻透视》。东方电视台共发回《大江截流万事俱备,只欠东风》《大江截流举世瞩目,中外媒体竞相报道》《三峡截流现场洋溢喜庆气氛》《三峡的夜》《三峡今被截流成功》等报道。

11月9日　中共中央政治局常委、书记处书记胡锦涛视察上海大剧院,市委副书记、市长徐匡迪,市委副书记龚学平陪同。

11月15日　上海电视台记者范钟离、吴海鹰作为中国第十四次南极科学考察队成员,从上海港出发远赴南极大陆采访。

12月12日　《世界有线电视》杂志在美国洛杉矶召开年度大会,上海有线电视台被授予"全球最佳有线电视系统奖"。上海有线网络至1997年底已拥有用户220万户,是世界上最大的城市有线电视系统。

12月26日　上海有线电视台建台5周年。中共中央政治局委员、国务委员李铁映题词:发展有线电视,造福千家万户。中共中央政治局委员、国务院副总理吴邦国题词:把握导向,办出特色,丰富荧屏,服务大众。中共中央政治局委员、上海市委书记黄菊致贺信。

12月31日　上海电视台和中央电视台联袂推出《我们的亚细亚——'98亚洲风》大型文艺晚会,从22时起连续播出3小时,晚会由《新年祝福》《流光溢彩》《欢聚今宵》3部分组成,通过卫星直播传送至世界120多个国家和地区。中国和来自亚洲其他14个国家近300位演员,表演各国富有民族风韵的歌舞节目。

同日　上海市松江县被评为全国广播电视先进县。

1998 年

1月1日　东方电视台和中央电视台合作,通过央视一套、五套,东视20频道现场直播《新春步步高——'98元旦八达岭长城·东方明珠新年登高比赛》。央视、东视采用30多台摄像机以及直升机、地面卫星车进行拍摄和直播。

1月28日　上海电台首次通过国际互联网,直播新春特别节目《网上广播,虎年贺岁》。

2月4日　崇明有线电视网络开通。至此,上海有线电视实现了全市联网。

2月23日　在邓小平逝世一周年、周恩来诞辰100周年之际,上海电视台连续4天播出《伟大的足迹——留法勤工俭学运动纪实》电视文献纪录片。

2月　上海《有线电视》报创刊满300期,期发行量突破100万份。

3月2日　东方电视台和市文联主办《永远的怀念——纪念周恩来百年诞辰诗歌吟唱会》。东方电视台将专门为晚会舞台背景设计的周恩来巨幅相片赠送给中共代表团驻沪办事处(周公馆)纪念馆作永久陈列。

3月3日　市广电局编委会做出在直播或录播节目中禁止假唱的决定。

3月5日　上海电视台英语新闻节目部采制的专题片《伟人周恩来》在美国有线电视新闻网(CNN)播出。

4月17日　中共中央政治局委员、上海市委书记黄菊就浦东开发开放8周年接受东方电视台记者采访。《东视新闻》推出《开发八年看浦东》特别报道。

4月19日　东方电台、广东电台和香港电台三地联播栏目《三江联播》开播。确定每周日13—

14时播出,以三地之间经济合作发展话题为主要内容。

4月20日 "全国交通安全宣传周"第一天,市委常委、副市长韩正到交通广播直播室,就广大市民关心的交通安全、城市道路管理等话题与市民交流。

4月30日 位于南京西路651号上海电视台大院内的电视发射塔拆除工程动工,拆除的整个钢结构塔身重达600吨。7月全部拆除。

5月9日 市委决定雷德昌任上海电视台党委书记,任大文任上海人民广播电台党委书记。

5月30日 东方电视台组织上海12家医院的55名医生到革命老区浙江省安吉县孝丰镇义诊。这是东方电视台首次举办名医下乡为民服务活动。

6月29日—7月2日 美国总统克林顿访沪期间,上海各市级电台、电视台派记者随同采访。上海电视台播出新闻9条,以联合报道形式向中央台传送新闻20条,向《焦点访谈》传送1条。东方电视台采制新闻22条,上海有线电视台播出动态消息12条。6月30日,克林顿与上海市市长徐匡迪在上海电台990直播室,作为《市民与社会》节目嘉宾与上海听众交谈,开创了外国元首在中国媒体担任嘉宾之先河。

7月7日 市委决定尤纪泰任上海东方广播电台党委书记,施月华任上海东方电视台党委书记,王根发任上海有线电视台党委书记。

7月13日 市政府决定李尚智任上海人民广播电台台长,陈圣来任上海东方广播电台台长,卑根源任上海东方电视台台长。

8月11日 1998年夏季,长江流域发生洪水灾害。东方电视台经争分夺秒的48小时紧张策划、排练后,当天直播《上海各界支援抗洪救灾义演》。义演收到捐款2100余万元,其中东方电视台职工捐款63万元。

8月15日 上海电台和黄浦区政府联合举办的《心系灾区,情满浦江》赈灾义演在外滩新世纪广场举行。东方电台18日推出《上海灾区心连心》特别节目。

9月28日 上海电台交通频率与市交警总队合办《交警直播室》节目,市委常委、副市长韩正宣布《交警直播室》节目开播。该节目采用广播大厦直播室、交警大厦内市公安局道路交通指挥中心直播室"双直播"方式播出。

同日 上海广播电视卫星地球站落成。地球站的C波段发射系统拥有2个以上发射通道、4副9米以上发射天线,可以接收海内外68套节目。同时,地球站担负上海卫视节目覆盖和传输上行发射的任务。

9月 市广电局技术中心第一辆标清数字转播车投入使用。

10月1日 上海电视台建台开播40周年。中共中央政治局委员、上海市委书记黄菊致贺信。文化部部长孙家正、国家广播电影电视总局(以下简称"国家广电总局")局长田聪明、上海市市长徐匡迪分别题词。

同日 上海卫星电视18时开播,24小时播出新闻、综艺、社教、体育、影视剧和英语节目等。

10月14—16日 "汪辜会晤"在上海举行。上海电视台播出"汪辜会晤"现场实况,以及辜振甫参观上海证券交易所、东方明珠广播电视塔,游览豫园的新闻报道。《新闻透视》栏目播出海协会与海基会交往史。

10月15日 市广电局技术中心首次运用电视新闻卫星车进行异地直播。

10月28日 市广电局国有资产保值增值责任书签字仪式在广电大厦举行。局长叶志康宣布,在1997年7月市广电局和市国资办签约一年后,局国有资产递增10%的任务已超额完成。

11月1—3日　中国广播电视学会科普广播委员会首批理事台成员会议由上海电台承办。中央电台和24个省市电台的30多名代表参加。

11月5—11日　由市政府新闻办、上海电视台和毛里求斯电视台共同承办的"上海电视周",在毛里求斯首都路易港举行。这是上海电视台首次参与在非洲举办电视周。

11月9日　上海市援建云南省文山州17个扶贫试点村广播电视工程完工,该项工程解决了819户共4 135人看电视难的问题。

11月18日　市广电局改革财务管理体制,推出新举措"三个集中、两个分离",即人员集中管理、资金集中调度和会计信息集中利用;财务监督与宣传和经营管理分离,财务人员的工资福利待遇与所在单位分配分离。

11月24日　国家广电总局对10月29日—11月6日期间上海市广电局承办亚洲—太平洋广播联盟第三十五届大会取得圆满成功给予嘉奖。

12月8日　上海有线电视台提前超额完成当年有线电视250万户联网任务,有线电视用户规模达到256万户。

12月17日　上海卫视与辽宁、山东、广州等6个省市卫视台联手推出大型文艺专题节目《大海的证明——纪念中国改革开放二十周年》。

同日　上海电视台承办《上海市纪念党的十一届三中全会召开20周年交响音乐会》。

12月18日　东方电台《东广早新闻》推出8集专题系列节目《二十年大跨越——学习邓小平理论(机遇篇)》。上海电视台播出10集专题系列片《喜看今日路——上海改革开放20年纪实》。

12月23日　由中共上海市委、中共中央文献研究室出品,上海电视台社教节目中心摄制的6集电视文献纪录片《毛泽东与上海》举行首映式。

12月24日　上海市广播科学研究所研制的"10千瓦数字调频中波发射机"通过市科委鉴定。该项目是由市科委立项的科技发展基金项目,提高了国内中波广播发射机全固态化的技术水平。

12月27日　上海电视台女子足球俱乐部在上海体育场成立,这是全国第一家与市体委系统脱钩,按照企业模式进行管理、运作的职业化女子足球俱乐部。市委副书记龚学平、副市长周慕尧出席成立大会并揭牌。

12月31日　由中央电视台与上海电视台共同举办的'99中英文双语《五洲风》元旦晚会,首次通过卫星及互联网现场直播,传向世界一百多个国家和地区。国家主席江泽民通过晚会向全世界人民祝福新年。晚会于22时开始,海内外近600名演员献演了代表各民族不同风格的歌舞。演出长达2小时30分钟。这台晚会在首次启用的上视大厦多功能演播厅举行。

同日　中共中央政治局委员、上海市委书记黄菊,市委副书记龚学平,市委常委、宣传部部长金炳华,市委常委、市委秘书长宋仪侨到上海卫视,慰问开播三个月的卫视全体人员。

同日　上海市有线网络有限公司挂牌成立。

1999 年

1月1日　市广电局开始实施广播电视播音员、主持人持证上岗考核制。

1月7日　市广电局批准成立上海广播电影电视发展总公司,撤销局服务中心建制,原服务中心下属各部门及上海广播电视国际新闻交流中心等单位划归上海广电发展总公司管理。

1月18日　上海电台实施"精简频率、精办节目"方案,推出节目全新版面。节目由原新闻、经济、交通、文艺、高雅音乐、流行音乐、少儿、英语、外语教学、浦江之声(对台广播)10套减为新闻、经济、交通、音乐、文艺、浦江之声6套,节目总数由原120多个减为100个,平均日播出时间由原117小时减为86.5小时。

同日 上海有线电视台新闻频道《小小看新闻》栏目把从社会公开征集而来的栏目标志"娃娃眼中的世界"申请商标注册。该栏目成为上海第一个以卡通形象为栏目标志申请商标注册的电视新闻节目。

1月23日 14—16时,上海电台990新闻频率首次直播上海市第一中级人民法院公开审理一起不正当竞争纠纷案,直播中穿插了节目主持人访谈嘉宾等内容。

1月27日 市委副书记龚学平,市委常委、宣传部部长金炳华到上海电台、东方电台调查研究,指导工作。

2月7日 市委副书记孟建柱到上海电台990直播室,与听众交流有关保护老年人合法权益的话题。

2月8日 上海电视台新闻中心启用新计算机系统实施新闻直播。

2月10日 上海东方电视台台标被上海市工商局著名商标评审委员会认定为上海市著名商标。

4月1日 市委宣传部和市广电局在东方电视台召开上海市电视理论宣传工作研讨会。市委常委、宣传部部长金炳华出席会议并讲话,上海理论界、电视媒体代表共60多人参加专题研讨。

4月4日 南汇电视台播出由中央电视台第七套节目"中国民间艺术采风"摄制组与南汇电视台《南视专访》栏目组联合摄制的电视专题片《王金根和他的石雕艺术》。

4月7日 上海电视台新闻中心在新建的上视大厦(威海路298号)对外直播新闻节目,标志着新建的上视大厦正式启用。该大厦由上海电视台、市广电局共同投资6.669亿元,华东建筑设计研究院设计,于1996年4月20日开工建造,占地面积6400平方米,总建筑面积55000平方米,主楼有32层,建筑高度168米,楼顶设有直升机停机坪,辅楼19层。

4月15日 外交部非洲司致信上海市人民政府,对上海电视台拍摄的15集纪录片《走进非洲》给予较高评价。

4月26日 上海有线电视台排球俱乐部总结庆功会暨上海有线电视台足球俱乐部成立揭牌仪式在广电大厦举行。市委副书记龚学平、副市长周慕尧出席会议并讲话。

4月27日 上海电台举办"《市民与社会》栏目与迈向新世纪的广播"研讨会,市委副书记龚学平,市委常委、宣传部部长金炳华出席会议并讲话。

5月2—8日 东方电视台与中央电视台在沪联合主办"首届国际中国越剧艺术汇演展播"。

5月8日 上海电台驻天津记者站在天津成立。同时开设在天津电台的《上海之窗》节目由上海电台驻天津记者站主办。天津市委常委、宣传部部长罗保铭和上海市委宣传部副部长贾树枚为记者站揭牌。

5月16日 由东方电台和市学生联合会主办的"中国魂"诗歌朗诵演唱会在华东师大体育馆举行,来自上海市30多所高校3000多名大学生用诗和歌表达对以美国为首的北约袭击中国驻南使馆暴行的愤慨。

5月18日 市委宣传部副部长贾树枚、市广电局局长叶志康为市广电局人才培训交流中心、财务管理中心成立揭牌。

5月23日 上海电台在广电大厦举行庆祝建台50周年文艺晚会。中共中央政治局委员、上海市委书记黄菊致信祝贺,市委副书记、市长徐匡迪题词。市委副书记龚学平,市委常委、宣传部部长金炳华,上海人民广播电台第一任台长周新武出席观看文艺晚会。

同日　上海人民广播电台把台庆50周年节约下来的20万元,捐赠给崇明港西小学,建立特色教室。

5月27日　市广电局、市文化局、市文联在上海大剧院联合主办《庆祝上海解放50周年暨第十八届"上海之春"开幕晚会》,上海各市级电台、电视台同时转播晚会盛况。

同日　东方电视台举办的升国旗仪式和庆祝上海解放50周年特别节目大型诗歌朗诵演唱会在外滩新世纪广场隆重举行。东方电视台、上海电台、东方电台、上海电视台、上海卫视、上海有线电视台同时转播演唱会实况。

6月1日　东方电台少儿部与中国少年服务信息网制作中心通力合作,建成"东广少儿节目网上广播",网上广播含有每天15小时东方电台少儿频率播出的24档节目。

6月5日　东方电视台和中央电视台分别在北京、上海、青海3地多点直播《为了绿色家园——'99世界环境日特别报道》,报道国家主席江泽民题写的"长江源"环保纪念碑揭碑仪式和北京、上海的环保活动。

6月18—22日　东方电视台联合华山医院、市农科院和上海东方青春舞蹈团等单位,到革命老区江西兴国县举办《走到一起来——赴江西兴国革命老区"三下乡"》(医疗、科技、文艺"三下乡")系列活动,受到当地人民的热烈欢迎。

6月24日　国务院新闻办主任赵启正到上海电视台视察网站工作。

6月25日　市政府任命朱咏雷为上海电视台台长,周澍钢为上海有线电视台台长。

7月8—10日　全国广播影视系统内部管理改革座谈会在东方电视台举行。会议听取市广电局局长叶志康关于上海广电系统内部管理改革的情况汇报。与会者实地考察上海广电的节目、技术、财务、后勤等内部管理改革的做法,并就如何推进广播影视机构内部管理改革进行深入讨论。国家广电总局局长田聪明和市委副书记龚学平分别在会上讲话。

7月9日　市广电局、文汇新民联合报业集团共同出资,与东亚集团共建共管上海体育场。

7月17日　中午,上海电视台为凯旋抵沪的中国女足上视运动员召开欢迎大会,台长朱咏雷颁发台嘉奖令,对在美国洛杉矶举行的第二届世界杯女子足球赛上获得亚军的上视女足给予表彰。下午,中共中央政治局委员、上海市委书记黄菊,市委副书记、市长徐匡迪,市人大常委会主任陈铁迪,市政协主席王力平,市委副书记孟建柱,市委常委、组织部部长罗世谦,市委常委、宣传部部长金炳华,副市长周慕尧在锦江小礼堂会见上视女足队员孙雯等,黄菊讲话。庆功会上,周慕尧宣读出访在外的市委副书记龚学平发来的贺信;市政府秘书长黄跃金宣读市政府嘉奖令,嘉奖上视女足运动员孙雯、浦玮、谢慧琳、王静霞、高宏霞和教练员李必。

8月8日　市广电局举行上海国际会议中心落成(位于浦东滨江大道)暨表彰大会。市委副书记龚学平、副市长周慕尧等出席大会。上海国际会议中心由上海有线电视台、东方明珠股份有限公司等投资8亿元,于1997年7月18日开工建造,浙江省建筑设计院总体设计,主楼10层、球体11层。会议中心拥有1个可容纳3 000人大宴会厅、1个800人主报告厅、2个200人会议厅以及各类中小型会场和接待厅24个。

8月12日　由市委宣传部、市广电局、上海电视台、东方电视台联合摄制的揭批"法轮功"的电视系列专题片《我们不信邪——批李洪志的歪理邪说》在上海卫视、上海电视台、东方电视台、上海有线电视台播出。该片共6集,即《庐山真貌》《人类公敌》《狂人呓语》《狼子野心》《精神鸦片》和《螳臂挡车》。

9月9日　中共中央政治局委员、上海市委书记黄菊在上海电台《市民与社会》节目直播室，与市民畅谈国企改革与发展。自8月27日起，上海电台联手人民日报社华东分社，围绕国企改革和发展等话题采访华东六省一市主要领导，进行现场直播，发表系列报道。

9月10日　由东方电视台和北京文化音像出版社联合摄制的18集电视连续剧《红岩》在东视首播。该剧被中宣部选为向新中国成立50周年献礼的10部电视剧（片）之一。

9月15日　第七届精神文明建设"五个一工程"奖评选揭晓。东方电视台参与拍摄的电视剧《朱德上井岗》《红岩》，中国国际电视总公司与上海市总工会电视制作中心合拍的电视连续剧《无瑕人生》，上海卫视制作的歌曲《凝聚》，上海电台制作的广播剧《凝聚》，东方电台广播剧《第二次人生》，上海电视台理论电视片《人间正道——"发展才是硬道理"纵横谈》，上海有线电视台与江西有线电视台联合摄制的8集理论文献专题片《共和国之魂》获"入选作品奖"。

9月16日　上海广播电视卫星地球站工程通过国家广电总局科技司组织的专家验收。

9月23日　在台湾台中县、南投县9·21大地震余震不断的情况下，东方电视台和台湾电视公司通过卫星双向传送电视信号，在上海和台北合作举办"明月有情同胞心"中秋特别节目，为台湾受灾同胞募集捐款。

9月24日　上海电视台、香港凤凰卫视、台湾"中视"卫星公司联手录制的《月是今夜明——'99沪、港、台中秋晚会》在三地播出，并通过卫星向世界传送。

9月25日—10月30日　东方电视台在加拿大安大略省电视台和温哥华城市电视台分别举办"上海东方电视周"，播放东方电视台制作的节目。这是东方电视台成立后首次在境外举办电视周。

9月27—29日　'99《财富》全球论坛·上海年会在国际会议中心举行。国际会议中心竣工仅一个多月，市广电局全力以赴，对所有水、电、声、光、管道等设施进行检测和演练。建立国际广播电视信号传送中心，为国内外28家新闻机构提供公共信号1440分钟，传输新闻2940分钟，完成55场大小会议的扩声、同传、实况转播。27日夜晚，东方电视台策划的开幕式文艺演出晚宴结束后，国家主席江泽民走到舞台前，与演奏人员一一握手，祝贺演出成功。中央电视台，中央电台，上海市级电台、电视台均同时转播开幕式文艺演出晚宴。上海电视台还与中央电视台合作，连续三天每天推出90分钟的《财富》全球论坛特别报道。

9月30日　上海市庆祝中华人民共和国成立50周年文艺晚会在新改建的上海大舞台隆重举行。晚会由市委办公厅、市政府办公厅主办，市广电局、市文化局承办；上海电视台做现场直播，上海其他市级广播电视媒体主要频率、频道同时转播。

9月　根据国务院文件精神，上海被列为全国电信网、广播电视网和互联网"三网融合"试点城市，上海有线网络双向网改造工程被列为上海市信息化"一号工程"。

同月　上海电视台投资40万元援建的湖南省长沙市望城县"铜关镇希望小学"、沅江市泗湖山镇"西华村希望小学"新校舍竣工并投入使用。

10月7日　东方电视台联手中央电视台在俄罗斯莫斯科克里姆林宫大剧院联合举办《为中国喝彩——克里姆林宫大型音乐歌舞晚会》。晚会录像8日在东方电视台播出，12日在中央电视台播出。

10月8—10日　全国15省（区、市）广电系统党建经验交流会在东视花苑召开。市委副书记龚学平，市委常委、宣传部部长金炳华，副市长周慕尧到会祝贺。会上，市广电局党委副书记、局长叶志康介绍市广电局党建工作的经验和做法，参会代表共有31篇论文，以做交流。

10月16—19日　东方电视台新闻中心采访组随上海赴云南"教育、医疗、文艺三下乡"服务团，驱车千里深入云南思茅地区孟连县各个村寨，进行慰问、义诊、大型义演等，《东视新闻》记者对上述活动做了跟踪采访报道。

10月17日　上海电台在青松城举行"庆祝上海市敬老日暨上海电台《老年广场》节目开播5周年"活动。市委副书记孟建柱出席活动并为创办老年大学的复旦大学等8所上海高校授牌。

10月17—23日　国家主席江泽民访问英国期间，上海电视台与英国无线卫星台、中国驻英使馆在英国伦敦联合举办上海电视周。

10月22日　市广电局和解放日报社联合创办的报刊发行公司——上海全日送报刊发行有限公司成立。市委副书记龚学平，市委常委、宣传部部长金炳华出席揭牌仪式。该公司由市广电局和解放日报社共同出资组建，注册资金为1 200万元。

同日　国家广电总局局长田聪明到上海电台调研，并在990新闻直播室接受上海电台记者采访，他在谈话中对21世纪广播发展及其地位做了分析。

10月28日　由上海广电发展总公司、上海电视台、东方电视台共同投资组建的上海广电影视制作有限公司成立。主营舞美、灯光、音响、服装等设计和制作业务。

11月2日　东方电视台直播在上海大剧院举办的首届中国上海国际艺术节开幕式实况。

11月28日　新中国50年上海经典建筑评选揭晓。市广电局系统东方明珠广播电视塔、上海大剧院、上海国际会议中心同时名列"新中国50年上海十大金奖经典建筑"排行榜。

11月30日　应新华社澳门分社邀请，上海电视台等联合出品的大型电视纪录片《看澳门》首映式在澳门举行。澳门特区行政长官何厚铧致信祝贺。

12月9日　市委副书记龚学平到上海有线电视台调研并指导工作。

同日　东方电视台举行《东方110》栏目播出500期大型文艺晚会《东方110在行动》。晚会上，市领导对荣立公安部集体一等功的《东方110》栏目组予以表彰，市委政法委授予《东方110》栏目组"法制宣传模范集体"称号。

12月19日　22时45分至20日凌晨，上海市各界庆祝澳门回归祖国联欢晚会在外滩广场的澳门回归祖国倒计时牌下隆重举行。中共中央政治局委员、上海市委书记黄菊，市委副书记、市长徐匡迪等领导与上海市各界4 000名群众一起联欢，庆祝澳门回归祖国怀抱。上海电台、东方电台、上海卫视、上海电视台、东方电视台、上海有线电视台联合直播晚会盛况。

12月21日　上海电台和上海市科学技术委员会、中科院上海分院联袂开设的《两院院士展望新世纪》专题讲座开播，中科院顾问、院士严东生作第一讲。该专题讲座共设21讲，每周一、二、四在上海电台经济频率《今日科技》节目各播一讲，剪辑后的21集专题报道分别于次日《990早新闻》节目中播出。

12月23日　《上海广播电视志》在广电大厦举行首发式。该书150余万字，全面记述上海广播电视70余年史实，经过修志人员十年辛勤编纂而成。市委副书记龚学平为该书作序。

12月31日　中共中央政治局委员、上海市委书记黄菊先后到上海电台、东方电台、上海有线电视台、上海电视台，亲切慰问坚守岗位的新闻工作者。

同日　23时30分至2000年1月1日凌晨，由市广电局、市文化局主办，上海电视台、东方电视台承办的上海迎接新世纪新千年联欢活动在东方明珠塔下举行，中共中央政治局委员、上海市委书记黄菊，市委副书记、市长徐匡迪等市领导出席联欢会，上海电视台和东方电视台进行转播。

同日　上海电台新闻频率1999年12月31日18时30分—2000年1月1日6时30分，连续

12小时播出上海及全国各地迎接新千年的活动情况。东方电台联合中央电台、广东电台、香港电台、台湾"中广公司"、新加坡广播机构、美国美加广播网、加拿大中文电台等,由8家电台共同策划组织《跨越千年》节目,在世界30多家华语电台共同转播。上海电视台和中央电视台合作参与,从1999年12月31日至2000年1月1日,连续报道全球各地迎接新千年活动。东方电视台从当天15时至2000年1月2日零时20分,成功连续直播2000分钟(33小时20分钟)的大型特别节目《2000看东方》。

2000 年

1月1日　中央电视台和上海电视台联袂举办的《世纪风》中英双语元旦晚会在上海马戏城举行。《世纪风》晚会实况通过中央电视台国际频道、上海电视台以及22个国家、地区的49个电视机构联合直播。这是上海电视台第三次联手中央电视台共同推出元旦晚会。

同日　东方明珠广播电视塔举办的登高活动在东方明珠广场举行,首次增加长跑比赛。

1月18日　上海电台与上海14家公交企业签约,在94条线路上的1400辆公交车上转播《990早新闻》节目。4月6日起,复旦大学、上海交通大学、同济大学、华东师范大学等37所高校实时转播《990早新闻》节目。

1月20日　市政府召开彩车工作表彰会。上海参加首都庆祝中华人民共和国成立50周年游行的彩车"金色航船"由市广电局牵头组织设计制作,它模仿东方明珠塔、南浦大桥、杨浦大桥、浦江两岸标志性建筑等造型,其整体造型宛如乘风破浪的航船,由东方电视台申世原、上海电视台丁力平设计。市广电局获得首都国庆游行总指挥部授予的"组织工作先进单位奖"。

1月25日　上海有线电视台召开1999年度全市网络工作总结表彰会。会上宣布,上海有线网络联网用户规模超过290万户;市区入网率达88.5%,郊区入网率为30.2%。

2月3日　市广电局在全国率先推出广播电视首席播音员、主持人评审聘用制度。第一批经过评审受聘的首席播音员、主持人共8位。

2月20日　中央电视台、上海电视台、上海卫视联合举办《上海・悉尼——2000年的跨越》大型音乐会,通过卫星双向传送,使分处南北半球的上海大剧院和悉尼歌剧院两座世界著名剧院的演出现场呈现异地同曲场景。

2月23日　位于虹桥路1376号的上海广播大厦经市计委、市建委和市委宣传部等验收通过。广播大厦于1993年12月16日动工,1996年8月建成交付上海电台、东方电台,试运行三年多后达到设计要求。该项目获得国家建筑工程"鲁班奖"。

2月24日　东方电台音乐频率首次转播格莱美颁奖典礼现场实况。

3月9日　在上海市干部人事档案管理经验交流会上,市委组织部宣读了中共中央组织部授予市广电局干部人事档案管理全国一级单位荣誉称号的通知。

3月16日　市广电局召开区县广电局、台领导干部会议,宣布上海区县201个乡镇、2806个行政村都能收听收看到中央和上海市的广播电视节目,实现了国家广电总局提出的"村村通广播电视"目标。

3月22日　上海有线电视台出资30万元建设的云南罗平县长底乡"上海有视希望小学"竣工落成。

3月26日　上海电视台首次推出每周日一档专为聋哑人制作的新闻专栏节目《时事传真》,这是上海媒体中第一个采用播音员以语言播报和手语相结合方式，面向聋哑人的电视新闻栏目。

4月7日　上海电台《市民与社会》栏目推出《市长热线》访谈特别节目。徐匡迪市长作为该节目的第一位嘉宾，就市政府当年经济、就业、社会保障等工作与市民对话交流。此后，几位副市长也陆续走进《市长热线》节目直播室，与市民对话。这档节目在市长与市民之间建立了一种直接对话的机制，并成为常态。

4月11日　市委决定：建立中共上海市文化广播影视管理局委员会、中共上海市文化广播影视管理局纪律检查委员会，撤销中共上海市文化局委员会、中共上海市文化局纪律检查委员会，撤销中共上海市广播电影电视局委员会、中共上海市广播电影电视局纪律检查委员会。郭开荣任上海市文化广播影视管理局党委书记，李瑞祥任上海东方广播电台党委书记，卓根源任上海东方电视台党委书记。同日，上海市第十一届人大常委会第十七次会议决定，叶志康为上海市文化广播影视管理局（以下简称"市文广局"）局长。

4月12—21日　上海电台《990早新闻》节目在浦东开发开放10周年之际，推出《十年十件大事》系列报道。

4月13日　市政府任命马博敏为上海市文化广播影视管理局艺术总监，胡劲军为上海东方电视台台长。

4月15日　市委宣传部召开市文广局干部大会，宣布上海市文化广播影视管理局成立。市委副书记龚学平，市委常委、组织部部长罗世谦，市委常委、宣传部部长金炳华，副市长周慕尧出席，局党委书记郭开荣、局长叶志康、局艺术总监马博敏在会上发言。

同日　上海卫星电视中心整建制并入上海电视台。当日20时，《上海卫视新闻》在上视大厦直播。

4月19日　上海有线电视台召开全体职工大会，表彰上海有线男子、女子排球队在全国排球联赛中双双夺得冠军。市委副书记龚学平参加大会并讲话。

4月　东方电台记者袁家福获全国先进工作者称号。

5月6日　东方电视台承办并直播的第五届全国残运会开幕式暨文艺晚会《生命礼赞》在沪举行。中共中央政治局常委、全国政协主席李瑞环称赞："节目十分感人，晚会非常成功。"

5月11日　上海市文化广播影视管理局挂牌仪式在北京东路2号大楼前举行。市委副书记龚学平，市委常委、宣传部部长金炳华为该局揭牌，副市长周慕尧致词。

5月11日—6月14日　东方电台《倾听西部的声音》系列专题节目开播，与西部9个省、自治区电台进行两地联播，四川省等省、区、市多位主要领导在节目中接受采访。

5月28日　上海电台、东方电台、上海电视台、东方电视台、上海有线电视台等上海各主要新闻媒体和东方明珠股份有限公司共同投资6亿元创建的大型综合信息服务类网站——东方网（www.eastday.com）开通，市委副书记龚学平参加开通仪式并点击开通。该网站位于徐汇区斜土路2567号。东方电台做开通仪式的现场直播。

6月6日　上海电视娱乐类节目试行"制播分离"，市文广系统第一家有自然人参股的股份公司——上海今夜娱乐文化演出影视有限公司举行成立揭牌仪式。

6月22日、29日　市文广局分别向30名上海市人大代表、市政协委员颁发"广播影视特邀评议员"聘书。市人大常委会副主任胡正昌、市政协副主席陈正兴分别出席仪式并参加座谈会。

6月28日　东方网股份有限公司召开第一届董事会第一次会议和第一届监事会第一次会议，选举吴谷平为董事长，选举李智平、徐世平为副董事长；王仲伟为监事长；李智平被聘为总经理，徐世平被聘为总编辑。

7月1日　市委宣传部发文,将解放日报主管、主办的《新闻报·午刊》划归市文广局管理,由上海每周广播电视报社和新闻报社合办,更名为《新闻午报》。2008年11月,该报更名为《天天新报》,至2014年5月1日休刊。期间,该报主管、主办单位先后变更为中国上海国际艺术节中心、中国上海国际艺术节中心与文汇新民联合报业集团、文广集团。

7月10日　市委副书记龚学平,市委常委、宣传部部长金炳华到市文广局,就如何深入学习贯彻中央思想政治工作会议精神进行调研。

7月12日　上海电台《990早新闻》播出记者赴京采制的录音报道《女儿心中的父亲》上篇,次日播出报道的下篇。这是全国最早播出的"毛毛(邓榕)谈爸爸(邓小平)"的新闻。该录音报道获上海新闻奖一等奖。

7月14日　市人大常委会主任陈铁迪作为东方电台《今日新话题》节目《人大之窗》专栏的第一位嘉宾,在节目中与市民交流。

7月15日—8月31日　上海媒体"2000西部行"报道组出发仪式在上海人民广场312国道0公里处举行。"西行车队"从上海人民广场出发,途经江苏、安徽、河南、陕西、甘肃、青海、新疆,行程约14 000公里。这次活动由上海电视台、新民晚报、东方网三家媒体联合主办,这是上海网络媒体与电视、报纸等媒体举办的首次联合行动。

7月20日　中共中央政治局委员、上海市委书记黄菊视察东方网。

7月22日　上海电视台组织慰问演出团抵达甘肃酒泉卫星发射中心,慰问航天工作者及其家属,在戈壁滩临时搭建的舞台上持续演出近4个小时。

7月23日　市委副书记、市长徐匡迪到上海电视台新闻演播室,通过卫星连线陕西省省长程安东,就人们关注的热点话题"西部大开发"进行对话。

7月24日　中共中央政治局常委、国务院副总理李岚清视察东方网,与东方网少年频道小记者亲切交谈,并接受采访。

7月24日—9月15日　上海电台中波1197千赫、调频94.7兆赫连续播出根据毛毛(邓榕)撰写作品改编的54集广播长篇传记《我的父亲邓小平——文革岁月》,由著名配音演员曹雷播讲。

7月25日　由市政协办公厅和东方电台在中波792千赫共同开设的双周专栏《政协之窗》开播,市政协副主席朱达人、谢丽娟作为首批嘉宾走进演播室,与听众交流。

7月26日　零时,东方网开通高考网上查分,开创了上海网上高考查分先河。

7月30日　东方网与上海日报合作的东方网英文版(english.eastday.com)上线。

8月3日　经市政府批准,市政府办公厅下发关于市文广局职能配置、内设机构和人员编制规定的《通知》。市文广局是主管全市文化艺术工作、广播电视宣传和文化、广播、电影、电视事业的市政府组成部门,设12个职能处(室),即:办公室(党委办公室)、总编室、政策法规研究处、市场处、事业处、艺术处、计划财务处、外事处(台湾事务办公室)、社会文化广播电视处、组织人事处、保卫处、老干部处。

8月14日—10月23日　每逢周一上午7—8时,上海电台与西部地区10家省级电台联合推出《东西部手拉手早新闻联播》特别节目。这档节目得到中共中央政治局委员、书记处书记、中宣部部长丁关根的肯定和赞扬。

8月23日　东方电视台和中央电视台联合主办的《为中国喝彩——伦敦泰晤士河之夜大型音乐歌舞晚会》在英国伦敦千禧宫举行。中英两国的艺术家们同台演出,2 500余名中外嘉宾观看演出。

8月31日　市政协主席王力平,副主席朱达人、黄跃金等到东方网视察。

9月12日　上海市有线电视用户已达310万户,市区有线网络覆盖率达到99%。

9月　浦东新区社会发展局的文化职能划转到新建立的浦东新区文化广播电视管理局。

10月18—24日　中共中央政治局委员、书记处书记、中宣部部长丁关根在上海对文广影视业改革进行专题调研,考察上海电视台、东方电视台、上海有线电视台和上海大剧院、上海国际会议中心等单位并召开座谈会。

10月23日　2000年海峡两岸广播事业交流研讨会在上海开幕。大陆广播界和台湾广播界人士近百人相聚一堂,交流两岸广播发展的经验,共同探讨新世纪广播发展的战略。交流研讨会由中央人民广播电台、中华广播影视交流协会主办,东方电台承办。

10月25日　中宣部副部长、国家广电总局局长徐光春视察东方网。

10月27日　东方电台举办"首届19个省市广播创新节目擂台赛"。全国19家省(市)电台参与此次活动,共收到67件参赛作品及19篇论文。中国广播电视学会和上海市广播电视学会担任本届擂台赛指导单位。

11月3日　市委决定蒋琪芳任上海有线电视台党委书记。

11月3—4日　由市文广局主办,东方电视台和上海演艺总公司、美国梅耶斯国际娱乐有限公司联合承办的世界超大型景观歌剧《阿依达》,作为第二届中国上海国际艺术节开幕演出剧目在上海体育场演出,舞台面积5 298.95平方米,演职人员3 000余人,观众总计近10万人次。

11月15日　中共中央政治局常委、中央军委副主席、国家副主席胡锦涛视察东方网,寄语东方网越办越好,早日实现国内一流、国际知名的目标。

11月16日　受中国外交部和2001年APEC会议组委会委托,由东方网承建的亚太经合组织中国年会(APEC上海会议)官方网站(www.apec-china.org.cn)开通。

11月27—28日　市文广局召开郊区基层广播电视工作经验交流会。会议公布以下数据:10个郊区有线电视光缆全长8 614.66公里,实现了乡镇通。2 700多个行政村中,有916个实现了有线电视联网,占34%,终端用户80多万;全年完成安装共缆喇叭31 750只。

11月28日　市文广局召开全市广播电视行业管理会议,副市长周慕尧就行业管理提出要求:从严管理、依法管理、科学管理,不断提高广播电视行业管理水平。

11月29日　市委副书记龚学平,市委常委、宣传部部长殷一璀一行视察东方网。

12月1日　由东方电视台全额投资,历时3年打造的大型原创舞剧《野斑马》在第二届中国上海国际艺术节闭幕式上首演。

同日　上海有线电视双向网用户达到100万户。

12月11—18日　由海外电视编导拍摄的23集电视纪录片《世纪之交看上海》分别在上海电视台14频道、东方电视台33频道播出一周。市委副书记龚学平为电视片题写片名。该纪录片分别由英国广播公司(BBC)、日本广播协会(NHK)、德国广播电视联合会(ARD)、法国电视2台、美国广播公司(ABC)以及新加坡和中国的香港、台湾地区10家电视台的编导、记者在上海拍摄。

12月11日、28日　中共中央政治局委员、上海市委书记黄菊,市委副书记、市长徐匡迪分别到东方电视台接受采访,就东方电视台成立8周年发表讲话。

12月16日　上海电台与上海市公安局合作,创作推出100集新版大型系列广播剧《刑警803》,在中波990千赫、调频93.4兆赫首播。这使中断播出达5年的广播剧《刑警803》在广播中重显其品牌效应。

12月31日 当日至2001年1月1日凌晨,中共中央政治局委员、上海市委书记黄菊,市委副书记龚学平等到上海电视台新闻中心、上海卫视新闻中心、东方网,慰问坚守岗位的编辑、记者、主持人和技术人员。

2001 年

1月1日 21—22时,上海部分居民通过有线电视27频道,收看到数字高清晰度电视节目。上海试播的数字高清晰度电视采用国家广电总局推荐的技术标准。

同日 经市广播电视播音员、主持人考核领导工作小组审查批准,全市广播电视界220名播音员、主持人成为第一批持证上岗人员。

同日 上海电视台与中央电视台、东方明珠广播电视塔、加拿大多伦多电视塔联合举办《跨越太平洋——东方明珠塔·多伦多塔新世纪对话》节目,这两个塔缔结为"21世纪友好塔"。这次电视对话采用汉英双语同步互译,由中央电视台国际频道、英语频道播出节目录像。

1月5日 上海电视台和上海大剧院联合主办《多明戈上海之行新世纪首场独唱音乐会》。

1月6日 东方电视台推出《蓝天下的至爱——爱心全天大放送》特别节目,连续24小时直播现场实况,内容包括:"上海市儿童医学中心为孤儿林清楚做先天性心脏缺损修补手术""点亮心愿·慈善捐赠名品义拍""蓝天下的至爱·大型慈善义演晚会"。

1月28日 国务院新闻办公室主任赵启正视察东方网,希望东方网在网络新闻宣传、发挥网上舆论正面引导等方面积极探索,为中国的网络新闻事业发展做出贡献。

1月30日—6月30日 东方电视台优秀节目海外展播先后在澳大利亚、日本、韩国、加拿大、新加坡、美国的电视台和凤凰卫视欧洲台举办。

1月 东方明珠广播电视塔被评为"国家AAAA级旅游景区"。

同月 市文广局技术中心在上视大厦7楼建成第一个虚拟演播室系统(二维虚拟系统)。

2月16日 何允从事广播电视技术工作60年座谈会举行。市委副书记龚学平致信祝贺;国家广电总局科技委副主任章之俭,市文广局局长叶志康,市文广局副局长、局科技委主任王玮,各电台、电视台领导和部分科技人员代表,老同志邹凡扬、孙刚、苗力沉、柳星三、王忻济等80余人参加座谈会。由局科技委等单位编辑的《何允文集》在会上首发。座谈会由市文广局科技委、技术中心、市影视技术协会等联合举办。

2月22日 国家广电总局经研究,原则同意关于组建上海文化广播影视集团(以下简称"文广集团")的方案。3月29日,市委、市政府同意组建上海文化广播影视集团,机构性质为上海市委宣传部直属事业单位,实行企业化管理,机构级别定为相当于局级。文广集团建立党委会,实行党委领导下的行政首长负责制。

同日 中宣部常务副部长刘云山视察东方网。

2月 东方网首次参加上海两会报道,这也是上海两会报道首次有网络媒体参与。采编文字新闻、图片报道共610篇(幅),互动栏目"百姓议案"收到600余件,受到广泛好评。

3月6日 经市委宣传部批准,上海电视台托管上海歌剧院、上海轻音乐团、上海话剧艺术中心;东方电视台托管上海歌舞团;上海电台托管上海评弹团;东方电台托管上海民族乐团;上海有线电视台托管上海滑稽剧团、上海淮剧团;上海大剧院托管上海芭蕾舞团、上海广播交响乐团。随后成立的上海文化广播影视集团托管上海京剧院、上海昆剧团、上海交响乐团、上海杂技团、上海马戏城、上海市马戏学校。签约后院团的性质、建制和编制不变,市政府对于文化事业发展的经济支持政策不变。

3月16日　市文广局举行文艺院团委托管理签约仪式。市委副书记龚学平,市委常委、宣传部部长殷一璀,副市长周慕尧出席。局党委书记郭开荣主持仪式,局党委副书记、局长叶志康与委托单位签约。

3月19—20日　东方电视台播出独立采制的专题片《拒绝邪教》。

3月20日　市委决定王仲伟兼任东方新闻网站党委书记,穆端正任东方新闻网站主任。

3月30日—4月30日　东方电视台和中共一大会址纪念馆、华山医院等6家市级医院,联合主办"没有共产党就没有新中国——中国革命之路万里行"活动,先后到瑞金、遵义、韶山、广安、延安、西柏坡等地举办党史展览、专题讲座、文艺演出、赠送设备、送医送药等多项活动,受到老区人民的热烈欢迎。

4月2日　上海卫视《英语午新闻》节目(每档时长15分钟),在中央电视台英语频道《今日上海》栏目挂牌完整播出。

4月5日　东方电台、东方电视台、东方明珠广播电视塔有限公司、上海电台、上海有线电视台、上海大剧院等单位被评为1999—2000年度上海市文明单位。

4月10日—7月1日　上海电视台组织80人的专题报道组从中共一大会址出发,赴嘉兴南湖、井冈山、遵义、延安、西柏坡、北京等地采访,并在荧屏上连续以《党旗飘飘中华行》为题,反映中国共产党建党80周年所走过的光辉历程。该报道组中,有青年党员、编导、节目主持人和摄像人员等。

4月16日　市委决定,叶志康任文广集团党委书记。27日,市政府发文,同意叶志康任文广集团总裁。

4月18日　上海市机构编制委员会经研究决定,东方新闻网站划归上海文化广播影视集团管理。

4月19日　文广集团在上海国际会议中心宣告成立。市委副书记龚学平、国家广电总局副局长赵实揭牌。市委常委、宣传部部长殷一璀,副市长周慕尧出席揭牌仪式。

4月　市文广局技术中心划归文广集团,更名为文广集团技术中心。

5月4—13日　2001上海之春国际音乐节首次将"上海之春"与"上海国际广播音乐节"融合于一体,设有"金编钟奖"评奖和节目展播、全国广播音乐节目主持人大赛、"东方风云榜"十大金曲评选颁奖晚会等活动,还有30多场风格迥异的国内外音乐舞蹈专场演出。

5月7日—6月25日　由上海电台和贵州电台共同策划,浙江、江西、陕西、河北、北京、广东等8家省、自治区、直辖市电台联合推出的大型系列节目《胜利之路》同步播出,受到中宣部好评。

5月9日　经市委宣传部批复同意,文广集团党委由叶志康、李保顺、蒋琪芳、朱咏雷、朱永德、王玮、周澍钢、黎瑞刚8人组成。

同日　位于东方明珠广播电视塔下的上海国际新闻中心落成。该中心的建筑物高二层,总面积约16 000平方米。

5月20日　上海有线女排在第三届亚洲女排俱乐部锦标赛中夺得冠军。上海有线女排连续两年获得此项杯赛冠军。

5月26日　东方网与市教育党委、市教育委员会联合举办"上海大学生APEC主题网络辩论邀请赛"。这是东方网首次参与举办网络辩论赛。

5月27日　上海电视台和法国电视1台联合举办《上海·巴黎2001年的跨越——卫星双向传送音乐盛典》。法国国家交响乐团和上海广播交响乐团分别在两地演奏,法国电视一台通过卫星向欧洲播出。上海电视台新闻综合频道、上海卫视翌日播出。

5月31日　上海卫视选送的新闻专题片《小学生减负:超超的故事》在美国有线电视新闻网《世界报道》栏目年度颁奖典礼上被授予2000年度"最佳人文新闻片"大奖,这也是该年度亚洲唯一的获奖作品。

6月4—7日　由全国政协副主席张思卿、全国政协科教文卫体委员会副主任杨伟光率领的全国政协调查组一行20人到上海进行广播影视集团化专题调研。

6月11日　中央人民广播电台同上海、新疆、广东、山东、云南、吉林、西藏等30多家电台合作,即日起连续推出30集系列音乐专题节目《歌声献给党》。

同日　上海电台在中共一大会址纪念馆前举行《难忘的旋律——纪念建党80周年》音乐会。市委副书记龚学平,市委常委、宣传部部长殷一璀出席观看。

6月17日　市委宣传部发文,对市文广局、文广集团圆满完成中、俄、哈、吉、塔、乌六国元首15日在上海签署《上海合作组织成立宣言》的报道和大型舞蹈《金舞银饰》的演出等给予表扬。

6月21日　市委宣传部、市计委、市建委等单位的领导和专家通过对东方明珠广播电视塔工程的优质工程验收。东方明珠塔总投资8.3亿元,主体结构高350米,塔身总高度为468米,居亚洲第一、世界第三。

7月1日　由市委组织部、市委宣传部主办,东方电视台承办的"上海市庆祝中国共产党成立80周年大型歌会"在上海大舞台举行,全场百支合唱团万人参加合唱。上海电台、东方电台、上海电视台、东方电视台、上海卫视、上海有线电视台、上海教育电视台做现场直播。

同日　一面长80米、宽56米、面积4 480平方米的巨幅党旗张挂在上视大厦主立面。《党旗永远鲜艳——庆祝建党80周年特别活动暨"党旗飘飘中华行"凯旋仪式》在上视大厦北广场隆重举行。上海电台在中波990千赫、调频93.4兆赫推出长达19个小时的纪念建党80周年特别节目。东方电台在中波792千赫、调频104.5兆赫连续24小时播出建党80周年特别节目。东方电视台推出主题为《日出东方》的全天24小时大放送节目。

同日　上海有线电视台与上海电视台合并。上海有线电视台的6套自办节目正式更改呼号,分别为"上海电视台有线影视频道""上海电视台有线财经频道""上海电视台有线体育频道""上海电视台有线生活频道""上海东方电视台有线音乐频道""上海东方电视台有线戏剧频道"。

7月1—2日　上海电视台、上海卫视和江西、陕西、河北电视台联合推出"七一"特别节目,四地5位新闻主播齐聚上视演播室,共同主持庆祝建党80周年特别报道,四地现场转播。由上海市委组织部、市委宣传部主办,东方电视台策划并和中共一大会址纪念馆承办的"上海各界党员重温入党宣誓仪式"在中共一大会址纪念馆举行,东方电视台与中央电视台联合直播。

7月1—2日　东方电视台推出2部大型电视理论专题片《活力——上海基层党建纪实》和《启航》。中共中央政治局委员、上海市委书记黄菊,市委副书记、市长徐匡迪,市委副书记、组织部部长罗世谦接受《活力》节目摄制组专访。

7月2日　市委决定宗明任上海电视台党委书记。

7月3日　东方电视台即日起播出根据获奖小说《中国制造》改编的20集电视连续剧《忠诚》。该剧由市委宣传部、东方电视台、永乐影视公司等单位联合摄制,被中宣部列入庆祝建党80周年的全国十大献礼电视剧。中央电视台购买该剧并于7月29日在央视一套黄金时段播出。

7月9日　中共江西省委书记孟建柱、省长黄智权走进上海电台《市民与社会》栏目直播室，与上海和江西两地听众围绕"沪赣合作共创未来"的话题进行交流。这档节目由上海电台、江西电台主持人共同主持，两家电台同步播出。

7月13日　在北京申办2008奥运会之际，上海电台推出5小时直播节目《祝福你，北京》，通过前方记者将国际奥委会在莫斯科进行投票表决的现场最新消息同步传达给听众。

7月　东方明珠传输公司采用DVB－T技术完成APEC专用加密数字电视频道和图文频道的播出。

8月1日　上海电视台策划并由主持人参演的新版话剧《霓虹灯下的哨兵》，在美琪大戏院为驻沪部队官兵进行专场慰问演出。

8月3日　上海文广新闻传媒集团（以下简称"传媒集团"，英文简称"SMG"）成立，由上海电台、东方电台、上海电视台、东方电视台、东方明珠股份公司、8个文艺院团等单位合并组建。经市委宣传部研究决定，文广集团副总裁朱咏雷兼任传媒集团党委书记、总裁。

8月8日　"中国县市电视台外宣协作网"第六届年会宣布，接纳南汇广播电视台为成员台。自此，南汇广播电视台制作的专题类节目被纳入中国黄河电视台《神州瞭望》栏目，并通过美国斯科拉卫星电视网播出。

8月17—19日　文广集团分别在浦东中国上海人才市场、上视大厦、广电大厦、文广集团总部举行远程视频和面对面中高级人才招聘洽谈会，共吸引1500余人参加洽谈，其中有来自英国、日本、加拿大、澳大利亚、新加坡等国家的27名中国留学生，来自北京、广东、湖北、陕西、河南、江苏、浙江等10多个省（市）的570余人专程抵沪应聘。

8月25日　东方电视台与上海亚洲音乐节组委会共同主办、全国18个省（市）电视台参与的第四届亚洲音乐节中国新人新手大赛决赛在东视剧场举行。

8月26日　上海电台与上海市新四军历史研究会，黄浦区委、区政府在外滩广场举办陈毅诞辰一百周年大型文化纪念活动。市委副书记龚学平、中国人民对外友协会长陈昊苏参加纪念活动。

9月8日　市委副书记龚学平，市委常委、宣传部部长殷一璀，副市长周慕尧到文广集团调研广播电视频率频道改革、专业化重组事宜。

9月10日　上海电视台与中国教育电视台、新疆电视台共同举办"世纪承诺——庆祝新世纪第一个教师节"主题晚会。

9月21日　第八届精神文明建设"五个一工程"奖评选揭晓。上海广电媒体获入选作品奖的有：东方电视台等联合摄制的电视剧《忠诚》、原上海有线电视台等联合摄制的电视剧《红色康乃馨》、上海电视台等联合摄制的电视剧《张闻天》；上海电视台制作的音乐电视片《新世纪艳阳天》；上海电台制作的广播剧《嫁给了公家人》、东方电台制作的广播剧《夕阳鸣奏曲》、上海电台与上海市公安局联合制作的广播剧《白玉观音》；东方电视台等联合摄制的理论文献电视片《浦东10年》。

9月22日　上海明珠广播电视科技公司承担的上海火炬计划项目"全固态中波广播发射机"项目通过市科委组织的验收。该产品1998年投入市场后，生产销售287台，分布于国内28个省市和海外4个国家（地区），累计完成产值8610万元，实现利税2073万元。

9月28日　由东方网负责总集成、总承建的"中国上海"门户网站在市政府会议大厅开通，市委副书记、市长徐匡迪出席开通仪式并点击开通。

9月　文广集团技术中心拥有的国内第一辆高清电视转播车投入使用。该车配备6台索尼

HDC－950摄像机，并在第九届全国运动会首次用于高清电视节目制作。

10月1日 中共中央政治局委员、上海市委书记黄菊到设在东方明珠广播电视塔内的亚太经合组织（APEC）上海会议主新闻中心慰问广播电视新闻工作者，并对确保会议期间的通讯畅通提出要求。

同日 东方电视台播出独家摄制的20集大型电视专题片《你好，APEC》。该片每集时长60分钟。节目由记者现场日击、政经首脑访谈、15个经济体高官访谈三部分组成。

10月3日 中央电视台、东方电视台等在雅典卫城哈罗德露天剧场共同主办《为中国喝彩——希腊雅典大型音乐歌舞晚会》。东方电视台，中央电视台综合频道、综艺频道、国际频道翌日先后在黄金时间播出演出实况。

10月8日 上海电视台体育频道开播，每天对外播出17小时。该频道节目采编播团队由上海电视台、东方电视台、上海有线电视台原体育节目部人员重组而成。

10月17—21日 亚太经济合作组织（APEC）会议首次在中国上海举办。上海电视台每天推出8档《APEC快报》整点新闻节目；东方电视台推出《APEC特别报道》，每天开设16档整点新闻；上海电台新闻频率作12次APEC会议现场直播；东方电台与中央电台、国际电台合作播出4档APEC会议汉英双语节目。

10月17—21日 在亚太经济合作组织（APEC）会议期间，文广集团技术中心精心编制《APEC会议技术运行手册》，200余名技术人员进驻各场馆，投入4辆转播车、2台便携式转播设备、1辆卫星车，架通91路光缆通道，完成电视转播传输24场，配合中央电视台完成公共信号传输44场次296小时，为26个场馆提供76场扩声，首次应用DVB完成APEC专用加密数字电视频道和图文频道的设置。位于东方明珠塔下的上海国际新闻中心，昼夜为3 000余名中外记者提供办公场地和设备等。

10月20日 当晚，国家主席江泽民和夫人王冶坪在上海国际会议中心为参加亚太经合组织第九次领导人非正式会议的领导人和配偶举行欢迎宴会。席间，由文广集团主办、上海电视台承办的文艺演出给各经济体领导人留下深刻印象。演出结束后，贵宾们观看了由东方电视台承办的盛大景观焰火表演《今宵如此美丽》。上海电视台连夜将演出录像刻制成DVD光盘，作为江泽民主席赠送给各经济体领导人的礼品。10月，上海大世界基尼斯总部颁发"规模最大的焰火晚会"证书。11月8日，市委宣传部颁布嘉奖令，表彰文广集团所属有关单位出色完成APEC上海会议的有关任务。

10月21日 亚太经济合作组织（APEC）会议中外记者招待会在上海国际会议中心召开。国家主席江泽民在回答东方电视台记者何小兰提问对会议筹备工作如何评价时，竖起大拇指说：用上海话说就是顶呱呱。不仅我满意，参加会议的国外领导人都给予高度评价。

10月 东方网参与APEC上海会议报道创多项纪录，以新浪、搜狐、网易、雅虎等为主的商业网站都在第一时间大量转载了东方网的有关报道。东方网还举行了五场以APEC为主题的大型嘉宾聊天活动。

10月25日 市文广局制定《上海市卫星电视地面接收设施专项整治工作方案》并成立由市文广局、市公安局、国家安全局等组成的全市专项整治领导小组，分阶段对上海卫星电视地面接收设施进行专项整治。至12月，专项整治的第一阶段工作得到国家广电总局检查组肯定。

10月28日 由中国广播电视学会播音学研究会主办、上海电台承办的陈醇播音生涯50周年研讨会在上海召开。

10月29日　中华全国新闻工作者协会召开第六届理事会第一次会议,上海市文广局局长、文广集团党委书记、总裁叶志康当选中华全国新闻工作者协会副主席。

10月31日　由文广集团投资建造的上海国际会议中心东方滨江大酒店,由国家旅游局星级评定委员会批准为五星级酒店。龚学平出席挂牌仪式并揭牌。

11月13—21日　传媒集团党委发出公告,对新闻综合、生活时尚、纪实、新闻娱乐、文艺、戏剧、音乐7个电视专业频道的总监、主编、副主编等岗位,实行公开招聘。

11月17—19日　市委副书记龚学平,市委常委、宣传部部长殷一璀,副市长周慕尧到文广集团调研,听取文广集团叶志康工作汇报。龚学平强调,文广集团要前瞻性思考未来,制定好战略规划。

12月4日　上海电视台与日本STV-JAPAN株式会社共同签署《上海电视台卫星频道落地日本的协议》。上海卫视成为继中央电视台之后第二家获日本政府许可在日播出的中国电视媒体。2002年1月1日起,上海卫视节目正式落地日本,成为首家落地日本收费的中国省级电视媒体。

12月5日　东方网与上海市法制宣传办公室联合主办的“东方法治”网举行开通仪式,市委副书记龚学平出席并点击开通。

12月10日　市委宣传部批复同意市文广局对各区有线电视中心进行行业管理。

12月13日　经国家广电总局批准,上海电视台第一套节目综合频道更名为新闻综合频道,第二套节目英语频道更名为生活时尚频道,第三套节目影视频道更名为电视剧频道,第四套节目新闻财经频道更名为财经频道,第五套节目体育频道设置不变,第六套节目生活频道更名为纪实频道,第七套节目上海卫视频道设置不变,利用有线方式增设第八套节目电影频道;上海东方电视台第一套节目综合频道更名为新闻娱乐频道,第二套节目科技教育频道更名为文艺频道,第三套节目音乐频道、第四套节目戏剧频道不变。

同日　市政协副主席王生洪一行70余人到上视大厦考察工作,听取文广集团领导叶志康、李保顺、朱咏雷关于文广集团组建运作情况和发展目标的汇报。

12月15日　据市文广局统计,上海郊区1031个行政村开通有线电视网,架设光缆杆线3668余杆公里,架设电缆杆线26553余杆公里,总投资约3亿元,全面完成有线电视“千村通”的市政府实事。

同日　上海文广投资公司成立。该公司负责投资经营和资本运作,开拓新的经济增长点。

12月19日　市委同意东方新闻网站的机构性质为事业单位,机构级别定为相当于局级。

同日　由上海广电集团公司、文广集团、黄浦区国有资产总公司三家单位对上海申花足球俱乐部有限公司进行重组,成立上海申花SVA文广足球俱乐部有限公司举行挂牌仪式。文广集团出资1125万元,占注册资本的30%。

12月24日　市委宣传部与复旦大学举行签约仪式,共建新闻学院。协议规定,新闻学院为上海新闻媒体和宣传部门培养青年干部和专业人才创造条件,上海新闻界包括上海各电台、电视台作为新闻学院学生的实习基地。2005年,复旦大学新闻学院新院区工程由复旦大学、传媒集团等共同投资开工建设,传媒集团自筹资金出资1.1亿元建设演播楼,由上海东方电视购物有限公司使用,并作为新闻学院的教学实践基地。

12月31日　中共中央政治局委员、上海市委书记黄菊,市委副书记龚学平,市委常委、宣传部部长殷一璀先后到东方电视台和上海电视台,亲切慰问采编第一线的新闻工作者。

同日　传媒集团下属的上海文广互动电视有限公司(SITV)成立。这是从事数字电视和视频点播业务的经营实体,是上海数字电视业务运营主体之一。

同日　传媒集团总裁朱咏雷、执行副总裁胡劲军到东方电台《今日新话题》直播室,就2002年1月1日推出11个电视专业频道的背景、节目创新内容与听众展开交流。

2002 年

1月1日　传媒集团属下11个电视专业频道全新亮相。它们分别是:以上海电视台为呼号的新闻综合频道、上海卫星电视频道、生活时尚频道、体育频道、电视剧频道、财经频道、纪实频道;以东方电视台为呼号的新闻娱乐频道、文艺频道、戏剧频道和音乐频道。

1月7日　上海卫视《前进上海》节目在香港落地,每周一至周五18时15分在香港凤凰卫视中文台播出。

1月10日　市委副书记龚学平,市委副秘书长、宣传部副部长王仲伟到传媒集团调研,了解新的电视专业频道播出后的情况。

1月19—24日　传媒集团纪实频道《邓小平与上海》摄制组赶赴深圳、珠海采访,记录深圳、珠海10年间的变化,缅怀邓小平的丰功伟绩。在深圳,摄制组采访了邓小平的弟弟邓垦和妹妹邓先群。

1月22日　市委宣传部召开文艺院团工作座谈会,就进一步深化文艺院团改革、解放艺术生产力,多出优秀作品、多出优秀人才等议题进行交流发言。市委副书记龚学平,市委常委、宣传部部长殷一璀,副市长周慕尧,托管文艺院团单位、各文艺院团负责人参加座谈会。

2月6日　传媒集团"广播电视节目资料的数字化抢救和应用关键技术的研究"项目通过由市科委组织的专家鉴定。专家们认为,该项目的研究成果属国内首创,国际领先。

2月17日　由传媒集团和中央电视台联合主办、文艺频道参与制作的《为中国喝彩》大型音乐歌舞晚会,在南非约翰内斯堡曼德拉国家剧院上演。这是《为中国喝彩》品牌演出首次登上非洲大陆。南非总统姆贝基给晚会发来电祝贺,并为晚会录制了讲话。

2月17—25日　传媒集团体育频道、文广集团技术中心一行9人,在新疆跟踪报道上海摩托车手王龙祥单骑穿越"魔鬼之域"罗布泊的壮举,连续9天每日发回4分钟的现场新闻报道。

3月5日　市文广局召开市广播影视管理工作会议,副市长周慕尧,市委副秘书长、宣传部副部长王仲伟到会讲话。

3月6日　赴京参加全国两会的中共中央政治局委员、上海市委书记黄菊到在京的上海广播电视报道组驻地看望记者,他称赞传媒集团新闻综合频道和新闻娱乐频道组成联合采访组报道全国两会,这种方式很好,报道有特色。

3月16日　传媒集团、东方明珠股份有限公司、上海巴士实业(集团)公司签署在上海公交车上试验播出数字移动电视节目的合作协议。试验首先在920路公交车上进行。截至当年年底,全市共有68条公交线路、1 000多辆公交车车厢内安装了移动电视多媒体装置。

3月17日　传媒集团在广州举办"传媒与企业深度交流高峰会"暨集团广告经营中心广州办事处成立仪式。

4月17—21日　由国家广电总局人教司主办,市文广局和文广集团协办的全国广播影视系统教育培训管理干部现代理论培训班在沪举行。

4月19日　东方电视台投资控股的东方男篮在宁波以123比122击败八一男篮,从而以3比1的总比分赢得CBA冠军。

4月25日　文广集团向崇明广播电视台提供168套(件)价值300多万元的技术设备援助并完成安装调试。

5月12—18日　传媒集团新闻娱乐频道和文艺频道联合举办赴革命老区延安市及子长县文艺、医疗、科技"三下乡"活动。

5月21日　文广集团总裁叶志康与工商银行上海市分行行长吉晓辉共同签署《银企合作协议》。协议确定了双方在此后5年内合作的具体事项。

5月22日　市第十一届人大常委会第39次会议决定,任命穆端正为上海市文化广播影视管理局局长。

5月24—25日　传媒集团总裁朱咏雷发布2002年第1号至第6号嘉奖令,表彰部分频道、频率和院团出色完成中国申办2010年上海世界博览会广播电视宣传和申博演出任务。

6月9—13日　第九届上海电视节在沪举行。这一届电视节有两大变化:一是改在6月上旬举行,二是此后每年举办一届。

6月20日　传媒集团在广播大厦召开各广播专业频率的员工双向选择动员大会。

同日　文广集团总裁叶志康与中国建设银行上海市分行行长宁黎明在浦东金融大厦签署为期5年的《银企合作协议》。

6月26日　文广集团总裁叶志康与交通银行上海市分行行长金大建在交行上海市分行大厦举行会谈,并签署《银企合作协议》。

7月1日　上海市电视气象预报员和各区有线电视中心播音员、主持人实行持证上岗制度。

7月11日　市委副书记殷一璀,市委常委、宣传部部长王仲伟,副市长周慕尧到文广集团调研。文广集团总裁叶志康汇报集团改革发展设想。

7月12日　市政府任命黎瑞刚为上海电视台台长。

7月15日　传媒集团对所属的上海电台、东方电台频率实行大整合,10套广播节目全部启用新呼号播音。这10套节目分别是:上海人民广播电台新闻频率、交通频率、文艺频率、戏剧频率;上海东方广播电台新闻综合频率、金色频率、流行音乐频率、综合音乐频率、财经频率;浦江之声广播电台。其中8套节目为中波和调频双频播出,以期获得清晰的收听效果和更大的覆盖面。

7月24日　中央电台、上海电台、东方电台采制的《上海五国元首第六次会晤现场直播》节目获第十二届中国新闻奖一等奖;上海电视台记者黄铮、崔艳、徐攸采制的《从后排到前排,15米走了15年》节目获第十二届中国新闻奖一等奖。

8月8日　东方明珠股份有限公司成立10周年。10年里,东方明珠股份有限公司已发展成为中国上市公司50强之一、上海上市公司15强之一。

8月14日　市文广局、文广集团联合召开座谈会,听取市人大代表和市政协委员对广播专业频率改革的意见和建议。市文广局局长穆端正主持会议并讲话,文广集团副总裁、传媒集团党委书记、总裁朱咏雷介绍广播改革和节目设置情况。

8月23日　中国电视广告年会在上海举行。2001年全国的电视广告收入达到179亿元,占广告总收入的22.57%。上海电视广告业务一直保持着快速发展的势头,2001年传媒集团电视广告收入达20.46亿元。

8月26日　技术中心广播技术部的英夫美迪自动播出系统升级获得成功,并在调频101.7兆赫、调频103.7兆赫两个音乐频率使用,工作效率明显提高。

同日　传媒集团新闻娱乐频道《娱乐在线》节目通过卫星向国内20多家省级电视媒体传送,有

206 个电视频道转播。

9月3—7日 传媒集团新闻娱乐频道、文艺频道等承办的"走到一起来"文化、医疗、教育学习交流活动在青海省西宁市举行。

9月24日 文广集团驻北京办事处暨上海电视台、上海电台驻京记者站成立。中宣部副部长吉炳轩、中国记协主席邵华泽、中国作协党组书记金炳华出席并致贺。国家广电总局副局长胡占凡、文广集团总裁叶志康揭牌。文广集团副总裁、传媒集团党委书记、总裁朱咏雷主持揭牌仪式。

同日 上海市机构编制委员会经研究，同意建立上海市广播电视信息网监测中心。因体制改革，该中心先后更名为上海市广播影视信息网监测中心、上海市文化广播影视监测中心。

9月27日 中共中央政治局委员、上海市委书记黄菊给上海数字电视运营性试播致贺信。上海成为全国第一个经国家广电总局批准的数字电视运营性试播城市。推出的视频节目有30套，其中数字音频节目10套。28日，上海文广互动电视有限公司开通上海数字付费电视。

同日 由传媒集团主办的为庆祝中华人民共和国53周年华诞而特别编排制作的音乐歌舞焰火晚会《祖国颂》在虹口体育场举行，京沪等地一千多名演员参加表演，近两万名观众在现场观看演出。

9月30日—10月6日 为纪念中日邦交正常化30周年，由传媒集团主办，上海卫视参与策划、制作的"上海电视周"在上海友好城市日本长崎市举办。

10月7日 传媒集团新闻综合频道对"世界第一钢拱桥"——卢浦大桥对接合龙仪式进行直播，用三维动画演示合龙段的施工过程。

10月8日 市委宣传部经研究，同意宗明任传媒集团党委书记，黎瑞刚任传媒集团党委副书记、总裁。

10月18日 传媒集团新闻综合频率和四川电台联合制作的20集理论系列专题《只要主义真》开播，并在全国十多家省级、市级电台先后播出。

10月20日 上海东方男篮主力队员姚明赴美国休斯敦火箭队，进入NBA职业联赛。上海东方男篮俱乐部由东方电视台投资控股。

11月8日 上午9时，中共十六大在北京隆重开幕。传媒集团11个电视频道和9个广播频率按计划同步转播开幕式实况，东方明珠车载移动电视系统也加入十六大开幕式转播行列。

11月11—17日 2002网球"大师杯"赛在上海圆满举行。体育频道在7天的赛期中，对开幕式、闭幕式和15场精彩比赛进行直播，并通过国际卫星，向境内外近160家电视机构同步传送电视信号，为全球3亿多观众提供比赛实况。

11月16—17日 为中国上海申办2010年世博会举办的《今夜星光灿烂》文艺晚会在法国巴黎香榭丽舍剧院献演。演出之前，中共上海市委副书记殷一璀、中国驻法大使吴建民分别致辞。晚会由外交部、上海市政府主办，文广集团承办。国际展览局的官员代表、外国友人、华人华侨代表1 600人出席观看晚会。晚会演出弘扬中华文化，展现上海风采，为"申博"活动增添了浓墨色彩，受到中央及上海市领导的高度赞扬和肯定。11月21日，市委宣传部颁发嘉奖令，表彰文广集团为申博演出付出辛勤劳动的文艺频道、上海歌舞团、上海京剧院、上海民族乐团、上海马戏学校的演职人员。

11月18日 市委宣传部颁发嘉奖令，表彰文广集团广播电视机构圆满完成中共十六大宣传报道任务。十六大期间，传媒集团各媒体共刊播有关十六大的消息、报道、评论、照片近600篇(张)。从11月8日至15日，共计安全播出电视节目4 819小时，广播节目3 784小时。

11 月 28 日—12 月 3 日　文广集团总裁叶志康率新闻报道组 17 人在摩纳哥报道中国上海申办 2010 年世博会活动。报道组采用记者在现场和上海演播室主持人连线的方式,在电视屏幕上开出三个"对话框",由记者及时向观众传递最新消息。

11 月　传媒集团电视播控中心启用数字化硬盘播出系统,采用索尼 MAY‐70 视频服务器。

12 月 2 日　市机构编制委员会经研究,同意市文广局撤销总编室、保卫处;增设广播影视处、科技处;社会文化广播电视处更名为社会文化处;办公室增加保卫职能。

12 月 3 日　传媒集团电视采编播人员和技术人员在摩纳哥蒙特卡洛使用两辆卫星电视转播车,全程直播对中国上海申办 2010 年世博会投票表决实况。同时,传媒集团在上海市中心南京路步行街广场举办"庆祝中国申办 2010 年上海世博会成功大型联欢活动"。传媒集团所辖文艺院团有 500 多位演员以精彩表演营造喜庆氛围。传媒集团 4 个广播频率、5 个电视频道直播 3 小时特别节目,中央电视台综合频道、国际频道以及香港凤凰卫视等共同直播了联欢活动。

同日　东方网成为第一个发布上海申办 2010 年世博会成功的新闻媒体,该消息随即被国内几乎所有网站转载。当天,东方网登录人数近 50 万,首页页读数超过 150 万。

12 月 10 日　传媒集团电视播控中心告别模拟播出系统,全面使用数字化硬盘播出系统。

12 月 16 日　上海市政府 2003 年一号工程——上海音乐厅平移修缮工程正式实施。工程项目由文广集团投资。2003 年 6 月 17 日,位于延安东路重达 5 850 吨的上海音乐厅整体建筑,朝东南方向平移 66.46 米。南京大戏院(上海音乐厅前身)建于 1930 年,1950 年改名为北京电影院,1959年更名为上海音乐厅,1989 年被列为上海市近代优秀建筑保护单位。

12 月 17—19 日　市委副书记殷一璀,市委常委、宣传部部长王仲伟到文广集团,与文艺院团和托管单位负责人,广播电视专业频率、频道负责人座谈。

12 月 21 日　传媒集团在南京路新世界商厦建立的电视透明演播室启用,市民可透过玻璃幕墙观看电视节目拍摄、制作场景,该演播室也为市民进入参与电视节目提供便利。南京路商业街由此增添一处新的文化景观。

12 月 27 日　国家广电总局副局长张海涛到上海考察文广集团移动电视和新媒体开发,并登上公交车,从人民广场驶向虹桥路广播大厦,一路观看移动电视节目。他对播出内容、传输和接收质量表示肯定。

12 月　传媒集团的东方宽频网获得国家广电总局"信息网络传播视听节目许可证"。

同月　东方网日文版(jp. eastday. com)正式上线。

2003 年

1 月 1 日　上海文广互动电视公司开办的有线互动电视投入商业运营,共播出 19 套广播节目和 89 套电视节目以及数据增值服务节目、多媒体杂志、气象信息、股票信息、游戏等。

同日　东方明珠移动电视开播,每天播出近 30 档节目,时长达 16 小时。移动电视接收终端分布于上海城区大部分公交线路的运营车辆、市内所有的轮渡码头和渡轮客舱等,日均受众达 150 余万人次。

同日　经国家广电总局批准,上海卫视采用数字直播卫星方式在澳大利亚"翡翠互动电视平台"开播,节目信号覆盖澳大利亚全境。

1 月 4 日　由文广集团承担建设的"上海高清晰度数字电视地面广播试验平台"项目通过验收。

这是国家数字高清晰度电视研究开发及产业化专项工程。项目竣工验收会由上海市发展改革委员会主持召开。

1月8日 传媒集团新闻综合频道派出6路记者,从空中、地面和水上立体报道"苏州河环境综合整治系统建成仪式"并推出"苏州河整治特别报道"。

同日 传媒集团经典音乐广播节目在调频103.7兆赫开播。2004年1月1日起,这一经典音乐节目改为由调频94.7兆赫播出。

1月18日 上午8时至次日凌晨零时,传媒集团新闻娱乐频道全天直播市慈善基金会、市文明办和文广集团主办的"蓝天下的至爱"系列活动。上海卫视、交通频率对当天的活动进行即时报道和现场直播。截至2003年,"蓝天下的至爱"慈善活动已举办10年。

同日 文广集团批复传媒集团成立文艺院团管理部,加强对托管文艺院团的管理协调工作。

1月28日 美国财经类电视机构(CNBC)亚太总裁亚历山大・布朗一行访问传媒集团,与传媒集团财经频道在节目交流、技术支持、人员培训等方面的合作进行探讨。

1月 市委宣传部、市教委、团市委发文,授予东方明珠广播电视塔、上海大剧院两家单位"上海市爱国主义教育基地"称号。

2月3日 由国务院新闻办公室主办,传媒集团承办,文艺频道联合北京电视台在法国凡尔赛宫皇家歌剧院举办《中国文化之夜》晚会。法国及欧洲其他国家的政府官员和社会名流550余人出席观看这台晚会。13日,中央对外宣传办公室给上海市委宣传部、外宣办发来感谢信,表扬上海文广新闻传媒集团承办、文艺频道等制作的"凡尔赛中国文化之夜",从资金、人力、宣传及组织筹备等方面给予的积极支持,使该项活动取得了圆满成功。

2月4日—3月15日 由传媒集团主办的王龙祥"挑战世界屋脊,跃进可可西里"冬季大穿越活动举行。体育频道和新闻综合频道联合派出7名记者,携带卫星地面工作站仪器设备进行跟踪报道,总行程1.2万公里。

2月20日 由传媒集团调频101.7兆赫、调频103.7兆赫两个音乐频率举办的首届"东广音乐明日之星"大赛圆满降下帷幕。该项活动从2002年10月26日开展后,共收到报名来信2 200封,报名者中罗毅、李嘉、曾晓萌等人比赛胜出,应聘成为东方电台的音乐节目主持人。

2月24日 传媒集团体育频道取得2003—2004年F1赛车锦标赛的中国电视版权,是除中央电视台以外唯一得到全年16站F1赛事直播权的电视机构。

2月27日—3月25日 传媒集团、上海市演艺总公司、上海东方青春舞蹈团共同合作的大型原创舞剧《野斑马》走出国门,先后到澳大利亚墨尔本、堪培拉、悉尼3个主要城市巡演24场。澳洲各界政要、社会名流、文化艺术界人士及当地居民共5万多人观看演出。

3月11日 文广集团、市妇联、市新闻工作者协会、市希望工程办公室在广电大厦联合举办"何晓明同志事迹报告会"。何晓明是上海电台新闻频率节目主持人(播音名小茗)。2002年12月24日,她因车祸身亡,年仅41岁。

3月13日 市委副书记殷一璀,市委常委、宣传部部长王仲伟,副市长杨晓渡参加文广集团党委扩大会,听取文广集团党委书记、总裁叶志康的工作汇报,并对文广集团改革发展提出要求。

3月22日 第十届《东方风云榜》十大金曲颁奖演唱会在上海大舞台举行。该项活动由传媒集团音乐频率承办,由媒体代表、资深音乐人、高校代表组成评审团,观众通过新浪网投票,实行"全透明"评选模式,评出"十大金曲"等奖项。市人大常委会主任龚学平出席观看颁奖演唱会。

4月5日 第九届精神文明建设"五个一工程"奖评选揭晓,传媒集团选送参评的广播剧《汽车人》获"入选作品奖"。该剧由邱洁宇、李容、李胜英、雷国芬、徐景新、杨树华、徐国春、达世新、王小云参与创作。

4月10日　传媒集团财经频道与CNBC亚太签署《建立战略合作伙伴关系的备忘录》。4月14日起,传媒集团财经频道每天通过卫星连线,在CNBC全球电视网中直播《中国财经简讯》节目,及时向亚太及欧美地区观众提供中国财经新闻。

4月18日　文广集团召开"创新体制机制,发展内容产业"大会,正式启动新一轮改革。市委常委、宣传部部长王仲伟讲话,文广集团党委书记、总裁叶志康做动员报告。

4月21日　上海举办国际汽车展览。传媒集团交通广播即日起进行现场采访直播,车展举办期间,每天与中央电台连线播出车展相关活动实况。

4月23日—5月23日　传媒集团先后制作16条抗非典电视公益宣传片,分别在各电视频道滚动播出2 000余次。文广集团党委发出通报,表彰参与MTV《非凡英勇》录制演唱的43位广播电视节目主持人。中宣部阅评组认为,这些电视公益宣传片是抗击非典战役中奏响的一支激动人心、催人奋进的进行曲。

4月30日　文广集团党委研究决定:东方明珠股份有限公司、国际会议中心从传媒集团划出,改由文广集团管理;国际会议中心根据股权关系的变动,由东方明珠股份有限公司控股管理;文广集团节目中心(上海音像资料馆)整建制划入传媒集团。

5月11—13日　传媒集团连续推出以"守望相助,共抗'非典'"为主题的四台电视特别节目:《超G明星、超G爱心——"抗击'非典'"互动访谈直播节目》《我们万众一心——上海文艺界抗击"非典"特别演出》《非凡英勇——献给2003年国际护士节特别节目》《守望相助,众志成城——抗"非典"公益歌会》。

5月17日　由传媒集团文艺频率发起、策划,京、沪、穗三地电台联合播出《南北一心,守望相助——抗击"非典"》直播综艺节目。

5月26日　文广集团技术中心划归传媒集团管理。

5月30日　文广集团完成技术系统整合和上海大剧院总公司组建工作。至此,文广集团直接领导和管理的下属单位为9个,分别是:传媒集团、上影集团、东方明珠股份有限公司、上海大剧院总公司、文广科技发展公司、文广实业公司、STR国际集团、文广集团国际大型活动办公室、上海电影资料馆。

6月2日　市委副书记刘云耕,市委常委、市公安局局长吴志明,市委常委、宣传部部长王仲伟,副市长杨雄做客东方网,参加"网谈交通文明"活动。

6月3日　市政府举行首次新闻发布会,东方网从此开始承担市政府新闻发布会网络直播任务。

6月5日　上海卫视选送的英语新闻《上海启用宠物尸体无害化处理站》获美国有线电视新闻网(CNN)《世界报道》全球合作机构2002年度最佳环保新闻奖。

6月6日　市委副书记殷一璀,市委常委、宣传部部长王仲伟,副市长杨晓渡到上视大厦,听取上海大剧院、传媒集团等单位负责人关于大型文化设施的经营管理、上海卫视改版以及传媒业对外合作等工作汇报。

6月12日　市委、市政府发文,撤销上海文化广播影视集团所属的上海人民广播电台、上海东方广播电台、上海电视台、上海东方电视台的建制,组建上海文广新闻传媒集团,保留"上海人民广播电台""上海东方广播电台""上海电视台""上海东方电视台"播出呼号。

6月14—17日　由传媒集团主创的大型报道剧《非常任务》在艺海剧院公演。该剧根据从南方来沪的某次列车上发现"非典"疑似病人后,全市上下紧急寻找71位曾有密切接触史旅客的故事改编创作而成。

6月27日　传媒集团向上海市档案馆捐赠由传媒集团新闻综合频率、第二军医大学联合制作的40集广播专题节目《小汤山日记》的光盘。该节目大量选用在北京小汤山"非典"治疗医院48个昼夜里采集的珍贵录音资料,真实反映上海医疗队与"非典"病毒抗争、救治病患的感人事迹。

6月28日　上海隆重举行"世界第一拱"——卢浦大桥通车仪式。传媒集团所属新闻频率、新闻频道、上海卫视、体育频道联合进行现场直播。技术中心在直播中首次采用数字电视传输技术,高质量完成直播任务。

6月30日　由传媒集团创办的数字电视频道——《法治天地》开播,该节目在上海数字电视平台上每日19—23时播出。

6月　上海教育电视台将原计划用于台庆10周年活动的30万元经费,捐赠给西藏萨迦县,援助该县广播电视中心建设。

7月1日　传媒集团技术中心正式启用硬盘播出系统的第三分控,将电视剧、财经、纪实和上海教育电视台4个频道纳入硬盘播出系统。至此,原来分别位于有线总控和无线总控、采用Probel播出系统的12个电视播出频道,全部转由硬盘系统播出。

7月2日　经国家广电总局批准,原上海电视台的财经频道更名为第一财经。7月6日,由原上视财经频道、东广财经频率组成的专业财经资讯平台——"第一财经"在上海广电大厦举行揭牌仪式。自7月7日起,"第一财经"节目在广播电视中播出。8月13日,上海第一财经传媒有限公司成立。

7月28日　第一财经频率和南京、无锡、常州、杭州、宁波等14个城市的经济广播电台签署节目联播协议,共同开展"中国长江三角洲经济广播节目联播"。8月17日,由第一财经频率联手长三角地区14家城市广播电台共同打造的财经联播节目《中国长三角》开播。

7月　东方明珠股份有限公司更名为东方明珠(集团)股份有限公司(以下简称"东方明珠[集团]公司")。

8月1日　市文广局完成《上海市有线广播电视网络管理若干规定(草案)》和《上海市有线广播电视网络整合实施方案》的制订。

8月7日　市委副书记殷一璀,市委常委、宣传部部长王仲伟,副市长杨晓渡到文广集团调研,听取文广集团党委书记、总裁叶志康,传媒集团总裁黎瑞刚的工作汇报。

8月15—17日　国家广电总局副局长赵实到上海调研文化体制改革试点工作,与市文广局、文广集团、上影集团领导班子成员座谈。

8月22—23日　国务委员陈至立先后视察东方明珠广播电视塔、上海音乐厅平移修缮工地和上海大剧院。

8月27日　著名旅法画家朱德群向上海大剧院赠送长7.3米、宽4.3米的巨幅油画作品《复兴的神韵》,市领导和中国驻法国前任大使吴建民共同为油画揭幕。同日,上海大剧院与法国巴黎国家歌剧院正式签约,结为姐妹剧院。

同日　由国家广电总局科技司组织的专家鉴定委员会,对上海文广科技发展公司完成的"笔记本式码流分析、发生记录仪的研制"项目进行鉴定,认为该项目达到国际领先水平。

8月28日　传媒集团与韩国CJ家庭购物株式会社在上海国际会议中心签订合资合同,双方共同投资成立上海东方希杰商务有限公司,进军电视购物产业。

8月30日　中共中央政治局常委、国务院总理温家宝视察上海大剧院。

8月　上海市广播科学研究所、传媒集团技术中心和东方明珠(集团)公司共同开发的"上海数字地面广播移动接收系统",在上海市信息化优秀应用项目评选中获得优秀应用项目奖。全市2 000多辆公交车、浦江渡轮上已安装使用该系统接收终端。

9月9日　传媒集团下属东方宽频网络电视开播仪式在上视大厦举行。市委常委、宣传部部长王仲伟启动开播按钮。东方宽频公司2002年底组建后,已向用户提供新闻、影视剧、体育、音乐、互动财经专业电视节目以及短信、数据增值等多项服务。

9月12日　传媒集团独家转播2004年开始的中国足球中超联赛新闻发布会在北京举行。根据协议,传媒集团在2004年开始的3年内,对中超联赛享有卫星、无线、有线电视转播权,并取得相关电视产品及衍生产品的开发、制作和使用权,以及中超联赛电视节目的广告经营权。

9月13—16日　传媒集团交通广播启用飞艇直播上海道路交通情况,阿丁等8位节目主持人轮番乘坐飞艇与市交警指挥中心直播室、电台直播室多点连线,播出实时路况信息。

9月25—26日　由国家广电总局主办的中日韩媒体合作研讨会在北京召开。文广集团总裁叶志康应邀在会上就"媒体发展和国际交流"做专题演讲。

9月29日　国家认证认可监督管理委员会、中国质量认证中心在东视大厦向传媒集团新闻娱乐频道颁发ISO9001:2000质量管理体系认证证书。

10月10—16日　传媒集团派出记者报道我国首次载人航天飞船"神舟五号"在甘肃酒泉发射准备、发射升空,以及载人舱安全落地等全过程。

10月23日　经国家广电总局批准,上海卫视更名为上海东方卫视,开播仪式在上视大厦举行。国家广电总局致信祝贺,市委副书记殷一璀启动开播信号,市委常委、宣传部部长王仲伟致辞。上海东方卫视全天时播出节目,通过卫星覆盖全国。

同日　上海东方卫视节目落地中国澳门特别行政区。

同日　由市慈善基金会、市福利彩票发行中心、东方卫视3家单位共同设立的"东方卫视福善基金"在南京西路集邮大厦广场举行揭牌仪式。

10月28日　传媒集团在东视大厦举行向延安市广播电视台捐赠电视摄像设备暨精神文明共建签约仪式。

11月9—11日　为庆贺文学大师巴金百年诞辰,由传媒集团主办、今夜娱乐公司与上海话剧艺术中心联合排练的影视明星版话剧《家》在上海大剧院演出。

11月11日　我国首位航天英雄杨利伟到东方明珠广播电视塔参观。

11月25日　中共中央政治局常委李长春一行到传媒集团上视大厦视察文广集团改革发展成果展,视察公交移动电视,并到广电大厦视察体育频道编播中心、第一财经频道导控中心、上海数字电视播控中心。李长春在视察东方网时,称赞"东方网点"是解决网吧管理的好办法。当晚,李长春前往上海大剧院观看明星版话剧《家》。

同日　巴金百岁寿诞。东方卫视播出45分钟的专题片《世纪巴金》。

11月27日　经国家广电总局批准,传媒集团所属上海文广互动公司开办动漫秀场、游戏风云、全纪实、东方财经4个付费频道。

11月30日　传媒集团技术中心顺利完成新闻频率(中波990千赫)技术系统的改造工程。至此,上海广播频率全部采用新的音频桌面系统。

12月1日　东方网获得《中华人民共和国互联网出版许可证》。

12月2日　由上海世博会事务协调局(以下简称"上海世博局")、文广集团、传媒集团和黄浦区委、区政府联合主办的"庆祝中国申办2010年上海世博会成功一周年文艺晚会"在南京路步行街世纪广场举行。

12月2—3日　由上海世博局和传媒集团纪实频道合作拍摄的大型纪录片《中国的魅力·世界的选择》在新闻综合频道播出。

12月3日　上海东方明珠广播电视塔与法国巴黎埃菲尔铁塔双向交流活动签约仪式在上海国际新闻交流中心举行,双方建立合作伙伴关系。翌年1月28日—2月1日,东方明珠(集团)公司主办的"东方明珠——上海魅力文化展"在埃菲尔铁塔内举行,5万多名游客参观展览。

12月25日　市委任命陈燮君为市文广局党委书记。

12月28日　上海东方电影频道开播。东方电影频道每天24小时滚动播出影视节目。

同日　东方网参建的上海市网络媒体监管系统获得上海市科学技术进步奖(一等奖)。

12月30日　位于上视大厦的东方卫视演播区和节目制作区技术工程竣工。演播区采用非线性编辑网络技术和虚拟演播室直播系统。

12月31日　东方网通过ISO9001质量管理体系认证。

2004 年

1月1日　经国家广电总局批准,传媒集团东广新闻台和都市792频率开播。5日,原新闻综合频率和金色频率整合为传媒集团新闻资讯频率和都市生活频率。对外呼号分别为"东广新闻台""都市792"。

1月4日　受国家发改委委托,上海市发改委对文广集团承建的国家数字高清晰度电视研究开发项目"上海高清晰度数字电视地面广播实验平台"竣工验收通过。

1月13日　市委宣传部颁发嘉奖令,对传媒集团戏剧频道在2003年为普及和提高戏剧艺术所做的工作予以嘉奖。

1月17日　传媒集团承办的5套全国性付费频道"动漫秀场""全纪实""游戏风云""卫生健康"和"东方财经"通过中央付费电视平台下传至国内已开播数字电视的各地播出平台。

1月19日　传媒集团下属的上海东方宽频传播有限公司成立。传媒集团授权该公司独家拥有传媒集团所有版权节目的网络推广和经营权,经营宽频网络电视业务,每天播出电视节目总量约300小时。

2月3日　传媒集团第一财经频率通过网络向加拿大中文台《环球经济新闻》节目成功传送5分钟的中国经济报道,信号覆盖温哥华、多伦多、卡尔加里。

2月9日　传媒集团新闻频率当日起联手全国28家省级电台举办《2004—中国话题》大型直播。节目在《市民与社会》栏目中播出,每双周一次,共播出20期。主题为"服务全国,融入全国",每次由上海电台和一家省级电台在两地同时直播,话题由"从昆明世界园艺博览会看上海世博会"开始,其后分别同北京、辽宁、安徽、浙江、重庆、江苏、宁夏等地电台就大城市交通管理、东北老工业基地振兴、农民工社会劳动保障体系建设等话题进行互动交流。

同日　传媒集团音乐频率首次以美国洛杉矶演播室—上海广播演播室—斯坦普尔新闻中心三点连线的方式,转播第四十六届格莱美颁奖典礼。这是音乐频率连续第五次转播格莱美颁奖活动。

同日 东方卫视提供的新闻片《上海禽流感防治和家禽养殖户补偿工作有序展开》在美国有线电视新闻网(CNN)《世界报道》节目头条位置播出。

2月17日 传媒集团"三项学习教育网"开通仪式在上视大厦举行。开通后日均访问量约为6 200人次。3月16日,中共中央政治局委员、书记处书记、中宣部部长刘云山在有关座谈会上指出:"上海文广新闻传媒集团专题网站,利用网络开展学习教育和网上交流,我看效果很好,这就是从实际出发。"

2月17—18日 新华社以《直挂云帆济沧海——上海文化广播影视集团迈向现代集团纪实》为题发表文章,中央电视台《新闻联播》播出题为《上海文广集团:面向市场整合资源,发展文化生产力》的报道,《光明日报》刊登《整合重组资源,发展内容产业——上海文广集团综合竞争力显著增强》的文章,分别报道上海文广集团的改革和发展。

2月18日 由市国有资产监督管理委员会、上海国有资产经营公司、文广集团和市国际贸易促进委员会共同投资的上海世博(集团)有限公司成立,注册资本为11.1亿元。

2月27日 传媒集团与世界著名音乐公司"环球唱片亚太区"在香港签署合资协议,共同创办以音乐为基础的新一代娱乐公司——上海上腾娱乐有限公司。

2月28日 国家认证认可监督管理委员会、中国质量认证中心在上视大厦向传媒集团下属的时尚文化传媒公司颁发 ISO9001:2000 质量管理体系认证证书。国家认证认可监督管理委员会主任王凤清,市委常委、宣传部部长王仲伟出席颁证仪式。

3月1日 传媒集团第一财经频率发起播出《长三角经济信息联播》节目。它依托长三角区域15家电台的联播平台,重点传播长三角区域各城市经济发展的最新消息。

3月3—16日 东方卫视与新华社联手,在全国两会期间,聚焦新一轮经济改革中的"西部大开发""振兴东北""长三角经济""珠三角发展"等话题,播出省部级领导系列访谈节目。

3月10日 文广科技(集团)公司研发的数字电视移动接收圆筒型天线获得国家实用新型专利证书。

3月18日 传媒集团在上海大剧院主办首届"中国十佳劳伦斯冠军奖"颁奖典礼,东方卫视分别在3月19日、21日晚播出颁奖典礼实况。北京、广东、天津等17家电视台也相继播出。

3月21日 由传媒集团新闻综合频道、每周广播电视报等联合主办,观众投票评选的传媒集团《案件聚焦》栏目开播10周年暨"十大最受关注案件"揭晓仪式在上视大厦举行。市委副书记刘云耕,市委常委、宣传部部长王仲伟等出席仪式。

3月30—31日 上海电视节办公室与法国戛纳电视节主办方签署友好合作协议,由上海文广集团提供88部纪录片参加戛纳电视节"中国日"展映。

3月 传媒集团技术中心建成上海电视新闻共享数字系统,首次将非线性网络制作系统应用于电视新闻演播室。东方卫视与新闻综合频道的新闻节目均采用该共享系统。

4月1日 "东方CJ家庭购物"节目开播。该节目每日20时至次日凌晨1时在传媒集团戏剧频道播出。

4月2—3日 国家广电总局副局长张海涛到文广集团调研,考察节目中心媒体资产管理流程演示、车载移动电视、有线网络播控机房和数字电视播控机房。

4月7日 由传媒集团纪实频道和东方卫视派出的摄制组成员褚嘉骅、袁鸣等在古巴首都哈瓦那采访古巴国防委员会主席菲德尔·卡斯特罗,访谈长达4个小时。5月1日起,东方卫视在每日19时的《环球新闻站》节目中连续推出7集特别报道《古巴零距离》。

4月15日　2004年上海广电信息产业股份公司(SVA)赞助上视女足俱乐部的续签仪式在东方绿舟女足训练基地举行。传媒集团党委书记宗明、总裁黎瑞刚出席仪式。SVA赞助上视女足已是第四个年头,每年赞助400万元。

4月19—28日　联合国亚太经社会第六十届年会在上海召开。期间,东方电台采制的《亚太2020远景规划召开高级别小组讨论会,全球化挑战以及中国在区域发展中的作用成为讨论焦点》《中国与联合国合作利用航天技术减灾》两篇报道在联合国电台播出。东方卫视直播26日举行的联合国亚太经社会第六十届年会部长级会议开幕式。

4月25—26日　博鳌亚洲论坛2004年年会举行。传媒集团新闻娱乐频道派出特别报道组,在会议期间采访了捷克总统克劳斯、菲律宾前总统拉莫斯、澳大利亚前总理霍克和美国前总统布什等外国政要和嘉宾。

4月26日　上海广播交响乐团更名为上海爱乐乐团,其产权关系隶属上海大剧院总公司。

4月28日　由文广集团、市残疾人联合会主办,传媒集团新闻综合频道承办的上海市民学手语电视大赛决赛及颁奖仪式在广电大厦举行。

4月29日　市委副书记、市长韩正到传媒集团新闻频率《市民与社会》"市长热线"节目直播室,就市民关心的有关问题与听众交流。

5月5日　国务委员陈至立在市委副书记殷一璀、副市长杨晓渡陪同下,到上海大剧院召开座谈会,听取上海大剧院、上海昆剧团、上海戏剧学校负责人的工作汇报。陈至立希望大剧院继续成为上海文化体制改革的尖兵、发展文化产业的领头羊;要进一步采取有效措施,扶持振兴昆剧。当天,陈至立还视察了东方网和东方社区信息苑示范点新华苑。

5月22—23日　中共中央政治局委员、书记处书记、中宣部部长刘云山,中宣部副部长、中央文明办主任胡振民一行先后到东方网、传媒集团视察。在东方网,刘云山听取东方网负责人关于网络发展介绍,观看东方网内容的演示,对东方网点中央技术平台和连锁管理做法给予了肯定。在传媒集团,刘云山参观了文广集团改革发展成果展和东方明珠移动电视公交车、东方卫视新闻演播室,并到广电大厦参观第一财经、体育频道和数字播控中心。

5月25—26日　传媒集团第一财经频道和美国财经电视机构(CNBC)、时代华纳付费电视网(TNT)联合举办2004年亚洲商业领袖颁奖庆典及峰会。

5月26日—6月1日　传媒集团戏剧频道与上海图书馆联合举办"越剧名宿艺术资料展",展示了袁雪芬、尹桂芳、范瑞娟等7位艺术家的珍贵资料,勾勒出越剧艺术在上海的发展轨迹。

5月27日　由市文广局、传媒集团等主办的《上海,你是我心中的歌——庆祝上海解放55周年广场文化活动》在南京东路浙江中路口举行。

同日　传媒集团广播数字音频库开通仪式在节目资料中心举行。广播数字音频库是"传媒集团媒体资产管理系统——广播在线"的核心部分。音频库开通后,各频率编辑、记者可在英夫美迪数字自动播出系统网络直接调用音频素材进行采、编、制、播等一系列工作。

5月　传媒集团下属的技术中心更名为技术运营中心,传媒集团还成立了技术管理部。

6月6日　传媒集团与上海移动通信公司、江苏移动通信公司签署战略合作协议。协议主要内容是三方共同开发移动流媒体及相关增值业务,形成内容、技术和网络三位一体的产业合作模式。

同日　传媒集团生活时尚频道改制为上海时尚文化传媒公司并举行挂牌仪式。

6月6—9日　第十届上海电视节在沪举行。35个国家和地区共178家公司选送节目338部,中外来宾3000余人参加。

6月7日　文广集团总裁叶志康和德国 ZDF 电视台台长马库斯·沙希特在上海国际会议中心签订合作协议,双方共同在新闻素材交换、专题节目拍摄、大型活动交流等领域建立友好合作关系,并相互提供经济、教育、娱乐、体育等节目用于播出。

6月16日　文广科技(集团)公司研发的"易播"硬盘播出系统、"易通"数字新闻远程传送系统、数字电视临频双工器 3 个项目,通过由国家广电总局科技司主持的技术鉴定。

6月28日—7月4日　中国法国互办文化年"上海周"分别在法国马赛植物园、博斯商贸中心、巴黎都日丽公园、香榭丽舍剧院等地举行,文广集团组织上海歌舞团、交响乐团、杂技团、歌剧院、民族乐团、中福会小伙伴艺术团、上海武术队等 20 余家艺术表演团队 300 余人,表演了多场丰富多彩的节目。中共中央政治局常委李长春、文化部部长孙家正、中联部部长王家瑞、国务院新闻办主任赵启正、国家广电总局局长徐光春、新闻出版总署署长石宗源、上海市委副书记殷一璀等观看演出并出席相关活动。

7月8—9日　2004 年全国广播影视局长座谈会在上海国际会议中心举行。中宣部副部长、国家广电总局局长徐光春讲话,副局长赵实、张海涛、胡占凡、田进分别通报有关情况。市委副书记殷一璀、市委常委、宣传部部长王仲伟参加会议。会议还听取上海文广集团深化体制机制改革、发展广播影视产业的情况介绍,实地考察了解上海在广播影视改革、产业发展、开发新媒体业务等方面的做法和经验。

7月14日　上海东方龙移动信息有限公司成立。该公司是传媒集团与上海讯网通信电子器材有限公司共同投资成立的。公司主要经营移动增值数据业务,以流媒体业务(各种视音频内容)服务为主,并同时发展短信、彩信、WAP、KJAVA 等数据业务。

7月18日　传媒集团东方少儿频道开播。市委副书记殷一璀宣布开播并启动开播按钮。

7月22日　为纪念邓小平诞辰 100 周年,传媒集团新闻综合频道推出系列报道《小平同志与上海》;新闻娱乐频道陆续推出系列报道《百年邓小平》;新闻综合频率播出与南京、杭州等电台联合采制的 15 集系列专题报道《长三角人民怀念邓小平》;戏文频率推出的重点节目包括系列广播剧《少年邓小平的故事》,播讲长篇纪实文学作品《邓小平在上海》,播出大型诗歌朗诵会实况等。

7月30日　传媒集团"广播播控系统""电视播控系统"和"领导信息服务系统"通过上海市信息安全测评认证中心组织的信息安全测评。

8月3日　由中共上海市委宣传部和中共四川省广安市委、广安市人民政府联合主办,传媒集团、广安市广播电视局共同承办,传媒集团文艺频道组织演出的《小平,您好》大型歌会在广安市思源广场隆重举行。来自上海、北京、香港等地的著名歌唱家用歌声缅怀世纪伟人邓小平的丰功伟绩。现场观众达 2 万多人。当天,传媒集团向广安市捐赠价值 60 万元的广播设备。8月22日是邓小平诞辰 100 周年纪念日,传媒集团东方卫视、文艺频道播出这台歌会实况录像。

同日　国家广电总局批复同意传媒集团开展全国有线数字付费频道集成运营机构筹备工作,传媒集团授权上海文广互动电视公司负责运作。

8月8日　传媒集团体育广播在调频 100.6 兆赫开播,每天播出 20 小时的节目,以"新闻滚动、听众互动、电视联动"的制播模式,给听众带去新的体验。2005 年 8 月,体育广播调整到调频 94.0 兆赫播出。2010 年,体育广播调整呼号为"上海人民广播电台五星体育广播"。

8月16日　文献纪录片《邓小平与上海》在传媒集团东方卫视、纪实频道播出,8月22日起,新闻综合频道黄金时段重播。《邓小平与上海》由中共中央文献研究室、中共上海市委出品,传媒集团承担拍摄制作,分为《百年情缘》《春风化雨》《非凡手笔》《潜龙腾飞》《世纪辉煌》5 集,总时长约 200

分钟。

8月20日　由市委宣传部主办,文广集团、传媒集团承办的"上海市纪念邓小平同志诞辰100周年交响朗诵音乐会"在上海大剧院隆重举行。21日,传媒集团新闻综合频道、东方卫视、文艺频道分别播出这台晚会的实况录像。

8月28日　传媒集团文艺频道策划的《青春万岁——第七届全国大学生运动会开幕式文艺演出》在上海松江大学园区举行。

8月　上海市有线网络有限公司更名为东方有线网络有限公司。

9月6日　传媒集团第一财经与美国道琼斯联手推出的"道琼斯第一财经中国600指数"上午9时30分正式面世。该指数是国内第一个覆盖沪深两地股票市场的权威指数。该指数的实时点数当日起在《华尔街日报》《亚洲华尔街日报》和第一财经频道、频率以及《第一财经日报》发布。

9月9日　传媒集团有线数字付费频道集成运营平台卫星信号测试暨签约仪式在广电大厦举行。传媒集团下属的11套数字电视节目信号已覆盖国内22个省市的3 000万用户;其中数字付费电视用户达24.5万,占全国数字电视用户总数的70%。

9月18日　由中国广播电视学会主办、上海市广播电视学会承办的"跨区域媒体品牌建设——'东方卫视现象'研讨会"在上视大厦举行。中国广播电视学会常务副会长刘习良、传媒集团总裁黎瑞刚到会讲话。

9月22日　传媒集团下属专门从事版权销售和输出的全资子公司上海五岸传播有限公司成立,主要销售传媒集团版权节目,从事版权运营等。

9月24—26日　传媒集团体育频道与全球著名的体育传媒美国ESPN联合转播世界一级方程式赛车锦标赛上海站的比赛。

9月25日　市委副书记、市长韩正,副市长杨晓渡到上海音乐厅调研,听取文广集团党委书记、总裁叶志康关于音乐厅建筑整体平移的工程情况介绍。

同日　东方网员工捐助30万元兴建的甘肃省岷县清水乡一心小学竣工,该校更名为东方网希望小学。

9月28日　传媒集团新闻频率记者丁芳、周导、袁晖采制的《召回"新政策"也是进步》获第十四届中国新闻奖一等奖。

10月1日　为庆祝中华人民共和国成立55周年,市文广局、文广集团、传媒集团组织上海京剧院、上海歌舞团、上海杂技团、上海小荧星艺术团等的200余名演员在北京劳动人民文化宫表演了精彩的文艺节目。中共中央政治局常委、全国人大常委会委员长吴邦国,中共中央政治局常委、国务院副总理黄菊在上海市副市长杨晓渡陪同下,与首都游园群众一起观看演出。

同日　东方卫视北美频道开播。

10月5日　东方卫视在上海金茂大厦直播国际跳伞表演2小时。此场电视直播,设置15个机位拍摄,首次采用3框画面,多点呈现表演实况。

同日　由东方卫视承制的国庆特别节目《精彩中国·上海篇》在中央电视台新闻频道和东方卫视首播。

10月10日　市委宣传部颁发嘉奖令,表彰文广集团在承办纪念邓小平诞辰100周年和国庆55周年活动中完成多项大型文艺演出活动。

10月18日　上海炫动传播股份有限公司成立。

10月20日　东广新闻台向联合国电台发送的题为《全球部长呼吁尽快通过保护文化多样性国

际公约》英语报道被选用播出。至此,东广新闻台已经在联合国电台播发由9位记者采制的15件新闻作品。

10月29日　传媒集团影视剧中心成立,统一经营和管理传媒集团电视剧、电视电影、动画片等节目的编播和创作生产。

10月　上海东方宽频传播公司和传媒集团音乐频率在东方宽频联合推出《东方风云榜》宽频主页,这是上海广播在东方宽频拥有的首个广播栏目。

11月1日　传媒集团香港办事处记者站成立,地址设在香港上海实业大厦。

11月3日　市委宣传部颁发嘉奖令,表彰传媒集团在2004年全国电视文艺"星光奖"评选中夺得18个奖项。其中,传媒集团文艺频道获14个奖项,在全国省级电视台专业频道中获奖数量居首位。

11月4日　传媒集团新闻综合频道《新闻透视》栏目改版10周年研讨会在广电大厦举行,市委常委、宣传部部长王仲伟出席并讲话。

11月7—9日　传媒集团电视节目主持人叶惠贤担任策划、制作的明星版话剧《雷雨》在上海大剧院演出。

11月9日　由中国福利会儿童艺术剧院、传媒集团和上海精文投资公司共同投资的上海国际儿童文化发展有限公司成立。

11月15日　《第一财经日报》在上海、北京、天津、长三角和珠三角地区面世,每期共28版,分为综合新闻、财经新闻、产经新闻和副刊四个板块。该报由传媒集团、广州日报报业集团、北京青年报社联合主办,总部设在上海。

11月18日　东方明珠广播电视塔开放10周年。10年中,累计接待中外游客约2 500万人次,其中包括党和国家领导人及295位外国元首、政府首脑、前政要等。该塔累计综合经营收入约为194 370万元,利润约为113 470万元,并在1999年还清了自筹资金建塔的全部借款,进入赢利发展阶段。

11月21日　经国家广电总局批准,上海文广互动电视公司推出第二批共8个全国数字广播电视付费频道,分别为:"都市剧场""欢笑剧场""金色频道""幸福彩""极速汽车""生活时尚""新视觉(高清)""爱乐频道"。同时,国家广电总局同意原批准在上海市范围内播出的《法治天地》《劲爆体育》《魅力音乐》《七彩戏剧》4个数字付费电视频道调整为在全国范围内播出。至此,文广集团共获准开办全国付费电视频道15个、全国付费广播频率1个,与中国国际电视总公司合办的全国付费电视频道1个。

11月26日　传媒集团生活时尚频道主办的年度莱卡Channel Young风尚颁奖大典在上海商城剧院举行。生活时尚频道和11家地方电视台做了同步直播。该节目发行至国内27个省的65家电视台。

11月29日—12月3日　由传媒集团7位广播节目主持人联合制作的《闪耀明珠,风华上海——上海广播周节目展播》在加拿大中文电台播出。这是上海广播系列节目首次在海外电台播出。"上海广播周"作为对外传播的窗口和品牌活动,此后还分别在美国、俄罗斯、澳大利亚等国举办。

11月30日　传媒集团文艺频道策划创排的《东方畅想——庆祝中国2010年上海世博会会徽揭晓文艺晚会》在东视剧场举行。传媒集团新闻综合频道、东方卫视对这台晚会做现场直播。

11月　南汇广播电视台选送的《"痴书"老人》《泸溪河的传说》《一草一木都是情》《爱心启程》

《金色黄昏》《小慧》等10部新闻专题片先后在美国斯科拉卫星电视网及北美洲100多个城市中播出。南汇广播电视台获得全国市县电视台对外宣传协作网外宣"繁荣奖"。

12月2日　传媒集团在上海国际体操中心成功举办"2004世界精英模特大赛国际总决赛暨颁奖晚会"。文艺频道3日播出颁奖晚会。

同日　上海文广互动电视公司与法国时尚电视频道签订合作协议,由法国时尚电视频道独家提供最新节目,每晚在"生活时尚"付费频道中播出。

12月13日　市委副书记殷一璀,市委常委、宣传部部长王仲伟到传媒集团调研,听取文广集团党委书记、总裁叶志康,传媒集团总裁黎瑞刚,党委书记宗明的工作汇报。

12月20日　由文广集团、传媒集团和市宣传系统人才交流中心联合组建的上海东方之星文化发展有限公司成立。

12月23日　经国家广电总局批准,传媒集团开办炫动卡通卫视频道。26日,上海炫动卡通卫视开播,通过卫星传送覆盖全国。精文投资公司、传媒集团、上影集团、文新报业集团、世纪出版集团和东方网6家单位联合投资1.5亿元组建该频道,每天播出18小时。

12月28日　传媒集团创办的东方网络电视开播,凡是安装了宽带网的用户可以随时点播电视节目,创造了"你点我播、互动交流"新的收视方式。

12月29日　传媒集团与上海移动通信公司签约,合作运营"手机电视"业务。从2005年1月1日开始,有500余名用户共享试播服务。传媒集团下属的东方龙移动信息公司向"手机电视"提供4套直播电视节目和8个栏目的电视节目VOD点播。

2005年

1月1日　东方明珠广播电视塔元旦迎新登高长跑暨复旦大学百年校庆典礼揭幕活动在东方明珠广场举行。这是该塔迎新登高活动举办10周年。

同日　传媒集团下属的上海东方龙移动信息有限公司在上海地区启动"手机电视"试播,并推出中国第一部手机短剧《新年星事》。

1月6日　由传媒集团等主办,文艺频道承办的"上海市各界援助印度洋海啸灾区大型赈灾慈善义演"在东视剧场举行。东方卫视、都市频率同时进行现场直播。

1月29日　东方卫视节目落地福州市。至此,东方卫视节目覆盖的国内城市(含直辖市、省会城市和计划单列市)共有36个。

同日　传媒集团新闻娱乐频道连续第五年全天直播《蓝天下的至爱——爱心全天大放送》特别节目。文艺频道、东方卫视、交通频率、都市频率等转播部分慈善活动实况。

2月1日　零时起,东方卫视节目在由中央电视台、国内地方电视台和相关境外电视台的频道集成的海外播出平台——长城(亚洲)卫星电视频道开播。该频道沿用了东方卫视北美频道的节目,东方卫视是参加该卫星电视平台的11个地方卫视之一。

2月6日　上海大剧院艺术中心成立并举行挂牌仪式。该中心隶属市委宣传部,由上海大剧院、上海音乐厅、上海交响乐团、上海芭蕾舞团、上海民族乐团、上海歌剧院6家单位组建而成。

2月26日　中国电视艺术家协会和传媒集团联合主办的《2005国际电视主持人论坛暨年度颁奖盛典》在上海音乐厅举行。

3月10日　传媒集团院团管理部改为文广集团直属管理,并更名为上海文广演艺中心。该中心下属上海爱乐乐团等9个院团和上海市马戏学校。

3月16日　由传媒集团所属东方之星公司发起并设立的"上海广播电视公益宣传专项基金"成立。东方卫视节目主持人袁鸣出任中国2010年上海世博会形象大使。传媒集团节目主持人叶蓉、曹可凡、黄浩、豆豆、陈辰等分别与上海市慈善基金会、上海市环保局等12家单位签约,成为相关领域的爱心大使或公益宣传片代言人。

3月17日　经国家广电总局审核认定,传媒集团967名广播电视采编人员,211名播音员、节目主持人,共计1 178人首批取得执业资格证书。

3月25日　市人大常委会的"人大网议日"首次活动在东方网上举行。每月25日举办一场活动。

3月　传媒集团先后获得国家广电总局颁发的国内第一张IPTV集成运营牌照和国内第一张手机电视集成运营牌照。

4月1日　传媒集团新闻资讯频率"进驻"上海市民信箱。市民只要登陆上海市民(电子)信箱订阅,就能在每天上午收到"东广早新闻精编版"的电子邮件。

4月8日　市委常委、宣传部部长王仲伟,副部长宋超、张止静到传媒集团调研,听取传媒集团总裁黎瑞刚、党委书记宗明关于"新闻资源整合发展方案"和"人力资源管理综合改革方案"的汇报。

4月11日　传媒集团参与拍摄的主旋律电影《任长霞》举行媒体见面会,中共上海市委常委、宣传部部长王仲伟,中共河南省委常委、宣传部部长孔玉芳出席。

4月16日　市委发文同意传媒集团机构级别相当于正局级。8月16日,市委决定宗明任传媒集团党委书记。26日,市政府同意黎瑞刚任传媒集团总裁。

4月18—19日　在倡导促进世界和平与合作的"万隆会议"召开50周年之际,由外交部和传媒集团联合制作的历史题材大型纪录片《万隆1955》在纪实频道播出。

4月29日　市委决定薛沛建任文广集团党委书记。5月9日,市政府同意薛沛建任文广集团总裁。

4月30日　第四十八届国际乒乓球锦标赛在上海开幕。传媒集团制作并直播了锦标赛开幕式暨庆典演出电视晚会。晚会在东方明珠塔广场举行,以"小球推动大球"与"和平、和谐、发展"为主题,由1 100多名演员参与演出,用高科技手段演示。国际乒联主席沙拉拉在第二天召开的国际乒联全体大会上,带领全体代表起立为开幕式和庆典演出成功热情鼓掌一分钟。

5月1日　传媒集团百视通电视传媒有限公司在黑龙江省开通全国性IPTV电视播出业务并播出50套节目。同月,传媒集团百视通电视传媒有限公司与中国网络通信集团公司在黑龙江省哈尔滨市开通商用IPTV业务。

5月18日　传媒集团召开人力资源管理综合改革试点工作动员大会。市委常委、宣传部部长王仲伟出席会议并讲话。会上,传媒集团员工培训基地"东方传媒学院"揭牌。

5月18—19日　由上海世博局主办、文广集团承办的上海申办世博演出在日本爱知世博会圆顶剧场举行四场演出。日本广播协会(NHK)、读卖新闻等十多家媒体记者做现场采访报道。

5月23日　上海文广互动电视有限公司的全国有线数字付费频道集成运营平台通过国家广电总局验收。

5月26日　市委宣传部举行上海宣传文化系统国有资产授权经营责任书签约仪式。责任书确定,文广集团经营管理所辖的全部国有资产,价值量为87.44亿元。文广集团的重点经营目标为:提高集团的持续发展能力、核心竞争力和资产效益、质量,集团所属国有资本年综合保值增值率为

4.89%。

同日　由传媒集团、中国对外文化集团、上海马戏城和上海杂技团全力打造的超级多媒体梦幻剧《ERA——时空之旅》出品方合作签约仪式在广电大厦举行。

6月3日　传媒集团等单位投资摄制的第一部20集高清电视连续剧《错爱一生》在中央电视台第八套节目中播出。

6月5日　由传媒集团第一财经频率和长三角地区14家城市经济广播电台联手打造的全国经济类广播节目《中国长三角》,每周日在中央电台同步播出。

6月11日　传媒集团下属的上海文广互动电视有限公司14个全国有线数字付费频道正式开通,传送14套数字付费节目。节目信号覆盖范围为国内25个省、自治区、直辖市的5 000万用户,其中付费电视用户约45万户。

6月11—13日　传媒集团精心组织纪念陈云诞辰100周年广播电视新闻报道和专题节目播出,其中包括连续报道《陈云与上海图片展在沪开幕》《陈云生平和思想研讨会开幕》《陈云同志诞辰100周年纪念大会在京隆重举行》和5集人物专题片《陈云在上海》。

6月12日　中宣部副部长、国家广电总局局长王太华到文广集团、传媒集团调研,听取市文广局和文广集团负责人的工作汇报,重点考察百视通电视传媒等新媒体业务。

6月13日　东广新闻台与英国BBC广播公司中文部联合举办的广播讨论《共创绿色城市》特别节目,播出对联合国秘书长安南、联合国环保署行政主任克劳斯、中国环保总局局长解振华等的录音采访。新华社、解放日报、文汇报、东方网、新浪网、雅虎网等都以较大篇幅对此次广播讨论内容做了报道。

6月14日　传媒集团和英特尔公司在北京签署合作备忘录,联手将上海传媒集团的节目内容通过英特尔数字家庭平台技术系统提供给消费者。传媒集团总裁黎瑞刚、英特尔公司全球总裁兼首席执行官保罗·欧德宁出席签署仪式。

6月20日　中国证监会公布第二批股权分置改革试点上市公司名单,东方明珠(集团)公司作为国内第一家文化企业上市公司进入第二批试点。

6月24日　由传媒集团、长春电影制片厂等联合摄制的电影《任长霞》首映式在上海影城举行。

6月30日　由传媒集团及所属炫动卡通和VNU亚洲展览集团共同主办的首届上海"卡通总动员"活动在上海展览中心开幕。

7月1日　传媒集团交通频率和上海市政管理部门合作,开通城市快速路交通信息实时广播发布系统。

7月6日—9月　上海音像资料馆在上海图书馆、上海淞沪抗战纪念馆以及部分学校、社区举行多场"抗战影像1932—1945上海珍贵历史影像"巡回展映活动。

7月7日　文广集团保持共产党员先进性教育活动动员大会在广电大厦举行。文广集团系统有党委14个,党总支39个,党支部261个(其中在职党支部236个、离退休党支部25个)。集团系统的党员有4 420名(其中正式党员4 277名、预备党员143名;在职党员3 272名,离退休党员1 148名)。

同日　东方卫视联合南京电视台、苏州电视台以及台湾无线卫星电视台(TVBS)等12家电视台,共同推出纪念抗战胜利60周年《英雄城市》大型直播特别节目。

7月11日　传媒集团新闻娱乐频道、新闻频率和新民晚报联合举办"2005夏令热线"广播电视直播访谈节目开通仪式。市委副书记、市长韩正出席仪式并在直播室接听市民的第一个投诉电话。

7月18日　中央电视台科学教育频道播出购自上海五岸传播公司、由传媒集团纪实频道摄制的18集抗战纪录片《去大后方》。

7月29日　东方明珠(集团)公司2005年第一次临时股东大会在云峰剧场召开。东方明珠股权分置改革方案获高票通过,赞成率达到98.98%。参与投票的股东及股东授权代表共8 270人,代表股份799 657 496股,占公司总股本的83.02%,参与投票的股东中有98.98%股份投票赞成"10送4"的对价方案。此次表决,采用网络投票和现场投票相结合的方式。

7月　百视通公司建成IPTV播出系统并开始向全国播出交互式网络电视节目。

8月7日　市委副书记殷一璀,市委常委、宣传部部长王仲伟到上视大厦慰问参加抗击超强台风"麦莎"新闻报道的传媒集团广播电视工作者。

8月8日—9月2日　为纪念抗战胜利60周年,传媒集团纪实频道、新闻综合频道、新闻娱乐频道、东方卫视推出系列纪录片《历史的曙光》。

8月16日　市委决定朱咏雷任东方新闻网站党委书记,徐世平任东方新闻网站主任。

8月21日—10月22日　市文明办、传媒集团音乐频率等联合举办"星期广播音乐会进社区"系列活动,分别组织上海交响乐团、上海爱乐乐团、上海音乐家室内乐团深入6个区的社区演出。

9月3日　为纪念中国人民抗日战争暨世界反法西斯战争胜利60周年,上海文广演艺中心在上海大剧院举办《牢记历史,珍爱和平——交响朗诵音乐会》。当晚,传媒集团东方卫视、新闻综合频道、文艺频道播出该台音乐会。

同日　为纪念中国人民抗日战争暨世界反法西斯战争胜利60周年,传媒集团新闻频率、新闻资讯频率分别推出《历史,不能忘却》《记忆的天空》特别节目;新闻综合频道推出时长600分钟的《永恒的记忆——纪念抗战胜利60周年》大型直播节目。

9月5日　为庆祝西藏自治区成立40周年,由中共中央文献研究室、西藏自治区党委、传媒集团联合摄制的10集文献纪录片《新西藏》在纪实频道开播。

同日　传媒集团新闻综合频道推出30档现场报道,汇集10小时的上海抗战记忆,以此纪念中国人民抗日战争暨世界反法西斯战争胜利60周年。

9月8日　文广集团召开公开选拔传媒集团副总裁(副局级干部)动员大会。2006年1月12日,市人民政府发文,同意李尚智、林罗华、张大钟、高韵斐、滕俊杰、汪建强任传媒集团副总裁。

9月19日　由传媒集团承办的"上海周"大型文艺演出在日本爱知世博园中国馆举行,日本关西电视台等电视机构做实况转播。演出盛况受到日本各界的广泛赞扬。市委宣传部于9月23日给传媒集团颁发了嘉奖令。

9月20日　市委副书记、市长韩正到广播大厦,参加传媒集团新闻频率《市长热线》直播访谈节目。节目播出结束后,韩正对广播工作者说,在众多媒体竞争的大环境下,广播新闻要吸引听众,必须秉承快捷、简短、信息量大的原则,让广大听众爱听。

9月21日　由复旦大学、文广集团、文新报业集团等共同投资的复旦大学上海视觉艺术学院首届开学典礼在松江大学园区隆重举行。市委副书记、市长韩正,市人大常委会主任、学院名誉校长龚学平共同为学院揭牌。该学院属本科类艺术大学,位于松江大学园区中心位置,占地面积近千亩,建筑面积12万多平方米,下设美术学院、传达设计学院、传媒影视学院、空间与工业设计学院、时尚设计学院。2013年4月,经国家教育部批准,该学院由复旦大学独立的二级学院转设为独立建制的上海视觉艺术学院。

9月27日　传媒集团与广西电视台等联合举办的《爱我中华——56朵金花浦江欢庆建国56

周年大型文艺晚会》在上海黄浦公园举行,展示了中国 56 个民族百花齐放的民族文化,勾勒出一幅"中华一家亲,民族大团结"的绚丽画卷。东方卫视、文艺频道及广西电视台分别在 10 月 1 日、2 日播出晚会实况录像。

同日　由传媒集团等参与投资、上海杂技团和上海马戏城精心创排的多媒体梦幻剧《时空之旅》首演。

9 月 28 日　由传媒集团技术运营中心负责播出系统搭建的高清电视频道——"高清新视觉"频道开始试播。该频道由文广互动电视公司负责提供节目,每天播出 5 小时。

同日　上海东方龙移动信息公司"东方手机电视"全网平台开通运营。

9 月　东方网获得中国互联网协会颁发的互联网行业自律贡献奖。

10 月 9—13 日　世界高塔协会 2005 上海年会在东方明珠(集团)公司举行,15 座世界高塔的 30 余名代表和 20 余座中国高塔的代表聚集申城,就电视塔主业面临转型、高塔旅游业发展前景和高塔防恐等共同关心的话题进行探讨。

10 月 12 日　上午 9 时,我国"神舟六号"载人飞船发射升空,传媒集团各频道、频率在第一时间予以报道。东方卫视派出摄制组在甘肃酒泉卫星发射中心现场直播"神六"发射升空全过程。17 日,"神六"载人飞船成功返回时,传媒集团所属广播电视组织播出相关的特别报道。

10 月 13 日　由传媒集团主办的连续性内部资料《传媒人》报创刊。《传媒人》报 4 开 4 版,黑白印刷,每周四出版,2007 年 1 月 6 日改为全彩印刷。该报是集团内部传递信息、沟通上下、交流经验、推进工作的重要载体。

10 月 18 日　传媒集团召开电视新闻、娱乐资源整合暨人力资源管理综合改革动员大会。经文广集团党委同意并报市委宣传部批准,传媒集团成立了电视新闻中心、音乐部、综艺部和大型活动部。

10 月 25 日　文广集团保持共产党员先进性教育活动总结大会在广电大厦举行。自 7 月 7 日开展先进性教育活动以来,文广集团各级党组织已陆续整改问题 200 多个,其中直接关系到群众生活的问题 140 多个。

10 月 26 日　传媒集团新闻娱乐频道、东方明珠广播电视塔公司被评为全国文明单位。

10 月 28 日—11 月 1 日　由国家广电总局人教司委托文广集团与复旦大学视觉艺术学院举办的传媒广播影视经营战略高级研讨班在沪举行。市人大常委会主任、视觉艺术学院名誉校长龚学平到东方绿舟与学员座谈。

10 月　上海率先开通高清晰度电视(HDTV)频道的试播。文广互动电视公司与国内 60 多家有线网络公司签约合作,为签约公司所辖有线网络提供付费电视频道的集成服务。

11 月 6 日　传媒集团新闻频率《市民与社会》栏目、音乐频率《东方风云榜》栏目,新闻综合频道《新闻透视》栏目、东方卫视《东方夜新闻》栏目被市委宣传部和市记协评为首批上海媒体品牌。

11 月 17 日　东方有线网络公司主干光缆接通洋山深水港,数字电视光缆接入浦东临港新城。

11 月 28 日　传媒集团下属的付费频道集成运营平台 SITV,在全国 60 多个城市的订户已经超过 125 万,提前实现"发展全国数字付费电视用户 100 万户"的年度发展目标。

12 月 2 日、8 日　传媒集团召开中层干部会议,分别宣布新组建的电视新闻中心、综艺部、音乐部、大型活动部、广播新闻中心领导班子。电视新闻中心整合了新闻综合频道、新闻娱乐频道和东方卫视的新闻资源。综艺部由新闻娱乐频道娱乐新闻部、文艺频道栏目部、戏文频率和东方之星公司组建。音乐部由音乐频道和 3 个音乐频率组建而成。大型活动部由文艺频道 8 个晚会组组建而成。广播新闻中心在整合新闻频率、新闻资讯频率、交通频率和都市生活频率的基础上组建而成。

12月5日　东方有线网络公司与虹口区政府签约,共建数字电视产业园区。

12月10日　上海建设国际航运中心的重点项目洋山深水港区开港暨洋山保税港区启用仪式举行,东方卫视和新闻综合频道、广播新闻频率等联合直播开港仪式等相关活动实况。

12月12日　市文广局、市文联、文广集团主办的《百年荣光·再铸辉煌——上海市纪念中国电影诞生100周年庆典晚会》在上海大剧院隆重举行。

12月28日　文广集团宣布3年内总共出资1亿元人民币,建立创作发展基金,面向海内外征集影视剧和舞台剧剧本,以鼓励影视剧和舞台剧方面的原创作品。

12月31日　传媒集团大型活动部在南京路世纪广场举办《响亮2006——世纪广场跨越零点大狂欢》直播,与观众共同迎接2006年到来。同日,大型活动部承办《魅力东方——2006海外华人音乐家新年音乐会》。东方卫视播出《梦圆上海倒计时——新天地新年会》。

同日　作为国内首家户外数字移动电视新媒体——东方明珠移动电视,收视终端已遍及上海6 000多辆公交车、部分轨道交通线路车厢以及水上巴士等,累计收视终端数达12 000个,日均受众群体规模超过一千万人次。

12月　传媒集团成功使用集收录、编辑、播出、在线媒体资源于一体的非线性网络系统,从而实现了电视新闻资源共享。

同月　传媒集团技术运营中心建成广告硬盘编播系统,全面实现广告无带化播出。

2006 年

1月10日　由传媒集团和中国福利会共同主办的《哈哈画报》(新版)创刊,传媒集团所属的哈哈少儿频道全权负责编辑、出版和经营。双方合作期为10年。

1月12日　市委宣传部对传媒集团广播电视出色完成市委八届八次全会、洋山深水港开港等重大宣传报道任务颁发嘉奖令。

1月15日　由传媒集团等主办、上海梅派青衣史依弘等和奥地利格拉兹交响乐团共同演出的《2006魅力东方——维也纳·中国新春音乐会》在维也纳金色大厅举行。

2月6—8日　中共中央政治局常委李长春在上海考察工作期间,听取文广集团以及所属传媒集团、上影集团的工作汇报。李长春说,文广集团近年来改革发展迈出重要步伐,在体制创新、机制创新、科技创新、艺术创新上取得重大进展;文广集团改革决心大、工作做得实,发展成效好。

2月10日　市文广局历时3年收集、整理、编制的《上海文化产业投资项目指导手册》首发。该手册汇集上海19个区县的文化产业投资意向共560项。

2月15日　传媒集团与中国移动通信集团联合开发的"东方手机电视"全网平台正式投入商用,收费的全网平台有14个直播节目频道、6个自制节目频道,7个点播/下载频道。

2月21日　上海文广互动电视公司的全国数字付费电视高清"新视觉"频道节目当日起通过"中卫一号"卫星向全国传送。

3月28日　上海音像资料馆在广播大厦举行"朱践耳作品集赠送仪式暨名人名家作品数字化工程启动仪式"。2005年8月—2006年3月,上海音像资料馆受朱践耳委托,对其老唱片、盒带、录像带等多种载体的音乐作品进行修复,转制成《朱践耳先生作品辑》,共计光盘30盘,总时长1 869分钟。

4月17日　上海东方宽频传播公司与美国在线(AOL)公司和国际著名媒体集团 Mediazone Group 宣布,东方宽频携手 AOL、Mediazone,通过网络宽频技术向全球华人提供华语电视节目。

4月26日　上海东方宽频传播公司成为德国世界杯足球赛中国内地独家宽带和无线合作伙伴。此次赛事转播,网站累计浏览量3.5亿次,访问者超过4800万人次。

5月1日　文广集团与上海移动通信公司签署业务合作协议,联合推出数字广播式手机电视业务,并就市场推广、网络建设、收费、客户服务等进行全面合作。

5月4日　由传媒集团等联合主办的《魅力东方·今夜无人入睡——2006沪港之夜大型文艺晚会》在香港文化中心举行。晚会以迷人的江南特色、浓郁的海派风情,为庆祝香港回归祖国9周年献上一份厚礼。全国政协副主席董建华和1500多名香港同胞一起出席观看这场盛大演出。

5月17日　传媒集团数字广播(DMB)项目进入试运行。

5月21日—8月26日　传媒集团举办的全国选秀节目《加油! 好男儿》,每周六黄金时段在东方卫视播出。

5月29日　上海时空之旅文化发展有限公司被文化部命名为"国家文化产业(出口)示范基地"。6月28日,文化部命名上海时空之旅文化发展有限公司为"国家文化产业示范基地",授牌仪式在上视大厦举行。

5月　由中共宝山区委牵头组织,宝山区广播电视台在美国斯科拉卫星电视网举办"精彩宝山——中国上海宝山电视展播周"活动。

6月1日　传媒集团派出首批30名广播电视记者以及采访车、卫星电视转播车、后勤保障车共13辆,即日出发赴青藏高原参加"巅峰之旅"大型宣传报道活动。记者计划沿着总长2000公里的青藏铁路行进,沿途探访青藏高原历史、地理、人文背景,记录当地美好动人的瞬间。

6月8日　传媒集团与中国移动通信公司联合举行"2006世界杯中国独家手机开播仪式"。同年1月,传媒集团首次从国际足联购得2006德国世界杯足球赛在中国地区的独家互联网和手机电视版权,并派出30余人组成的前方报道组,为手机用户提供全方位、差异化服务。

6月12日　中共中央总书记、国家主席、中央军委主席胡锦涛到上海浦东新区张江镇环东中心信息苑视察东方网社区信息苑。

6月14—15日　传媒集团圆满完成《和谐礼赞——庆祝上海合作组织成立5周年文艺晚会暨成员国艺术节开幕式》《今夜星光灿烂——大型景观音乐焰火表演》等重大活动承办及广播电视转播任务。东方卫视和中央电视台综合频道、国际频道、英语频道、新闻频道同时成功直播开幕式和文艺晚会。

6月16日　上海东方明珠(集团)股份有限公司被世界品牌实验室及其独立的测评委员会评为"2006年中国500最具价值品牌",评估的品牌价值为65.91亿元人民币。

7月1日　为庆祝青藏高原全线通车,传媒集团和新华社联合组织的"巅峰之旅"宣传报道活动进入高潮,电视新闻中心推出长达10小时的《联通青藏巅峰之旅》大直播节目,由东方卫视、新闻综合频道并机直播。广播新闻中心上广新闻频率、东广新闻台联播14小时"巅峰之旅——庆祝青藏铁路通车特别节目"。

同日　上海市政管理部门和传媒集团交通频率合作开通城市快速路交通信息实时广播发布系统。交通频率播报的信息包括"快速路整体交通状况""具体路段信息"等。

7月4日　市信息安全测评中心对传媒集团数字化网络新闻共享平台项目进行验收,通过A类安全测评审定并颁发审定书。

7月12日　市文广局发出嘉奖令,表彰奉贤区广播电视台制作播出的广播新闻专题《情牵沈阳》。该专题节目获得2004年度中国广播影视奖广播电视节目优秀奖,是上海区县广播电视节目首次获得中国广播影视奖。

7月13日　市人大常委会主任龚学平,副主任周慕尧、包信宝、朱晓明、王培生和部分市人大常委会组成人员到传媒集团调研。

7月15日　由传媒集团综艺部联手逸夫舞台全新打造的广播、电视同步直播节目《海上直播剧院》开播。市委常委、宣传部部长王仲伟,副市长严隽琪观看首场演出。

7月18日　由中央电视台、江苏电视台、陕西电视台和传媒集团电视新闻中心联合采制的《连战大陆行直播特别报道》获第十六届中国新闻奖一等奖。

7月　《城市导报》整建制划归东方网,成为中国第一家由新闻网站主办的报纸。

8月11日　由市委宣传部策划、监制,传媒集团等联合摄制的20集电视连续剧《诺尔曼·白求恩》在中央电视台一套黄金档播出。《诺尔曼·白求恩》由国内独立投资,采用高清电视设备在海外拍摄实景,该剧聘用100多位外籍演员参加拍摄。

同日　市委副书记殷一璀,市委常委、宣传部部长王仲伟,副市长杨晓渡到文广集团调研,听取文广集团、传媒集团、上影集团负责人的工作汇报。

8月20日　东方卫视节目通过中国长城(欧洲)电视平台在欧洲落地。

8月26日　《加油!好男儿》全国三进一终极决战在东视剧场揭晓。蒲巴甲以赢得130多万条短信投票获得冠军,宋晓波、吴建飞分别获亚军和季军。《加油!好男儿》是由东方卫视、新闻娱乐频道等共同主办的新型参与性、互动性节目。

9月1日　上海东方龙新媒体公司手机电视节目在文莱移动运营商B-Mobile平台上线,为该国华人提供精彩的华语节目。这是东方龙新媒体公司成立后首次实现电视节目的跨国输出。

9月3日　传媒集团东方卫视、大型活动部等承办的《2006中国电视主持人盛典——走过25年》在上海艺海剧院举行。中国电视艺术家协会授予全国25位著名主持人"中国电视节目主持人25年25人"荣誉称号。传媒集团节目主持人叶惠贤、曹可凡、袁鸣榜上有名。中国视协主席杨伟光及市文广局、传媒集团的领导等出席盛典。东方卫视9月9日播出盛典实况录像。

9月15日　东方明珠移动电视演播室在东方明珠广播电视塔内零米大厅开播,为全市公交车、出租车车载东方明珠移动电视屏以及楼宇电视屏3个平台提供节目。

9月16日—10月2日　传媒集团首届英国"电视创意和创新"培训班在英国威斯敏斯特大学举办,来自集团基层单位的20余名制片人参加业务培训。

9月20日　全国广电系统首家博士后科研工作站——传媒集团博士后科研工作站在广电大厦成立。市委常委、宣传部部长王仲伟揭牌并讲话。该科研工作站联合复旦大学、上海交通大学、华东政法学院3所高校,面向国内外招收3名~5名博士后科研人员,进站工作时间为2年。

9月27日　由文广科技发展公司承担的上海市科技攻关项目"基于嵌入式技术宽带互动数字电视终端",通过上海市科学技术委员会专家组验收。

9月　上海实现全市商用交互式网络电视开播,建成全国最大的H.264 IPTV商用系统。

10月6日　传媒集团综艺部主办的《舞林大会》节目即日起每周五在东方卫视播出。

10月15日　东方卫视直播《奔向2007精彩特奥——2006年特殊奥林匹克运动会上海国际邀请赛开幕式》。开幕式由大型活动部承制。中共中央政治局委员、国务院副总理、2007年世界特殊奥林匹克运动会组委会名誉主席回良玉,上海市委代理书记、市长、2007年世界特奥会组委会主席韩正,国家体育总局局长、2007年世界特奥会执行主席刘鹏等出席开幕式。参加演出的智障人士占演出人员总数的50%。

10月22日　中国工农红军长征胜利70周年纪念日当天,传媒集团东方卫视、新闻综合频道并机推出7小时以《长征精神薪火传承》为主题的直播特别节目。

10月27日　市委决定卑根源任传媒集团党委书记。

10月　百视通公司建成技术运营中心新媒体播控中心,为传媒集团交互式网络电视、宽频流媒体、短信、手机电视等新媒体提供了全新的播出平台。

同月　在首届中国品牌媒体高峰论坛暨品牌媒体联盟成立大会上,东方网获得"2006中国品牌媒体100强""报业新媒体10强"称号。

11月4日　市政协、传媒集团节目资料中心等为纪念孙中山诞辰140年,共同举办"孙中山与上海文物"文献档案展览。

11月15日　传媒集团电视新闻中心嘉宾智库启动典礼暨首届嘉宾论坛在上视大厦举行。传媒集团总裁黎瑞刚为喻国明、时统宇、毛寿龙等20位嘉宾颁发特邀聘书。

11月17日　文广集团在国际会议中心举行首批征集精品剧本签约仪式。文广集团党委书记、总裁薛沛建与首批征集精品电影剧本《伐楚》《东方大港》《渔旗》,电视连续剧剧本《中国文豪》《天地真情》《水中花》,动画剧本《大耳朵图图》《外滩520》的8位作者或版权代理人罗怀臻、周梅森、速达等签订合作意向书。

11月25日　由市文明办、市公安局交警总队、传媒集团等联合举办的"知荣辱、讲文明、迎世博、促和谐——上海交通文明大直播活动"在全市10个宣传点上全面铺开,交通频率直播活动实况。

11月30日　由市文明办、市慈善基金会、传媒集团等联合主办的《走到一起来——江西瑞金行》大型文艺演出,在瑞金沙洲坝中华苏维埃第二次代表大会会址中央大礼堂前举行。

同日　东方有线网络公司主办的上海市数字媒体产业园(TMT)开园仪式暨上海数字媒体产业发展高峰论坛在虹口区创意产业园举行。

11月　传媒集团与韩国文化广播公司(MBC)合作,在首尔举办"中国上海纪录片展映"。上海创作的电视纪录片首次在韩国收视率最高的MBC全国综合频道集中播出。韩国发行量最大的《朝鲜日报》对此专门刊文介绍。

12月13日　由文广集团托管的上海歌舞团、上海东方青春舞蹈团合并,对外名称为上海歌舞团。

12月20日　国家广电总局规划院、发展改革研究中心在北京召开新闻发布会,正式发布《上海真人秀节目产业价值链研究报告》。该研究报告认为,东方卫视《加油!好男儿》《我型我秀》《舞林大会》《创智赢家》这4档真人秀节目品牌的商业总价值达38.45亿元。

12月29日　由传媒集团东方卫视、综艺部、大型活动部联合打造的《舞林大会》在东视剧场落下帷幕,13位选手参与决赛,最终由解晓东获得冠军。东方卫视当天进行10多个小时的决赛实况直播。

12月31日　市委代理书记、市长韩正在全市宣传系统负责人座谈会上表扬传媒集团新闻综合频道的《新闻坊》栏目,认为它充分反映了百姓呼声,对政府工作进行了有效监督。

同日　市委代理书记、市长韩正,市委副书记殷一璀,市委常委、宣传部部长王仲伟,副市长杨定华到上视大厦、东方网慰问电视和网络新闻工作者。

同日　市委宣传部对传媒集团坚持正确舆论导向、加强队伍建设、不断提高节目质量颁发嘉奖令。

12月　上海东方龙移动信息公司自2005年1月与上海移动合作启动手机电视业务测试后,至2006年年底已拥有付费订户20多万。

2007年

1月3—4日　传媒集团党委书记卑根源、总裁黎瑞刚带领班子成员和部分单位、部门负责人专程到中央电视台学习交流,与中央电视台台长赵化勇等座谈,双方就新闻宣传、文化娱乐、体育、影视、新媒体等方面的合作进行了沟通。

1月8日　由传媒集团大型活动部联手东方卫视推出的大型娱乐互动歌会《群星耀东方》首播。该栏目每周五19时30分播出。

1月27日　上海市"政风行风热线"电话在传媒集团新闻频率开通,每周六12时至13时直播该热线的互动讨论内容。政府有关部门和公共服务行业的主要领导在直播室与群众通过电话互动。市委副书记罗世谦宣布"政风行风热线"开通,市委常委、常务副市长冯国勤当天成为第一位接听市民来电的节目嘉宾。

1月28日　《星期广播音乐会创办25周年暨恢复50期庆典音乐会》在上海音乐厅举行,陈燮阳、曹鹏、张国勇、王永吉、张洁敏5位指挥共同亮相庆典音乐会,分别指挥上海交响乐团演奏。

1月30日　传媒集团在上海大剧院举办《诗意中华》大型主题诗会,老中青三代百名广播电视节目主持人与上海市人大代表、市政协委员中的部分艺术家参加朗诵表演。

2月4日　传媒集团参与主办的《蓝天下的至爱——爱心全天大放送》大型慈善系列活动在新闻娱乐频道播出,从当天零时起进行24小时直播。东方卫视、交通广播和央视财经频道并机直播部分节目。市人大常委会主任龚学平、市政协主席蒋以任、市委副书记刘云耕、罗世谦、殷一璀等出席当天的慈善活动。传媒集团综艺部、大型活动部、电视新闻中心、少儿频道、技术运营中心等通力合作,全天活动顺利进行。当天出动5辆电视转播车和1辆卫星车等大量电视设备参与直播。

2月15日　东方卫视节目通过中国长城(加拿大)电视平台在加拿大落地播出。

3月1日　由第一财经频率制作的《中国财经60分》节目通过香港新城财经台在香港播出。《中国财经60分》节目是由第一财经频率联合北京、天津电台制作的一档汇集国内外财经资讯和市场动态的财经新闻节目。截至2007年2月,该节目通过北京、天津、重庆、上海、甘肃、广东、哈尔滨等地12家电台同步联播,辐射各地。

3月6日　东方有线被评为上海市"最具成长性的服务商标"。

3月17日　上海京昆艺术中心成立。该中心隶属市委宣传部,由上海京剧院、上海昆剧团和天蟾逸夫舞台三个单位组建而成。

3月29日　国家广电总局在北京召开会议,发布由传媒集团主导起草的《广播电台网络化建设白皮书》和《电视台网络化建设白皮书》,并部署相关的宣传和落实工作。

3月　东方网在全国两会期间,对上海代表团全团审议实况进行网络直播,被新华社和中央电视台称为"全国两会历史上的第一次"。

4月12日　由传媒集团承办的访日专场晚会《守望家园——2007'中日文化·体育交流年'开幕式演出暨中国非物质文化遗产专场晚会》在日本东京国立剧场举行,国务院总理温家宝出席晚会。

4月16日　东方卫视节目即日起通过香港TVB收费电视频道在香港落地播出。

4月18日　由上海东方宽频传播有限公司参与合作建设、独家代理广告经营的人民网人民宽频在北京人民大会堂举行开播仪式。人民宽频整合传媒集团的优质影视资源，开设12个视频频道，以直播和点播形式，向广大网民提供内容丰富、更新及时、互动性强的网络视频服务。

4月26日　市委书记习近平，市委副书记、市长韩正，市人大常委会主任龚学平，市政协主席蒋以任，市委副书记殷一璀，市委常委、宣传部部长王仲伟，副市长杨定华在上海话剧艺术中心，与著名演员张瑞芳等文艺工作者欢聚一堂，共庆中国话剧诞生百年。习近平、韩正等市领导一起观看由上海话剧艺术中心创作演出的话剧《秀才与刽子手》。

4月　上海文广集团信息中心与东方网技术中心合并。

5月17日　市委书记习近平到东方网、传媒集团调研。在东方网调研时，当习近平得知采编播员工平均年龄只有25.6岁时，他表示，中国的互联网事业需要掌握网络技术的年轻人。在上视大厦3楼电视新闻中心，习近平观看触摸式屏台、非编系统操作和自动升降摄像机的操作演练。在6楼新媒体展示厅，习近平观看交互式网络电视、宽频网络电视、电子公交站牌、DMB手机电视演示。随后，习近平来到广电大厦广场，登上载有移动电视的公交车，观看正在播放的节目，并到14楼第一财经办公区，了解有关电视财经节目和第一财经日报的情况。习近平在随后召开的由中央驻沪新闻单位和上海各主要新闻媒体负责人参加的座谈会上做了重要讲话。他强调，党的新闻工作者必须牢记党和人民的嘱托，综观全局、心系大众、勤勉敬业、耳聪目明，扎实深入地做好新闻报道工作。要加快建设一支政治可靠、业务精湛、作风过硬的新闻工作者队伍。

5月　东方明珠广播电视塔被评为"国家AAAAA级旅游景区"。

6月7日　文广集团信息中心和节目资料中心承担的《数字版权水印保护技术应用研究》项目，通过国家广电总局科技司组织的验收。

6月12—15日　第十三届上海电视节在上海举办。这一届电视节首次采用与上海国际电影节错时连办的方式，设有国际电视节目展播、"白玉兰"奖国际电视节目评选、国际影视节目市场、国际新媒体与广播影视设备市场和"白玉兰"国际电视论坛等主体活动。

6月14日　传媒集团完成国家广电总局2005年下达的重点科研项目——《高清晰度电视发展战略和产业链的研究》，通过由总局科技司组织的验收。

6月17日　国务委员陈至立到传媒集团视察电视新闻中心和新媒体展示区。

7月1日　传媒集团新闻频率携手中央电台、深圳电台、香港电台，面向全国听众直播12小时特别节目《潮涌香江——庆祝香港回归10周年》。东方卫视、新闻综合频道上午7时30分—12时10分，直播《太平盛世，紫荆10年——庆祝香港回归祖国10周年大庆典》。

7月5日　东方有线网络公司互动电视平台推出"孕育指南""天元围棋""亲亲宝贝""家庭健康""收藏天下""时代美食""四海钓鱼""碟市和电子体育"9个付费电视频道。至此，该公司互动电视平台上的付费电视频道已增至51个。

同日　为庆祝上海电视台《新闻透视》栏目开播20周年，传媒集团电视新闻中心举办主题为"1987—2007 聚焦热点 透视新闻——20年，我们与时代同行"的系列活动。

同日　上海东方龙新媒体有限公司推出的手机电视直播频道——"第五媒体"，在中国移动和中国联通的手机电视平台上开播。"第五媒体"是为手机用户专门设计和制作节目的新闻资讯频道。

7月8日　传媒集团第一财经研究院成立。该院通过近300名专业采编人员和遍布全国的采访网络,面向政府、企业、投资者做市场细分,设计有自主知识产权、适销对路的资讯产品。

7月23日　市委宣传部颁发嘉奖令,表彰文广集团等单位组织《我的祖国——庆祝中国共产党建党86周年暨香港回归祖国10周年》文艺晚会所付出的辛勤努力。

7月27日　传媒集团和上海东亚体育文化中心公司签订2007—2011年世界斯诺克上海大师赛承办合作协议。此后5年,由传媒集团负责这项国际顶级斯诺克赛事的转播和宣传。

7月28日　大型系列纪实广播专题节目灌制的CD《新四军中的浦江儿女》收藏仪式在黄浦公园举行,中国人民解放军档案馆馆长刘英向传媒集团广播新闻中心颁发证书。该CD同时也被上海档案馆收藏。

7月30日　传媒集团体育频道制作的奥运专题栏目《通向北京》经五岸传播公司推广,在美国洛杉矶18台(亚裔电视台)播出。

7月31日　由市政府、上海警备区主办,市委宣传部、市民政局、市文广局、传媒集团、市拥军优属基金会承办,传媒集团大型活动部策划制作的《我们的队伍向太阳》文艺晚会在东视演播剧场举行。市委书记习近平,市委副书记、市长韩正等领导出席观看演出。习近平称赞晚会激荡人心,非常精彩,题材挖掘深,形式多样化,场面很大气,演出效果好。

7月31日—8月1日　按照国家广电总局统一部署,传媒集团技术部门对东方卫视、炫动卡通、数字付费平台的25套电视节目以及3套广播节目进行"转星并发",同时完成了中央电视台和外地卫视45个频道、中央电台和国际电台4个频率的卫星接收调整任务,确保了"转星"期间上海广播电视节目安全播出。

8月1日　传媒集团技术运营中心和节目中心历时两年联合开发的媒体资产管理系统投入运行。该项目获得国家广电总局科技进步奖二等奖。

8月2日　传媒集团出台《上海文广新闻传媒集团播音主持人员出镜出声管理办法》。

同日　全国第一家网络视频广播——动感101(传媒集团流行音乐频率调频101.7兆赫)开播视频广播。听众不仅可以听广播,还可以通过东方宽频网站实时看到直播室里的主持人和嘉宾。

8月5日　在中国2010年上海世博会开幕倒计时1 000天之际,广播新闻中心和电视新闻中心在当天中午12时至13时30分,分别推出《世博进行时》和《城市,让生活更美好》大型直播特别节目。

8月8日　在2008北京奥运会进入倒计时一周年之际,东方网推出奥运频道、奥运报道。

8月9日　市政协主席蒋以任,副主席宋仪侨、谢丽娟率市政协委员一行到传媒集团调研,视察广电大厦第一财经频道、广播电视总控室和上视大厦电视新闻中心、新媒体展示厅,听取传媒集团总裁黎瑞刚的工作汇报。

8月15日　市委常委、宣传部部长王仲伟到广电大厦电视总控室、有线网络总前端,检查上海地区卫星电视"转星并发"工作。

8月21日　传媒集团广播新闻中心秦畅、朱愉、朱应、乐建强采制的《质疑上海"二期课改"》,传媒集团电视新闻中心黄铮、王一敏、崔士新、张永新采制的《综合能耗仅为同行业一半 上海化工区循环经济结硕果》,传媒集团电视新闻中心集体参与完成的《2006年8月11日〈东方新闻〉》节目获第十七届中国新闻奖一等奖。

8月24日　中共中央政治局常委李长春参观在北京举行的2007中国国际广播影视博览会影视节目展。在传媒集团展区,李长春观看电视剧《我是太阳》的精彩片段,观看上海东方龙移动信息公司手机电视演示和百视通交互式网络电视点播演示,询问相关业务发展情况,听取《时空之旅》演出情况的汇报,对传媒集团积极投拍主旋律电视剧、探索新媒体发展和产业运作给予好评。

8月 技术运营中心广播技术部历时2年,完成集信号的采集、分析、判断、提示、手动和自动应急于一身的智能系统——广播总控数字化改造项目。

9月3—5日 传媒集团总裁黎瑞刚在德国波恩参加第二届欧亚媒体对话活动,并在会上就新媒体产业的发展及其对媒体未来形态的影响,用英语发表主题演讲。

9月5—20日 传媒集团广播新闻中心联合新华社上海分社、中央电台、浙江电台、江苏电台推出大型广播新闻节目《穿越长三角》,每天播出一篇专题报道,分别反映上海、杭州、南京等长三角区域16座城市的经济建设和人文环境。

9月7日 第十届精神文明建设"五个一工程"奖在北京揭晓。由东上海国际文化影视集团、上海海润影视制作有限公司、上影集团等参与投拍的电视剧《亮剑》获特别奖。由市委宣传部策划并监制,传媒集团、东上海国际文化影视集团等联合摄制的电视剧《诺尔曼·白求恩》,东方卫视参与投拍的电视剧《历史的天空》,传媒集团戏剧文艺频率创作的广播剧《走过冬天》3部作品获得优秀作品奖。传媒集团出品的电影《生死牛玉儒》获得入选作品奖。

同日 由传媒集团参与主办,综艺部、东方之星承办的《上海艺术家走进金色大厅暨中国交响京剧音乐会》在奥地利维也纳金色大厅成功举行。

9月8日 上海音像资料馆复旦大学上海视觉艺术学院分馆挂牌成立。同日,由上海图书馆、上海音像资料馆、上海电影资料馆、上海戏剧学院图书馆和复旦大学上海视觉艺术学院联合组建的"上海视觉艺术文献中心"和上海图书馆复旦视觉分馆成立。

9月13日 市委书记习近平对上海有线电视数字化整体转换工作做出重要批示:有线电视数字化是科技发展的必然趋势,是上海文化大都市建设的重要方面,本市有线电视数字化工作已取得一定成效,市有关方面要进一步完善协调推进机制,加快实施进度,兼顾各方利益,使之成为民心工程。

同日 传媒集团与中国移动通信公司在北京举行战略合作新闻发布会暨《无线音乐排行榜》节目开播仪式,宣布将联手推出《无线音乐排行榜》。该排行榜是以销售数据为依据的音乐排行榜。

9月17日 市委常委、宣传部部长王仲伟召集市文广局和东方有线网络公司负责人,专题研究上海有线电视数字化整体转换工作。

9月28日 文广互动电视公司在东方有线"互动电视"平台为用户设置点播型、录制型、全能型三种套餐资费标准,提供回看、暂停、录制等功能服务。

10月11日 为期10天的2007年世界夏季特殊奥林匹克运动会在上海闭幕,特奥会闭幕式由传媒集团承担创意策划和节目编排制作。

10月20日 市委书记习近平,市委副书记、市长韩正到传媒集团派驻北京的党的十七大报道组广播电视工作室,看望慰问上海媒体记者、编辑和工作人员。习近平说,我每天都看东方卫视的新闻,感觉报道对主旋律和会议热点把握、聚焦得很好。

11月1日 "联动互融共赢——苏浙沪网络媒体'走遍长三角'大型报道活动"在上海启动。东方网、中国江苏网和浙江在线共同签署《长三角新闻网站合作协议》。

11月8日 传媒集团《市民与社会》节目主持人秦畅(胡晓丽)获第八届全国长江韬奋奖。

11月23日 上海五岸传播公司被评为2007—2008年度国家文化出口重点企业。

11月26日 国家广电总局发展研究中心在北京发布《第一财经产业价值链研究报告》。《报告》指出,传媒集团第一财经品牌的商业价值达到 168.68 亿元。《报告》建议,通过直播卫星扩大覆盖,经营型业务上市扩张资本。

11 月 28 日　由传媒集团主办,上海时尚文化传媒有限公司负责编辑和发行的《星尚 OK!》杂志出版,为半月刊。2010 年 8 月,《星尚 OK!》更名为《星尚画报》并改为周刊,2014 年 8 月 1 日休刊。

11 月 29 日　经国家广电总局批准,传媒集团东方电视台第一套节目新闻娱乐频道更名为娱乐频道,第二套节目文艺频道更名为艺术人文频道,第三套节目音乐频道更名为外语频道,第五套节目东方少儿频道更名为哈哈少儿频道。

12 月 1 日　由传媒集团、上海市广播电视学会主办的第五届"东方畅想"全国广播创新节目擂台赛颁奖典礼在广播大厦举行。大赛收到全国 24 家电台选送的 47 部作品,传媒集团选送的《深夜都市探险》获得"最佳听觉奖"。

12 月 9 日　时尚文化传媒公司倾力打造的"2007 风尚大典"晚会在上海浦东展览馆举行。大典通过东方卫视向全球直播,还通过中国香港 TVB、日本每日放送(MBS)、韩国广播公司(KBS)等平台向世界全程转播。

12 月 16 日　年内最后一场"《星期广播音乐会》"——《钢琴与芭蕾》"在上海音乐厅上演,市委副书记、市长韩正和市政府有关工作人员在音乐厅售票窗口购买了 60 张票,入场观看演出。韩正此前曾专门给上海音乐厅、上海电台和参会的艺术家们写信,祝愿"星期广播音乐会"越办越好。

12 月 17 日　由传媒集团电视新闻中心和节目资料中心联合推出的 366 集《上海故事》,即日起每天早晨在东方卫视《看东方》播出 1 集,每集片长约 2 分钟。

12 月 20 日　上海数字音频及数据广播面向公众试点播出。上海市民可以通过数字收音机收听到传媒集团新闻频率、经典音乐频率和中央电台中国之声共 3 套数字广播节目。

12 月 22 日　复旦大学上海视觉艺术学院播音与主持艺术专业 2007 级的 29 名学生,与传媒集团 29 位知名播音员和主持人结对拜师。市人大常委会主任、复旦大学上海视觉艺术学院名誉校长龚学平出席结对拜师仪式,并向播音员、主持人颁发聘书。

12 月 23 日　传媒集团广播文艺中心故事广播开播,每天播出 18 个小时。

12 月 25 日　位于虹桥路 1380 号,毗邻广播大厦的文广大厦开工建造,由文广集团投资 3.83 亿元,浙江省建筑设计院总体设计,占地面积 8 373 平方米,主楼设计高度为 90.05 米,共 24 层,裙房 3 层,地上建筑面积 33 410 平方米,地下建筑面积 11 410 平方米,总建筑面积 44 820 平方米。2011 年 3 月 31 日大厦竣工。同年 5 月,文广集团总部从北京东路 2 号大楼搬入该大厦。

12 月 27 日　中共中央政治局委员、上海市委书记俞正声到东方网了解电子政务发展情况,到传媒集团电视新闻中心和新媒体展示厅参观,听取文广集团负责人汇报电视新闻资源整合和新媒体发展的情况。

12 月 31 日　东方明珠移动电视已广泛覆盖上海 8 000 多辆公交车、12 000 多辆出租车以及轨道交通的列车车厢、各车站以及水上巴士等,日均受众超过 1 000 万人次。

同日　文广互动电视公司(SiTV)的数字电视用户数超过 1 000 万户,继续以"内容规模第一""市场规模第一"领先于国内同行。

12 月　国家广电总局发展研究院发布《第一财经产业价值链研究报告》指出,第一财经品牌价值逾 168 亿元。

2008 年

1月1日　东方卫视长城(拉美)平台在中美洲、南美洲和西印度群岛等地区落地播出,覆盖人口总数超过 3 亿。上述地区的节目落地播出,采用的是交互式网络电视模式。

同日　传媒集团娱乐频道、哈哈少儿频道、艺术人文频道、外语频道 4 套节目以全新面貌向观众推出。哈哈少儿频道启用以"哈哈"形象为特征的标识。

1月5日　传媒集团《星期戏曲广播会》节目组在外交部新闻发布厅举行《雅韵盛典——2008新年评弹演唱会》。国务委员唐家璇、外交部部长杨洁篪以及众多外交官出席观看。

1月18日　上海文广互动电视公司、东方有线网络公司参与完成的"高性能宽带信息网(3TNet)总体技术和规模试验"项目在上海市科学技术奖励大会上获得上海市科技进步奖一等奖。

同日　上海电视艺术家协会第五次会员代表大会举行。会议选举产生新一届理事会,穆端正当选为上海电视艺术家协会主席。

1月21日　由传媒集团出品、上海电视传媒公司投资摄制的 180 集大型电视情景剧《奥运在我家》在北京开机拍摄。

1月22日　经传媒集团出镜出声管理委员会讨论批准,修订后的《播音主持人员出镜出声管理规定》及第一批取得出镜出声资格的播音主持人员名单公布。传媒集团对播音主持人员岗位实行"准入制"。

同日　市委宣传部批复同意传媒集团成立广播文艺中心。

1月25日　由东方有线网络公司历时 3 年承建的上海市科教兴市重大项目"有线数字电视广播项目"通过上海市投资咨询公司组织的项目评估,并获得科教兴市专项补贴资金 1 470 万元。

1月26日　第十五届《蓝天下的至爱——大型慈善义演晚会》在东视剧场举行。中共中央政治局委员、上海市委书记俞正声,市委副书记、市长韩正等出席并捐款。传媒集团娱乐频道做现场直播,东方卫视和交通频率进行部分并机联播。

1月29日　传媒集团电视节目主持人叶惠贤当选第十一届全国人大代表。

2月19日　首届"全国文化企业 30 强"名单揭晓,上海时空之旅文化发展公司、东方明珠(集团)公司榜上有名。

2月21—27日　"上海电视周"在加拿大举办。加拿大华人媒体——新时代传媒电视频道连续播出传媒集团摄制的纪录片《我的宝贝》《闲着》,生活资讯节目《今日印象》,综艺节目《非常有戏》等。

2月25日　上海市第十三届人大常委会一次会议任命朱咏雷为市文广局局长。

同日　《第一财经周刊》出版,该周刊由传媒集团主管,上海第一财经传媒有限公司主办。该周刊的读者是企业的中高层管理者和各类专业人员。2010 年,该周刊跃居中国商业新闻杂志发行量首位。同年入选"中国邮政畅销百强报刊"。

同日　由传媒集团主办的"中国电视剧上海排行榜暨 2008 电视剧制播年会"在国际会议中心举行,设立"品质榜",旨在鼓励电视剧生产制作中有重大突破和贡献的剧目和个人。

同日　传媒集团与清华同方股份有限公司在上海举行合作启动典礼,宣布清华同方投资入股传媒集团下属的上海百视通公司。

2月28日—8月24日　由传媒集团出品,刘仪伟、林依轮、瞿颖等主演的 180 集奥运主题情景喜剧《奥运在我家》在东方卫视连续播出,每天1集。该剧是北京奥组委授权拍摄的影视作品,采用边拍边播的方式运作。

3月11日 副市长沈晓明到传媒集团考察新媒体产业发展情况。

3月19—25日 传媒集团艺术人文频道制作播出5集专题片《李岚清:音乐·艺术·人文》。中共中央政治局原常委、国务院原副总理李岚清以自己几十年积累的音乐修养,在该片中讲述了对经典音乐、流行音乐的理解。

3月23日 传媒集团体育频道在延时直播2007—2008赛季西班牙足球甲级联赛过程中,发现赛场画面中出现藏独旗帜。赛事转播人员当即决定改为播出"西甲联赛精彩瞬间",确保了播出安全。

3月26日 传媒集团体育频道在直播2008国际足球友谊赛(法国——英格兰)比赛时,发现出现藏独旗帜的画面,当值监制果断决定临时取消比赛直播。

3月29日 第十五届《东方风云榜》在上海大舞台举行颁奖演出。东方卫视、传媒集团音乐频率及全国22家音乐电台现场直播,娱乐频道从当天中午12时起连续11个小时直播。

4月8日 东方网全程视频直播上海市第一中级人民法院对侵犯商标专用权纠纷案庭审实况,这是上海法院历史上第一次官方授权的网络视频直播庭审实况。

4月9日 传媒集团第一财经频道节目在香港Now TV开播。第一财经的电视节目在内地和香港同步播出,80万Now TV用户可随时收看第一财经频道节目。

4月10日 由《上海电视》杂志和上海东方龙新媒体公司合作开发的《上海电视》手机版正式上线。

同日 传媒集团与英特尔公司联合宣布,在新媒体宽频网络电视领域展开全面深度合作。

4月13日 《星期戏曲广播会25周年庆典晚会》在上海逸夫舞台举行。来自苏浙沪三地的戏曲名家联袂献演,传媒集团戏剧曲艺广播、江苏电台文艺广播、浙江电台文艺频率同步向长三角地区直播。晚会还宣布长三角戏曲广播联盟成立。

4月17日 在澳门博物馆举行的"庆祝澳门博物馆建馆10周年"庆典上,由上海音像资料馆与澳门博物馆联合制作的历史文献片《郑观应》举行启播仪式。澳门特别行政区行政长官何厚铧为该片按下启播钮。

4月28日 《剧坛瑰宝——上海优秀传统表演艺术整理抢救作品精粹》首发式暨工作交流会举行。市委常委、宣传部部长王仲伟出席并讲话。"抢救工程"由传媒集团综艺部具体负责,自2002年启动后,已录制完成109个优秀传统表演艺术经典剧目和折子戏以及对44位老艺术家的访谈,涵盖京剧、昆剧、越剧、沪剧、淮剧、滑稽戏和评弹等主要戏曲剧种。

4月30日 市委副书记、市长韩正点击开通由东方网承建的"中国上海"网"在线访谈"栏目,并作为该栏目的首位受访嘉宾,通过"中国上海"网和东方网,就"信息公开关注民生"话题与网友进行在线交流。

5月9日 中共中央政治局委员、国务院副总理王岐山由市委常委、市委秘书长丁薛祥陪同,到东方明珠广播电视塔参观。

5月11日 百视通电视传媒有限公司在全国交互式网络电视业务试点省市累计发展用户突破100万户,同比增长率达240%。

5月12日 四川汶川发生8级大地震。震后15分钟,传媒集团先后派出广播电视采访组,分8路先后直抵灾区采访报道。13日,东方卫视率先在全国地方卫视中推出大板块、大容量的汶川地震特别报道。14—26日,东方卫视和新闻综合频道并机,播出总长达220小时的全天时直播——《聚焦四川汶川地震特别报道》,创下上海电视新闻连续直播之最。这档系列节目获得第十八届上海新闻奖一等奖。

同日 四川省汶川发生大地震,东方网迅速组织广大员工开展向灾区人民"献爱心"捐款活动,801人共计捐款人民币86 028元。

5月17日 由传媒集团承办的《血脉相连,众志成城——上海社会各界赈灾文艺晚会》在市委党校礼堂隆重举行。上海各界人士纷纷捐款,表达对四川汶川地震灾区人民的慰问。东方卫视、新闻综合频道、娱乐频道、新闻频率、新闻资讯频率同步直播晚会。

5月18日 由中宣部等发起,中央电视台承办的宣传文化系统为四川汶川地震大型募捐活动"爱的奉献"在北京举行。上海文广新闻传媒集团捐款1 200万元。

5月25—30日 四川汶川地震发生后,文广集团各单位干部职工纷纷以各种形式向灾区捐款近1 000万元,共有3 461名党员自愿交纳"特殊党费"近170万元,其中交纳1 000元以上者874人。

5月31日 由上海文广新闻传媒集团、成都传媒集团共同主办,文广新闻传媒集团综艺部和成都电视台联合举办的"加油!孩子——六一儿童节特别行动"节目,为四川汶川地震灾区儿童筹集社会各界捐款共1 732万元。

6月7日 中共中央政治局委员、上海市委书记俞正声专程到传媒集团驻成都前方报道组大本营,亲切慰问奋战在抗震救灾第一线的上海广播电视新闻工作者。

6月9—13日 第十四届上海电视节举行。为表示对四川汶川地震灾区人民的关切和支持,以抗震救灾专场"我们在现场,媒体的责任"作为开幕内容,并将"白玉兰"奖颁奖晚会精简为颁奖仪式。在电视节目评奖中,传媒集团选送的《红跑道》《马寅初与人口论》分获社会纪录片金奖、历史文献纪录片银奖。这届电视节增设了"首届上海大学生电视节""大学生电视作品大赛"两项活动。

6月11日 传媒集团等主办的第三届中俄电视合作论坛在上视大厦开幕。中俄两国40多位电视界人士共同探讨电视媒体未来合作与发展等课题。

6月12—17日 传媒集团故事广播出题为《我们在一起——四川汶川大地震纪实》系列专题节目,反映广大军民众志成城、抗震救灾的事迹,每集23分钟,共6集。

6月16日 市文广局发文通报,全国卫星专项整治工作办公室会同各有关单位,检查第一季度境外卫星电视传播秩序专项整治工作。经检查评分,上海综合得分高达90分。

6月26日 中国2010年上海世博会信息化数字音频和数据广播技术与应用联合实验室签约、揭牌仪式在上视大厦举行。数字音频和数据广播技术全面服务于上海世博会。

6月27日 市委副书记、市长韩正,市委常委、宣传部部长王仲伟到传媒集团,对电视新闻中心《新闻坊》栏目进行调研。

7月1日 中央电视台国际网络公司与传媒集团在北京人民大会堂举行签约仪式,双方决定在2008年北京奥运新媒体领域强强联手,为全国互联网等新媒体用户联合制作"互动奥运"节目。

同日 东方明珠广播电视塔发射6套数字标清电视节目和1套数字高清电视节目,上海市民用配置机顶盒或内置数字接收功能的电视机,能清晰稳定地收看中央电视台一套、传媒集团新闻综合频道、生活时尚频道、娱乐频道、艺术人文频道、上海教育电视台和中央电视台高清频道。市民接收以上地面数字电视实行免费。

7月7日 传媒集团人力资源工作会议宣布,从当年7月起集团本部的派遣制员工和事业编制员工实行同工同酬。

7月15日　副市长沈晓明到上海东方宽频传播公司调研,了解网络视频发展情况。

7月16日　传媒集团广播新闻中心联合上海市精神文明建设委员会办公室即日起推出《和谐一家门·我家30年》节目,连续进行100期直播访谈,邀请普通市民走进电台直播室,讲述改革开放30年给他们的家庭、生活带来的变化。

同日　由传媒集团等单位联合摄制、首部取材于四川汶川地震的14集纪实电视剧《震撼世界的七日》,在中央电视台一套黄金时间开播。

7月19日　由传媒集团出品、历时5年精心打造的武侠动画电影《风云决》在全国上映。首映当天就取得600万元的票房佳绩,首个双休日的票房收入突破1 000万元,双双打破国产动画电影首映日和首周的票房纪录。

7月23日　市政府新闻办授予东方明珠广播电视塔、上海大剧院等11家单位"上海市对外文化交流基地"称号并举行授牌仪式。

7月24日　由上海世博局、传媒集团、日本读卖电视台主办的全球世博城市卫星双向传送大型系列节目"空中交流",在东视剧场和大阪读卖电视台演播厅进行首站上海·大阪卫星双向传送节目录制。该节目8月2日、15日分别由东方卫视和读卖电视台首播。

7月26日　由传媒集团和中国青少年发展基金会主办的《加油!2008》圆满落下帷幕,该活动于4月2日启动,为全国14 000所希望小学募捐配备体育器材。5月12日,汶川大地震后,该活动调整目标,为四川汶川地震灾区学校重建募集到爱心捐款逾5亿元。

7月29日　由传媒集团等单位共同主办,哈哈少儿频道参与承办的"情系四川,爱满浦江"2008阳光爱心夏令营开营。市委副书记殷一璀宣布开营并授营旗,副市长沈晓明致欢迎词。

8月3日　中宣部副部长、中央外宣办主任王晨,中央外宣办副主任蔡名照到传媒集团考察,参观电视新闻中心、东方宽频和外语频道,并观看正在录制的《说东道西》节目。

8月8日　市委常委、宣传部部长王仲伟到广电大厦检查北京奥运会开幕式电视转播技术保障工作。

同日　北京奥运会在国家体育场揭幕。传媒集团下属4个广播频率和6个电视频道对开幕式全程实况进行转播。

8月8—24日　传媒集团下属的百视通公司首次用交互式网络电视全程转播奥运会实况,创下历史纪录。期间,观看百视通节目的用户数每天保持在60万户左右,开机率高于70%。

8月9—23日　传媒集团隆重推出大型奥运会主题节目《喝彩!北京奥运》,连续在东方卫视每晚黄金时段直播,邀请150名内地及港台艺人和奥运金牌运动员参加节目演播。

8月20日　东方明珠(集团)公司与申通地铁资产经营管理公司签约,双方计划投资近10亿元,合资成立上海地铁电视有限公司,统一发布地铁网络内的即时新闻、资讯节目、气象预报、公益宣传等信息。

9月3日　传媒集团电视新闻中心记者王勇、徐进采制的消息《我们要什么样的世界第一》获第十八届中国新闻奖一等奖。

9月9日　上海市最大的民营视听服务网站土豆网,获得国家广电总局颁发的信息网络传播视听节目许可证。至此,本市已有6家民营企业获得该许可证,分别是激动网、优度网、聚力传媒、众泉网络、琥珀网和土豆网。

9月11日　传媒集团内部网站——番茄网上线与员工见面。

9月12日　传媒集团向四川都江堰市中小学捐赠66架电钢琴。购买这批电钢琴的钱款，是传媒集团广播电视节目主持人录制的抗震救灾诗歌朗诵专辑《生死不离》义卖所得。

9月16日　市委副书记、市长韩正到传媒集团审看电视新闻中心制作的《上海市市长国际企业家咨询会议20周年回顾》专题片。

9月21日　经全国广播频率综合实力调研，传媒集团新闻频率、交通频率、流行音乐频率、经典音乐频率、第一财经频率被列入省级新闻、交通、音乐、财经频率第一阵营。其中传媒集团新闻频率、流行音乐频率分别名列省级新闻频率和省级音乐频率综合实力第一名。

9月23日　东方网在2008中国互联网大会开幕式上，获得2008年度"中国互联网行业自律贡献奖"。

9月29日　中共中央、国务院授予上海文广新闻传媒集团记者胡敏华北京奥运会、残奥会先进个人荣誉称号。

10月8日　中共中央、国务院、中央军委在北京召开"全国抗震救灾总结表彰大会"，传媒集团电视新闻中心记者何晓被授予全国抗震救灾模范荣誉称号。

10月14日　东方明珠（集团）公司、美国安舒茨娱乐集团AEG以及NBA中国联合宣布，共同经营上海世博演艺中心。该中心是上海世博会的四大永久性场馆之一。

11月4日　"纪念上海电视50年：老电视人口述历史及《上海电视栏目志》成果发布会"在上视大厦举行。其中，"口述历史"项目共形成录像带32盘、DVD光盘30盘、图片资料30盘，采访总时长近65小时。《上海电视栏目志（1958—2008）》项目全面梳理、记录了上海电视50年中自制播出的600多个电视栏目，填补了电视栏目档案建设的空白。

11月6日　中共中央政治局委员、上海市委书记俞正声，市委副书记殷一璀等做客东方网，与网友进行直接对话交流，听取网友有关深入学习实践科学发展观的意见、建议。共有20多万网友参与此次活动，提出问题和建议超过7600多条，创下东方网历史纪录。

11月7—8日　东方网全程承办中央外宣办举办的"第二届中美互联网论坛"，共有140多名中美高层官员、互联网业界巨擘参会。

11月12日　市人大常委会主任刘云耕到东方网和上海人大公众网联合直播室，围绕学习实践科学发展观，与网友进行在线交流，听取市民群众的意见和建议。

11月16日　由人民日报社、人民网和传媒集团电视新闻中心联合打造的大型人物访谈节目《30年·30人》在北京举行开播仪式。17日起该节目在东方卫视、新闻综合频道播出，每天一集，每集30分钟，人民网同时播出视频节目和图文报道。

11月19日　东方明珠广播电视塔获"国家文化产业示范基地"称号的授牌仪式在东方明珠塔举行。

11月29日　上海的老中青三代电视工作者在广电大厦以主题报告会的形式纪念上海电视50周年。中共中央政治局委员、上海市委书记俞正声，市委副书记、市长韩正，中宣部副部长、国家广电总局局长王太华分别致贺信。市委常委、宣传部部长王仲伟，全国人大常委会委员龚学平出席报告会并讲话。

12月1日　为纪念改革开放30周年，由第一财经频道制作的大型财经电视纪录片《激荡·1978—2008》在东方卫视、第一财经电视频道首播。该片共31集，每集30分钟，周一至周五每天连播两集。广播新闻中心即日起推出17篇系列报道和广播纪实篇《始于1978》，每天在《990早新闻》中连续播出。

12月5日　由传媒集团和上海市慈善基金会等单位联合主办的"蓝天下的至爱"慈善系列活动获得民政部授予的"最具影响力慈善项目"奖,这是传媒集团继 2007 年获得"中华慈善事业突出贡献奖",以及 2008 年 4 月《闪电星感动》栏目获得"最具影响力慈善项目奖"之后,第三次获得民政部颁发的中国慈善领域政府最高奖项。

12月6日　由东方网整合资源,与马陆镇政府、宏发集团三方联手打造的上海文化信息产业园区奠基仪式在嘉定区举行。该产业园由上海市委宣传部批准成立。

12月8日、11日、25日　中共中央政治局委员、上海市委书记俞正声等市委、市政府领导连续三次听取市科委、市文广局等部门和单位关于下一代广播电视网(NGB)建设及上海市有线电视数字化整体转换方案汇报,并到现场调研。

12月15日　海峡两岸海运直航、空运直航、直接通邮正式实施。当天上午,广播新闻中心、电视新闻中心分别推出直播特别节目;广播电视各档新闻同时密切关注"三通",进行全方位的报道。技术运营中心全力以赴调遣技术资源,做好 4 个点共 13 路卫星电视信号传送,保障两岸"三通"实况大直播。

12月17—22日　由上海世博局与传媒集团联合制作的电视系列纪录片《百年世博梦》在新闻综合频道播出首集。《百年世博梦》系列片由《世博岁月》《百年梦圆》《风云世博》《文明反思》《世纪使命》《城市之光》6 集组成,每集 45 分钟。

12月18日　一部全面展现上海音像资料馆(暨传媒集团节目资料中心)丰富馆藏以及各类影像资料播映、征集活动的《影像志》在东方宽频上线启播。

12月20日　在第四届中国传媒创新年会暨"中国传媒改革 30 年论坛"上,东方网被评为"中国十大媒体网站品牌"。

12月26日　传媒集团主办的"2008 年度十大真情人物"评选揭晓,余法海等 10 人获评"十大真情人物"。这是电视新闻中心第五次承办该项活动,共收到选票 267 万多张。该活动获得 2008 年度"中国传媒公益推动力奖"和首届"上海慈善奖"。

12月29日　庆祝东方有线网络公司成立 10 周年大会在市委党校大礼堂举行。该公司历经十年发展,已成为年收入超过 13 亿元、总资产约 29 亿元的网络运营公司。

12月31日　中共中央政治局委员、上海市委书记俞正声到传媒集团慰问广播电视新闻工作者,感谢他们一年来为上海改革发展所做的贡献。

同日　市委副书记、市长韩正收听广播新闻中心《990 早新闻》关于浦东机场蓄车场配套设施问题的后续报道后,称赞广播记者关注细节、注重追踪、工作敬业。

同日　全市 1 736 个行政村全部接通有线电视信号,农村有线电视新增用户 18 万户,农民用户数达 66 万户,入户率为 63.4%,比上年提高 13.5%。

2009 年

1月1日　东方有线网络公司推出 DVT-6020 有线高清机顶盒,为推进"下一代广播电视节目网(NGB)"建设、探索三网融合业务奠定了基础。

1月20日　传媒集团电视新闻中心、东方明珠广播电视塔公司被评为第二届全国文明单位。

1月24日　上海市各界人士春节团拜会在上海展览中心隆重举行,中共中央原总书记江泽民在中共中央政治局委员、上海市委书记俞正声,市委副书记、市长韩正等陪同下出席团拜会,并与千余名嘉宾一起观看文艺演出。春节团拜会由市委办公厅、市政府办公厅主办,市文广局、文广集团承办,演出节目由传媒集团大型活动部承担制作。

1月 百视通公司实现同时面向电视、计算机、手机三个终端的内容运营,开创了跨平台、跨网络"三屏融合"业务模式。

同月 东方网被中国互联网品牌大会授予"中国地方新闻网站十大品牌奖"。

2月9日 传媒集团等出品方在北京召开动画电影《喜羊羊与灰太狼之牛气冲天》影片票房庆功会。该片以600余万元制作成本取得8000余万元全国票房收入。

2月11日 中共中央政治局委员、上海市委书记俞正声在市文广局《关于上海市中心城区有线电视数字化整体转换及采用3TNet技术建设50万户下一代广播电视网项目的进展情况报告》上批示:"下决心支持此项目,可能会对上海信息服务业发展产生深远影响。"

同日 传媒集团流行音乐频率工作人员在美国洛杉矶转播第五十一届格莱美颁奖典礼现场,为听众送出5小时的特别直播节目。这也是流行音乐频率连续第十次直播格莱美颁奖典礼。

2月11—12日 全国广播电视科技工作会议在上海国际会议中心召开。中宣部副部长、国家广电总局局长王太华,副局长张海涛实地考察传媒集团电视新闻中心、互动数字电视播控中心、东方有线网络公司,了解上海广播电视数字化、网络化和有线电视数字化推进情况,听取市文广局和文广集团领导的工作汇报。市委常委、宣传部部长王仲伟,市委常委、副市长屠光绍陪同考察并参加座谈会。

2月14日 《盛世和风颂雅韵——2009上海市各界人士元宵联欢晚会》总结会在市政协文化俱乐部召开。市政协主席冯国勤,副主席周太彤、李良园与晚会主创人员一起座谈交流,总结成功经验,并就如何进一步发扬创新精神、弘扬民族文化进行探讨。这台晚会由市政协主办,文广集团、传媒集团承办,传媒集团综艺部制作。

2月18日—3月2日 传媒集团广播新闻中心再度联手新华社长三角新闻采编中心、新闻晚报和东方网,推出"2009上海民生访谈",13位政府职能部门负责人通过"民生访谈"节目与担任嘉宾的记者就公众关注的热点话题对话交流。

2月19日 市委副书记、市长韩正到由文广集团控股的上海新索音乐公司调研。该公司由文广集团与上海精文投资公司、索尼光盘数码集团共同投资,主要生产蓝光光盘。

2月21日 市委副书记、市长韩正,市委常委、组织部部长沈红光等做客东方网,介绍市委、市政府学习实践科学发展观活动整改措施,与网友进行交流、听取意见。

2月23日 传媒集团哈哈少儿频道与复旦大学上海视觉艺术学院数码传媒学院签约,挂牌成立"哈哈创意教学基地",并正式启动首期合作项目。全国人大常委会委员、复旦大学上海视觉艺术学院名誉校长龚学平出席仪式并揭牌。

2月28日 "2009新娱乐慈善群星会"在上海大剧院隆重上演。传媒集团综艺部制作的"慈善演播室""爱心红地毯"和"颁奖盛典"节目总时长近10小时,由东方卫视播出。

3月5日 市委宣传部颁发嘉奖令,表彰传媒集团为"全国优秀流行歌曲创作大赛"所做的辛勤工作。传媒集团从人力和物力上给予支持,尤其是综艺部在组织评选工作、赛制设置、歌手调度、节目摄制和电视播出等方面,圆满完成了各项任务。

3月8日 在全国政协十一届二次会议记者会上,全国政协委员万季飞、周汉民、成岳冲、杨澜接受了东方网记者张海盈有关长三角共同办上海世博会的提问。这是地方新闻网站首次在全国两会记者会上获得提问机会,标志着网络媒体融入全国性主流新闻报道。

3月10日　市委常委、副市长屠光绍到传媒集团就媒体宣传如何为促进上海国际金融中心建设服务的主题进行调研。

3月14日　第十六届东方风云榜颁奖典礼在上海大舞台举行。该颁奖典礼首次使用高清电视信号播出,观众通过文广互动高清频道收看颁奖典礼实况。

3月14—16日　"纪念改革开放30周年中国优秀纪录片暨纪录片真实论坛"在上海举行,此次论坛由中国广播电视协会和传媒集团联合主办。送评节目汇集了全国200多部反映改革开放时期社会变迁和人物命运的优秀纪录片,评出金牌节目30部、银牌节目70部。传媒集团选送的《我们的选择》《我爱你中国》《邓小平与上海》《激情年代》《激荡·三十年》被评为金牌节目,获奖数量名列全国省级台第一。市委常委、宣传部部长王仲伟作批示表示祝贺。

3月16日　"中国移动多媒体广播上海商业运营启动暨合作签约仪式"在上海国际会议中心举行。由国家广电总局自主研发的CMMB手机电视将转入商业运营,东方明珠(集团)公司下属的上海文广手机电视公司承担该项业务运营。上海的CMMB信号已覆盖中心城区95%以上区域。

3月27日　中共中央政治局委员、上海市委书记俞正声,市委副书记、市长韩正,市人大常委会主任刘云耕,市政协主席冯国勤,市委副书记殷一璀,在延安中路察看由文广科技发展公司设计建设的新型电子公交候车亭LED显示屏并给予好评。该显示屏可自动预报车辆到达信息,播放数字电视新闻。

4月1日　东方购物频道首次以直播形式介绍某品牌高档轿车,45分钟内电视观众订购了19辆。

4月9日　ISO9001:2000质量管理体系认证暨CQC媒体质量管理体系认证颁证仪式在上视大厦举行,东方卫视获得CQC媒体质量管理体系认证证书。

4月10日　中共中央政治局常委李长春在中宣部舆情信息局《关于传媒集团艺术人文频道强化文艺批评》的专报上批示:"此经验好,要倡导'文艺批评',这是文化界自我教育、遏制低俗、推陈出新、健康发展的重要机制。"11日,中共中央政治局委员、书记处书记、中宣部部长刘云山批示:"请在中央媒体介绍上海的做法,遏制电视和小报、小刊的低俗媚俗之风。"

4月28日　传媒集团东方卫视、音乐频率现场直播在上海大剧院举行的2009上海之春国际音乐节小提琴协奏曲《梁祝》诞生50周年音乐会。当天,广播文艺中心、艺术人文频道、东方卫视通力合作,推出近10小时的相关特别节目。

5月1日　传媒集团大型活动部在北京、上海两地成功承办"中国2010年上海世博会倒计时一周年暨计时牌启动仪式""2010年上海世博会志愿者招募启动仪式"两项主题活动。

同日　在上海世博会倒计时一周年之际,传媒集团东方卫视、新闻综合频道并机,从8时30分至22时30分,推出特别节目《奔向世博——中国2010年上海世博会倒计时一周年全天大放送》。新闻频率、新闻资讯频率联合中央电台"中国之声"和"经济之声",推出直播节目《更好的城市·更好的生活》和《世博,让生活更美好》。全天大放送首次采用空中飞艇、地面(园区现场)、黄浦江江面游艇接力直播的方式,对世博园区概貌、世博轴、阳光谷、中国馆、世博演艺中心等进行全方位直播报道。

同日　传媒集团节目资料中心与上海东方宽频传播公司合作的"影像志"频道推出"世博影像专区",独家呈现世博会100多年的珍贵历史影像。

5月1—5日　中央电视台一套节目即日起每晚播出由上海世博局与传媒集团联合制作的电视纪录片《百年世博梦》,日播1集,共5集。

5月21日　传媒集团与谷歌中国(Google)合作的"上海电视台"视频专区正式上线,提供新闻综合、第一财经、娱乐、体育、生活时尚等6个频道的分类资讯。

5月22日　纪念上海人民广播60周年《老广播人口述历史》项目成果在广播大厦发布。节目资料中心历时一年,完成对42位上海老广播人的采访拍摄,制成录像带39盘,视频光盘35盘,音频光盘34盘,图片资料32盘。9月26日,老广播电视人《口述历史》丛书在上海书城举行首发式。从2007年起,节目资料中心先后对30位老电视人和42位老广播人进行采访拍摄。

5月25日　《与时代同声——纪念上海人民广播60周年盛典》在东视剧场举行。中共中央政治局委员、上海市委书记俞正声,市委副书记、市长韩正,国家广电总局局长王太华分别致信祝贺。

5月27日　由市委、市政府主办,市委宣传部等单位承办,传媒集团大型活动部承担制作的《向祖国汇报——庆祝上海解放60周年大型文艺晚会》在上海大剧院隆重举行。东方卫视、新闻综合频道并机直播晚会实况。

同日　上海音像资料馆(节目资料中心)联合上海图书馆、上海市历史博物馆举办的《东方欲晓,上海1949——纪念上海解放60周年文献图片展》在上海图书馆开幕。

6月6日　为庆祝上海时尚文化传媒有限公司更名为"星尚传媒","2009星尚大典"在北京举行。此次星尚大典的演员分别来自中国、日本、韩国、美国以及中国香港、台湾地区,涉及时尚、艺术、音乐、电影、娱乐、设计、摄影、动漫、体育等领域。东方卫视全程直播此次"星尚大典"。

6月8—12日　第十五届上海电视节在上海举办。这届电视节实现两大突破:一是首次将项目创投纳入节目市场,发挥投融资功能,着力推动国际合作,加强专业性服务;二是观众参与度大有提高,除国际电视节目展播、"大学生电视节"外,还新增"观众日""电视连续剧观众票选"和"新媒体·新娱乐展"等活动。

6月12日　市委政法委和文广互动电视公司共同举行"法治天地"频道6周年改版暨《庭审直播》节目开播发布会。"法治天地"专业频道节目播出6年多,已在全国拥有近1500万用户,成为上海政法系统的重要宣传窗口。

6月13日　国家广电总局向上海世博会赠送1000台移动多媒体广播电视(CMMB,即手持电视)接收终端仪式在上海举行,它标志着手持电视开始为上海世博会服务。

6月16—17日　中共中央政治局常委李长春在中共中央政治局委员、上海市委书记俞正声,市委副书记、市长韩正分别陪同下,就不断深化文化体制机制改革、加快文化产业发展、推进有线电视网络建设等方面工作,到世博演艺中心工地、传媒集团、东方网、东方有线网络公司、上影集团、上海马戏城等单位考察。

6月18日　东方卫视实施改版,在黄金时段自制新闻、综艺节目的播出比例达55%。改版当天,东方卫视播出由陈凯歌执导的东方卫视形象片以及韦唯和维塔斯共同演唱的东方卫视主题歌《风从东方来》。

6月24日　传媒集团版权中心成立揭牌仪式在上视大厦举行。这是国内广电系统首家广播电视版权专门机构。

6月26日　传媒集团下属的百视通公司在全国IP电视试点省(市)发展用户,累计已超过200万户。

7月6日　由中共中央文献研究室、人民日报社、中国移动通信公司、传媒集团联合制作的手机版视频文献纪录片《新中国日志》即日起推出,这是电视文献纪录片与手机视频业务的首次结合。该片共50集,每集5分钟。

7月13日　传媒集团与中国台湾台北艺术推广协会在上视大厦签订协议,双方定于在中国

2010年上海世博会期间联合创作出品大型主题演出——《城市之窗》。该项主题演出在上海世博会期间连演184天,总数超过650场。

7月20日 浦东人民广播电台、浦东有线电视中心、南汇广播电视台合并成立浦东新区广播电视台,以浦东人民广播电台、浦东电视台呼号对外播出。电视台播出频道为无线电视36频道和有线13频道,每天播出18小时;广播电台每天播音20小时。

7月21日 传媒集团、解放日报报业集团、文汇新民联合报业集团与上海世博局签约,成为中国2010年上海世博会合作媒体。

7月22日 电视新闻中心推出《直击日全食特别报道》,东方卫视和新闻综合频道并机直播这300年一遇的天文奇观。技术运营中心出动5辆直播车、6辆卫星车、3台微波传输设备,同时开设直播讯道21路,使用网络直播信号8路,为直播的圆满完成提供了技术支撑。

7月24日—8月4日 传媒集团作为第一出品方投拍的动画电影《麦兜响当当》公开上映后,票房逾6 300万元。《人民日报》《解放日报》《文汇报》等为此刊发专题报道。

7月29日 上海音像资料馆(节目资料中心)官方网站开通,市政协副主席李良园启动官网。网站内容包括"特色馆藏""资料编研""精华解读"和"电子杂志"等9大板块。

7月31日 中国"下一代广播电视网(NGB)"启动仪式暨国家科技部、国家广电总局、上海市"下一代广播电视网(NGB)"建设示范合作协议签字仪式在上海举行。中共中央政治局委员、上海市委书记俞正声,全国政协副主席、科技部部长万钢,中宣部副部长、国家广电总局局长王太华,市委副书记、市长韩正等出席签字仪式。该广播电视网以有线电视网数字化和移动多媒体广播电视成果为基础,采用自主创新的"高性能宽带信息网3TNet"核心技术。

同日 上海文广互动电视公司与全国20余家省市网络公司共同签署全国"下一代广播电视网(NGB)"战略合作协议。

8月5日 传媒集团和中央新闻纪录电影制片厂联合拍摄制作大型历史人文纪录片《外滩》,即日举行开机发布会。

8月8—10日 台风"莫拉克"席卷台湾南部,当地遭遇近半个世纪最严重的水灾和泥石流灾害。20日,东方卫视发起联合天津卫视、江苏卫视、浙江卫视、湖南卫视、深圳卫视共6家卫视并机直播《跨越海峡的爱心——援助台湾受灾同胞赈灾晚会》,共募集善款3.5亿元。

8月10日 传媒集团与新华社音视频部在北京签署新媒体合作框架协议,联手启动IP电视、手机电视等新媒体业务合作。双方在内容、渠道、运营等方面共享资源,开拓业务。

8月13日 传媒集团与江苏少儿出版社签署合作协议,双方联手出版国产人气动画电影《喜羊羊与灰太狼》第二部系列图书。

8月19日 国家广电总局对《上海文广新闻传媒集团体制改革方案》作出批复。20日,市委常委、宣传部部长王仲伟也作批示:"这一改革是近年来本市文化领域的一次重大改革,要高度重视,认真组织好。"

8月21日 《风雨同舟颂华章——纪念人民政协成立60周年诗歌朗诵会》在上海大剧院举行。朗诵会由市政协、文广集团主办,传媒集团承办。

8月29日 市委副书记、市长韩正在位于苏州河畔的华隆大厦接受传媒集团电视新闻中心特别节目《回到苏州河》摄制组的专访。

同日 上海世博局与传媒集团举行新闻发布会,宣布全球新媒体世博会报道正式启动。

8月30日 传媒集团的《星期戏曲广播会》在南京市江南剧场上演"梨园新蕾香透金陵"专场。

上海、江苏、安徽、陕西、河南5家戏曲广播同时直播该专场演出实况。

8月　传媒集团向新疆阿克苏地区捐赠一辆电视转播车和75万元，助力该地区广播电视事业发展。

9月1—2日　由中国广播电视协会信息资料工作委员会主办、传媒集团节目资料中心承办的《资料导演·世博资源·网络平台——广播电视内容资源开发研讨会》在上海举行。来自国家广电总局、中央电台、中央电视台、国际电台和北京、湖南、广东等省市电台、电视台节目资源管理部门、音像资料馆以及相关研究单位的120多位代表出席会议。

9月3日　市委宣传部召开传媒集团制播分离转企改制工作会议。市委常委、宣传部部长王仲伟出席会议并作动员讲话。

9月6日　传媒集团体育频道推出《光耀60年——最具影响力的新中国体育人物颁奖盛典》10小时大型直播特别节目。

9月10日　传媒集团总裁黎瑞刚与国家开发银行上海分行行长陈继忠共同签署《开发性金融合作协议》。根据协议，此后5年，传媒集团将获得国家开发银行金融性支持100亿元，投资项目涵盖产业投资、跨地域合作、新媒体发展、文化品牌上市及服务平台建设等多个方面。中共中央政治局委员、上海市委书记俞正声出席签字仪式。市委副书记、市长韩正，国家开发银行行长蒋超良分别在仪式上致辞。

9月14日　由传媒集团大型活动部、电视新闻中心、东方卫视联合组织的《光荣与力量——2009年度十大人物颁奖典礼》在广电大厦举行。

9月15日　东方网获得中国互联网协会颁发的企业信用等级证书。

9月18—20日　市文广局、文广演艺中心等单位在香港国际展贸中心推出一台《新上海滩——2009海上风韵》大型综合演出，全国政协副主席董建华和6 000余名香港市民观看演出。22日，市委宣传部发布嘉奖令，表彰市文广局、文广演艺中心等单位出色完成沪港文化交流演出。

9月19日　由市委宣传部、市文明办指导，传媒集团艺术人文频道联手青海、山西、陕西、四川、宁夏、甘肃、内蒙古、河南、山东等黄河流域9省、自治区的电视台，举办"庆祝中华人民共和国60华诞，纪念《黄河大合唱》诞生70周年"特别活动。该活动在上海江湾体育场主会场和黄河流域9个分会场同时举行，来自上海和海内外的400多支合唱团队超过30 000人参加。东方卫视、艺术人文频道以及黄河流域多家电视台以卫星连线、十地联动的方式，从上午10时30分开始进行时长7小时的大直播。10月21日，市委宣传部为此颁发嘉奖令，表彰市文广局、文广集团、传媒集团等单位。

9月24日　市委决定，何继良任东方新闻网站党委书记。

9月25日　传媒集团第一届职工代表大会临时会议在广电大厦举行，听取集团制播分离、转企改制的工作报告。

9月28日　上海有线数字电视网播出12套数字高清电视节目，东方明珠广播电视塔同步播出2套地面数字高清电视节目。

9月29日　由市委办公厅、市政府办公厅主办，市文广局和文广集团承办的《祖国颂——上海人民庆祝中华人民共和国成立60周年大型交响音乐晚会》在上海大剧院举行。东方卫视和新闻综合频道并机直播晚会实况。

9月30日　由上海市档案局、传媒集团联合主办，上海市档案馆、上海音像资料馆共同承办的《我们共同的记忆——档案见证上海60年》展览在市档案馆外滩新馆开幕。

10月1日　东方卫视推出《盛世大典——庆祝新中国成立60周年》24小时全天大直播特别

节目。

10月6日　市委召开专题会议,听取由传媒集团和上影集团提交的上海世博会中国馆主题影片的候选方案汇报,中共中央政治局委员、上海市委书记俞正声,市委副书记、市长韩正,市委副书记殷一璀等出席。传媒集团制作的《花开中国》从5个候选方案中脱颖而出,成为中国馆主题影片的框架方案。

10月9日　传媒集团所属的全资子公司——上海新娱乐传媒有限公司成立,下属娱乐频道、七彩戏剧两个电视频道。

同日　上海东方广播有限公司成立。该公司以广播节目制作播出、大型演唱会及策划活动制作为主营范围。

10月14日　市委宣传部颁发嘉奖令,表彰市文广局、文广集团参与制作"腾飞上海"彩车和在北京参加中华人民共和国成立60周年"腾飞上海"彩车游行和展示的有关人员。

10月19日　上海市有线电视数字化整体转换工作会议召开,正式启动全市中心城区有线电视数字化整体转换和"下一代广播电视网(NGB)"建设工作。市委副书记殷一璀,市委常委、常务副市长杨雄,市委常委、宣传部部长王仲伟等出席会议。

同日　市文广局发布《上海市有线电视数字化整体转换公告》。

同日　传媒集团《星期广播音乐会》栏目恢复5周年庆典音乐会在上海音乐厅举行。《星期广播音乐会》自2004年10月恢复举办后,已推出各类剧场演出137场,约16万名观众现场观摩聆听,累计超过千万人次收听收看"星广会"演出现场实况转播。

10月20日　经国家广电总局批复,上海世博局与传媒集团联合推出旨在推广上海世博会的家庭才艺选秀节目《欢聚世博·全家都来赛》,并启动全国海选。

10月21日　上海市广播电视制播分离改革推进大会举行。国家广电总局批准上海文广新闻传媒集团更名为上海广播电视台并出资组建台属、台控、台管的控股企业集团公司上海东方传媒集团有限公司(以下简称"东方传媒集团公司")改革方案。中共中央政治局委员、上海市委书记俞正声致信祝贺,市委副书记、市长韩正,中宣部副部长孙志军,国家广电总局副局长赵实,市委副书记殷一璀,市委常委、宣传部部长王仲伟出席大会并共同为台、集团公司成立揭牌。

同日　东方卫视节目在广东省有线网络入网播出,完成在广州地区的全面落地。至此,东方卫视实现在全国直辖市、省会城市、计划单列市(除中国台湾地区)的100％签约覆盖。

10月24日　市委决定卓根源任上海广播电视台党委书记。11月18日,市政府任命黎瑞刚为上海广播电视台台长。

10月26日—11月8日　由国家广电总局主办,文广集团承办的首届"发展中国家广播电视新闻采编研修班"在沪举行。巴西、埃及等13个国家派出24名新闻从业人员参加。

10月30日　上海广播电视台电视新闻中心主任袁雷获得全国第十届长江韬奋奖。

10月　由市委党史研究室和上海广播电视台电视新闻中心联合制作的5集电视专题片《1949:接管大上海》受到市委常委、市委秘书长丁薛祥批示表扬。市委组织部将该片作为全市党员干部政治学习观摩片,在党员学习网络平台推出。

同月　东方网被中央外宣办列为第一批全国重点新闻网站转企改制试点单位。

11月4日　上海文广演艺(集团)有限公司成立大会在艺海剧院举行。上海话剧艺术中心、歌舞团、滑稽剧团、木偶剧团、轻音乐团宣布转企改制,分别成立有限责任公司。文化部,市委副书记、市长韩正分别致信祝贺。市委副书记殷一璀,市委常委、宣传部部长王仲伟出席成立大会。

11月7日　由中国广播电视协会主办的全国广电系统《相伴成长,见证辉煌——新中国60年有影响的广播电视大事、人物、节目、栏目》评选结果揭晓。上海广播电视有9项榜上有名,分别是《大事篇》:"我国内地电视台播出第一条商业广告""上海、四川举办电视节""上海东方明珠股份有限公司上市""上海东方广播电台、上海东方电视台开播""国家广电总局颁发全国第一张IP电视牌照和第一张手机电视牌照";《人物篇》:上海人民广播电台原播音指导陈醇,上海文化广播影视集团原党委书记、总裁叶志康;《栏目篇》:上海人民广播电台的《市民与社会》、上海文广新闻传媒集团的《第一财经》。

11月16日　上海广播电视台新闻综合频道播出中共中央政治局委员、上海市委书记俞正声就党建工作面临的新形势新情况、如何搞好党建工作,接受电视新闻中心记者专访的实况录像。

11月19日　由中国电视艺术家协会主办的庆祝新中国成立60周年全国电视文艺节目评选揭晓,上海广播电视台制作的《黄河大合唱》和《光耀60年》获最佳晚会作品奖。

11月20日　2009中国版权年会在北京举行,东方传媒集团公司首次获得"中国版权产业最具影响力企业"称号。

11月24日　在北京召开的第二届中国服务贸易大会上,东方传媒集团公司下属五岸传播公司、时空之旅文化发展有限公司和东方宽频传播公司被授予"2009—2010年度国家文化出口重点企业"称号。

12月6日　市委常委、宣传部部长杨振武检查世博演艺中心工地建设进度和质量,听取世博演艺中心项目概况、工程建设、运营管理及世博会相关筹备等工作情况汇报。

12月7日　上海广播电视台音频资料数字化转存工作历时4年圆满完成。节目资料中心完成所藏全部广播开盘带和老唱片的数字化转存,共生成近68万小时的数字化音频,处理完成56万条编目数据。

同日　东方明珠(集团)公司与美国安舒茨娱乐集团(AEG)和美国职业篮球联赛(协会)NBA共同签署协议,将上海世博演艺中心冠名为"梅赛德斯——奔驰文化中心"。冠名协议自2011年元月起至2020年年底有效。

12月10日　由市新闻工作者协会、市新闻学会、市广播电视学会和上海广播电视台共同主办的《可凡倾听》主持艺术研讨会在上视大厦举行。《可凡倾听》栏目自2004年创办后,累计播出300期,先后访问240多位海内外演艺名人、文化精英。

12月16日　由东方传媒集团公司与上海电信共同运营的IPTV上海地区用户超过100万户。

12月20日　电视新闻中心在东方卫视、新闻综合频道并机推出《莲开盛世——澳门回归祖国10周年特别直播报道》,广播新闻中心新闻频率、新闻综合频率联合直播《庆祝澳门回归10周年特别节目——"潮涌濠江"》。

12月28日　东方传媒集团公司出资设立上海电视传媒有限公司。该公司由上海录像影视公司更名,经营范围以录像、音像制品的出版、发行为主,增加了影视剧投拍、制作、购买和销售业务。

12月30日　中共中央政治局委员、上海市委书记俞正声到上视大厦,亲切看望上海广播电视台的新闻工作者,向大家祝贺新年并座谈交流。

2010年

1月1日　东方明珠塔登高暨市民迎新年长跑活动举行,500余名登高选手和1 100余名长跑选手参加,传递"城市,让生活更美好"的世博会主题,东方卫视、体育频道、东方明珠移动电视进行直播。当年是连续举办此项活动的第十五年。

同日　上海广播电视台大型活动部派出 3 路摄像人员,拍摄专题片《上海世博玫瑰花车参加 2010 元旦美国帕萨迪纳市玫瑰花车巡游活动》。上海世博会形象大使姚明、成龙和上海的表演团参加此次花车巡游。

1 月 1 日—4 月 10 日　由上海广播电视台、上海世博局联合拍摄制作的百集系列专题片《世博纪事》,在东方卫视《看东方》和新闻综合频道《新闻夜线》栏目推出后,还通过第一财经频道、百视通电视、互动电视、东方宽频、中国教育电视频道等视频媒体,以及全国部分铁路动车、上海的东方明珠移动电视和部分户外视频媒体同步播出。

1 月 4 日　由东方传媒集团公司参与出品的年度贺岁大片《十月围城》自 2009 年 12 月 18 日上映后,票房收入累计达到 2.74 亿元,成为贺岁档国产片的票房收入冠军。

1 月 17 日　由东方网、上海市慈善基金会联手打造的"上海慈善网"开通。中共中央政治局委员、上海市委书记俞正声到会并按下启动球,申城由此增添了一个互助互爱的慈善新平台。

1 月 19 日　《迎世博唱精彩——全球华人乐龄才艺大赛》全球总决赛落下帷幕。这次比赛由市老年基金会和上海广播电视台主办,美国、法国、澳大利亚、南非、加拿大、马来西亚、日本、新加坡和中国共 9 个国家的选手参加比赛。

2 月 8 日　上海广播电视台和宁夏电视台合办宁夏电视台综合频道发布会暨宁夏卫视 2010 年新版节目开播仪式在银川举行。从当天起,全国电视观众可通过宁夏卫视同步收看由第一财经制作提供的电视节目。市委常委、宣传部部长杨振武出席发布会。上海广播电视台的第一财经节目和宁夏卫视合作至 2013 年年底。

同日　经国家广电总局批准,上海广播电视台东方购物频道全天 24 小时对外播出。4 月 1 日,东方购物频道全天的货品订购总额达 2.4 亿元。

2 月 9 日　由东方传媒集团公司等联合出品电影《喜羊羊与灰太狼之虎虎生威》庆功大会在京举行。该片自 1 月 29 日上映后,首日票房收入达 1150 万元,上映 10 日票房累计收入超过 1 亿元。

2 月 22 日　国家广电总局批复,同意上海市文广局与上海紫竹科学园区联手共建全国首个国家级网络视听产业基地——中国(上海)网络视听产业基地。

3 月 1 日—4 月 18 日　浦东新区广播电视台和上海广播电视台电视新闻中心联合举办由全国 30 家电视媒体参与的"迎世博,看浦东"大型采风活动,对浦东开发开放 20 年中取得的建设成就进行报道。30 家电视媒体选播了由采风活动组委会推荐的优秀新闻作品,播出总量逾 170 篇次。

3 月 1 日—8 月 1 日　上海广播电视台广播新闻中心与中国国际广播电台、上海世博局共同举办"相约上海,精彩世博"全球知识竞赛,共收到 148 个国家和地区受众答卷 55 万余份。中国国际广播电台以 54 种语言在线广播,并且用图像、文字、音频、视频等多媒体方式向海外受众广泛传播。8 名获特等奖的海外听众受邀到上海参观访问。10 月 12 日,该知识竞赛颁奖典礼在上海广播大厦举行。

3 月 8 日　市委副书记、市长韩正在北京参加全国两会期间,接受第一财经频道、《第一财经日报》记者专访,就上海转变经济增长方式、东西部合作、上海世博会等话题做了回答。专访内容于 9 日在第一财经频道、宁夏卫视同步播出。

3 月 19 日　"中国下一代广播电视网应用实验室"落户上海东方有线网络公司,国家广电总局副局长张海涛,市委常委、副市长屠光绍为实验室揭牌。

同日 "新媒体世博报道联盟"在上海宣布成立。该联盟由百视通电视传媒有限公司与江苏、浙江、湖北、广东等28个广电系统的新媒体单位共同组建。

3月30日 由市委宣传部、黄浦区委、区政府、上海广播电视台联合主办,艺术人文频道承办的"拥抱世界——世博会倒计时30天外滩国际音乐盛典"晚会在修葺一新的外滩上演。同样主题的盛典还在奥地利多瑙河、印度恒河、埃及尼罗河、美国哈德逊河、巴西亚马孙河这世界五大河流域的分会场同时举行。

3月31日 由市委宣传部投资建造、东方明珠(集团)公司与美国AEG和NBA三方组成的合资公司经营管理的上海世博文化中心在浦东世博园区竣工。市委副书记、市长韩正,市委副书记殷一璀,市委常委、常务副市长杨雄,市委常委、副市长屠光绍,市委常委、宣传部部长杨振武等与建设功臣一起为上海世博文化中心竣工剪彩。

同日 东方网"世博频道"上线。同时,"世博服务类信息网宣公共平台"大型网页专题开通。

4月1日、8月6日、11月6日 市委宣传部组织协调上海广播电视台电视新闻中心对中共中央政治局委员、上海市委书记俞正声做了3次电视专访。俞正声分别介绍了上海世博会开幕前期、中期和成功闭幕后的有关情况,电视专访节目播出后引起广泛关注。

4月3日 上海东方卫视、云南卫视、北京卫视等11家卫视在北京共同举办大型公益晚会《抗旱救灾——我们在行动》。据统计,整场晚会共募得善款、物资总额约合2.8亿元,捐赠给国内西南地区遭受特大旱灾的灾区。

4月6日 由新华社长三角采编中心和上海广播电视台广播新闻中心发起的"穿越长三角——世博会,长三角准备好了"大型联合新闻采访活动启动仪式举行。市委常委、宣传部部长杨振武出席仪式并向采访团授旗。市委宣传部副部长、市政府新闻办主任宋超启动开通"世博广播新闻网"。

4月12日 位于世博园、由上海广播电视台投资600万元建造、技术运营中心负责建设的世博透明演播室投入使用。该演播室占地面积140平方米,建筑面积100平方米,采用全透明玻璃幕墙,外形像飞碟,名为"世博眼"。通过IBC总控和光缆传输系统,与广电大厦电视播控中心联网。

4月19日 上海世博局与上海广播电视台签约,确定上海广播电视台为中国2010年上海世博会国际广播电视中心(IBC)建设运营承包单位。市委常委、宣传部部长杨振武出席签约仪式。5月1日,上海世博会国际广播电视中心系统(IBC)正式运营。该系统是为世博会国际信号制作和技术服务而建立的。

4月20日 上海广播电视台向青海玉树灾区捐款500万元,东方明珠(集团)公司捐款200万元。

4月21日 中央电台"经济之声"、第一财经广播频率等各地50多家经济广播频率在上海组成"全国经济广播世博报道联盟",携手采制世博会报道,联播节目《共享世博盛宴》正式启动。

4月28日—5月18日 2010年上海之春国际音乐节在沪举办。当年是"上海国际广播音乐节"与"上海之春"合办"上海之春国际音乐节"第十年,也是"上海之春"创办50周年。中共中央政治局委员、上海市委书记俞正声,市委副书记、市长韩正分别向上海之春国际音乐节组委会发出贺信。市委常委、宣传部部长杨振武向《红旗颂》作曲者吕其明颁发"上海之春国际音乐节特别贡献奖"。这届音乐节推出12台"新人新作"音乐会、2项"新人新作"比赛、58部新作品、13台经典演出,同时举办了百余场群众文化活动。

4月30日 由上海广播电视台负责创意策划并制作的中国2010上海世博会开幕式暨文艺演出在世博文化中心举行,国家主席胡锦涛宣布上海世博会开幕。党和国家领导人李长春、习近平、李克强、贺国强等,与来自世界各地的部分领导人和贵宾及代表 8 000 余人出席开幕式。开幕式演出分为《相约上海》《江河情缘》《世界共襄》《致世博》4 个章节。中央电视台 10 个频道和全国各地卫视共 41 个频道共同转播开幕式,亚洲和欧美国家也有 35 家主流电视台做转播。

同日　中国网络电视台(CNTV)与百视通公司合作制作的世博节目开播。

同日　经国家广电总局批准,设立上海广播电视台并变更相关节目名称及频道标识、呼号,同意上海广播电视台保留原上海电视台、上海东方电视台的 15 个电视频道。调整后的上海广播电视台电视频道的名称和序号分别为:1 新闻综合频道、2 星尚频道、3 电视剧频道、4 第一财经频道、5 五星体育频道、6 纪实频道、7 电影频道、8 娱乐频道、9 艺术人文频道、10 外语频道、11 东方购物频道、12 哈哈少儿频道、13 炫动卡通频道、14 东方卫视频道、15 东方卫视国际频道。

4 月 30 日—5 月 2 日　上海广播电视台东方卫视、新闻综合频道并机推出《世界,你好!》世博系列大型直播特别节目。它以"拥抱世博""欢聚世博""畅想世博"为主题,通过演播室内主持人对 20 位嘉宾访谈、200 次的记者现场连线,以及分演播室观众互动、多媒体联动等形式,向全世界展现中国 2010 上海世博会开幕盛况和园区内外最新情况。为此,技术运营中心投入 700 余人次,采用微波、卫星传输多种手段提供技术保障。

4 月 30 日—5 月 2 日　上海广播电视台广播新闻中心新闻频率、新闻资讯频率与中央电台、中国广播联盟成员台联合向全球现场直播上海世博会开幕式和开园仪式。连续 3 天,推出上海世博会开幕大直播《璀璨世博耀浦江》特别节目,每天直播时间为 12 小时,用真实的声音向全球报道上海世博会开幕及各国家馆接待参观者观摩等盛况。

5 月 1 日　由东方明珠移动电视公司制作的《今日世博最新》节目开播,全天滚动播出,每日更新 48 次,及时播出上海世博会入园总人数、出入口情况、热门场馆情况、园内交通情况等。

5 月 7 日　上海广播电视台戏剧曲艺广播联合全国广播联盟 10 家电台,推出《世博会·戏博会》特别节目。该节目在世博会期间每双周的周五播出。

5 月 13 日　上海世博局、东方卫视召开联合发布会,共同宣布从当日起启动《欢聚世博年·中国达人秀》选秀活动,节目由东方卫视播出。

5 月 14 日　由光明日报社和经济日报社联合举办的第二届全国文化企业 30 强评选揭晓,东方传媒集团公司荣获 2008—2009 年度全国"文化企业 30 强"称号。

5 月 19 日　市政府任命刘文国为市文广局艺术总监。

5 月 26 日　东方网成立 10 周年庆祝大会在上海展览中心举行。中共中央政治局委员、上海市委书记俞正声,全国人大常委会副委员长陈至立,市委副书记、市长韩正,市人大常委会主任刘云耕,市政协主席冯国勤,市委副书记殷一璀分别致信祝贺,国务院新闻办公室副主任王仲伟致电祝贺。国务院新闻办公室副主任钱小芊,市委常委、宣传部部长杨振武出席会议并讲话。

5 月 28 日　东方传媒集团公司与中国银联股份公司签署战略合作协议,致力联手打造新媒体"三屏融合"与电子商务在线支付平台。

5 月　广播新闻中心提供给联合国电台的上海世博会开幕式实况音频信号,被联合国电台华语广播制作成录音报道向全球播出。

6 月 7—11 日　第十六届上海电视节在上海举行,开幕晚会"电视节目主持人 30 年年度风云人物盛典"以电视节目主持人 30 年的发展和变化为线索,回顾中国电视业走向辉煌的 30 年历程。这一届电视节"白玉兰"电视连续剧奖的"互联网大众票选"活动,吸引了超过 1.8 亿网友参与投票。

6 月 25 日　市委政法委召开文广互动电视"法治天地"频道改版一周年座谈会。市委常委、市政法委书记吴志明讲话,上海广播电视台台长黎瑞刚介绍"法治天地"频道改版后的情况并提出建议。

6月　国家广电总局批准第一财经广播节目通过卫星对外传输,覆盖全国;生活时尚频道更名为星尚频道。

7月1日　东方网举行"上海政务"频道开通仪式。

7月7日　上海广播电视台广播节目《990早新闻》进入英夫美迪工作站播出后,其他新闻节目也都实施数字化录制。

7月8—12日　"第六届中国国际动漫游戏博览会暨2010卡通总动员"在上海展览中心举行,这是2005年开始举办的"中国国际动漫游戏博览会"与上海举办的"卡通总动员"进行资源整合后的首次亮相。

7月9日　东方电视购物公司与永达(集团)股份有限公司宣布联合成立上海东方永达汽车销售有限公司。此举标志着上海首家汽车电视购物零售商问世。

7月13日　上海广播电视台艺术人文频道在美国成功转播《为世博喝彩——上海交响乐团、纽约爱乐乐团中央公园音乐会》。

7月14日　市政协副主席周太彤到上海广播电视台就加强政协和广播电视媒体的联系和合作进行调研。

7月23日　上海广播电视台推出《节目研发资金管理办法》《新节目审片管理规定》《视听率考核方案》《电视"总裁奖"奖励办法》《电视栏目淘汰试行办法》5个文件。

7月25日　东方卫视《中国达人秀》节目开播。首期《中国达人秀》在上海的收视率达到8.0%,在全国26个城市的平均收视率达到1.37%,创下上海同时段第一。

7月30日　上海广播电视台获得国家广电总局颁发的互联网电视和3G手机电视牌照。上海广播电视台可持照在全国开展互联网电视和3G手机电视集成播控、运营与内容服务业务。

同日　市委办公厅、市政府办公厅转发《市委宣传部、市国资委、市文广局关于推进本市广播电视有线网络整合的实施意见的通知》。

8月1日　东方传媒集团公司技术运营中心电视播控中心首次采用高清蓝光介质,在东方卫视和东方卫视高清2个频道播出名牌栏目《深度105》。

8月4日　由东方传媒集团公司、华特迪士尼、华谊兄弟合作制作的中国版电影《歌舞青春》在北京举行全球首映仪式。

8月7日　经国家发改委批准,由东方传媒集团公司、文广科技(集团)公司参与投资建设的上海数字电视国家工程研究中心有限公司在浦东新区揭牌成立。

8月8日　东方卫视从8时30分起连续9小时直播《欢聚2010特别节目——世博百日百馆大放送》;艺术人文频道编创播出世博100天的10小时大联播特别节目。

8月9—13日　上海广播电视台携手加拿大中文电台在加拿大的温哥华、多伦多和卡尔加里三大城市成功举办以"精彩世博、美丽上海"为主题的"上海广播周"活动。

8月13日　市委决定王建军任上海广播电视台党委书记。

8月23日　上海市"纠风在线"网站开通仪式在东方网举行。市委常委、市纪委书记董君舒,市委常委、副市长屠光绍出席开通仪式并共同点击开通"纠风在线"网站。

8月26日—9月26日　受国家广电总局委托,文广集团承办"2010法语国家广播电视新闻采编人员研修班"和"2010英语国家广播电视新闻采编人员研修班"。来自阿富汗等30个发展中国家共 57 名国家级电台、电视台的新闻采编人员、主持人和新闻宣传官员参加研修班。

8月28日　中共中央政治局委员、上海市委书记俞正声在世博园区视察上海广播电视台世博眼演播室,向电视新闻主持人和现场工作人员表示慰问。

8月31日　上海广播电视有线网络整合启动暨动员会召开,会议提出上海广播电视网络实现"一城一网""全程全网"的整合发展目标。

同日　纪录电影《外滩侧影》点映礼在外滩新黄浦大厦举行。该片由上海广播电视台与中央新闻纪录电影制片厂联合出品,用纪录电影的影像语言解读 1843—1945 年间的外滩,讲述上海开埠百年历史。

8月　东方传媒集团公司下属的全资子公司——上海看看牛视网络传播有限公司成立。

9月2日　市委宣传部决定王建军兼任上海东方传媒集团有限公司执行董事,黎瑞刚任上海东方传媒集团有限公司总裁、法定代表人。

9月3日　市委宣传部主持召开上海广播电视台干部大会,市委常委、宣传部部长杨振武对改革和发展提出要求。

9月9日　《相约星期六》开播 600 期暨中国电视婚恋节目如何健康可持续发展研讨会在沪举行。剧统计,曾参与《相约星期六》节目的嘉宾超过 7 000 人,通过节目结为连理的有 300 多对夫妇,还诞生了 100 余位"相约宝宝"。

9月13日　由上海广播电视台投拍的电视剧《上海,上海》在中央电视台综合频道黄金档开播。

9月17日　国家广电总局副局长赵实到百视通新媒体有限公司,参观百视通 IPTV、手机电视、互联网电视等业务展示,并听取上海广播电视台台长黎瑞刚关于新媒体发展情况的汇报。

9月28日　浦东新区广播电视台联手闵行、宝山、松江、嘉定、青浦、奉贤、金山、崇明 8 家广播电视台,共同组建成立广播电视广告传媒新平台——上海区县广播电视台广告联播网。

10月1日　上海广播电视台广播新闻中心联合中央电台中国之声、中国广播联盟成员台,推出《精彩中国,欢聚世博》特别节目,时长 3 小时。12—16 时,广播新闻中心推出《寻宝之旅,发现中国》世博会中国国家馆日主题直播节目。

10月10日　东方卫视播出的《中国达人秀》总决赛在上海体育场圆满落幕。该节目于 7 月 25 日晚首播,历时 3 个月,举行 6 场初赛和 3 场半决赛,节目创下上海同时段电视节目收视率第一。

10月13日　上海广播电视台举行"千金买创意"首次颁奖暨样片提案资助活动。经过初评,该台下属各单位、各部门选送的 124 个创意文案提案人当场领取近 30 万元现金资助,其中 11 个节目(项目)的提案人除分别获得万元资助外,还可以申请样片制作资助。

10月24日　上海广播电视台《星期戏曲广播会》播出 800 期之际,全国戏曲广播联盟在上海兰心大戏院举办《世博会·戏博会》大型联合演出以示祝贺。京、昆、越、沪、淮、扬等 17 个剧种演员汇聚上海,李蔷华、裴艳玲、梁谷音、牛淑贤等 20 余位名家参加演出。

10月26日　经国家广电总局批准,上海广播电视台第一财经频道节目在中国台湾中华电信"MOD 精宇专区"落地播出。

10月27日　传媒集团电视新闻中心《东方新闻》栏目组编排直播的《2009 年 7 月 1 日"东方新闻"》获第二十届中国新闻奖(节目编排类)一等奖。

10月31日　中国 2010 上海世界博览会闭幕式在上海世博文化中心隆重举行,中共中央政治局常委、国务院总理温家宝宣布上海世博会闭幕。来自世界各地的政要和贵宾出席闭幕式,共同庆祝上海世博会取得圆满成功。上海广播电视台参与制作的闭幕式由 4 000 余名专业演员和业余演员呈现一台精彩的文艺演出,得到各级领导和各国嘉宾的赞誉。电视新闻中心策划推出的《世界你好！相约未来》全天大直播特别节目在东方卫视、新闻综合频道并机播出。广播新闻中心新闻频率、新闻资讯频率直播 10 小时的《世博留声》特别节目。

10 月　东方传媒集团公司下属的欢腾宽频信息技术有限公司、东方龙新媒体公司和东方宽频传播公司,以资产评估值 7.07 亿元注入百视通新媒体有限公司,在资本层面完成了百视通公司业务资产的重组整合。

11 月 9 日　东方传媒集团公司出资设立的上海电视传媒有限公司变更为上海尚世影业有限公司。公司经营业务范围包括:电视剧制作,音像制品制作,电视节目制作,摄制电影,按规定发行国产影片及其复制品。

11 月 18 日　2010 东方畅想全球华语广播创新节目擂台赛在上海圆满落幕。《东方畅想》首次将参赛机构扩展至全球华语广播的范围,中国香港、台北、马来西亚等地华语电台以及来自全球其他国家和地区的 30 家华语电台的同行参与比赛。

同日　市文广局、上海电视艺术家协会联合通报表彰金山区广播电视台专题部。自 2008 年至 2010 年,金山区广播电视台专题部制作的三部电视专题《农民画家曹秀文》《恋农情》和《陈文光的环保债》均获得"中国农村小康电视节目工程"电视专题评选一等奖。

11 月 25 日　上海广播电视台、上海警备区政治部等联合主办《激情绽放——〈当代军人〉800 期庆典活动》。《当代军人》栏目由上海电视台于 1988 年 8 月 1 日创办。

12 月 1 日　东方卫视节目在广东汕头市落地播出。至此,东方卫视已实现全国地级以上城市(除中国台湾地区)的全覆盖。

12 月 2 日　东方传媒集团公司与中国电信上海公司举行新媒体合资签约仪式。

12 月 10 日　市委常委、宣传部部长杨振武到上海广播电视台,对该台制订"十二五"规划等进行调研。

12 月 18 日　按照《上海广播电视台电视栏目淘汰试行办法》规定,并经上海广播电视台视听率考核领导小组讨论和台主要领导审定,公布第一批 13 档建议淘汰栏目。

12 月 20 日　市发改委组织专家对"地面数字电视国家标准上海高清播出"项目进行验收,认为该项目系统运行稳定可靠,同意该项目通过验收。

12 月 22 日　东方传媒集团公司与银联商务公司、中银通支付商务公司在上海签署合作协议,推出银行卡电视支付产品。用户可通过电视终端进行付费点播、电视购物等业务的在线支付。国家广电总局副局长田进,市委常委、宣传部部长杨振武出席签约仪式并讲话。

12 月 27 日　由党中央、国务院召开的中国 2010 年上海世界博览会总结表彰大会在北京隆重举行。上海文广演艺集团世博演出服务团队、上海广播电视台电视新闻中心、技术运营中心世博项目组、东方卫视《欢聚 2010》节目组 4 个集体获得表彰。王隽、滕俊杰、钮卫平、王济明、施喆、庄荣坤、周晓帆、秦忆、赵能祥、商凌雄、吴朝阳、汪艇 12 名个人受到表彰。

12 月 30 日　中共中央政治局委员、上海市委书记俞正声到上视大厦、东方网亲切慰问年末仍坚守在岗位上的部分记者和编播人员。俞正声对东方网新闻宣传、世博新闻服务充分肯定,要求东方网在产业发展中大胆探索,既要充分发挥新闻舆论引导功能,又要积极探索更好的赢利模式。

12 月 31 日　上海市数字电视用户总计 2 356 332 户,用户数为 2009 年的 3 倍,其中付费数字电视用户 225 952 户,比 2009 年增加 58%。上海有线电视用户总计 5 730 175 户,比 2009 年增加 3.2%。

同日 百视通公司全国交互式网络电视用户数超过 400 万户,其中上海地区用户超过 130 万户。

同日 据上海五岸传播公司统计,该公司当年将上海广播电视台的纪实、财经、生活时尚、娱乐、体育、影视剧等 8 大类节目、50 多档优秀专栏节目发行至北美、欧洲、亚洲等 30 多个国家和地区的电视播出机构,累计时长超过 5 500 小时。

同日 由传媒集团等投资的多媒体梦幻剧《时空之旅》,自 2005 年 9 月 27 日开始公演后,截至 2010 年年底共演出 3 000 余场,销售总收入 2.5 亿元,累计观众数为 220 多万人次。

同日 东方明珠(集团)公司从 1992 年上市之初的营业额 4 457 万元到 2010 年的 24.1 亿元,增长 53 倍;利润总额由 2 193 万元增至 2010 年的 9.03 亿元。

同日 据统计,截至 2010 年 12 月 31 日,东方有线网络公司在上海市中心城区先后安装机顶盒共计四百余万台,为上海三网融合试点以及"智慧城市"建设奠定了网络基础。

同日 文广集团合并的总资产 323 亿元,归属于母公司所有者权益 146 亿元,营业收入 159.29 亿元,利润总额 22.86 亿元,共有从业人员 16 831 人。其中,上海广播电视台合并的总资产 107 亿元,归属母公司所有者权益 55 亿元,营业收入 105 亿元,利润总额 14.03 亿元,共有从业人员 8 745 人。

第一篇

机 构

党的十一届三中全会后,随着改革开放的逐步深入,上海的广播电视事业面临大发展机遇。上海市广播电视系统的领导审时度势,从上海广播电视的实际出发,借鉴当代国际广播电视业发展规律及未来走向,提出广播电视首先是党、政府和人民的喉舌,同时又具有服务社会的第三产业属性的新观念,并在此认识基础上对管理体制和运行机制实行改革。1984年1月,经上海市人民政府批准,上海市广播事业局更名为上海市广播电视局(以下简称"市广电局")。市广电局负责领导和管理上海人民广播电台(以下简称"上海电台")、上海电视台等全市广播电视机构。

1987年,上海率先实施广播电视宣传体制重大改革,创新形成"五台三中心"格局。上海电台在内部组建新闻教育、文艺、经济3个节目编辑室,对外呼号分别为"上海人民广播电台新闻教育台""上海人民广播电台文艺台""上海人民广播电台经济台"。上海电视台在内部组建第一、第二两个编辑室,对外呼号"上海电视台一台""上海电视台二台"。广播电视从业人员根据各个专业台的特点,从各类节目的组织、制作、播出实际出发,做出比较合理的分工。此外,上海电视台设立上海电视剧制作中心。广播电视行政管理体制也作出相应变动,设立上海市广播电视局技术中心和服务中心。机构改革优化了人员组合,使从业队伍的创新、创造潜力进一步释放。

1992年邓小平南方谈话发表后,市广电系统进一步深化体制机制改革,在浦东新区注册成立具有独立法人资格的上海东方广播电台(以下简称"东方电台")和上海东方电视台(以下简称"东方电视台"),加上新成立的上海有线电视台,形成5家市级广电媒体既合作又竞争、相互促进的新格局。原有的上海电台对外3个台号和上海电视台一台、二台的台号撤销。1994年上海教育电视台建成开播,1998年上海卫星电视中心开播,市民可以收听本地的10套自办广播节目,收看12套自办电视节目。

1995年,上海撤销市广电局、市电影局,组建市广播电影电视局,实现"影视合流"。2000年,撤销市文化局、市广播电影电视局,组建上海市文化广播影视管理局(以下简称"市文广局"),在新一轮文化体制改革中实现"文广合流"。

2001年,上海文化广播影视行业实行管办分离、政企分开、政事分开。组建上海文化广播影视集团(以下简称"文广集团"),并将下属上海电台、东方电台、上海电视台、东方电视台、上海有线电视台等单位合并组建上海文广新闻传媒集团(以下简称"传媒集团")。市文广局增强政府管理职能,其中包括对全市各级各类广播电视制作、播出机构实施分级分类的行业管理、社会管理。

社会主义市场经济,催生上海广电经营机构破土而出。以全国第一家文化类股份制企业东方明珠股份有限公司为代表的一批广播电视节目制作销售、广告代理、信号传输等专业经营性机构相继诞生,为探索文化企业自主建设、自主经营、自我发展做出了可贵探索。多种所有制经营性企业的诞生,为广电行业业务拓展、经济增收注入新的活力。市级广电影视国有资产大幅度增值,总资产从1992年的14.5亿元增加到2000年的142亿元。

区县广播电视机构、基础设施、传输手段等在这一时期也与时俱进,得到长足发展,不但数量增多,而且架构更完备。富有地域特色的广播电视节目,拓展了受众面,顺应了多层次收听收视需求。

众多的国有和民营影视制作机构的出现,壮大了上海影视作品的制作队伍,有力提升了作品生产与传播的能级,为发展大都市文化软实力增添了后劲。

至 2010 年,上海共有地方自办公共广播节目 21 套(市级 11 套、区县级 10 套),付费节目 1 套,公共广播全年节目播出总量为 131 432 小时,自制广播全年节目量为 85 262 小时,购买、交换广播节目总量为 11 299 小时。上海共有地方自办公共电视节目 25 套(其中市级 16 套、区县级 9 套),付费电视 16 套,公共电视全年播出时间总量达 175 304 小时。全市广播电视综合人口覆盖为 1 400.7 万人,覆盖率达 100%;全市有线广播电视传输网络干线总长 36 211 公里,有线电视数字化整体转换全面启动,有线电视用户总计 5 730 175 户,其中数字电视用户总计 2 356 332 户,市郊农村有线电视用户近 703 700 户、入户率为 80.7%,居全国领先地位。

第一章 管 理 机 构

第一节 中共上海市委宣传部

中共上海市委宣传部(以下简称"市委宣传部")在新闻传播领域的主要职责是:把握全市的舆论导向,研究贯彻新闻工作方针政策,负责指导全市新闻发布的管理工作;指导协调上海市政府新闻办公室、上海市文化广播影视管理局、市新闻出版局、解放日报报业集团、文汇新民联合报业集团、上海文化广播影视集团及下属文广新闻传媒集团和全市各新闻部门和单位特别是主要新闻媒体的工作;代管上海市新闻工作者协会;会同主管部门做好全市新闻专业技术职称的审定工作。

改革开放后,市委宣传部行使"三位一体"的工作职能:一是中共上海市委主管全市理论、文艺、新闻、出版、精神文明创建、互联网宣传和管理、社会宣传、对外宣传和图书情报信息等意识形态方面工作的职能部门;二是实施市宣传大口党委的职能,归口管理宣传系统业务和党的建设工作;三是指导协调全市文化事业、文化产业改革发展和管理工作的职能,会同市政府有关部门承担宣传系统事业规划等行政工作。

进入20世纪90年代,为适应进一步改革开放的需要,上海新闻管理领导机构逐步加强和完善职能,并综合运用法律、经济、行政等手段,对导向、总量、布局、结构、质量和效益实行宏观调控。

在中宣部和中共上海市委领导下,市委宣传部协调指导市政府新闻出版行政管理部门分工负责全市新闻宣传工作,归口管理新闻单位的事业发展和队伍建设。市政府管理新闻宣传工作的行政机构主要有上海市政府新闻办公室、上海市文化广播影视管理局和上海市新闻出版局。

1991年6月27日,设立中共上海市委对外宣传小组办公室,作为市委宣传部分管对外宣传的职能处室。1994年,中共上海市委对外宣传小组办公室改称为中共上海市委对外宣传办公室,局级建制,同时作为上海市人民政府新闻办公室,两块牌子,一个机构。这是中共上海市委、上海市人民政府统一管理全市对外宣传的办事机构,由中共上海市委宣传部归口管理;原上海市人民政府新闻处并入上海市人民政府新闻办公室。中共上海市委对外宣传办公室、上海市人民政府新闻办公室内设秘书处、对外宣传处、新闻发布处、事业发展处、研究室、网络新闻管理处6个职能处室。

为确保正确的舆论导向,按照党中央和上海市委的要求,从20世纪80年代末开始,市委宣传部为建立一个引导及时、运转有序的新闻宏观管理体系,建立并不断完善新闻通气会制度、新闻协调制度、新闻阅评制度和谈话制度等。1996年1月和10月,根据中宣部的要求,分别成立了新闻阅评小组和新闻协调小组。

1978—2010年,市委宣传部历任部长是:车文仪、陈沂、王元化、潘维明、陈至立、金炳华、殷一璀、王仲伟、杨振武。历任分管新闻宣传工作的副部长是:吴建、龚心瀚、贾树枚、王仲伟、宋超。

市委宣传部所在地址为高安路17号。

第二节 上海市文化广播影视管理局

上海市文化广播影视管理局是主管全市文化、广播、电影、电视事业的市政府组成部门,负责对全市文化广播影视事业实行行业管理;直接或委托有关社会组织对社会公益性文化事业单位进行管理。该局前身分别是上海市广播事业局、上海市广播电视局、上海市电影局、上海市广播电影电视局、上海市文化局。

上海市广播事业局 1973 年 6 月成立。1979 年,上海市广播事业局下属机构及内设部门为:上海电台、上海电视台、上海电视教育办公室、上海广播艺术团、局无线处、事业处、行政处和局机关等。中共上海市广播事业局委员会书记或副书记兼任局长,电台、电视台实行台长负责制,并设党总支(机关性质)。

1984 年 1 月 1 日,上海市广播事业局更名为上海市广播电视局,受广播电视部和上海市政府领导,以上海市政府管理为主。市广电局下辖上海电台、上海电视台。各台设立党的委员会并设总编辑。局机关设纪律检查委员会、党委办公室(组织处)、办公室、宣传办公室、总师室、外事处、音像管理处、郊县处。局成立艺术委员会和技术委员会。同年 4 月,市广电局成立计划财务处和基建处,对全局的财务和基建实行宏观管理。同年 8 月 10 日,市广电局成立上海广播电视发展公司,下设七重天宾馆等单位。

1987 年 1 月 10 日,经市委同意,上海电台、上海电视台成为副局级单位。同年 5 月 2 日,市广电局实行"五台三中心"体制,上海电台成立新闻教育台、文艺台、经济台;上海电视台成立一台、二台,同时组建上海电视剧制作中心;原各台下属的技术、后勤部门组建为局统一所属的技术中心、服务中心,各机构实行经济独立核算。

1992 年,市广电局和上海电台、上海电视台实行党委会领导下的局长或台长负责制。为深化体制改革,引进竞争机制,经广电部与上海市政府批准,新建立上海东方广播电台、上海东方电视台、上海有线电视台,与上海电台、上海电视台形成市广电局属下 5 个具有独立法人资质的省级广播电视播出机构。

1995 年 8 月 24 日,经市政府批准,撤销上海市广播电视局和上海市电影局,组建上海市广播电影电视局,实施以宣传为中心、以影视创作为重点的各项任务,实行"影视合流"。

2000 年 4 月 15 日,经国家广播电影电视总局、文化部、中共上海市委、上海市人民政府批准,撤销市文化局、市广播电影电视局,组建上海市文化广播影视管理局,作为上海市政府职能部门。

2001 年,为进一步转变政府职能,使政企、政事分开,上海文化广播影视集团组建成立。上海电台、东方电台、上海电视台、东方电视台、上海有线电视台同时划归文广集团。

2002 年,市文广局贯彻执行《行政许可法》,推进政府职能转变,营造依法行政环境,建立和完善制度规范,逐步实现从管系统向管行业、管社会的职能转变。

2003 年 1 月,市文广局成立"上海市文化广播影视管理局行政事务受理中心",形成行为规范、运转协调、公正透明的管理机制。同年 5 月,市文广局调整机构,撤销总编室,成立广电处、科技处,依法管理广播电视制作、播出、传输、社会机构审批以及互联网传播视听节目审核等。

2006 年,市文广局加强行政事务受理窗口建设,建立 19 个区县"行政窗口"受理点。年底受理服务延伸到黄浦、闸北、长宁、徐汇、闵行区 22 个街道(镇),为市民提供便捷高效的服务。

2009 年 6 月,上海市政府决定:市文广局加挂上海市文物局牌子,将市文物管理委员会的文物保护管理职责划入市文广局;将市新闻出版局的动漫、网络游戏管理及相关产业规划、产业基地、项目建设、会展交易和市场监管职责划入市文广局;将市文广局的音像制品批发、零售、出版放映和音像制品进口管理、广播电视机构记者证的管理职责划给上海市新闻出版局。根据市政府办公厅《关于上海市文化广播影视管理局主要职责内设机构和人员编制规定的通知》要求,市文广局主要职责为：贯彻党和国家关于文化艺术、广播影视的法律、法规、规章和方针、政策,研究起草上海市文化艺术、广播影视管理方面的有关法规、规章草案和政策,并组织实施有关法规、规章和政策;拟订全市文化艺术、广播影视事业的发展规划,实施上海市文化艺术和广播影视事业的行政管理,拟订文化广播影视事业和产业发展规划,指导、协调文化广播影视事业和产业发展;推动上海市重点艺术创作和艺术思想的研究,拟订广播影视宣传、创作的方针政策,把握正确的舆论导向,对全市广播电视和网络视听媒体的宣传、发展、传输覆盖进行指导、协调和管理;管理全市性重大文化活动,实施对信息网络视听节目(包括影视类音像制品的网上播放)服务和公共视听载体播放节目的业务监管职责,依法实施对广播电视频率、频道资源以及有线网络规划和建设的监督管理;管理全市群众文化艺术活动以及群众艺术馆、文化馆、公共图书馆事业和社会文化社团等,推动开展各类群众性文化活动;负责全市非物质文化遗产保护工作;协调拟订文化市场发展规划,指导文化市场综合执法,管理全市文化娱乐、演出、美术、广播影视、有线网络、文艺类产品网上传播等,实施对从事电影电视节目制作和演艺活动的民办机构的监管;拟订动漫、游戏产业发展规划并组织实施、指导协调动漫、游戏产业发展;指导全市文化艺术、广播影视对外和对香港、澳门特别行政区及台湾地区的交流工作,管理驻沪外交机构和国际组织举办的文化影视活动;负责全市文物保护和管理工作;会同有关部门制定全市文化影视人才规划并组织实施;负责有关行政复议受理和行政诉讼应诉工作;承办市委、市政府交办的其他事项。

根据工作职责,市文广局设办公室、政策法规处、广播电视与网络视听处等15个处室,按有关规定设置纪检监察机构和机关党委。根据市政府办公厅的通知,市文广局机关行政编制核定人员为135名。

市文广局所在地址为北京东路2号,2011年迁至四川中路276号。

2018年11月,市文广局和市旅游局合并组建成上海市文化和旅游局(上海市广播电视局、上海市文物局),2019年迁至大沽路100号。

表1-1-1　1978—2010年上海市广播事业局/上海市广播电视局/上海市广播电影电视局/
上海市文化广播影视管理局历任领导情况表

起 任 年 月	姓 名	单 位 职 务
1978年3月	郑英年	上海市广播事业局局长、党委书记
1978年3月	陈晓东	上海市广播事业局党委副书记、副局长
1978年3月	杨 涛	上海市广播事业局党委副书记、副局长
1978年3月	刘 冰	上海市广播事业局副局长
1979年5月	杨琪华	上海市广播事业局党委副书记
1979年5月	邹凡扬	上海市广播事业局副局长
1981年5月	邹凡扬	上海市广播事业局局长、党委副书记
1982年11月	何 允	上海市广播事业局副局长
1983年9月	邹凡扬	上海市广播事业局党委书记、局长
1983年9月	柳星三	上海市广播事业局党委副书记
1983年9月	龚学平	上海市广播事业局副局长

（续表一）

起 任 年 月	姓　名	单 位 职 务
1983 年 9 月	王忻济	上海市广播事业局副局长
1983 年 9 月	何　允	上海市广播事业局总工程师
1984 年 1 月	邹凡扬	上海市广播电视局党委书记、局长
1985 年 9 月	龚学平	上海市广播电视局党委书记
1985 年 9 月	徐济尧	上海市广播电视局党委副书记
1985 年 10 月	龚学平	上海市广播电视局局长
1986 年 2 月	陈文炳	上海市广播电视局副局长
1988 年 9 月	金闽珠	上海市广播电视局副局长
1990 年 9 月	郑礼滨	上海市广播电视局副巡视员
1991 年 12 月	贾树枚	上海市广播电视局党委书记
1992 年 9 月	叶志康	上海市广播电视局副局长
1993 年 3 月	李晓庚	上海市广播电视局副局长
1993 年 11 月	孙　刚	上海市广播电视局党委书记
1993 年 12 月	叶志康	上海市广播电视局局长、党委副书记
1994 年 6 月	李保顺	上海市广播电视局党委副书记、纪委书记
1994 年 7 月	金国祥	上海市广播电视局副局长
1994 年 7 月	赵　凯	上海市广播电视局副局长
1995 年 8 月	孙　刚	上海市广播电影电视局党委书记
1995 年 8 月	叶志康	上海市广播电影电视局局长、党委副书记
1995 年 8 月	李保顺	上海市广播电影电视局党委副书记、纪委书记
1995 年 8 月	张元民	上海市广播电影电视局党委副书记
1995 年 8 月	吴贻弓	上海市广播电影电视局艺术总监
1995 年 8 月	李民权	上海市广播电影电视局副局长
1995 年 8 月	李晓庚	上海市广播电影电视局副局长
1995 年 8 月	金国祥	上海市广播电影电视局副局长
1995 年 8 月	赵　凯	上海市广播电影电视局副局长
1997 年 3 月	赵　凯	上海市广播电影电视局党委书记
1997 年 12 月	乔其干	上海市广播电影电视局纪委书记
1997 年 12 月	张少峰	上海市广播电影电视局副巡视员
1998 年 5 月	金闽珠	上海市广播电影电视局副局长
1998 年 5 月	穆端正	上海市广播电影电视局副局长
1999 年 6 月	王　玮	上海市广播电影电视局副局长

(续表二)

起 任 年 月	姓 名	单 位 职 务
2000 年 1 月	梁晓庄	上海市广播电影电视局副局长
2000 年 4 月	郭开荣	上海市文化广播影视管理局党委书记
2000 年 4 月	叶志康	上海市文化广播影视管理局局长、党委副书记
2000 年 4 月	李保顺	上海市文化广播影视管理局党委副书记
2000 年 4 月	马博敏	上海市文化广播影视管理局党委副书记、局艺术总监
2000 年 4 月	乔其干	上海市文化广播影视管理局纪委书记
2000 年 4 月	穆端正	上海市文化广播影视管理局副局长
2000 年 4 月	梁晓庄	上海市文化广播影视管理局副局长
2000 年 4 月	刘 建	上海市文化广播影视管理局副局长
2000 年 4 月	王 玮	上海市文化广播影视管理局副局长
2000 年 4 月	干树海	上海市文化广播影视管理局副巡视员
2000 年 4 月	蔡正鹤	上海市文化广播影视管理局副巡视员
2000 年 4 月	陈乾年	上海市文化广播影视管理局副巡视员
2000 年 11 月	毛时安	上海市文化广播影视管理局副巡视员
2001 年 2 月	陈东琪	上海市文化广播影视管理局副巡视员
2001 年 4 月	刘 建	上海市文化广播影视管理局党委副书记
2002 年 4 月	穆端正	上海市文化广播影视管理局党委副书记
2002 年 5 月	穆端正	上海市文化广播影视管理局局长
2002 年 8 月	张 哲	上海市文化广播影视管理局副局长
2003 年 3 月	刘 建	上海市文化广播影视管理局纪委书记
2003 年 12 月	陈燮君	上海市文化广播影视管理局党委书记
2006 年 1 月	刘文国	上海市文化广播影视管理局副局长
2006 年 1 月	施大畏	上海市文化广播影视管理局副巡视员
2006 年 6 月	蒋琪芳	上海市文化广播影视管理局巡视员
2007 年 8 月	王 玮	上海市文化广播影视管理局副局长
2008 年 2 月	朱咏雷	上海市文化广播影视管理局局长、党委副书记
2008 年 7 月	王小明	上海市文化广播影视管理局副局长
2009 年 3 月	张 哲	上海市文化广播影视管理局巡视员
2009 年 9 月	贝兆健	上海市文化广播影视管理局副局长
2010 年 4 月	朱咏雷	上海市文化广播影视管理局局长、党委副书记,上海市文物局局长
2010 年 5 月	刘文国	上海市文化广播影视管理局艺术总监
2010 年 12 月	褚晓波	上海市文化广播影视管理局副局长

上海市文化广播影视管理局	办公室(党委办公室)		局属单位	上海市社会文化管理处
	政策法规处			上海市文化广播影视管理局老干部活动中心
	组织人事处(老干部处)			上海少年儿童图书馆
	财务处			刘海粟美术馆
	科技处			上海美术馆
	艺术处			上海市群众艺术馆(上海市非物质文化遗产保护中心)
	重大活动办公室			上海市历史博物馆
	文化影视市场处			中国共产党第一次全国代表大会会址纪念馆(中国共产党代表团驻沪办事处纪念馆)
	文化影视产业处			上海鲁迅纪念馆
	公共文化处(非物质文化遗产处)			上海市文化艺术档案馆
	电影处			上海中国画院
	广播电视与网络视听处			上海油画雕塑院
	文物保护管理处			上海艺术研究院
	博物馆管理处			上海市影视音像检测鉴定中心
	国际交流处(港澳台办)			上海市文化广播影视监测中心
				上海市剧本创作中心
				上海市文化广播影视管理局人才交流培训中心
				上海文物商店
				上海对外文化交流公司

图 1‑1‑1　2010 年上海市文化广播影视管理局机构示意图

第三节　上海文化广播影视集团

2001年,上海文化广播影视事业跨入新的发展阶段。4月19日,经国家广电总局批准,以广播、电影、电视、文艺院团、传输网络、网站和报刊为主业,兼营其他相关产业的大型文化广播影视集团——上海文化广播影视集团(以下简称"文广集团")揭牌成立。

文广集团是中共上海市委宣传部直属事业单位,实行企业化管理,机构级别定为相当于局级。建立党委会,实行党委领导下的总裁负责制。文广集团从上海市文化广播影视管理局(以下简称"市文广局")剥离出来,原属市文广局的64个事业单位和大部分全民所有制企业划归文广集团所属。文广集团的成立,是政府转变职能、实行"管办分离"的新举措。

文广集团的主要职责是:按照党对宣传思想工作的要求,做好新闻宣传工作,努力巩固和拓展宣传文化事业的主渠道和主阵地。文广集团的产业定位是:以广播电视为主的传媒业;以影视剧创作生产和发行放映为主的影视产业;以文艺院团、剧场经营和演出中介为主的演艺产业;以媒体技术研发为重点的科技产业;以东方明珠广播电视塔、国际会议中心为主的旅游、餐饮、会展业;以物业管理等为主的其他多种产业。

文广集团成立后,将所属的上海电台、东方电台、上海电视台、东方电视台、上海有线电视台整合为上海文广新闻传媒集团(以下简称"传媒集团");将所属的上海电影电视(集团)公司(上海电影制片厂)、上海永乐电影电视(集团)公司、上海动画影视(集团)公司(上海美术电影制片厂)、上海电影技术厂、上海电影译制厂、上海影城、上海新光影艺苑、东海影视乐园8家电影制作发行放映单位和上海美术设计公司等整合为上海电影(集团)公司。文广集团、传媒集团共托管了15家文艺院团,包括:上海京剧院、上海淮剧团、上海昆剧团、上海滑稽剧团、上海评弹团、上海木偶剧团、上海话剧艺术中心、上海杂技团、上海歌剧院、上海歌舞团、上海芭蕾舞团、上海交响乐团、上海民族乐团、上海轻音乐团、上海广播交响乐团,以及上海市马戏学校。此外,文广集团下属单位还包括:东方新闻网站、国际大型活动办公室、上海东方明珠股份有限公司、上海大剧院、文化广场、上海音乐厅、上海美琪大戏院、上海市宛平艺苑、兰心大戏院、逸夫舞台(上海天蟾京剧中心)、上海长江剧场、上海人民大舞台、上海马戏城、技术中心、节目资料中心(上海音像资料馆)、上海电影资料馆、财务管理中心等。同时,集团总部内设综合办公室(党委办公室)、人力资源部、计划财务部、事业发展部、技术开发部、纪检监察室、工青妇等职能部门。集团成立之初,共有从业人员约1.5万人,其中专业人员占46.2%,具有中高级职称的占31.4%;35岁以下的占14.7%,45岁以上的占35.2%。

文广集团在整合资源、开发相关衍生产业方面做了有益的探索和实践,取得明显成效。2001年,文广集团与传媒集团、上影厂、永乐股份共同投资设立上海文广投资有限公司,将广电集团、富豪东亚酒店、海南博鳌宾馆、东亚体育文化中心、中华印刷厂、华亭宾馆的投资都转入文广投资公司;参股投资上海申花SVA文广足球俱乐部有限公司。2002年,文广集团投资华宝斋富翰文化有限公司别墅式休闲宾馆项目,参股投资上海东方明珠移动多媒体有限公司。2003年,文广集团与传媒集团投资设立上海文广科技发展有限公司。2004年,文广集团投资上海电视广播集团有限公司,参股投资上海世博(集团)有限公司、光明食品(集团)有限公司、复旦大学上海视觉艺术学院、上海东方网股份有限公司、上海大剧院有限公司、上海东方之星文化发展有限公司。2005年,文广集团受让上海文广影视摄制基地有限公司股权,投资设立北京文广佳业文化发展有限公司,参股投资上海文化广场有限公司、上海新华发行集团有限公司。2006年,文广集团与上海南京路步行街投资发展有限公司投资设立上海大世界投资管理有限公司,参股投资上海东方票务有限公司、上海东方汇融文化商务有限公司。2007年,文广集团与上海精文投资有限公司投资设立上海世博演艺中心有限公司,参股投资上海复旦上科多媒体发展有限公司;开工建设文广大厦主楼,总投资3.83亿元,总建筑面积43 800平方米。2008年,文广集团参股投资上海东方明珠实业发展有限公司。2009年,文广集团投资设立上海杂技团有限公司、上海滑稽剧团有限公司、上海轻音乐团有限公司、上海歌舞团有限公司、上海话剧艺术中心有限公司、上海木偶剧团有限公司;作为事业单位转企改制公司,投资设立上海文广演艺(集团)有限公司,无偿划入上海广播电影电视发展有限公司股权。2010年,文广投资公司解散,其所投资的上海精文置业(集团)有限公司、上海上影数码传播股份有限公司、广电集团股权转为文广集团持有;文广集团无偿划入上海广播电影电视建设工程有限公司股权,参股投资上海天天新报传媒有限责任公司。2010年起,文广集团通过上海广播电影电视发展有限公司参股投资迪士尼项目中方公司上海申迪(集团)有限公司,累计投入资金40.9亿元。2011年,文广集团投资设立上海文化信息票务中心有限公司,作为事业单位转企改制公司,参股投资上海文化广场剧院管理有限公司。

文广集团在推进文化体制改革和发展文化产业方面,发挥积极作用并取得丰硕成果。2001—2013年,文广集团总资产从130多亿元增加到496亿元,国有资产从70多亿元增加到220亿元,年度营业收入从40多亿元增加到232亿元,年度净利润从8亿多元增加到20.8亿元。2009年传媒集团实施制播分离改革,上海广播电视台、上海东方传媒集团有限公司成立。此外,上影集团、东方网、部分文艺院团及一批经营性文化事业单位也相继完成转企改制。

2011年5月,文广集团总部地址由北京东路2号迁入虹桥路1380号文广大厦。

2014年3月,市委、市政府决定:撤销上海文化广播影视集团,组建上海文化广播影视集团有限公司,作为市管企业,与上海广播电视台一体化运作。同年3月31日,整合组建的上海文化广播影视集团有限公司揭牌。此次改革在保持上海广播电视台事业单位体制不变的基础上,对上海文化广播影视集团、上海广播电视台、上海东方传媒集团有限公司的经营性资产进行全面整合;上影集团、东方网的上级主管单位均变更为市委宣传部;上海国际影视节中心和上海电影资料馆划归市文广局管辖。

表1-1-2　2001—2014年上海文化广播影视集团历任领导情况表

起任年月	姓　名	职　务
2001年4月	叶志康	上海文化广播影视集团党委书记、总裁
2001年4月	李保顺	上海文化广播影视集团党委副书记
2001年4月	蒋琪芳	上海文化广播影视集团党委副书记
2001年4月	朱咏雷	上海文化广播影视集团副总裁
2001年4月	朱永德	上海文化广播影视集团副总裁
2001年4月	王　玮	上海文化广播影视集团副总裁
2001年4月	周澍钢	上海文化广播影视集团副总裁
2003年5月	任仲伦	上海文化广播影视集团副总裁
2005年4月	薛沛建	上海文化广播影视集团党委书记
2005年5月	薛沛建	上海文化广播影视集团总裁

（续表）

起任年月	姓　名	职　　务
2005 年 12 月	沈佐平	上海文化广播影视集团党委副书记、纪委书记
2005 年 12 月	康　燕	上海文化广播影视集团副总裁
2006 年 1 月	黎瑞刚	上海文化广播影视集团副总裁
2006 年 1 月	钮卫平	上海文化广播影视集团副总裁
2008 年 4 月	杨启祥	上海文化广播影视集团副总裁
2008 年 7 月	何建华	上海文化广播影视集团副总裁
2009 年 10 月	何继良	上海文化广播影视集团党委委员
2010 年 9 月	王建军	上海文化广播影视集团党委委员
2012 年 7 月	黎瑞刚	上海文化广播影视集团党委副书记、总裁

第四节　郊区广播电视管理机构

20 世纪 80 年代,上海市按照国务院《批转中央广播事业局关于加强地方广播事业管理工作的请示报告》的指示,规定上海市各区县的广播事业受同级政府和上一级广播事业局的双重领导,并以同级政府领导为主。1983 年,中共中央重申地方广播事业管理体制实行"双重领导,以同级政府为主"的精神。1984 年 4 月,上海市广播电视局将广播网科升格为郊县广播电视管理处,负责管理市郊农村有线广播、调频广播和电视,从市到区县的两级管理机构实行条块结合、以块为主的管理体制。

至 1990 年底,上海市的宝山区、松江县、南汇县相继成立了区(县)广播电视局(南汇县对内称"广播电视台")。1991 年 7 月,成立上海县广播电视局。1991 年 10 月,金山县广播电视局成立。1992 年 7 月,崇明县广播电视局成立。1993 年 5 月,崇明县实施机构改革,县广播电视局撤销,其职能由县委宣传部承担。1993 年,上海县和闵行区"撤二建一",建立(新)闵行区,上海县广播电视局更名为闵行区广播电视局。区(县)广播电视局属区(县)人民政府领导,行使政府职能,负责管理全区(县)范围内农村广播电视的宣传业务与事业建设,并管理全区(县)的音像制品、录像放映站。区(县)广播电台、电视台直属区(县)广播电视局,行政上归区(县)政府领导,宣传工作由区(县)委宣传部领导,业务工作受上海市广播电视局指导。

20 世纪 90 年代,各区(县)广播电视局分别实施体制改革。宝山、南汇、松江、闵行、青浦、嘉定 6 个区(县)的广播电视局、广播电台、电视台采用"三块牌子、一套班子",实行"局台合一",实行党组领导下的局长负责制,体现广播电视局既是新闻单位又是管理机构的双重职能。川沙、奉贤、金山 3 个县的广播电视台,行政上隶属县政府领导,宣传上归县委宣传部领导,业务上受上海市广播电视局指导,职能同其他区(县)广播电视局相同,也管理全县的广播电视事业、宣传业务、音像制品、录像放映点等,在县广播电视台内部实行党组领导下的台长负责制(金山台、嘉定台都另设总编辑)。

1997 年,青浦县实施政府机构精简改革,县广播电视局脱离政府序列,改为县委直属事业单位,但其行政管理职能未变,仍由政府授权行使对青浦县广播电视宣传和事业建设的管理。

1997年,金山县撤县建区,金山区广播电视管理局成立,行政上实行区广播电视局、区广播电视台、区有线电视中心三位一体制。

2000年,浦东新区区委、区政府挂牌成立,浦东新区区委设立宣传部,浦东新区政府设立文化广播电视管理局,与区委宣传部实行"两块牌子、一套班子",浦东人民广播电台和浦东新区有线电视中心的管理机构为浦东新区区委宣传部。2000年8月,南汇县文化广播电视管理局成立,南汇人民广播电台、南汇电视台合并为南汇县广播电视台,由南汇县文化广播电视管理局管理,直到2009年南汇县划入浦东新区。

2001—2002年,青浦、松江、奉贤、嘉定、闵行、宝山、崇明7个区(县)分别撤销文化局和广播电视局,成立区(县)文化广播电视管理局,实行"文广撤二建一"。新成立的区(县)文化广播电视管理局和区(县)广播电视台,分别作为行政管理部门和广播电视媒体单位,改"局台合一"管理模式为政事分开,开始逐步转变为"局台分离"。

2009年,金山、奉贤、闵行、松江、宝山5个区的文化广播电视管理局均分别更名为区文化广播影视管理局,主要职能是领导全区广播电视宣传工作,负责区内广播电视的技术管理以及音像事业的管理。

表 1-1-3 1984—2010年市郊区县广播电视局历任主要领导情况表

起任年月	姓 名	单位职务
1991年1月	林谟猷	上海县广播电视局局长
1991年6月	林谟猷	闵行区广播电视局党组书记、局长
1996年9月	杨林才	奉贤县广播电视局党委书记
1996年9月	褚培余	奉贤县广播电视局局长
1997年7月	钱光辉	奉贤县广播电视局局长
2001年12月	钱光辉	奉贤区文化广播电视管理局局长
2007年	王建华	奉贤区文化广播电视管理局局长
1988年12月	吴 超	宝山区广播电视局党组书记、局长
1992年7月	范小禄	宝山区广播电视局党组书记、局长
1995年3月	彭超美	宝山区广播电视局党组书记、局长
1998年6月	李志英	宝山区广播电视局党组书记、局长
2000年11月	黄国俊	宝山区广播电视局党组书记
2001年10月	李志英	宝山区文化广播电视管理局局长
2001年11月	朱芸芳	宝山区文化广播电视管理局党委书记
2004年5月	瞿新昌	宝山区文化广播电视管理局局长
2005年3月	瞿新昌	宝山区文化广播电视管理局党委书记、局长
2006年12月	彭 林	宝山区文化广播电视管理局党委书记、局长
2008年6月	曹正兴	宝山区文化广播电视管理局党委书记
1984年7月	孙鸿兴	松江县文化广播事业局局长
1986年3月	陆建华	松江县广播电视局党组书记、局长

（续表一）

起任年月	姓　名	单　位　职　务
1989 年 3 月	王美新	松江县广播电视局局长
1995 年 2 月	马凌云	松江县广播电视局党组书记、局长
1998 年 5 月	陈良雄	松江区广播电视局党组书记、局长
2001 年 11 月	陈良雄	松江区文化广播电视管理局局长
2005 年 9 月	耿国方	松江区文化广播电视管理局局长
2010 年 12 月	顾静华	松江区文化广播影视管理局局长
1984 年 7 月	胡伯祺	金山县文化广播事业局局长
1997 年 6 月	蔺民辋	金山区广播电视局党组书记、局长
2001 年 12 月	薛毓良	金山区文化广播电视管理局局长
2004 年 1 月	诸连标	金山区文化广播电视管理局局长
2005 年 7 月	刘　杰	金山区文化广播电视管理局副局长(主持工作)
2009 年 3 月	刘　杰	金山区文化广播影视管理局局长
1994 年 6 月	王　井	青浦县广播电视局党组书记、局长
1998 年 5 月	周建中	青浦县广播电视局党组书记、局长
2001 年 11 月	胡志俭	青浦区文广影视管理局党委书记
2002 年 3 月	周建中	青浦区文广影视管理局局长
2004 年 2 月	周建中	青浦区文广影视管理局党委书记
2004 年 3 月	曹伟明	青浦区文广影视管理局局长
2008 年 3 月	顾镜方	青浦区文广影视管理局党委书记
1987 年 8 月	沈宝林	南汇县广播电视局党组书记、局长
1992 年 10 月	沈宝林	南汇县广播电视局局长
2000 年 9 月	徐勤观	南汇县文化广播电视管理局党委书记、局长
2001 年 12 月	夏煜静	南汇县文化广播电视管理局党委书记、局长
2007 年 8 月	褚惠华	南汇县文化广播电视管理局局长
2003 年 5 月	田赛男	浦东新区文化广播电视管理局局长
2005 年 7 月	邵煜栋	浦东新区文化广播电视管理局局长
2006 年 11 月	陈高宏	浦东新区文化广播电视管理局局长
1997 年 12 月	陈志德	崇明县广播电视局党支部书记、局长
2003 年 4 月	陈志德	崇明县文化广播电视管理局局长
1994 年 6 月	金永祥	嘉定区广播电视局党组书记、局长
1996 年 9 月	邵新福	嘉定区广播电视局党组书记、局长
1998 年 7 月	金仁兴	嘉定区广播电视局党组书记、局长
2001 年 12 月	金仁兴	嘉定区文化广播电视局局长

（续表二）

起任年月	姓　　名	单　位　职　务
2001 年 12 月	秦定杰	嘉定区文化广播电视局党委书记
2003 年 3 月	王成元	嘉定区文化广播电视局党委书记
2005 年 6 月	燕小明	嘉定区文化广播电视局局长
2006 年 12 月	燕小明	嘉定区文化广播电视局党委书记、局长
2009 年 2 月	燕小明	嘉定区文化广播影视管理局党委书记、局长

第二章　播出机构

第一节　市级机构

一、上海人民广播电台

上海人民广播电台成立于1949年5月27日上海解放日。1951年由大西路7号（现延安西路129号）迁至北京东路2号；1996年10月，迁入虹桥路1376号广播大厦。

党的十一届三中全会以后，上海电台的广播宣传事业迈入改革发展时期。广播改变过去新闻节目主要以播送报纸新闻摘要的做法，开始探索广播"自己走路"，办出自己的特色。从1978年开始，先后开办和恢复《上海新闻》《阿富根谈生产》《阿富根谈家常》《知识杂志》《广播漫谈》《报刊文选》《星期文谈》等节目或栏目。1979年11月5日，上海电台调整节目后，办有5套节目，每天播音时间66小时24分。

1980年，上海电台调整播出频率和节目，广播节目增加至6套，每天播音时间76小时32分。1984年，上海电台广播节目增加至7套，其中新辟1套调频广播节目，以播出立体声戏曲和古典音乐为主，每天播音时间达100小时37分。1985年，7套节目又做调整，新辟"音乐之声"立体声广播专用频率。至此，上海电台共办有73个节目，每天播音时间增加至103小时47分，其中文艺节目播出时间占总播音时间的63.91％。

1983年1月2日—1987年5月10日，上海电台中波792千赫成为24小时播出的全天候电台，这在中国大陆还是第一家。该频率后被经济台使用。1992年，中波792千赫和调频101.7兆赫划归东方电台使用。

1987年1月，上海电台定为相当于副局级单位。同年5月，上海电台广播宣传体制实施重大改革，组建3个编辑室，对外呼号分别为新闻教育台、文艺台、经济台。至1988年5月，上海电台共办有9套广播节目，使用5个中波频率、3个调频频率、3个短波频率，每天播音时间增至115小时41分。

1991年，上海电台开始组建系列台。同年9月，上海电台交通台开播，这在国内除港澳台以外的大城市中属首创。1992年10月，上海电台在原先英语调频广播的基础上，创建英语台，这也是全国地方电台中首家。1993年1月，重新组建的市场经济台开播。至此，以"新系列、新套数、新格局"为改革思路组建的上海电台8个系列台应运而生，包括新闻综合台、市场经济台、文艺台、音乐台、交通信息台、外语教学台、浦江之声台、英语台。

1994年起，上海电台实施进一步改革，按"横向归并、纵向压缩"的原则，将原有8个系列台归并调整为新闻、经济、文艺、浦江四大中心台；开办少儿频率；原有145个节（栏）目压缩为120个；播出新闻、经济、综艺、音乐、交通、少儿、外语教学、对台广播等10套广播节目，日均播出节目总时长为113小时，其节目套数和播出总量在全国地方电台中均名列前茅。功率较大的广播频率可覆盖长三角地区，经常性听众达5 000万人。

1994年，上海电台实施改版，以新闻中心台为龙头，重点突破，全面推进内设机构和节目的优化。11月28日，新闻中心台（中波990千赫）推出新版面，以《清晨新闻》《990早新闻》《午间新闻》

《晚间新闻》《夜间新闻》等整点综合新闻为主干,并推出《报海瞭望》《环球频道》等新闻专题,新闻类节目播出时间由原来 4 个多小时增至 17 小时,形成"欲知天下事,请听 990"的收听优势。经济、文艺、浦江中心台也在 1995 年 1 月起相继推出新版面,原来用于英语广播的调频 105.7 兆赫改为以播出高雅音乐为主的音乐二台,与 103.7 兆赫音乐一台组成上海电台两个调频音乐台。

1995 年 5 月 8 日,上海电台和上海有线电视台联合创办的有线戏剧频道开播。它由上海有线电视台提供频道资源,上海电台负责频道策划、节目制作和经营。这是国内第一个戏剧电视专业频道,全天播出 16 小时,其中 6 小时是新节目。

1999 年 1 月,上海电台进一步实施"精简频率、精办节目"的改革,将 10 套广播节目精简为 6 套(新闻、经济、交通、音乐、文艺、浦江之声),节目总数由 120 多个减为 100 个,日播出时间减为 86.5 小时。

上海电台是国内最早开发广告资源的地方电台之一,广告创收额逐年递增,并带动节目创优和事业发展,形成自负盈亏、自我积累的良性发展格局。1994 年,全台广告创收为 3 300 万元;2001 年,达到 8 100 万元。

上海电台实行党委领导下的台长责任制,下设党政办公室、总编室、新闻中心、经济中心、文艺中心、浦江之声台、国际部、少儿部、广告部、财务部等机构。2000 年,全台职工 276 人,其中 40 岁以上 160 人,40 岁以下 116 人。

2001 年 8 月,上海电台划入上海文广新闻传媒集团。

2003 年 6 月,上海市委、市政府发文,撤销上海电台建制,保留"上海人民广播电台"播出呼号。

表 1 - 2 - 1　1978—2003 年上海人民广播电台历任主要领导情况表

起 任 年 月	姓　　名	职　　务
1978 年 10 月	陈晓东	上海人民广播电台台长(兼)
1979 年 5 月	邹凡扬	上海人民广播电台台长(兼)
1982 年 6 月	高　宇	上海人民广播电台台长
1984 年 1 月	高　宇	上海人民广播电台党委书记、台长
1985 年 11 月	李森华	上海人民广播电台台长
1989 年 2 月	陈文炳	上海人民广播电台台长(兼)
1989 年 6 月	陈文炳	上海人民广播电台党委书记
1989 年 7 月	陈文炳	上海人民广播电台台长
1991 年 11 月	徐济尧	上海人民广播电台党委书记
1994 年 7 月	雷德昌	上海人民广播电台党委书记
1998 年 5 月	任大文	上海人民广播电台党委书记
1998 年 7 月	李尚智	上海人民广播电台台长

二、上海东方广播电台

上海东方广播电台是上海市第二家省级电台。1992 年,上海市广播电视局为适应浦东开发开放的新形势,引进竞争机制,丰富上海地区的广播电视节目,决定在浦东新区设立具有独立法人资格的广播电台、电视台。同年7月13日,上海市广播电视局向市编制委员会提出建立上海东方广播电台的报告。同年8月3日,市编制委员会批复同意东方广播电台为独立建制的事业单位,核定编制为60人。在此前后,中共上海市委于同年7月20日,国家广播电影电视总局于同年8月15日批复同意成立东方广播电台。东方电台在人事体制上实行人员双向选择、竞聘上岗的方式,在市广电局范围内公开招聘台长。在东方电台筹备开播前,经双向选择、竞争上岗,有44人从上海电台调入东方电台。全台设有新闻部、综合部、音乐部、少儿部、广告部和办公室(公关部)等。东方电台的办台方针是:立足浦东,服务上海,面向全国,走向世界。至2001年底,职工人数增至165人。

建台初期,东方电台拥有中波792千赫和调频101.7兆赫2套广播节目,792千赫为新闻综合频率,101.7兆赫为音乐频率,2个频率共设近50个栏目,日播出时间42小时。1993年10月,东方电台新推出少儿频率。1995年,又推出以高科技手段传播的卫星金融台。这4套节目日播出量达76小时45分钟。

东方电台于1992年10月28日开播,实行24小时直播。东方电台新闻的"重头戏"是每天早上6—9时的新闻大板块,其中7时档的《东方新闻》节目大容量、快节奏,由新闻节目主持人直播。

东方电台设置的《东方新闻》《上海潮》《相会在午间》《阳光列车》《今日新话题》等大板块节目贯穿全天,还先后推出特色节目《东方大世界》《蔚兰夜话》《夜鹰热线》《相伴到黎明》。东方电台突出广播舆论监督和听众参与互动功能,设有《东方传呼》《今日新话题》《热线急诊室》等热线投诉和讨论栏目。

1994年,东方电台先后对栏目设置和节目内容改版,形成新闻、综合和音乐等主体板块。《东广早新闻》《东广体育》《今日新话题》等栏目各具特色;《792为您解忧》开创社会各界"送温暖、献爱心"的新形式;《东方传呼》成为受理百姓投诉、为民排忧解难的空中热线。

1994年10月28日,东方电台和上海有线电视台联合创办的有线音乐频道开播。它由上海有线电视台提供频道资源,东方电台负责频道策划、节目制作和经营。该频道日均播出时间为17小时,设有《中国歌潮》《越洋音乐杂志》等栏目。

东方电台曾以100万元贷款作为开台经费,经济上实行独立核算、自负盈亏。建台后,广告创收以年均10%递增,2001年广告创收达到6 827万元。

1996年10月,东方电台由北京东路2号迁入虹桥路1376号广播大厦。

1998年,东方电台定为相当于副局级单位。

2001年8月,东方电台划入上海文广新闻传媒集团。

2003年6月,上海市委、市政府发文,撤销东方电台建制,保留"上海东方广播电台"播出呼号。

表1-2-2 1992—2003年上海东方广播电台历任主要领导情况表

起任年月	姓　名	职　　务
1992年8月	陈圣来	上海东方广播电台台长
1993年4月	赵　凯	上海东方广播电台党总支书记
1994年7月	尤纪泰	上海东方广播电台党总支书记

（续表）

起 任 年 月	姓　　名	职　　　务
1996 年 9 月	尤纪泰	上海东方广播电台党委书记
2000 年 4 月	李瑞祥	上海东方广播电台党委书记
2000 年 4 月	陈乾年	上海东方广播电台常务副台长（主持工作）

三、上海电视台

上海电视台成立于 1958 年，于当年 10 月 1 日开始试播，是继北京电视台（中央电视台前身）后，中国最早建成的省（直辖市）级电视台。1973 年 8 月 1 日，上海电视台对外播出彩色电视。1979 年，邓小平为上海电视台题写台名。1987 年，上海电视台定为相当于副局级单位。1993 年 9 月 22 日，江泽民为上海电视台建台 35 周年题词：稳定鼓劲，求实创新。

改革开放后，20 世纪 80—90 年代，上海电视台的新闻宣传和其他各类节目规模迅速发展。1984 年，上海电视台建立新闻中心，在全国同行中较早实行新闻的采、编、录、播"一条龙"工作流程。1987 年 7 月 5 日，上海电视台开办全国第一家杂志型电视新闻栏目《新闻透视》。上海电视台的节目全面实行栏目化、定时化播出。1984 年 4 月开播的《大舞台》和《大世界》，是上海电视台综合性文艺栏目的一对姐妹花。体育栏目《体育大看台》风靡一时。1985 年 2 月 10 日，第一档经济类电视节目《经济之窗》在上海电视台 8 频道开播。1992 年 8 月 8 日，为加强"三农"宣传，上海电视台农村台（对外呼号"上海电视台农村频道"）开播，1994 年 1 月转入上海电视台第二套节目。1995 年，上海电视台开办外语台，这是全国第一家省级成建制的外语台。此外，上海电视台在促进电视节目交流方面亮出大手笔，于 1986 年举办上海国际友好城市电视节（1988 年改为上海电视节）。

改革开放促进了上海电视台事业建设的发展。上海电视台的综合性频道是 8 频道。1981 年 4 月 22 日，上海电视台开播 20 频道（1993 年 1 月 18 日，上海东方电视台成立，20 频道划归东方电视台使用）。1986 年 7 月 1 日，上海电视台启用 26 频道，替代 20 频道播出教育节目，成为电视教育的专用频道（1994 年，上海教育电视台成立，26 频道划归教育电视台使用）。1989 年 10 月 1 日，上海电视台 14 频道开播，先是转播中央电视台第二套教育节目，1994 年 4 月改为上海电视台第二套自办节目，内容以经济信息、科普、普法、农村节目、影视剧为主。1993 年，上海电视台使用 8、14 两个频道，每天共播出自办节目 30 小时，年节目制作量达到 2 441 小时。

上海卫星电视中心、上海有线电视台分别于 2000 年 4 月、2001 年 7 月并入上海电视台后，上海电视台拥有 7 个各具特色的频道，每天播出节目共 137 小时，其中自制节目 27 小时，播出的节目覆盖上海地区 1 600 万收视人口、华东地区 1.2 亿收视人口、亚太地区近 2 亿收视人口。上海卫视除在全国 1 200 多个县级以上地区落地播出外，还在日本和澳大利亚落地播出。

上海电视台拥有较强的节目制作能力和水平，其新闻、纪录片、社教专题和文艺等各类节目在国内外均获得过重大奖项。《新闻报道》《新闻透视》《观众中来》《国际瞭望》《智力大冲浪》《案件聚焦》《纪录片编辑室》等名牌栏目深受广大观众青睐。在电视剧创作中，上海电视台的生产数量和获奖纪录一直在全国领先，最高年产量 150 余集。

1979 年，上海电视台播出中国内地第一条电视商业广告"参桂养荣酒"和中国内地第一条外商广告"瑞士雷达表"。上海电视台当年广告收入为 49 万元,此后广告经营收入逐年大幅提升,1992年广告创收达 1.47 亿元,2001 年创下 6.09 亿元的业绩。

1958 年建台时,上海电视台在南京东路 627 号新永安大楼办公。1974 年下半年,上海电视台陆续从新永安大楼迁入南京西路 651 号。1999 年,上海电视台迁入威海路 298 号新建的上视大厦。

1996 年 2 月 16 日,上海电视台、上海美术电影制片厂合并,实行"一套班子、两块牌子"。1998年 12 月 27 日,上海电视台投资组建上海上视女子足球俱乐部。

上海电视台培养和造就了一大批电视专业人才。截至 2000 年底,台内工作人员有 792 人,其中具备高级职称者 97 人、中级职称者 363 人;博士 5 人、硕士 48 人。

2001 年 7 月 1 日,上海电视台与上海有线电视台合并。

2001 年底,上海电视台划入上海文广新闻传媒集团。

2003 年 6 月,上海市委、市政府发文,撤销上海电视台建制,保留"上海电视台"播出呼号和台标。

表 1 - 2 - 3   1978—2003 年上海电视台历任主要领导情况表

起 任 年 月	姓 名	职 务
1978 年	邹凡扬	上海电视台负责人(兼)
1979 年 3 月	刘 冰	上海电视台台长、党总支书记(兼)
1982 年 6 月	柳星三	上海电视台党总支书记
1985 年 11 月	龚学平	上海电视台党委书记、台长(兼)
1987 年 11 月	龚学平	上海电视台台长
1989 年 6 月	金闽珠	上海电视台党委书记
1989 年 7 月	金闽珠	上海电视台台长
1991 年 12 月	金闽珠	上海电视台党委书记
1991 年 12 月	盛重庆	上海电视台台长
1998 年 5 月	雷德昌	上海电视台党委书记
1999 年 6 月	朱咏雷	上海电视台台长
2001 年 7 月	宗 明	上海电视台党委书记
2002 年 7 月	黎瑞刚	上海电视台台长

四、上海东方电视台

上海东方电视台于 1993 年 1 月 18 日开播,开创了国内在同一个省(直辖市)有两家省级无线电视台并行运转的先例。

1992 年初,市广电局决定引进竞争机制,在上海浦东建立具有独立法人资格的广播电台和电视台。同年 7 月 20 日,市委宣传部发文同意市广电局关于建立两个新台并招聘台长的报告。同年8 月 3 日,上海市机构编制委员会同意新电视台为独立建制的事业单位,经济上实行独立核算、自收自支,新电视台人员编制定为 100 名。同年 8 月 15 日,经广播电影电视部批准,上海东方电视台使用 20 频道播出。1992 年 10 月,中共中央总书记江泽民为东方电视台题写台名。

东方电视台在全局范围内公开招聘员工,至1992年12月15日,共录用92名(大多来自上海电视台)在编人员。

东方电视台每天播出时间为17小时,其中自制节目为4小时,节目分为新闻、社教、文艺、影视、体育、教学、服务、广告8大类,开设《东视新闻》《东方直播室》《海外博览》《快乐大转盘》《国际体育新闻》等20多个栏目。东方电视台节目覆盖上海、长江三角洲和华东其他部分地区,收视人口超过1.3亿。

东方电视台开播后追求创新,创办了全国首档直播谈话类节目《东方直播室》;创办了国内首开综艺游戏节目先河的《快乐大转盘》;在全国首家购买电视直播版权,直播第六十五届奥斯卡颁奖晚会;在全国首家采用通信卫星技术报道在新加坡举行的海峡两岸"汪辜会谈"。

策划、组织文艺晚会和大型活动是东方电视台的强项,它们几乎占据上海大型活动的七成以上。1994年3月5日,第一档中外合作栏目《东方明珠之夜·飞越太平洋》在东方电视台开播,并首开双向传送、三地卫星直播之先河。

1995年12月28日,作为上海"影视合流"的试点,东方电视台与有着42年历史的上海科学教育电影制片厂以"优势互补、优化组合"的原则整合归并,东方电视台制作科教节目的优势增强。

1996年3月,东方电视台增开33频道,并推出一批科技节目和少儿节目。33频道每周自制的少儿、科技节目播出量达到21.3小时,摄制的电影科教片《毒品的危害》《东北虎野化训练》等获广电部中国电影"华表奖"。

1993年东方电视台开播初期,暂用上海电视台原二台位于南京东路627号的新永安大楼办公,使用上海电视台二台的原有机房和技术设备。1998年1月,东方电视台迁入位于东方路2000号新建成的东视大厦。

1993年,东方电视台的广告收入为1.21亿元,2000年达到6.27亿元。

东方电视台积极探索媒体参与体育、文化、旅游等事业发展的路子,先后投资组建上海东方篮球俱乐部、上海东方青春舞蹈团;出资合作组建上海东方小伙伴艺术团。此外,还承办了《阿依达》《野斑马》《大唐贵妃》等大型演出活动。

1998年,上海东方电视台定为相当于副局级单位。

2001年底,东方电视台划入上海文广新闻传媒集团。

2003年6月,上海市委、市政府发文,撤销东方电视台建制,保留"上海东方电视台"播出呼号和台标。

表1-2-4 1992—2003年上海东方电视台历任主要领导情况表

起任年月	姓 名	职 务
1992年8月	穆端正	上海东方电视台台长
1993年3月	苏春阳	上海东方电视台党总支书记
1993年6月	王根发	上海东方电视台党总支书记
1995年10月	卑根源	上海东方电视台党总支书记
1995年11月	卑根源	上海东方电视台党委书记
1998年7月	施月华	上海东方电视台党委书记
1998年7月	卑根源	上海东方电视台台长

(续表)

起任年月	姓　名	职　务
2000 年 4 月	卑根源	上海东方电视台党委书记
2000 年 4 月	胡劲军	上海东方电视台台长

五、上海有线电视台

上海有线电视台于 1992 年 11 月 26 日试播,同年 12 月 26 日成立并开播。建台初期,内设机构有办公室、节目部、技术部、社会管理部、广告部、上海市有线电视节目供片总站、有线电视报编辑部、财务部、上海录像公司、上海音像公司、有线电视实业公司。全台核定编制为 50 人。

上海有线电视台成立时使用 10 个频道传播节目,除自办 1 套综合节目外,其余转播中央电视台、上海电视台和云南、贵州、四川、西藏电视台等 9 套节目。开播初期,上海有线电视台自办综合频道有《家庭影剧院》《儿童乐园》《综艺选播》《影视精华》等栏目,此后又增设《有线 MTV》和《缤纷体坛》栏目。1993 年 7 月 1 日,上海有线电视台自办信息频道。同年 12 月 12 日,上海有线电视台体育频道开播,这是全国第一个开播的体育电视专业频道。至 1993 年底,上海有线电视台自办 3 套节目,每天播出时间达 44 小时。

至 1997 年,上海有线电视台已形成拥有新闻、体育、音乐、戏剧、影视、财经(加密)等 6 个专业频道的全新格局,日播出量达 96 小时;同时转播中央和上海的 13 个电视频道节目。2000 年,上海有线电视台把新闻和财经(加密)频道整合为新闻财经频道。同年 11 月,有线生活频道开播。至 2001 年,上海有线电视网络传送的电视节目达到 33 套。

建台初期,上海有线电视台的有线终端用户仅为 7 万户;1993 年,随着有线网络规模扩大,终端用户一跃而为 70 万户。此后的几年间,作为市政府的实事项目之一的有线网络"大联网"热潮在申城持续升温。1998 年,上海有线电视网络成为拥有 256 万用户、4 000 公里光缆双向骨干网、2 200 个光节点、传送 20 套节目的有线网络。同年 12 月 31 日,由上海有线电视台、上海东方明珠股份有限公司和上海市信息投资股份有限公司共同出资组建的上海市有线网络有限公司挂牌成立,并实行"网台分营",但公司仍由上海有线电视台控股。至 2000 年,上海有线网络的联网用户规模发展到 320 万户。

上海有线电视台开展多种经营。1994 年,全年广告创收为 3 100 万元;1995 年,达到 1.02 亿元;2000 年,达到 4.01 亿元。

1995 年起,上海有线电视台先后出资组建上海有线电视台 02 足球俱乐部、上海有线男女排球俱乐部,设立多项社会慈善基金;参与投资建设上海国际会议中心、上海体育场等城市标志性建筑。

上海有线电视台筹备时,办公机构设在上海市衡山路 831 号中国唱片厂内;1992 年 10 月,迁至中山南二路 481 号上海第四粮食站内,并在该址建台开播;1993 年 4 月,迁至延安西路 1319 号上海广播器材厂内,并在那里建立小型演播室;1995 年 4 月,迁至洛川东路 487 号,建有 2 个演播室;1999 年 7 月,迁至南京西路 651 号广电大厦。

1998 年,上海有线电视台定为相当于副局级单位。

2001 年 7 月 1 日,上海有线电视台与上海电视台合并。

表 1 - 2 - 5 1992—2001 年上海有线电视台历任主要领导情况表

起任年月	姓 名	职 务
1992 年 12 月	胡运筹	上海有线电视台台长
1993 年 3 月	胡运筹	上海有线电视台党总支书记
1995 年 10 月	王根发	上海有线电视台党总支书记
1996 年 6 月	王根发	上海有线电视台党委书记
1999 年 6 月	周澍钢	上海有线电视台台长
2000 年 11 月	蒋琪芳	上海有线电视台党委书记

六、上海文广新闻传媒集团/上海广播电视台(上海东方传媒集团有限公司)

2001 年,上海文化广播影视事业跨入新的发展阶段。同年 4 月 19 日,经国家广电总局批准,以广播、电影、电视、报刊、文艺院团、网站、传输网络为主业,兼营其他相关产业的大型机构上海文化广播影视集团揭牌成立。同年 8 月,文广集团将下属上海电台、东方电台、上海电视台、东方电视台等单位合并组建上海文广新闻传媒集团,成为集广播、电视、报刊、网络等传媒及相关产业于一体的多媒体集团。

传媒集团实行党委领导下的总裁负责制,下设办公室、总编室、人力资源部、计划财务部、发展研究部、审计室、监察室、计算机中心、广告经营中心、节目营销中心等职能机构。总部位于威海路 298 号上视大厦。

传媒集团刚组建时,保留各广播电台、电视台建制,对外称号不变,并逐步推进各电视频道、广播频率的专业化重组,首先将原上海电视台体育部、原东方电视台体育部及原上海有线电视台体育频道整合,成立上海电视台体育频道节目部,新的体育频道于 2001 年 10 月 8 日播出。

2002 年 1 月 1 日,上海 11 个电视频道实行专业化改革后全新亮相。11 个专业频道是:上海卫星电视(呼号不变);原上海电视台一套改为上海电视台新闻综合频道;原上海电视台二套改为上海电视台生活时尚频道;原上海电视台有线影视频道改为上海电视台电视剧频道;原上海电视台有线财经频道改为上海电视台财经频道;原上海电视台有线体育频道改为上海电视台体育频道;原上海电视台有线生活频道改为上海电视台纪实频道;原上海东方电视台一套改为上海东方电视台新闻娱乐频道;原上海东方电视台二套改为上海东方电视台文艺频道;原上海东方电视台有线音乐频道改为上海东方电视台音乐频道;原上海东方电视台有线戏剧频道改为上海东方电视台戏剧频道。11 个频道的日均自制节目量为 39 小时,是原先的 1.5 倍;各频道节目内容定位更为清晰,节目编排更趋合理,个性特色更加鲜明,目标观众也更为集中。传媒集团推出的专业电视频道节目在上海的整体收视份额占据绝对优势,2002 年上海地区收视率前 200 名的节目有 91% 来自传媒集团各频道。

2002 年上半年,传媒集团下属广播频率实施专业化改革。同年 7 月 15 日,10 个广播专业频率全新播出。以"上海人民广播电台"为呼号的是新闻、交通、文艺、戏剧 4 个频率,日播 77.5 小时;以"上海东方广播电台"为呼号的是新闻综合、金色、财经、流行音乐、综合音乐 5 个频率(浦江之声广播与财经频率同频率播出),日播出 96 小时。

至此,传媒集团对下属频率、频道与节目资源整合重组全部完成,共有 11 个电视频道和 10 个广播频率,同时控股东方明珠股份有限公司、上海国际会议中心有限公司、东方网股份有限公司、东上海国际影视文化有限公司、上海广电影视制作有限公司、上海文广互动电视有限公司。各频道、频率实行总监负责制,各股份公司、有限公司实行董事会领导下的总经理负责制。

除了频道频率专业化改革,传媒集团成立后还着力推进广告统一经营、节目营销统一管理。传媒集团成立广告经营中心,对电视广告实行"统一经营、统一管理",对广播广告实行"集中管理、分散经营",初步摸索出一套新的广告经营管理模式。传媒集团将原上海电视台节目购销中心、原东方电视台节目购销中心和原上海有线电视台影视频道影视节目购买组等整合重组,成立节目营销中心,统一负责集团所有频道的影视剧、动画片、专题和栏目的采购、审片、编排以及影视剧制作和发行。

至2002年底,传媒集团职工总数为1 733名,其中本科及以上学历936人,正高级职称15人、副高级职称156人、中级职称594人。

2003年,市委、市政府批复同意:撤销上海文化广播影视集团所属的上海人民广播电台、上海东方广播电台、上海电视台、上海东方电视台的建制,合并组建上海文广新闻传媒集团,机构性质为独立核算、自收自支事业单位,机构级别为相当于副局级。

此后,传媒集团对各板块节目不断进行优化调整,促进广播电视联动和专业化分类管理。2003年7月,财经频道与财经频率的呼号统一改为"第一财经"。2003年10月23日,上海卫视更名为上海东方卫视。2004年7月18日,东方少儿频道开播。2004年8月8日,上海体育广播开播,实行体育广播与体育电视的统一管理。2004年12月26日,炫动卡通频道开播。

2005年,上海文广新闻传媒集团定为相当于正局级单位。

2005年12月,传媒集团启动新闻资源、娱乐资源整合。在广播新闻资源整合中,成立传媒集团广播新闻中心。它拥有4个广播频率:新闻频率、新闻资讯频率、交通频率、都市生活频率,每天共播出节目96小时,占据上海广播收听市场份额的47.2%。在电视新闻资源整合中,将新闻综合频道、新闻娱乐频道(除娱乐新闻部外)、东方卫视新闻中心组建为电视新闻中心,对3个频道的新闻节目进行统一管理、区别定位、强化东方卫视新闻立台的特点。在娱乐资源整合中,将新闻娱乐频道娱乐新闻部、文艺频道栏目部、广播戏文频率和东方之星公司组建为综艺部;将电视音乐频道和广播3个音乐频率组建为音乐部;将电视文艺频道的8个晚会组组建为大型活动部。

2007年,传媒集团实施机构和频道调整,撤销音乐部,创办艺术人文频道和外语频道两个全新电视频道,分别取代原来的文艺频道和音乐频道;同时将新闻娱乐频道调整为娱乐频道,不再播出新闻节目,并在原有综艺节目的基础上,吸收原音乐频道流行音乐品牌节目和元素。2008年1月1日,艺术人文频道、外语频道和调整后的娱乐频道正式对外亮相。2008年初,音乐部和综艺部中的广播频率与电视频道分离,音乐部的3个音乐频率以及综艺部的文艺频率、戏剧频率(后调整为"故事广播""戏剧曲艺广播"),重新组建成广播文艺中心。

2009年10月21日,传媒集团实施制播分离改革,更名为上海广播电视台,并出资成立台属、台控、台管的集团公司——上海东方传媒集团有限公司。上海广播电视台保持事业单位性质不变,承担广播电视新闻宣传、频道频率管控、技术播出平台运营等重要职责;而以影视剧、动画、综艺娱乐、体育、生活、少儿等为代表的制作业务、广告经营业务和其他衍生业务剥离进入新成立的上海东方传媒集团有限公司,涉及内容制作、投资运营等多个领域,并积极进行跨媒体、跨地域拓展,构建完整产业链。

在此背景下,广播也实施新一轮改革。上海广播电视台下属的广播新闻中心,由新闻频率和新闻资讯频率组成。上海东方传媒集团有限公司下属的东方广播公司,承担交通频率、戏剧曲艺广播、故事广播、都市生活频率、流行音乐频率、经典音乐频率的节目制作,并负责经营上海广播电视台下属 11 个广播频率的广告业务。

2010 年 4 月 1 日,戏剧频道调整为东方购物频道,全国首家 24 小时电视购物频道开播。同年,上海东方传媒集团有限公司深化体制机制改革,对下属业务板块进行资源整合,初步形成以百视通新媒体、第一财经、东方娱乐、东方购物、炫动传播为主的五大产业经营板块。

同年,国家广电总局批复同意上海广播电视台各频道、频率呼号的调整。保留上海电视台、上海东方电视台的 15 个电视频道,其中生活时尚频道更名为星尚频道,体育频道更名为五星体育频道,上海东方卫视、上海东方卫视频道(国际版)、上海东方电影频道分别更名为东方卫视、东方卫视国际频道和电影频道。调整后的电视频道有:新闻综合频道、星尚频道、电视剧频道、第一财经电视频道、五星体育频道、纪实频道、电影频道、娱乐频道、艺术人文频道、外语频道、东方购物频道、哈哈少儿频道、炫动卡通频道、东方卫视频道、东方卫视国际频道,播出时统一采用“上海电视台××频道”的呼号,东方卫视频道和东方卫视国际频道可呼“东方卫视”。保留上海人民广播电台、上海东方广播电台的 11 个广播频率,其中体育广播更名为五星体育广播,都市生活频率更名为东方都市广播,新闻资讯频率更名为东广新闻资讯广播,其他广播名称中的“频率”也统一调整为“广播”:新闻广播、交通广播、流行音乐广播、经典音乐广播、第一财经广播、戏剧曲艺广播、故事广播、浦江之声广播。

2014 年 3 月,市委、市政府决定:撤销上海文化广播影视集团,组建上海文化广播影视集团有限公司,作为市管企业,与上海广播电视台一体化运作。同年 3 月 31 日,整合组建的上海文化广播影视集团有限公司揭牌。此次改革在保持上海广播电视台事业单位体制不变的基础上,对上海文化广播影视集团、上海广播电视台、上海东方传媒集团有限公司的经营性资产进行全面整合。

表 1 - 2 - 6　2001—2009 年上海文广新闻传媒集团历任领导情况表

起 任 年 月	姓　名	职　　务
2001 年 8 月	朱咏雷	上海文广新闻传媒集团党委书记、总裁
2001 年 8 月	胡劲军	上海文广新闻传媒集团党委副书记、执行副总裁
2001 年 8 月	宗　明	上海文广新闻传媒集团党委副书记
2001 年 8 月	任大文	上海文广新闻传媒集团党委副书记
2001 年 8 月	卑根源	上海文广新闻传媒集团党委副书记
2001 年 8 月	李瑞祥	上海文广新闻传媒集团纪委书记
2001 年 8 月	李尚智	上海文广新闻传媒集团副总裁
2001 年 8 月	陈乾年	上海文广新闻传媒集团副总裁
2001 年 8 月	钮卫平	上海文广新闻传媒集团副总裁
2002 年 1 月	刘文国	上海文广新闻传媒集团副总裁
2002 年 10 月	宗　明	上海文广新闻传媒集团党委书记
2002 年 10 月	黎瑞刚	上海文广新闻传媒集团党委副书记、总裁
2003 年 1 月	杨荇农	上海文广新闻传媒集团副总裁
2003 年 6 月	汪建强	上海文广新闻传媒集团副总裁
2005 年 8 月	宗　明	上海文广新闻传媒集团党委书记

(续表)

起任年月	姓　名	职　　务
2005 年 8 月	黎瑞刚	上海文广新闻传媒集团总裁
2005 年 12 月	黎瑞刚	上海文广新闻传媒集团党委副书记
2005 年 12 月	卑根源	上海文广新闻传媒集团党委副书记、纪委书记
2006 年 1 月	李尚智	上海文广新闻传媒集团副总裁
2006 年 1 月	林罗华	上海文广新闻传媒集团副总裁
2006 年 1 月	张大钟	上海文广新闻传媒集团副总裁
2006 年 1 月	高韵斐	上海文广新闻传媒集团副总裁
2006 年 1 月	滕俊杰	上海文广新闻传媒集团副总裁
2006 年 1 月	汪建强	上海文广新闻传媒集团副总裁
2006 年 10 月	卑根源	上海文广新闻传媒集团党委书记
2007 年 9 月	唐余琴	上海文广新闻传媒集团纪委书记

表 1－2－7　2009—2010 年上海广播电视台、上海东方传媒集团有限公司历任领导情况表

起任年月	姓　名	职　　务
2009 年 10 月	卑根源	上海广播电视台党委书记、上海东方传媒集团有限公司监事
2009 年 10 月	黎瑞刚	上海广播电视台党委副书记、上海东方传媒集团有限公司执行董事
2009 年 10 月	唐余琴	上海广播电视台纪委书记
2009 年 11 月	黎瑞刚	上海广播电视台台长
2009 年 11 月	李尚智	上海广播电视台副台长
2009 年 11 月	林罗华	上海广播电视台副台长
2009 年 11 月	张大钟	上海广播电视台副台长
2009 年 11 月	滕俊杰	上海广播电视台副台长
2009 年 11 月	汪建强	上海广播电视台副台长
2010 年 7 月	李　蓉	上海广播电视台副台长
2010 年 8 月	王建军	上海广播电视台党委书记
2010 年 9 月	王建军	上海东方传媒集团有限公司执行董事
2010 年 9 月	黎瑞刚	上海东方传媒集团有限公司总裁
2010 年 9 月	唐余琴	上海东方传媒集团有限公司监事
2010 年 9 月	陈　梁	上海东方传媒集团有限公司副总裁
2010 年 9 月	楼家麟	上海东方传媒集团有限公司副总裁
2010 年 9 月	秦　朔	上海东方传媒集团有限公司副总裁
2010 年 9 月	杨文红	上海东方传媒集团有限公司副总裁

（续表）

起任年月	姓 名	职 务
2010 年 9 月	金仲波	上海东方传媒集团有限公司副总裁
2010 年 9 月	田 明	上海东方传媒集团有限公司副总裁

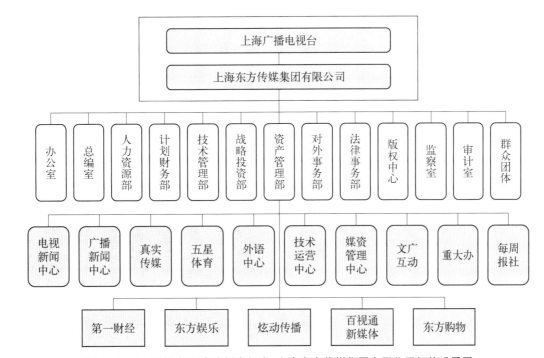

图 1-2-1　2010 年上海广播电视台、上海东方传媒集团有限公司机构设置图

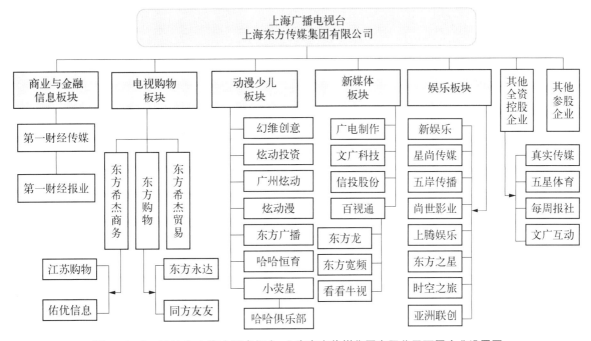

图 1-2-2　2010 年上海广播电视台、上海东方传媒集团有限公司下属企业设置图

【广播频率】

新闻频率(新闻广播) 上海新闻广播前身是 1949 年 5 月 27 日开播的上海人民广播电台第一套节目。中波 990 千赫对外呼号"上海人民广播电台",是上海电台龙头频率。

2002 年 7 月 15 日,传媒集团将下属广播新闻频率的对外呼号,由原来的"上海人民广播电台"改为"上海人民广播电台新闻频率"(中波 990 千赫、调频 93.4 兆赫),全天 24 小时播出,并对节目设置、编排做调整,延续"欲知天下事,请听 990"的频率口号,以整点新闻和新闻性专题为基本构架,每逢整点滚动播报上海地区即时气象和上海及国内外新闻,专题则涵盖法律、社会、经济、体育、国际、健康等多个方面,延续播出《990 清晨新闻》《990 早新闻》《990 晚间新闻》《市民与社会》《空中体坛》《名医坐堂》《法庭内外》等一批听众熟悉、喜爱的名牌节目。

2002 年,新闻频率的市场占有率和听众到达率 2 项指标在上海的广播领域仍然均位居第一,广告创收在全国省级电台新闻频率、新闻综合频率中继续位列第一。

2005 年,新闻频率归入新成立的广播新闻中心。2010 年,新闻频率调整呼号为"上海人民广播电台新闻广播"。

2014 年 6 月 9 日,上海广播电视台东方广播中心成立,新闻广播归入东方广播中心。

财经频率(第一财经频率/第一财经广播) 上海人民广播电台第一财经广播前身是 1987 年 5 月 11 日开播的上海人民广播电台经济台(1993 年 1 月呼号更改为"上海人民广播电台市场经济台",1997 年 4 月呼号更改为"上海人民广播电台市场经济频率",1999 年 1 月呼号更改为"上海人民广播电台经济频率")和 1995 年 3 月 29 日开播的东方电台金融台(1997 年 3 月 26 日呼号更改为"上海东方广播电台金融频率")。

2002 年 7 月 15 日,传媒集团将原上海电台经济频率与原东方电台金融频率合并重组,其对外呼号为"上海东方广播电台财经频率"(中波 900 千赫、调频 97.7 兆赫)。新组建的财经频率以中国加入 WTO、上海金融经贸大发展为契机,与国内、国际市场互动,更好地为听众服务。该频率以"关注环球资讯,纵论天下财经"为口号,以大财经的理念凸显三大亮点:证券资讯精办联动,及时传递权威财经新闻,投资理财节目服务性更强。该频率与北京经济台联手推出《中国财经 60 分》财经新闻节目。

2003 年 7 月,传媒集团下属的电视财经频道和广播财经频率的呼号统一改为"第一财经"。第一财经频道、频率采用统一的文稿系统,实行资源共享,注册成立上海第一财经传媒有限公司。这是上海广播电视创新运行管理模式,着力打造频道、频率个性品牌的一次重大改革。

此次改革调整后,第一财经频率(播出频率调整为中波 1422 千赫、调频 97.7 兆赫)实施"服务长三角,服务全国"战略。2003 年 8 月 17 日,第一财经频率与浙江、宁波、无锡、南京等地经济台共同发起推出长三角 15 个城市经济电台联播的专题节目《中国长三角》。同时,第一财经频率继续推进《中国财经 60 分》节目的落地播出,至 2007 年,该节目已经通过北京、天津、重庆、甘肃、哈尔滨、广东、香港等地 12 家电台同步联播,辐射全国。

2010 年,第一财经频率调整呼号为"上海人民广播电台第一财经广播"。

2014 年 6 月 9 日,上海广播电视台东方广播中心成立,第一财经广播归入东方广播中心。

文艺频率、戏剧频率(故事广播、戏剧曲艺广播) 上海人民广播电台故事广播、戏剧曲艺广播前身是 1987 年 5 月开播的上海人民广播电台文艺台,1997 年 4 月 20 日呼号更改为"上海人民广播电台文艺频率"。

文艺戏曲节目在上海广播中占很大比重,具有悠久的历史。1978 年后,上海电台文艺戏曲节目播出规模增大。1985年9月,以戏曲为主的调频101.7兆赫立体声节目开播。1987年,上海电台文艺戏曲节目主要在中波1197千赫播出,对外呼号"上海人民广播电台文艺台"。

2002年7月15日,传媒集团下属的文艺频率节目内容细分为二,组建文艺频率和戏剧频率,对外呼号分别为"上海人民广播电台文艺频率"(中波1422千赫、调频96.8兆赫)和"上海人民广播电台戏剧频率"(中波1197千赫、调频94.7兆赫),两个频率面向不同的目标听众群。

文艺频率以长篇故事连播为主打栏目,设有长篇连播、广播影视剧、综合文艺3个节目类别,其中广播剧《刑警803》特别受听众欢迎。

戏剧频率以戏曲节目为主要播出内容,以中老年戏剧爱好者为目标听众,设有《京昆雅韵》《越沪艺苑》《广播书场》《滑稽王小毛》《说说唱唱》《戏曲故事》《戏曲大舞台》等栏目。

随着传媒集团的板块调整,文艺频率和戏剧频率经历了多轮改革。2005年12月,文艺频率、戏剧频率归入新组建的传媒集团综艺部,播出频率分别调整为调频107.2兆赫、调频97.2兆赫。2008年初,文艺频率、戏剧频率与原音乐部的3个音乐频率组建成立传媒集团广播文艺中心。

2007年12月,文艺频率和戏剧频率的名称分别调整为"故事广播"(调频107.2兆赫)、"戏剧曲艺广播"(中波1197千赫、调频97.2兆赫)。故事广播日均播出18个小时,主推《小说连播》《武侠传奇》《月光宝盒》等文化服务类节目。戏剧曲艺广播18小时的播出内容中除诗歌节目外,其他是戏剧曲艺节目,中断了十多年的《星期戏曲广播会》现场直播演出于2008年1月20日再次亮相,受到广泛关注。

2009年,传媒集团实施制播分离改革,故事广播、戏剧曲艺广播归入东方广播公司。

2014年6月9日,上海广播电视台东方广播中心成立,故事广播、戏剧曲艺广播归入东方广播中心。

流行音乐频率、综合音乐频率(流行音乐广播、经典音乐频率/经典音乐广播)　上海人民广播电台流行音乐广播、经典音乐广播前身是1993年初开播的上海电台音乐台(1999年1月1日呼号更改为"上海人民广播电台音乐频率")和1992年10月28日开播的东方电台音乐频率。

音乐节目在上海广播中占很大比重,具有悠久的历史。1985年9月1日,上海电台将唯一的立体声广播——调频103.7兆赫开辟成音乐频率,取名"音乐之声"。1987年5月,音乐频率划归新成立的上海人民广播电台文艺台。1992年10月28日,上海电台调频101.7兆赫划归新开播的东方电台,成为东方电台音乐频率。1993年初,上海电台成立音乐台,播出频率为调频103.7兆赫,对外呼号为"上海人民广播电台音乐台"。

2002年7月15日,传媒集团实施频率资源重组和专业化改革,原上海电台音乐频率与原东方电台音乐频率合并,重新组建了东方电台流行音乐频率(调频101.7兆赫)和东方电台综合音乐频率(调频103.7兆赫)。

2003年1月8日,综合音乐频率正式改名为经典音乐频率,原有的流行音乐节目归并到流行音乐频率中去,只播出古典音乐、中国音乐、轻音乐以及一部分中外经典歌曲等。

2004年1月1日,传媒集团利用小调频资源,在调频94.7兆赫增开一套音乐频率,将下属的3个频率调整为"动感101""魅力103"和"经典947",日播节目量达63个小时。2005年8月,"魅力103"进行改版,调整为"love radio 103.7",成为每天24小时播放的音乐电台。

2005年12月,以上3个音乐频率和东方电视台音乐频道合并,组建传媒集团音乐部。资源整合后,音乐部通过广播、电视同步直播上海的《星期广播音乐会》,使节目收听率从2004年的0.1%上升到2007年的1.7%,创下2007年广播节目收听率的最大涨幅。

2008年初,音乐部的3个音乐频率和综艺部的戏剧频率、文艺频率重新组建成广播文艺中心。2009年,传媒集团实施制播分离改革,广播文艺中心的3个音乐频率归入东方广播公司。2010年,3个音乐频率调整呼号为"上海人民广播电台流行音乐广播"(包括"动感101"和"love radio 103.7")、"上海人民广播电台经典音乐广播"。

2014年6月9日,上海广播电视台东方广播中心成立,流行音乐广播、经典音乐广播归入东方广播中心。

交通频率(交通广播) 上海人民广播电台交通广播原名是上海人民广播电台交通信息台,于1991年9月30日开播,为中国内地首家专业交通电台。

2002年7月15日,传媒集团将下属的交通信息台对外呼号改为"上海人民广播电台交通频率"(中波648千赫),并调整、配置了发射功率较大的调频105.7兆赫,基本解决了上海地区收听交通频率清晰度不高的问题。

新推出的交通频率进行开播后最大的组织机构和节目结构变动,确立以流动人口为收听目标群,采取综合性、多样性的战略措施,以交通信息为节目主干,及时播报路况信息,同时提供适合流动人群收听的新闻、音乐、体育和财经等广播内容。新闻节目立足上海,全方位播报流动人群关注的新闻,其中新辟每天6—7时播出的《早安,上海》;专题节目为听众提供丰富多彩的音乐、文艺和娱乐节目;还与传媒集团体育频道合作,进行重大体育赛事的实况转播。

2004年1月1日,交通频率实现全天24小时播出,加大新闻和道路交通信息的播出次数和数量,增加整点新闻《新闻加油站》节目,从5—23时都有新闻信息播出;并且与市公安局交巡警总队监控中心紧密合作,每逢整点和半点播报路况信息,第一时间疏导高峰车流,便利行车族与广大市民出行。

2005年12月,传媒集团实施新闻资源整合,交通频率归入广播新闻中心。2009年,传媒集团实施制播分离改革,交通频率归入东方广播公司。2010年,交通频率调整呼号为"上海人民广播电台交通广播"。

2014年6月9日,上海广播电视台东方广播中心成立,交通广播归入东方广播中心。

新闻综合频率、金色频率(新闻资讯频率/东广新闻资讯广播、都市生活频率/东方都市广播) 上海人民广播电台东广新闻资讯广播和东方都市广播前身是1992年10月28日开播的上海东方广播电台新闻综合频率和儿童台。其中,东方电台新闻综合频率是东方电台的主频率;东方电台儿童台是国内首个专业儿童广播频率,1997年3月呼号改为"东广少儿频率",2001年3月定位调整为"东广老少频率"。

2002年7月15日,传媒集团进行广播资源重组,"东广老少频率"隶属关系划归东方电台新闻综合频率,呼号改为"上海东方广播电台金色频率"(中波1296千赫、调频92.4兆赫),两个频率由同一个团队管理。

新闻综合频率(中波792千赫、调频104.5兆赫)的宗旨是立足上海,面向长三角,与新闻频率(中波990千赫)形成错位竞争,改版后在《东广早新闻》中继续保留"昨夜今晨"等栏目,开设"来自长江三角洲的消息"等栏目。金色频率以老年和青少年为对象,增加了《大厨当家》《知识讲堂》等节目。

2004年元旦,新闻综合频率和金色频率调整、改版为"东广新闻台"和"都市792",对外呼号为"东广新闻资讯频率"(中波1296千赫、调频104.5兆赫)和"东广都市生活频率"(中波792千赫、调频89.9兆赫)。东广新闻台是内地首家全天24小时格式化播出新闻的专业广播频率,全天除《东广早新闻》保持原有格局外,其他时段以半小时为单位,滚动播出 10 分钟的综合新闻和 20 分钟的分类新闻专题。都市 792 内容则涉及都市多彩生活的方方面面,重点栏目有《上海生活》《上海OFFICE》《阿拉上海人》《东方大律师》《"性"情中人》《篇篇情》等。

2005 年 12 月,传媒集团实施新闻资源整合,"东广新闻台"和"都市 792"归入广播新闻中心。2006 年 1 月 1 日,"东广新闻台"再次改版,继续保留"类型化新闻频率"的定位,但每小时分为 3 个20 分钟的板块,分别是"东广锐新闻""东广锐观察"和"东广锐搜索"。

2009 年,传媒集团实施制播分离改革,"都市 792"归入东方广播公司。2010 年,"东广新闻台"和"都市 792"调整呼号为"上海人民广播电台东广新闻资讯广播"和"上海人民广播电台东方都市广播"。

2014 年 6 月 9 日,上海广播电视台东方广播中心成立,东广新闻资讯广播、东方都市广播归入东方广播中心。

2020 年 6 月 11 日,经国家广播电视总局批复同意,东方都市广播调整为长三角之声广播,播出时呼"上海人民广播电台长三角之声";撤销东广新闻资讯广播。

体育广播(五星体育广播) 2004 年 8 月 8 日,上海体育广播(调频 100.6 兆赫)开播,成为上海第一个专业体育频率,也是传媒集团专业化改革和资源整合的重要一环,实现了体育广播与电视的统一管理和充分联动。

上海体育广播的前身是上海电视台体育频道广播部,记者、编辑都来自广播频率。此前,体育频道广播部制作的《东方体育》《空中体坛》《球迷俱乐部》《强强三人组》《足彩猜猜猜》等十余档体育节目和体育赛事直播,分别在新闻频率、新闻综合频率、交通频率播出。

上海体育广播开播后,每天播出 20 小时的节目,从凌晨 5 时至次日凌晨 1 时,以"新闻滚动、听众互动、电视联动"的制作模式,给听众带去新的体验。《空中体坛》早间、午间、晚间直播是全天新闻的主框架。此外,整点新闻播报、专题类节目也是上海体育广播的一大特色和亮点。上海体育广播还充分利用体育频道的资源优势,在新闻采编、赛事转播上统筹安排,大量精彩的赛事直播,如中超、NBA、英超、意甲等,都在广播中进行转播。

2005 年 8 月,上海体育广播播出频率调整为调频 94.0 兆赫。

2006 年 3 月,上海体育广播改版为"五星体育广播"。

2009 年,五星体育传媒有限公司成立,体育广播与体育频道一起,探索公司化品牌化发展、跨媒体跨地域经营的道路。2010 年,体育广播调整呼号为"上海人民广播电台五星体育广播"。

2014 年 6 月 9 日,上海广播电视台东方广播中心成立,五星体育广播归入东方广播中心。

浦江之声广播电台 浦江之声广播电台开播于 1988 年 1 月 1 日,是上海人民广播电台的对台广播专用频率。2002 年 7 月 15 日,广播频率资源重新整合,浦江之声广播电台 20—24 时在财经频率播出,同时还在短波 3280、4950、5075 千赫播出。节目设置做了改革,除继续对台湾广播外,还面向上海和周边地区 30 万台胞及其亲属,目标听众总量有所增大。

改版后的浦江之声广播电台,在 4 小时的大板块节目中,围绕亲情、友情、商情,说新闻、谈财经、讲文化,展示祖国大陆改革开放、经济建设、社会发展所取得的巨大成就,引导听众了解两岸经济文化、社会生活,为在沪台商提供各种咨询服务。

2014 年 6 月 9 日,上海广播电视台东方广播中心成立,浦江之声广播电台归入东方广播中心。

【电视频道】

上海卫视/上海东方卫视/东方卫视 1998 年 6 月,上海市机构编制委员会批复同意建立上海卫星电视中心。该机构为事业单位,经济上实行独立核算、自收自支,人员编制定为 100 名,级别定为相当于处级。同年 10 月 1 日,上海卫视开播,租用"鑫诺-1"卫星,每天 24 小时滚动播出。开播初期,上海和北京地区的电视观众通过当地的有线电视网络可直接收看到上海卫视的节目。

上海卫视坚持"以编为主、编创结合"的方针,它集纳上海电视台、东方电视台、上海有线电视台、上海教育电视台、上海电影电视(集团)公司的精华影视资源,节目内容涵盖新闻、社教、财经、生活、纪实、综艺、少儿、体育和影视剧等。开播初期节目设置主要为 2 大板块:新闻板块由《上海卫视新闻》《每日财经》等组成;文艺板块每周有 7 档主打栏目,汇集综艺、游戏、音乐、专题、纪录片等门类。而后,又相继增设《上海大剧院》《从星开始》等栏目。1999 年,上海卫视职工总数为 56 人。

2000 年 4 月,上海卫视并入上海电视台,成为上海电视台的一个中心,其体制和节目也进行调整。上海电视台原海外中心的外语节目制作团队并入上海卫视,组建外语节目部;《英语午新闻》《天下财经》《中日之桥》等外语节目在上海卫视播出。同年 8 月,上海卫视全面改版,14 个栏目全新亮相。

2002 年起,随着传媒集团的成立,上海卫视不断扩大落地覆盖和影响力。2002 年 1 月 1 日,上海卫视节目在日本落地播出,成为中国内地首家在国外落地播出的省级卫星频道;1 月 7 日,上海卫视《前进上海》节目在中国香港落地,成为香港市民了解上海的窗口。此后,上海卫视节目陆续在国内各省市、中国港澳台地区以及日本、澳大利亚、北美地区落地。

2003 年 10 月 23 日,经国家广电总局批准,上海卫视更名为上海东方卫视,并更换台标以全新形象亮相。上海东方卫视每天 24 小时播出,节目定位、节目内容和追求都体现"海纳百川、追求卓越"的城市精神。

上海东方卫视的开播被业界誉为"海派再起",以"新闻见长、影视支撑、娱乐补充、体育特色"为定位,全面出击。开播后的上海东方卫视坚持新闻立台,推出《东方快报》《东方红》《城际连线》《环球新闻站》《直播上海》《今日新观察》等新闻节目,并逐渐成为省级卫视中新闻播出量最大、日均播出时间最长的频道。遇到突发事件时,及时做出调整,第一时间打破常规编排,全天做新闻直播报道,这成为上海东方卫视的一大特色。同时,上海东方卫视提出"以影视娱乐为支撑点"的理念,打造了《群星耀东方》《加油!好男儿》《舞林大会》《我型我秀》等一批在当时颇具影响力的综艺节目。

2006 年,上海东方卫视进行新闻、娱乐资源整合。东方卫视新闻节目、娱乐节目两翼起舞。2008 年,上海东方卫视提出"高端引领、大台风范、国际视野、东方立场"的定位。2009 年 9 月 28 日,上海东方卫视高清频道开播,成为国内首批开播的高清频道。

2010 年,上海东方卫视调整呼号为"东方卫视"。

新闻综合频道 上海电视台新闻综合频道前身是上海电视台一套(8 频道),于 1958 年 10 月 1 日开播,1973 年 8 月 1 日以彩色电视对外播出,是上海地区历史最悠久的地面频道。

2002 年 1 月 1 日,经历传媒集团资源整合和专业化改革后,原上海电视台一套更名为上海电视台新闻综合频道。改版后,新闻综合频道坚守"新闻立台"方针,塑造贴近民生、朴实、接地气的频道形象,新闻报道坚持"我在现场、现场有我"的报道理念,并推出《上海早晨》《新闻坊》《新闻追击》等新节目,成为上海本地观众感受新闻力量、获得权威资讯的重要选择之一。

2005 年 12 月,传媒集团整合新闻资源,将新闻综合频道、新闻娱乐频道(除娱乐新闻部外)、上海东方卫视新闻中心组建为电视新闻中心。整合后,新闻综合频道由电视新闻中心负责编排管理,坚持权威、稳健的新闻风格,与上海东方卫视形成分别面向上海和面向全国的差异化定位。

在较长时期里,新闻综合频道的节目收视率、市场占有率和观众美誉度一直位居上海地区所有频道前列,被誉为全国综合实力最强的地面频道之一,是上海最权威的视频新闻发布平台。新闻综合频道成为上海及周边地区观众了解上海、关注上海的首选频道。几代电视人锐意创新,创办并培育了众多在上海乃至全国开风气之先、深具影响力的栏目和节目。新闻综合频道拥有"中国新闻名专栏"《新闻透视》,"上海市优秀媒体品牌"《新闻坊》《1/7》等栏目;精心打造的新闻栏目《新闻报道》《新闻夜线》《上海早晨》《媒体大搜索》等,法制栏目《案件聚焦》《庭审纪实》等,民生服务栏目《名医大会诊》《非常惠生活》《超级家长会》等,深受观众喜爱。

2016 年 6 月 7 日,上海广播电视台融媒体中心成立,新闻综合频道归入融媒体中心。

生活时尚频道(星尚频道) 生活时尚频道前身是上海电视台二套(14 频道),于 1989 年 10 月 1 日对外播出。

2002 年 1 月 1 日,经历传媒集团资源整合和专业化改革后,原上海电视台二套更名为上海电视台生活时尚频道。频道以传播时尚的生活方式为宗旨,目标受众为 20 岁~45 岁的城市人群,英文名称叫作 Channel Young。频道每天播出 20 小时,首播节目时间为 8.5 小时,其中 4 档自办栏目《今日印象》《风流人物》《时髦外婆》《周末指示》,以不同风格吸引大批收视人群。频道的主要节目内容包括:发布国内外时尚、流行资讯;提供都市族群的生活服务、休闲娱乐信息;播出反映都市生活的国内外青春偶像剧等。

2003 年 6 月,生活时尚频道开始探索公司化运行,成立上海时尚文化传媒有限公司。2005 年,生活时尚频道定位调整为"优质生活的倡导者",提升"创新、速度、市场导向"三大组织能力。频道组织架构随之调整,实行"制播分离"试点尝试,由编播部负责频道管理运营,新成立的节目部成为纯内容提供商,这一举措提升了节目制作能力。至 2006 年,该频道在自制节目量增长近 150%的基础上,实现黄金时段收视率增长 185%,黄金时段自办节目收视率增长 300%。《今日印象》《人气美食》《心灵花园》《相伴到黎明》等品牌栏目受到普遍欢迎。

2009 年,上海时尚文化传媒有限公司更名为星尚传媒(上海)有限公司,以"星尚"为统一的中文品牌打造频道内容。2010 年 4 月,经国家广电总局批复同意,生活时尚频道调整更名为"上海电视台星尚频道"。

2019 年 1 月 1 日起,娱乐频道、星尚频道整合为都市频道。

体育频道(五星体育频道) 体育频道前身是上海有线电视台体育频道,于 1993 年 12 月 12 日开播,是全国第一个开播的体育电视专业频道。

2001 年,传媒集团成立后,首先对体育资源进行整合,将原上海电视台体育部、原东方电视台体育部和原有线电视台体育频道合并,成立上海电视台体育频道,成为传媒集团组建的第一个专业频道。2001 年 10 月 8 日,上海电视台体育频道开播。体育频道以"立足上海,联手华东,沟通京沪,面向全国,走向世界"为宗旨,优势更互补,资源更丰富,节目更精彩,打出《唐蒙视点》《五星足球》《弈棋耍大牌》等脍炙人口的节目。

2004 年,传媒集团探索体育业务群深度整合,实现了体育广播与电视的统一管理和充分联动。8 月 8 日,上海体育广播开播,这是沪上第一家体育专业频率。

2006 年 1 月 1 日,体育频道开始实行全天 24 小时播出,赛事转播成为频道的节目支柱。2006 年 3 月起,体育频道以"五星体育"红色标识统一对外,并逐步形成电视、广播、杂志、俱乐部等产业群,探索公司化品牌化发展、跨媒体跨地域经营的道路。

2009 年,在传媒集团制播分离改革的背景下,体育频道成立五星体育传媒有限公司,进行公司化改革与运作。

2010年4月,国家广电总局批复同意,体育频道更名为"上海电视台五星体育频道"。

2014年6月9日,上海广播电视台东方广播中心成立,五星体育广播归入东方广播中心。

电视剧频道 电视剧频道前身是上海有线电视台影视频道,于1997年12月开播,是上海地区播出影视剧类节目的专业频道。

2002年1月1日,经历传媒集团资源整合和专业化改革后,原上海有线电视台影视频道更名为上海电视台电视剧频道。2004年8月,传媒集团进行机构改革,电视剧频道与节目营销中心、上海录像公司组合成立影视剧中心,负责传媒集团下属各电视频道的影视剧采购编播工作。

由影视剧中心负责的电视剧频道,以女性观众为收视主体,突出"独播、精选、情感、强情节"等特点,着力打造一个多人群、广覆盖、合家欢、具有鲜明本地化特征与较强广告吸附力的电视剧专业频道。

电视剧频道每天20小时集中播出各类精彩剧集,尤其是家庭情感类电视剧,并通过观众见面会、观众看片会、有奖收视活动和社区海报发布等加强互动。

2020年1月1日起,东方电影频道、电视剧频道整合为东方影视频道。

财经频道(第一财经频道) 财经频道前身是上海有线电视台财经频道,于1997年12月26日开播。2000年4月17日,上海有线电视台对原新闻、财经频道实施合并,组成新闻财经频道。2001年12月13日,上海电视台新闻财经频道更名为财经频道。

2003年7月6日,第一财经在上海揭牌。同年7月7日起,原上海电视台财经频道和原上海东方电台财经频率统一对外呼号为"第一财经"。同年8月13日,上海第一财经传媒有限公司注册成立。第一财经成为传媒集团实施公司化运作改革的试点之一。

第一财经频道努力打造财经传媒界的知名品牌,滚动播出财经时讯、时事新闻、上市公司最新消息等,内容涵盖经济、金融、贸易、证券投资等多个领域,设有《财经开讲》《经济观察》《今日股市》《头脑风暴》《财富人生》等栏目。

此后,第一财经整合广播、电视、报纸等媒体资源,实行优势互补的品牌化战略。2004年11月15日,《第一财经日报》创刊,这是中国第一份跨区域合作的财经日报。2007年7月8日,第一财经研究院在上海成立。2008年2月25日,《第一财经周刊》首期出版发行,这是中国内地第一本每周出版的商业新闻杂志。第一财经逐渐成为中国规模最大、品种最完整的财经媒体群,下辖第一财经电视、广播、日报、周刊、网站、研究院以及第一财经通讯社等。

2010年2月8日,第一财经与宁夏电视台卫星频道结成战略合作伙伴关系,探索制播分离改革新模式,由第一财经为宁夏电视台卫星频道制作高品质的专业财经节目,为投资者、商界人士和经济决策者提供资讯。

2014年6月9日,上海广播电视台东方广播中心成立,第一财经广播归入东方广播中心。

纪实频道 纪实频道前身是2000年12月25日开播的上海有线电视台生活频道。2001年传媒集团成立后,上海有线电视台生活频道将生活服务类内容调整至上海电视台生活时尚频道,更名为上海电视台纪实频道,于2002年1月1日开播,成为中国第一家纪录片专业频道。

纪实频道开播后,自办节目的数量和内容逐年增长。其中,《纪录片编辑室》最早只是上海电视台国际部开办的一个栏目,在上海电视台8频道播出。《纪录片编辑室》在纪实频道中不断发展改革,确立了主打栏目的地位,2005年11月获"上海市媒体优秀品牌"称号。

纪实频道每天播出20多个小时的节目,其中首播节目近8个小时,成为国内纪录片重要的生产基地和内容提供商,开设了《纪录片编辑室》《往事》《文化中国》《档案》《大师》《经典重访》等有影响力的栏目。

历经多年的发展，纪实频道成为独树一帜的上海电视文化标志，以丰富的节目形式反映广泛而纵深的历史、人文、地理、自然、社会题材，历年佳作涌现，获得多个国内、国际重要奖项。

2009年，在传媒集团制播分离改革的背景下，纪实频道成立真实传媒有限公司，进行公司化改革和运作。

2020年1月1日起，纪实频道、艺术人文频道整合为纪实人文频道。

新闻娱乐频道（娱乐频道）　新闻娱乐频道前身是东方电视台一套（20频道），于1993年1月18日开播。

2002年1月1日，经历传媒集团资源整合和专业化改革后，原东方电视台一套改为东方电视台新闻娱乐频道。该频道以新闻节目为基本框架，以综艺节目为标志，保留原影视剧、社教、少儿节目的格局，突出娱乐性。全天播出《东视新闻》《热线传呼》《东视广角》《娱乐在线》《媒体大搜索》等10档新闻栏目，《东方110》《东方视点》《法律与道德》等社教栏目，《才富大考场》《相约星期六》《激情方向盘》《老娘舅》《智力陷阱》《家庭对抗》等娱乐游戏栏目，以及《欢乐蹦蹦跳》《十万个为什么》《少儿新闻》《开心娃娃》《开心百变》等少儿栏目。

2005年12月，传媒集团整合新闻资源和娱乐资源。新闻娱乐频道的新闻节目由电视新闻中心统一制作。新闻娱乐频道娱乐新闻部、文艺频道栏目部、广播戏文频率和东方之星公司组建为综艺部，负责综艺节目制作和新闻娱乐频道、文艺频道的节目编排。

2008年1月1日，新闻娱乐频道更名为娱乐频道，将新闻和社教节目划归新闻综合频道，在原有综艺节目的基础上，吸收原音乐频道流行音乐品牌节目和元素，成为全天时综艺频道。频道除保留《相约星期六》《家庭演播室》《百家心》《新娱乐在线》《可凡倾听》等原新闻娱乐频道品牌综艺栏目外，还推出《花样年华》《年轻几岁》《36℃7明星听诊会》《全家都来赛》《啼笑往事》《开心喜福会》等综艺栏目。

2009年，在传媒集团制播分离改革的背景下，综艺部涉及综艺、娱乐类节目制作和广告经营业务、资产剥离，成立上海新娱乐传媒有限公司，实行公司化运营。

2019年1月1日起，娱乐频道、星尚频道整合为都市频道。

文艺频道　文艺频道前身是东方电视台二套（33频道），于1996年3月30日开播。

2002年1月1日，经历传媒集团资源整合和专业化改革后，原东方电视台二套改为文艺频道。频道主要栏目有《猜猜谁会来》《勇往直前》《文化追追追》《ok上海》《岁月流金》《喜从天降》《畅销书大开讲》等，并在随后几年打造出《家庭演播室》《今天谁会赢》《开心公寓》《可凡倾听》等品牌栏目。频道聚集了上海电视文艺节目制作的精兵强将，有各类综艺专栏28个，全年制作各类大型晚会百余台。

2005年12月，传媒集团整合娱乐资源，将新闻娱乐频道娱乐新闻部、文艺频道栏目部、广播戏文频率和东方之星公司组建为综艺部，负责综艺节目制作和新闻娱乐频道、文艺频道的节目编排；将文艺频道的8个晚会组组建为大型活动部。综艺部果断关停文艺频道中一批不适应观众和市场需求的栏目，研发、推出一批新栏目，并对一些品牌栏目进行升级改版，为传统品牌增加新的元素和亮点。

2007年底，传媒集团调整部分文艺娱乐类节目，撤销文艺频道。

艺术人文频道　2008年1月1日，全国第一家以艺术人文命名的专业频道——艺术人文频道开播（使用原文艺频道播出序号）。这是传媒集团进一步深化频道改革、整合文化娱乐资源后推出的一项重大举措。艺术人文频道每天播出 19 小时(其中首播节目为 7.5 小时),传承了原文艺频道和原音乐频道的优秀节目,同时又增添了许多新的元素,成为传媒集团下属最具文化特色的传播平台。

艺术人文频道由大部分原音乐部员工以及经过集团内部招聘的新员工组成。频道以"传递经典艺术魅力,呈现人文世界亮点"为基本目标和努力方向,为观众呈现音乐、舞蹈、戏曲、戏剧、美术、建筑、影视作品等。频道日播栏目有:《名家时间》《文化天空》《60 分 60 秒》《世界风》《怀旧金曲》《纵横经典》《星期广播音乐会》《艺术剧场》等;双休日周播栏目有:《文化主题之夜》《文化周刊》《经典影院》《读宝》《巅峰时刻》《前沿地带》《创意天下》《精彩老朋友》等。为了精心打造每一个节目,艺术人文频道成立了由 13 位一流艺术家和文化学者组成的专家顾问委员会。

2020 年 1 月 1 日起,纪实频道、艺术人文频道整合为纪实人文频道。

戏剧频道 戏剧频道前身是上海有线戏剧频道,由上海电台和上海有线电视台联合创办,于 1995 年 5 月 8 日开播,是国内首个专业戏剧频道。

2001 年 7 月,上海有线电视台与上海电视台合并后,戏剧频道的机构和人员由上海电台转入东方电视台。

2002 年 1 月 1 日,传媒集团资源整合和专业化改革后,原东方电视台有线戏剧频道更名为戏剧频道。频道栏目强调传统与现代的结合、经典与时尚的结合、名家与新人的结合,以满足酷爱戏剧朋友的渴求和大众对于电视的审美需求。主要栏目有:《喜剧一箩筐》《电视书苑》《南北笑星火辣辣》《名家名段任你点》《新上海人家》《爱心剧场》《东方之韵精品剧场》《海上大剧院》《戏闻大点击》。

2006 年,戏剧频道划归综艺部管理。戏剧频道的品牌节目《百姓大戏台》《爱心剧场》《喜剧一箩筐》开始在文艺频道播出。

2010 年,经国家广电总局批复同意,戏剧频道调整为东方购物频道。戏剧频道节目并入文广互动数字频道——七彩戏剧频道。

东方购物频道 2003 年 8 月 28 日,传媒集团与韩国 CJ 家庭购物株式会社合作,共同投资成立国内第一家真正意义上的家庭购物公司——上海东方希杰商务有限公司,并与之配套制作东方 CJ 家庭购物节目,安排在戏剧频道晚间播出。2004 年 4 月 1 日起,戏剧频道从每晚 8 时至次日 1 时连续播出 5 小时的东方 CJ 家庭购物节目。

2007 年 10 月起,东方购物推出直播节目,东方购物节目播放由纯录播转变为直播与录播相结合的形式。2008 年 9 月,东方购物日播出时长增加至 13 小时(直播加录播)。2009 年 6 月,东方购物日均播出时长再次增加,最终达到 15 小时(直播加录播)。

2010 年 4 月 1 日,全国首家 24 小时电视购物频道——东方购物频道开播。

音乐频道 音乐频道前身是上海有线音乐频道,由东方电台和上海有线电视台联合创办,于 1994 年 10 月 28 日开播,是中国内地首家音乐电视专业频道。

2001 年 7 月,上海有线电视台和上海电视台合并后,音乐频道的机构和人员由东方电台转入东方电视台。

2002 年 1 月 1 日,经历传媒集团资源整合和专业化改革后,原东方电视台有线音乐频道改为音乐频道。频道以年轻观众为主要收视群体,以音乐时尚资讯、音乐新人追踪、音乐经典回眸为主。栏目有《音乐前线》《怀旧金曲》《环球点将台》《音乐风云》《天地英雄榜》《古典驿站》《东方新人大播台》《动漫情报》等。

2006 年,传媒集团整合媒体资源,形成事业部组织架构,原音乐频道划入音乐部,与广播 3 个音乐频率共同打造中国内地最大的音乐传媒平台。2007年底,传媒集团对文化娱乐板块进行调整与转型,组建新的艺术人文频道和外语频道;关闭音乐频道,原音乐频道员工大部分进入艺术人文频道。

外语频道　2008年1月1日,传媒集团新创办的外语频道开播(使用原音乐频道播出序号),这是国内省级电视台中首个外语专业频道。该频道为英语使用者和外国侨民等受众群提供新闻、财经、生活、时尚、文化信息和娱乐视听服务。频道还专门制作世博节目,报道上海筹备世博会、宣传推广世博会的信息,为中国2010年上海世博会提供重要的宣传平台。

外语频道每天连续播出19小时,所有节目都以英语或日语播出,并配有中文字幕。节目内容分为8大板块,分别是新闻、资讯、时尚、娱乐、家居休闲、体育、谈话节目和原版影视,包括《世博链接》《惊言堂》《来来往往》《说东道西》《城市节拍》《Mr. X》《三城记》《华人电影志》《不完全爵士》《中日之桥》《音乐物语》等栏目和大批原版引进的影视节目。

2016年6月7日,上海广播电视台融媒体中心成立,外语频道归入融媒体中心。

东方少儿频道(哈哈少儿频道)　2004年7月18日,东方少儿频道开播。频道吉祥物、卡通形象名称"哈哈"揭晓;由20位热衷于少儿事业的专家、学者组成的东方少儿频道专家咨询委员会同时成立。

东方少儿频道以"创造并记录中国儿童的快乐"为宗旨,每天播出17小时,开设动画片、儿童情景剧、少儿综艺、少儿科普等方面的12个栏目,除保留传媒集团原有的少儿特色品牌栏目《欢乐蹦蹦跳》《小鬼当家》《宝贝一家一》《青少才艺》《阳光班会》等,新创了日播新闻咨询类节目《知心传呼》、动漫歌曲点播节目《动漫排排队》等。同时策划制作和录制播出各类文艺晚会,主要面向14岁以下年龄段的少年儿童和他们的家庭。2005年9月,传媒集团与中国福利会共同主办的少儿期刊《哈哈画报》(新版)创刊,由东方少儿频道负责编辑、出版。

2008年1月1日,经国家广电总局批复同意,东方少儿频道更名为哈哈少儿频道,并逐渐成为上海地区深受孩子们欢迎、具有优势和影响力的电视媒体。

2009年12月上海广播电视台实行资源整合后,哈哈少儿频道由新组建的上海炫动传播股份有限公司负责运营。

2019年1月1日起,炫动卡通频道、哈哈少儿频道整合为哈哈炫动卫视。

炫动卡通频道　2004年12月26日,上海炫动卡通频道开播,这是国内首批上星卡通频道之一。该频道由成立于2004年10月8日的上海炫动卡通卫视传媒娱乐有限公司负责运营。

炫动卡通频道日均动画播出量18小时,覆盖全年龄观众群。除播出动画片,还播出专题、综艺、资讯类动漫节目。主要栏目有《动漫情报》《闪动巅峰》《动画新概念》《学院派报道》《动漫100大点评》《炫动5分钟》等。

炫动卡通频道与其他动漫企业和基地合作,逐渐成为国内优秀原创动漫和经典动漫作品、周边产品及产业资讯的重要发布平台之一。至2010年,该频道节目在全国近20座城市落地,包括广州、杭州、武汉、沈阳、哈尔滨等省会城市和大连、宁波、苏州、无锡、绍兴等城市,覆盖总人口约1.3亿。

2009年12月上海广播电视台实行资源整合后,炫动卡通频道由新组建的上海炫动传播股份有限公司负责运营。

2019年1月1日起,炫动卡通频道、哈哈少儿频道整合为哈哈炫动卫视。

七、上海教育电视台

1994年2月27日,由上海市教育委员会主管主办的上海教育电视台(以下简称"教育电视台")开播。上海教育电视台致力于传播社会文化和经济等信息,传授法律、英语、计算机等专业知识,把坚持文化品格、树立教育传媒品牌作为一贯的追求。

教育电视台自办一套电视节目,在无线26频道播出,并在上海有线电视台增补35频道转播,设有学历和非学历教育、教育信息以及老年、儿童、社会论坛等节目。1995年6月25日,原来在上海有线电视台网络中的增补35频道改成DS7频道,收视效果显著改善。同年9月,无线26频道通过东方明珠广播电视塔发射,节目可覆盖上海城乡及苏浙皖部分地区。教育电视台的台标为一片绿叶,被称为"绿叶台",寓意教育台像一片清新的绿叶,飘进千家万户,充满生机和活力。

2002年12月30日起,教育电视台自制节目播出时间增加至日均13个小时。充分开发白天时段,其电视大学教学节目时间缩短,逐步转化为早间教学类栏目。

教育电视台开播初期有《家庭保健》《文明史话》《欢乐天地》《绿叶风》《法苑写真》《信息高速公路》《心灵手巧》《房地产广场》等9个自办栏目,后来陆续推出《教育新闻》《招生快讯》《ETV家庭教师》《名师讲坛》《健康热线》《情艺两代》《家长》《帮女郎》《特别传真》《常青树》等新栏目。

除了制作播出每年教师节的主题晚会,教育电视台还拥有众多特色主题活动:"春满人间"慈善助学晚会、大型文学剧《知识改变命运》《学习让城市更美好》等。教育电视台还创办多项特色活动类节目,包括《中国名校大学生辩论邀请赛》《上海教育年度新闻人物评选》《高考咨询大直播》,均连续举办多年,受到各界好评。

教育电视台制播社教精品节目,陆续推出《自古英雄出少年》《院士礼赞》《收藏大观》《中国名菜典故》《一代名师》《中国茶道》《名医大家》《中国之最》《说孔子》《市民大学堂》等系列节目。教育电视台首推的"老片新放、重放"举措成为其节目的特色之一。一些探讨青少年教育问题、弘扬美好风尚的优秀电视剧,反复播放仍有不低的收视率。

2005年8月,上海教育电视台牵头,联合全国各地教育电视台、高校影视学院、电视制作公司等60余家电视机构,成立全国教育电视节目制作联合体,集多方力量一起办科教节目。

2010年,教育电视台广告创收达1.6亿元,员工总数151人。

表 1-2-8 1994—2010年上海教育电视台主要领导情况表

起 任 年 月	姓 名	职 务
1994年2月	张德明	上海教育电视台台长
1994年	谢家骝	上海教育电视台党总支书记
2000年	尤 存	上海教育电视台党总支书记
2004年	张道玲	上海教育电视台党总支书记

八、东方电影频道

2003年12月28日,上海东方电影频道开播,这是国内第一家全天播出的专业电影频道。该频道由上海电影集团公司经办,对外呼号纳入上海电视台统一管理,并受上海市文化广播影视管理局的监管。

东方电影频道每天滚动播出 24 小时的影视节目,以播放电影为主,电视剧、电视动画片、影视资讯节目为辅;在内容上兼顾本土文化和海外文化,在风格上注重经典和流行的搭配,多层面展示海内外流行的热门影视剧。

东方电影频道本着"传承百年电影文化、共享全球影视盛宴"的方针,将海内外艺术性和商业性俱佳的影视作品呈现给观众。频道覆盖整个上海地区的有线电视用户,目标收视群体是喜好影视艺术的人群。主要栏目有《第一剧场》《东方影城》《东方影视》《口碑第一》《卡通王》《儿童影院》《530剧场》《午夜经典》等。

2005 年 1 月 1 日起,东方电影频道广告业务由传媒集团广告经营中心全面代理。

2010 年 4 月,国家广电总局批复同意,上海东方电影频道更名为电影频道,呼号为"上海电视台电影频道"。

2020 年 1 月 1 日起,东方电影频道、电视剧频道整合为东方影视频道。

九、东方新闻网站

东方新闻网站(www.eastday.com),简称东方网,是全国重点新闻网站、上海市主流媒体之一。2000 年,解放日报社、文汇新民联合报业集团、上海人民广播电台、上海东方广播电台、上海电视台、上海东方电视台、上海有线电视台、青年报社、劳动报社、上海教育电视台联合上海东方明珠股份有限公司、上海市信息投资股份有限公司投资 6 亿元,共同发起设立上海东方网股份有限公司,组建以发布新闻信息为主的大型综合性信息服务类网站——东方网。2000 年 5 月 28 日,东方网开通;同年 6 月 28 日,上海东方网股份有限公司成立。

2000 年 12 月 19 日,市委批复同意:建立东方新闻网站,机构性质为事业单位,机构级别定为相当于局级。2001 年 4 月 18 日,东方新闻网站划归上海文化广播影视集团管理。

东方网的目标受众立足上海、辐射全国,并依托上海的城市影响力积极拓展海外市场,从最初中文一个语种,简体、繁体两个版本的网站,发展到拥有中、英、日三个语种的网站,业务涵盖新闻发布、舆论交互、数字政务、电子商务、市场广告、技术运营、投资业务等多个领域,并通过互联网、报纸、手机、移动电视、互动电视、楼宇电视、电子站牌等传播载体,实现影响力的立体覆盖。具备大型网站所有互动功能、多媒体新闻传送能力和直播能力。

2000—2010 年,东方网所有财务年度均实现盈利,做到了社会效益和经济效益兼顾。在中国互联网协会、工业和信息化部信息中心联合发布的"中国互联网企业 100 强"排行榜中,东方网连续多年进入榜单,是地方新闻网站中唯一入榜网站。东方网的新闻作品多次获得中国新闻奖和上海新闻奖。

2012 年 3 月东方网完成转企改制,由上海市国有资产监督管理委员会控股,注册资本 9.97 亿元。

2014 年 3 月,东方网的上级主管单位变更为市委宣传部。

2015 年 12 月 28 日,上海东方网股份有限公司在全国中小企业股份转让系统(新三板)挂牌(证券代码834678)。

表 1-2-9 2000—2010 年上海东方网股份有限公司、东方新闻网站历任领导情况表

起 任 年 月	姓 名	职 务
2000 年 6 月	吴谷平	上海东方网股份有限公司董事长(法人代表)
2000 年 6 月	李智平	上海东方网股份有限公司副董事长、总经理
2000 年 6 月	徐世平	上海东方网股份有限公司副董事长
2001 年 3 月	王仲伟	东方新闻网站党委书记
2001 年 3 月	穆端正	东方新闻网站主任
2001 年 3 月	李智平	东方新闻网站副主任
2001 年 3 月	徐世平	东方新闻网站副主任
2001 年 5 月	盛重庆	上海东方网股份有限公司监事长
2003 年 12 月	尤纪泰	东方新闻网站党委副书记
2004 年 9 月	李智平	上海东方网股份有限公司董事长、总裁
2005 年 5 月	陆炳炎	上海东方网股份有限公司监事会主席
2005 年 8 月	朱咏雷	东方新闻网站党委书记
2005 年 8 月	徐世平	东方新闻网站主任
2006 年 7 月	朱国顺	东方新闻网站副主任
2009 年 8 月	何继良	东方新闻网站党委书记

第二节 区县、企业机构

一、市郊区县广播电视机构

【闵行广播电视台】

闵行广播电视台前身是建于 1990 年 8 月的上海县人民广播电台和上海县电视台。1993 年 3 月闵行区成立,上海县人民广播电台改为闵行人民广播电台,上海县电视台改为闵行电视台,于 1993 年 8 月 19 日开播。1998 年,区广播电视局与所属电台、电视台和有线电视台实行"局台合一"。2003 年 4 月,闵行广播电视台成立。

闵行人民广播电台发射频率 102.7 MHz,发射功率 100 W,全天播音约 15 小时,开设新闻、社交、文艺、服务 4 大类共 39 档栏目。1995 年,开设《闵广新闻》《闵广快讯》整点新闻栏目。1996 年,闵行人民广播电台、闵行电视台两台新闻部合并,《闵广新闻》增设"上海经济区新闻"和"新华社通讯",开设"市场内外""法苑星空""闵广立交桥""绿色年华""阳光专递"5 大板块。2005 年,新开设《青春乐园》《音乐动感地带》《广播故事会》等 18 个栏目。2009 年,开设《FM102.7 雏鹰世博播客行动》栏目,与区司法局等联合推出周播栏目《生活与法》。

闵行电视台拥有无线(1 千瓦发射功率)、有线两个电视频道。闵行广播电视发射塔高 130 米,电波覆盖全区 370 平方公里。闵行电视台建台初期每天播出节目 5 小时~6 小时,《闵视新闻》每周 3 期。1995 年《闵视新闻》改为每周播出 5 期,1996 年 7 月起实现每天播出。1998 年,《闵视新闻》

每周日增加"闵视新闻集锦"。1999 年,开设《市郊新闻》栏目,每日播发 8 条市郊区县信息。2005 年闵行电视台实行改版,新设《电视娱乐》《生活时尚》《经纬时光》《关注闵行》等 10 档专栏。2010 年,该台每天播出节目 16 小时。

2019 年 9 月 16 日,闵行广播电视台与所在区的区报、新媒体机构合并为闵行区融媒体中心。

表 1-2-10 1991—2010 年上海县/闵行区广播电视机构历任主要领导情况表

起 任 年 月	姓 名	单 位 职 务
1991 年 10 月	李佰余	上海县电视台台长
1992 年 4 月	曹敏军	闵行人民广播电台台长
1993 年 5 月	杨福华	闵行电视台台长
2008 年 5 月	顾淑芳	闵行广播电视台副台长(主持工作)
2010 年 8 月	杨继桢	闵行广播电视台台长

【奉贤区广播电视台】

奉贤人民广播电台前身是奉贤县有线广播站,1986 年 5 月改为奉贤人民广播电台,调频 95.9 MHz,发射功率 300 W,每天播出 16 小时,自制节目 9.5 小时。主要节目有《959 整点资讯快报》《一路听吧》等,另有服务、社教、娱乐等专题 16 档。1994 年 1 月,奉贤人民广播电台并入新建制的奉贤县广播电视台。至 2010 年底,自办午间、晚间两个高峰时段的广播直播节目《午后红茶》《一路听吧》(周一至周六)和 13 个整点的《959 整点资讯快报》,以及录播节目《话说奉贤》《菁菁校园》《只听好歌不听话》等。

奉贤电视台 1995 年 4 月 28 日成立。1996 年 9 月 28 日奉贤广播电视中心建成,高 168 米的广播电视发射塔建成启用,奉贤电视台正式开播,每天播出 16 小时,逢双休日下午增加 5.5 小时。其中,新闻节目《奉视新闻》时长逐步增加到 30 分钟(周一至周六);电视专题节目《一方水土》12 分钟(每周日),2010 年起更名为《滨海纪事》。

1996 年 9 月,奉贤县广播电视台隶属于奉贤县广播电视局。2001 年 12 月,奉贤撤县设区之后,原县广播电视局与县文化局合并为奉贤区文化广播电视管理局,原"局台合一"体制逐步走向"局台分离",由奉贤区文化广播电视管理局实施行政管理、奉贤区广播电视台主管广播电视业务发展,实行奉贤人民广播电台、奉贤电视台"两块牌子、一套班子"的运行机制。

2019 年 6 月 28 日,奉贤区广播电视台与所在区的区报、新媒体机构合并为奉贤区融媒体中心。

表 1-2-11 1986—2010 年奉贤县/区广播电视机构历任主要领导情况表

起 任 年 月	姓 名	单 位 职 务
1986 年 5 月	褚培余	奉贤县广播电台台长
1986 年 5 月	张桂芳	奉贤县广播电台党支部书记
1988 年 1 月	姚人凡	奉贤县广播电台党支部书记
1988 年 1 月	施 虹	奉贤人民广播电台台长
1992 年 9 月	徐明云	奉贤人民广播电台党支部书记

(续表)

起 任 年 月	姓　名	单 位 职 务
1994 年 1 月	杨林才	奉贤县广播电视台党支部书记、台长
1995 年 9 月	褚培余	奉贤县广播电视台台长
1995 年 9 月	杨林才	奉贤县广播电视台党支部书记
1997 年 7 月	钱光辉	奉贤县广播电视台台长
2001 年 12 月	钱光辉	奉贤区广播电视台台长
2001 年 12 月	项　华	奉贤区广播电视台党支部书记
2002 年 3 月	项　华	奉贤区广播电视台常务副台长(主持工作)
2002 年 12 月	金　军	奉贤区广播电视台常务副台长、党支部副书记(主持工作)
2007 年	王建华	奉贤区广播电视台台长
2008 年	陈春良	奉贤区广播电视台党支部书记
2009 年 2 月	瞿　军	奉贤区广播电视台常务副台长(主持工作)

【宝山区广播电视台】

宝山人民广播电台前身是宝山县广播站,1986 年 2 月改为宝山县人民广播电台,1988 年 6 月撤宝山县和吴淞区建立宝山区后,更名为宝山人民广播电台。1988 年 6 月经广电部批准,建立宝山电视台;同年,宝山电视台 12 频道开始试播。1990 年 9 月,宝山广播调频台、宝山电视台开播。

2001 年 10 月,原区文化局和原区广播电视局合并成立宝山区文化广播电视管理局。同时在宝山人民广播电台和宝山电视台的基础上成立了宝山区广播电视台。2002 年 3 月,宝山区广播电视台独立建制,隶属宝山区文化广播电视管理局,业务受宝山区委宣传部指导和协调。

宝山区广播电视台的调频广播全部采用数字化音频工作站,调频播出频率为 96.2 兆赫。除转播中央电台、上海电台节目外,设有自办节目《宝山新闻》《今日播报》《百姓连线》《滨江故事》《与法同行》《健康有约》《少儿广播台》《布袋音乐》等新闻节目、栏目,还有文艺节目,日均播音 16 小时 30 分钟。

宝山区广播电视台的电视节目《宝山新闻》初创时每周 1 期,1999 年为每天 1 期。1996 年开始试办不定期《新闻扫描》,加强了新闻深度报道,以后逐年增加到每周 2 期、3 期。2004 年 6 月,民生类新闻栏目《周日播报》开播,宝山电视台进入"天天有新闻"阶段。除新闻类节目外,宝山电视台还办有 3 档专题类节目:《市民话宝山》《精彩人生》《宝山纪实》等,每晚还播出多集电视连续剧,日均播出约 15 小时。

2019 年 9 月 16 日,宝山区广播电视台与所在区的区报、区政府门户网站合并为宝山区融媒体中心。

表 1 - 2 - 12　1988—2010 年宝山县/区广播电视机构历任主要领导情况表

起 任 年 月	姓　名	单 位 职 务
1988 年 6 月	金志勤	宝山人民广播电台台长
1988 年 12 月	吴　超	宝山人民广播电台台长、宝山电视台台长

（续表）

起任年月	姓　名	单　位　职　务
1992 年 7 月	范小禄	宝山人民广播电台台长、宝山电视台台长
1995 年 2 月	彭超美	宝山人民广播电台台长、宝山电视台台长
1998 年 5 月	李志英	宝山人民广播电台台长、宝山电视台台长
2002 年 5 月	龚寄托	宝山区广播电视台台长
2007 年 7 月	徐祖达	宝山区广播电视台台长

【松江区广播电视台】

松江人民广播电台前身是松江县人民广播站,1986 年 12 月 1 日改为松江人民广播电台。1987 年 9 月 24 日,新建广播大楼投入使用,主要转播中央电台和上海电台节目,同时制作播出自办节目。1993 年 1 月 17 日,松江人民广播电台调频广播播出。该台每天播音 14 小时 40 分钟,自制节目 9.5 小时。广播新闻节目有《松广新闻》《一周新闻集锦》《上海经济区新闻联播》等,专题类节目有《报刊信息》《健康你我他》《开心假日》《广播书场》等。

松江电视台始建于 1984 年秋,1986 年 1 月 1 日对外试播,是上海郊县中第一家成立的电视台。松江电视台初建时有 2 个频道,波及上海市区及苏浙毗邻地区。10 频道在 1985 年 12 月试播成功后,于 1986 年 1 月 2 日起每晚转播上海电视台 20 频道节目;1997 年 1 月,按照上级精办节目的要求,10 频道停播。1986 年开播的 17 频道,每周播出 2 天;1988 年起,每周播出 3 天;1994 年起改为每天播出。松江电视台开播后设《松江新闻》;1995 年《松江新闻》改名《松视新闻》,周一至周六每天播出,周日播出《一周新闻集锦》;2009 年增播《云间播报》,每天 20 分钟。

1986 年起,松江人民广播电台、松江电视台与松江县广播电视局采用"三块牌子、一套班子",实行"局台合一"。2001 年,松江区文化广播电视管理局、松江区广播电视台相继成立,逐步转变为"局台分离"。2018 年 1 月,松江区广播电视台、松江报社、松江区新闻服务中心合并成立松江区新闻传媒中心。2019 年 5 月,松江区新闻传媒中心更名为松江区融媒体中心。

表 1-2-13　2003—2010 年松江区广播电视台历任主要领导情况表

起任年月	姓　名	单　位　职　务
2003 年 7 月	王一平	松江区广播电视台台长
2008 年 7 月	何　锋	松江区广播电视台常务副台长(主持工作)
2009 年 10 月	黄　成	松江区广播电视台党支部书记

【金山区广播电视台】

金山人民广播电台前身是金山县有线广播站,1986 年 12 月 31 日更名为金山县人民广播电台。1990 年 4 月,金山电视转播台建立,同年 10 月定名为金山县广播电视台,保留金山县人民广播电台。1991 年 10 月,金山县广播电视局成立。1991 年 11 月,建立金山县调频广播电台,呼号"金山人民广播电台"。1992 年 11 月,建立金山县电视台,呼号"金山电视台"。1997 年 6 月 17 日,金山区广播电视管理局成立,行政上实行区广播电视局、区广播电视台、区有线电视中心三位一体制,仍保留"金山人民广播电台"和"金山电视台"的对外播出呼号。2001年10月,金山区广播电视局更名为金山区广播电视台。

金山人民广播电台每天播出节目14小时35分,先后曾开设《金广新闻》《简明新闻》《上海经济区新闻》等新闻节目,以及《专题节目》《金山潮花》《为您服务》《科技与信息》《经济一刻钟》《青苹果乐园》《百家风采》等社教节目。至2010年底,开设有《金广新闻》《上海经济区新闻》《绿色长廊》《音乐欣赏》《少儿节目》等节目。主打新闻节目《金广新闻》主要播出金山本地新闻及通讯。主打社教节目《绿色长廊》主要播出社会主义新农村新郊区的建设情况。

金山电视台使用无线40频道,播出功率1千瓦。电视发射塔高130米,节目覆盖金山区和邻近区及周边省的部分地区。开播初期,每天播出2小时节目,以后不断增加,至2002年底每周一至周五日均播出13小时;周六、周日每天播出16小时。金山电视台曾先后开设《金视新闻》《百姓直通车》《关注》等新闻节目,以及《金海湾》《金山漫游》《星火科技30分》《风采录》《金山故事》等多档电视专题节目。重点新闻节目《金视新闻》先后设有"本区新闻""区县新闻""金视聚焦""观众中来"等板块。2010年底,开设有《金山新闻》《百姓直通车》《关注》《相约海滨》《魅力乡村行》《快乐起跑线》《法制时间》《警讯300秒》等节目,每天播出时长达到16小时。

2015年10月,金山区广播电视台和金山报社整合成立金山区新闻传媒中心(同时挂金山广播电视台牌子)。2019年6月,金山区新闻传媒中心更名为金山区融媒体中心(同时挂金山广播电视台牌子)。

表 1-2-14　1980—2010年金山县/区广播电视机构历任主要领导情况表

起 任 年 月	姓　　名	单 位 职 务
1980年	卢续鹤	金山县人民广播站站长
1981年	干企中	金山县人民广播站站长
1984年	盛大弟	金山县人民广播站站长
1986年8月	周伯廉	金山县人民广播电台台长
1990年10月	李士明	金山县广播电视台台长
2001年11月	文铁峰	金山区广播电视台台长
2010年3月	蒋永华	金山区广播电视台台长

【青浦区广播电视台】

青浦人民广播电台于1986年5月正式建台,调频频率为106.7MHz,发射功率300W,其前身为青浦人民广播站。1994年6月青浦人民广播电台并入新建制的"青浦县广播电视局",实行"局台合一"办公。1997年,根据广电部文件精神,青浦广播电视实行"局台合一"体制。2000年1月青浦撤县设区。2001年底,青浦广电局与文化局合并。2002年4月局台分离,青浦区广播电视台成立,实行广播电台、电视台"两块牌子、一套班子"的运行机制。

青浦人民广播电台每天播出14.5小时,自制节目8小时。自办、编辑类新闻节目有《青广新闻》《简明新闻》《国际新闻》等,共计60分钟。设有新闻社教、文化娱乐类专题共14档,包括《经济广角》《都市农业》等,每天轮流播出,共约5.5小时。至2010年底,已形成"1+4+9"节目滚动播出的基本格局,"1"是一档《青广新闻》;"4"是《社会视点》《多彩生活》《上海西爿爿·日脚交关赞》《小伙伴》4 档社教专题;"9"是包含《缤纷歌坛》《青广大集锦》《缘来都市夜》在内的 9 档文艺类栏目;此外,还包含 3 档转播节目。

青浦电视台建立于 1992 年 8 月,同年 10 月 1 日开播。1994 年 7 月 11 日,青浦电视节目由 1套增加到 2 套。1997 年 1 月 6 日,青浦广电中心奠基。青浦电视台每天有自办新闻和专题节目,新闻类节目有《青浦新闻》《新闻访谈》《一周新闻集锦》等,社教类专题栏目有《今日青浦》《青浦党建》《青浦教苑》等。2002 年,青浦电视台两套节目日播出量分别为 12 小时和 7 小时。至 2010 年底,新闻类节目《一周新闻集锦》经过改版增添了手语播报,社教类专题栏目又增加了《劳动者之歌》《卫生与健康》《科普大篷车》《诚信金叶》4 档。

2019 年 6 月 28 日,青浦区广播电视台与所在区的区报、新媒体合并为青浦区融媒体中心。

表 1-2-15　1987—2010 年青浦县/区广播电视机构历任主要领导情况表

起 任 年 月	姓　名	单 位 职 务
1987 年 1 月	王　井	青浦县人民广播电台党支部书记、台长
1992 年 8 月	王　井	青浦电视台党支部书记、台长
2002 年 4 月	顾永福	青浦区广播电视台党支部书记
2002 年 4 月	张坤龙	青浦区广播电视台台长
2005 年 11 月	庄惠元	青浦区广播电视台党支部书记
2007 年 11 月	沈根其	青浦区广播电视台党支部书记、台长

【南汇县广播电视台】

南汇人民广播电台前身是南汇县人民广播站,1986 年 11 月改为南汇人民广播电台。1989 年10 月 1 日,南汇人民广播电台调频 97 兆赫正式播出,这是南汇第一座无线广播电台,也是上海市郊区第一家开播的调频广播。1994 年 4 月,改为 100.1 兆赫播出;6 月 1 日正式开出调频直播节目。

南汇电视台建于 1986 年,自办节目主要有《南汇新闻》《经济大看台》等。1993 年 5 月起,在《南汇新闻》中开设了《照片传真》小栏目,更多地反映百姓生活,视角独特,深受观众欢迎。

2000 年 8 月,南汇县文化广播电视管理局成立,南汇人民广播电台、南汇电视台合并为南汇县广播电视台,统一由南汇县文广局管理。2009 年南汇县划入浦东新区,南汇县广播电视台并入浦东新区广播电视台。

表 1-2-16　1978—2009 年南汇县广播电视机构历任主要领导情况表

起 任 年 月	姓　名	单 位 职 务
1978 年 5 月	唐再吉	南汇县人民广播站站长
1979 年 1 月	顾克坤	南汇县人民广播站站长
1985 年 7 月	童火根	南汇人民广播电台台长
1987 年 10 月	顾洁迈	南汇电视台台长
1987 年 10 月	沈宝林	南汇人民广播电视台台长
2000 年 8 月	邵学新	南汇县广播电视台党支部书记、台长

(续表)

起任年月	姓 名	单 位 职 务
2002 年 3 月	乔 慧	南汇县广播电视台党支部书记
2004 年 3 月	王 伟	南汇县广播电视台党支部书记
2006 年 3 月	沈 炯	南汇县广播电视台党支部书记

【浦东新区广播电视台】

浦东新区广播电视台的前身为南汇县广播电视台、浦东人民广播电台、浦东新区有线电视中心。2009 年 7 月 20 日,这 3 家媒体整合后命名为浦东新区广播电视台。

浦东人民广播电台前身为川沙县人民广播电台,1993 年浦东新区管委会成立后更名为浦东新区农村广播电台,当时仍为单纯的有线广播。1995 年 11 月,经广电部批准,更名为浦东人民广播电台。2009 年浦东、南汇二区合并,原浦东人民广播电台和原南汇人民广播电台从 7 月 20 日起统一用"浦东人民广播电台"的呼号并机播出。至 2010 年底,该台每天播出 15 小时,其中自制节目 12.5 小时。设有《浦广新闻》《社区新闻》等新闻节目和《温馨专送点歌台》《流光飞舞》等文艺类节目。《浦广新闻》设有"本台新闻""新区纵横"和"媒体链接"3 个板块,节目为 30 分钟。每周六、周日的《浦广新闻》中还有"热点扫描""一周新闻盘点"板块。

浦东新区有线电视中心创办于 1995 年 6 月,是浦东新区区委宣传部(2000 年前为浦东新区党工委宣传统战部)直接领导下的电视媒体,每天制作 30 分钟的节目在第一财经增补频道晚 8 时—8 时 30 分播出,覆盖全区 90 多万用户。浦东新区广播电视台成立后,原南汇电视台和浦东新区有线电视中心整合成立浦东电视台,并于 2009 年 8 月对外播出。播出频道为无线电视 36 频道和有线 13 频道,每天从早 7 时到次日 1 时连续播出 18 小时,有《浦东新闻》《浦东纪事》《沟通》等十多档自办节目。

2019 年 9 月 16 日,浦东新区广播电视台与所在区的区报、新媒体机构合并为浦东新区融媒体中心。

表 1 - 2 - 17　1984—2010 年川沙县/浦东新区广播电视机构历任主要领导情况表

起任年月	姓 名	单 位 职 务
1984 年	钱 明	川沙县人民广播电台台长
1984 年 6 月	沈润章	川沙县人民广播电台党组书记
1986 年	周宁贯	川沙县人民广播电台党组书记、台长
1988 年	高耀根	川沙县人民广播电台党组书记、台长
1989 年 8 月	马永其	浦东人民广播电台党组书记、台长
1995 年 6 月	华信祥	浦东新区有线电视中心主任
1998 年 12 月	奚志良	浦东人民广播电台台长
2004 年 5 月	马永其	浦东人民广播电台党委书记
2006 年 4 月	奚志良	浦东人民广播电台党委书记
2006 年 7 月	马学杰	浦东新区有线电视中心主任

（续表）

起 任 年 月	姓 名	单 位 职 务
2008 年 10 月	王晴川	浦东新区有线电视中心主任
2010 年 9 月	邵学新	浦东新区广播电视台台长
2010 年 9 月	奚志良	浦东新区广播电视台党总支书记

【崇明县广播电视台】

崇明人民广播电台前身是崇明县人民广播站,1986 年 3 月改名为崇明人民广播电台。1991 年崇明电视台建立后,广电合一为崇明县广播电视台。广播对外是一个独立台,呼号"崇明人民广播电台";对内则是一个播出部门。1994 年 10 月前的有线广播是通过全县各乡镇放大站和分布在全县城乡的 15 万只喇叭播出节目,入户率 80% 以上。1994 年 10 月经广电部批准,崇明增加调频发射广播信号,频率 88.7 兆赫,从此有线无线同步播出。

1990 年 11 月,崇明分别在南门、向化建成 120 米高的电视发射塔,两转播台先后试播成功。建成后的南门、向化转播台设 2 个频道,南门台为 6、17 频道,向化台为 2、47 频道,南门台还配有卫星地面接收站,用于接收中央电视台一、二套节目。电视转播台主要转播中央和上海电视台节目,电视覆盖率达 100%。

1993 年 7 月,经广电部批准,"崇明电视台"正式对外呼号,体制上与广播合二为一,更名为崇明县广播电视台,对外分别呼号。1993 年底,县台在城桥镇和堡镇两地建成有线电视网后,崇明电视台形成有线、无线合为一体的格局。崇明电视台从建台初仅开办电视新闻节目,而后相继开办新闻类电视专题、电视文艺及广告服务类节目,增设气象、节目预告等,至 2010 年,崇明电视台已经形成较为完善的新闻、专题、文艺、广告服务的节目格局。

2016 年崇明撤县建区,崇明县广播电视台更名为崇明区广播电视台。2017 年 3 月 28 日,崇明区广播电视台(与崇明报社合署)、区新闻中心合并组建崇明区新闻传媒中心(挂崇明区广播电视台、崇明报社牌子)。

2019 年 9 月 16 日,崇明区新闻传媒中心更名为崇明区融媒体中心。

表 1 - 2 - 18　1987—2010 年崇明县广播电视台历任主要领导情况表

起 任 年 月	姓 名	单 位 职 务
1987 年 12 月	沈志道	崇明人民广播电台党支部书记、台长
1993 年 12 月	胡惠昌	崇明县广播电视台党支部书记、台长
1995 年 10 月	陈志德	崇明县广播电视台党支部书记、台长
2003 年 6 月	陈 卓	崇明县广播电视台党支部书记、台长
2006 年 3 月	袁永达	崇明县广播电视台党支部书记、台长

【嘉定区广播电视台】

嘉定人民广播电台的前身是嘉定县有线广播站,1985 年 7 月更名为嘉定人民广播电台。1994 年 5 月,电台与嘉定电视台一起并入"局台合一"的嘉定区广播电视局。1994 年 10 月,嘉定广播电台开始试播调频广播。2002年,嘉定广播电台使用有线广播和调频100.3兆赫双频播送1套节目,至2010年,每天播音时间从早上6时至晚上8时,全天共14小时,内容为转播中央电台、上海电台新闻节目和自办节目。

1990年4月,嘉定县电视转播台及调频台获准建立。1991年10月,嘉定县电视转播台成立,附设于嘉定县广播电台内。1993年4月,嘉定区电视转播台开播。1994年6月,嘉定区广播电视局成立后,嘉定区电视转播台改称嘉定电视台,实行"局台合一"的管理模式。2001年12月,嘉定区文化广播电视管理局成立,改"局台合一"管理模式为"政事分开"。2002年1月11日,嘉定区广播电视台成立。

嘉定电视台开播初期有2个频道,11频道以自办节目和电视剧、电影类节目为主,43频道以转播上级台节目和播放自办节目为主。1996年12月,这两个频道先后增设双休日节目,下午播出2小时~3小时。2003年,每天播出时间共12小时。电视节目主要有新闻类、社教类、专题类以及经济、娱乐、健康等方面内容。2002年11月,嘉定电视台做了较大改版,自办节目大幅增加。至2010年,嘉定电视台共拍摄各类专题片104部,多部在传媒集团纪实频道、美国斯科拉卫星电视网播出。

2019年6月28日,嘉定区广播电视台与所在区的区报、新媒体合并为嘉定区融媒体中心。

表1-2-19　1985—2010年嘉定县/区广播电视机构历任主要领导情况表

起 任 年 月	姓　　名	单 位 职 务
1985年7月	施心超	嘉定县人民广播电台党支部书记、台长
1988年8月	王占琪	嘉定县人民广播电台党支部书记、台长
1993年6月	赵春华	嘉定电视台台长
2002年1月	金仁兴	嘉定区广播电视台台长
2005年6月	燕小明	嘉定区广播电视台台长
2009年11月	管育民	嘉定区广播电视台台长

二、中心城区有线电视中心

20世纪90年代,上海中心城区各区纷纷成立有线电视中心,它们分别隶属于各区委宣传部,为全民所有制事业单位。各区有线电视中心每天自制半小时的节目在东方有线"区县台"频道(19频道)每晚8时—8时30分播出。2003年2月,各区有线电视中心成立上海电视台基层记者站,向传媒集团《新闻坊》栏目选送社区、社会类新闻。2019年,黄浦、徐汇、长宁、虹口、杨浦、静安、普陀区有线电视中心与所在区的区报、新媒体合并为区融媒体中心。

【黄浦区有线电视中心】

黄浦区有线电视中心成立于1993年1月,1994年1月开播《黄浦新闻》,内容为自制的区域内新闻、专题片,播出时间为一周2播,周日播出一周要闻,1996年起一周3播。

南市区有线电视中心成立于1992年6月,1993年12月开播《南市要闻》,内容为自制的区域内新闻、专题片及专题栏目,播出时间为每周1播(周日),1995年起改为一周2播,1999年起一周3播。

2000年7月,黄浦区、南市区两区"撤二建一",原黄浦、南市有线电视中心撤销,新的黄浦区有线电视中心建立。区域内新闻为《黄浦30分》,一周5播,双休日播出一周要闻,陆续增加《家居黄浦》《平安黄浦》《黄浦110》《生活与健康》《党的生活》等栏目。

2011年7月黄浦区、卢湾区两区"撤二建一",原黄浦、卢湾有线电视中心撤销,更新的黄浦区有线电视中心建立。

【卢湾区有线电视中心】

卢湾区有线电视中心筹建于1992年,1993年完成设备安装与调试后开始播出。卢湾区有线电视中心主要制作新闻节目,每周二、四、六首播,次日重播。此外,还先后拍摄反映卢湾新风貌专题片几十部。

2011年7月黄浦区、卢湾区两区"撤二建一",原黄浦、卢湾有线电视中心撤销,更新的黄浦区有线电视中心建立。

【静安区有线电视中心】

静安区有线电视中心于1993年3月建立,1994年2月开始播出静安新闻、专题片等节目。1998年开设《静安橄榄绿》《人生健康园》《科教兴区》《拥军爱民》《创建文明城区》《再就业工程》等栏目。1999年2月,静安区有线电视中心与《静安时报》合并,成立静安区新闻中心。2009年开设《柏阿姨讲世博讲礼仪》《生活指南》《走进演播室》等栏目。

2015年11月静安区、闸北区两区"撤二建一",原静安、闸北有线电视中心撤销,更新为新的静安区有线电视中心。

【闸北区有线电视中心】

闸北区有线电视中心成立于1993年10月,节目内容包括《闸北新闻》和自制专题两大板块,自办专题节目《闸北人家》《社会建设大家谈》《活力闸北追梦人》《闸北有线连万家》等。2009年又开办了手语节目,每周二晚上播出。

2015年11月静安区、闸北区两区"撤二建一",原静安、闸北有线电视中心撤销,更新为新的静安区有线电视中心。

【长宁区有线电视中心】

长宁区有线电视中心于1992年1月开始筹建,1992年6月2日成立。1992年9月,长宁区有线电视中心在全市中心城区率先推出自办节目,与上海市旅游局联合举办旅游风光片展播月活动。1992年10月1日,上海有线电视台光纤传导的电视节目率先在长宁区开通。1993年1月11日,长宁区有线电视中心成为上海市内第一家既能独立转播又与市有线电视台联网的中心,同时自办的新闻节目《长宁新闻》开播,并先后推出《访谈实录》《专题报道》《健康300秒》等节目。

【徐汇区有线电视中心】

徐汇区有线电视中心成立于1993年10月。1994年7月1日,徐汇区有线电视中心自制节目《徐汇新闻》首播。此后陆续推出《徐汇人家》《周末话题》《徐汇新天地》《徐汇110》《评案说法》等自制节目。至2010年,区有线电视节目信号覆盖全区13个街道、镇,有线电视终端达32万户。

【普陀区有线电视中心】

普陀区有线电视中心成立于1994年1月,同年6月28日开始播出自办节目,包括:日播栏目《普陀新闻》、周播栏目《阳光家园》《一周要闻回顾》、特别节目《走基层》《大家谈》等。至2010年底,区有线电视节目信号覆盖全区所有街道、镇。

【虹口区有线电视中心】

虹口区有线电视中心成立于1993年,自办日播新闻节目《虹口30分》,由区时政新闻、坊间(民生)新闻、社会新闻以及社教类专栏和公益广告等组成。2005年7月,虹口区有线电视中心与虹口报社合并,成立虹口区新闻传媒中心。

【杨浦区有线电视中心】

杨浦区有线电视中心成立于1993年5月,1995年1月正式开始播出《杨浦新闻》,内容主要包含杨浦要闻、民生新闻、专题报道、媒体精选等板块。2002年5月,开设手语节目,每周二晚上播出。至2010年底,还先后开设了《百姓与交通》《杨浦110》《话说杨浦》等专题栏目。

三、企业社区有线电视

【上海梅山冶金公司有线电视台】

地处南京郊区的上海梅山冶金公司,为解决职工与家属收看电视问题,于1978年自行设计、安装了一座98米高的电视接收塔,差转南京电视台和江苏电视台的节目。1985年4月24日,梅山有线电视台成立,开播自办新闻频道,同时转播中央电视台3套节目和中国教育电视台节目、上海电视台8频道、江苏电视台和南京电视台各2套节目、安徽电视台1套节目,1993年又转播上海东方电视台节目。

开办初期,梅山有线电视台联网户数为4 500户,1993年发展到近2万户,并为公司附近的农村居民差转节目。1套自办的节目设有新闻、综艺和电视剧,每天播出17小时。每周制作播出一次《梅山新闻》,1990年改为一周2次,1994年改为一周3次。2003年,增加播出《一周要闻》。除采制该公司的电视新闻外,其他节目的片源,主要是从北京、江苏、上海等地电视台、影视制作发行公司购入。

2005年,梅山电视台与《梅山冶金报》合并,成立梅山新闻中心,对外保留"梅山电视台"呼号。2010年,梅山电视台顺应地方政府关于有线电视属地化管理的要求,向南京市雨花台区属地移交有线电视网络;梅山电视台自办新闻频道停播,新闻节目在南京雨花频道播出。

【上海石化总厂有线电视台】

1979年1月,为解决电视信号源距离远、企业职工居家收看电视节目声画质量不稳定等问题,上海石油化工总厂建立电视差转台。1984年完成闭路电视系统工程,差转台撤销。1987年7月,上海石化有线电视台成立。除了转播中央电视台、上海电视台和浙江电视台的节目外,还自办2个频道,拥有3万用户。1997年1月,石化有线电视改造及与上海有线电视台联网工程投入使用,转播2个自办频道和其他43个电视频道的节目。

1998年4月,石化有线电视台与《新金山报》合并,成立上海石化新闻中心。2003年12月,新闻中心启动"台网分离",将电视数据传输网络相关职能划出,实施专业化集中管理,以进一步做强电视内容主业。期间,先后开设《石化新闻》《记者视线》《"七一"杂志》《今夜话题》《小城大观》等各类电视专栏,多次被评为全国"最佳企业台"。

【宝山钢铁公司有线电视台】

1983年10月,宝山钢铁公司建立共用天线系统(CATV),同年12月,筹建宝钢闭路(有线)电视台。1988年3月21日,宝钢有线电视台成立,除转播中央电视台4套节目,上海电视台2套节目,云南、贵州、宝山电视台各1套节目外,自办1套教育节目和1套综合节目。

2004年,宝钢新闻中心成立后,宝钢电视台对外仍保留原名称,对内为新闻中心专题室。宝钢电视台共播出频道56个,其中2个(宝钢综合频道、宝钢教育频道)为自办节目频道,其余为转播社会频道,网络用户6万户。

2005年4月,宝钢电视台每天15分钟的新闻或专题节目,改由宝山电视台播出,原宝钢综合频道、宝钢教育频道及其余转播频道停播。宝钢电视新闻对外仍采用"宝钢电视台"名称,由宝钢集团有限公司主办,新闻中心专题室承办。2010年改为每周一、三、五制作10分钟的新闻,在宝山电视台1套、2套黄金时段播出,每周二、周四重播,周六则播放专题片。

第三章　传　输　机　构

第一节　上海东方明珠传输有限公司

上海东方明珠传输有限公司(以下简称传输公司)成立于1992年8月,是上海东方明珠股份有限公司的全资子公司。该公司是上海市科委认定的高新技术企业。

传输公司主营:广播电视播出,广播电视技术系统咨询、设计、安装,通信网络工程,无线数据传输,安全技术防范系统设计、施工和维护等业务。

该公司下属的东方明珠调频、电视发射台和题桥、杨浦、凯旋3个中波广播发射台,承担着整个上海地区无线广播和电视的发射任务,并同时担负中央电视台、中央人民广播电台部分节目的转播工作和实验广播任务。三个中波发射台合计对外发送14套中波节目。

1995年,该公司新建东方明珠发射台,替代位于南京西路651号上海电视台大院内的老塔,向上海市辖区居民传送调频和电视节目。从开播之初发送5套调频节目和5套模拟电视节目,到2010年播出16套调频节目、40多套电视节目,每天24小时不间断地把丰富的广播电视节目传送到千家万户。

东方明珠发射台获国家广电总局授予的1999年度和2011年度全国广播电视技术维护先进台站称号。题桥发射台获国家广电总局1996、1997、1998年度全国广播电视技术维护先进台站称号。杨浦发射台获国家广电总局2001年度全国广播电视技术维护先进台站称号。凯旋发射台获国家广电总局2002年度全国广播电视技术维护先进台站称号。

经过多年的努力,传输公司已由初期的单纯经营广播电视播出业务,发展为同时自主进行新技术项目研发、积极对外投资的多种经营的企业。2000年前后,该公司在国内率先研发数字化传输技术,先后开发、建成包括地铁及移动数字电视播出系统、DMB无线发射传输系统、户户通地面数字无线发射传输系统在内的多种地面数字广播电视传输覆盖网络,实现了数字化广播电视信号对上海地区的覆盖。

2004年10月,经过多年的选点及设备安装调试,传输公司初步建成由东方明珠广播电视塔、广播大厦、东方电视台大厦、教育电视台大厦、广电大厦、大宁多媒体大厦6个发射点组成的CH-37移动电视单频网,制式为国标16QAM,并于当年11月对外试播,2005年1月1日正式对外播出。2008年、2009年,该公司还分别实现了高清电视和手机电视(CMMB)的播出。

第二节　东方有线网络有限公司

上海有线网络有限公司成立于1998年底,其前身是上海有线电视台网络部,2004年8月更名为东方有线网络有限公司(以下简称东方有线)。上海作为国务院最早批准的"三网融合"试点城市,市委、市政府推动网台分离,吸收政府投资公司力量组建了国内第一个广电网络"三网融合"的市场主体——上海有线网络有限公司。该公司股东为市广电局、上海市信息投资股份有限公司(以下简称"上海信投")和上海东方明珠(集团)股份有限公司(以下简称"东方明珠")。

东方有线经营着全球最大的有线电视城域网——整个上海市的有线电视网络,拥有带宽、用户资源、光纤资源和规模运营的优势,是集有线电视、家庭宽带、互动电视、企业数据于一体的全业务运营商。公司成立后,已从单一的有线电视业务,向产品多元化、业务全方位发展,不断推动上海市信息化进程。

东方有线的基础业务为建设和维护整个上海市的有线电视网络,为上海470多万户居民传输安全、稳定、清晰的有线电视节目,并且提供其他增值服务。东方有线于2001年完成市中心城区有线电视网络的整合,2008年完成崇明县的有线电视网络整合工作。2011年,东方有线宝山、奉贤、嘉定、金山、闵行、浦东、青浦、松江8家郊区子公司挂牌成立,有线网络整合工作圆满完成,形成全市城乡有线电视网络统一规划、统一管理、统一业务、统一标准、统一运营的发展新格局。

2006年起,东方有线向每户家庭免费提供一台交互型机顶盒、一台基本型机顶盒,实施有线电视数字化整体转换,建立覆盖全市、可承载百万级互动数字电视用户的双向交互宽带网络,实现了有线网络数字化升级和基于有线网络的IPTV功能。

互动电视是东方有线为家庭用户提供的基于有线电视的各类增值服务,包括专业的高清和标清付费频道及视频点播、数字录像、电视回看、电视证券、卡拉OK、电视支付和电视购物等交互应用。

2009年,东方有线将9套新增高清电视频道在有线电视数字化整体转换区域落地播出,上海有线电视率先跨入高清时代。

2010年,东方有线完成100万户NGB接入网建设,上海有线电视网络完成更新换代,网络承载能力大幅提升,成为上海"智慧城市"的主要信息基础设施之一。

2019年6月,东方有线开展股权调整工作,上海信投向东方明珠转让其持有的东方有线2%股权,相关交易于10月8日完成。股权转让完成后,东方明珠和上海信投分别持有东方有线51%和49%股权,东方有线正式成为东方明珠的控股子公司。

第四章 制作机构

第一节 国有制作机构

一、上海市总工会电视制作中心

上海市总工会电视制作中心成立于1991年,其前身为上海市工人文化宫文学部。20世纪80年代中期,受全国电视传播事业迅猛发展的影响,全国总工会系统也大力鼓励、支持并要求各省(市)工会积极占领新型的电视宣传阵地和工会(职工)电视文学创作阵地,为发展繁荣工会(职工)文化事业服务。1988年,市总工会与市广电局签署开辟《当代工人》电视栏目合作协议,由市广电局提供频道资源,市总工会出资、出人、出场地、出设备,共同开设第一个省级台的工会电视周播栏目,并于当年5月1日开播。老一辈革命家陈云专门为《当代工人》栏目题字。

1991年《当代工人》栏目停办后,其编辑部转型成事业体制的上海市总工会电视制作中心,除承担工会电视宣传任务外,致力于主旋律电视剧的创作、拍摄。为了更好地适应电视剧市场化运作的需要,该中心于1992年进行了企业工商登记注册,成为全国工会系统第一家具备电视节目制作与经营资格的法人单位,法人代表由上海市工人文化宫副主任陈东湖兼任。中心拥有国家广电总局颁发的《电视剧制作许可证(甲种)》和《广播电视节目制作经营许可证》。

上海市总工会电视制作中心旗下拥有的一批优秀工人剧作家(宗福先、贺国甫、贾鸿源、陈心豪、史美俊、曲信先等)和摄制主创人员,瞄准主旋律题材,进行电视剧的创作、摄制和市场运作,摄制了一大批革命现实主义题材电视剧,在上海电视剧生产领域异军突起,不但囊括了全国性电视剧奖项,也走出了一条电视剧生产、投资、回报的良性发展之路。至2010年,该中心先后投拍了《大潮汐》《东方小故事》《太阳河》《这一片天空下》《香堂往事》《无瑕人生》《情感四季》《丰园餐厅》《婚前婚后》《东方大律师》《青春作伴》《天书崖》《老爸老妈》《红色康乃馨》《蓝色马蹄莲》《褐色美人蕉》《故事2000》《故事2001》《太阳作证》《英雄虎胆》等。其中,《大潮汐》获精神文明建设"五个一工程"奖和"飞天奖"一等奖;《东方小故事》获市委宣传部最佳制作奖,该片还被制作成音像制品在国内外发行;《哎哟妈妈》《无瑕人生》《红色康乃馨》先后获精神文明建设"五个一工程"奖;《故事2000》入选国家广电总局建党80周年推荐片;《故事2001》获中组部红星特别奖;《英雄虎胆》分别获电视剧金鹰奖和全军军事题材电视剧金星奖等。

上海市总工会电视制作中心作为工会系统的电视制作机构,在电视剧的生产中坚持实行自筹资金、自负盈亏、自主运行、自我发展的方针,采取银行贷款、与央视和地方电视台制播机构联合拍摄、与社会电视机构合作投资等运作模式,发挥剧本题材优势,以销定产,尽可能规避投资风险。1995年,中心拍摄的22集电视剧《无瑕人生》,展现医务人员的工作、生活和人生情怀,成为当年最受欢迎的热播剧,取得了当年拍摄、当年播出、当年收回投资的良好业绩,剧组主创人员还受到了中共中央政治局常委、国务院副总理李岚清的亲切接见。

二、上海正大综艺电视制作有限公司

上海正大综艺电视制作有限公司(以下简称"正大综艺公司")成立于 1992 年 11 月 7 日,是由香港正大综艺有限公司(正大集团所属企业)与上海电视台、上海新龙华实业有限公司联合(合作期限为 20 年)创办的国内第一家中外合作的电视节目、广播节目、广告摄制及媒体代理的专业公司。

正大综艺公司拥有 2 座现代化电视节目摄影棚(分别为 900 平方米、600 平方米),配备有多机作业及数字化电视节目制作系统、电脑调控的灯光设备、完整的录音设备和优秀的技术人才,完备的美术布景、道具、服装、化妆及布景仓储等设施,可满足电视节目制作需求。

正大综艺公司与国内电视台合作打造了多档知名节目,包括《正大综艺》《五星奖》《真情满人间》《红蓝大对抗》等,曾获得"星光奖"、全国优秀栏目奖等众多奖项。其制作的大量电视节目不仅丰富了国内观众的精神文化生活,同时销往海外,得到国际电视界的好评。2000 年,正大综艺公司与澳洲电视购物频道 TVSN 合作,共同发展其在华业务。

2010 年,因土地所有企业上海新龙华实业公司另有开发项目,正大综艺公司启动关停,并根据合同约定于 2012 年合作期满后停止营业。

三、东上海国际文化影视集团

上海东上海国际文化影视有限公司(以下简称"东上海")成立于 1992 年 12 月 16 日,由中国对外文化交流协会、《中国》系列纪录影片制作中心、上海市文化事业管理处、上海市广播电视局和上海电视台共同投资组建。公司的宗旨是:贯彻落实邓小平南方谈话精神和中央关于开发浦东的指示,集中人力财力,建立一个外宣事业实体,加强文化影视外宣工作,并通过综合开发、多种经营,创造较好的经济效益和社会效益,以求得对外宣传资金的滚动与周转,用于发展文化影视的对外宣传工作。

东上海自成立起即确立以外宣为主业的方针,投资组建东上海电视、东上海国际文化交流、东上海文化策划等专业化子公司,分别开展电视节目制作、文化交流演出、广告创意和代理等业务,先后拍摄了《当代中国》《上海漫步》《来自上海的报导》《中国人的衣食住行》《看上海》等外宣纪录片。

2005 年,经国务院新闻办公室和中共上海市委宣传部批准,东上海公司改组成立东上海国际文化影视集团(以下简称"东上海集团"),是根据国家对外宣传的需要,以企业方式来发展我国外宣产业的一个综合性、外向型、多元化经营实体,系中央外宣办南方影视外宣基地,隶属于上海市委外宣办。东上海集团经营范围涉及影视艺术、科技实业、文化创意三大板块,由 30 余个公司和单位组建而成。

2006 年,东上海集团参与投拍的《诺尔曼·白求恩》《亮剑》《武林外传》等电视剧持续走红,不断掀起收视高潮。其中,《诺尔曼·白求恩》被中宣部、文化部、国家广电总局评为 2006 年全国 11 部优秀文艺作品之一;《亮剑》《诺尔曼·白求恩》获 2007 年精神文明建设"五个一工程"奖;《诺尔曼·白求恩》《亮剑》《武林外传》获第二十六届电视剧"飞天奖"。此外,东上海集团还投拍了《永远的铭记》《新上海滩》《谁为梦想买单》《青春之歌》《廖家二女》《舞台姐妹》《寒夜》《老娘舅》等多部电视剧,并制作多部纪录片、专题片。2009 年,东上海集团投拍的《进城》被国家广电总局推荐为国庆60 周年献礼电视剧。

四、上海求索影视制片有限公司

上海求索影视制片有限公司的前身是成立于1994年5月的上海电视台求索电视剧制作社(当年,上海电视台以"求索""开拓""创新"为名字,成立了三个实行独立制片人制度的电视剧制作社)。

求索电视剧制作社走市场化道路,除了上海电视台一次性拨给15万元启动资金外,依靠自筹资金拍摄电视剧,拍成后由上海电视台或其他单位收购。求索电视剧制作社成立后即开始拍摄根据叶辛同名小说改编的20集电视连续剧《孽债》,邀请著名导演黄蜀芹执导。该剧1995年1月在上海电视台播出后收视率达42%,开创了电视剧一天播2集的先河,受到社会极大关注。此后,求索电视剧制作社还拍摄制作了《官场现形记》《上海沧桑》等一批优秀作品。

1999年11月12日,在"影视合流"机制改革的推动下,上海求索影视制片有限公司揭牌成立。该公司是由求索电视剧制作社改制而来的,由上海电视台、永乐集团公司、东上海国际文化影视有限公司、新文华影业有限公司和著名编剧、导演黄蜀芹,制片人蔡永瑞参股组建。公司打破原有体制,引进多种经济成分,是国家、集体和个人共同投资参股,实行新经营机制的影视制作企业,也是沪上影视业深化改革推出的新举措。

上海求索影视制片有限公司坚持"影视为本、多元发展"的企业战略。公司成立后拍摄了《闯荡西班牙》《喜从天降》《女人不麻烦》等电视剧。2001年,其拍摄的50集长篇历史剧《康熙王朝》播出后获得广泛赞誉。同时在中国台湾和香港地区的播出,也创下收视率纪录。

2003年,上海求索影视制片有限公司拍摄制作了《一个女儿四个爸爸》《冰山下的来客》《生活甜蜜蜜》《玫瑰玫瑰我爱你》等电视剧。2005年,该公司拍摄制作的《错爱一生》在央视8套播出时收视表现突出,刷新央视8套黄金档电视剧收视率纪录。2006年,公司拍摄制作了电视剧《孽火》。

至2010年,该公司共拍摄50余部电视剧、近700集,多次获得全国"飞天奖""金鹰奖"等重要奖项。

五、上海广电影视制作有限公司

上海广电影视制作有限公司(以下简称"广电制作")成立于1999年10月28日,由上海广电发展总公司、上海电视台、东方电视台共同投资组建,2001年成为上海文广新闻传媒集团下属的全资子公司,是融舞美灯光设计制作和电视节目制作为一体的专业制作公司。

广电制作以电视舞美为抓手,以视觉创意为发展,立足上海、走向全国,打造中国舞美创意专业领域一流品牌。公司承担数以千计的国内外和上海市的重大项目,包括中国2010年上海世博会开幕式、闭幕式舞美设计制作及灯光设备支持等,同时为各省市电视台及传媒集团下属各专业频道的娱乐节目和各类新闻专题电视节目提供舞美灯光的技术支持,先后获得国家级舞美灯光的专业评奖80多项,并连续几年名列参评单位获奖数量第一。

2004年,广电制作成为国内同行业首家获得中国质量认证中心质量管理体系(ISO 9001:2008)认证的专业企业。2009年,广电制作获得中国演出行业舞美工程企业综合技术(舞美工程一级)资质。

2010年,广电制作实现营业总收入1.30亿元,实现净利润1 980万元。

六、上海今夜娱乐文化演出影视有限公司

上海今夜娱乐文化演出影视有限公司(以下简称今夜娱乐)成立于 2000 年 6 月 2 日,由上海电台、东方电台、上海电视台、东方电视台、上海广电影视制作有限公司共同投资组建,2001 年成为传媒集团下属的全资子公司。

今夜娱乐由著名电视节目主持人叶惠贤负责组建经营,是传媒集团探索制播分离、公司化运营最早的试点之一,连年赢得社会、经济效益双丰收。

公司成立后,相继策划推出《霓虹灯下的哨兵》《雷雨》《家》《非常任务》等多部明星版话剧,取得良好的市场效果和社会影响,在全国掀起了一股"明星话剧热"。2003 年起,今夜娱乐公司连续 6 年在元旦策划推出《笑的晚会》,年年创下收视佳绩。

2005 年 3 月 1 日,今夜娱乐策划推出的全国首档老年电视综艺节目《精彩老朋友》开播,并延续至 2010 年。《精彩老朋友》节目举办了多项老年人电视才艺大赛,让来自全国的数千位老年人登上荧屏,节目中的"精彩老来伴"板块更是为单身的中老年朋友搭起了荧屏鹊桥,为丰富老年观众的精神文化生活做出了积极贡献。

七、上海幻维数码创意科技有限公司

上海幻维数码创意科技有限公司(以下简称"幻维数码")前身是 1996 年成立的市文广局技术中心影视节目制作中心。2001 年,影视节目制作中心转企改制,由文广科技有限公司、传媒集团和上海东方明珠股份有限公司共同出资成立上海幻维数码创意科技有限公司,成为集三维动画、视觉特效、媒体品牌创意与制作为一体的影视多媒体创意制作基地。

幻维数码拥有 4 个大型创意制作基地,包括上海的南京西路、广中西路、威海路三大基地及云南云视幻维数码影视有限公司,总建筑面积超过 10 000 平方米。幻维数码是中国电视综艺节目重要的制作方,承制了《中国达人秀》《顶级厨师》《中国梦之声》等现象级节目。

2009 年,幻维数码成为传媒集团全资子公司。2010 年,幻维数码公司并入上海东方传媒集团有限公司炫动传播板块,成为上海炫动传播股份有限公司的全资子公司。

2010 年,幻维数码实现营业总收入 1.02 亿元,实现净利润 1 942 万元。

八、上海文广互动电视有限公司

上海文广互动电视有限公司(以下简称"文广互动")成立于 2001 年 12 月 31 日,是传媒集团下属从事数字电视和视频点播业务的全资子公司,是国内数字电视集成运营商、互动电视服务商和专业频道产业运营商。2002 年 9 月 28 日,文广互动在上海开展数字电视运营性试播。

2004 年 8 月 3 日,国家广电总局批复同意传媒集团开展全国有线数字付费频道集成运营机构筹备工作。传媒集团授权文广互动负责运作传媒集团全国有线数字付费频道集成运营平台。2005 年集成运营平台建成后,向全国传送"动漫秀场""游戏风云""东方财经""全纪实""卫生健康""都市剧场""欢笑剧场""极速汽车""劲爆体育""魅力音乐"等 15 套数字付费频道。至 2010 年,文广互动覆盖全国 220 多个城市及地区,拥有 6 500 万数字收视用户。

文广互动在新媒体内容、产品、技术、渠道等领域具有综合优势,并与国内外众多内容制作发行机构建立长期的合作关系,构建了规模庞大的电影、电视剧、综艺、纪实、动漫、体育、少儿、娱乐等内容资源库,拥有超百万小时的存量节目。该公司下属法治天地、游戏风云、极速汽车、金色频道、魅力音乐和全纪实六大专业频道,成为各自领域产业链上一个至关重要的资源聚集平台和价值开发平台。2007年4月12日,文广互动全力打造G联赛,是中国首次由专业电视机构举办的中国本土品牌电子竞技电视联赛。

文广互动是上海市高新技术企业、上海市科技小巨人培育企业,是上海互动媒体工程技术研究中心的依托单位,也是国家网络新媒体工程技术研究中心和国家宽带网络与应用工程技术研究中心的成员单位。2009年,文广互动推出NGB互动电视业务,为用户提供点播、直播、回看、时移等多项服务,并在原有的单向提供内容服务模式上,逐步向双向互动服务模式转型。

2010年,文广互动实现营业总收入1.14亿元,实现净利润830万元。

九、星尚传媒有限公司

2003年6月,作为传媒集团的改革试点,生活时尚频道成立上海时尚文化传媒有限公司(以下简称"时尚传媒"),全面负责频道运营、节目制作、节目营销和广告经营,进入企业化运营的新阶段。时尚传媒在资产结构、管理架构、团队建设、运营模式等方面积极探索,建立并运行一整套符合市场需求和传媒特点的体制机制。

2003年10月,时尚传媒成功主办Channel Young莱卡风尚颁奖大典,它以更加清晰的定位、成功的商业运作和节目发行,使该公司成为国内重要的时尚传媒之一。

2009年7月1日,经上海市工商行政管理局核准,原上海时尚文化传媒有限公司更名为星尚传媒(上海)有限公司(以下简称"星尚传媒")。在完成了从"生活时尚"到"星尚"的品牌转身后,星尚传媒确定以时尚文化为核心内容,全面开发以"星尚"为核心的媒体产业群,包括星尚电视、星尚杂志、星尚网、星尚手机电视、星尚媒体活动、星尚品牌产品、星尚品牌授权、星尚联名卡以及星尚会员数据库等。

2010年,星尚传媒实现营业总收入4.77亿元,实现净利润1.92亿元。

十、上海第一财经传媒有限公司

上海第一财经传媒有限公司成立于2003年8月13日,是传媒集团实施公司化运作改革的试点之一。

第一财经致力于为中国广大投资者和商界、经济界人士以及全球华人经济圈提供实时、严谨、高品质的财经新闻,打造具有公信力和影响力的全媒体金融与商业信息服务集团。

2003年7月,经国家广电总局批准,原上海电视台财经频道和原上海东方电台财经频率的呼号统一改为第一财经;2004年11月15日,第一财经日报创刊;2008年2月,第一财经周刊创刊。至2010年,第一财经拥有广播、电视、日报、周刊、网站、研究院等众多媒体和研究机构,成为中国具有影响力、品种齐全的财经媒体集团。

2010年,第一财经引进上海联新投资中心等4家股东为战略投资者,融资超过6亿元。首轮融资之后,第一财经的估值超过23亿元。2010年,第一财经实现营业总收入7.78亿元,实现净利润

4 340 万元。

2014 年 6 月 9 日,上海广播电视台东方广播中心成立,第一财经广播归入东方广播中心。

十一、上海炫动传播股份有限公司

上海炫动传播股份有限公司前身是成立于 2004 年的上海炫动卡通卫视传媒娱乐有限公司。2009 年 12 月,上海广播电视台将炫动卡通频道、哈哈少儿频道、影视剧中心动漫部、东方广播公司、幻维数码资源整合后,成立新的上海炫动传播股份有限公司,负责 2 个频道、7 个频率的运营和少儿产业经营。

上海炫动传播股份有限公司(以下简称"炫动传播")是国家广电总局授牌的国家动漫产业基地,以原创动漫为核心、以媒体运营为特色、以产业经营为驱动,拥有"原创动漫投资中心""媒体运营中心"和"产业中心"三大业务板块。

炫动传播参与原创影视动画投资、制作、发行,拥有国内顶尖的动画制作技术和一流的宣传发行团队,创造出《风云决》《麦兜响当当》《喜羊羊与灰太狼之牛气冲天》《喜羊羊与灰太狼之虎虎生威》等多部国内动漫电影票房佳绩。同时,整合全国各地少儿频道优质播出资源,逐步成为以"哈哈"为龙头的全国儿童节目内容提供、交易中心和以"炫动"为龙头的动漫投资、制作、展会、发行品牌。

2010 年,炫动传播单体经营总收入(不含东方广播公司、幻维数码)2.01 亿元,实现净利润7 078 万元。

2014 年 6 月 9 日,上海广播电视台东方广播中心成立,东方广播公司下属的 7 个频率归入东方广播中心。

十二、五星体育传媒有限公司

五星体育传媒有限公司(以下简称"五星体育")成立于 2009 年 10 月 9 日,是传媒集团下属的全资子公司,拥有五星体育电视、广播、杂志、俱乐部等产业群,是专业从事体育传媒内容生产、广告业务经营、节目版权营销、赛事信号制作、体育赛事组织、体育活动推广和品牌授权经营等业务的内容提供商和服务提供商。

五星体育致力于打造中国最领先的体育传媒产业集团,大力拓展体育相关领域的业务,持续完善和加快在体育媒介、体育旅游、体育金融、体育培训、体育中介、体育商贸、健身休闲、运动与健康促进和智慧体育等产业领域的布局。公司有 100 多名媒体从业人员,制作体育新闻、体育专题、体育专栏和体育赛事等内容产品,并拥有大量优质赛事版权资源。

五星体育是国内获得国际奥委会资格认定的体育赛事电视公用信号制作机构之一,拥有一支具备制作大型国际体育赛事公用电视信号能力的制作团队,参与制作的 2008 年北京奥运会、NBA中国赛、网球大师杯、斯诺克大师赛等国际一流赛事和活动,先后获得多项全国性和省市级的荣誉称号。

2010 年,五星体育实现经营总收入 2.31 亿元,实现净利润 9 167 万元。

2014 年 6 月 9 日,上海广播电视台东方广播中心成立,五星体育广播归入东方广播中心。

十三、真实传媒有限公司

真实传媒有限公司(以下简称"真实传媒")成立于2009年10月,是传媒集团下属的全资子公司,负责独家运营纪实频道内容生产和整合营销,是中国电视纪录片领域具有号召力、影响力的品牌。

真实传媒拥有高水准的纪录片创作队伍,是中国纪录片产业重要的内容提供商之一,品牌栏目《纪录片编辑室》《档案》《大师》《往事》等被海外电视台购买播出。真实传媒原创出品的纪录片以品质、内涵、创新性和影响力著称,纪录片《红跑道》创造连获14项国际大奖的纪录。真实传媒还创作了诸多重大历史题材纪录片和政论片,包括《大阅兵》《大工程》《西征的红军》《和谐之道》《我们的选择》《奥运国运》等。

真实传媒下设内容生产、项目管理、节目编辑、整合营销、品牌运营等板块和部门,以市场化机制和手段,致力于打造具有全国乃至全球影响力的真实类电视内容制作、发行及衍生业务运营平台。

2010年,真实传媒实现经营总收入9 625万元,实现净利润36.8万元。

十四、上海新娱乐传媒有限公司

上海新娱乐传媒有限公司(以下简称"新娱乐")成立于2009年10月,是传媒集团下属的全资子公司。在传媒集团制播分离改革的背景下,原传媒集团综艺部将涉及综艺、娱乐类节目制作和广告经营的业务和资产剥离,转企改制成立公司,成为全媒体娱乐内容供应商、品牌化娱乐行销服务商。

新娱乐负责娱乐频道、七彩戏剧两大电视播出平台,并不断扩充新的电视媒体内容、启用新的媒体表现形式,传播"就是要开心"的品牌理念,负责制作《新娱乐在线》《相约星期六》《新老娘舅》《百家心》《快乐三兄弟》《家庭演播室》《可凡倾听》等节目。

新娱乐通过输出优秀节目和制作团队、完善产业布局等渠道,承接上海及全国各地各类大型活动,推动中国电视娱乐节目进入境外主要华语频道播出,并与兄弟省市电视台相互合作,提升中国的文化影响力,实现"占领华人娱乐制高点"的目标。2010年,由新娱乐承担制作的《中国达人秀》在东方卫视开播,集中展示平民百姓的感人故事,不断刷新收视纪录,受到上级部门和广大观众的肯定。

2010年,新娱乐实现经营总收入4.19亿元,实现净利润1.47亿元。

十五、上海东方广播有限公司

上海东方广播有限公司(以下简称"东方广播")成立于2009年10月,以广播节目制作、大型演唱会及活动制作为主营范围。作为广播制播分离改革的试点之一,东方广播的经营规模和营业额居全国广播第一阵营。

东方广播制作音乐、交通、都市生活、戏曲、故事等广播节目,供上海广播电视台下属7个广播频率播出,并负责经营上海广播电视台所属全部12个广播频率(另含新闻、新闻资讯、第一财经、浦江之声、五星体育5个频率)的广告业务。东方广播立足上海市场,致力于在内容生产、范围覆盖、网络平台、品牌拓展等方面取得重大突破。2009年,公司广告营业收入4亿元。

2010年,东方广播并入上海东方传媒集团有限公司炫动传播板块,成为上海炫动传播股份有限公司的全资子公司。

2010年,东方广播实现经营总收入4.62亿元,实现净利润1.63亿元。

2014年4月,上海广播电视台决定撤销炫动传播板块原管理架构,上海东方广播有限公司直属台、集团管理。

2014年6月,上海广播电视台整合下属广播资源,成立东方广播中心,上海东方广播有限公司成为东方广播中心对外开展业务的经济实体,具有独立法人资格。

2017年9月,经市委宣传部批准同意,上海炫动传播有限公司所持有的上海东方广播有限公司81.65%股权,无偿划转至上海文化广播影视集团有限公司。

十六、上海尚世影业有限公司

上海尚世影业有限公司的前身最早是成立于1989年6月26日的上海录像公司。上海录像公司成立时为全民所有制事业性质企业管理的单位,实行自负盈亏的独立经营、独立核算制度。2004年8月,上海录像公司与节目营销中心、电视剧频道组合成立影视剧中心,负责传媒集团各频道的影视剧采购编播工作;同时,扩大了经营范围,增添电视剧制作业务,将原上海录像公司更名为上海录像影视公司。

2007年10月,为适应影视产业竞争的市场需要,上海录像影视公司变更为上海电视传媒公司,作为影视剧制作的主体开展业务。2009年8月14日,上海电视传媒公司按照传媒集团关于发展影视生产投资产业的指导精神,制定转企改制方案。同年12月28日,由上海东方传媒集团有限公司出资,设立上海电视传媒有限公司。

作为上海东方传媒集团有限公司下属主营影视制作发行业务的子公司,上海电视传媒有限公司在全国电视播出机构中率先完成了影视制作发行转企改制。公司依托上海广播电视台平台优势,全面进军影视剧产业,大力发展影视剧投资与制作业务,创作优秀的电影电视作品,提供高质量文化产品,2009年投拍动画电影《喜羊羊与灰太狼》取得亿元票房。

2010年,公司投拍《杜拉拉升职记》《媳妇的美好时代》《上海,上海》《婆婆来了》等一系列全国热播的优秀电视剧,其中《杜拉拉升职记》更是创下150%的利润率。

2010年11月9日,公司名称由原上海电视传媒有限公司变更为上海尚世影业有限公司。公司经营范围为:电视剧制作,文艺、科技、社会教育方面的音像制品出版,电视节目制作,摄制电影片,复制本单位影片,按规定发行国产影片及其复制品。上海尚世影业有限公司是一家集聚项目策划、内容生产、市场融资、宣传发行、媒体运作的综合性影视公司,具有丰富的商业资源和强大的分销网络。

2010年,尚世影业实现经营总收入1020万元,实现净利润18.3万元。

第二节　民营制作机构

一、上海东锦文化传播有限公司

上海东锦文化传播有限公司(以下简称"东锦传播")成立于1984年,是具有独立摄制影视剧和其他广播电视作品资格和经营多种文化艺术项目的责任有限公司。

东锦传播联合摄制完成的电视剧有:2005—2009年的《聊斋志异系列》;2006年的《春天后母

心》;2008年的《爸爸天亮叫我》;2009年的《大唐女将樊梨花》《战火中青春》;2010年的《血染的风采》。其中,《战火中青春》被国家广电总局推荐为全国优秀电视剧。公司还拥有专业的艺人包装宣传团队,拥有数名国内知名艺人。

二、上海新文化传媒投资集团有限公司

上海新文化传媒投资集团有限公司(以下简称"新文化")前身是成立于1993年的上海新文化娱乐公司(后更名为上海新文化广告有限公司),主营出版发行音像制品。1998年11月,上海新文化广告有限公司与上海电视广播集团有限公司合资成立上海新文化广播电视制作有限公司。2004年12月,新文化公司引进其他新股东成立上海新文化传媒投资集团,100％控股上海新文化广告有限公司,并对相关产业链的公司进行投资,包括华琴影视科技发展有限公司、上海新文化演出有限公司等。2005年,新文化获得国家广电总局颁发的《电视剧制作许可证(甲种)》。2010年,上海新文化传媒投资集团改制组建成立上海新文化传媒集团股份有限公司,致力于国产电视剧的投资、制作与发行。

新文化年生产制作电视剧可达200集的规模,具备年制作200集电视专题节目能力。1998年,公司发行的电视剧《一帘幽梦》《三毛流浪记》《新铁臂阿童木》等被各地电视台争相购买播出。2002年,新文化开始将主要业务转向影视剧拍摄和发行,自行投资拍摄《天上掉下林妹妹》《不在犯罪现场》《原来就是你》《徽娘·宛心》《第一茶庄》《天涯歌女》《绣娘·兰馨》《来电奇缘》《冷枪》《刁蛮俏御医》《幸福密码》等电视剧。

新文化积极开展电视专题节目制作,制作了《世纪回眸》《启示》《搜索神秘》《星期五档案》《辛亥风雷》《手术直播室》《战争启示录》等多档栏目,广受关注。

2007年,新文化影视作品出口工作获国家商务部和国家广电总局表彰,同年获得上海现代服务业民营百强企业称号,并被中国广电协会评为第七届十佳电视剧制作单位。

2008年,新文化注重开展国际合作,与西班牙加泰罗尼亚电视台合作拍摄的电视连续剧《情陷巴塞罗那》获得上海市年度重大文艺创作项目资助,全剧在西班牙播出。2009年,新文化被评为"上海名牌",跻身于上海民营企业市场竞争力百强。

截至2010年底,新文化共计向国内电视台发行近400集电影、电视剧和专题节目,推出中外优秀电影电视音像制品近400个品种,累计向海外输出超过500集影视剧作品,连续4年(2007—2010年)被评为国家文化出口重点企业。

三、上海蓝星广告传播有限公司

上海蓝星广告传播有限公司(以下简称"蓝星传播")成立于1995年5月,1999年开始致力于电视剧的制作和发行,是集广告策划、制作、代理及影视制作发行于一体的专业影视公司,尤其在电视剧创作、制作和发行方面取得不俗业绩。

2000—2010年,蓝星传播出品发行的电视剧有:《黑冰》《天之云·地之雾》《英雄泪》《龙虎人生》《保姆》《剑·谍》《保姆与保安》《迷案1937》,曾获得"南方盛典最佳电视剧""江苏观众最喜爱的十佳电视剧"等称号。

四、上海银润传媒广告有限公司

上海银润传媒广告有限公司(以下简称银润传媒)成立于1997年,公司总部设于上海,在北京、浙江、香港等地设有分公司。公司下属多个制片人工作室和策略联盟团队分布全国各地,具有电影、电视剧、网络剧专业制作与发行能力。

1997年,银润传媒首开时尚电视先河,与时尚平面媒体《时尚》杂志携手合作,打造时尚娱乐类电视节目《中国时尚报道》,为广大观众提供涵盖生活、财经、音乐、电影等各个领域的流行资讯,该栏目在全国80多个电视频道发行播出。

2001年,银润传媒与香港TVB合作大型日播娱乐电视栏目《T8生活娱乐》,并于同年推出大型电视栏目《理财工作室》,进入财经咨询行业。

2004年,银润传媒进军电视剧领域,出品的第一部电视剧《银色年华》被北京电影学院定为中国电影百年华诞及北京电影学院建校50周年的庆贺剧。

2005年和2006年,银润传媒拍摄的电视剧《青春之歌》和《一世情缘》分别获得中国电视金鹰奖长篇电视剧三等奖。2008年和2009年,银润传媒拍摄的电视剧《黑三角》《杀虎口》在全国多家电视台播出,均名列收视榜前列。

五、上海唐人电影制作有限公司

上海唐人电影制作有限公司(以下简称"唐人电影")成立于1998年,总部设在上海,并在北京、横店、中国香港及台湾设立分公司及办事处。公司业务包括影视投资、影视制作、影视发行、文化出版、三维动画、演员经纪等。

唐人电影的作品特色是年轻、活力、唯美、创新。公司从成立初期就一直致力于制作传统文化为题材的影视,其影视作品多为古装戏和年代戏。每年制作的电视剧约有120集~150集。

1999年,唐人电影与台湾电视剧制作机构合作拍摄的电视剧《绝代双骄》,在中国港台地区和大陆电视剧市场引发关注。

2004年,唐人电影出品改编自著名电玩游戏的电视剧《仙剑奇侠传》,在多个城市播出均打破收视纪录,掀起一股"仙剑热风",同时带动其周边衍生品热卖,VCD在中国大陆卖出20多万套,原声唱片销售突破60万张,而小说、写真集应市场需求,5次再版。

唐人电影2005年出品的电视剧《新聊斋志异》《天外飞仙》,2006年出品的电视剧《少年杨家将》,2007年出品的电视剧《聊斋奇女子》,2008年出品的电视剧《仙剑奇侠传三》,2009年出品的电视剧《怪侠一枝梅》,均赢得良好口碑并创下高收视率,多次获得国内外奖项。

六、上海海润影视制作有限公司

上海海润影视制作有限公司(以下简称"上海海润影视")成立于2000年。其母公司海润影视制作有限公司是国内最大的民营影视制作公司之一,也是国内第一批获得国家广电总局批准认证的《电视剧制作许可证(甲种)》的民营影视制作机构。

上海海润影视秉持新颖、精细的制作风格,立足上海,努力开拓国际市场。公司自成立之初,一直比较注重走出国门,2000年制作发行的电视剧《世纪人生》、2003年制作发行的电视剧《玉观音》、2006年制作发行的电视剧《诺尔曼·白求恩》、2007年制作发行的电视剧《狼毒花》等先后在北美和东南亚地区播出,在海外华人圈中建立起良好口碑,推动了中华文化在海外的发展。

上海海润影视注重影视作品创作,正面题材弘扬爱国主义、民族精神、普遍的人性和社会道德,《世纪人生》《玉观音》《亮剑》《狼毒花》等作品曾分别获得中国电视剧金鹰奖、精神文明建设"五个一工程"奖等重要奖项。

七、上海展杰文化艺术有限公司

上海展杰文化艺术有限公司成立于2002年,主要从事影视拍摄制作发行、文化艺术形象策划、影视经纪。公司全方位运作拍摄电视剧,形成从策划、拍摄到制作及发行的一整套体系,并购买、引进境外的优秀电视剧发行国内市场,在各地播出后收视率均名列前茅。

2002年,公司出品的电视剧《红苹果乐园》一经播出就在全国市场上取得轰动效应,开创国内时尚偶像剧先河。2003年公司出品电视剧《星梦缘》《瘦身家族》;2004年出品电视剧《极速的浪漫青春》;2005年出品电视剧《真爱之百万新娘》;2006年出品电视剧《真爱之情锁》;2007年出品电视剧《真爱诺言》;2008年出品电视剧《天伦劫》,均获得较高收视率。

2010年,公司出品的电视剧《单身公主相亲记》成为第一部成功进入美国市场的中国内地偶像剧。同年,公司与上海东方传媒集团有限公司尚世影业共同打造了国内首部职场大剧《杜拉拉升职记》,成为2010年东方卫视、北京卫视的收视热点。

八、上海三九文化发展有限公司

上海三九文化发展有限公司(以下简称"三九文化")成立于2002年6月,是一家民营和国有资本共同组成的股份制影视文化企业。公司汇聚影视文化经营智囊,打造影视文化精英团队,在影视文化领域实现"产供销一条龙"和"影视文一体化"的经营格局。

三九文化主营业务包括:影视投资制作与发行、电影院线的投资开发与管理、文化娱乐与体育经纪、大型活动策划与展览服务、文化投资咨询等文化产业项目。此外,公司控股组建了上海三九创新文化传播公司,投资参股组建了北京世纪环球电影院线发展有限公司、上海中轩文化传播有限公司和上海明日之星影院发展有限公司。

三九文化独立或联合摄制完成的电视连续剧有:2004年出品的《大马帮》《逆水寒》《第101次求婚》《诚信无价》《朱元璋》,2006年出品的《向天真的女生投降》《楚汉风流》《真情给你》,2007年出品的《男人本色》,2008年出品的《男花匠与女经理》,2009年出品的《浴血记者》。

2010年,三九文化联合北京广播影视集团、北京电视艺术中心共同出品的主旋律电视剧《沃土》在中央电视台一套播出。

九、上海剧酷文化传播有限公司

上海剧酷文化传播有限公司(以下简称"剧酷传播")成立于2005年,是上海克顿文化传媒有限公司(以下简称"克顿传媒")的全资子公司,以缔造"电视剧共赢网络的成就者"为宗旨,依托克顿传媒在电视剧领域中独一无二的策划评估优化能力,成为优秀电视剧投资、制作和发行公司。

2005 年,剧酷传播持续购买 500 集优秀的电视剧。2006 年,公司拥有版权的电视剧集量达 1 500 集,众多优秀的电视剧在多家媒体播出后有不俗收视表现。2007 年,公司拥有版权的电视剧达 3 000 集,成为中国最大的专业电视剧发行公司之一,与多家卫视持续稳定合作。2008 年,公司在全国各级电视频道成功发行电视剧目达 122 部近 3 000 集,成为各大电视台的合作伙伴。2009 年,公司在全国各级电视频道成功发行电视剧目达 131 部;为安徽卫视定制年度大剧《娘家的故事》。公司成为"首都制作业协会""中国广播电视协会电视制片委员会"会员。2010 年,公司采取投资合拍、预购、承包后期发行等多种投资形式,与全国乃至全球优秀制作公司合作,投资制作优秀电视剧近 300 集,为浙江卫视"中国蓝"定制年度大剧《爱情有点蓝》。

十、上海鼎立影业有限公司

上海鼎立影业有限公司成立于 2005 年,是一家从事影视剧制作及发行的影视全流程公司。2005—2007 年,公司先后独立制作了《生死情劫》《崛起》《暗战》《谁为梦想买单》《狭路相逢》等电视连续剧,并独立完成全部的发行工作。

2010 年该公司出品的电视连续剧《海魂》,在中央电视台电视剧频道黄金时间播出后获得较高的收视,得到中央电视台的奖励,并获得上海文艺创作优品奖。

公司还进一步拓展业务,参与多部引进剧的发行和购买,并与中国香港、新加坡、泰国有过多次合作。

十一、上海唯众传媒股份有限公司

上海唯众传媒股份有限公司(以下简称"唯众传媒")成立于 2006 年,是一家提供优质视频内容的全媒体整合运营商,是中国传媒界原创节目数量最多、成长速度最快的民营传媒机构之一。

唯众传媒拥有国内一流的策划力量、导演团队和运营班底,以视频创意、策划、制作、经营和大型活动策划、执行等为核心业务,研发制作了《波士堂》《上班这点事》《源来女人》《谁来一起午餐》《智赢天下》《大声说》等优质原创电视节目,成功策划举办了多次大型活动,合作伙伴有中央电视台一套、二套、东方卫视、深圳卫视、东南卫视、河南卫视、湖北卫视、河北卫视、第一财经等 20 多个电视频道。

2008—2009 年,唯众传媒连续两年被评为"中国最具投资潜力文化创意企业"。2010 年,该公司成为国际视觉传播协会(IVCA)成员。

十二、上海三元影视有限公司

上海三元影视有限公司(以下简称"三元影视")成立于 2006 年 8 月,以影视产业开发运作为主体,在影视文化领域打造产、供、销一条龙的经营格局。

2006—2010 年,三元影视拍摄电视连续剧 10 部、共计 297 集,包括《真情给你》《缉毒英雄》《红颜的岁月》《大剧院》《有一种爱叫做放手》《女人本色》《苏东坡》《乱世新娘》《缉毒先锋》《别对我说谎》等,均在各省市电视台播出,受到广大电视观众欢迎,并获得 2008 年度"金南方"优秀电视剧出品公司奖、2009 年度上海市文艺创作优品奖。

十三、上海辛迪加影视有限公司

上海辛迪加影视有限公司是克顿传媒的全资子公司，成立于 2008 年。公司致力于出品国产影视精品剧，逐步建立起成熟的编剧作业体系，经验丰富的制作、营销团队以及完善的专业服务功能，建立了电视剧策划、制作、发行和营销的完整流程，同时也基于对播出大数据的深度调研和分析，充分了解受众，建立更科学的电视剧制作模式。2010 年，公司出品的电视剧《夏家三千金》在安徽卫视黄金档全国首播，是安徽卫视 2011 年剧场年度收视冠军。

十四、上海慈文影视传播有限公司

上海慈文影视传播有限公司（以下简称"慈文传播"）成立于 2009 年 4 月，是慈文传媒股份有限公司的全资子公司。公司全资控股上海慈文信息技术有限公司，参股上海蜜淘影业有限公司、上海慈文文化经纪有限公司、上海视骊影视制作有限公司、上海微颗影业有限公司，经营范围涉及广播电视节目制作、发行等，拥有《电视剧制作许可证（甲种）》和《信息网络传播视听节目许可证》。

截至 2010 年底，慈文传播出品电视剧《老马家的幸福往事》和《西游记》，分别获得第十七届上海电视节白玉兰奖电视连续剧最佳导演奖、第二十八届飞天奖长篇电视剧三等奖、全国十佳电视制片优秀电视剧等奖项。

第五章　经营机构

第一节　广播电视经营机构

一、上海电视广播集团有限公司(STR)

上海电视广播集团有限公司(前身为 STR 国际有限公司,以下简称"STR 集团")成立于 1988 年 8 月,注册资本 2 600 万港元,由上海市广播电视局所属上海广播电视发展公司、香港上海实业集团有限公司合资在香港注册成立,主要从事广播电视设备贸易。1990 年起,STR 集团还承担着沪港文化交流的责任。1998 年 6 月,经国家外经贸部批准,STR 集团正式成为上海广播电视系统的海外"旗舰",并作为上海市委、市政府的驻港文化窗口,承担上海广播电视产业的海外运营和拓展功能。20 世纪 90 年代,STR 集团年均营业收入 1.2 亿元人民币,利润 300 万元。2001—2005 年,STR 集团年均营收近 2 亿元;2006—2010 年,年均营收达到 2.5 亿元,净利润一直保持在 300 万元～500 万元之间,人员规模稳定在 60 人左右。

STR 集团依托上海广播电视系统,以香港为基地,走跨区域、跨媒体经营和投资主体多元化的新路,吸纳国际技术精英、海外技术资源和国际一流战略投资者,涉足国际资本市场,扩大规模经济,拓展市场覆盖面。2010 年销售总额达港币 3 亿元。STR 集团在各地设有多个分支机构或代表处,下属 STR 国际公司、上海广龙公司分别承担海外和国内广播电视及新媒体领域的相关业务。

STR 国际公司拓展海外市场,于 2004 年 10 月与印度尼西亚(以下简称"印尼")力保集团签订了印尼国家有线电视网络工程项目,进行项目规划设计、项目改造、设备集成和调试开通,实现了从传统贸易向具有一定技术含量的综合贸易、将产品服务转变为技术产品内容相结合的综合服务的转变,也为上海广播电视和有线网络工程拓展海外市场赢得口碑。此外,STR 国际公司还先后承接了俄罗斯圣彼得堡"波罗的海明珠"综合网络设计及施工安装工程,越南、柬埔寨的国家有线电视网络工程等项目。

上海广龙公司借助国内广播电视行业模数转换及高清发展的机遇,自公司成立至 2010 年,先后完成上海东方有线网络数字化改造、NGB 新一代互联网系统,张江境外卫视数字平台项目,东方 CJ 大型演播室,SMG 技术运营中心高清转播车系统,中山、南方电视台演播室,重庆有线数字前段工程,新疆、西藏等自治区、省市电视台卫星新闻直播车项目,在 APEC 会议、亚信峰会、北京奥运会、上海世博会等重大国际活动以及 2008 年四川汶川、雅安地震救援中发挥了积极作用。

二、上海东方明珠(集团)股份有限公司

1992 年 8 月 8 日,上海东方明珠股份有限公司(以下简称"东方明珠公司")成立。1994 年 2 月 24 日,东方明珠公司在上海证券交易所挂牌上市,成为中国内地第一支文化股票,国内首家文化企业上市公司,开创了上海广播电视产业化之先河。2003 年 7 月,上海东方明珠股份有限公司更名为上海东方明珠(集团)股份有限公司。东方明珠公司经营业绩取得长足进步,营业收入从 1992 年成

立之初的 4 457 万元,到 2010 年的 24.1 亿元,增长 53 倍;利润总额由 1992 年的 2 193 万元,到 2010 年的 9.03 亿元,增长 40 倍。截至 2010 年,东方明珠公司拥有 30 多家子(控股)公司,员工 1 500 多人,圆满完成中国 2010 年上海世博会、2006 年上合组织峰会等多项重大接待保障任务。

东方明珠公司的主体为东方明珠广播电视塔。1983 年,上海市广播事业局提出建造新电视塔的设想,得到广电部、上海市委、市政府的肯定。1984 年 3 月 25 日,汪道涵市长在上海市八届二次人代会上所做的市政府工作报告中提出:上海将新建一座电视发射塔。1985 年 5 月,市城乡建设规划委员会同意塔址选定在浦东陆家嘴。1987 年 1 月,国家计委批准立项,同意将建塔项目列入上海“九四”专项。1988 年 1 月,市广电局提交建造新广播电视塔的可行性报告,同年 7 月获市计委批准。1989 年 3 月 4 日,在中共上海市委书记江泽民主持的市委常委扩大会议上,讨论决定选用华东建筑设计院的“东方明珠”方案,该方案的建筑构思和总体结构分别由建筑师凌本立和江欢成提出并完成。

为解决建设资金问题,由中国人民银行上海市分行牵头,组织 44 家金融机构参加的银团,提供第一笔 1.5 亿元人民币和 1 000 万美元的贷款。1991 年 7 月 30 日,东方明珠广播电视塔奠基仪式隆重举行。此后,为解决项目后续资金需求,由市广电局下属 4 家单位发起,成立东方明珠上市公司,先后又向银团借款 4 次,连同第一次,总金额 8.3 亿元人民币。

1993 年 12 月 14 日,东方明珠广播电视塔 350 米立体结构封顶。1994 年 5 月 1 日,发射天线钢桅杆安装就位,主塔的实际地面标高为 468 米。同年 11 月 18 日,广播电视塔投入试营业,对国内外游客开放。1995 年 5 月 1 日,东方明珠广播电视塔正式启用,成为当时亚洲第一、世界第三高塔,首先对外播出 4 套电视节目和 4 套调频广播。

东方明珠公司充分发挥电视塔的空间和位置优势,不断开发新的观光、旅游、餐饮、购物、娱乐、休闲等功能。1996 年,仅观光一项业务收益就达 1.2 亿元。经过几年的精心经营,在 2000 年前就还清全部银团贷款。与此同时,电视塔也成为吸引国内外游客的著名旅游景点、上海标志性建筑和对外宣传的重要窗口。截至 2010 年,累计已有 4 600 多万人次登临这座高塔,其中包括 500 多位国家元首和政要。

以电视塔旅游观光为基础,东方明珠公司不断整合优化产业结构,逐步确立起以传媒投资为发展方向的主营业务战略格局,打造以文化休闲和新媒体产业为主业的多元化经营的集团公司。

在文化旅游产业方面,东方明珠广播电视塔年均接待游客超过 300 万人次,是公司重要的现金流源泉和利润支柱。2003 年,东方明珠公司受托管理上海国际会议中心,次年就扭亏为盈。东方明珠公司还从 2002 年起,受上海市教委的委托,管理占地面积 5 600 亩的上海青少年校外活动基地——东方绿舟,使之成为远近闻名的教育、旅游、修学基地之一。

在广电信息传输方面,2008 年 5 月,上海东方明珠数字电视有限公司成立,成为无线数字电视运营商,用户可以通过机顶盒加天线的方式收看 16 套标清节目。2009 年,架设 6 个发射台组成的单频网,应用在移动电视、电子站牌等商用平台上,实现上海外环区域内信号 90% 的有效覆盖。

在新媒体产业方面,2002 年,东方明珠公司筹建移动电视,逐步构建起终端形式多样的新媒体平台。2003 年 1 月 1 日,经国家广电总局批准,由上海文化广播影视集团、上海东方明珠股份有限公司、上海文广新闻传媒集团、上海东方明珠传输有限公司和上海广播科学研究所共同发起组建的东方明珠移动电视正式开播,打造以“新闻资讯为主、信息服务取胜”的强势新媒体品牌,全天近 18 个小时不间断地播出。至 2007 年,上海所有轨道交通的站台、站厅、车厢里共有 2.5 万块视屏播放东方明珠移动电视的节目。2009 年,东方明珠公司又与国家广电总局合作,开拓 CMMB 手机电视业务。

在股权投资方面,东方明珠公司先后与法国合资成立"城市之光"灯光设计公司,投资建设松江大学城2、3、4、5期工程项目,参与上海市杨浦区渔人码头2期项目的开发,参与山西太原市湖滨会堂及周边区域改造和重建。此外,还购买世博文化中心40年的经营权,并与美国AEG/NBA成立合资公司,共同对世博文化中心进行前20年的营运。

在资本运营方面,东方明珠公司股票发行400万流通股,共向社会集资2.04亿元,连同发行法人股筹措资金共4.1亿元,股票于1994年2月24日在上海证券交易所挂牌交易。上市后,公司资本从成立之初的4.1亿元,扩张到31.86亿元。公司充分发挥资本市场融资优势,实施配股三次、公开增发一次,共募集资金34.2亿元。2007年,东方明珠公司实施A股公开增发计划,成功募集资金10.78亿元。2010年,东方明珠公司通过与上海东方传媒集团有限公司资产置换,进一步增持东方有线网络的股权,持股比例达到49%。至2010年,公司利润总额为76.34亿元,可供股东分配的利润总额为37.12亿元,分配现金红利超过22亿元,分配比例占公司利润总额的59.3%。

2015年6月19日,东方明珠公司与百视通新媒体股份有限公司完成重大资产重组,新的东方明珠新媒体股份有限公司在上海证券交易所上市。

三、上海文广科技(集团)有限公司

上海文广科技发展有限公司(以下简称"文广科技公司")成立于2003年6月,是上海文化广播影视集团为发展科技产业而组建的统一技术服务平台和实力强大的综合性科技发展公司。2009年底,文广科技公司实行集团化运作,更名为上海文广科技(集团)有限公司,拥有3个分支机构、5个控股子公司和10个参股公司。

文广科技公司是上海市高新技术企业、上海市软件企业、上海市认定企业技术中心、国家广电总局数字电影(上海)研发基地以及国家数字电视工程中心股东单位,且通过了国家CQC组织认定的ISO9001国际质量体系认证。公司致力于打造数字广播影视和新媒体的产业链,培育形成科技研发、科技产品、科技服务三大板块。主营业务包括:数字广播电视科研开发、科技成果转化、信息网络、数字影视、数码动画、节目制作、数据广播、生产制造、产品销售、新媒体开发、广播电视工程、网站设计、电子商务软件开发等。产品和服务不仅遍及中国的广播电视运营商,而且远销亚洲、美洲、欧洲、非洲。

文广科技公司在数字电视系统、媒体资产管理、广播电视发射设备等领域中,均达到国内领先水平,积累了丰富的技术经验和科研成果,同时在系统集成、工程设计、影视节目制作、音频业务、数字电影等领域中具有明显的技术和市场优势。代表性成果包括:成功研制开发了上海数字电视地面广播系统、国内第一套商用分众数字电视系统、第一台国产数字电视发射机;开通了中国第一个公交电子站牌商用系统;率先与韩国企业合作,开发商用DMB系统及网络设备;参与了国际会展中心、上海市人大常委会会议厅及多功能厅会务自动化管理系统、上海科技馆等重大项目建设;参与邓小平诞辰100周年、安德烈·波切利演唱会、《十面埋伏》首映礼等众多大型活动;利用国际最新的三维动画手段成功制作了《醉花缘》《色拉英语乐园》等知名动画作品。

2010年,文广科技公司以世博项目和"三网融合"为契机,实现业务结构战略调整、创新发展,圆满完成了上海世博会音频技术保障等一批重大项目,实现营收2.85亿元,利润2224万元。截至2010年底,公司总资产3.65亿元,净资产2.32亿元。

2011 年底,文广科技公司并入百视通新媒体股份有限公司,实现整体上市。

四、上海东方电视购物有限公司

2003 年 8 月 28 日,传媒集团与韩国 CJ 家庭购物株式会社(以下简称"韩国 CJ")在上海国际会议中心签订合资合同,双方共同投资 2 000 万美元(其中前者占 51%的股权,后者占 49%的股权)成立上海东方希杰商务有限公司(后更名为上海东方电视购物有限公司,以下简称"东方购物"),运用电视传媒进军家庭购物产业。

东方购物以视频购物为特色,通过电视、网络、会刊、IPTV、WAP 等开展家庭购物业务,为上海、华东乃至全国广大消费者提供各种在线商品信息。消费者可通过拨打电话等多种方式订购商品,由公司送货上门。

东方购物电视节目于 2004 年 4 月 1 日起,每天晚上 8 时至次日凌晨 1 时在传媒集团戏剧频道播出。同年 11 月 15 日,一天销售额突破 100 万元人民币。为配合东方购物电视节目,东方购物网站(www.ocj.com.cn)也于当月开通。

2005 年 1 月,东方购物发行商品目录创刊号。2006 年 5 月,东方购物登陆 IPTV - 百视通电视平台,提供可点播的东方购物节目。同年 6 月 29 日,东方购物与太平人寿上海分公司签署协议,就保险产品代理展开战略合作。2007 年 8 月,东方购物迁入国定路 400 号复旦大学新闻学院 SMG演播中心,20 000 平方米的场地拥有多个演播室和全套录制、直播设备。

2008 年 6 月,清华同方加盟东方购物,持股比例变更为传媒集团 45%、韩国 CJ30%、清华同方 25%。同年 9 月,东方购物呼叫中心开始全天 24 小时服务。12 月,东方购物获得 ISO9001 质量体系认证、高新技术企业认证,还获得"2008 年度电视购物贡献企业"和"2008 年度电视购物诚信企业"两项荣誉称号。2009 年 1 月、2 月,东方购物单月的销售额均突破 2 亿元,全年主营业务收入达 21.61 亿元,位居全国家庭购物行业第一,并获得 2009 年度电视行业自律(诚信)贡献企业荣誉称号。

2010 年 7 月 9 日,东方购物与永达(集团)股份有限公司合资成立上海东方永达汽车销售有限公司,开创了汽车销售的新平台。同年,东方购物在行业内首次销售房产,并自建配送系统,网站销售商品支持全国配送,获得"第五届中国最佳客户服务中心""全国售后服务行业十佳单位"和"上海市电子商务示范企业"等项称号。

东方购物实现产业快速发展,销售额每年增幅达 78%。至 2010 年,东方购物注册会员数超过 500 万人,全年主营业务收入达 37.18 亿元。

五、上海东方宽频传播有限公司

2004 年 1 月 19 日,上海东方宽频传播有限公司(以下简称"东方宽频")经国家广电总局批准成立。东方宽频独家授权传媒集团所有版权视听节目的网络推广和经营权,运营宽频网络电视业务,主要提供传媒集团部分频道和频率的直播内容,对注册用户提供有偿互联网视听节目服务。此外,还从事互联网视听节目版权经营,提供宽频网站技术、内容建设及运营的系统解决方案,整合营销国内外多媒体广告业务及电子商务等业务。

东方宽频主站(www.smgbb.cn)提供视频节目在线直播和点播,视频点播总量上万小时,直播节目达每天 300 小时,拥有新闻、娱乐、体育、股票、购物、财经、英语、电台、电子杂志、播客、社区、论坛等近 20 个网络视音频频道;承办并运营传媒集团各大品牌栏目《加油!好男儿》《我型我秀》《舞林大会》等官方网站;自行策划制作国际国内体育赛事、各类重大活动直播和创新访谈类节目,给网友带来全新享受。

东方宽频成立后,连续获得"中国宽频网站综合十强""上海市高新技术企业"等称号,并入选"第三届德勤中国高科技高成长 50 强"和"德勤亚太高科技高成长 500 强"。

2006 年 4 月 17 日,东方宽频与全球最大门户网站之一的美国在线(AOL)及著名的网络播出平台技术集成商 Medialine 合作,通过网络宽频技术向全球华人提供中文电视。2007 年,东方宽频在 Youtube 上开通 SMGBB 专区,成为 Youtube 全球首个中文官方合作伙伴。

2008 年,东方宽频独家研发的迷你客户端"BBTV 网络电视"在北京奥运会期间上线,用户可以随时随地收听收看传媒集团下属电视频道和广播频率的直播节目。东方宽频还承担奥运主题宣传和推广,有效触达人群分布在全球 10 多个国家和地区,东方宽频外宣平台奥运期间日均访问量超过 200 万人次。

2009 年,东方宽频调整定位,从传统视频播发平台转变为网络电视播控平台,由以资讯点播内容为主的东方宽频主站 SMGBB. cn 逐步转移至以网络电视回看服务为主的上海网络电视平台 BBTV. cn。

2009 年,传媒集团着手对 IPTV、互联网电视和手机电视业务进行整合,东方宽频并入百视通,形成"三屏融合"的业务形态。

六、上海东方龙新媒体有限公司

上海东方龙新媒体有限公司(以下简称"东方龙")成立于 2004 年 6 月 4 日,是传媒集团下属的一家子公司,负责手机电视的内容集成和业务运营。2005 年,传媒集团获得国家广电总局颁发的全国第一张手机流媒体电视全国集成运营牌照,东方龙成为全国第一家开展手机电视业务的企业。

东方龙经营范围包括移动通信终端产品及相关软件产品的设计、制作等,以手机电视业务(各种手机视音频内容服务)为主,同时发展短信、彩信、WAP、IVR 等移动互动增值业务,实现业务互补与互动及产品形式的多样化,并探索手机广告的发展路径。东方龙的自有业务品牌"东方手机电视"自 2005 年 9 月 28 日开始运营,在承载量有限的 2.5G 移动网络上发展超过 200 万用户。用户可以在手机上使用传媒集团下属 13 个电视频道、12 个广播频率的自主版权节目内容。

2006 年 2 月 15 日,"东方手机电视"平台在中国移动全网正式商用。同年 10 月,"东方手机电视"全网联通手机电视业务正式商用。东方龙利用传媒集团获得的 2006 年世界杯网络版权,在中国移动全网平台开办"掌上世界杯"栏目。至 2007 年底,手机电视用户数累计达 200 万以上,其中付费用户数超过 20 万。

2007 年,东方龙被评为上海市高新技术企业,并有一个技术成果成为上海市高新技术成果转化项目。2008 年,东方龙借电信重组之机巩固移动、联通平台并开通电信平台。2009 年,东方龙与江苏电信开展"三屏融合"新业务试点,发展 10 万用户,率先在国内尝试多屏业务运营。

2009 年,传媒集团进行 IPTV、互联网电视和手机电视业务整合,东方龙并入百视通,形成"三屏融合"的业务形态。

七、上海五岸传播有限公司

上海五岸传播有限公司(以下简称"五岸传播")成立于2004年9月,是传媒集团的全资子公司,注册资金2 000万元,主要承担传媒集团版权节目的对外销售、综合代理和运营业务,内容涵盖新闻、财经、纪实、法制、综艺、音乐、青少年、访谈、晚会、娱乐、戏剧、体育、时尚等各个节目类别。

五岸传播致力于打造"华语节目营销枢纽",与国内地方广电媒体合作,代理优秀电视节目内容的海内外发行;整合并引入国外优秀节目资源,构筑国内营销平台;关注新媒体技术与新媒体行业的崛起与发展,与各新媒体平台运营商达成合作,成为多媒体平台的内容提供商和整合商。随着内容储备的增加和运营能力的提升,五岸传播把经营触角从国内扩展到国际、从发行推进到制片、从点对点的传统销售延伸到线上线下的新媒体经营。

五岸传播成立初,就投入版权交易市场。公司设置国内发行部、国际项目部、市场部、广告部、节目部、财务部、行政部等部门。至2010年,五岸传播的品牌效应、版权专业运营程度、内容资源汇集融合、国内国外渠道拓展等多方面的核心竞争力要素逐步形成,在行业内业务水平和营销能力均处于领先地位,是传媒集团版权产业由小到大、由零星散乱到归口汇聚、由各自为政到集中经营的参与者、见证者。公司员工从10多人发展到近60人,培育和锻造了一支集国内、国际、新媒体发行和节目策划、制作以及广告经营为一体的多功能专业团队。

截至2010年,五岸传播已与200多家国内电视台、主流新媒体机构等建立了长期稳定的联系,并将传媒集团制作生产及国内其他制作机构出品的本土优秀节目推向海外30多个国家和地区,网络分布于东南亚、北美、欧洲、非洲以及中国港澳台地区。五岸传播连续2届(2007—2008年、2009—2010年)被评为"全国重点文化出口企业"。公司销售业绩逐年增长,销售额从2005年的1 600.8万元增长至2010年的7 597.79万元。

八、上海东方之星文化发展有限公司

上海东方之星文化发展有限公司(以下简称"东方之星")于2004年12月8日在浦东新区市场监管局登记成立。公司经营范围包括电视节目制作、发行(凭许可证经营),广告设计等。东方之星是由文广集团、传媒集团和上海市宣传系统人才交流中心共同出资组建的,文广集团、传媒集团是中国最大的传媒娱乐集团之一,拥有丰富的传媒和娱乐资源,这赋予了"东方之星"多平台、多渠道的发展优势。

东方之星成立后进行市场化、专业化、国际化的运作,主要业务是拓展文化产业高级专业人才的经纪、猎头、培训、管理咨询等。公司与美国、加拿大、韩国、日本、中国香港等多家国际著名经纪公司以及香港演艺协会、香港导演协会等组织建立了战略合作伙伴关系。

2004年,东方之星主办世界精英模特大赛国际总决赛,邀请到国际时尚之星维多利亚·贝克汉姆、著名导演陈凯歌、著名歌手谭咏麟以及时尚界权威人士担任评委,选出了20位全球入围者,其中张琦、虞琼两位入围中国选手签约东方之星。

2005年12月,传媒集团启动娱乐资源整合,东方之星划入综艺部。2006年,由东方卫视和新娱乐联合打造的《加油!好男儿》节目反响热烈。节目中涌现出的"好男儿"正式签约东方之星,成了传媒集团旗下的专职艺人。在东方之星的全力打造下,他们渐渐将演艺触角伸向唱片、影视、舞

台剧、广告代言、出版物和巡回演出等多个领域,踏上了各自演艺事业的新征程。

九、上海上腾娱乐有限公司

上海上腾娱乐有限公司(以下简称"上腾娱乐")成立于2004年,是由环球国际唱片股份有限公司与传媒集团共同合资成立的专业从事艺人开发及唱片制作的娱乐公司。在两大娱乐传媒集团的强强联手下,上腾娱乐不仅实现了双方优势的资源共享,更首开国际音乐公司与中国内地主要媒体集团合资创业的先河,在业内引起巨大反响。

上腾娱乐连续5年联手东方卫视与环球唱片合力打造歌唱类真人秀节目《我型我秀》,并突破一般意义上的"海选造星"模式,进行专业化培训打造、国际化定位运营的尝试,在国内众多海选真人秀节目的优胜者后端开发模式中独树一帜,成功打造出薛之谦、俞思远&BIZ乐队、高娅媛、马海生等数十位新生代艺人。至2010年,上腾娱乐累计发行流行音乐专辑20余张,流行类单曲300余首。

十、上海时空之旅文化发展有限公司

上海时空之旅文化发展有限公司成立于2005年7月26日,由传媒集团、中国对外文化集团公司、上海马戏城三家投资方联合出资组建,采取以市场为导向的项目管理模式,经营运作多媒体梦幻剧《ERA 时空之旅》,开创了国产原创剧目在同一剧场连续演出场次和销售的新纪录,成为上海城市文化新名片和旅游新热点。

该公司为独立核算、自负盈亏的项目公司,发展目标是将新闻传媒资源、海外演出运作资源、演员及演出场所资源有机融合,充分发挥资源共享优势,倾力打造著名文化品牌。公司建立新型的项目经营管理模式,积极探索新的运行机制,20多位中外编创人员组成的创作团队,深入挖掘中国特有的民族艺术元素,汇集上海杂技团众多国内外获奖节目,融合杂技、音乐、舞蹈、武术等,以时空交错的表现手法,展现过去、现在和未来,创排了多媒体梦幻剧《ERA 时空之旅》。该剧曾获得"国家舞台艺术精品工程"、文化部创新奖等称号或奖项。2006年5月,上海时空之旅文化发展有限公司获得文化部授牌的"国家文化产业示范基地"称号。

十一、百视通新媒体股份有限公司

2005年3月,传媒集团获得国家广电总局颁发的全国首张 IP 电视集成运营牌照,与中国网通(集团)公司哈尔滨市分公司启动 IPTV 业务合作。同年11月,传媒集团成立专门运营 IPTV 业务的百视通网络电视技术发展有限责任公司(以下简称"百视通"),从试点开始跨地域运营 IPTV 业务,建立了一套以上海为总平台、外省市为分平台的全程全网 IPTV 播控系统,形成与有线数字电视差异定位、错位共赢的经营格局。公司成立后,百视通 IPTV 用户拓展至黑龙江、辽宁、浙江、福建、陕西5个试点省份,并与上海电信合作在浦东新区、闵行区开通 IPTV 业务商用试播。截至2005年底,IPTV 用户数为10万户。

百视通 IPTV 实现"看电视"向"用电视"的升级,提供的服务包括直播、48小时~72小时电视时移回看、视频点播(VOD)、信息服务、业务专区等,视听内容包括影视剧、音乐娱乐、新闻、体育、财经等,每周点播内容集成量 1 000 小时～1 500 小时,每年生产量达 5 万～6 万小时,实现 VOD 数字片库量 20 万小时。

2006 年 9 月,上海实现全市 IPTV 业务商用开播,上海建成全国最大的 IPTV 商用系统。同年 11 月,百视通参与的中国网通 AVS‐IPTV 辽宁试验开播。百视通开发实现遥控器投票创新业务,创新三网融合业务模式。2007 年 5 月,百视通开发的体育赛事多机位直播、转播颇受用户青睐,相关点击率达到 100％。2008 年,百视通报道北京奥运会,开创了新媒体与传统媒体联合制作大型赛事节目之先河。

2009 年 1 月,百视通实现同时面向电视、计算机、手机三个终端的内容运营,开创全新的"三屏融合"业务模式,用户可以随时随地享受到方便、快捷的视听服务。同年 8 月,百视通和世博局签署媒体合作协议,百视通获得"2010 上海世博会官方新媒体合作伙伴"称号。同年 10 月,百视通获得 NBA 联盟通行证,成为全球除北美以外唯一获得 NBA 版权的企业。

2010 年,百视通运用三屏融合技术传播上海世博会举办盛况。同年 3 月,百视通与中国网络电视台携手推出 2010 上海世博会首个视频征集大赛"世博寻宝计划"。同年 3 月 24 日,国家广电总局向上海广播电视台颁发中国首批互联网电视牌照,百视通获准在全国开展互联网电视集成播控、运营与内容服务业务。同年 5 月,上海广播电视台与中国银联签署战略合作协议,百视通与中国银联携手推出国内首个电视支付系统平台。

百视通还向海外输出 IPTV 技术。2010 年,法国电信引进百视通 IPTV 核心技术,服务于 Orange IPTV 全欧洲 200 多万用户。

至 2010 年底,上海率先实现城市光网全覆盖,百视通 IPTV 市内用户规模达 130 多万户;在全国则超过 500 万户,成为全球用户规模最大的 IPTV 运营商。公司全年营业收入 5.21 亿元,净利润 1.51 亿元。

2010 年,百视通启动借壳"广电信息"的重组上市项目。2011 年 12 月 29 日,百视通新媒体股份有限公司在上海证券交易所挂牌上市,成功登陆 A 股资本市场。次日,百视通新媒体股份有限公司揭牌成立。

2015 年 6 月 19 日,百视通新媒体股份有限公司与东方明珠(集团)公司完成重大资产重组,新的东方明珠新媒体股份有限公司在上海证券交易所鸣锣上市。

第二节　新媒体经营机构

一、上海岳盛信息技术有限公司

上海岳盛信息技术有限公司(以下简称"九天音乐")成立于 1999 年,是国内最早运营互联网及无线音乐版权的数字音乐企业之一,也是国内最早采用数字音乐加密的方式保护著作权人利益的平台之一。九天音乐总部落户上海,并在北京、杭州、广州、成都设立分公司。

2000 年,九天音乐网站正式发布,日访问即超过 3 万人次。2001 年 2 月,九天音乐网与国内最大的 3 家网上音像网站卓越(joyo. com)、当当(dangdang. com)、E 家音像(cdhome. com. cn)合作分销音像类制品。2003 年,九天音乐网被评为全球中文网站 TOP100 最新排行榜第 48 名,并获称《搜狐全球中文音乐网站 2003 调查报告》中国最有价值的网络音乐服务网站。2004—2005 年,九天音乐与四大国际唱片公司环球(Universal)、百代(EMI)、索尼 BMG(SONY&BMG)以及国内 80 余家唱片公司签订合作协议,取得网络音乐经营授权。2006 年,九天音乐推出正版音乐"包月下载"业务,获得歌迷的好评。2007 年,艾瑞调查九天音乐全国用户比例 36.1%。2008 年,九天音乐率先开发基于 PC 的九天灌歌王音乐客户端软件,开发基于 TV 的九天电视音乐客户端软件以及基于 IPHONE 等各种操作系统的 9BOX 手机(移动终端)音乐客户端。2010 年,九天音乐获得由国家新闻出版广电总局颁发的《信息网络试听节目许可证》。

至 2010 年,九天音乐网拥有 100 万首曲库资源,涵盖 3 000 多名国内外歌手、乐队的音乐佳作;注册用户达 1 300 万、占国内音乐网站访问总份额 70% 以上。

二、分众传媒控股有限公司

分众传媒控股有限公司(以下简称"分众传媒")创立于 2003 年,在全球范围内首创电梯媒体。分众传媒独有的价值是在城市商务楼宇电梯空间中每天形成高频次有效到达,从而形成品牌影响力。分众传媒的产品线又逐渐覆盖商业楼宇视频媒体、公寓楼电梯媒体、卖场终端视频媒体、电影院线广告媒体、网络广告媒体、手机无线广告媒体、户外大型 LED 彩屏媒体等,形成多个针对特征受众可以相互有机整合的媒体网络。

2005 年 7 月,分众传媒登陆纳斯达克,成为在海外上市的中国广告传媒第一股,并以 1.72 亿美元的募资额创造了该领域的 IPO 纪录。同年 10 月,分众传媒以 1.83 亿美元的价格收购国内最大的社区公寓电梯平面媒体广告运营商——框架传媒。

2006 年 1 月,分众传媒以 3.25 亿美元的价格并购聚众传媒。合并后,分众传媒进一步扩大优势,占据了国内超过 95% 的楼宇广告市场份额。同年 7 月,分众传媒收购美国 ACL 影院广告公司 70% 的股份,进军影院视频广告市场。

2007 年 3 月,分众传媒并购中国最大的互联网广告和互动营销服务提供商好耶广告网络,全面进军网络广告营销市场。同年 12 月,分众传媒并购卖场数字广告网络运营商玺诚传媒,扩展在大型连锁超市的覆盖范围,形成卖场终端视频联播网络。2007 年底,分众传媒入选纳斯达克 100 强指数股,成为首个入选该指数的中国传媒股。

2008 年,分众传媒逐渐剥离、重组非核心资产,回归电梯媒体主营业务。媒体产品保留了楼宇媒体(包含电梯电视媒体和电梯海报媒体)、影院银幕广告媒体和终端卖场媒体。2009 年,分众传媒携手新浪、12580 展开三屏联动,向品牌信息综合传播平台迈进。2010 年,分众传媒在一二线城市推出设备高清化,全面提升播出品质和视觉效果;加快在三、四线城市的覆盖和运营;卖场业务也从 160 多个城市增加到 300 个城市以上的覆盖量。

三、上海魅惑广告有限公司(触动传媒)

上海魅惑广告有限公司(以下简称"触动传媒")成立于 2003 年,是一家集互动广告技术服务、体验营销服务和广告数据调研服务为一体的新型专业传媒公司。

触动传媒以先进的触摸互动荧屏技术,实现广告模式由被动接受到主动选择的蜕变,通过提高消费者的参与度,为广告主提供更高效的传播效果,大大提升了客户的 ROI(广告投放回报率数据),使广告传播效果倍增。

触动传媒的公共视听载体平台是安装在出租车副驾驶头枕后侧的一个触摸式彩色液晶屏。它通过提供信息、资讯在广告主和消费者之间实施互动体验。同时,配合 SMS/MMS 技术来收集包括电子邮件地址、电话号码等更多更深入的信息,也可以通过利用手机获取优惠券或其他下载程序,以推动销售反馈。

2010 年,触动传媒在出租车上的互动荧屏数量成倍增长,销售业绩强劲增长,被评为"德勤中国高科技高成长企业十强之一"。2011 年,触动传媒再次把出租车上互动荧屏的数量翻倍,达到 4 万块,并新增 3 个城市,目标受众近 6 亿人。

出租车上的广告屏幕曾因其对乘客的安全存有隐患而引发质疑,之后车载互动荧屏逐步消失。

四、上海隐志网络科技有限公司

上海隐志网络科技有限公司(以下简称"隐志网络")成立于 2003 年 11 月 12 日,是一家浏览量居前的资源分享网站。

2006 年,隐志网络下属的 VeryCD 网站开发出一个群组性质的测试版社区,计划替换 IPB 论坛。2008 年,隐志网络改版首页资源模块,先将论坛资源镜像至群组,并将群组资源镜像至首页资源,可使所有注册会员参与评论,而不只局限于论坛用户。2009 年,隐志网络增加资源收藏功能,基本完善了资源分享系统,并持续运营。

VeryCD 专注于建立一种有意义的资源分享模式,将资源分享免费传播给每个人;以网友为核心,内容都由网友提供和管理,公司的技术团队搭建框架。隐志网络自 2003 年将开源软件 eMule 引入中国并加以改进起,VeryCD 版 eMule 已累计下载超过 3 000 万次,每天数以万计的网友通过 VeryCD 分享包括电影、音乐、游戏、软件在内的各类资源。

截至 2011 年底,VeryCD 网站页面总数超过 100 万页,资源数超 25 万,累计注册用户超 3 500 万。

五、上海激动网络有限公司

上海激动网络有限公司(以下简称"激动网")成立于 2003 年 12 月 15 日,由复星集团、江苏广电创业投资有限公司、激动集团股份有限公司、北京华商盈通投资有限公司等投资设立,包括北京激动影业、激动网、星麦无线、唯客广告四大板块,主营业务是提供互联网视频服务以及发展视频门户、影视联盟业务、版权分销业务等。

2005 年 3 月,激动网全面进入基础电信运营商增值业务领域。6 月,激动网视频节目全面上线,不但保持了论坛不凡人气,又增加了影视动漫等七大频道,提供在线点播和下载服务。8 月,唯客广告正式开通"唯客网",结合传统的广告通路,锁定城市生活板块的新老结合业务平台。

2006 年 5 月,激动网完成中国电信全国各省互联星空平台渠道铺设以及中国网通全国各省宽带增值业务平台的渠道铺设。8 月,激动网与中国移动开展版权合作,并在山西省试点运营成功。

2007 年 1 月,激动网开展版权分销业务试运营,在行业中确立"走正版路线、正面推广"的企业形象。4 月,激动网与中国联通建立频道合作,并在四川省成功设立试点平台,激动网成为四川联通唯一的影视内容提供商。

2008 年 4 月,激动网与百视通建立版权合作,全面进入 IPTV 业务领域。6 月,激动网全面进军数字电视领域,并与上海文广互动电视有限公司建立内容版权合作。

2009 年,激动网获得《广播电视节目制作许可证》《互联网新闻信息服务许可证》《信息网络传播视听节目许可证》。

2010 年 8 月,激动网引入战略投资者,注册资本增资到 3 600 万元,另有股东方追加 5 600 万元货币资金转为资本公积。同年 10 月,公司引入战略投资者,注册资本增资到 4 500 万元,另有股东方追加 11 100 万元货币资金转为资本公积。

六、上海全土豆网络科技有限公司

上海全土豆网络科技有限公司(以下简称"土豆网")是中国最早和最具影响力的视频分享网站。土豆网于 2005 年 4 月 15 日正式上线,用户可以观看、分享与上传、下载视频短片。土豆网的视频内容包括三大类:网友自行制作或分享的视频节目、来自内容提供商的视频节目和土豆投资制作的节目。

2006 年 10 月,土豆网完成第二轮融资,获得寰慧投资、集富基金及 IDG 投资的 850 万美元。2007 年 4 月,土豆网获得 1 900 万美元的第三轮融资,该轮投资由今日资本和美国的风投公司主导。2008 年 4 月,土豆网完成第四轮 5 700 万美元融资,投资方为美国国际数据集团、美国的风投公司、纪源资本和美国洛克菲勒家族。

2008 年 9 月,土豆网获得由国家广电总局颁发的《信息网络传播视听节目许可证》。同月发布高清平台"黑豆",成为国内首个发布高清平台的视频网站。

2009 年 2 月 12 日,土豆网宣布启动广告分成系统,广大内容方和播客将和土豆网通过分成的方式共享广告收益。同年 3 月 20 日,土豆网成为国内第一家获得《我的团长我的团》出品方直接合法授予网络首播权的网站。同年 5 月 25 日,土豆网率先获得人气选秀节目《2009 快乐女声》首家网络直播和点播权。

2009 年 10 月 23 日,土豆网成为中国移动手机视频"原创频道"的独家运营合作伙伴和内容提供商。11 月 9 日,土豆网与中影集团联合制作第一部为 3G 时代量身定制的新媒体创意网络剧《Mr. 雷》。

2010 年 2 月 3 日,土豆网联合优酷网正式推出"网络视频联播模式"。4 月,《互联网调查报告》发布,土豆网蝉联视频网站第一品牌。

土豆网于 2011 年 8 月 17 日首次将自己的股份向社会公众公开出售,成功实现 IPO,正式登陆美国纳斯达克资本市场。

2012 年 8 月 20 日,土豆网与优酷网合并,成立优酷土豆股份有限公司。

七、上海聚力传媒技术有限公司

上海聚力传媒技术有限公司(以下简称"聚力传媒")成立于 2005 年 5 月,是一家专注网络电视领域技术产品创新和市场运营的网络电视技术平台提供商,得到多家国际知名风险投资公司投资,服务于中国及全球互联网用户,是第五代网络新媒体中的领军企业。

聚力传媒从以技术起家的传播渠道开始,逐步向网络文化产业链上游发展,涵盖节目编播、版权购买、分销、影视内容制作、投资等诸多方面,覆盖整个网络视听产业链。

聚力传媒创业之初,得到软银第一轮 100 万元的风险投资。公司以技术提供为主,包括给湖南卫视、上海文广集团、中央电视台和电信公司等提供P2P多媒体技术解决方案。

2006年6月,聚力传媒向东方宽频提供直播技术协助,通过网络直播"德国世界杯足球赛""我型我秀"等大型赛事和活动。当年,聚力传媒获蓝驰创投500万美元的投资。

2007年3月,聚力传媒与央视国际合作,通过网络成功直播全国两会期间温家宝总理答中外记者问实况,流量超过60万,其中包括超过10万海外用户。当年,聚力传媒开发的网络电视直播软件PPLive核心技术被美国麻省理工学院《科技展望》期刊评为2007年"全球十大最具革新性技术"。

2008年4月,聚力传媒获得国家广电总局颁发的《信息网络传播视听节目许可证》。当年,聚力传媒全球用户数突破1亿大关,网络视频旗舰地位得以确立。

2009年6月,中共中央政治局常委李长春一行视察聚力传媒。10月,新中国成立60周年国庆阅兵当日,聚力传媒创下600万人在线观看阅兵直播的纪录。

2010年2月,聚力传媒与中央电视台再次合作直播"虎年春晚"与"元宵晚会",2 000万网友在线观看。6月,聚力传媒PPTV网络电视成为南非世界杯官方唯一指定直播客户端软件。

至2010年,聚力传媒覆盖全球用户近2亿,每月活跃用户超过1亿,用户每周观看视频的累计时长超过17个小时;拥有超过100项自主专利的技术优势,运营300路直播频道,25万路以上点播频道,35万小时专业正版片库的内容平台,用户覆盖率占全国网民总数的42.3%,占据网络电视超过60%的市场份额,被用户公认为国内网络视频行业的第一品牌。

八、上海众源网络有限公司

上海众源网络有限公司(以下简称"众源网络")成立于2005年,是一家提供网络视频直播和点播服务的公司,主要产品是PPS网络电视。首款PPS客户端软件于同年6月12日在天空软件上线。

众源网络创立伊始,就专注从事互联网视频领域的技术研发和运用,拥有10多项核心技术专利,定位为"未来的互联网视频服务综合平台"。众源网络PPS软件一经推出,立刻受到众多网民的欢迎和肯定,用户数量迅速增长。2005年10月,众源网络电视是"神舟六号"飞船发射时唯一成功完成对其直播的网络视频。

众源网络通过对2006年德国足球世界杯、多哈亚运会,2008年北京奥运会、"神舟七号"飞船发射,2009年新中国成立60周年国庆阅兵式,历年央视春晚和全国两会等重大活动的成功直播,以及与中央电视台、传媒集团和凤凰卫视等媒体的紧密合作,积累了丰富的技术经验,形成了忠实用户群体。特别是2008年8月,众源网络作为央视网首家奥运合作伙伴,同步在线直播北京奥运会赛事,这是奥运历史上第一次运用互联网、移动新媒体进行赛事转播,使众源网络电视软件在全球范围内迅速得到推广,当年用户规模跃居行业第一。

众源网络通过整合内容,依托云计算网络,不断拓展新渠道,打造复合型娱乐平台,满足网络用户多样化需求。众源网络拥有1 300万分钟的视频节目总量,囊括90%以上的内地剧、港台剧等,热门影视节目随时更新。众源网络从2008年起运营游戏业务,共有网络游戏47款,注册用户数超过5 500万。

众源网络除PPS网络电视播放器外,还提供影音百科、PPS看看、娱乐、社区、图库、影视调查等多样化的产品及服务,并率先成立以影视百科为代表的社区。同时,众源网络开启多终端服务,实现"一云多屏",电脑、电视、手机、IPAD 全终端服务,打造"全视频、全服务"的互联网影视平台。

众源网络主要运营收入来源于广告业务和游戏的付费业务。2010 年,众源网络销售收入实现 1.25 亿元,其中 67.5%来自广告,23.4%来自用户付费;上缴税收 970 万元,实现利润 1 400 万元。

九、上海宽娱数码科技有限公司(英雄宽频)

上海宽娱数码科技有限公司(以下简称"英雄宽频")于 2005 年注册成立,是国内知名的局域网视频系统提供商。英雄宽频作为国内首家网吧高清宽频网络影视服务提供商,首创中国网吧宽频新技术和商业营销模式。英雄宽频网吧影视服务平台的商业化运作,既解决了单体网吧下载播放影视节目难以监控其中非法、反动、黄色内容等问题,又为网友提供了高清晰度网络宽频视听体验,为网吧企业提供网络影视增值服务。

英雄宽频从 2005 年起,组建版权、法务两个部门,涉猎国内的版权发行等相关领域,购买正版库总时长达数万小时。在原有引进中国港台以及韩国精彩影视剧的基础上,进一步完善国内外热门大片的引进,形成新片、次新片、老片三种影视剧层次分明、布局合理的版权内容结构,有效保证英雄宽频影视平台的母盘数量和日常更新。

2006 年,英雄宽频获得国家文化部颁发的《网络文化经营许可证》,并向国家版权局进行计算机软件著作权登记。2008 年,英雄宽频加入中国互联网视听节目服务联盟,签署《中国互联网视听节目服务自律公约》。

2009 年 4 月,英雄宽频与文广集团建立长期合作版权伙伴关系。11 月,英雄宽频成为第一批通过国家文化部《网络文化经营许可证》换证申请的企业。当年,英雄宽频研究开发基于数据挖掘技术的局域网视频播放系统——宽频高清影视系统,为网吧、酒店、小区、高校提供服务,在同行业竞争中取得优势。

2010 年起,英雄宽频在部分高校开展校园云视频服务,其中有清华大学、中国人民大学、同济大学等 402 所高校,解决了高校出口带宽不足等问题。

第六章 社 会 团 体

第一节 上海电视艺术家协会

上海电视艺术家协会(以下简称"协会")成立于 1985 年 7 月 21 日,是上海市文学艺术界联合会(以下简称"市文联")领导下的电视艺术工作者的群众团体,是中国电视艺术家协会的团体会员。协会首任主席周峰。协会的中心任务是:促进创作,加强交流,开展评论和研讨活动。协会的日常工作:安排会员观摩中外影视,组织会员外出学习交流,关心会员生活等。从 2002 年起,协会会同市文广局、文广集团联合举办,参与"上海德艺双馨电视艺术工作者"评选、表彰活动,至 2010 年已举办 5 届。在第五届"上海德艺双馨电视艺术工作者"评选及表彰活动中,协会获市文联颁发的"2009 年度工作成果奖"。此外,2003 年协会获得中国电视艺术家协会颁发的"优秀组织奖";2007年获得"最佳团体会员单位"称号;2010 年获得"抗震救灾优秀电视作品推选组织奖"和"海峡两岸电视主持新人大赛组织奖"等奖项。上海电视艺术家协会历任主席为:周峰、龚学平、叶志康、穆端正。截至 2010 年底,协会有会员 1 235 名。

学术研讨。协会把电视剧创作、电视文艺节目和电视文化事业的发展作为首要任务,开展一系列文艺评论和学术研讨活动。其中有:1988 年,举办春节晚会研讨会、黄允剧作研讨会、电视综艺文艺节目经验交流会、电视剧艺术座谈会;1991 年,举办电视连续剧《都市风流》《红蜻蜓》研讨会;1992 年,电视剧《秋潮》研讨会;1996 年,举办晏仲芳获奥斯卡电视技术成果奖报告会;1997 年,电视剧《儿女情长》座谈会;2003 年,举办先进文化与电视剧创作研讨会、实施农村小康节目工程活动交流会、中国农村小康故事电视专题纪录片观摩交流会等。1988 年,协会和上海市计划生育宣传教育分中心联合摄制的 3 集电视剧《兰花豹》,在上海电视台和中央电视台播出。此外,协会参与和组织电视剧播出前的审片工作,还承办"2002 年中国电影电视发展高级论坛"和"2008 年第三届中俄电视合作论坛"。

评奖与大赛。协会负责上海(含全国性)电视艺术界各种奖项评选与赛事工作。协会主办或协办的全国重大评选(大赛)活动有:首届中国戏剧电视剧评选"金羽奖"授奖晚会、"绿色创造环保电视短片大赛"、首届"他在我身边"电视短片大赛等。1992 年 5 月,协会在连续举办三届电视大赛(1989—1991 年)后,又推出全国范围的电视短片、短剧大赛,二十余个省、市,逾百家电视台和个人报名参赛,参赛片超过二百部。参赛作品反映不同层次的人们真实生活和真挚情感,播出后在观众中引起共鸣,全国残疾人联合会主席邓朴方发来贺电。1994—2010 年,协会组织、推荐上海优秀节目,参加历届中国广播电视奖、中国电视金鹰奖、全国电视文艺"星光奖"、全国电视节目"金童奖"等奖项的评选。此外,协会还组织、推荐上海优秀节目,参加全国省市电视台优秀节目、中国新农村电视艺术节暨农村小康电视节目工程活动、中国电视旅游周、全国城市电视台抗震救灾优秀电视节目等奖项的评选。

培训、采风活动。1989 年 7 月,协会与上海大学文学院合办"上海广播电视业余进修学院",面向基层招收了 40 余名电视制作学员。学院聘请高校的教授、副教授按照课程设置和专业教学大纲施教。首批学员经过 3 年的学习,考试合格结业,于 1992 年 7 月领到大专毕业证书。1992 年,协会又协助招收 50 余名新生入学。1992 年后,为适应电视事业快速发展的需要,协会连续举办 23 期电视摄录短训班,累计培养基层电视工作者 1 500 多人,对提高电视摄制水平起到促进作用。1997 年后,协会每年组织会员赴基层采风,先后到上海青浦、金山、宝山、崇明、南汇、"上影车墩影视拍摄基地"以及江苏南通等地体验生活,以提高创作水平。

出版刊物等。1999 年,协会编辑出版《上海电视收视指南》。2001 年 5 月,协会创办会刊《视协信息》,每月出版 1 期,头版为要闻版,第 2、3 版刊登会员在电视艺术创作中的信息和体会,第 4 版介绍外地同行的情况。截至 2010 年 12 月,《视协信息》共出版 116 期。2005 年编辑出版协会成立 20 周年专辑《闪光的历程》。

第二节 上海市电影电视技术学会

上海市电影电视技术学会(以下简称"学会")成立于 1986 年 2 月。隶属于上海市科学技术协会,是市科协领导下的电影、电视和声像科技工作者的群众性学术团体,也是中国电影电视技术学会的团体会员,由电影制片放映、广播电视播出、电影工业、广播电视工业、教育科研等五个方面的专业人员组成。首任理事长:何兆璋。学会宗旨:开展电影、电视和声像技术领域的学术活动,促进电影、电视和声像技术的发展。学会职能:开展影视、声像技术领域的学术研究、科普活动及技术转让、技术开发、技术咨询和技术服务。1993 年,学会与上海金陵股份有限公司合资创办具有法人资格的经济实体"上海金鸡影视服务中心"。在电影、电视和声像等领域,发挥技工结合、优势互补的优越性,为科技人员参与经济建设、科技开发牵线搭桥。2010 年 6 月 28 日经上海市科协科技评价工作委员会第三次会议审议,在市科协系统 184 家团体中,学会被批准为科技评价工作第二批 8 家试点单位之一。上海市电影电视技术学会历任理事长:何兆璋、何允、金国祥、王玮。会员 700 余人。

学术研究的开展。1989 年 10 月 24 日,学会与上海市广播电视学会联合召开高清晰度电视(HDTV)研讨会,探讨这项新技术在中国电视与电影领域的应用前景。1993 年,学会根据 Dolby 电影立体声技术由 A 型向 SR 发展的趋势,会同市电影发行放映学会连续组织 2 次技术研讨会,对"Dolby—SR 技术"进行深入研究和探讨,并突破这一技术难关,将市电影发行放映公司电影厅改建成"Dolby—SR 电影厅",成为上海首家环音 Dolby—SR 影片的放映场所。1993 年 3 月 22 日,学会理事吴安甫在美国拉斯维加斯城 NAB 展馆内,会见美国电影电视技术学会(SMPTE)理事长欧文·W·扬,吴安甫面交上海市电影电视技术学会理事长何允签名的致 SMPTE 理事长的信件,并介绍学会的基本情况,同时将学会 1992 年出版的论文集赠送给他,欧文·W·扬表示 SMPTE 愿意加强与上海学会同行的合作。1994 年 3 月 1 日,学会邀请上海市电子学会广播电视专业委员会、上海市广播电视学会的负责人,共商学术团体之间的合作交流事宜。三方决定联合举办科技创新活动,以扩大影响。1994 年 3 月 26 日,学会与上海科技馆筹建处在科学会堂邀集上海电影制作、应用单位的有关专家,就中国科学技术馆与中国电影科学技术研究所联合发出的《关于我国大型球幕电影制片方向研讨倡议书》组织研讨。2000 年 2 月 17 日,学会与市广电局科技委联合举行"电子影院技术"研讨会。2009 年 10 月 23 日,市科协组织专家对学会和上海广播电视台技术运营中心共同承担的《上海电视产业的现状与发展报告》项目进行验收。《上海电视产业的现状与发展报告》是市科协下达的软课题项目,学会项目组经过一年多时间的深入调研、收集素材数据,科学地统计分析,撰写了近 10 万字的研究报告。2010 年 7 月 25 日,由学会理事长王玮领衔承担的 2009 年度上海科技发展基金软科学研究项目"推进上海广播电视产业升级以拉动内需的机制研究",通过市科委验收。学会项目组根据上海科技和经济发展的战略需求,重点研究上海广电行业内电视产业的发展现状和趋势;深入分析上海广电产业升级的方向和内容;重点关注产业升级和拉动内需的影响力,以及所需的相应机制。

技术培训与服务。1986年,学会与上海工业大学联合举办全国范围内的"电视技术学习班",还举办以市(县)电视台和高校、中专电化教学室工程师为主要对象的"工程师进修班"。1993年,学会与上海工业大学联合举办多期"电视工程师进修班"。在第15期进修班中,增设数字电视原理、电视节目制作技术、电视测量技术、卫星电视接收机等课程,受到学员的欢迎。1996年,学会技术咨询服务部为上海图书馆新馆多功能报告厅配置电影放映系统,经过一年多的努力,工程顺利完成。2001年6月19日,学会会员戈永良、田俊人、包学诚、朱觉、朱国忠、李涵初、张振庭7人组成的专家组,对上海科技馆落成的IMAX巨幕(2D/3D)电影院进行技术评估。他们考察影院及其设备的配置,审读相关技术文件,并亲身体验由IMAX公司开创的巨幕(2D/3 D)电影演示的视听效果。他们提出的技术评估书面报告,受到上海科技馆好评。2008年9月底,学会健全会员动态和会籍管理系统,系统具有建档、检索、查询、统计等各项功能。2009年12月28日—2010年1月7日,学会分别召开9个科技项目的技术鉴定会。这9个项目分别是上海广播电视台的"节目销售服务系统""SMG业务网平台""电视新闻中心东方卫视演播室高清改造""上视13楼导控系统改造""高清电视传输改造";东方明珠公司的"东方明珠发射台播出控制与报警监测系统""中波发射台智能化播控监测系统"和上海音像资料馆的"节目信息管理系统"与"数字视频修复系统"。2010年2月24日,学会组织有关专家对上海松江区有线电视网络中心自主研发的"广播电视网络资源管理系统""松江区有线电视中心业务综合管理系统"进行技术鉴定,肯定了这一个集GIS技术、数据库技术和网络技术于一体的管理平台。

举办专题纪念活动。2001年2月16日,学会与市文广局科技委等单位联合举行"何允同志从事广播电视技术工作60年"座谈会。市委副书记龚学平致贺信,国家广电总局科技委副主任章之俭专程到会祝贺并在会上讲话。2009年6月23日,学会在市文广局会议室举行"颜鹤鸣先生追思座谈会",纪念我国电影技术先驱颜鹤鸣百年诞辰。颜鹤鸣是被美国电影电视工程师协会(SMPTE)授予荣誉证章的终身会员,是上海电影技术界唯一获此殊荣的专家。

出版会刊、专著。学会除定期编辑出版内刊《学会简报》外,还出版论文集和与影视技术有关的著作(《学会简报》详见第九篇第三章第十节"内部报刊")。2006年,学会编纂的《英汉广播电影电视技术缩略语词典》《影视特技》(戈永良等著)出版后受到有关部门与业内人士的赞誉与好评(《影视特技》汇集上海电影制片厂特技部门50多年的创作生产经验和技术总结,并收录国内外电影特技的创作情况,全书共70万字,图片520多张)。2008年,《影视特技》获国家广电总局科技成果二等奖,《英汉广播电影电视技术缩略语词典》获国家广电总局科技成果三等奖。

第三节　上海市广播电视学会

上海市广播电视学会(简称学会)于1988年6月30日成立,是中共上海市委宣传部领导下上海广播电视界的学术团体。学会宗旨:组织学术研究、学术交流,促进上海广播电视的发展。学会下设:广播学、电视学、广播电视播音学、广播电视技术、广播电视管理学、广播电视史学、广播电视国际关系学、广播电视法学、广播电视发展战略研究9个专业委员会。学会吸收上海市广播文艺促进会、上海经济区城市电视台协作研究会等为团体会员。学会首任会长龚学平,常务副会长刘冰。1988年11月,学会成为中国广播电视学会的分会。1991年7月12日,根据国务院通知精神,上海市广播电视学会不再是中国广播电视学会的分会,而是具有独立法人资格的学术团体。学会经上海市社团管理处重新登记审核,取得《上海市社会团体法人登记证》。1994年12月12日,学会第二届会员代表大会在广电大厦举行。会议完成修改章程、改选机构、总结工作、确定今后任务等议程。选举出139名新理事。同年12月13日,理事会选举产生29人为常务理事;叶志康为会长,刘冰等为副会长。2000年12月23日,学会第三届会员代表大会在上视大厦举行。会议通过工作报告、修改学会章程、选举组织机构等议程,选举产生135人组成的新一届理事会,选举21人为常务理事;叶志康为会长,朱咏雷等为副会长。会议提出把工作重点从评奖逐渐转移至学术研究,抓好研讨与人才培养,以此推动上海广播电视事业的发展。2003年,陈乾年任学会常务副会长。截至2009年底,学会会员总数为1441人。2011年2月25日,学会第四届会员代表大会在上海国际会议中心举行。会议审议通过工作报告、修改章程、选举组织机构等议程,决定将学会转型更名为"上海市广播电视协会",选举产生134人组成的新一届理事会,选举28人为常务理事;卑根源为会长,李尚智为常务副会长。

学术研究。上海市广播电视学会每年都与广电媒体、高等院校等单位组织开展优秀记者、优秀新闻作品的研讨活动。2000—2010年的11年中,学会举行30多次不同主题的学术研讨会和交流会,其中有"上海电视台记者孙泽敏电视新闻作品研讨会""东方电台记者江小青广播新闻作品研讨会""陈乾年广播电视理论作品研讨会"以及传媒集团外语频道"国际传播模式创新研讨会"等(详见第九篇第一章第二节"学术研究")。

节目评奖。1989年2月,学会成立上海广播电视节目评奖委员会,由龚学平、邹凡扬分任正副主任。同年3月,学会制订上海市优秀广播电视节目评选办法,确立评选标准与设奖数额。1989—1991年,学会每年开展上海市广播电视各项优秀节目的评奖活动,评奖设一、二、三等奖、特色栏目奖、荣誉奖、鼓励奖等,还评选优秀节目主持人。1991年10月21日,市广电局和学会对评奖做出若干规定,并从1992年起将上海广播电视节目评奖改名为"上海广播电视政府奖"即"上海广播电视奖"和"上海广播电视学会奖"。"上海广播电视奖"评审是学会常年工作的重点,它既是对广播电视媒体宣传工作质量和节目质量的评估,也是学会向上海新闻奖、中国广播电视奖、中国新闻奖选送参评作品的推荐库。"上海广播电视奖"常设8个项目:广播新闻、广播社教、广播文艺、广播剧、电视新闻、电视社教、广电播音与主持和广电报刊作品。加上推送中国彩虹奖、评选区县广播电视奖等,学会每年接受市级台和区县台报送的参评作品约200多件,从中选出半数作品提交终评委评定,最后产生90件左右的一、二、三等获奖作品。2000—2010年,学会总共组织60多次评审会议,评审2000多件作品,有近千件作品分别获得"上海广播电视奖"一、二、三等奖。经过学会推荐和选送,近300件作品获得"上海新闻奖";200件作品获得"中国广播电视奖";40余件作品获得"中国新闻奖"。获得"中国新闻奖"的作品有:广播新闻《上海五国元首会晤》《中国年,中国旗》《周小燕与"长城谣"》等;电视新闻《从后排到前排,15米走了15年》《刘翔,家乡父老为你骄傲》《连战大陆行直播特别报道》等(获奖概况详见本书第二篇"广播节目"、第三篇"电视节目"获奖表)。

出版会刊、丛书。1992年4月30日,学会创办会刊《会员之家》。2004年3月28日,学会在《会员之家》基础上创办《学术研究动态》。截至2010年底,《学术研究动态》共编印38期,累计发送57000多份(《会员之家》《学术研究动态》详见第九篇第三章第十节"内部报刊")。学会自1995年起,逐年把获奖作品汇编成《获奖作品选》,每册均邀请专家学者按分类撰写综述,并对获得一等奖的作品进行评点。截至 2010 年,已连续编印 15 册,文字量达到 424 万字以上。《获奖作品选》不仅受到广电从业人员的重视,还被上海部分高校作为广播电视节目研究素材和新闻教学教材。此外,学会还设立"理论专著专项资助资金",资助出版具有一定学术水平的业务理论文集,并将其列入上海市广播电视学会丛书。截至 2010 年底,已资助陈绍楚等 16 位会员公开出版广播电视专业论著,资助金总额达 30 多万元。2008 年编辑出版学会成立 20 周年专辑《金色的年轮》、论文集《求索的结晶》。

第四节　上海市有线电视协会

上海市有线电视协会(以下简称"协会")于 1990 年 2 月 10 日成立,是市委宣传部和市广播电视局领导下,由全市有线电视单位及其从业人员参加的专业性社会团体,具有市属社会团体法人资格。协会的宗旨是:加强会员间的联系和协作,开展有线电视的业务活动,为振兴和发展上海有线电视事业做出贡献。市广电局副局长刘冰为协会首届名誉会长,闵行有线电视台赵根发为协会首任会长。协会最初会员单位有闵行有线电视台,上海石化、宝山钢铁、梅山铁矿、上海炼油厂等大型国有企业有线电视台,以及上海部分高校电教中心和农场、宾馆的有线电视站。1994 年起,相继吸收一批区有线电视中心、街道有线电视站和有线电视工程施工单位入会,会员队伍不断壮大。为确保协会活动持续性和规范性,协会先后设立 16 个分支机构,其中 2 个委员会,6 个工作委员会,8 个分会;制定《上海市有线电视协会分支机构管理条例》。2005 年 12 月,协会获得"上海市先进民间组织"称号。2006 年 6 月,应中国广播电视协会邀请,并报市文广局同意,上海市有线电视协会成为中国广播电视协会有线电视工作委员会的团体会员、常务理事单位。2007 年,协会被评为 2005—2006 年度市文广局系统文明社团。协会从成立至 2010 年,历任会长:赵根发、徐敏、胡运筹、周澍钢、余江如、刘亚东、郝建国。截至 2010 年,上海市有线电视协会会员数发展到 326 个,其中单位会员 286 个。

配合政府,服务社会活动。协会成立后,每年举办 3 次～4 次宣传工作报告会,学习和宣传党的路线、方针、政策,坚持正确的舆论导向,当好人民的喉舌,并且配合政府服务社会。1994 年,协会针对上海闭路电视传输技术落后和管理薄弱的现状,先后分三批召开"有线电视发展与旧系统改造研讨会",就闭路电视网络的改造、维护、验收、收费、节目制作、播出等内容进行研讨,形成专题报告,上报市广电局。2004—2007 年,协会配合市文广局组建区县广播电视台自办节目监听监看和卫星地面接收器安装使用专项整治队伍,承担 19 个区县自办广播电视节目的监听监看任务,使上海市有线电视事业沿着规范化、法制化方向发展。2007 年下半年,国家广电总局下达卫星转星调整任务,协会组织 8 支突击服务队,对 1 101 家境内卫星广播电视持证单位、87 家中小学远程教育系统单位、26 家文化信息资源共享工程单位实施转星调整,完成卫星电视的转星任务。2008 年 5 月,协会配合政府"村村通"工程,召开"上海市有线电视协会区县分会联席会议"。同年 12 月,召开"上海市乡镇广播电视工作研讨会",会议通报和交流了市郊有线电视"村村通"工程的基本情况。2008 年 9 月,协会把迎接中国 2010 上海世博会作为协会工作的重要内容,协会所属的"宾馆视听""个人会员""涉外小区""高校教育""市郊农场"等工作委员会,为宣传、服务上海世博会,制定一系列的工作计划。2009 年 9 月,协会召开"上海市有线电视协会区县分会工作交流会",名誉会长龚心瀚肯定分会在建设下一代广播电视网中的作用和经验。2010 年 3 月,协会针对上海 400 余家设有独立节目前端、通过有线电视系统传输的单位,从政策咨询、技术咨询、技术检测、安全风险评估 4

个方面,组织1 000多人次的技术人员上门服务,排查和消除潜在的隐患,确保上海世博会期间有线电视的安全播出。同年11月,协会贯彻市政府关于《本市广播电视有线网络整合实施意见》的要求,召开"上海市郊区县分会会长联席会议",为推进上海有线电视网络整合出谋划策。

作品评选活动。1990年,协会举办首届"好新闻、好专题"作品评选活动,成为协会每年开展的常态活动。截至2009年,协会"好新闻、好专题"新闻获奖作品达到389个,专题获奖作品达到358个。期间,协会举办观摩讲评、作品创作交流会19次。协会开展的"好新闻、好专题"评选活动,获得2004年度、2006年度和2007年度市文广局"文广影视社会组织特色活动奖"。2010年,根据市文广局决定,协会终止"好新闻、好专题"的评选活动,电视节目的评奖工作由上海市广播电视学会统一举办。

技术培训活动。上海市有线电视协会成立20年内,根据有线电视发展的各个阶段,举办有针对性的业务培训,着力提高有线电视从业人员的综合素质。1994—1997年,协会联手上海第二继续教育学院,举办有线电视维修初级工、中级工的资格证书培训,269名参训人员获得上海市劳动局颁发的有线电视维修初级工、中级工资格证书。1997—1999年,协会与中国电子学会联合举办"HFC光纤/电缆混合网设计与调试技术培训班"和"双向宽带网络设计施工培训班",上海、江苏、浙江、安徽等地有线电视从业人员191人参加。2010年8月,协会受中国广播电视协会委托,承办中广协在上海举办的面向全国13个省市的网络管理机构、广播电视台负责人、技术骨干的"下一代广播电视网(NGB)技术培训班",近百名学员结业。

第七章 艺 术 团 体

第一节 上海广播电视艺术团

1949年10月,上海电台广播乐团正式成立,乐团由姚牧、徐炜任正副团长,隶属于台文艺组。

1954年,上海广播乐团经过数年发展,已拥有60余人的合唱队和30余人的管弦乐队,成为当时国内规模最大的广播音乐团体。1954年2月,中央广播事业局决定以上海广播乐团为基础,扩建成立中央电台广播乐团,上海电台文艺部主任刘冰兼任团长,中央电台文艺部副主任吉联抗任副团长。经过一年多的扩充,1956年3月14日,吉联抗率团(100多人)迁往北京,受中央电台直接领导。

1956年9月,上海电台以少数留沪团员为骨干重建上海广播乐团,隶属于上海电台文艺部。1960年,上海电视台的话剧、舞蹈、民乐、声乐小组并入上海广播乐团后,改名为上海广播电视艺术团(以下简称"艺术团")。

1984年4月6日,艺术团和上海电视台电视剧部合并,归上海电视台领导,副台长郑礼滨兼任团长。

1993年,上海电视台将艺术团改建成为上海广播电视艺术团总团,王天宝任总团团长。下设交响乐团、艺术团、电声乐队、民乐队4个文艺团体。

1995年,上海广电系统进行影视合流改革,艺术团经分流和重组,曾短暂改名为上海电视台艺术团。

2000年后,艺术团先后隶属文广集团和上海广播电视台。随着上海演出市场的变化,其规模和编制逐年精简。这一时期,该团以"乌兰牧骑"文艺轻骑兵的形式不断开拓上海街道、乡镇以及周边地区新的演出市场。

该艺术团曾经拥有一批在社会上享有较高知名度的演员,如独脚戏(滑稽)演员黄永生、筱声咪、孙明、徐笑灵、姚斌儿、毛一飞;女高音歌唱家张正宜及青年歌唱家刘明昌、郑莉莉、杨进、孟祥麟,民歌歌唱家赵冬兰;相声演员叶惠贤;影视演员孙启新等。其中,筱声咪、孙明合作创作演出的独脚戏节目《机器人》《看病》分获上海市科普文艺作品创作表演奖和全国曲艺会演二等奖。陈卫伯创作表演的独脚戏《康福寿》在上海"江南滑稽邀请汇演"中获得最佳节目奖。

艺术团还曾拥有一支高水平专业乐队,1984—1997年,多次举办交响音乐会、新春音乐会;参加历届"上海之春"音乐会、上海艺术节、上海国际广播音乐节、上海电视节以及东亚运动会、第八届全国运动会等大型活动的文艺演出。

第二节 少年儿童广播合唱团

少年儿童广播合唱团(以下简称"少儿合唱团")成立于1956年6月1日,是上海电台组建的少儿课余艺术团体。少儿合唱团成立初期规模较小,经过多年发展,队伍逐渐壮大。截至2010年,已有3个合唱队和1个少女演唱组,该团小团员均来自上海中、小学校。少儿合唱团主要任务是为广播宣传服务,同时对推动少年儿童歌咏活动、培养音乐人才等起了积极作用。

少儿合唱团演唱曲目广泛,题材丰富,风格多样。每年录制各种歌曲在电台播放。还为电视、电影配歌,灌制唱片和音带。少儿合唱团参加上海市和全国的重要演出,并在历次比赛中屡屡获奖。

少儿合唱团成立后,得到社会各界的热情关怀和支持,党和国家领导人江泽民、康克清及著名音乐家贺绿汀等都曾为少儿合唱团题词。

少儿合唱团演出和获奖。少儿合唱团曾先后到日本、澳大利亚、西班牙、泰国等国和中国香港、澳门地区交流演出,被誉为“歌声传友谊”的小天使。少儿合唱团还培养、造就众多艺术人才,不少沪籍歌唱家从少儿合唱团开始从艺之路。

1984年,少儿合唱团与奥地利维也纳儿童合唱团、苏联斯柯夫合唱学校童声合唱团等7个团体演唱的部分录音曲目,被编入全国中等师范学校的音乐欣赏教材。

1986年10月8日,少儿合唱团应邀与中央歌剧院共同演出清唱剧《卡门》。

1988年7月,少儿合唱团应邀赴中国香港,参加“国际儿童合唱团”,与美、英、日本、冰岛等国及中国香港地区13个儿童合唱团交流演出,并被接纳为国际儿童合唱及表演艺术协会会员。

1991年8月4—9日,少儿合唱团应邀赴日本参加“横滨市音乐节”获得成功。日本音乐界人士称赞该团是“一流童声合唱团”。

1993年8月,赴北京参加“首届中国童声合唱节”,被选入“优秀节目专场”演出和优秀曲目录音,并获得合唱节的最高荣誉奖“中国优秀童声合唱团”称号。

1995年3月9日,少儿合唱团应澳门文化司署邀请,参加第六届澳门艺术节专场演出。《澳门日报》对此做了专题报道。

1996年6月1日,少儿合唱团在上海鲁迅公园举行“百万儿童唱新歌六一游园会”,在庆祝建团40周年的同时也为上海少年儿童送上一份节日礼物。

2002年7月,上海广播频率实施专业化改革后,少儿合唱团划归传媒集团新闻综合(金色)频率管理。少儿合唱团新的领导班子,坚持“让美妙健康的歌曲陶冶少年儿童的心灵,让少年儿童的生活因歌声充满阳光和欢乐”的宗旨,使少儿合唱团成为培养优秀艺术人才的摇篮和平台。同年8月8日,少儿合唱团参加“2002年上海、香港、澳门、台北四地青少年朗诵比赛”文艺演出。同年9月,少儿合唱团参加上海卫视和日本广播协会(NHK)联合举办的庆祝中日邦交30周年文艺晚会,该团童声合唱《友谊地久天长》被拍摄成音乐电视片,在上海和日本的电视台同时播放。

2003年1月,在香港举行的国际儿童合唱演艺协会亚太区成立会议上,上海少年儿童广播合唱团被选为国际儿童合唱协会亚太区秘书处,少儿合唱团负责人郭琪琪为秘书长。同年3月,少儿合唱团与上海沪东外国语学校合作,成立合唱团沪东二队、三队。3月8日,“正广和上海少儿广播合唱团冠名仪式”在上海广播大厦举行,上海正广和公司给予少儿合唱团一年20万元赞助,少儿合唱团给予正广和企业冠名权及广告宣传。这种合作形式,是少儿合唱团在改革发展中的新尝试。同年8月,少儿合唱团举办4期小歌手夏令营。夏令营向社会开放,邀请部分爱好唱歌的非合唱团同学参加,让更多的孩子体验到唱歌的快乐。9月,少儿合唱团参加传媒集团金色频率组织的公益活动,在上钢新村等社区为市民演出。

2004年1月13—18日,少儿合唱团一行48人赴泰国演出。同年5月下旬,《“歌声与微笑”——上海少儿广播合唱团走过48年图片展》在广播大厦大厅举行,同月29日,少儿合唱团以一场特殊的“怀旧经典音乐会”来庆祝六一国际儿童节。一批少儿合唱团老团员在小团员们的簇拥下,走上舞台,新老团员一起高歌《我爱北京天安门》。同年8月1—9日,少儿合唱团赴匈牙利布达佩斯参加国际少儿文化艺术节,小团员以他们的歌声和活泼积极的精神状态赢得观众喜爱。艺术节闭幕时,中央电视台记者专门采访少儿合唱团团长、指挥和部分小团员。

2005年7月21日,少儿合唱团一行50人前往澳大利亚,参加悉尼国际少年儿童文化艺术节的交流演出。来自中国(包括港、台地区)、美国、南非、澳大利亚、西班牙等10多个国家和地区的29个合唱团近千名小演员同台献艺。少儿合唱团在悉尼歌剧院和悉尼市政厅进行演出,其原创歌曲《唱到月亮也笑了》以载歌载舞的表演形式受到组委会及各方好评。

2006年5月1日,为庆祝少儿合唱团成立50周年,传媒集团广播中波792千赫19—20时播出的《成长嘉年华》节目中,邀请少儿合唱团历年的老团员共叙"歌声伴童年"。同年7月15—26日,第四届世界合唱比赛在中国厦门举行,共有80个国家和地区400个团体近两万名歌唱爱好者参赛。少儿合唱团小团员们在比赛中先后演唱《请到我们山里来》《唱到月亮也笑了》等4首民歌,获得合唱比赛银奖第一名。

2007年5月12—13日,应西班牙国际合唱节邀请,少儿合唱团在西班牙阿维多城进行交流演出,40名平均年龄12岁的小团员表演了具有浓郁中国地方特色的《叫卖小调》《采茶舞曲》《掀起你的盖头来》等歌曲。同年8月,少儿合唱团在烟台参加2007中国沿海城市青少年合唱比赛,囊括"优秀合唱团金杯奖"等5项大奖。同年,少儿合唱团还收到日本谷村新司事务所和株式会社发来的感谢信,对合唱团在"中日携手·世纪同行2007"演唱会上高水平配合日本歌星谷村新司的演出表示感谢。

2010年上海世博会期间,少儿合唱团先后参加上海世博会荷兰国家馆日和比利时国家馆日的演出,为荷兰王储、比利时亲王等中外嘉宾献唱。

第三节　少年儿童广播剧团

少年儿童广播剧团(以下简称"少儿广播剧团")的前身是1958年创建的上海电台少儿演播组,它是中小学生课余演播团体,主要任务为上海电台的少儿广播演播各类节目。

自20世纪80年代起,少儿演播组/少儿广播剧团就是上海美术电影制片厂、上海电影译制厂、上海科教电影制片厂、上海电影制片厂儿童配音演员的主力,各出版社有声读物的示范朗读者,也是有些年历画册的模特儿和电影、电视剧中的小演员。

1984年暑假,招收第一批学龄前幼儿。从此,少儿演播组成员的年龄段横跨幼儿到中学生的整个时期,演播内容也随着节目内容而不断丰富。1990年,少儿演播组改名为上海电台少年儿童广播剧团。2004年,少儿广播剧团划归传媒集团戏曲、文艺频率管理。

少儿广播剧团(含少儿演播组)成立后的50多年里,运用对话、快板、相声、诗歌、广播小品、广播剧等多种形式为少儿广播节目演播数千种文艺节目,录制一批唱片、录音带(包括小学语文课本示范朗读教学音带)、广告,并经常被邀请为美术片、译制片、电视剧配音。

20世纪80年代初,上海电台《少儿节目》开办的"暑假俱乐部""听爷爷讲上海人的故事"等栏目,以及深受小朋友喜爱的美术片《哪吒闹海》《龙子太郎》等都有少儿演播组小演员参加配音。

1982年6月,上海电台以幼儿为收听对象的《百灵鸟》节目开播后,少儿演播组小演员参与演播的节目约占节目总量的二分之一。演播的栏目有"教儿歌""小小音乐宫""讲讲看看"、幽默小品《小不懂》以及188集的系列知识小品《问不倒哥哥》等。

1991 年 6 月，《百灵鸟》节目举行"上海电台少儿广播剧团节目展播月"，连续播送剧团 30 多年来演播的各种作品。同年，少儿广播剧团演播的《小星星诗歌朗诵》，由上海市音像公司制成盒带出版发行。

1993 年 5 月，"全国少年儿童戏剧汇演"在北京中南海演出。上海参演的话剧《曹冲称象》由少儿广播剧团小演员前琳任主角。

2004 年，少儿广播剧团除积极参与传媒集团戏剧、文艺频率文艺晚会、广播剧的录音制作和《滑稽王小毛》节目演播外，还活跃在文艺频率新推出的《跟我读课文·听你读课文》《童话大篷车》等节目中。

第四节　小荧星艺术团

小荧星艺术团成立于 1985 年 1 月 13 日，设立合唱团、舞蹈一队、二队，后组建合唱、舞蹈和影视 3 个分团，隶属上海电视台文艺中心。

2001 年 11 月，小荧星艺术团划归东方电视台文艺频道。2004 年 7 月后，由传媒集团东方少儿频道管理。此时，小荧星艺术团已发展成为拥有合唱团、舞蹈团、歌舞团、影视戏剧团、演奏团等分团的上海少年儿童课余大型综合文艺表演团体。

2009 年 12 月，上海广播电视台炫动传播公司成立，小荧星艺术团隶属于该公司。

小荧星艺术团以歌、舞、演、艺为特色，活跃在电视荧屏、电影银幕及艺术舞台上。曾多次参加上海市和全国性的重大文艺演出活动。

小荧星艺术团创作的大批优秀少儿艺术作品，在全国乃至国际多项比赛中获得大奖。小荧星艺术团的足迹还延伸到美国、法国、日本、新加坡等国和中国港、澳、台地区，因其精彩的演出被誉为上海的"和平小天使"。

小荧星艺术团成立后的 25 年里，为各类艺术院校和团体输送了百余名艺术人才，不少中国影视明星的艺术之路均从小荧星艺术团起步。

小荧星合唱团。小荧星合唱团注重对本国、本地区原创歌曲的推广和传唱，如《歌声与微笑》《济公》《上海叫卖小调》等。小荧星合唱团多次参加国家级、市级重大文艺演出，其中包括：在上海举行的 2001 年亚太经合组织（APEC）领导人非正式会议晚宴；2002 年上海市政府代表团赴法国巴黎申办 2010 年世博会演出；2005 年日本爱知世博会开、闭幕式和上海周的演出；2006 年"动画伴我飞翔——纪念中国动画 80 周年"庆典晚会；2007 年世界夏季特殊奥林匹克运动会开幕式；2010 年上海世博会倒计时 100 天大型演唱会等。

小荧星合唱团出色的演出赢得多个奖项，其中有：2006 中国香港国际青少年合唱节金奖；中国首届少儿合唱节最高奖——小百灵杯；中国第四届童声合唱节最高奖——中国优秀童声合唱团奖；2009 年第七届中国金唱片奖。小荧星合唱团制作、出版的《瓦砾下的花朵——小荧星爱心合唱专辑》获得第二届中华优秀出版物奖和抗震救灾特别奖。

小荧星舞蹈团。小荧星舞蹈团是上海规模最大的儿童舞蹈艺术团体，以民族舞、芭蕾舞、拉丁舞、爵士舞、踢踏舞等为表演形式，频繁活跃于境内外各大文艺演出的舞台上，承担着上海市政府及广播电视系统重要的演出任务。

小荧星舞蹈团多次参加国家级、市级重大文艺演出，包括：2001 年亚太经合组织（APEC）领导人非正式会议晚宴；2004 年赴北京参加建国 55 周年故宫大型文艺演出、第七届全国大学生运动会文艺演出;2005年第四十八届世界乒乓球锦标赛开幕式演出、上海F1开幕式大型文艺演出;2006年世界特殊奥林匹克运动会上海国际邀请赛开幕式;2007年女足世界杯开幕式;2008年"唱响三十年中国原创音乐盛典"演出等。

小荧星舞蹈团连续获得第四届(2007年)、第五届(2009年)全国少儿舞蹈大赛一等奖,以及国际标准舞协会在新加坡主办的"鱼尾狮"国际标准舞公开赛的多个冠军。2010年,小荧星舞蹈团表演的舞蹈《开往世博园的地铁》,获得第十届中国上海国际"金玉兰奖"大赛最高奖。

小荧星歌舞团。小荧星歌舞团以音乐剧、歌舞组合为主要表现形式,是小荧星艺术团中最年轻、最具现代感和时尚气息的艺术分团。它常年活跃在电视荧屏、电影银幕及各大艺术舞台上,受到包括中央电视台在内的诸多电视媒体关注。

小荧星歌舞团多次应邀参与中央电视台《艺术人生》《非常6+1》《少儿春晚》等栏目,以及东方卫视《中国达人秀》《群星耀东方》、湖南卫视《天天向上》《快乐大本营》、凤凰卫视《鲁豫有约》、浙江卫视《中国梦想秀》等全国多家卫视的节目录制。

小荧星歌舞团参加的国家级、市级重大文艺演出有:2004年"沪澳情·两地缘——庆祝澳门回归五周年·沪澳青少年大联欢"综合晚会;2005年日本爱知世博会开、闭幕式;2006年第三届中俄妇女文化周闭幕式;2007年上海世博会吉祥物揭晓晚会、"沪港澳台侨2008'爱心雅集'慈善演唱会";2009年,在天安门广场举行的"上海世博会开幕倒计时牌揭牌仪式"和国家大剧院大型情景朗诵会《红色箴言》中的演出;2010年中国上海世博会开(闭)幕式演出等。

小荧星歌舞团曾获得诸多奖项。其中包括:2006年上海之春国际音乐节优秀音乐作品展演新人奖、声乐类表演一等奖和最佳指导奖;2010年中华英才全国少儿才艺大赛各个级别的特别金奖和金奖;中央电视台全国少儿歌曲电视演唱大赛金奖和儿童最喜爱歌曲奖等。

小荧星影视团。小荧星影视团以相声、小品、主持、朗诵、配音、儿童舞台剧等为主要培训形式,为上海和国内各类文艺演出、广告拍摄、广播电视节目、舞台戏剧和影视剧输送儿童演员。

小荧星影视团团员曾经参加《城南旧事》《上海一家人》《孽债》《上海往事》《老鼠爱大米》《孩奴》《璀璨人生》《北风寒》《爱可以重来》《心曲》等百余部影视剧的拍摄,其中不少人成长为影视明星。

小荧星影视团多次应邀参加国家级、市级重大文艺演出,包括:2006年"时尚上海二十年·领袖之星耀浦江"颁奖晚会;2007年女足世界杯开幕式;2008年为四川汶川地震灾区"哈哈美丽心世界六一儿童慈善赈灾晚会"演出;2009年儿童剧《希望山在哪里》演出等。

小荧星影视团2007年代表上海赛区参加第五届南方少儿模特大赛暨亚太少儿模特大赛,团员俞华获得"十佳小模特"称号;2009年参加第四届全国青少年打击乐比赛,获得业余组的金奖;2010年参加全国第四届少儿曲艺大赛,演出的原创小品《桶治地球》获得银奖。

小荧星演奏团。小荧星演奏团是一支展现中国民族文化特色的少儿民乐演奏团队,它主要创作和演奏中国民族、民间曲目,如《赛马》《江南风韵》等。演奏团曾多次代表中国儿童民乐团队赴境外演出,2008年团员梁嘉颖参加奥林匹克青少年艺术展演,获得少年组古筝金奖。

小荧星演奏团多次参加国家级、市级重大文艺演出,其中有:1997年第八届全国运动会开幕式演出;2002年随上海市政府代表团赴法国巴黎申办2010年世博会演出;2003年中央电视台庆祝六一国际儿童节演出;2004年赴京参加建国55周年庆典演出;2007年参加国务院为非洲开发银行理事会年会举行的欢迎晚宴演出等。

第二篇

广播节目

1978—2010年,上海广播以新闻节目改革为突破口,以追求新闻的信息量、时效性、敏锐度、可听性为切入口,建立以新闻为骨架的总体节目结构。"文化大革命"结束后,上海人民广播电台(以下简称"上海电台")新闻节目摒弃过去以读报为主的做法,积极探索广播新闻自身特点和发展规律,努力办出特色。1983年1月,上海电台创新推出"整点新闻"主体框架,每天从5时至24时,每逢整点播出新闻节目,这是上海广播节目改革的历史性新起点。1993年2月,上海电台《990早新闻》每档播出时长由30分钟扩为1小时,信息量倍增。1994年11月,贯彻"新闻立台"指导思想,调整后的中波990千赫,每天播出17小时新闻和新闻专题节目,成为真正意义上的新闻频率。1992年10月,新开播的上海东方广播电台(以下简称"东方电台"),每天6—9时推出3小时早间新闻板块,节奏明快。晚间播出的《东广时事特快》栏目,采用主持人与一线记者对话交流的方式报道最新消息,鲜活生动。2002年7月,上海文广新闻传媒集团(以下简称"传媒集团")新闻综合频率新设"昨夜今晨"板块,记者24小时值班,时效更快。2004年1月,传媒集团新闻资讯频率推出"半点滚动新闻"编排模式;2006年1月,改为"20分钟滚动新闻",每天滚动刷新45次,信息更为丰富密集。上海广播工作者增强新闻敏锐性,大胆触及社会热点话题,引发全社会深层思考;新闻采用直播活排,重大新闻能够即时插播,提高新闻的时效性;新闻报道形式广泛采用双向、多向热线交流,经常采用记者现场口播,必要时通过手机实现越洋现场直播,增加新闻的现场感;注重受众收听心理,新闻播报力求口语化,追求新闻的贴近性。

　　上海广播从听众的需求出发,拓展广播多功能作用。20世纪90年代初设立的《市民与社会》《今日新话题》等栏目,在党、政府和人民群众之间搭起交流沟通对话的平台,发挥广播沟通政情民意的桥梁功能。《听众热线》《东方传呼》《政风行风热线》等栏目,通过揭露问题,沟通信息,化解矛盾,达到弘扬正气,督促改进工作作风的目的,发挥广播的舆论监督功能。上海交通广播每逢整点、半点、高峰时段每15分钟播报的即时路况,方便市民出行。《金融信息》《股市即时信息》等栏目,在当年网络尚不够发达的情况下,使得广播成了上海地区百万股民及时获得证券信息的主渠道,发挥广播的信息传播功能。《理论经纬》等栏目,帮助人民群众更好理解党的路线、方针、政策及其理论依据,发挥广播的社会教育功能。《为您服务》《上海潮》《法庭内外》《东方大律师》《名医坐堂》等栏目为听众提供全方位咨询服务,发挥广播的民生服务功能。

　　1978年后,上海广播文艺拨乱反正,快速恢复播出一大批曾被禁锢的文艺作品;解放思想,集中创办一大批文艺栏目;持续创新,培育打造一大批品牌栏目。《星期广播音乐会》致力于普及高雅音乐,提高市民文化修养,被评为"上海市十大精神文明产品""上海市优秀媒体品牌";《星期戏曲广播会》举办艺术家流派演唱会、培养戏曲青年人才、扶持弱势流派小剧种、组织戏曲广播大赛、为戏曲文化繁荣振兴不懈努力;"上海国际音乐节目展播"后发展为上海市大型国际合作交流项目"上海国际广播音乐节",成为国际广播音乐界的盛会;《立体声之友》《怀旧金曲》成为众多音乐爱好者的挚友与知音;《音乐万花筒》《天天点播》吸引广大听众参与广播节目;广播喜剧小品《滑稽王小毛》,以诙谐幽默的形象走进千家万户,王小毛成为"上海滩人人皆知"的广播明星;大型系列广播剧《刑警803》,成功塑造了中国刑警智勇双全的光辉形象,该剧在全国33家电台持续热播,成为中国制作规模最大、持续播出时间最长、影响力最大的系列广播剧;《东方风云榜》填补中国内地原创歌曲排行空白,每年的"东方风云榜金曲颁奖典礼",以盛大规模和超强影响力,受到全球音乐界和媒体人广泛的关注与好评。

改革开放后,上海广播节目的规模和布局,经历了恢复扩容、系列台建设、两个省级电台并存、集团专业优化重组的过程。至2010年,形成了种类齐全、定位细分、城乡协同、内容丰富的广播节目业务集群。"文化大革命"期间,上海广播节目规模一度萎缩至2套节目,日播出33小时。到1979年11月,上海电台广播节目快速恢复到5套,每天播音66小时。1987年5月,引入内部竞争机制,组建3个编辑室,对外呼号新闻教育台、文艺台和经济台。1993年1月,上海电台完成新闻综合、市场经济、文艺、音乐、交通信息、外语教学、浦江之声、英语8个专业系列台的格局,日均播出节目总量达130小时33分钟。1994年11月,上海电台又将8个系列台重组为新闻、经济、文艺、浦江之声4个中心台,周平均日播时间从136小时精简为113小时。1992年10月,新开播的东方电台拥有新闻综合、音乐2套节目,日播时间42小时。东方电台于1993年、1995年,相继推出儿童台和金融台。2002年7月,传媒集团对广播频率实施专业化改革,组成新闻、交通、文艺、戏剧、新闻综合、金色、流行音乐、综合音乐、财经、浦江之声10套节目,日播出173小时30分钟节目。2004年,上海体育广播开播。2009年11月,上海广播电视台广播节目设有新闻、交通、戏剧曲艺、故事、五星体育、东方都市、流行音乐、经典音乐、新闻资讯、第一财经和浦江之声11个专业频率,全年播出总量为74 808小时,其中自制节目70 626小时。

上海市郊区县广播站从1985年7月起先后改建为广播电台,陆续新建或改建技术用房,更新播出设备,增加自办节目。后又不断改革创新,先后实现局台合一、广播电视合一、有线无线合一的格局。上海市在全国率先实现"村村通"。至2010年,上海市郊9个区县广播电视台办有广播节目10套,全年播出节目总量56 625小时,其中自制节目14 636小时。

在本篇,广播节目是泛指广播电台通过音频信号,播出体现编采或创作意图的作品。广播栏目一般是指按照固定时间和次数播出的节目。

第一章 新闻节目

1978年4月,上海电台重建自己的新闻采访队伍。同年5月15日,恢复中断10年的《上海新闻》节目,每次15分钟,每天21时、22时分别在中波990千赫、792千赫播出。在上海电台的新闻节目中,从此重新有了自己记者采制的消息和录音报道。1980年10月20日,《新闻和报纸摘要》更名为《上海新闻和报纸摘要》,突出地方特色,增加本地新闻比重。1981年11月21日,开办"最新消息",打破沿袭多年的新闻必须录音后才能播出的规定,部分新闻节目可以直播,增强了新闻的时效性。1983年元旦,上海电台在中波990千赫推出"整点新闻"主体框架,从5时至24时,每逢整点播出新闻节目,每天播出21次,其他频率播出新闻节目19次,合计40次,其中转播中央电台3次,自办37次。新闻节目日均播出量约7小时35分。这是上海电台在改革中迈出的一大步,也是建台后的首创。

1984年,上海电台围绕发扬广播新闻"多、快、新、广、活"的特色,从内容到形式进行改革与探索。同年8月6日起,每篇新闻稿由过去的三四百字压缩到两百多字,以增加信息量。把早晨7时的新闻节目由过去的一整块,分切成上海新闻、国内外新闻、评论、专稿等板块。1985年2月20日,上海电台早新闻节目运用"活排直播综合编排",时效性更强,形式更活,颇受听众欢迎。此后,陆续开设新闻专题节目,以新闻追踪、热点漫谈、时事述评等形式,作为整点新闻扩充和延伸。1987年6月15日,上海电台中波990千赫早晨的新闻节目定名为《早新闻》,每天播出新闻40多条,时长30分钟,需要时适当延长,主要增加录音报道。之后,上海电台新闻节目的日播出次数基本稳定,到1991年每天有44次。

1992年10月29日,东方电台《东方新闻》开播,每天6—9时在中波792千赫播出,其中7—8时是大容量、快节奏的综合新闻,由新闻节目主持人直播。

1993年2月10日,上海电台《早新闻》更名为《990早新闻》,时长由30分钟扩展为1小时,采用主持人直播主持的形式,7时首播,8时重播。扩版后的《990早新闻》,在保持"权威可靠、报道迅即、节奏明快"特色的基础上,体现"信息密集、视野广阔、追求深度"的新特点。扩容后的《990早新闻》每天平均用稿量增加到70条。1993年全年,上海电台新闻节目用稿中自采5158件,采用外来稿4395件,播发报刊、通讯社稿件2万多篇。1994年11月28日,上海电台贯彻"新闻立台"指导思想,中波990千赫改版,以《清晨新闻》《990早新闻》《午间新闻》《晚间新闻》《夜间新闻》等整点新闻为主干,新闻节目由原来每天4个多小时增加至10小时,推出《新闻访谈》《现代城乡》《报海瞭望》《环球频道》等新闻专题栏目,每天播出17小时新闻和新闻专题节目,成为真正意义上的新闻频率。改版当天,上海电台与中央电台第二套节目联播7点档早新闻,成为首家与中央电台联播新闻的地方电台。1995年元旦,东方电台《东方新闻》更名为《东广早新闻》,"东方大哥大"更名为"东方传呼",新辟"特别报道"等板块。

2002年7月15日,传媒集团对广播频率进行重组,中波990千赫新闻频率播出时间由19小时05分增加到24小时。中波792千赫新闻综合频率除继续加强上海、国内外新闻报道外,注重向长三角区域拓展。2004年1月1日起,新闻综合频率和金色频率重新整合后,更名为新闻资讯频率和都市生活频率,对外呼号"东广新闻台""都市792"。新闻资讯频率除6—9时播出3小时新闻板块外,其他时段每逢整点和半点直播 10 分钟"半点滚动新闻",新设"昨夜今晨"板块。2006 年 1 月 1日,传媒集团广播新闻中心成立。同属一个中心的《990 早新闻》和《东广早新闻》都继续坚持体现新闻的"新"和"快"。在风格上,新闻频率更注重权威性,新闻资讯频率更偏重社会性。尽管新闻来源大致相同,但稿件的选择、编排、编辑以及新闻主播的播报方式则体现各自风格。从这天起,新闻资讯频率推出"20 分钟滚动新闻",以 20 分钟为一个单元,由报时、要闻、气象、综合新闻、前方连线、体育特快、路况、资讯快报等内容组成,每天 9—24 时滚动刷新 45 次。

第一节 综 合 新 闻

一、报道

1978 年 11 月 4 日,上海电台播出工厂、商店、农村、部队等基层作者提供的稿件,谈学习领会"实践是检验真理的唯一标准"这一重要论断的体会。同年 11 月 13—20 日,举办"关于真理标准问题"专题讲座,共 10 讲,用实事求是的思想,批判"两个凡是"的观点。同年 12 月 11—24 日,播出对话"关于真理标准问题"共 8 讲。同年 12 月 18—22 日,中共十一届三中全会在北京召开。上海电台 23—24 日播出全会公报 11 次,简明新闻摘要播出。录音报道《上海人民热烈欢呼党的十一届三中全会的胜利召开》连续播出到 25 日。同年 12 月 23 日,上海电台转播上海宝山钢铁总厂动工典礼实况及有关新闻和录音通讯。

1980 年,上海电台播出上海石化总厂因老鼠作祟发生重大生产事故、造成损失价值 1 000 万元的新闻。此后,社会新闻报道在广播中时有出现。

1982 年 2 月 18 日下午,解放军工程学院利用控制爆破新技术,拆除上海交通大学实习工厂的一座废弃的钢筋混凝土整体框架,这是当时国内规模最大的一次控制爆破。记者陈乾年、播音员杨磊到现场采访,制作的录音报道在当天 19 时《上海新闻》中播出。

1984 年 10 月 1 日,上海电台举办特别节目《国庆的一天》。从 7 时 30 分至 18 时 30 分,时长 11 小时,这档特别节目内容达 29 个。台长、总编辑高宇担任总设计和总指挥,参与特别节目的采编播和技术人员 80 多人。这次多点转播、多处报道、多种节目穿插和统筹安排,为此后开办大型专题和特别节目做了有益的尝试。1986 年 7 月 11 日,上海郊县遭遇龙卷风袭击受灾严重,记者从受灾地区发回录音报道,被编排在翌日早新闻的头条播出。同年 7 月 12 日,上海电台开办《十五件实事特别节目》,重点解读《上海市 1986 年国民经济和社会发展计划》,每周六播出,每档 20 分钟,凌云播音。首档节目是由分管市政建设的副市长倪天增就市政府提出的 15 件实事和市内重点工程发表谈话。

1987 年 12 月 6 日,上海电台与宁波电台合作举办《宁波的一天》特别节目。节目采用现场直播、录音报道以及宁波滩簧、小曲等穿插编排形式,从 7 时 30 分至 18 时,历时 10 个半小时,参与的采编播技术人员 20 多人,开创了上海电台到外埠采制直播特别节目的先例。1988 年,上海电台与嘉兴电台合作,两地同时播出《嘉兴的一天》特别报道。同年,还组织《我们江阴好地方》特别报道 12辑,分别于 5 月 28 日、30 日和 6 月 1 日播出,每次播出 4 小时。1989 年 3 月 26 日,上海电台与温州电台合作,两地同时播出 4 个半小时的特别节目《多姿多彩的温州》。1990 年 3 月 11 日,上海电台与无锡电台合作,播出《奋进中的无锡》特别节目,从 7 时 30 分至 16 时,时长 8.5 个小时。在千年古运河上,记者、播音员第一次在行进中的游船上做现场直播。在这天的节目中,钱伟长教授接受采访,畅谈家乡无锡的变化。

1988年3月24日,上海境内发生两列客运火车相撞的恶性事故,造成中日旅客伤亡127人,上海电台于17时新闻节目中首先播出了该事故报道,7分钟后,日本新闻媒介将这条消息传遍日本全国。到3月28日,上海电台播出相关新闻47次。

1989年,上海电台开设报道全国人大、全国政协的两会专题,首次派出记者入驻北京采访,记者每天发回会议消息、人物专访、大会花絮等,快速传播全国两会的主要精神。同年5月,上海电台推出《上海在奋起——庆祝上海解放40周年》特别节目,5月28日8—12时的4个小时节目中,有老市长陈毅1950年在首届市人大一次会议上的讲话录音片段;上海解放前夕担任国民政府上海市代理市长的赵祖康对上海解放的一段回忆;以及反映上海经济建设成就的录音报道《上海工业的今天和明天》《发展中的虹桥、闵行、漕河泾开发区》《崛起中的副食品生产基地》等。同年10月1日,上海电台国庆特别节目以毛泽东、邓小平、江泽民三位领导人的讲话原声为线索,展现新中国成立40周年的发展历程。10月2日、3日的《早新闻》节目中,编排专题《上海人民欢歌笑语庆国庆》《捷报频传40年——来自祖国各地的报告》反映国庆主题。国庆节前后,还开辟《伟大祖国在奋进》专题节目,历时1个月,内容涉及冶金、电力、化工、交通、科技、农业等14个行业的建设成就。

1990年4月18日,李鹏总理在上海大众汽车有限公司成立5周年庆祝大会上,代表中共中央、国务院向全世界宣布"开发开放浦东"。记者陈足智、姜璧苗以录音报道形式,在新闻节目中清晰地将这一历史性音响实况和重要消息传播出去。随后,上海电台多角度宣传浦东开发开放的意义,播出新闻综述《开发浦东的热效应》、录音通讯《大有可为的事业》等。同年,上海电台和日本广播协会(NHK)互派记者,于同年11月30日9—11时,播出庆祝上海、横滨缔结友好城市17周年《你好!横滨》特别节目。节目采用直播串联形式,并当场回答听众感兴趣的问题。

1991年6月上旬,上海电台首次尝试把记者口述新闻和现场实况音响直接插入正在播出的《早新闻》节目中,实现同步报道。记者在建设中的南浦大桥浦西引桥、整个大桥钢梁实现合龙前的一周时间里,每天深入工地熟悉有关情况,找准现场直播的角度,于6月7日、9日两次直播成功。同年7月,上海电台《早新闻》节目开辟纪念中国共产党建党70周年专题"光辉的历程",该专题由系列报道和录音专访组成。7月1日,重播了江泽民为上海电台撰写的文章《永远坚持为人民服务的宗旨》,多路记者分头在中共一大会址、江南造船厂和百岁入党的画家朱屺瞻家中进行现场直播报道。

1992年4月18日是上海和大阪缔结友好城市18周年纪念日。上海电台派出4人采访组,采制了2小时的新闻专题节目《今日大阪》,于当日9—11时播出。节目中,上海市市长黄菊向大阪市民发表广播讲话,大阪市市长西尾正接受上海电台记者采访。同年,上海电台新闻节目集中播送邓小平视察南方谈话和中央领导关于改革的讲话,报道上海和全国各地抓住机遇、加快发展的思路与举措。同年10月,中共十四大召开期间,《早新闻》播出特派记者对上海9名代表做专访的报道,播出相关消息40余条。

1992年12月,东方电台《十二色彩虹》节目介绍了新华医院白血病患儿住院病房条件简陋的情况。为了呼唤政府和社会对此关注,新闻部、综合部积极联手,通过《今日新话题》节目制作了新闻专题《奉献一片爱心》。该节目获得中国新闻奖一等奖,采制人员是陈丹燕、章茜、江小青。同年12月31日22时至1993年元旦零时30分,东方电台推出两个半小时的大型新闻专题《1993年向我们走来》。这是东方电台开播后新闻部首次出动全部力量制作的节目。节目播出后,市委宣传部部长金炳华致电祝贺。1993年1月,东方电台与北京电台、天津电台及公安部联手举办为期1个月的

《警民桥》专栏节目,报道公安干警在"爱民月活动"中为民解忧的事迹;1月5日7时15分至8时,举行京津沪《警民桥》特别联播节目;1月6日,播发评论《警民携手架起空中友谊桥》;1月10日,《东方大哥大》栏目邀请市公安局局长朱达人做直播交流。参加这次报道的记者徐威、主持人欧楠获得公安部嘉奖。

1993年4月,在浦东开发开放3周年之际,上海电台《早新闻》节目播发有关浦东开发开放稿件230多篇,其中录音报道80多个。推出120分钟的直播特别节目,集中报道重点建设工程,记者运用实况音响做口头报道,让市民及时了解浦东开发的新成果。同年8月3日,东方电台开展《江浙十城市》专题系列报道。10名记者采制的13个口头录音报道,几乎占据8月5日《东方新闻》1小时的全部时间。记者分别从张家港保税区、杭州在建钱塘江二桥和南京发回当地市政建设的报道。同年9月28日—10月28日,东方电台开展《长江万里行》专题系列报道,记者从重庆出发,途经宜昌、武汉、九江、芜湖、南京等十多个城市进行综合报道和评述。在武汉采访了邓小平的胞弟邓垦。先后播出《嘉陵江会不会变成第二条苏州河》《长江水质污染关键在于有法不依》《优先开发长江水道和陆上高速公路》《浦东龙头作用应在主动性和能动性上作大文章》等报道。

1995年4月18日是中国政府宣布浦东开发开放5周年纪念日。这天,上海电台主办《迈向新世纪的浦东新区》国际广播联播节目,用汉语、英语、法语、日语4种语言,通过国际通信线路,与加拿大国际广播电台、法国欧洲2台、澳大利亚广播公司、新西兰广播电台、美国"中国广播网"、新加坡广播机构95.8城市频道、日本朝日放送和香港新城电台联播,向这些国家和地区的听众介绍浦东开发开放5年来的发展变化和成绩,让世界了解上海,了解浦东,被海外电台誉为有意义的"国际广播传媒合作"。同年10月1日,上海电台、湖北电台、四川电台联合直播国庆特别节目。上海市市长徐匡迪、湖北省省长蒋祝平、四川省省长肖秧接受广播记者采访。

1996年12月,上海市第九人民医院收治一位9岁患先天性胸骨裂畸形症的病人吴青。由于病症罕见,全家陷入困境。东方电台记者江小青闻讯采访报道后,"792为您解忧基金"收到社会捐助3万多元,用于吴青的手术治疗。手术当天,东方电台7—16时,在每个整点新闻时段,连线在手术现场的记者江小青,全程报道手术过程。系列报道《爱心创造奇迹》也在第二天的《东广早新闻》中播出。这组系列报道获得中国新闻奖一等奖。

1997年4月1日,《东广早新闻》以《向上海街头"黑色广告"宣战》为题,播出一组连续报道,引起社会各界的关注。特别是沪上媒体的联合行动,使"黑色广告"制造者成为人人喊打的过街老鼠。针对"黑色广告"顽症,上海市12位人大代表就此联名提交议案。为此,上海市市长徐匡迪签发上海市人民政府第44号令,对自1997年6月1日起发生"黑色广告"者给予处罚。同年8月1日,东方电台播出建军70周年特别节目《来自英雄部队的报告》。主持人晓林、韩清、忻雨、叶沙、海儿、淳子、林岚、伊然、陈洁分别在南京军区所属的南京江浦抗洪救灾模范营、南京白水桥临汾旅、南京汤山开路先锋营、杭州硬骨头六连、浙江定海洛阳营、安徽滁州王克勤尊干爱兵连、福建鼓浪屿好八连、泉州红色尖刀连、江苏新沂朱德警卫团、上海南京路上好八连等部队驻地发回现场报道。这次被采访的10支部队都曾为中国人民解放事业和社会主义建设做出突出贡献。节目通过介绍英雄部队的光辉事迹和军营生活,集中展示当代军人的精神风貌,节目时长达6小时。第八届全国运动会于1997年在上海举行,同年8月23日,距八运会开幕50天,八运会组委会新闻宣传部、中央电台、上海电台联合全国28家省级电台共同播出《八运大家谈》特别节目,中央电台用第一套节目参与特别联播。节目播出中,编辑共接到来自北京、重庆、青海、江苏、安徽、山东和上海等地的电话30余个,其中接进直播室里的电话16个。

图 2-1-1 1998 年,上海电台记者路军采访长江特大洪水受灾群众

1999 年 5 月 8 日,以美国为首的北约悍然用导弹袭击我国驻南联盟大使馆。消息传来,东方电台派记者分头组织特别报道,从当天 14 时起,持续到第二天清晨 5 时,滚动播出 16 次相关新闻,其中包括消息、特写、综述、记者现场报道等。同年 5 月,适逢上海解放 50 周年和上海电台建台 50 周年,上海电台新闻、经济、交通等频率采制播出《纪念上海解放 50 周年》的专题录音报道 33 篇。其中有《陈毅市长与上海电台》《上海电台第一声》《巴金和上海电台》《文艺界人士欢天喜地迎解放》《广播人士谈上海》等。同年 9 月底,《财富》全球论坛年会在上海举行,上海电台对年会进行充分报道,共播发各类题材的报道 63 篇,还与中央电台联合现场直播国家主席江泽民在欢迎会上的讲话。

2000 年 4 月 12—21 日,上海电台《990 早新闻》配合浦东开发开放 10 周年,推出《十年十件大事》系列专题报道。主题包括"会展业在浦东崛起""世界级的金融贸易区""浦东成为人才荟萃之地""巨变张江"等,反映浦东金融投资、基础设施建设、会展业、教育、人才等各方面在这 10 年开发开放中的巨大发展。同年 5 月 11 日—6 月 14 日,东方电台《倾听西部的声音》系列专题开播。期间,分别与西部 9 个省级电台进行两地对播,四川、贵州、宁夏、新疆等省、自治区领导在节目中接受采访。

2000 年 7 月初,上海电台领导得知毛毛(邓榕)撰写的新书《我的父亲邓小平:文革岁月》即将出版的消息,立即要求《小说连播》栏目安排制作播出,同时速派记者路军赴京采访邓榕。记者当晚就把采访邓榕的录音传回上海。同年 7 月 12 日《990 早新闻》播出系列录音报道《女儿心中的父亲》上篇,次日播出下篇。上海电台最早"抢"到并播出《毛毛谈爸爸》的新闻。7 月 24 日—9 月 15 日,上海电台播出 54 集长篇传记《我的父亲邓小平:文革岁月》。为配合中共中央关于西部大开发的战略决策,同年 8 月 14 日—10 月 23 日,每周一 7—8 时,上海电台分别与新疆、青海、宁夏、甘肃、陕西、四川、重庆、贵州、云南、西藏电台联手,开办"东西部手拉手——上海电台与西部十家省级电台早新闻联播"活动。每期节目由上海电台和参与电台一起策划采编,共同主持,两地同步播出。活动还为东西部合作办实事,当了解到敦煌图书馆为无力购买《俄藏敦煌文献》而犯愁时,电台播出这一消息,上海大众集团公司闻讯后立即出资购买这套文献捐赠给敦煌图书馆。

2001 年 5 月 7 日—6 月 25 日,上海电台和浙江、贵州、江西、陕西、河北、北京、广东 8 家省市电台,联合播出 8 集大型系列特别节目《胜利之路》,通过对历史事件当事人的采访,记述党史上重大事件,回顾中国共产党领导人民从胜利走向胜利之路,揭示没有共产党就没有新中国的真理。这个特别节目较多运用音响资料,反映这 8 家电台所在省市 20 多年中的发展和变化,进一步揭示只有共产党才能领导人民走向富强。该节目受到中宣部好评。同年 7 月 1 日,东方电台推出《纪念中国共产党建党 80 周年》特别节目,时长 24 小时。

2001 年亚太经济合作组织(APEC)年会在上海召开。上海电台提前一年开展全方位的宣传,先后邀请上海 APEC 研究中心主任周建明、秘书长蔡鸿鹏、研究员王泠一参加直播访谈。同年 6 月

4日,上海电台与市政府新闻办联合举办《高官谈 APEC 与中国》专题节目,外经贸部部长石广生、中国贸促会会长俞晓松、APEC 秘书处执行主任张炎大使等走进直播室与听众交流。年会召开前,上海电台和中国国际电台联合开播《APEC 经济体领导人和高官展望 21 世纪的中国和上海》专栏,先后采访墨西哥总统、日本通产相、澳大利亚外交部长等 9 位领导人。同年 10 月 18 日、20 日和 21日 3 天中,借助中央电视台信号,对 APEC 会议的重要活动进行 12 次现场直播。

2002 年 11 月,为迎接中共十六大召开,传媒集团新闻综合频率《东广早新闻》在《风展红旗如画——上海基层党建巡礼》专题节目中播出报道 24 篇;在《走进新时代》专题节目中播出报道 32篇;在《大江放歌》专题节目中播出报道 12 篇。

2003 年 1 月起,每周五 10—11 时,传媒集团新闻频率联合市质量技术监督局在《990 听众热线》栏目中推出"上海质量报告"板块。围绕市场热点和市民关心的焦点,邀请市质监部门领导和专家在直播室与听众对话。该节目还配合质监部门的执法检查做现场直播报道,定期向听众报告最新质量动态和市场检查情况,让市民便捷、详细了解产品质量的真实信息。同年 4 月 17 日—6 月19 日,在抗击"非典"的日子里,传媒集团新闻频率播出相关报道 4 457 篇,时长 4 212 分钟;传媒集团新闻综合频率播出 2 364 篇,时长 2 312 分钟。《市民与社会》《名医坐堂》《今日新话题》《求医问药上海滩》等分别推出特别专栏。期间,传媒集团新闻频率推出《飞翔的天使——献给奋战在抗击"非典"第一线的白衣天使》特别节目;传媒集团交通频率播出《有爱就有希望——献给抗击"非典"斗争的一线英雄》系列专题;传媒集团新闻综合频率联合解放军第二军医大学制作《小汤山日记》系列新闻报道,真实反映上海医疗队在小汤山为治疗"非典"患者经历难忘的 48 个日日夜夜,该系列报道于同年 5 月 7 日—6 月 23 日在《东广早新闻》中播出 40 篇。《小汤山日记》作为珍贵的原始音频记录,已由上海市档案馆永久收藏。

2004 年 4 月 22—27 日,联合国亚太经社会年会在上海召开。期间,传媒集团新闻资讯频率与联合国电台合作,记者采写的报道《亚太 2020 远景规划召开高级别小组讨论会,全球化的挑战以及中国在区域发展中的作用成为讨论焦点》《中国与联合国合作利用航天技术减灾》,于纽约时间 4 月25 和 26 日在联合国电台播出,联合国电台华语节目负责人刘克凡发送电子邮件表示感谢。同年8 月 12 日清晨 5 时 05 分,上海中心气象台发布"云娜"台风预警信号。传媒集团新闻频率从 6 时30 分至 15 时,在整点新闻中滚动播出台风消息。10 位记者分别到市防汛指挥部、市中心气象台、市交巡警总队和气象追风车上采访。20 时 15 分记者在市中心气象台直播报道台风在浙江温岭登陆的消息。22 时,记者在市防汛指挥部播报韩正市长电话询问的情况。传媒集团新闻资讯频率从19 时 30 分至 24 时,通过半小时滚动新闻播出连线报道 12 次,口播台风消息 30 多篇。同年 11 月29 日—12 月 3 日,由传媒集团 7 位广播节目主持人制作的《闪耀明珠,风华上海——上海广播周节目展播》在加拿大中文电台播出。该节目以讲述上海的变迁、追踪上海名人、展现上海风情、感受上海的精彩为主线,分《无限风情在上海》《回味无穷的上海》《他们从上海走向世界》《上海,让生活更美好》《上海,精彩的舞台》5 个篇章。加拿大中文电台台长李方来信说,当地华人听众认为这档节目"是一次精彩的听觉享受之旅"。2005 年 6 月 13 日,传媒集团新闻资讯频率与英国 BBC 广播公司中文部联合举行《共创绿色城市》特别节目,播出对联会国秘书长安南、联合国环保署行政主任克劳斯、中国环保总局局长解振华等的采访录音。

2006 年 4 月 8 日,传媒集团广播新闻中心《百姓故事》栏目播出《雪山下的爱》报道。记者与支教大学生同吃同住,在体验式采访中,深入了解义务支教志愿者的生活、工作和内心思考。报道通过大量音响素材,使志愿者的形象鲜活生动。同年 4 月 15 日起,为纪念中国人民解放军建军 80 周年和新四军建军 70 周年,传媒集团广播新闻中心在《声音档案》栏目播出 13 集纪实系列节目《新四军中的浦江儿女》。记者在 10 个多月中采访 70 多位老战士及家属,记录 80 多小时的录音素材,详实生动地再现当年浦江儿女投身革命并在炮火中成长的历程。该节目成为上海市档案馆的馆藏音像资料。同年 7 月,传媒集团广播新闻中心推出《两万五千里的感动——纪念红军长征胜利 70 周年》系列报道。8 路记者分赴当年红军足迹所至的重镇,追忆长征路上的故事和今昔巨变。记者从各地发回报道十余篇,在《记录 2006》《记者视线》栏目以及滚动新闻中播出。同年 9 月,传媒集团广播新闻中心联合传媒集团电视新闻中心、新华社长三角新闻中心、《新民晚报》《长三角周刊》《中华遗产》杂志社和长三角 15 家城市电台,共同推出"穿越长三角"大型报道活动。新浪网、新华网、东方网全程参与报道。内容包括 15 位市长的访谈、专家学者的对话、15 个城市文化遗产的介绍、15 个城市的差异化定位,通过广播、报纸、电视、网络等媒体的立体报道,促进城市互融沟通、共同发展,构建和谐社会。同年 9 月 11 日起,报道组连续 15 天行车 3 000 公里,完成 30 档直播节目。

2007 年 9 月 5—20 日,传媒集团广播新闻中心联合新华社上海分社、中央电台、江苏电台、浙江电台,推出"和谐长三角、喜迎十七大——大型新闻报道行动"。"穿越长三角"联合报道组,连续 16 天对长三角 16 座城市进行深入采访,播发专题报道 15 篇,完成直播节目 16 期,真实反映 16 座城市的社会发展、经济建设和人文环境。

2008 年 5 月 12 日,四川汶川发生大地震。传媒集团广播新闻中心从 5 月 12 日至 6 月 14 日,以消息、专题、综述、前方连线等形式,推出抗震救灾特别报道,总时长达 261 小时。广播新闻中心先后派出 6 个报道小组奔赴灾区,及时报道抗震救灾最新情况。因旅游滞留在四川的广播新闻中心记者丁芳立即投身采访,并徒步一个多小时找到当地武警森林部队营区,于当天(5 月 12 日)18 时连线上海发回第一篇报道,成为上海第一位在灾区详细报道灾情和救援情况的记者。同年 7 月 16 日,传媒集团广播新闻中心联合市精神文明建设办公室推出 100 期直播系列访谈节目《和谐一家门,我家 30 年》,邀请普通市民走进直播室,讲述改革开放 30 年给老百姓生活带来的巨大变化。

2008 年 8 月 8—24 日,第二十九届夏季奥运会在北京隆重举行。为迎接北京奥运会,传媒集团五星体育广播于同年 4 月 30 日举行《北京奥运倒计时 100 天》特别节目暨"奥运频率"开播仪式。同年 5 月 23 日,传媒集团广播新闻中心联合中央电台推出 5 小时的《奥运会火炬传递上海站》特别直播节目。同年 5 月 23 日—8 月 24 日,传媒集团新闻频率、新闻资讯频率、都市生活频率、上海交通广播、五星体育广播联合推出《北京奥运会现场连线特别报道》行动,播出特别节目 566 小时。北京奥运会期间,广播新闻中心派出 15 人报道组进驻北京,通过前方直播室和报道大本营,利用国际电台提供的 44 路赛事信号和中央电台、中国国际电台的授权,共现场直播比赛 17 场。《990 早新闻》《990 晚间新闻》《东广早新闻》《滚动新闻》均开辟《2008 北京奥运会特别报道》,共首播奥运相关报道 1 520 条,时长 2 923 分钟。《市民与社会》《990 体育新闻——奥运之声》《记录 2008》《新闻故事》《记者视线》等栏目共推出 10 档 89 期专题、特别节目。新闻资讯频率通过与中国国际广播电台的合作直播了北京奥运会开、闭幕式。同年 12 月 1—17 日,传媒集团广播新闻中心推出 17 集大型广播特别报道《始于 1978》,由系列报道和广播纪实篇组成,每集 23 分钟。该节目围绕解放思想这一核心,着眼于改革开放 30 年给人们带来的思想转变和观念突破;立足于上海的发展变化,关注普通人的生活变迁和感人故事;从细节入手,以小见大,反映改革开放 30 年间的艰辛历程和丰硕成果。

2009 年 2 月 18 日—3 月 2 日,传媒集团广播新闻中心联手新华社长三角新闻采编中心以及上海《新闻晚报》和东方网,推出《2009 上海民生访谈》系列专题。13 位政府职能部门负责人做客"民生访谈"直播室,围绕公众关注的民生热点话题展开交流。此次访谈节目既有对以往热点政策的进一步解读,更有介绍 2009 年政府围绕民生的新政策、新动作,不少信息是首次公布。13 天中,新华社共播发通稿 50 余篇,全国有近百家报纸采用。上海电台和《新闻晚报》的短信平台收到市民参与信息 1 000 余条,东方网专题页面访问量 262 万人次,共有 1 000 多名网友留言或发表评论。

2010 年 1 月 1 日,由上海广播电视台和上海世博会事务协调局(以下简称上海世博局)联合推出的《世博现场》广播专题节目,每天 1 小时,13 时播出。内容涵盖中国 2010 上海世博会重大活动、世博组委会宣布的方案、世博场馆建设与介绍、世博志愿者活动、世博配套工程进展、国内国际对世博的反应等方面。节目采用现场记者连线和录音报道形式,每期邀请上海世博局、各参展场馆负责人、旅游、交通等专家担任嘉宾,让听众全面了解上海世博会。该节目在《中国广播报》"广播新闻头条"专版设专栏,并登录上海世博会官网和新浪网。《世博现场》节目组获"中国 2010 年上海世博会园区青年文明号"荣誉称号。同年 4 月 18 日 9 时,上海广播电视台广播新闻中心、浦东电台联袂推出《纪念浦东开发开放 20 周年——浦东如此多娇》特别节目。节目回顾李鹏宣布开发开放浦东、邓小平勉励浦东、人民银行上海总部落户浦东、上海证交所东移、聚焦张江战略、99 财富论坛、APEC 会议、环球金融中心启用、上海建设国际金融中心和国际航运中心等历史性事件,用声音记录浦东 20 年的巨变。记者先期采访 30 多位亲历者和见证者,选用珍贵的文献资料,制作一系列录音报道和人物专访,并采用现场连线报道、录音采访、听众参与等表现手法。

二、评论

1978 年 11 月,上海电台以"要不要自己搞评论""能不能自己搞评论"为题组织讨论。1979 年 4 月,提出广播评论"坚持体系,实际出发;表扬批评,题材广阔;由小见大,不拘形式;面向群众,生动活泼;亲切谈心,自成风格"40 字方针,并确定小型、分散、多样、广开言路的原则。用"本台评论""短评""编后"等体裁展开评论;设置《广播杂谈》《广播漫谈》《听众信箱——大家谈》《星期文谈》等评论栏目。其中,《广播杂谈》与新闻节目混编,题材广泛而有普遍意义,风格居于杂文和小言论之间。每篇 600 字左右,每周播出 2 篇~7 篇;《广播漫谈》每次 10 分钟,每周播出 5 档,以青年为主要收听对象。随着发稿量的增加,上海电台在全市建立起一支 200 多人的评论队伍。开播一年多时间,就播出评论稿件 800 多篇。1981 年 1 月 16 日,播出林放写的《欢迎共产党员谈端正党风》的杂谈。《人民日报》转载了这篇文章。

1984 年 6 月 14 日,上海电台创办《一日谈》专栏,每篇约 300 字在早新闻节目中播出。文章短,时效快,半年多时间就编发《一日谈》190 篇,其中有关改革的文章 50 篇。

1987 年 5 月 11 日,上海电台新闻性评论栏目《今日论坛》开播,中共中央顾问委员会委员夏征农题词"正视听,明是非"作为开播纪念。由佟刚等担任播音,每天清晨播出。《今日论坛》以尖锐泼辣为风格,文章针砭时弊,提倡什么,反对什么,支持什么,厌恶什么,态度鲜明。针对广播稍纵即逝的特点,评论文章采用开门见山,单刀直入的大实话,明白话,使人一听就懂。首播评论稿由复旦大学教授苏步青撰写,题为《青年的社会责任》。同年 5 月 15 日,上海市市长江泽民通过《今日论坛》向全市人民发表题为《同心协力,办好 15 件实事》的广播讲话。同年 6 月 30 日,江泽民又为《今日论坛》作题为《共产党员要永远坚持为人民服务的宗旨》录音讲话。此后,在《早新闻》节目中,不定期播送《今日论坛》言论稿。仅 1988 年 8、9 两个月,据统计就播出《清除腐败现象要提高透明度》《对"官倒"的后台也要动真格》等近 20 篇。据《1988 中国新闻年鉴》记载,《今日论坛》被列为全国新闻优秀栏目。

1992年10月,东方电台在新闻节目中开办《东方论坛》栏目,每次约5分钟。它以当天播出的新闻为依据,发表评论。当班编辑、稿件采写记者是论坛文章主要撰稿人。该栏目还尝试口述式评论,由评论作者在广播中直接口述发表评论。

1993年2月10日,上海电台《990早新闻》扩版,《今日论坛》作为子栏目被固定下来,另增加一档评论栏目《新闻快评》。《新闻快评》以当天播发的新闻热点为依据配发评论,短小精悍,突出时效,紧跟新闻,贴近生活。

2005年9月5日,由传媒集团与东方网联袂打造的《990评论》栏目开播,每天18时在《990晚间新闻》中播出。节目约请周瑞金、邓伟志、江曾培等评论家撰稿,这是传媒集团和新媒体的深度合作。《990评论》抓住社会上的热点新闻,即时点评,解疑释惑,观点鲜明,引领舆论,同时也在东方网评论频道和传媒集团网站时评专栏刊出,网络评论的力度得以增大。

2009年12月,上海广播电视台广播新闻中心开设评论栏目《新闻夜谈》,周一至周日,20时30分—21时在中波990千赫、调频93.4兆赫播出。另在《990早新闻》栏目开辟"晨间快评""编者的话"板块,也在《市民与社会》等栏目中通过专家学者的访谈,对新近发生的热点话题做出点评和分析。

第二节　主要栏目

一、上海电台

【990早新闻】

早新闻是上海电台的传统重点新闻节目。1980年10月20日,定名为《上海新闻和报纸摘要》。1984年8月6日,定名为《新闻》,1987年6月15日定名为《早新闻》,时长30分钟,需要时适当延长,分"本市新闻""国内外新闻"两部分,每天播出新闻40多条。据1987年下半年上海城乡调查队抽样调查,《早新闻》节目以68%的收听率,名列上海广播节目首位。

1993年2月10日,上海电台《早新闻》更为《990早新闻》,时长由30分钟扩展为1小时,采用直播主持的形式,7时首播,8时重播。扩版后的《990早新闻》,在保持"权威可靠、报道迅即、节奏明快"特色的基础上,体现"信息密集、视野广阔、追求深度"的新特点。第一部分是提要,约3分钟,播报要闻和新闻价值高的内容,让听众对当天国内外和上海的新闻有一个总体印象。第二部分是核心,是大容量、高密集的信息,有"990新闻""报刊文选""空中体坛""金融行情"等板块,约25分钟。第三部分是展开,播出系列报道、连续报道、追踪报道等带"响"的录音报道,有"听众热线""今日论坛"板块,也有新华社、中国国际电台记者对重大国际事件发来的新闻分析、背景报道。"报刊文选"突出实效性、新闻性,以介绍当天的中央、外省市和上海报纸内容为主,还介绍世界一些大报最新一期版面内容。"今日论坛"与以往广播漫谈类言论节目相比,它更贴近新闻,主要对当天的热点新闻进行点评。当班编辑、稿件采写记者是论坛文章主要撰稿人。"听众热线"是从早新闻夜间值班记者电话专线发展而来,接收听众的来电来信,选择内容追踪采访,及时反馈记者的调查采访以及有关方面的回应和处理结果。扩容后的《990早新闻》每天平均用稿量增加到70条。1998年12月起,《990早新闻》节目在中波990千赫和调频93.4兆赫双频播出。

2006年1月,广播新闻中心成立后,《990早新闻》坚持体现新闻的"新"和"快",加强与新华社、中国国际广播电台等中央媒体合作，以"新华社今晨供本台专稿""中国国际广播电台今晨供本台专稿"为开头播报新闻，以示消息来源的可靠性和权威性。

【报刊文选】

上海电台《报刊文选》栏目于1979年7月27日复办，先后由资料组、社教部主办，后划归新闻部。《报刊文选》以"汇天下报刊之精华，扬广播宣传之特长"为主旨，及时传递改革动态和群众关心的信息，办成了解全国报刊的"空中阅览室"，每档20分钟，设"中央领导近期言论""重要言论摘编""党内新风""改革信息""经济信息""理论探讨""读者论坛""时事政策""名人轶事""小资料"等板块。1982年10月，广电部部长吴冷西来上海，说这个节目好，现在各级领导干部都很忙，报纸杂志又那么多，没时间看，办这个节目就为他们提供了方便。上海市市长江泽民有时因工作忙来不及收听《报刊文选》，就请工作人员打电话给电台，将播出稿复印给他。1994年11月，上海电台开设《报海瞭望》栏目，《报刊文选》停办。

【环球瞭望】

1989年4月24日，上海电台开办综合性杂志型广播栏目《环球瞭望》，向听众提供国际时事背景材料，介绍各国概况，展示全球科技、教育、文化艺术等方面的成果及最新信息，以及新闻人物，名人轶事。为配合改革开放新形势，《环球瞭望》注意播送世界各国的建设成就和管理经验。曾播出《日本的富国之路》《瑞士成为世界首富的奥秘》《井然有序的比利时交通》等。为使听众全面了解世界各国，先后播出《德国职业妇女的苦恼》《高福利政策给瑞典带来危机》《美国非法雇用童工现象严重》等。还注意选择新科技方面的内容，以开拓听众视野。该栏目由新闻播音员们担任节目的策划、编辑和播音主持。1992年停办。2003年1月，《环球瞭望》复办。2006年，更名为《海外瞭望》。2008年1月，恢复《环球瞭望》名称，突出国际新闻特色，每天13时30分—14时，在中波990千赫、调频93.4兆赫播出。

【市民与社会】

上海电台《市民与社会》栏目创办于1992年10月26日，它是上海地区第一档由听众参与广播新闻谈话的直播栏目，周一至周五12时10分—13时在中波990千赫首播。主持人先后有白宾、左安龙、路军、向彤、秦畅等。该栏目围绕市民关注的问题，邀请党政领导、专家学者和社会知名人士担任嘉宾，通过热线电话与市民展开对话交流。所涉话题涵盖政治、经济、文化、体育、科技、环保、城建及社会公共事务等方面，成为沟通政情民意的空中桥梁。1995年2月，《市民与社会》与华东六省一市广播电台联手推出官民对话的"省市长热线"，开中国广播史之先河。1996年4月，主持人左安龙获全国广播系统十佳主持人金话筒奖。1998年6月30日，美国总统克林顿由上海市市长徐匡迪陪同，在《市民与社会》中与听众做了近1小时的对话交流。内容涉及经济、安全、教育等问题。克林顿本人最感兴趣的是有关上海与美国教育交流合作前景等方面的问题，还就交通与环保的话题展开讨论。这是中国广播史上首次由外国元首担任节目嘉宾与听众对话，并首次用汉英双语同步互译方式播出。

1999年8月27日—9月9日，上海电台和人民日报华东分社联合举办"华东省市委领导国企改革与发展系列谈"直播报道活动。中共上海市委书记黄菊等7位省市委领导在《市民与社会》中担任嘉宾，通过热线电话，与听众就国企改革和发展的话题进行直接对话。华东六省广播电台也同时联播节目实况,在华东地区引起很大反响。同年,《市民与社会》获中国新闻奖名栏目奖。2000年4月7日,《市长热线》特别节目在《市民与社会》中播出,上海市市长徐匡迪作为《市长热线》第一位嘉宾,就市政府当年的工作和市民关心的话题,同听众进行坦诚而热烈的交流,并为节目题词:构筑空中桥梁,沟通政情民意。该节目开播后,电台经常邀请副市长们走进《市长热线》直播室,就上海信息建设、城市交通、菜篮子、医疗卫生、全民健身等问题与听众直接交流。市领导在谈及与市民生活相关的一些新举措时,也会披露一些重要新闻,因此,报社、电视台记者都会"闻风而来",节目中传出的信息,往往成为当天或第二天其他媒体的头条消息播出刊登。2005年11月6日,《市民与社会》栏目被市委宣传部、市新闻工作者协会评为首批上海媒体品牌。

2010年上海世博会期间,上海电台联合全国30家省级电台在《市民与社会》推出系列访谈节目。各省、自治区、直辖市"世博文化周"开幕当天或第二天,邀请其领导于上海世博会现场演播室担任嘉宾。每期访谈都由两地主持人共同主持,两地联合制作,两地同时播出,通过热线吸引听众参与。该节目结合上海世博会主题,结合不同区域面对的不同问题进行深层次探讨。首档节目于2010年5月4日北京周开幕日启动。主持人秦畅是全国播音主持金话筒奖、第八届全国长江韬奋奖(长江奖)获得者。

【990 听众热线】

1993年2月10日,"990听众热线"作为小板块出现在《990早新闻》节目中,它从早新闻夜间值班记者电话专线发展而来,接收听众来电来信,选择部分有社会影响的内容做追踪采访,并及时反馈。2001年1月1日,《990听众热线》成为独立栏目,每天10时05分播出,时长47分钟,由海波主持。其重要信息,仍在《990早新闻》节目"990听众热线"板块中播出。它作为一档舆论监督的新闻直播节目,由投诉者、被投诉方和主持人三方通话,直面问题、深入探究,以踏实的作风,实实在在解决具体问题。在解决投诉的过程中,督促相关单位提高效率、改进作风,维护各方正当权益,被誉为"敢讲真话的节目"。记者陆兰婷智斗电信诈骗,暗访地下赌场,督查违法搭建,采写的千余篇监督报道没有一篇因为事实有误而引起纠纷和投诉。《990听众热线》每年7—8月推出"夏令行动"特别访谈节目。在2010年7月7日举行的"夏令行动"特别访谈节目中,节目组邀请市政府11个职能部门、12个中心城区负责人走进直播室,接听投诉,与市民沟通互动,内容涉及环境卫生、交通、供水供电、市政、社区管理等夏季生活方方面面。节目还选取市民反映比较集中且久拖不决的"急难愁"问题进行连续追踪报道,推动代表性个案的解决,带动一批同类案例的处理。同时,督促有关部门寻求机制与制度方面长效管理办法和解决方案。2015年1月,《990听众热线》更名为《海波热线》,周一至周五10—11时,在中波990千赫、调频93.4兆赫首播。

【现代城乡】

1994年11月28日,上海电台开设《现代城乡》栏目,周一至周六11时—11时30分在中波990千赫播出。该栏目立足市郊,面向华东,以农村报道为特色,传播新信息、新趋势、新动态,为城乡沟通架起空中桥梁。设"来自乡镇企业的报告""来自都市农业的报告"两个新闻专题交替播出。另设"今日上海滩""郊区风景线""科技百花园""农村观察家""乡里新风尚""漫话致富经""农场新天地""农产品荟萃""城乡杂谈""城乡来信"等滚动板块和"时令与节气"特色板块。2002年7月,《现代城乡》栏目停办。

【新闻背后的故事】

2001年1月7日,上海电台开设访谈栏目《新闻背后的故事》,追踪热点新闻、展现新闻背景、揭示新闻内幕,周日9—10时在中波990千赫和调频93.4兆赫播出。该栏目是上海电台与解放日报报业集团、文新报业集团、文广集团旗下众多媒体的合作项目,综合上海各大媒体的新闻来源、采访线索,对新闻事件进行详尽的背景分析,对热点问题进行深入的广播讨论;对突发事件进行追踪报道,让听众了解更多的新闻背后的故事。曾播出《三大媒体集团领导谈新世纪媒体发展》《记者眼中的上海两会》《在巴金身边的日日夜夜》《走近APEC会议》《查老师的故事》等有影响的报道。2003年12月,该栏目停办。

二、东方电台

【东广早新闻】

1992年10月29日,东方电台《东方新闻》开播,每天6—9时在中波792千赫播出,其中7—8时为核心段。设板块:"东广快讯"约20分钟,播出约50条消息,包括本地新闻、国内新闻、国际新闻,每条消息都在100字左右,最长不超过200字;"新闻追踪"约15分钟,每天播出记者口头报道4个~5个,有时多达8个,这些带"响"的口头报道都是从现场采制的独家报道,注重可听性和信息量;"报纸版面介绍"约10分钟,主要摘编上海和全国十多种报纸的内容,是对新闻的重要补充;"东方大哥大"约5分钟,听众通过拨打热线电话与主持人通话,反映问题。记者依据电话反映的情况进行追踪采访,在以后的节目中给听众做出反馈回答;"东方百家"主要介绍当天新闻内容所涉及的新闻人物,提供背景材料。

1995年元旦,东方电台《东方新闻》更名为《东广早新闻》,保留"快讯""新闻追踪""东方论坛"等板块。"东方大哥大""报纸版面介绍"分别更名为"东方传呼""报刊导读"。开辟"特别报道""公众服务信息""体育特快""金融快递"等板块。

2004年3月1日起,《东广早新闻》的播出时间为每天7时—8时30分。在传媒集团新闻资讯频率中波1296千赫、调频104.5兆赫和都市生活频率中波792千赫、调频89.9兆赫联播。新设"昨夜今晨"板块,以第一时间、第一现场报道"昨夜今晨"发生在上海、在全国、在全球的最新资讯,记者昼夜值班,随时出动,与公安、消防、水电燃气等部门及市民热线平台密切联系,同时与中央及各省市新闻媒体保持广泛联系,拓展信息渠道。2006年1月1日,传媒集团广播新闻中心成立。《东广早新闻》继续以信息量大、编排紧凑、追求时效、贴近听众为特色,在风格上注重社会性和服务性。

【东广聚焦】

1992年10月,东方电台在早新闻节目中开办《东广聚焦》栏目,关注热点话题,以受众最想了解的新闻事件为出发点,进行事件陈述、背景介绍、前景展望、影响分析、媒体评论等,全面展示或深入分析一个话题。凡是引起社会关注的问题,重要法规政策出台引起的变化或反应,突发的、进行中的新闻事件,值得思考的社会现象等,都会成为《东广聚焦》的话题。2004年1月起,《东广聚焦》周一至周日7—9时在都市生活频率、新闻资讯频率联播。2007年《东广聚焦》获第十七届上海新闻奖名专栏奖。

【今日新话题】

1992年10月,东方电台开设《今日新话题》直播谈话栏目,周一至周六12时10分在中波792千赫播出,时长50分钟,主持人章茜、高天等。该栏目是通过对各类社会问题和社会现象的讨论,为市民提供一个发表观点、参政议政的空中讲坛。每天选择一个社会热点问题,听众可拨打热线电话,与主持人及有关嘉宾直接对话,参与热点话题的讨论,话题涉及经济、社会生活、文化、教育、法律等。经常邀请上海市委、市政府和委、办、局、区、县领导以及专家、学者与普通市民走进直播室,成为各级政府和市民直接沟通的桥梁。《今日新话题》还是一个空中的社会论坛,倡导文明社会风气,批评不良倾向。2000年7月14日,《今日新话题》开设"人大之窗"板块,市人大常委会主任陈铁迪作为首期节目嘉宾,在直播室与市民交流。同月25日,"政协之声"板块开播,首期走进直播室的嘉宾是市政协副主席朱达人、谢丽娟。同年10月,与《东方传呼》联动呼应:《今日新话题》经常讨论《东方传呼》反映的话题,《今日新话题》讨论的精彩言论也常在次日《东方传呼》中播出。2003年12月,《今日新话题》栏目停办。

【东方传呼】

1992年10月,东方电台在早新闻节目中创办《东方大哥大》栏目,1993年更名为《东方传呼》,定位于"传递百姓呼声,追踪社会新闻"。节目主持人将热线电话有选择地接进早新闻节目中,根据听众来电的内容当即讨论、评点,提出建议意见,并在后续节目中进行反馈。1998年5月18日起,《东方传呼》栏目调整:播出时间比原来提前15分钟,设立24小时热线电话,全天接收听众的反映。改版后除保留听众电话外,还采用记者现场采访、追踪报道等形式。节目主持由原来播音员轮流主持改为由记者袁家福(上海市劳动模范)担任,他公开承诺:凡在广播中播出的报道都会有反馈。2000年,袁家福被评为全国劳动模范。同年10月,《东方传呼》与《今日新话题》联动呼应,扩大节目影响力。2010年5月17日,《东方传呼》播出揭露推销偷窃水电煤小广告的报道引发关注,上海市市长韩正在市政府办公厅《今日要情》中批示:要依法严处。此后,警方侦破一批类似案件。

【东广时事特快】

1993年8月10日,东方电台开设《东广时事特快》栏目,每天18时在中波792千赫播出,时长30分钟,设"东广快讯""气象、交通、金融""今日综述"等板块。其中"今日综述"采用主持人向采访一线记者提问的方式为听众报道最新消息,具有时效性强、问答自然等特点。1998年6月22日《东方时事特快》改版,由全国金话筒奖获得者方舟(全国劳动模范)主持,这是东方电台发挥名主持人效应的尝试。新闻主持人参与采、编、播全过程,新闻播报力求口语化,增强了新闻的亲切感。2002年7月,该栏目更名为《东广新闻卫星联播》。

三、传媒集团/上海广播电视台

【长三角都市一日】

2003年5月2日,传媒集团新闻综合频率开设《长三角都市一日》栏目,旨在加强长三角16个城市电台的协作和联动,谋求长三角广播媒体的创新与发展,进而推动长三角区域经济文化的交流合作。《长三角都市一日》为不定期的联播节目,每月由上海和某一城市电台商定一个日期,确定一个主题,进行两地联播,介绍所在城市的历史沿革、地理特点、人文传统、经济发展、城市建设、旅游景点、民间艺术、特色小吃等，并介绍上海与该城市及周边地区的交流与合作。节目时长为 4 小时～6 小时。2008 年 12 月，《长三角都市一日》在都市生活频率中波 792 千赫、调频 89.9 兆赫 13 时播出，时长 60 分钟。

【新闻故事】

2004 年 1 月 1 日，传媒集团新闻综合频率开设《新闻故事》栏目，每天 18 时 39 分—19 时播出。这是该频率与解放日报社《报刊文摘》编辑部合办的新闻专题节目。节目以新近发生的新闻事件为主题，以现实和历史资料为背景，讲述人们身边的真实故事，力求在新闻专题节目的内容和风格上创新，贴近生活本质，反映时代特征，呈现当代人的心路历程。2008 年，该栏目在中波 990 千赫、调频 93.4 兆赫 10 时播出，时长 30 分钟。

【记录 2006】

2006 年，传媒集团广播新闻中心开办《记录 2006》栏目，每天 9 时 05 分在中波 990 千赫、调频 93.4 兆赫首播。它以"用声音记录历史，让广播传递思想"为宗旨，坚持纪实原创，追踪并还原新闻事件的过程，同时充分运用新闻事件的原始音响，展示广播的特点。随着年轮更替，栏目从《记录 2006》更替至《记录 2010》。先后播出《长江口争夺战》《北川最后的守望者》等有影响的新闻专题。《记录 2009》获第十九届上海新闻奖名专栏奖。

【政风行风热线】

《政风行风热线》栏目由市纪委、市委宣传部主办，传媒集团广播新闻中心制作，2007 年 1 月 27 日开播，每周六 12 时在新闻频率中波 990 千赫播出，时长 60 分钟。市委副书记罗世谦参加开通仪式，市委常委、常务副市长冯国勤作为开播嘉宾走进直播室与市民交流。《政风行风热线》的开通，群众可通过热线电话，对违法违纪违规、损害群众利益等突发问题进行投诉。政府有关部门和公共服务行业的领导每周在直播室与群众进行热线交流。2008 年，《政风行风热线》获第十八届上海新闻奖名专栏奖。自 2007 年 1 月热线节目开播至 2010 年 1 月，有 142 名（次）部门和行业的领导走进《政风行风热线》直播室与群众对话交流；在非直播期间，《政风行风热线》通过电话 62191990 接受群众咨询投诉，由有关部门和行业进行处理和回复，共为群众解决各种实际问题 2 491 个，办结率 96％。

四、市郊区县站/台

1978 年 6 月，松江县有线广播站（以下简称"松江广播站"，同级有线广播站简称类同）在《松江新闻》栏目开展"新时期总任务和新宪法宣传周"活动，特辟《宣传总任务，迈步新长征》专题广播。报道全县动态消息，介绍先行经验，宣传周活动播出新闻稿 43 篇。以后陆续推出《学科学、夺高产》《以夏促秋，迎战"三抢"》等 20 多个专题。1983 年，嘉定广播站在新闻节目中增加《简明新闻》栏目。1984 年 11 月，嘉定县和江苏如东县、浙江萧山县共同发起倡议，由苏、浙、皖、沪经济发达的 14 个县（市）组成长三角新闻协作区。

1985 年起，上海市郊各区县广播站先后更名为广播电台，增设新闻栏目，增加新闻节目时间，推进长三角区域新闻合作。同年 7 月，嘉定广播站更名为嘉定人民广播电台（以下简称"嘉定电台",同级电台简称类同),开办《长江三角洲新闻联播》,每周1档,时长15分钟。1986年初,川沙广播站每天播出新闻增加到3次;同年5月,金山广播站设广播新闻栏目《金山新闻》《简明新闻》;同年11月,南汇电台《本县新闻》改名为《南广新闻》,18时首播,每档15分钟,设"每日要闻""市场风云录""记者追踪""时事短评""华东经济简讯"等板块。

20世纪80年代后期,上海市郊区县广播节目先后推出新闻直播,开通热线,增强时效性。1988年4月1日,南汇电台开设广播新闻栏目《快讯》,播出当天新闻。1990年,嘉定电台新闻节目增加到3档,每档20分钟。1992年,崇明电台开辟《来自工业战线的报告》专栏,介绍骨干企业的经营之道和改革精神,之后又开展"九十年代崇明人形象"大讨论,历时5个月,来稿300多篇,选播100多篇。1993年,青浦电台开设《518直播室》,每周五18时播出,时长30分钟。节目采取新闻热点直播讨论形式,曾就朱家角汽车站因管理不善导致一名中学生在车站内遭车祸身亡的热点问题,开展直播讨论。同年,崇明电台开辟《今日谈》专栏,播发言论稿100多篇;宝山电台《新闻与气象》栏目改版,由每天15分钟扩充为30分钟,设"本地新闻""评论""人物与成就"等板块。1995年5月,金山电台开设《一周要闻回顾》《金广快讯》。另推出综合栏目《上海经济区新闻》,每周1期,时长15分钟,汇集上海经济区经济、文化等信息,重点报道农村能人致富经验,农业新技术、新成果等。同年,闵行电台开设《闵广新闻》《闵广快讯》整点新闻栏目。

1996年,闵行电台、电视台新闻部合并,《闵广新闻》增设《上海经济区新闻》《新华社通讯》专栏,开设"市场内外""法苑星空""闵广立交桥""绿色年华""阳光专递"板块。1997年8月,为纪念中国人民解放军建军70周年,青浦电台和县人民武装部共同制作《军旗颂》系列报道。1999年,奉贤县广播电视台开设广播访谈栏目《959访谈》,邀请县长和县部委办局负责人走进直播室,为听众解疑释惑。

2000年,浦东电台《浦东新闻》更名为《浦广新闻》每天30分钟,设"主要新闻""社区新闻""追踪报道""浦广热线"等板块。并将原每天4档的《浦广快讯》增加到7档滚动播出。2001年,金山区广播电视台集中力量办龙头节目《金广新闻》,除了自采新闻外,较多采用通讯员来稿,时长由15分钟扩展到25分钟。崇明县广播电视台广播新闻栏目《崇明新闻》推出"生态绿岛世纪行"活动,播出系列报道100多篇,现场采访150多人次,历时半年。同年3月1日,浦东电台《浦广新闻》周六开设"热点扫描"板块,时长10分钟。每期节目围绕浦东较重大或百姓较关注的一个热点话题进行采访,用录音报道形式播出;周日开设"一周新闻盘点",用说新闻的方式介绍浦东一周内发生的主要新闻。2002年,奉贤区广播电视台广播新闻栏目有《奉广新闻》《奉广简讯》《长三角和上海经济区新闻联播》等,时长约70分钟;松江区广播电视台设立广播新闻栏目《松广新闻》《一周新闻集锦》和《报刊信息》;宝山区广播电视台每天自办广播新闻节目25分钟,并将每周3档、每档5分钟的电视新闻专题《宝山经纬》移入广播新闻;青浦区广播电视台自办广播新闻栏目有《青广新闻》《简明新闻》《国际新闻》,每天播出60分钟。2003年,浦东电台将原《浦广新闻》中"社区新闻"板块,设置为《社区新闻》栏目,专门播发社区新闻。2005年,嘉定区广播电视台广播节目改版,《嘉定新闻》改为《嘉广新闻纵横》,周末版为《新闻周刊》,时长25分钟。

2007年,浦东电台与第一财经频率合作联办《聚焦浦东》栏目,每周1档。嘉定区广播电视台增加《整点新闻》,每天7档,每次4分钟。同年5月12日,金山区广播电视台广播节目改版,《金广新闻》调整为周一至周五播出,时长15分钟,另开设《金广集锦》栏目。2009年,嘉定区广播电台广播新闻栏目《整点新闻》由录播改为直播,全天8档。同年7月,浦东电台、南汇广播电视台和浦东有线电视中心合并成立浦东新区广播电视台,原浦东电台的《浦广新闻》和原南汇电台的《南广新闻》

整合为《浦东新闻》,时长 30 分钟。先后推出"与世博同行""应对挑战逆势前行""新浦东进行时"等主题系列报道。2010 年,金山区广播电视台广播节目《金广新闻》调整为每周二至周日播出,每档 15 分钟。同年 6 月 1 日,松江区广播电视台广播新闻栏目《松广新闻》恢复独立编辑播出,改变原来采用电视节目《松江新闻》录音内容的做法。广播新闻注重应用现场同期声,增强感染力。同年,浦东新区广播电视台开设《滴滴叭叭早上好》《伴你同行》新闻直播栏目。推出"调结构转方式""继往开来谱新篇""世博零距离""7＋1 战略解读"等 28 个主题系列报道。

第三节　大型直播

一、上海电台

【欢腾啊,中国——香港回归祖国特别节目】

1997 年 6 月 30 日 12 时—7 月 1 日 24 时,上海电台中波 990 千赫、调频 105.7 兆赫播出《欢腾啊,中国——香港回归祖国特别节目》。节目由"喜迎回归""回归庆典""欢庆回归"三大部分组成。这套节目以上海为中心,香港为重点,形成全国 8 个城市、世界 8 个国家和地区为报道点的全方位、立体化的报道网络。在总时长 36 小时的直播节目中,采用主持人直播、现场直播、目击报道、录音报道、录音特写等多种广播形式串联而成,全过程报道香港回归的各项重大活动,还随时报道香港街头、北京天安门广场欢庆场面和上海浦江两岸"百支歌队万人唱"的动人情景。十多位在海外的特约记者在第一时间通过越洋电话发回来自美国、日本、新西兰、加拿大、英国、奥地利等国家及中国台湾、澳门地区华人、华侨喜迎回归的报道。节目共采用各类报道 98 个,其中 2 个录音报道被中央电台采用。此次直播从播出时长、播报形式、报道数量,在上海广播史上均有所突破。

【喜迎澳门回归】

为迎接澳门回归,上海电台从 1999 年 12 月 1 日起,在《990 早新闻》中开辟《喜迎澳门回归》专题节目,从多角度反映澳门的历史沧桑、政治架构、经济发展、风土人情等。同年 12 月 19 日 12 时—20 日 12 时,举办 24 小时的连续直播节目,内容分别为"回归序曲""东方宝石""祖国万岁"三大部分。其中 19 日 12—18 时,上海电台同北京电台、厦门电台、珠海电台联播 6 小时。由 4 台的记者联手,分别直播报道 4 个城市的民众喜迎澳门回归的各项活动。

【我们走进新千年】

1999 年 12 月 31 日 20 时—2000 年 1 月 1 日凌晨 2 时,上海电台播出大型直播节目《我们走进新千年》。该节目由"等待新千年""第一缕阳光""申城一百年""今宵多灿烂""欢歌唱未来"和"中华更辉煌"6 个板块组成,12 位节目主持人联袂登台,轮流主持。节目前半部分集中报道世界各国人民迎接新千年的各项喜庆活动,特派记者们分别通过电话报道中国境内迎接新千年第一缕阳光的浙江省石塘镇、乘坐东航航班跨越千年之交的空中旅客以及上海市第一妇婴保健院诞生的"千禧宝宝"的实况。节目后半部分详细介绍了进入新千年后上海城市即将发生的变化,在零点时分先后播出中共中央总书记、国家主席江泽民和上海市市长徐匡迪的新年祝辞。中国互联网新闻中心《上海之窗》在网上同时直播了这套特别节目。

【"祝福你,北京"申奥特别节目】

2001年7月13日是2008年奥运申办投票日,投票结果于当日北京时间22时左右在莫斯科国际奥委会第112次全会揭晓。《"祝福你,北京"申奥特别节目》直播从19时开始,历时5小时,在上海电台中波990千赫、调频93.4兆赫和浦江之声电台并机直播。这档节目对投票过程进行同步直播报道,全面回顾北京的申奥之路,并把国际奥委会成员莫斯科投票前的最新消息及时传达给广大听众。节目以直播主持为主,其间穿插特派记者从莫斯科和北京发回的口述报道。节目中有投票揭晓、江泽民主席在世纪坛发表重要讲话以及北京最后的陈述等重要历史时刻的全过程。北京申奥成功后,记者分别从北京世纪坛、上海体育场、复旦大学以及写信给萨马兰奇的上海中学生家里传来报道。同时还插播海外华人、上海老体育工作者、体育明星祝贺北京申奥成功的报道。

二、东方电台

【香港回归祖国特别节目】

1997年6月30日,东方电台从早新闻起,连续48小时播出《香港回归祖国特别节目》。30日直播中先后播出《深圳迎回归灯光工程》《当年两航起义者谈回归》《香港市民在平和中迎回归》《各国记者云集香港新闻中心》《欢送驻港部队大会》《钱外长会见美国务卿》《港督撤离港府》《香港街头见闻》等报道。同年7月1日,在4个小时的早新闻中播出多组大特写:《各界人士话回归》采访了社会著名人士、劳动模范、驻港部队战士家属、林则徐后代等;《欢腾的上海之夜》记者在火车站、商店、街道采访普通市民;《激动人心的10秒》采用中央和各地电台的录音,反映北京、天津、深圳、南京等地市民在7月1日零时的狂欢场面。下午,4个小时的《环球大采风》板块,通过特约嘉宾的国际长途电话,报道美国、日本、新加坡、荷兰等国的华人欢庆香港回归祖国的热烈情景。节目还现场报道了当天首航香港的航班机组和当天首批抵沪的香港旅客。期间,有效利用中央电台、中央电视台声频信号资源。

【跨越千年特别节目】

1999年12月31日12时起,东方电台24小时直播《跨越千年特别节目》。它由东方电台联合中央电台、广东电台、香港电台、台湾中广公司、新加坡广播机构、美国美加广播网、加拿大中文电台共8家电台发起,节目在地跨亚、非、欧、美、澳五大洲的30多家华语电台直播或转播。

三、传媒集团/上海广播电视台

【2004——中国话题】

从2004年2月9日起,传媒集团新闻频率与全国28家省级电台联合举办《2004——中国话题》大型直播节目。节目主题为"服务全国、融入全国",在《市民与社会》栏目中播出,每双周一次,共播出20期。每次由上海电台和一家省级电台在两地同时直播,话题由"从昆明世博园看上海世博会"开始,其后分别同北京、辽宁、安徽、浙江、重庆、江苏、宁夏等地电台,就大城市交通管理、东北老工业基地振兴、农民工社会劳动保障体系等话题进行交流。

【洋山深水港开港】

2005年12月上海洋山深水港开港。传媒集团广播新闻中心于12月10日推出2小时的《洋山深水港开港》直播节目,在新闻频率、新闻资讯频率、交通广播联合播出。现场直播从记者杨叶超站在洋山岛山顶制高点俯瞰全景,介绍洋山港全貌开始,主持人在现场多角度、多侧面地向听众介绍洋山深水港的开港盛况。节目还推出"洋山历史回顾资料"等深度报道,向听众介绍洋山深水港开港对确立上海航运枢纽和国际航运中心地位的重大意义,并通过手机短信与听众互动。广播新闻中心还与电视新闻中心联手,使用电视音频信号同步转播开港仪式实况。

【庆祝香港回归祖国 10 周年】

2007 年 7 月 1 日是香港回归祖国 10 周年纪念日。为了更好地宣传"一国两制"方针,展现香港回归 10 年的巨大成就,传媒集团广播新闻中心联合中央电台、深圳电台、香港电台,在 7 月 1 日推出《庆祝香港回归祖国 10 周年》特别节目,节目从 8 时持续到 20 时,时长 12 小时,通过中央电台中国之声向全国播出。当天 15—16 时,广播新闻中心在上海"新天地"设立户外直播间,邀请嘉宾谈香港回归祖国 10 年中,沪港合作的发展和成就。

【"神舟七号"发射】

2008 年 9 月 25 日 21 时 10 分 4 秒,我国神舟七号航天飞船由长征 2 号火箭发射升空。传媒集团广播新闻中心策划播出《"神舟七号"发射》特别直播,新闻资讯频率从 20 时起,全程关注"神七"发射,直播时长 4 小时。两位主持人与现场嘉宾针对听众感兴趣的问题进行交流,三路广播记者分别从酒泉发射基地、北京航天控制中心和上海航天局及时发回最新信息。此次"神七"发射,对记者采访限制很严。经过努力,上海广播记者是为数不多进入发射基地"东方航天城"进行采访的媒体记者。

【中国 2010 年上海世博会特别节目】

2010 年 4 月 30 日—5 月 2 日,上海广播电视台广播新闻中心联合中央电台、中国广播联盟向全球现场直播"中国 2010 年上海世博会开幕式"和"上海世博会开园仪式"。连续 3 天,推出上海世博会开幕大直播《璀璨世博耀浦江》特别节目,每天直播时间 12 小时。这次大型直播运用记者连线、录音报道、广播纪实、人物访谈、听众短信参与、微博互动等多种手段,用真实的声音报道上海世博会开幕盛况。同年 10 月 1 日是中国国家馆日,9 时,广播新闻中心联合中央电台中国之声、中国广播联盟,推出 3 个小时的《精彩中国,欢聚世博》特别节目。12—16 时广播新闻中心推出《寻宝之旅,发现中国——世博会中国国家馆日直播特别节目》。同年 4—10 月,在上海世博会报道过程中,广播新闻中心联合中央电台、中国广播联盟和各城市电台现场直播多场世博主题论坛。

第二章 经济节目

改革开放后，上海广播中的经济报道日益增多，相继恢复和创办各类经济专题节目。中共中央确立经济建设为中心的基本路线后，广播中的经济节目地位更加突出。1987年5月11日，上海电台经济台开播，在中波792千赫每天播出18小时。它以"传播经济信息，沟通横向联系，扩大商品宣传，为发展商品经济服务"为办台方针，其节目形成以经济信息为主干，以企业家经济和市民经济信息为两翼，以知识性、教育性节目和综艺节目为辅的格局。

1993年1月1日，重新组建的上海电台市场经济台开播，在中波1422千赫、711千赫联播，全天播出17小时24分钟。其办台宗旨是"大市场的窗口、企业家的挚友、消费者的知音"。1995年3月，东方电台金融台开播，在调频97.7兆赫，每天7—18时播出11小时节目，并由上海证券交易所通过卫星向全国400多个城市同步传送金融台播出的即时数据。1997年4月，上海电台市场经济台、东方电台金融台分别更名为市场经济频率、金融频率。1999年1月，市场经济频率更名为经济频率。

2002年7月15日，经济频率与金融频率合并重组，对外呼号"东广财经频率"，每天6—20时在中波900千赫、调频97.7兆赫播出14小时节目。它依托上海经济、金融大都市的优势，传播国内外财经信息，透视经济现象，聚焦环球财经热点事件。2003年7月，传媒集团广播电视财经资源整合，"东广财经频率"更名为"第一财经频率"，节目以市场为主轴，以服务为宗旨，汇聚全球财经资讯。它立足上海，服务全国，放眼全球，按照上海建设国际金融中心的战略，建设为之服务的财经广播媒体。

第一节 新 闻 报 道

1978年5月，上海电台在《对工人广播》栏目中增设"为了四个现代化"专栏，介绍上海工业、交通、基建、财贸等行业的发展成就。1979年11月1日，上海电台设立《外汇牌价》栏目，播送国家外汇管理总局当天发布的外汇牌价信息。1981年，在新闻节目里设置"市场短波""上海经济区信息"等板块。1985年12月29日，上海电台《早新闻》节目以头条位置播出年终综述《本市银行界的地位在悄悄提高》，这是上海媒体中第一个全面报道金融工作的综述，引起新闻界、金融界的热烈反应。上海市工商银行行长当天派人到电台索要新闻稿复印件。

1987年5月11日，上海电台经济台开播，设有《新闻、气象和为您服务》《上海交通》《经济纵横》《经济文摘》《工商电波》《市场旋律》《都市生活》等栏目，初步形成多层次、多方位的经济信息节目播出格局。节目设置侧重金融报道，每天有两档《金融信息》栏目；增大采访力量，安排两名记者采访金融条线，先后播出《静安指数首次突破100点》《上海证券市场述评》《外汇调剂中心述评》《新发行的股票高溢价将引起震荡》等独家报道，逐步形成自己独特的金融报道优势。编播流程则较多采用直播活排、板块结构等形式。1988年起，开辟《开放之声》《香雪海之音》《上菱之声》等企业特约栏目，面向企业播报定向信息，为生产者和经营部门牵线搭桥。

邓小平南方谈话发表后，为适应上海在中国新一轮经济大发展的龙头地位，上海电台市场经济台于1993年1月开播。市场经济台更加突出金融证券报道，每天4次播报股市行情，在10时和16时各设有一档《金融信息》栏目。两个月后，又推出《股市即时行情》《股市今晚谈》《股市热线》等栏目。其节目设置为：周一至周五7时是30分钟的综合经济信息报道。9时30分—15时，在股市交易时间中，播报股市即时行情和走势分析，结合盘面播出金融证券知识、专家答疑等。在当时网络不普及的情况下，发挥了广播容量大、传播快、即时即报的优势，成为投资者第一时间获取股市信息的主要渠道。10时播出金融与期货信息。12—13时是热线节目，包括劳务人才、房产地产、消费品求购等内容。13—16时播出生产资料行情信息。18时播出的《股市今晚谈》是当时国内第一档股市综述节目，影响较大。在非整点时间中播出《科技市场》《医药沙龙》《名特优之窗》《缤纷书市》《市场广角》《旅游巴士》等栏目，介绍科技、旅游业、图书出版和新产品等信息，平均日播信息800条。1993年6月5日，市场经济台在上海第一百货商店五楼商场内开设"第一百货直播室"。周一至周六由主持人到现场播音1小时，周日播音1.5个小时。不久从安全角度考虑而停办。随着上海建设国际金融中心的步伐日益加快，1994年5月30日，市场经济台对金融节目进行扩展，把原来双频播出的节目实行分流，用其中的中波1422千赫专门播送金融节目，取名《1422金融证券》，每天9时30分播出，时长8小时39分。至此，上海电台金融证券类节目由原先单列的栏目，发展成拥有金融信息、证券行情、股评、证券教学、金融服务5大内容的金融大板块节目。设有《经济信息》《证券文摘》《股市快讯》《股市即时行情》《股市今晚谈》《行家侃市》《新兰德财经》《行家看市场》《上市公司之窗》《券商讲坛》以及《今日股市综述》《股市热线》等栏目。1995年1月，上海电台推出精办节目方案，市场经济台两套频率节目合并，金融节目基本保持原有格局，每天播出7小时。调整后《1422金融证券》更名为《金融广场》。为适应日益增长的技术、人才、劳务、房地产、旅游市场信息传播需求，从同年5月19日起，新设《家政万事通》《经济讲坛》《为您保险》栏目，撤销一部分综合性栏目。调整后的栏目由34个减少至25个。同年8月，上海电台和中央电台联合推出《全国证券联播网》栏目，主要播报当天最新金融证券信息、沪深证券市场行情综述信息。1997年5月，市场经济频率改版，在《金融证券》栏目中充实"金融投资""保险"两部分内容，设立每日30分钟的《当家理财》栏目，扩大借贷、储蓄、邮币卡交易、外汇交易、信用卡使用等信息量，请行家、学者到直播室讲解有关知识，为普通市民的理财投资提供信息渠道。同时，设立每日45分钟的《为您保险》栏目，反映保险业的发展，介绍保险品种，指点投保路径等。这两个栏目提示人们：不要仅局限于证券股票投资，收藏、保险业、外汇交易等也是较好的投资方向。此外，在金融证券节目中，还新设《财经访谈》《经济讲坛》栏目，邀请专家、权威人士到直播室进行讲解、评析。

1995年3月29日，东方电台金融台开播。主要播出上海金融市场证券、外汇、保险等各类动态行情，收集并播出世界主要金融市场的行情，以及房地产、人才、技术等行情信息，同时，邀请权威人士对金融市场加以评述。设有《财经金融早讯》《财经纵横》《理财之窗》《中国名牌》等栏目。2001年1月2日，金融频率在浦东时代广场举行《21世纪中国股市第一市》特别直播节目。9—10时谭天主持《黑马竞选》，请听众竞猜新世纪第一市哪些个股会成为黑马；10—11时孟城主持《行情快递》，请分析师解盘、分析行情并和听众交流对话；11—12时刘小庆主持《股市大家谈》，和股民一起谈新世纪中国股市的前景；12—13时韩清、阳子主持《个股天天点播》，就股民感兴趣的个股走向，由权威股评人士解答提问。

2002年7月15日，传媒集团将上海电台经济频率与东方电台金融频率合并改组，呼号为"东广财经频率"。设有：财经新闻栏目《财经新闻》，整点播报财经信息，连线全国，聚集热点；证券资讯栏目《个股天天点播》《股市大家谈》《全国证券网联播》等；理财服务栏目《理财百事通》《投资词典》等。同月，和北京经济广播共同举办《中国财经60分》栏目，通过综合业务数字网（ISDN）连线京沪，由两地主持人直播完成，节目在16家省市经济电台同步联网播出。同年9月24日起，东广财经频率与北京经济广播联合推出《中国财经大事回眸》系列报道,反映中共十三届四中全会后,中国财政金融经贸发生的大事,追溯这些事件给经济生活带来的影响。2003年2月3日,东广财经频率通过网络向加拿大中文台《环球经济新闻》节目成功传送5分钟的中国经济报道,信号覆盖温哥华、多伦多、卡尔加里。

2003年7月,传媒集团组建集广播、电视、平面媒体于一体的"第一财经","东广财经频率"更名为"第一财经频率",第一财经广播频率和电视频道在"第一财经"统一品牌下相辅相成,资源共享。设有:财经资讯类栏目《第一财经早新闻》《第一财经要闻》《中国财经60分》;金融证券类栏目《黑马竞选》《个股天天点播》《全国证券联播网》;消费服务类栏目《房产之窗》《977家居乐》《消费新天地》。同年7月28日,第一财经频率作为发起单位之一,联合长三角区域15家经济电台开设《中国长江三角洲经济广播联播》栏目。8月17日,《中国长三角》栏目开播,节目重点介绍各城市人文历史和发展亮点,全面报道各城市加速融入经济发展一体化的进程。2004年7月5日,第一财经频率改版,实施广播与电视的资源整合,电视主持人到广播主持节目,左安龙加盟《个股天天点播》,刘小庆加盟房地产节目。电视栏目《今日股市》《谈股论金》《中国经营者》《财经郎闲评》开设广播版。2008年1月,第一财经频率在13—16时时段,新推出《股市午间道》《盘面连连看》《走进上市公司》栏目。

2010年,第一财经频率调整呼号为"第一财经广播"。同年10月8日,第一财经广播开设新闻资讯栏目《经济生活60分》,周一至周五7时首播,8时重播,设"今日要闻""新闻集锦""热点关注""媒体概览""百姓生活"等板块。该栏目以经济生活为主线,关注财经大事、经济热门话题,播出百姓消费资讯,为听众提供全面的财经新闻服务,播出的追踪报道《违规房贷暗流涌动》《信用卡诈骗调查系列报道》《运营商告知义务缺位,消费者为天价通讯费买单》等引发社会反响。早间播出的《经济生活60分》和晚间播出《中国财经60分》,以及每逢整点播出的《第一财经最新播报》,构成第一财经广播新闻资讯节目整点播报主体框架。

第二节　专　题　节　目

1986年7月17日—9月22日,上海电台在《早新闻》节目中连续编发专题报道《南京路商店经理苦恼引起的讨论》,播出稿件35篇。这场专题讨论围绕如何提高商业服务质量的问题展开,对当时上海商业的改革起到直接的推动作用。

1989年9月4日,由上海电台经济台与黄浦区、静安区财贸办公室共同主办的"四十金秋南京路特色服务双周展示活动"启动。从南京东路东端到静安寺的175家商店,以特色传统和优质服务集中体现上海市场繁荣景象。《为您服务》《城乡经济》《四季可乐》《经济纵横》等栏目,从活动筹备至表彰大会全程参与宣传协调。这是上海第一次由新闻媒体出面组织,打破区域分管的局限,将十里南京路所有的商业企业放在一起进行的展评。黄浦、静安两区沿南京路商店的销售额环比分别增加27%和32%。

1991年6月9日,上海电台和日本广播协会(NHK)联合制作的一套介绍浦东开发开放的报道《面向21世纪的上海开发规划——中日经济讨论会》在中波990千赫播出。

1993年3月,东方电台在上海商业工作会议召开之际,推出为期一周的《上海商业大跨越》系列专题报道,采取商场现场大讨论、直播室专家评说、听众热线参与等方法,邀请副市长孟建柱和财贸办领导与市民一起讨论上海商业发展方向。1994年2月,再次推出《上海商业大跨越》系列专题报道,市长黄菊、副市长孟建柱、市财办主任、各区副区长和各大商业企业经理接受现场采访,或走进直播室参与大讨论。报道活动时间达1个月。

1993年7月4日,东方电台7位主持人在常州和常州经济电台主持人联合主持《共涌开放潮》《沪常风景线》《'93话住房》《空中电波线》等节目。上海市副市长徐匡迪和常州市市长王进元分别在节目中介绍浦东开发开放和常州发展成就。同年8月16日,东方电台播出《闵行四大金刚变形记》《龙头企业话变形》系列专题报道。选择的报道对象是上海西部地区的汽轮机厂、电机厂、锅炉厂、重型机器厂和上海东部地区的柴油机厂、机床厂、电缆厂、梅林食品厂。8名记者分两路,深入报道国有企业改革的情况。报道最后一篇播出的当天晚上,上海市副市长蒋以任致电东方电台,对这组报道表示肯定和赞赏。

1996年2月6日,东方电台金融台《每日金融》栏目推出《'96新春话金融》系列专题,请上海各大银行行长、证券交易所、证券公司的老总在直播室与各新闻媒体金融记者展开新春对话,引发社会热议。《上海证券报》刊载节目内容。

1999年1月,美国全美证券交易商协会主席弗兰克·萨博访问上海证券交易所,与上交所主席屠光绍商讨中国公司在美国纳斯达克上市事宜。纳斯达克是面向全球的股市,是高科技上市公司的前沿领域。众多媒体记者参加当天的采访,上海电台市场经济频率《全国证券联播网》率先于18时播出《全美证券交易商协会主席弗兰克·萨博父子访问上海证券交易所》的录音新闻。新华社记者赞扬上海电台财经报道时效快。

2001年7月24日起,东方电台金融频率联合江西、陕西、北京等经济台采制、播出8集专题报道《红色金融历程——建党80周年特别节目》,每集15分钟,分别是:《初露红色曙光——江西瑞金红色苏区的金融》《为新中国奠基——延安红色根据地的金融》《黎明前的斗争——上海解放前的金融斗争》《巩固红色政权——党领导下的上海平息银圆风波》《朝阳从东方升起——建立社会主义的金融框架》《证券交易的新生——上海证券市场的重新崛起》《东方的金融街——海纳百川的陆家嘴金融街》《亚洲新巨人——走向世界的中国金融市场》。这组专题是国内电台第一次全方位反映中国共产党在金融领域光辉业绩的系列作品。

2002年10月26日,传媒集团财经频率与市创业沙龙、上海银行联合举办"我又上岗了——4050创业项目成果展示"活动。"4050"人员曾经因为年龄大、学历低、技能不足而成为社会就业的困难群体。频率通过《人才你我他——4050求职热线》栏目,与社会各方联手推出"空中创业金点子征集箱"帮助更多的"4050"人员获得上岗就业机会。

2004年10月28日晚,中国人民银行10年来首次宣布加息。第一财经频率及时进行报道,并联手北京经济广播等,于10月29日加息首日在《中国经济60分》中播出《央行加息,国内外市场反响积极》特别报道。节目采用投资者现场反映、专家深入解读的方式,共采访24位专家学者,从5方面做了深入报道。

2009年10月,为庆祝中华人民共和国成立60周年,第一财经频率联合全国36家经济广播电台,牵头策划"见证创造,成就辉煌——新中国经济地理坐标巡访"大型联播活动,联播活动通过巡访60个新中国经济发展中贡献巨大的地理坐标,对重要历史事件的追溯,展现新中国60年的沧桑巨变和经济发展的辉煌成就。

2010年10月26日8时—9时15分,第一财经广播联合浙江、宁波、嘉兴、南京、无锡经济台,推出《高铁冲击波——直击沪杭高铁通车》特别直播节目。通车当天上午,第一财经频率和浙江经济台记者分别在首发仪式现场和首发列车上发回连线报道,嘉兴、宁波、南京、无锡经济台记者分别从所在地发回连线和录音报道,介绍各地在长三角城际轨道交通网建设中的最新进展和高速铁路开通对当地城市规划、经济发展、产业升级所产生的影响。节目还邀请专家走进直播间，分析高铁开通对推进长三角一体化国家战略和建设世界级大都市群的深远影响。同年 12 月 20—24 日，第一财经广播推出《让历史告诉未来——中国证券市场 20 年》系列报道。每篇报道以中国股市的典型重要事件为切口，穿插证券人物采访实况，讲述上市公司、股民、基金、监管制度、交易方式等方面的变化，记录中国资本市场的发展。

第三节　主 要 栏 目

一、上海电台

【经济纵横】

1987 年 5 月 11 日，上海电台经济台《经济纵横》栏目开播。周一至周六每天播出 3 次，每次 25 分钟。栏目的前半部分是最新经济信息，主要传播经济政策和法令，介绍经济改革的新观点和新动向，播报金融、物价、外贸、商情等方面信息；后半部分播送经济领域的深度报道，讨论经济界、金融界关心的现象，介绍一些经济政策的背景材料。设"市场分析与预测""经济透视""经营之道""知识问答""经济法信箱"等板块。其中每周一播出的"一周外汇市场述评"成为金融界人士经常收听的固定节目。一些知名金融专家为该专栏撰稿，使"一周外汇市场述评"具有权威性。《经济纵横》栏目博采广纳，每天播出的数十种各种经济金融信息，成为企业界、金融界以及消费者从事经济活动的重要参考依据。经济台曾通过《经济纵横》栏目，组织"我为振兴上海献计献策""如何促使企业集团发育成型""老字号研讨会""回顾与展望"等战役报道和征文活动。1992 年 10 月，《经济纵横》栏目停办。

【市场旋律】

1987 年 5 月 11 日，上海电台经济台开办《市场旋律》栏目，每天 9—11 时，在中波 711 千赫和 1422 千赫同步直播，肖亚、朱慧等主持。该栏目以传递市场信息、分析市场动态、介绍经营之道、漫谈消费知识为宗旨，设"市场信息""消费者之声""个体户之友""外地产品在上海""三言两语话市场""一元商场""市场热线"等板块。1989 年 5 月 11 日，在《市场旋律》开播两周年之际，举办"外地产品在上海"大型新产品推广会，全国各地 100 多家企业携产品参会。还先后与上海精品商厦、上海开开集团、上海凤凰自行车公司等商业企业举办特约专栏，介绍国产名品新品。1993 年，会同黄浦区财贸办举办"南京东路商业龙虎榜评比活动"，数以百计的商业单位、数以万计的消费者参与这次活动，最后评出"龙虎榜"十佳商业企业。1997 年 5 月，上海电台市场经济频率《大市场》栏目并入《市场旋律》。2000 年 12 月，《市场旋律》栏目停办。

【金融信息】

1987 年 5 月 12 日，上海电台经济台《金融信息》栏目开播，周一至周六，每天播出两次，每次 5 分钟，除了播报国家外汇管理总局公布的人民币外汇牌价外，还播报前一天的纽约、伦敦、东京、香港世界四大金融市场的行情，内容有主要外汇汇率、黄金价格、各工业指数以及伦敦同业银行拆放率等。这开了全国广播电台之先河。一些在沪外商把它作为及时了解世界市场行情的一个途径。为了普及金融知识，增加全民金融意识，《金融信息》栏目多次播讲金融常识，并逐渐形成特色。1993 年 1 月，上海电台市场经济台开播后，除继续保持原经济台每天 10 时和 16 时的《金融信息》栏目,又增加了播报证券交易所股市行情 4 次。1994 年 5 月 30 日,市场经济台用中波 1422 千赫专门播送金融证券节目,取名《1422 金融证券》,内容包括金融信息、证券行情、股评、证券教学和金融服务,播出时间为周一至周五 9 时—18 时 30 分。1995 年 1 月,《金融证券》更名为《金融广场》,周一至周五 10—12 时播出。1999 年,上海电台市场经济频率改为经济频率,《金融广场》栏目调整为周一至周五 10 时 15 分—11 时播出。2001 年 1 月,《金融广场》栏目被《股市行情,看盘说股》《财经访谈》栏目取代。

【企业之声】

1988 年 4 月 18 日,上海电台经济台创办《企业之声》栏目。每天播出 3 次,每次 15 分钟,每档介绍一个工商企业在改革发展中的新成就、新经验和新产品、新工艺、新技术,以及企业家的经营理念等。该栏目类似报纸的企业专版,适当收取节目制作费,这种收费的非广告性质的经济类专题节目受到商品经济发展的影响,曾引起褒贬不一的评说。《企业之声》在企业界广受欢迎,许多企业希望电台派记者去采访,有的希望定期连续制作几套节目,有的希望根据厂庆、订货会等需求预约定制节目,在一个时期形成众多企业排队竞相上节目的现象。电台将播出内容制成磁带,送给企业作为资料保存,也可以随时播放。1992 年 10 月,《企业之声》栏目停办。

【股市今晚谈／全国证券联播网】

1993 年初,上海电台市场经济台开办《股市今晚谈》栏目,设"股市快讯""行家谈股""股市纵述"等板块。1994 年 6 月,在杭州召开的"全国城市电台股市节目联网会议"上,20 多家省市级电台一致看好这档节目,并通过决议,在周一至周六 18 时—18 时 30 分联播上海电台市场经济台的《股市今晚谈》栏目。

1995 年 8 月,《全国证券联播网》取代《股市今晚谈》,由中央电台第二套节目牵头,在中央电台以及上海、深圳、四川、福建、浙江、山东、辽宁等 20 多家省市级电台联合播出。该栏目以宏观经济分析,行业动态评述,财经趋势汇总,焦点问题透视为主题。以资本市场的建设和发展为中心,致力于学者论坛和名家视野平台的建构,并向券商、基金、保险、外汇等投资领域开拓。设"证券快讯""沪市概述""深市概述""技术经纬""行家看股市""B 股点评""国债综述"等板块。上海电台市场经济台是《全国证券联播网》主要成员单位。每天股市收盘后,记者将采制的当天沪深两大证券市场的重要信息、股市走势特点以及上海股评人士的评述等信息传到中央电台供编辑串编。2004 年 1 月,该栏目在第一财经频率中波 1422 千赫、调频 97.7 兆赫,每逢交易日 17—18 时播出,晓鹿主持。2006 年,更名为《第一财经联播网》。2010 年,改为《今日证券》。

【晓鹿在线】

2001 年 1 月,上海电台经济频率开办财经栏目《晓鹿在线》,它以主持人王静敏的播音名"晓鹿"命名,周六 12—13 时播出。设"一周行情综述""走近 CEO""基金经理指南""上市公司巡礼""精英人士访谈""财富专线""我的股市、我的故事"等板块。《晓鹿在线》曾组织杨百万、大老李等市场经济大潮中上海第一代投资人举行"复旦大学校园行"活动,吸引复旦学子前来听课。先后采访上海证券交易所第一任总经理尉文渊、第一家证券营业部经理黄贵显以及众多券商、公募、私募基金公司、上市公司老总,曾采制播出《采写股市、见证历史》《话说股市人生》等系列报道。2003 年 7 月,《晓鹿在线》在第一财经频率中波 1422 千赫、调频 97.7 兆赫周六 13—14 时播出。2008 年,扩展为周一至周五17时30分—18时播出。2010年,《晓鹿在线》栏目停办。

二、东方电台

【股市大家谈】

1997年5月,东方电台金融频率开办《股市大家谈》栏目。旨在为中国证券市场的各方参与主体提供一个对话交流的平台,吸引投资者通过节目相互学习、共同讨论。该节目的参与电话在当天下午收市之后的16—17时在调频97.7兆赫开通,股民们根据自己对政策面、基本面、消息面的理解,就当天的市场热点以及技术面的变化发表看法,还可以结合实际案例介绍自己的投资理念和对后市的倾向性意见。2004年1月,《股市大家谈》栏目在传媒集团第一财经频率播出,时段时长不变,晨光主持。

【三江联播】

1998年4月,东方电台和广东电台、香港电台普通话台联合开办的《三江联播》栏目,以介绍三地的经济现象为主,为促进长江、珠江、香江地区的经济合作与发展提供信息支持。周日13时通过综合业务数字网(ISDN),在沪粤港三地连线直播,时长50分钟。2002年4月20日,东方电台主办"上海·中国财经高层论坛暨《三江联播》栏目开播4周年庆"系列活动。肖灼基、于光远等著名经济学家到会演讲。同时举行中国首届由媒体发起评选的"2001心中十佳的蓝筹股"颁奖典礼。作为首届"中国十佳上市公司"评选活动的重要内容,同年4月5日,举行"2001心中的蓝筹股"投票仪式。来自媒体、证券业界人士和听众代表对37家候选上市公司进行投票,选出二十佳蓝筹股。2003年《三江联播》被评为全国经济广播名栏目一等奖。"三江论坛"是《三江联播》的品牌拓展,论坛由三地共同策划,轮流承办。2008年11月28日,第八届"三江论坛"在上海举行,论坛主题为"面对剧烈国际金融风暴——热议粤港沪携手共度之道",国内知名经济学家及沪粤港三地学者和二十多家广播电台同仁参加。论坛围绕世界经济和中国经济的总体趋势,探讨在国际金融危机的背景下,沪粤港三地在贸易、金融和制造业等领域的合作应对之策。

【黑马竞选】

2000年5月,东方电台金融频率开办《黑马竞选》栏目,周一至周五9时在调频97.7兆赫播出,时长60分钟。该栏目以最新的财经信息为话题,由沪上专家点评信息,同时通过热线电话与听众互动,把普通投资者比较关心的市场新动态融入"信息点评"之中。栏目以证券市场为抓手,聚集证券市场开盘的焦点时刻,涉及财经的各个方面。2004年1月,《黑马竞选》栏目在第一财经频率中波1422千赫、调频97.7兆赫周一至周五9时播出,时长30分钟。

三、传媒集团/上海广播电视台

【中国财经60分】

2002年7月15日,传媒集团财经频率与北京经济广播联合推出《中国财经60分》栏目,周一至周五18时在中波900千赫、调频97.7兆赫播出。该栏目以大财经概念为主线,依托京沪两地的独特地位,融合两地财经人才、资源和专业优势,及时关注国际、国内的重大财经新闻,聚焦受众普遍关心的财经热门话题,第一时间传递股市、汇市和其他金融信息,以及专业人士的述评。设有"国内外财经要闻""今日财经头条""今日财经视点""全球金融市场聚焦"等板块。《中国财经60分》节目通过综合业务数字网(ISDN)连线北京和上海两地的广播财经节目主持人进行直播。节目还在16家省市电台同步联网播出,影响力辐射到全国。2007年《中国财经60分》通过新城财经台在香港落地播出,这也是内地首个省级广播电台向香港广播媒体常年提供新闻的财经栏目。该栏目在2008年由《媒体》杂志评出的40个全国优秀原创广播节目中榜上有名,这是上海唯一上榜的财经类新闻节目。

《中国财经60分》围绕重大经济事件将对全球经济产生的影响展开报道和评述。曾独家报道《中国能否成为世界工厂》《中国向洗钱说不》《ST国嘉5亿元离奇蒸发》《发票变面孔,逃税难上难》《理财工作室能理多少财》等热点新闻。该栏目见证和报道中国经济的发展,尤其在2008年全球金融危机爆发后,反映全球金融危机动态,报道各国应对危机的举措等方面体现了专业水准。2009年11月27日,《中国财经60分》播出2 500期节目融合创新研讨会在上海举行。2010年12月,该栏目推出《让历史告诉未来——中国证券市场20年》系列报道,以中国股市的典型重要事件为切口,记录中国资本市场的发展。

【中国长三角】

2003年7月28日,第一财经频率作为发起单位之一,联合长三角区域15家经济电台,共同开设《中国长江三角洲经济广播联播》栏目。同年8月17日,《中国长三角》栏目开播,周日12—13时播出。内设"长三角城际快递""长三角热点聚焦""长三角经济话题""长三角人物专访""长三角文化生活"等板块。节目重点介绍各城市人文历史和发展亮点,全面报道各城市加速融入经济发展一体化的进程。第一财经频率以此作为信息资源平台和节目共建平台,逐步推进节目的互动和合作。2005年6月起,《中国长三角》联播节目进入中央电台《经济之声》的播出平台,影响力扩大至全国,一档地方电台原创节目常年在中央电台播出,尚属首次。2010年,《中国长三角》栏目在第一财经广播中波1422千赫、调频97.7兆赫周日12—13时、22—23时播出。

【市场观察】

2005年1月1日,第一财经频率开办《市场观察》栏目,周一至周五10时30分—11时播出。该节目围绕证券盘面进行及时分析点评,观察范围涉及财经领域多个方面:国内股市、国际股市、国内外期货行情、外汇交易等。该栏目通过全面、快捷、准确地传递市场信息,通过主持人和市场人士紧随盘面的分析,给听众提供有益的参考。2010年,《市场观察》栏目在第一财经广播中波1422千赫、调频97.7兆赫周一至周五10时30分播出,时长30分钟。

【共享世博盛宴】

2010年4月28日—11月5日,第一财经广播开设《共享世博盛宴》栏目,每周一至周五17时30分播出,时长25分钟。第一财经广播汇集中央电台经济之声等全国50多家经济广播,在上海组成"全国经济广播世博报道联盟"。各成员台共享世博报道资源,以同一呼号、同一节目标识播出,设"世博快讯""申城访谈""魅力世博会""众论世博""海宝伴你行"等板块。节目以经济的视角报道世博会最新动态,专业访谈各国各地区的世博官员、企业家等,解析世博会主题的经济内涵,各地电台同步转播或转录播出,及时向全国听众报道上海世博会开幕、开园及运行情况。

第三章 交 通 节 目

1991年初,上海市政府为改善上海交通状况,把建立广播交通信息台列入同年为民办实事十个项目之一。同年4月25日广电部批复同意。同年9月16日、25日两次试播,9月30日,上海人民广播电台交通信息台正式开播,每天7—19时在中波648千赫直播。这是国内首家专业交通电台,节目宗旨:缓解交通、方便市民。宣传口号:"收听648,伴你走天下。"

上海电台交通信息台(后改呼"上海人民广播电台交通频率""上海交通广播",以下统称"上海交通广播")以道路情况信息为主干,进而扩展到以公路、铁路、民航、港口等大交通和国民经济中的交通行业为信息资源依托,采取共建信息网络、共享信息资源的方式,为听众,尤其是驾驶员和流动人群提供服务。遇到灾害性天气、重大交通事故以及突发事件时,上海交通广播显示它独特的指导作用。1999年1月1日,上海交通广播采用中波648千赫和小调频98.7兆赫双频播出,缓解了上海部分地区收听节目质量差的问题。2002年,上海交通广播增加10千瓦功率调频105.7兆赫播出,收听效果大大改善。

2002年7月15日,改版后的上海交通广播节目主要以流动人群为目标听众,在坚持交通信息专业特色的基础上,增加专题和音乐节目的比重,其节目以轻松、动感为风格,为都市流动人群提供新闻、音乐、综艺、体育和财经等各种信息。2005年6月28日,上海交通广播将上海城市快速路监控系统接入直播室,开创了路况智能收集播报的新模式。上海交通广播从主要播报路况信息,到参与重大国际赛事、重要国际会议和社会活动的交通保障工作,直至成为"中国2010上海世博会"最重要的交通信息发布平台。

第一节 交 通 信 息

一、即时路况

上海交通广播以整点路况信息为节目主干,每逢整点和半点播报市交通指挥中心提供的城市道路信息,播报影响道路交通的市政煤气、自来水、电话、园林等施工路段的情况,播报公交车辆因故改道、迁站、新辟、延伸等信息。

1997年6月2日起,路况信息从原来14次增加到28次。

上海交通广播开播之初,车辆驾驶员,特别是出租车司机是重要目标听众群,同时,出租车司机又是流动的路况信息员。1997年6月4日,上海交通广播在强生、大众出租汽车公司挑选60名出租车驾驶员,组建第一支路况信息员队伍。之后,路况信息员逐步向公交车驾驶员等各交通行业拓展。随着卫星定位系统等科技手段逐渐在上海出租行业推广,强生、大众、海博、巴士等出租车调度系统信息陆续接入上海交通广播直播室。

1997年底起,上海交通广播应用计算机和网络通信技术实施各区道路交通状况的监测工作,运用交通信息管理系统引导车辆的流向,使上海交通广播缓解交通服务水平迈上一个新台阶。该系统投入使用后,提高道路的利用率和通行能力,缩短原有数据的传输时间,避免由时间差而产生的车辆被误导现象。

1998年9月28日,设在市公安局道路交通指挥控制中心的《交警直播室》节目开播,由广播大厦、交警大厦双直播室播出。市委常委、副市长韩正宣布《交警直播室》开播。同日,上海交通广播节目改版:周一至周五每30分钟播出一次路况信息,其中7时30分—9时30分、16时30分—18时30分的早晚高峰时段为每15分钟播报一次。2001年元旦起,交通广播关机时间由21时延长至23时。

2002年7月,上海交通广播每天6—7时新辟新闻节目《早安,上海》,9时—9时30分播出《新闻快车道》。同月,上海交通广播与市公安局交巡警总队联合开办《整点警官路况播报》,由警官播报实时道路信息。这一特色在全国尚属首创。

2003年9月13—16日,上海交通广播启用飞艇直播上海道路交通情况,阿丁等8位节目主持人轮番登临飞艇,并与交警指挥中心直播室、电台直播室多点连线播出实时路况信息。2004年1月,上海交通广播实现全天24小时播出,5—23时每逢整点和半点播报路况信息,整点都有新闻播出。

2004年9月26日是"F1中国大奖赛"决赛日,在上海交通广播和市公安局交巡警、市公共交通及交通参与者共同努力下,仅用130分钟就成功疏导了1.3万辆大小车辆和14万多观众,整个过程没有发生任何交通伤亡事故和大面积的交通拥堵,成为上海保障国际大型活动交通指挥的范例。《人民日报》9月28日刊发《两小时疏散14万人 F1上海站交通指挥纪事》的报道,从三方面肯定了F1上海站的交通指挥,其中一个方面即为上海交通广播的现场直播。

2005年6月28日,上海交通广播将上海城市快速路监控系统接入直播室,这是当年市政府的一项实事工程,使得上海交通广播掌控城市道路信息的能力大幅度提高。上海市政部门设计道路监控系统之初,交通广播就被列为重要功能之一始终参与其中。上海交通广播可以通过该系统电子地图、1 000多个交通路口的监控摄像头和专用网络,掌握第一手权威信息。并和上海交通信息中心合作,对全市道路、航空、铁路、水运、公共交通等领域的实时动态信息进行全方位的掌控。同时,通过卫星定位系统,将4万辆出租车的运行实时动态和驾驶员的信息传递到交通广播直播室。交通广播记者、主持人可以随时与事件点的出租车司机通话,第一时间了解现场情况。由此,上海交通广播成为城市交通动态信息权威发布者,开创了路况智能收集播报的新模式。2006年后,上海交通广播联合市公安局道路交通指挥控制中心参与重大国际赛事、重要国际会议和大型社会活动的交通保障工作,成为上海交通信息发布权威平台。

2008年,上海交通广播改版,增加新闻节目播出,在《整点路况》前设置3分钟的"新闻加油站"环节,播出简明新闻。2010年3月1日,上海交通广播节目设置以每2小时为一个板块,为听众提供大容量交通资讯及服务信息。

二、突发事件播报

遇到灾害性天气及突发事件时,上海交通广播就会启动应急预案,滚动播出相关信息。1991年12月27日,上海受强冷空气影响下大雪,气温降至零下8度,交通受到严重影响。从15时起,刚通车不久的南浦大桥被紧急封桥,虹桥机场被迫关闭,铁路上海站22对列车不能正点发出。交通广播连续播发百余条信息,让市民和旅客获悉后采取相应措施,避免因信息不对称可能造成的无序和混乱局面。

1998年4月12日15时51分，一架泰国航空公司客机在降落上海虹桥国际机场时偏离跑道，冲入草坪，虹桥机场因此关闭。此起事故影响当天160多架航班正常起降，7 000多名旅客滞留机场。事发当日正值星期天，上海交通广播停机。记者获悉这起事故情况后马上同有关部门进行联系，为第二天的采访报道做好准备。4月13日，上海交通广播开机后第一时间就对此事件进行追踪报道，并派记者在机场指挥中心了解信息，《648聚焦》节目开通热线电话专门回答有关航班的咨询。同年5月18日清晨，大雾笼罩申城，给周一交通早高峰带来很大压力。上海交通广播得知消息后紧急应变，7时开机后的第一条消息就是记者从市交警总队指挥中心发出的最新路况报道。8时20分，市中心气象台发来最新天气情况通报。在80分钟的报道中，各路记者共发出陆海空交通即时信息16条，平均每5分钟一条，这些及时详实的报道，起到了"雾中方向灯"的作用。

2000年5月31日16时15分，沪青平公路近延安西路口发生一起施工脚手架倒塌事故，3名工人受伤，3辆轿车严重受损。当时正值下班高峰，造成虹桥机场周边道路严重拥阻，并波及延安路高架及外环线道路。主持人、记者阿丁在事发后10分钟内即赶到现场并发布信息。随后，记者与交警直播室保持热线联系，不间断地直播事发地及周边的交通情况，疏导车流。

2004年12月10日清晨4时23分，市中心气象台发布大雾红色预警信号。上海交通广播滚动播发大雾和交通信息，主持人直播采访市中心气象台首席预报员。记者还与南京交通广播同行互报沪宁高速路沿线信息，疏导早高峰时段由大雾引发的交通拥阻。13日6时12分和7时6分，市中心气象台先后发布大雾红色预警信号和黑色预警信号，机场、高速公路、高架道路和轮渡均受到较大影响。上海交通广播紧急启动"灾害性天气播报预案"，联合气象台、交警、机场、轮渡等部门及时播发信息。《早安上海》每隔10分钟与相关部门联络一次，滚动播出最新信息。

2006年3月15日5时50分，上海市快速路交通信息系统发生启用后第一次大面积瘫痪，高架道路出现交通拥堵。上海交通广播紧急启用"路况播报紧急预案"：即时对接市公安局指挥中心；启用巴士出租卫星定位调度系统，与1 000多位司机保持联系，确认拥堵区域；启动路况主持人巡路方案。《交警直播室》高频率发布道路信息，实时引导驾驶员修正出行路线。在上海快速路道路信息系统瘫痪的5个小时中，交通广播共播发路况信息500余条。

2008年1月，上海遭遇20年未遇的雨雪天气。上海交通广播于1月28日7时30分—22时、29日7时30分—11时，推出《雨雪天气，守望相助——灾害性天气特别报道》，时长达20小时。多路记者第一时间赶赴机场、火车站、长途客运站等交通枢纽，现场报道最新动态，同步报道道路交通、航班、火车出行情况及市政府各部门举措，还借助"长三角城市交通广播信息合作联盟"，通过江苏、浙江以及南京、嘉兴、湖州、台州等地的10多家媒体，及时报道长三角地区高速公路的实时运行情况。

三、专题节目

1992年10月8日，上海交通广播租用直升机，举办《空中一小时特别节目》，首开国内空中直播和空中观察、指挥地面交通两项纪录，在这一小时特别节目中，还从空中特有的视角报道了上海近年来城市建设的新成就。同年11月24日，台湾著名主持人秦晴与上海交通广播主持人小茗共同主持节目，这是海峡两岸广播同行在交通广播中首次携手合作。

1993年12月6日，上海交通广播在外滩陈毅广场现场直播与市公安局交警总队联合举办的"总队长市民接待日活动"。1994年4月24日，上海、无锡两家交通广播合作播出《春暖浦江系太湖——上海、无锡两地直通车》特别节目。同年8月,由上海交通广播发起并与市公共客运处、《每周广播电视报》、市出租车协会联合首次评选上海市"的士明星"。同年12月8日17—18时,上海交通广播推出《内环线高架路通车第一天全方位路况大直播》。

1996年9月15日,沪宁高速公路竣工通车,上海交通广播于7—13时与沿线的无锡、常州、南京交通广播合作,联合直播通车仪式及接力式播出通车后路况。1997年10月12日,上海交通广播率先在国内交通广播中动用空中飞艇,对第八届全国运动会开幕式当天的路况进行直播报道。

2000年10月1日,国庆彩灯开放,交通广播直播室连线分赴交通要道的10名记者发回道路信息和交通管制的特别报道。10月3日,在市交巡警总队临时提出"实施管制"的情况下,记者赶到交警直播室,为市民出行提供最新信息。2001年春运期间,上海交通广播把《交通指南》栏目从电台直播室搬到铁路上海站南广场,以"648为你指路"的口号,为路人提供咨询服务。此举在以后每年春运高峰时期连续推出。同年9月29日,上海交通广播邀请中央电台和北京、天津、浙江、湖南、河北、吉林、云南、青岛、广州共10家电台的交通广播主持人汇集上海,以联合主持10档节目的形式,庆祝上海交通广播开播10周年。20—21时的《交通直播网》特别节目由中央电台第二套节目向全国进行转播。

2002年,上海交通广播连续报道上海轨道交通开展"先下后上,有序乘车与文明同行,争做文明乘客万人签名活动"。同年7月1日《新闻快车道》栏目对"轨道交通乘客手册首发仪式"进行直播报道。同年9月30日—10月2日的17—22时,上海交通广播和市交巡警总队联合推出每天5小时的国庆特别报道。记者分赴主要路段现场播报路况,主持人在交警指挥中心即时播报公交线路改道、缩线和恢复时间,道路管制、解禁路段和时间等路况信息。特别节目共接听来电200多个。苏州、杭州等地听众也打来电话提供当地的交通信息。同年10月19日,上海交通广播与交通部、中央电台及全国20多家媒体共同举行"高速公路万里行"大型采访报道活动。记者沿着高速公路主干线,进行20天的采访报道。

2003年4月,上海交通广播联合市公安局交巡警总队推出《总队长直播室》节目,每月一次。邀请交巡警总队长、副总队长就城市交通管理的热点话题进行评说,向广大市民介绍最新的管理措施,并开通热线电话与听众进行交流,接受咨询,为广大驾驶员排忧解难。

2004年11月18日,为贯彻市政府"今冬明春交通排堵保畅"要求,上海交通广播推出《排堵保畅特别专题》,增加早晚高峰时段和整点、半点的路况信息报道量,随时插播相关信息。特别报道采用录音报道、录音专访、主持人播报、记者现场口播等形式,集中播出公安交警、市政管理、公交出租等部门开展排堵保畅的举措和听众的点子与建议。有影响的报道有:消息《可爱上海人"文明乘车"活动昨天启动》、录音报道《市政部门排堵保畅》、专题报道《严格管理、快速处置、保障畅通》等。

2006年9月11—26日,由上海交通广播牵头,长三角15家城市交通广播电台响应,推出"拉练式移动直播"活动。在15天的活动中,完成30档移动直播节目,其中15档是当地党政领导专访、15档是当地经济文化介绍。同月,上海交通广播联合长三角19家交通广播电台在沪成立合作联盟,开展全方位的合作与交流。2007年春节,上海交通广播牵头举办了《长三角交通广播春节大拜年》特别节目,19家交通广播为此制作了具有独特风格的专题节目。同年11月25日,由上海市精神文明建设办公室、市公安局交警总队、传媒集团等联合举办的"知荣辱、迎世博、促和谐——上海交通文明大直播活动"在全市10个宣传点展开,上海交通广播进行现场直播。

2009年,为迎接上海世博会,上海交通广播和长三角15家交通广播电台,开展"穿越长三角——绿色出行看世博"活动。随着活动影响的扩大,"穿越长三角"已经成为长三角城市交通广播携手联合的一项品牌活动。2010年5月1日,上海交通广播承办"全国交通传媒畅行天下——看世博"大型主题报道活动。活动由中国广播电视协会交通宣传委员会、公安部交管局发起,得到全国各地交通广播电台的支持。活动中,30多家交通广播电台主持人先后走进设在上海世博会园区的上海交通广播直播车,给听众献上世博节目和信息。

四、主要栏目

【648 传真】

《648传真》栏目开办于上海交通广播开播之初,是一档晨间交通信息直播栏目,每天7时播出,时长2小时。该栏目不间断地播发动态交通信息,遇到恶劣突发天气,及时播报陆海空交通的运营信息,方便市民晨间出行。在"记录气象"板块中,海浪预报受到出海渔民欢迎;"今日陆海空"板块发布最新的陆海空航班信息;另设有"上航之窗""上海大众伴你同行""交通邮电市政新闻"等板块。1998年9月,《648传真》栏目停办。

【交通指南】

《交通指南》栏目开播于1998年1月,每天11时和15时在上海交通广播播出,时长30分钟。主持人通过直播室的交通查询系统,全方位为出行的听众"指点迷津"。随着上海城市建设步伐的加快,轨道交通、地面道路、公交线路的新增、延伸、改道等信息更新频繁,常常会给出行的人们带来困惑,该栏目顺应市民的需求,深受广泛欢迎。2001年春运期间,《交通指南》从直播室搬到铁路上海站南广场,为路人提供咨询服务。这一做法,在之后每年的春运期间推出。2007年,《交通指南》栏目停办。

【648 聚焦】

《648聚焦》栏目开办于1998年1月,是一档交通信息发布和交通现象评论的新闻访谈类栏目,周一至周五12—13时在上海交通广播播出,主持人徐廉。节目焦点对准交通及其相关行业,内容涉及公交、出租车、地铁、轮渡、铁路、航空、邮电、市政、长途运输、环境卫生、交通管理等诸多部门。节目起着沟通有关职能部门与听众的作用,设"总队长信箱""出租热线""公交热线"等板块,根据城市交通状况现实,先后开展"机动车怎么开""自行车怎么骑""行人怎么走路"等专题大讨论,旨在形成交通管理部门、交通运营企业和交通参与者的共识。1998年4月20日,市委常委、副市长韩正来到《648聚焦》栏目,围绕交通安全话题与市民展开直播交流,还就城市道路建设与管理话题接受采访。韩正披露:"明年(1999年)延安中路高架全线通车后将开辟一条公交车专用道。"该消息部分满足了市民对缓解市中心交通拥堵的信息需求。2004年,《648聚焦》栏目更名为《第四焦点》。

【交通直播网】

《交通直播网》栏目开播于1998年9月28日,其前身为《交警直播室》,由上海交通广播与市公安局交巡警总队合办,采用广播大厦、交警大厦双直播室播出,每天7时30分—9时、17时—18时30分交通早晚高峰时段播出,设有"今日提示""交通广角镜""真情双通道""江师傅谈开车""王妹妹小信息""司机健身房"等板块。它以交通信息、交通资讯为主干,利用现代交通监控、信息传播手段,及时播报路况信息,方便市民生活与出行。栏目还利用短信、热线电话、网络等与听众互动,并提供适合流动人群收听的新闻、音乐、体育和财经等广播内容。2010 年，早高峰《交通直播网》，周一至周六 7—9 时播出；晚高峰称为《阳阳主播台·交通直播网》17—19 时播出。

【新闻快车道】

《新闻快车道》栏目开播于 2002 年 7 月，它是一档综合新闻栏目，周一至周五 9 时—9 时 30 分在上海交通广播播出，金蕾、杨烁、江辉等主持。该栏目侧重交通热点新闻、关注国内外大事，运用各种多媒体手段，形式包括主持人直播、特派记者现场直播、特殊情况利用电视直播信号插播新闻、运用互联网对直播节目进行网上同步实时播出等。

第二节　交通伴随栏目

1991 年 9 月，上海交通广播开设《都市立交桥》栏目，周一至周五 10—12 时播出。设"空中服务台""温馨护士""市场扫描""爱好者沙龙"等板块，从各个侧面为司机排忧解难，提供帮助，影响涉及江、浙两省。

2000 年 4 月，上海交通广播开设欧美音乐栏目《感觉在今夜》，以播出经典老歌为主，辅以诗意的文字介绍、小品故事等。周一至周五 21—22 时播出。同年 7 月开设综艺栏目《魅力听觉》，设"周末老情歌""风月无边""音乐日记"等板块。

2001 年 1 月 1 日起，上海交通广播开辟 16 个小时的"周日版"节目。

2002 年 7 月 15 日，上海交通广播组建音乐部，阳阳、梁妮、陶海、阿健等一批年轻主持人加盟，推出 6 档音乐栏目。其中综合音乐栏目《假日阳阳》周六 11—13 时播出；《音乐之旅》周日 15—16 时播出；《纵横音乐》周六、周日 17—18 时播出；流行音乐栏目《滔滔不绝陶陶吧》周一、周二、周四至周日 13—14 时播出。同时期还设置：美食游乐消费信息类栏目《你好！夜上海》，每天 20 时—20 时 30 分播出，设"老上海的思念""新上海新景"等单元；音乐益智类栏目《脑力方程赛》，周一至周五 19—20 时播出；流行音乐栏目《阿健请客》，周一、周二、周四至周日 14 时 30 分—15 时播出；深夜心理类音乐栏目《都市夜归人》，每天 23 时播出。

2003 年 1 月起，上海交通广播开设《五点风行》栏目，周一至周五 17 时—18 时 30 分播出。节目编排灵活，适时安排实时路况信息、娱乐话题和轻松音乐作品。设"马路天使""五点提示""人见人爱小豆豆"等板块。

2004 年 1 月，上海交通广播节目改版，《阿健请客》栏目调整到 22 时 30 分播出，其听众定位是熄灯后尚未入眠的高校学生，邀请社会知名人士讲故事、谈经历，还采访有故事的普通人。不定期设"交通人访谈录""时尚人访谈录""经理人访谈录"等板块；《都市夜归人》栏目设"夜色阑珊""心灵驿站""时光倒流""夜阑书香"等板块，引导夜间工作的司机放松心情、释放情感。

2008 年 1 月，上海交通广播节目改版，设置的交通伴随类栏目有：《马路天使》（15 时播出）、《开车快乐多》（19 时播出）、《欣有灵犀》（20 时播出）、《魅力听觉》（21 时播出）、《欢乐正前方》（23 时 30 分播出）。

第四章　社　教　节　目

　　1978 年后,上海广播社教节目主要有理论节目、法律节目、科普节目、对象节目和广播教学节目。理论节目以《学习节目》《理论经纬》为主要平台,运用理论专题、系列讲座等方式,解答在深化改革中出现的新情况、新问题,帮助听众更好地理解党的路线、方针、政策及其理论依据。《法庭内外》《东方大律师》《法眼看天下》等栏目,兼顾教育和服务双重功能,成为全民学法普法的空中课堂、法律咨询服务的窗口、司法部门与百姓沟通交流的渠道。《科学与生活》《悄悄话》《智慧之光》等栏目,传播知识和信息,提高全民科学素质。对象节目(少儿节目单列)有青年节目、中老年节目、对农村广播、军人节目等。2002 年 7 月,传媒集团金色频率关注老年听众的需求,开设《老年广场》《常青树》等栏目。

　　1972 年 3 月起,上海电台与部分高校联合举办外语广播讲座节目,至 1987 年,共拥有英、日、法、德、俄 5 个语种,听众达百万。上海电台为全国 16 个省级广播电台提供外语广播讲座的录音和教材 647 万多册。上海外语教学广播还与上海教育考试院联合,承担研究生、大学生、中学生英语考试、等级考试和升学考试的听力测试的播放任务。

第一节　主　要　栏　目

一、上海电台

【理论栏目】

　　《学习节目》　1978 年 5 月 15 日,上海电台推出经改版的《学习节目》,在中波 990 千赫播出。中共十一届三中全会以后,党中央从思想上、理论上拨乱反正、正本清源,《学习节目》为此连续举办理论辅导讲座,先后播出《马克思主义哲学基本原理讲座》《毛泽东同志和毛泽东思想在我国革命历史上的地位和作用》《学习邓小平文选广播讲座》等。1985 年 1 月起,举办《突破旧观念,开创新局面》征文活动。1986 年 4 月 23 日,《学习节目》开辟《邓伟志信箱》,每周一期。采取主持人谈心形式,由市社联委员、市科协委员邓伟志回答听众感兴趣的问题。以社会知名人士的名字来命名并主持节目,这在上海广播史上属首例。《人民日报(海外版)》《光明日报》都曾介绍过《邓伟志信箱》节目。1987 年 5 月 11 日,《学习节目》改名为《学习之友》,在中波 990 千赫播出。在此后一些年里先后播出《形势与任务教育系列问答》46 问、《贯彻中共十三届四中全会精神》专题 16 讲、《学习江泽民同志国庆重要讲话》11 讲、《关于社会主义问题的哲学漫谈》10 讲、《马克思主义哲学通俗讲座》40讲,这些讲座内容录制发行盒带,每套 10 盒。1988 年起,增加经济理论政策方面的讲座。1992 年10 月 26 日,《学习之友》并入《社会纵横》栏目,每周播出从 6 次减为 1 次。

　　《社会纵横》　1988 年 4 月 18 日,上海电台《社会纵横》栏目开播,每周一、三、五、日在中波990 千赫播出,每天 4 次,每次 20 分钟。结合经济、政治、文化等热门话题,从理论与实践的结合上进行剖析探讨,给以正确的引导。设"微型调查""文化心态""范蓉时间""图书市场""经营之道""面面观""企业家谈竞争""企业春秋""民政之声""知识拾趣"板块。以后有所调整,又新设"上海今昔""读书之声""多维心""学习之友""妇女百页窗"等板块。其中"范蓉时间"影响较大。

1988年4月22日"范蓉时间"开播,周一播出,每次10分钟。从选题、采访到播音均由范蓉担任。该栏目从听众来信中寻觅热点话题,就人生理想、伦理道德、思想修养、人际关系等方面探讨人生坐标,培养高尚情操。1989年4月24日,"范蓉时间"改名为"凡言时间",仍由范蓉主持,经常选择社会性的话题做思辨性的阐述。1989年7月,针对"美国之音"的无端攻击,"凡言时间"播出评论《对资产阶级"民主、自由、人权"的思辨》,从理性思维和法律观点上对人权问题做了深刻分析,并用历史的和现实的事实,引导听众认识谁是人权的真正捍卫者,谁是人权的践踏者。1993年7月6日,《社会纵横》停办。

《理论经纬》 1995年,上海电台开办理论栏目《理论经纬》,每周两档,其中20分钟节目重播两次,15分钟节目安排在周日18时45分播出。开播后播出的主要内容有:理论解读方面,《学习邓小平同志理论专题讲座》28讲、《社会主义市场经济的伦理辩护问题》4讲、《社会主义市场经济条件下的精神文明建设》8讲;思想引领方面,《弘扬我国优秀道德传统》《依靠工人阶级不能变》《保持和发扬反腐倡廉》等;经济改革方面,《实现企业技术结合,转变经济增长方式》《鼓励和引导非公有制经济健康发展》《企业创名牌中应注意的几个误区》《搞好国有企业的产权流动和重组》《怎样培养和造就企业家队伍》《必须着眼于从整体上搞好国有经济》等。1998年4月25日,《理论经纬》栏目召开"纪念真理标准问题讨论20周年"座谈会,邀请上海市理论界专家学者陈章亮、余源培、伍伯麟、金顺尧、张华金等40多人参加。30位专家学者撰写的理论文章汇编制作成系列专题节目,从5月3日起在《理论经纬》中陆续播出。

【法律栏目】

《法律常识》 1985年1月6日,上海电台《学习节目》栏目中开辟"法律咨询"板块,周日播出,它以宣传社会主义法制,普及法律知识为宗旨,解答听众提出的法律、纪检和申诉等问题。聘请上海市公、检、法、司等部门和市律师协会专家担任顾问。先后播送《专利法》《继承法》《商标法》等法规和"户口迁移政策""公证专题分析"等专题。

1986年4月14日,"法律咨询"板块改为独立栏目《法律常识》,周四播出3次,每次20分钟。采用聘请司法部门和法学界人士担任顾问,结合具体案例分析的方式,每档节目谈一个问题,说明一个观点,讲清一个法理,内容相对集中。设"法律漫谈""法盲教训""案例分析""答听众问""治安情况一月谈""国外信息"等板块。据上海市公安局提供信息,在发布"关于严厉打击盗窃犯罪活动的通告"后,市公安局副局长易庆瑶作"犯罪分子的出路在哪里"的录音讲话,有两名涉嫌行为人听了广播讲话后投案自首。1987年元旦起,《法律常识》与市律师协会联合,新辟"名律师与听众"板块,每周2次。聘请著名律师李国机、陈瑞谟、张中、赵珪和郑传本等主持,向听众提供法律咨询服务。1988年2月,《法律常识》栏目与上海企业家法学家联谊会举办"横向经济联合中政策与法律问题解答"系列讲座,联谊会总顾问汪道涵谈企业家与法学家的关系,并对横向经济联合中的政策与法律问题做概要论述。1989年2月,《法律常识》与市检察院联合举办"举报信息"板块,不定期地呼叫匿名举报人,以落实对有功匿名举报人的奖励。随着我国公民出入境日益增多,1992年4月9日起,《法律常识》与市公安局出入境管理处、法制宣传处联合举办"出入境之窗"板块。1992年10月,《法律常识》栏目更名为《法律咨询服务》。

《法庭内外》 1994年11月28日,法律社教栏目《法庭内外》开播,它由上海电台与市公安局、检察院、法院、司法局等部门合作开办,周二、四、六19时直播,时长60分钟,主持人南飞。该栏目邀请法律专家、公安干警、检察官、法官、律师等担任嘉宾,采用实况音频资料剪辑、电话采访、现场咨询、来信反馈等形式,剖析案例、探讨法理、解答法律问题,对现行法律、法规进行宣传和讲解。设"公安专题""检察院专题""法院专题""周末关注""法律顾问"等板块和"法律信箱"。2002年7月改版,由原来的每周3档增加到每周5档,高原、钟姝主持。节目最后15分钟开设"法律咨询和服务热线",围绕市民关心的婚姻家庭、劳动争议、房产买卖、合同纠纷等问题,邀请专业律师为听众提供法律顾问服务。2006年1月,《法眼看天下》栏目开播,《法庭内外》停办。

【科普栏目】

《科学讲演》 1979年1月21日,上海电台开办《科学讲演》栏目。先后播出:清华大学教务长钱伟长谈原子能发电,复旦大学物理系教授王恒守讲向科学进军,南京大学数学天文系副主任戴文赛讲地球和国际地球物理年,上海天文台叶叔华讲述时间工作的发展,地质部部长李四光讲地质科学在我国经济建设中的作用,万吨水压机副总设计师林宗棠细述万吨水压机的诞生经过,上海电机厂总工程师孟庆元介绍双水内冷气轮发电机是怎样在中国人手中创造出来的,中国科学院数学研究所研究员胡世华讲电子计算机,上海计算技术研究所涂克仁介绍电子计算机的家谱,中国科学院声学所研究员应崇福阐释超声的原理和应用,中国科学院力学研究所所长钱学森从飞机和导弹说到生产过程自动化,上海天文台李珩讲苏联人造卫星的科学成就,复旦大学苏步青教授讲怎样学数学,中国科学院数学研究所华罗庚教授做统筹方法的介绍,吉林大学校长唐敖庆教授讲化学和四个现代化,上海市中医研究班孙弼纲讲阴阳五行学说及其在医学上的应用,上海铁道学院自然辩证法研究室副主任冯之浚介绍软科学的产生、内容以及科学学的由来和发展等等。《科学讲演》最后一次播出是1980年9月13日,由气象研究所束家鑫讲天气和气候的变化。

《悄悄话》 1992年10月26日,上海广播史上第一个以性教育为主的科普栏目《悄悄话》开播,在上海电台中波990千赫23时10分播出,时长20分钟,凌云主持,录播播出。该栏目依靠市性教育协会,聘请20多位著名性医学和性心理学专家撰稿,为听众释疑解惑。针对听众的需要选取题材,包括"怎样预防蜜月病""如何看待青少年手淫问题""青春期生理卫生""性功能心理和生理障碍"等话题,由专家从生理、心理、疾病和习惯等方面给予解读。它突破了长期禁锢的性教育宣传禁区,全国人大副委员长、著名医学专家吴阶平指出:"举办《悄悄话》,正是为了消灭悄悄话。"《悄悄话》栏目的创设让人们从中认识自身。1993年1月,上海电台与黄浦区图书馆成立"上海电台《悄悄话》节目咨询指导中心",同年6月上海科技教育出版社出版《悄悄话》第一集。1996年8月《悄悄话》停办。2004年1月,传媒集团新闻频率恢复《悄悄话》栏目,在中波990千赫、调频934兆赫周四23时播出,晨星主持。2005年12月,《悄悄话》栏目停办。

【对象栏目】

《城乡经济》 1978年,上海电台恢复停办12年的《对农村广播》栏目"阿富根谈生产、谈家常"板块,每周播出2次,它"以小见大、一事一议、通俗口语、以道理讲话"的特色,贴近市郊农村生产实际和农民生活实际。1987年5月,《对农村广播》节目易名为《城乡经济》,它用上海方言同听众谈话交流,采取男女主持人对话形式直播,每天一档,时长1小时,上海各郊县电台按时转播。《城乡经济》将视角落在城乡之间,让农民了解上海,让市民了解农村。内容有"新闻""信息服务""科技之窗"等板块,提供信息和气象服务,介绍科技工艺等。上海电台对农村广播节目沪语播音员先后有:万仰祖、顾超、李征、朱慧、叶进、肖玲等。1993年,《城乡经济》改用普通话广播。

《老年天地》 1984年4月28日,上海电台在《知识杂志》栏目中新辟"老年天地"板块,不定期播出。市老龄委名誉主任、市政协副主席宋日昌为第一期节目发表录音讲话。同年8月6日起，"老年天地"作为《家庭生活》栏目的固定板块，每周一、三、五播出。1985年7月17日，开辟空中"老人征婚启事"，建立"老人婚姻咨询服务站"，通过广播为单身老人寻找伴侣，每周1次，每次播出10位老人的征婚启事。至同年12月25日，前来登记的人数达1041人，来信来电者2000多人，共为300多人播出征婚启事。期间播出"白头笑迎良缘美""乐游太湖牵良缘""贺老年新婚，愿百年好合"专题。1987年5月11日《老年天地》成为一个独立的栏目，周一至周六，每天播出2次，时长15分钟。设有"生活和保健""老年茶座""老年大学""寿星乐"等板块。1988年1月11日，《老年天地》并入《科学与生活》栏目。

《当代青年》　1984年8月6日，上海电台开设《当代青年》栏目，周一、三、五播出，每天3次，每次20分钟，设"青工生活""八小时外""读书之声"等板块。《当代青年》栏目和市总工会合作，在全市基层工厂广播台按时转播；其"大学生活"板块，由上海市各高等学校广播台轮流提供节目并转播。该节目在工厂青工和大学生中具有较广泛的影响。1986年4月14日，《当代青年》栏目停办。1987年5月11日，上海电台开办《青年修养》栏目，周日播出4次，每次20分钟。设"希望篇""在生活面前""修养入门""名人言行""学识向导""新人记事""是非小议"等板块。曾举办"新人记事""是非小议"征文活动。1988年4月18日，《青年修养》停办，恢复《当代青年》栏目，采用主持人直播形式，吸收青年参与，引导青年树立正确思想，陶冶高尚情操。周二、六播出，一天4次，每次20分钟，设"热门话题""大家沙龙""新人记事""人生启示""修养阶梯""青春之歌""世界青年"等板块。

《军旅之声》　1990年4月29日起，上海电台开办《军旅之声》栏目。周日播出3次，每次20分钟。栏目以驻沪部队为报道对象，注重采用部队通讯员来稿，反映基层风貌。同时介绍现代军事知识、军事资料等。记者深入连队，采访报道驻沪三军、武警总队中的先进事迹。曾报道南京路上好八连、武警上海总队一支队十中队、叶挺团等先进模范连队和个人，受到南京军区司令员向守志上将的赞扬和肯定。1993年2月13日，《军旅之声》栏目停办。

《今晚没约会》　1992年10月26日，《当代青年》栏目改名为《今晚没约会》，麦风主持，周一、三、五播出，时长40分钟。采用主持人和特约嘉宾共同直播的方式，开辟热线电话请听众参与，启发青年正确认识人生，激励他们在改革开放中施展才能。先后邀请上海青少年教育研究所陈小亚、上海高等教育研究所青年学者李新华、上海人民艺术剧院院长沙叶新、青年作家蒋丽萍、游泳名将庄泳担任嘉宾，探讨青年关心的问题。这个栏目受到海外媒体的关注。1993年1月，日本《读卖新闻》驻沪记者采访并撰文介绍了该栏目。1994年11月，《今晚没约会》栏目停办。

《九曲桥》　1992年10月26日，根据上海成为全国第一个跨入老龄化城市的实际情况，上海电台恢复开办适合老年人特点的《九曲桥》栏目。它由6位沪语播音员负责采编并轮流主持。周二至周六播出，时长50分钟，一年后改成25分钟。设"银发世界""夕阳情深""长寿秘诀""老年保健""知识讲座""风华当年""湖心亭""上海轶事""老年信箱""欢乐园"等板块。1993年春节期间，《九曲桥》连续3天举办慰问离退休老干部特别节目。1994年11月，《九曲桥》栏目停办。

《人到中年》　1994年11月28日，上海电台开设对象性栏目《人到中年》。设"特别报道""老三届人""人生旅行""不惑沙龙""家庭晚餐""话说女人""话说男人""生活参考""名人当年""秋韵""难定一曲"等板块。每周一次开通热线板块"电波心桥"与听众交流。2001年1月，《人到中年》和《老年广场》栏目并入新开设的《温馨家庭》栏目。

《老年广场》　1995年8月，上海电台开设《老年广场》栏目，在中波990千赫周三、周五15—16时播出，1999年改为周四、周日19—20时直播，晓理、朱丽主持。2001年1月，《老年广场》《人到中年》并入《温馨家庭》栏目。2004 年 1 月,传媒集团新闻频率恢复《老年广场》栏目,每天 16—17 时播出。2005 年 12 月,《老年广场》栏目停办。

【广播教学】

1972 年 3 月 1 日起,上海电台与部分高等院校联合举办《上海市业余外语广播讲座》,至 1987 年 6 月 30 日共拥有英、日、法、德、俄 5 个语种,听众达百万。外语教学全天播出时间 14 小时。《上海市业余外语广播讲座》先后同法国、英国驻沪领事馆,加拿大国际广播电台、民主德国教育部门等联合举办讲座或由外方提供节目和教材。1978 年起,上海电台还向江苏、浙江、山西等 16 个省级电台提供广播讲座的录音和教材。至 1983 年,外语广播教学各班教材销售量为 647.32 万册。

英语教学　1972 年 3 月起,上海电台与华东师范大学联合举办《英语广播讲座》。至 1985 年 5 月播出初级班 11 期,中级班 10 期。1975 年 6 月起,与上海师范大学联合举办英语广播讲座进修班,至 1988 年 7 月共播出 10 期。1987 年 8 月播出华东师范大学广播教研室翁贤青根据美国对外国的成人教材改编的《英语》教材。1980 年起新开会话课,播出《出国人员实用英语会话》《旅游接待实用英语会话》《留学在外国》《跟我学》《大家说英语》《生活在英国》。为加强听能训练,播出《开始听》《听小故事》《听小段谈话》、小说《小妇人》《东方小故事》等。1979 年 2 月,与市教育局联合开办中小学英语教学分析课。1983 年,与上海师范大学联合举办中学教师进修班,播出《英语新概念》《实用英语交际语法》《英语语法入门》等。为配合高等教育公共英语自学考试,1988 年 6 月起播出根据许国璋主编的《英语》教材制作的节目。1989 年与苏州大学等联办《实用英语广播函授》。为配合出国人员考试需要,播出《托福广播教程》《英语出国考试广播教程》。还播出《贝贝学 A、B、C》《小学生英语口语入门》《中学生英语口语入门》《阅读指导》《英语听力集锦》《英语听力理解捷径》等课程。1992 年 7 月,与市人事局联合举办《干部实用英语口语》讲座。1993 年 2 月,为迎接东亚运动会,开办"短平快"式教学节目,播出《营业员简易英语 100 句》《东亚运动会实用接待英语 100 句》《出租车司机英语 60 句》等。

日语教学　从 1973 年 3 月至 1988 年间开办日语班 9 期,进修班 2 期。从 1978 年 9 月起实行广播与电视双轨教学。第五期实行报名收听,报名者 1.8 万余人。1984 年 8 月 5 日起,开办星期日日语听力课,1988 年 7 月播出会话《怎样说好日语》《生活日语》《日本之窗》《日语文摘》等。

法语教学　1978—1985 年共办进修班 4 期。1981 年第四期法语班首次试点,实行学员报名收听,报名者 6 850 多人。1986 年开办会话、听力课,播出《法语日常生活会话》《上海,您好》《当代生活法语入门》《法语听力集锦》《新编法语教程——交际法语》。1993 年 6 月播出的《巴黎—上海特快》,介绍法国文化、风土人情和名胜古迹。

德语教学　1980 年 3 月 24 日,上海电台和上海外国语学院联合举办《德语广播讲座》,为期两年。1980—1992 年共办德语班 6 期。其中第四期与市人事局联办。德语教学以基础教学为主,兼顾口语会话。曾播出《基础德语——德语入门》(初级)。1991 年开办会话课,同年 12 月 2 日,首次推出用德、英、中 3 种文字编排的会话《你我一起说——德语会话》,以后还播出《德语情景对话》。

俄语教学　1987 年 6 月 30 日,上海电台恢复俄语广播教学,与华东师范大学联合举办《俄语广播讲座》。1987—1993 年共办俄语班 3 期,提高班 1 期。1990 年 9 月 4 日播出俄语简易读物《伊万诺夫一家》。1992 年开办会话课,曾播出根据《俄语口语教材》制作的节目。

1993 年 7 月 5 日,上海电台设立广播教学部。外语教学节目对外呼号"上海人民广播电台外语教学台"。1994 年 11 月 4 日,上海电台将外语教学台与英语台合并成为"上海人民广播电台外语台"(英语呼号为 Shanghai Calling),播出频率为中波 1296 千赫。1997 年 3 月,上海电台中波 1296 千赫作为专业教育频率,保留英、日、德、法等语种,每天 6—9 时播出外语教学节目:6 时播出《你说德语吗？那当然喽》《科普日语》;6 时 30 分播出《中学生英语口语入门》《标准日本语中级班》;7 时播出《市民英语初级班》《市民英语中级班》;7 时 30 分播出《新编法语教程》《德语入门》;8 时播出《标准日本语初级班》《特别英语词语故事》;8 时 30 分播出《SBS 新英语教程》《法语入门》。晚间为外语专题节目时间:20 时播出《德国之窗》《巴黎特快》;20 时 30 分播出《日本之窗》《欧美风情录》。1999 年 1 月 1 日,上海电台广播教学节目被安排在中波 1422 千赫、调频 105.7 兆赫经济频率周六、周日 13—17 时的《空中学校》栏目中播出,其中外语教学为 1.5 小时,各类知识教学为 2.5 小时。1月 18 日,开设《名师一点通》栏目,周六、周日 13—14 时播出。周六以小学中高年级学生为主要对象,邀请资深教师,为学生进行语文、数学、英语知识梳理和讲解,介绍学习方法和复习技巧。周日以中学生为主要对象,邀请高级教师、特级教师为复习迎考的学生进行各学科的讲解和辅导。设"高考辅导讲座""方老师谈中学生作文"等板块。

二、东方电台

【理论栏目】

《跨世纪的对话》开播于 1997 年 9 月 7 日,周日 21 时—21 时 30 分在中波 792 千赫播出。该栏目采用主持人、嘉宾对话方式,理论工作者着眼运用马克思主义的立场、观点、方法,对改革开放过程中群众关注的热点话题进行交流分析,帮助听众更好地理解党的路线、方针、政策及其理论依据。该栏目围绕学习党的重要会议精神、重要理论文献,开设系列理论专题节目。节目由高天主持。2001 年后,节目调整在周日 19 时 30 分—20 时播出。2002 年 7 月,《跨世纪的对话》栏目停办。

【法律栏目】

1993 年 8 月 1 日,东方电台开办法律栏目《道是无情却有情》,周日 15 时直播,时长 60 分钟,设"东方视角""律师热线""法网趣闻"板块。1995 年 4 月,《道是无情却有情》更名为《东方大律师》,每周 1 期;2001 年 6 月扩容为每周 5 期,周一至周五 15—16 时直播,韩清、陈洁主持。该栏目整合沪上各大知名律师事务所及律师个人资源,突出法律服务和案例讨论,通过热线电话接受听众的法律咨询,为听众提供法律援助。栏目设有"一案一法""律师辩论""律师手记""法律咨询"等板块。《东方大律师》与市司法局、《新民晚报》合作举办的"市井法案"征文暨案例讨论节目引起社会广泛关注。记录此项活动的《市井法案——来自"东方大律师"的故事》一书,2001 年 10 月由上海人民出版社出版发行。2002 年 9 月,又据此拍摄电视连续剧《东方大律师》。

2001 年 12 月,《东方大律师》栏目与东方网"东方法治"频道联合,以广播与网络互动方式推出"挑战大律师"活动。2002 年 3 月 9 日,《东方大律师》首届十佳嘉宾律师、十佳参与律师事务所听众见面会在华东政法学院举行。到现场咨询求助的有老年人、下岗工人、残障人士,涉及房产纠纷、劳动合同、肇事赔偿等方面案件。2003 年《东方大律师》栏目获上海市"老年维权示范岗"称号。2004 年 3 月,《东方大律师》与"东方网大力神青少年活动中心"联合主办"百万青少年法律校园行"暨"学校法律与道德公益巡回讲座",主持人和特邀律师先后到十余所学校巡回演讲,通过案例分析,为青少年普及法律知识,为期 1 个月。同年 11 月 30 日 13 时,《东方大律师》与中国电信联合推出的律师委托、咨询应急声讯热线 16001995 正式开通,24 小时为市民提供法律咨询服务。2007 年 4 月,由《东方大律师》栏目组策划并发起,传媒集团、上海律师协会等联合主办的首届"东方大律师"评选结果揭晓。市委副书记刘云耕,市委常委、政法委书记吴志明等出席颁证仪式,这项活动后成为上海律师品牌建设工程,每两年举行一次。

【科普栏目】

《智慧之光》开播于 1995 年 9 月,周日 19 时在中波 792 千赫播出,主持人陈洁、沈蕾、林岚。该栏目旨在普及科技知识、传播科学思想,科学性、信息性、趣味性、新闻性相结合,围绕"现代科学与现代生活"主题,采用杂志型的编排方式,设有"信息纵横""科苑漫步""科学到你家""科学博览""电脑俱乐部"等板块。2001 年 4 月,调整到中波 792 千赫、调频 104.5 兆赫 17—18 时播出。2002 年 7 月,《智慧之光》栏目停办。

【对象栏目】

《相会在午间》 1992 年 10 月,东方电台开设以青年为收听对象的栏目《相会在午间》,周一至周六 12 时—13 时 30 分在中波 792 千赫直播,主持人梦晓、石头。设有为回沪知青子女开设的"橄榄树",听众讲述自己心情故事的"私人频道",播送世界各地优秀音乐作品的"唱片街",益智型游戏"快心快口",以及"历史上的今天""流行快讯"等板块。1993 年 2 月,首届东亚运动会期间,该栏目举办"幸福的黄手帕"活动;同年 5 月,该栏目举行"全市大学生院校广播台联展",全市 50 多家大专院校积极参与。1995 年 2 月,《相约在午间》栏目停办。

《我是一个兵》 1993 年 8 月 1 日,东方电台开办军人栏目《我是一个兵》,周日下午播出,主持人蔚兰。它以驻沪部队为主要报道对象,颂扬军中先进人物的思想和事迹,设"难忘军营""军中明星""女兵情结""军校生""官兵之间"等板块。播发的"公举东""叶挺团"等报道被中央媒体采用。1998 年 9 月,《我是一个兵》栏目停办。

《梦晓时间》 1995 年 2 月,东方电台开设青春型综艺直播《梦晓时间》,周一至周三和周五 15—17 时播出,主持人梦晓。栏目融知识性、趣味性于一体,杂志化编排,设"午后遐想""彩色阳台""私人频道""快心快口""邮递马车""开心大采访""听力考场"等板块。1997 年 3 月 8 日,该栏目新开设的"东广信息网"板块中,已联通北京、广州、哈尔滨等 8 个城市的电脑网络"瀛海威时空"被联进直播室,一种全新的网络广播在上海出现了。1998 年 9 月,《梦晓时间》栏目停办。

《常青树》 1999 年 11 月 1 日,东方电台开办老年栏目《常青树》,周一至周三、周五 15—16 时播出,设"养生之道""社会视点""如意佳音""我的故事""金色唱片""今日提示"等板块。2001 年 9 月 3 日—11 月 19 日,《常青树》与浦东新区精神文明建设委员会办公室联合推出 12 期"金婚情话——老年特别节目",邀请教师、医生、街道干部等不同身份的 12 对金婚老人走进直播室,以"青春回忆""爱舟希望""比翼双飞""培育后代""夕阳生辉"为主题,讲述他们 50 年里走过的风雨历程,多侧面反映上海老年群体积极向上的精神风貌。2006 年,《常青树》栏目在传媒集团都市生活频率 14—15 时播出;2009 年 1 月,调整至周一至周五 13—14 时播出。

三、传媒集团/上海广播电视台

【理论栏目】

2003 年 1 月,传媒集团广播新闻频率对《理论经纬》栏目进行改版,播出时间调整为 22 时 50 分播出,时长 10 分钟。2006 年 1 月 1 日再改版,节目时长扩容为 30 分钟,每天 5 时播出。该栏目以"密切党群关系,让党的理论入脑、入耳、入心"为宗旨,沟通民情民意。设"理论动态""政策解读""专家视角""调查研究"等板块。同年 11 月 1 日起,推出以《创建和谐社会务必加强学习》为题的独家专题报道,所组稿件来自全国 50 多个城市。编辑将每篇 6 000 字的文章浓缩到 1 000 字,邀请"金话筒奖"得主、名主持人播送,效果良好。《理论经纬》被中国广播电视协会评为理论广播优秀节目。《东方网》专门为《理论经纬》开设"窗口"。

2010 年,上海广播电视台广播新闻中心《理论经纬》栏目在中波 990 千赫、调频 93.4 兆赫周一至周日 23 时 30 分播出。同年 7 月,《理论经纬》推出纪念中国共产党建党 89 周年专题节目,围绕中共党建重大理论问题,从不同侧面、角度,对新时期党建理论作通俗化讲解。《理论经纬》在"理论动态"板块将《中国共产党执政兴国走过的光辉足迹》一文,梳理出 5 个方面专题,每天播出一个主题;其中"专家视角"板块,从"不断提高新形势下党的建设科学化水平""中国特色社会主义道路的世界意义"两大话题深入分析,使人们对新时期党的建设有了进一步的了解;"调查研究"板块,以"党的建设必须更多地关注民情"为主题,贴近民生,诠释为人民服务宗旨和党建离不开民情的观点。

【法律栏目】

《法眼看天下》开播于 2006 年 1 月,它是一档法治新闻谈话类栏目,是《法庭内外》栏目的升级版,钟姝主持。周一至周六 21 时 05 分在中波 990 千赫、调频 93.4 兆赫播出,时长 25 分钟,后调整为周一至周五 19—20 时播出。《法眼看天下》栏目每期邀请两位法律专家、学者任嘉宾,与主持人一起以新近发生的法治新闻事件为案例展开讨论,听众可以通过电话、手机即时参与讨论。来自市政府法制办、上海社会科学院、华东政法大学以及公、检、法、司等单位近 40 位法学专家、学者和媒体同行组成专家评论团队。该栏目于 2007 年推出"法学家茶座"特别节目;2008 年,推出 20 期系列专题节目《法治中国 30 年》;2010 年,推出专题节目《法眼看经济》。

【对象栏目】

《谈天说地阿富根》　2002 年 7 月 15 日,传媒集团新闻频率恢复播出沪语节目《谈天说地阿富根》。新时代"阿富根"不再是过去的乡村农民,而是新上海市民,具有较高的文化水平,还是生活中的"万事通"。设"说新闻""阿富根谈天说地""阿富根万事通"等板块,周一至周五 11 时—11 时 30 分播出。同年 8 月 5 日,《谈天说地阿富根》节目组专程到嘉定听取意见,这也是 10 年后"阿富根"首次回娘家。曾经为"阿富根"节目写了 10 多年稿件的马陆镇镇长费小妹说:"阿富根"回来了,我们市郊老百姓又多了一份精神食粮。2010 年 4 月 19 日起,《谈天说地阿富根》落户戏剧曲艺广播中波 1197 千赫、调频 97.2 兆赫,周末 12—13 时直播,主持人叶进、肖玲。

《阿富根的幸福生活》　2006 年,传媒集团都市频率推出《阿富根的幸福生活》栏目。12 月 30 日,举办以和谐新农村,幸福好生活为主题的"阿富根迎新年、送健康康桥行"活动。2007 年 4 月 16 日起,都市频率与浦东电台联合制作《浦东开发开放 17 周年回眸与展望——阿富根看浦东》特别节目,共 4 个系列专题。同年 4 月 18 日,都市频率与浦东电台同步播出"直播访谈"特别节目。2008 年 3 月 6 日,《阿富根的幸福生活》栏目组到川沙镇开展"和谐社区迎世博"阿富根回娘家主题活动。

【广播教学】

2002 年 7 月 15 日,传媒集团对广播频率资源进行整合,成立金色频率,它以播出少儿、中老年节目和广播教学节目为主,在中波 1296 千赫、调频 92.4 兆赫播出。其中 20—23 时是非学历教学节目时段,播出的节目设《空中教育》《英语乐园》《知识讲堂》等栏目,内容包括自然、地理、科普、外语、演讲、求职信息等,发挥广播的社会教育、继续教育功能,为有需求的人群"充电"。2003 年,外语教学保留英语、法语两个语种节目。同年 12 月,广播外语教学节目停办。

据市人事局统计,上海每年参加"市民通用英语测试"者达数十万人。为此,上海广播教学节目专门开设相应课程。上海市每年 6 月举办英语中考、高考,其中听力测试环节由市教委组织,在上海广播教学节目统一对外播出。从 2002 年起,又新增硕士研究生入学考试听力测试内容的播放。为了保证测评效果,广播教学节目开设配合测试的听力训练节目,在中波 792 千赫、1296 千赫,调频 104.5 兆赫、92.4 兆赫播出。2003 年 6 月 8 日,2003 年上海市普通高校统一招生听力考试在中波 792 千赫、调频 104.5 兆赫播放。上海广播教学节目还与上海教育考试院联合,承担研究生、大学生、中学生英语等级考试和升学考试的听力测试试题等内容的播放任务。

四、市郊区县站/台

1978 年后,上海市郊各区县广播站先后开设理论教育、科技卫生、法律道德、广播学校等社教栏目。南汇广播站于 1978 年设置社教栏目《科技节目》,主要介绍农业生产新技术,指导农民提高产量和经济效益,当农民致富的参谋。1980 年,青浦广播站开办《广播评论》栏目,同年 2 月至年底,《广播评论》栏目围绕"种田为什么""农民怎样尽快富起来"等主题,从"要不要富""敢不敢富""能不能富""怎样尽快富起来""致富要不要坚持走社会主义道路"等内容开展广播大讨论。该栏目除播送讨论稿、听众来信、广播漫谈、通讯稿外,还录制 10 多个录音报道和 20 多人次的录音讲话。1983 年 10 月,宝山广播站开办《宝山史话》栏目,每周一档,15 分钟。主要介绍宝山历史、风土人情、名胜古迹、历史人物、名特土产等。先后播出《宝山没有山,为啥称宝山》《吴淞古迹》《民族英雄陈化成抗击英寇》《父母官吴仁济》《中国第一条铁路——淞沪铁路的变迁》系列专题,从公元 15 世纪明代永乐年间宝山得名谈起,一直谈到现代宝山钢铁总厂的建成。1986 年 5 月,金山广播站开设社教栏目《精神文明》《经济生活》《科学与技术》《法律知识》《青年一代》等。周日播出《金山潮花》栏目,设"新闻集锦""市场漫步""每周一书""旅游指南""百个先进人物上广播"等板块。1988 年起,嘉定电台设有《嘉定风貌》《科学与卫生》《经济之窗》《法律与道德》《青年之友》《党的建设》《交通安全》《家长广播学校》等社教栏目,每档 15 分钟。1989 年 9 月,川沙电台与县司法局、县妇联等部门联合创办"家庭广播学校",有常设机构、固定学员、教学大纲,通过广播系统地讲授关于家庭和法律方面的知识。同年 10 月 1 日,南汇电台开办反映青少年学习、生活和思想情感交流的栏目《金色年华》,每周 2 档,时长 15 分钟。

1991 年 3 月,崇明电台开办《社会主义理论教育讲座》37 讲,并开展"社会主义在我心中大家谈"联播活动,邀请 85 名各界人士参与节目。1992 年,宝山电台开办《北翼新节拍》栏目,每周一档,20 分钟。1993 年 11 月,崇明电台开办《法律与生活》栏目,每周一档,15 分钟,请县公、检、法、司部门的专业人员播讲,以崇明地区发生的案例,一案一议。1994 年 6 月 1 日,南汇电台开办《南广时空》栏目,每天 12 时播出,时长 60 分钟,设"金色年华""绿野来风"等板块。"绿野来风"板块周三、周四首播,反映农村种养业新技术、新经验、新成果,播出的《从三墩甜瓜致富说起》在中央电台《九州巡礼》栏目中转播。同日,南汇电台还开设直播访谈栏目《热线新话题》,时长 30 分钟,周四 18 时 30 分播出。还与南汇县公、检、法、司部门联办《法苑专递》栏目,周一、二播出,时长 60 分钟。1995

年,金山县广播电视台开设《为您服务》《科技与信息》《经济一刻钟》《青苹果乐园》等栏目,将《家庭与社会》栏目改为《百家风采》。同年 9 月 9 日,南汇电台《南广时空》栏目改版:周一至周六分别设"今日我当家""消费者之声""健康顾问""法在我身边""金色年华""共度好时光"等板块。1996 年,《南广时空》先后邀请 84 位专家任嘉宾,与听众直播讨论热点话题。1999 年,浦东电台增设《1065直播室》栏目。

2004 年,奉贤区广播电视台开办《视线》栏目,以讲述发生在奉贤的"身边人、身边事"为主要内容。《情牵沈阳》《书场春天》《植稻中国馆》《沪剧情深》等优秀节目都在该栏目中产生;奉贤区广播电视台还在"阳光 959 频率"开办家庭教育栏目《张惠老师谈家教》,运用真实案例解剖,为在家庭教育中遇到困惑的父母指点迷津。同年 6 月,宝山区广播电视台开设《校园缤纷时,童心飞扬地》栏目,时长 30 分钟,设"街头大调查""缤纷校园""故事屋"等板块,该栏目推出"小歌手擂台赛""故事大赛"等活动,成为该区少年儿童自我展示的平台。2005 年,奉贤区广播电视台开办《菁菁校园》栏目,以中小学生为目标听众;宝山区广播电视台开办《与法同行》栏目,时长 30 分钟;嘉定区广播电视台和区青少年活动中心联手推出少儿栏目《成长进行时》。2006 年,浦东电台开办《昱恬青少年热线》栏目,每周一档,特邀心理咨询师宋昱恬任嘉宾,通过热线电话,解答听众有关青少年心理的咨询,设"心灵感悟""心理学与生活""家长课堂"等板块。浦东电台还设置《浦东经纬》《青苹果乐园》《心灵立交桥》《浦东风情》等社教栏目。

2007 年,嘉定区广播电视台广播节目改版,新增《嘉定故事》,邀请嘉宾用本地方言讲述嘉定风土民俗、文化古迹、语言流变、历史综述、人物故事。同年 7 月起,宝山区广播电视台《与法同行》栏目与区司法局联办,设"以案说法""律师热线""法制竞答"板块,节目由录播改为直播。宝山区广播电视台与区纠风办联手创办《百姓连线》栏目,时长 30 分钟,邀请区行政执法、综合管理、公共服务部门负责人走进直播室,通过热线为群众答疑解惑,受理投诉,解决问题;另开设《滨江故事》栏目,时长 20 分钟,把话筒对准宝山百姓,讲述宝山人的故事和宝山悠久的文化历史。2008 年起,奉贤区广播电视台与区教育局联办《菁菁校园》栏目,每天 12 时 05 分播出,时长 20 分钟,设"校园直通车""知心姐姐信箱""菁菁校园秀"等板块。2009 年,闵行广播电视台与区司法局等联合推出周播栏目《生活与法》,另开设《FM102.7 雏鹰世博播客行动》。同年,嘉定区广播电视台广播节目改版,新增直播互动栏目《民生热线》,邀请区内各行各业的嘉宾做客直播间与听众互动,为百姓解读新政、解答难题。同年 7 月,新成立的浦东新区广播电视台开设《健康直通车》《悠行天下》等社教栏目。2010 年,金山区广播电视台设置周播栏目《绿色长廊》,时长 15 分钟,该栏目与全区各乡镇文广中心(广播站)联办,重点报道社会主义新农村建设成就。

第二节　专　题　节　目

1978 年,为学习领会邓小平关于"要完整地准确地掌握毛泽东思想科学体系"的论述,上海电台《学习马列主义、毛泽东思想》节目举办系统地学习毛主席著作的讲座。播出辛兵编写的学习毛泽东《论十大关系》的广播讲话,共 11 讲;"学习《毛泽东选集》第五卷体会"广播讲话,共 22 讲。1982 年 9 月 11 日,中共十二大闭幕,上海电台《学习节目》从 9 月 13 日起推出《学习十二大文件专题》广播,每讲 20 分钟,共 25 讲。1984 年 4 月 13 日,上海电台《学习节目》举办《科学社会主义通俗讲座》,系统讲解科学社会主义基本知识,共分 5 个单元 49 讲。

1988 年 2 月 15 日,上海电台《快乐家庭》栏目推出特别节目,先后采访近百个温馨和睦、事业有成的家庭,其中有表演艺术家孙道临、王文娟的家庭,俞振飞家庭,剧作家沙叶新家庭,美籍华裔演员卢燕家庭,沪剧演员马莉莉家庭,律师郑传本家庭,配音演员乔榛家庭,滑稽演员姚慕双家庭等。

1992年4月1日起,上海电台《学习之友》播出《改革与发展》专题节目,邀请上海社会科学院部门经济研究所副所长厉无畏、亚太经济研究所副所长周建明以及经济研究所博士张道根等理论工作者担任主讲。

1997年5月29日,中共十五大召开前,中共中央总书记江泽民发表重要讲话。同年8月31日,东方电台推出《学习江泽民"5·29"讲话》系列专题,共5期。该专题面向新世纪,从当代中国改革开放和现代化建设的实际出发,运用马克思主义的立场、观点、方法研究改革与发展中各种实际问题,采用主持人和理论工作者对话的形式,并回答听众的问题。

1998年5月11日,为纪念真理标准问题讨论20周年,《东广早新闻》节目播出《解放思想不能一劳永逸》录音专访,报道《实践是检验真理的唯一标准》一文作者胡福明,披露他当年撰写这篇文章时的心路历程。同年12月,为纪念中共十一届三中全会召开20周年,东方电台播出《二十年大跨越》系列专题节目,共8集:"历史提供的战略机遇""从后卫到前锋""不争论,是为了争取时间""有所为有所不为""没有改革,发展也是一句空话""对外开放与中国的独特机遇""牢牢抓住世纪之交的历史机遇"等。邀请理论界专家作为嘉宾,通过对话交流、旁白解说、采访录音相结合的形式,向听众阐述邓小平理论的基本观点,展示改革开放的中国所发生的巨大变化。

1999年12月21日—2000年2月3日,由上海市科学技术委员会、中国科学院上海分院和上海电台联袂开设《两院院士展望新世纪》专题讲座。第一讲由中国科学院顾问严东生院士主讲,题为《实现第三步战略目标,走可持续发展之路》。专题讲座共设21讲,邀请21位在沪中国科学院、中国工程院院士,就宇航、生命工程、计算机、原子物理、新能源等新兴领域中的创新和发展,通过广播对市民进行深入浅出的讲解。周一、二、四在经济频率《今日科技》栏目中播出。第二天在新闻频率《990早新闻》中播出精选版。《两院院士展望新世纪》选题重大,参加访谈的院士具有权威性,观点和立论令人信服,具有很强的可听性、启示性和科普性,被评为2000年度上海市科普优秀作品。专题讲座内容汇编出书,中国工程院院士、上海市市长徐匡迪为该书作序,称赞:"这套节目水准高、前瞻性强,且知识性与通俗性融为一体,播出后在社会上取得良好的反响。立意新颖,富有特色,既能很好地普及科学知识,又是实施科教兴市战略的一部好教材。"

2001年7月,《中国的未来,关键在党——学习江泽民"三个代表"思想》理论专题在上海电台播出,共4集,每集1小时。该专题联系中共建党80年的历史、上海改革开放和党建的经验成果,深入浅出地阐述了江泽民"三个代表"理论的丰富内涵。采取主持人提问、嘉宾做理论分析和采访录音、音乐与旁白相结合的形式,生动活泼。应听众的要求,该专题先后重播4次,还制作发行1800多盘光碟,作为党校理论学习的辅导教材。同年,东方电台播出学习"三个代表"理论的《共产党人的思想基石》专题。

2002年10月18日起,为迎接中共十六大召开,传媒集团新闻综合频率和四川电台联合制作20集大型系列理论专题《只要主义真》。该专题以"三个代表"重要思想为指导,通过对重大历史事件的剖析,对马克思主义发展史、国际共产主义运动史、中国社会主义发展史做全景式鸟瞰;对中华民族近代200年大落大起的历史命运进行透视;讴歌中国共产党人不畏艰辛、不屈不挠的奋斗历程,具有丰富的史料价值。节目运用采访录音、背景资料和音响资料,可听性强。

2004年8月22日,传媒集团新闻频率播出纪念邓小平诞辰100周年特别节目《永远的邓小平》,时长30分钟。节目以散文诗般的语言展现邓小平不平凡的一生,由上海、江西、深圳、四川、重庆等 6 家电台联合采制。参与播出的电台主持人相继出场,根据各台所处的地域特色,联系邓小平生平,用典型的事件将节目贯穿起来,使主题得以升华。同年 9 月 27 日,上海交通广播播出《5.3 平方公里 F1 赛道给中国带来了什么》专题节目,时长 15 分钟。节目全面展示赛场上激动人心的场面,采访赛车手、观众和专家,表达 F1 大奖赛不仅是一项竞技运动赛事,而且体现了主办城市综合实力的观念。

2005 年 6 月 13 日,为纪念陈云诞辰 100 周年,传媒集团新闻资讯频率与市委党史办联合制作、播出人物专题节目《陈云在上海》,每集 30 分钟,共 5 集。节目用翔实的史料,生动记录陈云关心国家经济建设、关心上海发展以及生活中的故事。

同年 8 月 8 日至 12 月底,传媒集团"都市 792"频率推出首届中国播客大赛《波哥播客秀》节目,它反映播客生活、展示播客作品,每日 22—23 时播出,主持人叶波、林枫。网友通过"新广播网"(www. newradio. cn)收听到该节目及所有播客的展示和参赛作品。它是一次网络播客的大聚会,也是播客首度登陆上海广播平台。

2005 年 10 月 17 日,文学巨匠巴金逝世。传媒集团"都市 792"频率制作《一炷心香送巴老》特别节目,于 10 月 24 日"为巴金先生送行"告别仪式举办当天播出,时长 90 分钟,分为各界追忆、爱的主题、读者之心、扶持后人、尾声 5 部分。节目采用直播录播相结合方式,穿插与现代文学馆电话连线、告别仪式现场采访、四川小学嘉宾访谈以及巴金 50 年前的讲话录音。将巴金的人格与文章情感,主持人张培、淳子点评,普通人述说,珍贵史料与新闻采访等内容有机组合,融思想性、纪实性、新闻性、史料性为一体。反复播送"有你在,灯亮着;你不在,心亮着"主题词,烘托"巴金远行,精神在后人心中延续"这一主题。

第五章　服　务　节　目

　　1978年起,上海电台从人民群众不断增长的物质和精神文化需求出发,陆续开设《听众信箱》《新闻、气象、为您服务》《热线电话》等栏目。1992年10月,东方电台开播,设立《上海潮》《夜鹰热线》《相伴到黎明》等栏目。1993年1月,上海电台完成系列台播出格局,服务节目更趋专业化:新闻台开设《990听众热线》《法庭内外》等栏目;市场经济台整点播出金融、证券、股市、房市、劳务市场信息;交通广播每逢整点半点播出即时路况信息;浦江之声开设《服务天地》《台商家园》栏目;英语台开设教外国人学汉语栏目。1994年1月,东方电台推出独创的公益服务类特别节目《792为您解忧》,坚持每周为一名或一群有困难者提供帮助,每年1月份举办特别行动月活动,集中帮助一批困难群体。它是上海媒体中第一个常设助困栏目,也是上海市的一项慈善基金项目。2002年7月,传媒集团广播频率不断拓展服务节目领域,相继开设生活、法律、健康、保险、理财、房产、车市、人才培训、就业指导等服务类栏目,形成内容齐全、分工合理的服务类节目体系。

第一节　主　要　栏　目

一、上海电台

【生活服务】

　　《听众信箱》　《听众信箱》栏目开办于1979年5月7日,由上海电台总编室群工科编排。内容以播出听众来信为主,设有“表扬新人新事”“批评与建议”“批评的回音”“外地人话上海”“三言两语”“一月来信综述”等板块,周六播出,每次10分钟,在中波990千赫播出。1980年10月起,改为5分钟,周播3次。1983年1月起,又改为每天播出5次,每次5分钟,分别在中波990千赫用普通话播出,在1197千赫用沪语播出。《听众信箱》容量有限,对听众反映的问题,只能选用其中很少一部分播出,大量的来信转请有关部门处理。据统计,仅1983年,就向有关部门转出听众来信16 000多封。在回收到大量答复信的基础上,栏目设立“批评的回音”板块,并配发“编者的话”“读者有感”“调查附记”。1987年6月15日《听众信箱》划归上海电台经济台,蔚兰直播主持,每周播出6天,每天2次,每次35分钟。主持人语言明快,风格干练,给听众留下深刻印象,每天收到听众来信180封以上。1988年5月《听众信箱》更名为《蔚兰信箱》。同年5月6日由听众自行组织一次节目主持人与听众见面会,2 000多名听众到现场。同年,主持人蔚兰被选为第九届上海市人大代表,节目组获“上海市三八红旗集体”称号。1991年,栏目恢复《听众信箱》名称,由上海电台的总编室管理和编排,晓理主持,在中波990千赫播出。1994年11月后,调整为周六、周日18时45分—19时播出。2002年7月,《听众信箱》栏目停办。

　　《为您服务》　1984年8月6日,上海电台在中波990千赫开设《新闻、气象、为您服务》栏目,每天6时10分直播,时长20分钟,由佟刚、文仪等主持。内容有新闻、气象、交通信息、购物指南、寻人寻物、文娱信息等,最高收听率达37.6%。1985年4月,该栏目被上海职工群众评选为上海市十大“群众喜爱的精神产品”之一。1987年,该栏目划归新成立的经济台并更名为《信息、气象和为您服务》，每天 5 时 55 分直播，时长 35 分钟，由文仪、袁超主持。采用板块结构，整点和非整点多次报时，穿插简明气象、标题新闻等，设"排忧解难""特色专科门诊""新产品之窗与市场分析""各类维修业务""一周书讯""文化娱乐活动向导""上海交通""菜市行情"等板块。以后又增设"山海经"板块，谈天说地，吃穿住行，内容丰富。

1993 年 1 月 1 日，上海电台市场经济台成立，《信息、气象和为您服务》更名为《为您服务》，每天 5 时 55 分直播，时长 50 分钟，文仪主持。设有"咨询 BP 机""物价窗""修配街""劝业场""镭射博览厅""康健园""菜篮子""观光台""街市风""水果行情"等板块。其中"咨询 BP 机"每周 3 次，每次 5 分钟，解答听众来信中提出的生活难题，以求购求修为多；"观光台"介绍全市、全国乃至国外商业界的先进经验；"街市风"从街头流行色分析市民消费动向而进行消费引导；"劝业场"得到下岗人员的欢迎。主持人刘文仪 1996 年被评为上海市劳动模范，同年还被市委组织部、市委宣传部评为"上海市共产党员关心群众的模范"。2000 年 8 月 1 日起，《为您服务》栏目增设"清晨漫谈"小言论板块，主要对新闻事件、社会见闻进行分析评说，赞扬新人新事，批评不良风气。这些小言论观点鲜明，短小精悍，以理服人，主持人语气平和，很受听众欢迎。

2002 年 7 月起，《为您服务》每天 5 时 35 分在中波 990 千赫、调频 93.4 兆赫新闻频率播出，时长 25 分钟。2005 年，《为您服务》栏目移至中波 792 千赫、调频 89.9 兆赫，都市广播周一至周日 5—6 时播出，沈遐、朱丽主持。在保持原有特色基础上，新设"温馨家园""时尚宝典""养生之道""云游天下"板块。

【法律服务】

《法律咨询服务》　1986 年 4 月，上海电台在《学习节目》栏目中的"法律咨询"板块改为独立栏目《法律常识》。该栏目 1987 年 1 月与市律师协会联合开办"名律师与听众"板块，1989 年 2 月与市检察院合办"举报信息"板块，1992 年 4 月与市公安局合办"出入境之窗"板块。同年 10 月，《法律常识》栏目改名为《法律咨询服务》，周六播出，突出参与性和服务性。设置"诉讼指南""老娘舅""律师与听众""执法者与市民""出入境之窗""防盗术"等板块，强调为社会提供法律服务，并以"上海人民广播电台法律咨询服务中心"名义，接受听众咨询法律问题。1994 年 11 月 28 日，《法律咨询服务》栏目更名为《法庭内外》。

《阿丁谈交通》　《阿丁谈交通》栏目前身是 1995 年上海交通广播开设的交通服务类栏目《事故调解室》，1998 年更名，主持人丁葆华（播音名阿丁），播出时间由每天 10 时—11 时 30 分调整为 14—16 时。节目采用采编播合一和网络直播的方式，5 路热线电话在直播时始终爆满。主持人以专业、严谨、理性、犀利、具有人文关怀的风格，向市民传授交通事故处理程序、责任认定、损害赔偿调解和事故防范等知识，通过对大量典型事故案例的原因分析，为听众答疑解惑，同时，向全社会普及交通法规和交通安全知识，不少交通运输企业将收听《阿丁谈交通》作为安全学习教育的必要课目。主持人阿丁是第六届全国播音主持金话筒奖获得者。2001 年出版 25 万字的《阿丁谈交通》一书。2004 年，《阿丁谈交通》栏目停办。

【健康服务】

《名医坐堂》　1984 年 4 月，上海电台在《知识杂志》栏目中增设"医药顾问"板块，邀请上海中山医院杨秉辉医生以录音形式解答听众来信中提出的医疗问题，听众称它为"空中咨询门诊"。1992 年 11 月 1 日，上海电台开办新栏目《名医坐堂》，每周日 12 时 05 分直播，时长 55 分钟，并设有热线

图 2-5-1　1992 年 11 月 1 日,上海电台《名医坐堂》栏目开播。医学专家、科普作家杨秉辉(左一)应邀主持节目

电话。该节目由具有广播医学科普经验和生动表达能力的杨秉辉教授主持,另两位专家坐堂解答问题。听众电话求教,专家当场作答。《名医坐堂》首次开播,由杨秉辉教授主持,请市耳鼻喉科医院王文吉教授、嵇传训教授回答、讲解听众关心的医疗问题。有 15 位听众即时通过热线电话得到满意的答复。1994 年肖玲任栏目主持人。1996 年 3 月,由每周 1 档增加到每周 3 档。1997 年 5 月起再增加到每周 5 档。其中,周二至周五时长 55 分钟、周日时长 1 小时 50 分钟。2000 年 4 月,《名医坐堂》推出"名医为民健康行"送医到社区系列活动,与市药品不良反应监测中心联合举办"家庭合理用药"专家现场咨询活动,采取现场与演播室双向互动直播。同年 10 月 30 日,"名医为民健康行——庆祝《名医坐堂》嘉宾主持杨秉辉教授从事医学科普广播 20 周年"系列健康讲座在市政协礼堂举行。同年 11 月 28 日,《名医坐堂》栏目与闵行区药监局、卫生局联合主办"高血压病人,家门口的首席药师为您平安过冬保驾护航"现场咨询服务互动直播节目。2002 年 10 月,上海市副市长杨晓渡为栏目开播 10 周年题词:名医为民。2005 年 12 月,《名医坐堂》移至都市广播中波 792 千赫、调频 89.9 兆赫播出。

《小茗时间》　1993 年 8 月,上海交通广播开设《小茗时间》栏目,它是由主持人何晓明(播音名小茗)命名的情感抚慰类栏目,每天 14 时直播,时长 120 分钟。主持人在倾听求助者诉求后,用健康向上的价值观对其进行疏导,缓释他们的心理抑郁和压力,成为青年听众特别是出租司机听众的知音。1996 年,《小茗时间》栏目移到上海电台新闻频率中波 990 千赫、调频 93.4 兆赫原时段播。2002 年 7 月,调整为周一至周五 15—16 时播出。2003 年,《小茗时间》栏目停办。

【理财服务】

《投资与保险》开播于 1999 年 1 月 8 日,周一至周五 13 时 30 分,在 1422 千赫和 105.7 兆赫播出,时长 30 分钟,旨在提高人们家庭理财理念、普及保险知识。设"保险公司""保险金钥匙""理财园地""投资法苑""集藏双通道"等板块。周四开通"投资热线"接听投诉或咨询电话,为消费者服务。2002 年 7 月,《投资与保险》栏目并入财经频率《今日保险》栏目。

【房产服务】

《房地产热线》栏目开播于 1993 年 1 月 1 日,周三 12—13 时,在上海电台市场经济台直播,向听众传送房地产求售、求购、求租信息,开设"消费投诉热线",为听众反映问题提供快捷、便利的途径。1997 年 5 月 19 日,《房地产热线》在广播中公开承诺:凡收到听众来电来信后,三天之内,必在节目中公开答复或报道联系处理结果。公开承诺的第二天,一位冯姓听众来电求助,她 3 年前购得的住房因墙体发生裂缝要求退房,但始终未果。节目组多方联系,并在三天内两次播出联系结果。不久后此事妥善解决。2002 年 7 月,《房地产热线》并入传媒集团财经频率《房产新干线》栏目。

【车市服务】

《汽车世界》栏目开播于 1998 年 1 月,周一至周六 9 时 30 分—10 时,在上海交通广播播出。这是一档专业性和服务性兼具的栏目,关注车界车市动态,掌握最新资讯,介绍车辆性能、价格、维修保养、美容装潢、二手车评估等信息,设"车市风云""新车情报站""试驾测评""汽车圆桌会""车界传奇""新车爱团购""解忧爱车铺""汽车新科技"等板块。2002 年 7 月起,《汽车世界》调整为周一至周五 11 时 30 分—12 时、周日 11—12 时播出。2005 年,更名为《车时代》。

二、东方电台

【生活服务】

《上海潮》栏目开播于 1992 年 10 月,周一至周五 9—12 时,在中波 792 千赫直播,主持人渠成、晓林、章海红、魏茗。节目融信息服务于一体,由商贸企业和听众的广泛参与,反映上海市民的经济生活。设有:"热线急诊室"板块,时长 60 分钟,主持人在接听市民求购、求修需求后,当即提供信息服务。主持人接到有关商品、服务质量或消费者维权方面的投诉后,一般即时连通有关商家、企业的电话,三方通过沟通解决问题,需要时做后续反馈;"消费指南"板块,为听众提供热销商品的信息,介绍最新消费热点;"东方商业龙虎榜"板块,将上海商业企业的销售额、相同类型商品的销售量,以及与此相关的定性定量分析信息及时地报给听众;"生财有道"板块,邀请知名企业家到直播室,介绍他们成功的经验和企业走上良性发展轨道的体会,为众多企业提供生财良方;"中华老字号"板块,介绍上海和全国的老字号企业艰苦创业、推陈出新的经营之道。1999 年,《上海潮》栏目中的"热线急诊室"板块,成为独立栏目《上海潮——投诉热线》,后更名为《渠成热线》栏目。

【法律服务】

《渠成热线》是一档消费者权益保护的消费投诉类法律栏目。它原是东方电台《上海潮》栏目中的"热线急诊室"板块,1999 年成为独立栏目《上海潮——投诉热线》,时长 1 小时,后更名为《渠成热线》。该栏目以接听听众有关商品质量和服务质量的投诉、咨询电话,倾听厂商、行业主管部门以及消费者协会、执法机关的意见为主,对损害消费者正当合法权益的单位和个人的行为,实施舆论监督。设"公婆论理""维权法规细细说""回音壁""戳穿西洋镜""服务新举措"等板块。主持人渠成是全国播音主持金话筒奖获得者,先后被评为全国广播影视系统和上海市"三五"(1996—2000 年度)法制宣传先进个人。2004 年 1 月起,《渠成热线》栏目周一至周五在都市生活频率 11—12 时播出。2006 年 1 月后调整为 10—11 时播出。

【健康服务】

《夜鹰热线》 1992 年 10 月,东方电台设置一档心理咨询类谈话栏目《夜鹰热线》,周一至周六 22 时—23 时 30 分直播,王玮主持。节目旨在为心灵上需要抚慰、感情上需要同情的听众提供一个精神上的"诊疗所"。听众在生活、工作中,遇到一时难以排遣的烦恼与忧愁,都能通过热线电话向主持人诉说,即时得到真诚的劝慰和帮助。1992 年 11 月 16 日,主持人收到一封未署名、无地址的来信,叙述自己被单位辞退,想报复社会后轻生。当晚,主持人在节目中读了这封信后呼吁:"听众朋友们,请你们放下手中的电话,让出空中通道,让我与这位想轻生的青年朋友通话。"主持人的话音刚落,直播室热线电话的指示灯全部熄灭。这位青工通过电话向主持人倾吐了心中的苦闷,主持人对他进行开导劝慰,经过十几分钟的对话,这位青工表示愿意接受主持人的劝导。对话刚结束,热线电话马上爆满,听众纷纷来电表示愿意向他伸出援助之手。家住六合路的一位姓戴的听众表示,愿意为这位青年提供一份工作。由于电话太多,节目破例延长15分钟。1994年6月,《夜鹰热线》栏目停办。

《相伴到黎明》 1992年10月,东方电台推出情感抚慰类栏目《相伴到黎明》,每天深夜零时至清晨6时在中波792千赫直播。开办之初有淳子、小鹰、爱民、叶沙等主持,以后陆续有余自力、田涯、雨辰、冰凌、梦晓等主持。该栏目重点关注都市人的心理健康,设"情感专线""银色世界""午夜音乐""凭栏夜读""邮政马车""回家的路""人生故事"等板块。其中"情感专线"是主持人接听听众电话后,以亲切轻松的语气,为求助者排除心中的积郁和烦恼。2006年《相伴到黎明》栏目开设电视版,每天22时到次日1时,在中波792千赫、调频89.9兆赫和电视生活时尚频道同步直播,凌晨1—3时为广播单独继续直播,主持人是梦晓、晓林、万峰等。它作为广播、电视、网络同步直播的深夜谈话节目,创造了广播与电视深夜收听与收视的新高峰。2010年,《相伴到黎明》栏目在都市广播中波792千赫、调频89.9兆赫,周一至周日0—3时播出。

《健康乐园》 1993年8月1日,东方电台开设医药咨询服务栏目《健康乐园》,周日20时30分—22时直播。它由专业医生担任直播主持,特邀名医专家介绍医学知识,注重内容的科学性和实用性。设有"东方诊所""红十字热线""导医天使""健身广场"等板块,为来信求医的听众排忧解难,指导正确就医。《健康乐园》曾与上海市卫生局联合举办"健康上海——全市肝病专家大型义诊"活动,组织60多位肝病防治专家提供义务医疗咨询服务,普及肝病防治知识,两千多名听众和肝病患者接受咨询服务。

《健康百事通》 1997年1月,《健康乐园》栏目更名为《健康百事通》,并扩版为每周3档,周二、四、六17—18时播出。同年1月25日—2月4日,《健康百事通》特邀吴孟超等5位医学界院士担任嘉宾,以"院士新年祝健康"为主题推出直播节目。院士们先后走进直播室,宣讲最新医学动态和科普知识,听众纷纷通过热线电话向医学专家、名医求医咨询。2001年《健康百事通》增加为周一至周六播出,时长1小时。2002年7月,传媒集团新闻综合频率开设《求医问药上海滩》栏目,《健康百事通》停办。

【理财服务】

《今日保险》开播于1995年3月,是东方电台和上海市保监办联手推出的理财服务栏目。2002年7月15改版,每周日9—10时热线直播。设"一周保险信息""保险大看台""代理人之家""保险工作室""出谋划策代理人"等板块,为听众提供保险方案。2004年1月,该栏目改在第一财经频率周六播出。2009年1月起,改为周日16—17时播出。

【房产服务】

《房产两点半》开播于1995年3月,周一至周五14时30分播出,主持人刘小庆。此栏目旨在帮助广大市民了解房地产的政策、法规,为市民排忧解难。设"律师坐堂""专题采访""房产信息"等板块。2002年7月,《房地两点半》并入传媒集团财经频率《房产新干线》栏目。

三、传媒集团/上海广播电视台

【健康服务】

《健康航班》栏目开播于2002年7月,周一至周五16—17时在传媒集团交通广播中波648千赫、调频 105.7 兆赫直播,周六、周日录播,主持人晓宇。设"医博士热线""院长专线""预约挂号"等板块。2010 年,《健康航班》栏目改在周一至周日 21—22 时播出。

【理财服务】

2007 年 1 月,第一财经频率开办以理财专家名字命名的《理财应健中》栏目,周六 14 时—14 时 30 分、周日 10 时—10 时 30 分播出。它是第一财经广播唯一用上海方言播出的栏目,借助应健中先生的专长和市场影响力,关注投资者关心的问题,为公众理性理财、投资提供建议。还邀请黄金专家、保险专家与应健中一起就金融领域中的投资误区进行分析,指点迷津。

【房产服务】

2002 年 7 月,传媒集团财经频率将原上海电台的《房地产热线》和东方电台的《房产两点半》合并成《房产新干线》栏目,周一至周五 14 时—14 时 50 分播出,设"房产新闻""专家谈房""看房说法""二手房市场指南"板块,并设热线电话与听众互动交流。2004 年 7 月,《房产新干线》更名为《第一地产》栏目。

【车市服务】

传媒集团新闻频率《上海车市》栏目开播于 2002 年 7 月,周日 10—11 时在 990 千赫播出。内容包括业界信息、车讯车市等与汽车相关的各个方面,设"好车一周看""XX 车博士答疑""XX 汽车俱乐部""爱车热线"等板块。2004 年 1 月,《上海车市》栏目更名为《车境界》。2007 年 11 月,《车境界》栏目停办。

第二节　特　别　节　目

《792 为您解忧》开播于 1994 年 1 月,是东方电台独创的公益性服务类特别节目,也是一项系列公益活动,后来随着影响力增大,遂增设"792 为您解忧"专项慈善基金。《792 为您解忧》将每年 1 月份作为"792 为您解忧月",在 1 月份的 31 天中,每天都为一位或一群困难群众办一件实事。首个"792 为您解忧月"共收到 6 858 封听众来信,东方电台抽调了袁家福等 8 人组成"792 解忧小组",用录音报道记录帮困解忧献爱心的全过程在新闻节目中播出。经筛选,在社会各界的支持下,解决了 31 件老百姓急盼解决的难事、操心事。1995 年 1 月,东方电台与人民日报华东分社联合举办第二个"792 为您解忧月",受益市民 3 200 户、约 2 万多人;同年 3 月,东方电台与上海慈善基金会共同出资 100 万元成立"792 为您解忧"基金会,中共中央政治局委员、上海市委书记黄菊专门为此致贺信。在基金设立后的 2 年中,共收到各界捐款 50 万元;同年 10 月 25 日,中央电视台《焦点访谈》栏目对"792 为您解忧基金"以及由这一基金资助的"无喉人复声班"做了报道。

1996 年 1 月 10 日—2 月 12 日,针对部分职工生活困难问题,东方电台与市总工会联手举办"792 为您解忧——'96 送温暖"特别行动,共收到数千封听众信件,5 路记者组成的送温暖小组,在一个月中采制 57 篇录音报道,联合社会各界办了 28 件好事实事,受益群众达几千人次。

1999 年 1 月,"792 为您解忧月"围绕"国际老人年"开展专题活动,先后向 360 家敬老院赠送彩电,为 100 位特困老人赠送一年奶粉,为部分老年劳模提供医疗与疗养服务。开办"网上助学"项目,为 150 名困难中小学生募集 19 万元。

2010年,上海广播电视台和上海市慈善基金会在都市广播共同打造广播慈善栏目《情义东方》,周日中午播出;并以此为载体,依托"792为您解忧基金",让帮困活动常年坚持。同年11月6日,推出"微笑传递爱心"主题活动,在地铁人民广场站、徐家汇站、世纪大道站换乘大厅设会场,将公益的力量传递到更多人心中,活动捐赠实物20多万元,都市广播进行现场直播。

第六章　音　乐　节　目

1978年后，上海电台编排播出一批在"文化大革命"期间被禁锢多年的音乐作品，丰富了音乐节目内容。1979年5月7日，上海电台恢复播出中断了13年的外国音乐节目。这一时期，世界广播正在由单声道向立体声转变。1981年1月17日，上海电台在国内地方电台中率先使用调频100兆赫试播立体声节目。同年2月4日(农历除夕)第一次用立体声播出1981年迎春音乐会。1982年1月24日，创办《星期广播音乐会》。同年5月31日，立体声节目从原来每天播出1小时增加到2小时，每周首播加重播，共播出立体声节目28小时。同年6月，《立体声之友》开播，专门介绍世界经典音乐。

上海电台音乐节目编创团队对外交往也日益活跃。1985年春节期间，《空中乐坛》特别节目连续播出国外7个友好城市电台提供的祝贺中国春节音乐节目，每套1小时。这一活动于1988年发展成为"国际音乐节目展播"，到1993年举办第四届时，更名为"上海国际广播音乐节"。1985年9月1日，上海电台将唯一的立体声频率开辟成音乐频率，取名"音乐之声"，通过调频103.7兆赫每天播音16小时。开设《外国音乐》栏目，以专题形式介绍世界各国优秀音乐作品和新近音乐信息，具有欣赏性和信息量。另设《外国轻音乐与歌曲》栏目，时长1小时。

1992年10月28日，东方电台101.7音乐频率开播，全天播出18小时。设置中国音乐《中文金曲馆》《潇洒60分》和外国音乐《Hi－Fi金碟》《澳大利亚音乐航班》《巨星广场》等栏目。1993年8月开办《中国风》，《人民日报》曾刊文介绍中国音乐栏目《中国风》。同年，上海电台音乐节目改版，将每天时长2小时的外国古典音乐节目，改名为"心族爱乐时间"，设《交响音乐厅》《古典音乐沙龙》《闪光的乐章》《艺术家风采》《大剧院之夜》《世界名人名曲》《与您共赏》栏目。还推出《歌海拾贝》《浦江晨曲》《世界音乐星空》《祝您好运》《DJ直播室》等栏目。1995年3月东方电台开设《无人演播室》，制作人不加节目串连词，而是精心编排，用音乐构筑节目。同年8月，上海电台推出直播栏目《都市晨曲》，在介绍音乐作品的同时，增加文化服务信息内容。

1995年5月，上海电台台长陈文炳在中宣部、广电部举办的全国省级电台台长研讨班上提出开办高雅音乐专用频率的设想，得到中宣部常务副部长徐惟诚、副部长龚心瀚的肯定。同年9月18日，专门播放高雅严肃音乐的上海电台调频105.7兆赫音乐二台开播，每天9时至翌日凌晨1时播出16小时。该频率强调精品意识，注重音乐欣赏，主持人解说精简得体，不侃不聊、不设热线电话、不割裂音乐，让听众欣赏完整的音乐作品。设民族音乐《中华风情》《难忘旋律》、经典音乐《名作欣赏》《经典入门》、背景音乐《上海你好》《良宵雅乐》、音乐资讯《漫步唱片街》等栏目。1996年3月3日，东方电台在调频97.7兆赫金融台晚间时段的18—24时，开设时长6小时的"977晚间音乐"，主要播出古典音乐、民族音乐和轻音乐。1997年5月改版，设《经典977》《977专家热线》《音乐金钥匙》《中国风》《音乐晚餐》《歌剧精编》《音乐百家》《浪漫午夜》等栏目。1998年1月28日，上海电台首次通过国际互联网直播新春特别音乐节目《网上广播，虎年贺岁》，使海外华人得以通过互联网听到乡音。同年5月18日，东方电台推出高雅音乐节目"绿色音乐调频"，设《轻音乐·中国风》《古典音乐时间》等栏目。

1999年1月1日，上海电台两个音乐频率合并，采用调频103.7兆赫、中波1296千赫双频播出。原调频 105.7 兆赫高雅音乐节目在经济频率 21 时至翌日凌晨 1 时播出。

2002 年 7 月 15 日,传媒集团广播音乐节目重新整合为 101.7 流行音乐频率和 103.7 综合音乐频率。101.7 流行音乐频率主要面向都市年轻听众,注重都市风情和娱乐性,以流行歌曲、艺坛资讯为主,每天 6 时至翌日凌晨 2 时,播出 20 小时。设《音乐早餐》《潇洒 60 分》《流行现场》《轻松调频》《欢乐调频》《娱乐特快》等栏目。该频率通过卫星音乐广播网与国内 16 家电台互动联动,同时与全球主要华语音乐台有良好的合作关系。103.7 综合音乐频率以经典音乐和民族音乐为编排主线,以经典资讯、现场音乐会、新人新作推介、乐坛经典回眸为主要内容,以知识界和文化界人士、中年人为目标听众。设《古典音乐时间》《音乐无界》《经典入门》《世界音乐星空》《音乐之旅》等栏目,同时加强音乐新闻和评论内容。2003 年 1 月,101.7 流行音乐频率推出《101 封面故事》《101 泡泡龙》《唱片指南》《日本音乐前线》等栏目。

2004 年 1 月,传媒集团新辟 94.7 音乐频率,呼号“经典 947”。至此,3 个音乐频率定位调整,形成分工明确、个性鲜明的整体格局:101.7 流行音乐频率更名为“动感 101”,听众定位于 15—24 岁的青年人,内容以最快的速度、最炫的形式,报道流行乐坛的新作、新人和动态;103.7 综合音乐频率更名为“魅力 103”,听众定位于 25 岁以上乐迷,内容以流行乐坛的经典老歌为主;“经典 947”以古典音乐、民族音乐、艺术歌曲和中外老歌为主要内容。3 个音乐频率的节目日均播出总量达 63 小时。同年 7 月 31 日,音乐频率在上海淮海中路 901 号索尼展示厅开设透明直播室,推出《魅力新空间》《动感星期天》特别节目。歌手蔡琴等曾分别做客透明直播室。2005 年 8 月“魅力 103”改版,调整为“Love Radio 103.7”成为 24 小时播放的音乐频率。2006 年,3 个音乐频率节目改版:“动感 101”推出日播栏目《校园音乐派》、周播栏目《来龙去脉》《音乐爱张罗》;“Love Radio 103.7”推出日播栏目《娱乐正当时》、周播栏目《最爱 K 歌榜》;“经典 947”推出周播的《947 经典热播榜》栏目,并利用《星期广播音乐会》节目的品牌影响力,由主持人王勇打造经典音乐会普及、推广、公益形象,开设音乐文化评论类栏目《王博士音乐坊》。2007 年 8 月,“动感 101”开通网络视频广播,成立专属视频网站,针对年轻听众族群推出俗称“蛋”的视频广播播放器,截至 2010 年初,下载量已突破 10 万。2010 年,3 个音乐频率调整呼号为“流行音乐广播”(包括动感 101 和 Love Radio 103.7)、“经典音乐广播”。

第一节 音乐专题

一、专题讲座

1980 年 1 月—1982 年 6 月,上海电台开办由上海音乐学院教授钱仁康撰稿的《怎样欣赏音乐讲座》。每讲 1 小时,隔周播出 1 讲,共 4 个单元 47 讲,在中波 792 千赫播出,中波 990 千赫重播。讲座播出后引起听众广泛兴趣,节目组先后收到来信 4 000 多封。讲座文字稿由上海文艺出版社出版,讲座录音由上海有声读物公司制作出版 47 种盒式音乐磁带在全国发行。北京、四川、福建等 20 多家省市电台播出了这套系列讲座。

1982 年 3 月 1 日,上海电台开办《中国民歌讲座》26 讲,每讲 30 分钟,隔周播出,历时一年。由上海音乐学院讲师江明淳和上海文艺出版社陈学娅写稿。讲座系统介绍并分析中国各地民歌的体裁形式、题材内容、风格特点、表现手法等,共使用 3 000 多首民歌素材。

1986 年 2—7 月,上海电台推出《交响音乐通俗讲座》,每讲 1 小时,每周 1 讲,共 18 讲,特约沈阳音乐学院教授薛金炎和中央电视台编导李近朱写稿。该讲座播出后,节目组先后收到近5 000封听众来信。讲座结束时,在上海音乐厅举行"听众与专家见面问题解答会",2 000多名听众冒雨参加。音乐理论家钱仁康、作曲家朱践耳、指挥家陈燮阳和音乐教授薛金炎,分别对大家提出的问题进行解答,还举行了"交响音乐知识竞赛"。该讲座获1987年华东六省一市宣传社会主义精神文明"优秀广播节目"奖。华东师大和上海文艺出版社先后将讲稿编印成册,上海音像公司选取其中10讲的节目录音制成盒带出版发行,全国21家省市电台复制播出。

1987年9月—1989年2月,上海电台开办《跟我学电子琴讲座》,共50讲,由电子琴演奏家浦琦璋编写教材并进行教学,报名者3 000多人。为弥补广播教学的局限,特开设面授活动。栏目组在上海市内以及江苏、浙江8个市、县开设面授点,参加听讲的有1 000多人。讲座内容还被山西、贵州等电台复录播出。

1996年7月21日起,上海电台音乐二台调频105.7兆赫推出《名家系列戏剧音乐欣赏讲座》,共10集,周日13时首播,特邀戏曲界和音乐界知名人士,为听众作专题讲解。同年10月27日起,上海电台音乐二台调频105.7兆赫《华夏旋律》栏目播出《民乐会知音系列讲座》,共12集,周日9时首播。邀请上海民族乐团著名演奏家、作曲家、声乐家,结合自己的艺术实践,介绍我国的民族器乐、作曲和声乐艺术。

2002年7月20日,传媒集团综合音乐频率《经典入门》栏目播出12集音乐欣赏讲座《20世纪中外合唱经典》。同月,《音乐家的摇篮》栏目邀请作曲家、钢琴家赵晓生讲授钢琴考级1至4级的曲目。

2010年11月16日,上海广播电视台"经典947"频率主办的《947音乐坊系列音乐讲座》在上钢新村街道社区活动中心开讲,首讲主题是《流淌的歌声——怎样唱好红歌》。该系列讲座特聘指挥家曹鹏、作曲家陈钢、钢琴演奏家孙颖迪为顾问,以世界音乐、电影音乐、跨界作品、钢琴艺术入门、民乐小品欣赏和经典歌曲演唱艺术为主要内容,辅以经典音乐的延伸内容,包括音乐对情绪的影响、音乐辅助育儿,以及古典音乐轶事、音乐与文学经典作品欣赏等。主持人用轻松诙谐的语言,由浅入深地向听众推广经典音乐,做欣赏指导。

二、专题节目

1978年,上海电台播出纪念周恩来诞辰80周年专题《亲手浇百花,光泽留千秋——介绍总理亲切关怀下产生的音乐舞蹈节目》,这些作品大多是在"文化大革命"中禁演的,专题抒发了对周恩来的怀念之情,同时播放了一批群众喜爱的音乐节目。

1991年,上海电台共制作专题音乐节目963套,其中《神州乐坛》专栏就制作系列专题《中国音乐历史长河》36套,介绍中国音乐从古代到现代几千年的发展历程。

1996年,上海电台音乐二台播出一系列音乐专题。同年1月,《中华风情·都市新节奏》栏目分8次播出《1996全国合唱比赛集锦》,节目由来自全国18个省市各系统组成的20个业余合唱团演唱的中外歌曲精选而成,反映我国业余合唱艺术水平。同月起,播出大型音乐专题《中华风情·音乐之旅》50集,每集60分钟,每周播出1集,历时1年。它以音乐为主线,结合我国各地民俗、民情、民风以及历代文化典故,串联成音乐专题节目。《中华风情·歌海拾贝》栏目播出《中国古代名曲故事》50集,每周1集,历时1年,听众边听中国古代名曲典故,边欣赏《高山》《流水》《霓裳曲》等传世音乐作品。同年3月起,《中华风情·清音雅乐》栏目播出8集系列专题《中国古代诗词音乐》,对根据中国古代诗词改编的歌曲与乐曲做专题性介绍，采取横向比较式编辑手段，使听众从几个不同的演奏、演唱版本中感悟古诗词的乐律、乐音之美。同年5月8日—6月26日，《中华风情·清音雅乐》栏目播出10集系列专题《中华乐魂》，系统介绍我国先秦至清末间的传统音乐、代表性音乐家及其代表作品。

1997年7月2日，上海电台音乐频率围绕香港回归主题，播出音乐专题节目《东方之珠——从通俗歌曲到交响作品》，时长26分钟。1996年5月，在第十七届"上海之春"迎香港回归获奖音乐作品研讨会上，青年作曲家刘湲的优秀作品《东方之珠》成为业内关注讨论焦点。这是根据台湾音乐人罗大佑创作的通俗歌曲《东方之珠》改编创作的。专家认为，将一首全球华人皆知、传唱广泛的通俗歌曲改编成一首小型的协奏曲很有意义。这部作品同年5月上旬曾在北京由陈燮阳指挥、中国交响乐团和著名钢琴家刘诗昆合作演出，反响强烈。刘诗昆以香港各界庆祝回归委员会执行委员的名义，向庆典组委会推荐这部作品，并在香港文化中心音乐厅成功演出。上海电台同步播出这档报道性音乐专题节目。

2001年6月11日起，为纪念建党80周年，上海电台与中央电台以及新疆、广东、山东、云南、吉林、西藏电台共同推出30集系列专题音乐节目《歌声献给党》。

2002年3月，全国卫星音乐广播协作网开播，周日13—14时播出。首期节目是"中国歌曲排行榜"，第二期播出的是由东方电台提供的专题音乐节目《怀旧金曲》，节目在上海、北京、广东等16家成员电台同时播出。

2003年5月12日，传媒集团音乐频率播出时长20小时专题节目《国际护士节——今天你最美》，歌颂在抗击"非典"一线的白衣战士。2004年2月9日，传媒集团音乐频率首度以美国洛杉矶演播室、音乐频率上海演播室、斯坦普尔新闻中心三点连线的方式，转播第四十六届格莱美颁奖典礼。

2007年6月25日，传媒集团流行音乐频率播出音乐专题《101不眠时间——香港10年，你我的大城小事》，时长30分钟。它以香港回归祖国10周年为主题，以创作者香港旅行的亲身感受为线索，赴中国香港和美国收集珍贵的音乐资料，结合香港乐坛代表作品，融入香港的文学、电影、经济等方面内容制作。

2008年3月19日，传媒集团经典音乐频率播出音乐散文《老马与老柴的暮年对话——听纽约爱乐乐团演奏〈悲怆交响曲〉》，时长25分10秒。通过一位音乐编辑在聆听现场音乐会后用广播音乐散文的形式，与听众分享自己欣赏音乐的感受。节目让一个指挥家和作曲家做跨时空的对话，深入挖掘柴可夫斯基《悲怆交响曲》的内核，让听众在聆听过程中走进作曲家丰富的内心世界。节目语言优美，富有想象力，为广播古典音乐节目如何诠释作品，怎样生动解读音乐，找到新的突破点。

2010年1月25日—4月29日，上海广播电视台流行音乐广播每天零时、10时、15时、20时播出系列专题《LOVE UNITED世博全球电台大联播》，每集30分钟。节目以"城市"为主题，通过与全球各世博城市知名电台联动，全方位展示上海世博会。来自四大洲的12家电台分别选送专门为上海世博会制作的节目。展播期间，作为节目资源互换，用英语、日语打造的以介绍上海城市面貌和人文情怀为主题的特别节目也登陆美国、日本等多家电台播出。同年10月，上海广播电视台流行音乐广播在上海世博会法国馆举行《2010爱相连/LOVE UNITED——城市让生活更美好全球电台大联播》纪念光碟派发仪式。

三、专题音乐会

1979年除夕夜,为满足听众对精神文化活动的渴望,上海电台组织了一台"电影猜谜音乐会",特邀电影艺术家张瑞芳、韩非主持。节目播出后,收到来自上海和苏浙皖等地听众来信4万多封。电影评论家边善基写的赞赏性评论发表在《人民日报》上。

1981年春节前,上海电台在上海音乐厅组织了一台迎春音乐晚会,特邀电影演员梁波罗主持。在报幕形式上进行了创新,除由演员朱逢博、刘明义、王坚、钱曼华、靳小才、王作欣等上台自报曲目外,主持人还把他们的近况和演唱风格介绍给大家,引起观众的浓厚兴趣。上海电台对晚会进行现场直播,播出后反响强烈,在听众不断要求下,连续安排6次重播。

1984年国庆节,上海电台与北京、天津、广东电台联合举办"京津沪粤空中音乐联欢会",节目录音后播出。1985年3月6日元宵节,4家电台又合作举办"京津沪粤元宵音乐会",音乐会实况通过微波向北京、天津、上海、广东传递。

1992年4月14日,为纪念毛泽东《在延安文艺工作座谈会上的讲话》发表50周年,上海电台与中央电台、陕西电台、中共延安地委等在《讲话》诞生地延安杨家岭举办"延安之声"大型演唱会,上海歌剧院数位知名演员前往延安,演唱了中国经典歌剧选段。上海电台、中央电台、陕西电台同时现场直播。

1996年4月28日,上海电台联合市总工会等在外滩新世纪广场举办《献给时代的楷模》大型广场演唱会。250位劳动模范与音乐界、文艺界明星汇聚一堂同台亮相。调频103.7兆赫、中波1197千赫直播,5月1日播出实况录音剪辑。同年6月28日,上海电台联合上海《支部生活》编辑部等在外滩公园举办《太阳的生日——纪念中国共产党诞生75周年广场音乐会》。百名上海市优秀党员、党务工作者出席音乐会。调频103.7兆赫直播,6月30日14时在中波990千赫重播。

1998年4月22日,东方电台101.7音乐频率播出《我们热爱音乐,我们热爱地球》主题音乐会,这台音乐会在东京的日本物道馆举行,30多个国家的816家电台以及日本35家电台进行转播。这台晚会首次使用ISDN数字专线转播,声音效果好。

2000年7月25日,上海电台103.7音乐频率《星期五爱乐》栏目开播一周年之际,联合北京音乐周报社等举办"高雅音乐进社区"广场文艺晚会。参加演出的近400名演员都是《星期五爱乐》栏目曾介绍过的演员、学校交响乐团、少年宫艺术团等。晚会上举行"星期五爱乐艺术基地"揭牌仪式。

2001年6月11日,上海电台在兴业路中共一大会址前举行《难忘的旋律——纪念建党80周年音乐会》,万山红、蒋大为、于丽红、方琼等知名歌唱家参加演出,杨怀远、朱志豪、马桂宁、包起帆、徐虎等100位全国和上海劳模、新长征突击手、好八连战士以及各界代表观看演出,音乐会还特意请来了烈士的家属。市委副书记龚学平,市委常委、宣传部部长殷一璀出席音乐会。有线戏剧频道播出了这台音乐会的实况。同年9月29日,为庆祝国庆52周年和欢度中秋佳节,东方电台在上海鲁迅公园举办《千筝和鸣,花好月圆》大型音乐晚会,共有1150架古筝同时献演。该活动被纳入"大世界基尼斯纪录"。

四、专题活动

1994年5月,东方电台主办"首届中国大学生创作歌曲邀请赛"。中共中央政治局委员、国务委员李铁映为活动题词：大学生朋友们，为时代、为祖国献上你们的歌。在历时 3 个月的专题活动中，共收到全国 150 多所大学寄来的 2 000 多首应征歌曲，15 所大学的 18 首歌进入决赛，最后决出最佳歌曲、最佳歌手、最佳歌词。邀请赛精彩内容及参赛作品在 101.7 音乐频率中播出。

1996 年，为弘扬劳动模范徐虎的精神，上海电台 103.7 音乐频率和《每周广播电视》报联合举办"我喜爱的《徐虎之歌》听众评选"专题活动。从征集的 100 首歌曲中精选 11 首作为候选曲目，同年 9 月 9—18 日，在 103.7 音乐频率《祝你好运》、105.7 音乐频率《中华风情》和中波 990 千赫《假日歌坛》等栏目专题播出，最后由听众投票评选出 5 首"我喜爱的《徐虎之歌》"。同年 10 月 14—19 日，为纪念中国工农红军长征胜利 60 周年，上海电台与当年中国工农红军长征途经之地相关的省级电台联手，播出 10 集系列专题《长征颂》，每集 1 小时。回顾红军长征途中的重大事件，反映改革开放新貌，穿插红军长征年代的民歌、民谣和历史歌曲，具有浓郁的地方特色和时代气息。节目在中波 990 千赫 16 时首播，调频 105.7 兆赫、中波 1197 千赫重播。

2004 年 3 月 15 日，传媒集团音乐频率主办"校园音乐先锋"全国邀请赛，鼓励与支持原创音乐在校园开展。活动依托全国卫星广播网 20 家音乐电台，在上海、北京、广东、辽宁等地大专院校展开。同年 3 月 22 日，传媒集团音乐频率承办"全国广播音乐节目主持人大赛"，包括中国香港、台湾地区在内全国 40 余家音乐电台主持人报名参赛。同年 4 月 13 日，作为"2004 上海之春国际音乐节"主体项目之一的"音乐电台 DJ 大赛"初选在音乐频率举行。大赛评委会对 46 家电台选送的 56 套节目进行评审，选出来自 12 家电台的 12 位主持人进入总决赛。同年 4 月 15 日，"校园音乐先锋"全国邀请赛上海赛区初赛在上海第二医科大学举行。同年 5 月 31 日，传媒集团音乐频率"校园广播大联盟"上海高校唱歌大赛在上海交通大学举行，来自上海十余所高校的校园歌手参加比赛。

第二节　主要栏目

一、上海电台

【星期广播音乐会】

上海电台《星期广播音乐会》(以下简称《星广会》)创办于 1982 年 1 月 24 日，1983 年起与《星期戏曲广播会》隔周举办，并称"上海广播双星会"。《星广会》由上海电台组台演出，联合文艺团体，依靠社会力量，采用舞台演出与广播直播相结合的形式，介绍、普及经典音乐。1985 年 2 月 22 日(农历正月初三)，《星广会》走出上海，联合江苏电台在南京举办春节专场演出，通过微波向沪宁两地传送音乐会实况。同年 5 月 19 日，第 95 期《星广会》举办"三军歌唱家演唱专场"，马玉涛、徐有光、苏盛兰、张越男、吕文科、程志、胡宝善、马国光、杨洪基、熊卿材、耿莲凤、张振富等 25 名军旅歌唱家参加演出。同年七一前夕，《星广会》在南昌市和江西电台联办江西民歌专场，演出江西民歌和革命历史歌曲等。1986 年 7 月，第 126 期《星广会》邀请上海交响乐团举办"交响乐名曲选萃"专场，精选近两个世纪世界著名音乐大师的交响乐作品，穿插多种体裁，演奏由曹鹏担任指挥。中央电台向全国转播了这场音乐会实况。同年 10 月 31 日，由上海电台和联邦德国汉堡市北德意志广播电台联合主办的"上海—汉堡"港口音乐会在上海美琪大戏院举行，上海市市长江泽民、联邦德国驻沪总领事出席音乐会，副市长刘振元题词：祝贺上海—汉堡港口音乐会圆满成功。音乐会实况分别在同年 11 月 2 日上海电台《星广会》和 11 月 9 日北德意志广播电台《港口音乐会》中播出。1987 年 6 月 20 日，在联邦德国汉堡市北德意志广播电台演播厅举行《星广会》特别专场"哈罗！汉堡——哈罗！上海"。这是北德意志广播电台《港口音乐会》创办近60年间第一次和亚洲地区广播电台合作。

1990年《星广会》满300期,举办国庆41周年大型音乐歌舞《上海风采》演出专场。节目以原创为主,反映上海解放41年和改革开放后上海所发生的巨大变化和新面貌,由"序曲""申城风云录""沪上风情谱""都市风景线""90年代的太阳"5部分组成。上海电台从资金投入,组织作曲家、歌词作者创作,到排练、演出全程负责,这是《星广会》创办后的一次突破。在当时社会上新作尚不丰富的情况下,这种扶植并推动音乐创作的举措,得到文艺界的赞赏。1993年5月1日《星广会》和《星戏会》合并为《空中大舞台》栏目。《星广会》从开播至1993年5月,共举办420期节目,参演的音乐团体120多个,演员1800多人,演出中国歌曲2850首,外国歌曲1153首;剧场观众累计达30万人次,广播最高收听率达到67%,听众来信累计5万多封。

2004年10月24日,《星广会》恢复举办,周六、周日10时、19时30分在经典音乐频率播出,时长1小时30分钟。《星广会》在剧场演出依然坚持以"传播经典音乐、弘扬先进文化"为宗旨,坚持"高质量、低票价、普及型"定位,音乐会票价保持30元～50元,音乐爱好者称它是"听得起的音乐会"。演出始终保持高上座率,经常因为满座而增加站票,成为经典音乐市场的奇观。2005年起,《星广会》邀请上海音乐学院教师王勇博士担任主持人,他在演出曲目中穿插讲解背景知识,深入浅出,生动有趣。同年8月起,《星广会》举行"经典音乐社区之旅"活动。两个月中,上海交响乐团、上海爱乐乐团、上海歌剧院的艺术家们深入仁恒滨江、春申万科城等10个社区,举行10场演出,观众达6万人。2006年10月,《星广会》举办"经典音乐工业园区行"活动,先后到上海7大工业园区和企业搭台演出,免费送上经典音乐。《星广会》还举办自闭症儿童专场、民工子弟专场等慈善义演。2007年1月3日,通过东方卫视直播的"星期广播音乐会新年爱心演唱会",募集善款365万元,悉数捐给上海慈善基金会。同年1月,《星广会》在创立25周年及恢复举办50期之际,举办庆典音乐会、音乐讲座、乐迷沙龙和"寻找《星广会》的记忆"等系列纪念活动,4100人次参与活动。同年11月,《星广会》被市委宣传部、市新闻工作者协会评选为首批"上海市优秀媒体品牌"。同年12月,在国际权威古典音乐杂志《留声机》(中文版)和《人民音乐·留声机》杂志举办的2006—2007年度上海演出季的评选中,《星广会》以评委会全票通过获得"最佳普及活动"奖。

2007年12月16日,上海市市长韩正率领市政府机关60位工作人员购票入场观看《星广会》演出。几天后,韩正市长致信栏目组:"我怀着欣喜的心情观看了12月16日的星期广播音乐会,广大市民对于艺术的热爱和渴求令我欣喜,而你们为传播经典、普及艺术所做出的努力令我欣慰。星期广播音乐会自创办以来,始终致力于普及古典音乐、提高市民的音乐素养,取得了很好的效果,已经成为上海一道动人的文化风景。"他希望《星期广播音乐会》"推动经典艺术走向大众的过程中传承发展,永葆青春,让广大市民在欣赏的过程中提升素质、愉悦心灵,为满足广大市民的精神文化需求、推进上海文化建设做出贡献"。同年,《星广会》联手上海交响乐团在武汉、重庆、西安、天津、沈阳、广州等10座城市举办巡演。此后,相继推出贝多芬、肖斯塔科维奇、勃拉姆斯等音乐大师的作品系列,使广大听众得以完整地了解大师的作品全貌。其中,贝多芬9部交响曲系列演出套票创下提前3个月售罄的纪录。《星广会》还推出著名作曲家系列音乐会12场,全面介绍莫扎特、柴可夫斯基等大师的代表作;曾举办打击乐、铜管乐、弦乐、木管等以乐器为线索的专题音乐会。

【立体声之友】

上海电台《立体声之友》栏目创办于1982年6月,每周1档,时长45分钟;后增加到每周3档,时长1小时,冯秉友主编。该栏目设音乐动态、人物专访、音乐家趣事轶闻、答听众问、新唱片介绍等内容。播出后受到爱乐人群欢迎,成为沪上欧美音乐的启蒙节目。据 1986 年 5 月收听率调查,它在 26 档广播音乐节目中名列第一。1987 年起,《立体声之友》邀请外国朋友主持节目,还请上海各高校学生会以集体名义编辑节目,其中有作家、医生、工程师、教师等,这在当时是全新的做法。1988 年,《立体声之友》开播 200 期时,举办外国通俗歌曲大点播和"我最喜爱的外国歌星"评选活动,收到 3 万多封来信和选票。1990 年 10 月,栏目开播 500 期时,举办首届英语歌曲卡拉 OK 比赛获奖歌手演唱会。1992 年 9 月 15 日,《立体声之友》播出时间增加到每天 1 小时,设有"明星风云录""明星金曲集""海外音乐热线""一曲情牵"等板块。1995 年节目改版,推出"您最早的朋友,您永远的朋友,立体声之友,您的朋友"品牌口号,在传播欧美日流行音乐的基础上,增加时尚元素以吸引年轻听众。1998 年 2 月 22 日,《立体声之友》举行改版现场活动,600 多名听众出席。新版《立体声之友》呈集锦式格局,时长 1 小时,借鉴国际时尚音乐广播节目概念,创新编辑风格,节奏明快,增设"历史上的今天""金曲重温"等板块。2002 年 7 月,《立体声之友》栏目停办。

【音乐万花筒】

1987 年 5 月,上海电台与上海录音器材厂合作开办华语流行音乐直播栏目《上录音乐万花筒》,创办人欧阳城、孙仲瑜。设"乐海拾珍""请您录音""请跟我唱""音带新讯""歌星评选""金曲精选"等板块。1988 年初推出听众自娱自乐板块"歌星的摇篮",要求参与者携带自己演唱的录音磁带报名,报名者 1 000 多人。1989 年春节期间举办"当代十大歌星"评选活动,5 万多人参与。同年 7 月创办"流行歌曲排行榜",每周六公布 10 首最受欢迎的流行歌曲,它是上海最早的流行歌曲排行榜。1990 年春节,举办"十大歌迷评选"活动,参与者超万人。1991 年起连续举办"十大中文金曲"评选活动。1992 年 10 月《上录音乐万花筒》移至东方电台。上海电台开办《音乐万花筒》栏目,设"音乐沙龙""好歌大家听""点唱机""滚石音乐杂志"等板块。其保留的"流行音乐排行榜"影响很大,新加坡电台同步播报该榜上榜歌曲,香港卫视中文台在每月的第一周播报该排行榜名单。1995 年上海电台《音乐万花筒》冠名《白丽音乐万花筒》。1999 年,东方电台《上录音乐万花筒》改版,设置:"时尚之约""影音新天地""独立乐评人""香港中文金曲龙虎榜""再回首""旁氏流行排行榜"等板块。2002 年 7 月,上述两个音乐万花筒栏目合并冠名《白丽音乐万花筒》,在传媒集团流行音乐频率 19—20 时播出。2007 年 8 月,《白丽音乐万花筒》同步视频直播开通,听众登录网站 101. smgbb. cn 可在线观看同步视频直播。不定期邀请知名歌手做客直播室,通过热线电话、网络聊天室与听友互动交流,视频直播开通后一周内,最高点击量达到 72 万次。

【华夏旋律】

上海电台《华夏旋律》栏目开办于 1990 年 4 月,它以弘扬民族文化,丰富大众音乐生活,陶冶高尚情操为宗旨,运用成套、专辑和专题等形式,向听众介绍华夏音乐文化中的艺术珍品。内容包括各地民歌,各个历史时期的优秀歌曲、器乐作品,中国风格的室内乐、交响乐、歌剧片段、舞蹈音乐和最新采录的音乐佳作。先后编播《中国风景音画》《中国民族风情》《悠悠岁月情,旋律动人心》等系列专辑。1992 年该栏目为纪念毛泽东《在延安文艺工作座谈会上的讲话》发表 50 周年,编辑制作了60 集大型系列节目,集中展现了自《讲话》发表后所创作的优秀音乐作品。1993 年节目改版,新设板块:"器乐精粹"介绍我国各类器乐精品;"名歌名曲点播"播放听众点播的优秀歌曲和器乐名曲。播出大型系列节目《银幕上的歌——中国电影歌曲 60 年回顾》,特邀电影表演艺术家孙道临作嘉宾主持,受到听众欢迎。1999 年《华夏旋律》移至经济频率中波 1422 千赫、调频 105.7 兆赫周二、四

20—21 时播出。2000 年 12 月，《华夏旋律》栏目停办。

【微笑调频】

上海电台《微笑调频》栏目开办于 1995 年 8 月 19 日，每天 17—18 时在调频 103.7 兆赫播出。它以青年听众为收听对象，编排欧美经典音乐为主，穿插播放中国流行歌曲。设板块："微笑瞬间"以普通大众为采访对象，反映寻常人生活中的欢乐；"微笑铺子"播送由听众投稿的中外笑话；"微笑生活"反映生活中真善美的小故事；"微笑帮你办"介绍新近文娱信息；"榜单集锦"播出一周上海电台各音乐节目排行榜的最新动态。2002 年 7 月，《微笑调频》栏目停办。

二、东方电台

【天天点播】

东方电台《天天点播》栏目开办于 1992 年 10 月，每天 12—13 时在调频 101.7 兆赫播出，主持人方舟。节目采取现场热线电话点播方式，让听众直接参与即点即播。设"普通人""过去的时光"两个话题，从听众来信中物色对象，把他们请到直播室交流。还经常邀请知名人士谈感想与心得，劳动模范包起帆、徐虎、马桂宁，演艺明星靳羽西、艾敬、那英都曾出现在《天天点播》节目中。栏目还开设"周老师谈欧美流行音乐"板块。1999 年 1 月 1 日，《天天点播》开设点播网络版，及时播出网友们实时或预约上网的祝福内容，满足更多听众的需求。同日增设"校园直播车""有情天地""网络巡游"等板块。2008 年 2 月，传媒集团流行音乐频率《天天点播》每天 11 时，推出 3 小时新春特别节目《动感 DJ 与你共贺新禧》。

【怀旧金曲】

东方电台《怀旧金曲》栏目开办于 1992 年 12 月 20 日，周日 19 时在调频 101.7 兆赫播出。它面向老年听众，兼顾中青年音乐爱好者，选曲以爵士歌曲、乡村民谣、电影歌曲、艺术歌曲等欧美经典音乐为主，由音乐教师王奕贤、香港爱乐者查里林策划编辑，张培主持。2002 年 10 月 28 日，开播 500 期时，共为听众选播 8 000 余首欧美经典音乐作品，形成相对固定的听众群。从这年开始，栏目通过全国广播音乐卫星协作网向全国 16 个大中城市转播。2004 年 10 月 23 日，《怀旧金曲》开播 600 期时举行听友联谊会，300 多位老听众以及历任节目编辑和主持人一同庆祝并重温经典金曲。2010 年，《怀旧金曲》在经典音乐广播周六 15 播出，时长 60 分钟，陆明主持。

【东方风云榜】

东方电台《东方风云榜》创办于 1993 年 10 月 23 日，周一至周五 18 时 30 分—19 时、周六 10—11 时在调频 101.7 兆赫播出。栏目组每年举办一次盛大的音乐颁奖典礼，以表彰推动中国流行音乐发展的人们。《东方风云榜》是第一个中国内地流行歌曲的排行榜，旨在推动国内流行歌曲发展、填补中国内地原创歌曲排行空白。它以公平、专业的精神支持、挖掘内地原创音乐优秀人才与作品，刘欢、艾静、高林生、那英、罗中旭、孙锐、陈明、孙楠、田震、韩红等先后获最受欢迎男、女歌手奖；它不断地为原创乐坛输送新鲜血液，李泉、胡彦斌、韩雪、沙宝亮等先后获"东方新人"奖；它设置"华语歌坛五强奖"，以表彰华语区杰出歌手，周杰伦、陈奕迅、张靓颖、周笔畅、林俊杰、光良等先后获得该奖项，成为广受欢迎的歌手。1994 年 2 月 20 日，首届"群星耀东方十大金曲评选暨颁奖典礼"在黄浦体育馆举行。同年4月18日,首创《东方风云榜新歌推荐》节目,每天6—24时逢整点滚动播出18次。1995年2月26日,第二届东方风云榜金曲颁奖典礼在上海商城剧院举行,演唱会通过卫星电视向亚洲52个国家和地区转播。同年10月28日,《东方风云榜》在外滩黄浦公园举行第100期"上海歌手广场音乐会",并将已播出的100期中66首作品汇编成《东方金曲》一书。1998年3月27日,在第五届东方风云榜金曲颁奖典礼上,首度采用现场投票方式,产生当晚最受欢迎男女歌手。1999年1月1日,《东方风云榜》新辟"校园之光"板块,吸引校园优秀原唱歌曲在节目中播出。在全国校园中征集创作歌曲,举办校园歌曲创作演唱会或新秀演唱会。2001年5月19日,第八届东方风云榜金曲颁奖典礼首次设立明星大道和反盗版宣言仪式。2002年2月1日,第九届东方风云榜首次增设"年度唱片"奖项。颁奖典礼拉票会在同济大学、上海财经大学、上海交通大学举行,参与学生达5万多人。同年3月31日,颁奖典礼演唱会首次以现场打擂台形式选出"东方新人"奖。2003年1月8日,《东方风云榜》栏目改版,新设"我有话要说"特别点评板块,针对歌坛种种现象,邀请专业人士参与讨论点评。同年2月10日,在第十届东方风云榜金曲颁奖典礼上,首度成立由音乐专业人士、媒体代表、高校学生代表组成的32人评审团。同年5—6月,《东方风云榜》推出抗"非典"公益歌曲打擂台活动;同年6月28日,推出"电波颁奖礼"500分钟大直播。2004年3月12日,第十一届东方风云榜金曲颁奖典礼实况,由全球30多家华语电台以及搜狐网联合播出。从这届起,新增"华语歌坛五强奖",香港歌手张学友获"华语歌坛风云成就奖"。

2005年3月19日,第十二届东方风云榜举办金曲颁奖典礼,在歌迷票选方面增设"港台最佳乐队""最佳舞台演绎(港台)"奖项。该届首次有网络歌手登上音乐排行榜,并为网络歌手获奖预留了空间。同年11月6日,《东方风云榜》栏目被市委宣传部、市新闻工作者协会评为首批"上海市优秀媒体品牌"。

2008年3月20日,《东方风云榜》首届论坛在上海举行,主题为"真音乐真功夫——振兴中国原创乐坛"。这场"坚持真音乐"大讨论引发业界内外的广泛关注。同年3月29日第十五届东方风云榜十大金曲评选暨颁奖典礼上,演唱演奏全部为真唱真奏。2009年2月16日,在第十六届东方风云榜金曲颁奖典礼上,组织者发布"自律公约",内容包括拒绝虚假数字,拒绝虚假排行,不要人为榜单,不要人造欢呼等。同年3月14日,颁奖典礼当天,诸多明星在"自律公约"上签字,并发表自己的"真音乐宣言"。

2010年3月4—17日,《东方风云榜》分别在香港和北京举行"真音乐、不插电"为主题的演唱会。同年3月23日,以"真音乐的3.0时代"为主题的《东方风云榜》音乐论坛在上海举行,MYSPACE中国区、百度娱乐、酷狗音乐、摩托罗拉、腾讯、中国电信等公司高官和音乐界代表,共同探讨音乐在新媒体时代的未来发展。

【音乐早餐】

1995年,东方电台推出《音乐早餐》栏目,周二至周六7时在调频101.7兆赫播出,阿彦主持。1998年4月21日,《音乐早餐》改版,将1小时录播改为2小时直播,内容由音乐改为音乐加新闻。每天7时直播2小时,一雯、阳光主持。该栏目全新尝试在音乐节目中播报时政、文化、体育新闻和交通信息,设"音乐早餐之事事关心""都市断想""音乐寿司""健康食谱""影音新传真""奇妙自然""CD-ROOM唱片室"等板块。栏目还组织"引进版专辑评比""娱乐知识竞赛"等特色活动。2003年,《音乐早餐》扩展为每档3小时,每天6时播出。2010年,在流行音乐广播每天7—9时播出,小畅、晓君主持。

三、传媒集团/上海广播电视台

【947 经典热播榜】

传媒集团《947 经典热播榜》栏目开办于 2005 年 1 月 3 日,周六 14—16 时播出。它是一份对古典音乐和经典老歌等经典音乐的排行、以关注听众喜好度为依据的独立榜单。它以经典音乐频率播放的曲目为基础,以播放频度、听众点播次数以及网络、短信、信件投票等因素来决定曲目排名的前后。经典音乐频率每逢整点开辟"947 经典热播榜本周推荐"特别单元,与每周一期的"947 经典热播榜揭榜时刻"相呼应。2006 年,《947 经典热播榜》改为周六 12—14 时播出,晓萌主持。

【彩铃真精彩】

传媒集团"动感 101"频率《彩铃真精彩》栏目开办于 2005 年 1 月 30 日,每天 11—12 时播出。它以彩铃歌曲为主要内容,介绍优秀、原创彩铃音乐和歌曲。每周揭晓"动感彩铃排行榜",对一周内上海地区的热门彩铃进行排榜,引领彩铃时尚潮流,提供听友下载指标。节目播出中设互动环节,请听众参与原创彩铃的即兴制作;设短信益智问题、有奖征答、彩铃歌曲竞猜等环节。2005 年 12 月 14 日,该栏目在华东理工大学举办"彩铃唱作先锋大赛"上海赛区总决赛。2009 年 1 月,《彩铃真精彩》在流行音乐频率播出。

四、市郊区县站/台

1978 年后,上海市郊各区县广播站相继开办自制的音乐栏目,主要内容有音乐欣赏、作品介绍等,点歌点播类节目受到广泛欢迎。1980 年 8 月 25 日,宝山广播站开办《点歌台》栏目,每周 1 期,至 1990 年底,该栏目共播出 500 期,收到点播信件超过 1.4 万多封,点歌人数 4.3 万多人,累计播出 5 000 多首歌曲,总时长 1 260 小时。参加点播的听众有本地区听众,也有在外地他乡的宝山人和宝山籍的战士。1988 年,嘉定电台设置的音乐栏目有《听众点播》《请你欣赏》《快乐半小时》。

20 世纪 80 年代末起,各区县电台陆续推出听众参与的音乐节目,有听众投票的音乐排行榜、听众施展才华的空中舞台等。青浦电台与上海地区及全国部分电台、唱片公司建立合作机制。青浦电台创办《缤纷歌坛》栏目,时长 1 小时,其中"水乡歌曲原创榜"板块,是由全国 50 家唱片公司推荐、听众投票而评定榜单名次。1991 年,宝山电台开办《音乐之友》栏目,为音乐爱好者提供施展才华的空中舞台,至 1993 年底,共接待 260 人次。1993 年,浦东电台创办《温馨专送 706》直播栏目。1994 年,浦东电台开设《音乐万花筒》《环球歌坛》《千千阙歌》等栏目。同年 6 月,南汇电台开办的音乐栏目有:《限时专送天天点播》,周一至周六 19 时 30 分—20 时热线直播;《一周点歌排行榜》,周日 9 时 30 分—10 时 30 分播出;《叶杨旋律》,以音乐知识、经典欣赏、音乐点播为内容,周日 11—12 时热线直播;《七彩乐苑》,主要选播中外名曲和流行歌曲,每天 20 时播出,时长 30 分钟。1995 年 1 月,南汇电台开办以介绍海外歌曲为内容的《环球歌曲》栏目,每天 10 时 30 分—14 时播出;嘉定电台开设《名曲欣赏》《每周一歌》栏目。1998 年,青浦电台《缤纷歌坛》栏目"水乡歌曲原创榜",以其浓郁的水乡民间特色跻身当年国内权威歌曲排行榜——《音乐生活报》"中国原创歌曲总评榜"。1999 年 3 月,南汇电台开办以欧美爵士乐、乡村歌曲为内容的《轻松调频》栏目,周三 9 时—9 时 30 分播出;4 月,增设《周末大放送》栏目,周六 9—10 时、周日 18 时 30 分—19 时 30 分播出,每期选择一名歌手,介绍其演唱特点和风格,播放其代表作品。

2000年后,音乐广播综艺化表现流行,形式多样。2001年1月,浦东电台《温馨专送706》栏目更名为《温馨专送点歌台》,以听众点播为主要内容;同年3月,开设《流光飞舞》栏目。2004年,嘉定区广播电视台分别推出以少儿和老年听众为对象的广播音乐栏目《童言音乐时间》《音乐密码》。2006年1月,浦东电台主打音乐栏目《流光飞舞》改版,改版后时长100分钟,设"音乐你作主""音乐推推推""正午茶未凉""娱乐一周刊"等板块。同年2月,浦东电台开办《时尚主播台》栏目,时长110分钟,设"摩登谈话""魅力听觉""内心独白""每周箴言"等板块。2007年5月,金山区广播电视台开设《音乐欣赏》栏目,周一至周日9时30分首播,时长30分钟,主要介绍、推广流行音乐及其畅销专辑。同年8月,宝山区广播电视台开办《布袋音乐》栏目,时长30分钟,周日12时30首播。它以"精心收藏的声音记忆,随心而动的音乐旅行"为主旨,以青少年及白领有车族为目标听众,是一个有故事的音乐节目,设"青春手札""枕边书""音乐地形图"板块。2008年,南汇县广播电视台开设《金色旋律》《精彩K歌榜》音乐栏目。2009年7月1日,嘉定区广播电视台开设互动音乐栏目《音乐晚餐》,每天17时直播,时长1小时。同月,浦东新区广播电视台成立,保留《天天点播》《周末大放送》等音乐栏目,增设《音乐风景线》《飞扬音乐风》《音乐国际航班》等栏目。2010年,奉贤区广播电视台推出"阳光959频率",定位为"音乐加资讯",旨在打造"南上海最美丽的声音",以实现从农村电台向都市频率转型的目标,每天6—22时播出16小时。同年10月12日,松江区广播电视台调频广播开设的音乐栏目有:《激光金曲》,以介绍世界名曲为主要内容;《立体声歌曲与音乐》,以通俗歌曲与流行音乐为主要内容;《温馨时刻》,以介绍民乐和世界名曲为主要内容,同时播出听众来信点歌;《云间新旋律》,主要介绍新近出版的歌曲。

第七章 文艺节目

1978 年后,上海电台文艺节目播出大量"文化大革命"期间被禁播的中外优秀文学作品和传统剧目。1980 年起,逐渐恢复《小说连播》《广播书场》《说说唱唱》《戏曲大舞台》等栏目,增设《星期文谈》《作品选播》《作家与作品介绍》《舞台内外》《星期书会》《越剧之友》《沪剧之家》《梨园风景线》《星期戏曲广播会》等周播栏目和《滑稽王小毛》《笑声与歌声》等日播栏目。这一时期,广播文艺栏目形式多样,内容越来越丰富。文学节目特邀作家主题创作,请艺术家朗诵、演播。戏剧节目以组录形式,录制了大量舞台演出实况,众多表演艺术家的绝响和原声,成为珍贵的声音档案和音频资料。

20 世纪 80 年代中期,广播综艺节目兴起。1985 年,上海电台推出一批综艺新栏目,其中有《文化与交流》《知心话》《五彩家庭》《空中红娘》《企业文化》等,之后各档节目合并为每天一小时的《娱乐总汇》。1987 年,上海电台成立文艺节目编辑室,对外呼号为"上海人民广播电台文艺台"。文艺节目主要在中波 1197 千赫播出。

1992 年 10 月,新成立的东方电台开设一批直播综艺节目,有《阳光列车》《逍遥星期天》《十二色彩虹》《半个月亮》《东方大世界》等栏目。同时期,上海电台也开设《海上新空气》《麦氏温馨时刻》《共度好时光》《文化走廊》等直播综艺节目,多个栏目尝试制作系列情景小品或短剧。

1995 年 5 月 1 日,全国实行双休日工作制后,双休日综艺节目增多。同年 6 月,上海电台为双休日而特别开设晚间娱乐栏目《双休娱乐厅》;东方电台开设周末特别版面,将中波 792 千赫周六除新闻之外的节目全部改为娱乐节目,设《假日导购台》《每周一辩》《792 娱乐总汇》《东方第一播》《周末菜肴》《留声机》《月下闲谈》等栏目。同年 8 月 19 日上海交通广播开设《快乐周末》栏目。

2002 年 7 月 15 日,广播文艺节目归属传媒集团戏剧文艺频率管理,调频 94.7 兆赫为文艺频率,每天播出 18 小时,主要播出文学及综艺节目,设置《当代小说连播》《传记文学长廊》等长篇连播栏目。中波 1197 千赫更名为戏剧频率,每天播出 13.5 小时戏曲节目和 4.5 小时文学及综艺节目。2004 年元旦,文艺频率移至调频 96.8 兆赫,又称"开心调频",不同类型的小说被细分,开设《爱情故事天天听》《武侠小说日日新》《惊险神秘故事》《说古道今听评书》《今日倾听》等栏目,在文艺频率和戏剧频率各有重播。同时推出《开心一家门》《幽默快递》《午后红茶》《饮食男女》等综艺栏目。2006 年 1 月,文艺频率、戏剧频率归入传媒集团广播综艺部。同年 5 月 22 日,文艺频率面向听众改称"新娱乐调频",改版或新开一系列综艺栏目:《哈皮一族》《九点人来疯》《越夜越美丽》《男左女右》,引入电视主持人和电视节目,开设《吉品美人》《非倪莫属》《辰心辰意》《新娱乐公主日记》《相约星期六》《舞林大会》广播版。每天保留 3.5 小时文学节目,设有《一嘴话江山》《STORY 吧》《武侠传奇》《蓝色惊险快车》等长篇连播栏目。同年 7 月 15 日起,戏剧频率与戏剧频道、逸夫舞台联手推出《海上直播剧院》,每月两次直播演出,并通过热线和短信与戏迷互动,直播持续半年多。同年 12 月 1 日,文艺频率移至调频 107.2 兆赫,戏剧频率移至调频 97.2 兆赫。

2007 年 8 月,传媒集团广播文艺中心成立,戏剧频率更名为"戏剧曲艺广播"。同年 12 月 23 日起,文艺频率改称"上海故事广播",每天播出 18 小时,开设《小说连播》《武侠传奇》《说古道今听评书》《档案揭秘》《影视小说》《阿拉讲故事》《月光宝盒》等故事类栏目,并开设《悦读 30 分》《书市排行榜》等直播节目。在演播内容不断丰富的同时,长篇连播的演播形式也由单人演播发展为双人演播,进而诞生了小说剧的创新形式。新推出综艺节目《快乐引擎》《在路上》,停办一批娱乐节目。

第一节　文　学　节　目

一、栏目与讲座

【栏目】

《星期文谈》　1979 年 5 月,上海电台开办文学评论栏目《星期文谈》,每档 10 分钟,周日播出,次日重播 2 次。《星期文谈》就文艺与政治,文艺和社会,歌颂与暴露等当时文艺创作、文艺理论、文艺欣赏的重大问题进行探讨,发表评论。先后组织播出纪念鲁迅诞辰 100 周年、纪念毛泽东《在延安文艺座谈会上的讲话》发表 40 周年为主题的系列文章。1984 年,《星期文谈》停办,其内容融入《文学爱好者》栏目的作品评介。1987 年 1 月,《文学爱好者》栏目停办。

《作品选播》　1980 年初,上海电台开办《名著欣赏》栏目,1989 年初改名为《作品选播》。它侧重播送外国文学作品,并形成系列化编排,先选播俄国和苏联、法国、英国作品系列,1991 年起,选播美国、日本作品。1992 年初,选播意大利、澳大利亚、印度、罗马尼亚、波兰、瑞士等国的文学作品。同年 4 月起,重点播出诺贝尔文学奖获得者的作品。该专栏邀请胡庆汉、乔榛、曹雷、娄际成、丁建华、刘广宁、李梓、梁波罗等著名演员参加演播,部分节目提供给海峡之声电台对台湾播出。1993 年 7 月,《作品选播》栏目停办。

《散文专栏》　1982 年,上海电台阶段性设置一些散文专栏,专栏中的节目以系列、专辑形式出现,第一个开办的是《上海风貌》专辑,特邀上海作家撰写有关上海风物的散文,参与撰稿的有袁鹰、何为、峻青、秦瘦鸥、师陀、黄裳、杜宣、菡子、雁翼、赵丽宏等 300 多位作家,描写了孙中山和宋庆龄故居、周公馆以及城隍庙、古猗园、醉白池等重要的上海人文纪念地以及风景名胜。《文汇报》为此刊发评论《大都市的剪影——评上海风貌散文专辑》,上海三联书店遴选编辑其中部分作品,结集出版《上海风情》一书,并于 1989 年入选上海职工阅读优秀书目。1986 年,续设《美丽的江南》散文专辑,内容是反映江浙一带的人杰地灵、天宝物华,作品有陈益的《阳澄湖上》、斯尔螽的《人影花光笑满堤》、冰夫的《在碧螺春的故乡》、曹峻青的《南通铭》等。撰稿作家 80 多位。1987 年 4 月,推出《神州万象》散文专辑,题材扩大到全国,有秦牧反映海南岛改革开放的《宝岛》;有吴强、何为、赵丽宏等 20 多位作家参加上海电台与绍兴市文联举办"绍兴笔会"时撰写的有关鲁迅故居、秋瑾故居、大禹陵、兰亭等人文景观的作品;有描写上海改革开放新成就的《超越——南浦大桥漫步》等,总共播出 400 多篇。

《作家与作品介绍》　1980 年 10 月,上海电台推出《作家与作品介绍》栏目,相继介绍中外名篇,其中有李白、杜甫的诗,鲁迅的杂文和小说,巴金的小说,曹禺的剧作以及巴尔扎克、高尔基、契诃夫等外国作家的作品。1984 年 8 月起,以苏州园林、景观为主题,介绍名家作品。1988 年起,发展为系列化专题介绍,有《元散曲系列欣赏》《明代小品文系列赏析》《清诗系列赏析》,每个系列约 10 篇,连续播出 2 个～3 个月;有《除夕诗话》《清明诗话》《七夕诗话》,以赏析古代诗人吟咏节日风情的诗歌为主,穿插介绍传统节日的故事传说和风土人情;有中学语文教材篇目赏析专题,作品包括鲁迅的小说《药》、施耐庵的《鲁提辖拳打镇关西》等名篇,对中学语文教学有一定的辅导作用。

《半个月亮》《夜阑书香》　1992 年,东方电台开办《半个月亮》栏目,内设"心理沙龙""人在旅途""夜阑书香""人生思考题""月下闲谈"等板块,与听众分享读书做人的心得,张培、陈洁主持。

1993 年开始,张培和余自力在节目里播长篇小说,有王安忆的《长恨歌》、赵长天的《不是忏悔》、蒋丽萍的《女生妇人》、池莉的《来来往往》等。1995 年 6 月,《夜阑书香》成为独立栏目,周一至周六 23 时 30 分—24 时播出,淳子主持。选择优秀散文、诗歌作品,在音乐的烘托下进行声情并茂的演绎。2001 年,该栏目在中波 792 千赫周一至周日 20 时 30 分—21 时播出。2003 年 12 月,《夜阑书香》栏目停办。

《人间万象》 1993 年,上海电台开办综合性文学栏目《人间万象》,设"海上文苑""佳作选播""漫话人生""名人轶事""海外博览""五色土""一孔之见"等板块,播出散文、诗歌、报告文学、作家作品介绍等,每天 30 分钟。1995 年 1 月起,推出《世界华人文学百家精品展播》,先集中推出 5 期。之后每周 1 期,延续 1 年多,集中介绍世界各地 97 位华裔作家的优秀文学作品,无论从作品选材的多样性,还是所涉国家的范围之广,都是前所未有的。1996 年 7 月 1 日起,和中国香港作协联合推出"香港风景线"板块,其中,由陆晓兰、李长缨编辑,徐景新作曲,赵屹鸥演播的专题《等待升旗》,表达了国人迎接香港回归的迫切愿望。1999 年 12 月 13 日起,为迎接澳门回归,推出 8 集《走进澳门》系列专题。2001 年 1 月《人间万象》栏目在中波 1197 千赫、调频 94.7 兆赫周一至周日 21 时—21 时 30 分播出。2002 年 7 月,《人间万象》栏目停办。

《午夜星河》 1993 年 7 月 26 日,上海电台中波 990 千赫 23 时 30 分至翌日凌晨 1 时,以点诗为内容的《午夜星河》开播,由陆澄先后与何晶、田涯、晓露、陈然搭档主持。节目以听众点播、编辑当场选诗配乐、主持人即兴朗诵以及与听众简短交谈为主体框架,以诗传情,在给人们提供心灵抚慰的同时,给予审美启示,设"诗友小站""祝福到明天""诗友俱乐部"等板块。1994 年,该栏目尝试"卡拉 OK 点诗"并举办大赛,同年举办"金秋越洋点诗",邀请聂华苓、董鼎山、王丹凤、陈冲、尚长荣、史蜀君等 18 位海内外文化名人参与。1995 年 7 月,《午夜星河》栏目停播。

1997 年 6 月 2 日,《午夜星河》栏目在文艺频率 1197 千赫恢复播出,设"知音信箱""诗海心潮""星河夜话""诗友之家"等板块。1999 年 6 月 4 日起,栏目更名为《今夜星河》,移至中波 990 千赫、调频 93.4 兆赫,播出时间提前至 22 时 15 分。栏目推出《星期诗歌朗诵会》,两周播出一套 45 分钟的实况录音。同年,主持人陆澄获第四届中国播音主持金话筒奖。2003 年《今夜星河》被评为"中国广播文艺奖十佳栏目"。2004 年 1 月恢复《午夜星河》名称。2006 年 5 月 31 日,由该栏目策划,传媒集团广播综艺部联合上海炎黄文化研究会、上海市作家协会、松江区委宣传部共同举办"端午诗会",以诗词朗诵为主体,穿插歌、乐、舞,构成一台情景朗诵会,中波 1197 千赫进行现场直播。2008 年 3 月,《午夜星河》栏目在戏剧曲艺广播周六 22 时、周日 21 时播出。

《美文妙律》 1993 年 12 月,东方电台开设文学和音乐相融合的欣赏类录播栏目《美文妙律》,周日 22—23 时播出,主持人方舟。设"文苑经典""清风雅乐""咸淡人生""妙语开怀"板块,每集设立一个主题,选用的文学和音乐意境相投、环环相扣。2002 年 7 月,《美文妙律》移至文艺频率,每周二至周六 7 时 15 分播出,时长 15 分钟。2009 年,《美文妙律》栏目移至"经典 947"频率,周一至周日 22—23 时播出,主持人李嘉、张培。

《拍案冲击播》 2003 年 5 月 31 日起,传媒集团文艺频率《惊险迷案故事》开设双休特别栏目《拍案冲击播》,时长 30 分钟,张建红、陆澄主持。该栏目与市公安局、《东方剑》杂志联合制作,是一档集知识性、娱乐性、参与性于一体的互动探案直播栏目。周六邀请公安专家、教官担任嘉宾,每次讲述一则案例,提供若干破案线索,主持人开通热线电话,让听众发挥想象力,根据案例和线索判断破案,过一把当探长的瘾。周日为"故事版",选播精彩的侦探推理故事。由于受听众欢迎,2004 年扩版为 60 分钟,让听众有充分展示推理分析能力的机会。2005 年 7 月,栏目开播两周年之际,推出

"2005新震颤——《拍案冲击播》互动探案视听会"。2009年1月,《拍案冲击播》在调频107.2兆赫故事广播周日12—13时播出。

《书市排行榜》 2007年12月,传媒集团上海故事广播推出《书市排行榜》栏目,周日16—17时播出。该栏目综合上海书城、全国各大出版社、大型网上书店的销售情况,每周推出一期榜单。通过"书讯最前沿""深度解读""独家视点"等板块,介绍一周阅读热点,每期节目重点选取一本具有争议性或热销的书做详细解读,采访该书作者、编辑或相关评论家等,由演播人员配乐朗读其中片段。

《梁辉说法》 2008年7月28日起,传媒集团上海故事广播推出《梁辉说法》栏目,周一至周日15时30分—16时首播,次日8时30分重播,由主持人梁辉以讲故事的方式叙述发生在人们身边的真实法律事件,情节曲折迷离,教训发人深省,全国30多家电台购买并播出该节目。2009年1月,增加法律专家点评板块。2009年7月,《梁辉说法》栏目与上海市检察院联合推出"检察在线"板块。

【讲座】

1978年,上海电台着手恢复文学知识讲座。同年7月,开办4讲,内容有讲解毛泽东关于要在学习民歌和古典诗歌的基础上发展新体诗的要求。同年9—10月,组录小说、散文和报告文学专题讲座共6讲。1979年1月,举办《编剧基本知识讲座》8讲。同年3月,举办《儿童文学讲座》4讲。1981年3月,举办《戏曲编剧常识讲座》12讲。1983年1月,举办《电影文学知识讲座》,共14个单元,分48档节目播出。组织编写的25万字讲稿,由四川大学出版社出版发行。

1989年初,经过三年时间的组稿和录制,上海电台开播15讲《朗诵艺术讲座》,赵兵主讲。讲座全面系统地讲解了朗诵艺术的基本理论和技巧,对不同类型的文学作品如何朗诵进行详细的解读。这在全国广播界是第一次,在朗诵艺术的研究论述方面也是第一次,赢得了朗诵爱好者及专家的好评,有的学校把录音作为教材。

1990年7月起,上海电台推出《爱国诗歌一百讲》,共分3个单元:"爱国正气篇"先后介绍屈原、杜甫、李白、岳飞、陆游、辛弃疾、文天祥等诗人和志士仁人的诗词;"壮丽山河篇"介绍历代诗人赞颂祖国名山大川、风俗人情的优秀诗篇;"道德情操篇"介绍以中华民族传统的高尚情操和纯正志趣为主题的诗作。该系列介绍的优秀诗人约200位,赏析的诗歌约400首,共约50万字。以赏析古代诗歌来配合时代主旋律,引起广泛关注,当时在上海考察的中顾委委员吕正操打电话给电台要求翻录节目,并建议出版录音带。

二、长篇连播

【小说故事】

1978年,上海电台《故事》栏目更名为《小说连播》,陆续播出《东方欲晓》《许茂和他的女儿们》《海啸》《黄河东流去》《蓝屋》等当代中长篇小说,《我的大学》《童年》《在人间》《钢铁是怎样炼成的》《青春激荡》等外国小说。1980年后,选播《大桥颂》《乔厂长上任记》《美食家》等紧扣时代脉搏的作品。

1998年,梁辉编播《简·爱》精简版,借鉴广播剧制作手法,采用多人对播,加入音乐音效,探索了小说连播新形式。之后又制作《安娜·卡列尼娜》《牛虻》精简版。2001年,梁辉获得中国广播电视学会《小说连播》研究委员会授予的"全国《小说连播》演播艺术家"称号。同年,易峰编播都梁小说《亮剑》,这是该部作品在广播电视媒体的首度亮相,同名电视剧走红后被一再重播。

2002年11月2日,传媒集团文艺频率《当代小说连播》栏目推出迎接中共十六大专题《峥嵘岁月展辉煌》,播出长篇小说《日出东方》《太阳石》,分别由宋怀强、梁辉演播。同年12月23日,传媒集团文艺频率编创人员在上海图书馆举行全国首部广播贺岁小说《99玫瑰》开播仪式,作者王晓玉、主播张培出席。这部小说人物形象鲜明,生动展现大都市里斑斓多彩的生活长卷,讴歌人间真情。2004年,文艺频率播出贺岁小说《我把青春献给你》。

2006年元旦,传媒集团广播综艺部和东方出版中心联合推出葛红兵长篇财经小说《财道》,梁辉、张茜演播。小说以20世纪90年代中国股市为大背景,讲述一个卑微的苏北青年成长为上海新富的故事,描绘一幅在沪上打拼的新上海人群像。

【纪实传记】

1988年4月,《小说连播》栏目播出特等残疾军人刘琦自传体长篇小说《去意徊徨》,乔榛演播。节目还在中央电台和全国20家电台播出并由上海音像出版社出版国内第一部有声小说。为了帮助听众理解作品主题,《小说连播》还在每部小说播出时加上"编者的话",邀请作者作广播讲话,并选播听众来信。1990年,文艺频率播出讲述陈赓传奇人生的传记小说《风流大将军》,郭冰演播。

1988年12月起,上海电台开设《当代人风采》报告文学栏目,先后播出《我心中的周恩来》《陶铸和他的哥哥》《贺绿汀采访记》《徐开垒与〈巴金传〉》等300多篇作品。1991年7月,为反映抗洪救灾英雄事迹,《当代人风采》开设"来自抗洪斗争第一线的报告"板块,编辑陆小兰、施圣扬赶赴安徽灾区采访并组织当地作家写稿,共播出27篇报告文学作品。1998年,长江流域特大洪灾,编辑王小云、陆小兰、达世新、张建红辗转湖北灾区,采制特别专题《1998年,长江的洗礼》。

2000年7月24日—9月15日,上海电台在中波1197千赫、调频94.7兆赫播出54集长篇传记《我的父亲邓小平:文革岁月》。该作品根据邓小平女儿毛毛(邓榕)2000年出版的同名新作改编,真实生动地叙述了邓小平在"文化大革命"中跌宕起伏的政治历程和家庭的悲欢离合,通过许多鲜为人知的细节,再现邓小平的思想、品格和真实情感。曹雷、梁辉演播。上海电台领导专门派新闻记者赴京采访作者邓榕,同时安排文艺频率打破常规,边录边播。节目播出后形成收听热潮,巴金老人在病中每天坚持收听。该节目还在北京电台等10多家电台播出。

2002年8月14日,传媒集团文艺频率《传记文学长廊》栏目播出自传体小说《乞丐囝仔》,齐歌首次采用直播形式演播。同年9月17日,在海军上海基地举行长篇纪实文学《虎啸血野》开播仪式,粟裕大将侄子、该书作者粟刚兵出席开播仪式。同年11月6日起,推出迎接中共十六大特别节目《新上海的早晨》访谈集,由上海一批作家和记者撰稿,紧扣上海改革开放风云人物的独特经历和奋斗历史,反映改革开放给上海带来的深刻变化以及带给人们的深刻启示。节目组还邀请这些风云人物走进直播室交流对话。同年12月,播出26集长篇纪实文学《近看许世友》,齐歌演播。国防大学政委、该书作者李文卿上将曾担任许世友的秘书。作品以鲜为人知的丰富事实、生动的笔触,演绎许世友上将富有传奇色彩的故事。

2004年4月26日,文艺频率《今日倾听》栏目播出长篇纪实文学《青年毛泽东》,宋怀强演播。同年5月27日,作为纪念上海解放55周年特别节目,播出纪实文学《毛泽东在上海》,作品记述毛泽东50多次到上海的故事,陆澄演播。同年8月21日,播出纪实文学《邓小平在上海》,由市委党史研究室编著,宋怀强演播。同年10月,播出45集长篇连播《新写长征》,每集25分钟,宋怀强演播。此书由《长征组歌》作者肖华将军的秘书、作家李镜创作,节目先后在全国21家电台播出。

2005年5月31日，为纪念陈云诞辰100周年，传媒集团文艺频率开播长篇纪实文学《生活中的陈云》，陆澄播讲。陈云夫人于若木在接受文艺频率记者专访时题词：愿上海听众爱听《生活中的陈云》。同年7月11日前夕，为纪念郑和下西洋600周年，在首个"中国航海日"，传媒集团文艺频率推出配乐纪实文学连播《未知海洋上的郑和传人》，这是编辑达世新应国家海洋局之邀，随"雪龙"号远航采写而成，由宋怀强、张培演播。该作品由上海文化出版社出版，《新民晚报》连载。

2007年12月23日起，传媒集团上海故事广播推出纪实文学栏目《档案揭秘》，每天18时30分首播，时长30分钟，桂楠、余自力演播。节目从被尘封的档案中追踪历史原貌，推出"民国政治谋杀案系列""外交风云系列""民国名人爱情系列""抗战时期的中日间谍大战系列"等。全国十几家电台购买《档案揭秘》节目。同期，还推出张欣演播的纪实性栏目《真实记录》，挖掘热点新闻背后的真相，披露社会事件的细节，为听众提供观察时代和社会的广阔视野。

2008年6月12—17日，《我们在一起——四川汶川大地震纪实》节目在传媒集团上海故事广播播出，每集23分钟，共6集，宋怀强、张培演播。这部反映军民抗震救灾的长篇纪实新书，在四川汶川大地震后9天即编辑出版。上海故事广播组织力量赶录，节目在全国100多家电台播出。

【其他】

历史类　1987年，长篇评书《三国演义》在上海电台开播，评书艺术家袁阔成专程来沪参加开播式，引发收听热潮。同期播出的评书还有《水浒传》《杨家将》《岳飞传》《武松演义》《甘十九妹》《津门大侠霍元甲》《火烧博望坡》《聊斋志异·梦狼》等。此外，郭冰、张芝编播《水浒》《聊斋》《三国》系列故事，其中，《三国》系列故事于1991年出版盒带，中国台湾地区音像制品商再版发行到东南亚一带。2000年后，梁辉先后演播了《李自成》《张之洞》等历史小说。

惊险悬疑类　2002年起，传媒集团文艺频率根据一些惊险悬疑类小说制作播出连播节目，有易峰演播的《背后有人》《九命猫》《伤心至死》《诡念》《大漠苍狼》《鬼望坡》《暗穴》，易峰、冯骏骅演播的《风声》，赵屹鸥演播的《碎脸》《非人》，张培演播的《窒息》《红绫扇》，冯骏骅、谢添天演播《无法呼吸》《歌剧魅影》《七杀》《禁衣》，桂楠演播的《全部成为F》《伤心至死》第二部。2004年1月，文艺频率推出日播栏目《惊险神秘故事》，每日22时30分首播，时长30分钟。2006年5月，该栏目更名为《蓝色惊险快车》。2007年12月，更名为《惊险时空》，每日23时首播。

武侠类　2004年1月，传媒集团文艺频率推出日播栏目《武侠小说日日新》，每日22时—22时30分首播。2006年5月起更名为《武侠传奇》，每天18时播出。武侠小说的制播成为上海文艺广播的一大特色，易峰演播的《神雕侠侣》《神雕英雄传》等作品，其演播风格与金庸作品相得益彰，充分展现了声音魅力，易峰获2008年度中国广播电视协会"小说连播"研究委员会授予的"全国小说演播艺术家"称号。同期根据武侠小说制播的节目还有《雪山飞狐》《飞狐外传》《小李飞刀之九月鹰飞》《鹿鼎记》《连城诀》《侠客行》《七剑下天山》《碧血剑》《多情剑客无情剑》等。

沪语类　2007年12月23日起，传媒集团上海故事广播推出《阿拉讲故事》栏目，周一至周五，每天一集25分钟。邀请上海故事大王黄震良，用地道的上海方言演绎取材于民国风云的长篇故事，有《上海滩三大亨》《虞洽卿》《暗杀大王王亚樵》等。2010年，朱信陵演播的《严雪亭评传》74集、《毛人凤》86集，在《阿拉讲故事》栏目中播出。2010年3月15日，戏剧曲艺广播《说说唱唱》周末版《老里八早》穿插播出朱信陵和王燕演播的长篇沪语故事《三大亨与他们的女眷》《半生缘》《妙手俏佳人》。

三、影视剧录音剪辑及栏目

20世纪70年代末，上海电台的电影、话剧录音剪辑制作和播出出现一个高潮。当时，对热门的话剧、电影、译制片尽可能都列入节目选题，制作成录音剪辑。其中包括话剧《于无声处》《屋外有热流》《寻找男子汉》《秦王李世民》《商鞅》《驯悍记》；电影《天云山传奇》《大桥下面》《青春万岁》《城南旧事》《许茂和他的女儿们》《子夜》；译制片《简·爱》《王子复仇记》《悲惨世界》《叶塞尼亚》《茜茜公主》《尼罗河上的惨案》《德伯家的苔丝》《生死恋》《远山的呼唤》等。这些作品经由编辑根据广播特质撰写导语和串连词，精心剪辑，穿插播音员的解说，进行二度创作。同时，还聘请诸多知名艺术家担任解说，使录音剪辑这一广播作品具有独立的欣赏价值。编辑还深入电影拍摄现场或演艺场所采访导演、演员，制作的专题与电影录音剪辑配套播出。配合《一江春水向东流》的播出，采访白杨、陶金；配合《芙蓉镇》的播出，采访刘晓庆。1998年后，制作播出《集结号》《高考1977》《男生贾里新传》等电影录音剪辑。

2002年，上海交通广播开设访谈栏目《声音传奇》，主持人金蕾与尚华、苏秀、李梓、曹雷、童自荣等几十位译制片演员面对面交流，让听众了解他们的人生经历，挖掘鲜为人知的小故事，同时，将访谈与译制作品的经典片段有机结合，留下诸多珍贵的音频资料。

2007年1月，传媒集团戏剧频率周一至周五晚上8点，推出1小时文学影视栏目《醇八点》，筛选电台资料库中众多名家留下的声音作品，有译制片、话剧、诗歌、散文等，让听众尽情体味中国语言艺术的美。栏目编创人员做了大量采访，推出系列专题。同年4月15日—5月7日，推出23辑《醇美的回声——上海电影译制厂50周年回眸》系列专题。同年5月8日起，推出为期1个月的《燃情岁月——红色经典影片回顾》系列。其后，又推出历时2个月的《百年守望 经典重温——中国话剧百年精品展播》和历时1个多月的《建国后优秀电影展播》。

四、大型活动

1982年2月，上海电台举办《我们的生活——青春朗诵会》，众多知名艺术家参加演出。1984年，上海电台与中央电台及部分省级电台联合举办《长江魂诗会》。1985年，举办《海洋诗会》，邀请全国著名诗人参与创作诗歌，制作成文学专题。1986年10月12日，上海电台在兰心大戏院举行《纪念鲁迅逝世50周年诗歌朗诵演唱会》。1991年7月，在上海艺术剧场举行《庆祝建党70周年诗歌朗诵会》。朗诵会的诗作大多由上海电台编辑组稿，分别由辛迪、罗洛、冰夫、赵丽宏等20多位上海诗人专门创作。

1999年5月3日，由市委宣传部、团市委和市作家协会主办，上海电台、上海电视台承办的《世纪之声——纪念五四运动80周年诗歌朗诵会》在东视剧场举行，这台诗歌朗诵会是一次现代优秀诗作的集中展演，孙道临、乔奇、焦晃、曹雷、俞洛生、丁建华、仲星火、陈醇等30余位艺术家，以独诵、齐诵、合诵等形式，朗诵22首诗歌佳作，并采用钢琴、交响合唱相配合。上海歌剧院艺术家担任演唱和演奏。节目实况分别在中波1197千赫和上海电视台、上海卫视播出。

2004年初，传媒集团文艺频率联合上海故事家协会深入普陀、静安、浦东新区等，举办"双周故事会"巡演活动。由上海故事家协会会员、广播节目主持人、街道社区故事员联合组成的故事团，演讲当代故事，穿插互动竞猜和现场群众自发演讲。全年共举办演出28场。同年5月，文艺频率承办华东六省一市"金山杯"故事暨"梅陇杯"法制故事创作演讲比赛,历时半年,华东地区 200 多位故事作者和 300 篇作品参赛。其中的精彩作品在《新奇故事会》栏目中播出。同年 8 月 22 日,传媒集团文艺频率在上海图书馆举行《纪念邓小平同志诞辰 100 周年诗歌朗诵会》,孙道临、秦怡、曹雷、陈醇、张欢等艺术家参加朗诵会。同月,由文艺频率、上海图书馆、上海朗诵艺术中心联合主办的《中国,我爱你》首届上海市大型朗诵艺术竞赛活动,经过历时 1 个多月选拔,20 多位选手进入总决赛,同年 9 月 18 日闭幕。比赛中的精彩内容在《诗歌广播朗诵会》栏目中播出。

2008 年 11 月,《足迹·回响·明天——纪念改革开放 30 周年大型经典诗歌朗诵会》在东方艺术中心举行,朗诵会精选了改革开放年代涌现出来的经典诗篇,分为"春天的足迹""思想的脉动""时代的回音""相约在明天"4 个篇章,由焦晃、娄际成、张名煜、郑毓芝、乔榛、丁建华、冯淳超、蔡金萍、陈醇、张培等朗诵,赵屹鸥主持。朗诵会于 11 月 29 日 21 时在中波 1197 千赫、调频 97.2 兆赫戏剧曲艺广播首播,传媒集团艺术人文频道播出实况录像。

第二节　戏　曲　节　目

一、主要栏目

【星期戏曲广播会】

1983 年 1 月 2 日 9 时,《星期戏曲广播会》(以下简称《星戏会》)开播首场演出在上海电台大播音间举行,姚慕双、杨华生、袁一灵、笑嘻嘻等滑稽名家参演。1984 年,《星戏会》走出上海面向全国,6 月 3 日,与上海电视台等合作举办"著名中年京剧演员交流汇演专场"。尚长荣、刘长瑜、李维康、耿其昌等合作演出,京剧前辈艾世菊、夏永泉、刘异龙等配合演出。《解放日报》刊文称"这次活动是具有历史意义的"。同年 10 月 28 日,《星戏会》联合无锡电台在无锡大戏院举行"苏皖沪锡剧演员交流汇演专场",这是上海电台首次通过微波异地传送戏曲演出实况。之后,《星戏会》先后与浙江、安徽、福建、广东等电台联合制作直播戏曲演出专场。1985 年 11 月 7 日,与上海电视台联办"南北京剧表演艺术家交流演出",京剧名家袁世海、赵荣琛、杨荣环、童芷苓等合作演出。

《星戏会》举办一系列艺术流派创始人演唱会,播出并保留一大批艺术家的珍贵资料。1986 年 6 月 22 日,《星戏会》举办"杨飞飞沪剧流派演唱会",这是沪上首个戏曲艺术家专场。此后,先后为评弹演员张鉴庭、杨振雄、朱雪琴,越剧演员徐玉兰、王文娟、傅全香、范瑞娟、戚雅仙、张云霞、毕春芳,锡剧演员王彬彬、倪同芳,沪剧演员王盘声、汪华忠,说唱演员黄永生等 30 多位戏曲艺术家举办专场。为萧雅、韩婷婷、马莉莉、沈惠中等 30 多位中青年演员举办演唱会。还为评弹作家潘伯英、沪剧作曲家奚根虎、京胡演奏家尤继舜、沪剧作曲家万智卿、戏曲作曲家刘如曾等戏曲"幕后英雄"举办演出专场。

《星戏会》举办一系列戏曲广播大赛,为戏曲新人提供历练与展示的平台。1985 年 10 月,《星戏会》举办"锡剧青年演员'太湖梅花'广播大奖赛"。1986 年,《星戏会》与中央电台等联合举办"全国越剧中青年演员广播大奖赛",演员赵志刚由此成名。1988 年 3 月,《星戏会》和上海电视台联合主办"沪剧中年演员声屏大赛"。1989 年初,《星戏会》发起举办"华东六省一市红灯杯戏曲演员歌曲大赛",萧雅、吴琼、茅善玉等知名演员获奖。1991 年夏和 1992 年秋,《星戏会》先后主办"旋风杯戏曲卡拉 OK 大赛"。初中生黄颖和王清通过此次大赛走上了专业道路。2006 年,《星戏会》联合上海越剧院等单位,发起"百年越剧、百段名唱——我最喜欢的越剧名曲、越剧名票"评选。200 多名票友参与角逐,活动收到选票超过 2.3 万张。评选活动产生"十佳名票"和 30 段名曲名录。

《星戏会》举办一系列展演研讨活动,促进戏曲文化繁荣振兴。1989 年 10 月 14—16 日,第 200 期《星戏会》"全国戏曲名家大型研讨会暨汇演活动"在人民大舞台上演,来自全国 12 个省市 17 个剧种的 500 多位名家汇聚申城,代表人物有俞振飞、张君秋、袁雪芬、陈伯华、陈书舫、马金凤、马泰、范瑞娟、傅全香、徐玉兰、王文娟、邵滨孙、王盘声、杨飞飞、梅兰珍、王彬彬、筱文艳、盖叫天、艾世菊、杨华生、魏明伦等。盛典的压轴戏是京昆大师俞振飞、张君秋联袂演唱的《贩马记》,当时俞老已 86

图 2 - 7 - 1　1990 年 4 月,上海电台主办"国际相声交流演播"。其间,相声大师侯宝林(右二)与戏曲节目编辑交谈

岁高龄,这是他最后一次登台亮相。市委书记朱镕基,市委副书记、宣传部部长陈至立观看演出。同年 10 月 17—18 日,在上海大厦举办大型研讨会,60 多位戏曲精英和 20 多位戏剧理论工作者就"振兴戏曲,弘扬民族文化"的主题展开讨论,并发表面向全国戏曲界的倡议书。1990 年 4 月 6—9 日,《星戏会》"国际相声交流演播"在人民大舞台举行。参加演出的名家有侯宝林、马季、姜昆、常宝华、侯跃文、于连仲、牛群。加拿大、新加坡、马来西亚和中国台湾地区的相声演员也参加演出。同年 7 月 1 日—8 月 6 日,为纪念徽班进京 200 周年,《星戏会》与天津电台联合举办"南北京剧名角交流演播",并推出专题、大戏剪辑、讲座等系列节目。1992 年 10 月 18—23 日,第 300 期《星戏会》"中国戏曲博览展演暨研讨活动"在人民大舞台举行,来自全国 20 多个演出古老稀有剧种的剧团带来特色剧目,展示绝技绝活。表演者有刘异龙、梁谷音(昆剧),晓艇(川剧),涂玲慧(赣剧),郭泽民(蒲剧),张世泽(高甲戏),赵正安(桂剧),张敏(徽剧)等。同期召开大型研讨会,中国剧协主席刘厚生等参加研讨。2000 年 5 月 29 日,《星戏会》举办开播第 500 期座谈会暨"我与戏曲"征文比赛颁奖仪式。傅全香、毕春芳、杨飞飞、陈希安、蔡正仁、梁谷音、马莉莉、茅善玉、梁伟平等名家出席。2003 年 5 月 19—25 日,《星戏会》推出 600 期回顾大展播,分为演艺篇、艺术家风采篇、梨园中坚篇、梨园绿叶篇、赛事篇 5 大篇章,对重要专场进行梳理。2004 年 3 月,《星戏会》推出"越剧名家绝版赏析"系列,共 8 集,每集 150 分钟,采访 50 余人次,挖掘和保留了大量珍贵的音响资料。

《星戏会》通过"沪剧回娘家""戏曲周周演"活动,送戏下乡下社区,普及戏曲文化。1982 年春节起,上海电台和上海沪剧院联手举办"沪剧回娘家",组织沪上知名沪剧演员回上海郊县演出。1988 年,沪剧第六次回娘家到奉贤南桥,沪剧表演艺术家丁是娥最后一次登台亮相。1994 年 5 月,《星戏会》和《星广会》合并组成"空中大舞台",仍保留《星戏会》品牌。1996 年 1 月,《星戏会》恢复栏目,以实况录音播出为主,主办专场演出活动。2002 年 7 月 28 日,推出"豫园戏曲周周演"活动。之后相继举办"中秋特别专场"和"元宵之夜演唱专场"。2003 年 4 月,举办"戏曲周周演·专业剧团进豫园"活动,每周六上海京剧院、上海昆剧团、上海滑稽剧团等定点亮相演出。同年秋天,在中国上海国际艺术节期间,《星戏会》举办"艺术节中华戏曲天天演",每天推出一台以群众演出为主体的节目,当年演出 34 场。这项活动后来成为中国上海国际艺术节名牌项目。

新版《星戏会》推出"说戏、学戏"的新亮点,邀请专业演员担任嘉宾主持,以边说边唱的形式,介绍戏曲知识,邀请观众现场互动。2008 年 1 月 5 日,"雅韵盛事——2008 新春评弹演唱会"在北京的外交部新闻发布厅举行,来自江浙沪的10多位评弹名家为近200位中国外交官演出。国务委员唐家璇、华建敏,外交部长杨洁篪等观看演出。同月20日,《星戏会》"越苑青春集结号——上海越剧院青年演员演唱专场"在上海兰心大戏院举行,标志着《星戏会》步入新阶段。此后,《星戏会》多次逢双周周日14时在兰心大戏院直播。同年4月13日,《星戏会》25周年庆典演出在上海逸夫舞台举行,江浙沪戏曲名家联袂登台,同日成立长三角戏曲广播联盟,节目在长三角各地电台同步直播。庆典期间,《星戏会》出版了回顾画册《璀璨印迹》并举办图片展。新版《星戏会》先后举办扬剧、徽剧、甬剧、莲花落等小剧种弱势流派名剧专场演出,旨在保护传承优秀戏曲文化;先后举办"戏校京戏专场""戏校综合专场""戏校沪剧班专场""苏州昆曲学校专场",意在扶植培育戏曲新人成长。

2010年5月7日,《星戏会》"世博会·戏博会"特别节目开播仪式在广播大厦举行。全国10家戏曲广播每逢双周五14时轮流在世博会现场直播特别节目,特别节目历时5个月。同年10月24日,上海戏剧曲艺广播牵手10家电台共同举办《星戏会》第800期庆典,10个省市、17种剧种名家集中亮相。截至2010年底,《星戏会》共举办804期,许多演出录音成为中国戏曲艺术宝库中的珍品。

【广播书场/星期书会】

"文化大革命"结束后,上海电台恢复每天一小时的评弹节目,编辑抢录了200多回评弹名家的拿手书目,有的在库藏的基础上补成全集,这些作品后来大多成为绝版珍品。1980年,《广播书场》栏目重新挂牌播出,每天7时、19时各播1小时。1981年,中共中央政治局常委陈云提出"出人出书走正路"的要求,《广播书场》录播了在全国优秀曲艺观摩演出中获奖的中篇评弹《真情假意》。1982年,播出多部正书和新书。

1983年初,《广播书场》周末专栏《星期书会》诞生,特邀蒋月泉、唐耿良、陈希安、余红仙、石文磊等名家轮流主持。他们以吴侬软语介绍评弹艺术,笑谈书坛轶事,答复听众来信,播放精华片段。《星期书会》成为上海电台最早以主持人形式出现的文艺栏目。1987年5月起,由周介安采编播合一。1995年起,主要由陈希安、庄凤珠主持。1989年元旦,"第300期《星期书会》评弹大会串"在长

图2-7-2 2002年12月21日,传媒集团戏剧频率举办《星期书会》第1000期庆贺演出

江剧场举行,上演了根据当时热播的香港电视连续剧《上海滩》改编的书戏《洋场奇谭》,唐耿良担当说书人,顾宏伯、吴君玉、张振华、余红仙、邢晏芝、金丽生、刘敏等名家参演,阔别舞台30多年的品种得以精彩呈现,受到观众热捧。1992年初,与苏州电台联合直播第500期《星期书会》特别节目,通过长途电话,与远居香港匿迹书坛40多年的"弹词皇后"范雪君和艺术家蒋月泉以及旅居美国的中国台湾地区名票徐一发交流。1999年3月,举办"曲香书雅客来勤"第800期《星期书会》庆贺演出。同年12月21—22日,在美琪大戏院举行评弹传统节目精彩书会专场和评弹传统节目流派演唱专场,吴君玉、余红仙、秦建国、范林元、冯小英等参加演出。2001年12月30日,在广播大厦举办"评弹知音迎新春"演唱专场,陈希安担任主持,石文磊、庄凤珠、余红仙、周介安等历任主持到场祝贺,范林元、冯小英、徐惠新、周强、张小平等祝贺演出。2010年,《广播书场》周一至周五19—20时在戏剧曲艺广播播出,周日为《星期书会》。

【说说唱唱】

"文化大革命"结束后,上海电台恢复《说说唱唱》栏目,以滑稽戏、独脚戏、上海说唱为主要内容,开放许多传统曲目,组录大量新作。20世纪90年代中期,节目改为直播。2003年1月,《说说唱唱》与2002年7月开办的《相声与小品》合并,并更名为《滑稽总动员》,由赵虹编辑主持,播出独脚戏、相声、小品,周一至周六17—18时播出。2006年1月,更名为《笑笑乐翻天》。2008年3月15日起,周末增设《滑稽档案》和《老底子》,并增加8—9时的重播,前者介绍滑稽传统曲目的来历及趣闻,后者介绍老上海的人文景观、名人名事名物名景,讲述沪语故事。2010年3月15日,恢复《说说唱唱》栏目名称,周一至周五在戏剧曲艺广播17—18时直播;同时《老底子》更名为《老里八早》,周日同时段播出。

【越沪艺苑】

1983年元旦,上海电台推出《越剧之友》和《沪剧之家》栏目,双周轮流播出1小时,播出越沪剧坛动态、名家访谈、新人新作、名作名段。1988年2月,两档栏目合并为《越沪艺苑》,每周1小时。随着采编播一体的播出模式兴起,1992年11月起,赵洁编播的《越沪艺苑》、胡茜编播的京昆剧专栏《梨园风景线》、谢雷编播的滑稽专栏《开心约会》和小雪编播的相声小品专栏《周日花园》合并组成《戏苑四重奏》,为每周各一档1小时的录播节目。1993年7月起,《越沪艺苑》在中波990千赫、1197千赫同步直播,每周3档,设置"与明星相约""剧坛快递""戏迷通讯录"等十多个板块,为全国戏曲栏目板块化直播树立了样板。1995年起,由徐勇、徐蓉编辑主持,在文艺频率直播。1997年后,赵洁继续担任编播,并于2001年获中国广播电视学会广播文艺研究委员会颁发的首届"全国十佳戏曲编辑"称号。2002年元旦,栏目更名为《游"戏"心情》,在传媒集团戏剧频率和文艺频率同步播出。2007年元旦,恢复《越沪艺苑》名称,在传媒集团戏剧曲艺广播每周六11—12时播出。

【滑稽王小毛】

1987年5月11日,上海电台《滑稽王小毛》栏目在中波1197千赫开播。当时,上海电台文艺台副台长陈圣来提议学习国外的肥皂剧,创作自己的广播喜剧小品。经共同创意,"王小毛"诞生了。《文汇报》头版报眼位置连续刊登广告:"上海滩人人皆知王小毛。"这是上海电台第一次为自己的重点节目做广告。节目每集约20分钟,最初由葛明铭编辑,祖文忠导演,扮演王小毛的主要有王汝刚、林锡彪、姚勇儿和沈荣海。后葛明铭兼任编导并有时扮演王小毛,还在周末增设《王小毛信箱》。

《滑稽王小毛》描摹社会百态,匡正时弊,内容涉及家庭伦理、社会公德、职业道德等诸多方面。还推出计划生育、普法教育、环境保护等专题,其中计生专题获全国计划生育会演一等奖,控制吸烟专题获得"全国控烟宣传先进"称号。由于节目兼具广播剧和滑稽戏的特色,很受听众欢迎。1990年1月28日,与市总工会在和平电影院联合举办《星期戏曲广播会》"王小毛学劳模"专场,市人大常委会主任叶公琦、副市长刘振元出席,著名劳模包起帆、杨怀远、陆美红、黄宝妹等与"王小毛"同台演出,气氛热烈,成为媒体报道热点。

《滑稽王小毛》持续开展推广活动。为王小毛画漫画,出连环画,出火柴盒贴画,出动画片,举办听众游园会,连续数年推出贺年活动。1998年5月,上海电台开设www.radioshanghai.com网站,《滑稽王小毛》成为第一个登上国际互联网的广播节目,把近900集小品上传,开设"节目介绍""目录纵览""网上视听""网友信箱""幕后趣闻"专栏,还配有不断变化的卡通画面。2000年5月20日,在虹口书店举行《与王小毛共舞》签名售书活动。葛明铭和王汝刚、林锡彪、沈荣海、小翁双杰与读者见面签名。该书由葛明铭编著,由50篇"王小毛"故事和26篇《王小毛信箱》的开场白组成。2004年7月起,《滑稽王小毛》聚焦未成年人思想道德建设,推出12个特别节目和活动,其中有"感动话语"征集活动、少儿文艺工作者系列访谈等。2010年,《滑稽王小毛》在戏剧曲艺广播周二至周日18时播出。

【笑声与歌声/ 相声与小品】

1987年5月,上海电台开设《笑声与歌声》栏目,以播出相声小品和流行歌曲为主,时长30分钟,金玲主持。1990年8月,在淀山湖畔举办《笑声与歌声》听众联谊会,上千名听友参加。不久,《笑声与歌声》在周末不定期试办《空中茶馆》专栏。1992年起,《空中茶馆》栏目固定于周六播出。1992年重阳节,邀请市文联主席夏征农及夫人、诗人方尼到《空中茶馆》参加节目直播,即席赋诗,由郭冰朗诵;还播放相声《老少乐》,主持人金玲唱单弦《风雨同舟》。2002年7月《笑声与歌声》栏目更名为《相声与小品》;2006年5月22日更名为《一听可乐》,移至调频96.8兆赫播出,张源主持。2007年3月19日恢复为《相声与小品》。2008年3月3日,再度更名为《笑声与歌声》,周末开设《开心6+1》,每天9—10时播出。2010年4月,该栏目由天乐主持。

【滑稽相声】

1996年5月4日,东方电台开办《滑稽相声》栏目,它由《开心午茶》更名而来,周六12—13时、周日10时—11时30分播出,主持人伊然。设"今日笑星""幽默菜单""大家来绕口令"等板块。9月改版,周一至周六18时30分—19时播出。周日版每期邀请一位笑星,在聊天中引出曲艺段子,15时—16时30分播出。杨华生、嫩娘、王双庆、翁双杰、童双春、吴双艺、黄永生、筱声咪、王辉荃等先后担任嘉宾。1999年推出人物系列故事《阿六头和六头嫂》。2000年,邀请笑星王汝刚播讲自传《王汝刚自报家门》,开设"打破砂锅问到底"板块,与听众一起探寻生活中俗语、俚语、常用语的源头。2001年,《滑稽相声》栏目在中波792千赫、调频104.5兆赫周六16—17时播出。2002年7月,《滑稽相声》栏目停办。

【戏曲故事/说戏听曲】

20世纪80年代中期,上海电台推出《戏曲故事》栏目,以播通俗故事为主,其中名人传记颇有特色,编辑张芝特邀艺术家自己演播,真情实感,生动活泼,先后播出《夜深沉——周信芳的故事》《展开艺术想象的翅膀——丁是娥的艺术生涯》《袁雪芬的艺术道路》《我的影剧生涯——孙道临的故事》《快乐天使的甜酸苦辣——姚慕双的故事》《笑的生涯——周柏春的故事》等。1987年,播出陈醇解说的京剧《曹操与杨修》录音剪辑。1989年7月,戏曲故事沪剧《雾中人》播出,方舟用第一人称讲故事的方式展开剧情,穿插部分唱段和对白,是文学和戏曲结合的一次全新尝试。1993年春节,13集"京剧历史故事·三国戏系列"开播,编辑张鸣运用库存资料精心编辑,在讲故事的同时播放李盛藻《张飞鞭打督邮》、杨宝森《祢衡击鼓骂曹》等绝版唱腔,特邀尚长荣演播。1998年和1999年,赵洁、王涛编播的戏曲故事越剧《舞台姐妹》和淮剧《西楚霸王》的录音剪辑,均获中国广播戏曲节目最高奖。2002年10月19日,戏剧频率播出39集长篇传记《徐玉兰传》,张培演播。该传记展现了越剧表演艺术家徐玉兰的艺术生涯和人生故事,并穿插徐玉兰各个时期的经典唱段。在10月13日的开播仪式中,徐玉兰携弟子汪秀英等与200多名戏迷听众见面交流。同年12月,推出50集长篇传记《麒麟童的故事》,陈醇演播,在讲述麒麟童(周信芳)故事的同时播放《徐策跑城》《四进士》《追韩信》《明末遗恨》等麒派代表唱段。之后,梁辉演播的50集长篇传记《艺海天涯——袁世海的故事》以及蔡金萍演播的32集《袁雪芬及袁派艺术》、26集长篇传记《筱文艳的故事》相继播出。

2008年《戏曲故事》更名为《说戏听曲》,梁辉演播,先后制作了一批越沪剧艺术家的系列故事:《尹桂芳及尹派艺术》15集、《越剧名家戚雅仙》15集、《越剧名家傅全香》7集、《越剧名家张云霞》7集、《丁是娥及丁派艺术》5集、《沪剧名家杨飞飞》10集,还有沪剧名家筱文滨、解洪元、石筱英、王雅琴、凌爱珍等人的故事。同时还制作了《盘妻索妻》《珍珠塔》《碧玉簪》《西厢记》等越沪名剧故事录音。

二、讲座与专题

【戏曲讲座】

1979年2—5月,上海电台编播《浦江岸边的艺术之花》沪剧知识节目3套,介绍剧种的形成、特点和曲调、唱腔的发展。

1980年2月,上海电台邀请戏曲作曲家何占豪、刘如曾撰稿,以越剧为例,讲授戏曲音乐及作曲知识,王丽解说。同年8月,上海电台与上海艺术研究所合办的《京剧广播讲座》开播,黄菊盛、黄钧、王家熙等撰稿,陈醇、佟刚播讲,每周1小时,共30讲。讲座从徽班进京谈到京剧的形成,介绍京剧的剧目、行当和音乐、主要流派的形成及其艺术特点以及南派京剧代表性演员、琴师和鼓师,介绍新中国创办的戏曲学校和历时30多年所培养的优秀中青年演员。1981年5月,《京剧广播讲座》播完后,经修改再次重播。

1981年9月,上海电台《淮剧曲调知识广播讲座》开播,每周1讲,每讲30分钟,共12讲,介绍剧种的源头、发展和曲调的演变等。1983年2月,上海电台《广播书场》推出《评弹知识讲座》,每周1次,每次20分钟,共24讲。内容包括评弹发展概况、形式、演出技巧以及各主要流派等。1985年1月5日,上海电台《昆剧知识广播讲座》开播,每周1讲,共8讲,介绍昆剧简史、行当、曲牌和昆曲传习所及流派等。

1988年6月22日起,上海电台邀约袁雪芬等越剧流派创始人亲自演播,推出《越剧流派唱腔讲座》,共12讲,每讲1小时。

2007年,传媒集团广播综艺部、节目资料中心联合制作《百年越剧知识讲坛》,每周1讲,每讲1小时,共52讲,细致梳理了越剧发展历程、越剧剧目、越剧早期名伶、越剧小生和旦行流派、越剧其他行当表演艺术家、越剧著名编导音美、越剧男女合演等内容,节目特邀薛允璜、傅俊、高义龙、项管森等专家撰稿,徐佳睿编辑,方舟播讲。

【戏曲专题】

1980年元旦至春节,上海电台开辟《现代题材剧目展览播出》专题。同年5月起,开辟《戏曲唱腔欣赏》系列专题,分别介绍各剧种名演员的唱腔。1983年,上海电台编播京剧《各派同角同场演唱欣赏》专题节目,京剧《空城计》专题中,集中了余叔岩、杨宝森、言菊朋、马连良等不同流派艺术家的演唱,在汇集名角演唱时,穿插各派渊源、特色介绍,让听众边比较、边欣赏。1985年,上海电台播出昆剧《古曲词曲演唱欣赏》系列专题,选择杜牧《山行》、苏轼《水调歌头》、陆游《钗头凤》、李清照《声声慢》等名作,由上海昆剧团谱上昆曲曲调,电影艺术家孙道临、朱莎朗诵,昆剧名家计镇华、梁谷音、岳美缇等演唱。

第三节　综艺节目

一、晚会与活动

1979年7—8月,上海电台创办季节性综艺栏目《乘凉晚会》,每周播出4次,每次1小时,内容有讲故事、说笑话、猜谜语,插播音乐、戏曲等。此后,每年7—9月举办。1981年7月24日,上海电台与上海无线电四厂合办朱逢博独唱直播广播会,听众点播热烈。同年8月14日,上海电台、上海越剧院、上海电视一厂联合举办越剧明星现场直播《乘凉晚会》,电影演员韩非、朱莎主持,晚会共接电话2 000多个。1984年8月15日,上海电台在黄浦体育馆现场直播"相声大会串",邀请全国各地著名笑星做精彩表演。1987年7月19日—8月28日,上海电台分别在上海体育馆、丁香花园等地举办《乘凉晚会》。2003年夏,传媒集团戏文频率与静安区文化局联合主办"欢乐今夏"系列《乘凉晚会》,在静安现代都市音乐广场举办4场演出,分别为广播主持人才艺专场、八一军民联欢会、上海滑稽剧团演唱专场和人民滑稽剧团演唱专场。

1998年8月15日,上海电台和黄浦区政府联合在新世纪广场举行"心系灾区,情满浦江"赈灾义演,驻沪部队战士、文艺工作者及电台主持人参加义演。这次义演从筹备到演出只用了24小时。同年12月5日,上海电台举办《难忘20年——纪念改革开放20周年文艺晚会》,蒋大为、沈小岑、张明敏、孙悦等参与演出。1999年5月,庆祝上海电台建台50周年文艺晚会在广电大厦举办,众多文艺工作者和电台记者、编辑、主持人同台庆贺。

2001年5月—2002年1月,上海电台组织文艺、音乐节目主持人开展"高校行""郊区行""军旅行""虹口行"活动,共举行12场演出。2001年8月26日,上海电台联合新四军历史研究会、黄浦区委宣传部,在外滩陈毅广场举办《青松赞——纪念陈毅同志诞辰100周年文艺晚会》。陈毅之子陈昊苏和市委副书记龚学平、副市长周慕尧等出席。

2003年国庆节,传媒集团戏文频率在南京东路世纪广场举办"爱我中华"——民族之花国庆文艺专场演出,来自近十个民族的歌坛新秀和知名戏曲演员参加演出,中国文联副主席才旦卓玛观看演出,文艺频道录像并播出。2004年5月27日,传媒集团戏文频率在南京东路世纪广场举办"上海,你是我心中的歌"——上海解放55周年纪念活动,当年解放上海进驻南京路的老首长、播出"上海人民广播电台"第一声呼号的老播音员、当年绮云阁升旗的见证者被邀请到现场,参加解放上海战役的老战士代表向马桂宁、陶依嘉等劳模代表赠送《战上海》等影片的光碟,来自南京路社区的兵妈妈向好八连等战士赠送《感觉上海》等书籍。文艺频道录像并播出。2005 年 8 月,传媒集团戏文频率在南京东路世纪广场举行《国歌在这里唱响——庆祝中国人民抗日战争暨世界反法西斯战争胜利 60 周年广场文艺晚会》,上海广播交响乐团、爱乐合唱团等上千名演员参加演出。

2008 年 5 月 12 日四川汶川地震发生后,传媒集团广播文艺中心立刻策划制作诗与歌专辑《生死不离》,于同年 6 月 9 日出版,歌集精选了《生死不离》《相信》等 15 首抗震救灾歌曲,演唱者有宋祖英、廖昌永、孙楠、那英、刘欢等。诗歌专辑收录《这一刻,我们生死不离》《孩子,快抓紧妈妈的手》等 13 篇作品,艺术家陈奇、梁波罗、赵兵和广播电视主持人参加录音。广播文艺中心将专辑制成碟片送到瑞金医院等单位,并分别在上海书城、大宁绿地、上海音乐厅、豫园等地展开义卖,将义卖所得购买的钢琴捐赠给灾区学校。

二、主要栏目

【上海电台】

《文化走廊》 1993 年 7 月,上海电台开设文化资讯访谈类综艺栏目《文化走廊》,在中波 990 千赫 13 时 05 分—14 时直播,应红、杨越采编播合一。该栏目推出系列专题访谈。周小燕、王洛宾、陈逸飞、陈凯歌、关锦鹏、王朔、姜文、冯小刚、陈冲、张瑜、宁静、李连杰、王小帅、娄烨、焦晃、毕克、丁建华、何训田、朱哲琴、叶大鹰、柯云路、陈村、陆星儿、张欣、王志文、马晓晴等 100 多位文化艺术、传媒界名人相继进入直播室接受采访。先后播出专题《上海会成为文化沙漠吗?》《〈霸王别姬〉主创金棕榈归来》《回眸奥斯卡》《今天我们读张爱玲》等。1997 年底,《文化走廊》栏目停办。

《共度好时光》 1995 年 5 月,上海电台文艺频率周一至周五 16 时 30 分—17 时 30 分开办直播栏目《共度好时光》,梁辉等主持,设"南腔北调""幽默信使""生活变焦""半块哈哈镜"等板块,开创了直播演绎广播小品的模式,风格轻松幽默,共创作 600 个广播小品。1999 年 1 月调整为 11 时 40 分—12 时 30 分播出。2000 年 12 月,《共度好时光》栏目停办。

《990 生活新观察》 1997 年 5 月 18 日,上海电台开办《990 生活新观察》栏目,周六 9—11 时在中波 990 千赫播出。它以双休日文化动态、休闲生活的热门话题为主要内容,设"百姓大实话""路边咖啡屋""福德俱乐部""市场 30 分"等板块。2002 年 7 月,《990 生活新观察》栏目停办。

《广播情景小品》 20 世纪 90 年代末,上海广播频率纷纷在综艺、音乐等直播栏目设情景短剧板块,风格轻松,制作快捷,产量较大。1998 年,调频 103.7 兆赫《立体声之友》栏目中穿插陶海、隋蕾自编自导自演的广播情景小品《HONEY 深呼吸》,讲述小情侣陶陶和奇奇的搞笑日常故事,很受学生欢迎。后又推出《射雕英雄走天涯》等系列,周一至周五播出,每档时长 10 分钟。

【东方电台】

《东方大世界》 1993 年 1 月,东方电台创办娱乐栏目《东方大世界》,陈濛、叶波主持,周一到周六 19 时 30 分—20 时 30 分直播。设"智慧迷宫""环球趣闻""幽默时空""步步高"等板块。同年中秋节,栏目组邀请南京、黄山、漳州、天津、苏州以及上海等地一流高手在沪参加"中秋谜坛精英赛",该栏目还举行"东方大世界之友空中大联欢""东亚运知识竞猜"等活动。1994 年元宵节,《东方大世界》举办"东方谜王大擂台",邀请包括台湾、香港在内 20 多个省市的 30 余名灯谜高手参加谜坛盛会。1998 年 9 月,《东方大世界》栏目停办。

《逍遥星期天》 1994年6月,东方电台开设《逍遥星期天》,周日9—10时直播,尚红主持。通过提供衣食住行、文化娱乐、市场销售等方面的信息来提高市民的生活质量和情趣,设"星期天聊天""假日视点""透明明信片""今天人请客""小小梳妆台"等板块。2003年该栏目在传媒集团新闻综合频率播出。2008年,扩展为《逍遥星期六》《逍遥星期天》,逢双休日在都市广播9—11时播出。

《阿拉上海人》 1996年4月29日,东方电台开办《阿拉上海人》栏目,每周一、三、五21时—22时30分在中波792千赫播出,主持人晓林、沈蕾。这是一档现场直播加录音报道加嘉宾听众参与的复合型节目,既展示现代都市风情,又追忆上海旧城史迹。设"九点调查""是是非非上海人""双庆话旧""上海梦录""都市变奏"等板块;每档的后30分钟,主持人用沪语播音。2004年1月,传媒集团"都市792"频率开播,《阿拉上海人》栏目调整为周一至周日18时播出。2010年,《阿拉上海人》栏目在都市广播中波792、调频89.9兆赫周一至周五18时首播,时长60分钟,次日3时重播。

【传媒集团／上海广播电视台】

《幽默快递》 2002年7月,传媒集团戏文频率推出《幽默快递》,每周6档,时长30分钟,在戏剧频率和文艺频率同时播出。梁辉主持,其幽默诙谐风格受到听众欢迎。2006年3月15日起,栏目更名为《快乐老站》,每周6档,每档1小时,2007年元旦起,仅在文艺频率播出。2008年8月,《快乐老站》栏目停办。

《广播情景小品》 2002年传媒集团文艺频率推出广播情景小品《精彩梦剧场》,每档半小时,隋蕾与配音演员孙晔共同完成《同居密友》《麻辣拍档》等系列,并于2004年出版漫画《同心密友》一书,附短剧光盘。在上海书城签售时,吸引5 000多名听众前往。节目还为明星定制短剧,林俊杰、飞儿乐队、五月天等参加演播。后移至调频101.7兆赫,推出主持人共同出演的小品,《笑傲浆糊》《动感无间》《新狗门客栈》《天下乌贼》等。2002年7月,调频96.8兆赫周一至周五17时开设1小时直播栏目《开心一家门》,暖风、榕榕等主持。除了播放娱乐新闻、歌曲外,还制作5分钟～10分钟的情景小品,有《金庸群侠传》《开心西游记》等,后者之后被翻拍成动画片《夺宝幸运星》。广播情景小品还有音乐频率播出的由主持人阳光自编自导自演的《恋人》,阿健自编自导自演的《曹西西真人秀》等。2006年5月,《开心一家门》更名为《哈皮一族》。2007年12月停办。

【市郊区县站／台】

1978年后,上海市郊各区县广播站相继恢复自办文艺节目,主要内容有市郊听众喜爱的戏剧、说唱、弹词、相声、独脚戏等。1986年,嘉定电台每日播出文艺节目5小时,其中自办约1小时,内容以戏剧、曲艺为主。1994年6月1日,南汇电台开设《听戏阁》栏目,每天17时45分播出,时长30分钟。1995年,嘉定电台新设《戏曲茶馆》《文学沙龙》《名曲欣赏》栏目。1996年2月,南汇电台开办《相声与滑稽》栏目,周五14时播出,时长60分钟。1997年8月2日,南汇电台开设综艺直播栏目《假日广场》,周三8时30分—9时30分首播。设"露一手""开心一刻""文艺沙龙""音乐长廊""三三过关""送你一支歌""艺苑漫步""耳闻目睹""相约八点半"等板块。1999年3月26日,南汇电台《相声与滑稽》更名为《说说唱唱》,周日9—10时播出。

2000年,南汇电台设有《天天点播》《说说唱唱》《空中剧场》栏目,共播出2 085期。2001年,浦东电台《浦东文艺》更名为《浦东欢乐时空》,每周1档。另设戏曲栏目《明珠剧院》,每天播出2小时。2005年,嘉定区广播电视台推出《空中剧场》栏目,主要播出评书、小品、广播剧等,《童谣小屋》栏目以播放儿童故事为主。同年4月1日,闵行广播电视台节目改版,开设《青春乐园》《广播故事会》等 18 个文艺栏目。2006 年,浦东电台开设评书栏目《浦东书场》,时长 30 分钟。2008 年,南汇县广播电视台开办大众互动类戏曲栏目《戏曲大家唱》,设"戏迷演唱""学戏心得""唱段鉴赏"等板块,双休日午间时段播出。同时开设直播栏目《精彩 K 歌榜》。该台当年共播出广播文艺 2 020 档。2009 年 7 月,浦东新区广播电视台成立,节目改版,保留《戏曲大家唱》《周末大放送》《天天点播》等栏目。2010 年 1 月起,崇明县广播电视台每天自办广播文艺节目 8 小时。设《戏曲节目》《空中影院》《快乐中转站》《音乐茶座》《旋律放松》《品味阅读》《听众点播》等栏目。同年 9 月 25 日,松江区

图 2－7－3　1990 年 7 月,百岁书法家苏局仙(左)接受南汇广播电台记者采访

广播电视台开设《云间梨园》栏目,邀请听众进直播室进行互动。同年 10 月 12 日,松江区广播电视台推出文化专题节目《话说松江》,时长 60 分钟,介绍松江人文历史、文学艺术、群众文艺,与听众交流研讨松江文化传承。2010 年,浦东新区广播电视台播出《世博伴你同行》《嘀嘀叭叭早上好》《悠行天下》《飞扬音乐风》《戏曲大家唱》《天天点播》等专题 1 583 档,《下班万岁》等直播节目 1 445 档。

第八章　广　播　剧

"文化大革命"结束后,上海电台逐步恢复录制和播出广播剧。1978年3月5日,播出的首部广播剧是《山城报童》,随后播出《琴声》《献身》《瞎子阿炳》《小爱莉的星期天》《木偶奇遇记》等广播剧。1980年10月,上海电台建立广播剧组,开设《广播剧场》栏目,每天1小时。编辑工作重点从主要由自己动手改编剧本,调整为组织社会力量进行创作,广播剧产量大增,每年录制广播剧达100集左右。同时,应用先进的录音设备,制作质量显著提高。据统计,1980—1983年上海电台有28个广播剧作品在国内外各类评比中获奖。1983年,上海电台与日本TBS合作录制,栗原小卷演播的广播剧《上海幻影路》获日本文化厅大奖。《拨响生命的琴弦》获得全国第一届"丹桂杯"最佳剧目奖、最佳剧本奖、最佳编辑奖、最佳录音奖4个奖项。1986年7月4日,上海电台成立广播剧科,增设日播栏目《广播连续剧》和周末专栏《广播剧沙龙》,每档半小时。这一时期,上海电台不断探索广播剧题材和风格的多样化。题材有现实、历史、中外名著、民间传说、科学幻想等。剧本包括短剧、单本剧、连续剧、系列剧等多种类型。品种有儿童剧、音乐剧、戏曲广播剧、纪实剧、诗意剧、正剧、悲剧、喜剧等。众多影视戏剧名家参与了广播剧的录制。孙道临录制《至高无上的爱》《孙中山广州脱险记》《柴可夫斯基》《拂晓》,康泰录制《戆老大》,乔奇等录制《大洋彼岸百年恩仇》,陈述、刘晓庆、程之录制《红线记》,仲星火录制《超越生命》,李秀明录制《在人生的跑道上》《芳草天涯》,张瑜、郭凯敏、赵静、达式常、龚雪、马晓伟、吴海燕等电影明星,娄际成、张名煜、俞洛生、朱莎、祝希娟、宋忆宁等艺术家都在广播剧中留下了精彩的声音形象。1991年,广播剧《299个吻》《天下第一妻子》被译成德语、英语,参加国际交流。

1996年起,广播剧被列入精神文明建设"五个一工程"奖评选范围,这一举措为广播剧发展增添巨大动力。至2010年,上海创作的广播剧有10部作品获得精神文明建设"五个一工程"奖。上海电台广播剧组被市总工会评为1999年度上海市"红旗班组",并被中组部、国家广电总局评为全国广电系统先进集体。2003年,雷国芬、杨树华分别被中国广播电视学会和中国广播剧研究会授予"终身成就奖"。2005年11月,传媒集团广播剧团队获中国广播电视协会、中国广播剧研究会颁发的第二届"繁荣广播剧团队成就奖"。

2002年7月,广播剧栏目隶属传媒集团戏文频率,更名为《广播连续剧》《影视剧场》,在戏剧频率和文艺频率播出。2004年1月,改为《广播影视剧/刑警803》,每天播出半小时。2006年3月15日起,仅在戏剧频率播出;2007年12月,新增上海故事广播重播。2009年1月,广播剧栏目更名为《迷案剧场》,每天播出。其中周五《迷案俱乐部》为直播,设"迷案在线""迷案之友""803档案"等板块,主持人一品通过热线与听众互动,讨论案情,介绍剧情和录制花絮,另设有"警方提示"板块,播出来自上海市公安局刑事侦查总队(803)的最新预防犯罪提示。

第一节　重点剧目创作

一、系列广播剧《刑警803》

1990年8月10日,上海电台推出大型系列广播剧《刑警803》。上海广播出现了全新的声音形象——以刘刚、沈西为代表的上海公安刑警,他们智慧、果敢、英勇,是城市安全坚强的守护者。当时电视连续剧《神探亨特》引发巨大反响,文艺编辑瞿新华提议制作广播版《神探亨特》。市公安局刑事侦察处的办公地址是中山北一路803号,故提议把"803"融入剧名,并创作了第一部《蓝村怪案》。随着《刑警803》的走红,"803"成为上海刑警的代名词。初期创作班子基本固定,导演孔祥玉、雷国芬、音乐编辑杨树华、杨树竞、编剧瞿新华、乔谷凡、黄海芹、李容、李胜英、杨展业、余云、王炼、袁国英、王洪生、金志健、沈瑜德、汪磊等。剧中主角刘刚由王玮、龙俊杰演播,沈西由梁正晖、夏志卿、林海等演播。曹雷、乔榛、刘广宁、达式常、奚美娟等参与演播,丁建华担任解说。电台公开征集主题歌,在一个多月里收到1 000多首应征作品。最后选定贾力夫、贾彦创作的歌词,由杨树华、杨树竞作曲,演唱者先后有刘欢和霍永刚。还开设《刑警803编辑室》专栏,由导演雷国芬主持,请听众参与讨论。第一批《刑警803》播出了20部102集,剧作取材于真实案例,又经过艺术加工,真切可信,情节曲折,深受听众欢迎,在众多热心听众中,就有文学大师巴金。1992年,在西安举办的《刑警803》全国发行暨研讨会上,中央电台等33家电台订购这批作品。上海电台以30元1集的定价,获得销售收入十万多元。随着各地电台相继播放,在全国形成《刑警803》收听热。在听众强烈要求下,1993年2月22日,上海电台推出第二批19部104集。由于成本、剧本等因素,《刑警803》于1995年7月起暂停制作。

2000年6月,上海电台台长李尚智提出,要转变思路,以《刑警803》优质品牌和每天播出的规模效应,用市场运作理念和营销先行的方式,启动新版《刑警803》创制,并再度与市公安局签订合作协议。基于此剧的品牌、规模和播出预期,上广广告公司在节目开播前一个月就将广告费打入电台账户,这种先营销后播出的现象在上海广播剧历史上尚属首例。同年12月16日,新版《刑警803》开播,每天20时30分在中波990千赫播出,时长30分钟。新版主要塑造了苗震、丁小军、乔立娜、诸葛平等一批年轻刑警的形象。作品继续关注社会热点,选取新近发生的、有影响的典型案例为创作素材,加入网络犯罪、利用高科技手段破案等全新内容,具有鲜明的时代感和独特视角。新版导演有孔祥玉、雷国芬、徐国春、一品,编剧队伍加入了孙祖平、陈慧君、史美俊、喻荣军、徐正清、桂荣华、王欢、李颖、黄溪等,演播者有宋怀强、沈磊、冯骏骅、林海、程玉珠等,苏东生担任拟音。大型系列广播剧《刑警803》精品频出,作品分别获得精神文明建设"五个一工程"奖、中国广播剧奖、公安部"金盾文化工程"奖等。1992年,《刑警803》连环画套装由上海人民美术出版社出版。截至2010年底,《刑警803》共制作播出162部790集,是同一时期全国广播剧中编创制作、播出历时最长,传播力、影响力最大的广播剧。

二、获"五个一工程"奖剧目

"五个一工程"奖是中共中央宣传部为推进精神文明建设而设立的评选项目。1995年5月,上海电台台长陈文炳在全国广播电台台长会议上建议将广播剧列入精神文明建设"五个一工程"奖的评选,得到大家一致赞同,后被中宣部采纳。1996年开始,广播剧正式被列入"五个一工程"奖评选范围。此后,上海广播剧创作更重视弘扬主旋律,讲究审美价值和艺术品位。东方电台制作的广播剧《纸月亮》,以上海城市建设中市政大动迁为背景,展示人间真情,具有浓郁的抒情意味,该剧获1996年第五届精神文明建设"五个一工程"奖。上海电台制作的《热血男儿》以足球运动为切入口,将运动场与人生舞台相对照,体现了现代人在改革大潮中重新认识自我、攀登新境界的时代风貌;东方电台制作的《留守支部》讲述某纺织厂因转产而关门,党支部一班人坚持留守,逐一落实其他职工的再就业安排,最后才考虑自己的事情,成为职工的榜样和知心朋友。这两部广播剧同获 1997 年第六届精神文明建设"五个一工程"奖。上海电台制作播出的广播剧《凝聚》,以华阳路街道、新华路街道"凝聚力工程"建设为创作原型,主创人员深入基层,详细了解街道干部串百家门、知百家情、解百家难、暖百家心的故事;东方电台录制 4 集连续剧《第二次人生》,讲述一名净菜服务公司董事长成为上海再就业工程一面旗帜的奋斗经历,反映下岗工人创业的精神风貌。这两部剧同获 1999 年第七届精神文明建设"五个一工程"奖。上海电台制作的《嫁给了公家人》,反映西北地区基层广播站站长金占林的事迹,主创人员深入宁夏当地采访金占林的亲朋同事,获得大量鲜活素材,使剧本中金占林的形象生动而富有感染力;东方电台制作《夕阳奏鸣曲》,将视线投向关心和理解老年人的现实主题。这两部作品获得 2001 年第八届精神文明建设"五个一工程"奖。由公安部选送,上海电台和上海市公安局联合制作的 4 集广播剧《刑警 803·白玉观音》也获得第八届精神文明建设"五个一工程"奖。传媒集团戏文频率制作播出的 10 集连续剧《汽车人》,展现中国当代汽车工业从业者们在体制、观念变化中的矛盾冲撞,当时小说尚未出版,编辑就启动创作,历时两年完成。该剧获得 2003 年第九届精神文明建设"五个一工程"奖。传媒集团戏文频率制作的 6 集系列广播剧《走过冬天》,故事线索源自一则新闻报道。该剧讲述一对普通夫妇集聚同事亲友的 105 万元巨款被骗走后陷入绝望,36 位债主却不顾自己的损失伸出援手,夫妇俩历经坎坷,终于在 10 年后还清欠款,成就了一番事业。该剧获 2007 年第十届精神文明建设"五个一工程"奖。

第二节 其他剧目创作与展播

一、儿童剧

1978 年后,上海电台首先恢复制作和播出的广播剧是儿童剧,其中,戎雪芬导演的《小爱莉的星期天》影响很大。1980 年播出第一部广播连续剧《木偶奇遇记》5 集。此后,播出《一封将要寄出的信》《天鹅与少年》《"小马虎"历险记》《鲁班学艺》《密林中的小屋》《吴小青和她的胖弟弟》《丑小鸭飞走了》《三千五百万个谜》《大人不知道的事情》等。1988 年,介绍中华五千年文明史的 100 集少儿广播剧《悠悠中华》开播,主创梅梅、张社生等。郭冰首次尝试用说书的叙述方式解说,创出了绘声绘色的效果。1993 年播出反映外国五千年历史的 100 集少儿广播剧《在我们这个星球上》,王佩飞等主创。1997 年上海电台制播儿童剧《去年的树》。1999 年,上海电台、东方电台分别制作播出儿童题材广播剧《我的傻瓜妈妈》《生命的种子》。2001 年,上海电台制作儿童题材广播剧《家长会》。2002 年 7 月后,传媒集团广播剧团队先后制作播出儿童题材广播剧《三八线》(2004 年)、《彩虹蝶》(2007 年)、《妈妈睡觉的样子》(2008 年)和《我的魔法保姆》(2010 年)。

二、现实题材广播剧

上海广播剧创作注重现实题材,记录重大事件,弘扬时代精神。1979 年 7 月 1 日,播出歌颂张志新烈士的纪实性广播剧《共产党人正气歌》。1980 年春节期间,播出纪实性广播剧《生命的凯歌——献给吕士才烈士》。1983 年 5 月,上海电台播出以优秀共青团员张海迪为主角原型的广播剧《张海迪》。1993—1999 年,上海电台先后创作播出以范大雷和孔祥东为原型的广播连续剧《无言的歌》,展现全国劳动模范徐虎不平凡的精神境界的广播剧《徐虎的故事》,根据沙叶新同名报告文学改编、反映中国留学生美国生活的《尊严》，以探险家余纯顺的事迹为创作素材的《走进罗布泊》，以改革开放为背景的广播连续剧《浦东，浦东》等现实题材作品。同期，东方电台制作的现实题材广播剧《希望的太阳》，讲述一个老干部以他真挚的爱心，尽力帮助希望小学残疾学生的故事。

2003年6月1日起，传媒集团戏文频率播出以抗击"非典"为主题的系列广播剧《没有硝烟的战场》。该剧由《春天》《非常婚礼》《公民意识》《天使的翅膀》《非典型两地书》《责任》《和你在一起》7部12集组成。黄海芹、乔谷凡、李婴宁、陈慧君等剧作家以新闻报道为线索，仅用10天时间完成剧本创作。第一部《春天》源于北大一名学生的公开信，写出了当代大学生面对突发灾难的困惑与思考。同年5月30日，开播仪式在曾经采取医学隔离措施的上海师范大学举行，通过学校局域网和广播电视网播放。传媒集团还与中国广播剧研究会举办节目赠送活动，向中央电台和各省市电台赠送此套系列广播剧，节目在全国播出。

2008年6月22日起，传媒集团广播文艺中心赶制并播出了9部10集反映四川汶川大地震抗震救灾事迹的广播剧《来自天堂的感谢》。2009年5月12日，以四川汶川大地震为创作素材的广播剧《云朵上的鸽子树》播出，反映人类对生命本质的再认识。2010年，上海广播电视台制作的广播连续剧《星星点灯》，关注失独人群，刻画了他们在逆境中重新崛起的心路历程，颂扬了人与人彼此扶持、互助前行的精神。狄菲菲、曹雷、赵静、宋忆宁全情投入演播，"星星港"名誉会员、电影表演艺术家秦怡在剧中演绎自己的故事。

三、小说戏剧改编的广播剧

1981年，上海电台制作播出根据鲁迅同名小说改编的广播剧《风波》《长明灯》。1984年2月，上海电台播出孔祥玉导演根据法国当代小说改编的7集广播连续剧《罗马之夜》。同年，琼瑶小说《月朦胧，鸟朦胧》被改编成广播剧，之后，《月朦胧，鸟朦胧》被改成了沪剧和电视剧，琼瑶作品开始在大陆走红。1985年，上海电台播出根据周而复小说《上海的早晨》改编的10集广播连续剧，主创人员还特意拜访了荣毅仁、胡厥文等知名人士。

1986年，祖文忠执导，将莎士比亚经典之作《麦克白斯》改编成4集同名广播连续剧，参加首届莎士比亚戏剧节，并与中国莎士比亚研究会联合举办"莎剧改编录制广播剧学术研讨会"。这在我国广播剧历史上是第一次，也是我国莎剧演出史上的首例。同年，上海电台播出根据普希金小说《黑桃皇后》改编的同名广播剧。

1988年，上海电台播出根据莫里哀《太太学堂》改编的6集广播连续剧。同年播出根据苏联作家列夫·奥瓦洛夫小说《一颗铜钮扣》改编的同名广播剧。还制作了根据茨威格小说改编的《看不见的创伤》、根据显克微支小说改编的《音乐迷杨珂》、根据法国小说改编的《鼠夹上的蛋糕》、根据日本小说改编的《敦厚的诈骗犯》《布克小姐》、根据美国小说改编的《魔桶》《酋长的女儿》、根据苏联电影文学改编的《两个人的车站》、根据德国小说改编的《假面》等作品。

1993年，上海电台播出根据话剧《美国来的妻子》改编的同名广播剧。1994年9月，上海电台制作的连续剧《仲夏夜之梦》《皆大欢喜》，参加1994年上海国际莎士比亚戏剧节。1995—1996年，上海电台播出根据小说改编的广播剧《手表情缘》《手心手背》。2000年，上海电台制作讲述曹操和崔琰故事的历史剧《捉刀人》。

2009年，传媒集团上海故事广播推出"小说剧"概念，将广播剧由多人演绎、运用音乐音效等手段引入制作。制作播出小说剧《三七撞上二十一》32集，由易峰、冯骏骅、谢添天等演播。2010年12

月,制作小说剧《婚姻症候群》31 集、《非婚勿扰》30 集、《双城生活》34 集、《雅库玛的诅咒》38 集、《猫的复生》27 集,这些作品或是以都市白领情感生活为主的轻喜剧,或是以悬疑推理风格为主的探案故事,受到听众欢迎。

四、传记广播剧

上海电台制作有影响的传记广播剧有:1985 年 21 集广播连续剧《阮玲玉》,1988 年《橡胶大王传奇》,1992 年 12 集广播连续剧《郁达夫之死》。还有《海伦·凯勒》《史笔颂》《孙中山广州脱险记》《笔中缘》《志同道合》《在那相聚的日子里》,以及根据旅法华裔钢琴家周勤丽传记小说改编的广播剧《黄河的女儿》等。2004 年,为纪念邓小平百年诞辰,传媒集团戏文频率制作播出传记广播剧《少年邓小平的故事》。

2010 年,上海广播电视台上海故事广播播出 8 集广播连续剧《弘一法师》,宋怀强演播。作品充分运用广播剧"时空自由"的表现方法,李叔同(弘一)病中神会鲁迅、黄炎培、柳亚子、印光大师,以及临终前的自我对话,不仅增强了艺术感染力,还丰富了作品的思想内涵。同年 3 月,奉贤区广播电视台制作播出首部大型广播剧《言子与奉贤》。该剧以追寻"贤文化之根"为主旨,演绎春秋战国时期孔子唯一的南方弟子、"七十二贤"之一的言子,从少年求学直至学成后到奉贤讲学、开化南方荒夷之地的动人故事。该剧在市郊 8 个区级广播电视台巡回展播。奉贤区教育主管部门还将该剧碟片发给各中小学校作为课外教材。

五、探索性广播剧

上海广播剧团队遵循百花齐放方针,倡导探索创新,鼓励多样化尝试。

采用先进录音技术成果,寻求广播剧艺术突破。在制作《一封将要寄出的信》《蓝天下的一支绿色的歌》《定能重相见》《拨动生命的琴弦》等广播剧的过程中,通过混响器、延时器、电子合成器、调音台等设备的应用,完成音响因素和声音层次的组合,广播剧的听觉艺术质量有显著提高。1984 年 4 月 9 日,上海电台第一部立体声广播剧《蝴蝶泉》播出。这部剧根据神话传说和民间故事创作,导演戏雪芬。该剧有效运用立体声技术,剧中骑马前逃后追的音响效果,主人公在告别时回荡在山谷间的由近到远的呼喊声,具有身临其境的逼真效果。

打破戏剧传统结构模式,尝试多样化结构形式。广播剧《蜜月旅行》《蟋蟀》《无愧的青春》中,没有一句解说词,在制作中用"广播蒙太奇"艺术手法完成各种场景、段落的衔接与转换。1989 年,上海电台瞿新华、孔祥玉、王小云、达世新主创微型广播剧《凯迪与803》,演绎一条叫凯迪的忠诚警犬的故事,全剧基本没有人物对话,只有音效。1990 年,瞿新华、杨树华主创广播剧《生命的旋律》,演员乔奇演播一位老人,全剧没有台词,只出一些气息声响,通过音乐、音效的组合表现生命的循环往复。2009 年,广播剧《猎人和狼》以寓言式的情节,表达了人与自然和谐相处的美好愿望。该剧尝试人声模拟动物并作为主角,演员宋怀强演播了一头情绪丰富的狼,音乐编辑罗文运用了大量音效烘托气氛。

创办新型直播广播连续剧。1994 年 6 月,东方电台创办新型直播广播连续剧《太太学堂》。章茜、沈蕾、韩清、叶波等主创,每集 30 分钟,到 1996 年 7 月共播出 265 集。《太太学堂》以一对年轻夫妇的日常生活为基本内容,反映寻常百姓生活的喜怒哀乐。广播节目主持人饰演主角,没有完整的剧本,只有剧情设计和故事梗概,台词由主持人即兴发挥,事先准备的背景音乐以及音响效果在现场一气呵成。听众可以在节目播出过程中通过电话参与互动,可以根据剧情需要担任角色,也可以在故事结束时打电话到直播室,对刚才的直播剧情做点评。《太太学堂》呼应社会热点事件,具有新闻要素,先后播出反映水电供应的《热浪滚滚》、反映社会治安的《外来妹的遭遇》等。主持人与听众、听众与听众之间的多向反馈,成了直播广播剧的组成部分。之后,东方电台还推出系列直播广播剧《写字楼的故事》。

广播剧品种、样式丰富多彩。1980—1982 年,上海电台历时 3 年推出《柴可夫斯基》《被埋葬的财富和希望——歌曲之王舒伯特的故事》《播种欢乐的人——圆舞曲之王约翰·斯特劳斯》3 部音乐家故事系列广播剧,作品讲述作曲家的生平故事,穿插引用了大量作曲家的作品,谭冰若、曹雷编导,彭秀霞任音乐编剧,孙道临、毕克、曹雷、乔奇等演播,李梓担任解说。上海电台还播出由音乐编辑冯秉友主创的音乐广播剧《二泉映月》。1997 年,瞿新华、雷国芬探索制作了音乐广播剧《雨中播下一片音符》,通过战士和歌手的情感交流,呼唤真诚的回归和灵魂的自我净化。上海电台制作播出的戏曲广播剧有：沪剧广播剧《春暖淀山湖》,1984 年 4 月 24 日首播,沈琪秀、王历来编辑,徐伯涛、诸惠琴主演;越剧广播剧《艺术魂》,1984 年 10 月 23 日首播,赖素娟编辑,王文娟、张国华主演。上海电台制作方言广播剧有《猴子司令相亲记》《为您服务》《妈妈的心》等,姚慕双、周柏春、翁双杰、童双春、李青等滑稽名家参加演播。

六、展播

1981 年 1 月,上海电台和全国 26 家省级电台联合举办第一届广播剧展播月活动,各地电台为此创制 300 多部单本剧,该活动成为中国广播剧发展史上的一次盛会。上海电台创制的《裂缝》《蜜月旅行》参加展播。由于展播作品数量多、质量较高,上海电台在《广播剧场》栏目中推出《全国优秀广播剧展播》,每天 1 小时。1981 年 12 月和 1982 年 12 月,在第二届、第三届全国广播剧展播月期间,上海电台选送的两部作品分别被评为优秀广播剧。

1988 年,上海电台主办第一届"白玉兰杯"广播连续剧评奖活动,收到全国 28 家电台的 36 部 217 集广播连续剧。入围广播剧播出后,收到听众选票 2 万多张,最终评出 18 部获奖作品。中国剧协主席、中国广播剧研究会顾问曹禺题词：声满大地有春意,剧表人情无古今。评奖活动推进了全国广播连续剧的创作。1989 年 4—10 月,上海电台主办第二届"白玉兰杯"微型广播剧大赛,首先广泛征集以改革开放后上海市民生活为内容的微型广播剧故事,收到来稿 800 多篇。微型广播剧故事评选揭晓后,上海电台举办培训班,培训对象为参赛的区县、学校、企业基层广播台(站)的人员,为他们讲授微型广播剧写作、改编、制作技艺和方法。活动评选出 41 部作品获"白玉兰杯"奖。上海电台精选其中 20 部获奖剧本进行修改并重新录制,在国庆 40 周年期间开辟的"改革大潮中的小浪花：上海市民生活面面观"微型广播剧专栏中播出。这是广播剧面向社会、吸引听众、壮大作者队伍的首次有益尝试。1990 年,上海电台主办第三届"白玉兰杯"全国广播剧剧本评奖,共收到参赛广播剧本 247 部,作者分布于国内 20 多个省市。作品内容丰富,题材广泛,风格多样,富有时代气息。

第九章 体育节目

1986年4月14日,上海电台第一个体育专题栏目《空中体坛》开播。1987年6月15日,在收听广播黄金时段6时设《新闻、体育和气象》栏目,在国内外要闻后播出体育新闻。1993年2月10日,扩版后的《990早新闻》设"990空中体坛"板块,同年4月12日,推出《空中体坛午间直播》,由体育记者主持直播。1995年4月,东方电台开设《东广体育》栏目,与上海电台《空中体坛午间直播》同时播出,形成相互竞争、相互促进的局面。2002年7月,传媒集团对上海广播电视资源进行重组。体育频道广播部新推出《东方体育》等12档广播体育栏目,在新闻频率、新闻综合频率、交通频率播出。

2004年8月8日,上海体育广播调频100.6兆赫开播,它是国内首家广播电视联动的专业体育频率,2005年8月8日,播出频率改为调频94.0兆赫。2006年3月,上海体育广播更改呼号为五星体育广播,每天播出18小时。五星体育广播发挥广播电视资源融合优势,主持人、新闻采编、重大赛事实施广电联动。在奥运会、世界杯足球赛、亚运会、中国足球甲A联赛等重大体育赛事举办期间,开设"奥运频率""世界杯频率"或特别节目、特别专栏等,集中报道赛事动态,满足听众的需求。

第一节 体 育 新 闻

上海电台建台后,体育消息一般都在新闻节目中播出。1971年4月起,我国政府开展乒乓球外交。上海电台派记者奚源昌、陈乾年采访访沪的美国乒乓球代表团的活动和比赛。1975年,开办以新闻报道为主的《体育与卫生》栏目。1978年,《体育与卫生》改为知识型栏目,有关体育消息仍在新闻节目中播发。1983年,第五届全国运动会在上海举行,上海电台组织20多人的采访组,全方位报道这次体育盛会,这是上海电台规模空前的一次体育采访活动。1984年,上海电台在早新闻节目中设"体育之声"专栏,每周1次,约3分钟,播出体育消息、通讯、特写等,在当时体育报道数量不多的情况下,集纳播出受到听众欢迎。当年中国首次派出体育代表团参加洛杉矶奥运会。为此,上海电台在奥运会举办期间特别开设奥运会专栏,每天10分钟,奥运会结束即停办。

中国重返奥运会后,体育事业发展加快,中国选手在国际比赛中频频取得好成绩,市领导和市民都希望开办广播体育专题节目。1986年4月14日,上海电台以新闻为主的综合体育栏目《空中体坛》开播,周一至周六12时10分、16时10分、21时30分在中波990千赫、1197千赫播出,每档10分钟。首播内容有从香港电传过来的当天国际体育消息,并播出新任中国女篮教练张大维的录音讲话。《空中体坛》开播不久,恰逢1986年世界杯足球赛开赛,节目组以最快的速度把比赛的消息传递给听众,这个新栏目在听众中赢得很好声誉。1987年6月15日起,上海电台每天6时设立《新闻、体育和气象》栏目,在播出要闻后,报道国内外体坛动态。

1992年10月起,东方电台开设综合性体育栏目《体坛掠影》,周日11—12时直播。1993年2月10日,上海电台在扩版后的《990早新闻》中设立"990空中体坛"板块,播报国内外体坛动态。同年4月12日,推出《空中体坛午间直播》栏目,由体育记者主持直播,时长30分钟。国家体委主任伍绍祖在节目开播第一天发表讲话并向听众致意。

随着上海广播体育节目影响越来越大,体育记者走出国门采访国际大赛的机会增多。1993年7月,国家体委给上海电台下拨记者名额,前往采访在美国布法罗举办的世界大学生运动会。同年9月23日是国际奥委会投票决定2000年主办奥运会城市的日子,记者、主持人顾陆丰随中国代表团赴摩纳哥蒙特卡洛采访。为此,上海电台开办时长6小时的特别直播节目《北京,好运》,从当日21时到次日凌晨3时,直播室同前方记者保持联络,同步播报申办进展消息。

1995年4月,东方电台开设综合性体育栏目《东广体育》,周一至周六11时30分—12时直播。设有"体育快讯""每日追踪""智力体育""棋坛内外""休闲体育""体育记者论坛"等板块。1996年4月14日,《东广体育》开播一周年之际,推出"甲A球迷沙龙""96中国足坛风云录""篮球世界""体育科普"等板块。

2001年7月13日,上海电台在中波990千赫、调频93.4兆赫从19时至24时播出大型直播《"祝福你,北京"申奥特别节目》,前方记者胡敏华从莫斯科现场通过国际信号发回现场报道。在5小时的直播中,后方主持人顾陆丰、叶柳连线多路嘉宾,多角度展现北京申奥成功的过程,节目由"最后的陈述""申办之路""北京的期待""奥运圣火照耀大地"等板块构成。

2002年7月,传媒集团对体育广播资源进行重组,成立体育频道广播部,广播体育节目直播室设在南京西路广电大厦。推出《东方体育》栏目,周一至周五11时30分—12时在新闻频率、新闻综合频率联播。该栏目设有"体坛快报""非常视点""甲A战报""欧洲足坛风暴""背景聚焦""现场直击""NBA烽火台"等板块。体育频道广播部为新闻频率制作《空中体坛》《今日体育快评》《体育名人堂》《唐蒙视点》《体育名人访谈》《球迷俱乐部》等栏目;为新闻综合频率制作《东广体育午报》《足球猜猜猜》《超级运动节拍》等栏目;在交通广播播出《甲A联赛》和其他重大赛事。

2004年8月8日15时,上海体育广播调频100.6兆赫开播,这是全国首家广播电视联动的专业体育广播,每天5时至翌日凌晨1时播出20小时。直播室迁至虹桥路广播大厦内,丁镭、吴舜主持首档节目。上海体育广播以"运动无极限,体育百分百"为宣传语,著名运动员刘翔为形象代表,采用"新闻滚动、听众互动、电视联动"的制作模式,发挥广播电视体育资源融合优势,对新闻采编、主持人和赛事转播做统筹安排,精彩赛事在广播和电视节目中同时转播。上海体育广播节目设置以整点体育新闻为框架,每天播出3档《空中体坛》,其中增设《今日快评》专栏。还新设《网球周刊》《活力生活秀》《极速F1》《足彩猜猜猜》等栏目。2005年8月8日,在上海体育广播开播一周年之际,举行《今日快评》开播一周年研讨会。同时,推出直播互动栏目《球迷俱乐部》。

2006年3月,上海体育广播呼号改为"五星体育广播",每天6—24时播出18小时,继续发挥广电媒体资源融合优势,主持人、新闻采编、重大赛事实施直播联动。在有重大体育赛事时,开设"特别节目"或"特别专栏",集中报道赛事动态。2007年8月8日18—20时,五星体育广播推出大型直播《奥运倒计时一周年特别节目》,把北京奥运会倒计时一周年活动现场与上海连线,全景式展现上海人民喜迎2008年北京奥运的精神风貌和欢乐激情。

2008年1月,体育广播加强整点和半点的体育资讯播报,推出《940整点资讯》《奥运60秒》。同年4月30日,五星体育广播举行《北京奥运倒计时100天》特别节目暨"奥运频率"开播仪式。"奥运频率"推出24小时播出的"五星奥运行动",在北京前方演播室设《奥运最前线》专栏,每天播出特派记者报道的赛场赛况最新动态以及综合新闻。同年5月23日—8月24日,传媒集团广播频率联合推出"北京奥运会现场连线特别报道"行动,播出奥运特别节目566小时,各档整点新闻和新闻专栏均开辟《2008北京奥运会特别报道》。同年9月22日,五星体育广播直播室迁入南京西路广电大厦,同时首次实现音视频同步直播,广播体育节目既能在广播中直播,也能通过看看新闻网等新媒体进行直播。

第二节　重大赛事报道

1979年9月,上海电台记者陈乾年随上海体育代表团赴北京参加第四届全国运动会进行报道。大赛期间共发回赛事报道20多篇。

1983年,在上海举行的第五届全国运动会上,上海跳高名将朱建华以2.38米的成绩打破由他本人保持的2.37米的男子跳高世界纪录。上海电台记者奚源昌事先在各方配合下,就准备好以现场报道形式将朱建华打破世界纪录的消息报道出去。9月23日15时30分,朱建华开始起跳,记者通过无线电报话机播报比赛过程。随着横杆的升高,朱建华跳过一个个高度的消息,即时通过电波传给广大听众。17时19分,朱建华跃过2.38米横杆再破世界纪录,全场欢声雷动。可这时已准备就绪的稿件却不能随即发出,要待现场总裁判的核实。当报话机中传来记者"可以播了"的声音,播音员立即奔进播音室,中断广告节目,插播这一载入中国体育史册的新闻。这时是17时34分,即离总裁判现场核实确认不到1分钟。

1992年7月,第二十五届奥运会在西班牙巴塞罗那举行,上海电台设《巴塞罗那之夏》特别专栏,为期3周,每天15分钟。该专栏由体育记者担任采编与主持,他们用记者的视角和个性化的语言风格,给听众带来新鲜感受,这也是体育记者跨界主持的新尝试。上海游泳名将庄泳为中国队夺得首枚奥运会金牌后,主持人及时赶到庄泳家,采访她的父母和启蒙教练;杨文意参加女子50米自由泳决赛时,主持人半夜赶到她家,同她的家人一起观看电视实况转播。这些精彩的片段,由主持人巧妙剪裁、制作,和远在巴塞罗那健儿拼搏夺冠的消息串联起来,一气呵成,一篇篇独具特色的录音报道,使体育报道形象生动。

1993年5月9日,第一届东亚运动会在上海虹口足球场开幕,国家主席江泽民、国际奥委会主席萨马兰奇等出席开幕式。上海电台、东方电台联合中央电台向全国做开幕式现场直播。上海电台完成现场直播的《山美水美人更美》串联框架,体育记者胡敏华、顾陆丰担任现场直播解说,他们用轻松流畅的解说风格,使听众同步感受会场气氛,此举得到中央电台同行认同。该作品分获市委宣传部"东亚运动会优秀作品"奖和全国广播体育记者协作会"特别奖"。东亚运动会期间,上海电台组织10多人参加的报道组,《空中体坛》增设《东亚之光》专题。这一专题以编排灵活、形式多样等特点获得市委宣传部、市广电局嘉奖。同年,在北京举行的第七届全运会期间,上海电台派出的6名记者,发回大量消息、录音新闻、花絮,其中《王军霞打破万米跑世界纪录》《亚洲新羚羊刘晓梅》等新闻报道,分别在此后的优秀新闻评选中获奖。东亚运动会期间,东方电台推出"东东特快""东东金牌榜""东亚运体育评论员"等板块,东方电台的玻璃房直播彩车走上街头宣传,随时播出赛事新闻。

1996年7月,第二十六届奥运会在美国亚特兰大举行,记者胡敏华通过手机越洋报道多条奥运会消息,上海电台《990早新闻》在第一时间播出她口述的《中国游泳运动员乐靖宜勇夺金牌》现场报道。此后,利用手机做远程现场报道的形式多了起来,并成为亮点。

1998年6月,第十六届世界杯足球赛在法国举办,由于时差原因,每天最后一场比赛结束,都是北京时间凌晨5时左右。前方记者以最快的速度发稿,赶在7时《990早新闻》中播出。后方编辑接收各路消息,抢在各档整点新闻和《空中体坛》中播出。双休日的《990空中体坛球迷俱乐部》,将直播室和"世界杯球迷沙龙"活动的会场连通,邀请专家和球迷协会代表直播交流,连线北京、天津、重庆、广州、大连、沈阳、济南等地,请体育节目主持人或记者发表评论。大赛期间,东方电台特设《巴黎情报网》专栏,播出特约记者从巴黎发回的报道。

2000年9月12日—10月2日,第二十七届奥运会在澳大利亚悉尼举行。其间,上海电台《990早新闻》《990午间新闻》《990晚间新闻》及各档新闻节目共播出录音报道40条,新闻稿件近800篇,广播评论5篇。《空中体坛》工作日中午和晚上各推出30分钟直播节目,双休日为各1小时。奥运会期间,前方记者发回录音报道33个,后方编辑撰写每日赛事综合稿16篇,赛事点评14篇,赛事预测32篇,编辑各类消息659条。《奥运直播室》连通上海和悉尼两地,开设《悉尼2000——奥运专题节目》,其中录音报道《陶璐娜为中国代表团夺得第一金》《第一金的心声——陶璐娜、许海峰一席谈》《王丽萍夺冠目击记》,评论《秋日里最后一朵玫瑰》《奥林匹克中国日》《保持一颗平常心》和直播节目《陶璐娜父母走进直播室》等,产生较大影响。东方电台开设《聚焦悉尼》栏目,每天早晨、中午、晚上、夜间4次播出,设"悉尼快讯""奥运多棱镜""奥运点将台""万人话奥运""奥运猜猜猜""奥运采风""奥运金牌榜"等板块。播发录音新闻、录音报道250条,消息2500条。

2002年9月,第十四届亚运会在韩国釜山举行。这是传媒集团实行频道频率专业化后,体育频道广播部的第一次长时间转播境外大型综合性运动会。亚运会期间,体育频道广播部共播出录音报道150条、新闻1000多条累计2210分钟,以及特别节目250分钟。分别在传媒集团新闻频率、新闻综合频率、上海交通广播中播出。

2004年8月,第二十八届奥运会在雅典举行。上海体育广播开设"奥运频率",实施24小时滚动播出。推出《唐蒙视点之奥运明星篇》《名将谈奥运》《奥林匹克故乡》等栏目和《奥运大家谈》《上海奥运英雄榜》《奥运大擂台》等群众参与的专栏。邀请其他媒体特派记者参与《雅典连线》,发回更多奥运现场最新报道。体育广播特派记者驻守雅典,报道了《刘翔110米栏夺金》《李婷、孙甜甜在网球女双赛场上实现历史性突破》等奥运新闻。同年10月14日,"NBA中国赛"在上海举行,对阵双方是拥有姚明的休斯敦火箭队,以及刘炜正在试训的萨克拉门托国王队。主持人刘阳和中国篮球著名教练李秋平一起转播这场比赛。

2005年5月,第四十八届世乒赛在上海举行。中国选手包揽5个单项的冠军,这也是中国男女乒乓球队在世乒赛上第5次包揽5个单项的冠军。上海体育广播与中央电台合作向全国直播赛事并进行全程报道,开设《我们的世乒赛》特别节目,邀请世乒赛冠军庄则栋、邱钟惠、曹燕华等走进直播室,与听众进行空中交流。同年10月,第十届全国运动会在南京开幕。上海体育广播在前方开设直播室第一时间报道全运会盛况,上海体育广播作为发起单位之一参与制作《为十运喝彩》节目,在全国10家地方电台联播。

2006年6月9日—7月10日,第十八届世界杯足球赛在德国举行。五星体育广播特辟"世界杯频率"24小时播出。推出《早安世界杯》《空中体坛早间直播世界杯特别报道》《我看世界杯》《体育大擂台世界杯特别节目》《强强三人组QQ世界杯特别节目》,全程转播世界杯赛事。3名特派记者共发回80条录音报道、90条口播连线、150条素材,后方编辑组制作完成75小时报道,播发3450条消息、报道和评论,还联合英国BBC电台、德国之声电台等进行世界杯的报道。2007年9月10—30日,第五届女足世界杯在中国成都、武汉、上海、天津、杭州5个城市举行,五星体育广播全程转播和报道。

2008年8月8—24日,第二十九届夏季奥运会在北京隆重举行。五星体育广播于4月30日举行《北京奥运倒计时100天》特别节目暨"奥运频率"开播仪式。"奥运频率"推出24小时播出的"五星奥运行动"，在北京前方演播室设《奥运最前线》专栏。同年 5 月 23 日，广播新闻中心联合中央电台推出 5 小时的《奥运会火炬传递上海站》特别直播节目。同年 5 月 23 日—8 月 24 日，传媒集团新闻频率、新闻资讯频率、都市生活频率、上海交通广播、五星体育广播联合推出《北京奥运会现场连线特别报道》，播出特别节目 566 小时。奥运会期间，广播新闻中心派出 15 人报道组进驻北京，通过前方直播室和报道大本营，共现场直播比赛 17 场。《990 早新闻》《990 晚间新闻》《东广早新闻》《滚动新闻》开辟《2008 北京奥运会特别报道》，共首播奥运会相关报道 1 520 条，时长 2 923 分钟。《市民与社会》《990 体育新闻——奥运之声》《记录 2008》《新闻故事》《记者视线》等栏目，共推出 10 档 89 期专题、特别节目。新闻资讯频率通过与中国国际广播电台的合作直播北京奥运会开、闭幕式。2009 年 10 月，第十一届全国运动会在山东举行。五星体育广播设前方演播室，多档体育新闻和访谈节目在山东的演播室中直播。

2010 年 11 月 6 日，第十六届亚运会在广州举行。五星体育广播在广州设立演播室，推出《非常亚运会》特别节目，每天 19 时在调频 94.0 兆赫和东方网同步直播，时长 3 小时，设"今夜话题""亚运即时报""我的亚运故事"等板块，其中"听众互动游戏"是一档专业性、伴随性相结合的板块，听众在参与互动中了解晚间亚运赛事最新信息。

第三节　体育专题

2006 年 5 月 8 日—6 月 9 日，德国世界杯足球赛决赛阶段开赛之前，五星体育广播联合新浪体育举办"世界杯博客大赛"。五星体育广播每天 21 时播出的《空中体坛晚间直播》中，开辟介绍优秀博客专题，活动结束后评选出优秀博客奖 18 篇。

2008 年 8 月北京奥运会期间，五星体育广播推出评论专题《第三只眼看奥运》，每集 26 分钟，共 17 集。主持人海婴和体育评论员段翔每天以不同的视角解读奥运。节目不以金牌、奖牌等常规热点为话题，而是注重北京奥运会的科技、绿色、人文三大主题，就北京奥运会的技术创新、节能环保、体育的人文关怀问题展开评论，让听众更深入地理解中国举办 2008 年奥运会的重大意义。同年 8 月 8—24 日，五星体育广播播出《王小毛谈奥运》专题，每集 30 分钟，共 17 集。这是五星体育广播和广播文艺中心联合推出《王小毛迎奥运》之后的再次合作。节目由《滑稽王小毛》编导葛明铭主持，邀请滑稽演员参与。通过虚构人物王小毛与现实生活中的奥运会结合起来，反映北京奥运会上海赛区的组织者、运动员、志愿者和普通市民参与奥运会的热情和精神风貌。节目以风趣幽默的风格，百姓的视角，根据每天奥运会动态新闻进行评说和访谈。8 月 8—25 日，五星体育广播与新浪体育联合推出《名人聊奥运》专题，每天 11 时直播，每集 30 分钟。这是一档奥运文化节目，也是广播节目视频化的一次尝试。节目邀请沪上文化界、文艺界名人，共同探讨奥运会的文化意义，主持人阿丁和嘉宾围绕奥运这个主题，寻找奥运会与普通大众的结合点，聊聊非体育人士眼中的奥运会。直播中还及时插播体育赛事的现场实况声、比分和结果。

2009 年 8 月 8 日，全国第一个全民健身日，也是上海体育广播开播 5 周年纪念日。同日 8 时，五星体育广播推出大型直播专题《璀璨五星，欢乐五星》，时长 10 小时。记者从上海部分社区健身活动现场发回多条即时报道。2010 年 6 月 11 日，南非世界杯足球赛开赛之日，五星体育广播在上海世博园南非馆内设立演播室，举行南非世界杯开赛庆典活动，让无法前往南非现场看球的球迷也能够感受南非世界杯的激情。活动邀请朱广沪、范志毅、成耀东和孙雯等足球名宿出席，并请前国脚们作为解说嘉宾。

第四节　主要栏目

一、上海电台

【空中体坛】

上海电台《空中体坛》栏目开播于 1986 年 4 月 14 日,它是以新闻为主的综合性体育节目,除报道国内外最新体育消息外,设有"体坛精英""体育述评""体育史话""答听众问"等板块。周一至周六 12 时 10 分、16 时 10 分、21 时 30 分在中波 990 千赫、1197 千赫播出,开播初期每次 10 分钟。2004 年 8 月,上海体育广播开播进行节目改版,《空中体坛》扩展到每天 7 时、11 时 30 分和 21 时播出 3 档,栏目内增设"今日快评"板块。2006 年 5 月 31 日,《空中体坛》开播 20 年之际,举办"五星体育广播发展论坛"活动,推出从听众中征集出的宣传语:"体坛新干线,空中加油站。"

【空中体坛午间直播】

1993 年 4 月 12 日,上海电台《空中体坛午间直播》栏目开播,每天 11 时 30 分播出,时长 30 分钟。它由记者直播主持,编排上为三段活排:第一段是最新国内外体育新闻,简洁、短小、快节奏。新华社供稿和本台记者采写是体育新闻的主要来源。节目采取直播形式,不设截稿时间,只要在节目播出时间内,可随时插播最新消息。第二段为背景报道,是对体育新闻的延伸和充实。第三段是专题板块,"热点追踪"对体育热点进行追踪和思考;"明星访谈"参加访谈的体育明星包括王军霞、郎平、聂卫平、乐靖宜等百余人;"教练访谈"参加访谈的有徐根宝、李永波、蔡振华、沈富麟、马俊仁等;"赛场传真"把记者在比赛现场采制的录音报道以较快的时间传进直播室安排播出;"最新报道"通过电话把正在发生的赛事消息用口述方式在直播节目中播出;"热线你和我"以摘播听众来信为主,也包括听众与主持人电话直播交流。2010 年,《空中体坛早间直播》《空中体坛午间直播》分别于 7 时、11 时 30 分播出,时长均为 30 分钟。

二、东方电台

【体坛掠影】

1992 年 10 月,东方电台开设综合性体育栏目《体坛掠影》,每周日 11—12 时直播,主持人徐威。设"一周精彩赛事回顾""下周体坛""体育大热点""明星追踪""体育音乐""体育市场""体育与健康""上海体育"等板块。1992 年 12 月,《体坛掠影》发起"我为施拉普那献一计"大讨论活动,听众参与积极。1995 年,东方电台开设《东广体育》栏目,《体坛掠影》停办。

【东广体育】

1995 年,东方电台体育节目扩版,开设综合性体育栏目《东广体育》,周一至周六 11 时 30 分—12 时直播。设固定板块"体育快讯""每日追踪"和不定期板块"智力体育""棋坛内外""休闲体育""体育记者论坛"等。《东广体育》注重与足球迷的交流互动,在全国足球甲 A 联赛期间,开设"超级球迷"板块,接听球迷热线电话。1996 年和 1997 年全程直播甲 A 联赛上海申花队的所有赛事。2002 年 7 月,《东广体育》栏目停办。

三、传媒集团/上海广播电视台

【强强三人组】

2002 年 7 月,传媒集团体育频道广播部开设《强强三人组》栏目,周六 12 时 30 分—13 时直播,在新闻频率、新闻综合频率联播;同时,还在交通广播播出"中国足球甲 A"比赛直播;由广播电视主持人海波、唐蒙、娄一晨共同主持,形成 3 人组合。2004 年 8 月改版,主持人有刘阳、唐蒙、娄一晨、李兵等。《强强三人组》将"脱口秀"引入广播体育节目,形式新颖,诙谐幽默。电视主持人参与广播节目的形式和泛社会化的谈论主题,吸引着一批固定听众。2006 年 7 月起,《强强三人组》每月推出与听众见面活动,分别在中信泰富、正大广场、香港广场、第二工业大学等场所与听众互动交流。2008 年 1 月 1 日,推出《强强三人组之强强风云榜》,主持人刘阳、吴舜与特约嘉宾每期就体坛热点话题展开讨论。节目关注足球、篮球、排球、乒乓球、羽毛球、网球等热门项目的大型赛事,以及俱乐部、球队、教练、球员动态,以互动参与的模式,与嘉宾及听众一起交流分享。

【今日快评】

2004 年 8 月,上海体育广播开设评论类专栏《今日快评》。初期,它是《空中体坛早间直播》的板块之一,主创人员每天对最新的体育热点进行评论。《今日快评》的内容短小精悍,把阐述道理作为节目的主线,在听众和专业人士心中留下良好口碑。截至 2009 年底,《今日快评》播发体育评论 1 600 多篇。2009 年 8 月,《璀璨五星——今日快评》一书由上海教育出版社出版,该书录入《今日快评》2004—2009 年播出的评议作品 346 篇。

【五星访谈】

2004 年 8 月,上海体育广播推出明星访谈专栏《五星访谈》,周日 11 点 30 分播出,晓薇等直播主持。它以与体育明星面对面的交流,零距离沟通的形式,追踪热点"星"闻,叙说"星"情故事。让体坛明星讲述自己的奋斗经历和真实情感,为听众还原一个个真实的明星。应邀参与的明星有:王军霞、杨扬、乐靖宜、王励勤、吴敏霞、邹市明等奥运会冠军,姚明、庄则栋、孙雯、曹燕华、胡荣华、范志毅等体坛名将,孙海平、徐根宝、郎平、王俊生、朱广沪等知名教练。2009 年 8 月,《璀璨五星——五星访谈》一书由上海教育出版社出版,该书收入《五星访谈》2005—2009 年播出的作品 27 篇。

第十章 少儿节目

上海电台 1949 年建台就设置少儿节目,先后开办《儿童节目》《儿童园地》《少年儿童节目》等栏目。1967 年 1 月,《少年儿童节目》停办,1975 年 5 月,恢复该名称。1978 年 11 月 3 日,《少年儿童节目》开设"小小知识宫""文学书架""当他们是少先队员的时候""听爷爷讲上海的故事""走进儿童文学的宝库"等板块。1982 年 6 月 1 日,创办学龄前儿童节目《百灵鸟》。1990 年 5 月 4 日,创办《中学生热线电话》栏目,1991 年 9 月,改名为《青春·太阳》。1993 年 7 月 5 日,《少年儿童节目》改名为《快乐少年》。

东方电台儿童台于 1993 年 10 月 28 日开播,全天播出 15 小时。为克服频率资源缺乏的困难,开辟调频 101.7 兆赫副信道(SCA)播出。儿童台通过公开招聘,建立了一支近 50 人的业余小记者、小主持人队伍,让他们参加节目的编辑制作。1995 年,儿童台改版,每天 6 时 25 分—8 时、9—13 时、15 时—21 时 30 分三次播音,设《八音盒》《故事连播》《家教园地》《芝麻开门》《菲菲点播台》《好朋友热线》《特级教师到你家——打电话问功课》等栏目。同年 4 月开设《东广少儿新闻》《校园内外》《家教咨询热线》栏目。

1997 年 6 月 1 日,上海电台少儿频率开播,每天 16—20 时在中波 1296 千赫播出 4 小时。保留名牌栏目《百灵鸟》《快乐少年》《青春·太阳》,在少儿频率和中波 990 千赫各有播出。开设新栏目有《听音乐,讲故事》《精彩故事连播》《阿爸教现代科技》《小主人之音》《父母加油站》《家长热线》《金钥匙·作文俱乐部》《讲不完的故事》等。1999 年 6 月 1 日,东方电台与中国少年服务信息网制作中心合作,建立"东广少儿节目网上广播",播出少儿节目 24 档。同年 10 月 28 日,东广少儿频率由调频 101.7 兆赫副信道改为由调频 92.4 兆赫播出,用普通收音机均能收听。同日改版,引进原在中波 792 千赫播出的《东方大世界》,新设《亲亲宝贝》《科学聪明豆》《胎教 30 分》《小鬼当家》栏目。2000 年 4 月,在由团市委、市综治办等联合开展的创建上海市优秀"青少年维权岗"活动中,东方电台少儿部被命名为首批上海市优秀"青少年维权岗"。2001 年 1 月,上海电台新设《梅梅姐姐讲故事》《儿科专家热线》《快乐星期六》《开心魔方》等栏目。

2002 年 7 月 15 日,传媒集团对广播频率进行调整,少儿节目合并纳入金色频率。《百灵鸟》《特级教师到你家》等名牌栏目改版出新。开设《成长心情》《月亮小船》《快乐无极限》等栏目。2003 年 8 月,金色频率推出少儿读书类栏目《鲜草莓书屋》,与东方网少年频道、上海教育出版总社《好儿童画报》《芝麻开门》杂志合作开设专栏,形成广播、网络、平面媒体联手互动的多维效应。

2004 年 1 月,少儿节目纳入传媒集团都市 792 频率。6 月 27 日复办或新推出一批少儿栏目:针对 2—6 岁低幼学龄前儿童,以童话、童谣、儿歌、童趣小故事为主要内容的新版《百灵鸟》;针对 7—11 岁少年儿童,以童话剧、经典名著少儿版、小说连播为主要内容的《小耳朵大世界》;针对 12—16 岁青少年,记录青少年成长过程中同学与老师、家长之间故事的《成长嘉年华》。2007 年元旦起,传媒集团新娱乐调频 107.2 兆赫周一至周五 20 时推出 1 小时少儿直播栏目《竹林童话》,2008 年 1 月更名为《月光宝盒》。

第一节 主 要 栏 目

一、上海电台

【少年儿童节目/快乐少年】

1978年11月3日,上海电台在《少年儿童节目》栏目中设立"小小知识宫"板块,向小朋友介绍各种有趣的知识,编辑将板块内容用故事形式串联起来,汇编《朱小亮的故事》16篇、《董小冬的故事》12篇、系列科学幻想故事《张小奇的奇遇》50集;另开设"文学书架"板块,选播中外儿童文学名著和优秀文学作品。1979年,开设"当他们是少先队员的时候"板块,介绍少年时佩戴过红领巾、如今已成为著名人物的故事。曾播出运动员黄锡萍、科普作家叶永烈、演员达式常以及毛信贤、张海迪等人的故事。1980年,开办"暑假俱乐部""听爷爷讲上海的故事"等板块,用讲故事的方式对孩子们进行爱国主义和革命传统教育。1982年,《少年儿童节目》节目组荣获"上海市少年儿童校外教育先进集体"的荣誉称号。1984年9月23日,《少年儿童节目》开设"走进儿童文学的宝库"板块,第一次播出儿童文学作家陈伯吹的中篇童话《阿丽思小姐》,并介绍他和小读者之间的故事。该板块先后介绍儿童文学作家贺宜、任溶溶、任大星、任大霖、包蕾等和他们的代表作品,共29集。

1986年4月14日起,《少年儿童节目》改版,各板块固定播出时间,从周一至周日分别是"讲故事""百花园""小信鸽""音乐小世界""校园内外""小小知识宫"和"空中小剧场"。1989年1月18日,《少年儿童节目》和《小主人报》联合主办"小主人之音"板块,每月1次,每次20分钟,以后增加到30分钟。它以"通过声音来反映少年儿童的愿望、追求、烦恼和喜悦,表现同学们各方面的技能和才华"为主旨。它由15岁以下少年儿童自己采编、主持和播音,是少年儿童在更大范围参与广播的一种尝试和探索。设"青春校园""读书乐""动脑筋博士"等小板块。

1993年7月5日,《少年儿童节目》改名为《快乐少年》,采用杂志型的编排方式,每周一、三、五播出,每档50分钟。设"校园芳草地""星星热线""小剧场""故事天地""音乐飞碟""小博士""辞海故事岛""快乐魔方""芝麻卡片点歌台""小主人之音""浦江少年明星榜"等板块。2002年7月,《快乐少年》栏目停办。

【百灵鸟】

上海电台《百灵鸟》栏目于1982年六一国际儿童节开播。周二、四、六广播,每次20分钟。收听对象是4岁~6岁半的学龄前儿童。主要播送童话、故事、广播剧、小歌剧、教歌和配乐诗。1983年1月起,《百灵鸟》在周日增加一次播出。1984年8月6日起,增加为每天播出。逐步开辟"讲讲看看""听听画画""教儿歌""幼儿园小朋友表演的文艺节目"等板块。1986年,由梅梅主持的讲短故事节目,请小朋友发挥想象力,给故事编个结尾。《百灵鸟》曾播出神话故事《小西游记》30集、《水浒英雄小时候的故事》20集,由中国唱片公司上海分公司录制出版录音磁带;还播出笑话集锦《我们一家子哈哈笑》、音乐系列故事《大象迪斯科》《爬山》等。1989年,《百灵鸟》推出根据外国名著童话故事改编配乐的"系列童话交响诗",延续播出到1992年8月20日。同年,推出由侯燕萍编辑的系列广播知识小品"问不倒哥哥"共188集,内容涉及天文、地理、动物、植物、卫生等诸多领域。1990年6月2日,《百灵鸟》开设"和爸爸妈妈度周末"板块,曾分别在佘山举行"金秋家庭娱乐"活动,在长兴岛参加"植树周末活动"。

1992年6月1日,《百灵鸟》开播10周年期间举办一系列庆祝活动。全国政协副主席康克清致信祝贺:"《百灵鸟》为你们树理想、懂道理、长知识、开眼界提供了丰富多彩的节目。愿你们成为知心朋友。"全国人大常委会副委员长、全国妇联主席陈慕华题词:《百灵鸟》是小朋友的好伙伴。中共上海市委书记吴邦国题词:孩子的知音。广电部部长艾知生,通过节目对小听众说:"我希望你们能通过听《百灵鸟》节目,在轻松活泼的娱乐中,接受美的启迪,培养良好的道德品质和行为习惯,热爱党、热爱人民,长大也能为建设我们伟大的社会主义祖国贡献力量!"著名作家冰心题词:愿百灵鸟在唱了十年之后,更永远为小朋友们唱出促进他们健康快乐地前进的歌!1993年2月27日起,《百灵鸟》推出以婴幼儿家长为收听对象的板块,特邀儿童营养学和儿童保健学专家苏祖斐、刘湘云等为顾问,介绍婴幼儿喂养、护理、保健等知识,并开设电话咨询服务。每逢周六播出时,该板块成了儿童保健、营养专家与听众的空中聚会。

1993年7月5日,《百灵鸟》栏目改版,每周二、四、六播出,每档时长50分钟,设"百灵鸟影剧院""笑掉门牙""小尾巴学儿歌""童话宝盒""讲不完的故事""叮咚八音盒""散文小星星""看看讲讲""知识果园""聪明豆""问不倒哥哥""小不懂""听听画画"等板块。其中"问不倒哥哥"的节目内容还分别由上海科技出版社、上海科技教育出版社、译文出版社出版了图书、连环画和磁带。

2002年7月,《百灵鸟》移至传媒集团金色频率11—12时播出。2004年6月,新改版的《百灵鸟》栏目在传媒集团都市792频率周一至周日17时30分播出,时长10分钟。受众定位为2岁～6岁低幼学龄前儿童,它继续以童话、童谣、儿歌、童趣小故事为主要内容,以生动的语言、活泼的形式培养幼童的想象力和语言能力。2007年,《百灵鸟》栏目停办。

【中学生热线电话/青春·太阳】

1990年5月4日,上海电台《中学生热线电话》开播。它采用中学生与主持人通电话的形式,就中学生感兴趣的话题进行交流。周六14—17时接听中学生来电,经过录音剪辑周日播出,每次20分钟。该栏目聘请教育界10多位专家为特邀顾问。主持人以中学生伙伴的身份,回答问题,帮助排忧解难。设"名人热线""同龄人对你说"等板块。因播出内容引起中学生的共鸣,在周六下午的通话时间里,5台电话机应接不暇。同年7月7日,市委副书记、宣传部部长陈至立到电台,勉励《中学生热线电话》编辑记者办好节目,并在电话机旁同正在与主持人梅梅通电话的复旦附中初三女学生亲切交谈。交谈的实况录音在节目中播出。

1991年9月,《中学生热线电话》改名为《青春·太阳》。这是一个由在校中学生参与编播制作的综合广播节目,周日播出,时长20分钟。采编播人员从公开应考的3 000多名中学生中选拔。经培训,建立由60名在校中学生组成的编辑部。这些小记者、小编辑和小主持人们利用课余时间承担节目的采编,内容有新闻、评论、专题、文艺等。1993年7月5日起,《青春·太阳》扩版为50分钟。新设"陆小姐对你说"板块,请青少年心理咨询中心陆为之就中学生心理问题做系统分析,提供排解心理障碍的方法和技巧。另设"名人访谈""热点追踪""精品书屋""乐海环游""流行星座""我和青春·太阳"板块。中学生办广播,给他们提供社会实践和培养能力的机会,成为发挥特长、发展兴趣的第二课堂。1997年,《青春·太阳》再次改版,设"名人访谈""热点追踪""摩登谈话""校园震荡波""精品书屋""流行星座"等板块,周日17时30分—18时30分播出。2002年7月,《青春·太阳》栏目停办。

二、东方电台

【特级教师到你家——打电话问功课】

1995年1月,东方电台开设《特级教师到你家——打电话问功课》栏目,周一至周六18时直播,时长60分钟。课程安排为每周一、三、五语文,二、四、六数学。该栏目邀请市教委副主任夏秀蓉及本市教育专家袁瑢、张平南、李静艳、臧惠芬、于漪、陶爱珍等担任节目顾问,并有吴爱光、宋珠凤等特级教师、高级教师担任主讲,节目内容以辅导学生功课为主,与课程教学进度同步,以方便孩子们的学习。学生只要拨打热线电话或来信,特级教师就会回答小听众的问题。设"十分钟基础知识座""课堂训练""打电话问功课""课堂小结"等板块。1996年5月,举办"特级教师与小听众见面"活动;同年6月,与《小学生学习周报》联合举办"全国小学生优秀课堂作文"征文活动;1997年4月,举办"幼儿数学智力竞赛"活动。2002年7月,《特级教师到你家——打电话问功课》栏目移至金色频率,周一至周五18—19时播出。2004年12月1日,该栏目停办。

【东广少儿新闻/校园内外】

1995年4月16日,东方电台开设《东广少儿新闻》栏目,周日7时直播,时长30分钟。设"少儿新闻""简讯""回音壁""空中热线""假日OK"等板块,采取小朋友自采、自编、自播的形式,让他们从小关心国家大事,传递正能量。

1995年4月17日,东方电台开设《校园内外》栏目,每周一、三、五12时直播,时长60分钟,主持人小窗。旨在尝试建立中小学广播网,为中小学生中午时间提供一档讲自己身边故事的节目,为各学校提供信息互通平台,为教育部门、团市委提供信息渠道。设"跟踪追击""校长寄语""明察暗访话主题""校园剧场""莘莘学子青青园"板块。2001年3月26日,《东广少儿新闻》《校园内外》栏目停办。

【家教咨询热线】

1995年4月23日,东方电台与市家庭教育研究会联合开办《家教咨询热线》栏目,周日18—19时播出。该栏目以学生家长为收听对象,主持人由于漪、毛蓓蕾、倪谷音等专家教授组成,谢淑贞、古梅任编辑。旨在提高家长与孩子两代人的素质,促进两代人和谐互动。以"如何教育孩子"为主题,从思想品德、学习方法、心理健康、儿童保健等方面进行分析、讲解、指导。主持人传授家教知识,同时接听家长的电话,回答家长的咨询。2001年3月26日,《家教咨询热线》栏目停办。

【周日作文】

1996年5月5日,东方电台开设《周日作文》栏目,周日16时30分—17时播出。该栏目由上海少儿出版社《故事大王》主编张成新任兼职主持人,针对学生作文写作实际,系统地讲解中小学生写作文的要点和方法。《周日作文》以主持人主讲和分析学生作文为主,同时,还与学生热线对话,以提高对写作的兴趣。2006年12月,《周日作文》栏目停办。

三、传媒集团/上海广播电视台

【成长嘉年华】

2004年6月,传媒集团都市792频率开设《成长嘉年华》栏目,周六、周日12—13时在中波792千赫、调频89.9兆赫播出,主持人孙阳。栏目以12—16岁青少年为目标受众,采用直播并伴有热线交流的形式,记录青少年与老师、家长之间的故事,反映他们的欢笑和烦恼,展示校园生活的点点滴滴,旨在成为青少年周末的课外天地、校外的知心朋友。2007年12月,《成长嘉年华》栏目停办。

【竹林童话/月光宝盒】

2007年元旦,传媒集团新娱乐调频107.2兆赫周一至周五20时开设少儿直播栏目《竹林童话》,每档时长1小时。2008年1月更名为《月光宝盒》,陈然主持,同年12月起改由芳芳主持,周一至周五20时在故事频率调频107.2兆赫直播。设"金色小船""开心船""知识小问答"等板块,播放儿歌、童话、故事、儿童歌曲等内容,周五推出小朋友展示才艺的板块"未来星宝贝"。

第二节　专题与活动

1983年,上海电台和市教育局联合举办上海市幼儿园《百灵鸟》文艺表演评选会。经17个区、县的推荐,有48所幼儿园645名幼儿演出60多个节目。这次表演活动是上海历史上以幼儿为对象的最大一次文艺表演活动。经评定有28个节目获奖。同年5月31日,在上海艺术剧场举行颁奖大会,上海电台转播大会实况。部分节目被上海电视台选用,有的灌制成唱片。1984年六一国际儿童节前后,上海电台举办《百灵鸟》歌曲评比活动,将33个得奖节目录制成盒带《娃娃的歌》。

1984年起连续3年,由上海电台、上海电视台、市妇联、市民族事务委员会等联合举办3届全国"民族杯"小歌手邀请赛。上海、新疆、内蒙古、西藏、甘肃、云南、广西、宁夏、广州、延边等地和中国香港地区的小歌手参加。上海电台直播其中部分场次的比赛实况,并播出录音报道。

1985年,上海电台《少年儿童节目》举办"我的学习好方法"征文活动,收到来自上海和10个外省市的500多封来信来稿,其中优秀征文稿件先后在节目中播出,并汇集成书出版。1986年暑假期间,上海电台与中央电台等12家电台联合举办少年儿童"听音响,编故事"全国征文比赛,共收到全国各地征文1万多篇。征文评委会从330篇获奖作文中精选出40篇,汇集成《小灰粒旅行记——全国"听音响,编故事"获奖征文选评》一书。同年《少年儿童节目》举办《学会管好自己的十个怎么办》《学会与别人交往的十个怎么办》系列讲话。以谈心形式,解答少年朋友来信提出的问题,指导他们培养良好的行为习惯。

1987年起,连续3年,上海电台在六一国际儿童节前后举办《百灵鸟》常识比赛和讲故事比赛。1988年8月15日,大型系列历史广播剧《悠悠中华》开播。全剧共100集,每1—2集演播一个历史人物故事。从黄帝一直演绎到孙中山。1989年国庆节前夕,上海电台与团市委联合举办由全市少先队员参加的首届上海"十佳少年"评比活动。此后,上海市开始举办"十佳少年"的评比活动。1990年,上海电台《少年儿童节目》"小小知识宫"编导策划从民间采集供儿童游戏的好方法,通过广播传授给孩子们。征文启事发出后,共收到全国1万多封来信,应征者提供数千种供儿童游戏的好方法,有校园游戏、弄堂游戏、军事游戏、棋类游戏、魔术游戏、智力游戏、趣味游戏以及动手制作的游戏等等。这次征文是一次民间游戏艺术的"采风"活动。应听众要求,"怎样玩游戏"汇编成《游戏大王》一书出版。

1990年9月21日起,《少年儿童节目》举办《中国戏曲知识少儿广播讲座》共55集。它以人们较为熟知的戏曲故事为经线,以各剧种的历史、特点、唱腔、流派、行当以及趣闻为纬线,并根据需要,穿插唱段欣赏,让中小学生了解我国戏曲的主要剧种,融知识性、趣味性、故事性于一体,弘扬民族文化,培养戏曲小知音。介绍的剧种有京、昆、沪、越、锡、甬、绍、淮、豫、粤、黄梅戏、评弹、滑稽等,交织成一幅涉及南北方主要剧种的"百家梨园图"。其中不少是名人名唱段,有的后来成为绝版的宝贵资料。

1992年4月,上海电台《少年儿童节目》推出"浦江少年明星榜"专栏。编辑以报告文学的形式介绍"浦江少年明星"的事迹,其中有"十佳少年"许燕、"抗癌小明星"闵婕、小摄影师翁奇羽、小作者徐慧蕾、小提琴手乐薇薇等。同年10月1日起,《少年儿童节目》开办音乐专题《历史的回声》,内容从五四运动一直到新中国成立,按各个革命历史时期分集编排,共20集。1993年1月,《少年儿童节目》推出反映外国五千年历史的100集系列剧《在我们这个星球上》。内容涉及政治、经济、科学、文化、军事等领域,让少年儿童从小了解世界,学习历史。

图2-10-1 1994年6月1日,上海电台在鲁迅公园举行庆六一活动。上海市副市长谢丽娟现场接受上海电台节目主持人肖亚采访

1994年6月1日上午,东方电台、中福会、市妇联、团市委在上海杂技场联合举办"中外儿童六一联欢会",发动社会向希望工程捐款。当天下午,东方电台、市希望工程办公室、市政府协作办、市政府托幼办联合在人民公园举办"希望在今天——六一大型联欢会",社会各界纷纷向贫困山区儿童献上爱心。东方电台进行现场直播。

1996年6月1日,上海电台在鲁迅公园举行"百万儿童唱新歌六一游园会"。这是上海电台首次连续5个小时在中波990千赫现场直播游园会实况。同年12月,根据东方电台儿童台《家教咨询热线》节目内容汇编的《新家训——名家谈怎样教育孩子》一书出版发行。同年12月29日,东方电台儿童台与《小学生学习周报》联合发起的"全国小学生优秀课堂作文征文活动"降下帷幕。256篇应征优秀作品汇编成《全国小学生优秀课堂作文获奖作品集》一书。

1997年6月1日,为庆祝上海电台少儿频率开播,在新落成的广播大厦举行"百万儿童空中大联欢"活动。市政协副主席谢丽娟等领导、少年儿童代表以及在沪的外国小朋友近千人在现场联欢。1998年六一国际儿童节前,上海电台组织向全球15岁以下华人儿童发起题为《2000年向我们招手》的网上征文活动。征文要求广大少年儿童在世纪之交展开畅想的翅膀,谈志愿,谈希望,描绘这美妙的一刻。此次活动通过国际互联网《上海之窗》开设专门网页,接受来自上海、全国和世界各地的征文稿。

2000年6月1日,"2000次红领巾号专列"的启动仪式在铁路上海站举行。此次开通的"六一假日专列"直达杭州,全市1000多名优秀少先队员参加活动。车上列车员都由少先队员们担任,还设立列车红领巾广播站,由东方电台主持人和各校小记者、小通讯员、小主持人担任播音,各车厢少先队员写车厢随记、活动随感、游记并投稿,在列车广播站播出。东方电台把每节车厢中有特色的活动制作成广播节目,向听众展现精彩篇章。同年暑假期间,东方电台开设参与模拟社区生活节目《哈拉哈拉村》,首播当天就有 300 多位小朋友电话报名参加,进行"村民"登记。节目播出半年,已有小村民 5 000 余人,在小听众中产生较大的影响。同年 6 月 1 日开设的《番薯藤上的 45 天》节目,是对直播广播儿童剧作的新尝试,主持人在节目中以主持人和童话角色双重身份出现,让小听众既能在广播中听到具有形象感的生动有趣的童话,还能和童话中的人物对话,然后根据小朋友的创意继续童话情节发展,收到了寓教于乐的效果。

　　2004 年起,每逢寒假、暑假,传媒集团都市 792 频率开设《幸福家庭》假期特别节目,每周一、二、三、五的 14—15 时播出。节目请小听众担任嘉宾,参与互动,展示才艺,交流知识,丰富孩子们的假期生活。暑假期间,开设《792 加油站》暑假特别节目,周一至周日 19—20 时播出。它以 14—18 岁的青少年为收听对象,以课堂知识提炼、各学科能力培养以及课外知识讲座为主要内容。其中周日为"周日作文"单元,帮助中小学生提高写作和朗读水平。

第十一章 对台节目

20世纪80年代后期,海峡两岸局势渐趋缓和,大陆与台湾同胞之间交往频繁,恢复、重组上海对台广播势在必行。1988年1月1日,浦江之声广播电台正式对台湾播音,使用短波3280、3990、4950千赫,每天播出6小时节目。上海市市长江泽民题写"浦江之声广播电台"台名,并题词:传播乡音乡情,弘扬爱国主义;同时在开播节目中对台湾听众发表广播讲话。全国人大常委会副委员长周谷城题词祝贺。浦江之声电台的宗旨是:传播乡音乡情,为台胞服务,弘扬爱国主义,促进祖国统一。宣传中央政府对台方针政策,介绍祖国大陆和上海政治、经济、文化和投资环境,为在沪台胞、台属、台商沟通海内外信息,促进海峡两岸相互了解,为统一祖国、振兴中华的总目标服务。

随着两岸经济交往增多,1989年5月,浦江之声新辟《经济之窗》栏目,为两岸工商界人士提供信息。1993年1月1日,为方便在沪台胞台商收听,增加中波900千赫播出,每天播出时间由原来6小时增加至8小时。增辟综合文艺栏目《欢乐浦江》和专题栏目《华夏风采》。1995年,浦江之声改版,《故乡的云》《服务天地》栏目并入新开设的《神州万象》栏目,节目融知识、信息、服务于一体,增大经济类、资讯类信息的比重。

1997年12月30日,海峡两岸关系协会会长汪道涵为浦江之声开播10周年题词:推进祖国统一,造福中华民族。据统计,浦江之声开播第一个10年中,在各项评奖活动中获得70多个奖项。共收到包括台、港、澳在内的全国各地以及日本、挪威、捷克、俄罗斯、澳大利亚等国家的稿件10万多件。1999年1月1日,上海电台推出"精简频率,精办节目"改革方案,浦江之声全天播出时间压缩至6小时。

2002年7月,传媒集团对上海广播频率资源实行重组改革,浦江之声融入财经频率,每天20—24时通过调频97.7兆赫,中波1422千赫,短波3280、4950、9705千赫播出4小时节目。针对上海及周边地区数十万台湾同胞的实际需求,传媒集团对办好浦江之声的要求是:拉近距离,贴近服务,提升效果,切实做好身边台胞的舆论引导工作。此后,浦江之声除继续利用短波对台湾广播外,立足上海,以两岸的人缘、地缘、情缘,融汇两地的商情、友情、亲情,积极引导大上海圈的台胞、台商融入上海;以经贸为主线,反映两岸经济、金融、贸易、文化等交流动态,展示祖国大陆改革开放、经济建设、社会发展的成就,并为在沪台胞、台商提供各种资讯和咨询服务。

2010年底,"第一财经/浦江之声"频率改版。由原来双频播出的一套节目调整为各自独立的两套节目:调频97.7兆赫播出第一财经广播节目,中波1422千赫播出浦江之声节目。从2011年1月起,浦江之声推出新版面,每天6—24时播出。

第一节 新 闻

一、报道

浦江之声电台新闻内容涉及台湾同胞、海内外听众想了解的祖国大陆改革开放、经济建设以及政治、文化、社会、民情等。体裁以短新闻为主,辅以各种新闻、通讯等。除选用中央、上海市各大报纸、通讯社的报道外,还适当选用港台地区以及海外新闻媒体播发的有关内容。浦江之声先后邀请时任上海市市长江泽民、朱镕基向台湾同胞发表广播讲话,成为独家新闻。

1990年4月18日,国务院总理李鹏在上海宣布开发开放浦东,浦江之声仅隔几个小时,就以录音新闻报道形式,向海内外听众报道了这一重大信息。

1992年5月,浦江之声承办"全国对台广播协调会",会议交流了对台广播工作经验。在同时举行的对台广播优秀稿件评比中,记者季傅耀采写,储祖诒、陈足智编辑的录音通讯《上海腾飞新标志——记南浦大桥胜利建成》获特等奖。同年夏秋之际,浦江之声与金陵之声联手,组成沿江行报道组,从上海浦东出发,经南通、苏州、无锡等地到南京,以录音报道、录音专访、现场报道等形式,向海内外听众报道沿江经济发展成就。

1993年4月下旬,特派记者姜璧苗到新加坡连续报道"汪辜会谈"历史性活动情况。发回26篇稿件,其中有汪道涵、辜振甫等人的讲话录音和会场实况等珍贵历史音响。

1995年,浦江之声节目改版,《浦江新闻》由原来的15分钟增加到30分钟,设"祖国大陆新闻""台港澳传真""海外博闻"等板块。每天新闻节目容量比原先增加25％。先后播发《浦东建设巡礼》《上海三年大变样》《前进中的上海》等系列报道,其中《浦东开发正在启动》《日新月异的上海交通》《上海成为祖国大陆第一个电话号码八位数的城市》《上海一日游》《新兴的商业街》《梦圆地铁》《世纪宝鼎、永志昌盛——中国向联合国50周年华诞赠鼎纪事》等报道影响较大。

2007年10月9日,浦江之声播出3分46秒的长消息《丰收的喜悦》,报道"台湾米种"首次由台商在上海崇明岛大规模种植获得成功。记者在收割现场采访父子俩,制作了一则可听性很强的报道。"台湾米种"在上海崇明岛大规模生产收割,显示两岸农业合作的双赢意义,也是对岛内某些媒体片面报道台湾农民西进大陆创业遭受失败的及时回应。

二、评论

浦江之声评论专栏《外滩漫话》于1988年1月开播,每周一、三、五播出,每次15分钟,播出的首篇评论是《"望娘滩"上话团聚》。《外滩漫话》与台湾同胞谈团聚、话交流、驳斥"台独"言论,题材涉及上海、大陆和台湾岛内的方方面面。1992年起改为每周二、四、六播出。1993年1月起,改为新闻评论并入新闻节目,不定期播出。

1995年春,李登辉出于"台独"企图出访美国。浦江之声采访在上海参加学术交流的台湾学者,请他们对此发表看法,并及时采写录音述评《李登辉所谓"私人访美"就是制造两个中国》。1996年下半年,针对台湾当局限制和阻拦台商到祖国大陆投资的情况,浦江之声专访来沪台商和美籍华人陈香梅、美国纽约华夏艺术总会董事长董龙灿等人士,及时播出评述《两岸经贸交流不能限制》。1999年,浦江之声播出《基辛格在上海重申一个中国原则》《假借民意救不了李登辉——台湾知名人士抨击"两国论"》;2000年,播出《"一国两制"符合多数人的心愿——访台湾和统会副会长冯沪祥》等报道,引起海内外广泛关注。

三、专题

1988年,浦江之声开设《故乡的云》《江南好》栏目,每档15分钟,隔天播出。1990年,两者合并为新版《故乡的云》栏目,天天播出。1993年,开设《华夏风采》《风流人物》栏目,采用散文、通讯、报告文学等形式,介绍祖国建设成就、投资环境以及改革开放涌现出的风流人物。1995年改版,《故乡的云》《风流人物》并入新开设的《神州万象》栏目。

1991年3—10月,浦江之声举办纪念辛亥革命80周年系列专题报道,为期半年。主要作者和篇目有:赵宪初的《一个辛亥革命期间儿童的回忆和感想》、邓伟志的《孙中山和中国共产党》、夏高阳的《孙中山和上海》、徐勇民的《忆辛亥革命元勋徐绍桢》、范良的《永远在中山先生身边》、陆先明的《武昌起义寻踪》、黄莘的《李友邦,一个光辉的名字》、姜璧苗的《孙中山孙女瞻仰中山故居》,后将播出文章选编成《历史的呼唤》一书。

1994年,上海已有台资企业1900多家,涉及轻工、化工、纺织等领域。为介绍台资企业的经营经验,吸引更多台商来沪投资,浦江之声举办《台资企业巡礼》专题报道,主要反映沪台投资双方通力合作创业的故事。活动历时3个月,发稿86篇。

1995年7—9月,浦江之声电台举办"中华魂——纪念抗战胜利50周年征文"活动,收到各地作者,包括台胞台属撰写的稿件560多篇。1996年7月起,浦江之声与中央电台、海峡之声等7家对台广播电台联合举办《中国统一大家谈》专题节目,为时1年。该专题全面系统、深入浅出地阐述对台方针和对"三通""四交流"的态度,组织海内外人士畅谈对中国统一的看法。

1996年起,浦江之声电台与上海市政府台湾事务办公室连续举办专题征文活动,主题分别为"上海缘同胞情""台湾人在上海的故事""跨海求学在上海"等,关注移居上海的台湾同胞,反映台胞在上海创业、经商、生活、学习、交流等经历。2005年,专题征文的主题是"跨海求学在上海",关注的是一群从小跟随父母从台湾移居上海的新上海人。活动收到上海各区近30所学校的200多篇稿件,其中大部分是来上海求学的台湾学生的稿件。浦江之声节目让投稿的台湾学生朗诵自己的文稿,并在参赛作品中选取126篇整理成册,送给小作者们留作纪念。

1998年12月31日起,由国务院台湾事务办公室和国家广电总局牵头,中央电台、浦江之声、海峡之声等8家对台广播电台联合举办"两岸关系大家谈"专题征文活动,为期1年。海内外人士纷纷来稿参与讨论,分别从政治、经济、社会、文化、科技和法律等角度进行探讨。浦江之声选择其中120篇稿件播出。

2004年6月21日,浦江之声与中央电台、海峡之声、金陵之声等10家对台广播电台联合制作播出《百家台资企业风采》大型系列专题节目。节目精选具有典型代表意义的100家台资企业,展现台资企业在大陆的创业历程。浦江之声与中央电台等10家对台广播电台联合制作的特别节目还有:《话说两岸心愿,回望八年历程——纪念江泽民对台工作八项主张8周年》《大陆台商贺新春》《两岸情缘——台胞生活在大陆的故事》《台资企业协会会长访谈》等。浦江之声还将节目放到台商投资的咨询公司网站上,让更多台商听到浦江之声的声音。2004年12月2日,浦江之声《新上海人》栏目播出报道《爱上上海的台湾女人——蒋美兰》时长15分15秒。节目选取一个从台湾易地到上海工作的普通女性,从她单枪匹马进入上海,克服生活不太适应和工作挫折,到结交朋友,举家移居,融入上海。主持人与嘉宾在轻松愉快的气氛中,谈论台湾同胞在上海生活的艰辛与收获,其中许多细节都引起听众的感动与共鸣。该节目获中国广播影视大奖优秀广播电视节目奖。

第二节　其他栏目与大型活动

一、服务

1988年1月1日,浦江之声开设《服务天地》栏目,每天1档,每档15分钟,凌云主持。内容包括：介绍中国政府对台方针政策、台胞到祖国各地的投资政策和投资环境，传播经济金融信息，为台胞、台商提供信息服务；开辟"寻人启事""家信"板块，共播出近万条寻亲启事和信件，使不少失散多年的两岸同胞得以团聚；开设"探亲旅游服务"板块，为台湾同胞到祖国大陆旅游提供方便；生活服务板块，介绍祖国大陆名医院、名医生、名药房及医疗和生活常识。该节目编辑收集了大陆十几个省市1 500多名台属寻亲启事和643条上海新旧路名对照资料，汇编出版专辑《情系两岸》，通过两岸的红十字会渠道广泛散发。1995年1月，《服务天地》并入新开设的《神州万象》，成为其中的一个板块。

1989年5月28日，浦江之声开办《经济之窗》栏目，每周播出4档，每档15分钟，不久改为每周7档。设"大陆经济要闻""股市金融行情""两岸供求信息""台商投资指南"板块，针对台湾工商界人士期望到大陆投资的需求，提供征求合作伙伴的信息。1989—1992年，播出500多位大陆企业家对台广播讲话，有10%收到台湾同行的回应，其中30多位企业家和台湾、香港客商联手在大陆办起了企业。1992年，该档节目以两岸企业界听友为对象，举办"话说经营之道"征文活动，邀请大陆工商界知名人士交流经营管理经验，为海峡两岸建立更紧密的经济联系服务。征文稿播出后，选编稿件成册，出版《经营者之歌》一书。1994年1月，《经济之窗》栏目停办。

2002年7月15日，浦江之声推出《台商家园》栏目，周一至周六20时30分播出，时长60分钟，反映和介绍台胞在上海创业、经商、生活、学习等情况，报道台胞融入上海社会、成为新上海人的故事。同时，为在上海的台胞提供商情信息、投资置业、法律咨询等服务。设"投资咨询""台资企业风采""新上海人""置业方向盘""律师点金"板块。该栏目还与市政府台湾事务办公室联合举办"上海缘同胞情征文"活动，为"2002上海台资企业产品博览会"提供媒体支持，与上海申博办联合举办"梦圆两岸、情系申博"等活动。

2004年11月22日，《台商家园》改版。新版《台商家园》与大陆的繁体字月刊《移居上海》杂志社联合举办，每天22时30播出，时长90分钟。设"名人聊天室""特别策划""心灵对话""新上海人""爱拼才会赢""生活百宝箱""投资方向盘"等板块。栏目邀请台湾媒体人参与策划、制作、担任嘉宾，使节目风格更符合台湾同胞收听习惯。针对台商的需求，特邀台资投资咨询公司举办"大陆国际贸易实务讲座"，为台商提供专项服务。《台商家园》先后邀请台资企业家蔡燕萍、叶惠德，作家白先勇、蓝怀恩、王文华，策展人陆蓉之，女主播童中百等担任嘉宾，讲述他们的创业之路、经营理念以及对上海的感受。2010年，《台商家园》栏目在中波1422千赫、调频977兆赫周一至周六20—21时播出。

二、综艺

浦江之声的文艺节目以民族传统文化作品为主，兼顾古典与现代，立足大陆、面向台湾。1988年1月1日，浦江之声台每天播出半小时综合文艺栏目《大世界》，另开设《笑口常开》，播出曲艺、相声、独脚戏等。1992年6月，《大世界》开设"空中地面大世界"板块，介绍上海大世界游乐"大世界基尼斯"项目。同年8月，推出《两岸情点歌台》栏目，接受两岸同胞来信来电，互为海内外亲友点歌祝福。节目开播不久，著名科学家谈家桢教授亲自为蒋纬国先生点歌。编辑特地将点歌内容录制成盒带，托人带去台湾。由于节目大受欢迎，1993年初增加了星期天特别点播时间，容量从30分钟扩大到1小时。

1993年1月1日，开设时长2小时的文艺栏目《欢乐浦江》，它融娱乐性、知识性、信息性为一体。设"八方来客""美酒当歌""今日快讯""娱乐快餐""午间茶话""文坛漫步""昨夜相逢""地久天长"等板块。每周单、双日各安排一套节目,于日间和夜间交叉循环播出。平均每天收到听众信件300封左右。1995年,浦江之声综艺节目改版,将30分钟的《大世界》栏目扩容,分设为各30分钟的《戏曲大世界》和《音乐百花园》;《欢乐浦江》栏目由原来每档2小时隔天重播,改为每天1小时。

2002年7月,传媒集团广播频率和节目资源实行重组,浦江之声融入财经频率,综艺节目并入新开设的《江风海韵》《浦江两岸情》栏目。《江风海韵》每天22时30分—23时30分播出。它以弘扬中华优秀文化、促进两岸文化交流为宗旨,设"文化人专访""华夏寻根""两岸情点歌台""文化传真"等板块。《浦江两岸情》周一至周六21时30分播出,时长60分钟,设"美食家""我爱Shopping""就读在上海""旅游在线""上海新视点""好歌伴你行"等板块。特设的"听听讲讲上海话"板块,以诙谐幽默的小品方式浓缩介绍上海方言的常用词汇和语句,涉及生活、娱乐、旅游、商务等情景对话,让台湾听众在学习上海话的同时,感受到上海话特有的文化底蕴。2005年,浦江之声编著的《听听讲讲上海话》一书及有声碟片由上海交通大学出版社出版。

三、大型活动

浦江之声电台在办好广播节目的同时,每年联手在沪台胞、台商以及台湾岛内的同胞等一起举办多种大型活动。1988年9月23日,浦江之声举办开播后的第一个中秋广播文艺晚会,主题为"千里共婵娟"。晚会邀请两岸艺术家参加演出。其中,首次向海峡两岸献演一部气势磅礴的大合唱作品《海峡,只是海峡》,演出实况向台湾及海内外直播。25日中秋节当天,播出演出实况录音。1993年夏秋时节,浦江之声和上海市第七百货商店联手在沪台资豪门酒家等举办海峡两岸通俗歌手大奖赛。这次活动经文化部批准,文化部台办主任任秉欣认为,由两岸同时组织长达数月之久的歌手大赛,在两岸文化交流史上尚属首次。海协会会长汪道涵题词:情系两岸——祝首届两岸"七百杯"通俗歌手大奖赛圆满成功。同年9月30日,上海电台、浦江之声同时转播了在上海音乐厅举行的决赛实况,上海电视台播出决赛实况录像。

20世纪90年代,浦江之声举办有影响的大型活动还有"千里共婵娟——在沪台胞台属中秋联谊会""沪台企业家茶话会""海峡情民歌名曲演唱会""我的健身之道""浦江台开播8周年暨沪台企业界卡拉OK大奖赛"等。

2003年,"非典"肆虐期间,传媒集团第一财经频率组织"万众一心抗非典,守望相助见真情"特别活动,浦江之声动员了几十家台商捐款捐物价值300多万元,自然美公司蔡燕萍通过浦江之声向上海市卫生局捐赠价值112万元的除菌用品。

随着越来越多的台湾同胞在上海投资创业,为方便台湾同胞与海峡对岸的亲人诉说亲情,2003年9月9日,浦江之声和上海电信公司联合举办"浓浓两岸情,千里一线牵"活动,让上海电信会议室和台北中华电信会议室连线,通过电视会议的形式请两位台商和亲属互致节日问候。上海市台资企业协会代表、台商代表、各媒体代表参加了活动。

2004年6月,浦江之声、台盟上海市委、海峡之声联合主办"粽香浓浓寄乡情——2004沪台同胞庆端午"活动,吸引两岸同胞近百人参加,他们一起包粽子,品粽子,感受亲情。除大陆媒体外,东森、中天、TVBS、凤凰卫视、莲花卫视等港台地区媒体也对此予以报道。

第十二章 英 语 广 播

1986 年 10 月 1 日，上海电台在中波 990 千赫播出英语新闻，每天晚上播出，每次 5 分钟，后改为每次 10 分钟。这是上海电台建台后第一次自办英语新闻节目，也是国内第一个自办英语新闻节目的地方广播电台。英语新闻节目以常驻上海的外国人、留学生以及上海爱好英语的人群、大学生为主要收听对象。宗旨是宣传上海的经济建设、投资环境、有关方针政策和文化形象。

1988 年 3 月 28 日，上海电台原 10 分钟英语新闻节目扩充为综合英语广播节目，每天播出 7 小时。播出频率从原来的中波 990 千赫移到调频 105.7 兆赫播出，定名为上海人民广播电台英语调频广播（英语名 Radio Shanghai English Service），这是当时国内地方电台唯一开设的综合英语广播。

1992 年初，邓小平南方谈话发表后，上海加快改革开放的步伐，常驻上海的外国人和进入上海学习、经商、旅游的外国人数量快速增长，社会上学习英语的氛围也越来越浓厚。在新的形势下，上海电台经批准于 10 月 1 日起开办全天播出的英语广播，对外呼号上海人民广播电台英语台（英语呼号 Shanghai Calling），通过调频 105.7 兆赫每天播出 15 小时。

1994 年 11 月 4 日，上海电台将外语教学台与英语台合并成为"上海人民广播电台外语台"（英语呼号 Shanghai Calling），播出频率为中波 1296 千赫。

1997 年初，上海电台英语节目重新单列播出，呼号恢复为"上海人民广播电台英语台"。同年 3 月 24 日起，从中波 1296 千赫移至调频 105.7 兆赫，每天 9—17 时播出。同年 4 月 20 日，英语台对外呼号更改为"上海人民广播电台英语频率"。《英语新闻》从每天 4 档增加到 6 档。增设以古典音乐、民族音乐为主的《金色旋律》《轻松调频》和《文苑采风》等栏目。

1999 年 1 月，上海电台实施"精简频率，精办节目"的改革方案，将原来的 10 套广播频率精简为 6 套，英语频率被撤销。保留 10 分钟《英语新闻》节目。

2002 年 7 月 15 日，传媒集团新闻频率开设外语节目《今日上海》（英语呼号 Live It Up Shanghai），设"英语新闻""专题谈话"和"音乐节目"等板块，每天 17 时在中波 990 千赫、调频 93.4 兆赫播出，时长 1 小时。

第一节 栏 目

一、新闻

1986 年 10 月 1 日起，在中波 990 千赫播出的英语新闻节目，以上海本地新闻为主要内容，主要根据上海电台记者当天发稿的重要消息编译而成，每天晚上播出 5 分钟，后改为 10 分钟。1988 年 3 月 28 日，改为英语调频广播后，《英语新闻》节目每天播出 3 次，每次 10 分钟。内容包括国内新闻、国际新闻和上海新闻。国内、国际新闻主要来源是编译新华社的重要新闻和将英文报纸《中国日报》的要闻改写成广播新闻稿。上海新闻来自英语调频广播记者采写的新闻稿和根据上海电台新闻部记者采写的中文新闻编译的英语稿。

1992 年 10 月 1 日，英语台开播后，《英语新闻》节目每天仍播出 3 次，每次 10 分钟。内容仍然是国内新闻、国际新闻和上海新闻3部分。国内、国际新闻来源主要是新华社向世界各地播发的英语新闻稿,英语台新闻编辑改写成广播稿后播出。

1997年4月20日,英语台的对外呼号更改为英语频率。《英语新闻》节目从每天4档增加到6档,内容有国内新闻、国际新闻和上海新闻。新闻来源主要取自新华社英语稿库和上海电台新闻记者采写的新闻英译稿,辅以英语频率自采的新闻稿件。

1999年1月,英语频率被撤销。《英语新闻》节目并入新闻频率,每天23时在中波990千赫、调频93.4兆赫播出,时长10分钟。2001年1月起,上海电台新闻频率将《英语新闻》节目调整为周一至周五22时15分播出,时长45分钟。

传媒集团成立后,对广播频率进行全面整合。2002年7月15日,新闻频率改版,开办外语节目《今日上海》(英语呼号Live It Up Shanghai),设"英语新闻""专题谈话"和"音乐节目"等板块,每天17—18时在中波990千赫、调频93.4兆赫播出。2005年12月,《今日上海》栏目停办。

二、音乐

1988年3月28日,英语调频广播开播时,每天播出音乐节目4小时,几乎全部是自己制作,包括中国民族音乐、外国流行音乐和古典音乐3部分,外国音乐比重较大。1992年10月1日开播的英语台,设有中国音乐节目,每天2次,每次30分钟;设流行音乐栏目:《流行列车》采用美国广播公司国际广播网提供成品,《欢乐调频》采用香港新城广播电台汉英双语节目的成品,《迷你俱乐部》由英语台独立制作。后来英语台又开设《点歌半小时》《轻松调频》等流行音乐栏目。1997年4月20日,英语频率增加以古典音乐、民族音乐欣赏为主的《金色旋律》《轻松调频》《文苑采风》等栏目。1999年1月停办。

三、教汉语

教汉语栏目起始于1988年英语调频广播开办之初,每天播出4次,每次10分钟。节目全称是"教外国人说上海话",采用英语和普通话讲授和讲解。教材由节目编辑编写,教授、讲解由播音员兼编辑担任,上海方言示范由上海电台沪语播音员担任。这个节目根据当时英国驻沪总领事的意见而设置。1992年英语台开播后,教汉语节目内容由原来讲授的上海方言改为普通话。教材由华东师范大学教师和英语台节目编辑共同撰写,上海电台汉语和英语播音员共同讲授。这套名为《交际汉语》的教材正式出版后,受到听众特别是外国听众的欢迎。1997年,教汉语栏目停办。

四、服务

英语广播中的服务类节目主要有《娱乐指南》《金融报道》等栏目。《娱乐指南》每周六播出4次,每次5分钟～10分钟。节目由英语台和上海锦江集团联合制作,向听众介绍上海周末各项主要的文化活动、戏剧演出、电影上映时间和购票办法;旅游指南有各大宾馆周末特别服务项目等。《金融报道》每天播出2次,每次5分钟。内容主要是世界各大证券市场前一天的交易情况、人民币对世界主要货币的汇率,每周六播出一周金融市场的评述。另外还播出《经济综述》,传播经济信息,每周一播出3次,每次10分钟。主要回顾上海在前一周内发生的重要经济事件和活动,也有一些经济学家的评论和文章摘要。这一节目由设在上海的德国艾伯特基金会提供基本材料,节目编辑负责编写稿件。此外,还有一档"周末特别报道",每周播出 3 次,每次 10 分钟,内容主要是上海社会、文化生活的各个侧面,便于中外听众更好地了解上海人的生活状况。

五、转播中国国际广播电台英语节目

从 1988 年英语调频广播开办到 1992 年英语台开播,每天 7 时转播中国国际广播电台英语节目 1 小时。1997 年 1 月,每天 11 时、15 时两次转播中国国际电台的节目。

2003 年 1 月,传媒集团金色频率中波 1296 千赫、调频 92.4 兆赫,每天 23—24 时转播中国国际广播电台英语新闻节目。同年 12 月 18 日,传媒集团调整广播频率资源,金色频率改为新闻资讯频率,该栏目停办。

第二节　重　要　报　道

1986 年 10 月,英国女王伊丽莎白二世访问上海,上海电台用英语做直播报道。上海外国语学院英语系的一位副教授应邀到现场进行直播。英语节目记者根据女王访沪的日程安排,预先撰写了转播草稿。英语新闻编播人员在上海电视台设于上海虹桥国际机场的直播室里,通过电视画面,用英语做同步报道,在中波 1296 千赫播出。这是上海电台首次用英语进行直播报道。

1987 年 12 月 28 日,铁路上海站新站房正式启用,上海电台英语新闻记者杨海康在落成典礼现场用英语采制录音报道,当晚传送到中国国际电台英语部向全世界播出。这是上海电台记者的英语广播报道第一次向海外播出。

1988 年 3 月,上海市第七届人民代表大会第一次会议举行,上海电台英语调频广播记者,用英语发回大量会议报道,包括上海第一次以差额方式选举市政府主要领导人,以及候选人首次作参选演说的报道。

1988 年 12 月,中国国际电台与上海电台英语调频广播合作,在上海联合举办迎新年特别节目。英语调频广播的编辑在上海英语爱好者中征集英语朗诵、小品、演唱等节目,入选作品在上海和平饭店录制,并在当年除夕由中国国际电台英语部向全球播送。这是中国国际电台建台 40 年的历史上,英语部第一次与地方广播电台共同制作节目。

1990 年后,英语台采编人员和新闻部记者合作,完成 1990 年苏联"8·19"事件等一系列重大国际事件报道。1991 年初海湾战争爆发,英语台编辑们连续工作 72 小时,通过卫星电视为上海电台汉、英语新闻节目提供详细报道。

1992 年 11 月,英语台采编人员作为上海电台报道组的成员,参与对美国总统竞选的报道,他们分成两组分别前往美国驻上海领事馆和上海大厦,借助国际卫星传送的美国电视网,同步直播报道克林顿和布什参加竞选的最后争夺,第一时间播出克林顿当选为美国总统的消息,在上海新闻传媒中时效最快。

1993 年 9 月,在中国北京申办 2000 年奥运会报道中,英语新闻记者顾陆丰作为上海电台特派记者,随中国代表团前往蒙特卡洛,采访国际奥委会第一百零一次会议和投票情况。他先后发回近 30 个录音报道,其中一些是独家专访。

1994 年 11 月,上海电台英语台与广播教学台合并,英语台新闻来源主要取自新华社英语稿库和上海电台新闻部记者采写的新闻英语译稿。

第十三章 广告节目

1979年3月5日,上海电台在国内广播电台中第一个恢复广告业务。随后,广播广告业务快速增长,广告播出从恢复之初每天插播十多条,逐步发展到有固定广告节目,每天平均播放90多条。广告制作形式由单一的有声语言做介绍,发展到配乐广告、创作广告歌曲、栏目冠名、企业赞助、举办大型演唱会等。

20世纪80年代初,上海电台广告科与社会广告公司联合创意制作广告,制作水平不断提升。之后,境外广告公司开始在上海投放广播广告。1987年起,上海电台先后与境外公司联合举办活动或制作节目。上海广播广告坚持实事求是,讲社会效益、讲科学精神、讲艺术表现,反对虚假广告,反对言过其实,逐步树立起良好的社会形象。1989年,上海电台广告部被评为全国广告业"重信誉创优质服务"先进单位。2002年7月起,传媒集团对广播广告实行统一管理下的频率自主经营模式,广播频率作为基本核算单位,全面负责节目创优和广告创收。广告团队承担广播专业频率、特色栏目品牌形象与整体推广的任务,通过推介活动,提高其品牌影响力与美誉度。2006年,传媒集团广播广告业务部提出的音乐创意,被纳入"中国2010年上海世博会音乐征集工作的整体计划"。

上海广播广告收入1979年为28万元,1984年超100万元,1992年超1000万元,1999年突破1亿元。2010年上海广播广告收入达4.58亿元,广告播出时间为15 113小时,占所有节目总播出时间的11.5%。

第一节 广告创意与编排

上海电台在国内广播电台中第一个恢复广告节目。1979年3月5日,播出《春蕾药性发乳》广告,其创意点是综合运用评弹、演唱、配乐等艺术形式。这条广告在4个频率连续播出,两周后该产品脱销。这一时期,广告经常和曲艺节目交叉播出,以增强广告的吸引力。借助音乐歌曲传播是广播广告的一大特点,电台为一些名牌产品写词谱曲,请演员演唱,录制流畅的广告歌曲,其中《飞跃牌电视机之歌》《春雷、美多之歌》等广告,播出后很快在社会上得以流行。20世纪80年代初,上海电台成立广告科。在直接承揽广告业务的基础上,还同上海广告装潢公司、美术设计公司和上海广告公司合作。广告制作注重配乐配音效果,形式发展到节目冠名、企业赞助、举办大型演唱会等。1981年7月,上海电台首次将广告融入《乘凉晚会》节目中,丰富了广告播出形式。之后,连续推出"曲艺音乐晚会""沪剧演唱会"等100多次由企业赞助举办的直播演唱会。随着广播广告影响日益扩大,境外广告公司开始在上海投放广播广告。1987年,上海电台与香港雀巢公司等单位联合主办"雀巢通俗歌曲大奖赛",报名人数达2000多人,决赛期间,收到听众参与竞猜选票15万张。1988年起,与英美烟草公司多次联合主办"通俗歌曲创作比赛"。此后的每届都推出新创作的通俗歌曲,共30首,在社会上广为流传。1989年后,上海电台与美国卫星传播公司、美国橱窗通讯公司合作开办《美国午餐音乐》《雀巢咖啡音乐时间》,赢得青年听众的喜爱。

1988年起,为提升广告主创人员的综合水平,上海电台组建一支由大学生参与的广告策划团队。在《玩具汽车》《香雪海之春》《白丽香皂》等广告的创意中,运用先进的立体声和多轨录音合成技术,给听众具体的方向感、移动感、现场感,并产生多维的立体效果和想象力。其中《玩具汽车》广告播出后,引发行业内热议,作品获1988年"第七届国际广播电视节目最佳广告节目奖(佩特奖)"。1992年10月,东方电台开播,在新闻综合和音乐两套频率中每天播出广告约60分钟。东方电台与社会广告公司合作创意,采用循环带录制,可以随时迅速播放广告节目。1993年,上海电台有11档固定的广告节目、14档以赞助冠名的"特约播出"分布在各频率,还有点多面广的"插播广告"和不定期的广告商赞助演出。每天播出广告总量约5小时。同年,与上海电台建立长期合作关系的境内外广告客户逾千家。

1999年,上海交通广播广告由雅林广告公司总代理,这是上海第一个由广告商以整套频率承包合作的广播频率。为吸引出租车司机收听交通广播,广告创意团队于2001年1月推出《幸运降落伞》栏目。该栏目除定时提供路况信息外,还定点为幸运出租车司机点击开出现金奖励,节目滚动播出,引发听众关注。上海交通广播配备车身带有"幸运降落伞"醒目大字的开奖车,每逢整点由开奖主持人当场随机请出租车司机或当值交警点击开奖,同时巡视播报路况,扩大影响。《幸运降落伞》栏目很快成为交通广播当红栏目之一。2002年7月,传媒集团对上海广播频率进行整合,广播广告实行"分散经营、集中管理"模式,频率成为基本单位,全面负责节目创优和广告经营。之后,传媒集团先后组建广播新闻中心和广播文艺中心,广播节目和广告节目深度融合,相互促进。

上海广播广告在国内评比中获得一系列奖项:1989—1991年,上海电台作品《雪碧饮料》《DF—300照相机》获全国广告协会奖一等奖,《会说话的坠胡》《凤凰牌纯羊毛毯》《旋风牌喷香电吹风》获二等奖,《英雄金笔》《彩文香皂》获三等奖;《幸福摩托车》《狼牌运动鞋》《提醒刷牙》获全国广播广告协会奖一等奖;《双剪牌电须刀》《金角迷你收音机》获中国广告协会广播委员会奖一等奖;《双剪牌电须刀》还获上海广告协会奖一等奖。1992年在《远足牌气垫鞋》广告的制作中,创意人员查阅大量资料,深入了解到这种气垫鞋的独特之处是防震效果好,有助于保护头脑,提炼出"顺着您的脚,护着您的脑"创意亮点,突出产品的附加功能。该作品获中国广告协会广播委员会奖一等奖。1993—1998年,上海电台作品《先锋音响》《千惠珍珠茶》《新漕河泾大厦招租》《中国人民保险公司》《阿竹黄泥螺》《老庙黄金》《西北航空公司》获全国优秀广播广告一等奖,《虎牌啤酒》《必胜客比萨饼》获二等奖;《可蒙歌曲》获中国广告协会广播委员会奖一等奖;东方电台广告作品《菲玛斯纯水》获上海广告奖佳作奖,《505神功元气袋练功篇》获二等奖。1999年,上海电台作品《虎标清凉油》《立顿红茶》获第六届中国广告大奖铜奖,这两个作品同时获全国优秀广播广告奖二等奖。2000—2008年,上海电台《新浪网》《南翔小笼》、东方电台《醉车》、传媒集团广告中心《建设银行龙卡》《剁椒鱼头》《三菱"帕杰罗"》《大众速腾,强胜篇》《SMG形象,倒数第二句最重要篇》《天周刊,问路篇》、戏文频率《好德便利处处便利》获全国优秀广播广告奖一等奖,上海电台《美亚音像》、第一财经《国际教育交流信息中心》、传媒集团广告中心《SMG形象,交通篇》《来天华酒家》《移动通信,网上营业厅》获二等奖。2010年东方广播公司《今天投了没》《猴子篇》分获中国广播电视协会全国广播广告一、二等奖,《年纪篇》《老外学中文篇》分获上海广告奖一、二等奖。

上海广播注重广告编排创新,以提高播出效率。恢复广告业务初期,上海电台不设固定广告栏目,一般根据客户的要求,编撰成百字以内的广告稿,在广播节目间隙由播音员插播。较有影响的有《白玉牙膏》等。不久上海电台开设固定广告节目。随着广告播出量增加,出现广告投放时段不均衡问题,主要频率、品牌栏目、黄金时段的广告投放量往往突破"饱和点"。整点报时广告是广播广告经典播出形态。1983年1月,上海电台中波990千赫从5—24时每逢整点播出新闻节目,整点报时音前后的时段成为插播广告的优质资源。整点报时广告设首条、二条、三条。此举,在有限的时间内能播出更多的报时广告。1991年开播的上海交通广播,以整点播报路况信息为节目框架,广告编排推出整点、半点,乃至15分钟报时广告。1994年,东方电台推出"套播广告"编排方式,每个"套播广告"每天播出4至10次不等。由于"套播广告"播出次数多,分布合理,满足了客户的需求,也开发了非黄金广告时段。2004年,新闻资讯频率推出半点"滚动新闻"全新编排,2006年,又推出"20分钟滚动新闻"编排,这种编排结构,既满足了听众对收听新闻的需求,也提供了优质灵活的广播广告播出资源。

第二节　公益广告与品牌推介

上海电台从恢复广告播出起,就根据形势与媒体自身社会责任,在广告节目中播出"五讲四美""建设四化"等内容的公益广告。东方电台成立后,先后播放"注意安全使用煤气""正确填写邮政编码"等公益广告。1997年,在中国广告协会、国家工商行政管理局举行的"中华好风尚"公益广告评比中,东方电台选送的《无偿献血》获得全国唯一的广播广告金奖。1999年,东方电台公益广告《微笑》获全国优秀广播广告奖一等奖,《过路人风衣》获二等奖。2002年,东方电台选送的《蒙娜丽莎的眼泪》获全国优秀广播广告奖一等奖。

2002年7月起,传媒集团加大公益广告的制作投入和播出力度,经常在黄金时段播出公益广告,制作质量也不断提高。2003—2005年,在全国优秀广播广告奖评比中,传媒集团戏文频率的《奥运家庭篇》《广告,离真实近一点》获一等奖,新闻综合频率的《水资源》、交通频率的《报时语》《勇敢篇》获二等奖。

2006年6月10日起,传媒集团新闻频率与市精神文明建设办公室等单位联合举办"990公益报时语"活动。市民通过信件、手机短信、电子邮件等途径,用一句话说出自己最想倡导的文明新风和文明行为,以其作为"公益报时语"。活动开始10天,收到1 178份稿件。2007年,传媒集团在中波990千赫等4个频率,专门辟出热门时段播出公益广告。历时3个月,播出公益广告2 000次,总长近20小时。同年4月13日起,上海广播各频率连续播出"12315维权热线""消费者权益保护""禁止非法传销"等系列的主题公益广告,这是上海市工商局第一次在广播中播出公益宣传片。市工商局广告监督管理处负责人称赞:广播制作的公益宣传片创意独特,播放密集,覆盖人群广,投放效果好。同年4月,上海世博会事务协调局授权传媒集团广告经营中心承担"中国2010年上海世博会音乐标识"的征集工作。广播广告业务部提出的征集设想,正式被纳入"中国2010年上海世博会音乐征集工作的整体计划"。同年,传媒集团广告中心作品《请勿乱穿马路》获全国优秀广播广告奖一等奖。

2008年初,一场大雪给上海的交通、用电以及春运都带来严重影响。市政府发出节电、抗灾、留沪过年的号召,广播广告迅速行动,制作《上海过年》《节约用电》《守望相助》《集结号》广播宣传片,在上海各广播频率中播出。宣传片用生活中常见的场景对话形式,用特别的声效,朴实的语言,展示上海市民在冰冻灾害面前战胜困难的精神力量和社会责任感。在2008年全国公益广告奖评比中,传媒集团广告中心作品《雪灾,家亲篇》《环保,菜场篇》《节能减排,饮水机篇》《节能减排,赤壁篇》《节能减排,米饭SPA篇》获一等奖;在上海公益广告奖评比中,《雪灾,家亲篇》获一等奖,《环保,菜场篇》《节能减排,饮水机篇》获二等奖;在全国优秀广播广告评比中,《时速90.9》获一等奖,《圣火连着世界》《入场仪式篇》获二等奖。2010年,东方广播公司公益广告作品《超人篇》获中国广播电视协会全国广播广告奖一等奖,《画画篇》《熄灯一小时篇》《参观世博馆篇》获二等奖;《高音篇》获上海广告奖一等奖,《熄灯一小时篇》《米饭 SPA 篇》获二等奖。

上海广播注重媒体品牌推介。1998 年 9 月 2—4 日,东方电台首次参加在香港会议展览中心举行的"亚洲广告展",将节目片头及优秀广告编排在一盘数字音频磁带上,在一台 64 寸电视机循环播放《上海人为东方电台打开收音机》宣传片,众多海内外人士被吸引。

2002 年 7 月,传媒集团广播广告实行"分散经营、集中管理"模式。在品牌时代的大背景下,各频率强化内容生产和广告经营的互动,通过品牌推介活动,提高专业频率品牌、特色栏目品牌的美誉度和影响力。2005 年 11 月 21 日,传媒集团与中国广告协会广播委员会、中国传媒大学联合举办首届全国广播广告代理公司"神广杯"颁奖活动。活动以"魅力广播,机遇无限"为主题,表彰广播广告界优秀代理公司及成功人士,在广播电台、广告客户及广告公司之间搭建交流沟通的平台。设"优秀广播广告代理公司""最具经营创新奖""最具发展潜力奖""最杰出经理人""最佳团队奖"5 大奖项。"神广杯"颁奖活动受到业界重视和欢迎,此后每年举办一次。2007 年 10 月 15 日,传媒集团广播广告部在杭州和南京分别举办"和谐联动、合作共赢"推介会,面向长三角区域推介上海广播频率品牌和特色栏目品牌。2009 年,为应对全球金融危机带来的不利影响,广播广告部先后举行"新闻资讯频率"和"五星体育广播"推介会,将《20 分钟滚动新闻》和《强强三人组》搬到现场,通过模拟演示,推介频率特色和品牌栏目。同年 12 日,上海东方广播公司以提高广告品质为主旨,提出打造绿色广播广告,时尚广播广告的思路,采取系列措施,抬高部分商品广告进入门槛,加大金融、汽车、导航仪类广告的份额,开创多样化专栏广告。

第十四章 获奖情况

改革开放后,上海广播事业呈现快速繁荣发展的局面,广播节目内容不断丰富,样式不断创新,质量不断提高。为推进优秀文化产品的创新创优,各有关部门先后设立评优奖项,组织评选活动。上海广播节目在参与各级各类优秀作品的评选活动中获得众多奖项,其中,影响大、常设性奖项有精神文明建设"五个一工程"奖、中国新闻奖、中国广播电视奖、上海新闻奖、上海广播电视奖等。

获"五个一工程"奖情况。精神文明建设"五个一工程"由中共中央倡导,中宣部组织实施,是弘扬主旋律、推动优秀精神文化产品创作生产的示范工程和导向工程。"五个一"指一部好的戏剧,一部好的电视剧(片)、一部好的电影、一部好的图书(限社会科学)、一部好的理论文章(限社会科学)。首届评选1991年度作品,1992年颁发。从第五届起,中宣部将一首好歌和一部好的广播剧列入"五个一工程"评选范围,"五个一工程"的名称不变。从第五届至第十届,上海创制的广播剧有10部作品获得"五个一工程"奖。

获中国新闻奖情况。在中国新闻奖设立之前,从1980—1989年(评选上一年度作品,下同),先由北京新闻学会与《新闻战线》编辑部联合发起全国好新闻奖的评选活动。活动得到全国新闻单位响应,每年一届,共举办十届。期间,上海广播有6件作品获全国好新闻奖。中国新闻奖由中共中央宣传部和中华全国新闻工作者协会联合设立,是常设的全国优秀新闻作品最高奖。1991年起每年评选一次。从第二届至二十一届,上海广播有34件作品获得中国新闻奖,其中一等奖6件。

获中国广播电视奖情况。中国广播电视奖由广播电视部/国家广播电影电视总局主办,中国广播电视学会/中国广播电视协会承办。广播节目1983—1992年参评"全国优秀广播节目奖",每年一届,共举办十届。广播新闻(含社教)类节目从1993年起参评"中国广播奖"、从1997年起参评"中国广播电视新闻奖";广播文艺类节目1994年起参评"中国广播文艺奖";广播剧1982年起参评全国广播剧奖、中国广播剧奖。2005年,国家广播电影电视总局推出经整合的"中国广播影视大奖",广播节目参评"中国广播影视大奖广播电视节目奖",设优秀和提名两个等级。2005年评选2004年度作品,2007年评2005—2006年度作品,之后每两年一届。本章表格仅收录上海广播获中国广播电视奖二等奖以上、中国广播影视大奖提名奖及以上获奖作品。

获上海新闻奖情况。上海新闻奖由市委宣传部和市新闻工作者协会联合主办,是上海常设的年度新闻作品最高奖,从1992年起举行,每年一届。本章表格仅收录上海广播获上海新闻奖二等奖及以上获奖作品。

获上海广播电视奖情况。上海广播电视奖由上海市广播电视局/上海市广播电影电视局/上海市文化广播影视管理局主办,上海市广播电视学会/上海市广播电视协会承办。1993年起设"上海广播电视政府奖"即"上海广播电视奖"和"上海广播电视学会奖"。上海广播电视奖常设8个奖目:广播新闻、广播社教、广播文艺、广播剧、电视新闻、电视社教、播音与主持、广电报刊作品。本章表格仅收录上海广播获上海广播电视政府奖、上海广播电视奖特别奖、一等奖获奖作品。

1982—2010 年上海广播主要获奖节目情况表

表 2-14-1 精神文明建设"五个一工程"奖

作 品 名 称	获奖年份 届别	主创单位 人员
广播剧《纸月亮》	1996 年 第五届	东方电台 瞿新华、史美俊、章茜
广播剧《热血男儿》	1997 年 第六届	上海电台 杜冶秋、杨展业、雷国芬、杨树华、王琪森
广播剧《留守支部》	1997 年 第六届	东方电台 白芷、孙渝烽、张福荣、史美俊等
广播剧《凝聚》	1999 年 第七届	上海电台 乔谷凡、雷国芬、孙云、杨树华、祖文忠
广播剧《第二次人生》	1999 年 第七届	东方电台 杨展业、史美俊
广播剧《嫁给了公家人》	2001 年 第八届	上海电台 赵耀民、雷国芬、杨树华、吴东生、吴岱德、王小云
广播剧《白玉观音》	2001 年 第八届	上海电台 上海市公安局 孙祖平、雷国芬、杨树华、徐国春、王琪森、王小云
广播剧《夕阳奏鸣曲》	2001 年 第八届	东方电台 章茜、史美俊、于健玲
广播剧《汽车人》	2003 年 第九届	传媒集团戏文频率 邱洁宇、李容、李胜英、雷国芬、徐景新、杨树华、徐国春、达世新、王小云
广播剧《走过冬天》	2007 年 第十届	传媒集团戏文频率 李容、雷国芬

表 2-14-2 全国好新闻奖、中国新闻奖

作 品 名 称	奖项 等级	获奖年份	获奖单位 作者
上海进行一次大规模的控制爆破	第四届全国好新闻受奖作品	1983 年	上海电台 陈乾年、杨启民
珍惜这个欢乐的日子	第四届全国好新闻受奖作品	1983 年	上海电台 吴云溥
国庆的一天（特别节目）	第六届全国好新闻一等奖	1985 年	上海电台 集体
1986 年 7 月 12 日早新闻（南汇龙卷风）	第八届全国好新闻一等奖	1987 年	上海电台 吕龙章、朱慰慈、丁锋等
南京路商店经理苦恼引起的讨论	第八届全国好新闻一等奖	1987 年	上海电台 曾华、余铮、张海鹰、徐慰依、陈足智、周勤高
自来水浪费现象惊人	第八届全国好新闻三等奖	1987 年	上海电台 姜澜
南浦大桥主桥钢梁合龙	第二届中国新闻奖三等奖	1992 年	上海电台 袁晖、温凌燕
奉献一片爱心	第三届中国新闻奖一等奖	1993 年	东方电台 章茜、陈丹燕、江小青

(续表一)

作品名称	奖项 等级	获奖年份	获奖单位 作者
一场特殊的音乐会	第四届中国新闻奖二等奖	1994 年	上海电台 王曼华、曾文恭、周导
海外游子故乡情	第五届中国新闻奖一等奖	1995 年	上海电台 王曼华、周导
792 为您解忧	第五届中国新闻奖二等奖	1995 年	东方电台
徐匡迪市长谈上海要有"海纳百川"的气度	第六届中国新闻奖二等奖	1996 年	上海电台 杜永杰、左安龙、袁晖、董增连、李苓霞
上海异型铆钉厂为老工人雷永祥塑像	第六届中国新闻奖三等奖	1996 年	上海电台 赵文龙
爱心创造奇迹	第七届中国新闻奖一等奖	1997 年	东方电台 江小青
乐靖宜勇夺金牌	第七届中国新闻奖二等奖	1997 年	上海电台 胡敏华
苏州河上最后一个摆渡口关闭	第八届中国新闻奖二等奖	1998 年	上海电台 周显东、范嘉春
艾滋病离我们有多远	第九届中国新闻奖二等奖	1999 年	上海电台 周显东、周保工、陈乾年、罗佳陵、袁晖
邀请美国总统做嘉宾	第九届中国新闻奖二等奖	1999 年	上海电台 左安龙、徐蕾、赵凯、叶志康、任大文、陈乾年、尹明华
网上助学,爱心无限	第十届中国新闻奖三等奖	2000 年	东方电台 张穗
现场直播:上海五国元首会晤	第十二届中国新闻奖一等奖 中国新闻奖、中国广播电视新闻奖 2001 年度新闻现场直播复评暨年赛金奖	2002 年	中央电台 上海电台 东方电台
2001 年 9 月 12 日《东广早新闻》	中国新闻奖、中国广播电视新闻奖 2001 年度新闻节目编排复评暨年赛铜奖	2002 年	东方电台
中国年,中国旗	第十二届中国新闻奖三等奖	2002 年	上海电台 周显东
电视比较下的广播	第十三届中国新闻奖二等奖 第十一届中国新闻论文奖金奖	2003 年	传媒集团新闻综合频率 陈梁
上海奇迹——上海磁浮示范运营线通车侧记	第十三届中国新闻奖三等奖	2003 年	传媒集团新闻综合频率 陶秋石、陈金宝
2002 年 7 月 15 日《990 早新闻》	第十三届中国新闻奖三等奖	2003 年	传媒集团新闻频率 任大文、范嘉春、高凤新
召回"新政策"也是进步	第十四届中国新闻奖一等奖	2004 年	传媒集团新闻频率 丁芳、周导、袁晖
战火中的百姓故事	第十四届中国新闻奖国际新闻二等奖	2004 年	传媒集团新闻频率 徐蕾、周显东
政协委员和书记的对话	第十五届中国新闻奖二等奖	2005 年	传媒集团新闻频率 丁芳
周小燕与《长城谣》	第十六届中国新闻奖二等奖	2006 年	传媒集团广播新闻中心 王曼华
质疑上海"二期课改"	第十七届中国新闻奖一等奖	2007 年	传媒集团广播新闻中心 秦畅、朱愉、朱应、乐建强

（续表二）

作 品 名 称	奖项 等级	获奖年份	获奖单位 作者
超支2.4倍的背后	第十七届中国新闻奖三等奖	2007年	传媒集团广播新闻中心 丁芳
回家	第十七届中国新闻奖三等奖	2007年	传媒集团广播新闻中心 赵旻、王坚
借力科技创新，百年电车变脸	第十七届中国新闻奖三等奖	2007年	传媒集团广播新闻中心 刘康霞、吕春璐、乐建强、陈金宝
肯德基门店挟持人质事件	第十八届中国新闻奖二等奖	2008年	传媒集团广播新闻中心 集体
疑点重重的搭载重罚事件	第十八届中国新闻奖三等奖	2008年	传媒集团广播新闻中心 兰馨、陆兰婷
浦东机场新建蓄车场配套设施从不完善到完善	第十九届中国新闻奖二等奖	2009年	传媒集团广播新闻中心 胡旻珏、杨叶超、乐建强
长江口争夺战	第十九届中国新闻奖二等奖	2009年	传媒集团广播新闻中心 赵颖文、庄荣坤、江小青
静安创建文明城区从"488"的几包垃圾开始	第二十届中国新闻奖三等奖	2010年	上海广播电视台广播新闻中心 周导、胡旻珏、乐建强
骗子的自白	第二十一届中国新闻奖二等奖	2011年	上海广播电视台广播新闻中心 陆兰婷、周导
从奥运到世博，生命的约定	第二十一届中国新闻奖二等奖	2011年	上海广播电视台广播新闻中心 赵旻、乐建强

表2－14－3 中国广播电视奖

作 品 名 称	奖项 等级	获奖年份	获奖单位 作者
广播剧《至高无上的爱》	全国优秀广播剧奖	1982年	上海电台 戎雪芬、陈达明、史永康
广播剧《在人生的跑道上》	全国优秀广播剧奖	1982年	上海电台 施圣扬、孔祥玉、刘振东、王之倩
上海进行一次大规模的控制爆破	第一届全国优秀广播节目一等奖	1983年	上海电台 陈乾年、杨启民
成功从何而来——胡晓平的故事	第一届全国优秀广播节目二等奖	1983年	上海电台 蒋孙万
广播剧《拨响生命的琴弦》	第一届"丹桂杯"全国广播剧奖最佳剧目 最佳编辑 最佳录制	1983年	上海电台 孔祥玉、袁国英、杨树华
朱建华创造世界跳高新纪录	第二届全国优秀广播节目一等奖	1984年	上海电台 奚源昌、李学成
减轻劳模负担，关心劳模健康	第二届全国优秀广播节目二等奖	1984年	上海电台 杜列民
国庆的一天（特别节目）	第三届全国优秀广播节目特别奖	1985年	上海电台 集体
广播剧《阮玲玉》（14集）	第二届"丹桂杯"全国广播剧奖优秀剧目奖	1985年	上海电台 戎雪芬、杨树华、庞曾涵
广播剧《远去的月亮》（4集）	第二届"丹桂杯"全国广播剧奖优秀剧目奖	1985年	上海电台 瞿新华、斯民三、孔祥玉、王之倩

（续表一）

作品名称	奖项　等级	获奖年份	获奖单位　作者
浦江两岸扬新风	第四届全国优秀广播节目一等奖	1986年	上海电台　集体
关心老年人的精神生活	第四届全国优秀广播节目一等奖	1986年	上海电台　庄涛
生命的最强音——介绍二胡演奏家闵惠芬的事迹	第四届全国优秀广播节目一等奖	1986年	上海电台　蒋孙万
一朵用鲜血染成的红花——张亚平烈士录音遗言	第四届全国优秀广播节目一等奖	1986年	上海电台　肖楚章
"接龙故事"的故事	第四届全国优秀广播节目一等奖	1986年	上海电台　庄大伟、孙自伦
1985年春节早新闻直播	第四届全国优秀广播节目二等奖	1986年	上海电台　集体
新的联合好处多——介绍新陆禽蛋生产合作社	第四届全国优秀广播节目二等奖	1986年	上海电台　杨晓明
声音档案的百年历程	第四届全国优秀广播节目一等奖	1986年	上海电台　李宝善、刘瑞珍
时代的使命——著名数学家华罗庚谈培养人才	第四届全国优秀广播节目二等奖	1986年	上海电台　徐慰依
1986年7月12日早新闻（南汇龙卷风）	第五届全国优秀广播节目特别奖	1987年	上海电台　吕龙章、朱慰慈、丁锋等
南京路商店经理苦恼引起的讨论	第五届全国优秀广播节目一等奖	1987年	上海电台　曾华、余铮、张海鹰、徐慰依、陈足智、周勤高
自来水浪费现象惊人	第五届全国优秀广播节目一等奖	1987年	上海电台　姜澜
安定与繁荣交响曲	第五届全国优秀广播节目二等奖	1987年	上海电台　蒋孙万、凌云、魏新安
愉快的郊游	第五届全国优秀广播节目二等奖	1987年	上海电台　郭瑛瑛、郭琪琪、梅梅
一则寻人的启事	第五届全国优秀广播节目二等奖	1987年	上海电台　吕龙章、贺亚君
《蔚兰信箱》	第五届全国优秀广播节目二等奖	1987年	上海电台　侯桂兰、金毓褆
夸一夸"城乡联姻"	第五届全国优秀广播节目一等奖	1987年	上海电台　贺亚君、杨晓明、李素芬
市井忧患的思考	第六届全国优秀广播节目一等奖	1988年	上海电台　仲富兰
与世长存的《思乡曲》	第六届全国优秀广播节目一等奖	1988年	上海电台　郑丽娟
生物学家洪国藩在固氮基因研究中获得新成果	第六届全国优秀广播节目二等奖	1988年	上海电台　徐慰依
批评宜川菜场和分腊肉等一组信件	第六届全国优秀广播节目二等奖	1988年	上海电台　郑明、金毓褆
欢乐的百灵	第六届全国优秀广播节目二等奖	1988年	上海电台　张友珊
广播剧《太太学堂》	"西风杯"全国广播剧奖二等奖	1988年	上海电台　孔祥玉、杨树华、朱联忠、刘绪源
广播剧《火车在黎明时到达》	第一届"蜀秀杯"全国广播剧奖一等奖	1988年	上海电台　瞿新华、戎雪芬、王之倩、史美俊
1988年1月26日《早新闻》	第七届全国优秀广播节目一等奖	1989年	上海电台　集体
小毛蚶为什么多次危害市民	第七届全国优秀广播节目二等奖	1989年	上海电台　曾文恭

（续表二）

作品名称	奖项　等级	获奖年份	获奖单位　作者
她获得了双倍的爱	第八届全国优秀广播节目二等奖	1990年	上海电台　曾华
可贵的中国心	第八届全国优秀广播节目二等奖	1990年	上海电台　李德铭
邱仁士先栽"摇钱树"	第八届全国优秀广播节目二等奖	1990年	上海电台　杨晓明、邬华翔、顾大伟、贺亚君
1989年6月6日《早新闻》	第八届全国优秀广播节目二等奖	1990年	上海电台　王治平等
由外国人学雷锋想到	第八届全国优秀广播节目二等奖	1990年	上海电台　范惠凤
情理交融、循循善诱	第八届全国优秀广播节目二等奖	1990年	上海电台　范惠凤
广播剧《天下第一妻子》	"吉化杯"全国广播剧奖短剧一等奖	1990年	上海电台　瞿新华、雷国芬、杨树华、杨展业
广播剧《凯迪与八〇三》	"吉化杯"全国广播剧奖短剧二等奖	1990年	上海电台　瞿新华、孔祥玉、杨树华、梅梅
广州名仕发廊敲诈上海顾客（一组）	第九届全国优秀广播节目一等奖	1991年	上海电台　尹明华
社会主义改革与个人实惠——从问题具体分析的原理谈起	第九届全国优秀广播节目二等奖	1991年	上海电台　方庆华、陈伟
还数他最有出息——访前国民党官员留大陆的长子范庆沩	第九届全国优秀广播节目二等奖	1991年	上海电台　陈唯、储祖诒、汪蕾
严力宾事迹系列报道	第九届全国优秀广播节目二等奖	1991年	上海电台　曾华、朱耀中
广播剧《超越生命》	第二届"蜀秀杯"中国广播剧奖一等奖	1991年	上海电台　祖文忠、雷国芬、杨树华、黄海芹
广播剧《男人的潇洒》	第二届"蜀秀杯"中国广播剧奖二等奖	1991年	上海电台　王小云、雷国芬、杨树华、瞿新华
南浦大桥主桥钢梁合龙	第十届全国优秀广播节目一等奖	1992年	上海电台　袁晖、温凌燕
建党70周年特别节目	第十届全国优秀广播节目一等奖	1992年	上海电台　陈接章、温凌燕、郑丽娟、方舟
上海腾飞的新标志——南浦大桥	第十届全国优秀广播节目一等奖	1992年	浦江之声　季傅耀、陈足智、储祖诒
风雪30分钟	第十届全国优秀广播节目二等奖	1992年	上海电台　金向民
外商违约造成经济损失——生产队长洪跃弟依法索赔成功	第十届全国优秀广播节目二等奖	1992年	嘉定电台　曹梅影
社会主义市场漫谈	1992年度中国广播奖广播社教一等奖	1993年	上海电台　《学习节目》栏目组
徐虎的报修箱	1992年度中国广播奖广播新闻二等奖	1993年	上海电台　袁晖

（续表三）

作　品　名　称	奖项　等级	获奖年份	获奖单位　作者
夏克强副市长与市民共商缓解上海乘车难	1992年度中国广播奖广播新闻二等奖	1993年	上海电台　陈接章、白宾、杜永杰、董增连
"我为东亚运作贡献"街头大讨论	1992年度中国广播奖广播新闻二等奖	1993年	东方电台　高志仁、章茜
由一次拉电事故引起的思考	1992年度中国广播奖广播新闻二等奖	1993年	东方电台　许兴汉
来自贫困地区的大学生	1993年度中国广播奖广播新闻二等奖	1994年	上海电台　朱玫
知名人士呼吁为上海人民多保留一个公园	1993年度中国广播奖广播新闻二等奖	1994年	东方电台　李平
中国女篮获第一个国际大赛冠军	1993年度中国广播奖广播新闻二等奖	1994年	东方电台　徐威
"我为东亚运作贡献"街头大讨论	1993年度中国广播奖广播新闻二等奖	1994年	东方电台　高志仁、章茜
世界造桥史上的奇迹——杨浦大桥建设纪实	1993年度中国广播奖广播社教二等奖	1994年	上海电台　潘守鉴
生机勃勃的上海城乡一体化经济	1993年度中国广播奖广播社教二等奖	1994年	上海电台　徐老虎
越沪艺苑	首届中国广播文艺奖一等奖	1994年	上海电台　赵洁
中国音乐花苑	首届中国广播文艺奖二等奖	1994年	上海电台　吴旻
山水诗,山水画,山水曲	首届中国广播文艺奖二等奖	1994年	上海电台　毕志光
一闲对百忙,妙手著文章	首届中国广播文艺奖二等奖	1994年	上海电台　郭在精、白宾、凌云、赵晓芳
广播剧《郁达夫之死》(12集)	"石松杯"全国广播剧奖二等奖　最佳男演员	1994年	上海电台　戎雪芬、罗国贤、孔祥玉、宋怀强
广播剧《地铁卖唱女》	第一届"黑龙杯"全国广播剧奖二等奖	1994年	上海电台　孔祥玉、吴敏莉
广播剧《雪夜琴声》	第一届"黑龙杯"全国广播剧奖二等奖	1994年	上海电台　孔祥玉、邹淑贤、杨树竞
广播剧《美国来的妻子》	第一届"黑龙杯"全国广播剧奖最佳音乐　最佳男主角	1994年	上海电台　雷国芬、杨树华、宋怀强、李蓉
宝钢征集新广告语	1994年度中国广播奖广播新闻一等奖	1995年	上海电台　马崇飞
建设具有中国特色的现代化企业集团——东方国际集团引出的思考	1994年度中国广播奖广播新闻评论一等奖	1995年	东方电台　尹明华
内环线的支柱	1994年度中国广播奖广播新闻二等奖	1995年	东方电台　赵复铭、尚红

作 品 名 称	奖项　等级	获奖年份	获奖单位　作者
792 为您解忧	1994 年度中国广播奖广播新闻二等奖	1995 年	东方电台
七千万双鞋和两辆"空中客车"——关于"技术贸易"的断想	1994 年度中国广播奖广播新闻评论二等奖	1995 年	上海电台　周显东
故乡情	1994 年度中国广播奖广播新闻二等奖	1995 年	上海电台
汇龙化工厂擅自排污	1994 年度中国广播奖广播社教一等奖	1995 年	上海电台　左安龙、董增连
"百灵鸟"与孩子们一起过新年	1994 年度中国广播奖广播社教二等奖	1995 年	上海电台　梅梅、郭琪琪、张友珊
1994 年 9 月 25 日《逍遥星期天》	1994 年度中国广播奖广播社教二等奖	1995 年	东方电台　尚红
中国音乐花苑——越剧专集	第二届中国广播文艺奖二等奖	1995 年	上海电台　吴旻
广播剧《无言的歌》	1994 年度中国广播奖广播剧奖一等奖　最佳音乐	1995 年	上海电台　黄海芹、雷国芬、杨树华、祖文忠
广播剧《老恐龙找蛋》	1994 年度中国广播奖广播剧奖二等奖	1995 年	上海电台　侯燕萍
广播剧《豆腐风波》	全国广播剧奖二等奖	1995 年	东方电台　章茜、韩清
上海异型铆钉厂为老工人雷永祥塑像	1995 年度中国广播奖广播新闻一等奖	1996 年	上海电台　赵文龙
徐匡迪市长谈"海纳百川"	1995 年度中国广播奖广播新闻一等奖	1996 年	上海电台　杜永杰、左安龙、袁晖、董增连、李苓霞
李铁映谈住房质量	1995 年度中国广播奖广播新闻二等奖	1996 年	东方电台　袁家福
"三上三下"的警示	1995 年度中国广播奖广播新闻评论二等奖	1996 年	东方电台　陈接章
1995 年 11 月 5 日《990 早新闻》	1995 年度中国广播奖广播新闻一等奖	1996 年	上海电台　集体
小朋友听音乐画图画	1995 年度中国广播奖广播社教一等奖	1996 年	上海电台　郭琪琪、张友珊、梅梅
建立健康的生活方式,注意癌症的早期发现	1995 年度中国广播奖广播社教二等奖	1996 年	上海电台　金毓褆、贺锡廉
重阳敬老献爱心	1995 年度中国广播奖广播社教二等奖	1996 年	上海电台　李慧英、刘文仪、沈德贞、朱政
悠悠中华情——富有魅力的笙簧	第三届中国广播文艺奖一等奖	1996 年	东方电台　孙克仁、韩磊等
吹拉弹打,八音争鸣——介绍我国常用民族乐器	第三届中国广播文艺奖二等奖	1996 年	上海电台　毕志光、杨树华、寒江、陆平、柯影影

(续表五)

作 品 名 称	奖项　等级	获奖年份	获奖单位　作者
萧剑平生意,长河落日圆	第三届中国广播文艺奖二等奖	1996 年	上海电台　郭在精、卢杉、凌云、何歌
我是中国人	第三届中国广播文艺奖一等奖	1996 年	上海电台　杨越、应红
广播剧《为了明天的辉煌》	第三届"龙江杯"全国广播剧奖二等奖	1996 年	上海电台　陈慧君、雷国芬、杨树华
广播剧《手表情缘》	第三届"龙江杯"全国广播剧奖二等奖	1996 年	上海电台　陈慧君、雷国芬、杨树华
乐靖宜勇夺金牌	1996 年度中国广播电视新闻奖广播新闻一等奖	1997 年	上海电台　胡敏华
下岗厂长的新选择	1996 年度中国广播电视新闻奖广播新闻一等奖	1997 年	上海电台　周亮、王幼涛
浓雾锁申城,电波寄深情	1996 年度中国广播电视新闻奖广播新闻一等奖	1997 年	上海电台　金向民、龚卫敏、徐廉、秦来来
爱心创造奇迹	1996 年度中国广播电视新闻奖广播新闻二等奖	1997 年	东方电台　江小青
1996 年 11 月 14 日《990 早新闻》	1996 年度中国广播电视新闻奖广播新闻二等奖	1997 年	上海电台　尹明华、许志伟、李亦工、谢雷
岁月如歌——沂蒙人的歌声和心声	1996 年度中国广播电视新闻奖广播社教一等奖	1997 年	东方电台　金亚、弘明
我的心拥有一片故土——记美籍华人陈香梅女士	1996 年度中国广播电视新闻奖广播社教二等奖	1997 年	浦江之声　潘守鉴
在那遥远的地方	第四届中国广播文艺奖二等奖	1997 年	东方电台　梦晓、杨跃杰
等待升旗——香港风景线之一	第四届中国广播文艺奖二等奖	1997 年	上海电台　陆小兰、施圣扬、李长缨、赵屹鸥
春回千万家	第四届中国广播文艺奖一等奖	1997 年	上海电台　葛明铭、陆澄、肖亚
京剧舞台的"小巨人"	1996 年度中国广播奖文艺(对外)二等奖	1997 年	上海电台　陆励行
广播剧《尊严》	"哈纳斯杯"中国广播剧奖一等奖最佳编剧　最佳女演员	1997 年	上海电台　沙叶新、黄海芹、计泓、雷国芬、杨树华
广播剧《凝聚》	"森达杯"中国广播剧奖一等奖最佳编剧	1997 年	上海电台　乔谷凡、雷国芬、孙云、杨树华、祖文忠
广播剧《手心手背》	"森达杯"中国广播剧奖短剧二等奖	1997 年	上海电台　金志健、雷国芬、孙云、杨树华
上海市民新风貌系列报道	1997 年度中国广播电视新闻奖中国彩虹奖二等奖	1998 年	上海电台　陆励行
苏州河上最后一个摆渡口关闭	1997 年度中国广播电视新闻奖广播新闻一等奖	1998 年	上海电台　周显东、范嘉春
治一治上海街头"黑色"广告	1997 年度中国广播电视新闻奖广播新闻一等奖	1998 年	东方电台　王建敏

（续表六）

作品名称	奖项　等级	获奖年份	获奖单位　作者
1997年5月9日《990早新闻》	1997年度中国广播电视新闻奖广播新闻编排一等奖	1998年	上海电台　尹明华、许志伟、乐建强、李亦工
掌声,献给第23名	1997年度中国广播电视新闻奖广播新闻二等奖	1998年	上海电台　张骅
福利院老人过年不愿回家	1997年度中国广播电视新闻奖广播新闻二等奖	1998年	东方电台　边国宾
上海出现新一轮留学生回国热潮	1997年度中国广播电视新闻奖广播新闻评论二等奖	1998年	上海电台　徐蕾
走向市场的经营者	1997年度中国广播电视新闻奖广播新闻二等奖	1998年	东方电台　刘莉
铸造一个强国梦——访上海科技精英丁文江	1997年度中国广播电视新闻奖广播社教二等奖	1998年	东方电台　林岚
太平山上的五星红旗	1997年度中国广播电视新闻奖广播社教二等奖	1998年	东方电台　晓林、沈蕾
世纪梦圆在三峡——长江三峡大江截流纪事	1997年度中国广播电视新闻奖广播社教二等奖	1998年	浦江之声　潘守鉴、周显东
品茗京剧	1997年度中国广播电视新闻奖中国彩虹奖二等奖	1998年	上海电台　刘智光、滕谦
东方之珠——从通俗歌曲到交响作品	1997年度中国广播文艺奖二等奖	1998年	上海电台　邱洁宇、李晓虹、田静、何歌
从话剧"鼠疫"谈起	1997年度中国广播文艺奖二等奖	1998年	上海电台　杨越、应红
世界上什么事最开心	1997年度中国广播文艺奖二等奖	1998年	上海电台　刘香兰、丁建华
扔掉算命棍,勤劳造乾坤	第二届中国播音与主持二等奖	1998年	上海电台　范蓉
广播剧《青菜萝卜交响曲》	中国广播剧奖一等奖　最佳导演最佳音乐	1998年	上海电台　陈慧君、雷国芬、孙云、杨树华
广播剧《走进罗布泊》	中国广播剧奖一等奖　最佳音乐最佳制作	1998年	上海电台　赵耀民、雷国芬、刘绪源、赵光、杨树华、徐国庆、柯影影
广播剧《去年的树》	中国广播剧奖二等奖	1998年	上海电台　雷国芬、刘绪源、董为杰、杨树华
为自谋出路再就业出把力	1998年度中国广播电视新闻奖广播新闻一等奖	1999年	东方电台　费闻丽、来洁
半个世纪的情怀	1998年度中国广播电视新闻奖广播社教二等奖	1999年	上海电台　陈唯、朱玫、潘守鉴
艾滋病离我们还有多远	1998年度中国广播电视新闻奖播音与主持二等奖	1999年	上海电台　田静、王涛
广播剧《第二次人生》	中国广播剧奖二等奖	1999年	东方电台　杨展业、章茜、史美俊
广播剧《生命的种子》	中国广播剧奖一等奖　最佳音响	1999年	东方电台　章茜、于健玲、史美俊

(续表七)

作 品 名 称	奖项 等级	获奖年份	获奖单位 作者
要想争雄世界,必先逐鹿中国	1999年度中国广播电视新闻奖广播新闻一等奖	2000年	东方电台 陶秋石
创新机制——企业发展的灵魂	1999年度中国广播电视新闻奖广播新闻二等奖	2000年	上海电台 陈乾年、周亮、殷济蓉、潘斌、周保工
网上助学,爱心无限	1999年度中国广播电视新闻奖广播社教二等奖	2000年	东方电台 张穗
交流凝结同胞情——谢晋、李行影展侧记	1999年度中国广播电视新闻奖广播社教一等奖	2000年	浦江之声 潘守鉴 王幼涛
基辛格在上海重申一个中国原则	1999年度中国广播电视新闻奖广播社教二等奖	2000年	上海电台 陈唯、冀宇平
长篇连播《简·爱》	1999年度中国广播文艺奖一等奖	2000年	上海电台 梁辉
《西楚霸王》	1999年度中国广播文艺奖二等奖	2000年	上海电台 赵洁
《龙吟》	1999年度中国广播文艺奖二等奖	2000年	上海电台 毕志光、杨树华、柯影影、宋怀强
广播剧《捉刀人》	中国广播剧奖二等奖最佳编剧	2000年	上海电台 李婴宁、雷国芬、董为杰、杨树华、王小云
广播剧《嫁给了公家人》	中国广播剧奖一等奖 最佳音乐	2000年	上海电台 赵耀民、雷国芬、杨树华、吴东生、吴岱德、王小云
广播剧《夕阳奏鸣曲》	中国广播剧奖一等奖	2000年	东方电台 章茜、史美俊、于健玲
广播剧《走向黎明》	中国广播剧奖二等奖	2000年	东方电台 萧雨、史美俊
企业孵化与科技创新	2000年度中国广播电视新闻奖中国彩虹奖二等奖	2001年	上海电台
大都市里的民工党支部	2000年度中国广播电视新闻奖广播新闻二等奖	2001年	东方电台 张穗
东西部手拉手——甘肃篇	2000年度中国广播电视新闻奖广播新闻二等奖	2001年	上海电台 李尚智、王幼涛、乐建强、许志伟、袁晖
投身西部开发,知识奉献祖国	2000年度中国广播电视新闻奖广播社教二等奖	2001年	上海电台 萧楚章
现场直播:上海五国元首会晤	2001年度中国广播电视新闻奖广播新闻一等奖	2002年	中央电台 上海电台 东方电台
苏州河上赛龙舟	2001年度中国广播电视新闻奖广播新闻二等奖	2002年	上海电台
转变观念,迎接挑战	2001年度中国广播电视新闻奖广播新闻二等奖	2002年	上海电台 路军、冀宇平
查老师的砀山情	2001年度中国广播电视新闻奖广播新闻二等奖	2002年	上海电台 徐蕾

（续表八）

作品名称	奖项　等级	获奖年份	获奖单位　作者
中国的未来，关键在党	2001年度中国广播电视新闻奖广播社教一等奖	2002年	东方电台　高志仁、萧雨、林岚、史美俊
李琴和她的热线	2001年度中国广播电视新闻奖广播社教一等奖	2002年	东方电台　李珂
董建华说：能在自己国家参加APEC会议感到非常自豪	2001年度中国广播电视新闻奖广播社教二等奖	2002年	浦江之声　潘守鉴
我看好上海——访台湾"儒商"陈彬先生	2001年度中国广播电视新闻奖广播社教二等奖	2002年	浦江之声　潘守鉴
母子心事	2001年度中国广播电视新闻奖广播社教二等奖	2002年	东方电台　李珂、叶波、陶颖
账本背后的故事	2001年度中国广播电视新闻奖广播社教二等奖	2002年	东方电台　金亚、干城
广播剧《汽车人》	中国广播剧奖二等奖	2002年	上海电台　李容、李胜英、雷国芬、徐景新、杨树华、徐国春、达世新、王小云
上海奇迹——上海磁浮示范运营线侧记	2002年度中国广播电视新闻奖广播新闻一等奖	2003年	传媒集团新闻综合频率　陶秋石
2002年7月15日《990早新闻》	2002年度中国广播电视新闻奖广播新闻一等奖	2003年	传媒集团新闻频率　任大文、范嘉春、高凤新
庆祝中国申办2010年上海世博会成功联合直播特别节目	2002年度中国广播电视新闻奖广播新闻二等奖	2003年	传媒集团新闻频率、新闻综合频率　陈乾年、袁晖、向彤、尚红
脑死亡和器官移植应加快立法步伐	2002年度中国广播电视新闻奖广播新闻二等奖	2003年	传媒集团新闻综合频率　陆敏
上海人说上海巨变	2002年度中国广播电视新闻奖广播新闻二等奖	2003年	传媒集团新闻频率　陈霞、陆励行、袁晖、周亮、龚宇平
《雷锋精神与公民道德建设》系列专题之"走近雷锋"	2002年度中国广播电视新闻奖广播社教二等奖	2003年	传媒集团新闻综合频率　萧雨、张培、陈乾年、陈梁、史美俊
清清河水梦	2002年度中国广播电视新闻奖广播社教二等奖	2003年	传媒集团新闻综合频率　李珂、王和敏
长篇连播《近看许世友》	2002年度中国广播文艺奖二等奖	2003年	传媒集团戏文频率　陆小兰、齐歌、达世新、李慧英
广播剧《网上捕鱼》	中国广播剧奖一等奖	2003年	传媒集团戏文频率　黄溪、雷国芬、杨树华等
从点状结构逐步向网状结构转变——关于我国广播电视集团发展的若干思考	第八届全国广播电视学术论文一等奖	2003年	传媒集团　陈乾年
召回"新政策"也是进步	2003年度中国广播电视新闻奖广播新闻二等奖	2004年	传媒集团新闻频率　丁芳、周导、袁晖

（续表九）

作 品 名 称	奖项　等级	获奖年份	获奖单位　作者
《今夜星河》	2003年度中国广播文艺奖十佳栏目	2004年	传媒集团戏文频率　陆澄
广播剧《春天》	中国广播剧奖一等奖　最佳女演员	2004年	传媒集团戏文频率　黄海芹、雷国芬、杨树华、徐国春、贝倩妮
广播剧《夺命海滩》	中国广播剧奖二等奖	2004年	传媒集团戏文频率　桂荣华、徐国春
爱上上海的台湾女人——蒋美兰	2004年度中国广播影视大奖广播电视节目奖优秀	2005年	浦江之声　刘莉、陈唯
情系沈阳	2004年度中国广播影视大奖广播电视节目奖优秀	2005年	奉贤电台　闵慧萍
让声音插上想象的翅膀	2004年度中国广播影视大奖广播电视节目奖优秀	2005年	传媒集团新闻综合频率　金亚
一张罚单昭示上海的决心	2004年度中国广播影视大奖广播电视节目奖提名	2005年	传媒集团新闻频率　邵燕婷、路军
通车不剪彩　便民不扰民	2004年度中国广播影视大奖广播电视节目奖提名	2005年	传媒集团新闻频率
怀念	2004年度中国广播影视大奖广播电视节目奖提名	2005年	传媒集团新闻综合频率
淡雅隽永品《乡愁》	2004年度中国广播影视大奖广播电视节目奖提名	2005年	传媒集团戏文频率　秦来来、大愚、方舟、柯影影
广播剧《三八线》	2004年度中国广播影视大奖广播电视节目奖提名	2005年	传媒集团戏文频率　马晓楠、雷国芬
广播电视集团化进程中的媒体公司运作探微	第九届全国广播电视学术论文二等奖	2006年	传媒集团　陈乾年
超支2.4倍的背后	2005—2006年度中国广播影视大奖广播电视节目奖优秀	2007年	传媒集团广播新闻中心　丁芳
梦想的彩虹	2005—2006年度中国广播影视大奖广播电视节目奖优秀	2007年	传媒集团广播新闻中心
霹雳三娇娃——一对台湾母女和她们的上海邻居	2005—2006年度中国广播影视大奖广播电视节目奖优秀	2007年	浦江之声　刘莉、陈唯、周志伟
乡音话乡情	2005—2006年度中国广播影视大奖广播电视节目奖提名	2007年	传媒集团广播新闻中心　丁芳
瘦肉精，明天你是否依然害我	2005—2006年度中国广播影视大奖广播电视节目奖提名	2007年	传媒集团广播新闻中心　殷月萍、陈金宝、俞承璋、孟诚洁
洋山港开港直播特别节目	2005—2006年度中国广播影视大奖广播电视节目奖提名	2007年	传媒集团广播新闻中心
连战之子上海"叫卖"台湾水果	2005—2006年度中国广播影视大奖广播电视节目奖提名	2007年	浦江之声　陈唯、刘莉

（续表一〇）

作品名称	奖项 等级	获奖年份	获奖单位 作者
让小说回家——记平民作家李肇正	2005—2006年度中国广播影视大奖广播电视节目奖提名	2007年	传媒集团戏文频率 张建红、达世新、张培、宋怀强
孵茶馆——上海人生活原生态之一	2005—2006年度中国广播影视大奖广播电视节目奖提名	2007年	传媒集团广播新闻中心 淳子、志凯
2006越剧百年回顾	2005—2006年度中国广播影视大奖广播电视节目奖提名	2007年	传媒集团戏文频率 王丽芳、赵洁、李欣
广播剧《彩虹蝶》	2005—2006年度中国广播影视大奖广播电视节目奖提名	2007年	传媒集团戏文频率 马晓晴、雷国芬、殷洪
北川最后的守望者	2007—2008年度中国广播影视大奖广播电视节目奖优秀	2009年	传媒集团广播新闻中心 赵旻、杨孟潇
《东广聚焦》	2007—2008年度中国广播影视大奖广播电视节目奖优秀	2009年	传媒集团广播新闻中心 来洁、毛维静
"两推一选"，社区党建新探索	2007—2008年度中国广播影视大奖广播电视节目奖提名	2009年	传媒集团广播新闻中心 吕春璐
街上流行桔黄色	2007—2008年度中国广播影视大奖广播电视节目奖提名	2009年	传媒集团广播新闻中心 周导、臧明华
工商局这种行为是"绑架"吗？	2007—2008年度中国广播影视大奖广播电视节目奖提名	2009年	传媒集团广播新闻中心 周导、顾振立、毛维静、来洁
理性看待中石油回归A股	2007—2008年度中国广播影视大奖广播电视节目奖提名	2009年	传媒集团广播新闻中心 俞承璋、殷月萍
新医改方案，波折之后能否突破	2007—2008年度中国广播影视大奖广播电视节目奖提名	2009年	传媒集团广播新闻中心 刘匀娴、钱捷、赵颖文、孟诚洁
爱心奶奶沈翠英	2007—2008年度中国广播影视大奖广播电视节目奖提名	2009年	传媒集团广播新闻中心 高源、周维文、尚红
纪念建军80周年大型联合直播——八一军旗红	2007—2008年度中国广播影视大奖广播电视节目奖提名	2009年	传媒集团广播新闻中心
潮涌香江 ——庆祝香港回归10周年	2007—2008年度中国广播影视大奖广播电视节目奖提名	2009年	传媒集团广播新闻中心
"两岸直接三通"特别报道	2007—2008年度中国广播影视大奖广播电视节目奖提名	2009年	传媒集团广播新闻中心
上海赴台旅游首发团今天出发	2007—2008年度中国广播影视大奖广播电视节目奖提名	2009年	浦江之声 陈唯
两岸"大三通"	2007—2008年度中国广播影视大奖广播电视节目奖提名	2009年	浦江之声 陈唯、刘莉
老马与老柴的暮年对话——听纽约爱乐乐团演奏"悲怆"交响曲	2007—2008年度中国广播影视大奖广播电视节目奖提名	2009年	传媒集团广播文艺中心 李长缨、谢力昕、吴文伦
足迹·回响·明天——改革开放30周年诗歌朗诵会	2007—2008年度中国广播影视大奖广播电视节目奖提名	2009年	传媒集团广播文艺中心 陈接章、郑丽娟、葛明铭、赵洁、陆澄

(续表一一)

作 品 名 称	奖项 等级	获奖年份	获奖单位 作者
广播剧《猎人和狼》	2007—2008年度中国广播影视大奖广播电视节目奖提名	2009年	东方广播公司 杨展业、雷国芬
广播深层次改革路径探微	第十一届全国广播电视学术论文一等奖	2010年	上海市广播电视学会 陈乾年
我眼中的中国军队	2009—2010年度中国广播影视大奖广播电视节目奖优秀	2011年	中央电台 国际电台 上海广播电视台 海峡之声等
短信信用卡诈骗追踪报道	2009—2010年度中国广播影视大奖广播电视节目奖优秀	2011年	上海广播电视台第一财经 周峻、叶柳、武平
世博人家欢迎你	2009—2010年度中国广播影视大奖广播电视节目奖优秀	2011年	上海广播电视台广播新闻中心 钱捷
《990早新闻》	2009—2010年度中国广播影视大奖广播电视节目奖优秀	2011年	上海广播电视台广播新闻中心
上海市长韩正与高中生互动交流掀起"韩旋风"	2009—2010年度中国广播影视大奖广播电视节目奖优秀	2011年	浦江之声 陈唯、刘莉
当英特尔出走之后	2009—2010年度中国广播影视大奖广播电视节目奖提名	2011年	上海广播电视台广播新闻中心 周导、胡旻珏、乐建强
荒诞,医院脏被褥循环使用	2009—2010年度中国广播影视大奖广播电视节目奖提名	2011年	上海广播电视台广播新闻中心 陆兰婷、周娴
四万亿不能走回头路	2009—2010年度中国广播影视大奖广播电视节目奖提名	2011年	上海广播电视台广播新闻中心 周导、胡旻珏、孟诚洁、赵颖文
唤鸟人	2009—2010年度中国广播影视大奖广播电视节目奖提名	2011年	上海广播电视台广播新闻中心 金亚、陈逸东、顾海龙、乐建强
现场直播:更好城市 更好生活	2009—2010年度中国广播影视大奖广播电视节目奖提名	2011年	上海广播电视台广播新闻中心 胡晓丽、钱捷、孙向彤
现场直播:寻宝之旅 发现中国	2009—2010年度中国广播影视大奖广播电视节目奖提名	2011年	上海广播电视台广播新闻中心
城市 交响 希望	2009—2010年度中国广播影视大奖广播电视节目奖提名	2011年	上海广播电视台经典音乐广播 李长缨、谢力昕
广播剧《云朵上的鸽子树》	2009—2010年度中国广播影视大奖广播电视节目奖提名	2011年	东方广播公司 瞿新华、雷国芬、赵光、罗文

表2－14－4 上海新闻奖

作 品 名 称	奖项 等级	获奖年份	获奖单位 作者
南浦大桥主桥钢梁合龙	第一届上海新闻奖一等奖	1992年	上海电台 袁晖、温凌燕
生活给了他创作灵感——访作曲家朱践耳	第一届上海新闻奖二等奖	1992年	上海电台 王曼华
徐虎的报修箱	第二届上海新闻奖一等奖	1993年	上海电台 袁晖
改革开放新鲜事,菜农越洋办公司	第二届上海新闻奖二等奖	1993年	上海县电台 刘邦德、朱慧君

作 品 名 称	奖项　等级	获奖年份	获奖单位　作者
奉献一片爱心	第二届上海新闻奖二等奖	1993 年	东方电台　章茜、陈丹燕、江小青
海峡两岸关系史上的一座里程碑	第三届上海新闻奖一等奖	1994 年	上海电台　姜璧苗
市府实事大家谈	第三届上海新闻奖一等奖	1994 年	上海电台　陈接章、白宾、杜永杰、董增连
闵行"四大金刚"变型记	第三届上海新闻奖二等奖	1994 年	东方电台　集体
"我为东亚运作贡献"街头大讨论	第三届上海新闻奖二等奖	1994 年	东方电台　高志仁、章茜
中国女篮获第一个国际大赛冠军	第三届上海新闻奖二等奖	1994 年	东方电台　徐威
海外游子故乡情	第四届上海新闻奖一等奖	1995 年	上海电台　王曼华、周导
792 为您解忧	第四届上海新闻奖一等奖	1995 年	东方电台
乐靖宜打破女子 50 米自由泳世界纪录	第四届上海新闻奖二等奖	1995 年	上海电台　胡敏华
内环线的支柱	第四届上海新闻奖二等奖	1995 年	东方电台　赵复铭、尚红
老上海在家门口迷路	第四届上海新闻奖二等奖	1995 年	东方电台　尚红
徐匡迪市长谈上海要有"海纳百川"的气度	第五届上海新闻奖一等奖	1996 年	上海电台　杜永杰、左安龙、袁晖、董增连、李苓霞
苏寿南的故事	第五届上海新闻奖一等奖	1996 年	东方电台　许兴汉、周朝丰、尚红
拉宾遇刺身亡	第五届上海新闻奖二等奖	1996 年	上海电台　陈文炳、丁文元、范肖刚
上海异型铆钉厂为老工人雷永祥塑像	第五届上海新闻奖二等奖	1996 年	上海电台　赵文龙
迈向新世纪的浦东新区国际广播大联播	第五届上海新闻奖二等奖	1996 年	上海电台　尹明华等
乐靖宜勇夺金牌	第六届上海新闻奖一等奖	1997 年	上海电台　胡敏华
爱心创造奇迹	第六届上海新闻奖一等奖	1997 年	东方电台　江小青
下岗厂长的新选择	第六届上海新闻奖二等奖	1997 年	上海电台　周亮、王幼涛
由顶楼广告引发的思考	第六届上海新闻奖二等奖	1997 年	东方电台　袁家福
掏粪工人潘银仁	第六届上海新闻奖二等奖	1997 年	东方电台　赵复铭
1996 年 11 月 14 日《990 早新闻》	第六届上海新闻奖二等奖	1997 年	上海电台　尹明华、许志伟、李亦工、谢雷
苏州河上最后一个摆渡口关闭	第七届上海新闻奖一等奖	1998 年	上海电台　周显东、范嘉春
1997 年 8 月 19 日《东广早新闻》台风报道	第七届上海新闻奖一等奖	1998 年	东方电台　陈接章、王治平、陈金宝、赵复铭
掌声,献给第 23 名	第七届上海新闻奖二等奖	1998 年	上海电台　张骅

(续表二)

作品名称	奖项 等级	获奖年份	获奖单位 作者
治一治上海街头"黑色"广告	第七届上海新闻奖二等奖	1998年	东方电台 王建敏
福利院老人过年不愿回家	第七届上海新闻奖二等奖	1998年	东方电台 边国宾
上海出现新一轮留学生回国热潮	第七届上海新闻奖二等奖	1998年	上海电台 徐蕾
徐市长推崇苏州河河底污泥做陶器工艺品	第七届上海新闻奖二等奖	1998年	东方电台 袁家福
邀请美国总统做嘉宾	第八届上海新闻奖特别奖	1999年	上海电台 左安龙、徐蕾、赵凯、叶志康、任大文、陈乾年、尹明华
这样的"围墙"要不要破	第八届上海新闻奖一等奖	1999年	东方电台 王建敏
艾滋病离我们还有多远	第八届上海新闻奖一等奖	1999年	上海电台 周显东、周保工、陈乾年、罗佳陵、袁晖
为自谋出路再就业出把力	第八届上海新闻奖二等奖	1999年	东方电台 费闻丽、来洁
美英对伊拉克动武	第八届上海新闻奖二等奖	1999年	东方电台 陈金宝、陶秋石
2 000多家公司被强制入网说明什么	第八届上海新闻奖二等奖	1999年	上海电台 路军、周导、潘斌
村干部公款出游车祸一死四伤被查处	第八届上海新闻奖二等奖	1999年	东方电台 袁家福、贺亚君
时代变迁与广播的地位及广播人的责任	第二届上海新闻论文奖二等奖	1999年	东方电台 陈圣来
要想争雄世界,必先逐鹿中国	第九届上海新闻奖一等奖	2000年	东方电台 陶秋石
创新机制——企业发展的灵魂	第九届上海新闻奖二等奖	2000年	上海电台 陈乾年、周亮、殷济蓉、潘斌、周保工
难忘一刻——在慕尼黑指挥演奏中国军歌	第九届上海新闻奖二等奖	2000年	上海电台 沈梅华
网上助学,爱心无限	第九届上海新闻奖二等奖	2000年	东方电台 张穗
为生命喝彩	第九届上海新闻奖二等奖	2000年	东方电台 晓林、张穗
广播人,你在忙什么	第三届上海新闻论文奖一等奖	2000年	东方电台 陈乾年
大都市里的民工党支部	第十届上海新闻奖一等奖	2001年	东方电台 张穗
毛毛访谈录	第十届上海新闻奖一等奖	2001年	上海电台 路军、邱洁宇、乐建强
上海汽车工业开始放眼世界	第十届上海新闻奖二等奖	2001年	东方电台 何晓
莉娅回到拉宾身旁	第十届上海新闻奖二等奖	2001年	东方电台 陶秋石、陈金宝
构筑空中桥梁 沟通政情民意	第十届上海新闻奖二等奖	2001年	上海电台 路军
东西部手拉手——甘肃篇	第十届上海新闻奖二等奖	2001年	上海电台 王幼涛、乐建强
美国遭遇恐怖袭击	第十一届上海新闻奖一等奖	2002年	东方电台 陈金宝、陶秋石、陈乾年、陈梁

（续表三）

作品名称	奖项　等级	获奖年份	获奖单位　作者
中国年,中国旗	第十一届上海新闻奖一等奖	2002年	上海电台　周显东
查老师的砀山情	第十一届上海新闻奖二等奖	2002年	上海电台　徐蕾
最后的寄语	第十一届上海新闻奖二等奖	2002年	东方电台　肖林云
现场直播:上海五国元首会晤	第十一届上海新闻奖二等奖	2002年	中央电台　上海电台　东方电台
废弃铁轨为何迟迟得不到拆除	第十一届上海新闻奖二等奖	2002年	上海电台　周亮、冀宇平
上海奇迹——上海磁浮示范运营线侧记	第十二届上海新闻奖一等奖	2003年	传媒集团新闻综合频率　陶秋石
李老伯的房屋模型	第十二届上海新闻奖一等奖	2003年	传媒集团新闻频率　徐蕾
直击"暗访"	第十二届上海新闻奖二等奖	2003年	传媒集团新闻频率　徐廉、王蕾
南浦大桥和上海的故事	第十二届上海新闻奖二等奖	2003年	传媒集团新闻频率　周显东
上海获得联合国"城市可持续发展突出贡献奖"	第十二届上海新闻奖二等奖	2003年	传媒集团新闻综合频率　杨叶超、汪永晨
庆祝中国申办2010年上海世博会成功联合直播特别节目	第十二届上海新闻奖二等奖	2003年	传媒集团新闻频率、新闻综合频率　陈乾年、袁晖、向彤、尚红
从点状结构逐步向网状结构转变——关于我国广播电视集团发展的若干思考	第四届上海新闻论文奖一等奖	2003年	传媒集团　陈乾年
召回"新政策"也是进步	第十三届上海新闻奖一等奖	2004年	传媒集团新闻频率　丁芳、周导、袁晖
千年农税一朝免,上海农民热租"久保田"	第十三届上海新闻奖二等奖	2004年	奉贤电台　卫强、邱炜
胡锦涛主席出访连线报道	第十三届上海新闻奖二等奖	2004年	传媒集团新闻频率　张明霞、郭亮、袁晖、海滨
上海没有瞒报、漏报"非典"疫情	第十三届上海新闻奖二等奖	2004年	传媒集团新闻频率　丁芳、袁晖
静悄悄的小汤山,不寻常的护士节	第十三届上海新闻奖二等奖	2004年	传媒集团新闻综合频率　黄纬、陈金宝
台商春节包机间接直航沪台	第十三届上海新闻奖二等奖	2004年	传媒集团新闻综合频率　来洁、杨叶超
战火中的百姓故事	第十三届上海新闻奖国际新闻二等奖	2004年	传媒集团新闻频率　徐蕾、周显东
试论广播文学节目的主持艺术	第十三届上海新闻奖论文二等奖	2004年	传媒集团新闻综合频率　陈虹
政协委员和书记的对话	第十四届上海新闻奖一等奖	2005年	传媒集团新闻频率　丁芳

作品名称	奖项 等级	获奖年份	获奖单位 作者
公开为原则,不公开为例外	第十四届上海新闻奖二等奖	2005年	传媒集团新闻频率 秦畅、王坚、袁晖
一张罚单昭示上海的决心	第十四届上海新闻奖二等奖	2005年	传媒集团新闻综合频率 邵燕婷、路军
干好干坏不一样,村干部报酬村民定	第十四届上海新闻奖二等奖	2005年	闵行电台 周荔、俞慧
淞沪家禽批发市场管理混乱 预防禽流感存在严重隐患	第十四届上海新闻奖二等奖	2005年	传媒集团新闻综合频率 杨叶超、许童麟
为了动迁户,顾村镇三改房型顺民意	第十四届上海新闻奖二等奖	2005年	宝山电台 张虹、施文波
两名中国工程师在巴基斯坦遭遇绑架	第十四届上海新闻奖国际新闻二等奖	2005年	传媒集团新闻综合频率 钱捷、赵旻、徐志华
探寻新闻意义,呈现新闻内涵——新闻播音员对新闻的理解	第十四届上海新闻奖论文一等奖	2005年	传媒集团新闻综合频率 袁林辉
论节目主持人的语言艺术修养	第十四届上海新闻奖论文二等奖	2005年	传媒集团新闻综合频率 陈虹
周小燕与《长城谣》	第十五届上海新闻奖一等奖	2006年	传媒集团广播新闻中心 王曼华
"六方会谈"解决不了一处违法建筑	第十五届上海新闻奖二等奖	2006年	传媒集团广播新闻中心 王海波、顾隽
《时政直通车》	第十五届上海新闻奖二等奖	2006年	传媒集团广播新闻中心
洋山港开港直播特别节目	第十五届上海新闻奖二等奖	2006年	传媒集团广播新闻中心
"麦莎"来袭,两万七千外来建设者安全转移	第十五届上海新闻奖二等奖	2006年	奉贤电台 于惠燕、杨剑
超支2.4倍的背后	第十六届上海新闻奖一等奖	2006年	传媒集团广播新闻中心 丁芳
南汇优质西瓜,香飘雪域高原	第十六届上海新闻奖一等奖	2007年	南汇电台 邵学新、蔡燕、朱明龙、叶骏
回家	第十六届上海新闻奖二等奖	2007年	传媒集团广播新闻中心 赵旻、王坚
韩正要求更多关爱外来务工人员	第十六届上海新闻奖二等奖	2007年	传媒集团广播新闻中心 袁家福、徐廉
瘦肉精,明天你是否依然害我	第十六届上海新闻奖二等奖	2007年	传媒集团广播新闻中心 殷月萍、陈金宝、俞承璋、孟诚洁
肯德基门店挟持人质事件	第十七届上海新闻奖一等奖	2008年	传媒集团广播新闻中心
街上流行桔黄色	第十七届上海新闻奖一等奖	2008年	传媒集团广播新闻中心 周导、臧明华
"两推一选",社区党建新探索	第十七届上海新闻奖二等奖	2008年	传媒集团广播新闻中心 吕春璐

（续表五）

作品名称	奖项　等级	获奖年份	获奖单位　作者
四指弹琴家的"证明"	第十七届上海新闻奖二等奖	2008年	传媒集团广播新闻中心　赵旻
嘉定区实施差别考核促竞争	第十七届上海新闻奖二等奖	2008年	嘉定电台　晏燕、刘兵
北川最后的守望者	第十八届上海新闻奖一等奖	2009年	传媒集团广播新闻中心　赵旻、杨孟潇、陈金宝
浦东机场新建蓄车场配套设施从不完善到完善	第十八届上海新闻奖一等奖	2009年	传媒集团广播新闻中心　胡旻珏、杨叶超、乐建强
工商局这种行为是"绑架"吗?	第十八届上海新闻奖一等奖	2009年	传媒集团广播新闻中心　周导、顾振立、毛维静
金牌背后的故事	第十八届上海新闻奖二等奖	2009年	传媒集团广播新闻中心　王海波、高凤新
来自灾区第一时间的记者联线	第十八届上海新闻奖二等奖	2009年	传媒集团广播新闻中心　丁芳、周洁
《政风行风热线》	第十八届上海新闻奖新闻名专栏	2009年	传媒集团广播新闻中心　孙向彤、钱维钧、郭亮、王宝泉
静安创建文明城区从"488"的几包垃圾开始	第十九届上海新闻奖一等奖	2010年	上海广播电视台广播新闻中心　周导、胡旻珏、高凤新
去留之间的思考	第十九届上海新闻奖一等奖	2010年	上海广播电视台广播新闻中心　丁芳、向彤、陈霞
唱响《黄河大合唱》	第十九届上海新闻奖二等奖	2010年	上海广播电视台广播新闻中心　江小青、方颂先
荒诞,医院脏被褥循环使用	第十九届上海新闻奖二等奖	2010年	上海广播电视台广播新闻中心　陆兰婷、贾娴
当英特尔出走之后	第十九届上海新闻奖二等奖	2010年	上海广播电视台广播新闻中心　周导、胡旻珏、乐建强
失地农民变股东,全市首个社区股份合作社揭牌	第十九届上海新闻奖二等奖	2010年	闵行电台　周荔
《记录2009》	第十九届上海新闻奖新闻名专栏	2010年	上海广播电视台广播新闻中心
广播深层改革路径探微	第十九届上海新闻奖论文二等奖	2010年	上海市广播电视学会　陈乾年
骗子的自白	第二十届上海新闻奖一等奖	2011年	上海广播电视台广播新闻中心　陆兰婷、周导
这不是道别而是新的开始	第二十届上海新闻奖二等奖	2011年	上海广播电视台广播新闻中心　李晖、金蕾、杨烁、孙向彤
从奥运到世博——生命的约定	第二十届上海新闻奖二等奖	2011年	上海广播电视台广播新闻中心　赵旻、乐建强
不要把夏令营行动当秀场	第二十届上海新闻奖二等奖	2011年	上海广播电视台广播新闻中心
《990早新闻》	第二十届上海新闻奖新闻名专栏	2011年	上海广播电视台广播新闻中心

表 2－14－5　上海广播电视奖

作　品　名　称	奖项　等级	获奖年份	获奖单位　作者
改革开放新鲜事,菜农越洋办公司	上海广播电视政府奖广播新闻一等奖	1993 年	上海县电台　刘邦德、朱慧君
古树新蕾话针灸	上海广播电视政府奖广播社教一等奖	1993 年	上海电台　贺锡廉、徐广有
奉献一片爱心	上海广播电视政府奖广播社教一等奖	1993 年	东方电台　章茜、陈丹燕、江小青
执着二胡诗人——介绍闵惠芬	上海广播电视政府奖广播文艺一等奖	1993 年	上海电台　毕志光
施格兰之夜大点播	上海广播电视政府奖对台对外一等奖	1993 年	浦江之声　集体
市府实事大家谈	上海广播电视政府奖特别奖	1994 年	上海电台　陈接章、白宾、杜永杰、董增连
一衣带水,空中彩桥	上海广播电视政府奖特别奖	1994 年	上海电台　邱洁宇、许志伟、王亮、周保工、刘浩、何萍
来自贫困地区的大学生	上海广播电视政府奖广播新闻一等奖	1994 年	上海电台　朱玫
"我为东亚运作贡献"街头大讨论	上海广播电视政府奖广播新闻一等奖	1994 年	东方电台　高志仁、章茜
神州采风——第四届上海国际广播音乐节专辑	上海广播电视政府奖广播文艺特等奖	1994 年	上海电台　毕志光、田静、董菁、李福娣
广播剧《郁达夫之死》(12集)	上海广播电视政府奖广播剧一等奖	1994 年	上海电台　戎雪芬、罗国贤、孔祥玉、宋怀强
792 为您解忧	上海广播电视政府奖广播新闻一等奖	1995 年	东方电台
汇龙化工厂擅自排污	上海广播电视政府奖广播社教一等奖	1995 年	上海电台　左安龙、董增连
祖国在我心中	上海广播电视政府奖广播文艺一等奖	1995 年	上海电台　戎雪芬等
横滨—上海新电波	上海广播电视政府奖对台对外一等奖	1995 年	东方电台　方舟、叶千荣
现场直播:第五届上海国际广播音乐节开幕式	上海广播电视奖特别奖	1996 年	上海电台　邱洁宇、葛明铭、沈舒强等
徐匡迪市长谈上海要有"海纳百川"的气度	上海广播电视奖广播新闻一等奖	1996 年	上海电台　杜永杰、左安龙、袁晖、董增连、李苓霞
再铸辉煌——老牌产品的创新发展	上海广播电视奖广播社教一等奖	1996 年	东方电台　金瑜、于磊、杨跃杰
吹拉弹打,八音争鸣——介绍我国常用民族乐器	上海广播电视奖广播文艺一等奖	1996 年	上海电台　毕志光、杨树华、寒江、陆平、柯影影

（续表一）

作品名称	奖项　等级	获奖年份	获奖单位　作者
寻找中国历史的源头	上海广播电视奖对台对外一等奖	1996年	浦江之声　潘守鉴
英语课堂——教师节特别节目	上海广播电视奖广播社教一等奖	1996年	东方电台　胡海鸿
11月30日微笑调频	上海广播电视奖广播播音一等奖	1996年	上海电台　吴旻、卞佑明
广播剧《无言的歌》	上海广播电视奖广播剧一等奖	1996年	上海电台　黄海芹、雷国芬、杨树华、祖文忠、宋怀强、梅梅
新漕河泾大厦	上海广播电视奖广告一等奖	1996年	上海电台　杨树华、陈纬等
乐靖宜勇夺金牌	上海广播电视奖广播新闻特别奖	1997年	上海电台　胡敏华
下岗厂长的新选择	上海广播电视奖广播新闻一等奖	1997年	上海电台　周亮、王幼涛
爱心创造奇迹	上海广播电视奖广播新闻一等奖	1997年	东方电台　江小青
浓雾锁申城,电波寄深情	上海广播电视奖广播社教一等奖	1997年	上海电台　金向民、龚卫敏、徐廉、秦来来
等待升旗——香港风景线之一	上海广播电视奖广播文艺特别奖	1997年	上海电台　陆小兰、施圣扬、李长缨、赵屹鸥
悠悠中华情——富有魅力的笙簧	上海广播电视奖广播文艺一等奖	1997年	东方电台　孙克仁、韩磊等
广播剧《纸月亮》	上海广播电视奖广播剧特别奖	1997年	东方电台　瞿新华、史美俊、章茜
广播剧《希望的太阳》	上海广播电视奖广播剧一等奖	1997年	东方电台　史美俊、章茜等
1997年8月19日《东广早新闻》台风报道	上海广播电视奖广播新闻特别奖	1998年	东方电台　陈接章、王治平、陈金宝、赵复铭
上海出现新一轮留学生回国热潮	上海广播电视奖广播新闻一等奖	1998年	上海电台　徐蕾
太平山上的五星红旗	上海广播电视奖广播社教一等奖	1998年	东方电台　晓林、沈蕾
琵琶和吉他——丝绸之路上的姐妹花	上海广播电视奖广播文艺特别奖	1998年	东方电台　孙克仁、黎延平、方舟
东方之珠——从通俗歌曲到交响作品	上海广播电视奖广播文艺一等奖	1998年	上海电台　邱洁宇、李晓虹、田静、何歌
广播剧《凝聚》	上海广播电视奖广播剧一等奖	1998年	上海电台　乔谷凡、雷国芬、孙云、杨树华、祖文忠
广播剧《留守支部》	上海广播电视奖广播剧一等奖	1998年	东方电台　白芷、孙渝烽、张福荣、史美俊等
邀请美国总统做嘉宾	上海广播电视奖广播新闻一等奖	1999年	上海电台　左安龙、徐蕾、赵凯、叶志康、任大文、陈乾年、尹明华
为自谋出路再就业出把力	上海广播电视奖广播新闻一等奖	1999年	东方电台　费闻丽、来洁
二十年大跨越	上海广播电视奖广播社教一等奖	1999年	东方电台　高天、林岚、李欣、章茜、孙克仁、尤纪泰、陈接章等

（续表二）

作 品 名 称	奖项 等级	获奖年份	获奖单位 作者
我们曾经听过的《黄河》	上海广播电视奖广播文艺一等奖	1999 年	上海电台 真真、夏楠、何歌
广播剧《青菜萝卜交响曲》	上海广播电视奖广播剧一等奖	1999 年	上海电台 陈慧君、雷国芬、孙云、杨树华、祖文忠
要想争雄世界，必先逐鹿中国	上海广播电视奖广播新闻一等奖	2000 年	东方电台 陶秋石
创新机制——企业发展的灵魂	上海广播电视奖广播新闻一等奖	2000 年	上海电台 陈乾年、周亮、殷济蓉、潘斌、周保工
为生命喝彩	上海广播电视奖广播社教一等奖	2000 年	东方电台 晓林、张穗
难忘一刻——在慕尼黑指挥演奏中国军歌	上海广播电视奖广播社教一等奖	2000 年	上海电台 沈梅华
中国魂	上海广播电视奖广播文艺特别奖	2000 年	东方电台 集体
《龙吟》	上海广播电视奖广播文艺一等奖	2000 年	上海电台 毕志光、杨树华、柯影影、宋怀强
1999 年 12 月 21 日《东广早新闻》	上海广播电视奖播音与主持一等奖	2000 年	东方电台 欧楠、袁林
广播剧《生命的种子》	上海广播电视奖广播剧一等奖	2000 年	东方电台 章茜、于健玲、史美俊
大都市里的民工党支部	上海广播电视奖广播新闻一等奖	2001 年	东方电台 张穗
毛毛访谈录	上海广播电视奖广播新闻一等奖	2001 年	上海电台 路军、邱洁宇、乐建强
心愿	上海广播电视奖广播社教一等奖	2001 年	东方电台 李珂
长篇连播《我的父亲邓小平》	上海广播电视奖广播文艺一等奖	2001 年	上海电台 李尚智、梁辉、曹雷、王小云、郭在精
在寂寞中绽放	上海广播电视奖广播文艺一等奖	2001 年	东方电台 伊然、萧雨
广播剧《嫁给了公家人》	上海广播电视奖广播剧一等奖	2001 年	上海电台 赵耀民、雷国芬、杨树华、吴东生、吴岱德、王小云
广播剧《夕阳奏鸣曲》	上海广播电视奖广播剧一等奖	2001 年	东方电台 章茜、史美俊、于健玲
美国遭遇恐怖袭击	上海广播电视奖广播新闻一等奖	2002 年	东方电台 陈金宝、陶秋石、陈乾年、陈梁
中国年，中国旗	上海广播电视奖广播新闻一等奖	2002 年	上海电台 周显东
母子心事	上海广播电视奖广播社教一等奖	2002 年	东方电台 李珂、叶波、陶颖
蒋如意喜获廉租房	上海广播电视奖广播社教一等奖	2002 年	上海电台 陈明芳、花怡、范立人
唢呐声声	上海广播电视奖广播文艺一等奖	2002 年	东方电台 孙克仁
《中国贵妃》专辑	上海广播电视奖广播文艺一等奖	2002 年	上海电台 刘琳、童航、赵洁
广播剧《汽车人》	上海广播电视奖广播剧一等奖	2002 年	上海电台 李容、李胜英、雷国芬、徐景新、杨树华、徐国春、达世新、王小云
上海奇迹——上海磁浮示范运营线侧记	上海广播电视奖广播新闻一等奖	2003 年	传媒集团新闻综合频率 陶秋石

（续表三）

作 品 名 称	奖项 等级	获奖年份	获奖单位 作者
直击"暗访"	上海广播电视奖广播新闻一等奖	2003 年	传媒集团新闻频率 徐廉、王蕾
只要主义真——小康社会	上海广播电视奖广播社教一等奖	2003 年	传媒集团新闻综合频率 张丹宁、史美俊、高天、马红雯
李老伯的房屋模型	上海广播电视奖广播社教一等奖	2003 年	传媒集团新闻频率 徐蕾
无词歌四首——音剪贴画"四季"	上海广播电视奖广播文艺一等奖	2003 年	传媒集团新闻综合频率 孙克仁、干城、黎延平
萦绕在心头的乡愁情思	上海广播电视奖广播文艺一等奖	2003 年	传媒集团新闻综合频率 陈虹
《990 早新闻》	上海广播电视奖播音与主持一等奖	2003 年	传媒集团新闻频率 田静、王涛
广播剧《情归浦东》	上海广播电视奖广播剧一等奖	2003 年	传媒集团新闻综合频率 钟逸铭、史美俊
召回"新政策"也是进步	上海广播电视奖广播新闻一等奖	2004 年	传媒集团新闻频率 丁芳、周导、袁晖
千年农税一朝免,上海农民热租"久保田"	上海广播电视奖广播新闻一等奖	2004 年	奉贤电台 卫强、邱炜
对话杭州——沪杭两地市长访谈	上海广播电视奖广播社教一等奖	2004 年	传媒集团新闻综合频率 李平、史美俊、尚红
大昭寺交响	上海广播电视奖广播社教一等奖	2004 年	传媒集团新闻综合频率 金亚
第三届全球华语榜颁奖演唱会实况	上海广播电视奖广播文艺一等奖	2004 年	传媒集团音乐频率 陈接章、黎延平、韩磊、秋玲、隋蕾
遥听海上回音——访作曲家陈钢	上海广播电视奖广播文艺一等奖	2004 年	传媒集团音乐频率 周小玲、黎延平
美、加发生有史以来最大规模停电事故	上海广播电视奖播音与主持一等奖	2004 年	传媒集团交通频率 金蕾、杨烁
广播剧《春天》	上海广播电视奖广播剧一等奖	2004 年	传媒集团戏文频率 黄海芹、雷国芬、杨树华、徐国春、贝倩妮
公开为原则,不公开为例外	上海广播电视奖广播新闻一等奖	2005 年	传媒集团新闻频率 秦畅、王坚、袁晖
永远的邓小平	上海广播电视奖广播社教一等奖	2005 年	传媒集团新闻频率 袁晖、陈霞、王涛、孙向彤
5.3 平方公里 F1 赛道给中国带来了什么?	上海广播电视奖广播社教一等奖	2005 年	传媒集团交通频率 陈明芳、黄桢
朱蕾带给我们怎样的精神财富	上海广播电视奖播音与主持一等奖	2005 年	传媒集团新闻频率 秦畅
淡雅隽永品《乡愁》	上海广播电视奖广播文艺一等奖	2005 年	传媒集团戏文频率 秦来来、大愚、方舟、柯影影
广播剧《少年邓小平的故事》	上海广播电视奖广播剧一等奖	2005 年	传媒集团戏文频率 邱秋、李容、雷国芬、杨树华

（续表四）

作 品 名 称	奖项 等级	获奖年份	获奖单位 作者
周小燕与《长城谣》	上海广播电视奖广播新闻一等奖	2006 年	传媒集团广播新闻中心 王曼华
"六方会谈"解决不了一处违法建筑	上海广播电视奖广播新闻一等奖	2006 年	传媒集团广播新闻中心 王海波
弄堂随想曲	上海广播电视奖广播社教一等奖	2006 年	传媒集团广播新闻中心 金亚
一炷心香送巴老	上海广播电视奖广播社教一等奖	2006 年	传媒集团广播新闻中心 肖宇、张培、淳子、尚红
2005 经典热播榜中榜	上海广播电视奖广播文艺一等奖	2006 年	传媒集团音乐频率 曾晓萌
超支 2.4 倍的背后	上海广播电视奖广播新闻一等奖	2007 年	传媒集团广播新闻中心 丁芳
回家	上海广播电视奖广播新闻一等奖	2007 年	传媒集团广播新闻中心 赵旻
梦想的彩虹	上海广播电视奖广播社教一等奖	2007 年	传媒集团广播新闻中心 集体
徐闯的舞台	上海广播电视奖广播社教一等奖	2007 年	传媒集团广播新闻中心 晓蕾、张趣
东方魅力女子乐团浪漫之约	上海广播电视奖广播文艺一等奖	2007 年	传媒集团音乐频率 陈接章、沈舒强、陆明、周小玲、李长缨、王勇
2006 越剧百年回顾	上海广播电视奖广播文艺一等奖	2007 年	传媒集团戏文频率 王丽芳、赵洁、李欣
行走墨尔本	上海广播电视奖播音与主持一等奖	2007 年	传媒集团交通频率 李欣
广播剧《彩虹蝶》	上海广播电视奖广播剧一等奖	2007 年	传媒集团戏文频率 马晓晴、雷国芬、殷洪
肯德基门店挟持人质事件	上海广播电视奖广播新闻一等奖	2008 年	传媒集团广播新闻中心 集体
街上流行桔黄色	上海广播电视奖广播新闻一等奖	2008 年	传媒集团广播新闻中心 周导、臧明华
我的大学	上海广播电视奖广播社教特别奖	2008 年	传媒集团广播新闻中心
重生,在 400 年以后	上海广播电视奖广播社教一等奖	2008 年	传媒集团广播新闻中心 金亚、陈逸东
氢动力与胡里清博士	上海广播电视奖广播社教一等奖	2008 年	奉贤电台 俞琳、邱炜
《星期广播音乐会》25 周年暨恢复 50 期庆典音乐会	上海广播电视奖广播文艺一等奖	2008 年	传媒集团广播文艺中心 陈接章、沈舒强、王勇、李嘉、何红柳、陆明
心中的阳光——我和潘寅林老师	上海广播电视奖广播文艺一等奖	2008 年	传媒集团广播文艺中心 李长缨、谢力昕、陈接章
长篇连播《射雕英雄传》	上海广播电视奖播音与主持一等奖	2008 年	传媒集团广播文艺中心 易峰
广播剧《空巢迷踪》	上海广播电视奖广播剧一等奖	2008 年	传媒集团广播文艺中心 史美俊、徐国春
北川最后的守望者	上海广播电视奖广播新闻一等奖	2009 年	传媒集团广播新闻中心 赵旻、杨孟潇、陈金宝

（续表五）

作 品 名 称	奖项 等级	获奖年份	获奖单位 作者
工商局这种行为是"绑架"吗?	上海广播电视奖广播新闻一等奖	2009年	传媒集团广播新闻中心 周导、顾振立、毛维静、来洁
爱心奶奶沈翠英	上海广播电视奖广播社教一等奖	2009年	传媒集团广播新闻中心 高源、周维文、尚红
足迹回响明天——改革开放30周年诗歌朗诵会	上海广播电视奖广播文艺一等奖	2009年	传媒集团广播文艺中心 陈接章、郑丽娟、葛明铭、赵洁、陆澄
老马与老柴的暮年对话——听纽约爱乐乐团演奏《悲怆》交响曲	上海广播电视奖广播文艺一等奖	2009年	传媒集团广播文艺中心 李长缨、谢力昕、吴文伦
2008年5月20日《东广聚焦》	上海广播电视奖播音与主持一等奖	2009年	传媒集团广播新闻中心 欧楠、窦晖
广播剧《大爱歌》	上海广播电视奖广播剧一等奖	2009年	传媒集团广播文艺中心 黄海芹、雷国芬、于丹妮、殷洪
静安创建文明城区从"488"的几包垃圾开始	上海广播电视奖广播新闻一等奖	2010年	上海广播电视台广播新闻中心 周导、胡旻珏、高凤新
去留之间的思考	上海广播电视奖广播新闻一等奖	2010年	上海广播电视台广播新闻中心 丁芳、向彤、陈霞
祖先的纽带	上海广播电视奖广播社教一等奖	2010年	上海广播电视台广播新闻中心 金亚、陈逸东、乐建强、李宏
上海乡音	上海广播电视奖广播文艺一等奖	2010年	东方广播公司 金亚、陈逸东、顾海龙
一篇来自天堂的日记	上海广播电视奖广播文艺一等奖	2010年	东方广播公司 鱼嘉琳、何远、宣晔
我们是这样长大的	上海广播电视奖播音与主持一等奖	2010年	东方广播公司 李欣
广播剧《云朵上的鸽子树》	上海广播电视奖广播剧一等奖	2010年	东方广播公司 瞿新华、雷国芬、赵光、罗文
这不是道别而是新的开始	上海广播电视奖广播新闻一等奖	2011年	上海广播电视台广播新闻中心 李晖、金蕾、杨烁、孙向彤
骗子的自白	上海广播电视奖广播新闻一等奖	2011年	上海广播电视台广播新闻中心 陆兰婷、周导
浦东如此多娇	上海广播电视奖广播社教一等奖	2011年	东方广播公司
心中流出的旋律——我和《红旗颂》	上海广播电视奖广播文艺一等奖	2011年	东方广播公司 陆明、长缨、方舟、舒强
一个DJ的音乐日记	上海广播电视奖广播文艺一等奖	2011年	东方广播公司 张明、杨越
美文妙律——战地雕像	上海广播电视奖播音与主持一等奖	2011年	东方广播公司 张培
广播剧《我的魔法保姆》	上海广播电视奖广播剧一等奖	2011年	东方广播公司 王欢、徐国春

第三篇

电视节目

从 1978 年开始,在党的改革开放方针指导下,上海电视工作者解放思想,敢为人先,开创了中国电视史上多项"第一"。通过电视节目栏目化和电视频道专业化的改革,方便了观众收看节目,节目内容日益丰富,节目样式推陈出新,节目质量不断提升,节目的传播力、引导力、公信力、影响力显著增强。1978—2010 年,上海电视多种节目形成了自身特色。

"新闻立台"是上海电视台、东方电视台和传媒集团的发展战略之一。1984 年春节起,上海电视台实行新闻报道"采编播一条龙"的工作流程,大大增强电视新闻的时效性。1986 年起,上海电视台全天开播《早上新闻》《简要新闻》《新闻报道》《夜间新闻》等多档新闻栏目,及时播报上海及国内外重要新闻,也聚焦社会新闻和民生新闻。其中每天 18 时 30 分播出的《新闻报道》是上海电视台建台后历时最久、收视率最高的晚间综合新闻栏目。东方电视台新闻节目的口号是"今天大事,先看东视",用记者出镜的方式增强新闻报道的现场感,追求重大新闻事件报道的时效性,并关注民生,贴近社会。传媒集团电视新闻中心提出"直播世界变化,感受新闻力量"的口号,运用现代电视技术和先进传播手段,努力在第一时间客观、真实、权威地播报上海和国内外重大新闻消息。

电视文艺节目是电视内容的重要组成部分。1984 年,上海电视台《大世界》《大舞台》两档大型文艺栏目开播,对于文艺节目栏目化、品牌化运作具有开创性意义。1990 年代,上海电视台和东方电视台的文艺娱乐节目呈现出益智性、竞技性、互动性特点。上海电视台《智力大冲浪》《今夜星辰》和东方电视台《相约星期六》《快乐大转盘》等栏目都赢得观众的称赞。两家电视台创作的大型综艺节目以大策划、大制作、大场面、大气势为特色。传媒集团文艺娱乐类节目的创作与时俱进,自创和引进新的节目模式,其中《舞林大会》《加油!好男儿》《中国达人秀》等大型真人秀节目呈现出大气、海派、互动的特色,不断形成收视热点,吸引了大量观众。上海世博会开幕式、闭幕式的文艺演出精彩纷呈、圆满成功,体现了上海电视文艺创作的高水平、高质量。2008 年开办的艺术人文频道播出大量文化艺术类节目,为提升市民的文化素养和建设文化大都市做出努力。

上海的电视社教节目丰富多彩,为观众喜闻乐见,并成为他们的良师益友。传媒集团生活时尚频道(后改为星尚频道)节目着力于引领时尚文化,倡导优质生活,为广大市民提供"优质生活指南"。

电视剧是电视节目的支柱性内容之一,也是最吸引观众的电视节目种类之一。改革开放后,上海是全国最有影响力的电视剧创作基地之一,上海电视台、东方电视台、上海有线电视台、传媒集团及上海其他国有和民营影视剧制作公司创作、生产、出品了一大批电视剧精品力作。

传媒集团第一财经频道是为上海城市定位和建设国际经济中心、金融中心、贸易中心和航运中心的发展战略而度身定制节目,创办了《头脑风暴》《中国经营者》等品牌栏目。

33 年里,上海各家电视台创办了很多融教育性、知识性、娱乐性为一体的少儿栏目,成为少年儿童的精神家园。2004 年开播的传媒集团东方少儿频道(后改为哈哈少儿频道)以"创造并且记录中国儿童的快乐"为宗旨,全天播出 17 小时少儿节目。上海炫动卡通卫视是国内首批上星卡通频道,日均播出 18 小时动画片及动漫类专题、资讯节目。

随着竞技体育和群众体育的蓬勃发展,电视体育节目逐渐成为收视热点,上海电视台于 1982

年开播《体育大看台》栏目。东方电视台较侧重于播出世界体坛的新闻和赛事。上海有线电视台创办体育专业频道。传媒集团体育频道(后改为五星体育频道)每天都播出大量国内外体育新闻和赛事,使广大球迷和体育爱好者目不暇接。

2008年开办的外语频道为上海的英语使用者和外籍来沪人士等受众群体提供新闻、财经、生活、时尚、文化和娱乐等节目,外语频道成为上海这座国际大都市的标配。

第一章 综合新闻节目

第一节 新闻报道栏目

一、市级电视台

1958年10月1日,上海电视台开播第一天播出第一条新闻片《1958年上海人民庆祝国庆大会和游行》,片长8分钟。

上海电视台建台初期拍摄新闻片使用的是电影摄影机和胶片,洗印设备陈旧,制作周期较长,时效性差,产量也低,每年仅播出约200条新闻。

1973年8月1日,上海电视台试播彩色电视节目。上海电视新闻节目经历了从黑白影片到彩色影片的过渡时期。1978年起,上海电视台完全摄制和播出彩色电视新闻节目。

1978年,日本首相大平正芳访华途经上海,上海电视台新闻组首次使用电子摄像机(ENG)替换电影摄影机拍摄新闻片并及时播出。1979年6月29日,上海电机厂发生火灾,上海电视台记者朱黔生等及时赶到现场拍摄。7月4日,上海电视台播出"上海电机厂发生严重火灾事故"的新闻片,在播发社会新闻和事故报道方面是一次历史性突破。1980年,上海电视台新闻报道的时效性大大增强。此后的两年多时间,是既用电影摄影机、也用电子摄像机摄制新闻片的过渡时期。1983年下半年起,基本上用电子摄像机拍摄新闻片。1984年7月14日,最后一批用电影摄影机拍摄的电视新闻片播出后,上海电视台用电影摄影机摄制电视新闻片的历史画上了句号。

改革开放初期,上海电视台以新闻立台,新闻报道的节目数量和播出次数增加。1979年,每周从周一到周六播出6次新闻节目。1980年6月1日起,播出口播新闻,增强了电视新闻报道的时效性,这是电视新闻观念的一次变革。上海电视台播出新闻的时效性不断提高,1980年底,播出当天摄制和前一天摄制的新闻节目已占新闻节目总数的1/3,到1982年已达到2/3。

1984年春节期间,上海电视台新闻中心建成使用,新闻编播有了专用的录像编辑室、录音室、播音室和导播控制室,运用"采编播一条龙"工作流程,新闻主播采用直播方式,大大提高了时效性,一些突发新闻能够及时穿插播出。

1984年5月21日23点38分,南黄海发生5.8级地震,上海有明显震感。上海电视台新闻记者兵分几路,火速出动,赶往市地震局、发电厂、煤气厂采访。5月22日早晨7时,上海电视台破例播出关于南黄海地震的新闻片,权威报道了来自市地震局的消息,告知市民群众近期内上海发生破坏性地震的可能性不大。该新闻片还重播数次。

1985年6月27日,位于上海中心城区陕西南路的上海造漆厂发生重大火灾,随时可能引发爆炸。上海电视台记者第一时间赶赴现场,冒着生命危险拍摄报道消防人员和其他抢险人员扑灭大火的情况。这一重大社会新闻报道受到中共上海市委和公安部主要领导赞扬,《人民日报》为此发表短评《做新时期的"战地记者"》。

上海电视台于1984年、1985年增设每天上午和下午的新闻栏目。1986年2月9日起,上海电视《新闻报道》栏目做了改版和扩容,成为上海历时最久、收视率最高的晚间综合新闻栏目。具体栏目设置和播出时间分别是：

《早上新闻》于 9 时 30 分播出，日播，每期时长 15 分钟。以播报前一天上海和国内新闻为主，并加入前一天夜间和当天清晨突发的新闻事件。该栏目播出至 1993 年 2 月结束。

《简要新闻》于 14 时播出，日播，每期时长 10 分钟。精选前一天的新闻，增加当天上午、中午的重要新闻。

《新闻报道》于 18 时 30 分播出，日播，每期时长 25 分钟。该晚间综合新闻报道栏目及时报道上海和国内外的各类重要新闻，反映社情民意。从 20 世纪 80 年代中期起，上海市民就习惯于 18 时 30 分收看上海电视台《新闻报道》节目，了解上海以及国内外的新闻消息。

《夜间新闻》于 22 时播出，日播，每期时长 25 分钟。主要播报国内外重要新闻，选播当天上海电视台 18 时 30 分《新闻报道》和中央电视台《新闻联播》的重要内容。2002 年 1 月起改版拆分为《新闻晚报》和《新闻夜线》栏目。

1986 年 10 月 1 日起，上海电视台开播《英语新闻》栏目，日播，每期时长 10 分钟。这是全国率先开办的英语综合新闻报道栏目，选播上海及国内外重要消息，设有"今日上海"板块。1995 年 9 月后改版更名为《十点英语新闻》栏目。

改革开放后，上海电视台新闻报道既关注本市和国内外的重大新闻事件，也聚焦社会和民生新闻。上海电视台品牌栏目《观众中来》以关注民生问题、为百姓排忧解难作为节目定位。

1987 年 7 月 5 日，上海电视台推出全国第一档杂志型电视新闻栏目《新闻透视》，以深度报道和深刻评论为特色。

1987 年 12 月 10 日早晨，由于大雾天气，上海陆家嘴轮渡站发生踩踏事件。上海电视台新闻记者赶赴事故现场采访拍摄，后播出专题节目《惨祸发生之后》，既报道事故真相，客观反映上海出行难、过江难的交通现状，又反思相关部门对于突发事件的预案准备和应变能力需要改进提高。1988 年冬季，上海甲型肝炎流行。上海电视台记者冒着被传染的风险，深入医院和社区采访，做出客观报道。

1987 年 10 月 25 日—11 月 1 日，中国共产党第十三次全国代表大会在北京举行。上海电视台派出新闻摄制组赴京采访报道党代会新闻，这是上海电视台记者第一次直接报道全国性重大政治活动。

从 1988 年起，邓小平连续 7 年来上海视察，和上海人民共度春节。上海电视台成立特别报道组，拍摄邓小平在上海的新闻片。邓小平在上海的视察行程和他关于推进上海改革开放的重要指示，通过电视和其他媒体为人民群众及时知晓。

1990 年 4 月 18 日，国务院总理李鹏代表中共中央、国务院在上海宣布开发开放浦东重大决策。上海电视台及时报道这一重要消息，并在各档新闻节目中介绍浦东开发开放的有关政策、法规和投资环境。

20 世纪 90 年代，上海许多重大市政建设工程相继上马并陆续竣工。上海电视台对这些重大工程项目的开工、建设和竣工都做了连续报道，让观众目睹上海城市的大发展、大变化。1991 年 11 月 19 日，上海中心城区第一座跨越黄浦江的大桥——南浦大桥建成通车，上海电视台对通车典礼做了全程报道，新闻主持人现场采访市民和大桥建设者，内容生动鲜活，富有感染力，给观众留下深刻印象。1994 年，上海电视台租用直升机，拍摄《空中看上海》新闻专题片，用壮观的航拍镜头反映上海的"一年一个样，三年大变样"面貌。

上海电视台新闻报道内容进一步充实，栏目设置更为多样，播出时长也有了扩展。

上海电视台《上海早晨》栏目于1993年2月1日首播,每日早晨7点播出,每期时长30分钟。该栏目播报上海及国内外昨夜今晨的重要新闻,同时向市民提供与当天生活、工作和娱乐有关的服务信息,设有"本市要闻""国内要闻""国际要闻""报刊精选""交通动向预报""一路平安""生活百事""气象预报"等板块。

上海电视台《今日报道》栏目于1995年4月1日首播,每日20点播出,每期时长20分钟。该栏目融综合新闻、财经资讯和深度报道为一体,加强新闻的时效性和服务性,设有"今日要闻""今日焦点""今日快讯""股市行情""今日股评"和"天气预报"等板块。

1993年1月18日,东方电视台开播,把新闻报道作为节目主干之一,新闻节目占全台各类节目播出总量的14.1%。东方电视台新闻报道节目主要有综合性新闻报道、财经类新闻报道和新闻深度报道。

《东视新闻》是一档综合性新闻报道栏目,于1993年1月18日首播,每日18时30分播出,每期时长25分钟。该栏目播报上海及国内外各类重要新闻,贴近市民与社会,设有"要闻""本市新闻""开发区新闻""国内新闻""港台新闻""国际新闻""股市行情"等板块。1995年7月31日改版为《东视新闻60′》,栏目时长60分钟。1999年8月恢复《东视新闻》栏目名称,时长30分钟。

《东视夜新闻》栏目于1993年1月18日首播,每日21时58分播出,每期时长25分钟。该栏目除选播《东视新闻》主要内容以外,还及时播报当日其他重要新闻和突发事件。

《东视深夜新闻》栏目于1993年1月19日首播,每日深夜零时29分播出,每期时长25分钟。该栏目选播《东视夜新闻》的主要内容,并补充播报当日的突发事件和重要新闻。

东方电视台落户浦东新区,重视浦东开发开放、上海建设发展的新闻报道,同时具有国际视野,关注国内外重要新闻事件。东视新闻的口号是:"今天大事,先看东视。"1993年4月27—29日,中国大陆和台湾地区首次高层人士会晤即"汪辜会谈"在新加坡举行。东方电视台独自租用国际通信卫星,率先报道这一具有历史意义的破冰之旅。

东方电视台新闻报道从选题和角度上重视新闻的"社会性",报道社会新闻和民生新闻较多,既关注上海的建设与发展,又贴近百姓生活。

东方电视台《东视少儿新闻》栏目于1996年3月31日首播,周播,每期时长15分钟。该栏目由9岁～15岁的"小记者"参与拍摄、采写、主持和配音。培养少儿观众关注新闻,了解时事。

1999年3月29日,东方电视台推出一档早间新闻日播栏目《早安,上海》,早晨7时播出,每期时长30分钟。主要播报要闻和实用信息,设有"24小时要闻""报刊导读""体育新闻""投资理财""文化服务信息"等板块。

上海有线电视台《有视新闻》栏目于1995年10月1日首播,每日20时30分播出,每期时长25分钟。该栏目开办初期主要是汇集中央电视台、上海电视台、东方电视台以及有线电视台自拍的当天新闻,以后也播出上海各区有线电视中心和市郊区县电视台提供的区县新闻,注重贴近市民生活。1997年1月起改版更名为《有线新闻》,该栏目汇集上海及国内外各种新闻,分别在不同时间段播出:每天12时播出"国内报道",18时播出"上海报道",20时30分播出"综合报道"。1997年底"综合报道"拆分为"国际专题电讯"和"要闻简报"两个板块。

上海有线电视台于1995年10月1日推出《"小小"看新闻》栏目,这是国内开设最早的面向少年儿童的新闻栏目,以通俗浅显的语言和亲切自然的风格播报新闻,提高小观众对新闻报道的接受力和理解力。

1994年,上海教育电视台开播,新闻栏目《教育信息》于1994年2月27日首播,1997年4月起

《教育信息》改版更名为《教育新闻》。该栏目传递教育信息,追踪教育热点,宣传教育改革,反映观众心声。

1998年,上海卫视中心成立。《上海卫视新闻》栏目于1998年1月3日首播,每日20时播出,每期时长15分钟。该栏目设有"SBN新闻""环球聚焦""环球60秒""神州扫描""今日关注""记者见闻"和"天气预报"等板块。节目覆盖全国,传播力、影响力得以增强。

2001年,上海文广新闻传媒集团成立,进一步明确了"新闻立台"的发展战略。2002年1月1日起,传媒集团实行频道专业化播出,共有3个频道播出综合类新闻节目,分别是新闻综合频道、新闻娱乐频道和上海卫视频道(2003年更名为上海东方卫视频道),增加新闻报道节目的版面内容和播出频率,也增强时效性和现场感。

传媒集团新闻综合频道《新闻坊》栏目于2002年1月1日首播,每日18时播出,每期时长15分钟。该栏目主要播报具有上海地方特色的社会新闻和民生新闻,从百姓的视角关注当天的新闻,用百姓乐于接受的语言和风格播报新闻。同年6月24日,该栏目改版,由原来的谈话方式改为报道形式,时长增至25分钟,设有"弄堂口""城市风""市民呼声""财经连线"等板块。

新闻综合频道《新闻报道》栏目于2002年1月1日首播,每日18时30分播出,每期时长25分钟,及时报道国内外尤其是上海的各类重要新闻。该栏目由原上海电视台《新闻报道》延续、改版而来。

新闻综合频道《新闻晚报》栏目于2002年1月1日首播,每日21时播出,每期时长30分钟。主要报道上海和国内新闻,用"说新闻"的形式播报新闻。

新闻综合频道《新闻夜线》栏目于2002年1月1日首播,每日22时30分播出,每期时长40分钟。该栏目侧重于报道国内重要新闻和国际新闻,选用世界上新近发生的重要事件做组合播报。2007年1月1日起,《新闻夜线》与《新闻晚报》栏目合并,继续沿用《新闻夜线》名称,每期时长增至60分钟,设有"今日关注""夜线约见""城市发现"等板块。

2002年1月1日,传媒集团新闻娱乐频道开播,该频道以新闻节目为基本框架,全天播出《热线传呼》《东视广角》《娱乐在线》《媒体大搜索》等10档新闻栏目。第一时间播报国内外重要新闻,并更加注重社会新闻、民生新闻。

传媒集团上海卫视作为上星频道,节目播出覆盖全国。上海卫视于2002年1月推出《聚焦上海》《前进上海》栏目。《聚焦上海》是一档周播栏目,每期时长25分钟,主要反映上海的经济发展,聚焦上海的社会热点。《前进上海》是一档日播栏目,每期时长10分钟。该栏目全面报道上海经济、社会、文化等各方面的信息。

2002年11月28日—12月3日,传媒集团新闻综合频道特派报道组在摩纳哥报道上海申办世博会。报道组采用记者在现场和演播室连线的方式,及时向电视观众播报申博最新消息。12月3日,中国上海获得2010年世界博览会举办权。前方报道组通过通信卫星第一时间发回申博成功的消息,并现场采访国务院副总理李岚清、上海市副市长蒋以任以及申博办公室的一些官员。

2002年起,"非典"疫情暴发、扩散。传媒集团的电视记者冒着被SARS病毒传染的危险,去传染病医院采访拍摄,及时播报抗击"非典"第一线的消息。

2003年3月,伊拉克战争爆发。传媒集团新闻综合频道特派记者郐志豪、黄铮、沈立炯赶赴卡塔尔采访战事,在以美军为首的联军中央司令部新闻发布会上,特派记者直面美军司令提问采访。

2003年10月23日,上海卫视更名为上海东方卫视,东方卫视实施品牌化发展战略,增加新闻节目的内容、版面和播出频率。

东方卫视《城际连线》栏目于 2003 年 10 月 23 日首播,每天 18 时播出,每期时长 28 分钟。该栏目以城市新闻为主,内容反映城市建设新动向、城市经济新热点、城市生活新时尚和城市文化新概念等,设有"城市链接""城市主页""城市菜单""新闻追踪""连续报道"等板块。该栏目于 2006 年 1 月并入《东方新闻》栏目。

东方卫视《环球新闻站》栏目于 2003 年 10 月 23 日首播,每天 18 时 30 分播出,每期时长 25 分钟。报道国际时政、金融、科技文化和社会新闻,关注全球经济、科技领域的新动向、新理论、新成果以及海外文化生活的新趋势。该栏目于 2006 年 1 月并入《东方新闻》栏目。2007 年 1 月起《环球新闻站》栏目恢复播出,以播报国际及港澳台新闻为特色,内容覆盖时政、社会、经济、文化和艺术等方面。2008 年改版,每周播出 6 期。

东方卫视《东方快报》栏目于 2003 年 10 月 24 日首播,每天 10 时、11 时、13 时和 16 时播出,每期时长 5 分钟,报道上海、长三角区域和国内外的最新消息。

东方卫视《看东方》栏目于 2003 年 10 月 24 日首播,每天早晨 7 时播出,周一至周五栏目时长 120 分钟,周六和周日栏目时长 90 分钟。《看东方》内容包括新闻、气象、专题、谈话、生活服务、观众互动等。多位主持人在直播室进行全景式接力播报,设有"新闻报道""财经资讯""文体消息""路况信息""气象播报"和"热点访谈"等板块。2006 年改版,周一至周五栏目时长增至 150 分钟。2007 年又恢复到 120 分钟,设有"今日头版""今晨焦点""信息快报""新闻将来时"等板块。

东方卫视《东方午新闻》栏目于 2005 年 1 月 1 日首播,每天中午 12 时播出,每期时长 25 分钟。该栏目播报发生在上海和全球的最新资讯,设有"现场连线""外滩新世说"和"东方新气象"等板块。该栏目于 2006 年 2 月后停播,2010 年 1 月 11 日重新开播,每天中午 12 时播出,每期时长 30 分钟。

东方卫视《东方新闻》栏目于 2006 年 1 月 1 日首播,每天 18 时 30 分播出,每期时长 60 分钟。2007 年 7 月 11 日起时长减至 30 分钟。该栏目由《城际连线》和《环球新闻站》合并而来的,是一档主要面向全国观众、具有海派特色的电视新闻主打栏目,播报中国乃至全球每日最重大的新闻事件,设有"要闻""国内新闻""国际新闻"和"文化体育新闻"等板块。

传媒集团各新闻部门"两手抓",既重视日常的新闻报道,也关注、聚焦上海和国内外的重大新闻事件,时有重磅型的新闻报道播出。

2004 年初,上海市南汇区暴发禽流感疫情,累计有 150 万只鸡、鸭、鸽被宰处理,一些禽类养殖户遭受经济重创。东方卫视记者报道上海市政府面对禽流感疫情采取的相关举措。上海市政府一方面为堵住禽流感蔓延而坚持宰杀感染区的家禽,一方面以每公斤 5 元的价格收购家禽,给养殖户以经济补偿,同时帮助养殖户在短期内转向种植业。政府的举措,既保证防治禽流感工作的有序开展,又保护疫情感染区养殖户的利益。这则报道同年 2 月 9 日被美国有线电视新闻网 CNN 采用,并在 CNN《世界报道》头条位置完整播出。

2004 年北京时间 8 月 28 日,上海田径运动员刘翔在雅典奥运会男子 110 米跨栏比赛中夺得冠军。新闻娱乐频道记者刘晓清、弓毅、杨晓明和崔士新及时跟进,摄制播出《刘翔——家乡父老为你骄傲》新闻,该作品获得第十四届上海新闻奖一等奖、2004 年度上海广播电视奖一等奖。

2005 年,传媒集团实施电视新闻资源整合,成立电视新闻中心。

传媒集团电视新闻中心经常举行大型直播活动和制作大型专题节目,报道上海和全国的重大工程和建设成就。2006 年 7 月 1 日,青藏铁路全面建成并通车试运行,电视新闻中心组织《巅峰之旅》大型直播活动和专题报道。2009 年 10 月 31 日,长江第一隧桥——上海长江隧桥建成通车,电视新闻中心做大型直播报道。

2010 年上海举办世博会,上海广播电视台新闻报道节目全面展示世博会盛况,宣传上海世博会主题"城市,让生活更美好",组建报道团队驻守世博园,同步发布世博会官方新闻和提供公共信号。世博会开幕日、中国馆日和闭幕日,上海广播电视台电视新闻中心推出特别直播节目,报道和见证上海世博会的精彩、圆满和成功。世博会期间,电视新闻中心整点播出《世博快报》,凸显世博报道的时效性。新闻综合频道推出《看看世博汇》《盛会 2010》栏目,提供世博会服务信息,讲述世博会故事,邀请世博会期间到访上海的各国政要、公众人物参与访谈节目。上海广播电视台看看新闻网成为世博新闻视频的网上集中播发平台。

二、区县电视媒体

20 世纪 80、90 年代,上海市郊区县电视台、中心城区有线电视中心开播新闻报道节目和栏目,主要内容是上海地区新闻和民生新闻等。

南汇电视台《南汇新闻》栏目于 1986 年 5 月 10 日试播,播报南汇县委、县政府的决策举措、政务活动和当地各行各业改革开放、建设发展的新闻信息。1998 年 12 月起,《南汇新闻》增加"市郊新闻"板块,编辑播出由上海郊区 9 个县(区)电视台相互交流的新闻节目。2001 年,南汇电视台在新闻节目中增设了以"民有所呼,我有所应"为宗旨的《百姓热线》栏目。2003 年增设《媒体扫描》栏目,该栏目精选重要热点新闻、荟萃国际国内要闻趣事。2003 年 3 月 18 日,《南汇新闻》栏目改版更名为《南视新闻》栏目。

浦东新区有线电视中心《浦东新闻》栏目于 1995 年 7 月 1 日首播,先期每周播出 3 期,1997 年起改版扩容为日播栏目,每期时长 18 分钟。该栏目贯彻浦东开发开放的国家战略,全面跟踪报道浦东重大事项进展,解读浦东重大政策和举措,反映浦东社情民意,展现浦东开发开放的新成绩和新气象。

2009 年 7 月,原南汇广播电视台、原浦东人民广播电台和原浦东新区有线电视中心合并成立浦东新区广播电视台,原南汇电视台《南视新闻》栏目和原浦东新区有线电视中心《浦东新闻》栏目整合为新版《浦东新闻》栏目,周一至周五每晚 7 时 30 分播出,栏目时长 30 分钟。其中原《南视新闻》中的"百姓热线"和"媒体扫描"等小板块继续沿用播出。

松江电视台《松江新闻》栏目于 1986 年 8 月 6 日首播,周播,每期时长约 10 分钟。1995 年起改版更名为《松视新闻》,每周播出 6 期。2010 年起,《松视新闻》每期时长为 20 分钟。从 2009 年 10 月起,为了增加新闻播出,松江电视台又开播《云间播报》日播栏目,每期时长 20 分钟。《松视新闻》栏目和《云间播报》栏目关注本地新闻,偏重社会新闻,贴近社会,服务群众。

宝山电视台《宝山新闻》栏目于 1988 年 7 月 1 日开播,起初每周播出 1 期,每期时长 10 分钟。1999 年 1 月起,《宝山新闻》改版扩容,每周播出 6 期,每期时长 10 分钟。该栏目及时播报宝山当地新闻,报道宝山在改革开放、经济建设、社会发展中取得的新成就、新经验、新典型。宝山电视台《新闻扫描》是一档深度新闻报道栏目,每周播出 3 期,每期时长 7 分钟~8 分钟。该栏目聚焦群众关注的热点问题,开展舆论监督。宝山电视台《周日播报》属民生类新闻栏目,每周播出 1 期,每期时长 30 分钟,该栏目关注民生问题,帮助观众解读与生活密切相关的政策法规。

金山电视台《金山新闻》栏目于 1989 年 5 月开播,2006 年 5 月起改版更名为《金视新闻》,每周播出 5 期,每期时长 15 分钟。该栏目报道金山的建设和发展,反映金山的百姓生活和风土人情,成为金山观众了解当地新闻的窗口。2005 年 5 月,金山电视台推出民生类电视新闻栏目《百姓直通车》，每周播出 5 期，每期时长 15 分钟。2007 年 5 月，金山区电视台开设新闻专题类栏目《关注》，每周播出 1 期，每期时长 15 分钟，主要对重大新闻事件进行深度报道。

青浦电视台《青浦新闻》栏目于 1991 年开播，先期每周播出 2 期，每期 15 分钟。1998 起，《青浦新闻》改版扩容为每周播出 6 期，每期时长 20 分钟。该栏目以当地新闻、民生新闻为主，报道青浦城乡发展和建设社会主义新农村的成就，传递青浦县（区）委、县（区）政府制定的政策举措，展示青浦人民的精神风貌。

崇明电视台《崇明新闻》栏目于 1991 年 6 月 26 日首播，开播初期为周播，1998 年起改版扩容为日播栏目。该栏目关注崇明的经济建设和社会民生，制作播出"三峡移民"等系列报道，开展崇明跨越式发展大讨论等。《崇明新闻》设有"热线传呼""百姓故事"等板块。崇明电视台于 1998 年 6 月起开办新闻调查类栏目《新闻扫描》，周播，每期 5 分钟，就社会热点、典型事件等做深度报道。

嘉定电视台《嘉定新闻》栏目于 1993 年 4 月 6 日首播，开播初期为周播，主要内容是嘉定当地时事要闻和民生服务资讯。从 2002 年 11 月起，《嘉定新闻》改版扩容为日播栏目，也从过去的偏重会议报道转变为逐步增加现场采访和社会新闻报道，并推出回顾一周要闻的周日版。2009 年 7 月，嘉定电视台推出"新闻访谈"栏目，新闻信息量不断增加，新闻时效性明显增强。

闵行电视台《闵视新闻》栏目从 1996 年 7 月起成为日播节目，新闻内容主要围绕区委、区政府中心工作，各委办局、街镇、工业区的重点工作及民生、热点、投诉、求助等。1998 年起，《闵视新闻》栏目每周日增加"闵视新闻集锦"。1999 年，闵行电视台开设《市郊新闻》栏

图 3-1-1　嘉定广播电视台采用电视转播车在同济大学录制"回眸三十年——长三角地区故事大赛"（摄于 2008 年 11 月 15 日）

目，在播报闵行新闻的同时，还汇编播出金山、奉贤、南汇、青浦、松江、嘉定、宝山、崇明等县（区）的新闻资讯。

奉贤电视台于 1996 年 9 月 28 日开播《奉视新闻》栏目，先期每周播出 2 期，每期时长 10 分钟。2010 年 1 月 25 日起，《奉视新闻》改版扩容，成为日播栏目，每期时长 30 分钟。该节目贴近奉贤百姓，内容包括时政要闻、主题性报道、民生服务类新闻等，设有"视点约见""热线传递""媒体点击""本周视点"板块。

长宁区有线电视中心《长宁新闻》栏目于 1993 年 1 月 11 日首播，日播，每期时长 15 分钟。该栏目成为长宁区委、区政府联系人民群众的桥梁，报道长宁区建设和发展的情况，反映社情民意和群众呼声。

虹口区有线电视中心于 1993 年开播《虹口 30 分》栏目，周一至周五播出，每期时长 30 分钟。其中，新闻节目占 10 分钟～15 分钟，由时政新闻、坊间（民生）新闻和社会新闻三大板块组成。后经过改版，节目的服务功能不断拓展，增设"生活达人""一周一景"等板块。双休日播出一周新闻集锦。

闸北区有线电视中心《闸北新闻》栏目于 1993 年 10 月开播。该栏目宣传闸北区委、区政府各

项政治、经济的重点工作,报道闸北区两个文明建设的进展情况,反映社情民意,成为闸北区居民了解该区新闻和区情区貌的窗口。

卢湾区有线电视中心《卢湾新闻》栏目于 1993 年 10 月开播,每周播出 3 期,后逐渐调整至日播。主要内容为播报该区的时政新闻、民生新闻和社会新闻,全面报道、反映卢湾区经济社会发展成果和区委、区政府的重点工作等。

南市区有线电视中心从 1993 年 12 月起开播《南市要闻》栏目。初期为每周播出 1 期,1995 年 1 月起每周播出 2 期,1999 年 1 月起每周播出 3 期,每期时长均为 10 分钟。内容以该区时政新闻、民生新闻为主,报道南市城区发展、建设的成就和南市区委、区政府的工作举措,展示南市人民的良好形象。

黄浦区有线电视中心从 1994 年 1 月起开播《黄浦新闻》栏目,初期为每周播出 2 期,1996 年起每周播出 3 期。2000 年 7 月黄浦区、南市区两区“撤二建一”,《黄浦新闻》改版更名为《黄浦 30 分》栏目,每周播出 5 期,每期时长 30 分钟。主要内容为播报黄浦区委、区政府重大举措,报道社会新闻、经济信息等。

静安区有线电视中心于 1994 年 2 月 5 日开播《静安新闻》栏目,日播,该栏目以“宣传党和政府的声音、播报静安的大事小情”为宗旨,报道最新鲜、最及时的静安区动态,包括时政新闻、民生新闻和社会新闻等。静安区有线电视中心《记者见闻》是一档周播栏目,通过对热点新闻事件和相关人物的讲述,挖掘其背后的故事。

普陀区有线电视中心《普陀新闻》栏目于 1994 年 6 月 28 日首播,这是一档日播新闻节目,主要播报该区的时政新闻、民生新闻和社会新闻,反映发展成果,关注社会民生,做好舆论监督等。该栏目在报道中积累普陀区重点区域发展和重点工作推进的大量影像资料。

徐汇区有线电视中心《徐汇新闻》栏目于 1994 年 7 月 1 日首播,每日播出 1 期,主要内容是宣传徐汇区委、区政府重大举措,报道经济、社会类新闻,反映社情民意动态。

杨浦区有线电视中心于 1995 年 5 月开播《杨浦新闻》栏目,设有“杨浦要闻”“民生新闻”“专题报道”“媒体精选”等板块。

第二节　其他新闻栏目

上海电视媒体除新闻报道栏目化外,还创办、开播新闻观察、新闻评论、新闻调查、新闻人物和新闻专题等各类新闻栏目。

一、上海电视台

【国际瞭望】

上海电视台《国际瞭望》栏目于 1983 年 9 月 15 日首播,每月播出 2 期,每期时长 10 分钟。该栏目报道和评述重大国际事件,介绍各国社会风貌、文化艺术、风土人情和人民之间的友好往来,兼有新闻性、知识性和趣味性,为电视观众打开认识世界的窗口,设有“国际述评”“半月要闻”“世界名城”“大洋彼岸”和“大千世界”等板块。1994 年 9 月 8 日栏目改版,设有“时事纵横”“当年本周”“科技新潮”“异域风情”和“文化视点”等板块。该栏目于 1996 年 4 月结束播出。

【观众中来】

上海电视台《观众中来》栏目于 1985 年 1 月开播,周播,每期时长 20 分钟。《观众中来》原来是《电视新闻》栏目中的一个板块,1985 年 1 月起成为独立栏目,以贴近市民、贴近生活为特色,关注市民身边的感人故事和急事、难事,倾听百姓呼声,力求运用媒体监督力量为百姓排忧解难、促进问题解决。1987 年 7 月起并入《新闻透视》栏目,成为其中一个板块。2000 年 12 月 4 日起,《观众中来》作为日播栏目在《新闻透视》后播出。

【新闻透视】

上海电视台《新闻透视》栏目于 1987 年 7 月 5 日首播,周播,每期时长 30 分钟。《新闻透视》是国内电视台率先推出的关注社会热点的新闻杂志型栏目,对热点新闻事件进行跟踪报道和解释评议,传播与新闻内容有关的方针、政策,反映观众的意见和呼声,为百姓排忧解难。该栏目采访、制作团队把真实、准确、客观、公正作为共同的追求目标,栏目设有"纵与横""长焦距""当代人""社会广角""快节奏""观众中来""大家谈"等板块。1993 年初改版为每周 2 期,每期时长 20 分钟。1994 年 6 月,该栏目再次改版,成为日播栏目,每期时长 5 分钟。2005 年 12 月,该栏目获得由上海市委宣传部和上海市新闻工作者协会颁发的"首批上海市优秀媒体品牌"称号。2007 年 11 月获得由上海市委宣传部颁发的"优秀创新媒体和媒体品牌"奖。

【八频道传递】

上海电视台《八频道传递》栏目于 1994 年 6 月 21 日首播,每周播出 2 期,每期时长 10 分钟。该栏目贴近市民,贴近生活,关注市民身边的急事、难事,为群众排忧解难。该栏目播出至 1997 年 3 月结束。

【新闻观察】

上海电视台《新闻观察》栏目于 1997 年 3 月 21 日首播,周播,每期时长 20 分钟。该栏目以深度调查、述评为特色,融新闻、评论、调查和纪实性为一体,以具体的新闻事件或现象为切入点,通过深入追踪采访,把现场采访和新闻点评结合在一起。该栏目于 2003 年 12 月结束播出。

【新闻追击】

上海电视台《新闻追击》栏目于 2000 年 12 月 18 日首播,日播,每期时长 30 分钟。该栏目设有"现场""人物""话题"三个板块:"现场"板块第一时间对新闻事件做现场报道;"人物"板块对新闻当事人做深度报道;"话题"板块由主持人与当事人、嘉宾一起讨论新闻话题。每周六另设有与观众互动的"热点人物评选"板块。该栏目采用直播形式,力求节目的时效性和真实感。2002 年 6 月 24 日起改版为新闻专题节目形式,对社会新闻事件做深入报道和背景介绍。该栏目于 2006 年 1 月结束播出。

二、东方电视台

【东视广角】

东方电视台《东视广角》栏目于 1993 年 1 月 25 日首播,周播,每期时长 20 分钟。该栏目围绕有影响的新闻人物和热点事件展开,带有评论的特色,注重时效性和纪实性。1995 年 7 月后成为《东视新闻 60′》中的板块。1999 年 8 月起改为独立栏目。2006 年 1 月改版,以深度报道和舆论监督为栏目特点,贴近市民生活和社会热点,设有"广角调查""广角关注""百姓摄像"等板块。该栏目于 2007 年 12 月结束播出。

【东方视点】

东方电视台《东方视点》栏目于 1999 年 6 月 15 日首播,周播,每期时长 30 分钟。该栏目关注国内外重大时事热点,重点解析国内有关民生、司法、科技、教育和文化等重大问题,通过对领导专访、专家评论、现场报道及追踪调查等方式展开。开播一年后改版为新闻人物专题栏目。2001 年后改版为法制栏目。该栏目于 2008 年 12 月结束播出。

【热线传呼】

东方电视台《热线传呼》栏目于 2001 年 12 月 31 日首播,日播,每期时长 3 分钟～5 分钟。该栏目关注市民身边的"突发事、紧要事、有趣事、感人事",通过记者调查,直击新闻现场,发挥媒体的舆论监督作用,为观众排忧解难,设有"热线速递"板块。该栏目于 2007 年 12 月结束播出。

三、上海卫视、上海有线电视台

【星期视点】

上海卫视《星期视点》栏目于 1998 年 10 月 1 日首播,周播,每期时长 15 分钟。该栏目评述一周要闻,剖析新闻发生的背景和对社会的影响,并通过访谈揭示新闻人物背后的酸甜苦辣,设有"新闻回放""重点报道""本周人物"等板块。2000 年 8 月改版为一档全面、及时反映上海经济时事的栏目。该栏目于 2003 年 10 月结束播出。

【百姓视点】

上海有线电视台《百姓视点》栏目于 1999 年 1 月首播,周播,每期时长 20 分钟。以百姓眼光关注社会生活热点,对百姓关心的新闻事件、涉及市民生活的重要政策和重大工程进行深入报道,力求反映百姓呼声,为观众排忧解难。该栏目于 2001 年 8 月结束播出。

四、传媒集团/上海广播电视台

【媒体大搜索】

传媒集团新闻娱乐频道《媒体大搜索》栏目于 2002 年 1 月 1 日首播,日播,每期时长 25 分钟。该栏目汇集全国各地含港台地区电视台播出的各种社会新闻、趣闻和故事,经过重新编排后播放,设有"视野搜索""天下神游""动物百态"和"新闻纪事"等板块。

【1/7】

传媒集团新闻综合频道《1/7》栏目于 2004 年 1 月 4 日首播,周播,每期时长 60 分钟。该栏目关注时代进程中的重大事件,讲述有影响的社会故事,对话热点新闻人物。栏目立足上海,报道范围覆盖国内外新闻事件和新闻人物,设有"深度调查""社会故事""新闻人物"等板块。

【深度 105 】

传媒集团东方卫视《深度 105》栏目于 2005 年 1 月 1 日首播,周播,每期时长 30 分钟。该栏目与新华社联合制作,通过对新闻事件相关现场、人物和过程的跟踪采访,显现思想深度。2007 年改版后,时长为 60 分钟,设有"天下事""非常道""说旧闻"等板块。该栏目于 2010 年 12 月结束播出。

【真情实录】

传媒集团新闻娱乐频道《真情实录》栏目于 2005 年 3 月 4 日首播,周播,每期时长 30 分钟。该栏目从新闻视角讲述百姓身边的真情故事,挖掘百姓生活中人性闪光点,设有"真情故事""真情心愿"等板块。该栏目播出于 2009 年 6 月结束播出。

【环球周刊】

传媒集团东方卫视《环球周刊》栏目于 2008 年 1 月 1 日首播,周播,每期时长 30 分钟。这是一档新闻专题类栏目,采用虚拟演播室的方式,用视频动画效果,对新闻报道主题做出说明和解释,增强节目的可看性。该栏目于 2012 年 12 月结束播出。

【双城记】

传媒集团东方卫视《双城记》栏目于 2009 年 3 月 28 日首播,周播,时长 35 分钟。该栏目由东方卫视和台湾中天电视台联合制播,上海、台北卫星连线,两岸热点人物隔空对话,内容为双城生活、时事新闻、话题人物等。

【东方直播室】

上海广播电视台东方卫视《东方直播室》栏目于 2010 年 6 月 8 日首播,周播,每期时长 46 分钟。该栏目沿用原东方电视台《东方直播室》的名称,是一档电视新闻专题类节目,将电视、网络媒体、短信直播等多种传媒手段有机结合,内容聚焦重大新闻热点,反映网络舆情,对社会舆情进行正面影响和正确引导,体现主流价值观。

第三节 大型新闻直播

20 世纪 90 年代,由于电视技术设备不断更新,电视技术保障能力的不断增强,上海电视台、东方电视台对一些重大新闻事件和重大建设工程作现场直播报道。1998 年 9 月,上海广播电视卫星地球站建成,科技进步促进了节目创新。2001 年,传媒集团成立后,运用现代电视卫星技术,较多地对重大新闻事件进行现场直播,增强了新闻报道的时效性和现场感。

一、上海电视台

【杨浦大桥、徐浦大桥、卢浦大桥合龙及通车仪式】

浦东开发开放以后,跨越黄浦江的南浦大桥、杨浦大桥、徐浦大桥和卢浦大桥相继建成通车。

上海电视台、传媒集团对其中的杨浦、徐浦和卢浦大桥通车仪式做直播。杨浦大桥于1993年4月8日合龙,同年10月23日建成通车,其主桥长度602米,在世界同类型斜拉桥中名列第一,上海电视台对杨浦大桥的合龙、通车分别做现场直播。徐浦大桥于1997年6月24日建成通车,上海电视台对徐浦大桥通车仪式做现场直播。卢浦大桥是世界第二长的钢结构拱桥,于2003年6月28日建成通车,传媒集团新闻综合频道对通车仪式做现场直播。

【国庆45周年上海庆祝活动】

1994年10月1日,上海电视台从上午到晚上,在多个景点联手直播国庆45周年上海庆祝活动的盛况。

【"迎接新世纪第一缕曙光"活动】

2001年1月1日清晨,在东方明珠广播电视塔前的广场上,上海电视台等单位联合举行"迎接新世纪第一缕曙光"活动,并做电视直播。

二、东方电视台

【国庆45周年赴京专场演出卫星传送】

1994年10月1日国庆节,东方电视台通过卫星传送、异地现场直播在北京劳动人民文化宫举办的上海文艺团体赴京演出实况。中共中央总书记、国家主席、中央军委主席江泽民在劳动人民文化宫直播现场同首都干部群众一起观看上海文艺团体演出。

【'99世界环境日大型活动】

联合国大会于1972年通过决议,将每年6月5日定为世界环境日。1999年6月5日,东方电视台与中央电视台联手推出《为了绿色家园——'99世界环境日特别报道》大型活动。该直播节目报道了由江泽民总书记题写的"长江源"环保纪念碑揭碑仪式和北京、上海举办的环保活动。

三、传媒集团/上海广播电视台

【伊拉克战争新闻直播节目】

从2003年3月20日伊拉克战争爆发到4月7日美军攻入巴格达,传媒集团新闻综合频道连续推出10档直播特别节目,直播时间总计达20小时,部分节目与上海卫视并机直播,全国观众通过荧屏在第一时间目击了战争场面。传媒集团新闻娱乐频道也推出特别节目板块,直播报道伊拉克战争。

【"神舟五号"载人飞船发射成功全程报道】

2003年10月15日,我国"神舟五号"载人飞船发射成功。传媒集团新闻综合频道派出记者奔赴酒泉卫星发射中心,于10月10—16日全面、及时报道"神舟五号"载人飞船发射准备、升空、凯旋的全过程。传媒集团新闻综合频道成为除中央电视台之外唯一获准进入酒泉卫星发射中心采访拍摄我国首次载人航天飞行的地方电视媒体。

【传媒集团 2004 年多档新闻直播节目】

传媒集团新闻综合频道 2004 年从 1 月 1 日的"西气东输正式通气仪式"现场直播起,陆续推出上海苏州河龙舟友好邀请赛、全国民兵工作会议汇报演练、上海旅游节花车巡游、东方明珠广播电视塔亮新景观灯等多个直播节目,具有很强的时效性和现场感。

2004 年,传媒集团东方卫视对国内外重大新闻事件多次进行直播报道,其中有陕西黄帝陵中华大祭祖活动、亚太经合组织年会、世界扶贫大会、苏州世界遗产大会、台风"云娜"、诺曼底登陆 60 周年纪念、美国大选揭晓、别斯兰人质事件、阿拉法特病逝、印度洋海啸等。与此同时,东方卫视在固定新闻节目中实现连线直播的常态化,建立较为规范、安全、灵活的新闻直播流程,在国际新闻直播中形成了由特派记者连线从事件现场发回报道与节目主持人在演播室做专家访谈有机穿插、融为一体的成熟模式,并确保新闻直播节目不偏离正确的舆论导向。

【"连战大陆之行"新闻报道】

2005 年 4 月 26 日—5 月 3 日,中国国民党主席连战率国民党大陆访问团先后参观访问南京、北京、西安、上海 4 座城市。传媒集团电视新闻中心对连战大陆之行进行多点、多场现场实况转播和卫星连线报道。

【《永恒的记忆》大型活动】

为纪念中国人民抗日战争暨世界反法西斯战争胜利 60 周年,2005 年 9 月 5 日,传媒集团新闻综合频道推出《永恒的记忆》大型直播节目,该节目内容回顾上海抗日战争往事,节目样式穿插多点直播,其中有宝山区的"撞响纪念钟"、虹口区的"千人大合唱"、闸北区的"抗战纪念展"、上海档案馆的"抗战与上海"展览和对亲历抗战的老人做访谈,请曾经在银幕上塑造抗日英雄形象的著名演员秦怡、仲星火等讲述抗战故事。直播节目时长 10 小时。

【洋山深水港开港仪式】

2005 年 12 月 10 日,上海国际航运中心洋山深水港举行开港仪式。传媒集团新闻综合频道与新闻娱乐频道、东方卫视并机直播开港仪式,将跨海大桥、深水港港区等新貌呈现在电视荧屏上,使观众对于上海建设国际航运中心有了直观和深入的了解。

【上海合作组织峰会报道】

2006 年 6 月 15 日,上海合作组织成员国元首理事会第六次会议在上海隆重举行。传媒集团电视新闻中心全力以赴报道好这一高规格的中国主场外交活动,共播出相关消息 213 条,并推出 9 档新闻现场直播,直播报道时间长达 4 小时。6 月 14 日,新闻综合频道直播报道各国元首游览浦江并观看焰火表演的盛况。6 月 15 日,东方卫视和新闻综合频道在不同时段分别直播报道胡锦涛主席迎接各国元首、峰会会谈、六国元首签署重要文件和共同会见记者、胡锦涛主席在上海科技馆举行晚宴的现场实况。此次特别报道完整展现了上海合作组织元首理事会第六次会议的全部过程和重大意义。

【《联通青藏巅峰之旅》大型直播】

2006 年 7 月 1 日,青藏铁路全面建成,通车试运行。为记录这一举世瞩目的重大事件,传媒集团电视新闻中心联合广播新闻中心、大型活动部、综艺部等部门,采用全新高清摄像和转播技术,推出《联通青藏巅峰之旅》大直播,8 时 30 分—18 时 30 分,长达 10 小时,由东方卫视频道、新闻综合频道并机直播,同时在新浪网上全程视频播出。直播节目充分展现青藏铁路通车典礼盛况、青藏高原人文历史、青藏铁路建设历程、铁路建设者们顽强拼搏的精神以及铁路沿线生态环保、旅游风光。

传媒集团推出以亲历巅峰之旅、弘扬"天路精神"为主题的大型系列报道,报道组由 50 名广播电视记者组成,装备采访车、卫星车、后勤保障用车共 13 辆,在历时一个月的采访活动中,报道组沿着 2 000 公里长的青藏铁路,一路探访青藏高原的历史、地理、人文背景,记录下沿途最美好动人的画面和瞬间,每天向后方发回最新报道。6 月 1 日起,电视新闻中每天播出"巅峰之旅"报道组沿线行进途中采制的新闻。6 月 15 日起,每天播出 1 集专题片。该系列报道着重体现"三个一",即一次探索地球之巅神秘魅力的发现之旅,一次寻访青藏高原拼搏精神的感动之旅,一次讴歌民族团结、东西联动的欢庆之旅。

【"9·11 事件 5 周年"报道】

2006 年 9 月 4—11 日,传媒集团电视新闻中心在东方卫视频道推出"9·11 事件"5 周年特别报道和直播特别节目。特别报道包括 9 月 4—8 日在东方卫视《东方新闻》中播出的五集系列专题片,从不同的视角展示"9·11 事件"对世界的影响。9 月 11 日当晚,电视新闻中心与中国国际广播电台联手,在东方卫视频道推出 3 小时 15 分的直播节目,除了大量使用纽约和华盛顿两地纪念活动的现场直播画面外,还包括与美国在内的多个遭受恐怖袭击城市的 7 次卫星直播连线。这次卫星直播连线报道在上海电视国际新闻报道史上是空前的,既考验前方记者在陌生环境中的新闻采制能力,也考验后方编辑策划、调整和制作的水平以及前后方的沟通协作能力和技术保障水平,为电视新闻中心进一步拓展国际新闻报道空间、增强媒体话语权、提升东方卫视影响力进行了有益尝试。

【《薪火长征路——纪念红军长征胜利 70 周年》大型节目】

2006 年 10 月 22 日是中国工农红军长征胜利 70 周年纪念日。传媒集团电视新闻中心各部门通力合作,通过东方卫视频道、新闻综合频道并机直播《薪火长征路—纪念红军长征胜利 70 周年》特别节目,时长 7 个小时。该节目以"薪火传承"为主题,推出寻访篇、艰苦追寻篇、感动感悟篇、红歌篇等多个章节,完整转播中共中央总书记胡锦涛在红军长征胜利 70 周年纪念大会上的讲话。直播过程中,演播室访谈、外景现场活动连线以及精心制作的专题片穿插播出。

【香港回归祖国 10 周年直播报道】

2007 年 7 月 1 日是香港回归祖国 10 周年纪念日。当天,传媒集团东方卫视频道、新闻综合频道和新闻娱乐频道直播香港回归 10 周年系列仪式、活动和大型系列访谈节目。7 月 1 日 7 时 30 分—12 时 10 分,东方卫视、新闻综合频道并机播出香港回归祖国 10 周年大型直播节目,报道香港特别行政区政府升旗仪式、香港回归祖国 10 周年大会暨香港特别行政区第三届政府就职典礼、香港庆祝回归大巡游活动和深港西部通道开通四项大活动。传媒集团电视新闻中心制作特别节目,从香港经济、人文等领域切入,用演播室嘉宾访谈、记者现场报道、沪港两地演播室对接等多种形式立体生动地展现香港回归 10 年的历程,介绍香港回归后的发展和进步。

【纪念建军80周年新闻报道】

传媒集团电视新闻中心"纪念建军80周年"直播特别节目于2007年8月1日7时45分开始，时长4小时15分钟。整档直播由演播室访谈、外场直播、记者连线，以及中国人民解放军建军80周年庆祝大会现场转播为主线构成，其间穿插多段反映我军威武雄姿的精彩VTR。演播室里，国防大学教授与主持人畅谈人民解放军的成长历程，并一起学习领会中共中央总书记胡锦涛在建军80周年庆祝大会上的重要讲话。外场直播内容还包括上海警备区"叶挺部队"军事训练、由电视新闻中心和海军保障基地共同演出的一台精彩节目等。

【"神七行天"新闻直播报道】

2008年9月25日、27日、28日，传媒集团东方卫视频道、新闻综合频道并机直播"神七行天"特别节目。为了使观众在第一时间看到神舟七号载人飞船的最新情况和动态，前方报道组传回神七发射、升空后舱内宇航员实时动态、宇航员出舱活动场景以及返回地面时指挥大厅的大屏幕画面等。

【《跨越海峡——海空直航直接通邮》实况直播】

2008年12月15日，海峡两岸正式启动海上直航、空中直航和直接通邮。传媒集团电视新闻中心于当天上午7时—11时15分在东方卫视频道推出《跨越海峡——海空直航直接通邮》直播特别报道，历时4个多小时。记者分别从洋山深水港、浦东机场、民航空中管制局三个直播点，通过卫星连线传回直播报道，并及时连线包括台湾东森台在内的全国多家电视台，充分报道各地"三通"活动的盛况。此次直播时间长、转播点多，制播人员克服诸多困难，圆满完成直播任务，并协助中央电视台进行直播，还为台湾地区多家媒体、大陆多家省市电视媒体提供公共信号。

【"直击日全食"报道】

为全方位展现300年一遇的日全食奇观，2009年7月22日上午7时40分—11时20分，传媒集团东方卫视频道、新闻综合频道并机推出"直击日全食"大型直播报道。新浪网、东方明珠移动电视同步进行转播。直播报道专门在国内外设立12个直播点，首次尝试数字高清视频信号，启用5辆直播车、6辆卫星车、3台微波发射设备，并开设21路直播讯道，由特派记者全程播报日喀则、成都、武汉、安吉、舟山以及印度西海岸和日本以东海域的日食瞬间，实现上海电视史上的首次"电视追日"，还有8路记者分布在上海外滩、东方明珠广播电视塔、人民广场和高架道路旁，第一时间报道申城日全食的天文奇观，观众目睹了电视报道中各地先后出现的太阳初亏、食甚、复圆等。

【上海长江隧桥工程通车仪式直播报道】

上海长江隧桥于2009年10月31日建成通车。上海广播电视台东方卫视频道、新闻综合频道于10月31日上午9时30分—11时并机直播上海长江隧桥工程建成通车仪式。此次直播活动将演播桌设置于大桥桥面，并动用直升机航拍直播，五个直播点和主演播室交相呼应，运用一系列先进技术手段，让观众目睹、领略了长江隧桥通车仪式和工程全貌。

【《莲开盛世——澳门回归祖国10周年直播报道》】

为纪念澳门回归10周年，上海广播电视台东方卫视频道、新闻综合频道于2009年12月20日

7时55分—10时30分并机推出《"莲开盛世"——澳门回归祖国10周年特别直播报道》。该节目直播澳门特别行政区升旗仪式、国家主席胡锦涛出席澳门特别行政区第三届政府就职典礼并发表重要讲话的现场实况。直播过程中,演播室邀请特约评论员就"一国两制"由构想变为现实的成功范例等话题展开评论。直播节目还同时多点连线,由特派记者采访报道澳门回归10年来的发展变化、"一国两制"在澳门的成功实践。

【"世博大熊猫上海行"新闻报道】

上海世博会前夕,四川省林业厅为上海送上一份特殊的世博礼物——10只大熊猫。这是中国保护大熊猫研究中心历年来转运大熊猫数量最大的一次,受到社会广泛关注。上海广播电视台电视新闻中心与成都电视台合作,于2010年1月5日在四川雅安直播了10只在2008年四川汶川大地震之后出生的大熊猫离开大熊猫基地前往上海的全过程。东方卫视频道和新闻综合频道在当天上午8时—9时30分并机直播该特别节目。《看东方》《东方午新闻》《东方新闻》《上海早晨》《新闻快报》《午间新闻》《新闻报道》等多个栏目也在两天里滚动直播大熊猫来沪的过程。

【"玉树,挺住"——青海玉树4·14地震新闻直播报道】

2010年4月14日,青海玉树发生7.1级大地震,灾区人民的生命财产遭受巨大损失。国务院决定于4月21日举行全国哀悼活动,上海广播电视台东方卫视频道、新闻综合频道于21日上午7—9时并机推出《"玉树,挺住"——青海玉树4·14地震特别直播报道》。该节目直播北京天安门广场举行的降半旗仪式,并现场直播上海人民广场降半旗仪式、复旦大学撞钟仪式等上海人民为灾区遇难者举行的哀悼活动,并通过卫星直播连线,向观众介绍灾区最新的救援情况和当地举行的哀悼活动。2个小时的直播节目,穿插记者从多点发回的现场新闻报道,并回顾上海及长三角区域其他省市援助灾区、上海医生驰援玉树灾区、香港义工为救人而牺牲等抗震救灾中的感人故事,对中国国际地震救援队伍迅速集结赶到灾区投入救灾也进行深度报道。

【"世界,你好"世博系列大型节目】

2010年5月1日,中国2010上海世界博览会开幕。4月30日—5月2日,上海广播电视台东方卫视、新闻综合频道并机推出"世界,你好"世博系列大型直播特别节目,它以"拥抱世博""欢聚世博""畅想世博"为主题,通过演播室20位嘉宾访谈、200次记者现场连线,以及分演播室观众互动、多媒体联动等形式,向全世界展现中国2010上海世博会开幕盛况和园区内外最新情况。技术运营中心采用微波、卫星传输多种手段进行技术保障。

【《高铁时代——沪宁城际高速铁路暨铁路虹桥站启用》直播报道】

2010年7月2日,华东地区第一条高速铁路——沪宁城际高速铁路通车运营,上海铁路虹桥站也建成启用,长三角区域由此步入"高铁时代"。上海广播电视台新闻综合频道和东方卫视频道并机推出《"高铁时代"——沪宁城际高速铁路暨铁路虹桥站启用》直播报道。直播报道时长135分钟,及时传递通车信息,全景呈现铁路虹桥站面貌,深入阐释沪宁高铁和虹桥综合交通枢纽对于长三角区域经济社会发展和上海城市布局调整的意义。节目主持人在演播室直播过程中,先后与在铁路虹桥站四个楼层以及南京火车站直播点的记者进行15次现场连线。直播报道通过短片、记者现场报道以及滚动字幕等形式,向观众介绍高铁票价、公交车换乘路线、通往虹桥站的地铁首末班车时间等实用信息。

【"嫦娥二号"绕月探测卫星发射成功直播报道】

2010年10月1日,中国第二颗绕月探测卫星"嫦娥二号"在西昌卫星发射中心发射成功。上海广播电视台东方卫视频道调整常规节目编排,推出长达40分钟的"嫦娥奔月"直播特别报道。直播报道小组获准进入距离发射塔仅300米的最佳直播位置,报道"嫦娥二号"完整的发射过程,让观众领略卫星升空瞬间震撼人心的场面。直播报道还采取多种电视手段,展示"嫦娥二号"星箭分离、精确入轨的完整过程,介绍"嫦娥二号"的目标任务、技术亮点以及中国探月工程的前景。

【上海11·15特大火灾新闻报道】

2010年11月15日14时,上海胶州路一高层住宅发生火灾,上海广播电视台电视新闻中心第一时间做出反应,迅速部署,调整新闻综合频道常规节目编排,于当天16时38分推出《上海胶州路高层住宅火灾直播报道》,一直持续到18时。3批记者、3辆直播车分别在火灾现场、医院和指挥中心进行采访报道,还动用直升机进行航拍。直播过程中,连线前方记者同步报道火灾现场灭火、伤员救治情况,电话连线上海警务航空队负责人解读火灾救援措施等。此外,至11月16日13时,即火灾发生后的23个小时内,电视新闻中心先后派出15路记者分赴各采访点,进行直播连线报道近40次,节目引发社会高度关注。

第四节 新闻特别节目

为了加强对一些重要新闻事件的报道,上海电视台、东方电视台和21世纪初组建的传媒集团投入制作力量,开辟专门版面,播出新闻特别节目,使新闻报道更有影响力。

一、上海电视台

【宝山钢铁总厂一期工程建成新闻特别节目】

1985年9月15日,宝山钢铁总厂一期工程建成。上海电视台新闻部制作特别节目,从9月14日至21日,对宝钢一期工程做连续报道,每天还播出宝钢建设的历史资料影片。中央电视台《新闻联播》从9月15日起连续7天播出由上海电视台提供的这组连续报道及部分资料影片。

【《三百六十行》新闻特别节目】

从1991年元旦起,上海电视台推出《三百六十行》新闻特别节目,每天播出一条新闻短片,时长为3分钟。报道上海各行各业先进人物、建设功臣的事迹,其中有焊接专家曾乐、南浦大桥工程总设计师林元培、火箭专家孙敬良等,全年共报道370人。

【上海重大市政工程竣工特别报道】

20世纪90年代,上海的重大市政工程相继上马并陆续竣工。上海电视台新闻部对南浦大桥、杨浦大桥、地铁一号线、内环高架道路,南北高架道路和东方明珠广播电视塔等工程项目都采制新闻特别节目,并做连续报道。

【香港回归祖国系列特别节目】

1997 年 7 月 1 日,中国政府对香港恢复行使主权。上海电视台新闻中心从 1997 年 6 月初起推出香港回归祖国的宣传报道,采访、编辑、播出一系列沪港两地合作的特别节目,包括新闻短片和新闻纪录片。

【澳门回归祖国专题节目】

1999 年 12 月 20 日,中国政府对澳门恢复行使主权。在澳门回归祖国倒计时 100 天之际,上海电视台新闻中心与广东、珠海、湖北三家省市电视台联合推出"澳门一日"专题报道,早、中、晚新闻节目中滚动播出。倒计时 30 天时,上海电视台新闻中心派出摄制组抵达澳门采访,发回澳门回归最新报道。新闻中心还制作播出 20 集大型电视系列片《看澳门》。

【北京申奥成功系列报道】

2001 年 7 月 13 日,北京申奥成功,成为第二十九届夏季奥林匹克运动会主办城市。上海电视台新闻中心特派记者在北京采制《百万人上街,北京昨夜无人入眠》和《各国政要及海外媒体祝贺北京申奥成功》特别报道,并播出《奥运中国百年行》和《今天不再是梦想》等评论节目。新闻中心与社教(海外)中心合作制作播出《共同度过》专题节目,上海电视台各栏目主持人同上海市民代表、各国在沪留学生等在新闻直播室畅谈对北京申奥成功的感想。

【亚太经合组织上海年会新闻特别报道】

2001 年 10 月 21 日,亚太经合组织(APEC)第九次领导人非正式会议在上海举行,上海电视台新闻中心推出《APEC 2001 上海年会特别报道》。10 月 19—20 日两天,新闻报道节目从早晨 8 时起,播出 8 档《APEC 快报》整点新闻,每档时长 10 分钟,对 APEC 年会进程进行实时滚动播报。21 日,新闻中心从 7 时至 19 时连续 12 小时不间断地直播报道亚太经合组织(APEC)峰会的相关新闻,将现场直播和动态新闻、背景介绍、专题报道、媒体链接、网络互动以及人物访谈节目有机串联,该特别报道的节目容量大、信息丰富。

东方电视台于 10 月 18—21 日推出《APEC 2001 上海年会特别报道》。

二、东方电视台

【"阪神大地震"新闻特别节目】

1995 年 1 月 16 日,日本大阪、神户发生灾难性大地震。东方电视台报道部立刻联络、指示正在日本大阪的东视记者开展灾情报道,东视记者乘坐直升机进入灾区拍摄。当天晚上,东视新闻节目播出长达 7 分多钟的灾情报道特别节目。这是国内传媒机构最早从阪神地震灾区发回的现场报道。

【香港回归祖国新闻特别报道】

1997 年 7 月 1 日,香港回归祖国。6 月 28 日—7 月 2 日,东方电视台分别在英国、美国、澳大利亚、日本和中国香港采制香港回归特别报道节目,并每天通过卫星将新闻报道传回上海,在东视新闻节目中播出。

三、传媒集团

【苏州河整治工程大型报道】

2003年1月8日,上海苏州河环境综合整治系统工程建成仪式举行。传媒集团新闻综合频道制作、播出特别节目,派出6路记者,从空中、地面和水上立体报道苏州河环境综合整治系统工程,并播放苏州河整治特别报道专题节目。

【聚焦"黄金水道"大型系列报道】

2005年11月下旬,传媒集团东方卫视与文汇报联合推出《聚焦"黄金水道"大型系列报道》,把镜头聚焦于中国"黄金水道"长江,并于11月24日播出对重庆市委书记黄镇东的专访,节目时长12分钟。观众反映,此次系列报道效果很好,促进了沪渝两市的交流与合作。

【《聚焦四川汶川地震》连续报道】

2008年5月12日,四川汶川发生特大地震。传媒集团东方卫视、新闻综合频道推出"聚焦四川汶川地震"连续特别直播报道,于5月12—25日播出,总体节目时长近250个小时。四川汶川特大地震发生15分钟后,传媒集团电视新闻中心即派出第一组特派记者奔赴灾区报道,东方卫视于次日起在全国地方卫视中率先推出《聚焦四川汶川地震》特别节目,运用现场卫星连线、新闻回顾、背景分析、嘉宾访谈等多种形式,第一时间连续推出大板块、大容量的特别报道,及时报道灾区抗震救灾最新信息以及全国各地支援灾区的情况,充分体现地方主流电视媒体的舆论引导作用和守望相助、责任担当。从5月26日起将报道重点转到"灾后重建"上。各档新闻节目分别以"抗震救灾""汶川抗灾直击""抗震救灾英雄谱""灾后重建""对口援建"等为题,播出相关电视新闻报道超过600条次。

【《重生的力量——汶川大地震一周年》特别报道节目】

为纪念5·12汶川地震一周年,传媒集团电视新闻中心联合东方卫视、综艺部、技术运营中心等部门推出《重生的力量——汶川大地震一周年》特别报道。这档特别报道节目于2009年5月14日9—22时在东方卫视频道全天播出,节目由"重建""情感""思考"三个篇章组成,围绕"重回""重建""重生"三大主题,精选典型案例、典型事迹、典型人物,通过直播连线、资料片回放、演播室联动、权威专家解读和多媒体观众互动等多种方式,使观众详细了解灾后重建历程,感受灾区重生的力量。电视新闻中心调度各方资源,展开多点连线,开设上海主演播室和都江堰分演播室,重点转播北京纪念四川汶川特大地震一周年活动。前方记者分别从四川的映秀、北川、都江堰、成都四地的6个直播点发回12档直播连线报道,与观众共同感受灾区一年来的变化,反映全国人民与灾区群众患难与共、重建家园的历程。该节目还通过新浪网进行网络全程同步直播互动。

第二章 经济节目

第一节 财经新闻栏目

改革开放后,在党和国家以经济建设为中心的方针政策指引下,上海发展成为全国经济中心城市,上海电视荧屏上财经报道节目不断增多。

上海电视台《市场掠影》栏目于 1981 年 10 月 3 日开播,作为新闻节目中的小栏目,每周六播出,每次播出时长 2 分钟～3 分钟。该栏目的宗旨是:传播信息、沟通产销、引导消费、促进生产。随着商品经济日趋活跃,为适应形势的发展和观众的需求,1985 年 2 月 10 日起,《市场掠影》改版更名为《经济之窗》,这是一档新闻性的财经报道栏目,周播,每期时长 15 分钟,设有“市场信息”“企业集锦”“中外经济见闻”等板块。

1987 年 6 月 15 日起,上海电视台开播《经济交流》节目,这是一档日播栏目,每期时长 10 分钟,报道各类经济信息。同年 12 月起,该栏目改版为《信息总汇》,日播,每期时长 20 分钟,是一档大型财经报道栏目,信息容量大,报道上海和全国的各类财经信息,同时介绍国际经贸和金融行情。

1990 年,上海迎来浦东大开发和经济大发展。同年,上海证券交易所成立,上海确立建设金融中心城市的目标。20 世纪 90 年代,上海电视台、东方电视台和上海有线电视台相继开播财经报道新栏目。

1993 年 1 月 18 日,东方电视台开播《东视经济传真》,这是一档日播栏目,每期时长 15 分钟。报道市场经济动态,播出世界各地的经济新闻、商品价格、外汇牌价和房产信息等。

东方电视台《东视财经》栏目于 1994 年 1 月 18 日首播,每周播出 5 期,每期时长 25 分钟。该栏目及时报道全球金融、期货、财税和房地产的最新动态,实时播出由卫星传送的全球金融行情,邀请金融和房地产专家为观众提供专业的财经分析。

1994 年 3 月起,上海电视台开播《财经报道》栏目,日播,每期时长 20 分钟～25 分钟。报道上海以及海内外最新财经动态信息,并为企业和投资者提供投资和理财资讯。1994 年,上海企业实行产权制度改革、建立现代企业制度,对这些重大举措,该栏目都做了系列报道。为增进上海、香港两地经济交流合作,自 1997 年 6 月 15 日起,《财经报道》播出两组系列报道《'97 沪港经济——香港知名人士访谈录》和《繁荣的香港经济》。

1995 年 10 月 1 日,上海有线电视台开播《财经总汇》栏目,每周播出 6 期,每期时长 10 分钟。这是一档以金融证券为主要内容的栏目,及时报道中国金融改革和发展成就,播报中国以及世界的股票、债券、期货和外汇市场动态。1997 年 1 月 26 日起,《财经总汇》改版为日播栏目,每期时长 20 分钟。该栏目全程报道 '99 财富论坛·上海年会、上海国际工业博览会,并与中央电视台财经节目合作报道中国证券市场诞生、发展等重大经济事件。

1998 年 10 月 4 日,上海卫视频道开播《每日财经》栏目,日播,每期时长 30 分钟。该栏目综合报道上海及海内外最新财经动态,为企业和投资者提供投资理财的信息和资讯。

进入 21 世纪后,按照中央部署,上海将发展目标定为建成国际经济、金融、贸易、航运中心城市。

2002 年 1 月 1 日起,传媒集团财经频道开播,播出《第一财经》日播栏目,每期时长 30 分钟～45

分钟,分别在8时30分、12时和21时三个时间段播报财经类早新闻、午新闻和晚新闻,及时播报经济信息、市场点评和政策解读。

2003年7月,财经频道更名为第一财经频道。

2003年10月8日,第一财经频道开播《环球第一财经》栏目,每周播出5期,每期时长30分钟。该栏目播报国内外财经新闻和国际股市、汇市和期市的最新动态,并配有背景介绍、专家评述。

2004年7月起,《第一财经》栏目每天早、中、晚三个时段的财经新闻报道分别改版更名为《财经早班车》《财经中间站》和《财经夜行线》3个独立栏目。

《财经早班车》栏目于2004年7月6日7时首播,每周播出5期,每期时长120分钟,主要内容有国内外财经资讯、政策解读和市场行情点评,设有"财经要闻""证券资讯""早市导航""财经日评""今日看点"和"行业报告"等板块。2008年,该栏目每期时长增加为300分钟,在保持原有风格基础上,设有"国内外财经要闻""早市导航""实盘追踪"和"财报天天读"等板块。

《财经中间站》栏目于2004年7月6日12时首播,每周播出5期,每期时长30分钟。该栏目旨在透析经济现象,传递最新资讯,对财经要闻、各种经济现象做全方位和多角度的深入剖析,并由分析师对全球各大市场最新行情逐一点评,设有"市场零距离"板块。2008年1月该栏目改版,每期时长增加至240分钟。

《财经夜行线》栏目于2004年7月6日21时首播,每周播出5期,每期时长57分钟。该栏目以深度报道为主,回顾当天主要的产业经济动态、上市公司新闻和国内外各大金融市场的行情,并对以上内容加以分析点评,设有"财经时讯""今日焦点""今日上海楼市"和"财经开讲"等板块。2007年1月该栏目改版,主要内容包括宏观经济分析、市场最新动态、财经热点话题、财经知名人士访谈、产业经济方面的资讯报道。

2005年1月起,第一财经频道开播《最新闻》栏目,每周播出5期,每期时长5分钟。内容主要侧重播报政治、经济、科技和军事等方面的新闻消息。

2010年1月起,上海广播电视台第一财经频道推出《市场零距离》大型财经新闻类栏目,日播,每期时长360分钟,播出时间为上午9—12时,下午13—16时。即时提供最新的股市、汇市、期市资讯,视野遍及亚洲、欧洲、美洲等全球主要金融市场。主持人、嘉宾多层面深入分析解读,为投资者提供及时的市场资讯和专业投资建议。

第二节　其他财经栏目

从20世纪80年代开始,上海的电视财经节目实行栏目化播出,除财经新闻栏目外,还陆续开播很多非新闻性的财经类栏目。宣传党和政府的经济、金融政策,探索企业经营之道,讲述财富人生,提供股市、楼市及理财资讯等。

一、上海电视台

【经济纵横/经济与生活】

上海电视台《经济纵横》栏目于1988年8月5日首播,周播,每期时长20分钟。该栏目宣传党和国家的经济政策,揭示和探讨经济生活中出现的新情况和新问题,交流经营之道,普及经营知识,反映群众呼声,设有"社会热点""生财之道""企业家短语"和"外国人看上海"等板块。1991年7月,

《经济纵横》栏目与《生活之友》栏目合并,新栏目名称为《经济与生活》,于 1992 年 12 月结束播出。

【世界财经纵横】

上海电视台《世界财经纵横》栏目于 1995 年 6 月 4 日首播,周播,每期时长 22 分钟。该栏目反映世界经济动态,范围涉及金融、工业、科技、文化和体育等领域。1997 年 3 月 23 日改版,设有"信息流""特别报道""营销谋略""都市脉动""金融潮"等板块。该栏目于 2001 年 1 月播出。

二、上海有线电视台

【说股论金】

上海有线电视台《说股论金》栏目于 1997 年 1 月 26 日首播,周播,每期时长 15 分钟。该栏目邀请金融、财经和证券等方面的专家介绍宏观经济背景,点评经典金融案例,普及投资理财知识,探讨海外市场风云,给观众以实际指导。该栏目于 2001 年 2 月结束播出。

【股市调查】

上海有线电视台《股市调查》栏目于 1997 年 9 月 27 日首播,周播,每期时长 15 分钟。该栏目从投资者的需求出发,剖析热点现象,加强个股等板块的调研,对具有投资潜力的股票做介绍和解析。该栏目于 2001 年 12 月结束播出。

【投资有道】

上海有线电视台《投资有道》栏目于 1997 年 12 月 27 日首播,周播,每期时长 15 分钟。该栏目以证券投资技术分析为主,配合相关案例,深入浅出地普及金融知识。该栏目于 2001 年 1 月结束播出。

【房产透视】

上海有线电视台《房产透视》栏目于 1997 年 12 月 28 日首播,周播,每期时长 10 分钟。该栏目分析最新房价走势,介绍热销楼盘,普及与房产相关的法律政策,为百姓购房做参谋。该栏目于 2000 年 2 月结束播出。

【收藏与鉴赏】

上海有线电视台《收藏与鉴赏》栏目于 1997 年 12 月 28 日首播,周播,每期时长 15 分钟。该栏目报道收藏市场的最新动态,分析收藏投资心理、艺术品的文化投资价值,设有"集藏知识""藏点屋"和"集藏行情"等板块。该栏目于 1999 年 1 月结束播出。

【今日股市/老左信箱】

上海有线电视台《今日股市》栏目于 2000 年 4 月 17 日首播,每周播出 5 期,每期时长 30 分钟。该栏目倡导"把握趋势,理性投资",将选择券商、机构和散户的观点提供给投资者作参考,设有"股海淘金""老左信箱""股市评述"等板块。

传媒集团财经频道《老左信箱》栏目于 2002 年 1 月 4 日首播,栏目主持人左安龙,每周播出 5 期,每期时长 10 分钟。《老左信箱》原为《今日股市》栏目中的一个板块,后成为独立栏目,主持人邀请专业人士对观众提出的股市问题进行解答。该栏目于 2004 年 12 月结束播出。

【财经开讲】

上海有线电视台《财经开讲》栏目于 2001 年 2 月 10 日首播,每周播出 5 期,每期时长 30 分钟。该栏目以经济现象、经济政策和经济人物为背景,由经济学者深入分析最新的经济动态,及时解读国家经济政策的深层次含义。该栏目于 2006 年 8 月结束播出。

三、传媒集团/上海广播电视台

【公司时间/行业报告/公司与行业】

传媒集团财经频道《公司时间》栏目于 2002 年 1 月 4 日首播,日播,每期时长 20 分钟。该栏目发布上市公司最新信息,邀请专业人士进行评析。

财经频道《行业报告》栏目于 2005 年 1 月 4 日首播,每周播出 5 期,每期时长 12 分钟。该栏目关注行业价格走势,分析原因,预测变化。《行业报告》与《公司时间》于 2008 年 1 月合并更名为《公司与行业》。

财经频道《公司与行业》栏目于 2008 年 1 月 2 日首播,每周播出 5 期,每期时长 52 分钟。该栏目关注上市公司与行业的最新动态,由分析师根据上市公司的基本面消息,预测相关领域走势。

【谈股论金】

传媒集团财经频道《谈股论金》栏目于 2002 年 1 月 4 日首播,日播,每期时长 30 分钟。该栏目由众多投资高手和民间股评人士一起切磋交流炒股心得。

【财富人生】

传媒集团财经频道《财富人生》栏目于 2002 年 1 月 5 日首播,周播,每期时长 46 分钟。该栏目以"彰显人性的力量,见证企业和企业家成长"为宗旨,主持人叶蓉邀请财经界知名人士畅谈创业历程和成功经验,展示财经事件背后的内幕,关注企业家的事业与生活。

【经济观察】

传媒集团财经频道《经济观察》栏目于 2002 年 1 月 5 日播出,周播,每期时长 20 分钟。该栏目关注社会生活中的经济热点,评述经济事件,分析经济现象。该栏目于 2008 年 8 月结束播出。

【亚洲经营者】

传媒集团财经频道《亚洲经营者》栏目于 2003 年 5 月 25 日首播,周播,每期时长 20 分钟。该栏目由主持人和亚太地区具有影响力的商界精英们进行交流,解析他们的经营策略、管理理念和成功秘诀。该栏目于 2010 年 11 月结束播出。

【头脑风暴】

传媒集团第一财经频道《头脑风暴》栏目于 2003 年 11 月 9 日首播,先期为月播栏目,每期时长 57 分钟。该栏目邀请大企业总裁和经济界人士担任嘉宾,将热点事件、焦点人物和经济现象作为切入点,就企业管理、经营策略和投资理念等话题开展讨论,各抒己见,引发"思维激荡"。该栏目后改版为周播,以热点事件、焦点人物和经济现象作为切入点,探讨新潮经营理念、交流经营管理心得。《头脑风暴》是第一财经频道的品牌栏目。

【第一地产】

传媒集团第一财经频道《第一地产》栏目于 2004 年 1 月 3 日首播,周播,每期时长 30 分钟。该栏目第一时间提供房地产的全方位资讯,分析房地产形势,评析投资价值,报道楼市涨跌行情。后来,该栏目改版为日播形式,周一至周五为《第一地产·今夜播报》,每期时长 25 分钟。周六为《第一地产·专题》,时长 27 分钟。周日为《第一地产·决战商场》,时长为 27 分钟。

【会见财经界】

传媒集团第一财经频道《会见财经》栏目于 2004 年 2 月 7 日首播,周播,每期时长 27 分钟。主持人采访知名企业家和社会活动家,以财经界新近发生的热点事件作为切入口,挖掘事件背后的故事。该栏目于 2009 年 4 月结束播出。

【中国经营者】

传媒集团第一财经频道《中国经营者》栏目于 2004 年 4 月 16 日首播,周播,每期时长 30 分钟。栏目主持人就某种经济现象、经济行为和经营观点对经营者进行访谈,展现中国经营者的积极进取、聪明睿智、人格魅力和传奇故事。

【决策】

传媒集团第一财经频道《决策》栏目于 2004 年 7 月 10 日首播,周播,每期时长 57 分钟。该栏目以哈佛大学经典案例为基础,邀请全球商界领袖、知名企业家和职业经理人与现场观众一起解析案例,讲述各自的经验和体会。该栏目于 2007 年 6 月结束播出。

【财经郎闲评】

传媒集团第一财经频道《财经郎闲评》栏目于 2004 年 7 月 11 日首播,周播,每期时长 30 分钟。该栏目由金融学专家郎咸平主持,和嘉宾以聊闲话、拉家常的方式对财经事件和经济新闻话题进行评论。该栏目于 2006 年 2 月结束播出。

【第一声音】

传媒集团第一财经频道《第一声音》栏目于 2004 年 10 月 13 日首播,周播,每期时长 10 分钟。该栏目邀请国际知名企业和机构的管理者探讨企业经营和管理策略,为公司管理层人士、决策者和经济学术界人士提供企业经营管理的启示和借鉴。

【金算盘】

传媒集团第一财经频道《金算盘》栏目于 2005 年 8 月 13 日首播,周播,每期时长 30 分钟。该栏目旨在增强观众的理财观念和技巧,设有"财富企划""亮出你的金算盘""点金故事"等板块。该栏目于 2007 年 1 月结束播出。

【天下汽车】

传媒集团第一财经频道《天下汽车》栏目于 2006 年 5 月 8 日首播,周播,每期时长 15 分钟。该栏目以财经视角看汽车、说汽车,融新闻性、专业性、娱乐性和财经性于一体,观察汽车行业的最新动态,提供汽车市场的权威资讯。

【波士堂】

传媒集团东方卫视《波士堂》栏目于 2006 年 6 月 10 日首播,周播,每期时长 57 分钟。该栏目由主持人对著名企业 CEO 做访谈,由 CEO 讲述他们的人生故事和创业经历。

【经济学人】

传媒集团第一财经频道《经济学人》栏目于 2007 年 1 月 5 日首播,周播,每期时长 27 分钟。该栏目邀请国内外知名经济学家就经济和金融热点、宏观决策难点和学界争议焦点,进行深度挖掘和观点碰撞,厘清经济现象背后的脉络线索,为国策民生提供参考意见和建议。该栏目于 2009 年 1月结束播出。

【上班这点事】

传媒集团第一财经频道《上班这点事》栏目于 2007 年 1 月 8 日首播,每周播出 5 期,每期时长 27 分钟。该栏目由主持人与嘉宾在轻松愉快的氛围中谈论与上班有关的种种有趣话题。该栏目于 2011 年 1 月结束播出。

【理财宝典】

传媒集团第一财经频道《理财宝典》栏目于 2007 年 7 月 9 日首播,每周播出 5 期,每期时长 15分钟。这是一档以投资理财为主要内容的栏目,播报与理财相关的经济和金融政策,提供理财资讯,介绍理财方法和经验,并提示理财风险,关注投资理财的方方面面,设有"理财天天报""理财短平快""财富点金""理财金律"等板块。

【基金汇】

传媒集团第一财经频道《基金汇》栏目于 2008 年 1 月 6 日首播,周播,每期时长 30 分钟。该栏目原为《公司时间》栏目中的一个板块,后成为独立栏目,内容是跟踪分析基金投资市场的动态、基金市值排行、基金投资理念、基金投资人心态以及基金经理管理团队状况等。该栏目于 2009 年 4月结束播出。

【谁来一起午餐】

传媒集团第一财经频道《谁来一起午餐》栏目于 2008 年 1 月 6 日首播,周播,每期时长 57 分钟。每期栏目有两位竞争者参与对决,邀请一位企业家作为主考,"陪审团"提出尖锐问题,对竞争者的创业思路、职业前景、专业素养和智商情商进行考察。获胜者此后和企业家共进午餐,得到企业家指点,并有机会获得投资,设有"X 档案""商务通信证""心智密码"等板块。该栏目于 2012 年12 月结束播出。

【主角】

传媒集团第一财经频道《主角》栏目于 2009 年 3 月 28 日首播,周播,每期时长 24 分钟。该栏目由主持人对话高端嘉宾,体验品质生活,感受品牌魅力,共同发现生活中的亮点和内涵。

【中国经济论坛】

传媒集团第一财经频道《中国经济论坛》栏目于 2009 年 5 月 23 日首播,周播,每期时长 45 分钟。这是一档大型财经类互动栏目,邀请经济学家、经济政策制定参与者或企业家就本人的财经观点作演讲,再由主持人与观察员一起就演讲内容进行解读和评析,将经济话题呈现给观众,引发观众思考。

【市场这本经】

上海广播电视台第一财经频道《市场这本经》栏目于 2010 年 2 月 13 日首播,周播,每期时长 57 分钟。这是一档研讨证券市场和行情的杂志型栏目,由阳光私募基金经理、券商策略分析师等分析市场动向、行业公司特点及投资风向,设有"新闻点评""行业与公司透视""行情的预测""投资者的眼光""潜力股的前瞻"等板块。该栏目于 2013 年 1 月结束播出。

【意见领袖】

上海广播电视台第一财经频道《意见领袖》栏目于 2010 年 5 月 21 日首播,周播,每期时长 15 分钟。该栏目由财经界领袖人物对热点财经事件亮出自己的观点和意见,给予观众启迪与思考。

【第六交易日】

上海广播电视台第一财经频道《第六交易日》栏目于 2010 年 7 月 24 日首播,周播,每期时长 60 分钟。这是国内首档周末 BBS 化互动证券栏目,由三位证券分析师在直播中解答观众提出的个股问题。观众通过电话、短信、网络等方式咨询个股,参与话题讨论,设有"一周回顾""后市展望""观众互动""教你一招"等板块。

【财经关键词】

上海广播电视台第一财经频道《财经关键词》栏目于 2010 年 10 月 18 日首播,日播,每期时长 23 分钟。这是一档财经脱口秀栏目,主持人选取关注度较高的财经"关键词"进行解读和点评。

【投资风向标】

上海广播电视台第一财经频道《投资风向标》栏目于 2010 年 10 月 19 日首播,每周播出 5 期,每期时长 30 分钟。这是一档关于股市投资的栏目,其中包括对大盘和各板块资金流向的解析、投资机会的深度挖掘以及嘉宾看好的板块热点做介绍等,设有"走势分析""价值挖掘""主体投资库"等板块。

【首席策略师】

上海广播电视台第一财经频道《首席策略师》栏目于 2010 年 10 月 25 日首播,每周播出 5 期,每期时长 15 分钟。由主持人卫星连线北京、深圳、香港和上海本地的首席策略师,就当日市场热点和变化进行问答,从微观到宏观,从沪深两市到香港市场,层层把脉主力动向,探寻下一个市场热点,设有"宏观消息点评""大盘后市预测""热点板块把脉"等板块。

第三节　财经专题(含特别节目)

上海浦东开发开放后,上海电视台、上海有线电视台、东方电视台和传媒集团/上海广播电视台陆续创作、播出了许多有分量、有影响力的财经类电视专题片和财经类特别节目。

1990年4月,党中央、国务院决定开发开放上海浦东,上海电视台摄制4集专题片《浦东的呼唤》,对浦东这片未开发的黄金处女地,从地理优势到建设前景做了全面介绍和分析。

自1992年5月21日起,上海股市规模进一步扩大,股市动态已成为上海股民最热门的话题。上海电视《新闻透视》专栏从6月2日起播出3集专题片《股市冲击波》,第1集着重报道瞬息万变的股市行情;第2集着重采访几家已经上市和即将上市的股份制公司的领导和部分股东;第3集通过采访有关证券行业的权威人士,分析上海股市并对存在的问题共同研究对策。

上海电视台《新闻透视》栏目于1992年8月18日起播出6集系列专题片《商海沉浮》,助力上海商品经济的发展。该专题片抓住上海商业改革的具体实例,做出富有思辨色彩的分析和论述,其中有怎样看待上海市第一百货商店和华联商厦的相互竞争、南京路如何改造、上海精品商厦获得6个全国第一的启示等。

1995年5月,上海电视台《财经报道》栏目摄制15集系列财经类专题片《冲浪在国际商海》,从5月19日起在《财经报道》栏目和中央电视台《经济半小时》栏目同步播出。这部系列专题片反映上海对外经济贸易新跨越、大发展,采用时空跳跃、夹叙夹议的手法,报道上海市外经委抓住20世纪的最后一次机遇,采取一系列大举措、大动作,使上海外贸出口进入快速发展期。

1995年,上海几家新闻媒体单位共同举办"中国经济长江行"采访活动。上海电视台《财经报道》特派记者历时两个月采访拍摄,涉足长江沿线9个省、自治区、直辖市,摄制10集电视系列报道《从西藏明珠到东方明珠——中国经济长江行采访纪实》,多视角展示长江流域日新月异的经济繁荣面貌和良好的发展前景。该系列专题片从6月29日起在《财经报道》栏目里播放。

为迎接"'99《财富》全球论坛上海年会"的召开,上海有线电视台财经频道《财经总汇》栏目从1999年8月26日起,每天1集,播出10集系列专题片《上海——投资的热土》。该系列专题片以上海一些外资、合资企业的发展状况及所获得的可观经济效益为实例,展现上海良好的投资环境。

2000年,上海国有企业改革进入攻坚克难的关键阶段,东方电视台《东视新闻》推出6集系列专题《纺织改革录》,全面报道上海纺织业如何打好国企改革攻坚战。

2005年9月17日,传媒集团第一财经频道与东方卫视合作开播大型创业体验式真人秀《创智赢家》第一季。该节目在全国范围内筛选出优秀的、有代表性的青年创业者,通过层层考验和挑战,选拔出16名优胜者参加电视总决赛。决赛阶段,选手以团队形式进行组合,在规定的时间内完成各类商业任务,从而考察创业者必须具备的素质,包括激情、胆量、创新精神、领导能力、抗压度、团队精神、沟通与谈判技巧等。最终经由专家组成的评委团队评选,冠军获得100万元创业奖金。《创智赢家》第二季从2006年10月28日起在东方卫视、第一财经频道每周末晚黄金时段直播,共13集,每周1集,持续3个月,通过不同商业任务的考验,决出冠军并授予100万元创业奖金。

2008年是中国改革开放30周年,传媒集团第一财经频道和上海市金融办公室联手推出30集系列片《上海金融30年》,11月17日—12月26日,每周一至周五在第一财经频道播出。该片从专业视角入手，全面、系统地梳理上海金融业改革开放 30 年发展历程，选取改革开放进程中"第一"的具有里程碑意义的事件，如第一只股票的诞生、第一家上市公司的出现、黄金交易的第一单等，回顾上海金融业发展所取得的成就，并展示上海正在努力实现建成国际金融中心这一国家战略目标。

为纪念改革开放 30 周年，传媒集团第一财经频道推出大型财经电视纪录片《激荡·1978—2008》，从 2008 年 12 月 1 日起通过第一财经频道、东方卫视频道面向全国播出，周一至周五每天播 2 集。这部大型电视片有 3 个特色：一是规模宏大，全片共 31 集，每集 30 分钟。二是视角独特，从改革开放历史见证人的角度回顾过去 30 年的一系列重大财经事件，60 余位中国经济改革风口浪尖的"见证者"用他们的人生命运故事，还原中国改革开放 30 年的发展变化。三是打破传统财经电视节目制作模式，以纪录片的形态使其更具客观、生动、深思、宽容的历史厚重感与典藏感。中宣部新闻局《新闻阅评》称《激荡·1978—2008》是一部力作，用编年体方式真实再现改革开放的演变轨迹，用典型事件诠释改革开放的求索历程，用发展变化和巨大成就反映改革开放的成功。《新闻阅评》还称赞这部电视系列片具有一定的社会影响力，体现第一财经频道的专业素养与制作水准。

2009 年，新中国成立 60 周年国庆前夕，传媒集团第一财经频道和第一财经日报共同策划、摄制大型系列专题片《足迹——共和国经济坐标》，共 21 集，每集 5 分钟左右，8 月 31 日—9 月 28 日在《财经夜行线》栏目首播。该节目选取 21 个在新中国成立后具有代表性的、在新中国不同历史时期对经济发展和改革开放做出突出贡献的城市作为经济坐标，通过对这些经济坐标的历史、现状和未来进行回顾与前瞻，以小见大、展现新中国经济发展壮大的脉络。

2010 年 10 月，上海广播电视台第一财经频道推出电视系列专题片《十月讲述：上海滩的七张面孔》，于 10 月 1—7 日首播。该节目内容是中国企业家精神的寻根之旅，讲述的是 1870—1970 年间 7 位中国商业史上的风云人物盛宣怀、郑观应、张謇、陈光甫、虞洽卿、宋子文、荣氏兄弟等人生命运和商战故事。该节目复原了 20 世纪 30 年代老上海沙龙的高端聚会形式，请财经作家吴晓波讲述，节目中用了大量珍贵的历史影像资料。

上海广播电视台第一财经频道《股市天天向上》是季播财经类综艺形式专题节目，第一季于 2010 年 10 月 23 日—12 月 19 日期间播出，每集时长 90 分钟。该节目通过真人秀的表现形式，以虚拟操盘考验选手实力，挖掘平民炒股新星，展示新颖实用的理财观念，激励股民保持积极向上的乐观态度。该节目还在表现形式上求新求变，采用"十八铜人"拷问的亮灭灯形式，设置"选手押宝""观察团投票"等环节，让选手在重重压力下展现自己的操作思路。

2010 年，正值新中国股市问世 20 周年，上海广播电视台第一财经频道推出大型财经专题纪录片《财富与梦想：中国股市 1990—2010》。全片共分 5 集，分别是《伟大的选择》《前进中的阵痛》《风雨兼程》《贪婪与恐惧》《我们的股市》，每集时长约 40 分钟，于 2010 年 12 月中旬播出。该节目以北京、上海、深圳三个金融城市为样本，进行深度挖掘和探寻，采访中国股市 20 年进程中的事件亲历者、著名经济学家、上市公司和投资者代表以及观察者等 120 人，梳理中国股市 20 年发展历程，既有对微观事件的观察，也有对宏观背景的思考，解读了从股份制出现到股票市场建立乃至中国确立社会主义市场经济体制的重大意义。

第四节　大型财经活动

从 20 世纪 90 年代至 2010 年，上海电视台、东方电视台和传媒集团/上海广播电视台第一财经陆续举办了一些有影响力的大型财经活动，助力上海建设成为经济、金融中心城市。

1997 年 5 月,第九届全国省级电视台经济节目交流会在上海举行,来自全国各地的 20 多家省级电视台负责人、经济节目制片人聚会申城,探索在新形势下电视经济节目如何办得生动活泼、贴近群众、贴近生活,探讨各地经济节目如何进一步合作交流。各省市电视台选送的反映当地代表性的上市公司的 16 部最新专题片,在上海电视台《财经报道》栏目和各地电视经济栏目中陆续播出。

1998 年 2 月 19 日,上海电视台新闻中心和西班牙国际银行共同举办"新兴金融市场与金融服务"研讨会,就世界金融业发展趋势、中国国企改革与金融服务等专题展开深入讨论。市政府主管部门、中国人民银行上海分行、上海社科院、各高校以及专业银行等单位的专家学者 150 余人参加会议。

1999 年 3 月,东方电视台与中国银行共同举办"汇市投资与金融风险"讲座,配合上海金融界向社会普及金融知识的学习活动。中国银行与东方电视台等媒体主办的"人仙战大鳄,智取外汇宝"模拟交易大赛,吸引了数以万计的上海市民。东方电视台为这次活动设计了生动的卡通形象,通过新颖的形式、丰富的内容和表现手法,向全社会普及金融知识。

2004 年起,传媒集团第一财经传媒有限公司联合零点研究集团共同发起主办"中国最具影响跨国企业"评选活动。评选范围包括在中国注册投资的外商企业和中国对外进行服务或生产的机构。经过三个阶段的评选,最终揭晓中国最具影响的外资跨国企业和本土跨国企业。不少外资跨国企业表示:"中国最具影响跨国企业"评选是一项非常有价值、有意义的独立评价活动,在华的跨国企业受益于此,是企业贡献、融入本土社会并得到本土社会信赖与认可的最直观体现。

2008 年,上海市政府和中国人民银行、中国银行保险监督管理委员会、中国证券监督管理委员会共同主办第一届"陆家嘴论坛",以后每年举行 1 次,旨在为各国政府领导人、金融界领袖和知名专家学者提供一个共商全球金融领域重大问题的国际性、高层次对话平台,以促进和深化金融领域的对话与合作,并以此加快上海金融中心建设。"陆家嘴论坛"是世界上少数几个最有影响力的经济金融论坛之一,传媒集团第一财经频道协助"陆家嘴论坛"的举办和传播。

2009 年 1 月 6 日,传媒集团第一财经传媒有限公司、美国宾夕法尼亚大学、上海交通大学、上海市浦东新区金融服务办公室联合举办"2009 第一财经上海新年论坛"。该论坛的主题是"中国金融:2009 的律动",由国内外著名经济学家就国际金融危机下的中国经济、经济转型与中国金融、世界经济格局的重构等话题展开热烈讨论。

2010 年 1 月 22 日,上海广播电视台第一财经、上海交通大学、美国杜克大学和上海市浦东新区金融服务局联合举办"2010 第一财经上海浦东新年论坛",以"金融 2010——中国与世界"为主题,开坛论道。国内外知名经济学家、公司高管站在世界、中国与上海的不同维度,共同探讨 21 世纪第二个 10 年里,金融与实体经济之间如何"融合"、中国金融改革何去何从、上海金融建设将在哪里形成新亮点等议题。

"2010 中国最佳商业领袖奖"活动(China Business Leaders Awards 2010)由上海广播电视台第一财经、CNBC 亚太联合主办,该活动享有"中国商界奥斯卡"美誉。第一财经频道、宁夏卫视频道、东方财经频道及香港 NOWTV338 频道于 10 月 20 日共同对颁奖典礼进行现场直播,东方卫视频道对此次活动进行转播,CNBC 亚太也播出该节目的英语精选版。"中国最佳商业领袖奖"活动展现在瞬息万变的商业环境下,杰出商业领袖的领导能力和成功经历,自 2005 年开办至 2010 年共举办了 6 届。

第三章 文艺节目

第一节 综 艺 节 目

电视综合文艺节目融音乐、舞蹈、戏曲、小品等节目品种为一体,为广大观众喜闻乐见。改革开放后,每逢元旦、春节、五一、七一、国庆节等重要节庆日子,上海电视台、东方电视台和传媒集团/上海广播电视台都创作和播出主题突出、热烈欢快的综艺节目,并不断提升综艺节目的艺术水平。随着电视文艺的丰富多彩,综艺节目栏目化播出,一批综艺栏目为观众所喜闻乐见。

1978 年,上海电视台第一次采用录像设备制作播出《1978 年新春联欢会》。

1982 年 10 月 1 日,为庆祝新中国成立 33 周年,上海电视台、北京电视台、天津电视台和广州电视台共同举办《欢歌笑语处处春——京、津、沪、穗电视大联欢》综艺晚会。

1983 年春节前夕,上海、北京、天津、浙江、广东 5 家省市电视台共同制作《春节电视文艺联欢》综艺节目。这台节目的制作方式是"统筹全局、分头录制、集中编辑、版本一致",先是五省市电视台分别录制节目,然后通过艺术手法编辑串联,使其浑然一体。除夕之夜,5 家电视台同时播出这台春节综艺晚会节目。

1984 年国庆节,上海电视台制作、播出《热烈庆祝国庆 35 周年联欢会》,邀请在第二十三届奥运会获得金牌的中国运动员参加,并邀请印尼华裔歌星和香港地区歌星等演出热情洋溢的歌舞节目。这台晚会经中央电视台播出后,受到全国观众的称赞。

1986 年,上海举办国际友好城市电视节(1988 年起更名为上海电视节),上海电视台推出电视节开闭幕式晚会,晚会兼有中国风采和异国情调,节目精彩,气氛热烈。

1987 年国庆节,上海电视台创作播出国庆特别节目《走进十月的阳光》,场面宏大,令观众耳目一新,这反映出上海电视人创作的激情和创新的智慧。

1990 年,浦东开发开放,上海进入大建设、大发展时期。1993 年 1 月 18 日,东方电视台开播,上海电视台和东方电视台形成既同城竞争、又互相促进的态势和格局。两家电视台的综艺节目创作呈现贴近时代、突出主题、规模宏大、内容精彩、形式出新的特色。

1992 年元旦,上海电视台推出"您好,三百六十行"的元旦文艺晚会,将改革开放年代里做出贡献的部分劳动模范、建设功臣和先进工作者请上舞台,致以崇高敬意。

1993 年 1 月 18 日,东方电视台开播文艺晚会《风从东方来》,这台晚会集综合文艺、台情介绍和新栏目亮相于一体,向观众展示了新台新风采。

1993 年春节,上海电视台、台湾中视无线台和香港亚洲电视联合制作"大家恭喜——1993 年沪港台春节联欢会",两岸三地的演员上演各具特色的精彩节目。

1993 年国庆节,东方电视台和中央电视台合作举办《"你好,上海"国庆特别节目》,以开发开放中的浦东为背景,把钢琴摆放在即将建成通车的杨浦大桥上,以恢宏的气势奏响上海"三年大变样"的赞歌。

1995 年、1997 年、1998 年和 1999 年跨年之际,上海电视台相继推出元旦大型综艺节目,分别称为"民族风""中国风""亚洲风"和"五洲风"。

1996 年,上海电视台开播一档大型综艺栏目《综艺大世界》。

1996 年 2 月 18 日,中央电视台、东方电视台、陕西电视台首次联手举办 1996 年春节联欢晚会,在北京、上海、西安三个会场通过卫星三地传送、现场直播。上海直播现场由东方电视台负责创作,近千名演员参加。这台春晚节目精彩纷呈,受到海内外观众好评。

1997 年 2 月 7 日即农历新年初一晚上,东方电视台播出《中华一家——'97 新春大拜年》节目,东方电视台 10 个摄制组拍摄的中国包括港台地区,以及美国、日本、澳大利亚、新加坡等国华夏儿女欢度新春佳节的民风民俗以及精彩节目荟萃于荧屏。

1997 年 9 月 16 日,中央电视台、东方电视台、台湾电视公司、台湾《中国时报》联合制作《千里共婵娟——中秋夜·两岸情》特别节目,在上海外滩和台北歌剧院音乐厅广场同时举行,通过卫星双向传送,于当晚 22 点由东方电视台和台湾电视公司的电视频道同时播出。中央电视台于 9 月 18 日播出节目实况录像。

1999 年 9 月 21 日,中国台湾省南投地区发生里氏 7.6 级大地震。9 月 23 日,东方电视台和台湾电视公司通过卫星传送,合作举办"明月有情同胞心"中秋特别节目,并为台湾灾区同胞捐款 90 万元人民币和 8 万美元。

2000 年元旦,东方电视台举办《2000 看东方》大型跨年直播综艺晚会。2001 年元旦,东方电视台创作《21 世纪看东方》迎接新世纪直播综艺晚会。

2001 年,传媒集团成立,综艺节目呈现大型化、多样化以及栏目化的特点,更加贴近观众,尤其是青年观众。

《闪电星感动》是一档明星慈善综艺栏目,由传媒集团和上海市慈善基金会、市精神文明建设委员会办公室联合主办,传媒集团综艺部制作,于 2006 年 1 月 27 日首播,周播,每期时长 51 分钟。该栏目借助明星效应,实现爱心接力,募集爱心善款,推广慈善救助,唤起人们的爱心,将慈善事业与综艺节目有机地融合起来。国家广电总局领导 2007 年 12 月 4 日为此节目批示:"明星慈善在电视上一直是弱项,《闪电星感动》是很好的尝试,既体现公益性,又有明星效应,一定要把它办好。"

2009 年 2 月 7 日,《盛世和风颂雅韵——上海市各界人士元宵联欢晚会》举行。这台晚会由市政协主办,文广集团、传媒集团承办,传媒集团综艺部承制。中共上海市委、市人大、市政府、市政协领导与各界人士欢聚一堂,共度元宵佳节。这台元宵晚会于 2 月 9 日晚在传媒集团东方卫视频道、娱乐频道播出。中共中央政治局委员、上海市委书记俞正声观看这台节目后高兴地说:"精彩尚不足以形容整台晚会的质量,应该说是太精彩了。"

上海广播电视台东方卫视频道于 2010 年 1 月推出《华人大综艺》栏目,邀请内地及中国香港、台湾地区的明星参加。

中国 2010 年上海世界博览会于 2010 年 5 月 1 日—10 月 31 日举行,上海广播电视台电视文艺团队承担了上海世博会开、闭幕式的文艺演出任务。这两台综艺晚会精彩纷呈,圆满成功,体现了上海电视人的担当精神和创作水平。其中,在新中国成立 61 周年国庆节之际,上海世博会中国国家馆日仪式和文艺晚会

图 3-3-1 2006 年 10 月,电影表演艺术家王晓棠、于洋接受传媒集团电视节目主持人叶惠贤采访

于2010年10月1日上午和晚上在上海世博中心隆重举行,仪式与晚会节目由上海广播电视台电视文艺团队负责制作。

2010年12月31日至2011年元旦,上海广播电视台东方卫视、新娱乐部、大型活动部和艺术人文频道推出多台跨年综艺晚会。新娱乐部连续在世博园区举办"祝福之悦——2011年上海世博庆典广场辞旧迎新倒计时大联欢"和"梦想之悦——2011年上海世博园元旦新年演唱会"两场庆典活动;东方卫视跨年播出由大型活动部承制的"梦圆东方——2011新年倒计时"节目;艺术人文频道录制播出"祝福上海——2011年上海社会各界迎新年慈善晚会"等。

第二节　戏剧曲艺节目

自1978年开始,上海电视文艺百花园里,作为民族传统艺术的戏剧曲艺节目老树开新花。一批在"文革"中被批判的戏剧、曲艺界著名演员重新登上舞台,一些在"文革"中被禁演的优秀传统戏剧曲艺节目陆续上演,上海电视台以实况转播或录像播出。在录像制作中,上海电视台文艺编导对舞台戏剧表演做符合电视特点的艺术处理,镜头运用打破"三面墙"的局限,增加电视戏曲节目的表现力和感染力。

上海电视台文艺编导探索创造"电视戏曲艺术片"这一新的样式,在演播室搭内景,演员在演播室表演,演员的表演和化妆更接近生活。同时在剧中穿插外景镜头,取得艺术形象更为丰满的效果,使传统舞台艺术借助电视更富有表现力。

1978—1984年,上海电视台举办200多场"戏曲晚会",其中有"流派演唱会""青年演员演唱会""沪剧音乐演奏会""纳凉晚会"等。

上海电视台《大舞台》栏目于1984年4月9日首播,周播,每期时长60分钟。该栏目以弘扬民族优秀戏曲文化为宗旨,集娱乐性、知识性于一体,设有"舞台信息""舞台集锦""剧场实况"和"每周一曲"等板块,成为播出各种戏曲节目的"大舞台"。《大舞台》栏目的开播为戏曲节目的栏目化运作开了好头。《大舞台》栏目还举办各种戏剧汇演和比赛,其中有《继往开来振兴京剧——南北著名京剧演员交流汇演》《江浙沪越剧青年演员电视汇演大奖赛》《上海市越剧爱好者电视演唱大奖赛》和《沪剧大家唱"群英奖"比赛演唱会》等,旨在鼓励、引导观众对于戏曲艺术的兴趣和热爱。1992年,《大舞台》栏目改版更名为《戏剧大舞台》栏目。1994年10月,上海电视台《戏剧大舞台》栏目推出一种由优秀歌曲与传统戏曲结缘的艺术新品种——"戏歌",举办《"汤臣杯"全国戏歌大赛》,分初赛、复赛、决赛三个阶段进行,有京歌、沪歌、越歌、昆歌、吉歌、锡歌、梆子歌等。参加演出的有歌唱演员关牧村、曹燕珍等,还有戏曲演员李桂英、刘异龙、于魁智、茅善玉、赵志刚等。评出金奖戏歌10首,其中有京歌《没有共产党就没有新中国》《人民解放军占领南京》、昆歌《声声慢》等。

上海电视台经常播出深受上海和江浙地区观众喜爱的地方曲艺节目,其中有长篇评话《隋唐》《长生殿》,长篇评弹《珍珠塔》《岳传》《武松》《秦香莲》等。滑稽戏也常见于电视荧屏,有《路灯下的宝贝》《阿混新传》《哎呦妈妈》等,很适合上海观众的欣赏口味。

1992—1993年,上海有线电视台和东方电视台相继开播,上海电视荧屏上的戏曲杂技节目更加丰富多彩,涌现很多优秀戏曲、曲艺栏目。东方电视台开创"东方之韵"系列演出活动,推出京剧、越剧、评弹、沪剧、滑稽戏等多种传统戏曲。

1993年11月18—22日,东方电视台推出"东方之韵"系列之一《东方雅韵——南北京剧名家荣誉汇演》活动,邀请南北京剧名家同台表演传统经典京剧,既在剧场里演出,也进行电视转播。此次汇演创造了上海历年来京剧票房的最高纪录,表明传统戏曲在现代社会仍具有旺盛的生命力。

1994年4月,东方电视台与东方弘韵文化娱乐公司等单位举办"东方之韵"系列之二《东方弘韵——越剧精英大汇演》活动,观众反响热烈。

同年12月11—18日,东方电视台主办"东方之韵"系列之三《东方谐韵——海派滑稽名家大会串》活动,旨在振兴、丰富上海地方传统曲艺滑稽戏。

1995年5月19日,东方电视台推出"东方之韵"系列之四《东方妙韵——江浙沪评弹名家大会书》。

1995年5月8日,上海有线电视台和上海电台联合创办的有线戏剧频道开播,每天播出16小时节目。其中,《戏迷俱乐部》栏目邀请戏曲名家与戏迷见面联欢,同台表演并交流切磋技艺;《电视书苑》栏目播出江南曲艺评弹;《海上大剧院》栏目播出京、昆、越、沪、淮、滑稽戏和黄梅戏等中国戏曲剧种的完整剧目;《漫游戏曲殿堂》栏目介绍各戏曲剧种的艺术特点、历史渊源、唱腔流派及经典唱段,集知识性和观赏性于一体;《七彩哈哈镜》栏目播出滑稽小品,后改版为喜剧演员脱口秀节目;《戏剧教唱》栏目是为戏迷开设的戏曲学习节目;《戏剧大观》栏目介绍国内外戏剧文化动态和最新资讯,并以多种形式介绍戏曲、曲艺、话剧和杂技等传统舞台艺术。

1996年,上海电视台摄制的淮剧《金龙与蜉蝣》在第十一届全国戏曲电视剧评比中获特等奖。

东方电视台于1996年4月开播《东方戏剧》栏目,介绍并展示传统戏曲和各地新戏。

上海卫视频道1999年3月开播《上海大剧院》栏目,播出上海大剧院的最新演出资讯,让观众聆听海内外艺术家们畅谈心声,欣赏经典剧目片段,感受艺术精品。

2001年,传媒集团成立,实行频道专业化运作和播出。传媒集团戏剧频道于2002年1月1日开播,戏剧频道整合原上海电视台、东方电视台和上海有线电视台的电视戏曲创作力量,开设一批戏曲栏目。其中,《名家名段任你点》栏目由观众来信点播戏曲,2006年8月该栏目改版,增加演播室访谈,观众既欣赏名家经典唱段,也了解明星台前幕后的情感体验和心路历程;《喜剧一箩筐》栏目播出中外幽默、滑稽、魔术等节目;《绝版赏析》栏目还原绝版音像,由专家讲述梨园背景、剧目演变、流派发展、演员风格和舞台特色;《戏闻趣谈》栏目向观众报道戏剧圈内最新动态和舞台演出信息,展示梨园众生相,注重趣味性;《百姓戏台》栏目是一档群众文艺节目,它以家庭为单位,通过打擂台的节目形式,为戏剧爱好者提供展现才艺的舞台,2005年该栏目改版,侧重于明星与观众的互动;《品戏斋夜话》栏目邀请戏剧名家、评论家和文化人解构中国戏曲背后的文化密码,展示中国戏曲的文化底蕴,艺术性与趣味性相结合;《东方戏剧大舞台》栏目由《戏剧大舞台》改版而来,主要介绍和展现上海舞台的戏剧节目,弘扬民族优秀戏剧文化,2006年1月起《东方戏剧大舞台》又作改版,恢复原栏目名称《戏剧大舞台》,内容包括介绍戏剧新人,讲述戏剧小故事,展示明星才艺和经典唱段,讲述明星轶闻趣事及戏剧舞台新人、新事、新气象;《三人麻辣烫》是一档集单口笑话、二人小品和三人访谈等文娱元素于一体的沪语脱口秀栏目;《戏剧长廊》栏目旨在普及戏剧知识,邀请戏剧名家和专家,讲述戏剧的文化和历史;《评弹天地》栏目讲解评弹知识,追溯评弹历史,讲述评弹名家轶事,赏析名家名段。

2001年,传媒集团文艺频道创作编排明星版话剧《霓虹灯下的哨兵》,探索当代经典戏剧受广大青年观众喜爱的途径。

2009年4月9日,由上海市文学艺术界联合会、上海市文化广播影视管理局等单位主办,传媒集团综艺部承办的第十九届上海白玉兰戏剧表演艺术奖颁奖晚会隆重举行。颁奖典礼上,获奖演员纷纷亮嗓献技,绝活串联妙趣横生,生动呈现了当今戏剧融会贯通、继承创新、与时俱进的风采。

第三节　音乐舞蹈节目

在上海的电视文艺节目中,音乐舞蹈节目历来占有较大的比重。1978 年起,大批在"文革"期间被禁演的优秀中外音乐舞蹈节目重新上演,1978—1983 年,上海电视台共播出各类音乐舞蹈节目 136 场。

1982 年国庆期间,上海电视台播出《放开青春的歌喉》电视歌会,整台节目洋溢着青春的气息。

1983 年春节期间,上海电视台举办《群星璀璨——春节电视歌会》,邀请臧玉炎、李谷一、关牧村、蒋大为、德德玛、谢莉斯、王洁实、李双江、苏小明、金铁林、彭丽媛、郑绪岚、施鸿鄂、朱逢博等 14 位著名歌唱家,共录制 129 首歌曲。运用激光照明等先进技术手段,在舞美设计上注重与歌曲内容相吻合,令人耳目一新。从农历初一到初十,上海电视台连播 10 台歌会节目。同年国庆期间,上海电视台举办《英蕾缤纷电视歌会》,共邀请 10 位著名的中青年歌唱演员,录制歌曲 100 余首,分 6 集节目播出。这两次电视歌会在业界赢得很好反响,各地电视台接连播放。

1983 年 6—7 月,上海电视台与林业部联合录制电视音乐艺术片《森林日记》,这是全国电视音乐节目创作的一次探索,旨在深化音乐艺术片的思想内涵,提高全民"保护森林,绿化祖国"责任意识。

上海电视台《大世界》栏目于 1984 年 4 月 14 日首播,周播,每期时长 60 分钟。《大世界》栏目以播出音乐舞蹈节目为主,兼有其他品种的文艺节目,形式多样,突出海派风格,着眼于"新、奇、乐"。此后,上海电视台音乐舞蹈节目大多被纳入《大世界》栏目,实行栏目化播出。1984—1988 年,《大世界》栏目连续 5 年被观众评为上海电视台"最受欢迎的栏目"第一名。1993 年 2 月起,《大世界》改版更名为《欢乐大世界》,栏目设置了歌星对抗赛、观众擂台、现场有奖竞猜、大家玩游戏等环节,娱乐性、互动性和观众参与性进一步增强。

1985 年起,上海电视台创作、播出很有影响力、深受观众欢迎的群众文艺竞赛类节目"卡西欧杯·家庭演唱大奖赛"。1986 年是"国际和平年",上海电视台《大世界》栏目和《上海电视》月刊联合举办《为和平讴歌——外国友人唱中国歌》电视大赛。

上海电视台的 MTV(音乐电视)创作走在业界前列,1988 年起推出精品力作,包括《金色的旋律》《青春颂》《三原色》《情系江南》《青春梦旅》《东方之珠》《又见茉莉花》等作品在"中国 MTV 大赛"中多次获奖,并在海外赢得声誉。

20 世纪 90 年代,上海电视荧屏上的音乐舞蹈节目越加丰富多彩,上海电视台、东方电视台、上海有线电视台和上海卫星电视频道录制播出了一批音乐舞蹈节目、栏目。

1994 年 6 月,上海电视台举办藏族舞蹈家卓玛的专场舞蹈《雅鲁藏布之魂》,受到各界人士的赞赏。

1994 年 10 月,上海电视台举办《关牧村独唱音乐会》,演唱的全部是中国著名作曲家施光南创作的歌曲。

上海电视台的音乐舞蹈节目实行栏目化播出。其中,《时代立体声》栏目于 1994 年 4 月开播,邀请音乐家、音乐节目制作人、演奏家和歌唱家介绍古今中外各种风格、流派的音乐作品;《音像时空》栏目于 1996 年 4 月开播,报道乐坛动态,分析音乐现象,点评乐坛热点人物和事件并传递好歌;《五星奖大擂台》栏目于 1997 年 3 月开播,这是一档群众性的歌舞大赛节目,采用擂台制比赛形式,为市民提供一个展现才艺与风采的舞台;《红蓝大对抗》栏目于 2001 年 7 月开播,邀请全国各地的优秀歌手以组队形式进行歌唱比赛,由音乐爱好者担任评委,节目注重互动性和参与性。

东方电视台在音乐舞蹈节目创作上,既弘扬主旋律,也体现多元和新潮,具有海派风格,充满开放气息。东方电视台陆续举办《东方梦——杨丽萍舞蹈专场》《俞丽拿师生音乐会》《中央乐团交响音乐会》《翁倩玉演唱专场》《王健故乡行——大提琴音乐会》《纪念毛泽东诞辰 100 周年中国著名歌唱家演唱会》等。

1994 年 2 月 12 日,东方电视台播出 MTV《青春的回声——共和国同龄人的歌》,这部电视音乐片选取在共和国同龄人中广为传唱的歌曲,穿插这一代人生活经历中的真实画面;MTV《心韵——女高音歌唱家黄英专辑》是美声唱法的音乐电视系列节目;东方电视台还推出歌颂当代军人的音乐电视作品《当兵的人》和歌颂人民公仆孔繁森的音乐电视作品《公仆赞》。

1995 年 2 月 4 日,东方电视台与上海交响乐团联袂举办并直播新春音乐会。随后几年,东方电视台每年春节直播一台高水平、高质量的音乐会。

1995 年 4 月 21 日,东方电视台(OTV)与东方明珠国际交流公司同日本广播协会(NHK)联合举办"OTV——NHK 亚洲歌坛实况演出",该演出在上海和东京同时举行,并通过国际通信卫星和中日海底光缆传送 37 个国家和地区。

1995 年 6 月 10 日,东方电视台与上海音乐学院附中、上海艺术节办公室等单位在外滩公园人民英雄纪念碑广场共同举办"歌唱祖国百架钢琴大联奏"。

1995 年 10 月 7—14 日,文化部外联局、上海市文化局与东方电视台联合主办上海国际芭蕾舞比赛,中央电视台向全国现场直播开幕式和闭幕式。

东方电视台开办一批音乐栏目,其中有,1993 年 1 月开播的《白金大碟》栏目,内容主要是向观众介绍和推荐世界流行乐坛的优秀作品和音乐人;1996 年 4 月开播的《流金岁月》杂志型音乐栏目,内容包括音乐人物特写、音乐名家点评、新歌介绍、MV 首播和经典回顾等。

1994 年 10 月 2 日,上海有线电视台和东方电台联合创办的有线音乐频道开播,这是内地首个音乐电视专业频道。有线音乐频道开设 10 多个音乐栏目,每天播出 18 个小时音乐节目,其中,《音乐大辞典》栏目于 1994 年 10 月开播,推荐欣赏西方音乐,并介绍当地音乐家艺术生涯;《银海乐波》栏目于 1995 年 8 月开播,该栏目介绍影视音乐、经典老歌和国内外影片及其配乐等;《第一琴房》栏目于 1996 年 6 月开播,这是一档融音乐学习、音乐人物故事、趣味游戏和观众互动等多种元素为一体的音乐教育栏目;《古典驿站》栏目于 1998 年 11 月开播,以播出古典音乐、普及音乐知识为主;《第一现场》栏目于 2001 年 6 月开播,弘扬原创音乐,拉近歌星与歌迷的距离。

上海卫星电视频道于 1998 年开播,推出一批音乐栏目,其中《卫视音乐星空》于 2000 年 8 月开播,点评最新上榜歌曲,关注乐坛焦点事件,播放优秀音乐电视作品。

2001 年,传媒集团成立。2002 年 1 月 1 日起,电视频道专业化播出,传媒集团旗下的东方卫视频道、文艺频道、新闻娱乐频道、音乐频道和少儿频道等都创作、播出精彩的音乐舞蹈节目,呈现海派特色,增强竞技性、互动性、娱乐性和时尚性,更加注重吸引青年观众群体。

传媒集团音乐频道 2002 年 1 月起陆续推出一批新的音乐舞蹈栏目,其中,《怀旧金曲》栏目品味流行音乐及中外经典歌曲,讲述音乐和情感的交流,在内容上植入"怀旧"的内涵,给观众带来久违的视听体验;《舞之魅影》栏目报道全国舞坛的动态、资讯;《天地英雄榜》是一档介绍欧美、日韩、中国内地及港台地区的流行音乐作品并加以点评的音乐排行榜栏目;《中国乐坛》是一档报道中国乐坛信息的电视杂志型栏目;《音乐前线》栏目分析音乐现象,揭示音乐文化形态、时尚潮流,并提供流行音乐资讯;《纵横经典》栏目播出经典音乐会、舞蹈、歌剧等;《超级音乐通》是一档大型音乐游戏竞赛类栏目;《in 地带》栏目内容为流行音乐、明星访谈和娱乐资讯等;《现代变奏》栏目介绍 20 世纪爵士、摇滚、布鲁斯、民谣等流行乐领域的著名音乐家及其代表作品;《敦煌国风》栏目介绍中国民族音乐的发展动态和方向。

传媒集团其他频道也开播了一批音乐舞蹈栏目,娱乐频道《校园行》栏目邀请来自中国内地、香港、台湾地区以及海外的华语歌手在校园举办小型见面演唱会,并穿插互动游戏。少儿频道《荧星梦工厂》栏目展示儿童歌舞才艺,推广优秀儿童歌曲和健康流行歌曲,提高儿童舞蹈表演水平。

传媒集团陆续创作、推出一些大型音乐舞蹈节目。2003 年春天,文艺频道制作我国首部全景式反映抗击"非典"的大型交响音乐电视艺术片《生命的誓言》,用音乐鼓舞人心和斗志。该片还在中央电视台播出。

2007 年,传媒集团大型活动部联手东方卫视推出中国首个"嘉年华式"大型娱乐互动歌会《群星耀东方》,汇集部分国内外著名演员,为全球华语观众奉上一席视听盛宴。

2009 年 3 月 14 日,第十六届东方风云榜颁奖盛典采用高清电视转播,东方卫视频道、文广互动高清频道做现场直播,新浪网、东方宽频同步网络直播。

2009 年 4 月 28 日,上海之春国际音乐节开幕,为纪念小提琴协奏曲《梁祝》诞生 50 周年,传媒集团广播文艺中心、东方卫视频道、艺术人文频道、大型活动部通力合作,推出近 10 小时的"梁祝日"广播电视特别节目。

2009 年 6 月 25 日,传媒集团东方卫视频道推出《民歌大会》栏目,这是一档明星赛歌节目,由一百位著名音乐人联名倡导、一百首中华经典民歌精心改编、一百位中国当红明星倾情演唱。该栏目每周播出 1 期,播出至 2011 年 12 月结束。

第四节　其他文艺栏目

1978 年后,上海的电视文艺节目逐步由原先的节目少、产量低、不定期播出转变为节目多、产量高、栏目化播出,除了综艺类、戏剧曲艺类、音乐舞蹈类栏目和专题节目以外,还创作、播出其他文艺栏目。

一、上海电视台

【诗与歌/诗歌画/诗与画】

上海电视台《诗与歌》栏目开播于 1979 年,这是改革开放后上海电视台开播的第一档文艺栏目,不定期播出,主要内容是介绍名诗和欣赏歌曲。1988 年 7 月 1 日起改版更名为《诗歌画》栏目,每周播出 3 期,每期时长 10 分钟。介绍赏析名诗、名画和歌曲。1989 年 3 月 6 日起改版更名为《诗与画》,每周播出 3 期,每期时长 10 分钟。介绍赏析古典、现代诗词名篇和画坛佳作。该栏目于1996 年 4 月结束播出。

【银屏内外】

上海电视台《银屏内外》栏目于 1982 年 4 月 3 日首播,不定期播出,每期时长 20 分钟。报道影视动态,发布新片资讯以及评析影视作品。该栏目于 1989 年 3 月结束播出。

【大舞台/星光灿烂/戏剧大舞台/东方戏剧大舞台】

上海电视台《大舞台》是一档品牌栏目,于1984年4月9日首播,周播,每期时长60分钟。该栏目以弘扬我国民族优秀戏曲文化为宗旨,集娱乐性、知识性为一体,设有"舞台信息""舞台集锦""剧场实况""每周一曲"等板块。该栏目与《大世界》栏目是上海电视台文艺栏目的一对姐妹花。1991年7月与《大世界》一起,合并成为新栏目《星光灿烂》。1992年改版更名为《戏剧大舞台》栏目。2002年1月起改版更名为《东方戏剧大舞台》,深度介绍和展现上海舞台的戏剧节目。

【大世界/星光灿烂/欢乐大世界/综艺大世界】

上海电视台《大世界》栏目于1984年4月14日首播,周播,每期时长60分钟。该栏目以音乐舞蹈为主,兼有小品、相声、魔术等节目,突出海派风格,并播出各类竞赛性节目和大型文艺晚会。1991年7月,《大世界》与《大舞台》合并成为一档新栏目《星光灿烂》。1993年改版更名为《欢乐大世界》,成为一档大型现场直播栏目。1996年4月起又改版更名为《综艺大世界》,每月播出2期,每期时长55分钟。这是一档轻松娱乐的大型综艺栏目,设有"对歌""妙可言""再回首""过把瘾""歌传真""游戏三连中"等板块。该栏目于1998年9月结束播出。

【艺林】

上海电视台《艺林》栏目于1985年5月2日首播,不定期播出,每期时长30分钟。它融文化生活、音乐、影视、美术等内容为一体,设有"文化生活""上海艺坛百人录""美的旋律""益智趣题""戏曲欣赏""银屏内外"和"电视书场"等板块。该栏目于1987年6月结束播出。

【上海银幕】

上海电视台《上海银幕》栏目于1989年4月15日首播,每月播出2期,每期时长20分钟。该栏目介绍电影新片和银屏信息。1994年增加报道中外影坛盛事及国内外影片拍摄花絮。该栏目于2008年2月结束播出。

【今夜星辰】

上海电视台《今夜星辰》栏目于1990年7月15日首播,每月播出2期,每期时长45分钟。该栏目汇集中外影视、音乐舞蹈等内容,融娱乐性、知识性、参与性为一体,设有"风行榜""西洋镜""仙人掌""露一手""音像架""幕后戏"等板块。该栏目于1993年11月结束播出。

【大观园】

上海电视台《大观园》栏目于1992年8月11日首播,周播,每期时长30分钟。它以播出中外民歌民乐、音乐电视、幽默小品、绝技杂耍等内容为主,设有"星光卡拉OK""大观园信箱"等板块。该栏目于1994年3月结束播出。

【今日影视】

上海电视台《今日影视》栏目于1996年8月23日首播,周播,每期时长50分钟。这是一档由上海电视台和美国派拉蒙电影公司合作创办的影视杂志型栏目,采用资讯和专题相结合的报道方式,介绍中外最新影视界动态,设有"银色档案""隔洋传递""评头论足""本院上座""群星相册""影片专递"等板块。该栏目从 1997 年起在全国 12 个省市电视台联播,于 2004 年 4 月结束播出。

【海上艺坛／娱乐天天看】

上海电视台《海上艺坛》栏目于 2000 年 12 月 18 日首播,每周播出 5 期,每期时长 10 分钟。该栏目报道上海及全国的文化动态和艺术创作进展情况,汇集本地演出信息,为观众提供走近明星、感受艺术的快捷途径,设有"艺坛短讯""片场扫描""幕后花絮""影视传真""文化信息""星在上海"等板块。2001 年 8 月该栏目改版更名为《娱乐天天看》。

二、东方电视台

【东方明珠之夜·飞越太平洋】

东方电视台《东方明珠之夜·飞越太平洋》栏目于 1994 年 3 月 5 日首播,周播,每期时长 55 分钟。这是一档双向国际交流杂志型文艺栏目,集中国和世界各地城市建设、餐饮美食、综合文艺、科技信息等为一体,把世界介绍给上海,也把上海介绍给世界。该栏目设有"都市畅想""美食先锋""幕后星闻""单骑走天涯""海外华人""音乐前线""生活科技""流行焦点"等板块。1997 年 4 月 27 日栏目改版,每期分别播出在数个国家和地区所做的采访报道,此外还介绍海外电影节等。栏目组制作、播出系列专题片《友城之旅》,展示 40 多个上海友好城市的地域文化和城市风情。该栏目于 1999 年 3 月结束播出。

【杨澜视线】

东方电视台《杨澜视线》栏目于 1996 年 4 月 5 日首播,周播,每期时长 20 分钟。该栏目从主持人杨澜的视角出发,追踪采访大洋彼岸影视界、音乐界的知名人士,介绍艺坛最新消息和事件。该栏目于 1997 年 1 月结束播出。

【环球 360】

东方电视台《环球 360》栏目于 1997 年 7 月 9 日首播,周播,每期时长 50 分钟。这是一档介绍世界各国和地区历史、文化、风土人情和自然奇迹的益智性竞赛型栏目,现场嘉宾和观众共同参与趣题竞赛,并穿插幽默小品表演。该栏目于 1999 年 7 月结束播出。

【相约星期六】

东方电视台《相约星期六》栏目于 1998 年 1 月 24 日首播,周播,每期时长 50 分钟。该栏目以青年人的婚恋为主题,旨在使有情人终成眷属。由群众报名参与,节目围绕青年人所关心的恋爱交友、婚姻和家庭等话题展开,同时运用多样化的综艺节目手段,使节目更具趣味性和娱乐性。先后设有"YES OR NO""相约面对面""CALL 你没商量""乱点鸳鸯谱""掀起你的盖头来""缘分岔道口""非常接近""'缘'来如此""一'键'钟情""为爱冲冲冲""外场连线""速配大解码""爱情连连看"等板块。

【艺术人生】

东方电视台《艺术人生》栏目于 1998 年 2 月 1 日首播,每月播出 2 期,每期时长 20 分钟。该栏目邀请艺术家们讲述人生历程和从艺经历,展现艺术生涯背后的真实人生和情感世界。该栏目于 2000 年 5 月结束播出。

三、上海有线电视台

【时空影音】

上海有线电视台《时空影音》栏目于 1996 年 4 月 6 日首播,周播,每期时长 30 分钟。该栏目介绍热门电影、娱乐资讯和流行音乐,并有观众歌曲点播,设有"院线排行榜""域外之音""跨越时空"和"时空特快"等板块。该栏目于 2001 年 12 月结束播出后,部分内容并入 2002 年 1 月创办的《东方戏剧大舞台》

【灿烂星河】

上海有线电视台《灿烂星河》栏目于 1996 年 8 月 18 日首播,周播,每期时长 40 分钟。这是一档报道影视资讯,关注影视界热点人物和事件的杂志型栏目,设有"命运之星""星空探幽""未来之星""谈星论座""影视特快"等板块。该栏目于 2001 年 12 月结束播出。

四、上海卫视

【视听满天星】

上海卫视《视听满天星》栏目于 1998 年 10 月 3 日首播,周播,每期时长 28 分钟。这是一档融艺坛、影坛新闻以及明星访谈于一体的杂志型栏目,设有"娱乐星闻眼""超级星愿""视听快车道""星星有约""视听情报站""星之心语"等板块。该栏目于 2000 年 8 月结束播出。

【品艺风景线】

上海卫视《品艺风景线》栏目于 1999 年 8 月 19 日首播,周播,每期时长 28 分钟。该栏目介绍上海文艺发展的新动态,展示艺术舞台新人新作,提供上海各文艺舞台和各文艺院团的演出信息,荟萃舞台演出的精彩片段,主持人与艺术家节目中面对面交流,设有"品艺新视窗""品艺星光路""品艺新观察""品艺新指南"等板块。该栏目于 2001 年 8 月结束播出。

【好运传家宝】

上海卫视《好运传家宝》栏目于 2001 年 8 月 6 日首播,周播,每期时长 50 分钟。这是一档鉴宝类栏目,讲述收藏故事并请专家现场鉴定,将娱乐性、趣味性和知识性相结合,设有"好运大鉴定""大开眼界"等板块。该栏目 2003 年 8 月结束播出。

五、传媒集团/上海广播电视台

【文化追追追／艺坛名流／文学·视觉】

传媒集团文艺频道《文化追追追》栏目于 2002 年 1 月 2 日首播,每周播出 3 期,每期时长 20 分钟。该栏目报道热点文化现象和事件,讲述其背后的故事,感受文化艺术最新脉动,并进行文化透视和艺术评论。2003年改版,开设《文化追追追·文学》《文化追追追·人物》《文化追追追·视觉》《文化追追追·事件》《文化追追追·乐坛》等多个子栏目,一周内轮流播出。2003年12月,该栏目再次改版,每周播出2期,于2005年12月结束播出。

传媒集团文艺频道《艺坛名流》栏目于2004年1月4日首播,周播,每期时长30分钟。该栏目由《文化追追追·人物》栏目改版而来,邀请知名艺术家畅谈艺术人生和心路历程,记录他们的成长足迹。该栏目于2007年12月结束播出。

传媒集团文艺频道《文学·视觉》于2004年1月4日首播,周播,每期时长30分钟。该栏目由《文化追追追·文学》和《文化追追追·视觉》2个栏目合并改版而成,用专题形式捕捉文学和视觉两大领域的热点人物和事件,展示最新动态和作品,设有"视觉制造""文学·视觉榜"和"开卷演义"等板块。该栏目2007年12月结束播出。

【家庭演播室】

传媒集团文艺频道《家庭演播室》栏目于2002年3月9日首播,周播,每期时长50分钟。该栏目以名人、明星及其家庭成员为主要访谈对象,栏目理念为"明星也是老百姓",讲述名人、明星的家庭背景、成长历程、生活趣闻、从艺经历等,展现他们作为普通人的一面,设有"主角人物大曝光""家庭影集""家庭纪录片"和"全家一起来"等板块。该栏目在内地50多家电视台以及凤凰卫视欧美台、香港无线电视台和TVB8卫星频道播出。

【新评头论足】

传媒集团文艺频道《新评头论足》栏目于2003年1月6日首播,周播,每期时长50分钟。该栏目以当红明星、知名艺人为访问对象,讲述明星、艺人的人生历程,拉近他们与观众距离,设有"明星全纪录""惊爆点"和"明星才艺班"等板块。该栏目于2006年12月结束播出。

【影视空间】

传媒集团电视剧频道《影视空间》栏目于2003年5月7日首播,每周播出5期,每期5分钟。该栏目采访电影院、电视台正在播映的影视剧演员和其他主创人员,由他们畅谈各自的心路历程,传递影视资讯,分析点评影视人物和热点影视剧。该栏目于2004年10月结束播出。

【星当家——SPECIAL VJ】

传媒集团音乐频道《星当家——SPECIAL VJ》栏目于2004年1月1日首播,每周播出5期,每期时长26分钟。该栏目邀请演艺界、时尚界明星做主持,讲述自己的故事,推荐好玩的时尚场所,播放音乐电视,让观众了解明星的另一面,倡导健康的生活态度,引领流行文化。设有"明星辑报""穿衣镜""生活Tips""走街串巷""星教室""大话MM"和"左右手"等板块。该栏目2011年5月结束播出。

【明星周刊／陈辰全明星】

传媒集团新闻娱乐频道《明星周刊》栏目于2004年1月10日首播,周播,每期时长24分钟。该栏目邀请娱乐圈明星做嘉宾,讲述台前幕后的趣闻轶事,揭示明星内心的喜怒哀乐。2007年改版更名为《陈辰全明星》,于2007年4月1日首播,周播,每期时长24分钟。这是由电视主持人陈辰主持并命名的明星访谈栏目,展现明星的成长历程、人生感悟和日常生活状态,给观众以健康积极的人生启迪。《陈辰全明星》栏目原作为《东方新娱乐》周末版播出,2008年后在东方卫视频道作为单独栏目编排播出。

【可凡倾听】

传媒集团文艺频道《可凡倾听》栏目于2004年2月1日首播,周播,每期时长30分钟。这是一档由电视主持人曹可凡命名并主持的中外文化名人访谈栏目,追踪热点人物及社会文化现象,致力于弘扬人文精神,共享人生感悟。2005年起,该栏目每年春节期间推出150分钟的春节特别节目。

【精彩老朋友】

传媒集团文艺频道《精彩老朋友》栏目于2005年3月1日首播,每期时长50分钟。该栏目由传媒集团与上海市委老干部局、市老年基金会联合主办。栏目融知识性、娱乐性和教育性为一体,从老年人情感需求出发,为老年观众服务,设有"春姑娘热线""难忘的精彩""精彩外公外婆秀""精彩老人行""精彩老来伴"等板块。

【大城小事/城里城外】

传媒集团生活时尚频道《大城小事》栏目于2008年1月1日首播,每周播出5期,每期时长47分钟。该栏目讲述发生在上海普通百姓中的故事,采用电视栏目剧的播出形式,主要表现都市人的情感生活与人际关系。2008年5月改版更名为《城里城外》,采用纪实手法,全景式展示当代都市人的生活状态、生活态度和生活方式,讲述城市人的真实人生故事。该栏目于2010年12月结束播出。

【世界风】

传媒集团艺术人文频道《世界风》栏目于2008年1月2日首播,每周播出3期,每期时长24分钟。该栏目融合电影、音乐和文学等为一体,侧重介绍国外相关艺术节,追踪国际最新文化动态,并做出有深度的文化点评。该栏目于2010年12月结束播出。

【36.7℃明星听诊会】

传媒集团娱乐频道《36.7℃明星听诊会》栏目于2008年1月3日首播,周播,每期时长51分钟。这是一档用综艺形式包装的生活保健类栏目,让明星参加体检,普及医学常识,倡导健康的生活理念,设有"安全门""好消息、坏消息"等板块。

【文化主题之夜】

传媒集团艺术人文频道《文化主题之夜》栏目于2008年1月5日首播,周播,每期时长120分钟。2008年7月20日起,栏目时长缩短为74分钟。该栏目每期设立一个文化主题,将专题、访谈和主题演出(或主题电影)等融为一体,整合编排,聚焦全国及上海的文化事件、文化人物。

【光影随行/光影空间】

传媒集团艺术人文频道《光影随行》栏目于2009年1月10日首播,周播,每期时长26分钟。

这是一档电影鉴赏评论类栏目,用专业、独特、有趣、亲民的视角解读热映新片、海外大片、经典影片,专访著名导演和电影明星,讲述创作故事和幕后花絮。2010 年 12 月,该栏目改版更名为《光影空间》。

【大声说】

传媒集团艺术人文频道《大声说》栏目于 2009 年 1 月 11 日首播,周播,每期时长 50 分钟。该栏目由艺术人文频道与唯众影视传播有限公司联合制作,属于电视脱口秀节目类型。它聚焦热点文化艺术的话题、事件或人物,以电视辩论为表现形式,主张"有观点,大声说",通过正反双方观点的激辩,对热点文化艺术问题进行思考和评析,彰显主流文化价值与社会责任。

第五节 文艺专题节目

一、抗击"非典"文艺专题系列

2003 年春天,传媒集团文艺频道创作和播出一批文艺专题节目,动员人民守望相助,抗击非典。其中有 6 台文艺特别节目:《非凡英勇——献给国际护士节特别节目》《守望相助——抗非典公益歌会》《我们万众一心——上海文艺界抗击非典特别演出》以及 4 国钢琴家联袂演奏的两场音乐会《五月阳光经典之爱》和《爱的奏鸣倾情奉献》。5 部 MTV:《非凡英勇——献给奋战在抗击非典战线上的白衣卫士》(包括主持人合唱版、独唱版)、《风中屹立》《防非典健康歌》《坚强的臂膀》《白衣天使礼赞——抗非典 MTV 专辑》等。

各文艺类栏目推出抗击"非典"特别专题节目:《智力大冲浪》栏目播出《众志成城抗 SARS》;《今天谁会赢》栏目播出护士节专题及防范"非典"系列知识节目;《家庭演播室》栏目播出由余秋雨、谢晋、陈逸飞、王安忆和姚明等社会名人参加的《国际护士节名人访谈特别节目》以及《白衣天使礼赞——抗非典 MTV 专辑》。

二、主题诗会《诗意中华》

2007 年 1 月 30 日,传媒集团综艺部在上海大剧院举办大型主题诗会《诗意中华》。传媒集团广播电视老中青三代主持人登上舞台。适逢上海两会期间,上海文艺界的人大代表和政协委员参与演出。朗诵李白、杜甫的古典诗词,毛泽东、鲁迅的诗篇和反映改革开放的当代诗歌。在此次诗会上,传媒集团新娱乐朗诵艺术团宣告成立。

三、文艺专题《时尚新年》

从 2008 年起,传媒集团生活时尚频道每年春节制作、推出一档迎新年文艺专题节目《时尚新年》。该节目的第一部分以专题片形式盘点年度时尚文化事件及人物,展望新一年潮流趋势。第二部分则为农历新年零点倒计时之际,在上海的地标性建筑举行的一场新年时尚秀,新年时尚秀中,名模们身着中国年度有影响的原创设计作品走秀,表示对中国原创时装设计的支持。

四、纪念改革开放30周年专题

2008年11月25日,由传媒集团艺术人文频道、广播文艺中心精心打造的《足迹·回响·明天——纪念改革开放30周年大型经典诗歌朗诵会》在东方艺术中心上演。

2008年12月17日,传媒集团大型活动部在北京录制《追梦的中国——纪念中国改革开放30周年诗歌朗诵演唱会》。晚会上,艺术家们充满激情朗诵,倾诉对祖国的热爱,讴歌改革开放30年来的光辉历程。

五、时尚文化专题《星尚之夜》

自2009年起,传媒集团生活时尚频道(后更名为星尚频道)推出大型时尚文化专题节目《星尚之夜》。该节目聚焦、展示国内外一系列重要的时尚文化活动,包括米兰、伦敦、巴黎、纽约等国际各大时装周盛况,专访有国际影响力的时装设计师。还报道奥斯卡颁奖礼、格莱美颁奖礼、柏林电影节、威尼斯电影节、瑞士巴塞尔钟表展、米兰国际家具节、新加坡时尚节、中国香港设计展等。

第六节 娱 乐 节 目

20世纪90年代,上海电视文艺创作增强了娱乐性,推出许多娱乐节目、栏目,满足观众文化娱乐的需求,并以此吸引更多的青年人收看电视。

东方电视台《快乐大转盘》栏目和上海电视台《智力大冲浪》栏目相继开播,这两档栏目融入益智性、游戏性、竞技性和互动性等娱乐元素,这在上海电视娱乐节目发展进程中具有开创性、标志性的意义。

东方电视台《快乐大转盘》于1993年1月24日首播,周播,每期时长50分钟。它邀请观众与名人共同参与,节目中既有室内小型游戏、实用知识趣味问答,又有大型野外游戏竞赛、家庭娱乐大赛等,还举行大转盘"幸运旋转"抽奖活动。

上海电视台《智力大冲浪》栏目于1994年7月2日首播,周播,每期时长40分钟。它集知识竞猜、益智游戏、小品表演等多种元素于一体,主持人以表演小品的形式出题。开设"街头福星""幸运十三""姜胡同话""异想天开""七八七八奖平方"等板块。

上海电视台和东方电视台还开播了其他一些娱乐栏目。上海电视台娱乐栏目有《三色呼啦圈》《幸福快车》《三星青春节拍》等。《三色呼啦圈》是一档休闲性谈话类娱乐栏目,主持人就职场人生、婚嫁恋爱等社会话题与嘉宾谈话交流,并与观众互动。1994年,该栏目改版为《开心365》,成为一档日播栏目,注重娱乐性和趣味性,设有娱乐比赛、小品表演、游戏问答等板块;《幸福快车》栏目集文艺表演、游戏节目和谈话节目等为一体,由观众和演艺明星共同参与游戏和竞技;《三星青春节拍》栏目将年轻人作为目标观众群,融时尚、情感和娱乐节目元素为一体。

东方电视台开播了《共度好时光》《科学欢乐城》《激情方向盘》等娱乐栏目。《共度好时光》栏目在娱乐喜庆氛围中,由普通百姓挑战演艺明星,同时讲述社会名人和普通人之间的真情故事;《科学欢乐城》栏目以传播科学知识为主,形式活泼多样,设置游戏类和竞答类节目,融知识性、趣味性和娱乐性于一体;《激情方向盘》栏目以汽车作为载体,融时尚、娱乐和游戏为一炉,目标受众定位于白领观众群体。

东方电视台于1995年9月开播的《老娘舅》节目被称为"海派"室内情景喜剧的经典之作。在沪语(上海话)中,"老娘舅"通常指那些有威望、讲公道的年长者,而剧中的"老娘舅"(喜剧演员李九松饰)为人正直善良,热心社区事务活动,但喜欢管闲事,惹出不少笑话。随着时代的发展,《老娘舅》栏目不断改版、力求创新,先后推出了弄堂篇、家庭篇、社区篇、儿孙篇,不仅受到中老年观众的欢迎,也吸引了更多年轻观众,成为一档常办常新的栏目。

2002年1月1日起,传媒集团实行频道专业化,几个文艺娱乐类频道播出一些更为欢乐、更有喜悦感的娱乐栏目。其中有《娱乐在线》《东方新人》《才富大考场》《今天谁会赢》《娱乐星天地》《非常娱乐》《全家都来赛》《快乐三兄弟》《新智力大冲浪》等。新闻娱乐频道《娱乐在线》栏目为观众提供中外娱乐资讯;音乐频道《东方新人》栏目汇集文娱明星,笑谈娱乐百态,培育演艺新人,让新人和明星精彩互动;音乐频道《非常娱乐》栏目从娱乐事件及明星生活切入,点评各类娱乐话题;文艺频道《今天谁会赢》是一档大型互动益智游艺栏目,荧屏观众的参与直接影响现场参赛选手的成绩,具有鲜明的互动特点,它是内地媒体按照国际电视市场模式引进节目版权的一种尝试;东方卫视频道《娱乐星天地》栏目播报娱乐新闻资讯并做明星访谈;娱乐频道《全家都来赛》是一档家庭游戏竞技类栏目,通过2个家庭之间的对抗游戏,确定奖品的归属;娱乐频道《快乐三兄弟》是一档喜剧综艺娱乐栏目,由3位上海滑稽演员主持,节目以笑话、小品和动漫相结合;娱乐频道《新智力大冲浪》是一档方言达人赛娱乐栏目,每期节目由4位选手通过3轮趣味方言、地域文化知识竞赛以及方言翻唱流行歌曲的比赛决出优胜。

2004年,传媒集团文艺频道和上海滑稽剧团联合摄制电视情景喜剧《从头开始》,将电视艺术与传统地方戏曲相结合,创作出观众喜闻乐见的电视娱乐新产品。

传媒集团新闻娱乐频道制作、播出的《百家心》栏目于2007年1月首播,这是一档由老百姓自己饰演的电视栏目剧,以普通人的生活、情感和人际关系为关注点,演绎出感人而有趣的故事。一个月后,该栏目改版更名为《百家心·阿庆讲故事》,由传媒集团生活时尚频道制作、播出。这档新栏目保留原有栏目风格与定位,并请滑稽戏演员阿庆担任主持人,是一档由阿庆讲故事和老百姓演故事相结合的电视栏目剧。

2009年,传媒集团东方卫视播出情景栏目剧《青春进行时》。该节目根据韩国著名情景剧Nonstop改版,由中韩两国电视制作团队联合制作,讲述一群大学生之间的友情和青涩恋情所引发的浪漫有趣的故事。

选秀节目、真人秀节目成为上海电视娱乐节目的新亮点。2004年后,传媒集团陆续推出《我型我秀》《加油!好男儿》《舞林大会》等大型选秀、真人秀节目。这些节目导向正确、内容励志、格调较高,受到业内专家的肯定,也受到广大观众尤其是青年观众的欢迎。

《我型我秀》是传媒集团与环球唱片合力打造的歌唱类真人秀节目。该节目开始于2004年,在东方卫视频道播出,截至2009年,一共举办了6届,成为在15岁~29岁受众群中具有较大影响力的优秀品牌节目。

《加油!好男儿》是一档由传媒集团东方卫视主办的全国男性选秀节目,节目旨在选拔德才兼备的魅力男性,打造新一代青年形象。2006年4—8月的4个多月时间里,每周递进式大型直播,以勇气、才艺、责任感等7项指标考核,展现参赛选手的健康时尚、青春魅力、知识才艺。该选秀节目在全国有一定的影响力。

《舞林大会》是传媒集团东方卫视推出的一档以明星舞蹈竞技为主题的真人秀节目，于 2006 年开播，这是一档季播节目。该节目的口号是"让心灵起舞，让梦想高飞"，呈现大气、海派、互动的特色，吸引了众多青年观众。

2009 年 8 月，传媒集团东方卫视播出选秀类综艺节目《加油！东方天使》，这是一档女性选秀类娱乐节目。上万报名者经过多轮比赛，最后选出一位最具魅力的女性。

2010 年 7 月，上海广播电视台东方卫视推出选秀类综艺节目《中国达人秀》。该节目的创意是"相信梦想，相信奇迹"，给予普通人表演的机会，体现对每一个追梦人的尊重和鼓励，成为国内省级卫视中影响力较大的选秀类综艺节目。

第七节　大型文艺活动

改革开放后，上海电视台、东方电视台陆续举办很多具有社会影响力的大型文艺活动，并制作成电视节目播出，受到广大观众的欢迎。2002 年，传媒集团将原上海电视台、东方电视台的 8 个晚会节目组重组，归属于传媒集团文艺频道。2005 年，传媒集团大型活动部成立（2009 年更名为大型活动中心），这个负责策划、组织大型演出、大型活动并创制相关节目的专门团队每年主办、承办多个大型活动，创制多台大型节目。

一、上海电视台

【60″智力竞赛】

1984 年 7—9 月，上海电视台举办《60″智力竞赛》活动，从成年人中选拔竞赛选手，要求每位选手在 60 秒钟内回答 10 道赛题，这些赛题集思想性、知识性和趣味性于一炉。节目给观众耳目一新的感受，也激励了观众的求知欲。

【"卡西欧杯"家庭演唱大奖赛】

1985—1993 年，上海电视台连续举办 9 届《"卡西欧杯"家庭演唱大奖赛》，这是一档持续时间久、影响力大的群众电视文艺节目。

该大奖赛活动吸引了上海城乡及邻近城市的众多家庭参赛。第一届大赛冠军巫洪宝家庭和第二届冠军金少白家庭一时间成了家喻户晓的"明星家庭"。业内专家认为，参与性、自娱性和社会性是该大奖赛活动取得成功的主要原因。《"卡西欧杯"家庭演唱大奖赛》最高收视率达 94.5%。

【为和平讴歌——外国友人唱中国歌电视大赛】

1986 年是"国际和平年"，同年 9 月，上海电视台举办《为和平讴歌——外国友人唱中国歌电视大赛》，众多外国友人参加电视大赛活动。著名音乐家周小燕、司徒汉、葛朝祉和上海部分媒体单位及观众代表担任评委，共有 15 名参赛选手获奖，其中获得特等奖的是来自非洲贝宁的德格贝，他演唱的歌曲是电视剧《济公》主题歌。节目播出后，反响热烈。新华社、《人民日报》海外版等向海内外报道了这一电视大赛活动。

1987 年，上海电视台与辽宁、北京、陕西、湖北、四川、江苏、浙江等九省市电视台联合举办第二届"达尔美杯"外国友人唱中国歌电视大赛。先在 9 个赛区比赛,然后在上海进行决赛。获得最高奖的是辽宁赛区的美国歌手玛丽和上海赛区的苏联歌手陈喜明。这次大赛活动在全国产生了影响力。

【国庆大型节目《走进十月的阳光》】

1987 年 10 月 1 日,上海电视台全天大直播国庆特别节目《走进十月的阳光》。这台节目不在演播室录制,而是把上海这座城市作为大舞台,并用直升机航拍,从空中到地面立体拍摄报道节日中的上海。当直升机降落在上海展览中心广场上时,广场上 2 000 人合唱队引吭高歌,歌唱祖国,形成整台节目的高潮。

【中国民族风——全国 56 个民族音乐舞蹈展演】

1995 年 1 月 1—5 日,上海电视台举办"中国民族风——全国 56 个民族音乐舞蹈邀请展演"活动。上海电视台现场直播三台专场晚会:《蓝天白云》《青山绿水》《春风大地》,它们汇集各民族歌舞精品,有 100 多位各民族演员表演了 100 多个歌舞节目。

【"世纪回响"庆祝五一国际劳动节大型歌会】

1996 年 5 月 1 日,上海举办《世纪回响庆祝五一国际劳动节大型歌会》。中共中央总书记、国家主席、中央军委主席江泽民,国家副主席荣毅仁,中共中央政治局委员、上海市委书记黄菊和上海市党政领导出席歌会。上海电视台直播这台歌会,中央电视台第一套节目当晚向全国播出这台歌会的录像。

【"中国风"群星会系列晚会】

1997 年 1 月 1—4 日,上海电视台制作、播出 4 台文艺晚会"中国风"群星会系列晚会,其中有《唱着歌走进 1997——音乐舞蹈专场》《笑迎 1997——相声小品专场》《中华戏再现辉煌——第十一届全国戏曲电视剧颁奖晚会》《群星在今夜升起——第二届全国广播电视主持人"金话筒"颁奖晚会》。

【大型文艺晚会《我们的亚细亚——'98 亚洲风》】

1997 年 12 月 31 日,中央电视台和上海电视台联袂推出《我们的亚细亚——'98 亚洲风》大型文艺晚会。这台晚会时长 3 个小时,规模大、演员多、难度高、要求严。来自韩国、以色列、马来西亚、菲律宾、新加坡、印度、日本、越南、泰国、蒙古、尼泊尔、印度尼西亚、哈萨克斯坦、吉尔吉斯斯坦和中国的近 300 名演员表演各具民族特色的歌舞、器乐、杂技等节目。这台晚会在上海广电大厦多功能演播厅举行。中央电视台中文国际频道、英语频道和上海电视台同时直播,并通过卫星传送到世界 120 多个国家和地区。

【"爱在心中"纪念周恩来百年诞辰大型文艺晚会】

1998 年 3 月 5 日,上海电视台播出"爱在心中"纪念周恩来百年诞辰大型文艺晚会。特型演员王铁城和潘玉民表演的周恩来和邓小平展现了两位伟人的革命友情,著名演员张瑞芳、孙道临、秦怡,劳动模范杨怀远和周恩来总理生前的保健医生张佐良等人讲述周总理的感人故事,歌唱演员才旦卓玛、周冰倩等演唱纪念歌曲,深切表达了对人民好总理周恩来的无尽思念。

【"五洲风"——'99 中英文双语元旦晚会】

1998 年 12 月 31 日,中央电视台与上海电视台在新落成的上视大厦 1 000 平方米演播厅共同举办《"五洲风"——'99 中英文双语元旦晚会》。来自五大洲的海外艺术家与国内著名艺术家载歌载舞,共迎新年。该晚会通过卫星和互联网向全球 100 多个国家和地区做现场直播。上海电视台历年元旦晚会中,"五洲风"元旦晚会是第一次以中英文双语演播的综艺晚会,它便于海外观众收看,展现中国走向国际文化大舞台的风采,也扩大了中国电视在海外的影响。

【上海、悉尼"经典盛演"卫星双向传送晚会】

2000 年 2 月,上海电视台运用卫星双向传送技术,使地处北半球的上海大剧院与南半球的澳大利亚悉尼歌剧院同时演出"经典盛演"卫星双向传送晚会。这台晚会解决了延时、声音画面同步等高难度技术问题,获得圆满成功。

【"恒基伟业 2000 西部行"大型系列宣传活动】

2000 年 7 月 15 日—9 月 1 日,上海电视台、新民晚报和上海东方网联合举办"恒基伟业 2000 西部行"大型系列宣传活动。上海 3 家新闻媒体以多媒体方式宣传报道,由记者、编辑、摄像师组成的"西行车队",从 312 国道 0 公里处上海人民广场出发,直至新疆伊宁,行程 5 000 多公里,沿途采访、拍摄和演出,全方位介绍中国西部的风土人情、璀璨文化,经济状况和发展前景。"西部行"活动主办于 8 月 1 日举办文艺晚会,慰问酒泉卫星发射基地工作人员和解放军指战员,于 9 月 1 日在新疆伊宁举办东西部人民手拉手、心连心大型晚会。

【迎接新世纪大型特别节目】

为迎接、庆贺新世纪的到来,上海电视台 2000 年 12 月 31 日—2001 年 1 月 1 日,在 2 个频道连续 60 小时播出大型元旦特别节目,其中有《新世纪零点跨越音乐会》《上海各界人士元旦迎新音乐会》《笑迎新世纪晚会》、东方明珠广播电视塔与加拿大多伦多电视塔新世纪对话以及专题片《百年上海,百姓故事》等,给观众留下了深刻的印象。2001 年 1 月 5 日晚,上海电视台与上海大剧院联合举办《多明戈新世纪上海独唱音乐会》。

【上海—巴黎卫星双向传送音乐会】

2001 年 5 月 27 日,为申办中国 2010 年上海世博会,上海电视台和法国电视机构合作,举办上海—巴黎卫星双向传送音乐会。东方明珠广播电视塔和巴黎埃菲尔铁塔同时呈现在电视荧屏上,音乐会在跨越欧亚大陆的上海大剧院和巴黎香榭丽舍大剧院同时演出。这台音乐会不仅由上海电视台直播,法国电视台还以 80 万法郎购买版权,向法国及全欧洲直播。

【亚太经合组织上海峰会文艺晚会】

2001 年 10 月 20—21 日,亚太经合组织第九次领导人非正式会议即 APEC 峰会在上海举行,这是跨入 21 世纪的中国第一个主场外交活动。上海电视台负责举办 APEC 峰会文艺晚会,给与会的各国各地区领导人留下美好、难忘的印象。

二、东方电视台

【东方电视台开播特别节目《风从东方来》】

1993年1月18日,东方电视台举办大型开播活动,现场直播大型节目《风从东方来》。这台大型文艺节目介绍了东方电视台台情和即将播出的新节目、新栏目。其中上海第一代电视工作者周峰和东方电视台年轻主持人袁鸣的联袂诗朗诵,象征着上海电视事业的传承和发展。歌手韦唯演唱东方电视台台歌《风从东方来》。节目中插播广播电影电视部部长艾知生和中央电视台台长杨伟光对东方电视台成立的祝贺。

【纪念上海解放45周年大型系列活动】

1994年5月27日是上海解放45周年的纪念日。东方电视台举办大型系列活动,在12小时内,连续直播上海人民英雄纪念塔揭塔仪式、外滩广场音乐会、外滩集体婚礼、在上海体育馆举行的上海市群众歌咏大会以及《东方直播室》栏目在上海人民英雄纪念塔下举办的"历史不会忘记功臣"特别节目等。

【《永恒的长城》大型演唱会】

1995年是中国人民抗日战争和世界反法西斯战争胜利50周年。8月27日。东方电视台在北京八达岭长城现场直播《永恒的长城》大型演唱会,其中,著名钢琴家刘诗昆和乐队在长城上奏响钢琴协奏曲《黄河》。

【上海国际芭蕾舞比赛】

1995年10月7—14日,国家文化部外联局、上海市文化局和东方电视台等单位联合主办上海国际芭蕾舞比赛。中央电视台向全国播出了上海国际芭蕾舞比赛开、闭幕式。

【"群英会——'96东方明珠'五一'千名劳模大聚会"文艺晚会】

1996年4月24日,东方电视台在东方明珠广播电视塔广场举行《群英会——'96东方明珠"五一"千名劳模大聚会》文艺晚会。来自全市各条战线千余名劳动模范和部分已故全国劳动模范的家属出席晚会。上海市领导参加并看望慰问了劳模和劳模家属。

【蓝天下的至爱——上海慈善义演电视直播文艺晚会】

1997年1月18日是东方电视台开播4周年纪念日,东方电视台推出《蓝天下的至爱——上海慈善义演电视直播文艺晚会》。东方电视台向市慈善基金会捐赠50万元,出席晚会的领导、观众和企事业单位派出代表纷纷捐款献爱心。

【上海市庆祝香港回归祖国文艺晚会】

1997年7月1日,中华人民共和国政府正式恢复对香港行使主权,香港回归祖国。由东方电视台承办的《上海市庆祝香港回归祖国文艺晚会》于7月1日晚上在东方明珠广播电视塔广场隆重举行。来自上海专业、业余文艺团体的2 700多名演员和45支合唱队载歌载舞、尽情欢唱,形成欢腾的海洋。上海市领导对于这台晚会给予高度评价。

【《祝福你,香港——全球华人庆回归》等大型文艺节目】

1997年7月2日,中央电视台和东方电视台联合制作大型文艺节目《祝福你,香港——全球华人庆回归》。该节目向全国播出,并由5颗国际通信卫星传送到120个国家和地区。东方电视台还举办《迎香港回归,颂伟大祖国——浦江两岸百支歌队万人唱》大型歌会。

【为中国喝彩——'97中国之夜大型焰火音乐歌舞晚会】

1997年7月2日晚上(美国洛杉矶当地时间),中央电视台与东方电视台联合举办《为中国喝彩——'97中国之夜大型焰火音乐歌舞晚会》,该项大型演出活动在美国洛杉矶"好莱坞碗形剧场"举行,参加演出的都是旅居海外的一流华裔艺术家,演出节目均为中国音乐舞蹈经典节目,东方电视台派出编导、摄像、技术人员10人工作组,携带全部电视转播器材赴美,运用卫星技术转播这次重大庆典活动。

【《真情献八运》大型义演活动】

1997年9月2—3日,为迎接第八届全国运动会举行,东方电视台和东方明珠娱乐公司在东方明珠广播电视塔广场联合举办2场大型义演活动:《真情献八运——中国著名歌手义演晚会》《真情献八运——戏曲名家精品义演晚会》。参加2台晚会的演职人员不取报酬,2台晚会的门票收入50万元全部捐献给八运会。

【八运会闭幕式文艺晚会《奔向新世纪》】

1997年10月24日,第八届全国运动会闭幕。东方电视台策划、组织、承办的八运会闭幕式文艺晚会《奔向新世纪》在上海体育馆举行,并向全国直播。由2366名学生组成的大型背景翻牌,气势恢宏,与舞台表演有机融合,视觉效果和艺术质量俱佳。

【1998上海各界支援抗洪救灾义演】

1998年夏天,中国南方部分地区发生洪涝灾害。8月11日,上海各界支援抗洪救灾义演活动由东方电视台承办。这次义演从策划到播出只用了46个小时。8月18日,上海电视台文艺演出队一行20人赴武汉参加湖北省举办的"决战洪水保家园"赈灾义演活动。

【《明月有情同胞心》中秋特别节目】

1999年9月21日,中国台湾南投地区发生7.6级强烈地震。9月23日,东方电视台和台湾电视公司合作举办《明月有情同胞心》中秋特别节目。这台节目为台湾受灾同胞募集90万元人民币和8万美元,东方电视台和台湾电视公司分别通过卫星电视和互联网向全世界播出这台中秋特别节目。

【为中国喝彩——克里姆林宫大型音乐歌舞晚会】

1999年10月7日,中央电视台和东方电视台在俄罗斯莫斯科克里姆林宫大剧院联合举办《为中国喝彩——克里姆林宫大型音乐歌舞晚会》。中俄两国演员的精彩表演受到观众欢迎,晚会实况

10 月 8 日在东方电视台播出,10 月 12 日在中央电视台播出。

【上海各界庆祝澳门回归祖国联欢晚会】

1999 年 12 月 20 日,中华人民共和国政府正式恢复对澳门行使主权,澳门回归祖国。12 月 19 日,东方电视台在外滩广场直播《上海各界庆祝澳门回归祖国联欢晚会》。上海电视台、上海卫星电视、上海有线电视台、上海电台、东方电台同时转播这台联欢晚会。

【《2000 看东方》大型跨年节目】

1999 年 12 月 31 日,为迎接新千年的到来,东方电视台制作播出《2000 看东方》大型跨年节目。该节目时长 2 000 分钟,从 1999 年 12 月 31 日 15 时至 2000 年 1 月 2 日零时 20 分。这台跨年节目时间之长、内容之丰富、技术要求之高,是东方电视台建台后的第一次。

【第五届全国残疾人运动会开幕式暨文艺晚会】

2000 年 5 月 6 日,东方电视台在上海体育场承办并直播《第五届全国残疾人运动会开幕式暨文艺晚会》。中共中央政治局常委、全国政协主席李瑞环出席开幕式,他看完节目后说:"节目十分感人,晚会非常成功。"

【为中国喝彩——伦敦泰晤士河之夜大型音乐歌舞晚会】

2000 年 8 月 22 日晚,由中央电视台和东方电视台联合主办的《为中国喝彩——伦敦泰晤士河之夜大型音乐歌舞晚会》在英国伦敦千禧宫举行,中英两国演员同台演出,整台晚会气氛热烈,气势恢宏。

【世界超大型景观歌剧《阿依达》和大型原创舞台剧《野斑马》】

2000 年 11 月 3—4 日,东方电视台和美国梅耶斯国际娱乐公司联合承办世界超大型景观歌剧《阿依达》演出,它作为第二届中国上海国际艺术节开幕式演出剧目,在上海体育场上演 2 场,获得圆满成功。这次演出的舞台面积达到 5 298.95 平方米,中外演职人员 3 500 多人,观众近 10 万人,创下了世界演出史舞台规模最大、演员人数最多、观众人数最多的 3 项吉尼斯世界纪录。

同年 12 月 1 日,由东方电视台全额投资、上海东方青春歌舞团出演的大型原创舞台剧《野斑马》在上海大剧院上演。这是第二届中国上海国际艺术节闭幕式演出剧目。

【跨世纪大型系列活动《21 世纪看东方》】

2000 年岁末迎来世纪之交,东方电视台举办大型直播活动《21 世纪看东方》。该活动从 2000 年 12 月 31 日 18 时开始,至 2001 年 1 月 2 日零时结束,跨越世纪之交,时间总长为 30 小时。整档节目以世纪之交重大庆祝活动为主干,现场直播《拥抱新世纪——首都中华世纪坛大型激光焰火联欢活动》《迎接新世纪的阳光——2001 年上海东方明珠广播电视塔元旦登高比赛》《21 世纪看东方世纪大道长跑比赛》《您好,新世纪——上海中外友人 2001 元旦大联欢》《梨风新韵——2001 年 13 省市电视台元旦戏曲晚会》等迎接新年活动,并穿插播出宣传片《中国》、文艺专题片《我们走过的路》《世纪婚典》、大型新闻评论《"做新世纪上海人"电视论坛》等精彩节目。

【日出东方——纪念中国共产党成立 80 周年大型节目】

2001 年 7 月 1 日,东方电视台直播大型节目《日出东方——纪念中国共产党成立 80 周年》。该节目时长 24 小时,从 1 日早晨 7 时至 2 日早晨 7 时,以《上海市庆祝中国共产党成立 80 周年大型歌会》等 2 场全市性的大型活动为主框架,以 6 次微波连线直播和全天新闻滚动直播为总串联,穿插播出最新拍摄《活力》《启航》等 15 部电视专题片、5 台大型综艺节目、1 台大型谈话节目和 1 部荧屏首映的新电影。

【今宵如此美丽——APEC 上海峰会大型景观音乐焰火表演】

2001 年 10 月 20—21 日,亚太经合组织第九次领导人非正式会议即 APEC 峰会在上海举行,这是 21 世纪中国的第一个主场外交活动。东方电视台负责举办"今宵如此美丽——APEC 峰会大型景观音乐焰火表演"。东方电视台副台长刘文国任总导演。大型焰火表演在陆地、江面、建筑群和高空、中空、低空构成全方位景观效果,使用焰火 210 种,共 16 万发,采用电脑系统控制燃放。这一大型景观焰火表演节目被列入 2001 年大世界基尼斯纪录。

三、传媒集团/上海广播电视台

【"上海的笑容"等 9 台文艺晚会和 7 台团拜会】

2002 年春节期间,传媒集团文艺频道策划、制作、播出 9 台文艺晚会和 7 台团拜会。其中,《"上海的笑容"文艺晚会》浓墨重彩地反映上海的发展与变化;传媒集团和中央电视台合作举办《为中国喝彩——南非大型歌舞文艺晚会》,是传媒集团首次在非洲举办的电视文艺晚会;《全国电视节目主持人新春大联欢》在整体串联上以富有创意的"古今双向电视传送方式"喜剧性地展开,让观众获得穿越时空的视听享受。

【"魅力上海·浪漫西湖"沪杭两地电视互动活动】

2002 年 9 月 30 日,由上海市旅委、传媒集团、杭州市旅委、杭州电视台联合主办的"魅力上海·浪漫西湖"沪杭两地电视互动活动在沪杭两地同时举行。传媒集团生活时尚频道作为该活动上海板块的承办单位,与上海旅游节组委会共同举办"上海旅游形象大使总决赛暨揭晓活动"。生活时尚频道创作的节目同时向沪杭两地观众播出,获得良好的社会反响。

【第十一届金鸡百花电影节开幕式文艺晚会】

2002 年 10 月 18 日晚,由无锡市政府主办、传媒集团协办,并由传媒集团文艺频道策划、承制的《第十一届金鸡百花电影节开幕式文艺晚会》在无锡市体育场举行。晚会内容为:序《太湖美》、主体三章《水乡情韵》《春涛澎湃》《太湖明珠》。演出形式分为两大部分:主题歌舞和著名影星、歌星演唱。整台晚会 150 分钟。全国人大常委会副委员长成思危出席晚会。这是传媒集团第一次去外省市举办全国性文艺晚会。

【申办世博会系列演出】

为配合申办上海世博会,传媒集团于 2002 年接连推出一系列大型演出。3 月 13 日晚,传媒集团在上海大剧院举办充满东方神韵的《今夜星光璀璨——经典歌舞晚会》,被国际展览局考察团誉为"近来看到的一台最好节目";6月28—29日,国际展览局第131次成员国代表大会前夕,传媒集团在法国巴黎香榭丽舍大剧院举办2场大型服饰舞蹈《金舞银饰》,展示了中国文化的深厚底蕴,受到法国观众好评;9月18日,传媒集团派出近50名演员组成的演出团在德国汉堡会议中心的大剧场举办《蓝色畅想:汉堡—上海经典盛演》;11月16—17日晚,传媒集团又在巴黎香榭丽舍大剧院举办2场荟萃中国文化精品的大型文艺晚会《今夜星光灿烂》。这些演出弘扬中华文化,展现上海风采,为"申博"活动增添了浓墨重彩的一笔,受到中央及上海市领导的高度赞扬和肯定。

【庆祝世博会申办成功大型联欢活动】

2002年12月3日,中国上海获得2010年世界博览会举办权。由市申博办、文广集团和传媒集团策划的《庆祝中国申办2010年上海世博会成功大型联欢活动》当天在南京路世纪广场隆重举行,传媒集团所属文艺院团500多位演员以精彩表演营造喜庆氛围。复旦大学"相辉堂"、浦东新区周家渡街道是这场联欢活动的两个分会场。在整个大联欢活动的直播过程中,三个直播点的节目精彩纷呈、交相辉映。

【风尚大典／星尚大典】

传媒集团生活时尚频道自2002年起举办《风尚大典》,2009年《风尚大典》更名为《星尚大典》。每届大典以特定主题向为中外时尚做出重要贡献的人物和团体致敬,授予年度风尚先锋人物、公益人物、经典人物奖项。大典由中外名流走红毯仪式、向年度时尚人物颁奖致敬和富有创意的表演三部分组成。其中《2007风尚大典》围绕"风尚三十年"这一年度主题,探索风尚背后的生活态度,揭示风尚的创新趋势。2009年起《星尚大典》活动走出上海,去北京等地举办。

【凡尔赛宫中国文化之夜】

2003年2月3日晚上,由国务院新闻办等主办,传媒集团承办,传媒集团文艺频道、北京电视台联合制作的《凡尔赛宫中国文化之夜》,在巴黎皇家歌剧院隆重举行。法国总统希拉克的夫人、国务院新闻办官员及法国社会名流550余人出席观看。

【大型文化类节目《花开中国》】

2004年,传媒集团东方卫视策划推出大型文化类节目《花开中国》。3月20日,在四川成都龙泉驿"桃花故里"景区,东方卫视《花开中国·花重锦官城》大型系列直播节目现场开播。成都是《花开中国》大型文化系列活动的第一站。

《花开中国》节目由东方卫视策划,定位于"打造城市名片、展现城市发展、传递城市脉动",创意出发点是在每个鲜花盛开的季节,选择一个典型城市为基点,通过播出平台,将欣欣向荣的中国展现给广大观众。该节目融频道整体宣传、政府公关、媒体合作、营运推广等功能于一体,在全国乃至更大范围内扩大了东方卫视的品牌影响力。

【邓小平诞辰100周年大型歌会】

2004年8月22日是中国改革开放总设计师邓小平诞辰100周年纪念日。8月3日,由上海市委宣传部和四川广安市委、市政府联合主办,传媒集团和广安市委宣传部、市广电局共同承办《邓小平诞辰 100 周年大型歌会》,这台歌会在邓小平家乡——四川省广安市思源广场隆重举行,来自北京、上海、香港等地的著名歌唱家用歌声缅怀世纪伟人邓小平的丰功伟绩,现场观众达到 2 万余人。这台大型歌会由传媒集团文艺频道制作、播出。

【F1 世界锦标赛中国大奖赛开幕式】

2004 年 9 月 26 日,F1 世界锦标赛中国大奖赛在上海举行,大奖赛组委会在刚落成的上海赛车场举办开幕式,开幕式暨文艺演出由传媒集团文艺频道制作并通过卫星向世界直播。以往历届 F1 世界锦标赛开幕式没有文艺演出,这次中国大奖赛开幕式文艺演出开创了 F1 世界锦标赛的一个先例。

【上海各界援助地震海啸灾区大型赈灾慈善义演活动】

2004 年 12 月 26 日,印度尼西亚苏门答腊岛附近海域发生里氏 8.5 级强烈地震并引发强烈海啸。2005 年 1 月 6 日,市慈善基金会、市红十字会、市精神文明建设委员会办公室和传媒集团等联合主办的"上海市社会各界援助地震海啸灾区大型赈灾慈善义演"在东视剧场举行。市领导龚学平、刘云耕和市慈善基金会理事长陈铁迪等出席并捐款。上海各文艺院团的著名演员、广播电视主持人、体育明星参加义演。这次赈灾慈善义演活动从策划到正式演出仅用 48 小时。传媒集团文艺频道、东方卫视频道、东广 792 频率直播了晚会实况。

【第四十八届世界乒乓球锦标赛开幕式暨庆典演出】

2005 年,第四十八届国际乒乓球锦标赛在上海举行,4 月 30 日,传媒集团制作并直播了锦标赛开幕式暨庆典演出晚会,晚会总导演滕俊杰。这台晚会在黄浦江畔的东方明珠广播电视塔广场举行,以小球推动大球与和平、和谐发展为晚会主题立意,由 1 100 多名演员演出,运用高科技手段来展示,这台晚会受到 2 600 多名现场观众和广大电视观众的好评。国际乒联主席沙拉拉在第二天召开的国际乒联全体大会上,带领全体代表起立为开幕式和庆典演出的成功热情鼓掌一分钟。

【爱我中华——56 朵金花浦江欢庆建国 56 周年大型文艺晚会】

2005 年 9 月 27 日,传媒集团与广西电视台等联合举办的《爱我中华——56 朵金花浦江欢庆建国 56 周年大型文艺晚会》在上海黄浦公园举行,展示了中华 56 个民族百花齐放的民族文化,勾勒出一幅"中华一家亲,民族大团结"的美丽画卷。传媒集团东方卫视频道、文艺频道和广西电视台分别在 10 月 1 日、2 日播出晚会实况录像。

【《响亮 2006——世纪广场跨越零点大狂欢》等元旦特别节目】

2005 年 12 月 31 日,传媒集团大型活动部在世纪广场举办《响亮 2006——世纪广场跨越零点大狂欢》大型活动,与观众共同迎接 2006 年的到来。

同日,传媒集团大型活动部承办《魅力东方——2006 海外华人音乐家新年音乐会》;东方卫视推出《梦圆上海倒计时——新天地新年会》;上海时尚文化传媒公司《互动点点吧》栏目直播在大上海时代广场举行的"迎新年倒计时"活动。

【"魅力东方·今夜无人入睡"——2006沪港之夜大型文艺晚会】

2006年5月4日,由传媒集团主办、传媒集团大型活动部承办的《"魅力东方·今夜无人入睡"——2006沪港之夜大型文艺晚会》在香港文化中心隆重举行。晚会以迷人的江南特色、浓郁的"海派"风情,为庆祝香港回归9周年献上一份厚礼。全国政协副主席董建华、中央人民政府驻香港特别行政区联络办公室主任高祀仁、全国人大常委会常委曾宪梓、传媒集团总裁黎瑞刚及香港众多名人嘉宾出席晚会,1 500多名香港同胞观赏了精彩演出。

【上合组织峰会大型音乐艺术焰火表演《今夜星光灿烂》】

2006年6月15日,上海合作组织成员国元首理事会第六次峰会在上海举行。6月14日,传媒集团在黄浦江畔举办上合组织峰会大型音乐艺术焰火表演《今夜星光灿烂》。国家主席胡锦涛和夫人刘永清、出席上海合作组织峰会的各成员国元首和各观察员国元首等共同登上"君子兰"号游船,观赏了这次焰火表演。

【庆祝上海合作组织成立5周年文艺晚会《和谐礼赞》】

2006年6月15日,传媒集团参与制作的庆祝上海合作组织成立5周年文艺晚会及成员国艺术节开幕式《和谐礼赞》在上海大剧院隆重上演。国家主席胡锦涛和夫人刘永清、出席上海合作组织峰会的各成员国元首和各观察员国元首等观看演出。晚会由"和平颂""和睦情""和谐赞"3个篇章组成。中国演员献演大型歌舞杂技《和平飞翔》、舞蹈《月光丝路》、钢琴协奏曲《黄河》第四乐章等精彩节目。上合组织成员国哈萨克斯坦、吉尔吉斯斯坦、俄罗斯、塔吉克斯坦、乌兹别克斯坦和观察员国伊朗、蒙古、巴基斯坦、印度的演员们分别演出具有浓郁民族特色的文艺节目。这台文艺晚会获得国家主席胡锦涛和与会各国元首的高度评价。传媒集团东方卫视频道和中央电视台综合频道、中文国际频道、新闻频道、英语频道直播文艺晚会。

【2006中国电视主持人盛典——走过25年】

2006年9月3日,传媒集团东方卫视、大型活动部等承办的"2006中国电视主持人盛典——走过25年"在上海艺海剧院举行。老中青三代电视主持人欢聚一堂,共同纪念中国电视节目主持人队伍走过的25年历程。经中国电视艺术家协会主持人专业委员会评定,25位著名节目主持人获得"中国电视节目主持人25年25人"荣誉称号。传媒集团节目主持人叶惠贤、曹可凡、袁鸣榜上有名。中国视协主席杨伟光及上海市文广局、文广集团和传媒集团的领导等出席。东方卫视在9月9日播出盛典实况。

【海上之星——2006上海旅游形象大使评选】

2006年9月30日,传媒集团大型活动部策划制作、文艺频道现场直播《海上之星——上海旅游形象大使评选活动总决赛》,晋级总决赛的6名选手与演艺界明星同台献艺。经历近3个小时的激烈角逐,来自上海交通大学的胡姗姗夺得冠军,成为新一届上海旅游形象大使。

【奔向2007精彩特奥——2006年特殊奥林匹克运动会上海国际邀请赛开幕式】

2006年10月15日,传媒集团大型活动部承制的《奔向2007精彩特奥——2006年特殊奥林匹克运动会上海国际邀请赛开幕式》由东方卫视频道直播。中共中央政治局委员、国务院副总理、

2007年世界特殊奥运会组委会名誉主席回良玉、上海市委代理书记、市长、2007年世界特殊奥运会组委会主席韩正、国家体育总局局长、2007年世界特殊奥运会组委会执行主席刘鹏等出席开幕式。开幕式活动始终洋溢着欢乐、祥和的气氛,众多明星表达对特奥会的支持,参加演出的智障人士占演出人员的50%。他们的精彩演出充分体现此次特奥会的主题:"你行我也行"。

【"蓝天下的至爱——爱心全天大放送"大型慈善系列活动】

2007年2月4日,传媒集团参与主办的"蓝天下的至爱——爱心全天大放送"大型慈善系列活动在新闻娱乐频道播出,从当天零时起进行24小时播出,传媒集团东方卫视、交通广播和中央电视台财经频道并机转播部分节目。传媒集团综艺部、大型活动部、电视新闻中心、少儿频道、技术运营中心、广电制作公司等倾力合作,确保了全天活动顺利进行。上海市人大常委会主任龚学平、上海市政协主席蒋以任、上海市委副书记罗世谦、上海市委副书记殷一璀、上海市人大常委会副主任刘云耕等出席当天的慈善活动。

当天上午,中山公园举办"慈善大乐园开园仪式",市慈善基金会理事长陈铁迪宣布开园。现场的慈善义卖、义演、义诊以及免费法律咨询、医疗咨询、心理咨询等项服务掀起了慈善活动的第一波高潮。与此同时,传媒集团对瑞金医院、华山医院的2台慈善手术进行直播。下午,举行"万人捐·帮万家"大型文艺演出,播出"让特困家庭过好年""点亮心愿"慈善义拍等。晚上,"蓝天下的至爱"慈善晚会在东视剧场举行,弘扬"和谐离不开慈善、慈善为了和谐"的理念,晚会上,少儿频道的"哈哈美丽心世界"慈善项目暨"哈哈专项教育慈善基金"启动。该大型活动外场转播地点多达6个,传媒集团共出动5辆电视转播车、1辆卫星车参与转播。

图3-3-2 2002年7月23日,传媒集团文艺频道、新闻娱乐频道组织
演员到海军上海基地军港,登上军舰为官兵演出

【群星耀东方——影视歌巨星炫风超级盛典】

2007年11月23日,由传媒集团、MTV全球音乐电视台和中央电视台电影频道联合主办、传

媒集团大型活动部承制的《群星耀东方——影视歌巨星炫风超级盛典》隆重举行。这台节目采用全新的盘点方式,呈现 2007 年时尚界、影视界、歌坛以及体育界的热点人物和作品。从舞台设计到内容编排、环节设置上都给观众带来新鲜感、时尚感。

【汶川抗震救灾系列大型节目】

2008 年 5 月 12 日,四川汶川发生大地震,传媒集团各部门紧急行动,创作了抗震救灾系列大型节目。传媒集团大型活动部紧急成立特别晚会组,编创人员连续 72 小时奋战,推出《血脉相连 众志成城——上海市社会各界赈灾文艺晚会》。上海的演艺界明星和 600 多名群众演员倾情演出,反映上海各界全力以赴支援灾区的情怀和精神。

传媒集团综艺部派员赴成都,通过卫星传送直播《加油!孩子——六 · 儿童节特别行动》《一切为了老百姓——七一特别节目》等多项大型赈灾节目。综艺部迅速调整常规栏目编排,连续 10 天播出特别节目《爱心演播室》,还邀请著名导演拍摄电视公益短片,用胶片定格一个个抗震救灾的感人瞬间,用镜头彰显中华民族的时代精神。

传媒集团生活时尚频道《相伴到黎明》栏目播出"情系灾区、关爱相助"抗震救灾特别节目。摄制组奔赴灾区,拍摄、报道震后灾区群众和救援队伍众志成城、守望相助的感人场景和事迹。全国哀悼日后,生活时尚频道调整原有节目编排,6 小时直播《英雄颂——向抗震救灾英雄致敬》特别节目。

【上海旅游节开幕大巡游】

2008 年 9 月 13 日,上海旅游节在大上海时代广场隆重开幕。传媒集团大型活动部承制上海旅游节开幕大巡游、大联欢节目,东方卫视频道、新闻综合频道对开幕大巡游作做机现场直播。中共中央政治局委员、上海市委书记俞正声,上海市长韩正,上海市人大常委会主任刘云耕,上海市政协主席冯国勤等出席,国家旅游局局长邵琪伟致词并宣布 2008 上海旅游节开幕。

【奔向世博——中国 2010 年上海世博会倒计时一周年全天大放送】

2009 年 5 月 1 日,传媒集团推出"奔向世博——中国 2010 年上海世博会倒计时一周年全天大放送"活动,传媒集团东方卫视、新闻综合频道并机直播。上午,直播在北京天安门广场举行的上海世博会计时牌揭牌仪式和在上海东方明珠广播电视塔广场举行的世博会志愿者招募启动仪式。全国人大常委会委员长吴邦国出席在北京天安门广场举办的仪式。这两项仪式由传媒集团大型活动中心精心策划组织。下午,直播传媒集团电视新闻中心与长三角地区 15 个城市电视台共同举办的"媒体行动——魅力东方迎世博"大型系列巡回宣传活动。晚上,播出由传媒集团艺术人文频道制作的《世博号角——城市森林音乐会》《奔向世博》两台文艺晚会。全天大放送活动首度采取空中、地面、江上接力直播的方式,在空中飞艇、园区现场和黄浦江面游船上,对世博园全貌、世博轴、阳光谷、中国国家馆、世博演艺中心等进行全方位直播报道。演播室里特邀上海市政协副主席、上海世博局副局长周汉民,市委宣传部副部长、市文明办主任马春雷,上海世博会园区总设计师吴志强等多位领导和专家,对世博知识、办博进展、文明规范、世博看点、志愿服务等进行介绍和解析。传媒集团东方龙新媒体等网络媒体也进行直播,并与网民互动交流。

【庆祝上海解放 60 周年文艺晚会】

2009 年 5 月 27 日是上海解放 60 周年纪念日,由传媒集团大型活动部承制的"向祖国汇报——

庆祝上海解放 60 周年文艺晚会"在上海大剧院隆重举行。这台晚会以上海解放、上海社会主义建设发展各个时期的重要人物和重大事件为切入点,采用群像展示的手法,呈现 60 年上海的发展成就。中共中央政治局委员、上海市委书记俞正声,上海市长韩正,上海市人大常委会主任刘云耕,上海市政协主席冯国勤和上海市委副书记殷一璀等与各界代表出席晚会,传媒集团东方卫视频道、新闻综合频道并机直播这台晚会。

【纪念《黄河大合唱》诞生 70 周年特别节目】

2009 年 9 月 19 日,传媒集团艺术人文频道策划、创作和播出纪念《黄河大合唱》诞生 70 周年特别节目,数万人在上海主会场及黄河流域 9 个分会场共同唱响《黄河大合唱》。在当天的大型歌会中,400 多支合唱团在各地方会场"互动大拉歌",3 万多名合唱队员在 85 岁指挥家曹鹏的指挥下,演唱《黄河船夫曲》《黄水谣》《保卫黄河》《怒吼吧,黄河》等乐章。表演艺术家焦晃担纲朗诵,歌唱家廖昌永、张建一、佟铁鑫和于冠群分别领唱。歌唱家周小燕、作曲家黄准以及《黄河大合唱》曲作者冼星海的女儿冼妮娜、词作者光未然的女儿张安迪作为嘉宾出席。传媒集团东方卫视、广播经典 947 频率和青海电视台、宁夏广播电视台、四川省广播电视集团下属频道、新浪网做 7 小时全程大直播。甘肃省广播电影电视总台、内蒙古电视台、山西广播电视总台、山东电视台以及土豆网也对部分节目进行直播。

举办纪念《黄河大合唱》诞生 70 周年特别节目被列为上海市庆祝新中国成立 60 周年的主要活动之一,并入选中宣部"向祖国汇报"建国 60 周年重大文化活动项目。

【拥抱世界——世博会倒计时 30 天外滩国际音乐盛典】

2010 年 3 月 30 日晚上,《拥抱世界——世博会倒计时 30 天外滩国际音乐盛典》在上海外滩举行。音乐盛典由市委宣传部,黄浦区委、区政府,上海广播电视台,市建交委主办,上海世博会事务协调局支持,黄浦区委宣传部、上海广播电视台艺术人文频道承办制作。

在音乐盛典上,海内外明星以"文明的河流,人民的歌"为题,歌唱全世界孕育城市、孕育生命的母亲河,共同演绎一曲水与城市的交响乐。

该音乐盛典是世博会开幕前上海最大的户外宣传预热活动,也是外滩有史以来举办规模最大的音乐盛典。除了上海黄浦江畔新外滩主会场舞台,还在奥地利维也纳多瑙河、印度恒河、埃及尼罗河、美国哈德逊河、巴西亚马逊河这世界五大河流域设立分会场。盛典的高潮部分,上海主会场和五大河流域分会场齐声高唱《欢乐颂》和英语歌曲《天下一家》,表达对即将到来的上海世博会的期盼。

这场音乐盛典由上海广播电视台东方卫视频道、艺术人文频道并机直播,土豆网、新浪网等网络媒体也进行直播。全球 10 余家媒体机构或播出节目或做相关报道。

【中国 2010 年上海世界博览会开幕式】

2010 年 4 月 30 日,中国 2010 年上海世界博览会开幕式在上海世博文化中心隆重举行。中共中央总书记、国家主席胡锦涛和中共中央政治局常委李长春,中共中央政治局常委、国家副主席习近平,中共中央政治局常委、国务院副总理李克强,中共中央政治局常委贺国强等党和国家领导人出席开幕式,胡锦涛宣布上海世博会开幕。

2009 年 11 月,经过 4 轮国内外竞标,上海广播电视台创作团队最终胜出,成为世博开幕式室内仪式文艺表演主创团队。上海广播电视台副台长滕俊杰担任总导演,并从大型活动部、技术运营中心、广电制作、总编室、办公室等部门抽调 20 多位专业骨干组成主创团队,全力投入开幕式文艺演出的创作。上海广播电视台参与开幕式项目的工作人员有近百人。

开幕式文艺演出气势恢宏、美不胜收,赢得现场观众的热烈掌声和电视观众的热情赞誉,中央和上海市各级领导以及各国来宾给予高度评价。

【"为世博喝彩"夏季音乐会】

2010 年 7 月 13 日,中国上海交响乐团和美国纽约爱乐乐团在纽约中央公园举办《"为世博喝彩"夏季音乐会》,这是一台以上海世博会为主题、中西文化交融的音乐会。中国音乐家廖昌永、黄英、郎朗登台演出,中美两国音乐人联袂演出吸引了近 10 万美国观众来现场观看。上海广播电视台艺术人文频道派出制作团队远赴美国,拍摄记录了这次音乐盛会的台前幕后,制作了文艺专题片《飞越太平洋的旋律》。

【上海世博会中国国家馆日仪式和文艺晚会】

2010 年 10 月 1 日,在庆祝新中国成立 61 周年之际,中国 2010 年上海世博会中国国家馆日仪式和文艺晚会分别于上午和晚上在上海世博中心隆重举行。中共中央政治局常委、全国人大常委会委员长吴邦国出席中国国家馆日仪式并致辞。中国国家馆日仪式由上海广播电视台大型活动部承办,仪式的成功举办得到中央领导和上海市领导的高度评价。文艺晚会由上海广播电视台综艺部负责策划制作,全国 20 多家文艺团体参加演出,凸显中国气派,精彩纷呈,受到社会各界的好评。

【中国 2010 年上海世界博览会闭幕式】

2010 年 10 月 31 日,中国 2010 年上海世博会闭幕式在上海世博文化中心隆重举行。中共中央政治局常委、国务院总理温家宝出席闭幕式并宣布上海世博会闭幕。来自世界各地的政要和贵宾出席闭幕式,共同庆祝上海世博会取得圆满成功。由上海广播电视台工作团队创作的上海世博会闭幕式文艺演出凸显世博特点,大气精美,得到各级领导和各国嘉宾的赞誉。

【世博会其他多项大型活动和节目】

传媒集团/上海广播电视台主办或承办的其他世博会大型活动、大型节目有:上海世博会倒计时 500 天大型活动《星耀世博——首批世博城市之星评选颁奖典礼》和《迎世博倒计时一周年城市森林音乐会》《上海世博会倒计时 200 天大型活动》《上海世博会志愿者启动仪式》《上海世博会导游员大赛颁奖典礼》《上海世博会国际红十字日公益晚会》《世博卫士之歌文艺晚会》等。

第四章 纪实节目

第一节 纪实栏目

改革开放后,上海电视台组建纪录片创作团队。1993 年开播《纪录片编辑室》栏目,该栏目的宣传语是"聚焦时代变革 讲述人生故事"。把纪录片创作的触角伸向社会生活的各个领域,关注和记录普通人的命运故事。东方电视台和上海有线电视台成立后,相继开播《东方潮》《寻常人家》等纪实类栏目。2002 年,传媒集团纪实频道开播,推出《大师》《往事》《档案》《经典重访》《看见》《眼界》等纪实类栏目,这些栏目陆续播出许多艺术质量高、有社会影响力的纪录片和纪实节目。

一、上海电视台

【上海万象】

上海电视台《上海万象》栏目 1984 年 8 月 9 日首播,周播,每期时长 16 分钟。该栏目报道上海的新气象、新风尚和风土人情,播出一批反映上海经济改革、社会变革、人民生活和历史文化的纪录片,其中有《大桥下面的文化工厂》《青春的信息》《特级理发师》《龙华庙会》等。该栏目于 1985 年 8 月结束播出。

【纪录片编辑室】

上海电视台《纪录片编辑室》栏目于 1993 年 2 月 1 日首播,周播,每期时长 40 分钟。这是全国电视台中第一个以"纪录片"命名的栏目,也是全国电视台中第一个在黄金时段播出的纪录片栏目。《纪录片编辑室》的宣传语是"聚焦时代变革,讲述人生故事",既搭准时代脉搏,又深入百姓生活;既拥有人文情怀,又熟练地掌握、运用纪录片的创作方法。该栏目播出许多优秀纪录片,其中有《毛毛告状》《大动迁》《下岗以后》《重逢的日子》等。

2002 年,传媒集团纪实频道成立后,《纪录片编辑室》成为该频道主要品牌栏目,陆续播出一大批优秀纪录片,包括《房东蒋先生》《婆婆妈妈》《我的露露》《闲着》《红跑道》《马戏学校》等。《纪录片编辑室》获得由中共上海市委宣传部和上海市新闻工作者协会颁发的"首批上海市优秀媒体名牌"称号等多项重要奖项。

【纪录片编辑室 20′/记录上海】

上海电视台《纪录片编辑室 20′》栏目于 1996 年 4 月 21 日首播,周播,每期时长 20 分钟。该栏目以播出短纪录片为主,聚焦凡人小事,记录城市万象,反映时代变革。1997 年 9 月,《纪录片编辑室 20′》改版更名为《记录上海》栏目,周播,每期时长 20 分钟。播出短纪录片,反映上海的城市发展和上海人的日常生活。该栏目于 1998 年 9 月结束播出。

【环球纵横】

《环球纵横》栏目由上海电视台海外中心和上海音像资料馆联合制作。该栏目于 1996 年 4 月

18 日首播,周播,每期时长 25 分钟。"世纪回眸"作为栏目主打板块,以 20 世纪的历史人物、科技发展、重大工程和主要战争等历史系列专题来谋篇布局,用丰富的历史影像资料来制作节目,回顾即将过去的 20 世纪,集思想性、知识性和观赏性为一体,该栏目还设有"人类家园""海外目击""异域风景线"等板块。该栏目于 1998 年 9 月结束播出。

二、东方电视台

【东方潮/都市回响/东视纪录片/纪录片长廊】

东方电视台《东方潮》栏目于 1993 年 10 月 16 日开播,周播,每期时长 25 分钟。该栏目播出的短纪录片贴近社会,贴近群众,记录人生,记录时代,其中有社会心理系列纪实节日"心理魔方"。

1995 年 9 月,《东方潮》改版更名为《都市回响》,每周播出 5 期,每期时长 20 分钟。该栏目聚焦社会万象,记录百姓生活。

1996 年 4 月,《都市回响》改版更名为《东视纪录片》,每周播出 2 期,每期时长 30 分钟。该栏目记录普通百姓的生活和命运,通过人物故事反映社会的发展、时代的变化。

1999 年 3 月,《东视纪录片》改版更名为《纪录片长廊》,周播,每期时长 30 分钟。该栏目以"贴近社会、讲述老百姓自己的故事"为栏目特色,播出和评析国内外优秀纪录片。该栏目于 2000 年 6 月结束播出。

【新闻故事/社会故事】

东方电视台《新闻故事》栏目于 1998 年 1 月 23 日开播,每周播出 2 期,每期时长 15 分钟。该栏目选材于社会生活中一些带有故事性的热点事件和人物,采用纪实或情景再现的手法来讲述和分析。1999 年 3 月,该栏目改版更名为《社会故事》,周播,每期时长 15 分钟,保持原有的定位和风格。该栏目于 2000 年 3 月结束播出。

【星期五档案/档案】

东方电视台《星期五档案》栏目于 1998 年 1 月 23 日首播,周播,每期时长 30 分钟。该栏目记录上海城市的变迁,再现历史上重大事件与重要人物,让历史告诉今天,启迪未来,设有"人物志""岁月""旧事重提"等板块。该栏目于 2001 年 9 月结束播出。

2005 年 1 月,《星期五档案》改版更名为《档案》,由传媒集团纪实频道制作、播出。该栏目先期为每周播出 1 期,后改版扩容为每周播出 5 期,每期时长 25 分钟。以播出历史题材纪实类节目为主,尤以剧情类系列历史纪录片为特色,叙事手法上运用情景再现讲述历史事件,注重悬念和情节的设计,在追求节目档案文献价值的同时,也满足观众的欣赏趣味,取得较高的收视率。该栏目受到市场的青睐,其中系列片《民国遗案》第二季发行收入达到 50 多万元。

三、上海有线电视台

【寻常人家】

上海有线电视台《寻常人家》栏目于 1995 年 1 月 7 日首播,周播,每期时长 15 分钟。该栏目以纪实的手法讲述老百姓家庭生活中的故事,记录百姓生活,展现他们的生活态度。该栏目于 2000

年4月结束播出。

【生活纪实】

上海有线电视台《生活纪实》栏目于2000年12月26日首播,每周播出5期,每期时长15分钟。该栏目通过记录社会真实故事,展示百姓生活。该栏目于2001年12月结束播出。

四、传媒集团/上海广播电视台

【新生代】

传媒集团纪实频道《新生代》栏目于2002年1月4日首播,周播,每期时长20分钟。该栏目为纪录片业余爱好者提供平台,他们摄制的纪录短片更加贴近生活,真实、鲜活和生动地反映当代人的生活状况和情感状态。该栏目于2005年1月结束播出。

【经典重访】

传媒集团纪实频道《经典重访》栏目于2002年1月5日首播,周播,每期时长60分钟。该栏目集纪录片播映和访谈为一体,每期播放一部优秀经典纪录片,并邀请该片的制作人和片中主人公到演播室参与访谈,讲述作品后面的故事,就纪录片的创作过程、艺术探索和社会意义等进行对话与交流。该栏目于2012年12月结束播出。

【看见】

传媒集团纪实频道《看见》栏目于2002年8月12日首播,每周播出5期,每期时长20分钟。该栏目制作、播出的短纪录片具有新闻性和社会性,讲述人生故事,关注社会热点,透视社会现象,反映上海城市的发展变化。该栏目于2005年12月结束播出。

【DV365/全民大拍档】

传媒集团纪实频道《DV365》栏目于2005年1月1日首播,日播,每期时长5分钟。播出DV爱好者拍摄的短片,反映百姓生活的方方面面。2010年,《DV365》栏目改版更名为《全民大拍档》栏目。

上海广播电视台纪实频道《全民大拍档》栏目于2010年10月18日首播。每周播出5期,每期时长25分钟。该栏目汇聚老百姓提供的各种视频,让民间"看客"成为电视"拍客"。栏目定位是贴近百姓、贴近生活。内容有百姓生活中的各种新鲜事、有趣事、突发事、感人事、精彩事。栏目特色是轻松幽默,富有现场感、纪实性、人情味。该栏目于2011年12月结束播出。

【大师】

传媒集团纪实频道《大师》栏目于2006年1月7日首播,周播,每期时长27分钟。《大师》栏目讲述20世纪中国各界名家大师的故事,展现大师的风采,运用纪录片的方式介绍大师们的传奇人生、精神情怀和卓越贡献。其中有张元济、叶企孙、陈寅恪、马一浮、蔡元培、陈望道、徐悲鸿、丰子恺、马寅初等先贤和大师,这些大师在中国近现代的实业、科学、文学、艺术、教育、新闻、宗教等方面做出了历史性贡献。该栏目通过对这些历史人物的记录,保存一份珍贵的民族记忆和精神财富。

《大师》栏目是一项高品质的电视文化精品工程。2008 年,《大师》栏目获得由中国广播电视协会纪录片工作委员会颁发的第二届"纪录·中国"金牌栏目奖。

【眼界】

传媒集团纪实频道《眼界》栏目于 2008 年 5 月 5 日首播,每周播出 5 期,每期时长 26 分钟。这是一档具有新闻性和时效性的短纪录片栏目,聚焦社会热点,注重跟踪纪实,对新闻事件有独特的视角和解读。该栏目的宣传语是"一样的故事,不一样的视角"。

2009 年 2 月,《眼界》栏目播出纪录片《聚焦索马里》。那些年,索马里海盗猖獗,劫持各国商船货轮。摄制组奔赴险情四伏的亚丁湾,完整记录欧盟联合舰队"花月"号导弹护卫舰官兵抓捕索马里海盗的整个过程。特派记者还突破重重限制,进入索马里海盗的居住地,近距离拍摄海盗真实的生活状况。《眼界》栏目播出的许多短纪录片,深层次地揭示新闻故事的内幕,剖析热点事件产生的原因。

第二节　纪录片、专题片

20 世纪 80—90 年代,上海电视台创作了一大批优秀纪录片、专题片,在国内外评奖活动中多次获奖。东方电视台、上海有线电视台也重视纪录片创作。2002 年,传媒集团纪实频道开播,标志着上海纪录片和纪实类节目的创作上了一个新的台阶,创作、播出许多纪录片、专题片的精品力作。

一、上海电视台、东方电视台

【摩梭人】

上海电视台纪录片《摩梭人》(编导:宋继昌,摄影:余永锦)于 1988 年 7 月 26 日播出,片长 28 分钟。该纪录片讲述生活在云南丽江泸沽湖畔摩梭人的故事,摩梭人是当今世界上唯一保留着母系社会生活方式的族群。在一个摩梭人家庭里,女人当家作主,男人处于从属地位,不得参与家庭管理。男不娶妻,女不嫁人,男方采用走婚方式。纪录片《摩梭人》获得 1988 年上海电视节"白玉兰奖"纪录片奖。

【老年婚姻咨询所见闻】

上海电视台纪录片《老年婚姻咨询所见闻》(编导:王小平,摄影:赵书敬)于 1990 年 9 月 1 日播出,片长约 44 分钟。20 世纪 80、90 年代,上海 60 岁以上的单身老人有 50 多万。改革开放后,社会观念发生变化,单身老人群体的婚姻问题受到关注,上海出现了专为单身老人寻觅配偶的咨询服务机构,老年人"黄昏恋"和结婚率逐年增加。该纪录片跟踪拍摄一家老年婚姻咨询所发生的故事,真实反映了老年人在结婚或再婚等方面的观念变化、人情世态、社会风尚和家庭关系。该纪录片获得 1990 年度全国电视社教节目评比一等奖。

【德兴坊】

上海电视台纪录片《德兴坊》(编导:江宁,摄影:赵书敬、李晓)于 1992 年 7 月 1 日播出,片长 39 分钟。该纪录片讲述居住于上海一个名叫"德兴坊"的老式弄堂里百姓的人生故事,跟踪拍摄了

"德兴坊"里的3户人家,反映他们的住房困难,记录他们的喜怒哀乐和生活状态,他们人生艰辛、居住不易、善良平和、通达乐观。该纪录片反映普通百姓的人生哲学和上海的地域文化。纪录片《德兴坊》原汁原味、真实客观的影像记录和流畅和缓的纪录片美学,受到专家学者的高度评价,也吸引了广大电视观众。该纪录片获得1992年第四届上海电视节"白玉兰奖"最佳纪录片提名奖。

【十五岁的初中生】

上海电视台纪录片《十五岁的初中生》(编导:王小平,摄影:余永锦)1992年8月1日播出,片长30分钟。该纪录片反映上海初中学生学业负担过重的现实社会问题。摄制组跟踪拍摄上海中学初三年级一个班学生一学期的学习状态。这些15岁的初中毕业生面临升学考试,认为考入重点高中才有可能考上大学。激烈的分数竞争,来自学校、家庭、社会各方面的压力,使得孩子们难以承受。这部纪录片播出后在社会上引起反响,人们对这部纪录片的题材选择给予充分肯定,认为纪录片创作触及了社会敏感问题。纪录片《十五岁的初中生》获得1992年度全国电视社教节目评选一等奖。

【十字街头】

上海电视台纪录片《十字街头》(编导、摄影:汤炯铭)于1992年8月播出,片长20分钟。该纪录片报道上海许多老年人站在马路边上,配合交通警察参与交通执勤,维护交通秩序。他们都有退休工资,并不需要靠参与交通执勤来维持生计,但他们都有一个共同的价值观,那就是在退休以后也要发挥"余热",力所能及地做一些社会公益事业。该纪录片获得1992年第四届上海电视节"白玉兰奖"最佳纪录短片奖。

【下岗以后】

上海电视台纪录片《下岗以后》(编导:柳遐,摄影:赵书敬)于1993年6月23日在《纪录片编辑室》栏目播出,片长38分50秒。20世纪90年代,上海由于城市产业结构调整,许多工厂关停并转,大批产业工人下岗待业。该纪录片关注这一社会痛点,拍摄上海灯芯绒总厂纺织工人下岗再就业,记录该厂4位女工下岗后如何挑战命运、自强不息的人生故事,也反映下岗再就业和创业的社会新气象。该纪录片获得1993年度中国电视奖社教节目类一等奖。

【毛毛告状】

上海电视台纪录片《毛毛告状》(编导:王文黎,摄影:哈兆铮、李晓)于1993年7月26日和8月2日分上、下集在《纪录片编辑室》栏目播出,每集时长约28分钟。该纪录片讲述一个外来打工妹和一个上海残疾男子的一出人生悲喜剧。他们未婚先孕,生下女儿毛毛,并为毛毛是不是残疾人的亲生女儿而打了一场官司。这部纪录片的播出成为收视热点,毛毛和她父母的命运故事受到广大电视观众的关注和同情。纪录片《毛毛告状》获得1993年四川国际电视节熊猫奖评委会奖。

【茅岩河船夫】

上海电视台纪录片《茅岩河船夫》(编导:宋继昌,摄影:李晓)于1993年10月18日播出。时长约28分。该纪录片讲述湖南省茅岩河畔老船夫金镇举和儿子金宏章的人生故事。在中国经济改革浪潮的影响下,老金仍要在茅岩河上行船劳作,小金则希望进城,换一种人生的活法,于是父子间产生了矛盾和代沟。《茅岩河船夫》获得 1994 年第五届上海电视节"白玉兰"奖最佳短纪录片奖。

【重逢的日子】

上海电视台纪录片《重逢的日子》共上下 2 集(编导：王蔚,摄影：李晓、哈兆铮)于 1993 年 11 月 29 日和 12 月 6 日在《纪录片编辑室》栏目中播出。每集时长约 36 分钟。1987 年起,台湾当局迫于压力,开放台湾居民回大陆探亲,大批台湾同胞终于跨过海峡,回到故土,寻找失散多年的亲友。纪录片《重逢的日子》讲述其中一位台湾老兵回大陆寻亲,与失散 40 多年的结发妻子重逢的故事。观众收看这部纪录片深切感悟到亲情的可贵,更加盼望祖国早日统一。纪录片《重逢的日子》获得第十八届香港电影节"精粹奖"、1994 年度全国对外宣传优秀节目二等奖。

【大动迁】

上海电视台纪录片《大动迁》(编导：章琨华,摄影：朱盾)于 1994 年 2 月 14 日和 21 日在《纪录片编辑室》栏目中播出,片长约 49 分钟。20 世纪 90 年代初期,上海为建造南北高架快速交通干道而开展城市建设史上最大规模的动迁工程,成都路沿线约有 10 万居民和上百家单位需要动迁。该纪录片摄制组在 4 个月里跟踪拍摄几户居民为城市建设而告别老房的感人故事。纪录片《大动迁》获得第一届中国电视纪录片学术奖长篇特等奖、上海市第三届优秀对外宣传品银鸽奖一等奖、上海广播电视奖一等奖。

【母亲】

东方电视台纪录片《母亲》(编导：王光建)于 1995 年播出。纪录片《母亲》讲述一位名叫程春英的普通女工在丈夫去世后含辛茹苦养育一对儿女的故事,一个在贫困中永不放弃、坚韧不拔的普通而又伟大的母亲形象感动了观众。该纪录片的选材和创作体现了电视纪录片人的人文情怀和善于发现生活中的真善美。纪录片《母亲》获得第十二届日本大阪录像大奖赛国际特别奖、第四届亚洲电视优秀奖。

【长征·世纪丰碑】

上海电视台大型文献纪录片《长征·世纪丰碑》(主创人：应启明、黎瑞刚、蒋为民、王寅等)于 1996 年播出。该大型文献纪录片共分 6 集：《不可思议的传奇》《他们选择了红军》《生离死别的前后》《被淡忘的历史》《征途上的民族赞歌》《六十年的情怀》,每集时长约 40 分钟。

1996 年是红军长征胜利 60 周年,上海电视台《长征》摄制组历时 3 个月,重走长征路。这部 6 集文献纪录片声画并茂,讲述了红军长征路上动人心魄的悲壮故事,重现了当年长征的艰苦卓绝的光辉历程。大型文献纪录片《长征·世纪丰碑》获得 1996 年度上海广播电视奖电视社教节目特别奖。

【为了明天——上海建设再就业工程纪实】

6 集系列纪录片《为了明天——上海建设再就业工程纪实》于 1997 年播出。该纪录片由解放日报社和上海电视台新闻中心、社教海外中心共同制作。

该纪录片聚焦 20 世纪 90 年代上海下岗再就业工程。那些年里,上海大批产业工人下岗待业,他们重新就业、发奋创业。这部纪录片讲述下岗工人再就业和创业的感人故事,也反映了上海各级政府为扶植下岗工人再就业、创业给予的支持帮助和社会保障。系列纪录片《为了明天——上海建设再就业工程纪实》于1998年获得第七届上海新闻奖一等奖。

【我的潭子湾小学】

上海电视台纪录片《我的潭子湾小学》(编导:冯乔,摄影:冯乔、陈杰)1999年9月30日在《纪录片编辑室》播出,片长40分钟。该纪录片以20世纪90年代上海旧区改造为叙事大背景。上海苏州河附近的潭子湾、潘家湾、朱家湾和药水弄等"三湾一弄"曾经是上海最大的成片棚户区之一。在棚户动迁、旧区改造过程中,摄制组跟踪拍摄棚户区里的潭子湾小学学生不断减少、学校最后停办的整个进程。随着居民先后搬迁,潭子湾小学的学生相继转学,有的班级只剩一名学生,但老师还是坚持上课,站好最后一班岗。1999年6月30日,学校即将放暑假,那天大雨滂沱,大水漫延,潭子湾小学教师用课桌椅搭成一座桥,让学生走过这座临时"小桥",撤离潭子湾小学,潭子湾小学结束其历史使命,将和棚户区一起被拆除。棚户区的居民乔迁新居,棚户区的孩子也将在他们新居附近的学校上学。该纪录片获得1999年度中国彩虹奖专题类一等奖、第九届上海新闻奖一等奖、上海市第六届优秀对外宣传品银鸽奖一等奖和上海广播电视奖一等奖。

【逃亡上海】

上海电视台纪录片《逃亡上海》(编导:宋继昌,摄影:余永锦)于1999年10月11日在《纪录片编辑室》栏目播出,片长60分钟。20世纪30、40年代,德国法西斯主义势力疯狂屠杀犹太人,其间,有近3万犹太人逃离欧洲来到上海虹口避难。该纪录片反映东方大都市上海展开温暖怀抱,接收这些犹太难民的故事。摄制组除了在上海深入采访拍摄,还先后到德国、美国和加拿大拍摄一些曾来上海避难的"上海犹太人",讲述聋哑人画家大卫·布鲁赫、美国企业家本杰明·菲什夫等犹太难民在逃亡上海期间的人生故事。该纪录片谴责德国法西斯主义势力迫害、屠杀犹太人的反人类罪行,讴歌上海人民救助犹太难民的国际人道主义精神,为二战史和上海地方史留下了珍贵的历史视听档案。该纪录片获得2001年度中国电视纪录片学术奖长片一等奖、2002年度中国对外电视节目奖中文专题一等奖、上海市第六届优秀对外宣传品银鸽奖一等奖。

【一个叫做家的地方】

上海电视台纪录片《一个叫做家的地方》(编导:王小龙,摄像:王锋)于2000年8月8日《纪录片编辑室》播出,片长48分钟。该纪录片摄制组跟踪拍摄上海苏州河边一处老旧住宅小区里的一个特殊家庭的生活故事。这个家庭的主妇和小男孩并没有血缘关系,而是领养关系,他们相依为命。作品生动地反映了普通上海人善良、乐观的生活态度。该纪录片获得2000年度上海广播电视奖电视社教类节目特别奖、第十九届中国电视金鹰奖电视纪录片单项奖。

二、传媒集团/上海广播电视台

【干妈】

传媒集团纪实频道纪录片《干妈》(编导:张伟杰、马凯臻、范竞秋,摄影:马凯臻、王锋)于2002年2月25日在《纪录片编辑室》栏目播出,片长约69分钟。纪录片《干妈》讲述苏北农村妇女、民间剪纸艺人王桂英的人生故事。王桂英不认字,却有剪纸的绝佳手艺。眼睛看到的,心里想到的,都能剪出来,用剪刀剪出了她的人生故事和她知道的世间故事。联合国教科文组织和中国民间艺术家协会授予王桂英"中国民间艺术家"称号。该纪录片获得第七届亚洲电视奖最佳纪录片奖。

【婆婆妈妈】

传媒集团纪实频道长篇纪录片《婆婆妈妈》(编导:吴海鹰,摄影:吴海鹰、张伟强)于 2003 年 3 月 22 日起播出,全片共 12 集,每集片长约 30 分钟。该纪录片以上海旧区改造为背景,跟踪拍摄杨浦区老旧小区凤城一村动拆迁进程,真实记录居委会干部为使动迁工作顺利进行对居民做了大量思想动员和调解工作。这些看似婆婆妈妈、家长里短的小事,却关乎上海旧区改造、城市发展和百姓乔迁新居、改善住房条件的大事。该纪录片获得 2003 年度中国电视纪录片学术奖系列片二等奖、2004 年度上海广播电视奖电视社教节目一等奖。

图 3-4-1　2002—2003 年间,传媒集团纪实频道摄制组拍摄杨浦区凤城一村居委会干部为该小区的旧区改造对动迁居民做思想动员和调解工作,摄制纪录片《婆婆妈妈》。这是摄制组与居委会干部的合影

【邓小平与上海】

传媒集团大型文献专题片《邓小平与上海》(主创人员:褚嘉骅、朱贤亮、田方、朱海平、朱晴、韩芸等)于 2004 年 8 月在纪实频道播出。全片共分 5 集:第一集《百年情缘》,片长 38 分钟;第二集《春风化雨》,片长约 40 分钟;第三集《非凡手笔》,片长约 39 分;第四集《潜龙腾飞》,片长 40 分;第五集《世纪辉煌》,片长 40 分。该纪录片由中共中央文献研究室、中共上海市委宣传部和传媒集团联合制作,采用纪实与政论相结合的手法,讲述青年时代的邓小平从黄浦江畔登船赴法国勤工俭学的故事,反映中国改革开放总设计师邓小平做出开发开放上海浦东的英明决断,展现在邓小平理论指导下,改革开放大时代,上海发生的沧桑巨变和取得的巨大成就。该文献纪录片获得 2006 年度"中国电视纪录片系列片十佳作品"称号。

【董家渡】

传媒集团纪实频道纪录片《董家渡》(编导:周洪波,摄影:聂运兴)于 2005 年 12 月在《纪录片编辑室》栏目播出,片长 58 分钟。该纪录片真实展示了在社会转型期里城市草根人群的众生相,讲述老旧住宅区董家渡几个居民的故事。纪录片《董家渡》获得 2005 年度中国纪录片国际选片会与评奖活动最佳编导奖。

【闲着】

传媒集团纪实频道纪录片《闲着》(编导、摄影:张伟杰)于 2006 年 6 月在《纪录片编辑室》播出,片长 90 分钟。该纪录片聚焦于上海的 4 个街头艺人,讲述社会转型期中的城市边缘人群的人生故事,表现出纪录片创作者的人文关怀精神。该纪录片获得 2006 年度中国纪录片国际选片会与评奖活动十大纪录片奖、第三届半岛国际电影节纪录片长片评委会大奖。

【马戏学校】

传媒集团纪实频道纪录片《马戏学校》（导演：郭静、柯丁丁，摄影：柯丁丁）全片共 4 集，每集时长 26 分钟，于 2007 年 6 月 4—7 日在《纪录片编辑室》栏目播出。该纪录片摄制组跟踪拍摄上海市马戏学校的一群孩子在成为职业马戏演员前的经历，反映他们学习、训练的艰辛，证明一个道理：意志力和坚韧性是走向成功之门的必备条件。纪录片《马戏学校》获得 2006 年度中国纪录片国际选片会与评奖活动十大纪录片奖、上海市第九届优秀对外宣传品银鸽奖一等奖。

【红跑道】

传媒集团纪实频道纪录片《红跑道》（导演：干超，摄影：龚卫、朱骞）于 2009 年 5 月 18 日在《纪录片编辑室》栏目播出，片长 70 分钟。该纪录片讲述上海某体育学校的一批 6 岁～8 岁的小学员刻苦学习和训练的故事。纪录片《红跑道》由传媒集团纪实频道和德国北德广播电视台（NDR）合作，纪实频道负责内容制作，德方出资并负责国际销售。这部纪录片多次被海外电视机构购买和播出。纪录片《红跑道》获得 2009 年度中国纪录片国际选片会与评奖活动十大纪录片奖、美国电影学会银泉纪录片节评委会特别奖、第六十五届美国广播电视文化成就奖、美国休斯敦国际电影节白金奖、巴塞罗那国际纪录片节大奖、萨格勒布电影节最佳纪录片奖等。

【上海 2010】

上海广播电视台纪实频道纪录片《上海 2010》（导演：袁维晖，摄像：龚卫、张小米、杨晟）分为上下 2 集，于 2010 年 4 月 28—29 日在纪实频道播出，每集片长 50 分钟。该纪录片上集介绍上海世博会中国国家馆的设计和建造，展现建设者们在建造这座被誉为"东方之冠"建筑时表现出来的科学态度和创新精神；下集拍摄报道拥有 145 年历史的江南造船厂原厂区改建为世博园区的历程。该片反映中国 2010 年上海世界博览会"城市，让生活更美好"的主题，也为上海留下一份珍贵的历史影像档案。该片历时三年拍摄、制作，是一部全高清纪录片长片。

【中国大鲵】

上海广播电视台纪实频道和上海科技馆联合摄制的科教专题片《中国大鲵》（导演：项先尧，摄影：丁建新、孙尧等）于 2010 年 5 月 28 日在纪实频道播出，片长 30 分钟。

中国大鲵，俗称"娃娃鱼"，是地球上现存体型最大的两栖动物，被列为国家二级野生保护动物。该纪录片以大量的实景以及特殊摄影手段，展示适宜中国大鲵生活的自然环境和原生态，揭示大鲵的繁衍和进化奥秘。该科教专题片获得第二十二届中国电视星光奖电视科普节目大奖、国家广电总局 2010 年度科技创新奖科普（影视类）一等奖、2012 年度上海市科技进步奖一等奖。

【外滩】

上海广播电视台大型文献纪录片《外滩》（导演：周兵）2010 年制作完成，先后在上海广播电视台纪实频道和美国国家地理频道播出，全片共 5 集，每集片长 45 分钟。纪录片《外滩》由中央新影集团、上海广播电视台纪实频道和美国国家地理频道联合拍摄制作，是中国纪录片进入国际主流媒体的一个成功案例。

该纪录片将上海开埠之后的历史分为 5 个阶段，讲述 5 个主题故事，向观众呈现历史的外滩和当今的外滩，也展示全球化浪潮中上海迈向国际大都市的前进步伐。

　　该纪录片尝试突破传统纪录片形式,用情景再现和少量演员扮演的形式辅助讲述上海往事,生动再现上海开埠后100多年的沧桑巨变。在制作上采用电视和电影套拍方式,制作完成了5集高清电视纪录片和一部90分钟的高清电影纪录片。纪录片《外滩》获得2010年中国电视纪录片评选年度作品奖、上海市第十一届优秀对外宣传品银鸽奖特等奖。

第五章 体育节目

第一节 体育新闻栏目

改革开放后,随着体育运动的蓬勃开展,电视体育类节目逐渐成为收视热点。

1982年4月,上海电视台成立体育组,专人负责报道体育新闻、制作体育专题和栏目。1987年体育部成立,进一步加强竞技体育和群众体育的新闻报道。

1982年4月18日,上海电视台开播《体育大看台》,这是一档综合性体育栏目,报道国内外重大体育新闻、体坛动态,播放各种体育比赛的精彩片段。《体育大看台》开播后不久便成为上海电视台的三大品牌栏目之一。

1983—1989年,上海电视台每年播出体育新闻200多条,这些体育新闻既在综合新闻节目里播出,也在体育栏目中播出。1983年9月18日—10月1日,中华人民共和国第五届运动会在上海举行,上海电视台连续报道全运会各项赛事和比赛获奖情况。9月22日,上海籍跳高运动员朱建华在全运会上以2.38米的成绩打破男子跳高世界纪录。上海电视台记者拍摄了《朱建华跳过2.38米,再创男子跳高世界纪录》的体育新闻片,完整记录朱建华跃过横杆的历史性瞬间,以及他高举鲜花绕场一周和全场观众欢呼的热烈场面。这条新闻片在1983年度全国优秀电视新闻评选中获一等奖。

上海电视台较早地在电视荧屏上运用移动字幕及时播报重要体育新闻,让观众及时获悉国内外重大体育赛事消息。1988年9月,第二十四届夏季奥林匹克运动会在韩国首都汉城(即现在的首尔)举行,上海电视台利用国际通信卫星转播奥运会现场实况画面,并运用移动字幕迅速播发中国运动员夺得奖牌和创造世界纪录的赛事新闻共50条。

上海电视台1994年6月开播《体育新闻》栏目,该栏目报道国内外体坛新闻,每周播出5期,每期时长5分钟。1995年4月起改版为日播栏目,观众每天都能收看体育新闻节目。

1993年1月18日,东方电视台开播,同日播出《国际体育新闻》栏目,日播,每期时长15分钟。该栏目报道全球体坛重大赛事和体育新闻。东方电视台购买国际体育新闻版权,采用卫星传送手段,每天接收英国和美国电视机构传送的两个多小时的世界体坛新闻素材,进行筛选、编译,制作成合乎上海观众欣赏口味的体育新闻节目。1993年,《国际体育新闻》栏目报道了世界杯足球预选赛、四大网球公开赛和东亚运动会等新闻消息。1994年,《国际体育新闻》栏目改版更名为《东视体育新闻》,增加了国内体育新闻报道。1996年3月,《东视体育新闻》改版更名为《东视体育30′》,及时报道国内外最新体育消息。

1997年1月6日起,东方电视台联合北京电视台和广东电视台共同推出时长50分钟的《中国体育报道》栏目,这是地方台联合开办体育栏目一次尝试。该体育新闻杂志类栏目为周播,除每周一在东方电视台、北京电视台和广东电视台播出外,还在其他的部分省级、市级电视台播出。这3家电视台共同制作体育节目,避免各自派记者赴外地采访拍摄,节省了人力成本和出差经费,实现网络化播出和效益最大化,也开创了地方电视台联手采访制作体育新闻报道的合作模式。

1997年10月12—24日,第八届全国运动会在上海举行,东方电视台联合全国8家省级无线电视台在上海设立直播室，及时播报八运会体育新闻。

上海有线电视台体育频道于 1993 年 12 月 12 日开播。这是上海地区唯一播出体育节目的专业频道，其宗旨是"丰富体育节目内容，提高全民体育素质"。

上海有线电视台体育频道开设以下各档体育新闻栏目：

《一周体育新闻》栏目于 1994 年 8 月 21 日首播，周播，每期时长 30 分钟。综合播报一周的国内外体育新闻，侧重于面向基层报道群众体育新闻。

《有线体育新闻》栏目于 1995 年 5 月 14 日首播，日播，每期时长 30 分钟。该栏目报道上海体育赛事消息、体坛动态和国内外体育新闻。

《体育新闻周刊》栏目于 1997 年 12 月 29 日首播，周播，每期时长 30 分钟。该栏目汇集国内外体坛一周的重大赛事，每周选出十大热点新闻，并对此做深度评析。其中"每周一星"板块介绍本周最耀眼的体育明星，"精彩瞬间"板块让观众领略国际体坛一周的精彩镜头。

1997 年 10 月，第八届全国运动会在上海举行，上海有线电视台联合全国 15 家有线电视台于第一时间播报八运会赛事新闻。

2001 年，传媒集团成立。传媒集团体育频道《体育新闻》栏目内容更为丰富，播出次数增加，设有"早间体育新闻""午间体育新闻""晚间体育新闻""夜间体育新闻"板块，时长 30 分钟。主要播报最新赛事、热点事件，让观众了解全球体育的最新动态。2004 年 5 月，《体育新闻》栏目改版，设有四个板块时段，板块内容定位各有侧重。12 时"体育速递"板块，采用快报形式，介绍国际足坛消息，时长 20 分钟；18 时"体育快播"板块汇集当天体坛要闻进行短平快播报，时长 15 分钟；19 时"体育新闻"板块报道当天主要体育新闻，时长 60 分钟；22 时"体育夜线"板块以深度报道的形式对 19 时"体育新闻"的内容进行补充和丰富，时长 30 分钟。

2006 年 7 月 12 日，中国运动员刘翔在瑞士洛桑世界田径超级大奖赛 110 米男子跨栏比赛中打破世界纪录、勇夺冠军。传媒集团体育频道摄制的《刘翔 12 秒 88 打破尘封 13 年 110 米栏世界纪录》新闻片，生动地呈现刘翔的比赛英姿和精神风貌。

上海体育新闻节目的制作和播出充分使用卫星传送、SNG 技术、光纤传送、数字编辑、全程电脑化处理文稿画面和异地多向信号切换等，圆满完成了体育新闻播出任务。

第二节　其他体育栏目

上海电视台、东方电视台、上海有线电视台和传媒集团/上海广播电视台体育频道（后更名为五星体育频道）除制作、播出体育新闻栏目外，还陆续创办了其他体育栏目。

一、上海电视台

【体育大看台/体坛风景】

上海电视台《体育大看台》栏目于 1982 年 4 月 18 日首播，周播，每期时长 60 分钟。这是上海电视台的第一档体育栏目，报道国内外体坛动态，播放各种体育比赛的精彩片段，设有"体育集锦""体育见闻""国际体育"等板块。1987 年 6 月改版为每周 4 期。1988 年 10 月改版为以自行采编为主的杂志型栏目。1992 年 3 月增加了"足球世界"板块。

《体坛风景》栏目于 1994 年 7 月 22 日首播，周播，每期时长 30 分钟。该栏目对体育热点事件和焦点人物做追踪报道,设有"热点追踪""打开天窗""健儿金曲"和"难忘瞬间"等板块。

1996年《体育大看台》栏目与《体坛风景》栏目合并,沿用《体育大看台》栏目名称,内容更加丰富。1998年9月起,《体育大看台》改版为日播栏目。该栏目于2000年12月结束播出。

【中华体坛】

上海电视台《中华体坛》栏目于1997年5月12日首播,周播,每期时长50分钟。主要内容为评述中国体育热门事件,报道中华体坛焦点人物。该栏目于1997年8月结束播出。

二、东方电视台

【体育新干线】

东方电视台《体育新干线》栏目于1993年1月20日首播,周播,每期时长30分钟。该栏目评述国内和本市热点体育事件,播出体坛信息,评议热点话题,抓拍精彩瞬间,透视体坛内幕和展示体育明星风采。该栏目于1995年7月结束播出。

【体坛星光】

东方电视台《体坛星光》栏目于2001年1月4日首播,周播,每期时长30分钟。这是一档体育人物专题节目,报道国内外体育明星在竞技场外最生动有趣的人生故事,展示他们场外的风采和才华,设有"新闻搜索""星愿星语""明星全接触"等板块。该栏目于2003年12月结束播出。

【足球·上海】

东方电视台《足球·上海》栏目于2001年1月5日首播,周播,每期时长25分钟。该栏目关注上海足坛动态,为球迷及时、详细地报道足坛信息,设有"关键词""上海德比""灵光乍现""焦点人物""铿锵玫瑰""走马观花"等板块。该栏目于2004年6月结束播出。

【唐蒙视点】

东方电视台《唐蒙视点》栏目于2001年1月5日首播,周播,每期时长25分钟。该栏目以主持人唐蒙命名,从主持人的视角来观察、评析体育圈里的热点事件,对国内外体坛焦点人物做深入采访,设有"焦点""背面""声音""史上本周""你知道吗"等板块。该栏目于2011年6月结束播出。

三、上海有线电视台

【看球评球】

上海有线电视台《看球评球》栏目于1996年10月22日首播,不定期播出,每期时长45分钟。栏目内容是对刚刚结束电视转播的球类比赛进行点评,并邀请教练、队员参与讨论。1997年起,节目主持人在直播室使用互联网与球迷交流互动。该栏目于2005年结束播出。

【体育新观察】

上海有线电视台《体育新观察》栏目于1997年6月20日首播,周播,每期时长30分钟。该栏目对体育赛事、体坛热点以及体育后备力量的培养等方面进行评述报道,尝试一种"多媒体"联合报道的新形式,设有"视角""人物聚焦""赛场扫描"和"运动节拍"等板块。该栏目于 1998 年 8 月结束播出。

【足球纪事】

上海有线电视台《足球纪事》栏目于 1999 年 7 月 28 日首播,周播,每期时长 60 分钟。上海有线电视台与中国足协及北京、广东等 30 多家有线电视台联合制作这档大型足球栏目。从热点足球新闻、足球赛事切入,对人物和事件做深度分析和议论,观众可以通过电话、网络参与演播室讨论,设有"本周回访""足球备忘录""球星点名册""疑点定格""赛场放大镜""场外动态"等板块。该栏目于 2002 年 12 月结束播出。

【中国足球报道】

上海有线电视台《中国足球报道》栏目于 2000 年 3 月首播,周播,每期时长 50 分钟。该栏目报道中国足球甲 A 联赛每轮赛况,讲评每场比赛的热点和结果。该栏目于 2005 年 12 月结束播出。

四、传媒集团/上海广播电视台

【G 品篮球】

传媒集团体育频道《G 品篮球》栏目于 2002 年 1 月 1 日首播,周播,每期时长 30 分钟。该栏目以报道国内外重要篮球赛事为主,在关注国内篮球赛各支劲旅的同时,也报道美国职业篮球联赛,设有"G 速新闻""火线人物""军情扫描""一周之最"等板块。2004 年 11 月改版成为一档日播篮球资讯栏目,每期时长 15 分钟,报道国内外最新篮坛动态。该栏目于 2011 年 3 月结束播出。

【今日体育快评】

传媒集团体育频道《今日体育快评》栏目于 2002 年 1 月 7 日首播,每周播出 5 期,每期时长 10 分钟。主持人语风犀利,幽默风趣,及时对新近发生的体育事件与体育现象进行评析。

【篮球风云】

传媒集团体育频道《篮球风云》栏目于 2002 年 12 月 13 日首播,周播,每期时长 30 分钟。该栏目报道国内外篮坛动态,关注篮坛人物和事件,设有"两虎相争""战场扫描""火线人物"等板块。该栏目于 2012 年 1 月结束播出。

【天天足球】

传媒集团体育频道《天天足球》栏目于 2004 年 5 月 11 日首播,日播,每期时长 10 分钟～15 分钟,该栏目报道全球足坛最新动态,关注足坛热门事件。该栏目于 2011 年 3 月结束播出。

【超级足球锦囊】

传媒集团体育频道《超级足球锦囊》栏目于 2004 年 9 月 17 日首播,周播,每期时长 60 分钟。该栏目由传媒集团体育频道与美国娱乐与体育节目电视网(ESPN)联合制作,关注即将进行的欧洲足坛热门赛事,以专业人士的视角评点球队实力、状态,预测比赛结果,提供赛事预告。该栏目于2007年5月结束播出。

【超级足球焦点】

传媒集团体育频道《超级足球焦点》栏目于2004年9月21日首播,周播,每期时长60分钟。该栏目由传媒集团体育频道与美国娱乐与体育节目电视网(ESPN)联合制作,回顾欧洲足坛一周赛事,对焦点事件进行分析与评论。该栏目于2006年5月结束播出。

【体育G娱乐】

传媒集团体育频道《体育G娱乐》栏目于2005年1月1日首播,周播,每期时长28分钟。该栏目对于体育界的奇特事、争议事,以小品、漫画的形式进行点评,找寻体育的快乐,把体育和娱乐相结合。该栏目于2006年10月结束播出。

【棋牌新教室】

传媒集团体育频道《棋牌新教室》栏目于2005年3月5日首播,周播,每期时长120分钟。该栏目邀请棋牌专业人士为观众讲解世界棋牌最新名局,采访棋牌人物,普及棋牌知识。

【第一财经商界精英高尔夫挑战赛/CBN高尔夫】

传媒集团第一财经频道《第一财经商界精英高尔夫挑战赛》栏目于2005年5月28日首播,月播,每期时长27分钟。该栏目播出商界精英参加的高尔夫挑战赛。观众从赛事中看到精英们的球场风采,感悟他们的为商之道。2007年7月14日改版更名为《CBN高尔夫》。

《CBN高尔夫》为周播栏目,每期时长10分钟。该栏目报道高尔夫运动最新资讯,介绍此项运动的规则、礼仪和球具等方面的知识,同时关注第一财经举办的高尔夫挑战赛,设有"赛事报道""球场介绍""球具介绍""高手教球"等板块。该栏目于2010年2月结束播出。

【超级马力】

传媒集团体育频道《超级马力》栏目于2006年4月1日首播,周播,每期时长55分钟。这是一档关于赛车运动的电视栏目,回顾一周赛车运动要闻,讨论热点话题,推广赛车运动,设有"F1地带""GP烽火线""车市周周看"等板块。该栏目于2010年12月结束播出。

【强强三人组】

传媒集团体育频道《强强三人组》栏目于2007年1月12日首播,周播,每期时长30分钟。这是一档体育类谈话节目,主持人和嘉宾针对本周热点体育新闻展开讨论,各抒己见。该栏目于2010年3月结束播出。

【申花周刊】

传媒集团体育频道《申花周刊》栏目于2008年5月7日首播,周播,每期时长30分钟。该栏目由传媒集团体育频道与上海申花足球俱乐部联合制作,是一档以专题形式报道申花足球俱乐部的节目,全面介绍球队备战、比赛内容、教练球员、赛场内外花絮等,设有"封面人物""申花新闻""更衣室故事""申花行动""申花信箱"等板块。该栏目于 2010 年 12 月结束播出。

【G乐体育】

传媒集团体育频道《G乐体育》栏目于 2009 年 1 月 3 日首播,周播,每期时长 30 分钟。这是一档轻松活泼的休闲体育栏目,挖掘体育新闻素材,反映体育界生动有趣的人与事,并由嘉宾与观众参与,设有"克隆明星""海派播客""体育达人""绝对逗人"等板块。

【运动与健康】

传媒集团体育频道《运动与健康》栏目于 2009 年 1 月 5 日首播,每周播出 2 期,每期时长 25 分钟。这是一档提倡和传授健康运动的专题栏目,内容包括专家与主持人谈论运动与健康的话题、专家解答观众有关运动与健康方面的提问以及健身教练教授拳操运动等。

【乒乓王国/请您欣赏——乒乓球】

上海广播电视台五星体育频道《乒乓王国》栏目于 2010 年 7 月 27 日首播,周播,每期时长 25 分钟。该栏目报道最新乒坛信息,评论乒坛热点事件,专访乒坛新闻人物,普及乒乓球运动小常识。2011 年 8 月起改版更名为《请您欣赏——乒乓球》栏目。

第三节　体育专题节目(含特别节目)

一、上海电视台

【参加国际足球赛的部分外国运动员接受耳针戒烟治疗】

1986 年上海举办"上海杯"友好城市国际足球邀请赛期间,上海电视台拍摄《参加"上海杯"友好城市国际足球赛的部分外国运动员接受耳针戒烟治疗》专题片,反映参加国际足球赛的部分欧洲运动员对中国针灸的神奇医效颇感兴趣,并要求做耳针戒烟治疗。这部体育专题片播出后,观众对传统中医有了进一步的了解和认识。

【上海海模运动员拿到交大毕业证书】

1992 年,上海电视台拍摄体育专题片《上海海模运动员拿到交大毕业证书》,反映上海海模运动员在上海交通大学学习船舶制造专业,与他们所从事的航模运动专业对口。同时,海模运动员爱动手动脑,对学习大学专业知识十分渴望。这部专题片结尾采访上海交大一位副校长,他评价说:"这些运动员拿到的毕业证书是货真价实的。"

【胡鸿飞和他的"两快理论"】

1997 年,上海电视台摄制专题片《胡鸿飞和他的"两快理论"》,反映中国著名跳高选手朱建华的教练胡鸿飞在跳高理论上的探索。朱建华三破世界男子跳高纪录,离不开教练胡鸿飞在实践中独创"快速起跑、快速起跳"的"两快理论",胡鸿飞在国际田联会议上宣读过关于"两快理论"的论文。这部专题片报道年已古稀、身患鼻癌等疾病的胡鸿飞,每天乘公交车从家到大同中学带教年轻选手,努力使"两快理论"更为系统、更为完善的事迹。

二、东方电视台

【京都七运纪事】

1993年,北京举办第七届全国运动会。东方电视台摄制了《京都七运纪事》特辑,分为"七运专讯""七运赛场""七运之星""申城健儿在七运""京城漫步话七运"等。1993年9月5—16日,每晚播出系列专题片《京都七运纪事》,每期节目时长30分钟。

【平凉路四小足球活动开展有特色】

上海平凉路第四小学是以足球运动见长的学校。东方电视台拍摄了新闻专题片《平凉路四小足球活动开展有特色》,该片既介绍了普通学生在体育课中学习足球技术,又讲述了足球班同学在专职教练带教下训练的情形,反映足球训练要从娃娃抓起的主题。该片获得1994年度全国优秀体育电视新闻二等奖。

三、传媒集团/上海广播电视台

【托起冠军的人——孙海平】

2004年雅典奥运会上,中国运动员刘翔获得男子110米跨栏比赛项目金牌。孙海平是刘翔的教练,他用独创的110米跨栏训练法以及"速度不是在跑道上练成"的独特理念,培养带教刘翔,使刘翔创造了田径场上的奇迹,成为世界冠军,被誉为"中国飞人"。

传媒集团体育频道拍摄《托起冠军的人——孙海平》人物专题片,展现出一个真实的孙海平,凸显了孙海平的敬业精神和探索精神。

【上海金茂大厦高楼跳伞表演】

2004年10月5日,上海金茂大厦举行高楼跳伞表演活动,来自17个国家的38名跳伞运动员从金茂大厦89层飞身跃下,随后伞花弹开,徐徐降落。率先领跳的是中国运动员,接着各国运动员进行跳伞表演,有单人跳、双人跳、脚踩火轮跳,还有前滚后翻花式跳伞。传媒集团东方卫视频道现场直播高楼跳伞特别节目,让电视观众目睹了这场精彩的国际高楼跳伞表演。

【北京奥运会火炬接力上海传递活动和奥运特别节目】

2008年5月23日是北京奥运会火炬接力上海站传递活动的第一天,上午8时,北京奥运会火炬接力活动上海站起跑仪式在上海博物馆北广场举行,起跑仪式由市委副书记殷一璀主持。上海站火炬传递采取人跑传递和车辆转场相结合的方式,总传递路线约62.84公里。传媒集团体育频道对上海站火炬传递活动进行全程直播。

2008年7月15日,传媒集团体育频道开播北京奥运会特别节目《奥运群英会》,每周播出5期节目,每期时长120分钟。这是一档体育谈话类节目,主要介绍关于奥运会的知识,从奥运起源、比赛项目到中国与奥运的关系等,设有"奥运故事汇""奥运风云榜""奥运英雄榜"等板块。该奥运特别节目于2008年12月结束播出。

【十年磨一剑，根宝和他的东亚队】

2009 年，著名足球教练徐根宝率上海东亚队在第十一届全国运动会 U20 比赛中，为上海男足夺得阔别 26 年的金牌。传媒集团体育频道摄制专题片《十年磨一剑 根宝和他的东亚队》，以东亚队夺得金牌为切入点，讲述徐根宝不顾年迈，在崇明岛上创办足球训练基地，全身心投入足球青训事业的感人事迹。

【光耀 60 年——新中国最具影响力体育人物评选颁奖盛典】

2009 年 9 月 6 日，由国家体育总局宣传司和传媒集团共同举办的"光耀 60 年——新中国最具影响力体育人物评选颁奖盛典"活动在北京奥体中心隆重举行，上百位中国体坛功勋人物汇聚一堂，见证新中国成立 60 年来体育事业蓬勃发展的光辉历程。这次活动是中国体坛的一次盛会。传媒集团体育频道对这项评选颁奖活动做了特别报道。

第四节　重要体育赛事转播

体育赛事转播是电视体育节目的重头戏。1980 年代初期，上海电视台引进一些国外体育赛事节目，多是录像播出。1983 年，第五届全国运动会在上海举行，上海电视台现场直播了多场比赛，也培养锻炼了一支具有较高水平的体育赛事转播团队。1988 年，第十三届世界杯足球赛在墨西哥举行，上海电视台直播了其中的 2 场比赛，这是首次根据国际通信卫星转发的画面、直播国外举行的重大体育比赛。后来，东方电视台、上海有线电视台和传媒集团体育频道也做了大量的体育赛事转播，上海电视荧屏上精彩体育赛事的现场直播和录像播出越来越频繁、丰富。

一、上海电视台

【第五届全运会】

1983 年 9 月 18 日—10 月 1 日，第五届全国运动会在上海举行，这是第一次在首都以外的城市举办全国运动会。上海电视台承担向全国电视观众现场转播、报道体育赛事的任务，进行电视现场转播和录像 70 场次，其中传送给中央电视台向全国直播和录像播出共 18 场次，并每天向香港无线电视台提供 6 小时的比赛录像素材，香港无线电视台每天播出一个半小时的第五届全运会专题节目。

【上海国际马拉松比赛】

1986 年 3 月 23 日，上海举办国际马拉松比赛。上海电视台现场直播这场马拉松比赛，参加直播的工作人员近 300 人，动用 3 辆电视转播车、30 套电子摄像机，还租用直升机从空中航拍比赛实况。在全国地方电视台中，这样大规模、全过程地直播马拉松比赛，上海电视台是第一家。

【世界职业拳王争霸赛】

1990 年 6 月，上海电视台首次以 15 000 美元购得世界职业拳王争霸赛电视直播权，并租用国际卫星通信线路直播比赛。

【英格兰足球超级联赛】

上海电视台对 1992—1993 赛季英格兰足球超级联赛部分赛事进行转播,后来上海出现了一大批英超以及英国曼彻斯特联队球迷。上海电视台及后来组建的传媒集团体育频道转播英超赛事特别是曼联队的比赛,深受上海广大球迷观众的欢迎。

【东亚运动会】

1993 年 5 月,首届东亚运动会在上海举行。上海电视台实况转播东亚运动会开、闭幕式和 12 个比赛项目共 150 场赛事,总时长约 303 小时,并使用 17 路国际信号,供海内外电视机构选用。上海电视台、东方电视台和中央电视台以及有关省市电视台通力合作,圆满完成了东亚运动会电视转播和宣传任务。

【中国足球甲 A 联赛】

从 1994 年起,中国足球甲 A 联赛成为全国球迷最为关注的体育赛事。上海电视台转播甲 A 联赛部分赛事,主要是上海申花足球队的比赛。1995 年 11 月 5 日,上海申花足球队提前两轮问鼎当年的甲 A 联赛冠军。上海电视台对于甲 A 联赛的转播增强了职业足球在国内的影响力。

1995 年,上海电视台《赛场大观》栏目开播,周播,每期 50 分钟,内容主要是剪辑、播出国内外足球比赛录像的精彩片段。

二、东方电视台

【1993 年转播多场体育赛事】

1993 年 1 月 18 日,东方电视台开播。这一年,东方电视台先后直播 30 多场重大体育比赛,其中有,第二十七届美国职业橄榄球超霸杯赛,NBA 美国职业篮球全明星对抗赛,'93 英国足总杯决赛,首届东亚运动会游泳(跳水)、体操、武术、赛艇 4 个项目的比赛,世界杯足球预选赛等。

【1996 年直播美国拳王争霸赛】

1996 年 11 月 10 日,东方电视台赴美国现场直播小组成功直播观众盼望已久的美国泰森和霍利菲尔德拳王争霸赛。

【第八届全运会】

1997 年 10 月 12—24 日,第八届全国运动会在上海举行,东方电视台赛事转播达 50 场 100 多小时。在制作和传播手段方面,东方电视台首次运用数字式摄录设备,动用小型移动卫星车等现代化装备和技术,取得理想效果。

三、上海有线电视台

【赛事转播“全、多、快”】

上海有线电视台于 1993 年 12 月 12 日开播体育频道,它通过录播、现场直播和卫星转播等方式,播出国内外体育赛事,节目特点是“全、多、快”,即播出体育赛事完整,体育项目多样,播出时间快捷。播出内容有：篮球、足球、排球、橄榄球、桌球、ATP 大满贯网球、拳击、滑冰、赛车、赛艇、冲浪、体操等赛事。

【赛事转播天天有】

上海有线电视台体育频道较完整播出各类体育比赛，每天播放 2 场赛事，约 4 小时～5 小时。还开辟了《看球评球》栏目，以球迷为收视群体，对刚刚结束的体育比赛进行点评，并邀请教练、队员参加讨论，1997 起在栏目直播中使用互联网和球迷互动交流。

四、传媒集团/上海广播电视台

【中国足球协会超级联赛】

中国足球协会超级联赛开始于 2004 年，由中国足球协会组织、中超联赛有限责任公司运营，是亚洲具有影响力、平均上座率最高的足球联赛之一。传媒集团体育频道对中超联赛部分赛事进行直播，受到广大球迷和观众的欢迎，其转播水平得到足球圈内外的认可。

传媒集团体育频道《中超赛事集锦》栏目于 2004 年 5 月 17 日首播，时长 30 分钟，不定期播出。该栏目报道中超联赛赛况，播出比赛集锦，讲评每场比赛的焦点和结果。

【国内外足球赛事】

传媒集团体育频道《五星足球》栏目于 2006 年 3 月 31 日首播，周播，每期时长 120 分钟。该栏目为球迷提供大容量的国内外足坛赛事和动态，让球迷饱览天下足球精彩赛况。

第六章　社　教　节　目

第一节　社　教　栏　目

电视社教节目是电视内容的重要组成部分。改革开放后,上海电视台社教节目率先实现栏目化运作和播出,创办许多社教栏目丰富电视荧屏。后来成立的东方电视台、上海有线电视台、上海卫视和传媒集团/上海广播电视台所创办的社教栏目内容丰富精彩,形式求新求变,为广大观众喜闻乐见,成为他们的良师益友。

一、上海电视台

【文化生活/文化时空】

上海电视台《文化生活》栏目于 1960 年 8 月 15 日首播,不定期播出。1978 年 9 月起,《文化生活》栏目改版,定期播出,每期 30 分钟。该栏目内容介绍文化名人、文化动态、戏剧知识、民间工艺、名胜古迹等。

1993 年,《文化生活》改版更名为《文化时空》,于 12 月 4 日首播,每周播出 4 期。每期时长 20 分钟。该栏目展示风俗人情,讲述文化人的故事,报道社会文化现象,设有"文化传真""开卷有益""外面世界""艺术广角""文人自助""上海银幕"等板块。该栏目于 1994 年 6 月结束播出。

【科技之窗/科技知识/科技新世纪/科技博览】

上海电视台《科技之窗》栏目于 1979 年 1 月 1 日首播,周播,每期时长 20 分钟。该栏目介绍国外的科技新成就和科研新项目。1981 年,该栏目与《科技知识》栏目合并,《科技知识》是一档开办于 1960 年的科技讲座栏目,合并后的新栏目沿用《科技之窗》的名称。1985 年 6 月起,《科技之窗》栏目改版,设有"开开眼界""科学之谜""科学游戏""人体奥秘""发明家俱乐部"等板块。1993 年 2 月起改版更名为《科技新世纪》。

《科技新世纪》栏目于 1993 年 2 月 1 日首播,周播,每期时长 20 分钟。该栏目以"传播科技新知识,开拓观众视野,启迪创造思维,弘扬理性精神"为宗旨,报道国内外最新科技进展情况,介绍有趣自然知识,设有"发明家俱乐部""国内外科技简讯""开开眼界"和"专家对你说"板块。该栏目于 1994 年 4 月结束播出。

上海电视台《科技博览》栏目于 1994 年 4 月 14 日首播,每周播出 2 期,每期时长 20 分钟。该栏目以新颖、生动、有趣的节目内容,向观众传播科技信息,营造热爱科学的社会氛围,设有"跨越地平线""科学史话""与智慧握手""星空瞭望"和"地球探秘"等板块。1996 年 4 月,该栏目进行改版,新增"新视野""自然万象""身边的科学""新干线"和"信息港"等板块。该栏目于 1998 年 9 月结束播出。

【上海农事/上海农村/今日农村】

上海电视台《上海农事》栏目于 1983 年 8 月 30 日首播,不定期播出,每期时长 5 分钟。该栏目向市郊农村群众提供农事活动信息,预告近期虫情、苗情、灾情等,传播农、林、牧、副业生产知识。1984 年 12 月改版更名为《上海农村》。

《上海农村》栏目于 1984 年 12 月 5 日首播,月播,每期时长 15 分钟。该栏目反映上海郊县农村四个现代化建设新貌以及乡镇企业的发展,介绍农业科学技术,设有"乡村纵横"等板块。1988 年 3 月,《上海农村》改版更名为《今日农村》。

《今日农村》栏目于 1988 年 3 月 7 日首播,周播,每期时长 25 分钟。该栏目旨在促进郊区农村深化改革,发展外向型经济,加快城乡一体化进程,设有"农村信息""观众信箱""农业科技""恳谈会"等板块。该栏目于 1992 年 8 月结束播出。

【我们这一代】

上海电视台《我们这一代》栏目于 1985 年 1 月 6 日首播,周播,每期时长 15 分钟。该栏目主要反映 20 世纪 80 年代青年人的理想和追求。1986 年 7 月改版,开设了"当代人""启示录""青年之友"等板块。该栏目于 1987 年 5 月结束播出。

【法律与道德】

上海电视台《法律与道德》栏目于 1985 年 11 月 13 日首播,周播,每期时长 20 分钟。这是一档电视法制宣传栏目,以普法为宗旨,聚焦各种法律纠纷的真实案例,进行生动形象的法律常识教育,设有"法律审理""以案释法""一案一议"和"答观众问"等板块。该栏目于 1992 年 12 月结束播出。

1996 年 4 月 1 日,《法律与道德》栏目由东方电视台恢复播出,周播,每期时长 25 分钟。该栏目做了改版,配合全民普法热潮,宣传、普及法律知识,对社会新闻事件做深度报道,揭示事件中的法律与道德问题,引导和教育群众学法、知法、懂法、用法、护法,做守法公民。

【我们大学生】

上海电视台《我们大学生》于 1987 年 6 月 20 日首播,周播,每期时长 45 分钟。该栏目由大学生自己采编和主持,以生动活泼的形式,反映丰富多彩的校园生活,表现当代大学生的理想、追求、情操和社会责任感,传递社会各界对大学生的关心和期望,设有"芳草地""思想者""双通道""跟我来"等板块。该栏目于 1991 年 6 月结束播出。

【当代工人】

上海电视台《当代工人》栏目于 1988 年 5 月 1 日首播,周播,每期时长 20 分钟。该栏目由上海市总工会和上海电视台联合制作,反映上海当代工人的精神面貌和工会工作情况,设有"工会简讯""职工之声""沟通理解""文化博览""班组生活""风流人物""能工巧匠"等板块。该栏目于 1993 年 5 月结束播出。

【当代军人】

上海电视台《当代军人》栏目于 1988 年 8 月 1 日首播,周播,每期时长 20 分钟。该栏目反映中国军人的精神风貌,为部队提供宣传和交流的窗口,加强国防教育,密切军民关系。栏目多次改版,先后开设"军营信息""成才之路""我是一个兵""沙场点兵""军营生活"等板块。1996年,该栏目获得由中国人民解放军总政治部、中央电视台颁发的"全国地方台军事栏目一等奖"。

【中国杂志】

上海电视台《中国杂志》栏目于1989年2月6日首播,周播,每期时长25分钟。该栏目介绍全国各地的经济发展、山川风光、民俗风情、名胜古迹和奇闻趣事,设有"时代潮""华夏民族林""TV导游""奇趣乐"等板块。《中国杂志》栏目还在美国纽约华人电视台播出,成为海外华人了解中国的一个窗口。该栏目于1994年6月结束播出。

【农村台栏目】

为加强对上海市郊农村的宣传,1992年8月8日起,上海电视台农村台(对外呼号)开播,在14频道播出。每天18时—21时30分,播出210分钟节目,其中自制节目70分钟,设有《谈天说地》《城乡之间》《为侬服务》等社教类栏目。

1994年,上海电视台14频道节目进行总体调整,原来的农村台节目归并到相关栏目中,农村台名称取消。

【今晚8点】

上海电视台《今晚8点》栏目于1993年2月5日播出,周播,每期时长30分钟,针对市民关心的社会热点问题,邀请各界人士与观众进行对话交流,架起理解沟通的桥梁。该栏目于1994年6月结束播出。

【案件聚焦】

上海电视台《案件聚焦》栏目于1994年4月14日首播,每周播出3期,每期时长20分钟。《案件聚焦》通过对上海以及国内外重大案件和典型案例的报道与分析,宣传依法治国,普及法律常识,透析法理人情,关注社会法治化进程,把公众关注并具有普遍法律意义的案件用通俗易懂的讲故事方式呈现于荧屏。

《案件聚焦》栏目多次获得"全国十佳法制栏目"称号,并多次得到司法部、广播电影电视部、全国法制新闻协会的表彰。

【今日印象】

上海电视台《今日印象》栏目于1994年6月20日首播,每周播出3期,每期时长30分钟。该栏目多方位报道文化生活领域里的新动态,展示当代人的生活新观念,设有"写真""生活风景""银色瞭望"和"文化超市"等板块。该栏目于1998年9月后结束播出。

从2002年3月18日起,《今日印象》栏目在传媒集团生活时尚频道恢复播出,作为频道主打栏目,日播,每期时长25分。该栏目报道国内外时尚资讯,跟踪最新时尚潮流,把握世界流行趋势,提供各种生活信息,设有"印象眼""印象派""印象风"等板块。后来,《今日印象》又做改版,每期栏目时长为60分钟,以时尚流行资讯和倡导健康生活方式等为主要内容,设有"幸福中国""今日快报""空镜子"和"生活帮帮帮"等板块。

【庭审纪实】

上海电视台《庭审纪实》栏目于 1996 年 6 月 14 日首播,开播初期为月播栏目,每期时长 60 分钟。2002 年 1 月起改为周播,每期时长 20 分钟。该栏目报道大案、要案的审理和审判过程,播出法庭辩论实况,解析案件所涉及的法律法规,点评案件折射的社会意义,引导观众学法、懂法、守法和用法,做守法公民。

【有话大家说】

上海电视台《有话大家说》栏目于 1998 年 10 月 4 日首播,周播,每期时长 40 分钟。这是一档谈话类栏目,围绕社会热点问题和新闻话题展开议论,请观众走进演播室参与讨论,在各抒己见中达成共识,倡导正确的价值观。2001 年,该栏目获得由中国广播电视学会颁发的"第一届全国谈话节目大赛一等奖"。该栏目播出至 2004 年 11 月结束。

二、东方电视台

【海外博览】

东方电视台《海外博览》栏目于 1993 年 1 月 18 日首播,日播,每期时长 30 分钟。该栏目介绍海外历史文化、科技发明和风俗人情,设有"岁月印痕""域外风景线""科技新视野""艺苑剪影""生活八音盒""银色档案""他山之石""名都名城"等板块。该栏目播出至 1997 年 6 月结束。

【东方直播室】

东方电视台《东方直播室》栏目于 1993 年 1 月 19 日首播,每周直播 5 期,每期时长 30 分钟。《东方直播室》从内容到形式做了大胆的尝试和探索。该栏目的特色是"热话题、大家谈、说真话、送温情、传信息",配合不同时期的宣传重点,围绕社会热点话题,邀请嘉宾与市民代表共同座谈讨论。同时开设热线电话,请场外观众参与讨论,形成互动。1994 年 5 月 27 日,上海解放 45 周年纪念日,《东方直播室》在上海人民英雄纪念塔下举办特别节目"历史不会忘记功臣"。1995 年 5 月 11 日,22 位来自全国各地的女市长走进《东方直播室》,参与"市民素质大讨论"。观众反映这档栏目有水准,有新意。该栏目于 1996 年 1 月结束播出。

【东方 110】

《东方 110》栏目由上海市公安局和东方电视台联合制作,于 1993 年 1 月 21 日首播,周播,每期时长 20 分钟。该栏目对上海地区新近发生的重大治安事件、社会法律活动进行深入报道,设有"警钟长鸣""十字街头""警民桥""警察生活追踪""众志成城""通缉令"等板块。后来该栏目改版为每周播出 2 期,每期时长 25 分钟,增加报道重大案件和警方重要信息,设有"警方调查""警方协查"等板块。

【迎着阳光】

东方电视台《迎着阳光》栏目于 1995 年 12 月 29 日首播,每周播出 2 期,每期时长 30 分钟。《迎着阳光》是一档公益慈善类电视节目,由电视节目主持人和手语主持人共同主持。该栏目以"帮困助残,慈善互爱"为宗旨,反映残疾人的生活面貌和上海慈善公益事业的发展,设有"星光灿烂""大地情怀""希望列车""七彩阳光""王先生学手语"等板块。

2001 年《迎着阳光》栏目第 200 期特别节目推出"蓝天下的至爱——爱心全天大放送"24 小时直播活动。2001 年起,该栏目连续 7 年举办"点亮心愿"慈善义拍活动,并推出福利彩票开奖电视直播。

【科技大视野】

东方电视台《科技大视野》于 1997 年 7 月 10 日首播,周播,每期时长 20 分钟。这是一档科普类杂志型栏目,追踪国外科技新浪潮,介绍世界各国在航天航空、电子信息、医疗卫生、环境保护、能源资源、生物工程、家用电器等方面的最新科研动态和成果。该栏目既有知识性又有观赏性,设有"新思路""域外长焦""无限魅力"和"信息展台"等板块。该栏目于 1999 年 7 月结束播出。

【青春正点】

东方电视台《青春正点》栏目于 1998 年 1 月 26 日首播,周播,每期时长 25 分钟。该栏目报道和关注青少年成长过程中带有普遍性的话题和校园里出现的热点问题,用正确的人生观、价值观来解答问题、引导话题,设有"视线""流行榜单""心理魔方"等板块,1999 年 4 月增设"挑战者""心理自助"等板块。该栏目于 2000 年 6 月结束播出。

【数字地球】

东方电视台《数字地球》栏目于 2001 年 5 月 12 日首播,周播,每期时长 30 分钟。该栏目介绍 IT 技术的诞生及应用,及时捕捉和追踪百姓关心的全球信息化动态,展现信息化如何改变人们的生活方式,设有"一路精彩""情报点击""网络传奇""数字擂台"等板块。该栏目于 2005 年 12 月结束播出。

三、上海有线电视台

【智慧之光】

上海有线电视台《智慧之光》栏目于 1995 年 10 月 1 日首播,周播,每期时长 10 分钟。该栏目汇集一周科技要闻,向公众介绍科技发展情况,尤其是一些新的科研成果,为科研机构与生产企业之间架设桥梁,做科技成果产业化的"红娘"。该栏目于 1998 年 12 月结束播出。

【科学与发现】

上海有线电视台《科学与发现》栏目于 1997 年 12 月 28 日首播,日播,每期时长 55 分钟。该栏目以"科学的眼光品味生活,探索的眼睛观察世界"为宗旨,关注与日常生活相关的科学发明,介绍全球最新科学动态。该栏目于 2001 年 2 月结束播出。

【百姓话题】

上海有线电视台《百姓话题》栏目于 1998 年 1 月 15 日首播,周播,每期时长 30 分钟。该栏目以"走到普通百姓中去,把普通百姓请进来"为特色,关注生活中的大事小情,贴近时代,贴近生活,为百姓提供一个畅所欲言的媒体讲坛。该栏目于 2000 年 4 月结束播出。

【社会方圆】

上海有线电视台《社会方圆》于 2000 年 4 月 17 日首播,周播,每期时长 15 分钟。该栏目由上海市法制宣传办公室、上海市司法局与上海有线电视台联合创办。以百姓关注的民事案件、民事纠纷为切入点,邀请法律专家与知名人士走进演播室,解析法律问题,评述社会现象,探寻解决途径,增强群众的法治意识。该栏目于 2008 年 12 月结束播出。

四、上海卫视

【海风伴我行】

上海卫视《海风伴我行》栏目于 1998 年 10 月 6 日首播,周播,每期时长 28 分钟。该栏目介绍国外的风土人情、历史文化,设有"越洋追踪"等板块。该栏目于 2000 年 6 月结束播出。

【亲亲百家人】

上海卫视《亲亲百家人》栏目于 2001 年 8 月 10 日首播,周播,每期时长 50 分钟。该栏目走百户人家,看百样人生,通过家庭故事的讲述,传播人间真情,设有"子曰情报""亲亲相对论""亲亲大调查""浓浓百家情"等板块。该栏目于 2003 年 10 月结束播出。

五、传媒集团/上海广播电视台

【风流人物】

传媒集团生活时尚频道《风流人物》栏目于 2002 年 1 月 1 日首播,每周播出 5 期,每期时长 20 分钟。该栏目是一档人物访谈类节目,风流人物的定义是走在时代前端的人,他们的行为、思想、理念引领风尚。主持人和嘉宾在轻松的氛围中交谈,解读生活,品味时尚,让观众从中得到启示。该栏目于 2005 年 12 月结束播出。

【第四焦点】

传媒集团新闻综合频道《第四焦点》栏目于 2002 年 1 月 4 日首播,周播,时长 20 分钟。该栏目由上海市公安局交警总队和传媒集团新闻综合频道联合制作。它以宣传、促进平安出行为主旨,对城市重、特大交通事故进行报道和剖析,普及交通法律知识,提高市民出行安全意识,设有"现场调查""人物点击""警方提醒"等板块。

【时髦外婆】

传媒集团生活时尚频道《时髦外婆》栏目于 2002 年 1 月 5 日首播,周播,每期时长 20 分钟。该栏目通过对一些老上海人的采访,展示上海 20 世纪 30、40 年代流行的时尚生活方式,追溯流逝岁月,保存城市记忆。该栏目于 2002 年 12 月结束播出。

【终极对话】

传媒集团新闻娱乐频道《终极对话》栏目于 2002 年 1 月 7 日首播,周播,每期时长 50 分钟。该栏目通过与判处极刑的犯罪分子对话,揭示他们误入歧途的心路历程,以达到思考、警示和教育的目的。该栏目于 2008 年 12 月结束播出。

【品牌年代/品牌故事】

传媒集团生活时尚频道《品牌年代》栏目于 2003 年 1 月 4 日首播,周播,每期时长 25 分钟。该栏目展示品牌与社会之间的关系、品牌对于人们生活观念的影响。2003 年 6 月,该栏目改版更名为《品牌故事》,除保持原来的定位和风格以外,还讲述品牌背后的故事。该栏目于 2005 年 12 月结束播出。

【心灵花园/大话爱情】

传媒集团生活时尚频道《心灵花园》栏目于 2004 年 1 月 3 日首播,周播,每期时长 30 分钟。《心灵花园》栏目的口号是"让您更了解自己"。它讲述都市人真实的情感故事,探讨都市人的心理问题,并由社会学家、心理学家深入分析,引导观众面对情感问题和心理问题做出理性和智慧的选择。

传媒集团生活时尚频道《大话爱情》栏目于 2006 年 1 月 7 日首播,每周播出 2 期,每期 47 分钟。该栏目讲述真实爱情故事,开展有品位有深度的情感访谈。

2008 年 7 月起,《心灵花园》与《大话爱情》合并,沿用《心灵花园》的栏目名称。并于周六和周日播出栏目特别板块"大话爱情"。《心灵花园》栏目于 2008 年 12 月结束播出。

【往事】

传媒集团纪实频道《往事》栏目于 2005 年 1 月 3 日首播,每周播出 5 期,每期时长 20 分钟。《往事》栏目以主持人对嘉宾访谈为节目形式,以历史时代为背景,以历史亲历者或见证人的记忆为内容,并插入珍贵历史影像,对正史中的缝隙加以修补,还原历史的生动和丰富。

《往事》栏目采用故事化的叙事方式,在"真实人物、真实事件、真实史料、真实情感"基础上做戏剧化表达,融"口述历史"的学术性、真实性与电视传媒的公众性、可看性于一体。《往事》是中国电视界较早的一档口述历史栏目。

【文化中国】

传媒集团纪实频道《文化中国》栏目于 2006 年 1 月 2 日首播,每周播出 5 期节目,每期时长 20 分钟。这是一档谈话类栏目,以"传播中国传统文化,提升观众人文素质"为宗旨,由主持人声情并茂地讲述历史故事,专家学者对历史做出评说和诠释,两者形成互动,相得益彰。很多著名历史学家作为栏目嘉宾,参与节目制作。该栏目运用图片、影像资料和部分情景再现等,增加节目的生动性、可看性。

《文化中国》栏目受到广大观众的欢迎,也成为许多学生的电视读本,对于传播中国历史文化起到很好的作用。让观众观看一期节目,记住一段历史,感悟一种智慧。该栏目于 2010 年 9 月结束播出。

【十字街头】

传媒集团生活时尚频道《十字街头》栏目于 2007 年 1 月 7 日首播,周播,每期时长 48 分钟。这是一档倡导助人为乐的公益性栏目,邀请明星嘉宾和街头市民一起帮助普通人实现某个愿望或送出一份惊喜。该栏目于 2010 年 9 月结束播出。

【世说新语】

传媒集团艺术人文频道《世说新语》栏目于 2008 年 1 月 1 日首播,每周播出 5 期,每期时长 24

分钟。该栏目旨在展示文化艺术领域内的新创作、新成果,邀请国内著名文化学者作为主讲人,并由主讲人和现场观众进行交流互动。该栏目于 2009 年 8 月结束播出。

【星尚】

传媒集团生活时尚频道《星尚》栏目于 2008 年 1 月 1 日播出,日播,每期时长 30 分钟。该栏目定位为时尚媒体产品,搜罗国内外最新鲜的时尚事件,与明星名人、风尚人物对话,聚焦他们光环之下的独特生活方式,设有"星尚最新""星尚特别报道""星尚人物""星尚感觉"等板块。

【文物博览/博物志】

传媒集团艺术人文频道《文物博览》栏目于 2008 年 1 月 2 日首播,周播,每期时长 24 分钟。主持人在博物馆内观赏文物,讲述历史,勾连古今,引述文物故事,传播历史文化。2011 年 1 月,《文物博览》改版更名为《博物志》,是融人文、历史、文博于一体的文化专题栏目。

【新老娘舅】

传媒集团娱乐频道《新老娘舅》栏目于 2008 年 1 月 2 日首播,每周播出 5 期,每期时长 24 分钟。该栏目与上海市司法局联合制作,主持人和律师、人民调解员等人在演播室现场调解市民矛盾,展现解决纠纷和矛盾的人际交往艺术,为推进建设和谐社会提供有益经验。同年 3 月起改为日播栏目。

【风言锋语】

传媒集团纪实频道《风言锋语》栏目于 2009 年 1 月 1 日首播,每周播出 5 期,每期时长 25 分钟。《风言锋语》是一档脱口秀栏目,由主持人和专家学者、文化名人针对当下社会热点话题进行探讨,实话实说,各抒己见,在谈笑风生中显露诙谐与智慧。

2010 年,上海举办世界博览会。《风言锋语》栏目播出"喜欢上海的 100 个理由"世博系列节目,邀请于丹、易中天、杨澜、梁文道、陈冲、孙甘露、沈宏非等人士,畅谈上海话题,遴选上海元素,梳理上海百年风云,寻找出"喜欢上海的 100 个理由",共制作播出 50 期世博特别节目。《风言锋语》栏目联合广播电台、网站和平面媒体,与观众展开线上线下互动,还将"喜欢上海的 100 个理由"电视节目内容汇编成书。该栏目于 2011 年 1 月结束播出。

【柏万青和谐热线】

传媒集团娱乐频道《柏万青和谐热线》栏目于 2009 年 1 月 1 日首播,每周播出 5 期,每期时长 15 分钟。该栏目主要帮助解决居民群众身边的实际问题,如消费质量投诉、物业维修遭遇难题等,这档节目由人民调解员柏万青主持,外景记者到实地采访并跟踪拍摄多方协商解决问题的经过。

【左右时尚】

传媒集团生活时尚频道《左右时尚》栏目于 2009 年 4 月 7 日首播,每周播出 5 期,每期时长 60 分钟。该栏目介绍国内外时尚和明星生活的资讯和信息,报道全球潮流服饰等时尚资讯,介绍国内外时尚和明星生活。该栏目组在上海、北京、香港、纽约、巴黎、伦敦、米兰等大都市设记者站或通讯网,每天及时报道、专题分析国内外时尚活动和明星的时尚生活方式、生活态度。

【文中有话】

传媒集团艺术人文频道《文中有话》栏目于 2009 年 4 月 26 日首播,每周播出 5 期,每期时长 26 分钟。该栏目邀请著名学者钱文忠教授参与节目制作,对当下文化现象、文化热点、文化人物进行点评,栏目以客观、理性和精到的评论见长。2010 年 10 月改为周播。该栏目于 2010 年 12 月结束播出。

【回头释案】

传媒集团东方卫视频道《回头释案》栏目于 2009 年 6 月首播,日播,每期时长 23 分钟。该栏目通过典型案件,用群众易理解、接地气的叙事方式进行讲述和分析,在聊天的气氛中向观众传播法律知识和法治观念。该栏目于 2011 年 12 月结束播出。

【星尚之旅】

传媒集团生活时尚频道《星尚之旅》于 2009 年 8 月 29 日首播,周播,每期时长 60 分钟。该栏目主要内容是,由城市未婚青年男女组成的旅行团前往外地进行一次情感交流的旅行,情感故事在美丽迷人的自然风光和人文景观中展开。该栏目于 2011 年 12 月结束播出。

【科技世博年／科技 2011】

上海广播电视台纪实频道《科技世博年》栏目于 2010 年 1 月 2 日首播,每周播出 2 期,每期时长 25 分钟。该栏目连续介绍上海世博会园区建设、各国国家馆中的科技元素和看点,以生动有趣的方式普及科学知识,传播科技信息,设有"科技情报站""特搜上海"等板块。2011 年 1 月改版更名为《科技 2011》。

【幸福魔方】

上海广播电视台东方卫视频道《幸福魔方》栏目于 2010 年 1 月首播,每周播出 5 期,每期时长 46 分钟。该栏目针对现代都市人群的情感需求,力求解决人际关系中的一些情感问题,为当事人提供一些建议。该栏目于 2012 年 1 月结束播出。

【泡泡天下】

上海广播电视台新闻综合频道《泡泡天下》栏目于 2010 年 3 月 20 日首播,周播,每期时长 50 分钟。该栏目选取每周网络上的高点击率视频、热门帖子和热点人物进行解读和评论,体现主流媒体的价值观和人文关怀,倡导正确的舆论导向。该栏目于 2011 年 10 月结束播出。

【一呼柏应】

上海广播电视台娱乐频道《一呼柏应》栏目于 2010 年 7 月 6 日首播,周播,每期时长 75 分钟。该栏目由人民调解员柏万青主持,这是一档关注民生、为群众调解矛盾、排忧解难的节目。

六、上海教育电视台

【家长／万家灯火／帮女郎】

上海教育电视台《家长》栏目于 2004 年 2 月 23 日首播,每周播出 5 期,每期时长 25 分钟。该栏目以"聆听孩子心声，体味父母心情"为宗旨，关注家庭，讲述青少年成长过程中所遇到的问题。《家长》栏目邀请教育专家、心理专家进行分析和引导，指导家长们更好地培养教育儿女。

2009年7月，《家长》栏目改版更名为《万家灯火》，新栏目的视野由家庭扩展至社会，着眼于家中事、城里事、社会事，深入社会的各个层面，记录报道市民生活。《万家灯火》栏目有一个板块"帮女郎"，节目中几位出镜女记者采制节目，为有困难的市民排忧解难。这个板块的口号是"烦心事、着急事、为难事，帮女郎，帮你忙"。2009年10月，《万家灯火》改版更名为《帮女郎》，每周播出5期，每期时长40分钟。该栏目内容是女记者们通过电视媒体的监督作用和桥梁作用，热心为百姓服务。

【常青树】

上海教育电视台《常青树》栏目于2005年1月4日首播，周播，每期时长30分钟。该栏目由市老干部局和上海教育电视台联合制作。《常青树》栏目反映老干部、老年人晚年生活，介绍上海离退休老干部退而不休、不求名利、继续在各个方面发挥光和热的事迹；也为老年观众提供各种资讯和建议，使他们的晚年生活更加健康美好。

七、区县电视媒体

上海市郊区县电视台、市区有线电视中心开设社教栏目，这些栏目贴近当地群众，介绍本地区的风土人情和杰出人物，提供生活、保健等多方面的咨询服务。

南汇电视台1988年2月开办《南汇大地》栏目，不定期播出，每期时长15分钟左右，主要介绍南汇县具有典型性的人物、人文、特产。1988年3月，南汇电视台开设《春笋园》，不定期播出，每期时长15分钟～30分钟，这是一档专门反映南汇县在改革开放中涌现出来的新人、新事、新风、新貌的专栏节目。1993年5月1日，南汇电视台开设《社会经纬》栏目，逢双周六晚上播出，每期时长15分钟，主要对百姓普遍关心的问题进行深度报道，具有新闻性、典型性和思辨性。2005年5月21日，南汇电视台访谈栏目《沟通》首播，周播，每期时长20分钟，该栏目邀请嘉宾围绕社会热点解读政策法规、剖析事件本质、讲述人生故事。

青浦电视台《水乡天地》栏目于1992年2月开播，每月播出2期，每期时长20分钟，设有"社教园地""经济之窗""科技兴农""青浦风采""文化剪影"等板块。《今日青浦》栏目于2000年3月开播，反映青浦人民的精神风貌，介绍青浦区的经济建设和社会发展情况。

崇明电视台《时代写真》栏目于1994年1月开播，周播，每期时长15分钟，后改版更名为《今日崇明》，该栏目报道崇明经济建设、生态文明、科技发展等。崇明电视台《科技兴农》栏目和《种养新经》栏目于1995年5月开播，这两档栏目均为周播，每期15分钟，请农技专业人员、农村生产能手介绍种植养殖业和生态农业技术。崇明电视台《瀛洲卫士》栏目于1995年开播，周播，每期时长15分钟，后改版更名为《瀛洲110》，该栏目以播出反映案件侦破的纪实性专题片为主，反映崇明平安建设情况，并介绍崇明公安干警的队伍建设。

宝山电视台《长江潮》于1996年1月开播，该栏目记录反映宝山改革开放的变化与发展。2005年1月起，《长江潮》等5个栏目整合，改版更名为《宝山纪实》栏目，周播，每期时长20分钟，该栏目主要纪录和介绍宝山建设与发展中的重要事件和人物。宝山电视台《北翼法苑》是一档法制类栏目，2001年起改版更名为《宝山警苑》。

嘉定电视台《说嘉定》栏目于 2000 年开播,主要播出专题片、纪录片,讲述嘉定人物故事。嘉定电视台《法律与生活》栏目于 2003 年 12 月开播,以剖析案情、明辨法理为宗旨,从法律的视角探析社会生活,以百姓的眼光关注法律话题。嘉定电视台《记录嘉定》栏目于 2007 年开播,介绍嘉定的人文历史,以播放人物专题片为主。

金山电视台先后开设多档电视社教类栏目。其中,《生活资讯》栏目开播于 2004 年 12 月,周播,每期时长 15 分钟,该栏目报道各种新的生活方式和文娱活动,成为金山观众休闲生活中的好朋友、好参谋。《相约海滨》栏目开播于 2007 年 5 月,周播,每期时长 15 分钟,以弘扬金山历史文化、促进旅游业发展为主旨,将各类文化艺术、体育盛会、景点建设、群众活动、真情故事汇聚在一起,这是金山电视台的品牌栏目。

奉贤电视台《健康伴你行》栏目于 2005 年开播,每期栏目选择一个热门医疗话题,邀请奉贤中心医院副主任医师以上的医学专家走进电视演播室,为观众讲解各种疑难杂症,指导观众有效改善自身的健康状况。

松江电视台联手松江电台和松江报于 2006 年 5 月推出人物访谈专题栏目《我们松江人》,把镜头聚焦普通松江人,记录他们工作生活中的真、善、美,他们的理想信念和精神风貌。该栏目播出 100 期时,举办了"我们松江人"评选活动。

闵行区电视台《经纬时空》《情系闵行》是两档自办的社教栏目,周播,每期时长 15 分钟,采编闵行地区发生的人物故事,传播生活中的真善美。

卢湾区有线电视中心从 1993 年起相继开设了《改革新话题》《卢湾经纬》《法治纵横》《健康卢湾》《创建文明城区大家谈》《社区新视窗》《今日卢湾》《党的生活》等社教类栏目,围绕区委、区政府中心工作,反映城区经济社会发展成就,反映社区居民日益增长的精神文化需求。

浦东新区有线电视中心《东上海视角》栏目创办于 1997 年,周播,每期时长 10 分钟,该栏目坚持自办原创,主要是以纪实手法,讲述浦东开发开放进程中的热点事件、感人故事、典型人物。2005 年《东上海视角》改版更名为《聚焦浦东》栏目。2009 年浦东、南汇两区广播电视机构合并后,该栏目更名为《浦东纪事》,周播,时长为 15 分钟,该栏目受到浦东新区观众的广泛好评。

2000 年 7 月,黄浦区、南市区两区"撤二建一",建立新的黄浦区。同时也撤销原黄浦、南市有线电视中心,组建新的黄浦区有线电视中心,陆续开办《家居黄浦》《平安黄浦》《黄浦 110》《生活与健康》《党的生活》《家园》《健康新世界》等电视社教类栏目,主要反映社会生活、城区安全、健康卫生等黄浦区居民关心的内容。

静安区有线电视中心先后开播《人生健康园》《生活指南》《走进演播室》等栏目。《人生健康园》是一档民生类栏目,反映静安区卫生健康事业发展和良好的社会氛围。《生活指南》栏目介绍静安风貌,提供旅游观光资讯,用主持人引领的方式,走进静安的大街小巷、名人故居,讲述静安历史沿革、人文风情。《走进演播室》是访谈类栏目,介绍静安的经济、文化、社会等各方面的建设成果。

虹口区有线电视中心《师说心语》栏目于 2003 年开播,每月播出 2 期,每期时长 6 至 8 分钟。该栏目展示该区学校办学特色,反映校园生活。

徐汇区有线电视中心先后开播《徐汇人家》《徐汇新天地》栏目。《徐汇人家》栏目于 2003 年 9 月 2 日首播,月播,每期时长约 10 分钟。摄制组走进居民家庭进行现场采访,反映民生问题。《徐汇新天地》栏目于 2004 年开播,月播,每期时长约 10 分钟,反映徐汇区的新人、新事、新风貌。

杨浦区有线电视中心先后开设了《百姓与交通》《杨浦 110》《话说杨浦》等电视社教类栏目。

第二节　社教专题(含特别节目)

一、上海电视台

【上海市中学生智力竞赛】

1981年7月,上海电视台开办《上海市中学生智力竞赛》节目,由上海27所市、区重点中学各派3名代表组队参赛。选题涉及文、史、哲、数、理、化诸多方面,分初赛、复赛和决赛,决出冠军、亚军和季军。

这档竞赛节目播出后,社会反响热烈。当年8月,上海文化出版社出版《中学生智力竞赛选题》一书,共售出55万册。

【《我爱祖国语言美》普通话电视评比专题节目】

1985年5月,上海市语言文字工作委员会、上海教育出版社与上海电视台社教部联合举办《我爱祖国语言美》普通话电视评比活动,并制作了3集社教专题节目在上海电视台20频道《生活之友》栏目播出。这项活动每年举行一次,在制作播出专题节目的同时,还出版发行练习教材。1993年后,《我爱祖国语言美》活动每两年举办一次,参加范围扩大至中国台湾、香港和澳门地区。该项活动累计举办了18届。

【《上海的明天》系列片】

为配合上海城市建设蓝图的报道和宣传,上海电视台《科技之窗》栏目经过近一年的采访制作,于1986年10月播出系列专题片《上海的明天》。该节目在1986年11月北京举办的全国城市建设成就展览会上播出。

【《科技精英》系列片】

从1991年7月起,上海电视台《科技之窗》栏目拍摄播出聚焦科学家科研和人生经历的电视系列专题片《科技精英》。该节目报道部分中国科学院学部委员的科学人生,其中有《张香桐——探索大脑奥秘的人》《谈家桢——中国的摩尔根》《李国豪——桥梁结构理论的开拓者》《谢希德——中国表面物理的先导》。该系列片中还包括诺贝尔物理学奖获得者杨振宁的人物专题片。上海科学院党委把这些电视片列为对青少年进行爱国主义教育的教材。

二、上海教育电视台

【中国名校大学生辩论邀请赛】

上海教育电视台首届《中国名校大学生辩论邀请赛》于1995年12月播出,采用季播形式。《中国名校大学生辩论邀请赛》于1995—2008年间每年在上海举行,连续举办14届。它是国内有影响力的大学生辩论赛事,也是上海教育电视台的品牌节目。

该赛事每年邀请6所~8所著名高校学生辩论队,中国人民大学、浙江大学、复旦大学、上海交通大学、香港大学、澳门大学等逾百所高校先后参加比赛。金庸、余秋雨、周汉民、杨澜、敬一丹等学者和电视主持人担任比赛的点评嘉宾。辩论邀请赛的辩题紧贴时代发展脉搏,关注中国及世界的重大社会文化课题。大学生选手引人入胜的辩论内容以及在辩论中展露的睿智和风采,还有嘉宾精妙的点评,成为电视观众和大学生们热议的话题。记录中国名校大学生辩论邀请赛的《世纪之辩》《英才雄风》等书籍出版发行,并一版再版。

【院士礼赞】

1997—1998 年,上海教育电视台牵头组织多家省市教育电视台、高校电教中心共同摄制完成系列专题片《院士礼赞》,共有 105 集,每集片长 15 分钟,在上海教育电视台和多家省市教育电视台播出。系列片《院士礼赞》讲述中国科学院、中国工程院两院院士为中国科技进步而奋斗的人生经历,讴歌他们的科学精神、爱国主义情怀和参与实施科教兴国国家战略的担当意识。

【一代名师】

2002 年,上海教育电视台摄制并播出 30 集电视系列专题片《一代名师》,每集片长 30 分钟。《一代名师》专题片分现代和当代两部分,讲述蔡元培、陶行知、贺绿汀、谢希德、于漪等名师教书育人的故事,凸显他们的人格魅力和情怀。国务委员陈至立为此系列片题写片名。中央电视台于2003 年 9—10 月间在黄金时段播出系列专题片《一代名师》中的 28 集。

【身边的奥秘】

2005 年起,上海教育电视台联合全国 60 余家教育电视台、高校影视学院以及电视制作公司,共同制作大型科普专题节目《身边的奥秘》,共拍摄千余集。该节目从人们熟悉的事物中选题,运用生动有趣的电视艺术手段,讲述了人们生活中所蕴含的科技知识。

该系列片在上海、河南、山东、吉林、江西等 10 余个省市的电视台播出,上海教育音像出版社同步出版发行了《身边的奥秘》光盘,国家教育部等有关部门购买数万套光盘送到西部贫困地区作为学生的科普声像教材。上海 1 600 多所中小学把该节目作为科普、素质教育声像教材。上海教育资源库网站提供网络视频观看,点击率较高。

【名医大家(第一辑)】

上海教育电视台系列专题片《名医大家》(第一辑)于 2010 年 4 月 25 日首播,每集时长30 分钟。《名医大家》由上海教育电视台与上海市卫生局等联合制作,是一部宣传医学大师的系列人物电视纪录片。《名医大家》(第一辑)介绍吴孟超、汤钊猷、陈灏珠、顾玉东、沈自尹、王振义、陈赛娟、张涤生、邱蔚六、戴尅戎、周良辅、郭迪、裘沛然、颜德馨等 15 位在国内外具有影响力的名医大家,展示他们对医学的探索和追求,为挽救患者生命、守护病人健康所做的贡献,真实生动地反映他们的精湛医术和大师品格。

图 3-6-1 1997 年 9 月,上海教育电视台"我的讲台我的爱"上海教师演讲比赛

三、传媒集团/上海广播电视台

【幸福中国】

2006—2007年,传媒集团生活时尚频道推出大型系列社教专题节目《幸福中国》,该节目对中国人的"幸福度"展开专题调查。摄制组采访拍摄30余座大中小型城市,关注不同城市居民的衣食住行,呈现改革开放以来不同人群的获得感和幸福感。年末,《幸福中国》节目还进行年终盘点,并发布幸福榜单。

2009年是中华人民共和国成立60周年。国庆期间,生活时尚频道播出新一季大型系列专题节目《幸福中国》。该系列专题片共有6集,分别是《童年》《青春》《偶像》《结婚》《邻居》《节日》,从时尚的视角,和各个年代、各个领域的知名人物共同探寻"幸福"的主题。摄制组走访北京、上海、成都、广州、哈尔滨5座城市,拍摄历时150多天。采访姚明、洪晃、郎朗、高晓松、马未都、鞠萍、贾樟柯等社会名人,他们回忆自己和共和国一起成长的经历,述说心中关于"幸福"的定义。该系列专题片获得中国电视艺术家协会好作品奖。

【"两岸一家,万'粽'一心迎特奥"特别活动】

传媒集团生活时尚频道于2007年端午节推出"两岸一家,万'粽'一心迎特奥"特别活动,并播出特别节目。该节目报道海峡两岸包机在端午节首次实现直飞,传递团圆、平安、祝福的理念,反映海峡两岸一家亲的主题,为即将在上海举办的特殊奥林匹克运动会献上一份来自海峡两岸的美好祝愿。

【中国节庆民俗文化专题节目】

传媒集团生活时尚频道于2008年推出中国节庆特别节目,在春节、清明节、端午节、中秋节等中国传统节日里,制作播出中国节庆民俗文化专题节目《中国年味》《春暖清明》《端午情缘》《月满中秋》,以专题片和直播节目交融的形式,邀请知名学者、专家共同探讨和发掘中国传统节目的文化内涵。

《中国年味》专题节目时长8小时,播出于2008年农历除夕,介绍中国多地年夜饭文化。节目主持人的足迹遍布祖国天南海北和海外的一些华人社区,记录中国年的浓浓年味和除夕民俗仪式。

《春暖清明》专题节目通过访谈形式,节目嘉宾们讲述对已故先辈亲友的亲情和友情,畅谈对于生命的感悟和对于亲情的感动,展示清明节的人文精神和纪念情怀。

《端午情缘》专题节目通过人物访谈、诗歌朗诵等多种形式,介绍端午节的习俗文化,探寻中国传统节日里的文化传承。

《月满中秋》专题节目展示中国多地中秋美食特色和传统习俗,介绍中秋节的由来,探寻中秋民俗文化的内涵。

【时装设计师选拔系列专题《魔法天裁》】

为了鼓励具有潜质的中国本土时装设计师在创意产业寻求发展,搭建中国时装原创力量走向国际的交流平台,传媒集团生活时尚频道从2008年9月起,制作、播出设计师选拔系列节目《魔法天裁》。每期节目的设计主题不仅体现时尚精神,而且与上海的一些重要文化体育活动相契合,设计了 2008 年网球大师杯选手亮相服装、2008 年风尚大典主持人礼服、舞林大会参赛明星演出定制服和 2010 年上海世博会礼仪小姐服饰等。节目衍生品牌"ENJOYOUNG"的服装也随即面世。

【时尚对话】

2010 年春节期间,上海广播电视台星尚频道推出 5 集系列专题节目《时尚对话》。该节目以意识流的拍摄方式和探索片的电视编辑手法,展示艺术家、设计师、投资人对时尚与艺术的思考。节目共分五集,分别为《对话服装》《对话电影(上)》《对话电影(下)》《对话建筑》《对话绘画》。

第三节　讲座节目

一、职业培训教育

20 世纪 80—90 年代,上海电视台和有关主管部门联合举办职业培训教育讲座,满足上海建设和发展对各种专业人员的需求。收看对象是固定的,有组织的。讲座结束后,有关部门组织考试,并对考试合格者颁发结业证书。

这些讲座分别有《经济管理中专》《速成机械识图》《速成机械制图》《价值工程》《营业员岗位培训》《专业技术人员基础英语》《班组长管理知识》《电脑 BASIC 算法语言》《保育员知识》《计算机应用知识》《经济合同法》《东海微机的应用》等等。

二、青少年教育和生活技能

20 世纪 80 年代以来,上海电视台开办面向青少年的教育讲座和面向成年人的生活技能知识讲座。

面向青少年的电视教育讲座有《日常英语》《儿童英语》《娃娃学英语》《家庭幼儿教育》《数学小百灵》《誊印艺术》《儿童电子琴》《少儿绘画》《英文打字训练》和《日语生活会话》等。

面向成年人的生活技能类电视讲座有《冯秋萍绒线钩针编织法》《学点聋哑人手语》《儿童服装裁剪》《高级家具油漆》《民间童装裁剪》《烹调技术》等。1987 年 11 月 17 日,《学点聋哑人手语》系列专题节目在日本东京举行的第十六届国际广播电视教育节目评比中获得第二名,这是上海电视台教育节目首次在国际教育节目评比中获奖。

1994 年起,上海教育电视台开播《ETV 家庭教师》节目,邀请上海市各学校的名师,在荧屏上为学生们辅导功课,梳理学习中的疑点和难点,循循善诱地进行释疑解惑,使得优质教育资源普及更多的学生。语文特级教师于漪、数学特级教师唐盛昌等都在《ETV 家庭教师》讲座节目中为学生上课。上海教育电视台与复旦大学出版社、上海海文音像出版社共同出版发行了《ETV 家庭教师》图书和录像带。

三、文化

上海教育电视台于 2002 年 4 月 7 日开播《世纪讲坛》栏目,周播,每期时长 45 分钟。该栏目邀请著名专家、学者开讲,将学术前沿课题、社会热点问题带到节目中,释疑解惑。《世纪讲坛》栏目播出 16 集系列节目《说孔子》获得第十二届全国优秀教育电视台节目评选社教类一等奖。

传媒集团新闻娱乐频道于 2002 年 6 月 30 日开播《东方大讲坛》电视讲座,周播,每期时长 60 分钟。该栏目以打造"一座传播知识的殿堂、一所没有围墙的大学"为宗旨,邀请全国著名的学者、专家在荧屏上开讲座,针对一些社会、经济、文化等热点问题释疑解惑,坚持正确导向,宣传先进文化。其中有王蒙的"我的读书生活"、徐寅生的"世乒赛的昨天与今天"、谢晋的"我的艺术道路"、杨福家的"国际视野下的高等教育"等。

2010 年上海举办世界博览会。上海教育电视台自 2009 年 3 月起推出《市民大学堂》"迎世博,爱生活"千集系列社区教育类节目,旨在提高市民文明素质、构建学习型城市。《市民大学堂》内容涵盖卫生保健、家庭教育、艺术欣赏等,有《健康宝典》《品味经典》《家庭理财》《家政课堂》《职场百题》《家教天地》《百姓说法》等共 10 个系列 1 000 集的社区教育讲座节目。

第四节　教 学 节 目

一、上海电视大学

上海电视大学,全称上海市广播电视大学,在中共上海市委领导下,由华东师范大学、复旦大学和上海人民广播电台等单位于 1960 年创建。"文革"期间,上海电视大学被迫停办。1978 年 4 月 25 日,上海电视大学复校。复校初期设有数学、物理、化学、医学 4 个专业。

改革开放后,上海电视大学认真贯彻科教兴市、人才强市战略,积极为构建终身教育体系和建设学习型城市服务,坚持以人为本,适应社会发展,突出开放灵活,促进终身学习,是一所没有"围墙"的大学。从 1978 年复校至 1993 年,共培养各系科毕业生 52 329 人。同时,每年有 50 余万人次在上海电大接受各种岗位、技能等非学历教育的培训。

2013 年 7 月 24 日,上海电视大学更名为上海开放大学。

二、上海市电视业余中学

"文化大革命"运动耽误了青少年正常学习文化知识。改革开放初期,1979 年 4 月,上海市委批示上海市广播事业局和上海市教育局联合开办上海市电视业余中学,为广大青壮年补习初中文化知识。

上海电视业余中学于 1979 年 9 月 24 日举行开学典礼。上海电视台负责课程录制和安排播出。上海市电视业余中学第一届学生有 177 000 余人,课程设置有初中语文、数学、物理、化学 4 门学科,学制两年半。最后取得初中毕业证书的有 12 000 余人,取得单科结业证书的有 110 000 人次。1982 年 4 月,上海市电视业余中学招收第二届学生共 108 000 余人,于 1985 年结业。

1979—1985 年,上海市电视业余中学共招收两届学生,学生们通过收看电视认真学习,取得不错的成绩。上海市电视业余中学基本上完成了上海市职工初中文化补课的任务。

三、上海市电视中等专业学校

随着上海市很多青工补习完初中文化,职工业余学习的重点转入高中文化课程。上海市教育局和上海市广播事业局协商筹办上海市电视中等专业学校。

1985年5月,经上海市人民政府批准,在电视业余中学基础上增建上海市电视中等专业学校。办学初期仅设置《政工》《行政管理》两个专业,后来陆续开设《企业管理》《工业会计》《文书档案》《营销》《外贸》《电器》《服装》《商业会计》《汽修》《船舶》《办公自动化》等专业课程,培养了大批成人中专学生。

1992年,上海市电视中等专业学校被国家教委授予"全国成人中专先进学校"称号。

第七章 外语节目

第一节 外语新闻栏目

1986年10月1日起,上海电视台开播了《英语新闻》(English News)栏目,日播,每期时长10分钟。这是全国电视界率先开办的英语综合新闻报道栏目。该栏目译制、播出上海和国内外的重要新闻,开设"今日上海"等板块。

1995年9月1日起,《英语新闻》栏目改版更名为《十点英语新闻》(News at Ten)栏目,每晚22时播出,每期时长30分钟。主要播报上海和国内外最新的政经、社会、文化和体育动态,设有"今日上海""本周焦点""人物专访""环球财经"等板块。

上海电视《午间英语新闻》(Shanghai Noon)栏目于2001年3月5日开播,每周播出5期,每期时长15分钟。该栏目的开播,增加了电视英语新闻播出的时间与次数,更多报道上海社会、经济和文化生活的发展变化。2003年11月3日起,《午间英语新闻》栏目改版扩容,成为日播栏目,时长30分钟。

2008年,传媒集团开办外语频道,为上海这座国际大都市的外籍人士、外语使用者播出一批新闻类栏目。外语频道英语新闻节目,在报道内容和播出时间上都有所增加,在采用和译制国际、国内和本地新闻以外,还自采、自编、自制大量的新闻节目。《午间英语新闻》栏目于周一至周六中午12时播出,周一至周五节目时长30分钟,周六节目时长15分钟,增设"财经新闻""演播室对接"等板块。《十点英语新闻》周一至周六播出,节目时长30分钟。2012年,《十点英语新闻》栏目改版更名为《直播上海》(Shanghai Live)栏目。

传媒集团外语频道《惊言堂》(The Maintalk)栏目于2008年1月7日首播,周播,每期时长30分钟。这是一档新闻政经类访谈栏目,聚焦近期发生的新闻事件和现象,邀请嘉宾对其进行分析和解读,展现新闻背景和独特观点。该栏目于2009年6月结束播出。

外语频道《今夜谭2009》(Spotlight 2009)栏目于2009年8月31日首播,日播,每期时长20分钟。这是一档新闻谈话类栏目,包括对热点新闻的解读,对重要新闻的补充,对中国特色事物的论述,设有"单口评论""趣闻"等板块。该栏目于2010年4月结束播出。

第二节 其他外语栏目

改革开放以来,上海电视台外语节目部门除英语新闻报道以外,还开办了一些其他外语栏目。传媒集团成立后,开办了一些财经类、体育类、生活服务类的外语栏目。2008年,传媒集团外语频道成立,播出丰富多彩的外语栏目,主要服务于上海的外籍人士和外语使用者。

一、上海电视台

【伙伴】

上海电视台《伙伴》(Partner)栏目于1994年4月14日首播,每周播出3期,每期时长20分钟。

这是一档英语谈话类栏目,用一个个生动、具体、真实的故事,介绍和反映上海这座国际大都市的最新发展和变化,展示中外文化在这座城市里的碰撞与交融,促进相互理解与交流。该栏目于1995年4月结束播出。

【中日之桥】

上海电视台《中日之桥》栏目于1996年9月29日首播,周播,每期时长30分钟。这是一档日语栏目,旨在为中日两国人民之间架起一座电视桥梁,加强交流、增进理解、改善关系和促进友好。2008年1月传媒集团外语频道开播后,《中日之桥》栏目进行改版,增设"美食上海""家在上海""留日归来""生活日本""观光日本""中日沙龙""剧情中来"等板块。

【天下财经/商贸周刊】

上海电视台《天下财经》(Biz Watch)于1998年1月2日首播,周播,每期时长30分钟。这是一档财经类英语栏目,回顾一周财经要闻,与知名经济界CEO对话,深度报道国内外经济发展情况。《天下财经》栏目于2003年12月改版,栏目英语名称保留,栏目中文名称改为《商贸周刊》。该栏目报道投资信息,介绍投资环境,采访知名财经人物。该栏目于2007年12月结束播出。

【城市节拍】

上海电视台《城市节拍》(City Beat)是一档时尚类、娱乐类英语栏目,于1998年10月7日首播,周播,每期时长20分钟。该栏目报道上海的时尚潮流和娱乐动态,以满足英语节目收视人群的需求。

传媒集团外语频道节目部成立后,《城市节拍》栏目进行了改版和扩容,从2008年9月起,由每周播出1期改为每周播出5期,每期时长24分钟。《城市节拍》栏目以三个专题板块和多条信息来组成当日版面,介绍上海的文化生活和时尚信息,服务于在上海的外国游客和居住在上海的外籍人士。《城市节拍》栏目是外语频道的品牌栏目。

二、传媒集团/上海广播电视台

【洋厨房】

传媒集团上海卫视《洋厨房》(You Are the Chef)栏目于2002年7月7日首播,周播,每期时长15分钟。这是一档生活服务类英语栏目,面向时尚白领和喜好美食的家庭主妇,介绍简单易学、富有特色的美食,展现烹饪的时尚做法,并提供这方面的英语会话知识。

2008年传媒集团外语频道开播后,《洋厨房》改版扩容,成为一档日播栏目,每期时长12分钟。外籍女主持人常与大厨或对美食颇有心得、具有操作技艺的嘉宾一起,展示和传授简单易学的烹饪技艺。

【车游天下】

传媒集团上海卫视《车游天下》(Get away)栏目于2003年3月1日首播,周播,每期时长15分钟。这是有车一族体验性英语栏目,以主持人与外国人自驾车游中国作为节目样式,以外国人的视角观察中国,在旅行中边行、边看、边体验。

2008 年外语频道开播后,《车游天下》栏目由外语频道制作播出,周播,每期时长改为 24 分钟。改版后的《车游天下》坚持原先的栏目特色,如主持人的自驾元素和明快节奏等,同时在节目样式、整体结构、情节设计和娱乐性方面做了探索,增加了到国外自驾旅游的内容,以中国人的视角看世界。

《车游天下》是外语频道的品牌栏目。国内外旅游部门纷纷向栏目组发出邀请,这使得《车游天下》栏目组的足迹不仅走遍全国,而且走向世界。

【魅力英语】

传媒集团音乐频道《魅力英语》(EMTV)栏目于 2003 年 3 月 31 日首播,每周播出 2 期,每期时长 26 分钟。这是一档寓教于乐的英语教学栏目,将欧美音乐、原版电影与英语教学结合起来,让观众能够轻松愉悦地学习英语。该栏目于 2005 年 12 月结束播出。

【劲体育】

传媒集团体育频道《劲体育》(Power Sports)栏目于 2005 年 5 月 19 日首播,周播,每期时长 26 分钟。这是一档体育类英语栏目,精选一周体育新闻播出,聚焦热点事件和新闻人物,汇集一周赛事精选,后进行改版,栏目为时长 60 分钟。

【科技@生活】

传媒集团第一财经频道《科技@生活》(Tech Max)是一档科普英语栏目,于 2005 年 10 月 1 日首播,周播,每期时长 30 分钟。该栏目关注生活中的科技发展和进步,以人们的日常生活为背景,通过解释原理、传授方法、案例介绍等手段,推广新技术在生活中的应用。后经改版,栏目内容有所调整,以关注汽车、电子产品等在生活中的应用为主。该栏目于 2010 年 4 月结束播出。

【朝九晚五学英语】

传媒集团东方卫视《朝九晚五学英语》(Nine to Five)栏目于 2007 年 1 月 1 日首播,每周播出 5 期,每期时长 5 分钟。栏目内容涵盖白领的工作、生活及休闲娱乐等方面,采用汉英双语主持,便于观众学习实用的英语口语及对外交往礼仪。该栏目于 2007 年 12 月结束播出。

【说东道西】

传媒集团外语频道《说东道西》(Culture Matters)栏目于 2008 年 1 月 1 日首播,每周播出 5 期,每期时长 24 分钟。这是一档谈话类英语栏目,旨在对于东方与西方的文化差异进行比较,主持人和嘉宾在轻松愉快的氛围中谈论有关文化的各种话题。

2010 年 5 月 18 日,美国劳工部前部长、著名华人赵小兰一家做客《说东道西》栏目。

【爱生活】

传媒集团外语频道《爱生活》(Life Source)栏目于 2008 年 1 月 1 日首播,每周播出 5 期,每期时长为 12 分钟。这是一档生活服务类英语栏目,主要介绍室内装潢、园艺、购物和创意 DIY 等方面内容,为观众展现精致和富有创意的生活方式,探讨如何以较小的成本去创造较多的生活情趣,去发现精彩的生活灵感。该栏目于 2008 年 9 月结束播出。

【X先生】

传媒集团外语频道《X先生》(Mr. X)栏目于2008年1月1日首播,周播,节目时长24分钟。这是一档谈话类英语栏目,聚焦社会各界成功男士,展示他们各具特色的工作与生活方式。该栏目于2010年12月结束播出。

【华人电影志】

传媒集团外语频道《华人电影志》(Reel Talk)栏目于2008年1月1日首播,每期时长48分钟。这是一档介绍和赏析华语电影的杂志型英语栏目,讲述华语电影的历史,介绍知名的华语电影人和经典华语影片,同时关注华语电影的发展现状和未来走向。该栏目于2010年4月结束播出。

【中国城市发现】

传媒集团外语频道《中国城市发现》(City Finder)栏目于2008年1月2日首播,周播,每期时长24分钟。该英语栏目聚焦中国城市的故事,围绕"城市,让生活更美好"的上海世博会主题,讲述中国城市的历史文化、当今的人居环境和未来的发展规划,探索"宜居"城市课题。该栏目于2009年6月结束播出。

【来来往往】

传媒集团外语频道《来来往往》(Crossing Over)栏目于2008年1月3日首播,周播,每期时长24分钟。这是一档时评类英语栏目,该栏目由文化界著名人士洪晃担纲主持,邀请嘉宾就每周的新闻热点和社会事件进行评论和解读,为在上海生活和工作的外籍人士了解当今中国社会提供一个独特的视角。该栏目于2008年12月结束播出。

【家在上海】

传媒集团外语频道《家在上海》(Shanghai Quest)栏目于2008年1月4日首播,周播,每期时长24分钟。该英语栏目用镜头记录外国人在上海的生活和工作状况,讲述他们在上海的收获和体验。该栏目于2009年12月结束播出。

【三城记】

传媒集团外语频道《三城记》(A Tale of 3 Cities)栏目于2008年1月5日首播,周播,每期时长24分钟。该英语栏目由上海连线全球其他国际化城市,反映世界各城市文化比较和生活体验,设有"三城对比""短讯""焦点人物"等板块。该栏目于2009年6月结束播出。

【娱乐进行时】

传媒集团外语频道《娱乐进行时》(That's Entertainment)栏目于2008年1月5日首播,周播,节目时长24分钟。这是一档娱乐资讯类杂志型英语栏目,荟萃国内外演艺圈最新动态,内容包括影视歌明星的最新动向、新拍影视片的精彩预览、热播影片点评、影视拍摄现场探班花絮和现场明星采访等。

《娱乐进行时》栏目从2008年9月1日起改为日播栏目,每期时长15分钟。栏目英文名称改为《Cool Edition》。为把国内外文化娱乐信息第一时间传递给观众,外语频道和英国独立电视台

(ITN)进行合作,采用编辑英方提供的包括影音娱乐和英超足球动态等最新素材,结合上海的文化娱乐、体育和时尚资讯等,使节目内容更加丰富精彩。该栏目于 2011 年 12 月结束播出。

【不完全爵士】

传媒集团外语频道《不完全爵士》(More Than Jazz)栏目于 2008 年 1 月 6 日首播,周播,每期时长 48 分钟。这是一档音乐类英语栏目,介绍和赏析流行音乐经典,除爵士乐以外,还介绍包含电子、朋克、布鲁斯和乡村音乐等各种类型的音乐节目。该栏目于 2012 年 8 月结束播出。

【岁月留声】

传媒集团外语频道《岁月留声》(Everlasting Favorites)栏目于 2008 年 9 月 3 日首播,周播,节目时长 48 分钟。这是一档音乐类英语栏目,讲述欧美乐坛流行歌星和作曲家、音乐人等的艺术人生,还介绍经典的电影歌曲。该栏目通过回顾不同时代世界各地流行音乐的优秀代表作,向经典致敬,唤起几代人对于音乐的美好记忆。该栏目于 2010 年 4 月结束播出。

【梦开始的地方】

传媒集团外语频道《梦开始的地方》(My Dream)栏目于 2008 年 9 月 28 日首播,每月播出 1 期,每期时长 48 分钟。这是一档汉英双语慈善栏目,融纪实、访谈和资讯为一体,反映困难少年儿童的境遇和梦想,记录社会爱心人士对他们的关爱和帮助,为孩子圆梦,给孩子快乐。该栏目于 2010 年 4 月结束播出。

【财经志】

传媒集团外语频道《财经志》(Biz Time)栏目于 2009 年 4 月 4 日首播,周播,每期时长 30 分钟。这是一档财经类英语栏目,主要调查分析近期财经热点话题,深度发掘话题背后的起因、发展、矛盾、影响和启示,并播出一周经济要闻。该栏目于 2010 年 4 月结束播出。

【看剧学中文】

上海广播电视台外语频道《看剧学中文》(Chinese Drama Time)栏目于 2010 年 1 月 1 日首播,日播,每期时长 300 分钟。该英语栏目播放中国古装电视剧,为居住和工作在上海的外籍人士人提供一个了解中国文化、学习汉语的平台。该栏目于 2012 年 2 月结束播出。

【冲刺！中国】

上海广播电视台外语频道《冲刺！中国》(China Rush)栏目于 2010 年 8 月 8 日首播,季播,每期时长 48 分钟。这是一档大型真人秀英语节目,引进迪士尼《极速前进》的节目模式,融入中国各地风貌,充分体现上海世博会的城市人文精神。第一季于 2010 年 8 月 8 日—11 月 7 日播出;第二季于 2011 年 8 月 7 日—10 月 23 日播出;第三季于 2012 年 8 月 26 日—11 月 11 日播出。

第三节　外语特别节目

2008 年,第二十九届夏季奥林匹克运动会在中国首都北京举行。传媒集团外语频道派出三路记者组成 2008 北京奥运前方报道组,采访大量的体育界名人,其中包括对百米世界纪录保持者博尔特的赛前采访、对在北京奥运会上夺得 8 枚金牌的美国游泳运动员菲尔普斯的专访等。2008 年 8 月 8 日北京奥运会开幕当天,外语频道对奥运会开幕式进行长达近 5 小时的英语直播。整个奥运会期间,外语频道在黄金时段推出奥运会特别节目,及时、全面报道奥运会赛事。每日 20 时和 21 时 30 分,外语频道分别推出两档奥运节目——《奥运精选》栏目和《五环之夜》栏目。《奥运精选》栏目荟萃当天 3 场~4 场精彩赛事,配以英语解说。《五环之夜》栏目以直播形式报道奥运新闻,还播出当天奥运比赛情况,包括赛事剪辑、花絮、访谈、金牌榜等。

2009 年 10 月 1 日,中华人民共和国建国 60 周年,传媒集团外语频道播出 10 集英语纪录片《中国通》。该节目记者采访基辛格、萨马兰奇、中曾根康弘、库恩等 10 位同中国有着深厚渊源的著名国际风云人物,请他们从自己的人生经历回顾各自同中国之间不同寻常的故事和情感,他们从国际视角见证新中国 60 年的发展历程。其中不少珍贵资料是首次公之于世。纪录片《中国通》产生了较大影响力,许多国家驻华大使馆、领事馆纷纷向外语频道询问该节目播出时间,并希望能够得到该节目的 DVD 碟片。

为配合报道、宣传中国 2010 年上海世界博览会,从 2008 年 1 月 1 日起,传媒集团外语频道开播《世博链接》英语栏目,周播,每期时长 24 分钟。该栏目播出上海世博会电视专题栏目,报道上海世博会的工作进展和最新讯息,回顾历届世博会的举办情况。《世界百位名人谈上海世博》项目于 2009 年 5 月启动,该项目由上海市人民政府新闻办公室牵头,包括传媒集团外语频道在内的上海各大媒体共同合作完成。《世界百位名人谈上海世博》特别专题节目收集了包括日本前首相福田康夫、美国前国务卿基辛格和近 10 位诺贝尔奖获得者等在内的 100 位中外名人对上海世博会的寄语。该节目的华语版和英语版分别在传媒集团新闻综合频道和外语频道播出。在上海世博会举办期间,上海广播电视台外语频道精心设计世博版面,全力报道上海世博会。制作、播出英语直播节目《世博 360°》《世博现场》和日语新闻节目《万博百闻》,充分报道世博会园区游览信息、各展馆资讯以及参展国文化。2010 年 10 月 31 日上海世博会闭幕当天,外语频道分别对世博高峰论坛和闭幕式文艺演出做全程英语直播。

外语频道持续向海内外电视传媒机构提供世博会节目,其中向中央电视台英语频道、美国有线电视新闻网 CNN 和日本放送协会 NHK、日本 TBS 电视台等提供世博会最新进展的新闻报道。《世博链接》整档栏目在新加坡亚洲新闻台每周黄金时间播出。《世博 360°》节目通过美国电视联播网 ICN 国际卫视在美国旧金山和洛杉矶地区播出,同时每周向中央电视台中文国际频道、英语频道的《中国新闻》《财经新闻》《中国 24 小时》等中英文栏目供片两次,拓宽了上海世博会国际国内传播渠道。

2010 年,上海广播电视台外语频道采访报道上海和全国的人大、政协两会,安排较多版面,播出特别节目。为报道上海两会,外语频道与英文版《上海日报》合作,派出记者去市人大和市政协会场进行采访报道,在每天晚间新闻中"两会"专门时段播出,聚焦大会进程,关注热点问题。"代表声音"板块选播人大代表、政协委员独到的观点和见解,并结合相关新闻背景进行点评。为报道全国两会,外语频道派出 6 人组成的前方报道组,每天从北京发回报道。外语频道《今夜谭》英语栏目 3 月 3 日—3 月 12 日,推出 8 期特别节目《中国进行时》,每期开头都有约 5 分钟外语频道特派记者采制的"驻会观察"报道。每天 21 时英语新闻节目重点报道全国两会新闻。

上海广播电视台外语频道英语新闻节目在美国主流网站 Tantao News Network 上每天报道中国两会新闻,使北美的黑莓和 iPhone 用户能够及时收看到外语频道制作关于中国两会的视频新闻。

第八章 少 儿 节 目

第一节 少 儿 栏 目

一、上海电视台

【红领巾节目】

上海电视台《红领巾节目》栏目于 1980 年 1 月 6 日首播,每周播出 2 期,每期时长 30 分钟。该栏目由小朋友自己主持,融教育性、知识性和娱乐性为一体。1980 年 10 月后增设"猜一猜"板块,启发少儿思维能力,进行科学知识教育。1982 年后又增设"瞭望台""百花园""知识宫"板块。该栏目于 1984 年 6 月结束播出。

【娃娃乐/ 开心娃娃】

上海电视台《娃娃乐》栏目于 1984 年 6 月 5 日首播,每周播出 2 期,每期时长 20 分钟。该栏目反映幼儿的日常生活,开阔他们的视野,教会他们一些生活常识和基本技能,启迪他们的早期智力。1993 年改版更名为《开心娃娃》。

《开心娃娃》栏目于 1993 年 2 月 2 日首播,每周播出 2 期,每期时长 20 分钟。该栏目让小朋友通过游戏、娱乐,在学学、做做、唱唱中接受知识,懂得礼貌,增强体魄,设有"开心碰碰车""小擂台""挑战高手""老古董"等板块。该栏目于 2003 年 1 月结束播出。

【金钥匙/ 小天地/ 看我新一代】

上海电视台《金钥匙》栏目于 1984 年 6 月 6 日首播,周播,每期时长 15 分钟。该栏目由小朋友自己主持,以小学中高年级和初中学生为收视对象,宣传科学知识,启迪智力,设有"小发明家的故事""益智趣题"等板块。1987 年 6 月改版更名为《小天地》栏目。

《小天地》栏目于 1987 年 6 月 16 日首播,每周播出 3 期,每期时长 25 分钟。该栏目融知识性和娱乐性于一炉,培养少儿多方面的兴趣,促进他们的全面发展,设有"小实验"等板块。1993 年 2 月改版更名为《看我新一代》。

《看我新一代》栏目于 1993 年 2 月 1 日首播,每周播出 2 期,每期时长 20 分钟。该栏目反映中小学生关注的问题,展示他们的聪明才智和丰富多彩的校内外生活,设有"说戏谈曲""小伙伴之窗"等板块。该栏目于 1994 年 7 月结束播出。

【燕子信箱】

上海电视台《燕子信箱》栏目于 1984 年 6 月 8 日首播,每周播出 5 期,每期时长 15 分钟。主持人陈燕华以"燕子姐姐"的身份与孩子们交朋友,回答他们提出的各种问题,与他们交流生活、学习、课余爱好的方方面面。该栏目于 1987 年 6 月结束播出。

【你我中学生】

上海电视台《你我中学生》栏目于 1986 年 6 月 12 日首播,周播,每期时长 15 分钟。这是一档由中学生自己采编和主持的节目,反映上海中学生的学习和生活,设有"校园内外""生活 ABC""青橄榄""周末热线"等板块。该栏目于 1991 年 7 月结束播出。

【时代少年】

上海电视台《时代少年》栏目于 1994 年 8 月 4 日首播,每周播出 2 期,每期时长 20 分钟。栏目以中学生为参与主体,内容涉及青少年关注的校园内外种种热点话题。该栏目于 1999 年 12 月结束播出。

【小鬼当家】

上海电视台《小鬼当家》栏目于 2000 年 1 月 8 日首播,周播,每期时长为 20 分钟。该栏目以 6 岁～12 岁的小学生为拍摄对象,培养孩子们的自理、应变、防范和创造性等能力。栏目口号:"今天一小步,人生一大步。"2006 年改版为季播形式,每期时长 24 分钟。每季节目都推出不同主题,有"平安大挑战""圆梦大行动""安全小卫士""健康好小孩"和"农庄小达人"等。

《小鬼当家》栏目获得国家广电总局 2006、2007 年度全国"优秀原创少儿电视节目"二等奖;2009 年获第九届中央电视台少儿艺术电视大赛节目银奖。

二、上海有线电视台

【红绿蓝娃娃城】

上海有线电视台《红绿蓝娃娃城》栏目于 1995 年 5 月 9 日首播,每周播出 3 期,每期时长 20 分钟。该栏目融知识性、娱乐性和参与型为一体,播放系列儿童小品、木偶剧、动画片,还播出儿童参与的游戏、表演和活动,设有"卡通园""木偶角""娃娃家"等板块。1998 年 8 月起,该栏目增设"空中艺校"板块,给少年儿童教授跳舞、绘画、戏剧等课程,让孩子们接受艺术熏陶。该栏目于 2001 年 12 月结束播出。

【小小看新闻】

上海有线电视台《小小看新闻》栏目于 1995 年 10 月 1 日首播,日播,每期时长 10 分钟。这是全国开设最早的面向少年儿童的新闻栏目,从少儿的关注点和兴趣点出发,以通俗、浅显、易懂的语言和亲切、自然的风格播报新闻,提高儿童对新闻的接受力和理解力。栏目邀请上海的儿童心理学家和儿童教育工作者任兼职编辑。

1999 年,上海有线电视台《小小看新闻》栏目将由社会公开征集的栏目标志"娃娃眼中的世界"申请商标注册,使该栏目成为以卡通形象为标志的电视新闻节目。该栏目于 2001 年 1 月结束播出。

【太阳船】

上海有线电视台《太阳船》栏目于 1996 年 10 月 6 日首播,周播,每期时长 13 分钟。这是一档少儿科普类栏目。节目主持人报道当今世界科技新的新成果、新动向和新趋势,激发小朋友对于科学技术的好奇心,更多了解生活中的科学小常识,设有"跟着阳光走""阳光水手""阳光快车道"等板块。该栏目于 2000 年 4 月结束播出。

三、东方电视台

【欢乐蹦蹦跳】

东方电视台《欢乐蹦蹦跳》栏目于 1996 年 3 月 30 日首播,每周播出 2 期,每期时长 25 分钟。这是一档以 7 岁以下学龄前儿童为主体的幼儿娱乐栏目,让儿童展现自我,用儿童的眼光认知事物、了解世界和社会,培养孩子友爱、勇敢、自信的意识和表达能力。早期节目有韵律操、儿歌和游戏等环节,后期开设"童言无忌""你问我答""蹦蹦跳跳"和"运动小健将"等板块。该栏目 2006—2007 年期间扩版为日播节目,2008 年起恢复为每周播出 2 期。

图 3-8-1　1999 年 5 月 24 日,东方电视台《欢乐蹦蹦跳》节目主持人与小朋友联欢

【东视少儿新闻】

东方电视台《东视少儿新闻》栏目于 1996 年 3 月 31 日首播,周播,每期时长 15 分钟。1998 年改版,时长增至 20 分钟,1999 年又增至 30 分钟。该栏目由 9 岁～15 岁的小记者自己参与拍摄、采编、主持和配音,充满童心童趣,设有"新闻""信息""小聚焦"等板块。该栏目于 2002 年 12 月结束播出。

【小伙伴】

东方电视台《小伙伴》栏目于 1996 年 3 月 31 日首播,周播,每期时长 30 分钟。该栏目由小朋友自己主持,介绍小朋友的学习和生活。设有"舞台七色花""我在马路边""小小点将台""心博士妙招"等板块。该栏目于 2000 年 6 月结束播出。

【青春波】

东方电视台《青春波》栏目于 1996 年 4 月 1 日首播,周播,每期时长 30 分钟。该栏目反映中学生学习生活和成长历程,充满青春气息,设有"金色回忆""开心一刻""七彩流行"和"青春撞击"等板块。该栏目于 1997 年 12 月结束播出。

【三七二十一】

东方电视台《三七二十一》栏目是一档少儿综艺类节目,于 1996 年 4 月 1 日首播,每周播出 1 期,每期时长 30 分钟。三七二十一是一句乘法口诀,《三七二十一》栏目名称的寓意是"三"色荧屏伴随着上海少年儿童的"七"彩童年迈向二十一世纪。节目形式轻松活泼,播出内容大多是少年儿童喜闻乐见的智力游戏、竞技游戏和科幻游戏。该栏目于 1999 年 3 月结束播出。

【青树林】

东方电视台《青树林》栏目于 1996 年 4 月 6 日首播,周播,每期时长 50 分钟。该栏目既关注青少年成长的社会热点问题,也展示青少年的才艺,融知识性和娱乐性于一体,设有"60 秒传真""才艺大贡献""有缘相聚""音乐遐想"等板块。1999 年 4 月栏目改版,以赛事活动为构架,打造成一个青少年展现风采、实现梦想的平台。该栏目于 1999 年 12 月结束播出。

四、传媒集团/上海广播电视台

【上海市青少年才艺电视大赛/超级啦啦赛】

传媒集团文艺频道《上海市青少年才艺电视大赛》栏目于 2002 年 6 月 28 日首播,每周播出 2 期,每期时长 30 分钟。该栏目给予学艺的小朋友一个展示才艺的舞台,让"小小荧星亮起来"。2005 年 1 月,该栏目改版更名为《超级啦啦赛》。

传媒集团少儿频道《超级啦啦赛》栏目于 2005 年 1 月 1 日首播,周播,每期时长 48 分钟。该栏目通过游戏传播知识,寓教于乐,注重节目的趣味性与参与性,展现新时代青少年风采。该栏目于 2005 年 12 月结束播出。

【宝贝一家一】

传媒集团文艺频道《宝贝一家一》栏目于 2004 年 2 月 5 日首播,周播,每期时长 25 分钟。该栏目传递科学育儿的理念,面向婴儿父母以及准父母,展现小宝贝有趣的生活场景,发布与小宝贝密切相关的信息资讯,设有"宝宝竞技场""宝宝厨房""主打推荐""生日宝宝""问题特搜队""宝宝哈哈镜"等板块。

2004 年 7 月传媒集团东方少儿频道开播后,《宝贝一家一》栏目由该频道制作播出,周播,每期时长 30 分钟。该栏目于 2010 年 12 月结束播出。

【画神闲/涂涂乐】

传媒集团东方少儿频道《画神闲》栏目于 2005 年 1 月 1 日首播,日播,每期时长 24 分钟。《画神闲》是一档少儿绘画教育类节目,通过涂鸦式趣味绘画和艺术实例,开启孩子们的想象空间和创意潜能,让他们无拘无束地"玩艺术",教授孩子们如何打破头脑中的条条框框,学会用新的视角和创意去开启"创造"之门,设有"闲画馆""画里画外""闲游画世界""涂涂画画"板块。以后经过改版,还加入了"DIY 创意制作""情报站资讯"等板块。

传媒集团哈哈少儿频道《涂涂乐》栏目是《画神闲》的特别版节目,于 2008 年 1 月 11 首播,周播,每期时长 24 分钟。该栏目邀请国外著名漫画家奥因斯坦作为特别嘉宾,与孩子们一起"玩创意",设有"七图八画""五颜六色"等板块。该栏目于 2009 年 9 月结束播出。

【哈哈总动员】

传媒集团东方少儿频道《哈哈总动员》栏目于 2005 年 1 月 2 日首播,周播,每期时长 48 分钟。这是一档面向青少年的运动竞技类栏目,它广泛吸收社会资源办节目,以中小学校际团体比赛为节目内容,比赛充满智慧与悬念,场面扣人心弦。推广健康的运动游戏,展现青少年的精神风貌,设有"超级大点击""校际连线""我选我猜""时速抢答""我星我秀""幸运大挑战""我问我答""你选我猜"

"挑战返斗星""挑战智多星""挑战极限星""挑战速算星""挑战全能星"等板块。

【哈哈早上好】

传媒集团东方少儿频道《哈哈早上好》栏目于 2005 年 3 月 28 日首播,日播,每期时长 48 分钟。该栏目每天早晨以卡通形象"哈哈"向小朋友问早安,播出精彩的卡通片,和小朋友一起做早操,给小朋友讲故事,设有"Good Morning""哈哈讲故事""四格猜一猜""哈哈 123""哈哈放大镜"等板块。该栏目于 2011 年 8 月结束播出。

【晚安哈哈】

传媒集团东方少儿频道《晚安哈哈》栏目于 2006 年 1 月 1 日首播,日播,每期时长 24 分钟。该栏目是为 3 岁~5 岁小朋友制作的睡前电视节目。每天晚上卡通形象"哈哈"与小朋友们互动,送上好听的故事和音乐,与小朋友一起刷牙、洗脸、洗脚,并道晚安。该栏目为电视机前的孩子家长提供丰富的睡前故事,还举办《晚安哈哈》故事大赛,提高幼儿们讲故事、编故事的能力。该栏目于 2008 年 9 月结束播出。

【为何逗】

传媒集团东方少儿频道《为何逗》栏目于 2006 年 1 月 1 日首播,每周播出 3 期,每期时长 24 分钟。该栏目由 3 位主持人发挥表演才能,轮流做老师和学生,模拟课堂环境,将小朋友感兴趣的话题和生活小窍门融入其中,以谈话和小品的方式探讨儿童成长以及教育领域里的新现象,设有"就是逗""为何逗课堂"等板块。该栏目于 2009 年 11 月结束播出。

【荧星梦工厂】

传媒集团哈哈少儿频道《荧星梦工厂》栏目于 2008 年 2 月 9 日首播,周播,每期时长 24 分钟。它是一档儿童艺术教育栏目,推广优秀儿童歌曲,提高儿童对专业舞蹈的欣赏水平,在戏剧表演中塑造儿童的自信,培养他们舞台表演能力。该栏目于 2010 年 1 月结束播出。

【眼镜大学堂】

传媒集团哈哈少儿频道《眼镜大学堂》栏目于 2008 年 3 月 3 日首播,每周播出 5 期,每期时长 24 分钟。这是一档增强少儿环保意识的电视栏目,将科学知识与现实生活相结合,让小朋友从小就学会保护环境,设有"今日主题""动物英雄榜""世界大发现"等板块。该栏目于 2010 年 9 月结束播出。

【好奇探长】

传媒集团哈哈少儿频道《好奇探长》栏目于 2009 年 2 月 7 日首播,季播,每期时长 24 分钟。这是一档少儿科普类栏目,孩子们通过做各种实验来证实和破解一个个科学话题,以此来培养孩子的动手能力和探索精神。《好奇探长》第一季 2009 年 2 月 7 日—2010 年 3 月 6 日播出。

【开心酷地带/炫动酷地带】

上海广播电视台哈哈少儿频道《开心酷地带》栏目于 2010 年 1 月 23 日首播,每周播出 2 期,每期时长 48 分钟。该栏目以介绍玩具资讯为主,设有"玩具介绍"等板块。2011 年 1 月起改版更名为《炫动酷地带》栏目,由炫动卡通卫视制作、播出,日播,每期时长 24 分钟,介绍当下最新、最潮、最受欢迎的各类玩具。

第二节　动画节目、栏目和儿童电影

一、动画节目、栏目

【自古英雄出少年】

百集系列动画片《自古英雄出少年》由上海教育电视台与上海美术电影制片厂、上海华侨文化交流公司共同策划、联合摄制,于 1995 年出品,共计 101 集,在中央电视台首播。该系列动画片选取古今中外 100 名少年英雄的典型事迹,用青少年喜闻乐见的动画艺术形式塑造少年英雄形象,反映少年英雄的精神风貌。该节目播出后,深受广大少年儿童和家长、老师们的欢迎。

中共中央总书记江泽民给《自古英雄出少年》摄制委员会写信,予以高度赞扬。《自古英雄出少年》获 1995 年度全国德育教育片一等奖,1996 年获得精神文明建设"五个一工程"奖、华表奖和金鸡奖。

【动漫情报/新动漫情报】

传媒集团音乐频道《动漫情报》栏目于 2002 年 1 月 1 日首播,周播,每期时长为 23 分钟。该栏目以追踪动漫世界新动态,网罗全球动漫资讯,预告新的动画片剧情为主要内容,融资讯和娱乐于一体,设有"人物追踪""高手对武""潮流报道"等板块。

2004 年,《动漫情报》栏目扩版为每周 5 期。提供更多流行动漫资讯,展示中国原创动漫水平,赏析国内外经典动漫作品,报道动漫创作花絮等。2004 年 12 月起,《动漫情报》由传媒集团炫动卡通卫视制作播出,改版为日播栏目,侧重介绍新动漫影片的剧情。2011 年,改版更名为《新动漫情报》,由炫动卡通卫视制作、播出。

【闪动巅峰】

传媒集团炫动卡通卫视《闪动巅峰》栏目于 2004 年 12 月 26 日首播,日播,每期时长 10 分钟。该栏目面向热爱动漫的青少年,主要内容有收集国内 FLASH 网站和知名闪客高手的作品,与广大动漫迷共同分享最新、有趣、好看的动漫作品,也为动漫创作者提供展示平台。该栏目于 2012 年 7 月结束播出。

【动漫 100 大点评】

传媒集团炫动卡通卫视《动漫 100 大点评》栏目于 2004 年 12 月 26 日首播,每周播出 5 期,每期时长 15 分钟。该栏目从人物特征、场景布置、艺术观赏性和故事题材吸引力等角度对各类动漫作品进行专业点评,让观众深入了解动画和漫画作品。该栏目于 2005 年 12 月结束播出。

【学院派报道】

传媒集团炫动卡通卫视《学院派报道》栏目于 2004 年 12 月 26 日首播,日播,每期时长 10 分钟。该栏目点评和推介高校学生的动漫作品,带动和促进动漫作品原创。该栏目于 2006 年 12 月结束播出。

【动画新概念】

传媒集团炫动卡通卫视《动画新概念》栏目于 2004 年 12 月 26 日首播,日播,每期时长 5 分钟。该栏目推介富有创新理念的动画片,传递具有视觉冲击力的动画感受,以其深刻、含蓄和幽默的寓意展现成人动画的独特魅力。该栏目于 2006 年 12 月结束播出。

【麻辣风尚】

传媒集团炫动卡通卫视《麻辣风尚》栏目于 2004 年 12 月 27 日首播,每周播出 5 期,每期时长 15 分钟。该栏目报道动漫相关资讯,为原创动画提供展示平台,设有"非常视线""非常人物""麻辣串串烧"等板块。该栏目于 2005 年 12 月结束播出。

【一千零一夜】

传媒集团炫动卡通卫视《一千零一夜》栏目于 2004 年 12 月 27 日首播,每周播出 5 期,每期时长 27 分钟。该栏目选播新奇有趣的图片、动漫 MV 和心理测试等内容,每期节目中,主持人邀请一位嘉宾探讨与动漫有关的话题。该栏目于 2005 年 12 月结束播出。

【摩登厨房】

传媒集团炫动卡通卫视《摩登厨房》栏目于 2004 年 12 月 27 日首播,周播,每期时长 27 分钟。该栏目网罗世界动画片经典,展示幕后制作花絮,给观众提供丰富的动漫情报和评价。该栏目于 2005 年 12 月结束播出。

【世界动画长廊】

传媒集团炫动卡通卫视《世界动画长廊》栏目于 2005 年 1 月 1 日首播,周播,每期时长 20 分钟。该栏目展示世界动画大师作品,分析动画故事内涵,播放动画音乐,展示动画独特魅力,设有"大师漫语""风格长廊""动画影音"等板块。该栏目于 2005 年 12 月结束播出。

【经典百分百】

传媒集团炫动卡通卫视《经典百分百》栏目于 2005 年 1 月 1 日首播,周播,每期时长 27 分钟。该栏目设有"欧美典藏"等板块,让观众欣赏经典动漫作品。该栏目于 2005 年 12 月结束播出。

二、儿童电影

【喜羊羊与灰太狼】

《喜羊羊与灰太狼》系列动画电影讲述的是聪明的喜羊羊与贪婪的灰太狼斗智斗勇的故事。

2009 年 1 月 16 日,由传媒集团与广东原创动力文化传播公司、北京优扬文化传媒公司三方联合投资出品的动画电影《喜羊羊与灰太狼之牛气冲天》在全国公映,票房收入达 1 亿元。

2010 年 1 月 29 日,由上海广播电视台炫动传播股份有限公司与广东原创动力文化传播公司、北京优扬文化传媒公司联合投资出品的该系列动画电影第二部《喜羊羊与灰太狼之虎虎生威》上映,最终以1.26亿元的票房业绩收官。

《喜羊羊与灰太狼之牛气冲天》获得2009年度"上海文艺创作精品、优品和文艺家荣誉榜评选精品"奖。《喜羊羊与灰太狼之虎虎生威》获得2010年度"上海文艺创作精品、优品和文艺家荣誉榜评选优品"奖,被评为"2010天下动漫风云榜"年度十大动漫作品。

【七小罗汉】

儿童功夫喜剧电影《七小罗汉》讲述某古刹的7个武艺高强的小罗汉在师傅带领下,与"盗墓四人组"斗智斗勇的故事。

2010年7月23日,由上海广播电视台炫动传播股份有限公司投资制作的儿童功夫喜剧电影《七小罗汉》上映,票房收入超过3 000万元。该片获得2010北京青少年公益电影节"青少年最喜欢的银幕形象"奖。

第三节　少儿特别节目

一、上海电视台

【周末少儿节目】

1980年6月1日起,上海电视台编排少儿节目播放特别版面,每个周末增加一个半小时的少儿节目,让小朋友在电视荧屏前愉快地度过周末。

【《勤巧双手》专题节目】

1982年11月9日起,上海电视台播出4集专题节目《勤巧双手》。该节目配合上海市少先队优秀集体倡议开展的"勤巧双手"活动,教育和培养少年儿童从小学知识、爱劳动、学好为人民服务的本领,用勤巧双手开创"清洁、整齐、美丽"的学习生活环境。

【海外儿童节目展播】

1990年5月30日—6月9日,上海电视台举办海外儿童节目展播《七色花——海外儿童节目荟萃》,共13集,每集半小时。参展节目由希腊、葡萄牙、联邦德国、朝鲜、苏联、匈牙利、埃及、卢森堡、加拿大和新加坡等国家电视台提供,节目类型有动画片、专题片、歌舞录像等。

二、东方电视台

【蓝天下的至爱——孤残儿童迎春联欢会】

东方电视台自1995年起,每年春节前夕举办"蓝天下的至爱——孤残儿童迎春联欢会",播出联欢活动实况录像。在联欢会上,爱心人士与孤残儿童在一起牵手、欢乐,许多团体和个人踊跃捐款。2002—2004年,"蓝天下的至爱——孤残儿童迎春联欢会"由传媒集团文艺频道承办;2005—2007年,由传媒集团东方少儿频道承办;2008年后由传媒集团哈哈少儿频道承办。

【《十万个为什么》益智节目】

东方电视台于2000年9月22日推出少儿益智栏目《十万个为什么》,每周播出2期,每期时长30分钟。这是一个融知识性、趣味性、观赏性于一体的参与型竞答类栏目,由中小学生和他们的家庭参与,通过益智竞答形式增长科学知识,其形式新颖,动感十足,节奏明快。2003年1月改版更名为《新十万个为什么》。

传媒集团文艺频道《新十万个为什么》是融知识性和趣味性于一体的科普栏目,2003年1月4日首播,周播,每期时长30分钟。该节目主要由中学生参与,通过趣味游戏增长科学知识,设有"步步为赢""IQ魔方"和"绝地反击"等板块。这个栏目于2003年5月结束播出。

三、上海教育电视台

【教育教学影视片】

上海教育电视台开播后,充分利用古今中外的影视资源,适时、适度地播放高质量、高品位教育教学影视片,对广大观众尤其是青少年进行爱国主义、社会主义和集体主义的教育。每天播出教育教学影视片约2小时。

【世博一课】

2010年上海举办世界博览会,上海教育电视台汇集名师资源,结合上海世博会场馆、世博会历史和文化等内容,拍摄制作15集电视系列片《世博一课》。2010年9月1日起,系列电视片《世博一课》在上海教育电视台播出。该节目的音像制品进入上海的学校,成为学生了解世博历史、学习世博文化的教材。

四、传媒集团/上海广播电视台

【帕尔曼与千余名琴童音乐会】

2002年8月26日下午,世界著名小提琴演奏家帕尔曼与上海1 200名琴童同台演奏的"金色旋律"中外名曲音乐会在上海科技馆举行。这台别开生面的音乐会由传媒集团文艺频道策划举办,其录像在电视上播出。

音乐会上,帕尔曼时而领奏,时而又拿起指挥棒指挥乐队。音乐会共演奏7首中外名曲,其中有巴赫的《勃兰登堡协奏曲》、中国名曲《茉莉花》等,最后一曲《友谊地久天长》为千人演奏会画上圆满句号。

【全国十大当家小鬼超级赛】

2003年8月20日下午,传媒集团文艺频道策划制作的"全国十大当家小鬼超级赛"在东视剧场举行。由广州、浙江、云南、武汉等8家省市电视台选送平均年龄不到10岁的"小鬼",通过"印象指数""应变指数""才艺指数""智慧指数"等比赛环节,最终分别评出"超人气小鬼"和"当家小鬼"的冠、亚、季军。

全国8家省市电视台同时直播超级赛实况,中国少年雏鹰网进行网上投票、短信投票并做网上同步直播。

【"阳光六一大行动"全天电视大放送】

2004年6月1日上午8时,传媒集团文艺频道承办并直播的"阳光六一大行动"全天电视大放送拉开帷幕。该特别节目长达15个小时,是为贯彻落实《中共中央、国务院关于进一步加强和改进未成年人思想道德建设的若干意见》而举办的,旨在推进上海未成年人思想道德建设。

东方卫视、东广新闻台、上海交通广播、东方明珠移动电视参与直播活动。

【"哈哈美丽心世界"赈灾晚会】

2008年5月12日,四川汶川地区发生特大地震。6月1日晚,由市慈善基金会、市教委、市文明办、团市委和传媒集团共同主办,传媒集团哈哈少儿频道承办并直播的"哈哈美丽心世界——六一儿童大型慈善赈灾晚会"在上海大舞台举行。整台晚会以"鼓励""支撑""感恩""分享""记忆""活力""勇敢和力量"等关键词贯穿始末。汶川地震灾区的6个孩子来到晚会现场,部分奔赴灾区一线的上海公安消防、武警救援队队员的子女以特别嘉宾的身份参加晚会,哈哈少儿频道的全体节目主持人及传媒集团众多节目主持人踊跃参与这台节目的制作。慈善赈灾晚会的票房收入和现场募捐款全部捐给地震灾区,用于帮助灾区小朋友重返课堂。东方卫视6月2日重播了该赈灾晚会实况录像。

【上海世博会题材动画片和少儿节目】

2010年上海举办世界博览会期间,上海广播电视台哈哈少儿频道和炫动卡通卫视频道通过栏目新增世博会内容、频道视觉设计和宣传片等多种手段,对世博会进行全方位宣传。以世博吉祥物"海宝"为主题的两部动画片《海宝来了》和《少林海宝》,在哈哈少儿频道和炫动卡通卫视频道滚动播出。上海广播电视台炫动传播股份有限公司参与投资出品的三维动画电影《世博总动员》于同年8月20日起在全国公映。

第九章　电视剧

第一节　电视剧投资与摄制

一、电视剧的品种与题材

改革开放后,上海电视节目的产量和质量都有了很大提升,其中包括电视剧的生产。电视剧是电视节目的支柱性内容之一,电视剧尤其是电视连续剧的节目时间长、产量多,可满足电视台节目的日常播出。电视剧为观众喜闻乐见,是最吸引观众的电视节目种类之一。

上海的电视剧编剧、导演、制片人和摄制人员等创作团队中,既有科班出身的,也有"半路出家"的,有的原来是电视社教节目、少儿节目编辑,有的原来从事电视导播和技术工作,他们团结协作,崇尚创新,相互切磋,边干边学,出人出戏,追求一流,不少人后来成为名编剧、名导演、名制片人。

上海电视剧的创作呈现出多门类、多题材、多样式。

电视剧门类有报道剧、单本剧、连续剧、儿童剧、戏曲剧、短剧等。电视剧样式有正剧、喜剧、悲剧、悲喜剧、写实与写意等。

在题材方面,电视剧创作以现实题材为主,也有历史题材,包括古典传奇、民间传说、历史人物轶事等。其中,现实题材的比重最大,有《陈毅与刺客》《家风》《奋飞》《故土》《孽债》《蜗居》《媳妇的美好时代》等,反映的是新中国成立后各个阶段尤其是改革开放年代的人物故事和时代精神。现实题材的青春剧、儿童剧有《好好叔叔》《窗台上的脚印》《十六岁的花季》等。革命战争题材的有《诺尔曼·白求恩》《亮剑》等。历史年代剧有《康熙王朝》《杨乃武与小白菜》《上海往事》等。公安破案类题材有《玫瑰香奇案》《湖畔谍影》《罪恶》等。根据经典名著改编的电视剧有:根据鲁迅名著改编的电视剧《孔乙己》,根据巴金长篇小说改编的电视连续剧《家·春·秋》,根据周而复长篇小说改编的电视连续剧《上海的早晨》等。取材于古典小说传奇、民间传说的电视剧有《济公》《封神榜》等。戏曲电视剧有《梁祝》《红楼梦》《孟丽君》《昨夜情》《璇子》《曹操与杨修》《琵琶行》《钗头凤》等。

二、上海电视台投资、摄制的电视剧

上海电视台建台后第 25 天,即 1958 年 10 月 25 日,制作播出了第一部电视剧《红色的火焰》。该剧根据真人真事创作,反映上海青年工人李志祥大搞技术革新的先进事迹。

1978 年 2 月,上海电视台播出第一部彩色越剧电视剧《祥林嫂》。1979 年 7 月 1 日,上海电视台创作、播出歌颂张志新烈士的电视报道剧《永不凋谢的红花》,该剧继上海电视台首播后,由中央电视台向全国播放,引起社会轰动。1979 年,上海电视台和日本电视机构合作拍摄电视剧《望乡之星》,这是上海电视台首次和外国电视机构合作摄制电视剧。1981 年摄制的《流逝的岁月》共有 6 集,这是上海电视台摄制的第一部电视连续剧。这些电视剧的播出,标志着改革开放后上海电视台电视剧创作的新起点。

此后 3 年,上海电视台共创作电视剧 51 集,其中有《你是共产党员吗?》《好好叔叔》《秦王李世

图 3-9-1　上海电视台电视剧导演富敏(前排右二)在电视剧《好好叔叔》拍摄现场(摄于 1979 年)

民《孟丽君》《家风》《电视塔下》等。电视剧创作者在实践中探索,使电视剧艺术质量不断提高,走向成熟。

上海电视台 1985 年摄制的电视剧《穷街》于 1987 年 10 月在日本札幌举行的第三届"世界电视节"上获得纪念奖,这是上海电视剧首次在国外举办的国际电视节上获奖。1985 年摄制的电视剧《窗台上的脚印》于 1989 年在保加利亚国际电视节获普罗夫迪金匣子奖,这是上海第一部获得国际大奖的儿童电视剧。

1985 年,上海电视台拟将著名文学家巴金的"激流三部曲"《家》《春》《秋》改编成电视连续剧,同年 10 月,市广电局党委书记龚学平和摄制组创作人员拜访巴金,就改编电视剧征求巴金意见。电视连续剧《家·春·秋》拍摄完成后,龚学平和摄制组成员前往巴金寓所,听取巴金意见。电视连续剧《家·春·秋》于 1988 年获第七届金鹰奖优秀电视连续剧奖。

20 世纪 80 年代初期起,每年农历春节期间,上海电视台安排播出一些精彩的电视连续剧,向观众提供精神文化大餐。较早播放的有香港电视连续剧《霍元甲》《上海滩》。1986 年春节期间,上海电视台播出由该台创作的电视连续剧《济公》,受到观众的热烈欢迎,上海大街小巷许多小孩都在哼唱电视剧《济公》的主题歌"鞋儿破帽儿破",这首主题歌在广电部举办的首届优秀电视剧歌曲评比(1958—1991 年)中获得金奖。电视连续剧《济公》春节期间热播,是上海电视台电视剧制作史上的新亮点。

1987 年 4 月,上海电视台电视剧制作中心成立,电视剧制作中心临时办公室设在上海电视台大院汽车库的楼上。上海电视剧创作团队艰苦创业,发奋进取,电视剧制作中心成立当年就摄制电视剧 80 集,比 1986 增长一倍。1989 年摄制电视剧达到 150 多集。其中有现实题材电视剧《东方大酒店》《花鸽子》和历史剧《封神榜》等。

1988 年起,上海电视台电视剧制作中心推出规模宏大的电视剧创作系列世纪工程《上海一百年》,选择不同时期的历史人物和历史事件,真实、艺术地展现上海近百年的历史画卷。其中有,反映反帝反封建的小刀会起义 10 集电视连续剧《小刀祭》;反映上海工人阶级在中国共产党领导下开展革命斗争的 8 集电视连续剧《火种》;反映上海工人第三次武装起义的 11 集电视连续剧《上海大风暴》;反映日军侵占时期上海一场腥风血雨特工战的 12 集电视连续剧《76 号魔窟》;以 20 世纪 50 年代上海开展社会主义建设、进行"三大改造"为背景的 18 集电视连续剧《上海的早晨》等。

1991 年,上海电视台电视剧制作中心拍摄的电视剧《杨乃武与小白菜》先后在上海电视台和北京电视台播出,受到观众欢迎。中国电视剧艺术委员会的专家学者对该剧进行讨论和评议,认为这部通俗电视剧继承和发扬民族文化传统,注意到观众的观赏趣味,给人以高尚的审美情趣,而且制作精致,体现了浓郁的"海派"风格。

1992 年,由上海电视台剧作家黄允编剧、导演李莉执导的 26 集连续剧《上海一家人》先后在上海电视台、中央电视台播出。这部电视剧描述了一个叫若男的贫苦女孩,从苏北农村来到上海大都市,凭着执著的追求和不懈的奋斗,终于成为上海滩上的著名企业家。中共上海市委宣传部同年 5

月 11 日对该剧进行嘉奖,认为这是一部既有一定文化蕴涵、又有浓郁海派风味、雅俗共赏的优秀电视剧,并奖励剧组 4 万元。电视连续剧《上海一家人》获第十届大众电视"金鹰奖"优秀电视连续剧奖、"银燕奖"一等奖。

20 世纪 90 年代,在开发浦东振兴上海的时代大背景下,上海电视台电视剧制作中心投拍一批现实题材的电视剧。1992 年,电视剧制作中心摄制完成 8 集电视连续剧《天梦》。该剧反映新中国几代航天人为了祖国航天事业的腾飞所表现出的无私奉献精神。《天梦》在上海电视台播出后,中央电视台于 1992 年 10 月 1 日起连续在黄金时间播出。《天梦》获得第十三届"飞天奖"中篇电视连续剧一等奖、精神产品"五个一工程"入选作品奖。1993 年,电视剧制作中心投拍的电视剧有:6 集电视连续剧《白领生涯》,直接把镜头聚焦浦东的开放和建设;10 集电视连续剧《东方梦》,讲述时装模特儿的故事,反映改革开放年代里人们观念的变化和对美的追求;12 集电视连续剧《满天星》,反映乡镇企业家们的创业人生;20 集电视连续剧《大上海出租车》,以出租车为载体,展现了现代都市的方方面面。

1993 年,作为上海广播电视系统体制改革的举措之一,上海广播电视局决定撤销上海电视台电视剧制作中心,成立电视剧第一、第二制作公司,实现了从电视剧制作单位向经济实体的转换,为电视剧生产的市场化运作进行探索。1994 年,上海电视台相继成立"创新""求索""开拓"三家影视制作社,这些电视制作社实行独立制片人运行机制。

1995 年 1 月,上海电视台求索电视剧制作社摄制的 20 集电视连续剧《孽债》播出。该剧反映知青子女返城后的命运故事,观众反响热烈。《人民日报》和上海报刊分别为这部电视连续剧发表消息、评论、访谈文章。1997 年,上海电视台求索电视剧制作社制作的电视连续剧《走出凯旋门》讲述了一个华裔法国人的人生命运故事。2001 年,上海电视台求索影视制片公司与上海黄河影视有限公司联合创作摄制 46 集大型历史电视连续剧《康熙王朝》。该剧获得中国电视剧产业 20 年"百部优秀电视剧"奖。

上海电视台开拓电视制作社陆续开拍《与百万富翁同行》《紫藤花园》等电视连续剧。上海电视台创新影视制作社以拍摄电视剧为主,也尝试电影、电视剧套拍。

电视剧制作一般都是大项目,需要大投入。为了拍出更多更好的电视剧,上海电视台不断开拓创新电视剧的生产方式,在依靠自己的财力、人力和物力的同时,也重视和外单位联合摄制。

一是与全国各电视台合作摄制电视剧。合作方式大部分是主创人员由上海电视台提供,而资金投入由合作双方分担。1985 年,上海电视台与中央电视台首次联合摄制电视报道剧《今年在这里——1985 年》,并首次聘请外籍知名演员日本中野良子担任剧中主角。上海电视台又与中央电视台合作摄制 12 集电视连续剧《十六岁的花季》,与四川电视台合作摄制 19 集电视连续剧《家·春·秋》,与福建电视台合作摄制 14 集电视连续剧《杨乃武与小白菜》。

二是与各文艺团体合作摄制电视剧。上海电视台摄制的戏曲电视剧,演员大多是各文艺团体舞台剧原班人马,电视剧制作人员和经费基本上由上海电视台承担。

三是与工矿企业、机关团体合作摄制电视剧。合作方式是,企事业单位提供全部或部分拍摄资金以及提供拍摄场地等。其中有:与上海石化总厂合作的 9 集电视连续剧《孙中山和宋庆龄》,与上海氯碱总厂合作的 18 集电视连续剧《上海的早晨》,与上海锦江集团联营公司合作的 12 集电视连续剧《东方大酒店》。

四是与外国和中国港台地区的电视机构合作。1979 年,上海电视台和日本电视机构合作拍摄电视剧《望乡之星》,日本著名电影演员栗原小卷担任主角,全剧大部分镜头在日本拍摄,经费由日方承担,上海电视台派出导演和工作人员参与拍摄。1986年上海电视台和香港大圣影业公司合拍10集电视连续剧《一代枭雄》,摄制组的大部分工种和演员均由上海电视台配备。导演、武打动作设计、个别演员及摄制经费由港方提供。1987年,上海电视台与日本大阪读卖电视台等电视机构合作拍摄电视剧《亲属》(上下集)。1989年,上海电视台与泰国正大集团香港综艺公司、中国华艺公司合拍36集大型古典神话电视连续剧《封神榜》,摄制组全体工作人员和演员均由上海电视台配备。全剧投资500万元,由合作方承担。1990年,上海电视台和日本NHK大阪放送局合拍《鉴真号的故事》(上下集)。1993年,上海电视台与台湾威胜传播有限公司等合作摄制25集电视连续剧《红尘无泪》,摄制经费全部由台湾方面承担,摄制工作主要由台湾方面负责,上海电视台负责根据香港作家梁凤仪同名小说改编剧本,在内地的一些拍摄场景由上海电视台工作人员协助完成。

三、东方电视台投资、摄制的电视剧

1993年1月18日,东方电视台开播,当年就制作完成20集电视连续剧《人生急转弯》。这是东方电视台成立后制作的首部电视剧。从1993年12月27日起,这部反映现代都市生活和人生命运的电视连续剧在黄金时间段连续播出,平均收视率在34%以上,最高达37%。

东方电视台创办初期,由于人手有限,于是探索电视剧创作的新模式,由该台编导瞿新华担任总策划和制片人,筹措资金、组织剧本、外请导演和演职人员,依靠社会力量拍摄制作,尝试市场化运作。

1994年,东方电视台与上海市公安局签订合拍协议,摄制电视系列剧《东方大侦探》。该剧以上海人民广播电台长篇广播剧《刑警803》为基础进行改编创作。

1994年,东方电视台、上海广通传播有限公司和谢晋—恒通影视有限公司联合拍摄15集电视连续剧《上海屋檐下》。著名电影导演谢晋任该剧总策划、总导演。

1998年,东方电视台、南京军区和中央电视台影视部等单位联合摄制8集电视连续剧《朱德上井冈》,江泽民主席为《朱德上井冈》题写片名。1999年,由北京市委宣传部、重庆市委宣传部和上海市委宣传部组织拍摄,东方电视台和北京文化音像出版社联合摄制完成18集电视连续剧《红岩》,该剧被选定为国庆50周年十大电视献礼片剧目之一。《朱德上井冈》和《红岩》这两部电视连续剧获得第七届精神文明建设"五个一工程"奖。

四、上海市总工会电视制作中心投资、摄制的电视剧

1990年代起,上海市总工会电视制作中心摄制了很多电视剧精品力作,其中有16集电视连续剧《大潮汐》,16集电视连续剧《香堂往事》,22集电视连续剧《无瑕人生》,20集电视连续剧《故事2001》(与传媒集团合作拍摄),26集电视连续剧《英雄虎胆》,5集电视连续剧《这一片天空下》等。先后获得精神文明建设"五个一工程"奖、"金鹰奖"、"飞天奖"等全国性奖项。中共中央政治局常委、国务院副总理李岚清在接见《无瑕人生》剧组时称赞道:"感激你们——无瑕编剧、无瑕剧组。"

五、上海文化广播影视集团、传媒集团/上海广播电视台投资、制作的电视剧

2001年,上海文化广播影视集团(以下简称"文广集团")投资、制作电视剧24部(共495集)。

其中一批思想性、艺术性、观赏性较强的电视剧精品力作《忠诚》《张闻天》《红岸——邓小平在1929》等向中国共产党建党80周年献礼。电视连续剧《田教授家的二十八个保姆》播出后，观众反响热烈。

2002年，传媒集团共投资制作电视剧10余部（200多集）。其中有：与上海鼎立文化公司合作的20集电视连续剧《崛起》；与上海海润影视制作公司联合制作的22集电视连续剧《世纪末的晚钟》；与中共上海市委宣传部、上海市总工会合作的22集电视连续剧《东方大律师》。传媒集团与上海市总工会电视制作中心合作的20集电视连续剧《故事2001》被国家广电总局列为庆贺中国共产党第十六次全国代表大会召开重点推荐剧目之一。

2003年，传媒集团节目营销中心等联合摄制35集电视连续剧《萍踪侠影》，这部电视连续剧根据著名武侠小说家梁羽生名作改编，于2004年5月播出。

2004年，传媒集团在上海录像公司、电视剧频道、节目营销中心的基础上整合组建影视剧中心，大力发展影视剧内容产业，主要目标是创作有社会影响力和艺术质量较高的影视剧精品，快速建设自有版权片库。

2004年，传媒集团影视剧中心投资制作的电视剧获得较好的社会反响，其中有：古装喜剧《天下无双》，收视率进入全国收视前十名；电视连续剧《别了，温哥华》反映中国人在国外奋斗的经历，在全国各电视台重播频次进入前十名。

2005年11月10日起，中国首部以载人航天事业为题材的30集电视连续剧《神舟》在东方卫视晚间黄金档播出。《神舟》由解放军总政宣传部、总装政治部、中科院、中国航天科技集团、北京市委宣传部、上海市委宣传部、北广传媒集团、上海文广新闻传媒集团、北京电视台、东方卫视联合出品。该剧揭秘中国载人航天事业十多年里艰难而又神秘的历程；展现了中国三代航天人的"神舟情，强国梦"。

2005年，传媒集团影视剧中心重点打造具有全国影响力的影视剧作品，出品电视剧《天地真情》《玉卿嫂》《保密局的枪声》《月影风荷》等8部，共计200集。出品电视电影7个系列，包括都市系列、青春系列、老片重拍系列、重大庆典节日系列、古装片系列、名导演剧场系列、名篇改编系列等，共计150余集。传媒集团影视剧中心采用高清设备拍摄一批电视电影，其中有悬疑片《警察敲门》、喜剧爱情片《星空奇遇结良缘》、爱情片《我的明星老师》等。传媒集团于2005年投资制作中国首部手机情景剧《白骨精外传》，共365集，每集5分钟。该剧用高清设备拍摄，塑造都市办公室里的众生相，反映年轻白领的心理状态、情感经历。

在支持剧本创作方面，文广集团于2005年12月推出亿元征集剧本举措。2006年11月17日举行首批征集精品剧本签约仪式。2007年，传媒集团宣布用重金收购优秀选题和剧本，每年春、秋季举办剧本招标，征集好剧本。传媒集团影视剧中心加强对优秀小说的购买力度，对于被选中的剧本，以每集5万～10万元的价格收购。传媒集团影视剧中心还进一步加大对新近摄制优秀电视剧的预购力度，对决定预购的电视剧先期投入总价的30%资金，拍摄制作完成后再支付30%；剩下的40%余款与播出后的收视率挂钩。这项措施对鼓励优秀电视剧的摄制起到推动作用。在投拍电视剧方面，传媒集团影视剧中心采用风险投资方式，与制作公司共担风险，实现双赢。

2005年，传媒集团、上海东上海国际文化影视公司和北京联盟娱乐传媒投资有限公司联合摄制电视连续剧《武林外传》。

2005年，电视连续剧《亮剑》由上海海润影视制作公司、上海电影集团公司、上海东上海国际文化影视公司和沈阳军区政治部电视艺术中心等联合摄制完成。

2006年，由中共上海市委宣传部策划、监制，上海东上海国际文化影视公司、上海海润影视制作公司、上海解放日报报业集团和中央电视台文艺中心影视部联合摄制完成20集电视连续剧《诺尔曼·白求恩》，该剧表现了国际共产主义战士白求恩从一个浪漫青年成长为一名坚定的反法西斯战士的人生经历。该电视剧运用国际通行的制作模式、采用高清技术在海外实景拍摄，剧中聘用外籍演员达100多位。同年8月11日起在中央电视台一套节目黄金时间段播出。

在由中宣部组织的第十届精神文明建设"五个一工程"奖评选中，《亮剑》获特等奖，《诺尔曼·白求恩》和由传媒集团东方卫视等单位参与投拍的电视连续剧《历史的天空》获优秀作品奖。2007年8月，在第二十六届中国电视剧"飞天奖"评奖中，《诺尔曼·白求恩》和《亮剑》双双获得长篇电视剧一等奖。此次获奖打破自2002年以来上海长篇电视剧连续多年与飞天奖无缘的局面。"飞天奖"是由国家广电总局主办的全国性电视剧评选政府奖。

2007年传媒集团影视剧中心投资制作电视连续剧9部，共计260集，其中有：24集惊险悬疑剧《追》，26集革命历史题材剧《玫瑰绽放的年代》，26集红色经典剧《霓虹灯下的哨兵》，45集革命传奇剧《我是太阳》，30集军旅传奇剧《去日留痕》，24集当代都市生活剧《美丽人生》，22集谍战剧《狐步谍影》，30集革命军旅剧《最后的较量》等。

2007年，传媒集团上海东上海国际文化影视公司和北京天中映画文化艺术公司联合摄制《新上海滩》。

2008年，传媒集团影视剧中心投资拍摄的剧目有：30集电视连续剧《卢作孚》，反映重庆民生公司的创办者卢作孚实业救国的精神与追求；30集电视连续剧《新四军女兵》，讲述几位热血女青年参加新四军，经过血与火的洗礼，以及解放后她们面临政治上风风雨雨时的战友深情和高尚人格；34集电视连续剧《猎狐》是一部当代反间谍题材的电视连续剧；40集电视连续剧《上海往事》，讲述1911年武昌起义爆发之后，一批海外归国青年和革命党人在上海生活和奋斗的故事。

2009年，传媒集团影视剧中心摄制完成电视剧13部400余集，其中影视剧中心主投主控的几部精品力作是《蜗居》《大生活》《媳妇的美好时代》，全额投资的有《三七撞上二十一》，这些电视剧在取得高收视率的同时赢得了较高的市场份额。在这一阶段，传媒集团实施新的电视剧发展战略，从先前比较单一的购买和"投资跟拍为主"，转移到自主投拍拥有长效版权的电影和电视剧，加大投拍项目的主控主投力度。同时从创作源头抓起，着力打造具有传媒集团品牌的精品剧目。

2010年，上海广播电视台影视剧中心和上海东霈文化传播有限公司共同出品电视剧《婆婆来了》，这部家庭伦理剧充满时代气息，吸引众多年轻观众。同年4月20日起，影视剧中心主投主控的电视连续剧《杜拉拉升职记》在全国8个城市地面频道首轮开播，这部青春励志剧受到青年观众的欢迎。同年9月13日晚，影视剧中心主投主控的大型年代剧《上海，上海》在中央电视台综合频道播出。该剧以传奇商人波澜起伏的一生为主线，全景式反映上海百年的历史风貌，诠释自强不息、敢为人先的精神。

说明：上海民营制作机构的电视剧生产制作情况见本卷第一篇第四章第二节"民营制作机构"中有关记述。

第二节　海外影视剧译制播出

改革开放初期，上海电视荧屏播放了许多精彩的海外影视译制片，受到观众欢迎。

1981年，上海电视台首次译制海外电视剧——26集日本电视连续剧《姿三四郎》。当时上海电视台没有专门的译制部门，台领导决定由播出科科长黄其组织译制工作，聘请上海电影译制厂毕克、苏秀担任导演,上海电视台青年播音员晨光为剧中男主角姿三四郎配音。这部海外电视剧的译制成功,填补了上海电视台译制片的空白。它播出后引起观众的热烈反响,每当播放时间段,上海街道上的行人明显减少,大家都在家里收看此剧。

1984年,上海电视台成立译制组,1987年组建译制部,译制剧的数量和质量有了很大提升,成为上海电视台节目的一个亮点,也获得观众很好的口碑。

1985年和1986年,上海电视台译制、播出了28集日本电视连续剧《血的锁链》,6集法国电视连续剧《缉私行动》,5集英国电视连续剧《傲慢与偏见》,10集英国电视连续剧《海岛匿影》等。

1987年10月21日,上海电视台《海外影视》栏目开播,每周播出2期,每期时长45分钟。海外译制片栏目化播出,既让译制片有了固定的播出窗口,也使观众收看译制片有了固定的时间段。《海外影视》栏目先后与美国洛里玛影视公司和美国华纳兄弟影视公司合作,以广告补偿形式购买海外影视作品播放权。此后这种形式成为上海电视台引进海外影视剧的主要模式。《海外影视》栏目先后播出电视连续剧《两代夫人》《根》《鹰冠庄园》《浮华世家》《大饭店》《神探亨特》《成长的烦恼》等。《海外影视》栏目于2001年12月后结束播出。

20世纪80年代中期至90年代中期是上海电视台译制片产量最高的阶段。1985—1993年9年间,上海电视台译制、播出海外电视剧、专题片、动画片共1 674集。其中1991年,上海电视台译制部生产译制片达284集。

东方电视台开播当日,即1993年1月18日就开办《环球影视》栏目,播放品位较高的海外电视连续剧、单本剧以及电影。东方电视台译制海外影视剧,一般由东视工作人员担任制片人,组织包括上海电影译制厂等单位译制人员在内的社会力量参与译制工作。其中有《飞车盖蒂》《情暖春归》《莫勒警官》等,片源来自德国、墨西哥、意大利、法国和澳大利亚等国,由东方电视台广告部组织引进。

2001年,传媒集团共生产译制片17部(209集)。2004年传媒集团组建影视剧中心,下设译制部。2007年,该译制部译制2部海外电视剧:63集美国电视连续剧《超人前传》和23集印度电视连续剧《宝莱坞》。

第十章　理　论　节　目

第一节　理　论　栏　目

20世纪90年代,上海电视台、东方电视台先后开播理论栏目,生动地宣传中国特色社会主义理论。

上海电视台理论栏目《时代》于1995年7月4日首播,周播,每期时长30分钟。该栏目以邓小平建设有中国特色社会主义的理论为主旨,以"专家视点,关注时代发展;理论先行,把握时代脉搏"为栏目特色,用电视化的手段宣传中国特色社会主义理论,聚焦新闻话题,关注社会热点,并上升到理论高度。该栏目于2010年12月结束播出。

东方电视台理论栏目《发展》于1996年9月29日首播,每月播出2期,每期时长20分钟。《发展》栏目围绕学习和宣传邓小平建设有中国特色社会主义理论和"三个代表"重要思想,结合改革开放的实践加以阐释。该栏目融专题、访谈于一体。1999年4月栏目改版,增设"释疑解惑""现场交流""演播厅内""信息网站"等板块。该栏目于2000年7月结束播出。

第二节　理论特别节目

为配合党的中心工作,加强理论宣传,上海电视台、东方电视台、传媒集团相继制作、播出了一批具有社会影响力的理论特别节目。

1978年11月,为配合正在开展的关于"实践是检验真理的唯一标准"问题的讨论,上海电视台举办"实践是检验真理的唯一标准"电视讲座,邀请有影响力的理论工作者和文艺界人士夏征农、徐盼秋、王西彦、唐秋生、周抗等主讲,获得很好的社会效果。

1989年,上海电视台制作9集系列政论片《瞬间》,宣传邓小平建设有中国特色社会主义的理论,歌颂改革开放的伟大成果。1991年是中国共产党成立70周年,中共上海市委宣传部和上海电视台联合摄制4集专题片《船歌》,生动展现中国共产党建党70周年的光辉历程。

2001年是中国共产党建党80周年,中共上海市委宣传部、上海市委党史研究室、上海市档案馆、东方电视台联合摄制大型电视理论专题片《启航》。全片共分4集:《驶向何方》《灯塔之光》《劈波斩浪》《世纪远航》,每集片长50分钟。该片将理论阐述寓于生动的人物故事和历史事件的讲述之中,具有较强的思辨性和感染力。

传媒集团新闻综合频道《时代》栏目于2007年9月11日—10月5日播出电视理论系列片《旗帜与道路》。该系列片共分5集,每集25分钟,分别是《解放思想》《改革开放》《科学发展》《社会和谐》《全面小康》。该片还邀请理论专家解读胡锦涛总书记的讲话精神,为党的十七大召开营造良好的舆论氛围。

2007年,传媒集团纪实频道创作5集电视理论系列片《和谐之道》。这部理论片深入浅出地阐述了和谐社会的基本内涵,引用一百位海内外专家、学者的思考和观点,吸纳全社会对和谐社会认识的思想成果,为推动建设和谐社会的学习、认识和实践发挥舆论引导力作用。

　　2008 年是中国改革开放 30 周年,传媒集团纪实频道制作 9 集纪录片《我们的选择》,于 2008 年 12 月 8 日起在东方卫视、纪实频道晚上黄金档播出。该片全景式展现上海改革开放 30 年巨变的沧桑历程,运用纪实手法,说故事,摆事实,讲道理。该片摄制组先后采访了上海改革开放时期的众多亲历者,他们中有恢复高考后的第一批大学生、改革开放后的第一批出国留学生、第一批"星期日工程师"和上海证券交易所早期工作人员,他们以个人的经历回顾上海改革开放 30 年的发展与变化。片中还吸纳专家学者的理论阐述和思想认知。

第十一章　对外宣传节目

第一节　外宣外输节目

为了加强电视外宣外输工作,上海电视台于1984年3月成立对外报道部,主要从事外宣电视专题片的制作、播放和对外输出。

改革开放初期,各省、自治区、直辖市电视台的电视外宣节目主要是通过中央电视台对外电视中心和中国驻外使领馆的渠道,输送到海外的华语电视台播出,面向海外华人华侨,介绍祖国名胜古迹、风土人情和新中国成立后尤其是改革开放后的发展变化、建设成就等。

1984年,上海电视台对外报道部向海外输送了2部电视专题片《上海银楼》《上海绒绣》。1985年,对外报道部摄制的《今日上海》《特技理发师轶事》等9部电视专题片输送美国、日本等国电视机构和一些中国驻外使领馆。1986年除夕,上海电视台举办春节联欢晚会,邀请12个国家驻上海总领馆的领事、外交官参加,向他们赠送《今日上海》录像片。

1986年10月1日,上海电视台在全国电视界率先开办《英语新闻》栏目,日播,每期时长10分钟。该栏目主要为驻沪外国人和英语使用者提供中国以及上海的新闻资讯。

1986年12月10—16日,上海电视台和上海市人民政府外事办公室共同举办上海国际友好城市电视节(后改为上海电视节),共有16个国家的18个城市、23家电视机构参加。该电视节的主要活动内容之一是电视节目的展播和交流,拓展了上海电视台外宣节目的输出渠道。

1987年,由上海电视台等几家电视台发起,全国30个省、自治区、直辖市电视台外宣节目部门成立了外宣节目制作联合体。1989年,该联合体摄制大型专题片《中华之最》(第一辑),共计116集。由上海电视台对外报道部负责编辑合成,这部大型电视外宣系列片与同名大型画册配套发行海外。

20世纪90年代,上海电视台从事对外宣传报道的编辑记者增强外宣意识,转变创作观念,摈弃过去拍摄电视专题片习惯运用摆布方式和说教式的解说旁白,而以真实的画面,朴实的语言讲好中国故事和上海故事。他们陆续创作了许多适宜外宣的优秀纪录片,并制作成英文版本,输送至美国、日本等10多个国家和地区的电视机构,向海外观众播出。其中有《德兴坊》《老年婚姻咨询所见闻》《呼唤》《茅岩河船夫》《上海滩最后的三轮车》等。

1990年,上海浦东开发开放,上海电视台加强电视外宣的力度。1992年4月16日,上海电视台与美国旧金山投资开发公司合办的华声电视台在旧金山66频道开播,每周一至周六的19—20时播出由上海电视台提供的各类华语电视节目。

1992年10月,上海电视台开播外宣栏目《上海滩》,每月播出2期,每期时长30分钟。该栏目既在上海电视台播出,也输送到海外的华语电视台播出。《上海滩》栏目以介绍上海地方文化为特色,设有"信息沙龙""上海名产""风景线""康健园""旧友新知""市井风情""白相大世界"等板块。该栏目于1996年4月结束播出。

1992—1995年,国务院侨务办公室牵头,组织国内电视机构向海外输送电视外宣节目。上海电视台与东上海国际文化影视有限公司合作摄制电视外宣专题片《变化中的中国——来自上海的报道》《中国人的衣食住行》等 4 个系列共 20 集,每集 25 分钟,向海外输送。其中,《变化中的中国——来自上海的报道》第四集在第二届"金桥奖"(中国外宣影视节目奖)影视专题片评比中获得一等奖。

1993 年 2 月,上海电视台在对外报道部的基础上组建国际部(后又成立海外中心),增强电视外宣专题节目和纪录片的创作和输出,并统筹协调全台的电视外宣工作。

1994 年 8 月 2 日,美国有线电视新闻网 CNN 首次在新闻节目中原版播放上海电视台英语新闻报道节目《'94 国际少儿文化艺术节在上海举行》,该片时长 2 分 30 秒。

1996 年 11 月 19 日,美国有线电视新闻网 CNN 播出上海电视台新闻中心制作的《第三届全国农运会在沪举行》新闻片。上海电视台新闻中心与美国特纳国际公司、美国有线电视新闻网 CNN 达成扩大在新闻领域双边合作的谅解备忘。根据该备忘录,上海电视台新闻中心每周向美国有线电视新闻网(CNN)《世界报道》提供两条有关上海的新闻片,CNN 同意不做剪辑在《世界报道》节目中播放。这为上海电视新闻进入美国主流电视频道创造了条件。

1997 年 4 月 28 日,东方电视台与美国有线电视新闻网 CNN 签署《东视——CNN 关于在新闻领域扩大合作的协定》,从 1997 年起,东方电视台向 CNN《世界报道》栏目提供英语新闻片,CNN 对其选用的新闻片不做任何删减完整播出。至此,上海已有两家电视台的新闻节目在美国主流电视媒体播出。

1997 年 7 月 1 日香港回归日的前后,上海电视台制作的香港回归祖国的新闻节目在美国、日本、韩国、新加坡等国电视台播出。其中,2 条英语新闻片内容是上海人民迎接庆贺香港回归祖国,在美国有线电视新闻网 CNN 完整播出。上海电视台纪录片《'97 话回归》在新加坡、日本和韩国的主流电视台播出。

1998 年 3 月 5 日是周恩来诞辰 100 周年纪念日,上海电视台制作的英语专题片《伟人周恩来》在美国有线电视新闻网 CNN 播出。

上海电视文艺类节目通过卫星传送到世界很多国家和地区,扩大了影响力。1997 年 12 月 31 日,中央电视台和上海电视台联合举办《我们的亚细亚——'98 亚洲风》大型跨年文艺晚会,该节目通过卫星直播传送世界 120 个国家和地区。

1998 年 12 月 31 日,中央电视台和上海电视台共同举办的《'99 五洲风》汉英双语元旦晚会通过卫星和互联网现场直播,传送到世界 100 多个国家和地区。国家主席江泽民通过这台晚会向全世界人民祝福新年。

为了给上海申办世博会起声势、造影响,2001 年 5 月 27 日,上海电视台创作上海—巴黎卫星双向传送文艺特别节目。上海大剧院和巴黎香榭丽舍大剧院跨越亚欧大陆共同演出,这是艺术与科技的完美结合。法国电视台购买版权,向法国及欧洲其他国家现场直播这台节目。

传媒集团成立后,电视外宣工作进一步加强。2002 年 1 月 1 日起,传媒集团上海卫视通过日本的 SKY PERFECT 直播卫星系统在日本落地,在日本被称为"上海频道"。2003 年 1 月 1 日,上海卫视在澳大利亚落地开播。

2002 年春节期间,传媒集团在南非约翰内斯堡的曼德拉国家剧院上演《为中国喝彩——南非大型歌舞晚会》,南非总统姆贝基向演出团体发出贺电并录制讲话。同年,为了纪念中日邦交正常化 30 周年,传媒集团在日本东京举办"中日友好之夜"大型音乐歌舞晚会系列活动,传媒集团音乐频道播出"2002 年中日接力——上海电视歌会"等。

2003 年,传媒集团与国际知名媒体 CNBC 亚太频道正式结成战略合作伙伴关系。传媒集团第一财经频道通过卫星连线,在CNBC亚太频道全球电视网络中每天两次播出《中国财经简讯》节目,把中国重要的经济金融信息传播给亚太、欧洲及美洲观众。截至当年年底,CNBC亚太频道已播出传媒集团第一财经频道提供的中国财经新闻达750多条。

2003年9月,传媒集团上海卫视更名为上海东方卫视。传媒集团东方卫视更多和海外及中国香港的主流媒体交流合作。同年,美国有线电视新闻网CNN播出110条由东方卫视外语中心选送的新闻片,累计时长约320分钟,为历年之最。东方卫视当年分别向香港亚视国际台ATV、日本放送协会NHK、日本长崎电视台KTN、美国中文台、凤凰卫视欧洲台和美洲台输送各类节目近6 000分钟。

传媒集团东方卫视积极配合政府的危机处理,全面、及时、客观地向海外播报"非典"疫情和禽流感。2003年,"非典"疫情期间,有海外媒体对于中国一些城市的"非典"疫情做了不实报道。东方卫视外语中心采编的近30条抗击"非典"的新闻片在美国有线电视新闻网CNN《世界报道》中播出,向海外观众报道上海医治和防范"非典"的真实情况。2004年初,上海市南汇县暴发禽流感疫情。海外一些媒体也进行不实报道。2月9日,东方卫视新闻片《上海禽流感防治和家禽养殖户补偿工作有序展开》在美国有线电视新闻网CNN《世界报道》头条位置完整播出,澄清事实,报道真相,取得显著的外宣效果。

2004年10月1日起,传媒集团东方卫视正式在北美落地播出,这是东方卫视继在日本、澳大利亚等国落地之后,拓展新的海外落地点。

对外宣传也要搞"市场经济",由外宣到外销,这是传媒集团在新世纪探索外输节目的新思路、新做法。因为电视节目送给海外电视机构,对方不一定播出。而海外电视机构购买中国电视节目就会播出,还会注重节目的宣传和推广。传媒集团五岸传播公司积极拓展海外市场,与韩国的EBS、加拿大电影局、中国香港凤凰卫视等国际媒体建立销售关系,包括《房东蒋先生》《一个叫做家的地方》《小小读书郎》《逃亡上海》等传媒集团制作的优秀纪录片,分别销售到这些媒体机构。五岸传播公司作为传媒集团版权内容的销售代表,利用参加海外大型节目交易展等渠道,将纪录片等电视节目销售海外。从2005年1月1日起,由五岸传播公司销售的娱乐日播资讯节目《娱乐在线》每晚在美国加利福尼亚州的电视台播出。五岸传播公司还与北美VOD网络点播运营商合作,将传媒集团的节目内容销售到其在北美的视频点播网站,供北美的华语电视用户收看,该项合作实现经济效益和社会效益双丰收。五岸传播公司还将部分财经专题片销售给新加坡航空公司,在飞机上播出,主要面向商务乘客。

2006年,传媒集团按照中央外事工作会议精神,结合"立足上海、服务全国、走向世界"的集团发展战略,夯实外宣基础,拓展外宣渠道,不断增强传媒集团电视品牌的国际传播力、影响力。同年8月20日起,传媒集团东方卫视通过中国长城(欧洲)电视平台在欧洲落地,这是东方卫视为实施广播影视"走出去工程"迈出的又一重要步伐。东方卫视成为中国辐射海外最广的省级卫视,也是海外观众喜爱的中国电视频道之一。截至10月底,东方卫视澳洲的收视用户已达到18 346户,在北美的收视用户也超过42 000户。东方卫视专门制作适合各海外落地点播出的统一"海外版"节目。纪实频道自制的《纪录片编辑室》《往事》《看见》等栏目通过东方卫视在日本、澳洲、北美国家落地播出。第一财经制作的《中国财经简讯》通过CNBC亚太频道等西方主流媒体窗口,宣传中国在各方面取得的成就。体育频道制作的中国足球超级联赛、中国篮球联赛等赛事节目,在美国有线电视联播网ESPN等渠道播出。

2008年,传媒集团外语频道成立,不仅面向本市观众,也加强外宣工作。2008年5月12日四川汶川大地震发生后,外语频道在自身报道任务重、时间紧的情况下,每天向中央电视台英语频道传送抗震救灾相关新闻。5月12日—6月6日,传媒集团外语频道共向中央电视台英语频道传送新闻片84条,共计150多分钟。这些节目在中央电视台英语频道播出后,让海内外观众真切地了解中国人民守望相助、抗震救灾的信息,取得较好的效果。中央电视台海外节目中心向传媒集团寄送感谢信,对传媒集团外语频道在抗震救灾报道中给予中央电视台英语频道的大力支持表示感谢。

2008年,传媒集团外语频道向中央电视台英语频道输送英语新闻片、专题片的质量和数量都有提高。截至10月27日,累计输送701条。

2009年,传媒集团外语频道继续做好向中央电视台英语频道、美国有线电视新闻网CNN、日本放送协会NHK和日本长崎电视台KTN的常规供片工作。外语频道经常与日本电视机构沟通交流,对外输节目做到有针对性、精细化运作,向日本放送协会NHK提供的电视节目以反映上海市民生活、城市文化等方面的新闻片为主,向日本长崎电视台KTN提供的电视节目则更富有趣味性,获得较好的收视效果。外语频道积极通过市场运营的方式,拓展与日本、美国、马来西亚等国电视机构之间的合作。

2009年,传媒集团外语频道外输节目在形式上不断求新求变,并拓展新的渠道。其中在提供美国有线电视新闻网CNN的英语新闻片中主动加入记者出镜和新闻导语,加强新闻的现场感,适应海外观众的收视习惯,同时增加传媒集团外语频道ICS标识的亮相频次和影响力。2009年7月,传媒集团五岸传播公司与美国China Animation Partners(CAP)签订销售合同。CAP是一家本部设在美国华盛顿的媒体公司,该公司除了给美国各地的传统媒体提供和制作节目外,还开发自己的网站和手机电视业务。根据合同,CAP将传媒集团外语频道提供的英语新闻节目在它旗下的各个平台,包括网络、手机以及华盛顿当地的电视节目中播出。从8月31日起,传媒集团外语频道外语新闻节目中的上海当地新闻和自拍新闻,每天以单片形式销售给CAP,在北美地区通过电视台和新媒体平台播出。

2010年,上海举办世界博览会。有关世博会的宣传是推进上海电视外宣工作的重要契机。在上海世博会筹备期间,传媒集团艺术人文频道于2008年7月和12月先后制作"迎世博·上海—大阪""迎世博·上海—香港"卫星双向传送大型节目,直接进入日本和中国香港主流电视频道播出。2009年5月,从上海世博会倒计时一周年开始,传媒集团外语频道制作《世博链接》栏目在新加坡亚洲新闻台每周黄金时间播出,截至2010年4月底,总计供片50余条。2010年2月1日起,上海广播电视台外语频道财经新闻栏目BizTime《财经志》登陆美国Tantao新闻网络,Tantao新闻网络面向美国主流社会,其主打功能之一是通过一款名为"Tantao"的移动阅读器,为北美地区的手机用户提供一个实时浏览多媒体新闻的平台。传媒集团外语频道成为Tantao新闻网络的重要内容提供商。

在上海世博会举办期间,上海广播电视台外语频道《世博360°》栏目每月在新加坡亚洲新闻台播出4小时节目。《世博360°》还通过美国电视联播网ICN国际卫视在美国旧金山和洛杉矶地区播出,每天播出2次。同时向中央电视台英语频道《财经新闻》(Biz Time)、《中国24小时》(China 24)和中央电视台中文国际频道《中国新闻》世博专题板块每周供片2次。除了世博专题、专栏节目外,上海广播电视台外语频道向中央电视台英语频道、美国有线电视新闻网CNN、日本放送协会NHK和日本长崎电视台KTN等海内外主流媒体提供关于世博会资讯的英语新闻报道节目,报道上海世博会的最新信息。

2010 年 10 月 31 日,上海世博会闭幕,上海广播电视台外语频道分别进行世博高峰论坛和世博会闭幕式文艺演出的全程英语直播。

第二节 海外电视周

为加强电视对外宣传工作,从 20 世纪 90 年代起,上海电视台和后来组建的传媒集团在一些海外电视台举办"上海电视周"电视节目展播活动,"上海电视周"就是在一周时间内集中展播上海电视机构选送的各类电视节目,介绍中国及上海的历史文化、名胜古迹和改革开放时代人民生活、发展成就,讲述中国故事、上海故事。

1996 年 8 月 5—11 日,上海电视台和欧洲东方中文电视台合作,在英国伦敦举办"上海电视周",欧洲东方中文电视台在一周内每天安排一个半小时,连续播出由上海电视台选送的各类电视节目。

2002 年,传媒集团上海卫视先后在埃及、日本和加拿大举办"上海电视周"电视节目展播,把上海的城市变化和发展状况全面展现给海外观众。

2006 年 12 月 11—17 日,传媒集团与韩国文化电视台 MBC 合作举办"中国电视周"节目展映活动,MBC 是韩国三大电视媒体之一。在电视周期间,韩国文化电视台 MBC 播放由传媒集团纪实频道选送的 5 部优秀纪录片,分别是《在北方》《小小读书郎》《去大后方》《干妈》和《新岸》。

2009 年,传媒集团外语频道与印度 ZEE 国际传媒合作举办双向交流电视周电视节目展播活动。同年 11 月,外语频道连续 5 天播出《部落智慧》等 5 部印度纪录片,向上海观众介绍印度的自然风貌和当地文化。12 月,印度 ZEE 国际传媒播出上海广播电视台外语频道选送的《城市节拍》《说东道西》《车游天下》及《科技生活》等中国电视节目,向印度观众介绍上海的城市风貌和时尚文化。

第十二章 生活服务节目

第一节 生活服务栏目

一、上海电视台

【天气预报】

上海电视台《天气预报》栏目 1964 年开播,于 1966 年停播。1980 年 2 月恢复播出,每天在电视节目结束以前预报上海地区今明两天的天气情况。1983 年 11 月 1 日起,上海电视台《天气预报》栏目每日播出两次,第一次是在 18 时新闻节目结束后播出上海中心气象台当天 17 时发布的天气预报,第二次是 21 时 30 分新闻节目结束后播报上海中心气象台当天 20 时发布的天气预报。

1984 年 1 月 1 日起,上海电视台在 18 时 30 分《新闻报道》结束后播出上海当夜和次日天气预报以及上海周边地区次日天气预报。

1992 年 6 月 1 日起,上海电视台天气预报节目增加 45 秒海洋气象预报。1993 年 2 月 1 日起,上海电视台《上海早晨》新闻节目中播报上海和世界部分城市的天气预报。

【医药顾问/健康与长寿】

上海电视台《医药顾问》栏目于 1979 年 3 月 21 日首播,周播,每期时长 25 分钟。该栏目旨在传播"防病重于治病"的理念,普及医药卫生知识,提高人民群众的医疗保健水平。

1989 年 1 月 10 日起,《医药顾问》栏目改版更名为《健康与长寿》栏目,周播,每期时长 15 分钟。该栏目介绍常见病、多发病的预防与治疗,普及医学知识和卫生保健常识,报道医药卫生领域的新技术和新成就,设有"医生的话""防疫保健""父母须知""老年天地""青春健美""营养指导""康复指南"等板块。

【节目预告/下周荧屏/下周荧屏掠影/STV 收视指南】

1981 年 1 月 1 日起,上海电视台开播由播音员出图像的《节目预告》栏目,每日播出 2 次,预告今明两天主要节目的播出时间。

1984 年 4 月 7 日起,上海电视台开播《下周荧屏》栏目,分别在周六、周日播出,每期时长 5 分钟,预告下周即将播出的主要电视节目。1990 年 1 月 6 日起,该栏目每期时长 10 分钟。

1991 年 7 月 13 日起,《下周荧屏》改版更名为《下周荧屏掠影》栏目,预告下周播出的主要节目内容,并介绍节目摄制动态及观众对节目的意见和建议。

1993 年 2 月 1 日,上海电视台开播《STV 收视指南》栏目,预告即将播出的电视节目。

【生活之友/经济与生活】

上海电视台《生活之友》栏目于 1981 年 2 月 2 日首播,初期为不定期播出,每期时长 10 分钟。该栏目介绍衣、食、住、行等生活知识和消费信息,设有"吃在上海""上海服饰""室内布置""旅游风光""家庭备忘录""美发美容"等板块。1984年4月改为定期播出,每周播出2期。

从1984年春天开始,《生活之友》播出系列专题节目,这些节目面向社会大众,组织观众共同参与节目制作。其中有"上海民间童装比赛""生活用品系列知识比赛""围裙丈夫系列节目""室雅何须大——现代家庭装饰与布置电视展评""青年服装设计大赛"等。观众的热情参与提升了节目的影响力。1984年举办的"上海民间童装比赛"活动吸引了7 000多人报名参加,由比赛活动制作的5集系列专题节目于5月15—19日在上海电视台20频道播出。

1991年7月《生活之友》与社教栏目《经济纵横》合并,新栏目名称为《经济与生活》,于7月18日首播,每周播出2期,每期时长20分钟,旨在沟通信息,传播知识及指导消费,解答与百姓生活相关的一些问题,设有"衣食住行""生活启示录""消费者知音"等板块。该栏目于1992年12月结束播出。

【小菜场·商情·交通·气象】

上海电视台《小菜场·商情·交通·气象》栏目于1987年6月15日首播,日播,每期时长15分钟。该栏目旨在提供信息,沟通产销,方便群众,播报当天上海菜场和集市主要副食品和生产资料的价格、物资供求、日用商品和各种债券行情,以及海、陆、空交通变化和天气状况等信息。该栏目于1992年12月结束播出。

【女性世界】

上海电视台《女性世界》栏目于1987年7月6日首播,周播,每期时长25分钟。该栏目为妇女提供生活资讯,探讨妇女关心的问题,设有"新女性""深夜谈""女当家""生活美学"等板块。该栏目于1992年12月结束播出。

【生活百科】

1993年2月1日起,上海电视台《上海早晨》新闻节目中开设一档全方位的生活服务信息栏目《生活百科》。《生活百科》栏目每日早晨和上午分别播出2次,每次15分钟。该栏目设有"股市行情""期货信息""气象预报""书刊出版""影视演出消息""求医问药""招聘求职""商品采购"以及反映交通情况的"一路平安"等板块。

【生活广角】

上海电视台《生活广角》栏目于1995年4月18日首播,每周播出2期,每期时长20分钟。该栏目以"反映生活,贴近家庭,为市民提供衣、食、住、行、用方面的服务"为宗旨,设有"凡人情""生活流""健康城""青橄榄"等板块。1996年5月起增设"消费之声""当家理财"等板块。该栏目于1998年9月结束播出。

【阅读长廊】

上海电视台《阅读长廊》栏目于1996年4月17日首播,周播,每期时长20分钟。该栏目向读者推荐好书,并邀请作家参与访谈,设有"名流书斋""社长荐书""书市扫描"等板块。该栏目于1998年9月结束播出。

【今日都市】

上海电视台《今日都市》栏目于 1998 年 9 月 28 日首播,日播,每期时长 20 分钟。该栏目关注都市社会生活形态的各个侧面,寻觅和发现都市人的生活亮点和热点,着力丰富都市人的生活内涵,提升都市人的生活品质,服务于都市人物质文化生活的各个方面,设有"都市百味""都市热线""都市印象""都市消费""都市调查"和"都市有约"等板块。该栏目于 2000 年 1 月结束播出。

二、上海有线电视台

【电视导购】

上海有线电视台《电视导购》栏目于 1993 年 7 月首播,日播,每期时长 10 分钟。该栏目"以电视促销售",在商业单位与广大消费者之间架设桥梁,沟通供需关系。该栏目于 1999 年 7 月结束播出。

【心灵之约】

上海有线电视台《心灵之约》栏目于 1995 年 1 月 8 日首播,周播,每期时长 15 分钟。《心灵之约》是一档心理咨询节目,旨在让观众了解心理知识,维护心理健康。该栏目于 1997 年 12 月结束播出。

【都市生活】

上海有线电视台《都市生活》栏目于 1995 年 1 月 9 日首播,日播,每期时长 60 分钟。该栏目内容包括市民生活衣、食、住、行各个方面,为群众提供生活资讯,设有"消费者知音""观众信箱"等板块。该栏目于 1997 年 1 月结束播出。

【美丽传真】

上海有线电视台《美丽传真》栏目于 1996 年 11 月 8 日首播,周播,每期时长 28 分钟。该栏目以"传递流行时尚,展现美好人生"为宗旨,点评女歌手的音乐作品,并在节目中穿插女性形象设计的环节,设有"每周点评""形象设计苑"等板块。该栏目于 2001 年 12 月结束播出。

【假日旅游】

上海有线电视台《假日旅游》栏目于 1997 年 1 月 31 日首播,周播,每期时长 10 分钟。这是一档旅游类栏目,介绍上海及周边地区的旅游景点,为观众提供旅游资讯。该栏目于 2000 年 4 月结束播出。

【枫叶正红】

上海有线电视台《枫叶正红》栏目于 1999 年 12 月 11 日首播,周播,每期时长 30 分钟。该栏目以"提倡全社会尊重、关心老年人,丰富老年人文化生活"为宗旨,设有"红枫简讯""百味茶园""祝您健康""秋韵无限"等板块。该栏目于 2001 年 12 月结束播出。

三、东方电视台

【生活与健康】

东方电视台《生活与健康》栏目于 1994 年 7 月 19 日首播,周播,每期时长 25 分钟。该栏目提供健康咨询服务,成为观众的生活参谋和健康顾问,设有"家务诀窍""特色门诊""临床写真""信息与反馈"等板块。该栏目于1995年9月结束播出。

【健康千万家/名医大会诊】

东方电视台《健康千万家》栏目于1998年1月22日首播,周播,每期时长20分钟,该栏目为病人求医问药牵线搭桥,为观众心理健康提供指导,设有"牵线搭桥"等板块。

《名医大会诊》栏目于1998年1月25日首播,周播,每期时长30分钟。该栏目普及宣传医疗知识,倡导健康观念,邀请著名医学专家为观众解答疑难问题,提供医疗服务信息。1999年3月,《名医大会诊》与《健康千万家》合并,并沿用《名医大会诊》的栏目名称,周播,每期时长50分钟,增设"临床传真""牵线搭桥""开开眼界""健康格言"等板块。观众可通过热线电话或网上提问的方式寻医问药。

【相约星期五】

东方电视台《相约星期五》栏目于2000年7月21日首播,周播,每期时长50分钟。这是一档电视择业栏目,为求职者寻找工作岗位,也为用工单位提供求职者信息。求职者走进演播室和用工单位代表面对面交流,现场择业,现场签约,设有"面试""故事"等板块。该栏目获得"中国广播电视新闻奖1999年度电视社教节目奖"栏目类一等奖。该栏目于2001年9月结束播出。

四、上海教育电视台

【卫生保健】

1995年起,上海教育电视台开播老年健康栏目《卫生保健》。此后,每周一至周五上午都播出服务于老年观众的讲座节目,包括"老年社会心理""老年家政""老年实用保健""耳穴保健按摩""祛病延年百岁圆梦""让心灵充满光"等。

【健康热线】

上海教育电视台《健康热线》栏目于1996年4月26日首播,周播。该栏目是以健康为主题的电视直播节目。邀请名医专家,在荧屏上构筑起具有双向交互功能的传输平台,既为观众提供医疗咨询服务,又推介各位专家的医疗特色。1999年《健康热线》使用微波双向传输技术,成功完成异地手术的拍摄报道。

五、上海卫视

【新上海游记】

上海卫视《新上海游记》栏目于1998年10月4日首播,周播,每期时长28分钟。该栏目以"让千百万人游上海"为宗旨,用轻松欢快的小品形式演绎上海的新景点,设有"特色介绍""问题抢答""锦囊妙计"等板块。该栏目于2001年2月结束播出。

【新上海假日】

上海卫视《新上海假日》栏目于2001年2月24日首播,周播,每期时长40分钟。该栏目为人们的假日旅游提供参考信息,具有服务性、实用性,设有"上海假日地图""假日旅游计划""假日旅游情报"等板块。2003 年 1 月改版更名为《假日上海》栏目。

六、传媒集团、上海广播电视台

【生活在线】

传媒集团生活时尚频道《生活在线》栏目于 2002 年 1 月 1 日首播,每周播出 5 期,每期时长 25 分钟。该栏目提供衣、食、住、行、玩五方面的生活时尚资讯,设置 5 个板块,每周轮流播出。该栏目于 2003 年 12 月结束播出。

【周末指示】

传媒集团生活时尚频道《周末指示》栏目于 2002 年 1 月 3 日首播,周播,每期时长 30 分钟。该栏目传递"生活是一种态度,周末是一种心情"的理念,通过主持人丰富多彩的活动体验,让观众了解流行时尚的生活内容和方式,为观众带来既时尚又实用的生活信息,设有"消费导购""休闲美食""文化娱乐"等板块。该栏目于 2005 年 12 月结束播出。

【假日上海】

传媒集团上海卫视《假日上海》栏目于 2003 年 1 月 3 日首播,周播,每期时长 25 分钟。该栏目以"假日看上海,背包走天涯"为特色,提供假日旅游资讯。该栏目于 2003 年 8 月结束播出。

【人气美食】

传媒集团生活时尚频道《人气美食》栏目于 2007 年 1 月 1 日首播,日播,每期时长 30 分钟。该栏目以"探访上海人气小店,搜寻民间美食、讲述开店故事和寻找民间美厨王"为特色,设有"人气点吃团""美味大不同""美味连连吃""民星爱厨房""美食今日搜""食神来了"等板块。

【缘来一家人】

传媒集团生活时尚频道《缘来一家人》于 2007 年 10 月 27 日首播,周播,每期时长 48 分钟。该栏目搭建现代社会家政服务人员和雇主之间沟通交流的平台,展示家政服务人员的服务技能,提供生活实用信息,设有"现场问答""才艺展示""专家点评""真情故事"等板块。后经改版,以保姆在雇主家的试用环节为主要内容。该栏目于 2008 年 9 月结束播出。

【乐活好正点】

传媒集团生活时尚频道《乐活好正点》栏目于 2008 年 8 月 2 日首播,周播,每期时长 48 分钟。该栏目报道上海、台北和香港当地最流行、最新鲜的生活内容,涵盖都市时尚、特色小店、人气美食、明星访谈和文艺活动等,由"正点美馔""开心玩转""越扮越靓""流行速速报"和"乐活人物"5 个板块组成。

【我的星尚婚礼】

传媒集团生活时尚频道《我的星尚婚礼》栏目于 2009 年 6 月 21 日首播,季播,每期时长 48 分钟。这是一档婚恋综艺真人秀栏目,设置板块有:"浪漫二人传"讲述恋爱之旅;"我的爱情鸟"考验心灵默契;"爱你不走样"游戏见真情;"婚姻这点事"小品演绎生活。节目组曾为最终胜出的选手在豪华邮轮上举办"星尚婚礼"。第一季于 2009 年 6 月 21 日—9 月 27 日播出,第二季于 2010 年 9 月 18 日—11 月 20 日播出。

【百里挑一】

上海广播电视台东方卫视《百里挑一》栏目于 2010 年 6 月 4 日首播,周播,每期时长 80 分钟。这是一档相亲交友栏目,男女嘉宾深入交流,情节曲折,真情动人。

第二节 购 物 节 目

2003 年 8 月 28 日,传媒集团与韩国 CJ 家庭购物株式会社在上海国际会议中心签订合资合同,双方共同投资成立上海东方希杰商务有限公司,进军家庭购物产业。这是当年华东地区最大的电视购物运营商。

2004 年 4 月 1 日起,东方 CJ 家庭购物节目在传媒集团戏剧频道每天晚上 8 时至次日凌晨 1 时播出,面向上海及邻近地区 300 万户家庭,传递新的购物理念和商品信息。购物节目以其主持人机智活跃、亲和力强的风格以及提供丰富详尽的各类商品信息获得消费者认同。

2006 年 1 月,上海东方希杰商务有限公司获得 2005 年"中国电视购物行业最具影响力品牌"称号。

2006 年 6 月 29 日,太平人寿保险有限公司上海分公司与上海东方希杰商务有限公司(东方 CJ)签署协议,就保险产品代理正式展开战略合作。根据协议,太平人寿上海分公司借助东方 CJ 电视购物平台销售太平人寿保险产品。国内寿险产品成功登陆电视购物频道,标志着电视直销成为寿险市场的又一个全新销售渠道。

2010 年,上海东方电视购物有限公司与永达(集团)股份有限公司联合成立上海东方永达汽车销售有限公司,此举标志着我国电视销车商诞生,不仅突破人们对电视购物商品结构的传统认知,也拓展了电视购物公司与高端商品生产商、销售商开发销售平台的思路。2010 年 4 月 15 日晚,直播销售某品牌汽车节目,45 分钟共销售汽车 145 辆。

东方购物节目自 2004 年开播后,销售额年均增长率达 78%,2009 年销售收入超过 21.6 亿元,位居全国电视家庭购物行业第一。

2010 年 4 月 1 日,上海广播电视台东方购物频道正式开播,成为全国首家全天 24 小时播出的电视购物频道,开播当天销售额为 2.4 亿元。

第十三章 广 告 节 目

第一节 商 业 广 告

一、纯商业广告

纯商业广告指的是宣传商品特质、塑造商品形象的广告。

改革开放初期,上海电视台播出中国内地第一条电视纯商业广告。1979年1月28日(农历正月初一)17时09分,上海电视台首次播放一组广告节目,内容有灯片字幕:"上海电视台即日起受理广告业务",灯片2张,每张时长10秒;广告影片:上海市药材公司"参桂养荣酒",片长1分30秒;灯片广告:"上海美术公司承办电视、报刊、霓虹灯、路牌广告",灯片4张,每张5秒,共20秒。这组广告节目总共2分10秒,从1月28日至31日连续播出4天。

1979年3月15日18时51分,上海电视台播出一条瑞士雷达表电视广告,片长60秒。这条广告共播出11次,这是中国内地第一条外商电视广告。

电视广告节目的播出,沟通了产销关系,加速了商品流转,活跃了市场,受到企业界和消费者的欢迎。上海电视媒体逐渐成为广告主热衷于投放和深受消费者喜爱的广告媒介。

1979年上海电视台平均每天播出电视广告节目3分30秒,全年广告营业额49万元。

随后,上海电视台着手组建广告制作队伍,购置新型摄录设备,注重"硬件"和"软件"建设。1982年,成立动画小组,绘制动画广告。1983年动画小组扩建为上海电视台动画片厂。同年,上海电视台在台内外调集和向社会招聘广告制作人员,成立三个广告制作小组。1985—1986年,上海电视台用广告费收入超额部分增添了多台摄录机和一套当时世界上最先进的视频制作系统(万花筒),电视广告节目产量和质量有了较大提升。1985年全年制作476条,1986年全年制作914条。

上海电视台广告部门致力于提高创作质量和创意水平。1986年,组建了一支业余广告演员队伍。1987年,向社会招聘电视广告业余设计人员。这些设计人员提供有质量的广告设计方案,提高了广告节目的艺术质量。1989年5月,上海电视台举办"上海市优秀广告大赛"。之后又举办"上海首届电视广告理论研讨会",在此基础上编辑出版中国内地第一本电视广告学术著作《电视广告纵横谈》。上海电视广告以现代广告意识指导广告创作,注意市场调查和广告播出后的效果测定。

1990年代成立的东方电视台、上海有线电视台和21世纪组建的传媒集团都着力提升广告节目的质量,使观众对于电视广告节目从不排斥逐渐转变为乐于接受。

经过多年探索和努力,上海的电视广告节目既传播商品信息,树立品牌形象,又具有艺术欣赏价值,广告制作者根据商品的特点,定位准确,创意新颖,运用真人表演、动画、电视特技、歌曲、对话等多种手段,制作出提示式、叙述式、戏剧式、漫画式等多种形式的广告片,受到广告客户和观众的好评。

电视节目部门和广告部门在电视节目与广告播放的互动相融上也在不断探索。

1996年11月10日,东方电视台转播美国拳王争霸赛,霍利菲尔德和泰森一决输赢。东视广告部探索创新广告节目播放形式,在"整体营销"和"集群播出"上做了成功的尝试。使得在拳王赛节目中做广告的保健品"养生堂"品牌给观众留下深刻印象。第二天,《文汇报》刊登评论:"泰森输了,'养生堂'赢了。"

2000年10月"黄金周"期间,上海有线电视台集中播放电视连续剧《一帘幽梦》,并插播广告。播后评估显示,在黄金周上午的电视剧连播中,广告收视率平均为4%,最高达至5.7%。"黄金周电视剧连播",既让观众看得过瘾,也使广告效益明显增长。此后几年,传媒集团在每年春节、五一、十一等小长假期间都会推出电视剧电影连播。这对广告商很有吸引力。

2001年起,传媒集团和莱卡公司联合开创"莱卡风尚颁奖大典",娱乐明星引领时尚,与商业品牌相得益彰。

2003年,中国足协与传媒集团签订合作协议,传媒集团成为2004年中国足球超级联赛电视整体合作伙伴,双方合作期为3年。根据协议,传媒集团在此后3年内与中国足协合作,对中超联赛进行卫星电视、无线电视、有线电视转播,并取得中超联赛电视节目的广告经营权以及相关电视产品和衍生产品的制作、开发和使用权。

2004年,传媒集团广告经营中心参与并承担集团节目部门多项大型活动的组织筹备及品牌冠名赞助工作,其中有金日集团特约赞助的"爱心大放送"活动,上海烟草集团冠名赞助的"蓝天下的至爱"活动,赛天仙冠名赞助的"2004东方明珠登高活动",宝洁公司玉兰油品牌冠名赞助的2004年世界精英模特大赛国际总决赛等。

2008年北京举办奥运会,传媒集团广告经营中心联合节目部门以"融·耀"为主题,开展奥运项目广告推介活动,有10个项目招商成功,实现广告收入1 486万元。2008年是改革开放30周年,传媒集团电视新闻中心与人民网联合制作"30年30人"新闻专题节目,广告经营中心策划广告赞助方案,上海通用为该节目提供赞助。

2008年,传媒集团生活时尚频道推出以原创服装设计为题材的电视节目《魔法天裁》。广告经营中心和节目部门合作,在真人秀节目中实验植入式广告。由《魔法天裁》节目衍生开发的时尚品牌"ENJOYOUNG"以及为支持原创设计而发起的"中国原创金顶针行动",使得节目后续效应日益突出。

2010年,上海广播电视台东方卫视推出真人秀节目《中国达人秀》,该节目由全球最大的日化类公司宝洁旗下海飞丝等品牌冠名和赞助。随着《中国达人秀》的精彩上演和东方卫视收视率迅速上涨,该节目中的广告价格也大幅上调。上海广播电视台广告经营中心同时推出了总决赛特定段位竞购模式。光明乳业竞购6条总决赛指定段位广告,上海广播电视台收益与广告客户利益实现双赢。

电视广告播出方式有下列几种:

(1)在节目前后和节目间隙中间播出广告。这是经常性、大批量的广告播出形式,一般播出广告时长5分钟,多则近10分钟。

(2)以广告带节目或以节目带广告。1981年,上海电视台引进播出日本电视连续剧《姿三四郎》共26集,采用广告补偿形式购买海外电视剧的播放权。播出每集《姿三四郎》电视剧,插播3分钟日本西铁城手表广告,每集电视剧前后各播放1分30秒。

(3)以广告补偿形式或广告分成形式开办栏目。上海电视台与国际著名影视公司合作,同时引进节目和广告。1987年,上海电视台与美国洛里玛影视公司(后改为时代华纳影视公司)合作,由外方免费提供电视节目,上海电视台则对该公司提供的海外广告优惠收费。1989年,上海电视台和泰国正大综艺公司合作。正大综艺公司提供每周2小时节目,并承担译制费用。正大综艺公司在 2 小时节目中插播不超过 6 分钟广告,每次广告播出支付上海电视台广告费 3 500 美元,一年播放 52 次节目。

(4)以广告赞助或冠名形式创办节目。1985 年起,上海电视台举办由日本卡西欧株式会社冠名赞助的"'卡西欧杯'家庭演唱大奖赛",一共举办 9 届,电视节目很精彩,电视广告也使得日本卡西欧电子琴在中国市场享有很高的知名度,取得了合作双赢的效果。

二、"软广告"

以提供服务信息并连带宣传企业产品的节目,业内俗称为"软广告"。

20 世纪 80 年代,上海电视台举办"日用消费品知识系列比赛",播出"玻璃器皿""摄影""围裙丈夫""女性世界""美食家"等 5 辑节目,将节目与广告融为一体,系列地介绍了日用消费新产品的性能特点、使用方法、商品知识等内容。既有实用性,又有趣味性,为观众喜闻乐见,同时上海电视台也获得一定的广告收入。

1987 年,上海电视台推出上海第一个商业性收费的电视"软广告"栏目——《霓虹灯》,主要内容有:产品展销活动,企业开张剪彩,新产品、新技术介绍等。播出时间每天 23 时左右,时长为 5 分钟。该栏目播出实用的商业信息,受到观众的欢迎。1992 年 8 月,上海电视台开播《生活广角》栏目,主要内容是结合企业产品介绍,提供衣、食、住、行和经济、文化方面的消费资讯。1992 年 9 月,上海电视台开播《企业之林》栏目,主要内容是宣传企业形象。随后还播出《市场 300 秒》和电视直销节目等。以上节目均按二类广告收费标准收取播出费用。

1993 年 1 月 18 日,东方电视台开播,推出《东视经济传真》栏目。1994 年,开播《市场明珠》栏目。1997 年 7 月 20 日,东方电视台推出一档以弘扬国货名牌、精品,宣传国有企业为宗旨的经济信息栏目,每周播出一次,每次 10 分钟。以上均为收费节目。

上海有线电视台的《电视导购》栏目于 1993 年 7 月开播。1998 年,上海有线电视台"软广告"节目《有线市场热点》《新居时代》《住在上海》等陆续开播,这些"软广告"节目逐步规范化,质量有了明显提高。

2005 年,传媒集团各频道"软广告"节目的时间长度适当缩短,每档"软广告"节目时间一般控制在 5 分钟～10 分钟。

传媒集团生活时尚频道探索制作一些互动式经营性栏目,创新电视"软广告"形式。

电视"软广告"节目的播出,既促进了企业的经营、销售,也繁荣商业,服务百姓。

第二节　公　益　广　告

公益广告是不以营利为目的而为社会提供免费服务的广告活动。电视公益广告节目给社会带来正能量。

1997 年,东方电视台动员和组织全台各节目部门,为中共一大会址、上海周公馆、宋庆龄陵园等 20 多家爱国主义教育基地制作一批公益广告,这批广告片均由东方电视台免费创意设计,免费制作包装,免费长周期滚动播出,这在国内电视台尚属首次。

上海电视台于 1997 年 9 月 11—30 日播出公益广告片《我家的组合柜》,该片时长 30 秒,共播出 36 次。这条公益广告片内容是从一个普通市民家中组合柜五年的变化,反映改革开放后人民群众生活水平的提高、他们的幸福感和获得感。这条公益广告片播出配合党的十五大召开,取得了较好的社会反响。

1998年3月,上海电视台举办《谁来问鼎——电视公益广告创意大奖赛》活动,共收到应征信件543封、电视公益广告创意策划约1100条。上海电视台广告部评选出金鼎奖1名、银鼎奖2名、铜鼎奖2名以及创作奖5名。获得金鼎奖的作者是上海汉德广告公司一名员工,作品名称:"关怀,犹如黑暗中的光芒!"根据这个创意,上海电视台广告部拍摄制作公益广告片,多次在电视上播放。

1998年,国有企业下岗职工再就业工程成为社会热点。5月29日,中国广告协会发出《关于为国有企业下岗职工再就业做好广告宣传的通知》,建议各城市媒体开辟下岗职工再就业双向沟通的公益广告专栏。上海电视台广告部和上海浦欣传播公司共同策划一档公益性广告栏目——"助你再就业"。该栏目每周播出2名～4名下岗职工个人求职广告。到8月底,已有1000多人报名参与电视寻岗活动。据统计,每位电视寻岗者一般都能接到5个单位的招聘意向,个别人接到10个单位的招聘意向,有100多家单位向电视寻岗者提供了工作岗位。该公益栏目为下岗待岗者提供了广阔的就业天地,下岗职工反映,自从上了电视,就业门路一下子开阔了许多。10月15日起,上海电视台在两个频道黄金时段中轮流播放上海市工商局广告处审定的《下岗也是上岗》等19条公益广告片,每天播出4条。

同年,上海电视台开展《自强创辉煌》主题公益广告月活动。当时,上海市工商局公布认定首批34个上海著名商标,上海电视台广告部策划把《自强创辉煌》公益广告活动和首批上海著名商标宣传活动结合起来,9月5日—10月5日,上海电视台两个频道每天播放《自强创辉煌》公益广告栏目,安排专门时段为这些著名商标做免费宣传。

同年,上海电视台被上海市工商行政管理局、上海市广告协会评为公益广告先进单位。

2003年9月,在第二十一届中国电视金鹰奖电视广告片评选获奖名单中,由传媒集团广告经营中心下属上海广播电视广告传播有限公司与上海烟草(集团)公司合作创意、制作的《爱我中华》公益广告片获优秀作品奖。

2007年,在第二十三届全国优秀广播广告的评选中,传媒集团广告经营中心创作的"蜈蚣和蚯蚓的故事"获得公益广告一等奖。

2008年5月12日,四川汶川发生大地震。传媒集团东方卫视播出30多条公益广告片,向全社会传播守望相助、抗震救灾的精神。其中有:集合金庸、于丹、葛剑雄等文化名人寄语的公益广告片《思想有情,行动无价》,集合10余位演艺明星祝福语的公益广告片《我在这里》等。

同年6月,传媒集团发起《2008分之1》公益短片行动,该活动名称的意思是2008年里的每一件公益性的事,都是"2008分之1",2008年里的每一个做公益的人,也都是"2008分之1"。该活动邀请国内著名影视导演参与执导电视公益短片,宣传中华民族在自然灾害面前同舟共济、攻坚克难、大爱无疆的时代精神。参与此次公益行动的每位导演都执导一部公益短片,以各自独特的视角、感人的画面语言来表达主题。每部公益短片的时长为3分钟左右,第一批《2008分之1》公益短片于2008年7月中旬至8月初北京奥运会前夕在全国部分电视台播出。

同年,席卷全球的金融风暴不仅影响国内经济领域,也波及社会、民生方方面面。传媒集团制作《相信生活,相信未来》公益广告片,12位电视节目主持人在片中扮演各行各业的普通人,通过12个"励志"片段,营造积极向上的氛围,召唤民众树立信心共克时艰,共创美好明天。

同年,传媒集团广告经营中心获得该年度上海市公益广告宣传的特别贡献单位和上海市"践行公共道德"公益广告突出贡献单位的称号。

在 2007—2008 年度全国优秀公益广告作品评选中,上海神异影视广告有限公司的《尊重他人、尊重自己》和传媒集团的《乔榛篇》获得金奖。

2009 年,传媒集团东方卫视播出反映改革开放 30 周年的公益广告片《谈心篇》《眼神篇》《而立篇》《口号篇》,这些广告片由电影导演陆川等人执导,精心策划制作。

在迎接上海世博会倒计时 100 天日子里,上海广播电视台东方卫视和国内 10 家电视台,播出由电影导演张艺谋执导的世博形象宣传片《梦从世博起,风从东方来》。

2010 年 1—10 月,上海广播电视台各电视频道共播出公益广告片 17 000 余条,时长约 140 小时。

第十四章 获奖情况

改革开放后,上海电视节目产量和质量全面提升,上海电视荧屏精彩纷呈,满足了广大观众日益增长的文化娱乐需求。上海电视工作者摄制和创作了很多精品力作,创办了一批名牌栏目,新闻、文艺、社教、纪录片、少儿、电视剧等节目在全国和上海的各项优秀作品评奖活动中频频获奖,本章列出了全国和上海部分重要奖项和部分获奖作品。

精神文明建设"五个一工程"奖由中共中央倡导,中宣部组织实施,是弘扬主旋律、推动优秀精神文化产品创作的示范工程和导向工程。

在中国新闻奖设立前,由北京新闻学会与《新闻战线》杂志联合发起全国好新闻奖评选活动,1980—1989年共举办10届。中国新闻奖由中共中央宣传部和中华全国新闻工作者协会联合设立,由中华全国新闻工作者协会组织评选,是全国优秀新闻作品的最高奖。

中国广播电视新闻奖由广播电影电视部/国家广播电影电视总局主办、中国广播电视学会/中国广播电视协会承办。本章中该奖项表格收录中国广播电视新闻奖特别奖、一等奖等获奖作品名单。

全国电视文艺星光奖是由广播电影电视部/国家广播电影电视总局主办、中国电视艺术委员会承办的政府奖,是中国电视艺术的最高奖项。本章中该奖项表格收录星光奖特别奖、大奖、一等奖、优秀奖等获奖作品名单。

中国电视剧飞天奖是由广播电影电视部/国家广播电影电视总局主办、中国电视艺术委员会承办的政府奖。本章中该奖项表格收录飞天奖特别奖、一等奖、二等奖等获奖作品名单。

中国电视金鹰奖的前身为《大众电视》金鹰奖,是以观众投票为主评选产生的电视艺术大奖。1998年第十六届起改名为中国电视金鹰奖,中国电视金鹰奖是由中国文学艺术界联合会、中国电视艺术家协会联合主办的全国性电视艺术综合奖。

上海新闻奖由上海市委宣传部、上海市新闻工作者协会联合主办,是上海常设的年度新闻作品最高奖。本章中该奖项表格收录上海新闻奖特别奖、一等奖、二等奖获奖作品名单。

上海广播电视奖由上海市广播电视局/上海市广播电影电视局/上海市文化广播影视管理局主办、上海市广播电视学会/上海市广播电视协会承办。本章中该奖项表格收录上海广播电视奖特别奖、一等奖获奖作品名单。

1981—2011年上海电视主要获奖作品情况表

表3-14-1 精神文明建设"五个一工程"奖

作品名称	奖项 等级	获奖年份	获奖单位 作者
电视连续剧《天梦》	第二届精神产品生产"五个一工程"电视剧奖	1993年	上海电视台 孙祖平、杨展业、姚扣根、张弘、富敏
电视连续剧《大潮汐》	第三届精神文明建设"五个一工程"电视剧奖	1994年	上海市总工会电视制作中心、上海文化发展总公司

（续表一）

作 品 名 称	奖项　等级	获奖年份	获奖单位　作者
电视连续剧《上海大风暴》	第四届精神文明建设"五个一工程"电视剧奖	1995 年	上海电视台《上海大风暴》剧组
百集系列动画片《自古英雄出少年》	第五届精神文明建设"五个一工程"少儿影片奖	1996 年	上海教育电视台、上海美术电影制片厂、上海华侨文化交流公司
电视连续剧《跨越》	第五届精神文明建设"五个一工程"电视剧奖	1996 年	上海电视台电视剧一公司
电视连续剧《儿女情长》	第六届精神文明建设"五个一工程"电视剧奖	1997 年	上海永乐电影电视(集团)公司
理论文献片《人间正道——"发展才是硬道理"纵横谈》	第七届精神文明建设"五个一工程"理论文献电视专题片奖	1999 年	上海电视台　朱贤亮、柴建潮、王小龙
电视连续剧《无瑕人生》	第七届精神文明建设"五个一工程"电视剧奖	1999 年	中国国际电视总公司、上海市总工会电视制作中心
理论文献片《共和国之魂》	第七届精神文明建设"五个一工程"理论文献电视专题奖	1999 年	江西有线电视台、上海有线电视台集体
音乐电视《凝聚》	第七届精神文明建设"五个一工程"歌曲作品奖	1999 年	上海卫视中心
电视连续剧《朱德上井冈》	第七届精神文明建设"五个一工程"电视剧奖	1999 年	东方电视台、南京军区、中央电视台影视部
电视连续剧《哎哟,妈妈》	第七届精神文明建设"五个一工程"电视剧奖	1999 年	上海永乐电影电视(集团)公司
电视连续剧《红岩》	第七届精神文明建设"五个一工程"电视剧奖	1999 年	东方电视台、北京文化音像出版社
电视连续剧《张闻天》	第八届精神文明建设"五个一工程"电视剧奖	2001 年	上海永乐电影电视(集团)公司、上海电视台、中国人民解放军八一电影制片厂等
音乐电视《新世纪艳阳天》	第八届精神文明建设"五个一工程"歌曲奖	2001 年	上海电视台　集体
电视连续剧《红色康乃馨》	第八届精神文明建设"五个一工程"电视剧奖	2001 年	上海电视台、上海市总工会电视制作中心等
理论文献电视片《浦东十年》	第八届精神文明建设"五个一工程"理论文献电视片奖	2001 年	东方电视台　翟志荣、叶孝慎、成玲
电视连续剧《忠诚》	第八届精神文明建设"五个一工程"电视剧奖	2001 年	中共上海市委宣传部、东方电视台、上海电影集团公司　胡玫
电视连续剧《亮剑》	第十届精神文明建设"五个一工程"电视剧特等奖	2007 年	上海海润影视制作有限公司、上海电影集团公司、上海东上海国际文化影视公司、沈阳军区政治部电视艺术中心等
电视连续剧《历史的天空》	第十届精神文明建设"五个一工程"电视剧奖	2007 年	传媒集团东方卫视、北京小马奔腾文化发展有限公司、上海天视文化传播有限公司、安徽电视台

（续表二）

作 品 名 称	奖项　等级	获奖年份	获奖单位　作者
电视连续剧《诺尔曼·白求恩》	第十届精神文明建设"五个一工程"电视剧奖	2007 年	传媒集团影视剧中心、上海海润影视制作有限公司、上海东上海国际文化影视集团公司、上海解放日报报业集团

表 3‑14‑2　全国好新闻奖、中国新闻奖

作 品 名 称	奖项　等级	获奖年份	获奖单位　作者
瓶塞大王	第四届全国好新闻奖	1983 年	上海电视台　庞建华
上海第二食品商店严格执行物价政策	第六届全国好新闻(消息)二等奖	1985 年	上海电视台　沈明昌
上海宝山钢铁厂投产连续报道	第六届全国好新闻(消息)三等奖	1985 年	上海电视台　徐东、冯乔、邬志豪、沈宏发、耿燕南、邱国方
黄浦江上游引水工程投产通水	第七届全国好新闻(消息)二等奖	1986 年	上海电视台　裴高、邬志豪、耿燕南
复旦大学领导与学生对话形成制度	第九届全国好新闻(消息)一等奖	1988 年	上海电视台　朱咏雷、耿燕南
服务员拾金不昧　女扒手丢人现眼	第一届中国新闻奖(消息)三等奖	1991 年	上海电视台　袁雷、郭大康
彩虹从浦江升起	第一届中国新闻奖(专题)一等奖	1991 年	上海电视台　孙泽敏、王一敏、颜迪明、沈渊培等
南浦大桥成为上海人民心中的丰碑	第二届中国新闻奖(消息)一等奖	1992 年	上海电视台　邬志豪、劳有林、李培红
孟丽昭战烈火：舍身救人，英勇负伤	第二届中国新闻奖(消息)三等奖	1992 年	上海电视台　劳有林、邬志豪
来自浦东的报道	第三届中国新闻奖(专题)二等奖	1993 年	上海电视台、中央电视台　张玉山、谷云龙、陈梁　吴忠伟
从空中看上海，一年一个样	第三届中国新闻奖(消息)三等奖	1993 年	上海电视台　邬志豪、劳有林、东升
杨振宁	第三届中国新闻奖(专题)三等奖	1993 年	上海电视台　倪既新
邓小平和上海各界人士共度新春佳节	第四届中国新闻奖(消息)一等奖	1994 年	上海电视台　东升、郭大康、陈海
"红灯"现象系列报道(一)躲债的一级企业厂长	第四届中国新闻奖(消息)二等奖	1994 年	东方电视台　温天、田民、崔士新、余浩峰、陈雪虎
外滩：崛起的上海金融街	第五届中国新闻奖(消息)一等奖	1995 年	东方电视台　温天、陈雪虎、余浩峰
6 000 万元巨款亏损为何无人知晓	第五届中国新闻奖(专题)二等奖	1995 年	上海电视台　高韵斐、金璞、庞建华
56 个民族申城"合家欢"	第五届中国新闻奖(消息)三等奖	1995 年	上海电视台　徐晓毅、吴琳
无声的空间 欢乐的世界	第六届中国新闻奖(消息)二等奖	1996 年	东方电视台　恽友江、池驰、陈梁　闸北有线电视中心

（续表一）

作　品　名　称	奖项　等级	获奖年份	获奖单位　作者
江总书记千里牵红线，国资跨地经营有思路	第六届中国新闻奖（专题）二等奖	1996 年	上海电视台　姜迅、吴琳、金璞
十年沉睡生产线，走向市场创效益	第七届中国新闻奖（系列报道）三等奖	1997 年	东方电视台　田明、陈梁
穿越时空的崇尚	第七届中国新闻奖（评论）三等奖	1997 年	上海电视台　吴琳、张峰、徐攸
刘京海与成功教育	第七届中国新闻奖（专题）三等奖	1997 年	上海电视台　冯乔、周卫平
中国基因抢夺战	第八届中国新闻奖（评论）三等奖	1998 年	上海电视台　陆晔、陆天旗、蒋金轮、沈文琪
一次成功的迫降	第九届中国新闻奖（消息）二等奖	1999 年	东方电视台　陈梁、姜澜、程兆民、汤捷、赵华生
4・15 韩航空难调查	第十届中国新闻奖（专题）二等奖	2000 年	上海卫视中心　劳春燕、王斌、徐玮海
《新闻透视》	第十一届中国新闻奖名专栏奖	2001 年	上海电视台《新闻透视》栏目组
杨妈妈的"恩格尔"系数	第十一届中国新闻奖（专题）三等奖	2001 年	东方电视台　吴霄峰、郑健
从后排到前排，15 米走了15 年	第十二届中国新闻奖（消息）一等奖	2002 年	上海电视台　黄铮、崔艳、徐攸、姜澜
一个女儿眼中的船老大	第十二届中国新闻奖（消息）二等奖	2002 年	东方电视台　谭一丁、恽友江
2001 年 9 月 11 日上视《晚间新闻》版面	第十二届中国新闻奖（节目编排）二等奖	2002 年	上海电视台　姜澜、倪晓明、姜迅、郭伟敏
欠债百万的患难夫妻	第十三届中国新闻奖（消息）二等奖	2003 年	传媒集团新闻综合频道　左益娆、蒋金轮、陈琪
会飞翔的列车	第十三届中国新闻奖（消息）二等奖	2003 年	传媒集团新闻综合频道　邬志豪、李姬芸、虞晓
2002 年国庆特别节目：国庆・上海	第十三届中国新闻奖（专题）三等奖	2003 年	传媒集团新闻综合频道　集体
美军中央司令部首次新闻发布会：弗兰克斯承认进攻受挫	第十四届中国新闻奖（消息）三等奖	2004 年	传媒集团新闻综合频道　沈立炯、黄铮、邬志豪、周炜
刘翔，家乡儿女为你骄傲	第十五届中国新闻奖（消息）二等奖	2005 年	传媒集团新闻娱乐频道　刘晓清、弓毅、杨晓明、崔士新
成长，在十四岁	第十五届中国新闻奖（系列片）三等奖	2005 年	传媒集团新闻娱乐频道　集体
直击中国铁路春运	第十五届中国新闻奖（电视直播）三等奖	2005 年	传媒集团新闻娱乐频道　集体
连战大陆行直播特别报道	第十六届中国新闻奖（电视直播）一等奖	2006 年	中央电视台、江苏电视台，陕西电视台、传媒集团

（续表二）

作 品 名 称	奖项 等级	获奖年份	获奖单位 作者
10 小时马拉松谈判的张与弛	第十六届中国新闻奖(消息)二等奖	2006 年	传媒集团东方卫视中心 何晓、陶秋石
被高价"淹没"的经典廉价药	第十六届中国新闻奖(专题)三等奖	2006 年	传媒集团第一财经频道 丁玎、金熙、沈罟
综合能耗仅为同行业一半，上海化工区循环经济结硕果	第十七届中国新闻奖(消息)一等奖	2007 年	传媒集团电视新闻中心 黄铮、王一敏、崔士新、张永新
2006 年 8 月 11 日《东方新闻》	第十七届中国新闻奖(节目编排)一等奖	2007 年	传媒集团东方卫视
关注抑郁症	第十七届中国新闻奖(专题)三等奖	2007 年	传媒集团电视新闻中心 季力、刘桂强、吴晓东、誉力超
我们要什么样的世界第一	第十八届中国新闻奖(消息)一等奖	2008 年	传媒集团电视新闻中心 王勇、谭一丁
范徐丽泰：女主席之路	第十八届中国新闻奖(电视访谈)二等奖	2008 年	传媒集团电视新闻中心 施喆、骆新、许丽花、蒋金轮、徐敦华
特殊的战场	第十八届中国新闻奖(专题)三等奖	2008 年	传媒集团电视新闻中心 周震煊、施军、黄铮、孙劼
烈火警示录	第十九届中国新闻奖(评论)三等奖	2009 年	传媒集团电视新闻中心 燕晓英、张启军
2009 年 7 月 1 日《东方新闻》	第二十届中国新闻奖(节目编排)一等奖	2010 年	上海广播电视台电视新闻中心《东方新闻》栏目组
土方车"专营"不专：好经怎么念歪了？	第二十届中国新闻奖(消息)二等奖	2010 年	上海广播电视台电视新闻中心 李吟涛、潘德祥、乔建华、汤颐
上海"旧改"，阳光动迁系列报道	第二十届中国新闻奖(系列报道)二等奖	2010 年	上海广播电视台电视新闻中心 王一敏、虞晓、汤颐
"直击日全食"直播特别节目	第二十届中国新闻奖(直播)二等奖	2010 年	上海广播电视台电视新闻中心集体
"发烧"的儿科	第二十届中国新闻奖(评论)三等奖	2010 年	上海广播电视台电视新闻中心 周全、包钢、金涛、刘志桦
2010 年 10 月 16 日《东方新闻》	第二十一届中国新闻奖(节目编排)二等奖	2011 年	上海广播电视台电视新闻中心《东方新闻》栏目组
世博不眠夜	第二十一届中国新闻奖(专题)三等奖	2011 年	上海广播电视台电视新闻中心集体

表 3-14-3 中国广播电视新闻奖

作 品 名 称	奖项 等级	获奖年份	获奖单位 作者
穿越时空的崇高	中国广播电视新闻奖评论类一等奖	1996 年	上海电视台 吴琳、张峰、徐攸
刘京海与成功教育	中国广播电视新闻奖电视专题一等奖	1997 年	上海电视台 冯乔、周卫平

（续表一）

作 品 名 称	奖项　等级	获奖年份	获奖单位　作者
万宝全书三十期(集锦三)	中国广播电视新闻奖服务类一等奖	1997年	东方电视台
为了五十六个民族娃娃	中国广播电视新闻奖中国彩虹奖中文短篇专题一等奖	1998年	上海电视台　江宁、霍伟琪
毛泽东与上海	中国广播电视新闻奖电视社教节目一等奖	1998年	上海电视台　朱贤亮、王小龙、戴文华、孙侃
回到祖先的土地	中国广播电视新闻奖中国彩虹奖人物专题类特别奖	1998年	上海电视台　章焜华、吕新雨、吴海鹰、龚卫
《纪录片编辑室》栏目	中国广播电视新闻奖中国彩虹奖中文栏目一等奖	1999年	上海电视台　《纪录片编辑室》栏目组
一次成功的迫降	中国广播电视新闻奖电视新闻一等奖	1999年	东方电视台　陈梁、姜澜、程兆民、汤捷、赵华生
上海张家宅 1978——1998	中国广播电视新闻奖中国彩虹奖新闻专题类一等奖	1999年	上海电视台　刘玮、刘敬东
《十点英语新闻》	中国广播电视新闻奖中国彩虹奖英语栏目一等奖	2000年	上海卫视　《十点英语新闻》栏目
财富对话	中国广播电视新闻奖电视社教节目一等奖	2000年	上海电视台　陈晔、黄晨、陆蔚蔚、崔文
消费信贷在上海悄然兴起	中国广播电视新闻奖电视新闻节目一等奖	2000年	上海电视台新闻中心
一张老照片	中国广播电视新闻奖电视社教节目一等奖	2000年	东方电视台　胡钊、李建胜、侯建民
我的潭子湾小学	中国广播电视新闻奖中国彩虹奖专题一等奖	2000年	上海电视台　冯乔、陈杰
"'99财富全球论坛·上海年会"特别报道	中国广播电视新闻奖电视经济节目一等奖	2000年	上海电视台、中央电视台
新疆兄弟紧急求援 上海各界伸出援手	中国广播电视新闻奖电视新闻一等奖	2002年	东方电视台　陆伟、张烨华、朱勇、孔庆国
申博喜获成功,申城欢乐无眠	中国广播电视新闻奖电视新闻一等奖	2003年	传媒集团新闻娱乐频道　夏磊、潘鹂声、李舒云、何小兰、吴朝阳
建立大型中华鲟保护区,抢救珍贵种群	中国广播电视新闻奖中国彩虹奖电视新闻一等奖	2003年	传媒集团上海卫视中心
"老外"当上了居委委员	中国广播电视新闻奖中国彩虹奖电视新闻一等奖	2003年	传媒集团新闻综合频道　张滟滟、蔡征
中国第一艘载人飞船发射升空	中国广播电视新闻奖电视新闻一等奖	2004年	传媒集团东方卫视
《新闻坊》栏目	中国广播电视新闻奖十佳栏目奖	2004年	传媒集团新闻综合频道　《新闻坊》栏目组

(续表二)

作品名称	奖项 等级	获奖年份	获奖单位 作者
琴键人生——许忠	中国广播电视新闻奖电视社教节目一等奖	2004年	传媒集团文艺频道 王磊卿、陈虹
是谁让我坠入黑暗	中国广播电视新闻奖电视新闻节目一等奖	2004年	传媒集团新闻娱乐频道

表 3-14-4 全国电视文艺星光奖

作品名称	奖项 等级	获奖年份	获奖单位 作者
东方妙韵——'95江浙沪评弹名家新秀大汇演	第九届全国电视文艺星光奖戏曲节目一等奖	1995年	东方电视台 屠耀麟等
星光灿烂耀中华——'95国庆晚会	第九届全国电视文艺星光奖一等奖	1995年	东方电视台
'96春节联欢晚会	第九届全国电视文艺星光奖特别奖	1995年	东方电视台
《共度好时光》栏目	第九届全国电视文艺星光奖优秀栏目奖	1995年	东方电视台 《共度好时光》栏目组
上海'95中国民族风——全国56个民族音乐歌舞邀请展演	第九届全国电视文艺星光奖电视歌舞节目奖特别奖	1995年	上海电视台
纪念梅、周100周年诞辰闭幕式晚会	第九届全国电视文艺星光奖电视戏曲节目奖一等奖	1995年	上海电视台
《戏曲大舞台》栏目	第九届全国电视文艺星光奖电视优秀栏目奖	1995年	上海电视台 《戏曲大舞台》栏目组
《今夜星辰》栏目	第九届全国电视文艺星光奖电视优秀栏目奖	1995年	上海电视台 《今夜星辰》栏目组
综艺大观栏目(第110期)	第十届全国电视文艺星光奖综艺节目类一等奖	1996年	中央电视台、东方电视台
《戏剧大舞台》栏目	第十一届全国电视文艺星光奖优秀栏目奖	1997年	上海电视台 《戏剧大舞台》栏目组
《智力大冲浪》栏目	第十一届全国电视文艺星光奖优秀栏目奖	1997年	上海电视台 《智力大冲浪》栏目组
'97上海国际魔术节暨首届上海国际魔术节开幕式	第十二届全国电视文艺星光奖一等奖	1998年	东方电视台、文化部外联局、上海市文化局、新民晚报社、上海市对外文化交流公司
迎香港回归,颂伟大祖国——浦江两岸百支歌队万人唱	第十二届全国电视文艺星光奖音乐节目一等奖	1998年	上海东方电视台
《综艺大世界》栏目	第十二届全国电视文艺星光奖优秀栏目奖	1998年	上海电视台 《综艺大世界》栏目
为中国喝彩——洛杉矶大型焰火音乐歌舞晚会	第十三届全国电视文艺星光奖歌舞节目一等奖	1999年	中央电视台、东方电视台、中国对外演出公司

作 品 名 称	奖项　等级	获奖年份	获奖单位　作者
新世纪序曲——激光音乐晚会	第十三届全国电视文艺星光奖音乐节目一等奖	1999 年	上海广播电影电视局、东方电视台
《"五星奖"大擂台》栏目	第十三届全国电视文艺星光奖优秀栏目奖	1999 年	上海电视台　《"五星奖"大擂台》栏目组
五洲风——'99 中英双语元旦晚会	第十三届全国电视文艺星光奖综艺类一等奖	1999 年	上海电视台　文艺中心
《共度好时光》栏目	第十三届全国电视文艺星光奖优秀栏目奖	1999 年	东方电视台　《共度好时光》栏目组
《银海乐波》栏目	第十四届全国电视文艺星光奖优秀栏目奖	2000 年	上海有线电视台　《银海乐波》栏目组
首届中国上海国际艺术节开幕式暨大型服饰舞蹈《金舞银饰》	第十四届全国电视文艺星光奖歌舞类一等奖	2000 年	东方电视台
为中国喝彩之三——英国伦敦泰晤士河畔大型音乐歌舞晚会	第十四届全国电视文艺星光奖歌舞节目一等奖	2000 年	东方电视台
上海·悉尼——2000 年的跨越	第十四届全国电视文艺星光奖音乐节目一等奖	2000 年	上海电视台
音乐电视《同一首歌》	第十四届全国电视文艺星光奖音乐电视一等奖	2000 年	上海电视台
《智力大冲浪》栏目	第十四届全国电视文艺星光奖优秀栏目奖	2000 年	上海电视台　《智力大冲浪》栏目组
同在星空下——第十四届星光奖颁奖晚会	第十五届全国电视文艺星光奖综艺节目一等奖	2001 年	上海电视台　毛勤芳等
梨风新韵——13 省市元旦戏曲晚会	第十五届全国电视文艺星光奖戏曲节目一等奖	2001 年	东方电视台　张文龙等
洒向人间都是爱——著名笑星赵丽蓉专辑	第十五届全国电视文艺星光奖戏剧小品一等奖	2001 年	东方电视台
《戏剧大舞台》栏目	第十五届全国电视文艺星光奖优秀栏目奖	2001 年	上海电视台　《戏剧大舞台》栏目组
APEC 第九次领导人非正式会议文艺演出	第十六届全国电视文艺星光奖综艺节目一等奖	2002 年	传媒集团文艺频道
上海·巴黎 2001 年的跨越——卫星双向传送音乐盛典	第十六届全国电视文艺星光奖音乐节目一等奖、优秀导演奖	2002 年	传媒集团文艺频道　滕俊杰等
纪念中日邦交 30 周年"中日友好之夜"东京大型音乐歌舞晚会	第十七届全国电视文艺星光奖歌舞节目一等奖	2003 年	传媒集团文艺频道

(续表二)

作品名称	奖项等级	获奖年份	获奖单位 作者
龙腾虎跃梨园风——2003年六省市电视台元旦戏曲晚会	第十七届全国电视文艺星光奖戏曲节目一等奖	2003年	传媒集团文艺频道等
《智力大冲浪》(416期)老宅故事多	第十七届全国电视文艺星光奖优秀节目奖	2003年	传媒集团文艺频道 《智力大冲浪》栏目组
《相约星期六》栏目	第十八届全国电视文艺星光奖优秀栏目奖	2004年	传媒集团文艺频道 《相约星期六》栏目组
庆祝中国成功申办2010年上海世博会一周年——安德烈·波切利上海演唱会	第十八届全国电视文艺星光奖音乐歌舞节目一等奖	2004年	传媒集团文艺频道 滕俊杰、王磊卿、陈虹
姹紫嫣红春满园——15省市元旦戏曲晚会	第十八届全国电视文艺星光奖戏曲节目一等奖	2004年	传媒集团戏剧频道
公益广告《回家》	第十八届全国电视文艺星光奖公益广告一等奖	2004年	传媒集团总编室
海纳百川——上海城市形象宣传片	第十八届全国电视文艺星光奖形象片一等奖	2004年	传媒集团总编室
南欢北笑迎新年——2003年元旦"笑的晚会"	第十八届全国电视文艺星光奖戏曲节目一等奖	2004年	传媒集团戏剧频道
东方畅想——庆贺中国2010年上海世博会会徽揭晓文艺晚会	第十九届全国电视文艺星光奖综艺节目优秀奖	2005年	传媒集团文艺频道
第七届全国大学生运动会开幕式暨"青春万岁"大型文体表演	第十九届全国电视文艺星光奖歌舞类节目优秀奖	2005年	传媒集团文艺频道
放歌在灿烂阳光下	第十九届全国电视文艺星光奖专题节目优秀奖	2005年	传媒集团文艺频道 方雨桦等
帕尔曼在上海	第十九届全国电视文艺星光奖专题节目优秀奖	2005年	传媒集团文艺频道 周赟等
动画片《虫虫》	第十九届全国电视文艺星光奖动画片优秀奖	2005年	传媒集团影视剧中心
和谐礼赞——庆祝上海合作组织成立5周年文艺晚会	第二十届全国电视文艺星光奖歌舞节目优秀奖	2007年	传媒集团大型活动部
2006魅力东方——维也纳·中国迎春音乐会	第二十届全国电视文艺星光奖音乐节目优秀奖	2007年	传媒集团综艺部、大型活动部
越女争锋——青年越剧演员挑战赛	第二十届全国电视文艺星光奖戏曲节目优秀奖	2007年	传媒集团综艺部
把心交给读者——纪念巴金逝世1周年文学晚会	第二十届全国电视文艺星光奖文学节目优秀奖	2007年	传媒集团大型活动部

（续表三）

作 品 名 称	奖项　等级	获奖年份	获奖单位　作者
龙腾盛世贺新年——2006年16省市元旦戏曲晚会	第二十届全国电视文艺星光奖戏曲节目优秀奖	2007年	传媒集团综艺部
《可凡倾听》栏目	第二十届全国电视文艺星光奖文艺栏目优秀奖	2007年	传媒集团综艺部　《可凡倾听》栏目组
舞林盛典——华东六省一市2007迎春晚会	第二十届全国电视文艺星光奖综艺节目优秀奖	2007年	传媒集团综艺部
《闪电星感动》栏目	第二十一届全国电视文艺星光奖文艺栏目大奖	2009年	传媒集团　《闪电星感动》栏目组
《欢乐蹦蹦跳》栏目	第二十一届全国电视文艺星光奖少儿节目大奖	2009年	传媒集团少儿频道　《欢乐蹦蹦跳》栏目组
守望家园——2007中日文化、体育交流年开幕式暨中国非物质文化遗产专场晚会	第二十一届全国电视文艺星光奖歌舞节目大奖	2009年	传媒集团大型活动部
阳光生命——2007世界夏季特殊奥林匹克运动会闭幕式	第二十一届全国电视文艺星光奖综艺节目大奖	2009年	传媒集团大型活动部
百年世博梦	第二十一届全国电视文艺星光奖纪录片大奖	2009年	传媒集团纪实频道、大型活动部
中国广播影视大奖（第二十届"星光奖"）颁奖典礼	第二十一届全国电视文艺星光奖特别奖	2009年	传媒集团大型活动部
梨园春潮——2009年18省市地区元宵戏曲晚会	第二十一届全国电视文艺星光奖戏曲栏目大奖	2009年	传媒集团综艺部与多家电视台合作
中国2010年上海世博会开幕式暨文艺演出	第二十二届全国电视文艺星光奖特别奖	2011年	上海广播电视台、中央电视台、上海世博会组委会
中国2010年上海世博会闭幕式暨文艺演出	第二十二届全国电视文艺星光奖特别奖	2011年	上海广播电视台、中央电视台、上海世博会组委会
外滩	第二十二届全国电视文艺星光奖纪录片大奖	2011年	上海广播电视台纪实频道、中央新闻纪录电影制品厂
中国珍稀动物——中国大鲵	第二十二届全国电视文艺星光奖科普节目大奖	2011年	上海广播电视台纪实频道、上海科技馆　项先尧、丁建新、孙尧
拥抱世界——世博会倒计时30天外滩国际音乐盛典	第二十二届全国电视文艺星光奖综艺节目大奖	2011年	中共上海市委宣传部、中共上海市黄浦区委宣传部、上海广播电视台艺术人文频道
魅力中国——宋祖英世博演唱会	第二十二届全国电视文艺星光奖音乐节目大奖	2011年	上海广播电视台新娱乐公司、中国音乐家协会
《黄河大合唱》诞生70周年大型歌会	第二十二届全国电视文艺星光奖音乐节目大奖	2011年	上海广播电视台艺术人文频道
京津沪京剧流派对口交流演唱会	第二十二届全国电视文艺星光奖戏曲节目大奖	2011年	文化部、中央电视台、上海广播电视台

(续表四)

作 品 名 称	奖项　等级	获奖年份	获奖单位　作者
风雨同舟颂华章——纪念人民政协成立 60 周年诗歌朗诵会	第二十二届全国电视文艺星光奖文学节目大奖	2011 年	上海市政协、上海市政府办公厅、上海广播电视台
文中有话,让汉字安静一下	第二十二届全国电视文艺星光奖文艺评论节目大奖	2011 年	上海广播电视台艺术人文频道
《文化主题之夜》栏目	第二十二届全国电视文艺星光奖文艺栏目大奖	2011 年	上海广播电视台艺术人文频道《文化主题之夜》栏目组

表 3‐14‐5　中国电视剧飞天奖

作 品 名 称	奖项　等级	获奖年份	获奖单位　作者
好好叔叔	首届中国电视剧飞天奖儿童电视剧一等奖	1981 年	上海电视台　迟锐、富敏、韩苏东等
小不点儿	第三届中国电视剧飞天奖儿童电视剧一等奖	1983 年	上海电视台　奚里德、富敏、张震伟、龚玉兰等
家风	第三届中国电视剧飞天奖单本剧二等奖	1983 年	上海电视台　李宏林、李莉、顾艳、龙俊杰等
插班生	第五届中国电视剧飞天奖儿童电视剧一等奖	1985 年	上海电视台　张弘 富敏等
窗台上的脚印	第六届中国电视剧飞天奖儿童电视剧一等奖	1986 年	上海电视台　张弘、富敏等
穷街	第六届中国电视剧飞天奖二等奖	1986 年	上海电视台　张弘、富敏、陈燕华等
上海的早晨	第十届中国电视剧飞天奖长篇电视剧二等奖	1990 年	上海电视台　赵孝思、张戈等
十六岁的花季	第十届中国电视剧飞天奖儿童剧二等奖	1990 年	上海电视台　张弘、富敏、吉雪萍等
曹雪芹	第十二届中国电视剧飞天奖戏曲电视连续剧二等奖	1992 年	上海电视台　钟鸿、岑范、周宝馨、言兴朋、沙如荣等
上海一家人	第十二届中国电视剧飞天奖电视剧二等奖	1992 年	上海电视台　黄允、李莉、李羚、何伟、谢园等
天梦	第十三届中国电视剧飞天奖中篇电视剧一等奖	1993 年	上海电视台　孙祖平、杨展业、姚扣根、张弘、富敏等
大上海出租车	第十四届中国电视剧飞天奖一等奖	1994 年	上海电视台　贺国甫、傅峰、陈健等
明月照母心	第十四届中国电视剧飞天奖戏曲电视剧二等奖	1994 年	上海电视台　曹静卿、张东平、薛英俊、沙如荣等
大潮汐	第十四届中国电视剧飞天奖长篇电视剧一等奖	1994 年	上海市总工会电视制作中心、上海文化发展总公司
金龙与蜉蝣	第十七届中国电视剧飞天奖二等奖	1997 年	上海电视台　《金龙与蜉蝣》剧组
荆棘鸟	第十九届中国电视剧飞天奖译制片奖	1999 年	上海电视台译制部

（续表）

作 品 名 称	奖项　等级	获奖年份	获奖单位　作者
回首又是他	第十九届中国电视剧飞天奖译制片奖	1999年	上海电视台译制部
上海沧桑	第二十届中国电视剧飞天奖二等奖	2001年	东方电视台等
红岩	第二十届中国电视剧飞天奖长篇电视剧二等奖	2001年	中央电视台、东方电视台
老娘舅——生财无道	第二十届中国电视剧飞天奖戏曲短片电视剧二等奖	2001年	东方电视台
忠诚	第二十二届中国电视剧飞天奖长篇电视剧二等奖	2003年	中共上海市委宣传部、上海东方电视台、上海电影集团公司　胡玫
永不放弃	第二十二届中国电视剧飞天奖长篇电视剧二等奖	2003年	东方电视台
老娘舅和儿女们之"健身男女"	第二十三届中国电视剧飞天奖优秀室内剧短剧奖	2003年	传媒集团文艺频道
历史的天空	第二十五届中国电视剧飞天奖长篇电视剧一等奖、优秀编剧奖	2005年	传媒集团东方卫视、北京小马奔腾文化发展有限公司、上海天视文化传播有限公司、安徽电视台 编剧：蒋晓勤、姚远、邓海南
诺尔曼·白求恩	第二十六届中国电视剧飞天奖长篇电视剧一等奖	2007年	传媒集团影视剧中心、上海海润影视制作有限公司、上海东上海国际文化影视有限公司、上海解放日报报业集团
亮剑	第二十六届中国电视剧飞天奖长篇电视剧一等奖	2007年	上海海润影视制作有限公司、上海电影集团公司、上海东上海国际文化影视公司、沈阳军区政治部电视艺术中心等
奥运在我家	第二十七届中国电视剧飞天奖长篇电视剧特别奖	2009年	传媒集团影视剧中心
震撼世界的七日	第二十七届中国电视剧飞天奖长篇电视剧特别奖	2009年	传媒集团影视剧中心
金婚	第二十七届中国电视剧飞天奖长篇电视剧一等奖	2009年	北京电视艺术中心、北广传媒集团、上海文广新闻传媒集团
媳妇的美好时代	第二十八届中国电视剧飞天奖长篇电视剧一等奖、优秀编剧奖	2011年	上海广播电视台影视剧中心

表3-14-6　《大众电视》金鹰奖/中国电视金鹰奖

作 品 名 称	奖项　等级	获奖年份	获奖单位　作者
小不点儿	首届《大众电视》金鹰奖优秀儿童电视剧奖	1983年	上海电视台　奚里德、富敏、张震伟、龚玉兰等
家风	首届《大众电视》金鹰奖优秀电视连续剧奖	1983年	上海电视台　李宏林、李莉、顾艳、龙俊杰等

(续表一)

作品名称	奖项 等级	获奖年份	获奖单位 作者
西园记	首届《大众电视》金鹰奖优秀电视戏曲片奖	1983年	上海电视台 庄志、薛英俊、王文娟等
璇子	第二届《大众电视》金鹰奖优秀电视戏曲片奖	1984年	上海电视台 余雍和、许诺等
陈毅与刺客	第三届《大众电视》金鹰奖优秀电视剧(单本剧)奖	1985年	上海电视台 沙叶新、张戈等
穷街	第四届《大众电视》金鹰奖优秀电视连续剧奖	1986年	上海电视台 张弘、富敏、陈燕华等
一个盲人的心灵	第五届《大众电视》金鹰奖优秀电视短剧小品奖	1987年	上海电视台 朱翊等
秋海棠	第五届《大众电视》金鹰奖优秀电视连续剧奖	1987年	上海电视台 周以勤、郭信玲等
心灵的答卷	第五届《大众电视》金鹰奖优秀儿童剧奖	1987年	上海电视台 张弘、富敏等
血染的风采	第六届《大众电视》金鹰奖优秀电视剧(单本剧)奖	1988年	上海电视台 赵丽宏、张戈等
花鸽子	第七届《大众电视》金鹰奖优秀电视剧(单本剧)奖	1989年	上海电视台 朱翊、王小龙、袁鸣等
大酒店	第七届《大众电视》金鹰奖优秀电视连续剧奖	1989年	上海电视台 钱石明、郭信玲等
三个和一个	第七届《大众电视》金鹰奖优秀儿童电视剧奖	1989年	上海电视台 张弘、富敏等
家·春·秋	第七届《大众电视》金鹰奖优秀电视连续剧奖	1989年	上海电视台 斯民三、李莉、黄海芹、孙启新等
上海的早晨	第八届《大众电视》金鹰奖优秀电视连续剧奖	1990年	上海电视台 赵孝思、张戈等
十六岁的花季	第八届《大众电视》金鹰奖优秀儿童剧奖	1990年	上海电视台 张弘、富敏、吉雪萍等
上海一家人	第十届《大众电视》金鹰奖优秀电视连续剧奖	1992年	上海电视台 黄允、李莉、李羚、何伟、谢园等
费达生	第十五届《大众电视》金鹰奖最佳短纪录片奖	1997年	东方电视台 王韧等
牡丹亭	第十五届《大众电视》金鹰奖最佳戏曲片奖	1997年	上海电视台 《牡丹亭》剧组
远去的村庄	第十五届《大众电视》金鹰奖最佳纪录片和最佳编导奖	1997年	上海电视台 王小平等
妈妈不在的冬天	第十五届《大众电视》金鹰奖最佳纪录短片奖	1997年	上海电视台 叶卉等

（续表二）

作　品　名　称	奖项　等级	获奖年份	获奖单位　作者
儿女情长	第十五届《大众电视》金鹰奖最佳长篇连续剧	1997 年	上海永乐电影电视(集团)公司
司马相如(昆剧)	第十六届中国电视金鹰奖优秀戏曲电视剧奖	1998 年	中央电视台、上海电视台
千里共婵娟——中秋夜·两岸情	第十六届中国电视金鹰奖优秀文艺节目奖	1998 年	东方电视台、中央电视台、台湾电视公司等
大头儿子和小头爸爸	第十六届中国电视金鹰奖优秀动画片奖	1998 年	中央电视台动画部、东方电视台动画公司
金色旋律——中国民乐维也纳之行	第十六届中国电视金鹰奖优秀文艺节目奖	1998 年	东方电视台
朱德上井冈	第十七届中国电视金鹰奖优秀连续剧奖	1999 年	东方电视台、南京军区、中央电视台影视部等
婆婆、媳妇、小姑	第十七届中国电视金鹰奖优秀连续剧奖	1999 年	东方电视台　《婆婆、媳妇、小姑》剧组
天若有情	第十七届中国电视金鹰奖优秀连续剧奖	1999 年	上海电视台　《天若有情》剧组
狸猫换太子	第十七届中国电视金鹰奖最佳戏曲片奖	1999 年	上海电视台　《狸猫换太子》剧组
家在云之南	第十七届中国电视金鹰奖最佳文艺节目奖	1999 年	上海电视台文艺中心
封神榜演艺	第十七届中国电视金鹰奖最佳动画片作品奖	1999 年	上海美术电影制片厂
上海·悉尼——2000年的跨越	第十八届中国电视金鹰奖优秀综艺节目奖	2000 年	上海卫视中心、上海电视台、中央电视台
同一首歌	第十八届中国电视金鹰奖优秀文艺节目奖	2000 年	上海卫视中心
一个叫做家的地方	第十九届中国电视金鹰奖最佳纪录片奖	2001 年	上海电视台　王小龙、王锋等
红色康乃馨	第十九届中国电视金鹰奖优秀连续剧奖	2001 年	上海电视台、上海市总工会电视制作中心等
梨风新韵——13 省市元旦戏曲晚会	第十九届中国电视金鹰奖综合文艺优秀作品奖	2001 年	东方电视台
康熙王朝	第二十届中国电视金鹰奖优秀连续剧奖	2002 年	上海永乐电影电视(集团)公司、上海求索影视制作有限公司
永不放弃	第二十届中国电视金鹰奖优秀连续剧奖	2002 年	北京电视艺术中心、北京电视台、上海电视台
我们成功啦——上海庆祝申博成功大型联欢晚会	第二十一届中国电视金鹰奖优秀文艺节目奖	2003 年	传媒集团文艺频道

（续表三）

作 品 名 称	奖项 等级	获奖年份	获奖单位 作者
东方之光——"三个代表"与理论创新	第二十一届中国电视金鹰奖优秀纪录片奖	2003 年	传媒集团纪实频道 褚嘉骅、朱贤亮
精彩中国——2004 年京沪春节大联欢晚会	第二十二届中国金鹰奖优秀文艺节目奖	2004 年	传媒集团 北京电视台
新西藏	第二十三届中国电视金鹰奖优秀长篇纪录片奖	2006 年	传媒集团纪实频道 褚嘉骅、许蕾、邓小彬、吴海鹰等
亮剑	第二十三届中国电视金鹰奖优秀连续剧奖	2006 年	上海海润影视制作有限公司、上海电影集团公司、上海东上海国际文化影视公司、沈阳军区政治部电视艺术中心
大阅兵——回首 60 年	第二十五届中国电视金鹰奖优秀纪录片奖	2010 年	上海广播电视台纪实频道
媳妇的美好时代	第二十五届中国电视金鹰奖优秀连续剧奖	2010 年	上海广播电视台影视剧中心

表 3‑14‑7　上海新闻奖

作 品 名 称	奖项 等级	获奖年份	获奖单位 作者
南浦大桥成为上海人民心中的丰碑	首届上海新闻奖(消息)一等奖	1992 年	上海电视台 邬志豪、劳有林、李培红
上海 20 万市民迁居浦东	第二届上海新闻奖(消息)一等奖	1993 年	上海电视台 邬志豪、劳有林
邓小平和上海各界人士共度新春佳节	第三届上海新闻奖(消息)一等奖	1994 年	上海电视台 东升、郭大康、陈海
上海人民用汗水和喜悦迎接国庆	第三届上海新闻奖(消息)一等奖	1994 年	上海电视台 邬志豪、印海蓉、劳有林
外滩：崛起的上海金融街	第四届上海新闻奖(专题)一等奖	1995 年	东方电视台 温天、陈雪虎、余浩峰
56 个民族申城"合家欢"	第四届上海新闻奖(专题)一等奖	1995 年	上海电视台 徐晓毅、吴琳
大动迁	第四届上海新闻奖(专题)一等奖	1995 年	上海电视台 章焜华、朱盾
江泽民走访劳动者家庭	第四届上海新闻奖(消息)二等奖	1995 年	上海电视台新闻中心
6 000 万元巨款亏损为何无人知晓	第四届上海新闻奖(消息)二等奖	1995 年	上海电视台 高韵斐、金璞、庞建华
浦东兴起"追加投资热"	第四届上海新闻奖(消息)二等奖	1995 年	东方电视台报道部
江总书记千里牵红线，国资跨地经营有新路	第五届上海新闻奖(消息)一等奖	1996 年	上海电视台 姜迅、吴琳、金璞
世纪的彩虹	第五届上海新闻奖(专题)一等奖	1996 年	上海电视台 柳遐、余永锦、龚卫等
无声的世界，欢乐的空间	第五届上海新闻奖(专题)一等奖	1996 年	东方电视台 恽友江、池驰、陈梁 闸北有线电视中心
浦东邮票"行俏"市长咨询会	第六届上海新闻奖(消息)一等奖	1997 年	东方电视台 姜澜

（续表一）

作品名称	奖项　等级	获奖年份	获奖单位　作者
十年沉睡生产线,走向市场创效益	第六届上海新闻奖(消息)一等奖	1997年	东方电视台　田明、陈梁
刘京海与成功教育	第六届上海新闻奖(专题)一等奖	1997年	上海电视台　冯乔、周卫平
穿越时空的崇高	第六届上海新闻奖(专题)一等奖	1997年	上海电视台　吴琳、张峰、徐攸
住房解困,圆了三代人的梦	第六届上海新闻奖(专题)二等奖	1997年	上海电视台　邬志豪　印海蓉
七次难忘的农历新年——追思敬爱的邓小平	第七届上海新闻奖(专题)一等奖	1998年	上海电视台　吴琳等
上海方舟	第七届上海新闻奖(专题)一等奖	1998年	上海电视台　陆天旗、周德毅、李鹏、蒋金轮
为了明天——上海建设再就业工程纪实	第七届上海新闻奖(专题)一等奖	1998年	解放日报、上海电视台新闻中心、社教海外中心
中国基因抢夺战	第七届上海新闻奖(专题)一等奖	1998年	上海电视台　陆晔、陆天旗、蒋金轮、沈文琪
4·15韩航空难调查	第八届上海新闻奖(消息)一等奖	1999年	上海卫视中心　劳春燕、王斌、徐玮海
上海张家宅1978——1998	第八届上海新闻奖(专题)一等奖	1999年	上海电视台　刘玮、刘敬东
一次成功的迫降	第八届上海新闻奖(专题)一等奖	1999年	东方电视台　陈梁、姜澜、程兆民、汤捷、赵华生
十八罗汉头像回归祖国大陆	第九届上海新闻奖(消息)一等奖	2000年	东方电视台　崔士新、葛凤章、王跃
我的潭子湾小学	第九届上海新闻奖(专题)一等奖	2000年	上海电视台　冯乔、陈杰
老城厢里的新风楼	第九届上海新闻奖(专题)二等奖	2000年	上海有线电视台　徐华、郑敏华
东进序曲	第十届上海新闻奖(新闻专题)特别奖	2001年	上海电视台　蒋为民、刘玮、裴高、蒋金轮
当初出国热,今日归国潮	第十届上海新闻奖(消息)一等奖	2001年	上海电视台　黄铮、黄燕峰
杨妈妈的"恩格尔"系数	第十届上海新闻奖(专题)一等奖	2001年	东方电视台　吴霄峰、郑健
负责不负责,台风见分晓	第十届上海新闻奖(消息)二等奖	2001年	上海电视台新闻中心
范菲菲系列报道	第十届上海新闻奖(系列报道)二等奖	2001年	东方电视台报道部
APEC会议特别报道	第十一届上海新闻奖(消息)特别奖	2002年	上海电视台　姜澜、倪晓明、姜迅
从后排到前排,15米走了15年	第十一届上海新闻奖(消息)一等奖	2002年	上海电视台　黄铮、徐攸、崔艳、姜澜
新疆兄弟紧急求援,上海各界伸出援手	第十一届上海新闻奖(连续报道)一等奖	2002年	东方电视台　陆伟、张烨华、朱勇、孔庆国
2001年9月11日上视《晚间新闻》版面	第十一届上海新闻奖(节目编排)一等奖	2002年	上海电视台　姜澜、倪晓明、姜迅、郭伟敏

(续表二)

作 品 名 称	奖项 等级	获奖年份	获奖单位 作者
来自巴黎的录像带	第十一届上海新闻奖(消息)二等奖	2002 年	上海电视台 陈思劼、沈立生、王毅、陈彦
反倾销之战	第十一届上海新闻奖(消息)二等奖	2002 年	上海电视台 陆天旗、李惠平、蒋金轮、陈思劼
欠债百万的患难夫妻	第十二届上海新闻奖(专题)一等奖	2003 年	传媒集团新闻综合频道 左益虓、蒋金轮、陈琪
申博喜获成功,申城欢乐无眠	第十二届上海新闻奖(长消息)一等奖	2003 年	传媒集团新闻娱乐频道 潘鹂声、李舒芸、何小兰、吴朝阳
2002 年国庆特别节目:国庆·上海	第十二届上海新闻奖(专题)二等奖	2003 年	传媒集团新闻综合频道
新闻特写:会飞翔的列车	第十二届上海新闻奖(消息)二等奖	2003 年	传媒集团新闻综合频道 邬志豪、李姬芸、虞晓
金矿采矿权第一拍——民企折桂	第十二届上海新闻奖(消息)二等奖	2003 年	传媒集团财经频道 赵彦德、孙伟强、汪钧
股田制调查	第十二届上海新闻奖(专题)二等奖	2003 年	传媒集团财经频道 张炜、林云、章茜
曹登虎:上海在变,我的生活在变	第十二届上海新闻奖(消息)二等奖	2003 年	传媒集团新闻娱乐频道 李舒云、汤捷、袁雷、吴霄峰
来自小汤山的报道	第十三届上海新闻奖(连续报道)一等奖	2004 年	传媒集团新闻娱乐频道 王燕、沈莹、杨晓明、彭柯
还原一个真实的郑恩宠	第十三届上海新闻奖(专题)一等奖	2004 年	传媒集团新闻综合频道 蔡征、张佰量、邬志豪、王蔚
中国第一艘载人飞船发射升空	第十三届上海新闻奖(消息)一等奖	2004 年	传媒集团东方卫视 李姬芸、张俊、全华、谢力
美军中央司令部首次新闻发布会:弗兰克斯承认进攻受挫	第十三届上海新闻奖(国际新闻)一等奖	2004 年	传媒集团新闻综合频道 沈立炯、黄铮、邬志豪、周炜
生产自救找出路,"1+1群"就业模式显成效	第十三届上海新闻奖(消息)二等奖	2004 年	传媒集团新闻综合频道 籍明、倪晓明、虞晓、邬志豪
《新闻观察》:西海固的最后一刻	第十三届上海新闻奖(消息)二等奖	2004 年	传媒集团新闻综合频道 陈思劼、吴钧、陈琪
万众瞩目盛况空前,市民争睹"神五"风采	第十三届上海新闻奖(消息)二等奖	2004 年	传媒集团新闻娱乐频道 黄铮、陈玮
纽约三千侨胞热烈欢迎温家宝总理访美	第十三届上海新闻奖二等奖	2004 年	传媒集团东方卫视 燕南、姜招虎、刘咏、陈艳明
刘翔,家乡儿女为你骄傲	第十四届上海新闻奖(消息)一等奖	2005 年	传媒集团新闻娱乐频道 刘晓清、弓毅、杨晓明、崔士新
精彩中国·上海篇	第十四届上海新闻奖(专题)一等奖	2005 年	传媒集团东方卫视、中央电视台

（续表三）

作品名称	奖项 等级	获奖年份	获奖单位 作者
"谎言"	第十四届上海新闻奖（专题）一等奖	2005年	传媒集团新闻综合频道 燕晓英、孙劼、任静、沈立生
印尼：中华文化重获新生	第十四届上海新闻奖（国际新闻）一等奖	2005年	传媒集团东方卫视 王菲、戴骅、郑宇佳
安安回家	第十四届上海新闻奖（专题）二等奖	2005年	传媒集团新闻娱乐频道 顾怡玫、汤捷、田安莉、周捷
巨额通行费流向何方	第十四届上海新闻奖（消息）二等奖	2005年	传媒集团新闻综合频道 朱黔生、李晞、倪晓明
印度洋大海啸	第十四届上海新闻奖二等奖	2005年	传媒集团新闻娱乐频道 杨颖杰、顾珏、崔士新、杨晓明
被高价"淹没"的经典廉价药	第十五届上海新闻奖（专题）一等奖	2006年	传媒集团第一财经频道 丁玎、金熙、沈罟
病死猪肉交易为何屡禁不止	第十五届上海新闻奖（连续报道）一等奖	2006年	传媒集团新闻综合频道 朱黔生、吕心泉
百张改造图，满意百分百	第十五届上海新闻奖（消息）一等奖	2006年	传媒集团新闻综合频道 丁元骐、张鹰、倪晓明、吴茜
"神六"回家了	第十五届上海新闻奖（消息）二等奖	2006年	传媒集团东方卫视 李姬芸、张俊、吴朝阳
十九年精耕细作，闵行开发区土地单产居全国首位	第十五届上海新闻奖（消息）二等奖	2006年	闵行电视台 罗伟、潘宏明
三十五年，无言的爱	第十五届上海新闻奖（专题）二等奖	2006年	传媒集团新闻娱乐频道 吴静娴、屠平、黄铮
《东方夜新闻》栏目	第十五届上海新闻奖（专栏）二等奖	2006年	传媒集团东方卫视 《东方夜新闻》栏目组
综合能耗仅为同行业一半上海化工区循环经济结硕果	第十六届上海新闻奖（消息）一等奖	2007年	传媒集团电视新闻中心 黄铮、王一敏、崔士新、张永新
巅峰之旅"七一"全天大直播	第十六届上海新闻奖（现场直播）一等奖	2007年	传媒集团东方卫视 集体
关注抑郁症	第十六届上海新闻奖（消息）二等奖	2007年	传媒集团电视新闻中心 季力、刘桂强、吴晓东、訾力超
《新闻坊》栏目	第十六届上海新闻奖名专栏奖	2007年	传媒集团电视新闻中心 《新闻坊》栏目组
小镇缘何出现离婚潮	第十六届上海新闻奖（消息）二等奖	2007年	传媒集团电视新闻中心 宣克炯、顾怡玫、谭一丁、虞晓
从牵手到放手，小改变彰显特奥精神	第十六届上海新闻奖（消息）二等奖	2007年	传媒集团电视新闻中心 袁文逸、徐攸、王一敏、朱玲妹
赵铁锤现场出题，煤矿场竟无力自救	第十六届上海新闻奖（消息）二等奖	2007年	传媒集团电视新闻中心 朱巍、李柏林、汤砺锋
香樟树下歌声嘹亮，"大家唱"活动红红火火	第十六届上海新闻奖（消息）二等奖	2007年	传媒集团电视新闻中心 章海燕、袁忠、龚晓洁

作 品 名 称	奖项 等级	获奖年份	获奖单位 作者
我们要什么样的世界第一	第十七届上海新闻奖(消息)一等奖	2008 年	传媒集团电视新闻中心 王勇、谭一丁
胡锦涛国庆期间在上海看望慰问干部群众	第十七届上海新闻奖(消息)一等奖	2008 年	传媒集团电视新闻中心 吴忠伟、高海宁、张佰量、袁雷、虞晓
范徐丽泰:女主席之路	第十七届上海新闻奖二等奖	2008 年	传媒集团电视新闻中心 施喆、骆新、许丽花、蒋金轮、徐敦华
特殊的战场	第十七届上海新闻奖二等奖	2008 年	传媒集团电视新闻中心 周震煊、施军、黄铮、孙劼
全球医保体制调查	第十七届上海新闻奖(消息)二等奖	2008 年	传媒集团东方卫视 集体
开往春天的地铁	第十七届上海新闻奖(专题)二等奖	2008 年	传媒集团电视新闻中心 集体
昔日钢渣堆场,今日生态公园	第十七届上海新闻奖(消息)二等奖	2008 年	宝山广播电视台 孔祥俊、张晖
汶川地震直播特别报道	第十八届上海新闻奖(消息)特别奖	2009 年	传媒集团电视新闻中心 集体
上海:地铁落差 10 厘米导致多人摔伤	第十八届上海新闻奖(消息)一等奖	2009 年	传媒集团电视新闻中心 顾怡玫、周一凛
循环经济为什么循环不起来	第十八届上海新闻奖(消息)一等奖	2009 年	传媒集团电视新闻中心 王勇、徐攸、虞晓
《东方新闻》栏目	第十八届上海新闻奖名专栏奖	2009 年	传媒集团东方卫视 《东方新闻》栏目组
汶川映秀:慈母千里寻亲,目睹儿子被救	第十八届上海新闻奖(消息)二等奖	2009 年	传媒集团电视新闻中心 李胜、何晓、李晗、曹旭
北京奥运火炬接力上海站传递	第十八届上海新闻奖(现场直播)二等奖	2009 年	传媒集团电视新闻中心、体育频道、技术运营中心
松江:药品零差率	第十八届上海新闻奖(消息)二等奖	2009 年	传媒集团电视新闻中心 张莉、查家旻、刘江贤
上海金融 30 年	第十八届上海新闻奖(专题)二等奖	2009 年	传媒集团第一财经
土方车"专营"不专:好经怎么念歪了?	第十九届上海新闻奖(消息)一等奖	2010 年	上海广播电视台电视新闻中心 李吟涛、潘德祥、乔建华、汤颐
上海"旧改"阳光动迁系列报道	第十九届上海新闻奖(系列报道)一等奖	2010 年	上海广播电视台电视新闻中心 王一敏、虞晓、汤颐
《新闻夜线》栏目	第十九届上海新闻奖名专栏奖	2010 年	上海广播电视台电视新闻中心《新闻夜线》栏目组
蔡文学:实验成"痴"的物理老师	第十九届上海新闻奖(专题)二等奖	2010 年	上海教育电视台
生死之困	第十九届上海新闻奖(消息)二等奖	2010 年	上海广播电视台电视新闻中心 汪茜、吕心泉、张银、王潇月

（续表五）

作 品 名 称	奖项　等级	获奖年份	获奖单位　作者
"发烧"的儿科	第十九届上海新闻奖（消息）二等奖	2010 年	上海广播电视台电视新闻中心　周全、包钢、金涛、刘志桦
昆仑山下最后的上海知青	第十九届上海新闻奖（消息）二等奖	2010 年	上海广播电视台电视新闻中心　陈慧莹、沈骏、王一敏
大场镇政府服务经济转型发展，两度让出办公楼	第二十届上海新闻奖（消息）二等奖	2011 年	宝山广播电视台　李学军、段小龙
世界，你好！	第二十届上海新闻奖（专题）特别奖	2011 年	上海广播电视台电视新闻中心
关注动迁新政	第二十届上海新闻奖（消息）一等奖	2011 年	上海广播电视台电视新闻中心
谁的村庄	第二十届上海新闻奖（消息）一等奖	2011 年	上海广播电视台第一财经频道
上海人民向 11·15 特大火灾事故遇难者致哀	第二十届上海新闻奖（消息）一等奖	2011 年	上海广播电视台电视新闻中心　谢丹青、朱亦敏、肖林云、朱奇
《1/7》栏目	第二十届上海新闻奖名专栏奖	2011 年	上海广播电视台电视新闻中心《1/7》栏目组
铁路局内部设代售点，买条子票不受 5 张限制	第二十届上海新闻奖二等奖	2011 年	上海广播电视台电视新闻中心　夏进、李彦君、李舒云
创意世博：英国	第二十届上海新闻奖二等奖	2011 年	上海广播电视台电视新闻中心集体
经适房申请遭遇贷款难，政府紧急协调解决问题	第二十届上海新闻奖二等奖	2011 年	上海广播电视台电视新闻中心集体
世博不眠夜	第二十届上海新闻奖二等奖	2011 年	上海广播电视台电视新闻中心集体

表 3 - 14 - 8　上海广播电视奖

作 品 名 称	奖项　等级	获奖年份	获奖单位　作者
十五岁的初中学生	上海广播电视奖电视社教节目一等奖	1993 年	上海电视台　王小平、余永锦
邓小平和上海各界人士共度新春佳节	上海广播电视奖电视新闻节目特别奖	1994 年	上海电视台　东升、郭大康、陈海
来自贫困地区的大学生	上海广播电视奖电视新闻节目一等奖	1994 年	上海电视台新闻中心
大动迁	上海广播电视奖电视社教节目一等奖	1994 年	上海电视台　章焜华、朱盾
东方神韵——'93 南北京剧名家汇演	上海广播电视奖电视文艺节目特别奖	1994 年	上海电视台文艺中心
大家恭喜——'93 沪港台春节文艺晚会	上海广播电视奖电视文艺节目一等奖	1994 年	上海电视台文艺中心

(续表一)

作 品 名 称	奖项 等级	获奖年份	获奖单位 作者
外滩：崛起的上海金融街	上海广播电视奖电视新闻节目一等奖	1995 年	东方电视台 温天、陈雪虎、余浩峰
6 000 万元巨款亏损为何无人知晓	上海广播电视奖电视新闻节目一等奖	1995 年	上海电视台 高韵斐、金璞、庞建华
'95 中国民族风开幕式	上海广播电视奖电视文艺节目特别奖	1996 年	上海电视台
江总书记千里牵红线，国资跨地经营有新路	上海广播电视奖电视新闻节目一等奖	1996 年	上海电视台 姜迅、吴琳、金璞
最后的证言者	上海广播电视奖电视社教节目一等奖	1996 年	东方电视台
中国人的脊梁	上海广播电视奖电视文艺节目一等奖	1996 年	东方电视台
五彩缤纷电影节	上海广播电视奖对外对台节目一等奖	1996 年	上海电视台
孽债	上海广播电视奖电视剧一等奖	1996 年	上海电视台求索电视剧制作社
大奖	上海广播电视奖电视译制片一等奖	1996 年	上海电视台
中俄哈吉塔五国元首在上海签订军事信任协定	上海广播电视奖电视新闻特别奖	1997 年	上海电视台新闻中心
世纪丰碑·长征	上海广播电视奖电视社教节目特别奖	1997 年	上海电视台 应启明、黎瑞刚、蒋为民、王寅等
从漫画看中国	上海广播电视奖电视新闻节目一等奖	1997 年	上海电视台 金维一、吴忠伟
十年沉睡生产线,走向市场出效益	上海广播电视奖电视新闻节目一等奖	1997 年	东方电视台 田明、陈梁
刘京海与成功教育	上海广播电视奖电视社教节目一等奖	1997 年	上海电视台 冯乔、周卫平
为了明天——上海建设再就业工程纪实	上海广播电视奖电视社教节目特别奖	1998 年	解放日报、上海电视台新闻中心、社教海外中心
连续报道：石化"样机",吴县"下蛋"的启示	上海广播电视奖电视新闻节目一等奖	1998 年	东方电视台 温天、田明
七次难忘的农历新年——追思敬爱的小平同志	上海广播电视奖电视新闻节目特别奖	1998 年	上海电视台 吴琳等
将军世纪行	上海广播电视奖电视社教节目特别奖	1998 年	东方电视台 陈位其、卑根源、金希章、朱咏雷
忠贞	上海广播电视奖电视社教节目一等奖	1998 年	上海电视台 宋继昌、李晓
《寻常人家》栏目	上海广播电视奖栏目一等奖	1998 年	上海有线电视台《寻常人家》栏目组

（续表二）

作 品 名 称	奖项 等级	获奖年份	获奖单位 作者
《太阳船》栏目	上海广播电视奖栏目一等奖	1998 年	上海有线电视台《太阳船》栏目组
回到祖先的土地	上海广播电视奖电视社教节目特别奖	1999 年	上海电视台 章焜华、吕新雨、吴海鹰、龚卫
一次成功的迫降	上海广播电视奖电视新闻节目一等奖	1999 年	东方电视台 陈梁、姜澜等
十八罗汉头像回归祖国大陆	上海广播电视奖电视新闻节目一等奖	1999 年	东方电视台 崔士新、葛凤章、王跃
人间正道——"发展才是硬道理"纵横谈	上海广播电视奖电视社教节目一等奖	1999 年	上海电视台 朱贤亮、柴建潮、王小龙
上海——中美经济合作的热土	上海广播电视奖播音与主持一等奖	1999 年	东方电视台
九段沙——上海最后的处女地	上海广播电视奖播音与主持一等奖	1999 年	上海电视台 刘剑、蒋为民
我的潭子湾小学	上海广播电视奖电视社教节目一等奖	2000 年	上海电视台 冯乔、陈杰
《夜间新闻》栏目	上海广播电视奖播音与主持一等奖	2000 年	上海电视台 欧阳夏丹
一个叫做家的地方	上海广播电视奖电视社教节目特别奖	2001 年	上海电视台 王小龙、王锋
杨妈妈的"恩格尔"系数	上海广播电视奖电视新闻节目一等奖	2001 年	东方电视台 吴霄峰、郑健
新中国大使——使美风云	上海广播电视奖电视社教节目一等奖	2001 年	上海电视台 章焜华、余永锦、汪求实、赵青
浦东十年	上海广播电视奖电视社教节目一等奖	2001 年	东方电视台 翟志荣、叶孝慎、成玲沙琳
《东视新闻》2000 年 12 月 31 日	上海广播电视奖电视播音与主持一等奖	2001 年	东方电视台 袁雷、恽友江、陈建明
上海世博会申办宣传片	上海广播电视奖电视社教节目特别奖	2002 年	东方电视台 赵建华、秦敏、李建胜、丁建新
曙光——上海 1921	上海广播电视奖电视社教节目一等奖	2002 年	上海电视台 朱贤亮、彭培军、陈忆黎
"9.11"《晚间新闻》编排	上海广播电视奖电视新闻节目特别奖	2002 年	上海电视台 姜澜、倪晓明、姜迅、郭伟敏
新疆兄弟紧急求援,上海各界伸出援手	上海广播电视奖电视新闻节目一等奖	2002 年	东方电视台 陆伟、张烨华、朱勇、孔庆国
从后排到前排,15 米走了 15 年	上海广播电视奖电视新闻节目一等奖	2002 年	上海电视台 黄铮、崔艳、徐攸
曙光——上海 1921(3 集)	上海广播电视奖电视社教节目一等奖	2002 年	上海电视台 朱贤亮、彭培军、陈忆黎

（续表三）

作 品 名 称	奖项 等级	获奖年份	获奖单位 作者
今宵如此美丽——APEC大型景观焰火表演	上海广播电视奖电视文艺节目一等奖	2002年	东方电视台 刘文国、唐萍
《新闻报道》2001年9月30日	上海广播电视奖播音与主持一等奖	2002年	上海电视台新闻中心
与牛群对话	上海广播电视奖播音与主持一等奖	2002年	上海电视台
曹登虎:上海在变,我的生活在变	上海广播电视奖电视新闻节目一等奖	2003年	传媒集团新闻娱乐频道 李舒云、汤捷、袁雷、吴霄峰
欠债百万的患难夫妻	上海广播电视奖电视新闻节目一等奖	2003年	传媒集团新闻综合频道 左益虓、蒋金轮、陈琪
《星期五档案》:一篇报道和一首歌的故事	上海广播电视奖电视社教节目一等奖	2003年	传媒集团纪实频道 朱宏、彭培军、龚卫
都市之魂	上海广播电视奖电视社教节目一等奖	2003年	传媒集团纪实频道 朱贤亮、朱海平、叶蕾、张伟强
《上海早晨》栏目	上海广播电视奖播音与主持一等奖	2003年	传媒集团新闻综合频道《上海早晨》栏目
中国桥梁钢托起世界第一拱	上海广播电视(区县)奖电视新闻节目一等奖	2003年	宝钢电视台
雕刻人生	上海广播电视(区县)奖电视社教节目一等奖	2003年	南汇电视台
丝丝深韵系情根,缕缕心曲化乐章	上海广播电视(区县)奖播音与主持一等奖	2003年	闵行电视台
来自小汤山的报道	上海广播电视奖电视新闻节目一等奖	2004年	传媒集团新闻娱乐频道 王燕、沈莹、杨晓明、彭柯
中国第一艘载人飞船发射升空	上海广播电视奖电视新闻节目一等奖	2004年	传媒集团东方卫视 李姬芸、张俊、全华、谢力
海上沉浮(第一集、第四集)	上海广播电视奖电视社教节目一等奖	2004年	传媒集团纪实频道 宋继昌、李晓
这份保险该不该赔	上海广播电视奖电视新闻节目一等奖	2004年	传媒集团新闻综合频道 徐震寰、金秋
"谎言"	上海广播电视奖电视新闻节目一等奖	2005年	传媒集团新闻综合频道 燕晓英、孙劼、任静、沈立生
精彩中国——上海篇	上海广播电视奖电视新闻节目一等奖	2005年	传媒集团东方卫视、中央电视台
刘翔——家乡父老为你骄傲	上海广播电视奖电视新闻节目一等奖	2005年	传媒集团新闻娱乐频道 刘晓清、弓毅、杨晓明、崔士新
纤笔一枝谁与似——丁玲与上海	上海广播电视奖电视社教节目一等奖	2005年	传媒集团纪实频道 朱宏、龚卫、叶孝慎、张尧臣

（续表四）

作　品　名　称	奖项　等级	获奖年份	获奖单位　作者
婆婆妈妈	上海广播电视奖电视社教节目一等奖	2005 年	传媒集团纪实频道　吴海鹰、张伟强
《媒体大搜索》栏目	上海广播电视奖播音与主持一等奖	2005 年	传媒集团新闻娱乐频道《媒体大搜索》栏目组
新西藏	上海广播电视奖电视社教节目特别奖	2006 年	传媒集团纪实频道　褚嘉骅、许蕾、邓小彬、吴海鹰
病死猪肉交易为何禁而不止	上海广播电视奖电视新闻节目一等奖	2006 年	传媒集团新闻综合频道　朱黔生、吕心泉
走近他们——周小燕	上海广播电视奖电视社教节目一等奖	2006 年	传媒集团东方卫视　贾光华、蒋慰慧、骆新、徐威
去大后方	上海广播电视奖电视社教节目一等奖	2006 年	传媒集团纪实频道　李晓、宋继昌
赤子之心——钢琴诗人傅聪	上海广播电视奖播音与主持一等奖	2006 年	传媒集团新闻娱乐频道
综合能耗仅为同行业一半，上海化工区循环经济结硕果	上海广播电视奖电视新闻节目一等奖	2007 年	传媒集团电视新闻中心　黄铮、王一敏、崔士新、张永新
教授的"种地试验"	上海广播电视奖电视新闻节目一等奖	2007 年	传媒集团第一财经频道　沈罡、丁玎、金熙
西征的红军	上海广播电视奖电视社教节目特别奖	2007 年	传媒集团纪实频道　江宁、袁维晖、龚卫、邵国亮
唐山大地震	上海广播电视奖电视社教节目一等奖	2007 年	传媒集团纪实频道　宋继昌、金阳、张伟杰、张赟
马相伯	上海广播电视奖电视社教节目一等奖	2007 年	传媒集团纪实频道　徐冠群、周洪波、李列、刘振宇
百花丛中最鲜艳——访茅威涛	上海广播电视奖播音与主持一等奖	2007 年	传媒集团新闻娱乐频道
我们要什么样的世界第一	上海广播电视奖电视新闻节目一等奖	2008 年	传媒集团电视新闻中心　王勇、谭一丁
变迁·中国	上海广播电视奖电视新闻节目一等奖	2008 年	传媒集团电视新闻中心　集体
和谐之道	上海广播电视奖电视社教节目特别奖	2008 年	传媒集团纪实频道　集体
高考·1977	上海广播电视奖电视社教节目一等奖	2008 年	传媒集团电视新闻中心　吴海鹰、汪求实、田安莉、唐骏、弓毅
陈寅恪（上下集）	上海广播电视奖电视社教节目一等奖	2008 年	传媒集团纪实频道　秦敏、周洪波、卢鸿新、刘振宇
汶川地震直播特别报道	上海广播电视奖电视新闻节目一等奖	2009 年	传媒集团电视新闻中心　集体

(续表五)

作 品 名 称	奖项 等级	获奖年份	获奖单位 作者
上海:地铁落差10厘米导致多人摔伤	上海广播电视奖电视新闻节目一等奖	2009年	传媒集团电视新闻中心 顾怡玫、周一凛
激荡三十年之1979	上海广播电视奖电视社教节目特别奖	2009年	传媒集团第一财经频道 集体
百年世博梦	上海广播电视奖电视社教节目一等奖	2009年	传媒集团新闻综合频道
30年30人	上海广播电视奖电视社教节目一等奖	2009年	传媒集团东方卫视
密码情书	上海广播电视奖播音与主持一等奖	2009年	传媒集团电视新闻中心
大阅兵——回首60年	上海广播电视奖电视社教节目特别奖	2010年	上海广播电视台纪实频道
土方车"专营"不专:好经怎么念歪了?	上海广播电视奖电视新闻节目一等奖	2010年	上海广播电视台电视新闻中心 李吟涛、潘德祥、乔建华、汤颋
上海"旧改"阳光动迁系列报道	上海广播电视奖电视新闻节目一等奖	2010年	上海广播电视台电视新闻中心 王一敏、虞晓、汤颋
回到苏州河	上海广播电视奖电视社教节目一等奖	2010年	上海广播电视台电视新闻中心
林巧稚	上海广播电视奖电视社教节目一等奖	2010年	上海广播电视台纪实频道 英未未、孙尧、王明臣
非凡女人,非常力量——2008年度非凡女人颁奖盛典	上海广播电视奖播音与主持一等奖	2010年	传媒集团电视新闻中心
世界,你好!	上海广播电视奖电视新闻节目特别奖	2011年	上海广播电视台电视新闻中心
关注动迁新政	上海广播电视奖电视新闻节目一等奖	2011年	上海广播电视台电视新闻中心
谁的村庄	上海广播电视奖电视新闻节目一等奖	2011年	上海广播电视台第一财经频道
11·15火灾:记者进入大楼直击搜寻幸存者	上海广播电视奖电视新闻节目一等奖	2011年	上海广播电视台电视新闻中心 宣克炯、冯昆
财富与梦想:中国股市1990—2010	上海广播电视奖电视社教节目特别奖	2011年	上海广播电视台第一财经频道 张志清、程兆民、吴飞跃、冯露丹
邓稼先	上海广播电视奖电视社教节目一等奖	2011年	上海广播电视台纪实频道 史嘉年、李列、刘振宇
世博地图风波	上海广播电视奖电视社教节目一等奖	2011年	上海广播电视台电视新闻中心 苏醒、黄迎庆、李荣、李苏宁
《东方新闻》栏目	上海广播电视奖播音与主持一等奖	2011年	传媒集团电视新闻中心

第四篇

产业经营

广告经营开创了上海广播电视产业发展之先河。1979年,是上海广播电视广告的破冰之年。在思想解放、改革开放大潮的推动下,上海电视台、上海人民广播电台(以下简称"上海电台")冲破禁区,摒弃播放广告"有损舆论机构的尊严"等错误观念,在中国内地播出第一条电视商业广告、第一条外商电视广告,在全国广播电台中率先恢复广告节目。同年,上海广播电视广告收入76万元,改变了此前完全依靠国家财政拨款办台的状况。

20世纪80年代,上海广播电视系统的产业经营以广告为主,营收逐年增加。1985年,上海广播电视广告经营的收入第一次超过国家拨款。20世纪90年代,随着上海广播电视行业体制改革的不断深化,上海多家电台、电视台广告经营各显其能、相互竞争,促进广播电视广告收入持续增长。进入21世纪后,上海文广新闻传媒集团(以下简称"传媒集团")对上海广播电视资源实施整合,对广告业务实行统一管理、规范经营,广告收入以平均每年10%的增长率稳步上升。2010年,传媒集团的广告总收入达到创纪录的50.10亿元,广告经营成为广播电视发展的支柱产业。与此同时,上海广播电视行业的报刊广告、购物广告等多种广告形式随之风生水起,区县台的广告经营活动也普遍开展,形成广播电视广告多元化经营。其中,东方希杰电视购物节目经营业绩以年均78%的增幅快速发展,成为上海广播电视产业壮大的一支生力军。上海广播电视行业的媒体品牌意识增强,试行公司化运营的电视频道直接成为媒体参与市场竞争的主体,强化了媒体品牌的影响力。

在广告经营持续发展的基础上,上海广播电视产业经营范围扩大,体现出五个鲜明特点。

其一,以市场化运作、多元化开发为主旨的经营机构的成立,给上海广播电视产业发展注入了勃勃生机与活力。其中,上海东方明珠(集团)股份有限公司为突出代表。作为国内第一家文化企业上市公司,东方明珠从最初的广播电视信号发射塔,逐步发展成为涵盖观光旅游、餐饮娱乐、会展演出、历史陈列以及媒体产业、对外投资等诸多功能于一身的综合性集团公司,成为全球盈利能力名列前茅的广播电视塔,为推动上海广播电视产业化发展做出了卓有成效的贡献。

其二,版权经营开辟了上海广播电视节目交易新局面。上海电视剧和动画片生产通过自筹资金、自负盈亏、自主运行、自我发展,涌现出众多获得精神文明建设"五个一工程"奖等重大奖项的优秀作品,并占据全国市场的主要份额,成为节目交易市场的主打品种。上海广播电视品牌栏目的优秀节目也成为各播出机构需求的产品。隶属传媒集团的上海五岸传播有限公司以节目内容销售为中心,专门从事海内外广播电视节目版权内容的销售、代理和运营业务,成为经营全媒体版权内容的供应商和运营商。

其三,有线电视网络经营成为上海广播电视产业发展新亮点。2001年,上海东方有线网络有限公司(原上海有线网络有限公司,2004年8月更名,以下简称"东方有线")实施中心城区有线电视网络的双向改造,强化网络资源的充分利用。2010年,基本完成中心城区有线电视数字化整体转换和100万户下一代广播电视网(NGB)示范网建设。东方有线从单纯传输有线电视业务的企业,发展为综合承载有线电视、数据传输、系统集成的综合信息服务提供商和集有线电视、家庭宽带、互动电视、企业数据等于一体的全业务运营商,通过"数字家庭综合信息服务平台",为上海社会和市民提供多样化的数字媒体信息服务。交互式网络电视(IPTV)拉开了我国"三网融合"背景下广电和电信"双向进入"、产业共荣的帷幕。传媒集团下属百视通网络电视技术发展有限责任公司（以下简称"百视通"）开创了"广电主导、分工负责、优势互补"的"上海模式"，走出了一条跨行业、跨地域、产业化、市场化发展的探索之路。IPTV凸显从"看电视"到"用电视"的个性化、互动化业务特色，使用户数量和经营业绩逐年上升，显示了新兴产业的强大生命力。百视通借壳"广电信息"在上海证券交易所成功挂牌上市，被誉为"中国广电新媒体第一股"。

其四，多元化经营丰富了上海广播电视产业的内涵与外延。上海广播电视行业依托电子媒体科技含量的优势，充分挖掘内在潜力，多业并举、多领域开发。以专营舞台灯光、舞美背景策划设计为主业的广电制作和以数码技术、三维动画为主业的幻维数码，在为各电视栏目提供服务的同时，面向社会各界，满足各方需求，提供专业化的技术服务，获得了一定的经济效益。文化演出经营、艺员经纪业务等均为上海广播电视产业化的规模经营增添了新的增长点。

其五，上海广播电视行业的产业投资促进了上海文化基础设施的建设，也推动了广播电视产业发展。1992—2010年，上海广播电视行业对东方明珠广播电视塔、上海国际会议中心、上海大剧院、东方绿舟青少年活动营地、世博文化中心等基础设施投资，扩大产业经营范围，推动上海广播电视产业向纵深演进。

上海广播电视行业积极开展与广播电视产业相关的经营、投资业务，加强产业结构的调整、充实和优化，实现以广告业经营为重点的支柱产业、以广播电视节目生产经营为核心的主导产业、以网络和技术经营构成的基础产业、以数字电视扩展业务和IPTV业务经营等为代表的新兴产业协调有序发展，步入自主建设、自主发展、自我积累、自我壮大的良性循环状态，走出一条具有时代特征、上海特色、行业特点的上海广播电视传媒产业化经营之路。

第一章　广　告　经　营

　　改革开放初期,上海电视台、上海电台勇于打破壁垒,分别播出、恢复商业广告,迈出了广播电视运用媒体优势开展产业经营具有开拓意义的第一步。随着社会主义市场经济的推进和广播电视体制机制改革的深化,广告经营方式不断出新,经营范围得以拓展,经营业绩逐年攀升,使广播电视摆脱了完全依赖政府财政拨款办事业的旧模式,广告经营成为广播电视业发展壮大不可或缺的经济支柱。广播电视广告经营又催生了与之相关的报刊广告、电视购物、媒体品牌领域的经营,推动共荣发展。

第一节　广播广告经营

一、沿革

【广播广告恢复】

　　1979年3月5日,上海电台制作播出中国内地广播电台自"文化大革命"后的第一条广播广告"春蕾药性发乳"。自此,上海电台恢复了广播广告业务,成立广告科,在直接承揽广告业务的基础上,还与上海三家最大的广告公司(上海广告装潢公司、上海美术设计公司和上海广告公司)合作。当时的广告价格是每个字3分钱,一条广告100个字,播出10次,也只有30元。当年广播广告创收近28万元。

【市级电台广告经营业绩】

　　1987年,上海电台内设新闻教育台、经济台、文艺台3个分台;1988年又成立浦江之声广播电台,还开辟英语调频广播;1991年成立全国第一家交通信息台。广播节目内容的丰富和多元,广播广告渠道的拓宽,助推广告创收迅速增长。1992年,上海电台广告经营额达到1 289万元。1992年10月28日,东方电台开播,与上海电台形成竞争格局。两台新节目、好节目不断涌现,广告收入节节攀升。1993年,两台广告收入总额达到3 285万元。1994年,东方电台与上海有线电视台联合创办有线音乐频道,之后,又创办东广金融台及东广儿童台。1992—2000年,东方电台广告收入每年以1 000万元速度递增。与此同时,上海电台提出"新系列、新思路、新格局"改革,并于1992年组建以新闻综合台为龙头的8个系列台。1995年,上海电台与上海有线电视台联合创办有线戏剧频道。20世纪90年代,上海2个电台的广播广告经营基本保持两位数的年增长率。1999年上海两台广播广告经营总额首次突破1亿大关,达到10 888万元。此外,1999年,交通台广告由雅林广告公司总代理,这是上海广播第一个整频率承包的合同,交通频率广告经营额与代理承包前的1998年相比猛增50%。

　　2001年8月,传媒集团组建并成立广告经营中心,上海广播广告进入集团化经营阶段。2002年,传媒集团实施广播频率专业化改革,7月15日,广播6个频率10套节目全新推出,频率开展了广告经营的经理竞聘。集团广告经营中心设立广播广告管理部,确立集团广播频率广告分散经营、统一管理的新格局。统一管理主要是对下属 6 个频率广告经营的合同规范、价格执行、宣传导向、大代理合同招标竞标等重要环节进行指导、把关和协调,防止恶性竞争,维护集团利益,确保完成指标任务。2002—2005 年,广播广告营收实现每年两位数增长,从年收入不到 1.5 亿元上升为近 2.3 亿元。广播广告经营实行总监负责制,解决了节目和广告的融合问题。2006 年,传媒集团对广播资源重新整合,先后组建广播新闻中心和广播文艺中心,广播广告实行统一集中经营。集中经营后开拓行业代理市场,掌握了价格主动权,2006 年广告收入达到 3 亿元,同比增长 33%。

2009 年 10 月,传媒集团更名为上海广播电视台,并成立上海东方传媒集团有限公司。上海东方广播有限公司(以下简称"东方广播公司")随之成立,上海广播电视台下属所有频率广告均由东方广播公司广告部统一经营。2010 年广告收入 4.58 亿元,同比增长 34.71%,突破前 3 年广播广告创收业绩停滞不前的局面,实现跨越式发展。2001—2010 年,传媒集团、上海广播电视台的广播广告复合增长率达 15.1%。

【市郊区县广播机构广告经营业绩】

1979 年 4 月 1 日,嘉定县人民广播站出台《关于出借广播器材、寻人、找物和做广告等实行收费制度的暂行规定》,其中广告在 100 字内收费 5 元,超过 100 字以每字 5 分计算,当年实现广告收入 3 534.14 元。1985 年,该站改为嘉定县人民广播电台,增加为社会服务的修理、经销两个部门,全年营业额达 19.6 万元,广告收入为 1.3 万元。1979—1989 年,广告客户数由 10 家次增加到近千家次,广告内容扩大到产品广告、商品信息广告、建筑材料广告等。1992 年,该台试行《广播广告分级管理的若干规定》,县广播电台设广告室,配备广告审查员、业务员;各乡、镇广播站定人兼职广告业务,受县台广告室业务指导。县台广告室负责承办和发布广告,并开具统一发票及使用广告收费专用章。1994 年,嘉定区广播电视局成立,设立广告(经济信息)部,当年广播广告收入 15 万元。

南汇县人民广播站自 1981 年起恢复广告业务。当时大部分为寻人寻物广告,少量为缝纫培训招聘学员、养殖户收购兔毛等信息类广告。广告收费较低,寻人寻物每次收费 2 元,招聘广告、收购广告每次收费 10 元~20 元。1990 年 4 月起,南汇县人民广播电台成立广告科,聘用专人联系广告业务。广告播出每天 3 次,每次 15 分钟。随着广告业务的增加,广告节目的制作质量也相应提高,采用幽默、风趣、精炼的语言和有情节性的对话,增强广播广告的可听性。1987—1997 年,该台广播广告收费标准为:商业广告每次 10 元~50 元,事务广告每次 5 元~10 元;县外广告加收 15%,中外合资、三资企业广告上浮 50%;客户全年投放广告按 80% 的优惠收费。1996 年,该台广告收入 30 万元。1997 年,广播广告与电视广告合并为一个广告部,广播广告的创收逐渐缩减。

浦东人民广播电台(含原川沙县人民广播电台)自 1984 年起开办广告业务。1990 年前服务类广告占多数,包括寻人寻物、招工招生通知等。浦东开发开放后,商业、企业广告明显增加,广告时间也从原来的节目间隙插播发展到设置广告专栏。当时百字内的广告播出一次仅为 10 元~15 元。1995 年提高广告收费标准,企业、商业类广告百字每次播出 20 元,并分别收 50 元~100 元不等的一次性制作费。1996 年 4 月 18 日,调频广播开播,增加了随固定节目的套装广告,每 10 秒每月 3 000 元(每天随《浦东新闻》节目播出 3 次);商品广告、企业广告每次 30 秒播出费增加到 30 元~40 元,一次性制作费增加到 150 元~300 元;寻人寻物、招生招工等服务性广告 30 秒每天 3 次(早中晚)播出费分别在 50 元~80 元。各档不同节目特约播出的收费按日播次数和收听率有所不同,每月收费范围为 800 元~5 000 元。之后,由于广播受到电视的冲击,广告收费标准虽有所提高,但幅度不大。2006年后，努力扩展广告渠道，通过多种途径发展广告新客户，广告年收入从50万元增至100万元以上，在上海市郊成为广播广告收入最高的区县广播电台。

上海市郊其他各区县广播站、广播电台也不同程度地开办了广播广告服务类经营业务。

二、经营策略

【上海电台广告经营】

节目经费自筹承包　1988年初，上海电台文艺台试行节目经费自筹承包，为宣传推广《滑稽王小毛》新节目和增加广告收入，连续在《文汇报》报眼刊登一周广告，使《滑稽王小毛》声名鹊起，收听率跃居该台榜首，成为广告创收大户。同年4—12月，文艺台完成广告收入280万元（1987年文艺台全年完成90万元），占全台全年广告收入的42.3%。文艺台此举为市广播电视系统广告经营改革做了新尝试。

交通频率成为广告创收新增长点　20世纪90年代，社会经济高速发展促使私家车数量迅速增加，移动人群爆发式增长，为交通广播带来大量稳定听众。1991年9月30日，上海电台交通频率开播，引发了广告主新一轮投放广播广告的热情，成为广播广告经营新的创收增长点。2001年，上海电台与市公安局交巡警总队等单位联合举办"交通安全知识有奖竞赛"活动，在交通频率《幸运降落伞》节目播出，路况播报和抽奖活动相结合，受到出租车驾驶员欢迎，也吸引了众多广告客户，带动了整点、半点时段的广告开发，成为广告收入的当红节目之一，为当年交通频率广告收入成倍增长做出了积极贡献。

"新闻立台"促进广告创收　1994年，上海电台坚持以新闻改革为突破口，把新闻台作为龙头台，提出"990新闻立台"，收听率居上海广播节目榜首。它在扩大社会影响、发挥"喉舌"作用的同时，也增强了广告传播效应。1995年，早新闻（6—8时）广告收入达3000万元。990龙头台的示范还带动了其他台的改革。

【东方电台广告经营】

广告开发系列活动　1992年8月，尚处筹建阶段的东方电台举行"东方畅想会"，100多家广告客户到会与广告部人员洽谈合作项目；中秋前夕举行"东方聚首会"，吸引大量客户并形成一批相对稳定的主干大客户，仅两个月就收入300多万元。到1993年底，广告收入跃升至1122万元。广告部业务员参与客户开发、广告策划等过程，深入靠银行贷款150万元起家的上海针织品总汇，共同筹划公关宣传、发布广告，使该企业销售总额年均递增2亿元，投入的广告费也由最初的几千元递增到几十万元，最高时达百万元。

频率广告经理负责制　1994年，东方电台针对一些节目成本开支高而经济效益差的状况，设置频率广告经理，与节目部共同为节目创优和广告创收努力。直播广播剧《太太学堂》的演员阵容大，成本高，经济效益不甚理想。频率广告经理经与节目编播人员交流达成共识，把这档节目由每周播3次压缩成周播，既节约开支，又把时段让给效益好的节目。此外，根据市场需要并从创收角度考虑，开设房产市场、健康乐园等栏目，取得较好的经济效益。

参与国际广告展　1998年9月2—4日，东方电台与国内66家新闻媒体参加在香港会展中心举行的亚洲广告展。东方电台将节目片头及优秀广告编排在一盘DAT上供参展者收听，电视宣传片《上海人为东方电台打开收音机》分别用普通话、粤语、英语播放。精心编排印刷的东方电台画册在现场发放,吸引了众多海外人士前往展台交流。多家中外媒体对东方电台做了专访与报道,1万多人参观了东方电台展位。电脑展示的《东方广播电台受众群生活形态及广告价值的分析报告》,使东方电台成为唯一一家在广告展上召开"广告推介会"的新闻媒介,许多客户纷纷与东方电台开展广告合作。

【传媒集团/上海广播电视台广播广告经营】

统一管理下的分散经营　2002年7月,传媒集团实行广播频率专业化改革,6个频率以清晰的定位、专业的分工、优化的组合亮相,并确立上海广播广告"统一管理、分散经营"的新模式。"统一"是由集团广告经营中心统一管理,合同统一制定,广告核价统一进行,统一编审,统一播出;"分散"即实行频率总监负责制,经营上配备6名广告经理,负责各频率广告创收。在这一模式下,各频率有较大自主性,广告经营充满活力。

自营、承包、行业代理并存的营销方式　上海广播各频率在广告经营上各显其能,"广告招标""频率承包"和"行业代理"等创新经营手段应运而生。与广播广告代理公司合作,对频率广告资源实行承包代理,广告承包代理额在整个广播广告创收所占比重逐渐提高。广告公司在代理承包广告的同时,还加大了对合作频率的节目推广、包装工作,提高了专业频率的市场价值,降低了经营成本。各频率还积极拓展经营渠道,加强内容生产和经营的互动,加大节目营销、主持人营销、活动营销的力度,跨媒体、跨行业、跨地域建立合作。频率开始有广告收入以外的短信收入、信息定制收入、节目销售收入、媒体支持演艺经纪收入等等,扩大了收入渠道,领占了新的市场。

上海广播频率专业化后,广播媒体找准市场位置,提高节目质量,确立了在收听市场的优势地位。据统计,6个频率的累计市场占有率在86%左右。听众日触达人数约为352万。2002年,广播广告收入达1.45亿元。

2003年,20多家广告代理公司承包经营传媒集团年度各类广播广告,累计签约额达1.3亿元。同年5月,广播各频率采取措施积极应对"非典"对广播广告创收的冲击和影响,加强客户沟通,维护节目稳定,使撤单损失降低到最小。2003年12月,传媒集团广播广告收入达1.66亿元,同比增长13.7%。

2006年,上海广播广告经营中,五星体育广播和浦江之声的广告代理模式为独家代理,其他频率均采用自营与代理相结合的经营模式。其中,汽车、房产、金融、商场、餐饮、交通、体育发展为行业代理;当年7月1日起,又对自营部分进行了行业类别划分,分别落实行业经理,开展自营行业板块的广告业务拓展。

组合报时套装广告分类营销　2003年,上海交通广播抓住每天整点报时时段这一资源,充分运用组合报时套装广告开展创收。组合报时包括整点报时、半点报时、15分钟报时,并分报时前和报时后,使短短一个小时内具有更多的报时广告段。黄金时间同一个整点或半点报时前、报时后的广告,还分首条、二条、三条等,分别以不同的价格营销。交通广播广告经营精打细算,还把黄金时段的报时与非黄金时段的报时分开,单整点与双整点分开,组合成若干套餐来分类营销。

调整编排,提高节目对广告的吸附力　2004年初,新闻资讯频率的改版推出,被称为纯新闻类型化电台。版面编排由《东广早新闻》、日间至晚间的整、半点《滚动新闻》和10多档新闻小专题等三大部分构成。纯新闻类型化电台的推出,既满足了听众的收听需求,也成为广播广告市场中叫得响的品牌。在不安排任何"软广告"的情况下,2004年广告收入达到2 000万元以上,相比于改版前频率广告收入的百万元上下,增幅高达20倍。

变分散经营为统一经营 2006 年,在传媒集团资源整合下,广播广告业务实施由分散经营到统一经营的转变。在"自营、行代和承包相结合"的基础上,将原来的以频率划分团队改变为以行业划分团队,将自营的业务划分为家电、旅游、日化、通讯、建材、医疗六大行业板块,由行业经理带领各团队成员不断挖掘和扩大市场,兼顾行业团队和频率的沟通协调,强化节目广告和植入式广告的开发,形成行业经理和频率经理纵横交错、网格化覆盖的广告经营模式。当年实现广告收入 3 亿元,同比增长 33.33%。

2007 年,上海广播广告经营改变以往广告公司承包代理某个频率的经营方式,全面推行行业广告开发布局,行业代理公司和行业自营团队依据市场部提供的有效调研数据和行业情报,通过不同方式与广告客户沟通,使广播广告与客户的潜在需求相匹配,为广告客户提供新的体验。广播广告业务部在执行"行代"制度的同时,进一步细分内部业务团队,实行行业自营的团队开拓模式,以行业完成指标考核团队,做精、做深行业广告资源。2007 年上半年度投放新品牌 149 个,其中被代理行业新增品牌 36 个,自营行业新增品牌 113 个,且引进国际铂金协会、可口可乐、中意人寿、奥运银砖、UPS 速递、加拿大航空等新品牌,全面提升广播的平台价值。此外,针对开发难度大的自营行业,业务员主动出击,提高自营行业增量。业务部也广泛设计新型广告产品,如房产信息特约、IT 指数榜、爱情宣言、企业彩铃、声音标识等,适应市场多样化需求。

2009 年,自营开始从行业管理转为更细致科学的品牌化管理。用品牌抢占市场,以季度为单位抓市场热点,向市场抢量。通过新品政策、"60 个品牌群英共贺 60 华诞广告展播""迎春放送"和"突破放送"等策略,开发新品 140 个,其中双钱轮胎、亿联家居、家安、欢乐谷、开新汽车服务等新品牌投放量突破 50 万,开创了各行业形态的品牌与广播媒体合作双赢的良好局面。"60 个品牌群英共贺 60 华诞广告展播"共计订单约 1 270 万元,加入品牌 92 个。

"广播直销"经营模式 2007 年 1 月,一档名为《生活速递》的"广播直销"节目问世,时长 5 分钟,在各频率非黄金时段播出。"广播直销"是以听众为目标客户,通过节目播出为企业发布产品功能、价格等信息,消费者通过电话直接订购产品,接受配送到家服务的一种营销模式。上海的广播直销经营模式,采用与其他产业结盟和虚拟通路的行销方式,将代理—经销—店铺的层层渠道费用摒除,让利给消费者,使听众能以优惠的价格享有分期付款而购得物品。"广播直销"开创广播广告投放新模式,形成新的广告创收增长点。全国数十家电台来上海考察学习。当年,医疗类软广告减幅 22%,而"广播直销"增幅 109%,营业额达到 7 000 万元以上,利润 2 000 万元,逐渐成为确保广播软广告总量的新动力。

广播广告"神广杯"颁奖活动 2005 年,以表彰广播广告从业者为主旨的"神广杯"奖诞生,并成为广播广告每年年底的传统项目。由中国广告协会广播委员会、上海文广新闻传媒集团与中国传媒大学主办,传媒集团广告经营中心广播广告部承办的首届"神广杯"颁奖盛典暨 2006 年度上海广播广告节目推介会,于 2005 年 11 月 21 日在上海举行。活动以"魅力广播,机遇无限"为主题,通过首届"神广杯"颁奖典礼,表彰广播广告界的优秀代理公司及成功人士,以鼓舞更多广播广告人才的涌现,同时构建广播频率、广播广告客户及广播广告公司间合作的桥梁,提供更多交流沟通的平台,共同推进上海乃至全国的广播广告业发展。此次活动奖励了"优秀广播广告代理公司""最具经营创新奖""最具发展潜力奖""最杰出经理人"和"最佳团队奖"5 个奖项的得主。

2009 年度"神广杯"评选颁奖活动借迎世博之际,举办首届《长三角地区广播广告经营论坛》,着重讨论利用区域优势,资源整合,共同协作,开拓世博年广播广告市场份额等相关专题。"神广杯"活动经过 4 年的发展和积淀,在全国广播广告界占据重要地位,其影响力逐年提升,有效地加强了广播媒体同广告投放者、广告代理公司之间的友好合作。

整合营销　2009年,广播广告经营多方位延伸整合的触角,在契合社会热点和落实传媒集团大型活动上双向拓展。上海车展、世博环保公益展播、"马路天使"选拔活动、世博年广告招商方案、3·15热线1+1、迎世博倒计时等,就是根据事件的新闻进程和活动进程,积极策划设计整合营销方案,实现了创收;并在持续做大做好集团大型品牌活动上,再度实现了东方风云榜、燃情麦克风、星期广播音乐会和星期戏曲广播会的成功招商。

为迎接上海世博会的举办,让市民驾车出行有一个更安全、更便捷、更快速的交通指南,广播广告部与上海市测绘院、上海市道路交通安全协会联手,编写了《FM105.7驾车宝典》。从编制到宣传再到销售等环节,实施传统媒体与社会优化资源的紧密合作,通过整合营销的方式,充分挖掘广播广告还未利用的存量资源,开辟了广告创收的新途径。

广播广告努力打造各频率与品牌融合的标志性活动,"一频一活动"(每个频率的一个品牌栏目结合一个线下的品牌活动)2010年营销收入达1 000万元。

广告招商推介活动　2007年10月15—18日,传媒集团突破地域界限,在杭州、南京召开"和谐联动,合作共赢"广播广告江浙推介会,把触角延伸至长三角地区。

2009年,为应对金融危机带来的不利影响,广播广告部与频率、代理公司联手,连续举行东广新闻台和五星体育频率广告招商推介会,分别将《20分钟滚动新闻》和《强强三人组》节目搬到现场,通过模拟演示和节目介绍等形式,向广告客户推介频率的主要特色和各档品牌栏目。广播广告部结合上海国际汽车展,重点向客户介绍整合营销方案,体育频率也将2009年主要赛事转播以及所有线下活动整盘包装一起介绍给客户。广播广告部通过举行推广活动,让客户深入了解这两个频率的节目,并结合栏目和车展项目进行整体包装策划,与代理商和客户三方沟通定制方案。

2009年12月1日,2010年上海广播广告招商会以"世博之年,环球之巅,聆听上海,'升'机无限"为主题,发布上海广播电视台11个广播频率2010年的广告资源及经营策略。

上海广播广告经营坚持"走出去",打破地域界限,为频率品牌度身打造市场推介活动,加强外埠市场的开拓以及新品牌的吸附价值。上海广播广告在年度招商的基础上,以季划分阶段,有重点地开展各频率市场推介工作。从2010年起,以新品政策推动新老品牌的吸纳和回归,吸引了近400个新品牌及阔别已久的老品牌回归广播。同时,多次组团到北京、广州、武汉及长三角周边地区回访客户,在当地召开广告招商会,拓展上海广播广告销售领域,提升新品牌销售商对上海广播的认知度。

【东方广播公司广告经营】

东方广播公司是上海东方传媒集团有限公司的全资子公司,2009年10月9日成立。公司广告部负责经营集团公司11套广播频率的广告业务。针对全媒体时代广告客户对广播投放的要求、角度、价值提出更高标准,公司对广播广告经营战略战术进行调整,重点打造频率品牌,对专栏广告进行多元化创新。

抓大放小,挖潜增收　东方广播公司组建初期,对广告部业务团队设置进行重新架构,明确各部的经营目标,一改以往通过大幅调升广告刊例价来增加广告收益的传统方法,提出"小幅调升广告刊例价,大量增加广告套装,均衡冷热时段,把住折扣底线"的经营策略,同时取消粗线条的行业代理,以精细化管理的品牌集群经营取而代之,尽最大可能挖掘每个品牌的资源价值,使每个频率的资源在运作中实现价值最大化。

在经营策略上,采取两个"抓大放小"。一是"大频率"自营、"小频率"代理,深挖"大频率"潜力,大幅提升"大频率"创收,"小频率"通过代理保持稳中有升。二是为具有大品牌集群能力的广告代理商提供优质服务,通过优质平台及项目活动政策吸引广告商,保证品牌体量、质量及投放量,进一步提升大品牌对广告创收的贡献率。

在节目植入式营销上,采用以节目为单位,以植入式营销代理的模式,打破单一的时段销售模式,盘活节目资源。参与植入广告的节目有:来伊份《音乐早餐》、利乐联合公益宣传片、康辉旅游《早安行天下》、洋河蓝色经典音乐、平安车险《早安新发现》《交通直播网》、康师傅《城市发现爱》等等。

经营战略新思维 2010年,东方广播公司以提高广告品质为主旨,分三步实现广告创收的突破。第一步,提出打造"绿色广播广告"新策略,意在提高品牌广告的比重,着重提高广播广告的品质。吸引品牌广告,广告创收不减反增。第二步,提出打造"时尚广播广告"新思路,将传统的广告经营模式向时尚化、娱乐化转变,不仅广告品质要高雅,而且在制作上力求动听、好听,带动一大批原来不愿投放广播的大品牌广告进入广播。第三步,提出打造"看得见的广播广告"新概念,使广播广告进入全媒体新环境,确保广播广告可持续发展。

经营战术新方法 2010年,东方风云榜系列活动从评选开始到揭晓颁奖盛典电视直播晚会的半年多时间内,因全媒体传播的综合效应,在社会上产生广泛影响。整个系列活动中,不但在日常的广播节目中有其品牌冠名,亦有套装性硬广告、植入性软广告,而且在各种媒体形式上都有其广告品牌的立体呈现。在颁奖晚会当天也有大量的植入式广告,并由上海广播联手全国26家电台及多家互联网站同步现场直播。东方卫视在向全国直播过程中,有相当数量的角标及贴片硬广告。这是一个以广播为主的全方位、全媒体传播投放的崭新呈现。

东方广播公司实行整体制播分离改制,在广播团队中初步建立公司化的运行管理架构,团队的市场意识更强,品牌体系、绩效管理等均有改善。

广播文艺中心2009年全年广告收入为1.37亿元,同比增长近20%。第一季度由于国际金融危机的肆虐,众多客户缩减广告投放,造成每月广告收入同比都有不同程度下降。第二季度,通过调整版面、举办重大活动等手段,迅速扭转劣势。其中,动感101第二季度每月的合同金额都在700万元以上,增长成绩高居11个广播频率之首;戏剧曲艺广播合同金额完成全年的110.95%,进款金额也完成了全年指标。《中文金曲馆》《音乐万花筒》《娱乐正当时》《最爱K歌榜》《乐听乐欢喜》等栏目通过冠名广告、口播广告、植入式广告等多种形式,成为广告容量最高的一批栏目。一年一度的东方风云榜颁奖盛典、隔周举办的广播"双星会"(星期广播音乐会、星期戏曲广播会)和连续4年在夏季举办的"燃情麦克风"选秀活动,获得广告客户的充分认可。

广播新闻中心两个新闻频率的新闻播出总量持续保持地方台全国第一,广播新闻节目的品牌化建设取得进展,诞生了像《直通990》这样叫好又叫座的优秀栏目。上海广播整体收听市场占有率高达92%;广告收入从2009年的3.40亿元,增长为2010年的4.58亿元。

三、经营管理

【加强管理 规范经营】

20世纪80—90年代,上海电台广告经营主要是抓好集中管理。中心台(系列台)主要抓节目质量,争创名牌,多出精品;总台在创收上实行统一管理,统一经营,统一价格,统一政策;制定《关于加强广告管理的规定》,较好地解决了各部门广告承接上的相互冲撞和播出安排上的矛盾;同时完善财务制度,推行成本核算。

东方电台自1992年10月开播后制定了《广告工作管理条例》,规范广告经营,组织广告时段、广告冠名权竞拍活动,推出频率广告经理负责制。

【分散经营中的统一管理】

2002年7月15日,上海广播实施频率专业化整合,广播广告实行统一管理下的频率自主经营机制。频率作为宣传、经营的基本单位,做到宣传业务和经营创收的有机结合。传媒集团广告经营中心内设广播广告管理部,履行广告"管"的职能,实行统一管理、统一政策、统一账户、统一价格。具体负责合同审核、广告节目审核、广告节目监听监播;在集团内做到合同格式统一、收款结账统一、价格制定统一、监播审查统一、折扣标准统一、奖惩标准统一。专业频率内设广告经理,协助总监做好广告经营。频率总监负总责,对利润、成本、创收进行指标化管理,做到成本核算,预算管理。

传媒集团广告经营中心制定了广告经营业务流程,设立具体统一的岗位工作标准,加强对广告审核、价格发布、优惠政策实施等工作的指导,强化频率管理自律,有效避免频率和频率间的无序竞争,实现集团利益的最大化,体现责权利的统一。广告经营中心加强监督管理的同时,做好对各频率广告经营的服务协调工作,宏观掌握广播广告经营的动态数据信息,为未来发展决策提供科学依据。广告管理中充分依靠信息技术提高管理效率,购买专业监测公司的数据,对广播广告经营的质量数量、听众的收听习惯和广告客户的投放行为进行深入分析,提出合理对策,指导经营。

【健全规章制度　强化科学管理】

2003年,传媒集团广告经营中心建立、健全和完善合同管理、流程管理、财务结算管理等各项规章制度,汇编了内容完备的《广告经营中心管理制度手册》,强化广告经营管理的操作流程,完善信息化技术平台支持系统。加强对包括授权控管、资源控管、债务控管在内的一系列控管工作,坚持播出量、投放量、进款量核算"三到位"原则,并建立日报表、月报表、年报表制度,促进业务、编审与财务管理三条线形成合力,使广告业务管理体系、业务过程及质量监控体系、成本核算体系、业绩评估体系有了质的提高。

进一步加强广播广告管理水平,解决好"经营与管理平衡"的问题。广告经营中心在支持频率广告自主经营的同时,履行好服务、管理、协调、监督的职能,做好广播广告扣率、合同文本、操作流程等规范工作;使用南洋广告管理系统,推动广播广告电脑联网全程化统一管理。2003年1月,传媒集团与广播各频率首次签订《经济目标责任书》,明确各频率年度广告收入、税前利润、成本控制等各项指标要求及有关考核奖惩内容。同年6月,传媒集团的《广播广告管理实施细则》颁布实施,将广播广告管理纳入合理、规范、有序的轨道。

2004年,传媒集团建立广告发布前的三审制度,设立广告审查岗位,落实专职广告审查员专门负责广告审查工作,尤其是检查与人民群众身体健康和日常生活密切相关的医疗、药品和保健食品等广告。同时解决超时超量播放广告、任意插播广告、不顾群众生活习惯在用餐时间播放容易引起观众反感的广告等问题,杜绝违法、不良广告和"擦边球"广告。

2007年,传媒集团推出《广播广告管理大纲》,用制度化、规范化来保障经营管理政策的有效执行。《广播广告管理大纲》包括广播广告暂行管理办法、广播广告管理实施细则为内容的"总则";总体划分、行业代理、行业自营、频率包盘代理为内容的"业务经营政策";广告价格之常规折扣、广告价格之特殊折扣、广告非标准长度计价、实物广告的签订为内容的"经营方案";合同签署、广告播出、合同管理、制作收费为内容的"业务管理规定";财务管理、发票管理为内容的"关于财务管理";业务考核管理、串编人员考核管理为内容的"人力资源考核管理";内部会签流程、发通知流程、公章管理办法、出差、其他为内容的"日常行政管理";"附件、附表、样张"等。

2008年7月1日起,传媒集团正式实行广告播出量、开票量、到款量"三到位",改进优化以财务为核心的管理流程,加强编播管理,杜绝"跑冒滴漏",并以客户为核心梳理了业务流程,合理调整价格体系。

【落实上级广告管理有关规定】

2004年,国家广电总局颁布《广播电视广告播出暂行规定》（总局令第17号),传媒集团广告经营人员把学习17号文件和《关于进一步加强广播电视广告内容管理的通知》作为"三项学习教育"必学项目,根据文件规定逐条认真进行自查自纠。

"卖药直播"软广告曾一度充斥广播节目,有损电台的社会声誉。传媒集团遵照国家广电总局召开的广播影视加强和改进未成年人思想道德建设工作电视电话会议和落实"净化工程"的指示精神,于2004年5月28日下发《软性广播广告播出管理规定》。同年6月1日起,所有针对18岁以下未成年人的软性保健产品广告在频率一审二审之后交广告经营中心统一进行三审;对"假直播"形式的软性广告从严控制,明确凡是以消费者名义打电话的形式,并且在电话录音内容中有对产品表示使用者主观肯定的语言坚决不用。

2005年,传媒集团按照国家工商总局开展"打虚假、树诚信"广告专项整治行动的要求,重点检查保健食品、药品、医疗服务、化妆品、美容和房地产六大类商品广告,全面梳理,逐一整改;对屡禁不止、情节严重的违法广告,采取经济处罚和停播处罚。经过多管齐下的大力整治,上海广播广告违法率持续走低。

【加大管理力度,执行经济纪律】

2010年,东方广播公司借助广播体制改革的东风,在广告部实施双向选择、竞聘上岗的人事改革,按业务形态与工作职责设置6个部门。团队以民主管理来调动、提升整个广告队伍的经营能量,营造员工间团结和谐的工作氛围,相互之间从竞争与防范变成配合与友善,杜绝因个人失误而造成整个团队经营方向发生偏差的隐患。

东方广播公司从业务流程着手,规范操作程序、完善管理制度,明确提出业务程序公开、公正、公平的"三公"管理原则:广告价格审批权限公开,软广告（专栏广告）时段采取公开竞价销售,所有广告包括特殊广告政策公开。进一步完善广告三审制度,修订业务流程审批单,明确规定业务员为一审责任人,专职审查为二审责任人,部门领导为三审责任人的审查程序。

东方广播公司还在广告管理部门设置监播小组,负责监听在广告播出中是否存在谋取私利的违规行为,监督是否存在错播、漏播、少播或多播的情况。

为杜绝违法广告,提升上海广播媒体的社会公信力,广播广告部与工商管理部门结对、共建,定期邀请市广告监察中心人员来做审查培训;在广告创收增长的同时,确保广告内容的导向与品质,把广告违法率控制在规定值以内。所有广告合同都含有廉洁条款,要求全体员工都以廉洁自律为准则,自觉执行各项经济纪律。

表 4 - 1 - 1　1979—2010 年上海市级电台广告收入业绩情况表　　　单位:万元

年　份	上海电台	东方电台	传媒集团/广播电视台	合　计	同比增长%
1979 年	27.70	—	—	27.70	—
1980 年	62.60	—	—	62.60	125.99
1981 年	69.30	—	—	69.30	10.70
1982 年	82.60	—	—	82.60	19.19
1983 年	98.60	—	—	98.60	19.37
1984 年	147.00	—	—	147.00	49.09
1985 年	220.40	—	—	220.40	49.93
1986 年	293.50	—	—	293.50	33.17
1987 年	430.50	—	—	430.50	46.68
1988 年	661.00	—	—	661.00	53.54
1989 年	717.00	—	—	717.00	8.47
1990 年	782.00	—	—	782.00	9.07
1991 年	841.00	—	—	841.00	7.54
1992 年	1 289.00	—	—	1 289.00	53.27
1993 年	2 163.00	1 122.00	—	3 285.00	154.85
1994 年	3 302.00	1 931.00	—	5 233.00	59.30
1995 年	3 845.00	3 405.00	—	7 250.00	38.54
1996 年	4 299.00	2 734.00	—	7 033.00	−2.99
1997 年	4 954.00	3 748.00	—	8 702.00	23.73
1998 年	5 456.00	4 330.00	—	9 786.00	12.46
1999 年	6 115.00	4 773.00	—	10 888.00	11.26
2000 年	7 284.00	6 216.00	—	13 500.00	23.99
2001 年	8 101.00	6 827.00	—	14 928.00	10.58
2002 年	7 605.00	6 992.00	—	14 597.00	−2.22
2003 年	—	—	16 600.00	16 600.00	13.72
2004 年	—	—	19 500.00	19 500.00	17.47
2005 年	—	—	22 500.00	22 500.00	15.38
2006 年	—	—	30 000.00	30 000.00	33.33
2007 年	—	—	34 700.00	34 700.00	15.67
2008 年	—	—	33 100.00	33 100.00	−4.61

（续表）

年　份	上海电台	东方电台	传媒集团/广播电视台	合　计	同比增长%
2009 年	—	—	34 000.00	34 000.00	2.72
2010 年	—	—	45 800.00	45 800.00	34.71
总计	58 846.20	42 078.00	236 200.00	337 124.20	—

说明：此表数据源于传媒集团原广告管理部主任刘志强《上海广播电视广告发展综述》一文，其中大部分数据来自传媒集团和文广集团的财务部门，小部分数据来自广告部门。

第二节　电视广告经营

一、沿革

【中国内地第一条电视广告】

1978 年，在"真理标准问题"讨论和中共十一届三中全会召开的背景下，上海电视台负责人邹凡扬解放思想，冲破禁锢，率先提出在电视上播出商业广告，成为开创中国内地电视广告的"第一人"。1979 年 1 月 25 日，邹凡扬起草了一份电视台试办广告业务的报告，先后请示市广播局党委和市委宣传部，得到批准和支持。此后，上海电视台成立广告业务科，起草了《广告业务试行办法》和《国内外广告收费试行标准》。

1979 年 1 月 28 日（农历正月初一）17 时 09 分，上海电视台播出"上海电视台即日起受理广告业务"的灯片字幕，随后播出与上海美术公司（上海市广告装潢公司前身）合作的中国内地第一条电视广告片——上海市药材公司的"参桂养荣酒"，片长 1 分 30 秒。该广告在上海电视台播出 8 次。此举被公认为中国内地电视广告的发端。

同年 3 月 15 日 18 时 51 分，上海电视台又通过上海广告公司代理，播出首条外商广告——"瑞士雷达表"，片长 60 秒，共播出 11 次。同年 11 月，上海电视台与香港太平洋行签订播放"日本西铁城表"报时广告协议，为期 1 年，总金额达 130 万港元。1979 年，上海电视台广告收入为 49 万元。

【上海电视台广告经营业绩】

20 世纪 80 年代，上海电视台直接承接客户的广告占广告播出总量的 85% 以上，其他则是地方电视台之间相互代理和广告代理（代理海外或境外广告）。

1989 年，上海电视台平均每天播出广告片 45 分钟，年播出广告 3 万多条（次），广告收入 2 996 万元。至 1993 年底，全台共收入广告费 53 000 万元，平均每年递增 72%，其中 1993 年的广告收入为 18 153 万元，是 1979 年广告收入 49 万元的 370 倍。电视广告的发展，成为发展上海电视事业、丰富电视节目的重要支柱和主要经济来源。

1999 年，上海电视台坚持规范的经营作风，适时调整经营策略，广告收入 5.43 亿元。2000 年，上海电视台财务、审计、广告经营部门加强协作，严格管理，理顺体制，开源节流，广告收入 6.26 亿元。

【东方电视台广告经营业绩】

东方电视台广告部于 1992 年 9 月开始筹建。节目试播期间,每天设 5 分钟广告时段。1993 年 1 月 18 日,东方电视台正式开播。1993 年 10 月 16 日,实行广告代理制。经上海市广播电视局批准,成立东方电视台广告经营公司。

东方电视台广告运营第一年,收入 1.21 亿元。1997 年,收入增至 4.85 亿元,5 年广告收入总额翻了两番。

1998 年后,受亚洲金融危机影响,外商、合资企业品牌广告投放量急剧减少,广告经营面临严峻考验。东方电视台广告部通过细分市场,挖掘节目资源,在广告的营销和策划推广上下功夫,逐渐渡过难关。2000 年广告收入达到 6.27 亿元,是 1993 年的 5.2 倍。

【上海有线电视台广告经营业绩】

1993 年 7 月初,上海有线电视台第一条电视广告"力士香皂"在综合频道播出。同年 12 月成立广告部,至年底,广告收入 255 万元。

1994 年底,上海广告公司代理喜康素奶粉彩色广告在该台《家庭影剧院》栏目播放 14 次,广告费 8 880 美元;1995 年初在综合频道播放 17 次,成交额为 12 180 美元。有线电视台广告大多来源于中外合资、外资独资企业,包括企业形象广告和通过各广告公司代理的广告。广告的制作方式为委托代理制或由广告客户、广告公司制作后发布。1996 年,广告收入达 1.8 亿元,1999 年上升到 2.6 亿元,2000 年跃至 4.01 亿元。

【上海教育电视台广告经营业绩】

上海教育电视台 1994 年成立后,广告经营经历了三个阶段。第一阶段是全台动员,每个部门都有创收指标。自开台第一年广告收入 300 万元至 2001 年收入近 5 000 万元,通过 8 年时间完成了原始积累。第二阶段,以广告部为主的经营阶段。自 2002 年起,该台加强广告部门的队伍建设,通过专业经营,以每年收入平均递增 1 000 万元的速度,5 年翻了一番。2006 年全台广告收入达到 1 亿元,2007 年、2008 年广告收入分别为 9 911 万元、10 205 万元。第三阶段,实行广告总代理。2009 年,经过市场的招投标,选择一家有实力的公司应标,实行广告经营总代理模式。通过广告时段总代理以及其他项目和资本运作,2009 年、2010 年广告收入分别为 10 210 万元和 12 159 万元。

【多台经营广告分流业绩下滑】

1993 年后,上海地区电视广告经营格局发生重大变化。原先上海电视台独家经营局面因新台的成立而被打破。上海多家电视台开办广告业务,为客户和广告公司增加了选择的机会。电视广告业务量的分流,使电视广告播出单位之间形成竞争。

1995 年,上海的市级电视台发展到 4 家(含上海教育电视台),电视频道 10 个,覆盖达 1 亿多人口的地区。当年,上海的电视屏幕平均每天播出广告总时间为 250 分钟,年播出广告 19 万条(次),年广告营业额达 6.65 亿元。

1998 年,上海卫星电视中心(以下简称"上海卫视")成立。上海卫视串编上海电视台和东方电视台的优秀节目向全国播放,当年实现广告收入 2 000 万元。1999 年、2000 年广告收入分别为 4 000 万元、5 000 万元。

20世纪90年代至21世纪初,电视台、电视频道的快速增长以及境外电视节目的进入,造成观众分流,单一电视频道的收视率下降。此外,亚洲金融风暴引发世界经济下行,广告需求量锐减,广告市场供大于求。再有,各电视台广告部各自为政、分散经营导致互相竞争,压价经营。引人瞩目的是,上海有线电视台由于频道呈专业化分布,资源多、价格低、板块活,在竞争中呈上升趋势,而上海电视台和东方电视台各两套节目均为综合节目,节目同质化及栏目相似性导致竞相以价格、扣率等手段来争取客户。2001年上半年,上海市级电视媒介的广告经营额首次出现下滑。上海电视台2001年广告收入6.09亿元,同比下降2.72%;东方电视台2001年广告收入5.51亿元,同比下降幅度达12.12%。电视广告分散经营模式开始显现弊端。

【传媒集团/上海广播电视台电视广告经营业绩】

2001年8月,传媒集团启动组建。8月8日,传媒集团广告经营中心着手筹建。年底,广告经营中心汇总集团各台电视广告收入17.09亿元。

2002年1月1日,传媒集团推出11个电视专业频道,广告经营中心开始实行对电视广告的集中统一经营管理。

2005年1月1日起,传媒集团广告经营中心(上海广播电视广告传播有限公司)全面代理东方电影频道广告业务;2010年,还代理上海教育电视台的广告业务,将上海所有地面频道的广告业务统一经营。同年,广告经营中心还代理了兵团卫视的广告业务,第一财经代理了宁夏卫视的广告业务。

2006年,传媒集团电视广告收入突破30亿元。2007年,传媒集团广告经营中心整合优势资源,创新经营模式,聚焦市场增量,电视广告收入33.62亿元,同比增长10%。2008年,广告经营中心积极应对竞争激烈的市场环境,及时改变经营思路,转变增长方式,克服雪灾、地震、国际金融风暴等造成的不利影响,电视广告收入34.92亿元,同比增长4.77%。2009年,上海广播电视台广告经营中心大幅回收外包盘,排除全球金融危机带来的负面干扰,实现电视广告收入35.12亿元。2010年,广告经营中心积极把握中国2010上海世博会、世界杯足球赛、中国达人秀等机遇和市场热点,电视广告收入45.52亿元,增幅达30%以上。

【市郊区县台电视广告经营业绩】

松江电视台1987年建立后,即承接广告业务,当年创收2.11万元。1992年7月,该台建立信息广告部,负责承接各类广告业务。1993年,电视广告收入58.47万元。1998—2002年,松江电视台每年广告经营收入近200万元。2003年,松江电视台与松江人民广播电台合并成立松江区广播电视台,当年全台广告播出300条次,收入270万元。2004—2010年,该台每年广告收入200万—450万元间。

1987年底,南汇电视台为县医药公司拍摄、播出参茸补品广告,当年收入1.5万元。1988年起,该台尝试拍摄风雪钢窗、三角牌吊扇等有创意、有情节的广告。1992年1月,开设一周商情、经济信息等服务类节目,开创出较为活跃的县级电视媒体广告市场。1993年3月,该台调整广告收费标准,次年广告收入114万元。1995年起,南汇电视台的外区县、外省市广告客户逐渐增多。1996年,广东一家民营企业生产的科龙空调与该台签约投放长期广告后,使其在南汇县家电市场中占有较大份额。1997年5月,浙江娃哈哈饮料产品与该台签订一年半广告合同。南汇电视台利用外省市一些广告客户瞄准上海消费市场、将广告投向上海郊县电视台的契机,主动与外省市驻沪办事处及广告客户联系,使广告业务大幅增加。1995—2000年,广东、四川、北京、安徽、浙江、江苏等省市累计有170多家广告客户到南汇电视台投放广告。2008年,该台广告收入达到740万元。

1988年12月,宝山区广播电视局设立广告发行科,承接各类广播、电视广告业务,年收入近万元。1993年起,全局广播、电视广告发展迅速。1995年12月,成立上海广屏广告公司,拓展平面印刷、报纸广告及户外广告业务。2005年,全局广播、电视广告等经营收入达1200多万元。

1992年9月7日,金山县广播电视台创办上海大豪广告公司,注册资本50万元,主要经营设计制作代理发布各类广告,经销广告礼品器材等。金山人民广播电台和金山电视台的广告均由其代理经营。广播广告30秒每次播出收费100元,电视广告30秒每次播出收费300元。2003年营业收入227.89万元,净利润11.82万元;2007年营业收入187.89万元,净利润49.17万元;2010年营业收入315.43万元,净利润168.95万元。

1994年,奉贤广播电视台成立上海奉视广告信息公司,电视广告由该公司承接、制作,再由奉贤电视台播出。该台改变原先以字幕广告为主的形态,逐步引进中高端的品牌广告,如神仙酒、汽车4S店、房产广告、写字楼招商广告等,并进一步向电视购物广告延伸。奉贤电视台广告经营的方法是,把握重点客户,实施片区管理,扩大销售网络,开展节目营销。2002年前,广告收入稳定在每年300万元。2003—2010年,平均每年增至538万元。

1994年,嘉定区广播电视局设立广告(经济信息)部,当年电视广告收入100万元。自1995年起,该局相继推出《博乐大市场》《经济广角》等经济信息栏目。1996年,该局对原来的三产部门加强管理,成立嘉定广播电视实业有限公司,经过1年经营,收入突破200万元。2006年,嘉定广播电视台广告收入达572万元。自2007年起,国家对广告节目监管力度逐步加强,该台广告业务逐年下滑,2010年广告收入260万元。

2009年7月,南汇广播电视台、浦东人民广播电台、浦东有线电视中心3家单位合并成立浦东新区广播电视台。该台通过整合各方资源,设置图文信息频道,为广告创收开辟了新的渠道,全年完成广告收入1230多万元。2010年,浦东新区广播电视台以广告推介会为铺垫,以区县广告联盟为支撑,以广告风险抵押承包制为保障,以联办节目、举办活动的方式拓宽广告源,全年共完成经营收入1426万元,其中广告收入1194万元。

2010年9月28日,由浦东新区广播电视台牵头,联合闵行、宝山、松江、嘉定、青浦、奉贤、金山、崇明共9家广播电视台共同组建新型广播电视广告传媒平台——上海区县广播电视台广告联播网。联播网形成业务同盟、价格同盟,资源共享、共同发展。9个区县面积达5401.7平方公里,占上海市总面积的85%,常住人口为1200万,占上海总人口的55%,有线电视用户数320万户,占上海市的68%。9区县广播电视台信号总覆盖人口3000万以上。联播网吸引有意开发上海市场的国内外客户,更加方便、有效地为客户服务,拓展创收途径,增加各个台的广告收入总额。联播网按章程选举产生理事会和办事机构,并实行统一领导、统一操作,以优质的服务和良好的信誉取得客户的信赖,对有效缓解区县广播电视台广告收入艰难的局面发挥了积极的作用。

二、经营策略

【上海电视台广告经营策略】

广告来源　一是广告客户直接与上海电视台广告部门建立业务关系。广告部门则为客户拍摄制作、安排播放广告片,实行一条龙服务。二是地方电视台之间相互代理。1979 年,广东电视台广告部门制作和代理的广州"生胃酮"广告,委托上海电视台于当年 5 月 26 日播出。此后,上海电视台与苏浙闽等省市电视台建立相互代理广告的业务,外地来沪的广告数量逐步增加。三是境外广告实行代理制。20 世纪 80 年代,上海电视台实行由香港文汇报社、无线电视台和上海广告公司代理,后发展到数十家跨国广告公司和香港华人广告公司提供代理。引进的客户则由日本公司扩展到美洲、欧洲一些国家的企业。

广告制作 上海电视台广告播出初期,大多画面单调,语言直白,文字囿于商品品牌、企业名称、所在地址和电话号码等简易信息。进入 20 世纪 80 年代后,制作人员注重优化广告的表现手法,广告制作水平不断提高,出现了歌谣型、情节型、悬念型、幽默型、动画型等 10 余种题材风格的电视广告。

1986 年 10 月,上海电视台广告部向社会招聘业余广告演员 500 人,他们各具特点,在拍摄不同产品或同一产品运用不同构思的广告片中,有充分挑选的余地,使电视广告片具有鲜明的个性色彩。1987 年夏季,广告部又向社会招聘电视广告业余设计员 40 多人,有新意的电视广告摄制方案不断涌现。广告部制作、编导人员注重抓广告片的创意和品位,取得明显效果。有 17 条广告片在上海市和全国的广告评比中获奖。

进入 20 世纪 90 年代后,上海电视广告以现代广告意识指导广告创作活动,以观众的角度,分析商品个性,评估商品地位,注意市场调查和广告播出后的效果测定,从而成为广告主热衷于投资和受上海消费者喜爱的广告媒介。

广告播出 广告播出主要安排在节目前后,每一时间段 5 分钟~10 分钟。1979—1981 年,在 19—20 时之间播放一组。1982—1987 年,增加到 2 组~4 组。到 1993 年,每晚播出的栏目之间,基本上都安排广告播出,共计 6 组~8 组广告。

1981 年初,上海电视台与香港华联广告公司首次以播放广告形式引进海外电视节目签订协议。协议规定对方"提供日本电视连续剧《姿三四郎》共 26 集,由上海电视台播放,并提供 4 分钟内的海外广告"。当年 7 月 4 日起,《姿三四郎》每逢周六晚上播出一集,插播 3 分钟日本西铁城手表广告(前后各 1 分 30 秒)。此后,以广告带节目、节目带广告的形式引进的世界各国和地区的电视节目逐年增多。

1985 年 2 月 17 日,上海电视台在播放香港电视连续剧《上海滩》时,首次利用在每集中间的剧情转换段落,插播"上海牌牙膏""英雄牌金笔""水獭牌雨伞"3 条各 30 秒广告。此后,凡付出大额播出版权费而引进的境外电视连续剧,时有在剧目中间的自然段插播少量广告,以补偿购置剧目的费用支出。

1985 年,上海电视台与日本向阳社株式会社共同策划、由日本卡西欧株式会社赞助的"'卡西欧杯'家庭演唱大奖赛",将节目和广告有机地结合在一起。1985—1993 年,9 届"卡西欧杯赛"共播出 148 场次,参赛对象和内容虽有所不同,但均以"卡西欧杯"冠名。该杯赛播出期间,卡西欧电子琴销售一空。用广告赞助形式举办的竞赛性节目还有:"'雷达表'中学生智力竞赛"(由瑞士雷达表公司出资);"新郎新娘你们好"(由日本东芝株式会社出资);"'雀巢助长奶粉'可爱宝宝游戏大赛"(由瑞士雀巢公司出资)等。

1987 年,上海电视台同美国洛里玛影视公司(后改为时代华纳影视公司)签订协议。按此协议,"公司向上海电视台免费提供 156 小时的电视节目,特约播出的海外广告委托公司承接,广告费用由公司支付给上海电视台"。合作栏目为《海外影视》,并于当年 10 月 21 日首播。1989 年,上海电视台与泰国正大综艺公司合作举办一年的《荧屏纵横》周播栏目，节目由"正大"公司提供，上海电视台审定播出。片源和译制费用均由"正大"公司承担，"正大"公司在2小时节目中插播不超过6分钟广告，每次播出支付上海电视台广告费3 500美元，一年支付182 000美元。以广告补偿设立的电视栏目还有：《雀巢金曲》（1988年由瑞士雀巢公司提供片源和广告），《力士国际影院》（1989年由英国利华公司提供片源和广告），《万宝路体育世界》（1989年由美国菲里普莫利斯公司提供片源和广告），《中美史克国际影院》（1993年由中美史克公司提供片源和广告），等等。

根据企业界的不同需求，上海电视台先后设立若干软性广告专栏。1988年9月17日起，《霓虹灯》每天播出4分钟，是当时上海电视二台（20频道）自办节目，主要内容有产品展览展销，企业开张剪彩，新产品、新技术介绍，以及市场信息、商业活动。《生活广场》于1992年8月上旬开播，每周六、周日晚在上海电视台8频道播出，专栏长度约15分钟，内容为消费者衣、食、住、行和经济、文化信息，设有"时装之都""精品屋""美食街""天天传真""康健苑"等板块。

广告价格　上海电视台自开办广告业务后，实行内地广告和境外广告两种不同的收费标准，内地广告以人民币计费，境外广告以美元结算。为促进市场经济发展，保护民族企业利益，前者的收费较大幅度低于后者的收费标准。1990年7月1日起，上海电视台调整电视广告制作和播放费价格，实行老客户老价格优惠半年的办法，刺激下半年的电视广告合同签订。实行"款到再播"的办法，加快了资金回笼速度。截至1993年，其国内广告的收费标准先后做了10次调整，境外广告做了5次调整。调整广告收费标准的依据是：电视发射覆盖面的扩大，电视机拥有量的普及；电视技术设备的更新，电视节目制作、播出成本的增加；电视节目质量、品位的提高，观众收视率的上升；市场经济的发展，消费者购买力的增强；电视广告在观众中所产生的影响等。在固定的收费标准外，若广告客户另有特殊要求，均酌情提高收费标准。同时，为鼓励客户多投放，凡广告费或投放次数达到一定金额和数量者，可享受不同的连续折扣；若客户预付广告费，广告收费也予以优惠。1993年起，上海电视台广告播出收费顺应国际惯例进行改革，按广告播出时间段的收视率高低制定不同的收费标准，按质论价，收费更趋合理。

然而，由于内地广告、三资企业广告和境外广告三种不同的价格差价过大，阻碍了广告业务的发展。自1993年起，按照国务院颁发的"合资法"规定，上海电视台率先把合资企业的广告与内地企业的广告同等对待，激发了三资企业投放广告的积极性，三资企业的广告比重逐渐增加。同时，在调整价格时，注意缩小内地广告和境外广告的价格落差。至1996年，实行内商和外商广告价格的并轨，并统一内外商广告的代理费标准。价格的并轨就低不就高，即取消外商价，统一执行内商价。此举与之前相比尽管减少了广告收入，但赢得了更多广告投放，受到国家工商管理总局、中国广告协会的赞赏。

广告代理制　为适应国际惯例，推进广告业务迅速发展，1991年初，上海电视台实施广告代理办法。1992年由广告公司代理的广告占播出量的60%左右，1993年上升到90%。电视广告播放的收费标准也由单纯的牵线搭桥式的媒介代理改为客户提供从市场调查、创意策划、播出监看到效果测定等综合性服务的客户代理。广告代理制的实施，促进了广告业的健康发展，特别是有整体策划、有制作能力的广告公司因为有媒介的支撑，增强了经营的活力；广告公司作为行业中介，为媒体联系更多的客户，使广告公司更好地为媒体做宣传；提高了媒体广告播出费的回收率；对媒体认真履行合同有了客观上的监督。上海电视台在发展代理制的同时，特别注意对任何广告公司都一视同仁。

广告经营开源节流 自 1992 年开始,上海电视台广告经营注意开源节流。开源:硬广告每天不少于 50 分钟,对特约广告增加播出时段;境外广告逐步清理双重代理,减少损失。节流:以广告补偿的方式引进境外节目,减少支出;严格控制各部门的支出。措施:连续剧按月安排,便于客户做媒介计划;连续剧插广告搞"套装";节目时间规范化,广告实行优质优价,特约广告采用叫价的办法;实行季节价格浮动,确保淡季不淡;减少用广告效益补偿的赞助性活动,提高单位时间内的经济效益。当年广告收入 14 681 万元,同比增长 124.58%。

"收视率承诺" 1997 年,上海电视台在电视剧特约广告中推出"收视率承诺"的做法,把节目收视率的高低和广告价格绑在一起,达到或超过承诺的收视率不加收费用;反之,则由电视台按每个收视点在该时段的价格赔偿。1999 年 4 月,上海电视台对准备在 7 月播的重点剧《还珠格格》进行广告策划。面对东方电视台《鹿鼎记》的同期播出,经过反复测算,毅然推出自担风险的"收视率承诺"促销手段,引起广告公司和客户的关注与好评。《还珠格格》的收视率峰值达到 68%,平均收视率近 55%,创下了当年电视节目收视率的新高。收视点的承诺,保证了广告公司和客户的利益,达到双赢效果,增强了广告公司和客户投放广告的信心。

金融危机下的应对 1998 年,受亚洲金融危机影响,电视广告业务量锐减。上海电视台应对之一是调整广告价格,即:按 1997 年的平均收视率,根据千人成本调整价格,受到广告公司和客户的欢迎。应对之二是在广告播出总时间同比减少、满载率只有 60% 的情况下,狠抓到款率。财务部每周都提出到款计划,大部分业务员的到款率都达到 98%。同时,在浦东金桥开发区内设立"上海电视台广告部浦东通联站",对浦东地区数以百计的跨国企业展开全方位的媒体合作,推介节目和广告形象,做好广告市场的服务工作。

【东方电视台广告经营策略】

广告代理制。东方电视台自 1993 年 10 月 16 日起实行广告代理制,承接具有代理电视资格的广告公司和一些直接客户的广告业务,广告节目由广告公司制作或客户委托广告公司制作。广告有硬、软之分,硬广告直接宣传企业形象和产品形象,以散播为主;软广告在《都市旋律》栏目中播出,由广告部按广告承接和收费方式管理,在信息类节目《东视经济传真》中播出部分具有商业效益的经济信息,收取相应费用。

广告价格调整 1995 年,东方电视台广告的月度收入不到 2 000 万元。随着节目质量提高、品牌影响力扩大,广告部门发现原有的价格体系已不符合现实的要求。经过对市场的综合分析,1995 年 12 月,东方电视台做出"从 1996 年 1 月 1 日起,广告价格上调 75%,和同类兄弟媒体拉平"的决定。政策推出之初,广告收入一度出现低迷,1996 年第一季度,广告部收入仅 5 000 万元。经过 3 个月市场适应期后,形势逐步好转,第二季度收入达到 7 000 万元,第三季度递增到近 1 亿元,第四季度更是达到 1.2 亿元。1997 年,东方电视台广告收入达到 4.8 亿元。从 1996 年到 1997 年,是该台广告经营创收上升幅度最快的时期。

定制套餐广告方案 东方电视台广告部根据市场细分,针对不同客户的不同需求,结合自身节目的特点和亮点,为客户量身设计定制各类广告"套餐",挖掘时段潜力,重新构划营销方案。设计了"双休日白天广告""各类活动冠名、赞助"和"非黄金时间段套装联播"等套餐。

热点节目促进广告创收 东方电视台一方面举办"饕餮之夜世界优秀广告展"等活动,提升自身品牌的知名度和业界的影响力;另一方面,围绕综艺、体育、社教、影视剧等类节目吸引广告客户。从 1993 年 1 月建台开播后第二年起,每年都要推出一批新栏目,举办几十台晚会,不断"制造"阶段性高潮,形成媒体的热点、亮点。

1996 年,东方电视台及时抓住泰森复出的热点事件,拿下泰森拳王赛的转播权,并为比赛设计了广告赞助方案。从赛前两周开始便让赞助品牌在宣传片中频频出镜,加上比赛休息时段的集中滚动播出,赞助品牌产品知名度迅速提高。东方电视台广告由于泰森拳击赛的效益,引来众多客户竞相投播,广告收入从 3 月首场比赛的 36 万元提升到当年 11 月一场比赛的 120 万元,上升 2 倍多。

收视状况与经营策略调整　1999 年 7 月,东方电视台播放的电视剧《鹿鼎记》收视率不及上海电视台的《还珠格格》。广告部根据市场实际情况,在价格折扣上对普通订单和当月及时进款订单区别对待。由于营销措施得当,订单量迅速上升,扭转了不利局面,不仅提高了东方电视台广告部在广告界的声誉,还调动了广告公司的积极性,减少了拖欠款现象,使资金迅速回笼,超额完成年度创收指标,实现全台年广告收入 5.8 亿元的佳绩。

边缘产业的拓展　1999 年底,东方电视台广告部与东视广告经营公司成立节目营销中心、风险广告合作部、媒介广告代理部、衍生产品开发部等部门,进行自办栏目推广、衍生产品开发、风险广告合作等多元化经营的尝试。对《相约星期六》《十万个为什么》等自办栏目进行营销推广;对《阿依达》《野斑马》等项目进行衍生产品开发、销售,为媒体创收寻找新的增长点。

【上海有线电视台广告经营策略】

广告播出与沟通合作　1993 年,有线电视台广告播出主要是在电视节目前后的专设时段,其次是在电视节目中间插播,也有购置的电视剧中带入广告。平均每小时有 2 分钟~3 分钟的广告,综合频道平均每天约有 40 分钟广告播出。

1998 年,有线电视台召开广告招商会,50 多家广告公司参加。会议介绍广告的营销思路和具体做法,推出营销策划力度较强,方法上具有灵活性和多样性的投放方案,受到各广告公司的关注和呼应。下半年 7—9 月份受形势影响投放量不足,广告部及时利用广告咨询活动与各广告公司沟通,抓好世界杯足球月、亚运会等配合性广告策划。月初抓订单,月底催欠款,使广告经营工作顺利开展。

广告创收与节约开支　1998 年,有线电视台抓住频道改版契机,形成节目宣传和广告吸纳相互关联、紧密合作的运作机制,广告收入突破 2 亿元;同时开源节流、制止浪费,全年减少开支 4%。

【传媒集团电视广告经营策略】

统一经营管理　2001 年 8 月,传媒集团广告经营中心组建后,对集团 11 个专业化电视频道广告实行统一经营、统一管理。采取以下关键性措施:一是在汇总各台原广告价格的基础上,推出统一的价格表和价格扣率,规范广告业务操作流程;二是召开 2002 年度节目广告推广会,公布各专业频道节目新版面、广告投放价目表及新的广告经营政策和奖励政策;三是公布《对软性广告业务实行统一经营、统一管理通知》,就软性广告的播出要求、串编审核流程等做了详细规定;四是对信息类、房产类等二类广告栏目和节目随片广告实行统一管理。8 月 8 日起,广告经营中心对外启用新版广告合同,统一承接集团下属电视传媒广告业务,再下发至各传媒广告部负责编排、审核、播出。

电视广告价格和时长　广告经营中心组建后,广告财务核算方式从收付实现制转为权责发生制。

对电视广告价格、时长严格按规定操作。所建立的价格体系、时段,参照收视状况、目标定位、节目投放情况,尤其是客户对时段价值的认知来综合制定。价格微调是一项基本措施,即段位根据市场需求量的大小,价格适当上扬或下降,让价格跟着市场走。广告时长则根据国家广电总局的规定执行:黄金时段广告不超过节目总长的12%,非黄金时段广告不超过节目总长的15%。

在价格折扣方面,广告经营中心遵循公开、公正、公平的原则,提前制定下一年度的广告折扣政策。折扣与奖励包括4个方面:一是对年度有合约的公司严格执行7.5折的折扣政策;二是兑现合同规定的投放量,对全年从投放到付款都履约的广告代理公司,赠送适量广告时间;三是代理单一品牌的投放,若每年有增加,则针对240万元以上或2 500万元以上的投放者有不同的奖励政策,逐年有增量则对增量部分又有新的奖励政策;四是鼓励广告公司代理新品牌的投入,对新品牌有一系列扶持政策。2003年对连续投放且有信誉的广告公司实行连续性优惠政策,即"递进鼓励政策"。

电视广告招商 为广告客户创造公开、公正、公平的经营环境,逐步与国际传媒广告运作模式接轨。2001年11月29日,传媒集团举行上海电视广告经营史上首次频道广告公开招商会,来自海内外近30家广告代理公司的代表出席。会议推出2002年度传媒集团财经频道、纪实频道、戏剧频道、音乐频道的广告经营招商项目,公布了4个频道的广告承包底价。

2002年11月5日,传媒集团举行2003年度电视广告招商信息发布会。文广集团、传媒集团领导和11个电视频道的总监、广告经营中心负责人,上海市工商行政管理局广告处、上海市广告协会有关负责人以及来自全国各地广告界、企业界代表近300人出席。会议介绍了2003年度频道节目的编排情况和广告经营的有关政策。会后分别与数十家广告公司签订2003年度广告代理、承包协议,占年度总量的70%以上。

2004年11月12日,传媒集团在上海国际会议中心举行2005年度节目广告信息发布会,海内外广告界、传媒界近500位嘉宾出席。会议上向荣获2004年度优秀广告代理公司,优秀电视频道、栏目广告代理公司,优秀广告栏目代理公司共36家单位颁授银质荣誉奖牌。广告经营中心负责人做有关2005年度传媒集团广告政策、广告价格及招商项目的主题报告,就2005年电视频道的节目新看点做全面推广。广告经营中心制定《传媒集团关于2005年度广告招商项目招标管理办法》,规范招商运作流程;成立以集团领导、财务部及广告经营中心主任为核心的广告招商工作领导小组及相关人员组成的工作小组,并设立项目招标组、议标组和评标组;整个招标过程完全按照招标流程实施,所有评标、议标步骤均在集团纪委和监察室参与下开展。

传媒集团2006年度节目推介暨广告招商会于2005年11月8日召开。大会凸显传媒集团整体节目资源,全面推广有市场卖点的节目,并把节目所吸引的高质量核心观众作为推介重点,取得良好反响和效果。2006年度电视广告招商项目对外招标5.8亿元。

2007年度节目推介暨广告招商会于2006年10月31日召开。12月上旬完成广告大盘的签约和软性广告项目年度签约工作。集团电视广告招标领导小组全程指导监督东方卫视、第一财经、生活时尚三个频道的项目招标全过程,确保了全集团广告招商工作的公开、公正、公平。

成立驻外省市办事处 2002年3月17日,传媒集团在深圳香格里拉酒店举行广告经营中心广州办事处成立仪式。同年4月18—19日,传媒集团分别在北京、成都两地举行广告经营中心北京办事处和成都办事处成立仪式暨新闻发布会。粤、京、川三个办事处的成立,标志着传媒集团在华南、华北、西南地区拓展广告市场的战略性举措全面启动。至此,传媒集团以上海所在的华东地区为基地,联结华南、华北、西南地区客户的网络服务机构相对形成。通过这个网络的辐射,搭建起一个与全国各地广大客户沟通联系的平台。

边际广告资源的拓展　2002 年 4 月,与广告经营中心配套组建的上海广播电视广告传播有限公司注册成立。公司依托集团传媒资源优势,在多元化广告经营上进行探索和实践;拓展边际广告资源,在风险广告合作、衍生产品开发、大型活动举办上不断规范和积累经验,为客户品牌推广提供新的宣传渠道。2002 年参与策划举办的大型活动主要有:全新沙宣——上海国际时装模特大赛,脑轻松之夜——多明戈演唱会,昂立多邦——世界男模大赛等。同年 7 月,开发 5234 短信项目,为广告客户提供互动平台,有效传达节目和广告的信息。

对电视频道广告的差异化经营　传媒集团 11 个电视频道节目各有自身的个性和亮点,把频道的差异化凸显出来,是广告经营的重要策略。其中,新闻综合频道、新闻娱乐频道和电视剧频道的广告收入占传媒集团广告总收入的 70%～80%,电视剧频道达 6 亿多元。2003 年,广告经营中心对这三个频道实行捆绑经营,统一运作。此举有效整合了三大主营频道的广告资源,实现以利润为驱动的经济目标最大化。

广告经营中心加强与各频道进行广告时段安排、广告收入指标等方面的沟通。2003 年所有频道都达到预期目标,文艺频道增收居所有频道第一位,新闻综合频道作为强势的投放媒体被所有客户认同。广告经营中心与每个频道进行沟通交流,并和节目制作人员一起广泛听取客户的反馈意见已形成制度,成为频道差异化经营的有效手段。

对部分频道的广告经营权进行下放试点改革　2003 年,传媒集团 11 个电视频道黄金时段上海地区市场占有率为 76%,广告收入占全国电视广告收入近 9%。同年 6 月,生活时尚频道跨出公司化试点第一步,推出上海时尚文化传媒公司;7 月,"第一财经"推出集电视、广播(后又推出报纸、杂志)为一体的跨媒体平台;9 月,传媒集团取得 2004 年中国足球超级联赛电视转播权,加快了集团体育传媒的产业化进程;10 月 23 日,由上海卫视改版重组的"东方卫视"全新亮相。集团在生活时尚频道、第一财经和东方卫视实行广告经营权下放的试点性改革,由频道承担完成电视广告经营创收指标,负责对频道广告经理、广告业务员的日常管理,频道总监为频道广告经营的第一责任人,频道的广告创收纳入集团整体经营创收责任目标中;由广告经营中心履行对以上频道广告经营进行管理、审核、协调和监督职能。

广告经营策略的调整　2004 年,国家广电总局颁布《广播电视广告播出暂行规定》(17 号令),要求大幅缩减黄金时段广告播出长度。传媒集团广告经营中心贯彻执行国家政策、法规,一方面加强市场调研和市场分析功能,使"大客户"专项服务不断规范化、科学化;另一方面,为客户提供创造性的推广方案及合理的广告投放组合。举行多次电视剧、频道节目专题推广活动,充分挖掘频道优势和节目亮点,加强市场推广力度,为客户提供更立体有效的媒体投放方案。同时,灵活机动调整价格,严格控制广告时长,开发非黄金时段的时段量和广告价值,缓解黄金时段的过度饱和,提高整体频道的广告满载和经营质量,确保年度广告创收任务的完成。当年电视广告收入达 23.62 亿元,同比增长 11.89%。

东方电影频道的广告经营代理　2005 年起,传媒集团开始承包代理东方电影频道的广告经营业务。广告经营中心立足于集团资源最大化、效益最大化和最大限度地巩固上海电视广告市场份额的原则,通过不同的营销模式,做好电影频道的推广和广告经营工作,把电视广告统一经营的效能发挥到最大化。

整合营销的开展　2005 年,广告经营中心成立整合营销部,为客户提供除常规广告投放以外的媒体增值服务。整合营销传播从品牌内涵出发,以植入式广告为手段,同时兼顾客户需求和节目生产两个服务方向,将节目与客户产品/品牌深度结合,寻求广告精准投放的整体方案。2006年,通过整合营销的理念营造了诸如凯迪拉克《联通青藏,巅峰之旅》、斯柯达晶锐《相信生活相信未来——SMG主持人公益宣传片》以及《舞林大会》《越女争锋》等一系列成功案例,实现销售收入8500万元现金,1200万元实物,上缴传媒集团利润7000万元。

2007年9月20日,在青岛举行的第十四届中国广告节广告人·中国案例奖评选中,《联通青藏,巅峰之旅——SMG巅峰之旅整合营销案》获得电视全案类全场大奖。此案作为电视业界广告整合营销的经典案例入选中国高校首部《实战广告案例教程》。该书为高校广告、传播、营销类专业的教材,《联通青藏,巅峰之旅——SMG巅峰之旅整合营销案》的入选,对于长期讲评哈佛案例的传统模式是一次突破性的进步。为此,中国广告协会电视委员会授予传媒集团广告经营中心"中国广告教育推动奖"。

节目与广告市场沟通 2006年,广告经营中心按季分别举办春、夏、秋季影视剧推广会,通过各季度的收视特点和投放倾向,向客户介绍优秀剧目及时段编排,为客户制订广告投放计划提供依据。市场研究部定期为业务部提供《广告营销参考》和《媒体竞争动态》,业务部建立对重点品牌本地预算分配及投放倾向的定期跟踪报告制度,强化对客户状况的分析和市场策略的制订。

电视广告硬盘化播出 为使广告播出差错率控制在十万分之一以下,自2006年1月起,广告经营中心配合集团总编室,除直播和部分栏目广告外,整个传媒集团的电视广告播出全部采用硬盘化播出模式。此项目还推进了系统升级改造,不仅方便客户修改广告版本的需要,也为各频道提供了格式化播出的便利。

经营管理数据化精细化 2007年,传媒集团电视广告经营关注品牌投放的执行进程,强化合同的过程监控,密切追踪业务流量,利用全球领先的市场研究及媒介咨询公司尼尔森媒介研究机构(AGB)、央视索福瑞媒介研究有限公司(CSM)等数据,建立了一套品牌投放数据分析模式,及时跟踪、了解所有品牌在中心内外盘的投放情况。经过半年多的数据积累,大到每个公司的完成总量,小到所有的投放品牌,拥有一套完整的投放对比分析,直观量化地反映各家代理公司在投放过程中的比例控制情况,在与代理公司沟通和督促时提供了数据支持,更好地掌控了大盘的完成进度。这是电视广告业务管理模式朝数据化精细化转变的一个起步标志。同年,广告经营中心挖掘了"纳爱斯""王老吉"等新客户,争取了新增量。

全媒体平台的打造 2007年,广告经营中心进一步加强集团传统媒体资源与新媒体广告资源的整合,重点打造全媒体平台,为客户度身定制符合自身品牌特点的整合营销项目,推出"明锐斯柯达——上海国际汽车展""2007上海国际桥牌赛""迎奥运,三星时尚盛典"等成功案例。此外,将植入式广告的价格标准化,不同的广告形式与回报标准直接对应,并提供整合的广告方案,给广告主的不是简单的时段,而是一个整合多频道、跨媒体的传播平台,为企业提供了品牌资源联动空间。

业务架构调整 2008年11月,传媒集团广告经营中心将原来业务一部、二部、整合营销部并立的格局,改为"Y型"的业务架构。"Y"的两个前叉分别是服务4A公司的业务一部和服务本土广告公司的业务二部,整合营销部则变身为两个前叉提供后援支撑、引领业务方向的部门,更好地为客户提供市场策略和全方位的整合营销方案。

此外,广告经营中心建立广告代理公司季度考核制度,加强奖励的及时性、公正性和有效性;敏锐感知客户需求,在逆势市场环境下相继推出"春节拜年套餐""奥运市场推广""改革开放 30 周年"等贴近市场需求的产品;延伸开拓渠道,加强对本土公司、本土品牌的开发和服务,签约脑白金、白兰氏、蓝月亮等 31 个新开发品牌,全年直接客户开拓团队共计完成广告收入 3 亿元,同比增长25％;承包经营五角场"百联又一城"和天目路不夜城两块 LED 屏幕,形成广告经营产业链上新的增长点和潜力点;成立市场推广部,开展"2009 年度 SMG 广告盛典""融·耀"系列推广会等活动。

提高自营广告比例,提升服务能级　2008 年 12 月,传媒集团启动新一轮经营变革,减少大量外包盘,大幅度提高自营比重,将广告代理比例控制在 10％以内。"直接有效地联系客户"成为传媒集团广告经营策略变革新的突破口。当年,广告经营中心通过对广告运行管理系统和播出系统的技术改造,提高对客户的服务质量,为广告播出提供更好的服务平台。一是远程投单系统:简化客户投单流程,由客户直接在广告运营管理系统中进行广告投单输入,减少中间环节,提高工作效率;二是自由竞价系统:将紧缺资源公开放到网上自由竞价,保证了资源的有效利用和溢价销售,使国有资产保值、增值,确保交易的公开、公正、公平;三是短信通知服务:在客户广告播出前通过手机短信通知客户,使客户能及时观看投放广告的播出情况;四是播表传送系统:将原来传统的文件传送改变为具有校验机制的数据库数据交换,提高了数据传送的准确性和安全等级的档次。

经营模式、服务、策略三项变革　2009 年,传媒集团广告经营大幅度削减承包比例,扩大自营比例,提升自营能力;转变资源售卖者的单一角色,发掘自身影响力,推动对市场和产业链的规划、主导;改变与 4A 公司的合作模式,由粗放的总量承诺,向密切关注 4A 公司旗下品牌转变,加强品牌沟通,推动 4A 公司成为信息传递者,服务客户;提升包盘公司的经营能力、服务水平,促进本土代理公司的成长;招商活动重点发布广告政策,改善市场秩序,公布大量特色广告产品;东方卫视着眼于开拓全国市场,全力挺进卫视广告市场第一阵营。具体变革:一是模式转变,从相对单一的资源承包转化为自营模式,开发新的产品,把东方电影频道和新闻娱乐、新闻综合频道按照匹配的产品打包成冠名赞助;二是服务转变,提高自营能力,直接有效地接触客户,随时了解和把握客户的需求,研发出更为合适的产品、更为精准的策略,提供更多、更好的广告研发产品和营销方案;三是策略转变,采用分开招商的形式应对市场阶段性态势之变和客户阶段性需求之变。在客户选择和开发上,从区域额度角度着眼,开发出更多的外地客户;从品牌的角度着眼,开发出更多的本土品牌,特别是成长型的中小企业。

经营困局的化解　2009 年 1 月,面对国际金融危机影响、电视频道黄金时段商业广告播放量下降的趋势,广告经营中心采取以下措施:一是紧贴客户,规划市场,确保维持原有存量投放。加强与客户的直接联系,将原有的"媒体—代理公司—客户"的单线型沟通机制,改造为三方信息共享的三角形利益格局。同时细化分工,整理出更加完整详细的客户资料,纳入客户管理系统,针对性地分析每个广告客户的经营状况、市场信息,做到知己知彼,为客户提供个性化的投放方案。2 月中旬,通过与全国最大的一家媒介购买机构——群邑广告集团的谈判,完成了与所有 4A 媒介购买机构的合作,在大幅回收外包盘的情况下,确保维持原有的存量投放。3 月 23 日,举行"重点客户春季沟通会",邀请近 50 位 4A 广告公司高层及重要国际品牌大客户参加,集团领导亲自向客户解释广告政策。4 月,传媒集团与联合利华等大客户完成了年度合作协议的签订。二是寻找机遇,开拓市场,发展新的增量客户。前往华北、华南、东南、西南等几大主要国内品牌集中区域,开展分片区的市场推广和业务洽谈。同时,加强与本土客户代理公司的合作,提升上海市场对中国本土企业的吸引力。三是全员增效,内部挖潜,全力加强经营团队管理。由原先"单纯的资源销售"转变为"为客户创造价值"。广告经营中心从利益联动机制入手:中心创收第一责任人每月收入暂扣25%,其他领导班子成员暂扣15%,作为对集团广告创收任务的风险抵押;中层管理干部个人收入每月随部门销售业绩浮动;销售人员奖金在与销售业绩直接关联的基础上,加大留存比例,没有业绩就没有收入,刺激销售团队全力完成年度指标。四是加强协作,开发资源,打造整合广告平台,加强与节目制作播出团队的协作沟通。建立与各频道的联系人制度和各节目部门的信息沟通协调会制度。

当年,广告经营中心在特定行业中寻找突破点,配合相应政策,刺激竞争性投放。引导客户使用非上海本地预算投放东方卫视这一覆盖全国的平台,为集团整体广告营收做足增量。在参加群邑北上广三地谈判后,获知中美史克制药有限公司有投放全国平台的需求和预算,迅速落实方案,使客户的投放量增长5倍。同时,广告经营中心加大对本土客户的开拓力度,先后赴福建、北京、广州、深圳、广西等地与客户沟通洽谈。蓝月亮、立白、碧生源、三全、苏泊尔、海澜等客户纷纷签约,有效缓解了年初国际品牌缩减预算对年度总量造成的影响。当年,在传媒集团投放的直接品牌客户将近90个,广告经营中心共开发新品牌30个,占直接客户总投放品牌数的34%。

电视广告经营模式的变革 2009年,传媒集团广告经营中心转变增长方式,把经营模式在原来的基础上发展为与客户互为代言、互利共赢,实现跨越增长。广告经营中心整合营销部门从开发公益广告、创新植入方式、服务广告客户及搭建频道沟通平台等方面开辟渠道,联手大众斯柯达推出以"相信生活"为主题的公益广告宣传片,以传媒集团节目主持人积极健康的形象和态度激发大家树立共渡难关的信心,不仅取得客户的广告预算,也收获了良好的公众口碑,成为客户、频道、广告经营中心三赢的案例。

电视广告经营与东方购物平台的合作 2009年,传媒集团广告经营中心与东方购物平台开展合作,将彼此的客户信息进行分享,相互引导和补充。广告经营中心举办面向东方购物客户的资源推广会,从中培养、开发潜在的广告客户,并为初次涉足电视广告的客户度身定制广告片,通过东方购物销售平台监控销售数据,为客户衡量广告效果提供依据,形成从广告片制作到计划投放,再到效果评估整套产业链增值服务模式。这种为企业提供"线上广告和线下销售"联动的营销模式,颇受客户欢迎。

【上海广播电视台广告经营策略】
承包代理上海教育电视台广告经营业务 2010年,上海广播电视台开始承包代理上海教育电视台的广告经营业务,通过不同的营销模式,把统一市级电视台电视广告经营的效能发挥到最大化。

紧缺资源的把控和合理利用 2010年,恰逢上海世博会、足球世界杯等热点,广告时间资源较为紧张。广告经营中心设立专人作为资源协调员,在各业务部之间对时段占用做统一的调剂规划。各业务部在做客户投放规划时,也充分考虑资源、频道、客户人群的契合性,从段位价值最大化角度出发,兼顾客户差异性和实际操作性,从源头把控资源利用。

南非世界杯等体育项目的营销 广告经营中心联合五星体育频道召开"非常世界杯·激情呈现——2010南非世界杯节目广告资源说明会",对世界杯期间的各类节目设计推出组合套装和整合营销方案,针对特定客户实现精准销售。除传统的耐克、百威、阿迪达斯等品牌,还吸引了360软件、雪花啤酒等首次投放上海广播电视台的品牌。在赛事特殊整合营销项目上,吸引了王老吉、哈尔滨啤酒和大众途观等品牌。广告经营中心有效联动硬广告业务和体育项目营销,世界杯项目营销实现收入超过5 000万元。

稀缺广告资源的竞价模式 2010年4月12日,上海广播电视台举行"精彩世博·SMG全情绽现——中国上海世博会广告资源说明会"。上海世博会赞助商、广告代理公司、直接品牌客户等200余位广告客户出席。会上推出近40个世博整合营销广告产品,客户反响热烈。为充分体现稀缺广告资源的价值,广告经营中心一方面针对热门时段供不应求现象,首次推出稀缺广告资源竞价模式,提升黄金资源的含金量。仅4月30日和5月1日世博两天大直播就实现广告收入1 500万元,竞标价比底标价高出20%,该直播项目广告均得以顺利播出。另一方面从市场角度出发,满足品牌客户个性化需求,为其量身定制世博节目。由上海世博会乳制品行业高级赞助商——伊利品牌赞助的"中华民族世博心——上海世博会志愿者风采展"标的额也达千万元;相宜本草赞助的"世博音乐派对"将品牌元素与节目内容深度融合,使"内在力、外在美"的品牌内涵完美呈现,提升了品牌知名度,倡导了"文明观世博、理性看演出"的理念。当年定制类项目销售额超过常规项目,总额达到3 000万元。

世博效应下新品客户的开发 2010年,顺应上海世博会契机,大盘代理公司增加了巴斯夫、方正、PRADA、豪雅表等20多个新品牌,其中巴斯夫品牌还获得广告经营中心颁发的"聚势共赢奖"。此外,广告经营中心直接客户团队共开发新品客户39个,包括:非茶6+1、学大、众望食品麻花、景田百岁山、进口起亚汽车、林内、光明食品、巴拉巴拉童装、诺依曼、克缇日化等。这些新品的投放,为整体业务的增长注入了新的力量。对老客户也加大沟通力度,抓住世博效应,挖掘客户增量,其中娃哈哈签约总量同比增长90%,光明增长40%。

2010年,上海广播电视台电视广告收入突破45亿元,年增幅达30%以上。

三、经营管理

【上海电视台广告经营管理】

广告业务统一管理 1990年1月1日起,上海电视台变原先全台各部门分散经营广告业务为台广告经营部一个口子统一管理,所有广告(硬广告和软广告)均由广告部归口经营,统一账号,统一发票,统一播出,统一价格。为把广告经营与宣传业务截然分开,当年7月1日起,所有节目不再代发广告,广告播出统一由广告部安排提供。按照集中统一管理的办法,上海电视台对广告业务经营人员实行定额承包,奖勤罚懒。1990年市广电局下达收入计划为3 000万元,实际收入3 484万元,超额完成计划指标16.13%;局下达的支出预算为2 348万元,实际支出为2 100万元,节支幅度10.56%。

广告经营制度化管理 1990年,上海电视台广告部每两周召集一次全体人员会议,对经营业务中出现的问题进行分析,促使广告从业人员注意职业道德,抵制行业不正之风。以广告法规为准绳,坚持三级审稿制度,严格审查客户证件、广告内容和合同,确保广告的合法性、真实性,制止违法广告和虚假广告。此外,严禁以广告谋私,坚持价格的严肃性,对境外产品"夏士莲""可口可乐""拜高""必扑"等通过国内经销单位投放的电视广告,坚持按外商广告价格收取外汇,维护了国家利益。

在经营中,反对唯利是图,恪守社会导向。1990年夏天,客户自带录像片投放"正广和汽水"广告。广告部审看时发现个别镜头带有挑逗性意味,说服客户不予播放。

对黄金时段(18时30分—22时30分)的广告播放时间进行有效控制,基本上控制在2个频道共50分钟左右。同时,要求广告编排更灵活,篇幅更短小,抵制粗制滥造、形式呆板、表演庸俗的广告,对净化广告版面、提高收视效果起了积极作用。

1996年1月下旬,上海电视台广告部清查、破获一起内部广告业务员偷盗合同、发票的案件,追回了所有被截留的客户资金700多万元,使国家财产免遭损失。市检察院和司法审计事务所认为:此案能被广告部自己查出且追回所有赃款,说明广告部的管理制度是严格的,在实际操作中也是行之有效的。当年,上海电视台抓住此案,举一反三,对全体员工进行遵纪守法教育,规范自身经营行为。同时,健全、完善12项规章制度,汇编成册下发,要求严格遵照执行。

归口管理,抵制有偿新闻 1997年起,上海电视台重申广告经营归口管理,凡在屏幕上各种带有广告倾向的经营内容一律由广告部负责签约和收款。执行关于编辑记者不准从事广告业务的规定,抵制有偿新闻。各节目制作部门无权承接广告,所有赞助都必须通过广告部,一切收入归公,不允许栏目有丝毫违规行为。为此,特地建立监看制度,一是请退休职工监看并出具监看报告,二是凡由广告部安排播出的广告都有明显的标记,便于识别。

【东方电视台广告经营管理】

1994年,东方电视台成立一年后,强化"收支两条线"和宣传业务与广告经营严格分开的管理措施。广告部严格执行广告价格规定,切实遵守广告从业人员职业规范,以优质的服务和良好的信誉吸引客户、服务客户。

1996年,为了进一步理顺关系、规范运作,东方电视台强化广告创收的统一归口管理。广告部抓经营管理、抓岗位纪律、抓人员培训,在部门内推行规范化管理。

1997年,东方电视台广告部在市场低迷、竞争激烈的情况下,严格执行广告法,推出广告播出新形式,活跃了广告版面,满足了不同层次客户的投播需求,赢得了更多的广告客户。

1998—2000年,面对世界金融危机影响,东方电视台广告部制定科学、合理、灵活多变的市场营销策略,同时加强广告队伍的自身建设,使广告创收和队伍建设两手都硬。其中1999年8月创下建台后单月广告收入的最高纪录6600万元。

【上海有线电视台广告经营管理】

1993年10月,上海有线电视台分别成立广告经营公司和广告部,共同加强广告经营管理。

1995年3月17日,为了更大规模地拓展广告业务,上海有线电视台和东方明珠国际广告公司联手在深圳召开"广告信息发布会",20多家香港广告公司的50多位嘉宾参加。

上海有线电视台加强广告部人员业务素质培训,安排业务员到大学进修,提高文化层次,同时不定期安排广告专业知识培训讲座。

【传媒集团电视广告经营管理】

广告管理软件的应用 传媒集团广告经营中心所用的管理软件开发商为交大南洋计算机软件有限公司。初版系1998年原上海电视台广告部在参考兄弟台广告管理软件的基础上开发的一个新版本。每个环节的录入、修改都有据可查,一旦正式合同播出结束,任何人都无法将它删除。该管理系统于1999年10月试运行,2000年1月正式运行。随着改革的深入,该管理系统的更新达150多次,由于初期开发的流程模块安排比较合理,故系统一直安全运行,没有发生由于机构变化广告管理系统无法运行的局面。

制度管理与安全播出 传媒集团广告经营中心成立后，为确保电视广告安全播出，在播出流程各个环节上，落实专人严格把关，加强广告三审制度。2002年9月起，广告经营中心电视广告业务部和编审部联合开展"安全播出150天"劳动竞赛，收到良好成效，没有发生由于广告差错引起的安全播出事故，确保了当年创收任务的顺利完成。

2003年5月，传媒集团制定颁布《广告经营管理条例》，通过建章立制，理顺流程，规范操作，加强控管，增收节支，提高资源利用率，提高广告管理水平。《广告经营管理条例》确定了基本业务流程，明确规定，广告财务对广告经营进行全过程核算管理。《广告经营管理条例》还包括合同管理、授权控管、资源控管、债务控管等广告经营管理内容，对货币广告和非货币广告的类型做了细分和界定。

2003年8月21日，上海市广告监测中心举行成立5周年纪念大会暨该中心ALC网站开通典礼。会上，上海市广告监测中心授予传媒集团广告经营中心"为企业传美名全心全意，依法规促诚信尽心尽力"锦旗，表彰传媒集团在广告诚信发布中所取得的成绩。

2004年3月中旬，广告经营中心发布《医疗广告播出管理规定》，对医疗广告内容、形式、播出时段、播出长度均做了严格规定。

2004年，广告经营权下放的试点东方卫视在广告管理上制定并落实"广告审核流程管理""广告编播流程管理""奖惩标准"等相关制度，使广告运营排除随意性和无序性。

2006年，按照国家广电总局、国家食品药品监督管理局、上海市工商行政管理局的相关规定，广告经营中心完善广告审查制度，严把播出关，保证了传媒集团所有电视频道的广告规范全年达标。此外，除了坚持三审制度，还设置专职审查岗位并继续推行仲裁小组终审制，对一些存在疑义的广告反复推敲、认真把关，处理好广告创收和广告审查的关系，把广告违法率降到最低。

2007年，广告经营中心进一步完善制度管理，严格按照编审制度执行操作流程，使广告播出的差错消除在萌芽状态。当年，电视广告播出差错率继续保持在合规的十万分之一以下，无重大差错出现。

电视"软广告"栏目的经营管理 传媒集团广告经营中心成立后，制定《电视栏目广告（软广告）播出管理条例》和《栏目广告及直销广告制作技术标准》，为规范电视"软广告"奠定良好基础。2003年，根据国家广电总局的要求及新的情况，广告经营中心制定《关于软广告栏目管理的规定》，对广告公司代理软广告栏目业务期间，冠用集团、中心、台、频道及栏目标志和名称的名片、印章、证件、车辆、话筒、片头片尾画面、印刷品及音像制品等的使用，制定严格的管理规定。同时，根据频道特点、收视状况、播出时间、栏目长度等，逐年调整、缩短原各台电视"软广告"栏目之间的价格差距。至2004年，电视"软广告"各栏目之间价格已大体平衡。

2005年，电视"软广告"的经营管理狠抓3个重点。首先是在确保完成创收指标前提下，提升播出带和栏目的整体质量。"软广告"的三审制度不仅针对广告的内容、违规违法性以及技术质量而进行，还对栏目的思想性和艺术质量进行全方位的审查。成立质量评审小组，全力配合各个广告公司对所有栏目进行一次质量评审，对名列前茅的公司给予奖励，把电视"软广告"的整体质量提升一个台阶。其次是进行行业化、专业化试点。第三是使价格竞争降温，优化市场秩序。2005年，传媒集团电视"软广告"拥有十几个栏目，年创收8 000万元，专业承包公司有10余家，电视"软广告"形成较为成熟、稳定的市场。

专项整治的开展 2005年,传媒集团广告经营中心围绕国家工商总局关于在全系统开展"打虚假、树诚信"广告专项整治行动的工作部署,并结合巩固国家广电总局颁布的《广播电视广告播出暂行规定》(总局令第17号)成果的工作要求,进一步加大对虚假违法广告专项整治的力度,加强对重点领域和重点广告的审查和监测,特别是重点检查"保健食品、药品、医疗服务、化妆品、美容和房地产"六大类商品广告,违法率控制在0.8%以内,广告的规范发布在上海媒体广告业中名列前茅。

学习型团队的锻造 传媒集团广告经营中心的经营人员来自集团原下属各台广告部,从相互竞争到彼此合作,队伍经历了磨合、调整和相融的过程。为了加大对队伍的专业素质培训力度,切实提高从业人员的业务素质和队伍的综合竞争力,广告经营中心先后邀请市工商行政管理局有关干部就广告监管问题对员工进行案例剖析;特邀中央电视台年度标王宝洁公司大中华地区媒介总监、媒介经理,就"创新媒体和传统媒体的创新"为主题举办讲座。

2005年8月,广告经营中心结合人力资源改革,重点推出"培训让我更出色——360°广告训练营"活动。邀请克顿顾问、精信传播、家化公司、卡内基训练公司等业内十多名专家学者、资深人士开课,多角度、多形式地全面更新员工的知识结构,提升工作技能,拓展工作思路,激发工作热情,提升传媒集团广告经营团队的核心竞争力。

2006年,广告经营中心定期对广告业务人员进行培训,提高员工的宏观、微观经济专业分析能力,更好地为客户提供专业服务;启动业务员走出去培训计划,参加4A公司的内部培训,推进业务员专业能力和综合素质的提高。8月7日,广告经营中心以部门中层干部为对象,邀请"前程无忧"讲师以"管理提升业绩"为题,展开干部培训课程。

2009年,面对严峻的经济环境和竞争激烈的广告市场,广告经营中心一方面致力于开发优质课程:《植入还是融入——与当红制片面对面》《开创蓝海——企业的品牌需求与媒体供应的契合与互动》《整合营销视角下的植入式广告创新》《情景路线谈判》《优质提案——我与客户成功沟通秘籍》以及节目与数据分析系列、新员工入职培训等项培训;另一方面加强对部门、员工培训参与率和培训效果的考核管理,设计制作《广告经营中心培训手册》,通过该手册的运用,有效改善了员工参与培训的自觉性和完整性。

广告合同流程管理 2008年,传媒集团广告经营中心承担了上海地区14个电视频道(含东方电影频道)广告合同流程的管理、广告串编工作及集团每个频道80%的宣传片播出任务。每天需编排、串编、审核、送播和上载约4 500余条各类广告,约800条宣传片。全年编播的广告和宣传片近170万条,编辑电视剧3 200多集,审核登录广告7 000余条,审核、登录广告合同、协议和订单17 500多个。

客户征信系统应用 2008年9月,根据《上海市企业信用征信管理试行办法》和《企业信用信息数据规范》的要求,传媒集团广告客户征信管理系统工程开始启动。该系统与上海市经济和信息化委员会的征信管理系统数据库对接,提供了能够综合、动态地评定客户征信水平的信息管理平台。针对需采集的企业信用信息的6类275个数据项,该系统基于广告合同管理系统、南洋订单播出系统、用友财务应收系统这三大平台,对广告客户的资质情况、财务情况、订单播出情况、合同履约情况以及付款信用情况的数据进行挖掘和整理,通过权变模型,完善客户征信评估,得出客户的信用度评价得分,从最高客户信用度"A+"到最低客户信用度"不予合作"6个级别,系统就可以对经营决策及该客户的商业行为进行有效监控。该系统达到基础数据统一、管理流程统一、评估标准统一和分析报表统一的要求。在2009年度传媒集团广告招商大会上,广告经营中心运用客户征信系统对所有参与投标的广告代理公司进行了征信评估,引起不小反响,在数据面前,所有公司心服口服。该系统获得国家广电总局颁发的2009年度"科技创新奖二等奖"、市经信委"上海市诚信建设优秀成果奖"、市文广局"科学技术进步奖二等奖"、中国电影电视技术学会"科学技术奖二等奖"。2009年4月23日,上海广播电视台申请了名为"客户征信评价权变模型在广告经营中应用的方法"的国家发明专利,2010年10月27日获批,公告号为CN101872455A,分类号为G06Q30/00。

合同管理系统运行　针对电视广告合同金额巨大、合同文本繁多、审批流转时间长等特点,自2009年4月1日起,传媒集团广告经营中心会同技术运营中心开发导入广告合同管理系统,把原来以纸面为主的合同流转系统,转变为合同网上审核流转和纸质合同签章存档并存的运行模式,整个审批流程在系统中完成,每个环节公开透明,流程清晰,环环紧扣,并与客户征信系统互相融通,共享数据平台和资源,缩短了广告合同的审批、流转时间,切实解决广告合同远程审批周期长问题,提升系统化运营效率。合同签约过程中的诸多要素,通过系统记录在案,最终生效合同录入在系统中存档,随时接受监督。合同管理系统固化了管理流程,形成制度执行的"硬约束",使每份合同都能得到实时监控,有效实现电脑信息化控制操作、流程和风险,提升了广告经营管理水平。

【上海广播电视台电视广告经营管理】

资金监管系统　2010年,上海广播电视台广告经营中心坚持制度与科技相结合,以应收账款管理、保障国有资产安全为核心,建立资金监管系统,使资金在一个迅捷的信息平台上得以管控。整个系统,资金流向一目了然,广告经营中心领导和台有关部门在电脑上可即时获取系统内资金流向信息,动态监控大额资金的收款情况,控制结算风险。台财务委派人员可通过系统加强应收账款管理。加强财务电子化审核和应收账款管理,能有效防止欠款久拖不结情况的发生,确保资金及时到位。作为合同中延伸功能的应收账款管理,与合同管理系统、客户征信系统互通资源、紧密捆绑。当系统反映出客户在规定时间内交付账款时,合同管理系统会显示合同履行状况,在客户征信系统也会有所记录,给客户记分,作为用以评价信用的依据。

广告经营中心的客户征信系统、合同管理系统和资金监管系统对重点领域、关键环节设置在线运作,实施实时监控,犹如三道闸门牢牢把住关口,防范和控制广告经营风险。

广告业务的管控　2010年6月4日,上海广播电视台正式签约用友"客户信息的集中管理和共享利用(CRM)",实现客户和广告代理商的精细分类和全面管控。通过CRM系统的成功上线,建立完善的精细业务规则,规范各部门的广告经营活动,并对合同签订、收款严格管理,形成完善的客户信用体系,对信用较差客户进行预警,降低经营过程中因客户信用而产生的不必要风险分析,提升了上海广播电视台广告经营的综合竞争力。

表4－1－2　1979—2010年上海市级电视台广告收入业绩情况表　　　　　　单位:亿元

年份	上海电视台	东方电视台	上海有线电视台	上海卫星电视中心	上海教育电视台	传媒集团/广播电视台	合计	同比增长%
1979年	0.005	—					0.005	—
1980年	0.01	—					0.01	100.00
1981年	0.02						0.02	100.00

(续表)

年份	上海电视台	东方电视台	上海有线电视台	上海卫星电视中心	上海教育电视台	传媒集团/广播电视台	合计	同比增长%
1982 年	0.02	—	—	—	—	—	0.02	0.00
1983 年	0.03	—	—	—	—	—	0.03	50.00
1984 年	0.06	—	—	—	—	—	0.06	100.00
1985 年	0.09	—	—	—	—	—	0.09	50.00
1986 年	0.12	—	—	—	—	—	0.12	33.33
1987 年	0.17	—	—	—	—	—	0.17	41.67
1988 年	0.18	—	—	—	—	—	0.18	5.88
1989 年	0.30	—	—	—	—	—	0.30	66.67
1990 年	0.35	—	—	—	—	—	0.35	16.67
1991 年	0.65	—	—	—	—	—	0.65	85.71
1992 年	1.47	—	—	—	—	—	1.47	126.15
1993 年	1.82	1.21	0.03	—	—	—	3.06	108.16
1994 年	2.18	2.00	0.31	—	0.03	—	4.52	47.71
1995 年	3.14	2.43	1.02	—	0.06	—	6.65	47.12
1996 年	4.10	3.41	1.80	—	0.14	—	9.45	42.11
1997 年	4.88	4.85	1.52	—	0.22	—	11.47	21.38
1998 年	5.04	5.09	2.02	0.20	0.31	—	12.66	10.37
1999 年	5.43	5.80	2.60	0.40	0.26	—	14.49	14.45
2000 年	6.26	6.27	4.01	0.50	0.25	—	17.29	19.32
2001 年	6.09	5.51	5.49	—	0.49	—	17.58	1.68
2002 年	14.80	2.47	—	—	0.50	—	17.77	1.08
2003 年	—	—	—	—	0.57	21.11	21.68	22.00
2004 年	—	—	—	—	0.71	23.62	24.33	12.22
2005 年	—	—	—	—	0.81	28.35	29.16	19.85
2006 年	—	—	—	—	1.00	30.52	31.52	8.09
2007 年	—	—	—	—	0.99	33.62	34.61	9.80
2008 年	—	—	—	—	1.02	34.92	35.94	3.84
2009 年	—	—	—	—	1.02	35.12	36.14	0.56
2010 年	—	—	—	—	1.22	45.52	46.74	29.33
总计	57.22	39.04	18.80	1.10	9.60	252.78	378.54	—

说明:此表文广系统各单位数据源于传媒集团原广告管理部主任刘志强《上海广播电视广告发展综述》一文,其中大部分数据来自传媒集团和文广集团的财务部门,小部分数据来自广告部门。上海教育电视台数据来自该台总编室。

第三节　报刊广告经营

一、每周广播电视报社(含《每周广播电视》报、《有线电视》报、《上海电视》周刊)

【广告经营起步早、客户多】

《每周广播电视》报自 1979 年 5 月起开展广告经营活动,最初委托上海广告装潢公司代理。1985 年起,报社先后商调 3 人专职从事广告业务工作,逐步建立较为规范的工作流程,健全三级审稿制度,使广告经营工作进一步完善。

《每周广播电视》报贯彻"立足声屏,面向家庭"的办报方针,围绕广播电视节目进行宣传报道,特色鲜明,影响广泛,成为千家万户视听娱乐的好伙伴,因而吸引了众多广告客户。20 世纪 80 年代,《每周广播电视》报的广告特点是种类多、容量大。广告部门充分挖掘版面潜力,另设"报眼广告"和若干块设置在广播电视节目表中的"小广告"等,使每一期报纸的广告条目最大容量达 60 多条,期广告总量控制在上级规定的版面总量以内。广告价格根据发行量和使用周期决定,并实施 A、B、C 三级收费标准,即"电视节目"版广告费用为 A 级,其他版(除头版)广告费用为 B 级,"广播节目"版广告费用为 C 级,不同价格体现了版面效益,形成一大批固定的广告客户。其中既有上海大众汽车公司、上海广电公司、上海家化公司、申花集团等国内知名企业,也有飞利浦等境外大公司。一大批沪产名牌商品,如桑塔纳轿车、白猫洗涤精、申花热水器借助广告宣传而为消费者熟知。

《每周广播电视》报自 1991 年起,连续数年被评为上海市广告业"重信誉、优质服务先进单位"。1993 年,其广告经营推出新举措,80%以上广告业务由签约的各类广告公司代理。

【业绩曾逐年攀升】

1993—1998 年,《每周广播电视》报每期发行量超过 200 万份,名列上海报刊及全国同类报纸前茅。国内数百家工商企业及国外、中国台港澳地区许多企业与《每周广播电视》建立了良好的广告合作关系,并从中受益。此外,各类服务性的分类广告也受到广大客户与读者的欢迎。

当时《每周广播电视》报的广告版位一直非常紧俏,往往每月初就把接下来一个半月(相当于 5、6 期报纸)的广告版面(含 23 条通栏、6 条中缝等)基本排定,广告业务接待室常常门庭若市,前来预定版面、要求刊登广告的客户络绎不绝。

为满足不同层面客户的不同需求,报纸的广告价位分得很细:通栏广告(22.5×7.6cm)普通版 30 000 元/次,影视故事版 36 000 元/次,电视节目版 48 000 元/次,整版广告(22.5×35 cm)190 000 元/次,有特殊需求的报眼广告(10×6.5 cm)则高达 20 000 元/次。此外,为改变僧多粥少、供不应求的局面,报纸挖掘潜力,合理增加广告版位,在不违反工商管理部门规定的报刊广告总量不得超过整个版面 35%的前提下,充分利用版面"边角料",增添报眉广告(15×1.5 cm),电视节目版横条(7.5×3.5 cm)及小方块(3.5×3.5 cm)等。那些年每周一期报纸的广告收入是 80—90 万元,最高达到 100 万元。

1993—1998 年,《每周广播电视》报的广告收入依次为:1993 年 980 万元,1994 年 1 890 万元,1995 年 2 700 万元,1996 年 3 300 万元,1997 年 3 700 万元,1998 年 4 400 万元。其间平均每年增长 15%。

【《有线电视》报广告随发行量扩大而增长】

1991 年 7 月 23 日,《有线电视》报创刊,发行量 2 000 份,没有广告。1994 年 1 月,经国家新闻出版署批准,《有线电视》报公开出版发行,国内统一刊号为 CN31－0100,是当时国内 2 000 多家有线电视台唯一获批的正式刊号。《有线电视》报刊登的有线电视节目播出表及相应的节目介绍满足了读者对获取节目信息的需求,伴随有线电视联网用户的不断增长,每期的发行量迅速提高。1994 年初,《有线电视》报发行量增至 20 多万份,开始经营广告业务,年广告收入达 300 万元;1995 年广告收入上升到 500 万元;1996 年发行量升至 80 万份,广告收入也随之增长至 700 万元;1997 年发行量增至近 100 万份,广告收入突破 900 万元;到 2000 年前后,上海有线电视联网用户达 400 万户,《有线电视》报发行量最高达 135 万份/每期,年广告收入保持在 1 500 万元。

【合理制定广告价格】

《有线电视》报实行广告代理制,代理扣率与各大报持平。

初创时期,报社广告经营人员认真分析全市各报的情况。《有线电视》报发行量排名在《新民晚报》《每周广播电视》报和《解放日报》后,大致与《劳动报》相仿;读者群的构成却与《劳动报》迥然不同,没有行业局限。据此,在广告价格的设定上选择低于《新民晚报》等报纸、高于《劳动报》的标准,并制定相应的广告价格体系,为《有线电视》报广告参与竞争提供了保证。

【恰当定位广告客户】

作为与《每周广播电视》报性质相仿的《有线电视》报的广告,是适合工薪阶层关注的热点商品广告。根据这一定位,1994 年,十六铺家具城、雪豹皮革行、高夫香波商品广告首先亮相,并签订长期刊登合同,使一个报眼、三个通栏广告十分饱满。《有线电视》报广告经营人员注意为广告客户提供全方位服务,受到广告客户的欢迎,广告常客达几十家。

在广告经营中,《有线电视》报一方面努力提高办报质量,改进版面、版式,抓热点新闻,增强报纸的可读性;另一方面,针对有限的版面,想方设法开发报纸边角料。除中缝外,又增加报眉广告,并在特定时间发增刊(春节、奥运会期间等),增加了广告收入。

【《上海电视》周刊扭亏为盈】

1996 年之前一段时间,《上海电视》周刊因经营不善,每期发行只有 1.8 万余本,广告收入平均每期不足 2 万元,整体经济亏损达 600 余万元。1997 年,上海电视台对《上海电视》杂志社领导班子进行调整重组。新班子通过向社会公开招聘,重建了"荧之友广告有限公司",即《上海电视》杂志社广告部,整顿调整了发行部。理顺经营机制的第一步,就是深入展开市场调研,通过分发 2 500 份调查问卷和大量走访,充分了解广告市场、发行市场的实际情况以及广大读者的意见后发现,零售价过高、发行量太低、节目预告不全是周刊吸引不了广告商、导致广告收入甚少的根本原因。此后,杂志社果断采取三项措施:一是通过与有线电视台总编室协调,获得有线电视节目表,改变了周刊原来只刊登上海电视台、东方电视台节目预告的局面;二是把市场零售价由过去每本 4.5 元调整为 2.8 元,以满足青少年学生的购买阅读需求;三是针对不同类别的零售商分别调整批发价格,并通过分时段批发上市等策略,不到半年,每期平均发行量达到 25 万本。市场占有率的提高,迅速吸引了广告商的青睐。自 1998 年起,《上海电视》周刊广告经营扭亏为盈,1999 年实现每期发行量平均 35 万本、年广告收入 900 万元,2000 年达到 1 000 万元的历史纪录。

【广告经营权收益权被买断后陷入艰难境地】

2000年7月1日起,局属两报一刊整合,《有线电视》报、《上海电视》杂志划归每周广播电视报社(以下简称"每周报社")。经市文广影视局决定,自2002年1月开始,东方明珠股份有限公司出资4亿元,买断每周报社50年的广告经营权和80%的广告收益权,并与报社合资注册成立"上海广播电视报业经营有限公司"。占该公司20%股份的每周报社,要承担广告经营任务、经营责任和经营成本,每年要完成6060万元的创收指标(缺额部分由传媒集团补足)。每周报社并未得到被"买断"的4亿元资金,每年却要上交全部的广告收入约2000万元,报社只能依靠发行收入维持运营。

由于报社经营体制的不合理和运作方式的不顺畅,在内容建设、设备改造、发行推广、广告创收、薪酬提高、吸纳人才等方面缺乏资金投入,影响、束缚了报社的健康运营和发展。

【在困境中拓展广告经营渠道】

自2004年1月1日起,传媒集团决定每周报社所属报刊的广告业务由报社自主经营,传媒集团广告经营中心给予业务指导。报社加强与广告经营中心沟通协调,稳妥做好人员安排和创收目标工作。

2005年初,医疗广告受到工商部门严管而减少后,报社广告部在大卖场广告、房产广告上寻找商机,拓展业务。同时,优化广告品质,坚持"三审"把关,严防广告违规,原本占版面80%的医疗广告大幅度降低到10%左右。2006年国家工商总局对全国各省市广电报的广告抽查中,每周报社是仅有的2家广告达标单位之一。

2007年春节,广告新品和多类高端产品占据广告版面,当期广告刊登量达41万元,同比上升20.58%。同年"五一"期间,广告量超过《每周广播电视》报版面的25%。加大对工商类广告推广的力度,工商类广告新客户比例逐步增加,占除行业代理外自营部分的60%。同时,面对市场竞争的压力,报社守住底线,严控广告违规,报刊总广告违规率均低于工商部门规定的二类媒体2%的考核标准。

【版面外拓展,多行业投放】

2008年初,报社进行报刊改版,做好发行代理单位及市场的宣传工作,及时调整发行网络,与北京最大的报刊发行网络公司——北京小红帽发行公司合作,实现《上海电视》周刊在10个城市同步上市销售,取得娱乐电视周刊非地域性落地零突破。同年,《上海电视》周刊最高一期发行量达22.51万本,《每周广播电视》报最高一期发行量达52.7万份。《上海电视》还和东方龙新媒体公司合作开发推出《上海电视》杂志手机版。报社的广告经营以"贴近读者,树立公信"为宗旨,吸引多行业投放,新版中增加了食品直营类、教育类、房产销售类、家电卖场类、金融理财类、电信宽带类等行业广告,获得良好的市场效益。报社也获得"上海市广告审查先进单位"荣誉称号。

【举办广告招商、开标会】

2008年11月5日,每周报社举行"2009广告资源推介暨广告招商会",市工商局领导和广告客户等110余人出席。报社对2009年报刊改版和广告合作资源做了介绍。会后共售出2009年度《每周广播电视》报行业代理标书6份、《上海电视》总代理标书3份。

2008年11月19日,每周报社召开2009年度广告投标、评标会。会上,传媒集团广告经营中心做PPT同步演示,逐项议标,并充分听取律师对每家投标公司主体资格、资信水平、历史履约的资质调查意见。经标书评审小组对招标项目打分、投票决定,2009年度每周报社报刊涉及的保健品、药品行业广告由上海医药广告公司代理;收藏品行业广告由朗奇广告公司代理;中缝、题花及购物行业广告由上海卓联广告公司代理;旅游行业广告由上海奥杰斯广告公司代理。

【内部整合联动与外部整合营销】

2009 年,受全球金融危机影响,报刊的广告投放量整体萎缩。《每周广播电视》报广告业务合同履约不尽人意,广告经营额同比有一定程度下滑。《上海电视》周刊与广告总代理唐神传媒结束长达 7 年的合作,广告回归报社自主经营。面对困难,经营人员走出报社,用发放"合作方案"的方式,为客户量身定做广告合作方案,提供增值服务,提振客户信心,吸引广告投放。同时,报社实行广告部与采编部联席制,根据版面内容,提前编制预算,采编部提早预告版面内容,广告部有针对性地安排广告内容。此外,改变原有操作模式,从内部的整合联动延伸到外部的整合营销,采取广告经营与线下活动齐头并进的整合营销模式,重视与客户的深度合作,与消费者、企业互动,推出暑期档"拍拍达人"活动,提升竞争能力,促进创收工作。

【回购广告经营权,恢复企业主体地位】

经上海文广集团、上海广播电视台领导协调,2010 年 10 月 23 日,上海东方明珠(集团)股份有限公司发布"关于向上海东方传媒集团有限公司出售所持上海广播电视报业经营有限公司 80% 股权暨关联交易的公告"。上海东方传媒集团有限公司通过回购上海东方明珠(集团)股份有限公司所持上海广播电视报业经营有限公司所有 80% 股权的形式,解决了《每周广播电视》和《上海电视》的广告经营权事宜,东方传媒集团公司不再需要承担报业经营公司股权出售给东方明珠公司时所约定的每年保证一报一刊 6 060 万元广告收入的承诺。由此,每周报社恢复了企业主体地位。

同年,《每周广播电视》报以行业代理的形式顺利招标,《上海电视》周刊也顺利落实广告总代理。上海世博会召开给报社广告带来商机。《上海电视》广告经营同比上升 191%。报社广告部与药品、保健品、旅游、收藏品等五大行业及两家保健品销售平台签订了共 577 万元的广告合约,并为《每周广播电视》报的"世界杯"增刊完成 12.5 万元的广告额,增刊所有广告均为新增客户。截至年底,报社完成广告经营收入 1 080 万元,同比上升 18.7%。

二、《第一财经日报》《第一财经周刊》

【创刊初期】

《第一财经日报》于 2004 年 11 月 15 日创办发行。创刊前一个半月,报社在上海、北京、广州策划、召开了 3 场大规模的创刊说明会,近 800 家广告公司参加。同时,为争取创刊号广告,走访了几百家客户,完成创刊号近 30 条广告,实现广告收入 180 万元。

根据报纸的读者定位,报社广告中心锁定金融、汽车、3C、房产、奢侈品 5 个行业排名前列的 50 家重要广告客户,并加强对 4A 公司的公关、合作,借 4A 之力迅速打开市场。

报纸创刊伊始适逢次年上海举办国际车展,报社广告中心迅速组建车展策划队伍,联合中国汽车工程学会、贸促会汽车分会、上海国际汽车展主办方等,完成了车展论坛、车展特刊、报纸参展等立体的车展营销活动,实现特刊广告收入 300 多万元。

为在报纸创刊初期发行量有限的情况下赢得广告,报社广告中心采用直营模式——即端对端的理念营销,导入的概念是"价值合作",利用整合营销的手段给客户提供多种基于广告合作的营销解决方案。2005 年,报社的广告收入达 3 500 多万元。

【广告经营管理】

2006 年,报社加强广告经营管理,建立完善广告中心绩效考核制度,每半年进行一次;建立中心、区域层面每周例会制度,及时反馈、沟通、解决广告运营管理的问题,协调业务工作开展;定期举行业务培训,2 月、7 月分别在上海、珠海举行两次全员业务总结培训会,统一认识,鼓舞士气。紧扣广告旺季,全力冲刺,实现淡季创优、旺季更旺的广告创收局面,在 4 月、9 月、11 月、12 月广告收入屡创新高。鼓励业务创新,抓住客户需求,配合报社特刊运作,完成广州车展特刊、广交会特刊、第一地产标准特刊、北京地产特刊等广告创收。采用多种业务拓展方式,灵活地促进业务合作关系,相继开展"观影之约""翱翔之旅"等活动,增进客户关系,加深合作友谊。借报社创刊 2 周年之机,京沪广深四地相继举行客户答谢会,全面展示报社形象并及时传递报社健康发展的增长势头。

【品牌推介活动】

2006 年,报社主办、参与主办的品牌推广活动近百场,其中举办了两届的"中国最具影响跨国企业(MIMC)"成为中国大陆地区首创跨国企业影响力的量化评判活动。"中国(深圳)3G 亚洲峰会"、"精英座驾——商务人士期待车型推荐整体策划"、第九届北京科博会"环境保护与可持续发展"高层论坛、"第一财经商业大师论坛——全球决策管理大师对话商界精英"以及"城市精英资本论坛系列""上海国际地产大会""中国工业园区地产论坛""CBN 地带高尔夫邀请赛""第一财经商业大师论坛"等活动的开展,都提升了《第一财经日报》品牌知名度。2006 年《第一财经日报》广告收入超 7 000 万元,同比增幅 103%。

2007 年,报社针对市场实际情况调整布局,建立"直客自营与广告代理相结合"的经营方式,采用"传统渠道优化利用与大客户精确发行相结合,社会资源、股东资源与自主推广相结合"的发行模式,同时整合第一财经平台资源和其他社会资源,推动报纸的市场形象拓展。1—10 月,先后自主举办了"第二届第一财经汽车产业论坛""第二届中国财经媒体高峰论坛"等 8 场大型论坛、会议等,并与第一财经传媒公司一起,共同启动"首届金融品牌价值榜"评选项目。此外,还与外部高端资源合作,参与主办或协办"宝马亚洲高尔夫赛""汇丰卓越理财论坛""科特勒金鼎奖"等活动。在报纸创刊 3 周年庆典之际,报社上海总部在 11 月 16 日、北京分社在 11 月 24 日与第一财经传媒公司运营中心联合举办"2008 第一财经广告客户联谊会",通过广播、电视、日报、网站、周刊、研究院"第一财经"下属六大媒体,携手打造大型客户联谊活动"六合财";华南分社(广州和深圳)也在 11 月 19 日、20 日分别举行客户答谢晚宴,与客户共同庆祝《第一财经日报》3 岁生日;对外宣传活动还有《第一财经日报》3 周年新浪网嘉宾在线访谈等,通过一系列大型活动,促进了报纸品牌的进一步推广。当年广告收入达 1.25 亿元,同比增幅 74%。

2008 年,《第一财经日报》坚持"直客和渠道同时跟进"的自营模式,坚持"大客户战略"和"份额优先策略",全力打造市场经营活动的拳头产品,创造广告增量收入;创新增值服务模式,通过第一财经整体资源整合,为客户提供增值服务和整合服务。全年实现广告收入 1.7 亿元,跃居全国主要财经报纸广告收入份额第二位。

【由广告平台向营销平台转型】

2010 年,《第一财经日报》客户投放硬广告的比例下降,整合营销的比例提升。客户期望通过媒体合作,达到品牌宣传、公关、促销等多重目的,因而对于整合营销的要求越来越高。根据这一趋势,报社广告中心提出由广告平台向营销平台的转型,建立更为良性的客户关系,提升快速响应客户需求的能力。广告中心举办"中国企业社会责任榜""金融价值榜""房地产上市公司价值榜""精英座驾年度评选",还联合市场部推出"绿之恋"环境系列、世博营销等大型营销平台。截至年底,完成广告收入 2.25 亿元,同比实现较大幅度增长。

【《第一财经周刊》经营业绩】

2008 年,上海《买卖世界》杂志更名为《第一财经周刊》,由传媒集团主管、上海第一财经报业有限公司主办。

2010 年,《第一财经周刊》进入稳步发展期,实现"中国邮政畅销百强报刊"和"中国最畅销商业杂志"的目标。周刊广告部在 2009 年完成 2 600 万元任务基础上,再度翻番,实现广告收入 5 200万元,超过年初预期 30%以上。全年完成总收入 6 700 万元,实现利润超过 600 万元,分别进入财经商业类杂志和周刊类杂志阵营的前列。

三、《星尚 OK!》杂志

2005 年 9 月,传媒集团下属上海时尚文化传媒公司与英国知名出版商诺顿西尔(Northern & Shell)快报集团合办《OK!》杂志中文版。

2007 年 5 月 10 日,《OK!》杂志中文版"2006 好男儿特刊"与美国休闲服饰品牌汤米·希尔费格(Tommy Hilfiger)的良好合作,在《OK!》杂志举行的全球年会上获得"年度广告大奖"。评委对中文版的评语为"内容与广告完美结合的佳作"。

2008 年,《OK!》杂志中文版更名为《星尚 OK!》,全新改版,与电视频道同名的《星尚》栏目互动,杂志广告增加,销量稳步上升,同比增长 39%,在机场、地铁、会所等目标受众渠道的发行量增长64%。同时,在广告经营上改变原来与电视节目整合营销的单一方式,发展成杂志广告独立营销,并开发两者既单独运营又相互合作的多层次经营模式。2010 年 5 月,《星尚 OK!》扩大版面,一刊三册,全面提升内容品质,依托星尚传媒下属星尚电视(在播)、星尚网站等新媒体(在线)、星尚活动(在场)等资源多媒体传播,推出"星尚生活方式"(有星摩登、星旅途、人气美食、星养生、星宠物等内容)、"星尚榜"系列、"主持人明星代言"等一系列新颖别致的广告合作模式,推荐给各大品牌以及4A 公司。

2010 年,《星尚 OK!》广告业务开拓客户超过 200 家。在推出首届《星尚价值榜》专刊项目后,筹得 7 家客户赞助,单期广告收入近 40 万元。拓展结合电视节目、专项活动的整合营销客户,包括Puma、华歌儿、施华洛世奇、魅惠网购、天梭等,为杂志也为星尚传媒公司带进了新客户资源。同年,《星尚 OK!》覆盖了内地广告市场杂志投放量最大的集团和客户,有 LVMH 集团(迪奥、娇兰、GIVENCHY、KENZO、BENFIT 等)、欧莱雅集团(兰蔻、碧欧泉、薇姿等)等。其中签订合约品牌 30 家。

《星尚 OK!》(2010 年 8 月更名为《星尚画报》)广告经营业绩逐步增长,平均每季度增长 50%左右。改善常规杂志收款状况,缩短到款周期,基本做到执行后 1 月内到款,增加了 2010 年的广告收入实际到款率。一季度到款 19.6 万元,二季度到款 45.14 万元,三季度到款 68 万元,四季度到款104.88 万元。全年广告收入 237.62 万元,没有完成年度指标。主要原因是缺乏能够承揽大客户的资深专业销售,散单客户较多,年单客户太少。

第四节　电视购物产业经营

一、沿革

2004年4月1日,传媒集团与韩国CJ Home Shopping联袂组建的上海东方希杰商务有限公司(以下简称"东方购物")推出的电视购物节目在传媒集团戏剧频道开播。初期每晚播放5小时,通过电视平台全面介绍各类产品和推广企业品牌,在生产服务商与消费者之间搭建起一个直接沟通的平台,方便市民日常生活,提升消费者生活品质。

2004年11月,东方购物网上商城正式开通。2005年1月,东方购物商品目录创刊发行。2006年8月,东方购物提供信用卡免息分期付款服务。2007年,东方购物网络扩大到江浙地区;同年东方购物在上海IPTV播出。2008年2月,东方购物首推北京奥运会特许商品,引发观众购买热潮。2009年,东方购物网络继续向外延伸,先后在山东、福建、甘肃等地试播。2010年7月,东方购物和永达共同成立了东方永达,成为我国首家汽车电视零售商。

2010年4月1日,中国内地首家24小时电视购物频道——东方购物频道开播。上海自此有了专业的家庭购物电视频道。

截至2010年底,东方购物电视平台在上海实现24小时播出,会员数超过500万人,其中上海地区的会员数超过400万人,活跃用户数超过280万人;网站会员150万人,其中4.7万为活跃用户。东方购物销售收入从2004年的1.36亿元迅速增长到2010年的37.18亿元,年均复合增长率为70%。CTR市场调研公司所做的"2010年度东方购物客户满意度调查"结果显示,东方购物品牌在上海的认知度达到100%;98%的顾客对东方购物的服务感到满意,其中37%的顾客感到非常满意;超过60%的顾客表达了再次购买的意愿。

二、经营策略

【商业模式】

东方购物开播之初,以视频购物为主,其后不断通过拓展商业模式,建立了覆盖电视、网站、APP、OTT、IPTV、广播、目录等全通路渠道,形成了行业领先的"平台共享、多屏合一、全渠道覆盖"的业务模式,实现了以家庭购物为主导的跨屏联动与优势互补,引领中国内地电视购物行业的发展潮流。

【商品类别】

东方购物从满足大众需求出发,逐步走向满足高端需求,构建金字塔式的商品发展体系。在大众需求层面,用时尚科学的生活方式替代普通常规的生活方式——携手乐扣乐扣打造容器保鲜新概念,改变保鲜膜保鲜的旧习惯;携手双立人锅具实现少油、卫生、健康的厨房生活;携手奈士迪床品告别厚重的棉被时代。高端需求层面,体验富有内涵的品质生活——高品质进口水果、优质冷冻冷鲜食品带来健康体魄;高端家电、生活用品入门级感受;汽车、房产、保险、旅游四位一体,为高端客户定制个性化生活方案;贵金属藏品彰显顾客品位,体现文化涵养。

东方购物2005年7月5日首次销售上海大众POLO轿车,2006年7月12日首次销售太平人寿健康险,2007 年 3 月 16 日首次销售艾维庭美容护理卡,2007 年 4 月 11 日首次销售旅游产品紫华假期非凡泰国诚信游,2007 年 10 月 1 日首次直播飞利浦榨汁机超值回馈限量组合,2008 年 6 月 17 日首次销售老庙黄金金条,2008 年 11 月 22 日首次销售 DREAMSPARKLES 裸钻,2009 年 4 月 1 日首次直播销售宝马 120i AT/宝马 130i AT 汽车,2010 年 2 月 8 日首次销售世博中国馆的纯金摆件。

2009 年,东方购物和永达集团共同开创电视购物零售汽车的新模式,并于当年 9 月始试运行。期间,东方永达共销售 10 个品牌 438 辆汽车,销售总额 9 758 万元。每次 45 分钟的电视直播销量相当于一家 4S 店一个月的销售业绩。2010 年 4 月 15 日晚直播销售某品牌汽车,45 分钟的直播最终达成出售 145 辆,完成销售 1 522 万元,相当于别克 4S 单店 4 个月的销量总和。2009 年 9 月—2010 年 6 月,在汽车节目直播期间,平均每 96 秒即售出 1 辆。

【节目制作】

东方购物注重演播设施建设和队伍建设。截至 2010 年,东方购物拥有 3 个演播室,共计 1 300 平方米,其中最大的演播大厅占地 650 平方米,旋转舞台全面支持汽车等大型商品展示;配备一流的灯光照明系统、国际领先的媒资管理系统和全新的节目制播设备;拥有专业的主持人、嘉宾和模特团队,丰富节目制作过程中的主客互动;独立设计团队支持网站及目录发展,目录针对全国地区发行特刊,开启区别化发展之路;探索栏目化的节目框架,打造精品购物。

【线下互动】

东方购物配合线上销售,打造高品质顾客俱乐部——东方荟,为企业提供直接面对消费者的机会,开展新品推介、品牌推广和市场调研活动。成功推出沙宣——活力舞动我的发,加勒比游轮——行行摄摄玩游轮,乐扣乐扣——春日工厂实景探秘,LUX&BERG——女包新品发布会等多个线下活动,赢得顾客好评。

三、经营管理

【建立健全管理制度】

东方购物经营管理覆盖前端后端各个流程。在商品开发方面,规范供应商准入制度,MD 管理手册、商品审批和引进流程等;在节目制作、审查环节方面,规范三审制度,严格主持人、嘉宾持证上岗;在商品服务方面,以 ISO9001 质量体系认证为基准,提升品管、售后服务;在行政管理方面,重点对财务制度、人事制度、内控制度等进行完善和加强。

【构建特色服务体系】

顾客服务 建立呼叫中心,2008 年 9 月起实施每周 7 天 24 小时的全方位客服,450 个座席每天接听 4 万余个电话,为客户提供一对一的完美沟通和真诚服务,解决客户疑惑,给予解决方案,跟踪顾客意见,改善客户建议。

仓储物流 2009 年起,东方购物新启用的昆山花桥物流园区 26 000 平方米的新仓库,面向长三角,提供高质量、强功能的仓储服务;涵盖华东、华中、东北、西北和西南的 5 大仓库,每日完成 3.5 万件的配送量。东方购物专业的配送队伍为消费者提供一系列专业特色服务,包括贵金属、大件商品、冷藏冷冻品等;电视商品支持指定日配送、以旧换新等多种模式,支持各类支付方式。依托一流的物流体系,实行科学化仓储管理,实现 72 小时内送货到家。

品质管理 东方购物销售平台定位在中高档品牌商品,始终坚持"质量第一"的理念,对于所有在线出售的商品进行严格的品牌评估、质量认证检验,所有产品与原产地对接、把控源头,建设实时监控平台、专业检测团队,实现对消费者的品质承诺。

信息技术 东方购物自主研发的供应商软件 Trust Partner 平台系统有效提高了供应链管理水平;上线 ERP 系统,提升了订购、出库、数据分析等业务的处理效率;同时,gtrust、hr 系统使内部管理流程更规范、更便捷,员工工作效率显著提高。通过信息化发展,建立严格的企业资料保密系统,保障顾客数据安全。

表 4-1-3 2004—2010 年东方购物公司销售收入和增长情况表 单位:万元

年　份	销 售 收 入	同比增长(%)
2004 年	13 565.40	
2005 年	32 395.51	138.81
2006 年	44 501.70	37.37
2007 年	79 658.68	79.00
2008 年	128 067.04	60.77
2009 年	216 051.51	68.70
2010 年	371 792.39	72.09

说明:此表数据由东方购物公司提供。

第五节　媒体品牌经营

自 2003 年起,传媒集团对下属第一财经、时尚(星尚)传媒、东方卫视和哈哈少儿(炫动传播)等频道实行公司化运作、企业化管理,下放广告经营权试点,为电视媒体实行品牌化的市场运作提供了竞争动力和机制保证。

一、第一财经

2003 年,经国家广电总局批准,原上海电视台财经频道和原东方电台财经频率于 7 月 7 日起统一对外呼号为《第一财经》。当年 8 月 13 日,上海第一财经传媒有限公司(以下简称"第一财经公司")宣告成立。这是我国广播电视史上首次不以地方名称命名频道频率,标志着广播电视媒体跨入了品牌经营的新阶段。2004 年,由上海文广新闻传媒集团、北京青年报社和广州日报报业集团联合打造的面向全国的财经类日报《第一财经日报》问世,第一财经跨媒体平台雏形初现,并成为全国首家综合性财经传媒。

【品牌宣传】
第一财经公司成立之初,就利用多种媒体资源和主办、参与各种活动宣传推广第一财经品牌。

2004年初,第一财经公司在延安西路高架投放户外广告;后又分别在地铁一、二号线投放站台灯箱广告。此外,还在参与路演、论坛、博览会等活动中实施自身品牌的宣传与展示。2—4月,第一财经公司与CNBC亚太一起在上海、北京、香港以及新加坡、日本等地举办合作节目路演;5月,与CNBC亚太、TNT合作主办"第三届亚洲商业领袖颁奖典礼"。公司还参与合作举办"2004上海国际金融论坛""2004中国房地产金融资产证券化论坛"等11项活动。

同年,第一财经公司参加了北京电视周、上海电视节、中国广播影视博览会、上海传媒业博览会、深圳首届国际文化产业博览会等。第一财经开始进入国际视野并逐步获得业界承认,并入选首届"中国最有投资价值媒体",成为国内外传媒业引人注目的品牌。

2005年,第一财经公司在全国范围内策划、筹办了20多项有影响力的大型活动,其中包括"中国最佳商业领袖评选""中国最具影响跨国企业评选""第一财经商界精英高尔夫挑战赛"等。第一财经公司与CNBC合作的"2005中国最佳商业领袖奖"为中国商业精英赢得国际声誉,也拓展了第一财经在国际上的品牌影响力和知名度。

第一财经公司还加强与产业协会合作,策划参与多个针对地产、能源、连锁经营、汽车、咨询服务等产业的论坛,深化与产业的密切合作关系,提升品牌影响力。同时,借助外部媒体拓展品牌影响力,与数十家具有全国影响力的报纸、网络等媒体加深互动合作关系,在第一财经公司举办的各大活动中都邀约30家～60家媒体开展公关宣传。

同年年初,第一财经公司策划创办《第一财经》内部双月刊,向5 000多位高端客户定点寄送,加深客户对第一财经品牌的认知与了解;还遵循"走出去"原则,参加在英国伦敦举办的"世界投资博览会",让更多的国际投资者认知、了解上海财经媒体和中国投资市场。

此外,第一财经公司还利用品牌影响力和公关活动策划、操作能力,探索公关对外经营工作,向客户提供更深化细化的专业服务。当年,为招商银行、城隍珠宝等客户策划操作了营销活动,为其提供除广告之外的营销工具和手段,并实现赢利。

【品牌建设】

2007年7月,第一财经研究院成立。央行研究局原副局长景学成教授担任第一财经研究院院长,刘世锦、夏斌等15位著名专家、学者为研究院学术委员会成员。第一财经研究院在推出道琼斯第一财经中国600指数和道琼斯第一财经中国行业领先指数的基础上,新发布中国首个经济圈指数系列——第一财经长三角指数、珠三角指数和环渤海指数,反映区域经济增长动态,进入深圳证券交易所行情系统。这些举措体现出第一财经品牌建设的深化。

第一财经研究院围绕"产品生产"和"市场营销"两条主线,完成《中国产业投资基金发展报告》,理财产品信息与评价系统,CBN金融品牌价值榜评价体系,汽车、金融、地产、医药行业周报和月度分析报告。这标志着主打产品"第一财讯"终端成功走向市场,产品定位逐渐清晰,销售工作步入正轨,为第一财经品牌建设注入充足后劲。

同年,根据国家广电总局发展研究中心发布的《第一财经产业价值链研究报告》,第一财经品牌的商业价值超过168亿元。此外,第一财经被评为2006—2007年度上海市优秀创新媒体,第一财经频道被评为"最具成长性电视频道""TV地标年度特色专业地面频道";第一财经频率节目的市场占有率同比翻了一倍;第一财经网站跻身国内专业网站前列。

与此同时,第一财经跨媒体整合传播效应显现,活动影响力扩大,国际化特色明显。中国最佳商业领袖奖颁奖盛典采用电视直播,提升了第一财经的品牌影响力。中国最佳商业领袖奖、中国最具影响跨国企业评选分别邀请全球著名商学院、咨询公司或审计事务所按国际通用的标准参与评判、监督工作,确保了奖项的公信力和生命力。第一财经先后同《青年报》《东方企业家》《南风窗》《中华英才》《新财富》《赢周刊》等平面媒体开展有效合作。品牌建设方式更加丰富多彩,高架霓虹灯、地铁灯箱、分众楼宇视频、电梯平面等均成为第一财经品牌推广的载体。

截至年底,第一财经通过品牌打造、资源整合、对外合作、产业链接和内容创新,成为拥有广播、电视、报纸、网站的跨媒体平台和拥有第一财经研究院、道琼斯第一财经指数产品、大型会展公共活动等财经衍生产品供应商。当年销售收入实现 2.5 亿元。

2008 年 2 月,《第一财经周刊》正式发行,标志着第一财经产业链基本形成。第一财经公司各平台加速整合,量变积累带来质变飞跃:第一财经频道节目在香港整频道落地,并首次实现与台湾东森电视台连线;第一财经频率位居全国省级经济类广播频率第一阵营;第一财经网站与公司其他平台互动频繁,加速整合;第一财经研究院数据库等专项业务取得重要突破;《第一财经周刊》成为中国财经商业杂志市场的领先品牌。

作为第一财经新生力量的《第一财经周刊》,以其新锐、动感、及时、贴近的品牌风格开创了中国商业杂志新天地,获得读者和业界好评,并先后获得"贡献中国"2008 年度"传媒创新贡献奖"、2008年百度状元媒"最具影响力财经类媒体"奖。周刊在上海财经商业类杂志市场销量第一,在北京零售市场销量追平《财经》杂志,在 14 个中心城市销量领先,全国 26 个省、自治区、直辖市都有周刊销售,影响 50 万人。

2008 年,第一财经研究院确立了财经内参、行业研究与咨询、数据库与指数、媒体评选四大业务。其中,基于互联网的财经内参产品"第一财经高层决策参考系统"两次改版;行业研究和咨询开始连续获得企业和机构订单;5 月推出的中国首个第三方发布的阳光私募基金数据库业务,以会员制数据服务为模式,第三季度实现销售。该项目使第一财经的金融数据首次实现商业化运营和销售,成为第一财经向财经资讯供应商转型的标志性事件。

【品牌推广】

2008 年,第一财经品牌推广体现三个特点:一是品牌活动频次及媒体曝光率增加。11 月、12月间,每周都有地面活动,在市场上持续造势,增强第一财经品牌影响力。二是线下活动形式创新。《第一财经周刊》的"创刊秀"、《第一财经日报》深圳路演的"财经创意展"、《激荡》的小剧场话剧式媒体见面会等亮点不断。三是注重线上传播和推广。建立活动的官方网站,在各大门户网站中建立专题网页,运用新媒体形式大力推广。

广告营销策略上实施三个突破:依靠品牌栏目的影响力进行广告销售;整合营销注重创新和细节,为客户提供增值服务;加大品牌植入频道 ID 广告、节目预告广告等边际广告资源的开发力度。

同年,第一财经品牌活动销售、节目冠名、合作节目及特殊广告形式(如品牌植入频道 ID 广告)的比例提高。新增客户老凤祥冠名《今日股市》节目;至 2010 年,老凤祥与第一财经频道的年合作金额达 1 200 多万元。保乐力加中国旗下皇家礼炮品牌冠名赞助《中国经营者》节目,同时成为"中国最佳商业领袖评选"活动的主赞助商,并将活动赞助的合约一次性签订了 3 年。单节目广告吸附能力不断增强,《波士堂》逾 2 300 万元,《头脑风暴》逾 1 600 万元。

2009 年,第一财经公司推出线下传播平台——第一财经中国经济论坛。论坛举办 14 场落地活动,邀请到政府官员、经济学家、企业家和评论员共百余名,现场参与人数近万人。第一财经公司与苏州、沈阳、厦门地方政府部门和优质的培训机构合作,通过企业定制论坛的形式,共同提升第一财经中国经济论坛的品牌效应,实现整合营销传播。

第一财经公司还陆续举办《波士堂》3周年"倾城之夜""第一财经金融价值榜评选""第一财经中国企业社会责任榜评选"等品牌活动。此外,还通过广告置换及购买等形式,在北京华贸商业区一带投放第一财经广告,推广品牌。

2010年,第一财经公司通过线下活动扩大品牌影响力,以"中国投资沙龙""中国经济论坛""财富梦想中国高校接力"等活动为平台,分别在上海、北京、杭州、成都、深圳、厦门、西安、南通、宁夏等地举办落地活动。第一财经公司大力推进宁夏卫视频道及节目宣传工作。7月2日,第一财经公司联手宁夏卫视在银川举办"东西携手,创富中国2010首届西部资本论坛",加强东西部间的沟通、交流。7月30日,商务部投资促进事务局、第一财经公司在北京共同举办"中国投资沙龙开幕式暨中国低碳经济成长路径高端对话",在财经界热点问题上,发出第一财经的声音,延伸第一财经品牌在政经界、学界、产业界的影响力。

2010年,第一财经与其合作伙伴宁夏卫视在电视节目上横跨三个播出窗口:一是上海第一财经(地面电视频道),二是东方财经(数字电视频道),三是宁夏卫视。其中第一财经以其品牌影响力定位为"高价值"频道,面向上海本地20岁~45岁男性观众人群和香港及海外高端受众;东方财经定位为"专业化"频道,利用交互方式吸引全国专业投资者;宁夏卫视突出"大财经"特色,以财富梦想为题,争取全国收视人群。

2010年6月,国家广电总局批准第一财经广播节目通过卫星传输实现全国覆盖,成为国内第一个获准上星的广播频率,进一步扩大了它的影响。

2010年,第一财经数字媒体中心各项业务快速拓展。一财网年初改版后,独立访客(UV)增长50%,浏览量(PV)增长270%。围绕数字媒体中心的核心业务,研究院致力于投资理财资讯的深度加工,建成无线产品的内容加工生产后台,并继续推进数据业务、咨询调研服务、资讯内容业务这三大核心模块的业务拓展。新闻社完成编辑团队组建和与《第一财经日报》采编团队的即时新闻业务整合,2010年6月开始内部试生产,第四季度营销团队成形,制定新闻社营销大纲,建立了初步的价格体系和产品目录。无线业务完成第一财经无线渠道的建设,产品包括手机报、客户端、视频、定制手机等,服务于证券市场个人投资者的资讯解决方案获得规模化订单,IPHONE客户端下载量近20万,日报IPAD媒体版和投资版年底上线。

表4-1-4 2004—2010年上海第一财经传媒有限公司运营绩效情况表   单位:万元

年 份	总 收 入	总 成 本	盈 利
2004年	7 449.16	4 564.45	2 884.71
2005年	9 227.59	5 781.36	3 446.23
2006年	10 357.50	7 292.55	3 064.95
2007年	12 854.30	8 875.98	3 978.32
2008年	25 901.70	12 959.81	12 941.89
2009年	30 353.59	13 982.17	16 371.42
2010年	49 763.61	33 494.84	16 268.77

表 4－1－5　2005—2010 年上海第一财经报业有限公司运营绩效情况表　　　　单位：万元

年　　份	总　收　入	总　成　本	盈　　利
2005 年	3 546.64	5 701.02	－2 154.38
2006 年	7 191.64	7 788.64	－597
2007 年	12 530.39	9 780.30	2 750.09
2008 年	17 014.13	11 631.19	5 382.94
2009 年	18 674.31	12 830.16	5 844.15
2010 年	22 465.56	14 304.06	8 161.50

说明：上述两表数据均由上海第一财经传媒有限公司提供。

二、时尚(星尚)传媒

【运营框架】

传媒集团生活时尚频道(上海时尚文化传媒有限公司,以下简称"时尚传媒")广告部自 2003 年下半年开始独立经营,建立起基本的运营框架和经营政策,引进了适合频道品牌形象的客户群体。

2004 年,时尚传媒建立稳固优质的客户网络,丰富了客户群体,与广告部直接发生业务关系的客户和公司达 120 多家,涉及商品品牌 200 个,比 2003 年增加 70 多个新品牌,增幅达 50％以上。香奈尔、迪奥、欧莱雅等世界一流品牌均投入时尚传媒。

时尚传媒广告部制定了规范的广告经营操作流程,对广告合同的审核、编排、播出、收款等进行严格控制,各环节符合流程控制要求,促使频道顺利通过 ISO9001 质量管理体系的外审。时尚传媒品牌的内功得以加强。

【品牌营销】

2005 年,时尚传媒致力于探索以"品牌建设"为核心的运作方式,在依托电视传播的资源优势下,进一步拓展媒体运营模式,为客户提供包括企业推广、品牌营销、公关策划、广告代理等综合业务的媒体服务产品,形成频道品牌、播出平台、节目内容联动的综合解决方案。当年,时尚传媒提前完成 1.3 亿元的创收目标,并大幅改善以时段广告为绝对收入来源的局面。节目发行、内容合作、收费播出、大型活动等多种业务类型的有效补充,在综合运营上走出了一条多元创收之路。

2005 年,时尚传媒与北京银汉公司联合出品的时尚资讯和专题节目《魅力印象》在全国 30 余家省市电视台播出。时尚传媒出品的《今日印象》《心灵花园》《巴黎感觉》《国际时尚前沿》等节目在全国 50 多个城市电视台播出,主办的"中国风尚大典""国际时装模特儿大赛"等大型活动更是在全国 60 个以上电视台播出,不仅实现了一定的经济效益,更为时尚文化传媒(Channel Young)品牌的全国推广做出了贡献,同时为频道品牌在全国的影响和在时尚领域的地位积聚了能量。

2005 年,时尚传媒为光明、宝洁等客户提供全方位整合营销服务,获得客户认同,带动了整体销售。创意推出频道标识宣传片花(ID)、宣传片、菜单预告片同客户品牌的深入融合,"芝华士""潘婷""汰渍"等一系列品牌形象与时尚文化传媒(Channel Young)品牌一起获得了提升。

2006 年,时尚传媒加强标识宣传片花(ID)、"用心生活"宣传片的合作以及为客户量身订制电视广告形式等方面的创新,为整体创收增添了砝码。与迪奥、香奈儿、人头马、旁氏等品牌的成功合作,体现了创收的多元化和多样性。频道全年实现收入近1.6亿元。

2007年,时尚传媒在与客户的整合营销合作中,开创了电视情景剧《我的代言我的 K‐GOLD》及经营性脱口秀节目《薇姿源来女人》等,创收形式更加多元化。当年,广告创收超过2亿元。

2008年9月,时尚传媒与"莱卡纤维"共同创办以助推中国设计力量为目的的《魔法天裁》项目;为汽车品牌福特福克斯、化妆品品牌美宝莲在节目中量身订制了特殊环节。此外,根据客户的品牌需求,着力开发了以时尚资讯、专题、评论相结合的特别节目,如《时尚制造者》《星尚主题之夜》等,为客户订制电视产品,受到业界良好反响。当年,通过整合营销模式,实现5 000万元收益,同比增长1倍,约占整体收入的21%。

时尚传媒利用多媒体平台,为客户度身定制广告方案,推进大型季播真人秀节目《我型我秀》《星尚婚礼》《星尚之旅》与广告客户的全方位合作;开发了客户品牌在电视导视系统中的特约播出、客户品牌植入电视滚动字幕系统、客户品牌或产品植入电视 ID 等。

2009年5月28日,上海时尚文化传媒有限公司更名为星尚传媒有限公司(以下简称"星尚传媒")。其媒体定位为引领时尚文化、倡导优质生活;其传播特点为在播、在线和在场相结合。

星尚传媒重新组建的目的是:逐步改变单一的依赖电视广告的商业模式;启动跨地域的广电业务整合;进军新媒体以及电子商务领域;开发受众客户资源管理;打造以媒体为中心的上下游产业链;形成在播、在线、在场相结合的市场模式;积极吸引市场资金的进入;探索公司股份制改革。

2009年6月,星尚传媒在与奥迪、莱卡、联合利华、法国酩悦·轩尼诗—路易·威登集团(LVMH)、阿迪达斯(Adidas)等国际知名品牌深度合作中,共享双方资源,推广品牌精神。同时,星尚传媒利用遍及全国以及海外的营销网络,特别是多媒体平台,覆盖电视、平面媒体和新媒体网络、手机以及星尚会员等,全方位多渠道地为客户提供整合营销、植入广告方案;并且通过在播、在线、在场相结合等多种经营手段提升客户广告价值。

【品牌活动】

2009年6月6日晚,中国风尚界的年度盛典——星尚大典在东方卫视直播,庆典上对年度中国、亚洲乃至全球时尚、流行做出重要贡献的人物致敬和颁奖。同年,星尚传媒公司还举办上海和全国的顶级奢侈品展览、时尚传媒论坛、星尚文化节、女性导演作品展映、星尚嘉年华、啤酒文化节等系列活动。

星尚传媒咨询产品首推星尚榜,以明星健康、人气、商业和时尚的指数为依据,每周发布1次指数,每年发布2次报告。专业产品星尚报告针对都市生活形态和流行趋势的调查,每年发布1次。大众产品如星尚服饰推出Enjoyoung的系列产品,星尚书系推出中国封面人物30年、电视节目口袋书,其中《人气美食》年度口袋书根据每年饮食变化推出榜单式的指南书。品牌授权在上海开发了4家连锁的星尚专卖店。同时,星尚传媒还和银行及其

图4‐1‐2　2009年6月6日,星尚传媒公司举办的"中国风尚界年度盛典——星尚大典"在东方卫视直播,增强媒体品牌的国际影响力

他系统合作开发星尚联名卡,与浦发银行开发的星尚联名卡用户在上海和全国各地快速增长。星尚会员俱乐部课堂在上海举行多次,社会反响好,会员参与度、黏合度高。星尚会员免费会刊在各项活动中产生较大影响,使受众增添了参与欲望。

表 4 - 1 - 6　2003—2010 年上海时尚文化传媒有限公司(星尚传媒)运营绩效情况表　单位:万元

年　　份	总　收　入	总　成　本	盈　利
2003 年	2 314.65	3 354.36	−1 039.71
2004 年	11 121.33	10 770.07	351.26
2005 年	14 039.85	13 473.94	565.91
2006 年	15 655.70	15 202.20	453.50
2007 年	20 150.85	18 498.11	1 652.74
2008 年	23 153.61	18 043.76	5 109.85
2009 年	40 076.96	17 467.77	22 609.19
2010 年	47 701.40	22 547.67	25 153.73

说明:此表数据由星尚传媒有限公司提供。

三、东方卫视

【品牌宣传】

2003 年 10 月 23 日,东方卫视在上海卫视的基础上全新改版亮相。作为一个代表上海的上星频道,东方卫视媒体品牌宣传立足上海,走向全国,辐射世界。

东方卫视开播前,通过宣传造势提高品牌知名度。东方卫视品牌投放频次以加速度、高密度形式,在开播日前后达到顶峰;以上海为基地,北京、广州为南北扩散点,覆盖华东、华北、华南等地区;以报纸、杂志、户外及商务楼宇为主集中造势,以特殊形式广告为辅吸引眼球;采用独特的广告创意增加品牌记忆亮点。

根据东方卫视都市频道的定位,锁定的目标观众是"大中城市、中高收入、兼顾其他",京、沪、广三地特 A 级及 A 级地铁站点的灯箱广告成为户外广告的首选。"商务楼宇液晶电视"针对企业主、企业高级经理阶层人士的工作特点,有效地实现与传统大众传媒的互补。淮海路灯箱、威海路沿线子母灯箱,成都路口的户外大牌,虹桥路广播大厦、华山路广元路、新天地电子屏的广告投放,营造了东方卫视开播的浓重氛围。特殊形式的飞艇广告在上海地标外滩上空展现,形成水、陆、空立体的品牌宣传攻势。

广告创意以东方卫视台标为画面设计主诉求,以东方卫视"现代都市、媒体主流、大台风范"的形象定位策划广告文案,在不同媒体合理分配、交叉使用。该开播广告在中央电视台投播后,迅速提升了东方卫视在全国范围内的品牌知名度与关注度。

2004 年初,东方卫视陆续进行主打栏目宣传和整体形象宣传,在时尚类报纸做主持人新春主题宣传,加深受众对东方卫视的印象和了解。同时,定期推出东方卫视广告专刊《AD 广告》,把节目动态、广告政策等信息及时有效地传递给广告公司和直接客户。

2006 年 11 月 15 日,东方卫视与新浪网联合召开双方达成战略合作伙伴关系新闻发布会。东方卫视开播后推出的精品节目,在新浪网通过综合新闻、图片、视频、博客、论坛、投票等多种形式向全国网民做了推广,让观众即时参与、互动。双方合作,让大众更多地参与到东方卫视节目中来,新浪网获得源源不断的优质内容资源,东方卫视也多了一个展示自身品牌形象的渠道,为建立跨地域品牌提供了机遇。此举开创了电视媒体和网络媒体合作的新局面,为传统媒体与新媒体的融合提供了示范。

【品牌塑造】
2004 年 3 月,东方卫视大型系列直播节目"花开中国"在成都拉开序幕,这是为广告客户度身定做的"媒介推广会"。系列活动整合东方卫视各项资源,形成立体化全方位的宣传攻势。短短 3 天,最大限度地接触到当地的目标人群,东方卫视在成都的影响力获得提升。3 月 19 日,东方卫视全国媒介推广会在成都"索菲特万达大饭店"举行,迈出东方卫视"立足长三角、走向全国"经营战略的重要一步。东方卫视开播后在四川省的收视率节节攀升,有效提升了东方卫视在西南地区的整体品牌形象。

东方卫视注意自身品牌形象的维护,宁愿舍弃几千万的医疗广告投放,而致力于打造东方卫视媒体品牌形象。东方卫视广告主代理公司东富传媒表示,选择与东方卫视合作就是因为看中了东方卫视的品牌和发展潜力,是长期的合作伙伴关系,而非限于眼前利益。

东方卫视自身品牌形象的塑造与国内、国际名牌商品广告紧密相连。开播一年后,共播出 2 000 多个知名广告版本,涉及化妆品、汽车、电信、酒类、纺织、电器等品种。其中有可口可乐、索尼爱立信、玉兰油等国际品牌和索芙特、丁家宜、雅倩、民生药业等国内品牌。这些商品名牌促进了东方卫视品牌形象的塑造。

【品牌经营】
东方卫视全年运营费投入约 2 亿元,其中落地费不少于 3 000 万元。在媒体品牌经营中,东方卫视建立"经济目标责任制",所有节目都把投入和产出作为考核指标,降低节目制作成本,提高节目播出利润,以广告创收业绩推进频道品牌建设。

为此,东方卫视开播后,广告经营战略从"媒体经营"转向"经营媒体",将传统电视台的广告部升华为"营运中心"。广告经营围绕经营媒体品牌而进行。2004 年,东方卫视实施广告精品化战略,对客户广告片从创意到制作等方面加以筛选,高质量广告优先选用,摒弃剔除低质量广告,并在广告与具体节目配合播出等环节上精心策划,严格把关,使播出的广告更具欣赏价值,做到"广告也精彩",促其节目收视率和到达率的提升,增加广告投放的来源。东方卫视广告收入从 2003 年创办前的 5 600 万元,发展到 2005 年创收近 3 亿元。

2006 年,东方卫视品牌节目《舞林大会》《加油,好男儿》吸附了大量广告资源,数家国际知名品牌在东方卫视综艺季播节目中跟进广告投入。国家广电总局规划院发展研究中心发布的《上海真人秀节目产业链研究报告》显示,《加油！好男儿》的衍生产品涉及影视剧、广告代言、出版、商业演出和数字娱乐五大板块,节目收益、品牌的商业价值和对社会经济的总贡献均超过亿元。

2008 年,东方卫视致力于打造高端、优质、纯净的广告平台价值,吸引更多高端品牌。7 家银行、30 余个汽车品牌、4 家电信运营商进入东方卫视,并有奔腾电器、致中和、隆力奇、云南白药等一批从未投放过东方卫视的客户进入。同年引入东方卫视新客户的总投放额达到 2 亿元。

2010 年,东方卫视完成品牌节目《中国达人秀》的赞助招商工作,为客户策划设计执行了多个软性植入方案。当年,据第三方机构的独立评估,东方卫视打造的《加油!好男儿》《我型我秀》《赢家》和全国版《舞林大会》四档节目累计品牌价值达 36 亿元。全年广告收入 8.2 亿元,比 2009 年收入 4.6 亿元增长 76%。

表 4-1-7　2003—2010 年上海东方卫视传媒有限公司运营绩效情况表　　单位:万元

年　份	总　收　入	总　成　本	盈　利
2003 年	7 424.85	7 984.04	−559.19
2004 年	19 424.33	19 301.51	122.82
2005 年	28 186.29	25 680.89	2 505.40
2006 年	26 913.76	24 868.53	2 045.23
2007 年	29 317.94	31 042.35	−1 724.41
2008 年	39 482.00	40 793.39	−1 311.39
2009 年	46 551.42	56 767.70	−10 216.28
2010 年	82 075.86	68 585.36	13 490.50

说明:此表数据由上海广播电视台计划财务部提供。其中,2003—2007 年东方卫视公司化运营,投入产出盈利情况取自公司财务数据;2008—2010 年非公司化运营,投入产出盈利情况根据公司化口径整理确定。

四、哈哈少儿(炫动传播)

【品牌体验】

哈哈少儿频道坚持"以活动带动节目、提升品牌体验"的理念,从频道受众管理需要出发,依靠哈哈俱乐部,举办小朋友生日会、哈哈夏令营等品牌活动,充分借助社会资源扩大哈哈品牌体验。

2008 年 4 月,哈哈少儿频道联合东方购物公司创办购物节目"哈哈小店",主要销售哈哈系列衍生产品,至当年底销售额达 700 多万元,自主品牌产品"哈哈手印画"销售达 8 000 多套,哈哈授权商由 1 家增加至 6 家。哈哈小店的诞生、发展使频道的收入结构更趋优化,突破了主要依靠广告收入的经营格局。频道下属"小荧星艺校"在读学生 4 600 人;"哈哈俱乐部"会员 29 900 人;"哈哈网站"注册会员 56 800 人;平面刊物《哈哈画报》发行量每月突破 20 000 册,荣获 2008 全国连环画报"金环奖"优秀封面奖;《故事城堡》每月发行量达 10 000 册;哈哈衍生产品达数十个系列。"哈哈"成为全方位可体验的中国本土知名儿童品牌,被国家广电总局认为是全国目标人群最明确、定位最准的专业儿童频道之一。

【品牌产业链】

2009 年 12 月 9 日,由哈哈少儿、炫动卡通、影视剧中心的动漫部等部门整合而成的上海炫动传播股份有限公司(以下简称"炫动传播公司")注册成立。作为东方传媒集团公司整合了少儿及动画资源后的独立业务板块,炫动传播公司确定了以动漫为主营业务的发展方向,拥有从创意、设计、投资、孵化、制作到运营、推广以及动漫衍生品的授权开发、衍生品牌和业务经营,进入到动漫全产业链领域。作为动漫全产业运营的新型市场主体,炫动传播公司是全国具备国际化竞争条件的动漫企业之一,并致力于成为国产动漫的领导品牌和领先企业。围绕战略目标,公司延伸品牌产业链,提升品牌价值链,新增4家子公司,并投入运营。炫动卡通广州有限公司主营业务为动漫形象授权及商品化业务;上海哈哈育恒教育投资管理有限公司主营业务为"哈哈亲子欢乐营"早教培训及衍生业务;上海炫动投资有限公司主营业务为动漫衍生产品及服务的销售平台建设及管理;上海炫动漫文化传播有限公司主营业务为动漫及少儿平面出版业务。

【品牌活动】

2009年10月13日,迎世博倒计时200天之际,由市少工委和哈哈少儿频道共同主办的"小手牵大手,共养好习惯——文明进社区迎世博系列活动"拉开帷幕。在跨年度的迎世博200天里,哈哈和全市几十支红领巾世博志愿服务队的小朋友一起,走进上海12个区13个街道,向市民宣传公共道德、文明礼仪。该系列活动获得迎世博贡献奖——宣传教育项目贡献奖。

炫动传播公司的哈哈少儿频道和炫动卡通卫视两大少儿电视媒体充分利用自身优势,通过栏目内容、频道包装、宣传片制播等多样化的手段,对2010年上海世博会进行全方位、全时段的宣传。各档栏目根据节目特点将各种世博元素融入其中,充分凸显世博特色。两部以世博、海宝为主题的动画片《海宝来了》和《少林海宝》在两个频道滚动播出达4轮以上。炫动传播公司还联合出品三维动画电影《世博总动员》在全国公映,受到欢迎。

炫动传播以推进未成年人思想道德建设工作为己任,注重在活动中渗透社会主义核心价值体系的基本内容和要求,特别注重公益慈善元素。炫动传播举办的"哈哈美丽心世界大型慈善活动""阳光爱心夏令营""蓝天下的至爱——孤残儿童迎春联欢会""九九关爱——哈哈老少乐"敬老活动,组织志愿者慰问世博中国馆公安干警子女,并为孩子们送上礼物,均对少年儿童的健康成长产生良好影响。

【品牌经营业绩】

2010年春节期间,《喜羊羊2》以累计逾1.26亿元的业绩完美收官;7月23日上映的儿童功夫电影《七小罗汉》票房突破3 000万元,创下国产儿童电影票房新纪录。

2010年7月,炫动传播承办第六届中国国际动漫游戏博览会暨卡通总动员(CCG EXPO),这是公司在整合后充分利用传媒资源扩大动漫产业领域影响的成功举措。国家文化部在题为《中国国际动漫游戏博览会暨2010卡通总动员探索文化会展资源整合新模式》的汇报材料中称赞道:"将两个会展活动成功整合并圆满举办,减少了参展企业的投入,有利于活动扩大影响、提高效益,为打造我国乃至世界的动漫游戏会展品牌提供了条件。"

炫动传播整合后,全国覆盖步伐加速,由原来的仅落地4个城市迅速扩大到8省17市(不包括上海),覆盖总人口数为5 500万,长三角区域成效尤为显著。

在产业平台上,炫动传播打通了"好德""可的"等便利店渠道、"乐购"等大卖场渠道和"反斗城"等专业玩具卖场的渠道,销售额3 500万元,实现利润450万元。延伸业务还将网络销售、目录销售和电视节目推介紧密结合,建立了炫动电子商务销售平台。同时,和连锁经营的婴童用品公司合作,新增了近40个哈哈产品销售专柜。一个经营面积近3 000平方米的延伸和代理商品大型商场完成了项目规划和合同签约。

2010年,炫动传播营业总收入26 577万元,总成本18 991万元,利润总额7 586万元。

第二章 观光旅游经营

1995年5月1日,东方明珠广播电视塔建成启用,在扩大广播电视信号辐射范围的同时,也成为上海改革开放的文化新地标。众多中外游客造访登塔,使观光旅游经营成为上海广播电视产业化发展应有之义和重要组成部分。上海东方明珠股份有限公司的成立和上市,以及围绕主业开展的多元化综合经营,拓展了广播电视产业经营思路、经营范围、经营项目、经营方式。

第一节 业 务 由 来

1983年8月25日,上海市广播事业局局长邹凡扬向上海市和广播电视部领导分别写信,提出建造新电视塔的设想。同年12月,这一设想得到广电部和上海市委、市政府的肯定。1984年3月25日,汪道涵市长在上海市八届人大二次会议上所做的市政府工作报告中正式提出:上海将新建一座电视发射塔。

上海市城市规划建筑管理局对新塔选址在陆家嘴的具体位置和规划做了详细论证。1985年5月,市城乡建设规划委员会同意塔址选定在浦东陆家嘴。

1985年下半年起,在上海市广播电视局局长龚学平的主持下,建塔工程的申请立项、可行性论证、方案设计和资金筹措等有关各项实质性工作开展起来。1987年1月,国家计委批准立项,同意将建塔项目列入上海"九四"专项。1988年1月,上海市广播电视局提交建造新广播电视塔的可行性报告,同年7月获上海市计委批准。

1989年3月4日,中共上海市委书记江泽民主持市委常委扩大会议,在3家设计院提出的12个方案中,讨论决定选用华东建筑设计院的"东方明珠"方案。

为解决东方明珠广播电视塔的建设资金问题,1991年4月10日,由中国人民银行上海分行牵头,组织44家金融机构参加的银团,为建塔提供第一笔1.5亿元人民币和1000万美元的贷款,化解建设资金的燃眉之急。同年7月30日,东方明珠广播电视塔奠基仪式在浦东陆家嘴工地隆重举行。

为落实建塔后续资金需求,1992年3月8日,由市广播电视局下属上海广播电视发展总公司、上海电视台、上海人民广播电台、每周广播电视报社4家单位共同发起,成立东方明珠上市公司。1992年4月24日,经中共上海市委宣传部批准,公司为股份制试点企业。此后,公司先后又向银团借款4次,连同首次,总金额达8.3亿元人民币。

经过建设者的励精图治、辛勤付出,1993年12月14日,东方明珠广播电视塔350米立体结构封顶。1994年5月1日,发射天线钢桅杆安装就位。主塔的实际地面标高为468米,成为当时亚洲第一、世界第三高塔。同年10月1日,塔内底层大厅装饰竣工,登塔观光设施和主体照明系统投入运转。同年11月18日,该塔投入试营业。

1995年5月1日,东方明珠广播电视塔正式启用。首先对外播出4套电视节目和4套调频广播。至此,东方明珠广播电视塔第一期工程完工并正式投入使用。

1996年,中共中央总书记、国家主席江泽民视察上海时,登塔俯瞰市区景色,称赞东方明珠广播电视塔是上海三年大变样的象征,欣然提笔,写下"明珠璀璨耀东方"的题词。

1999年,东方明珠广播电视塔在新中国50年上海经典建筑评选中获金奖,还获得上海市优秀勘察设计一等奖、中国土木工程一等奖(詹天佑奖)。

第二节 发 行 股 票

为解决东方明珠广播电视塔建造的资金缺口,1992年8月8日,上海东方明珠股份有限公司(以下简称"东方明珠公司")挂牌成立。

东方明珠公司股票发行经中国人民银行上海分行批准通过。400万流通股共向社会集资2.04亿元,连同发行法人股筹措资金共4.10亿元。股票上市申请经上海证券交易所审核批准,于1994年2月24日在上海证券交易所挂牌交易。东方明珠股票成为中国内地第一个文化股票,东方明珠公司成为国内首家文化上市公司。

东方明珠公司上市后,产业经营和资本经营良性互动,实现主业的稳健、持续发展,资本从成立之初的4.1亿元,扩张到2010年的31.86亿元。公司充分发挥资本市场融资优势,实施配股3次、公开增发1次(见表4-2-1),募集资金分别用于电视塔工程建设、子公司组建、发展观光旅游和新媒体业务。

2002年,东方明珠公司股票被上海证券交易所列为"180"指数样板股;2004年进入"50"指数样板股,名列中国最具发展潜力上市公司50强。东方明珠连续两次被评为"上海市著名商标",被国家工商管理总局认定为"中国驰名商标"。

2005年,东方明珠公司率先实施股改。坚持统筹兼顾原则,在保证大股东权益的基础上,把维护流通股股东的利益放在首位,成为唯一一家入选"十佳上市公司股权分置改革方案"的上海国有企业。

2007年,东方明珠公司实施A股公开增发计划,成功募集10.78亿元资金。投资项目紧紧围绕主业拓展,抓住全国有线电视数字化平移的契机和旅游产业大环境所提供的发展机遇,努力拓展有线网络产业领域的战略实施;2010年,东方明珠公司通过与上海东方传媒集团有限公司2+2的资产置换,进一步增持东方有线网络的股权,持股比例达到49%;同时推进太原有线网络股权收购项目;还利用募集资金投资了地铁电视、世博文化中心经营权购买项目,以及数字电视"户户通"、电视塔改造、浦江游览等项目。这几项投资使公司主营产业更加丰满、更有竞争力。

从东方明珠公司成立到2010年,优秀业绩和高速成长得到资本市场的充分认同,企业价值逐步体现。公司始终坚持股东利益最大化,诚信回报长期支持公司发展的投资者。1992—2010年,公司累计利润总额为76.34亿元,分配利润总额为37.12亿元,分配给股东的现金红利22亿元,占公司可分配利润总额的59.27%。

东方明珠公司经营业绩取得长足进步,营业收入从1992年成立之初的4 457万元,到2010年的24.1亿元,增长53倍;利润总额由1992年的2 193万元,到2010年的9.03亿元,增长40倍,在全国文化产业中形成了一定的影响力,在资本市场上确立了"蓝筹股"形象。

第三节 旅 游 经 营

东方明珠塔在确保广播电视节目信号发射安全的同时,东方明珠公司不断开发观光、旅游、会展、餐饮、购物、娱乐、休闲等产业经营功能。

东方明珠塔凭借其穿梭于3根直径9米的擎天立柱中的高速电梯,以及悬空于立柱之间的360

度全透明三轨观光电梯,可让游客领略美好风光。在 351 米太空舱、263 米上球体主观光层、259 米全透明室外观光廊和 90 米下球体室外观光层,能全方位俯瞰上海高楼林立、大道纵横的国际大都市风景。地处 267 米的空中旋转餐厅营业面积达 1 500 平方米,可容纳 350 位来宾用餐,荟萃欧美、东南亚及传统中、西自助餐系,其影像多媒体互动体验,让游客置身于美景与美食的交相辉映。位于零米大厅的上海城市历史发展陈列馆面积超过 1 万平方米,采用"融物于景"的展示方法,将文物、道具、模型、音视频多媒体、声光电等表现手法融于一体,让游客既徜徉历史长河、追寻海上旧梦、品味文化上海的底蕴,又感受到现代高科技的魅力。游船码头位于浦东黄浦江畔,游客乘坐东方明珠浦江游览船沿江畅游,可领略浦江两岸的都市风貌。

东方明珠广播电视塔年均接待游客超过 300 万人次,是公司重要的现金流源泉和利润支柱。1996 年,东方明珠公司仅观光旅游一项业务收益就达 1.2 亿元人民币。经过几年的精心经营,在 2000 年前就还清建塔所用的全部银团贷款。与此同时,东方明珠塔也成为吸引国内外游客的著名旅游景点、上海标志性建筑和对外宣传的重要窗口。截至 2010 年,累计已有 4 600 多万人次登临这座高塔,其中包括 500 多位国家元首和政要。

图 4 - 2 - 1　外国友人登上东方明珠广播电视塔观光厅欣赏浦江两岸风貌(摄于 2004 年 4 月)

2003 年 3 月,东方明珠塔获得"上海市爱国主义教育基地"称号。2007 年 8 月,东方明珠塔被评为"国家 AAAAA 级旅游景区"。1995—2010 年,东方明珠塔累计实现营收 41 亿元,利润 22 亿元,年均游客人数、盈利水平在世界高塔同行中名列前茅。特别是 2010 年上海世博会期间,创出了营收、利润、接待游客人数的历史新高。

第四节　多种经营

一、品牌管理输出

2003 年起,东方明珠公司受托管理上海国际会议中心。上海国际会议中心承担了国家、上海许多重要的接待活动,在成功承办、圆满完成 2001 年 APEC 年会、2006 年上合组织峰会、2010 年上海世博会欢迎国宴等国家级接待任务的同时,屡创经营业绩的新高,探索形成一套成熟的会议型酒店运营模式。2010 年,上海国际会议中心营业收入达到 3.2 亿元,实现利润 5 457.8 万元。

从 2002 年起,东方明珠公司受上海市教委的委托,管理上海青少年校外大型活动基地——东方绿舟,每年接待学生 50 万人次,使之成为全国著名的教育、旅游、修学基地之一。2010 年,东方绿舟挂牌"中国国际青少年活动中心(上海)",成为海内外青少年学习中国文化、感受中国生活的理想场所。

二、广电信号传输

2007 年底,东方明珠公司采用 DS49 频道,发射标清节目信号,标志着上海开启具有自主知识产权的地面数字电视播出。2008 年 5 月,上海东方明珠数字电视有限公司成立,成为无线数字电视运营商,用户可以通过机顶盒加天线的方式收看 16 套标清节目。2009 年,把 DS37 原有地面数字电视候选标准 ADTB－T 单频网转换为 DTMB 单频网,并应用在移动电视、电子站牌等商用平台上,启动地面数字电视非标向国标的转换。系统共架设 6 个发射台组成的单频网,发射台站分别设在东方明珠塔、广播大厦、东视大厦、教育台大厦、广电大厦、多媒体大厦。单频网实现上海外环区域内信号 90％的有效覆盖,并为 2010 年上海世博会志愿者服务平台提供视频、信息咨询等服务。2000—2007 年,东方明珠广电信号传输费收入为每年 5 000 万元左右,2008—2010 年为每年 3 750 万元。

三、新媒体业务

东方明珠公司在承担上海地区广播电视节目信号无线传输任务的基础上,加大对传媒产业的投资力度,购买了平面、电视媒体的广告经营权和广告时段,同时积极介入新媒体产业。2002 年,公司依托广播电视塔所承担的无线发射优势,筹建移动电视,逐步构建起终端形式多样的新媒体平台。

东方明珠移动电视于 2003 年 1 月 1 日经国家广电总局批准,由上海文化广播影视集团、上海东方明珠(集团)股份有限公司、上海文广新闻传媒集团、上海东方明珠传输有限公司和上海广播科学研究所共同发起组建。同年,在国内率先使用当时世界前沿的广播电视技术,打造出"东方明珠移动电视"这个以"新闻资讯为主、信息服务取胜"的强势新媒体品牌。东方明珠移动电视通过无线数字信号发射、地面接收等一系列新技术,迅速完成传播网络的覆盖。全天近 18 个小时不间断地播出,近百个节目轮番上阵,几乎涵盖了传统电视媒体的主要功能。

2007 年,东方明珠新媒体平台延伸到地铁。上海所有轨道交通的站台、站厅、车厢里,共有 2.5 万块视屏播放东方明珠移动电视的节目。2009 年,东方明珠公司又与国家广电总局合作,开拓 CMMB 手机电视业务。

到 2010 年,东方明珠新媒体平台已经包括公交、地铁移动电视,楼宇电视,手机电视等多种终端形式,在上海地区的品牌识别度达到 90％以上。

上海世博会期间,东方明珠移动电视拓展到世博园区运行指挥中心、200 辆世博公交车辆以及 1 100 个志愿者服务点,推出《今日世博最新》栏目,滚动发布,实时更新入园总人数、出入口情况、场馆、交通情况、特别提示等信息,成为世博官方向户外、移动人群发布世博即时信息的平台。

四、股权投资

东方明珠公司与法国合资成立"城市之光"灯光设计公司,发挥东方明珠电视塔灯光工程的示范效应,成功实施北京中央电视塔灯光工程,上海外白渡桥、外滩滨水区、世博园区中国馆、世博文化中心等一系列灯光设计、施工项目。

2001 年,东方明珠公司响应上海市政府大力推进高校后勤社会化改革的号召,投资建设松江大学城 2、3、4、5 期,总投资 17 亿元,建造学生公寓 80 万平方米,并对松江大学城在校 6 万学生提供后勤和物业管理服务。10 年来,累计投资回报率 12.1％(平均每年 1.2％)。

东方明珠公司运用自有资金进行多元化产业经营和拓展,参与杨浦区渔人码头二期项目的开发,项目总建筑面积 15.15 万平方米,建设融娱乐、商业服务为一体的办公和文化活动区;还与太原文广合作,对太原市湖滨会堂及周边区域进行改造和重建,总建筑面积近 19.4 万平方米,山西太原湖滨会堂被选为 2013 年山西省两会的举办地,这对于东方明珠打造全国品牌有着积极的影响。

五、世博文化(演艺)中心项目

2008 年,东方明珠公司购买世博文化(演艺)中心 40 年的经营权,开创了政府投资、市场化运营的场馆投资和管理新模式。同年 10 月 14 日,东方明珠公司与国际专业场馆运营商——美国安舒茨娱乐集团(AEG)以及知名体育品牌 NBA 达成合作意向,公司全资子公司上海东方明珠国际交流有限公司与美国安舒茨娱乐集团公司(Anschutz Entertainment Group)下属香港安舒茨娱乐集团中国有限公司(HK Anschutz Entertainment Group China Limited)合资成立东方明珠安舒茨文化体育发展(上海)有限公司,共同参与上海世博文化(演艺)中心的经营管理。

该合资公司注册资本 4 亿元人民币,上海东方明珠国际交流有限公司出资 2.04 亿元人民币,占比 51%;香港安舒茨娱乐集团中国有限公司出资 1.96 亿元人民币,占比 49%。该合资公司以 5 亿元人民币(注册资本 4 亿元人民币及贷款 1 亿元人民币),及每年 5% 的营业收入的对价方式从上海东方明珠国际交流有限公司租赁经营上海世博文化(演艺)中心场地(包括场馆在内的土地及建筑物等)20 年,并在上海世博会期间及之后,在此举行体育比赛和娱乐演出活动。

2009 年 12 月 7 日,梅赛德斯-奔驰签署冠名上海世博文化(演艺)中心协议,冠名协议为期 10 年。

上海世博文化(演艺)中心经过 2 年多的建设,于 2010 年 3 月 31 日竣工。

上海世博会期间,世博文化(演艺)中心圆满完成上海世博会开、闭幕式的场馆保障任务;累计举办 300 多场文艺演出,接待游客超过 800 多万人次。上海世博会结束后立即投入商业运营,成功举办王菲、张学友、萧亚轩、卡雷拉斯、许巍、崔健、谭咏麟等中外明星的演出;2 万多平方米的商业设施也全部招商完毕。梅赛德斯-奔驰公司的冠名赞助,足以支付世博文化(演艺)中心的日常运营费用;同时还吸引招商银行、可口可乐、百威等赞助商的加盟,赞助收入近 8 000 万元。这个项目是东方明珠公司获取的重要核心资源,对于进一步提升文化旅游产业的品牌竞争力和持续发展能力具有重要意义。

表 4 - 2 - 1　1992—2007 年东方明珠(集团)股份有限公司融资情况表　　　　单位:亿元

年　　份	方　　式	募集资金	用途(扣除发行费用)
1992 年	A 股发行	4.10	用于投资电视塔工程建设和组建各子公司
1994 年	配股	0.85	用于电视塔工程
1997 年	配股	6.46	2.8 亿元用于电视塔工程 0.84 亿元用于国际会议中心 0.3 亿元用于游乐公司码头 0.1 亿元用于黄浦江人行隧道 2.32 亿元用于东视广告公司
2001 年	配股	10.44	6 亿元购买上视广告时段 0.72 亿元投资东方网 3.55 亿元用于投资报业经营公司

（续表）

年　份	方　式	募集资金	用途（扣除发行费用）
2007 年	公开增发	10.78	1.67 亿元收购上海东方有线网络 10％股权 2.2 亿元收购太原有线网络 50％股权 0.3 亿元投资"户户通"项目 1.6 亿元投资地铁电视项目 1.05 亿元改造东方明珠电视塔下球体 0.54 亿元开发浦江游览项目 2 亿元购买世博文化（演艺）中心 40 年经营权 1.42 亿元补充流动资金

表 4－2－2　1992—2010 年东方明珠（集团）股份有限公司经营业绩情况表

单位：亿元

年　份	经营业绩		同比增幅％	
	营　业　额	净　利　润	营　业　额	净　利　润
1992 年	0.45	0.19	—	—
1993 年	1.78	0.54	296％	184％
1994 年	2.49	0.75	40％	39％
1995 年	3.91	1.14	57％	52％
1996 年	4.95	1.18	27％	4％
1997 年	5.59	1.57	13％	33％
1998 年	5.67	1.45	1％	−8％
1999 年	5.38	1.89	−5％	30％
2000 年	7.17	1.94	33％	3％
2001 年	6.16	2.29	−14％	18％
2002 年	8.53	2.29	38％	0％
2003 年	7.81	2.6	−8％	14％
2004 年	10.89	3.17	39％	22％
2005 年	13.78	3.56	27％	12％
2006 年	15.27	4.01	11％	13％
2007 年	17.11	6.37	12％	59％
2008 年	18.25	4.46	7％	−30％
2009 年	19.26	4.55	6％	2％
2010 年	24.08	6.35	25％	40％

说明：上述两表数据由上海东方明珠（集团）股份有限公司提供。

第三章 节目版权经营

节目是广播电视媒体丰富人民群众文化生活的主营业务和主打产品,节目版权则归媒体及其策划和制作人员所有。加强节目的版权经营,不仅是为维护产品拥有者的权益,更是节目可持续发展的重要保障,以激发更多优秀节目的产生。在节目引进与输出的过程中,节目版权成为一个极具商业价值的产业。随着社会主义市场经济的日益发展,上海广播电视媒体的版权意识不断增强,从最初的节目交换到节目交易,从国内交易到进入海外市场,节目版权经营成为上海广电产业自我造血、自主发展的新经济增长点。其中,电视剧、动画片、品牌栏目的优秀节目成为版权经营的主要品种。

第一节 电 视 剧

一、制作主体

上海电视台是全国较早开展电视剧创作、摄制的制作主体之一。

中共十一届三中全会前后,伴随着全国思想解放运动的兴起,上海电视台以张志新烈士的事迹改编拍摄的电视剧《永不凋谢的红花》播出后,在全国引起轰动,许多电视台希望用节目与上海电视台交换这部电视剧(当时普遍采用的一种节目购买样式)。与此同时,一部采用逻辑推理、抽丝剥茧的方法破案的电视剧《玫瑰香奇案》在上海电视台摄制完成并播出,受到观众空前欢迎。1982年,大众电视杂志社在评选优秀电视剧的同时,首次推出"丰收奖",奖励年产电视剧15集以上的单位。上海电视台自1982年至1984年连续3年获该奖项。

1985年,根据广播电视部多级办台要求,全国各地电视台成规模相继涌现,电视剧的需求量大幅度增加。而当时一集电视剧的拍摄成本仅为一两万元,许多企业或个人认为电视剧拍摄制作是一个有利可图的产业,开始集资并挂靠某家电视台投拍电视剧,一时电视剧数量大增。上海电视台年产量开始稳定在80集~100集,其中包括优秀单本剧《你是共产党员吗》《家风》《窗台上的脚印》《小不点儿》《穷街》等和热门连续剧《济公》《故土》等。

1987年2月,上海电视台组建电视剧制作中心,根据各位导演的特点,成立"求索""创新""开拓"及一公司、二公司等6个创作室和制作实体。截至1995年,诞生了众多受到观众和业界公认的优秀电视剧。其中包括:展现一群中学生在迷惘中奋进的情感世界、获全国电视剧创作"飞天奖"二等奖的《十六岁的花季》;在改革开放年代歌颂真情、呼唤真诚的《东方大酒店》;根据清末发生的一桩奇案创作的《杨乃武与小白菜》;描绘新中国建立初期民族资产阶级在党的领导下,经过思想改造,与工人阶级一同走社会主义道路的《上海的早晨》等。此外,该制作中心还拍摄了《上海一家人》《孽债》《孙中山》《子夜》等。

1995年末至1996年春,上海实施"影视合流"推动电视剧生产体制深化改革,上海电视台电视剧制作实体组合到永乐电影电视(集团)公司,转制成为独立的制作公司,开始真正跃入市场竞争的海洋。作为制作实体的负责人,电视剧制片人对内落实剧本,对外筹集资金,决定导演主演,组建摄制班子,控制拍摄周期,把握艺术质量,降低拍摄成本,分析市场形势,销售电视剧节目,成为集艺术创作管理者、剧作生产把控者、市场经营决策者三位一体的独立制片人。

永乐电影电视(集团)公司和上影集团下属的制作公司制片人把主要精力投入到创意策划和组织剧本创作上,并筹集更多的资金,组织强有力的导演、演员队伍和制作班子,所拍剧作获得良好的社会效益及市场回报。电视剧产量从20世纪90年代初的年平均300集猛增到1997年的800集,不少是精品力作。其中,创新影视制作社联络上海金属材料总公司作为经济后盾和协作伙伴,组成上海首家企文联姻的制作实体,按现代电视生产的规律组织创作,坚持编、导、演、摄、美及资金、技术、设备、题材的优化配置,讲究制作的"精、严、新、美",以求达到"振奋民族精神、陶冶道德情操、提高审美情趣、丰富文化生活"的目标,向思想精深、艺术精湛、制作精致的精品标准冲击。4年内创作近180集电视剧。《钟点女工》平均收视率达37.6%,并获得"飞天奖"和四川国际电视节"金熊猫奖";《一号机密》在中央电视台(以下简称"央视")综合频道黄金档播出,并获得"金鹰奖"和"飞天奖";《姐妹情深》在央视和上海电视台播出后,受到观众和中组部领导的好评。这些电视剧在经济上也取得可喜的回报。

成立于1991年的上海市总工会电视制作中心(前身为上海市工人文化宫文学电视部,以下简称"上工电视制作中心"),于1992年进行企业工商登记,注册为上工电视制作中心,成为全国工会系统最早的一家具备电视节目制作与经营资格的法人单位。法人代表由上海市工人文化宫副主任陈东湖兼任。上工电视制作中心是上海较早拥有国家广电总局颁发的电视剧制作甲种许可证和广播电视节目制作经营许可证的电视机构之一。自20世纪90年代初到2010年,上工电视制作中心凭借拥有的一批优秀工人剧作家和摄制主创人员,瞄准主旋律题材的电视剧市场板块,进行电视剧的创作、摄制和市场运作,先后投拍《这一片天空下》《香堂往事》《情感四季》等20多部数百集革命现实主义题材电视剧,在上海电视剧生产领域异军突起,曾获得绝大部分门类的国家级电视剧奖项。其中,表现国企改革、在央视第一套节目首播的《大潮汐》于1994年获第十四届全国电视剧"飞天奖"长篇剧一等奖,次年获精神文明建设"五个一工程"奖;通过3个"同年同月同日"出生的孩子不同的成长经历、揭示社会生活哲理的《哎哟妈妈》,展现与人民生命健康息息相关的医务人员工作、生活、情怀的《无瑕人生》,在1999年同时获精神文明建设"五个一工程"奖;国内较早创作的反腐倡廉题材连续剧《红色康乃馨》于2001年获精神文明建设"五个一工程"奖;《英雄虎胆》分别获电视剧"金鹰奖"和全军军事题材电视剧"金星奖"等。20年里,上工电视制作中心在电视剧生产中坚持实行自筹资金、自负盈亏、自主运行、自我发展的方针,没有动用工会一分钱,而是采取银行贷款、与央视和地方电视台制播机构联合拍摄、与社会电视机构合作投资等运作模式,发挥剧本题材优势,以销定产,尽可能规避投资风险,走出了一条电视剧生产、投资、回报的良性发展之路。拍摄于1995年的22集电视剧《无瑕人生》,塑造了鲜活的白衣战士群像,一经播出即受到观众好评,成为当年颇受欢迎的热播剧。该剧成本每集单价控制在40万元以内,总投资没过1千万元,取得当年拍摄、当年播出、当年收回全部投资的良好业绩,剧组主创人员还受到中共中央政治局常委、国务院副总理李岚清的接见。

2001年,原上海电视台、东方电视台两台下属的节目营销部门合并成立传媒集团节目营销中心,开始大量投产电视剧。2002年生产8部208集,有当代悬疑剧《浮华背后》、历史传奇剧《孝庄秘史》、古装人物剧《少年唐伯虎》、古龙武侠剧《飞刀又见飞刀》等,都获得良好的市场反响,开拓了上海影视剧创作的新局面。2003年节目营销中心再接再厉,生产11部259集,剧集类型多元化,有反腐悬疑剧《蓝色马蹄莲》、古装喜剧《烧饼皇后》、当代生活剧《婚姻陷阱》《男人难当》《出乎意料》、情感悬疑剧《迷蝶》、年代悬疑剧《终极解密》、都市惊险剧《生死十七天》、武侠片《萍踪侠影》等等。这些电视剧都曾占据全国市场的主流时段,初步树立了传媒集团的影视剧品牌。

2004年传媒集团节目营销中心更名为影视剧中心,明确了该中心影视剧创作生产的定位。当年,影视剧中心的代表作是由王丽萍编剧、梁山导演的 22 集电视剧《错爱一生》。该剧全新的故事构架和独特的题材风格,于 2005 年 6 月在央视 8 频道黄金档首播后掀起收视热潮,获得当年该频道收视排行第一名(收视 6.66%、份额 18.09),成为该频道保留节目,前后播出达 13 次。2005 年,影视剧中心投拍 20 集电视剧《诺尔曼·白求恩》,高度重视思想性、艺术性、观赏性三者的结合,作品的思想深度和艺术质量受到普遍赞誉。该剧在央视综合频道黄金档播出,收视率为 0.9%,收视人群达到 1 170 万。该剧与央视文艺中心影视部、上海海润影视制作公司联合出品,获得中国广播影视大奖第二十六届(2005—2006 年度)电视剧"飞天奖"长篇电视剧一等奖,第十届精神文明建设"五个一工程"优秀电视剧奖,2006 年度、2007 年度上海文艺创作精品奖等多个奖项。

2005—2007 年,传媒集团影视剧中心继续加大电视剧投拍力度,32 集革命历史剧《历史的天空》、由陆天明同名小说改编的《高纬度战栗》、经典翻拍的《霓虹灯下的哨兵》、都市爱情剧《转角遇到爱》、历史传奇剧《大秦帝国》《张居正》、革命军旅片《我是太阳》、年代谍战剧《狐步谍影》、平民生活剧《美丽人生》等在市场上广受欢迎,获得不俗的收视反响,进一步树立了"上海制造"的品牌形象。

上海尚世影业有限公司前身是成立于 2007 年的上海电视传媒公司。尚世影业出品的电视剧包括《平凡的世界》《媳妇的美好时代》《我是太阳》《家常茶》《刑警队长》《双城生活》《我家的春夏秋冬》《蜗居》《杜拉拉升职记》等,都取得不俗的市场业绩和业界口碑。

上海新文化传媒集团股份有限公司(以下简称"新文化公司")是一家民营影视企业。自 2002 年起,主营业务向影视剧拍摄和发行转型,自行投资拍摄《天上掉下林妹妹》《不在犯罪现场》《原来就是你》《我家不打烊》《天涯歌女》等近 30 部电视连续剧,不仅创造了各地电视台收视率的新高点,也树立了新文化公司创作不同题材优秀电视剧的企业品牌。

2005 年,新文化公司获得国家广电总局颁发的电视剧制作甲种许可证。当年,该公司电视剧收入 4 214 万元。公司摄制"新文化"女性系列电视剧的第一部作品《徽娘·宛心》,在全国各大电视台播出的收视率名列前茅,在香港亚视播出收视率也达到 7%,超过该台 5% 的平均收视率,在台湾地区更获得年度大陆电视剧收视的第一名,该剧还获得第三届电视剧风云盛典十佳收视奖。此后摄制的《秀娘·兰馨》更是被安徽卫视独家买断,并获 2007 年全国卫视电视剧收视率排名第一。

2007 年,新文化公司影视作品出口工作获国家商务部和国家广电总局表彰,获得"国家文化出口重点企业"称号,并被中国广电协会评为第七届十佳电视剧制作单位。同年获得上海现代服务业民营百强企业称号。当年营业收入 4 357 万元,利润总额 555 万元。

2008 年,新文化公司注重开展国际合作,与西班牙加泰罗尼亚电视台合作拍摄的电视连续剧《情陷巴塞罗那》获得上海市年度重大文艺创作项目资助。新文化公司从前期策划到后期制作与西班牙同行密切协商,完成中国版、西班牙版和欧洲版等多个语种版本,为中国电视剧"走出去"尝试一条新路。该剧于 2010 年 1 月 28 日在东方卫视首播,并在西班牙全剧播出。当年公司营业收入 4 985 万元,利润 455 万元。

2009 年,新文化公司仅领证的电视剧就

图 4 - 3 - 1　上海新文化公司与西班牙加泰罗尼亚电视台合作摄制电视连续剧《情陷巴塞罗那》,为电视剧"走出去"探路。该剧导演朱翊(左三)和演职人员在巴塞罗那实景拍摄地(摄于 2009 年 6 月)

有 4 部 119 集,投资 5 000 万元。其中 32 集电视剧《隐形将军》发行价破 100 万元 1 集。

2010 年,新文化公司年生产制作电视剧达到 200 集的规模,营业收入 11 762 万元,利润 3 106 万元,被评为上海企业市场竞争力百强,并获得上海企业竞争力社会责任金奖等荣誉。

在市文广局的统筹推动下,上海民间资本投资影视剧创作摄制热情上升。民营制作机构在资金实力、融资渠道、市场敏感度等方面的优势凸显。2007 年,全市 23 家持证影视制作机构中,民营机构共有 18 家,占总数的 78.3%。其中,除新文化公司外,还有上海海润影视制作有限公司、上海展杰文化艺术有限公司、上海三元影视有限公司等。当年,扣除国有影视制作机构对原有栏目剧重新配音后投入市场发行的情景剧,国有机构仅生产电视剧 10 部 256 集,为民营机构生产电视剧集数的 33.8%。同时,全市民营影视制作机构在电视剧生产上的投资总额达到 28 174 万元,是国有机构的 1.86 倍。在 16 部投资超千万元的电视剧中,民营机构投资生产并获证发行的有 10 部。上海电视剧备案公示中,2008 年民营机构投拍的电视剧占到 66%;2009 年下降至 56%,但仍超过半数;2010 年迅猛增长到 82%,显示民营机构是上海电视剧投资生产的主要力量。

二、市场份额

电视剧是电视节目中市场化程度最高、制播分离较为彻底的节目类型,也是电视节目市场中最重要的经营性资源。

自 2004 年后,上海电视剧的生产呈现较快增长的态势。2004—2008 年,上海电视剧年产量从 400 集增长到近 1 300 集。

2007 年,上海共有 45 部 1 536 集电视剧获证许可发行,部、集数与 2006 年同比分别增长 32.4% 和 21.9%。同时,形成包括投资、制作、交易、播出和广告经营等在内,制作方、购买方、播出方、观众和广告客户等参与的产业链形态,为电视剧生产持续增长奠定了基础。当年生产的电视剧集数达到 2004 年的 3.3 倍。2008 年,上海各影视制作机构投资达 48 226 万元,同比增加 4 727 万元,共生产电视剧 42 部 1 261 集。投资千万元以上的电视剧有 25 部,比 2007 年增加 9 部。《美丽人生》《狐步谍影》《爆丸小子》《蓝色档案》《黑三角》《船娘雯蔚》《化剑》等电视剧都获得较好的社会效益和经济效益。2008—2010 年,上海电视剧生产处于稳定发展期,备案公示的部、集数约占全国的 6%,完成的部、集数保持在 8%。上海电视剧的总产量在全国位居前五。上海电视剧精品较多,有多部作品在央视或其他省级卫视播出,收视情况良好。2009 年,《进城》和《战火中青春》被国家广电总局推荐为"庆祝新中国成立 60 周年献礼电视剧";《神话》被央视电视剧频道作为 2010 年的开锣大戏,创下该频道最高收视率;《利剑》成为央视电视剧频道 2010 年的首播剧。同年,《上海、上海》《化剑》在央视综合频道晚间档播出。此外,《夏家三千金》《爱是蓝色的》和《回家的欲望》分别被安徽卫视、浙江卫视、湖南卫视收购为独播剧,获得社会效益和经济效益双丰收。

三、剧作题材

上海作为国际大都市,发展当代都市现实题材的电视剧具有得天独厚的条件,也存在相应的市场需求。当代都市现实题材受到制作方的青睐和观众的喜爱,成为上海电视剧产业发展的重要环节。2007 年,上海影视制作机构贯彻中央提出的"三贴近"原则,现实题材电视剧占当年生产电视剧总部数的近 80%,为历史题材电视剧集数的 4.3 倍。2008—2010 年,在上海电视剧备案公示的剧作中,当代题材是创意的主要着眼点,剧作数量明显上升,2008年31部,2009年37部,2010年44部。近代题材也是上海电视剧的创意取向,但波动幅度较大,2008年23部,2009年大幅下滑到9部,2010年略有反弹,上升到13部。在当代题材中,当代都市题材占据主导地位,2008年24部,2009年31部,2010年38部。上海电视剧创意的主导题材取向与上海作为国际文化大都市之间存在着密切关系,同时也表明上海电视剧的题材创意还有很大拓展空间。

四、投资发行

自1995年起,上海有线电视台投资参与影视剧制作公司的电视剧拍摄,其中《半生缘》《银楼》《玉卿嫂》《无花的夹竹桃》盈利近200万元。

1996年,上海电视台节目购销中心通过与部分影视公司合作投资拍片所获得的全国发行权来增加营销收益。其中20集连续剧《情迷海上花》版权销售额近2 000万元。

1999年,上海电视台节目购销中心在研究市场、了解片源上准确获取信息,主动出击,与制片商签下收视率承诺风险合同,购买的影视剧收视效果喜人,在业内和社会上引起广泛反响。节目购销中心在购买《天若有情》《激情年代》《无名的功勋》等优秀国产电视剧的同时,精心编排,加大宣传力度,凡在主频道黄金档播出的电视剧均预先邀请上海新闻界同仁一起观片,请电视剧的主创人员到会接受采访,注重开发报刊、广播、电视、互联网等多种媒体的宣传效应。据统计,当年上海电视台第一套和第二套节目黄金时段电视剧平均收视率分别为22.96%和10.43%,同比增长73.02%和19.88%。其中,《还珠格格》创下54.78%的上海地区当年电视节目收视新高;香港无线电视台(以下简称TVB)老片《上海滩》重播平均收视率达28%,居春节期间除晚会类综艺节目的收视首位,均为上海电视台广告创收做出了积极贡献。

2002年,传媒集团影视剧中心投资拍摄的电视剧发行销售总额达6 400万元,净利润为1 100.74万元。2004—2005年,影视剧中心先后为连续剧《错爱一生》《诺尔曼·白求恩》投资330万元、720万元,当年即收回全部投资,并获得良好的经济效益。2005年,影视剧中心把电视剧的引进发行作为重要的盈利点,自主引进发行30集香港连续剧《胭脂水粉》、20集韩国电视剧《海神》等。2005—2009年,影视剧中心主要采用以购代投——即以采购费作为投资、保底20%的基本利润的模式,其中,引进的港剧《溏心风暴》《胭脂水粉》《女人不易做》3部电视剧采购成本250万元,销售收入1 300万元。影视剧中心每年的销售收入1 500万元。

电视剧产业的市场竞争始于2007年,2009年进入裂变阶段,到2010年呈现出强者越强、弱者越弱的局面。上海广播电视台2010年电视剧采购的预算和资金是4.5亿元,全年采购电视剧189部6 111集和电影300部。其中,东方卫视电视剧占全台采购比例的52%。

上海电视剧的跨境发行,以古装片、动作片、武侠片为外销的主要题材,以亚洲国家、地区为外销的主要对象。这些电视剧中有:新版《三国》《李小龙传奇》《大宅门》《神雕侠侣》《还珠格格》等,而时装剧数量较少。2010年,《媳妇的美好时代》销售至日本。

五、版权经营

2005年,传媒集团影视剧中心作为主要投资方的影视剧生产取得较高的投资回报。其中,22集伦理电视剧《错爱一生》进入该年度央视收视前十位,并创造了超过50%的利润;24集电视剧《玉卿嫂》和 34 集电视剧《月影风荷》投资回报率分别超过 25% 和 30%。电影《任长霞》在上海的票房收入超过 855 万元，并获得第十六届"华表奖"最佳故事片奖。电影《生死牛玉儒》在全国公映后获得广泛好评，还被选为中共十六届五中全会观摩影片。

2008 年，传媒集团影视剧中心独家投资、拥有永久全版权的 30 集家庭情感剧《三七撞上二十一》引发多家卫视订购，利润为 880 万元，利润率高达 65%。主投主控的改革开放 30 周年献礼剧、35 集《大生活》发行利润率高达 70%。北京奥运会期间，135 集大型情景喜剧《奥运在我家》与赛事紧密联系，以即拍即播的"准直播方式"，在全国 4 家卫视、45 家地面频道和香港 TVB 等频道播出，深受好评。参投制作完成多部影视剧，包括与中央电视台电视剧制作中心、海润影视公司共同投资拍摄的 14 集大型纪实性电视剧《震撼世界的七日》以及 25 集红色经典电视剧《秘密图纸》、40 集大型抗战题材剧《狼烟北平》和 30 集当代反间谍题材剧《猎狐》等。当年，影视剧中心的各类投资回报达 3 000 万元。同时，引进 40 集 TVB 剧《溏心风暴》和 84 集韩剧《说不出的爱》，并与香港 TVB 签订了 2008 年港剧收视冠军《家好月圆》的独家引进播映权，为传媒集团获取了优质资源。

2010 年，传媒集团影视剧中心、尚世影业拍摄完成并取得发行许可的电视剧 6 部 204 集。其中，传媒集团主投且拥有独家版权的《杜拉拉升职记》主题积极，励志奋进，倡导主流价值观，当年 4 月在全国各地陆续播出，连创收视新高，更以单部剧高达 1 200 万元以上的利润为传媒集团电视剧投资创下 150% 的利润率纪录。

电视连续剧新《三国》主演明星荟萃，大场面戏份比重大，拍片耗资 1.55 亿元。2010 年 5 月，该剧在安徽、江苏、天津、重庆 4 家卫视首播；此后，又在辽宁、四川等 3 家卫视和 9 个地方台二轮播出。两轮播出的售价每集 267 万元。在香港 TVB 播出的售价也超过内地。

《水浒传》单集投入超过 100 万元，整部作品 80 集总投入超过 1 亿元。新《水浒传》直接拍摄经费高达 1.3 亿元，专门打造的 15 艘战船耗资 1 600 万元，山东东平为之建设的水浒城影视基地耗资 3.1 亿元，总耗资超过 4.5 亿元。继新《三国》的 1 000 万元、新《红楼梦》的 2 200 万元后，新《水浒传》的冠名费创下单剧冠名费用的新高，达到 3 000 万元。

《潜伏》单集制作成本为 60 万元，总投资不过 1 800 万元，却在众多投资四五千万元的大剧中脱颖而出，首轮播出净收入 2 000 万元。其 3 年后的播出权已按每集 30 万元的价格全部售出，创造了低成本、高回报、高收视的业绩。

《婚姻保卫战》单集投资 75 万元，首轮在北京、天津、浙江、云南、深圳 5 家卫视播出，单集销售收入 135 万元。

2010 年，上海电视剧产业年销售收入 81 753.59 万元，年净利润 17 512.33 万元。

第二节　动　画　片

一、产业萌芽

1983 年 1 月，上海电视台创办了内地电视系统第一家实行独立经济核算、自负盈亏的动画制片厂。当年，该厂配合上海电视台广告科加工绘制了"光华牌冰淇淋""安字牌铝铆钉""上海牌电视机"等 40 余条动画广告片，为《国际瞭望》《儿童英语》等 13 个专题栏目绘制了栏目片头，并制作了第一部单本动画片《海鸥》。1984 年，该厂除继续绘制电视广告片和电视栏目片头外，还为广东、福建、湖南、甘肃、黑龙江、新疆、云南等省级电视台，宁波、苏州、嘉兴、兰州、沈阳、哈尔滨等城市电视台绘制加工台标,并绘制了 10 集系列动画片《芝卡环球旅行记》,于次年 7 月起在上海电视台 8 频道《金钥匙》栏目播出。之后,该厂陆续绘制了系列动画片《小兔菲菲》(10 集)、《狼犬福克》(20 集)、《快乐城》(10 集)、《少年柯雄》(6 集),以及《乌鸦与狐狸》《守株待兔》《杞人忧天》等单本动画片 32 集。经营利润从 1983 年的 3.8 万元上升到 1987 年的 35 万元,5 年增长 9 倍。1988 年后,业务逐年收缩,至 1993 年底停止经营。

二、政策扶持

动画片是电视观众特别是少年儿童喜闻乐见的节目样式,由此衍生的相关产品同样受到这类消费群体的青睐,具有巨大的市场潜力。20 世纪 80 年代至 90 年代中期,国外动画片在上海电视屏幕上占据绝对优势,"洋卡通"大行其道,而国产动画片因受计划经济模式的影响,数量较少,每年只有 300 分钟～400 分钟,电视屏幕的占有率仅为 5%～10%。国产动画片如何在众多海外动画片的竞争中艰难突围,成为社会关注的热门话题。1995 年,中共中央总书记江泽民在给上海美术电影制片厂(以下简称"美影厂")的信中殷切希望"不断推出思想性、艺术性、观赏性高度统一的动画艺术精品",极大地鼓舞了全厂职工的创作、生产积极性。当年该厂依靠自己的力量,自筹资金投拍系列动画片,产量达到创纪录的 500 分钟。

1996 年 2 月,按照市委、市政府部署,上海电视台和美影厂合并,实行"一套班子、一个实体、两块牌子"的体制。"影视合流"、优势互补,国产动画片发展出现新机遇,注入新活力。电视台以经济实力支持动画片生产,既解决片源问题,动画片也有固定的播放渠道,激活了生产力。1996 年、1997 年的两年中,上海电视台为动画片生产投入 2 300 万元资金,使美影厂年产量又跃上一个新台阶。1996 年达到 800 分钟,1997 年达到 1 200 分钟。1997 年 1 月 27 日,上海电视台开设以播出国产动画片为主的《卡通王》栏目,促进电视系列动画片的生产。《卡通王》栏目重视对少年儿童收看动画片的导向,贯彻"寓教于乐"的宗旨,精心编排"中国成语故事""神话传说""革命传统故事""经典美术片展播"等主题板块,"趣味配音""卡通你我猜""美术片歌曲点播"等形式,增强了观众的参与性。栏目每天播出 22 分钟,至 1998 年中播出 500 期,收视率稳步上升,在 8 频道的排名从最初的三十几位上升至十几位,最高时曾居第八位,超出部分国外动画片的收视率。众多的观众显示动画片作为影视产业之一,具有广阔的市场前景。

三、投拍制作

"影视合流"使动画片生产体制和机制发生了新的变化。美影厂逐步从以往小而全的生产格局转变为与国际动画业接轨的、外向型的、专业分工协作的制片体系。美影厂负责前期设计、策划、导演、总体把握和后期的合成、制作,把动画、绘景、描线、上色等密集型的劳动加工辐射到外省市的动画公司和制作实体,解放生产力,降低生产成本,确立了上海作为国产动画片生产中心的地位。

美影厂积极寻找合作伙伴,吸引国内企业的资金,投入动画片的生产制作,先后与北京、浙江、上海等地的企业、单位合作拍摄了《自古英雄出少年》《晶晶和娇娇》《小贝一家》《大森林里的小故事》《大红鹰》等动画片。

美影厂在大力提高电视系列动画片产量、平均每天生产一集 10 分钟动画片的基础上,注重采用先进科技手段,改变动画片传统制作方式,自主开发研制电脑上色软件系统并投入生产。与澳大利亚合拍系列动画片《牙刷家族》,此举获得国际认可,并在之后的拍摄中全面投入使用。

2000年,上海电视台、东方电视台、有线电视台联合投资近8000万元给美影厂制作动画片,由美影厂于2002年起向全国销售,每年收入3000多万元。

2005年,传媒集团影视剧中心投资、炫动卡通制作完成《虫虫》《少林传奇》《Q版刘关张》等5部共计5140分钟动画片,名列全国地方媒体国产动画片产量前茅。主创人员有效控制投资总成本,对每一个投资项目都事先做好市场预测和回收模式评估,对动画选题、剧本、造型、样片、成片等进行全程把控,确保投资资金的安全和作品艺术技术质量、制作进度达到预期目标。

2006年,传媒集团影视剧中心于前两年陆续投拍的动画片《海贝贝》《外滩520》《老呆和小呆》《小青天司徒公》《夺宝幸运星》等项目进入后期合成阶段,年底全部完成,进入市场发行。由传媒集团与中国美术学院共同出资、为纪念中国航天登月"嫦娥计划"度身定制的献礼动画电影《嫦娥奔月》签订合同,并获得上海文化基金会项目资助。科幻神话剧《五龙奇剑士》在拍摄期间"未播先热",多个国家和地区的发行商、授权商对它们都表示出浓厚的兴趣和强烈的合作意向。该片以其国际化题材、高品质内容和广阔的衍生产品市场开发成为节目市场的宠儿。

同年,传媒集团全额投资生产、获国家广电总局优秀动画片"星光奖"的动画片《虫虫》在新加坡国家电视台华语频道播出。这是传媒集团动画作品第一次走出国门,在境外主流媒体平台播出。动画片《小康康》在央视少儿频道黄金时段播出,是传媒集团动画作品首次"现身"央视荧屏。同年8月,迪斯尼公司与传媒集团签订合同,购买动画片《小夫子之奇域大冒险》的中国大陆两次播映权,并从9月1日起在迪斯尼旗下的动画栏目"小神龙俱乐部"向全国播出。

四、版权经营

"影视合流"后,美影厂加大对外合作力度,从单纯的劳务加工转变为更高层次的版权合作、制片合作。有的动画片不仅享有国内版权,还参与国际版权的分成。美影厂与德国、澳大利亚、日本、法国等合作的《白雪公主与青蛙王子》《倔强的凯拉班》《环游地球八十天》《牙刷家族》《番茄酱》等动画片,都取得了较好的社会效益和经济效益。《牙刷家族》《番茄酱》还利用国外公司的发行网络打开国际市场,进入许多国家和地区,其中包括欧洲迪士尼频道。同时,成立卡通文化发展公司,加强产业的综合开发。公司开展版权、形象权销售,开发及拓展动画片衍生产品市场,全面推出以卡通人物形象制作的文具、玩具、食品、服装、挂历、连环画、游戏卡等衍生品,赋予动画片产业新的功能和价值。

2004—2007年,影视剧中心为炫动卡通提供动画片节目,每年节目费收入250万元,提供的审片、修片、排片服务每年收入50万元。

2006年,传媒集团以成本90万元独家引进的52集日本动画片《网球王子》在包括炫动卡通、北京卡通、南方少儿在内的全国10余家省市级电视频道先后首轮开播,均创下较高收视率,在动漫迷中掀起一股"网球旋风",发行收入350万元。传媒集团签约授权上海荣臣博士蛙集团为《网球王子》中国大陆地区正版服装独家经销商,双方签署了《动漫产业战略合作意向书》,标志着传媒集团动画产业链开始实现动画品牌上下游的对接。截至2006年11月,传媒集团共收到《网球王子》电视、音像发行和衍生产品授权收入近300万元。此后周边授权收入达500万元。

2008年,传媒集团与深圳方块动漫画文化发展有限公司联合投资1800万元打造的华语武侠动画电影《风云决》由影视剧中心发行,内地票房达到3300万元,创下国产动画影片截至当时的最高票房纪录,入围"第四届好莱坞AOF电影节"竞赛单元,成为中国首部在好莱坞上映的动画影片,并入围 2008 东京国际电影节,成为该电影节创办后第一部入围的中国动画影片。该片在海外市场受到热捧,销售到欧美、日本和东南亚的多个国家和地区。

由传媒集团和美影厂共同投资制作的动画电影《葫芦兄弟》2008 年 6 月公映后,取得 800 万元的票房成绩。该片在第五届中国常州国际动漫艺术周 2008 国际动漫比赛中获电影长片类评审团特别奖。

同年,炫动卡通在动漫投资、衍生业务、会展活动等方面多元发展,以传媒集团投资动画大片《风云决》和儿童剧《爆丸小子》布局衍生产业发展,《风云决》衍生品生产销售推进顺利,《爆丸小子》相关衍生品市场热销,成为当年全国紧俏的玩具产品,首年投资回报率达 100%。

2009 年,由传媒集团影视剧中心联合广州原创动力、北京优扬文化传媒有限公司共同制作发行的《喜羊羊与灰太狼之牛气冲天》总票房突破 1 亿元,成就了国产小成本动画影片的票房神话,也是国内首部票房过亿元的国产动画电影。该片在整体营销环节上推陈出新,推广团队将宣传范围扩大到全国。"喜羊羊"贺岁礼品随票赠送,衍生产品、特别定制的"羊狼对战笔"被抢购一空。当年,传媒集团影视剧中心与香港博善广识公司等单位共同制作的动画大电影《麦兜响当当》首周票房 3 300 万元,总票房 7 800 万元。该片是沪港首次深度合作动画项目的成功案例,影视剧中心成为"麦兜"品牌中国大陆地区独家运营方。至 2010 年,这两部动画片总票房约 2 亿元,分账收入 40%。

2009 年,炫动卡通公司面对国际金融危机影响,优化产品结构,升级营销手段,探索盈利多元空间,全年动漫衍生产品销售额达 4 000 万元。儿童电影《超能少年之烈维塔任务》全国票房加关联商品批发销售额近 1 000 万元。

五、动漫会展

1997 年,上海电视台和美影厂发起"国产动画片展播"会员单位活动,有偿提供国产动画片的播出服务。凡省、市、县电视台,有线台,教育台等自愿参加,以每天播 20 分钟国产动画片为一单元,满足电视台国产动画片的播映需求,逐渐改变海外动画片一统天下的局面。活动受到广泛响应,有 30 多家地方电视台加盟"国产动画片展播"会员单位。

2005 年,传媒集团主办首届动漫会展"卡通总动员",参展人次超过 10 万,日票房最高达 60 万元,创造了上海动漫展票房新高,在海内外动漫界引起震动。

2008 年,传媒集团成功举办动漫同人大会、"卡通总动员""炫动中国"动漫原创大赛等展会。

"2009 卡通总动员"观众约 8 万人,门票和场内展品销售额近 1 000 万元。品牌展会活动"同人大会"首次实现项目盈利。

2010 年 7 月 8—12 日,第六届中国国际动漫游戏博览会暨 2010 卡通总动员活动在上海展览中心举办。这是自 2005 年起每年由国家文化部与上海市政府共同主办、市文广影视管理局与(上海)国家动漫游戏产业振兴基地

图 4 - 3 - 2　2010 年 7 月 8—12 日,炫动传播公司协办并运营第六届中国国际动漫游戏博览会暨 2010 卡通总动员活动

承办的中国国际动漫游戏博览会与"卡通总动员"进行资源整合后的首度亮相。中国国际动漫游戏博览会是一个促进商务交流、倡导跨领域渠道合作的商业会展;"卡通总动员"则是面向动漫爱好者以及广大家庭的欢乐盛会。展会合并举办,做到优势互补,使其既成为面向动漫游戏产业链上企业的专业交易、交流平台,也成为面向动漫爱好者培养动漫消费、培育动漫生活理念的卡通动漫嘉年华。自此届展会起,这项活动均由上海东方传媒集团有限公司参与承办,炫动传播公司协办并负责运营。展会展出面积 17 700 平方米,展位 291 个,总参观人数 21.95 万人次,参展商 256 家,其中国外展商占 8%,总交易额 8.48 亿元。

第三节 栏目类节目

一、国内销售与发行热点

20 世纪 80 年代,广播电视节目的营销形态是从节目交换开始的,之后逐渐进入买卖交易阶段。

1995 年 5 月,上海电视台为拓展节目购销市场、建立节目交易网络,成立引进和销售节目的职能部门节目购销中心。该中心将上海电视台部分戏曲、曲艺节目的素材销售给影视公司,将《毛毛告状》等一些纪录片和少儿节目销售给江苏、浙江地区的电视台,版权收益 500 余万元。1996 年,上海电视台节目购销中心引进影视剧 4 千部(集),全年完成节目销售额超 800 万元。同时,策划、参与了上海电视节节目交易会。1999 年,上海电视台节目购销中心销售收入 804 万元。

2002 年,传媒集团节目营销中心负责销售原各台所有库存节目,各种栏目年销售收入约 300 万元。

2004 年 9 月,传媒集团所属上海五岸传播有限公司(以下简称"五岸传播")成立后,在国内广泛建立销售渠道,结交合作伙伴,为版权交易局面的迅速打开和业务的可持续开展夯实基础,品牌效应在业内初步形成并逐渐提升。

2005 年,五岸传播把综艺娱乐节目《家庭演播室》发行到国内 45 个省、市级电视台,实现同步播出;娱乐资讯节目《娱乐在线》通过卫星传送,实现随播随录,同步放送到国内 12 家电视台。

2006 年,五岸传播成功运作若干贴片项目,《动物星球》落地 47 家电视台、《家庭演播室》落地 45 家电视台、《天地英雄校园行年度颁奖晚会》落地 33 家电视台,《家庭演播室》《新娱乐在线》贴片运营 3 年,由此产生的广告效益增幅达 100%以上。

2007 年,在销售的传媒集团版权节目中,新闻法制类、综艺娱乐类、纪实专题类和音乐戏曲类等占主导地位,其中《家庭演播室》《新娱乐在线》在全国数十家电视台播出,均实现良好收益。同年,五岸传播推出 365 集日播类的国产卡通剧场栏目《卡通总动员》,把传媒集团创立的"卡通总动员"这一多元化卡通产业品牌推向全国市场。同时,五岸传播将传媒集团拥有版权的 5 部引进剧和 19 部经典老剧与全国 20 家电视台签订播出协议,拓展了电视剧发行市场。

2008—2009 年,五岸传播版权节目发行模式和销售渠道又有新突破,通过对热点节目的细分和差异化营销,把传媒集团 70 多档电视栏目、节目销往全国 100 多家电视台(频道),覆盖中央电视台及全国 30 多个省级广电媒体。包括完成电视剧《三七撞上二十一》的全国发行。《新娱乐在线》《家庭演播室》连续 4 年在全国 60 多家电视台(频道)覆盖播出,扩大了传媒集团品牌影响力。

2008 年 7 月起,五岸传播发行业务由视频向声频拓展,广播节目销售业务与全国 100 多家电台建立联系,实现销售广播节目共 2 000 集。2009 年,五岸传播启动推广上海故事广播节目,包括中央人民广播电台在内的全国十几家省、市电台竞相购买，2年内销售总额翻了10倍，稳居全国文艺广播节目制作的第一军团行列。

2010年，在迎世博倒计时100天之际，五岸传播将世博形象宣传片《梦从世博起，风从东方来》发行至广东、福建、江西、辽宁等10多家电视台，让全国更多观众提前欣赏到世博场馆的风采。

五岸传播在国内版权交易中，法制类、娱乐类、纪实类、青少年类节目成为主力资源，法制类和娱乐类更是其核心销售内容，连年占据国内节目版权销售额的80%以上，而娱乐板块节目的销售额则占销售总额近55%。

二、拓展海外市场营销

1996年，上海电视台节目购销中心策划、参与了在美国、法国、意大利、马来西亚等举办的大型节目交易活动，拓展了海外节目市场，同国内外数百家电视台和影视制作机构建立了广泛的业务联系。

在境外版权运营上，五岸传播依托传媒集团的产品和合作伙伴资源，发行节目由近及远、以点到面，从当地华语台入手，逐年涵盖中国港澳台地区、东亚、南亚、亚太、美洲、西欧的主流区域，并拓展非洲、中东的主流广电渠道和新媒体渠道。

自2004年起，五岸传播开始涉足"走出去"工程，开展海外市场的宣传推广工作。纪录片《房东蒋先生》《一个叫做家的地方》《小小读书郎》《逃亡上海》等分别销售到韩国EBS、加拿大电影局等国际传播机构以及中国香港凤凰卫视。同年，五岸传播还把传媒集团部分财经专题节目销售到新加坡航空公司。

2005年1月1日起，由五岸传播提供的传媒集团娱乐日播类资讯节目《娱乐在线》在美国加州最大的少数民族电视台播出。《家庭演播室》在凤凰卫视欧洲台、美洲台、MTV中文频道播出。

2006年，五岸传播国际发行市场覆盖北美、日韩、东南亚以及欧洲。《娱乐在线》进入美国洛杉矶18台(LA18)和韩国中华TV的黄金时间段。《开心公寓》节目输出到越南。《家庭演播室》被TVB8、MTV中文台、凤凰卫视、欧美等5家电视台购买。五岸传播还利用参加海外大型节目交易展的机会，向海外销售纪录片《唐山大地震》《生死罗布泊》以及其他节目。截至当年9月底，销售额为95 729美元。当年，国际发行成为五岸传播销售增长最快的板块，占整个业务收入的18%，同比增长12%，其中纪录片发行占国际发行节目种类的20%、素材类节目发行占15%、娱乐类节目发行为10%。同年，五岸传播还与纪实频道举办动物星球总动员DVD大赛，并与德国驻上海领事馆合作开展纪录片交流活动。

2007年，五岸传播把传媒集团近40档优秀节目发行到海外市场，累计发行时长超过750小时，同比翻番，交易额同比增长34%，其中发行综艺娱乐类节目162集，时长159小时。

2008年，五岸传播推出节目的主题销售、联播制作等营销举措，打造海外市场"顾问式销售"的品牌形象，海外年度销售总金额同比增长30%。当年海外销售占比方面，尽管综艺和生活时尚类节目仍然位居前两位，但五岸传播借助北京奥运会、中国文化年等契机，使纪实、新闻、体育类节目和影视剧在海外销售的比重显著增大。动画电影《风云决》被东南亚、欧洲等地区的主流片商购买。影视剧的海外发行有了新的扩展。五岸传播与传媒集团综艺部、ASTRO旗下的华语卫星频道WaTV联合策划运作了"我只在乎你"特别晚会，把传媒集团的慈善节目品牌《闪电星感动》带入马来西亚，成为中国慈善类节目跨出国门、向海外输出的一次突破性尝试。

2009年，五岸传播以主题性、综合性、创新性和可持续性为宗旨，策划和运作了"华语节目海外大联播"的全年营销项目,成功包装和推广了传媒集团出品的多个综艺节目以及特别晚会。

2010 年,五岸传播海外业务从单一发行扩展到商务咨询、项目代理和现代剧海外发行。由上视传媒(尚世影业)投资出品、五岸传播代理海外发行的 32 集电视剧《杜拉拉升职记》,累计单集销售金额突破 1 万美元。

截至 2010 年,五岸传播节目出口发行到达的地域逐渐覆盖美国、英国、澳大利亚等 50 多个国家和地区,并延伸至多种视频媒体平台。

三、参与节展和推广品牌

2005—2010 年,五岸传播参加多个国内外大型专业影视节展,通过承担相关组展工作和参展活动,推广传媒集团的节目和产品,促进版权交易额的增长和品牌影响力的提升。

2005 年,五岸传播参加国内外 10 多个大型电视节,举办传媒集团媒体推介会、节目客户交流会以及对外节目交流会等宣传推广活动。同年 10 月,国家广电总局委托五岸传播牵头,联合国内参展商,搭建中国联合展台,集中展示中国传媒影视业的发展进步。这是中国首次以联合展台的形式参加法国戛纳秋季电视节(MIPCOM),并用统一的联合展册对外宣荐国内影视节目内容。其后,五岸传播统筹组织参展或参加的国内电视等节展和国际电视节目交易会等各达 30 多次,主要有:中国国际广播影视节目展、深圳文博会、上海电视节、上海传媒节、四川电视节、西部文博会、广州纪录片大会和迈阿密北美电视节(NATPE)、戛纳春季电视节(MIPTV)、戛纳秋季电视节(MIPCOM)、香港电视节(FILMART)、日本影视展(TIFFCOM)、新加坡亚洲电视节(ATF)、韩国电视节(BCWW)、国际纪录片节、卡塔尔半岛电视节等。其中,受国家广电总局委托承担完成每年一届的戛纳秋季电视节(MIPCOM)和新加坡亚洲电视节(ATF)的中国联合展台组织、设计、宣传及参展工作,得到各参展商和国家广电总局的好评,为中国文化"走出去"做出了贡献。

图 4-3-3　2009 年 8 月 30 日,五岸传播公司在中国国际广播影视节目展上
设置上海文广新闻传媒集团展台

为增强传媒集团在海内外业界的影响力,五岸传播于2006年举办首届VIP客户招商会、首届海外客户联谊会等。2008年,对年度重点全国发行项目《上班这点事》举行国内各地开播宣传和见面会的同时,实现网络平媒多平台交叉宣传,还介入传媒集团动画电影《风云决》的推广工作,配合传媒集团影视剧中心做好国内宣传,在海外先后主导了该片在业界权威杂志《好莱坞报道》上的宣传和报道,电影首映礼全球联播以及影片在中国香港国际电影节、法国戛纳秋季电视节(MIPCOM)和日本东京电影节的推广。2009年,五岸传播以中国2010年上海世博会为重点宣发任务,积极推广传媒集团定制的世博节目《世博链接》,助推"中国热""东方风"。在上海世博会举办期间,五岸传播在世博船坞剧场向全世界儿童奉献了优秀多媒体舞台儿童剧《芝麻街魔法地图探险》。该儿童剧作为世博会官方组织举办的24项活动之一,从2010年5月1日开始,一直演出到同年10月31日。

四、版权经营向新媒体拓展

随着业务拓展与海内外新媒体的崛起,五岸传播投入节目代理发行、项目投资及多业态、全方位的新媒体合作业务。

2005年,五岸传播与探索亚洲有限公司签订其品牌节目《动物星球》的大陆代理发行合同,建立遍布国内30个省、市40多个城市的发行网络;与北美VOD网络点播运营商——CHINA PORTAL合作,把传媒集团节目内容提供到其在北美的视频点播网站,供北美华语用户点击收视。2007年,五岸传播继续在向海外新媒体输出节目上发力,与日本宽频门户网站签约,进行节目交易。

五、版权内容多元化发行

五岸传播开拓多形式、广合作的发行业务。2006年,受上海上腾娱乐有限公司委托,协助《我型我秀》在全国4家电视台地面推广;受上海自然美化妆品有限公司委托,将其节目发行到全国20余家电视台。这两个节目均取得良好的经济效益。2008年,五岸传播挖掘、汇拢市场化和高品质节目资源,充实节目库的种类和数量,提升可供发行节目的质量和销售潜能,向国内外市场代理发行《明星带你看赛场》《真实的故事》《发现档案》《旅行者》《东京印象》《华丽冒险》等节目。同年下半年,五岸传播全面尝试和开拓节目产品的授权业务,作为传媒集团版权内容《网球王子》真人电视剧的二级代理方,通过衍生产品和发行代理,实现销售收入44万元。

五岸传播主动向影视产业链上游延伸,涉及文化产业的其他业态。2009年,五岸传播从发行向剧本、宣传等环节介入,相继签订了《爱情公寓》《刁蛮娇妻苏小妹》等剧目。

五岸传播在版权经营上重视节目内容素材的利用价值,销售实施素材分级化、珍贵素材高价化的市场化运作。2009年,五岸传播根据市场对法制节目的需求,开发传媒集团内外既有节目素材,通过策划、挑选、重新包装等环节,挖掘现有自制和代理版权节目素材的增值潜力,提升节目的有效使用率,实现成本效益最大化,重新打造全新的法制节目《奇案实录》,完成260集并作为重点发行的内容之一。五岸传播还出版发行《邓小平与上海》《老娘舅》《老电影、老上海》《新西藏》等声像制品,出版发行《终极对话》《名医大会诊》等电视栏目相关书籍。

此外,五岸传播充分利用海外平台资源,与传媒集团内外相关部门合作,摸索出一条将国际知名节目品牌(包括节目、音像、衍生产品)整体引入中国市场的道路,操作的项目有日本读卖电视台的电视动画片《名侦探柯南》和全球一流教育品牌《芝麻街》等。2009 年,五岸传播正式成为美国著名儿童教育品牌芝麻街中国大陆地区独家总代理后,又整合优化双方的优质资源,在帮助中国少年儿童拓宽知识面的同时,注入"中国元素",传播中国 2010 年上海世博会的主题内容。

2010 年,五岸传播继续贯彻"区域分级化、平台差异化、节目细分化、方案多变化"的发行策略。公司以重点项目为突破口,做好电视版权节目和素材、广播节目、代理节目的销售资源增量,拓宽渠道和市场,打造版权营销枢纽。公司的引进、代理、自制项目共同推进,新媒体业务和国际业务占总体业务比例不断提升,全年实现收入 7 598 万元,比 2009 年增加 2 080 万元,增长率达 38%,获得由国家商务部、文化部、广电总局、新闻出版总署联合授予的"2009—2010 年度国家文化出口重点企业"称号。

第四章　有线电视网络经营

1998年底,市委、市政府为加快上海信息化发展步伐,实行网台分离改革,上海有线电视台网络部改制成上海有线网络有限公司(2004年8月更名为东方有线网络有限公司,以下简称"东方有线"),由上海市信息投资股份有限公司、上海市广播电影电视局、东方明珠(集团)股份有限公司共同出资,以股份制方式组建。东方有线负责经营的上海有线电视网络,涵盖针对市民家庭的基础业务、面向企事业单位的专项业务和基于网络平台满足用户个性化需求的增值业务。东方有线不断完善管理机制,建立服务体系,确保安全播出,经营业绩获得稳步进展。

第一节　基　础　业　务

东方有线的基础业务是建设和维护整个上海市的有线电视网络,为上海居民传输安全、稳定、清晰的有线电视节目及提供其他增值服务。随着上海有线电视数字化整体转换的实施,传统的有线模拟电视转换为新兴的有线数字电视,能为全市居民提供更高品质的电视节目。

有线电视网络基础业务包括有线电视收视维护业务、外省市卫视落地进网业务、房产配套建设安装工程业务、互动电视业务及个人宽带接入业务。

一、有线电视收视维护

有线电视收视维护业务包含有线电视网络建设维护和有线电视节目播出、传输、入户系统,是保障用户正常接收有线电视信号的服务,并按户(个人)或按终端(企业)向用户收取一次性建设费用和日常维护费用。截至2000年11月底,东方有线完成70万户双向接入网改造,上海有线网络的用户总数突破315万户,其中双向网用户达100万户。随着网络建设范围不断扩大,用户数逐年增加,收视费收入呈现稳步上升的态势。2000年市区收入2.35亿元;2001年市区收入3.21亿元;2002年市区收入4.14亿元,郊区收入0.43亿元;2003年市区收入4.44亿元,郊区收入0.57亿元;2004年市区收入3.00亿元,郊区收入1.37亿元;2005年市区收入4.62亿元,郊区收入2.07亿元;2006年,东方有线进一步规范居民有线电视收视维护费收费管理,市区收入4.74亿元,郊区收入1.99亿元;2007年市区收入4.86亿元,郊区收入2.81亿元。

有线电视数字化整体转换后,原来只能传输几十套模拟电视节目的有线网络可以传输几百套数字电视节目。2007年,东方有线在上海市虹口区、长宁区设置整体转换的试点,完成20.85万户数字电视整体转换。2009年,东方有线完成有线数字电视收视费的价格听证,有线数字电视基本收视维护费标准定为每户23元/月。同时,制定上海郊区有线电视网络整合方案,布局形成"一城一网"的网络基础设施,与松江、南汇、金山、浦东、闵行等区开展数字电视业务合作,制定统一的全市数字电视相关标准。2010年1月起,东方有线全面启动市中心城区有线电视数字化整体转换及下一代广播电视网NGB网络(以下简称NGB)建设工作,每月以约20万户速度推进。截至当年底,市中心城区完成整体转换超过220万户,共计安装机顶盒400余万台,其中互动型机顶盒超200

万台。东方有线 2010 年基本完成中心城区有线电视数字化整体转换和 NGB100 万户示范网建设,能为有线数字电视用户提供 121 套标清数字电视频道。2008 年市区收视费收入 4.80 亿元,郊区收入 3.46 亿元;2009 年市区收入 4.89 亿元,郊区收入 3.13 亿元;2010 年市区收入 5.21 亿元,郊区收入 3.35 亿元。2011 年,东方有线完成上海市有线网络整合,形成建设、维护、运营为一体的"一城一网"。

二、外省市卫视落地进网

东方有线接收各地卫视或有线付费电视频道,将其并入上海有线电视网络传输,且以此收取入网费,或与节目运营商进行收入分成。2000 年 2 月起,东方有线先后与云南、内蒙古、北京、安徽、重庆、湖南、山西、宁夏、江西、山东 10 家电视台签订有关接收传输卫视节目的协议,并按协议实施进网播出。截至当年 8 月底,上海有线网络模拟网承担了 30 套卫星电视节目的播出。2003 年完成中央电视台数字节目播出建设项目,以及外地卫视落地数字化等建设项目,卫视落地收入 2 074 万元,同比增长 574.51%;2004 年收入 4 895 万元,2005 年收入 6 337 万元,2006 年收入 7 863 万元,2007 年收入 8 910 万元,2008 年收入 9 157 万元,2009 年收入 9 635 万元。截至 2010 年,东方有线落地进网的卫视频道共计 32 个,当年收入 9 859 万元。

三、房产配套安装

东方有线和区县有线电视中心承担上海新建商品房公共基础设施配套组成部分的有线电视建设,配套工程费按照建筑面积计算。2000 年市区收入配套安装费 0.82 亿元;2001 年市区收入 0.39 亿元;2002 年市区收入 1.00 亿元,郊区收入 0.10 亿元;2003 年市区收入 0.86 亿元,郊区收入 0.08 亿元;2004 年市区收入 0.63 亿元,郊区收入 0.50 亿元;2005 年房产配套预销售近 4 万户,市区收入 1.50 亿元,郊区收入 1.18 亿元;2006 年完成有线电视住宅配套定标、定额工作,实行主辅材价格网上公布,进行新标准配套试点,建立与设计单位的业务衔接,编制内部操作流程,市区收入 1.92 亿元,郊区收入 1.61 亿元;2007 年市区收入 1.92 亿元,郊区收入 1.30 亿元;2008 年市区收入 1.45 亿元,郊区收入 1.10 亿元;2009 年市区收入 1.08 亿元,郊区收入 1.60 亿元。2010 年 3 月 1 日起免费为每户居民配置 1 台准交互型标清数字电视机顶盒和 1 台基本型标清数字电视机顶盒,当年市区收入配套安装费 1.11 亿元,郊区收入 2.37 亿元。

四、互动电视

互动电视业务是东方有线利用 NGB 高带宽、强交互能力,为家庭用户提供的各类有线电视增值服务,包括高清和标清专业付费频道,以及视频点播、数字录像、时移回看、证券理财、课堂教育、卡拉 OK、缴费支付和商品购物等交互应用。互动电视具有的交互应用功能打破了传统收看模式,实现用户与电视节目播出方的互动,使电视机真正成为家庭信息服务终端。

2005 年,东方有线成立"数字电视业务专项开发小组",推出交互电视试运行平台,数字信息家庭综合服务平台基本搭建完成,引起各方广泛关注和好评,获得上海工博会"创新奖"。

2006 年,东方有线成立交互业务推进工作小组,加快视频点播(VOD)和数字录播(DVR)等业务的应用开发以及"东方有线互动电视"的试运营准备,基本完成以数字电视为业务基础的用户管理、认证和账户体系的规划。结合整体转换,优化数字电视节目的合作模式,建立内容合作伙伴管理体系和信息资讯运营机制,完善数据广播业务的传播方式,探索集成各类内容的公益性信息服务合作模式,引进高清数字电视频道,推出高清数字电视运营服务。

2007年,东方有线以数字电视整体转换试点为契机,在转换区域推广付费频道、时移回看、视频点播等各项数字电视增值业务,同时针对个人宽带接入"有线通"用户,开展"互动电视进万家"营销活动,进一步加强视频和数字业务的融合。

2008年,东方有线以北京奥运会举办为契机,大力发展高清电视、付费频道、视频点播等多项互动电视增值业务,发展互动电视新用户超16万户;成功推出互动家庭组合业务品牌,通过将"有线通"用户和互动电视用户升级为互动家庭用户,提高用户黏合度,降低流失率,新发展互动家庭用户超3万户;进一步丰富高清、外省市卫视及付费频道的内容,优化电子节目菜单、电视回看、证券行情、卡拉OK、电视支付等互动电视增值业务功能;发展电视回看、点播等互动功能用户超3.5万户,互动电视平台价值得到极大提升。

2010年,东方有线与上海东方传媒(集团)有限公司签订战略合作协议,入股文广互动公司,共同搭建更加开放的增值服务内容平台,开展以高清、互动等为主要特征的家庭文化娱乐服务。落地全部10套免费高清节目以及高清新视觉、CHC高清电影、搏击等5套付费高清节目,并在视频点播平台上增加高清点播节目,丰富高清节目内容。随着整体转换和NGB网络建设推进,通过"订购高清互动内容,免费送高清机顶盒"等营销活动,新发展高清互动用户超10万户,累计发展高清付费用户超12万户。伴随互动电视用户的不断增加,该项收入也逐年上升,从2006年收入3 783万元,2010年递增到4 140万元。

2010年底,东方有线拥有包括3D频道在内的12套基于有线网络传输的高清频道,高清频道数量全国领先;推出基于IP传输的高清点播回看专区及3D点播专区,提供高清、3D视频点播及回看服务;拥有与文广互动公司合作的超过8 000小时节目内容的点播平台;互动电视用户总量达到23.22万户。

五、个人宽带接入

东方有线以首个获得国务院批准的"三网融合"试点单位为基础,1999年率先为上海市民推出"有线通"宽带业务,是上海地区主要的家庭接入运营商之一,并基于各种接入手段向个人用户提供互联网接入业务,按月或按年向用户收取信息费。

2000年,东方有线对有线广播电视网进行双向改造,并以双向网为基础向用户提供宽带接入服务。当年10月1日开始把整个业务运营支撑系统(BOSS系统)投入试验运行,12月起向社会正式推出"有线通"服务。首期服务接入45兆互联网出口,能提供互联网服务、WEB服务、电子邮件服务、多媒体信息服务等应用环境,并通过与在线游戏类的联众网络、在线证券类的证券之星、高速下载类的电脑之家、民政局的社区网等能够体现宽带特色的ICP合作,极大地丰富了"有线通"的内容服务。

2004年,东方有线统一"有线通"和付费数字电视产品的营销政策,完成大众产品和企业数据产品的产品手册,推出"有线通"积分计划。2005年实现原宽带付费电视用户近80%的有效续费。

2007年,东方有线成立"有线通"专项小组,对"有线通"业务进行全面分析梳理,制定以"保持现有市场份额、降低流失率、控制运营成本、加强品牌建设、大力发展新用户"为主要抓手的营销计划。通过强化"用户关怀",调整老用户续费政策,实现了用户满意度的较大提升。"有线通"新增用户数创 10 万户以上历史新高,用户月均投诉量和报修量较 2006 年分别下降 30％和 12％,流失率控制在 19％以内。

2009 年,东方有线作为建设和运营主体,在上海率先建设下一代广播电视网(NGB),新建或改建接入网时采用 EPON＋EOC(EOC 采用 C－HPAV 技术标准)方式为个人宽带提供服务。

2010 年,东方有线在已建成下一代广播电视网(NGB)区域内开展与上海联通、上海移动等运营商的战略合作,共同推出"宽视通""E 家通"高速宽带接入业务;正式推出 4—10 M 高速宽带产品,发展 NGB 高速宽带体验用户近 3 万户。同时,与网络新媒体服务供应商合作,推进互联网内容建设,引入包括土豆网、激动网、众源网络、聚力传媒等合作伙伴,通过与其他"三网融合"试点城市的互联互通,构建全国广电互联网内容中心。

东方有线大众"有线通"业务 2002 年收入 10 057 万元,2003 年 14 388 万元,2004 年 17 564 万元,2005 年 21 059 万元,2006 年 23 014 万元,2007 年 28 146 万元,2008 年 30 912 万元,2009 年 31 181 万元,2010 年 29 872 万元。

第二节 专 项 业 务

专项业务是东方有线面向企事业用户提供的互联网接入、专线专网线路租赁、互联网数据中心(IDC)、系统集成等业务的总称。东方有线专项业务自 2003 年开展后,为全市包括政府机关、金融行业等在内的众多用户提供高效的网络互联与综合通信服务。东方有线专项业务实现服务客户数过万,业务年收入由 2003 年的 200 余万元增加至 2010 年 2.89 亿元,成为东方有线业务收入及利润的主要来源之一。

一、企业有线电视

企业有线电视是东方有线提供的、针对企业客户的行业解决方案。企业有线电视通过编码、复用、调制等设备,把数字电视信号与客户的信息发布系统相结合,混网传输,满足客户的各种个性化需求,并统一由高清电视终端呈现,用统一的遥控器控制收看。

2000 年 11 月起,东方有线对酒店联网所需光缆路由和酒店内部系统进行勘测、设计,并进行大量的协调工作,为工程的进行扫除障碍。截至年底,完成联网酒店 27 家,联网工程量完成 95％,联网率达到 80％。2001 年后,酒店联网工程稳步开展,新接入酒店数逐年递增。2008 年底,东方有线数字电视网络开始 NGB 整改,从传统广电网单向广播的方式向双向宽带过渡,实现整体网络的双向化、宽带化和互动化,为酒店行业客户提供全方位的数字电视及数据接入服务。同时,为迎接中国 2010 年上海世博会的召开,作为数字电视信号的主流供应商,由于信号的抗干扰能力、稳定性强等优势,东方有线作为酒店行业、特别是高端酒店客户的第一选择,新接入酒店客户数大增,从 2008 年新接入酒店 35 家,到 2010 年新增接入酒店 153 家。

二、企业专网

2003 年开始,东方有线向企事业单位用户提供先进、安全、可靠的基于传输设备的多业务传送平台(SDH/MSTP)的专网解决方案,实现高速率、低延迟、安全的专线传输。东方有线SDH骨干网采用思科(CISCO)多业务传送平台组建的10G高速SDH环网,并采用智能的统一管理,支持端到端全程智能网管,由东方有线24小时监控中心负责监控网络运行状态,以保障用户的使用体验。基于SDH/MSTP专网的解决方案为金融、消防等行业提供生产、数据、视频监控、办公应用等方面的服务。

东方有线自2003年开始向用户提供安全、稳定、高速的互联网接入服务,以及各种级别的互联网接入产品,以满足不同用户的个性化要求。互联网接入产品主要包括光纤互联网接入,光纤到楼和局域网(FTTB+LAN)互联网接入及NGB企业宽带接入,能够保障用户的各种带宽及安全性需求。截至2010年,已为各类企事业单位提供互联网接入服务超过4000余户。

三、互联网数据中心(IDC)

东方有线向用户提供主机托管、机架出租、空间出租、VIP机房出租、IP地址出租、电力出租、专线接入等服务,以及系统集成、系统维护(系统配置、数据备份、故障排除服务)、安全管理服务(如带宽管理、流量分析、负载均衡、入侵检测、系统漏洞诊断)等。东方有线IDC为上海政府云、医疗云计算平台提供托管服务,其市政府和行业数据中心多年来一直安全运行,无电力故障。

2006年,东方有线企业数据业务继续提高金融行业渗透率,在民生银行、深圳发展银行取得突破,实现向银行系统多业务、多产品的拓展。3月底完成市政务外网项目中各委办局系统调通;6月底完成区县政务外网与市网的汇接工作,形成统一的政务外网网络系统。按照市信息委、市人口办的统一要求,全面完成外来人口管理系统的联网建设。细化用户群体,有针对性地拓展企业数据新业务,在物流、汽车等行业有所突破;并以教委网上阅卷项目等为代表,尝试系统集成项目的承接。同时,推进区企合作,与虹口区政府共同建设的集数字电视产品研发、制作、商务办公等功能于一体的数字电视产业园区于同年11月正式揭牌。

2008年,东方有线在政府部门及金融、物流等行业拓展专网服务应用,把2003年建成的传输设备(SDH)骨干网资源全部销售完,使投资效益得到最大化。2008年企业数据业务新增合同额9 552万元,同比增长39.95%,创历史新高。政务外网实现覆盖全市国库集中支付单位。参与党员远程教育项目,实现该电视节目直播和内嵌码流的广播,和IPTV形成"两分天下"格局。

2009—2010年,东方有线企业数据业务注重开拓新领域,挖掘新需求,发展新客户,在保险、证券、航空、商贸、邮政等行业大力拓展新业务,同时巩固政府、金融和文教卫生等重点行业客户,进一步扩大企业数据业务的市场影响和份额。全面梳理和优化各类产品定义、产品价格和折扣规则等,加强新产品的试点推广力度,完成商铺通产品、一线双享产品、酒店产品等多个试点方案,为业务后续发展打好基础。实现酒店业务专项合作和党员远程教育个人市场的突破。推出企业专线老用户续约优惠、东方快线4M超享、企业专线销售冲刺等多个促销活动。积极参与世博信息化项目,整合全业务全产品,尝试在高端酒店行业拓展。2009年企业数据业务收入超2亿元,同比增长12.36%。

第三节　增　值　业　务

2009年,东方有线进一步优化资源配置,发展增值业务,推广以"高清、实时交互"为主要特征的高速宽带、高清点播、电视金融、互动教育等各类增值应用,探索基于数字电视平台的创新业务模式,提高数字电视业务的盈利能力,形成有线电视网络新的经济增长点。

一、智慧社区

2007年,东方有线与虹口区政府合作,在互动电视上推出虹口政务栏目。该栏目以广播形式向有线用户推送虹口区的区、街道两级政务公开和便民信息,是智慧社区的早期雏形。虹口政务包含便民提示、虹口概况、虹口新闻、办事指南、社区之窗5个栏目,覆盖虹口区10个街道的各类公开和便民信息,这标志着有线电视从单纯的播放电视节目扩展到信息服务领域。此后,陆续开通智慧功能的区还有:闵行、长宁、松江、静安、浦东、金山、青浦、嘉定,覆盖率达50%。

二、电视金融

数字电视网络对安全性、可靠性、终端能力和服务手段的提升为数字电视金融服务的发展提供了保障。东方有线从2007年开始着手包括电视银行、电视证券、便民支付等服务功能的研发和建设。

电视银行以银行金融服务平台为基础,为用户提供基于数字电视的家庭个人银行服务,用户可以享有银行账户查询、转账、支付、理财等个性化服务。电视银行自2009年9月上线后,陆续实现交易类服务,包括账户管理、第三方存管、转账汇款、黄金买卖、理财产品购买、基金投资等功能;信息类服务包括银行业务信息、证券信息、基金信息、黄金信息、外汇信息等功能。

电视证券资讯系统是数字电视与证券行业的结合,通过互动电视,为用户提供证券信息服务。电视证券自2009年11月上线后,陆续实现证券行情类服务,包括实时行情、技术指标、F10信息、公告信息等功能;证券资讯类服务包括最新资讯、专家荐股、港股投资、资金流量等证券理财综合信息服务功能。

便民付费是基于上海有线电视网络的安全性、稳定性和交互性等优势,为上海数字电视用户提供的一项便捷、安全的账单支付服务,是网络支付服务向数字电视终端的延伸。便民付费自2009年9月上线后,实现数字电视业务账单、公用事业费账单(包括水、电、煤气等账单)、电信运营商账单等在数字电视上的实时缴费功能。

2010年,东方有线加快数字电视金融支付平台建设,联合第三方金融支付公司,发放具有金融支付、金融转账、金融消费三大功能的"东方有线数字电视卡",发卡率达98%以上,达到100万户活跃用户规模。同时,公司与各大金融服务机构合作,依托有线数字电视支付平台,发展约20万户家庭金融交互用户。

三、高清视频通讯

高清视频通讯是利用NGB网络,借助电视机、机顶盒以及专用外设,实现高清视频画质的用户视频通讯,是体现下一代宽带网络技术进步的重点应用之一。

2010年,东方有线开始NGB网络建设,高清视频通讯作为NGB网络的重要应用,下半年实现高清视频通讯的实验室演示,并在NGB峰会等重要场合进行演示,证明NGB网络在技术上的先进性和可靠性,体现了 NGB 网络对人们生活通讯联络的质量带来巨大的提升,为未来高清视频通讯及在此基础上的远程医疗、远程教育等应用的开发和商用奠定了基础。

四、电视教育

东方有线自 2009 年开始,依托数字电视交互平台建设一项新型的多媒体教育类应用——"优化学习"教育平台。面向上海市中小早幼群体,整合优质教育资源,调动本市名师基地强大的师资力量,精心设计生动、形象的电视课程,让所有受教育者都可低成本、低负担地获得形式多样、内容全面的优质教育。

"优化学习"教育平台以教育视频的点播和广播为主要表现方式,充分利用数字互动电视平台的互动特色,赋予用户信息选择自主权。2010 年,东方有线与专业教育机构合作,盘活全市优质教育资源,开展互动教育服务,初三、高三课程教育内容正式商用上线,年底实现部分课程同步上线。

五、游戏娱乐

电视游戏娱乐是通过互动电视机顶盒实现的电视单机游戏、交互游戏,以及卡拉 OK 等娱乐类应用业务。

随着数字电视机顶盒进入互动时代,东方有线开始研发基于互动平台的电视游戏服务。2007年下半年,东方有线以免费试用方式为互动电视用户提供基于 java 中间件(中间件是提供系统软件和应用软件之间连接的软件,以便于软件各部件之间的沟通)的电视游戏服务,分为单机和联网对战两类游戏,包含俄罗斯方块、推箱子、象棋、五子棋、八十分、斗地主等 8 款游戏内容。同时推出基于互动电视中间件平台的卡拉 OK 业务免费体验,实现卡拉歌曲点唱,歌曲播放列表的增、删、切、插,歌曲原伴唱切换等传统卡拉 OK 歌厅功能,丰富了互动电视应用的形式和内容。

随着 NGB 网络建设的开展和高清业务普及,东方有线于 2010 年下半年面向高清用户提供高清版游戏体验试用服务。

第四节　运营管理

东方有线以转型发展为主线,推动全业务运营,通过实施数字化整转和 NGB 建设重大工程,优化公司运营机制,提高管理效率,基本完成公益性企业向综合信息服务运营商的转型,并在产业经营中确保社会效益的体现。

一、管理机制

2005 年,东方有线建立直销体系、促销体系(面向"有线通"和数字电视)、代理渠道体系(面向全产品,尤其是专线产品)、街道站体系(强化宣传功能)等多层次市场体系,并初步构建起包括设备供应商、内容提供商乃至工程队和外包安装公司在内的市场合作体系。代理商体系的建立和功能的发挥,在当年"有线通"和企业数据专线业务中得到明显体现,"有线通"渠道销售对用户发展平均贡献率为 48.3%,企业数据渠道对合同额的平均贡献率为 35.3%。街道站体系的营销宣传能力不断提高,在收视费收取、用户服务、增值业务的开展和社区展板、电梯广告、011直投等各类宣传渠道的推出等方面做出较多贡献。

同年,东方有线强化基础管理规范,建立并逐步完善公司内控体系。制订、优化各项制度30余项,健全管理体制与机制。加强对物资采购、供应、储运与领用的管理,做到物资收、发、存的账实相符,提高库存物资周转率,减少库存物资3800万元。项目管理实现全流程统一规范。

2006年,东方有线以强化财务管理为核心,制定《全面预算管理制度》,完善公司财务管理框架体系并运行。加强精细化管理,建立资产价值管理体系,实现资产账、卡、物的责任到人管理。基本完成业务流程管理系统建设,实现审批流程电子化,提高工作效率近50%。

2007年,东方有线强化自查自纠内审工作,以物资管理、工程管理、财务管理等作为自查重点,初步建立起规范管理和加强内控的长效机制。同时,修订和规范运维制度,根据不同业务情况重新组织编写新的故障定义与故障等级分类;拟定数字电视整体运维规范,为整体转换后的运维工作提供保障。

2010年,东方有线成立投资管理部和质量管理部两个一级部门,为探索建立科学、规范、高效的郊区子公司管控模式做好准备。积极推进人力资源优化配置和管理工作,完成核心人员选拔及激励机制建设和绩效体系优化,保证公司核心队伍的稳定性和可持续发展性。开展全员培训,积极做好呼叫中心座席等人员招聘工作。

二、服务体系

2005年,东方有线增强客户服务意识,树立优质服务品牌,部署实施"优质服务季"活动,公司内部二线服务一线的氛围初步形成。

2006年,东方有线在客服、运行维护、工程方面提升能力,用户投诉率由2005年的0.032%下降到2006年的0.026%。当年启动呼叫中心扩容项目,完善呼叫中心各项制度。

2007年,东方有线制订客户服务综合评价指标体系和客户流失预警系统方案,梳理业务受理界面,形成多渠道、多方式、多功能受理服务体系。"有线通"用户月均投诉量较2006年下降30%。

2008年,东方有线开展网上营业厅以及合作营业厅建设,丰富公司营销渠道;推进账单化收费工作,建立客户账务等级服务体系;完成市民数字电视服务中心项目建设方案,为全面提升呼叫中心的响应速度和服务水平奠定基础;加强服务质量检查,快速响应和处理用户投诉,强化服务质量问题的跟踪、反馈和责任认定,建立服务质量通报制度和典型案例共享机制。

2009年,东方有线开展"找短板、促改进、树形象"活动,强化员工的服务意识,完善公司的服务体系,有效提升了客户满意度。

2010年,东方有线开展"保整转奋战365天,热线通畅、服务贴心"竞赛活动,制订《客户服务部合理化建议征集和评选办法》,改进各项服务流程;推进营业厅规范化管理,全面启动人员在岗培训,提升整转区用户服务响应速

图4-4-1 遍布全市的东方有线营业厅为有线电视用户提供便捷、周到的服务(摄于2008年)

度,完善服务处理机制;建立大众运维人员分级机制、属地便民服务机制和多次报修、疑难单处理机制,确保及时响应;加强整体转换服务抽查、定期检查机制,确保及时发现问题、反馈问题、解决问题,提高用户满意度。

2010年,东方有线通过"'有线通'客户挽留"主题活动,"有线通"用户流失数量一季度同比下降7.43%;二季度通过"高清促销竞赛"活动,使营业厅渠道增值业务销售收入环比上升110%。

三、安全保障

东方有线在产业经营中把重要宣传保障期的网络安全视为"生命线",确保传输、播出信号安全运行。2006年实现播出总前端安全传输525 600分钟,有线电视安全运行3 241.2百小时,故障率为0.24秒/百小时,数字电视安全运行11 388百小时,故障率为0.092秒/百小时。成功确保上海合作组织峰会期间通信畅通,做到有线电视、数字电视、"有线通"维修排障工作无返修、无故障升级、无市民投诉。

2007—2009年,东方有线圆满完成中国共产党第十七次全国代表大会、北京第二十九届夏季奥林匹克运动会、庆祝中华人民共和国成立60周年活动等重要保障期的安全传输和安全播出保障工作,运维保障体系做到万无一失。

2010年,东方有线圆满完成中国2010年上海世博会世博园区各类场馆的有线电视接入和信号传输,保障了世博公众信息发布系统的稳定运行,做到世博期间全市有线电视网络的安全运营,安全播出率保持在99.999%以上。

2010年,东方有线进入项目大投资、大建设和业务大布局、大发展时期。在"三网融合"大背景下,围绕市中心城区数字化整体转换和NGB示范网建设,初步完成所管辖有线网络的升级换代,"三网融合"业务布局初现雏形,为后续全市有线网络整合、全面推进"三网融合"、应对电信城市光网竞争、参与"智慧城市"建设奠定了扎实的网络平台基础。

四、经营业绩

东方有线把规范化运营管理的重点放在其主营业务即面向全市社区、家庭的基础业务上,经营项目不断扩展,服务质量不断提高,受到广大用户的好评和信赖,经营业绩呈现出从迅猛增长到稳步发展的态势。

表4-4-1 2000—2010年上海有线电视网络基础业务经营情况表　　　　单位:亿元

| 年 份 | 有线电视收视维护费 | | 外省市卫视落地进网费 | 房产配套建设安装工程费 | | 互动电视业务费 | 宽带接入业务费 | 总 计 |
	市区	郊区		市区	郊区			
2000年	2.35	——	——	0.82	——	——	——	3.17
2001年	3.21	——	0.05	0.39	——	——	0.26	3.91
2002年	4.14	0.43	0.04	1.00	0.10	——	1.01	6.72
2003年	4.44	0.57	0.21	0.86	0.08	——	1.44	7.60

（续表）

年　份	有线电视收视 维护费		外省市卫 视落地进 网费	房产配套建设 安装工程费		互动电视 业务费	宽带接入 业务费	总　计
	市区	郊区		市区	郊区			
2004 年	3.00	1.37	0.49	0.63	0.50	—	1.76	7.75
2005 年	4.62	2.07	0.63	1.50	1.18	—	2.11	12.11
2006 年	4.74	1.99	0.79	1.92	1.61	0.38	2.30	13.73
2007 年	4.86	2.81	0.89	1.92	1.30	0.45	2.81	15.04
2008 年	4.80	3.46	0.92	1.45	1.10	0.46	3.09	15.28
2009 年	4.89	3.13	0.96	1.08	1.60	0.33	3.12	15.11
2010 年	5.21	3.35	0.99	1.11	2.37	0.41	2.99	16.43

说明：此表数据由市广电局财务部门、上海东方有线网络有限公司提供(其中空格表示相关业务尚未开展而数据空缺)。

第五章 交互式网络电视(IPTV)业务经营

传媒集团百视通公司与上海电信合作经营的交互式网络电视(以下简称 IPTV)业务,顺应"三网融合"的技术与业务需求。从 IPTV 试点探索开始,百视通公司投入技术研发与内容运营,逐步形成具备多种功能的业务特色,并增强技术服务与市场营销能力,用户规模不断扩大,经营业绩逐年提升,成为国内领先的网络媒体视听业务运营商、服务商,被国际媒体评价为全球著名的 IPTV 产业品牌之一,为上海广播电视产业化经营开拓了一条新路。

第一节 试 点 探 索

2003 年底起,传媒集团联合闸北区科委、上海电信,在闸北区开始交互式网络电视 IPTV 业务的技术试验和业务试点,试点用户为 3 000 户。2004 年 3 月,国家广电总局社管司领导多次考察闸北试验点,肯定传媒集团负责内容提供、管控,上海电信负责网络接入服务的 IPTV 试验业务模式。国家广电总局 2004 年 3 月 22 日向传媒集团发放了全国第一张 IPTV 运营牌照,推动我国 IPTV 产业探索。

哈尔滨是传媒集团获得 IPTV 运营牌照后启动的首个 IPTV 业务市场运营试点。传媒集团与哈尔滨网通达成业务合作协议,投资数亿元购置系统设备和机顶盒,掌握了哈尔滨 IPTV 内容集成、电子导视系统(EPG)、用户管理等关键业务环节,由此形成国内第一个"广电主导、电信运营商参与"的 IPTV 业务规范试点。

2005 年 3 月,传媒集团获得国家广电总局颁发的全国首张 IPTV 集成运营牌照。同年 6 月,传媒集团与上海电信签署 IPTV 商用合作协议,在尚未推广数字电视的闵行地区启动 IPTV 业务商用试播。同年 11 月,传媒集团下属专门运营 IPTV 业务的百视通网络电视技术发展有限责任公司(以下简称"百视通")组建成立。

百视通成立后,与中国电信、中国网通合作,从试点开始跨地域运营 IPTV 业务,建立了一套以上海为总平台、外省市为分平台的全程全网 IP 电视播控系统,创建了跨地域设立经营机构直接服务当地用户的全新模式。IPTV 用户拓展至全国多个省份,其中,黑龙江、辽宁、浙江、福建、陕西 5 个试点省份的用户数占总数 70%。

百视通与合作伙伴携手,在新媒体技术、内容及版权方面投资超过 10 亿元,获批 200 项 IPTV 专利和核心软件著作权,在电子节目指南(EPG)、数字版权管理(DRM)、视频分发、智能搜索、智能推荐、收视分析与数据分析等领域形成优势。IPTV 开播了 100 多个直播频道、视频点播(VOD)、时移电视、电视游戏与增值业务。百视通媒体资源库拥有 35 万小时的版权内容资源储备,其中集合了国内外优秀的影视、财经、体育、新闻等 10 万小时的精品版权内容资源,拥有的独家、热点版权内容资源总量居全国新媒体企业之首。

百视通依托传媒集团的内容资产及内容生产、内容管理、技术研发与新媒体运营等综合优势,构筑可持续发展的新媒体业务商业模式,所创立的"广电集成播控,电信负责传输"的 IPTV"上海模式"得到业界及合作商的肯定,被业界专家誉为在中国具有普遍推行意义的新媒体商用模式。"上海模式"的基本宗旨是"广电主导、分工负责、优势互补"。电信网络运营商、终端设备商均按照百视通定义的行业标准对接广电 IPTV 播控平台,形成国内全程全网 IPTV 系统,推动"三网融合"产业链整合,为深入推进"三网融合"积累技术基础、运营经验。

第二节 业　务　特　色

百视通 IPTV 提供的服务包括频道直播、48 小时电视时移回看、视频点播(VOD)、信息服务、业务专区等主要板块。其中,视听业务是 IPTV 的主体,内容包括影视剧、音乐娱乐、新闻、体育、财经等。百视通 IPTV 每周点播内容集成量 1 000～1 500 小时,每年生产量达 5 万～6 万小时,实现 VOD 数字片库量 20 万小时。IPTV 信息类的服务包括阳光政务、互动教育、休闲游戏、互动购物、气象信息、旅游信息、棋牌游戏、休闲竞技等内容,受到全网用户青睐。上海 IPTV 与银行联调测试 IPTV 网络支付功能,开发的 IPTV 网银服务极大方便了 IPTV 用户。在上海、福建等地的光纤到户小区,用户可以观看 IPTV 高清节目。IPTV 在功能与互动内容方面均与传统电视呈现出显著的差异化。

在上海、浙江、福建等地,当地组织部门利用 IPTV 技术发展阳光政务党建项目,提供便民服务。IPTV 党员远程教育,社区、新农村服务,深受用户好评。"上海市党员干部现代远程教育平台"是在上海市委领导下推进的工程,按照"一点落地,全市覆盖"的总体框架,市里统一建设播出平台、教学资源库,区县负责教学站点建设,居民区和村作为主要接收站点,全市共计 5 500 个终端站点,使用专门定制的 EPG 页面、频道、节目,并定制了专用的业务开通流程、更高的终端网络带宽。IPTV 平台上党建节目内容已超过 3 000 小时。

上海 IPTV 教育服务产品涵盖中小学生教育、继续教育、生活百科、金融培训 4 个方面,并以此为结构支架,拥有奥数、一课一练、IFM 财务管理师培训、企业领袖培训、家政教育、交大远程教育等电视服务。其中,专为青少年提供的"哈哈乐园"教育电视内容专区深受家长和孩子的喜爱。上海 IPTV"哈哈少儿"专区的点击率超过 35%。

上海 IPTV 开通"我型我秀""加油东方天使""全家都来赛"等上海广播电视台大型活动投票专区,用户可以通过遥控器投票等方式参与到活动当中,极大地丰富了观众的互动体验,并实现了传统电视与 IPTV 的功能整合。

百视通 IPTV 互动内容研发进展居于国际前列。继 2006 年实现遥控器投票后,在 2008 年第三季度通过高清 IPTV 方式,多视窗转播上海斯诺克大师赛、网球大师赛,得到国际同行的认可和用户的好评。

2009 年,百视通积极探索"三屏融合"业务。"三屏融合"立足统一播控平台和媒资系统,通过不同的码流输出和不同的网络(电信固网、NGB、3G 等)向电视机、手机和计算机各终端提供广播电视视听服务,使用户可以随时在书房、客厅、路上等不同场合享受到方便快捷的视听服务,丰富用户的收视体验。

2010 年,百视通通过"三屏融合"技术制作来传播世博会,全球新媒体用户借助电视、手机、电脑终端,可以随时随地尽享个性化、多样化、全方位世博资讯和精彩视听内容,并能参与体验世博游戏、3D 模拟互动游园,这在世博会的历史中尚属首次。

百视通积极打造包括内容(版权)、增值服务、设备提供等方面在内的 IPTV 产业链。其中,增值服务与 IPTV 的直播、点播、时移等基本视频业务一起构建成 IPTV 业务服务体系。增值服务借助基本视频业务所积累的用户规模基础,满足用户在休闲、娱乐、生活等方面个性化的需求,从而提升整体产业价值。随着 IPTV 技术和运营平台的日益完善,百视通形成了游戏、卡拉 OK 等多种形式的增值服务。

第三节 市 场 定 位

上海 IPTV 通过技术、内容、产品定价、市场定位等措施确保与有线数字电视差异化定位。上海 IPTV 的市场定位在家庭人均收入 3 000 元以上、年龄 12 岁~35 岁的年轻、高端用户;产品价格定位在 40 元~100 元/月(与宽带捆绑收费在 175 元~250 元/月)。从用户的反映看,上海用户利用 IPTV 时移回看功能占 78% 左右,通过 IPTV 单纯看直播的仅占 14%,充分体现了 IPTV 互动特色。同时,观众选择有线电视、IPTV、宽频电视“组合”方式观看、欣赏电视和视频业务的满意度最高。在 IPTV 家庭,一是存在多台电视,分别安装数字电视和 IPTV,二是不同的家庭成员利用有线电视、IPTV、电脑 3 种渠道观看电视已成习惯,家庭成员各得其乐。

上海 IPTV 的发展促进了有线数字电视在全国的迅速普及,有线数字电视用户从 2004 年的不足 1 000 万,发展到 2008 年近 5 000 万,IPTV 用户只占 4%。IPTV 与有线数字电视形成了差异化定位、错位竞争的经营格局。经调查,用户看有线电视的时间占 60%,IPTV 的时间占 35%,网络视频网站的时间约 5%。IPTV 因为其互动差异化内容,满足了数字时代用户交互化、个性化的电视收视需求,带动网络互动电视产业链发展,成为数字电视之外的家庭“第二台电视”。

第四节 用 户 规 模

2006 年,随着全国 IPTV 业务的全面展开,用户数逐渐增加,技术平台系统压力不断加大。百视通技术部加强技术研发,实现了系统稳定与安全播出。同时,年度技术研发项目全部完成,在 DRM 部署、IPTV 业务管理系统(VIS)等方面达到行业领先水平。

同年 9 月,百视通采用技术效果较好、群众较满意的 H.264 系统,在上海建设全球最大的基于 H.264 标准的 IPTV 网络。IPTV 在上海范围内全面放号,实现全市 IPTV 业务正式商用,90% 的上海居民可以开通 IPTV 服务。

IPTV 使电视节目更具个性化和即时化,实现了电视观众与电视内容供应方的互动。只要家中接通上海电信的宽带,都可以申办 IPTV。同年 11 月,正值东方卫视热播《舞林大会》节目,百视通为哈尔滨和上海的 IPTV 用户开通遥控器投票服务,2 000 万普通电视用户手机短信投票约 4 万张,10 万 IPTV 用户遥控器投票达 5 000 张,IPTV 用户的投票比例远超普通电视用户。

2007 年,百视通 IPTV 全国用户突破 70 万,其中上海本地用户 22 万,同比增长都突破 200%。

为做好北京奥运会宣传,百视通于 2008 年上半年完成媒资升级工作,内容管理系统开发测试,技术平台部分实现 IPTV2.0 功能。针对用户对技术和内容体验的需求,与电信运营商一起改进网络传输质量,用户体验和用户满意度都有提高。百视通首次完成用 IPTV 全程转播北京奥运会。奥运会期间,观看 IPTV 的用户数每天保持在 60 万左右,开机率突破 70%。

2009 年,百视通整合电视机、电脑和手机三大终端渠道,率先开创“三屏融合”业务模式。同年,百视通获得 NBA 联盟通行证,成为全球除北美外唯一获得 NBA 版权的企业。百视通租用两根海底光缆,直接从北美向上海传输 NBA 高清视频,赛事播出与北美赛事完全同步。百视通每年播出超过1 200场的NBA季前赛、常规赛和季后赛，每天多至14场比赛，其中可以同时直播8路高清信号。当年全国用户增至278万户。

2010年1月27日，百视通获得国家广电总局颁发的国内首张3G手机电视牌照。这张牌照包括呼号为"E视通"的集成播控平台和呼号为"东方手机电视"的内容服务平台。当年全国IPTV用户发展到520万户，上海IPTV用户突破130万户。百视通成为全球用户规模最大的IPTV运营商。上海成为"全球IPTV第一城"。

第五节　经营业绩

百视通通过对新媒体技术服务、内容集成运营、产品打造、内容版权建设、增值业务等方面进行持续投入和运营，提升IPTV用户的收视黏性和流量，带动各项付费增值业务及广告业务发展。

IPTV业务收入主要来源于向注册用户的前向收费和来自广告的后向收费。而用户收视费中，又包括每月较为固定的基本收视费，以及由点播和一些互动行为形成的增值业务收费。用户的付费模式是通过电信账单进行支付，再由电信与百视通按月结算。

百视通经营业绩呈逐年上升趋势，2008年营业收入2.64亿元，净利润0.38亿元；2009年营业收入3.51亿元，净利润1.095亿元；2010年营业收入5.21亿元，净利润1.51亿元。

百视通还向海外输出IPTV技术。2010年，法国电信引进百视通IPTV核心技术，服务于法国电信Orange IPTV全欧洲200多万用户。

第六节　借壳上市

2010年9月2日，百视通启动借壳上市公司"广电信息"的重组上市项目。同年10月，欢腾宽频、东方龙新媒体和东方宽频以资产评估值7.07亿元注入百视通，在资本层面完成了百视通业务资产的重组整合。2011年1月7日，上海市国资委同意《上海广电信息产业股份有限公司重大资产出售、现金及发行股份购买资产暨关联交易可行性报告》。1月10日，"广电信息"召开董事会，通过重组预案。自此，百视通开始实施借壳"广电信息"上市的重组预案，百视通网络资产100%注入"广电信息"。

2011年3月，国务院国资委同意将上海仪电集团所持有的"广电信息"股份转让给上海东方传媒集团有限公司，上海市国资委予以批复。9月29日，"广电信息"重大资产出售、现金及发行股份购买资产申请经中国证监会审核并获有条件通过。11月29日，中国证监会出具《关于核准上海广电信息产业股份有限公司重大资产重组及向上海东方传媒集团有限公司等发行股份购买资产的批复》。12月23日，"广电信息"召开临时股东大会，将公司原名"上海广电信息产业股份有限公司"变更为"百视通新媒体股份有限公司"。12月29日，百视通新媒体股份有限公司（股票代码600637）在上海证券交易所挂牌上市（股票简称为"百视通"），成为国内第一家实现广电新媒体可经营性资产整体上市的公司，"百视通"股票有"中国广电新媒体第一股"之称。作为中国IPTV行业及市场的开拓者和核心企业之一，上市为百视通的发展提供了充足的资金保障，助推公司在"三网融合"发展的大背景下赢得更大优势。

2015年6月19日，百视通新媒体股份有限公司与东方明珠股份有限公司完成重大资产重组，新的东方明珠新媒体股份有限公司（股票代码600637）在上海证券交易所上市。

第六章 多元化经营

传媒集团运用广播电视多媒体技术综合优势,面向社会开展多元业务经营。其中,承接各类文化艺术表演、会展和大型活动的专业灯光舞美策划、设计、制作、运营以及道具租赁的广电制作业务,开展电视节目制作、三维动画制作、电视频道包装设计、广告后期制作、政府与企业形象推广的数码技术业务和繁荣文艺演出、培养演艺人才的演艺经纪业务,均获得不同程度的市场效益,成为广播电视产业化经营的有益补充。上海广电系统对固定资产的多方面投资,也为广播电视产业化经营提供了物质基础。

第一节 广 电 制 作

上海广电影视制作有限公司(以下简称"广电制作公司")成立于 1999 年 10 月 28 日,由上海广播电影电视发展总公司、上海电视台、上海东方电视台共同投资组建。公司董事长为王治平。该公司以舞台美术、灯光设计制作为主业,以人才、创新、科技为核心竞争力,打造在上海乃至全国有创造力、影响力和竞争力的影视专业制作公司。

传媒集团成立后,广电制作公司成为集团下属顺应制播分离趋势、整合集团资源而形成的一家与国际舞美灯光设计制作水平相适应的专业化公司。广电制作公司在为集团各专业电视频道栏目节目提供灯光舞美设计、制作服务的同时,加强市场开拓,争取市场份额,面向社会承接各类文化艺术表演、会展和其他大型活动的专业灯光舞美策划、设计、制作、运营以及道具租赁,成为上海广播电视市场化运作、产业化经营的一支别动队。

2002 年初,广电制作公司承担中央电视台和香港凤凰卫视音乐台联合制作的"榜中榜"颁奖晚会的舞美灯光设计制作,质量和效果得到北京、香港同行的肯定。这是公司组建后第一次在上海以外的城市参与大型文艺晚会的制作,体现了上海舞美灯光设计制作的整体实力。同年,广电制作还参与"今夜娱乐中秋晚会""上海海关智力竞赛""联合国儿童基金会上海演唱会"、中国上海国际艺术节"神魅巴黎秀"以及"东方绿舟上海市青少年活动基地少年广场改建""海南舞台灯光工程"等项目的设计制作。

2003 年,广电制作公司注重市场项目的开发承接,完成"中国民生银行产品介绍会""金茂大厦新闻发布会""全球华语歌曲排行榜第三届颁奖演唱会"和"全球华语歌曲排行苏州演唱会"的设计制作任务以及"上海七宝广场"的设计装修工程项目。

自 2003 年底起,公司推进企业内部改革和管理。2004 年,中国质量认证中心通过 ISO9001 (2000 版)质量管理体系认证,广电制作公司成为首家获得此项认证的舞美制作公司。

2004 年,广电制作公司承担的重大题材项目有"东方畅想——中国 2010 年上海世博会会标揭晓大型文艺晚会",大型节目的设计制作任务有"第七届全国大学生运动会开幕式""广西南宁国际民歌节开幕式"等。

2005 年,广电制作公司完成重大题材项目有"上海人民春节拥军慰问""纪念反法西斯胜利 60 周年交响音乐会""周秦汉唐文明展开幕式"等,商业类项目有"周华健无锡演唱会""百年唱片巨星演唱会——马来西亚亚洲魅力所在""帕瓦罗蒂上海演唱会"等,集团外项目经营收入 1 100 万元。

2006 年,广电制作公司承担的重大题材项目有"市人大纪念七一联欢""第三届中外大学校长论坛""奥运主题歌公益演出""上海市市长国际企业家咨询会"等,商业类项目有"交大 EMBA 新年晚会暨毕业典礼""大长今——上海慈善之夜""张江文化节"等,市场项目经营收入 1 110 万元。

2007 年,广电制作公司完成重大题材类项目有"中俄文化年上海周""中国上海国际艺术节开、闭幕式""世博巡展开幕式""上海市市长国际企业家咨询会""特奥会开闭幕式誓师大会"等,公益类项目有"青年志愿者骨髓捐献仪式",商业类项目有"Johnnie Walker 为走向世界举杯演唱会""群星耀东方演唱会系列"等近 450 台(次)各类大型、特别类活动或晚会节目,制作各类电视栏目 300 余个,国内演播厅搭建任务 13 项,展台搭建任务 6 项。全年完成经营收入 6 948 万元,其中市场项目经营收入 990 万元,营业利润 130 万元,实际利润比集团指标超出 26%。

2008 年,广电制作公司完成的重大题材项目有《首届教师歌咏比赛》《奥运上海健儿壮行仪式》《世界水资源日晚会》等,公益类项目有《上海市社会各界新年慈善晚会》,商业类项目有《上海市工商管理局十佳案件表彰大会》等,市场项目实现经营收入 1 200 万元。同年,公司实现广电制作、第一视觉"两个品牌,一个实体"运营模式调整,完成由传统业务向创新业务的拓展,产业链由舞美灯光设计制作向创意策划产业、会展产业延伸,通过北京奥运会、上海世博会两大项目带动整体业务。广电制作公司在"第五届全国电视舞美灯光设计工程奖"评选中获得 7 个奖项,连续 5 年保持行业第一。全年完成大型活动和晚会以及季播类晚会共 119 台(次),为 416 期栏目提供舞美灯光设计制作。完成世博等创意策划类项目 14 个,演播厅工程和展台设计搭建 4 个,平面设计制作项目 30 个,会务公关项目 7 个。全年经营收入 8 599 万元,同比增长 23%;集团外经营利润 280 万元,同比增长 115%;总资产达到 1.01 亿元,同比增长 4%。

2009 年,广电制作公司打破传统的舞美灯光影像观念,破除专业之间的壁垒,整合资源,成立"多媒体工作室",实施舞美、灯光、视频以及其他相关元素的有机结合,寻找技术和艺术之间的平衡点,力求舞美、灯光、影像效果的"三位一体"。"多媒体工作室"给观众带来科技和艺术元素高度统一的、具有国际先进水准的舞台视觉体验。同年,公司承接制作的项目有"上海市政协新年音乐会""上海时装周演出""上海国际体育节启动仪式""嵊泗贻贝文化节开幕式""全运会火炬传递活动""上海残联迎国庆文艺晚会"等。全年完成国内外大型活动和晚会类节目共计 133 台(次),实现经营收入 1.05 亿元,同比增长 23%;完成集团外制作业务收入 2 350 万元,经营利润 540 万元,同比增长 93%;净资产达到 5 204 万元,同比增长 18%。当年经过竞争,广电制作公司与北京中视技术公司成为以广电制作为主导的联合体,共同为上海世博会的平台项目提供服务和保障,成为上海世博会 34 个演艺场馆舞美灯光总包方,体现了公司在同行业的领先地位。

2010 年,广电制作公司参与重大题材项目有"中国 2010 年上海世博会开、闭幕式""中国国家馆日""上海世博会开、闭园仪式"及上海世博会 34 个演艺场馆的舞美工程、灯光工程设计制作,以及"东盟博览会开幕式""浦江创新论坛"等国际国内重大活动,公司的"走出去"战略加大了市场开拓力度,提升了广电制作品牌在中国舞美灯光制作专业公司中的地位。当年,公司共计完成国际、国内和上海市等大型活动、晚会类节目 322 台(次),实现营业收入 1.3 亿元。

广电制作公司凭借舞美灯光专业领域的技术优势立足于市场,通过众多场次活动的现场效果积累品牌基础,在高端项目中呈现的专业水准建立品牌的公信力和影响力。2004—2010年,公司除台、集团内日常节目制作外,承接的大型重要项目包括"上海市各界春节团拜""上海国际电影节开闭幕式""上海电视节开闭幕式""东方风云榜颁奖晚会""蓝天下的至爱""第四十八届世界乒乓球锦标赛开闭幕式""第八届世界短池游泳赛开幕式""2007年世界特殊奥林匹克运动会""上海市社会各界抗震救灾文艺晚会""黄河大合唱70周年"、北京"鸟巢灯光工程""2008年北京奥运会、残奥会开闭幕式的灯光工程""北京奥运会火炬接力活动""上海人民庆祝中华人民共和国成立60周年文艺晚会""首都国庆60周年群众游行上海彩车'腾飞上海'的创意设计研制运营"等。广电制作公司在高级别、大规模的国家级重大项目中的表现受到各方认可,获得2008北京奥运会、残奥会开闭幕式筹备工作突出贡献表彰纪念证书;首都国庆60周年群众游行指挥部授予上海国庆彩车"红星奖",授予公司"首都国庆60周年群众游行支持贡献单位"荣誉和"尽展上海风采,同谱祝福祖国"的锦旗。

此外,广电制作完成的大型商业类活动还有"世界模特精英大赛""惠特妮休斯敦演唱会""费玉清演唱会""周杰伦、韩红、Twins、滨崎步、梁咏琪、优客李林上海演唱会"等,均获得良好效应。

2004—2010年,广电制作公司年经营收入平均增长率达23%。

表4-6-1　2000—2010年上海广电影视制作有限公司经营业绩情况表　　　单位:万元

年份	2000年	2001年	2002年	2003年	2004年	2005年	2006年	2007年	2008年	2009年	2010年
收入	2 517	2 711	2 843	2 979	3 653	4 610	5 924	6 948	8 599	10 540	13 067
净利润	218	258	83	135	256	335	389	225	607	932	1 883

说明:此表数据由上海广电影视制作有限公司提供。

第二节　数 码 技 术

上海幻维数码影视有限公司的前身是上海都市影视数码特技制作有限公司,成立于2000年3月,是文广集团下属技术部门最早实施自负盈亏、自主经营、完全市场化运营的公司。公司面向市场提供影视制作技术服务,主营业务包括:电视节目制作、三维动画制作、电视频道包装设计、广告后期制作、政府与企业形象推广等。

2001年8月,公司更名为"上海幻维数码影视有限公司"(简称"幻维影视")。2002—2008年,公司被认定为上海市高新技术企业,成为上海地区颇具规模、设备先进、技术领先,在全国有相当影响、在国际同行中享有盛誉的影视数码技术服务提供商。

2005年3月,为了拓展中国原创动画产业和国际服务外包业务,幻维影视投资设立了上海幻维数码创意科技有限公司(简称"幻维创意"),落户于上海多媒体谷(上海市国家数字媒体技术产业化基地),主要致力于原创动画片(集)开发、动画片(集)制作及相关软件开发、商业多媒体演示、节目录制等等。2006—2008年,公司被认定为上海市高新技术企业。2006年,被授予软件企业认定证书。2007年9月,公司加入上海市研发公共服务平台,成立了"数字动漫影视技术服务平台"。2009年7月,幻维创意吸收合并幻维影视(以下统称"幻维数码"),成为上海最大的"电脑多媒体数码三维动画设计"服务提供商之一。

2000—2010 年,幻维数码累计营业收入 5.24 亿元,累计获得利润 8 500 多万元,其中对文广集团以外的社会各界提供制作服务收入 2.8 亿元,对外服务占比超过 50%。

幻维数码为各类电视节目提供线性编辑、非线性剪辑、图文设计、特效合成服务。随着业务发展和制播分离改革,此业务除为传媒集团下属各电视频道栏目《智力大冲浪》《相约星期六》《纪录片编辑室》《舞林大会》《案件聚焦》等以及《我型我秀》《加油!好男儿》《中国达人秀》等真人秀节目的内容生产和后期制作提供服务外,还为上海世博会事务协调局、上海市科技信息中心、上海市公安局等单位提供形象片拍摄、制作服务;为中国 2010 上海世博会创作、拍摄、制作了数十部公益宣传片,为中国东方航空股份有限公司、中国工商银行股份有限公司、上海苏宁电器有限公司等大中型企业提供形象推广服务。幻维数码自成立至 2010 年,该项业务累计产生服务收益超过 1.5 亿元,其中为社会提供节目制作服务累计收入超过 3 500 万元。

幻维数码为各电视频道提供频道品牌形象设计、视觉包装,包括频道形象片、频道 OSP 系统设计、栏目包装等。此业务除服务传媒集团下属东方卫视、第一财经、新闻综合等各电视频道外,还为安徽卫视、福建东南卫视、广东南方电视台、江西电视台等全国卫视和地面频道提供服务,累计产生服务收益 1.3 亿元,其中 3 000 万元为服务全国电视频道的收益。

幻维数码拥有 300 平方米、600 平方米两个演播厅,提供演播厅租赁及演播技术服务。自 2005 年后,为传媒集团内外各类影视、广告制作公司开展大量演播厅节目录制技术服务,服务项目既有综艺节目,也包括体育赛事和大型活动,服务收入超过 3 000 万元。

幻维数码拥有高清专磁校色机房、Autodesk FLAME/SMOKE 合成系统、音效混音机房、格式转换机房以及特效制作团队。公司面向各类 4A 广告公司、影视公司以及最终直接客户提供动画制作、特效合成、转磁校色、音频合成等专业技术服务,完成大量商业广告、品牌宣传视频制作项目。其中有北京安瑞索思广告有限公司、上海恺达广告有限公司、上海运润广告有限公司、上海恺润广告有限公司等各类广告企业,也有上海通用汽车有限公司、光明乳业股份有限公司等直接客户。公司自成立后,此类服务收入超过 8 000 万元。

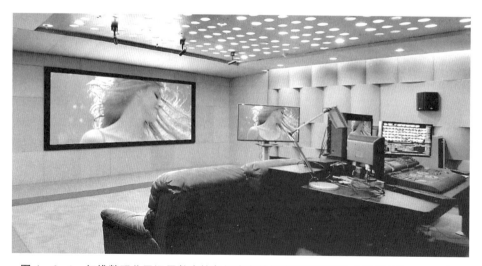

图 4 - 6 - 1   幻维数码公司运用数字校色机房有效提高视频画面技术质量(摄于 2008 年)

幻维数码是国内较早采用数码技术从事动画制作的机构之一。2002 年,公司自主开发原创全三维动画短片《醉花缘》,获得 2003 年度"首届中国动画成就奖"动画短片银奖、2003 年度中国卡通艺术"金蛙奖"(中国电视艺术家协会卡通艺术委员会动画短片学术奖)中的优秀三维动画艺术短片奖、上海市科学技术进步奖三等奖等奖项。2003年,自主开发国内首部三维动画英语口语普及电视系列片《色拉英语乐园》,在全国多家电视机构播出,并授权海外。《色拉英语乐园》获得中国动画学会2005年度中国动画成就奖"荣誉奖"、国家广电总局第七届全国少儿电视节目"金童奖"短篇动画节目三等奖等奖项。

幻维数码动画业务逐渐从国内市场走向海外。2007年,公司与英国路德姆公司合作开发52集动画片《Chugginton》。已经生产100余集CG动画片,在全球140多个国家播出。

幻维数码自成立至2010年,累计动画服务收入8 000万元。

表4-6-2　2000—2010年上海幻维数码影视有限公司经营业绩情况表　　单位:万元

年份	2000年	2001年	2002年	2003年	2004年	2005年	2006年	2007年	2008年	2009年	2010年
营业收入	385	988	1 442	2 704	2 889	4 057	5 104	7 271	8 229	9 096	10 265
利润总额	3	130	321	356	252	239	494	1 337	1 678	1 748	2 001

说明:此表数据由上海幻维数码创意科技有限公司提供。

第三节　演艺经纪

传媒集团托管院团贯彻市委宣传部提出的"以演出为中心"的工作方针,发挥媒体托管优势,开拓演出市场,加强对文艺院团国定长假演出季的策划、宣传和管理,推动各院团增加演出场次,提高演出收入。2002年1—11月,集团托管的13个院团加上上海芭蕾舞团、上海广播交响乐团、上海木偶剧团,演出总场次为6 118.5场,同比增长40%,各院团平均增长率为52%,其中上海轻音乐团同比增长158%;演出总收入为5 619万元,同比增长37%,各院团平均增长率为74%,其中上海歌剧院演出收入达800万元,创上海所有院团全年演出收入的历史新高。

2002年,传媒集团给予院团支持资金达2 229万元。同时,开拓引入社会资金支持院团创作演出的途径,形成政府拨款、媒体支持、社会融资、院团自筹四方结合的筹资方法。"益生宝"出资100万元,冠名"青春的节日"巡演;嘉娜宝公司和农业银行分别出资150万元,冠名赞助上海歌剧院创排歌剧《蝴蝶夫人》《波希米亚人》;农业银行出资80万元支持上海轻音乐团20多场社区巡演活动,出资55万元冠名赞助上海滑稽剧团大型滑稽戏《浦江笑声关不住》的活动等;金日集团出资200万元冠名赞助上海滑稽剧团30场上海社区巡演活动等。

同年,为提高院团演出的营销意识,传媒集团投资60万元,集中设台,统一组织院团参加两次大型演出交易展览会。一是3月在北京举行的中国演艺成果展;二是参加11月举行的第四届中国上海国际艺术节演出交易展览会,交易会上签订了24个涉外演出项目合同和意向。

2003年,各文艺院团继续围绕"以演出为中心、以演出拉动创作"的工作方针,克服"非典"影响,加大演出力度,拓展演出空间,组织一系列下基层、赴外省市巡演和演出季演出。各院团演出总场次为5 058场,比2002年下降24%,但演出总收入达7 454万元,同比增长21%。

2004年,各院团完成演出总场次6 021场,同比增长19%,演出总收入达7 940万元,同比增长6.9%。演出收益提高,增强了院团的市场意识、产业意识和品牌意识,提高了院团的自主能力。

2005 年 7 月 26 日,上海文广新闻传媒集团、中国对外文化集团公司、上海杂技团/上海马戏城合资组建上海时空之旅文化发展有限公司(以下简称"时空之旅公司")。组建三方各斥资 1 000 万元打造超级多媒体梦幻剧《ERA——时空之旅》,一经推出,便赢得良好的市场口碑和不俗的票房业绩。

2008 年,时空之旅公司市场培育和拓展并举,完善体制机制、管理营销及艺术创新等各项成果,实现社会效益和经济效益的双丰收。截至年底,时空之旅连续演出 1 300 多场,票房收入超 1.4 亿元,观众超过 130 万人次,获得国家舞台艺术精品剧目、国家文化产业示范基地、中国演出十大盛事、文化部创新奖、上海名牌、全国文化企业 30 强等奖项。

2009 年,时空之旅公司调整营销策略,提升产品素质,拓宽推广渠道,扩展传播途径,从单一演出的项目公司发展成为拥有多个演出项目的演艺公司。截至年底,《时空之旅》成功运作 4 年多,连续演出超过 1 700 场,票房收入超过 1.7 亿元,中外观众超过 170 万人次,获得"全国文化出口重点企业"和"全国优秀保留剧目大奖"。

截至 2010 年 12 月 31 日,《时空之旅》共计演出 2 100 余场,观众人数近 230 万人次,票房收入达到 2.3 亿元。演出也为投资方带来了收益,传媒集团截至 2010 年共收回利润 1 710 万元。

2007 年,传媒集团东方之星文化发展有限公司(以下简称"东方之星")整合集团娱乐资源,打造艺人及"好男儿"演艺经纪事业,在实现建树海派娱乐标志品牌的目标上跨出重要一步。东方之星利用多元化合作、市场化手段打造"好男儿"在全球范围内的演艺经纪事业,取得实质性成果;"好男家族"联袂出演《网球王子》真人版电视剧,参与《婚礼》《逆转流星》等电影的拍摄,并获得 10 个企业的广告代言。东方之星还主办多场全国演唱会、校园歌迷见面会、参与舞台剧,创下 2 000 多万元的营业收入。

2008 年,东方之星公司克服市场紧缩及环境变化的不利影响,坚持宣传艺人健康、励志、向上的形象,以蒲巴甲为代表的好男儿团队在汶川地震发生后的赈灾表现树立了良好的公众形象。以《网球王子》大型项目为带动,推进演艺事业。在大型晚会、重大活动中积极推介艺人,并与诸多一线品牌开展合作,全年艺人商业活动共计 77 场,演出收入 280 万元。

第四节　产　业　投　资

自 20 世纪 80 年代起至 2010 年,上海广电和文广系统先后投入巨额资金,独资或合资兴建、改建了诸多广播电视节目信号发射设施、广播电视办公大楼、文化娱乐演出剧场、重要活动举办场所等基础设施,改善了自身工作条件,提高了广播电视节目制作、播出水准,丰富了市民文化生活,为产业化发展奠定了扎实的物质基础,同时也为城市建设增添新的文化景观做出了积极贡献。

表 4 - 6 - 3　1984—2010 年上海广播电视产业主要基础设施投资情况表

项目名称	立项、开工年月	投资主体	投资金额	项目地点	竣工、启用时间
上海七重天宾馆	1984 年 8 月立项	市广播电视发展公司、中国人民银行上海信托公司和日本岩田事务所	480 万元	南京东路 627 号	1985 年 12 月 20 日对外试营业

（续表一）

项目名称	立项、开工年月	投资主体	投资金额	项目地点	竣工、启用时间
东方明珠广播电视塔	1987 年 1 月立项,1991 年 7 月 30 日开工	上海市广播电视局	8.3 亿元	浦东新区陆家嘴世纪大道 1 号	1994 年 11 月 18 日起对游客开放,1995 年 5 月 1 日起发射广播电视节目信号
广电大厦	1991 年 5 月开工	上海市广播电视局	2.808 亿元	南京西路 651 号	1995 年 4 月竣工
广播大厦	1993 年 12 月开工	上海市广播电视局	3.067 亿元	虹桥路 1376 号	1996 年 10 月竣工
上海大剧院	1994 年 9 月 28 日开工	上海市广播电影电视局	10 亿元	人民大道 300 号	1998 年 7 月 28 日建成,1998 年 8 月 27 日首演
东视大厦	1994 年 12 月开工	上海东方电视台	4.48 亿元	东方路 2000 号	1998 年 1 月 18 日启用
上视大厦	1996 年 4 月 20 日	上海电视台、市广电局	6.669 亿元	威海路 298 号	1999 年 4 月 7 日启用
上海国际会议中心/东方滨江大酒店	1997 年 3 月 12 日立项,1997 年 7 月 18 日开工	上海有线电视台、东方明珠股份有限公司等单位	109 581.1 万元（其中含 APEC 会议专项资金 1 725 万元）	浦东新区陆家嘴滨江大道 2727 号	1999 年 8 月 8 日落成
上海话剧艺术中心	1997 年 6 月开工	上海话剧艺术中心	1.087 亿元	安福路 288 号	2000 年 12 月启用
上海教育电视台大厦	1997 年 8 月 8 日开工	上海教育电视台	1.24 亿元	大连路 1541 号	2000 年 5 月 8 日启用
上海广播电视卫星地球站	1998 年 4 月 28 日开工	上海市广播电影电视局	5 000 万元	—	1998 年 9 月 28 日落成
上海马戏城	1998 年 7 月开工	原上海文化实业公司、原闸北体育开发总公司、上海马戏城有限公司	2.76 亿元	共和新路 2266 号	1999 年 9 月 10 日启用
艺海大厦	1998 年 12 月 12 日开工	市委宣传部、文广集团	3.31 亿元	康定路 211 号	2001 年 6 月竣工,2002 年 1 月启用
上海国际新闻中心	2000 年 8 月 18 日开工	文广集团、传媒集团	1.086 亿元	东方明珠广播电视塔下	2001 年 4 月 30 日竣工,2001 年 10 月启用
复旦大学新闻学院 SMG 演播楼（东方购物公司大楼）	2005 年 6 月	传媒集团	1.1 亿元	国定路 400 号	2006 年 12 月竣工
文广大厦	2007 年 12 月 25 日开工	文广集团	3.83 亿元	虹桥路 1380 号	2011 年 3 月 31 日竣工,2011 年 5 月启用

(续表二)

项目名称	立项、开工年月	投资主体	投资金额	项目地点	竣工、启用时间
世博文化(演艺)中心	2007 年 12 月 31 日开工	文广集团、精文投资公司	26.99 亿元	浦东新区世博大道 1200 号	2010 年 4 月 30 日启用
中国(上海)网络视听产业基地	2010 年 2 月 21 日立项	市文广局、上海紫竹科学园区	28 亿元	上海紫竹科学园区	2011 年 9 月 15 日,15 家网络视听新媒体企业入驻

说明:资料大部分由上海广播电视台战略投资部、资产管理部和档案室提供,小部分来自相关实体单位。

第五节　收　入　结　构

传媒集团成立后,在努力发展广告产业的同时,充分运用广播电视媒体自身优势,大力开发和建设产业集群,将以广告业为主的单一经营模式向多业并进模式转换,拓展多元化经营渠道,获取多元化经营收入,开创多元化经营新局面,逐步降低广告收入在整个产业经营收入中的比重,不断提高广告业以外其他产业经营收入的份额,增加经济来源,优化产业结构,培植和强化自我造血功能,以实现广播电视媒体应有的经济价值。

下表和饼图反映的是传媒集团成立后,2002—2010 年(2009 年 10 月起更名为上海广播电视台)主要产业经营项目收入结构的演变。其中,广告收入虽然仍为逐年上升,但在总收入的占比却渐次下降。2002 年广告收入 20.46 亿元,占总收入 22.32 亿元的 91.67%,2010 年广告收入 52.99 亿元,占总收入 105 亿元的 50.47%,收入升幅达 159%,占比降幅为 45%。与此同时,电视购物、版权经营和其他收入的业绩和占比均呈现同步上扬的态势。由此可见,上海广播电视产业发展长期形成的过度依赖广告经营的局面有了较大程度的改观。

表 4-6-4　2002—2010 年上海文广新闻传媒集团/上海广播电视台产业经营收入结构变化情况表

单位:亿元

年份	总收入	广告收入	占比	电视购物收入	占比	版权经营收入	占比	其他收入	占比
2002 年	22.32	20.46	91.67%	—	—	—	—	1.86	8.33%
2003 年	25.04	22.77	90.93%	—	—	—	—	2.27	9.07%
2004 年	29.27	25.56	87.32%	1.36	4.64%	0.01	0.02%	2.35	8.02%
2005 年	37.50	31.15	83.07%	3.24	8.64%	0.16	0.43%	2.95	7.87%
2006 年	43.50	34.46	79.22%	4.45	10.23%	0.18	0.41%	4.41	10.14%
2007 年	50.94	38.25	75.09%	7.97	15.64%	0.31	0.61%	4.41	8.67%
2008 年	58.65	40.26	68.65%	12.81	21.84%	0.39	0.66%	5.19	8.85%
2009 年	69.77	40.75	58.41%	21.61	30.97%	0.55	0.79%	6.86	9.84%
2010 年	105.00	52.99	50.47%	37.18	35.41%	0.76	0.72%	14.07	13.40%

说明:此表数据由上海广播电视台计划财务部提供。其中版权经营收入数据仅为五岸传播公司的报表数据。

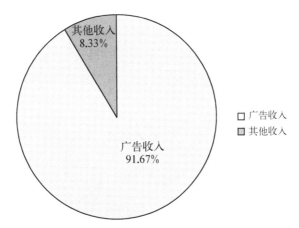

图 4‑6‑2　2002 年上海文广新闻传媒集团产业经营收入结构

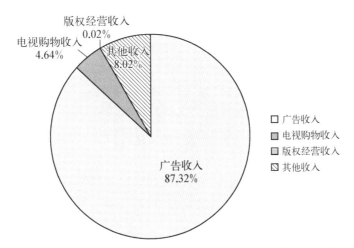

图 4‑6‑3　2004 年上海文广新闻传媒集团产业经营收入结构

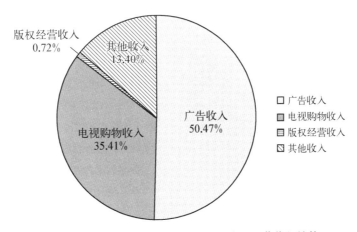

图 4‑6‑4　2010 年上海广播电视台产业经营收入结构

说明：上述饼图根据上海文广新闻传媒集团/上海广播电视台产业经营收
入业绩比重变化一览表相关数据制作。

第五篇

技　术

1978 年至 2010 年,上海广播电视技术坚持体制改革,坚持自主创新、自主建设,步入发展快车道。

1987 年,上海市广播电视局(以下简称"市广电局")为改变各自分散管理的技术体系,使之适应广播电视发展需要,提高设备使用效率,决定对广播电视技术归口集中管理,对上海人民广播电台(以下简称"上海电台")技术部、上海电视台技术部、局技术科进行体制整合,成立市广电局技术中心(以下简称"局技术中心")。局技术中心面向全局行使技术管理和服务职能。1994 年 6 月,按照"专业化组合、社会化分工"的原则,市广电局对局技术中心体制深化改革,建立集播出、制作、传输、科研于一体的"四部一所一公司"的技术体制。1995 年 8 月"影视合流",上海市广播电视局技术中心更名为上海市广播电影电视局技术中心。2000 年 4 月"文广合并",市广电局技术中心更名为上海市文化广播影视管理局技术中心。2001 年 4 月,局技术中心划归文广集团,更名为上海文化广播影视集团技术中心(以下简称"技术中心")。2003 年 7 月,随着新媒体、新技术的迅猛发展与广泛应用,文广集团将技术中心划归上海文广新闻传媒集团(以下简称"传媒集团"),更好地为广播电视事业和传媒内容产业提供安全、高效的技术平台和强有力的技术支撑。2004 年 5 月,技术中心更名为上海文广新闻传媒集团技术运营中心(以下简称"技术运营中心"),同时传媒集团成立了技术管理部,作为传媒集团负责技术管理的一个职能部门。2009 年 10 月,传媒集团更名为上海广播电视台,并出资组建上海东方传媒集团有限公司,技术运营中心更名为上海广播电视台、上海东方传媒集团有限公司技术运营中心。

改革开放后,上海广播电视技术系统不断发展进步,从模拟到数字,从分散到网络化,广播频率和电视频道数量不断增加。截至 2010 年,已有 18 个广播频率(中波 6 个、调频 11 个、短波 1 个),35 个电视频道(无线 4 个、有线 13 个、有线付费 16 个、卫星 2 个)。

上海广播技术在发射、传输方面从模拟向数字化转换发展很快。1979 年,上海电台广播制作开始录制立体声双通道节目,1983 年又开始采用多声轨录音新工艺。1996 年 10 月 18 日,上海广播大厦的广播技术系统启用。2002 年,广播技术部播控中心建成英夫美迪自动播出系统,用光缆连接计算机实现网络播出。2005 年初,传媒集团正式启动数字音频及数据广播项目。2007 年,技术运营中心完成广播总控数字化改造,上海广播播控系统全面实现数字化和网络化。1988 年元旦,上海建立并开播短波广播。1990 年,新建题桥中波发射台启用,更新发射系统,采用数字调幅发射机(DAM),增大播出功率,新增播出频率。1995 年 5 月,上海建成东方明珠广播电视塔,1995 年 5 月开播至 2010 年,发射的调频广播频率由原来的 4 个增加到 16 个。2002 年 5 月 1 日,建成国内首张数字移动电视单频网。2005 年 11 月,东方明珠发射台和虹桥路广播大厦的 L 波段 DMB 的发射系统单频网调试完成并进行试验,发射 10 套 DMB 数字音频广播节目、4 套视频节目。

上海电视技术随着数字技术和计算机技术推广应用而迅猛发展。1985 年,电视总控制室建成并投入使用。1986 年 7 月 1 日,上海电视台建成卫星地面接收站。1994 年,上海广电大厦建成后将电视播出总控迁入,搭建广播电视信号传送控制中心。从 20 世纪 90 年代初到 2010 年,上海的电视技术进入快速发展期,地面无线电视频道新增开播,有线电视网络通过整合而形成覆盖全市多

604

个行政区域的市级有线电视网。上海广播电视卫星地球站建成,上海电视节目上星播出,覆盖全国并传送至北美地区。上海的电视技术发展体现在电视制作、播出、传输等各技术环节。节目制作格式从模拟到标清和高清;播出形式从磁带制作到蓝光盘制作和硬盘播出;传输格式从模拟信号转为数字信号,传输方式从电缆转为光纤、卫星,体现出这个时期上海电视技术的综合能力不断提升。

广播电视监测在设备、人才和技术等方面快速发展。1986年,原实验监测机房搬迁至北京东路2号,后成立局监测科,实施对上海地区的广播和电视节目监听监视,使用专业级的广播收音机轮流监听各个广播频率,同时监视4套模拟电视节目信号。1987年,监测科使用电视机墙,接入有线信号进行监看。20世纪90年代,监测科每年到上海周边测量广播、电视的信号覆盖效果。2000年起,开始对各个广播音频及射频技术系统进行验收测量。2003年,监测科更名为监测中心。2004年,监测中心对广播监测系统进行数字化改造,与上海市广播科学研究所合作开发电视数字化硬盘录像机回放查询系统。2006年,由文广集团总工程师办公室牵头组织,监测中心负责对上海地区的广播电视技术系统进行年检测量,在全国首家制定大规模技术系统年检制度。2006年,监测中心完成数字化的电视监听、监看体系建设,具备对有线电视、数字电视、地面电视以及卫星电视的全面监测能力。2008年7月1日,广播电视播出监测系统完工运行,为实现安全播出管理的智能化提供了可靠保障。

1986—2010年期间,广播电视在国内、国际的技术交流也日益频繁。在历届举办上海电视节期间共举办16届技术论坛,聚焦广播影视界的热点,邀请国内外同行交流技术、分享成果,成为业内知名的技术交流盛会。1998年11月,第三十五届亚洲—太平洋广播联盟大会在上海召开,市广电局派技术代表参会交流。

第一章　广 播 技 术

第一节　调 幅 广 播

20世纪80年代起,上海地区开始采用脉宽调制发射机(PDM)替代电子管板调发射机,用于中波调幅广播发射,具有效率高、频带宽、失真度小、信噪比指标优的特点。

20世纪90年代起,中波发射台开始采用数字调幅发射机(DAM)进行中波广播,整机效率相比以往中波发射机有所提高。

数字调幅发射机的控制和保护系统以及末级输出网络的独特设计,其稳定性、可靠性以及发射系统指标都优于其他中波广播发射机。

一、中波广播

【题桥发射台天馈系统建设】

20世纪80年代初,虹桥经济技术开发区开工建设,计划建造多幢高度100米以上高层建筑,直接影响了邻近中波发射机房的发射效果及覆盖面。市广电局于1984年决定,在上海县(今属闵行区)新建一座现代化的题桥中波广播发射台。

1988年12月31日,题桥广播发射台的土建工程基本完成。1989年初,上海电台题桥发射台在中波桅杆设计的建筑基础、地锚施工之上,安装天线铁塔,天馈系统建设工程上马。该工程建成1座自立塔和7副天线塔。自立塔塔高45米,主要用于节目的微波传输。天线塔采用桅杆式单塔中波天线。天线塔T0:塔高106.5米;T1:塔高160.5米;T2:塔高111米;T3:塔高124.5米;T4:塔高111米;T5:塔高160.5米;T6:塔高156米。其中,7座塔共计90道拉线。拉线用镀锌钢丝绳、蛋形、桶形绝缘子来拉锚。镀锌钢丝绳分别采用的规格(毫米)φ16.5、φ19.5、φ22、φ24、φ26.5,蛋形绝缘子使用规格为:DJ4、DJ5、DJ6,桶形绝缘子使用规格为:2LJ-15、1LJ-15、2LJ-7.5。T0、T5为备份塔;T1播出频率为中波792千赫;T2播出频率为中波1296千赫;T3播出频率为中波1197千赫;T4播出频率为中波1422千赫;T6播出频率为中波990千赫。1990年,局技术中心的技术人员陆续对各座天线塔进行试运行考验,于当年9月25日投入使用,为上海电台5个中波频率发射节目信号。

题桥发射台的馈线系统采用八线式馈线,阻抗190欧姆,外部馈线采用φ4毫米铜包钢,火线采用φ6毫米铜包钢,火线采用铜夹板固定在宝塔形绝缘子上。馈线总长度4 566米。整个馈线系统合计使用266根水泥杆,沿线路地表下埋设铜线作为地线,并与馈线外线接通。

地锚的水平夹角为45°～60°之间,根据地质报告:T4、T5、T0基础落在暗滨上,部分地锚也落在暗滨上,施工时加上厚素混凝土垫层20厘米～30厘米,地锚拉杆出混凝土部分采取防腐处理,基础和地锚工程均做了严格的隐蔽措施。

各拉线塔地网采取按波长的1/3长度铺设,埋设深度,地表下30厘米～45厘米以3°每根,各120根铜线(φ22毫米),全部地网都设在大围墙内。

2002 年 4 月和 2007 年 12 月,中波 540 千赫和中波 648 千赫部分发射设备先后从凯旋路发射台搬迁至题桥发射台,进行应急代播部署。题桥发射台技术人员分别对中波 792 千赫播出天线和中波 1197 千赫播出天线的参数进行测量,又对"一塔双频"的天调网络设计和安装进行调试。天线队还配套进行长达 609.65 米和 987.55 米的同轴馈管敷设。至此,题桥发射台天馈系统的工作频率由 5 个增加到 7 个,扩容近 40%。

【题桥发射台发射系统更新】

题桥发射台新建开播时,中波 792 千赫发射机使用的是 1984 年引进的加拿大 10 千瓦 PDM 发射机。该发射机由原虹桥路发射台迁至题桥,部件逐渐老化;中波 990 千赫发射机仍用原虹桥发射台 50 千瓦电子管板调发射机。该发射机发射效率低、功耗大、占地面积大、维护量和设备检修成本高。

经广电总局科技司批准,1993 年 4 月,中波 792 千赫的播出功率从 10 千瓦提升至 50 千瓦,原机作为备机使用。新安装使用的主机是上海明珠科技有限公司生产的 PDM 50 千瓦发射机。经广电总局科技司批准,1999 年 4 月,中波 990 千赫的播出功率从 50 千瓦提升至 100 千瓦,并全面更新发射系统,使用上海明珠科技有限公司生产的 PDM 100 千瓦发射机。在两次进行系统更新换代、提升发射功率的同时,题桥发射台技术人员自行设计、安装调试了馈调网络,相关馈调网络都设有此频率的带通和其他播出频率阻塞网络,用以匹配 PDM 发射机和八线制馈线传输的需要。

此后,凯旋发射台承担的中波 540 千赫和中波 648 千赫播出频率受到周边建筑物的影响,无法达到相关播出要求。经广电总局科技司批准,自 2002 年 4 月和 2007 年 12 月起,中波 540 千赫和中波 648 千赫先后由凯旋发射台搬迁至题桥发射台播出,题桥发射台由 5 个播出频率扩容至 7 个播出频率。

二、短波广播

1988 年,上海电台重建短波广播(曾中断使用 30 余年)。当年元旦,以台湾听众为主要收听对象的浦江之声广播电台对外开播。发射地址设在上海长途电信局真如发射台。短波频率为 3280 千赫、3900 千赫和 4950 千赫,功率均为 15 千瓦。机器采用海峡之声电台拆下的短波机,天线采用笼形定向短波天线,3280 千赫、3900 千赫对台湾方向,4950 千赫对香港方向。1991 年 12 月 4 日,3900 千赫改频为 7115 千赫播出。

第二节 调 频 广 播

1980 年,中央广播事业局分配给上海地区两个调频广播频率:96.2 兆赫与 100.0 兆赫。由于当时调频发射机功率小,调频天线的功率容量也很小,场强不均匀,增益又很低,不适应广播事业发展的需要。上海电台的技术骨干经过 4 个多月的努力,试制成功晶体管式立体声调制器,用于 TPF - II 型 10 千瓦调频发射机,于 1981 年 1 月 17 日正式对外播送立体声调频节目。这是国内第一家使用晶体管激励器播送立体声节目的电台。随后几年,为了适应调频广播发展的需要,上海电台成立了调频建设小组,不断对调频发射机进行升级改造并引进国外的发射机,直到 1991 年初,上海电台调频发射系统基本形成。

20 世纪 90 年代初,青海路广播电视发射台使用的是水冷大功率电子管调频发射机。1995 年初,东方明珠发射台引进先进的全固态风冷调频发射机,组建两套国内先进的"5+1"调频发射系统,提高了空间使用率。全固态风冷调频发射机相比原有的电子管调频发射机,其稳定性、可靠性、系统指标都明显提高。

20 世纪 90 年代末期,调频广播开始使用副信道 RDS 和 SCA 技术,开展了语音和数据传输实验,取得了良好的社会效益。

一、东方明珠发射台开播

1994 年 12 月,东方明珠传输有限公司组织电视调频科人员加入东方明珠广播电视塔基建队伍并参与东方明珠发射台筹备工作。1995 年 1 月初,陆续开始安装电视调频发射系统、天馈系统、信号传输与播控监测系统设备。其中,完成 2 套"5+1"100 千瓦全固态调频发射系统的建设,分别称为 FM(一)发射系统、FM(二)发射系统,2 个系统均由 6 台额定发射功率为 10 千瓦的单机组成,采用"5 主 1 备"的工作模式。FM(一)"5+1"发射系统设备的制造方为美国哈里斯公司(HARRIS),发射机型号为 PT10,发射调频 101.7 兆赫、调频 103.7 兆赫和调频 105.7 兆赫,使用 FM(一)天线。FM(二)"5+1"发射系统设备的制造方为德国罗得与施瓦茨公司(R/S),发射机型号为 NT410,发射调频 107.7 兆赫,使用 FM(二)天线。FM(一)、FM(二)调频广播发射天线系统均采用背腔类型圆极化方式的调频发射天线。设备的制造方为广电部中天广播电视科技有限公司。FM(一)天线、FM(二)天线由低向高安装,天线系统和发射系统间的调频多工器均为上海明珠广播电视科技有限公司的产品。

1995 年 4 月 28 日,调频广播和电视发射系统设备的安装调试工作完成,对外进行 4 套调频广播和 4 套无线模拟电视节目的试播,位于南京西路上海电视台大院内的广播电视发射塔停止发射调频广播节目信号。同年 5 月 1 日起,正式对外播出 4 套调频广播节目。4 套调频广播节目的发射功率均为 10 千瓦,采用立体声播音模式。

二、发射系统设备更新

随着上海城市高层楼房日益增多,市区的中波广播覆盖效果明显变差,听众对调频广播节目的需求日益增长。针对这一情况,东方明珠发射台自开播后根据主管部门要求,新增了小调频系统。该系统包含 2 套 1 千瓦小调频多工器和上海明珠广播电视科技有限公司生产的型号为 FP-300、FP-500,额定功率为 300 瓦和 500 瓦的调频发射机。一套五工器串接于 FM(一)天线输入端,另一套多工器串接于 FM(二)天线输入端,每个节目频率的发射系统均由两部发射机组成,采用主备机工作模式。至 2010 年,调频广播频率由原来的 4 个增加到 16 个。

1995—2010 年的 15 年间,不少节目相继实现全天 24 小时不间断播出,调频广播节目的播出时长趋于饱和,发射台的安全播出压力不断增大。

2007 年,东方明珠发射台技术人员自主创新,开发研制 16 套调频监听监看报警系统并在当年投入使用。该系统采用人性化设计,便于值机员监听监看,降低了值机员的工作压力和劳动强度。

表 5 - 1 - 1　1995—2006 年上海市区新增调频广播和频率变更情况表

	时　间	频率(兆赫)	FM(一)/(二)	发射功率(千瓦)	单声道/立体声
新增调频广播信息	1995 年 7 月 1 日	97.7	FM(二)	10	立体声
	1998 年 6 月 15 日	93.4	FM(一)	10	单声道
	1999 年 3 月 1 日	94.7	FM(一)	0.4	立体声
	1999 年 3 月 1 日	104.5	FM(一)	0.4	单声道
	1999 年 10 月 28 日	92.4	FM(一)	0.3	单声道
	2000 年 6 月 17 日	96.8	FM(一)	0.3	单声道
	2000 年 8 月 14 日	99.0	FM(一)	3	单声道
	2002 年 5 月 1 日	98.1	FM(一)	0.5	单声道
	2003 年 12 月 18 日	89.9	FM(二)	4	立体声
	2003 年 12 月 18 日	91.4	FM(二)	10	立体声
	2004 年 1 月 1 日	87.9	FM(二)	4	立体声
	2004 年 5 月 15 日	100.6	FM(二)	0.3	单声道
	时　间	原频率→新频率(兆赫)	原天线→新天线	原功率→新功率(千瓦)	原模式→新模式
频率变更信息	2006 年 12 月 1 日	92.4→97.2	不变	不变	单声→立体声
	2006 年 12 月 1 日	96.8→107.2	不变	不变	单声→立体声
	2006 年 12 月 1 日	100.6→94.0	不变	不变	不变
	2006 年 12 月 1 日	104.5→90.9	不变	不变	不变

随着时间推移,部分调频广播发射系统设备逐渐老化,发射指标也随之下降,备件备品难以采购,已经危及安全播出。2008 年,经主管部门同意,发射台更新调频 FM(二)发射系统,采用的"5+1"系统是美国哈里斯公司(HARRIS)的产品,发射机型号为 Z10,单部发射机的额定输出功率可达 10 千瓦。该系统于当年 11 月 27 日投入使用。

2010 年,传输公司对 1993 年 3 月起逐步建成使用的小调频发射系统进行更新。新的小调频发射系统设备采用美国哈里斯公司(HARRIS)制造的 ZX1000 调频发射机,发射机额定输出功率可达 1 千瓦。每个小频率发射系统由 2 部发射机组成,采用主备工作模式。新的小调频发射系统于当年 12 月 2 日投入使用。

第三节　广 播 制 作

1978 年,上海电台在提高调幅广播质量的同时,努力发展调频立体声广播,提高广播节目的制作能力和制作质量。

1979 年,上海电台开始探索录制立体声双通道节目,使用设备为中国唱片厂生产的 4008 型 16 路调音台和 GY - J35 型监听机组、A - 80VU 双轨录音机,U87、AKG190 等传声器以及 EMT 金箔混响器。

同年,从美国购进 Ampex ATR－102 型立体声专业级开盘机,作为录音主用机。此后,使用了十几年的 Teac R－311 型录音机改为审听机,一直用到 20 世纪 90 年代初。1983 年引进日本 Otari 5050 型机与之同时使用。

1983 年,上海电台开始采用多声轨录音新工艺,针对不同节目形式和内容,采用短混响重合录音的方式用 X/Y 制式拾音,通过人工混响,使节目声音丰满、逼真,富有临场感。

1984 年,北京东路 2 号 5 楼新播控中心投入使用后,为提高多声道立体声节目录制质量,上海电台对录音区进行大规模改建。改建后,共拥有 3 套中型录音室、1 套适用于多声道节目制作的大录音室、8 套节目后期加工复制室和 1 套节目质量审听室,满足了发展调频立体声广播和增办节目的需要。通过几年的技术改造,上海电台从简单的立体声录音发展到能够进行 24 轨多声道立体声录音,录制大量高质量的节目,在全国节目评选及录音技术专项比赛中多次获奖。

1992 年 10 月 8 日,在上海电台交通台建台一周年之际,录音人员把设备架到直升机上,首次成功进行了一场为时一小时的空中指挥交通现场实况转播。

1996 年,虹桥路广播大厦落成。大厦建筑最高点是节目传送塔,主楼有多功能大厅、节目库、资料库、节目复制间、录音控制间、办公区、设备用房。裙楼有大小录音棚、播音制作间、卫星机房等。同年年初,局技术中心成立广播技术设备搬迁领导小组,从设备选型、技术考证到设备验收,主要领导亲自介入;先后 4 次邀请老专家、科技委对设备选型、搬迁方案等进行专题论证,确保技术先进、方案可行。当年 5 月底,在基建尚未完工的情况下,广播技术部抽调精干力量,抢时间、赶进度,完成 80 余间技术机房、26 个系统、4 645 台(套)设备的建设任务。同年 10 月 18 日,广播大厦的广播技术系统启用。其中,广播制作系统包含 1 个 200 平方米的 48 路数字广播录音棚、2 个 70 平方米的中型录音棚、后期合成棚、13 个小型录音室和 13 个小型广播复制室。数字录音棚配备一台 SSL9000 56 轨调音台、一台 48 轨数字录音机、数字音效处理器等专业设备。这个录音棚还设置钢琴、鼓和打击乐器录音室,混响时间可根据需要进行调整。

2005 年初,传媒集团正式启动数字音频和数据广播项目,推动上海广播的数字化,丰富数字广播的内容。该项目在 DAB 数字音频广播技术标准的基础上,开展对"数字音频＋数据广播"新型广播模式的技术研发。经过两年多的努力,基本完成"数字音频及数据广播"开播的各方面准备工作。技术中心引进全套标准 DAB 数字音频广播系统,并顺利完成与广播制播网、播控传输网的对接。在广播电台数字化制播的基础上,实现广播内容发布的数字化改造,使上海广播实现全面数字化。由于 DAB 标准对数据业务是完全开放的,没有可参照的实例。传媒集团在数字音频及数据广播的"数据业务"上投入大规模的研发力量,自主制订了多项数据业务相关标准,并自主研发,生产了专用数据编码器和数据解码模块。

第四节　广　播　播　出

一、磁盘播出

1986 年 10 月,上海电台引进日本兴和(KOWA)公司的 AF－1000 音频文件化系统(Audio Filing System),1987 年 2 月用于外语节目播出,从而在全国率先实现部分频率全自动播出,缓解了当时上海电台节目套数多而副控室少的矛盾。这种代表数字录音技术发展趋势的先进设备,在国内是首次引进使用。这是一套可同时输出 3 套内容不同或相同的节目，也是集音频技术与计算机技术于一体的先进系统，节目存取快速、方便，设备的可靠性大大优于录音机。1988 年 3 月 20 日，AF－1000 音频文件化设备，扩容增加 3 块硬盘，用于浦江之声电台节目播出和外语教育节目播出。1992 年，一套 KOWA AF－220 数字播出设备用于中波 990 千赫夜晚自动播出。

1996 年 10 月 18 日，广播大厦技术系统启用。上海电台和东方电台的广播节目当日起在广播大厦播出。2001 年，广播电台完成自动播出总库改建扩容，增加了备份库，有效提高了安全播出的可靠性。2002 年，广播播控中心完成英夫美迪自动播出系统升级工程，升级后的系统采用千兆光缆以太网技术组网连接，光缆到楼，光纤到桌，用 34 台高性能计算机组成播出和制作两大网络，在大容量 IBM 服务器连接下，提供高速网上节目实时自动播出。数据库的容量在原来的基础上提升 10 倍，达到 8 千小时的节目容量。该系统的升级成功，标志着上海广播播出系统在安全、规模和自动集成等方面都上了一个台阶。

二、数字化播出系统

2004 年 8 月，上海广播播控中心数字化改造项目完成招标。该项目借鉴了国内外广播电台技术系统组建的经验和教训，结合上海广播电台的实际情况，力求在改建成本、安全性、人性化和先进性等方面综合考量，采用广播领域流行的新技术、新工艺，整合原有总控和数控的功能。

同年 8 月，5 套广播直播室中波 792 千赫、调频 96.8 兆赫、调频 94.7 兆赫、浦江之声、备份直播室进行数字化改造。至此，上海广播的直播室全面实现数字化。

2007 年，传媒集团技术运营中心完成了对广播播控中心的数字化技术改造，建成国内第一个数字化、信息化广播播出管理系统和定量分析系统，实现了广播播控管理可测、可控和精细化、自动化、智能化，属国内首创。该系统各项技术国内领先、达到国际先进水平，投入使用后，上海广播播控系统全面实现了数字化、网络化和自动化。该项目中的"音频信号左、右声道反相检测方法"技术获得国家专利。

三、直播

1998 年，局技术中心首次采用广播新闻直播车进行异地直播、移动直播和多点直播，丰富了广播节目形式，显示了广播节目快速、及时、现场感强的特点。同年，局技术中心探索引用市话网的数据通讯业务，实现高质量、远距离的节目传送，有效提高了异地音频传送质量，成功完成东京至上海"我们热爱地球、我们热爱音乐"演唱会和上海至广州"三江联播"等广播节目信号双向传送任务。

1998 年，上海广播技术人员研制开发 DAS－E 播出模式，使自动播出系统更趋合理。1999 年，上海广播采用新技术，仅用两个小时便完成整个直播系统的安装和调试。同时，还采用 ISDN（Integrated Services Digital Network，综合业务数字网）技术，在系统中加入热线电话功能。采用现场刻录技术，将参赛选手的演唱内容制作成 CD 光盘，开创了对播出节目实时录制存储方式的先河。

1999 年，上海广播技术人员完成上海解放 50 周年庆典活动的转播工作。在近 15 小时内，进行 5 次外场转播，5 次两台四联播及 4 次直播车现场直播，这在历史上尚属首次。2000 年，在历时 17 天的第二十七届奥运会报道期间，广播完成 5 场奥运直播，每天增加 25 分钟《空中体坛》节目异地直播和 40 分钟奥运特别节目。2002 年,上海广播首次使用互联网并通过卫星接收系统进行音频信号的传送,实现技术创新。

2010 年,上海广播电视台技术运营中心完成国际广播中心(IBC)上海世博会广播直播 14 720 分钟;广播直播车转播 29 440 分钟;广播上海世博会新闻发布会等直播 626 档;《市民与社会》专题访谈 13 档;各频率上海世博会特别节目 403 档,广播联盟直播室直播 15 场,上海世博会广播专题及新闻节目制作 89 小时。

第二章 电视技术

第一节 电视信号

电视信号承载的是电视节目内容,它将节目内容通过各种方法远距离传送和播出。电视台播出总控把录制在专业磁带上的节目内容通过地面无线、有线和卫星传输方式传播出去,让远端接收机能接收并解出图像并伴音收看。

1994—2004年期间,电视信号逐步从模拟信号转为数字信号,信号格式从标清信号转为高清信号,信号承载和播出方式从模拟磁带转为数字磁带、数字蓝光盘和大容量机械硬盘。

随着技术中心传送播出部数字化改造的深入,播控中心到地球站之间传输的视音频信号采用的是数字信号,但地球站内部小信号系统仍然使用模拟系统。2005年,传媒集团技术运营中心(以下简称"技术运营中心")对上海广播电视卫星地球站小信号模拟系统、上下行系统进行数字化改造。

2006年,传送播出部为了使技术运营中心电视播出和传送系统实现全数字化,对卫星

图 5 - 2 - 1 经数字化改造后的传媒集团卫星
地球站总控系统(摄于2006年)

地球站系统进行数字化改造。此次涉及小信号数字化改造的系统有:卫星电视播出与应急系统、卫星节目传送与信号调度系统、信号监视与预警系统。在项目建设中,地球站技术人员通过对卫星信号重要参数的监测,在视频、音频信号传输中断之前实现预警功能,提高对故障的处理速度。改造后的地球站小信号系统主备路具有自动倒换功能,应急功能快捷,播出通道具有扩充能力。其传送系统信号调度灵活、功能强大,能支持不同类型的信号传输。监测系统能够实现"快速发现、快速响应、快速处理",达到了预期的效果。

第二节 电视制作技术

一、前期摄录装备

1958年10月,上海电视台建台初期拍摄新闻片使用的是16毫米摄影机与16毫米反转胶片,洗印、剪辑、制作周期长,时效差,产量低。1973年,上海电视台使用的摄像机是上海广播器材厂生产的三管式氧化铅摄像机。1979年起,上海电视台陆续引进大小录像设备50余台,其中3/4英寸U-matic盒式磁带录像机系列带有电子编辑器,具有操作方便的优点,电视节目的制作得以迅速发展。

1980 年,电视中心的制作系统引进的是 3/4 英寸高带录像机和 BVP - 200P 二管式摄像机以及 MNC - 71 三管式摄像机。1981—1983 年,又陆续引进三管式氧化铅摄像管的 BVP - 300P 和 BVP - 330P 广播级摄像机,基本替换了国产摄像机,使色彩稳定性、图像质量都有较大的提高。1983 年购进 3 台池上公司生产的 1 英寸氧化铅摄像管组成的 HK - 302 大型广播级摄像机,这是当时上海电视台摄像机中质量最好的机型。1984 年,购进 3 套日立公司生产的准广播级摄像机用于永安技术机房,替代上海广播器材厂生产的 3 台座机。

20 世纪 90 年代,市广电局技术中心陆续引进国外先进的摄录设备。1997 年 9 月,引进并使用第一台索尼公司生产的数字 DVW 格式 Digital Betacam 数字摄像机和编辑数字录像机,记录介质为数字 DVW 格式 Digital Betacam 磁带。1998 年,引进并使用松下公司生产的数字 DVCPRO25 格式数字摄像机和数字编辑录像机。1999 年,Digital S 格式数字摄像机和数字编辑录像机投入使用。同年,引进并使用索尼公司生产的数字 SX 格式数字摄像机和数字编辑录像机。2000 年,数字 DVCPRO50 格式替代数字 DVCPRO25 格式数字摄像机和数字编辑录像机。2001 年,引进并使用索尼公司生产的 HDW 高清格式数字摄像机和数字编辑录像机。2002 年,引进并使用索尼公司生产的数字 Mpeg IMX 格式数字摄像机和数字编辑录像机。2007 年,引进并使用索尼公司生产的数字蓝光盘数字摄像机和数字编辑录像机。同年 11 月,完成新闻摄录像机更新项目,新购买的索尼专业蓝光系列设备投入使用。蓝光系列设备替代传统磁带记录的非线性存储技术,无带化新闻摄录像机在传媒集团新闻制播网中应用,实现新闻共享平台的前期环节网络化,优化了新闻制作流程,提高了工作效率。

2009 年 9 月,传媒集团第一财经频道引进并使用松下公司生产的 P2 数码存储卡的数字摄像机和数字编辑录像机,节目制播实现全程无带化,提高了节目制播质量和效率。

二、后期制作(编辑、录制)设备

20 世纪 70 年代初,上海电视台音响技术都以直播形式对外播出。当时的传声器以进口产品为主,如 AKG 和纽曼(Neumann)的 U87、U89 等,录音机为 635、720 型号的国产机。80 年代初,配置一些画外音及音乐效果的制作设备。1982 年,局技术中心电视总控系统进行改造时,演播室的音控设备采用中国唱片厂的 T - 4024 24 路调音台,同时配有 AKG 的 BX5 弹簧混响器。随着自制电视剧业务的发展,前期的录音制作量增加,设备采用 SONY 公司的小型便携器 MXP - 42 4 路音频混合器、MX - 20 8 路音频混合器、C - 74 指向性传声器和 BT - 35、WR - 35 无线传声器等。

1985 年,上海电视台节目制作已发展到多栏目和大型化,为此,开始引进音频设备,有安培公司的 ATR - 7000 和 MCR - J110 双轨录音机 7 台,日本的 Otari - 5050 双轨录音机 10 台,形成以进口录音机为主的制作设备。1986 年,电视剧创作摄制业务发展很快,后期制作量大增,音响录制开始进入多轨制作方式。技术部门对小音控的关键设备进行更新换代,引进 1 台英国的 TAC26 多轨调音台、1 台 24 路的 MTR - 90 多轨录音机和 1 台最后合成母带用的 MTR - 12 双轨母带录音机,还引进一台 AUDIO KINE 公司的 Kine.lock4.1 型专为声画同步的后期编辑设备。1988 年,购进英国 DDA 的 DCM - 232 型具有 40 路的大型多轨调音台,自动编辑能力强于 1986 年引进的 TAC26 路调音台。

1990 年,国际上已有数字音频处理工作站。这种设备当时在国内应用还很少,上海电视台技术人员进行认真考量,选择了 DAR 公司的数字音频工作站——8 路输入、8 路输出的硬件电脑。以后又陆续补充了一些优质的周边设备。从此,上海电视台音频技术进入数字化阶段,从磁记录进入到磁光记录和硬磁盘记录。1992年,上海在全国电视系统中率先使用磁光盘记录,引进日本 AKAI 公司的 DD－1000 磁光盘录音机。

2003年,上海卫视建成全国最大的开放式演播室,其中包括信号调度系统、卫星收录系统、灯光系统、非编网络系统、指挥系统、审片配音系统、传统演播室、虚拟演播室。这个演播室有"电视新闻梦工厂"之称,位于上视大厦28楼,采用全开放的错层设计,集演播、导播、控制功能于一体,总面积近500平方米。"梦工厂"投入使用后,上海卫视所有新闻节目都转移到该演播室内制作,该演播室成为国内承制新闻栏目数量多、开放演播区域大的演播室。

传媒集团电视新闻共享平台从2005年2月开始建设,于2006年3月全面建成上线,实现了传媒集团的新闻综合、新闻娱乐、东方卫视三个频道的新闻资源共享和新闻制播生产流程再造,提高了电视新闻制播质量和效率。该项目创造性地提出多个频道、多项业务共享的大规模网络化、制播一体共享网络系统的理念,得到专家肯定。其中包括:首创半成品、成品并存的内部专业化分工的工作流程,实现制播流程再造和新闻资源共享;首次使用 MOS 协议规范接口,使用 MOS 协议作为文稿、字幕机、视频服务器、提示器等系统之间的标准通讯接口,实现异构系统之间的互联互通;国内首次以文稿为主线,实现"制播联动",充分体现新闻的实时性;率先实现硬盘播出技术在新闻直播系统中的大规模应用;自主研发基于 USB 专用通道传输的应用程序,安全地实现内外网数据交换;率先在大规模网络中采用以太网单网结构。

该系统是全国最大的省级台新闻制播网,其中包括三个新闻频道中每周共24档、总长约700分钟的新闻专题节目,以及《东方新闻》《新闻报道》《东视新闻》《新闻透视》等栏目,总长612分钟。

2006年2月6日,中共中央政治局常委李长春、国家广电总局局长王太华和信息产业部领导、上海市委领导以及业内专家,在视察传媒集团电视新闻中心时对于上述这套系统予以高度评价。该系统先进的技术方案、创新的工作流程、超大的系统规模,被国家广电总局列为电视台网络化建设的重点研究对象和典型之一。传媒集团电视新闻共享平台的建成使用,为全国电视台的网络化建设做出了示范,为推进电视台网络化建设做出贡献。根据上海科学技术情报研究所查新表明,该项目达到国际先进水平,获得2007年上海市科技进步奖二等奖、2007年国家广电总局科技创新奖工程技术类二等奖等5个奖项。

2006年,技术运营中心开始筹备建设一个规模化、产业化,面向多平台的综合后期制作体系——SMG 数码视觉基地,以适应传媒集团非新闻类内容生产发展的需求。SMG 数码视觉基地以规模化、产业化的内容生产为目标,利用网络化制作技术,业务涵盖传统视音频制作和节目包装,兼顾新兴媒体内容的开发和生产。数码视觉基地坐落于上视大厦12、13、15楼,基地建筑面积约为3 900平方米。该基地于2007年2月10日完成系统调优并投入使用,其制作系统与传媒集团的媒资系统、播出系统、节目分发系统互联互通。数码视觉基地主要由两部分组成:高端制作层(高端包装系统)和基础制作层(非线性视音频制作网络系统)。高端制作层主要承担传媒集团各频道和大型节目的整体包装、动画片生产、虚拟场景制作等工作。整个系统由网络运算系统、特效制作系统、三维制作系统和包装制作系统组成。其中,网络运算系统采用 hp 刀片服务器系统,具有96个双核 CPU 的规模;特效系统配备2台 FLAME、1台 SMOKE;三维制作系统和包装制作系统各配备有20个专业图形工作站(hp6400);核心交换设备采用华为 3COM 公司的网络设备。整个系统采用分布式结构,每个子系统都可以独立工作和扩展。

2007年4月,传媒集团新闻制播网管系统在新闻共享平台中正式启用。该系统通过大量的定制开发,实现对系统中所有应用系统、服务器、应用数据库、网络等实时监控和故障提前预警、实时报警,使维护人员能够在最短的时间内获知系统故障信息,缩短了系统故障处理时间,安全性得以提高。

传媒集团新闻协作网系统从 2007 年 5 月上线运行,有 30 多个城市台加盟。新闻协作网是一个各会员台之间新闻资源交互平台,简称 CPTN。它将传媒集团新闻中心的外延扩大化,通过互联网,突破原先的地域限制,实现以传媒集团为中心、多个省级卫视台结盟、多家城市台加盟的电视新闻协作网,使中国电视新闻合作体系步入新阶段。

2008 年 12 月 31 日,第一财经网络化业务平台上线试运行。该平台主要包括数据中心和非编网络系统两个部分:数据中心为第一财经各媒体平台的使用人员提供一个快速、方便获取信息的有效途径,大大提高信息获取的时效性和灵活性,实现了财经板块内不同媒体平台之间数据的有效共享,提高了板块内信息联动的效率;非编网络系统主要包括非编制播系统、媒资系统和图文系统,结合财经频道节目制作特点,在国内首次将图文模块化制作系统融合在新闻采、编、播流程中,实现节目图文制作的构件化、标准化和流程化,进一步优化第一财经频道的采、编、播流程,提高了节目的技术质量和节目制播效率。节目生产网络化,实现了第一财经一体化管理模式。

2010 年 8 月,技术运营中心着手对上海广播电视台星尚传媒频道原有非编制播及媒资系统进行更新改造,于 2010 年 12 月底建设完成。改造后的系统是一个集收录、新闻、节目制作、演播室串编、媒资管理和后台管理的新闻及专题节目制作系统。整个系统在保证原有非编系统功能、确保安全播出的基础上,从星尚传媒的公司化、市场化的运作,成本控制等需求考虑,采用 AV+IT 的设计理念,完善与传媒集团中心媒资系统的连接,预留了桌面化编辑的功能扩展和高清扩展方面的接口。该系统具备数字化、网络化、自动化、流程化等特点,提供比原有系统更完善、方便、快捷的各种制作、播出串编、管理手段,提升了星尚传媒频道节目的技术质量,提高了节目制作播出的效率。

三、转播车

上海电视台在 20 世纪五六十年代分别有一辆国产的电子管设备黑白电视转播车和晶体管设备黑白电视转播车。1974 年,上海广播器材厂和电视台技术专家共同研制、设计、制造出第一台 SK-641A 彩色电视转播车,也是全国第一辆国产彩色电视转播车。

为迎接第五届全国运动会的召开,1983 年 1 月,上海电视台电视技术部订购了 1 辆日本池上公司的彩色电视转播车,它功能齐全,配备完善,可用于重大的国内外活动的实况转播。在第五届全国运动会上,上海电视台的上述 4 辆转播车全部投入使用。

1986 年 6 月,上海电视台电视技术部从日本进口 1 辆大型录音转播车,用于外录、转播及多声轨节目制作。车内配有 MCI JH636M 型 36 路调音台,Otari MTR-90 2 英寸 24 轨录音机,Otari MTR-12 1/4 英寸 2 轨录音机,MR-1 卡座,JBL441 立体声监听扬声器,BCW250E 功放,White4100A 双通道均衡器,Model 8188 立体声功放,AM5 RMX 16 数字式混响器等设备,1986 年 10 月 15 日该转播车首次使用,在上海虹桥机场现场直播英国女王首次抵沪访问实况。

1988 年 5 月,局技术中心从香港购置一辆中型录音转播车,用于外录、转播。

1993 年,为顺利完成上海东亚运动会的转播任务,市广电局向德国公司订购了 4 辆电视转播车,这在当时的国内乃至亚洲都属比较先进的。为此,市广电局派出十几名技术人员赴德国进行电视转播车的系统集成。

1998年9月,第一辆标清全数字转播车投入使用。2001年9月,第一辆高清转播车投入使用。2001年10月,市广电局技术中心从美国哈里斯公司引进一辆14讯道大型转播车。该车采用全数字处理系统,车体采用双面侧拉结构以扩大工作空间。

2001年10月25日,市广电局技术中心高清电视转播车远赴广州,圆满完成第九届全国运动会开幕式、闭幕式、体操、艺术体操和花样游泳等项目的电视现场实况录像、制作和转播,开创了全国运动会电视高清转播的先河。

图5-2-2 2001年9月,上海第一辆高清电视转播车投入使用

【5.1声道转播车】

2006年5月,传媒集团5.1声道音频转播车完成技术方案招标,经过专家论证,11月底完成项目招标。标准的5.1环绕声是高清电视观看体验的一个重要部分,它将"更真实的声音"呈现给广大观众,增强节目的现场感。广播大厦拥有多套5.1的节目制作室。局技术中心为上海电影译制厂设计、施工的混录棚和5.1制作棚积累了大量的设计与施工经验,拥有一支专业的5.1节目制作队伍。技术运营中心依托新建的5.1环绕声音频车形成了前后期制作一体化的产业链。

【东方网转播车系统】

随着事业的发展,东方网的现场转播任务越来越多。为了方便、有效地完成各项转播任务,2007年5月,东方网委托技术运营中心技术工程部承担网络转播车系统的搭建任务。在多方共同努力下,顺利完成了车辆、设备选型、改造、系统建设和调试培训等一系列任务。

同年7月,东方网网络转播车项目完成并投入使用,成为东方网现场转播的主要装备。

【大型高清转播系统】

2008年,传媒集团技术运营中心电视转播部建成大型高清转播系统,以适应高清电视的制作需要。该系统由12+2讯道高清转播车及辅助车、6讯道高清中小型转播车、转播级联系统、5.1声道音频车构成。它具备完善的应急方案,应急操作安全、快捷,可防止主系统出故障时对备份系统造成影响。该系统布局合理,功能完善,操作简单直观,维护管理方便,可适应大型节目转播要求。

该系统具有良好的开放性,采用开放的接口与技术,建立开放的结构,可方便地与其他转播系统和音频系统进行信号交换,配合完成大型转播任务。这一系统充分考虑到高清节目制作中的视、音频同步、5.1声道制作与普通节目制作的配合等全新问题,其网管技术使系统运行过程中的各关键因素有严格的监控和管理手段,是IT技术与传统广播电视技术结合的完美体现。整个系统在桌面高度、人眼视角、5种不同的灯光、储物设计等方面体现以人为本的原则。

2008年8月7—22日,技术运营中心运用该系统完成了北京奥运会上海赛区足球赛公共信号转播。该转播系统设备购买是传媒集团第一个大型国际招标项目,从前期听证、论证到招标实施,操作规范,得到国家广电总局领导好评。

2008年9月,技术运营中心建成2套高清EFP(Electronic Field Production)箱式转播系统,分别为8讯道和6讯道高清EFP系统。EFP具有操作方便灵活、调整简单直观、运输方便快捷等优势,能满足特殊场地的节目录制需要。2009年,按传媒集团电视新闻中心需求搭建完成首辆DSNG(数字卫星新闻采集)数字卫星车。该车自动化程度较高,可自动定位、对星控制。车辆本身的高机动性及操作简便的技术系统,使得新闻报道更加快速方便,增强了新闻的时效性。其稳定可靠的设备、较好的系统扩展性,可适合于不同类型的实况直播。投入使用后,参与了上海世博会等重大新闻和大型活动的直播。

四、新世界演播室

2002年12月21日,一个透明演播室在南京路新世界商城竣工启用。该演播室面积为64平方米,配置了先进的视频、音频设备和灯光系统,临街一侧采用全透明玻璃幕墙。在"新世界演播室"录制的节目中有观众参与性强的新闻类访谈直播节目,还有"娱乐在线""明星访谈""福利彩票摇奖"等其他节目。

五、多点数字通话系统

随着广播电视事业的迅速发展,为丰富电视节目制作和播出手段,传媒集团技术运营中心启动大型节目制作和直播指挥的数字通讯系统建设。此项目于2003年11月中旬启动,建设包括上视大厦、广电大厦两个数字通话主矩阵以及周边各处的通话点等设施。整个项目于2005年1月1日完工。

该通话系统是以广电大厦通话中心矩阵为中心,分别连接上视大厦、东视大厦、上视大院2号楼、广播大厦和各辆转播车之间,方便相互通话。该项目实现互通并具有智能自愈功能,既有完善、可靠、灵活的网络管理功能,还有丰富的接口和良好的扩展性、优质的语音通话系统,满足大型节目制作所需的通讯要求。

六、互动电视数字内容制作基地

2007年,为了打造新媒体内容制作基地、更好地为全国数字电视用户服务,技术运营中心在洛川东路487号的上海文广互动电视有限公司完成了数字内容制作基地的建设。制作基地包括3个演播室、1个配音间、1个主机房、1间光纤室,3间化妆间、1间更衣室、1间会议室和1个库房。

一号演播室面积为210平方米,层高9.6米,具有4机位及导轨、摇臂等齐全的配套设施,可以满足较大场景的节目制作。二号演播室为高清演播室,60平方米,层高3.3米,2机位摄像机,能够转播高清节目,根据节目制作的要求,围绕汤姆逊的高清切换台,还可增加机位,增加色键等进行灵活的扩展,还可做标清下变换,作为标清演播室使用,可以提高演播室的使用效率。三号演播室为体育节目专用演播室,面积为60平方米,层高3.3米,内设3机位,具有特技机等设备,可转播标清

NBA、ATP 大师赛、西班牙甲级联赛等体育赛事。

该制作基地配有与广电大厦总控相连的通话系统和光纤传输系统,可进行信号传输和信号调度沟通。信号调度系统用于演播室信号的内部调用,既能对外来信号在各演播室之间灵活调度,还可以缓解总控节目调度的压力。

七、东视大厦技术系统建成运营

1998 年 1 月 10 日,市广电局技术中心完成东视大厦技术系统的工艺设计、系统施工和工艺协调,自行设计、安装、敷设音视频电缆近 10 万米。楼宇内所有视频电缆采用数字视频电缆敷设;完成演播室等近 20 个机房的设备安装、调试以及上海卫视后期制作系统的安装调试,东视大厦中的技术系统全部开始运营。

同年 1 月 18 日,占地 3.5 万平方米的东视大厦落成启用。东视大厦 4 楼的新闻演播室是全国首个开放式演播室。整个区域含办公区近 400 平方米,演播室约 150 平方米,无建筑隔断。演播室配置轨道摄像机,拍摄 5 秒画面作为新闻片头,这在当时是镜头设计的创新表现形式。东方电视台新闻中心在此制作《东视新闻》《东视广角》和《东视夜新闻》等栏目,每天直播时间近 2 小时。

1999 年,局技术中心完成东视大厦新闻演播室、新闻编辑室、卫星收录室、9 楼大小制作机房、5 楼体育机房、6 楼社教机房、7 楼文艺机房和虚拟数字机房的系统建设任务。

东视大厦的技术系统包括 5 楼新闻演播室导控系统、5 楼卫视演播室导控系统、5 楼体育演播室导控系统、6 楼演播室导控系统、7 楼演播室导控系统、9 楼 4 套后期制作系统、4 楼与 9 楼编辑机房、4 楼卫星收录机房、4 楼与 6 楼配音机房、1 楼外录机房、10 楼主控机房及复制机房。

八、上视大厦演播室及机房建成

1999 年,局技术中心完成新落成的上视大厦 250 平方米新闻演播室、新闻编辑室、卫星收录室、大小制作机房、体育机房、社教机房、文艺机房和虚拟机房等数字化机房的系统建设任务。

演播室使用索尼公司 7250 切换台、Betacam SX 摄录像机等核心设备,启用后图像质量更好、设备更稳定,有效支撑新闻节目制作播出质量。同年,上海电视台引进 125 台 Betacam SX,在新闻部、体育部、海外部全面启用 SX 数字格式。这标志着上海新闻演播室进入标清时代。

2001 年 1 月,在上视大厦 7 楼建成第一个虚拟演播室系统(二维系统)。2003 年 7 月,该系统搬迁至上视大院 2 号楼,升级改造为国内最先进的全红外跟踪真三维虚拟演播室系统,制作能力达到国内一流水准。2003 年 11 月,局技术中心完成虚拟演播室改造工程,采用当时行业内最为先进的三维虚拟技术,选用全红外跟踪技术(XYNC)和传感器相结合的跟踪技术,并配有跟踪演员的ATRACK(轨迹跟踪)设备。

2005 年 12 月,传媒集团新闻共享平台建成,使用 AVID 公司的 200 台 Inews 文稿系统、53 套Newscutter 视频编辑系统 60T 的 ISIS 核心存储系统,将文稿和视频系统紧密结合起来,实现以文稿为主线的新闻工作流程,并一直延伸到演播室的最终播出。收录、编辑、播出、在线媒资于一体的非线性网络系统平台成功使用,实现了新闻资源共享。

2006 年,上视大厦内的 S1、S2、S3、S4、S5、S6、S7 演播室与新闻共享平台陆续启用。1 月 22日,传媒集团新闻娱乐频道的新闻直播在 S3 演播室对外播出,《东视广角》栏目在 S4 演播室对外直播,标志着新闻共享平台正式启用;2月28日,东方卫视的新闻直播在S1演播室对外播出;4月17日,S5演播室(原二号演播室)改造完成,《东视广角》对外播出。11月12日,S6演播室建设完成,《名医大会诊》对外播出。2007年1月1日,S7演播室建设完成,《新闻坊》对外播出。整个新闻共享平台建设全面完成,电视新闻节目基本实现标清制播。

2006年3月7日,传媒集团电视新闻中心新闻综合频道多档新闻节目启用全新演播室。《新闻报道》首次采用全实景演播室,画面更具质感,摇臂摄像机镜头能够包罗电视新闻中心内部3楼~6楼整个办公区域。2009年,为配合东方卫视成为全国第一批高标清同播上星频道,东方卫视S1新闻演播室开始高清化改造,拉开了上海广播电视台技术系统大规模高清化改造的序幕。2010年1月,上视大厦S2演播室完成高清化改造,实现新闻综合频道各档新闻栏目高清化播出。2010年7月,完成S5演播室高清化改造,用于《超级家长会》节目高清化录制。

九、制播系统数字化改造

2000年,东方电视台体育演播室实施数字化改造。同年,实施东视剧场数字化改造。

2003年,东视大厦10楼主控机房数字化改造完成。同年5—8月,传媒集团财经频道第一、第三导控室机房数字化改造工程建设完成,保障了该频道节目改版后准时开播。同年12月,国内一流、具有国际先进水平的影视录音及后期制作系统建成并投入使用。该制作系统由200平方米音乐录音棚和70平方米合成室组成,采用许多新技术、新工艺,是国内影视制作最好的基地之一。同年,东视大厦9楼的4套后期制作线从模拟系统改造为数字化制作系统,后期制作系统网络化,实现对不同制作设备的共享,提高设备利用率,降低设备运行成本。

2004年3月,东方卫视新闻系统数字化改造,首次将非线性网络制作系统应用于电视新闻演播室。

同年9月,广电大厦15楼体育节目技术系统数字化改造项目启动。12月1日,传媒集团首个数字非线性体育节目编播系统投入使用。该体育节目制作平台包含3个适用于互动型、专题型、赛事体育类节目制作的演播室系统和1个非编网络编播系统。建成后的体育演播室系统集信号采集、调度、制作、发布、资料存档和数据处理等功能为一体,有信号调度、演播导控、多平台播出、通话、非线性编辑5个子系统。除满足常规节目制作播出外,具备多点联播、多版本播出、多平台发布、多种数据处理以及节目资料的快速查询等功能,提升了体育赛事制播水平。

2006年3月,东视大厦7楼280平方米演播室数字化改造通过验收。改造后的演播室承担东视文艺频道、少儿频道、音乐频道、戏剧频道等多个栏目的串联词及多个谈话类节目的录制及直播,保证系统的安全、稳定。同时,还充分考虑系统的扩展能力和备份应急措施。同年3月,东视大厦5楼2号新闻演播室数字化改造通过验收。改造后的演播室承担东视新闻娱乐频道的多档直播及后期制作。同年3月,广电大厦14楼财经2号演播室改造通过验收。改造后的演播室导控间设计独特,布局合理,操作方便。每天有《今日期市》《今日汇事》两档直播节目以及《今日股市》《第一地产》《行业报告》三档录播节目,日使用时间在5个小时左右,缓解了另外两个演播室(一号、三号)的压力。

同年,传媒集团技术运营中心传送播出部完成对短信平台三期改造。传媒集团短信平台自2004年2月投入商用后,累计流量超过7000万条,创造了良好的经济效益和社会效益,成为传媒集团各频道、频率重要的节目互动和播出辅助手段,有越来越多的节目引入短信互动,短信平台流量也越来越大。为满足传媒集团各类互动广播、电视节目的需求,为新媒体公司开展全国接入彩信、短信业务的要求,传媒集团技术中心传送播出部对短信平台从系统规模、峰值流量处理、数据审查、数据接口、手机参与次数限制等方面进行升级、优化。同时,改善网络系统的安全性,提高与上海移动之间的传输带宽,保持和移动机房的数据链路稳定性进行三期改造。

三期扩容后的短信平台能够处理每秒300条的短信流量,顺利完成全国平台接入,所有业务逻辑、路由逻辑准确,系统灵活、易扩充。平台经过改造,能够将彩信业务顺利接入,完成了彩信业务的技术储备,满足传媒集团大型直播节目互动短信技术的需求。

2008年12月,技术运营中心对上视大厦13楼演播室进行系统改造,该演播室为纪实频道所用。改造后的演播室全部采用高清设备。该项目于2009年1月底建设完成,既满足纪实频道日常访谈节目和串联词的录制,还能做日常的高清线性制作。该系统在高清、规范、兼容、安全播出措施等关键技术上有所创新,使用效果良好,纪实频道节目制作和播出在传媒集团中率先完成高清化改造。

十、重大活动技术保障

【首届东亚运动会】

1993年5月9—18日首届东亚运动会在上海举办,市广电局技术中心对比赛全程进行实况转播传送。其间,共设计安装电视主控、国际广播中心、国内播出、电视录制四大系统。除各场馆转播外,还安装了12面电视墙,配备13辆转播车和3套EFP设备,动用摄像机102台、录像机178台、ENG12套、微波设备30套、数字特技机10台、字幕机15台、帧同步机13台。180多名技术人员担负12个场馆和1个新闻中心的技术保障任务,分别为韩国,为中国香港、台湾地区提供国际评论信号23次,为9个参赛国家和地区及澳大利亚卫星传送187次,及时地为国内外新闻机构提供比赛信息和服务信息,圆满完成首届东亚运动会转播的技术保障任务。

【第八届全运会】

1997年10月12—24日,第八届全国运动会28个比赛大项(含319个小项)在上海的42个体育场馆进行决赛。市广电局技术中心完成了规模空前的广播电视转播任务,还为组委会和国际广播电视新闻交流中心(IBC)提供场馆比赛电视公共信号,累计261场次,总时长785小时。

【上海解放50周年庆典活动】

1999年5月28日,在上海解放50周年庆典活动中,局技术中心承担了卫星传送及播出保障任务。针对广播播出形式多(直播、录播、转播、联播、外播)、交换频率高、时间间隔短、操作难度大等特点,技术人员全力以赴,在近15小时内进行了5次外场转播、5次两台四频联播和4次现场直播,圆满完成了技术保障任务。

【第九届全运会】

2001年,第九届全国运动会在广州举办。上海文广集团技术中心派出50多名技术人员,动用2辆当时国内最先进的数字转播车、1辆SNG卫星车、2套FLYAWAY卫星发射设备、1套微波设备、1套EFP演播室制作直播系统、1套主控调度和播出系统、8套DVCPRO收录系统、8套

DVCPRO 对编系统、3 套便携式对编设备、2 套配音设备、8 套 ENG 设备、1 套高清摄像机和 1 套高清播放设备,在广东电视台 300 平方米演播室内,为体育频道建成全数字的九运会电视转播技术系统,承担了从节目制作、新闻报道到赛事转播全方位的技术保障工作。第一次使用高清晰度电视转播车完成开幕式、闭幕式、体操、艺术体操和花样游泳等项目现场实况录像制作和转播,完成了技术中心成立以来异地最远、最复杂、时间最长、参与人数最多的一次技术保障工作。此次,共直播报道约 250 小时,各类赛事录像 884 小时,节目制作 2 档共 20 小时。

【上海与巴黎文化艺术交流】

2001 年 5 月,《上海—巴黎》音乐会是上海文广集团成立后第一次与西方国家主流媒体共同组织的大型文化艺术交流活动。该音乐会采取上海、巴黎两地通过卫星双向传送共演一台节目。在技术上成功突破了 ISDN 技术传送电视节目声音的技术障碍,解决了上海—巴黎跨洋双向卫星传送信号延迟的技术难题,上海电视工作者的高水平技术受到法国同行的称赞。

【APEC 会议】

2001 年 10 月,亚太经济合作组织(APEC)第九次领导人非正式会议在上海举行,广播电视转播技术保障任务重、标准高、要求严、责任大。会议期间,文广集团技术中心派出 200 余名技术人员,动用大量设备,开通 10 路卫星上行通道,架通 91 路光缆通道,完成电视转播 24 场次。协助配合中央电视台完成公共信号传输 44 场次 296 小时。首次应用数字高新技术 DVB－T 完成 APEC 专用加密数字电视频道和图文频道的播出。为上海电视台、东方电视台在国际会议中心搭建 APEC 直播室技术系统,分别完成了 23 档 19 小时 APEC 电视现场直播,广播 18 场次重要转播、78 个 APEC 录音报道、10 小时重要节目录音、16 小时电视伴音等技术保障。为 9 家世界知名媒体提供卫星上行传输 338 次,累计 13 651 分钟。圆满完成保障任务。

【洋山深水港四期码头开港仪式转播】

2005 年 12 月 10 日,洋山深水港四期码头开港,传媒集团技术运营中心广播技术部根据转播需求,安排技术人员对实地进行详尽考察,制定了周密安全的转播方案。实况转播范围包括海上平台等六个点,需要进行同时和分时段转播。为此,广播技术部采用了 ISDN、电话通讯、海事卫星、光纤等技术,调配技术骨干近 30 人组成联合转播小组,圆满顺利地完成此次任务。

【上海合作组织峰会】

2006 年 6 月,在举世瞩目的上海合作组织峰会期间,传媒集团技术运营中心广播技术部技术人员,圆满完成浦江焰火晚会、国际会议中心、国际新闻中心(IBC)、上海大剧院庆典晚会 4 个场馆共 10 项技术保障任务,解决了游船行进中拾音受干扰、传送信号漂移等难题,确保峰会期间音频信号的优质。

【《联通青藏巅峰之旅》直播节目】

2006 年 7 月,为确保《联通青藏巅峰之旅》节目全天直播成功,传媒集团技术运营中心通过技术创新与运用,成功突破高原转播极限,经受高原地区恶劣气候、高原缺氧、生活条件异常艰苦等严峻考验,创造了上海广播电视新闻转播史上新闻卫星直播点数量之最、卫星传送点海拔高度之最、技术直播协同工种数量之最等多项纪录,谱写了电视转播新篇章。

【汶川地震灾情及救援报道】

2008年5月12日14时28分,四川汶川发生8.0级强震。传媒集团技术运营中心迅速组织先遣组赶赴灾区,将灾情及救援工作进展情况快速、及时地传递到上海乃至全国。

在这次抗震救灾报道中,技术运营中心采用多种视音频传送方式。如卫星飞行站,使用了两种不同工作方式:SWEDISH飞行站和中国卫通公司开发的飞行站。两种飞行站完成了90%以上野外危险环境下的传送和直播工作。SWEDISH飞行站通过直升机运送至道路已经中断的映秀和汶川县城,完成独家直播。中国卫通公司开发的飞行站优点是质量轻,适用于野外直播。为了建立多种方式的新闻传输线,技术人员同时使用移动非编设备进行新闻的编辑和基于互联网的新闻素材FTP传输,为记者在成都大本营的正常工作提供了技术保障。除了新闻中的视音频传输,海事卫星电话发挥了重要作用。它体积小巧,使用方便,在灾区通讯中断的情况下是记者同外界联络的唯一手段,在野外同样能够高质量传输文字报片以及图片信息。

在恶劣的自然环境下依托先进技术的保障,上海电视媒体对此次抗震救灾的报道十分及时,节目内容全面而丰富。

【奥运圣火传递现场报道】

2008年5月23—24日,2008北京奥运会火炬接力在上海传递,传媒集团技术运营中心承担技术保障任务。奥运圣火传递移动范围大,路况复杂,无线接收条件受环境、建筑物遮挡,全程跟踪难度很高,实况转播面临极大的困难。技术运营中心对转播路线和地点进行细致考察,使用新闻车对传递全程进行反复测试,寻找在移动路线中的传输盲点和解决方法,力求完美。通过不断的理论探讨和实践测试,终于成功制订了传送系统的方案,圆满完成有史以来规模最大、以无线微波为核心的"移动传送接力"保障工作。

【蓝天下的至爱——爱心全天大放送节目】

2008年1月26日,传媒集团技术运营中心派出6辆转播车、3套扩声设备、6套微波传送设备全方位制作播出《蓝天下的至爱——爱心全天大放送》节目,参与技术支持和保障的技术人员多达150名,分别在创智天地、市六医院、福州路国拍中心、东视剧场4个直播点以及电视台演播室等多点进行报道,现场报道的信号同时提供给电视新闻中心、大型活动部、综艺部和东方卫视、娱乐频道以及交通广播频率、都市792频率。

【上海电视50周年纪念活动】

2008年是上海电视诞生50周年。传媒集团在广电大厦8楼举行主题报告会,邀请为上海电视服务多年的老前辈老领导们参加,技术运营中心承担这次活动的技术保障工作,对会议进行实况录像。会议录像为4机位,制定了多套备份方案,首先是预埋一根备份电缆,可在极短时间内抢通任何一个机位;大屏幕,除了转播车分别从矩阵和AUX送出的主备两路大屏幕信号外,会场内还有主备两台便携式切换台,可满足场内多种大屏幕信号的需求,并且这两台切换台还配备了双电源,防止可能因电源故障造成无法正常工作的后果。考虑到电缆较长,技术人员特地配备电缆校正设备,确保大屏幕信号的正常播放,完成了该会议的技术保障任务。

【海峡两岸"三通"直航】

2008年12月15日是一个值得纪念的日子,海峡两岸首次实现"三通"。在位于青浦区华东空管中心,传媒集团技术运营中心为提供双向航班开通仪式公用信号做技术保障。由于信号路由比较复杂,部门负责人亲自参与技术协调,现场直播条理清晰,有条不紊。在上海浦东国际机场承担飞机起飞及降落直播任务的转播小组,于前一天晚上6时30分顺利完成所有信号的测试工作。12月15日早上7时开始直播,顺利完成中央电视台和传媒集团信号的制作与传送。上午8时整,上海第一架前往台湾方向的飞机起飞;9时30分,迎来第一架从台湾直航而来的飞机,这象征两岸飞行直航已顺利开通。同时,在上海的另一端,洋山深水港作为此次海上直通活动的重要场地之一,技术运营中心工作人员在此见证两岸海上直航的重大时刻。在直播期间,技术人员克服车载调音台暂时无法开机、微波全景机架设难度大等困难,圆满完成了该重大活动直播工作。

【上海世博会】

2010年4月30—10月31日,上海广播电视台技术运营中心100余名技术骨干克服种种困难和技术难题,苦战40天,高标准完成了上海世博会国际广播电视新闻中心(IBC)总控系统、ENG新闻采访系统、广播电视后期编辑配音制作系统、电视转播系统、电视演播室、网络演播室系统、广播系统、传输系统、公共信号系统、动力保障系统的建设任务,以高新技术为全球媒体打造一个可用性高的广播电视技术平台。上海世博会举办期间,技术运营中心501名技术人员圆满完成上海世博会国家馆日和国际组织特别日活动、新闻发布会、高峰论坛、省市活动周五大主题活动。为153家国内外媒体、机构提供广播电视技术服务1732场次。

第三节 电视播出技术

一、电视频道

1982年,上海电视台着手将过去各频道相互独立的多中心系统改建为集中调度的中央控制系统。采用人工播出方式,录(放)像机分散播出的方法,使用预选矩阵和播出矩阵分开的两级矩阵,可扩展播出6套节目,同时进行国际、国内电视信号传送。

1985年,上海电视台中央控制室建成并投入使用。1986年7月1日,上海电视台建成卫星地面接收站,接收2套教育频道节目。地面站系统也与总控联通并受调控。

1989年4月,上海电视台新闻中心重新扩建第一、第二导控室,其系统与设备都达到总控同等水平。

1991年12月,市广电局投资建造广电大厦,其技术系统包括多功能演播厅、新闻发布厅、新闻中心、演播区、播音配音区及调音室等。1995年,随着广电大厦落成使用,电视播出总控从上海电视台大院的2号楼3楼搬迁到广电大厦16、17楼。借搬迁新址之机,电视播出技术也同步升级,引进英国PROBEL计算机集中播控系统,承担所有无线、有线频道的电视播出。同步建成使用128路电视信号传送调度矩阵,满足了上海电视发展的需要。

2002年11月,传媒集团电视播控中心启用Sony MAV-70视频服务器的数字化硬盘播出系统。

2003年7月1日,经过近两年的技术改造,传媒集团启用国内规模最大的网络化硬盘播出系统,标志着上海电视播出全面完成模拟向数字的转换。该硬盘播出系统集计算机技术、网络技术于一体,系统分为灌录、播控、网管三大模块。2004年11月23日,传媒集团电视数字总控系统建成并启用。该系统以256×256矩阵为核心,为实现电视制作、传送到播出的全数字化迈出了关键一步。

2006年7月,传媒集团电视广告硬盘编播系统建成。至此,结束了电视广告编播依靠串编磁带的历史,全面实现电视广告无带化播出模式,既节约成本,又提高了效率。

2009年7月,技术运营中心启动东方卫视高清改造项目,项目针对原标清系统视频部分进行改造和升级,实现系统内高、标清格式视频信号的混合使用。9月28日,东方卫视高清信号成功开播。作为全国高清播出的第一批卫星频道,新闻节目《看东方》《东方新闻》《东方夜新闻》实现高清播出。

2010年3月29日,上海广播电视台第一财经双平台播出系统上线投入使用。即使在行情交易时段,广告照样可以在小框画面中进行替换,为第一财经进一步吸纳全国收视份额、安全播出广告节目提供了技术保障。

2010年4月12日,位于上海世博会园区内的"世博眼"演播室正式投入使用。这座由上海广播电视台、上海东方传媒集团公司投资600万元建设的"世博眼"占地面积140平方米,建筑面积100平方米,外形酷似"飞碟",是国内首座可旋转350°的电视透明演播室,其最大的特点就是能旋转。电视节目跟一轴四馆的哪个馆相关,"世博眼"就根据实际需要,将背景正对所要展示的场馆。在"世博眼"演播室里掌握园区最新运营状况,为公众展示上海世博会的精彩。

图5-2-3 位于中国2010年上海世博会园区内的上海广播电视台"世博眼"演播室(摄于2010年4月)

同年6月30日,上视大厦底楼大堂透明演播室(S0演播室/4讯道)建成启用。在这个被形象比喻为"金鱼缸"的透明演播室里,上海广播电视台第一次通过网络新闻台直播京沪高铁通车盛况。该演播室主要供《看看新闻网》进行网络直播和第一财经品牌旗下的数字(互动)电视频道《东方财经》使用。2010年8月,《东方财经》开始使用上视大堂透明演播室进行电视直播。

二、交互式网络电视(IPTV)

2006年9月,传媒集团百视通新媒体有限公司在上海放号开通网络电视业务。为满足包括上海本地频道、数字付费频道、中央电视台频道、各地卫视等61个频道的IPTV直播,技术运营中心负责重新构建IPTV全国头端系统和新媒体业务展示中心。项目对信源系统、直播编码系统、网络传输系统和监看系统进行了完善,采用MPEG-4 ASP和H.264编码格式。网络传输系统中,所有编码器、传输服务器、应用服务器根据不同的应用级别连接不同的接入交换机,由接入交换机对接入设备进行流量和安全控制。

建成后的新媒体业务展示中心配备先进的视听和互动手段,是传媒集团展示新媒体业务的窗口。该项目自行设计和集成,项目的设计集成水平及工程质量达到国内同行业先进水平。

三、手机电视

2006年2月,为满足试验数字多媒体广播(DMB)手机电视技术的需要,传媒集团传送播出部开展DMB节目存储与播控系统和前端系统两个项目的建设工作。

DMB节目存储管理与播控系统是手机电视节目播出系统工程。它在数字电视原有技术平台上,建立供DMB试验播出使用的集录、存、编、播于一体的节目存储管理与播控系统,实现高度自动化管理。该播控系统包括能够共享、交换并快速精确检索的节目库管理系统;方便、快捷的节目单编排系统;智能、高效的节目迁移系统;高效、安全的播出、监控系统。系统具有易扩展性。该项目于同年5月完工,满足了手机电视新闻频道、娱乐频道、电视剧频道、音乐频道的播出需求。

DMB前端系统担负着信号编码、复用和传输的任务,在1458兆赫和1470兆赫两个频点上复用4套电视节目、2套广播节目及多种数据业务。为确保DMB节目平台的安全播出,DMB前端系统不仅考虑为服务提供足够的通路,同时,也考虑了安全备份。在安全高效的基础上,兼顾经济实用性,可以满足日常手机电视播出传送的要求。DMB视频编码器支持H.264视频编码,支持AAC+或BSAC视频伴音编码,并可顺利实现与DAB/DMB前端系统的对接。

四、东方购物频道

2007年11月1日,东方购物频道播出系统投入试运行。该播出系统采用基于转码方式制播一体的全台网,是传媒集团内首个取消磁带,采用无带化、文件化送播的频道。项目的关键技术和创新包括:MAV70转码技术、接口规范、素材同步技术、播出管理流程和安全播出措施。无带化打破传统繁琐的工作流程,通过网络化、文件化等新技术提供全新的工作流程,使各部门工作模式更合理高效,提高了技术中心服务水平,提升了传媒集团整体竞争优势。

该项目的实施,使东方电视购物有限公司节目制播达到全程数字化、网络化、无带化,为传媒集团全台网建设积累了经验。

第四节　电视传输技术

一、沿革

电视信号传输是电视系统中的重要环节,信号传输的稳定性和可靠性对于收看电视节目有着直接影响。电视节目基本的传输方式是由地面无线、微波、光纤、卫星等多种通道的结合。随着科学技术的进步,利用移动通讯网、互联网传输电视信号已经实现。

【地面无线】

地面无线传输技术被广泛使用。电视台制作的节目传输到无线发射台,通过地面发射机发射携带有音视频或其他信号的无线电波发送至用户的接收终端。随着广播电视事业的发展,原来携带的模拟信号改成了数字信号,也就是数字电视,排除了模拟信号的传输噪声。

【微波】

1993 年 5 月,上海电视台进口 10 套日立模拟微波系统,首次用于当年的东亚运动会电视播出中,传输大量实况比赛信号。

2007 年 9 月,传媒集团从英国进口 2 套 GIGAWAVE 数字微波系统,应用于当年的世界夏季特殊奥林匹克运动会电视播出,开始传输数字标清信号。

2008 年 5 月,传媒集团从英国进口 5 套 GIGAWAVE 高清微波系统,首次应用于当年北京奥运会火炬接力上海段的电视播出。5 月 23 日、24 日,奥运火炬接力活动在上海举行,技术运营中心在接力段采用以微波为核心的"传送接力",即通过无线摄像机拍摄火炬手画面,通过一辆微波中继车完成微波信号的接收和再发射,位于固定区域的微波接收设备接收这些信号后再通过微波、光缆、卫星等传统手段送回演播室。该技术手段确保了接力途中不断移动的直播信号能传送通畅。

【光纤】

1995 年 4 月 21 日,由东方电视台、上海东方明珠国际交流公司和日本广播协会(NHK)联合举办的"亚洲歌坛实况传送"在上海成功举行。这是跨国双向传送中收视范围广、影响大、技术难度高的一次。它采用卫星直播与海底光缆并举的方式,通过国际通讯卫星和中日海底光缆传送,覆盖 37 个国家和地区,为增进亚洲歌坛的交流和亚洲人民的友谊起到积极的作用。

在 2001 年亚太经济合作组织(APEC)会议广播电视技术保障中,技术中心架通 91 路光缆通道,首次使用标清数字光端机,在十几个场馆搭建传送、制作、扩声设备。当会议开始时,动用 97 套光端机及大量周边设备,共完成电视转播传输 24 场次,同时还配合中央电视台完成公共信号传输 44 场次,共计 296 小时。

在 2010 年上海世博会园区建设期间,上海广播电视台技术运营中心先后敷设光缆 26 根,共计 1 100 多芯,开通固定高清传输通路 79 路、标清通路 3 路、数字音频 5 路、通路 9 路、网络传输 4 路、同步时钟 6 路,同时具备 16 路高清信号的机动传输能力,为国内外新闻媒体的广播电视信号传输提供了坚实的保障。

【卫星】

随着卫星广播电视技术的飞速发展,电视节目传输冲破时间、空间的限制,覆盖地域越来越广泛。20 世纪 90 年代后,数字处理技术在广播电视领域的应用带来一场新的革命,经过数字压缩的电视信号所占卫星转发器带宽大大减小。原来一个 36 兆赫带宽的卫星转发器只能传输一套模拟电视信号,采用数字压缩技术后,36 兆赫带宽的卫星转发器可以传输 4 套～6 套演播室质量的电视信号,使用户租用转发器的费用大大降低;同时,提高了信号传输质量,促进了卫星广播电视的应用,使越来越多的电视媒体利用卫星快速、及时地传输电视新闻和转播体育赛事,跨国越洋传输其他各类节目。

1997 年 11 月,上海电视台购置第一辆卫星直播车(英文简称 SNG),以卫星通讯系统作为传输平台,将新闻现场采集到的视频和音频信号,经过卫星车系统处理后,通过卫星通道传送回上海电视台总控,直接转播或经过编辑后播出。

2000 年 2 月,市广电局技术中心应用卫星双向传送的高科技手段,使分处南北半球、直线距离达 7 000 多公里的两座世界著名剧院和现场观众实现了隔洋的"第一次握手",把上海大剧院的交响乐演奏与悉尼歌剧院的交响乐演奏进行同期声制作传送,取得很大成功,得到国家广电总局嘉奖。

2006 年 4 月 28 日—7 月 2 日,《联通青藏巅峰之旅》大型直播节目是首次通过高清设备全程跟踪拍摄并在高原通过卫星进行传送报道。上海卫星地球站创新技术手段,通过新技术的开发运用,成功突破高原转播极限。技术人员在平均海拔近 4 千米的高原地区,创了上海广播电视新闻卫星直播点数量之最、卫星传送点海拔高度之最、技术直播协同工种数量之最等项新纪录。

2008 年,四川汶川"5·12"地震发生后,上海卫星地球站先后派出 6 名技术骨干赴灾区承担传媒集团抗震救灾新闻报道卫星传送技术保障任务。在 1 个多月的时间里,累计完成 124 次卫星传送,传回近 5 000 分钟抗震救灾新闻素材,为及时报道抗震救灾工作做出贡献。

2010 年 4 月 30 日—5 月 2 日,上海广播电视台以"拥抱世博""欢聚世博""畅想世博"为主题推出特别节目。技术运营中心提供相应的技术保障为:三大同步要求——28 路信号同时调度、14 路信号同时直播、3 地(2 个总控与 1 个主演播室)同时信号切割;三大传送方式——5 路微波通路(3 个定点和 2 个全向)、4 路移动卫星、7 路光缆传送;三大资源需求——13 个单边直播小组、52 个外场采访点、3 个演播室实时互动。据不完全统计,2010 年上海世博会国际广播新闻中心(IBC)为 60 家(次)境内外媒体提供上海世博会现场报道的保障,技术运营中心为此调集所有传送设备,投入近 700 人次。

表 5 - 2 - 1　1999—2010 年上海卫星电视传送部分大型活动实况情况表

传　送　日　期	活动、节目	媒　　体	传送节目地点(地域)
1999 年 9 月	《财富》论坛年会	国内外 28 家媒体	上海国际会议中心
2000 年 2 月	"上海—悉尼"卫星双向传送	澳大利亚	上海大剧院、悉尼歌剧院
2000 年 7 月 15 日—8 月 10 日	"2000 西部行"	上海电视台	江苏、安徽、河南、陕西、宁夏、甘肃、青海,直抵新疆边境地区霍尔果斯
2001 年 5 月	"上海—巴黎"音乐会	法国电视一台	上海大剧院、巴黎香榭丽舍剧院
2001 年 9 月	亚太经合组织(APEC)峰会新闻直播	CNN 等 9 家媒体	上海科技馆、东方明珠
2001 年 11 月 11—25 日	第九届全国运动会	上海电视台	广州
2002 年 11 月	ATP 大师杯网球赛	国际公共信号	上海旗忠网球中心
2002 年 2 月 17—25 日	王龙祥单骑穿越新疆罗布泊	传媒集团	新疆
2005 年 1 月	2005 两岸春节包机通航	BBC、路透社等多家媒体	上海浦东机场
2006 年 4 月 28 日—7 月 2 日	联通青藏巅峰之旅——青藏铁路通车	传媒集团	青海、西藏
2008 年 5—6 月	"5·12 汶川大地震"	传媒集团	四川地震灾区
2010 年 4 月 30 日—10 月 31 日	中国 2010 年上海世博会	国内外多家媒体	上海世博会园区

【移动通讯网】

上海广播电视台技术运营中心和相关公司于 2009 年 11 月开始研究试用新媒体回传技术,对 3G 回传系统的软硬件架构、操作运行模式、管理流程等技术细节进行充分的讨论,最终研制出初步可用的 3G 回传设备,并于 2010 年 10 月中旬开始在节目中试行 3G 技术直播。频道在使用 3G 直播上的优势得到显现,不但降低成本节省开支,而且增强了时效性。

二、上海卫星电视

为配合上海卫视上星播出,1998 年 4 月 28 日,上海广播电视卫星地球站开工奠基。由林伟明等 7 人组成筹建小组,实施地球站基础设施建设,即卫星天线系统、中高频系统、传输系统、监控系统、网管系统、动力系统的规划、设计、论证、设备采购、安装调试等工作。

1998 年 9 月 28 日,上海广播电视卫星地球站建成,实现了上海广播电视节目信号从微波传送、有线传送向卫星传送方式的跨越。它为上海广播电视节目交流和信息数据交换提供了上下行传输通道,也为新闻媒体提供了高质量的卫星电视传送服务。上海广播电视卫星地球站是当时全国广播电视系统规模最大、功能最全、设备最新、业务最繁忙、管理最规范的卫星地球站之一,获得上海市科学技术进步奖二等奖和上海市广播电影电视局科技进步奖一等奖。

图 5-2-4　1998 年 9 月,上海广播电视卫星地球站筹建小组林伟明(左三)
等 7 位成员参加卫星地球站落成仪式

1998 年 10 月 1 日上海卫视节目正式用"鑫诺 1 号"卫星向全国播出。开播一年内,有 800 家转播点,除港、澳、台地区之外,全国 31 个省、市、自治区实现全部覆盖,覆盖范围达 3 000 万户、1 亿 5千万人口。上海广播电视卫星地球站还将覆盖范围向海外拓展。2001 年 12 月 15 日上海卫视节目在日本落地,向海外落地跨出了第一步。

2004 年 9 月 9 日,传媒集团广播电视有线数字付费频道集成运营平台卫星信号测试暨签约仪式在广电大厦举行。这是中国第二家获得国家广电总局批准测试播出的全国有线数字付费集成运营平台。上海的数字频道信号覆盖全国 22 个省市的 3 000 万用户,其中数字电视用户达 24.5 万户,占全国数字电视用户的 70%。第一批 11 套节目通过中国卫通的"中卫 1 号"卫星传输覆盖各地。

国家广电总局 2004 年 11 月 21 日批准传媒集团向全国推出第二批 8 个数字广播电视付费频道。8 个频道为:都市剧场频道、欢笑剧场频道、金色频道、幸福彩频道、极速汽车频道、生活时尚频道、新视觉频道(高清晰频道)和爱乐频道。同时,同意原批准在上海市范围内播出的法治天地、劲爆体育、魅力音乐、七彩戏剧 4 个数字付费电视频道,此后可在全国范围内播出。

同年 12 月 26 日,上海炫动卡通卫视在上海国际新闻中心举行开播仪式,通过亚太 6 号卫星向全国播出。上海炫动卡通频道是全国首批 3 家被批准的上星卡通频道之一。

2009 年 9 月 28 日上午 7 时,东方卫视节目成功在"中星 6B"上实现高清播出。这标志着上海成为全国首批拥有高清卫视上星频道的地区之一。此外,上海东方卫视实现了高、标清同播。

同日,上海广播电视卫星地球站采用多路单载波(MCPC)技术成功实现江苏卫视高清频道和浙江卫视高清频道在"中星 6A"上播出。这是上海卫星地球站首次承担外省市卫星电视的代播业务。

三、东方明珠发射台开播

1994 年 12 月,东方明珠传输有限公司组织东方明珠发射台筹备发射机房建设工作。1995 年 1 月,陆续开始安装电视调频发射系统设备与天馈系统、信号传输与播控监测系统,至 4 月 28 日完成调频广播和电视发射系统设备的安装调试工作,于当日对外进行 4 套无线模拟电视节目试播。同日起,位于南京西路上海电视台的调频广播电视发射台停止发射上述模拟电视节目(CH-26 教育频道除外)。5 月 1 日起正式对外播出 4 套无线模拟电视节目。4 套无线模拟电视节目分别是:上海电视台一套节目,米波段 CH-8,发射功率 10 千瓦;上海电视台二套节目,分米波段 CH-14,发射功率 30 千瓦;东方电视台一套节目,分米波段 CH-20,发射功率 30 千瓦;中央电视台一套节目,分米波段 CH-38,发射功率 30 千瓦。

该 4 套模拟电视均采用当时最新型的全固态模拟电视发射设备。其中,CH-8 发射系统是由二部额定功率为 10 千瓦发射机组成,采用互为主备的工作模式,发射机型号为 PCN1410。CH-14、CH-20、CH-38 三套分米波段发射系统的发射功率均为 30 千瓦,都是由两部额定功率为 15 千瓦的单机并行合成而来。CH-20、CH-38 发射机的型号为 PCU1130;CH-14 发射机型号为 PCU930。电视发射系统的设备制造方均为日本电器株式会社公司(NEC)。

东方明珠广播电视发射塔共安装 4 套电视发射天线系统,全部采用四偶极子类型水平极化方式。具体参数见下表。

表 5-2-2　1995 年东方明珠广播电视发射塔完成 4 套电视发射天线系统

天 线 简 称	功率(kW)	工 作 频 道	制 造 商
VHF 天线	20	CH-8	中天
UHF(一)	60	CH-38	SIRA
UHF(二)	60	CH-20　CH-33	SIRA
UHF(三)	60	CH-14　CH-26	SIRA

表中,米波段的 VHF 天线为当时广电部中天广播电视科技有限公司生产。另外三套 UHF 天线是意大利 SIRA 公司生产。

米波段 VHF 天线、UHF(一)天线、UHF(二)天线、UHF(三)天线由低向高依次部署。后两者的天线输入端配置双工器,设备制造方为上海明珠广播电视科技有限公司,主要用于 CH-20、CH-33、CH-14 和 CH-26 4 套模拟电视发射系统的两两功率合成。

所有天线均由上、下半副天线组成,通过天线开关板将发射功率同时送至上、下半副天线,通过天线开关板 U - link 的跳接也可独立送至任意半副天线。天线开关板的制造方为意大利 SIRA 公司。

东方明珠传输公司新增模拟电视播出频道、电视发射天线系统的部分更新。CH - 33 模拟电视频道筹划工作于 1995 年 9 月 1 日完成,并对外播出,节目内容是东方电视台的《少儿科技》。

此外,CH - 26 教育频道系上海教育电视台托管设备,于 1995 年 9 月 10 日教师节在东方明珠发射台对外播出,节目内容为上海教育电视台主办的教育类节目。同日,位于南京西路上海电视台广播电视发射台 CH - 26 教育频道停止对外播出。

2010 年 4 月 13 日,UHF(三)上半套天线因遭受雷击被烧毁,当即使用备份天线进行工作。经过研究决定,使用德国 RFS 天线,于 2011 年 11 月 19 日修复。

四、有线电视传输网建设

1991 年 4 月,市广电局成立上海有线电视台筹备小组。同年 8 月,决定先市区、后郊区分两步发展上海有线电视网。9 月中旬,经请示上海市政府和广电部后,上级部门原则同意建设有线电视光缆传输专业网。专家评估认为:上海市区有线电视传输网结构应采取二级 AM 光发送,即光纤结构应为二级星型网,系统应设有完整的监控设备,减少使用连接器数量,采用低反射连接器,光损耗以 0.45 dB/KM 计算。

1992 年底,市广电局进行光缆干线的实验和建设,采用 AM VSB 的光调制技术,在长宁区用架空敷设的方式联通 6 个街道的光缆,采用市台到中心城区各区有线电视中心的中继站,然后再到街道站的二级星形网的结构。区中继站的光接收机采用 PHILIPS 公司的 7 - OR 型,光发射机采用 2IIIA - TX 型,区有线电视中心和社区新闻的信号采取在区中继站混合后再往下传输的方式。

【有线电视网络】

1992 年,上海开始采用光纤同轴电缆混合网络(HFC)技术建设有线电视网,从总前端机房到街道站,利用上海邮电光纤通信网进行光纤传输,街道站以下网络建设采用电缆干线、支干线及电缆分配网接入户。上海有线电视网中的光纤传输网是全国首次利用邮电通信光纤网实现的,由市广电局委托上海市邮电管理局组建上海有线电视光纤传输网。1992 年 12 月 3 日,有线电视光缆传输网首先在上海市徐汇区建成并开通。1994 年上海有线电视用户数量突破 100 万户,覆盖全市 14 个区和 1 个郊县的共 130 多个街道、乡镇。至此,上海已形成全国规模最大的城市有线电视网络。

【电缆传输分配系统】

截至 1992 年底,上海市有线电视已联网 11 个街道站,均采用电缆干线、支干线分配系统的树枝形分配方式,整个系统以双导频方式,由市有线电视台统一发出导频控制信号。高导频频率定为 448.25 兆赫;低导频频率定为 65.75 兆赫。为了保证系统运行可靠、稳定,干线系统采用具有自动电平控制技术(ALC)的放大器;支线系统采用具有温度补偿的自动增益控制技术(AGC)的放大器。同时,要求放大器的供电均采用通过传输电缆供电的集中供电方式。街道站系统的技术指标达到 C/N 47.9 dB 以上、IM 61 dB 以上、CM 52 dB 以上。

截至 1993 年底,干线电缆均采用 COMM/SCOPE 公司的 QR/540 型和 QR/860 型电缆及

TRILOGY 公司的 MC－500 型和 MC－750 型电缆。干线放大器采用 MAGNAVOX 公司的 Spectrum－2000 型系列、JERROLD 公司的 S. S. SJ 系列、S. A 公司的 II 系列。个别街道使用 C/COR 公司的 PP、PT 系列。支线及分配系统的电缆均采用国产 SYKV－75 型,直径为 12 毫米～5 毫米的耦芯电缆。分配放大器主要采用上海贝特公司为代表的 SGF 系列的器件,无源器件、干线都采用该公司配套产品,支线以下部分均采用国产器件。

图 5－2－5 上海有线电视台台长胡运筹(右)关注全市有线联网,与副台长孙宏明共商工作推进措施(摄于 1994 年 9 月)

【上海有线电视网络获"全球最佳有线电视系统奖"】

1992 年,上海有线电视台建成开播后,持续加速推进全市联网。截至 1997 年 11 月底,上海有线电视网络覆盖居民规模突破 220 万户,成为世界上最大的城域有线电视系统之一。全球权威杂志《世界有线电视》将年度的最高荣誉奖——"全球最佳有线电视系统奖"授予上海有线电视台。

【全市有线电视联网】

1998 年 2 月 4 日,崇明有线电视开通。上海有线电视台的节目信号通过一条长达 20.7 公里的海底光缆联通崇明岛,这标志着上海实现全市有线电视联网。截至 1998 年 12 月 8 日,市区提前完成全年 250 万户的联网目标,网络规模达到 256 万个终端。1998 年底,上海有线网络已拥有 4 000 公里光缆、2 200 个光节点,光缆联通郊县所有乡镇。

【有线电视双向改造】

1999 年,新成立不久的上海市有线网络有限公司开始对拥有超过 220 万户规模的上海市有线电视 HFC 网络进行双向化改造,将原有的 450 兆赫、550 兆赫、750 兆赫网络提高到 862 兆赫,在大幅提高频道容量的同时建立上行通道,为实现双向传输业务奠定技术基础。该项目自 1999 年至 2001 年连续 3 年列入上海市政府实事工程,其中 2000 年项目被列为上海市政府"一号工程",当年完成 100 万户的有线电视双向改造任务。

【"有线通"业务】

2000 年 12 月 1 日,上海市有线网络有限公司面向上海有线电视网络用户推出基于广播电视网的高速宽带服务——"有线通"。"有线通"采用当时先进的 DOCSIS 技术,在双向 HFC 网络上实现高速双向业务传输,为广大居民用户和企事业单位用户提供 1 Mbps(兆比特每秒)到 2 Mbps 的高速宽带服务,领先国内宽带市场水平,为推动国内"三网融合"发挥了作用。

【高清数字电视业务】

2006 年 1 月 1 日,上海文广互动电视公司的"高清新视觉"频道在上海播出,成为中国最早开播的高清电视频道之一。同年 5 月 1 日,东方有线网络有限公司向居民和企事业单位用户推出高清数字电视业务,在全国尚属首次。

五、有线电视传输技术

2006 年上海有线电视数字化整体转换启动试点。12 月 23 日,第一批试点工作在虹口区展开,东方有线网络有限公司为试点小区每个家庭用户免费安装两台机顶盒,一台为交互型,一台为基本型。转换完成后,该小区可收看 61 套转换为数字电视的原有免费公共频道节目,并增加 40 套标准清晰度的收费节目和 1 套高清晰度收费节目,与传统的模拟电视相比,有线数字电视图像更稳定、清晰,服务内容和形式也更为丰富。另外,利用交互型机顶盒,增加了多画面节目指南、节目预告及预约提醒、12 套数字电台节目、电子政务等数据广播信息资讯以及特定的影视、医疗等视频点播和休闲游戏节目内容。

六、有线电视数字化整体转换播出平台

2006 年初,东方有线网络有限公司在广电大厦 19 楼机房建设有线电视数字化整体转换总前端播出平台。该平台包括信源处理系统、播控系统、条件接收系统、信号传输系统和信号监测系统等。同年 6 月,总前端播出平台建成启用,支持 30 路传输流的复用、加密、调制、监测以及应急调度。该平台的建成启用,使东方有线能分区域、分步骤将原有模拟电视用户分批整体转换为数字电视用户,最终实现全网数字化播出,为信息化服务建立平台基础。

七、上海《有线网络建设技术规范》

2007 年,由东方有线网络有限公司主编的《有线网络建设技术规范》,经上海市建设委员会与市交通委员会审核,批准为上海市工程建设规范。自 2007 年 4 月 1 日起实施,主要用于指导上海有线网络的设计、施工及验收。

八、全市有线电视网络整合

2009 年 10 月,国家广电总局印发《关于加快广播电视有线网络发展的若干意见》,明确要求各地加大有线网络整合力度,加快有线网络发展。上海于 2010 年 7 月启动全市有线电视网络整合工作,并于 2011 年 4 月按统一规划、统一管理、统一业务、统一标准、统一经营的“五统一”要求,完成一城一网的整合工作,使郊区有线电视网络在整合的基础上,加快数字化、双向化改造的步伐,推进“三网融合”建设。

第三章 广播电视监测技术

第一节 广播节目

一、监听技术

上海广播电视监测在设备、人才和技术等方面发展迅速。市广电局广播电视节目监测科前身是对实验频率的监测,地址在威海路647弄15号807机房。1986年搬迁至北京东路2号,后成立监测科,实施对上海地区的广播和电视节目监听监视。早期的监测科工作用房面积小,设备较差,使用专用级的收音机轮听各个广播频率节目,同时监看4套模拟电视节目。1987年,监测科设计了一套监听控制系统,辅以载波/音频报警器对广播信号进行实时监听,提升了监听效果。同年,监测科又开发一套广播录音系统,可保存广播各频率播出音频信息,时间为7天,该录音系统增加了广播监听工作举证手段。20世纪90年代,监测科除了实时监测广播与电视的节目播出情况,还到上海周边测量广播、电视的覆盖效果。2000年起,开始对各个广播音频及射频技术系统验收测量。

2003年,监测科更名为局监测中心后,对广播监测系统进行数字化改造升级。改造工作主要涉及:升级广播信号接收系统,更新天馈线及中波/调频接收机;报警系统升级扩容,满足10套中波及16套调频广播的音频、载波报警需求,并留有冗余;新建广播数字化硬盘录音及回放查询系统,对所有中波及调频广播节目进行24小时不间断录音,并可随时监听回放,录音文件保存长达30天。此次改造全面提升了上海地区的广播监听设备功能,进一步完善了广播监听工作举证手段。

2006年,局监测中心自行设计研制了一套广播信号全程监测系统,能够更准确及时地判断出广播节目故障发生的节点。该系统在虹桥路广播总控、东方明珠发射机房和北京东路2号顶楼平台三处设置采样点,将采得的广播音频信号数据通过光缆传送至局监测中心服务器,并且通过控制桌上的显示屏实时显示。值班员可通过比较、分析,迅速判断故障发生的节点,准确有效地处理播出事故。该系统的设计理念在全国处于领先水平,获得2007年市文广局科学技术进步奖三等奖。

该系统的建成,使局监测中心能全面掌握上海地区广播信号的制作、传输、发射和接收情况,标志着上海广播信号数字化全程监测体系基本构建完成。

二、测量技术

【广播节目接收效果】

从1989年起,局监测中心每两年对上海地区的广播及开路电视覆盖效果进行一次测量。通过在全市范围内(包括郊区)选点,对广播节目接收效果进行测量,这称为广播覆盖面效果测量。由于使用专业级收音、收视设备及频谱分析仪进行收测,记录数据,绘制各频率频道的地区覆盖图,全面反映了上海地区的广播及地面电视覆盖情况,帮助各发射台、站及时调整天线及发射机参数。

2002年,局监测中心与南京新兴电子有限公司、北京英斯泰克公司合作,开发建设了一辆高清广播电视监测车,进一步提升覆盖面测量的工作效率。该车配备自动升降云台,最高可将天线升至

10 米高度,可调节方向;车内配备柴油发电机及 UPS 电源,可搭载各类监测仪器长时间进行测量,使测量工作更为便捷、测量数据更为精确。

【广播技术系统】

局监测中心于 20 世纪 90 年代后期开始探索测量技术,购置专业测量仪器,培训测量人才,2000 年后开始对各个广播音频及射频技术系统做验收测量,所有新建技术系统均需通过监测中心的测量并出具测量报告后,方能通过验收。

除验收测量外,局监测中心还为各个广播技术系统提供常规维护测量服务,帮助技术人员及时了解系统状态,加强维护工作。2006 年起,由文广集团总工程师办公室牵头组织,监测中心负责实施,对上海地区的广播电视技术系统进行年检测量。上海文广集团成为全国首家制定大规模技术系统年检制度的广电集团。该年检制度规定,上海所有广播总控及发射台、站的技术系统,每年均需通过局监测中心的检测,从源头杜绝安全隐患,确保技术系统的安全稳定运行。

第二节　电　视　节　目

一、监听监看技术

1987 年,监测科使用模拟信号电视墙,通过自行研发的音频无声报警系统对电视音频进行监控。进入 21 世纪,由于电视频道数量不断增加,移动电视、互动电视等新的电视播出方式的出现,对电视监测系统提出了新的要求。因此,自 2003 年起,局监测中心开始着手对电视监测系统进行数字化改造。改造内容包括重建电视墙,由 10 块液晶大屏拼接组成,通过画面分割器将所有上海电视、中央电视台以及外地卫视的信号送入电视墙供监看;与上海市广播科学研究所共同研制开发一套画面识别报警系统,可检测发现黑屏、彩条、静帧画面,达到门限时间(15 秒)后发出报警提示音并在电视墙上高亮显示;增加一套视音频 64×16 切换矩阵,一旦发现问题可立即切至控制桌上的监视器进行监看,并且,值班技术人员可通过矩阵对电视墙上的频道进行重新调配组合,使电视节目的监看更具灵活性。该项改造项目于 2004 年完成,扩充了系统的监看范围,增加了自动监控报警手段,显著优化了电视监看功能。

2004 年,局监测中心与上海市广播科学研究所共同合作开发电视数字化硬盘录像机回放查询系统,用以替代之前使用的录像机录像系统。该系统采集电视节目信号后,通过 MPEG2 编码将节目转换成视频文件,存储于磁盘阵列中,并通过用户终端可随时对所录的节目进行查询回放,节目存储时间长达 30 天。该系统有效解决了之前使用录像机录像时存储时间短、故障率高,且每 2 小时需要人工更换录像带等问题,提高了监测系统的稳定性和工作效率,进一步完善了监看举证措施和事后分析功能。

2006 年,局监测中心与北京蓝拓扑公司合作,开发了一套卫星信号监测系统,进一步完善上海地区广播电视卫星信号的监测以及加强防范工作。该系统分为卫星信号载波监控与码流监控两部分,对上海地区上星的东方卫视、炫动卡通及互动电视频道进行实时监控,对载波及码流异态实时报警并进行记录以供分析。该项目于 2007 年初完工,有力地保障了党的十七大召开期间卫星电视播出安全,获得 2007 年市文广局科学进步奖三等奖。

至此,局监测中心数字化的电视监听、监看体系已经完成,完全具备了对有线电视、数字电视、地面电视以及卫星电视的全面监测能力。

二、测量技术

上海地区电视测量技术分为三个方面：

一是电视节目接收效果的测量，也称为电视覆盖面效果测量。该项测量起始于2002年。当时东方明珠移动电视开始试播，监测科受东方明珠移动电视公司委托，采用最新开发建设的广播电视监测车，装配地面数字电视接收天线E4401频谱分析仪、EFA数字电视分析仪等测试设备，对移动电视的覆盖效果进行收测，将详细数据反馈至东方明珠移动电视公司，帮助其调整、完善移动电视信号的覆盖效果。此后，局监测中心多次在上海及江苏、浙江两省开展无线电视和地面数字电视覆盖效果的测量。

二是电视技术系统的测量。监测科自20世纪90年代中后期开始开展电视测量业务。最初以模拟电视系统测量为主，主要包括一些模拟制作机房以及有线电视基站的常规维护测量。2000年后，上海的电视台逐步开始数字化、高清化改造，监测科及时购置一批标清和高清测量仪器，参与标清、高清设备的性能测试、选型测试以及系统的验收测试，有力地支持了电视台的高清化改造。2006年文广集团实行技术系统年检制度后，监测中心每年对近200个制作、传输及发射系统进行年检，确保电视技术系统的安全稳定运行。

三是非法信号定向探测技术。2006年，根据市文广局的要求，由文广集团总工程师办公室牵头，监测中心负责具体设计，开发出一套"防范非法无线电视信号插播定向探测设备"。该设备由对数周期天线、便携式场强测试仪、定向设备及绘图工具等组成，可在短时间内发现非法插播信号源，迅速在全市范围推广。

第三节　广播电视安全播出监测

2008年7月1日，上海广播电视播出监测系统(一期)完工并进入试运行，该项目利用现有的网络资源，通过分散式信号采集、分析及收录和集中式的数据汇总统计及信息发布相结合的方式，对分别来自电视播控中心、广播播控中心和卫星地球站机房的信号以及信号类型包括模拟/数字基带信号、射频信号、中频信号等进行监测。该监测系统运用计算机图像分析技术和硬件声音分析技术手段，客观地对广播、电视播出中的停播和当时技术手段能够检测的劣播信号进行判别和自动收录。通过浏览器对播出差错数据进行查询、检索及回放，对播出差错信号进行人工审核，生成各种报表和图表。能够对各个模块进行远程管理和控制，实现系统各板卡工作状态的查询，用户权限设置，各频道差错门限的设置，短信发布门限的设置。

广播电视播出监测系统(一期)的建成，实现了对上海15套本地自办电视节目、转播的中央电视台综合频道节目，对上海11套自办广播节目、转播的中央人民广播电台4套节目，对东方卫视、炫动卡通上星信号以及3路鑫诺3号C波段水平极化和中星6B C波段水平/垂直极化的外省市卫视接收信号进行监测，实现了安全播出管理智能化，满足了安全播出管理的需求。

第四章　广播电视技术管理

第一节　广播电视覆盖

自 1995 年 5 月东方明珠广播电视塔启用后,东方明珠传输公司主要承担市级广电播出机构在上海辖区内的中波、调频和电视节目的覆盖任务,业务技术范畴局限于中波、调频和电视信号的地面传播。不承担郊县广播电视台节目信号的传输覆盖任务。

一、调频广播发射频率

随着上海城市高层楼房日益增多,上海市区的中波广播覆盖效果随之逐渐变差,听众对调频广播节目的需求日益增长。针对这一情况,东方明珠发射台自 1995 年开播后至 2010 年,发射的调频广播频率由原来的 4 个增加到 16 个。

二、欧标移动电视单频网

经过多年选点和设备安装调试,2001 年 6 月,文广集团与东方明珠有限公司初步建成由东方明珠广播电视塔、广播大厦、东视大厦、教育电视台大厦 4 个发射点组成的 CH－39(发射频率为 722 兆赫)移动电视单频网,制式为欧标 DVB－T。2001 年 7 月对外试播,2002 年 5 月 1 日正式对外播出,内容为"公交移动"节目。至此,上海建成国内首张数字移动电视单频网。

三、DMB 广播实验和单频网试验

2004 年 11 月,根据国家广电总局《关于在上海地区进行 L 波段 DMB 信号传输与覆盖的试验通知》要求,东方明珠发射台进行 L 波段 DMB 信号的传输与覆盖试验。2005 年 11 月,东方明珠发射台和广播大厦二个发射点的 L 波段 DMB 的二套发射系统单频网调试完成进行试验,频率分别为 1458 兆赫和 1470 兆赫,功率均为 1.4 千瓦,节目调制方式为 DMB。试验期间,2 套发射系统同时发射 10 套 DMB 数字音频广播,4 套视频节目,配合相关部门进行 L 波段 DMB 信号在上海地区传输与覆盖的试验。

第二节　媒体资产管理系统与数字化率

一、媒体资产管理系统

1991 年 6 月,"音像资料计算机管理系统(SAVAS)"正式在广电部立项,由上海音像资料馆和空军政治学院图档系联合研制,项目主要完成人员:陈湘云、汪伟飞、侯勇、张宗豪等。

1992年12月25日,该系统通过广电部鉴定,被认为功能齐全、技术先进、设计合理、安全可靠、实用性强、通用性好,在音像资料计算机管理领域处于国内领先水平。该系统获得市广电局颁发的1992年度科技进步成果二等奖、广电部颁发的1992年度科技进步成果三等奖。该系统的运行,使上海音像资料馆的资料管理由手工管理升级为计算机管理,大大提高了工作效率和管理水平,及时为电台、电视台和有关单位提供大量准确、可靠的咨询服务。

1993年4月,上海音像资料馆在空军政治学院举办"音像资料计算机管理系统"培训班,参加者为来自北京、天津、广州、吉林等省市的音像资料馆技术人员。培训期间与北京、广州、吉林、山东4地达成推广协议,并按合同如期完成系统安装及调试。

传媒集团技术运营中心于2004年在媒体资产管理系统的硬件投入已初具规模的基础上,实施媒体资产管理系统的应用开发。在硬件上对原系统进行在线部分的扩容,使资料节目的容量达到近3万个小时,通过增加近线、离线设备使其容量也相应达到近3万小时,使媒资系统的库容达到近6万小时,并对原系统的编目、查询、调用、统计等软件功能进行优化和扩充,完善了各项媒资系统的功能。该系统于2004年7月1日起推广到各广播频率使用。

二、数字化率

2002年起,国家广电总局科技司组织开展广播影视数字化发展调研,旨在了解如何应用高新技术,进一步推进广播电视台数字化进程,提升广播电视节目的制播质量和效率,适应社会信息化和传播渠道多样化。调研主要从台内数字化、有线数字化、无线数字化、监测监管数字化4个方面进行数据调查和统计。

2002—2005年,传媒集团按要求每年统计分析一次数据,提交国家广电总局科技司。在这4年中,传媒集团电视中心的数字化率稳步提高。2006年以后各项数据指标都超过90%,基本实现广播电视数字化的工作目标,故不再进行此项统计工作。

表5‑4‑1 2002—2005年传媒集团电视中心数字化率统计表

年　　份	数字化普及率
2002 年	系统数字化率 58%; 录像机数字化率 51%; 一体机数字化率达 66%。
2003 年	系统数字化率 72%; 录像机数字化率 70%; 一体机数字化率达 71%。
2004 年	电视总体数字化率达 90.25%; 前期节目摄录、采集数字化率 95.7%; 后期节目制作数字化率 89.57%; 节目现场制作系统数字化率 87.1%; 节目传送和接收数字化率 49.3%; 播控系统数字化率 100%。

年　份	数字化普及率
2005 年	电视总体数字化率 91.8%； 前期节目摄录、采集数字化率 97.05%； 后期节目制作数字化率 89.89%； 节目现场制作系统数字化率 90.14%； 节目传送和接收数字化率 63.8%； 播控系统数字化率 100%。

第三节　广播电视新技术的研发应用

一、图文电视

1993 年，市广电局成立上海图文电视信息中心，利用模拟电视 8 频道、20 频道场逆程插入数字信息播出股票、期货、气象、生活咨询等各类行情和信息。图文电视技术开发由局技术中心负责，并与西安交通大学合作。用户可以用带图文接收功能的电视机、机顶盒或插入图文接收卡的电脑接收信息。通过电脑接收股市信息，建立家庭大户室的方式得到后续沿用。

二、上海广播电视卫星地球站

1997 年，为筹备上海卫星电视 SBN 上星播出，市广电局决定建设上海广播电视卫星地球站，占地面积 32 亩。1998 年 1 月筹建组组成，开始进行系统设计。4 月 29 日基建动工，9 月 28 日基本建成并举行落成典礼。新建成的上海广播电视卫星地球站拥有 1 座 12 米 C 波段发射天线，4 座 9 米 C 波段发射天线，1 座 6 米 KU 波段发射天线以及十几副 C/KU 接收天线，具备同时发射 10 套电视节目的上行能力。

1999 年 9 月 16 日，上海广播电视卫星地球站通过国家广电总局验收。"上海广播电视卫星地球站建设和开发研究"项目获 2000 年度上海市科学技术进步奖二等奖。2005 年，卫星地球站完成数字化改造。2010 年起，承担东方卫视节目的上星任务。

三、地面高清电视系统

1999 年，市广电局技术中心、东方明珠（集团）有限公司联合在上海地区开展数字高清电视试验。上海地区首次开展地面高清电视系统传输、接收试验，完成高清转播国庆 50 周年大阅兵。

2001 年 1 月 1 日晚上 9 时，上海市数字高清晰度电视播出试验平台启用仪式在上海电视台举行。试播期间每晚 9—10 时在 27 频道播出。

四、商业数字电视平台

2000 年底，市文广局技术中心与上海文广互动电视有限公司（SiTV）共同组建数字电视平台工作小组。2001年7月,建成全国第一个具有内容上载、编排、直播、准VOD、EPG等完整流程和功能的商业数字电视平台。技术工作小组在新平台上进行多机位互动直播体育赛事等创新应用。

五、电视硬盘播出系统

2002年,文广集团技术中心传送播出部和市广播电视科研所成立电视硬盘播出项目工作组,开始规划、设计电视硬盘播出系统。经过需求和功能分析,决定采用SNOY MAV硬盘设备作为第一代硬盘播出系统的视频服务器。受硬盘播出设备通道限制,采用4个频道主备播出方式组成一个组,东方卫视成为第一个播出的频道。截至2010年,搭建成4个组,1个组为备播组。

六、数字音频广播

数字音频广播是继调幅和调频广播之后的第三代广播,它全部采用最新的数字处理方式进行音频广播,有杜比降噪功能,具有失真小、噪音低、音域定位准的优点。为了适应广播事业的发展,为听众提供高质量的音频节目,2007年传媒集团数字音频广播工作组成立,试验频率以DMB格式播出数字音频广播。自当年12月20日起,上海数字音频广播面向公众试点播出,第三代广播首次亮相上海。

第四节　广播电视科技项目获奖情况和成果应用

一、上海广播电视科技项目获奖情况

进入21世纪后,上海广播电视不断加大科技研发力度,在高清转播集群、虚拟演播室、硬盘播出系统、财经业务平台、媒资网、全台网、高性能宽带网、世博广电中心系统等项目建设方面取得许多重要成果,相继获得上海市科学技术进步奖、国家科学技术进步奖、国家广电总局科技创新奖等科技奖励,其中包括全国同行业中的最高科技奖项。上海广播电视台技术领军人才汪建强获得"亚广联工程行业杰出贡献奖",成为我国自1972年加入亚广联后第三位获此荣誉的人物(上海地区首次)。

表5-4-2　1986—2010年上海广播电视系统获全国性科技奖项情况表

获奖项目名称	获奖类别/等级	获 奖 单 位	获奖年份
波导型大功率分米波10—30千瓦天线双工器项目	国家科技成果三等奖	上海市广播科学研究所	1995年
PDM全固态10千瓦中波广播发射机项目	广播电影电视部科技进步奖一等奖	上海市广播科学研究所	1996年
《电视台数字化网络化建设白皮书(2006)》	国家广电总局科技创新奖软科学类一等奖	上海文广新闻传媒集团、江苏广播电视总台	2007年
大型高清转播集群系统	国家广电总局科技创新奖工程技术类一等奖	上海文广新闻传媒集团	2009年

获奖项目名称	获奖类别/等级	获 奖 单 位	获奖年份
虚拟演播室互动系统开发与应用	国家广电总局科技创新奖 科技成果应用与技术革新类一等奖	上海文广新闻传媒集团、上海南奥公司	2009 年
大型传媒内容管理系统	国家广电总局科技创新奖一等奖	上海文广新闻传媒集团、成都索贝公司、葛芮数位公司、上海文广科技发展有限公司、新奥特公司	2009 年
第一财经业务平台	国家广电总局科技创新奖一等奖	上海广播电视台、索贝公司	2010 年
中国 2010 年上海世博会国际广播电视中心系统	国家广电总局科技创新奖 科技创新类突出贡献奖 国家广电总局科技创新奖 工程技术类一等奖	上海广播电视台、上海东方传媒集团有限公司	2010 年
10—30 kW 波导型分米波电视双工器项目	广电部科技进步奖二等奖	上海市广播科学研究所	1993 年
文广易通基于 IP 网络的数字新闻远程传送系统	国家广电总局科技创新奖 高新技术研究与开发类二等奖	上海文广科技发展有限公司	2004 年
"易播"硬盘播出系统	国家广电总局科技创新奖 工程技术类二等奖	上海文广科技发展有限公司	2004 年
广播自动播出系统安全体系的研究	国家广电总局科技创新奖 科技成果应用与技术革新类二等奖	上海文广新闻传媒集团技术运营中心、英夫美迪公司	2004 年
上海文广集团移动办公与网络安全系统	国家广电总局科技创新奖 工程技术类二等奖	上海文化广播影视集团信息中心	2004 年
上海东方卫视新闻数字系统	国家广电总局科技创新奖 工程技术类二等奖	上海文广新闻传媒集团	2004 年
数字媒体版权管理系统	国家广电总局科技创新奖 科技成果应用与技术革新类二等奖	上海文化广播影视集团信息中心	2004 年
《上海广播电视监测系统的规划研究》	国家广电总局科技创新奖 软科学类二等奖	上海文化广播影视集团监测中心	2004 年
卫星地球站抗干扰技术研究与应用	国家广电总局科技创新奖 科技成果应用与革新类二等奖	上海文广新闻传媒集团	2006 年
数字总控和有线转播系统	国家广电总局科技创新奖 工程技术类二等奖	上海文广新闻传媒集团	2006 年
《大型媒资资产管理系统构建方法的研究》	国家广电总局科技创新奖 软科学类二等奖	上海文广新闻传媒集团	2006 年
数字多媒体广播技术在 L 波段的应用研究	国家广电总局科技创新奖 高新技术与研究开发类二等奖	上海东方明珠传输有限公司	2007 年
电视台总控辅助一体化系统	国家广电总局科技创新奖 科技成果应用与革新类二等奖	上海文广新闻传媒集团	2007 年
电视多频道多业务网络系统集成技术	国家广电总局科技创新奖 工程技术类二等奖	上海文广新闻传媒集团	2007 年

（续表二）

获奖项目名称	获奖类别/等级	获 奖 单 位	获奖年份
新闻制播网络管理系统	国家广电总局科技创新奖 工程技术类二等奖	上海文广新闻传媒集团	2007 年
《中国广播电台数字化网络化建设白皮书(2006)》	国家广电总局科技创新奖 软科学类二等奖	上海文广新闻传媒集团、江苏省广播电视总台	2007 年
电视特效包装制作系统	国家广电总局科技创新奖 工程技术类二等奖	上海文广新闻传媒集团	2008 年
新闻协作内容交换系统	国家广电总局科技创新奖 工程技术类二等奖	上海文广新闻传媒集团	2008 年
嵌入式双 CF 卡数字录音机	国家广电总局科技创新奖 高新技术研究与开发二等奖	上海文广新闻传媒集团、上海风格信息技术有限公司	2008 年
《电视台网络化制播环境安全体系的研究》	国家广电总局科技创新奖 软科学类二等奖	江苏省广播电视总台、上海文广新闻传媒集团	2008 年
《高端特效合成设备分析评测》	国家广电总局科技创新奖 论文类二等奖	上海文广新闻传媒集团	2008 年
客户征信管理系统	国家广电总局科技创新奖 科技成果应用与技术革新类二等奖	上海文广新闻传媒集团	2009 年
《广播电视网络化制播环境安全体系的研究》	国家广电总局科技创新奖 软科学类二等奖	上海文广新闻传媒集团	2009 年
广播数据业务综合生产发布平台	国家广电总局科技创新奖 高新技术研究与开发类二等奖	上海广播电视台、上海东方传媒集团有限公司	2010 年
广播级高清户外摄像机集群及管理系统	国家广电总局科技创新奖 科技成果应用与技术革新类二等奖	上海广播电视台、上海东方传媒集团有限公司、上海文广科技(集团)有限公司	2010 年
上海广播媒体资产管理系统	国家广电总局科技创新奖 工程技术类二等奖	上海广播电视台、上海东方传媒集团有限公司	2010 年
自动网络分析测量系统	广电部科技进步奖三等奖	上海市广播电视局	1986 年
10 kW 调频天线五工器项目	广电部科技进步奖三等奖	上海市广播科学研究所	1987 年
音像资料计算机管理系统(SAVAS)	广电部科技进步奖三等奖	上海音像资料馆、空军政治学院	1993 年
MPEG－2 码流分析仪	国家广电总局科技创新奖三等奖	上海市广播科学研究所	2003 年
笔记本式码流分析发生记录仪	国家广电总局科技创新奖 科技成果应用与技术革新类三等奖	上海文广科技发展有限公司	2004 年
数字电视邻频双工器	国家广电总局科技创新奖 高新技术研究与开发类三等奖	上海文广科技发展有限公司	2004 年
基于 AVS－M 的手机电视关键技术研究	国家广电总局科技创新奖 高新技术研究与开发类三等奖	上海东方明珠传输有限公司	2008

表5－4－3 1988—2010年上海广播电视系统获上海市级科技奖项情况表

获奖项目名称	获奖类别/等级	获 奖 单 位	获奖年份
高性能宽带信息网（3TNet）关键技术	上海市科学技术进步奖一等奖	上海文广互动电视有限公司	2007年
"八频道发射天线场型改进"项目	上海市科学技术进步奖二等奖	上海市广播科学研究所	1988年
1—3千瓦调频天线五工器	上海市科学技术进步奖二等奖	上海市广播科学研究所	1995年
《上海广播电视卫星地球站建设与开发研究》项目	上海市科学技术进步奖二等奖	上海文化广播影视集团技术中心	2001年
SMG电视多频道多业务网络系统集成技术	上海市科学技术进步奖二等奖	上海文广新闻传媒集团	2007年
第一财经业务平台	上海市科学技术奖二等奖	上海东方传媒集团有限公司	2010年
"磁带录音老节目去噪工艺"项目	上海市科技进步奖三等奖	上海市广播科学研究所	1988年
文广易播硬盘播出系统	上海市科技进步奖三等奖	上海文广科技发展有限公司	2005年
数字电视数据打包服务器	上海市科学技术进步奖三等奖	上海文广互动电视有限公司	2006

说明：以上获奖信息由上海广播电视台技术管理部及有关单位提供，以奖项等级排序。

二、专利项目

2002—2010年期间，上海文广新闻传媒集团、百视通网络电视技术发展有限责任公司、上海文广互动电视有限公司、上海文广科技发展有限公司(上海文广科技〔集团〕有限公司)共获得29项国家发明专利授权、1项国家实用新型专利授权、1项国家外观设计专利授权，专利权自专项申请日起拥有。

表5－4－4 2002—2010年上海广播电视系统获专利情况表

专利类型	申请号/专利号	发明项目名称	申请人/专利权人	申 请 日
发明专利	2007100475316	一种基于二层结构的媒资系统及输入输出方法	上海文广新闻传媒集团	2007年10月29日
发明专利	200810034920X	移动多媒体广播的交通业务编码方法	上海文广新闻传媒集团	2008年3月20日
发明专利	2008100349229	移动多媒体广播中提供交通业务信息的方法	上海文广新闻传媒集团	2008年3月20日
发明专利	2008102050103	一种虚拟三维场景中实现遥控互动的系统	上海文广新闻传媒集团	2008年12月30日
发明专利	200710038348X	用于IPTV的多媒体内容联合搜索与关联引擎系统	百视通网络电视技术发展有限责任公司	2007年3月23日
发明专利	2007100383598	适用于IPTV的视频播放状态下的频道切换方法	百视通网络电视技术发展有限责任公司	2007年3月23日
发明专利	2007100480225	一种适用于IPTV的广告系统与实现方法	百视通网络电视技术发展有限责任公司	2007年11月9日

(续表一)

专利类型	申请号/专利号	发明项目名称	申请人/专利权人	申 请 日
发明专利	2007100480278	一种基于网络共享数据中心的分布式 EPG 系统及其业务流程	百视通网络电视技术发展有限责任公司	2007 年 11 月 9 日
发明专利	2007100480297	一种基于 EPG 的 IPTV 互动广告实现方法与系统	百视通网络电视技术发展有限责任公司	2007 年 11 月 9 日
发明专利	2007100480314	一种基于虚拟频道的 IPTV 广告系统与实现	百视通网络电视技术发展有限责任公司	2007 年 11 月 9 日
发明专利	2008100422258	一种 IPTV 系统上基于浏览器的媒体播放控制方法	百视通网络电视技术发展有限责任公司	2008 年 8 月 29 日
发明专利	2008100422262	一种可用于 IPTV 全数据分析的系统架构	百视通网络电视技术发展有限责任公司	2008 年 8 月 29 日
发明专利	2008100422277	一种用于 IPTV 的内容合作管理系统	百视通网络电视技术发展有限责任公司	2008 年 8 月 29 日
发明专利	2009100506332	支持多标准和多终端的电子节目指南(EPG)系统及其实现方法	百视通网络电视技术发展有限责任公司	2009 年 5 月 5 日
发明专利	2010102697676	IPTV 业务系统、中央、区域业务管理系统及运营方法	百视通网络电视技术发展有限责任公司	2010 年 8 月 31 日
发明专利	2012100305072	IPTV 中央、区域业务管理系统	百视通网络电视技术发展有限责任公司	2010 年 8 月 31 日
发明专利	2010106192276	一种 IPTV 直播频道展示方法及其系统	百视通网络电视技术发展有限责任公司	2010 年 12 月 30 日
发明专利	2006100304197	一种应用于直播和点播环境下的终端机顶盒安全控制方法	上海文广互动电视有限公司	2006 年 8 月 25 日
发明专利	2006101164165	一种在数字电视网络上发布交互服务信息的方法	上海文广互动电视有限公司	2006 年 9 月 22 日
发明专利	2006101483828	一种网络电视的内容供应系统和方法	上海文广互动电视有限公司	2006 年 12 月 30 日
发明专利	2007101706708	数字节目广播系统中的数字版权管理系统	上海文广互动电视有限公司	2007 年 11 月 22 日
发明专利	2007101706750	数字版权管理系统中的后台系统	上海文广互动电视有限公司	2007 年 11 月 22 日
发明专利	2008100393217	互动电视的引导信息发布系统	上海文广互动电视有限公司	2008 年 6 月 20 日
发明专利	2008100399800	互动电视的引导信息产生方法	上海文广互动电视有限公司	2008 年 7 月 1 日
发明专利	2009102477156	一种数字电视节目分发系统及方法	上海文广互动电视有限公司	2009 年 12 月 30 日
发明专利	2008100351055	基于广播、FTP 的双模式传输方法	上海文广科技发展有限公司	2008 年 3 月 25 日

（续表二）

专利类型	申请号/专利号	发明项目名称	申请人/专利权人	申 请 日
发明专利	021115419	PCMCIA MPEG 码流发生、分析、记录方法及设备	上海文广科技发展有限公司	2002 年 4 月 28 日
发明专利	031296386	Xscale 平台的 MPEG 视频输出加速方法	上海文广科技发展有限公司	2003 年 7 月 3 日
发明专利	2009100524966	一种应用广播进行动态交通诱导的实现方法	上海文广科技发展有限公司	2009 年 6 月 4 日
实用新型	2008200555927	一种抑制邻频干扰的 U 波段手机电视信号转发器	上海文广科技发展有限公司	2008 年 2 月 20 日
外观设计	2007300739298	遥控器	百视通网络电视技术发展有限责任公司	2007 年 3 月 23

三、中国计算机软件著作权

2004—2010 年期间,百视通网络电视技术发展有限责任公司、上海文广互动电视有限公司、上海文广科技(集团)有限公司共完成软件著作权登记 38 项,软件著作权自软件首次发表日起拥有。

表 5－4－5　2004—2010 年上海广播电视系统软件著作权登记情况表

登记号/登记证书编号	软 件 名 称	申请人/著作权人	首次发表日
软著登字第 106712 号	百视通 IPTV 视频互动业务应用软件 V1.0	百视通网络电视技术发展有限责任公司	2008 年 9 月 17 日
软著登字第 123228 号	百视通 IPTV 内容推送软件 V1.0	百视通网络电视技术发展有限责任公司	2008 年 12 月 19 日
软著登字第 123229 号	百视通 IPTV EPG 配置发布管理软件 V1.0	百视通网络电视技术发展有限责任公司	2008 年 12 月 19 日
软著登字第 123233 号	百视通 IPTV 电子节目与业务导航软件 V1.0	百视通网络电视技术发展有限责任公司	2008 年 12 月 19 日
软著登字第 123232 号	百视通 IPTV BesDRM 数字版权管理软件 V1.0	百视通网络电视技术发展有限责任公司	2008 年 12 月 19 日
软著登字第 123230 号	百视通 BESTV 数据采集服务软件 V1.0	百视通网络电视技术发展有限责任公司	2008 年 12 月 19 日
软著登字第 0259190 号	百视通 IPTV 专区看吧应用软件 V1.0	百视通网络电视技术发展有限责任公司	2010 年 4 月 10 日
软著登字第 0259349 号	百视通 IPTV 超级体育应用软件 V1.0	百视通网络电视技术发展有限责任公司	2010 年 6 月 10 日
软著登字第 0259373 号	百视通 BESTV 互联网电视集成播控平台软件 V1.0	百视通网络电视技术发展有限责任公司	2010 年 8 月 1 日
软著登字第 0259161 号	百视通移动互联网社区家族应用软件 V1.0	百视通网络电视技术发展有限责任公司	2010 年 8 月 13 日

（续表一）

登记号/登记 证书编号	软 件 名 称	申请人/著作权人	首次发表日
软著登字第 0259346 号	百视通 IPTV 搜索关联应用软件 V1.0	百视通网络电视技术发展有限责任公司	2010 年 8 月 30 日
软著登字第 0262483 号	百视通 IPTV 广告库存应用软件 V1.0	百视通网络电视技术发展有限责任公司	2010 年 8 月 30 日
软著登字第 0259250 号	百视通 IPTV 收视数据统计分析软件 V1.0	百视通网络电视技术发展有限责任公司	2010 年 9 月 10 日
软著登字第 0259147 号	百视通高清 IPTV 应用软件 V1.0	百视通网络电视技术发展有限责任公司	2010 年 10 月 12 日
软著登字第 0262484 号	百视通 BESTV 互联网电视终端 TVOS Service 软件 V1.0	百视通网络电视技术发展有限责任公司	2010 年 11 月 1 日
软著登字第 0259158 号	百视通 BESTV 互联网电视基于 MTK5395 平台电视终端 EPG 软件 V1.0	百视通网络电视技术发展有限责任公司	2010 年 11 月 1 日
2007SR18550	互动电视信息发布系统 V1.0	上海文广互动电视有限公司	2007 年 9 月 13 日
2009SR034162	电视台演播室管理系统 V1.0	上海文广互动电视有限公司	2008 年 10 月 15 日
2009SR034163	磁带信息管理系统 V1.0	上海文广互动电视有限公司	2008 年 10 月 25 日
2009SR057337	SiTV 媒体资产管理软件 V1.0	上海文广互动电视有限公司	2009 年 10 月 15 日
2010SR055828	SiTV 节目编排系统 VPAS 软件 V2.0	上海文广互动电视有限公司	2010 年 8 月 17 日
2004SR08422	文广智播 DVB－C 节目存储及播控系统 V1.0(简称：文广智播)	上海文广科技发展有限公司	2004 年 2 月 27 日
2004SR08423	文广易通基于 IP 网络的数字新闻远程传送系统 V1.0(简称：文广易通)	上海文广科技发展有限公司	2004 年 3 月 22 日
2004SR08421	文广易播硬盘播出系统应用管理和控制软件(简称：文广易播)V1.0	上海文广科技发展有限公司	2004 年 5 月 1 日
2008SR12099	文广数字图文电视播出系统 V1.0	上海文广科技发展有限公司	2007 年 8 月 31 日
2008SR12098	文广 IPTV 流播控系统 V1.0	上海文广科技发展有限公司	2007 年 11 月 30 日
2009SR039944	文广 EPG 播发器软件 V1.0	上海文广科技发展有限公司	2007 年 12 月 1 日
2008SR04053	SMET 地铁公交信息交互软件(简称：地铁公交信息交互软件)V1.0	上海文广科技发展有限公司	2007 年 12 月 24 日
2009SR041265	DBcast 数字打包服务软件(简称：DBcast)V1.0	上海文广科技发展有限公司	2008 年 9 月 15 日
2009SR04280	文广 HDMP－403 高清播放器软件(简称：文广 HDMP－403)V1.30	上海文广科技发展有限公司	2008 年 11 月 1 日
2009SR049243	文广 HDM－505 数字电影中档放映播放器软件(简称：文广 HDM－505)V3.05	上海文广科技发展有限公司	2009 年 4 月 15 日

（续表二）

登记号/登记证书编号	软 件 名 称	申请人/著作权人	首次发表日
2009SR049245	文广 HDM－405 数字电影流动放映播放器软件（简称：文广 HDM－405 软件）V2.16	上海文广科技发展有限公司	2009 年 3 月 2 日
2010SR047161	文广 VOD 视频服务器软件 V1.0	上海文广科技(集团)有限公司	2010 年 1 月 4 日
2010SR047160	文广媒体内容管理(媒体资产管理)软件 V1.0	上海文广科技(集团)有限公司	2010 年 2 月 1 日
2010SR047454	文广内容封装与编排软件 V1.0	上海文广科技(集团)有限公司	2010 年 4 月 1 日
2010SR047178	文广鉴权与资源调度软件 V1.0	上海文广科技(集团)有限公司	2010 年 4 月 2 日
2010SR047452	文广综合业务支撑软件 V1.0	上海文广科技(集团)有限公司	2010 年 4 月 3 日
2010SR072222	文广 mbox DCP Porter 数字电影管理软件(简称：文广 mbox)V2.01	上海文广科技(集团)有限公司	2010 年 5 月 12 日

第五节　广播电视标准化工作

一、白皮书

2007 年 3 月，由上海文广新闻传媒集团技术运营中心牵头制定的国家广电总局《广播电台数字化网络化建设白皮书(2006)》发布。白皮书分析了广播电台网络化建设状况和发展趋势，提出广播电台网络化建设的模型和发展路径，用以规范、指导各地广播电台的网络化建设，以适应广播技术发展要求。

同年 3 月 12 日，由上海文广新闻传媒集团技术运营中心作为主要起草单位之一的《中国电视台数字化网络化建设白皮书(2006)》发布。包括电视台网络化建设总体论述和电视台网络化建设系统架构两个部分，这是国家广电总局科技司关于电视台数字化网络化建设的指导性文件。

2008 年 3 月，由上海文广新闻传媒集团技术运营中心牵头制定的国家广电总局《广播电台数字化网络化建设白皮书(2007)》发布。白皮书分析了广播台网数字内容管理系统的实现架构、广播台网内容生产的质量控制方法、广播台网互联互通的实现方案，及广播台网网络系统的安全建设要求，用以规范、指导各地广播台网的建设。同年，由传媒集团技术运营中心作为主要起草单位又起草了 2007 版白皮书，《中国电视台数字化网络化建设白皮书(2007)》发布，进一步对网络化建设需要关注的建设环境体系、互联互通体系、质量控制体系、安全保障体系 4 个体系进行研究。

二、广播电视行业标准

【GY/T 107－1992 电视中心播控系统维护规程】

该标准规定电视中心播控系统维护管理的范围、任务和要求，系统和主要设备的技术指标，停播事故、播出事故的定义和分类等内容。它适用于各级电视播出机构的播控系统，并作为系统的维护管理依据。该标准由上海广播电视局技术中心负责起草,主要起草人:朱清铧、吴安甫、朱霖、周进、冯骏雄、蔡阿喜。

【GY/T 109.1‑1992 广播用 CCD 摄像系统通用技术条件】

该标准规定广播电视专用 CCD 摄像系统应该具备的基本技术特性。它适用于广播电视专用 CCD 摄像系统。由上海市广播科学研究所、上海电视台起草,主要起草人:胡立平、刘宝华、周毅、袁永宇、吴安甫。

【GY/T 202.1‑2004 广播电视音像资料编目规范】

该标准规定电视资料编目的著录项目(元数据)、著录项目的使用规则和数据表达方式。它适用于电视节目采编、制作、播出、存储、交换、共享等环节的音像资料编目。由中央电视台、国家广电总局标准化规划研究院、上海文化广播影视集团起草。

【Q/YXTA4‑2006 网络电视接收器(IPTV 机顶盒)通用规范】

随着网络电视(IPTV)的迅速发展,制订统一标准、实现资源整合、资源共享、规范市场、促进 IPTV 领域健康有序发展已十分迫切。为规范网络电视接收器的生产,传媒集团作为首家拥有全国 IPTV 运营牌照的单位,会同多家 IPTV 系统和网络电视接收器(IPTV 机顶盒)生产企业,共同制订《网络电视接收器(IPTV 机顶盒)通用规范》,以满足市场需求。

该标准根据上海百视通电视传媒有限公司(以下简称"百视通")IPTV 的业务和技术条件,针对机顶盒的功能性要求进行定义,详细规定在宽带网络环境下,能够支持百视通 IPTV 业务机顶盒的功能定位、操作程序、性能要求、硬件配置、应用软件及安全要求。它要求相关厂商提供的网络电视接收器应符合该标准内的有关定义,满足百视通开展的 IPTV 业务的入网检测要求。

该标准是由传媒集团组织制订,并由上海市信息家电行业协会发布的上海市联合企业标准。此标准由上海市仪表电子标准化技术委员会归口,由传媒集团、上海百视通电视传媒有限公司、UT 斯达康通讯有限公司、深圳市同洲电子股份有限公司、Amino 公司、上海市信息家电行业协会起草。主要起草人:汪建强、姚学润、吴剑东、袁政、崔龙江、王长崧、张维澜、凌亢、黎文、张桂东、沈炜、张黄慧。

【GY/Y 58‑2010 广播电视音像资料叙词表】

该标准规定广播电视音像资料主题内容和时空范围著录项的选词范围和规则,它是以广播电视音像资料为标引对象的叙词表。该标准适用于广播电台、电视台、音像资料机构进行广播音像资料的标引和检索。由上海传媒集团、北京电视台起草。标准主要起草人:郭克榕、王豫、史椰森、刘敬东、高谪、叶丹、王毅、黄桂芳、李昕、吴元江、汤薇、沈扬、姬虹、蒋春柳、张桂花、唐兆琦。

【YD/T 2133‑2010 IPTV 媒体交付系统技术要求场景和需求】

该标准规定 IPTV 媒体交付系统场景和需求,主要包括媒体交付系统概述、媒体交付系统应用场景描述和对媒体交付系统的需求。它适用于 IPTV 媒体交付系统。由国家工业和信息化部电信研究院、华为技术有限公司、UT 斯达康(重庆)通讯有限公司、中兴通讯股份有限公司、上海贝尔有限公司、中国电信有限公司、中国联合网络通信有限公司、上海百视通网络电视技术发展有限公司起草。

【上海广播电视直播延时器使用规定】

2010年,为保障广播电视直播节目的播出安全,规范在节目直播过程中延时器的使用,上海广播电视台参照国家广电总局延时器使用的相关规定,结合广播电视直播节目形态和延时器的使用现状,完成草拟《广播直播延时器使用管理规定》和《电视直播延时器使用管理规定》,并在广泛征求节目部门和技术部门意见后发布,它对加强直播节目的安全播出管理、防范非法信号干扰起到重要作用。

第六节　广播电视技术交流

一、上海电视节国际广播电视技术论坛

1986年12月上海国际友好城市电视节(即第一届上海电视节)国际广播影视技术研讨会(后改称技术论坛)举办,至2010年6月,共举办了16届上海电视节国际广播影视技术论坛。每年根据电视技术发展趋势,技术论坛聚焦广播影视界议论的热点,明确研讨交流主题,邀请国内外广大业界同行开展观点分享和技术交流。历届技术论坛的主题有:"电视数字技术的发展""电视——迎接21世纪的挑战""世纪之交的广播影视数字技术""走进数字化时代——新技术、新媒体、新产业的发展""当今数字时代的新热点、新发展""传统媒体与新媒体的撞击""新技术带来的融合趋势""视觉的冲击、视觉的享受"和"媒体让生活更精彩"等。

第五届上海电视节国际广播电视设备展览会暨技术交流会于1994年11月13—16日在上海展览中心举行。其宗旨是:通过世界各国电视专业工作者之间的技术交流,增进中国和世界各国广播电视同行间的相互了解,探讨中外广播电视界共同关心的技术问题,寻求合作与发展,促进广播电视事业的进步和繁荣。

第六届上海电视节技术交流会于1996年11月8—9日在上海天益宾馆举行。其主题是"电视制作发展趋势"。美国CBS技术副总裁Joseph Flaherty博士,日本NHK公司的技术局长藤木敏郎、广播工程部主任出口忠夫,日本NEC公司视频系统发展部总经理牛山靖一等国际著名专家前来讲学。

第七届上海电视节技术交流会于1998年11月6—7日在上海远东不夜城大酒店举行。其主题是"电视数字技术的发展"。美国高级电视系统委员会执行主任克雷格·泰纳,欧洲DVB项目办公室技术官员彼得·麦卡沃克,日本NHK的技术研究所数字广播网部长宫泽宽,中央电视台总工程师林景云教授、国家高清晰度电视专家组组长张文军教授等分别作学术发言。

第八届上海电视节技术交流会于2000年10月23—24日举行。国家广电总局科学研究院院长杜百川、国家高清电视总体组组长张文军、美国科学亚特兰大公司网络结构总裁保罗·康纳利和以色列ORAD公司亚太部总裁瑟尔·莱姆达尼等中外专家出席,并就"世纪之交的广播电视数字技术"这一主题进行广泛深入的探讨。

第九届上海电视节国际广播影视技术研讨会于2002年6月7—8日在上海国际会议中心举行。研讨会上,国家广电总局科技司司长郭炎生代表总局领导讲话。总局副总工、总局科技委副主任杜百川做大会主题报告《数字广播电视发展现状与对策》,SONY公司执行副总裁濑川一郎、GDC首席技术官张万能、LPM副总裁泰利·布朗、在中国香港的Snell与Willcox亚太地区总裁马克·派伦等专业人士分别发表学术演讲。

第十届上海电视节国际广播影视技术研讨会于 2004 年 6 月 7 日在上海国际会议中心举行。研讨会上,国家广电总局科技司司长王效杰代表总局领导讲话。总局副总工、总局科技委副主任杜百川作大会主题报告《我国数字电视发展战略研究》。美国首家播出高清电视的公共电视台首席执行官 Burnill Clark、杜比公司的 Paul Davies、松下公司的孙奉明等专业人士分别发表学术演讲。

第十一届上海电视节国际广播影视技术研讨会于 2005 年 6 月 11—13 日在上海国际会议中心举行。其主题是"当今数字时代的新热点、新发展"。国家广电总局有关领导和中央电视台、上海文广集团及国际著名企业松下公司、JVC 公司、先锋电子的高层代表和技术专家,在会上对国际广播影视技术的现状和发展进行广泛探讨。

第十二届上海电视节国际广播影视技术研讨会于 2006 年 6 月 19—20 日在上海广电大厦举行,重点围绕"传统媒体与新媒体的撞击"进行讨论。

第十三届上海电视节国际新媒体与广播影视设备市场暨技术研讨会于 2007 年 6 月 12—14 日在上海新国际博览中心举行。其中,国际广播影视技术研讨会(IBTC 2007)重点围绕"电视台网络化的机遇与挑战"进行讨论。

第十四届上海电视节国际新媒体与广播影视设备市场暨技术研讨会于 2008 年 6 月 10—12 日在上海新国际博览中心举行。其中,国际广播影视技术研讨会重点围绕"新技术带来的融合趋势"进行广泛讨论。

第十五届上海电视节国际新媒体与广播影视设备市场暨白玉兰技术论坛于 2009 年 6 月 9—11 日在上海展览中心举行。其中,白玉兰国际广播影视技术论坛重点围绕"视觉的冲击,视觉的享受"进行专题演示和广泛讨论。

第十六届上海电视节白玉兰国际广播影视技术论坛于 2010 年 6 月 9 日在上海大宁福朋喜来登酒店举行。此次论坛重点围绕"媒体让生活更精彩"进行主题演示和广泛讨论。来自 IT 业界、通信业界、广电业界的专家和高层领导、主流设备及系统供应商、集成商专家、科研院校专家以及其他相关的业务骨干,站在发展战略的高度,分别从高清、3D 立体电视、手机电视、网络电视、有线电视等视角切入,从广播电视节目制作、播出、传输直至终端各个环节,从不同角度为中国广播电视技术的未来发展提供最新研究成果和战略指导。

二、《电视工程》杂志

《电视工程》杂志(上海市连续性内部资料季刊),是业内以促进电视技术交流发展为目标的专业性杂志,于 1988 年创办,由华东六省一市 13 家电视台出资联合办刊,原上海市广播电视局技术中心主办,主编林伟明,编委为各参办单位的技术负责人。杂志创办的宗旨是:关注国内广播电视技术一线的实践和创新型实用经验,关注国内外最新技术和理论的形成与发展,为广大读者提供丰富的实用信息,为各家电视台建立一个学习交流的平台。杂志主要发放对象是华东地区各电视台技术部、上海各区县电视台技术部、上海各区有线电视中心及制作公司、各地图书馆及部分大学。

三、华东电视技术协作(上海)中心

为适应中国电视事业的大发展,更好地发挥华东地区电视媒体技术的先导作用,经中共上海市委宣传部、上海市文化广播影视管理局批复同意,2009 年在上海市民政局注册登记设立了"上海华东电视技术协作中心"(简称"华协体"),这是一家民办非企业单位。华协体旨在促进华东地区广电技术发展,提高华东地区媒体与广电企业的战略合作,规范华东地区广电技术标准,实现华东地区广电资源共享,引领中国电视前沿技术的开拓。至 2019 年发展到主流电视媒体单位 14 家(上海广播电视台、江苏省广播电视总台、浙江广播电视集团、福建省广播影视集团、江西广播电视台、厦门广播电视集团、宁波广电集团、安徽广播电视台、杭州文化广播电视集团、山东广播电视台、南京广播电视集团、济南广播电视台、青岛广播电视台、苏州广播电视总台),国内外主要的电视设备供应商 15 家(索尼中国专业系统集团、松下广播电视系统营销公司、索贝数码科技股份有限公司、北京中科大洋科技发展股份有限公司、新奥特〔北京〕视频技术有限公司、安达斯集团有限公司、STR 国际有限公司、北京捷成世纪科技股份有限公司、北京星光影视设备科技股份有限公司、上海佰贝科技发展有限公司、北京中视广信科技有限公司、北京阳光云视科技有限公司、亚马逊信息服务〔北京〕有限公司、北京山德新媒体科技有限公司、华创科技〔北京〕股份有限公司)。

华协体每年 6 月于上海电视节举办期间在上海召开年度会议——华东电视技术年会暨"华协体"发展峰会,由"华协体"主席主持召开,活动内容与方式包括——主题报告会暨发展峰会、华东电视技术类项目及优秀科技论文评奖会、"华协体"理事会、"华协体"高层双边会议、技术论坛、观摩上海国际电影电视节国际影视市场跨媒体技术展等。每年下半年在轮值电视台所在地举办"华协体"高峰会议。同期,开展"华协体"学院研修班等行业性广播电视业务培训。

四、中国高清电视产业战略研讨会

2005 年 11 月,2006 年 2 月、8 月,分别在上海举办三届高清产业链高峰会议"中国高清电视产业战略研讨会",由文广集团主办、传媒集团承办,国内外产业链相关单位共同协作。研讨会邀请来自各家电视台技术部门领导和供应方的业务代表,就高清电视发表主题演讲,交流高清业界最新资讯,剖析产业运营现状,并商讨产业合作发展之路。

五、"亚广联"技术交流

1998 年 11 月,第三十五届亚洲—太平洋广播联盟(亚广联)大会在上海召开。来自亚太地区的100 多家广播电视机构代表,共同商讨面向 21 世纪广播电视发展的新问题。市广电局技术中心参与亚广联会议的全程技术保障工作,完成在东视演播厅举行的亚广联颁奖晚会,开发设计大会专用软件,建立大会数据库和会场局域网,制作第三十五届亚广联大会互联网页向外发布会议信息。这是首次通过网络平台用视频音频报道亚广联会议情况,获得中外代表及中外方秘书处的称赞,并获得国家广电总局的通令嘉奖。

第六篇

新媒体

20世纪90年代,信息网络技术的发展催生了以宽带互联网、移动通信网等新兴信息网络为节目传播载体的网络视听新媒体。"双向""互动""个性需求""即时反馈"等视听传播特性成为新媒体发展潮流,传统广播电视面临向各种数字互动终端等新媒体转型和产业化发展的契机。

上海广播电视行业高度重视数字网络新媒体的建设、运用和管理。上海网络视听新媒体发展在国家广电总局的总体部署下,由上海市文化广播影视管理局(以下简称"市文广局")实施政策发布、资金扶持和运营监管,具体事务由市文广局广播电视与网络视听处负责。

上海网络视听新媒体的发展,体现在技术发展创新、建立产业基地、引入风险资本、构筑产业链和完善商业经营模式五个方面。

一是推动技术发展创新。1999—2000年,受网络基础设施的限制,用户上网大多采取拨号方式,网络速率不高,出现了一些网络视听产业的基础应用,诞生了以网络音乐为主业的上海九天音乐网。2001年作为中国宽带元年,电信运营商开始建设视频点播系统,丰富互联网的内容资源。2003年,开展楼宇视听广告业务的分众传媒有限公司在上海成立,上海东方宽频网络电视开播。2005年,上海全土豆网络科技有限公司(以下简称"土豆网")成立上线,上海激动网进入基础电信运营商增值业务领域,上海聚力传媒技术有限公司(以下简称"聚力传媒")、上海众源网络有限公司等骨干新媒体企业先后涌现。上海文广新闻传媒集团(以下简称"传媒集团")下属百视通网络电视技术发展有限责任公司作为运营交互式网络电视(以下简称IPTV)业务的新媒体公司,与中国电信、中国网通开创国内第一块IPTV试验田。东方明珠移动电视有限公司组建的"上海公共视频信息平台"开通。上海文广"SMG手机电台"开播。2005年成立的这些互联网视听企业,成为上海网络视听产业的主要力量,引领着上海乃至全国网络视听产业的发展。上海网络视听新媒体在不同的技术平台支持下,按其不同的业务特点和接收终端分为互联网视频、移动网络视听、网络电视、公共视听载体等多个类型。受众和用户可以在不同场合、不同环境下依个人喜好随时随地、随心所欲享受网络视听新媒体提供的节目和服务。上海网络视听新媒体的技术创新与应用包含视频编解码及封装、视频内容生产、内容传输与分发和内容接收终端。新技术的研发和运用,为网络视听新媒体的茁壮成长提供了强大的工具与坚实的基础,推动其产业不断前行。

二是建立产业基地,扩大示范作用,拉动产业发展。2006—2010年,随着视频传播技术的不断研发和城市基础网络设施的逐步完善,上海网络视听新媒体的节目质量大幅提升,用户数量爆发性增长,大量风险资本进入,为网络视听产业带来了强大的发展动力。中共中央、国务院和上海市委领导对上海网络视听新媒体发展给予高度重视和热切关注,对传媒集团IPTV业务给予肯定和鼓励。国家广电总局批准市文广局与上海紫竹科学园区共同建设国内首个国家级网络视听产业基地。2011年,经国务院批准,上海紫竹科学园升级为国家高新技术产业开发区。

三是引入风险资本,推进新媒体产业发展。2005年,上海分众传媒通过资本运作在美国纳斯达克成功上市。2010年,百视通启动借壳上市公司"广电信息"的重组上市项目。次年,土豆网成功实现IPO,正式登陆美国纳斯达克市场;百视通新媒体股份有限公司在上海证券交易所成功借壳"广电信息"挂牌上市。上海网络视听新媒体代表性企业先后跻身资本市场,标志着上海网络视听产业进入了全新的发展阶段。风险资本的介入,有效提高了企业的管理和经营水平。

四是构筑产业链,使上下游融合发展。上海网络视听新媒体产业链主要由内容流和硬件流两部分构成。其中内容流包括 5 个基本环节:内容制作商、版权内容运营商、内容集成播控运营商、视频网站运营商和第三方服务商。网络视听产业链各环节活跃的成长性、强劲的创新力使整个产业链呈现出上下游延伸、融合的趋势。传媒集团百视通新媒体公司基本实现产业链上下游的全面融合;以技术起家的聚力传媒也从传播渠道开始,逐步向影视内容制作、版权购买分销等产业链上游发展。

五是完善商业经营模式。上海网络视听新媒体的商业模式由广告盈利、版权经营、自制内容、用户付费和终端销售等方面构成。截至 2011 年,上海互联网视听产业规模近 30 亿元,占据全国互联网视听产业 70% 的份额。重点企业产值基本在 2010 年基础上实现翻番。同年底,上海市持有《信息网络传播视听节目许可证》的视频网站有 31 家,涉及几乎所有的网络视听业务模式。上海网络视听新媒体用户覆盖全国,注册用户总数接近 10 亿。

1999—2011 年,上海互联网视听新媒体从蹒跚起步,逐渐发展成为由一家成功登陆美国纳斯达克的民营股份制企业领跑,国有、民营、外资背景新媒体企业竞相进入赛道,上下游产业链各环节相互竞争、融合,规模日益壮大的产业格局。网络视听新媒体对传统视听文化产业的渗入、整合、推动甚至颠覆作用渐趋明显,一个充满活力、孕育巨大发展潜力的战略性新兴文化产业在上海形成。

第一章 管理与产业

广播电视新媒体是互联网时代的产物。市文广局贯彻国家广电总局的相关部署,强化对上海网络视听新媒体的监管与扶持,使其运行在有章可循、有法可依的轨道中。国家广电总局和上海市政府合作推进的中国(上海)网络视听产业基地建设、上海网络视听产业专项资金的设立、中国网络视听产业论坛在上海的举办以及多家新媒体企业进入资本市场,都为推动网络视听产业发展创造了良好的社会环境和氛围。

第一节 管 理

2004 年 7 月 20 日,国家广电总局发布《关于建立和完善信息网络视听节目监控系统的通知》,提出建立信息网络视听节目传播监控网络,设立国家广电总局信息网络视听节目传播监管中心。此后,市文广局设立信息网络视听节目传播监管分中心,加强对上海网络视听新媒体规范运营的监管。

2007 年 12 月 27 日,国家广电总局出台《互联网视听节目服务管理规定》,自 2008 年 1 月 31 日起施行。2008 年 4 月 1 日,国家广电总局首次颁发《信息网络传播视听节目许可证》。传媒集团和土豆网、聚力传媒等新媒体机构成为第一批获颁此证的单位。

2009 年,市文广局广电处增设网络视听管理职能,改为广播电视与网络视听处,负责研究拟订全市网络视听媒体的发展规划和宣传方针政策,把握正确舆论导向;指导全市网络视听媒体重大宣传工作,协调管理信息网络视听社会组织的业务活动;负责网络视听服务机构设立许可和监管;监管全市信息网络视听和广电新媒体节目;负责全市信息网络视听节目政府奖的评比管理;参与组织、指导全市广播电视与信息网络视听从业人员业务培训、资质认定。

2009 年,市文广局加强新媒体业务管理。以整治互联网低俗之风等专项行动为抓手,重点整治反动、色情网络视听节目,共删除违规视听节目近 6 万个,对魔方网等 35 家严重违规网站提请执法部门予以关闭,对 10 家违规网站进行诚勉谈话并重点加强监管。

市文广局广播电视与网络视听处对口国家广电总局网络视听节目管理司,负责上海市信息网络视听节目服务(含 IPTV、网络广播电视、手机视听节目)、公共视听载体播放视听节目服务和多媒体交互点播业务(含视频点播)的审批、内容监管、行业管理和产业促进。具体事项包括:负责上海市信息网络视听节目服务等视听新媒体的审批和内容监管;指导上海市网络视听节目服务等视听类新媒体的发展和宣传;制订并组织实施上海市网络视听的发展、管理规划;协调落实国家广电总局和上海市政府的部市合作协议具体任务;管理上海市网络视听产业专项资金;制定上海市网络视听产业发展政策。

第二节 产业基地建设

2009 年,国务院发布《文化产业振兴规划》,要求"充分调动社会各方面力量,加快推进具有重大示范效应和产业拉动作用的重大项目"。同年5月,市文广局与上海紫竹科学园区达成初步意向,依托各自优势,共同建设国家网络视听产业基地。

2010年2月21日,国家广电总局批准市文广局与上海紫竹科学园区共同建设中国(上海)网络视听产业基地。这是国内首个国家级网络视听产业基地。它坐落于上海紫竹科学园区研发基地的核心位置,规划占地220亩,总建筑面积约40万平方米,投资28亿元。

同年3月,紫竹科学园区着手进行基地的概念规划,选取日本三菱地所、美国Gensler、加拿大B＋H三家具有大型城市、园区规划经验,参与过重点广播电视建筑或IT建筑设计的国际知名公司进行基地概念设计,并专题征求全市网络视听持证单位意见。

同年5月,紫竹科学园区成立上海紫竹数字创意港有限公司(注册资金2亿元),在基地管委会的领导下,作为中国(上海)网络视听产业基地的建设主体。同时,园区选定日本三菱地所承担基地规划设计任务。

2010年10月2日,中共中央政治局委员、上海市委书记俞正声做出批示,要求加大工作力度,推进该基地建设。

同年12月21日,国家广电总局副局长田进出席该基地揭牌仪式。

2011年6月,经国务院批复,紫竹科学园区升级为国家高新技术产业开发区。此举同步提升了中国(上海)网络视听产业基地的地位和能级。同月,中国(上海)网络视听产业基地作为国家广电总局和上海市政府的部市合作项目获双方原则同意。

截至2011年9月,该基地吸引15家在网络视听产业细分领域处于领先地位的企业入驻,注册资本总共近2.5亿元。

2011年12月2日,中国(上海)网络视听产业基地建设部市合作协议在上海签署。在部市合作框架下,上海利用自身在文化、科技、经济等方面的优势,以中国(上海)网络视听产业基地建设为抓手,打造网络视听产业的国际交流沟通平台、内容公共服务平台和人才培养平台,与国家广电总局共同推进国家网络视听产业的建设发展。

基地建设被纳入《2011年上海市重大工程建设项目主要形象进度及市政配套计划》,成为上海市"十二五"规划重点项目,并作为推进高新技术与现代服务业的一项重点工作。根据规划,基地主体为涵盖研发运营、配套服务等功能为一体的综合楼宇群,由数字新媒体研发运营区、综合楼宇区及配套服务区等4个功能区域组成,形成视听节目制作、节目生产分发、国际交流合作、产业研究和人才培养等公共配套设施,满足网络视听企业和关联企业的发展需求,推动上下游企业间的合作与发展,促进产业链的延伸和垂直整合。

第三节　产业配套扶持

国家广电总局和上海市政府签署的部市合作协议明确,在网络视听产业项目设立、产业引导、税收、配套设施建设等方面予以政策扶持。为此,上海设立网络视听产业专项资金1000万元,用于推动全市网络视听产业发展。

专项资金资助对象主要是在上海市注册、具有《信息网络传播视听许可证》或《广播电视节目制作经营许可证》的企业,或国家级网络视听产业基地和活动等,专项资金主要是支持、鼓励和引导全市网络视听产业的原创内容制作、业务模式创新、公共服务平台建设等。

为此,市文广局出台《上海市网络视听产业专项资金管理办法》《2011年上海市网络视听产业专项资金申报指南》和《2011 年上海市网络视听产业专项资金评审标准实施细则》。专项资金资助项目包括原创网络剧、原创网络短片、原创视听栏目、视听节目制作、创新项目、重点视听企业、网络视听专项服务和网络视听公共服务平台 8 个类别。经严格审定,2011 年上海市网络视听产业专项资金给予 12 家企业,资助项目共计 22 个,资助金额 992 万元。

第四节　产　业　论　坛

作为中国内地最早的"三网融合"试点城市,上海在探索网络视听产业发展的进程中,通过一系列产业战略布局和创新激励,有效促进了产业链整合,使之成为上海推进高新技术和现代服务业的重要组成部分。在此背景下,2009 年,市文广局创办第一届上海网络视听产业论坛。论坛就宽频电视、网络广播、IP 电视、手机电视等网络视听新媒体业务的产业模式、政策走向、发展契机、未来挑战等话题展开建设性探讨。

为提升中国(上海)网络视听产业基地的影响力和集聚效应,进一步推进基地建设,第二届中国(上海)网络视听产业论坛于 2010 年 12 月在上海举办。此次论坛与会成员见证了首批入驻中国(上海)网络视听产业基地的企业签约仪式,并对网络视听产业的发展机遇和未来挑战进行深入探讨。

2011 年 12 月,国家广电总局与上海市政府签署的部市合作协议明确一项重要内容,即在国家广电总局与上海市政府的指导和支持下,每年举办国际性的中国网络视听产业论坛,使之成为中国网络视听产业与世界交流和沟通的平台。同年 12 月 15 日,第三届中国网络视听产业论坛在上海隆重举办,此次论坛由国家广电总局指导、市文广局主办、中国(上海)网络视听产业基地承办。国家广电总局网络视听节目管理司司长罗建辉作主旨演讲。此届论坛以"中国"命名,以"格局·发展·融合"为主题,由主论坛与内容制作、资本运作、应用创新和技术革新 4 个分论坛组成。论坛就"三网融合"试点中,中国网络视听战略新格局、网络视听产业发展特色与典型、网络视听与"三网融合"的核心产业等话题进行深入探讨,推动内容制作商、平台运营商、视频技术供应商等的交流与合作。此届论坛有 600 多人与会,受到媒体广泛关注。

中国网络视听产业论坛成为国内"三网融合"和网络视听行业最具国际影响力、行业号召力的年度盛会。

第五节　资　本　运　作

2005 年 7 月,分众传媒成功登陆美国纳斯达克资本市场,成为在海外上市的中国纯广告传媒第一股,并以 1.72 亿美元的募资额创造了当时的 IPO 纪录。自此,分众传媒通过各种资本运作和业务收购获得高速增长。2011 年,分众传媒净营业收入 7.92 亿元。

2006 年 8 月 1 日,触动传媒获得第一轮来自"启明创投""日本亚盛"和"上海创投"共约 800 万美元的风险投资。

同年 10 月 1 日,土豆网完成第二轮融资,获得寰慧投资、集富基金及 IDG 投资的 850 万美元。2007 年 4 月 1 日,土豆网获得 1900 万美元的第三轮融资,该轮投资由今日资本和美国通用风险投资公司(General Catalyst Partners)主导。

2008 年 1 月 1 日,触动传媒获得由中国台湾联华电子牵头,另外 4 家国外知名风险投资机构

LG、愈奇创业投资公司(Mustang)、HSR、Jubilant投资1亿元人民币。启明创投追加了部分投资。

同年4月,土豆网完成第四轮5 700万美元融资,投资方为美国国际数据集团(IDG:International Data Group)、美国通用风险投资公司(General Catalyst Partners)、纪源资本(GGV:Granite Global Ventures)和美国洛克菲勒家族。

2009年10月,由原始股东追加投资,英雄宽频注册资本由100万元增资到2 100万元。

同年11月,上海盛大网络所属的华友世纪与酷6网进行股权合并,互联网视听企业酷6网成为上海盛大成员之一。

2010年8月17日,酷6网借壳在美国纳斯达克上市。

上海市网络视听龙头企业土豆网的"Youtube＋Hulu＋HBO",即"用户自制内容＋版权购买内容(专业机构制作的电视、电影等)＋土豆自制内容"的综合发展模式为其赢得了国际市场的青睐。2011年8月17日,土豆网在美国纳斯达克交易所挂牌上市(股票代码TUDO),融资1.74亿美元,按照开盘价计算,土豆网的市值达到7.12亿美元。土豆网在美国的成功上市,为上海网络视听产业链带来更充沛的资金,对产业链的完善具有积极的推动作用。

上海广播电视台、上海东方传媒集团有限公司下属百视通公司"轻资产＋高收益"的模式获得行业和资本市场的认可。2010年9月2日,百视通启动借壳上市公司"广电信息"的重组上市项目。同年10月,欢腾宽频、东方龙新媒体和东方宽频以资产评估值7.07亿元注入百视通,在资本层面完成了百视通业务资产的重组整合。2011年1月7日,上海市国资委同意《上海广电信息产业股份有限公司重大资产出售、现金及发行股份购买资产暨关联交易可行性报告》。1月10日,"广电信息"重新召开董事会,通过重组预案。百视通开始实施借壳"广电信息"上市的重组预案,百视通网络资产100％注入"广电信息"。2011年12月29日,百视通新媒体股份有限公司在上海证券交易所成功挂牌上市,成为国内第一家实现广电新媒体可经营性资产整体上市的公司,被誉为"中国广电新媒体第一股"。百视通的成功上市,成为中国视听新媒体发展的标志性事件。作为中国IPTV行业及市场的开拓者和核心企业之一,上市为百视通的发展提供了充足的资金保障,使其在"三网融合"发展的大背景下赢得更大的优势。

2011年上海网络视听企业这两家公司的上市标志着上海网络视听产业进入全新的发展阶段。一方面,上海的民营网络视听企业在强大国际资金的扶持下蓬勃发展,另一方面,国有新媒体企业的上市使其嫁接了民营企业的灵活优势和市场化机制,和民营企业站在同一起跑线上进行竞争。上市为上海的网络视听企业带来了完全竞争的良好环境。

风险投资的介入,促使互联网视听服务企业引入现代企业管理理念,完善企业制度,规范企业经营行为,有效提高了企业的管理和经营水平。

第二章　网络视听新媒体

互联网技术的日新月异,催生了依托网络而诞生、发展的各类视听新媒体。上海网络视听新媒体按节目的业务特点、内容路线、接收终端、传输网络、技术平台等项目的不同,分为用户可发布、浏览、分享视频作品的互联网视频网站,人们流动状态下的移动网络视听,以电视机为接收终端的网络电视和在公众场合下观赏的公共视听载体等多个类型。不同类型的网络视听新媒体为不同的受众和用户提供了在不同环境条件下依各自的喜好享受节目和服务的可能及便利。

第一节　互联网视频网站

互联网视频网站是在完善的技术平台支持下,让互联网用户在线流畅发布、浏览和分享视频作品的网络媒体。

互联网视频网站的运营模式有4种:一是通过对视频资源的运营吸引用户,形成大规模流量;二是通过流量变现实现收入,包括用户付费(会员)、广告收入、增值服务收入(游戏)等;三是通过视频资源的交易即版权分销获取收入;四是通过云技术方案即技术服务获取收入。互联网视频网站包括用户分享视频网站、客户端视频网站、(宽频)视频门户网站、视频导航网站和传统媒体视频网站。

一、用户分享视频网站

用户分享视频网站(Video sharing website)是一种网站提供服务器允许用户上传视频、让更多用户看到的网站。

上海全土豆网络科技有限公司运营的土豆网是中国第一家视频分享类网站。该网站2005年1月成立,4月15日正式上线,用户可以在该网站上传、观看、分享与下载视频短片。土豆网内容主要包括:网民自行制作或分享的视频节目、来自内容提供商的视频节目、土豆投资制作的节目。

用户生产内容(UGC)是土豆网最大的优势之一。作为率先为原创者提供舞台的视频平台,土豆网扶持起国内大批原创视频群体。土豆网在成长期间的几年是当时唯一每年花钱为网络视频原创者举办聚会和评选活动的视频网站。2008年5月12日,汶川发生8.0级强烈地震,土豆网播客们第一时间上传的视频,分别被美国有线电视新闻网(CNN)和中国香港凤凰卫视相继引用,引发全球范围关注。

凭借用户生产内容模式,土豆网迅速积累人气,流量快速增加,并带动56网、激动网、优酷网、酷6网等网站相继上线,国内视频网站数量剧增。

土豆网曾多次传播违规视听节目,被排在给予警告处罚的网站名单之首。经过一系列整改,土豆网在2008年4月获得国家广电总局颁发的《信息网络传播视听节目许可证》。

2008年,视频行业的热点在于各家网站的版权竞争。2009年版权费用上的激增,成为在线视频行业优胜劣汰的导火索,国内视频网站掀起另一波竞争高潮,而土豆、优酷、56等以UGC模式为主的视频分享网站阻碍了视频网站对正版内容的保护,视频分享网站给用户带来主动表达机会的同时,也聚集了大量用户上传的盗版内容,土豆网因此删除无版权内容,并大量购买版权资源,维持在用户和流量上的领先地位。土豆网的商业模式也因此从最初的 UGC 转变为 UGC+正版内容,类似于 YouTube+Hulu 模式。

2008 年 9 月 1 日,土豆网发布高清平台"黑豆",成为国内首个发布高清平台的视频网站。自此,上海互联网视听产业步入高清时代。同年 10 月 1 日,土豆网入选由国内互联网行业权威媒体《互联网周刊》评出的"2008 中国商业网站百强",并成为视频网站类的第一名,与此同时获得中国商业网站排行榜 2008 年度最具品牌价值的视频网站称号。

2009 年 4 月 18 日,由土豆网与中影集团联合主办的 2009 土豆映像节颁奖典礼在上海举办,近千人亲临活动现场。同年 9 月 1 日,土豆网再次力推"豆丸"视频观赏新系统,用户只需轻轻一点,可以在每小时 1 800 个完全不同的视频中自由徜徉。同年 10 月 1 日,土豆网全程直播庆祝中华人民共和国成立 60 周年大会、阅兵式和国庆晚会。同日,土豆网启动 3G 策略,为诺基亚 N97 定制首个视频精灵。同年 10 月 22 日,土豆网成为中国移动手机视频"原创频道"的独家运营合作伙伴和内容提供商,标志着手机视频行业在国内全面迈入普及阶段,是整个视频行业发展的里程碑。同年 11 月 9 日,土豆网以 5 亿美元的估值成为唯一一家入选全球最具价值创新网站 60 强榜单的中国互联网企业,并与中影集团联合制作第一部为 3G 时代量身定制的新媒体创意网络剧《Mr. 雷》。同年 12 月 4 日,"2009 土豆网视频营销颁奖盛典"在北京举行,近千人参加。行业精英与土豆网共同分享成功案例的经验,探讨视频行业发展,为视频营销时代指引了新方向。

2010 年 2 月 3 日,土豆网联合优酷网正式推出"网络视频联播模式"。同年 4 月 1 日,2010 土豆映像节颁奖典礼在北京举行。同年 9 月 1 日,中国移动携手优酷、土豆网成功举办首届 G 客 G 拍原创视频大赛。同年 12 月 17 日,第二届土豆视频营销盛典在上海举办,有近千名广告主参加。

二、客户端视频网站

客户端视频网站是可以通过用户端设备上的应用程序浏览的视频网站。2005 年成立的上海众源网络有限公司(以下简称 PPS)和上海聚力传媒技术有限公司(以下简称 PPLive 或 PPTV)为其主要代表。

PPS 聚焦于网络视频业务,是一家提供网络视频直播和点播服务的公司,主要产品是 PPS 网络电视。2005 年 10 月,PPS 网络电视成功直播"神舟六号"飞船发射,获得当年"互联网最佳潜力奖"。2006 年 6 月,PPS 直播德国世界杯足球赛,首家实现视频点播功能;PPLive 为东方宽频提供直播技术合作,网络直播德国世界杯足球赛,同时在线用户突破 100 万。2008 年 5 月 1 日,PPLive 全球用户数突破 1 亿,确立网络视频旗舰品牌地位。同年 8 月,PPS 成功直播北京奥运会和残奥会,开幕当晚创用户 1 800 万人次、互联网同时在线 428 万人次的当时最高纪录,用户规模跃居行业第一。同年 9 月 25 日,PPS 直播"神舟七号"飞船发射,创 160 万人同时在线峰值。2009 年 9 月 1 日,PPLive 官网全新改版,建立高清影视门户。2010 年,PPS 成为百视通的独家技术提供商。同年 1 月 1 日,PPLive 在北京召开"新视界、新势力"PPTV 品牌新闻发布会,正式向用户推出 PPTV 新域名。同年 6 月 1 日,PPTV 网络电视成为南非世界杯足球赛官方唯一指定直播客户端软件。同年 9 月 1 日,PPTV 获得英超官方独家网络视频直播权,并作为中国大陆地区英超直播独家技术支持平台与网络分发平台。2010 年,PPS 首次尝试投资拍摄情景喜剧《爱情公寓 2》,在投资回报和互联网发行方面都获得成功。

PPS 采用的视频技术是自主研发的 P2P 流媒体视频传输技术,其工作原理是充分利用用户的闲置带宽,在用户下载的同时提供数据的上传功能,即把用户的 PC 终端作为虚拟的服务器,为其他用户提供数据,从而在节省带宽、服务器投入的同时优化用户体验的效果。该技术的特点是性能优异,成本低廉,在同等服务器、带宽的投入前提环境下,PPS 的 P2P 技术相比传统的 CDN 技术,服务能力提高 40 倍以上。一台服务器传统技术支持 200 人~300 人同时在线,而 PPS 的 P2P 技术可以实现 8 000 人~10 000 人同时在线。

PPS 是一个多终端全方位的娱乐平台,电视终端首创互联网电视项目,让普通电视机具备互联网观看功能;手机终端率先推出 iOS、Android、MAC 版本的视频软件,提供免费下载安装。

三、(宽频)视频门户网站

(宽频)视频门户网站是通向某类综合性互联网信息资源并提供有关(宽频)视频信息服务的应用系统。宽频网络电视则是通过电信宽带网络传输,以个人电脑为接收终端的宽带网络视听业务。主要服务单位是上海东方宽频传播有限公司及上海激动网络有限公司。

2003 年 9 月 9 日,上海东方宽频网络电视开播。

2004 年 1 月成立的上海东方宽频传播有限公司(以下简称"东方宽频")是传媒集团下属的全资子公司,获独家授权,拥有传媒集团所有版权视听节目的互联网推广和经营权。东方宽频主站拥有新闻、娱乐、体育、音乐、电影、电视剧、动漫、财经、英语、电台、电子杂志、购物、美食、社区等近 20 个网络视频及音频频道,还自行策划制作体育赛事等重大活动直播节目,可在线收看的节目总量达数万小时。除了运营主站外,东方宽频还从事互联网视听节目版权经营、宽频网站技术、内容建设、运维及经营的系统解决方案,整合营销传播和国内外多媒体广告代理,以及电子商务等业务。东方宽频还与中国电信"互联星空"合作,为各地电信宽带门户提供节目内容,包括新闻、体育、娱乐、影视剧等 10 多套节目的直播、点播和下载播放等服务,并推出了"网剧""我型我秀"及网络与广播、电视节目进行即时互动的独创内容,有注册用户 130 万,付费用户 30 万。东方宽频建立了国内领先的 DRM 数字版权管理系统,是大中华地区首家通过微软视音频播放器的"在线商店"认证、推出数字视听内容网络商店服务的内容提供商。

2005 年 10 月,东方宽频通过微软流媒体门户(Windows Media.com)推出 4 路中文网络电台,成为中国内地首家进入该全球门户的中文网络电台。2005 年,东方宽频还与英特尔(Intel)等国际信息产业巨头密切合作,推动"数字家庭计划"在中国的实施。"数字家庭计划"以连接宽带网络的个人电脑作为家庭信息中心,将家庭的信息、娱乐、教育以及家居生活的各种事务整合到家庭范围的信息网络中,从而实现构造"数字化的家庭生活环境"。

2006 年 4 月 25 日,东方宽频和美国在线(AOL)合作建设的 AOL 中国视频新闻网站在美国上线,这标志着中国的视频新闻成功在美国登陆,为在美华人和美国人民提供来自中国的视频新闻,同时也为世界人民提供了一个了解中国的窗口。AOL 中国新闻视频网站每日准时更新新闻 60 余条,主要栏目包括中国新闻、上海新闻、财经新闻、体育娱乐新闻四大板块,体育和纪实两大专题,主页面四张主题图片导航标引新闻,构成该网站的页面风格和特点。同年,东方宽频斥巨资购得并成功运作德国世界杯足球赛中国大陆地区独家宽带以及无线转播、直播版权,被视作中国网络视频发展的标志性事件。同年 6 月 1 日,东方宽频网络直播德国世界杯足球赛,同时在线用户突破100 万。

2009 年 6 月,东方宽频正式发布 www.bbtv.cn 上海网络电视的在线服务,成为国内首家网络电视台概念的视频门户。

2003 年 12 月 15 日,上海激动网络有限公司(以下简称"上海激动")成立,由复星集团、江苏广电创业投资有限公司、激动集团股份有限公司、北京华商盈通投资有限公司等投资设立,主营业务是提供互联网视频服务,发展视频门户、影视联盟业务、版权分销业务等。

2007 年 4 月,上海激动与中国联通建立频道合作,在四川设立试点平台,上海激动成为四川联通唯一的影视内容提供商。2008 年 9 月,上海激动获得国家文化部颁发的《网络文化经营许可证》。2009 年 5 月 25 日,上海激动获得国家广电总局颁发的《信息网络传播视听节目许可证》。2010 年 5月 5 日,上海激动获得国务院新闻办颁发的《互联网新闻信息服务许可证》。

四、视频导航网站

视频导航网站是通过网络视频导航搜索等方式,引导受众观看正版视频内容的网站。该类网站通过平台对接、内容合作、购买周边产品,形成最全面的影视剧内容集合,使用户通过网站简洁的引导设置,轻松找到需要的视听资源。视频导航网站的典型代表为上海隐志网络科技有限公司(VeryCD)、上海优度宽带科技有限公司(优度宽频)。

2002 年底,VeryCD 网站域名注册成功。2003 年 9 月,VeryCD 引入电驴软件。同年 11 月 12日,上海隐志网络科技有限公司成立,旗下 VeryCD 是一个 eD2k 资源分享网站,是中国内地浏览量巨大的资源分享网站之一。VeryCD 的理想是"分享互联网",使命是通过开放的技术构建庞大、便捷、人性化的资源分享网络。

VeryCD 建立的资源分享模式具有以下特征:一是资源精华制度,当一个包含文件和图片、文本信息的帖子被标记为精华后,会被更多人关注,其文件的下载人数越多,速度越快。论坛无法负载更多的会员后,开始实行论坛邀请制度,并推出一个非论坛的网站首页,把论坛中的精华资源镜像到首页提供给所有访问者,并提供资源索引服务,形成一个庞大的资源库。二是资源连载,即可添加文件到现有资源中使资源更新,这对于连续剧等不断更新的资源最为有效,每次新一集(文件)添加到原有资源中,可使新访问者从前面文件中开始下载。VeryCD 对于此类新加文件的制度是使其重新推荐到首页一次,告知新一集(文件)有更新。三是长久来源,VeryCD 网站电驴资源的文件可以保持长久来源,特别是其精华资源可以保源好几年时间,使得电驴资源能逐渐发展,也促使VeryCD.com 能形成最大的资源分享数据。

VeryCD 电驴大全逐渐成为全国影视剧在线导航代表性平台以及分享的活跃社区。主营业务有以下几块:一是资料概览,通过网民及网站编辑的收集,形成资源详细的资料概览,包括简介、图片、视频、咨询。二是正版化引导,通过平台对接、内容合作、购买周边产品,形成最全面的影视剧内容集合,使用户通过网站简洁的引导设置,轻松找到需要的资源。

平台对接是与优酷、土豆、奇艺、搜狐、新浪、网易等视频网站建立合作关系。内容合作是与影视剧组官方建立合作关系,率先获得第一手节目资讯。购买周边是通过与电子商务平台建立合作关系,页面直接引导受众转向购物网站,购买影视周边产品。

2006 年初,VeryCD 网站开发出一个群组性质的测试版社区。2008 年 11 月中旬,VeryCD 将资源发布系统从论坛转移至新版的资源发布系统中,从而独立出资源系统,不再与论坛或者群组关联。2009年增加资源收藏功能,基本完善了资源分享系统。

五、传统媒体视频网站

传统媒体视频网站是指报刊、户外、通信、广播、电视等传统媒体开设的视频网站。主要有东方网、传媒集团网、新民网等(其中包括传统广播电视媒体在互联网发展早期开设的一些网站)。

【东方网】

上海东方网股份有限公司(以下简称"东方网")成立于2000年5月28日,网址为www.eastday.com,是全国重点新闻网站,上海市主流媒体之一。东方网拥有120余个频道,中、英、日三个语种版本,业务涵盖新闻发布、舆论交互、数字政务、电子商务、市场广告、技术运营、投资业务等多个领域,并通过互联网、报纸、手机、移动电视、互动电视、楼宇电视、电子站牌等传播载体,实现对广大受众的立体覆盖。东方网具备大型网站所有互动功能、多媒体新闻传送能力和直播能力。

图6-2-1　2001年起,东方网对全国两会、上海两会进行全程报道,并推出"网议人代会""政协委员与网民面对面"等栏目,逐步形成品牌

2000年7月,东方网与东方电视台联合组建上海第一个多媒体平台"东方网多媒体实验室",实现网络、电视、广播以及报纸融合,开创了跨媒体合作的模式。在此基础上,东方网成立流媒体专业部门,研究互联网视音频业务的发展模式,建立以Real流媒体为基础的网络点播与直播技术方案,开设多媒体频道,打造视频新闻、嘉宾访谈、DV社区等多个栏目,全面制作与发布流媒体内容。其中,嘉宾访谈栏目每年超过400期,时长超过3 000小时。

2001年2月,东方网首次参与上海两会的报道,通过图文视频手段全面展现人大代表、政协委员风采,这也是上海两会报道首次有网络媒体参与。同年5月1日,东方网率先在国内互联网推出纪念中国共产党建党80周年大型专题网站,该网站几乎囊括了互联网多媒体报道的各种手段,获得良好效果。同年10月,APEC上海会议期间,东方网举行5场嘉宾访谈大型活动,嘉宾中有外交部新闻司副司长章启月等。

东方网注重开拓视听业务新领域。2001年5月,东方网举行全国首届网络辩论赛"上海大学生APEC主题网络辩论邀请赛"。此后,网络辩论赛成为传统,参赛群体逐渐向中学生拓展。"网络互动＋理论思辨",使这一创新网宣模式在校园内引起热烈反响,成为上海高校和部分中学展示思想理论教学成果的大平台。

2003年6月3日,上海市政府正式启动新闻发言人机制。东方网自此开始负责对上海市政府新闻发布会进行网络直播。使用互联网对政府新闻发布会进行网络直播,进一步扩大了外宣覆盖面,把中国声音传得更广更远。

2005年,东方网自建上海第一个网络多媒体演播室,形成一整套较为完备的网络视频访谈直播系统和业务管理流程。同年,东方网将网络与电视、广播融合,开设"网络电视"频道和"网络电台"频道,实现在网络同步收看收听电视广播节目。

2007年,东方网报道上海两会和全国两会、上海市第九次党代会、特奥会开闭幕式、中共第十七次全国代表大会、上海市市长国际企业家咨询会等,都开创性地引入"网络直播"模式,直通新闻现场。直播两会和党代会被中央电视台评价为"中国民主进程中的重要足迹"。同年8月5日,东方网精心打造的上海首辆网络多媒体直播车投入使用。在上海世博会倒计时1000天系列活动中,东方网首次派出直播车进行现场直播。

2008年4月8日,东方网对一起在上海市第一中级人民法院进行庭审的侵犯商标专用权纠纷案进行全程视频直播,这是上海法院历史上第一次由官方授权的庭审现场网络视频直播。此后,上海各级法院坚持将审判过程与法制宣传紧密结合,充分利用东方网的便捷、广泛性,对部分公开审理案件进行庭审网络直播。每次庭审直播前将案由、主要内容先行发布。此外,东方网还邀请检察官等与网友互动交流。

2009年,东方网首创全国两会报道"播客日记",东方网特派记者用镜头带领广大网友感受全国两会代表委员履职现场。《大会堂记者安检揭秘》《天安门看升国旗》《"最大会客厅"巧遇最老资格女代表》等多段视频得到网友的普遍认可。同年,东方网联合公务网对党代会实况进行视频直播,被视作上海党务公开的历史性一步。东方网在上海学习实践科学发展观的宣传报道中,开通网上征集意见和建议平台,并开展"学习实践科学发展观"系列访谈报道。中共中央政治局委员、上海市委书记俞正声和上海市市长韩正、市人大常委会主任刘云耕、市政协主席冯国勤以及上海17位区县负责人、市公安系统、在沪央企负责人,先后走进东方网直播室与网友交流,进一步放大了上海学习实践科学发展观活动利用网络广泛听取民意、汇聚民智的社会效应。

2010年3月25日,东方网在世博频道开辟"世博服务信息专递"专栏;同月31日,开通"世博服务类信息网宣公共平台"大型网页专题,该平台发挥联动效应,使长三角区域城市和全国其他重点客源城市的媒体实现相关信息的同步发布,世博服务信息实现广泛覆盖和及时共享。

2010年4月30日—5月5日,东方网连续上百小时对上海世博会开幕、开园及正式运行进行图文、视频直播,创下东方网连续直播时长最长纪录。同年10月31日,上海世博会闭幕当天,东方网进行了长达16小时大直播,通过视频、图文等方式全媒体报道上海世博会完美收官。同年,东方网加大原创视频节目制作力度,推出《东方网眼榜点评》《冰冰游世博》《世博每日之星》《观点》《区县新闻联播》等节目。

【传媒集团网】

传媒集团网站建立于2002年12月25日,网址为http://www.smg.sh.cn。该网站包含集团企业站点和下属上海电视台网站、东方电视台网站、上海电台网站、东方电台网站等媒体站点;集团下属11个专业电视频道和10个专业广播频率都有专设网页。传媒集团网上线开通后,原上海电视台网和原上海东方电视台网停止运营,保留原网址可以查看,不再更新。

传媒集团网站的主要栏目包括:集团介绍、职能部门介绍、集团成员单位、近期动态、人力资源和联系方法等。所有内容具有中、英文双语版本,同时提供各频道、频率节目播出时间和内容介绍、主持人介绍,以及在线收听、收视服务,一批优秀广播电视节目可供网络下载收看。另有观众交流论坛等。

传媒集团网站对重大报道专门制作网络专题和网上直播,扩大宣传范围,提升传播效果。同时,网民通过网络参与到《相约星期六》《今日体育快评》《激情F1》《看球评球》《老左信箱》等名牌节目中,成为节目制作与观众互动交流的平台。

2002年,传媒集团实施广播频率专业化改革,上海电台和东方电台网站整合转移,由传媒集团总编室负责管理、制作,并开始以频率为主线,突出频率品牌,包装特色栏目,强调网络互动。同时继续保留两台主频率的在线播出功能。同年12月3日,广播网站和新浪网合作,在线直播上海成功申博的动人场景,网站在线峰值达到25万人次。广播网站合并后,每天从电台文稿系统中提取当日广播新闻作为网站的新闻内容,重要新闻还配以新华社图片和电台新闻的录音剪辑,图文并茂。同年年末,广播网站开始提供全部10套广播节目的在线播出服务。此外,完善广播网站的各项功能,增强广播节目和网站结合的紧密度,与受众形成良好互动。

广播电视媒体站点的人气较旺,每日访问人数总计超过10万人次,网络直播收听收视服务每日访问人数超过4万人次。论坛注册人数突破23万人,日均发帖数超过1.5万。

2010年,传媒集团网站共刊发上海世博会相关新闻约12 000条,图片约1 300张,视频新闻、节目信息约600条。重点推出"中国2010年上海世博会特别专题",设"世博要闻""世博现场""世博评论"等10个板块,并先后制作《魅力东方迎世博》《上海世博行》《世博寻宝计划》《世博视频》等多个分专题。在北京举行的上海世博会网络传播总结表彰会上,传媒集团网站获国务院新闻办颁发的"最佳组织奖",外语频道子网站《世博专题》获"最佳专题奖优秀奖",一财网《世博面孔》获"最佳报道奖优秀奖",百视通新媒体《世博寻宝·全民世博视频大赛》获"最佳文化活动奖一等奖"。同年,传媒集团网站积极开展SMG形象、广播电视节目、活动、招商、对外交流、事业发展等宣传介绍,并加强与广播电视受众的互动交流,设置了"SMG连线""网友播报"等板块,及时获取、刊发和反馈网友意见。作为上海主要新闻媒体集团网站,重视互联网舆论传播和引导工作。结合广播电视节目内容,同年推出"整治网络低俗"等特别活动的宣传报道,配合协调、处理网上紧急舆情事件,进行网上舆情引导。

同年6月28日,上海东方广播有限公司官方网站www.eastradio.com上线,下设新闻、节目单、在线电台、活动、播迷社区、播友论六大主频道,开设上海交通广播、东方都市广播、动感101、Love Radio、经典947、戏剧曲艺广播、上海故事广播7个广播频率的官网二级页面。东方广播网还是该公司广播节目大型活动的指定门户,"东方风云榜"等众多品牌活动都在网站上设有专题页面,通过人气投票、会员派送等多种线上活动,扩大活动影响面。

东方广播网二期升级项目开设了包括时尚、娱乐、健康、社会、职场、亲子、漫游、休闲在内的8大垂直板块,并拓展实现"网络直播间""流媒体在线广播""网站WAP版本"等多款具有鲜明广播特色的产品及服务。其中"直播间"产品整合了节目直播帖、流媒体在线广播、节目短信互动平台、微博客、站外社会性网络服务网站等多项交互工具,并提供具有鲜明行业特色的"节目歌单查询""主持人收藏面板"等多项特色功能,成为带动东方广播网新一轮增长的核心服务项目。至2010年底,东方广播网总访问量超过990万,注册用户超过22万,实名用户超过6千,实现传统媒体与网络的互动,增强了对广播受众的黏性。

传媒集团网站运营至2010年底。与此同时,上海广播电视台、上海东方传媒集团有限公司企业官网(www.smg.cn)开通上线。上海广播电视台、上海东方传媒集团有限公司网站定位于企业官网,主要功能是集团介绍、联系方式等。自此,传媒集团的新闻网站功能由看看新闻网接替。

同年,看看新闻网依托上海广播电视台的内容资源和制播力量,建设以视频新闻为特色的网络新闻互动平台,形成一定影响力。

【新民网】

作为中国现代历史悠久、影响力深远的传媒品牌之一,《新民晚报》顺应互联网发展趋势,对应阅读态势变迁,回应读者和用户需求,从 24 小时一周期的"一张报"到 24 小时不间断"一直报",新民网让读者和用户"一天到晚看新民"。

2006 年 9 月,新民网上线开通。2008 年 1 月 28 日启用域名 www. xinmin. cn。2009 年 2 月,新民网获得国务院新闻办公室颁发的一类新闻资质许可证,成为全国重点新闻网站,也是报业媒体所属新媒体中最早获得《信息网络传播视听节目许可证》和《广播电视节目制作经营许可证》的网站。新民网把视频新闻报道作为媒体融合不可或缺的一部分。

2007—2008 年,新民网开设独立演播室,推出《做客新民网》《民生热线》《新民街访》等民生社会类栏目,反映上海都市脉动。汶川大地震时独立拍摄制作视频 46 个,在当时传统纸媒中首屈一指。开辟《晚报新鲜读》视频栏目,向网民播报《新民晚报》各版内容。2008 年金融危机发生时,新民网又推出经济类节目《新民商业访谈》,从多角度报道经济新闻热点,并邀请嘉宾参与媒体专访。

2009 年 4 月,新民网卫星直播车首次亮相上海车展。这是中国报业媒体中的第一辆卫星直播车,采用先进的 IPSTAR 宽带卫星技术和 ADTB - T 数字微波技术。卫星直播车的启用不仅提高了网站新闻报道的快速反应能力,更提供了崭新的视频直播途径,上海两会、外白渡桥回迁、日全食天象直播等均有该直播车在场。新民网还与上海交通大学合作,采购了微波无线传输设备。微波与卫星直播车使新民网既能进入楼内进行移动式直播采访,又能进行户外远距离接力直播,成功应用于当年陆家嘴金融论坛、纪念上海解放 60 周年等大型报道。同年起,新民网和上海法院合作,开辟了庭审直播栏目,为老百姓学法知法开辟了新的窗口。

2010 年上海世博会期间,新民网推出多档视频节目,其中"馆长沙龙"等引起较大反响。同年 11 月 15 日,胶州路一高层民宅火灾报道中,新民网派出记者第一时间赶到现场,15 分钟就发出第一篇新闻稿,随后推出视频新闻直播,在火灾现场进行了近 6 个小时的视频直播和全程微博直播,并采用文字、视频、播客、图片、直播等全媒体技术做全方位报道,滚动播报的点击量达到历史新高。在整个报道中,视频起到了重要作用。

图 6 - 2 - 2　2009 年 4 月,中国报业媒体中的首辆卫星直播车,新民网卫星直播车亮相上海车展,增强了网站新闻报道的时效性

【东方电台网】

上海广播电视系统最早建立的互联网站可以追溯到 1997 年。

1997 年 6 月,东方电台网站建立,网址为 www. eastradio. com。2001 年 2 月起,东方电台网站结合网络受众需要,进行多次改版,强调广播网站的服务性和互动性,设立"新闻直通车""财经方向盘""音乐试金石""生活百事通"4 个板块。

"新闻直通车"包括《今日要闻》《本地新闻》《国内新闻》《国际新闻》《体育新闻》《新闻追踪》《报刊导读》及《专题新闻》8 个栏目。每天 9 时 30 分前更新当日新闻,日新闻更新量 80 条左右。

"财经方向盘"主要有《财经快讯》《当日黑马竞选》和《个股天天点播》3个栏目。其中《个股天天点播》具有指定点播功能,满足了听众指定市场分析师的要求。

"音乐试金石"主要包括《东方风云榜》《天天点播》《流行歌曲排行榜》3个栏目。同年3月,东方电台主办的《东方风云榜》原创新生代演唱会吸引了2 000多名网友向网站索票。《流行歌曲排行榜》的网页制作充分体现了互动特点。

"生活百事通"主要包括《东方传呼》《人才你我他》《交际英语》《假日导购台》《上海潮投诉热线》《空中大调剂》《老年学堂》7个栏目。

同年10月,东方电台网站进行第二次改版,增设了"网络收音机""BBS"两个板块。每天更新的内容以图片和音频资料等网民感兴趣的内容为主。通过声音、图片的上传,达到图文并茂的效果,并满足网民收听非线性广播新闻的要求。此外,新闻全文检索服务也在改版后推出。

【上海电台网】

1998年6月,上海电台网站开始试运行,网站域名 www.radioshanghai.com。同年10月1日开通。上海电台的新闻、文艺、音乐、社教等节目通过网络技术传播到全世界。

上海电台网站以新闻信息为主干,设有新闻、经济、文艺、音乐、专题5个板块,栏目共23个,上网广播节目36个,有线电视戏剧频道节目4个。网站使用硬盘空间超过500 M,各类页面750多页,平均每天页面点击数超过8万,每天新闻信息更新量超过200条,录音更新30 M字节。上海电台"3·15消费者投诉""'99《财富》论坛上海年会大家谈"等大型宣传活动都进行网上直播。上海电台重点制作的节目,网民都可以在上海电台网站上在线收听。

【东方电视台网】

东方电视台网站于1998年7月开通,网址为 http://www.shotv.com,是经国务院新闻办批准的首批电视台网站之一。东方电视台网站有一台 WEB 服务器,接入带宽为2 M独享,一台视频服务器(与上海电视台网站合用)10 M共享。网站流量统计为:页面浏览量日均25万页,用户访问数日均2 000人,站点成功点击数日均200万次。

东方电视台网站内容设有东视首页、新闻娱乐、文艺频道、音乐频道、戏剧频道、收视指南、影视剧、主持人、广告资讯、BBS等10多个板块。提供新闻、娱乐、文艺、青少年、音乐、戏剧、影视剧、专题片等70多个栏目的当周看点和两周节目预告;重点包装自制节目和热播电视剧。网站每天对东视新闻和节目预告等进行更新,提供新闻类专题节目的全部文字内容;提供东视新闻及《娱乐在线》等在线视频和中文条目,并24小时提供新闻娱乐频道网上视频直播。

为加强电视节目和观众的互动,东方电视台网站组织举办网络摄影比赛、党史知识竞赛、"决战四国"全国网络电视互动军棋拉力赛、电视专业频道知识竞赛等活动;并开设节目交流服务论坛(包含上海电视台的频道内容),注册会员近10万人。

【上海电视台网】

上海电视台网站于1998年8月面世,网址为 http://www.stv.sh.cn。上海电视台网站提供每日节目预告、节目介绍和保存检索,观众可通过互联网便捷地了解电视信息。同时,上海电视台网站在国内率先提供在线视频节目,并着力探索网络视频流服务。至2002年底,网站每日可提供4小时、总计为150条的在线视频新闻类节目;提供20分钟网络直播的新闻报道和财经报道。除了面向互联网用户的窄带视频,该网站还以宽带速率提供超过 VHS 水准的网络视频新闻节目,是点击率最高的栏目。

上海电视台网站举办和参与了许多重要活动。《'99 五洲风——元旦双语晚会》是网站成功转播的首次尝试。1999 年 10 月《财富》论坛上海年会期间,网站与广电技术中心、"上海热线"和"金桥网"一起,通过互联网对会议全过程做了直播。2002 年,网站先后围绕党的第十六次代表大会、上海电视节、上海电影节做了大力宣传;在韩日世界杯足球赛中组织的"竞猜"活动吸引了众多球迷的参与。

上海电视台网站由上海东方数据广播有限公司托管,拥有 WEB 服务器、音频直播服务器、视频服务器和 E－MAIL LIST 服务器各一台。其接入带宽为 43 Mbps 共享,页面浏览量为日均 22 万页;用户访问数为日均 1.6 万次,呈逐步递增态势。

上海电视台网站设立网站主持人制度,成立网友俱乐部,推出网上直销等服务,与电视节目形成优势互补,提高访问率,扩大上海电视台的多媒体传播效应。

【上海有线电视台网】

上海有线电视台网站于 2000 年 7 月 11 日亮相,网址为 http：//www. scatv. sh. cn。该网站设置有视概况、热点栏目、有线新闻、有线体育、有线财经、有线影视、音乐戏曲、广告投放、有线网络和电视直销等栏目。

有线电视台网站先后在第二十七届奥运会、2000 年国庆节、亚洲杯足球赛、上海电视节、首届中国上海国际艺术节等重大活动期间开设专栏并做专题报道。

2000 年 11 月 25 日有线生活频道开播,网站第一次开通了与频道节目互动的栏目《我想有个家》。

2001 年 4 月 18 日,有线台网站改版,新增了《电视剧评》《老左信箱》《收视指南》《有线论坛》等与网民互动性较强的栏目。改版后的网站日均点击率约 5 000 人次,比原先翻了一番。《老左信箱》每天收到的电子邮件有近百封;《收视指南》作为当时唯一一个发布所有 30 个频道一周电视节目预告的媒体,也大受市民欢迎。

同年底,上海有线电视台网站并入上海电视台网站。

【上海教育电视台网】

上海教育电视台网站成立于 2000 年,网址为 http：//www. setv. sh. cn。

该网站以新闻发布、栏目介绍、信息查询 3 块内容为主,并公布教育资讯、宣传教育电视台形象,提供收视指南。设有《教视概况》《专栏大观》《教育新闻》《求学资讯》《教视精品屋》《教学万花筒》等栏目。新闻发布更新量为日均 10 条,所发布的新闻以上海教育电视台制作的新闻为主,辅以部分东方网制作的新闻;栏目介绍根据节目制作进度每周更新调整。同时,创造网络文化与电视教育的互动空间,为广大网友、观众提供丰富的信息和自由的交流,包括招考信息和留学信息查询等。

【上海文广集团网】

上海文广集团网站于 2002 年 10 月启用,网址为 http：//wgj. sh. gov. cn/。该网站具备集团信息发布、业务合作连线、人力资源管理和公共服务链接等多重功能,是文广集团对外宣传合作的重要窗口和集团所属上海本地文化资源的高效导航中心。

文广集团网站主页的主导航栏由广播电视和报刊、电影制作发行和院线经营、电影节和电视节、旅游餐饮和酒店经营、文化演出和剧场管理、网络和新媒体、科技开发、实业投资业务等多个部分组成。二级导航开设广播电视频道、影视制作、节目交易等栏目。

第二节　移动网络视听

移动终端设备系统的高度智能化、无线互联网的覆盖率提升、手机上网资费的不断下调和用户使用习惯的逐步养成,促进了移动网络视听产业的快速发展。移动网络视听媒体为受众和用户在非固定场合提供视听节目和服务,主要分为手机电视、移动多媒体电视和移动互联网视听。

一、手机电视

手机电视是利用移动通信网传送信号、通过手机观看流媒体视频内容的新媒体。手机电视具有电视媒体的直观性、广播媒体的便携性、纸质媒体的滞留性以及网络媒体的交互性。手机电视不仅能够提供传统的音视频节目,还可以利用手机网络方便地完成交互功能,更适合于多媒体增值业务的开展。

手机电视实行牌照管理方式,牌照由广电部门颁发。移动通信部门需要与拥有内容集成服务牌照的机构合作才能开展手机电视服务。上海手机电视的主要运营机构是上海东方龙新媒体有限公司(以下简称"东方龙")。

东方龙成立于2004年6月,是传媒集团下属从事移动流媒体和互动增值服务的子公司。

2005年1月1日,东方龙与上海移动合作,在上海地区启动"手机电视"试播,用户达到5 500人。同年2月6日,东方龙与上海移动联合推出中国第一部"手机短剧"《新年星事》。

2005年3月,传媒集团获得国家广电总局颁发的国内第一张手机电视集成运营牌照。东方龙以"东方手机电视"为品牌,主营手机电视业务(各种手机视音频内容),同时发展短信、彩信、WAP、IVR等移动互动增值业务。同年5月1日,上海地区手机电视业务实现商用收费运营,截至12月份,有付费用户2 700多人。同年5月13日,传媒集团与中国移动通信集团签订战略合作协议,共同推进手机流媒体业务。同年8月,中国第一部高清晰手机互动情景剧《白骨精外传》第一季90集制作完成。同年9月28日,"东方手机电视"全网平台开通。同日,传媒集团与中国移动共同宣布开通手机电视"梦视界",向上海、广东、福建地区手机用户提供视听节目直播、点播服务,全国其他地区的移动用户则可通过下载播放方式收看。同年11月1日,上海东方明珠(集团)股份有限公司与传媒集团组建公司,共同开发数字多媒体广播(DMB)手机电视项目,开始出现早期手持电视业务。同年12月,"东方手机电视"用户突破30万人,并以每天七八千人的速度增长。同年第四季度,东方龙相继与中国台湾、文莱、新加坡等地的移动通信运营商达成节目合作协议,实现"东方手机电视"走向海外并服务于全球华人视听娱乐市场。

2007年7月,东方龙推出手机电视直播频道"第五媒体",在中国移动和中国联通的手机电视平台上开播。

2008年初,东方龙在上海地区推出"东方手机电视购物节目",上海地区的东方手机用户可以直接在手机上实现从选择到购买商品的全过程。

2009年,东方龙手机电视服务并入传媒集团百视通公司,推出"百视通手机电视"服务品牌。

"百视通手机电视"依托传媒集团丰富的内容资源,致力于为手机用户提供丰富多样的视听节目,除了传统广播频率、电视频道播出的精彩节目内容,还有专门为手机用户制作的手机短剧、手机动画、手机音乐、手机电影等。

2010年,百视通手机电视业务通过手机电视技术平台、内容和增值服务的一系列创新,用户规模快速扩大,东方手机电视业务WAP端包月收费使用用户累计超过67万,按次收费使用用户累计达131.2万人,总收入4000万元以上。百视通手机电视业务针对三大运营商的多款产品进行了提高用户体验的改版,优化产品EPG界面,展现高清晰度优势,同时深挖内容资源,增加自制节目数量,根据各大热点事件,加大专辑专题类节目制作。百视通点播类节目访问量逐日攀升,远超直播类节目;下载类节目也广受追捧,点击量呈阶段性上升态势。汇集优质版权资源,突出电影电视剧长尾优势。同年,百视通购买电影、电视剧版权1400余部,音乐娱乐综艺和动漫近4000集,总时长超过100万小时。百视通加大购买好莱坞片源的投入,独家报道每周北美票房报告,全剧播放热门影片及精彩片段,第一时间推出影视剧精彩片花。百视通手机电视业务还结合线上宣传和线下活动,举办趣味问答、送票、抽奖活动等多项观众互动活动,增强产品黏性,提升节目吸引力。改版后的"东方手机影视频道"每周推出5部影片,其中2部院线大片,每周电影全片总点击量达17 000左右;创新播出形式,铸造精品专题和长视频。集中制作综艺娱乐节目,改变原先单一短视频节目的播出形式,推出长视频节目,用户关注度提升明显。同年10月,东方手机电视连续推出《中国达人秀》长视频直播点播,获得用户数和增值的双丰收。同时,百视通抓住第十四届华语音乐榜中榜颁奖晚会、南非世界杯足球赛等热点事件,加强专辑专题类节目制作,发挥资源密集型优势。凭借独家资源,整合营销成增值业务新模式。"体育"和"财经"两个产品通过精做节目、整合营销,促进包月用户大幅增长。其中,NBA业务WAP端,包月收费使用用户累计9万人,按次收费使用用户累计7万人;百视通NBA业务包月订购用户数5.6万人。百视通NBA计费结点单独调出后,进行了大规模的赛前营销活动,通过群发及渠道推广用户量剧增,NBA总决赛期间,包月订购用户数更是达到了峰值6.7万人。财经栏目2010年共制作60多个热点专题,用户数72万人。

同年7月,百视通自主研发的3G手机电视集成播控平台通过国家广电总局专家组验收,同年底上海广播电视台获得国家广电总局发出的第一块3G手机电视牌照。此牌照包括呼号为"E视通"的集成播控平台以及呼号为"东方手机电视"的内容服务平台。平台一期支持500万用户观看,峰值并发在线用户达100万人,支持10万小时内容存储,并支持50个以上的内容服务机构接入;百视通所构建的3G手机电视集成播控平台,具有对海量节目内容的集成、编排和播出的控制能力,能够接入上百家的内容服务机构,拥有可容纳10万小时以上的内容产品库。

二、移动多媒体电视

移动多媒体电视也称为"手持电视",是新一代数字广播技术,即由国家广电总局有关单位下属北京泰美世纪科技有限公司自主研发的"中国移动多媒体广播"技术(CMMB)。CMMB主要为7寸以下小屏幕便携设备提供广播电视节目的服务。由于采用数字广播式播出技术,相较于依靠通信网络的流媒体技术,CMMB具有画质好、播放流畅、价格低廉的优势,用户在收看节目的过程中无须担心会产生流量费,但其本身并没有互动能力,只是一种信息的单向传播。因此,采用CMMB模式播放视频的手机更适合于"手持电视"这一称谓。

移动多媒体广播电视业务平台主要由公共服务平台、基本业务平台、扩展业务平台构成。

公共服务平台无偿向合法用户提供公益服务,主要由公益类广播电视节目和政务信息、紧急广播信息构成。基本业务平台有偿向合法用户提供基本数字音视频广播服务和数据服务,包括卫星平台和地方平台传送的数字音视频广播服务和数据服务。扩展业务平台有偿向有不同消费需求的合法用户提供扩展广播电视节目服务和综合信息服务。主要由四方面构成:一是经营类的广播电视付费节目;二是经营类的音视频点播推送服务;三是综合数据信息服务,主要有股票信息、交通导航、天气预报、医疗信息等;四是双向交互业务,主要有音视频点播、移动娱乐、商务服务等。

CMMB的技术路线是"天地一体、星网结合、统一标准、全国漫游"。其总体构成是利用大功率S波段卫星覆盖全国,利用地面覆盖网络进行城市人口密集区域的有效覆盖,利用双向回传通道实现交互,形成单向广播和双向互动相结合、中央和地方相结合的无缝覆盖。

CMMB的终端包括:通信类的手机;非通信类的迷你电视机、数码相机、数码相框、MP3、MP4、PDA、笔记本电脑、GPS;外置类的USB接收棒、蓝牙电视接收器;还有车载、船载、机载接收机等接收设备。

上海CMMB的运营主体是2006年4月成立的上海文广手机电视有限公司(以下简称"文广手机")。该公司由上海东方明珠(集团)股份有限公司与传媒集团等共同出资组建,是国内率先开展移动无线数字广播增值服务的企业之一。2006年10月,国家广电总局颁布具有自主知识产权的中国移动多媒体广播(CMMB)标准。2007年3月,CMMB芯片研发成功。同年5月,开始CMMB终端产业化准备,并提供测试样机。2008年,CMMB在上海试验及试播。同年8—9月,CMMB成功转播北京奥运会和残奥会。

2009年2月,上海东方明珠(集团)股份有限公司与中广传播集团有限公司展开合作,文广手机与中广卫星移动广播有限公司(以下简称"中广移动")签约成立"CMMB上海运营公司",成为CMMB手机电视在上海地区的运营商,在全国范围内率先启动该项目的商业运营。上海地区发展CMMB手机电视用户2万户。

同年3月16日,上海CMMB加密播出,CMMB业务从之前的免费试商用阶段转变为正式商用阶段。同年8月,文广手机在徐家汇百脑汇(二期)建立了全国第一家CMMB体验店,为消费者提供包括手机、MP3、MP4、GPS导航仪在内的多款搭载CMMB芯片的数码终端的体验和销售服务,CMMB体验店为"睛彩电视"品牌提供了一个集展示、体验、推广于一体的平台。同月,CMMB首个数据业务股市行情全网开通,全国范围内157个能收到CMMB信号的城市均可收到上海、深圳证券交易所的即时行情和相关资讯。

按照国家广电总局确定的CMMB运营框架,中广移动和文广手机的出资比例为60∶40。中广移动负责全国性的管理协调指导、整体布局、战略定位、政策制定、资本运作、品牌推广、产品与价格体系的规划等;组成文广手机的东方明珠公司主要负责节目传输、市场运营,传媒集团主要负责节目资源供应。

上海CMMB的业务内容,一是视频直播。播出时间为每天5—24时。开播的7套视频节目包括中央电视台综合频道、新闻频道、体育频道,传媒集团新闻综合频道、东方卫视频道,以及中广传播集团打造的睛彩电影频道、睛彩天下频道。二是数据推送,包括睛彩财经(股票信息)、睛彩路况(实时路况)。

上海CMMB使用DS-43频道(中心频率754 MHz)发射,组建了8个发射点的单频网,东方明珠发射塔为主发射点,发射功率1 kW,另外还有广播大厦、绿地大厦、多媒体大厦、海宏大厦、新金桥大厦、天益宾馆、松江区广播电视台7个发射点。

2010 年，CMMB 全市覆盖网基本建成，外环线内室外和浅室内信号覆盖率达到 95％以上，室内重点区域（政府大楼、大型商场、交通枢纽、医院、学校等）覆盖率达到 80％，郊区（县）覆盖率达到 80％。

在业务模式上，CMMB 手持电视有 5 大内容，其中，利用移动设备的特性推出的智能导航业务最有特色。运用模式是定制终端销售与服务收费；与通信运营商合作进行用户订购业务分成。

广播电视节目业务：CMMB 手持电视可以视为现有广播电视的延伸与补充，方便广大用户随时随地收看电视、收听广播。

数据广播推送业务：CMMB 数据广播推送是一种为用户定时推送定制内容的服务。通过移动多媒体广播的数据广播通道推送定制内容到 CMMB 终端，主要服务内容包括：精选短视频、歌曲 MV、精彩游戏、电子报纸、电子杂志、生活咨询、打折信息等。

多媒体广播互动业务：CMMB 多媒体广播互动是一种新的广播电视业务，用户通过 CMMB 终端看电视、听广播、收信息时，通过点击屏幕上的按键，即可轻松参与实时互动节目，包括节目评论、有奖竞猜、互动游戏、互动购物等。

智能交通引导业务：CMMB 智能交通引导业务是一种新的移动交通信息服务。通过广播方式为用户发送实时的道路拥堵情况、流量信息、路点资料等，提醒用户交通拥堵路段的实时情况，指导用户绕行。

实时股票财经业务：CMMB 实时股票财经业务是一种新的移动金融信息服务。通过把实时股市信息数据以广播方式推送到 CMMB 终端，用户可以对股市数据进行详细的分析。为股民提供的服务包括：实时股市信息传送、股评信息推送服务。

截至 2010 年 11 月，文广手机开播的节目包括 7 套视频节目和 1 套音频广播节目，上海地区手机电视和手持电视用户达到 15 万多户。

三、移动互联网视听

移动互联网是移动通信和互联网从终端技术到业务全面融合的产物。移动互联网既有传统互联网开放协作的特点，又有移动通信网的实时性、隐秘性、便携性、可定位等特点。移动互联网视听是以移动互联网终端设备收看通过移动互联网传播的视听节目内容，包含影视剧、音乐、动漫、电台、电视台节目、播客节目以及移动互联网用户自行上传的各类音视频内容。

移动网络互联网视听业务与"手机电视"相比，有用户选择方便多样、无须特殊终端设备、上网方式灵活随意、内容丰富、按需搜索等特色。用户不必购买专用设备，使用手中的智能手机（安装 Android/iOS/Wph7/symbian/MTK 等主流手机平台）就可收看网络视听内容，并可选择多家视听内容服务商。用户收看一般免费，使用免费的无线网络，流量费全免。

开放的移动互联网视听为更多网络视听企业带来广阔的发展空间。同时，这一领域也出现激烈的竞争。各大网络视听企业除在视听内容服务上进行差异化竞争外，还通过与终端制作企业合作、为基础电信运营商提供视听内容等方式进行市场占领。

上海移动网络视听的龙头企业主要有上海中广传播有限公司（CMMB 移动多媒体电视）、百视通公司（手机电视）和土豆网等，以及中国电信全国视讯运营中心和中国移动视频基地。

上海作为"中国移动"的手机视频基地，从 2005 年起进行无线视频业务拓展。同年 9 月手机视频业务上线后，基地进入快速成长与完善时期。2008 年，视频基地全面提升手机视频业务的端到端质量,以北京奥运会为契机扩大用户规模,实现业务全网试商用。2009年,视频基地尝试内容垂直化整合和运营、开展按内容计费模式、支持各省公司开展本地化视频业务,用户规模和收入迈入高速增长期。

同年,上海的网络视听企业进入移动互联网视听领域。同年10月,土豆网和中国移动手机视频"原创频道"进行独家运营合作。这一合作被认为是中国网络视频行业和手机视频行业具有里程碑意义的联合出击,标志着手机视频行业在中国进入普及阶段。中国移动用户可以通过WAP和客户端两种方式,登录移动梦网—手机视频—原创频道,收看到土豆网每天更新的上千条精选原创视频。

同年,中国电信为了提升全网统一运营能力,打造多屏内容共享和互动的融合视讯产品,在上海成立视讯运营中心,全面负责中国电信范围内所有互联网及移动互联网视频业务的发展。视讯运营中心的成立,标志着中国电信全业务经营时代的开启。

网络音乐企业九天音乐则与中国电信爱音乐中心合作,推出苹果iOS系统、Android系统手机综合客户端"铃音王",这是一款为智能手机量身定制的铃音类应用。同时,九天音乐发挥自身唱片公司资源和音乐内容资源优势,开发众多以艺人为核心的手机官方客户端,以及以音乐内容为核心的专题音乐客户端应用。

百视通在原有的"东方手机电视"业务之外,也向移动互联网视听领域进军,推出"百视通NBA""百视通影视""百视通看大片系列"等产品,用户可以使用基于iphone和Android平台的智能手机,通过WAP页面或手机内置客户端软件,看节目直播、自行点播或下载观看视频节目。

第三节　网　络　电　视

网络电视包括IPTV、视频点播、互联网电视和互动电视。IPTV、互联网电视机两大细分市场统称为"网络电视"市场。IPTV和互联网电视都是运行在基于公网的虚拟专网上的以电视机为应用终端的视听节目提供载体。由于它们都是以电视机为接收终端,更多的是强调电视特征,政府的管理政策也以传统电视业务管理为参照,其内容集成播控平台都由广电播出机构建设管理。上海网络电视产业的龙头企业主要是百视通公司。百视通以打造"电视新看法"为己任,通过全新的网络数字互动技术,为观众提供多样化的视听服务,使IPTV成为个性化、时尚化、互动化的广播电视新媒体平台。

一、交互式网络电视(IPTV)

随着互联网的高速发展,用户收视要求趋于多样化,传统电视在业务形态上必须求新求变。电信、联通在固定电话、宽带的用户数量和ARPU值趋于稳定,为了提升网络利用率,留住用户,电信需要寻求更多更好的宽带承载内容,两方需求相遇,IPTV应运而生,并成为广电行业和电信行业战略转型的重点业务。

2003年12月,上海开始IPTV业务的技术试验和业务试点。

2005年3月,传媒集团获得国家广电总局颁发的国内首张IPTV集成运营牌照。同年5月,传媒集团与中国电信集团公司和网通集团签署IPTV战略合作框架协议,在全国范围内开展IPTV电视业务。同月,黑龙江省哈尔滨市IPTV业务全市商用开播。

同年 11 月,传媒集团成立百视通网络电视技术发展有限责任公司,在上海浦东新区、闵行区开通 IPTV 业务商用试播。

上海 IPTV 项目中,百视通公司主要负责内容集成运营和内容播控管理,电信运营商主要负责流媒体传输,双方的后台实现对接,共同实现用户管理,由此确立了广电主导,广电、电信分工合作、优势互补的 IPTV 业务模式。

2006 年 2 月,中共中央政治局常委李长春视察上海 IPTV 业务,对上海 IPTV"三网融合"业务予以肯定,提出 IPTV 是数字电视的"上海模式"。

图 6 - 2 - 3　百视通公司哈尔滨驻地工作
人员在机房进行节目播控

同年 9 月,传媒集团与上海电信合作,对上海 IPTV 技术系统进行全面升级,并实现全市范围放号。上海电信投入资金 10 多亿元,采用先进的 H.264 技术系统,对全市进行网络升级,市区郊县 90%的区域都能提供 IPTV 业务,上海实现全市 IPTV 业务商用开播。截至 2006 年底,上海建成全国最大的 H.264 商用系统。同时,传媒集团技术运营中心与百视通公司共同负责的 IPTV 总控、百视通公司负责的电子导视系统(EPG)研发、视听节目版权保护系统(DRM)等关键性技术也取得快速进展。其中,研发的 EPG 经申请,2007 年获得国家专利(专利号 EN101431425B)。传媒集团对上海 IPTV 系统内容予以丰富和增强。百视通新闻中心是 IPTV 第一新闻资讯平台,在上海、江苏、广东等地拥有百万观众,其收视率稳定在 40%以上。平台精选国内外焦点新闻,丰富而及时;采用连播模式,体验良好。用户日均收看新闻约 40 条,每日收看时间超过 90 分钟,用户黏性明显好于传统电视新闻。重点新闻栏目有《新·壹周》《百视防务周刊》《新·人物志》《壹周看法》等。百视通拥有近 40 万小时的视频内容,主流视频网站上的内容一应俱全。影视资源内容范围广泛,包括中国香港地区 TVB 剧集,中国台湾地区综艺,韩国综艺,海外动画,环球、华纳、迪士尼等好莱坞电影集团大片,BBC、Discovery、历史频道、国家地理频道等纪录片,NBA、英超、澳网等赛事直播和集锦。百视通集合传媒集团热门优势节目,采用深度合作、联合推广、新媒体发行代理等多种合作方式呈现节目。电视剧产品既有互联网特色的专题,又有百视通独家原创电视剧评论及资讯,发布每周收视排行,推荐个性特色片单,透视国内外电视剧市场动态。上海 IPTV 加强在视听互动业务方面的创新,上海各区县政府、金融、证券、交通、旅游、气象、医疗等部门在 IPTV 平台上提供丰富的便民信息和适时在线服务,广受用户欢迎。IPTV 互动功能实现与有线电视、传统数字电视的差异化定位。同年 11 月,百视通开发实现遥控器投票创新业务,创新"三网融合"业务模式。2006 年底,上海 IPTV 用户超过 6 万户。

2007 年 12 月,百视通 IPTV 全国用户数超过 70 万,传媒集团成为全国 IPTV 业务领头羊,推动中国进入全球 IPTV 大国行列。

自 2008 年 4 月起,中国电信开始制定 IPTV2.0 平台标准,并进行 IPTV 终端集采工作。

同年 5 月 12 日,百视通公司在四川汶川发生地震后 1 小时即把灾情报道的专题上线,开创了 IPTV 最快报道重大事件的先例。

同年 8 月,百视通通过 IPTV 进行北京奥运会报道,成为新媒体与传统媒体联合制作大型赛事节目的里程碑事件。8月8日北京奥运会开幕式转播创历史最高开机率70%。奥运赛事播出期间,百视通强化垂直门户、新闻播报的方式,大规模集成奖牌信息、赛事、明星等内容,每天的开机户数稳定在38万~40万之间,IPTV开机率超过40%,开机用户的收视时长平均每天达到4.5小时,比历史峰值高出0.5小时。

同年国庆长假期间,IPTV联手五星体育共同直播2008年斯诺克大师赛,开辟了新媒体转播体育赛事的新路径。同年11月9—16日,IPTV全程直播报道在上海举行的"大师杯"网球公开赛,并与电信运营商在IPTV平台上联合推出2008网球大师杯赛专区,提供所有赛事介绍、大师风采、对阵比分情况、经典对决欣赏、网球学堂以及有奖竞猜等内容,形成百视通多视窗转播体育赛事的业务模式和流程,带给IPTV用户全新的视听与互动体验。

2008年12月,百视通IPTV全国用户突破150万,由此成为全球最大的专业IPTV公司。

2009年8月,百视通公司和上海世博会事务协调局签署媒体合作协议,获得"中国2010年上海世博会官方新媒体合作伙伴"称号。IPTV、手机电视、宽频网络电视等新媒体业务板块全程参与上海世博会宣传。

2009年12月,上海IPTV用户规模突破100万,上海成为全球IPTV第一城。

百视通还积极向海外输出IPTV核心技术。2010年1月,百视通公司与欧洲最大的电信公司法国电信签订基于"三屏融合"战略的千万元级合作协议,服务于Orange IPTV分布于欧洲的200多万用户。百视通输出自主研发的IPTV中间件技术应用于法国电信IPTV系统,向欧洲和非洲的50多个国家和地区传播传媒集团优势品牌节目及世博精彩视频,获得国家商务部年度文化出口企业称号。

同年,作为中国上海世博会的全球新媒体合作伙伴,百视通在全国首次采用电视机、计算机、手机"三屏融合"技术方式传播世博盛会。

IPTV是舆论宣传新媒体平台之一。百视通建立、执行内容播出"三审"制度、监听监看制度和应急预案等,加强IPTV安全播出体系建设,保障安全播出。百视通通过对新媒体技术服务、内容集成运营,产品打造,内容版权建设,增值业务等方面进行持续的投入和运营,提升IPTV用户的收

图6-2-4　2010年起,百视通IPTV在首页界面设置多功能菜单,为用户
提供多样化选择。用户可从"看电视"升级为"用电视"

视黏性和流量,带动各项付费增值业务以及广告业务的发展,同时获取前向的收视分成以及后向的广告收入。PPV点播成为百视通IPTV一个广受用户关注的收视方式。

IPTV给电视用户带来新的娱乐、学习、生活方式,尤其是以时移、点播为特征的互动业务形态,改变了用户收看传统电视的被动状态。

二、视频点播

视频点播是根据观众的要求,把用户所点击或选择的视频内容传输给所请求用户的节目播放系统。视频点播业务是多领域先进技术融合的产物,其中包括计算机、网络通信、多媒体、电视和数字压缩等技术。视频点播系统主要由片源库系统、流媒体服务系统、影柜系统、传输及交换网络、用户终端设备机顶盒+电视机或个人计算机组成。视频点播的实现过程是当用户发出点播请求时,流媒体服务系统会根据点播信息,将存放在片源库中的节目信息检索出来,以视频和音频流文件,通过高速传输网络传送到用户终端。

点播业务一般采用单播网络实现。单播是利用一种协议将IP数据包从一个信息源传送到一个目的地,信息的接收和传递只在两个节点之间进行。IP单播中,只有一个发送方和一个接收方,同时双方具有相对固定的IP地址。IP单播传输是以太网传输中的主要使用方式,网络上绝大部分的数据都是以单播的形式传输,并且HTTP、RTSP、SMTP、FTP和Telnet都作为TCP传输协议在网络中以单播的方式工作。单播的特点是每个终端都占用一定的带宽,当带宽占满后,其他终端就无法连接至服务端。

2005年9月28日,传媒集团与中国移动共同宣布开通手机电视"梦视界",向上海、广东、福建地区手机用户提供视听节目直播、点播服务,全国其他地区的移动用户则可通过下载播放方式收看。

2006年,百视通公司的点播库系统是一个以数字化、网络化为基础的节目处理平台,提供了对IPTV各种媒体及内容(视/音频资料、文本文件、图片、图表等)进行管理的总体解决方案,并提供灵活的工作流程管理和调整的模式。该系统以网络为纽带,为全国各地IPTV平台传输所需要的媒体内容,明显提高了IPTV节目的处理、传输、播出效率。

百视通点播库系统是由一个中央片库管理系统和全国各地多个驻地片库管理系统构成的分布式远程媒资系统,每天可完成60小时的节目采集、上载、编辑;120小时节目的编目;96个小时的节目合成、转码;每天完成迁移1 000小时以上8 M节目;每天远程传输720小时节目。

2007年,在P2P网站中,PPS率先推出视频点播服务。

2008年,激动网推出高清付费频道"激动派(pay. joy. cn)",在保持B2B的付费点播分成基础上,又以pay. joy. cn为独立平台直接向用户提供高清无广告影视内容,由此率先开创了国内付费点播市场。

三、互联网电视

互联网电视是以公网为传输网络,以拥有嵌入互联网电视客户端或机顶盒的电视机为接收终端,向用户提供直播、点播、回放及其他互动应用功能的互联网内容服务。互联网电视有别于IPTV,它不受地域限制,在任何有互联网的地方都可以享受互联网电视服务。

在互联网电视模式下,电视台兼有内容服务商职能。广电机构打破地域限制,赢得更大的业务空间。互联网电视同时也打破了行业限制,其内容会开放给更多的合作伙伴,整个服务融合了电信和广电,包括游戏、影视和增值服务等多种行业。

2009年,百视通公司搭建中国第一套互联网电视平台。2010年起先后建成可承载500万用户以上规模的互联网电视集成播控平台、内容服务平台、增值应用平台、电视支付平台。百视通互联网电视平台实现与国内外超过1000万台互联网电视终端对接,业务保持国内最高的活跃度,在中国占据绝对优势的市场份额。百视通与芯片商、电视终端商、软件系统商达成紧密合作,通过自主研发与技术集成,具备研发互联网电视机顶盒的完整技术实力。

2010年3月24日,上海广播电视台获得国家广电总局颁发的中国首批互联网电视牌照。百视通公司获准在全国开展互联网电视集成播控、运营与管理。

百视通引领互联网电视的发展。互联网电视所具备的全国接入、开放合作等特性和新运营模式,使其成为数字电视和IPTV之外的又一大产业创新推动力。

百视通公司建设的互联网电视技术系统包括内容服务和集成播控两大系统。其中,内容服务系统完成内容的生产、审核、发布等内容运营功能;集成播控系统具备内容集成管理、集成播控平台、运营支撑平台、TVDN服务平台、电视机终端中间件TVOS 5个子系统。

百视通互联网电视的TVOS中间件技术,可支持国内外主流的十多款电视机芯片,国内任何品牌的电视机都可以在短期内快速实现互联网电视业务功能。而TVDN内容服务网络技术采用P2P、CDN等多种技术,同时支持电信、联通、教育、有线等接入网络。

为了满足智能电视一体机以及机顶盒业务的发展,百视通加强TVDN流媒体网络建设,在上海设立全国运营中心;在武汉、杭州、西安和成都建设分节点主干机房,扩容满足全国服务的CDN服务节点,主要CDN节点超过30个。用户可以通过相关节点获取稳定高速的服务。公司强化系统智能调度方式,提供不同码率视听服务以匹配差异化用户带宽需要。百视通互联网电视的视觉感受能达到或接近观看DVD画面的效果。

同年5月,上海广播电视台、上海东方传媒集团公司与中国银联签署战略合作协议,百视通与中国银联携手推出我国首个电视支付系统平台,共同打造银行卡电视支付产品和标准,创造"三网融合"趋势下新媒体平台与电子商务、金融支付相结合的电视支付新模式。同年12月,双方在上海共同宣布,成立合资公司运营电视支付、金融增值、银行卡等业务。

通过互联网电视内的支付控件,植入在线支付业务,用户可以用遥控器实现电视消费,如家庭水电煤账单的缴付、电子商务平台的视频购物在线支付、电视超市以及更多电子商务应用等。2011年,互联网电视集成播控平台就电视计费系统进行了建设集成,系统支持完整的端到端的付费业务开展,用户可以通过包括银联支付、手机支付等方式在内的多种付费通道使用电视支付业务。

百视通互联网电视从开展服务到2011年底,经历了基本主流内容的点播服务到综合多业务类型的集成服务阶段。

百视通智能电视商用服务的在线内容超过5万小时,其中包括新闻中心、电影、电视剧、财经、纪实等核心内容,少儿、NBA等特色内容,还推出了首家在线超清服务、首家在线3D视频,在线5.1声道环绕立体声等服务。

互联网电视产业链主要由"集成播控平台运营商""内容服务持牌商""网络运营商""电视一体机厂商"等参与者构成,同时带动上下游和外围产业的发展。

作为上海互联网电视产业链核心,百视通通过合作的方式,逐步建立和完善具有上海特色的互联网产业链。

百视通建立统一的接入能力和接入标准的规范,通过与知名互联网网站在多层面合作,不断提升百视通的内容数量和质量;提供终端用户统一认证、授权和计费能力,电视平台的"视频云"初具雏形。牌照方内容服务平台集成了中央电视台、湖南卫视、电影网等;互联网视听内容合作方有奇艺网、腾讯网、优酷网、土豆网、看看新闻网、我乐网、酷6网等;合作的电视机终端厂商有海尔、海信、康佳、创维、厦华、夏普、三星、AOC等。

2010年8月,百视通与海尔联手首发上市模卡LED电视产品。同年9月17日,上海广播电视台与康佳集团(KONKA)签署战略合作协议,将百视通的互联网电视产品BBTV(上海文广互联网电视统一呼号)搭载进康佳的LED系列智能电视机,标志着互联网电视产业链进入良性发展阶段。

2010年5月,上海广播电视台下属互联网视频企业"看看牛视网络传播有限公司"(以下简称"看看新闻网")成立。看看新闻网是专注打造视频新闻的网站,依靠迅捷的新闻发布、直播重大事件,汇集网络民意,面向多终端打造互联网内容品牌。

同年9月起,看看新闻网启动与东方宽频的业务整合,两大网站形成四大平台:一是以看看新闻网为主体的网络新闻平台;二是以东方宽频为主体的海量视频播放平台;三是面向全球的24小时网络直播平台;四是用户上传、内容管理以及用户信息管理的互动社区平台。此外,技术上的创新和突破,加速媒体融合及形态翻新。3G回传是网络台特有的媒体信号回传方法,记者通过3G网络可将拍摄的外景画面直接传回网台进入播出系统,在互联网上分发。与传统方法相比,3G回传具有高效和便捷的特点;针对网络直播平台大量的直播连线需求开发的网络视频连线系统,使得直播连线更为灵活与便捷,凸显全民参与的网络互动特色;此外,CD节点的合理化布局,以及多码率自适应的播放器设置,也有力支持了大流量的视频直播,保证视频播放的平稳和流畅。

同年9月,看看新闻网上线测试,完成上海世博会"中国国家馆日""胶州路一高层民宅火灾及救援""嫦娥2号登月"等80余次新闻直播,直播逐步常态化,直播形式也渐渐丰富,网络直播回传、3G视频连线都被广泛运用到直播中。此外,得益于网络直播的快速、双向和版面灵活等特点,网络直播较之电视媒体的直播更具时效性和互动性。遇到突发事件,便快速打破原有基础编排,插播重要新闻,并实时滚动更新最新进展,这已成为看看新闻网直播报道的一种常态。至同年底,看看新闻网每天更新的新闻量超过2 000条,其中确保日均350条~400条自制新闻视频的发布量。通过合理分配报道力量、优化流程等方式,做到绝大多数视频新闻第一时间发布。同时,网站还制作推出大量时效性强的新闻专题,通过内容丰富的视频新闻、专题排版,以及直播、留言、投票等各种互动方式,达到良好的传播效果。公测3个月内,看看新闻网Alexa排名上升80万名。

四、互动电视

互动电视是实现观众与电视内容互动的传播媒介。与传统广播电视单向传播相对应的双向互动式数字电视,能提供可点播的具有高度个性化和互动性的精彩节目,用户可以通过电视终端实现个性化的节目点播、回看、录制与定制。

2010年,上海文广互动电视有限公司(以下简称"文广互动")的16个专业化付费频道已覆盖除广西、宁夏之外的29个省(自治区、直辖市)的有线数字电视网络,市场覆盖率达98%以上,其中活跃用户2 836万,超过全国付费电视频道活跃用户的90%以上,全年共实现付费电视频道收入8 000多万元。同时,文广互动先后与上海、北京、江苏、湖北、河南、深圳等省市的40多家有线数字电视网络运营商在视频点播(VOD)业务领域建立合作关系,共同拓展互动电视市场。截至2010年底,文广互动在全国范围内为300多万互动电视用户提供节目内容服务,全年实现互动电视业务收入1000多万元,同比增长率超过100%。

文广互动为满足上海互动电视用户更多个性化需求,携手东方有线网络有限公司对互动业务界面进行全面改版,点播产品由原来8个增加到16大类,在线内容丰富,更新效率提升,新界面时尚美观,操作便捷,为上海观众带来更快捷、更丰富的收视体验。

文广互动在多年积累以电视平台为主经营游戏产业的基础上,创建跨平台联合运营网络游戏的商业模式,推出11款游戏,同时开播国内首个游戏专业新闻资讯节目《每日游报》,并在2010年中国游戏展会上创下最长直播纪录。2010年9月11日,文广互动游戏风云频道联手韩国Ongamenet频道在上海东方明珠塔广场举办世界级游戏大赛OSL。在2010年中国金翎奖评选中,游戏风云频道被评为"最佳游戏动漫视频媒体"。

图6-2-5 上海文广互动电视公司的全国数字付费频道"游戏风云"
创建了跨平台联合运营网络游戏的商业模式

同年,文广互动作为上海世博会合作媒体,在互动电视平台上推出"世博专区",全面呈现世博会盛景,还专门成立"世博3D拍摄小组",173天驻守园区,全程记录各国家馆日活动和大型演出等盛况。

此外,文广互动倾力打造专业的法治频道,将每晚15分钟的《法治播报》扩版为30分钟的《法治新闻》,还与中共上海市政法委、市法学会建立上海法治天地频道和"政法综治网"法学家顾问团,使法治天地频道成为上海政法系统政务、警务和法务的权威信息传播窗口。

第四节 公共视听载体

公共视听载体通过广播电视网、互联网及其他信息网络在车载、楼宇、机场、车站、商场、银行、医院及户外等公共载体电子屏幕上播放视听节目。上海公共视听载体类的龙头企业主要有上海分众传媒控股有限公司(以下简称"分众传媒")、上海郁金香广告传媒有限公司(以下简称"郁金香传媒")、上海魅惑广告有限公司(以下简称"触动传媒")和上海东方明珠移动电视有限公司(以下简称"东方明珠移动电视")。

一、细分市场

上海公共视听载体市场根据公共场所地点和目标人群的不同,主要分为室内固定场所、公共交通、户外大屏幕三大类细分市场。

室内固定场所类包含终端分布在政府机关、商务楼、酒店、银行、医院、卖场、电影院等室内场所的公共视屏,主要由民营企业运营,其代表性企业为分众传媒。

公共交通类包含公交移动电视、地铁移动电视、列车移动电视、出租车移动电视和飞机(机场)电视5种形态。其中公交移动电视和地铁移动电视由广电机构和民营企业合作运营;其他3种形态主要由民营企业运营。公交移动电视代表企业为东方明珠移动电视、CCTV移动传媒(原巴士在线)等;地铁移动电视代表企业为华视传媒、北广地铁电视、德高等;列车移动电视代表企业为鼎诚传媒;出租车移动电视代表企业为触动传媒;飞机、机场电视代表企业为航美传媒。

户外大屏幕类是通过户外公共场所的大型电子屏幕发布信息的视听节目服务形态。市场上既有国有企业也有民营企业,国有企业代表有中央媒体下辖公司,民营企业代表有郁金香传媒。

二、发展历程

2003年元旦,东方明珠移动电视公司在上海4 000辆公交车上推出"数字移动电视",成为中国内地第一个公交移动电视运营商。同年5月,分众传媒将一种呈现广告的LED显示屏带入众多的办公楼宇。仅1个月后,国际著名投资机构SOFT BANK和UCI维众投资宣布对分众传媒注资,推动分众在中国商务楼宇联播网的建设与运营。同年,专营出租车内公共视听载体的触动传媒在上海成立。

2004年,分众传媒在传统主流媒体基础上,利用数字电视技术,推出户外全新媒体,成为国内开发的第一个分众数字电视平台。上海文广科技发展有限公司与上海城市交通信息中心合作,首先在上海建立1条～2条公交信息化示范应用线,推广出租车车载电视运用最新IP打包技术,整合GPS调度系统,及时传递新闻资讯、天气预报、交通信息、车辆调度情况。

2005年,东方明珠移动电视公司组建的国内首家数字电视楼宇视频信息播出平台"上海公共视频信息平台"于7月8日开通。在全市商务楼宇、行政楼宇、标志性文化建筑、标志性旅游景点、高校以及连锁网点布设终端,为广大受众提供及时的国内外新闻资讯、政府信息以及各类重大或突发事件信息等。自此,上海市民出门在外,不仅能接受更多的市场信息,也能方便地获取城市公共信息。一张智慧城市网络的雏形在上海逐步形成。

2005年7月13日,分众传媒在美国纳斯达克成功上市,融资额1.717亿美元。此后,分众传媒大力扩展,同年10月,以1亿美元收购框架媒介的100%股权。

同年,成立于1998年的上海郁金香传媒首次在上海东方商厦竖起一面301平方米的户外巨型LED大屏幕,拉开了上海户外LED市场的序幕。

同年底,东方明珠移动电视累计视频终端数达到 16 220 个,日均受众群体高达 1 200 万人次。

2006 年 1 月,分众传媒以 3.25 亿美元合并中国第二大楼宇视频媒体运营商——聚众传媒,以 75 个城市覆盖度、约 98% 的市场份额进一步巩固了在该领域的主导地位。同年 3 月底,公司在分众、聚众两个品牌原有的楼宇联播平台基础上将该网络划分为更加精细分众化的几个频道,包括中国商务楼宇联播网、中国领袖人士联播网、中国商旅人士联播网、中国时尚人士联播网等。

同年 6 月,由解放日报报业集团和分众传媒联合投资的直效传播平台"解放分众直效"开始运营。

2007 年 3 月 1 日,分众传媒宣布并购中国最大的互联网广告或互动营销服务提供商好耶广告网络,全面进军网络广告营销市场。同年 12 月 10 日,分众传媒以 1.684 亿美元现金并购卖场数字广告网络运营商玺诚传媒。分众传媒一系列的并购活动,不仅使其完成多元化广告模式,也巩固了其在公共视听媒体领域的领先地位。

2008 年 10 月,为进一步提升新媒体业务的聚合效应和渠道价值,东方明珠移动电视着手整合公交车电视、楼宇电视等平台,开始实现集约化经营。

2010 年,经过上海世博会这一盛大项目的推动,公共视听载体市场竞争格局基本稳定,各家企业在各自领域内开始精耕细作,提高各自的媒体价值。上海公共视听媒体产业进入成熟期。

据全球第五大市场调研公司普索(Ipsos marketing consulting)公司对分众传媒 2011 年进行的独立调查显示,分众商业楼宇 LCD 屏幕总数为 185 249 块,包括楼宇电视屏 121 410 块,楼宇 2.0 数码海报 33 287 块和楼宇 1.0 平面海报 30 542 块;框架网络传媒总数为 436 444 个,包括 2.0 数码海报 34 847 个和框架传统海报 401 597 个。根据分众传媒 2010 年财报显示,当年净营业总收入为 5.16 亿美元。

上海东方明珠移动电视采用数字单频网传输技术,通过无线数字信号发射、地面接收的方式将电视节目传输至各个收视终端,在公交车辆、楼宇(银行系统、卫生系统、学生公寓、旅游景点及行政楼宇)、水上巴士以及轨道交通等拥有共 32 000 个收视终端,辐射上海 19 个商圈,100% 覆盖上海中心城区,形成影响力很广的户外数字移动电视信息平台,节目每天传至约 1 500 万市民。

三、运营形式

公共视听载体播放的内容以广告类为主,兼及一些新闻类、综艺类、公益类等节目。只有文广系统企业参与的公共视听载体才有除广告外部分节目内容的播放权。

公共视听载体行业按运营形式分为三大类:一是节目+广告独立运营形式,二是广告代理运营形式,三是纯广告运营形式。

节目+广告独立运营形式——公共视听载体独立经营媒体资源,终端播出内容采用节目与广告相结合的方式,在各段节目中间插播商业广告。节目内容主要来自中央电视台和各地的电视节目制作机构。特定地点节目内容有所不同,如终端在医院及药店内,节目内容以医药为主;终端在银行营业厅,节目内容以理财、娱乐为主等。采用这种形式的代表企业是东方明珠移动电视、巴士在线、航美传媒等。

广告代理运营形式——公共视听载体采用合作、代理方式经营媒体资源,终端播出内容也是采用节目与广告相结合的方式,在各段节目中间插播商业广告,节目内容由相关的广电机构运营。这类企业媒体类型以公共交通工具和部分户外大屏幕为主。代表企业是世通华纳、华视传媒等。

　　纯广告运营形式——公共视听载体采用与资源所有方签订一次性长期合同并独立经营的方式,终端播出内容全部为商业广告。这类企业媒体类型以各种室内固定场所和部分户外大屏幕为主。代表企业为分众传媒、触动传媒、郁金香传媒等。

第三章　产　业　链

网络视听新媒体基础产业链主要包括内容制作、版权运营、集成播控平台建设、视频网站运营和第三方服务商 5 个基本环节。由于涉及对各类新技术的应用和对网络基础设施的利用,以及各利益主体拥有不同的价值诉求,网络视听新媒体产业链比传统媒体面临更多的复杂性。传媒集团百视通公司在产业链打造上多方出击,实现上下游全面融合;土豆网、聚力传媒也在产业链延伸上取得一定成效。

第一节　内　容　制　作　商

内容制作商是具有音视频节目内容独立制作能力和资质的机构与个人,包括广播电视台、影视公司等传统媒体以及专业自制视频节目的机构与个体。

内容制作商也可称为内容提供商,统称为内容服务商,其业务重点是规划节目内容的创意、结构、组成和细节等,通过各种资源的重组努力创造新的节目内容,最终将内容通过各种发布渠道发送给用户。

内容制作商处于网络视听产业链的上游,掌握着网络视听产业的内容源。2005—2010 年,在内容制作商的构成中,广电系统的国有内容制作商占据主流位置,中央电视台、传媒集团/上海广播电视台以及各地电视台等成为网络视听运营商内容合作的首选。

上海新媒体机构中,百视通公司具备内容服务的综合能力。

一、百视通 IPTV 内容服务

IPTV 是交互式网络电视的简称,它以电信宽带专网为传输通道,以电视机为终端,集互联网、多媒体、通讯等多种技术于一体,向家庭用户提供包括电视内容在内的多种交互式服务。用户在家中可通过"网络机顶盒＋普通电视机"享受个性化、交互化、可定制的 TV 视听服务和增值信息、应用服务。

自 2005 年起,百视通公司的 IPTV 提供 130 个基础视听直播频道,还有传媒集团 14 个付费频道。

基础视听业务包括:直播部分——提供涵盖中央电视台、传媒集团/上海广播电视台、全国各地卫视等频道节目。点播部分——海量视听节目数据库,拥有电视剧、电影、新闻、娱乐、体育、少儿、纪实等各类节目,总存量 20 000 小时,即点即播。回看部分——48 小时内播出过的部分直播频道节目具有随时暂停、任意回放功能。

此外,IPTV 还以"实时互动"为核心,提供信息服务、休闲娱乐、电子商务等增值业务。推出游戏、卡拉 OK、信息、商城、社区、教育、健康、杂志、旅游出行等各具特色的互动服务专区,实现电视支付、通信、投票等个性化功能。

二、探索 IPTV 新模式

自 2006 年开始,百视通探索 IPTV 新模式,实施跨行业合作,具体内容包括付费电视市场的培养、用户付费新业务的探索和广告模式的创新等。

作为当时中国最大的两个 IPTV 商业运营城市上海和哈尔滨,自 2006 年 10 月起,有超过 10 万的用户通过遥控器进入《舞林大会》专区,收看多达近百集的《舞林大会》系列节目幕后花絮、明星影视作品。同年 11 月,百视通借助东方卫视热播节目《舞林大会》,为哈尔滨和上海的 IPTV 用户开通遥控器投票服务,并可用遥控器一次为选手投上 50 票。由于这一投票方式比发送手机短信更为便捷,在《舞林大会》进入第 4 期时达到一个高潮,两地 IPTV 用户的投票总数超过 0.5 万票,而同期短信的投票数量尚不过 4 万票,在两者的背后是 10 万 IPTV 用户和 2 000 万普通电视用户的差异,IPTV 的投票参与度显然更高。

同年,传媒集团推出《我行我秀》《加油!好男儿》等节目,百视通均借助集团下属各新媒体资源,与 IPTV 用户进行整体互动。观众首次在节目中用遥控器投票,感到很方便。

之后,百视通还开发比电视投票更进一步的关联电视,结合不同影视内容在屏幕植入关联信息或关联广告,通过互动收集用户偏好信息,成效良好。

三、参与大型赛事和文化活动

百视通作为中国 IPTV 业务模式的开拓者和创立者,积极参与中国历年多项重大事件与活动的全程直播、转播,助力大型赛事与文化活动。

2008 年 8 月,百视通 IPTV 全程转播北京奥运会。

2010 年 3 月,百视通与中国网络电视台联合发起两大原创互动活动:《世博寻宝计划》(全民视频大赛)和《筑梦上海滩》(演播室大型访谈节目)。《世博寻宝计划》是在上海世博会事务协调局指导下,号召来自全球的参赛者用 DV 拍摄和记录中国 2010 上海世博会,用镜头寻找上海世博会的"世博之宝"。大赛成功征集到 5 000 多部来自社会各界的世博视频作品,成为上海世博会留给国人的珍贵记忆。上海世博会期间,《筑梦上海滩》成功邀请到包括法国前总理拉法兰、英国前首相布莱尔、国际展览局秘书长洛塞泰斯等名人担任大赛荣誉主席,他们做客世博园 IBC 新媒体演播室,畅谈上海世博会理念和未来城市生活。

同年 4 月,由百视通与中国网络电视台联合打造的"世博台"改版上线。此次中国网络电视台与上海文广集团进行独家战略合作,旨在共同打造权威、独到、全面的世博会新媒体视频报道,通过网络电视、手机电视、IPTV 和移动传媒等多终端媒体平台,向广大网民提供及时、生动、丰富的世博资讯与网上互动内容。

四、"三屏融合"业务合作

2009 年,中国 3G 服务在各地逐步启动,有利于 IPTV 推广,为其发展带来新机遇。同年 5 月 13 日,百视通在上海召开新闻发布会,宣布与美国职业篮球协会(NBA)中国公司和华谊兄弟联手,合作启动电视、手机、电脑"三屏融合"业务,为全国的新媒体用户全力打造缤纷多彩的节目,提供更便捷的观看平台。这正是 3G 时代中 IPTV 服务发展的新机遇。

高清电视堪称自彩色电视之后电视发展史上又一次重大变革。同年 9 月起,全国 9 个高清频道开播。同年 10 月,百视通与 NBA 启动战略合作业务,百视通获得此后 4 年的 NBA 季前赛、常规赛、季后赛及总决赛等多项赛事的播出版权。百视通启动全高清三屏 NBA"联盟通行证",为 IPTV 用户提供每天 14 场的高清 NBA 赛事直播,这也是中国电视行业能够在北美以外地区首次做到 NBA 全赛事的全高清转播。

百视通在数字电视领域始终致力于发展"三屏融合"的播出形式。百视通与 NBA 达成战略合作后,用户不仅能在 IPTV 电视屏幕上收看到 NBA 赛事,还能在手机等屏幕上收看到赛事节目,几个收视终端之间可通过发挥各自的优势形成互为补充的作用,为广大观众提供更多选择,提供更多精彩的视听新体验。

五、"家庭电视银行"

2010 年 5 月 29 日,上海广播电视台、东方传媒集团公司与中国银联在上海签署战略合作协议,宣布共同构建基于数字电视、IP 电视、手机电视、互联网电视和电视购物平台的电子商务在线支付统一平台,共同推动"三屏融合"背景下的银行卡电视支付业务的研发、运营及推广。这标志着上海在"三屏融合"技术上又有新进展,在传统的"看电视"向"用电视"的转变中走在全国前列。

此举意味着一种全新的"家庭电视银行"模式浮出水面。此类银行卡电视支付服务推出后,消费者可以借助电视终端,足不出户轻松完成付费点播、电视购物、公用事业费缴纳、信用卡还款、票务预订等日常生活中的支付手续。还可享受互联网支付和 IC 卡支付两种服务模式,其适用的电视终端覆盖互联网电视、IPTV 等多种平台。

六、上传节目服务

2010 年 9 月,百视通宣布与国产平板电视巨头康佳集团联手,推出全新的互联网电视业务与智能电视,让用户享受更多娱乐性、互动性服务。

借助百视通 BBTV 新终端,用户在享受涵盖电影、电视剧、财经、达人秀等 20 多个不同板块电视资源的基础上,还可以自主创作视频进行上传,就像在社交网站上传、分享资源一样,只要通过后台审核,平台其他用户都可以欣赏到"我"发布的内容。

一个全国性的互联网电视内容集成播控平台在上海建立起来。全国各地的广播电视机构和获准的内容服务商,都可以通过平台接入的方式将内容输送至百视通 BBTV 平台,通过专区、专题等方式,为用户提供多样化的选择机会。平台一期可支持 500 万个用户观看互联网电视。

第二节　版权运营商

版权运营是通过授权的方式,允许第三方在支付一定费用的前提下使用版权。版权运营商是从事版权运营行为的主体。

上海激动是较早开展版权运营业务的代表性公司,激动网既采购版权自用,同时也作为版权贸易商进行版权分销。

2006年8月1日,上海激动与中国移动进行版权合作,并在山西省进行试点,取得成功。

2007年12月1日,上海激动全面进军互联网内容版权交易领域,引发了影视内容的互联网发行价格快速上涨。

2008年6月1日,上海激动VOD事业部成立广电合作部,全面进军数字电视领域,并与上海文广互动电视有限公司建立了内容版权合作。同年7月1日,上海激动与众多知名的视频网站聚力传媒(PPlive)、众源网络(PPSTREAM),网络下载服务提供商迅雷,著名中文搜索服务提供商百度等建立了内容版权全面合作关系。

百视通公司加强版权采购,与版权商达成合作,包括独家和非独家两种方式。百视通在与各优质版权商进行合作时,结合品牌、内容等多方面因素,不断创新版权合作方式,主要包括战略合作、专区合作、联动合作、源头参投、以投代购等形式。百视通与几百家优质版权方均建立了长期良好的合作关系,既包括国内影视业的龙头企业华谊兄弟、光线传媒、中影集团、上影集团、海润影业、慈文影业、华策影视、新丽传媒,国内著名的动漫公司奥飞、卡通先生、深圳华强等,也包括海外优质的版权生产商环球、索尼、派拉蒙、迪士尼等好莱坞Studio,BBC、Discovery、国家地理、历史频道等著名的纪录片生产商,NBA、英超等体育赛事版权商。

第三节　内容集成播控运营商

集成播控平台是在新媒体产业大发展的环境下,由广播电视机构负责控制和管理内容播出的平台,其功能包括内容统一集成和播出控制、版权管理、计费、用户管理等。IPTV集成播控平台是由各IPTV内容服务平台提供节目源,由电信企业架构的虚拟专网提供节目信号,再将节目信号传输到IPTV集成播控平台管控的用户机顶盒。

根据2010年国务院《推进三网融合的总体方案》和《三网融合试点方案》,参照国家广电总局的要求,百视通在与电信运营商共同开展IPTV业务的基础上,经过多年运营,完成新媒体IPTV集成播控平台建设。平台包括IPTV和互联网电视的内容管理、电子节目单导航、用户管理、计费以及数字版权管理系统等。

一、IPTV的初期运作

2005年3月,传媒集团获得国家广电总局颁发的国内第一张IPTV集成运营牌照,并获准将"BesTV百视通"作为IPTV业务呼号。同年,传媒集团投资组建两家公司分别负责BesTV百视通业务的市场推广和运营。同年,根据国家广电总局公布的消息,传媒集团获准开办以电视机、手持设备为接收终端的视听节目传播业务,其业务类别包括自办播放和节目集成运营两大块。传媒集团既可以在新的网络(IP)电视平台上播放自办的广播电视频道和视频点播节目,又可以将其他机构所播放的节目频道和点播节目依法集成到自己的播出平台,再向用户提供播放服务。

同年,传媒集团与中国网通(集团)公司哈尔滨市分公司启动IPTV业务合作,通过共享优质资源实现优势互补。传媒集团作为内容运营商负责运营牌照、内容集成、运营平台、机顶盒设备,协调和驻地广电、工商、公安等关系问题;哈尔滨网通负责网络的建设和维护、收费渠道、用户的管理。双方共同开发新业务、市场营销和拓展。同年5月,黑龙江省哈尔滨IPTV业务全市商用开播,传媒集团与中国网通成功开创我国"IPTV试验田"。

同年,传媒集团分别与中国电信、中国网通签署 IPTV 战略合作协议,并与其公司下属多个省市网络运营商签署 IPTV 业务合作协议,按照国家广电总局的部署开展更大范围 IPTV 业务试点和技术试验。

同年 9 月,"上海 IPTV 闸北示范区项目"启动,这是当时国内最大的 IPTV 商用项目。该项目是在不需要重新布线的情况下,将原有普通电话线提速至电脑上网的 2 Mbps 和互动电视的 4 Mbps,改造后的电话线是一个以网络为融合核心,把家庭的电视、电信、互联网导向距离 1 公里左右的模拟电话局,这样构建的互动电视平台实现了真正的"三网融合"。项目开启期间,实验区内付费家庭用户超过 300 户。

同年第四季度,传媒集团在闵行区、浦东新区、闸北区大宁路街道社区进行的 IPTV 样板试验进入实施阶段,中国 IPTV 商业运营的大门正式敞开。由此,IPTV 这一脱胎于通信行业的崭新技术与中国广电事业建立起"血缘亲情"。

二、日渐成熟的"上海模式"

上海地区 IPTV 的发展使得"IPTV"和"上海"这个标志紧紧联系在一起。传媒集团与电信网络运营商合作经营 IPTV 业务对全国 IPTV 的发展具有示范作用。

2006 年 2 月,中共中央政治局常委李长春在中宣部副部长、国家广电总局局长王太华,上海市市长韩正等陪同下视察上海 IPTV 业务,对上海 IPTV"三网融合"业务给予肯定。李长春称 IPTV 是数字电视的"上海模式"。

同年 4 月,国务院法制办领导调研上海 IPTV 业务,探索将 IPTV"上海模式"作为国内"三网融合"立法依据之一。

同年 7 月,中国电信(集团)公司总经理王晓初访问传媒集团,肯定双方创立的 IPTV"上海模式",表示中国电信要遵循 IPTV 的监管政策,推进各省市电信与传媒集团按照"上海模式"展开业务合作。

此后,中国网通(集团)公司也接受了 IPTV"上海模式"。双方合作中,传媒集团主要负责内容集成、管理、播控、用户终端等环节;运营商主要负责 IPTV 内容的传输,包括 EPG 流媒体缓存、内容流媒体缓存与分发、IPTV 认证代理、用户计费、收费等。合作经营使得"上海模式"广泛展开,福建、浙江、陕西、黑龙江、辽宁等省市电信运营商均按照这一模式推进 IPTV 业务试点。

同年 9 月,传媒集团和上海市电信公司联合推出 IPTV 业务,同时在上海范围内全面放号。只要家中接通上海电信的宽带都可以申办 IPTV。至此,上海实现全市 IPTV 业务商用开播,建成全国最大的 H. 264 IPTV 商用系统,标志着 IPTV 业务终于迈出商用步伐。

同年 11 月,百视通参与中国网通 AVS - IPTV 辽宁试验开播,并开发实现遥控器投票创新业务,结合不同影视内容在屏幕植入关联信息或关联广告,通过互动收集用户偏好信息。

2007 年 5 月 17 日,中共上海市委书记习近平到传媒集团视察,期间视察百视通的 IPTV 业务,肯定传媒集团 IPTV 等新媒体探索。同月,百视通开发的体育赛事多机位直播、转播获得用户青睐,相关点击率达到 100%。6 月,国务委员陈至立到传媒集团视察,期间视察百视通的 IPTV 业务,肯定 IPTV"三网融合"技术模式。同年 12 月,中共中央政治局委员、上海市委书记俞正声到传媒集团视察,期间视察百视通的 IPTV 业务,鼓励扩大 IPTV 市场发展规模。

截至 2007 年底,百视通累计发展上海 IPTV 用户 22 万户,数量位居全国第一,百视通 IPTV 全国用户数突破 70 万。

三、深耕与发展

2008年4月,百视通和中国电信上海研究院联手打造 IPTV2.0 标准,为 IPTV 后续发展打开空间。随后,中国电信开启 IPTV2.0 标准的测试和制定工作,于同年第四季度在各地开展对平台的 2.0 系统升级。IPTV2.0 标准的出台和实施,解决了系统平台间的互联互通问题,使产业逐步走向标准和开放。

同年12月,全国的 IPTV 用户总数从 120 万发展到 260 万,而百视通 IPTV 的全国用户突破150 万。

2009年10月,上海东方传媒集团有限公司(以下简称"传媒集团公司")对下属从事 IPTV 的百视通、关注网络视频的东方宽频以及运营手机电视的东方龙三家子公司进行战略重组,形成百视通新媒体公司。此举为百视通未来发展的"三屏战略"提供了全方位的资源和支持。通过在 IPTV 上的多年投入和运营,百视通新媒体拥有 IPTV 用户近 280 万户,成为全球 IPTV 用户最多的运营商。

同年年底,上海 IPTV 用户突破 100 万,成为全球 IPTV 用户数最多的城市,带动新一轮 IPTV的发展提速。上海作为中国 IPTV 的一杆旗帜,在百万用户规模基础上进行业务探索,也促进了其他一些地区 IPTV 的成长。

2010年1月,百视通与法国电信 Orange 在上海宣布签署"三屏融合"战略合作,双方合作主要围绕"三屏融合"技术,还包括在"下一代网络电视"技术领域展开更深层次技术应用合作。"下一代网络电视"致力于互联网、人际网和电视内容的有机结合,将传统电视媒体制作的内容与互联网新媒体技术、社区型人际传播相结合,这不仅是二次增值,还有利于优化用户体验,形成高互动的电视

图6-3-1　2010年1月15日,上海广播电视台百视通公司(BesTV)与法国电信运营商
Orange 公司在上海举行战略合作签约仪式暨三屏融合世博传播新闻发布会

门户。百视通与法国电信 Orange 分别作为亚洲和欧洲地区最大的 IP 电视运营商,致力于合作推进 IP 电视全球行业标准的制定。

作为战略合作的一部分,法国电信 Orange 用"三屏融合"技术播出中国 2010 年上海世博会盛况。百视通作为上海世博会的新媒体合作伙伴,把上海世博会的精彩内容提供给法国电信 Orange。百视通通过统一的内容集成与服务平台,利用最新的互动电视技术,首次在全球范围内向电视机、手机、计算机三大终端新媒体融合渠道制作、传播上海世博会盛况。百视通与法国电信 Orange 携手,向用户提供更多上海世博会新技术模式和新节目形态。全球新媒体用户借助三个媒体终端,实现了随时随地尽享个性化、多样化、全方位世博资讯和精彩视听内容,并能参与体验世博游戏、3D 模拟互动游园。

同年 5 月,上海广播电视台、上海东方传媒集团公司与中国银联在上海签署战略合作协议,宣布共同构建基于数字电视、IP 电视、手机电视、互联网电视和电视购物平台的电子商务在线支付统一平台。同年 12 月,传媒集团公司、银联商务有限公司和中银通支付商务有限公司在上海签署合作协议,共同打造银行卡电视支付产品和标准,创造"三屏融合"趋势下新媒体平台与电子商务、金融支付相结合的电视支付新模式。作为首创国内电视支付平台,智能电视支付系统是继此前中国银联与传媒集团公司签订战略合作协议后,产业各方在国内电视支付领域合作的首个成果,主要提供金融支付、银行卡和金融增值三大服务。平台推出后,用户通过电视终端即可进行付费点播、电视购物等业务的在线支付。该平台不仅涉及金融便民支付,如水电煤缴费,火车票、飞机票购票以及银行卡业务,而且还支持互联网支付和 IC 卡支付两种模式,适用的终端涵盖了互联网电视、IPTV、手机电视等多种智能电视平台。

同年 7 月,上海广播电视台获得国家广电总局颁发的互联网电视和 3G 手机电视牌照。此前,已获得互联网电视和 3G 手机电视的集成播控牌照,而这次凭借互联网电视操作平台、节目分发平台和手机视频自适配系统等,不仅获得国家广电总局专家小组的一致好评,并且获得内容服务的资质。由此,上海广播电视台拿到"集成播控+内容服务"的全国性完整牌照。这标志着上海广播电视台新媒体业务进入新的发展阶段。自此,上海广播电视台实现国内地方广电业界最完整、最齐全的新媒体产业布局。

同年 9 月 18 日,百视通在获得互联网电视内容集成双牌照后,对外公布了其互联网电视产品 BBTV,并宣布与康佳合作,推出搭载 BBTV 的互联网电视机。国内主流的电视机厂商都已全面转型生产,借助一根网线,互联网电视就可以实现影视内容点播等互动业务,通过内容增值服务获得更高利润。

根据传媒集团同康佳公司的合作协议,百视通公司对康佳网锐智能电视内容平台进行全新升级,实现康佳已销售的智能电视原有用户平台迁移。同时双方携手打造新产品、新终端,使新老用户体验更丰富、更多样化的内容服务。

互联网电视集成播控平台和 3G 手机电视播控平台都是依据国务院和国家广电总局对于"三网融合"的要求,对内容播出的管控和用户、计费等进行管理,确保核心平台系统的可管可控。

针对互联网电视集成播控平台和 3G 手机电视集成播控平台建设的要求,百视通从 2010 年 2 月起启动立项,5 月份完成集成播控平台建设,6 月份通过国家广电总局验收测试,7 月底获得国家广电总局同意批复,获准开展互联网电视业务、3G 手机电视业务。

百视通互联网电视集成播控平台对互联网电视机客户端实现了绑定,按照安全、可靠、可管、可控的要求,能够对互联网电视的节目源和客户端进行有效管理;平台建有用户管理认证系统、EPG

管理系统和计费系统,能对各级菜单进行设计、修改,具有播出控制功能;平台具备为多家节目服务平台提供内容接入、内容分发的能力,可以提供多种技术支持方式和业务运营模式。互联网电视集成播控平台在互联网上建立了全国性的互联网电视节目信号传输分发网络,可以为用户提供互联网电视服务。互联网电视节目服务平台可有效与集成平台对接,具有较为完善的 EPG 编辑管理系统,能够实现节目内容上下线等功能。百视通互联网电视集成播控平台可以支持 500 万以上的用户规模。

百视通的 3G 手机电视集成播控平台具有独立的手机电视门户页面和独立呼号,能够对手机电视的节目单进行设计、修改,具有点播节目和直播节目的实时上下线功能,可以对平台播出节目实施有效的播出控制管理;平台建立了用户管理系统,能够实现对最终订户手机电视业务的实时开通、关断;平台还建立了节目审查制度和安全播出事故应急处理机制。3G 手机电视集成播控平台具备接入多家内容服务平台的支撑能力,已建立后台节目管理系统、版权保护系统、运营数据查询系统,及相应的业务运行机制。百视通的 3G 手机电视集成播控平台与中国联通和中国移动进行了业务对接,平台累计用户达到 100 多万户。

同年 10 月,百视通《面向三网融合的视频内容集成分发系统关键技术研究与应用》入选上海市科委 2011 年科委科技攻关项目,总投资 214 万元,获得政府无偿资助金额 100 万元。这是百视通的第一个获得政府资助类项目。项目主要研究面向"三网融合"的视频内容分发系统,目标是要建立"三网融合"背景下的面向多终端(如 IPTV 机顶盒、互联网电视、移动终端手机和 PAD 等)、多码率(标清和高清)、多格式(H. 264、MPEG - 4、AVS)的内容生产、引进、分发和发布管理综合管理平台。

第四节 视频网站运营商

视频网站运营商是在线视频网站的运营主体。

主流的网络视频产品经营模式有两种:视频分享经营和自主经营。两种经营模式各有优缺点。分享经营的节目来源丰富,受众参与度高,容易产生认同感,运营商只需提供管理框架,成本低,但是内容的重复度高。自主经营对节目和频道的管理具有更强的目标性和专业性,受众消费相对容易,沟通便利,受众在节目提供和管理上的参与度相对较低。

网络视频产业价值链的运营模式通常是,受众、传统媒体和内容制作机构等共同提供网络视频的内容,网络服务供应商提供信息传输的渠道,网络视频运营商提供信息发布的平台,技术服务商提供必要的技术支持,最终抵达视频受众。在这个过程中,受众在某种程度上既是内容提供者,又是内容消费者,网络视频运营商的编辑部门负责搜集和管理信息内容,兼具传统媒体编辑部门的部分功能,通过在线点播或下载的方式获取销售收入,通过播放广告获取广告收入,以实现该产业环节上的经济价值补偿。代表性企业为土豆网、聚力传媒。

网络视频赢利模式主要有四种:一是出售内容。有些网络视频通过在线点播或下载等方式出售内容并获得利润。但是,免费播放和下载必然是网络视频经营的主要方式,从而决定了网络视频的赢利模式依然主要依赖于广告收入进行价值补偿。二是广告经营。网络广告是网络视频最主要的、使用最广泛的赢利模式。网络广告的形式多样,其中,缓冲广告和贴片广告最为主要,它为网络电视运营商带来了巨大的收益。三是活动营销。利用自身的品牌影响力及网络媒体的互动特点搞活动营销是网络视频的另一种赢利模式。土豆网、聚力传媒(PPLive)等都先后开展了活动营销。

四是增值互动。这是网络视频一种新的赢利模式,包括网友评论、网友投票、短信互动、虚拟物品及虚拟货币销售等都是增值互动的内容。聚力传媒联合凤凰制作团队共同为 P2P 网络电视专门打造首部网络互动剧《YEAH》,把网友的积极性充分调动起来,取得了增加点击量、推广媒体品牌的增值效果。

第五节 第三方服务商

网络视听新媒体产业链的第三方服务商主要是数据服务商、广告服务商。

一、数据服务商

成立于 2002 年的艾瑞咨询,是专注于网络媒体、电子商务、网络游戏、无线增值等新经济领域、并为客户提供数据产品服务和研究咨询服务的专业机构。2010 年,艾瑞咨询为超过 500 家网络新媒体、150 家代理公司及 50 家广告主提供专业精准的数据支持、研究咨询和定制化解决方案。同年成立的梅花网为企业市场营销(广告、公关和市场研究)部门提供各类信息情报服务,其主要产品包括跨媒体的广告监测数据库、新闻监测平台等。

上海冠勇信息科技有限公司成立于 2011 年,是一家数据驱动的版权贸易与保护平台。冠勇科技依托云计算、大数据、人工智能等核心技术,打造全球领先的 FB 版权大数据平台,为价值超过千亿的影视、音乐、体育等节目版权提供版权监测、登记及维权等一站式版权保护服务,推动健康的内容生态环境建设。FB 版权大数据平台采用海量音视图文指纹特征提取与匹配核心技术、互联网内容搜索技术并结合云计算技术、分布式存储技术及大数据挖掘技术,可实现全作品、全平台、全时段网络版权监测。

二、广告服务商

网络广告服务是为广告主(企业)提供在互联网上设置广告横幅、文本链接、BBS、微博、博客等网络特有的广告服务的形式。

2007 年 3 月 1 日,分众传媒购并中国最大的互联网广告及互动营销服务提供商好耶广告网络,全面进军网络广告营销市场。同年 7 月 1 日,土豆网广告系统正式上线,启动销售运营。同年 12 月 10 日,分众传媒以 1.684 亿美元现金并购卖场数字广告网络运营商玺诚传媒。

第四章 商业模式

与传统媒体相似,广告经营是网络视听新媒体企业的主要收入来源。同时,版权分销稳步增长,自制内容渐成气候,用户付费型的节目点播取得进展,增值服务满足用户的个性化需求,终端设备的销售与更新完善用户的使用体验,均从不同侧面形成网络视听新媒体产业的商业模式。截至2011年,上海网络视听新媒体整体产业规模近30亿元,占据全国互联网视听产业70%的份额。重点企业产值在2010年基础上实现翻番。

第一节 广 告 盈 利

上海网络视听新媒体广告盈利的典型是分众传媒。2007年11月20日,分众传媒发布截至当年9月30日的第三季度财报。报告显示,2007年第三季度分众传媒总营收12.3亿元,较2006年同期增长128.9%。这是分众传媒自2005年7月13日上市后,连续10个季度保持同比100%的增幅。分众传媒市值已超过70亿美元(约合542亿元人民币)。分众传媒财报同时显示,2007年第三季度,以楼宇电视、卖场电视、电梯框架为代表的数字化户外板块总营收达到7.8亿元,同比增长54.5%。

分众传媒2007年前三季度在整个传统户外广告增长率下降的同时,数字化户外板块保持高速成长。专家认为,其主要原因在于楼宇电视覆盖率日益上升。相关市场与媒介研究机构针对18岁～45岁的人群调查显示,在19个主要城市个人年收入4万元以上的阶层中,楼宇电视单一频道到达率已跃居首位,而电视广告价格的持续上升及户外广告整治拆迁也客观上使楼宇广告的价值日益凸显。

作为数字化媒体平台的重要组成部分,分众网络广告在2007年第三季度仍然保持强劲的增长势头,根据财报数据显示,分众传媒互联网板块第三季度营收3.4亿元,比上季增长64.8%。

分众传媒通过一系列并购,抓住了互联网广告的发展趋势:一是精准定位式的广告,二是广告向视频化方向发展,三是网络游戏中的植入式广告。2010年一季度财务报告显示,分众传媒税前总营收9.258亿元,同比增长近30%。

分众传媒对一线城市的楼宇视频网络展开全线高清化升级,同时优化二线城市媒体点位,并加强在三四线城市的网络覆盖。从业务构成看,分众传媒的主营业务在一线城市的刊挂率为80%～90%,而在三四线城市的渠道下沉,形成新的业绩支撑点。

分众传媒另一主营业务公寓电梯联播网——框架传媒的市场集中度不断加强,AC尼尔森、央视市场研究(CTR)的调研数据显示,框架传媒在北京、上海、广州、深圳等城市的市场占有率均超过70%。在优质楼宇中,框架传媒的市场占有率超过80%,是广告主打中高端消费者、进行深度广告信息沟通的媒体平台。

分众传媒卖场终端视频联播网2010年第一季度营收增长超过20%,覆盖全国包括家乐福、沃尔玛等超过4 000家大卖场、超市及便利店。

百视通作为国内最早发展IPTV业务的新媒体运营商,以打造"电视新用法"为己任,为观众和广告主营造出多样、丰富的视听服务和良好的广告投放环境。在广告业务经营上,百视通不仅拥有视频广告、图片位广告、背景冠名广告、品牌专区广告、演播室植入广告、原创节目广告植入等全方位多样化的广告形式,同时在全国范围内实现"一云多屏"的广告战略部署。

百视通广告系统是一个在IPTV平台上管理和投放广告的智能平台,该系统充分利用IPTV平台的双向交互性和丰富的后台数据,实现了VoD/TVoD前插广告、EPG页面广告、VCC插入广告等多种广告形式。百视通广告平台采用中央管理、驻地分布执行的两级管理模式。由中央广告管理系统在上海统一管理广告主、广告资源、广告的投放策略。其中广告投放策略包括,根据用户的所在地域、用户上线的时间、用户正在浏览和观看的内容的特性,进行定向的投放广告。这种方法一方面满足广告主的投放要求,另一方面兼顾用户的体验,把符合用户兴趣点、易为用户接受的广告内容呈现给用户。

优度宽频的广告形式主要有即时消息文字广告,应用内置图文广告,导视缓冲视频广告。软件使用者的签到行为,能让广告主了解用户是否属于目标客户群,以提高广告投入的收益率。

以用户原创内容(UGC)为代表的互动性一直是网络视频产业的标志。在这种模式下,视频运营商扮演渠道角色与UGC内容制作人或团队合作,由UGC生产者提供内容。该模式的收入来源主要是UGC视频内容产生的广告收入,视频网站和UGC内容提供者按一定比例分成。

2009年2月12日,土豆网在北京宣布启动广告分成系统,广大内容方和播客与土豆网通过分成的方式共享广告收益。2011年,土豆网的广告收入达到企业营业收入的90%。

2010年,上海的网络视听企业在广告营销领域取得较大进展,广告收入占据各主要视听网站营业总收入的最重要部分。

第二节　版权经营

版权销售是版权所有方通过有偿方式允许他人在约定期限内使用、传播作品。

网络视频产业发展初期,由于种种原因,侵权盗版是制约产业发展的突出问题。2010年,中国新修订的著作权法颁布实施,国家版权局等部委开展"剑网"行动,关注并扭转网络侵权盗版现象,版权意识在网络视听领域引起重视。由此,网络泛娱乐内容的正版化进程得以开启,版权销售行为大量出现并走向正规化。

2011年,上海网络视频企业在版权保护方面做出努力,状况大有改善。同年,众源网络(PPS)与香港TVB签订合作协议,独家购买了TVB电视节目共计超过12 000集,包括新剧和过去的经典影视剧。又斥巨资签下美国新闻集团旗下星空卫视500部香港经典电影的独家版权。PPS成为内地拥有最多港产电影、电视剧的网络电视,并与30多家主流卫星电视机构有合作关系,可在线同时直播卫视节目内容。

聚力传媒(PPTV)加大版权影视作品播出与制作的投入,先后与国内外50多家电视台、上百家影视制作公司及版权商建立合作关系,通过投资购买影视剧版权,进行数字版权发行的尝试,拥有国内超过80%的主流热播影视剧版权。2011年11月,"PPTV韩流时尚平台"上线。PPTV购买的内容版权中,国内独家剧占35%,韩国热播剧播出权超90%,中国台湾影视综艺节目拥有量超50%以上,国产纪录片3 000余集,体育主流赛事版权几乎全部覆盖。

土豆网于2011年10月17日与乐视网签订合资协议书,共同出资设立上海土豆乐视影视有限公司,注册地为上海紫竹园区,主要开展国产影视剧网络版权的采购和销售业务。土豆网与乐视网还共同打造一个视频合作平台。在协议有效期内,由土豆网负责合作平台、合作项目播放页面所有视频广告的经营;土豆网每年向乐视网支付5 000万元的保底经营收入。"经营收入"包括经营分成收入与冠名收益。土豆网执行"有容乃大,全面覆盖"的版权计划,发挥上市后的资金优势,深化版权合作,致力于把土豆网打造成有多元内容合作体系、庞大影视版权资源、优质动漫综艺平台的综合性视频网站。同年,土豆网在版权分销方面取得近3 000万元收入。

激动网是中国领先的"三屏合一"视频服务提供商,国内首家获得新闻牌照的民营视频新媒体,是国内较早参与版权销售环节的企业。激动网在国内视频行业中首先完成正版化布局、媒体布局、"三屏合一"布局。由全视频媒体网站JOY.CN及视频广告(AD)业务、付费视频业务(VOD)、手机视频业务(3G)三个业务单元组成,提供新闻、影视、娱乐、趄客互动原创、播客以及应用视频服务等在线内容和服务。激动网节目来源于购买版权,与福克斯、迪士尼、派拉蒙、索尼、中国国际电视总公司、华谊兄弟、保利博纳、东方卫视、浙江卫视、江苏卫视等知名影视制作商和版权交易商建立了长期的合作关系,投入巨大的人力、财力、物力购买了数万小时的正版影视内容,保证了激动网影视内容的合法版权,并在版权分销方面取得不少收入。2010年12月,激动网获江苏广电战略投资并对江苏广电内容有优先选择权。

截至2011年底,上海IPTV用户达到150万户,占全国IPTV数的13%。百视通公司在全国的IPTV用户数突破1 000万。每年百视通仅在IPTV版权内容方面的购买费用就超过2亿元。公司2011年净利润同比增长200%以上,扣除非经常性损益的净利润同比增幅更是高达500%以上。

第三节　自　制　内　容

网络自制内容是网络视频平台作为主要投资方并参与内容的整体制作环节,掌握播放版权的视频内容。网络自制内容针对网络用户,制作内容结果以网络平台为主要播放渠道,头部视频资源包括自制电视剧、自制综艺和网络大电影,同时各视频平台也会生产咨询、影视周边等短视频内容。

2011年,越来越多的网络视频企业开始在自制内容方面发力。自制内容又可分为网络自制剧和网站投资剧两种。

网络自制剧是指网络视频主导拍摄,仅限于在互联网上播放传播的剧集,这类剧集通常是视频运营商针对企业用户特点推出的剧集,同时也是为广告主定制的视频内容。

众源网络(PPS)于2010年首次尝试投资拍摄情景喜剧《爱情公寓2》,在投资回报和互联网发行方面都获得成功。

激动集团下属"趄客"平台累计出品5 000多部电影,包括《双食记》《夜上海》《如果月亮有眼睛》《三个秘密房间》等。其中,《夜上海》获中国广播影视大奖第十二届电影华表奖优秀影片提名、第十届上海国际电影节新片展映单元传媒最具票房潜力影片、第十四届北京大学生电影节组委会大奖等多个奖项。

土豆网的映像节是土豆网与电影界合作,联合投资拍摄中小影片的尝试。2011年3月9日,土豆网在北京启动第四届映像节,设立百万元基金扶植"视频代"导演,扶持原创影视作者。从年度的映像节选拔人才与项目进入土豆网长期运营的"六号仓库"影像创作生态圈中。同年8月,土豆网宣布对原自制剧部门进行整合并扩充,升级为"土豆网原创中心"。原创中心整合土豆网原创人才资源,在已有的"橙色盒子"自制剧计划的基础上,加强土豆网自制内容的制作能力和规模。12月,土豆网原创中心推出全新的互动娱乐急播平台"Channel豆"。"Channel豆"是土豆网以新急播、新互动、新社区＋原创自制内容、独播版权内容的"三新二意"核心理念,将原创自制和独有版权组成核心竞争内容,在制播模式概念上是对网络电视、互动电视以及网络点播等各种视频产品形态的一次革新和颠覆。

网站投资剧是指网络视频运营商通过合作或投资的方式拍摄影视剧,具有电影电视相关发行所需的版号,可在院线和电视台发行,视频运营商在内容正式发行后,拥有互联网分销权,同时参与相应的收入分成。

第四节 用 户 付 费

用户付费指的是网络视频网站新用户通过注册,填写个人信息,设置密码,完成注册,进行充值后,即可购买、观看平台收费内容的方式。

2008年,激动网推出高清付费频道"激动派(pay.joy.cn)",在保持B2B的付费点播分成基础上,又以pay.joy.cn为独立平台直接向用户提供高清无广告影视内容,由此开创国内付费点播市场先河。在国内视频网站纷纷砸巨资引进正版内容并尝试多元化营收时,激动网始终坚持正版路线的模式开始凸显其应有的商业价值与品牌价值。2011年,激动网在付费点播方面的营业收入高达1亿元。

鉴于手机付费的便捷性,手机付费服务全面推进,包括热门影视节目的付费点播,提高用户体验的VIP服务等。众源网络(PPS)斥巨资及时更新、加入最全的热门影视剧,并推出影视节目抢先看的服务,用户在支付2元左右的节目点播费后,即可第一时间观看热门大片。从2008年12月开始推出的VIP服务,用户每月支付10元即可跳过广告直接看内容。VIP用户至2009年底约5.5万户,2010年底增长近4倍,达到19万户。

2010年,国家加大对于网络盗版行为的打击力度,取缔了大量提供盗版视频内容的网站,并对一些相关企业进行较为严厉的处罚,使得整体网络视频版权环境得到改善。与此同时,网民的版权意识也逐步提高,更多地选择正版内容渠道获得视频内容。

同年,在线视频网站开始实行用户付费类业务,初期的尝试主要集中在单部电影的付费点播。统计数据表明,用户较愿意对影视剧内容付费;对综艺节目,用户付费点播的意愿并不强。

截至2011年,百视通形成了成熟的盈利模式。百视通的IPTV业务支持点播、回看、时移等功能,受到家庭用户的青睐。百视通还成功借鉴国外流行的"按部收费"的营销方式,针对喜爱影视剧的用户推出"首映"(最新院线片)和"看大片"(热播影片)的组合包,10元包月,而单点一部影片的收费是3元～8元不等。

百视通IPTV业务板块的盈利点是:数字电视基础服务的直播、回看、时移、高清,视频聚场的看吧、专区,影视点播的PPV业务,娱乐服务的游戏、卡拉OK,增值服务的购物、教育、理财等。

IPTV收入中主要来源于向注册用户的前向收费和来自广告的后向收费。而用户收视费中,又包括每月较为固定的基本收视费,以及由点播和一些互动行为形成的增值业务收费。用户的付费模式是通过电信账单进行支付,再由电信与百视通按月结算。

百视通手机电视针对三大基础电信运营商各自用户的特点,实行差异化服务。其收入模式主要有两种:一是通过版权内容整合,做成手机视频产品包,通过渠道分发到手机用户,用户订阅就形成按月的前向收费;二是通过发送短信等按条计费的增值业务。针对手机电视用户随意性强、时间分布不集中、更新周期要求和对内容的个性化需求强等特点,百视通手机电视借助于自身系统内的优势资源和自身的节目编排能力,采用强调用户个性化与差异化的节目编辑与内容编排,创新制作了一些专门面向手机用户的节目内容。为中国移动用户提供的东方手机电视、百视通 NBA 收费均为包月 10 元/月,点播 2 元/条;财经垂直栏目包月 6 元/月,点播 2 元/条。为中国电信用户提供全能看、上海本地特色包、东方影视、百视通 NBA、传奇垂直频道等内容;东方影视和 NBA 资费 10 元/月。为中国联通用户提供东方 TV 直播、东方 TV 点播、百视通 NBA 和 NBA 直播服务。联通用户的收费方式有 WAP 订购单频道包天(2 M/天)或包月(12 M/月);多频道包天(3 M/天)或包月(19 M/月);WAP 订购 1 M~2 M/条;iPhone 订购 1 元~6 元/月等。

2011 年,土豆网在用户付费点播方面取得近 8 万元收入,实现零的突破。

第五节　终　端　销　售

智能电视、云电视、智能 3D 电视等电视机概念和产品的出现,使电视这一传统娱乐终端迎来了新的热潮。另一方面,互联网电视作为基于开放互联网的视频服务,它不再局限于电视机,而是把电脑、机顶盒、平板电脑和智能手机有序整合在一起,受到年轻一代用户的喜爱,这类互联网电视的终端设备销售也成为一种新媒体商业模式。

2005 年 7 月,盛大网络推出盛大盒子,通过盒子整合电视在内的家庭娱乐,将电视升级为网络终端,使用户能通过电视享受互动娱乐和资讯。

随着网络提速让互联网电视在用户体验上成为可能,运营商提速需要相应的业务作为驱动,互联网电视业务就是其中之一,通过将业务捆绑打包给消费者,运营商和服务商都可以受益,视频的正版化和海量化则给用户带来一个高品质视频体验的机会。

2011 年 10 月,国家广电总局下发《持有互联网电视牌照机构运营管理要求》文件,以结束互联网电视机顶盒盲目发展、无政策可循的灰色地带。该文正式将互联网电视机顶盒,即网络高清播放机终端产品,纳入互联网电视一体机的管理范围。

在这个过程中,百视通成为终端销售的代表性企业。百视通致力于打造集合电视、手机、计算机、移动智能终端等多屏联动的"一云多屏"智能媒体计划。百视通的上市,意味着百视通对"广电信息"一年多的重组工作完成。原上市公司"广电信息"通过此次资产重组,成功实现主营业务向 IPTV、手机电视、网络视频、移动互联网视频服务、多媒体舞美制作、广播电视科技研发等新媒体业务的全面战略性转型。百视通研究院主导研发的基于 IP 专网电视、宽频网络电视、手机 pad 移动终端、互联网电视等多平台、多终端的跨屏服务平台系统基本建成,可服务千万级的用户,为智能电视业务的大规模、网络化推广提供了技术支撑平台,建立了完整的智能数字电视终端平台规范,实现了商用化、产业化。

自 2010 年上海广播电视台获得全国性互联网电视牌照后,百视通与海信、创维、康佳、海尔、厦华、清华同方等国内外电视机厂商展开合作,从初期部分厂家、部分机型尝试提供服务到全面合作,持续提供稳定的商用服务。2011 年 3 月,百视通公司和联想成立合资公司视云科技,联合推出一款互联网电视机顶盒产品。这款机顶盒是双方合作的第一个产物。至 2011 年底,百视通在全国已拥有超过 400 万台互联网电视一体机,超过 50% 的市场占有率。

第六节　运　营　绩　效

2011 年,上海互联网视听产业发展取得丰硕成果,整体产业规模近 30 亿元,占据全国互联网视听产业70%的份额。重点企业产值基本在2010年基础上实现翻番。

从各细分市场来看,互联网视听领域中土豆网、聚力传媒、众源网络、激动网4家企业引领上海乃至全国的网络视频产业发展。这4家企业同年产值总额高达17亿元,稳占上海全部互联网视听产业半壁江山。

在网吧视频领域,同年上海互联网视听企业相关产值近1 000万元。上海英雄宽频具有高度集中的市场占有率,整体用户25 000家,占市场份额70%,其中上海和杭州市场占有率高达100%,北京市场占有率超过90%,华东地区市场占有率超过80%,华南地区广州、深圳占有率超过70%。

在网络音乐领域,上海的主要企业九天音乐成为国内版权建设、业务模式最完备的数字音乐企业。拥有国内曲目数量最大、歌曲收录最全的音乐数据库,提供超过100万首曲目的正版数字音乐和原创、翻唱音乐。同年,细分领域整体产值也超百万元。

在网络视频导航领域,上海隐志网络科技有限公司(VeryCD)和优度两家企业的产值也近5 000万元。

在IPTV领域,上海百视通公司在全国的IPTV用户数超过1 000万,同年产值超过8亿元。

第五章 技术创新与应用

以先进科技为基础的网络视听新媒体的技术创新是其发展的核心动力。网络技术、通信技术、云计算技术、广播影视技术、数字技术等不断创新演进，推动视听新媒体行业向融合化、移动化、社交化发展。视频编解码及封装的更新换代，内容生产的综合性开发，内容分发与传输方式的多样化，内容接收终端的智能化等诸多技术环节的进一步优化和升级，使网络视听新媒体呈现出强劲的发展态势，不断满足新老用户的服务需求，内容更丰富、使用更方便。

第一节 视频编解码及封装

H.263 是由 ITU - T 制定的视频会议用的低码率视频编码标准，属于视频编解码器。H.263 最初设计为基于 H.324 的系统进行传输（即基于公共交换电话网和其他基于电路交换的网络进行视频会议和视频电话）。后来发现 H.263 也可以成功地应用于 H.323（基于 RTP/IP 网络的视频会议系统）、H.320（基于综合业务数字网的视频会议系统）、RTSP（流式媒体传输系统）和 SIP（基于因特网的视频会议）。

2005 年，百视通与中国网通在哈尔滨开展的 IPTV 业务是基于 MPEG - 4（Moving Picture Exp-erts Group 移动图像专家组定义）编码，与西门子、UT 斯达康在上海浦东和莘闵地区建立的实验网也是采用 MPEG - 4 标准。

2006 年在上海进行 IPTV 试商用期间，浦东新区采用的是西门子的 H.264 标准，它属于下一代编码技术标准，是所有压缩技术里面压缩率最高的，支持实时的标清电视节目只需要 1.5 Mbit/s，点播电视只需 1.2 Mbit/s，画面可达到 DVD 质量。它有利于通信与娱乐、有线与无线的业务和终端融合，性价比高，易于实现互操作。

上海电信和百视通最终决定采用 H.264 音视频编解码标准，这是国内第一个正式商用的 H.264 网络。该标准成为中国电信在全国开展 IPTV 所采用的技术标准。百视通和电信的合作中基本采用的是 H.264 标准。随着高清、4K 的普及，H.265 开始启用。

2008 年初，百视通和中国电信上海研究院联手打造 IPTV2.0 标准。同年 4 月，百视通和中国电信联合平台与终端厂家进行 IPTV2.0 标准的测试和制定工作，并在各地开展对平台的 2.0 系统升级。IPTV2.0 标准的出台和实施，解决了系统平台间的互联互通问题，促使产业逐步走向标准和开放。

2010 年，国内编解码技术持续演进，高清编码陆续登场。百视通与上海电信合作开通 9 个 IPTV 高清频道，引入 600 部高清大片，播放 2 000 小时以上的高清节目。此外，双方还推出 NBA 高清产品包，提供全赛季高达 1 229 场的 NBA 赛事高清实况录像，用户每天可以收看多达 14 场的 NBA 比赛高清实况录像。

第二节 视频内容生产

一、用户原创内容

以用户原创内容（以下简称 UGC）为代表的互动性是网络视频产业的标志。在这种模式下，视频运营商扮演渠道角色与 UGC 内容制作人或团队合作,由 UGC 生产者提供内容。该模式的收入来源主要是 UGC 视频内容产生的广告收入,视频网站和 UGC 内容提供者按一定比例分成。

上海土豆网是 UGC 内容视频网站的代表。在 UGC 内容方面,土豆网以"发现人与视频的一切关系,并与他人自由分享"为愿景并付出努力。土豆网拓展版权内容采购和合作,突出特色内容。同时建立原创内容价值链,强化 UGC 生态系统;采用差异化销售策略,突出互动营销平台的影响力。土豆网强化技术和产品研发,不断提升用户体验,加强了互动内容的建设和发展。

与土豆网诞生于互动性不同,曾经以"网络电视"为旗帜的 P2P 流媒体网络视频企业也开始引入互动性的内容。

UGC 是土豆网自创始之初就流淌在血液中的基因,对 UGC 的支持从内容激活与流通、UGC 作者成长与输送到 UGC 品牌等几大方面,UGC 的发展得到了不断加码支持。

土豆网的分成计划不仅开创了国内针对原创视频分成的先河,孵化了众多成功案例,更凭借相对成熟的体系和规模优势成为行业的标杆。

土豆网成为用户发现和观看创意视频的首选平台,5 亿用户量、稳居行业第一的视频播放量等成为平台的硬实力指标。这不仅为原创作者提供了分成保障,而且受到广告主青睐,吸引了包括雪花啤酒在内的一批广告主在优质播客的频道上定向投放广告,进一步提升了 UGC 品牌的影响力,也增加了原创作者的收入。

土豆网严格按照广告营收额给原创者分成,原创者随时能通过后台查询视频播放量和收益,直接透明。

土豆网还研发了一系列进一步实现原创者利益的新产品、新技术,率先开通了"视频认领"业务,帮助播客识别出侵权视频,保护原创版权。

土豆网建立视频自媒体生态,即土豆自频道生态,其中包括三个层面:一是视频创作者的视频信息与受众层面的生态;二是自媒体服务层面,大量的资金、技术、人才、管理等维持其成为正常生命机体的生态;三是视频自媒体的控制层面,主要指政治、经济、文化等外围环境与自媒体及信息活动之间关系的生态。优质的平台服务和影像创作团队的不断壮大,推动了产业链体系的快速增长。

自频道是土豆网为原创播客、品牌机构、CP 以及广大视频爱好者提供的一个视频内容分类展示平台,是品牌立体传播、粉丝互动交流的视频自媒体产品。在"频道"内,可建立属于创作者自己的特色视频栏目即个人的土豆频道产品;在内容组织上,土豆频道把所有的视频内容都包装成栏目,封装到频道产品里;在产品体验上,其上传体验流畅、管理体验便捷、内容展示体验干净,分享快速。突出频道化制作、频道化看视频、频道化找内容。通过自频道浮现、自频道推广与传播、自频道客服结合,实现土豆自频道产品的成功运营及传播推广。通过广告分成、衍生品精准售卖、付费点播+互动、付费直播等方式拓展自频道商业服务,逐步将自频道商业化。

二、专业生产内容

专业生产内容(以下简称 PGC)是传统广电业者按照几乎与电视节目无异的方式进行制作,但在内容的传播层面,则按照互联网的传播特性进行调整。早期一些视频网站采用的是 UGC(用户生成内容)模式,UGC 的好处是用户可以自由上传内容,丰富网站内容,但不利的方面在于内容的质量参差不齐;专业视频网站大多采用 PGC 模式,分类更专业,内容质量也更有保证;高端媒体采用的也是 PGC 模式,其内容设置及产品编辑均非常专业,非 UGC 模式能及。

在专业生产力量方面,土豆网聚集和培养了众多优秀的国内外独立创作者、动漫影视机构和制作团队。

土豆网是最早致力于 PGC 的视频网站之一,提倡"合力成就、快乐分享"的分享精神,让 PGC 内容合伙人参与其中,并建立起完善的 PGC 生态系统。内容和体验是留住用户最重要的因素。以内容而言,PGC 生态系统是从内容生产、内容推广到品牌形成、粉丝汇聚,最终内容品牌被粉丝反哺并进行自推广的整套生态闭环。从商业角度而言,PGC 生态系统让优质内容形成品牌价值,再通过价值变现激励创作者更专注内容创作。

三、新媒体内容生产

传媒集团新媒体运营实体在视频内容生产方面针对各自的终端采用不同的编码格式,提供多格式、多码率、多封装的内容。面向数字交互电视的文广互动、面向手机的东方龙、面向电脑端的东方宽频、面向 IPTV 提供内容服务和集成播控服务的百视通等公司,它们作为市场主体,都在新媒体各个领域和产业上下游合作提供内容。与国内外众多内容制作发行机构建立长期深入的合作关系,构建了规模庞大、持续更新的内容资源库,包括电影、电视剧、综艺、纪实、动漫、体育、少儿、娱乐等内容,拥有近百万小时存量节目。

传媒集团新媒体公司提供的视频内容资料来源,主要有以下几种途径:一是传统频道内容,包括各大卫视的内容,通过转码在新媒体平台上进行播放。二是向外部付费采购内容,向国内的内容提供商华谊兄弟、光线传媒、中影集团、上影集团、海润影业、慈文影业、华策影视等采购内容;向国外的好莱坞各大片商环球、索尼、派拉蒙、迪士尼等采购内容;也向中国香港的电视台 TVB 购买内容。三是积极进军上游产业,涉足内容制作产业,包括合作出品、投资新剧、"以投代购"等模式。

体育赛事和重大活动是传媒集团/上海广播电视台新媒体关注的热点,奥运会、中国 2010 年上海世博会等都深度参与,并与 NBA、英超、中超等赛事主办方开展深度合作。

文广互动率先推出全国第一个 NGB 互动电视业务,为用户提供直播、点播、回看、时移等多项服务,并在原有单向内容提供的服务模式基础上,逐步向双向互动服务模式转型。公司所辖法治天地、游戏风云、极速汽车、金色频道、魅力音乐和全纪实 6 个专业频道,实现与游戏、汽车、健康、音乐、旅游等相关产业的深度对接。

第三节 内容分发与传输

一、内容分发网络

内容分发网络(以下简称 CDN)是通过在现有的互联网中增加一层新的网络架构,把网站的内容发布到最接近用户的网络"边缘",使用户可以就近取得所需的内容,解决互联网网络拥塞状况,提高用户访问网站的响应速度和所能获取服务或业务的服务质量。其实质是在互联网上构建一个覆盖网络。

CDN 从技术上全面解决由于网络带宽小、用户访问量大、网点分布不均而产生的用户使用互联网业务服务质量差的根本原因。

【CDN 的作用】

一是本地 CACHE 加速,提高了站点服务访问速度,特别是大量图片和静态页面的站点访问速度。二是镜像服务,消除了不同运营商之间互联的瓶颈造成的影响,实现跨运营商的网络加速,保证不同网络中的用户能得到良好的访问质量。三是远程加速,远程访问用户根据 DNS 负载均衡技术智能自动选择最佳、最快的 CACHE 服务器,加速远程访问的速度。四是宽带优化,自动生成服务器的远程镜像 CACHE 服务器,远程用户访问时从 CACHE 服务器上读取数据,减少远程访问的宽带、分担网络流量、减轻原站服务器负载压力。五是集群抗攻击,广泛分别的 CDN 节点加上节点之间的智能冗余机制,可以有效地防御黑客入侵以及降低各种 DoS 攻击对服务的影响,同时保证较好的服务质量。

【东方有线的 CDN 视频服务】

自 2002 年起,东方有线就开始建设数字电视服务系统,包括 DVB 广播系统、VOD 点播系统、SDV 交换式数字视频、流媒体服务等能力系统。同时,根据自身业务需求与 NGB 网络建设情况,东方有线建设基于 NGB 的智能电视融合门户平台,实现统一资源整合和面向多屏的业务整合。从单纯广播、点播向视频云服务过渡。

东方有线视频服务发展方向包括以下三个阶段。

第一阶段:传统 CDN 系统,面向 NGB 机顶盒提供点播、回看等基础功能业务,但这些服务功能远远不能满足用户大规模的视频服务需要。东方有线 NGB 网络建成后,把视频服务由 IP 的智能网络在智能终端包括 IPTV 的盒子上提供整体的服务。

第二阶段:支持多屏互动,使用流媒体框架,除面向 NGB 机顶盒提供服务外,通过融合架构为东方有线的 NGB 宽带用户提供流媒体服务,包括智能手机、平板电脑。

第三阶段:面向云计算的 CDN,针对 NGB 视频业务发展趋势,采用云计算方式构建 CDN,支持引入更多的 CP、SP,提供灵活的业务管理。

【东方有线 CDN 系统概况】

在流媒体系统架构下,为手机、平板终端提供 60 路标清频道直播,4 路高清频道直播,提供 10 个标清频道的回看业务以及部分点播节目;在机顶盒终端提供如 4K 超高清点播、卡拉 OK、英超等多样化业务。该系统为集中式部署方式。

东方有线与"未来电视"合作开展内网 OTT"中国互联网电视"业务,使用了"未来电视"提供的应用展现和视频推流软件;系统并发能力为 5K。此外,自建 CDN 集群系统,提供多内容提供商内容分发能力平台,用于提供内网机顶盒流媒体业务,并进行分布式部署,更加智能的内容调度以及缓存机制,优化内网网络带宽使用,提升用户点播的感官体验。

存储集群提供 200TB 存储能力,推流集群提供 40G 的吞吐能力;后续将存储集群扩容至 300TB,并在 4 个分核心节点部署边缘推流集群。内容存储服务陇南、广济分核心(徐汇区、虹口区);推流服务 4 个分核心,具备 10 万并发能力,提供标清点播、标清回看和高清点播内容各 2 万小时,5 000 小时高清回看,只服务于机顶盒用户。

【文广互动公司的 NGB 全国内容分发平台】

2009 年 11 月 11 日,文广互动公司 NGB 全国内容分发平台建成。该平台基于上海市重大科技攻关项目"互动电视运营支撑平台"(04DZ15021-1)的研究成果,通过重新构建"媒体资产管理系统",实现对 NGB 视频点播内容生产、分发的全面支持。依托该平台,文广互动公司与北京、上海、广州、青岛、合肥、漳州、太原、晋城等 10 余家有线网络公司实现了内容对接,在全国范围开展 NGB 互动视频业务。该平台所采用的核心技术"一种网络电视的内容供应系统和方法"获得国家发明专利。

二、点对点传输

点对点(以下简称 P2P)应用包括 P2P 下载和 P2P 流媒体。具体是指只让一部分人去连接服务器,而其他的用户去连接这些连接服务器的用户,同时互相之间进行通讯,由此缓解服务器和带宽的压力。

随着时代和科技的发展,越来越多的年轻人选择在网上收看电视节目。当在线观看的用户达到一定数量后,网络电视的播放速度、质量就会受到很大影响。为了适应大规模多媒体业务的传输要求,2004 年 12 月,聚力传媒创始人兼总裁姚欣在读硕士期间,开发了基于 P2P 的网络电视直播软件 PPLive。

P2P 网络是一种在 IP 网络之上的应用层的分布式网络,网络的参与者即对等节点(peer)共享他们所拥有的一部分硬件资源(如处理能力、存储能力、网络连接能力等)。P2P 网络中的这些共享资源提供的服务和内容能被 P2P 网络中的节点访问,访问不需要经过 P2P 网络外的其他中间实体。在 P2P 网络中的对等节点既是资源(服务和内容)提供者,又是资源(服务和内容)获取者。在多用户在线场景下,有效地利用用户空闲资源提升用户播放体验;减少对云端服务器和带宽的数量要求,节约机房、服务器、带宽成本。

【P2P 网络特点】

P2P 网络具备如下特点:(1)可扩展性。完全分别式,不存在单点性能上的瓶颈。(2)健壮性。服务是分散在各个节点间进行的,当部分节点或网络被破坏,P2P 网络能够自动调整整体拓扑,保证其他节点联通。(3)高性价比。有效地利用互联网中散布的大量普通用户空闲资源,节约服务器和带宽资源。(4)私密性。在 P2P 网络中采用中继转发技术,将通信的参与者隐藏在众多网络实体中。(5)流量均衡。硬件资源和数据内容分布在多个网络、各个角落。(6)自组织性,低部署维护成本。采用自动计算技术,使 P2P 网络具备自组织、自配置、自愈等特性,减少了对人为干预的需要。

聚力传媒网络电视使用网状模型,支持多种格式的流媒体文件(mms、asf 等),支持多点下载,动态找到较近连接。它采用基于对等网络的流媒体发布和传输技术,有效解决了网络视频点播服务的带宽和负载有限问题,可以支撑千万级别的用户同时在线,实现了用户越多、播放越流畅的特性,具有"一点发布,全球收看"的效果。

此外,聚力传媒 PPLive 软件在数据传输方面使用的是流式传输技术,它在客户端的电脑上创建一个缓冲区,用户不必等到整个文件全部下载完毕,而只需经过数秒至十几秒的启动延时即可观看。

PPLive 和 BT 虽然都基于 P2P 技术,但是 PPLive 不同于 BT 下载类软件。PPLive 用的是内存缓存,不会对电脑硬盘造成损伤。BT 下载软件抢占带宽,给其他用户造成极大不便。而 PPLive

不会给网络带宽造成负担。越多人在线,用 PPLive 收看节目越流畅。同时个别用户的退出不会对播放质量造成太大影响。上海基于 P2P 的网络电视有聚力传媒、众源网络等。

【P2P 网络效果】

2005 年 8 月,聚力传媒承载湖南卫视"超级女声"歌手总决赛,支持 50 万人同时在线收看,创下当时业内最高纪录。

2006 年 6 月,聚力传媒为东方宽频提供直播技术合作,网络直播 2006 年德国世界杯足球赛、"我型我秀"等大型赛事和活动。世界杯足球赛举办期间,同时在线用户数突破 100 万。同年 9 月,根据 iResearch - 2006 年中国 P2P 流媒体研究报告,聚力传媒在整个 P2P 流媒体市场中占有率第一。

2007 年 3 月,央视国际 CCTV. com 与聚力传媒合作,成功地通过网络直播全国两会期间温家宝总理回答中外记者提问实况,流量超过 60 万,其中超过 10 万为海外用户。同年 5 月,聚力传媒推出视频点播服务。

2008 年 8 月北京奥运会期间,聚力传媒(PPLive)同时在线突破 500 万用户;同年 9 月,推出 PP 加速器软件,采用优化后的点对点传输(P2SP)、多任务下载、Web 感知下载、智能 CACHE 等技术,为视频网站提供视频加速服务。

第四节　内容接收终端

客户端是指与服务器相对应,为客户提供本地服务的程序。视频网站服务端是为视频数据库服务的,而客户端就是视频数据的使用端,用来连接服务端而为用户提供视频服务。

客户端软件通过对视频资源的运营吸引用户,并通过客户端实现差异化运营,包括气泡推送等,提升用户黏性,积累流量;或者通过流量变现获取收入,包括用户付费(会员)、广告收入、增值服务收入(游戏)等;同时可以通过视频资源的交易即版权分销获取收入,通过云技术方案获取技术服务收入。截至 2010 年,上海网络视听新媒体用户覆盖客户端软件安装量约 3 亿,活跃用户 2 亿,聚力传媒 PPTV 安装覆盖量占全国网民总数的 42.3%。

百视通 IPTV 各类业务的接入终端包括 PC、智能终端、电视机等信息终端。用户主要使用的接收终端是 IPTV 机顶盒,通过宽带接入线路,并在电视机上观看内容和使用业务。自从 IPTV 问世后,其机顶盒经历了标清机顶盒(576i)、高清机顶盒(基本型 720P、1080P)、高清机顶盒(增强型,既要支持高清还要支持多种交互模式、电视应用商店等)、4K 机顶盒、智能电视一体机等产品升级换代。

其中,互联网电视机是内容接收的主要终端。互联网电视业务是一项新兴的数字电视业务。具备互联网电视功能的电视机依托互联网技术,借助运营商的宽带接入服务,用户便可获得多媒体视音频服务,还能享受互动的乐趣。有别于 IPTV,互联网电视不受地域的限制,只要拥有嵌入互联网电视客户端(由具有互联网电视集成业务牌照的企业开发)的电视机,在有互联网的地方都可以享受互联网电视服务。百视通一直都致力于发展电视和手机终端的新技术和新方向,业务领域不断拓展。

2010 年 9 月,百视通公司和康佳集团联合召开百视通 BBTV 互联网电视产品发布会。百视通对外发布互联网电视新产品 BBTV,康佳也推出新一代网锐 LED 系列智能电视。这是自同年 7 月国家广电总局发放互联网电视牌照后,拥有互联网电视牌照的广电机构与国内电视机厂商首次以发布新产品方式公开联姻,并推出互联网电视内容终端产品。

百视通负责推进对康佳网锐智能电视内容平台的全新升级,并实现康佳已销售的网锐智能电视原有用户平台迁移。同时,双方携手打造新产品、新终端,满足新老用户更丰富、更多样化的内容服务需求。百视通和康佳合作推出的系列新产品,标志着我国互联网电视产业链进入良性发展阶段。

2010 年,百视通构建了可接入上百家内容服务商的全国性服务平台,还自主研发下一代互联网电视的集成运营平台。百视通和"联想"合作的"视云网络科技"以移动互联网为基础,依托智能终端、云计算、云存储等技术,展开多领域的全面合作。

第七篇

管　理

上海广播电视系统在1978—2010年的改革发展过程中,坚持广播电视既是党、政府和人民的喉舌,又是服务社会的第三产业的理念,从管理体制入手,推动资源优化配置和机制转换,先后进行了"五台三中心"、新三台诞生、建造文化设施、影视合流、文广合并、院团托管、管办分离、股份公司上市等管理体制机制的重大改革。这些改革为广播电视管理夯实了基础,提供了动力和保障。

　　广播电视管理的重点在宣传导向、节目创新、安全播出、版权资产、人力资源和财务管理多方面展开,体现从严管理、依法管理和科学管理。

　　广播电视管理的重中之重是宣传导向、节目质量。1979年,上海市广播事业局(以下简称"市广播局")制订《当前宣传报道的意见》,提出广播电视的宣传报道要紧紧抓住工业、农业、科技和国防现代化建设。1984年,上海市广播电视局(以下简称"市广电局")提出"以宣传为中心,以节目制作为龙头"的宣传管理思路。1998年,市广电局对广播电视现场直播节目提出"导向正确、控制数量、提高质量、注重品位、确保安全"的管理原则。2000年,上海市文化广播影视管理局(以下简称"市文广局")提出健全行业管理体系,提高行业管理水平,确定行业管理的对象、内容、依据、方法和途径。2004年,市文广局实施广播电视节目"建设、净化、防护、督察"四项工程,宣传监测范围由市级广电媒体频道、频率扩大到区县和企业广播电视。2010年,上海广播电视台发布《节目研发资金管理办法》《新节目审片管理规定》《视听率考核方案》等文件,为自制节目建立系统的管理机制,为内容创新创优提供制度保障。

　　制定系列方案和办法,强化节目安全播出。1993年,市广电局发布《技术中心播出管理方案》,明确广播电视优质、安全播出是技术播控部门最主要的工作。2000年,市文广局为保障广播电视安全、准点播出,制定《广播电视播出管理方法》。2004年,上海文广新闻传媒集团(以下简称"传媒集团")技术管理部梳理汇总形成《安全播出管理手册》。

　　媒体资料服务提升为媒体内容资产管理。1995年,上海音像资料馆增挂市广电局节目中心牌子,主要负责对全局各台首播满两年的节目资料进行保存管理。2003年,节目中心划归传媒集团管理,工作定位实现转型,从"管磁带"转向"管内容",从"管资料"转向"管资产",实现储存数字化、管理信息化、服务网络化,提升媒体资产管理水平,确保媒体资产的保值和增值。2008年,传媒集团版权中心成立,其职能定位:广播电视节目版权管理。

　　面向社会和内部的公开招聘、员工竞聘上岗以及制定奖惩条例、培训办法,成为上海广电行业加强队伍管理、提高人才素养的重要内容。1980年11月和1983年9月,上海广播电视系统两次向社会公开招聘编辑、记者、播音员等人员。1987年,恢复专业技术职称评聘工作;上海人民广播电台(以下简称"上海电台")和上海电视台处、科级干部岗位实行聘任制。1992年,成立上海东方广播电台(以下简称"东方电台")和上海东方电视台(以下简称"东方电视台")时,在局内公开招聘台长。2001年,上海文化广播影视集团(以下简称"文广集团")发布《干部管理范围和权限的通知》。传媒集团进行电视专业频道人员的双向选择和竞聘上岗。2002年,传媒集团修订《奖励与惩戒条例》,广播专业频率和职能部门干部竞聘上岗。2004年,文广集团启动集团人才发展资金。2005年,传媒集团实施人力资源管理综合改革,为从业人员提供行政岗位和专业技术岗位"双通道"晋升路径。2006年,文广集团发布《在职人员教育培训管理办法》。

财务管理上不断推出财政总承包、财务主管委派、审计监督等重要举措。1988年,市广电局与市财政局就实行全面性财政总承包改革试点达成协议。1997年起,市广电局对下属单位财务主管实施委派制度。1999年,市广电局实行财务集中管理。2002年,传媒集团设置审计室,负责对集团本部和所属单位的财务收支及其经济活动实行内部审计监督。2010年,上海广播电视台计划财务部推行《新会计准则》。

第一章 行政管理

第一节 宣传舆论导向管理

1979年7月15日,市广播局制订《当前宣传报道的意见》,提出广播电视的宣传报道要紧紧抓住工业、农业、科技和国防现代化建设;要积极提倡研究新情况、解决新问题,认识困难、克服困难,勇于负责和扎实苦干的精神;要继续宣传安定团结和发展社会主义现代化建设。

1984年,市广电局提出"以宣传为中心、以节目制作为龙头"的宣传管理思路,摆正宣传工作和其他各项工作的关系。

1985年2月20日,市广电局制订《1985年广播电视宣传工作安排》,提出作为强大的、现代化宣传工具的广播电视,应担负起宣传城市经济体制改革的方针、政策,提供经济体制改革和其他方面的各类信息。强调宣传工作上要突破旧的传统观念;要纠正"左、窄、空、假"等不良倾向,提高广播电视作为舆论中心的声誉和权威性,更好发挥党和政府的喉舌作用;要加强信息观念与信息反馈,注重调查研究和宣传实践,加强上海经济区省市之间的联系协作,向逐步构成一个广播电视交流网的方向发展。

1987年初,市广电局建立"双周宣传例会"制度,传达上级要求,研究宣传动向。同年12月24日,经市政府批准,市公安局、市广电局联合下发《关于贯彻执行国务院广播电视设施保护条例的通知》,为广播电视安全播出提供法治保障。

1989年2月,市广电局离退休干部监听监看组成立,对广播电视节目进行监听监看,指导改进宣传工作。同年11月,局艺术委员会成立,主要负责电视剧审看与剧本审查。

1990年,市广电局提出发挥广播电视形象和直观优势,加大社会主义精神文明建设宣传力度的新思路。此后,有意识、有目的地在新闻节目和专题节目中进行社会主义精神文明建设的宣传,并成为上海广播电视宣传的一个重要组成部分。

同年8月,市广电局成立宣传编辑委员会(以下简称"编委会"),指导、协调全局宣传工作。编委会由13人组成,龚学平任主任,刘冰任副主任。编委会每两周开一次例会,与市委宣传部"双周通气会"衔接,在宣传方针、宣传思想上保持一致。编委会成员与上海电视台领导共同审看电视剧与重点节目,主要内容为:上海电视台摄制的电视剧与译制片;与外省市交换的电视剧、译制片中存在不同审查意见的节目;外省市台拍摄的电视剧和译制片;重大节日文艺晚会。

1991年12月,市委发布《关于当前加强社会主义精神文明建设的若干实施意见》,提出要集中力量抓好重点精神产品的生产,每年至少拿出有全国影响的一两部好电影、一两部好电视剧、一两台好戏、一批好书、一批好文章。

1992年,市广电局为适应具有独立建制的两个电台和两个电视台的这一新变化,进一步确立"宏观调控和微观搞活相结合"的宣传管理方式,即各电台、电视台作为宣传实体,独立负责日常宣传工作;市广电局着重掌握宣传动向,决定全局性的宣传计划并负责协调和落实。为此,市广电局实行宣传业务总编辑负责制,局总编室协助局领导审查重点新闻、专题、外宣节目,审看购买与进口节目、港台节目等。

1993年3月29日,市广电局发出《加强对广播电视节目管理的通知》,要求对重要节目、社会敏感问题和政策性强的宣传报道,必须经台领导审查方可播出,特别重要的要报送局或市委宣传部审查。建立和健全岗位责任制,局、台、部门各级分管宣传的领导要形成宣传指挥系统,改善通信联络手段,随时保持联系。凡经审定的稿件与节目不得擅自做实质性变更,对违反宣传纪律的要及时查明,逐级报告并严肃处理。对重大违规事件处罚不但要追究责任者,还要追究相关领导责任。

1993年4月1日,经市委宣传部同意,市广电局成立宣传工作领导小组,指导和协调全局宣传工作。领导小组由贾树枚任组长,陈文炳、叶志康、盛重庆任副组长。局总编室作为领导小组常设办事机构,负责日常事务性工作。

1994年7月29日,市委宣传部批复同意成立市广电局编委会,叶志康任总编辑,赵凯、李保顺任副总编辑。同年9月15日,局成立审片组,下发《关于加强电视剧审看的通知》。

1994年12月,市委通过《上海市1995—1997年社会主义精神文明建设规划》,提出新闻、出版、广播、电视、电影、文化等部门要充分发挥在开展爱国主义教育方面的重要作用,反映上海市民"爱我中华、兴我中华"的精神风貌。每年创作和播映爱国主义主题的影视作品100部(集)。要发挥广播电视覆盖广、影响大的优势,精心编排播放内容,尤其要注意在黄金时间多播放反映主旋律的节目。

同年,市广电局发布《关于广播电视文艺宣传的规定》,提出全面提高节目品位,逐步做到民族优秀文化和高雅艺术的传播成为广播电视文艺宣传的主导,以更好地为两个文明建设服务。

1995年6月10日,局编委会下发《关于广播电视自身宣传及信息发布的若干规定》《关于点歌类节目(栏目)的有关规定》等管理规定。

1997年,市广电局按《上海市音像制品管理条例》的规定,开展了几次大规模的清理整顿音像制品的行动,全年共收缴非法音像制品42.3万盒;按规定做好审核发放音像制品经营《许可证》的工作;完成上海22家音像出版社的年检工作;加强对有线电视和卫星电视的管理工作;电影市场的管理主要抓了影院行业规范服务达标工作。

1999年,市广电局为使上海卫视中心能汇集上海的新闻和优秀影视节目,宣传上海改革开放和经济社会发展成就,树立上海广播影视事业的整体形象,制定《关于上海卫视中心使用本局新闻影视节目和素材管理规定》。坚持"全局办卫视"的方针,对上海卫视中心使用局辖各机构新闻影视节目和素材,实施"各台推荐、卫视挑选、局领导决定"的原则。上海卫视中心与各电视台建立每日通气制度、每周例会制度以及重大选题的通报制度。

同年,市广电局发布《广播电视宣传舆论导向管理规定》,确认市广电局编委会是局广播电视宣传舆论导向管理的领导机构,局总编室负责日常的监督和管理工作。市广电局修订19项宣传管理制度,统一规范全局电视剧、重要体育节目、专题节目购买流程,加强对国际新闻、新闻评论和文艺节目的直播管理,落实全部直播节目与观众热线使用延时装置,制定播音员和主持人管理办法,查处了二级以上宣传事故38起。

2000年4月15日,上海市文化广播影视管理局挂牌成立,作为市政府的职能部门,负责全市文化广播影视的行业管理。

2001年4月19日,上海文化广播影视集团挂牌成立。集团以广播影视、传输网络、网站和报刊宣传为主业,兼营相关产业。集团对上海广播电视电影资源进行重新定位和整合。在此期间,市文广局的宣传管理工作实行向文广集团顺利转接。

2002年2月,市文广局召开上海广播影视管理工作会议,市委常委、宣传部部长王仲伟,副市长周慕尧到会讲话。同年6月,市文广局审核批准全市68名播音员、主持人持证上岗。同年9月24日,经市机构编制委员会批复,筹建上海市广播电视信息网监测中心;11月19日,上海市广播电视信息网监测中心完成事业单位法人登记。

2003年7月1日,上海广播电视信息网监测中心系统机房(一期工程)建成试运行,8月,由局广播影视处指导的监听监看专家组开始工作,到年底共编发了广播电视节目《监听监看》简报、专报46份。

2004年4月23日,市精神文明建设委员会发布《上海市迎世博文明行动计划》,提出报纸、广播、电视、刊物、广告等大众媒体要大力宣传"迎世博文明行动计划",积极营造社会氛围,让人民群众普遍知晓,引导人民群众参与。广播、电视要保证播出时间和频率,形成舆论宣传的声势。

2004年5月27日,市委、市政府发布《关于加强和改进未成年人思想道德建设实施意见》,提出要办好未成年人专栏和专题节目,制作有利于未成年人身心健康的公益广告,在黄金时段和显著版面刊播;2004年内开办上海电视少儿频道。

同年,市文广局根据国家广电总局部署,实施广播电视节目"建设、净化、防护、督察"四项工程,宣传监测范围由市级频道、频率扩大到区县和企业广播电视,监测内容增加了广告、境外影视剧、涉案影视剧、主持人着装服饰、互联网传播视听节目等,全年发出整改通知书5份,编发监测报告177期。市文广局制定上海广播电视安全播出应急预案,加强技术防范,指导各区县开展了12次安全播出演练,在上级规定的85天安全播出保证期内未发生事故,停播时间为零秒。

2006年9月1日,市委宣传部发布《关于加强上海文化产业发展的若干意见》,提出以做强影视数字化制作加工业为重点,延长和完善影视产业链,实施广播电视制播分离政策,实现广播电视内容制作社会化,提升广播电视内容质量。市区联手,切实推进广播影视传媒产业公共服务平台建设。

同年,市文广局编发《声屏监测》简报200期,向国家广电总局、市委宣传部报送《声屏监测》专报13期,报送《广电舆情》5期,受到国家广电总局和市委宣传部表扬。市文广局还联手市工商部门监管广告播出比例和广告内容,推进境外卫星电视传播秩序专项整治,加强对互联网视听节目和涉外节目管理,加强对全市广播电视编辑记者、播音员主持人执业资格管理,做好电视剧拍摄制作备案工作,严格管控黄金时段引进电视剧、动画片的播放比例,调控涉案电视剧和引进剧、合拍剧播放。上海广播电视信息网监测中心获国家广电总局授予的2006年度"全国最佳收听收看机构"称号。

2007年,市文广局清理关闭了区县台9套未经批准的电视节目,严格实施对广告内容、涉外广播电视、黄金时段引进电视剧和动画片播放比例等监管,加强对涉案题材电视剧和引进剧、合拍剧的播放调控,做好电视剧制作机构审批和内容审查。市文广局组织安全播出联席会议成员单位开展专项检查与专项培训,建立市级安全播出调度指挥平台、郊区(县)监测管理系统,加强对独立小前端和新媒体的管控,完成了上海卫星广播电视转星调整工作。全年编发各类监测报告157期。

2009年,市文广局重点展开对广播电视中涉性内容、少儿成人化、影视作品题材边缘化的整治,查处多个内容不雅的节目。对审查发现质量较差的1500分钟动画节目予以退回修改,对查实的36条违规电视广告发出整改通知,删除违规视听节目近6万个。对"魔方网"等35家违规网站提请文化执法部门予以关闭,对10家违规网站负责人作了诫勉谈话。还会同相关部门开展3次境外卫星地面接收设施联合整治行动,共拆除非法卫星天线和高频头1237个,连续两个季度在国家广电总局专项整治评估中名列全国同行前茅。

第二节　市郊区县广播电视管理

1973年,市广播局下设广播网科,对全市区县有线广播宣传业务进行管理与指导。

1980—1990年,上海市郊区县的广播电视机构以新中国成立后建立的乡镇广播站为主,设部分广播台和有线电视站。市郊区县广播站、台主要转播中央人民广播电台、中央电视台、上海电台、上海电视台的节目,部分郊县广播站自办少量地区新闻、农业知识、气象预报节目。

宝山县广播站从1980年起,建立乡镇广播站编辑工作例会制度,会议通报每月宣传要点,交流评比自办节目,统一宣传口径。嘉定县广播电台根据各个不同时期全县的中心工作,将每个阶段的宣传重点印发给乡镇广播站、通讯员。川沙县人民广播站把年度总体计划、每个阶段的宣传报道计划、配合重大活动的临时性报道计划,通过县台内部刊物《川沙广播》传达到乡镇广播站和通讯员。

1984年,市广电局成立,将广播网科升格为郊县广播电视管理处(以下简称"郊县处"),负责管理郊县农村有线广播、调频广播和电视广播,从市到区县的二级管理机构实行条块结合、以块为主的管理体制。设专人分管宣传工作。郊县处每月召开由各区县广播电视局、台领导参加的工作例会,传达宣传要求,交流和探讨宣传情况。每年召开全局系统工作会议,总结部署工作,规定区县广播台、电视台负责人参加。

根据市委要求,区县广播电视宣传由辖区宣传部管理,实行"条块结合、以块为主"的工作原则。各区县宣传部建立涵盖广播、电视宣传业务的工作制度。各区县的乡镇有线广播站宣传工作,由所辖区县广播电视局、台管理,区县局、台的宣传报道计划印发乡镇有线广播站。

1985年7月23日,川沙县人民广播站改名川沙县人民广播电台。

1986年1月1日,上海郊县第一个电视台——松江县电视台试播。

1986年12月19日,市广电局召开"庆祝上海市郊区有线广播建立30周年"大会。至此,上海市郊区县拥有广播电台10座,电视台2座,乡镇广播站227座。有线广播喇叭从1956年的2 419只,发展到106万只。10个县级广播台每周自办节目从平均10小时,发展到60个小时,形成有线广播、广播电视共有天线组成的传输网络系统。

1988年5月28日,上海电台、上海电视台设立驻市郊区县记者站,加强了对市郊节目采制的辅导。

1990—2000年,南汇、宝山、金山、崇明、青浦、闵行、嘉定等8个区县级电视台先后建成,各台一般开设两个频道播出电视节目,一个有线、一个无线,信号覆盖辖区范围,有部分扩展至邻接区域。市郊区县电视台主要转播中央电视台和上海电视台第一套内容,自办少量新闻、农业、社会教育、气象服务节目。

市郊区县的广播电视宣传管理继续保持"条块结合、以块为主"的格局,宣传业务由所在地区宣传部负责,市局承担指导与沟通服务职责。市广电局郊县处定期召开宣传例会,加强上下联络,确保舆论导向。宣传例会由市局领导通报情况,提出宣传要求,市郊区县分管领导、广播电台台长、电视台台长参加。

1990年11月20—21日,市广电局在川沙县举办现场工作经验交流会,县乡广播台(站)相关人员参观该县唐镇乡、孙小桥乡、严桥乡有线立体声广播与设施。

1993年5月,上海市召开郊县电视、调频技术维护工作会议,市广电局提出关于加强广播电视安全播出与技术保障的具体要求。

1995年,市广电局加强与郊县广播电视行政部门的联系,建立每月一次的区县局局长会议制度,由分管宣传和郊县工作的副局长通报有关情况,部署各项工作。7月27日、28日,市广电局在闵行区组织"上海市郊区县广播电视新闻节目听、看、评交流"活动,10个区县分管宣传的局(台)长和新闻部负责人参加。

1998年,上海10个区县台被国家广电总局批准为广播电视合格单位,并获得证书。年内,市广电局对10个区县台的205个乡镇、2 807个行政村广播电视覆盖状况进行调查,能够收听、收看广播电视的乡镇、行政村已达100%,"村村通广播通电视"的目标已经实现。

2000年4月15日,上海市文化广播影视管理局挂牌成立。作为上海市政府的职能部门,市文广局建立完善工作制度,逐步实现从管系统向管行业、管社会的职能转变。期间,郊区县广播电视行政体制相继变化和调整,各区县先后组建广播电视台,上海宝山钢铁公司、上海石化公司等大型企业拥有广播电视站(对外称台)。郊区县广播电视宣传工作仍然保持"条块结合、以块为主"的模式:金山县委宣传部每季度召开工作例会,县四套班子的办公室主任、广播电台领导参加;宝山区委宣传部定期召开由区文化局、《宝山报》、区广播电视局负责人参加的工作会议,提出阶段性报道要求;嘉定县委宣传部根据每个时期重点工作,定期布置检查广播电视宣传;松江县每年组织由宣传部、县政府办公室、县广播电视台负责人参加的新闻工作会议,交流部署报道工作。

根据辖区的宣传工作要求,各区县播出机构都制定年度工作计划、季度报道要点。闵行区广播电视局定期召开编委会,研究每个阶段的宣传动向;宝山区广播电视台规定重要新闻稿件由区委宣传部审定;青浦县广播电台制定每周宣传报道小计划;南汇县广播电视台每周召开编前工作会。各区县播出机构都建立一套比较严格的审查流程,重要题材内容请示上级部门,敏感新闻事件必须经上一级领导批准后播出。各区县广播电视台新闻、专题、文艺文稿,通常由部主任、台长审定签发,重要节目由局长审定签发。嘉定县广播电台实行录音复听制度,每周安排人员对自办节目进行复听。松江县广播电视台对过时不适宜播放的音带及时处置销毁。

2003年5月,市文广局调整机构,区县宣传管理划归新建的广播影视处,其对区县广播电视的管理职能为:依法指导、协调和监管区县广播电视宣传事业;行政指导区县广播影视的管理;参与制订区县广播电视事业发展规划;负责区县广播电视机构的年检年审工作。

市文广局对区县台的宣传指导主要体现在以下三个方面:一是定期召开宣传通气会与业务讲评。广播影视处坚持每月召开一次宣传例会,上情下传,下情上报;坚持每半年开展一次新闻节目互评。通气会、讲评会在各区县广播电视台轮流召开。二是支持"新闻立台",倡导多出精品。区县建台后非常重视其区域的新闻制作,各台新闻演播室都进行了装修,从片头包装到灯光背景做了精心设计,新闻节目成了区县台的"门面"。市文广局安排业务精湛的专家学者赴基层讲授辅导,帮助一线人员提升节目质量。支持区县台新闻节目向市台报送,支持新闻专题参加国务院外宣办"美国斯科拉卫星电视网"播放,让世界了解上海,了解上海郊区。三是加强监督监测,确保播出安全。上海广播电视信息网监测中心建成运行,信号可以覆盖市郊所有播出频率、频道,市文广局可以随时调看区县台各类节目。局广播影视处指导成立了一支区县节目监测专家队伍,对各类违规内容、超量播放商业广告等限期改正。

2004年,全国广播电视节目评选,奉贤区广播电视台的广播专题《情牵沈阳》,获社教类节目优秀奖(一等奖),实现区县节目在全国广播电视系统获奖的好成绩。市文广局颁发嘉奖令,召开交流会。

2005年春节,区县台提议组织一台反映郊区风貌的电视综艺晚会,市文广局帮助邀请制作团队并安排播出,满足基层的请求,扩大区县节目的影响。从 2005 年起,广播影视处每年从上海电视台组织几百小时的影视剧,提前一轮在郊区台频道播放,部分改变了区县台片源紧缺的状况。

2008 年,市文广局广播电视例行年检,郊区 1 736 个行政村全部接通有线电视信号,农村有线电视新增用户 18 万户,农民用户数达到 64 万,入户率达到 64%。

2009 年,市文广局推进区县有线电视"户户通"建设,有线电视平均入户率达到 75.05%。

2010 年,上海农村有线电视用户近 70.37 万户,有线电视农村入户率为 80.68%,郊区有线电视基本实现"户户通",确保了广播电视播出安全和节目传输畅通。

第三节　院 团 管 理

2000 年,根据上海市委、市政府的统一部署,上海市广播电影电视局和上海市文化局撤二建一,成立上海市文化广播影视管理局。2001 年 3 月,原属市文化局的文艺院团以及马戏学校交由上海市主要新闻单位托管。其中,上海电视台托管上海歌剧院、上海话剧艺术中心、上海轻音乐团;东方电视台托管上海歌舞团;上海有线电视台托管上海滑稽剧团、上海淮剧团;上海电台托管上海评弹团;东方电台托管上海民族乐团。

这是广电系统各台积极参与文化产业建设,利用媒体宣传、经营等优势支持院团创作和改革,求得共同发展的有力举措。实行托管以后,广电系统各台对院团的创作演出、队伍建设、深化改革、市场开拓等方面给予充分关注和积极支持,在宣传上、运作资金上也给予大力扶持,同时也注重充分发挥院团文艺创作人才等资源在媒体宣传方面的作用。上海电视台与上海话剧艺术中心、上海歌剧院、上海淮剧团等院团积极筹划和排演了话剧《陈毅市长》、歌剧《江姐》、淮剧《大路朝天》等主旋律剧目。东方电视台全额投资出品、上海东方青春舞蹈团演出的大型原创舞剧《野斑马》演满 30 场,收回全部投资并有赢利,成为品牌剧目并走向世界。

2001 年,上海文广系统实施管办分离。文广集团托管上海京剧院、上海昆剧团、上海交响乐团、上海杂技团、上海市马戏学校;文广集团所属上海大剧院托管上海芭蕾舞团、上海广播交响乐团;文广集团所属上海电影集团托管上海木偶剧团。与此同时,上海电视台(之前上海有线电视台已并入该台)、东方电视台、上海电台、东方电台联合组成上海文广新闻传媒集团,隶属于文广集团。

2002 年 1 月 15 日,根据市领导对托管院团调研时提出的工作思路,文广集团、传媒集团托管的院团统一由传媒集团管理。这些单位是:上海京剧院、上海昆剧团、上海话剧艺术中心、上海歌剧院、上海歌舞团、上海芭蕾舞团、上海杂技团、上海淮剧团、上海滑稽剧团、上海木偶剧团、上海评弹团、上海交响乐团、上海民族乐团、上海轻音乐团、上海广播交响乐团,以及上海市马戏学校。为此,传媒集团专门在总编室设置"院团管理"职能,由执行副总裁胡劲军和总裁助理刘文国分管。

传媒集团贯彻市委、市委宣传部领导提出的"以演出为中心"工作方针,发挥媒体托管优势,抓工作落实,对各托管院团的创作演出运作实行宣传、资金、人才、市场 4 个方面的有力支撑。根据"四个支撑"原则,2002 年 1—11 月,传媒集团给予院团资金支持共 1 760 万元,其中创作经费 541 万元,演出经费 143 万元,人才经费 62 万元,设备费用 430 万元,基建费用 484 万元,其他费用 100 万元。同时,传媒集团增强院团"自主经营、自主管理、自我积累、自我发展"能力,加大演出力度,拓展演出空间,提高演出质量,增加演出收入,以演出拉动创作,以演出推动院团改革发展,以演出促进院团综合管理水平提高,取得明显成效。在这一期间,托管的 15 个院团及上海市马戏学校,总演出 6 118 场,与 2001 年相比增长 40%,其中上海轻音乐团增长最高,同比增长 158%;总演出收入为

5 619 万元,同比增长 37％,其中上海歌剧院增长最高,演出收入达 800 万元(不包括广告冠名赞助),创上海所有院团全年演出收入的历史新高。

2003 年 3 月,传媒集团将院团管理工作从总编室分离出来,成立院团管理部,传媒集团党委书记宗明、副总裁刘文国、总裁助理邱洁宇分管此项工作。

媒体托管院团是上海从自身实际出发,深化文艺院团体制机制改革的一项重大举措。它提高了院团适应市场经济的能力,增强了院团的活力和实力,提高了竞争能力。院团管理部引导各院团以精心打造"精品工程"参评剧目为契机,认真规划论证选题,突出重点剧目,精心组织新创剧目,进一步推进舞台艺术精品、优品和新品的"三品"工程建设。京剧《贞观盛事》、话剧《商鞅》、昆剧《牡丹亭》和舞剧《闪闪的红星》被评为上海市"优品"剧目。《贞观盛事》《商鞅》入选国家舞台艺术精品工程首批精品剧目,《牡丹亭》《闪闪的红星》入选精品提名剧目。在创作题材上,既加强展示上海城市精神、反映可爱的上海人的现实题材作品创作,又对重大历史题材进行深挖和创作。京昆、话剧、交响乐、歌剧等都推出了在全国有一定影响力的优秀作品,滑稽、评弹等地方剧种也创作了在长三角地区有影响的作品。

2004 年,传媒集团托管院团继续推进体制机制改革,贯彻"以演出为中心,以演出拉动创作和人才培养"的方针,通过改革发展和文明创建,推动院团管理更上一层楼。各院团通过专题调研等形式,结合实际,深入开展"一团一方案"改革工作,为下一步明晰产权关系,促进文化资源的优化配置,深化院团改革做好充分准备。当年,各院团完成演出总场次 6 021 场,演出总收入达 7 940 万元。

2005 年 3 月,传媒集团院团管理部改由文广集团直属管理,对外称上海文广演艺中心,并对文艺院团的创作、演出等各项工作实施集中管理。

2005 年 5 月,随着全国文艺院团"场团结合"改革的推进,市委、市政府决定成立上海市"场团结合"的"三个中心",即直属市委宣传部的上海京昆艺术中心(包含上海京剧院、上海昆剧团、上海天蟾逸夫舞台);上海大剧院艺术中心(包含上海交响乐团、上海歌剧院、上海芭蕾舞团、上海民族乐团和上海大剧院、上海音乐厅);隶属文广集团的上海文广演艺中心(包含上海话剧艺术中心、上海歌舞团、上海杂技团、上海淮剧团、上海滑稽剧团、上海轻音乐团、上海木偶剧团、上海爱乐乐团、上海东方青春舞蹈团和上海市马戏学校,上海美琪大戏院、上海兰心大戏院、上海艺海剧院、上海宛平剧院、上海马戏城、上海乡音书苑等剧场,还有上海市演艺总公司、上海市演出公司、上海文化信息票务中心等演出公司)。上海文广演艺中心成立时,由刘文国担任总裁,吴孝明、黄乾明等任副总裁,卢国庆为党委副书记,杨绍林、俞亦纲为党委委员。2006 年 1 月,吴孝明任总裁。

2006 年,上海文广演艺中心以"集成商"方式打造重点创作剧目大型舞蹈诗剧《天边的红云》取得成功。为了确保这台纪念红军长征胜利 70 周年的献礼剧目的按时保质创排,并取得良好演出效益,上海文广演艺中心集成上海歌舞团、上海东方青春舞蹈团和南京军区政治部前线文工团作为创排演出实体,由上海市演艺总公司负责演出营销,由上海舞美艺术中心提供剧目的舞美保障,整合各方优势资源,加强产供销一体化运作,使这部主旋律作品在创意策划、艺术生产、演出营销等运作方式、资源配置方面都有很大突破,取得良好的社会反响。

上海杂技团、上海马戏城根据上海杂技文化进一步发展特点,精心策划原创杂技精品,联手传媒集团、中国对外文化集团公司等共同投资打造超级多媒体梦幻剧《ERA——时空之旅》,并于2005 年 7 月成立上海时空之旅文化发展有限公司,进行项目公司制改革,取得文化影响和演出效益的双丰收。《时空之旅》项目采取新的运作、分配和人事机制,促进和推动了上海杂技团内部艺术生产和用人、分配等机制的改革。《时空之旅》从 2005 年 9 月 27 日首演后坚持天天演出，从未间断，重要节假日期间还加演日场，至 2006 年 12 月 15 日已演出 484 场，开创了上海大型剧场剧目一地连续演出场次的新纪录，获得良好的市场反响和品牌效应。

上海木偶剧团借鉴话剧中心剧目生产"制作人制"的成功经验，对剧团内部运作机制进行改革，建立以剧目制作人和责任人负责制为中心的运作机制，把项目策划、项目制作、项目经营和项目管理引入到艺术生产和艺术经营中。该剧团组建了三个剧目制作经营部和艺术创作设计部，围绕剧目的创作演出责任主体，实施合理定编、定岗和定薪的聘用制度，逐步完善了以产定销的艺术生产体系，明晰了艺术生产和经营管理中的责、权、利关系。这三个制作体按剧团制定的"立足上海，走向全国，跻身世界"的战略目标，坚持在上海本地演出外，还分赴外地演出。全年外地演出约 340 场，出现"一票难求"的火爆场面。上海木偶剧团在 2006 年上半年，就完成了全年的演出经营指标，职工的收入得到大幅度提高。

2007 年，上海文广演艺中心探索公司制、项目制改革，作为院团机制创新的突破口，此项改革，已成为发掘开发人才、吸引人才的有效途径，缩小核算体、节约成本增加效益的成果逐步显现。上海文广演艺中心确定以"走出去"和"走下去"工程为演出工作重点，注重演出的品牌建设，开拓演艺市场。其所属相关单位全年赴国外及中国港澳台地区演出和比赛共 35 批，其中交流演出 11 批、商业演出 20 批、比赛 4 批。共演出 757 场，其中商业演出 640 场，占总演出比率为 85%，比往年有大幅度提高。"走出去"工程扩大了中国文化的国际影响力，拓展中国原创艺术品牌的演出效益，参与国际演艺文化交流和演艺市场竞争。"走下去"工程把文广演艺优秀的剧（节）目送到上海各区县，参与社区公共文化服务体系建设，给社区文化活动中心配送专业演艺资源，更好地为广大市民服务，推动了上海的城市文化建设。

2008 年，文广演艺中心本着"出作品，推新人"宗旨，加大对优秀青年演员的包装推广，打造一批青年演艺明星，推出上海话剧艺术中心郝平、王一楠，上海歌舞团上海东方青春舞蹈团朱洁静、方光，上海杂技团金颖，上海爱乐乐团陈好颖，上海滑稽剧团张晓冬，上海评弹团高博文，上海淮剧团邢娜，上海轻音乐团李欣玫为十大"文广演艺之星"。所属院团抓住文广集团亿元剧本征集活动机遇，策划、加强剧本的一度创作，当年有一批剧本获得了亿元剧本资金资助，包括话剧《浮士德》《发廊童话》，舞集《满庭芳》，杂技《都市情——雕刻时光》，交响组曲《东方回响》，滑稽戏《可苦可乐》《今朝睏勿着》，淮剧《家里家外》，评弹《皇冠上的明珠》，木偶剧《大耳朵图图》《阿里巴巴》，情景音乐会《情迷上海滩》等。

上海杂技团、上海马戏城不断总结和借鉴《时空之旅》的运作模式和成功经验，实施《欢乐马戏》品牌项目的带动战略，由上海马戏城有限公司和剧组经营、演出人员按一定比例入股，组建欢乐马戏文化有限公司，打造海派马戏品牌。实施公司化运作后，提高了上海杂技团、上海马戏城的核心竞争力。《欢乐马戏》与《时空之旅》《浦江情》是该杂技团三个不同市场定位的品牌节目，占据着上海杂技、马戏的主要市场份额。各剧组整体管理水平得到提升，建立了自我调节、自我完善和自我约束机制。

按照中央和上海市的文化体制改革部署，上海杂技团作为转制试点单位，于 2009 年 6 月率先转企改制，也为其他院团的改革提供了经验和蓝本。

2009 年 11 月 4 日，上海文广演艺（集团）有限公司（以下简称"演艺集团公司"）成立。上海话剧艺术中心、上海歌舞团、上海杂技团、上海滑稽剧团、上海木偶剧团、上海轻音乐团 6 家文艺院团完成转企改制，成立有限责任公司。挂牌成立的演艺集团公司，注册资本 5 000 万元、净资产近 10 亿

图7-1-1 2009年11月4日,上海文广演艺(集团)有限公司成立

元,由吴孝明任总裁,卢国庆为党委书记,黄乾明、杨绍林、俞亦纲、朱光为副总裁,徐建荣为纪委书记,俞素琴为营运总监。

　　原先主要实施管理职能的上海文广演艺中心,改制成演艺集团公司后,成为面向市场的独立主体,与旗下各有限公司的关系,也从原先的上下级行政关系,转变为以资产为纽带的关系;各转企院团在演艺集团公司的领导下,作为独立的企业法人和市场主体,面向市场,开拓运作。演艺集团公司对完成转制的6家院团公司和上海市演出公司、上海市演艺总公司、上海文化信息票务中心3家演出中介服务公司实施经营管理。同时受托对暂不转企改制的文艺院团、剧场、学校和舞美艺术中心等单位实施委托管理。在面向市场开展企业运作的同时,加强演艺产业链互动和资源整合。同时,演艺集团公司还寻找战略投资者加盟演艺业,积极创造条件,吸引社会各类资金投入演艺项目和转企院团的经营发展。

　　在转企改制过程中,演艺集团公司充分考虑文艺院团从艺人员入行早、艺术生命短、转岗难、风险高等特殊性,按照"新人新办法、老人老办法"的原则,争取市有关方面的政策支持。另一方面,体现政府对改制院团的倾斜支持力度,真正做到"早改革早得益",争取在财政投入方式、投入渠道、拨付时间等方面的优惠政策。另一方面,建立有益于演艺企业发展的制度,不断完善由政府、出资人、企业、员工共同承担的演员伤残、转岗等保障制度。

　　在转企改制过程中,演艺集团公司明确"改革要为创作演出主业服务,改革的目的是解放艺术生产力"的原则,把改革工作与演艺业务和各单位发展相结合;与2009年举办的上海国际魔术节、上海国际木偶艺术节、"荷花奖·舞剧舞蹈诗大赛"等三大国际国内艺术赛事相结合;与实施大型文化项目"走出去"工程相结合;与加大2010年上海世博会文艺演出的创作演出力度相结合;与努力打造"三品"工程相结合。通过改革,发挥演艺集团公司具有的舞台艺术内容生产优势和品牌影响,以创新业务推动主业发展来提振职工投身改革的信心和热情。

2010年,演艺集团公司盘活内部存量资源,整合所属演出公司、滑稽剧团、淮剧团和文化信息票务中心4家单位的演艺资源。同年,成立上海文广民族乐团。乐团共50多人,聘请著名指挥家王永吉担任艺术总监,面向市场着力打造新概念民族音乐。

各院团对艺术人才建立能上能下的竞争机制,上海歌舞团每年度开展"艺衔"聘定工作,2010年"艺衔"职称变动率达67%。上海爱乐乐团在全团范围内开展首次业务能力考核。

2010年,上海轻音乐团当年实现主营收入735万元,比2009年增长212.76%;上海淮剧团实现营收276万元,比上年增长114.95%。上海爱乐乐团、上海话剧艺术中心积极培育交响乐和话剧的固定观众群,努力创排有艺术感染力和市场号召力的优秀作品,两团当年分别实现主营收入1 220万元和735万元,呈现稳步增长趋势。《时空之旅》在上海马戏城坚持"天天演",累计演出2 098场,票房收入近2.24亿元,观众逾220万人次。

演艺集团公司纪委结合"制度加科技"工作,率先建立上海文广演艺(集团)公司"文化专项资金使用实时监管系统",以互联网为基础,以监管系统软件为依托,对创作资金实行全程网络实时监控,从而提高创作资金管理工作的办事效率,进一步规范项目申报、审批程序,确保了项目安全、资金安全。

第四节　社　会　管　理

1984年,随着录音录像机的进口、生产、销售、普及,录音录像制品大量进入市场,观看录像节目成为市民文化生活新的组成部分。与此同时,非法音像制品大量出现,严重影响音像市场的管理秩序。同年3月1日,市政府批准施行《上海市录音、录像设备的使用管理办法》和《上海市录音、录像制品出版、复录、销售管理细则》以加强管理;同日,市广电局录音录像制品管理处(以下简称"音像管理处")成立。音像管理处成立后,依照政府规章,建立了音像制品产品制作、出版发行、市场销售、录像放映、音像制品租赁等业务的准入制度,合格单位须持许可证从业经营。上海的音像制品市场管理走上法制轨道。

1985年,上海石油化工总厂、上海炼油厂、宝山钢铁总厂,以及分布在南汇、奉贤、崇明等郊县的农场,为改善职工住宅区接收无线电视信号的收视质量,先后安装共用天线系统,并在此基础上设置播出前端(时称闭路电视)。闭路电视系统在所属企业党委宣传部门管理下,开设自办节目,包括:新闻、专题和电影录像制品,自办节目通过闭路电视系统播出传输。与此同时,全市各类宾馆也安装闭路电视(共用天线),为客房电视机传送录像节目。履行市广电局社会管理职能的音像管理处参照音像管理规定,加强了企业、农场、宾馆闭路电视播放音像制品内容的管理。

1986年1月29日,国务院办公厅下发《关于旅游饭店闭路电视管理办法》(以下简称《办法》)。《办法》指出,旅游饭店和其他接待外国人和华侨、港澳同胞、台湾同胞、外籍华人、中外合资和外资饭店的闭路电视,不仅是饭店的一个服务项目,而且是旅游者了解中国的一个窗口,是一种有力的宣传手段,应该成为社会主义的宣传阵地。《办法》明确规定,凡开办闭路电视服务项目的饭店,应将闭路电视的设备、播放条件、管理办法和人员配备等,具文申报,先经省、自治区、直辖市旅游局初审并提出意见,然后送本行政区广播电视厅(局)审批,批准后才能开播。为了规范审批制度,市广电局实行闭路电视播放许可证制度。

1988年,市广电局音像管理处向全市近200家开办闭路电视的宾馆,以及上海石油化工总厂、上海炼油厂、宝山钢铁总厂、农场、高等院校等企事业单位颁发了《闭路电视播放许可证》,并不间断实行检查和年检。

1989年8月底,中共中央决定成立全国整顿清理书报刊和音像市场工作小组(后建成为"全国'扫黄''打非'工作小组")。根据中央统一部署,上海市开展音像市场"扫黄打非"行动,建立由市广电局、市工商局、市公安局组成的联合行动机制。

1990年5月28日,广播电影电视部、公安部、国家安全部联合发布《卫星地面接收设施接收外国卫星传送电视节目管理办法》。根据此管理办法,市广电局责成音像管理处迅速对全市宾馆、涉外住宅小区、教育、科研、新闻、金融、经贸等单位接收卫星电视的情况展开普查。同年10月4日,市广电局、市公安局、市国家安全局领导参加的首次联席会议,明确了各部门职责和协同管理的具体方案,建立联合执法的工作机制。

同年11月2日,广播电影电视部《有线电视管理暂行办法》经国务院批准发布施行。市广电局局长龚学平指示音像管理处尽快制定上海市的具体执行办法,分管副局长刘冰具体部署落实。

同年12月14日,根据广播电影电视部、公安部、国家安全部联合发布《卫星地面接收设施接收外国卫星传送电视节目管理办法》关于实行许可证制度的规定,市广电局对全市申请接收境外卫星电视的宾馆、涉外住宅小区和其他相关机构逐家审核,首批向近50家单位颁发《卫星地面接收设施接收外国卫星传送电视节目许可证》。

1991年1月23日,为贯彻落实广播电影电视部《有线电视管理暂行办法》,市广电局召开全市有线电视系统设计施工管理工作会议,全市共有近100家工程安装施工单位负责人出席会议。会上传达了《有线电视管理暂行办法》以及全国有线电视管理会议精神,副局长刘冰、王忻济出席会议并讲话。会议宣布制定发布《上海市有线电视工程设计、施工、验收管理暂行规定》,以保证上海有线电视台的顺利筹建。

同年4月20日,广播电影电视部颁布《有线电视管理暂行办法》实施细则。根据细则,市广电局决定对全市持有《上海市闭路电视许可证》的企事业单位实行有线电视台站许可证制度。经广播电影电视部审核批准,上海石油化工总厂、上海炼油厂、宝山钢铁总厂、闵行区、上海提篮桥监狱、上海梅山冶金公司6家单位设立有线电视台。经市音像管理处审核批准,全市农场、宾馆、街道共有220多家单位设立有线电视站。有线电视站许可证制度为全市有线电视联网建立了有序管理的基础。

同日,经市政府批准,上海市广播电视局音像管理处更名为上海市音像管理处,统一归口管理全市音像制品,各区(县)文化局、广播电视局负责本地区的音像制品管理,并接受市音像管理处的业务领导。

同年4月下旬,市广电局决定成立上海有线电视台筹备小组。刘冰副局长兼任筹备小组组长,副组长分别由局长助理叶志康、市音像管理处处长胡运筹、局技术中心副主任陈建新兼任。

同年5月28日,市有线电视供片总站宣布成立。同日,市音像管理处召开有线电视节目供片工作会议,全市企事业有线电视台、站播放的影视节目纳入统一供片轨道。

同年6月3日,经市广电局决定,批准市音像管理处组建有线电视稽查队,负责对违法安装、使用有线电视设施和通过有线电视系统违规播放节目的行为进行执法检查。

同年6月28日,市广电局召开第一次有线电视台筹备小组会议,局长龚学平,组长刘冰,副组长叶志康、胡运筹、陈建新出席会议。筹备小组由市音像管理处、局属录像公司、局技术服务中心、局属广播电视科研所共16人组成。市音像管理处任务是将全市有线电视(包括闭路电视、共用天线)的建设、运营、管理纳入广播电影电视部有关号令的法制轨道,确保统一审批许可,统一建设标准,统一节目供片。

同年9月12日,市广电局遵照广播电影电视部有关号令,为加强对上海市有线电视建设的管理,促进本市有线电视事业稳步、协调、科学地发展,制定发布《上海市有线电视技术规划》和《上海市有线电视工程设计、安装施工、验收管理办法》。

同年12月,经过一年的执法检查,市音像管理处有线电视稽查队共处理10家有线电视设计施工单位违规设计施工行为,摸底调查了上海中心城区近280个街道,3 000个居民小区共用天线、闭路电视系统设立的情况,为全市有线电视联网工作打下了基础。

1992年12月26日,上海有线电视台成立。市音像管理处有线电视稽查队整体转为上海有线电视台社会管理部,协助市音像管理处实施对社会有线电视系统建设、运行、联网的管理。

1993年,上海有线电视台先行干线联网的是长宁区和徐汇区辖区内的所有街道有线电视站。市音像管理处依照广播电影电视部有关号令,规范市中心城区有线电视联网建设,以保证有线电视网络建设的工程质量符合全市统一规划。截至同年11月,长宁、徐汇、普陀、静安、闸北、黄浦、虹口、杨浦、卢湾、南市、浦东新区等11个区90个街道的70万有线电视用户实现联网。

同年10月5日,国务院发布《卫星电视广播地面接收设施管理规定》。市音像管理处依照规定,对全市卫星电视广播地面接收设施设置单位进行全面复核。

1994年2月3日,根据国务院颁布的《卫星电视广播地面接收设施管理规定》,广播电影电视部发布《〈卫星电视广播地面接收设施管理规定〉实施细则》。市音像管理处对全市卫星电视地面接收设施设置单位重新审核发证。共向224家涉外宾馆、涉外小区、高校、科研、金融机构颁发了由广播电影电视部统一印制的《接收卫星传送的境外电视节目许可证》,原《卫星地面接收设施接收外国卫星传送电视节目许可证》取消。

1995年2月6日,市政府发布《上海市有线电视管理办法》。该管理办法第五条(主管部门)规定:上海市广播电视局(1995年9月变更为上海市广播电影电视局)主管本市有线电视的管理工作,其所属的上海市音像管理处具体负责本市有线电视的管理工作。同年8月15日,上海市音像管理处更名为上海市影视音像管理处。

1996年,市广电局以及市影视音像管理处依照《上海市有线电视管理办法》,加强对有线电视的管理,将重点转移到按照全市统一规划、统一技术标准依法建网的工作上来,为全市有线电视网络的正常发展提供法规保障。从1996年起,上海有线电视网络以每年40万户入网的速度递增。截止到1999年,上海有线电视网覆盖面达310万户,基本完成市中心城区的联网覆盖。

2000年5月,市文广局调整处室职能,撤销市影视音像管理处,广播电视行业管理的许可审批职能移交给市文广局市场处,执法职能移交给市文化稽查总队。同年11月28日,市文广局召开全市广播电视行业管理会议。会议传达国家广电总局领导讲话,副局长刘建作关于广播电视行业管理工作报告,副市长周慕尧作重要讲话,就行业管理提出要求:从严管理、依法管理、科学管理,不断提高广播电视行业管理水平。

2001年10月25日,市文广局制定《上海市卫星电视地面接收设施专项整治工作方案》,成立由市文广局、市公安局、市国家安全局等组成的全市专项整治领导小组,分阶段对上海卫星电视地面接收设施进行专项整治。

同年11月29日,市政府召开会议,根据国务院颁布的《卫星电视广播地面接收设施管理规定》和国家广电总局部署,决定在全市范围内对非法销售、安装、使用的卫星地面接收设施,集中开展整治工作。同年12月14日,国家广电总局社会司司长才华带领的检查组到上海检查第一阶段卫星地面接收设施集中整治情况,对上海的工作给予肯定。

同年,根据市委宣传部批复,市文广局加强对各中心城区设立的有线电视中心实施行业管理。

2002年3月18日,市文广局局长穆端正、副局长梁晓庄出席市长常务会议,汇报全市卫星地面接收设施集中整治工作情况。根据会议精神,市文广局对卫星电视地面接收设施的管理由集中整治转为常态化管理,制定了重点抓源头、抓传播、抓市场的工作方针和各项措施。为了加强对上海卫星电视地面接收设施的常态化管理,形成齐抓共管的局面,市文广局进一步健全相关部门联席会议制度,联席会议成员扩大到市文广局、市公安局、市工商局、市国家安全局、市旅游局、市房地局、市文化稽查总队。

同年7月,市文广局成立广播电视信息网监测中心筹建小组。这一时期,市文广局广播电视社会管理重点抓两项工作:一是监管全市宾馆饭店、涉外小区、科研单位依法设置卫星电视地面接收设施,治理市场销售和施工市场行为;二是加强尚未联网设有独立前端和有线电视系统的单位安全传输。

同年12月2日,市文广局增设广播影视处、科技处。原总编室、社会文化广播电视处、市场处的广播电视机构、节目、人员资质、有线电视/卫星电视地面接收设施、区县广播电视等管理职能归属广播影视处。

2003年8月1日,市文广局完成《上海市有线广播电视网络管理若干规定(草案)》和《上海市有线广播电视整合实施方案》的制定。

2004年,市文广局建立卫星电视地面接收设施专项整治每月例会制度,相关部门各司其职,齐抓共管。涉外宾馆、境外人士集中居住小区、高校科研单位依法接收境外卫星电视的稳妥局面得到巩固,擅自销售、施工安装的违规行为得到控制,私人使用卫星小天线的蔓延势头得到遏制。

2007年8月14日,市文广局按照国家广电总局部署和市委市府要求,组织力量按时完成全市近1000家接收境内外卫星电视单位的转星调整工作。

同年12月,市文广局依据国家广电总局、信息产业部发布的《互联网视听节目服务管理规定》,对经营网络视听节目的互联网企业开展摸底调查,沟通相关部门,建立联席会议,制定监管方案,并建立监管平台,加强监听监看。

2008年7月,经市文广局审核并报国家广电总局批准,上海9家网络企业获得《信息网络传播视听节目许可证》。

第二章 节目管理

第一节 节目审核制度

一、节目审核程序

自 1990 年 5 月起,市广电局负责人及局编委会成员定期到上海电视台,与上海电视台负责人一起审看电视剧,把好播前审查关。局、台联合审片的内容为以下 4 类:上海电视台摄制和译制的全部电视剧;外省市电视台交换来的电视剧和译制片经台内审看后有不同意见的;外省、市台拍摄的电视剧和译制片;重大节日晚会节目。

1992 年,上海电视台作出《关于宣传工作若干问题的决议》,对节目审查重新做了分工,并规定凡电视剧、专题片、节目或大型活动节目,均须在投拍前交审文字稿,严禁擅自发稿。严禁台内各部自行出口、引进、交换和交流节目。

1999 年,市广电局修订《广播电视节目三级审查规定》,提出对广播电视播出的节目实行三级审查是广播电视宣传管理的基本制度;规定除气象节目可以指定专人负责外,其他各类节目在播出前必须进行三级审查。

根据广播电视播出节目的不同类型和内容,三级审查制度分为下列三个层次实施:第一层次的三级是指节目责任编辑(制片人)、部门(科组)领导、中心(频道)领导;第二层次的三级是指部门(科组)领导、中心(频道)领导、台领导;第三层次的三级是指中心(频道)领导、台领导、局领导。在三级审查过程中,高一层次的审查者有权推翻低一层次审查者的结论。在意见不一致的情况下,允许低一层次的审查者保留自己的意见,但在行动上必须服从高一层次审查者的意见。

广播电视播出节目的审查人员对节目的政治内容、艺术和技术质量进行综合审查。按照不同节目的特点,分别采取审稿、审听(看)、审查选题计划、审查播出提纲、审查节目预排等方式。

2003 年,传媒集团汇编规章制度,下发《电视宣传片播出管理暂行办法》《关于广播电视内参报送工作的管理规定》。

2005 年 11 月,传媒集团组建集团审片委员会,是集团层面对新节目形态、样式进行综合评估的权威机构,由传媒集团分管领导、相关业务生产部门、职能管理部门主要领导组成。传媒集团审片委员会通过集团审片会制度,对集团重大节目的上线评估、新开栏目(节目)/重点节目的质量评估、样片审看工作提出最终指导性意见。

2007 年,传媒集团总编室修订宣传管理制度,初步形成制度管理体系。其中包括舆论导向管理、三级审查、播出差错、新节目审片、现场直播、热线直播、公益宣传片、语言文字、片库管理、播音员主持人管理、选题申报、境外节目引进、对外宣传管理、大型活动播出管理、网络宣传管理等规定,还增补、修订有关条例,为传媒集团的宣传管理提供重要依据。

2009 年起,上海广播电视台总编室实施新的节目审核制度,保障广播电视舆论导向正确和安全播出,对重大选题和新推栏目的审核监督具体做法做出规定:

1. 事先选题三审:频率、频道总监;台总编室;台分管领导。

2. 事中节目三审：责任编辑；制作人；频率、频道负责人。

3. 播出监看监视：台监听监视小组；市广电局监测中心；市委宣传部新闻阅评组。

4. 事后监督反馈：根据上述监听监视机构发现问题性质的程度，由台总编室下发差错报告，进行宣传警示或诫勉约谈。

2010年，上海广播电视台、上海东方传媒集团有限公司推出《新节目审片管理规定》《视听率考核方案》《电视栏目淘汰试行办法》等文件，对节目审片准入、质量把控以及退出机制做出规定，为自制节目建立起系统的管理机制。

《新节目审片管理规定》明确，台审片委员会以无记名投票方式产生审片决议，超过三分之二赞成票视为通过，未经审片委员会批准的节目不得安排播出。

根据《视听率考核方案》，增强视听率考核指标的刚性，月度考核结果直接与被考核单位一级分配挂钩，未达标者扣除部分绩效。全年度的完成情况与年终绩效奖励挂钩。

《电视栏目淘汰试行办法》规定，对节目导向发生严重偏差的电视栏目，或者月平均收视率连续3月未能达到上一年度同时段平均值的电视栏目，经台总编室提交台编委会讨论形成决议后予以停播。

上海广播电视台和各区县广播电视台对重播的广播电视节目，坚持执行播出前"重播重审"的工作制度，从播出带交接登记、节目上载审看、播出串联单复核、节目调入播出、播出应急预案等各个流程进行规范化操作。

二、直播节目管理

【现场直播节目】

1993年3月29日，市广电局发出《关于加强对广播电视节目管理的通知》。对加强直播节目的管理做出规定：直播节目的选题、内容、形式及穿插使用的稿件和音像素材，未经编审不得播出。在直播前应做好临场准备并进行必要的排练，以保证节目的质量。直播的谈话类节目，选题内容报局总编室备案。广播电台直播谈话节目须加装延时播出装置，以确保安全。反映社会问题、市容市貌、产品质量等方面的批评监督电话，预先录音，经过选择、核实和审查后方可采用。除文艺、外语类节目外，一般不邀请外国人担任节目主持人。

1998年11月10日，市广电局发布《关于广播电视现场直播节目管理规定》，提出"导向正确、控制数量、提高质量、注重品位、确保安全"的管理原则；指出全市性的重大活动、重要的节庆活动、公众瞩目的社会活动、广播电视的特色活动、经市广电局批准的其他活动等可以作为现场直播；禁止对一般商业性活动、广告宣传活动进行现场直播。

现场直播节目实行三级审查；现场直播节目的选题、串联词、主持人、特邀嘉宾以及穿插使用的各类素材等必须经过台领导同意并报局编委会审定，必要时由局报上级领导部门审定；现场直播时，台领导必须到场指挥监制，必要时应当请局领导到场。

1999年，上海广播电视系统在落实《关于加强广播电视群众参与的直播节目管理的通知》精神方面，做到各类群众参与性直播节目要提前制定详细的播出计划，节目选题和方案要报台领导审批，对嘉宾谈论的内容要有充分的了解。广播电视开设群众参与的直播节目，必须使用延时装置，必须设储存电话及电话编辑、节目监制，必须制定不测情况发生时的应对预案。群众参与直播节目的导演、导播和主持人要持证上岗，相对固定。进一步建立健全有关群众参与直播节目管理的规章制度,电台、电视台领导负总责;分级负责,层层把关,责任到人,加强监督检查。

2000年,市文广局修订《广播电视现场直播节目管理方法》,强调广播电视现场直播必须在绝对安全的环境中进行。在内容涉及全市、外省市、涉外等重要活动时,必须报局审查。

《广播电视现场直播节目管理方法》规定直播节目(除新闻和体育赛事)的选题、内容、形式、节目长度、播出时间、占用频道诸项,须经批准后方可实施。直播节目的具体构成(如歌曲、器乐曲、舞蹈、独脚戏、相声、小品、朗诵等)及串连词,必须经责任导演、中心、台领导三级审查。邀请中国港澳台人士或外国友人担任嘉宾,须报请局编委会批准。直播节目进行时,责任导演、中心领导和分管台领导应亲临现场,各司其职,以保证直播的顺利进行,出现突发情况时妥善做出紧急处置。

【热线直播节目】

2002年,市文广局对热线直播节目开展专项调查。各电视专业频道均未开设热线直播节目。广播电台开设了较多热线直播节目,其中上海电台37个、东方电台29个。所有的直播节目都经过局和文广集团的批准,所有的直播节目都有监制人。

同年4月3日,市文广局会同文广集团综合办,对上海电台、东方电台热线直播节目进行实地抽查。抽查结果表明,所有的直播室都安装延时装置和储存电话;所有正在直播的节目,延时装置都处于运行状态;总控机房有人值班,技控机房设备运行正常。

市文广局提出加强对有群众参与的广播电视直播节目的管理:规范报批,从严控制,人员到位,总控监测,随机抽查。

第二节 节 目 创 优

一、提高质量

1994年,上海电台推行节目总监责任制,提出"压缩战线、精办节目、提高质量"方案。每年对节目进行一次评估,实行优存劣汰。每季度对节目生产流程中的正常和差错事故情况做一次统计,向全台通报,奖优罚劣。

1995年,东方电视台提出年度"节目质量年"口号,要求全台强化精品意识、创新创优意识。上海电台建立"周四节目审听制""周一例会制""老帮新一帮一制",以提高节目质量。东方电台总编室牵头组织听评委员会,抽查、审听节目磁带,对节目进行业务评定。

1996年8月12日,上海电视台下发《关于提高节目质量的若干措施》文件,从加强节目考核和奖惩着手,对节目收视率、创优评奖进行考核,把考核结果与绩效、职务评聘挂钩。明确规定凡是新增栏目必须经过论证和审批,进一步探索科学合理的栏目管理办法;对部分栏目实行编导人员AB制,鼓励内部竞争;在中心内部实行节目收购制,择优播出。

1998年,上海有线电视台推出"质量年"系列活动,首次设立节目创新奖,共吸引104件作品参评。还推出"有线周末学校",开展获奖作品观摩赏析活动及节目创作人员"现身说法"。同年,上海电视台为更好地调动全台职工的工作积极性,完善"奖勤罚懒"的奖惩机制,推出节目质量量化制度以及节目收视率与绩效挂钩制度,并对有重大影响、社会效益突出的节目或栏目给予重奖。东方电视台在节目领域引进竞争机制和激励机制,力争多出名牌栏目和精品节目。

1999年,上海卫视推进"精品节目战略",推出每晚9点半的综艺类节目《新上海精品电视》,还推出《上海大剧院》《品艺风景线》等文化专题栏目。

同年,东方电台推行节目质量管理考核措施:一是建立节目评价制度,包括台"每周讲评"制度,各部门每月/季度一次的节目评优制度,半年一次的优秀节目评选制度;二是台编委会建立"双周抽评"制度,每两周一次,随机对节目进行听评打分;三是举办东方电台内部的创新节目擂台赛。

2000年,上海电视台贯彻市文广局《关于提高广播电视节目质量若干问题的决定》,确定提高节目质量的56个工作项目,坚持实行每月一次的老干部监看监听制度和每季度一次的收视率分析、财务分析演示,对各类主要节目的特点进行剖析。

东方电视台对非新闻节目栏目实行台内市场运作机制。通过合同管理节目,对每个节目都规定一定的内容、质量、成本和收视要求,完成或超额完成指标的给予奖励,未能完成指标的则"负债运行"。

2001年起,东方电视台对全部14个固定栏目纳入"东视节目质量评估体系",从收视率、成本降低率、清账天数、社会评价(领导打分、阅评意见、自身对本节目的宣传)四个方面对节目质量进行全面评估。

二、评优激励

1994年,上海电视台以颁发台长嘉奖令、召开座谈会等形式表彰先进典型,形成增强敬业精神和精品意识的良好氛围。

1995年10月6日,上海电视台举办"讲敬业、比奉献、出精品、出人才"为主题的学习观摩会。

1996年,上海电台举办"十佳播音员、主持人"评选活动。

1997年,上海电台举办了"十佳"栏目听众评选活动,评出《990早新闻》《滑稽王小毛》《空中体坛》等"十佳"栏目。东方电台在开播5周年系列庆祝活动中,开展"最受欢迎的十佳节目主持人"和"最受欢迎的十个栏目"的评选活动。该活动在《每周广播电视》报刊出选票,由听众评选出东方电台"十佳"栏目。

1998年,上海电台"十佳"编辑记者评选揭晓。

1999年,上海电视台"百花奖"经评委评选,从87个参评节目(栏目)中评出入选节目(栏目)45个。

2000年,上海电视台设立节目"创新奖",建立短新闻大赛、新闻中心(部)主任月度例会和听评节目制度,开展"上海十佳电视艺术工作者"评选活动。东方电台推出面向全国的创新节目擂台赛,该活动由中国广播电视学会和上海市广播电视学会担任指导单位,由两大部分组成:一是全国部分省市广播电台共同参与的广播创新节目擂台赛;二是广播创新节目观摩交流研讨活动。当年,来自国内17家电台的67件作品和19篇论文参加这次比赛。

2001年10月,东方电台举办第二届东方畅想广播创新节目擂台赛暨研讨会,分为三大主体活动:一是全国部分省市广播电台广播创新节目擂台赛;二是"新世纪广播创新与发展"交流研讨会;三是"广播创新月"擂台赛优秀作品展播。总共有23家省市电台积极响应,70篇作品参赛,35篇作品进入终评。经终评委推选,东方电台《母子心事》获擂主称号。

2002年10月28日,东方电台台庆10周年系列活动——第三届东方畅想广播创新节目擂台赛颁奖仪式在国际会议中心举行。此届大赛共收到29家电台创作的85部作品。经过初评,38部作品入围参加终评。东方电台的《与海洋零距离对话》获最佳制作奖,上海电台的《玫瑰,玫瑰,我爱你》获最佳策划奖。

2003年,按照"品牌运营"的战略要求,传媒集团旗下各频率、频道开始全新打造频率频道品牌。上海电视台财经频道和东广财经频率组成统一对外呼号的"第一财经"、生活时尚频道的"CHANNEL YOUNG"品牌、音乐频道的"CHANNEL IN"品牌、东方卫视的"DRAGON TV"品牌等,推进全新的品牌包装、频道宣传以及格式化播出系统,在频道层面进行品牌推广;在节目内容层面,以"品牌节目"为抓手,推动节目创新创优工作。

2004年5月10日,传媒集团节目研发中心成立。该节目研发中心通过建立节目模式信息库、编辑出版节目模式报告、举办节目分析策划会和最新节目模式观摩会,进行创新节目样片的策划和制作,为传媒集团的内容产业发展提供增长点。

同年,东方卫视新闻栏目《东方夜新闻》被中国广播电视协会评为"全国十佳电视栏目"。第一财经与CNBC亚太一起在新加坡、上海、北京、香港、东京等地举办合作节目路演,与CNBC亚太、TNT合作主办"第三届亚洲商业领袖颁奖典礼",参与合作举办"2004上海国际金融论坛""2004中国房地产金融资产证券化论坛"等11个活动,并入选首届"中国最有投资价值媒体"。

2005年,传媒集团发展研究部团支部与传媒集团团委联手推出"亮剑——SMG青年创新行动",旨在激发全集团青年乃至业务骨干的内容创新热情。"亮剑"第一季活动在全集团范围内征集节目创新方案,邀请集团内业务骨干为节目创新创优进行智力启迪。

2005年11月,在上海新闻界庆祝第六届中国记者节大会上,传媒集团新闻频率《市民与社会》、新闻综合频道《新闻透视》、纪实频道《纪录片编辑室》、东方卫视《东方夜新闻》、音乐频率《东方风云榜》5个栏目入选"首批上海媒体优秀品牌榜",体现传媒集团"实施品牌战略、做大做强正面报道"阶段性成果。

2006年,传媒集团广播新闻中心推出内部《节目创优奖励办法》,对各类获奖节目予以奖励。

2007年11月,在上海新闻界庆祝第八届中国记者节大会上,传媒集团电视栏目《新闻透视》《新闻坊》《1/7》《可凡倾听》和广播栏目《市民与社会》《星期广播音乐会》入选"上海媒体优秀品牌榜"。

2008年,传媒集团按照"高端引领、大台风范、国际视野、东方立场、渴望原创、尊重多元"24字方针,提出"大台风范"作为发展行动纲领。传媒集团设立"总裁奖",旨在褒扬集团内部每周播出的具有创新价值、展现制作发展趋势和引起热烈反响的节目,建立多渠道节目创作人员激励机制,激发员工锐意进取的雄心和主人翁精神。集团广播电视自制节目(或拥有完全版权)通过部门推荐、领导提名、个人自荐、专业人士推荐4种方法参评。对获奖节目组,每周通过总裁直接嘉奖的形式进行激励,并在传媒集团各楼宇电视、报纸、网站进行宣传。当年12月2日,传媒集团首期"总裁奖"得主产生。

2009年1月,文广集团决定对2008年度取得的创新突破成果给予嘉奖。嘉奖抗震救灾、北京奥运会、残奥会、纪念改革开放30周年等主题宣传优秀节目;嘉奖具有创新突破价值的节目、栏目、版面和媒体活动。在"创新、创优、创高"主导思想下,上海广播电视台生活时尚频道形成《左右时尚》《今日印象》《人气美食》《乐活好正点》等品牌节目群。国家广电总局推出2009年度12个创新创优典型节目形态,其中有上海广播电视台的《欢乐蹦蹦跳》。

2010年,上海广播电视台发布《节目研发资金管理办法》《电视"总裁奖"奖励办法》等文件,进一步营造内容创新的良好氛围。

根据《节目研发资金管理办法》,上海广播电视台出资1 000万元设立引导性资金,以扶持、资助、激励方式,用于节目方案和样片的制作,鼓励节目创新。经节目研发资金管理小组通过后,节目创意奖励 500 元～5 000 元,节目方案撰写获得 1 000 元～30 000 元资助,节目样片制作获得 20 000 元～200 000 元扶持。

《电视"总裁奖"奖励办法》规定,以收视数据为定量,对有效增强市场竞争力的日播、周播类常规节目以及台领导认为需要予以奖励的节目,以周为周期进行奖励,奖励金额最高可达 50 万元。

上海广播电视台设立创新创优专项基金,对自主创新节目样片的研发制作给予资助,创新节目最终能否上档和成功,都被列为频道关键绩效指标(KPI)的考核指标,以加强频道自主节目创新创优力度。

上海广播电视台旨在鼓励内容创新的"千金买创意"节目研发系列活动展开,征集期共收到近 200 份节目提案和创意。2010 年 10 月 13 日,"千金买创意"首次颁奖暨样片资助提案活动举行,经过初评,来自台、集团各事业部和职能部门的 124 个创意、文案提案人当场领取近 30 万元现金资助。最终,《梦的解析》《今天吃什么》《美食大王牌》《旧屋改造大作战》《番茄小子》《80 灵不灵》《沪听 who》《逃生? 淘声?》《别对我说谎》9 个节目获得资助,进入样片制作环节。

《东方直播室》获国家广电总局授予的"2010 年创新创优栏目"称号。

图 7-2-1　2010 年 10 月 13 日,上海广播电视台首次举办"千金买创意"
颁奖典礼,同时资助节目创新研发提案

第三节　受　众　工　作

一、广播收听调查

1982 年 10 月 20 日—11 月 23 日,上海电台派调查组赴上棉六厂、上海绣品厂、上海起重运输机械厂、市民用建筑设计院和南市区露香园路街道等单位,主要了解广播在人民生活中的作用,听众的结构、爱好和收听广播时间的变化,以及听众对广播节目的要求,为改进、改革广播宣传开创新局面提供参考意见。

1983年10月20日—11月29日,上海广播收听调查是点面结合,以面上的抽样调查为主。在调查范围方面,根据市统计局提供的全市人口普查常住人口万分之二的比例,确定2 179人为调查对象,涉及267个单位。这次抽样调查的数据表明:收听上海电台节目的占99.32%,其中,新闻节目的收听听众占71.97%,是收听率最高的节目。调查中设有"您最喜欢的上海台节目"一栏,统计结果表明新闻节目也是第一位。

据1995年3月收听率调查显示,上海市级电台已拥有调幅6套、调频3套,每周节目389个,每天播出时数近138小时。为检验播出效果,市广电局委托上海城市社会经济调查队进行收听率调查。数据表明,上海广播的听众总量呈上升趋势。从调查样本中的人口构成比、天平均累计收听人次入手,1993—1995年,高层次文化程度人群的听众占比有所提高。1995年3月份的天平均累计收听人次比1993年12月份多出近200人次。上海广播节目在优存劣汰的市场竞争机制中更加注重节目播出效果,广播宣传改革和节目的调整受到听众的认可。天平均累计收听人次的增长,也反映出上海广播听众群的稳定。

当时数据表明,每天6—8时的两小时内,上海电视的收视率还在起步之中,广播的收听率却已经达到高峰,晨间新闻节目也具有最大的听众群。此外,在12时的收听率高峰时段,新闻信息节目和曲艺音乐节目都受到非在职在岗市民的欢迎;18时的收听率高峰中,与之相对占比较大的则是新闻和股市信息类节目。

至2000年,上海地区广播的日均播出时间与节目数量进一步增加。收听广播的稳定听众约553万人。结合收听率与人口指标分析数据,可发现每天6—8时仍然是广播的黄金时段,晨间新闻的收听率远高于电视新闻的收视率。但除开晨间时段,其余时间的收听率均不理想,相比1995年,高峰数量明显有所减少。上海的广播音乐类节目正以较快速度迈入市场,使得此类节目布局相对平衡,15岁～24岁的年轻人更爱在晚间收听音乐;股评类节目由于股市消息和广播实时优势更受关注,这类节目仍受到大专以上学历市民的关心,年龄分布集中于45岁～54岁。

截至2000年,上海广播节目依然拥有一定规模的收听群体,其中新闻、股评、音乐类节目最受关注。新闻节目继续保持大众化的风格,股评、音乐类节目具有较强的对象性。这为节目制作者以及节目往后的发展提供依据。

在察觉频率定位、内容创新的重要性后,传媒集团广播频率的市场份额因对内容创新与调整版面的重视稳步增长,由2005年的90.5%上升至2007年的93.4%。2007年12月,故事广播正式开播,收听率从开播之初的0.1%,到2008年底上升为0.3%,呈现出稳步上升的态势。

2009年,传媒集团广播各频率注重市场开发,并与电视、新媒体等资源联动,市场份额有所增加。新闻、财经、音乐和故事等节目板块经过对受众的深入研究和定位,优化节目编排,使新改版节目对时段收听和频率整体贡献明显,其中第一财经频率的表现尤为突出。

2010年,上海广播电视台新闻广播、流行音乐广播"动感101"和第一财经广播继续占据着上海收听率前三名,收听率和市场份额也保持着较为平稳的势头。

二、电视收视调查

1984年,上海电视台进行多次综合调查。年初即深入工厂、街道里弄召开观众座谈会,通过工会组织发放"城市职工收看电视节目调查表",再从上海市统计局、人口办公室等了解有关数据。经过调查掌握了不少重要情况:上海市民拥有电视机超过200万台,市区电视机普及率88%,郊区为15%;市民及企业职工的作息和观看电视时间;观众的文化层次和喜爱的节目。这些重要数据,为上海电视台开辟日间节目、调整栏目档次提供了依据。

1986年,上海电视台在进行重大改革中提出建立一套衡量节目质量具体指标的设想。经过可行性分析后决定,当年投资5.5万元建立上海市区电视收视率调查网。委托具有权威性和设备条件的上海市城乡抽样调查队实施。确定市区选择50个居委会中1000个家庭作为样本户。统计方法是"落实到户,统计到人",以户为单个调查单位来统计家庭成员(电视观众)的收视率。

1999年,上海各电视台连续365天24小时不间断展开收视率调查。在调查的600户样本中,有线用户占90%以上;有三分之一的家庭常年不看电视。此外,22时后的半小时也属于准黄金时段,有开发价值。上海电视新闻,历来是观众青睐的节目,18时55分播出的《新闻透视》虽然只有5分钟,却有20%左右的收视率。傍晚新闻节目的收视率常年都比较稳定。比起上海当地新闻,中央电视台新闻收视率在有重大事件发生时则有更明显的涨幅。在观众喜爱的节目类型方面,电视剧在当年处于领先位置,播放数量虽然很多,良莠不齐的现象却也很突出。全年黄金时段户平均收视率排序前10部的电视剧平均收视值为29.87%,倒序10部则为1.97%,相差27.9个百分点。除了电视剧,游戏娱乐类节目收视也有两极分化的现象。《相约星期六》与《智力大冲浪》作为当年上海的名牌栏目收视率均在27%以上,但其他节目年平均收视率都不高,有的节目开播不久便停播,因而娱乐类电视节目确实需要在加强节目创新和群众参与的基础上推出更多优秀栏目来满足观众需求。至于体育赛事,则在转播时拥有大量观众群,其中足球赛事最受欢迎。

央视索福瑞媒介研究数据表明,2000年后上海电视观众的电视消费量基本保持稳定。到2004年,外省市卫视在上海全面落地,中央电视台的频道增加,收视竞争更加激烈。传媒集团、中央电视台(CCTV)和外省市卫星频道成为上海电视收视市场的三大主要构成媒体。这都对上海节目的内容质量和编排方式提出了更高的要求。因此,上海地区各电视媒体在节目编排上特别加强了22时之后的海外热播剧目并且引进偶像剧,成功引导部分电视观众的收视顺延。从该年观众对节目类型的总体喜好取向来看,收视份额居前四位的分别是电视剧、新闻时事、综艺节目及电影。尽管各省市卫视频道及中央电视台分流了部分受众,但上海本地收视率居前三的传媒集团频道全天市场份额为35%,晚间黄金时段为45%。电视剧和新闻也依然是上海观众最喜爱的节目。

传媒集团在2005年底成立电视新闻中心,有效整合了原有各频道的新闻资源,节目推陈出新,使新闻节目收视依然保持稳定。《新闻坊》《东视广角》《真情实录》《媒体大搜索》等节目,因为贴近百姓,受到喜爱;《深度105》等深度报道观众群依然稳定。其他品牌综艺节目如《相约星期六》《家庭演播室》等有了30%左右的提升幅度。在2006年德国世界杯足球赛举办期间,体育频道的赛事转播在收视和市场占有率上全面超越过往,单日最高市场份额达到77%。

2000年,上海电视观众人均每天收视时长为180分钟,2003—2006年期间稳定在190分钟左右。2008年上海市场的观众对电视节目表现出更浓厚的兴趣,平均时间达到211.3分钟。这和2008年全年发生的许多特殊事件直接相关,5·12汶川大地震、北京奥运会、改革开放30年等重大事件使人们更愿意在荧屏前关注事态变化。而北京奥运会和暑假的双重效应,也使得该年市场收视增高,在当季给全年带来历史性的收视高峰。

2010年,随着媒体竞争的加剧,新媒体特别是网络媒体、手机、其他电子媒体对受众的分流,电视媒体的收视总量出现下滑,观众的电视收看时长有所缩短。总体来看,2010年人均每天收看电视时间为189.8分钟,比上一年减少8.4分钟,减少4%左右,比2008年减少近22分钟。但是从媒体消费总量来看,收看电视依然是受众花费时间最多的。在上海当地市场方面,上海东方电影频道2010年的收视呈现下滑,中央电视台的一套、四套、五套、六套、新闻频道进入了2010收视前二十的排名,而外省市卫视中的湖南卫视、浙江卫视、江苏卫视、安徽卫视在前二十中占据4席,共同成为上海广播电视台的收视竞争对象。

面对中央电视台和外省市卫视的激烈竞争,上海广播电视台旗下的13个频道在上海地区依然占领绝对优势。全天时段,上海广播电视台的收视份额达到50%;18—24时黄金时段,上海广播电视台的份额达到57%。新闻综合、电视剧、娱乐频道依然占上海广播电视台收视的前三名。在专业频道中,五星体育、第一财经、星尚频道、纪实频道进入收视前二十。电视剧则依然是荧屏的重头戏,收视份额占据三成以上。在节目类型方面,2010年随着股市的复苏,财经类节目的收视时长比2009年有所增加,而世界杯、亚运会等体育赛事也拉动了体育类节目的收视,另外新闻类节目的收视率较2009年也出现明显的增长。

三、广播电视通联与群众工作

【广播通联工作】

1978年5月,上海电台成立群工组,通联工作逐步恢复,每年举行大型活动五六次,更多的是召开小型座谈会征求意见或组织写稿。到1980年已有通讯员3 000多名,广播之友300多名。广播之友基本上可以代表各种类型的听众。他们抽空监听电台的各档节目,在亲朋好友和社会关系中收集意见和建议,将其中有代表性和可行性的内容,组织成文字稿寄给电台,充当听众与电台之间的“信使”。上海电台以此作为改进节目的参考。

1993年10月,在东方电台开播1周年之际,一些听众自发组织编辑《东广之友》,由此架起一道联系东方电台与广大听众的桥梁,增加一个信息交流的渠道。东方电台的群众工作由通联信访、节目热线和听众联谊活动等方面组成。通联工作由新闻部牵头,通过召开通讯员大会等活动建立一支拥有200多名通讯员和15名特约记者的队伍,为《东广新闻》随时传送各类信息,包括向《东方论坛》栏目提供稿件。群众来访接待和来信处理工作均由台办公室人员兼任。大量投寄到节目组的信件由节目主持人和编辑处理。建台初期,来信量平均每天4 000封左右。为了办好节目,各节目部门还开展多种多样的听众座谈、研讨和联谊活动,其中有《东方大世界》之友、《今日新话题》联谊会、《相伴到黎明》联谊会、《阳光列车》联谊会以及音乐部的《怀旧金曲》联谊会和《欢乐999》联谊会等。

1995年,上海电台给热心听众寄发收听调查表,而且每个频率都有一张专门的表,对中波990、1197、1422千赫,调频103.7、105.7兆赫等频率做收听调查。由群工科专门负责观众来信,拆阅、转发和答复都有专人负责。上海电台还在离退休人员中组织监听队伍,不定期召开座谈会,听取意见,加以综合分析,对节目做出恰当评估。

2001年,上海电台每个月由一位台领导同总编室四五名成员,分别到四平路街道、华阳路街道等与居民座谈,听取对广播节目的意见,经整理后登载在《广播之友》内刊上。

【电视通联工作】

1980年,上海电视台为了配合新闻节目改版,建立了新闻通讯网。第一批发展通讯员600名,这批通讯员遍布上海市各区、县、局领导部门和各行各业。

上海电视台为了做好电视节目的信息反馈,于1979年开始筹建"电视之友"组织。信访人员先从观众来信中物色对象,以择优聘请为主、所在单位推荐为辅,到1984年逐步发展120名"电视之友"。同年6月18日召开"电视之友"组织成立大会,会上要求"电视之友"提供真实、有益的信息。

1986年,上海电视台成立信访科,隶属于台总编室。对观众来信,由专人负责拆阅,分类登记处理。对反映节目内容和播出质量的,呈报台领导阅示后,将处理情况做出答复;对改进节目有指导意义的意见,及时编成《观众信访摘编》,印发各节目制作部门参考;对反映重大问题的信件,则派专人调查,将调查结果撰写成书面材料上报;对观众提出求助信件,则转各级政府有关职能部门处理,并尽力帮助沟通联系,促使问题解决。

从1991年起,上海电视台先后6次邀请"电视之友"到上海电视台,就新办的栏目、新摄制的电视剧、《上海电视》杂志等举行专题座谈,听取意见和建议,有时还邀请他们到演播厅参加现场直播,了解节目制作过程。1991—1993年,每年举行一次"电视之友"总结表彰会和春节联欢会。

东方电视台通联工作始于1992年12月初东方电视台筹建时期。当时有特约记者19人,通讯员40多人。至1993年年底,特约记者有35人,通讯员60多人。通联编辑处理通联队伍成员提供的新闻素材,有助于了解实际情况和群众需求,增强新闻报道的针对性。"东视新闻热线"于1993年1月18日开通后,对群众最关心的问题在《东视新闻》栏目中及时报道。

1997年,上海电视台群工科摘编观众对电视节目的意见和建议,很多稿件被《上海电视》杂志和局《广播与电视》内刊采用,为台领导和节目制作部门改进节目、提高节目质量提供参考信息。群工科进行"上海地区观众的电视收视习惯"专项调查,为台决策部门提供栏目定位以及如何科学编排两个频道节目提供参考意见。

2000年,上海电视台要求台总值班、各相关部门,特别是总编室、新闻中心和群工科,认真耐心地接待观众来信、来电、来访。通过开展与观众见面活动、专家与观众座谈会、"电视之友"活动、网友活动、老同志阅评等形式,广泛听取社会各界人士的建议和批评,以改进工作。上海电视台对观众做出承诺:"心中装有观众,向观众奉献高质量、高品位的电视节目。"

第三章 播 出 管 理

第一节 安全播出管理

一、市级广播电视机构安全播出管理

1979年,上海广播电视技术部门的各项工作制度逐步恢复,使技术运行重新走上轨道。

1982年12月1日,市广播局与市公安局向市政府提出《关于保护广播电视及有线广播站技术设施的报告》,市政府办公厅于1983年11月10日同意市公安局、市广播局发布《上海市保护广播电视和有线广播设施安全的通告》。

1984年,上海电视台技术部门开展计算机统计报表工作,推动技术设备的维护工作以及技术指标的测量。

1986年6月,上海电视台制定一系列安全播出规章制度,包括:《总控室值班人员操作规程》《副控室值班人员操作规程》《技控室值班人员应知应会》《电影机房节目录制规则》《录制科各组室岗位责任制》《检修科岗位责任制》《音频科技术设备检修制度》《外录科转播、录像岗位责任制》《发射机房安全操作制度》《天线组工作职责》《天线工高空作业制度》《新永安大楼技术科岗位责任制》等。

1987年,市广电局进行全局范围内的技术体制改革,成立局技术中心。

1988年8月23日,局技术中心制定《广播电视播出人员考核要点》《广播电视节目制作人员考核要点》《电视节目评分办法》《录音质量级别标准》。

1989年,局技术中心制定《广播电视监测人员考核要点》。技术部门通过加强管理,进行业务考核,开展劳动竞赛,有效地调动技术人员的积极性,确保安全播出,全年广播技术部停播率为0.45秒/小时,创历史最佳纪录。

1993年,市广电局发布《技术中心播出管理方案》,指出广播电视优质、安全播出,是技术播控部门最主要的工作中心之一,它的好坏直接影响着广播电视的工作成绩。广播电视播出管理的宗旨是:建立一个完善、正规的安全播出监测、分析机构,强化播出岗位技术人员的业务素质、劳动纪律,完善播出岗位的分配制度。

1994年6月10日,市广电局技术中心新体制运行,新建广播技术部、电视技术部、传送播出部、技术保障部。同年,市广电局技术中心成立安全优质播出领导小组,坚持每周五例会制度,加强督促检查,建立岗位责任制,修订完善"考核上岗""机房值班""设备维护"等规章制度。

1995年,东方电台建立《播出日志》填写制度,这是为加强节目管理推出的一项重要措施。根据《播出日志》填写细则规定,各栏目组逐次逐项填写播出日期、时段、嘉宾名单、听众参与电话数量、节目主要内容以及播出情况,并由编辑、主持人、监制签名。《播出日志》还附有《听评反馈建议》一栏。《播出日志》由各部统一保管,供台领导随时查阅,台总编室按月收取检查填写情况。

1996年10月18日,上海广播大厦启用网络化录播一体化数字音频工作站自动化播出系统,提升安全播出质量。同年,市广电局《广播电视技术维护奖励暂行办法》制定并付诸实施。局技术中

心坚持通报会、协调会、工作例会,日报、周报、月报的"三会三报"制度,修订完善《电视播出规范化细则》《试音、试机规定》《报工号制度》,并开展广播电视技术维护评比竞赛活动。全年广播播出91 232小时,停播率为0.23秒/百小时;电视播出133 642小时,停播率为0.39秒/百小时;优于广电部颁发的标准。电视传输创下连续4个月停播率为零的历史好成绩。

1997年,《上海市广播电视技术维护管理细则》汇编出台。局技术中心开展安全播出劳动竞赛,组织考察团赴广电部技术维护先进单位学习取经,取长补短。同年,全国广播电视技术质量评比,上海市广播电视局获得3个一等奖、2个二等奖、1个三等奖,总分名列全国第二。全年广播播出94 989小时,停播率为1.8秒/百小时;电视转播822次,电视播出130 039小时,停播率为0.1秒/百小时。

1998年6月16日,新建的局技术监测中心搬迁启用,其监测系统设计具备监测36套电视节目、22套广播节目的数据功能,能监测经转播的6套无线电视节目、19套有线电视节目、18个频率广播节目的技术参数,为上海地区广播电视安全播出提供了监督和保障。同年,局技术中心加强机房正规化建设,执行《广播电视播出传送试机试音规定》,建立广播电视新闻播出技术领导值班制度。全年度广播播出总时间102 370小时,停播率为0.09秒/百小时;电视播出总时间137 290小时,停播率为1.2秒/百小时,其中广播传输取得年内10个月停播零秒的好成绩。

1999年,市广电局要求各台对安全优质播出紧抓4个环节:播出前准备工作,播出中机械故障的排除,播出后交接班制度,重点节目的监控。同时,加强广播电视设施的维护保养,设备维护落实责任制。

2000年,市文广局为加强广播电视播出管理,保障广播电视安全、准点播出,制定《广播电视播出管理方法》(以下简称《播出管理方法》)。确定广播电视的节目编排、播出计划和对外预告,应当由台长或台长委托的分管领导签发。在遇到突发性重大新闻、重要通知,需要中断常规节目做临时插播前,必须及时报告局总编室,经请示上级领导后方可执行。

《播出管理方法》对广播电视播出事故实行分级计分制度,广播电视播出事故分为一级差错事故、二级差错事故、三级差错事故,并按一级差错事故扣5分、二级差错事故扣3分、三级差错事故扣1分的标准扣分。

2002年底,市文广局被国家广电总局评为"党的十六大广播电视安全播出全国先进单位"。

2003年,文广集团发布《关于加强广播电视安全播出管理的决定》,成立集团广播电视安全播出领导小组,明确集团总工程师办公室为其办事机构,负责广播电视安全播出的日常管理工作。实行广播电视安全播出"直线领导制",由集团安全播出领导小组全权负责管理广播电视安全播出工作,并开展安全播出整顿月、安全播出大检查、修订完善安全播出应急预案、组织岗位练兵大比武等活动。

2004年,传媒集团修订《安全播出管理条例》,强调广播电视优质安全播出是集团各项工作的重中之重,也是集团一切工作的基础和根本。广播电视播出管理的宗旨修改为:"建立完善的管理体系,提高员工的综合业务素养,确保广播电视的安全播出。"上海广播电视播出管理工作以国家广电总局"不间断、高质量、既经济、又安全"的维护方针为指导,以杜绝一级差错事故、减少二级差错事故、压缩三级差错事故为目标,加强广播电视的播出质量,确保各类播控系统技术运营指标符合国家广电总局甲级运行标准。

同年,传媒集团技术管理部将安全播出纳入其管理范畴,梳理汇总形成《安全播出管理手册》,内容分别为安全播出管理、技术维护管理、频率资源管理、播出工作制度和附录。该《手册》初步建立上海广播电视安全播出管理制度体系，为安全播出管理工作提供制度依据。技术管理部负责安全播出考核、停播率和差错事故、安全播出管理工作的落实情况及规章制度和操作规范的执行情况、播控系统指标、安全播出检查情况。

传媒集团技术运营中心具体实施要点：建立层次分明、职责明确、队伍精干的安全播出体系；建立安全播出联系人制度；设置传媒集团安全播出事故认定小组；建立安全播出联合小组；建立安全播出工作例会制度；加强安全播出工作的管理和控制力度；建立播出一线人员持证上岗制度，不断提高广播电视播控人员的岗位实务能力和专业素养。

2004年，广播播出186 538小时，比2003年增加53％，播出把关138次，停播率0秒/百小时。电视播出291 526.9小时，比2003年增加14％；停播率0.03秒/百小时，比2003年下降40％；纠错把关12起。卫星播出14 545小时，境内外传送1 370次，1 573小时，比2003年增加128％。卫星信号接收6 149小时，比2003年增加50％。飞行站转播92次，184小时，比2003年增加250％。光缆完成传送、转播232场次，724小时。数字电视安全播出721 447小时。移动电视播出7 000小时。

2006年，传媒集团技术运营中心加强对安全播出工作的组织领导，层层落实安全播出责任制，形成安全播出工作齐抓共管的局面。在员工中进行以"忠诚敬业展才华"为主要内容的安全播出主题教育，增强员工做好安全播出的责任感和荣誉感，为做好安全播出打好思想基础。完善ISO管理体系，建立健全规范有序的安全播出长效管理机制。根据新系统运行实际，通过采取加大运维规范和管理力度，及时对系统软件进行升级，推行电子值班日志等有效措施，确保新闻节目的正常播出。切实做好重要时期、重要节目的安全播出防范工作，严密防范非法信号的干扰破坏。完善应急预案，组织针对性演练、强化信号监看，领导深入一线靠前指挥。通过对卫星上下行整个链路的全数字化改造，卫星发射、接收上下行系统改造，提升防范抗干扰能力，实现重要时期、重要节目播出无差错的目标。

2007年，传媒集团技术管理部从审核各新媒体播出系统资料和管理制度入手，逐步实施对新媒体节目的安全播出管理，对相关新媒体播出系统进行安全播出验收。从安全播出角度对动力系统改造提出具体要求，实施对动力安全运行的有效监管。完善安全播出验收流程，对包括传媒集团广播新总控系统、东方购物播出系统和第一财经香港演播室等集团新建播出系统进行安全播出验收，保证这些系统按安全播出管理规范及时启用，安全运行。建立并完善安全播出月度工作例会制度，实施安全播出积分管理，有效加强了安全播出数字化管理工作，技术维护工作得到全面加强。

2008年，传媒集团技术运营中心与下属各播出部门签订安全播出责任书，层层落实安全播出责任制，形成安全播出工作齐抓共管的局面。按照国家广电总局相关规定，结合实际制定了实施细则和应对措施，确保安全播出各项规章制度的执行和落实。针对节目播出带存在差错的问题，及时与各频道沟通，建立协调机制，实行关口前移，增加节目带安全播出的可靠性。加强播出系统的开发应用进程，提高技术系统的智能化，并通过业务培训，规范操作流程，提高值机人员的应急能力。

2009年，上海广播电视台广播实现安全播出176 074.83小时，停播率为0秒/百小时；电视安全播出587 656.8小时，停播率0.01秒/百小时，远低于0.4秒/百小时安全播出考核标准；卫星电视播出174 956小时，停播率0秒/百小时，成功防范上星载波干扰12次，正确应对和处理卫星故障2次。全年广播电视设备年检110个系统，合格率达到100％。

2010年，上海广播电视技术系统不断更新换代，给安全播出工作提出了新的要求。上海广播电视台技术管理部按照国家广电总局下发的《广播电视安全播出管理规定》及各专业实施细则，对各项安全播出管理制度重新梳理,并新制定《台、集团信息安全管理办法》《台、集团安全用电管理办法》等规章制度,加强信息安全和用电安全管理。

同年,全市广电安全播出管理机制日益完善,确保重大宣传活动和重要保障的安全播出。全年上海广电部门成功防范上星载波干扰 14 次;广播安全播出纠错把关 50 起,电视安全播出纠错把关 347 次。广播停播率为 0 秒/百小时;电视停播率为 0.05 秒/百小时。

二、协助国家广电总局修订安全播出管理制度

2008 年,国家广电总局下达《广播电视安全播出管理规定电视中心实施细则》(简称《电视中心实施细则》)编写任务,传媒集团技术运营中心传送播出部积极参与编写工作。

《电视中心实施细则》主要针对专业特点进行分类分级管理,对各等级专业技术系统配置、运行质量、安全播出管理提出不同要求。《电视中心实施细则》是对各播出机构的强制要求,主要是从停播率、安全播出管理、人员和队伍建设、系统配置、安全播出保障措施等几个方面进行规范。

2010 年,《电视中心实施细则》发布后需做各级培训与解读,国家广电总局下达编写《广播电视安全播出管理规定电视中心实施细则—培训教材》的任务,上海广播电视台作为《电视中心实施细则》主要编写者参加这一项目。按照国家广电总局关于安全播出工作的部署,《电视中心实施细则》成为全国各电视中心不断加强安全播出保障体系建设,提高安全播出保障能力和管理水平的主要规范、依据和指导性文件,也成为广播影视行政部门对各级电视中心考核的基本依据。《电视中心实施细则—培训教材》为全国各地播出机构的同行,学习贯彻落实《广播电视安全播出管理规定》及实施细则,进一步加强管理,切实做好安全播出工作,提供了有益的参考工具。

三、区县广播电视台安全播出管理

1992 年起,宝山区广播电视台加强安全播出管理,相应制定《机房值班制度》《外来人员登记制度》《值班人员交接班制度》,做好播控设备检修维护、重要设备冗余备份等相关工作。每场直播方案,报宝山区文广局及市文广局备案。制定直播应急预案,广播延时 8 秒、电视延时 30 秒播出。

1996 年 9 月 28 日,奉贤电视台开播,专门制订《广播电视播出机房的日常值班制度》《广播电视设备维护制度》《应对广播电视安全播出突发事件的应急预案》。之后,强化技术部值班人员的安全播出意识,加强节目审查力度,每天检查节目单,检查播出系统的运行状态,确保信号稳定、畅通。进行安全播出设备的更新换代,采用先进的全自动硬盘播出系统,增加设备的备份,不断加强技术设备的维护力度,确保各项设备处于最佳运行状态。

1998 年,南汇县广播电视局为加强安全优质播出,制定《电视台控播系统管理制度》《设备的维护与检测制度》《检修制度》《设备管理制度》《播出值班制度》《技术人员工作职责》《播出人员工作职责》《节目制作操作规程》《机房制度》《电视台技术部岗位职责》,对值班人员值班、交接班和播出中遇到故障和安全问题如何处理,对设备维护、检测,对设备、仪器和工具管理,地面卫星接收设备的管理等具体内容和要求均做出明确规定。

崇明县广播电视台修订《广播电视节目播出操作规程》《安全播出奖惩细则》《播出机房上下班考核细则》《值班日志填写细则》《安全播出应急预案》等各项制度,同时强化过程管理,合理设置播出过程各个环节,针对重要环节设置必要的保障及应急预案,确保播出安全。通过编制科学的直播

流程,建立安全有效的直播应急机制,制定充分的直播应急方案,强化直播人员的安全播出意识,同时加强技术检测,提高技术操作水平,确保设备安全运行。为加强播控机房管理,修订《值机岗位职责》《机房值机制度》《机房安全制度》《机房卫生制度》等各项制度,严格执行出入管理、播出管理、交接班管理等各项管理规定。

2009年,浦东新区广播电视台技术中心制订安全播出应急预案,加强人防、技防措施,细化操作规程,责任落实到人。对监测自动报警装置和各种自动控制设备,日常播出设备及发电机、电器线路,坚持每周二下午定期维护检查制度,发现故障隐患及时排除。健全播出机房交接管理制度,细化交班应注意的事项、接班应检查的主要项目。规范播出人员对播出中遇疑难问题的报告请示制度,坚持播出过程中的巡回检查制度。落实安全播出的领导和专人负责制度,包括值班值守制度。

第二节 播控机房管理

一、广播电视及卫星播控机房管理

1978年8月,上海电视台修订《技术组机房值班制度》《小型录像设备使用规定》。同年9月,上海电视台教育组制定《机房值班制度》,规定技术总值班是该次播出的技术总负责人。

1980年4月,上海电台制定《整顿值班秩序防止重大人为事故的规定》,并重申此规定与原值班制度和操作制度同等重要。

1982年开始,上海电视台着手将过去各频道相互独立的多中心系统改建为集中调度的中央控制室系统。

1993年,局技术中心制定《广播电视播出质量指标监测制度》,规定质量指标监测从主观监测和客观监测两方面进行,主观监测以值机员监听监看为主,以广播录音磁带和电视录像带为准;客观监测以仪器为准。局技术中心制定《广播电视播出部门考核制度》,以安全播出、播出质量、技术管理为考核标准。总分为100分,其中安全播出占50%,称"安全分";播出质量占30%,称"质量分";技术管理占20%,称"管理分"。

1994年,上海电视台电视播出传输机房位于上海电视台2号楼。当时使用单片机控制录像机播放,再通过手工调度控制面板进行播出;共有4个频道,播出传输工作人员20多人。播出机房是播出机构的关键部位,规定工作人员携带播出节目带进入机房必须持有节目签发单,严禁夹带与播出无关的节目带进入机房,严禁与机房业务无关的人员进入机房,任何人都不得使用机房设备私自录放任何节目。

1995年,上海电视台电视播出传输机房搬迁至广电大厦内,播出的无线电视信号送至东方明珠广播电视塔,播出的有线电视信号送至有线网络播出。播出传输工作人员有30多人,采用第二代模拟电视自动播出系统,电视播出由人工方式变成自动方式。

局技术中心要求电视播控机房实施《电视播出工作制度》,明确规定电视播控中心值班长全面负责当班时段所有频道的节目播出和信号调度。电视播控中心各岗位值班人员在播出过程中应认真监看播出的图像质量,监看图示音量幅度大小,并根据实际情况及时进行调整;发现异态和故障时应立即通知值班长,协同值班长及时处理。《电视播出工作制度》对电视传送中心工作、电视分控工作、节目灌录员、审看员工作、电视播出带管理员工作、电视播控中心分控值班员操作都做出详尽规定。

1996年,广播大厦设备选型进行机器安装调试工作,播控机房于11月1日顺利交割完毕并启用,达到"安全、平稳、不间断"的标准,实现上海广播由模拟到模数结合的历史跨越。

局技术中心广播技术部负责广播播控中心播出、制作系统及设备的维护、测试和故障排除,并承担对系统的调整、设计和改造。技术科设计了一个设备动态管理数据库,使部、科领导能随时正确了解所有设备最新有用的总量、状态、所有位置以及借调情况,必要时可通过控制面板打印自动月报表,从而实现设备动态管理。

局技术中心广播播控机房实施《广播播出工作制度》,明确规定广播播出设立值班长工作制度。值班长是当班时段内全面负责各频率广播节目安全播出、确保播出系统设备始终处于良好工作状态、保证各岗位正常有效运作的责任人。中波990千赫重要播出时段及新闻节目播出期间,值班长必须值守中波990千赫直播室进行技术保障。遇两个以上频率开关机时段,应在总控进行技术保障。《广播播出工作制度》对广播总控甲岗位、乙岗位工作,广播技控工作,中波990千赫、1296千赫直播室值班工作,直播室节目(节目带)运行管理,广播播出(制作)设备维护做了详尽规定。

1998年4月28日,上海广播电视卫星地球站开工奠基。9月28日,完成上海广播电视卫星地球站的建设任务,上海广播电视从微波传送、有线播出向卫星播出方式跨越。同年10月1日,上海卫视开播,通过"鑫诺一号"卫星向全国播出。上海广播电视卫星地球站执行《卫星地球站播出工作制度》,该制度对卫星地球站传送播出、动力值班、传送播出操作、动力安全操作、系统设备维护、变配电设备维护工作做了详尽规定。

1999年,市广电局为了加强电视节目传送播出的技术管理,提高电视节目的播出质量,保障电视节目的播出安全,制定《电视节目传送播出技术管理规定》。对电视节目播出带的规范、日常播出节目带的交接、"热炒带"(指即制即播的节目带)的交接、电视节目的传送、电视节目的更改、移动字幕的播出、规范电视节目的播出串连单等内容做了详尽规定。

2000年,东方电台制订《关于提高广播电视节目质量的若干措施》《新闻从业人员见习条例》《片库录像带管理条例》《直播室开关机制度》,规范节目制作、播出及片库管理等方面的制度。

2002年1月1日,传媒集团推出上海卫视频道、新闻综合频道、生活时尚频道、财经频道、体育频道、纪实频道、电视剧频道、新闻娱乐频道、文艺频道、戏剧频道、音乐频道等11个电视专业频道。各频道演播室执行《电视演播室播出工作制度》,值班技术人员按照有关规定加强对演播室内系统设备的管理,节目制作人员凭有效证件进入,确保其安全运行。该工作制度对演播室配备系统图、设备分布图、演播室操作规范、编辑复制机房工作、演播室设备维护、电视新闻直播机房操作维护做了详尽规定。

同年,传媒集团广播播出系统升级成功,先后完成新闻直(录)播机房、广播数控机房、卫星收录机房和广播两个数字直播室等的技术改造任务。上海广播的播出系统从模拟、模数结合向数字和桌面化升级换代。局技术中心实施播控机房管理,负责传媒集团新闻频率、新闻综合频率、交通频率、戏剧频率等广播节目的播出。

2003年,传媒集团全部11个电视频道实行硬盘播出,为实现电视全数字化管理奠定基础。

2004年,传媒集团制定《广播电视播出机房管理条例》,要求广播电视播出人员值班佩戴胸卡上岗,仪表仪容、坐姿规范,执行广播电视播出机房11条禁止性规定,执行广播电视播出机房布置规定和广播电视播出机房应急抢修备份器材规定。

传媒集团修订《电视新闻直播机房操作制度》,要求新闻直播机房技术人员按规定提前到达机房,准备试音、调机工作;频道直播工作人员提前到岗,接机试机进入待播状态;直播中,技术人员按照分工,各司其职,认真监看、监听播出节目的图像和声音质量,配合导播共同做好新闻节目的播出工作;新闻直播结束后,值班结束人员认真填写值班日志,做好播出情况记录,每档直播结束必须与当班责编签字确认;如直播出现差错事故,技术人员必须会同新闻直播负责人立即查明事故原因,按差错上报制度逐级向上汇报。

2006年,传媒集团技术运营中心传送播出部承担设计传媒集团电视新播控中心项目规划,主体分为内容规划、系统规划和运行规划三大部分。内容规划中将数字媒体的播出形式按不同类型分类。系统规划中将播控中心分成播出媒资、播出平台、分发平台、信息管理平台和智能综合网管,不同的功能分块提供不同的"服务",用多种"服务"的组合来完成电视播出的种种业务,采用以面向服务的体系架构(SOA)思路实现多个功能分块的互联互通。播出平台运行规划中提出从社会因素和组织因素两方面将安全播出等级划分为不同档次,还对工作职责进行划分,使各岗位分工明确,实现播出值班岗位专业化、员工操作人性化。

2007年,传媒集团广播总控数字化改造完成。建立数字化、信息化广播播出管理系统和定量分析系统,实现广播播控管理可测、可控和精细化、自动化、智能化。系统的建成并使用,全面实现了上海广播播控系统的数字化和网络化管理。

2009年,上海广播电视台广播数字内容管理系统、数据广播平台建设(二期)等项目完成。

上海文广互动电视有限公司位于洛川东路487号的演播室,于2007年11月15日竣工,2008年1月完成制作播出系统的迁入工作。演播室共有3个演播区,由设施较为完整、功能较为齐全的配套区域共同构成。参照上级单位各类规章制度,文广互动电视有限公司2007年拟订《演播室使用规范》,2008年制订《SITV使用播音主持人员相关规定》《高清频道送播管理规定》《"热炒节目"操作流程规范》,2009年制订《技术设备使用管理规定》等规章制度。2009年共完成配音任务64 295分钟,直录播任务257 100分钟。2010年,该演播室进行改造翻新,实现标清转高清。

二、事故差错与突发故障应急处置

1986年6月,上海电台制定《关于事故差错分类的界限》。事故分类的原则是:对外造成影响程度,对高质量安全播出的威胁程度及工作失职的情节轻重;事故分为重大、严重、一般三类;差错分为严重、一般两类。同时还划分事故与差错的责任界限。

1995年,为了对付突发故障和事件,确保广播、电视节目安全播出,局技术中心立足现有设备和手段,修订完善《广播电视突发故障应急处置方案》。该方案对于突发故障的组织指挥、广播和电视播出系统突发故障时的应急方案、广播电视发射台突发故障时的应急方案和保障措施等都作了详尽表述,具有很强的可操作性。局技术中心要求所属各部及传输公司掌握好应急方案,并制定有关科组的具体操作程序。技术中心安全播出领导小组对各单位进行抽查,使人员、设备落到实处。在全国安全播出保证期中,建立了局技术中心领导新闻播出值班制度,确保新闻和黄金时段的优质安全播出。

2000年,市文广局发布《播出管理方法》,对广播电视播出事故实行分级计分制度,广播电视播出事故分为一级差错事故、二级差错事故、三级差错事故,并按一级差错事故扣5分、二级差错事故扣3分、三级差错事故扣1分的标准扣分。

2004年,上海广播电视播出管理工作以国家广电总局"不间断、高质量、既经济、又安全"的维护方针为指导,继续加强管理。

2009年10月起,上海广播电视台坚持每周在编委会上通报一周安全播出和技审情况,对于播出差错责任事故予以严肃处理,引以为戒。

【暴雨渗水致使广播频率断电停播的抢修】

1995年6月30日下午,暴雨突袭上海,位于北京东路2号的广播大楼一楼阳台排水不及,大量进水渗漏到底楼的配电间,致使高压断路,两路电源自动跳闸失效,随即又启用第三路备用的柴油机发电。但由于过载跳闸致使电路中断,于17时01分广播中断。各级领导赶到现场,指挥技术中心的人员全力投入抢修。为能尽快恢复正常播出,采取两项措施:一是立即拉民用电,首先接通上海电台中波990千赫;二是播出部门在广播中放伴音。经过抢修,17时20分广播中出现音乐,中波990千赫进入正常播出,17时43分东方电台中波792千赫恢复正常播出。21时50分修复主机发电,一切恢复正常。这起停播定为重大事故,对相关人员做出相应处理。

【广电大厦被切断光缆线路的抢修】

1996年3月2日凌晨1时31分,由于市政施工单位违章作业,造成广电大厦播控中心至东方明珠广播电视塔信号传输光缆被切断的严重责任事故,致使正在播出的中央电视台第一套节目和上海电视台八频道节目突然中断。技术中心副主任林忠明、林伟明睡梦中被对讲机中的报告声惊醒,即刻赶到播控中心,现场组织应急抢修。半小时内,一支由局技术中心技术公司、传送播出部和传输公司等单位组成的抢修小组全部到位,并投入紧张的抢修工作。微波科在较短的时间内,开通了微波通道;光纤工程部在准确判断光缆故障方位的同时,沿线查找具体故障点;播控中心积极实施应急方案;传输公司快速启用备份老塔。在市委常委、宣传部部长金炳华,市委副秘书长周慕尧,市政府副秘书长黄跃金和局党委书记孙刚、局长叶志康、副局长金国祥的现场指挥下,技术人员经过13小时的艰苦努力,于当日15时05分抢修完毕,全线恢复正常。

【东视大楼喷水事故的抢修】

1998年3月7日下午3时50分,由于施工人员操作失误,致使东方电视台大楼5楼新闻导控室上方中央空调循环热水喷涌而出,顷刻间室内积水达10厘米,所有地沟线槽中的信号线、电源线全部浸在水中。当班值机员反应敏捷,迅速切断电源,即刻报告科长。险情发生后,市广电局副局长金国祥、局长助理朱咏雷、东方电视台台长穆端正、技术中心常务副主任汪建强、总工程师林定祥迅速赶到现场,组织实施抢险工作。出现险情的5楼机房原本18时30分由东视新闻播出时使用。经紧急磋商,原定17时55分卫星转播足球的7楼文艺演播室改为新闻直播使用;立即启用尚未安装调试完毕的6楼直播机房,用于转播17时55分的足球赛。经过各方努力,当天18时30分"东视新闻"正常播出。

【8套电视节目无伴音严重事故】

2003年8月18日上午7时04分,传媒集团技术中心有线播出发生一起由于判断失误、处理不当而导致8套电视节目无伴音的严重事故。其中,包括中央电视台一套和上海电视台新闻综合频道等,停播最短的是中央电视台一套4分24秒,最长的中央电视台二套25分钟。8套节目12个频道的伴音中断全部处理完毕共用时25分钟。经查明,事故起因是设备故障,但值班人员应急处理不当,造成停播时间延长。按事故差错处理条例,对有关人员做了相应处理。

【技审中发现的差错处理】

2006年2月13日,传媒集团综艺部《疑案追踪》第30期播出带,在技审过程中被查出"实际节目长度与带芯带盒的参数不符",正式节目长度缺少30秒。处理措施为:扣除制作公司30%制作费,扣除当事人部分绩效收入。

2007年7月19日,传媒集团新闻综合频道《社会方圆》第272期节目,违反"技术禁播"条例中的有关规定,出现累计4分钟的黑画面。处理措施为:扣除当事人部分绩效收入。

【电视播控中心突发系统网络故障】

2008年8月14日18时37分40秒,传媒集团电视播控中心突发系统网络故障,导致所有上海本地频道播出控制失效,影响到上海电视8套本地节目和东方卫视海外版的播出,出现时长不等的黑屏。根据文广集团监测中心统计,9个频道黑屏最短2秒,最长25秒;垫片最短4秒,最长47秒。值班人员当即切入垫片、放录像带和手动切换,替代硬盘播出。经过排查故障,至19时37分,所有频道的播控系统恢复正常。该事故认定为一级事故,对有关人员做出相应处理。

第三节 现场直播管理

一、现场直播管理的实施

20世纪90年代起,现场直播增多。市广电局多次修订发布有关广播电视直播节目管理的文件,指出广播电视节目的直播,是凭借先进的科技、通信手段的一种传播方式。它时效性强、富有现场感、参与性强、灵活亲近,但要求高、难度大、易出差错。为此,提出"控制数量、提高质量、注意品位、确保万无一失"的管理原则。

1994年,上海电视台对第一届东方风云榜演唱会、第一届中国足球职业联赛甲A联赛上海申花队主场比赛进行现场直播。同年12月,上海市慈善基金会推出"蓝天下的至爱"爱心全天大放送活动,上海电视台进行多点连线直播。

1996年1月,第一届东方明珠迎新登高比赛在东方明珠广播电视塔举行,上海电视台转播车进行现场直播。同年4月,中国、俄罗斯、哈萨克斯坦、吉尔吉斯斯坦、塔吉克斯坦五国元首在上海展览中心举行会晤,上海电视台进行现场直播。

1997年10月,中华人民共和国第八届全国运动会在上海举办,上海电视台进行开、闭幕式直播,以及排球等比赛项目的转播。

上海的电视播出机构在以上多项现场直播中,均贯彻了市广电局有关的"直播管理原则"。

1999年,上海广播电视播出机构认真学习并贯彻落实《国家广电总局关于切实做好广播电视现场直播报道管理的通知》《境外电视节目引进、播出管理规定》《国家广电总局关于加强广播电视类媒体使用境外机构音视频新闻信息管理的通知》等各项管理规定,严格禁止以任何方式直接接收、使用、播出境外机构提供的涉及重大时事政治、重大历史事件、题材内容敏感的直播信号。

同年,上海电台采用广播新闻直播车进行异地直播、移动直播和多点直播,丰富广播节目形式,增强广播节目及时性、现场感。引用市话网数据通信业务,实现高质量远距离传送广播节目,有效提高异地音频传送的质量,成功传送东京至上海"我们热爱地球、我们热爱音乐"演唱会。

二、现场转播车管理

1986年6月，上海电视台制定《外录科转播、录像岗位责任制》，对外出转播技术岗位责任做了规定。

1993年，局技术中心制定《广播协作制度》，规定广播外出实况转播，由广播技术部统一与各台联系。原则上外出转播尽量使用微波，若用微波时，由广播技术部通知微波科；若微波不能使用时，则由广播技术部负责联系电话线。

2004年，传媒集团技术管理部修订《转播车播出工作制度》，要求转播车实况转播操作前做好各项准备工作，对转播车的设备和电缆检查，铺设摄像机电缆采取保护措施，摄像机进行调试。在电视车工作流程和规范中，对车长或技术监制、视频工程师、音频工程师、传送工程师、司机等各工种的工作流程和规范，均做出详尽规定。传媒集团技术运营中心要求车长和技术监制每次转播前，按照操作规范与节目制作部门联系了解转播情况，勘察场地，制定转播方案。要求视频工程师按照操作规范在转播现场完成摄像机系统的安装和调试。要求传送工程师按照操作规范在转播现场完成传送系统和设备的安装和调试。

2007年，传媒集团技术运营中心遵循管理规章，要求转播车每次出车，车长必须按出车单做好出车日记，认真完成设备的月检、季检、年检项目，保证转播车系统符合甲级运行标准。全年电视转播车外场录像和转播1993场次，其中重大活动转播136场。广播外场转播262场，节目联播110场，大型活动现场扩声125场，均保障了现场的安全播出。

2009年，传媒集团技术运营中心根据电视新闻中心需求，搭建完成数字卫星新闻采集车(DSNG)。该车自动化程度较高，可自动定位、对星和控制。车辆本身的高机动性，以及操作简便的技术系统，使得新闻报道快速方便，增强新闻的时效性。其稳定可靠的设备、较好的系统扩展性，可适合不同类型的直播活动。

各频道租用卫星传播车和卫星地球站传送节目，都遵循《电视节目传送播出技术管理规定》，在使用时间的7天前提出申请。卫星车出上海的，在申请使用时间的前一天到达上行地点。

第四章　媒体内容资产与版权管理

第一节　机 构 与 资 源

1982年,市广播局设立录音录像制品调查组,对海外通过各种渠道流入上海市的音像制品的播放、管理情况进行调查,发现有一批颇有保存价值的音像资料,其中有近代名人的原声音带,有重要历史事件的录像胶带,还有一批国外的文艺经典音像制品。有关人员建议收集保管。

1983年,市广播局决定筹建音像资料馆。

1984年6月30日,市委宣传部同意设立上海音像资料馆。音像资料馆的职能是搜集、整理和保管有价值的国内外音像制品,向有关领导部门和专业部门提供音像制品目录,并按分类范围组织播放,供专业人员借鉴参考。同年10月,上海音像资料馆制作完成第一部译制片《罗密欧与朱丽叶》,11月配音的第一部译制片《教父》制作完成,并在市区建立第一个资料片内部观摩点。

1986年3月起,上海音像资料馆每月为全局广播电视编、导、演及有关业务人员举行业务学习观摩,并口译介绍《堕落街》《十诫》等电影。同年5月,上海音像资料馆建立第一个卫星地面接收系统。同年8月,第一部中译英配音片《济公》(一集)完成;第一部中译英字幕片《秋海棠》完成。

1987年11月,位于岳阳路44号的上海音像资料馆大楼竣工。该馆大楼设有录音棚2个,编辑系统6套,具备摄、录、编、配(音)、复(制)等功能。大楼里共有5个录像观摩厅,可供学术团体进行学术活动;大楼楼顶架设卫星节目收录天线3副,可接收美、英、法、日等国和国内中央电视台以及云南、贵州、新疆、西藏等电视台的节目。上海音像资料馆由市编委定为处级事业单位。

1988年5月,经海关总署批准,上海音像资料馆成为海关进口录像带自审单位,进口录像资料准予免税。9月,市广电局局长助理汪韵之兼任上海音像资料馆馆长。同年,上海音像资料馆朝着把资料馆建成一个学术研究机构的方向发展,为广播电视服务。在采集、收藏、使用方面扭转过去的单纯收集、译制文艺片的倾向,开始全面收集资料和完善功能,强调非文艺类资料片的重要性和社会效益,召开各种学术研讨会,组织各类学术性的播放活动。

上海音像资料馆开拓非文艺类信息资料片的研究。1990年1月,第一部信息资料片《旧金山大地震纪实》制成。以后又陆续编制《东欧动向》《苏联剧变》《柏林墙的倒塌》《海湾战争》等时事政治片。选编《亚洲经济的腾飞》系列专题,从日本、韩国、新加坡、中国台湾和香港地区的经济崛起、腾飞中,探索对中国经济建设的有益经验。同年7月,上海音像资料馆成立文字资料室,加强文字资料搜集,发挥情报信息功能。

1992年9月,肖祖庚任上海音像资料馆馆长。

1993年,上海音像资料馆与东方电视台联合制作专栏节目《海外博览》。这是一档全面反映海外历史文化、风土人情的杂志型节目。

1994年4月,陈湘云任上海音像资料馆馆长。同年5月,上海音像资料馆与市科协、市成人教育委员会联合完成以资料编制的科普片《生命的锁链》,其中75%的画面资料由音像资料馆等单位提供。该片经译制英文后送交联合国教科文组织,并在全国发行。同年8月,上海音像资料馆所属岳阳音像技术设备经营公司与美国特纳娱乐公司为合作译制英语卡通片,在上海音像资料馆建立

ROLAND DM - 80 数字音频工作站,译制的第一部数码录音卡通片为《杰森一家》。

上海音像资料馆以收集国内外音像资料中的精品、珍品和上海地区特色资料为主要馆藏,至1994年底,馆藏资料已达10 364部,其中录像带6 000多盒,激光视盘近4 000张。上海音像资料馆藏有不少具有上海地方特色的资料,其中包括《1927年的上海》《上海的租界》《徐光启与徐家汇》等,对研究上海的历史变迁和发展有较大的参考价值。上海音像资料馆参照国际电影分类法和国内有关标准,结合馆内实际收藏,将馆藏的非文艺类资料分为新闻片、文献片、科教片等,文艺类资料分为历史片、政治片、战争片等24个片种,共收集世界上几十个国家和地区不同语种的故事片5 919部,其中获奥斯卡奖、戛纳奖和其他奖项的作品853部。

1995年,上海音像资料馆增挂上海市广播电视局节目中心牌子,实行两块牌子、一套工作班子。节目中心主要负责对全局各台首播满两年的节目资料进行管理。同年4月1日,上海音像资料馆利用电影资料编制、回顾和展望电影历史的40集电影专题片《百年风流》在东方电视台20频道播出。同年,上海音像资料馆与市政协文史资料委员会一起拍摄制作《淞沪抗战》《明旸法师》《点燃希望的人》《老教育家赵宪初》《韩国临时政府在上海》5部反映上海重大事件和历史名人的专题片。

1996年3月,上海音像资料馆在上海市档案局登记注册,被正式列为市级音像档案馆。同年4月19日,局节目中心与上海电视台合作编制的《世纪回眸》百集大型系列专题片在上海电视台开播。10月,上海音像资料馆迁入广播大厦,拥有3间现代化恒温恒湿的音像资料片库。11月,局节目中心参加第六届上海电视节节目交易会并设展台,与新加坡电视台签订节目交易合同。

1997年,局节目中心将拥有28万多条广播电视节目数据录入市广电局的计算机局域网,并开发前台检索界面,在上海广电系统内实现联网检索。上海音像资料馆与原上海市电影局所属电影艺术研究所、电影资料馆合并组建具有独立法人资格的处级事业单位上海市广播电影电视局节目中心。合并后原三个单位的名称"上海音像资料馆""电影资料馆""电影艺术研究所"仍保留。同年12月24日,由上海市档案局组织并主持、上海音像资料馆承担的《音像素材数据库管理与编辑系统》项目鉴定会举行。该项目获市档案局颁发的科研成果二等奖。

1998年10月18日,在全国音像资料馆协作会年会上,上海音像资料馆被推举为理事长单位。同年11月,第七届上海电视节期间,上海音像资料馆主办"国际影视名家作品展映"活动,将日本著名纪录片导演牛山纯一介绍给中外观众。经上海电视节组委会同意,以后每届上海电视节都委托上海音像资料馆主办类似的展映活动。

1999年7月9日,国家广电总局在上海组织召开全国广播电视系统内部管理改革座谈会。上海音像资料馆暨节目中心对广播电视节目资料全局共享等方面的探索进行专题汇报。同年10月,局节目中心主办"法国人类学纪录片展映"活动。

2000年起,上海音像资料馆建成大规模的数字媒体存储中心,抢救珍贵广播电视节目和音像资料时长40多万小时。

2001年1月11日,撤销上海音像资料馆和文化艺术档案馆,组建上海市文化广播电视资料馆,保留上海音像资料馆和文化艺术档案馆的牌子。陆路主持局节目中心日常工作。

2003年4月,局节目中心划归传媒集团管理。为适应广播电视事业发展需要,节目中心工作定位实现转型,从传统的节目中心、音像资料馆转变成对内的资源支撑服务系统和对外的数字化、新媒体放送端口,全面提升媒体资产管理水平,努力实现媒体资产的保值和增值。同年,郭克榕任传媒集团节目中心主任、上海音像资料馆馆长。

此后,节目中心更名为传媒集团节目资料中心。该中心管理广播、电视片库和图书资料库,共计20个,分布于上视大厦、广电大厦、东视大厦、广播大厦、斜土路2570号和洛川东路487号,总建筑面积4 593.44平方米。其中:上视大厦5个,约383平方米;广电大厦4个,约146平方米;东视大厦1个,约656平方米;广播大厦4个,约1 829.19平方米;图书资料片库3个,总建筑面积约为510.77平方米;斜土路2570号2个,约341.48平方米;洛川东路487号1个,约727平方米。

2004年,传媒集团节目资料中心实施定位转型、业务重组,在节目资料素材统一管理、媒体资产管理系统的建设试点、节目资料多途径多功能服务开发等方面取得进展。该中心以传媒集团节目资料素材统一管理为核心,全面推动集团节目资产的全程监管;以节目管理标准化和数字化为抓手,推进集团媒体资产数字化进程;积极配合传媒集团广播电视产业发展,为一线节目的生产提供高质量的节目资料支持与服务,实现与集团产业链的融合链接。

当年,节目资料中心共接收传媒集团各频道、频率移交的节目40 410盘。其中,电视节目24 422盘,广播节目16 188盘。全年节目带借还量共计56 460盘,接受各频道、频率节目数据查询73 088条。节目资料中心开展内部片库整理工作,完成30多万盘广播、电视节目带的整理核对工作,著录节目数据共计208 040条。在电视节目片库整理方面,通过数据与实物统一核对、节目统一编号、数据统一格式,实现15万盘电视节目的统一检索查询。

2005年,节目资料中心为传媒集团各频道、频率、公司提供电视节目借还服务28 040盘,广播节目借还5 000盘,提供6 693条电视节目数据服务;为传媒集团内部各频道、频率、公司等提供常规素材咨询服务共计5 876分钟。

2006年起,节目资料中心实时采集整理传媒集团电视新闻中心、东方卫视、真实传媒、外语频道、五星体育、第一财经、新娱乐、星尚、艺术人文等部门制作的各档节目及拍摄素材,丰富馆藏资源。上海音像资料馆还通过多种渠道采集海内外各类音像资料,建立覆盖全球的资料采集网络。通过启动珍贵影像征集活动,开辟民间资料采集的渠道。4月,经外交部、国家广播电影电视总局同意,上海音像资料馆加入国际电视档案联合会。

2007年9月8日,上海音像资料馆复旦大学上海视觉艺术学院分馆正式挂牌。

同年,节目资料中心为集团内部提供广播、电视节目资料借还9.13万盘。

2008年7月18日,传媒集团版权中心成立。版权中心定位为:集团的节目版权管理部门;对内是集团版权的责任主体,对外是集团版权授权的唯一出口。杨文红任版权中心主任。

同年,节目资料中心为传媒集团内部提供电视节目资料借还9.7万盘;音频方面,提供音效素材1 307条,通过在线库调用音乐、文艺等资料共68 546次,计21 026条。

2009年5月,传媒集团广播媒体资产管理系统上线运行,该系统涵盖11个大类的全数字音频内容,累积音频节目资料近58万条。同年7月,王豫任传媒集团节目资料中心主任、上海音像资料馆馆长。

2009年6月24日,传媒集团版权中心对外正式揭牌,将6月24日定为"上海文广新闻传媒集团版权日"。揭牌仪式前举行的"激活版权活力——媒体版权国际高峰论坛",吸引来自中央电视台、特纳国际、BBC环球公司相关人士,一同对国际传媒业版权管理与发展展开探讨与交流。自此,传媒集团版权中心被定位为规范节目版权经营、维护节目及衍生产品版权利益的专业机构,同时负责电视节目版权的信息归集、管理和协调工作。

同年,节目资料中心为传媒集团内部提供各类电视节目资料借还服务10万多盘,为各进驻频道提供的资料借还量达7.92万盘;在音频方面,向集团各频道、频率提供2 588盘资料借还,为五岸公司提供各类素材营销达7万多分钟。

2010年5月,何小兰任版权中心主任。

2010年11月,陈琪任上海东方传媒集团有限公司节目资料中心主任、上海音像资料馆馆长。同年12月15日,上海广播电视台总编室与节目资料中心举行片库交接仪式,实现片库节目资料集中统一管理、版权开发综合利用的功能转化。

据2010年节目资料中心库藏统计,电视节目素材资料总量73万盘;广播节目素材资料总量22万盘;图书图片资料总量10万册。

2011年,节目资料中心整合为上海广播电视台媒体内容资产管理中心。

2014年2月,上海广播电视台版权中心与媒体内容资产管理中心合并成立版权资产中心,实现了节目资产与版权管理的融合,标志着上海广播电视台从此步入从节目生产到播出、播后管理到归口经营的全流程版权管理的新时代。

第二节　媒体内容资产管理

20世纪90年代末,上海音像资料馆被列为现代传媒的基础工程规划建设,并成为上海各个广播电视台的共用节目资料中心。

2000年1月,上海音像资料馆提供并协助上海电视台新闻中心制作的新闻观察及新闻透视特别节目《东西南北看上海》和《千年之交话百年上海》播出。同年,上海音像资料馆引入广播电视节目先进管理理念,立项研究筹建大规模的数字媒体存储中心,抢救珍贵广播电视节目和音像资料,开展广播电视节目的电脑化管理、数字化抢救修复和媒体资产管理系统建设。

2001年9月,由上海文化发展有限公司、东方电视台和上海音像资料馆联合摄制的理论文献电视片《浦东十年》,入选精神文明建设"五个一工程"奖。

2002年,节目中心编制《二十世纪战略启示录》《瀛海探秘》《中国菜300种》等VCD。为"上海热线Ⅱ"制作和编制"上海风情""戏曲精粹"等5档节目。为传媒集团纪实频道大型纪录片《苏州河》撰稿并提供素材。同年12月27日,国家广电总局副局长张海涛到节目中心了解传媒集团节目存储管理和应用开发的情况,并实地参观宽频电视、电视节目数据库等项目的现场演示。局节目中心库房拥有20多万盘模拟磁带,技术人员完成3000多小时节目的模数转存。

同年,局节目中心媒体资产管理系统一期工程通过验收,并获美国国际信息与影像管理协会授予的"最佳实践奖"。

2003年,传媒集团节目资料中心承办全国音像资料馆协作会年会。会议探讨广电系统集团化改革形势下音像资料事业的发展趋势,还开展音像资料数字化与纪录片创作的学术交流。同年,节目资料中心完成数字媒体存储中心的内容管理器(CM)的升级、数据库结构的重建以及数据的迁移工作;完成著录、标引、检索模块的需求分析,并配合科研所完成系统的开发和应用测试。

2004年5月27日,传媒集团广播数字音频库开通。8月,节目资料中心为加强集团广播电视节目素材的管理,促进集团广播电视内容资源的整合及开发利用,制定《上海文广新闻传媒集团节目素材管理暂行办法》。10月,节目资料中心承办全国音像资料馆协作会年会,围绕广播电视节目资料数字化存储管理、新形势下音像资料馆的发展思路、音像资料馆馆藏广播电视节目资料的开发应用等问题展开学术交流。

2005年4月,传媒集团节目资料中心启动国家广电总局《广播电视音像资料叙词表》修订项目。

5月,节目资料中心电视版权库建设工作启动。6月13日,在上海电视节期间,节目资料中心与五岸传播公司联合举行"城市记忆——上海历史影像资料播映会"。7月6日,节目资料中心举办"抗战影像1932—1945:上海珍贵历史影像播映会"。

同年,节目资料中心打破过去"仓储式"的节目资料管理模式,接受国际流行的媒资管理概念,强化媒体资产管理职能和节目资源服务职能。在管理方式上,由盘带式存储转为数字化存储。在管理观念上,它把节目资料从"资料"的观念转为"资产"的观念。节目资料中心注重传媒集团节目资料素材统一管理开发,这为以后实行的媒资开发与版权管理打下了基础。

2006年1月,传媒集团节目资料中心完成与新闻综合、新闻娱乐和东方卫视三个频道的资料室交接工作,全面接管电视新闻中心节目资料管理与服务工作。同年,节目资料中心为从源头上管理好传媒集团的节目资料、素材,将中心节目资料管理和服务的端口整体前移至频道、频率一线,进驻传媒集团电视新闻中心、体育、纪实、生活时尚、财经频道,全面接管节目资料管理与服务工作,从而使管理贯穿于采、编、播整个过程。

同年1月17日,传媒集团节目资料中心与法国国家视听研究院(INA)就双方开展视听资料管理和服务领域合作进行交流。6月19日,节目资料中心携手《声音档案》栏目在上海电视节期间举办"影像·海上星光"的珍贵影像资料播映会。同月,节目资料中心积极配合市文广局戏曲遗产抢救小组进行的音配像工作。抢救小组挑选京剧表演艺术家言慧珠、童芷苓、李玉茹20世纪五六十年代的舞台演出实况录音。节目资料中心工作人员从老化退磁的胶带中把这些录音抢救出来,使得声音效果尽量接近原始状态,为音配像的声轨提供质量保证。

同年11月4日,上海音像资料馆利用馆藏珍贵历史影像资料,与上海市政协、民革上海市委、市文物管理委员会等共同举办纪念孙中山诞辰140周年的"孙中山与上海"文物文献档案展览。同月30日,节目资料中心与江西音像资料馆联合举办了"中外优秀纪录片展映",探索和尝试对外推荐馆藏优秀纪录片作品以及传媒集团纪录片成果。

同年,传媒集团节目资料中心启动的"名人名家作品数字化工程",旨在抢救老艺术家珍贵音像资料。著名作曲家朱践耳、二胡演奏家闵惠芬的作品被刻制成光盘,并收入上海音像资料馆"名人名家作品库"珍藏。"越剧十姐妹"、吕其明、黄准、陈传熙、孟波、丁善德等一批艺术家的作品列入数字化工程的计划中。名人名家口述历史项目完成20位艺术家的采访录制工作。其中具有一定知名度的老艺术家,包括邢月芳、金艳芳、焦月娥、李金凤等。

2007年1月起,传媒集团节目资料中心每周在上海图书馆推出"影视万象"系列播映活动,首场播映主题为"影像中的上海记忆"。同年6月,由传媒集团节目资料中心与电视新闻中心合作制作的"香港回归十周年"特别节目《香港往事》开播。该系列节目在晨间《看东方》和晚间《新闻夜线》中连续播出一个月。同月,上海民族民间民俗艺术博览会在上海东亚展览馆开幕,节目资料中心携手传媒集团广播新闻中心策划组织3场"响亮·用音像记录民俗"专场播映会。

同年6月18日,传媒集团节目信息管理系统正式上线。至此,原上视片库系统、东视片库系统和有线片库系统停止使用,面向全集团统一的节目信息管理和服务平台全面启用。同年7月,由节目资料中心承担的传媒集团电视节目大规模数字化工程启动。当年的生产计划主要是对包括新闻、社教、体育、综艺四大类在内的电视节目和资料进行数字化,节目量共计3万小时;规划6年内完成集团版权节目25万盘磁带的数字化转存、编目、整合和服务工作。同年,节目资料中心研究的"广电媒体数字版权管理应用研究"课题获上海市文广局科技进步奖。

同年12月11日,"跨越海峡·情系浦江——沪台交流20年影像展"在上海揭幕。节目资料中心精选沪台交流的新闻资料,制作沪台交流 20 年影像大事记参加展览。同月 18 日,由节目资料中心与电视新闻中心《看东方》栏目联合制作的"纪念改革开放 30 周年"特别日志性节目《上海故事》在东方卫视开播。

同年,节目资料中心为上海市政协、上海图书馆、上海历史博物馆、上海民俗博览会、民革上海市委、海军上海基地、闸北区大宁路街道等举办 68 场面向社会各界的《影视万象》系列展映活动。由市文化发展基金会资助的公益性项目"上海老艺术家作品数字化抢救工程(戏曲、音乐部分)",节目资料中心共完成 62 人的作品数字化和文化名人名家口述历史的音视频资料,包括 25 位音乐家的作品 1 502 首,共计 9 700 分钟;7 位音乐家、30 位越剧演员共计 10 200 分钟的"口述历史"访谈拍摄。

图 7－4－1　2008 年 4 月 17 日,上海音像资料馆与澳门博物馆联合摄制完成历史文献片《郑观应》,澳门特别行政区行政长官何厚铧(左四)、澳门社会文化司司长崔世安(左五)等在澳门博物馆出席启播仪式

2008 年 1 月 17 日,传媒集团节目资料中心主办的"上海老艺术家作品数字化抢救工程(戏曲、音乐部分)"举行成果发布会。1 月 25 日,节目资料中心联手五岸传播公司与德国驻上海总领事馆文化教育处共同举办"中德老建筑比较和鉴赏播映讲座"。同年 4 月 17 日,在澳门博物馆举行的"庆祝澳门博物馆建馆十周年"庆典上,由上海音像资料馆与澳门博物馆联合制作的历史文献片《郑观应》举行启播仪式,澳门特别行政区行政长官何厚铧等按下启播钮。5 月 1 日,"上海世博展示中心"正式开幕。节目资料中心制作百年世博发展史影像集锦播映。7 月 15 日,节目资料中心(暨上海音像资料馆)与嘉定区档案馆举行珍贵影像档案数字化抢救交接仪式,将经过节目资料中心数字化抢救后的嘉定珍贵影像资料带交给嘉定档案馆。11 月 4 日,节目资料中心举行《纪念上海电视 50 周年:老电视人口述历史及上海电视栏目志》成果发布会。由节目资料中心整理编撰的《上海电视栏目志(1958—2008)》一书正式出版。该书收录 1958 年至 2008 年 9 月 30 日的上海电视自制版权栏目 600 余个,分新闻类、社教类、文艺类、财经类、体育类、服务类等 7 种栏目类型。全书 10 多万字,配有 300 多幅节目截图。《上海电视栏目志(1958—2008)》的出版,填补了电视栏目档案建设的空白。

同年,节目资料中心全面启动传媒集团图书资源整合项目,在对上视大厦、东视大厦、广播大厦的图书资料进行全面整理、分类的基础上形成面对全集团共享的图书资料库。传媒集团节目信息管理系统二期建设稳步启动,完成节目子系统新增功能、图书子系统、图片子系统的程序设计,这3个子系统进入测试运行阶段。根据传媒集团媒体资产管理总体框架,节目资料中心进一步推进集团网络化媒体资产管理方案的实施。在新闻媒体资产投入稳定生产后,节目资料中心完成财经媒体资产、体育媒体资产的需求调研和系统设计,节目资料中心媒体资产视频公网也完成发布。节目资料中心媒体资产与新闻媒体资产、生活时尚媒体资产实现互联互通,将节目资料中心媒体资产的内容资源直接推送到一线频道。当年,传媒集团节目信息管理系统获市文广局科技进步奖。

2009年3月22日,由传媒集团节目资料中心承办的"世博影像巡回展"活动在浦东新区上钢新村街道拉开序幕。节目资料中心志愿者为社区近350名居民进行现场播映。5月22日,节目资料中心举办"纪念上海人民广播60周年:老广播人口述历史项目成果发布会暨广播媒资管理系统开通仪式"。5月27日,节目资料中心(上海音像资料馆)联合上海图书馆、上海市历史博物馆举办的"东方欲晓,上海1949——纪念上海解放60年文献图片展"开幕。

同年7月29日,"影像见证历史——上海音像资料馆建馆25周年回顾与展望"纪念会举行。会上,由节目资料中心(上海音像资料馆)建设的传媒集团图书管理系统正式上线。该系统上线启用后,集团所有员工均可在内部办公网上对这10万册图书、报刊进行内容检索和借阅预订,节目资料中心将通过集团各楼宇的进驻资料室提供及时便捷的借还服务,为集团节目生产和各项业务工作提供图书文献资料支持。

同月,在市文广局组织的上海市非物质文化遗产保护先进单位与个人的评选中,上海音像资料馆"口述历史"项目团队获非物质文化遗产保护先进集体称号。上海音像资料馆"口述历史"项目团队,完成"名人名家作品数字化工程及口述历史"项目、"老电视人口述历史"项目、"老广播人口述历史"项目,以及"纪念新中国60周年:珍贵广播资料数字化抢救和整理"项目。

同年9月26日,由节目资料中心编撰的老广播人、老电视人《口述历史》丛书,在上海书城举行首发签售仪式。《口述历史》丛书是节目资料中心承担的"老电视人口述历史"和"老广播人口述历史"项目的后续与衍生。在这两个项目中,节目资料中心完成30位老电视人和42位老广播人的采访拍摄,建立了一份上海广播电视发展的历史影像档案。同月,由中国广播电视协会信息资料委员会主办、节目资料中心(上海音像资料馆)承办的"资料导演·世博资源·网络平台——广播电视内容资源开发上海研讨会"举行。来自国家广电总局、中央电视台、中央人民广播电台、中国国际广播电台和北京、湖南、广东、江苏等60多家省市电台、电视台节目资源管理部门、音像资料馆以及相关研究单位的120多位代表出席此次研讨会。

同年,由中央人民广播电台举办的"60年难忘的中国之声"全球搜寻大行动,举办颁奖典礼,传媒集团节目资料中心获"最佳节目奖"与"最佳组织奖"。节目资料中心研制的视频图像修复系统获国家广电总局科技创新奖三等奖、上海市文广局科技进步奖二等奖。

2010年,上海广播电视台节目资料中心策划开展"世博口述",旨在通过对上海世博会场馆负责人的系列采访,将各场馆的创意理念及特色记录下来,留存上海世博会历史资料。至上海世博会闭幕,项目组共完成65位国家馆馆长的高端访谈和96个场馆的实地拍摄,获得资料总时长近6 000分钟。节目资料中心通过国内外采集、集团内外节目和素材收录、自主采访拍摄、场馆视频收集等途径,收集4 500小时的音像资料,建立了展现世博历史和记录上海世博会的"世博音像资源库"。

同年 1 月 7 日,节目资料中心召开"2009 年度科学技术成果鉴定会",分别对节目资料中心 2009 年度完成的"SMG 视频内容修复系统""SMG 节目信息管理系统"两个项目进行了鉴定。

同年 11 月 11 日,由节目资料中心与北京电视台总编室共同承担的行业标准《广播电视音像资料叙词表》项目顺利通过总局科技司审查,经总局批准发布为"中华人民共和国广播电影电视推荐性行业标准"。

同年,由节目资料中心参与建设的上海广播媒体资产管理系统获国家广电总局工程技术奖二等奖、上海市文广局科技进步奖二等奖。中国广播电视协会信息资料工作委员会 2010 年年会暨"首届广播电视媒体资产管理创新论坛"举办期间,传媒集团节目资料中心(上海音像资料馆)获首届广播电视"节目资料管理创新奖"一等奖。

第三节　版　权　管　理

2008 年 7 月,传媒集团版权中心成立。版权中心负责研究、制定节目版权工作发展战略、规划、计划,具体实施开展确权、维权等各项版权工作;起草制订《上海文广新闻传媒集团节目版权管理条例》,对电视节目版权管理的概念、目标、内容做基本界定;对版权中心管理目标、职能、奖惩和管理措施做出合理规范。实施版权合同审核归档,确保节目版权合同流程的合理化;并为版权交易相关部门提供监督建议和意见,以帮助促进节目版权的转化开发和增值应用。

同年,版权中心对节目版权信息进行统计、梳理,初步建立传媒集团节目版权信息数据表格,对节目实行"信息编目"和"版权信息录入",从管理的角度动态地跟踪和显示版权的状况。同时在传媒集团内部开展调研活动,掌握各频道、新媒体公司节目版权授权信息,指导和协调国内外电视节目引进购买中的版权事宜,指导和协调节目的二次开发利用业务以及新媒体业务的开展和对外版权许可,参与节目版权争议的处理工作。

2009 年 1 月 1 日,传媒集团《节目版权管理条例》正式实施,明确界定版权中心管理目标和职能架构,规定了指导和监督各项版权管理的规范和措施。开发了传媒集团版权信息管理系统,以此提高简化版权合同会签流程,将合同信息与节目版权信息登记转化为系统共享方式,供业务部门查询检索。规范统计集团版权营收和数据显示。梳理节目版权合同,做好全流程控制,从节目生产源头到节目销售开发的各个环节中寻找管理的布控点。维护节目版权,有效处理有关侵权案例,维护集团的版权利益。制订新媒体使用集团内容资源内部结算方案。建立节目版权管理联席会议制度,为节目有形资产、版权无形资产的管理与开发架构全新的协作模式。

同年 4 月,版权中心与相关部门成立工作小组,开始《传媒集团版权信息管理系统》一期项目的计算机软件设计研发。7 月,《传媒集团版权信息管理系统》一期项目正式实施应用,对节目版权信息,按照国家标准进行登记分析,并将合同信息与节目版权信息登记转化为系统共享方式,供业务部门查询检索。

同年 11 月 10 日,国务院第 566 号令《广播电台电视台播放录音制品支付报酬暂行办法》(以下简称《付酬办法》)颁布出台,并于 2010 年 1 月 1 日起施行。随后,国家广电总局下发《〈广播电台电视台播放录音制品支付报酬暂行办法〉试点单位工作任务》的通知,正式确立上海广播电视台、上海东方传媒集团有限公司为付酬试点单位,并要求"各试点广播电台电视台成立由版权、法律、节目部门组成的版权工作领导小组,确定 1 名分管台领导负总责,设立或明确版权工作机构,落实专职工作人员"。根据此通知,上海广播电视台、上海东方传媒集团有限公司录音制品付酬领导小组和工作小组成立。版权中心为工作小组协调机构,标志着台、集团录音制品付酬工作正式启动。

同年,五岸传播公司有效拓展和巩固国内市场,海外销售业务不断突破,获得由国家四部委颁发的"国家文化出口重点企业"品牌。该公司贯彻"区域分级化,平台差异化,节目细分化,方案多变化"的发行策略,拓宽素材、广播节目、代理节目的销售资源、渠道和市场;在维护原有传统广告业务的基础上,开拓其他新兴广告业务形式的商机;边做边学,稳步深入开发品牌授权业务。全年完成主营业务收入累计 5 518 万元,同比增长 41%,超额完成年度收入指标 10.36%;完成利润累计1 016 万元,同比增长 31%。

2010 年 3 月,上海东方传媒集团有限公司享有版权的电视剧《三七撞上二十一》被优酷和酷 6两家网络媒体盗播。针对自有版权节目的被盗版、被侵权现象严重(尤其是网络及各新媒体平台)的情况,版权中心启动维权程序,处理电视剧《三七撞上二十一》《蜗居》等被网站侵权播放的案例,维护东方传媒集团公司的版权利益。东方传媒集团有限公司采取发律师函、诉讼等维权措施,最终胜诉,追回侵权盗播方该支付的版权费用,获得赔偿,标志着东方传媒集团公司首例网络维权行动获得成功。

为做好《付酬办法》的贯彻落实工作,版权中心以人为本,开展专项培训。同年 7 月,版权中心邀请国家广电总局法规司副司长余爱群专程来上海广播电视台进行《付酬办法》解读专题培训。10月,为切实做好上海广播电视台使用录音制品情况统计工作,版权中心牵头的录音制品付酬工作小组制定《录音制品统计工作方案》与《录音制品统计工作操作手册》,并全面开展统计测算工作。版权中心组织各单位版权联络员进行录音制品统计工作培训,专门解读《工作方案》《操作手册》。此外,版权中心还成立谈判小组,研究相关法律法规,对测算数据进行分析,制定行之有效的谈判策略,与中国音乐著作权协会进行谈判交涉,确立录音制品付酬工作具体实施方案。

同年 11 月,版权中心提出在电视新节目立项审片流程中增加节目版权信息申报、审核环节。这一举措对所有立项制作的新节目进行原始版权信息的归集、评估和权衡,有助于明确节目版权使用和开发权限、收益分配方案,妥善处理各类版权关系,避免侵权风险。该项措施被纳入上海广播电视台新节目的审片管理流程。

同年,版权中心规定,东方传媒集团有限公司所属各公司要将所签订的涉及版权内容的合同,以及其节目经营状况报版权中心备案。版权中心在收到备案后,一方面对授权情况进行审核,做好统筹管理;另一方面对购买节目的版权权利信息进行确认,做好备案及风险控制。报备制度的建立,使集团公司版权内容的对外授权以及购入版权有据可查,也使版权中心能够更及时、准确地协调版权保护工作。

版权中心从合同信息的角度切入,完成对传媒集团档案室自 1990 年至 2009 年期间上万份合同中节目版权合同的筛选和复印备案工作。通过追溯和梳理历史版权合同,实现对基础管理信息的初步采集,以摸清家底,为节目内容资源的再利用和开发提供准确依据。

第五章 队伍管理

第一节 人员规模、结构与人才工作

一、人员规模、结构

上海电台的广播工作者队伍状况与广播事业兴衰紧密相连。1949 年 5 月建台初期,编辑、记者、播音员、行政和技术人员总共才 79 人。1978 年以后,随着广播事业的拨乱反正和改革发展,上海电台的广播队伍壮大起来,到 1984 年底,全台共有职工 592 人。1993 年前,经上海新闻机构两届职称评审,上海电台具有正高级职称和副高级职称的新闻专业人员有 45 人,具有中级职称的新闻专业人员有 110 人。

1992 年 8 月 3 日,市机构编制委员会批复同意上海东方广播电台为独立建制的事业单位,核定编制为 60 人。在东方电台筹备开播前,经双向选择,竞争上岗,有 44 人从上海电台调入东方电台。至 1993 年底,东方电台 59 名在编人员中,专业人员 48 人。其中:主任编辑、主任记者 5 人,编辑、记者 15 人,助理编辑、助理记者 12 人;有播音人员共 13 人,含主任播音员 1 人,一级播音员 5 人,二级播音员 5 人;有 23 人担任节目主持人。

1958 年,上海电视台建台初期,行政隶属于上海电台,编制 30 人,实际工作人员为 34 人。1984 年,上海电视台职工总数 840 人。其中:记者、编辑、导演、摄像、美工、播音员等编播人员 427 人;工程技术人员 147 人。1986 年,上海电视台的工作人员达到 967 人。1987 年,上海电视台的下属机构有较大变动,建制相应减少,在编人员为 724 人。上海电视台工作人员的职称评定依据学历、资历和工作业绩。到 1993 年 12 月,先后被评定为新闻、文艺、技术、经济、政工类高级职称的有 95 人。其中,正高级职称 16 人,副高级职称 79 人。

1992 年 8 月 3 日,市机构编制委员会同意上海东方电视台为独立建制的事业单位,经济上实行独立核算、自收自支,东方电视台人员编制定为 100 名。1993 年初,东方电视台在编人员 92 人,年底增加到 99 人。其中:编辑、记者 60 人,节目主持人 9 人,摄像 12 人,其他人员 18 人。在聘编外人员约 40 人。在编人员的专业职称:高级编辑 1 人,主任编辑 3 人,编辑、记者 29 人,助理编辑、记者 21 人;资料馆员 1 人;二级播音员 2 人;三级摄像师 2 人;四级摄像师 3 人;会计师、经济师等 9 人。在编人员平均年龄 36 岁。

1993 年,上海有线电视台编制数为 80 人,实际工作人员为 140 人。其中,正式职工 43 人,外聘人员 97 人。在编人员:有高级职称 1 人,中级职称 16 人,初级职称 16 人。

2010 年,上海市广播影视从业人员(含区县、企业)共计 20 868 人,其中男性 12 320 人,女性 8 548 人,分别占总人数的 59% 和 41%;研究生及以上学历 1 399 人,本科及大专学历 12 232 人,高中及以下学历 7 237 人,分别占总数的 6.7%、58.6% 和 34.7%。

表 7－5－1　1994—2001 年上海电台各类人员情况表

年份	总人数	性 别		学 历				专业技术职称				年 龄		
		男	女	博士	硕士	本科	专科	正高	副高	中级	初级	35岁以下	36—50岁	51—59岁
1994 年	300	169	131	0	3	109	110	0	39	153	82	91	144	60
1995 年	298	168	130	0	3	109	112	5	34	152	82	87	142	67
1996 年	298	167	131	0	3	114	117	8	49	131	85	92	142	63
1997 年	300	164	136	0	3	116	119	8	47	147	76	94	144	59
1998 年	295	161	134	0	3	111	119	5	43	152	78	89	147	57
1999 年	297	161	136	0	5	116	117	7	57	138	87	81	155	59
2000 年	294	159	135	0	5	112	116	11	54	130	64	74	160	59
2001 年	295	158	137	0	6	126	116	10	48	127	85	77	154	62

说明：以上表格由上海广播电视台人力资源部提供。

表 7－5－2　1994—2001 年东方电台各类人员情况表

年份	总人数	性 别		学 历				专业技术职称				年 龄		
		男	女	博士	硕士	本科	专科	正高	副高	中级	初级	35岁以下	36—50岁	51—59岁
1994 年	55	30	25	0	0	26	19	0	4	36	14	24	30	1
1995 年	65	36	29	0	0	35	22	0	8	34	15	32	32	1
1996 年	121	71	50	0	0	71	29	—	—	—	—	63	58	0
1997 年	130	72	58	0	0	74	38	2	15	12	18	68	62	0
1998 年	132	64	68	0	0	76	38	1	21	52	18	65	52	15
1999 年	140	74	66	0	3	79	39	2	24	49	49	66	53	21
2000 年	149	81	68	0	5	86	44	5	31	52	45	36	50	30
2001 年	141	75	66	0	8	77	51	4	24	42	61	73	68	19

说明：以上表格由上海广播电视台人力资源部提供。

表 7－5－3　1994—2000 年上海电视台各类人员情况表

年份	总人数	性 别		学 历			专业技术职称				年 龄		
		男	女	研究生	本科	专科	正高	副高	中级	初级	35岁以下	36—50岁	51—59岁
1994 年	623	457	166	10	174	207	总：60		275	258	145	385	85
1995 年	711	516	195	17	190	256	12	64	392	207	197	414	100
1996 年	675	469	206	17	181	258	23	65	321	229	197	384	100
1997 年	688	482	206	17	206	256	22	63	357	203	217	363	106
1998 年	694	477	217	19	217	256	19	58	364	205	216	370	108

（续表）

年份	总人数	性别		学历			专业技术职称				年龄		
		男	女	研究生	本科	专科	正高	副高	中级	初级	35岁以下	36—50岁	51—59岁
1999年	668	448	220	23	226	244	8	69	329	214	203	364	100
2000年	674	435	239	30	261	239	10	83	324	182	241	324	108

说明：以上表格由上海广播电视台人力资源部提供。

表7-5-4　1993—2000年东方电视台各类人员情况表

年份	总人数	性别		学历			专业技术职称				年龄		
		男	女	研究生	本科	专科	正高	副高	中级	初级	35岁以下	36—50岁	51—59岁
1993年	74	56	18	4	31	30	总：4		34	36	28	41	5
1994年	78	60	18	4	33	31	总：4		53	18	24	48	6
1995年	81	61	20	4	35	32	1	5	53	19	25	49	7
1996年	406	291	115	12	135	152	7	48	157	118	143	182	80
1997年	412	286	126	11	142	148	9	48	178	140	152	180	77
1998年	413	288	125	10	148	148	8	42	172	136	148	177	87
1999年	424	291	133	11	167	147	6	49	171	160	161	179	83
2000年	403	264	139	13	172	131	4	44	154	166	162	173	66

说明：以上表格由上海广播电视台人力资源部提供。

表7-5-5　1996—2000年上海有线电视台各类人员情况表

年份	总人数	性别		学历			专业技术职称				年龄		
		男	女	研究生	本科	专科	正高	副高	中级	初级	35岁以下	36—50岁	51—59岁
1996年	119	73	46	8	56	45	0	6	31	46	62	51	6
1997年	137	80	57	7	76	44	0	8	36	50	79	51	7
1998年	188	117	71	15	119	41	0	9	49	39	115	64	8
1999年	206	129	77	18	131	47	0	9	53	31	127	68	10
2000年	180	106	74	13	121	37	1	10	62	73	117	51	11

说明：以上表格由上海广播电视台人力资源部提供。

表7-5-6　2002—2010年上海文广新闻传媒集团/上海广播电视台各类人员情况表

年份	总人数	性别		学历				专业技术职称				年龄		
		男	女	博士	硕士	本科	专科	正高	副高	中级	初级	35岁以下	36—50岁	51—59岁
2002年	1 733	1 001	732	总：90		846	542	15	156	594	746	758	686	281
2003年	1 826	1 037	789	7	110	959	514	24	200	624	740	874	688	262

年份	总人数	性 别		学 历				专业技术职称				年 龄		
		男	女	博士	硕士	本科	专科	正高	副高	中级	初级	35 岁以下	36—50 岁	51—59 岁
2008 年	2 096	1 262	834	8	195	1 172	538	73	284	1 141	598	828	550	591
2009 年	2 182	1 292	890	11	173	1 290	515	79	304	1 303	496	721	881	580
2010 年	2 036	1 223	813	13	303	1 202	471	30	175	947	355	691	817	528

说明：以上表格由上海广播电视台人力资源部提供，表中数据为事业编制人数。

二、人才工作

【人才招聘】

广播电视系统对编辑、记者、导演等工作人员的知识结构和人才素质有特殊的要求。为此，面向社会招聘特殊人才成为广播电视系统选才录用的一项重要措施。

市广播局在报请市有关部门批准后，作为上海市的试点单位之一，于1980年11月向社会进行公开招聘。1983年9月又进行第二次公开招聘。以上两次向社会公开招聘有志于从事广播电视工作的编辑、记者、导演和播音员。消息发出后，两次共有8千人应聘。初试和复试的试卷由招聘工作组和局、台有关人员从实际出发自行拟定。考试成绩不划分数等级线，不"唯分数论"，而是综合考虑实际情况，做到专业对口，量才录用。在考试合格决定录用时，充分听取各用人部门领导和有关科组的意见，组织他们参加候选对象座谈面试会和个别口试，共同考察候选对象的政治素质、思想品德等。经过严格的考核，先后两次择优录用了100多名编辑、记者、导演、播音员。在第二次招聘人员中还选拔了20名广播电视节目的制作人员和财务、政工、外事人员。上海广播电视系统的招聘工作，在全国第十一次广播电视工作会议上得到肯定，被认为是一种与国家分配相结合的补充办法。实践证明，被招聘来的人员绝大部分表现较好，能很快熟悉广播宣传业务，独立工作。许多人以后成为业务骨干，担任部门负责人或走上台领导岗位。

1994年起，上海电台从全市和全国范围选择大学生中的中共党员、双学历复合型、年龄在35岁以下的人才；从北京、东北地区引进播音员和节目主持人；吸引出国留学归来、学有所成、专业对口的人才。至1996年，上海电台共吸收文化素质较高的人员36名。

1994年4月21日，东方电视台通过首批"社会专业人才"和"社会人员"聘用名单。

2000年，上海电视台对1999年入台的28名大学生进行考核，转正定级。还在全国范围进行节目主持人招聘工作，各地有425人报名应聘。

2001年8月，文广集团在上视大厦、广电大厦举行中、高级人才洽谈会，在北京设远程电视面试点，面向全国乃至境外招聘人才。此次洽谈分为中、高级两类：中级人才要求在实践工作中取得显著成绩，大专以上学历，年龄40岁以下；高级人才要求具有硕士研究生以上学历或高级职称，并在某一领域取得过显著成绩，年龄40岁以下，个别紧缺门类高级人才可放宽至50岁以下。计划招聘高级人才37名，参加现场应试的超过2 000人。文广集团、市人事局、中国上海人才市场、市宣传系统人才交流中心和各有关招聘人才单位领导到现场参加面试、测评，并提供政策咨询服务。

2002年11月26—30日，文广集团招聘团在北大、清华、中国人大、北京广播学院等首都高校举

图 7-5-1 2001 年 8 月 18 日,文广集团在上视大厦大厅举办人才招聘洽谈会

办 4 场推介见面会,还参加北京市高校 2003 年应届毕业生大型就业交流会。

同年,为配合上海市人事局"推进沪港人才交流合作,引进千名香港人才来沪工作"项目,文广集团技术中心提供"高级系统工程师""高级录音师"两个岗位,用于接收香港人才来沪工作。

2005 年,传媒集团人力资源部创新用人机制,实施人才派遣制,为员工能进能出创造条件。传媒集团以此形式招聘 117 名新进大学生,通过公开招聘,从集团外部吸纳成熟人才 110 余人。

【人才规划】

1995 年,市广电局推出《2000 年人才开发规划》。人才开发的具体指标为:一、扩大专业技术人员和管理人员队伍。二、提高学历水平,本科、大专、中专学历比例为 4:4:2,广播电视专业人员大专以上学历达到 90%以上,工程技术人员大专以上学历达到 70%以上。三、调整职称比例,高、中、初级职称比例逐步达到 2:5:3。四、改善年龄结构,具有高、中级专业技术职务人员平均年龄在 40 岁左右。五、均衡专业分布,调整从业人员和专业技术人员的比例,使专业技术人员比重从 1995 年的 74.8%逐步提高到 90%左右。六、培养高层次复合型人才,使专业技术人员和管理人员中有 5%～8%的人,具有精通两门以上专业知识、具备系统管理的能力。七、培养在国内同行业中具有一定知名度的名节目主持人、名播音员 20 名,名记者、名编辑 20 名,以及工程技术专家 20 名,即"222"工程。八、加强外语和新技术培训,现年 45 岁以下者要求具有英语和计算机初级应用能力。

2004 年,文广集团制订 2005—2007 年人才培训规划,提出人才培训的具体任务:集团所属党政人才、专业技术人才、企业经营管理人才五年内普遍轮训一遍,各单位总体上要保证每年完成 25%以上的培训任务。重点抓好处级以上领导干部和优秀中青年后备干部、优秀媒体经营管理人才、高层次工程技术专家、采编播复合型人才、德艺双馨艺术家的培训。

同年,文广集团制订《人才发展资金管理使用暂行规定》,集团的人才发展资金确定为每年1 000万元。

【博士后科研工作站】

2006年5月,传媒集团设立博士后科研工作站,以引进、造就和培养高水平人才为宗旨,提高研发水平和技术创新能力。博士后工作站的研究依托上海广播电视丰富资源,与集团产业发展和经营活动密切相关,秉持产、学、研相结合的宗旨开展学术研究工作。该工作站与北京大学、复旦大学、上海交通大学、中国传媒大学、华东政法大学、武汉理工大学等国内知名高校建立合作关系,联合培养传播学、经济学、知识产权、企业管理等方向博士后。

表7-5-7　2007—2013年传媒集团博士后科研工作站人员进出站情况表

博士后姓名	进站年月	出站年月	博士后研究方向	博士后出站报告
唐远清	2007年9月	2009年8月	媒体受众和广告资源开发研究	《基于受众数据库的媒体受众资源开发——以"第一财经"为例》
冯进路	2010年9月	2013年1月	文化传媒产业的投融资创新	《文化传媒产业私募股权投资基金问题研究》
姚岚秋	2010年9月	2013年5月	媒体版权投资与管理研究	《广电媒体版权资源开发与保护的法律研究——以SMG为例》

说明:以上表格由上海广播电视台人力资源部提供。

第二节　从业人员任用评定奖惩

一、任用

【竞聘上岗与双向选择】

1989年初,上海电台首次在电台内部通过"群众评议,民主选举,党委任命"的办法,公开招聘经济台台长。

1992年,市广电局决定在浦东建立具有独立法人资格的电台和电视台。局长龚学平发布招聘启事,在全局范围内按照"公平竞争,择优聘用"的原则,公开招聘东方电台、东方电视台台长。经公开竞聘选拔,陈圣来任东方电台台长,穆端正任东方电视台台长。

同年5月20日,上海电视台新闻部召开"实行双向选择、重新聘用"会议,每人领取一份《竞聘表》,要求如实填写本人的政治状况、岗位志愿,记者编辑对分管报道条线(行业)可填写3个志愿和理由供领导选择。

同年,上海电台对22名正副主任、66名正副科长进行重新聘任,使一批年轻干部走上重要岗位。调出53名25岁~40岁年龄段的干部和业务骨干,支持东方电台开播。

1993年1月,上海电台新闻部打破原有记者条线分工,实施"双向选择、竞争上岗",按照市场经济体制的框架和《990早新闻》扩版的要求,遵照精干、高效的原则,因需设岗定编;然后采取招标形式,全体记者编辑均可自我投票,毛遂自荐,先予公布,经群众评议和无记名投票,以其获票数的多寡作为"双向选择"的重要参考依据;同时结合考虑其本人志愿、专长、健康状况等条件,加以定岗聘任。

1994年,上海广播电视系统开展人事制度改革,上海电台和上海电视台试行人员双向选择,实行"老人老办法,新人新办法"的人员使用安置工作。上海电台14名40岁以下年轻人被选拔到从节目监制到副台长的领导岗位。上海有线电视台对各自办频道责任编辑实行"竞争上岗、考核受聘"。

1996年,为保证"影视合流"健康顺利地发展,上海电视台实行干部聘用制,全台职工实行双向选择。

1998年2月,东方电视台新闻中心记者实行"双向选择、竞争上岗"。东方电视台新闻中心宣布《东视新闻》记者的岗位设置以及每个岗位的内容、任务和完成节目指标数,规定每月每季度的考核办法。

1999年,东方电台作为市广电局人事制度改革试点单位,工作班子与各部门分别测算岗位数,编写岗位规范要求,确定各岗位的基本工作量,拟定考核办法,提出分配方案。以音乐部为试点,完成"五定"工作,确定主持人、编辑、监制、正副主任的岗位要求,确定节目考核原则及力度,体现"上岗靠竞争、报酬靠实绩"的激励作用。

2000年2月5日,市广电局推出广播电视首席播音员、主持人聘用制度。第一批被评聘的首席播音员、主持人共8位:上海电台王永涛、陈璐;东方电台袁林辉、马红雯;上海电视台刘剑;东方电视台李勇、卜凡;上海卫视叶蓉。聘任期为两年,享受正高级职称待遇。

同年7月,由于人员调动,东方电台有线音乐部、金融部、广告部三部主任岗位出现空缺。东方电台决定改变以往干部任命的常规,进行干部竞聘上岗试点。

同年9月,上海电视台干部人事制度改革领导小组举行中层干部竞聘演讲答辩会,台领导和职工代表一起组成考评小组。上海电视台组织部门在群众民主测评、评委考评打分和综合分析的基础上,对竞聘者从德、能、勤、绩四个方面进行考察,报台改革领导小组审核。按照干部管理权限,台党委认真听取和综合考虑竞聘者的各方面情况,根据岗位要求和干部的任职条件、情况,讨论确定聘用干部的人选,并报局党委审批。

同年10月,上海有线电视台举行新闻财经频道干部竞聘答辩会,共有25人次参与包括总监助理、有线新闻制片人等共7个干部岗位的竞聘。同月,上海电视台文艺中心新组建的干部班子在中心每周例会上亮相。经过个人报名、职工推荐、公开竞聘演讲答辩、评委考评打分和综合分析、台党委对其资格审定等程序,3位副主任成功竞聘干部岗位。

2001年,传媒集团成立,对电视频道进行专业化重组。8月23日—9月3日,电视专业频道人员的双向选择和竞争上岗工作启动,选聘体育频道和节目营销中心工作人员。11月12日—12月8日,对新闻综合、生活时尚、纪实、新闻娱乐、文艺、戏剧、音乐等电视专业频道的总监、主编、副主编以及工作人员实施双向选择、竞聘上岗。共有960余人参加这些频道、中心的岗位竞聘。其中,920余人通过双向选择得以竞聘上岗,40余人待聘。

2002年5月30—31日,传媒集团在广播大厦举行广播专业频率和职能部门干部竞聘上岗答辩会。共有75人报名竞聘6个组别的广播频率总监、主编、广告经理及传媒集团职能部门负责人岗位。

2004年,传媒集团东方少儿频道、影视剧中心、纪实频道推行员工的双向选择、竞争上岗。根据评聘分离原则,全面启动职称的岗位聘任工作。完成五个系列中、初级职称的聘任。在五个系列共计1975人的中初级职称聘任中,有5人因岗位变动实行了"高职低聘"。

2005年5月18日，传媒集团召开人力资源管理综合改革试点工作动员大会。具体改革内容包括五个方面：一是完善岗位体系，按岗聘员，实现岗位职责明确化、岗位标准社会化、岗位聘任公开化。二是建立双通道体系，确保管理人员和专业人员分类晋级。三是创新付薪理念，以岗定薪，以岗位和绩效为导向，建立与岗位性质相匹配的多元化薪酬模式。四是明确绩效导向，目标管理，通过目标层层分解，实行主管考核制，建立绩效考核量表。五是建立全员培养计划，建立内部培训基地——东方传媒学院，确定传媒集团每年销售总额的0.5％用于培训投入。

同年10月18日，传媒集团电视新闻资源整合暨人力资源管理综合改革动员大会召开。会后组织对电视新闻中心主任、副主任人选进行民主推荐。同日，召开娱乐资源整合暨人力资源管理综合改革动员大会。会后对新成立的音乐部、综艺部、大型活动部总监、副总监人选进行民主推荐。

同年11月12日，传媒集团广播新闻资源整合暨人力资源管理综合改革动员大会在广播大厦召开。新闻频率、交通频率、都市生活频率、新闻资讯频率的全体员工参加会议，并在会后对新成立的广播新闻中心主任、副主任人选进行了民主推荐。

同年，传媒集团竞聘各类专业岗位员工达1 560人次，其中竞聘首席、资深专业岗位达562人次。有225名员工走上首席、资深岗位，其中首席岗位30人，资深岗位195人。同时，36人经过慎重选择，主动放弃管理岗位，通过公开竞聘重新走上高级专业岗位。集团共组织11个职能部门、4个中心、9个频道和8套频率的3 155人次参加全员岗位竞聘，涉及各类岗位2 666个，2 431名员工竞聘上岗。

2006年9月8日，文广集团第一届职工代表大会第二次会议审议通过《集团聘用和劳动用工管理办法》。

2008年，传媒集团深化人力资源管理综合改革，重点是推进职称评聘工作正常化、系统化，实现事企编制员工同工同酬，优化绩效考核体系，改善员工薪资福利。

2009—2010年，上海广播电视台、上海东方传媒集团有限公司完成制播分离、下属公司设置、事业部门划分、管理团队配备、人员名单梳理及相关人员人事关系划转工作，推进全员聘用合同签订工作，完成签约人员社会保险和薪酬关系的划转工作。

2010年1月5日，上海东方广播有限公司举行中层管理干部岗位竞聘答辩。东方广播公司第一、二轮岗位竞聘共发布岗位42个，其中公司中层管理干部岗位30个，广告经营、管理的基层主管岗位12个，凡符合条件的东方广播公司所属干部员工均可参加应聘。共有60位员工参加竞聘，占公司员工总数的28.3％。

【干部任免与民主推荐】

1984年上海市广播电视局成立后，正副局长和电台、电视台台长由上海市人民政府批准任命，局党委正副书记由中共上海市委批准任命。中共上海市委宣传部负责广播电视系统处级干部的管理权限：新闻单位的部主任任免职报宣传部预审；副局级以上单位的副职、局（台）长助理、党办主任、组织处长、监察室主任、纪委专职书记、党委委员任免职报宣传部审批。

县（区）广播电视台台长（在1985年以前为有线广播站站长）由县（区）人民政府任命，副台长由县（区）人事局委派。建立县（区）广播电视局后，局长由县（区）人民政府任命，副局长由县（区）人事局委派。松江县广播电视局局长由县人大常委会任命。

1985年2月20日，市广电局制定《关于思想政治工作和队伍建设整改方案》，在改革干部、人事制度方面提出改终身制为聘用制、任期制。上海电台和上海电视台部主任以上干部、机关正副处长经局党委批准聘任,任期为 2 年。两台部主任以下干部和机关主任、副主任科员,聘期为 1 年。按德、能、勤、绩 4 方面考核,合格的继续聘用,不合格的进行调整。1987 年,市广电局聘任干部 110 人,其中处级干部 54 人,科级干部 56 人。1992 年聘任处级干部 66 人。

1999 年 4 月 29 日,市广电局制定颁发《干部审批权限规定》《呈报干部任免材料若干规定》《党政领导干部考核工作暂行规定实施细则》《干部人事档案管理办法》等规定(办法)。

2000 年,上海电台制订《关于干部人事制度改革实施意见》,用竞争上岗的办法完成所有中层干部的考察选聘,组织"各部门全员民主推荐""全台中层干部民主推荐"和"干部自荐",全台 95%以上干部职工参与推荐。经过有组织的竞聘工作,产生台长助理、各部门正副主任。中层干部平均年龄下降近 7 岁,大学本科以上学历的人数的比例明显上升,其中 8 名主任助理平均年龄为 30 周岁。

2001 年 5 月 28 日,文广集团发布《干部管理范围和权限的通知》。报市委、市政府审批的干部范围:集团党政正、副职,纪委书记;上海电影制片厂、东方新闻网站的党政正、副职,纪委书记;上海电台、东方电台、上海电视台、东方电视台的党政正职。报市委宣传部审批的干部范围:集团党委成员、总裁助理;集团纪委副书记(监察室主任)、综合办公室主任、人力资源部主任;上海电台、东方电台、上海电视台、东方电视台的党政副职、纪委正/副书记;集团所属各子集团上海电影电视(集团)公司、上海永乐电影电视(集团)公司和上海每周广播电视报社等的党政正职。

2001 年 8 月 21 日—9 月 29 日,文广集团进行民主推荐后备干部和学科带头人工作。经民主推荐、组织考察、实行公示、党委审定,选拔出副局级后备干部 21 名,其中 40 周岁以下的占 14.3%,41 周岁～45 周岁的占 42.8%,46 周岁～50 周岁的占 28.6%,51 周岁以上的占 14.3%,接近上级提出的"2∶3.5∶3.5∶1"的梯形年龄结构要求;大专以上学历占 100%。处级后备干部 211 名,其中,正处级后备干部 81 名,副处级后备干部 130 名。学科带头人 47 名,后备学科带头人 32 名。

2005 年 9 月 8 日,文广集团召开公开选拔传媒集团 5 名副总裁(副局级)动员大会。

2007 年,传媒集团加强干部管理制度化建设,制定《干部轮岗交流制度》和《干部回避制度》,推进干部公开选拔、竞争上岗工作。

2009 年 6 月 5—15 日,文广集团开展民主推荐副局级后备干部工作。经民主推荐、差额考察、名单公示、党委研究,选拔出副局级后备干部推荐人选 20 名,其中 40 周岁以下 6 人,约占 30%;41 周岁～50 周岁 11 人,占 55%;51 周岁～53 周岁 3 人,约占 15%;符合上级提出的调整后的局级后备干部"年龄一般不超过 53 周岁,以 45 周岁左右的干部为主体,40 周岁以下的干部要有一定数量"的年龄结构要求;绝大多数人选学历均在大学以上,女干部占 25%。

2010 年,上海广播电视台根据《党政领导干部选拔任用条例》和市委宣传部、文广集团关于干部管理范围和权限的有关规定,对上海广播电视台的干部任免权限做出暂行规定。由市委、市政府审批的干部范围:上海广播电视台党政正副职、纪委书记。报文广集团、由市委宣传部审批的干部范围:上海广播电视台党委成员、台长助理,上海东方传媒集团有限公司董事长(法定代表人)、监事长(在成立董事会和监事会之前为执行董事、监事)、党政正副职、纪委书记、党委成员。报文广集团、并由其报市委宣传部预审、由文广集团审批的干部范围:上海广播电视台编审委员会秘书长,上海广播电视台所属频道(频率)、管理频道(频率)的事业部党政正职,电视新闻中心、广播新闻中心的党政正副职,每周广播电视报社、第一财经日报社的党政正职。

【对口支援】

1986 年 10 月起,上海广电系统先后派出 4 位新闻采编及节目管理人员参加广播电影电视部组织的援藏工作。1993 年 8 月起,东方明珠传输有限公司派出 2 位技术人员赴西藏开展电台发射设备维修工作。1998 年 3 月起,上海广电系统先后派出多批干部赴新疆西藏对口支援。

表 7 - 5 - 8　1986—2010 年上海市级广播电视机构对口支援派出干部情况表

单　　位	姓　名	派驻地及职务	派驻始止时间
上海电台	丁文元	西藏人民广播电台新闻责任编辑	1986 年 10 月—1989 年 2 月
上海电台	张　鸣	西藏人民广播电台文艺编辑、驻昌都记者站记者	1986 年 10 月—1988 年 10 月
上海电台	陈建明	西藏人民广播电台驻山南记者站记者	1988 年 8 月—1990 年 1 月
上海电视台	王　玉	西藏电视台节目管理	1988 年 8 月—1990 年 10 月
东方明珠传输有限公司	胡永德	西藏拉萨东郊广播发射台技术保障	1993 年 8 月—1995 年 1 月
东方明珠传输有限公司	陆志超	西藏拉萨东郊广播发射台技术保障	1993 年 8 月—1995 年 1 月
市广电局技术中心	汪　艇	新疆阿克苏地区广播电视局副局长、兼电视台副台长	1998 年 3 月—2001 年 1 月
上海歌舞团(后为传媒集团托管)	杨建华	新疆阿克苏歌舞团副团长	1999 年 6 月—2002 年 6 月
上海电视台	徐之浩	西藏日喀则地委宣传部副部长	2001 年 5 月—2004 年 6 月
传媒集团	许　钟	新疆阿克苏地区广播电视局副局长	2002 年 7 月—2005 年 7 月
传媒集团	吴纯钢	西藏日喀则地区广播电视局副局长	2004 年 6 月—2007 年 6 月
传媒集团	朱　疆	新疆阿克苏地区广播电视局副局长、兼电视台台长	2005 年 7 月—2008 年 6 月
传媒集团	姚　远	西藏日喀则地区广播电视局副局长	2007 年 6 月—2010 年 6 月
传媒集团	李静平	新疆阿克苏地区广播电视局副局长	2008 年 7 月—2010 年 12 月
上海广播电视台	宁　菁	西藏日喀则地区广播电视局副局长	2010 年 6 月—2013 年 6 月

说明:以上表格由上海广播电视台人力资源部提供。

二、评定

【职称评定】

根据国务院 1980 年有关记者、编辑和工程技术业务干部职称评定的暂行规定精神,1983 年 5 月,市广播局党委在广播电视系统开展记者、编辑、技术业务干部的职称评定工作,并同时成立记者、编辑业务干部职称评定委员会和工程技术业务干部职称评定委员会。同年 7 月,成立播音员业务职称评定委员会。但是,由于职称制度本身的缺陷以及经验不足和历史遗留问题太多等原因,职称评定工作中也出现了一些问题。同年 9 月,中共中央书记处和国务院决定暂停职称评定工作,进行整顿。

1986 年,中共中央、国务院发布《关于改革职称评定、实行专业技术职务聘任制度的报告》和有关通知,恢复职称评定工作。

市广电局为实行专业技术职务聘任制的第二批试点单位之一,其中新闻专业职务的评聘工作最先起步。1987 年 2 月 5 日评聘工作启动,至 1987 年底基本告一段落。共评出高级记者、高级编辑(正高级)5人,占新闻专业人员总数448人的0.67%;主任记者、主任编辑(副高级)57人,占总数的7.4%;记者编辑(中级)170人,占总数的37.9%;助理记者、助理编辑(初级)186人,占总数的41.2%;根据等额评聘的原则和上级下达的比例限额,凡占指标的专业人员,均予以聘任。

播音专业职务评审工作从1987年5月展开,于同年12月结束。参加首次评定专业职务的电台、电视台播音员共45人,除4人(均评为主任播音员)为台领导和离退休人员不占指标外,在职的播音员41人经各级评委分别评议审定:高级播音员3人(播音指导1人,主任播音员2人),占总数的7.4%;一级播音员18人,占总数的43.9%;二级播音员17人,三级播音员2人,两者共19人,占42.2%。

1988年1月,市广电局工程技术专业职务首次评聘工作结束,评出工程师161人,占评聘总人数的37.8%。由市经委组织,经市仪表局高评委评出的高级工程师17人,加上原有高级工程师8人,共计25人,占总人数2.5%;高、中级人员占40.4%。

此后,职称评定工作转向制度化。至1993年,市广电局共评定各类专业人员高级职称137人,中级职称567人。区县广播电视系统共评出各种专业高级职称4人,中级职称177人。

上海广播电视行业实行的专业技术职务评聘工作沿袭着"评聘结合"(即等额评聘,根据单位人员编制数与专业技术职务的"高级、中级、初级"比例缺额报送评审)的原则。评审权限、评审条件、各系列职务名称等依据广电部和文化部下发的5个文件:《新闻专业人员职务试行条例》《广播电视播音专业职务试行条例》《工程技术人员职务试行条例》《艺术专业职务(艺术等级)试行条例》《关于电影电视部分专业人员选用专业技术职务系列意见的报告》。

上海广播电视行业的职称系列主要包括:新闻专业(记者编辑);播音专业(播音员主持人);艺术专业(编剧、编辑、摄影[像]、录音、作曲、导演、演员、演奏员、指挥、舞台美术设计、舞台技术、美术等);工程技术专业。

2000年后,上海广播电视系统进一步完善竞争激励机制,建立符合专业技术人员职业特点的评聘分级分类管理体系,培育高素质、社会化的专业技术人员队伍。依据《上海市实施专业技术职称(资格)评定与专业技术职务聘任相分离的暂行办法》(1999年),新闻、播音、艺术专业实行"审定制",初级职称(资格)实行只聘不评的办法,不再组织职称(资格)的评审和认定;中级职称(资格)实行只聘不评的办法;高级职称(资格)实行资格审定的办法。资格审定不受单位人员编制和"高级、中级、初级"比例限制。高级、中级专业技术职务的聘任,则在本单位有高级、中级专业技术职务比例的前提下聘任。实施原则是"个人申报、社会评审、单位聘任"的双轨制办法。

工程系列的高级、中级专业技术职务任职资格实行的是评审制。

上海各家电台、电视台实行"评聘分离"后,专业技术人员工资福利待遇按所聘任的岗位(职务)确定并形成制度。用人单位根据专业人员的技术、工作业绩和工作态度,对已通过专业技术职务任职资格评审委员会评定任职资格的专业技术人员,实行择优聘用的原则,聘任上岗。

2003年,文广集团推出新闻系列、播音系列、艺术系列、工程系列专业技术职务结构比例与岗位设置管理试行条例,对设置专业技术岗位的范围、各类专业技术岗位的结构比例标准做了规范。

新闻系列的结构比例为:正高级岗位数控制在新闻系列专业技术人员总数的4%～7%;副高级岗位数控制在新闻系列专业技术人员总数的22%～26%;中级岗位数控制在新闻系列专业技术人员总数的50%;初级岗位数,按需设定、聘任。

播音系列的结构比例为:正高级岗位数控制在播音系列专业技术人员总数的4%～6%;副高级岗位数控制在播音系列专业技术人员总数的20%～25%;中级岗位数控制在播音系列专业技术人员总数的45%～50%;初级岗位数,按需设定。

2010年,上海广播电视台具有专业技术职务资格的人员总数为1 507人,其中:具有高级职称(含正高、副高)205人;中级947人;初级355人。

新闻系列高级职称(正高级和副高级)由市委宣传部组织新闻高级专业技术职务任职资格评审委员会评定。中级职称由上海市文化广播影视管理局(1995年前分别为上海市广播电视局和上海市电影局;2000年前为上海市广播电影电视局),组织新闻系列中评委对中级职称进行评定和高级职称推荐。

1994—2010年,上海广电系统评出新闻系列高级记者、高级编辑(正高级)34人,评出主任记者、主任编辑(副高级)115人。

播音系列正高级职称由国家新闻出版广电总局(前为国家广播电影电视总局、国家广播电视总局)组织播音专业高级职务评审委员会评定。市文广局组织高评委和中评委对副高级职称及中级职称进行评定。

2002—2008年,上海广电系统评出播音指导(正高级)2人。1997—2010年,评出主任播音员主持人(副高级)24人。

工程系列委托上海仪电控股(集团)公司组织工程系列高级专业技术职务任职资格评审委员会,对正高级职称和副高级职称进行评定。市文广局组织中评委对中级职称进行评定。2001—2010年,经评审认定:高级工程师(教授级)7人;1995—2010年,高级工程师(副高级)79人。

艺术系列先后由市文广局组织的"上海市电影广播电视艺术专业高级职务评审委员会""上海市艺术系列高级专业技术职务任职资格审定委员会"对高级专业技术职务任职资格进行评定。2000—2010年,评定具有艺术系列正高级职务任职资格的艺术专业人员41人,具有副高级职务任职资格的艺术专业人员133人。

2000年前中级职称由各家电台、电视台组织的中评委对艺术系列中级职称进行评定。2000年后实行只聘不评的办法。

【技能鉴定和执业资格】

1996年5月8日,市广电局、市教育局和市语言文字工作委员会发出《关于在本市广电系统开展普通话测试工作的通知》,对测试对象、时间、标准、步骤做了明确规定。

1997年,广电部下发《播音员主持人持证上岗暂行规定》,把播音员主持人持证上岗的内涵拓展为"经政治、业务和普通话水平考核合格后,才能获得岗位资格证书"。

上海广电系统于1996年9月、1997年5月和12月、1998年4月,组织500多人次参加培训和测试。市和区(县)两级播音员主持人普遍参加普通话培训测试。

1999年2月1日,市广电局制订《播音员主持人上岗实施细则》,提出对全市广播电台、电视台(含有线电视台)的播音员、主持人实行普通话测试及持证上岗。市广电局分期分批组织培训和普通话水平测试,市级台播音员、主持人普通话水平要求达到一级甲等;区(县)级台播音员、主持人普通话水平要求达到一级乙等。

按照国家广电总局的规定,上海广播电视系统从2001年1月1日起全面实行播音员和节目主持人持证上岗制度。经认真考评、审核,全局有220人获得上岗证书。

2001年12月,市文广局发布《上海市广播电视播音员主持人持证上岗管理办法》。

2003年11月6日,市文广局、市劳动和社会保障局联合发文,对从事文广影视行业的特有职业(工种)人员实行持《职业资格证书》上岗制度。对从事舞台灯光、影视照明、电影放映、电视摄像、音响调音五个职业(工种)的人员实行持证上岗制度。此次实行的文广影视行业五个职业(工种)的从业资格标准,是国家劳动行政部门颁发的五级职业资格标准。凡参加以上特有职业(工种)培训的人员,可在劳动行政部门批准的职业培训机构参加培训。培训结束后,需要参加职业资格鉴定的应到经劳动行政部门批准的文广影视特有职业(工种)技能鉴定站进行鉴定。对成绩合格者,颁发国家劳动和社会保障部印制的《职业资格证书》。

根据国家广电总局关于《广播电视编辑记者、播音员主持人资格管理暂行规定》,对编辑记者、播音员主持人实行执业资格制度。经国家广电总局审核认定,2005年3月17日,传媒集团967名广播电视采编人员、211名播音员主持人,共计1178人首批取得执业资格证书。4月1日起,上海从事广播电视采访编辑、播音主持工作的人员,均需取得相关执业资格。当年,全市1319名广播电视新闻采编人员、323名播音员主持人,共计1642人通过审核合格,取得执业资格。

2009年2月16日,市文广局发布《关于对电视摄像人员持证上岗情况进行检查的通知》。设置"电视摄像"职业资格标准,为国家劳动行政部门颁发的五个等级职业资格标准,分别为:高级电视摄像师(国家职业资格一级);电视摄像师(国家职业资格二级);高级电视摄像员(国家职业资格三级);中级电视摄像员(国家职业资格四级);初级电视摄像员(国家职业资格五级)。

三、奖惩

【考核、奖惩】

1978年12月5日,市广播局对年终评奖做了规定。发给个人的奖金分为3个档次:被评为1978年度先进工作者得奖金20元,人数不超过全局职工总数的10%;工作认真、学习积极的大多数职工得奖金10元;表现一般的职工得奖金5元。

1983年10月,上海电台制订工作人员奖惩条例。对全台工作人员按季度评发奖金,定名季度奖。奖金分综合奖和单项考勤奖两类。

1985年起,市广电局实行岗位责任制。凡聘用的各级干部,实行职务岗位工资。对工作做出重大贡献者给予奖励。对不遵守组织纪律、经教育不改者,做出等待分配的处理,在3个月内只发工资不发奖金,3个月后发工资的70%。

1993年起,东方电视台在人事和分配制度上,从台长到职工实行聘用制和每年3%~5%的淘汰率;奖金分配按贡献大小和工作量多少进行考核,奖勤罚懒。

1999年4月,上海电视台新闻中心修订奖励条例和处罚条例。其中包括:对在上海或全国电视新闻评奖中获一等奖、新闻被中央电视台和海外主流电视媒体采用、新闻中心工作有特殊贡献者,给予奖励;对失职与违规、播出责任差错,扣发当月奖金或做下岗处理。

2002年,传媒集团修订奖励与惩戒条例。对完成某项任务或在某次重大事件中做出显著成绩或有特殊贡献的人与团队,给予奖励。奖励的种类:总裁奖、集团嘉奖、授予荣誉称号、年度表彰及节目、技术专项奖励。对有违纪行为和失职行为者予以惩处。处分的种类:警告、记过、记大过、撤职、开除。

同年,传媒集团推出分配方案(电视部分)。该方案强调按劳分配、绩效挂钩,将技术和管理等生产要素作为计算因素,纳入分配之中。分配重责任,兼顾资历;重实绩,兼顾职级;重奖励,严格失职追究。有成绩奖不封顶,无成绩奖不保底。按劳取酬,按绩得奖,总量控制,拉开档次,统一要求,放权分配,激励为主,兼顾普惠。该方案旨在使收益分配向关键性岗位和优秀人才倾斜,不搞平均主义,促使全体员工以出色的工作业绩来提高自己的收益水平,同时引导节目生产由满足节目数量向追求节目质量发展。对于特殊人才、学科带头人、业务名人、拔尖人才,可由各频道、职能部门、中心提名推荐,报传媒集团党委审批认定后,提高分配指数。指数由集团总裁决定。这部分奖励指数金额由传媒集团增拨。

2002年,为认真总结工作和正确评价职工的工作绩效,合理实施奖惩、培训和岗位调整,激励广大职工认真履行岗位职责,传媒集团对下属各频率、频道、职能部门等单位共5 000余名干部职工进行年度考核。

表7-5-9 2002年度传媒集团工作人员考核结果情况表

单位名称		上海文广新闻传媒集团					
工作人员总数		6 204		参加考核人数		5 428	
考核结果	职务 \ 考核情况	合计	优秀	合格	基本合格	不合格	未定等次
	合　计	5 428	609	4 517	110	32	160
	行政管理职务 处级	150	50	95	0	0	5
	行政管理职务 科级	133	50	83	0	0	0
	行政管理职务 科以下	425	29	278	7	0	111
	专业技术职务 高级职务	666	101	560	2	1	2
	专业技术职务 中级职务	1 220	159	1 040	15	3	3
	专业技术职务 初级职务	1 250	103	1 084	22	3	38
	工人 高级工及其以上	6	0	6	0	0	0
	工人 中级工	44	5	39	0	0	0
	工人 初级工	125	2	122	—	—	1
	工人 普通工	888	53	746	64	25	0
	工人 其他(国际会议中心)	521	57	464	0	0	0

说明:以上表格由上海广播电视台人力资源部提供,表中统计数据为事业编制和企业编制人数。

2004年,传媒集团对年终考核制度进行适度创新。围绕态度、能力、业绩三大指标尝试对干部和员工进行全方位考核测评,引入淘汰机制;设计集团岗位、绩效、薪酬综合改革方案;完善绩效管理流程,实施分类逐层考核,落实到人,每位员工按照岗位职责均有相应的绩效考核指标,并与单位签订目标责任书。

【纠风倡廉】

1987年6月,上海电台和上海电视台分别制订职业道德守则,通过广播、电视向社会播发,并公布举报电话号码,欢迎全社会监督。上海电视台在电视节目中对群众举报并经查实的问题公开"自我曝光",公布处理结果。

1993年8月,市广电局发出《关于加强广播电视队伍建设,禁止"有偿新闻"的规定》。《规定》明确:"不得以新闻报道的形式为被报道单位做广告,凡属新闻报道,不得向被报道者收取任何费用。记者、编辑不得从事广告业务,从中牟利。"东方电视台报道部在禁止"有偿新闻"方面作出榜样,被选为全市先进单位典型之一。

1995年4月21日,市广电局发布《纠正行业不正之风工作计划》。该工作计划涉及加强对节目主持人、播音员管理规定,关于广播电视节目交换、买卖片子的管理规定,关于制订礼品、礼金上交登记和奖励制度,充实完善加强职业道德建设、禁止"有偿新闻"的规定,关于外借人员作为节目嘉宾的审查管理制度,关于向社会招聘工作人员的报名费、手续费标准及费用管理制度。

同年7月6日,实施《上海市广播电视局机关工作人员和企业、事业单位处级以上领导干部廉洁自律规定》。《规定》指出:广播电视新闻报道具有舆论监督责任,各宣传单位的处级以上领导干部、总监、副总监,不准接受被批评、曝光的单位或个人的宴请,也不准在新闻报道录用稿件、刊物出版中,接受有关单位和个人的宴请。局机关工作人员及事业单位处以上领导干部不准参加用公款支付的营业性歌厅、舞厅、夜总会等公共娱乐场所的娱乐活动,不得用公款为上级机关和其他部门及本单位职工在营业性歌厅、舞厅、夜总会等公共娱乐场所安排娱乐活动。处以上领导干部用车、住房分配严格按照局《职工住房分配条例和车辆管理规定》执行。业务交往中收受的礼品必须登记上交。违反本规定的处理办法:对初犯者进行教育;对重犯者进行通报批评;对屡犯者给予党纪、政纪处分并调离工作岗位。

1996年9月7日,东方电视台发出《关于加强队伍建设,重申职业道德规范的通知》。主要内容有:坚决杜绝任何形式的"有偿新闻"。全体工作人员在对外交往、采访报道、录用稿件和联系工作时,严禁利用工作之便,以任何名义索要、收受礼金、"红包"(包括误餐费、交通费等)以及各类金融或有价证券;全体工作人员必须自觉接受社会监督。对社会举报,台纪委和监察室在调查核实的基础上,给举报者以明确答复,并对有关的人和事做出严肃处理。

1997年6月9日,上海电台党委做出决定,抓好中纪委"八条"规定的贯彻落实:清理借用外单位的车辆;对现有公用移动电话进行登记,凡不符合配备条件的一律收交总台处理,不得以任何形式向任何企业或外单位借用、索取移动电话;控制公费出国人员,严格控制领导干部出访次数,不准私自接受外单位邀请出国随访,不得擅自绕道或延长在国外、境外停留时间。

2002年4月8日,传媒集团发布《关于礼品登记、上交、处理的若干规定》。规定传媒集团工作人员在宣传报道、节目制作、文艺演出、广告经营、节目营销、公司经营等交往中,不得以任何名义向对方索要礼品。对方主动赠送礼品应予谢绝。如违反相关规定,将视情节轻重对负直接责任的主管人员和直接责任人员给予通报批评处理直至党纪、政纪处分。

2005年12月29日,文广集团发布《关于在干部调整交流中严格遵守廉洁自律有关规定的通知》,指出:不准以欢送、欢迎、祝贺等名义用公款互相宴请、大吃大喝、赠送礼品;不准借干部调整交流之机,突击分钱分物、滥发奖金和实物;不准在调离时,带走原单位的公物;离任干部要配合有关部门进行离任审计。

2009年,传媒集团纪委、监察室以集团内部曾发生违纪违规现象为原型,编纂21个案例,汇编成册,用身边事教育身边人。

第三节　教育与培训

一、学历与继续教育

1983年5月,市广播局成立职工教育委员会,负责领导队伍建设和文化专业知识教育工作。

1985年9月,上海第一所培养中等新闻人才的上海新闻广播电视职业学校创办。该校由上海市新闻工作者协会、上海市广播电视局和静安区教育局联合创办。校址设在延安中路955弄63号新成中学内。该校主要为上海电台、上海电视台和各报社等新闻单位定向培养中等新闻业务、技术和经营管理人才。学制为全日制4年,参加上海市中等学校秋季统一招生,招生对象为应届初中毕业生。学校开设4个专业:新闻编务、新闻管理、音响录音和电视摄像、广播电视技术。1985年首届招收学生165人,1986年又招收120人。1989年首届毕业生4个专业共160人。学生毕业后,由市新闻工作者协会和市广电局推荐录用。

1987年5月,市广电局就职工参加各类成人教育若干问题重新做了规定。要求各单位积极支持职工学习文化技术,鼓励自学成才,每年定出职工培训计划。职工经批准参加各类成人高校和其他学历教育者凭学费收据及成绩合格单给予报销。1984年起,上海电台、上海电视台和郊县台选送采编播人员参加北京广播学院设在上海的函授站学习,经过3年的正规教育,这批学生全部合格毕业,获得大专学历证书,大多成为采编播第一线的业务骨干。此外,通过上电视大学、参加自学考试、读大学本科等业余学习,有56人获得单科结业证书,20人获得大专学历证书,25名获得大学本科学历证书。

1989年1月,由中国电视艺术家协会上海分会主办,上海市新闻广播电视职业学校承办的成人学校——上海市广播电视(业余)进修学院,经上海市教育局批准备案成立。该校办学宗旨是培养编、导、摄的专业人才。1989年下半年,按全国高校统一考试,招收第一批学生36人,办有电视节目制作专业大专班,学制3年。学院聘请上海电视台、有关高校和电影制片厂编辑、记者、教师、导演等专业人员兼任教师。上海市广播电视(业余)进修学院与上海大学合办的电视制作专业班有三个年级,首批学生于1992年5月毕业,领到大专毕业证书。外省市都选派学生前来学院进修。

1994年9月27日,市广电局党委书记孙刚、副书记李保顺考察逸夫职业技术学校。该校是在原新成中学和新闻广播电视职业学校校址,由香港实业家邵逸夫和市教育行政部门共同投资改建而成。该校继续为广播电视培养输送人才。

1997年12月26日,为了支持高等教育事业,上海电视台向上海大学捐助100万元,设立"上视(影视)教育基金",以奖励品学兼优的优秀学生和优秀教师。

2001年11月19—23日,市文广局人才培训交流中心和文广集团技术中心联合举办非线性编辑培训班。上海电视台选送总编室、新闻中心、卫视中心、社教海外中心以及影视、财经、生活频道的编辑、记者、节目制作人员脱产参加培训。电视非线性编辑培训班是上海大学夜大学广播电视编导班(专升本)的一门必修课。

2002年9月,文广集团推选35名财务骨干到上海财经大学参加"专升本"的业务学习。文广集团计财部除每年有计划逐步引进部分优秀大学生之外,重点放在加强对在职财务人员的再培训和继续教育上。

2003年,文广集团所属有关单位积极利用社会教育资源,推荐和选送中青年业务骨干去清华大学、复旦大学、上海交通大学等高等院校深造。

2004年,文广集团组织中高层经营、管理人员和业务骨干在复旦大学、中欧国际工商学院、上海交通大学等高校及英国志奋领奖学金项目攻读EMBA及媒介管理与新闻传播的硕士课程。

2005年9月21日,复旦大学上海视觉艺术学院首届开学庆典在松江大学园区隆重举行。市委副书记、市长韩正,市人大常委会主任、学院名誉校长龚学平出席庆典并揭牌。复旦大学上海视觉艺术学院是由文广集团、文新报业集团等单位共同投资建设的综合性新型艺术类本科院校。该学院位于上海松江大学园区的中心位置,总占地面积800多亩,建筑面积12万多平方米,下设美术学院、传达设计学院、传媒影视学院、空间与工业设计学院、时尚设计学院五大学院。

同年12月22日,传媒集团在高校设立SMG新媒体奖学金。传媒集团互动电视、东方宽频、东方龙、百视通公司与复旦大学、上海交通大学、同济大学、华东师范大学、上海大学共同举行SMG新媒体奖学金设立仪式,建立"SMG新媒体教学实践基地"。

同年,文广集团选送6名中高层管理人员参加中欧国际工商学院、上海交通大学及复旦大学的EMBA学习;选送5名业务骨干赴英国参加志奋领奖学金项目学习。

2006年,文广集团选送77名干部参加日本、美国、欧盟及中宣部高级专家研究班、市委党校留学回国人员研修班、复旦大学新闻学院在职研究生班的学习培训。

截至2010年底,复旦大学、上海交通大学、同济大学、华东师范大学、东华大学、上海外国语大学、上海大学、上海师范大学、上海戏剧学院、复旦大学上海视觉艺术学院等院校,开设广播电视相关专业,培养编辑、记者、导演、摄影摄像、录音、剪辑、节目主持人等专业人才。

二、专业技能培训

1979年12月10日,国务院颁发关于《工程技术干部技术职称暂行规定》,其中规定对"文化大革命"期间入学的大学生须进行文化补习,然后经过考核,确定其技术职称。据此,市广播局于1981年9月举办电子技术补习班,聘请华东师范大学仪表电子分校教师授课。

1989年,上海广播电视(业余)进修学院办有电视摄制、录像放映员等岗位培训班,属职前教育性质。到1991年,电视摄录短训班已经办到第19期,累计培养基层电视工作者1300多人。

1994年11月2日,上海电视台委托上海大学国际商学院计算机系举办"计算机应用能力培训班",学期为两个半月,参加本市组织的统一考试。11月23日,上海电视台新闻中心编辑部举办第一期"英语沙龙",由《英语新闻》栏目组负责授课,为期3个月,每周授课2次,每次1小时,内容以口语为主。

1995年9月4—16日,市广电局举办节目主持人培训班,以提高节目主持人的思想业务素质。培训对象:技术职务为二级播音员以上者,被各台列入2000年名主持人培养对象者,各台当时的名牌节目主持人。邀请上海市有关部门领导和高等院校专家学者授课,讲授时事政治、新闻基础理论、新闻采访与写作、新闻编辑、传播学概论、播音语言发音基础、表达技巧、社会学、心理学等课程。同年12月25日,上海市机构编制委员会同意建立上海市广播电影电视局培训中心,该中心为事业单位。

同年,市广电局技术中心在上海第二工业大学计算机系培训中心组织一期由技术保障部职工参加的计算机应用能力培训班。参加培训的29人考试成绩全部合格,获得由上海第二工业大学颁发的计算机应用能力结业证书。

1996年5月7日,市广电局培训中心在逸夫职校举行市网络分部有线电视岗位培训班开学典礼。有232人参加的这期培训班,分别组建成9个教学点。这期有线电视岗位培训作为持证上岗的试点。同年,上海电台对职工进行计算机应用能力培训,有169人获得中、初级合格证书。

1997年4月14日,市广电局培训中心岳阳路教学基地挂牌,共有教学用房400多平方米,可供

100余人分2个班次全日运作。5月22日,市广电局举办由区县9家电视台技术人员参加的电视发射机测试技术学习班,介绍和讲解电视发射机技术指标的定义和测试方法,以及如何正确使用测试器。

1999年7月,东方电台与局技术中心广播技术部共同制定培训方案,让一线的编播人员熟悉直播室系统的播出设备,掌握正确的操作方法,对播出过程中发生的突发情况能准确地判断,并具备一定的应急处理能力。广播技术部编写培训讲义,利用停机检修时间进入直播室,分四期为东方电台编播人员进行培训考核。9月,上海各级电视台的32名编导人员在局培训中心,参加由市广电局总编室、技术中心和培训中心联合举办的"编导人员学技术"培训班。局技术中心挑选出各部门的技术骨干,为学员讲述《广播电视技术的历史、现状与未来》《电视特技制作》《非线性编辑》《节目带技术质量审查》等课程内容。

2000年10月30日,市文广局发挥两局合并后的人力、物力优势,组建上海市文化广播影视人才培训交流中心,同时撤销上海市文化系统人才交流中心、上海市广播电影电视局人才培训交流中心、上海市文化艺术干部学校。

2001年3月,上海广播电视系统分批对新闻从业人员和辅助人员进行马克思主义新闻观集体教育培训。

2002年9月10日,文广集团媒体管理人员培训班在上海外国语大学开学。参加培训的学员共26人,主要来自传媒集团、局技术中心、文广投资公司、局信息中心、局节目中心和集团总部等单位,学员大多是电视频道、广播频率的总监、正副主编及主管。

2004年,市文广局技术中心技术工程部就录像机和示波器的使用业务,对文广互动公司和电视制作部的技术人员进行专题培训。电视转播部主任工程师对新进大学生进行转播车使用业务的系统培训。

2005年4月4日,传媒集团人力资源部与技术管理部组织数字化新闻共享平台第一阶段培训,新闻综合频道、新闻娱乐频道、东方卫视编播人员500多人次参加培训。

2006年9月15—19日,由国家广电总局人教司主办、文广集团和复旦大学上海视觉艺术学院承办的广播影视经营战略高级研讨班在上海举办。来自20个省市广电系统从事经营管理等工作的领导和业务骨干共51人参加研讨班。

同年10月15日,《上海文化广播影视集团在职人员教育培训管理办法》文件印发。规定培训类型为:学历培训、上岗前培训、持证上岗培训、岗位培训、专项培训、任职培训。参加教育培训的成绩和综合鉴定是在职人员任职、上岗、考核、定级、转岗、续聘、评先进和晋升岗位职务的重要依据之一。

同年10月31日—11月4日,市文广局主办,文广集团和局人才培训交流中心联合承办"2006广播影视数字技术培训班"。来自各区县广电系统的负责人、技术部门业务骨干20余人参加培训。传媒集团技术运营中心、东方明珠(集团)股份有限公司负责人技术人员为学员讲授《广播电视发展新趋势》《高清技术与应用》《数字电视地面广播标准》等10余门课程内容。

2007年4月2—25日,传媒集团电视新闻中心人力资源部组织编播部编辑人员开展精编业务培训。上视编播部、东视编播部、卫视编播部相关人员分四批参加以精编技巧为重点的操作培训。培训课程将上机操作和技巧讲授相结合,内容涉及简单编辑、音频操作和简单特技制作等平时工作常用的知识和技巧。

同年4月23日,传媒集团发展研究部和电视新闻中心联合举办系列专题讲座《新闻的魅力》第一场《直播的魅力》,观摩美国CNN晚间黄金时间新闻节目《安德森·库珀360》和英国ITV午间新闻节目《ITV Lunch Time》。主讲人就节目定位、编排架构、内容侧重、节奏控制、画面链接、收视效果以及主持人角色、演播室布景等话题进行探讨分析,归纳这两档节目的成功之道。

同年6月,传媒集团东方传媒学院与中欧国际工商学院联合举办"传媒集团领导力发展课程——项目管理"培训。该培训从项目管理的基本要素、如何成为高效能项目经理,以及项目的选择、发起、界定等角度出发,系统讲述"项目管理"的重要内容。主讲人还通过模拟项目提案说服训练、团队合作描绘项目思维导图等训练,讲授各种项目管理中的基本技能、风险评估、工作流程、时间计划等知识。中欧国际工商学院向完成这项培训的参与者颁发结业证书。

同年,文广集团组织从业人员分别参加国家广电总局举办的"广播电视编辑记者培训班""广播影视科技发展战略与现代管理培训班""广播电视监测技术人员培训班"等专业培训。文广集团组织安全播出关键岗位的技术人员参加培训和考核,其中包括传媒集团卫星地球站、文广集团监测中心的技术人员。

2008年10月,传媒集团专业技能提升培训班在复旦大学上海视觉艺术学院举办,同期包括3个专业培训班,即:影视灯光照明专业技能提升培训、电视摄像实战技能提升培训和影视后期制作专业技能培训。

三、外派深造

【法国班】

2002年12月16日,文广集团委托上海大学影视艺术技术学院、法国里尔新闻高等学院、法国科技大学企业管理学院合办的媒介管理高级研修班举行开学典礼。参加高级研修班的25名学员中,担任传媒集团频道频率总监、正副主编的有7人;担任正副部主任、制片人的有11人;一线采编人员有7人,平均年龄32.5岁。

2004年4月5日—5月4日,第一期"法国班"25人赴法国学习考察。

2004年,文广集团选送41名青年业务技术骨干分两批参加中法联合举办的上海大学媒介管理研修班学习。

2006年4月7—30日,第二期"法国班"27人赴法国学习考察。

第三期中法合作国际传媒管理班学员于2007年3月完成国内课程的学习,同年3月30日—4月20日赴法国培训考察并参加毕业典礼。文广集团对第三期"法国班"学员的毕业论文进行了整理修改,汇编出版《传媒管理研究与探索》一书,总结各位学员在传媒管理的体制、机制、内容产业发展、业务板块整合上所做的探索,形成集团教育培训的成果。

【美国班】

2003年4月5日,文广集团组织首批赴美国哥伦比亚大学进修学员启程前往纽约。14名学员是来自文广集团总部和传媒集团各单位的负责人或业务骨干,均有一定的外语基础,在美国进修时间为两个半月。以听取专题讲座、参观访问媒体、进修专业英语这三种不同的形式,广泛学习和接触美国报刊、广播、电视和互联网等各类媒体的管理理念和运作方式。学习结束时,哥伦比亚大学为学员举行结业仪式并颁发培训结业证书。

2004年,文广集团组织第二期14人赴美培训学习班。同年8月31日,7位学员代表回国后在赴美培训交流会上做了《夯实基础把握未来》《一个可以举一反三的案例》《关于办台专业化》《美国主流电视媒体娱乐节目的近距离考察和评析》《媒体广告的变动趋势》《矛盾与生存》《世纪并购之神话在文化撞击中破灭》等考察报告。

2005年，文广集团第三期媒体管理人员赴美培训班共15名学员，在美国哥伦比亚大学参加培训，考察美国广播公司等20余家媒体机构，并撰写论文。在回国后的交流会上，播放学员拍摄的赴美学习考察短片，学员从媒体新闻、媒体娱乐、广播、电影、动漫、媒体集团内部管理等方面做了汇报。

图7-5-2　2009年2月24日，传媒集团组织赴美国参加专业培训
归来的业务骨干与同行分享新闻采编创新心得

【英国班】

2006年9月15—30日，传媒集团选派20名编导、制片人，参加与英国威斯敏斯特大学合办的首期电视创意赴英培训班。

2007年8月26日，传媒集团第二期赴英电视创意和创新培训班开班，由英国专家授课，内容包括《观众见解课程》《观众透析与研究》《观察式纪录片》，全面分析介绍英国最新的创新节目、创意团队的体制以及创新思路。培训班学员于9月8—30日，赴英国参加为期3周的培训考察。

2009年12月4—24日，传媒集团第三期"节目创意和创新"培训班23人赴英国学习考察。2010年1月21日，第三期"英国班"培训汇报会举行。主题为《真实节目如何娱乐、娱乐节目如何真实》的汇报会由培训班学员小荷主持，来自新娱乐、艺术人文频道、纪实频道、总编室、东方卫视的7位学员代表作了主题演讲，包括：《娱乐节目的故事化表达与创新》《看选秀节目》《高科技：电视荧屏的华丽外衣》《脱口成章背后的奥秘》《纪录片"变身"》《标准模式VS本土化改造》《关于节目创新的几个观点和趋势》。

表 7 - 5 - 10　2001—2004 年文广集团高层次人才培训情况表

项目 单位	总　数	MBA 或 EMBA	各类专业	媒体管理 (在美国培训)	中法合作 媒体管理班	国外留学	外向型中 长期培训
传媒集团	180	44	51	22	42	16	5
电影集团	21	10	3	3	4	—	1
文广科技公司	5	—	4	—	1	—	—
文广实业公司	7	7	—	—	—	—	—
上海大剧院	1	1	—	—	—	—	—
东方明珠(集团)公司	5	5	—	—	—	—	—
电视广播集团公司	1	1	—	—	—	—	—
大型活动办公室	2	—	—	—	2	—	—
集团总部	13	6	—	3	2	—	2
合计	235	74	58	28	51	16	8

说明:以上表格根据文广集团资料整理。

表 7 - 5 - 11　2001—2010 年文广集团选派人员参加国内外培训情况表

媒体管理赴美培训班	中法合作媒体管理班	市委组织部外向型干部班
学习时间 2 个月 人均费用约 12 万~14 万元 课程实务性、针对性强 接触美国主流媒体 获美国哥伦比亚大学结业证书	学习时间 18 个月 人均学费 7 万元、出国考察费用 4 万~5 万元 授课内容比较系统,其中 6 门课由法国教师来沪讲授 出国考察一个月 获国内研究生课程结业证书和法国大学硕士学位证书	学习时间 6 个月 人均费用 8 万~10 万元 主题与本系统关联不强 所去国家不确定 以适应能力为主,课程设置系统性不强
EMBA 项目	在职研究生	英国志奋领项目
学习时间 2 年 人均费用 26 万~27 万元 学员来自不同行业、层次较高 课程设置、授课形式针对性强 获国家承认的硕士学位证书	学习时间 3 年 人均学费每学年 1 万元 高校正规研究生课程 需要通过研究生入学考试 获国家承认的学历学位证书	在英国学习时间 1 年 全部费用由英国驻沪领馆提供 课程内容为英国公共事务管理类 学员外语程度要求较高,须考 GRE 名单、名额由英国驻沪领馆确定

说明:以上表格根据文广集团资料整理。

第六章　财务管理

第一节　财务架构与延伸

一、财务管理沿革

1978年前，上海广播电视事业建设完全依靠国家财政拨款。1979年后，由于开展广告等多种经营和各种形式的社会资金筹措，逐渐改变"一切向国家伸手"的状况。

1984年，上海市广播电视局设立计划财务处，主要职责是负责全局的资金管理、会计核算、外汇调剂、设备进口、经营管理、计划统计、固定资产管理以及机关财务等项工作。至1993年，市广电局全年各项经营收入突破4亿元，走上了广播电视事业自我经营、自我发展的道路。

国家、地方每年在财政上给予县（区）广播电视事业以很大的支持和扶植，由国家和地方财政拨款为主。1980年代，每年提供经费二三百万元。1990年后，每年向10个县（区）广播电台提供的日常开支和事业经费超过400万元。

1988年5月，市广电局与市财政局就实行全面性财政总承包改革试点达成协议，市财政局对市广电局（包括局属各事业单位）核定基数，实行经费包干，同时实行增收同抵顶财政拨款与提高职工奖励双挂钩的办法，并在全局范围内实行预算收入和预算支出的集中管理。在宣传业务经费使用上，实行财务切块和节目制作成本核算。长期以来实行的"精神产品不可预算"的老观念被打破，代之以制作预算、计划开支、技术设施内部收费的办法。

从1988年至1993年的财政大包干6年中，市广电局集中了所属单位的上交资金达4.2亿元，为建造东方明珠广播电视塔、广电大厦、广播大厦等工程项目筹措了部分资金。

随着机构的改革，1995年"影视合流"，设立上海市广播电影电视局计划财务处。2000年"文广合流"，设立上海市文化广播影视管理局计划财务部。2001年"管办分离"，成立上海文化广播影视集团计划财务部，管理集团下属的广播、电视、东方明珠、发展总公司、服务中心等单位。

2000年，上海卫星电视中心并入上海电视台。2001年，上海有线电视台并入上海电视台。同年，上海人民广播电台、上海东方广播电台、上海电视台、上海东方电视台等单位经批准组建上海文广新闻传媒集团，实行事业单位企业化财务管理。

2009年，传媒集团更名为上海广播电视台，并以经营性资产出资组建上海东方传媒集团有限公司，下属子公司业务板块涵盖影视剧、少儿动漫、综艺娱乐、体育赛事、生活时尚、专业财经资讯、纪录片、电视购物、新媒体、大型活动等内容制作、投资、运营领域，并积极进行跨媒体、跨地域拓展，构建完整产业链，财务管理机构相应做调整。

二、财务委派制度

市广电局从1997年起对下属的发展总公司和服务中心的财务主管实施委派，取得良好效果。1998年，又扩大试点范围，在上海电视台、东方电台、上海电影制片厂等12家单位进行试点，在对待财务集中管理的问题上达成共识;组织到浦东新区、久事公司、港务局等8家单位取经,召开4次关于财务集中管理的专题研讨会。根据调研,出台《财务集中管理办法》,提出财务人员的隶属关系、分配与所在单位脱钩。

1999年,市广电局正式实行财务集中管理,局"财务管理中心"正式挂牌。为运作好"财务管理中心",按照"三个集中,两个分离"的原则:即"人员集中管理、资金集中调度和会计信息集中利用;财务监督与宣传和经营管理分离,财务人员的工资福利待遇与所在单位分配分离"。据此,制订切实可行的相关实施细则,采取分步实施的做法,先将财务主管委派制的工作做好,同时为逐步推行资金集中调度和会计信息集中利用,为建立资金流量信息系统和会计电算化全局联网做好前期准备工作。

2001年,文广集团计划财务部夯实财务会计各项基础工作,不断强化管理、服务、监督职能以及资本运营能力,努力实践管理延伸,积极配合集团重大战略的实施及媒体事业的拓展,以更好地服务于集团中心任务;财务主管委派制逐步做到"全覆盖"。集团计划财务部有权对委派财务的任免提出建议并上报集团党委,由集团党委审议决定。集团计划财务部通过设立委派管理分部,对委派财务人员进行统一管理,并定期加以考核,以加强对下属公司财务管理及监督控制的力度。

2001年起,传媒集团对下属单位实施财务主管委派管理。

三、三室六部职能

2001年起,文广集团下属的事业单位实行企业化管理,传媒集团设有计划财务部,下属子公司均设独立财务部门。计划财务部按照内部管理职能的划分,设为"三室六部"。"三室"为集团财务部总部,即集团会计信息室、财务预算室及资金管理室,分别负责集团会计业务及资金调拨的整体管理,职能部门的日常经济业务,各类预算的编制、监督、控制等;"六部"即根据业务需要,在广电大厦、上视大厦、东视大厦、广播大厦、技术中心、广告部等地设立的财务分部,以及对下属公司进行委派管理的分部。各分部根据其具体服务对象分别开展对口的日常会计核算及财务管理工作。

四、财务管理延伸

2009年10月,上海东方传媒集团有限公司挂牌。这是以传媒产业为核心业务,集广播电视节目制作、报刊发行、网络媒体以及娱乐相关业务于一体的多媒体集团公司。计财部强化管理、服务、监督职能以及资本运营能力,实行管理延伸,配合集团公司重大战略实施及媒体事业拓展,以更好地服务于中心任务:

参与新投资项目的可行性分析,对频道频率的经营性资产整合献计献策,并予以配合落实;创新投资管理模式,按需提供财务支持,对已投资单位加强财务跟踪,确保集团公司投资收益的及时到位;配合集团公司资本运作项目的实施,提高集团资本运营能力。

以利润为导向,加强对下属公司的财务管理。在完善公司法人治理结构的基础上,明确财务管理目标,发挥好财务预警职能,防范和控制经营及财务风险。在管理上抓牢"两头",即年初经营计划和经济目标,年末经济责任审计和目标责任考核。

根据以利润为导向的管理理念和核算体系要求,改进成本核算方法,提高成本核算水平,使成本类数据能够更贴切地反映实际运营情况。

规范经济业务流程与管理。研究改进相关会计核算方式,提高财务报告质量,以更为客观、科学地反映集团公司财务状况和经营成果。

五、广告收入和内控管理

传媒集团广告经营中心成立后，从分散经营到规模经营、集约发展，为夯实集团基础，对各台、报社广告实行以债权债务清理为主的广告经营调查。针对调查发现的广告透支、坏账较多以及在核算口径和管理基础等方面存在的问题，从内部控制要求出发，起草制订集团广告经营管理暂行条例等规章制度，统一规定广告合同的签署要求及各级领导的价格审批权限，明确业务流程、操作规范和结算纪律，有效弥补广告运营中的管理短板，提升广告资源的营运效率，加强广告财务部门的廉政建设。

为适应电视广告经营中的复杂情况，避免广告创收中存在数据不实和"跑冒滴漏"问题，传媒集团建立了电视广告会计核算系统。将所有广告，包括折让以及非货币广告，纳入核算范围；通过数据核对，保证广告业务系统和会计系统数据的一致性，既对广告业务部门实施会计控制，又为会计部门补充了明细的广告内容；坚持"三到位"（即合同、播出、到款到位）的广告收入核算口径，进行广告客户往来明细核算，明晰债权债务，提高了广告收入的数据质量，为开展全面预算、财务分析和内部考核提供条件；保证集团的权益和国有资产的完整及真实性。

六、经营性文化事业单位转制为企业的税收优惠政策

2006 年起，文广集团计划财务部就广播电视广告收入免征企业所得税、广播电视行业免征房产税、土地使用税等专题，与财税部门保持密切沟通，会同传媒集团就税收政策寻求解决方案，争取有利于广电事业、产业发展的税收环境。

2009 年，《国务院办公厅关于印发文化体制改革中经营性文化事业单位转制为企业和支持文化企业发展两个规定的通知》下发，国家财政部、税务总局就经营性文化事业单位转制为企业的税收政策问题出台财税〔2009〕34 号文。传媒集团等多家单位作为转制文化企业享受多项税收优惠政策。

七、开发性金融合作协议

2009 年 9 月 10 日，传媒集团与国家开发银行上海市分行签订《开发性金融合作协议》，获 100 亿元金融支持，双方建立起长期稳定的战略伙伴关系。在之后 5 年内，传媒集团利用资金获得进一步发展，投资项目涵盖产业投资、跨地域合作、新媒体发展、文化品牌上市及服务平台建设等多个方面。双方通过多元文化项目的投融资合作，实现互利共赢。

第二节　资金管控与会计核算

一、资金管控模式

【全收全付的预算管理】
1980 年前，上海电台、上海电视台的事业经费由市财政局直接与两台建立联系。资金管理的

形式基本上按事业单位全收全付的全额预算管理办法处理,即每年年初向市财政局提出当年预算计划,经市财政局核准后,按月下拨经费。年底根据决算报告,将积余的资金上缴市财政局或抵作下年度拨款处理。如超出预算,须向财政局提出报告,补办追加预算手续。

【核定基数,预算包干】

根据国务院对文教事业单位实行核定基数、预算包干、超支不补、节余留用的管理办法,中共上海市委宣传部和上海市财政局于1979年第四季度在市广播局推行经济体制改革试点工作。主要内容有:对内部服务性单位实行半企业化管理;实行增收节支按比例提奖的办法;收支节余数全部留给市广播局系统使用。此后在全局资金管理上根据市财政局预算拨款指标加上自身创收计划捏在一起,并按照局属单位当年预算支出计划,由局逐级下达差额补贴指标,做到包干使用,超支不补,节余留用。

1994年,上海电视台财务管理服务于电视改革,开源节流,提高资金使用效益。财务管理的形式采取"核定收支,以收抵支,定额上交,减收超支不补,增收节支留用"的自收自支管理办法。

【统一管理,综合平衡】

1984—1987年,预算管理由过去的差额补贴逐渐改为核定基数、经费包干、超支不补、节余留用的管理模式。资金上采取由市财政局直接与局计划财务处发生经费核拨关系,并由局计划财务处实行统一管理、综合平衡、分级拨款、单独核算的办法,取得较好效果。当时,局对各单位的收入,采取按10%的比例上交主管局,剩下的按四六比例进行分配,即60%为事业经费支出,40%为福利奖励基金支出。在40%福利奖励基金中,再以60%用于职工集体福利,40%用于职工奖励。这样既做到资金的合理使用,又激发创收的积极性,使全局的经营创收工作不断发展。这一阶段各单位的支出,基本上实行小包干办法。年初由局计划财务处核定全年预算,然后采取按月拨款、包干使用、超支不补、节余留用的办法。

【财政综合承包】

1988—1993年,市广电局同市财政局、市人事局签订三轮"财政综合承包协议",实行预算大包干。财政承包协议的基本特征是采取"四包双挂钩"的办法,"四包"即一包财政拨款,二包经营创收,三包经费支出,四包节目指标。"双挂钩"是:经营创收同上交财政资金(抵顶拨款)挂钩;经营创收同财政免征所得税、奖金税及"两金"(预算调剂基金、能交基金)挂钩。承包期间,全局的经营创收按协议规定,70%作为事业经费支出,19%作为提取职工福利基金,11%作为提取奖励基金。同时,市财政及人事部门允许市广电局的机关干部享受电台、电视台平均水平的福利、奖金待遇,使局机关的干部处于相对稳定状态。在第三轮承包协议中,还增加关于实行工效挂钩的条款。规定凡全局经营创收金额超过协议基数时,对全局职工可以下发效益工资。

二、适用会计准则

【事业单位会计核算】

1997年7月17日,财政部印发《事业单位会计制度》,让国有事业单位能适应社会主义市场经济体制的需要,规范事业单位会计核算,加强会计管理。该制度自1998年1月1日起实施。为使政策保持连续性、核算做到规范化,市广电局计财处积极与市财政局行财处联系,对新会计制度做到边执行,边检查,边整改。年内,计财处召开两次业务交流会,解答各单位在执行新制度中碰到的问题。局各事业单位新会计制度运作良好,完成了计算机的调账工作和新会计制度的转轨工作。

【企业单位会计核算】

从1993年开始,国家财政部陆续发布企业会计准则具体准则。2003年,文广集团计划财务部根据会计准则的调整,更新《内部会计核算办法》,确保会计准则的有效执行。

通过会计核算制度的改变,推动事业单位企业化管理的进程;通过传统预算编制方式的改变,促进集团全面预算管理的开展;通过建立综合指标体系,实现集团对利润中心责权利的全面考核;通过对部分试点栏目进行财务独立核算,构建集团事业体制下的内部市场运行机制;通过与外部优势资源的整合,带动集团合资、合作经营模式下的财务运营机制的搭建;通过制定一系列相关的财务管理规章和制度,提高集团经济风险及管理风险的防范能力。

2010年8月17日,上海市委宣传部印发《关于宣传系统企业化管理事业单位、国有及国有控股企业执行〈企业会计准则〉的通知》,文广集团计划财务部积极推动实施,部署准备工作。2010年8月27日,上海广播电视台计划财务部召开全台范围推行《新会计准则》动员大会。会议强调要在制播分离改革中进一步加强国资管理、完善内部控制、推进流程再造。

三、会计电算化

1998年,市广电局所属单位全部实行会计电算化。在此基础上,对东方明珠股份有限公司及其下属子公司共6家单位进行会计电算化的验收。为实现全局会计核算网络化,市广电局计财处组织人员对全局会计电算化的实施情况进行回访,进一步了解情况,并着重对金蝶、万能、用友、博科、立诚等财务软件进行调研,基本确定拟采取的会计电算化的两种联网方式(统一软件版本或统一数据格式)。2003年,文广集团下属非上市核算主体的会计电算化软件,统一为金蝶、用友两大类,东方明珠上市公司采用博科电算化软件。

四、资金集中管理

1999年4月20日,上海市广播电影电视局财务中心成立。2001年成立上海文广影视集团后,更名为文广集团财务管理中心。财务中心坚持"三个集中,两个分离"的集团化财务管理的理念,推行财务集中管理模式,加强财务集中管理力度,提高集团化财务管理水平,为文广集团创造了良好经济效益。财务中心自1999年5月开始运行,在内部资金运作方面取得成绩。据统计截至2007年底,累计运作资金总额30.31亿元,全集团实际减少利息支出8 326万元,财务中心管理费收入3 711万元。

五、预算管理和成本控制

从1999年起,市广电局计划财务处要求各单位每个月都要上报"现金流量表",控制各单位的资金存量,帮助各单位提高资金利用效率。1999年,全局创收目标是确保完成19亿元,力争完成

20亿元,确保完成税前利润(包括节余)8亿元。在抓创收时要控制支出,坚持收支两条线,按产业化管理的要求规范成本核算工作。进行成本分析,通过成本核算进一步抓好节支工作,充分发挥成本核算在广电事业管理中的促进作用。在原来注重考核创收指标的基础上,转移到对各单位的利润(纯收益)指标进行双重考核。

2002年,文广集团全面推行企业化管理,加强成本核算,实行全面预算管理。计财部在财务例会上布置和研讨集团全面预算管理的方案和思路,各板块拿出各自的年度收支、结余(盈利)预算和成本开支明细预算,以此明确各板块2002年的经济指标和目标。

随着对预算架构和体系的逐步完善和深入,预算管理做到根据文广集团战略发展对资源配置的要求,严格执行全面预算管理和过程监控;通过建立预算管理系统平台,提高财务预算执行的监管力度;委派专门财务人员深入大型活动第一线,参与大型活动现场财务管理;加强与各部门的配合联动,帮助各部协调处理经济事项,落实节支措施。编写《成本核算》手册,使其成为行业财务管理的基础和标准。

在文广集团计财部的协调下,下属各单位财务部门积极参与新投资项目的可行性分析,为频道频率的经营性资产整合献计献策,并予以配合落实;创新投资管理模式,按需提供财务支持,对已投资单位加强财务跟踪,确保集团投资收益的及时到位;配合集团资本运作项目的实施,提高集团资本运营能力。以利润为导向,加强对下属公司的财务管理。

2006年,文广集团计财部深入节目一线发挥财务管理效能。结合实际做好清算、考核工作,全面落实预算管理的过程控制,统筹兼顾展开下一年度预算编制工作。挖掘对下属公司管理的广度与深度,加强投融资管理,提高资金运作效率。

2008年,根据广播电视及新兴媒体事业发展所需,文广集团计财部合理测算和调配财务收支预算及资本性支出预算;制定有关通知,确保降本增效工作取得实效;进一步加强预算管控和监督,增强风险意识和成本控制意识;压缩各类行政管理费用和非生产(制作)性支出项目,严格控制节目制作过程中的"三费"(餐费、车费、稿费)支出,切实缩减了成本费用。

2009年,传媒集团进一步加强预算管控和监督,增强风险意识和成本控制意识。压缩各类行政管理费用和非生产(制作)性支出项目,严格控制节目制作过程中的"三费"支出,切实缩减了成本费用。切实推动资本运作项目,提高资本运营能力和效益。加大对下属公司的监管力度以应对外界风险。提高内部管理水平,规范会计核算流程,夯实核算基础,编报直观、精要的内部管理报表,及时掌握经营优劣,提前发现薄弱环节。做好税务筹划工作,争取更大税收优惠政策,在遵守财经纪律的前提下最大限度地保障集团利益。

2010年,上海广播电视台坚持从预算编报、合同把关、成本控制等环节提供专业服务和财务保障。从符合会计核算质量要求和集团化财务管理要求出发,重新建立起一整套会计核算体系和财务管理模式。

第三节　财务统计与审计

一、修订规章

1988年起,市广电局实行财政大承包。为了加强宏观管理,适应事业发展需要,1990年1月制定《关于各项费用开支审批权限的暂行规定》。

1994年1月1日,市广电局执行《广播电视事业单位财务管理办法》,对预算或财务收支计划管理、收入管理、支出管理、财产物质管理、资金管理等做出详尽规定。

1999年,市广电局发布《财务集中管理暂行办法》《货币资金管理规定》《广播电视节目制作成本核算规程》等财务管理文件,规范局属单位的财务行为,加强财务管理力度,保证国有资产安全完整;加强货币资金的管理,保障货币资金的安全,降低资金使用成本;加强广播电视制作成本核算,规范成本核算运作,考核成本和效益。

2002年,文广集团重新修订有关财务、审计的规章制度,按照集团化管理与以往事业局管理的不同特点和功能,按"管办分离"的指导思想,重点从"宏观加强、微观搞活"方向进行思考,对有关制度和规定进行必要的修订和调整,其中涉及审计的6条,涉及财务的10多条。对集团所属175个单位进行全面内部审计,提出1 600余条整改和管理建议。对集团所属东方明珠公司等一批单位领导离任进行程序化的审计,对有关领导和人员做出客观公正的评价,对集团干部的管理和廉政建设起到有效的监督作用。集团计财部配合市、集团布置的清理"小金库"工作,对所属14家单位进行抽查。

二、统计工作

市广电局加强统计管理工作,计划财务处为局的统计职能部门,配备专业统计人员,依法组织、管理局系统的统计工作。在统计业务上受市统计局的指导,分别联系广电部、文化部的统计部门,指导局属单位和各区(县)广播电视管理机构、文化管理机构开展广播电影电视、文化文物的统计和地方的各项统计工作,制订了统计管理办法,开展统计培训,组织统计交流,编制广播电视行业统计年报、文化文物统计年报。

1985年,市广电局组织汇编《上海市广播电视统计资料1949—1984》。

1997年,为全面反映市广电局的第三产业情况,局计财处认真查核95家法人单位,按要求报送《服务业统计报表》。这是反映广电局95％以上单位的财务状况,也是计算增加值指标的报表。经市统计局考核、评比,局各项指标总评分达95分以上,被评为1997年上海市服务业统计报表一等奖。

1998年,为贯彻《中共中央办公厅、国务院办公厅关于坚决反对和制止在统计上弄虚作假的通知》精神,遵照市统计局部署开展对领导干部进行统计法制教育和统计年、定报数据质量检查工作,市广电局对局属单位进行自查和抽查相结合的办法,经过认真仔细检查各项统计资料、统计数据,没有发现统计违法行为的发生。组织实施《广播电视电影统计制度》,完成国家广播电影电视总局要求报送的半年报、快报和年报。完成全局105家单位的统计登记工作。为反映市广电局改革开放重要成果,研究广播电视宣传、事业等方面的发展情况,局计财处组织汇编《上海市广播电视统计资料1985—1995》。

2011年,市文广局组织汇编《上海市广播影视统计资料1996—2005》,涵盖全市和区县广播电视各方面的情况,其中翔实地展现历年各项财务统计数据,对主要指标进行趋势分析。

三、审计工作

为了加强财务审计,1987年局计划财务处开始建立内审制度。1991年5月正式成立局审计室,编制为 2 人。局审计室成立后,除到基层单位进行财务收支审计外,还负责全局的一年一度的财政、税收、物价大检查工作。在各单位自查的基础上,组织人员对重点单位进行抽查,发现问题,力求在局系统内部解决,达到自查自纠的目的。此外,局审计室对局举办的大型国际活动——上海电视节等实行跟踪审计,做到现场办公、现场解决问题。

传媒集团设置审计室,负责对集团本部和所属单位的财务收支及其经济活动实行内部审计监督。2002 年 12 月 14 日,传媒集团制订《内部审计工作暂行办法》。

2003 年,传媒集团围绕改革与发展,开展各项内部审计工作。全年完成节目经费预算审计 93 项,核减经费 146.25 万元;完成工程项目审计 53 项,核减工程资金 296.52 万元;完成干部任期经济责任考核与干部离任审计 6 项;完成专项调查 4 项。审计工作为促进集团增收节支、维护财经纪律、加强经营管理、提高经济效益、推动廉政建设起到积极作用。

2004 年,传媒集团审计室完成节目经费预算审计 62 项,核减经费 111.01 万元;完成工程项目审计 67 项,核减工程资金 584.21 万元;完成对集团下属 29 个单位 2003 年度财务年报的跟组审计;完成干部任期经济责任考核与干部离任审计 4 项,专项审计调查 1 项;完成大型活动决算审计 24 项,栏目经费抽样审计 10 项。审计室制订《集团内部审计工作管理办法》《集团经济责任审计实施细则》《集团工程项目审计实施细则》《集团节目经费审计实施细则》《工程签证管理的若干规定》等多项制度。

2005 年,传媒集团审计室认真贯彻国家审计署颁发的《关于内部审计工作的规定》,开展各项内部审计工作。全年完成节目经费预算审计 56 项,核减经费 135.96 万元;完成工程项目审计 101 项,核减工程资金 518.02 万元;完成 2004 年度财务审计的跟组联络 25 项;完成干部离任经济责任审计 3 项;开展专项审计调查 3 项;对经营性公司及体育俱乐部实施专项审计 14 项。

2006 年,传媒集团审计室完成节目经费审计 70 项,核减经费 104.54 万元;完成工程项目审计 88 项,核减经费 566.35 万元;完成经济责任审计 5 项;完成专项审计调查 6 项;对集团及所属 42 家经营性公司年度财务预审进行跟踪审计。

2007 年,传媒集团审计室完成集团及所属 42 个单位 2006 年度财务审计全过程跟踪及财务审计报告的复核工作,体现内审的监督、服务职能;完成经济责任审计 2 项、审计调查 6 项,对于加强干部任期、离任经济责任审计,完善和加强内部控制制度,提高经营管理水平起到促进作用。在抓好节目经费预算审计的同时,进一步关注节目成本管理,做到严格审核、严格把关,完成节目经费预算审计 58 项,核减预算经费 98.25 万元;加强对工程项目合同签订前的预审把关、工程结算初稿的复核,配合事务所完成工程项目审计项目 66 项,核减经费 428.86 万元。

2008 年,传媒集团审计室不断拓宽和延伸内部审计内容,在集团经营管理、节目制作、项目投资、设备采购等方面加大审计监督力度,充分发挥内部审计监督的职能作用。截至当年 11 月份,共完成节目经费预算审计 53 项,核减预算经费 268.48 万元;完成工程项目审计 103 项,核减经费 1 219.95 万元;完成经济责任审计 8 项;完成专项审计 9 项;完成集团及所属 42 家单位 2007 年度财务审计全过程跟踪及审计报告、管理建议书的复核工作;配合市审计局完成集团领导任期经济责任审计;组织中介机构完成电视新闻中心改建工程竣工决算审计工作。通过审核,为集团在经费管理上节约了部分资金。传媒集团审计室被评为上海市内部审计先进集体。

2009 年,传媒集团审计室进一步完善内部控制制度建设,规范操作流程,做到注重预算程序控制,抓好节目经费审计;加大投资控制力度,抓好工程造价审计;从完善内控管理入手,抓好年度财务审计;关注难点、热点问题,做好专项审计和审计调查。参加审计专业、财务专业等培训 20 人次共 512 课时,编辑完成集团《内部控制管理基础知识问答》。审计室被上海市总工会、上海市文明办授予"上海市文明班组"称号。

　　2010 年,随着上海广播电视台"制播分离"体制改革的不断深入,文广集团重点加大对影视剧采购、制作、合拍,广告经营合同履约以及设备采购流程等的监督力度。审计中突出合同签订流程及履约执行等方面的程序控制,并重点关注内控制度的完善、执行与管理,从源头上加大内控关键点的审计监督力度,防范风险。效益审计主要为广播电视非计划类节目经费和大型活动经费审计,重点关注节目预算制定与执行的流程管理、节目经费投入与产出的效益管理,以使大型活动节目既有社会效益又有经济效益。审计中不断开拓大型活动节目经费的审计思路,探索总结,参与了广电内审协会举办的全国广播电视大型活动经费审计课题研究。

第八篇

交流合作

改革开放后,上海广播电视工作者与国内外同行的交流日趋频繁,访问考察,学习借鉴,合作制作节目,丰富了节目内容,提升了节目质量,增进了相互间的了解和友谊。

1979—2010年,上海广播电视系统接待世界各地的到访外宾以及中国香港、澳门、台湾同胞,共5 000批、40 788人次。接待团组中有外国政要、国际组织和媒体负责人以及来沪采访、摄制的境外记者等。其中,较为突出的是1998年美国总统克林顿应邀到上海人民广播电台(以下简称"上海电台"),作为《市民与社会》节目的嘉宾接受主持人访谈并与听众互动交流。32年间,上海广播电视系统的国际交流合作在内容上有重大提升。即从一般的广播电视节目交流,到双方合办节目,卫星传送实况转播;从单一的技术援外,到高新技术的合作交流;从传统的广播电视业务到新媒体业务等。改革开放后创办的上海电视节、上海国际广播音乐节/上海之春国际音乐节,国际交流的广度、同行间合作的深度前所未有,已成为国内并不多见的地方性法定节庆活动。上海电视节已发展成为最具影响力的综合性国际电视节,上海国际广播音乐节/上海之春国际音乐节也成为著名的音乐盛会。1994年,位于浦东新区世纪大道1号的东方明珠广播电视塔(以下简称"东方明珠塔")建成后,成为上海新的标志性建筑,它也是上海广播电视系统对外接待的新平台和新亮点。

与此同时,上海广播电视媒体积极开展与国内中央媒体、各省市广电媒体和中国港澳台媒体的交流与合作。双方合作举办联(直)播节目、大型公益活动、文艺演出和娱乐类节目已成常态。为顺应发展需要,从1988年起,上海广播电视机构先后在海南、天津、北京、香港、四川等地设立记者站或办事处,并向美国、英国、新加坡等国派驻记者,为上海广播电视行业在国内外的业务拓展打下基础。上海广播电视系统还与市体育系统合作,1995年起率先在国内组建足球、篮球、排球职业俱乐部。这些跨界合作,推进了上海地区三大球职业化的进程,提升了三大球技战术水平,并且培养出以男子篮球运动员姚明为代表的一批国内外著名球星。此外,上海教育电视台、上海各区县广播电视台与中央媒体和其他省市台的合作交流也有长足进步,这些台提供的片(稿)不仅在外省市播放,有的还通过中国黄河电视台走出国门传播到世界各地,受到海外受众的关注。

第一章　来访与出访

第一节　接待来访

　　改革开放后,上海广播电视系统对外接待工作呈现快速上升的趋势,1979—2010年,对外接待总数达40 788人次。

　　1979—1985年,上海市广播事业局/上海市广播电视局共接待来自56个国家(地区)和联合国视听组织的外宾,以及香港、澳门、台湾同胞,共693批、3 947人次。其中,有两批大型团组,一是日本佐田企画株式会社与中央电视台合作拍摄《话说长江》摄制团,自1980年9月26日至1981年9月29日,先后有23批次、164人次在沪看点、中转、采访拍片。二是日本歌星佐田雅志,1985年9月21日—10月6日在沪举办第二次个人独唱音乐会,客人们搭乘"日中音乐友好之船"专程来沪,上海市广播电视局(以下简称"市广电局")接待了音乐会演职员、摄影队伍和日本观众共489人。

　　1986—1993年,上海广播电视系统外事接待空前活跃,其中以上海电视节尤为突出。8年中,共接待来自世界五大洲40多个国家和地区的来访宾客1 302批、8 056人次。

　　1986年,共接待来自32个国家和地区的宾客,其中业务、技术交流活动10批、23人次,与8个国家11家广播电视机构签署了业务交流合作文件。影响较大的来访活动有:2月8日农历除夕之夜,上海电视台举办春节联欢晚会,邀请驻上海的12个国家的总领事馆外宾30多人参加,并向他们赠送《今日上海》录像片。9月23日,以缅甸宣传部副部长吴代梭为团长的缅甸广播电视代表团访问上海电台,他们详细了解上海电台的节目设置,尤其是教学节目的情况,上海电台向缅甸来宾赠送了2小时的中国民族音乐节目。12月10—16日,中国第一个国际性电视节——上海国际友好城市电视节(后改名上海电视节)在上海举行,16个国家18个城市的23家电视台、制片公司参加这一盛会,进行节目观摩和业务交流。

　　1987年,上海电台、上海电视台、上海音像公司与6个国家和地区的16家广播影视机构签署业务合作交流的协议或意向书。

　　1988年,境外来访团组在沪活动的内容更为丰富,包括采访、拍片、讲学、学术交流、洽谈业务、访问旅游等。在来访的外宾中,有初次访问上海的毛里求斯、尼日利亚等国家的同行,也有多年未曾交往的匈牙利、印度等国的摄影队。10月22—29日举行的第二届上海电视节已成为当时亚洲最大的国际文化交流活动。

　　1989年8月1—10日,苏联列宁格勒摄影队到上海拍片,上海市市长朱镕基接受该摄影队采访;为配合中华人民共和国成立40周年庆祝活动,朝鲜国家电视台、日本广播协会(NHK)、大阪读卖电视台等派来摄影队采访上海的经济发展、城市建设新貌以及中外合资企业和人民生活水平等内容。同年9月3—5日,民主德国广播委员会主席阿希姆·贝克尔一行到访上海,上海市副市长刘振元、市广电局局长龚学平会见了贵宾。

　　1990年,世界五大洲有32个国家和地区的宾客到访上海广播电视系统,其中日本宾客较多。日本富士电视摄影队一行4人,于1月8—12日到上海拍摄1989年春夏之交的政治风波后上海人民正常、稳定的生产和生活状况;以日本读卖电视(YTV)社长青山行雄为团长的读卖电视访华团一行 4 人,于 3 月 3—10 日到上海进行业务交流。另外,在 11 月 10—15 日第三届上海电视节期间,共有美国、日本、英国、苏联、巴基斯坦、朝鲜、瑞士等 22 个国家和地区的 77 批、187 人参加了上海电视节的各项活动。

1991 年,日本到访者仍占首位,其中有:朝日电视代表团、日本电通公司《茶叶》广告摄制组、日本广播协会(NHK)《90 年代中国的展望》摄影队以及参加"上海—日本广播电视友好台工作交流会"的日方 10 个单位 17 位代表。

1992 年,上海广播电视系统共接待境外宾客 164 批、1 575 人次,与上一年相比人数增加 1 倍。其中:电视摄影队、广播采访组共 62 批、385 人次;友好访问团、观光旅游团共 102 批、468 人次;参加第四届上海电视节的外宾和港澳台同胞有 722 人。在友好访问团中,有日本广播协会代表团、马来西亚新闻部长代表团、新加坡新闻及艺术部长代表团等,这些境外宾客分属 37 个国家和地区。过去很少交往的韩国、以色列、塞浦路斯、巴西、摩纳哥等国同行也纷纷到访上海广电系统。

1993 年,市广电局接待世界五大洲的 44 个国家和地区广播电视机构派遣的友好访问、采访摄影、观光旅游等团组。其中有:以印度尼西亚新闻部长哈莫哥为团长的印度尼西亚新闻代表团,于 6 月抵沪,上海市副市长龚学平会见了客人。以越共中央委员、越南之声广播电台台长潘光为团长的越南之声代表团,于 10 月到访,与上海电台台长陈文炳签署了两台友好合作意向书。以马里文化通讯部长卡索科为团长的马里新闻代表团于 10 月来访。这一年最大型的团组由马来西亚成功集团派遣,该集团于 11 月 17—19 日在沪召开销售年会,有 480 位外宾出席。在第一届东亚运动会期间,市广电局接待到上海采访的日本、朝鲜、韩国、澳大利亚和中国香港、中国台湾等 19 家广播电视机构的编辑、记者、节目主持人、技术人员等 163 人。从迎送、食宿、交通、票务、医疗、翻译到联系安排采访,提供全方位服务,还提供对方向境外传送电视录像和现场直播节目信号等项专业服务。

1994—2010 年,上海广播电视系统对外接待工作进入新阶段,共接待海外到访团组 3 005 批、28 785 人次。

1994 年,上海广播电视系统接待海外宾客 136 批、1 564 人次,超过 1993 年。美国广播公司、美国有线电视网、特纳影视公司等西方媒体竞相来沪洽谈业务,表达与上海广播电视系统的合作意向。以董事长兼首席执行官罗伯特·达利为团长的美国华纳兄弟公司高级访华团一行 7 人于 4 月 27—28 日到访上海广播电视机构,上海市副市长龚学平会见代表团全体成员。上海有线电视网的迅速发展,引起境外同行的关注。上海有线电视台 1994 年接待 8 个国家和地区来访者参观访问。

1994 年,位于浦东新区世纪大道 1 号的东方明珠塔建成后,其毗邻黄浦江独特的地理位置、新颖的造型以及世界第三的高度(468 米),成为上海新的标志性建筑,是各国政要和境外宾客参观的主要景点,也是上海广播电视系统外事接待工作的新亮点。

1995 年,上海广播电视系统全年共接待 34 个国家(地区)到访团组 140 批、956 人次。其中有:泰国国务部长、印度尼西亚新闻部长带领的代表团和第一次来沪访问的塞浦路斯国务部长以及海外媒体的摄制组。首次到访上海的英国广播公司(BBC)摄制组是经外交部、广播电影电视部(以下简称"广电部")和市政府外事办批准的重点接待对象。BBC 摄制组自 9 月 21 日至 10 月 8 日,在沪采访拍摄期间,市广电局对其采访提纲、拍摄路线和陪同人员精心研究,认真安排,委派东方明珠国际交流公司专业人员陪同,协助采访拍摄,圆满完成接待任务。

1996年是新成立的上海市广播电影电视局(以下简称"市广电局")对外交流工作大发展的一年,全年共接待境外来访团组118批、1 652人次。上海广播电视系统与中国台湾地区广播影视界的交流也有新的发展,全年共接待7批、20人次。

1996年4月下旬,中国、俄罗斯、哈萨克斯坦、吉尔吉斯斯坦、塔吉克斯坦五国元首在上海签署《关于在边境地区加强军事领域信任的协定》。上海电视台协助中央电视台向全世界转播签字仪式全过程,市广电局技术中心通过国际通信卫星为海外媒体传送重大新闻,这些接待和协助工作得到广电部和上海市人民政府(以下简称"市政府")的表扬。

同年5月下旬,第六十届亚广联行政理事会在沪召开。市广电局受广电部委托,负责大会的筹备和亚广联高层人员的接待工作。由于精心组织,受到广电部和亚广联秘书处的称赞。

1997年,市广电局接待外国来宾和港澳台同胞共132批、1 306人次。主要团组有:4月17日,以总裁劳波三世为团长的菲律宾ABS-CBN广播公司代表团访问上海电视台。5月18日,以总裁理查德·米阿日克为团长的波兰电视股份公司代表团访问上海电视台,并与上海电视台等单位建立业务联系。6月5—7日,以副部长那瓦尼为团长的印度新闻广播部代表团来访,印度客人参观了上海电视台和上海电台,并进行广播电视业务交流。10月13—15日,以社长伊藤邦男为团长的日本朝日电视系列台长代表团,在广电部外事司负责人陪同下参观、访问上海电视台、东视大厦和东方明珠塔,伊藤邦男团长表示要进一步加强双方的业务交流与合作。11月15—17日,以拉里贾尼主席为团长的伊朗声像组织代表团来访,参观上海电视台和东方明珠塔。市广电局局长叶志康、总编辑赵凯分别与上述来访代表团进行友好会谈。

1998年,市广电局接待来自23个国家(地区)的团组374批、3 648人次。其中有:越南之声代表团、阿尔及利亚新闻文化部代表团、朝鲜广播委员会代表团等。市广电局领导会见这些代表团,向来宾介绍了上海改革开放取得的成绩以及快速发展的上海广播电视事业。

1998年市广电局外事工作的重点之一是对美国总统克林顿的接待。6月30日,美国总统克林顿与上海市市长徐匡迪做客上海电台《市民与社会》节目直播室,接受主持人访谈并与听众互动交流。这是一项政治性、政策性十分强的外事活动,从市广电局领导到上海电台和各接待部门都高度重视,在外宾接待、节目内容、技术保障、安全警卫等方面都精心准备,圆满完成任务,受到外交部和上海市领导的称赞。

同年,第三十五届亚广联大会在上海举办。上海东方电视台(以下简称"东方电视台")承办亚广联颁奖晚会和国家广电总局在东视大厦举行的冷餐会,东方明珠国际交流公司承担亚广联外宾接待工作,均圆满完成任务。

1999年,市广电局共接待外宾、中国港澳台同胞468批、5 842人次,分别来自38个国家和地区。其中有:纳米比亚广播公司总裁本·穆龙格尼博士一行,5月19—22日访问上海,参观上海电视台新大楼和上海大剧院。坦桑尼亚国务部长率领的代表团,9月9—11日在沪访问,参观上海电视台、上海电台,代表团对上海电视台拍摄的纪录片《走进非洲》给予高度评价,决定将该片在他们新落成的国家电视台播出。缅甸宣传部长基昂少将一行,10月15—16日访问上海,参观上海电视台、上海大剧院、东方明珠塔和上海国际会议中心。

中国台湾地区团组有:3月抵沪拍摄《作家身影》专题片的台湾春晖影业公司摄制组。5月访问上海电台、上海东方广播电台(以下简称"东方电台")的台湾"亚洲之声"广播电台代表团。9月抵沪参加和上海电视台、香港凤凰卫视联合制作、报道"月是今夜明——沪港台三地中秋晚会"的台湾中视公司总经理裴恩伟,以及由他率领的台湾《民生报》《联合报》《影剧报》的记者。

2000年4月,市广电局和市文化局合并为上海市文化广播影视管理局(以下简称"市文广局"),外事工作开创了新的局面。这一年,市文广局广播电视系统共接待境外宾客522批、5 640人次。该年外事接待工作的特点是:到访人员规格高,全年共接待外国元首、政府首脑24批,部长级以上代表团132批。对台接待工作有新进展,共接待台湾同胞17批、198人次。其中,仅东方电台承办的"2000年海峡两岸广播研讨会",台湾地区广播界就有20位代表参加。

2001年,上海广播电视系统共接待境外来访团组48批、261人次。其中外国元首、政府首脑17批,部长代表团15批。10月20日晚,由东方电视台承办的亚太经济合作组织第九次领导人非正式会议(以下简称APEC)系列活动之一"今宵如此美丽——APEC大型焰火表演"成功举办。国家主席江泽民和夫人与出席APEC会议的经济体领导人及其配偶,在上海国际会议中心东方长廊欣赏了这场盛大的焰火晚会。上海广播电视系统高质量完成这一重要的外事接待任务。此外,还有到上海考察洽谈及合作拍摄的交流项目,如法国威望迪环球电影公司、美国索尼娱乐公司等。

2002年,上海广播电视系统接待境外团组75批、560人次。这些团组包括外国政府代表团51批、279人次。这一年,上海广播电视系统还承担第三十五届亚洲开发银行理事会年会和中国总理朱镕基在上海国际会议中心华夏厅会见俄罗斯总理卡西亚诺夫一行的重要外事接待任务。

2003年,上海广播电视系统接待境外团组(含摄制组在沪采访、拍摄)110批、504人次。由传媒集团主办和承办的全球最负盛名的体坛盛会——"劳伦斯世界体育大奖"候选名单发布活动在上海举行,传媒集团接待了出席该活动的劳伦斯世界体育学会成员科马内奇、穆塔瓦克尔以及多位海外体坛明星。

2004年,上海广播电视系统邀请海外广播影视机构管理团队到访以及接待境外影视制作公司、各类媒体采访、拍摄团组共188批、832人次。其中,有德国电视二台首席执行官(CEO)、日本广播协会(NHK)社长、美国维亚康姆集团董事长兼首席执行官、迪士尼电视公司总裁、探索(DISCOVERY)公司创办人兼董事长、韩国广播公司(KBS)社长等国际著名媒体高层领导率领的管理团队来访。

2005年,随着改革开放的进一步深入,上海广播电视系统对外合作交流工作主要由传媒集团承担。这一年,共接待境外客人150批、800人次。其中有马来西亚新闻部长、塞内加尔新闻部长、时代华纳集团董事长兼首席执行官理查德·帕森斯、英国环球音乐(国际)集团总裁约尔根·拉尔森、日本东京广播公司(TBS)社长井上弘等海外宾客。他们特别希望了解上海宽频网络电视发展和数字电视运用情况,不少团组与传媒集团下属的上海文广互动电视有限公司等新媒体进行深入探讨,交流合作意向。

2006年,传媒集团与多个国家(地区)政府部门和国际著名媒体的高层,继续保持双边或多边往来。一年中,先后接待英国文化媒体教育大臣、英国48集团主席、英国快报集团主编兼董事、迪士尼频道全球总裁、尼尔森媒介研究全球主席、日本广播协会(NHK)前会长、日本电视台(NTV)社长、日本朝日电视台社长、日本每日电视台社长、韩国文化放送(MBC)社长和印度ZTV主席等。在保持与海外著名媒体接触、交流的同时,推进互补性资源合作。

同年,传媒集团还接待、协助10多批次的海外媒体摄制组的来华摄制工作。如奥地利电视台、保加利亚电视台、孟加拉电视台、日本广播协会(NHK)、长崎电视台、九州电视台和韩国文化放送

(MBC)等多个国家的电视台或制作公司。当年国庆假期,日本 NHK 广播节目中心在上海直播 10 小时节目,介绍上海日新月异的发展和在沪日本人的生活现状。他们还邀请传媒集团日语节目主持人吴四海参加节目直播。借此,向日本广大听众介绍上海广播电视传媒坚持常年制作播出的日语节目。

2007 年,传媒集团接待境外客人 147 批、851 人次。除协助 10 多批次海外媒体摄制组来沪工作外,还接待来自世界各地的政要、大学研究机构和金融投资来访团组。其中,有英国文化媒体教育大臣、英国 48 集团主席、英国快报集团主编兼董事、日本前总务大臣、日本广播协会(NHK)会长、日本经济新闻社长、日本朝日电视台社长、日本读卖电视台社长、韩国阿里郎电视台社长、新加坡新传媒总裁、阿尔巴尼亚国家电视台台长、黑山共和国电视台台长等,双方探讨交流合作的新途径。

2008 年上半年,传媒集团接待来访的境外政府机构、金融投资机构、学术研究机构、各类媒体等团组 64 批、401 人次。其中,有德国汉堡市新闻部长、德国国家电视二台台长、白俄罗斯国家电视台台长、美国思科公司全球总裁、韩国丽水世博会组委会委员长、韩国 CJ 集团主席、日本三县县长代表团、香港无线电视董事总经理、台湾东森电视总经理等多位来访的境外宾客。

同年,传媒集团还就国际交流所涉及的其他领域,如海外电视机构人员较长期来访和交流,海外高校学生到上海相关部门实习和学习等,承担涉外联络、协调工作。其中,根据国家广电总局的安排,落实了日本电视台(NTV)国际报道部的记者到传媒集团外语频道、综艺部、五岸传播等部门进行交流访问。

2009 年,传媒集团配合"2010 上海世博会"的筹备,全年邀请、接待来自 42 个国家(地区)的政府、媒体、金融投资、学术研究等机构团组 116 批、500 余人次。来访嘉宾中包括斯洛伐克文化部长、马来西亚旅游部长、阿拉伯国家新闻司司长代表团、美国哈佛大学负责人、美国南加州大学传播学院院长、维亚康姆 MTV 全球首席执行官(CEO)、迪士尼高级副总裁、美国 NBA 负责人、澳大利亚七网络总裁、德国之声副总裁、匈牙利电视台主席、南美洲新闻代表团、日本爱知县知事、日本软银集团总裁、日本民间放送联盟主席、日本广播协会(NHK)副会长、韩国《中央日报》、韩国《朝鲜日报》、菲律宾广播协会、马拉维新闻代表团、台湾东森电视台总经理、台湾无线电视台总经理等。在接待过程中,传媒集团领导向各国(地区)政要、专家学者、媒体同道详细介绍"中国 2010 上海世博会"的特色和筹备情况,对即将举行的上海世博会起到很好的对外宣传作用。

2010 年,上海广播电视台(由传媒集团更名)圆满完成上海世博会开幕式、闭幕式以及国家主席胡锦涛会见、宴请各国贵宾等外事接待和服务保障工作。其中,4 月 30 日、10 月 31 日,上海世博会开幕式和闭幕式分别在东方明珠(集团)有限公司(以下简称"东方明珠公司")所管理的上海世博文化中心成功举行;东方明珠公司所属的上海国际会议中心承接并顺利完成 4 月 30 日晚国家主席胡锦涛和夫人刘永清举行的欢迎各国嘉宾晚宴,以及 5 月 1 日和 2 日胡锦涛主席先后 6 次陪同外国元首检阅中国人民解放军三军仪仗队,举行 6 场双边会谈和 1 次签约仪式、宴请土库曼斯坦国总统国宴等接待任务。

上海世博会期间,上海广播电视台接待阿拉伯国家新闻部长团、马来西亚外交部、印度尼西亚外交部、日本前首相福田康夫、日本电通株式会社、韩国广播公司(KBS)等数十批高规格观博团和考察团。

同年 8 月 26 日—9 月 26 日,上海文广集团受国家广电总局委托,举办"2010 法语国家广播电视新闻采编人员研修班"和"2010 英语国家广播电视新闻采编人员研修班"。来自阿富汗、菲律宾、斯里兰卡、巴基斯坦、柬埔寨、毛里求斯、马里、刚果、南非等 30 个发展中国家共 57 名国家级广播电台、电视台的新闻采编人员、主持人和新闻传播方面的官员参加培训。全年,上海广播电视系统接待境外宾客 800 人。

表 8-1-1　1979—2010 年上海广播电视系统接待外宾和港澳台同胞情况表

年　份	批　数	人　数
1979 年	63	379
1980 年	72	335
1981 年	80	468
1982 年	81	391
1983 年	102	448
1984 年	151	803
1985 年	144	1 123
1986 年	175	827
1987 年	175	1 009
1988 年	180	1 340
1989 年	108	514
1990 年	217	657
1991 年	152	787
1992 年	164	1 575
1993 年	131	1 347
1994 年	136	1 564
1995 年	140	956
1996 年	118	1 652
1997 年	132	1 306
1998 年	374	3 648
1999 年	468	5 842
2000 年	522	5 640
2001 年	48	261
2002 年	75	560
2003 年	110	504
2004 年	188	832
2005 年	150	800
2006 年	207	2 668
2007 年	147	851

（续表）

年　份	批　数	人　数
2008 年	64	401
2009 年	116	500
2010 年	10	800
合计	5 000	40 788

说明：此表根据历年《中国广播电视年鉴》《上海文化年鉴》以及《上海广播电视志》外宾（含港澳台同胞）接待数据和市文广局（市广电局）、上海广播电视台（传媒集团）等单位外事工作资料综合统计。

第二节　派遣出访

改革开放后，上海广播电视系统赴境外出访人员明显增加，除参加上海市级代表团出席国际会议、业务考察、进修培训外，记者、编辑出境采访拍片的批量越来越大，对外交往日趋频繁，出访辐射也越来越广。

1979—1985 年，上海广播电视系统共派出 116 人次出国（境）进行访问、培训和各种国际学术活动。1980 年 1 月 7—17 日，上海电台记者葛锦帆和上海电视台记者汤渭达、顾妙昌随上海新闻代表团搭乘首航香港的"上海号"客货轮抵港访问。这是中共十一届三中全会后，上海广播电视系统派出的第一批出访人员。此后，上海市广播事业局（以下简称"市广播局"）局长邹凡扬、总工程师何允、副总工程师何正声、上海电台台长高宇和副台长杨亚平等，分别应日本东京放送、加拿大广播公司、联邦德国艾伯特基金会的邀请分批出访。市广播局副局长陈晓东等应邀访问香港无线电视台、亚洲电视台；副局长刘冰应日本大阪读卖电视邀请访日，为上海、大阪两个友好城市广播电视机构建立友好合作业务关系签订了协议书。1984 年 6 月 2—18 日，以上海电视台党委副书记韩士敏为团长的上海电视代表团一行 5 人第一次赴美国旧金山考察访问，受到旧金山市副市长韩德彬的接见，并受赠象征打开旧金山大门的金钥匙 1 把。1985 年 4 月 5 日，上海电视台台长龚学平应美国新闻总署邀请赴美访问，采访美国前总统福特，并请福特为《上海电视》杂志题词。同年，市广电局副局长王忻济、上海电视台副台长赵庆辉、高级工程师顾笃英等赴联邦德国参加培训。上海电视台新闻部副主任周济等参加了第十二届国际电视新闻交换短训班。

1986—1988 年，出访团组逐年递增，共派出团组 117 批、339 人次。出访内容除出席国际会议、业务考察、进修培训外，采访拍片的批量越来越大。1986 年 10 月 20 日—11 月 5 日，市广电局局长龚学平随上海经济代表团访问约旦、希腊和新加坡，探讨引进外资在沪建造电视塔的可能性。1988 年 7 月 7—13 日，上海电台少儿广播合唱团一行 45 人到中国香港参加"国际儿童合唱团节"，分别与日本、英国、美国和香港地区的 13 个儿童合唱团体一起演出，还被接纳为国际儿童合唱及表演艺术协会会员。

1989 年 3 月 17 日—5 月 22 日，广播电视国际旅游公司总经理刘冠龙应日本长崎荷兰村邀请，组织书法、篆刻、国画、剪纸等作者和杂技、昆剧、武术等少年演员共 34 人，赴长崎荷兰村文化公园，进行才艺展示、文体表演和书画等作品及旅游工艺品展销。4 月 10—18 日，以市广电局局长龚学平为团长的上海电视代表团一行 5 人，应日本大阪读卖电视社长青山行雄的邀请，参加该台建台 30 周年和新建的 18 层电视大楼落成的庆祝活动。8 月 24—29 日，由局外事处副处长陈庆根率领的上海少年杂技演员一行12人,应日本电视网(NTV)邀请,赴日本东京参加NTV举办的《24小时——拯救地球》节目的义播。此外,上海电视台二台编辑俞荣山、翻译尚聆彤率领上海市中学生代表队于5月23—31日,赴美国参加"国际头脑奥林匹克"智力竞赛,该队获得第二名;局援外办公室高级工程师周志孝、工程师曲磊,于9月10日赴赞比亚,支援该国党部大楼扩声设备建设。

1990年7月2—11日,以市广电局局长龚学平为团长的上海广播电视代表团出访日本,先后访问了大阪读卖电视、大阪朝日电视、日本广播协会(NHK)总部、日本电视网总部、九州朝日电视等友好台。4月16—25日,以副局长王忻济为团长的访日代表团,在东京和大阪两城市,考察了多家广播电视的建筑设施,回国后修改了上海广播电视国际交流中心大楼的设计方案,并制作了新的模型。高级工程师陈绍楚等3人于6月8—24日访问联邦德国、瑞典、丹麦3国,考察和验收设备。局长龚学平和副局长兼上海电视台台长金闽珠于12月1—15日访问美国,为加强对美宣传建立业务渠道。

1991年,由市广电局组团,以市政府副秘书长卢莹辉和市委宣传部副部长龚心瀚率领的上海广播电视代表团和以市委宣传部副部长孙刚为团长的上海广播电视代表团分别于9月、11月访问美国、法国和荷兰。

1992年,由市广电局组团或参加中央和市领导部门及兄弟单位组团的出访人员比1990年增加1倍。4月,局长龚学平率领上海电视节代表团,参加当时世界上最大的电视节目市场——法国戛纳电视节,并举行上海电视节新闻发布会。4月7—28日,局长龚学平又率领8人专业考察团,出访法、德、加、美4国11个城市,考察团回国后写了数万字的考察报告和考察记录,并对广播电视塔工程建设提出探讨性建议。6月,副局长兼上海电台台长陈文炳一行2人应法国欧洲二台之邀,出访巴黎,就交换节目、人员培训、广告经营、设备更新等合作项目,与欧洲二台签订协议书。11月,上海电台党委书记徐济尧出访新加坡职工总会心电台,双方达成上海电台有偿向对方提供13套音乐、广播剧和戏曲等专题节目的协议。12月24日,以上海电视台台长盛重庆为团长的上海电视代表团一行4人,应邀赴台湾访问,参观了台视、华视、中视、公共电视筹委会等,并拍摄专题电视片《台湾纪实》。这是上海广播电视系统第一个赴台访问团组。

1993年,市广电局共派出团组144批、465人次,出访25个国家和地区。出访任务仍以采访拍片、文化交流、考察访问、学习进修为主。7月,上海电视台小荧星艺术团一行70人赴香港演出。这是截至当时上海广播电视系统派出的最大出访团组,在港期间公演4场,并在当地电视中播出部分节目,有9家媒体刊登了小荧星艺术团的消息和照片。11月,东方电台台长陈圣来一行4人出访法国、德国、卢森堡3国,与当地广播界商谈合作项目。东方电视台一年内共有18批、34人次出访美国、韩国、日本、泰国、西班牙、俄罗斯、法国、巴西和中国香港地区。

1994年,市广电局派遣出访团组149批、453人次,足迹遍及23个国家和地区。其中上海电视台出访74批、232人次,为全局各单位之首。1994年出访的主要团组有:5月19日—6月4日,以市广电局副局长李晓庚为团长的上海广播电视考察团访问美国,考察影视资料事业现状和发展趋势。6月14—24日,市广电局局长叶志康参加由团长、副市长龚学平率领的上海代表团,访问韩国、日本。9月7—20日,以市广电局党委书记孙刚为团长的上海广播电视代表团,访问美国洛杉矶、华盛顿、纽约和加拿大多伦多等地。

同年3月19日—4月2日,以上海电台台长陈文炳为团长的上海广播代表团,应邀参加在加拿大温哥华举行的第三届国际广播前景决策会。4月4—10日,上海电台副台长尤纪泰率领上海广播代表团,访问越南河内市、海防市、胡志明市的4家广播电台和电视台,并分别与越南之声电台和海防市广播电视台进行业务会谈。11月19日—12月3日,以上海电视台台长盛重庆为团长的上海电视广告代表团,出访日本、新加坡、马来西亚,考察和洽谈广告业务。这一年,记者出访增多,全年共53批、168人次。

1995年,市广电局派遣出访的团组192批、639人次,到达22个国家和地区。其中,市广电局党委书记孙刚率团访问新加坡,副书记李保顺访问日本,市广电局副局长李民权访问荷兰,副局长李晓庚率团访问澳大利亚。上海电视台台长盛重庆赴葡萄牙、美国等国考察,上海电台台长陈文炳等人访问台湾。东方电视台台长穆端正、东方电台台长陈圣来先后到日本参加会议,他们向与会的海外媒体介绍上海改革开放和城市建设“三年大变样”及东方电视台、东方电台的发展情况。同年,上海电台、东方电台、上海电视台、东方电视台均派出记者组赴澳大利亚、美国、法国、日本、瑞士、新西兰、新加坡等国和地区采访。

1996年,市广电局全年派遣出访团组284批、790人次,到达39个国家和地区。其中,市广电局党委书记孙刚、局长叶志康分别率团访问澳大利亚、泰国和意大利、西班牙等国,与这些国家影视界的高层建立了友好关系。副书记李保顺、副局长赵凯分别率团赴法国参加戛纳电视节、电影节,同时开展第六届上海电视节的宣传和对外联络工作。上海电视台党委书记金闽珠率团访问英国,出席“中国上海电视周”开幕式。上海有线电视台台长胡运筹率团赴香港与上海实业公司联合召开发布会,介绍上海有线电视台的节目内容和网络建设规模等。上海电台、东方电台的领导也分别率团访问澳大利亚、越南、墨西哥等国,加强与这些国家在广播领域的友好合作。

出境进行文化交流的团组也取得了较好的成绩。东方明珠国际交流公司率上海杂技团分别赴日本和韩国演出。上海电视台小荧星艺术团7月赴日本岐阜地区,在23天里演出15场,这是小荧星艺术团建团11年来在境外演出时间最长的一次。同年,市广电局赴台访问的人员有6批、16人,其中赴台拍片有3批、10人,这是1978年至当年上海广播电视系统赴台访问人员最多的一年。

1997年,市广电局全年出访团组273批、944人次,到达43个国家和地区。主要出访团组有:市广电局党委书记孙刚参加柏林电影节活动,副书记李保顺参加莫斯科电影节活动,出访期间分别为上海国际广播音乐节做推介工作。市广电局局长叶志康率团于4月28日—5月9日,访问马来西亚和埃及,拜会亚广联主席等官员,就加强业务交流以及“1998亚广联大会”的筹备工作进行调研和洽谈。市广电局党委书记赵凯于10月19日—11月1日,参加以市委常委、宣传部部长金炳华为团长的上海市友好代表团,访问波兰和土耳其,并参加为上海友好城市格但斯克建城1000周年举办的“上海广播电影电视周”活动。市广电局局长叶志康率团于11月10—16日访问日本,与日本广播协会(NHK)新任会长等就加强广播电视节目交流及卫星节目落地等业务进行洽谈。

这一年,赴境外交流演出的大型文艺团组有:市广电局党委副书记张元民率领赴欧巡演的上海广播交响乐团;东方明珠国际交流公司组织的上海杂技团;上海电视台组织的小荧星艺术团。在记者赴境外采访拍片的团组中,东方电视台赴英国曼城报道第四十四届世乒赛采访小组,在采访中保持高度政治敏感性,及时发现并通过有关方面妥善处理赛场悬挂旗帜不当的事件,粉碎了境外敌对势力妄图制造“一中一台”“两个中国”的政治阴谋,维护了国家尊严。同年,上海广播电视系统有19批、53人次的技术骨干和技术管理干部参加境外各类技术培训、技术考察和专业会议。并派出9批、25人次赴台湾访问、交流、洽谈广播电视业务。其中,东方电视台台长穆端正一行应台湾电视公司邀请赴台湾访问,上海电视台副台长张少锋一行应台湾永真电视制作公司邀请赴台考察台湾电视节目市场。

1998年,市广电局全年出访团组217批、680人次,涉及40个国家和地区。在赴法国采访世界杯足球赛、赴泰国采访第十三届亚运会等重大体育赛事中，由市广电局统一组团，广播电视各单位联合采访，资源共享，发回大批高质量的报道素材，提供了世界杯足球赛与亚运会比赛的精彩内容。

1999年，市广电局出访团组197批、562人次，到达40个国家和地区。东方电视台台长卑根源一行3人于7月赴台湾，与台湾电视公司就双方专业人员的交流、电视节目制作和合办中秋晚会节目等进行商讨。

2000年，上海广播电视系统出访团组228批、679人次。5月底，上海电台台长李尚智一行赴加拿大蒙特利尔参加第五届国际广播研讨会。李尚智在会上介绍上海电台国际交流合作情况，并接受加拿大国际广播电台中文部记者的采访。会议期间，李尚智会晤加拿大国际广播电台台长奥利莱，双方就加强进一步合作进行洽谈。同年，市广播电视系统赴台出访团组21批、161人次。

2001年，上海广播电视系统全年出访团组231批、579人次。其中，文广集团与法国媒体共同组织的大型文化艺术交流活动"上海—巴黎音乐会"在5月举行，该音乐会采取上海、巴黎两地通过卫星双向传送而共演一台节目。市文广局技术中心卫星地球站突破ISDN技术传送电视节目声音的技术障碍，解决了上海、巴黎跨洋双向卫星传送信号延迟的技术难题，在国外同行面前为上海广电媒体赢得了荣誉。

2002年，上海广播电视系统全年出访团组344批、2 476人次。在出访项目中，广播影视赴境外采访、拍摄50批、192人次。其中，文广集团总裁叶志康率新闻报道组17人于11月28日—12月3日赴摩纳哥采访、报道上海申办2010年世界博览会的新闻。

2003年，上海广播电视系统全年出访团组313批、2 147人次。在出访团组中，考察、洽谈业务达到175批、573人次。传媒集团副总裁杨莠农率代表团于10月6—16日赴法国参加戛纳国际电视交易会。传媒集团首次在国际著名电视交易会上独自设立展台。

2004年，上海广播电视系统全年出访团组457批、3 157人次，主要内容有境外采访拍片、业务谈判、参加国际多边会议等。6月21日—7月7日，传媒集团党委书记宗明率代表团赴法国，参加中法文化年中"巴黎上海周"和"马赛上海周"活动，随代表团出访的上海歌舞团、上海民族乐团、上海杂技团等演出团体在法国的表演，得到法国各界人士的好评。同年，传媒集团副总裁杨莠农率56人代表团赴埃及亚历山大省，参加由市政府主办的"中国上海周"活动。

2005年起，传媒集团承担了上海广电行业对外交流合作的主要工作。5月，集团总裁黎瑞刚赴马来西亚参加亚洲媒体高峰会。黎瑞刚在会上作有关产业、文化和数字时代的媒体资产管理专题演讲，介绍传媒集团的概况以及在节目内容、资源管理等方面的经验。7月下旬，传媒集团下属上海少儿广播合唱团赴澳大利亚，参加"悉尼国际少儿文化艺术节"的演出，小演员的表演获得组委会官员和观众的称赞。9月，东方卫视外语部主任戴骅应亚洲电视节组委会邀请，赴新加坡担任节目评选的评委，东方卫视和纪实频道选送的纪录片《小小读书郎》获亚洲电视节最佳纪录片大奖。同年，传媒集团在加拿大举办"上海电视周"活动，集团党委书记宗明率代表团赴加拿大参加"上海电视周"开播仪式，并与中国驻温哥华总领事田春燕分别致辞。

2006年，传媒集团全年出访团组207批、821人次。其中，赴境外采访拍摄73批，考察72批，文艺演出9批。8月2日，小荧星合唱团在"香港国际青少年合唱节"上，以具有浓郁生活气息的表演，从来自世界各地的44个合唱团中脱颖而出，摘得金奖。9月，传媒集团副总裁林罗华应邀赴韩国参加中央外宣办在韩国举办的"感知中国"中韩文化交流活动，并在中韩文化新闻界论坛上发言，介绍传媒集团与韩国媒体界的合作和交流计划。同年，东方卫视副总经理杨剑芸应邀担任"亚洲电视奖"节目初评评委，传媒集团选送的2部电视纪录片、1个电视谈话节目均获得各自节目类型的

"最佳节目"提名。

2007年，全年出访团组235批、831人次。其中，考察访问120批次，采访85批次，文艺演出30批次。5月23—24日，传媒集团总裁黎瑞刚应日本经济新闻社邀请，出席"亚洲媒体未来论坛"，并作题为《变革中的中国媒体——以SMG为例》的演讲。6月9日，市文广局副局长梁晓庄等赴俄罗斯圣彼得堡，参加"中国年·上海周"活动。9月3—5日，传媒集团总裁黎瑞刚在德国波恩参加第二届欧亚媒体对话活动，并在会上就新媒体产业的发展及其对媒体未来形态的影响，用英语发表主题演讲。

2008年，传媒集团全年出访团组205批、776人次。2月19—28日，传媒集团党委书记卑根源率团赴加拿大、墨西哥及中国香港特别行政区，出席加拿大"上海电视周"开播新闻发布会，并对加拿大新时代传媒集团、墨西哥特莱维萨传媒集团和香港无线（TVB）等媒体进行访问。卑根源会见了特莱维萨董事长阿卡罗加，双方就影视剧等方面的合作进行交流。卑根源访问香港期间，与TVB总经理陈祯祥就双方的战略合作进行交流。在访问香港亚视（ATV）时，双方举行"签署新闻资源互换协议"仪式。同年，为配合上海五岸传播公司参加国际电视节目交易展，传媒集团组织7个节目交易参展团，分别参加美国NATPE、中国香港Filmart、法国MIPTV、日本TIFFCOM、新加坡ATF等境外交易，均取得了成果。

2009年，上海广播电视台全年出访团组289批、1252人次。其中，采访拍摄118批，考察谈判、洽谈业务109批，赴境外培训12批，参加各类影视节26批。

2010年，上海广播电视系统对外出访服务于国家外交工作及上海世博会和文广影视建设，全年向国（境）外派出团组258批、2530人次。7月13日，上海广播电视台艺术人文频道派遣团队赴美国摄制"为世博喝彩——上海交响乐团、纽约爱乐乐团中央公园音乐会"，获得成功。

同年，上海广播电视台"星尚传媒"在土耳其、韩国、德国等国拍摄的一档反映都市青年男女情感类旅游节目《星尚之旅》在境内外播出后，取得良好反响。中宣部第447期《新闻阅评》表扬该节目："在众多的相亲节目中，《星尚之旅》独树一帜。"

第二章　国际交流合作

第一节　与国外节目交流

一、广播节目

上海电台有计划地与国外广播电台进行节目交流始于 1985 年。这一年的 2 月 19 日起,上海电台播出《空中乐坛》特别节目,连续播出日本横滨和大阪、南斯拉夫萨格勒布、朝鲜咸兴、荷兰鹿特丹、意大利米兰以及美国旧金山 7 个友好城市广播电台应邀提供的祝贺中国春节的 7 套(每套 1 小时)音乐节目;上海电台回赠各台 1 套(1 小时)中国民族音乐节目。1987 年,上海电台与美国"中国娱乐咨询公司"达成协议,美方从 7 月起提供给上海电台每天 1 小时音乐节目录音带。

1988 年,上海电台分别与美国广播节目制作公司、美国卫星音乐传播公司合作,在中波 990 千赫、调频 103.7 兆赫开设《音乐世界特快》《午餐音乐》节目。上海电台在广播外语教学节目中,与法国驻沪总领事馆联合举办《上海·您好》法语会话节目,与加拿大国际广播电台合办《每日英语》节目。

1980—1989 年,联邦德国"德国之声"电台不定期给上海电台提供音乐节目达数百小时。澳大利亚驻华大使馆、"美国之音"、法国电台等 20 多个国家的使领馆或广播公司,不定期向上海电台赠予音乐节目。上海电台制作的中国古典音乐、江南民间音乐、中国器乐曲、新创作歌曲等录音磁带,分赠法国、波兰、比利时、日本、南斯拉夫、津巴布韦和朝鲜等国的广播电台。

1990 年 4 月 5—11 日,上海电台主办"上海国际相声交流演播"。在一周交流演播中,国内相声名家和来自美国、新加坡、马来西亚、加拿大、巴西、坦桑尼亚等国(地区)的海外相声名流及相声爱好者共 32 人参加。上海电台于 4 月 7 日、8 日转播演出盛况,上海电视台也播出实况录像。

1988—1993 年,上海电台连续举办 4 届上海国际广播音乐节(国际音乐节目展播),各参展国家(地区)共提供 250 套、每套 1 小时左右的富有民族特色的音乐节目,由上海电台在音乐节期间播出。

1998 年春节期间,上海电台通过国际互联网《上海之窗》,向全世界直播音乐专题节目。这档长达 4 小时的网上贺岁节目分成 4 部分:第一部分"春之歌",向听众传达上海人民对海外华人、华侨的新年祝福;第二部分"歌传情",以点歌的方式由上海听众表达对海内外亲友的祝福;第三部分"趣话虎",向全球听众介绍上海改革开放后的巨大变化;第四部分"网之魅",介绍互联网上的音乐趣闻。有 10 599 人上网收听、访问这档音乐专题节目,上海电台还收到来自美国、英国、日本等 16 个国家和地区的听众及网民电子信件 300 多份。

2004 年 10 月 20 日,传媒集团"东广新闻台"向联合国电台发去题为《全球部长呼吁尽快通过保护文化多样性国际公约》的英语报道被选用播出。至此,"东广新闻台"已经在联合国电台先后播发了由 9 位记者采制的 15 篇新闻作品。

2004 年 11 月 29 日—12 月 3 日,传媒集团 7 位广播节目主持人联合制作的《闪耀明珠,风华上海——上海广播周节目展播》在加拿大中文台播出,受到当地华人、华侨的好评。

2005年6月13日,传媒集团东广新闻综合频率与英国广播公司(BBC)中文部联合举办《共创绿色城市》特别节目,播出联合国秘书长安南、联合国环保署行政主任克劳斯、中国环保总局局长解振华等人的采访录音,引起海内外众多媒体关注,新华社、《解放日报》《文汇报》、东方网、新浪网、雅虎网等都以较大篇幅进行了报道。

2010年1月25日至10月底,上海广播电视台调频103.7频率举办历时近10个月的大型世博专题节目《2010爱相连Love United——"城市让生活更美好"全球电台大联播》。其中,4月30日的"12小时大直播",成功连线日本、美国、澳大利亚等9个国家和地区的12家电台,以多元的节目形式,向全世界展示上海世博会"城市,让生活更美好"这一主题。此外,调频103.7频率自制的其他宣传上海世博会节目也在海外12家知名电台播出。

2010年8月,上海广播电视台广播新闻中心携手加拿大中文电台,在温哥华、多伦多和卡尔加里三大城市成功举办以"精彩世博、美丽上海"为主题的"上海广播周"活动。10月,广播新闻中心在美国洛杉矶举办"上海广播周"节目展播,包括广播剧、音乐、戏曲节目在内的各档广播节目,受到当地媒体和听众的欢迎。

二、电视节目

1979年12月5日—1980年1月4日,日本特立帕克电视节目公司摄制组来沪,拍摄由日本著名影星栗原小卷担任主角的电视剧《望乡之星》。这是市广播局首次和外国电视机构合拍电视剧。

1982年10月21日,上海电视台与瑞士法语台合作,将上海的电视节目通过国际卫星传送到日内瓦播出。

1983年5月,上海电视台首次与日本长崎电视台联合向国外传送直播的电视新闻专题节目《上海的早晨》。

1986年3月23日,上海电视台第一次向国外传送在上海举行的由9个国家114名运动员参加的国际女子马拉松比赛实况。这次实况传送出动3辆转播车、30台摄录机、近300名工作人员,沿途设立17个摄像点,还用直升机进行全景拍摄。

1986年7月起,上海电视台每周向美国苹果电视台输送新闻节目。至1993年,上海电视台提供给美国苹果电视台654小时节目,包括电视剧、电视戏曲片、儿童电视剧、新闻专题、体育和文艺等节目。其中电视连续剧《秋海棠》《济公》《孙中山与宋庆龄》,儿童电视剧《窗台上的脚印》《插班生》,体育节目《沪港杯足球赛》《健美比赛》,综合文艺节目《外国人唱中国歌比赛》《伉俪·姑嫂·婆媳娱乐大奖赛》等,播出后受到好评。1986年12月10—16日,市广电局举办第一届上海国际友好城市电视节(后改名上海电视节)。

1987年,上海电视台全年出口各类电视节目400小时,直接进口各类节目200集。同年11月23日,上海电视台与南斯拉夫萨格勒布电视台共同在沪举办南斯拉夫电视周。这是国外电视台首次在上海举办电视周。

1989年6月,国内发生政治风波,上海电视台向美国、日本等电视台提供"朱镕基市长对全市人民的电视讲话"等电视新闻片,及时把风波真相和平息实况传播出去,以正视听。7月、11月,上海电视台分别与民主德国电视台、苏联列宁格勒电视台合办电视周,播出他们寄来的电视片。同年,上海电视台举办外国友人祝贺中国国庆特别节目,收到苏联、波兰、民主德国、巴基斯坦、日本、土耳其、联邦德国等9国15家电视台寄来的祝贺节目。

1991年4月15日,上海电视台与美国旧金山西湖投资开发公司合办的华声电视台,在旧金山以66频道开播。上海电视台每天提供1小时华语节目,每周一至周六19—20时播出。1992年,华声台成立一周年,上海电视台选送祝贺文艺晚会节目。1993年,上海电视台又提供电视戏曲片《红楼梦》《杨乃武与小白菜》,电视剧《上海一家人》《天梦》等节目。1991年4月—1993年,上海电视台共提供各类节目达660多小时。

1993年年初刚建立的东方电视台,一年内向境外电视机构提供6小时30分钟的新闻节目;对方也向东方电视台提供98小时28分钟电视片,被采用80小时28分钟。

1994年3月18—23日,东方电视台等单位在上海联合举办上海国际哑剧节,来自8个国家和地区的哑剧表演艺术家进行了精彩的表演。同年9月7—13日,作为第五届上海电视节系列活动之一,上海电视节组委会、上海电视台和巴西环球电视台在上海电视台8频道、14频道举办"巴西电视周"。14频道除播出巴西电视连续剧外,还在《时代立体声》栏目里,播出巴西现代音乐精品《巴西之声》及巴西音乐家维拉·罗勃斯的交响乐,在《科技博览》专栏里播出巴西科教片《蛇岛探密》。14频道播出的巴西风光片《圣保罗掠影》,全面介绍上海友好城市圣保罗的历史和经济文化成就。

1996年5月20日晚,东方电视台与日本广播协会(NHK)合作,在上海广电大厦演播厅和外滩黄浦公园举办"亚洲歌坛上海专题音乐会",来自菲律宾等6个国家和地区的歌手参加演出,东方电视台5月22日播出演出实况,日本NHK也于5月24日通过卫星向全世界播出。7月15—23日,上海电视台与澳大利亚悉尼中文电视台合作,在悉尼举办为期9天的"上海电视台节目展播",内容除介绍上海概况的专题片、纪录片外,还有反映上海市民生活的单本电视剧《上海风情》。同年8月5—12日,上海电视台与欧洲东方卫星电视合作,在英国伦敦举办为期7天的"中国上海电视周"。期间,欧洲东方卫星电视每天在黄金时段里,播放由上海电视台提供的90分钟介绍上海风土人情、投资环境、建设发展等情况的电视节目。

1997年5月,上海与澳大利亚昆士兰州结为友好姐妹地区8周年之际,上海电视台推出为期6天的"昆士兰电视展播周",播出澳方提供的《澳洲奇探》《空中滑翔》等6部电视片。5月14—18日,法国电视五台在法国巴黎举办中国"上海电视周",展播上海电视台提供的《世纪彩虹》《大动迁》《豫园》《歌舞·杂技·京剧》等8部电视片。同年7月14日,上海电视台在沪举办法国"巴黎电视周",8频道播放了法国12集电视连续剧《梅格雷探长》和表现风光探险及讲述青少年教育问题的7部专题片、2部专访片。7月14—19日,这些法国电视节目还在上海电视台14频道的外语专栏里组合播出。上海和巴黎互办电视周,引起中法两国媒体和受众的热情关注,法方合作媒体撰文称,"上海电视周"无论是节目还是中国的改革开放形象,都给法国人民留下深刻印象。上海市民对放映的法国电视剧《梅格雷探长》也赞不绝口。

1998年11月5—11日,由市政府新闻办公室(以下简称"市新闻办")、上海电视台和毛里求斯电视台共同举办的"上海电视周",在毛里求斯首都路易港举行。这是上海电视媒体首次在非洲举办的电视周。电视周期间播放上海电视台提供的纪录片《浦东开发篇——辉煌的五年》、电视剧《东方第一环》等节目,介绍上海改革开放20年在城市建设、经济建设和社会发展等方面所取得的成就,以及上海市民丰富多彩的生活。

1999年,为展示中华人民共和国成立50周年的成就,上海电视台先后与坦桑尼亚国家电视台、罗马尼亚海王星电视台、巴西环球电视台、英国无线卫星电视台合作,在上述国家举办"中国上海电视周"。东方电视台也分别与加拿大的安大略省电视台和城市电视台合作,举办"上海东方电视周"。来自上海的电视节目受到当地民众和媒体的欢迎与好评。同年10月17—23日,为配合中国国家主席江泽民访问英国,上海电视台、英国无线卫星台和中国驻英国大使馆在英国成功举办"上海电视周"。

2001年7月,上海电视台与新西兰金水滴电视台合作,在新西兰举办以《新世纪、新上海》为主题的"中国上海电视周"。电视周共播出18个节目,内容涉及经济、文化、历史、风光等方面,每次平均播放60分钟,播出范围为整个奥克兰地区。同年,东方电视台与韩国文化广播公司(MBC)、日本朝日电视台、纽约中文台、澳大利亚七网络、凤凰卫视欧洲台、加拿大城市电视台等境外媒体合作,举办了"东方电视台电视节目展播"活动。

同年,奉贤、南汇等区广播电视台加入了"中国县市电视台外宣协作网",上海市郊的优秀电视专题节目开始走出国门。奉贤区广播电视台选送的第一批电视专题片《世纪交响》《灶花王》,分别于11月27日、12月7日传送至美国斯科拉卫星电视网中播出。南汇区广播电视台制作的专题类节目也被纳入中国黄河电视台《神州瞭望》栏目,并通过美国斯科拉卫星电视网播出。《神州瞭望》是中国黄河电视台在美国斯科拉电视网播出的面向全美华人、中国留学生的电视栏目,收视人群达1 500万人。

2002年,为纪念中日邦交正常化30周年,传媒集团在日本长崎举办"上海电视周"。传媒集团卫星电视频道(以下简称"上海卫视")与日本STV-JAPAN株式会社签订上海卫视落地日本的合同书,并于1月1日起在日本卫星电视频道公开播出,这是中国第一家省级电视台的节目进入日本的卫星频道。

同年,奉贤区广播电视台获得中国黄河电视台(对海外电视专题)外宣繁荣奖。此后,奉贤区广播电视台多次获得中国黄河电视台(电视专题)外宣繁荣奖和优胜奖。

2003年,上海广播电视系统与国外广电媒体之间的节目交流有新的拓展。1月28日,美国国家广播公司商业电视新闻网(CNBC)亚太地区总裁亚历山大·布朗一行访问传媒集团,双方就传媒集团财经频道的节目交流、技术支持、人员培训等方面的合作进行探讨。4月10日,传媒集团财经频道与CNBC在上海签订《建立战略合作伙伴关系的备忘录》。4月14日起,传媒集团财经频道每天通过卫星连线CNBC,将自制的、最新的《中国财经简讯》节目,向亚太及欧美的观众播发。这一年,传媒集团财经频道(第一财经频道)向亚太及欧美观众播发650多条中国经济新闻,内容涵盖经济政策、金融资讯、证券行情等方面。《中国财经简讯》节目在CNBC的全球电视平台播出后,仅亚太地区就有超过2 600万户收视观众。6月5日,传媒集团上海卫视选送的英语新闻《上海启用宠物尸体无害化处理站》获美国有线电视新闻网(CNN)《世界报道》2002年度最佳环保新闻奖。

同年,嘉定区广播电视台加入中国《神州瞭望》电视外宣协作网。9月9日、10日,嘉定区广播电视台拍摄的纪录片《幼儿园里来了洋老师》《心灵的舞者》在美国斯科拉卫星电视网中播出,实现该台对外宣传零的突破。

2004年3月30日,上海电视节与戛纳电视节签署友好合作协议。同月31日,戛纳电视节"中国日"中,文广集团携带88部纪录片参展。6月7日,文广集团和德国电视二台签定合作协议,双方在新闻素材交换、专题节目拍摄、大型活动交流等领域建立友好合作关系,并相互提供经济、教育、娱乐、体育等节目用于播出。9月27日—10月1日,传媒集团与日本长崎电视台在长崎举办"上海电视周"活动。11月,南汇区广播电视台选送的《"痴书"老人》《泸溪河的传说》《一草一木都是情》《爱心启程》等10部新闻专题片先后在美国斯科拉卫星电视网及北美洲100多个城市中播出,并获得全国市县电视台对外宣传协作网外宣繁荣奖。

同年,松江区广播电视台加入中国《神州瞭望》电视外宣协作网。

2005 年，传媒集团在加拿大举办"上海电视周"。同年，奉贤区广播电视台选送的电视专题《吉米的故事》获得第八届全国电视外宣彩桥奖一等奖，这也是上海地区获得的唯一一等奖。

2006 年 5 月，由中共宝山区委宣传部牵头，宝山区广播电视台在美国斯科拉卫星电视网举办"精彩宝山——中国上海宝山电视展播周"活动，扩大了上海宝山地区在海外的影响。9 月，传媒集团在日本长崎和长崎电视台共同举办"上海电视周"，播出介绍上海改革发展和市民生活的纪录片。11 月，传媒集团与韩国文化广播公司（MBC）合作，在首尔举办"中国上海纪录片展映活动"。上海的纪录片首次在韩国收视率最高的 MBC 全国综合频道上进行集中展映，引起韩国媒体关注，韩国发行量最大的《朝鲜日报》专门刊文介绍，对上海制作的纪录片质量表示赞赏。

同年，东方卫视外语中心日语节目组还向日本长崎电视台、日本广播协会（NHK）大阪台各提供 120 条新闻，向 NHK 福冈台提供 100 条新闻。

2007 年，传媒集团先后与日本、印度、俄罗斯媒体合作，在上述国家举办"上海电视周"，播出集团自主制作、拥有版权的节目，其内容都以上海改革发展的最新情况为主。1—5 月，东方卫视外语中心共计向美国有线新闻网（WORLD REPORT 栏目）供片 18 条，并持续多年向凤凰卫视欧洲台、美洲台提供《上海滩》中文节目，深受海外观众喜爱。

2008 年 1 月 1 日，东方卫视随长城（拉美）平台在中美洲、南美洲和西印度群岛等地区落地播出，覆盖人口总数超过 3 亿人。此次落地播出采用交互式网络电视（IPTV）的模式，通过长城平台首先在巴西、阿根廷、墨西哥等一些华侨比较多的国家进行用户推广。6 月 11 日，传媒集团等主办的第三届中俄电视合作论坛在上视大厦开幕。40 多位中俄两国电视业内精英人士聚集一堂，共同探讨两国电视媒体未来合作与发展等课题。

2008 年元旦正式开播的传媒集团外语频道（以下简称"外语频道"），对海外媒体供片工作形成多头并举的特色。外语频道在原有的新闻供片基础上积极拓展供片内容范围，先后以系列专题片的形式向美国有线新闻网（CNN）、美国中文电视（SINO TV）提供《上海公交百年》《奥运专题》《三城记》等一系列专题报道，其中，《三城记》在美国获得很好反响。1—10 月，外语频道向日本广播协会（NHK）和长崎电视台提供上海新闻 270 条；每周向新拓展的 Nippon BS 11 提供一档 20 分钟的新闻节目，在其高清卫星电视台上播出。此外，外语频道还将自有版权的《车游天下》《城市节拍》等节目出售给马来西亚 WA 电视台。

同年，传媒集团与加拿大新时代传媒集团合作举办"上海电视周"。期间，播出传媒集团制作的节目，包括纪录片《我的宝贝》，综艺节目《加油！好男儿》总决赛、大型活动《特奥会闭幕式演出》录像和上海世博会专题片等。

2009 年是上海世博会筹办工作的关键年，传媒集团在开展世博宣传工作同时，还将其纳入与境外媒体的节目交流之中，在英国、加拿大等国家和地区，连续举办《魅力上海，精彩世博——2009伦敦上海周》《"城市，让生活更美好"全球世博城市卫星双向传送：上海—温哥华双向传送特别节目》《世博链接》等节目和活动。同年，国家广电总局在广西南宁举办"中国—东盟电视交流论坛"及"中国—东盟电视周"活动，传媒集团不仅参加该论坛的演讲活动，还选送包括上海世博会宣传内容的电视节目在"中国—东盟电视周"上展映。

同年，外语频道对海外供片也取得较大进展，外语频道共向美国有线新闻网（CNN）供片 22 条，其中播出 8 条，播出量在中国内地供片机构中名列第二，在省、自治区、直辖市级电视媒体中名列第一。外语频道还扩大向日本电视机构提供新闻专题节目的供片范围，共向日本广播协会（NHK）和长崎电视台提供包括介绍上海世博会各项筹备活动的上海新闻 256 条，日方使用 31 条。外语频道制作的《冲刺！上海》12 集节目，也被拥有 200 万收视户的马来西亚 WA 电视台购买。

2010 年，上海广播电视台积极与海外媒体接洽、沟通，加大世博类广播电视节目的交流力度，更好地宣传上海世博会。5 月 1 日—10 月 31 日，上海世博会举办期间，上海广播电视台外语频道每天推出 1 小时直播节目《世博 360°》，全方位展示上海世博会的精彩内容，新加坡亚洲新闻台国际频道、美国 ICN 国际卫视等海外电视媒体均播放该节目。上海广播电视台第一财经频道制作的《中国财经简讯》，在美国 CNBC 全球电视直播网中播出量达到 3 200 多条，播出内容涵盖中国经济领域的重大题材和上海世博会各个经济热点。同年，上海广播电视台《新娱乐在线》节目在美国旧金山 KTSF26 台、洛杉矶十八台和纽约中文台亮相，受到美国华人家庭的欢迎。

同年，嘉定区广播电视台多部社教类专题片在美国斯科拉卫星电视网播出，其中，《画人陆俨少》被评为"2010 全球华人纪录片互联网盛典优秀纪录片"。

同年，上海五岸传播公司将上海广播电视台娱乐、财经、生活时尚、纪实、体育、影视剧等 8 大类节目、50 余档优秀专栏节目，发行至北美、欧洲、亚洲等 30 多个国家和地区的电视播出机构，公司全年发行节目累计时长超过 5 500 小时。

第二节　出国摄制与合办节目

一、广播节目

1986 年 10 月 31 日，上海电台和联邦德国北德意志广播电台在上海美琪大戏院联合举办《"上海—汉堡"港口音乐会》，上海市市长江泽民应邀观看演出，并接受北德意志电台记者采访。副市长刘振元为音乐会题词。现场实况录音由上海电台和北德意志广播电台分别向两国听众播出。这是自 1986 年 5 月上海市和汉堡市结为友好城市以来在上海首次举办的文化交流活动，也是上海电台与外国电台首次携手合办节目。

1987 年 6 月 13—23 日，上海电台文艺部主任李世嘉等一行 5 人出访联邦德国，并于 6 月 20 日在北德意志广播电台演播厅举办第 151 期"星期广播音乐会"《汉堡·上海港口之声》专场，这是上海电台首次在外国现场制作音乐节目。

进入 20 世纪 90 年代，上海各广播电台充分利用各种节庆活动与国外电台交流合办节目。

1990 年 10 月 27 日，为纪念上海和横滨缔结友好城市 17 周年，日本广播协会（NHK）横滨放送局记者组，在沪进行连续 1 小时 30 分钟的现场直播《您好·上海》特别节目。这是该台建台 20 年来首次出国转播。随后，上海电台也派出新闻部陈接章等 3 人记者组，赴横滨采访制作《您好·横滨》特别节目，于 11 月 30 日播出。

1991 年 5 月 28 日，上海电台应日本广播协会（NHK）之邀，为纪念 NHK 国际广播开播 56 周年而共同组织、录制《日中经济讨论会——面向 21 世纪的上海开发规划》专题节目，上海市市长黄菊、日本经济协会会长河合良一等参与节目，着重讨论上海浦东开发区的现状与前景。

1992 年 4 月，为纪念上海和大阪缔结友好城市 18 周年，上海电台与日本大阪朝日放送互派记者采访。上海电台派出新闻部副主任陈足智等 4 人记者组，于 4 月 1—8 日赴日，大阪市西尾市长会见采访组成员并接受采访。记者组回国后制作了一套《今日大阪》专题节目。同年 4 月，由日本朝日放送节目主持人道上洋三等一行，带领 120 位日本听众来沪，在上海花园饭店向日本直播 2 小时 30 分钟的《早上好》特别节目，与上海电台合作制作的这套节目获"日本广播联盟奖"。11 月 1

日,东方电台与美国加利福尼亚州"美加华语广播电台"连线直播的固定栏目《上海—洛杉矶友情双通道》推出首期节目。该栏目每逢周日两地同步直播,内容有:上海与洛杉矶的文化往来、经济交流及风土人情、民间习俗等。12月,上海电台与"德国之声"电台在沪合作采制一套反映中国中医技术应用的系列节目《针灸疗法》。节目的中、英文版母带经"德国之声"电台复制后,提供给世界各地200多家英语电台和100多家华语电台播出。

1993年12月,为纪念上海和横滨结为友好城市20周年,上海电台与日本广播协会(NHK)横滨放送局于12月4日14—17时,合办上海、横滨双向直播的《一衣带水·空中彩桥》特别节目。上海电台派出新闻部主任邱洁宇等6人,于11月26日—12月6日赴横滨采访并主持节目;NHK横滨放送局深江健次郎局长等一行4人,于12月1—6日来沪主持节目。两国电台节目主持人易地主持直播节目,这在上海广播史上尚属首次。

1993年出国制作节目的重要活动还有:浦江之声广播电台副主任姜璧苗于4月24日—5月1日,赴新加坡采访"汪辜会谈"(大陆海峡两岸关系协会会长汪道涵和台湾海峡交流基金会董事长辜振甫举行历史性的第一次会谈),先后发回文字消息、录音报道等26篇。同年7月2—19日,上海电台记者胡敏华赴美采访布法罗世界大学生运动会,发回文字消息近百篇、录音报道35篇。当中国游泳选手乐靖宜第一次在国际比赛中为中国队夺得金牌后,上海电台《空中体坛》节目立即接通布法罗的胡敏华和上海乐靖宜寓所电话,进行三地电话连线直播,显示出广播即时传播优势。

1994年4月22日是国际环境日,东方电台与日本东京调频电台合作,通过卫星转播在日本东京举办的第五届《世界环境日,我们爱音乐——我们爱地球》专题音乐会。

同年9月4日,为祝贺"上海—大阪缔结友好城市20周年暨大阪关西国际机场通航",上海电台分别与日本朝日放送、日本广播协会(NHK)大阪放送局合作,先后举行3次现场直播活动。上海电台和日本朝日放送还联合举办《您好大阪,您好上海》的双向直播特别节目。上海电台节目主持人新宁、何萍,朝日放送节目主持人三代泽康司、小田原知绘,分别在各自的演播大厅,主持以音乐演出为主的1小时节目,获得中日两国听众的好评。

1995年4月18日,是中国政府宣布上海浦东开发开放五周年纪念日。上海电台与海外媒体合作,主办《迈向新世纪的浦东新区》国际广播联播节目,用汉语、英语、法语和日语4种语言,先后在加拿大国际广播电台、法国欧洲二台、澳大利亚广播公司、新西兰广播电台、美国"中国广播网"、新加坡广播机构958城市频道、日本朝日放送和香港新城电台联播,向这些国家和地区的听众介绍上海浦东开发开放以来的发展变化。海外媒体称这是一次"空前的国际广播传媒的大合作"。

1996年1月,东方电台与德国巴伐利亚广播交响乐团合作,邀请该团来沪演出;4月与上海歌剧院合作,推出中德演员联袂上演的歌剧《蝙蝠》,世界著名指挥大师洛林·马泽尔和中德艺术家们的精湛演出,让上海观众获得一次高雅艺术的享受。

1997年11月3日,上海电台与日本广播协会(NHK)大阪放送局合作,在上海举办长达12个半小时题为"全亚洲——发展的中国,腾飞的上海"大型广播直播节目,详细报道上海改革开放以来经济、文化的发展和上海人民的精神风貌。

2000年起,东方电台与美国威斯特伍德国际公司合作,连续获得"格莱美"颁奖盛典的转播权。一年一度的"格莱美"奖在全球音乐界有"音乐奥斯卡"的美誉。

2002年12月底,传媒集团新闻综合频率《留学指南》节目播出与英国广播公司(BBC)合作制作的2003年元旦特别节目"上海留英学生来自伦敦的新年问候"。

2003年2月,传媒集团新闻综合频率《留学指南》节目与英国广播公司(BBC)共同制作有关教育方面的专题节目,3月初在"英国教育展"举行期间播出。

2004年,传媒集团音乐频率与美国威斯特伍德国际公司合作,第五年获得"格莱美"颁奖盛典的转播权,音乐频率《动感101》节目突破以往单一的节目转播模式,首度以洛杉矶演播室—传媒集团音乐频率演播室—斯坦普尔新闻中心三点连线的方式,全方位、多角度地介绍"格莱美"颁奖活动。

2005年5月19日,传媒集团新闻频率与日本爱知国际广播电台合作,同步直播《上海、名古屋双通道——爱知世博会中国馆日》特别节目,向听众详细介绍"中国馆日"的精彩活动内容,并对2010年上海世博会的蓝图进行全面宣传。6月,传媒集团新闻综合频率、都市生活频率分别与英国广播公司(BBC)合作制作《共创绿色家园》《PROMO伦敦逍遥音乐会》等节目。《共创绿色家园》节目邀请BBC编导和英国环保专家来沪与上海环保专家一起举行广播讨论会,交流上海和伦敦两个国际大都市在环保方面所取得的成就与经验。6月5日世界环境日,该节目播出后得到中英两国环保部门的赞扬。

二、电视节目

上海电视记者出国摄制节目始于1972年。是年,为祝贺朝鲜民主主义人民共和国主席金日成60寿辰,中国上海芭蕾舞团于4—6月赴朝演出,上海电视台记者徐景杰、潘永明随团出访,摄制了30分钟电视纪录片。同年7—8月,上海芭蕾舞团应邀赴日本演出,上海电视台两位记者亦随团采访,先后摄制了50多条新闻和1部53分钟的纪录片,提供给北京电视台(中央电视台前身)播出,上海电视台也同时播出。

1985年1月,上海电视台记者卑根源等一行,前往美国旧金山拍片,这是上海电视台首次派队到美国摄制系列专题片,拍摄的《旧金山一瞥》在上海电视台8频道播出。同年10月6日,上海电视台与国外合作的第一个电视教育讲座节目《卡西欧PB-700型电子计算机讲座》,在上海电视台8频道播出。

1987年1月8日,上海电视台派出11人摄制组赴日首次与日本大阪读卖电视合作拍摄电视剧《亲属》。该剧由日本著名剧作家山田信夫和上海电视台黄允合作编剧,日本森崎东担任导演。同年9月28日,《亲属》同观众见面,中日友好协会会长王震为该剧题写片名,日本大阪读卖电视社长青山行雄来沪参加首播式。

1988年10月,由上海电视台记者穆端正等5人组成的上海电视报道组赴美国东西部采访拍片,历时3周,摄制成《美国纪实》专题片。该片于1989年1月22日在上海电视台播出,当天,美国新闻总署来电祝贺。

1989年,上海电视台先后有3批、9人次赴日本拍摄制作节目。记者劳有林等一行3人,于2月9—13日,赴日采访"室内田径运动会"。记者郭大康等一行3人,随上海市友好访问团于4月26日—5月3日,赴横滨采访拍片。记者秦海等一行3人,于11月24—28日赴大阪采访"女子大学生马拉松"。同年,上海电视二台同日本、苏联有关方面合作,分别举办日语、俄语教学节目3次,节目时间达60多小时。在业余日语演讲赛电视决赛会上,上海市市长朱镕基委托副市长谢丽娟给优胜者颁发上海市市长奖。

1993年初,上海电视台和东方电视台各派摄制组,分别去日本、韩国、朝鲜等地,为5月在上海举行的首届东亚运动会做前期采访。同年,东方电视台还数次派记者赴美国转播体育赛事和文艺活动：2月1日,转播第二十七届美国橄榄球超霸杯赛;3月30日,转播美国第六十五届奥斯卡颁奖活动,这是中国(除港、澳、台地区)电视媒体第一次购买这项活动的电视版权;11月7日,转播世界重量级拳击双冠王卫冕战。

1994年3月5日,东方电视台推出综艺杂志型栏目《东方明珠之夜——飞越太平洋》,该栏目集中国和世界各地的城市建设、餐饮美食、综合文艺等内容于一体,由两位主持人分别在上海和洛杉矶串联主持。这是东方电视台首创的中外合作电视栏目。

1995年,上海电视台《上海人在东京》电视剧摄制组,到东京进行40天拍摄。

1996年7月下旬,上海电视台海外中心由编导章焜华带领的摄制组,赴日拍摄纪录片《魂归何处》。该片播出后,在上海电视节节目评选中获"评委会特别奖"。同年,上海电视台体育报道组赴美国亚特兰大报道第二十六届奥运会。东方电视台《飞越太平洋》摄制组两次赴日本,拍摄"东行漫记"教育篇、旅游篇等专题节目。

1997年7月2日,为反映海外华人欢庆香港回归祖国的活动盛况,东方电视台派出摄制组赴美国洛杉矶,摄录由东方电视台、中央电视台和中国对外演出公司联合主办的《为中国喝彩——中国之夜好莱坞大型焰火音乐歌舞晚会》,并通过卫星传回北京和上海,向全球播出。9月26日,上海电视台与日本广播协会(NHK)大阪电视台合作,在上海体育馆联合举办"上海交响——上海电视台、NHK大阪友好合作10周年演唱会"。上海市副市长龚学平为演唱会题词：沧海架彩虹,电视传友谊。演唱会实况由卫星转播。

1998年1月、4月,上海电视台《走进非洲》专题节目摄制组一行14人,分两批赴非洲采访拍摄,先后到达毛里求斯、坦桑尼亚、肯尼亚、津巴布韦、南非、埃及、喀麦隆、科特迪瓦、摩洛哥9个国家,采访坦桑尼亚前总统尼雷尔等多名政要和专家、名人以及中国援非项目的负责人,拍摄大量反映非洲发展、民俗风情和体现中非友谊的资料,受到这些国家政府和人民的欢迎,也受到中国驻上述国家大使馆的赞扬。12月14日,由东方电视台、中央电视台和日本广播协会(NHK)联合举办的"'99亚洲歌坛之梦——上海新年演唱会",在上海广电大厦演播厅举行,来自中国、日本、印度尼西亚、新加坡、韩国、泰国和中国香港、台湾地区的41名歌手,同台演唱以"亚洲是一家"为主题的最新流行歌曲。这台节目翌年元旦通过卫星向亚洲国家和地区播出。

2000年2月20日,上海电视台和中央电视台国际频道在上海大剧院、澳大利亚悉尼歌剧院同时举办《上海·悉尼——2000年的跨越》经典盛演卫星双向传送特别音乐会。这台音乐会,由泛美2号通信卫星传送,跨越南北半球,将上海大剧院和悉尼歌剧院演出的节目通过电视机荧屏同时奉献给中澳两国观众。8月23日,由东方电视台和中央电视台联合主办的《为中国喝彩——英国伦敦泰晤士河之夜音乐歌舞晚会》,在英国伦敦千禧宫举行,中国艺术家刘欢、杨丽萍、廖昌永、朱哲琴等与英国艺术家同台演出。摄制的歌舞晚会节目通过中央电视台和东方电视台向全球播出。

2001年1月1日,上海电视台与中央电视台、东方明珠广播电视塔公司、加拿大多伦多电视塔联合举办"跨越太平洋——东方明珠塔·多伦多塔新世纪对话",两塔缔结为"21世纪友好塔"。这次电视对话采用同步翻译,由中央电视台第四套、第九套节目播出节目录像。5月,文广集团在法国香榭丽舍大剧院与上海大剧院之间成功举办"上海—巴黎音乐会"。同年,为配合亚太经济合作组织(APEC)会议在上海召开,东方电视台派出5个摄制组,分别赴13个国家拍摄有关APEC的专题片。

2002年5—6月,传媒集团体育频道组团赴韩国和日本报道2002年世界杯足球赛。9—10月,传媒集团体育频道报道组赴韩国报道第十四届亚运会。10月,传媒集团新闻综合频道派出报道组赴墨西哥,报道 APEC 国家首脑会议。11 月,传媒集团派出联合报道组,在摩纳哥实况报道中国上海申办 2010 年世界博览会举办权的投票过程。报道组采用记者在现场和演播室连线的方式,并且在电视屏幕上开出 3 个"对话框",实况报道上海获得 2010 年世界博览会举办权的最新消息。

2004 年 3 月 18 日,传媒集团与劳伦斯世界体育学会合作,在上海大剧院承办首届"中国十佳劳伦斯冠军奖颁奖典礼"。劳伦斯世界体育学会成员科马内奇、穆塔瓦克尔等贵宾受邀专程来上海参加活动。4 月 7 日,由中共中央编译局、中共上海市委宣传部、传媒集团联合组织的大型理论电视片《创新》摄制组,在古巴首都哈瓦那革命宫采访菲德尔·卡斯特罗主席。记者褚嘉骅、袁鸣等对卡斯特罗采访拍摄长达 4 个小时,采访结束时,褚嘉骅代表中方向卡斯特罗赠送中共中央编译局出版的西班牙文版《共产党宣言》。5 月 1 日,东方卫视在每晚 19:00 的《环球新闻站》节目中,播出 7 集特别报道《古巴零距离》。8—9 月,传媒集团总裁助理张大钟率体育频道 20 人报道组赴希腊雅典采访第二十八届奥运会。

2005 年,传媒集团根据国家广电总局和市政府外事办、市政府新闻办的要求,为国外媒体在上海进行新闻直播和录制节目提供协作。先后协助英国广播公司(BBC)、澳大利亚七网络公司、美国全国广播公司(NBC)以及日本关西电视台等海外媒体,在上海制作新闻直播节目和转播音乐会节目,这些协作都受到境外同行以及中国驻外使领馆的好评。

2005 年,为纪念中国人民抗日战争暨世界反法西斯战争胜利 60 周年,东方卫视与韩国文化广播公司(MBC)联合制作《共筑和平》特别节目,分别在上海和韩国首都首尔播出,受到两国观众的好评。

同年 9 月中、下旬,传媒集团组织近 300 名文艺工作者和电视节目编导人员,赴日本爱知世博会参加"上海周"演出活动。节目录制组运用数字高清电视系统对演出进行电视实况转播,日本东京广播公司在其微波和卫星全国频道上播出这套实况转播的录像。日本媒体称:"在日本主流电视媒体中播出中国自己编导、制作的宣传上海、宣传中国内容的节目,这是第一次。"

2006 年是上海广播电视系统与日本广播协会(NHK)大阪台缔结友好合作关系 20 周年,双方合作举办"上海—大阪文化饮食节"交流活动。9—10 月,在上海拍摄反映上海文化饮食题材的纪念节目,日方以系列节目形式,在黄金时间播出。传媒集团日语编辑严相莉应邀赴日本 NHK 参与节目制作和播出,她用日语介绍上海,受到日本媒体和观众的关注。

2008 年,为配合上海世博会宣传,传媒集团先后派出 10 批团组分赴海外拍摄、采访和版权洽谈。由传媒集团和上海世博会事务协调局(以下简称"上海世博局")共同投资、联合制作的世博系列专题片《百年世博梦》,其摄制组先后抵达美国、英国、法国、俄罗斯、日本等国,采摄版权资料样带 1 200 分钟。由这些资料制作的专题片,不仅在国内电视荧屏上首次播出,有的还填补了上海乃至中国广播电视节目资料库藏的空白。

2009 年 5 月 1 日,传媒集团配合日本广播协会(NHK)大阪放送局在上海港汇广场举办"上海世博会倒计时一周年特别节目",该节目受到上海世博局的高度重视与支持,并为上海世博会在日本关西地区的推介做出了努力。7 月 22 日,传媒集团电视新闻中心与日本 NHK 电视台合作,全程跟踪拍摄天文奇观"日食",并运用日本 NHK 电视台在太平洋直播船上的高清卫星电视信号,摄制编辑了许多精彩画面,"日食"节目播出时,这些高清影像成为节目的亮点。

2010 年,上海广播电视台艺术人文频道在世博会开幕倒计时 30 天之际,与海外媒体合作,共同举办"拥抱世界——世博会倒计时 30 天外滩国际音乐盛典"。该音乐盛典由上海主会场和美国、巴西、印度、奥地利、埃及五大分会场共同组成,北美麒麟电视、加拿大城市电视、新加坡新传媒 U 频道、马来西亚 DETV 等购买播出权,日本电视台(NTV)、日本广播协会(NHK)、读卖电视台等境外媒体对此进行专题报道。4 月,上海广播电视台外语频道与美国迪士尼 ABC 公司联合制作的《冲刺! 中国》节目,由于融合了诸多中国元素,并以海外观众喜闻乐见的节目形式呈现,在上海世博会期间推出后,积聚了大量的人气,为介绍和推广中国文化与旅游资源做出了贡献。

同年,上海广播电视台联合上海世博局,与英国著名版权公司 FREMANTLE MEDIA 合作,共同推出《欢聚世博年·中国达人秀》。《中国达人秀》播出后不断刷新上海电视节目收视率的纪录。中宣部和国家广电总局对《中国达人秀》都给予高度评价。中宣部赞扬该节目:"弘扬真善美,受到广大观众的欢迎。"国家广电总局点评《中国达人秀》:"表现的是个人通过奋斗来改变命运,倡导的是积极向上的生活理念,代表着中国主流文化和主流价值观。"

第三节　工程技术援外及技术交流

一、工程技术援外(含劳务输出等)

1975—1997 年,上海广播电视系统承担国家下达的对外经济援助任务(含劳务输出),派出技术人员赴外进行考察、施工、培训等,涉及项目有:赞比亚、叙利亚、贝宁、摩洛哥、科摩罗、加纳、乍得、扎伊尔、阿尔及利亚 9 个国家的各类宾馆、厅堂以及各种大型体育场、馆内的扩声、译音、即席发言、闭路电视系统等工程,以及塞西舌尔有线电视线路架设。这些援外工程全部评为优质工程,其中科摩罗人民大厦工程获得国家经贸部的全优奖。在为叙利亚、贝宁、摩洛哥、科摩罗等国援建过程中,上海广电系统的技术专家还向当地人员进行扩声设备系统的讲学培训,使之掌握操作、维修技术。

赞比亚党部大楼　该工程是赞比亚政府和民族独立党总部的办公大楼。工程项目设施中,包括有 8 种语言的同声传译、即席发言、电子显示屏幕、扩声和彩色闭路电视系统等设备。1975 年 7 月—1990 年 11 月,按施工进度要求,先后派专业技术人员周志孝、董剑鸣、曲磊前往考察、设计、设备订货和配合土建施工等。

叙利亚体育馆工程　该体育馆除做体育活动外,还可用于会议和文艺演出,并具有训练场等设施。1979 年 6 月—1983 年 5 月,上海广播电视系统先后派技术人员许可真、蒯本山前往参加扩声设备的施工、安装、调试并且两次培训当地学员。

贝宁体育中心工程　该体育中心包括体育场、体育馆、游泳馆及辅助训练场地等。1981 年 12 月—1984 年 2 月,派技术人员董剑鸣前往贝宁参加扩声设备的施工、安装、调试和培训当地学员。

摩洛哥体育中心工程　该体育中心包括体育场、体育馆、运动员宿舍大楼以及室内外训练场地等。1983 年 2 月—1986 年 2 月,先后派技术人员乐人杰、曲磊前往参加该工程项目扩声设备的施工、安装、调试、测量和培训当地学员。

科摩罗人民大厦工程　该工程有国际会议厅、演出厅、宴会厅,有 5 种语言的同声传译、即席发言和扩声系统等设备。1980 年 4—12 月,派技术人员蒯本山赴科考察。1984 年 5 月—1985 年 6 月,先后派周志孝、许可真、蒯本山、乐人杰、孙宇俊等技术人员前往科摩罗参加人民大厦扩声工程的设计、安装、调试、测量和培训当地学员。1991 年 3 月—1992 年 5 月,先后派乐人杰、蒯本山前往考察和维修设备。

加纳国家剧场工程　该剧场为一个多功能剧场。从 1990 年 8 月开始,派技术人员董剑鸣前往配合该工程管道施工。1993 年 1 月又派技术人员曲磊参加该工程的广播、扩声系统及设备的安装调试工作。

乍得人民宫工程 该工程有国际会议厅、会堂、宴会厅及小会议厅等。1990 年 8 月—1993 年 2 月,先后 3 次派许可真、乐人杰、周丛林、程初明等技术人员前往承担该工程的广播扩声和译音系统的设备安装调试、管道配合以及现场修改图纸。该工程获得乍得总统颁发的国家荣誉证书。

扎伊尔体育场工程 1992 年 6 月—1993 年 5 月,派技术人员蒯本山前往配合施工、设备安装调试及声场测试。

赞比亚国家广播公司 1996 年 5 月 16 日,市广电局技术中心(以下简称“技术中心”)蒋泽汉、邹元祥等 7 人完成援助赞比亚卢萨卡国家广播公司的两台 100 千瓦短波广播发射机及天馈线系统的改扩建工程,得到赞比亚国家领导人的高度评价,并受到广电部和外经贸部的表扬。

塞西舌尔有线电视线路架设 1997 年,市广电局技术中心在上海市外经公司牵头和指导下,与 ZAK SONS 公司签约,承建印度洋上著名旅游岛国塞西舌尔的有线电视线路架设工程。这是技术中心首次组队劳务输出。

二、技术交流(含培训、考察等)

技术交流 1985 年 5 月 13—17 日,美国 YOWA 大学名誉教授特曼来上海电台进行技术交流,内容有:音频处理器的发展、播音室设计的新概念、如何保存老节目、光盘录音等,有 25 位中外工程技术人员参加交流。同年 11 月 14、15 日,日本小谷电机奥太利公司一行 4 人,在上海电台举行 MTR‐20、BTR‐5 两类新型录音机技术交流会,中央电台等 6 家广播电台 46 位工程技术人员参加听课。1986 年 10 月 5—21 日,日本 KOWA 公司 3 位工程师来上海电台安装调试 AF‐100 音频文件化设备系统,并进行技术讲课。11 月,日中通信广播技术合作代表团在上海进行两天技术交流,市广电局派技术人员参加。同年,日本广播协会(NHK)技术研究所专家泽道荣一来沪讲述广播电视科研管理。

1988 年 8 月,应上海电台邀请,荷兰广播电台派来两位技术专家讲解古典音乐、流行歌曲、交响乐、民族音乐、室内乐和独奏独唱等各类音乐节目的录制技术。从 1988 年开始,每届上海电视节都举办国际广播电视设备展览会和技术交流会。每年在北京举行的国际广播电视设备展览会、技术交流会以及在杭州举行的国际有线电视技术研讨会,市广电局都派员参加交流。

1989 年,日本广播协会(NHK)两次来沪举办技术交流活动。5 月 15—19 日,在上海电视台礼堂举行“高清晰度电视技术交流展示会”。日方 NHK、松下、索尼等公司的 7 位技术专家,向上海电视、电影、科技、教育界的专家和工程师做高清晰度电视技术学术报告。5 月 29 日—6 月 4 日举行的“全固体化无线电多频率广播设备制作技术介绍”,NHK 广岛放送局技术部副部长杉田忠雄作主讲,并与上海市广播科学研究所的科技人员进行交流。

培训、考察 1979—1984 年,市广播局派王忻济等 6 位技术人员分 3 批赴联邦德国艾伯特基金会,接受广播和电视技术培训。1981 年,上海电视台吴安甫率团赴日本索尼公司,学习摄录像设备的维修技术,为期 40 天。1986 年,上海电视台与日本池上通信机株式会社合作成立池上摄像机上海维修站,上海电视台派 3 人分别于 1986 年 11 月 16—30 日、1990 年 6 月 3—16 日赴日,接受新机型摄像机维修培训。

1994 年,以市广电局副局长金国祥为团长的上海广播电视技术考察团一行 3 人,于 3 月 20

日—4月6日先后访问美国拉斯维加斯等地,并参加世界最大的广播电视设备展览会——美国1994年NAB大会。

1995年,市广电局技术中心派遣21批42人赴7个国家和地区进行技术考察和培训。4月21日,技术中心首次使用DDN数字传送手段,为东方电视台和日本广播协会(NHK)合作的"亚洲歌坛"电视立体声伴音取得成功。1996年,技术中心共派出16批32人,分别到美国、日本、奥地利、英国、荷兰、新加坡等国参观广播电视大型设备展览会,参加专业会议、技术培训和交流。同年,技术中心派遣8人,随上海电视台和东方电视台组团赴美国、日本、新加坡等国和中国台湾地区拍片与转播,为摄制组提供技术保障。

1997年,上海广播电视系统有19批、53人次的技术骨干和技术管理干部参加境外各类技术培训、技术交流、考察和专业会议。

涉外协作 1998年11月4—16日,第三十五届亚广联大会及其相关会议在上海召开,来自亚太地区的100多家广播电视机构汇聚一堂,共商21世纪广播电视的发展。市广电局技术中心参与亚广联会议的技术保障和相关工作,并与有关部门一起,开发设计大会专用软件,建立大会数据库,制作第三十五届亚广联大会互联网页和会场局域网等,并完成在东方电视台演播厅举行的亚广联颁奖晚会的技术保障工作,获得亚广联的称赞和国家广电总局通令嘉奖。

1999年9月,在《财富》论坛年会技术保障中,技术中心卫星地球站提供卫星通道8路,为28家国内外新闻机构传送信号2940分钟,并首次动用便携式卫星上行设备为美国有线新闻网(CNN)传送节目。2000年2月,技术中心卫星地球站首次采用卫星双向通信技术,把上海大剧院的交响乐演奏与悉尼歌剧院的交响乐演奏进行双向传送且获得成功,这一技术成果得到国家广电总局嘉奖。同年8月16—26日,市文广局技术中心派4人随东方电视台前往英国录制《为中国喝彩》大型文艺节目。

2001年5月,文广集团与法国主流媒体共同组织大型文化艺术交流活动"上海—巴黎音乐会"。音乐会采取上海、巴黎两地通过卫星双向传送共演一台节目。文广集团技术中心卫星地球站突破ISDN技术传送电视节目声音的技术障碍,解决了上海、巴黎两地之间卫星跨洋双向传送信号延迟的技术难题。

2003年2月26日—3月26日,对美伊战争做新闻报道期间,文广集团技术中心卫星地球站与前方中外技术人员紧密配合,先后8次实现卡塔尔半岛电视台与传媒集团电视新闻中心的卫星信号传送和连线播出。

2003年,技术中心由文广集团划归传媒集团管理,2004年改称技术运营中心。2005年1月,技术运营中心卫星地球站为日本广播协会(NHK)关西电视台、英国路透社、欧洲广播联盟(EBU)等国外媒体现场直播的《2005年台湾海峡两岸春节包机》特别节目提供卫星信号传送取得成功。

2006年,传媒集团技术运营中心采取多种手段加大对新媒体技术的跟踪、研发和应用,加强与境外多媒体公司紧密合作,为新媒体节目的播出提供高科技手段和平台。与此同时,技术运营中心完成数字数据广播(DDB)研发和播出平台的建设,制定了交通诱导数据格式,实现视频、音频及数据服务的同步播出。

2010年5月1日,由上海世博局委托上海广播电视台技术运营中心承建的中国2010年上海世博会国际广播电视中心系统(IBC)正式运营。同时,技术运营中心与境内外多媒体技术公司紧密合作,组织实施并完成网络新闻台等16个广播电视技术系统和新媒体系统的升级改造任务,攻克新闻共享与网台制作互联互通、网台视频直播等技术难题,打造了三屏幕、三通道、全方位的网络新闻技术系统,使上海广播电视进入数字传媒新时代。

第四节　新媒体节目交流与合作

　　进入 21 世纪,上海广播电视系统在构建传输快捷、覆盖广泛的广播电视传播体系的同时,重视数字网络新媒体建设,助推系统内新媒体单位与境外同业之间的合作与交流,大力挖掘新媒体在文化传播、技术创新和经济创收等方面的潜能。2004—2010 年,上海广播电视系统新媒体产业对外交流与合作,呈现高速发展态势且取得喜人的成就。

　　2004 年 12 月 2 日,上海文广互动电视有限公司(以下简称"文广互动")与法国时尚电视频道签订合作协议,法国时尚电视频道每晚独家提供最新节目,在互动电视付费频道"生活时尚"中播出。此外,文广互动积极推进合作发展战略,加强与境外同业之间的合作和交流,这一年,先后举办了"首届新媒体论坛"和"世界电视日"等活动。

　　2005 年,传媒集团获得国家广电总局颁发的国内第一家 IPTV 集成运营牌照,为广播电视系统新媒体实现电视、电信、计算机"三网融合"奠定业务基础。6 月 14 日,传媒集团和英特尔公司在北京签署合作备忘录,双方联手把上海广播电视节目内容通过英特尔数字家庭平台技术系统提供给消费者。这是国际信息技术业领军企业首次与国内广电媒体在数字技术和服务上的合作。同年,上海东方宽频传播有限公司(以下简称"东方宽频")建立的 DRM 数字版权管理系统,通过 Windows Media Player 10 的"在线商店"认证,成为大中华地区首家被认证的数字版权管理系统。东方宽频通过微软流媒体门户推出的 4 路中文网络电台,成功进入拥有 2 亿用户的全球门户——中文网络电台。公司还与英特尔等国际信息企业密切合作,推动"数字家庭计划"在中国的实施。

　　2006 年 1 月 26 日,东方宽频在上视大厦与瑞士盈方传媒签署德国世界杯足球赛的新媒体转播权合同,该项转播权益包括手机和网络两大类,可以在手机和网络上播放每场比赛不超过 4 分钟的视频实况或精彩集锦。这是上海广播电视系统新媒体首次从国际足联和盈方传媒购得德国世界杯中国地区独家宽带和无线版权。东方宽频运用这一资源,通过在节目、技术、市场、法律等方面的努力,推出众多新节目,用户数连创新高,访问量突破 1 000 万。同年 4 月 17 日,东方宽频与美国在线(AOL)和 Mediazone 宣布,东方宽频携手美国在线(AOL)、Mediazone,通过网络宽频技术向全球华人提供中文电视。

　　2006 年,上海东方龙新媒体有限公司(以下简称"东方龙")大力推进手机电视产业发展,将增值业务和传统广播电视节目相结合,实现产品形式的多样化,他们配合传媒集团《舞林大会》等重点节目的播出,向新加坡电信等海外运营商提供节目输出,开拓了 WAP 的广告资源,取得较好的市场效果。

　　2007 年,东方宽频继续构筑对外交流合作平台,先后联手微软 MSN 中文网、《人民日报》人民网等海内外同业,合作建设 MSN 视频频道和人民宽频,向网民提供内容丰富、更新及时、短小精悍、互动性强的网络视频节目。同年,东方宽频与新浪、搜狐、腾讯等门户网站进行内容嵌入式合作,与运营商、门户网站、视频网站建立紧密的商业合作,形成了视频购物、游戏资讯、线下活动等新的营收点。东方宽频品牌成功地在全球最大视频共享网站 You Tube 设立专区频道。

　　2007 年 7 月 5 日,东方龙推出的全球首个手机电视直播频道——"第五媒体"在中国移动和中国联通的手机电视平台上开播,"第五媒体"是为手机用户专门设计和制作的新闻资讯频道,能够最大限度地满足手机用户和移动人群的需求。东方龙自制手机电视节目内容先后输出到文莱移动运营商 B-Mobile 的 3G 平台、新加坡电信、西班牙 Arena Mobile、亚洲网商等客户。

2008年4月1日,文广互动与美国职业篮球协会(NBA)合作,推出日播类NBA新闻节目《NBA劲爆场之每日新闻》。4月10日,传媒集团与英特尔公司联合宣布,在新媒体宽频网络电视领域展开全面深度合作,英特尔公司为传媒集团宽频网络电视业务的发展提供资金、技术、产品研发等支持,并投资1200万美元,共同打造更安全、更便捷、更时尚的网络电视播出平台。同年,东方宽频在原有合作基础上,进一步拓展网络外宣,与全球最大的视频搜索引擎之一Truveo合作开通Truveo东方宽频专区,与AOL、MediaZone等网站建立全新合作关系,与RayV合作建立P2P直播平台和客户端,公司的这些举措吸引了150万美元投资。

2009年10月19日,百视通网络电视技术发展有限公司(以下简称"百视通")在上海召开新闻发布会,宣布与美国职业篮球协会(NBA)启动战略合作业务,为新媒体用户打造更多、更全的NBA赛事节目,提供更便捷的收看平台。同年,上海幻维数码创意有限公司与英国、丹麦、韩国等国家和中国台湾地区建立了长期的服务外包业务,成为上海市首批40家服务外包重点企业中唯一一家文化类企业。

2010年,百视通与法国电信Orange在上海宣布启动"三屏融合"战略合作,双方在"三屏融合"的技术开发、新媒体投资与中国2010上海世博会传播方面展开紧密合作。

第五节　上海电视节

改革开放后,上海先后与世界上10多个国家的著名工业城市结为友好城市,上海广播电视系统与这些国家电视同行的合作交流也不断增多。为了让上海了解世界,让世界了解上海,经上海市人民代表大会常务委员会批准,上海市广播电视局在上海市人民政府外事办公室等单位的协助下,于1986年12月10—16日举办了上海国际友好城市电视节。

为筹办好上海国际友好城市电视节,上海成立了电视节组织委员会,副市长刘振元任组委会主任,市委宣传部副部长龚心瀚、市外事办副主任俞彭年、市广电局局长龚学平为副主任,副局长刘冰为秘书长。并组建电视节办公室,进行电视节(包括向全国开展征求电视节会标、会旗、会歌活动)的各项组织工作。

上海国际友好城市电视节期间,16个国家18个城市的23家电视台、制片公司以及国内各电视台的代表近400人参加了这一国际电视界的盛会。电视节组织方以节目交换形式,获得了参加国的电视剧17集、文化专题片16部、风光专题片25部的播映权,并由上海电视台播放。采用国际电视节的形式进行国际交流和合作,这在中国内地还是第一次。广电部部长艾知生说:"上海国际友好城市电视节的举办,是一个良好的开端,是中国电视史上的一个创举。"

在首届上海国际友好城市电视节举办成功的基础上,市广电局决定扩大参加国家范围,活动内容按国际电视节惯例设置,每两年举办一届,定名为上海电视节。

从1988年第二届上海电视节起,电视节办公室就作为常设机构设立,电视节的会标、会旗的评选也于同年3月揭晓。会歌确定为已被群众广为传唱的首届电视节副歌《歌声与微笑》。这一届上海电视节开展了以上海市市花白玉兰命名的"白玉兰奖"国际电视节目评选活动,这是中国内地第一个国际性电视节目评奖。与此同时,国际电视节目交易、广播电视设备展览会也拉开帷幕。10多个国家和地区以及中国各省、自治区、直辖市近500部(3000小时)电视节目,作为商品第一次在中国内地流通。

1990年,第三届上海电视节举办时,中共中央总书记江泽民为电视节亲笔题词:友谊的彩带,合作的桥梁。中共中央政治局常委李瑞环也向电视节发来贺信。上海电视节新增设的国际电视学术交流会,先后举行了9场讲座,与会者包括上海影视界、新闻界、理论界、戏剧界、出版界等人士,总数近1000人次。

1996年,上海电视节经过10年的发展、沿革,逐步形成由节目展播与评奖、国际影视节目市场、国际广播电视设备市场、学术研讨会4项主体活动组成的模式。当年举行的第六届上海电视节,完美地展现了这一成熟模式。

2004年,为适应上海广播电视系统日益增长的对外交流合作需要,市文广局做出决定,上海电视节由每两年举办一届改为每年举办一届。是年举行的第十届上海电视节,作为重头戏的国际影视节目市场,协议交易总额突破9.2亿元人民币,成交电视节目总数6997部,共16.2万多集。上海电视节影视作品交易功能的强势凸显,显示了上海正成为中国乃至亚洲最重要的影视节目交易中心之一。

2007年举行的第十三届上海电视节,国际影视节目市场展除中国中央电视台、中视传媒等一批国内知名影视机构的电视剧作品参展外,美国、韩国、日本等国家和地区的电影电视机构也纷纷设展,国外电视作品参展量占参展总量的40%。在国际影视节目市场中,新媒体节目交易(含意向交易)2054.6万元,占节目市场交易总量的2.9%。

2008年举行的第十四届上海电视节,推出"聚焦动漫谷动画项目创投""真实中国·导演计划""首届大学生电视节"等创新活动。这届电视节的亮点是中国电视剧《金婚》夺得最佳电视剧银奖、最佳男、女主演奖以及最佳导演奖4项大奖,创下了白玉兰奖设立以来国产电视剧获奖之最。此外,电视节还特设"四川汶川地震赈灾专场",凸显上海广电媒体的社会责任。

2010年6月7—11日举行的第十六届上海电视节,其主体活动包括中外电视节目展播与白玉兰奖国际电视节目评选、国际影视节目市场、新媒体与广播影视设备市场及"白玉兰"国际电视论坛。此外,还有"电视电影创意大赛""上海大学生电视节"等特设的创投活动。

这一届电视节,从报名的上千部中外作品中精选出15部电视电影、12部电视连续剧、24部纪录片和15部动画片入围白玉兰奖各奖项,规模和水平均超过以往15届。通过评选,中国电视剧《人间正道是沧桑》获得电视连续剧金奖;中国导演张黎获得最佳导演奖;中国男演员黄志忠、女演员柏寒分别获得最佳男、女演员奖;以色列纪录片《谷歌宝宝》获得最佳社会类纪录片金奖;中国纪录片《敖鲁古雅·敖鲁古雅》获得最佳自然类纪录片金奖。

第十六届电视节影视节目市场,除传统影视公司参展外,视频网络等新媒体公司也积极参与,土豆网、优酷网等都设有电视剧展位。其中,土豆网展位规模仅次于文广集团,该网参加上海电视节的作品是自制的12集网络剧《欢迎爱光临》。这些现象,从一个侧面反映了新媒体与传统影视媒体正在相互融合。

表8-2-1 1986—2010年上海电视节历届情况表

届 次	举 办 日 期	主 体 活 动	备 注
第一届	1986年12月10—16日	节目展播、节目交换等	原名:上海国际友好城市电视节
第二届	1988年10月22—29日	节目展播并推出以上海市花白玉兰命名的"白玉兰奖"国际电视节目评选活动	改名为:上海电视节;设电视节目交易市场,10多个国家和地区以及中国各省、市的近500部(3000小时)电视节目,作为商品第一次在中国境内流通

(续表一)

届　次	举办日期	主体活动	备　注
第三届	1990 年 11 月 10—15 日	节目展播、白玉兰国际电视节目评奖、国际广播电视节目交易市场和国际广播电视设备展览会,新增国际电视学术交流会	—
第四届	1992 年 11 月 7—12 日	节目展播、白玉兰国际电视节目评奖、国际电视节目交易会、国际电视学术交流会、国际广播电视设备展览会、开幕式文艺晚会、名特优新商品博览会、国际影视明星电影作品展、祝贺文艺专场演出、白玉兰奖颁奖典礼暨闭幕式等	—
第五届	1994 年 11 月 12—17 日	节目展播、白玉兰国际电视节目评奖等	—
第六届	1996 年 11 月 9—14 日	形成由节目展播、白玉兰节目评奖、节目市场、设备市场、学术研讨会等活动组成的固定模式	首次将原来的中外来宾分散报到改为运用计算机技术实行集中注册报到,提高了工作效率
第七届	1998 年 11 月 7—12 日	节目展播、白玉兰节目评奖、节目市场、设备市场、学术研讨会	—
第八届	2000 年 10 月 24—29 日	节目展播、白玉兰节目评奖、节目市场、设备市场、学术研讨会	—
第九届	2002 年 6 月 9—13 日	节目展播、白玉兰节目评奖、节目市场、设备市场、学术研讨会	—
第十届	2004 年 6 月 6—9 日	节目展播、白玉兰节目评奖、节目市场、设备市场、学术研讨会	上海电视节由每两年举办一届改为每年举办一届。国际影视节目市场协议交易总额突破 9.2 亿元人民币
第十一届	2005 年 6 月 11—15 日	节目展播、白玉兰节目评奖、节目市场、设备市场、学术研讨会	—
第十二届	2006 年 6 月 17—21 日	节目展播、白玉兰节目评奖、节目市场、设备市场、学术研讨会	—
第十三届	2007 年 6 月 11—15 日	节目展播、白玉兰节目评奖、节目市场、设备市场、学术研讨会	—
第十四届	2008 年 6 月 9—13 日	节目展播、白玉兰节目评奖、节目市场、设备市场、学术研讨会以及创投等	中国电视剧《金婚》夺得最佳电视剧银奖、最佳男、女主演奖以及最佳导演奖 4 项大奖,创下白玉兰奖设立以来国产电视剧获奖之最。特设"四川汶川地震赈灾专场",凸显中国电视媒体的社会责任
第十五届	2009 年 6 月 8—12 日	节目展播、白玉兰节目评奖、节目市场、设备市场、学术研讨会以及创投等	国际影视节目市场总面积为 14 000 平方米,与上届相比扩大 20%

（续表二）

届　次	举办日期	主　体　活　动	备　注
第十六届	2010 年 6 月 7—11 日	节目展播、白玉兰节目评奖、节目市场、设备市场、学术研讨会以及创投等	影视节目市场除传统影视公司参展外，新媒体视频网络公司也积极参与，土豆网、优酷网等都设有电视剧展位

说明：此表根据历年《中国广播电视年鉴》《上海文化年鉴》以及《上海广播电视志》等资料综合整理。

表 8 - 2 - 2　1988—2010 年上海电视节历届获奖作品情况表

届次	奖项	获 奖 种 类	获 奖 片(人)名	国家/地区
第二届	白玉兰奖	最佳故事片	《监护》	澳大利亚
		最佳纪录片	《五平太流转》	日本
		最佳男主角	克里斯托弗·沃肯《战区目击者》	联邦德国
		最佳女主角	安盖丽娜·斯婕潘诺娃《请记住我》	苏联
	上海城市奖	故事片	《来自北国》	日本
			《十八岁的男子汉》	中国
			《法律》	美国
		纪录片	《摩梭人》	中国
			《小鸭子的故事》	日本
			《自行车王国》	中国
第三届	白玉兰奖	最佳故事片	《多叶之秋》	法国
		最佳纪录片	《巴卡：丛林中的人们》	美国
		最佳男主角	詹姆斯·伍兹《我的名字叫比尔》	美国
		最佳女主角	王平《结婚一年间》	中国
	上海城市奖	故事片	《信念的跳跃》	美国
			《心非石》	苏联
		纪录片	《自由之歌》	美国
		评委奖	《巴人》	中国
第四届	白玉兰奖	最佳电视剧	《秋天的太阳》	法国
		最佳男主角	间宽平《新王将》	日本
		最佳女主角	艾丝特·娜琪卡洛希《安娜·爱德丝》	匈牙利
		最佳纪录片	《父亲从战场上的来信》	日本
		最佳纪录短片	《十字街头》	中国
		最佳纪录片摄影	《这里有恐龙》	英国
		电视剧评委会特别奖	《路奇的天堂》	瑞典
		纪录片评委会特别奖	《汽车联想》	英国

(续表一)

届次	奖项	获 奖 种 类	获奖片(人)名	国家/地区
第五届	白玉兰奖	最佳电视剧	《暴力——最后的手段》	德国
		最佳导演	通口昌弘《雪》	日本
		最佳男主角	孙敏《赤日炎炎》	中国
		最佳女主角	英格立・亭科瓦《仁慈天使》	斯洛伐克
		最佳纪录片	《连体婴儿》	英国
		最佳纪录片摄影	金谷光雄《大脑与思维》	日本
		最佳短纪录片	《茅岩河船夫》	中国
		电视剧评委会特别奖	《小仓日记》	日本
第六届	白玉兰奖	最佳电视剧	《锦鲤鱼》	日本
		最佳导演	吴天戈《像春天一样》	中国
		最佳男主角	王志文《像春天一样》	中国
		最佳女主角	卡特琳・雅各布《跳支曼波舞吧》	法国
		最佳男配角	埃里克・拉塞尔《急诊室》	美国
		最佳女配角	郑爱兰《时间的灰烬》	韩国
		最佳纪录片	《明天会更好》	日本
		最佳纪录片摄影	《布列塔尼人和风暴》	法国
		最佳短纪录片	《妈妈不在的冬天》	中国
		电视剧评委会特别奖	《时间的灰烬》	韩国
		纪录片评委会特别奖	《魂归何处》	中国
第七届	白玉兰奖	最佳电视剧	《失落的孩子》	德国
		最佳导演	马蒂・盖斯乔纳克《通往黑暗的旅行》	德国
		最佳男主角	克里斯朵夫・埃勃斯洛《失落的孩子》	德国
		最佳女主角	萨日娜《午夜有轨电车》	中国
		最佳编剧	克劳斯-彼得・沃尔夫《失落的孩子》	德国
		最佳技术	《国王之路》	法国
		最佳人文类纪录片	《第三个清晨》	日本
		最佳人文类纪录片创意	《为爱而去……马上回来》	以色列
		最佳人文类纪录片摄影	《织毯》	伊朗
		最佳自然类纪录片	《大白熊的王国》	英国
		最佳自然类纪录片创意	《最后的原始森林》	波兰
		最佳自然类纪录片摄影	《最后的原始森林》	波兰
		电视剧评委会特别奖	《真情难舍》	中国

（续表二）

届次	奖项	获 奖 种 类	获奖片(人)名	国家/地区
第七届	白玉兰奖	纪录片评委会特别奖	《战争还没有结束》	意大利
			《神鹿呀，我们的神鹿》	中国
第八届	白玉兰奖	最佳电视剧奖	《波波小姐》	法国
		最佳导演奖	丹尼尔·艾尔弗莱德森《死亡的呼唤》	瑞典
		最佳编剧	马丁·居约《前一天》	法国
		最佳男演员奖	里诺·斑费《飞吧，嗅嗅》	意大利
		最佳女演员奖	陈瑾《相依年年》	中国
		最佳技术奖	《铁道儿童》	英国
		电视剧评委会特别奖	《阿桃》	中国
			《躁动》	以色列
		最佳人文类纪录片奖	《一个叫做家的地方》	中国
		最佳自然类纪录片奖	《北海道——人间天堂》	英国
		纪录片评委会特别奖	《随风而来》	俄罗斯
		最佳人文类纪录片创意奖	《里伯·佩拉》	以色列
		最佳自然类纪录片创意奖	《超越自然——动物感官的特异功能》	英国
		最佳人文类纪录片摄影奖	《随风而来》	俄罗斯
		最佳自然景纪录片摄影奖	《海鸟避难地》	加拿大
第九届	白玉兰奖	最佳电视剧奖	《罪人》	北爱尔兰
		最佳导演奖	艾林斯·瓦什《罪人》	北爱尔兰
		最佳男演员奖	伊藤淳史《尚未成年》	日本
		最佳女演员奖	安妮·玛莉·多夫《罪人》	北爱尔兰
		最佳编剧奖	里奇·米克利《罪人》	北爱尔兰
		最佳技术奖	《罪人》	北爱尔兰
		电视剧评委会特别奖	《冬日细语》	中国
			《尚未成年》	日本
		自然类纪录片评委会特别奖	《空中猎手》	美国
		人文类纪录片评委会特别奖	《干妈》	中国
		最佳自然类纪录片奖	《诡异自然：绝妙运动》	英国
		最佳自然类纪录片创意奖	《诡异自然：绝妙运动》	英国
		最佳自然类纪录片摄影奖	亚当·拉维奇《长牙巨兽》	美国
		最佳人文类纪录片奖	《三峡移民》	中国
		最佳人文类纪录片创意奖	《貌合神离》	以色列
		最佳人文类纪录片摄影奖	郑永志《三峡移民》	中国

（续表三）

届次	奖项	获 奖 种 类	获奖片(人)名	国家/地区
第十届	白玉兰奖	最佳电视剧	《为奴隶的母亲》	中国
		电视剧评委会大奖	《神圣的十字》	英国
		最佳导演	克里斯蒂安·培佐德《车祸》	德国
		最佳男演员	林明远《我俩没有明天》	中国台湾
		最佳女演员	林安娜特·瓦克斯曼《往返旅程》	以色列
		最佳编剧	克里斯蒂安·培佐德《车祸》	德国
		最佳技术	《路》	韩国
		最佳人文类纪录片	《精神病患者》	法国
		最佳自然类纪录片	《沙丘》	英国
		纪录片评委会大奖	《竞争》	波兰
		最佳人文类纪录片创意	《幼儿园》	中国
		最佳自然类纪录片创意	《北极熊的战场》	英国
		最佳人文类纪录片摄影	《苦行僧》	西班牙
		最佳自然类纪录片摄影	《瀑布湖地区》	奥地利
第十一届	白玉兰奖	最佳电视剧奖	《生活如歌》	韩国
		最佳导演奖	列昂·蓬普奇《无辜者的反抗——被隐藏的孩子》	意大利
		最佳男演员奖	里查德·布瑞尔斯《爸爸》	英国
		最佳女演员奖	张少华《秘密》	中国
		最佳编剧奖	卢熙京《生活如歌》	韩国
		电视剧评委会大奖	《最后的礼物》	日本
		最佳纪录片技术奖	《无辜者的反抗——被隐藏的孩子》	意大利
		最佳人文类纪录片	《检查站》	以色列
		最佳自然类纪录片	《里山——日本神秘的水世界》	日本
		纪录片评委会大奖	《船工》	中国
		最佳人文类纪录片创意	《那不勒斯之魂》	荷兰
		最佳自然类纪录片创意	《大自然——横渡死亡之河》	英国
		最佳人文类纪录片摄影	刘德东、张宁、鲁澧《船工》	中国
		最佳自然类纪录片摄影	理查德·科比《尼罗河——滚滚洪水》	英国
第十二届	白玉兰奖	最佳电视剧	《加法罗尼亚》	意大利
		最佳导演	亨利克·波洛尔《斯皮尔与希特勒》	德国
		最佳编剧	史蒂芬·比尤斯、迪尔·恩德曼《彗星》	德国
		最佳男演员	雷·温斯顿《理发师陶德》	英国
		最佳女演员	艾玛·朗《困境》	澳大利亚

（续表四）

届次	奖项	获 奖 种 类	获奖片（人）名	国家/地区
第十二届	白玉兰奖	电视剧评委会大奖	《咖啡馆女孩》	英国
		最佳社会类纪录片	《总统先生》	伊朗
		最佳历史文献类纪录片	《易北河上的佛罗伦萨》	德国
		最佳自然类纪录片	《树女皇》	英国
		最佳亚洲纪录片	《墓地俱乐部》	以色列
		纪录片评委会大奖	《大家庭》	中国
第十三届	白玉兰奖	电视剧组委会大奖	《福贵》	中国
		电视剧最佳导演	鄢颇《新结婚时代》	中国
		电视剧最佳编剧	杨健、麦家《暗算》	中国
		电视剧最佳男演员	孙红雷《半路夫妻》	中国
		电视剧最佳女演员	刘若英《新结婚时代》	中国台湾
		自然类纪录片金奖	《红蚂蚁——昆虫王子》	法国
		自然类纪录片银奖	《两极之间》	英国
		社会类纪录片金奖	《九星宾馆》	以色列
		社会类纪录片银奖	《纸包不住火》	法国
		历史文献类纪录片金奖	《戈林》	德国
		历史文献类纪录片银奖	《丛林鲁迪》	荷兰
		纪录片评委会大奖	《马戏学校》	中国
		亚洲纪录片金奖	《瓦地河上的桥》	以色列
		亚洲纪录片银奖	《闲着》	中国
		中国动画片金奖	《中华小子》	中国
		中国动画片银奖	《老呆和小呆》	中国
		海外动画片金奖	《丹麦诗人》	挪威
		海外动画片银奖	《艾米利亚——思维的文明》	意大利
		最佳中国动画片创意	《快乐驿站》	中国
		最佳中国动画形象	《西岳奇童》	中国
		电视电影评委会大奖	《我和托马斯》	英国
		电视电影金奖	《大迁移》	德国
		电视电影银奖	《法尔科内大法官》	意大利
		电视电影最佳导演	加弗朗索·阿尔巴诺《月之子》	意大利
		电视电影最佳女演员	瓦内莎·瑞德格拉夫《拾贝者》	德国
		电视电影最佳男演员	安德烈·托普《弗朗兹和波连娜》	俄罗斯
		电视电影最佳编剧	颜绯《小火车》	中国

（续表五）

届次	奖项	获奖种类	获奖片(人)名	国家/地区
第十四届	白玉兰奖	最佳电视剧金奖	《士兵突击》	中国
		最佳电视剧银奖	《金婚》	中国
		电视剧最佳导演	郑晓龙《金婚》	中国
		电视剧最佳编剧	兰晓龙《士兵突击》	中国
		电视剧最佳男演员	张国立《金婚》	中国
		电视剧最佳女演员	蒋雯丽《金婚》	中国
		最佳自然类纪录片金奖	《恒河——水之壤》	英国
		最佳自然类纪录片银奖	《薄冰上的北极熊》	德国
		最佳社会类纪录片金奖	《红跑道》	中国、德国
		最佳社会类纪录片银奖	《骑车去非洲》	意大利
		最佳历史文献类纪录片	《马寅初与人口论》	中国
		最佳亚洲纪录片	《书包里的秘密》	中国台湾
		纪录片评委会特别奖	《达所未达》	加拿大
		最佳国产动画片金奖	《大耳朵图图(第二部)》	中国
		最佳国产动画片银奖	《喜羊羊和灰太狼》	中国
		最佳国产动画片创意	《小鸡想飞》	中国
		最佳海外动画片金奖	《穷人和富人》	德国
		最佳海外动画片银奖	《迷宫》	伊朗
		最佳电视电影金奖	《明天我们去看电影》	波兰
		最佳电视电影银奖	《我的儿子杰克》	英国
		电视电影最佳导演	约翰·亚历山大《理智与情感》	英国
		电视电影最佳编剧	迪迪·勒·拜舍尔《陪审团之职》	法国
		电视电影最佳女演员	哈蒂·莫拉汉《理智与情感》	英国
		电视电影最佳男演员	阿莱西奥·博尼《卡拉瓦乔》	意大利
第十五届	白玉兰奖	最佳电视剧金奖	《潜伏》	中国
		电视剧最佳导演	滕华弢《王贵与安娜》	中国
		电视剧最佳编剧	姜伟《潜伏》	中国
		电视剧最佳男演员	孙红雷《潜伏》	中国
		电视剧最佳女演员	宋丹丹《马文的战争》	中国
		最佳自然类纪录片金奖	《雨》	日本
		最佳自然类纪录片银奖	《超级群体》	英国
		最佳历史文献类纪录片金奖	《死后必读》	美国
		最佳历史文献类纪录片银奖	《我们的奥林匹克——微笑 1988》	中国

（续表六）

届次	奖项	获 奖 种 类	获奖片(人)名	国家/地区
第十五届	白玉兰奖	最佳社会类纪录片金奖	《英国医生》	英国
		最佳社会类纪录片银奖	《龙哥》	中国
		最佳亚洲纪录片金奖	《劫后》	中国
		最佳亚洲纪录片银奖	《野球孩子》	中国台湾
		最佳国产动画片金奖	《淘气包马小跳》	中国
		最佳国产动画片银奖	《秦时明月之夜尽天明》	中国
		最佳国产动画片创意奖	《十万个为什么》	中国
		最佳海外动画金奖	《三只小鸟》	英国
		最佳海外动画银奖	《优优和太空马戏城》	西班牙
		最佳电视电影金奖	《欢迎回家》	德国
		电视电影最佳导演	詹姆斯·霍威《30级台阶》	英国
		电视电影最佳编剧	苏珊娜·贝克《贵妇还乡》	德国
		电视电影交流纪念奖	《女人四十》	日本
第十六届	白玉兰奖	最佳电视剧金奖	《人间正道是沧桑》	中国
		最佳电视剧银奖	《媳妇的美好时代》	中国
		电视剧最佳导演	张黎《人间正道是沧桑》	中国
		电视剧最佳编剧	王丽萍《媳妇的美好时代》	中国
		电视剧最佳男演员	黄志忠《人间正道是沧桑》	中国
		电视剧最佳女演员	柏寒《媳妇的美好时代》	中国
		最佳社会类纪录片金奖	《谷歌宝宝》	以色列
		最佳社会类纪录片银奖	《要塞》	瑞士
		最佳历史文献类纪录片金奖	《女孩·照片·汽油弹》	德国
		最佳历史文献类纪录片银奖	《拉贝：南京不会忘记——拉贝的故事》	德国
		最佳自然类纪录片金奖	《敖鲁古雅·敖鲁古雅》	中国
		最佳自然类纪录片银奖	《原始森林传奇》	波兰
		最佳亚洲纪录片金奖	《血缘》	以色列
		最佳亚洲纪录片银奖	《牛铃之声》	韩国
		亚洲电视连续剧纪念交流奖	《老大》	日本
			《风之画员》	韩国
		国产动画片金奖	《喜羊羊与灰太狼之虎虎生威》	中国
		国产动画片银奖	《美猴王》	中国
		海外动画片金奖	《小男孩与怪兽》	德国

（续表七）

届次	奖项	获 奖 种 类	获奖片（人）名	国家/地区
第十六届	白玉兰奖	海外动画片银奖	《川之光》	日本
		最佳国产动画片创意	《我们小孩有力量》	中国
		电视电影金奖	《帕马诺河的倾诉》	西班牙
		电视电影银奖	《愚民之城》	意大利
		电视电影最佳导演	托尔斯滕·C·费彻《罗密》	德国
		电视电影最佳编剧	《帕马诺河的倾诉》	西班牙

说明：以上表格由上海国际影视节中心提供。

第六节　上海国际广播音乐节/上海之春国际音乐节

20世纪80年代，随着改革开放的不断深入，上海广播电视系统对外交往日益活跃。

1988年5月28日—6月12日，由上海电台举办的首届国际音乐节目展播开播，邀请与上海结成友好城市的外国广播电台（公司）参与。共有14个国家广播电台（公司）以及外国驻沪总领事馆提供的15套音乐节目参加展播，中外来宾500多人出席各项活动。展播期间，除在沪中外音乐家做精彩的表演外，上海电台每天在103.7兆赫播出1小时外国广播电台参展的音乐节目，在国内外广播界产生较大影响。上海电台还制作一套具有中国民族风格和特色的音乐专辑，以上海市副市长刘振元的名义回赠给参加首届展播的外国广播电台（公司）。1989年5月21日—6月8日，第二届上海国际音乐节目展播举行，共有37个国家和地区的广播电台（公司）制作的44套音乐节目参加展播。市委书记江泽民为第二届上海国际音乐节目展播题词：办好'89上海国际音乐节目展播活动，发展各国人民的友好往来。

1991年起，上海国际音乐节目展播定为每两年举办一次，并建立组织委员会。第三届组委会名誉主任陈至立，主任刘振元，副主任刘文庆、卢莹辉、俞彭年、龚心瀚、龚学平、刘冰、陈文炳。同时，设立专职办公室，筹备、协调各项工作。是年，中央电台播出第三届上海国际音乐节目展播开幕式的实况录音。参加此届展播活动的有37个国家和地区的51家广播电台（公司），展播由参展单位提供的53套、近100小时的音乐节目，83位境外人士前来参加展播的各项活动。市委副书记吴邦国为音乐节目展播题词：加强音乐文化交流，增进上海和各国人民的友谊。

1993年4月，经市委、市政府和广电部批准，从该年举办的第四届上海国际音乐节目展播起，正式改名为上海国际广播音乐节，每两年举办一次。这是中国广播界（除港澳台地区）第一个国际广播音乐节。

第四届上海国际广播音乐节，前来参加各项活动的境外来宾有23个国家和地区的177人，另有44个国家和地区的59家广播电台（公司）提供138套音乐节目参加展播。此届音乐节以节目展播、金编钟奖评奖、音乐广播学术研讨、祝贺演出为主体活动。上海电台制作的《神州采风》音乐节目获金编钟奖。

1997年举办的第六届上海国际广播音乐节，东方电台制作的音乐专题《琵琶与吉他——丝绸之路上的姐妹花》，获得金编钟奖。这一届音乐节首创"中国优秀广播音乐节目主持人评选大赛"，来自全国 10 多个省市的 37 位音乐节目主持人,经过两轮角逐及现场演示,8 位主持人脱颖而出,分别获得金、银、铜奖。

1999 年,由上海电台承办的第七届上海国际广播音乐节,以节目展播、金编钟奖评选、学术论文交流、全国优秀音乐节目主持人大赛、音像资料汇展等为主体活动。与以往六届相比,第七届上海国际广播音乐节吸引了广大听众参与。在这一届音乐节中,上海电台音乐专题《龙吟》获金编钟奖,上海电台主持人晓露在"全国优秀音乐节目主持人大赛"最后决赛中,技高一筹,获得最高分。

2001 年,市领导部门决定将上海国际广播音乐节与上海之春音乐会合并,改名为上海之春国际音乐节,每年举行一次。同时决定,上海之春国际音乐节由上海电台、东方电台轮流与市文联共同承办。

2001 上海之春国际音乐节于 5 月 4—13 日举行,它是上海地区在新世纪举办的第一项国际性大型音乐舞蹈交流活动。音乐节设有:金编钟奖评选、国内外音乐舞蹈演出、广播音乐节目主持人大赛、音乐舞蹈新人新作展演、《东方风云榜》十大金曲评选颁奖演唱会、国际音乐节学术报告会、上海地区群众合唱邀请赛、国际音像制品博览会、新民乐汇演及研讨会 9 项主体活动。来自 30 多个国家和地区的 3 000 多名音乐界、舞蹈界和广播界人士参加了音乐节的各项活动。《东方风云榜》由 11 万张观众选票决定的十大金曲当场揭晓,内地歌手孙楠、那英蝉联"最受欢迎男、女歌手"奖,林依轮获得年度最佳歌手奖等。德国之声电台选送的《全球首部虚拟歌剧》和中国内蒙古电台选送的《至尊至纯,天籁之音》分别获得金编钟奖。

2002 年,南京人民广播电台选送的《吴歌》和罗马尼亚广播电台选送的《在时间的世界里》获金编钟奖,这是上海之春国际音乐节最后一次举行的国内外广播电台优秀音乐节目展评活动。

2003 年后,因上海电台、东方电台的建制撤销,上海之春国际音乐节承办单位为传媒集团和上海市音乐家协会。2005 年起,承办单位增加了上海音乐学院(音乐节办公室设在传媒集团广播音乐频率,后又改为集团音乐部和广播文艺中心)。

2005 上海之春国际音乐节安排大量丰富多彩的群众音乐文化活动,其中最具代表性的是 5 月 15 日在南京路世纪广场隆重举行的"世纪二胡盛会暨上海之春国际音乐节千人二胡演出"。2 000 名演奏者齐奏民族音乐家刘天华代表作《良宵》《光明行》以及其他二胡演奏曲,其盛大的场景具有震撼力。从这一届开始,上海之春国际音乐节实行委约创作。组委会与 3 位作曲家签署法律文件,使音乐节拥有第一批享受版权的作品。借此,音乐节每年都采取委约创作的方式,逐步充实自己的作品库。

2006 上海之春国际音乐节首次以上海为主题的交响乐新作品《上海梦》《上海印象》等作为开幕式音乐会,新颖别致,含义深远。在传媒集团音乐部承办的音乐节广播论坛上,"播客的传播方式及发展前景"成为中外广播界同行最关注的话题。来自安徽音乐广播的孙晨和深圳飞扬 971 的庞舸获得全国优秀广播音乐节目主持人大赛金奖,这是上海之春国际音乐节最后一次举行的广播音乐节目主持人比赛。音乐节闭幕音乐会特邀俄罗斯莫斯科国立交响乐团演出,中共中央政治局常委李岚清在中共上海市委副书记殷一璀陪同下出席观看。

2007 年 4 月上旬,上海之春国际音乐节艺术委员会宣告成立。这一做法借鉴国际著名艺术节、音乐节的运作惯例。艺委会的成立,对提升音乐节的质量和水平起到积极作用。

2009 年是小提琴协奏曲《梁祝》诞生 50 周年,由于《梁祝》与"上海之春"的深厚渊源,"小提琴协奏曲《梁祝》诞生 50 周年纪念音乐会"成为 2009 上海之春国际音乐节的开幕演出。音乐节期间,

"世博号角——管乐艺术节"吸引西班牙等国家和地区 32 支管乐团约 2 500 名乐手参与,成为沪上规模最大的管乐艺术交流活动。此外,来自中国、美国、德国等 10 余个国家和地区的音乐家奉献了 30 余台、40 余场的经典音乐演出以及百余场群众文化活动,超过 10 万观众走进剧场观看演出。而通过传媒集团所属的东方卫视、艺术人文频道、娱乐频道、广播经典 947 频率,收听、收看音乐节演出的市民达到数百万人次。

2010 年,传媒集团不再参与上海之春国际音乐节的合办,该音乐节改由上海市文联和上海音乐家协会承办。

表 8-2-3　1988—2010 年上海国际广播音乐节/上海之春国际音乐节历届情况表

名　称	届　次	举办日期	主 体 活 动	备　注
上海国际广播音乐节	第一届	1988 年 5 月 28 日—6 月 12 日	中外音乐家表演,展播 14 个友好国家提供的 15 套音乐节目	原名:上海国际音乐节目展播
	第二届	1989 年 5 月 21 日—6 月 8 日	每天展播 2 套参展音乐节目及广播业务座谈会	原名:上海国际音乐节目展播
	第三届	1991 年 10 月 20—24 日	展播中外音乐节目及音乐广播业务交流会	原名:上海国际音乐节目展播
	第四届	1993 年 11 月 7—11 日	音乐节目展播、金编钟奖评选、音乐广播学术研讨及祝贺演出活动	上海国际音乐节目展播更名为上海国际广播音乐节,每两年举办一次。上海电台音乐节目《神州采风》获金编钟奖
	第五届	1995 年 11 月 26—30 日	音乐节目展播、金编钟奖评选等	上海电台音乐节目《一朵极美丽的古代花朵》获金编钟奖
	第六届	1997 年 11 月 15—19 日	音乐节目展播、金编钟奖评选、举办"世纪之交的广播音乐学术研讨会"等	东方电台音乐专题《琵琶与吉他——丝绸之路上的姐妹花》获金编钟奖
	第七届	1999 年 11 月 15—19 日	音乐节目展播、金编钟奖评选、学术论文交流、全国优秀音乐节目主持人大赛、音像资料汇展等	上海电台音乐专题《龙吟》获金编钟奖
上海之春国际音乐节	2001 上海之春国际音乐节	2001 年 5 月 4—13 日	金编钟奖评选、国内外音乐舞蹈演出、广播音乐节目主持人大赛、音乐舞蹈新人新作展演、《东方风云榜》十大金曲评选颁奖演唱会、国际音乐节学术报告会、上海地区群众合唱邀请赛、国际音像制品博览会、新民乐汇演及研讨会 9 项主体活动	德国之声电台《全球首部虚拟歌剧》和中国内蒙古电台《至尊至纯,天籁之音》分获金编钟奖
	2002 上海之春国际音乐节	2002 年 5 月 12—21 日	音乐节围绕开、闭幕式,经典系列演出,新人新作展演 3 大主体活动和金编钟奖等 4 项比赛展开	中国南京电台的《吴歌》、罗马尼亚电台《在时间的世界里》分获金编钟奖
	2003 上海之春国际音乐节	—	—	因抗击"非典"疫情而未举办

（续表）

名　称	届　次	举办日期	主　体　活　动	备　注
上海之春国际音乐节	2004上海之春国际音乐节	2004年5月5—15日	当代音乐优秀作品展暨论坛、经典音乐作品系列演出、全国优秀广播音乐节目主持人大赛、校园音乐先锋全国邀请赛、Jazzy Shanghai 2004上海国际爵士周以及"管乐与合唱广场音乐会"6大主体活动	音乐节首次创立"传媒推荐奖"和"唱片公司推荐奖"
	2005上海之春国际音乐节	2005年5月5—15日	当代作曲家优秀作品展、群众性音乐活动及演出、"校园音乐先锋"全国邀请赛、全国优秀广播音乐节目主持人及金编钟奖大赛、世博会歌曲征集揭晓晚会和上海市业余吹奏乐比赛7大主体项目	音乐节实行委约创作，拥有第一批享受版权的作品
	2006上海之春国际音乐节	2006年5月5—16日	当代作曲家优秀作品展、群众性音乐活动及演出、"感受·上海"——"外国音乐家写上海"作曲比赛启动仪式、经典音乐演出、上海国际手风琴艺术周、上海国际爵士周、"校园音乐先锋"全国邀请赛以及全国优秀广播音乐节目主持人金编钟奖大赛	安徽音乐广播台《永远的微笑》、深圳飞扬971《我的航海日记》分获金编钟奖
	2007上海之春国际音乐节	2007年4月28日—5月13日	当代作曲家优秀作品展、"外国作曲家写中国"系列展示活动、中国钢琴新作品征集活动、"世博号角"吹奏乐广场展演及群众性音乐活动、经典音乐演出、上海国际爵士周、"校园音乐先锋"全国邀请赛、青少年业余民族器乐（二胡）比赛等8项	音乐节艺术委员会宣告成立
	2008上海之春国际音乐节	2008年4月28日—5月16日	5项"新人新作"比赛、"世博号角"管乐艺术周等	音乐节主办方将闭幕音乐会全部票房收入、中外来宾和观众的捐款捐献给四川汶川地震灾区人民
	2009上海之春国际音乐节	2009年4月28日—5月16日	举行16台"新人新作"音乐会、5项音乐比赛、14台经典演出以及百余场群众文化活动，推出53部新作品，举办"世博号角——管乐艺术节"	数百万人次的市民通过剧场和广播电视等媒体欣赏音乐节演出
	2010上海之春国际音乐节	2010年4月28日—5月18日	音乐节秉承"力推新人新作"和"群众性音乐活动"的传统特色，聚焦"上海世博会"主题开展各项主体活动	音乐节将"上海之春创办五十周年庆典音乐会"作为开幕式演出，展示音乐节50年成果和国际视野

说明：此表根据历年《中国广播电视年鉴》《上海文化年鉴》以及《上海广播电视志》等资料综合整理。

第三章　国内交流合作

第一节　与中央媒体的合作

一、提供片稿、联合采访和大型公益活动

【提供片稿】

广播：1983年11月，中央人民广播电台（以下简称"中央电台"）《各省市自治区人民广播电台编排的节目》恢复，节目名称改为《各地电台编排的节目》（后与《祖国各地》节目合并），上海电台向该节目每月提供一次30分钟节目。截至1988年，上海电台共发给中央电台49期节目计24小时30分钟。

电视：1980—1993年，中央电视台采用上海电视台提供的新闻共5430条。其中：1980年129条，1981年171条，1982年182条，1983年191条，1984年265条，1985年457条，1986年516条，1987年606条，1988年404条，1989年370条，1990年381条，1991年730条，1992年429条，1993年599条。

较有影响的新闻有：1981年5月，国家名誉主席宋庆龄骨灰在上海安葬的新闻，当晚就在中央电视台播出；英国维斯新闻社在香港收录后向全世界转发。

1985年上半年，提供给中央电视台播放的《上海市破获一起倒卖拼装汽车大案》《上海市药品管理混乱》和《外地冒牌的名牌产品进入上海市场》等新闻，及时揭露经济领域里的不正之风。中央电视台在采用时均配发了评论。《上海市药品管理混乱》这条新闻，引起国务院药物管理总局的重视，为此向全国发文，直接推动了全国药物管理工作的开展。同年6月27日，上海电视台头条新闻播出当天下午上海造漆厂发生恶性火灾的报道，许多共产党员、共青团员、消防战士和干部群众临危不惧扑灭火灾的英勇事迹在电视屏幕上充分展现。这条消息传送到中央电视台播出。

1988年3月24日，上海境内发生两列火车相撞的恶性事故，造成中日旅客伤亡127人。上海电视台就此事件先后播放录像新闻20条，供给中央电视台新闻10条。许多新闻直接传送到日本、英国等地，被多家电视台采用。

1989年4—6月，北京发生政治风波。上海电视台在此期间积极向中央电视台传送大量新闻。6月份中央电视台共采用上海电视台新闻69条，其中6月11日中央电视台在《新闻联播》中一次采用上海电视台7条新闻，如《上海各界人民学习邓小平同志讲话》《上海市领导分4路慰问工纠队员、公安、武警战士》《朱镕基市长在杨浦区路口看望工纠队员》等，开创了上海电视台新闻被中央电视台一次采用的最高纪录。同时，《上海10万工纠队员上街维持秩序》等4条新闻还被中央电台采用。

1989年，中央电视台为做好国庆宣传，从9月10日起在《新闻联播》节目中开设专栏《弹指一挥间》，为期近2个月。上海电视台提供的9条专题片被采用8条。其中有《上海港连续6年吞吐量超亿吨》《从江南厂看上海的造船业》和《抓斗大王包起帆》等。

1990年后，随着上海广播电视事业快速发展，上海广电媒体与中央广电媒体交流合作的方式

有了重大变化,原先以提供片稿为主要形式的交流,被联合采访、联办节目、合作举办广播电视直播(联播)等方式所取代,双方合作交流的范围与内容有了大幅提升。

【联合采访和大型公益活动】

1995年1月,东方电台与人民日报华东分社联合举办"792为您解忧"现场咨询服务活动,邀请上海自来水、供电、煤气等26个与市民日常生活相关的部门现场设摊,为市民排忧解难。

2001年,为迎接"APEC年会"在上海召开,上海广电媒体与中央媒体的合作更加密切和频繁。9月24日,东方电台与中国国际广播电台、上海市文明办等单位联合主办"我和APEC"上海市民双语大赛决赛。10月17—21日,东方电台与中央电台、中国国际广播电台再度合作,联合推出4档双语节目,向海内外听众全面介绍APEC上海年会。

2004年10月5日,由东方卫视为中央电视台采访、制作的国庆特别节目《精彩中国·上海篇》,在中央电视台新闻频道和东方卫视首播。

2007年9月5—20日,传媒集团广播新闻中心联合中央电台、新华社、浙江电台、江苏电台和长三角地区15家城市电台,共同推出大型广播新闻采访报道活动"穿越长三角"。9月18日起,传媒集团电视新闻中心和新华社联合举办"长三角·新跨越"特别报道,记者兵分六路深入上海、浙江、江苏等地采访。

2009年2月18日—3月2日,传媒集团广播新闻中心与新华社、《新闻晚报》、东方网合作,推出《2009上海民生访谈》节目,13位政府职能部门负责人先后走进民生访谈节目,与正在现场采访的记者围绕公众关注的热点话题连线对话。同年10月13—30日,上海广播电视台交通广播联合新华社、中央电台等10多家媒体组成大型采访团,从上海出发,穿越长三角地区16个城市,历时18天,行程近3000千米,完成了对上述城市经济发展、市政建设、人文景观等方面的报道。

2010年3月1日—8月1日,上海广播电视台广播新闻中心与中国国际广播电台、上海世博会事务协调局共同举办"相约上海,精彩世博"全球知识竞赛,共收到148个国家和地区受众答卷55万余份。中国国际广播电台以54种语言在线广播,并且用图像、文字、音频、视频等多媒体方式向海外受众广泛传播。8名获特等奖的海外听众被邀请来上海参观访问。10月12日,该知识竞赛颁奖典礼在上海广播大厦举行。中国国际广播电台副总编马博辉、上海世博会事务协调局副局长朱咏雷、上海广播电视台党委书记王建军出席。

2010年,上海各区县广播电视台与中央广电媒体交流、合作也呈现上升趋势。当年,中央电视台《对话》栏目主创人员专程到松江区,与松江区广播电视台合作,共同采访、制作专题节目《寻找李习恒》,作为五一国际劳动节特别节目播出。

二、合作举办广播电视直(联、转)播节目

1979年9月15日—10月21日,中央电视台主办《庆祝建国30周年全国电视节目联播》,有25个省、自治区、直辖市电视台推荐了节目。上海电视台参加了这次全国电视节目联播。

1981年7月18日,"中国青年杯足球赛"决赛和闭幕式在上海举行。中央电视台、中央电台、上海电视台、上海电台联合向全国做实况转播。这是中央两台和上海两台第一次合作向全国做实况转播。

1983年9月18日—10月1日,第五届全国运动会在上海举行。上海电视台组织100多名记

者、编导、摄像师、播音员和工程技术人员参加的报道组,和中央电视台派来的工作人员共同策划制作电视节目。两台联合向全国转播了开幕式及男女篮球、男女排球、足球等10多场比赛的实况或录像。上海电视台录制的《第五届全运会专题报道》每天通过微波干线传送到北京向全国播放。同时,还向上海地区和全国播出14条全运会重要活动和打破世界纪录、亚洲纪录的电视新闻。

1984年9—10月,中央电视台举办的《庆祝建国35周年全国各地电视台节目展播》中,播出上海电视台新闻专题《上海的造船工业》。

1985年7月31日—8月11日,国际足联举办的少年足球世界锦标赛在中国举行。中央电视台联合上海电视台、天津电视台、大连电视台向全国现场直播10场比赛。

自20世纪90年代开始,上海广播电视系统与中央媒体合作,举办新闻直播节目形成常态。

1993年5月,上海举行第一届东亚运动会。上海电视台向中央电视台、中国国际广播电台以及北京、天津等8个省市12个单位借调5辆转播车和250名各类专业人员,使得东亚运动会的转播和宣传获得圆满成功。

1995年2月,上海电台与人民日报社华东分社联合举办《华东六省一市省市长热线》直播节目。华东地区省、市领导对国企改革的顶层设计和实施方针通过报道播出,对所辖区域的国企改革起到了宣传和指导作用。同年10月8日,南汇县广播电视局与新华社上海分社签订供稿协议书,新华社每天通过微机为南汇人民广播电台提供各类新闻稿,南汇人民广播电台从中选择3条~5条在新闻节目中播出。

1996年4月26日,中国、俄罗斯、哈萨克斯坦、吉尔吉斯斯坦、塔吉克斯坦5国元首在上海签署《关于在边境地区加强军事领域信任的协定》,上海电视台与中央电视台合作,成功地向全球直播签字仪式全过程。

1998年元旦上午,东方电视台与中央电视台、东方明珠娱乐总公司等单位,联合举办"新年步步高——八达岭、东方明珠塔登山、登高比赛",北京、上海两地有近8 000人参加比赛。东方电视台20频道、中央电视台第一套、第五套节目同时直播。

1999年4月4日,南汇电视台播出由中央电视台第七套节目"中国民间艺术采风"摄制组与南汇电视台《南视专访》栏目组联合摄制的电视专题片《王金根和他的石雕艺术》。

1999年6月5日,东方电视台与中央电视台联合举办以环保为主题的大型直播《为了绿色家园——世界环境日》特别节目。该节目在北京、上海和长江源头三地设立7个直播点,以国家主席江泽民题写"长江源"纪念碑的立碑活动为主线,从不同角度报道长江的环境保护情况以及环境保护知识,节目历时5个小时。

1999年8月,上海电台与人民日报华东分社共同举办《华东省市委领导国企改革与发展系列谈》直播节目。历时两周的节目得到参与直播节目的各省市领导高度评价和赞扬。中共福建省委书记陈明义在直播结束后赞扬:"上海电台的这次节目很有创新。"中共江西省委书记舒惠国在直播临近尾声时主动要求主持人再给他一分钟的时间,他说:"今天我是谈兴未尽,谈情未尽。"中共上海市委书记黄菊在直播节目的最后对人民日报华东分社和上海电台举办这次活动给予高度评价,他说:"这体现了新闻媒体对党和政府工作的支持,为上海向兄弟省市学习、更好地发展自己提供了一次很好的机会。"

1999年9月27日,上海电台与中央电台联手,向全国现场直播国家主席江泽民在《财富》全球论坛上海年会欢迎酒会上的讲话。

1999年12月31日,由东方电台、中央电台等8家电台发起,全球35家华语广播电台首次联手推出"跨越千年——全球华语电台大联播"。采用直播形式,其核心时段是当日23时30分至翌年元旦零时30分,这1小时节目由8家电台主持人共同主持,他们把千年交替时刻的欢声笑语通过直播传递到海内外。

2000年底,东方电台和中国国际广播电台合作,共同推出《穿越时光——跨世纪24小时特别节目》直播。

2001年6月15日,中国、俄罗斯、哈萨克斯坦、吉尔吉斯斯坦、塔吉克斯坦五国元首在上海举行第六次会晤。上海电台、东方电台与中央电台联合直播现场实况,直播节目获中国新闻奖一等奖。

2003年4月,上海举办国际汽车展览活动。传媒集团交通频率与中央电台合作,进行现场采访和直播,详细介绍国际汽车展览的盛况,直播节目每天通过中央电台的联播节目,向全国播出。9月22日20时08分,沿用9年的上海东方明珠塔灯光系统,在重新设计施工后首次亮相,传媒集团与中央电视台新闻频道合作,向全国并机直播东方明珠塔亮灯。

2005年6月5日,传媒集团第一财经频率与中央电台和中国长三角地区14家城市经济广播电台联手打造的全国经济类广播节目《中国长三角》,每周日在中央电台同步直播。

2006年7月1日,传媒集团电视新闻中心和新华社联合推出长达10小时的《联通青藏巅峰之旅》大型直播节目,通过东方卫视和新闻综合频道并机播出。"巅峰之旅"历时4个月,电视新闻中心共播发相关新闻151条,采制专题节目《感动之旅》13个,《发现之旅》14个,新闻直播连线6次。新浪网也全程视频播出,直播当天新浪网浏览量超过500万。

同年10月,宝山区广播电视台与中央电视台新闻频道《360度》栏目合作,对"第五届上海宝山国际民间艺术节开幕式"做5分钟的连线直播,并在《新闻联播》中播发艺术节的新闻。

2008年2月春节前后,全国普降暴雪致使很多在上海的外来务工人员不能回家过年。11日,传媒集团电视新闻中心携手中央电视台直播在上海金山区城市沙滩举办的"温暖春节文化庙会"活动,该活动时长一个半小时,是中央电视台《迎战暴风雪》直播节目中的核心内容。

2010年1月21日,"中国2010上海世博会倒计时100天誓师动员大会"在上海大舞台隆重举行,中央领导贾庆林、王岐山、俞正声等出席大会并讲话。上海广播电视台大型活动部制作的"迎世博倒计时100天市民风采展示晚会"同时在上海大舞台隆重举行,上海世博会形象大使姚明、成龙与上海市民同心为世博会的"百日冲刺"加油助威。动员大会和晚会演出的实况通过中央电视台第一套、第四套节目和上海广播电视台新闻综合频道、东方卫视、广播新闻中心等媒体全程直播。同年4月30日—5月2日,广播新闻中心联合中央电台共同推出《世博开幕大直播——璀璨世博耀浦江》特别节目。

2010年,为纪念浦东开发开放20周年,3月1日—4月18日,浦东新区广播电视台和上海广播电视台联合中央电视台等30家国内电视媒体,举办"迎世博、看浦东大型采风活动",对浦东开发开放20年来取得的建设成就和发展变化进行全方位的采访报道。新区广播电视台和中央电视台等媒体还联合采访了区长姜樑。

同年,奉贤区广播电视台新闻栏目《奉视新闻》全新改版,开设特色板块"媒体点击",它的节目素材主要来自新华社与中国城市广播电视联盟的新闻报道。

三、合作联办文艺、纪实类节目(含研讨等)

上海广电媒体与中央媒体联办、合办和交流的节目中,文艺类节目所占比例较高,这与上海地区具有红色文化、海派文化、江南文化的底蕴分不开。

1982年初,中央电视台和上海电视台等单位联合举办1981年优秀电视剧评选活动。自2月1日起,在中央电视台和上海电视台播出18部电视剧,上海电视台选送的作品《你是共产党员吗》获三等奖。

1984年,全国电视台联合举办第一届全国青年歌手电视大奖赛,共有35个赛区数以万计的专业演员和业余歌手参赛。先由各赛区选拔推荐,最后在中央电视台进行决赛。上海赛区经过专家评审选拔,有3名选手参加了这次大赛。

1990年7月底,中央电视台、上海电视台、上海电影制片厂在上海体育馆联合举办《中央电视台历届青年获奖主要演员音乐会》。

1992年9月22日,第十届"大众电视金鹰奖"在杭州浙江体育馆举行颁奖仪式。由上海电视台电视剧制作中心和中央电视台联合摄制的电视连续剧《上海一家人》继获"飞天奖"二等奖后,又获"金鹰奖"优秀电视连续剧奖。

同年10月,上海电视广播集团有限公司(STR集团)与新华社香港分社在香港联合主办"《红楼梦》学术研讨会",市委常委、宣传部部长金炳华和沪港两地的专家学者参加研讨会。

1996年2月18日,东方电视台与中央电视台、陕西电视台联合在上海、北京、西安三地,首次通过卫星现场直播《春节联欢晚会》,东方电视台负责东方明珠塔分会场节目直播,节目展示上海改革开放"一年一个样,三年大变样"的成就。3月29日,东方电台联合中央电台和北京、广东等十几家省级电台,现场直播第三届《东方风云榜》十大金曲颁奖晚会。次日,东方电台与中央电台、中央电视台、《人民日报》合作,结合第三届《东方风云榜》评选过程,共同举办"中国当代创作歌曲研讨会"。

1997年12月31日22时,上海电视台和中央电视台联袂推出3小时的跨年度直播《我们共同的亚细亚——'98亚洲风》大型文艺晚会。节目实况通过卫星传向世界120多个国家和地区。

1998年1月3日,东方电视台与中央电视台在奥地利维也纳金色大厅,联合主办并转播中央民族乐团《金色的旋律——新年中国民族音乐会》。

1999年5月2—8日,东方电视台与中央电视台在上海联合举办"首届国际中国越剧艺术汇演展播"活动,共演出越剧《梨花情》《八女投江》《玉簪记》等3台大戏和4台折子戏。来自北京越剧院、南京越剧院、上海越剧院以及杭州、绍兴、宁波、嵊泗等地的10多家越剧表演团体参加汇演。

2000年元旦晚上,上海电视台继《亚洲风》《五洲风》后,第三次与中央电视台合作,推出"《世纪风》——中英双语元旦晚会"。晚会以中国传统文化中的"金、木、水、火、土"五大要素为框架,展现中华民族自强不息、昂扬向上的崭新形象。晚会由中央电视台著名导演郎昆任总导演。

2001年9月10日,上海电视台与中国教育电视台、新疆电视台共同举办"世纪承诺——庆祝新世纪第一个教师节"主题晚会。

2004年春节,传媒集团与中央电视台合作制作"大世界基尼斯10年颁奖春节晚会"。这台晚会对上海大世界基尼斯纪录创立10年以来所发掘的各类新奇健康的绝技、绝活做了精彩回顾。

2005年是"万隆会议"召开50周年。4月18—19日,纪实频道播出外交部和传媒集团联合制作的大型历史题材纪录片《万隆1955》。同年9月5日,为庆祝西藏自治区成立40周年,中共中央文献研究室、西藏自治区党委、传媒集团联合摄制的10集文献纪录片——《新西藏》在纪实频道开播。

2006年7月24日,为纪念越剧百年华诞,传媒集团和中央电视台联合举办"越女争锋——全国越剧青年演员电视挑战赛"。9月3日,由传媒集团和中国电视艺术家协会主持人专业委员会联合主办,传媒集团大型活动部和东方卫视共同承办的"中国主持人颁奖典礼——走过25年"在上海艺海剧场举行。同年10月,宝山区广播电视台邀请中央电视台等11家媒体记者深入宝山进行采访,并联合举办《精彩宝山》电视短片大赛活动。

2009年5月1—5日,中央电视台第一套节目每天22时36分,播出由上海世博局与传媒集团联合制作的五集电视纪录片《百年世博梦》。同年8月5日,传媒集团和中央新闻纪录电影制片厂联合出品的大型历史人文纪录片《外滩》举行开机发布会。该片包括1部90分钟的高清纪录电影和5集高清电视纪录片,客观真实地梳理上海时代更替和城市变迁的重要节点,向人们讲述上海百年沧桑的真实故事。

2010年11月5日,由中共金山区委、区政府和中国电视艺术家协会主办,金山区委宣传部等单位协办,金山区广播电视台承办的"精彩世博,魅力金山——第四届中国农村小康电视节目工程"颁奖典礼在金山区举行。金山区广播电视台摄制的《陈文光的"环保债"》等作品获最佳作品奖。

四、合作举办《为中国喝彩》系列节目

到全球著名城市举办《为中国喝彩》大型音乐歌舞系列晚会,是东方电视台、传媒集团与中央媒体长期合作举办的精品文艺节目。无论在美国、俄罗斯、英国,还是在希腊、南非,《为中国喝彩》晚会都得到国外观众和所在国领导人的高度赞扬;通过中央和上海广播电视媒体的及时转播,在国内同样赢得广大观众的喜爱。

1997年7月2日,东方电视台与中央电视台、中国对外演出公司在美国洛杉矶好莱坞碗形剧场联合主办《为中国喝彩——中国之夜好莱坞大型焰火音乐歌舞晚会》,和海外华人一起欢庆香港回归祖国。这场晚会盛况通过卫星传回北京和上海,东方电视台与中央电视台同时向海内外播出。

1999年10月7日,东方电视台与中央电视台在俄罗斯莫斯科克里姆林宫大剧院联合举办《为中国喝彩——克里姆林宫大型音乐歌舞晚会》,中国艺术家刘欢、那英、杨丽萍、孔祥东、吕思清等以及指挥家谭利华与俄罗斯内务部歌舞团(原苏联红军歌舞团)、克里姆林宫芭蕾舞团的艺术家一起,用歌舞隆重庆祝中华人民共和国成立50周年和中俄建交50周年。10月8日,晚会实况在东方电视台率先播出,10月12日中央电视台向全国播出。

2000年8月23日,由东方电视台和中央电视台联合主办的《为中国喝彩——英国伦敦泰晤士河之夜音乐歌舞晚会》,在英国伦敦千禧宫举行,中国艺术家刘欢、杨丽萍、廖昌永、朱哲琴等与英国艺术家同台演出。该歌舞晚会实况通过中央电视台和东方电视台向海内外播出。

2001年10月3日,东方电视台和中央电视台等单位在希腊雅典卫城哈罗德露天剧场联合举办《为中国喝彩——希腊雅典大型音乐歌舞晚会》。中、希两国艺术家联袂登台,激情献艺。东方电视台和中央电视台第一套、第三套、第四套节目同时对海内外播出晚会盛况。

2002年2月17日,传媒集团和中央电视台在南非约翰内斯堡的曼德拉国家剧院联合举办《为中国喝彩——中国·南非大型音乐歌舞晚会》。中国歌手田震为南非观众带去新创作的《月牙泉》;南非"非洲脚印"舞蹈团的舞蹈动感十足;上海歌舞团黄豆豆和14名南非舞蹈演员合作演出舞蹈《秦俑魂》。这是《为中国喝彩》系列晚会第一次登上非洲大陆,南非总统姆贝基特地为晚会致贺电,并发表电视讲话。

五、与新媒体联办互联网节目

1999年6月1日,东方电台与中国少年服务信息网制作中心通力合作,开办"东广少儿节目网上广播"。

2007年4月18日,传媒集团所属东方宽频传播公司与人民日报社合作建设并独家代理广告经营的"人民网·人民宽频",在北京人民大会堂举行开播仪式。"人民网·人民宽频"整合传媒集团的优质影视资源,开设12个频道,以直播和点播形式,向网民提供内容丰富、互动性强的网络视频服务。

2008年7月1日,传媒集团与中央电视台国际网络有限公司在北京人民大会堂签约,双方在2008年北京奥运会新媒体新闻报道领域强强联手,为全国互联网用户制作《互动奥运》节目。同年11月17日,由传媒集团电视新闻中心、《人民日报》、人民网联合打造的大型人物访谈节目《30年·30人》,在东方卫视和新闻综合频道播出。该节目邀请30位知名人士讲述改革开放30年的故事,每天播出一集,每集30分钟。《人民日报》和人民网及时刊播图文报道和视频节目。《30年·30人》访谈节目开启了广电媒体、纸质媒体和网络媒体互动传播的新模式,这是传媒集团电视新闻中心在新闻报道进入网络互动时代下的一次成功尝试。

2010年4月30日,中国网络电视台(CNTV)与上海百视通公司合作制作的《世博节目》,在上海世博会举办前夕开播,为全球网民提供一个"了解上海世博会、参与上海世博会"的新平台。

第二节　与各省级台等合作

一、广电节目交流

1980年8月,全国广播文艺节目交换会在哈尔滨举行。全国32家电台,包括北京广播学院共70多位代表参加,提供各类文艺节目达400小时,统一录音复制了300小时节目。上海电台共带去文艺节目计35小时,数量仅次于中央电台40小时。在节目交换中,上海电台节目的中选率名列前茅。

1984年,上海电视台参加在沈阳召开的"首届全国省级电视台节目交流会"(后发展成"全国省级电视台节目交流网")后,每年交流引进大量节目,主要是电视剧、专题片等,约占播出总量的25%。交流网成为上海电视台节目交流的主要渠道。

1984年,第十一届"上海之春"音乐会期间,上海电台接待各地30家电台的60名代表,并向各台提供35小时的文艺节目。内容有交响乐专场、《神州古韵》音乐会、《民歌新风》音乐会、轻音乐专场、音乐喜剧《风流中华》《雪妹》《青春之歌》以及《庆祝上海解放35周年音乐舞蹈晚会》等。

1986年5月,上海电视台应邀参加在南京举行的全国城市电视台节目交流会(后发展为全国城市电视台节目交流中心)。由于增加和全国城市电视台的交流,为上海电视台实行全天播出提供了节目源。

1986年,上海电视台倡议建立上海经济区电视新闻协作网,杭州、宁波、温州、南京、苏州、无锡、南通等地36家电视台参加。当年上海电视台播出各协作单位提供的录像新闻和口播新闻992条,1987年播出1 516条,1988年选播1 600多条。

上海电视台二台成立后,于1988年和30多家省、市台建立合作关系,成立半年就播用各省、市台电视节目 323 部,交流范围由以前互换节目的单一联系,发展为综合信息联系,成立了以经济中心城市电视台为主的经济信息交流网。

1990 年,在山东济南召开的华东六省一市文艺节目交换会上,上海电台提供的节目有:《传统与现代的奇妙交响》《美国技艺演唱组》《新流行歌曲精选》,广播连续剧《茅盾》,越剧《西施归越》选段,京剧《尤继舜京胡演奏伴奏》专场等共 12 小时。

1992 年 10 月 7—14 日,在上海举行的全国省级电台立体声音乐节目交换会上,上海电台向到会的 25 家电台提供 15 小时立体声音乐节目。

1993 年,东方电视台与外省市电视台交换各类节目共 1 164 小时 29 分钟。各台共采纳东方电视台节目 537 小时 30 分钟,其中采用《国际体育新闻》60 小时,赛事现场直播 16 小时 30 分钟,《空中影坛》《东方直播室》《海外博览》《东方之夜》《东方大点播》《黄金时间》等社教、文艺节目 121 小时,电视剧《人生急转弯》340 小时。

二、合作举办联(直、录)播节目

1980 年 7 月,上海电视台和华东六省电视台联合举办《华东见闻》专栏,后来又同上海经济区各省、市台和沿海 14 个开放城市电视台联办各类节目。

1986 年 11 月 1 日起,上海电视台与广东电视台每天交换新闻,并增设《南方快讯》栏目,使上海的电视观众每天能看到广东和中国港澳地区电视中的重要新闻报道。

1987 年 12 月 6 日,上海电台与宁波电台合作举办特别节目《宁波的一天》,从 7 时 30 分—18 时,连续从宁波向上海直接对话播出。

1988 年国庆节,上海电视台开辟《各地航讯》栏目,与 20 多个省市台建立电视新闻片交换易地播出的合作关系。

1989 年 1 月 10 日,为纪念中共十一届三中全会召开 10 周年,上海电视台和江西、山东、江苏、安徽、福建、浙江电视台联合举办《华东六省一市电视台纪念改革 10 周年》联播节目。同年,由上海电视台国际部同北京、陕西电视台对外部联合发起,全国 28 家省、市电视台联合摄制,并由上海电视台集成编辑制作的大型电视系列片《中华之最》第一辑(共 30 集,长达 10 小时),在中华人民共和国成立 40 周年之际隆重推出并向海外发行。它是一部集知识性、趣味性、欣赏性于一体的杂志型系列片,在全国播出后受到广泛欢迎,中国台湾地区多家电视台购买此片。

1989 年 3 月 26 日,上海电台与温州电台合作,在两地同时播出长达 4 个半小时的特别节目《多彩多姿的温州》。

1990 年 2 月 20—24 日,上海电视台《国际瞭望》专栏举办"部分省市电视台国际栏目展播",参与合作并提供节目的有北京、天津、福建、贵州、河南、浙江、黑龙江、武汉 8 家电视台。

1993 年 4 月,上海电视台和广东、北京电视台合作,通过卫星直播在德国斯图加特举行的世界体操锦标赛。这是上海电视台首次和外省市台联手通过卫星直播在国外举行的体育比赛。

1993 年 7 月 4 日,东方电台与常州经济广播电台联合举办 3 小时的《上海—常州共腾飞》特别节目,在沪常两地同步播出。上海市副市长徐匡迪、常州市市长孟进元在节目中互致问候,并分别介绍了上海浦东开发和常州市的经济发展情况。同月,东方电台 7 位节目主持人应邀前往常州市,和常州经济电台的主持人联合主持《共涌开放潮》《沪常风景线》《'93 话住房》等节目。

1995 年 10 月 1 日,上海电台与湖北电台、四川电台联手推出国庆特别节目《腾飞的长江》。上海市市长徐匡迪、湖北省省长蒋祝平和四川省省长肖秧在直播节目中接受记者、主持人采访。

1996年1月18日—2月12日，上海电台与市政府协作办、《解放日报》，在上海电台《市民与社会》节目中，联合举办《东西部手拉手，求发展共繁荣》特别访谈节目。访谈节目先后与西部7个省（区）广播电台合作，邀请山西、陕西、宁夏、甘肃、青海、贵州、四川省（区）领导作嘉宾，聚焦"东西部协调发展"这一话题与听众进行交流和探讨。

1996年，东方电视台与北京电视台、广东电视台合作，推出《中国体育报道》节目。7—8月，亚特兰大奥运会期间，三台联手成立"北、上、广奥运会联合采访团"，并推出《奥运早间报道》和《奥运午间报道》两档新闻直播节目。

1997年7月，上海有线电视台会同江西有线电视台、江西省党史资料征集委员会等单位，拍摄10集大型文献纪录片《共和国之魂》。该片获全国第七届精神文明"五个一工程"奖。10月，上海有线电视台与北京、广东、重庆等14家省级有线台联手制作的第八届全国运动会特别节目《相会在上海》，以每天4档栏目的形式滚动播出，并在当天21时通过卫星向全国14个城市实时传送。同月，上海电视台与中央电视台、广东、北京等多家省市电视台，第八届全国运动会期间，共同转播八运会的各项赛事。

1998年6月，上海有线电视台与南京、武汉、重庆等地有线电视台联合开办《有线新闻·国内报道》节目。这是4家城市有线台实施优势互补、资源共享的有益尝试。

1999年5月8日，上海电台开设在天津电台的《上海之窗》节目开播。同年，奉贤、金山区广播电视台加入上海经济区广播新闻协作网，其广播节目开始迈向长三角地区。

2000年2月9日，上海电视台与苏州电视台联手利用光缆技术，进行《苏州一日》异地新闻直播。

同年5—6月，东方电台推出系列专题《倾听西部的声音》，先后与西部9个省、自治区广播电台进行两地联播。四川、陕西、贵州、新疆等省、自治区主要领导在节目中畅谈开发西部的规划蓝图。

同年8月14日—10月23日，上海电台与陕西、甘肃、青海、宁夏、新疆、四川、云南等10家西部省级电台，联合推出《东西部手拉手——上海与西部10家省级电台早新闻联播》，历时两个多月，详细介绍西部的天然资源和建设成就，报道上海与西部省区众多的合作项目与协作成果。

2001年5月7日—6月25日，上海电台与中共党史上重要事件发生地的8家省级电台，共同

图8-3-1　2000年8月14日—10月23日，上海电台与陕西、甘肃、新疆、宁夏等10家西部省级电台联合推出《东西部手拉手早新闻联播》节目，报道上海与西部省区众多的项目合作进展与协作成果

制作、播出《胜利之路》特别节目。《胜利之路》每逢周一在上海、北京、浙江、江西、贵州、陕西、河北、广东8家省市电台早新闻节目中联播。

同年7月1日，中国共产党建党80周年之际，上海电视台与江西、陕西、河北3省电视台联合制作"七一"特别报道，来自上述电视台的5位新闻主播齐聚上海电视台演播室，他们将中共一大会址、井冈山、瑞金、延安、西柏坡等革命圣地串联在一起，叙述中国共产党从诞生走向胜利的光辉历程。

2002年9月24日，上海文广集团驻北京办事处成立。

2003年8月17日,由传媒集团第一财经频率与长三角地区14家城市电台共同打造的财经联播节目《中国长三角》开播。

2005年6月5日,由传媒集团第一财经频率和长三角地区14家城市电台联手打造的经济类广播节目《中国长三角》,每周日增加在中央电台同步播出。同年7月7日,传媒集团东方卫视联合南京、苏州等12家城市电视台,共同推出纪念抗日战争胜利60周年大型直播特别节目《英雄城市》。

2007年7月1日,传媒集团广播新闻中心携手深圳电台等媒体,面向全国听众推出12小时特别节目《潮涌香江——庆祝香港回归10周年》大型直播。

2010年2月8日,宁夏卫视2010年全新版面开播仪式在银川举行。此次改版,是上海、宁夏两地广播电视媒体共同服务宁夏、促进东西部文化产业发展的重要步骤。上海广播电视台第一财经频道与宁夏卫视在节目制作、广告经营等方面展开合作;第一财经频道借助宁夏卫视平台走向全国,服务全国电视观众。同年4月21日,上海广播电视台第一财经广播频率和中国广播电视协会所属全国经济广播的50多家成员台,在上海组成"全国经济广播世博报道联盟",携手宣传上海世博会的报道,联播节目《共享世博盛宴》正式启动。

三、参与公益援建

1995年12月18日,东方明珠传输公司捐助20万元建造的上海东方明珠希望小学在湖南省芷江县溪口乡竣工并且投入使用。

1997年4月18—30日,上海电视台与云南电视台、《新民晚报》等7家单位联合组织的"上海—云南手拉手文化支边活动"在云南省举行。文化支边团一行70多人,行程1600千米,分别在抗震救灾、重建家园的丽江,在列为上海市重点帮扶的思茅地区以及边境线上最贫困的小新寨等地,进行4场慰问演出、2场联欢活动,观众达5万多人。文化支边团向上述地区捐助卫星地面接收器4套、彩电12台,以及各类图书和视听读物7000余册(盒),总价值近20万元。《人民日报》《文汇报》《新民晚报》《每周广播电视》报和《上海电视》杂志等新闻单位的记者,随团跟踪采访、报道文化支边团的活动情况。

1998年5月30日,东方电视台组织上海12家医院55名专家级医生,前往革命老区浙江省安吉县孝丰镇为群众义诊,这种"名医下乡为民服务"的活动,受到当地人民的好评。

1999年6月18—22日,东方电视台联合上海华山医院、上海市农科院以及上海东方青春舞蹈团等单位,前往江西省兴国县,举行"走到一起来——赴江西兴国革命老区三下乡(医疗、科技、文艺)系列活动",受到当地人民的热烈欢迎。

2000年3月22日,上海有线电视台捐助30万元建造的云南省罗平县长底乡上海有视希望小学竣工并投入使用。

2003年6月,上海教育电视台将原计划

图8-3-2 2003年6月,上海教育电视台将原计划用于台庆10周年活动的30万元经费,捐赠给西藏萨迦县,援助该县广播电视中心建设。图为广电中心建设工地

用于台庆 10 周年活动的 30 万元经费,捐赠给西藏日喀则地区的萨迦县,援助该县广播电视中心建设。萨迦县广播电视中心投入运营后,改变了当地的收视质量,丰富了当地人民的业余生活。

同年 10 月 28 日,传媒集团在东视大厦举行向延安市广播电视台捐赠电视摄像设备暨精神文明共建签约仪式。

2004 年 8 月 3 日,传媒集团向四川省广安市广播电视系统捐赠价值 60 万元的广播设备。

同年 9 月 25 日,东方网全体员工捐助 30 万元建造的甘肃省岷县清水乡一心小学竣工,学校更名为东方网希望小学。

2007 年 7 月 9 日,金山区广播电视台出资 43 万元援建的金山广电希望小学,在云南省普洱市思茅区倚象镇建成,该小学占地 6 667 平方米。

2008 年 5 月,上海电视广播集团有限公司(STR 集团)积极参与"我们共同承担责任——援助四川地震灾区有线电视网络重建"活动。STR 集团及所属上海广龙公司向灾区广电媒体捐赠 100 万元有线电视传输设备,委派技术人员携带卫星设备赶赴成都,向因受灾严重无法传送图文信息的四川等地卫视提供卫星通信平台,确保新闻播出。

同月,金山区广播电视台职工捐款 2.68 万元,并通过上海市红十字会向四川汶川灾区群众捐赠调频调幅三波段收音机 1 万台。

同月 31 日,由传媒集团与四川成都传媒集团共同主办,传媒集团综艺部和成都电视台联合制作的《加油!孩子——六一儿童节特别行动》在上海、成都同时播出。播出期间共募集社会各界捐款 1 732 万元,这些善款都捐给了四川汶川地震灾区的少年儿童。

2009 年 8 月 4 日,传媒集团向新疆阿克苏地区广播电视系统捐赠一辆电视转播车以及 75 万元资金,支援该地区广播电视事业发展和从业人员培训。

图 8－3－3　2009 年 8 月,传媒集团向新疆阿克苏地区广播电视系统捐赠一辆电视转播车和
75 万元资金,以促进该地区广电事业发展。图为捐赠仪式现场

四、合作举办文艺、娱乐类节目

1981 年,上海电视台与江苏电视台合拍电视剧《喜中缘》。

1982 年国庆节,上海电视台发起与北京、天津、广东电视台联合举办京、津、沪、穗四市国庆电视文艺大联欢《欢歌笑语处处春》。这台晚会形式新颖,编排巧妙,观众在电视屏幕前可以看到南北演员之间通过电视监视器进行对话,这种形式在国内尚属首次。

1985 年 2 月 22 日,上海电台与江苏电台在南京联合举办《星期广播音乐会》春节专场,利用微波技术从南京向上海做现场直播,江苏和上海的一些著名歌唱演员汇集南京参加演出。

1986 年 9 月 18 日,上海电台和中央电台、福建电台在福州联合举办《星期广播音乐会》海峡中秋专场,对中国台湾地区现场直播。

1987 年,上海电视台邀请辽宁、北京、天津、陕西、湖北、四川、江苏、浙江等省市电视台联合举办"第二届外国友人唱中国歌电视大赛",9 个赛区各推出 3 名歌手,共 27 名外国选手汇集上海参加决赛。上海选送的苏联籍选手苏喜明获最高奖——金松奖。

1990 年 7 月 1 日—8 月 6 日,上海电台为纪念徽班进京 200 周年,与天津电台在天津联合举办"南北京剧名角交流演播",以专栏、剧场演出、讲座、剧目片段剪辑等多种形式,举办多层次的京剧系列广播。

1991 年,金山电视台与南京电视台合作拍摄电视剧《黑猫突击队》,在中央电视台第二套节目中播出。

1995 年 8 月 27 日,东方电视台与北京电视台、解放军北京军区战友歌舞团合作,在北京八达岭长城上通过卫星直播《永恒的长城》大型演唱会,以纪念中国人民抗日战争暨世界反法西斯战争胜利 50 周年。

1997 年 3 月,上海有线电视台倡议并汇集全国 22 家省市有线电视台通力合作,共同联办《假日旅游》节目。各台将当地的人文景观、名胜古迹和自然风光拍成电视专题片,在各地有线台交换播出,既促进各地旅游业,又丰富荧屏节目。

2001 年 4 月 28 日,由上海、北京等 12 家广播电台与两市旅游局的 12 家单位联合建立的"全国旅游广播网"开播。该网节目由信息、专题、现场直播三部分组成。

同年 9 月 10 日,上海电视台与新疆电视台共同举办《世纪承诺——庆祝新世纪第一个教师节》主题晚会。

同年 12 月 31 日晚,东方电视台与北京电视台在北京中华世纪坛联合举办《拥抱新世纪大型广场晚会》。晚会以 21 世纪中华腾飞为主题,彭丽媛、刘欢、毛阿敏等歌唱家现场奉献具有时代气息的歌曲。东方电视台、北京电视台当天 22 时在现场直播晚会盛况。

2003 年 2 月 3 日,传媒集团联合北京电视台在法国凡尔赛宫皇家歌剧院举办"中国文化之夜"晚会,为 2003—2004 中法文化年奏响序曲。欧洲各国的政府官员、社会名流 550 余人出席观摩。法国总统希拉克夫人等致辞。中国民乐演奏家马项华、陈悦、贾靛云、闵惠芬演奏的乐曲令观众赞叹不已。

同年 5 月 17 日,由传媒集团文艺频率策划,北京、上海、广州三地广播电台联合播出《南北一心,守望相助——抗击"非典"》综艺直播节目,对公众抗击"非典"的信心起到了提振和鼓舞作用。

2004 年春节,传媒集团新闻综合频道播出由传媒集团与北京电视台合作制作的大型文艺节目《精彩中国——京沪春节大联欢》。这台文艺节目着力宣传 2008 年北京奥运会和 2010 年上海世博会,上海的沪剧、评弹和北京的京剧、京韵大鼓在联欢中都有精彩表演。正月初二,传媒集团播出与华东六省一市电视台合作拍摄的《祝福新年——华东春节大型晚会》,晚会邀请中国科技大学、浙江大学、南京大学、复旦大学等7所大学的校长,对中国教育事业的春天共同表达美好祝愿。晚会还突出对台湾同胞的思念和对和平统一祖国的期盼。春节期间,传媒集团播出与新疆电视台联合录制的《塔河浪·浦江潮——春节联欢晚会》,节目展示了浓郁的民族风情。

同年8月3日,中共上海市委宣传部和广安市委、广安市人民政府联合主办,传媒集团、广安市广播电视局共同承办,传媒集团文艺频道担任制作的《小平,您好》大型歌会,在四川广安思源广场隆重举行。8月22日,东方卫视、文艺频道播出这台歌会。

2005年9月27日,由传媒集团、广西电视台等单位联合主办的《爱我中华——56朵金花浦江欢庆中华人民共和国56周年》大型文艺晚会在上海黄浦公园举行。

2006年2月18日,由传媒集团主办的"星期广播音乐会深圳行"上海交响乐团专场演出,在深圳市民活动中心举行。

2008年1月5日,传媒集团《星期戏曲广播会》节目在外交部新闻发布厅举办"雅韵盛典——2008新年评弹演唱会"。国务委员唐家璇、外交部长杨洁篪以及众多外交官出席观看。这是《星期戏曲广播会》节目首次进京演出。

2009年8月30日,传媒集团《星期戏曲广播会》在南京市江南剧场上演《梨园新蕾香透金陵》专场,上海、江苏、安徽、陕西、河南5家广播电台同时直播。

同年9月19日,传媒集团联手青海、山西、陕西、四川、宁夏、甘肃、内蒙古、河南、山东等黄河流域9省、自治区有关单位,举办"庆祝中华人民共和国60华诞、纪念《黄河大合唱》诞生70周年"特别活动。东方卫视、艺术人文频道以及黄河流域多家省级和城市电视台以卫星连线、10地联动的方式,从上午10时起,进行长达7小时的直播。《黄河大合唱》得到社会各界的广泛支持和积极响应,来自上海和兄弟省区以及境外的400多支合唱团队22 000多人参加该活动。指挥家曹鹏、表演艺术家焦晃分别担纲此台歌会的总指挥和朗诵,歌唱家廖昌永、张建一、佟铁鑫、于冠群分别领唱《黄河大合唱》的不同篇章。

第三节　与港澳台广播电视媒体的交流合作

一、相互访问、交流节目

1983年9月18日—10月1日,第五届全国运动会在上海举行,上海电视台每天向香港电视广播有限公司(无线电视台)提供1小时30分钟节目。其中包括开、闭幕式和场馆比赛实况。

1992年底,市广电局刘继汉、陈乾年等一行4人考察香港广播电视情况,并撰写考察报告《香港广播电视近况一瞥》,对上海广播电视系统开展有序竞争有所借鉴。

1993年,东方电视台与香港无线电视台建立新闻交换关系,《东视新闻》节目中的"港台专线"每天播出港、澳、台新闻,成为观众的收视热点之一。

1997年,上海电视台副台长张少峰一行3人应台湾永真电视制作公司邀请到台湾考察岛内电视节目市场。

2000年10月,"海峡两岸广播事业交流研讨会"在上海华亭宾馆举行。该研讨会由中央电台、台湾"中国广播公司"联合主办,东方电台承办,对推动两岸广播交流起了积极的促进作用。此外,东方电台与台湾大众电台开展主持人互访互学等活动持续多年。

2001年12月28日,上海电视台专栏节目《前进上海》通过版权转让,向香港凤凰卫视股份有限公司持续供片,这是上海广播电视系统在香港开设的又一介绍上海的窗口。

二、采访和联办新闻、财经等专题节目

1988年3月13日,上海电视台二台体育记者杨旭峰等3人赴香港,现场转播"沪港杯"足球赛实况,这是上海电视台首次通过国际卫星转播节目在上海播出。同年9月15日—10月4日,上海电台体育记者奚源昌赴香港,采制香港传媒转播在汉城举行的第二十四届奥林匹克运动会节目。

1992年11月,台湾著名节目主持人秦梦众作为特邀嘉宾,与上海电台节目主持人麦风一起主持《今晚没约会》直播节目;台湾交通节目主持人秦晴也以特邀嘉宾身份,与上海电台交通信息台主持人小茗一起直播两小时的《午后的约会》节目。

1993年5月24日—6月2日,浦江之声广播电台记者周勤高随中央电台副台长王汝峰率领的广播记者访问团赴台湾访问。共发回10篇报道,在上海电台《早新闻》和《浦江之声》节目中播出。同年,上海电台国际部与香港新城广播电台合办英语节目;上海电台外语教学组与香港"空中英语教室"制作公司合办英语教学节目。

1994年1月14日,由上海电视台和香港电视广播有限公司合作制作的《漫步香港》专栏节目在上海电视台8频道开播。《漫步香港》栏目每周五播出一期,每期30分钟,栏目内容由上海电视台与香港无线共同策划,主持人以普通话播出,使用简体字幕,这档节目设有"香港速写""古今香港""企业家""资料客""情系中华"等板块,介绍香港经济、贸易以及市民生活等情况。

1998年4月,东方电台金融频率联合香港电台、广东电台共同主办的经济、金融类栏目《三江联播》开播。《三江联播》每周日下午播出,节目以三地相近的经济背景和经济利益为纽带,为听众提供经济信息。2002年,在《三江联播》节目创办4周年之际,三家电台在上海联合举办"(上海)中国财经高层论坛"纪念活动。

1999年,为配合澳门回归祖国,上海电视台先后4次赴澳门拍摄20集系列片《看澳门》。上海电视台还与广东电视台、珠海电视台合作,派出报道组赴澳门通过卫星实况转播澳门人民举行的迎回归倒计时100天盛大庆祝活动。这一系列报道活动,得到新华社澳门分社的肯定。同年11月,东方电台节目主持人王滢、臧艳雯应邀到台湾高雄电台,作为嘉宾参与主持高雄电台的直播节目,和台湾地区年轻听众亲切对话。

2002年1月7日,上海卫视《前进上海》节目在香港落地后,香港凤凰卫视中文台每周一至周五在黄金时间18时15—25分播出。为适应香港等境外观众收视特点,上海卫视从2002年1月开始,新开《聚集上海》《人存上海》《投资上海》三档新闻专题栏目,介绍上海政治、经济、文化的发展。

2004年清明节,成千上万海内外的炎黄子孙从世界各地聚集到陕西黄陵县的黄帝陵前,祭祀中华民族共同的始祖黄帝。传媒集团东方卫视于当天直播长达两小时的《四海归心——2004年中华大祭祖》特别节目。

同年10月10日,传媒集团第一财经频率、广东卫星广播和香港普通话台共同主办的《三江论坛》在香港开播。

2005年6月10日,中国大陆为台湾地区建造的第一艘船舶"中华和平"号交船始航。当天,传媒集团东方卫视作为"内容提供商",除了向国内媒体提供新闻外,还为中国香港、中国台湾地区的

主要媒体提供公共直播信号。

2007年3月1日,由传媒集团第一财经频率联合北京、天津电台制作的一档汇集国内外财经资讯和市场动态的财经新闻节目《中国财经60分》,通过香港新城财经台在香港播出。

同年4月12日,传媒集团东方卫视与香港TVB收费电视在上视大厦举行《上海东方卫视落地香港播出协议》签字仪式,传媒集团总裁黎瑞刚出席并讲话,集团副总裁高韵斐和TVB收费电视常务总裁陈锡年分别代表双方签署协议。东方卫视加入TVB收费电视,对进一步增进沪港两地的经济、文化联系起到积极的推动作用。4月16日,东方卫视通过TVB收费电视在香港落地播出。

2008年12月17日,传媒集团等单位举办的《"城市,让生活更美好"——全球世博系列重要城市卫星双向传送第二站·上海—香港双向传送特别节目》,在上海广电大厦剧场和香港TVB演播厅,进行两地同步互动的节目录制。

2010年,上海世博会倒计时100天之际,由上海世博局、上海东方传媒集团有限公司、台湾东森电视事业股份有限公司联合主办,上海广播电视台艺术人文频道、东森电视综合台合作摄制的特别节目《上海—台北"双城世博会"》正式推出。特别节目的宗旨是在台湾地区宣传推广上海世博会,介绍台湾馆和台北馆的参展情况,以及交流上海、台北两地城市建设与发展的实践案例。《上海—台北"双城世博会"》特别节目于1月21日在东方卫视和艺术人文频道分别播出,还在台湾东森电视综合台、亚洲卫视、美洲卫视同步播出,覆盖全球华语地区。此前,艺术人文频道还和香港等境外媒体成功合作卫星双向传送《全球世博重要城市》等系列专题节目,获得良好的传播效果。

三、文艺类节目(演出等)交流与合作

1987年3月14日,由上海电视台摄制的电视连续剧《孙中山与宋庆龄》在香港举行首映式。上海电视台摄制的儿童电视剧《"好好"叔叔》《窗台上的脚印》《我们都是好朋友》等,在1987年暑假期间由香港无线电视台播放。

同年,上海电台与香港雀巢公司合作举办《雀巢通俗歌曲大奖赛》,在上海市和江浙一带听众中激起很大反响,先后收到竞猜选票15万张。

1990年4月和1991年10月,上海电视广播集团有限公司(STR集团)分别组织、安排港台歌星童安格、张学友来内地演出和参加亚洲演唱会,均取得成功。

1992年11月4日,由上海电视台、上海文化发展基金会和香港万帝国际有限公司联合摄制的20集电视连续剧《原谅我的心》在上海动物园摄下第一组景。《原谅我的心》讲述了20世纪90年代初,青年律师张忆之、女教师林珠及女歌手单虹三者之间悲欢离合的感情纠葛和三家人错综复杂的恩怨爱恨故事。

1993年春节期间,上海电视台播出与台湾"中视公司"和香港亚洲电视台联合录制的《大家恭喜》春节文艺晚会节目,文艺晚会由3家电视台各派一位节目主持人联合主持。4月11日晚,为迎接首届东亚运动会在沪举办,上海电视台和香港无线电视台在上海体育馆联合主办《我为东亚献爱心大型文艺义演晚会》,歌唱家施鸿鄂领唱主题歌《崛起的东亚》,上海青年歌手联唱洛杉矶、巴塞罗那等奥运会主题歌,舞蹈演员演出大型现代舞蹈《圣火》等。上海电视台8频道当晚19时30分做现场直播。

同年7月18日,东方电台和香港电台联手,在上海体育馆举办两场《东方之光——为宋庆龄基金会集资演唱会》。演唱会所得50万元善款全部捐赠给宋庆龄基金会,用于上海儿童福利事业。8月5—12日,东方电台副台长郎佩英、编辑欧阳诚赴香港,录制香港著名歌星黎明个人演唱会;9月

24—30 日,该台编辑黎延平等 2 人赴港录制香港著名歌星张学友个人演唱会节目。

同年,上海电台广告部与香港先锋中国电子有限公司合办"先锋卡拉 OK 竞赛"。

1995 年 7 月 26—31 日,上海电台邀请叶惠康博士领队的香港叶氏儿童合唱团来沪交流和演出,这是第五届上海国际广播音乐节系列活动之一。合唱团在上海先后演出两场,共演出 25 首古典、现代、世界、中国民歌名曲。与此同时,沪港两地的儿童音乐工作者还进行儿童音乐的学术研讨。

同年,上海电台少儿合唱团赴澳门进行演出和制作节目。

1997 年春节初三,上海电视台播放和香港凤凰卫视中文台联合制作的晚会节目《龙凤呈祥》,该节目以沪港两地经济文化为背景,营造出人文相通的共贺新岁喜庆氛围。

同年 9 月 16 日中秋之夜,东方电视台、中央电视台和台湾电视公司等媒体联合制作的《千里共婵娟——中秋夜,两岸情》特别节目,通过卫星双向传送,在上海外滩和台北歌剧院音乐厅同时播出。这是海峡两岸首次通过卫星双向传送节目,引起两岸观众的积极反响。

1999 年,为配合澳门回归祖国庆典,上海电视台在澳门举办"上海电视周",展播电视剧《真情难舍》等。

同年,东方电视台和台湾电视公司合作,联合制作《海上共明月》中秋文艺晚会,慰问受到大地震灾害的台湾同胞,传达祖国大陆人民的深情厚谊。

2000 年 12 月 20 日晚,上海电视台和澳门特别行政区文化局在澳门文化中心联合举办"澳门与海内外同胞共庆澳门回归祖国一周年音乐会"。参加澳门特别行政区政府成立一周年庆祝活动的国家主席江泽民出席观看音乐会。市文广局副局长梁晓庄率上海交响乐团参加演出,上海电视台副台长陈金有带领摄制组参与录制。

2006 年 5 月 4 日,由传媒集团、香港中华文化城有限公司、香港电视广播有限公司等单位联合主办的《魅力东方·今夜无人入睡——沪港之夜大型文艺晚会》在香港文化中心演出。全国政协副主席董建华、中联办主任高祀仁等出席观赏晚会。

2008 年 4 月 17 日,在澳门博物馆举行的"庆祝澳门博物馆建馆 10 周年"庆典上,由上海音像资料馆(即传媒集团节目资料中心)与澳门博物馆联合制作的历史文献片《郑观应》举行启播仪式,澳门特别行政区行政长官何厚铧为该片按下启播钮。

2009 年 7 月 13 日,传媒集团与台北艺术推广协会在上视大厦签订协议,双方在 2010 年上海世博会期间联合创作出品大型主题演出——《城市之窗》。《城市之窗》在上海世博会期间连演 184 天,每天 3 场~4 场,总数超过 650 场。

同年 8 月 20 日,由东方卫视领衔制作,天津、江苏、浙江、湖南、深圳共 6 家卫视并机直播的《跨越海峡的爱心——援助台湾受灾同胞赈灾晚会》在北京举行。晚会现场开通 100 门爱心热线电话,来自文艺和体育界的百余位明星争当爱心接线员,接受全社会的捐赠。晚会共募集赈灾善款 3.51 亿元人民币,其中内地捐款 3.3 亿元、港澳地区捐款 0.09 亿元、海外捐款 0.12 亿元。

第四节　与国内体育系统合作

一、联手发起和组织上海国际足球锦标赛

为促进中国足球运动的发展和提高,1991 年,在市广电局局长龚学平倡议下,市广电局与上海市体育运动委员会、中国足球协会,联手发起和组织了上海国际足球锦标赛。

1991—1993 年,上海国际足球锦标赛连续举办 3 届。国际足联副主席兼亚洲足球联合会主席哈姆扎出席首届锦标赛的开幕式、闭幕式,并观看球赛。

【首届上海国际足球锦标赛】

首届上海国际足球锦标赛(当时称为邀请赛)于 1991 年 7 月 7—14 日在上海虹口体育场举行。中国奥林匹克队、中国上海队、荷兰邓·哈格队、爱尔兰科克队、罗马尼亚奥林匹克队和波兰国家队共 5 国 6 队参赛,具备国际足球比赛 B 级标准。通过 7 场比赛,决出冠军为罗马尼亚奥林匹克队,亚军为中国奥林匹克队。为支援华东地区抗洪救灾,冠、亚军队举行了一场义赛。前后共 8 场比赛的现场观众达 24 万人次。有中外 64 家新闻单位的 160 多位记者参加采访报道。

【第二届上海国际足球锦标赛】

第二届上海国际足球锦标赛于 1992 年 6 月 28 日—7 月 5 日在上海虹口体育场举行。有中国国家队、中国上海队、以色列哈普埃尔队、丹麦林彼队、罗马尼亚奥林匹克队、斯洛伐克国家队共 5 国 6 队参赛。经过 7 场比赛,罗马尼亚奥林匹克队蝉联冠军,丹麦林彼队获亚军。现场观众达 21 万人次。

【第三届上海国际足球锦标赛】

第三届上海国际足球锦标赛于 1993 年 8 月 12—21 日在上海虹口体育场举行。有中国上海联队、中国辽宁联队、墨西哥内卡萨队、韩国国家 B 队、加纳国家队、俄罗斯圣彼得堡队共 5 国 6 队参赛。经过 9 场比赛,中国辽宁联队获冠军,上海联队获亚军。现场观众达 27 万人次。

上海国际足球锦标赛自诞生之日起,本着自筹资金、自负盈亏的原则组织球赛,受到社会各界的鼎力相助,足球赛一年比一年有发展和提高。同时,将 75 万元用于上海和中国足球发展基金;将 55 万元现金和 5 万元物资,捐赠给华东地区遭受洪涝灾害的人民。

二、联手组建上海足球、篮球、排球职业俱乐部

从 1995 年开始,上海广播电视系统与市体育界的合作更加广泛。上海有线电视台、东方电视台、上海电视台、传媒集团、文广集团先后与市体育系统有关单位合作,共同组建足球、篮球、排球职业俱乐部。这些合作,推进了上海地区三大球职业化的进程,提升了三大球技战术水平,并且培养出一批国内外著名球星。

【上海有线电视台 02 足球俱乐部/上海有线电视台足球俱乐部】

1995 年 8 月 16 日,上海有线电视台与上海市足球协会等单位,共同组建上海有线电视台 02 足球俱乐部(以下简称"有线足球俱乐部"),其宗旨是在 2002 年为上海培养一支甲 A 足球队。同时,上海有线电视台还设立 660 万元"上海有线电视台青少年足球基金",基金会以每年 66 万元的利息,用于发展上海青少年足球事业。

有线足球俱乐部 1997 年 8 月 28 日在"飞歌杯"全国少年足球联赛中,9 月 8 日在"李宁杯"全国少年足球俱乐部赛中,均获得冠军,显示了较强的实力。

1999 年 4 月 26 日,上海有线电视台 02 足球俱乐部改名为上海有线电视台足球俱乐部,所属足球队的队名仍为上海有线 02 足球队。

在1999年度U-21全国青年足球联赛中，上海有线02足球队获得冠军，这已是有线足球俱乐部连续3年获得的殊荣。

此外，有线足球俱乐部培养的杜威、孙祥、于涛等足球人才，先后成为国家男子足球队主力队员。

2001年7月，上海有线电视台与上海电视台合并，有线足球俱乐部归属权直接转入其上级单位上海文广集团。所属球员等转入该年新组建的上海申花SVA文广足球俱乐部有限公司。

【上海电视台女子足球俱乐部】

1999年3月，上海电视台女子足球俱乐部成立（以下简称"上视女足俱乐部"），为提高女子足球队的技战术水平，提供后勤保障工作和资助各类比赛，上海电视台每年投入1000多万元资金。

2001年，上视女足俱乐部在青浦区征用10万平方米荒地，建造10个标准足球场，1个4000平方米的室内训练场以及3000多平方米宿舍、训练房、办公室等后勤保障设施。为此，上海广播电视有关单位先后投入4950万元资金。

从2000年开始，上海广电信息产业股份公司（SVA）也加入赞助行列，该公司连续4年赞助上视女足，每年赞助费为400万元。

上海广播电视有关单位对上视女足俱乐部源源不断的资金投入，保障了上海女子足球队的健康发展，使之连续获得多个全国女子足球比赛冠军，并培养出孙雯等女足球星。

2009年，传媒集团结束与上海体育系统有关单位的合作。经市国有资产管理部门同意，上视女足俱乐部（除保留称号外）所属教练员、运动员，包括传媒集团在青浦区出资建造的10块标准足球场、1块（4000平方米的）室内足球训练场以及部分后勤保障设施，均划归市体育局。

【上海申花SVA文广足球俱乐部有限公司】

2001年12月19日，由上海文广集团、上海广电（集团）公司、黄浦区国有资产总公司3家单位，

图8-3-4　2001年12月19日，上海申花SVA文广足球俱乐部有限公司、上海申花SVA文广足球俱乐部揭牌成立。副市长周慕尧（右七）和市体育局局长金国祥（左一）等出席仪式

对原上海申花足球俱乐部有限公司进行重组,成立上海申花 SVA 文广足球俱乐部有限公司。其中,文广集团出资 1 125 万元,占注册资本 30%。

2014 年,根据市国有资产委员会有关"国有股东全部退出,不留股权在申花足球"的精神,文广集团结束与上海申花足球俱乐部的合作。

【上海东方篮球俱乐部】

1996 年 1 月 5 日,由东方电视台参与策划经营的职业体育俱乐部——上海东方篮球俱乐部成立(以下简称"篮球俱乐部"),这是国内首家由地方媒体组建、经营的职业俱乐部。篮球俱乐部下属男、女两支球队,其前身是上海男子篮球队和上海女子篮球队。

同年 6 月,东方男子篮球队在全国乙级篮球联赛中获得第二名,重返甲级队行列,从而结束了上海男子篮球队始终徘徊在乙级队的局面。10 月,东方女子篮球队在全国女子乙级篮球联赛中获得冠军,重返阔别多年的甲级队行列。

2002 年 4 月 19 日,东方男篮在宁波以 123 比 122 击败八一男篮,以 3 比 1 的总比分赢得 CBA 冠军。与此同时,篮球俱乐部还培养出姚明、刘伟等国内外闻名的篮球球星。

上海广播电视台财务部门提供的资料表明:仅在 2006—2008 年的三年中,传媒集团就以借款形式向篮球俱乐部投入人民币 9 385.53 万元,供其日常运作。

2009 年,传媒集团结束与上海体育系统有关单位的合作。经市国有资产管理部门同意,上海东方篮球俱乐部教练员、运动员以及后勤保障设施等,划归市体育局。

【上海有线电视台排球俱乐部/上海东方排球俱乐部】

1996 年 2 月 7 日,上海有线电视台与上海体育运动技术学院共同组建上海有线电视台排球俱乐部(以下简称"排球俱乐部"),排球俱乐部现役队员均是上海男、女排球队运动员。这是国内第一家由地方媒体出资组建的排球职业俱乐部。2001 年 7 月,上海有线电视台与上海电视台合并。排球俱乐部转入传媒集团,更名为上海东方排球俱乐部,并于 2002 年 8 月向中国排球协会办理了更名注册手续。

由于拥有排球俱乐部提供的充裕资金和后勤保障,上海有线男、女排球队业务水平有较快的提升。1996 年 5 月,上海有线男子排球队获得 1996 年度全国男子排球锦标赛冠军。

在 1996—1997 年度全国女排联赛中,上海有线女子排球队获得冠军。1997 年 6 月 1 日,由上海有线女排队员组成的上海女子排球队获得第八届全运会女排冠军。7 月,上海有线沙滩男排获得第八届全运会沙滩男排冠军。

在 1997—1998 年度全国女排联赛中,上海有线女子排球队获得冠军,并荣膺"三连冠"称号。上海有线男子排球队获得 1998 年度全国男排锦标赛冠军。

1999 年,上海有线女子排球队获得 1998—1999 年度全国女排联赛冠军。

2000 年 4 月,上海有线男、女排球队在"维达杯"全国排球联赛中双双获得冠军。6 月,上海有线女子排球队在亚洲女子排球俱乐部赛中首次获得冠军,并于 2001 年蝉联该赛冠军,填补了国内排球职业俱乐部女子排球队在该项国际赛事中冠军奖项的空白。

此外,排球俱乐部还培养出汤淼等排球球星。

2009 年,传媒集团结束与上海体育系统有关单位的合作。经市国有资产管理部门同意,排球俱乐部教练员、运动员,包括部分后勤保障设施,划归市体育局。

第四章　派驻机构和人员

第一节　海南记者站

1988年4月,上海电台记者朱玲受市广电局委派,负责在海南省筹建记者站。同年8月,经海南省委宣传部批准,上海电台、上海电视台海南记者站(以下简称"驻琼记者站")成立。朱玲任站长。

随着驻琼记者站工作深入开展,原"两台合一"模式已不能满足电视新闻的要求和发展。1993年10月19日,上海电视台发函给市广电局,请示批准设立上海电视台海南记者站。

1993年11月,根据上海广播电视改革发展需要,上海电台结束在驻琼记者站的全部业务,朱玲调回上海电台。

1994年3月25日,市广电局批复,同意上海电视台在海南设立记者站。经两地主管部门批准,同年6月28日,上海电视台驻海南记者站在海口市挂牌成立,站长为上海电视台记者敖德芳。

2004年3月,经海南省文化广播出版体育厅批准,上海电视台海南记者站更名为传媒集团海南记者站。

2009年10月21日,传媒集团更名为上海广播电视台,驻琼记者站随之更名为上海广播电视台海南记者站。

驻琼记者站"两台合一"期间,积极开展各项新闻业务工作。

报道海南特区的发展。驻琼记者站与中央和海南当地媒体密切合作,开展新闻采访活动。1989年春节前后,驻琼记者站组织中央电台对台广播部《空中之友》节目主持人冬艳到海南省采访活动,其间联合采制的2小时系列报道多次在中央电台、上海电台、浦江之声广播电台播出,向台湾同胞详细介绍海南的开放政策、投资环境和发展前景。1992年,在当地广播电台和上海电台《990早新闻》中先后播出《上海市委书记吴邦国率团访问海南并与上海驻琼企业代表座谈》《由上海企业投建的海南第一高楼破土动工》等新闻报道,其中,与海南电台合作采制的录音报道《全国首家期货市场挂牌并进行首场拍卖》在海南省新闻评选中获奖。

为上海、海南两地交流提供帮助。海南建省后沪、琼两地交流得到加强,驻琼记者站担负起穿针引线职能。1991年,上海浦东开发开放初期,以市委宣传部副部长徐俊西为领队的7人调研小组赴海南考察,驻琼记者站全程担负调研小组的接待、联络和宣传工作。驻琼记者站还承担市广电局、上海电台、上海电视台领导和上海广电系统各部门对海南访问交流的接待与联络工作。

为上海投资海南的企业提供咨询服务。1991年,驻琼记者站协助上海市政府驻海南省办事处(筹)的工作,参与筹建上海驻琼企业联谊会,为几十家上海驻琼企业的经济活动,提供宣传、联络、法律咨询等服务。驻琼记者站还为上海投资海南的企业调查取证,保驾护航。20世纪90年代初,上海广播电视发展公司欲与海口市某民营企业签署400亩土地租赁合同交易,经驻琼记者站向当地政府部门调查核实,发现这笔租赁交易存在重大隐患,在该公司拍板决定的前夜,驻琼记者站紧急报告上级领导部门,及时终止这笔交易,避免了国有资产的损失。

由于客观条件限制,驻琼记者站"两台合一"期间,未能及时有效地提供电视新闻片稿。1994

年6月,上海电视台海南记者站成立后,有了根本的改观。

截至2010年,17年中驻琼记者站共向东方卫视、新闻综合频道、外语频道、东方娱乐频道、第一财经频道、生活时尚频道、体育频道等单位提供各类新闻片稿及连线2000余条(次)。

其中重要新闻有:

1997年6月1日起,驻琼记者站记者敖德芳和上海电台新闻部记者陆炯,历时一个月,分赴广州、深圳,采访报道两地各界人士欢庆香港回归的盛况,发稿(片)数十条,圆满完成香港回归前后的报道任务。

1998年8月30日,中国第一条跨海铁路——粤海铁路正式动工,驻琼记者站记者连续报道了这项中国铁路建设史上的标志性工程。

2002年4月12日,亚洲论坛首届年会在中国海南博鳌开幕,从首届博鳌亚洲论坛到每一届年会召开,驻琼记者站都积极承担采访任务。此外,还依托人脉关系,在名额极为有限的情况下,克服种种困难,为上海广播电视系统各单位争取到采访报道名额。

2003年,全国人大常委会委员长吴邦国前往海南省视察并出席中国首条跨海铁路通车仪式,驻琼记者站记者及时跟进采访。

2005年9月28日,海南遭受第18号台风"达维"的袭击,驻琼记者站记者在风雨中拍摄海南军民抢险救灾的情况,并独家采访亲临一线指挥的海南省委书记汪啸风,第一时间将新闻稿发回上海,向观众介绍海南军民抢险救灾的感人事迹。驻琼记者站采访制作的"32年来海南最强台风——第18号台风达维袭击琼岛"的新闻,在中央电视台《新闻联播》中播出。鉴于记者在抢险救灾中的表现,海南省委宣传部授予驻琼记者站"抗洪抢险、抗洪救灾先进集体"称号并颁发奖状。

2009年,驻琼记者站记者先后采访海南文昌航天城建设、上海世博会海南论坛、中国广西—东盟博览会等。翌年12月30日,还采访总投资202.24亿元的海南东环铁路通车和运营仪式。这些新闻报道受到海南和上海有关部门的肯定和表扬。

驻琼记者站还投入一定的精力从事政府、部队及各有关部门的公关、通联工作。记者站和海南省委宣传部、省人大、省政协新闻办、省文广厅等单位建立了良好的联系渠道;与海南省外事办、商务厅、海洋渔业厅、教育厅等20多个政府部门建立了业务关系。驻琼记者站还与海口市委、市政府,三亚市委、市政府和其他市、县以及上海市政府驻琼办事处建立良好的关系。同时,驻琼记者站还加强与海南广播电视台及新华社、《人民日报》等中央新闻单位驻琼机构的业务交流与沟通,为海南经济特区的发展,为沪琼两地经济、文化的合作交流,为上海广播电视系统在海南的进一步发展打下基础。

第二节　天津记者站

1999年,为加强上海与天津两市的信息交流和经济合作,经上海和天津两市市委宣传部批准,上海电台天津记者站(以下简称"驻津记者站")于5月8日成立。上海电台主任编辑陆先明被任命为驻津记者站站长。

2002年,上海广播电视系统进行新一轮改革,组织机构发生根本变化。2003年6月,上海电台被撤销建制。同年年底,上海电台驻津记者站也被撤销,其业务并入驻京记者站。

驻津记者站成立后做了以下几方面工作:

向上海电台提供新闻报道,创建《上海之窗》全国十大城市联播网。驻津记者站推出《上海之窗》节目,采用交换节目形式,在北京、天津、重庆、江苏、浙江、厦门等电台,每周播出一次,每次 15 分钟,主要报道上海要闻、经济贸易、旅游房产等信息,向各地展示上海形象。《上海之窗》节目既加强了上海和各地电台及城市之间的交流与联系,也成为上海电台增加广告创收的新途径。

开展资本运作,成立天津上广光华广告有限公司。2001 年,为了运作《上海之窗》节目,开辟新的广告客源,驻津记者站采用资产运作方式,将《上海之窗》节目经资产评估所评定,作为无形资产和上海复旦光华信息科技股份有限公司合作,成立天津上广光华广告有限公司。该广告公司运作两年多,截至 2003 年 8 月,广告创收 183 万元,实际赢利约 50 万元。驻津记者站成立后的两年需要上海电台拨发经费,该广告公司成立后,不仅不要拨款,与合资单位分红后还有赢利。驻津记者站在仅有 1 人(上海电台编制)的情况下,四年多时间,除完成新闻报道及通联工作外,广告创收达 590.5 万元,其中,为上海电台广告创收 407.5 万元。

帮助企业牵线搭桥,促进上海和天津之间的经贸合作。经过驻津记者站联络,全国超市龙头企业"上海联华"进军天津,和天津商业龙头"一商集团"强强联合,合资成立天津一商联华超市公司。经驻津记者站牵线搭桥并帮助选定超市用址,2003 年元旦,两家各 2 万平方米的上海联华大卖场在天津开业。

第三节　北京记者站

2002 年 9 月 24 日,上海文广集团驻北京办事处暨上海电台、上海电视台驻北京记者站(以下简称"驻京记者站")成立。中宣部副部长吉炳轩,全国记协主席邵华泽,中国作协党组书记、副主席金炳华等出席致贺,国家广电总局副局长胡占凡、上海文广集团总裁叶志康为驻京记者站揭牌。上海电视台记者李守静被任命为驻京记者站站长。

驻京记者站建立后,各项工作均得到国家广电总局等中央部门的全力支持。2003 年 9 月,记者站负责人拜访国家广电总局副局长胡占凡,汇报了上海广播电视系统与中国足球协会合作开发中超联赛电视转播情况,获得国家广电总局领导的理解和认可。

2005 年 3 月,驻京记者站(位于北京光华路 2 号阳光 100 大楼内)新建演播室工程竣工并投入使用。记者站拥有 3 讯道的传统演播室和开放演播室各 1 个,配备卫星传输系统、南洋文稿系统、编辑系统和多套摄录设备,其中南洋文稿系统通过光纤连接上海台局域网,可实现远程报片、远程提示器制作更新。这一多功能、多元化的平台,满足驻京记者站内各频道节目制作的需要,为实现传媒集团"一多三跨"(多媒体、跨地区、跨行业、跨国界)发展战略目标,提供了良好的技术条件和保障。

2007 年,驻京记者站在中共十七大等重大报道任务中承担直接参与报道和服务报道组的任务。

2008 年,驻京记者站做好国家广电总局领导抵沪参加上海电影节、上海电视节期间的协调沟通工作;并出色完成了北京奥运会报道等重大任务。

驻京记者站组成人员主要有传媒集团东方卫视、体育频道等单位的记者和工作人员,平均每天有 4 档直播节目,每天从北京和北方地区传至上海 6 条以上新闻,其中有许多是重大新闻和独家报道。在每年的全国人大、全国政协两会宣传等重大新闻报道中,驻京记者站发挥了很大作用。

驻京记者站在人力资源管理、财务预算管理、技术设备管理、内部行政管理等方面,都建立规范的规章制度。

驻京记者站在完成采访报道工作的同时,与中宣部、全国人大、全国政协的新闻局,外交部、文化部、国家广电总局、国务院新闻办、审计署、商务部、证监会、农业部等 20 多个部委建立联系;并与北京市委、市政府有关部门,上海市各驻京机构保持广泛联系。此外,驻京记者站还加强同中央电视台、中央电台、新华社、人民日报社、光明日报社等中央新闻单位的沟通,为上海广播电视系统在北京和北方地区的业务发展打下扎实的基础。

第四节　香港办事处记者站

2004 年 11 月,经国家广电总局批准、国务院港澳事务办公室同意,传媒集团成立驻香港办事处记者站(以下简称"驻港办事处")。

2006 年,驻港办事处为配合传媒集团发展战略,满足集团所属单位在香港录制电视节目的需求,对办事处进行技术系统的全面建设。其中包括:电视墙、导控台、机架的安装和演播室系统的搭建。改建后的演播室能够承担新闻类、访谈类和体育赛事节目的制作,其导控室由于布局合理,操作更加方便。

传媒集团驻港办事处新闻宣传的主要职责是:积极参与上海市委、市政府组织的赴香港重大采访报道活动;主动提供上海市委、市政府领导在香港学习、工作、考察的新闻报道和新闻素材;及时提供上海与香港举行以两地合作为内容的重大时政、文化、经济活动的新闻报道和新闻素材;主动提供香港在经济发展、文化活动、城市建设方面的重大举措和先进经验的有关报道和新闻素材等。

驻港办事处设立后,配合中央政府和上海市各方面的要求,积极发展和香港各界的关系,开展全方位采访、通联和公关活动,推动上海文广系统内容产品进入香港市场,拓展与香港文化、传媒界的合作。

2006 年,驻港办事处参与、策划中华城有限公司、香港无线电视广播有限公司(TVB)、中国对外文化集团公司和传媒集团联合主办的《沪港之夜大型文艺晚会》,全国政协副主席董建华和夫人,以及中央政府驻港机构领导出席该晚会;参与、策划由文化部、上海市人民政府主办的中国上海国际艺术节在港澳的推介宣传活动;参与、策划并全程参加由中央电视台组织的"香港回归祖国十周年"省级电视台赴港报道采访团;配合国家广电总局提出的"走出去"工程,协助并联络东方卫视在港、澳落地的工作,并取得实质性进展;积极协助传媒集团下属各单位记者来港采访工作,向传媒集团各平台提供 1 100 多条港澳新闻和新闻专题文稿;策划、落实东方卫视在香港举行的《花开中国》直播节目和香港新年花车巡游电视直播;以及其他和港澳地区合作的大型电视文艺活动等。

2007 年,驻港办事处积极参与策划香港回归祖国 10 周年报道和《群星耀东方》庆回归大型文艺晚会;为传媒集团与香港互动电视有限公司合资企业的法律谈判、第一财经频道落地 NOW 宽频的谈判、东方卫视落地 TVB 收费电视的公关联系以及香港媒体和集团有关部门的交流互访做了大量服务工作。

2008 年,驻港办事处首次在港交所实施沪港股市交易直播连线;首次将上海电视新闻在香港播放,并将香港电视新闻直接传送至传媒集团电视新闻中心,业务工作有了较大发展。同年 11 月,驻港办事处新闻采访有了突破。首次派记者赴中国台湾探访"陈江会谈"(大陆海协会会长陈云林与台湾海基会董事长江丙坤在台北圆山饭店举行的会谈)并取得良好成果。

第五节　四川记者站

2008年5月12日,四川省汶川地区发生8.0级特大地震。上海广播电视系统的新闻工作者深入抗震救灾第一线,发回大量第一手报道。

按照党中央和上海市委、市政府的指示精神,在较长时间内报道上海对口援建都江堰市的工作和四川人民灾后重建的情况,完整地记录对口支援工作的全过程,经上海市和四川省有关部门批准,传媒集团决定设立四川记者站。

2008年11月18日,传媒集团在成都市举行新闻通气会,宣布设立传媒集团驻四川记者站(以下简称"驻川记者站")。

传媒集团驻川记者站的主要工作:宣传报道上海对口支援相关灾区的学校、医院、民生基础设施等重建工作,以及在对口支援中上海各方涌现的感人事迹;宣传报道四川人民在党中央、四川省委领导下全力开展灾后重建工作的情况,报道灾区人民重建家园的决心和信心;宣传报道四川在贯彻党中央"两手抓"精神中的举措和经验;宣传报道四川地区在改革进程中取得的成果。

驻川记者站位于成都市金牛区西体路1号14楼9号和10号。拥有一个会议室、一个演播室。演播室配有三个机位和独立切换台,与上海总部通过SDH光缆连接,可以独立完成电视节目制作、播出和实时现场直播。

2008年年底,驻川记者站联合搜狐、《南方周末》等10家媒体,发起"去汶川过年"的采访活动,从成都出发重返都江堰、映秀、彭州、北川等重灾区,从农历腊月二十九到新春初七,每天第一时间从现场向上海传回报道,让观众了解到灾区的现状,也把上海人民的关心带给受灾民众。

2009年5月11日,国内首例甲型H1N1流感病例在成都确诊,驻川记者站记者凌晨5点就赶到当地传染病医院摄制电视新闻,并通过卫星为东方卫视《早间新闻》做现场直播报道。

2009年,5·12汶川大地震一周年之际,东方卫视推出《重生的力量——汶川大地震一周年直播特别报道》。直播前,驻川记者站记者率先采访地震灾区,用镜头记录灾区人民抗震救灾精神以及灾区一年来的巨变。

2010年9月21日,上海对口援建指挥部撤离都江堰,驻川记者站发回《上海援建指挥部今日撤离,都江堰市民冒雨送别》的报道,短短两分钟的报道,浓缩了上海援建工作者奉献精神和都江堰市民的感恩之情。电视报道受到四川、上海有关部门的肯定和表扬。

驻川记者站还用电视镜头记录上海援建工作的全过程,从资金的审批到项目的实施、从学校的选址开工到交付使用、从受灾群众喜迁新居到上海援建代表团参加驻地人代会等,为上海广播电视系统留下珍贵的视音频资料。

驻川记者站还与四川省、成都市两级政府的有关部门建立联系渠道,与省市两级电视台和当地新闻媒体保持良好的合作关系,为上海广播电视系统在四川和西南地区的发展打下基础。

第六节　上海第一财经传媒有限公司
派驻机构与人员

传媒集团上海第一财经传媒有限公司(以下简称"第一财经电视")为了更好地拓展新闻资源,为境内外受众服务,在国内北京、深圳、香港等地及英国伦敦、美国纽约和新加坡派出驻外记者,常年活跃在各地,以全球视野报道财经新闻和金融信息。

派驻国内机构和人员。2001年,上海电视台有线财经频道(第一财经电视前身)派驻北京记者2人,主要进行新闻报道以及联系相关部、委、办、局等工作。2003年,第一财经电视在北京设立演播室。2005年,驻北京记者增至3人;2008年增至11人;随着新闻业务的扩大,2009年增至25人。2001年,上海电视台有线财经频道派驻深圳记者2人,并在当地设立演播室。驻深圳记者主要进行新闻报道以及联系深圳证券交易所、粤港券商等工作。2005年,第一财经电视驻深圳记者增至3人,2009年恢复为2人。2005年,第一财经电视派驻香港特别行政区记者1人,主要进行财经新闻报道以及联系香港证券交易所和券商等工作。

派驻英国伦敦记者。2009年下半年,第一财经电视派出驻英国伦敦记者。第一财经驻伦敦记者主要负责当地及欧洲重大政经新闻和突发事件报道,并进行英国证券市场、期货市场等每日实时行情报道和欧洲市场评论分析。2009年9月起,驻伦敦记者为第一财经电视栏目《财经夜行线》《财经早班车》《财经中间站》等进行电话连线,包括金融危机一周年后的欧洲股市、博鳌亚洲论坛、伦敦会议等。在国内将要推出创业板股票时,驻伦敦记者从伦敦证券交易所传回画面,详细介绍英国创业板成败经验,供证券界和投资者参考。2009年11月,在苏格兰举行的20国财长和央行行长会议,驻伦敦记者前往采访并首次从英国现场连线上海总部,第一时间发送新闻。

派驻美国纽约记者。2009年,第一财经电视、《第一财经日报》联合派出驻纽约记者。当年4月29日,第一财经电视与《第一财经日报》在纽约合作举办"中美应对金融危机论坛",邀请美国金融界知名人士参与讨论。2010年9月初,第一财经电视与纽约证券交易所连线报道正式开始。每周一至周五,驻纽约记者在早间7点档的《财经早班车》节目中,为投资者报道欧美股市收盘最新情况和全球财经热点新闻点评,帮助投资者及时了解全球资本动向和股市投资信息。

派驻新加坡记者。2004年,第一财经电视派驻新加坡记者1人,从事财经新闻和金融证券报道。

第七节 《第一财经日报》派驻机构与人员

《第一财经日报》自2004年11月15日成立起,先后在北京设立记者站,在广州设立华南办事处(分设广州和深圳两大业务板块),在成都、长沙、济南、杭州、郑州、重庆、福州、昆明、西安、武汉、南京、香港等地以及美国派出驻外记者,百余名报社从业人员常年活跃在各地,进行财经类新闻的宣传报道工作。

北京记者站。《第一财经日报》北京记者站于2005年1月获上海市新闻出版局同意设立,同年4月获上海市委宣传部同意设立,5月,向北京市新闻出版局提出设立申请并获批准。北京记者站站长为赵洪伟,2006年4月变更为陈玉明。《第一财经日报》北京记者站成立初期有员工100余人,下设部门有综合办公室、财务部、人力资源部、技术部、编委会、综合新闻中心、财经新闻中心、产经新闻中心、副刊中心、发行中心、广告中心、视觉中心及市场推广部。

2005年7月14日,记者站站长赵洪伟(笔名韦三水)、记者边长勇采写的新闻报道《得益者金威隐现"甲醛门"》刊发,该报道敏锐地把触角伸到"甲醛门"的渊源,并直接剖析事件背后的关键人物和利益链,在政府部门和行业内引起普遍关注。

2007年,《第一财经日报》和第一财经电视携手,与中国人民银行(以下简称"央行")、中国社会科学院在北京共同主办"亚洲金融危机10周年"研讨会,央行副行长吴晓灵出席。研讨会还汇聚众多的政府高层官员和研究机构代表，扩大了第一财经在北京的影响力。

2009年，北京记者站发行中心完成《第一财经日报》沈阳和济南两个分印点的开设工作。同年，北京发行中心初步实现《第一财经日报》进入机场（飞机）和地铁展示的目标，销售渠道上实现新的突破。

华南（广州和深圳）办事处。《第一财经日报》华南办事处分设广州和深圳两大业务板块，在成立初期，设立的部门有财经新闻中心、产经新闻中心、视觉中心、广告中心、发行中心。华南新闻中心主任为张国良，深圳办事处负责人为张晓燕。《第一财经日报》华南办事处成立初期，广州有员工40人，其中采编人员约20人；深圳有员工17人，其中采编人员约10人。华南办事处积极参加广州日报报业集团在珠三角各城市举办的一系列大型广场推广活动，在以珠三角经济发展为主题的论坛和活动中，经常设有《第一财经日报》展台。《第一财经日报》在深圳逐步加大自主投递力度。2008年7月1日起，《第一财经日报》在深圳开设分印点，由深圳报业集团发行公司全面代理《第一财经日报》在深圳区域的投递业务，覆盖地域有所扩大，投递服务质量也有明显提升。

派驻国内其他省市机构和人员。《第一财经日报》每年都根据新闻采访的需要而调整和变化。截至2009年，《第一财经日报》共拥有8名派驻记者，分别派驻成都、长沙、济南、杭州、郑州、重庆、福州等城市。

派驻美国纽约记者。2009年，《第一财经日报》派出驻美国纽约记者。2009年4月29日，为扩大《第一财经日报》在美国华尔街的影响，《第一财经日报》与第一财经电视合作，在纽约举办"中美应对金融危机论坛"，邀请美国金融界知名人士出席论坛并参与讨论。在该论坛报道中，《第一财经日报》与第一财经电视紧密合作，《财经早班车》《财经中间站》《财经夜行线》《最新闻》等财经资讯节目多次连线日报驻美记者，录制电话采访、视频报道等。《第一财经日报》驻美记者也在论坛现场及时播放由第一财经电视提供的英文版宣传片。

第九篇

研究出版

1978—2010 年,上海广播电视系统的研究与出版工作步入快速发展轨道。

全系统先后成立上海市广播科学研究所、文广新闻传媒集团(以下简称"传媒集团")发展研究部、第一财经研究院等不同类型的研究机构,思考、研究并提出一系列前瞻性的规划和设想,为广电节目创新、新媒体发展、文化产业拓展提供有力的支撑。此外,系统内组织广播电视业务研讨已成常态。其中,有新闻改革的研讨活动,有节目主持人和各种类型电视剧的讨论,有上海电视节、上海国际广播音乐节/上海之春国际音乐节专题研讨,还有少儿、经济、金融、文艺、体育、社教、外宣、对台等节目以及新媒体与科技方面的业务探讨,这些研究活动覆盖上海广电业界各个领域。

上海广播电视系统除了出版发行各类唱片外,还出版音像制品。此外,公开出版发行报刊是系统跨界发展的重要标志之一。1978 年,创刊于 1955 年的《每周广播》报复刊并更名为《每周广播电视》报。1982 年《上海电视》杂志、1985 年《电视剧艺术》杂志、1994 年《有线电视》报相继创办。2000 年后,系统加快创办报刊的步伐,先后出版发行《新闻午报》/《天天新报》、《第一财经日报》、《哈哈画报》、《星尚 OK!》/《星尚画报》以及《第一财经周刊》。这些报刊涵盖节目资讯、金融财经、少年儿童、都市时尚各种类别,形成了上海广播电视系统特有的纸质媒体新格局。

第一章　科研机构与业务研究

第一节　科研机构

一、上海市广播科学研究所

上海市广播电视局(以下简称"市广电局")制订的《上海市广播电视事业发展"六五"、"七五"规划和十年的设想》中提出,要建立广播技术研究所。据此,1984年开始筹建。1987年3月14日,经国家科委、上海市人民政府、上海市科委批准,成立上海市广播科学研究所(以下简称"科研所"),原上海市广播事业局副局长兼总工程师何允任所长。该所成立时有职工30多人,至2010年,已拥有科研人员70多人,其中博士、硕士等中高级技术人才占员工总数的60%,具有很强的科研开发能力和足够的技术、设备、人才储备。

科研所主要任务是承担广播电影电视部(以下简称"广电部",后为国家广电总局)、上海市科委以及市广电局所下达的科研课题研制任务,从事广播电视系统的规划和节目制作、信息传播/发射及接收等方面新技术的软、硬件研究与开发。1998年,市广电局主办的第七届上海电视节国际广播电视技术研讨会率先提出"电视数字技术的发展"主题。科研所积极开展数字广播和数字电视以及相关系统的基础研究,为电视台、有线网络公司、新媒体公司等各类广电运营商提供专业的广电业务管理平台和运营支撑平台,并开展节目内容、数据加工、技术维护等增值服务。

科研所承接并完成广电部(国家广电总局)、国家发改委、国家科委以及上海市科委多项科技攻关项目,并获得部、市级科技成果奖。1995年,科研所完成的"10—30 kW波导型分米波电视双工器"项目获得国家科委科技进步奖三等奖、"1—3 kW调频天线五工器"项目获得上海市科委科技进步奖二等奖;1996年完成的"10 kW PDM全固态中波广播发射机"项目获得广电部科技进步奖一等奖;2003年完成的"MPEG-2码流分析仪"项目获得国家广电总局科技创新奖三等奖等。

截至2010年,科研所形成的产品有:媒体资产管理系统、全硬盘自动播出系统、全台网数字化系统、卫星收录系统、数字电视播出系统、用户管理系统、EPG系统、VOD点播系统、多媒体发布等,并生产码流分析发生仪,数字模拟音视频矩阵,数字模拟多画面合成器、分配器、转换器等系列产品。

二、传媒集团发展研究部

成立于2001年10月的传媒集团发展研究部(以下简称"发展研究部"),主要从事集团发展战略规划、传媒娱乐产业项目孵化和相关产业的开发,广播电视受众研究、节目形态研究和开发,以及现代传媒集团管理模式等研究。它融课题研发与项目运作于一体,以集团内容产业开发为主线、具体项目运作为龙头,实行矩阵化管理,是集团产业发展的重要职能机构。部门编制成员14人,历任主任:沈莉、鲍晓群、李勇。

发展研究部成立后,相继就户外移动电视、宽带网络电视、电视频道输出,以及集团内容品牌资源开发等项目进行研究和前期孵化发展。它负责编制《上海文广影视集团五年发展规划》《上海文广新闻传媒集团五年发展规划》和《上海文广影视集团内容产业开发规划》等产业发展规划,还参与集团与环球唱片、韩国CJ家庭购物株式会社和美国维亚康姆集团等海外传媒机构的重大合作项目方案的制订、论证和多次洽谈。

发展研究部主导研究的课题有:"海外电视频道进入中国的影响评估""制作和播出体制改革的研究判断""儿童节目市场调研""网络游戏产业调研"和"海外传媒集团组织架构"等。

发展研究部主编广电传媒学术期刊《广播电视研究》(又名《传媒主张》);负责编撰大型专业工具书《中国电视剧市场报告》《中国电视体育市场报告》《中国数字电视市场报告》《中国电视综艺娱乐节目市场报告》《中国电视新闻节目市场报告》等。

发展研究部的另一重要职能是广播电视视听率分析和管理。它建立一套系统的视听率数据发布、分析和考核制度及方法,制定对公益文化类节目的综合考评体系,成为集团电视频道、广播频率提升节目视听、研发节目创意、考核节目绩效的重要依据和管理工具。发展研究部代表集团被推选为全国视听率用户委员会主席单位,还主编出版收视率研究专著《作为工具的收视率》等。

2004年,发展研究部组建节目研发中心(鲍晓群主任兼该中心负责人)。其主要职能是跟踪分析和向频道推荐国际最新的优秀节目模式,主编电视节目模式专业月刊《节目模式报告》。节目研发中心主导、参与集团大型节目创意和模式引进,促成以下节目的诞生:2004—2010年,东方卫视的《我型我秀》《创智赢家》《舞林大会》《加油,好男儿》《春满东方——新年倒计时》《梦圆东方》等,新闻综合频道的《1/7》《环球新闻周刊》,艺术人文频道的《博物馆奇妙夜》等。节目研发中心编撰出版节目研究专著《模式报告》《年轻的战场——SMG"好男儿"是怎样炼成的》《包装电视空间》《黄金制造——15位电视制作人访谈》等。

2006年,发展研究部负责组建集团博士后工作站,由发展研究部主任兼任工作站站长。日常管理博士后的招生、课题、答辩等工作。博士后工作站先后招收3人,进行"媒体受众和广告资源开发研究""文化传媒产业的投融资创新""媒体版权投资与管理研究"等课题研究,并完成博士后出站报告。2009年,博士后工作站归入集团人力资源部管理。

2010年年底,上海广播电视台(由传媒集团更名)因战略架构重组和发展需要,撤销发展研究部,其部分业务归入总编室和战略投资部业务范畴。

三、第一财经研究院

2007年7月8日,上海第一财经传媒有限公司所属的第一财经研究院(以下简称"研究院")在上海成立。刘世锦、夏斌等15位中国经济界、金融界著名专家、学者成为研究院学术委员会成员,中国人民银行研究局原副局长景学成被聘为研究院首任院长。

研究院依附第一财经传媒公司电视、广播、日报、网络、杂志等媒体,向境内外市场第一时间提供经过专业整合和分析的各类财经资讯,并定期提供涉及宏观经济、金融市场、产业领域在内的研究报告和数据库,以及各类指数和金融产品分析评价系统的资讯。

研究院以市场化运作、以营利为目的,针对政府、媒体、企业、机构投资者和个人专业投资者,研究设计适销对路的信息产品。研究院研制完成的产品包括:《中国产业投资基金发展报告》,理财产品信息与评价系统,汽车、金融、地产、医药行业周报和月度分析报告,CBN三角洲指数联合编制工作等。

2008 年 5 月,研究院推出中国首个第三方发布的阳光私募基金数据库业务。这是研究院及其母公司(上海第一财经传媒有限公司)向财经资讯供应商转型的标志性事件。

2009 年,研究院经过对原有研发产品的框架进行重新梳理,确立数据库指数、行业研究与咨询、深度加工资讯产品等支柱型业务。

【数据业务】

2009 年,研究院在数据库基础上开发的各类指数与榜单业务取得进展。指数方面开发"第一财经·南华期货指数""第一财经·兴业基金社会责任指数""第一财经·我的钢铁指数""第一财经·中期商品综合指数""第一财经·渤商所原油价格指数""第一财经·渤商所焦炭价格指数""第一财经·申万巴黎基金投资风向标"等项目。

【咨询、调研服务】

2009 年,研究院在高科技企业融资模式、产业发展研究等领域的研发成果,收到上海市科委、浦东新区科委、上海漕河泾开发区、上海张江集团、渣打银行、浙江商会、南京高新区开发总公司等单位的订单。其中,《浦东新区创业投资及产业基金发展竞争力研究报告》于 2009 年 4 月在《浦东新区政研动态》上以专题形式发表。

【深度加工资讯产品】

2009 年,研究院"内参终端"研发的《高层决策参考系列》,通过上海市机要局等渠道,对外销售近 500 份(每份定价 3 000 元/年)。同时,研究院对"内参终端"中信息覆盖面较广的《理财金手册》板块进行针对性的改造,使之更加模块化、清晰化。

2010 年,研究院为第一财经公司内部的无线部门(公司所属移动端等新媒体)、内容整合部门提供大量的深度加工资讯产品,其中有《第一财经证券投资内参》《财富管家》《股海淘金》等研发产品。

第二节　业　务　研　究

改革开放后,上海广播电视系统的学术研究工作进入新的发展阶段。1986 年,市广电局将内部刊物《广播电视业务》易名为《广播电视研究》杂志,作为开展学术争鸣的理论阵地。1988 年 6 月,学术性研究团体上海市广播电视学会(以下简称"市广电学会")成立。在此前后,上海地区还成立了上海电视艺术家协会(1985 年 7 月)和上海市有线电视协会(1990 年 2 月),这些广电行业专业团体为上海广播电视系统学术研究提供了重要的平台。

一、广电业务研究

广播电视改革学术研究。随着改革开放的不断深入,广播电视如何改革,成为新时期上海广播电视工作者认真探讨的重大课题。1986 年 10 月,市广电局广播电视研究所(筹)举办了一次有关广播电视新闻改革的讨论,广播电视的深度报道和带有一定哲理的电视专题片、纪录片被提上了讨论日程。1989 年 7 月,市广电局对社会改革中的广播电视发展方向举行了一次研讨性的笔会。局广播电视研究所(筹)负责人李学成在《泛论广播电视的舆论导向功能》一文中提出了广播电视的显性导向功能和隐性导向功能的问题,上海人民广播电台(以下简称"上海电台")台长李森华(笔名李耕)在《反思中寻求成熟》一文中指出广播电视新闻改革的关键取决于新闻队伍自身的素质。1992年底,上海广播电视系统对广播电视的新闻定义开展了一场讨论,上海电台副台长赵凯在《广播电视应有自己的新闻定义》一文中提出:"在新闻学基本定义的基础上,广播电视应该有自己的新闻定义,即广播电视新闻是正在发生或刚刚发生的信息的广泛、迅速的传播。"

1993年2月底至3月初,针对上海电台、上海东方广播电台(以下简称"东方电台")、上海电视台、上海东方电视台(以下简称"东方电视台")和上海有线电视台5台竞争格局的建立以及上海电视节目在门类和数量上的大发展,市广电学会、市广电局总编室联合召开"宣传改革研讨会",以新形势下广播电视新闻宣传的性质、任务、功能、机制为主题,着重研究新闻报道的模式、舆论监督的社会效应、谈话节目的方针和方法、群众参与中的引导所涉及的法律问题等。东方电视台陈梁在研讨会上的发言《在东视,尝试一种新闻》获得1993年全国广播电视改革论文评选一等奖。1994年6月10日,市广电学会组织召开学术年会,来自上海高校、研究机构的人员与新老广播电视工作者70余人集聚一堂,共同交流广播电视理论研究成果。此次学术年会明确提出,社会文化和广播电视相结合是当代中国社会文化发展的大趋势,广播电视和社会文化相结合才有中国广播电视发展新超越的论点。

在探讨广播电视改革的同时,上海广播电视系统为建立具有上海特点的广播电视基础理论体系而进行探索。1986年,市广电局局长龚学平在总结国内外广播电视发展史上的经验教训时,提出了中国的社会主义广播电视既是"喉舌",又是"产业"的观点。此后,从发挥上海广播电视优势到进一步深化宣传改革,从上海广播电视的体制改革到广播电视节目走向市场,从上海广播电视宣传的人事、财务到技术、服务,从上海广播电视基本建设到组建东方明珠股份有限公司,以及2005年11月成立的百视通网络技术发展有限公司等,都进行了认真的探讨,并逐步形成共识。在广播电视改革理论的指导下,上海广播电视走上了一条"自我建设、自主经营、自谋发展"的道路。

广播电视业务学术研究。1986—1993年,市广电局、市广电学会举办了28场广播电视理论和广播电视节目研讨会,平均每年3场以上。1994—2010年,上海广播电视系统的业务学术研究除了和政府有关部门、高等院校、学术团体、各类媒体等紧密合作外,还注重对国(境)外业界发展动态和创新成果的研究。这些学术研究涉及新闻改革、主持人节目、电视剧、对台湾广播、少儿节目、经济报道、文艺节目、竞技类节目、电视广告、体育报道、农村宣传、社教专题、外宣纪录片等方面的业务探讨,基本上涵盖了上海广播电视宣传的各个门类。

1988年6月2日,浦江之声广播电台举办"新闻节目研讨会",这是上海广播电视系统第一次举办对台湾广播的新闻研讨活动,市内部分区、县、局及驻沪解放军和武警部队多位对台宣传干部参加。研讨会上,与会人员学习上海市市长江泽民"传播乡音乡情,弘扬爱国主义"题词精神,就海峡两岸新形势下如何开展新闻报道进行探讨。浦江之声广播电台副台长汪蕾做了主题发言,有关专家、记者和特邀通讯员做了相关论文和对台新闻采编技巧的介绍。研讨会达成共识:对台新闻必须注重岛内实情调研,分析台胞心理,加以创新求变,才能取得让听众"入耳、入脑、入心"的宣传效果。

1989年11月10日,市广电局研究室和上海电视台联合举办上海电视广告理论研讨会。上海高校、广告部门的专家、学者和广告工商客户代表50多人参加。与会者回顾上海电视广告10年发展的进程,充分肯定上海电视广告在促进生产发展、指导社会消费、活跃电视文化、陶冶群众情操等方面的积极作用,并对上海电视广告的影响、特点、创作及其不足进行探讨,提出建议。会上有20多篇论文进行了交流。

　　1993年2月18日,市广电学会邀请社会知名评论家召开"东广现象研讨会",就东方电台节目的个性、特色、风格等,做了深入剖析,并为节目创新献计献策。同年12月,市广电学会召开学术年会,交流广播电视理论研究成果。不少研究都提出了上海的广播电视要适应改革开放新形势的发展,要与上海的龙头地位相配套,要发挥上海中心城市的诸多功能。在节目设置上强调以新闻为骨干,文艺、专题、教育节目为主体,电视剧、广播剧为拳头的格

图9-1-1　1988年6月,浦江之声电台举办上海地区首次对台广播"新闻节目研讨会"

局。此次学术年会共收到论文48篇,近50万字。其中比较突出的是市广电局总编室陈乾年撰写的《上海广播电视的发展及未来》一文,该文被推荐参加1994年全国优秀广播电视学术论文评比,获得一等奖。1994年11月13—15日,市广电局主办的第五届上海电视节举行以"21世纪电视发展之展望"为主题的学术交流活动。中外专家、学者在交流发言时就全球有线电视的现状和展望、电视节目的设置及管理,上海广播电视的格局与发展等做了深度研讨。

　　2000年,上海市文化广播影视管理局(以下简称"市文广局")主办第八届上海电视节国际影视学术研讨会,其主题为"中国影视业与世界对话",研讨会对海外广播电视业的发展经验做了专题介绍,借以开拓上海广播电视工作者的视野。2003年8月7—8日,市广电学会举行上海郊区广播电视优秀作品交流点评活动。上海宝山、南汇、闵行等8个区的文广局代表相继发言,交流经验。学会领导和高校专家对作品逐一评点。这样的学术探讨和交流活动成为市广电学会每年的工作惯例。2004年9月18日,由中国广播电视学会主办、市广电学会承办的"跨区域媒体品牌建设——东方卫视现象研讨会"在上视大厦召开。专家、学者就传媒集团东方卫视开播一年来的业绩展开评点,为其今后的发展出谋划策。

　　2006年6月3日,市广电学会、传媒集团第一财经广播频率在浙江嘉善联合举办"《中国长三角》节目开办三周年暨进入中央电台'经济之声'播出一周年研讨交流会"。中央电台"经济之声"和长三角地区15家城市广播电视集团(台)、《中国广播》杂志的负责人和专家60余人出席。2008年,市广电学会结合迎接国庆60周年、上海人民广播创立60周年和将于2010年举行的上海世博会以及市广电学会成立20周年等重要节点,开展各类学术研讨与论文(有奖)征集活动,陆续编纂《金色的年轮》《求索的结晶》《世博会与有声有色的广电宣传》等评析专著,还组织优秀会员的个人作品研讨会。与此同时,配合部分颇具社会反响的上海广电节目,相继举行《新闻透视》《东方畅想》《新闻坊》《冲刺上海》《传媒集团抗震救灾报道》等专题研讨交流。

　　主持人主持艺术和采编人员作品学术研究。1987年6月,正值"节目主持人"这一新的节目样式在国内广播电视界出现不久,广播电视专业人士张力奋和上海电台播音员佟刚分别发表了论文《电视节目主持人的特质及其社会文化情境》和《主持人节目需要个性化语言》,探讨了主持人个性和节目个性的关系。1990年5月19日,市广电局研究室、上海电视台、上海音像资料馆联合召开了电视节目主持人研讨会,会上讨论了主持人的界定,对节目主持人的时代感,艺术、科技、经济类节

目主持人的学者效应,节目主持人的形象风格和个性特点等进行了探索。市广电局局长龚学平在总结中论述了具有中国特色的节目主持人成长之路。

这些学术研究和理论探讨,不但为节目主持人这一新的节目主持样式做了正确界定,还衍生到记者、编辑、导演等专业领域。上海广播电视系统迅速涌现出一批名、优主持人,同时不少优秀记者、编辑、导演也脱颖而出。借此,市广电局、市广电学会等持续举办各种类型的优秀主持人和采编人员业务研讨会(其中有些研讨会还是上海新闻界首创),加大研究、推广优秀从业人员的经验和方法,指导广电系统的业务工作。

这些研讨会主要有:1991年9月9日,市广电学会、上海市语言文字工作者协会、上海演讲研究会在上海教育会堂联合举办"陈醇从事播音工作40年学术研讨会"。1992年3月30日,市广电学会主持人节目研究会在沪举办"叶惠贤主持艺术研讨会"。1998年1月12日,市广电学会、上海电视艺术家协会联合举办"刘文国电视综艺编导艺术研讨会"。同年8月,市广电学会、上海市新闻工作者协会、上海市新闻学会联合举办"孙泽敏新闻作品研讨会",该研讨会是上海新闻界首次举办的记者个人作品研讨会。

2001年4月9日,上海电台举办"毕志光广播音乐节目研讨会"。10月27日,市广电学会、上海市新闻工作者协会、上海市新闻学会联合举办"江小青广播新闻作品研讨会"。10月29日,中国广播电视学会播音学研究会和上海电台在上海科学会堂联合举办"陈醇播音生涯50周年研讨会"。参会领导和专家学者以及张瑞芳、孙道临、乔奇等艺术家,对陈醇执着的敬业精神和高超的播音技艺给予高度评价,电影表演艺术家孙道临即席题词:听君细陈,如饮甘醇。2003年11月8日,市广电学会、上海市新闻工作者协会、上海市新闻学会和传媒集团联合主办"陈乾年广播电视理论作品研讨会"。参会的专家、学者对陈乾年广播电视理论作品做了多视角的研究讨论。2005年9月21日,传媒集团和市广电学会联合举办"郭在精广播文学作品研讨会"。2009年12月10日,市广电学会、上海市新闻工作者协会、上海市新闻学会、上海广播电视台在上视大厦联合举办"用心倾听,用智倾谈——《可凡倾听》主持艺术研讨会"。2010年12月28日,市广电学会举办"《媒体道可道》——王琪森文艺评论研讨会"等。这一系列学术研讨活动,营造出业内浓厚的学术氛围,激励了上海广播电视系统从业人员钻研业务、爱岗敬业的职业精神。

二、广电技术研究

上海广播电视系统始终注重广电技术的科研活动。20世纪90年代后,进一步加强了对技术领域的理论研究和科研学术活动,在完成科研项目的同时还举办各类技术研讨并取得丰硕成果。

【上海电视节的广电技术学术研讨】

1996年,市广电局主办的第六届上海电视节国际广播影视技术研讨会在上海召开,研讨会围绕"电视,迎接21世纪的挑战"的主题分三部分展开,分别是"21世纪电视发展展望""在观念技术更迭加快的今天,如何对待传统""影视合流如何为上海电视事业走向21世纪增强实力"。1998年,市广电局主办的第七届上海电视节国际广播电视技术研讨会的主题是"电视数字技术的发展",这一主题,在业内引起强烈的反响。上海市广播电视科研所根据该主题,积极开展数字广播和数字电视以及相关系统的基础研究,为电视台、有线网络公司、新媒体公司等各类广电运营商提供专业的广电业务管理平台和运营支撑平台。2000年,市文广局主办的第八届上海电视节国际广播电视技术论坛,其主题是"世纪之交的广播影视数字技术"。论坛议题的重点是电视虚拟技术、数字播出技术以及由模拟向数字过渡中的技术管理等。2004年,市文广局主办的第十届上海电视节国际广播影视技术研讨会主题是"走进数字化时代——新技术、新媒体、新产业的发展"。2005年,市文广局主办的第十一届上海电视节与上海国际电影节技术研讨会的主题是"当今数字时代的新热点、新发展"。2006年,市文广局主办的第十二届上海电视节国际新媒体与广播影视设备市场暨技术研讨会在上海召开,研讨会的主题是"传统媒体与新媒体的撞击"。2007年,市文广局主办的第十三届上海电视节国际新媒体与广播影视设备市场暨技术研讨会在上海召开。研讨会以"走进数字化时代"为主题,围绕数字化后网络化的必然趋势,对"网络化的机遇与挑战"和"网络化给我们带来了什么"进行探讨。2009年,市文广局主办的第十五届上海电视节白玉兰国际广播影视技术论坛在上海召开,该论坛以"视觉的冲击、视觉的享受"为主题展开研讨。

【广播电视及新媒体技术学术研讨】

2005年11月,首届中国高清电视产业发展论坛在上视大厦召开,主题为"探索·拓展·联动"。该论坛由传媒集团和探索国际电视网主办,上海文广互动电视有限公司与探索亚洲电视网共同承办。论坛上,来自传媒集团技术运营中心、影视剧中心、纪实频道与探索亚洲电视网节目、市场、网络运营方面的负责人分别就高清影视剧、高清频道的市场运营和产业合作发表主题演讲。2006年2月18—19日,文广集团主办、传媒集团承办的"第二届中国高清电视产业战略研讨会"在上海举办,100多名代表参加会议。2008年,中国影视技术学会、中国广播电视协会技术研究会、市文广局、文广集团等单位联合举办的上海国际广播影视技术研讨会在上海召开。研讨会围绕"新技术带来的融合趋势"主题进行研讨。2010年6月9日,"白玉兰"国际广播影视技术论坛在上海召开。来自全国各省市的200多人参会。会上,信息技术界、通信界、广电界的专家和领导分别从高清、3D立体电视、手机电视、网络电视、有线电视切入,从广播电视的制作、播出、传输、终端等不同角度,为中国广播电视技术的未来发展提供最新的研究成果和更高端的战略指导。

第二章　音　像　制　品

第一节　音频制品出版发行

一、唱片

20 世纪初,录音唱片传入上海。此后,录音唱片的生产、出版经历了粗纹唱片、密纹唱片等发展阶段。

1958 年 9 月,上海人民唱片厂试制完成第一批 25 厘米 33⅓ 转密纹唱片 6 个片号共 608 张。1958—1993 年,生产密纹唱片 5 150 万张。

1965 年起,着手研制 17 厘米薄膜唱片,1968 年投产,当年生产 158 万张,此后连续 9 年均年产 1 000 余万张,尤以 1986 年最高,达 1 710 万张。

1988 年以后,盒式音带普及,薄膜唱片产量下降到年产 200 万～300 万张。薄膜唱片从 1965 年试生产到 1993 年共生产 18 657 万张。与此同时,密纹唱片生产逐年减少,1993 年仅出版 8 种,发行 31 万张。

1992 年 12 月 28 日,上海第一条激光唱片(CD)生产线在中国唱片总公司上海公司建成投产。至 1993 年,出版激光唱片 39 种,发行 18 万张。

1999 年,上海音像出版单位出版激光唱片:自编节目 402 种,出版量为 497 万张;引进节目 297 种,出版量为 477 万张;对外合作 14 种,出版量为 2.7 万张。

2000 年,上海音像出版单位出版激光唱片:自编节目 57 种,出版量为 31 万张;引进节目 99 种,出版量为 27 万张;发行总量 135 万张。同年,上海 3 家光盘生产复制单位共复制光盘 3 224 万张。

2001 年,上海音像出版单位出版激光唱片 909 种,出版量为 233 万张。同年,上海 3 家光盘生产复制单位共复制光盘 3 542 万张,母盘刻录 121 张;电子出版物复制 1 746 万张,母盘刻录 62 张。

二、录音带

1979 年起,上海地区出现高价倒卖海外走私录音带的活动,这些音带大多格调低下,甚至有淫秽、反动的内容,严重扰乱社会治安。针对这种局面,上海市有关部门在打击、查禁的同时,组织力量生产内容健康向上的优质录音制品。

1981 年 7 月 25 日,市广播局所属广播电视服务公司首次出版《白色的彷徨》(外国电影主题歌和插曲)盒式录音带。

1983 年,上海地区成立上海计划生育宣传教育分中心、上海外语音像出版社、上海有声读物公司、上海音像公司、上海高教录像出版社、上海教育出版社、少年儿童出版社和上海翻译出版公司等第一批录音制品出版单位。此后,音带出版品种和发行数量逐年上升。

1987 年 1—11 月,上海音像出版单位出版录音带 528 个品种,发行数量 1 621.22 万盘。

1989 年,上海音像出版单位录音带共出版 2 172 个品种,其中,新版 779 个,旧版 1 393 个。发行 1 982.4 万盘,其中,新版 1 214.5 万盘,旧版 767.9 万盘。

1992 年,上海音像出版单位共出版录音节目带 454 个品种,发行量为 2 893 万盘。

1993 年,上海音像出版单位录音带生产有所下降,全年出版录音节目带 418 种,发行总量 2 219 万盘。

1996 年,上海音像制品的出版统计方式有了改变。从该年至 2001 年,上海音像出版单位共出版录音节目带 10 429 个版号,出版数量为 28 637.88 万盘。其中,引进 3 140.82 万盘。出版光盘 478.2 万盘,其中引进 149.66 万盘。

三、中国音像大百科

1988 年 3 月 18 日,中国音像大百科(以下简称"大百科")编委会成立。编委会主任委员龚学平,副主任委员刘冰、邹凡扬。大百科是由市广电局组织力量编辑,以上海电台、上海电视台库存资料为后盾,聘请全国文化名人、专家学者担任顾问,由上海音像公司出版的一项文化工程。

同年 12 月,大百科首批盒式音带出版。它们是音乐类演奏家系列中的《顾圣婴钢琴独奏选》、戏剧类京剧系列中的《法门寺》、戏剧类昆剧系列中的古典名剧《长生殿》、戏剧类越剧系列中的尹桂芳代表剧目之一《屈原》、戏剧类沪剧系列中的丁是娥代表剧目之一《罗汉钱》、戏剧类淮剧系列中的《辕门斩子》等。

1990 年,大百科整理、出版中国民族音乐、戏剧、曲艺、文学 4 个大类 11 个系列,共 115 种音带,销量 18 万盘。

1993 年,大百科整理、出版中国民族音乐、戏剧、曲艺、文学 4 个大类,150 种音带,销量约 40 万盘。

1994—2006 年,大百科整理、出版中国民族音乐、戏剧、曲艺等大类,29 种音带和碟片,总销量 4.25 万盘。

2006 年后,大百科中止出版业务。

第二节 视频制品出版发行

20 世纪 70 年代,国外录像设备传入上海,用于需要工艺流程分析的个别单位。到了 80 年代初,上海一些专业科技、文教单位也开始使用录像机。

录像事业的真正兴起是 1981 年下半年,由上海市总工会为市区各工人俱乐部配备录像设备,开办了录像放映业务。当时中国内地几乎没有自产的录像节目带,因此放映的全是港台和海外的节目。

上海国产录像节目带的出版、发行始于 1984 年。1984 年 7 月,上海音像公司开始出版、发行录像带。第一批出版的电视连续剧、综合文艺戏曲、教育等 67 套节目,全部由上海电视台提供。

1986 年起,上海音像公司先后出版京剧《四大名旦唱腔选》《四大须生唱腔选》《曹操与杨修》、越剧尹派《红楼梦》、沪剧《雷雨》等录像带,并为古琴演奏家张子谦出版一盒中国传统琴曲《龙翔操》。

1987 年,上海出版录像带 127 个品种,其中 4 个进口录像带的品种发行数量占到发行总量的一半以上。

1988 年,为顺应现代产业结构专业化趋势,市广电局将录像制品的出版业务从上海音像公司剥离出来,成立上海录像公司。自此,上海录像带出版发行达到一个新的阶段。是年,上海录像公司出版发行录像节目 80 种 150 小时。其中,国产节目 68 种,136 小时,总发行量达 10 万余盘,营业额近 1 000 万元,赢利 350 万元。

1989 年,经广电部批准,中国音像大百科开始出版中国民族音乐、戏剧、曲艺、文学等方面内容的录像带。当年,出版发行录像带 24 个品种,打破了港台片、海外片一统天下的局面。

同年 3 月 8 日,上海录像公司出版发行中国内地第一批卡拉 OK 录像带。这一年,上海录像公司共出版录像节目 30 种。其中,国产片 15 种,如《沙漠王子》《愤怒的老兵》《毒海降虎》以及教育片《中老年健身迪斯科》等;代销外省市节目像带 419 种。此外,上海录像公司发行的国内电视台、电影制片厂及其他文艺团体制作的电视片有:《上海滩绑票案》《江淮大盗》《绝命杀手》《血马金瓶梅》《罪孽》《魔宫》以及越剧戏曲片《红楼梦》《追鱼》等。同年,上海录像公司发行销售量为 8 万余盘,营业额达 1 256.82 万元,创利 400 万元,成为公司组建以来创利最高的一年。

1990 年,上海音像出版单位在文艺类录像片出版中,引进节目 27 部,国产节目 36 部;进口节目发行量为 8.15 万盘,占文艺类发行总数的 89.9%;国产节目发行量为 0.92 万盘,占 10.1%。其中,大百科出版中国民族音乐、戏剧、曲艺、文学 4 个大类的 7 种录像带。

1992 年,上海音像出版单位出版国产节目录像片 17 部,发行数量为 0.78 万盘;引进海外节目 22 部,发行数量为 5.96 万盘。

1993 年,上海音像出版单位出版录像节目带 196 部,发行总量为 15.91 万盘。其中,进口故事片 9 部,发行 2.89 万盘;国产故事片 3 部,发行 0.2 万盘;艺术片 21 部,发行 0.69 万盘;卡拉 OK 带 22 部,发行 4.53 万盘;宣教专题片 141 部,发行 7.59 万盘。大百科也出版了涉及中国民族音乐、戏剧、曲艺、文学 4 个大类的 39 种录像带。

此外,1993 年,上海首次出版激光视盘 9 种(卡拉 OK 和音乐电视片),发行 0.27 万张。

1996—2001 年,上海音像出版单位共出版录像节目带 1 128 个版号,出版数量为 676.44 万盘。其中,引进 201 万盘。出版光盘 1 083.33 万盘,其中引进 266.79 万盘。

2002 年,随着互联网日益普及,以及 MP3、MP4 播放器和手机等数字产品快速发展,公众获取音像资料的渠道更为广泛、便捷和经济。唱片、录音盒带、录像带等传统音像制品的出版、发行数量和规模逐步下降和萎缩。同年起,《上海广播影视统计资料》不再登载有关音像制品出版、发行的统计数据。

2009 年,根据市政府有关决定,上海广播电视系统音像制品出版、发行、管理等业务,由市文广局划归上海市新闻出版局管理。

第三章 报 刊

第一节 《每周广播电视》报

《每周广播电视》报的沿革。《每周广播》报创刊于 1955 年元旦，是全国第一家公开发行的广播节目周报，由市广播局主管。1960—1962 年、1966—1977 年，《每周广播》报因"国家经济困难"和"文化大革命"原因，曾两度停刊。

1978 年 1 月复刊，更名为《每周广播电视》报。复刊初期限额发行 70 万份，1983 年取消限额后突破 150 万份。1988 年 1 月起自办发行，定价为 0.25 元/份。1992 年曾达 283 万份。其发行范围除上海以外，扩至江苏、浙江等周边地区。

1987 年 9 月，市广电局组成《每周广播电视》报自办发行领导小组，1988 年，报社从采编、印刷到出版、发行自成一体。广告自营在 20 世纪 90 年代取得很好的经济效益。1990—1993 年，报纸创利达 5500 万元，为上海广播电视事业发展提供资金支持。

2000 年 6 月，根据市文广局决定，《每周广播电视》报、《有线电视》报、《上海电视》杂志 3 家媒体及上海广播电视发展公司下属的每周报发行公司、印刷厂、电脑照排中心 3 个独立法人单位整合组建新的每周广播电视报社，并与解放日报报业集团派出人员合办《新闻午报》，承担《新闻午报》的改版、出版和发行工作。整组后的每周广播电视报社由车大林任党总支书记，唐书林任主编。报社迁址至洛川东路 487 号。

2002 年，每周广播电视报社撤销《新闻午报》《有线电视》报两个采编部门，所辖一报一刊，分别为《每周广播电视》报和《上海电视》杂志。

2003 年，在上海广播电视系统新一轮改革中，《每周广播电视》报因原主办单位上海电台、上海电视台撤销建制，遂改为传媒集团主办，上海文化广播影视集团（以下简称"文广集团"）主管。

2004 年 8 月，每周广播电视报社由洛川东路 487 号迁址至思南路 88 号。

2005 年（及 2008 年、2009 年），《每周广播电视》报被评为"全国报纸自办发行先进单位"。

图 9 - 3 - 1 2005 年 11 月，每周广播电视报社举办报刊征订活动

2007 年 4 月,《每周广播电视》报被上海市人民政府授予 2005—2006 年度上海市军民共建精神文明先进集体称号。

2007 年 9 月 20 日,每周广播电视报社迁址至老沪太路 203 号。同年,"每天努力创造每周精彩"成为报社新格言。

2008 年 8 月,《每周广播电视》报价格增至 2 元/份。

2009 年初,《每周广播电视》报以"新闻敏锐性、影视评论性、故事可读性、生活服务性"为宗旨,改报头竖置为横排,重新整合版面和广播电视节目表。同年,每周广播电视报社被市委宣传部授予 2007—2008 年度上海市宣传系统文明单位称号。同年,该报社由文广集团划归传媒集团管理,注册资本由 201 万元增加到 1 000 万元。10 月 21 日,报社主管、主办单位传媒集团更名为上海广播电视台。

2011 年 3 月,每周广播电视报社被上海市人民政府授予 2009—2010 年度上海市文明单位称号。

进入 21 世纪,新媒体发展势头强劲,公众获取信息的渠道增多,纸质媒体经营指数普遍呈下滑趋势,《每周广播电视》报也不例外。以年度最高期发行量而言,1992 年度为 283 万份,2000 年度为 140 万份,2001 年度下降为 100 万份;2005 年以后《每周广播电视》报全年订户量逐渐缩减至 20 万户左右。

《每周广播电视》报 1978 年复刊后由市广播局宣传办公室主任郝群负责,1983—1984 年底,由局长邹凡扬兼管。1985 年 1 月,崔衍任报纸主编。1985—2010 年,《每周广播电视》报历任主编为:崔衍、刘继汉、李尧胜、唐书林、陈海、王豫、陈雨人、王心欢。

版面编排的变化。1994 年 7 月,《每周广播电视》报扩为 4 开 16 版。

1999 年 7 月,《每周广播电视》报第 29 期(总第 1639 期)首次增加彩色版印刷。

2003 年 1 月,《每周广播电视》报由 4 开 16 版增至 4 开 32 版。同年 7 月 1 日,上海数字互动电视开播,《每周广播电视》报扩版至 40 版,并将数字付费电视以及外省市 19 家卫视节目内容预告纳入版面,成为上海唯一广播电视收视指南大全。

2004 年第 1 期《每周广播电视》报由 4 开加长版恢复为 4 开标准版,其 A 叠:突出荧屏广播导视导听服务功能;B 叠:《电视广播完全手册》新辟《今日精彩荧屏搜索》,强化服务意识,突出当天看点;C 叠:改为沪上广播节目、外地卫视专版。同年 8 月,报社联手传媒集团体育频道,推出 24 版《鏖战奥林匹克——完全收视宝典》特别增刊。

2005 年,《每周广播电视》报整合原有的"纪实""案例"等版面,推出"焦点""话题"等新版面,凸显民主法制内容,关注民生民情。报社还承办上海国际电影节、上海电视节"两节"会刊《每日新闻》,推出一系列影视独家报道,受到读者和长三角区域 17 家广电报同行肯定。为更好地宣传上海国际电影节、上海电视节,报社将"两节"会刊的英文版从 2004 年的 5 版增至 6 版,为海外嘉宾和各国记者提供更多信息。

2006 年 5 月 24 日,《每周广播电视》报推出 24 版《世界杯足球赛》增刊,详细介绍上海广播电视媒体和中央电视台转播世界杯赛事的节目表,以及国内外著名教练、球员、资深体育记者预测比赛,看球评球的相关栏目和板块。

2008 年,《每周广播电视》报以中老年群体为目标读者群,主推家庭服务,增强可读性,开设"故事版""生活版""养生版""旅游版",并将"消费彩版"扩充至 8 版。7 月 23 日,为配合北京奥运会,报纸推出《2008 北京奥运会》增刊。

2009年初,《每周广播电视》报重新整合版面。在《故事周刊》里增加"环球"版,《新闻周刊》里增加"民生"版,《悠活周刊》里增加"怡情""居家"等新版面,形成"新闻""故事""生活""节目信息"四大内容支柱。

2010年,《每周广播电视》报相继推出"上海世博会"专版和《南非世界杯》增刊。

获奖作品。2000—2010年,《每周广播电视》报先后有10多位采编人员在全国和上海地区广电报刊新闻、论文、摄影、版面编排等类的评奖中获得一等奖。

表9-3-1　2000—2010年《每周广播电视》报主要获奖作品情况表

年　份	作　品	类　别	奖　项	作　者
2000年	《广电报功能的拓展与优化》	论文	全国省级广电报优稿评选一等奖	唐书林
2005年	《〈任长霞〉三上央视感动中国》	消息	上海广播电视奖(报刊新闻、专稿奖)一等奖	吴　剑
2005年	《分众化时代的挑战与应对——广播电视报发展之路探索》	论文	上海新闻奖(论文类)一等奖	王　豫
2005年	《亲情直通海峡两岸》	专稿	全国省级广电报优稿评选一等奖	吴　剑
2005年	《遗腹子·孤儿院·坦克兵·足球人》	专稿	全国省级广电报优稿评选一等奖	田盛强
2005年	《一个演,一个放,电影让他们深情相拥》	摄影	全国省级广电报优稿评选一等奖	管一明
2006年	《给我一个好平台,赢回一个金话筒》	消息	全国省级广电报优稿评选一等奖	徐　婷
2006年	《曹可凡　妙语连珠话娱乐》	专访	全国省级广电报优稿评选一等奖	陈自立
2006年	《评委伊能静　真人秀场流热泪》	摄影	全国省级广电报优稿评选一等奖	管一明
2006年	《世界杯完全视听宝典》整体设计	版面设计	全国省级广电报优稿评选一等奖	沈　琰　苏家雯
2007年	《〈开心公寓〉打开越南情景剧之门》	消息	全国省级广电报优稿评选一等奖	朱　鳗
2007年	《肥肥奖给女儿一个吻》	摄美	全国省级广电报优稿评选一等奖	管一明
2007年	《精彩舞林》	摄美	全国省级广电报优稿评选一等奖	沈　琰
2007年	《央视购片"以点论价"引争议》	通讯	上海广播电视奖(报刊新闻、专稿奖)一等奖	泓　子
2008年	《当红形象"小破孩"要圆电视梦本土网络卡通明星能走多远》	通讯	中国广播影视报刊协会全国省级广播电视报专业委员会好新闻一等奖	陈　文
2008年	《凝聚民族力量,重建美好家园》	摄美	中国广播影视报刊协会全国省级广播电视报专业委员会好新闻一等奖	苏家雯
2009年	《能说　敢说　一起说　上海荧屏夺回话语权》	消息	中国广播影视报刊协会全国省级广播电视报专业委员会好新闻一等奖	徐　婷
2010年	《张冯喜　谁动了她的天真》	专访	中国广播影视报刊协会全国省级广播电视报专业委员会好新闻一等奖	李晓雅

说明：本表由每周广播电视报社提供。

第二节 《上海电视》杂志

《上海电视》杂志沿革。《上海电视》杂志创刊于 1982 年 1 月 23 日,为双月刊,32 开 32 页单行本。由上海电视台主管、主办。创刊号首篇刊登中共上海市委副书记陈沂《一定要把电视办好》的文章。首期发行 14 万册。1983 年 1 月起,《上海电视》杂志改为月刊,编辑方针和基本内容不变。翌年,杂志改版为 16 开本。

1991 年 7 月,《上海电视》杂志依法重新登记。1992 年 1 月,在创刊 10 周年的大型座谈会上,市广电局局长龚学平要求杂志在"介绍节目、传递信息、服务观众、开拓发行"方面,努力走出一条自己的办刊之路。同年,经上级有关部门批准,上海电视编辑部改为上海电视杂志社。1993 年 1 月,该杂志改为周刊。最初正文 24 页、彩画 8 页;半年后正文增至 32 页。同年 1 月起,它作为中国 35 家优秀杂志之一,在日本"世界杂志中心"展厅长期展出。

2000 年 6 月,《上海电视》杂志并入整合组建的每周广播电视报社,迁址至洛川东路 487 号。2001 年,该杂志入选国家新闻出版总署颁发的"中国期刊方阵",成为全国示范性刊物。同年 11 月,在北京举行的"中国期刊展"上,其颇具特色的活动策划引起媒体、读者的关注,中央电视台对此做了报道。全国人大常委会副委员长成思危参观"中国期刊展"时,对杂志主编王豫"立足上海、面向全国"的汇报表示满意。

2003 年,在上海广播电视系统新一轮改革中,《上海电视》杂志原主办单位上海电视台撤销建制,杂志改为传媒集团主办,文广集团主管。2004 年,杂志迁址至思南路 88 号。2007 年 9 月,迁址至老沪太路 203 号。2008 年 4 月 10 日,杂志和东方龙新媒体有限公司共同合作开发的《上海电视》手机版上市。2009 年,杂志由文广集团划归传媒集团主管。同年 10 月 21 日,其主管、主办单位传媒集团更名为上海广播电视台。

《上海电视》杂志从创刊至 2010 年 12 月,共出版 1082 期,单期发行量最高达 57 万册。历任主编为:时敏、袁鸿均、赵抗卫、卑根源、张炳元、王根发、王庄、王豫、陈雨人、应典典。

栏目、版面设置。1990 年,《上海电视》杂志反映时代新潮,突出"海派"风格,在 12 页彩版中,增刊印刷精美的影视人物像片。1991 年 7 月,杂志新开辟的专栏有"星河灿烂""屏海拾贝""影视连环画"等,此外,还增加外省市电视台摄制的电视剧介绍和报道。1993 年 1 月,《上海电视》杂志改为周刊后,常设专栏有"独家采访"、特稿、"热点追踪"、"视听传真"、"影视五星榜"、"歌曲排行榜"、"主持人风采"、"明星写明星"、"下周荧屏精萃"等,并刊登"下周电视节目表"。1997 年起,杂志改版为 16 开本,新辟"屏前絮语""新闻追击""纪实人生""都市生活流"等栏目,并开设"周周小姐信箱",为读者答疑解惑。

2003 年,《上海电视》杂志在新年第一期中,对版面、内容和版式进行大改版,推出年度封面人物及综艺、体坛、影视等文娱新闻大盘点。年底推出《上海电视·月末》试刊。2004 年 1 月,杂志出版全彩《上海电视·月末》特刊,每月 28 日上市发行。特刊中新调整的 8 个彩版不仅美化版面,更强化新闻、娱乐、服务功能。同时,打破栏目条线,以节目表为分水岭,前半部分聚焦"新闻热点""当红人物""特别策划"和"话题讨论";后半部分以娱乐资讯的多元化与趣味性见长。

2006 年,《上海电视》杂志设置"悦读"版,邀请文化娱乐界名人开辟专栏。2007 年,杂志与传媒集团所属生活时尚频道《心灵花园》节目、第一财经频道《上班这点事》节目合作,推出"心灵花园"现代都市心理倾诉类副刊栏目。2008 年,《上海电视》杂志全新改版,摒弃创刊以来沿用 26 年的黑白内页印制，采用全彩页印制。进一步凸显全明星报道、全娱乐体验的理念，为读者提供广泛、深入、有趣、健康的明星资讯和时尚风向。全年依然随刊附送上海电视各频道、中央电视台及各地卫视的节目表。

发行概况。1984年，《上海电视》杂志改为16开本后，杂志发行量迅猛上升，当年10月号发行量高达54万册。2002年，杂志创刊20周年，其发行量40万册，春节2A一期，发行量达到57万册，创历史纪录，成为全国广电期刊中发行量第一、上海各类期刊中发行量第二的品牌杂志。

获奖概况。1990年8月，《上海电视》杂志被上海市新闻出版局评为上海市优秀期刊。2006年，杂志发表的报道《揭秘刘翔21年重重跨越》获上海广播电视奖一等奖；《文学排行榜》《〈手机〉失语症候群》《王海鸽笔触中国式失乐园》分获全国广电期刊奖评论类、通讯类、专访类一等奖。2008年8月，该杂志被中国广播电影电视报刊协会授予"全国广播影视著名品牌期刊"称号。2010年，该杂志获得华东六省一市新闻出版局授予的"华东地区优秀期刊"称号。

第三节　《电视剧艺术》杂志

1985年1月28日，上海电视台主办的《电视剧艺术》杂志创刊号问世。《电视剧艺术》杂志办刊宗旨为：立足上海，面向全国，促进电视文学创作的繁荣，致力于电视剧艺术理论与评论的开拓与探索。该杂志为季刊，16开本，文字64页，画页8页，逢季初月28日出版。

《电视剧艺术》杂志专栏设置有："剧本""剧作简评""艺术谈""赏析与争鸣""电视剧创作ABC"等24类。1989年，《电视剧艺术》杂志由季刊改为双月刊，文字49页，彩页8页，逢单月20日出版。改刊后新版栏目设置有："影视小说""录像故事""影视人物传记""电视剧故事"等。

1985—1989年底，《电视剧艺术》杂志陆续发表各类电视剧文学本、电视剧故事及小说、短剧、小品160余篇。其中，投入拍摄的剧本有：《龟蛇盗》《古塔第三层》《小巷情话》等。

《电视剧艺术》杂志1985—1988年共出版季刊16期，1989年出版双月刊6期，总计22期。期发行量1万～2万册左右。杂志由上海市邮政局报刊发行处发行。

1990年，为了集中力量办好上海电视台主办的《上海电视》，根据国务院有关整顿、清理报刊的文件精神和经济等方面的原因，《电视剧艺术》杂志停刊。

第四节　《有线电视》报

《有线电视》报创刊于1994年1月1日，它是全国有线电视领域中唯一公开出版发行的专业性报纸，由市广电局（后为市文广局）主管，上海有线电视台主办。

《有线电视》报主要围绕上海有线电视台的自办频道节目进行宣传介绍。同时，与有线电视观众进行交流沟通，力求融实用性、知识性和时效性于一体。

2000年6月，根据市文广局决定，《有线电视》报和《每周广播电视》报、《上海电视》杂志以及上海广播电视发展公司下属的每周报发行公司、印刷厂、电脑照排中心3个独立法人整合组建新的每周广播电视报社，并与解放日报报业集团派出人员合办《新闻午报》，承担《新闻午报》的改版、出版和发行工作。

2002年，随着上海广播电视系统的深入改革，每周广播电视报社撤销《有线电视》报采编部门，其采访、编辑等业务并入《每周广播电视》报。

2003年1月,《有线电视》报在出版总第556期后停刊,有线电视频道的节目宣传和荧屏背景介绍等内容,刊登于《每周广播电视》报上。

1994—2003年,《有线电视》报历任主编为：李瑞祥、唐书林、陈海,执行副主编杨咏朝。

1995年,为适应上海有线电视台自办频道和节目的增加,从当年1月1日起,4开4版的《有线电视》报扩为4开8版。其中,第1版为要闻版,报道上海市重大影视、文化活动,反映上海有线电视台自办节目,加强编者与作者、读者的联系。第2、3版,刊登上海有线电视节目表。第4版为文艺副刊,介绍拍摄花絮、文艺评论等。第5版介绍上海广电系统播出的影视节目。第6版刊登中央电视台一至四套的节目介绍。第7版介绍上海有线电视台体育和音乐节目。第8版为信息、生活服务版,介绍金融证券信息和各类服务知识等。

2002年,《有线电视》报扩为4开16版。其中,第1版为要闻版;第2版为视点版;第3版为连接版;第4、5、6、(含11、12、13、14)版为搜索版,详细刊登上海电视台、上海有线电视台及国内各地卫视一周节目播出表;第7版为导播版;第8版为剧情版,介绍热播中的中外影视节目;第9版为娱乐版;第10版为工商版;第15版为专版;第16版为特刊。

《有线电视》报的排版、印刷、发行工作分别由上海市广播电视局服务中心所属的电脑经营部、电台印刷厂和《每周广播电视》报发行部门完成。其间,由于电台印刷厂一度移址扩建,约有一年多时间由新民晚报印刷厂和上海市印刷四厂承印。

《有线电视》报创刊后,其发行量保持较高水平。《有线电视》报的单期最高发行量1994年度为7万份,1995年度近80万份,1998年2月突破100万份。2000年1月,《有线电视》报改为彩版发行,单期最高发行量达135万份。截至2002年,《有线电视》报平均每期发行量为70万份。

第五节　《新闻午报》/《天天新报》

《新闻午报》前身是1999年初创刊的《新闻报·午刊》,与《新闻报·晨刊》《新闻报·晚刊》并列,由解放日报社主管、主办。

2000年6月起,《新闻报·午刊》更名为《新闻午报》,由市文广局所属的每周广播电视报社和新闻报社联合主办,每周广播电视报社编辑出版。《新闻午报》为4开8版的日报。作为上海第一张文化娱乐类日报,它依托上海都市文化的丰厚资源,反映都市时尚生活,刊载文化、广播、影视、旅游、体育及其他生活服务类资讯,并辟专版刊登国内各省市卫视节目表。

2002年8月,《新闻午报》全面改版。重点突出新闻,整合专刊,拓展内容,打造特色。新增时政、科技、文化、经济等内容,扩充新闻容量,强化日报特色。它将原先3个新闻版扩为5个版:1版要闻,以主题式组合报道为主;2版城市新闻,关注与上海市民社会生活息息相关的分类新闻,兼顾国内其他城市的新闻;3版文娱新闻·资讯,重点反映上海文化娱乐生活资讯,兼顾国内外其他文娱资讯;4版体育新闻,贴近百姓生活,突出强身益智特色;5版为文化经济(新闻)专刊。同年,因改革和调整需要,每周广播电视报社撤销《新闻午报》采编部门。

2003—2009年,《新闻午报》的主管、主办单位经过3次大变更。2003年1月—2004年5月,《新闻午报》改由中国上海国际艺术节中心主管、主办;2004年5月—2006年1月,《新闻午报》改由中国上海国际艺术节中心与文汇新民联合报业集团共管;2006年2月起,《新闻午报》改由文广集团主管、主办(2009年7—9月由文广集团所属的传媒集团管理)。报纸的版面也多次调整。从最初的

4开8版,发展到2004年的4开40版,分娱乐叠(文化、娱乐、体育、新闻)、新闻叠(社会新闻、国际新闻)以及周五出版的精品生活周刊,周六、周日推出的"文摘"和"书摘"版。

2008年11月,《新闻午报》更名为《天天新报》。2009年7月,《天天新报》由4开40版调整为32版。主要栏目为:头版、上海、文化、娱乐、国内、国际、体育、言论、财经以及连载等,日发行量最高为9万份。2014年5月1日,《天天新报》休刊。

《新闻午报》/《天天新报》历任总编辑为:唐书林、陈海、陈圣来、章成钧、王捷南、秦武平。

第六节　《第一财经日报》

《第一财经日报》于2004年11月15日创办发行,是一张全国性、市场化的财经商业报纸。由传媒集团与广州日报报业集团、北京青年报社联合主办,传媒集团主管,总部设在上海。

《第一财经日报》的编辑方针是:"权威主流、专业负责、理性大气、贴近市场。"报纸关注全球化背景下中国的经济发展和社会进步,追踪世界经济和金融动态,提供财经新闻和政策解读,引导投资决策,普及商业文化等。报纸的主要受众为中国商界领袖、管理精英、金融投资人士、政策制定者和相关知识界人士。

《第一财经日报》创办时为周五刊,对开24版(周五为36版,后调整为32版),周一至周五出版。2008年1月,增出对开20版(2010年改为4开32版)的周六刊。2010年为周六刊,周一至周四对开24版,周五对开32版,周六4开32版。

《第一财经日报》常规版面有:综合新闻、财经新闻、产经新闻、环球经济评论、生活杂志(周五)、财商周刊(周六)等。

周一到周四,报纸分A、B、C三叠。

A叠为综合新闻,全面涵盖政经新闻和国际新闻,围绕国内外重要时事、政策、事件与人物,重点报道政经大事、背后新闻人物等,其中周一4个版"环球经济评论",对近期中国与世界、全局与战略性热点话题进行探讨和分析,体现权威声音和深度视角。

B叠为财经新闻,聚焦"大金融"格局的变迁整合,彰显资本流动脉络;关注市场动态,为投资者创造价值。

C叠为产经新闻,反映全球视野下产业变局和国内外龙头公司的最新动态,以及价值判断和发展趋势。

周五为对开12版的生活杂志,汇聚具有人文品位的影像、音乐、书籍、旅游、艺术、风尚等潮流资讯。

周六为4开32版的财商周刊,聚焦金融投资,对个人投资及家庭理财提供实际操作性指导。

《第一财经日报》发行方式为:订阅与零售。报纸被中国邮政集团公司定为全国邮局80种重点征订报刊之一,还被国内各省(市)邮局列进重点推荐名单。

《第一财经日报》在各个区域进行不同发行渠道的组合:在北京依托《北京青年报》的小红帽发行体系;在广州和深圳依托《广州日报》的发行网络;在上海则加强发行数据库管理。2010年发行量16.5万份。

2005年12月,《第一财经日报》开通第一财经网站。

2008年,第一财经日报社被市委宣传部授予2007—2008年度上海市宣传系统文明单位称号;同年8—12月,《第一财经日报》先后推出手机报、数字报,并且构建客户数据库系统。

2009年,第一财经网站开设"数字报专区",实行收费服务。同年10月,《第一财经日报》主管、主办单位传媒集团更名为上海广播电视台。

2010年,《第一财经日报》开通报社的新浪官方微博,为推广报纸内容和品牌推出iPad客户端。3月,上海第一财经传媒有限公司实行"报网社院(报纸、网站、杂志社、第一财经研究院)一体化"办公方式,《第一财经日报》全体采编人员开始为第一财经网站、微博等新媒体账号生产内容。同年,第一财经日报社被授予上海市文明单位称号。

《第一财经日报》记者覆盖国内主要城市,同时,还向美国纽约、华盛顿,英国伦敦以及中国香港等全球性城市派出驻外记者,为读者提供全面、及时、准确的财经新闻报道和深度分析。

2004—2010年,朱涛任第一财经日报社长,秦朔任总编辑。

《第一财经日报》创刊后,重视舆论引导,坚持每天刊登一篇社论,并通过社论、日常评论版、环球经济评论三种方式,评述当天国内、国际重大的财经新闻。

2004年11月,《第一财经日报》刊登新闻《"王小石案"再曝内情,东北证券前员工涉案》,通过多篇报道和言论配合,将王小石案的报道对股市黑幕的揭露,演进为对证券市场制度性构架建设的深度思考和呼吁。

2007年"5·30"前后,《第一财经日报》发表系列社论《呵护牛市需要政策手段》《如何避免中国股市大起大落》等,从财经媒体的专业角度,为稳定中国股市建言献策。

2008年9月15日,美国雷曼公司宣布破产保护,《第一财经日报》第二天就开设"动荡华尔街"栏目,陆续推出"两房濒溃""美债收益率大降""全球降息潮""大宗商品狂潮""全球去杠杆化"等专题,报道涵盖次贷危机动态、危机原因剖析、全球市场反应、金融机构及各国政府如何应对等。

2009年,《第一财经日报》围绕全球金融危机和中国经济调整这一主题,共刊登各类稿件2 000余篇。其中,加强言论引导和政策解读,围绕中国宏观经济形势和政策调整,陆续发表的40余篇社论,在读者、投资者、金融机构特别是政府有关部门中引起关注。

从2008年开始,《第一财经日报》的研究文章和评论,就得到国务院研究室信息研究司《信息摘报》的选载,截至2010年,选载的研究文章和评论近30篇。

《第一财经日报》是海外媒体转载率较高的中文财经媒体之一。从2008年起,该报的稿件被《纽约时报》《联合早报》《信报》《朝鲜日报》《日经新闻》、法新社、路透社、彭博社、星岛环球网、日本新闻网等海外媒体转载。

2006年,《第一财经日报》被国家新闻出版总署授予"2006年出版物印制署优产品证书";被中国广告协会报刊分会评为"2005—2006年度中国最具价值媒体100强"。

2007年,《第一财经日报》在第二届中国传媒创新年会上,被《传媒》杂志社、北京大学新闻与传播学院评为"2006年度十大创新行业报"。

2008年,《第一财经日报》获上海市工商行政管理局授予"上海市广告审查工作先进单位"称号;被《传媒》杂志社、北京大学新闻与传播学院、清华大学新闻与传播学院评为"2007年度中国十大创新报业案例"及"中国十大专业报品牌"。

2009年,《第一财经日报》在中国广告协会报刊分会举办的"中国报刊2007—2008年度广告投放价值百强"评选中,获"全国综合专业报十强";被上海市新闻出版局授予2008年度上海市新闻出版(版权业)"迎世博600天行动计划——报纸编校质量检查优秀奖";在中国广告协会、中小企业全国理事会、复旦大学新闻学院、中国人民大学新闻学院等联合主办的2009年中国品牌与传播大会上，被评为"影响中国十大行业媒体"；被《传媒》杂志社、中国传媒产业联盟、上海交通大学传媒经济与管理研究中心联合授予"2008—2009年度中国专业报经营管理十强"。

2010年，《第一财经日报》被中国报业协会评为"2009—2010年度全国报业经营管理优秀单位"；此外，《第一财经日报》还获得由中国最具影响力媒体组委会颁发的"2010年中国发行最具影响力媒体"奖。

第七节　《哈哈画报》

《哈哈画报》（新版）创刊于2006年1月，由传媒集团和中国福利会共同主办，传媒集团所属的哈哈少儿频道全权负责编辑、出版和运营。它是一本受众群体为6岁～10岁少年儿童的传播百科知识的儿童综合性科普月刊。《哈哈画报》原是中国福利会创办的一家儿童杂志。2005年9月，传媒集团为配合哈哈少儿频道的创办和播出，与中国福利会协商，决定共同主办该杂志，双方合作期为10年。

2006年2月，中共中央政治局常委李长春到传媒集团视察工作，特地前往哈哈少儿频道了解未成年人的教育状况，当看到选题丰富多彩、装帧形式新颖有趣的《哈哈画报》后，仔细翻阅，并带了样刊回去，以向有关单位介绍。

2009年10月21日，《哈哈画报》主办单位传媒集团更名为上海广播电视台。

2010年4月，上海市市长韩正率团去中国台湾推介上海世博会，行前特地选中《哈哈画报》，作为送给台湾小朋友的礼品。

2015年6月，上海广播电视台和中国福利会依据2005年的协议，双方终止合作。6月1日起，中国福利会恢复《哈哈画报》的编辑、出版、发行、经营等工作。

2006—2010年，《哈哈画报》主编为：张奇能。

新版《哈哈画报》形成独特的制作理念，即把"杂志做成玩具，把玩具做成杂志"。杂志在装帧形式上做出改变，推出一本立体化的互动杂志。

《哈哈画报》为普及各类科学知识，设置一系列相关栏目。"天知地知"栏目普及天文地理知识；"动物王国"栏目介绍动物知识；"未解之谜"栏目初探宇宙密码；"文艺过山车"栏目推介优秀儿童读物；"好奇探长"栏目则与哈哈少儿频道节目互动。此外，还有采访古今中外科学家的"连载故事"等。这些栏目或为新知识传播，或为古老传说，或与课余生活互动，或为课堂教学内容的补充和延伸，受到小读者及其家长、老师的喜爱和认同。

《哈哈画报》的装帧形式具有旋转、打开、窥视、抽拉、折叠、弹出等诸多立体设计元素，成为吸引小朋友眼球、赢得小朋友喜爱的重要原因。《哈哈画报》在上海东方书报亭（含个体报摊）和学校双线发行，曾出现过抢时间、抢批发的热潮。

《哈哈画报》充分依靠上海科技力量，在杂志编辑、印刷过程中运用增强现实技术（AR），读者可以利用手机，收看与杂志内容相关的视频，从而实现《哈哈画报》文字内容的拓展和延伸。

基于《哈哈画报》把"杂志做成玩具，把玩具做成杂志"独特的制作理念，传媒集团向国家知识产权局申报"多功能画册"的发明专利。经过公示，2007年6月，"多功能画册"获得国家知识产权局颁发的专利证书。2007年，《哈哈画报》获得全国连环画报刊"优秀整体策划奖"。2008年，《哈哈画报》获得全国连环画报刊"优秀封面设计奖"。

第八节 《星尚OK!》/《星尚画报》

《星尚OK!》杂志创刊于2007年11月28日,由传媒集团主办,上海时尚文化传媒有限公司(以下简称"时尚传媒")负责编辑和发行,刊期为半月刊。

2007年11月28日,《星尚OK!》杂志在上海浦东正大广场举行新刊上市新闻发布会。同年12月1日,《星尚OK!》杂志在北京召开发布会,并于当日在全国各大、中城市同步上市。

《星尚OK!》杂志以"态度决定生活"为核心理念,以明星为载体,倡导优质生活,引导时尚潮流的健康发展。《星尚OK!》杂志根据时尚传媒与英国诺顿西尔公司(Northern & Shel)签署的关于《OK!》版权合作的特许协议,使用该公司旗下《OK!》杂志版权内容。通过国际版权合作,扩大《星尚OK!》杂志在国外文娱时尚领域的影响。

2008年,时尚传媒逐渐加大对上海浦东、虹桥、北京、广州四大机场《星尚OK!》杂志特殊发行渠道的陈列展示。从2月1日起,上海虹桥机场该杂志连续3个月单期销售均超过1100本、月累计销售达2200多本,在该机场以特殊发行渠道所销售的所有期刊中名列第三。

2009年元旦起,《星尚OK!》杂志全新改版,以"一刊两册"的新版式与生活时尚频道《星尚》栏目(时尚传媒所属频道)全面互动。4月,《星尚OK!》杂志开始以欧美和亚洲一线明星作为双封面人物,通过对时尚生活的独特表现,向读者传达优雅的视觉风格和积极乐观的生活态度。5月,《星尚OK!》杂志主编江潜赴英国参加《OK!》全球会议。江潜在会上介绍《星尚OK!》采用双封面的独特做法以及上海"星尚传媒"的产业框架和中国时尚传媒产业的前景。

2009年,《星尚OK!》杂志编辑、发行单位上海时尚文化传媒有限公司更名为星尚传媒有限公司(以下简称"星尚传媒"),10月21日,《星尚OK!》主办单位传媒集团更名为上海广播电视台。

2010年5月起,《星尚OK!》杂志扩充到"一刊三册"。其A册定位为"时尚+娱乐",增加重磅且有深度的内容,每期推出对国际热点明星的独家专访,以及对国内热点话题明星的独家采访。B册定位为"生活+文化",侧重于二者结合的生活方式,涵盖创想、环保、恋物、远行、美宅、视野、生活风尚等内容。C册定位为"主题别册",每期一个主题,视角独特,观点犀利。此外,杂志每期策划制作一批重点选题,如"明星与世博""明星与慈善"、电影节特刊等专题报道,均收到良好的社会反响。

2010年,鉴于国家出版主管部门严格控制与海外期刊的版权合作以及出版、经营等原因,星尚传媒提前终止与英国《OK!》杂志的版权合作,并向出版主管部门上报《星尚OK!》杂志变更刊名、刊期及主管、主办单位的请示。8月,新闻出版总署和上海市新闻出版局先后批复同意《星尚OK!》杂志更名为《星尚画报》,刊期由半月刊改为周刊,主办单位由上海广播电视台变更为星尚传媒有限公司。同年11月,星尚传媒推出《星尚画报》试刊,每周二在上海、北京、广州等地同步上市。

《星尚画报》试刊设"天下""商业""文化""设计""精英""时尚""指南"7个板块,旨在每周传播全球生活资讯,解读都市时尚,提倡生活关怀,倡导健康、积极、环保的观念,发掘中国生活态度,传递中国生活价值。

2007—2010年,《星尚OK!》/《星尚画报》杂志历任主编为:江潜、韩博、牟磊、李亦萌。

2014年8月1日,《星尚画报》休刊。

第九节 《第一财经周刊》

2008年1月,经新闻出版总署批准,上海《买卖世界》杂志更名为《第一财经周刊》,由传媒集团主管、上海第一财经传媒有限公司主办。

2008年2月25日,《第一财经周刊》首期出版发行,它是第一财经品牌的又一媒体平台,也是国内的商业新闻周刊。该周刊办刊宗旨:宣传党和国家有关方针政策,传播财经领域和消费市场的信息,维护和推动社会主义市场经济发展,促进社会繁荣。

《第一财经周刊》在中国商业杂志同业中率先向海外派驻记者。截至2010年,周刊海外派驻记者已经从美国硅谷发展到美国纽约、英国伦敦以及中国香港等地,活跃在全球金融、商业中心。

《第一财经周刊》以市场环境中的跨国公司和国内本土公司为主要报道对象,读者是企业的中、高层管理者和各类专业人员等。因此,周刊在内容上倡导创新的观念,在语言上追求轻松易懂的风格,为读者提供富有价值的商业新闻服务。

《第一财经周刊》创刊初期,栏目设置有:"一周速递""公司与分析""大公司、快公司、炫公司""专题、专栏"等。2009年,新增"技术""环保""创业""旅游""健康"等栏目。2010年,增加"公益时间""书摘""十问"等新栏目,并对原"热新闻"栏目做较大改版和提升。

《第一财经周刊》的发行以零售、订阅为主,同时也采用定向赠阅和展示等方式推向读者。周刊自2008年2月创刊后,短短几个月内,就在国内财经杂志发行量排名中名列第二,并迅速跻身中国商业新闻杂志发行量和影响力的第一阵营。

2010年,《第一财经周刊》跃居中国商业新闻杂志发行量第一名,入选"中国邮政畅销百强报刊",成为"中国最畅销商业杂志"。同年,该周刊配合苹果公司推出iPad,在国内最先推出收费版电子杂志,并且成为苹果应用商店中畅销的杂志,年度订户稳定在2万以上,发行、订阅(含广告)收入超过300万元。

2010年1月14日,《第一财经周刊》在国务院发展研究中心、人民日报社、清华大学国际传播研究中心、复旦大学国际公共关系研究中心等单位联合举办的"2009中国企业发言人与传媒价值年会"上获得"中国最具企业投放价值财经媒体奖"。同月,周刊在"2009中国商业传媒奖颁奖典礼"上获得"中国商业媒体创新奖"。

2010年,《第一财经周刊》被评选为"第四届华东地区优秀期刊"(由华东六省一市新闻出版局主办);在"第五届中国传媒经济年会"上获得"城市发展传媒特别贡献奖"(由中国传媒大学媒体管理学院举办)。

2008—2010年,周刊历任总编辑为:何力、伊险峰。

第十节 内部报刊网站

一、《广播电视研究》杂志

1979年8月,市广播局主编、出版供内部交流研讨的《广播电视业务》杂志。该杂志16开活页,不定期出版。随着业内理论研究的活跃,1984年,《广播电视业务》改为月刊。1986年,市广电局将《广播电视业务》杂志易名为《广播电视研究》,16开,双月刊,其主要栏目有:"新闻研究""经验与探索""视听新说""瞭望角""创作研究"等。由市广播电视研究所(筹)负责编辑、出版、发行,后改由市广电学会和市广电局研究室主办。邹凡扬、龚学平任顾问。

2001年,《广播电视研究》杂志由市广电局主办改为由文广集团主办;2005年,改为由传媒集团主办。

《广播电视研究》杂志以开放、包容、务实为特色,确立开门做研究、大气做研究、文化做研究的办刊方向,在全国广电学术期刊评选中多次获奖,其中包括中国广播电视学会优秀论文一等奖、优秀编辑一等奖、优秀栏目二等奖等。2016年10月,经国家新闻出版广电总局批准,该刊更名为《上海广播电视研究》杂志,定为季刊并公开出版发行。主管单位为上海广播电视台,主办单位为星尚传媒有限公司、上海文化广播影视集团有限公司。

该刊历任主编为:崔衍、邹凡扬、刘继汉、赵凯、穆端正、朱咏雷、沈莉、鲍晓群、陈雨人、李逸、朱涛。

二、《学会简报》

《学会简报》是上海市电影电视技术学会主办的内部会刊,它是学会与会员交流、联系的桥梁。《学会简报》创刊于1986年3月15日,16开4版,月刊。2001年改为双月刊,彩色套印。2002年第3期开始全彩套印。

2006年7月,《学会简报》改版为《影视技》杂志,24开。2008年《影视技》杂志改版为16开。《影视技》杂志内页数目不固定,一般视内容而定。

2010年1月,上海市电影电视技术学会将《影视技》杂志重新改版为《学会简报》,16开4版,月刊。

三、《文广影视》报

《文广影视》报的前身是创刊于1987年2月的《广播与电视》报。《广播与电视》报是市广电局主办的内部刊物。1987年2月创刊时为半月刊,16开2版,同年8月25日改为16开4版。1989年元月起改为旬刊,1991年3月起改为周刊,1995年1月5日起改为5天一期。至1995年8月30日,共出版406期,每期印刷也由起初的1000份增加至2500份。市广电局办公室主任陈晓萌、李保顺先后任主编。1992年6月起,路世贵任主编(后任《广播影视》报和《文广影视》报主编)。

《广播与电视》报是市广电局联系干部群众的桥梁和纽带,是指导工作的阵地。《广播与电视》报具有鲜明的导向、丰富的信息量。1993年第32期刊登《既要竞争又要合作,发挥广播电视整体优势》文章,先后被中共中央宣传部新闻局主办的《内部通信》和《新闻出版报》转载。

《广播与电视》报出至第100、200、300、400期时,国务院新闻办公室原主任朱穆之,广电部三任部长吴冷西、艾知生、孙家正,市委副书记陈至立,市委常委、宣传部部长金炳华,副市长龚学平等分别致信或题词表示祝贺。《广播与电视》报共出版406期。

1995年10月,随着原上海市广播电视局、上海市电影局撤销,组建上海市广播电影电视局后,《广播与电视》报易名为《广播影视》报。该报沿用原上海市电影局内部刊物准印证刊号,即上海市连续性内部资料准印证(B)第0057号。

《广播影视》报为8开4版,至2000年4月15日,共出版201期,每期印刷6500份。出版至

200期时,市委副书记龚学平,市委常委、宣传部部长金炳华题词祝贺。《广播影视》报共出版201期。

2000年4月,上海市广播电影电视局、上海市文化局撤销,组建上海市文化广播影视管理局后,《广播影视》报易名为《文广影视》报。至2001年5月5日,共出版38期。

2001年5月,上海文化广播影视集团成立后,《文广影视》报主办单位变更为文广集团。《文广影视》报500期时,市委常委、宣传部部长杨振武发来贺信,全国人大常委会委员龚学平题词表示祝贺。

2013年12月,文广集团与上海广播电视台、上海东方传媒集团有限公司整合改革。《文广影视》报于2014年3月31日出版第632期后停刊。

四、《电视工程》杂志

《电视工程》杂志由华东六省一市13家电视台于1988年出资联合创办。杂志委托市广电局(市文广局、文广集团、传媒集团)技术中心(技术运营中心)主办。主编:林伟明。

《电视工程》是上海市连续性内部资料季刊,每期发行量3 000册。发放对象为:华东地区各省市电视台技术部、上海市郊区(县)电视台技术部、有线电视中心及制作公司、各地图书馆和部分大学。

《电视工程》杂志的宗旨是:关注国内广播电视技术的实践和创新型实用经验,关注国内外最新技术和理论的形成与发展,为读者提供丰富的实用信息,为各家电视台建立一个学习交流的平台。

《电视工程》杂志主要分为四个板块:"业界纵横""论文集锦""知识窗""特约专题",从不同角度透视专业动态,展示最新理论成果,以期更好地发挥华东地区各电视台之间技术交流纽带和桥梁作用。

2009年,经市委宣传部、市文广局批准,市民政局注册登记的上海华东电视技术协作中心成立后,《电视工程》杂志属于该中心出版刊物。

五、《学术研究动态》报

《学术研究动态》报前身是创办于1992年4月30日的《会员之家》报,它是上海市广播电视学会内刊,8开4版,每期12 000字左右,不定期出版发行。《会员之家》报是会员之间进行学术交流的窗口,是学会开展广播电视理论研究的园地,也是学会与会员联系的桥梁。

2004年3月28日,学会在《会员之家》报基础上,本着"少而精"原则,改版为《学术研究动态》报。《学术研究动态》报16开4版,彩印,每季度出刊1期。它报道广播电视系统各类业务研讨活动,刊载学术文摘、选编业界议论热点。

为了更好地配合广播电视行业的中心工作,《学术研究动态》报注重介绍业界理论研究的新动态、新观点、新思考、新论述、新成果,并兼顾其他平台的信息,以引发会员对理论研究的兴趣和关注,更好地指导广播电视工作。截至2010年底,《学术研究动态》报共编印38期,累计发行57 000多份。

六、《电视信息》报

《电视信息》报于1992年10月14日创办,是上海电视台内刊,市新闻出版局颁发上海市连续性内部资料准印证(B)第149号。创办初期为4开2版的月刊,每期发行1 000份。1997年改版为4开4版的半月刊(特刊4开8版),每期发行2 000份。历任主编为:张耀伟、刘晓峰、丁新民。

《电视信息》报发行范围除上海电视台员工外,还发送上海市有关领导机构、新闻单位和广电部(国家广电总局)、中国记协、中央电视台及各省市电视台等。

《电视信息》报设置"主编札记""采编前沿""记者见闻""业务研讨""编导手记""作品评析""上视论坛""出访归来""镜头内外""荧屏随笔""电视生活""域外来风"等栏目,为上海电视台采、编、播一线和各工作岗位的员工提供交流思想、探讨创作、展示作品、抒发情感的平台。同时,也为领导部门和业内同行了解上海电视台工作进展、改革进程提供便捷的通道。

《电视信息》报刊登过许多反映上海电视台员工在改革开放中敬业爱岗的报道:《上视人进入"数码时代"》《青春礼赞》《爱心谱写生命之歌》等。其中,通讯《爱心谱写生命之歌》受到中国记协的好评。此外,《新民晚报》《新闻记者》《上海电视》《每周广播电视》报等报刊也选登过《电视信息》报的文章。

1997年11月,《电视信息》报创刊100期时,市委宣传部副部长贾树枚为《电视信息》题词"把握导向、传播信息、交流经验、指导工作"。上海市记协、文汇报社、中华新闻报社、中央电视台、北京电视台、天津电视台、山东电视台、河北电视台、安徽电视台、福建电视台、新疆电视台等发来贺信。

2001年,随着上海广播电视系统体制改革的深化,传媒集团成立,上海电视台建制随之撤销,《电视信息》报于2001年11月20日出版第190期后停刊。

七、《传媒人》报

2005年10月13日,传媒集团采用原上海电视台《电视信息》报准印证刊号,创办集团内部综合性信息报纸《传媒人》报。《传媒人》报4开4版,每周一期,周四出版,创刊时印数为7 000份。2005—2010年,《传媒人》报主编为:徐策。

作为传媒集团(2009年10月21日更名为上海广播电视台)主办的一份企业报,《传媒人》报是沟通上下、交流经验、推进工作的平台。从创刊至2010年,编辑部工作人员和各单位通讯员贯彻办报宗旨,记录传媒集团/上海广播电视台的改革与发展,见证新时期传媒人的敬业与奉献。

《传媒人》报以专业的编排和鲜活的报道,受到各级领导和广大员工的喜爱,多次获得市委宣传部和传媒集团/上海广播电视台领导的批示与表扬。自2006年加入上海市新闻工作者协会企业报工作委员会成为会员单位后,《传媒人》报连续获得2007、2008、2009、2010年度"上海市优秀企业报"称号,一大批作品获得上海市企业报新闻奖,其中大特写《祖国利益高于一切,为峰会作贡献无上光荣》获2006年度上海市企业报新闻奖大特写类特别奖。

自2006年起,《传媒人》报每年年底以专刊形式推出年终盘点报道,突出重点、亮点,展现员工业绩和风采,内容扎实、策划有创意、版式新颖大气,起到鼓舞人心、激励斗志的作用。

2007年,编辑部以创新精神对《传媒人》报改版,整体提升原有新闻类、副刊类版面的图文内容品质,强化报纸的新闻时效性和报道信息量。同时,将原来的黑白印刷改为全彩印刷,使《传媒人》

报具有更强的图片视觉冲击力。

2010 年,《传媒人》报编辑部聚焦上海广播电视台宣传报道一线的先进人物,在头版挂题花开设专栏"传媒之星",推出人物通讯等 9 篇系列报道。市文广局《监听监视》专门撰文给予好评和推介表扬。

八、《文广党建》杂志

《文广党建》杂志的前身是文广集团内部刊物《思想政治工作动态》。2007 年 4 月,作为集团党委"班长工程"建设的十项重点工作之一,党委副书记、纪委书记沈佐平主持将季刊《思想政治工作动态》改版为月刊《文广党建》。《文广党建》杂志编审王治平。

《文广党建》杂志内容涵盖思想建设、组织建设、党风廉政建设、文明单位创建和工青妇工作等方面,主要刊登指导性、实用性强的内容,功能定位于"提高党建队伍素质,提升党建工作水平"。主要栏目有"党建动态""文件选登""书记论坛""团旗飘扬""先锋模范""理论探索""业务指导""前车之鉴"等。每月 1 期,每期 28 页左右,每期印 480 本,每年出合订本。

《文广党建》杂志发行对象为文广集团领导班子成员、职能部门,集团所属党委、党总支、党支部、纪委、团委,文章作者或供稿人,以及国家广电总局、市委宣传部、市委组织部、市文广局等相关领导和部门。所刊出的文章有多篇获得全国广电系统党建论文一等奖。

2013 年 12 月,因文广集团与上海广播电视台、上海东方传媒集团有限公司整合改革,《文广党建》杂志停刊。

九、《思研汇》杂志

《思研汇》杂志于 2007 年 9 月创刊,是传媒集团(2009 年 10 月 21 日更名为上海广播电视台)思想政治工作研究会会刊。杂志为 16 开本,48 页,季刊,每期印数 500 本,后增至 850 本,并在传媒集团/上海广播电视台内网发布电子版。

《思研汇》杂志旨在反映员工的思想动态,破解思想政治工作的难题,为领导提供决策参考,推进事业发展。杂志兼具理论性与实用性,是传媒集团/上海广播电视台思想政治研究工作的交流平台。

《思研汇》杂志主要栏目有"理论探讨""热点观察""队伍建设""调研报告""党建动态""文明园地""警示案例""经验交流"等。杂志还结合广播电视宣传主业和工作特点,聚焦阶段性工作重点,先后开设"抗震救灾""深化改革""聚焦世博""两优一先""企业文化""创新创优"专栏。

《思研汇》杂志注重内容与版式的创新,2009 年开设"一线传真"栏目,由下属基层单位轮流承办,借此集中展现各单位主业发展和队伍建设方面的风采与成就,并于 2013 年、2014 年开设"封面人物""封面事件"栏目,通过讲述员工身边人、身边事,树立典型。

《思研汇》杂志共出版 31 期,于 2016 年 2 月停刊。历任主编为:鱼洁、张宁、郑东海、谢春林。

十、番茄网

番茄网是传媒集团(2009 年 10 月 21 日更名为上海广播电视台)的内网,它于 2008 年 9 月正式上线运营。作为内部网络媒体,番茄网主要承载上情下达、内部交流、展示风采、提供服务等功能。

番茄网从上线运营至2010年,经过网站团队不断完善和改进,已逐渐成为传媒集团/上海广播电视台员工网络上的精神家园。它以清新的风格、丰富的内容受到员工喜爱,其日均点击量7 000多次,是员工触达范围和使用频次最高的内宣媒体。

番茄网设新闻、服务、互动、展示四大功能板块,向员工发布各类信息,提供生活福利及工作帮助。同时配合领导部门的工作重点,策划各类专题,并为下属单位重要活动提供展示平台。

番茄网通过在线视频直播的方式,让员工成为重大活动和会议的见证者、参与者。通过自采自制视频,记录精彩瞬间,展现员工风采。番茄网发起的线上活动也拥有较高人气,举办的"摄影图片大赛""午餐文化大比拼"等吸引了众多员工参与。

2008—2010年,传媒集团/上海广播电视台总编室副主任周进、何小兰先后兼任番茄网负责人。

第十篇

人　物

本篇分为人物传略、人物简介、人物表、录三章。

第一章人物传略和第二章人物简介收入上海广播电视系统副局级以上领导干部和1978—2010年间评定的正高级专业技术人员及部分有突出贡献、行业内公认的人物共383人。

人物传略记载的是2021年3月1日本卷截稿前统计的逝世人物81人，以逝世年月先后为序。他们中有为上海人民广播事业做出开创性探索的先辈，也有为创建、发展上海电视事业做出卓著贡献的干部和各领域专家。他们的成长经历和工作业绩，给后人留下了宝贵的精神财富。

人物简介记载的302人，以出生年月先后排序。对他们的工作经历和业绩介绍，截至2010年。他们中有锐意改革、引领上海广播电视事业开风气之先、实现跨越式发展的代表人物，也有创新求索、坚守在广播电视前沿的业务骨干。几代广播电视工作者源于对广播电视事业的初心与热爱，薪火相传，接续奋斗，共同铸就上海广播电视事业的辉煌。

第三章人物表、录收入的是：中共党代会代表、人大代表、政协委员情况表；获全国、上海市模范、先进及其他荣誉称号的集体或个人情况表；上海广播电视系统获长江韬奋奖人物情况表；上海广播电视系统获"金话筒奖"人物情况表；分别受党中央、国务院、上海市表彰的中国2010年上海世界博览会先进集体和个人情况表；1978—2010年评定的副高级专业技术人员名录。

第一章 人物传略

苏　新(1907年11月—1981年11月)

籍贯台湾台南。1923年于台南师范学校肄业。1924年赴日本留学,1927年任台湾文化协会驻东京代表,主编该会机关报《台湾大众时报》。1928年参与台湾共产党筹建。1931年任台湾共产党中央宣传部长,同年被日本殖民当局逮捕,入狱长达12年之久。台湾光复后,1929年秘密返回台湾致力于工人运动,在台北先后任《政经报》《人民导报》《中央日报》《台湾文化》等报刊的主编、总编辑。1947年参加"二·二八"起义,被国民党当局通缉。被迫转移至香港期间,参加台湾民主自治同盟组建工作,主编《新台湾丛刊》。1948年参加中国共产党。1949年到祖国大陆工作。上海解放后先后进中共中央华东局台湾工作委员会宣传科、上海人民广播电台,任上海电台对台广播科科长。1954年任中央人民广播电台对台湾广播部主任助理。1978年调台湾民主自治同盟总部任研究室主任。

上海解放后,参与筹办对台广播,是新中国成立后大陆对台湾地区广播的第一声。在对台广播科期间,创办《简明新闻》《祖国通讯》《时事讲话》《广播信箱》《听众服务》等广播专栏节目,并用普通话和台湾闽南话两种语言播音。1954年《对台湾广播》由中央人民广播电台接办后,扩大了宣传规模。

第五届全国政协委员。著有《闽南话研究》一书。

杨　涛(1917年10月—1982年5月)

籍贯陕西宜君。1937年参加红军,同年10月加入中国共产党。在抗日军政大学二期10队和延安通信学校10期学习后,长期从事军队通信工作,历任报务员、报务主任,鲁南军区司令部通信科副科长,华东野战军三纵队司令部通信科长,华东海军司令部通信处副处长,海军东海舰队司令部通信兵处主任。曾荣膺"八一奖章""三级独立自由勋章""三级解放勋章"。1964年转业到地方工作,历任上海人民广播电台副台长,上海市广播事业局党委副书记、副局长。

长期主管广播电视事业建设和技术工作,深入广播、电视各机房检查指导工作。20世纪60年代后期,负责建成战备广播电台和应急广播技术工程。20世纪70年代,在当时十分困难的条件下,为按期完成上海彩色电视工程和电视铁塔等基本建设做出贡献。

奚里德(1923年1月—1985年4月)

籍贯安徽无为,1942年于四川省国立剧专肄业。1937年参加革命。1948年发起组织孩子剧团,任剧务部长。1945年参加在周恩来、郭沫若领导下建立起来的"抗敌演剧队"和"新中国剧艺

社",任演员。1947年进上海比乐中学任教员,并秘密加入中国共产党。1949年任中国福利会少年文化馆馆长。1959年进上海电视台,历任导演、演播组长、副主任、副台长、上海市广播电视局艺术委员会副主任。

在中国福利会儿童艺术剧院工作期间,创作话剧《地下少先队》,导演儿童剧《两个朋友》。进入上海电视台后负责演播和电视文艺工作,1978年三次策划组织电视实况转播话剧《于无声处》,其中一次通过中央电视台向全国转播,播出后反应强烈。后邀请上海有影响的理论工作者和文艺界人士,作关于《实践是检验真理的唯一标准》的电视讲话。1979年组织编创人员赴沈阳实地采访、构思剧本和摄制,仅用一个月时间,完成电视报道剧《永不凋谢的红花——张志新烈士之死》,该剧在上海首播后,中央电视台又向全国播放,轰动全国。后组织摄制《祖国的儿子》《山道弯弯》《家风》《火热的心》等一批有影响的电视剧。参与编导电视剧《流逝的岁月》《海啸》。在儿童剧创作上,参加编写《小不点儿》《花》等,在全国评比中连续两年夺冠。1980年提议创建少儿演播小组,后发展成蜚声海内外的上海电视台小荧星艺术团。1985年编写上海电视台第一部动画片电视连续剧《芒卡》,参与《家》《春》《秋》和《邹韬奋》等电视剧本改编。1985年离休。

郝 群(1922年3月—1988年8月)

曾用名"郝炳森",籍贯山东济宁。1940年参加革命,先后在皖北抗日根据地任小学教员、校长、县文教科科员,淮北行署教育出版社股长,淮北《拂晓报》记者,《胶东日报》《华中新华日报》《苏南日报》记者、编辑。1949年任《福建日报》编辑部组长。之后,筹划创建厦门人民广播电台并任台长。1954年进上海人民广播电台,历任节目部副主任、总编辑、办公室副主任,上海市广播事业局电视教育办公室负责人,上海市广播电视局宣传办公室主任,上海人民广播电台副台长、顾问。

1956年积极支持郊区农村有线广播的筹建工作。1963年负责筹办《学习毛主席著作》广播节目。1978年主持审定广播理论系列讲座《马克思主义哲学基本原理》,该讲座从广播到编印成书发行,受到听众和读者欢迎。参与上海电视台电视教学节目的创办和领导工作。1985年离休。

冯秉友(1931年1月—1989年11月)

籍贯浙江慈溪。1946年毕业于申联中学,初中学历。1956年进上海广播乐团任合唱队员。1960年转入上海人民广播电台文艺部音乐组任编辑。1988年评为主任编辑。

在上海广播乐团期间,创作群众歌曲歌词数十首,分别由朱践耳、瞿维、寄明、劫夫等著名作曲家谱曲,发表于报刊,被上海人民广播电台及中央人民广播电台采用。与他人合作的大合唱《革新颂》获上海音协创作奖。进入上海电台后,先后担任《中国音乐》《中外专题音乐》《立体声音乐》节目编辑,撰写编制《民族音乐枯木逢春》《小提琴协奏曲梁祝》《抗日战争》《烈士日记》等专题音乐节目。1982年创办并主编《立体声之友》广播专栏,内容颜具特色,听众参与点播,节目广受欢迎。

上海市第九届人大代表。合作编辑出版《世界歌星大会串歌曲选》,参与录制《西山红叶》《世界名曲联奏》《午餐音乐》等多盒音乐作品磁带。

蒋孙万(1927年11月—1990年3月)

籍贯广西玉林。1949年毕业于安徽大学外语系,大学学历。曾在新华社第十支社、芜湖日报社任记者。1953年进上海人民广播电台任记者。

他在长期的采访工作中,制作的录音报道、录音特写、配乐广播多达300多条。1959年制作的录音报道《好啊,外滩》被北京广播学院收为教材。1987年与中央电台、山西电台记者采制的广播特写《难忘的歌声》获首届国际广播特写评比特别推荐奖,先后被德国、芬兰、奥地利、英国BBC电台、美国公共电台采用播出。采制的录音特写《上海,不夜城》1988年获澳大利亚国际广播节目"佩特奖"最佳时事节目奖。他在音乐、戏曲、文学等诸多方面底蕴深厚,在业务实践中从广播特性、广播美学及音响选择等多方面潜心探索,在录音报道采制方面积累了丰富经验。其作品思想内容深刻,构思新颖精巧,引人入胜,受到听众喜爱。

1982年评为上海市优秀新闻工作者。1987年评为高级记者。1988年离休。1989年被载入《中国当代文化名人辞典》。

王永贤(1914年6月—1991年3月)

籍贯山西虞乡。中等师范毕业。1936年参加山西抗日牺牲同盟会,宣传抗日救亡运动。1938年任山西省虞乡县游击队二中队指导员。1939年起任山西省虞乡县牺牲同盟会特派员、山西新军212旅宣传部干部、卫生部部长、太岳三分区54团干部教员、供给处政委。解放战争中历任54团政委、晋冀鲁豫军区第8纵队22旅团政委、532团政委并出任解放后第一任虞乡县县长。1949年转战西北、西南战场,任178师政治部主任、四川绵阳军分区政治部主任、中共绵阳地委委员。抗美援朝战争中任中国人民志愿军60军后勤部政委。从朝鲜回国后,先后任60军179师(原临汾旅)、180师政委,被授予上校军衔。1960年晋升为大校。

1964年任上海人民广播电台党委书记兼政治处主任。1972年起先后任上海第一医学院党委书记,上海市教育局局长、党组书记。1985年离休。

王永贤在抗日战争中英勇无畏,成绩突出,被军区政治部授予特等模范干部称号。解放战争时期在解放运城、临汾、太原诸战役中做出贡献。转业到上海人民广播电台后,组织干部职工学习理论,学习解放军的优良传统,加强了广播电台的思想政治工作。

曾任上海市成人教育研究会理事长、名誉会长,上海成人教育志编纂委员会副主任。

吴 建(1918年4月—1994年9月)

曾用名"吴顺",籍贯江苏镇江。1935年在江苏如皋和灌云地区参加抗日救亡宣传活动。1938年参加中华民族解放先锋队,任中共江苏灌云县委组织部长。

1939年起先后任山东《大众日报》编委、副总编辑、总编辑、社长,山东《滨海农村报》总编辑,《渤海日报》《大众报》《青岛报》社社长、总编辑,新华社山东分社社长。1949年任中共中央华东局宣传部报刊处处长。1954年起任中共山东省委副秘书长、秘书长、省委政策研究室主任。1961年任中共中央华东局宣传部副部长。1973年进上海人民广播电台任党委副书记。1977年任中共上海市委宣传部副部长。1984年兼任上海市精神文明建设活动委员会副主任。1986年任中共上海市顾问委员会委员。1992年离休。

第五届上海市政协常委会委员。曾任上海市思想政治工作研究会副会长、会长。

时　敏(1929年6月—1996年5月)

曾用名"时文修",笔名"时莳",籍贯江苏海安。大专学历。1942年参加中共领导的青年解放团,任儿童团指导员。1945年在新四军泰州独立团参与创办《战友报》,任记者。后历任苏中一分区特务团技术书记兼统计干事,华中工委工作队,华中支前政治部、苏北区党委工作队干事、团委书记。1949年起先后任中共苏北区党委政策研究员、组织部秘书,江苏省委组织部秘书,地市委综合组、秘书组副组长、组长,江苏省委刊物《群众杂志》编辑、组长。1962年调任中共中央华东局办公厅秘书兼《红旗》杂志撰稿人、组稿人。1978年起历任上海市广播事业局宣传办公室副主任,上海电视台副台长、副总编辑兼《上海电视》杂志主编,上海电视台总编室主任,上海电视台二台台长,电视台新闻领导小组组长,上海市广播电视局副巡视员。

曾为报纸、刊物、广播电视撰写大量新闻、通讯、评论,策划主编《黄浦江·母亲河》等电视纪录片,参与策划《体育大看台》《生活之友》《法律与道德》等一批名牌电视栏目,参与主编《新闻透视轨迹》。1992年评为高级编辑。1992年离休。

曾任第一届上海市广播电视学会副会长,第二届上海市广播电视协会副会长兼秘书长。

荒　砂(1923年8月—1996年9月)

女,曾用名"芮琴和",籍贯江苏宝应。大学学历。1940年加入中国共产党。在江苏宝应中学时期加入中共地下组织,在南京中央大学求学期间参加地下党组织的学运工作。1944年起历任苏南区《火线报》记者,《兴化新报》通联科长、通讯部主任、副社长,苏中二分区人民报社、新华社二支社、扬州人民报社编辑、主编、代社长。1949年进上海人民广播电台,历任编辑、组长、编辑部副主任、新闻部主任、副台长。1981年起历任中共上海市妇联党组成员、宣传部长、秘书长。1981年先后创办《为了孩子》《现代家庭》杂志,并兼任杂志社社长、总编、编审。1985年离休。1990年任《上海妇女志》编委副主任、主编。

在上海人民广播电台期间,发展工人通讯员,建立工厂广播站,组织工人到电台通过广播交流生产经验和学习体会。这类节目逐渐发展成为《店员时间》《五金工人》《纺织工人》《市政工人》《王小妹谈时事》等栏目。其中,《王小妹谈时事》成为听众喜爱的名牌节目。在任新闻部主任时,提倡记者多下基层采写新闻和采制录音报道,提高广播新闻时效。1980年创办"德语广播教学",为上海电台外语教学节目增加了新语种。

曾任上海市妇女学学会、上海市婚姻家庭研究会副会长。

梁十千(1925年6月—1998年2月)

籍贯黑龙江泰来。1943年于日本东京新京美术院雕塑科肄业,大专学历。1948年起先后进东北电影制片厂、上海电影制片厂、上海科教电影制片厂任美术师。1958年进上海电视台任美术设计师。

曾参加新中国第一部故事影片《桥》及故事影片《团结起来到明天》、科教片《母子平安》等美术创作。作为全国最早的电视美术师之一,担任上海电视台建台初期唯一的美术设计师,连续设计制作4个上海电视台台标,负责上海第一部直播电视剧《红色的火焰》的美术设计和制景工作,为上千个电视文艺节目设计美术配景,连续10年参与大型电视文艺晚会的场景设计。雕塑作品多次参加上海市美术作品展览,其中作品《打捞》入选《上海美术作品选集》和《上海城市雕塑作品选集》,作品《望》被列入《世界华人艺术家成就博览大典》。1987年离休。1988年评为一级美术师。

韩士敏(1930年5月—1999年8月)

女,籍贯天津。1958年毕业于中共中央高级党校马列主义学院,大专学历。1950年参军。1954年起先后进华东气象处、中央气象局工作,任秘书。1958年进上海人民广播电台,历任秘书、编辑、科长、副主任。1971年进上海电视台任党委副书记。1987年退休后任《技术市场信息》报副主编。

在广播电视行业工作近30年,创办了《学科学》《谈时事》两个电视专栏节目,编辑百余个专题节目。科技节目《北斗星》《太阳灶》、专题节目《鲁迅的故事》受到观众好评。担任台领导工作期间,参与建立电视新闻采编播一条龙,开办26频道,取得节目播出总时数翻一番的佳绩。牵头组织实施粤、津、沪三台节目交换,所负责交换、审选播出的外台节目最高时约占播出总量的50%。为引进、销售、合作拍片工作探路,先后落实引进《傲慢与偏见》等上百部集电视剧和专题片。组织创建电视少儿演播小组。参与《每周广播电视》报复刊工作,组织《上海电视》杂志创刊和改版。

汪韵之(1932年2月—1999年9月)

籍贯浙江宁波。1951年毕业于民治新闻专科学校新闻专业,大专学历。1952年进上海人民广播电台,历任记者、编辑、科长。1979年进上海电视台,历任编辑、社教部主任。1986年任上海市广播电视局局长助理。1988年任上海音像资料馆馆长。

1961年主编的对农村广播的通俗评述性栏目《阿富根谈生产》《阿富根谈家常》,被评为全国优秀广播节目。20世纪50年代初,撰写出版专著《怎样写新闻稿和广播稿》,发行70多万册。曾发表《浅谈对话》《广闻博采、扬长避短》《屏幕上的启示》《漫话对象》等业务研究性文章。1992年评为高级编辑。

周新武(1916年4月—2000年4月)

曾用名"周晓乐",籍贯河南信阳。1937年于北京中国大学政治系肄业,大学文化程度。

第二次国内革命战争时期,先后参加反帝同盟会、左联、中华民族解放先锋队等革命组织,从事党的青年工作和文化工作。在北平期间,先后用耶菲、李朴、严新武等笔名,在《觉今日报》《北平新报》《华北日报》等报刊发表文章,宣传先进思想。抗日战争时期,受组织委派,回到家乡开展敌后工作。后又到皖中敌后工作,参与了皖中、皖南抗日根据地的创建和发展工作。

1935年参加革命,历任中共豫东南特委委员、青年工作部部长兼息县县委书记,皖中地委书记,中共皖鄂赣边区区委宣传部部长,新四军第七师政治部宣教部部长。1946年任中共中央华东局宣传部宣传科科长。1948年在山东解放区创建华东新华广播电台,兼任电台管委会主任,先后派出干部帮助徐州、南京、杭州接管旧广播机构,配合了济南战役、淮海战役和渡江战役的政治攻势。

1949年任上海市军事管制委员会新闻出版处处长兼任上海人民广播电台台长。1950年任华东新闻出版局副局长,1954年任局长。1950年华东人民广播电台建立,兼任华东台台长,管理华东各省市的广播事业。1955年调任中央广播事业局副局长,长期分管地方广播电视事业。1958年负责创建中国唱片社,兼任社长。1959年参与创办北京广播学院,兼任院长。1982年离休。

著有《中国土地问题浅说》《克服官僚主义,改进工作作风》。

张叔侯(1932年4月—2000年7月)

籍贯江苏泰兴。1950年于上海交通大学运输管理系肄业。1951年参军,历任空军某部宣传干事、宣传科科长、宣传部副部长。1982年转业至上海市编制委员会,历任办公室副主任、主任。1987年进上海人民广播电台,历任党委副书记、副台长。

在部队期间,编辑、审定大量的宣传教育材料在空军内部印发。担任上海电台副台长期间,分管新闻教育编辑室工作,参与组织和指导一系列重大宣传报道,提出并支持"90年代上海人"专栏开设,参与组织宣传曾乐、严力宾先进事迹的报道。1990年策划组织上海电台同日本横滨NHK合作节目《你好,横滨》《你好,上海》,在上海和日本播出后均获好评。

王根发(1943年9月—2000年7月)

籍贯江苏盐城。1970年8月毕业于复旦大学新闻系,大学学历。

1961年参军。1965年进入上海第一纺织机械厂工作,同年作为调干生进入复旦大学新闻系学习。1970年毕业后回原单位从事宣传工作,兼任新华社上海分社、解放日报社通讯员。1974年在厂设计科电气设计组任助理工程师。

1984年调入上海电视台,先后任秘书科科长、台长助理、《上海电视》杂志主编、副台长,并兼任

台总编室主任、台办公室主任、台广告部主任。1987 年参与创办《海外影视》栏目。1988 年起先后参与创办杂志型综艺节目《荧屏纵横》和《卡西欧家庭演唱大奖赛》。广告部的电视广告片年制作量连续多年居全国省级电视台之首。担任上海电视节和第八届全国运动会集资部负责人,为大型活动的成功举办做出贡献。1993 年任东方电视台党总支书记。1995 年起先后任上海有线电视台党总支书记、党委书记。1996 年评为主任编辑。

兼任中国电视广告学会副主席、上海广告学会副会长、上海电影电视广告学会主席。

林三祝(1930 年 1 月—2000 年 9 月)

籍贯浙江定海。1952 年毕业于大同大学电机系电讯组,大学学历。同年进中央广播事业局工作。1955 年调入 553 台国际收测台任技术设备检修组长。1958 年进上海人民广播电台技术部仪器室工作。1987 年起历任上海市广播科学研究所副总工程师、综合技术室主任。1990 年评为高级工程师(教授级)。

大学毕业后在中央广播事业局担任广播电视方面的进口设备维护和新设备新仪器的技术开发和研究工作。负责研制的"网络分析仪配用微机组成自动测量系统"获 1985 年广电部科技进步奖三等奖。1985 年负责筹建上海广电局监测台自动监测系统。1988 年,作为项目负责人之一参与"全固态多频率自动代播中波广播发射机"的开发研制。为 3 千瓦、10 千瓦两种全固态发射机的研究开发成功发挥了重要作用。1994 年作为高级专家,承担"50 千瓦全固态功率合成"(即东方广播电台 792 千赫扩大功率研究项目)。

朱克忠(1935 年 12 月—2000 年 10 月)

曾用名"朱大椿",笔名"天关山",籍贯浙江温州。1953 年毕业于温州师范专科学校,中专学历。1953 年进浙江联云中心小学任教导主任。1956 年任中共浙江省泰顺县委宣传部、温州地委宣传部新闻摄影站摄影。1958 年进上海科学教育电影制片厂,历任摄影助理、摄影师、摄影科科长。

1965 年后,先后拍摄《喜见光明——人工角膜治疗全白斑眼病》《叶面施肥》《遗传工程初探》《试管苗》《燕子》《儿童防聋》《画苑掇英——山水篇》等 60 余部科教片。其中,《喜见光明——人工角膜治疗全白斑眼病》获 1979 年东京国际电影汇演高等教育奖;《叶面施肥》1979 年获文化部优秀影片奖、全国优秀农业科教片一等奖;《遗传工程初探》获 1980 年文化部优秀影片奖、1985 年意大利巴马国际医学科学电影节优秀影片奖;《试管苗》获 1980 年文化部优秀影片奖、第一届中国电影优秀摄影奖;《燕子》1982 年获文化部优秀影片奖。1979 年获文化部青年优秀创作奖。1987 年获上海首届优秀电影创作奖。1988 年评为一级摄影(像)师。1993 年起获国务院特殊津贴。

郑英年（1919年1月—2000年11月）

曾用名"曹葆忠"，籍贯四川乐山。高中学历。上海市第七届人大代表、第六届上海市政协委员。

1937年到延安，在延安陕北公学、马列学院学习。1939年起在华北联合大学任教员、教育科长。1942—1944年历任中共宛平县委宣传部副部长、怀来县委宣传部长、延庆县委副书记、张家口市区委书记等职，带领县大队、武工队、区小队，在长城外康庄、八达岭等地开展游击战。参加过解放新保安、下花园、沙城、怀来等地战斗，并从事党的宣传工作。

1951年起历任中共芜湖市委常委、宣传部长，芜湖市委副书记，安徽省教育厅副厅长，安徽省委宣传部副部长，中共中央华东局宣传部部委、宣传处处长等职。1973年起任复旦大学革委会副主任、校党委常委。1977年起历任上海人民广播电台党委副书记，上海市广播事业局党委书记、局长。1981年起历任上海社科院党委副书记、副院长，上海市社联副主席。在上海市广播事业局工作期间，主持全局进行拨乱反正，调整组织，建立工作秩序；坚持解放思想、改革开放，促进了上海广播电视事业的发展。1987年离休。

撰写并发表《毛泽东同志的农民革命战争思想的形成》《毛泽东把马克思主义中国化首次显示》《工农武装割据是中国农民革命战争战略的总概念》《把动机与效果结合起来》等论文。发表《回忆洛甫院长的题词》等文章。

刘　冰（1927年6月—2001年6月）

曾用名"刘绥林"，籍贯安徽安庆。1938年参加革命，先后担任皖北地区《大江报》、华中《新华日报》、山东《大众日报》、济南《新民主报》记者。抗日战争和解放战争期间，撰写大量新闻、通讯、特写等。1949年任《解放日报》记者、编辑、副组长。1950年调入上海人民广播电台，先后任华东·上海人民广播电台编辑部副主任、文艺部主任。1978年任上海市广播事业局副局长。1979—1983年兼任上海电视台台长。1991年参与并主持上海有线电视台筹建工作。

在上海人民广播电台、上海市广播事业局和上海电视台、上海市广播电视局工作期间，为增强广播电视新闻时效性、开拓新闻报道面、加强文艺广播内容建设、组织电视剧创作等进行探索并做出贡献。发表论文《华语电视国际间合作的现实性探讨》《关于文艺广播方针问题》等10篇。1992年评为高级编辑。1992年离休。

兼任首届上海新闻学会副会长，第一届上海市广播电视学会常务副会长、第二届上海市广播电视学会副会长。担任上海电视节、上海国际广播音乐节数届评委，主持评奖工作。

钱文亮（1935年2月—2001年7月）

籍贯上海。1958年毕业于中国人民解放军机要干校，中专学历。1954年进上海市嵩山区税务局任职员。1956年参军，历任炮兵某部文化教员、浙江省军区部队机要员。1959年进上海人民广播电台任录音员。1978年进上海电视台，历任社教部党支部副书记、制作科科长。1984年

起任上海市广播电视局基建处处长、上海东方明珠广播电视塔工程指挥部常务副总指挥。1993年评为上海市劳动模范。1995年评为高级工程师。

在主持局基建处工作期间,参与完成东海影视乐园、上海广电大厦、上海七重天宾馆、市广电局招待所、职工住宅小区等多项工程建设。1991年起负责建设上海东方明珠广播电视塔期间,组织参建单位开展"电视塔在我心中"活动,创建以质量第一、新型的甲乙方关系,营造步调一致、热烈紧张的工作场面。经过3年艰苦努力,1994年10月建成高度为468米的"亚洲第一高"东方明珠广播电视塔,电视塔工程部获得建设部"全国支持建设监理工作先进单位"称号。

何晓明(1961年3月—2002年12月)

女,播音名"小茗",籍贯辽宁营口。1987年毕业于辽宁教育学院中文系,大学学历。1988年进辽宁人民广播电台,任经济台主持人。1992年进上海人民广播电台,历任交通台、经济台主持人、记者、节目监制。

在辽宁电台节目主持人兼记者岗位上,推出台里第一档采编播合一的直播节目《今日大观园》,并成为名牌节目。采写的报道《可怜天下女儿心》获1991年全国优秀广播节目二等奖;《五月·奏响我们辉煌的乐章》获第二届全国经济台优秀节目三等奖。

从辽宁电台引进到上海电台工作后,承担上海交通广播每天2小时的直播节目《午后的约会》。1993年开设出以其播音名"小茗"命名的情感抚慰类栏目《小茗时间》。节目创办后的9年间,为听众排忧解难,成为青年听众特别是出租车司机听众的知音。该节目成为上海广播名牌节目。

在主持人岗位上积极为听众知识上解惑、经济上解困、生活上解忧,深受听众喜爱。1996年获上海电台"十佳播音员主持人"称号。1997年获第三届全国广播电视节目主持人金话筒奖银奖。1998年获上海市先进女职工标兵、"全国百优广播节目主持人"称号,2003年被市妇联追认为2001—2002年度上海市三八红旗手。匿名资助十几位经济困难的孩子上学。2003年市希望工程办公室、爱心助学办公室追授她"上海市爱心助学贡献奖"。

杨亚平(1926年5月—2003年7月)

籍贯江苏大丰。高中学历。1941年参加革命后,曾任新四军一师供给部毛巾厂会计。1943年任江苏省东台县景范小学社教部主任。1947年起任《新华日报》《苏南日报》助理编辑、干事、总务科长。1950年任苏南人民广播电台党支部书记。1965年任上海人民广播电台外语组组长。1972年任上海人民广播电台副台长。1985年离休。

雷德昌(1939 年 9 月—2003 年 11 月)

籍贯陕西蓝田。1962 年毕业于陕西师范大学历史系,大学学历。

1962 年 9 月参军,曾在西藏军区一五七团下连当兵。历任西藏军区政治部干事,西藏自治区三教二团干部,拉萨军分区政治部群众联络科科长等职。在藏期间荣立三等功一次,西藏军区政治部嘉奖一次。中共拉萨市第二次代表大会代表,拉萨市第二届人大代表。1978 年调入解放军政治学院任党史教研室教员。1988 年评为副研究员。

1982 年转业到上海社会科学院历史研究所党史研究室工作。1984 年起历任上海社会科学院党委委员、组织部长、纪委书记。1988 年任中共上海市委宣传部纪检组长兼干部处处长。1994 年任上海市广播电视局党委委员、上海人民广播电台党委书记。1998 年任上海电视台党委书记。2000 年任上海电视台女子足球俱乐部董事长。

与他人合作的专著《第二次中日战争纪事》获国防大学教学与科研三等奖。与他人合编的《上海社会科学院组织史资料》获上海社会科学院论文三等奖并出版。编写《抗日战争概况》《中国共产党抗日战争大事记》等专著。与他人合著《现代能力导向》。

杨 时(1916 年 3 月—2004 年 2 月)

曾用名"周杨时"。籍贯安徽无为。1936 年毕业于上海中华职业学校。1937 年赴延安,进青训班学习。1938 年加入中国共产党。1939 年进延安中央党校学习。同年进中央社会部,历任中央青年委员会干事、延安鲁艺音乐室学习主任。1941 年任中央办公厅机关警卫科科长。1945 年任中央书记处办公室警卫科科长。1946 年任河北张家口市公安局三科科长。同年起任晋察冀边区保安处一科副科长、财经办事处组织部长。1951 年起任公安部一局六处、五处处长。1954 年赴越南,参加赴越政治顾问团任公安顾问。1955 年回国起任上海市公安局政治部主任。1956 年任上海市航运公安局局长。1957 年调入中共上海市委宣传部,以市委工作组名义派往上海人民广播电台,调整电台领导班子。后被任命为电台党组书记、代理台长、台长。1958 年参与筹建上海电视台,并在 10 月 1 日建成开播。1964 年调任上海市高级人民法院副院长。1978 年起任上海市高级人民法院党组副书记、副院长。1983 年离休。

曾兼任上海市法学会常务理事、副会长。

朱文宝(1943 年 11 月—2004 年 2 月)

籍贯浙江绍兴。1962 年毕业于上海市广播专科学校广电专业,中专学历。1962 年参军,历任步兵某部副班长、班长。1968 年进上海市广播事业局,历任实验科副科长、技术培训班副主任。1984 年任上海音像公司经理。1989 年任上海广播电视发展公司部门经理。1991 年任上海东方明珠广播电视塔建设处副处长。1995 年任上海电视台大楼建设处主任。

在部队期间,曾获嘉奖三次、三等功一次。在广电系统 30 多年中,先后在电台、电视台从事

技术保障、经营管理、基建管理等工作。担任上海音像公司经理期间，努力探索音像制品市场化改革。1991年起参与筹建上海东方明珠广播电视塔，认真做好电视塔选址、设计、审核、动迁、施工等各环节的管理、协调工作，为建塔工程做出重要贡献。1995年起牵头组织上海电视台大楼及东方卫视"梦工厂"演播室工程建设。1995年获上海市建设功臣称号。

周　峰（1917年7月—2004年7月）

籍贯陕西西安。大学学历。1945年赴延安参加革命，历任鲁艺文工团、华大文工团、昆仑影片公司、国泰影片公司演员、导演、戏剧队副队长。1949年参加军管会接管国民党中央电影三厂（后改为北京电影制片厂），任行政处副处长。同年起任中苏联合摄制组副领队、助理导演兼解说员。1951年起任东北电影制片厂、上海电影制片厂副导演、导演。1958年进上海电视台，历任副主任、副台长、艺术顾问和上海市广播电视艺委会副主任。

1949年前，参加演出的话剧、电影有《棠棣之花》《孔雀胆》《屈原》《雷雨》《塞上风云》《八千里路云和月》《丽人行》《乘龙快婿》等，其中有的担任主角。新中国成立后，参加执导中苏联合摄制的大型彩色纪录片《中国人民的胜利》获斯大林奖一等奖、文化部1949—1955年优秀影片（长纪录片）一等奖。1958年参加上海电视台的筹建领导工作和负责节目演播的筹备，带队到北京电视台（中央电视台前身）实习，培训编播队伍，确保了10月1日上海电视台的首播成功。同年策划编导上海第一部直播电视剧《红色的火焰》，后执导《百合花》《翻案》《浣纱女的传说》《昨夜情》等一批早期电视剧，为上海的电视文艺和电视剧发展做出贡献。1985年离休。

曾兼任第一届上海电视艺术家协会主席。

苗力沉（1921年1月—2006年1月）

原名"苗正己"，笔名"之真""李沉"。籍贯河南洛阳。1936年加入中华民族解放先锋队。1938年入伍，在延安抗大和军政学院各学习一年。1942年起任中央军委和总政考察团团员、中央敌伪研究室研究员、军事学院和西北联军政治部秘书、358旅连政治指导员、庆阳小学教师。1946年进新华社国语广播部（即延安新华广播电台编辑部）任编辑。1948年任华东新华广播电台管理委员会副主任兼编辑主任。1949年后，负责接管上海广播电台，任上海人民广播电台副台长兼总编辑、台长兼总编辑，兼任上海市新闻出版处副处长、广播室主任，民治新闻专科学校和复旦大学新闻系教授，顺利完成对原广播电台人员的教育改造，为上海新闻广播事业做出了开拓性的重要贡献。1963年起任上海图书馆《全国报刊资料索引》编辑。1979 年起任上海社会科学院《社会科学》杂志副主编、顾问。1989 年评为编审。1985 年离休。中共上海市第一、二次代表大会代表,上海市第一、二届人民代表大会代表。

沈　莉(1966 年 4 月—2006 年 10 月)

女,籍贯浙江湖州。1997 年毕业于复旦大学新闻学院新闻学专业,文学博士。1997 年进上海市广播电影电视局,任总编室主任科员。2001 年进上海文化广播影视集团,历任集团综合办公室宣传主管、发展研究主管。2001 年起历任上海文广新闻传媒集团发展研究部主任、人力资源总监、集团党委委员。

在局总编室任《广播电视研究》刊物编辑期间,作品在中国广播电视学会期刊评奖中获奖。在担任综合办公室宣传主管期间,积极推进集团化管理下的广播电视宣传制度建设,确保了对宣传工作的有序管理。2001 年起参与筹建传媒集团发展研究部,参加了集团一系列重要改革措施的酝酿和实施。2002 年上海电视节期间,负责国际学术交流活动,参与创办的"白玉兰论坛"成为上海电视界的一个国际性学术研究品牌。2003 年担任集团人力资源总监、集团党委委员,挑起集团人力资源改革重任。2004 年被任命为集团人力资源管理综合改革领导小组常务副组长。在推进集团人力资源管理综合改革中,带领小组成员深入调研,精心酝酿,反复论证,形成了集岗位、绩效、薪酬、培训于一体的综合改革方案。2006 年病重住院前夕,还参与筹建集团首个培训学校——东方传媒学院。2006 年评为高级编辑。

论文《上海广电发展的经济学考察》、编辑的《关于有效发挥收视率作用的调查报告》2000 年分别获得中国广播电视学会颁发的优秀论文二等奖、优秀编辑二等奖。曾兼任第四届中国广播电视协会电视学研委会常务理事。

陈晓东(1918 年 12 月—2007 年 11 月)

籍贯山东蓬莱。1936 年毕业于蓬莱县立初中简易乡师班,初中学历。

1937 年参加革命,历任胶东三军二路九大队排长、指导员。1941 年起历任中共北海地委《北海时报》社长,《胶东日报》地方版主编、总编辑,胶东《群力报》总编辑、《胶东日报》总编辑。在艰苦的战争年代,为宣传和动员广大民众支援前线,鼓舞民众士气,夺取革命胜利做出了贡献。1950 年起历任山东大众日报社办公室主任、副总编辑、总编辑。1965 年任中共中央华东局宣传部《农村青年》编辑室主任。1978 年调入上海市广播事业局,历任局党委副书记、副局长,兼任上海人民广播电台台长。1983 年任上海市广播事业局顾问(正局级)。1984 年,按照中共上海市委宣传部要求,负责市广播电视局新一届领导班子成员的考核,顺利完成邹凡扬等局领导于 1985 年向龚学平等新一届班子的交接。

在 30 多年新闻工作中,写过百余篇评论、通讯、工作经验、农村调查等。在市广播电视局工作期间,积极倡导广播电视播发社会新闻、评论等。出版著作有:《什么是唯物主义》《什么是历史唯物主义》,由山东人民出版社编入《哲学知识》丛书。1989 年评为高级编辑。1985 年离休。

兼任第一届上海市广播电视学会顾问。离休后,参加市广电局离休干部广播电视监听监视工作,关心上海广播影视事业的发展。

唐可爱（1934年8月—2006年11月）

女，籍贯广东中山。1951年毕业于上海市工部局女子中学，高中学历。1951年进上海广播乐团任合唱队团员。1956年进中央广播文工团合唱队任团员。1957年进上海人民广播电台，历任广告部副科长、科长、副主任。

在广告制作、传播工作中，创造性地运用广告歌曲、曲艺广告、知识广告、趣味性广告、诗歌广告、广告小品等节目模式，编辑制作广告歌曲20多首、广告音乐上百段，个人广告创收额在上海电台独占鳌头，在全国广告界享有"广告皇后"美誉。1979年3月5日上海电台在全国广播电台中第一个恢复广告播出，唐可爱是改革开放后内地第一条广播广告的制作人。1981—1987年间，先后组织《东方之声》《南国歌星》等三十多台文艺晚会，既开拓了广告业务的思路，又得到广大听众的好评。1986年评为上海市三八红旗手。1989年评为上海市"十佳公关明星"。1990年获上海市公关金奖。

曾任上海市公共关系协会常务理事、副秘书长。

陆炳炎（1944年8月—2009年3月）

籍贯江苏江阴。1968年毕业于北京地质学院石油勘探专业，大学学历。1982年获西北大学构造地质学专业理学硕士学位。1968年进中国科学院昆明研究所工作。1971年起进云南省科委、教育厅工作。1983年起历任云南省教育厅高教处处长、副厅长，云南省教委副主任。1992年进华东师范大学，历任党委副书记、书记，校务委员会副主任、主任。2000年进解放日报报业集团，任党委副书记、副社长，解放日报党委书记、社长。2005年任上海东方网股份有限公司监事会主席。1996年评为研究员。1997年起获国务院特殊津贴。

在解放日报报业集团工作期间，围绕集团事业发展和系列报刊管理等主持制定了一系列规章制度和实施办法。论文《创新集团运作机制 强化集团主体地位——解放日报报业集团的实践与思考》获第四届上海新闻论文奖一等奖。主编、撰写《外来流动人口管理研究》《可持续发展与社区建设》《长江经济带发展战略研究》。中共上海市第七、八次党代会代表，上海市第十一、十二届人大代表。

蒋明浚（1930年3月—2010年3月）

籍贯江苏宜兴。1952年毕业于上海交通大学电机工程系，大学学历。同年进上海人民广播电台技术部工作。1987年起任上海市广播科学研究所副总工程师兼无线电波研究所主任。1989年起任上海市广播科学研究所所长。

负责主持广播电视天线系统的重大工程设计和科研课题20多项。其中"10千瓦级调频天线五工器"获1987年广播电影电视部科技进步奖三等奖；"八频道电视天线场型改进"获1989年上海市科技进步奖二等奖；"30千瓦级波导型分米波电视天线双工器"获1993年广电部科技进步奖二等奖、1995年国家科技进步奖三等奖。1987年获"上海市优秀科技工作者"

称号。1990年评为高级工程师(教授级)。1993年起获国务院特殊津贴。曾任上海市广播电视局科技委委员。

柳星三(1925年10月—2010年6月)

曾用名"柳荫奎",籍贯山东栖霞。1939年山东省莱阳市第六联中肄业。

1942年参加革命,历任山东省栖霞县方山区区长、区委书记。按照党的指示开展减租减息,动员民众开展大生产和支援前线工作。1948年随部队南下,编入华东野战军先遣纵队,参加开封、豫东、睢杞战役和淮海、渡江战役,合肥、芜湖解放后担任接管工作。1949年起在《芜湖日报》《皖南日报》,皖南、芜湖人民广播电台工作,先后任编辑、记者、组长、编辑部副主任、台长等职。1953年调入华东·上海人民广播电台,先后任文教组长、党支部书记兼人事科长、办公室副主任、广播事业处办公室副主任、行政科负责人。1979年任上海电视台副台长。1982年任上海电视台党总支书记。1983年任上海市广播事业局党委副书记、纪委书记,积极落实解放思想、拨乱反正政策,为部分蒙受冤假错案的干部职工恢复名誉,安排调整工作。1985年离休。

离休后,继续为广播电视事业的改革发展出谋划策。1995年参加市委宣传部干部考核组,为发现和培养年轻干部、加强基层班子建设,提出了许多建设性意见。担任市广电局离休干部党总支书记期间,配合老干部工作部门,注重抓政治理论学习,组织开展各种文娱活动。

祖文忠(1938年4月—2010年7月)

籍贯上海崇明。1963年毕业于上海戏剧学院文学系编导专业,大学学历。同年进上海人民广播电台,历任编辑、广播剧科科长。

长期从事广播剧编导工作,参与策划、审稿和编导的广播剧达1 000多部(集)。担任编导的广播剧《特殊巡官》《W.P.行动》《上海的早晨》《断环重合》《罗马之夜》等受到赞誉。参与编导的广播剧获奖作品有:《凝聚》获第七届精神文明建设"五个一工程"奖、1996年度中国广播剧奖一等奖;《无言的歌》获1994年度中国广播剧奖一等奖、1994年度上海广播电视奖广播剧一等奖;《青菜萝卜交响曲》获1997年度中国广播剧奖一等奖、1998年度上海广播电视奖广播剧一等奖。1994年评为高级编辑。

编写出版《广播剧·电视剧概论》《编辑常识广播讲座》《刑警803》,编辑出版系列广播剧《三国》《水浒》《三毛流浪记》录音带。

马学鸿(1943年11月—2011年3月)

籍贯江苏淮阴。1967年毕业于复旦大学中文系,大学学历。1967年进人民日报社国内部。1972年进上海造船厂任宣传部部长。1984年进上海人民广播电台,历任文学编辑、综艺部科长、新闻部党支部书记、副主任。

1992年起参与创办《生命之光》《天涯共此时》《民俗文化》《喜庆同乐》《五彩家庭》《影视快车道》等一系列全新综艺节目。在新闻部工作期间，协助策划、组织、参与"香港回归""第八届全国运动会""澳门回归""上海解放50周年""东西部手拉手"等重大新闻宣传活动。1994年起兼任《企业文化》节目责任编辑，该节目与市工业党委联办"上海市工业企业最佳企业形象系列展示"，市委宣传部称其为"党建工作走向社会、走向公众的有益尝试"。

采写的广播新闻报道《用心服务，服务到心》获1997年度上海市五一新闻奖三等奖；与他人合作采写的广播新闻报道《特殊红娘》获2001年度上海市五一新闻奖一等奖。2002年评为高级编辑。

著有《上海企业形象巡礼》《凝聚力工程空中展示》《先锋礼赞》。

查蓓莉(1956年3月—2011年5月)

女，播音名"张培"，籍贯江苏武进。2001年毕业于上海大学成人教育学院影视节目制作专业，大专学历。1972年参军，在昆明军区国防话剧团任演员。1976年进上海人民广播电台任播音员。1993年进上海东方广播电台任主持人。

先后主持了一系列脍炙人口的广播节目，如《星期广播音乐会》《星期戏曲广播会》《半个月亮》等节目。设立"夜阑书香""人生思考""智者低语""月下闲谈"等板块，以清新的艺术风格和高雅的文化品位，得到广大听众的好评。多次主持上海国际广播音乐节、上海电视节、中国上海国际艺术节、上海之春、春节团拜等沪上大型文艺晚会。

1988年起尝试采编播合一，主持夜间情感类节目《知心话》，并凭借该节目于1991年获中国广播电视学会颁发的全国广播电视节目主持人"开拓奖"金奖（"金话筒"奖前身），1992年获第一届"全国十佳金话筒奖"。1996年起先后主持《明星传真》《119祝您平安》《金话筒之约》《常青树》等节目，其中2004年创办的周播节目《三个女人一台戏》举办多场公益活动，产生了很好的社会影响。与人合作演播的长篇小说《紫藤花园》获1996年全国小说连播金奖、中国广播奖一等奖。1999年获"全国小说连播演播艺术家"称号、全国小说连播最佳创新奖。主持经典音乐频率《美文妙律》节目，其中2010年10月播出的一期"战地雕像"获上海广播电视奖广播文艺一等奖。1997年评为主任播音员。

曾兼任中国广播电视协会播音主持委员会副会长；第八届上海市政协委员，第九、第十届上海市政协常委。

金　杰(1964年2月—2011年9月)

籍贯浙江杭州。1985年毕业于上海科学技术大学电子仪器及测量专业，大学学历。同年进入上海人民广播电台，1987年调入上海市广播电视局技术中心，历任科长、中心主任。

参与上海多个广播电视技术重点项目：作为主要设计师，参与上海有线与卫星电视系统建设项目；参与东视大厦、振华港长兴基地、温莎花园别墅、信息大楼等技术设计；参与金山石化总厂内我国第一个750MHG双向网设计与调试。20世纪90年代，负责上海地区广播电视

播出的监测、上海广播电视制作、传输、播出和发射系统及覆盖效果的测量工作。2003年起任国家职业技能鉴定高级考评员。参与起草"上海广播电视工作'十五'计划和2010年远景规划",提出广播电视监测的数字化、网络化、非线性化概念。参与建成"广播信号全程监测和监控系统""广播电视监测节目硬盘录音录像系统""广播电视信号远程监测监控系统""广播电视播出节目自动报警系统""防止卫星信号非法插播监测系统""数字化电视监测车"等项目。2007年评为高级工程师(教授级)。

杨琪华(1922年2月—2011年10月)

女,籍贯浙江慈溪。1940年毕业于上海大德高级助产学校,中专学历。

1941年参加新四军,先后任江苏省沙洲县中共沿江区区委委员,宝应县氾水区、射阳区区委委员、副书记、书记,领导当地群众开展抗日斗争,扩大和巩固抗日根据地。1945年参与创办《新宝应报》并任主编。1946年任新华社淮安分社编辑。1947年任《新华日报》(华中版)编辑部土改复查组组长,1948年起历任《江淮日报》、皖北日报社党组成员、编辑部地方版主编、总编室主任。在战争年代,为重建江淮解放区做了大量新闻宣传工作。

1952年调入中共中央华东局宣传部任农村宣传科科长。1954年后任中共上海市委宣传部宣传处副处长、处长。1965年任上海市电影局党委副书记兼政治部主任。1973年任上海电影制片厂党委副书记。

1979年任上海市广播事业局党委副书记兼政治处主任,与党委主要领导一起,贯彻中共十一届三中全会路线,拨乱反正,落实干部政策;组织策划向社会公开招聘广播电视人才,在全国广电系统引起较大反响。1983年担任上海市广播事业局顾问。1986年离休。

离休后,参加市广电局离休干部广播电视监听监视工作,撰写有建设性意见的稿件,被局《监听监视》简报刊用。

陈传熙(1916年5月—2012年1月)

籍贯广西南宁。1935年毕业于上海国立音乐专科学校钢琴系,大学学历。1946年进上海市政府交响乐团(上海交响乐团前身)任演奏员,兼任上海国立音乐学院常州班和上海音乐学院附属中等音乐专科学校副教授。1958年进上海电影乐团(上海广播交响乐团的前身)任指挥。后评为一级指挥。

解放后,在上海交响乐团和上海音乐学院两处任职,是中国最早的双簧管教员。调入上海电影乐团后,开始了电影音乐指挥生涯。在40余年工作中,由他配乐演奏指挥的影片近600部,曾为译制片《简·爱》《巴黎圣母院》等重新录音,为中国电影事业做出了突出贡献。

朱守恒（1923 年 4 月—2012 年 3 月）

曾用名"朱刚"。籍贯江苏江阴。大专学历。1939 年在淞沪抗日游击队第三支队《野火》杂志任记者、编辑。解放战争时期,在中共地下党上海工委机关刊物《生活知识》周刊任记者。1949 年进劳动报社,历任记者、组长、编委、编辑主任、副总编辑。1964 年任新民晚报副总编辑。1974 年任上海人民广播电台副台长,在全国地方台中首创自采自编的《上海新闻》。1980 年任新民晚报复刊筹备组成员,后任副总编辑。著有《怎样写新闻》《新闻导语百例》。1988 年离休。

陈毓麟（1929 年 7 月—2012 年 4 月）

籍贯江苏海门。1945 年毕业于建平中学。1945 年起先后在上海保安司令部军乐队、上海淞沪警备司令部军乐队、南京励志交响乐队、上海军友工会厅、中央舞厅、七重天咖啡馆等任演奏员。1954 年进北京中央新闻纪录电影制片厂乐团任演奏员。1956 年进上海电影乐团任演奏员。后评为一级演奏员。

郭信玲（1936 年 1 月—2012 年 9 月）

女,籍贯湖北沔阳。1963 年毕业于上海戏剧学院导演班,大专学历。1949 年起先后进华东海政文工团、海政文工团、海政歌舞团任演员。1957 年复员进上海徐汇区少年宫任教师。1959 年进上海电视台,历任导演、电视剧科科长。

在部队文工团任主要演员,在《荷花舞》《集体剑舞》等节目表演中担任独舞,由于成绩突出,三次荣立四等功。在上海电视台工作期间,自 1979 年 3 月执导第一部电视剧《玫瑰香奇案》起,到 1994 年拍摄完成 19 集电视连续剧《大家族》,共执导拍摄电视剧 117 部(集)。其中《玫瑰香奇案》《法网》是全国电视剧创作中最早反映刑事案件的作品。执导的获奖电视连续剧有:《故土》1984 年获中国电视剧飞天奖、中国电视金鹰奖;《秋海棠》1985 年获中国电视金鹰奖;《山杜鹃》1986 年获国家煤炭部乌金奖;《大酒店》1987 年获中国电视剧飞天奖、中国电视金鹰奖。1988 年评为全国影视"十佳导演"。1988 年评为一级导演。

傅 歆（1942 年 3 月—2012 年 10 月）

女,籍贯浙江杭州。1963 年毕业于上海戏剧学院文学系戏曲创作专业,大专学历。1984 年进

上海电视台,历任电视剧文学编辑部编辑、编剧,上海永乐影视集团公司文学编辑部编剧。

编写电视连续剧《艳妃之谜》《神秘的哈同花园》,合作编剧电视连续剧《红尘无泪》《上海风情》《玉蜻蜓》《留下深情的爱》等20余部(集)。合作编剧的戏曲电视剧《玉蜻蜓》获第十五届中国电视剧飞天奖三等奖、第九届全国戏曲电视剧天安奖三等奖。担任责任编辑的儿童电视剧《窗台上的脚印》获第三届中国电视剧飞天奖一等奖、全国电视剧国庆展播优秀电视节目奖、1989年保加利亚国际电视节普罗夫迪"金匣子"大奖。参与编剧的淮剧戏曲片《金龙与蜉蝣》获第十一届全国戏曲电视剧特等奖。评论《诗情画意入镜头》获1998年上海首届电视评论金羽奖三等奖。1996年评为一级编剧。

田 锋(1958年7月—2012年12月)

籍贯江苏丹徒。1982年毕业于华东化工学院复合材料专业,大学学历。2004年毕业于中欧国际工商学院EMBA专业,获硕士学位。1975—1978年到安徽省舒城县舒荣公社军埠茶林场插队。1982年任华东化工学院团委书记。1985年任共青团上海市委学校部部长。1988年任上海中国青年旅行社总经理兼上海因私出入境服务中心总经理。1993年起历任东方明珠股份有限公司总经理助理兼东方明珠实业总公司经理、东方明珠国际会议中心有限公司总经理、上海国际会议中心有限公司总经理。1998年评为高级经济师。2001年起历任上海文化广播影视集团事业发展部主任、文广投资有限公司副总经理、总经理、党委副书记、上海文化广播影视集团经济运行部主任、文广项目投资开发有限公司总经理。2004年任上海电影(集团)公司副总裁。

阚荣生(1934年1月—2012年12月)

艺名"筱声咪",籍贯江苏吴县。1948年毕业于民立中学,初中学历。1950年从艺。1953年进大公滑稽剧团任演员,参加过新新、飞峰、联艺、和平等滑稽剧团演出。

加入大公滑稽剧团之初,拜于滑稽大师杨华生门下,苦练滑稽表演艺术。其表演幽默、诙谐、自如,曾在《苏州二公差》《样样管》《阿Q正传》及电影《糊涂爷娘》等十几部大戏中任主角,深受群众喜爱。1978年加入上海广播电视艺术团任曲艺演员,与滑稽演员孙明成为黄金搭档,先后创作演出60多个独脚戏作品,自编自演独脚戏曲目10多个,《现身说法》《看病》《流言蜚语》《机器人》等曾在上海、江苏、浙江轰动一时。

作为一名"说、学、演、唱"俱佳的滑稽演员,具有扎实功底,不仅能演,还善于创作。自编自演的滑稽戏获奖作品有:《两夫妻》获1959年上海青年戏剧汇报演出一等奖。《看病》获1980年全国曲艺会创作二等奖。《实事求是》获1986年江南滑稽戏邀请赛优秀演出奖。与他人合作编创的大型讽刺剧《白宫末日记》被北京人艺等许多话剧团采用。1988年评为一级演员。

上海市第四次文代会代表。

黄永生（1934 年 12 月—2013 年 8 月）

籍贯浙江定海，高中学历。1958 年进上海警备区战力文工团任演员。1969 年进上海客车厂工作。1977 年进上海广播电视艺术团，历任演员、队长。

在苏州弹词、"小热昏"、浦东说书及江南农村唱春道情等艺术基础上发展了"上海说唱"，在说唱中加入"噱头"这一逗趣表演形式，在上海、无锡等地广受欢迎。通过几十年的艺术实践，创作、演播了 200 多个"上海说唱"节目。"上海说唱"作为曲艺新曲种，被载入 1983 年出版的《中国大百科全书（戏曲、曲艺）》，黄永生被称为"上海说唱"创始人。

创作的"上海说唱"获奖作品有：《一定要解放台湾》获 1956 年全国职工曲艺会演一等奖；《高二毛》获 1958 年上海市文艺汇演优秀演员奖；《热心人》获 1964 年全军第三届文艺会演创作表演一等奖，并入选中国新艺大全（曲艺集），受到周恩来总理的赞扬。

1956 年"上海说唱"《热心人》灌制唱片出版。1978 年上海文艺出版社出版《上海说唱集》，收录了《普天同庆》《政治流氓》《狗头军师》《古彩戏法》《热心人》等作品。上海说唱《无罪的遭遇》被日本神户市外国语大学选为教材，发表于《神户外大论丛》第 34 卷。1989 年评为一级演员。

曾任上海市曲艺家协会副主席、上海曲协上海说唱专业委员会主任、中华说唱研究中心常务理事。

朱　盾（1933 年 4 月—2014 年 1 月）

籍贯浙江余姚。1954 年毕业于北京电影学校新闻电影摄影专科班，大专学历。1958 年进上海电视台，历任新闻部、国际部摄影记者，对外专题科科长。

从事电视摄影三十余年，参加拍摄上海电视台第一条新闻片、第一部纪录片、第一集外事纪录片，总计拍摄新闻片 1 100 余条，纪录片 170 多集。拍摄的纪录片《今日上海》获全国专题节目特别奖、上海市对外宣传节目优秀奖。拍摄的纪录片《上海监狱》《玉佛寺》获上海市对外宣传节目优秀奖。拍摄的纪录片《民宅闲话》获上海广播电视奖一等奖。拍摄的纪录片《上海妇女婚恋面面观》《Bobby 老师，您好！》获上海广播电视奖一等奖、上海市对外宣传节目优秀奖。拍摄的纪录片《大动迁》获中国电视纪录片学术奖长篇特等奖、上海市对外宣传节目优秀奖、上海广播电视奖一等奖。1992 年评为高级记者。1992 年起获国务院特殊津贴。

著有教材和论文《电视新闻摄影》《谈谈专题片的真实定位》《评外宣片得到的启示》《谈电视新闻抓拍技巧》《谈谈专题片的真实效应》。曾任上海大学文学院客座教授。

刘继汉（1933 年 10 月—2014 年 6 月）

籍贯江苏靖江。1949 年毕业于上海育才学校，中专学历。1949 年进上海人民广播电台，历任

记者、编辑、责任编辑。16岁走上革命道路,1953年曾随赴朝鲜慰问团去前线采访,撰写了多篇战地通讯。在上海人民广播电台任记者期间,一直担任各项重点报道任务。反映解放台湾统一祖国呼声的录音报道《上海人民的愤怒和力量》在中央人民广播电台新闻节目头条播出。主办的《为钢而战》特别节目是具有较大社会影响的名牌节目。

1960年调入青海人民广播电台,历任编辑部、新闻部、汉语编辑部新闻组长。1982年任青海电视台副台长兼节目部主任。1986年起任上海市广播电视局宣传办公室负责人。1987年任上海人民广播电台副台长兼经济台台长。1989年任上海市广播电视局研究室主任、总编室主任兼《每周广播电视》报主编。1992年评为高级编辑。

曾任上海市老新闻工作者协会副会长、上海大学新闻和人文科学系兼职教授。

赵庆辉(1925年4月—2014年6月)

曾用名"赵晴辉""李锐南""秦慧"。籍贯河北唐山。大专学历。1945年参加革命。1946年进河南省自忠中学任教务主任。1949年进上海市江湾中学任教务主任。1949年后任中共上海市委工作队队员、市委组织部干事。1954年起任上海机床电器厂党总支书记、厂长。1957年调入上海人民广播电台,历任副主任、副台长、技术顾问。1990年离休。

1958年受命参加筹建上海电视台,完成选择台址、培训干部、研制与购置设备、安装调试机器等各项工作,依靠自己的技术力量生产主要设备,建设上海电视台并按期试播成功。1979年担任上海电视台副台长,分管技术工作,为使播出技术质量达到一流水平,主持建造播出中心和调频立体声发射机房并引进大功率分米波发射设备。

何占春(1922年2月—2014年8月)

曾用名"方明",籍贯浙江会稽。1943年毕业于圣约翰大学,大学学历。1943年进上海艺术剧团任演员、编剧。1947年进上海荣大公司任职员。1949年进上海人民广播电台任编辑、记者。1952年任上海广播剧团副团长。1953年任上海电台戏曲组组长。1969年进上海南塘中学任教师。1978年任上海人民广播电台台委会委员。1984年任北京广播学院上海函授站站长。

在电台工作期间,对广播文艺及评弹事业贡献突出,长期精心录制评弹节目,受到中央领导陈云的重视。他还及时将陈云对评弹事业发展的指示向有关方面传达,为上海文化广播影视事业的发展与繁荣做出贡献。

王忻济(1932年2月—2014年9月)

籍贯江苏吴县。1950年上海南洋无线电学校无线电专业毕业,1951年完成上海强华补习夜校高中课程,高中学历。

1951 年进上海人民广播电台,历任电台技术部播送科技术员、技训班教员。1957 年参加筹建上海电台 805、806 实验干扰机房,安装调整八千瓦和改装三部一千瓦机器设备,圆满完成安装任务。在上海电视台初创期,克服困难,勇于实践,大胆探索,为电视台建立和对外播出做出了贡献。

1973 年起任上海电视台技术组副组长、组长。1979 年应联邦德国艾伯特基金会邀请,赴柏林电视台进修一年。1980 年任上海电视台技术部主任。1983 年任上海市广播事业局副局长,1989 年兼任局总工程师,分管技术和事业建设等工作。1985 年获上海市人民政府晋级奖励。1987 年评为高级工程师。退休后,继续关心上海广播电视技术的发展,时常与技术人员商讨,帮助解决疑难问题。

上海市静安区第七届人大代表,兼任上海市电子学会第三、四、五届副理事长,中国录音师协会副理事长,第二届上海市广播电视学会副会长。

赵志芳(1927 年 10 月—2014 年 10 月)

籍贯江苏常州。1943 年毕业于常州市树文中学,初中学历。1943 年参加工作,1949 年进华东·上海人民广播电台,历任录音师、录音组副组长。

长期参与、指导上海人民广播电台重要录音项目的录音设计、直播方案和现场调音工作,为筹备立体声广播与摸索立体声制作技术做出贡献。1954 年为京剧大师梅兰芳与周信芳合演的《宝莲灯》录音获赞誉。1959 年复制合成的录音特写《好啊!外滩》被北京广播学院编为教材;为上海新闻广播电视学校编写教材《应用声学和录音专业》。录制的立体声歌剧《卡门》1986 年评为录音作品一级品。1990 年评为一级录音师。

曾任第一届上海市声学学会电声委委员、上海市广播电视局首届科学技术委员会委员。

赵文龙(1935 年 2 月—2015 年 5 月)

籍贯浙江杭州。1951—1952 年,在中央人民政府财政经济委员会工程学校学习。1960 年进上海人民广播电台,历任编辑兼播音员、记者。同年进上海电视台从事新闻播音工作,是上海电视台第一位专职男播音员,也是新中国第一批电视播音员。担任广播新闻记者期间,1980 年大胆尝试现场报道,播出上海电台第一条现场报道《市食品工业系统举办大型迎春展销会》,受到广电部部长吴冷西好评。1982 年,第一次尝试电话连线,越洋采访法国巴黎华人过年的情景,给听众留下深刻印象。

从事新闻工作近 40 年,采写的广播消息《上海异型铆钉厂为老工人雷永祥塑像》1995 年获中国新闻奖三等奖、中国广播奖新闻一等奖、上海新闻奖二等奖。1983 年获上海市优秀新闻工作者称号。1984 年获全国优秀新闻工作者称号。1994 年评为高级编辑。

兼任第三届上海市广播电视学会常务副秘书长。

邹凡扬(1923 年 8 月—2015 年 6 月)

籍贯上海。1942 年毕业于上海私立民立中学,高中学历。

1939 年参加中共外围团体"上海学生界抗日救亡协会",同年加入中国共产党,任上海民立中学党支部书记。1942—1946 年在中共江苏省盐阜地委城工部任指导员、秘书。1946—1949 年受中共地下党组织委派,任国民党上海大光通讯社记者、采访主任等职。1949 年 5 月 25 日凌晨,上海尚未全部解放,他代表中共上海地下党组织只身进入国民党上海广播电台,命令停止原有广播,改播解放军入城布告和由他撰写的重要新闻,宣告:"大上海解放了!"1949—1960 年任上海军事管制委员会新闻室工作人员,《新闻日报》采访主任、编委、副总编辑。1960—1966 年任上海人民广播电台副总编辑。1966—1976 年下放上海新闻出版"五七干校"劳动。1978 年起历任上海电视台负责人,上海人民广播电台台长,上海市广播事业局副局长,局党委书记、局长,上海市广播电视局党委书记、局长。

1978 年,积极组织上海电台、上海电视台开展真理标准的讨论。三次转播否定"文化大革命"的话剧《于无声处》,其中一次传送至中央电视台向全国播放。1979 年 1 月起率先在上海电视中开办广告业务,为上海广播电视事业自主经营、自我积累、迅速发展奠定了扎实的基础。在主持市广电局工作期间,提出在浦东陆家嘴建造 400 米左右电视调频发射塔构想,并主持勘察、选址、论证和报批工作;制订了上海广播电视的长期发展规划。1987 年评为高级编辑。1994 年起获国务院特殊津贴。1995 年离休。

中共上海市第五次代表大会代表,上海市第八届人大代表,第六、七届上海市政协委员、常委。兼任中国广播电视学会顾问、上海市广播电视局顾问、上海新闻工作者协会副主席、上海新闻学会副会长、复旦大学新闻系兼职教授。离休后,关心广播电视发展,撰写了许多具有方向性、建设性的稿件(一些建议和意见已被广播电视有关部门采纳),为上海广播电视事业发展做出了贡献。

宋　丹(1923 年 8 月—2016 年 1 月)

曾用名"沈修正",籍贯上海。1941 年于上海华光戏剧专科学校肄业,同年参加新四军。1942 年进入抗大九分校学习,历任苏浙军区四纵队文工团政治指导员,中国人民解放军 20 军团政治部文化处处长、群众工作处处长、宣传处副处长。1964 年 6 月转业至上海电视台,历任电视台主任、革委会主任。1979 年起任上海市广播事业局办公室主任兼上海广播电视发展公司总经理。

在上海电视台工作期间,组织宣传《洪湖赤卫队》《红灯记》《江姐》《红色娘子军》等一批优秀剧目。20 世纪 70 年代,组织记者、技术人员配合美方技术人员,在上海首次使用卫星向美国和世界其他国家(地区)传送尼克松总统访沪活动实况。1973 年组织进行上海电视台彩色电视试播准备工作。1980 年参与策划、拍摄制作了首部中日合拍电视剧《望乡之星》。1981 年全程推动在上海文化广场举办的《佐田雅志音乐会》。1984 年筹办中外合资的上海七重天宾馆,后又参与协调筹建上海东方明珠广播电视塔。1985年离休。

宋明玖（1933年8月—2016年1月）

籍贯安徽蚌埠。1989年毕业于中国电影刊授学院第二届电影文学专业，高中学历。1949年参军，历任解放军某部文工团舞蹈队队长、编导。1978年进上海电视台，历任导摄科科长、制作部主任、文艺部主任、副台长兼电视剧制作中心主任。

抗美援朝时期，一直坚持文艺创作，1953年荣立三等功。在上海电视台文艺部工作期间，策划推出上海第一代综艺节目《大世界》《大舞台》，组织《外国友人唱中国歌》《江浙沪越剧大奖赛》《60″智力竞赛》等百台文艺活动，在全国优秀电视节目评选中赢得殊荣。

1987年上海电视台电视剧制作中心成立，其负责统筹管理，创新成立6个创作集体，分管文学编辑室，组织剧本创作，每年生产电视剧高达300部（集），遥遥领先于全国各台。此后10年，该中心制作出《封神榜》《上海的早晨》《杨乃武与小白菜》《济公》《上海一家人》《十六岁的花季》等一大批在上海乃至全国引起轰动的优秀之作，多部电视剧摘得飞天奖、金鹰奖。1988年评为主任编辑。

黄继辰（1929年11月—2016年2月）

籍贯上海。1953年毕业于复旦大学新闻系，大学学历。同年进中央人民广播电台，历任编辑、记者、体育评论员。1985年进上海电视台，历任体育部主任、新闻领导小组成员、上海电视二台业务指导。

在中央人民广播电台工作期间，1955年参与创办中国广播史上第一个体育节目《体育谈话》，1957年赴缅甸采访世界足球锦标赛中印决赛，即时供给中央人民广播电台《全国联播》播出，受到当时主管国家体委工作的贺龙副总理的表扬，1959年参与新中国第一届全运会开幕式的实况转播解说。此后多次承担奥运会、亚运会、世界大学生运动会和单项世界锦标赛等采访报道任务。与他人合作采制的录音报道《朱建华创造世界跳高新纪录》获第四届全国好新闻作品奖。1984年作为中央电台奥运会报道组组长赴美国洛杉矶报道采访，创新采取"快讯"形式，即时传回北京向全国报道。调任上海电视台体育部主任后，将广播体育报道经验与电视宣传特点结合起来，制定并组织实施一系列体育报道计划。1987年评为高级记者。

曾任中国体育记者协会理事兼副秘书长。

周　珂（1929年4月—2016年2月）

女，曾用名"石雨""石玉"，笔名"奚丰淑""俞晴"。籍贯浙江慈溪。1952年毕业于复旦大学新闻系，大学学历。1948年参加革命，同年在上海民立女中任中共地下党支部书记，为地下《学生报》供稿并做发行工作。1952年进上海市人民政府，历任新闻处记者、政法文教科副科长。1954年任中共上海市委宣传部新闻出版处副科长。1956年进新民晚报社，历任编委兼政治组组长、采访部主任、副总编辑。1972年进上海人民广播电台工作，1979年任副台长。1981年调

入新民晚报社筹备复刊,负责副刊,后任副总编辑。1988 年评为高级记者。1990 年离休。

担任上海人民广播电台副台长期间,倡议重建广播评论节目。1979 年上海电台推出《广播漫谈》《家常话》等多档广播评论节目,一炮打响。其用"俞晴"为笔名撰写评论稿,在《广播漫谈》节目中播出,深受听众喜爱。参与编撰《中国晚报学》。

刘冠龙(1928 年 6 月—2016 年 6 月)

籍贯浙江镇海。1961 年毕业于中国人民大学新闻学专业,大学学历。1946 年进南京上海环球百货公司、求是工业社任店员。1949 年进上海土产公司调研所任办事员。1952 年进上海市工商局,历任人事处科员、干部处副科长。1957 年进上海人民广播电台,历任新闻组记者、秘书,新闻组、总编室秘书组副组长。1968 年任上海爱国中学职员。1977 年进上海市广播事业局外事处,历任科长、副处长、正处级调研员、上海广播电视国际旅游公司总经理。

20 世纪 80 年代初在上海市广播事业局外事处工作期间,积极推动中日文化交流与合作,协调各方,参与策划、拍摄制作首部中日合拍电视剧《望乡之星》;促成日本歌手佐田雅志在上海举办音乐会。1981 年全程参与纪录片《长江》拍摄工作。1985 参与组建成立中外合资的上海七重天宾馆。

蒋明华(1952 年 8 月—2016 年 6 月)

籍贯浙江宁波。1981 年毕业于空军领航学院无线电领航轰炸专业,大专学历。1987 年进上海人民广播电台任录音师,1994 年起历任上海市广播电视局技术中心工程师、广播技术部科长。

转业到上海人民广播电台后,刻苦钻研业务,录音制作的广播获奖作品有:《大师也有遗憾时》获 2003 年全国广播节目技术质量奖一等奖;《三人线》2004 年获中国广播剧研究专家短剧一等奖、国家广电总局广播节目录制技术质量奖;《大洋史·一个被遗忘的人》获 2005 年国家广电总局广播节目录制技术质量一等奖。与他人合作完成的《周小燕与〈长城谣〉》获国家第十六届中国新闻奖二等奖、第十五届上海新闻奖一等奖。参与制作的上海电台《990 早新闻》节目 2007 年获国家广电总局广播节目播出技术质量奖一等奖。参与完成的中波 990、792 千赫新闻录音室数字化改造工程、转录室数字化改造工程项目获华东地区广播电台年会技术进步奖三等奖。参与完成的 SMG 广播新闻中心系统改造项目获华东地区广播电台工程项目建设一等奖。2008 年评为一级录音师。

金建民（1955 年 4 月—2016 年 7 月）

籍贯上海。1979 年毕业于上海音乐学院音乐专业，大学学历。1995 年进上海东方广播电台有线音乐频道，历任编导、监制、副总监。2001 年起历任上海文广新闻传媒集团音乐频道副主编、音乐部总编室主任，艺术人文频道总编室主任、东方卫视中心频道运营中心编审。2003 年评为一级编辑。

负责监制的电视栏目《文化天空》《精彩老朋友》《谜案计》《创意天下》《大声说》《星光现场》《名家》《纵横经典》《世界艺术之旅》多次获奖。策划、编导的获奖专题片有：《民乐大师卫仲乐》获第十三届中国电视文艺星光奖专题节目三等奖。《千年天书·百年解读》获第五届百家电视台电视文艺节目创优评选银奖。《萧友梅》获第八届全国百家电视台电视文艺节目创优评选一等奖和优秀撰稿奖。策划大型系列纪录片《中国乐器》第一季播出后反响热烈，2017 年在中央电视台音乐频道播出。

编著的《中国十大古典名曲》获第九届华东地区优秀文艺图书二等奖。编导的电视教学片《中国古筝教程》获第二届全国优秀教育音像制品评比三等奖。编著的《民族器乐概论》成为各大音乐院校民族器乐的教材。著有《青少年学中国音乐简史》《音乐年轮》。

曾任中国广播电视学会电视文艺研究会常务理事、中国民族管弦乐学会古筝专业委员会常务理事、上海东方古筝研究会秘书长。

王　波（1962 年 9 月—2016 年 8 月）

籍贯江苏启东。1984 年毕业于上海交通大学电子工程系电子工程专业，大学学历。1984 年进上海市广电局技术中心广播技术部，历任传音科技术员、技术科科长、检修科科长、副主任、主任。2005 年起任上海文广新闻传媒集团广播技术部主任。2009 年起历任技术运营中心副主任、主任、上海东方传媒技术有限公司执行董事、上海市广播科学研究所所长。

20 世纪 80 年代末，牵头引进全国第一套数字硬盘播出系统。1994 年受命组建广技部技术科，承担上海虹桥路广播大厦前期设计、系统安装调试和搬迁，1996 年 10 月上海广播大厦新的播控中心启用，该项目获华东地区广播电台技术协作会二等奖。2001—2009 年间，作为广技部主任，带领上海广播技术队伍创造多个"第一"：2002 年，上海广播建成全国第一套全数字化直播室；同年，全国第一套广播制播系统上线运行，开启中国广播数字化播出新时代；2004 年，上海广播全年停播率为"0"，创造了上海广播历史上的最好成绩；2006 年，受国家广电总局委托，主撰的第一部《中国广播数字化网络化建设白皮书》诞生；2008 年，带领上海广播成为国家广电总局首批数字化网络化建设示范基地。2009 年起，先后主持参与上海世博会国际广播电视中心系统、广播电视高清化、广播电视全媒体融合等重大系列项目，创新建立全成本核算试点部门和"工作室"管理模式，年经营利润稳步增长。2014 年评为高级工程师（教授级）。

曾兼任上海电影电视技术学会副理事长、华东地区广播电台技术年会秘书长。

何　允(1921年11月—2016年9月)

原名"何永瑞",籍贯江苏江阴。1949年毕业于交通大学电机系,大学学历。

1949年2月筹建南通新华广播电台,任机务股长。1952年调入苏北人民广播电台任工务科长。1953年1月调入华东·上海人民广播电台任技术组副组长。华东台撤销后,任上海电台研究组组长、工程师、副总工程师。1980年任上海市广播事业局总工程师。1982年任上海市广播事业局副局长兼总工程师。1987年兼任上海市广播科学研究所所长。1983年评为上海市劳动模范。1987年主持"八频道发射天线场型改造"科研项目,获上海市科技进步奖二等奖。1992年起获国务院特殊津贴。

从事广播电视技术60余年,成功研制20千瓦调频发射机,开创了我国自行研究制造调频发射机的先河。组织领导广播电视技术人员成功研制彩色电视机、30千瓦级分米波电视天线波导型多工器、50千瓦调频发射机、100千瓦中波发射机等多项设备。多次深入市郊金山、青浦等地帮助建立转播站,为上海乃至全国广播电视技术发展做出杰出贡献。

从小喜爱天文科学,90高龄还时常与天文科学爱好者一起研究天文科学,支持关心上海市天文学会和启明星联盟的建设和发展。2016年9月,国际天文学联合会小行星中心发布公告,将291633号小行星命名为"何允(Heyun)星"。1990年评为高级工程师(教授级)。1993年离休。

上海市第七届人大代表,第六届上海市政协委员。兼任上海市广播电视局技术中心顾问、上海电影电视技术学会理事长及名誉理事长、第一届上海市广播电视学会副会长、上海电子学会常务理事。

薛英俊(1941年6月—2016年10月)

籍贯河北武清。1964年毕业于北京电影学院导演系,大学学历。同年进上海电视台,任电视剧制作中心第四集体创作制片人、导演。长期在上海电视台演播组、文艺部、电视剧部、电视剧制作中心及电视剧制作公司从事导演工作,先后执导33部、171集电视剧。执导作品有:电视艺术片芭蕾舞剧《白毛女》,越剧电视剧《祥林嫂》《情探》《彩楼记》《桃李梅》《打金枝》,越剧电视连续剧《孔雀东南飞》;与他人合作导演的沪剧电视连续剧《风雨同龄人》、电视喜剧《彩色的问号》《我肯嫁给他》、电视报道剧《雷锋点燃的火炬》、电视剧《选择》《女兵》《若铁》《龟蛇盗》《太湖女盗》等。

执导的获奖作品有:越剧电视剧《孟丽君》获1981年度首届中国电视剧飞天奖优秀奖;越剧电视连续剧《西园记》获1982年度首届中国电视金鹰奖;沪剧电视连续剧《风雨同龄人》获首届全国戏曲电视剧灵芝奖;《红楼梦》一、二集获1986年度戏曲电视剧鹰像奖二等奖、1987年度上海文学艺术奖荣誉奖。与他人联合执导的沪剧电视连续剧《明月照母心》获1995年度中国电视剧飞天奖。1996年评为一级导演。

1985年、1993年分别被聘为首届和第八届全国戏曲电视剧评委。1993年当选为上海市第四次文代会代表,入选《中国当代艺术界名人录》。

穆端正(1952 年 2 月—2017 年 1 月)

籍贯江苏无锡。1985 年 9 月毕业于北京广播学院新闻系采编专业,大专学历。

1973 年进上海电视台新闻部任记者、编辑。1985 年起历任上海电视台新闻部副主任、主任。参与策划、采编的专题片、纪录片有 65 个在全国获奖,其中《南浦大桥成为上海人民心目中的丰碑》等 11 个作品获一等奖。创办了《新闻透视》和《三百六十行》等专栏节目。1991 年上海电视台新闻部获"上海市劳动模范集体"称号。

1992 年任上海东方电视台首任台长、党委副书记。期间,积极推行人事、分配等制度改革,在内部实行竞争激励机制和奖金分配与节目质量挂钩等。秉持"敢为人先,创业创新,团结奉献,勇于改革"的办台方针,积极探索电视事业发展的新路,在节目宣传上体现"栏目新、构思新、形式新和包装新"。1996 年评为高级编辑。

1998 年起历任上海市信息办副主任,市广播电影电视局副局长,市文化广播影视管理局副局长,局党委副书记、局长,东方新闻网站主任。期间,率先实施广播电视制播分离改革;加强行政管理和扶持广播、电视、电影、文化事业发展;逐步完善公共服务体系,积极推进电信网、有线电视网和计算机互联网的融合。

2008 年 2 月任上海图书馆、上海科学技术情报研究所党委书记。率先实现上海市中心图书馆"一卡通"市、区县、街镇全覆盖。上海图书馆首次获得 2011—2012 年全国文明单位称号。2014 年任上海视觉艺术学院副校长、党委书记,市教委派驻民办高校督导专员。

中共上海市第九、第十次党代会代表,上海市第十二届人大代表,第十二届上海市政协委员。曾兼任第二届上海市广播电视学会副会长、第四届上海电视艺术家协会主席、全国音像资料馆协作会会长、第六届上海市文学艺术联合会副主席、第六届上海市摄影家协会主席。主编《新闻透视发展轨迹》和《当代中国广播电视百卷丛书》的《东方电视台卷》。

董阳圃(1943 年 4 月—2017 年 7 月)

籍贯浙江鄞县。1967 年毕业于复旦大学新闻系新闻学专业,大学学历。1980 年进上海电视台,历任新闻部记者,专栏科副科长、科长,体育部副主任,上海市广播电影电视局总编室副主任。

1984 年参与创办并主编《观众中来》专栏,该专栏后成为名牌节目,被市委宣传部推荐载入 1985 年《新闻年鉴》。进入上海电视台体育部后,长期从事体育赛事电视报道。曾担任上海电视台第五、六、七届全运会,第十一届亚运会、首届东亚运动会专题报道主编。其中,"第五届全运会专题报道"开创了国内电视台对大型综合型运动会做专题报道的先例。在第七届全运会中,带领的上海电视台报道组对运动员的报道量居全国电视台第一,采编的专题报道《七运会大看台》创上海地区当时收视率第一,并获 1994 年度全国体育专栏评比一等奖。1988 年参与将《体育大看台》专栏从汇编国外电视资料为主,转型为以自主采编为主的杂志型节目,使之成为上海电视台最受观众欢迎的五大节目之一。1996 年评为高级编辑。

著有《直面荧屏·董阳圃电视新闻、专栏节目论文选集》。

张元民(1940年1月—2017年12月)

籍贯安徽桐城。1963年毕业于上海电影专科学校摄影系,大专学历。1963年进上海电影制片厂,历任摄影助理、摄影师、副总工程师兼技术办主任。1990年起任上海市电影局副局长。1995年起任上海市广播电影电视局党委副书记、上海电影制片厂党委书记。

1975年开始独立拍片,先后拍摄《飞吧!足球》《闪光的彩球》《快乐的单身汉》《绞索下的交易》《T省的八四、八五年》《最后的选择》等故事片15部,以及新闻纪录片、艺术性纪录片《上海新貌》《黄山》《上海工艺美术》等60余部(集)。1988年评为一级摄影(像)师。

任上海电影制片厂副总工程师后,制定一系列技术管理制度,推动了上影厂的技术发展。任上海市电影局副局长期间,参与策划组织在上海举办的首届东亚运动会、第三届中国上海国际艺术节等大型活动。1993年任第一届上海国际电影节秘书长,负责资金筹集、新闻宣传、行政事务等工作,协调各方,为上海国际电影节筹集到可观资金。

兼任上海电影家协会常务副主席、上海摄影家协会主席。

李金声(1928年11月—2018年2月)

籍贯湖北武汉。1957年毕业于上海音乐学院指挥系,大学学历。1954年进上海人民广播电台音乐组任编辑。1957年进上海广播电视艺术团任指挥。1972年进上海少年儿童广播合唱团任指挥兼艺术指导。1989年评为一级指挥。1992年起任上海乐团客座指挥。1994年参与创建上海音乐家协会少女合唱团和少儿合唱团,任两团常任指挥兼艺术指导。

在担任上海少年儿童广播合唱团指挥的十多年里,带领合唱团成为全国优秀童声合唱团。创作的歌曲《节日的晚上》1956年获"全国音乐周"广播歌曲比赛三等奖。训练、指挥的上海少年儿童广播合唱团获1982年全国少儿歌咏比赛少年宫组一等奖。

曾任中国合唱协会童声合唱委员会副主任、上海音乐家协会合唱专业委员会副理事长、上海儿童音乐学会副会长。

伍亚东(1930年3月—2018年7月)

原名"伍光权",籍贯江苏金湖。1956年上海新闻夜大学肄业。1947年进江苏淮宝县土改工作队参加革命。1949年任淮宝县人民政府秘书处文书。同年进苏北人民广播电台任秘书。1952年进上海人民广播电台,历任科员、新闻干事。1958年进上海电视台,历任摄影、新闻组副组长,新闻部政治新闻组组长,对外部主任记者。

摄制电视新闻片1300多条、专题纪录片200多部,在全国省市级报刊上发表文字、图片新闻200多篇(幅)。在美国总统尼克松、日本首相田中角荣访问上海期间,任上海市新闻接待组副组长;多次参加金日成、蓬皮杜等外国领导人访问上海的电视片拍摄工作。1962年最早发现并报道上海和平丝绸复制厂党支部书记沈玉英的先进事迹。1972年拍摄上海电视台第一条彩色新闻片《上海丝绸》和第一部彩色纪录片《轻工业园地百花盛开》，为上海电视台拍摄彩色电视片提供了成功经验。拍摄的电视专题片《毛麻专家丰云鹤》1980年获全国优秀电视节目二等奖。拍摄的电视纪录片《上海风俗》1991年获全国民俗民间艺术会演评选三等奖。

陈文炳（1937年9月—2018年11月）

籍贯浙江镇海。1961年毕业于上海社会科学院（财经大学）计划统计专业，大学学历。1961年就读中共中央华东局理论干部班。1961年参加工作。1963年起先后任中共中央华东局宣传部干事、部长秘书。1973年任上海市仪表局党校校长、党支部书记。1976年进上海市广播事业局，历任局组织科科长，上海市广播电视局组织处负责人、副局长，上海人民广播电台党委书记、台长。

在上海市广播事业局工作期间，协助局党委对全局人事制度进行改革，1980年、1983年，两次组织实施向社会公开招聘编辑记者工作。1986—1989年任上海市广播电视局副局长时，兼任东方明珠广播电视塔筹建组组长，参与该塔筹建、选址、设计等工作。1990年策划上海电台与市公安局合办广播连续剧《刑警803》，在听众中产生较大反响。1991年在电台组织下设系列台，推行"新闻立台"。同年在全国首创成立上海电台交通信息台，被列为市政府"十件实事"之一。1989—1997年，先后组织实施第二届、第三届上海国际音乐节目展播，第四届、第五届、第六届上海国际广播音乐节。1992年建立有专业特色的8个系列台。1994年建立新闻、经济、文艺、浦江之声4个中心台，实行节目总监制。1995年，创办国内第一个上海有线电视戏剧频道。1996年向中宣部建议，把广播剧列入精神文明建设"五个一工程"评奖项目，得到中宣部领导赞同并采纳。参与编制的广播新闻《拉宾遇刺身亡》获首届上海国际新闻奖一等奖、第五届上海新闻奖二等奖。主编《走近省市长》一书。1987年评为高级经济师。

第八、九届上海市政协委员。曾兼任第一届、第二届上海市广播电视学会副会长，第三届上海电视艺术家协会常务副主席。1994年被聘为上海交通大学兼职教授。2003—2009年任上海市公共关系协会常务副会长兼秘书长。2009—2018年任上海广播电视台退休职工第一党支部书记。2016年获上海老新闻工作者精彩人生奖。

黎家健（1924年3月—2019年3月）

曾用名"黎洪"，籍贯广西横县。大学学历。1942年进广西横县清江乡中心学校任教师。1943年开始参加新闻工作，曾任《柳州日报》《上海人民报》记者、编辑组长。1949年起历任《解放日报》记者、文艺部副主任，同年随解放军南下，发回解放广州等地的一线报道。1953年奔赴朝鲜前线，参加板门店停战谈判报道工作。1964年起任中共上海市委宣传部文艺处副处长，市文化局创作评论组组长、戏剧处处长。1978年起任上海人民广播电台副台长。1984年起任上海市广播电视局艺术委员会副主任。1985年离休。

调任上海人民广播电台副台长后，主导推出的《星期广播音乐会》被评为"上海市十大精神文明产品"。负责主编的广播剧《裂缝》《战争与命运》

《阮玲玉》《远去的月亮》,分别获"白玉兰"杯全国广播剧大奖赛一等奖。1989年评为高级编辑。

曾兼任上海作家协会理事,第一届中国广播剧研究会理事、副会长。著有《列宁、斯大林的故事》《第一个标记》《星火》《朝鲜停战前后见闻》《战斗在福建前线的人们》。

吴贻弓(1938年12月—2019年9月)

籍贯浙江杭州。1960年毕业于北京电影学院导演系,大学学历。同年进上海电影制片厂任导演助理、导演。1984年起任上海市电影局副局长、上海电影总公司总经理、上海市电影局党委书记兼局长、上海电影制片厂厂长。1995年起任上海市广播电影电视局艺术总监。

先后执导影片《我们的小花猫》《巴山夜雨》,执导兼策划、编剧影片《城南旧事》《姐姐》《流亡大学》《月随人归》《阙里人家》。执导的获奖影片有:《巴山夜雨》获1981年度文化部优秀影片奖、第一届中国电影"金鸡奖"最佳故事片奖、第二届文汇电影奖最佳故事片奖和最佳导演奖;《城南旧事》获第二届马尼拉国际电影节最佳故事片金鹰奖、第三届中国电影"金鸡奖"最佳导演奖、第十四届贝尔格莱德国际儿童电影节最佳影片思想奖、第五届厄瓜多尔国际电影节最佳影片奖;《阙里人家》1992年获中国电影华表奖最佳导演奖、第一届长春电影节银奖。导演的电视剧《十八岁男子汉》获第二届上海电视节白玉兰城市奖、第七届中国电视金鹰奖。1979年获文化部优秀青年创作奖。1993年参与创办上海国际电影节。2012年获第十五届上海电影节华语电影终身成就奖。

第七届全国人大常委会委员、第十届全国政协常委,中共第十四届、十五届中央候补委员。兼任全国文联副主席、中国电影家协会主席、中国电影导演学会会长、上海市文学艺术界联合会主席、上海电影家协会主席。

陈绍楚(1929年7月—2020年2月)

籍贯浙江海宁。1951年毕业于上海大同大学电机工程系。同年进华东·上海人民广播电台任技术员。1958年参加筹建上海电视台。1988年进上海市广播电视局总工程师室,历任技术员、工程师、上海电视台副总工程师。1991年评为高级工程师(教授级)。

在电台工作期间,多次负责发射机与天线的改频研发和建设工作。在电视台工作期间,负责上海电视台中心立柜的安装和调试,上海电视台大院内电视发射塔5频道、8频道天线安装、总调试;上海立体声调频广播台技术研发,电视台各分米波电视频道的筹建和开播工作。

干树海(1940年8月—2020年2月)

籍贯浙江镇海。1969年毕业于中央戏剧学院舞台美术系,大学学历,同年留校工作。1969年进北京某部队劳动锻炼。1972年起在北京军区战友文工团任舞美设计师。1979年转业至上海青艺滑稽剧团,历任舞美设计师、党支部书记。1983年起任中共上海市黄浦区委委员、宣传部部长。1985年起任市委宣传部文艺处处长、副巡视员。1991年任上海市文化局副局长。2000年任上海

市文化广播影视管理局副巡视员。1989年评为二级舞美设计师。

负责排练的滑稽戏《啥格花样经》《出租的新娘》受到观众好评。完成上海文艺界著名人士的艺术档案资料卡片编制工作。推进全市区县公共文化设施建设。在全市增设2500多家里弄、村图书馆,形成公共图书馆四级网络,实行电脑借阅卡和全市联网;发展广场音乐、广场美术、广场戏曲、广场舞蹈等广场文化。在迎接香港回归祖国时,牵头组织全市1073台广场文化演出。负责制定《上海市公共图书馆管理条例》《上海市公共文化馆管理办法》,牵头制定《上海市演出市场管理条例》《上海市文化娱乐市场管理条例》,受到文化部表彰。

陈 桥(1927年3月—2020年6月)

籍贯江苏靖江。1952年毕业于上海交通大学,先后在中央广播事业局无线处技术办公室、广播科学研究所工作。1978年调入上海中国唱片厂,历任工程师、高级工程师。1982年9月调入上海市广播事业局,先后在局总师室、广播科学研究所工作。1987年3月任上海市广播科学研究所副所长。1990年评为高级工程师(教授级)。在中央广播事业局工作时,曾负责全国中波频率的调整与实施、电视频道的分配等。参与筹建上海市广播科学研究所,参与制订上海有线电视台的技术与网络建设规划。

计 泓(1963年7月—2020年11月)

女,籍贯上海。2008年毕业于上海大学影视艺术技术学院影视艺术系广播电视编导专业,大学学历。1988年起任上海电视台译制部配音演员。

曾参与《成长的烦恼》《荆棘鸟》《大饭店》《新纵横四海》《封神榜》等数百部(集)的译制片、国产电视剧、广播剧以及电影的配音工作,获得广泛的社会影响和观众好评。主配的电视剧《成长的烦恼》《大饭店》分获第一届中国广播电视学会电视译制节目一等奖、二等奖。参与主演的广播剧《尊严》获1996年广播电视部、中国广播电视学会颁发的广播剧奖(单本剧)一等奖、女演员奖。配音的《烽火情缘》获第二届中国广播电视学会电视译制节目一等奖。主配的电视剧《荆棘鸟》获第二届中国广播电视学会电视译制节目一等奖、第十九届中国电视剧飞天奖译制节目奖。后期配音导演的电视剧《诺尔曼·白求恩》获第十届精神文明建设"五个一工程"奖、第二十六届中国电视剧飞天奖长篇电视剧一等奖。2009年评为一级演员。

潘永明(1939年9月—2020年11月)

籍贯浙江绍兴。1984年毕业于复旦大学新闻学(进修班),大专学历。1958年进福建省建设厅设计院任技术员。1961年进上海巨鹿路小学任教师。1962年参军。1968年进上海电视台,历任

新闻部记者、副科长、科长,社教部主任,第二编辑室副主任,经济部主任。1994年任上海电视台副台长。1998年任上海市广播电影电视局总编室正处级调研员。

担任电视记者期间,拍摄电视专题片《熊猫伟伟》《舞台新苗》等并发往国外播出。担任新闻部科长期间,所负责的《体育大看台》《国际瞭望》《观众中来》成为上海最受欢迎的名牌电视专栏。担任社教部主任期间,实施栏目改革,将单一的专栏变为杂志型电视栏目,提高了收视率,同时开创《法律与道德》栏目,对当时轰动全市的余双戈抢劫银行案的庭审过程大胆尝试做电视直播。1987年参与上海电视台二台的筹建和运作,使之成为以经济宣传为主要特色的媒体。后参与策划上海电视台新闻整合和新闻中心组建,大胆推进改革,增大新闻节目版面,扩大信息容量,对上海重大新闻如杨浦大桥通车、五国元首上海会晤等进行直播,使上海电视台主要新闻栏目收视率长期保持领先地位。

曾兼任全国电视教育研究会副会长,上海市法制新闻工作者协会副秘书长。

陈国儒(1926年12月—2020年12月)

籍贯江苏如皋。1945年毕业于山东大学新闻系,大学学历。同年参加革命。1946年随新四军到达山东,进鲁南时报社任记者。1948年加入中国共产党,同年进鲁中时报社,历任编辑、编辑组长。1950年进华东上海人民广播电台,历任编辑室农村组组长、政编部秘书、党支部书记等职。1961年起历任上海电台编辑部工业组组长、总编室副主任、新闻部党支部书记。1976年进上海电视台,历任台党总支副书记、副台长兼办公室主任。1982年调入上海科技报社工作。1985年离休。

曾获中共中央、国务院、中央军委颁授的"中国人民抗日战争胜利纪念章"。

朱永德(1943年1月—2021年2月)

籍贯浙江海盐。1962年毕业于上海电影专科学校摄影系,大专学历。同年进天马电影制片厂任摄影助理。1987年进上海电影制片厂,历任第一创作室副主任、制片人,厂办公室主任、副厂长、厂长。1996年起兼任上海电影电视(集团)公司党委副书记、总经理。2001年任上海文化广播影视集团副总裁兼上海电影集团公司总裁。1988年评为一级摄影师。2003年评为中国版权事业卓越成就者。2005年获国家广电总局授的"优秀电影艺术家"称号。

参与摄影的电影《牧马人》《咱们的牛百岁》《高山下的花环》《日出》分获第六、七、八、九届大众电影"百花奖"。参与摄影的电影《开天辟地》获1991年广播电影电视部优秀故事片奖、第十二届中国电影"金鸡奖"。参与摄影的电影《紫红色的皇冠》获第三届中国儿童电影"童牛奖"。担任出品人的电影《生死抉择》获第二十届中国电影"金鸡奖"最佳故事片。努力探索电影企业改革之路,组建全国第一家以制片厂为龙头的电影发行公司和电影院线,对上海松江车墩影视基地后续建设有贡献。加大与中国港台地区影视机构合作拍片的力度,倡导和推动电影数字化建设。

　　曾任中国电影家协会、中国知识产权学会理事,中国电影摄影师学会副会长、中国版权协会副理事长、中国广播电影电视社会组织联合会副理事长、中国制片人协会理事长、中国电影海外推广中心主任、中国电影著作权协会理事长、中国电影著作权协会理事长、上海电影家协会副主席、第五届上海国际电影节评委会主席。上海市第十一、十二届人大代表。

胡晋丰(1951 年 9 月— 2021 年 3 月)

　　籍贯浙江宁波。1996 年空军政治学院经济管理专业毕业,大学学历。1968 年入伍,1988 年转业进上海市广播电视局,历任上海人民广播电台办公室兼总编室主任、上海市广播电视局总编室副主任、上海音像资料馆副馆长兼市广电局节目中心副主任、每周广播电视报社党总支副书记。2009 年评为研究馆员。

　　1998—2004 年,曾兼任全国音像资料馆协作会秘书长、副理事长、理事长和中国广播电视学会信息资料委员会副会长。2000 年获首届全国十佳音像资料工作者称号。1999 年与他人合作撰写的论文《全国音像资料馆管理现状与发展思路的探讨》,获中国广播电视学会第七届学术论文评选一等奖。

第二章 人物简介

何正声(1925 年 2 月—　)

籍贯江苏吴县。1949 年毕业于上海大同大学电机工程系,大学学历。同年进上海人民广播电台播送科,历任技术员、科长、研究组组长、工程师。1979 年起任上海市广播事业局副总工程师兼无线处副处长,后又兼任上海电视台总工程师。1952—1954 年参加 8 千瓦和 20 千瓦中波广播发射机的试制工作。1957 年参与筹建上海电视台,负责 5 频道 500 瓦电视发射机的研究试制工作。1959 年负责设计制造 4 台 1 千瓦调频发射机,组建多频率调频发射机房。1961 年完成 5 频道 7.5 千瓦电视发射机的设计试制。1962 年评为上海市社会主义建设先进工作者。1971 年起在上海无线电三厂主持过多部 10 千瓦电视发射机的设计试制工作。1988 年主持全固态中波广播发射机的研究试制工作。1988 年离休。1990 年评为高级工程师(教授级)。1995 年起获国务院特殊津贴。

周维城(1926 年 3 月—　)

籍贯上海。1948 年毕业于上海大同大学电机工程系,大学学历。同年进厦门大学电机系任助教。1949 年进上海私立南洋无线电学校任教员。1950 年进华东·上海人民广播电台任传音科副科长。1978 年起任上海市仪表电讯工业局下属上海广播电视技术研究所副所长。1982 年调回上海市广播事业局任上海电台总工程师。1984 年起任上海市广播电视局副总工程师兼上海电台总工程师。1990 年评为高级工程师(教授级)。曾任上海市广播科学研究所顾问、上海有线电视台顾问、上海市广播电视学会常务理事。

高　宇(1926 年 5 月—　)

籍贯江苏如东。高中学历。1942 年参加革命,1943 年参加新闻工作,历任江海报社记者、主编、总编辑,海启大众社长、新华社华中分社海启县站副站长,通如大众报社副社长。1949 年起任新苏州报社副总编辑。1950 年起任苏南人民广播电台编辑部主任、副总编辑。1952 年进上海人民广播电台,历任工业组长、总编室副主任、新闻部副主任、副台长、台党委书记、台长、总编辑。1982 年起任上海市广播事业局党委委员。1985 年起任上海电台业务指导。1983 年推动上海人民广播电台以 990 千赫的频率开办全天时新闻节目《正点新闻》。倡议并组织导播的大型直播节目《国庆的一天》1984 年获全国优秀广播节目特别奖、全国好新闻一等奖。1987 年评为高级编辑。撰写评论《可敬可爱的火凤凰》1991 年获全国城市广播电台广播优秀节目一等奖。1992 年离休。1993 年起获国务院特殊津贴。参与编写《中国广播电视学》一书。曾任中国广播电视史学研究会常务理事、上海市广播电视学会顾问。

李学成(1928 年 9 月—　)

籍贯江苏海门。高中学历。1948 年参加革命工作,历任《江海报》、新华九支社编辑通联干事、编辑。1949 年起任南通人民广播电台编辑。1953 年进上海人民广播电台,历任编辑组副组长、新闻部副主任、办公室副主任、总编室主任。1987 年进上海市广播电视局,历任上海市广播电视研究所(筹)负责人、局地方志办公室主任。1992 年评为高级编辑。1992 年离休。主编教材《广播电视概述》,参与编写《中国广播电视学》一书。曾任第一届上海市广播电视学会副会长。

周　济(1929 年 11 月—　)

曾用名"陈云"。籍贯浙江奉化。高中学历。1948 年参加革命工作。1949 年进上海人民广播电台任记者,1958 年进上海电视台,历任编辑、记者、新闻部副主任。1985 年起任上海电视台对外部主任。20 世纪 80 年代起在《新闻战线》《新闻学刊》《广播学刊》等刊物上发表 10 多篇关于电视新闻改革的论文,并组织推进上海电视新闻改革。1985 年主管上海电视台国际部后,对外宣传新闻片的出口数量居全国省市电视台之首。1987 年评为高级编辑。1990 年离休。1994 年赴美国洛杉矶拉文大学讲授中国电视。1995 年回国后,任上海电视台外语台顾问。著有《唐宋诗词精品(中英对照)》《中国人的文化(中英对照)》《诗意文化》《中华历史一百人(中英对照)》《中国传统文化经典(中英对照)》。

周兴泉(1930 年 1 月—　)

籍贯江苏无锡。初中学历。1953 年进上海科学教育电影制片厂,1995 年"影视合流"后入上海东方电视台,历任照明、摄影。担任摄影的获奖影片有:《预防近视》获全国首届卫生科教优秀影片奖;《尘螨与哮喘》获全国卫生电影电视片白鹤奖一等奖;《摇篮——人造卵与赤眼蜂》获第五届意大利巴马国际医学科学电影节奖金质奖、上海市首届文学艺术节优秀电影创作奖、第四届国际农业电影二等奖、第十五届国际环保电影节农业生态主奖;《动物的眼睛》在法国获巴莱索第四届国际科学电影节奖。1990 年评为一级摄影师。

孙经信(1930 年 1 月—　)

籍贯四川长寿。1957 年毕业于上海音乐学院声乐系,大学学历。同年进上海广播乐团任独唱演员兼声乐教员。1963 年、1966 年、1967 年与黄凛联合举行广播电视独唱音乐会。1972 年担任芭蕾舞剧《白毛女》剧组的独唱、伴唱,随剧组赴朝鲜演出。参演歌剧,演唱影视剧插曲,其中有译制电影《奥赛罗》、影视剧《布谷鸟又叫了》《苗家儿女》等。曾任全国及上海青年歌手比赛评委。1988 年评为一级演员。

袁鸿钧(1932 年 10 月—　)

籍贯浙江宁波。1956 年毕业于复旦大学新闻系,大学学历。1957 年进新华通讯社湖北分社任摄影记者。1963 年起任武汉市第二十四中学英语教师。1980 年进上海电视台,历任编辑、新闻部副科长,台总编室副主任兼《上海电视》主编,新闻部主任。1987 年起任上海电视一台业务指导。1992 年评为高级编辑。负责创办《国际瞭望》栏目,主编出版《电视新闻业务》刊物,参与策划《新闻透视》专栏。撰写的《寻找出路发挥独家之长》《论广播电视工作者的职业道德》《"客里空""假大空"及其它》被选入《中国新闻年鉴》和有关专业教材。曾任第一届上海市广播电视学会副秘书长。

黄　允(1932 年 11 月—　)

女,籍贯江苏南通。1948 年毕业于南通女子师范学校。1949 年起任南通江海报社、南通人民广播电台见习记者、助理编辑。1953 年进上海人民广播电台任编辑。1958 年进上海电视台,历任编辑、记者、编剧。1979 年起专业从事电视剧创作。创作的获奖电视剧有:《永不凋谢的红花——张志新烈士之死》《你是共产党员吗?》1981 年获中国电视剧飞天奖;《家事》获 1982 年全国优秀剧本创作奖;与人合作的电视剧《故土》1984 年获中国电视剧飞天奖、上海市文联优秀电视剧创作奖;与人合作的电视剧《秋海棠》1986 年获中国电视金鹰奖;《她在人流中》1987 年获中国电视剧飞天奖;《结婚一年间》1990 年获中国电视剧飞天奖、首届全国电影厂银屏奖最佳编剧奖;《上海一家人》1992 年获中国电视剧飞天奖、中国电视金鹰奖,并受到中共上海市委宣传部特别嘉奖;《离婚前后》

获1993年全国电影厂银屏奖最佳编剧奖。1988年评为一级编剧。1988年离休。1991年起获国务院特殊津贴。1995年获上海优秀电视艺术家称号。2000年获中国百佳老电视艺术工作者称号。

陈　醇(1933年6月—　　)

籍贯北京。1951年毕业于华北人民革命大学,大专学历。1951年任徐州人民广播电台播音员。1953年调入上海人民广播电台,历任播音员、播音组副组长、播出部副主任兼播音组长、播出部艺术指导。担任总主持的直播节目《国庆的一天》获第三届全国优秀广播节目特别奖。播音的音乐专题节目《一枝极美丽的古代花朵》获第二届上海国际广播音乐节"金编钟"奖。1988年评为播音指导。1990年获全国优秀播音作品"播音荣誉奖"。1992年获"全国推广普通话先进工作者"称号。1992年起获国务院特殊津贴。1995年获全国播音杰出贡献奖。1997年获"全国语言文字工作先进工作者"称号。出版朗读盒带《中国古代寓言三十则》《世界儿童文学名著故事大全》、教学音带《播音艺术》《中华传统美德故事系列》。曾任中国广播电视学会播音学研究委员会副会长、上海市语言文字工作者协会常务副会长、上海市广播电视学会常务理事,北京广播学院、浙江广播电视高等专科学校兼职教授。

仇明德(1933年7月—　　)

籍贯浙江鄞县。1957年毕业于上海音乐学院管弦系,大学学历。1957年进陕西省管弦乐团任指挥。1986年进上海广播电视乐团,历任指挥、小提琴手、艺术指导、首席指挥。1988年起任上海电视台电视剧制作中心广播电视乐团总监。指挥演出的《弦乐四重奏》1984年获陕西省音乐作品演奏一等奖。改编的《民歌五首》管弦乐曲由西安电影制片厂制成艺术影片和唱片发行。1988年评为一级指挥。

徐济尧(1933年8月—　　)

籍贯浙江萧山。1951年杭州市宗文中学高中毕业,高中学历。1951年参加工作。1955—1966年在中共上海市委宣传部历任干事、编辑、副科长、党支部书记、党总支副书记。1969年去黑龙江省下放劳动,1974年因病回沪。1976年任上海市激光技术研究所办公室副主任。1977年调回市委宣传部任宣传处副处长,1985年任上海市广播电视局党委副书记、纪委书记。1992年兼任上海人民广播电台党委书记。在市广电局工作期间,协助局党委书记主持党委日常工作和全局思想政治工作、纪检监察工作,参与对局、台各项重大改革事项的制定和实施。1992年评为高级政工师。1994年任东上海国际文化影视有限公司执行监事。第八届上海市政协委员及政协文化委员会驻会副主任。

许　诺(1934年1月—　　)

女,籍贯江苏吴县。1957年毕业于上海戏剧学院表演系,大学学历。1948年进山东渤海文工团。1957年进上海人民广播电台广播剧团任演员。1958年参加筹备上海电视台开播,任演播组编导。1974年进上海科学教育电影制片厂任编辑。1980年调回上海电视台,历任导演、文艺科副科长、文艺专题科科长。执导的获奖作品有:电视剧《你是共产党员吗?》1981年获全国优秀电视剧第二届飞天奖三等奖;沪剧电视剧《璇子》获第二届中国电视金鹰奖优秀戏曲片奖;越剧电视剧《梁山伯与祝英台》获第二届全国戏曲电视剧优秀奖;越剧电视剧《西厢记》、采花戏电视剧《桃花运》、越剧电视剧《三刺女皇》分获第三、六、九届全国戏曲电视剧三等奖。1985年获上海市宣传系统先进工作者称号。1989年评为一级导演。1995年获全国戏曲电视剧"最佳导演奖"。

郑礼滨(1934年4月—　　)

籍贯重庆。1956年于南京师范大学中文系肄业,大学文化程度。1949年参加中国人民解放军

12军文工团。1951年3月赴朝鲜参战。1978年9月转业进入上海电视台,历任文艺科长、文艺部主任、副台长、副总编辑(兼任上海广播电视艺术团团长)、总编辑、上海电视一台台长。1979年2月,写信给中共中央副主席、全国政协主席、国务院副总理邓小平,请他为上海电视台题写台名。同年5月1日,上海电视台正式启用邓小平题写的台名手书字作为台标。1990年9月任上海市广播电视局副巡视员,1992年评为高级编辑。组织拍摄沪港合作的第一部电视剧《马永贞》。创作编辑电视系列专集《英雄赞歌》等。创意设计《大世界》《大舞台》等名牌栏目。策划组织上海电视节第一至第五届开、闭幕式工作和各种大型晚会。多次被聘为全国电视剧飞天奖、金鹰奖、上海电视节白玉兰奖评委。曾兼任上海中青年知识分子联谊会副会长,第一届上海电视艺术家协会常任副主席、执行主席,上海电视评论学会会长,上海市第四届文联副主席。

储祖诒(1935年3月—　　)

籍贯安徽安庆。1957年毕业于复旦大学新闻系新闻专业,大学学历。同年进上海人民广播电台,历任记者、编辑、审稿、组长。1991年采制的录音特写《以埃德加·斯诺的名义——记热心致力中美人民友好事业的徐家裕、戴蒙德二教授》和续篇《友谊的潜流绵绵太平洋》的录音带,被美国斯诺基金会列为长期陈列品,并被收入上海新闻界首批优秀新闻作品选辑《上海新闻丛书》。与他人合作的广播特写《还数他最有出息》获1990年全国对台广播优秀节目一等奖。广播录音特写《上海腾飞的新标志——南浦大桥》1991年获全国对台广播特等奖、全国优秀广播节目一等奖。指导青年记者采制的配音科普广播《声音档案的百年历程》1986年获第二届上海优秀科普作品一等奖、全国优秀科普作品二等奖。20世纪80年代后期,参与恢复、重建对台湾广播浦江之声。1994年评为高级编辑。编撰《上海对台湾广播简史》。

王文黎(1935年6月—　　)

女,籍贯浙江黄岩。1962年毕业于复旦大学新闻系,大学学历。毕业后先后进吉林省人民广播电台、上海人民广播电台任记者、编辑。1975年进上海电视台任新闻部、国际部编辑,曾任社教组副组长。编辑制作的获奖电视专题片有:《蜡烛的艺术》获1984年度中央电视台综合节目奖一等奖;《第五届全运会报道》获1985年中央电视台综合节目奖一等奖;《民宅闲话》获1988年全国优秀专题节目三等奖;《毛毛告状》1993年获四川国际电视节金熊猫奖纪念奖。1993年获上海市三八红旗手称号。1993年起获国务院特殊津贴。1994年评为高级编辑。

林振地(1935年9月—　　)

籍贯浙江黄岩。1959年毕业于上海音乐学院声乐系,大学学历。同年进上海人民广播电台广播乐团,历任声部长、独唱演员、指挥。1966年起随上海广播合唱团加盟芭蕾舞剧《白毛女》剧组,任合唱队长、指挥。1985年受命创建小荧星艺术团并任艺术指导、指挥。1996年评为一级指挥。经过十多年对小荧星合唱艺术团的指导训练和创作演出,使之成为全国一流水准的少儿合唱团。带领合唱团演出的原唱歌曲《歌声与微笑》《走进十月的阳光》《济公》《路边的童谣》在国内外广为流传,为近40部影视剧配唱主题歌。录制歌曲专辑、音带、唱片50盒(张),其中电视剧《济公》主题歌盒带发行260万盒。

席志杰(1935年10月—　　)

籍贯浙江德清。1960年毕业于华东政法学院法律系,大学学历。1960年进上海科学教育电影制片厂,历任编导、创作办公室主任、副厂长、顾问。1995年"影视合流",进上海东方电视台任编导。执导的科教片《高空气球》获法国巴莱索第三届国际科技电影节特别奖。执导的科教片《预防近视》获1983年文化部优秀影片奖科教片奖。执导的科教片《棉花麦后移栽》获1984年文化部优秀影片奖科教片奖。执导的科教片《急性心肌梗塞的预防和抢救》获1985年文化部优秀影片奖科教片奖、全国卫生电影电视片"白鹤奖"优秀导演奖。1990年评为一级导演。

高　翔(1935年10月—　)

籍贯江苏无锡。1953年毕业于北京电影学校动画系,大专学历。同年进上海科学教育电影制片厂,历任动画车间美术员、摄影。1995年随"影视合流"进上海东方电视台下属振亚影视公司任摄像。1985年赴南极考察拍摄,获国家南极考察三等功。担任编导、拍摄的获奖科教片有:《中国首次南极考察》《冰雪南极》先后获1985年、1991年度广播电影电视部优秀影片奖;《脑海》获第十届中国电影"金鸡奖"最佳科教片奖;《企鹅大帝》获第十二届中国电影"金鸡奖"最佳科教片奖、1991年广播电影电视部优秀影片奖。1988年评为一级摄影(像)师。1992年起获国务院特殊津贴。1996年评为全国科普先进工作者。

孙士衡(1936年3月—　)

籍贯河北承德。1960年毕业于西安交通大学电机系自动化专业,大学学历。同年进国防部第五研究院第二分院,从事导弹无线电系统研究工作。1965年随研究所迁入上海,任总工程师。1987年进上海市广播电视局,历任局副总工程师、研究员、第一届局科技委主任、技术中心主任。1985年评为高级工程师(教授级)。1985年获上海市劳动模范称号。作为第一发明人参与的"地空导弹系统"1982年获国家发明奖二等奖。1992年起获国务院特殊津贴。参与主持东方明珠广播电视塔、上海电视台播出制作中心、上海广播电台播出制作中心、题桥广播发射台等基建方案论证和技术评审。

徐景杰(1936年5月—　)

籍贯山东平原。1963年毕业于北京广播学院新闻系,大学学历。同年进上海电视台,历任记者、编辑,社教部教育科长,副主任,经济社教部副主任。1992年起任东方电视台副台长、副总编辑。1992年评为高级编辑。拍摄新闻片300多条,专题片、风光片和教育节目100多集。与他人合作的系列专题片《家庭爱情论》获1987年全国社教节目一等奖。系列片《情系菜篮》《超国际跨越》1989年获全国农业节目评比二等奖。曾兼任中国广播电视学会电视科教节目研究委员会副理事长、中国广播电视学会纪录片学术委员会常务理事、第三届上海电视艺术家协会副主席。2001年获中国广播电视学会电视科教节目研究会"奉献者"荣誉称号。编撰《电视术语手册》。

孙　刚(1936年10月—　)

籍贯山东陵县。1964年毕业于南京工业学院自动控制专业,大学学历。同年分配到中央组织部二处。1967年调任西安黄河机器厂政治部干事。1968年调入上海工作后,先后任上海有线电厂技术员、车间副主任、厂科研组组长、上海航天局804所副所长、上海有线电厂党委副书记兼政治部主任,上海航天局党委副书记兼政治部主任。1985年任中共上海市委宣传部副部长兼纪检组组长,分管组织人事工作,一段时间曾主持日常工作。1988年评为高级工程师。1993年任上海市广播电视局党委书记,1995年任上海市广播电影电视局党委书记。1995—1996年,全局4个单位被评为市级文明单位。中共第十三次全国代表大会代表,中共上海市第五次代表大会代表,中共上海市第五、第六届纪委委员;第六届上海市政协委员,第七、八、九届上海市政协常委,第九届上海市政协文化委员会主任。兼任上海市政协华夏文化经济促进会常务副会长,上海市社会经济文化交流会常务副会长,第二、第三届上海市老新闻工作者协会会长,东上海国际影视公司董事长。

朱钧雄(1937年1月—　)

籍贯浙江上虞。1963年毕业于上海音乐学院声乐专业,大专学历。1964年进上海广播乐团任声乐演员。1966—1978年借调至上海芭蕾舞团《白毛女》剧组任合唱及伴唱演员。1978年回上海广播乐团任男高音声部长、声乐教员。1987年进上海人民广播电台少儿广播合唱团任声乐指导。1990年获"上海市青少年保护先进工作者"称号。1993年获全国优秀童声合唱声乐指导奖。1998年评为一级演员。

李世嘉（1937年3月—　　）

曾用名"李逸秋"，籍贯江苏吴县。1965年毕业于上海音乐学院理论作曲系，大学学历。同年进上海人民广播电台，历任文艺记者、编辑，文艺部副主任、主任，电台副总编辑。参与策划组织《星期广播音乐会》直播专栏。参与筹建"立体声音乐专用频率"（调频103.7兆赫）。监制并参与制作的系列音乐专题《党的旗帜高高飘扬》1991年获纪念建党70周年评奖活动一等奖。1994年评为高级编辑。

涂祖孝（1937年4月—　　）

籍贯广东高要。1960年毕业于上海音乐学院管弦系单簧管专业，大学学历。同年留校任管弦系教师。1962年起任上海电影乐团管弦乐队演奏员。1996年进上海广播交响乐团任首席单簧管演奏员。先后录制《巴山夜雨》《喜盈门》《城南旧事》等六七百部影视音乐作品。1996年评为一级演奏员。

王一通（1937年11月—　　）

曾用名"王一统"，籍贯浙江萧山。1962年毕业于上海电影专科学校动画系专业，大专学历。1962年进上海科学教育电影制片厂，历任动画设计导演、动画车间主任。1995年"影视合流"，进上海东方电视台任动画导演，先后完成50余部科教片的动画设计，其中担任动画设计的科教片《绿色世界》获1983年文化部优秀影片奖科教片奖和1985年国际农业电影节银穗奖。1992年在上海科影厂第一部动画片《卷发的刺猬》创作摄制中任编剧、导演。任主要导演的动画片《哭鼻子大王》1994年获中国电影华表奖优秀美术片奖。任主要导演的系列动画片《大头儿子和小头爸爸》获第十六届中国电视金鹰奖。1996年评为一级美术设计师。兼任中国动画学会理事、中国科教电影电视协会理事、上海电影家协会理事。

李晓庚（1937年11月—　　）

籍贯江苏武进。1960年毕业于复旦大学新闻系，大学学历。同年8月到西藏高原工作。先后任《西藏日报》记者、编辑、采通部主任、记者部主任、编委。1986年调任西藏广播电视厅副厅长、党委委员。1993年调任上海市广播电视局副局长，1995年任上海市广播电影电视局副局长。1991年评为高级记者。在西藏从事新闻广播工作33年，采制的新闻报道和文艺专题片有4次在全国获奖。在上海工作期间，组织并参与制订《上海市有线电视管理办法》《上海市音像市场管理办法》《上海市音像制品管理条例》等。曾兼任西藏新闻学会秘书长、西藏广播电视学会副会长、全国音像资料协会副会长、第二届上海市广播电视学会副会长、上海西藏联谊会副会长。

李兰英（1937年12月—　　）

女，籍贯浙江嘉兴。1961年毕业于复旦大学新闻系，大学学历。同年进中央人民广播电台，历任少儿部记者、编辑。1977年进上海电视台，历任少儿部、专题部、社教部编导、业务指导，少儿部副主任。执导的专题片《牢记大哥哥的希望》获1988年度全国少儿电视金童奖。执导的专题片《张乐平与三毛》获1991年度全国十八省市电视台《文化人物》节目评选一等奖。制作的谈话节目《家庭风采电视展》1992年获上海市广播电视学会二等奖。1994年获上海市儿童少年工作"六一育苗奖"。1994年评为高级编辑。

杨补纯(1937 年 12 月—)

笔名"杨朴纯",籍贯上海。1960 年毕业于华东政法学院法律系,大学学历。同年进上海科学教育电影制片厂,历任助理导演、导演。1995 年"影视合流",进东方电视台任编导。导演的科教片《森林和我们》获 1984 年文化部优秀影片奖科教片奖、1986 年西柏林第十四届国际农业电影节银穗奖。导演的科教片《神奇的稀土》获 1989 年广播电影电视部优秀影片奖。导演的科教片《草啊,草》获 1995 年国家农业部神农奖金奖。1996 年评为一级导演。

潘祖奇(1938 年 1 月—)

女,籍贯上海。1961 年毕业于上海师范学院中文系中国语言文学专业,大学学历。1961 年进上海市电影局艺术处任干事。1978 年进上海科学教育电影制片厂任编导。执导的获奖科教片有:《燕子》获第三届中国电影金鸡奖最佳科教片提名奖、1982 年文化部优秀影片奖科教片奖;《儿童防聋》获 1984 年全国优秀卫生科教电影片奖;《生的好一些》1984 年获全国优秀卫生科教片奖。1991 年评为上海市三八红旗手。1995 年评为一级导演。

张 弛(1938 年 1 月—)

曾用名"张美莹",籍贯浙江东阳。1963 年毕业于北京广播学院新闻系采编专业,大学学历。1963 年进上海人民广播电台新闻部任记者,1978 年进每周广播电视报社,历任编辑、记者、编辑部主任、常务副主编。1989 年起历任《上海电视》杂志编辑、记者、编委。在《每周广播电视》报工作期间,实行改革,率先创办副刊、开辟言论栏目,在全国同类报刊中首家自办发行,使发行量和创收水平高居榜首。主笔《视听随笔》专栏,受到广电部部长好评。采写的消息《上海电视剧创作进入旺季》、评论《漫天开价》《基调、韵律及其他》、专访《川辣子说演凤辣子》《战士的风采》分获全国和华东地区广播电视报优秀稿评选特等奖和一等奖。特写《育得明珠缀锦绣》、述评《自觉遵循艺术规律,热情反映工作生活》分获全国广播电视期刊优秀稿评选一等奖和二等奖。1996 年评为高级编辑。著有教材《视听艺术概论》。

张正宜(1938 年 2 月—)

女,籍贯上海。1955 年毕业于上海行知艺术师范学校音乐科,中专学历。1956 年进上海广播乐团任合唱、独唱演员。1987 年起任上海广播电视艺术团团长。1982 年获上海市三八红旗手称号。1994 年获上海市"老有所为精英奖"。1992 年评为一级演员。1995 年获上海电视艺术家协会"开拓贡献奖"。

胡文金(1938 年 4 月—)

女,籍贯上海。1990 年毕业于北京人文函授大学文学系,大专学历。1957 年进上海人民广播电台任录音员。1958 年进上海电视台任录音师。1987 年任上海电视台译制部录音师。参与译制的获奖作品有:《母系家族》获 1987 年中国电影电视技术学会颁发的"声音制作优秀作品"一等奖;《根》《成长的烦恼》《谋杀·金钱·疯狂》获全国第一届译制片评比一等奖;《大饭店》获全国第一届译制片评比二等奖。1996 年评为一级录音师。1998 年获国家广电总局颁发的"从事中国电视事业四十年为我国电视事业做出重要贡献"称号。

钱素英(1938 年 4 月—)

女,籍贯浙江定海。1957 年毕业于国家第一机械工业部上海第三工人技术学校无线电安装专业,中专学历。1957 年进上海人民广播电台,历任录音员、录音科副科长。录制了大量的各类广播节目,其作品在国际及全国比赛中获大奖 30 多个。歌曲《紫竹调》1990 年获全国录音技术一等奖。录制的钢琴与乐队合奏《浦江浪花映霓红》、交响乐《朱践耳第四交响曲》、民乐《古刹晚钟》均获 1991

年全国录音技术奖一等奖。录制的广播剧《超越生命》1991年获全国广播剧一等奖。录制的专题节目《党的旗帜高高飘扬》获全国音乐广播评比金奖。1981年获"上海市六好积极分子"称号。1991年评为上海市优秀新闻工作者。1995年评为一级录音师。

胡运筹（1938年8月— ）

曾用名"胡胜利"，籍贯浙江慈溪。1964毕业于复旦大学历史系，大学学历。同年进上海社会科学院历史研究所工作。1970年下放上海星火农场。1974年起在上海市郊区五七干校从事理论教育工作。1978年调入上海市广播事业局，先后在局宣传办公室、政治处、上海电视台社教部、上海广播电视艺术团、上海电视台办公室、上海音像管理处等部门和单位工作，历任科长、部（室）副主任、党支部书记和处长。1987年评为主任编辑。1991年获广播电影电视部先进工作者称号。1991年起参与负责筹建上海有线电视台。1992年建台后历任台党委副书记、台长，总编辑。1997年上海有线电视网获得《世界有线电视》杂志授予的"全球最佳有线电视系统奖"。1999年任上海国际会议中心董事长。兼任第二届上海市广播电视学会副会长，上海有线电视协会会长、名誉会长。

夏正亚（1938年9月— ）

笔名"夏振亚"，籍贯江苏阜宁。1962年毕业于上海电影专科学校摄影系，大专学历。1962年进上海科学教育电影制片厂，历任编导、艺术委员会委员、短片专家委员会主任。1993年经上海市电影局审批以个人名义成立"振亚影视公司"（国营性质），任总经理、总导演、艺术总监。1995年"影视合流"，进上海东方电视台。1988年评为一级导演。编导的获奖影片有：《防霉与防癌》获第一届全国医学卫生科普大会优秀影片奖；《胆结石的奥秘》1982年获文化部颁发的优秀影片奖；《冠心病》获第二届巴马国际医学科教电影节金质奖和优秀剧本奖；《画苑掇英》获上海首届文学艺术优秀影片和优秀电影创作奖；《摇篮——人造卵与赤眼蜂》获第十五届国际环保电影节主奖；《抗衰老》获1989年上海国际科教电影节纪念奖；《花》获第十一届电影"金鸡奖"最佳科教片奖。1991年被聘为第十一届电影"金鸡奖"评委。1992年起获国务院特殊津贴。1996年获上海大众科学奖。著有散文集《和海派大师们》《神交》。

施圣扬（1939年1月— ）

籍贯江苏启东。1964年毕业于北京广播学院新闻系文艺专业，大学学历。同年进浙江人民广播电台任文学编辑。1975年进上海人民广播电台，历任文学戏剧部文学编辑，文学科副科长、科长，节目监制。编制的广播剧《在人生的跑道上》1983年获中国广播剧研究会颁发的优秀广播剧奖。著有散文集《情结》、诗集《蓝色的相思》。1992年评为高级编辑。

李德铭（1939年3月— ）

笔名"林霏开"。籍贯上海。1961年毕业于中国人民大学新闻系，大学学历。同年进中央广播事业局，历任中国国际广播电台编辑、对美组负责人。1973年进上海文汇报社任编辑。1974年进上海人民广播电台，历任记者、新闻部主任，副台长、副总编辑兼文艺台台长。1992年进上海市政协，任办公厅副主任兼《联合时报》总编辑。在中央广播事业局国际台工作期间，参与开辟对非洲广播，主持英语对外广播业务。1987年主持上海人民广播电台文艺广播工作期间，创办上海国际音乐节目展播，后发展为上海国际广播音乐节。1992年评为高级编辑。

章焜华（1939年8月— ）

籍贯福建龙岩。1963年毕业于北京广播学院新闻系，大学学历。1963年进上海人民广播电台任记者。1978年进上海电视台任纪录片编导。参与《艺林》《纪录片编辑室》《往事》栏目的创办。1994年评为高级编辑。1995年获"全国百佳新闻工作者"称号，同年起获国务院特殊津贴。编导的纪录片《大动迁》1994年获上海广播电视奖一等奖、上海外宣银鸽奖一等奖、中国电视纪录片学术奖长篇特等奖。编导的纪录片《半个世纪的乡恋》1994年获中国电视纪录片学术奖特别荣誉奖。编导的《魂归何处》1996年获上海电视节纪录片评委特别奖、记者奖、观众奖。编导的纪录片《回到祖先的土地》1998年获亚广联(ABU)纪录片大奖、中国电视外宣彩虹奖一等奖、上海广播电视奖特别奖。《大动迁》和《半个世纪的乡恋》2000年入选为"中国纪录片20年"代表作品。著有《感悟荧屏》一书。

刘香兰(1939年9月—)

女,籍贯山东安丘。1962年毕业于山东大学新闻系,大学学历。1965年起历任上海人民广播电台文艺部编辑。编录的自传体小说《去意徊徨》获1989年上海广播电视奖特等奖。录制的长篇小说《聊斋志异》系列获1994年全国小说连续广播节目"西夏杯"二等奖。录制的长篇报告文学《世界上什么事最开心》获1998年中国广播文艺奖二等奖。1998年评为一级编辑。

杨松浩(1939年12月—)

籍贯浙江镇海。1963年毕业于上海科技大学生物物理化学专业,大学学历。1963年进上海科学教育电影制片厂任导演。1995年"影视合流",进上海东方电视台任节目中心副主任兼社教部主任。1992年评为一级导演。编导的科教片《果实蝇》获1994年度中国电影华表奖、第十四届中国电影"金鸡奖"最佳科教片奖。编导的科教片《眼底——洞察人体疾病的窗口》获第十一届中国电影"金鸡奖"最佳科教片提名奖、第五届意大利巴马国际医学科学电影节奖。编导的科教片《蝴蝶》获伊朗第十六届国际教育电影节银奖、葡萄牙第十届国家电视录像节特别奖。编导的科教片《珊瑚》获伊朗第十八届国际教育电影节铜奖。

张少峰(1940年1月—)

籍贯上海。1964年毕业于复旦大学新闻系,大学学历。同年进新华社上海分社任记者,1983年调入新华社内蒙古分社任采编主任。1987年调入上海电视台电视剧制作中心任副主任,1992年起任副台长。期间,参与策划摄制的电视连续剧有《狱中曙光》《火种》《喋血小刀会》《昙花梦》等10多部;个人编写剧本的电视报道剧有《雷锋点燃的火炬》《冲不垮的长堤》(上、下集)。编写《儿子是谁的》《手不要伸错》等8部法制题材电视短剧剧本,被上海市司法局授予"上海法制宣传先进人物"称号。创作50多首歌词,其中《瞎子阿炳》主题歌、《太浦河之歌》,在全国和上海的原创歌曲评比中获"最佳歌曲""优秀歌曲"奖。1994年参与创办上海电视台14频道。1994年评为高级编辑。1997年12月起任上海市广播电影电视局副巡视员,负责审阅影视剧本,兼任上海电影艺术研究所所长。任第三届上海市广播电视学会副会长、秘书长。

单子恩(1940年2月—)

籍贯浙江温州。1962年毕业于上海电影专科学校摄影系,大专学历。1962年进上海科学教育电影制片厂任摄影(像)。1995年"影视合流",进上海东方电视台任摄影(像)。1995年评为一级摄影(像)师。导演、摄影的风光片《浙江山水情》获第十八届捷克卡罗维法利国际电影节大奖、第二十届法国塔布电影节"银雷比娜"奖。导演、摄影的风光片《唯中国独有》获第二十一届捷克卡罗维法利国际电影节主要奖、第二十二届法国塔布电影节"银雷比娜"奖。拍摄的电视艺术片《神州一叶》获国务院新闻办公室颁发的第三届"金桥奖"。曾任上海市第七、八、九届政协委员。

金效强(1940年3月—)

籍贯江苏新沂。1962年毕业于上海音乐学院声乐系,大学学历。1977年进上海广播乐团担任演员。1999年评为一级演员。被编入《全国歌坛名人》一书。

孔祥玉（1940 年 8 月— ）

女，笔名"孔玉"，籍贯上海。1962 年毕业于上海戏剧学院表演系，大学学历。1981 年进上海人民广播电台任广播剧导演。导演的广播剧《在人生的跑道上》1983 年获中国广播剧研究会颁发的优秀广播剧奖。导演、编辑的广播剧《拨响生命的琴弦》1985 年获首届全国广播剧"丹桂杯"大奖赛优秀剧目、优秀剧本、优秀录音制作和优秀编辑奖。与他人合作导演的广播连续剧《战争与命运》1988 年获"白玉兰"杯全国广播剧大奖赛一等奖。导演的广播连续剧《郁达夫之死》1993 年获上海广播电视奖一等奖、"石松杯"全国广播连续剧大奖赛二等奖。1995 年评为一级导演。

蔡正鹤（1940 年 10 月— ）

籍贯江苏苏州。1988 年毕业于上海市行政管理干部学院，大专学历。1961 年进上海青年京昆剧团任演员、剧务兼舞台监督。1967 年任京剧《龙江颂》剧组剧务兼舞台监督。1981 年任上海京剧院三团副团长。1984 年起历任上海市文化局党委办公室主任、局办公室主任、上海图书馆党委书记兼副馆长。1994 年起任上海市文化局党委副书记、副局长。2000 年任上海市文化广播影视管理局副巡视员。2006 年任《上海演艺》杂志主编。组织和主持多项文化科技项目的研制工作，其中"光束炮系列""远程多功能效果灯"等项目 1997 年获文化部授予的文化科技管理奖。著有《文化经纪人培训教材》，合作编著《多彩的京剧脸谱》。曾任上海市演出行业协会会长、中国演出家协会副主席。

张有斐（1940 年 11 月— ）

籍贯上海南汇。1959 年毕业于上海市复兴中学，高中学历。1960 年进上海电影乐团任大提琴演奏员。1996 年进上海广播交响乐团任大提琴演奏员。1969—1973 年在芭蕾舞剧《白毛女》和《红色娘子军》演出中，担任大提琴声部独奏，演出场次超一百场。先后参与《巴山夜雨》《喜盈门》《城南旧事》等六七百部影视音乐作品的演奏录制。1995 年评为一级演奏员。

贾树枚（1941 年 1 月— ）

籍贯山东博兴。1964 年毕业于复旦大学新闻系，大学学历。1978 年起历任《光明日报》记者、上海记者站副站长。1983 年任《文摘报》主编。1984 年任文汇报社党委副书记、副总编辑。1987 年任上海市新闻出版局副局长。1991 年任上海市广播电视局党委书记。1993 年任中共上海市委宣传部副部长兼市委外宣办、市政府新闻办主任。1995 年评为高级编辑。1998 年任解放日报社党委书记、总编辑。2000 年任解放日报报业集团党委书记、社长。上海市第十、第十一、第十二届人民代表大会代表，第十一、第十二届市人大常委会委员、教科文卫委员会委员。中共上海市第六、第七次党代会代表。编著有《上海新闻志（1850—1996 年）》《上海新闻丛书》《中外记者笔下的上海（丛书）》《首届东亚运动会的广播电视工作》《八运风云——中华人民共和国第八届运动会新闻作品选》《当代上海记者丛书》《一年变个样 三年大变样》《见证辉煌》《记录历史 见证辉煌——上海改革开放 30 年新闻摄影作品选》《镜头对准江浙沪》《锦绣年华良辰美景》等。兼任第五届上海市新闻工作者协会主席、第五届中国记协副主席。

刘景锜（1941 年 3 月— ）

籍贯江苏武进。1963 年毕业于北京广播学院新闻系电视摄影专业，大学学历。1963 年进上海电视台，历任摄影记者、编辑、责任编辑、纪录片编导、对外报道部副主任、国际部主任、海外中心主任、外语台总监、上海电视台副总编辑。1994 年评为高级编辑。1999 年获中国电视艺术家协会纪录片学术委员会"十年突出成就奖"。2007 年获全国纪录片杰出贡献人物奖。政协上海市第七、第八、第九届委员。曾任中国电视艺术家协会纪录片学术委员会常务副会长。著有《纪录与人生》，主编大型画册《中华之最》。

戎雪芬(1941年3月—)

女,籍贯浙江慈溪。1964年毕业于上海戏剧学院戏剧文学系,大学学历。同年进上海人民广播电台,历任文艺部记者、编辑、文学戏剧部主任。1995年起任上海有线台电视戏剧台台长、总监。编辑的广播剧《战争与命运》1989年获"白玉兰杯"全国广播连续剧一等奖。编辑、导演的10集广播连续剧《橡胶大王传奇》获1989年上海文化艺术节优秀成果奖。导演的广播剧《火车在黎明时到达》1991年获首届全国广播剧评奖单本剧一等奖。论文《论广播剧的听觉审美特性》1991年获全国第二届广播电视学会基础理论二等奖。1992年评为高级编辑。

黄海芹(1941年4月—)

女,籍贯广东番禺。1963年毕业于上海戏剧学院戏剧文学系,大学学历。1981年进上海电视台,历任上海电视剧制作中心文学部主任、上海永乐电影电视公司(集团)副总裁兼文学部主任。1995年评为一级编剧。合作创作的电视剧《故土》获第五届中国电视剧飞天奖。合作创作的电视剧《家·春·秋》获第七届中国电视金鹰奖最佳电视片。创作的单本剧《超越生命》获第十三届中国电视剧飞天奖。创作的单本剧《鸽子》获第十八届中国电视剧飞天奖。创作的广播剧《超越生命》《无言的歌》《尊严》分获1991年、1994年、1996年全国广播剧一等奖。总策划的电视剧《孽债》获1995年中国电视剧飞天奖三等奖和精神文明建设"五个一工程"奖。编剧的广播剧《春天》获2003年中国广播影视大奖。1995年获"上海市十佳优秀电视艺术家"称号。1998年获"中国百佳艺术工作者"称号。1998年起获国务院特殊津贴。2000年评为"全国广播电影电视系统劳动模范"。

罗佳陵(1941年4月—)

籍贯浙江上虞。1962年毕业于上海师范学院中文系语言文学专业,大学学历。1992年进上海人民广播电台,历任总编室副主任、主任。合作编辑的新闻报道《艾滋病离我们还有多远》获1998年度中国新闻奖二等奖、上海新闻奖一等奖。论文《深化广播改革的三个问题》1998年获首届上海新闻论文奖三等奖。1999年评为高级编辑。

范俊人(1941年6月—)

籍贯浙江宁波。1966年毕业于北京大学无线电电子学系无线电物理专业,大学学历。1968年进北京科学教育电影制片厂任编导,1973年进上海科学教育电影制片厂任录音放映车间主任,1995年"影视合流",进上海东方电视台任录音师。参与研制的我国第一台"可控硅变频联锁器"获1982年文化部科技大会二等奖。参与录制的影片《台风》1984年获中国电影华表奖。参与录制的影片《脑海》1989年获中国电影"金鸡奖"。1999年被评为一级录音师。

乔其干(1941年7月—)

籍贯江苏东海。1961毕业于东海舰队联合学校机要专业,中专学历。1960年参军,先后任机要员、文书。1965年进上海人民广播电台,历任保卫科科员、副科长、科长。1986起先后任上海市广播电视局专职纪委委员、局办公室副主任、局纪委副书记兼监察室主任。1994年评为高级政工师。1995年任上海市广播电影电视局组织人事处处长。1997年任局纪委书记兼组织人事处长,局机关党委书记。2000年任上海市文化广播影视管理局纪委书记兼机关党委书记。期间,协助局党委抓好干部培养教育、选拔使用、交流及干部人事制度、分配制度改革,局干部人事档案管理达到国家一级标准;负责组织、领导、协调全局纪检保卫工作,建立落实《党风廉政建设责任制度》和《治安综合治理条例》,为广播电视安全播出、第一至第十届上海电视节、首届东亚运动会和美国NBC在沪实况转播等各项大型活动的圆满成功提供了制度保障。

李森华（1941 年 8 月—　）

籍贯广东潮州。1965 年毕业于复旦大学新闻系，大学学历。同年进入上海人民广播电台，历任记者、编辑、新闻编辑组组长、新闻部副主任、台副总编辑、副台长、台总编辑、台长。1986 年起任上海市广播电视局党委委员。1989 年起任新民晚报社副总编辑。1994—1996 年兼任《新民体育报》主编。1995 年起兼任《新闻记者》杂志社社长。1986 年策划并负责创办浦江之声广播电台，1987 年倡导筹建上海人民广播电台英语台。撰写的论文《对新闻自由的思考》获 1988 年全国广播电视学术论文三等奖，论文《地方保护主义下新闻宣传探微》获 2001 年第三届上海新闻论文一等奖。上海市第五次党代会代表。曾任首届上海市广播电视学会副会长、上海市新闻工作者协会常务理事。1992 年评为高级编辑。1993 年起获国务院特殊津贴。

虞朱源（1941 年 10 月—　）

籍贯浙江镇海。1962 年毕业于上海电影专科学校动画系，大专学历。1962 年进上海科教电影制片厂，历任动画设计、动画车间副主任、主任，动画公司副经理兼制片主任。担任动画设计的科教片《中国地热》1984 年获文化部优秀科教片奖。与他人联合导演的美术片《泳装·合影》获文化部优秀美术片奖。参与撰写《科教动画》一书。1998 年评为一级动画美术设计师。

徐林达（1941 年 11 月—　）

籍贯江苏苏州。1959 年毕业于上海市戏曲学校，中专学历。1963 年参军，历任南京军区前线歌舞团演员、干事、综合队队长、党支部书记。1964 年 5 月 1 日作为全军优秀演员之一登上天安门城楼观看烟花表演。参加全军第三届、第四届文艺会演，创作并演出的苏州评弹《迎新曲》《唱心篇》获全军优秀作品和优秀演员奖。1979 年出席全国第四届文代会，被选为全国曲艺家协会理事。1979 年 4 月赴云南河口参与慰问演出并获三等功。1986 年转业进上海市广播电视局音像资料馆任办公室主任。1989 年 6 月赴香港上海实业公司（市政府驻香港办事处）音像部任总经理。1993 年任香港上海实业集团有限公司常务董事、副总裁，兼公司上海办事处主任。1994 年兼任上海电视广播集团有限公司（香港 STV）董事长。1995 年起历任香港上海实业文化集团董事长，上海电视广播集团有限公司（香港 STV）董事长、上海电视广播集团有限公司（香港 STV）国际（新加坡）有限公司董事长。

盛重庆（1941 年 11 月—　）

籍贯江苏镇江。1966 年毕业于上海复旦大学新闻系，大学学历。1968 年进安徽芜湖日报社，历任记者、评论组组长。1970 年调入贵州贵阳电线厂宣传科工作。1978 年进江苏南通人民广播电台，历任记者、编辑、评论组组长、新闻部主任、总编室主任。1985 年任南通人民广播电台常务副台长（主持工作）、南通市广播电视局局长。1988 年任上海市广播电视局办公室主任、局党委委员。1991 年任上海电视台台长兼总编辑，1996 年兼任上海美术电影制片厂厂长。1999 年任上海东方明珠（集团）股份有限公司董事长。2002 年任东方网监事长。1998 年评为高级编辑。组织建设南通电视塔、参与建造东方明珠广播电视塔领导工作（常务副总指挥），组织建造上海广电大厦、上视大厦。组织策划有影响的"全国 56 个民族音乐舞蹈邀请展演"。1997—1999 年，组织上海电视台连续举办"中国风""亚洲风""五洲风"文艺晚会。政协上海市第八、第九届委员。兼任第二届中国电视艺术家协会副主席、第三届上海电视艺术家协会副主席、第二届上海市广播电视学会副会长、上海大学客座教授。

聂梦茜（1941 年 12 月—　）

女，籍贯安徽当涂。1966 年毕业于上海音乐学院声乐系，大学学历。1988 年进入上海电视台译制部,历任配音演员、导演、译制部副主任、主任。1998年评为一级导演。译制导演电视剧500多部(集)、参加配音1000多部(集)。导演的获奖译制片有:《根》获全国第一届译制片一等奖;《大饭店》获全国第一届译制片二等奖;《烽火情缘》获全国第二届译制片一等奖;《东京爱情故事》获全国第二届译制片二等奖;《闪电奇侠》第二集获全国第三届译制片声音奖二等奖;1997年策划的"香港一九九七年"获全国MTV金奖。1990年获上海市三八红旗手称号。2000年获全国百佳老电视艺术工作者称号。曾任中国广播电视学会译制研究会副理事长。

史蒂华(1942年2月—)

女,籍贯杭州。1965年毕业于上海音乐学院小提琴专业,大学学历。1986年进上海电影乐团任小提琴演奏员。1992年进上海电影乐团管弦乐队任小提琴演奏员。1980年评为一级演奏员。先后参与演奏录制《巴山夜雨》《喜盈门》《城南旧事》等六七百部影视音乐作品。

龚学平(1942年3月—)

籍贯江苏南京,高级编辑。1967年毕业于复旦大学新闻系,大学学历。1968年参军,任西藏军区某部政治部宣传干事。1974年复员至上海市广播事业局,历任上海电视台编辑、新闻部党支部书记兼副主任。1983年起历任市广播事业局副局长兼上海电视台党委书记、台长、总编辑。1985年任中共上海市委宣传部副部长,同年任市广播电视局党委书记、局长兼上海电视台台长。1992年任市政府副秘书长,1993年任副市长。1997年任中共上海市委副书记。2003年任市人大常委会主任、党组书记。2008年任第十一届全国人大常委会委员。中共第十三、十四、十六、十七次全国代表大会代表,全国第十、十一届人大代表,中共上海市第五至第八次代表大会代表、市委委员,第七、八届市委常委。担任上海电视台台长期间,率先在全国实现宣传体制改革、节目内容创新、自主经营试点,全台出现了坚持正确导向,一手抓节目生产,一手抓广告经营,以节目促广告,用广告保节目,多快好省发展电视事业的新气象。担任市广电局长后,继续加大改革创新力度,相继成立了上海东方广播电台、上海东方电视台、上海有线电视台,形成五台三中心既合作又竞争的新格局,使上海广电节目质量和广告总收入一直处于全国地方台的首位,同时在全国广电系统率先结束了依赖财政拨款发展事业的局面,走上了自主经营、自我统筹和自我发展的良性循环道路。1986年起,在全国首次举办上海电视节和上海国际广播音乐节。1992年,创立全国文化系统首家上市股份有限公司——东方明珠股份有限公司;规划主持东方明珠广播电视塔、上海大剧院、上海图书馆、上海博物馆、上海国际会议中心、上海国际网球中心、八万人体育场、东方绿舟、十一所寄宿制高中、松江大学城等重大文化、体育、教育项目的建设;运用市场机制成功举办了第一届东亚运动会、第八届全国运动会和上海国际电影节、上海旅游节、中国上海国际艺术节、上海国际服装文化节等重大节庆活动,推动了文化产业的发展。2005年,用社会资源创办了上海视觉艺术学院。曾先后兼任中国广播电视学会副会长、上海市广播电视学会会长、上海电视艺术家协会主席;被华东师范大学影视学院、上海大学影视艺术技术学院和复旦大学新闻学院聘为名誉院长。

张 戈(1942年6月—)

籍贯河南舞阳。1967年毕业于上海戏剧学院导演系,大学学历。1973年进上海电视台,历任文艺部、电视剧制作中心导演兼制片人。1985年获首届上海文学艺术奖优秀创作奖。1988年获"新时期全国十佳电视导演"称号。执导的电视剧获奖作品有:《陈毅与刺客》获1985年度中国电视金鹰奖;《血染的风采》获1987年度中国电视金鹰奖;《济公》1998年获法国巴黎首届华语影视片"雄狮奖";《上海的早晨》获1989年上海文化艺术节优秀成果奖、1990年度中国电视剧飞天奖电视连续剧二等奖;《徐玉兰艺术集锦》获1993年度中国电视剧飞天奖;《逆火》获1995年德国柏林国际广播电视节"亚洲未来奖"。1992年评为一级导演,同年起获国务院特殊津贴。

孔繁礼(1942年7月—   )

籍贯辽宁海城。1965年毕业于北京工业学院无线电工程系,大学学历。毕业后入伍,任国务院、中央军委航空工业领导小组办公室秘书、空军第二研究所工程师等。1984年转业进上海人民广播电台,历任调频发射科科长、上海市广播电视局技术中心技术科科长、中心办公室副主任、技术办公室主任。1996年起任上海市广播电影电视局科技委秘书长。研制捷变频雷达项目1981年获国家科技进步奖三等奖、全军科技成果一等奖。主持的中波场强研究1996年获华东地区广播电台年会科技进步奖一等奖。1998年评为高级工程师(教授级)。

沈传薪(1942年7月—   )

籍贯上海。1967年毕业于上海音乐学院作曲系,大学学历。1973年进上海广播电视艺术团任作曲。1986年进上海电视台任作曲。1993年任上海沈传薪—黑川音像有限公司副董事长、总经理、艺术总监。发表作品千余首,获奖30多次,作曲的歌曲《红杉树》1980年获文化部优秀歌曲奖。1987年获首届上海文化艺术奖。1990年评为一级作曲。

郭开荣(1942年7月—   )

籍贯浙江海宁。1988年毕业于中央党校党政管理专业,大专学历。1961年参军,历任陆军某部宣传股长、八一电影制片厂办公室主任、上海警备区黄浦区武装部政委。1988年起历任中共黄浦区委常委,宣传部长,上海市精神文明建设委员会办公室主任,上海市新闻出版局党委书记,上海市文化局党委书记,上海市文化广播影视管理局党委书记,上海市扫黄打非办公室主任。政协上海市第九届委员、第十届常委、教科文卫体委员会常务副主任。在上海宣传文化部门担任主要领导期间,坚持加强党对宣传文化工作的领导,协调各方,抓好落实,攻坚克难,处理各种矛盾,把握工作主动权,加强文艺和宣传队伍建设,深化文化和广播电影电视体制改革,完善公共文化服务体制,推动中国上海国际艺术节等多项重大文化活动的创办。兼任中国文化娱乐协会副会长、上海市文化娱乐协会会长、上海市现代服务业联合会副会长、上海市慈善基金会副理事长。

张崇基(1942年9月—   )

籍贯广东龙川。1963年毕业于上海电影专科学校摄影系摄影专业,大专学历。1963年进上海科学教育电影制片厂任摄影。1995年"影视合流",进上海东方电视台任摄影。拍摄的科教片《红绿灯下》获第三届大众电影"百花奖"最佳科教片奖。拍摄的科教片《棉花麦花移栽》获1983年度文化部优秀影片奖。拍摄的科教片《载波通信》获第一届全国电子科普积极分子大会优秀科普影片奖。1996年评为一级摄影(像)师。

方松涛(1942年10月—   )

籍贯浙江桐庐。1966年毕业于同济大学建筑工程系建筑学专业,大学学历。1975年进上海电影制片厂,历任科长、副处长、处长。1990年进上海市广播电视局,负责筹建广电大厦。1995年任上海广播电视国际新闻交流中心总经理。1998—2000年负责建设上海国际会议中心,任工程指挥部副总指挥兼项目总经理。2000—2004年筹建东方绿舟,任筹建办主任、副总指挥兼项目总经理。2003年任上海上影影视摄制基地建设有限公司副总经理。2005年负责上海文广新闻传媒集团电视新闻中心改建,任工程指挥部总指挥。2001年评为高级工程师(教授级)。

屠耀麟(1942年11月—   )

籍贯浙江湖州。1966年7月毕业于上海第二工业大学机械制造工艺设备专业,大专学历。1985年进上海电视台,历任编导、制片人。制作的获奖作品有:《东方妙韵·93南北京剧名家汇演》获 1993 年度上海广播电视奖电视特别奖;《东方妙韵·95 江浙沪评弹名家新秀大会书》获第十届中国电视文艺星光奖一等奖;海派情景喜剧《老娘舅·生财无道》获第二十届全国电视剧飞天奖短剧二等奖;海派情景剧《老娘舅·健身男女》获第十三届中国电视剧飞天奖优秀短剧奖。2000年、2004 年两获"上海十佳电视艺术工作者"称号。2003 年评为一级编辑。

郭在精(1943 年 1 月—　　)

籍贯湖北武汉。1965 年毕业于复旦大学中文系,大学学历。1971 年进上海人民广播电台,历任新闻部农村组记者、文学科编辑、科长、上海市广播事业局党委秘书。1994 年评为高级编辑。制作的文学专题《瞿秋白、老舍、闻一多诞辰 100 周年纪念专辑》获 1999 年度全国广播文学专题一等奖。著有诗集《风与湖对话》《郭在精短诗选》,随笔集《秋水与火焰——作家访谈录》《青山对绝响——作家访谈录》《海上吟留别》,散文集《绿的声浪——伏尔加河游记》《魅力永久——追寻上海名人雕像》,译诗集《高尔基诗选》《停息在河对岸的歌——苏联当代三人诗选》。编有《朗诵艺术讲座》一书。

高秀英(1943 年 2 月—　　)

女,播音名"凌云",籍贯北京。1965 年毕业于北京广播学院播音专业,大专学历。同年进上海人民广播电台任播音员,1985 年任播出部副主任,1993 年在播音指导组工作。参与主持的直播节目《国庆的一天》获第三届全国优秀广播节目特别奖。所播的获奖广播作品有:《对台湾广播》获1988 年全国第二届对台湾广播节目二等奖;现场报道《新兴的商业街——四川北路一日游》获 1991年全国第五届对台湾广播节目二等奖;《文学专题》获 1993 年中国广播奖二等奖;《专家谈试管婴儿》获 1994 年全国科普广播节目二等奖。担任主持的性教育专题节目《悄悄话》获 1995 年度全国优秀广播节目二等奖。1993 年起获国务院特殊津贴。上海市第七届人民代表大会代表。1996 年评为播音指导。

周家祥(1943 年 2 月—　　)

籍贯浙江鄞县。1965 年毕业于上海音乐学院,大专学历。同年进上海电影乐团任演奏员。1996 年进上海广播交响乐团任演奏员。1998 年获上海音乐家协会"德艺双馨"奖。先后参与演奏录制《巴山夜雨》《喜盈门》《城南旧事》等六百多部影视音乐作品。2002 年评为一级演奏员。

金国祥(1943 年 4 月—　　)

籍贯江苏苏州。1966 年毕业于中国人民解放军西安军事电信工程学院,大学学历。1967 年分配到南京军区空军驻上海独立五师任技师。1969 年起历任空军独立五师作战科参谋、空军第四军作战处参谋、副处长、处长。1983 年任空军航空兵二十六师师参谋长。1987 年任空军混成第三旅旅长。1989 年被授予大校军衔。1992 年进上海市广播电视局,先后任局长助理、副局长兼技术中心党委书记、主任。期间,参加组织指挥上海东方明珠广播电视塔、上海卫视、上海卫星地球接收站等工程建设,完成在上海举行的第八届全国体育运动会广播电视直播和转播。1998 年任上海市体育运动委员会党委书记、主任。2000 年改任上海市体育局党委书记、局长。积极倡导改革创新的工作理念,大力提升上海在国内、国际体坛的竞争力,涌现出姚明、刘翔、王励勤、吴敏霞、陶璐娜等一批世界著名运动员,并成功申办 F1 汽车大奖赛、国际网球大师赛。上海市第九届人大代表、第十届上海市政协常委。2000 年和 2004 年分别被国家体育总局授予"奥运会特别贡献奖""全国群众体育先进个人"称号。

任大文(1943 年 7 月—　　)

籍贯安徽全椒。1989 年毕业于中共安徽省委党校党政管理专业,大专学历。1962 年 6 月参军,历任团、师、军新闻干事、省军区宣传处副处长、处长。1988年起先后任宿县军分区和淮南军分区政治部主任。1993年转业到上海市广播电视局,历任调研员、局党政办公室主任、机关党委书记。1998年起任上海人民广播电台党委书记。2001年任上海文广新闻传媒集团党委副书记。1978年在部队从事新闻工作期间获《解放军报》通讯报道一等奖。撰写的《关于山区民兵脱贫致富调查报告》获总政治部群工部一等奖。参与制作上海人民广播电台《邀请美国总统做嘉宾》节目,获1998年上海新闻奖特别奖。参与制作的2002年7月15日《990早新闻》获第十三届中国新闻奖和2002年度中国广播电视新闻奖节目编排一等奖。1995年评为高级政工师。兼任上海市广播电视学会常务理事、第四届上海电视艺术家协会常务副主席。曾参与"皮旅"军史撰写,汇编《战斗的旅程》。

施月华(1943年9月—)

女,籍贯浙江萧山。1964年毕业于中国人民解放军外国语学院英语系,大学学历。1965年起在部队历任翻译、科长、处长、副师职政委。1993年从部队转业,任上海市广播电视局组织处调研员(在上海人民广播电台协助工作)。同年评为副译审。1994年任上海市广播电视局音像资料馆党总支书记。1996年评为副研究员。1998年任上海东方电视台党委书记。2000年任《上海日报》党总支书记兼副总编辑。2006年任上海视觉艺术学院传达设计学院党总支书记。兼任上海市新闻工作者协会女记者工作委员会副主任。

钱石明(1943年9月—)

籍贯江苏无锡。1963年毕业于上海电影专科学校电影文学系,大专学历。1979年进上海电视台,历任编辑、编剧。1996年起任上海永乐电影电视集团公司编剧。2001年起任上海电影集团公司编剧。与他人合作创作的电视剧《故土》获第五届中国电视剧飞天奖三等奖。与他人合作创作的电视连续剧《大酒店》获1988年中国电视金鹰奖、1990年中国电视剧飞天奖三等奖。担任责任编辑的电视连续剧《杨乃武与小白菜》1994年获精神文明建设"五个一工程"奖、中国电视剧飞天奖二等奖、上海文学艺术奖。编剧执笔电视连续剧《济公》第三集《古井运木》、第六集《大闹相府》1998年获法国巴黎首届华语影视片"雄狮奖"。1996年评为一级编剧。著有纪实文学《躁动的中国牛——上海早期股市纪实》。

徐景新(1943年9月—)

籍贯上海。1966年毕业于上海音乐学院理论作曲系,大学学历。1967年进上海电影制片厂音乐创作室任作曲。1978年起任上海音乐学院作曲指挥系客席教师、副教授。1988年进上海电影乐团(上海广播交响乐团前身)任团长。作曲电影《她俩和他俩》《苦恼人的笑》1979年获文化部优秀影片奖。民族器乐合奏《飞天》《大江东去》分获全国第三届音乐作品评奖二等奖、三等奖。作曲电影《秋收起义》获第十一届"上海之春"创作演出奖。作曲电影《日出》1985年获文化部优秀影片奖。创作的歌曲《妈妈留给我一首歌》1985年获"当代青年喜爱的歌"奖。作曲电视剧《大树底下》1988年获中国电视剧飞天奖。交响音乐《布达拉宫》获第十二届"上海之春"创作二等奖。民族器乐合奏《舞乐》获第十二届"上海之春"创作三等奖、首届上海文学艺术奖音乐创作奖。任中国电影音乐学会常务理事。1988年评为一级作曲。

富 敏(1943年12月—)

女,籍贯北京。1963年毕业于上海电影专科学校表演系,大专学历。1977年进上海电视台,历任编辑、导演、少儿科副科长、电视剧制作中心第三创作集体制片人。1995年评为一级导演,同年起获国务院特殊津贴。导演的儿童电视剧《好好叔叔》《小不点儿》《插班生》分获第一届、第二届、第四届中国电视剧飞天奖儿童剧一等奖。导演的儿童电视剧《窗台上的脚印》获第十七届保加利亚普罗夫迪金匣子奖、第五届中国电视剧飞天奖儿童剧一等奖。导演的电视剧《穷街》获第三届世界电视节札幌纪念奖。合作导演、制片的电视剧《十六岁的花季》1990年获第十届中国电视剧飞天奖儿童剧二等奖、全国少年儿童题材片金童奖、上海文学艺术优秀成果奖。担任制片人的电视剧《天梦》获第十二届中国电视剧飞天奖中篇一等奖、精神文明建设"五个一工程"奖。1987年评为上海市三八红旗手。1997年获"全国十佳女导演"称号。2002年评为全国百佳电视艺术工作者。

李　莉(1944年1月—　)

女,籍贯北京。1969年毕业于中央戏剧学院导演系,大学学历。1973年进上海电视台,历任导演、制片人。1992年评为一级导演。执导的电视艺术片《晴雯》获第一届飞天奖。执导的电视剧《家风》获第一届金鹰奖、第三届飞天奖。执导的电视连续剧《家·春·秋》获第七届金鹰奖。执导的电视连续剧《杨乃武与小白菜》《上海一家人》分获第十一届、第十二届飞天奖。1991年获全国电视飞天奖优秀导演提名奖。1992年获国务院颁发的文化艺术事业突出贡献证书、国务院特殊津贴。1993年获上海广播电视奖优秀导演奖。1995年获"全国十佳女导演"称号。2000年获"中国双百佳电视艺术工作者"称号。

余雪莉(1944年1月—　)

女,籍贯浙江鄞县。1969年毕业于上海戏剧学院文学系,大学学历。1970年参加工作(上海戏剧学院留校),1973年进上海人民广播电台,先后在新闻部、少儿部、文学部、戏曲部任编辑、副科长。1982年起任文艺频率评弹节目《广播书场》栏目编辑,1995年起任《星期书会》栏目编辑。1998年评为一级编辑。著有论文《评弹名人录:朱雪琴的艺术生涯》《评弹与上海广播》等,编辑出版弹词名家作品《杨乃武·密室相会》《中国音像大百科〈苏州弹词系列〉》《王佐断臂》录音磁带十余盒。

陈乾年(1944年5月—　)

籍贯浙江宁波。1987年毕业于北京广播学院新闻采编专业,大专学历。1962年参军。1968年进上海人民广播电台,历任编辑部记者、对外科科长、经济节目编辑室主任。1992年起历任上海市广播电视局总编室副主任、主任。1998年起历任上海人民广播电台副台长、上海市文化广播影视管理局副巡视员、东方广播电台常务副台长(主持工作)、上海文广新闻传媒集团副总裁。1983年合作采制的录音报道《上海成功地进行一次大规模的控制爆破》获首届全国优秀广电节目一等奖、第四届全国好新闻作品奖。论文《上海广播电视发展及未来》获1994年全国广播电视学刊优秀论文一等奖。《从点状结构逐步向网状结构转变》获第四届上海新闻论文一等奖、第八届中国广播电视学刊论文评比一等奖。1996年评为高级编辑。2001年获全国十佳广播电视理论工作者称号。兼任第四届上海市新闻学会副会长、第三届上海市广播电视学会常务副会长、中广学会(华东地区)上海学术研究基地主任。著有《跋涉与求索》《攀援》《碧海闻涛》。

赵　凯(1944年5月—　)

籍贯江苏无锡。1967年毕业于复旦大学新闻系,大学学历。毕业后进青海日报社工作,先后任校对、记者、编辑、编报室主任、经济部主任。1991年起历任上海人民广播电台副台长、上海东方广播电台党总支书记、上海市广播电视局副局长。1994年评为高级编辑。1995年起任上海市广播电影电视局副局长,1997年起任上海市广播电影电视局党委书记。1998年任解放日报社党委副书记、总编辑。2000年起获国务院特殊津贴。2000年任文汇新民联合报业集团党委书记、社长。2004年受聘为复旦大学新闻学院院长、教授、博士生导师。策划创办上海电台《市民与社会》节目、上海有线电视台《小小看新闻》等栏目。参与策划、监制的节目多次获奖。其中,电视报道《外滩,悄然崛起的上海金融街》获中国新闻奖一等奖;广播直播访谈节目《邀请美国总统做嘉宾》获中国新闻奖二等奖。论文《对上海广播电视事业发展思路和管理模式的探索》获1999年度中国新闻奖新闻论文一等奖,《党报如何迎接新世纪的挑战》获2001年度中国新闻奖论文二等奖。中共上海市第七届委员会候补委员、委员。上海市第十二届人大常委会委员、教科文卫委员会委员。兼任上海市社联副主席、第五届上海市记协副主席、上海市新闻学会副会长、中国记协常务理事、中国新闻教育学会副会长。

王幼涛(1944年6月—)

籍贯浙江绍兴。1967年毕业于上海师范学院中文系,大学学历。1981年进上海人民广播电台,历任新闻部副主任、总编室主任、新闻台总监、台副总编辑。2002年起任上海文广新闻传媒集团总编室监听监视组组长。合作制作的新闻《下岗厂长的新选择》1996年获中国广播电视奖一等奖。合作制作的新闻《交流凝结同胞情——谢晋、李行影展侧记》获1999年度中国广播电视新闻奖一等奖。合作制作的新闻《东西部手拉手——甘肃篇》获2000年度中国广播电视新闻奖二等奖。1999年评为高级编辑。

叶志康(1944年8月—)

籍贯浙江绍兴。1966年毕业于上海戏剧学院表演系,大学学历。1968年起,先后担任中央广播文工团电视剧团演员,武汉军区文工团话剧团演员;上海电影制片厂演员剧团演员、副团长、党支部书记。1985年起历任上海电影总公司总经理助理、办公室主任;上海市电影局局长助理兼发行放映处处长。1991年起历任上海市广播电视局局长助理、副局长;局长兼总编辑。1995年起历任上海市广播电影电视局党委副书记、局长、总编辑,上海市文化广播影视管理局党委副书记、局长;上海文化广播影视集团总裁、党委书记。1999年评为一级导演。中共上海市第八次党代会代表、上海市第十一届、第十二届人大代表。在上海文广影视系统担任领导期间,主抓东方明珠广播电视塔、国际会议中心等重大建设项目;参与策划东方明珠(集团)股份公司成立和股票上市;坚持正确舆论导向,抓好影视创作,领导文艺院团深化体制机制改革,落实"一团一案",推动事业和产业的发展。兼任东方明珠(集团)股份公司监事长、第二、三届上海市广播电视学会会长、第三届上海电视艺术家协会主席、第六届中国记协副主席、上海大学特邀教授。

尤纪泰(1944年9月—)

籍贯江苏扬州。1986年毕业于南京大学中文系,大专学历。1961年参军,1966年起任中国人民解放军60军政治部文化处干事。1971年起历任南京军区宣传部、文化部干事,副处长,处长。1986年任南京军区军人俱乐部主任兼党委书记。1990年任解放军"海峡之声"广播电台总编辑。1992年转业进上海人民广播电台任副台长。1993年参与策划、承办第四届上海国际广播音乐节,任组委会副秘书长和开幕式晚会总指挥。1994年起历任上海东方广播电台党总支书记,党委书记。领导组织全台加强精神文明建设,1998年获"上海市精神文明建设优秀组织者"称号。2000年起历任上海电影制片厂党委副书记(主持工作)、上海电影(集团)公司党委书记。2003年任东方新闻网站党委副书记。1997年评为高级政工师。中共上海市第八次代表大会代表。兼任上海互联网公共上网服务行业协会副会长。

张韵华(1944年9月—)

女,籍贯上海。1967年毕业于上海戏剧学院导演系话剧导演专业,大学学历。1972年进上海淮剧团任导演。1978年进上海电视台,历任文艺部导演、戏曲电视剧导演、电视剧制作中心导演、永乐影视（集团）有限公司导演。执导的电视剧获奖作品有：《潘月樵传奇》获1991年度全国戏曲电视剧评选一等奖，《珍珠衫传奇》《秦淮烟云》分获第六、第七届全国戏曲电视剧评选三等奖。《传孙楼》1993年获浙江省优秀电视剧剧目奖。《东方小故事》1995年获市委宣传部颁发的优秀导演奖。1998年评为一级导演。

汤渭达（1944年12月— ）

籍贯浙江绍兴。1987年毕业于北京广播学院新闻专业，大专学历。1969年进上海电视台，历任记者、编辑、经济新闻科科长，新闻部副主任兼党支部书记，对外部主任兼党支部书记，上海电视台二台党总支书记、副台长，国际部主任。1993年起任东上海国际文化影视有限公司执行董事、常务副总经理。1998年起历任上海卫星电视中心常务副主任、副总编辑。2003年任正大综艺电视制作有限公司董事长。编辑制作的报道《上海南京路一条街学雷锋》1980年获中国广播电视奖新闻一等奖。任中方导演合拍的大型纪录片《当代中国》1998年获美国电视大奖泰勒奖纪录片奖。1999年评为高级编辑。

张佩琍（1944年12月— ）

女，曾用名"张佩利"，籍贯浙江定海。1968年毕业于上海戏剧学院戏剧文学系，大学学历。1972年进上海电视台，历任编辑、导演、综合节目科科长、文艺部副主任、文艺节目中心副主任。1998年评为一级导演。任总导演、制片人的电视剧获奖作品有：淮剧电视剧《金龙与蜉蝣》获第十一届全国戏曲电视剧特等奖及八项单项奖、第十六届中国电视剧飞天奖二等奖；昆剧电视剧《牡丹亭》获第十五届中国电视金鹰奖优秀戏曲片奖；昆剧电视剧《司马相如》获第十六届中国电视金鹰奖优秀戏曲奖、第十八届中国电视剧飞天奖一等奖；京剧电视连续剧《狸猫换太子》获第十七届中国电视金鹰奖优秀戏曲片奖。任总导演的"第一届越女争锋——越剧青年演员电视挑战赛"获第二十届中国电视文艺星光奖一等奖。2008年获市委宣传部授予的上海文艺创作优秀单项成果奖。

李保顺（1945年1月— ）

籍贯江苏丹阳。1986年毕业于空军政治学院政治工作专业，大专学历。1961年参军，历任团政治处主任、空军政治学院党史研究室教员、学员队政委。1987年参加撰写的《党组织和党员在社会主义精神文明建设中的责任》一文经《解放军报》刊登后，被解放军总政治部评为军队院校政治理论研究三等奖。曾参加空军政治部组织的空军党员教育大纲编写。1988年起历任上海市广播电视局办公室副主任、主任，局党委副书记兼纪委书记、局副总编辑。1994年评为高级政工师。1995年起任上海市广播电影电视局党委副书记、纪委书记兼上海永乐影视（集团）公司党委书记。2000年任上海市文化广播影视管理局党委副书记。2001年任上海文化广播影视集团党委副书记。在集团党委的领导下，在加强党员教育、推进精神文明建设、加强党风廉政建设、加强人力资源开发、建立培训制度和激励机制等方面探索创新、做了大量实际工作。

吴谷平（1945年3月— ）

籍贯浙江鄞县。1967年毕业于复旦大学新闻系，大学学历。1981年进湖南日报社，历任记者、编辑、报道部副主任、经济报道部主任、编委兼总编室主任、要闻部主任。1991年进解放日报社，历任夜班编辑部副主任、主任，副总编辑。1998年起历任《新闻报》第二总编辑、党委书记兼总编辑。2000年参与筹建东方网，任东方网股份有限公司董事长。2001年起任文汇新民联合报业集团党委委员、文汇报党委书记兼副总编、集团系列报刊党委书记。2007年参与创办上海影像网。1996年评为高级编辑。与人合作的《解放日报》版面《香港今回祖国怀抱》获1997年中国新闻奖报纸版面银奖。2002年获国务院特殊津贴。著有《自己的嫁衣——吴谷平新闻作品选》《吾爱吾友　吾爱吾土》,主编《聚集》《一年间》。第十二届上海市人大代表。曾任上海国际关系学会副会长。

邱　悦(1945年3月—　)

女,籍贯上海。1968年毕业于上海音乐学院作曲系,大学学历。1973年进上海科教电影制片厂任影视作曲。1995年"影视合流",进上海东方电视台任音乐编辑。1996年评为一级作曲。作曲的获奖作品有:旅游片《浙江山水情》《唯中国独有》分获法国塔布第二十届国际旅游电影节最佳音乐奖、法国塔布第二十二届国际旅游电影节银比雷娜奖;科教片《高山植物》获第十届南斯拉夫贝尔格莱德国际科技电影节金质奖;《大地的奇葩》获荷兰第四十届国际科学电影节荣誉奖;科教片《蜜蜂王国》《脑海》《果实蝇》分获第二届、第十届、第十五届中国电影"金鸡奖"最佳科教片奖;作曲的美术片《大头儿子和小头爸爸》获第十六届中国电视金鹰奖最佳美术片奖。

经一平(1945年7月—　)

籍贯浙江上虞。1968年毕业于哈尔滨军事工程学院海军工程系水声换能器专业,大学学历。1981年获工学硕士学位。1992年进上海市广播电视局,历任技术中心副主任、科技委副主任。1997—2002年参加上海市信息港建设,任上海市信息投资公司副总经理。1999年评为高级工程师(教授级)。负责建成广电局跨三地(北京东路大厦、上海电视台、东方电视台永安大厦)光纤为骨干局域网。作为组长参与建设"上海互联网络交换中心"项目,获2000年度"上海重大工程先进集体"称号。2003年"上海地区网络互联宽带交换平台"项目获上海市科技进步奖二等奖。担任主编的《电信实用技术大典——多媒体通信篇》获第十一届全国优秀科技图书奖三等奖。

王历来(1945年9月—　)

笔名"辛昶",籍贯浙江新昌。1968年毕业于复旦大学中文系,大学学历。1981年进上海人民广播电台,历任编辑、记者、戏曲科科长、文学戏剧部副主任。1992年起历任上海东方广播电台台长助理、总编室主任、副总编辑。2003年任第三届上海市广播电视学会常务副秘书长。曾筹划创建《星期戏曲广播会》《滑稽王小毛》《越剧之友》《沪剧之家》等品牌栏目。撰写制作的广播戏曲故事《雾中人》1989年获全国戏剧节目展评一等奖。1993年策划监制的直播专题节目《奉献一片爱心》获第三届中国新闻奖一等奖。1999年评为高级编辑。

高志仁(1945年11月—　)

播音名"高天",籍贯江苏启东。1968年毕业于空军气象学院海洋气象专业,大学学历。1992年进上海东方广播电台,历任节目主持人、编辑、监制、综合部副主任。2001年任上海东方广播发展公司总经理。参与编辑的现场直播节目《"我为东亚运作贡献"街头大讨论》获1993年度上海广播电视奖一等奖。参与编辑的新闻类直播谈话节目《扯皮不休,水源难清》获1998年度中国播音与主持作品奖一等奖。撰写并制作的理论节目《二十年大跨越》获1998年度上海广播电视奖广播社教类一等奖、1999年度中国广播电视奖理论节目三等奖。编辑的理论节目《共产党人的思想基石》获2001年度中国广播电视奖理论节目一等奖。论文《广播直播谈话节目为何长盛不衰》获第四届全国广播电视主持人节目优秀论文金笔奖二等奖。与他人合作编撰《犹太百科全书》。1998年评为高级编辑。

秦　臻(1945年11月—　)

曾用名"秦荣材",籍贯江苏扬中。1969年毕业于南京航空学院航空无线电系,大学学历。1969年进安徽省广播电视厅,历任科员、副处长、处长。1994年进上海市广播电视局任科技委副主任兼秘书长。1981年参与的项目"消除电视同频干扰技术"获中央广播事业局科技进步奖二等奖、安徽省科技进步奖二等奖。参与的项目"中波广播单频覆盖广播"1987年获安徽省广播电影电视厅科技进步奖二等奖。2001年评为高级工程师(教授级)。2008—2010年兼任上海市电影电视技术学会副理事长、秘书长。

申世原(1945年11月—　)

籍贯重庆。1967年毕业于上海戏剧学院舞台美术设计专业,大学学历。1972年进上海科学教育电影制片厂任美术设计师。1995年"影视合流",进上海东方电视台任美术设计师。担任美术设计的故事片《少年犯》1986年获大众电影百花奖。2001年进上海广电影视制作公司任美术设计师。担任美术设计的电视剧《叶剑英》获第五届精神文明建设"五个一工程"奖。1999年设计的"国庆50周年上海彩车——'金色航船'"获首都国庆总指挥部嘉奖、上海市政府嘉奖。2003年获中国第二届舞台美术展颁发的"优秀创作奖"和"从事舞美事业三十五年荣誉奖"。2005年评为一级美术设计师。

陈佩英(1946年1月—　)

女,主持名"小辰",籍贯江苏无锡。1985年毕业于上海电视大学中文专业,大专学历。1964年进上海电视台,历任播音员、主持人、编导、制片人。1998年评为一级导演。1994年创办的《智力大冲浪》连获第十一、十三、十四、十六、十七届中国电视文艺星光奖优秀栏目奖。1998年获首届"中国百佳电视艺术工作者"称号;1999年获中国广播电视学会颁发的全国优秀电视制片人称号。2001年起获国务院特殊津贴。

金闽珠(1946年3月—　)

女,籍贯浙江镇海。1998年毕业于中央党校函授学院政法专业,大学学历。1964年参加工作,历任上海人民广播电台播音员、上海市广播电视局团委书记、局党政办公室主任等职。1988年起历任上海市广播电视局党委委员、副局长,上海电视台党委书记兼台长,东上海国际文化影视有限公司董事长、总经理。1992年评为高级政工师。1998年任上海市广播电影电视局副局长。1999年任中共上海市委统战部副部长,上海海外联谊会副会长。1982年评为上海市妇女"六好积极分子",1989年获上海市优秀党务工作者、全国优秀党务工作者称号。中共上海市第六次代表大会代表,上海市第九届人民代表大会代表,政协上海市第十届常委、港澳台侨委员会主任。兼任第四届上海市新闻工作者协会副主席,市妇联九届执行委员,市播音专业高级职称评审委员会副主任,上海市慈善基金会副会长、秘书长。

陈东琪(1946年3月—　)

籍贯福建上杭。1970年毕业于清华大学动力机械系,大学学历。1970年起在贵州从江县山区农村劳动。1972年进贵州从江县农机修造厂工作。1974年进贵州省电力局机关工作。1976年进南通市建港指挥部任技术员。1978年进武汉军区政治部任干事。1978年起历任海军工程学院教员,海军装备论证中心标准规范研究室科技助理、政治干事、党支部副书记。1985年起历任上海文化艺术中心(筹)党支部书记、项目副经理、项目经理,上海文化广场实业公司党支部书记、总经理。2001年任上海市文化广播影视管理局副巡视员。1991年评为上海市宣传系统优秀共产党员。

娄有辙(1946年6月—　)

籍贯上海。1970年毕业于上海音乐学院钢琴系,大学学历。1986年进上海舞剧院乐团任指挥。1989年进上海芭蕾舞团乐队任指挥。1992年进上海电影乐团任指挥。1996年进上海广播交响乐团任指挥。2004年进上海爱乐乐团任指挥。2005年进上海音乐学院研究生部任硕士研究生导师。指挥录制的电影获奖作品有:《冰与火》获第十九届中国电影金鸡奖最佳音乐提名、中国电影华表奖评委会奖;《花儿怒放》获第十一届中国儿童电影"童牛奖";《暖冬》2002年获莫斯科电影节最佳侦探片奖;《我爱杰西卡》2003年获第十一届中国电影华表奖优秀电视电影奖。2005年评为一级指挥。

冯永祚(1946年7月—)

籍贯广东宝安。1965年毕业于上海音乐学院小提琴系,大专学历。同年进上海芭蕾舞团任乐队首席、队长。1983年与他人共同创办上海音乐家协会室内乐团,兼任室内乐演奏工作。1988年进上海交响乐团任演奏员。1993年进上海乐团任乐队二提首席、乐队副首席。1996年进上海广播交响乐团任演奏员。1986年组织并参加演奏《"莫扎特之夜"音乐会》获成功。兼任上海音协室内乐团理事会理事长。2001年评为一级演奏员。

张 欢(1946年7月—)

女,籍贯江苏常州。1964年毕业于上海中国福利会儿童艺术剧院学馆表演专业,中专学历。1988年进上海电视台译制部任配音演员兼导演。1992年起获国务院特殊津贴。1995年评为一级演员。1981年为上海电视台第一部译制片《姿三四郎》中的两位女主角配音。从1988年起担任《神探亨特》的主要配音。担任主要配音的电视剧《母系家族》《原罪》《叶卡捷琳娜女皇》分获第一届全国电影电视声音一等奖、第二届全国电影电视声音二等奖、第四届全国电影电视声音一等奖。担任主要配音的电视剧《烽火情缘》《成长的烦恼》分获第二届全国译制片一等奖、二等奖。担任译制导演的动画片《美女与野兽》1999年获中国儿童电影金牛奖。

徐瑞础(1946年7月—)

籍贯浙江诸暨。1964年毕业于上海管乐团,中专学历。1965年进上海管乐团任小号首席、铜管声部长。1969年进上海京剧院《海港》剧组任第一小号、铜管声部长。1979年进上海乐团任小号首席兼独奏演员。1989年进上海电影乐团任小号首席。1996年进上海广播交响乐团任小号演奏员。2004年进上海爱乐乐团任小号演奏员。1978年获上海市青年演员小号独奏优秀奖。1982年、1983年在上海音乐厅举办协奏曲专场独奏。先后参与演奏录制《巴山夜雨》《喜盈门》《城南旧事》等六七百部影视音乐作品。2005年评为一级演奏员。

梁晓庄(1946年9月—)

籍贯广东顺德。1969年毕业于上海师范学院中文系,大学学历。1970年分配到解放军12军连队锻炼。1971年12月进安徽日报社编辑部任编辑。1980年调入安徽电视台,先后任播出制作组组长,台宣传办公室主任。1985年起历任安徽电视台副台长、常务副台长。1987年评为主任编辑。1992年任安徽省广播电视厅纪检组长。1995年任安徽省广播电视厅副厅长,从事新闻和新闻管理工作。2000年调入上海市广播电影电视局,历任上海市广播电影电视局、上海市文化广播影视管理局副局长,分管广播影视的宣传、监测、科技、经营管理工作。曾兼任第二届安徽省广播电视学会副会长,第三届上海市广播电视学会副会长,上海市有线电视协会名誉会长,上海视觉艺术学院常务副校长、副校长。

赵文海(1946年11月—)

籍贯上海。1966年毕业于上海音乐学院附属中等音乐专科学校,高中学历。1966年进上海京剧团《海港》剧组任第一长笛演奏员、首席。1976年进上海京剧院担任第一长笛演奏员。1985年进上海电影乐团任第一长笛演奏员、管弦乐队队长。1996年进上海广播交响乐团任长笛演奏员。1965年评为上海市"五好工人"。先后录制《巴山夜雨》《喜盈门》《城南旧事》等六七百部影视音乐作品。2005年评为一级演奏员。

陈兆雄(1946年12月—)

籍贯江苏武进。1994年毕业于上海大学文学院电视节目制作专业,大专学历。1988年进上海电视台译制部,历任配音演员、导演。参与配音的译制片《最后的黑手党》《天堂里的金币》2000年分获中国广播电视学会译制片一、二等奖。2006年评为一级演员。

宋继昌(1946年12月—)

籍贯上海。1985年毕业于上海教育学院中国语言文学专业,大专学历。1973年进上海电视台,历任新闻编辑、纪录片导演、纪实频道首席导演。2004年评为高级编辑。2006年获第六届上海长江韬奋奖,同年被中国广播电视协会评为"真实中国"2005—2006年度纪录片最佳导演。历年创作的纪录片中,《摩梭人》获1988年上海电视节白玉兰城市奖;《茅岩河船夫》获1994年第五届上海电视节白玉兰最佳短纪录片奖、中国电视纪录片学术奖特别荣誉奖;《忠贞》获1998年上海广播电视奖一等奖;《逃亡上海》获2000年中国电视纪录片一等奖;《海上沉浮》获2003年上海广播电视奖电视社教一等奖;《唐山大地震》2008年获中国广播电视协会颁发的"改革开放30周年中国十大经典文献纪录片"。2006年起获国务院特殊津贴。

马博敏(1947年1月—)

女,籍贯江西景德镇。1966年毕业于上海戏曲学校,中专学历。同年进上海京剧院任演员。主演过穆桂英、萧太后、方海珍、阿庆嫂等数十个京剧旦角人物。1998年评为一级演员。1984年任上海京剧院院长,1991年任上海市文化局副局长兼首任上海戏曲舞蹈学院院长。1997年任上海市文化局局长,2000年任上海市文化广播影视管理局党委副书记、艺术总监。第九、十、十一届全国政协委员。曾获得上海市三八红旗手、三八红旗手标兵、全国三八红旗手荣誉称号。长期从事艺术管理及领导工作,紧抓创作,培养人才,引进尚长荣、陈薪伊、陈少云等高端人才,为上海文化繁荣发展做出贡献。曾组织创作诸多优秀作品,主要有:京剧《曹操与杨修》《狸猫换太子》《盘丝洞》,昆剧《司马相如》、《班昭》、《牡丹亭》(三本)、《景阳钟》,京昆合演《桃花扇》等。推动上海首届美术双年展、首届中国上海国际艺术节的创立。组织策划并担任艺术总监的有:第八届全国运动会大型文艺活动开幕式、2001年亚太经济合作组织上海会议的文艺晚会等。兼任中华文化促进会副主席、中国京剧基金会副理事长、上海市戏剧家协会副主席、上海市京昆艺术发展咨询委员会主任、周信芳艺术研究会会长。

王少云(1947年1月—)

籍贯浙江余姚。1992年毕业于英国威尔士大学新闻专业,研究生学历。1974年进上海人民广播电台任新闻编辑。1987年任每周广播电视报社副主编。1988年起历任上海电视台英语新闻科科长、国际部副主任、新闻中心编辑部副主任。1996年起历任上海市广播影视局总编室副主任、《广播电视研究》副主编,广电处副调研员、调研员。2002年评为高级编辑。论文《关于上海广播电视对外与涉外宣传的观察与思考》获第五届全国广播电视学刊优秀论文三等奖。调查报告《上海广播电视对少年儿童的影响》被收入《中国广播电视年鉴》。受国家广电总局委托,多次参加亚广联大会并担任评委。曾兼任中国广播电视学会学术委员会委员。

叶惠贤(1947年6月—)

籍贯湖北汉口。高中学历。2003年毕业于澳门科技大学商学院工商管理专业,工商管理硕士学位。1980年进上海电视台,历任上海广播电视艺术团演员、节目主持人、文艺部《今夜星辰》栏目组组长、特别节目部副主任、文艺节目中心副主任、大型活动部艺术指导。1992年评为一级演员。1988年评为全国十佳电视节目主持人。策划、编导、主持的《今夜星辰》1990年获中国电视文艺星光奖优秀栏目奖。1991年获全国广播电视节目主持人"开拓奖"金奖。1993年、1995年两度获全国广播电视节目主持人"金话筒"奖。1997年获全国广播电视节目主持人"金话筒"特别荣誉奖。论文《中国广播电视主持人管理研究》2004年获中国广播电视主持人节目优秀论文"金笔奖"。2006年获中国电视主持人"25年25星"奖。2008年获中国电视"50年50人"奖。2009年获中国电视主持人"60年60人"奖。2010年获上海"慈善之星"称号。全国政协第八、九、十届委员,第十一届全国人大代表。著有《荧屏瞬间》《今夜星辰》。

蒋琪芳(1947年6月—)

女,籍贯江苏无锡。1986年毕业于上海电视大学医学专业,大专学历。1974年起先后任上海前卫农场职工医院医生、院长、党支部书记。1987年起历任上海录像公司办公室主任、经理,上海有线电视台党委副书记、副台长、党委书记。1999年评为高级政工师。2001年起历任上海文化广播影视集团党委副书记,上海市文化广播影视管理局巡视员。1984年、1986年分别获上海市三八红旗手。获2004—2005年度上海市心系女职工好领导称号。

范惠凤(1947年8月—)

女,播音名"范蓉",籍贯上海崇明。1983年毕业于上海教育学院中文专业,大专学历。1968年进上海人民广播电台任播音员。1988年起先后主持上海人民广播电台《范蓉时间》《人到中年》《温馨家园》节目。1998年评为播音指导。播音作品《扔掉算命棍,勤劳造乾坤》获全国第十届优秀播音与主持作品一等奖。论文《试论播音创作主、客体的融合》获全国第九届优秀播音主持论文一等奖。论文《也谈播音员和节目主持人的对象感问题》获中国广播电视学会播音学研究委员会第七届优秀论文一等奖。著有《在范蓉时间里》。

张 尧(1947年11月—)

籍贯江苏太仓。1982年毕业于上海科技大学无线电系信息工程专业,大学学历。1982年进上海广播事业局,历任上海人民广播电台技术部微波传送科副科长、局科技委员会委员,曾负责评审局内科技进步项目。1998年参与建设的上海市广播电视卫星地球站项目获2000年度上海市科技进步奖二等奖。2005年评为高级工程师(教授级)。曾兼任《世界广播电视》杂志特约记者。

唐书林(1947年12月—)

籍贯江苏苏州。1984年毕业于上海教育学院中文专业,大学学历。1982年进上海电视台,历任记者、编辑、《新闻透视》专栏负责人,台总编室副主任,市广电局总编室副主任,上海有线电视台副台长兼副总编辑。2000年起历任每周广播电视报社总编辑、党总支书记。采制的20多个电视节目分获全国、上海市优秀作品奖。其中,合作担任总撰稿的理论文献片《共和国之魂》获第七届精神文明建设"五个一工程"奖。在《中国广播电视学刊》等省级以上期刊发表论文27篇,论文《广电报功能的拓展与优化》获2000年全国广播电视报刊论文评选一等奖。在新闻采编和媒体宣传管理中,重视规范使用国家通用语言文字,1992年被评为全国语言文字工作先进工作者。2001年获全国百优广播电视理论工作者称号。2010年获上海市大众科学奖。1999年评为高级编辑。曾兼任上海市语言文字工作者协会副会长、上海科技传播学会副理事长。

邱洁宇(1948年1月—)

女,籍贯广东南雄。1987年毕业于北京广播学院新闻采编专业,大专学历。1981年进上海人民广播电台,历任新闻记者、编辑、新闻部主任、副台长、副总编。2002年起任上海文广新闻传媒集团总裁助理。2005年起任上海文化广播影视集团院团管理部艺术指导。1999年评为高级编辑。策划、监制的专题节目《一衣带水 空中彩桥》《等待升旗》先后获1993年、1997年上海广播电视奖特别奖。策划、监制的广播剧《热血男儿》《凝聚》《嫁给了公家人》分获 1997 年、1999 年、2001 年精神文明建设"五个一工程"奖。策划、监制的广播剧《走进罗布泊》1997 年获中国广播剧奖一等奖。策划、监制的音乐专题节目《东方之珠——从通俗歌曲到交响作品》1997 年获中国广播奖文艺二等奖、上海广播电视奖一等奖。策划、监制的专题《网上广播 虎年贺岁》1998 年获上海广播电视奖二等奖。策划、编审的新闻报道《毛毛访谈录》2001 年获上海广播电视奖一等奖。主编《凝聚》一书。

孙重亮(1948 年 1 月—)

籍贯浙江镇海。1990 年毕业于空军政治学院政工专业,大专学历。1970 年进广州军区空军政治部文工团,任演员队长、导演。1982 年进上海电视台,历任演员剧团副团长、演员、电视剧制作中心译制部主任、文艺中心主任、台党委副书记兼纪委书记、上海电视台党政办公室主任、副台长、上海正大综艺电视制作公司董事长。2001 年任上海京剧院院长、党委书记。2007 年任上海京昆艺术中心总裁、党委书记。1998 年评为一级导演。执导译制的美国连续剧《根》在首届全国译制片研究会评比中获一等奖。策划改编的京剧《王子复仇记》在英国爱丁堡国际艺术节中获"先驱天使奖",获文化部"优秀文化出口产品项目奖"。主持出品的京剧电影《廉吏于成龙》获 2009 年度华表奖和金鸡奖。撰写的论文《戏歌的审美效应及社会功能》获全国第四届中国戏曲音乐年会论文奖。2005 年获"全国文化系统先进工作者"称号。

毛时安(1948 年 2 月—)

籍贯浙江宁波。1982 年毕业于华东师大中文系,大学学历。1968 年参加工作,历任《上海文论》副主编,上海社会科学院文学研究所编辑室主任。1997 年任上海市文化局艺术研究所所长兼上海市艺术创作中心主任。1997 年评为研究员。2000 年任上海市文广局副巡视员。负责"重写文学史"专栏编辑,组织巴金纪念活动及王安忆等作品研讨会。参与组织上海多项重大文艺创作策划、研讨,在中央和地方媒体发表有关上海文艺的大量评论。2001 年为赵化南、赵耀民、罗怀臻 3 人主编个人剧作选。2009 年任音乐舞蹈史诗《复兴之路》宣传部主任,主编《复兴之路》图文集。著有《毛时安文集》(四卷)。曾获首届上海文学作品奖、首届上海文学艺术奖、全国中青年美学优秀成果奖、第五届中国文联文艺评论一等奖。第十届上海市政协委员、第十一届上海市政协常委。兼任上海市作家协会副秘书长。

贺锡廉(1948 年 2 月—)

籍贯湖北大梧。1998 年毕业于华东师范大学中国语言文学专业(自考),大学学历。1968 年参加工作。1984 年进上海人民广播电台,历任节目编辑、专题科发稿编辑、节目组长、经济中心副总监兼党支部书记、经济频率总监兼党支部书记、经济部主任兼党支部书记、台总编室主任兼党支部书记。2002 年起先后任上海文化广播影视集团《广播电视研究》期刊执行副主编、副主编。采制的节目《高高扬起发明的风帆》获 1997 年中国广播奖科技社教一等奖。《通往宇宙之路》获 1990 年全国科普广播奖一等奖,《古树新蕾话针灸》获 1992 年上海广播电视奖一等奖。2002 年评为高级编辑。著有《试论广播电视》(论文集)等。曾兼任上海市科普作家协会副理事长、上海市新闻高级职称评议专家组成员。

史美俊(1948 年 5 月—)

籍贯浙江鄞县。1995 年毕业于上海大学文化管理专业,大专学历。1994 年进东方广播电台,历任综合部编辑、副主任、主任,上海文广新闻传媒集团广播新闻中心节目监制、首席编辑。2005 年评为一级编剧。合作编剧的广播剧《火车在黎明时到达》获中国广播电视学会授予的第一届广播剧奖一等奖。编剧的儿童剧《爱的太阳》1991年获全国少儿戏剧大赛最佳编剧奖。合作编剧的电视剧《大潮汐》1993年获第四届精神文明建设"五个一工程"奖、飞天奖长篇一等奖。著有《经纬线——史美俊文学作品选》。

任丹生(1948年7月—　)

女,曾用名"任安生",籍贯辽宁丹东。1986年毕业于沈阳音乐学院作曲系戏曲作曲专业,大专学历。1993年起在上海有线电视台、上海东方广播电台、上海东方电视台任编导、大型文艺晚会音乐总监。撰稿作曲的音乐专题《丰收果里共甘甜》1988年获全国广播电台文艺广播特别奖。编曲的戏歌《十五的月亮》1996年获中国音乐家协会全国中华戏曲新歌大赛创作一等奖。作曲、导演的音乐电视《风筝》获中国广播电视学会第四届百家城市电视台文艺节目金奖。编导的音乐专题片《上海之子——陈歌辛》获第五届百家城市电视台文艺节目金奖。2003年评为一级作曲。出版戏歌盒带专辑《京调都爱唱》,著有《怎么偏偏爱上你:任丹生歌曲创作集》。

桂兴华(1948年8月—　)

籍贯浙江宁波。1986年毕业于上海电视大学中文专业,大专学历。历任《上海文化报》副刊部副主任,《开放月刊》总编室主任,上海东方广播电台桂兴华工作室创作总监。2004年进每周广播电视报社总编室工作。1991年加入中国作家协会,任中国散文诗研究会副会长。创作长诗《跨世纪的毛泽东》和《邓小平之歌》,并策划了一系列由上海广播电视台转播的大型朗诵音乐会,担任总撰稿。担任总撰稿的《中国魂》朗诵获2009年中国广播文艺一等奖。著作《激情大时代》2007年获共青团中央颁发的"五个一工程"奖。2007年评为一级编剧。

王琮祺(1948年8月—　)

籍贯浙江杭州。1985年上海电视大学中文专业毕业,大专学历。1984年进上海电视台,历任文艺部导演、专题科副科长、音舞科科长、文艺部副主任、上海电视台八频道总监、文艺中心主任。合作导演的1988年春节晚会《三星拱照贺新春》获1989年度中国电视文艺星光奖二等奖。导演的音乐电视组歌《和平·母亲》1995年获全国省级电视台大赛组委会"第七届中国音乐电视大会串"金奖。合作导演的《1997年华东春节文艺晚会》获1997年度中国电视文艺星光奖三等奖。导演的音乐电视《祖国歌》1998年获中国电视文艺星光奖三等奖。2005年评为一级导演。

翟志荣(1948年9月—　)

籍贯上海。1982年毕业于上海科学技术大学物理系理论物理专业,大学学历。同年参加《中国大百科全书》编辑工作,1988年进上海电视台任编导。1992年进上海东方电视台,历任编导、栏目主编、制片人。担任主编、撰稿的电视理论栏目《发展》获中共中央组织部颁发的1999年度优秀栏目奖。编导的电视专题片《新地名的诞生》获2000年度上海广播电视奖一等奖。编导的大型系列专题片《浦东十年》2001年获第八届精神文明建设"五个一工程"奖。2004年评为第三届上海十佳电视艺术工作者。2004年评为高级编辑。

邹元祥(1948年10月—　)

籍贯安徽霍山。1977年毕业于上海交通大学电子工程系雷达专业,大学普通班学历。1987年进上海市广播科学研究所工作。1996年起任上海市广播科学研究所所长。1999—2003年兼任上海市广播电影电视局、上海市文化广播影视管理局技术中心副主任、党委副书记。2003年起任上海文广科技发展有限公司总经理、党委副书记。合作完成的《2×10—30千瓦波导型分米波电视双器》项目获1995年度国家科技进步奖三等奖。合作完成的《1—3千瓦调频天线五工器》获1995年度上海市科技进步奖二等奖。2001年评为高级工程师(教授级)。1998年起获国务院特殊津贴。

张景岳(1948 年 12 月—　)

籍贯上海。1986 年毕业于华东师范大学历史系中国近现代史专业,研究生学历。1995 年进上海音像资料馆,从事历史资料的采集整理与研究开发工作。1996—1998 年为上海电视台海外中心策划编撰百集系列片《世纪回眸》。2002 年评为研究馆员。2007 年在传媒集团新闻综合频道《新闻夜线》栏目开设《城市发现"岳"读上海》板块。策划、撰稿并提供资料的电视节目《苏州河》获 2002 年中国电视纪录片学术奖系列片二等奖、1987—2007 年中国文献纪录片优秀作品奖。2005 年被中国广播电视协会评为"十佳"信息资料工作者。

郑可壮(1948 年 12 月—　)

籍贯浙江宁波。1982 年毕业于华东师范大学中文系,大专学历。1980 年进上海人民广播电台任农村部记者。同年进每周广播电视报社,历任记者、编辑部副主任。1987 年进上海电视台任编导。1992 年进东方电视台,历任综艺节目导演、制片人,创办电视游戏栏目《快乐大转盘》。执导的东方电视台春节晚会《龙年闹龙宫》《生命放飞——第五届全国残运会开幕式文艺晚会》2000 年获中国电视文艺星光奖。执导的《第十一届中国金鸡百花电影节开幕式文艺晚会》《中国精粹——第三届上海国际艺术节开幕式文艺晚会》2003 年分获中国电视文艺星光奖、中国电视金鹰奖提名。1995—1996 年兼任上海电视艺术家协会秘书长。2002 年评为一级导演。

李瑞祥(1949 年 1 月—　)

籍贯福建晋江。1995 年毕业于中央党校函授学院经济管理专业,大专学历。1969 年参军,历任战士、航海长、舰副政委、宣传干事、副科长、副处长、处长。1993 年转业进上海有线电视台任党总支副书记。1996 年评为高级政工师。1997 年任中共上海市委宣传部干部处处长。2000 年任上海东方广播电台党委书记。2001 年任上海文广新闻传媒集团纪委书记。2004 年任文汇新民联合报业集团党委副书记、纪委书记。上海市第七届人民代表大会代表。

余永锦(1949 年 2 月—　)

籍贯浙江绍兴。1986 年毕业于北京广播学院新闻系编采专业,大专学历。1973 年进上海电视台,历任新闻记者、专题科科长、《纪录片编辑室》等栏目制片人、特别节目制片人。与人合作拍摄的纪录片《摩梭人》获 1988 年上海电视节白玉兰奖上海城市奖。拍摄的纪录片《呼唤》获 1991 年度全国电视对外宣传优秀节目专题一等奖。拍摄的纪录片《十五岁的初中生》获 1992 年度全国优秀电视社教节目一等奖。拍摄的纪录片《逃亡上海》2001 年获中国电视纪录片学术奖长篇一等奖、中国"对外电视节目奖"中文专题一等奖。编导的纪录片《苏州河》2003 年获中国电视纪录片学术奖系列片二等奖、1987—2007 年中国文献纪录片优秀作品奖。1982 年获上海市劳动模范称号。1991 年获全国广播电影电视系统劳动模范称号。2004 年评为第五届上海十佳新闻工作者。2004 年评为高级记者。

马克申(1949 年 5 月—　)

籍贯天津。1989 年毕业于北京广播学院电视系电视导演专业,大专学历。1984 年进上海电视台,历任编导、导演、副科长、栏目制片人。合作制作的大型晚会《上海'95 中国民族风——56 个民族音乐舞蹈邀请展演》《华东交响诗》分获第九届中国电视文艺星光奖电视歌舞类特别奖、第十四届中国电视文艺星光奖二等奖。与人合作制作的大型晚会《七彩畅想》《彩虹里的星星》同获第二届全国少儿音乐舞蹈大赛电视晚会节目类金奖。与他人合作编导的越剧戏曲电视剧《蝴蝶梦》获 2003 年度中国电视戏曲"兰花奖"电视剧奖一等奖。参与制作的《百姓戏台》栏目获 2004 年度中国电视戏曲节目"兰花奖"优秀栏目奖。2005 年评为一级导演。

裴　高(1949 年 5 月—　　)

籍贯江苏建湖。1982 年毕业于复旦大学中文系文学专业,大学学历。1982 年进上海电视台,历任记者、编辑、责任编辑、策划。合作采制的新闻报道《黄浦江上游引水一期工程通水》1987 年获全国好新闻二等奖、全国优秀电视新闻特等奖。合作采制的新闻报道《上海港连续六年突破亿吨大关》获 1989 年度全国优秀电视新闻一等奖。合作采制的新闻专题《东进序曲》获第十届上海新闻奖特别奖。1988—1994 年连续 7 年获"上海市重大工程实事项目立功竞赛活动市级先进个人"称号。2003 年评为高级编辑。曾任中共上海市委宣传部新闻阅评督查组专职阅评员。著有通讯报告文学散文集《上海:时空变奏》《城市情感》、诗集《蓝色时期》《绿色盈盈的太阳》和五角丛书《收藏历史的人》。

徐　荐(1949 年 6 月—　　)

籍贯上海。1978 年毕业于上海音乐学院音乐理论专业,大学学历。同年进上海电视台,历任记者、编导、策划人。1995 年兼任中央电视台《神州风采》周末版特邀责任编辑。主创的获奖电视作品有:《"吹牛大王"朱墨钧》获第十三届大阪国际艺术节佳作奖。电视诗歌散文《天安门礼赞》获第二届全国电视诗歌散文展播特别奖。纪录片《汤氏人家》获中国广播电视新闻奖电视社教节目奖特别奖。风情片《椰风海韵》获第三届中国电视文艺星光奖二等奖。担任主要策划人的活动和相关节目有:"华夏一奇"海内外艺术短片展播赛(连续三届);中国纪录片新走势展示赛、上海 2000 羽"飞翔的文成公主——白鸽使者"落户西藏布达拉宫广场活动和电视节目。1991 年评为上海市优秀新闻工作者。2005 年评为一级编辑。著有《跨越——兼论从电视专题到人民日报特稿》《电视节目创意、策划与制作》《超越——带着学生拍 DV 作品》等。

毕志光(1949 年 7 月—　　)

籍贯浙江鄞县。1984 年毕业于上海市南市区业余大学,大专学历。1992 年进上海人民广播电台任音乐编辑。主创的专题音乐节目《神州采风》获第四届上海国际广播音乐节"金编钟"奖。主创的专题音乐节目《一朵极美丽的古代花朵》获第五届上海国际广播音乐节"金编钟"奖。主创的专题音乐节目《龙吟》获第七届上海国际广播音乐节"金编钟"奖。主创的专题音乐节目《大漠日出》获 2001 年上海之春国际音乐节"评委特别奖"。2001 年上海人民广播电台举办"毕志光广播音乐节目研讨会"。2002 年获第四届"上海十佳新闻工作者"称号。2007 年评为一级编辑。

张　锋(1949 年 7 月—　　)

曾用名"张金书",籍贯陕西眉县。1990 年毕业于空军政治学院军队政治工作专业,大专学历。1982 年进上海电视台,历任电视剧制作中心制片主任、中心副主任、译制部主任等。担任制片主任、总制片人期间拍摄了《秋雪湖之恋》《儿女们》《76 号魔窟》《天梦》《上海人在东京》等 10 多部电视剧。担任制片主任的电视剧《天梦》获 1992 年度电视剧飞天奖一等奖、精神文明建设"五个一工程"奖。2008 年评为一级演员。

王捷南(1949 年 8 月—　　)

籍贯山东莱阳。1982 年上海师范大学中文系毕业,大学学历。同年进文汇报社教育卫生部任记者。1983 年起任文汇报社驻京记者,1992 年起任文汇报社北京办事处主任。1996 年起任文汇报社国内记者部主任。2001 年起任文汇报社教育卫生部主任。2004 年调至上海《新闻午报》任社长、总编辑。采写的通讯《小平,您好》获第二届上海新闻奖一等奖。担任编辑的《一场"自由恋爱"活了两家企业》获 1992 年度中国新闻奖二等奖。任文汇报教育卫生部主任期间,组织策划了 2003 年抗击非典的系列报道。2004 年评为高级编辑。

袁家福(1949年8月—)

籍贯浙江宁波。1986年毕业于复旦大学马列基础理论专业专修科,大专学历。1992年进上海东方广播电台,历任新闻记者、栏目主持人,2006年起任上海文广新闻传媒集团广播新闻中心采访部主任。制作的《792为您解忧》系列报道1995年获中国广播奖新闻二等奖、上海新闻奖一等奖。1995年获上海市劳动模范称号。1998年获上海市社会主义精神文明建设"十佳好事"称号。2000年获全国劳动模范称号。2006年获上海长江韬奋新闻奖。2008年评为高级记者。

陈振良(1949年10月—)

籍贯上海。1989年毕业于复旦大学新闻学专业,大专学历。1973年进上海电视台,历任灯光科副科长、科长,设计科科长、上海广电影视制作有限公司灯光总设计师、灯光设计艺术总监。担任灯光设计的《欢乐大世界》获1995年度中国广播电视学会首届电视灯光一等奖。担任灯光设计的《中国人唱外国歌》2004年获中国电影电视技术学会电视晚会灯光设计工程奖三等奖。担任灯光设计的《中国十佳劳伦斯冠军颁奖典礼》《第十届上海电视节白玉兰颁奖典礼暨闭幕式》分获2005年度中国电影电视技术学会电视晚会灯光设计工程奖二等奖、三等奖。2005年评为一级美术设计。著有《电视照明》。

张德明(1949年10月—)

籍贯上海。1976年毕业于复旦大学中文系创作专业,大学普通班学历。1984年起历任复旦大学党委办公室副主任、学生工作部部长、校长助理兼办公室主任、复旦大学出版社社长。1994年任上海教育电视台台长。2000年起兼任上海远程教育集团党委书记、主任,上海电视大学党委书记、校长。1995年评为教授。1988—2006年间先后被评为上海市优秀教育工作者、全国优秀教育工作者、上海市高校优秀政治思想工作者、上海职业教育先进工作者。组织创作拍摄的系列片《院士礼赞》《一代名师》于1998—2002年分获全国教育电视节目评比一等奖;参与创作拍摄科普片《身边的科学》2007年获国家科技进步奖二等奖。担任上海电视大学校长期间,领衔的课题"开放教育助推学习型城市建设"2009年获上海市高等教育教学成果一等奖、国家级高等教育教学成果一等奖和联合国教科文组织"哈马德国王奖"。出版《张德明报告文学选》《播撒希望——一个校长和台长的追求》等。兼任中国教育电视协会常务副会长。上海市第十二届人民代表大会代表、中共上海市第九次党代会代表。

李利群(1949年12月—)

籍贯广东鹤山。1987年毕业于上海音乐学院管弦系竖琴专业,大专学历。1969年上海音乐学院附中毕业留校工作。1973年进上海玉龙艺校任教师。1977年进上海广播乐团任乐队演奏员。曾参加上海人民广播电台104期音乐会竖琴独奏。曾在澳门回归音乐会上一人完成钢琴与竖琴两个部分演奏。2003年评为一级演奏员。

杨志强(1949年12月—)

籍贯江苏南京。1969年毕业于上海音乐学院附中小号专业,中专学历。同年进上海交响乐团任乐队演奏员;1972年进上海市舞蹈学校任小号演奏员。1972年进上海芭蕾舞团任管弦乐队小号演奏员。1986年进上海轻音乐团任首席小号演奏员、乐队队长。1994年进上海广播乐团任小号首席演奏员。曾任上海管乐四厂顾问。1996年评为一级演奏员。

郭大康(1949年12月—)

籍贯广东潮阳。1992年毕业于上海大学(夜)大学摄影与编导专业,大专学历。1983—1998年,任上海电视台新闻中心记者、摄像。1985年参与拍摄的《上海造漆厂发生重大火灾》、1991年拍摄的《邓小平同志和上海各界人士共度新春》、1993年拍摄的《上海人民用汗水和喜悦迎接国庆》新闻片分获全国优秀电视新闻特等奖、中国新闻奖一等奖、中国电视新闻奖二等奖。1996年评为上海市优秀党务工作者。1999年评为二级摄像师。1998年起历任上海市广播电影电视局组织人事处副处长、处长。2001年起历任上海文化广播影视集团组织人事处处长、人力资源部主任。2005—2010年，任上海电影（集团）公司党委副书记、纪委书记。中共上海市第七次党代会代表。兼任上海视觉艺术学院新媒体学院党总支书记、副院长。

卢　智（1950年1月—　）

播音名"卢杉"，籍贯北京。1987年毕业于北京广播学院播音系播音与主持专业，大专学历。1976年进上海人民广播电台，历任播音员、主持人、播音组组长、监制、播音指导小组副组长。2000年起任上海人民广播电台总编室副主任。2002年起任上海文广新闻传媒集团播音主持管理主管。播音作品《早新闻》获1990年全国优秀播音作品二等奖；《箫剑平生意，长河落日圆》获1998年中国广播奖二等奖。合著《播音心理学》1995年获第二届全国广播电视学术论著二等奖。论文《试论播音审美情感》获全国第八届广播电视优秀播音论文二等奖。论文《播音审美趣味之我见》获全国第九届优秀播音与主持论文二等奖。论文《情感是节目主持人与受众交流的基础》获全国广播电视主持人节目优秀论文"金笔奖"二等奖。2004年评为播音指导。合作著有《播音心理学》《播音艺术概论》《感悟与升华——节目主持人素质修养论纲》。

卑根源（1950年1月—　）

籍贯江苏南通。1989年空军政治学院军队政治工作专业毕业，大专学历。1968年参军，历任排长、武汉军区空军教导队学员、教员、《空军报》编辑。1976年5月任上海广播器材厂干部科科员。1981—1995年历任上海电视台新闻部编辑、新闻部主任、上海电视台党委副书记兼纪委书记、台办公室主任，台总编室主任。1995年起历任东方电视台党委书记，台党委副书记、台长、总编辑，台党委书记。组织开展精神文明建设，东方电视台两次被评为上海市文明单位。2001年任上海文广新闻传媒集团党委副书记。2005年任上海文广新闻传媒集团党委副书记、纪委书记。2006年任上海文广新闻传媒集团党委书记。2009年任上海广播电视台党委书记。2007年评为高级编辑。上海市静安区第九届人民代表大会代表，第十一届上海市政协委员、教科文卫体委员会常务副主任。主持组织的上海造漆厂火灾报道获1986年全国电视新闻特等奖。论文《电视宣传工作的灵魂》获上海市邓小平理论研究和宣传成果三等奖。

王小云（1950年2月—　）

籍贯江苏南京。1988年毕业于华东师范大学中文系，大学学历。1988年进上海人民广播电台，历任广播剧、影视剧、综艺节目编辑及栏目监制、文艺中心总监、文少部主任、交通频率党总支书记。2004—2010年任上海文广新闻传媒集团监听监视组组长。2006年评为文学一级编辑。编辑创作的广播剧《男人的潇洒》《礼物》分别获全国广播剧评比二等奖、第二届全国广播剧评比优秀剧本奖。任文学编辑的广播连续剧《捉刀人》获第十一届中国广播剧研究会专家奖一等奖。

顾建中（1950年4月—　）

籍贯上海。1983年毕业于上海市静安区职工大学附属中学，高中学历。1973年进上海电视台，历任摄像、摄像科科长。2001年起任上海文广新闻传媒集团大型活动部制作部副主任。拍摄的电视剧《金龙与蜉蝣》1996年获全国戏剧片电视剧最佳摄像奖。2007年评为一级摄像师。

李民权（1950年5月—　）

籍贯河北武邑。2005年毕业于中央党校经济管理专业，研究生学历。1971年进上海电影技术厂,历任洗印车间洗片员、洗印班班长、车间副主任、党支部书记、厂党委书记。1987年起任上海市电影局党委副书记、副局长、上海电影制片厂党委书记兼副厂长。1995年任上海市广播电影电视局副局长。1997年任上海市旅游工作党委副书记。2003年任上海市综合工作党委副书记。第九、十届上海市政协委员,第十三届市人大常委会委员。

汪天云(1950年5月—)

籍贯浙江湖州。1986年毕业于上海师范大学中文系,大学学历。1982年留校任教。1991年起获国务院特殊津贴。1992年评为教授。1993年任上海教育电视台副台长。2004年任上海电影(集团)公司副总裁。与人合作编写电影剧本《开天辟地》,这部影片获第十二届中国电影金鸡奖最佳编剧奖、1991年广播电影电视部优秀故事片奖;与人合作编写电影剧本《第一诱惑》,这部影片获1993年广播电影电视部优秀故事片奖。1995年创办上海教育电视台中国名校大学生辩论邀请赛等栏目。参与策划、监制拍摄百集动画片《自古英雄出少年》,1996年获精神文明建设"五个一工程"奖、中国电影华表奖、中国电影金鸡奖。参与创作《亮剑》《原谅我的心》等10多部电视剧。参与策划《2046》《伯爵夫人》《高考1977》《辛亥革命》等电影故事片。著有《电影社会学研究》《电视社会学引论》等。曾任第七届上海电影家协会副主席。

雷国芬(1950年5月—)

女,籍贯广东中山。1987年毕业于上海南市区业余大学中文系,大专学历。同年进上海人民广播电台,历任《影视剧》节目主持人、广播剧导演、广播剧监制。2003年评为一级编辑。2005年评为一级导演。执导的广播剧《热血男儿》《凝聚》《嫁给了公家人》《白玉观音》《汽车人》《走过冬天》于1997年、1999年、2001年、2003年、2007年分获精神文明建设"五个一工程"奖。执导的广播剧《超越生命》《无言的歌》《凝聚》《尊严》《青菜萝卜交响曲》等9部分获1991年、1995年、1997年、1998年、2000年、2003年、2004年中国广播剧奖一等奖。1998年获上海市三八红旗手称号。2000年评为上海市十佳新闻工作者。2003年被中国广播剧研究会、中国广播电视学会授予"导演成就奖"。

秦来来(1950年5月—)

籍贯上海。1984年毕业于上海市南市区业余大学中文专业,大专学历。1983年进上海人民广播电台,历任戏曲科编辑、交流科副科长、交通信息台台长、经济台总监。1997年任上海有线电视戏剧频道副总监。2000年任上海巴申音乐制作公司总经理。2002年起任上海文广新闻传媒集团广播文艺中心编辑。2008年起任上海大世界投资管理有限公司副总裁。2005年评为一级编辑。合作采制的获奖新闻报道有:《风雪卅分》1992年获上海广播电视奖新闻一等奖、中国广播电视奖二等奖;《空中一小时》1992年获中国广播电视奖三等奖;《浓雾锁申城 电波寄深情》1996年获中国广播电视奖一等奖、第六届上海新闻奖三等奖;《淡雅、隽永品"乡愁"》获2004年上海广播电视奖广播文艺一等奖;广播配乐纪实作品《黄宗英自述》获2008年中国广播文艺节目专家创优评析常规综艺节目一等奖。著有《采访札记——写在舞台边上》《穿越——写在舞台边上》。

施大畏(1950年7月—)

籍贯浙江湖州。1986年毕业于上海大学美术学院,大专学历。同年进上海中国画院任画师。1991年起历任上海中国画院常务副院长、执行院长、院长。2006年任上海市文化广播影视管理局巡视员。1991年评为一级画师。1998年起获国务院特殊津贴。2000年获"全国优秀专家"称号。作品多次参加全国及国际巡回展览并获奖,其中《我要向毛主席报告的》获第二届全国青年美术作品展二等奖;《清兵入塞》获第二届全国连环画创作二等奖;《归途——西路军妇女团纪实》获第七届全国美术作品展铜奖;《1941.1.14·皖南事变》获全国"庆祝中国共产党建党70周年美术作品展"铜奖。部分作品被中国美术馆、中国人民军事博物馆、中华艺术宫等机构收藏。出版作品《施大畏作品选》《施大畏》《21世纪主流画家人物画创作丛书——施大畏》《施大畏局部作品1·2·3》等。第九届上海市政协委员,第十、十一届全国政协委员。曾任第六、七届中国美术家协会副主席,第六届上海市文联副主席,第六届上海美术家协会主席。

刘文仪（1950年8月—　）

女,播音名"文仪",籍贯江苏高邮。1988年毕业于北京广播学院编采专业,大专学历。1970年进上海人民广播电台,历任播音员,副科长、组长,播音部副主任、新闻专题部节目监制。播音主持作品《清晨漫谈》获第十四届全国优秀播音与主持作品广播播音二等奖。1990年获上海市广播电视播音主持节目一等奖。1995年播音主持作品《重阳尊老献爱心》获中国广播奖社教类二等奖。1996年获上海市劳动模范称号。2003年获"全国百优节目主持人"称号。论文《主持人如何迎接新世纪挑战》获2001年度全国播音主持论文奖三等奖。2004年评为播音指导。

沈人城（1950年8月—　）

籍贯江苏无锡。1977年毕业于上海音乐学院管弦系小提琴专业,大学普通班学历。1979年进上海广播乐团任乐队长。1996年进上海广播交响乐团任乐队长。2004年进上海爱乐乐团任乐队长。2007年评为一级演奏员。

刘文国（1950年10月—　）

籍贯上海。1977年毕业于上海戏剧学院表演系表演专业,大学普通班学历。1977年进上海电视台工作,历任编辑、导演,文艺科科长、文艺部主任。1992年任东方电视台副台长。2001年任上海文广新闻传媒集团副总裁。2005年任上海市文广局副局长,2010年任上海市文广局艺术总监。1983年参与创办《大世界》《大舞台》等栏目,开创了电视栏目化先河。1992年起创办《东方直播室》《相约星期六》《快乐大转盘》《飞越太平洋》等具有社会影响力的电视栏目。导演并参与制作数百台文艺节目,其中有:1996年中央电视台三地春节联欢会、长城演唱会,1997年《中国人的脊梁》晚会,1998年上海台北电视双向传送《两岸一家亲》节目,2000年第五届全国残疾人运动会开幕式、《为中国喝彩》晚会、2001年APEC上海会议"今宵如此美丽"大型烟火晚会、大型景观歌剧《阿依达》、中国2010年上海世博会中国国家馆日文艺演出等30余个节目和栏目,分别获得中国电视文艺星光奖和中国彩虹奖。在管理文艺院团期间,参与策划的京剧《廉吏于成龙》、昆曲《班昭》、舞剧《天边的红云》等分别获得文化部文华大奖、全国舞蹈比赛金奖。1997年评为一级导演。1997年被评为上海首届德艺双馨艺术家,1998年被评为全国首届德艺双馨艺术家。曾兼任第三、四、五届上海电视艺术家协会副主席。

张文龙（1950年10月—　）

笔名"辛琢",籍贯上海。1982年毕业于上海师范学院中文系汉语言文学专业,大学学历。1984年进上海电视台任文艺部编导。1992年进上海东方电视台,历任栏目制片人、首席导演、综合戏剧节目部副主任。2000年评为一级导演。创作的大型沪剧《女人的眼睛》获2000年度"中国电视戏曲展播"金奖。执导的小品《洒向人间都是笑——赵丽蓉专辑》获第十五届中国电视文艺星光奖一等奖。任总导演的《龙腾虎跃梨园风——2003年全国十六省市电视台元旦戏曲晚会》获第十七届中国电视文艺星光奖戏曲节目一等奖、电视戏曲节目"兰花奖"一等奖。任总策划的《千秋华宴——十六省市新年戏曲音乐会》获第五届中国电视戏曲节目"兰花杯奖"一等奖。2004年和2010年两次获中国广播电视协会授予的全国优秀电视编导奖。曾任中国广播电视协会电视文艺研究会副秘书长、上海通俗文艺研究会副会长。著有《爱心剧场》《张文龙剧作选》《浮光掠影——文龙文集》等。

陈湘云(1950年12月—　　)

女,籍贯上海。1977年毕业于上海戏剧学院戏剧理论专业,大学普通班学历。1977年进上海人民广播电台,历任文艺记者、戏曲组副组长,台办公室主任兼任总编室主任,广告部主任。1994年起任上海音像资料馆副馆长。1996年起任上海市广播电影电视局节目中心主任。2001年起兼任上海文化广播影视集团节目中心主任、上海市文化广播影视管理局信息中心主任。负责与上海空军政治学院图档系合作研发的"音像资料计算机管理系统"项目获1993年广电部颁发的科技进步奖三等奖。论文《特色馆藏与音像资料馆发展》获2000年中国广播电视学会音像资料论文一等奖。2003年评为研究馆员。

孟平安(1951年1月—　　)

籍贯河北徐水。1996年毕业于空军政治学院经济管理专业,大学学历。1968年参军,历任某部副指导员、空军政治学院学员队副政委、政委、队长。1991年被授予上校军衔。1992年起历任上海有线电视台办公室主任,上海市广播电影电视局宣传教育处处长、局人才培训交流中心主任,上海市群众艺术馆馆长、党总支书记,上海市社会文化管理处处长。1994年兼任《上海广播电视志》执行副主编。着力打造群文创作体系,推动上海群众文艺在全国第十四、十五届"群星奖"中分别获得13个、21个奖项。主管的上海市群众艺术馆2009年被文化部评为国家一级文化馆。2003年评为上海市思想政治工作优秀组织者。2004年评为上海市精神文明建设优秀组织者。2007年评为上海市优秀群文工作者。2009年评为研究馆员。创作长诗《丰碑》获1997年上海市机关干部普通话集体朗诵比赛一等奖。创作长诗《怀念小平》获上海市纪念改革开放30周年诗歌朗诵大赛金奖。

岑洪顺(1951年1月—　　)

籍贯江苏海门。2003年毕业于上海大学影视学院广播电视编导专业,大学学历。1987年进上海人民广播电台、上海文广集团技术运营中心,历任录音员、录音科副科长、科长、广播技术部副主任等。参与录制的节目《大师也有遗憾时》《大洋边,一个被遗忘的人》分获2003年、2005年国家广电总局广播节目录制技术质量奖一等奖。参与录制的节目《三八线》获2004年国家广电总局广播节目录制技术质量奖二等奖。2007年评为一级录音师。

王树林(1951年1月—　　)

籍贯安徽寿县。1977年毕业于上海戏剧学院戏文系编剧专业,大学普通班学历。1977年进上海科学教育电影制片厂任编导。1995年进上海东方电视台,历任科教、纪录片栏目编导。2002年进纪实频道任《看见》《文化中国》栏目编导,创办《纪录中国》栏目。执导的获奖纪录片有:《我们的太阳》获1996年中国广播电视奖二等奖;《老人京剧茶座》获1997年第五届中国纪录片学术奖短片一等奖、1999年中国电视文艺星光奖;《京剧小子》获1998年中国广播电视奖新闻二等奖、第五届全国电视节目金童奖二等奖;《奥运之城上海》获2007年中国电视纪录片长片十佳作品。2010年评为一级导演。

李尚智(1951年2月—　　)

籍贯江苏苏州。1993年中央党校党政管理专业毕业,大学学历。1974年调入解放日报社,历任记者、要闻版编辑,夜班编辑组副组长,党群政法部副主任、主任,上海《支部生活》杂志主编,解放日报社编委、总编辑助理。1996年起任中共上海市委宣传部新闻出版处处长,副巡视员。1998年任上海人民广播电台党委副书记、台长、总编辑。2001年任上海文广新闻传媒集团副总裁。2009

年任上海广播电视台副台长。1985年赴老山前线战地采访,获上海市政府记大功奖励和上海宣传系统先进工作者称号。1994年获上海市精神文明建设优秀组织者称号。1996年评为高级编辑。合作采写的消息《百万上海市民争睹日环食》获1987年上海市好新闻作品一等奖。策划组织的《上海五国元首第六次会晤现场直播》节目获2001年中国新闻奖一等奖。组织创作的《嫁给了公家人》等3部广播剧分别获精神文明建设"五个一工程"奖。兼任第四届上海市新闻学会副会长、第三届上海市广播电视学会副会长。著有《一个犯罪学家的传奇》。

王曼华(1951年4月—)

女,籍贯浙江鄞县。1984年复旦大学新闻系进修班毕业,大专学历。1971年进上海人民广播电台,历任助理记者、记者。合作采制的录音报道《海外游子故乡情》获1995年中国新闻奖一等奖。合作采制的连续录音报道《一场特殊的音乐会》获1994年中国新闻奖二等奖。录音特写《大师也有遗憾时》获2003年国家广电总局广播节目质量评比一等奖。录音报道《周小燕与长城谣》获第十六届中国新闻奖二等奖、第十五届上海新闻奖一等奖。2000年获第三届上海范长江新闻奖。2006年评为高级记者。著有《让我告诉你——王曼华广播新闻作品选》。

丹宁军(1951年4月—)

籍贯江苏泗洪。1994年毕业于上海大学文学院夜大学电视节目制作专业,大专学历。1988年转业进上海电视台,历任电视剧制作中心译制部演员、导演。主演的电视剧《刑068》获1985年全国城市台春节大联播节目优秀电视剧金牛奖。参演的电视连续剧《上海大风暴》获1994年度精神文明建设"五个一工程"奖。担任制片主任的电视剧《花鸽子》获第二届上海电视节优秀单本剧大奖。参与译制配音的美国电视剧《根》获首届全国译制片一等奖。2005年评为一级演员。

卢国增(1951年6月—)

籍贯广东中山。1989年北京广播学院广播电视工程专业毕业,大专学历。1973年进上海人民广播电台,历任技术员、工程师。1993年进东方电视台,任工程师。2005年聘为资深音频工程师。2008年评为一级录音师。参与制作的《龙腾虎跃梨园风》节目2003年获中国电视文艺星光奖戏曲节目一等奖。

毛勤芳(1951年6月—)

女,籍贯浙江宁波。1987年毕业于复旦大学新闻系,硕士研究生学历。1976年进上海电视台工作,历任导演、科长、制片人。1999年评为一级导演。参与策划、编导的综艺晚会《五洲风——1999中英双语元旦晚会》1999年获中国电视文艺星光奖一等奖。参与策划、编导的《第九次APEC非正式会议文艺演出》获第十六届中国电视文艺星光奖综艺节目一等奖。参与策划、编导的综艺晚会《2001跨越太平洋——上海巴黎双向传送》获2001年中国电视文艺星光奖综艺节目一等奖。参与策划、编导的综艺晚会《我们在场——中国纪录片三十年》获2010年中国电视文艺星光奖专题片大奖。1996年、2000年、2004年获上海十佳电视艺术工作者称号。

汤炯铭(1951年6月—)

曾用名"汤炯明",籍贯上海。1986年毕业于北京广播学院新闻系采编专业,大专学历。1973年进上海电视台,历任记者、国际部副科长。导演兼摄影的纪录片《让青春更美好》1980年获中央广播事业局颁发的电视专题一等奖。导演兼摄影的纪录片《十字街头》获第四届上海电视节短纪录片白玉兰大奖。担任摄影的纪录片《城墙》获第四届亚洲电视节银奖。导演的纪录片《出狱》2010年获中国国际纪录片大会最佳社会人文类大奖。2004年评为高级记者。论文《论跨世纪电视人才运作机制》获第五届全国广播电视学术论文一等奖。兼任上海大学、上海视觉艺术学院教授、研究生导师。获"上海世博工作优秀个人"称号。

庄大伟(1951 年 6 月—　)

籍贯浙江镇海。1985 年毕业于上海电视大学中文专业,大专学历。1984 年进上海人民广播电台,历任少儿科科长、少儿部主任、音乐部主任,2002 年起历任上海文广新闻传媒集团第一财经频率党总支书记、专职组织员、监察室主任。1999 年评为一级文学编辑。1997 年获国务院儿童工作委员会授予的"全国优秀儿童工作者"称号。中国作家协会会员,发表各类少儿文学作品 1 500 万字,著有《庄大伟童话精选》《阿大阿二和他们的宠物》《真假王小乐》等 100 多本书,担任编剧的《他和他的影子》《蚁王火柴头》等数十集儿童电视剧、美术片在中央电视台和各地电视台播放。

金希章(1951 年 7 月—　)

籍贯浙江宁波。1977 年毕业于上海戏剧学院戏剧理论专业,大学普通班学历。1977 年进上海电视台,任记者、编辑,社教部教育科、专题科科长,社教部副主任。1992 年进上海东方电视台,历任节目部副主任、总编室主任、文艺频道副主编。2003 年起历任上海市文化广播影视管理局广电处处长、电影处处长。2002 年评为高级编辑。组织创办《科技之窗》《法律与道德》《我爱祖国语言美》《欢乐蹦蹦跳》等电视专栏。与市公安部门合作创办的社会综合治理专栏《东方 110》获上海市公安局集体一等功。2001 年获全国百优广播电视理论工作者称号,2002 年获上海市十佳新闻工作者称号。合作出版《东方直播》等 3 本专著,还著有《直面荧屏》。

江承惠(1951 年 8 月—　)

籍贯江苏南通。1988 年毕业于上海徐汇区业余大学中文专业,大专学历。1973 年进上海科教电影制片厂工作,1995 年"影视合流",进东方电视台制作中心工作。2010 年评为一级摄影师。拍摄电影《禄丰古猿》获 1988 年广电部优秀影片奖;《果实蝇》获第十五届中国电影金鸡奖最佳科教片奖。

江　宁(1951 年 8 月—　)

女,曾用名"江小林",籍贯安徽泾县。1976 年毕业于江西大学中文系汉语语言文学专业,大学普通班学历。1989 年 4 月进上海电视台工作,历任电视纪录片编导、栏目制片人、频道首席编导。2006 年评为高级编辑。采制的纪录片《德兴坊》获 1992 年第四届上海电视节最佳纪录片提名。采制的纪录片《上海滩最后的三轮车》获 1994 年中国纪录片学术二等奖。采制的纪录片《家园》获 1994 年上海广播电视奖一等奖。采制的纪录片《为了五十六个民族娃娃》获 1997 年中国彩虹奖中文短片一等奖。采制的纪录片《小小读书郎》获 2005 年第十届亚洲电视节最佳长纪录片奖。采制的纪录片《大阅兵——回首六十年》获 2009 年中国电视金鹰奖优秀纪录片奖。2007 年获第四届上海德艺双馨电视艺术工作者称号。

李碧海(1951 年 11 月—　)

籍贯安徽合肥。1986 年毕业于北京电影学院录音系,大专学历。1968 年入伍,1975 年进上海科教电影制片厂,历任录音助理、录音师、录音车间主任等职。1995 年"影视合流",进东方电视台,在制作部、新闻娱乐频道、电视新闻中心制作部任录音师。去西藏现场录制的佛教音乐电影《吉祥九重天》获 1993 年英国伦敦国际电影节短片奖。担任录音的《果实蝇》获第十五届中国电影金鸡奖最佳科教片奖。《大头儿子小头爸爸》获第十六届中国电视金鹰奖优秀电视动画片奖。2007 年评为一级录音师。

丁力平(1951 年 12 月—　)

籍贯浙江上虞。1976 年毕业于上海戏剧学院舞台美术系,大学普通班学历。同年进上海电视台,历任上海电视台艺术指导、上海广电影视制作有限公司创意设计总监。1995 年评为一级美术师。舞美作品《第十一届上海国际电影节闭幕式》《创意天下——2008 上海创意盛典》获第六届全国电视舞美灯光设计工程奖剧场类二等奖。曾担任东亚运动会闭幕式晚会、上海庆祝"香港回归"大型烟火晚会、亚洲音乐节、电影金鸡百花奖颁奖典礼、中国上海国际艺术节开幕式、上海"六国峰会"文艺晚会、中国 2010 上海世博会开幕式庆典及闭幕式大型文艺晚会等舞美设计。曾在中国、美国、澳大利亚、西班牙等地举办油画和装置艺术展。兼任上海舞台美术家协会理事;曾任上海大学文学院、上海视觉艺术学院、上海戏剧学院、上海工程技术大学客座教授和艺术评委。

方颂先(1952 年 1 月—　)

籍贯上海。1983 年毕业于复旦大学新闻系新闻专业,毕业后留校任教。1987—1988 年作为访问学者赴美进修,1989 年复旦大学新闻学院在职研究生毕业,获新闻学硕士学位。1990 年任复旦大学新闻学院院长助理。1992 年调入上海《英文星报》任编辑。1995 年进上海电视台,先后任编辑、制片人、社教中心主任助理。2000 年起历任上海卫视总编室主任、上海文广新闻传媒集团总编室副主任、广播新闻中心党委书记、党总支书记。2007 年评为高级编辑。

丁伟民(1952 年 3 月—　)

艺名"秦川",籍贯江苏无锡。1987 年毕业于湖北大学政治系,大专学历。1987 年进上海电视台,历任电视剧部制片人,译制部演员队副队长,译制部主任。自 1972 年起从事演艺事业,为百余部影视剧配音、演唱,参演几十部电影、电视剧。任主角配音的《红十字方队》《茶马古道》分获第七届、第十届精神文明建设"五个一工程"奖。配音《根》获 1996 年全国首届译制片节目一等奖。2009年评为一级演员。

陈圣来(1952 年 3 月—　)

籍贯浙江余姚。2002 年毕业于美国纽约理工大学 MBA,研究生学历。1981 年进上海人民广播电台,历任编辑、记者、文艺部副主任、文艺台副台长、台长。1992 年创办东方广播电台,任台长、总编辑。实行 24 小时全天直播和广播主持人中心制。1996 年评为高级编辑。参与指导的专题节目《奉献一片爱心》获第三届中国新闻奖一等奖。评论《从徐虎打假说起》获 1997 年中国广播电视学会三等奖。论文《时代变迁与广播的地位以及广播人的责任》获第二届上海新闻奖二等奖。2000年获中国广播电视学会主持人研究会颁发的"杰出贡献奖"。同年筹办中国上海国际艺术节中心并任总裁。2002 年兼任新闻午报社社长、总编辑。2005 年、2007 年、2008 年、2009 年、2010 年分别被国际节庆协会、人民网等授予"中国杰出人物奖""改革开放 30 年影响中国节庆产业 30 人""建国 60周年中国节庆风云人物""中国节庆十大新闻人物"。2010 年当选为亚洲艺术节联盟主席。兼任中国文艺广播协会副会长、上海市广播电视学会副会长、国家对外文化交流研究基地主任、上海国际文化学会会长。北京大学、复旦大学等 5 所大学的特邀研究员或客座教授。著有《生命的诱惑》《晨曲短论》《广播沉思录》《品味艺术》《艺术节与城市文化》《国家文化软实力的新视野研究》。

周瑞康(1952 年 5 月—　)

籍贯上海。1977 年毕业于上海音乐学院音乐理论专业,大学普通班学历。同年进上海人民广播电台,历任音乐编辑、音乐部副主任、音乐部主任,东方广播电台音乐部主任、电台编委,上海有线电视台音乐频道总监。参与创办东方广播电台 101.7 音乐频率、上海有线电视台音乐频道、《东方风云榜》节目。编辑的节目《浦江新秀音乐会》在 1987 年《全国广播音乐厅》专栏音乐节目评奖中获优秀节目奖。1999 年评为高级编辑。著有《音乐欣赏手册》,与他人合作著有《中外名歌名曲欣赏》《家庭音乐之咨询》。

葛明铭(1952 年 6 月—　　)

籍贯江苏仪征。1983 年毕业于上海教育学院中文专业,大学学历。1984 年进上海人民广播电台,历任编辑、编导、节目主持人。1989 年起历任上海电台文艺中心副总监、文艺频率副总监、文艺部副主任、上海文广新闻传媒集团戏剧文艺频率主编、广播综艺部主任兼党支部书记、东方广播公司戏剧曲艺部主任。创办的广播系列小品《滑稽王小毛》1988 年获全国戏曲广播节目评比一等奖。1991 年评为全国优秀新闻工作者。1999 年评为一级编辑。2002 年评为"中国十佳广播曲艺编辑"。著有《与王小毛共舞》。曾兼任中国广播电视学会戏曲研究会副会长、上海曲艺家协会理事。

孙泽敏(1952 年 7 月—　　)

籍贯浙江余姚。1985 年毕业于华东师范大学中文系,大学学历。1983 年进上海电视台,历任新闻记者、责任编辑、编播科副科长,专栏科副科长,新闻部副主任、新闻中心编辑部主任、新闻中心党总支书记兼副主任,台总编室主任。2000 年起任上海大众影视文化传媒有限公司董事长兼总经理。采制的电视评论《大家一起来清扫文字垃圾》1986 年获全国好新闻奖一等奖、全国电视新闻一等奖;合作采制的新闻专题片《彩虹从浦江升起》获 1989 年度中国新闻奖一等奖。主编的《新闻透视》获 1989 年全国优秀电视专题节目栏目类二等奖,自 1987 年起连续三年获上海广播电视特色栏目创新奖。与他人合著的论文《电视综合评估指数之研究》获第六届全国广播电视学术论文一等奖。撰写的报告文学《水上法医》获 1992 年度萌芽文学奖。著有《现代电视人孙泽敏》《镜头中的大千世界》《安有警报器的采访车》《美国印象——横穿美利坚的采访》等 9 本书。1997 年获"全国百佳新闻工作者"称号。1999 年评为高级编辑。

陈燮君(1952 年 7 月—　　)

籍贯浙江宁波。1973 年毕业于静安区业余大学,大专学历。1989 年评为研究员,2008 年评为博士生导师。1993 年起获国务院特殊津贴。1999 年起历任上海市文管委常务副主任、上海博物馆常务副馆长、馆长、党委副书记。组织"晋唐宋元书画国宝展"等一系列大展,从美国抢救宋刻宋拓《淳化阁帖》祖本等回归,组织国际博协第 22 届大会在上海召开。2003 年任上海市文化广播影视管理局党委书记,组织市文广局体制改革,推进事业发展。2004 年获"意大利仁惠之星骑士勋章"。中国 2010 年上海世博会主题演绎顾问、总策划师。担任馆长的"城市足迹馆"被中共中央、国务院授予"上海市世博会先进集体"荣誉称号。中共上海市第九次党代会代表,市第十三届人大代表,第九、十届上海市政协委员,第十一届市政协委员,市政协文史委副主任。出版《学科学导论——学科发展理论探索》等著作(包括合作)100 多本。兼任亚欧基金会博物馆协会执委、美国亚洲协会国际理事会理事、中国博物馆学会副理事长、国际博协中国国家委员会副主席、上海文博学会理事长、上海市新学科学会会长。

陈　文(1952 年 10 月—　　)

女,籍贯浙江海宁。1982 年毕业于上海师范大学艺术系油画专业,大学学历,2010 年获硕士学位。1984 年进上海电视台,历任记者、编辑、频道总监助理、上海有线电视台总编室主任、影视频道总监、电视剧频道主编。2003 年起历任上海文广新闻传媒集团节目营销中心主任、上海录像影视公司总经理、影视剧中心主任、炫动卡通卫视总监。1989 年获"全国三八红旗手"称号。任总策划的电影《我也有爸爸》获第七届中国电影"童牛奖"金奖。任总策划的小品剧《你说好不好》获第十七届中国电视剧飞天奖优秀短剧奖。筹划制作的电视剧《诺尔曼·白求恩》获精神文明建设"五个一工程"奖。论文《有线电视在多元竞争中的选择》获第六届全国广播电视学术论文一等奖、第二届上海新闻论文一等奖。2000 年评为一级编辑。

袁 晖(1952 年 11 月—)

籍贯安徽五河。1985 年毕业于华东师范大学中文系,大学学历。1983 年进上海人民广播电台,历任记者、新闻部副主任、新闻中心主任,电台编委,上海文广新闻传媒集团新闻频率总监。1999 年评为高级记者。采写的现场报道《南浦大桥主桥钢梁合龙》1991 年获中国新闻奖三等奖、上海新闻奖一等奖。采写的连续报道《徐虎的报修箱》1993 年获上海新闻奖一等奖、中国广播电视奖二等奖。合作采编的直播节目《徐匡迪市长谈上海要有"海纳百川"的气度》1995 年获中国新闻奖二等奖、上海新闻奖一等奖。编辑的述评《艾滋病距离我们还有多远》1998 年获中国新闻奖二等奖、上海新闻奖一等奖;2004 年编辑的广播评论《召回新政策也是进步》获中国新闻奖一等奖、上海新闻奖一等奖。1994 年获全国第二届范长江奖提名奖。曾任上海新闻工作者协会常务理事、上海市新闻高级职称评议专家组成员。

黎延平(1953 年 2 月—)

女,籍贯广东番禺。1987 年毕业于上海音乐学院(夜大学)民乐系,大专学历。1989 年进上海人民广播电台任音乐编辑。1992 年进上海东方广播电台音乐部,历任编辑、主任助理、副主任、主任。2001 年起任上海文广新闻传媒集团音乐频率主编。与他人合作编制的音乐节目《悠悠中华情——富有魅力的笙簧》获 1995 年度中国广播奖文艺类一等奖;与他人合作编制的音乐节目《琵琶与吉他——丝绸之路上的姐妹花》《节奏让音乐飞扬》分获第六届上海国际广播音乐节"金编钟奖"、第七届上海国际广播音乐节"铜编钟奖"。主编《东方风云榜·好歌全记录》。2007 年评为一级编辑。

刘明昌(1953 年 3 月—)

籍贯上海。1978 年上海音乐学院声乐系毕业,大专学历。1978 年考入上海广播电视艺术团(上海电视台艺术团前身),2001 年任团长助理。2006 年任上海电视台艺术团团长。2008 年评为一级演员。兼任第八届上海音乐家协会理事。

熊 照(1953 年 3 月—)

籍贯江苏盐城。1981 年毕业于上海音乐学院管弦系大提琴专业,大专学历。1970 年进东海舰队文工团任演奏员。1976 年进上海广播电视艺术团任大提琴演奏员;1993 年起任上海广播电视艺术团交响乐团团长。1996 年起任上海广播交响乐团团长、艺术总监。1996 年评为一级演奏员。1985 年获上海青年演员会演大提琴比赛第一名。1988 年获首届全国大提琴比赛优秀演奏奖。同济大学特聘教授。

刘 建(1953 年 6 月—)

籍贯山东滨州。2006 年毕业于中央党校函授政治学专业,研究生学历。1968 年入伍,历任班长、排长、政治指导员、团宣传股股长、师宣传科副科长、团政治处主任、团政委、师政治部主任、旅政委。期间,三次立三等功,1989 年被总政治部评选为全军优秀党务工作者。1992 年被授予大校军衔。1995 年起历任上海市精神文明办公室主任、活动指导处处长。1997 年任上海市文化局党委副书记、纪委书记。2000 年起历任上海市文化广播影视管理局副局长、党委副书记、纪委书记。参与上海广播电视体制改革、事业发展的重大决策和组织实施。2010 年任上海市地方志办公室党组书记、主任,上海市《世博会志》编委会执行副主任,《上海年鉴》编辑部主任。中共上海市第十次党代会代表,第十一、十二届上海市政协委员,上海市政协文史委常务副主任。1997 年评为上海市精神文明建设优秀组织者,2000 年评为上海市职工信得过的好干部。

薛沛建(1953 年 6 月—)

籍贯江苏常州。1980 年毕业于华东师范大学政教系,大学学历。1970—1977 年在江西鄱阳县福州军区生产建设兵团六团二连,历任班长、排长、指导员、农场政治处主任。1980 年留校任教师。1984 年起历任华东师范大学副总务长、总务长,校长助理、副校长,上海市教育委员会副主任。1990 年评为副研究员。1993—1995 年美国宾夕法尼亚大学访问学者。2003 年任上海市人民政府副秘书长。2005 年起历任上海文化广播影视集团党委书记、总裁,东方明珠(集团)股份有限公司董事长、监事长。中共上海市第九次党代会代表,第十一、十二届上海市政协常委。第十一至第十六届上海电视节组委会副主席,第八至第十三届上海国际电影节组委会副主席。著有《高等学校后勤管理》《美国大学后勤管理:中美大学后勤管理比较研究》;主编《跨出校门天地宽——上海高校后勤社会化的思考》《高校后勤社会化全球视野》。

刘 彬(1953 年 8 月—)

籍贯江苏宿迁。1984 年毕业于上海师范大学中文系,大学学历。1987 年进上海电视台演员剧团(上海电视台译制部前身),任配音演员兼译制导演。参与配音的译制片《浮华世家》1992 年获上海广播电视奖电视剧二等奖。参与配音的译制片《神探亨特》1993 年获上海电视台小百花奖。参与配音的译制片《根》1995 年获第一届中国广播电视译制节目一等奖。担任配音导演的译制片《新纵横四海》1999 年获上海电视台小百花奖。参与配音的译制片《叶卡捷琳娜女皇》2000 年获第三届中国广播电视学会电视译制节目一等奖。论文《随形宛转,依声变幻——人物视觉形象与语言形象在译制配音中的辩证关系》2001 年被收入国务院重点文化工程《走向新世纪》理论丛书。2005 年评为一级演员。

陆澄照(1953 年 8 月—)

播音名"陆澄",籍贯上海。1977 年毕业于安徽阜阳师范学院中文系,大学普通班学历。1989 年进安徽人民广播电台。1994 年进上海人民广播电台任节目主持人,兼任综艺科监制。2007 年评为一级编辑。获第四届全国广播主持人"金话筒"奖。主持的诗朗诵栏目《午夜星河》2004 年获全国和上海市广播文艺"十佳"栏目称号。著有《节目主持人艺术》《诗歌朗诵艺术》《说给你看——主持的幽默与情采》。兼任第一、二、三届上海楹联学会副会长,第五、六届上海诗歌学会副会长。

汪求实(1953 年 8 月—)

籍贯安徽歙县。1982 年毕业于上海师范大学中文系中文专业,大学学历。1984 年进上海电视台,历任新闻部专题科编辑、国际部专题科科长、海外中心副主任。2002 年起任上海文广新闻传媒集团纪实频道副总监。编导创作的纪录片《沿海明珠——上海》获 1985 年度全国电视专栏节目特别节目奖。编导创作的纪录片《上海石库门》获 1991 年度全国优秀社教节目二等奖和上海市第二届优秀对外宣传品银鸽奖。作为主创人员之一的系列纪录片《为了明天——上海建设再就业工程纪实》获第七届上海新闻奖一等奖。1990 年获"上海市十佳青年编辑"称号。1991 年评为上海市优秀新闻工作者。1993 年带领团队创办《纪录片编辑室》栏目,团队被评为 1993 年度上海市模范集体。2006 年评为高级编辑。

王小康(1953 年 8 月—)

籍贯河北卢龙。1985 年毕业于内蒙古广播电视大学汉语言文学专业,大专学历。1988 年进上海电视台,历任导演、制片人、首席导演。主创的《首届中国时装模特儿电视大赛》《跨越千年纪元》获 1989 年、1992 年上海市广播电视学会"小百花"一等奖。主创的《为你自豪——中国航天远洋测量船基地国庆晚会》获 2003 年度中国电视文艺星光奖三等奖。主创的文艺晚会《非凡英勇 献给"南丁格尔——国际护士节"》获 2004 年度中国电视文艺星光奖二等奖。主创的《团团圆圆一家亲——江、浙、沪春节联欢晚会》《欢乐人生新世纪》分获 2001 年、2002 年中国电视文艺星光奖三等奖。2007 年评为一级导演。

朱秋生（1953 年 8 月—　）

籍贯上海。1976 年毕业于上海戏剧学院舞台美术系灯光设计专业，大专学历。1976 年入伍南京军区前线歌舞团，1996 年转业进上海东方电视台，任灯光设计师。2001 年进上海广电影视制作有限公司，任灯光设计师。2009 年评为一级舞美设计师。

石忠发（1953 年 11 月—　）

籍贯北京。1978 年毕业于上海戏剧学院舞台美术系舞台布景专业，大专学历。1985 年进上海电视台，历任制作部美术设计师、副科长、上海广电制作有限公司工会副主席。1986 年参与美术设计的节目《全国聋哑人表演艺术比赛》获中央电视台文艺节目舞美设计一等奖。2004 年参与美术设计的节目《家庭演播室形象宣传片》获中国电影电视艺术技术学会图形制作优秀作品三等奖。2005 年评为一级美术设计师。

沈佐平（1954 年 2 月—　）

籍贯浙江海宁。2002 年毕业于中央党校经济管理专业，研究生学历。1996 年评为高级经济师。1971 年进崇明长江农场工作，1975 年参军，1978 年入职上海市文化局。1985 年起先后任上海市文化局人事处副处长、处长。1995 年任上海文化实业有限公司总经理。1997 年起历任上海市文化局计划财务处处长，副局长。2000 年起历任上海电影制片厂副厂长，上海电影电视集团公司副总经理，上海电影（集团）公司党委副书记、纪委书记。2005 年任上海文化广播影视集团党委副书记、纪委书记。

夏　宏（1954 年 4 月—　）

籍贯江苏常州。1981 年毕业于上海师范大学历史系图书馆专业，大专学历。1994 年进上海电视台，历任记者、编辑、责任编辑、审片编辑。论文《一部有血有肉、激情感人的现代历史剧——武昌首义》《今天我们需要什么——观电视连续剧〈我们的生活〉有感》分获中国电视艺术家协会 2007 年度优秀论文评选三等奖、2008 年度优秀论文评选优秀奖。2010 年评为一级编辑。

王琪森（1954 年 6 月—　）

籍贯上海。1984 年参加上海市职工统一文化考试，高中学历。1992 年进上海人民广播电台任编辑。参与制作的广播连续剧《热血男儿》《白玉观音》分获第六、八届精神文明建设"五个一工程"奖。论文《从大象无形到境生象外——广播剧审美特征论》《推进演绎、时空转换、意境拓展——广播剧结构美学论》分获 2003 年、2005 年中国广播电视学会论文一等奖。著有《中国艺术通史》《书法技艺》《上海世博会场馆大全印谱》《上海打将军》《上海·1912》《上海六记》《人生从此不寂寞》。2007 年评为一级编辑。

杨启祥（1954 年 9 月—　）

籍贯浙江慈溪。1987 年毕业于卢湾区业余大学，大专学历。1998 年毕业于亚洲（澳门）国际公开大学工商管理专业，硕士学位。1971 年赴四川参军。1976 年进上钢三厂工作。1982 年起历任共青团上海市委青工部工业科科长、副部长、部长、团市委常委。1987 年 9 月—1988 年 9 月作为中国青联技术研修生赴日本研修经营管理。1991 年起历任上海大世界集团公司董事长兼总经理、上海大世界基尼斯总部法人代表、大世界基尼斯活动创始人。1994 年评为高级经济师。1997 年任上海科技城有限公司法人代表、执行董事、总经理，筹建上海科技馆。2001 年任上海科技馆副馆长。2002 年任上海市政府侨办副主任。2008 年任上海文化广播影视集团副总裁，兼任文广实业公司、STR 集团公司、大世界投资管理公司董事长等。1986 年获上海市新长征突击手称号，1995 年获团中央、文化部颁授的"全国优秀青少年宫工作者"称号。

唐少云(1954年10月—)

籍贯北京。1985年毕业于上海音乐学院管弦乐系小提琴专业,大专学历。1971年进解放军总后273部队政治部宣传队,任乐队副首席。1973年借调上海歌剧院、上海市舞蹈学校管弦乐队任第一小提琴手。1974年进上海广播乐团任第一小提琴演奏员。1986年进上海广播乐团任第一小提琴演奏员负责人。1996年进上海广播交响乐团任第一小提琴演奏员。2004年进上海爱乐乐团任小提琴演奏员。2007年评为一级演奏员。

尹明华(1954年11月—)

籍贯江苏高邮。1984年毕业于静安区业余大学,大专学历。2002年获中欧国际工商学院工商管理硕士学位。1984年进上海人民广播电台,任新闻编辑、副科长、科长。1992年任东方电台副台长。1994年任上海电台副台长。1996年评为高级编辑。1998年起历任市委宣传部新闻出版处处长、秘书长、上海新闻高级职称评审委员会主任。2003年起历任解放日报社党委书记、总编辑,解放日报报业集团党委书记、社长。先后获首届中国韬奋新闻奖提名、首届上海韬奋新闻奖、上海十佳青年编辑称号。论文《讲究辩证法,推进三贴近》获第十五届中国新闻奖一等奖,《传媒发展的重要选择》获第十九届中国新闻奖二等奖。中共十七大代表,中共上海市第八、九、十次党代会代表。上海市第十三届人大代表。2007年获"上海领军人才"称号。2009年起获国务院特殊津贴。2010年分别获国家新闻出版领军人才、首届中国传媒融合领军人物奖。著有《空谷回音》《特殊热线》《美国新观察》《媒介态度》《千日之旅》《传媒再造》等10本。兼任第六届中华全国新闻工作者协会副主席,第五、六届上海新闻工作者协会副主席,北京广播学院、北京大学、南开大学等10所大学客座教授。

包军英(1954年11月—)

女,曾用名"燕萍",籍贯内蒙古自治区兴安盟。1982年毕业于辽宁师范学院中文系汉语言文学专业,大学学历。1993年进上海东方电视台,历任节目编导、导演、制片人、节目中心主任助理兼青少部主任。2005年任上海文广新闻传媒集团综艺部办公室副主任。2008年评为一级导演。担任主要编剧并执笔的科教电影《花》获第十一届中国电影"金鸡奖"最佳科教片奖,1989—1991年度广播电影电视部优秀影片奖。导演的《飞向未来——科技知识娱乐赛》获第四届全国少儿电视金童奖竞赛节目一等奖。担任总导演的《2008年十大真情人物评选》文艺晚会2009年获上海慈善奖。参与导演的《中国2010年上海世博会开幕式暨文艺演出》获第二十二届中国电视文艺星光奖特别奖。2010年获上海市三八红旗手称号。

钮卫平(1954年11月—)

女,籍贯上海。1988年毕业于上海师范大学经济管理专业,大专学历。1998年获亚洲(澳门)国际公开大学工商管理硕士学位。1972年到崇明东风农场工作,历任东风橡胶二厂财务科长、东风纺织厂厂长助理。1988年任上海回力宾馆党支部书记兼副总经理。1992年起历任上海东方明珠广播电视塔有限公司副总经理、总经理。1997年评为高级经济师。2000年起历任上海东方明珠(集团)股份有限公司总裁、党委书记、董事长。曾兼任上海国际会议中心有限公司董事长、东方明珠移动电视有限公司董事长。2001年任上海文广新闻传媒集团副总裁,2006年任上海文化广播影视集团副总裁。2010年任上海梅赛德斯-奔驰文化中心(世博文化中心)有限公司董事长,负责上海世博会开幕式和闭幕式场馆保障工作、世博文化中心建设及筹组开业和经营。1998年评为上海市三八红旗手、全国女职工先进标兵、第四届上海市优秀青年企业经营者(金鹰奖)。2000年评为上海市劳动模范。2010年获中共中央、国务院授予的"上海世博先进个人"称号。

唐余琴(1954年12月—)

女,籍贯江苏阜宁。2006年毕业于中央党校研究生院经济学专业,研究生学历。1972年入职中科院上海光机所,历任党支部书记、团委书记。1985年调入中共上海市纪律检查委员会,历任副主任科员、主任科员。1994年起历任中共上海市纪委、上海市监委宣传教育副主任、第二党风室副主任、办公厅副主任、执法室主任、纠风室主任等职。2007年起任上海文广新闻传媒集团纪委书记、上海广播电视台纪委书记。协助党委加强党风廉政建设和反腐败组织协调工作,推进党风廉政建设责任制的分解落实;主持研究纪委重要工作,适时开展对党委和上级指示精神的贯彻落实情况和党的纪律执行情况的监督检查;组织开展党纪日常教育和重大主题教育活动,组织调查处理违纪违规案件,加强纪检监察组织体系建设,抓好纪检监察干部队伍建设和能力培养。

朱 建(1955年1月—)

籍贯江西高安。1983年毕业于上海中医学院中医系中医专业,大学学历。1985年进上海电视台,历任编辑、记者、责任编辑。编导的电视科教系列片《征服癌症之路》获1989年度上海市优秀广播电视节目一等奖、全国优秀电视专题节目三等奖。编导的电视系列片《手到病除》获1991年度全国第二届优秀电视教育节目评选普教类二等奖。编导的电视专题片《共同的心愿》获2005年度上海广播电视奖电视社教类三等奖。2010年评为高级编辑。

李 淳(1955年1月—)

女,曾用名"李忠民",播音名、笔名"淳子",籍贯山东莱阳。1988年毕业于上海教育学院中文系汉语言文学专业,大学学历。1993年进上海东方广播电台,历任《相伴到黎明》《明星传真》《半个月亮》《三个女人一台戏》《老唱机》《淳子咖啡馆》栏目编辑、节目主持人。主持的节目《和龙应台对话》获1998年上海广播电视奖"播音与主持作品"三等奖。与他人合作获"上海市第六届女性题材新闻作品评选金奖"。论文《名人访谈的语言技巧及其他》获第五届全国广播电视主持人节目优秀论文"金笔奖"二等奖。2005年评为一级编辑。著有《与名人约会》《名人访谈》《白天睡觉的女人》《上海闲女》《张爱玲地图》《上海老房子,点点胭脂红》。

瞿新华(1955年4月—)

籍贯江苏太仓。1985年毕业于上海大学文学院,研究生学历。1983年进上海人民广播电台,任广播剧编剧。1994年进东方电视台,历任广播剧、影视剧、舞台剧编剧、制片人。2002年评为一级编剧。创作改编的《纸月亮》获第五届精神文明建设"五个一工程"奖。创作改编并担任制片人的电视剧《忠诚》获第八届精神文明建设"五个一工程"奖。创作的广播剧《永远的深情》获第八届精神文明建设"五个一工程"奖、1999—2000年度中国广播影视大奖。创作的广播剧《收获阳光》获第七届中国广播剧专家奖金奖、2007—2008年度中国广播影视大奖。2000年获"上海十佳电视艺术工作者""中国百佳电视艺术工作者"称号。2002年获"全国十佳电视制片人"称号。曾任上海视觉艺术学院兼职教授。

林定祥(1955年9月—)

籍贯福建福州。1988年毕业于上海市静安区业余大学微型计算机应用专业,大专学历。2001年获荷兰马斯特里赫特经济管理学院工商管理硕士学位。1980年进上海电视台,历任技术员、助理工程师、工程师、高级工程师。1981年起任上海电视台技术部业务秘书。1987年进上海市广播电视局技术中心,历任主任工程师、总工程师。2001年进上海文化广播影视集团,历任技术开发部主任、副总工程师。2004年起任上海东方明珠(集团)股份有限公司副总裁。2005年评为高级工程师(教授级)。在上海广播电视行业工作期间,参与广电大厦播出系统新建、广播大厦系统新建、上视大厦新闻系统新建等技术管理工作,负责上海广播电视技术从模拟向数字电视过渡的策划和管理工作。在东方明珠(集团)公司工作期间,策划地面数字电视、移动电视建设和改造,担任国家发改委下达的"地面高清数字电视实验平台建设"项目技术负责人。曾任国家广电总局电视标准委员会委员。主编《数字电视系统测量与监测》。

李建胜(1955年10月—　)

籍贯安徽肥东。1987年毕业于北京电影学院摄影系,大专学历。1975年进上海科教电影制片厂,1995年"影视合流",进东方电视台,历任电影照明、电影摄影师、电视摄像师。参与拍摄的科教片《实验动物》获1992年文化部优秀影片奖。参与拍摄的电影纪录片《90年代初的上海》获上海市第二届优秀对外宣传品"银鸽奖"。参与拍摄的电视专题片《谢晋和他的〈鸦片战争〉》1997年获中国电视文艺星光奖专题节目类三等奖。参与拍摄的音乐电视片《回家过年》获第十七届中国电视文艺星光奖二等奖。参与拍摄的申博片《上海》2002年获中国电视"金鹰节"电视广告片优秀作品奖。2007年评为一级摄影(像)师。

徐建敏(1955年10月—　)

籍贯浙江宁波。1981年毕业于上海师范大学电视工程专业,大专学历。2001年获荷兰马斯特里赫特经济管理学院工商管理硕士学位。1981年进上海电视台发射台工作。1990年参加筹建东方明珠广播电视塔。2000年组建上海东华广播电视网络有限公司,任总经理。2003年任文广科技(集团)公司副总裁。2007年评为高级工程师(教授级)。1991—1993年连续三年获"上海市重大工程先进工作者"称号。论文《建立广播电视为内容支付的理念》2004年获中国电影电视技术学会论文三等奖。论文《HDM-505.1.3k数字电影播放器》2010年获国家广电总局优秀论文奖。

俞　幸(1955年10月—　)

女,籍贯上海。1988年毕业于上海音乐学院小提琴专业,大专学历。1969年进上海交响乐团任小号演奏员。1972年进上海芭蕾舞团任小号演奏员。1986年进上海轻音乐团任首席小号、乐队队长。1994年进上海广播乐团任首席小号、铜管声部长。1995年进上海广播交响乐团任首席小号、铜管声部长。2008年评为一级演奏员。

王仲伟(1955年12月—　)

籍贯浙江鄞县。大专学历,2004年获上海交通大学安泰经济与管理学院高级工商管理硕士学位。1976年起任上海第五制药厂团委副书记、书记。1981年进上海青年管理干部学院,历任青工教研室教员、主任。1988年起任共青团上海市委副书记、上海青年管理干部学院副院长。1990年兼任上海市青联主席。1993年任上海市新闻出版局党委副书记。1995年任文汇报社党委书记、副总编辑。1997年起任中共上海市委副秘书长、市委对外宣传办公室(市政府新闻办公室)主任,文汇新民联合报业集团党委书记、社长,中共上海市委宣传部副部长兼东方网党委书记。2002年任中共上海市委常委、宣传部部长。2009年任中共中央对外宣传办公室(国务院新闻办公室)副主任。中共第十七次全国代表大会代表。

王　豫(1955年12月—　)

女,笔名"王喻",籍贯山东日照。2001年毕业于复旦大学新闻学专业,大学学历。1987年进上海电视台,历任《上海电视》杂志记者、编辑、编辑室主任、副主编、主编,每周广播电视报社副总编、总编,上海文广新闻传媒集团节目资料中心副主任、主任,上海音像资料馆馆长。1995年采写的通讯《薛范,一首不曾流传的歌》获中国广播电影电视报刊一等奖、上海广播电视奖一等奖。1997年的述评《快乐的囚徒刘晓庆》获全国广播电视期刊一等奖。1998 年的特写《电视节目主持人选拔大赛断想》获全国广播电视期刊一等奖。2006 年的论文《分众化时代的挑战与应对——广播电视报发展之路探索》获第五届上海新闻论文奖一等奖。获 1993—1994 年度上海市三八红旗手称号。2004 年获第五届上海市韬奋新闻奖。2006 年评为高级编辑。兼任上海市期刊协会副会长、全国广电期刊专业委员会会长、全国省级广电报专业委员会副会长、中国广播电视协会信息资料委员会副会长、全国音像资料馆协作会副理事长。

王小明(1955 年 12 月—)

籍贯浙江温州。2007 年毕业于解放军工程指挥学院经济管理系,大学学历。1991 年任上海市少儿图书馆馆长。1998 年任上海市文化局图书馆美术处处长。2000 年任上海市文化广播影视管理局社文处处长。2008 年起任上海博物馆副馆长、上海市文化广播影视管理局副局长。1996 年评为图书馆副研究馆员。同年评为全国文化系统先进工作者。1998 年开始从事群文管理工作,参与组织《上海群文三年规划》制定。参与《上海市社区文化管理规定》、社区文化中心相关文件起草。组织完成上海文化信息资源共享工程农村基层服务点建设。推进社区文艺指导员派送工作创建,实现市属文艺院团和全市社区文化中心全覆盖。推进上海国家级非物质文化遗产名录图典编印项目,在上海非遗普查基础上建立了资源数据库。曾兼任上海市图书馆学会副理事长。

任仲伦(1955 年 12 月—)

籍贯浙江宁波。1982 年毕业于上海师范大学中文系,大学学历。2005 年获上海交通大学高级管理人员工商管理硕士学位。1983 年任上海师范大学中文系副主任。1995 年评为教授。1996 年起任文汇报社《文汇电影时报》主编、上海市委宣传部文艺处处长。2001 年起任上海市作家协会党组副书记、副主席,中国作家协会全国委员会委员。2003 年起历任上海文化广播影视集团副总裁,上海电影(集团)公司党委书记、总裁,上海电影制片厂厂长,上海国际电影节组委会副主席兼秘书长。带领上影集团四次评为全国文化企业 30 强,两次评为全国文化体制改革先进企业,先后获中国电影华表奖优秀出品人奖、中国电视剧产业突出贡献出品人奖,获全国文化体制改革先进个人、上海市领军人物等称号。主持创作电影《三峡好人》《2046》《东京审判》《色戒》《辛亥革命》《高考1977》等,以及电视剧《亮剑》《爱情公寓》等,获威尼斯国际电影节、戛纳国际电影节、华表奖、金鸡奖、百花奖、金马奖等多个奖项。担任编剧的电影《走出西柏坡》《可爱的中国》获精神文明建设“五个一工程”奖。撰写《新时期电影》获全国高校电影学术著作一等奖。著有《电影艺术教程》《新时期电影论》《中国山水审美》等。上海市第十二届人大代表。

屠茹英(1956 年 1 月—)

女,籍贯浙江宁波。1985 年毕业于中国人民武装警察上海市总队政治部高中班,高中学历。1987 年进上海电视台译制部任演员。曾主演《飞燕曲》《哭笑不得》《越狱女囚》《播种幸福的人》《苏醒》等 20 多部影片和《日出》《一江春水向东流》《孽债》80 多部电视剧。担任主演的电视剧《昨日军统》1990 年获全国首届录像片评比优秀奖。担任主要角色的电视剧《孽债》获 1995 年度上海广播电视奖电视剧一等奖。参演的电视剧《穷街》1986 年获中国电视剧飞天奖和第四届中国电视“金鹰节”优秀单本电视剧奖。参演的电视剧《窗台上的脚印》获第十七届保加利亚普罗夫迪“金匣子”奖。参演的电视剧《天梦》1992 年获中国电视剧飞天奖一等奖。参演的电视剧《逆火》1995 年获德国柏林国际广播电视节“亚洲未来奖”和 1995 年广东华语电视“银穗奖”。2010 年评为一级演员。

王 玮(1956 年 2 月—)

籍贯河北永清。1986 年毕业于上海市徐汇区业余大学中国语言文学专业,大专学历。1975 年进上海科教电影制片厂任电影解说员。1988年进上海电影译制厂任译制片配音演员。1992年进上海东方广播电台任《夜鹰热线》主持人。1995年进上海电视台译制部,历任电视译制片导演、译制部副主任。译制导演的美国电视剧《叶卡捷琳娜女皇》获第三届中国广播电视学会译制片奖一等奖。主持的《夜鹰热线——"呼唤轻生者"》节目获1992年度上海广播电视奖社教节目三等奖。参与译制配音的澳大利亚电视剧《荆棘鸟》获1999年中国电视剧飞天奖译制片奖。2005年评为一级演员。

林罗华(1956年2月—)

籍贯浙江宁波。1988年毕业于华东师范大学夜大学中文系,大学学历。2005年获上海交通大学高级管理人员工商管理硕士学位。1976年进上海电视台,历任采访科记者、副科长、新闻部(中心)副主任、主任。2000年起先后任上海东方电视台副台长、新闻娱乐频道党总支书记、总监,上海文广新闻传媒集团电视新闻中心党委书记、上海文广新闻传媒集团副总裁、上海广播电视台副台长。2009年评为高级编辑。组织实施一系列重大事件、活动的宣传报道,包括"香港回归祖国""青藏铁路通车""5·12汶川地震""北京奥运会""上海世博会"等,多个节目获中国新闻奖、中国广播电视奖、上海新闻奖。论文《流程再造与提高电视新闻核心竞争力》评为第六届上海新闻论文奖一等奖、第十五届上海新闻奖二等奖。创办《新闻观察》《热线传呼》《媒体大搜索》等栏目。1998年获第三届上海韬奋新闻奖,2000年获全国广电系统先进工作者称号,2005年新闻娱乐频道评为全国文明单位,2008年获上海市五一劳动奖章。

达世新(1956年2月—)

籍贯江苏镇江。1982年7月毕业于上海师范大学中文系,大学学历。1982年进上海市广播事业局,历任上海人民广播电台编辑、记者、节目监制,上海文广新闻传媒集团综艺部制作人,故事频率副主任。2004年评为一级编辑。编剧的广播剧《采访外的采访》获第三届全国广播剧本大赛一等奖。合作编制的广播连续剧《汽车人》获2003年精神文明建设"五个一工程"奖。合作编制的小说连播节目《最长的一日》获2006年中国广播影视大奖。论文《新闻媒介中的文艺与新闻性》获中国广播电视学会举办的第一届广播文艺论文大赛一等奖。著有《广播电视创意奇葩——获奖作品选及创作手记》。

李智平(1956年4月—)

籍贯浙江绍兴。1982年毕业于华东师范大学中文系,大学学历。2005年获新加坡南洋理工大学工商管理硕士学位。1980年进青年报社,历任记者、采访部主任。1984年任青年报副总编辑,主持创办《生活周刊》兼主编。1988年起任青年报社社长、总编辑、党委书记。1996年评为高级编辑。2000年参与筹建东方网,历任东方网副主任、东方网股份有限公司董事长兼总裁。将青年报社发展为拥有一份日报、两份周报及三份杂志的报刊传播联合体。上海市第八、九届政协委员。曾任中国记协理事、全国青联常委、中国青年报协副会长兼报纸委员会主任。编著有《新青年手册》《走向不惑之路》。

张 哲(1956年7月—)

籍贯江苏苏州。1983年毕业于华东政法学院经济法专业,大学学历。1974年进上海燎原农场工作。1983年进全国人大常委会办公厅联络局工作。1984年任全国人大常委会机关团委书记。1985年进铁道部办公厅任部员,1986年任信访处副处长。1988年进国务院台湾事务办公室研究组、经贸组,历任副处长、处长。1991年任中共中央统战部处长。1992年起历任上海市陆家嘴金融贸易区开发公司总经理助理、副总经理,上海浦东发展(集团)有限公司代总裁、总裁、副董事长、党委副书记。1996 年评为高级经济师。2002 年任上海市文化广播影视管理局副局长。2009 年任上海市文化广播影视管理局巡视员,上海大剧院艺术中心党委书记、总裁,上海大剧院院长。为规范涉外演出,创建境外表演团队和个人到中国演出过程中遵守法律约束的承诺制度,被文化部推广为全国涉外演出报批条件之一。2008 年组织江浙沪青年评弹演员"金榜大赛",通过电视转播使一批青年演员脱颖而出。积极开拓市场,多渠道寻求社会资金赞助,并将募集的资金用于降低票价,让更多观众走进大剧院。获第三届上海市十大杰出青年称号。中共上海市第十次党代会代表,上海市第十三届人大代表。

盛亚飞(1956 年 7 月—)

籍贯上海。1983 年毕业于上海农学院园艺系园林专业,大学学历。1971 年进南汇县书院公社,历任外灶大队团支部书记、团委副书记、外灶大队党支部副书记。1983 年上海农学院留校工作。1984 年先后借调中共上海市委组织部工作。1985 年起任上海县委副书记、书记。1990 年起任上海市郊县工业管理局副局长。1992 年进上海东方明珠股份有限公司,历任党委书记、董事长、总经理。1998 年起任崇明县委书记。2003 年起任上海市郊区工作党委副书记,上海市农业委员会党组副书记、副主任。2006 起任松江区委书记。在东方明珠股份有限公司任职期间,落实以资产为纽带的经营管理模式,形成以东方明珠广播电视塔的传输与经营为龙头,以房地产、旅游、商贸实业为两翼的四大经营支柱,使公司取得可观的社会效益和经济效益。1986 年获全国普法先进个人。1994 年评为高级经济师。2000 年获全国科教兴县先进个人。2002 年获"国家级生态示范区建设优秀领导"称号。2009 年获"全国社会综合治理和平安建设先进领导"称号。中共上海市第九届委员会委员,第十届全国人民代表大会代表,上海市第九、十一、十二、十三届人民代表大会代表。

杨 进(1956 年 8 月—)

女,籍贯江苏常州。1987 年毕业于上海音乐学院声乐系在职大专班,大专学历。1973 年进上海广播乐团,任歌唱演员兼演员队队长。2000 年进小荧星艺校任副校长兼教务长。2007 年评为一级演员。作为小荧星合唱团团长、指挥,带领小荧星获 2009 年第四届全国童声合唱金奖、2010 年维也纳青少年艺术节合唱金奖。

李 琦(1956 年 9 月—)

籍贯陕西西安。1999 年毕业于西北工业大学飞机系飞机设计专业,研究生学历。1980 年进中国航空工业第六〇三研究所,历任党委秘书、所长秘书、办公室副主任、主任,所长助理、副所长。2001 年起任陕西省广播电视信息网络股份有限公司总经理、党委书记。2008 年起历任上海文广科技发展有限公司总经理、党委书记,上海市广播科学研究所所长。参加的广电宽带互联网项目获2003 年度陕西省广播影视科技创新奖一等奖。2003 年评为高级工程师(教授级)。

徐 赛(1956 年 11 月—)

籍贯陕西岐山。2008 年毕业于中央党校经济学系经济管理专业,研究生学历。1980 年进宁夏电视台,历任新闻记者、新闻部副主任、主任、副台长。1997 年起任宁夏回族自治区广播电视厅党组成员,1998 年起任宁夏电视台台长。2003 年起历任上海东方传媒有限公司总制片人、副总经理,上海文广新闻传媒集团体育频道总监,上海电视传媒公司总经理,影视剧中心副主任,2010 年起任上海东方传媒集团有限公司重大题材创作办公室副主任。拍摄的新闻报道《领导与群众对话解决吃菜难》1987 年获全国电视新闻奖一等奖。拍摄的新闻报道《弹指一挥间——沙坡头治沙》1989 年获全国电视新闻特别奖。拍摄的新闻报道《一个值得国营大中型企业重视的问题》1991 年获第二届全国"现场短新闻"一等奖。1998 年评为高级记者。

郭克榕（1957 年 1 月—　　）

女,籍贯江苏阜宁。1986 年毕业于中国人民解放军国防科技大学计算机专业,研究生学历,工学硕士学位。1999 年转业进上海市广播电影电视局工作,历任局信息中心副主任、节目资料中心主任(上海音像资料馆馆长)、上海文广新闻传媒集团总编室副主任、人力资源部主任。2003 年评为高级工程师(教授级)。在军队从事科研工作期间曾参与多项超级计算国防科研工程项目,其中《并行化软件环境 KD－PASTE(1.0)》《银河－Ⅲ分布并行计算技术》等 6 项获国防科工委科技进步奖二等奖。组织撰写的获奖论文有:《SMG 数字版权管理规划探讨》获 2007 年度全国广播影视系统优秀科技论文一等奖;《硬盘自动播出方案》获 2003 年度中国电影电视技术协会科技论文三等奖。

刘建宏（1957 年 2 月—　　）

籍贯江苏张家港。1990 年毕业于上海工业大学广播电视工程专业,大学学历。2007 年获上海交通大学安泰经济与管理学院高级工商管理硕士学位。1979 年进上海电视台,历任上海电视台电视技术部业务秘书,上海市广电局技术中心技术科副科长、副总工程师、技术保障部主任,上海文广集团技术中心总工程师,上海文广新闻传媒集团技术管理部副主任、技术中心副主任。2005 年评为高级工程师(教授级)。推进电视数字化、网络化和高清化进程,主持的获奖项目有:"第一财经业务平台"项目 2009 年获国家广电总局科技创新奖、工程技术奖一等奖、上海市科学技术奖二等奖;"虚拟演播室互动系统开发与应用"项目 2009 年获国家广电总局科技创新奖、科技成果与技术革新奖一等奖。

陈再现（1957 年 3 月—　　）

籍贯浙江黄岩。1982 年毕业于上海科学技术大学无线电系无线电与信息工程专业,大学学历。1982 年进上海市广播事业局无线处。1991 年起历任上海市广电局技术中心广技部主任工程师、中心主任助理、传送播出部副主任兼卫星地球站站长、文广集团技术开发部广播电视主管、上海文广新闻传媒集团传送播出部主任。2009 年起任上海广播电视台资产管理部主任。1991 年获"全国广播电影电视系统先进工作者"称号。参与的上海广播电视卫星地球站建设与开发研究项目获 2000 年度上海市科技进步奖二等奖。参与的地球站系统改造项目获 2006 年上海市科技进步奖三等奖。2000 年获上海市广播电视技术维护个人一等奖。2001 年评为高级工程师(教授级)。参与编著《电信实用技术大典》。

何建华（1957 年 4 月—　　）

籍贯江苏南通。1982 年毕业于复旦大学新闻系,大学学历。2006 年获复旦大学高级管理人员工商管理硕士学位。1982 年进青年报社,先后任记者、新闻部负责人、驻北京记者、专刊部主任。1993 年调入新民晚报社,任特稿部记者、经济部副主任。2000 年调入中共上海市委宣传部,先后任新闻出版处副处长、处长、副巡视员。2002 年评为高级记者。2005 年任文汇报社党委副书记、副总编辑(主持编辑工作)。2008 年任上海文化广播影视集团副总裁。第十一届上海市政协委员,第五届上海市新闻工作者协会副主席。参与采写的《战地重访》系列报道获 1994 年上海新闻奖一等奖,编辑的长篇通讯《方永刚:真情传播真理》获第十八届中国新闻奖一等奖和上海新闻奖特别奖。著有《社会大换乘》《大地的警醒》《巨变——上海城市重大工程建设实录·新城建设》,主编《镝鸣江海》及文汇报驻外记者作品选萃《地球村——追风裁云》。

梅洛奇（1957 年 4 月—　　）

籍贯浙江海盐。1982 年毕业于上海工业大学(夜大学)广播电视专业,大学学历。1995 年进上海广播电视局技术中心任摄影师。2003 年进上海电视台,历任财经频道、东方卫视摄像师。参与摄影的戏曲电视剧《盘丝洞》获第十五届中国电视剧飞天奖。参与摄影的电视晚会《1995 中国民族风——56 个民族音乐舞蹈邀请展演》获第九届中国电视文艺星光奖电视歌舞类特别奖。参与摄像的《上海·悉尼——2000 年的跨越》获第十四届中国电视文艺星光奖音乐节目一等奖。参与摄像的《同在星空下——第十四届中国电视文艺星光奖颁奖晚会》获第十五届中国电视文艺星光奖综合节目一等奖。参与摄制的戏曲电视剧《司马相如》获第十八届中国电视剧飞天奖戏曲电视连续剧一等奖、第十六届中国电视金鹰奖优秀戏曲电视剧奖。2007 年评为一级摄像师。

田安莉(1957 年 6 月—)

女,籍贯河北武安。1982 年毕业于辽宁师范大学中文系,大学学历。1987 年进沈阳电视台任记者。1994 年进上海东方电视台任记者。2001 年进上海电视台任采访部副主任。2004 年起任上海文广新闻传媒集团新闻娱乐频道专题部主任。2006 年起历任电视新闻中心评论部主任、栏目部主任。2000 年获上海市三八红旗手称号。2004 年获上海范长江新闻奖。2008 年评为高级记者。任创作总监的大型电视系列片《回到苏州河》获 2009 年度上海广播电视奖一等奖。任总编导的电视文献纪录片《突围》获 2012 年度中国广播电视奖专题类一等奖。论文《论新闻传媒对突发公共事件的引导和化解》获第十届全国广播电视学术论文一等奖。著有新闻作品集《记录改革时代》。

刘家祯(1957 年 7 月—)

籍贯浙江镇海。1994 年毕业于上海大学文学院(夜大学)电视节目制作专业,大专学历。1988 年进上海电视台,历任译制部配音演员、节目主持人。2007 年评为一级演员。主配的译制片《回首又见他》1999 年获国家广电总局飞天奖。1993 年获首届"上海十佳优秀青年演员"提名奖。1997 年获"普陀区十大杰出青年"称号,普陀区第十、十一届政协委员。

邬志豪(1957 年 9 月—)

籍贯浙江镇海。1988 年毕业于上海交通大学夜大学电子技术专业,大学学历。1976 年进上海电视台,历任新闻胶片洗印、灯光、录音、摄像、时政新闻组组长、新闻综合频道采访部主任。曾 8 次获中国新闻奖,24 项全国优秀电视新闻奖。合作采制的电视消息《黄浦江上游引水一期工程通水》获 1987 年度全国优秀电视新闻节目评选特等奖。合作采制的电视消息《南浦大桥成为上海人民心中的丰碑》1991 年获中国新闻奖一等奖。合作采制的《上海 20 万市民迁居浦东》获 1992 年度上海新闻奖一等奖。合作制作的《愿圣火长燃不灭——东亚运动会留给我们的思考》获 1993 年全国电视新闻奖一等奖。1988 年获上海市"十佳记者"称号。1994 年获全国范长江新闻奖、上海市"十大杰出青年"称号。1995 年获上海市"建设功臣"称号。2004 年评为高级记者。著有《奔向新闻地带——邬志豪电视新闻作品选》。

吴孝明(1957 年 9 月—)

籍贯江苏吴县。1997 年毕业于空军政治学院,大学学历。2006 年获复旦大学高级管理人员工商管理硕士学位。1976 年任长江农场文艺宣传队演员。1978 年任昆明军区空军政治部文工团演员。1998 年进上海电视台,历任节目购销中心党支部书记、主任,上海电视台广告节目经营中心党支部书记、主任。1999 年评为高级政工师。2001 年起历任上海文广新闻传媒集团院团管理部主任、上海滑稽剧团团长、上海爱乐乐团团长、上海文广演艺集团副总裁、总裁、党委副书记、书记。2010 任上海电影(集团)公司党委委员、副总裁,上海文广集团演艺总监。期间,参与策划推动上海文艺院团转企改制改革。策划创作 2003 年抗"非典"大型报道剧《非常任务》。策划组织的舞剧《天边的红云》演出逾 200 场,获精神文明建设"五个一工程"奖。策划组织实施的杂技《时空之旅》成为上海第一个驻场演出项目。2003 年评为上海市宣传系统抗非典优秀共产党员。2008 年被评为文化部先进个人。

冯 乔(1957 年 10 月—)

籍贯上海。1982 年毕业于华东师范大学中文系,大学学历。1984 年进上海电视台,历任记者、首席编导、编审。编导的获奖作品有:纪录片《沈漱舟的家》《城墙》分获第四、第五届亚洲电视节未来奖。创制的获奖作品有:纪录片《刘京海与成功教育》1996 年获中国广播电视奖、上海新闻奖、上海广播电视奖 3 项一等奖,纪录片《我的潭子湾小学》1999 年获中国彩虹奖、上海新闻奖、上海广播电视奖 3 项一等奖,纪录片《少林洋弟子》获 2001 年全国电视风光大赛一等奖,纪录片《琵琶情》获 2004 年夏威夷电影节纪录片特别奖,入围加拿大班夫电视节、福冈亚洲电影节和上海电视节。参加编写《电视学引论》。2002 年评为高级编辑。2003 年任上海市新闻高级职称评委会广电学科组评委。

胡敏华(1957 年 10 月—)

女,籍贯浙江临海。2006 年毕业于上海交通大学网络教育学院英语(商务)专业,大学学历。1983 年进上海人民广播电台,历任新闻部记者、编辑、监制、节目主持人、新闻部副主任。2002 年任上海文广新闻传媒集团体育频道副总监、副总经理,兼任新闻采访部主任和广播部主任。采制的现场报道《乐靖宜罗马破世界纪录》获 1994 年上海新闻奖二等奖。采制的越洋同步直播报道《乐靖宜勇夺奥运会女子 100 米自由泳金牌》获 1996 年中国新闻奖二等奖、中国广播奖一等奖、上海新闻奖一等奖。2004 年获第五届"上海市十佳新闻工作者"称号。2006 年评为高级记者。2008 年被中共中央、国务院授予"北京奥运会、残奥会先进个人"荣誉称号。2009 年获邀出席建国 60 周年国庆观礼。任政协上海市长宁区第十届委员会常委、教育和体育委员会副主任。著有《乌拉 北京:北京奥运申办随行采访笔记》。

黄国真(1957 年 10 月—)

籍贯广东南海。1986 年毕业于解放军艺术学院,中专学历。1972 年进南京军区前线歌舞团乐队任演奏员、首席、副分队长。1977 年进南京军区政治部歌舞团乐队任演奏员。1989 年进南京军区政治部前线歌舞团乐队任演奏员。1993 年进上海电影乐团乐队任演奏员。1995 年进上海广播交响乐团任演奏员。1986 年荣立三等功。2006 年评为一级演奏员。先后参与演奏录制《巴山夜雨》《喜盈门》《城南旧事》等六七百部影视音乐作品。

滕俊杰(1957 年 10 月—)

笔名"水木",籍贯江苏苏州。1990 年毕业于复旦大学新闻学专业(自考),大专学历。2006 年获复旦大学高级管理人员工商管理硕士学位。1976 年参军。1986 年进上海电视台,历任文艺部摄像科副科长、文艺部编导。1992 年起历任东方电视台节目部副主任、文艺部主任,上海卫星电视中心节目部主任、上海电视台副台长兼文艺节目中心主任,上海文广新闻传媒集团副总裁,上海广播电视台副台长。执导 2001 年 APEC 上海会议的晚会、2006 年上合组织成立 5 周年文艺晚会、2007 年世界夏季特奥会闭幕式文艺演出、中国 2010 年上海世博会开闭幕式,均任总导演。2003 年评为一级导演。执导《上海·悉尼》《上海·巴黎》《上海·多伦多》卫星双向传送盛典,首创八达岭长城全球直播大型音乐会等。两次获精神文明建设"五个一工程"奖,16 次获中国电视文艺星光奖一等奖,两次获国家广电总局颁发的"最佳导演奖"。策划、导演大型系列电视栏目《飞越太平洋》,1998 年获日本东京"亚洲电视大奖"。论文《向世界表达中国》获 2000 年国家广电总局论文一等奖。2001 年获上海市优秀共产党员称号,2003 年获全国广电系统先进工作者称号,2010 年获中共中央、国务院授予的"世博会先进个人"称号。中国作家协会会员。著有散文集《沧海飞跃》《电视方程式》《凌步拂云》等。

左翼伟(1957 年 11 月—　　)

籍贯湖南湘潭。1995 年毕业于上海音乐学院音乐管理专业,大专学历。1996 年起历任上海东方广播民族乐团团长、上海民族乐团副团长。2000 年评为一级演员。演奏了唢呐协奏曲《走西口》《怒沉》《大风歌》《黄河谣》《敦煌魂》《山丹丹开花红艳艳》《梁山随想》及管子独奏《云山如梦》《小白菜》等民族管乐作品,并在一系列作品中担任独奏和领奏。管乐专辑《云山如梦》获中国台湾严肃音乐金唱片奖。兼任中国民族管弦乐学会常务理事,上海音乐家协会民族管弦乐专业委员会副会长兼秘书长。

程坚军(1957 年 12 月—　　)

籍贯浙江杭州。1989 年毕业于华东师范大学,大学学历,文学学士学位。1976 年入伍,历任班长、排长、干事。1996 年进上海市广播电影电视局,历任局组织人事处主任科员、副处长。2000 年起历任上海市文化广播电影电视局组织人事处副处长、上海文化广播影视集团人力资源部副主任、主任。2010 年任上海电影(集团)公司党委副书记、纪委书记。参与组织实施市广播影视局与市文化局"撤二建一"、组建文广集团、选拔业务骨干出国培训等重点工作。论文《青年干部队伍现状分析及形成培养机制的对策》《上海广播影视系统队伍管理现状分析及建立科学管理机制的思考》,1996 年、1998 年分别获市委宣传部组织人事论文二等奖。《党管人才原则对新时期广电系统队伍建设的重要指导意义初探》2003 年获国家广电总局党建优秀论文奖。2001 年评为高级政工师。2010 年评为高级经济师。

赵复铭(1958 年 1 月—　　)

籍贯上海。1986 年毕业于北京广播学院新闻采编专业,大专学历。1992 年进上海东方广播电台,历任编辑、金融部主任、财经频率总监。2003 年起任上海文广新闻传媒集团第一财经传媒有限公司副总经理兼第一财经广播总监。2010 年起任上海广播电视台监听监视组组长。2010 年评为高级编辑。采制的广播短消息《内环线的支柱》获 1994 年度中国广播奖广播新闻二等奖。采制的广播系列报道《掏粪工人潘银仁》获 1996 年度上海新闻奖二等奖。合作采制的新闻版面《8 月 19 日〈东广早新闻〉》获 1997 年度上海新闻奖一等奖。合作采制的新闻特写《铁肩担道义　中国记者喊出正义之声》获 1999 年度上海新闻奖二等奖。合作采制的新闻报道《8.15 上海军民迎战强台风纪实报道》获上海新闻奖一等奖。

郭　宇(1958 年 2 月—　　)

籍贯北京。1992 年毕业于上海戏剧学院导演艺术及表演艺术专业,大学学历,同年留校任教。1997 年获上海戏剧学院导演系导演艺术及表演艺术专业硕士学位。1997 年进上海电视台,历任文艺节目中心编导、副主任、党支部书记。2002 年起历任上海文广新闻传媒集团戏剧频道总监、综艺部副总监。2007 年起历任上海昆剧团团长,上海京昆艺术中心副总裁、党委副书记,上海文广新闻传媒集团总编室副主任。2008 年评为一级导演。策划的获奖项目有:《第九次 APEC 经济体领导人非正式会议文艺演出》获第十六届中国电视文艺星光奖综艺节目一等奖;戏曲电视选秀节目《越女争锋》获第二十届中国电视文艺星光奖优秀戏曲节目奖;《龙腾盛世贺新年——2006 年 16 省市元旦戏曲晚会》获第二十一届中国电视文艺星光奖优秀戏曲节目奖。2009 年获"全国文化系统先进工作者"称号。

周澍钢(1958 年 4 月—　　)

籍贯江苏连云港。1986 年毕业于中国人民大学中共党史系,大学学历。2002 年获中欧国际工商学院工商管理硕士学位。1986 年起先后在中共上海市委办公厅秘书处和上海市人民政府办公厅秘书处工作,任副处长和正处级秘书。1998年任上海有线电视台常务副台长,1999年任上海有线电视台台长,推进和巩固有线电视专业频道的办台理念,节目质量和广告收入得到很大提升。2001年任上海文化广播影视集团副总裁,兼任第三届上海市广播电视学会副会长。2002—2003年在美国弗吉尼亚大学达顿商学院作交流访问学者。2004年任上海精文投资有限公司总裁,探索确立精文投资作为政府功能性投资公司的定位,在上海文化产业发展中形成重要的推动力量并持续发挥作用。获"2008年上海领军人才"称号。

杨鸣健(1958年4月—)

籍贯江苏常州。2007年毕业于中国人民解放军国际关系学院国际关系专业函授班,大学学历。1986年进上海电视台,任影视演员。2010年评为一级演员。参演过的影视作品500多部(集)。主演电影《独行客》获第十三届大众电影"最佳男主角提名"。主演的电视剧《红蜻蜓》获1992年精神文明建设"五个一工程"奖。主演的电视剧《东江纵队》《嗨!小海军》均获1995年精神文明建设"五个一工程"奖。饰演主要角色的电视剧《红岸——邓小平1929》获2001年中国电视金鹰奖、二十一届中国电视剧飞天奖提名奖。

柯影影(1958年5月—)

女,籍贯浙江温州。1984年毕业于上海市卢湾区业余大学电子自动化专业,大专学历。1976年进上海人民广播电台录音科,任广播录音师。2003年评为一级录音师。录制的广播专题《弄堂随想曲》、广播小说《一场奇怪的雨》、广播专题《蝴蝶恋歌——献给小提琴协奏曲首演50周年》、广播专题《印象平江——苏州的古城保护与更新》分获2005年、2008年、2009年、2010年国家广播电影电视总局广播节目录制技术质量奖一等奖。录制的广播专题《蔬菜音乐新世界》、广播剧《我的爸爸》、广播纪实专题《我们都是志愿者》、广播连续剧《刑警803——午夜疑案》分获2007年、2008年、2009年、2010年国家广播电影电视总局广播节目录制技术质量奖二等奖。

孙启新(1958年6月—)

籍贯江苏沛县。1977年毕业于上海歌剧院学馆,中专学历。同年进上海歌剧院。1988年进上海电视台,历任影视演员、节目主持人、编导,上海电视台艺术团副团长、团长。曾先后参演近300部影视剧,代表作有《三家巷》《我是一片云》《啼笑因缘》《上海的早晨》《家·春·秋》等。主演的电视连续剧《杨乃武与小白菜》获"第三届全国十佳优秀电视演员"和"首届上海十佳优秀青年演员"称号。2007年选为民盟上海市第十三届文化委员会委员。2009年评为一级演员。

袁晔珉(1958年6月—)

籍贯上海。1983年毕业于上海师范大学中文系,大学学历。2007年获复旦大学管理学院工商管理硕士学位。1985年进上海电视台,历任编导、《我们大学生》栏目负责人、文化专题部专栏科科长、社教专题部副主任、八频道副总监、文艺节目中心副主任、社教(海外)节目中心主任。2001年起历任上海文广新闻传媒集团纪实频道总监、党总支书记,文艺频道、大型活动部、艺术人文频道党总支书记。2010年起任上海东方传媒集团有限公司影视剧中心、尚世影业党总支书记。导演的音乐专题片《唱得幸福落满坡》获第十二届中国电视文艺星光奖二等奖。《家在云之南》获第七届全国少数民族题材电视艺术"骏马奖"艺术片一等奖、第十七届中国电视金鹰奖电视专题文艺节目优秀奖。2009年评为一级导演。曾任中国电视艺术家协会电视纪录片学术委员会和中广协会纪录片研究委员会副秘书长。第六届、第七届上海市青联委员。

李永宁(1958年7月—)

籍贯江苏兴化。1982年毕业于上海音乐学院管弦系打击乐专业,大学学历。同年进上海电影乐团管弦乐队任首席打击乐演奏员。1995 年"影视合流",进上海广播交响乐团,历任打击乐声部长、打击乐副首席演奏员。曾任上海音乐家协会管乐定级考试考官。先后参与演奏录制《巴山夜雨》《喜盈门》《城南旧事》等六七百部影视音乐作品。2004 年评为一级演奏员。

凌安安(1958 年 7 月—　)

籍贯北京。1983 年毕业于上海音乐学院小提琴系,大专学历。同年进黑龙江省歌舞剧院任首席和独奏。1986 年借调上海广播电视乐团,历任乐团副首席、首席、独奏演员。1987 年进上海广播电视乐团任乐团首席、独奏演员、第一小提琴演奏员。1978 年获黑龙江省文化厅先进工作奖。1984 年获黑龙江省人民政府记功奖励。1986 年获黑龙江省文化厅省直艺术表演团体比赛"小提琴独奏"奖。2004 年评为一级演奏员。

袁念琪(1958 年 8 月—　)

曾用名"袁小陵",籍贯浙江嵊县。1983 年毕业于上海师范学院政教系,大学学历。1984 年进上海电视台,先后在新闻、社教、经济部、总编室、农村部、电视新闻中心和体育频道等任编辑、责任编辑、科长、制片人和首席编辑。2004 年评为高级编辑。编导的专题《胡鸿飞和他的"两快理论"》获 1997 年全国优秀电视体育节目专题一等奖。《血,不是绿的》获 2006 年全国报纸副刊作品年赛一等奖及上海新闻奖三等奖。与吴薇合作摄制的专题片《十年磨一剑——徐根宝和他的东亚队》获 2009 年上海新闻奖三等奖。著有《上海：穿越时代横马路》《钻钻铜钿眼——一个上海人的日常经济观察》《上海品牌生活》《上海门槛》《上海起步的地方》。上海作家协会会员。

汪建强(1958 年 9 月—　)

籍贯安徽休宁。1981 年毕业于上海师范学院物理专业,大专学历。2006 年获复旦大学高级管理人员工商管理硕士学位。1981 年进上海市广播事业局工作,历任电视播出部工程师、局技术中心电视制作部副主任、主任。1997 年起历任上海市广播电影电视局技术中心副主任、主任,兼上海广播电视卫星地球站站长。2003 年起任上海文广新闻传媒集团副总裁兼技术运营中心主任、技术管理部主任。2009 年起任上海广播电视台副台长。带领团队完成高清电视制作、播出、地面传输的全链路系统建设。主持建设的"大型高清转播集群系统"先后服务于北京奥运会和上海世博会。主持完成的"卫星地球站抗干扰技术研究与应用"和"SMG 新闻共享平台",分获 2006 年、2007 年上海市科技进步奖三等奖、二等奖。1989 年评为上海市劳动模范。1993 年、1995 年评为全国广播电视系统先进工作者。2008 年被列为上海领军人才,2009 年被中宣部列为全国宣传文化系统"四个一批"人才。

高　华(1959 年 3 月—　)

籍贯江苏镇江。1987 年毕业于上海市静安区教育学院电子技术专业,大专学历。2006 年获上海交通大学安泰经济与管理学院高级工商管理硕士学位。1993 年进上海电视台,历任总编室技术调度、主管、副主任。2002 年起历任上海文广新闻传媒集团总编室副主任,上海广电影视制作公司总经理,技术管理部副主任、党总支书记。组织团队取得北京奥运会灯光舞美制作 24％份额,获 2008 年北京奥运会、残奥会开闭幕式"贡献奖"。代表上海制作运营的"国庆 60 周年·国庆彩车"项目获 2009 年首都国庆 60 周年群众游行"贡献奖"。组织制作的"上海世博会舞美灯光"项目获 2010 年中国上海世博会"贡献奖"。2008 年评为一级舞美设计师。

饶　钢(1959 年 9 月—　)

籍贯河北唐山。1986 年毕业于上海师范大学体育教学专业,研究生学历。2005 年获复旦大学新闻学院博士学位。1994 年进上海教育电视台,历任记者、编导、栏目主编、栏目制片人。

2006 年评为高级编辑。创设《招考热线》《招生快讯》《就业指南》《家庭保健》《健康报道》《生命之源》《平安都市》等栏目。任节目制片人的《健康报道》节目获 2006 年度全国教育电视台栏目评比一等奖。

刘忠平(1959 年 9 月—)

播音名"刘峰",籍贯北京。2004 年毕业于上海大学电视编导专业,大学学历。1978 年进上海人民广播电台任播音员、主持人。2008 年评为播音指导。曾多次获全国播音主持优秀论文奖项:《主持——变革中的传播理念》《主持人——流变中的传播新锐》分获第十二届、第十三届优秀播音与主持论文二等奖。《锤炼语言,提升传媒新形象》获 2007 年度全国主持人优秀论文评选三等奖。《用语言展现你的综合素质》获 2010 年度全国主持人优秀论文评选二等奖。

李梦甦(1959 年 10 月—)

籍贯上海。1982 年毕业于陕西机械学院印刷机械专业,大学学历。2004 年获东华大学工学博士学位。1982 年进上海铰链四厂任副厂长。1993 年起历任上海丰华(集团)股份有限公司总工程师、副总裁、总裁。2003 年进上海东方明珠(集团)股份有限公司,历任项目发展部总经理、上海文广手机电视有限公司总经理、上海东方明珠投资管理有限公司总经理,上海东方明珠新媒体股份有限公司所属上海东蓉投资有限公司总经理、上海东秦投资有限公司总经理。2010 年评为高级工程师(教授级)。2009 年获上海市五一劳动奖章。上海市浦东新区第五届政协委员,中国民主建国会上海市浦东新区委员会委员。

徐世平(1959 年 11 月—)

籍贯浙江余姚。笔名"申公无忌""万古球""余心至"。1982 年毕业于中国人民大学新闻系,大学学历。1982 年进新民晚报社,历任体育部记者、副主任,新民体育报常务副主编,评论部副主任、主任。2000 年参与筹建东方网,历任东方网股份有限公司副董事长、总编辑、总裁,东方新闻网站副主任、主任,上海东方网股份有限公司监事。2004 年起任上海市人民政府新闻办副主任、上海市网宣办副主任。采写的通讯《全运会办得有"世界级"模样》获 1987 年上海市好新闻作品一等奖,消息《约翰逊再次欺骗全世界》获 1988 年全国好新闻一等奖、上海市好新闻作品一等奖,通讯《上海主办世界大学生运动会之我见》获 1989 年上海市好新闻作品一等奖。1988 年评为上海市十大青年精英、上海市十佳记者。2005 年获上海长江韬奋奖。出版《如烟旧事》《毁誉人生》《扒着门缝看历史》《脚印》。第八届上海市政协委员。曾任上海市青联常委、全国青联委员。

杨晓明(1959 年 12 月—)

籍贯江苏无锡。1982 年复旦大学新闻系毕业,大学学历。同年进上海人民广播电台,历任记者、编辑、专题科副科长。1992 年起在东方电视台工作,历任记者、责任编辑、综合新闻部副主任。2006 年起历任上海文广新闻传媒集团上视新闻编播部副主任、东视新闻编播部主任、采访部主任、通联新闻部主任。2006 年评为高级编辑。2004 年获第五届"上海市范长江新闻奖"。采编的《来自小汤山的报道》获第十三届"上海新闻奖"一等奖,《刘翔,家乡父老为你骄傲》获第十五届中国新闻奖电视消息二等奖。论文《坚持"三贴近",做好政府与百姓沟通的桥梁》获第七届上海新闻论文二等奖。

郑丽娟(1959 年 12 月—)

女,籍贯浙江上虞。1982 年毕业于复旦大学新闻系新闻学专业,大学学历。1982 年进上海人民广播电台任记者。1992 年进上海东方广播电台任记者。1998 年进上海有线电视台音乐频道,历任副总监、总监。2002 年起历任上海文广新闻传媒集团音乐频道主编、音乐部总监、广播文艺中心主任，上海东方广播公司总经理，上海炫动传播股份有限公司副总经理。2005 年评为一级编辑。采制的录音特写《与世长存的"思乡曲"》获第六届全国优秀节目评选一等奖。策划和监制的电视新闻栏目《娱乐一周看》获第十三届中国电视文艺星光奖优秀栏目奖。监制的广播、电视节目《足迹·回响·明天——纪念改革开放 30 周年诗歌朗诵会》获 2009 年中国广播影视电视综艺晚会节目一等奖、第九届百家电视文艺节目一等奖。

王　玮（1960 年 2 月—　）

籍贯浙江嘉兴。1982 年毕业于上海交通大学电子工程系，大学学历。同年进上海电视台，历任助理工程师、工程师、副科长。1989 年起历任上海市广播电视局技术中心发射部副主任、主任。1992 年任东方明珠传输公司总经理。1998 年任上海市广播电影电视局局长助理兼局技术中心党委书记。1999 年任上海市广播电影电视局副局长。2000 年任上海市文化广播影视管理局副局长。2001 年任上海文化广播影视集团副总裁。2003 年评为高级工程师（教授级）。2007 年任上海市文化广播影视管理局副局长。中共上海市第八次党代会代表。致力上海广播电视行业数字化发展，主持完成国家计委下达的"数字电视地面广播平台"项目，组织推动上海广播电视机构台内数字化、有线电视数字化、有线网络整合和下一代广播电视网（NGB）建设，推动交互式网络电视（IPTV）等新媒体业务发展。组织编著出版《影视特效》《英汉广播电影电视技术缩略语词典》，分获国家广电总局 2007 年度科技创新奖二等奖、三等奖。

鲁书潮（1960 年 2 月—　）

籍贯安徽合肥。1982 年毕业于安徽大学中文系汉语言文学专业，大学学历。1999 年进上海市广播电影电视局，任上海电影艺术研究所影视策划室主任。2001 年任上海市文广局艺术创作中心副主任。2002 年进上海电影集团公司，任创作策划部主任。2004 年进上海文广新闻传媒集团，任影视剧中心副主任。2003 年评为一级编剧。参与制作的电影《男生贾里新传》获 2009 年度中国电影华表奖优秀少儿童牛影片奖。参与制作的电影《任长霞》获第十六届中国电影华表奖最佳故事片奖。

施　明（1960 年 2 月—　）

籍贯上海。2004 年毕业于上海大学影视艺术技术学院广播电视编导专业，大学学历。1985 年进上海电视台任摄像师。拍摄的越剧电视连续剧《魂断铜雀台》1993 年获全国戏曲电视剧"蓬勃奖"二等奖。拍摄的文艺专题片《你好，莫斯科》获第九届中国电视文艺星光奖一等奖。拍摄的文艺专题片《家在云之南》获第七届全国少数民族题材电视艺术"骏马奖"艺术片一等奖、中国电视金鹰奖电视专题文艺节目优秀奖。参与合作拍摄的获奖节目：《五洲风——1999 中英双语元旦晚会》《第九次 APEC 经济体领导人非正式会议文艺演出》分获第十三届、第十六届中国电视文艺星光奖综艺节目一等奖，《上海、巴黎 2001 的跨越——卫星双向传送音乐盛典》获第十六届中国电视文艺星光奖音乐节目一等奖。《我们成功啦——上海市庆祝申博成功大型联欢活动》获第二十一届中国电视金鹰奖综艺节目优秀作品奖。2007 年评为一级摄像师。

许志伟（1960 年 2 月—　）

笔名"言午"，籍贯浙江慈溪。1982 年毕业于复旦大学历史学系，大学学历。2006 年获复旦大学高级管理人员工商管理硕士学位。1982 年进上海人民广播电台，历任编辑、编辑室主任、副台长，上海卫视中心副主任，上海文广新闻传媒集团体育频道党总支书记，上海广播电视台电视新闻中心副主任。2003 年评为高级编辑。参与组织与中央电台合作的《上海五国元首第六次会晤现场直播》节目获第十二届中国新闻奖一等奖；合作采制的电视新闻评论节目《聚焦医患第三方》获第二十二届中国新闻奖一等奖;合作采制的广播新闻《乐靖宜勇夺金牌》1994 年获中国新闻奖二等奖。2010 年获"世博先锋一线行动'五带头'共产党员""上海世博工作先进个人"称号。

何继良(1960 年 7 月—   )

籍贯浙江舟山。1982 年毕业于上海工业大学政治理论专业,大学学历。2006 年获复旦大学高级管理人员工商管理硕士学位。1982 年起历任上海工业大学人文部教师、党委宣传部部长,上海大学党委宣传部副部长(正处级)。1994 年评为副教授。1995 年进中共上海市委宣传部,历任宣传处处长、上海市精神文明建设委员会办公室副主任,市委宣传部秘书长、机关党委书记等职。2009 年 8 月任东方新闻网站党委书记,10 月任上海文化广播影视集团党委委员。

苏家雯(1960 年 10 月—   )

女,曾用名"苏寒""江南吟""慧泉",籍贯浙江鄞县。1988 年毕业于上海大学美术学院书籍装帧专业,大专学历。1995 年进上海电视台工作,任《上海电视》、每周广播电视报社美术编辑。设计版面《2000 年中国突破》获 2000 年全国广播电视期刊美术类一等奖。设计版面《世界杯完全视听宝典》获 2007 年全国省级广播电视报专业委员会美术一等奖。参与设计的《哈哈画报》获 2007 年、2008 年中国版协连环艺委会颁发的"优秀整体策划""优秀封面"奖。创作的绢画长卷《中国地毯长河》获 1999 年度"大世界基尼斯之最"证书。2010 年评为一级美术设计师。

林伟明(1960 年 11 月—   )

籍贯浙江宁波。1983 年毕业于南京通信工程学院卫星通信专业,大学学历。1986 年进上海电视台,历任技术中心播出科副科长、电视播出部主任、上海东方广播电视技术公司副总经理、上海图文电视信息公司总经理、上海市文化广播影视管理局技术中心副主任。2004 年起任上海文广新闻传媒集团技术运营中心主任、党委书记,带领技术团队完成 1993 年东亚运动会、1997 年全运会、2001 年 APEC 峰会、2008 年北京奥运会、2010 年上海世博会等大型活动技术保障,带领团队完成几十项广播电视采编播传存技术系统研发和建设。2001 年评为高级工程师(教授级)。2009 年被推选为"上海市领军人才"。主持的科研项目"上海广播电视卫星地球站建设与开发研究"获 2001 年度上海市技术进步奖二等奖。主持的"中国 2010 年上海世博会国际广播电视中心系统"项目获国家广电总局 2011 年度科技创新突出贡献奖。兼任国家广电总局科技委员会专业委员、上海电影电视技术协会副理事长,《电视工程》杂志主编,上海市政府采购评审专家。

朱国顺(1961 年 9 月—   )

籍贯江苏溧阳。1984 年毕业于复旦大学中文系,大学学历。同年进新民晚报社,历任记者,文化部副主任、主任,新闻部负责人,政法部主任。2006 年任东方网副主任。在东方网工作期间,推动重要时政类新闻即时直播报道,首创上海两会全团及小组审议现场实况直播报道,《东方直播》逐步发展成为东方网重要品牌栏目。合作采写的通讯《提前拨通 21 世纪的号码》获第五届中国新闻奖二等奖。参与采写的《战地重访》系列报道获 1994 年上海新闻奖一等奖。制作的《陆家嘴论坛直播专题》获第十九届中国新闻奖二等奖、上海新闻奖一等奖。1991 年获"上海市新长征突击手"称号。2004 年评为高级记者。2008 年获上海长江韬奋奖。主编出版《论道陆家嘴》,著有《苍山如海》,合著《五色梦华录》《战地重访》等。

王建军(1961 年 11 月—   )

女,籍贯山东淄博。2003 年毕业于中央党校经济管理专业,研究生学历。1982 年起历任共青团上海县委学少部部长、副书记,上海县梅陇乡副乡长。1985 年起历任共青团上海市委常委、少年部部长、办公室主任。1996 年 9 月—1997 年 3 月作为访问学者赴美国伊利诺伊大学。2006 年 8

月—2007年2月作为访问学者赴美国万博宣伟国际公关公司。1997年任中共上海市委对外宣传办公室、上海市人民政府新闻办公室秘书处处长。2001年任中共上海市委宣传部办公室主任。2002年任中共上海市委办公厅秘书。2005年任中共上海市委对外宣传办公室、上海市人民政府新闻办公室副主任。2010年任上海广播电视台党委书记、上海东方传媒集团有限公司执行董事。主编《上海概览》书籍、《上海》光盘、《上海印象》画册、《上海协奏曲》形象片等。参与主编的《世博读本》《世博百位名人谈上海世博》《我们的微笑——2010上海世博会精彩瞬间》书籍,分别获全国金桥奖出版物类画册类一等奖、全国外宣出版物评估专题类一等奖和上海市银鸽奖一等奖。

汪　艇(1962年1月—　)

籍贯浙江宁波。1983年毕业于上海大学无线电技术专业,大学学历。1983年进上海市广电局技术中心,历任副科长、中心副主任。1998—2001年,作为上海市第二批援疆干部,任新疆阿克苏地区广电局副局长、电视台副台长。2001年起任上海文化广播影视集团技术运营中心副主任。2010年评为高级工程师(教授级)。主持建设的电台总控辅助一体化系统项目获2006年度国家广电总局科技创新二等奖。主持建设的中国2010年上海世博会国际广播电视中心系统(IBC)项目获2010年度国家广电总局科技创新特等奖。2010年被授予"上海世博会优秀个人"称号。曾兼任中国录音师协会常务理事、上海录音师协会理事长。

刘鹏波(1962年10月—　)

籍贯辽宁凌海。1993年毕业于中央党校政治专业,大学学历。1986年进入辽宁省葫芦岛电视台,历任记者、编辑、专题部主任、社教中心主任、社会生活频道总监。2003年引进到青浦区广播电视台工作,历任新闻部副主任、主任,总编室主任,专题部主任。2003年评为高级编辑。2004—2009年连续三届被评为青浦区拔尖人才、学术带头人。采制的短新闻《农民殷仁良突发脑溢血政府直升机紧急救援》获2010年上海新闻奖二等奖,《让退伍兵带着工作回家》获2006年度上海广播电视奖一等奖、上海新闻奖三等奖。

宗　明(1963年1月—　)

女,籍贯江苏宜兴。2005年毕业于上海大学社会学专业,研究生学历,法学博士学位。曾任中共川沙县委办公室副主任、川沙县团委书记、浦东新区团工委副书记、团市委常委。1997年任团市委副书记、浦东新区团工委书记。1999年赴澳大利亚Latrobe大学MBA学习。2001年任上海电视台党委书记,2002年任上海文广新闻传媒集团党委书记。2006年任中共杨浦区委副书记、区长。2009年任中共上海市委宣传部副部长。2002年评为高级政工师。在文广新闻传媒集团频道、频率专业化和广播电视等媒体集团化的改革过程中,加强领导班子思想政治建设和党风廉政建设,创建行风和职业道德建设网络化教育平台;加强干部和人才队伍建设,创造性提出并实施"双通道"人才晋升制度,探索"双向选择、竞聘上岗,以岗定薪、优绩优酬、绩效考核"等,推进人事和薪酬制度改革;组建全国首家媒体机构博士后流动工作站;推动文明单位创建活动,传媒集团旗下一个频道2005年获全国文明单位称号,11家单位被评为2005—2006年度上海市文明单位;推进"蓝天下的至爱"等优秀公益品牌项目建设;探索媒体管理文艺院团新机制,加大对文艺院团的投入,打响"时空之旅"等一批文化品牌。1988年获"上海市新长征突击手"称号,2000年获"上海市巾帼建功先进工作者"称号。上海市第十三届人大代表。

姜　迅(1963年1月—　)

籍贯江苏武进。1984年毕业于复旦大学新闻学院,大学学历。2006年获复旦大学高级管理人员工商管理硕士学位。1984年进上海电视台,历任记者、编辑、《新闻透视》栏目组组长、新闻中心采访部副主任、新闻中心副主任、新闻综合频道副主编。2003年进上海市委宣传部,历任新闻出版处副处长、处长。2010年起兼任上海世博会宣传及媒体服务指挥部宣传策划部执行副主任、新闻发布与突发新闻应对部副主任。2009年评为高级编辑。合作采制的专题新闻《江总书记千里牵红线 国资跨地经营有新路》获第六届中国新闻奖二等奖。2002年获第四届上海韬奋新闻奖。2010年被上海市人民政府授予一等功。

杨跃杰(1963年1月—)

籍贯浙江镇海。1989年毕业于华东师范大学成人教育学院经济管理专业,大学学历。1993年进上海东方广播电台,历任记者、编辑、制片人。2006年起历任上海文广新闻传媒集团音乐部电视部副主任、艺术人文频道艺术二部副主任。合作采制的栏目《怀旧金曲》获2006年百家电视台电视文艺节目创优评选文艺栏目类一等奖。合作采制的节目《庆祝新中国六十华诞 黄河大合唱诞生70周年大型歌会》获第二十二届中国电视文艺星光奖电视音乐节目大奖、第二十五届中国电视金鹰奖优秀文艺节目奖。2010年评为一级编辑。

唐　萍(1963年4月—)

女,籍贯浙江绍兴。1985年毕业于华东师范大学中文系中文专业,大学学历。1985年进上海电视台任电视编导,1992年起历任东方电视台青少部主任、文艺部主任、大型策划总监、上海文广新闻传媒集团少儿频道副总监、上海儿童国际文化发展有限公司总经理、上海文广新闻传媒集团综艺部副总监、新娱乐有限公司副总经理。2007年评为一级导演。参与执导的《'97上海国际魔术节暨首届上海国际魔术比赛开幕式》获第十二届中国电视文艺星光奖曲艺杂技节目地方组一等奖。2003年参与执导的《我们成功啦——上海市庆祝申博成功大型联欢活动》获第二十一届金鹰奖综合电视文艺节目优秀作品奖。创排儿童音乐梦幻剧《马兰花》2006年获上海优秀文艺作品创作优秀作品奖。参与执导《APEC景观焰火表演》《上海世博会开幕式室外大型景观表演》《中国国家馆日文艺晚会》等多项国家级演出。2002年获第二届"上海十佳电视艺术工作者"称号;2010年获"上海世博工作优秀个人"称号。

贝兆健(1963年12月—)

籍贯江苏苏州。1985年毕业于上海对外贸易学院对外经济贸易系,大学学历,同年留校任教。1998年毕业于华东师范大学国际金融系,获硕士学位。1988年任中国驻毛里求斯大使馆商务处商务随员。1991年起历任上海对外贸易学院讲师、外事办公室副主任。1997年起历任上海市文化局外事处副处长、处长,上海市文化广播影视管理局外事处处长、局办公室主任、副局长。负责文化广播影视产业发展和外事管理等工作,参与首届中国上海国际艺术节等重大文化节庆活动的筹办,协调推进中华艺术宫、当代艺术博物馆等上海市重要文化场馆的新建和改建。主编出版《WTO与现代服务业》等专著,著有《浅论中国外汇储备适度规模》《中国与亚太经济合作组织研究》等。兼任上海欧美同学会WTO分会副会长、上海文化联谊会会长。

陶丽娟(1963年12月—)

女,籍贯江苏南京。1988年毕业于复旦大学新闻学系广播电视专业,研究生学历。2008年获中欧国际工商学院工商管理硕士学位。1988年起历任上海电视台新闻部记者、东方电视台新闻中心记者、党支部书记、副主任。2001年起历任东方电视台新闻娱乐频道副主编、主编。2005年起任上海文广新闻传媒集团电视新闻中心副主任。2006年评为高级编辑。采制的长消息《巴金:为香港回归而欢呼》、短消息《庄严而普通的一票》分获第七届、第八届上海新闻奖三等奖。采制的长消息《申博喜获成功,申城欢乐无眠》获2002年中国广播电视新闻奖一等奖、上海广播电视新闻奖一等奖。2002 年 4 月 3 日《东视新闻》编排获 2002 年度中国广播电视新闻奖三等奖。2004 年获第五届上海韬奋新闻奖。

陈　琪(1964 年 1 月—　)

籍贯湖北黄陂。1988 年毕业于华中理工大学新闻系新闻学专业,大学学历。2007—2008 年加拿大女王大学访问学者。1988 年进湖北电视台,任新闻部副科长。1998 年进上海电视台,历任栏目制片人、新闻专题部副主任、专题节目总制片人、上海文广新闻传媒集团电视新闻中心评论部副主任、纪实频道副总监、节目资料中心副主任、主任,上海音像资料馆副馆长、馆长。2008 年评为高级编辑。采制的《欠债百万的患难夫妻》《库页岛上的希望》分获 2003 年第十三届中国新闻奖电视专题片二等奖、2000 年中国广播电视奖二等奖。论文《试论电视新闻"看"的价值》获 1992 年度中国新闻学术年会优秀论文奖;《让现实告诉未来——兼论纪录片现实题材创作观念的转型》获第十八届上海新闻论文奖一等奖。2004 年获第五届上海韬奋新闻奖。

吕智凡(1964 年 2 月—　)

籍贯山西运城。1985 年毕业于复旦大学新闻系新闻学专业,大学学历。1985 年进中国新闻社,1988 年调入《珠海特区报》,历任记者、采编部负责人。2006 年进上海文广新闻传媒集团,历任体育频道记者、编辑。连续两年采制的全民健身计划系列综合报道分获 1995 年、1996 年度广东省优秀报道奖。采制的系列报道《"亚运回眸":特色亚运与干净的亚运》和评论《亚运也要创名牌》分获 1999 年第十三届亚运会全国好新闻评选二等奖、三等奖。论文《体育舆论导向说》获第三届广东新闻奖新闻论文奖。2009 年评为高级编辑。参与编著《璀璨五星》丛书。

陈　梁(1964 年 3 月—　)

籍贯四川金堂。1988 年毕业于复旦大学新闻系广播电视专业,研究生学历。2010 年获复旦大学新闻学院传播学博士学位。1988 年进上海电视台,历任新闻部采访科记者、副科长,新闻部编辑组副组长。1992 年进上海东方电视台,历任报道部主任、新闻中心主任、副台长。2000 年起任上海东方广播电台副台长。2003 年起历任上海卫星电视中心主任、党总支书记,上海东方卫视传媒有限公司总经理、总编辑。2006 年起历任上海文广新闻传媒集团总裁助理、党委委员,上海东方传媒有限公司副总裁、重大题材创作办公室主任。撰写论文《在东视,尝试一种新闻》获 1993 年全国新闻改革论文一等奖。参与采制的电视长消息《一次成功的迫降》获 1998 年中国新闻奖二等奖。参与策划的广播新闻版面《9·11 特别报道》获 2001 年上海新闻奖一等奖。策划监制的电视剧《历史的天空》获第二十五届中国电视剧飞天奖、第十届精神文明建设"五个一工程"奖。策划监制的电影《男生贾里新传》获第十三届电影华表奖。2002 年评为高级编辑。

嵇　炯(1964 年 3 月—　)

曾用名"江昂",籍贯上海。1985 年毕业于复旦大学新闻系新闻学专业,大学学历。1985 年进上海翻译出版公司,历任编辑、责任编辑、编辑部副主任。1995 年进上海东方电视台,历任新闻部责任编辑、主编;2002 年起历任上海文广新闻传媒集团新闻综合频道《新闻坊》制片人、新闻编播部副主任、采编部策划总监,电视新闻中心总编室副主任、法制节目总制片人。参与创办并担任制片人的《新闻坊》栏目获得 2003 年度中国广播电视奖十佳新闻栏目奖。担任总策划、总撰稿的大型新闻直播节目《巅峰之旅——青藏铁路通车七一大直播》获第十六届上海新闻奖一等奖、2005—2006 年度中国广播影视大奖优秀电视现场直播类大奖。2009 年评为高级编辑。

郑　宏(1964 年 3 月—　)

女,籍贯湖北武汉。1986 年毕业于上海音乐学院管乐系小提琴专业,大专学历。1986 年进上海舞剧院任演奏员。1988年进上海芭蕾舞团任演奏员。1993年进上海广播交响乐团任演奏员。1991年参与与苏联国家大剧院芭蕾舞团合演芭蕾舞剧《斯巴达克斯》的演奏。1992年参与与日本松山芭蕾舞团合演舞剧《胡桃夹子》的演奏。2009年评为一级演奏员。

李蓓蓓(1964年6月—)

女,播音名"方舟",籍贯河南汤阴。1987年毕业于北京广播学院播音系播音专业,大学学历。2007年获复旦大学新闻学院新闻学硕士学位。1987年进上海人民广播电台,历任新闻播音员、音乐节目主持人、音乐部副主任、交通频率副主编、广播新闻中心综合节目部主任,传媒集团播音主持主管、传媒集团播音主持业务指导委员会主任。主持的"雀巢咖啡音乐时间"节目获1992年纽约国际广播音乐节"系列节目银奖"。1994年获全国广播电视十佳节目主持人金话筒奖。担任播音的音乐专题《琵琶与吉他——丝绸之路上的姐妹花》1997年获第六届上海国际广播音乐节"金编钟"奖。论文《为你的思想插上飞翔的翅膀》《严肃音乐节目的主持艺术》分获中国广播电视学会播音学研究委员会优秀播音与主持论文一等奖、全国广播电视主持人节目研究会"金笔奖"论文评选一等奖。1994年获上海市劳动模范称号。1995年获全国先进工作者称号。上海市第九次党代会代表,第十、十一届上海市政协委员。2002年评为播音指导。

朱咏雷(1964年7月—)

籍贯上海。1985年毕业于复旦大学新闻系,大学学历。2006年获中欧国际工商学院高级工商管理硕士学位。1985年7月进入上海电视台任新闻部记者。1989年起任上海电视台团委书记、上海市广电局团委副书记。1992年9月参与筹建东方电视台,历任报道部副主任、编委、总编室主任、副台长。1997年7月起历任上海市广播电影电视局局长助理、上海电视台党委副书记、常务副台长、台长、总编辑,上海卫星电视中心主任,上海文化广播影视集团副总裁,东方明珠(集团)股份有限公司党委书记、董事长,上海文广新闻传媒集团党委书记、总裁,东方网党委书记,世博集团有限公司副总裁,上海世博局副局长,上海市文化广播影视管理局党委副书记、局长,上海市文物局局长。2007年评为高级编辑。担任主要作者采制的电视新闻系列报道《复旦大学领导与学生协商对话形成制度》获1986年全国好新闻一等奖;电视新闻《谢百三的课为何受欢迎?》获1988年全国优秀电视新闻一等奖。作为主要负责人研发的"网上中国2010年上海世博会"项目获上海市科技进步奖一等奖。1989年获"上海市新长征突击手"称号并获"五四奖章",1991年评为全国优秀新闻工作者,2000年获上海市范长江新闻奖。中共上海市第八次党代会代表,上海市第十三届人大代表。曾兼任第三届中国电视艺术家协会副主席,第五届上海市新闻工作者协会副主席,第八、九届上海市青联副主席,第三届上海市广播电视学会副会长。

胡 茜(1965年1月—)

女,籍贯江苏无锡。1986年毕业于上海大学文学院中国语言文学专业,大学学历。1986年进上海人民广播电台,任文艺部记者、编辑、监制。1996年进上海有线电视戏剧频道任编导。2001年进东方电视台戏剧频道任导演、栏目制片人。负责编辑的"戏迷俱乐部"获1988年全国戏曲广播节目一等奖;编导的电视专题片《记忆:上海戏曲三十年拾萃》获2010年中国电视戏曲兰花奖专题类一等奖。2009年评为一级编辑。

金 琳(1965年2月—)

女,籍贯上海。1986年毕业于复旦大学中文系中国语言文学专业,大学学历。1986年进上海电视台译制部,历任配音演员、导演。参与配音的电视剧《根》获第一届中国广播电视学会电视译制节目奖一等奖。合作导演的译制片《大饭店》获1995年度中国广播电视学会电视译制节目奖二等奖。导演并主配的电视剧《伊丽莎白·泰勒传》获 1997 年度中国广播电视学会译制节目奖二等奖。担任主要角色配音的译制片《烽火情缘》获 1997 年度中国广播电视学会译制节目奖一等奖。2000年导演并配女主角的电视剧《回首又见他》获第十九届中国电视剧飞天奖译制片奖。担任主要配音的译制片《荆棘鸟》获第十九届中国电视剧飞天奖译制片奖。2008 年评为一级演员。

石　玮(1965 年 2 月—　)

女,籍贯浙江定海。1986 年上海大学文学院中国语言文学专业毕业,大学学历。1986 年进上海人民广播电台,历任记者、有线戏剧频道制片人、东方卫视综艺栏目副总导演。2010 年评为一级导演。2002—2007 年为上海优秀传统表演艺术整理抢救小组成员。2007 年主创导演的《越女争锋——越剧青年演员电视挑战赛》获中国广播影视大奖。2010 年任世博庆典广场迎新晚会副总导演,获上海世博工作优秀个人称号。

乐建强(1965 年 3 月—　)

籍贯浙江宁波。1986 年毕业于复旦大学新闻系新闻学专业,大学学历。2006 年获复旦大学管理学院高级管理人员工商管理硕士学位。1986 年进上海人民广播电台,历任新闻编辑室副主任、节目监制、新闻中心台总监助理、新闻中心副主任、台长助理,上海文广新闻传媒集团交通频率总监兼主编,广播新闻中心主任、党委副书记。2004 年评为高级编辑。与他人合作的广播访谈节目《质疑上海二期课改》获 2007 年中国新闻奖一等奖。与他人合作的广播系列报道《借力科技创新,百年电车变脸》获 2007 年中国新闻奖三等奖。与他人合作的连续报道《浦东机场新建蓄车场配套设施从不完善到完善》获 2009 年中国新闻奖二等奖。与他人合作的广播长消息《静安创建文明城区从 488 的几包垃圾开始》获 2010 年中国新闻奖三等奖。2000 年获"全国百佳新闻工作者"称号。2009年获上海领军人才专项资助。

史　宏(1965 年 3 月—　)

籍贯上海。1987 年毕业于上海师范大学中文系中国语言文学专业,大学学历。1995 年进东方电视台,历任编导、综艺晚会导演、栏目制片人、栏目部主任,上海文广新闻传媒集团电视新闻中心国内新闻部主任、总编室主任,上海看看牛视网络传播有限公司副总经理。担任总导演、制片人的《共度好时光》栏目获 1998 年中国电视文艺星光奖优秀栏目奖。与他人合作导演的《歌从这方来——第三届外国人演唱中国歌大赛》获 1996 年度中国电视文艺星光奖音乐节目一等奖。与他人合作导演的《南欢北笑迎新年——2003 元旦笑的晚会》获第十七届中国电视文艺星光奖曲艺杂技节目一等奖。任总导演的大型新闻直播节目《巅峰之旅七一大直播》获第十六届上海新闻奖一等奖和中国广播影视优秀电视现场直播类大奖。1999 年策划组织的"踊跃报名捐献骨髓"公益活动获"1999 年度上海市社会主义精神文明十佳好事"称号。2009 年评为一级导演。主编出版《终极对话》《名医大会诊》。

朱　涛(1965 年 3 月—　)

籍贯江苏武进。1986 年毕业于复旦大学新闻系新闻学专业,大学学历。2006 年获中欧国际工商学院高级管理人员工商管理硕士学位。1986 年起在空军政治学院担任教学工作。1995 年进入上海广电系统,历任上海东方电视台、上海卫星电视中心、上海电视台总编室副主任、主任,上海文广新闻传媒集团总编室主任。2003 年起先后在上海电视台新闻综合频道、第一财经日报社、电视新闻中心等单位任频道总监、社长、党委书记。2008 年评为高级编辑。主持开发了国内第一套电视节目选题申报、播出编排、标引入库、检索统计的计算机管理系统。论文有《第一财经日报社发行体系再造》《风雨兼程十五年》。

赵　洁(1965年4月—　)

女,籍贯浙江平湖。1986年毕业于复旦大学中文系,大学学历。1986年进上海人民广播电台,历任戏曲编辑、主持、戏曲科副科长、科长,文少部副主任,上海文广新闻传媒集团戏文频率副主编、综艺部广播综艺部主任、上海东方广播有限公司戏剧部总监。2005年评为一级编辑。编辑的专栏《越沪艺苑》获1994年首届中国广播文艺奖一等奖。参与编辑主持的文学专题《祖国在我心中》、编辑撰稿的戏曲故事《舞台姐妹》、与他人合作编辑的戏曲专题《越剧电影红楼梦的诞生》分获1995年、2002年、2006年上海广播电视奖一等奖。参与主创的《足迹·回响·明天——改革开放30周年诗歌朗诵会》获2009上海广播电视奖一等奖。2001年获首届"全国十佳戏曲编辑"称号。

刘　蕾(1965年5月—　)

女,籍贯山东利津。1987年上海科技大学无线电专业毕业,大学学历。1987年进上海广电局技术中心,历任录音科副科长、科长。2005年评为一级录音师。参与录制的广播专题《大昭寺交响》、广播纪实录音《千里寻女》获国家广电总局2003年度全国广播节目技术质量奖(金鹿奖)语言类节目一等奖;参与录制的广播剧《妈妈睡觉的样子》、环绕声片头《广播影院》分获2007年度和2009年度(金鹿奖)广播剧类节目一等奖、环绕声类节目一等奖。2000—2010年连续十一年被国家广电总局聘为全国广播节目技术质量奖评审委员会委员。

徐国庆(1965年10月—　)

籍贯江苏南通。2003年毕业于上海大学影视艺术技术学院广播电视编导专业,大学学历。1987年进上海电视台任技术中心录音师。2009年评为一级录音师。录制的民乐《月儿高》获1999年度国家广电总局广播节目技术质量奖一等奖。合作录制的电影《卧虎藏龙》原声专辑获第四十四届美国格莱美最佳电影原声专辑奖。合作录制的广播剧《少年邓小平的故事》获2004年度国家广电总局广播节目技术质量奖一等奖。合作录制的广播剧《猎人和狼》获2009年度国家广电总局广播节目技术质量奖(金鹿奖)一等奖。

何兰卿(1966年1月—　)

女,籍贯浙江余姚。1989年毕业于上海音乐学院大提琴专业,大学学历。1989年进上海交响乐团任演奏员。1993年进上海乐团任演奏员。1997年进上海歌剧院交响乐团任大提琴副首席。2004年进上海爱乐乐团任演奏员。1988年获第一届全国全级别大提琴比赛青年组表演奖。1993年获全国大提琴比赛独奏表演奖。2008年评为一级演奏员。

高韵斐(1966年1月—　)

籍贯江苏海门。1988年毕业于上海大学文学院社会学系,大学学历。2003年获中欧国际工商学院工商管理硕士学位。1988年进入上海电视台,先后任编辑、新闻中心采访部副主任、编辑部主任、新闻中心副主任、台团委书记。策划主持并采访编辑《新闻透视》栏目,连续报道《6 000万元亏损为何无人知晓》获第五届中国新闻奖二等奖、中国电视新闻奖一等奖。1995年获"上海市新长征突击手"称号,1996年获"全国广播电影电视系统先进工作者"称号。获第二届全国"金话筒奖"最佳广播电视节目主持人评选银奖和"全国百优广播电视节目主持人"称号。1998年任中共上海市委宣传部新闻出版处副处长。2000年评为主任记者。2000年起历任上海有线电视台副台长、上海电视台副总编辑兼财经频道总监、上海第一财经传媒有限公司总经理、上海第一财经报业有限公司董事长、上海文广新闻传媒集团广告经营中心主任、上海文广新闻传媒集团副总裁兼东方卫视董事长。2009年任上海文汇新民联合报业集团副社长。第九届上海市政协常委,第十、十一届上海市政协委员兼文史资料委员会副主任。曾任第九届全国青联委员,第八、九、十届上海市青联常委,第四届上海市新闻学会副会长,第四届上海电视艺术家协会副主席,第四、五届中国报业协会副会长。

沈 刚(1966年10月—)

籍贯上海。1989年毕业于上海戏剧学院导演系话剧导演专业,大学学历。1989年进上海沪剧院任导演。2008年进东方电视台娱乐频道任制片人、导演。执导栏目有《老娘舅》《开心公寓》《噱占上海滩》《快乐三兄弟》《哈哈笑餐厅》等。2006年评为一级导演。执导的沪剧《我心握你手》获1998年上海国际艺术节新剧目奖、第八届中国人口文化奖戏曲一等奖。执导的电视情景喜剧《老娘舅》之"健身男女"获第二十三届中国电视剧飞天奖优秀短剧奖。执导的沪剧《心有泪千行》获第十一届中国人口文化奖戏曲银奖。执导的滑稽戏《总算认得侬》《喜从天降》《哭笑不得》分获2006年、2008年、2010年上海市新剧目评选"优秀作品奖"。

徐 威(1966年11月—)

籍贯江苏盐城。1990年毕业于北京国际关系学院国际新闻系,大学学历。2004年获中欧国际工商学院工商管理硕士学位。1990年进上海人民广播电台,从事英语新闻采访和播音工作。1992年进上海东方广播电台,历任记者、新闻部主任。1997—1999年被派至英国金融时报上海分社工作。2001—2003年在市委宣传部新闻出版处挂职锻炼。2003年参与组建东方卫星电视中心,历任上海东方卫视传媒有限公司总经理、总编辑,上海东方卫视中心主任。2006年评为高级记者。2007年借调上海世博会事务协调局任新闻宣传部部长、新闻发言人。

朱 宏(1967年1月—)

女,籍贯上海。1989年毕业于复旦大学哲学系,大学学历。同年进上海电视台,历任社教中心编导、纪实频道栏目制片人等。担任栏目制片人的《档案》系列历史题材纪录片拥有较好的收视率和口碑。2009年《档案》栏目被《综艺》杂志誉为"综合评价最佳的纪录片栏目",其作品《一篇报道和一首歌的故事》获2002年度上海广播电视奖电视社教类一等奖;《纤笔一枝谁与似——丁玲与上海》获2004年度上海广播电视奖电视社教类一等奖。2010年评为高级编辑。

张亚敏(1967年3月—)

女,籍贯江苏吴江。1989年毕业于华东师范大学物理学专业,大学学历。同年进上海市广播电视局工作,先后在局研究室、总编室任科员、副主任科员。2005年进上海文广新闻传媒集团发展研究部,任学术期刊《广播电视研究》责任编辑。论文《上海电视:在特质人文的折射下》《谁赢得了首播大战》分获2000年、2010年中国广播电视学会学术论文一等奖。策划编排的专题研讨《频道专业化》获2002年中国广播电视学会学术期刊优秀编辑一等奖。2010年评为高级编辑。主编《老电视人·口述历史》和《老广播人·口述历史》。

胡劲军(1967年11月—)

籍贯浙江宁波。1990年毕业于复旦大学新闻学院,大学学历。2005年获上海交通大学高级管理人员工商管理硕士学位。1990年进解放日报社,先后任编辑、记者、评论员,解放日报社团委书记。1995年5月起历任中共上海市委宣传部新闻出版处副处长、宣传处副处长(正处级),新民晚报驻美国记者站记者。1999年4月任上海卫星电视中心党总支书记、副主任、副总编辑。2000年4月起历任上海东方电视台党委副书记、台长,上海文广新闻传媒集团党委副书记、执行副总裁。2003年12月起历任新民晚报社党委书记、总编辑,文汇新民联合报业集团党委副书记、社长,上海世博会事务协调局党委委员、副局长。2010年6月任上海申迪(集团)有限公司党委副书记、总裁。采写的通讯《"亲和之旅"——江泽民主席访美侧记》获第七届上海新闻奖一等奖。兼任第十届全国青联常委,第十一届共青团上海市委常委,第三届上海市广播电视学会副会长,第五届上海市记协副主席,第八、九届上海市青联副主席,上海市第十一届政协委员。

金维一(1967 年 12 月—　)

籍贯浙江镇海。2001 年毕业于复旦大学新闻学院,研究生学历。1990 年进上海电视台,历任记者、主持人,上海卫视新闻主编,上海文广新闻传媒集团第一财经电视频道副主编、影视剧中心副主任,上海电视传媒公司常务副总经理、上海东方传媒集团有限公司重大创作办公室副主任。采编的获奖新闻有:《从漫画看中国》获 1997 年中国新闻奖二等奖,《冬日访灾区》获第八届上海新闻奖二等奖。撰写的获奖论文有:《电视观众的情感》获 1995 年中国广播电视学术优秀论文评比一等奖,《电视观众的心理定势》获 1996 年中国广播电视学术优秀论文评比一等奖,《电视感知》获第一届上海新闻论文奖二等奖。2006 年评为高级记者。著有《电视观众心理学》《背包地理》《带着偏见上路》,英文版《Into the Amazing Puzzles》。

朱晓茜(1968 年 2 月—　)

女,籍贯山东东营。1993 年毕业于复旦大学外文系英语语言专业,研究生学历。1993 年进上海电视台,历任记者、责任编辑、制片人。2010 年起任上海外语频道资讯部主任。2008 年评为高级编辑。执导的纪录片《我们变化的家园》获第十三届国际海洋电视节最佳纪录片铜鹰奖、蒙特卡洛电视节金仙女奖、中国彩虹奖一等奖;任总导演的大型纪录片《中国通》获上海市第二届优秀对外宣传品银鸽奖一等奖、上海广播电视奖二等奖。策划、制作的纪录片《NANCY 看上海》2010 年获中国广播影视对外电视节目大奖。著有电视外语类图书《朝九晚五:白领学英语》,参与编译《意见与异见》。

张大钟(1968 年 10 月—　)

籍贯江苏吴县。1991 年毕业于上海大学文学院社会学系,大学学历。2004 年获中欧国际工商学院工商管理硕士学位。1991 年参与筹建上海有线电视台,1992 年任上海有线电视台节目部副主任,1993 年起历任上海有线电视台体育频道总监、台长助理,上海电视台体育频道党总支书记、主编,上海文广投资有限公司副总经理,上海文广互动电视有限公司总经理。2003 年起任上海文广新闻传媒集团总裁助理、集团总编室主任兼任上海东方宽频传播有限公司总经理。参与创建上海文广互动电视有限公司、上海东方宽频传播有限公司、东方龙新媒体有限公司、上海百视通电视传媒有限公司。2006 年任上海文广新闻传媒集团副总裁。2009 年任上海广播电视台副台长。2000 年评为"上海文化新人""上海市新长征突击手"。2010 年获得"中国传媒学院奖年度传媒人物"称号。

刘敬东(1968 年 12 月—　)

笔名"孙旒",籍贯辽宁锦州。2010 年毕业于上海交通大学媒体与传播学院传播学专业,研究生学历。1991 年进北京广播学院出版社学报编辑部,历任责任编辑、编辑室主任。1997 年进上海广播电视局任节目中心(上海音像资料馆)编辑。2000 年进上海电视台任编辑。2003 年任上海文广新闻传媒集团节目资料中心(暨上海音像资料馆)副主任、副馆长。与他人合作编导的新闻专题《上海张家宅 1978—1998》获第八届上海新闻奖一等奖、1997—1998 年度中国彩虹奖新闻专题一等奖。主编《上海电视栏目志(1958—2008)》获第六届全国广播电视学术著作三等奖。2008 年评为高级编辑。2010 年获第四届全国广播电视"十佳百优理论人才"称号。

秦朔(1968 年 12 月—　)

籍贯河南沈丘。2009 年毕业于中山大学企业管理专业,博士研究生学历。1990 年进广州南风窗杂志社,历任编辑、编辑室主任、编辑部主任、副社长、副总编辑、总编辑。2004 年进上海文广新闻传媒集团,历任第一财经日报社总编辑、党委副书记、第一财经报业有限公司总经理、第一财经传媒有限公司总经理、上海东方传媒集团有限公司副总裁、上海广播电视台党委委员。2002年评为编审。合作评论类新闻片《实体经济偏冷 应予以更多关注》获第二十一届中国新闻奖三等奖。2005年获"中国十大传媒人物"称号。2007年获第七届上海韬奋新闻奖。

李守静(1969年1月—)

曾用名"李刚",籍贯山东莘县。1993年毕业于中国人民大学新闻系新闻学专业,大学学历。1993年进中央人民广播电台,历任编辑、节目主管、机关党委办公室副主任。2001年进上海文广新闻传媒集团,历任集团驻北京记者站站长,北京文广佳业文化发展有限公司董事长、总经理。参与策划、采写的专题报道《废墟上崛起的中国科技》获2000年度中国新闻奖一等奖。参与策划、采写的《惊心动魄的21小时——"神舟"号试验飞船飞行纪实》获2000年度中国科普广播奖一等奖。2006年评为高级编辑。

黎瑞刚(1969年6月—)

籍贯广东中山。1994年毕业于复旦大学新闻学院,研究生学历,文学硕士学位。1994年进上海电视台工作,历任编导、制片人、新闻中心编辑部副主任。1998年任上海市广播电影电视局总编室副主任。参与创作拍摄的电视纪录片《长征·世纪丰碑》获1996年上海广播电视奖特等奖。1998年获首届"上海文化新人""上海市新长征突击手"称号。1998年任中共上海市委办公厅秘书。2001年任上海文化广播影视集团总裁助理。2001年8月—2002年4月,赴美国哥伦比亚大学作访问学者。2002年7月起历任上海电视台台长、上海文广新闻传媒集团总裁、上海文化广播影视集团副总裁。2004年评为高级编辑。2009年任上海广播电视台台长、上海东方传媒集团有限公司总裁。上海市第十三届人民代表大会代表,第十届上海市政协委员。兼任第五届上海市新闻工作者协会副主席、第三届上海市广播电视学会副会长、第四届中国电视艺术家协会副主席。

褚晓波(1970年3月—)

籍贯浙江缙云。1992年毕业于吉林大学考古专业,大学学历。1992年参加工作,历任宁波市文物保护管理所所长、宁波市文物考古研究所所长、宁波博物馆馆长。2010年起任上海市文化广播影视管理局副局长、上海市文物局副局长。长期从事文物保护、考古、博物馆等业务和行政管理工作,先后主持50余项重要古遗址、古窑址、古墓葬的考古发掘工作,其中主持发掘的宁波永丰库遗址被评为"2002年全国十大考古新发现"之一。在省级以上刊物发表《秦建都咸阳与北方部族关系试说》等专业报告和论文20余篇,参与《和义路古船科技保护与修复专项项目》等省级以上科研课题6项。主编、参与执笔《21世纪博物馆核心价值与社会责任》《傅家山——新石器时代遗址发掘报告》等13部著作。2005年评为文博副研究员,具有国家考古发掘个人领队资格。兼任中国博物馆协会常务理事。

杨燕青(1971年4月—)

女,籍贯河南西平。1998年毕业于复旦大学经济系政治经济学专业,博士研究生学历,约翰斯·霍普金斯大学访问学者。1998年进解放日报任记者。2004年进第一财经日报社,历任编委、副总编辑、第一财经研究院院长。2008年评为高级记者。曾采访全球百余位中央银行家、财长、政要领袖和经济学家。主持《经济学人》《燕青访高端》等电视访谈节目。创办第一财经金融价值榜、首席经济学家调研、预测未来、人民币指数等多个项目产品。主持、推动编撰和主编《中国金融风险与稳定报告》《中国和全球制造业竞争力报告》《中国金融周期研究》《G20与中国》《中国创新力报告》。第十三届上海市政协委员。

白　瑞(1971年5月—　　)

女,曾用名"白芮",籍贯吉林榆树。1993年毕业于哈尔滨师范大学中文系汉语言文学专业,大学学历。同年进黑龙江人民广播电台,历任广播主播、新闻广播主持人。2009年被引进上海文广新闻传媒集团,历任东广新闻台新闻主播、上广新闻频率《直通990》节目主持人。2008年评为高级记者。2008年获全国播音主持人金话筒奖。2013年再度获得全国播音主持人金话筒奖。

李　蓉(1971年10月—　　)

女,籍贯浙江杭州。2006年毕业于复旦大学新闻学院,研究生学历,文学硕士学位。1993年进解放日报社工作,历任夜班编辑部见习编辑、经济部记者、副主任。2004年调入市委外宣办(市府新闻办),任新闻发布处处长。2008年任《文汇报》副总编辑。2010年9月任上海广播电视台副台长。2006年评为高级记者。5次获中国新闻奖、5次获上海新闻奖一等奖,其中2001年度通讯《上海的辉煌　祖国的辉煌》、2002年度通讯《壮丽的发展诗篇》获中国新闻奖一等奖。获全国百佳新闻工作者、全国三八红旗手、上海市十大杰出青年、中宣部"四个一批"领军人才、上海范长江新闻奖、上海市三八红旗手标兵、上海市优秀专业技术人才称号。上海市第十二届人大代表,第十一、十二届全国青联委员,兼任第十一届上海市青联副主席。

第三章 人物表、录

表 10-3-1 1987—1992 年上海广播电视系统中共全国党代会代表情况表

姓 名	当选年份	名 称
龚学平	1987 年	中共第十三次全国代表大会代表
	1992 年	中共第十四次全国代表大会代表

表 10-3-2 2008 年上海广播电视系统全国人大代表情况表

姓 名	当选年份	名 称
叶惠贤	2008 年	全国第十一届人大代表

表 10-3-3 1978—2008 年上海广播电视系统全国政协委员情况表

姓 名	起始年份	名 称
苏 新	1978 年	第五届全国政协委员
叶惠贤	1993 年	第八届全国政协委员
	1998 年	第九届全国政协委员
	2003 年	第十届全国政协委员
马博敏	2003 年	第十届全国政协委员
施大畏	2003 年	第十届全国政协委员
	2008 年	第十一届全国政协委员
马博敏	2008 年	第十一届全国政协委员

表 10-3-4 1986—2007 年上海广播电视系统市党代会代表情况表

姓 名	当选年份	名 称
李森华	1986 年	中共上海市第五次党代会代表
邹凡扬	1986 年	中共上海市第五次党代会代表
龚学平	1986 年	中共上海市第五次党代会代表
朱在望	1992 年	中共上海市第六次党代会代表
金闽珠	1992 年	中共上海市第六次党代会代表
贾树枚	1992 年	中共上海市第六次党代会代表
龚学平	1992 年	中共上海市第六次党代会代表
李蓓蓓	1997 年	中共上海市第七次党代会代表
赵 凯	1997 年	中共上海市第七次党代会代表

（续表）

姓　名	当选年份	名　　称
贾树枚	1997 年	中共上海市第七次党代会代表
郭大康	1997 年	中共上海市第七次党代会代表
王　玮	2002 年	中共上海市第八次党代会代表
尤纪泰	2002 年	中共上海市第八次党代会代表
叶志康	2002 年	中共上海市第八次党代会代表
朱咏雷	2002 年	中共上海市第八次党代会代表
毛　方	2007 年	中共上海市第九次党代会代表
印海蓉	2007 年	中共上海市第九次党代会代表
李蓓蓓	2007 年	中共上海市第九次党代会代表
张德明	2007 年	中共上海市第九次党代会代表
陈燮君	2007 年	中共上海市第九次党代会代表
黎瑞刚	2007 年	中共上海市第九次党代会代表
薛沛建	2007 年	中共上海市第九次党代会代表
穆端正	2007 年	中共上海市第九次党代会代表

表 10‐3‐5　1979—2008 年上海广播电视系统市人大代表情况表

姓　名	当选年份	名　　称
何　允	1979 年	上海市第七届人大代表
陈　冀	1979 年	上海市第七届人大代表
郑英年	1979 年	上海市第七届人大代表
高秀英	1979 年	上海市第七届人大代表
李　莉	1983 年	上海市第八届人大代表
邹凡扬	1983 年	上海市第八届人大代表
冯秉友	1988 年	上海市第九届人大代表
金国祥	1988 年	上海市第九届人大代表
金闽珠	1988 年	上海市第九届人大代表
侯桂兰	1988 年	上海市第九届人大代表
余　铮	1993 年	上海市第十届人大代表
金　宪	1993 年	上海市第十届人大代表
贾树枚	1993 年	上海市第十届人大代表
王小峰	1998 年	上海市第十一届人大代表
叶志康	1998 年	上海市第十一届人大代表
朱永德	1998 年	上海市第十一届人大代表

（续表）

姓 名	当 选 年 份	名 称
金 宪	1998 年	上海市第十一届人大代表
朱永德	2003 年	上海市第十二届人大代表
叶志康	2003 年	上海市第十二届人大代表
江小青	2003 年	上海市第十二届人大代表
张德明	2003 年	上海市第十二届人大代表
穆端正	2003 年	上海市第十二届人大代表
朱咏雷	2008 年	上海市第十三届人大代表
江小青	2008 年	上海市第十三届人大代表
张 哲	2008 年	上海市第十三届人大代表
陈燮君	2008 年	上海市第十三届人大代表
黎瑞刚	2008 年	上海市第十三届人大代表

表 10－3－6 1988—2008 年上海广播电视系统市政协委员情况表

姓 名	起 始 年 份	名 称
邹凡扬	1983 年	政协上海市第六届常委
孙 刚	1988 年	政协上海市第七届常委
邹凡扬	1988 年	政协上海市第七届常委
孙 刚	1993 年	政协上海市第八届常委
	1998 年	政协上海市第九届常委
查蓓莉	1998 年	政协上海市第九届常委
高韵斐	1998 年	政协上海市第九届常委
查蓓莉	2003 年	政协上海市第十届常委
郭开荣	2003 年	政协上海市第十届常委
毛时安	2008 年	政协上海市第十一届常委
骆 新	2008 年	政协上海市第十一届常委
薛沛建	2008 年	政协上海市第十一届常委
何 允	1983 年	政协上海市第六届委员
邹凡扬	1983 年	政协上海市第六届委员
郑英年	1983 年	政协上海市第六届委员
王增月	1988 年	政协上海市第七届委员
刘景锜	1988 年	政协上海市第七届委员
单子恩	1988 年	政协上海市第七届委员
王增月	1993 年	政协上海市第八届委员

（续表）

姓　　名	起 始 年 份	名　　　称
李智平	1993 年	政协上海市第八届委员
刘景锜	1993 年	政协上海市第八届委员
陈文炳	1993 年	政协上海市第八届委员
单子恩	1993 年	政协上海市第八届委员
查蓓莉	1993 年	政协上海市第八届委员
徐世平	1993 年	政协上海市第八届委员
徐济尧	1993 年	政协上海市第八届委员
盛重庆	1993 年	政协上海市第八届委员
王增月	1998 年	政协上海市第九届委员
李智平	1998 年	政协上海市第九届委员
刘景锜	1998 年	政协上海市第九届委员
陈文炳	1998 年	政协上海市第九届委员
单子恩	1998 年	政协上海市第九届委员
袁　鸣	1998 年	政协上海市第九届委员
盛重庆	1998 年	政协上海市第九届委员
毛时安	2003 年	政协上海市第十届委员
李蓓蓓	2003 年	政协上海市第十届委员
张文龙	2003 年	政协上海市第十届委员
陈燮君	2003 年	政协上海市第十届委员
高韵斐	2003 年	政协上海市第十届委员
雷国芬	2003 年	政协上海市第十届委员
黎瑞刚	2003 年	政协上海市第十届委员
马小娟	2008 年	政协上海市第十一届委员
刘　建	2008 年	政协上海市第十一届委员
李蓓蓓	2008 年	政协上海市第十一届委员
张文龙	2008 年	政协上海市第十一届委员
张民权	2008 年	政协上海市第十一届委员
陈燮君	2008 年	政协上海市第十一届委员
卓根源	2008 年	政协上海市第十一届委员
高韵斐	2008 年	政协上海市第十一届委员
曹可凡	2008 年	政协上海市第十一届委员
穆端正	2008 年	政协上海市第十一届委员

表 10－3－7　1984—2010 年上海广播电视系统获全国模范先进集体等称号情况表

单　　位	荣　誉　称　号	颁授年份
上海电视台新闻部财贸组	全国先进新闻集体	1984 年
上海电视台保卫科	全国经济文化保卫系统工作先进集体	1989 年
上海人民广播电台《早新闻》报道集体	全国广播电视系统先进集体	1989 年
	全国先进新闻集体	1991 年
	全国广播电视系统先进集体	1995 年
上海市广播电视局服务中心报刊发行站	全国广播电视系统先进集体	1991 年
上海市广播电视局计划财务处	全国财务管理先进集体	1993 年
	全国先进财会工作集体	1995 年
上海东方电视台节目部	全国广播电视系统先进集体	1995 年
上海有线电视台	全国语言文字工作先进集体	1997 年
东方明珠广播电视塔有限公司观光接待部电梯组	全国巾帼文明示范岗	1998 年
松江县	全国广播电视先进县	1998 年
上海人民广播电台广播剧组	全国广播电影电视系统先进集体	2000 年
东方明珠广播电视塔有限公司观光接待部	全国青年文明号	2001 年
上海文广新闻传媒集团新闻综合频道	全国广播电影电视系统先进集体	2003 年
上海文广新闻传媒集团技术运营中心广播技术部	全国广播电影电视系统先进集体	2003 年
上海文广新闻传媒集团广告经营中心	全国广告行业文明单位	2004 年
上海文广新闻传媒集团	全国法制宣传教育先进集体	2005 年
上海文广新闻传媒集团新闻娱乐频道	全国文明单位	2005 年
上海文广新闻传媒集团《东广早新闻》编辑室	全国巾帼文明岗	2005 年
	迎奥运全国巾帼文明岗	2008 年
上海东方明珠广播电视塔有限公司	全国文明单位	2005 年
	全国旅游系统先进集体	2007 年
	全国文明单位	2009 年
上海市文化广播影视管理局	全国广播电视技术维护先进	2006 年
上海文化广播影视集团团委	全国五四红旗团委标兵	2006 年
上海文广新闻传媒集团电视新闻中心	全国新闻工作先进集体	2007 年
	全国文明单位	2009 年
上海电视台《新闻透视》节目组	全国青年文明号	2007 年
上海广播电视国际新闻交流中心会务组	全国青年文明号	2007 年
东方明珠广播电视塔有限公司接待组	全国青年文明号	2007 年
上海文广新闻传媒集团发展研究部团支部	全国五四红旗团支部	2007 年

(续表)

单 位	荣 誉 称 号	颁授年份
上海文广新闻传媒集团纪实频道	全国广播电影电视系统先进集体	2008 年
上海文广新闻传媒集团技术运营中心卫星地球站	全国广播电影电视系统先进集体	2008 年
奉贤区广播电视台节目中心	全国广播电影电视系统先进集体	2008 年
宝山区广播电视台	全国县级广播电视系统百家先进局(台)	2009 年
上海广播电视台工会	全国模范工作之家	2010 年

表 10 - 3 - 8 1978—2010 年上海广播电视系统获市模范先进集体等称号情况表

单 位	荣 誉 称 号	颁授年份
上海人民广播电台外语组	上海市三八红旗集体	1978 年
上海电视台新闻部财贸组	上海市先进新闻集体	1983 年
川沙县人民广播站	上海市先进新闻集体	1983 年
上海电视台新闻部《6·27》报道组	上海市模范集体	1985 年
上海人民广播电台教学科	上海市三八红旗集体	1986 年
上海电视台《生活广角》栏目组	上海市三八红旗集体	1986 年
上海电视台文艺部《大舞台》节目组	上海市三八红旗集体	1986 年
	上海市模范集体	1995 年
上海人民广播电台《早新闻》报道集体	上海市模范集体	1987 年
	上海市模范集体	1993 年
上海人民广播电台《蔚兰信箱》节目组	上海市三八红旗集体	1988 年
上海电视台新闻部	上海市模范集体	1991 年
上海电视台《当代军人》节目组	上海市先进新闻集体	1991 年
上海电视台《纪录片编辑室》节目组	上海市模范集体	1993 年
上海市广播电视局技术中心传送播出部播出科	上海市三八红旗集体	1994 年
上海东方广播电台	上海市文明单位	1995 年
		1997 年
		1999 年
		2001 年
		2003 年
上海市广播电视局技术中心广播播出科	上海市三八红旗集体	1996 年
上海东方电视台	上海市文明单位	1997 年
		1999 年
		2001 年
上海东方电视台体育部	上海市新长征突击队	1997 年

（续表一）

单　　位	荣　誉　称　号	颁授年份
上海电视台《新闻透视》节目组	上海市共青团号命名集体	1997 年
	上海市三八红旗集体	1997 年
	上海市青年文明号	2007 年
上海电视台外语台	上海市新长征突击队	1997 年
上海市广播电视局服务中心南江邨招待所	上海市文明窗口	1997 年
上海东方明珠广播电视塔有限公司	上海市文明单位	1997 年
		2001 年
		2003 年
		2005 年
		2007 年
	上海市优秀企业	1998 年
		1999 年
	上海市三八红旗集体	1999 年
		2009 年
上海电视台新闻中心	上海市模范集体	1998 年
上海电视台小荧星艺术团	上海市三八红旗集体	1998 年
上海东方电视台总编室节目营销组	上海市三八红旗集体	1998 年
上海市广播电影电视局妇女工作委员会	上海市三八红旗集体	1998 年
	上海市女职工标兵集体	1998 年
上海市广播电影电视局服务中心北京路大楼清洁班	上海市先进女职工集体	1998 年
上海东方明珠广播电视塔有限公司行政部	上海市模范集体	1998 年
嘉定区广播电视局	上海市红旗文明岗	1998 年
上海东方广播电台新闻部《792 为您解忧》节目组	上海市模范集体	1999 年
上海有线电视台	上海市文明单位	1999 年
	上海市文明单位	2001 年
上海人民广播电台	上海市文明单位	2001 年
		2003 年
上海卫星电视中心	上海市文明单位	2003 年
上海文广新闻传媒集团新闻综合频道	上海市文明单位	2003 年
		2005 年
上海文广新闻传媒集团新闻娱乐频道	上海市文明单位	2003 年
		2005 年

(续表二)

单　　位	荣　誉　称　号	颁授年份
上海文广新闻传媒集团财经频道	上海市文明单位	2003 年
宝山区广播电视台	上海市拥军优属模范单位	2003 年
上海文广新闻传媒集团文艺频道	上海市文明单位	2003 年
		2005 年
	上海市劳动模范集体	2004 年
上海文广新闻传媒集团新闻综合频道团总支	上海市五四特色团组织	2004 年
上海东方明珠电视塔有限公司团组织	上海市五四特色团组织	2004 年
东方卫视"千里送药救病员"	上海市"精神文明十佳好事"	2004 年
南汇广播电视台新闻部	上海市劳动模范集体	2004 年
国际会议中心礼仪接待部	上海市劳动模范集体	2005 年
上海文广新闻传媒集团上广新闻频率	上海市文明单位	2005 年
上海文广新闻传媒集团上广交通频率	上海市文明单位	2005 年
上海文广新闻传媒集团东广新闻综合频率	上海市文明单位	2005 年
上海文广新闻传媒集团东方卫视	上海市文明单位	2005 年
		2007 年
		2009 年
上海文广新闻传媒集团新闻综合频道采访部	上海市三八红旗集体	2005 年
上海文广新闻传媒集团纪实频道	上海市文明单位	2005 年
		2007 年
		2009 年
	上海市防范和处理邪教工作先进集体	2007 年
上海文广新闻传媒集团第一财经传媒有限公司	上海市文明单位	2005 年
		2007 年
		2009 年
上海文广新闻传媒集团新闻综合频道团总支	上海市五四红旗团组织	2006 年
上海文广新闻传媒集团东方卫视团总支	上海市五四特色团组织	2006 年
上海文广新闻传媒集团技术运营中心团委	上海市五四特色团组织	2006 年
上海文广新闻传媒集团东方卫视新闻中心采访部	上海市五一巾帼集体	2006 年
上海文广新闻传媒集团东方卫视志愿者服务队	上海市志愿者活动先进集体	2006 年
上海文广新闻传媒集团文艺频道晚会志愿者服务队	上海市志愿者活动先进集体	2006 年
上海文广新闻传媒集团电视新闻中心	上海市文明单位	2007 年
		2009 年
	上海市青年文明号	2007 年
	上海市五一劳动奖章	2009 年

（续表三）

单　　位	荣　誉　称　号	颁授年份
上海文广新闻传媒集团广播新闻中心	上海市五一劳动奖章	2009 年
上海广播电视国际新闻交流中心会务组	上海市青年文明号	2007 年
东方明珠广播电视塔有限公司接待组	上海市青年文明号	2007 年
南汇广播电视台	上海市文明班组	2007 年
	上海市新长征突击队	2007 年
上海文广新闻传媒集团团委	上海市五四特色团组织	2007 年
	上海市五四红旗团委标兵	2008 年
上海文广新闻传媒集团综艺部	上海市文明单位	2007 年
		2009 年
上海文广新闻传媒集团大型活动部	上海市文明单位	2007 年
		2009 年
上海文广新闻传媒集团音乐部	上海市文明单位	2007 年
上海文广新闻传媒集团生活时尚频道	上海市文明单位	2007 年
		2009 年
上海文广新闻传媒集团体育频道	上海市文明单位	2007 年
东方明珠广播电视塔有限公司团委	上海市五四红旗团组织	2007 年
上海国际会议中心	上海市三八红旗集体	2007 年
文广科技公司工程部	上海市青年文明号	2007 年
上海文广新闻传媒集团纪委、监察室	上海市市级检察工作先进集体	2007 年
上海文广新闻传媒集团技术运营中心卫星地球站	上海市防范和处理邪教工作先进集体	2007 年
上海广电影视制作有限公司摄制部	上海市青年文明号	2007 年
上海文广新闻传媒集团技术运营中心传送播出部电视播出科	上海市青年文明号	2007 年
上海文广新闻传媒集团哈哈少儿频道	上海市文明单位	2007 年
		2009 年
	上海市优秀青少年维权岗	2007 年
	上海市新长征突击队	2009 年
	上海市未成年人思想道德建设工作先进单位	2009 年
上海广播电视台电视新闻中心评论部	上海市优秀青少年维权岗	2007 年
十五集体团委兄弟联（文广集团团委发起成立）	上海共青团首创奖	2008 年
上海广播电视台电视新闻中心《东方新闻》栏目组	上海市五一巾帼集体	2008 年
上海广播电视台电视新闻中心特奥报道组	迎特奥上海市巾帼文明岗	2008 年
上海文广新闻传媒集团广播文艺中心	上海市文明单位	2009 年

（续表四）

单　　位	荣　誉　称　号	颁授年份
上海文广新闻传媒集团技术运营中心	上海市文明单位	2009 年
上海广电影视制作有限公司	上海市文明单位	2009 年
上海广播电视台影视剧中心—中国人民解放军上海警备区第五干休所	上海市军民共建社会主义文明先进集体	2009 年
上海广播电视台体育频道—中国人民解放军 61486 分队	上海市军民共建社会主义文明先进集体	2009 年
上海广播电视台电视新闻中心—第二军医大学第二附属医院上海长征医院	上海市军民共建社会主义文明先进集体	2009 年
文广集团团委红领行动	上海共青团首创奖	2009 年
上海广播电视台电视新闻中心团委	上海市五四特色团委	2009 年
上海广播电视台广播新闻中心滚动编播部	上海市青年文明号	2009 年
上海广播电视台广播文艺中心动感 101 节目部	上海市新长征突击队	2009 年
上海广播电视台电视新闻中心评论部青年志愿者服务队	上海市优秀青年志愿者服务集体	2009 年
上海广播电视台集团工会	上海市模范职工之家	2009 年
上海东方传媒集团有限公司技术运营中心团委	上海市五四红旗团委	2010 年
上海广播电视台广告经营中心团总支	上海市五四特色团支部	2010 年
上海广播电视台星尚传媒广告经营部	上海市青年文明号	2010 年
上海广播电视台《案件聚焦》栏目组	上海市五一巾帼奖	2010 年

表 10‐3‐9　1984—2000 年上海广播电视系统获全国劳动模范、先进工作者称号人物情况表

姓　名	单　　位	荣　誉　称　号	颁授年份
孙士衡	上海市广播电视局	全国劳动模范	1984 年
李蓓蓓	上海东方广播电台	全国先进工作者	1995 年
袁家福	上海东方广播电台	全国劳动模范	2000 年

表 10‐3‐10　2006 年上海广播电视系统获全国五一劳动奖章人物情况表

姓　名	单　　位	荣　誉　称　号	颁授年份
袁　雷	上海文广新闻传媒集团	全国五一劳动奖章	2006 年

表 10‐3‐11　1991—2008 年上海广播电视系统获全国广播电影电视系统
劳动模范、先进工作者称号人物情况表

姓　名	单　　位	荣　誉　称　号	颁授年份
余永锦	上海电视台	全国广播电影电视系统劳动模范	1991 年
沈琪秀	上海人民广播电台	全国广播电影电视系统先进工作者	1991 年

（续表）

姓　名	单　　位	荣　誉　称　号	颁授年份
陈再现	上海市广播电视局	全国广播电影电视系统先进工作者	1991年
胡运筹	上海市音像管理处	全国广播电影电视系统先进工作者	1991年
夏美钰	宝山电视台	全国广播电影电视系统先进工作者	1991年
路世贵	上海市广播电视局	全国广播电影电视系统先进工作者	1991年
孙士衡	上海市广播电视局	全国广播电影电视系统先进工作者	1993年
汪建强	上海市广播电视局	全国广播电影电视系统先进工作者	1993年
			1995年
王　井	青浦县广播电视局	全国广播电影电视系统先进工作者	1996年
高韵斐	上海电视台	全国广播电影电视系统先进工作者	1996年
林罗华	上海电视台	全国广播电影电视系统先进工作者	2000年
黄海芹	上海电视台	全国广播电影电视系统先进工作者	2000年
滕俊杰	上海文广新闻传媒集团	全国广播电影电视系统先进工作者	2003年
邵蓓萍	上海教育电视台	全国广播电影电视系统劳动模范	2007年
		全国广播电影电视系统先进工作者	2008年

表 10 - 3 - 12　1982—2006 年上海广播电视系统获市劳动模范称号人物情况表

姓　名	单　　位	荣　誉　称　号	颁授年份
余永锦	上海电视台	上海市劳动模范	1982年
孙士衡	上海市广播事业局	上海市劳动模范	1983年
何　允	上海市广播事业局	上海市劳动模范	1983年
陆品贵	松江县佘山镇广播站	上海市劳动模范	1985年
			1987年
			1989年
汪建强	上海市广播电视局	上海市劳动模范	1989年
钱文亮	上海东方明珠广播电视塔	上海市劳动模范	1994年
李蓓蓓	上海东方广播电台	上海市劳动模范	1994年
刘文仪	上海人民广播电台	上海市劳动模范	1995年
袁家福	上海东方广播电台	上海市劳动模范	1995年
徐秀文	上海市广播电影电视局	上海市劳动模范	1998年
沈明昌	上海东方电视台	上海市劳动模范	2000年
钮卫平	上海东方明珠(集团)股份有限公司	上海市劳动模范	2000年
袁　雷	上海文广新闻传媒集团	上海市劳动模范	2003年

(续表)

姓　名	单　　位	荣　誉　称　号	颁授年份
惠新标	上海文广科技公司	上海市劳动模范	2003 年
陈金有	上海文广新闻传媒集团	上海市劳动模范	2004 年
			2006 年
张景萍	上海文广科技公司	上海市劳动模范	2006 年

表 10‑3‑13　2008—2010 年上海广播电视系统获市五一劳动奖章人物情况表

姓　名	单　　位	荣　誉　称　号	颁授年份
应启明	上海文广新闻传媒集团	上海市五一劳动奖章	2008 年
林罗华	上海文广新闻传媒集团	上海市五一劳动奖章	2008 年
李梦甦	上海东方明珠新媒体	上海市五一劳动奖章	2009 年
弓　毅	上海广播电视台	上海市五一劳动奖章	2010 年

表 10‑3‑14　1979—2008 年上海广播电视系统获全国三八红旗手称号人物情况表

姓　名	单　　位	荣　誉　称　号	颁授年份
马敬英	上海市广播事业局	全国三八红旗手	1979 年
山文葆	上海人民广播电台	全国三八红旗手	1983 年
李　莉	上海电视台	全国三八红旗手	1983 年
陈　文	上海电视台	全国三八红旗手	1989 年
袁　鸣	上海东方电视台	全国三八红旗手	1998 年
印海蓉	上海文广新闻传媒集团	全国三八红旗手	2008 年

表 10‑3‑15　1978—2010 年上海广播电视系统获市三八红旗手称号人物情况表

姓　名	单　　位	荣　誉　称　号	颁授年份
李　莉	上海电视台	上海市三八红旗手	1978 年
彭秀霞	上海人民广播电台	上海市三八红旗手	1978 年
张正宜	上海广播电视艺术团	上海市三八红旗手	1982 年
山文葆	上海人民广播电台	上海市三八红旗手	1983 年
朱慰慈	上海人民广播电台	上海市三八红旗手	1984 年
陈燕华	上海电视台	上海市三八红旗手	1984 年
唐可爱	上海人民广播电台	上海市三八红旗手	1986 年
富　敏	上海电视台	上海市三八红旗手	1986 年
吕　丽	上海市广播电视局	上海市三八红旗手	1988 年
黄慧华	上海电视台	上海市三八红旗手	1988 年

（续表）

姓 名	单 位	荣 誉 称 号	颁授年份
沈琪秀	上海人民广播电台	上海市三八红旗手	1990 年
季亚平	上海市广播电视局	上海市三八红旗手	1990 年
聂梦茜	上海电视台	上海市三八红旗手	1990 年
李 莉	上海电视台	上海市三八红旗手	1991 年
史美琴	上海市广播电视局	上海市三八红旗手	1992 年
王文黎	上海电视台	上海市三八红旗手	1993 年
王 豫	上海电视台	上海市三八红旗手	1994 年
毛 方	上海有线电视台	上海市三八红旗手	1994 年
吴 琳	上海电视台	上海市三八红旗手	1996 年
金英新	上海电视台	上海市三八红旗手	1996 年
柳 遐	上海电视台	上海市三八红旗手	1996 年
袁 鸣	上海东方电视台	上海市三八红旗手	1997 年
李培红	上海电视台	上海市三八红旗手	1998 年
杨彩娥	上海东方电视台	上海市三八红旗手	1998 年
钮卫平	上海东方明珠广播电视塔有限公司	上海市三八红旗手	1998 年
雷国芬	上海人民广播电台	上海市三八红旗手	1998 年
朱月霞	嘉定区广播电视局	上海市三八红旗手	1999 年
田安莉	上海东方电视台	上海市三八红旗手	2000 年
印海蓉	上海电视台	上海市三八红旗手	2000 年
江小青	上海东方广播电台	上海市三八红旗手	2000 年
徐 蕾	上海人民广播电台	上海市三八红旗手	2000 年
何晓明	上海文广新闻传媒集团	上海市三八红旗手（追认）	2003 年
周晓梅	上海教育电视台	上海市三八红旗手	2003 年
黄 铮	上海文广新闻传媒集团	上海市三八红旗手	2003 年
王 兰	金山区广播电视台	上海市三八红旗手	2004 年
劳春燕	上海文广新闻传媒集团	上海市三八红旗手	2005 年
胡爱莲	上海东方明珠移动电视有限公司	上海市三八红旗手	2005 年
张景萍	上海文广科技公司	上海市三八红旗手	2006 年
印海蓉	上海文广新闻传媒集团	上海市三八红旗手	2007 年
胡晓丽	上海文广新闻传媒集团	上海市三八红旗手	2009 年
朱 旭	嘉定区广播电视台	上海市三八红旗手	2010 年

表 10－3－16　2007—2010年上海广播电视系统获全国青年先进人物称号情况表

姓　名	单　位	荣　誉　称　号	颁授年份
胡晓丽	上海文广新闻传媒集团	全国青年岗位能手	2007 年
朱秋琳	上海文广新闻传媒集团	中国青年五四奖章	2007 年
王　勇	上海文广新闻传媒集团	全国广电系统青年岗位能手	2008 年
马晨骋	上海东方传媒集团有限公司	全国广电系统青年岗位能手	2010 年
张颂华	上海东方传媒集团有限公司	全国优秀共青团干部	2010 年

表 10－3－17　1978—2010年上海广播电视系统获市青年先进人物称号情况表

姓　名	单　位	荣　誉　称　号	颁授年份
马小俊	上海市广播电视艺术团	上海市新长征突击手	1978 年
陈天明	上海电视台	上海市新长征突击手	1978 年
王亚萍	上海市广播事业局	上海市新长征突击手	1980 年
赵一健	上海电视台	上海市新长征突击手	1984 年
江小青	上海人民广播电台	上海市新长征突击手	1986 年
邬志豪	上海电视台	上海市新长征突击手	1987 年
徐继良	上海市广播电视局	上海市新长征突击手	1987 年
袁　雷	上海电视台	上海市新长征突击手	1988 年
潘丽珍	上海电视台	上海市新长征突击手	1988 年
朱咏雷	上海电视台	上海市青年五四奖章	1989 年
	上海电视台	上海市新长征突击手	1989 年
钮　斌	上海市广播电视局	上海市新长征突击手	1989 年
沈　健	上海电视台	上海市新长征突击手	1990 年
邬志豪	上海电视台	上海市十大杰出青年	1994 年
王国忠	嘉定区广播电视局	上海市新长征突击手	1996 年
夏　楠	上海人民广播电台	上海市新长征突击手	1996 年
高韵斐	上海电视台	上海市新长征突击手	1996 年
虞蔚菁	上海市广播电视局	上海市新长征突击手	1996 年
何小兰	上海东方电视台	上海市新长征突击手	1998 年
	上海文广新闻传媒集团	上海文化新人	2003 年
黎瑞刚	上海电视台	上海市新长征突击手	1998 年
		上海文化新人	1998 年
翁伟民	上海人民广播电台	上海市新长征突击手	2000 年
潘　延	上海电视台	上海市新长征突击手	2000 年
	上海文广新闻传媒集团	上海市十大杰出青年	2002 年

（续表一）

姓　名	单　　　位	荣　誉　称　号	颁授年份
卜　凡	上海文广新闻传媒集团	上海文化新人	2002 年
印海蓉	上海文广新闻传媒集团	上海市新长征突击手	2002 年
		上海市十大杰出青年	2008 年
张大钟	上海文广新闻传媒集团	上海文化新人	2002 年
黄　铮	上海文广新闻传媒集团	上海市十大杰出青年	2002 年
虞蔚菁	上海文广新闻传媒集团	上海市新长征突击手	2002 年
路　军	上海文广新闻传媒集团	上海文化新人	2003 年
丁　芳	上海文广新闻传媒集团	上海市新长征突击手	2004 年
何　婕	上海文广新闻传媒集团	上海文化新人	2004 年
沈立炯	上海文广新闻传媒集团	上海文化新人	2004 年
胡晓丽	上海文广新闻传媒集团	上海文化新人	2004 年
朱秋琳	上海文广新闻传媒集团	上海文化新人	2005 年
何　谨	上海文广新闻传媒集团	上海文化新人	2005 年
金　瑜	上海文广新闻传媒集团	上海文化新人	2005 年
胡晓丽	上海文广新闻传媒集团	上海市十大杰出青年	2005 年
夏　进	上海文广新闻传媒集团	上海文化新人	2005 年
高　悦	上海文广新闻传媒集团	上海文化新人	2005 年
唐谦诚	南汇广播电视台	上海市新长征突击手	2005 年
蒋慧燕	青浦区广播电视台	上海市新长征突击手	2005 年
朱秋琳	上海文广新闻传媒集团	上海市新长征突击手	2006 年
李　晓	上海文广新闻传媒集团	上海市新长征突击手	2006 年
李怀宇	上海文广新闻传媒集团	上海市新长征突击手	2006 年
唐　蒙	上海文广新闻传媒集团	上海市十大杰出青年	2006 年
沈卫平	上海文广新闻传媒集团	上海市新长征突击手	2007 年
骆　新	上海文广新闻传媒集团	上海市十大杰出青年	2007 年
王　勇	上海文广新闻传媒集团	上海市新长征突击手	2008 年
刘芊芊	上海文广新闻传媒集团	上海市新长征突击手	2008 年
张颂华	上海文广新闻传媒集团	上海市新长征突击手	2008 年
邵　钧	嘉定区广播电视台	上海市新长征突击手	2008 年
房海燕	上海文广新闻传媒集团	上海市新长征突击手	2008 年
金仲波	上海文广新闻传媒集团	上海市十大青年经济人物	2009 年
施　琰	上海文广新闻传媒集团	上海市十大杰出青年志愿者	2009 年

(续表二)

姓　名	单　　位	荣　誉　称　号	颁授年份
潘　伟	上海文化广播影视集团	上海市新长征突击手	2009 年
秦　朔	上海广播电视台	上海市十大杰出青年志愿者	2010 年

表 10‑3‑18　1984—2009 年上海广播电视系统获全国优秀新闻工作者称号人物情况表

姓　名	单　　位	荣　誉　称　号	颁授年份
赵文龙	上海人民广播电台	全国优秀新闻工作者	1984 年
朱咏雷	上海电视台	全国优秀新闻工作者	1991 年
葛明铭	上海人民广播电台	全国优秀新闻工作者	1991 年
章焜华	上海电视台	全国百佳新闻工作者	1995 年
左安龙	上海人民广播电台	全国百佳新闻工作者	1997 年
孙泽敏	上海电视台	全国百佳新闻工作者	1997 年
乐建强	上海人民广播电台	全国百佳新闻工作者	2000 年
姜　澜	上海东方电视台	全国百佳新闻工作者	2000 年
江小青	上海文广新闻传媒集团	全国百佳新闻工作者	2002 年
戴　骅	上海文广新闻传媒集团	全国百佳新闻工作者	2002 年
陈　梁	上海文广新闻传媒集团	全国百佳新闻工作者	2004 年
胡晓丽	上海文广新闻传媒集团	全国百佳新闻工作者	2004 年
丁　芳	上海文广新闻传媒集团	全国优秀新闻工作者	2005 年
李　晓	上海文广新闻传媒集团	全国优秀新闻工作者	2005 年
包　露	上海文广新闻传媒集团	全国优秀新闻工作者	2007 年
王　勇	上海文广新闻传媒集团	全国优秀新闻工作者	2009 年
史美龙	宝山区广播电视台	全国县级广播电视系统百名优秀工作者	2009 年

表 10‑3‑19　1983—2009 年上海广播电视系统获市优秀新闻工作者称号人物情况表

姓　名	单　　位	荣　誉　称　号	颁授年份
丁　峰	上海人民广播电台	上海市优秀新闻工作者	1983 年
朱　盾	上海电视台	上海市优秀新闻工作者	1983 年
孙伟成	宝山县广播站	上海市优秀新闻工作者	1983 年
李训义	青浦县广播站	上海市优秀新闻工作者	1983 年
赵文龙	上海人民广播电台	上海市优秀新闻工作者	1983 年
俞　达	上海人民广播电台	上海市优秀新闻工作者	1983 年
施　虹	奉贤县广播站	上海市优秀新闻工作者	1983 年
施心超	嘉定县广播站	上海市优秀新闻工作者	1983 年

（续表）

姓 名	单 位	荣 誉 称 号	颁授年份
洪浚浩	上海电视台	上海市优秀新闻工作者	1983 年
蒋孙万	上海人民广播电台	上海市优秀新闻工作者	1983 年
戴巴棣	上海电视台	上海市优秀新闻工作者	1983 年
马崇飞	上海人民广播电台	上海市优秀新闻工作者	1991 年
朱开元	上海电视台	上海市优秀新闻工作者	1991 年
杨启民	上海人民广播电台	上海市优秀新闻工作者	1991 年
汪求实	上海电视台	上海市优秀新闻工作者	1991 年
沈渊培	上海电视台	上海市优秀新闻工作者	1991 年
沈琪秀	上海人民广播电台	上海市优秀新闻工作者	1991 年
贺亚君	上海人民广播电台	上海市优秀新闻工作者	1991 年
钱素英	上海人民广播电台	上海市优秀新闻工作者	1991 年
徐 荐	上海电视台	上海市优秀新闻工作者	1991 年
傅慧娟	上海电视台	上海市优秀新闻工作者	1991 年
朱黔生	上海电视台	上海市十佳记者	1988 年
邬志豪	上海电视台	上海市十佳记者	1988 年
金希章	上海东方电视台	上海十佳新闻工作者	2000 年
章 茜	上海东方广播电台	上海十佳新闻工作者	2000 年
雷国芬	上海人民广播电台	上海十佳新闻工作者	2000 年
滕俊杰	上海电视台	上海十佳新闻工作者	2000 年
田 明	上海文广新闻传媒集团	上海十佳新闻工作者	2002 年
毕志光	上海文广新闻传媒集团	上海十佳新闻工作者	2002 年
应点点	上海文广新闻传媒集团	上海十佳新闻工作者	2002 年
倪晓明	上海文广新闻传媒集团	上海十佳新闻工作者	2002 年
胡敏华	上海文广新闻传媒集团	上海十佳新闻工作者	2004 年
王 勇	上海文广新闻传媒集团	上海市优秀新闻工作者	2009 年
孙向彤	上海文广新闻传媒集团	上海市优秀新闻工作者	2009 年
汪晓波	上海文广新闻传媒集团	上海市优秀新闻工作者	2009 年
徐丽遐	上海教育电视台	上海市优秀新闻工作者	2009 年

表 10－3－20　1988—2009 年上海广播电视系统获全国电视艺术类荣誉称号人物情况表

姓 名	单 位	荣 誉 称 号	颁授年份
张 戈	上海电视台	全国十佳电视导演	1988 年
郭信玲	上海电视台	全国十佳电视导演	1988 年

（续表）

姓　名	单　　　位	荣　誉　称　号	颁授年份
黄　允	上海电视台	全国电影厂银屏奖"最佳编剧奖"	1990年
郭学鹏	上海电视台	全国十佳优秀电视制片主任	1994年
许　诺	上海电视台	全国戏曲电视剧最佳导演奖	1995年
孙雪萍	上海电视台	全国优秀电视制片人	1995年
李　莉	上海电视台	全国十佳电视女导演	1995年
张佩珮	上海电视台	全国戏曲电视剧最佳导演奖	1995年
	上海文广新闻传媒集团	全国百佳电视艺术工作者	2002年
倪既新	上海电视台	全国十佳优秀电视制片人	1995年
富　敏	上海电视台	全国十佳电视女导演	1995年
刘文国	上海电视台	全国百佳电视艺术工作者	1998年
陈佩英	上海电视台	全国优秀电视制片人	1998年
		全国百佳电视艺术工作者	1998年
黄海芹	上海电视台	全国百佳电视艺术工作者	1998年
朱贤亮	上海电视台	全国百佳电视艺术工作者	2000年
滕俊杰	上海东方电视台	全国百佳电视艺术工作者	2000年
瞿新华	上海东方电视台	全国百佳电视艺术工作者	2000年
	上海文广新闻传媒集团	中国十佳制片人	2002年
朱咏雷	上海文广新闻传媒集团	中国十佳制片人荣誉监制	2002年
杨剑芸	上海文广新闻传媒集团	全国百佳电视艺术工作者	2002年
丁力平	上海文广新闻传媒集团	全国百佳电视艺术工作者	2004年
曹可凡	上海文广新闻传媒集团	全国百佳电视艺术工作者	2007年
骆　新	上海文广新闻传媒集团	全国百佳电视艺术工作者	2009年

表10-3-21　2000—2009年上海广播电视系统获上海十佳电视艺术工作者、
上海德艺双馨电视艺术工作者称号人物情况表

姓　名	单　　　位	荣　誉　称　号	颁授年份
毛勤芳	上海电视台	上海十佳电视艺术工作者	2000年
朱贤亮	上海电视台	上海十佳电视艺术工作者	2000年
袁　鸣	上海东方电视台	上海十佳电视艺术工作者	2000年
屠耀麟	上海东方电视台	上海十佳电视艺术工作者	2000年
滕俊杰	上海电视台	上海十佳电视艺术工作者	2000年
瞿新华	上海东方电视台	上海十佳电视艺术工作者	2000年
王小龙	上海文广新闻传媒集团	上海十佳电视艺术工作者	2002年

（续表）

姓 名	单 位	荣 誉 称 号	颁授年份
杨剑芸	上海文广新闻传媒集团	上海十佳电视艺术工作者	2002 年
张佩珮	上海文广新闻传媒集团	上海十佳电视艺术工作者	2002 年
唐 萍	上海文广新闻传媒集团	上海十佳电视艺术工作者	2002 年
丁力平	上海文广新闻传媒集团	上海十佳电视艺术工作者	2004 年
毛勤芳	上海文广新闻传媒集团	上海十佳电视艺术工作者	2004 年
柳 遐	上海文广新闻传媒集团	上海十佳电视艺术工作者	2004 年
屠耀麟	上海文广新闻传媒集团	上海十佳电视艺术工作者	2004 年
翟志荣	上海文广新闻传媒集团	上海十佳电视艺术工作者	2004 年
王磊卿	上海文广新闻传媒集团	上海德艺双馨电视艺术工作者	2007 年
印海蓉	上海文广新闻传媒集团	上海德艺双馨电视艺术工作者	2007 年
江 宁	上海文广新闻传媒集团	上海德艺双馨电视艺术工作者	2007 年
张亚玲	闵行区广播电视台	上海德艺双馨电视艺术工作者	2007 年
曹可凡	上海文广新闻传媒集团	上海德艺双馨电视艺术工作者	2007 年
龚 卫	上海文广新闻传媒集团	上海德艺双馨电视艺术工作者	2007 年
潘 延	上海文广新闻传媒集团	上海德艺双馨电视艺术工作者	2007 年
文铁峰	金山区广播电视台	上海德艺双馨电视艺术工作者	2009 年
王 磊	上海文广新闻传媒集团	上海德艺双馨电视艺术工作者	2009 年
田 明	上海文广新闻传媒集团	上海德艺双馨电视艺术工作者	2009 年
杨彩娥	上海文广新闻传媒集团	上海德艺双馨电视艺术工作者	2009 年
骆 新	上海文广新闻传媒集团	上海德艺双馨电视艺术工作者	2009 年
唐 蒙	上海文广新闻传媒集团	上海德艺双馨电视艺术工作者	2009 年

表 10－3－22 1978—2009 年上海广播电视系统获其他全国先进人物称号情况表

姓 名	单 位	荣誉称号/奖项	颁授年份
许可真	上海市广播事业局	全国援外战线先进工作者	1978 年
金闽珠	上海电视台	全国优秀党务工作者	1989 年
王丽君	上海人民广播电台	全国广播电视节目主持人开拓奖银奖	1991 年
周正卫	上海电视台	全国计划生育宣传先进个人	1991 年
查蓓莉	上海人民广播电台	全国广播电视节目主持人开拓奖金奖	1991 年
陈 醇	上海人民广播电台	全国推广普通话先进工作者	1992 年
唐书林	上海电视台	全国语言文字工作先进工作者	1992 年
陈 醇	上海人民广播电台	全国播音杰出贡献奖	1995 年
庄大伟	上海人民广播电台	全国优秀儿童工作者	1997 年

（续表）

姓　名	单　位	荣誉称号/奖项	颁授年份
陈　醇	上海人民广播电台	全国语言文字工作先进工作者	1997 年
王国平	上海电视台	中国百名优秀青年文艺家	1999 年
咸海荣	崇明县广播电视台	全国广播影视系统"三五"普法先进个人	2001 年
陈乾年	上海东方广播电台	全国十佳广播电视理论工作者	2001 年
金希章	上海东方电视台	全国百优广播电视理论工作者	2001 年
唐书林	每周广播电视报社	全国百优广播电视理论工作者	2001 年
钱光辉	奉贤区广播电视台	全国文化系统先进工作者	2005 年
胡晓丽	上海文广新闻传媒集团	全国女职工建功立业标兵	2006 年
袁玲玲	崇明县广播电视台	全国广播影视系统法制宣传教育先进个人	2006 年
黎瑞刚	上海文广新闻传媒集团	中国传媒年度十大人物	2006 年
李　灵	宝山区广播电视台	全国县(市、区)广播电视优秀主持人	2008 年
李学军	宝山区广播电视台	全国县(市、区)广播电视优秀局(台)长	2008 年
吴孝明	上海文化广播影视集团	文化部先进个人	2008 年
吴春花	奉贤区广播电视台	全国广播电视技术能手	2008 年
何　晓	上海文广新闻传媒集团	全国抗震救灾模范	2008 年
胡敏华	上海文广新闻传媒集团	北京奥运会残奥会先进个人	2008 年
牟　浩	上海文广新闻传媒集团	全国优秀禁毒志愿者	2009 年

表 10－3－23　1983—2010 年上海广播电视系统获其他市先进人物称号情况表

姓　名	单　位	荣　誉　称　号	颁授年份
山文葆	上海人民广播电台	上海市先进儿童少年工作者	1983 年
刘彩凤	上海人民广播电台	上海市优秀党务工作者	1989 年
金闽珠	上海电视台	上海市优秀党务工作者	1989 年
尹明华	上海人民广播电台	上海市十佳青年编辑	1990 年
汪求实	上海电视台	上海市十佳青年编辑	1990 年
顾志强	上海市广播电视局	上海市优秀党务工作者	1991 年
孙启新	上海电视台	上海市十佳青年演员	1993 年
王曼华	上海人民广播电台	上海市女职工标兵	1994 年
邬志豪	上海电视台	上海市三学状元	1994 年
张　颖	上海电视台	上海市女职工标兵	1994 年
林罗华	上海电视台	上海市精神文明建设优秀组织者	1994 年
马　骏	上海东方电视台	上海市建设功臣	1995 年
邬志豪	上海电视台	上海市建设功臣	1995 年

（续表一）

姓　名	单　位	荣　誉　称　号	颁授年份
曾寅杰	上海有线电视台	上海市精神文明建设优秀组织者	1995 年
江小青	上海东方广播电台	上海市女职工标兵	1996 年
李瑞祥	上海有线电视台	上海市优秀党务工作者	1996 年
夏　楠	上海人民广播电台	上海市女职工标兵	1996 年
郭大康	上海电视台	上海市优秀党务工作者	1996 年
唐书林	上海电视台	上海市语言文字工作先进工作者	1996 年
王　亮	上海人民广播电台	上海市精神文明建设优秀组织者	1997 年
尤纪泰	上海东方广播电台	上海市精神文明建设优秀组织者	1997 年
沈渊培	上海有线电视台	上海市精神文明建设优秀组织者	1997 年
尹胜利	上海东方明珠出租汽车有限公司	上海市精神文明建设优秀组织者	1998 年
阮　帅	上海东方广播电台	上海市女职工标兵	1998 年
严洪涛	上海东方明珠股份有限公司	上海市安全生产先进工作者	1998 年
杨建民	上海东方明珠出租汽车有限公司	上海市社会治安见义勇为先进分子	1998 年
何晓明	上海人民广播电台	上海市女职工标兵	1998 年
钮卫平	上海东方明珠广播电视塔有限公司	上海市精神文明建设优秀组织者	1998 年
袁家福	上海东方广播电台	上海市社会主义精神文明十佳好事	1998 年
吴仁法	宝山人民广播电台	上海市重点工程实事立功竞赛先进个人	1999 年
张　穗	上海东方广播电台	上海市女职工标兵	2000 年
沈　佳	南汇广播电视台	上海市消防工作先进个人	2001 年
陆云龙	上海文广新闻传媒集团	上海市社会治安见义勇为先进分子	2002 年
朱在望	上海文广新闻传媒集团	上海市精神文明建设优秀组织者	2003 年
吴孝明	上海文广新闻传媒集团	上海市宣传系统抗非典优秀共产党员	2003 年
何小兰	上海东方电视台	上海市精神文明建设优秀组织者	2003 年
陈晓卫	上海明珠广播电视科技有限公司	上海市职工技术创新能手	2003 年
邱　丹	上海文广新闻传媒集团	上海市志愿者活动优秀志愿者	2006 年
陈接章	上海文广新闻传媒集团	上海市优秀党务工作者	2006 年
蒋琪芳	上海文化广播影视管理局	上海市心系女职工好领导	2006 年
薛亚非	上海文广新闻传媒集团	上海市志愿者活动优秀组织者	2006 年
陈金有	上海文广新闻传媒集团	上海市心系女职工好领导	2007 年
		上海市社会治安综合治理先进工作者	2007 年
张德祥	上海文广新闻传媒集团	上海市志愿者活动优秀组织者	2007 年
倪建新	上海东方明珠广播电视塔有限公司	上海市宣传系统优秀党务工作者	2007 年

（续表二）

姓　名	单　　位	荣　誉　称　号	颁授年份
汤　铭	上海文广新闻传媒集团	上海市精神文明建设优秀组织者	2008 年
刘康霞	上海文广新闻传媒集团	上海市精神文明建设优秀组织者	2008 年
蔡　琦	上海东方明珠股份有限公司	上海市精神文明建设优秀组织者	2008 年
缪惠琴	上海文广新闻传媒集团	上海市精神文明建设优秀组织者	2008 年
缪荣富	上海文广新闻传媒集团	上海市精神文明建设优秀组织者	2008 年
潘　伟	上海文化广播影视集团	上海市精神文明建设优秀组织者	2008 年
沈　佳	南汇广播电视台	上海市禁毒工作先进个人	2008 年
陆永泉	崇明县广播电视台	上海市重大工程立功竞赛记功	2008 年
王　磊	上海广播电视台	上海市先进工作者	2010 年
薛亚非	上海广播电视台	上海市心系女职工好领导	2010 年
戴　冲	崇明县广播电视台	上海市技术能手	2010 年
唐书林	上海广播电视台	上海市大众科学奖	2011 年

表 10 - 3 - 24　上海广播电视系统获 2010 年上海世博会全国表彰人物情况表

姓　名	单　　位	荣　誉　称　号	颁授年份
王　隽	上海文化广播影视集团	中共中央、国务院表彰上海世博先进个人	2010 年
王济明	上海国际会议中心	中共中央、国务院表彰上海世博先进个人	2010 年
庄荣坤	上海广播电视台	中共中央、国务院表彰上海世博先进个人	2010 年
吴朝阳	上海广播电视台	中共中央、国务院表彰上海世博先进个人	2010 年
汪　艇	上海广播电视台	中共中央、国务院表彰上海世博先进个人	2010 年
周晓帆	上海广播电视台	中共中央、国务院表彰上海世博先进个人	2010 年
赵能祥	上海广播电视台	中共中央、国务院表彰上海世博先进个人	2010 年
钮卫平	上海文化广播影视集团	中共中央、国务院表彰上海世博先进个人	2010 年
施　喆	上海广播电视台	中共中央、国务院表彰上海世博先进个人	2010 年
秦　忆	上海广播电视台	中共中央、国务院表彰上海世博先进个人	2010 年
滕俊杰	上海广播电视台	中共中央、国务院表彰上海世博先进个人	2010 年
商凌雄	东方新闻网站	中共中央、国务院表彰上海世博先进个人	2010 年

表 10 - 3 - 25　上海广播电视系统获 2010 年上海世博会上海市表彰集体情况表

单　　位	荣　誉　称　号	颁授年份
上海广播电视台电视新闻中心	上海世博先进集体	2010 年
上海广播电视台技术运营中心世博项目组	上海世博先进集体	2010 年
上海广播电视台东方卫视《欢聚 2010》节目组	上海世博先进集体	2010 年

（续表）

单　位	荣　誉　称　号	颁授年份
上海文广演艺集团世博演出服务团队	上海世博先进集体	2010 年
上海广播电视台技术运营中心世博项目组	上海市"服务世博、奉献世博"世博工作优秀集体	2010 年
上海广播电视台电视新闻中心	上海市"服务世博、奉献世博"立功竞赛先进集体、上海市工人先锋号	2010 年
松江区广播电视台	上海市"服务世博、奉献世博"世博工作优秀集体	2010 年
浦东新区广播电视台	上海市"服务世博、奉献世博"世博工作优秀集体	2010 年
上海广播电视台电视新闻中心党委	上海市创先争优,世博先锋行动"五好"基层党组织	2010 年
上海广播电视台技术运营中心世博项目组 IBC 转播团队	上海市"服务世博、奉献世博"立功竞赛活动世博工作优秀集体	2010 年
上海广播电视台世博会开闭幕式文艺表演导演团队	上海市"服务世博、奉献世博"立功竞赛活动世博工作优秀集体	2010 年
上海广播电视台东方卫视	上海市"服务世博、奉献世博"立功竞赛活动世博工作优秀集体	2010 年
上海广播电视台世博会主题秀《城市之窗》项目工作组	上海市"服务世博、奉献世博"立功竞赛活动世博工作优秀集体	2010 年
上海广播电视台团委青年事务中心志愿者部	上海市"服务世博、奉献世博"立功竞赛活动世博工作优秀集体	2010 年
上海广播电视台广播新闻中心	上海市"服务世博、奉献世博"立功竞赛活动世博工作优秀集体	2010 年
上海东方广播有限公司世博宣传项目组	上海市"服务世博、奉献世博"立功竞赛活动世博工作优秀集体	2010 年
上海东方传媒集团有限公司外语中心	上海市"服务世博、奉献世博"立功竞赛活动世博工作优秀集体	2010 年
上海百视通电视传媒有限公司	上海市"服务世博、奉献世博"立功竞赛活动世博工作优秀集体	2010 年
上海东方广播电视技术有限公司	上海市"服务世博、奉献世博"立功竞赛活动世博工作优秀集体	2010 年
金山区广播电视台	2010 年上海世博会社会宣传工作贡献奖、2010 年上海世博会广播电视安全播出先进集体	2010 年

附：上海广播电视系统获 2010 年上海世博会上海市表彰人物名录

（含上海世博会先进个人、上海市"服务世博、奉献世博"立功竞赛活动上海世博工作优秀个人、上海市创先争优个人、世博先锋行动"五带头"共产党员、上海市世博先锋一线行动"五带头"共产党员。本章名录按姓名笔画排序,下同）

丁力平、丁元骐、丁志愿、于忆农、弓　毅、马晨骋、马瑶瑶、王　延、王　春、王　晔、王　隽、王　蕾、王　薇、王小峰、王优嘉、王忠华、王金宝、王济明、牛智敬、甘　炜、石　玮、卢樱华、叶　丹、叶　超、

史美琴、白　瑞、包军英、冯　乐、冯　波、宁亚东、邢　瑜、朱　伟、朱弘强、任绍敏、华　巍、邬建伟、
邬晓杰、庄荣坤、刘小弟、刘华宾、刘园园、刘建华、刘奎丽、刘舒佳、汤炯铭、汤淦耀、许志伟、孙　红、
孙　敏、孙百雄、孙向彤、孙孟晋、杜　宇、李丹青、李丹枫、李壮苗、李学功、李建平、李爱兴、李培红、
李蓓蓓、李德耀、李燮智、杨　舟、杨　靖、杨振海、吴　翔、吴　颖、吴朝阳、吴紫鹃、邱天舟、何　健、
何卫诚、何中晴、汪　艇、汪泳霞、汪哲滨、沈　冶、沈　洁、沈珇瑛、忻之聪、宋　瑜、宋炯明、宋睿玲、
迟珉钢、张　伟、张　悦、张　颖、张永新、张先锋、张伟忠、张国兴、张国梁、张忠辉、张莹莹、张景萍、
陆知旻、陈　仕、陈　亮、陈　燕、陈庆裕、陈沉恺、陈忠国、陈建华、陈猛虎、陈雄伟、陈锡云、邵　菌、
邵昌浩、林云川、林红星、罗洪峰、季皓玮、金　亮、金佳梦、周　斌、周晓帆、周德斌、郑大圣、孟立蓬、
孟诚洁、赵　蕾、赵元珂、赵能祥、赵颖文、胡昌建、胡海璐、胡颢崧、钮卫平、侯　捷、俞素琴、施　喆、
姜　蓓、秦　忆、秦　敏、敖俊明、袁维晖、贾　俊、夏　进、夏　辛、夏　清、夏晓燕、顾宇高、顾惠惠、
钱晰旖、倪　娜、倪建新、倪夏杰、徐　东、徐　威、徐　隽、徐　辉、徐忆黎、徐俊亮、徐娅萍、徐姝彦、
徐嵩峰、殷月萍、凌　岑、凌梅芳、高　华、高　峰、高圣菲、高宇雷、高国营、高金宝、郭　明、唐　萍、
诸欣怡、陶心怡、黄　平、黄　琦、黄豆豆、黄乾明、曹邵同、章　瀚、章海燕、商凌雄、屠　珊、董增连、
蒋龙根、程　曦、程晓林、鲁国良、游海洋、路　平、蔡　琦、蔡福康、臧　熹、裴霄艺、管舜瑛、廖丹灵、
翟　佳、滕俊杰、潘　涛、潘俐敏

表 10‐3‐26　1994—2010 年上海广播电视系统获全国长江韬奋奖人物情况表

姓　名	工 作 单 位	奖 项	颁奖年份
邬志豪	上海电视台	全国第二届范长江新闻奖	1994 年
胡晓丽(秦畅)	上海文广新闻传媒集团	全国第八届长江韬奋奖(长江系列)	2007 年
袁　雷	上海广播电视台	全国第十届长江韬奋奖(韬奋系列)	2010 年

说明: 1. 全国长江韬奋奖由中华全国新闻工作者协会颁发。 2. 全国范长江新闻奖于 1991 年创设,全国韬奋新闻奖于 1993 年创设,全国长江韬奋奖 2005 年由全国范长江新闻奖和全国韬奋新闻奖合并而成。此表从 1994 年开始记载至 2010 年。

表 10‐3‐27　1993—2010 年上海广播电视系统获上海长江韬奋奖人物情况表

姓　名	工 作 单 位	奖 项	颁奖年份
王文黎	上海电视台	第一届上海韬奋新闻奖	1993 年
尹明华	上海人民广播电台	第一届上海韬奋新闻奖	1993 年
王治平	上海东方广播电台	第二届上海韬奋新闻奖	1995 年
许志伟	上海人民广播电台	第二届上海韬奋新闻奖	1995 年
陈　梁	上海东方电视台	第二届上海韬奋新闻奖	1995 年
翟东升	上海电视台	第二届上海韬奋新闻奖	1995 年
林罗华	上海电视台	第三届上海韬奋新闻奖	1998 年
朱贤亮	上海电视台	第三届上海韬奋新闻奖	1998 年
王曼华	上海人民广播电台	第三届上海范长江新闻奖	2000 年
朱咏雷	上海电视台	第三届上海范长江新闻奖	2000 年
陈　伟	上海有线电视台	第三届上海范长江新闻奖	2000 年

姓　名	工　作　单　位	奖　　项	颁奖年份
余浩峰	上海东方电视台	第三届上海韬奋新闻奖	2000 年
周显东	上海人民广播电台	第三届上海范长江新闻奖	2000 年
黄 平	东方卫视	第三届上海韬奋新闻奖	2000 年
吴 琳	上海电视台	第四届上海范长江新闻奖	2002 年
陈金宝	上海东方广播电台	第四届上海韬奋新闻奖	2002 年
范嘉春	上海人民广播电台	第四届上海韬奋新闻奖	2002 年
姜 迅	上海电视台	第四届上海韬奋新闻奖	2002 年
袁 雷	上海东方电视台	第四届上海韬奋新闻奖	2002 年
崔士新	上海东方电视台	第四届上海范长江新闻奖	2002 年
章 茜	上海电视台	第四届上海范长江新闻奖	2002 年
路 军	上海人民广播电台	第四届上海范长江新闻奖	2002 年
王 豫	上海文广新闻传媒集团	第五届上海韬奋新闻奖	2004 年
田安莉	上海文广新闻传媒集团	第五届上海范长江新闻奖	2004 年
杨晓明	上海文广新闻传媒集团	第五届上海范长江新闻奖	2004 年
来 洁	上海文广新闻传媒集团	第五届上海韬奋新闻奖	2004 年
陈 琪	上海文广新闻传媒集团	第五届上海韬奋新闻奖	2004 年
高凤新	上海文广新闻传媒集团	第五届上海韬奋新闻奖	2004 年
唐 蒙	上海文广新闻传媒集团	第五届上海范长江新闻奖	2004 年
陶丽娟	上海文广新闻传媒集团	第五届上海韬奋新闻奖	2004 年
谢 力	上海文广新闻传媒集团	第五届上海范长江新闻奖	2004 年
印海蓉	上海文广新闻传媒集团	第六届上海长江韬奋奖	2006 年
宋继昌	上海文广新闻传媒集团	第六届上海长江韬奋奖	2006 年
周 导	上海文广新闻传媒集团	第六届上海长江韬奋奖	2006 年
袁家福	上海文广新闻传媒集团	第六届上海长江韬奋奖	2006 年
王 韧	上海文广新闻传媒集团	第七届上海长江韬奋奖(韬奋系列)	2007 年
刘金富	上海文广新闻传媒集团	第七届上海长江韬奋奖(长江系列)	2007 年
秦 朔	上海文广新闻传媒集团	第七届上海长江韬奋奖(韬奋系列)	2007 年
瞿 懿	上海文广新闻传媒集团	第七届上海长江韬奋奖(长江系列)	2007 年
朱国顺	东方新闻网站	第八届上海长江韬奋奖(长江系列)	2008 年
应启明	上海文广新闻传媒集团	第八届上海长江韬奋奖(韬奋系列)	2008 年
张明霞	上海文广新闻传媒集团	第八届上海长江韬奋奖(韬奋系列)	2008 年
费闻丽	上海文广新闻传媒集团	第八届上海长江韬奋奖(长江系列)	2008 年
黄 铮	上海文广新闻传媒集团	第八届上海长江韬奋奖(长江系列)	2008 年

(续表二)

姓　名	工 作 单 位	奖　项	颁奖年份
毛维静	上海文广新闻传媒集团	第九届上海长江韬奋奖(韬奋系列)	2009 年
吴海鹰	上海文广新闻传媒集团	第九届上海长江韬奋奖(长江系列)	2009 年
陆　黛	东方新闻网站	第九届上海长江韬奋奖(韬奋系列)	2009 年
何　晓	上海文广新闻传媒集团	第九届上海长江韬奋奖(长江系列)	2009 年
陶秋石	上海文广新闻传媒集团	第九届上海长江韬奋奖(韬奋系列)	2009 年
王海波	上海广播电视台	第十届上海长江韬奋奖(长江系列)	2010 年
包　露	上海广播电视台	第十届上海长江韬奋奖(韬奋系列)	2010 年
张　森	东方新闻网站	第十届上海长江韬奋奖(韬奋系列)	2010 年
钟雅妹	上海广播电视台	第十届上海长江韬奋奖(韬奋系列)	2010 年
郭史颂	上海广播电视台	第十届上海长江韬奋奖(长江系列)	2010 年

说明:上海范长江新闻奖、上海韬奋新闻奖、上海长江韬奋奖均由中共上海市委宣传部、上海市新闻工作者协会颁发。

表 10 - 3 - 28　1993—2010 年上海广播电视系统获金话筒奖情况表

姓　名	单　位	奖　项	颁奖年份	备　注
李蓓蓓	上海东方广播电台	第一届金话筒金奖	1993 年	
叶惠贤	上海电视台	第一届金话筒金奖	1993 年	
左安龙	上海人民广播电台	第二届金话筒金奖	1995 年	
叶惠贤	上海电视台	第二届金话筒金奖	1995 年	
袁　鸣	上海东方电视台	第二届金话筒金奖	1995 年	
蔚　兰	上海东方广播电台	第二届金话筒金奖	1995 年	
王　蔚	上海电视台	第三届金话筒金奖	1997 年	
叶惠贤	上海电视台	第三届金话筒特别荣誉奖	1997 年	
李　珂	辽宁人民广播电台	第三届金话筒金奖	1997 年	后调入上海东方广播电台
曹可凡	上海东方电视台	第三届金话筒金奖	1997 年	
章　茜	上海东方广播电台	第三届金话筒金奖	1997 年	
陆　澄	上海人民广播电台	第四届金话筒金奖	1999 年	
晓　林	上海东方广播电台	第四届金话筒金奖	1999 年	
李怡蓉	云南电视台	第五届金话筒金奖	2001 年	后调入上海文广新闻传媒集团
梅　梅	上海人民广播电台	第五届金话筒金奖	2001 年	
渠　成	上海东方广播电台	第五届金话筒金奖	2001 年	
董　卿	上海电视台	第五届金话筒金奖	2001 年	
阿　丁	上海人民广播电台	第六届金话筒金奖	2003 年	

（续表）

姓　名	单　　位	奖　项	颁奖年份	备　注
尚　红	上海东方广播电台	第六届金话筒金奖	2003 年	
叶　蓉	上海文广新闻传媒集团	中国播音主持金话筒奖 电视播音员主持人	2006 年	
兰　馨	上海文广新闻传媒集团	中国播音主持金话筒奖 广播播音作品	2006 年	
李　欣	上海文广新闻传媒集团	中国播音主持金话筒奖 广播播音作品	2006 年	
崔　艳	上海文广新闻传媒集团	中国播音主持金话筒奖 电视主持作品	2006 年	
李　欣	上海文广新闻传媒集团	中国播音主持金话筒奖 广播播音作品	2007 年	
陈　蓉	上海文广新闻传媒集团	中国播音主持金话筒奖 电视播音员主持人	2007 年	
胡晓丽	上海文广新闻传媒集团	中国播音主持金话筒奖 广播播音员主持人	2007 年	
潘　涛	上海文广新闻传媒集团	中国播音主持金话筒奖 电视播音作品	2007 年	
王　涛	上海文广新闻传媒集团	中国播音主持金话筒奖 广播播音员主持人	2008 年	
文　艳	上海文广新闻传媒集团	中国播音主持金话筒奖 电视播音作品	2008 年	
白　瑞	黑龙江人民广播电台	中国播音主持金话筒奖 广播主持作品	2008 年	后调入上海文广新闻传媒集团
马红雯	上海文广新闻传媒集团	中国播音主持金话筒奖 广播播音员主持人	2009 年	
雷小雪	四川广播电视集团	中国播音主持金话筒奖 电视主持作品	2009 年	后调入上海广播电视台
印海蓉	上海广播电视台	中国播音主持金话筒奖 电视播音员主持人	2010 年	
钟　姝	上海广播电视台	中国播音主持金话筒奖 广播主持作品	2010 年	
施　琰	上海广播电视台	中国播音主持金话筒奖 电视主持作品	2010 年	

说明："金话筒奖"颁奖单位为中国广播电视协会（前身为中国广播电视学会），于 1993 年设立。本表从 1993 年起记载至 2010 年。

本章情况表分别由上海市文化和旅游局组织处、上海广播电视台人力资源部、上海教育电视台、各区县台（中心）提供资料。

1986—2010年上海广播电视系统副高级专业技术职称人员名录(新闻系列)

(含主任记者、主任编辑)

于　敏、卫　强、马　骏、马晓霞、马崇飞、王　蔚、王　燕、王　霞、王一敏、王小龙、王小平、王文煜、
王立俊、王东雷、王国荣、王明远、王建敏、王根发、王晓芬、王晓明、王惠群、毛　艳、田晓文、方庆华、
方晓清、左安龙、史美龙、叶　豪、叶荣臻、包　露、冯正治、成　玲、朱　光、朱　玫、朱正强、朱贤亮、
朱海平、朱慰慈、朱耀中、华　晔、伍亚东、庄维崧、刘　莉、刘友杰、刘必霖、刘康霞、刘瑞珍、刘福全、
江　潜、池　驰、汤砺锋、祁　鸣、许　慎、许兴汉、许志华、孙　伟、孙洪霞、杜列民、李　云、李　平、
李　珂、李　勇、李　澜、李兆丰、李学军、李卓敏、李金中、李美娣、李锐奇、李慧英、李耀民、杨咏佩、
杨树华、杨彩娥、来　洁、肖林云、肖美瑾、肖楚章、吴　茜、吴　琳、吴纯钢、吴忠伟、吴晓东、吴基民、
吴朝阳、沃逸敏、何　锋、何小兰、何光瑜、余　铮、应启明、汪　钧、沈梅华、沈渊培、沈琪秀、沈惠栋、
沈德贞、忻瑶华、宋　杨、宋明玖、宋炯明、张　炜、张　爽、张　越、张一吟、张巧巧、张伟杰、张争鸣、
张奇能、张聿强、张叔侯、张明霞、张迪修、张炳元、张烨华、张蓓莉、张献祖、张滟滟、张德留、陆　生、
陆　路、陆兰婷、陆先明、陆励行、陆　戈、陆　黛、陈　炜、陈　虹、陈　海、陈　菱、陈　唯、陈　斌、
陈　霞、陈足智、陈雨人、陈金宝、陈明虎、陈建明、陈思劫、陈接章、陈雪虎、邵学新、英崴嵬、范明德、
范嘉春、郁慕湛、季傅耀、金　丹、金　亚、金　宪、金英新、金毓褆、周　荔、周　峻、周小玲、周凤兰、
周忍伟、周宝馨、周保工、周鸿恩、周雯华、周瑞轩、周勤高、鱼志平、庞建华、郑　健、郎佩英、孟立蓬、
赵书敬、赵彦德、赵蓉蓉、赵慧娟、胡　钊、胡任华、胡运筹、胡劲军、胡建平、柳　遐、钟晓阳、钟雅妹、
俞　达、俞荣山、俞荣珊、姜　澜、姜璧苗、姜招虎、施心超、费闻丽、姚　远、姚树坤、秦　海、秦　晋、
秦武平、敖德芳、袁　雷、顾陆丰、顾妙昌、顾筱兰、倪亚芬、倪既新、倪晓明、倪淑珍、徐世平、徐老虎、
徐国兴、徐慰依、徐镜海、殷申卿、殷济蓉、奚源昌、翁伟民、凌治世、高韵斐、高　瑾、郭史颂、郭炜华、
唐　俊、唐丽君、诸培璋、黄　平、黄友斌、黄明新、黄旻祎、黄家基、黄铭兴、萧美瑾、龚卫敏、常永新、
崔　衍、曹龙根、梁玉清、梁晓庄、彭　柯、彭培军、谢春林、蒋建平、蒋俊新、蒋慰慧、韩　蕾、傅启人、
虞　欢、虞　炜、谭一丁、翟东升、颜迪明、潘永明

1986—2010年上海广播电视系统副高级专业技术职称人员名录(艺术系列)

(含二级编辑、二级编剧、二级导演、二级剪辑师、二级录音师、二级美术师、二级美术设计师、二
级动画设计师、二级摄影/摄像师、二级舞美设计师、二级演员、二级演奏员、二级音乐编辑、二级指
挥、二级作曲等)

丁建新、丁剑萍、于逢海、于震寰、万年华、万树泉、王　平、王　乐、王　锋、王　韬、王　磊、王　蕾、
王大卫、王天保、王功立、王石庚、王尔利、王光建、王更茂、王奇昆、王国平、王昕轶、王佩飞、王佩霞、
王洪英、王胜华、王根鸿、王爱娜、王海帆、王照祥、王磊卿、王璧华、韦焕章、牛晓冬、毛　威、毛蓓蓉、
方仁和、方雨桦、尹庆一、甘方敏、左翼建、厉　冰、石建敏、卢林根、卢鸿新、叶　超、叶菊花、田　明、
田仁峰、史　俊、史永福、冯　兵、冯建国、冯菊林、成伟民、毕可勇、毕毓明、过　玲、曲　清、朱　音、
朱　疆、朱龙宝、朱弘强、朱育林、朱荣生、朱秋玲、朱雪夫、朱锡衍、朱嘉明、刘　克、刘　翔、刘小弟、
刘文炳、刘立中、刘光明、刘昌伟、刘振亚、江世琪、汤霭明、安定兴、阮建平、孙　红、孙文彬、孙仲瑜、
孙克仁、孙孟晋、孙继海、牟　浩、牟荣光、寿　强、苏荣金、杜卫平、李　列、李　晓、李　晞、李　瑛、
李　樱、李长年、李长缨、李丹青、李文华、李文秀、李兴昌、李志德、李利群、李作明、李君杰、李和群、
李欣欣、李学钧、李宗俊、李宗强、李建申、李荣普、李晓虹、李慧珍、李燮智、杨　明、杨　越、杨云鹤、
杨少伟、杨凤栖、杨文红、杨文艳、杨心慈、杨金鑫、杨咏朝、杨绍熹、杨树占、杨贵生、杨锦彪、杨新宁、

肖　霄、吴子平、吴全富、吴宗麟、吴柏良、吴海鹰、邱　枫、邱蔷英、何　为、何　歌、何东海、何企洪、何红柳、何高潮、狄善乙、邹东琪、邹辉明、应　红、应龙妹、汪　灏、沙　琳、沈圣道、沈国藩、沈娴秋、宋　杨、宋光海、宋松灵、宋春和、宋恺如、宋淑群、张　弘、张　欣、张　亮、张　彦、张　赟、张　雄、张　谦、张力平、张开兰、张友珊、张宁燕、张永新、张亚玲、张乔南、张延平、张国兴、张金锁、张建红、张建明、张荣祥、张信发、张桃贞、张景萍、张蓉芳、张福荣、张增荣、陆　明、陆　蕙、沈　旸、陆小兰、陆成法、陆锦伯、陈　平、陈　庆、陈　虹、陈　涤、陈　裙、陈　霞、陈　麒、陈卫伯、陈文宝、陈玉书、陈自强、陈志平、陈丽钦、陈位其、陈念祖、陈学清、陈宛心、陈建强、陈绍芳、陈南云、陈振声、陈继高、陈惠民、陈翔豪、陈新光、邵进生、茅　颖、林万钧、林小玲、郁伟华、金　浩、金仁生、金建忠、金晓平、周小玲、周介安、周兴泉、周杏梅、周洪波、鱼道文、庞　鹰、郑大里、郑世杰、郑莉莉、孟津津、孟祥麟、项祖萱、赵　虹、赵上元、赵正余、赵冬兰、赵亚宏、赵建华、赵能祥、赵援朝、胡士锐、胡叶忠、胡网网、胡敬先、胡嘉建、柯丁丁、钟为民、钟立雄、侯　捷、侯燕萍、俞大明、俞荣华、姚人雄、贺元元、袁　莉、袁公仰、耿　康、校林荣、贾维白、夏　楠、夏汉平、夏兴才、夏治浪、顾　伟、顾　敏、顾水明、顾六兴、顾振权、柴永宽、柴俊为、钱　军、钱　威、钱晓茹、钱德强、倪　康、倪力行、倪亚芬、徐　丹、徐　策、徐达平、徐坚平、徐国春、徐品富、徐晓鸥、徐晓毅、徐海连、徐海余、徐朝福、徐富荣、徐嵩峰、奚　培、奚小珉、翁佩珍、高　建、高凌云、郭　颖、郭大康、郭琪琪、涂小枫、殷振邦、黄启权、黄维毓、黄景誉、梅　梅、曹天祥、曹邵同、戚　彦、龚　卫、龚万里、盛汉清、康　慨、康秋芬、梁　坤、梁　詠、梁定东、屠　珊、彭　松、彭则义、董　菁、董国新、蒋金轮、韩　修、程晓林、程海苏、傅昌楣、储锡林、鲁国良、童三强、曾　庶、曾妙林、谢　雷、谢力昕、谢其规、谢鹤云、蔡尔庆、蔡永瑞、蔡伟中、蔡伦清、蔡来艺、蔡部阳、蔡淑英、蔡福康、管一明、潘　林、潘世濂、潘伟平、潘丽珍、潘惠玲、戴文华、戴巴棣

1986—2010年上海广播电视系统副高级专业技术职称人员名录(播音系列)
(含主任播音员)

卜　凡、丁　锋、马红雯、王冬冬、王永涛、王丽君、巩晓亮、朱尊准、刘　剑、刘江贤、刘志维、孙向彤、苏光琪、李　欣、李欣欣、李志毅、李怡蓉、李素芬、杨旭峰、杨启民、吴晓蕾、邱国方、何　婕、佟祖光、张民权、陈　璐、陈国瑾、陈家传、林牧茵、周晓梅、郁瑞芳、胡晓丽、查蓓莉、侯桂兰、袁　鸣、袁林辉、耿燕南、顾大伟、徐志璋、曹可凡、章　茜、商　红、路　萍、潘　涛、魏新安、瞿　懿

1986—2010年上海广播电视系统副高级专业技术职称人员名录(经济系列)
(含高级经济师、高级会计师)

万映明、马建中、王　立、王依韵、王济明、邓建申、毕更新、吕民生、吕雅敏、朱锦荣、任义彪、许振平、孙一鸣、孙文秋、孙雪萍、李　进、李　隽、李诗钰、邱坤元、沈　引、沈佐平、张伟东、张克亮、张国平、陈　萍、陈文炳、陈秉欣、陈逸青、金　樑、周志明、周佩龙、郑东海、郑善福、施　萍、钮卫平、宣兆艳、贺慧玲、顾　戟、钱文亮、高　勇、郭学鹏、陶积安、盛亚飞、曹敏华、韩建国、楼敏常、樊龙妹

1986—2010年上海广播电视系统副高级专业技术职称人员名录(工程系列)
(含高级工程师)

丁剑平、丁敏晨、王　彤、王　昀、王　波、王伟晨、王仲园、王忻济、王启发、王金宝、王金海、王海玉、王绥祥、王继顺、王毓祺、毛祖香、方祖生、石亮光、卢宝丰、叶健骅、史美琴、乐人杰、毕毓明、曲　磊、吕　丽、吕三戎、吕兆熊、朱　霖、朱培忠、朱建芳、朱爱华、朱继宏、朱敦裕、朱耀生、关亚东、汤　强、

汤　毅、孙　刚、孙　耀、孙大庆、孙宏明、严　杰、杜佑宁、李　红、李中定、李文斌、李泽强、李学庆、李雪君、李涵初、刘恒江、余保华、杨　睿、杨华钢、杨建荣、吴一凡、吴云丰、吴仁法、吴安甫、吴志欣、吴剑东、邱　炜、何锦池、应启宏、应明芳、闵友钢、沈　炜、沈　炯、沈坚清、张　炜、张　建、张　蕾、张云华、张宏斌、张建业、张厚钧、张振东、张桂芳、张烜皓、张敏耀、张勤毅、陆伟民、陈　亮、陈南海、陈继亮、陈跃军、陈据樽、陈逸民、陈槐汀、陈嘉榴、邵　勇、邵蓓萍、范成涛、范金慧、茅月华、林云川、林忠明、林定祥、尚　峰、罗　橝、金　伟、金　健、金国祥、周　进、周　斌、周志孝、周家麒、郑立鸿、郑国亮、郑士强、承超群、赵　健、赵　铭、赵文忠、胡庆康、柯玉英、要治华、侯培堂、俞立民、姜　俊、姜德仁、姚学润、袁　政、袁永宇、袁奎明、袁炳奎、贾志强、夏秀靖、夏美钰、顾文虎、钱华强、钱侠民、倪　伟、倪　祁、倪柏壮、徐　焱、徐泽星、徐治平、徐济众、徐晓枫、徐肇文、郭　磊、郭　彬、郭祥珍、唐家驹、唐惠荣、诸冶伦、谈　新、陶　勇、陶鸣成、黄　海、黄奇志、梅　萍、梅国平、梅康诚、曹益民、龚　明、康　斌、梁振疆、盖明耀、屠龙贵、彭　成、蒋　苹、蒋　颖、蒋龙根、蒋国庆、蒋泽汉、蒋慧颖、曾　菁、韩　雷、谢　明、蔡阿喜、裴陆荣、薛　伟、薛海容、潘文荣、霍秋林、戴连根、戴海敏、戴懿贺

1990—2010 年上海广播电视系统副高级专业技术职称人员名录(政工系列)
(含高级政工师)

丁新民、卫雨田、马根生、王　英、王　琳、王小弟、王淑平、王菊平、王鲁明、卢国庆、尤文澜、尤纪泰、石品华、冯　波、朱义宽、朱在望、朱廷元、朱建中、朱锦荣、乔其干、任大文、刘　芳、刘彩凤、池永法、汤　瑶、孙红芳、孙利国、苏春阳、李尧胜、李保顺、李彩娣、李瑞祥、李静平、苏宝艳、杨秀榕、杨晓平、杨海生、何政平、邹安娜、沈乃平、沈新妹、张义华、张田仁、张灿华、张德祥、陈多会、陈国柱、陈国顺、陈金有、陈经建、陈锡强、范建萍、林　英、金水炎、金闽珠、金浙甬、周百廉、周丽霞、周善斌、宗　明、高金宝、袁则荣、袁林凤、夏仁庠、顾薛平、徐　敏、徐仁保、徐济尧、高玉森、高贵祥、郭复生、黄耀明、梁　军、蒋剑平、蒋琪芳、程坚军、储敏达、蔡一家、潘守鉴、薛亚非

1986—2010 年上海广播电视系统副高级专业技术职称人员名录(其他系列)
(含副编审、副译审、副研究馆员等)

石左虎、叶　丹、叶　汀、吕　荣、吕晓明、朱　刚、肖祖庚、何孝水、何继良、张军豪、张伯安、张明华、陈晓芸、陈遗生、胡允逸、施月华、施德礼、顾　铮、唐与中、黄锡元、章坤良、梁肇荣、傅　伟、谢金海、谢家骝、雷德昌

1. 名录分别由上海广播电视台人力资源部、上海教育电视台和各区县广播电视台(中心)提供。名单排列以姓氏笔画为序。

2. 上海广播电视系统人员的职称均由上海市及其他省级专业技术职务任职资格评审委员会评定,限于篇幅,评审机构从略。

专　记

改革开放后,上海广播电视工作者解放思想、求变创新,出色完成了一系列重要的舆论宣传任务,涌现出一大批品牌栏目、品牌活动和知名主持,创作了一批具有社会影响力的广播影视精品力作,广播电视产业蓬勃发展,积累了许多宝贵经验和财富。

回望上海广播电视的发展历程,从广播电视新闻改革起步,到"五台三中心"实施,东方电台、东方电视台相继诞生,从"影视合流"到"文广合并""管办分离""集团化",上海广电的改革步伐始终走在全国前列,建树了一座又一座创新发展的里程碑。同时,上海广播电视工作者的创新活力竞相迸发,开创了中国广播电视历史的众多第一:"第一条用手机越洋发回的口述新闻""第一档杂志型电视新闻栏目""第一个广播谈话栏目""第一个纪录片频道""第一家外语台(电视)""第一个国际性电视节""第一条电视广告""第一家文化企业上市公司""全国广电新媒体第一股"……

这一个个片段和亮点,成为上海广播电视历史长卷中的重要印记,值得我们细细回味。

一、广播电视新闻的"求新""求快"

改革开放后,经济与社会的发展日新月异,人民群众渴望及时从广播电视新闻中获得诸多信息。广播电视新闻如何体现"新"与"快",现场报道正在发生和刚刚发生的新闻事件,把声音和图像在第一时间传送到千家万户,这正是上海广播电视新闻工作者的追求和探索。

从 20 世纪 80 年代初开始,上海广播电视新闻改革着重从采编与播出两方面入手。采编不仅力求内容出新,而且优化编排,播出形态既有录音报道,也尝试现场直播,突出报道的即时性和现场感。

1981 年 11 月 21 日,上海电台开办《最新消息》节目,打破新闻报道全部录音后再播出的单一模式,部分新闻进行直播。

1983 年 1 月 1 日,上海电台在中波 990 千赫推出"整点新闻"主体框架,从每天的 5—24 时,每逢整点播出新闻节目,每天"滚动"播出 21 次。

1983 年,第五次全国运动会在上海举行。9 月 23 日,上海跳高运动员朱建华冲击男子跳高世界纪录。上海电台记者奚源昌在现场做直播报道,朱建华每跃过一个高度,记者即时播报,17 时 19 分,朱建华以 2.38 米打破世界纪录。现场总裁判核实后不到一分钟,上海电台就播报了这一载入世界体育史册的新闻。

上海电台倡导做"带响"的报道。1985 年,记者赵文龙采制的第一条现场口头报道《迎春展销会》播出后,广受好评,改变了过去新闻播出的旧模式(播音员有声语言加实况音响),开创了广播新闻传声传情、富有现场感的新型播报风格。上海电台继而推出大量由记者出声的录音报道、录音特写。

1992 年东方电台开播,《东方新闻》节目的前 15 分钟是"东广快讯"板块,每条消息都在 100 字左右,最长不超过 200 字,"短而精""快而新",及时把新闻资讯播报给听众。

1996 年 7 月,第二十六届奥运会在美国亚特兰大举行,上海电台记者胡敏华利用手机越洋报道多条奥运消息。上海电台《990 早新闻》在第一时间播出她口播的《中国游泳运动员乐靖宜勇夺冠军》现场报道,这条现场口述新闻获中国新闻奖二等奖、中国广播电视新闻奖一等奖。

1996 年 12 月,由于得到社会各界人士的爱心捐助,一个患先天性胸骨裂畸形症的小病人吴青在上海市第九人民医院接受手术。东方电台在每个整点新闻时段播出记者江小青从医院现场发回的报道,直到手术成功。这次广播新闻报道实现"零秒差"。这组系列报道获得中国新闻奖一等奖。

2004 年,传媒集团新闻资讯频率早新闻节目新设"昨夜今晨"板块,报道昨夜今晨发生在上海、全国和世界的最新资讯。记者昼夜值班,随时出动。其他时段每逢整点和半点都以直播形式播出 10 分钟"半点滚动"新闻。

2005 年 1 月 1 日,传媒集团广播新闻中心成立,新闻频率推出《20 分钟滚动新闻》栏目,以 20 分钟为一个单元,内容有报时、要闻、气象、综合新闻、前方连线、体育特快、路况、资讯快报等,每天 9—24 时滚动刷新 45 次。

改革开放前,上海电视新闻节目播出的大多是过时旧闻。1980—1984 年,上海电视台逐渐用电子摄像机取代电影摄像机拍摄新闻片,增强了新闻报道的时效性。1980 年 6 月 1 日起,上海电视台开设口播新闻节目,这是电视新闻观念上的一次变革,改变了过去电视新闻偏重画面不重时效的电影院《新闻简报》模式。

1983年8月19日,中共中央总书记胡耀邦陪同意大利共产党总书记贝林格到上海访问,18时专机抵达虹桥机场。上海电视台派出编辑洪浚浩,记者林罗华、沈宏发,播音员刘维前往机场采访,他们首次采用无剪辑、不复制、一次性合成的现场报道方法,采制新闻,随后立即赶回台里,赶在18时30分的新闻节目中直接播出。这条新闻创下上海电视新闻开办25年来的最快时效。

1984年春节期间,上海电视台新闻报道专用的录像编辑室、录音室、播音室和导播控制室投入使用,形成"采编播一条龙"流程,新闻主播采用直播方式,一些突发新闻及时穿插播出。

1984年1月25日,上海电视新闻第一次尝试新闻实况转播。当天21时20分,中国政府代表团访问美国、加拿大后回国,专机抵达上海虹桥机场,上海电视台做了现场实况转播,并通过中央电视台向全国转播。

广播电视及时报道灾难类、突发性事件,更能体现出新闻快捷、权威的优势。1984年5月21日深夜,南黄海发生5.8级地震,上海有明显震感。上海电视台新闻记者兵分几路,赶往市地震局等单位采访。5月22日,上海电视台打破常规的节目编排,破例在早晨7点播出关于南黄海地震的新闻片,播报了市地震局的消息,告知市民上海近期内发生破坏性地震的可能性不大。尽管这次特别节目总时长只有4分零4秒,但是对于稳定人心,保证社会正常工作和生活秩序具有积极作用。

1988年3月24日14时20分左右,上海境内发生两列客运火车相撞的恶性事故。上海电台在17时的新闻节目中首先播出该事故消息。7分钟后,日本新闻媒介将这条消息传送到日本。

现代先进技术和设备的应用,为广播电视新闻求快增添了动力,提高了效率。1993年4月27—29日,中国大陆和台湾地区高层人士首次会谈(即"汪辜会谈")在新加坡举行,东方电视台租用国际通信卫星报道此次海峡两岸具有历史意义的会谈。当天18时,接收卫星信号结束,时任东视报道部副主任的朱咏雷仅用15分钟就完成文字稿和图像编辑工作。18时30分,《东视新闻》以最快速度播出《"汪辜会谈"今天在新加坡举行》的系列组合报道。

1995年1月16日,日本大阪和神户发生大地震,东方电视台报道部第一时间指示正在大阪的特约记者徐鸥采访报道地震灾情,并在当天的《东视新闻》通过电话连线徐鸥,推出7分多钟的"阪神大地震"灾情报道,这是国内传媒最早从地震灾区发回的现场报道。记者徐鸥乘坐直升机拍摄灾区镜头,并通过卫星将拍摄素材及时传送到上海,后方编辑争分夺秒制作新闻,在新闻节目中插播航拍灾区的实况报道。

1996年4月26日17时40分,中、俄、哈、吉、塔五国元首在上海展览中心共同签署《关于在边境地区加强军事领域信任协定》。上海电视台与中央电视台合作,于当天17时28分—18时01分向全国和全世界现场直播了这一重大历史事件,美国CNN、英国路透社采用中方电视信号也向全球进行直播。

1997年,第八届全国运动会在上海举行期间,东方电视台联合国内8家省级无线电视台在上海设立直播室,上海有线电视台联合全国15家有线电视台进行直播。上海体育新闻节目的制作和播出充分使用卫星传送、SNG运用、光纤传送、数字编辑、全程电脑化处理文稿画面以及异地多向信号切换等,圆满完成体育新闻和赛事实况播出任务。

2001年10月20日,亚太经济合作组织(APEC)会议在上海举行,为了迅速及时报道会议盛况,上海的电视新闻增加播出频次,上海电视台全天播出8档《APEC报道》,东方电视台全天开辟16档整点《APEC报道》。

2003年3月20日上午10时36分,伊拉克战争爆发,传媒集团新闻娱乐频道及时调整节目编排,在上海媒体中第一时间报道美伊开战的消息,并连续进行了近30小时的直播报道,这是上海电视媒体对突发的国际重大新闻事件所做的大容量连续性直播报道。

2004年,传媒集团东方卫视加大自制新闻节目的播出量,全年新闻大型直播数百次,形成"反应迅速、第一现场、长时间、大容量"的特色,《东方夜新闻》成为东方卫视当时常规新闻类栏目的突出代表。

2005年,传媒集团电视新闻中心提出"直播世界变化,感受新闻力量"的行动口号,运用现代电视技术和先进传播手段,努力在第一时间出现在上海以及国内外重大新闻的现场,迅速及时地播报新闻。

2006年青藏铁路全面建成,7月1日通车试运行。传媒集团电视新闻中心在东方卫视和新闻综合频道并机推出长达10个小时的《巅峰之旅》大型直播和专题报道。广播新闻中心也在新闻频率和东广新闻台联播14小时《"巅峰之旅"——庆祝青藏铁路通车特别节目》。

2008年5月12日,四川汶川发生大地震。地震发生15分钟后,电视新闻中心迅速派出第一组特派记者赶赴灾区,报道灾情。5月13日,东方卫视率先在全国地方卫视中推出大板块、大容量的汶川地震特别报道;5月12—25日,东方卫视和新闻综合频道推出"聚焦四川汶川地震"连续直播报道,总体节目时长近250小时。

二、广播架起"桥梁" 沟通政情民意

改革开放推进了决策民主化和信息透明化。1992年10月,上海电台、东方电台相继推出新闻类谈话栏目《市民与社会》《今日新话题》,为市民提供表达观点、参政议政的论坛,为党政部门提供了解社情民意、倾听百姓呼声的渠道,为党和政府与人民群众之间搭起交流沟通、平等对话的桥梁。节目注重反映百姓心声愿望,上海市民精神文化生活由此多了一种新的选择——午间收听广播节目。

《市民与社会》是上海地区第一个由主持人访谈嘉宾的新闻类谈话直播栏目,普通市民可拨打电话通过这个平台对新闻事件、新闻人物及受关注的话题发表见解。每年在该节目中探讨话题平均约250个,内容涉及政治、经济、文化、教育、社会管理、民生改善等。1995年2月《市民与社会》栏目组与华东六省一市电台联手,推出系列专题"省市长热线",开创中国广播史上官民对话之先河。之后,中央各部委、上海市领导、全国各省市自治区领导以及部分外国政要应邀担任节目嘉宾。1998年6月,美国总统克林顿与上海市市长徐匡迪一起,在《市民与社会》直播室与市民做了近一小时的交流,成为中国广播史上首次由外国元首担任节目嘉宾与听众对话,并首次用汉英双语同步互译直播的广播节目,一度成为国际媒体的报道热点。1999年8月,上海电台和人民日报华东分社联合举办"华东省市委领导国企改革与发展系列谈"专题,上海市委书记黄菊等七位省市委领导先后担任节目嘉宾。2000年4月起,上海电台推出《市民与社会·市长热线》特别节目,市长徐匡迪和副市长们先后走进直播室,分别就城市信息工程建设、越江工程建设、菜篮子米袋子工程、医疗卫生体制改革、全民健身等市民关心的问题与听众直播交流。市政府许多改善民生方面的重要措施首先在广播节目中披露,这些首发信息,往往成为其他媒体当天或第二天的头条新闻刊播。《市民与社会·市长热线》借助广播媒体快捷、互动的优势,在市长与市民之间建立了直接对话的机制并使之成为常态。

《今日新话题》栏目每天选择一个社会热点话题,邀请党政机关负责人、专家、学者以及普通市民担任节目嘉宾,听众通过拨打热线电话与主持人、嘉宾一起参与讨论。1992年12月,《今日新话题》栏目与新闻部联手策划,记者在医疗现场口头报道,与直播室主持人、嘉宾讨论,在节目中呼吁社会各方为白血病患儿们奉献爱心。1993年2月,《今日新话题》在南京东路外滩设立临时直播室,推出"迎东亚运街头直播大讨论"特别节目,30多位市民参与讨论,这是上海广播史上第一次采用街头讨论形式的直播节目。该栏目讨论的"上海市婴幼儿住院医疗保险办法解读""如何重振上海产品雄风""如何看待第二职业""如何让中小学生吃好午餐""公款吃喝为什么屡禁不止""对10位医生发出不收红包倡议的思考""南京东路新华书店要不要搬"等社会热点话题,受到广泛关注。2000年起,栏目增设"人大之窗""政协之声"板块,进一步强化参政议政的"桥梁"功能。

随着人民群众参政议政的热情高涨,群众盼望媒体更好地履行舆论监督职能。1979年上海电台开办《听众信箱》栏目,设"批评与建议""批评的回音""一月来信综述"等板块,除了在广播中播出部分案例外,每年向有关单位部门转送听众来信超过一万封,并督促及时反馈信息。1988年4月,上海电台开办《热线电话》栏目,它从早新闻夜间值班记者电话专线发展而来,接收听众来电来信,选择部分有社会影响的内容做追踪采访,并及时反馈。1993年2月《热线电话》更名为《990听众热线》，先后播出"先施公司搜包""一名7岁女孩遭继母摧残""小学教师体罚学生""崇明堡镇码头见闻""买了进口彩电的烦恼"等报道，影响较大。记者陆兰婷为掌握充分证据，做客观、真实的报道，只身深入现场，调查贩卖枪支弹药交易；暗访地下赌场、地下网吧、地下食品加工、销售假烟窝点取证；以乘客身份揭露"黑车"司机拉客、与执法人员内外勾结的内幕；智斗电信诈骗团伙；夜探医院太平间调查事实真相，采写的《荒诞，医院脏被褥循环使用》《疑点重重的搭载重罚事件》《骗子的自白》《复制的手机卡能窃听对方的电话吗？》等报道，在社会上产生较大反响。她采写的千余篇监督报道，没有一篇因事实有误而引起纠纷和投诉。

《东方大哥大》是东方电台早新闻节目中设置的5分钟板块，后更名为《东方传呼》。它以"倾听市民投诉，记者实地调查，节目及时反馈"的形式，体现媒体监督功能。1992年10月29日，《东方大哥大》面向社会的第一天，首先拨通热线电话的是家住某铁路新村的居民梁小妹，反映所住小区断煤气已有半个月，向有关部门反映多次，却一直没人前来修理，主持人当即在节目中吁请有关部门重视解决此事。隔日，听众梁小妹再次拨通热线电话高兴地说，煤气管道已经修好。听众反映的问题多与百姓生活相关，节目通过揭露问题，厘清事实，沟通信息，化解矛盾，督促有关单位尽快解决问题并改进工作作风。1998年起，《东方传呼》改版，设立24小时热线电话，记者全天候值班，增加记者现场采访报道和跟踪报道数量。节目由原来记者轮流主持改为由市劳动模范袁家福主持。栏目组向听众承诺，对听众反映的问题进行跟踪采访，节目播出后都会有反馈。2006年1月，传媒集团广播新闻中心成立，《990听众热线》和《东方传呼》资源整合，联动呼应。《990听众热线》每年推出"夏令热线特别访谈节目"，邀请市政府各职能部门和上海各中心城区负责人走进直播室，接听投诉，直接对话，当即提出解决方案，明确整改责任主体。栏目还选取市民反映比较集中且久拖不决的"急难愁"问题进行连续追踪报道，推动代表性个案的解决，带动一批同类案例的处理。2010年5月，《东方传呼》播出一则推销小广告、偷窃水电煤的报道引发关注。对此，市长韩正批示：要依法严处。此后，警方侦破一批类似案件。

传媒集团广播新闻中心还设《渠成热线》《政风行风热线》等监督投诉类热线栏目。《渠成热线》接听听众有关商品或服务质量的投诉电话，倾听厂商、行业主管部门以及消费者协会、执法机关的意见，对损害消费者合法权益的行为实施舆论监督。《政风行风热线》由中共上海市纪委、市委宣传部主办，广播新闻中心制作。市民可以通过电台的"热线电话"，对违法违纪违规、损害群众利益等问题进行投诉。政府有关部门、公共服务行业的负责人在直播室与听众进行"热线"交流。在非直播期间，群众也可通过电话向电台投诉，由有关部门进行处理和回复，该栏目2007年1月开播至2010年1月，共为群众解决各种实际问题2 491个，办结率达96％。

三、大型活动五彩缤纷气势恢宏

1978年后,上海电视工作者策划、组织、参与创制的大型活动接连不断,高潮迭起,数百场大型演出精彩纷呈、气势恢宏,它用文艺的形式,向国人、向世界展现了上海特色、中国风采。

秉持海纳百川精神,倡导时代风尚。1995—2000年,上海电视台5次举办"风"系列元旦主题活动。1995年1月1—5日,举办"中国民族风——全国56个民族音乐舞蹈邀请展演活动",推出《蓝天白云》《青山绿水》《春风大地》3台直播晚会,100多名演员演出了100多个节目,汇集了56个民族的歌舞精粹。1997年1月1—4日,主办"中国风"系列晚会,先后直播《唱着歌走进1997年——音乐舞蹈专场》《笑迎1997——相声小品专场》《中华戏曲再现辉煌——第十一届全国戏曲电视剧颁奖晚会》《群星在今夜升起——第二届全国广播电视主持人金话筒颁奖晚会》共4场晚会。1997年12月31日,上海电视台和中央电视台联合推出《我们共同的亚细亚——'98亚洲风》大型文艺晚会。来自亚洲各国各地区近300名演员,展现亚洲绚丽多彩的艺术。1999年元旦来临之际。上海电视台和中央电视台共同制作汉英双语文艺晚会《五洲风》,国家主席江泽民通过晚会向全世界人民致以新年祝愿,来自全球近600名演员参加演出。2000年元旦之夜,上海电视台和中央电视台第三次合作,在上海马戏城推出《世纪风》元旦晚会,整台晚会由自然、生命、家园、和平、希望5个乐章和尾声构成,500多名演员表演了20多个精彩节目。节目在22个国家的49个电视机构联合传播。

以著名地标作舞台,深化主题内涵。1987年10月1日,上海电视台推出《走进十月的阳光》国庆特别节目全天大直播,把上海这座城市作为大舞台,并首次用直升机航拍,从空中到地面立体式报道节日中的上海。当直升机降落在上海展览中心广场时,广场上2000人的合唱队共同歌唱祖国,形成整台节目的高潮。1995年8月27日,为纪念中国人民抗日战争暨世界反法西斯战争胜利50周年,东方电视台在北京八达岭长城现场直播《永恒的长城》大型演唱会,著名钢琴家刘诗昆和乐队演奏的钢琴协奏曲《黄河》响彻长城内外。1996年10月,东方电视台在延安宝塔山举行亮灯仪式暨大型晚会,以"延安宝塔——中国革命的明灯"为主视角的创意,意义深远。2000年7月,上海电视台在酒泉卫星发射中心卫星发射架前举行大型晚会,歌颂两弹一星精神和航天精神。2009年9月19日,传媒集团艺术人文频道推出纪念《黄河大合唱》诞生70周年时长7小时的全球直播大型演唱会。上海江湾体育场主会场和黄河流域9个分会场的400多支合唱团共同唱响《黄河大合唱》,并进行"互动大拉歌"。3万名合唱队员在85岁指挥家曹鹏的指挥下,演唱《黄河船夫曲》《黄水谣》《保卫黄河》《怒吼吧,黄河》等合唱歌曲。

广泛开展对外合作,向世界展示中国风采。1997年7月2日,东方电视台和中央电视台在美国洛杉矶好莱坞碗形剧场联合举办《为中国喝彩——中国之夜大型焰火歌舞晚会》;1999年10月7日,东方电视台联手中央电视台在莫斯科克里姆林宫大剧院举办《为中国喝彩——克里姆林宫大型音乐歌舞晚会》;2000年8月22日,东方电视台联手中央电视台在英国伦敦千禧宫主办的《为中国喝彩——伦敦泰晤士河之夜大型音乐歌舞晚会》,中英两国演员同台演出;2002年春节期间,传媒集团联手中央电视台举办《为中国喝彩——南非大型歌舞晚会》,这是传媒集团首次参与在非洲举办的电视文艺晚会。

2000年2月,上海电视台举办的《上海—悉尼经典盛演卫星双向传送晚会》在上海大剧院与澳大利亚悉尼歌剧院同时演出。2001年5月27日,为申办中国2010年上海世博会,上海电视台和法国电视机构合作举办的《上海—巴黎卫星双向传送音乐会》在上海大剧院和巴黎香榭丽舍大剧院同时演出,东方明珠广播电视塔和巴黎埃菲尔铁塔同时呈现在电视荧屏上,节目在上海电视台和法国电视台直播。2002年6月28日、29日,国际展览局第131次成员国代表大会前夕,传媒集团在法国巴黎香榭丽舍大剧院举办2场大型服饰舞蹈《金舞银饰》;9月18日,传媒集团派出近50名演员组成的演出团在德国汉堡会议中心大剧场举办《蓝色畅想:汉堡—上海经典盛演》;11月16日、17日晚,传媒集团又在巴黎香榭丽舍大剧院举办2场大型文艺晚会《今夜星光灿烂》。2003年2月3日晚上,传媒集团和北京电视台联合制作的"凡尔赛宫中国文化之夜",在巴黎皇家歌剧院举行。

精心承办国家项目,做大全球影响力。2001年10月20—21日,亚太经合组织第九次领导人非正式会议(APEC峰会)在上海举行,国家主席江泽民和美国、俄罗斯、日本等经济体国家领导人及其配偶出席。20日晚,由上海电视台创意制作的《APEC欢迎宴会文艺晚会》在上海国际会议中心宴会厅举行,参与演出的23个文艺团体、800多名演员来自5个省市,12个节目呈现中国艺术高水平,80分钟的演出博得全场60多次热烈掌声。20日20时,东方电视台承办的《今宵如此美丽——APEC峰会大型音乐焰火表演》在陆家嘴、外滩建筑群和黄浦江江面举行,中外贵宾在上海国际会议中心东方长廊一起欣赏。活动使用焰火210种16万发,被列入2001年大世界基尼斯纪录。

2006年6月15日,由传媒集团和中国东方歌舞团共同承办创制的《和谐礼赞——庆祝上海合作组织成立5周年文艺晚会暨成员国艺术节开幕式》在上海大剧院举行,国家主席胡锦涛与各成员国、观察员国元首观看演出。晚会以"和平、和睦、和谐、合作"为主题,导演组大胆采用上海戏剧学院正在研究的多媒体全景虚拟描述方式展示。演出得到中外领导人高度评价,他们起立长时间鼓掌,胡锦涛称赞这是一台非常成功、非常精彩的晚会。传媒集团参与晚会创制的7名代表受到胡锦涛接见。6月14日晚,《今夜星光灿烂》大型景观焰火表演在上海黄浦江畔举行,国家主席胡锦涛与各成员国、观察员国元首等登上"君子兰"号游船观赏焰火表演。10分钟的焰火表演呈现多个亮点:滨江瀑布焰火长度破纪录,水上芭蕾焰火施放面积超常规,东方明珠塔三个球体的焰火喷射方式灵动变幻,千羽和平鸽造型效果令人难忘。燃放的200多种16万发焰火全部由国内生产制作。

2007年10月11日,由传媒集团创制的《阳光·生命——2007年世界夏季特殊奥林匹克运动会闭幕式》在上海江湾体育场举行。在《你行,我也行!》主题曲的鼓舞下,60名特奥运动员在200名志愿者的帮助下,3分半钟内在广场中央建起一座长50米、宽30米的舞台,唱响闭幕式序曲。这一互动行为艺术创意,让智障人士用自己的行动告诉全世界"你行,我也行!",深化了主题。特奥会闭幕式筹备期间,市领导习近平、韩正等多次听取导演组汇报并指导工作。特奥会闭幕式成功举行得到社会广泛肯定,国际特奥会主席蒂姆·施莱佛致函感谢传媒集团给予特奥会大力支持。《人民日报》于2007年12月14日和2008年1月3日,分别以总导演《创作手记》形式对特奥会闭幕式的美学追求和创意之一——智障女孩高清瑜实现飞天梦想进行报道。

2010年4月30日,中国2010年上海世界博览会开幕式在上海世博文化中心举行。国家主席胡锦涛、国际展览局主席蓝峰和世界各国各地区领导人、贵宾出席。2009年11月,经过4轮国内外竞标,上海广播电视台创作团队最终胜出,成为上海世博会开幕式室内仪式文艺表演主创团队。导演组以"中国欢迎您、世界同欢庆"为基调,表达繁衍生息在同一星球上的人类心手相连、命运与共、共同开创美好生活的深刻主题。演出由"相约上海""江河情缘""世界共襄""致世博"4个部分一气呵成。跨文化交织、跨艺术融合是晚会的创意亮点:芭蕾、钢琴、交响演奏浪漫结合,由美国作曲家昆西·琼斯与华人音乐家谭盾共同创作的英语主题歌《Better City, Better Life》,将上海方言"阿拉、侬"融入英语歌词中,中西合璧,大放异彩。770 只白色矩阵小球、12 只飘浮在半空的中球、能完成 21 个动作的巨型大球、70 人集体升空的威亚特技,是科技成果在舞台艺术中的创新表达,凸显"科技世博"的理念。文艺演出结束后,胡锦涛等领导和嘉宾,在世博文化中心室外平台观看大型江河景观艺术表演。盛大表演在卢浦大桥和南浦大桥之间长 3.2 公里的黄浦江两岸举行,自然景观与城市风貌浑然一体。在《梁祝》的背景音乐中,6 000 只红黄橙三色 LED 发光球由卢浦大桥顺江飘下,200 多艘旗船从南浦大桥向上游行进,双方在观演区前交汇,蔚为壮观。演出第一段是 8 分钟的灯光和激光艺术创造的展示,1 200 只彩色探照灯、17 台高功率激光器以及 284 米长、35 米高的 LED 特大屏幕气势恢宏;第二段是 10 分钟的装饰表演,发光球灯、旗船阵、固定与流动的喷泉,尽显现代科技之魅;第三段是 12 分钟的焰火表演,各种造型的焰火在江面、大桥、建筑群上空错落绽放,交相辉映,美不胜收。

四、倾心服务听众,乐于帮助听众

随着我国经济社会发展和人民群众生活水平的提高,上海广播从人民群众不断增长的物质和精神文化需求出发,拓展服务空间,强化服务功能。

拥有百万学员的空中大课堂。1978 年后,开放的中国迎来全社会学习外语的热潮,上海电台与部分高校联办《上海市业余外语广播讲座》,涉及英、日、法、德、俄 5 个语种,至 1987 年,外语教学讲座每天播出 14 小时,拥有百万听众。众多学子的外语学习之路从这里起步。著名桥梁、力学专家李国豪教授坚持数年收听日语广播,后来能看懂日文技术资料。他认为,广播教学为他从事的桥梁设计增添了新的知识。上海电台还向全国 16 个省级电台提供广播讲座的录音和教材,至 1983 年,外语广播教学的各语种教材销售量超过 647 万册。

上海交通信息传播平台。1991 年,上海市政府为改善交通状况,把建立交通信息台列为当年市政府"十件实事"项目之一,9 月,上海电台交通信息台(2002 年呼号调整为"交通频率")开播。这是国内第一个交通信息专业频率,节目设置以交通信息为骨干,每逢整点、半点播报即时路况,早晚高峰时段每 15 分钟播报一次,重要信息随时插播。交通频率曾用直升机、飞艇播出特别节目,首开国内空中指挥地面交通的直播纪录。每当灾害性天气或突发情况发生时,交通频率启动应急预案滚动播出相关信息。每逢春运高峰时期,上海交通广播将"648 为您指路"设到铁路上海站南广场直播,及时提供便民出行信息。交通频率联合市公安局道路交通指挥中心参与重大国际赛事、重要国际会议和大型社会活动的交通保障工作,直至成为中国 2010 年上海世博会最重要交通信息指挥控制平台。

金融证券信息发布主渠道。1993 年元旦,上海电台市场经济台开播。此时上海证券交易市场加速扩容,投资者快速增加,社会公众对证券信息传播需求急速增长。市场经济台每天播报 2 档《金融信息》和 4 次证券交易行情。两个月后,开设《股市今晚谈》《股市即时信息》《股市热线》栏目。在网络不够发达,电视、报纸、杂志刊播时效不够快的情况下,广播成为上海地区百万股民及时获得证券信息的主渠道。每逢整点,人们戴着耳机认真收听股市行情成为当时上海社会生活中的一道风景。

创立公益服务品牌。1994 年元月,东方电台创办上海媒体中第一个常设助困栏目《792 为您解忧》。它每年 1 月份举办"为您解忧特别行动月"活动,每天为有困难群众办一件好事,在当天新闻节目中播出。1995 年,东方电台与上海市慈善基金会联合设立"792 为您解忧基金",利用该基金每周为一名或一群有困难者提供帮助,在周五的新闻节目中公布。中共中央政治局委员、上海市委书记黄菊专门为此致贺信。《792 为您解忧》从一个广播栏目发展为一项有影响力的公益服务品牌系列,中央电视台《焦点访谈》栏目两次对"792 为您解忧基金"以及其资助的"无喉人复声班"采访报道。1996 年 1—2 月,东方电台与市总工会联手举办"送温暖特别行动",活动收到听众信件数千封,5 路记者采制 57 篇录音报道,播出后引起社会共鸣,在社会各界的广泛参与下,这一活动为民共办了 28 件好事实事,受益群众几千人次。《792 为您解忧》发挥了媒体特殊的服务功能,并唤起全社会共同参与公益事业,帮助社会上有困难的人。

上海广播根据群众需要,不断拓展服务节目领域,逐步形成专业化、系列化的格局:导购导修类栏目《为您服务》《上海潮》;消费咨询类栏目《都市990》《生活百事通》《上海时尚地图》《消费新天地》;健康养生类栏目《名医坐堂》《悄悄话》《健康人生》《健康航班》;法律咨询类栏目《法律咨询服务》《阿丁谈交通》《东方大律师》;理财保险类栏目《今日保险》《投资与保险》《远景理财专线》《理财应健中》;房产家居类栏目《房地产热线》《房产两点半》《上海楼市》《房产新干线》;车管车市类栏目《汽车世界》《车管工作热线》《上海车市》;求职培训类栏目《劳务人才交流热线》《人才与劳务》《留学指南》《人才你我他》;情感抚慰类栏目《夜鹰热线》《相伴到黎明》《小茗时间》等。1988年元旦开播的浦江之声广播电台开办《服务天地》栏目,内设"寻人启事""家信"板块。1989年10月,浦江之声播出了一组7则来自安徽马鞍山市的寻人启事,播出20天后,有3则启事发出方通过广播找到了亲人,其中台湾的李云秀女士找到了在祖国大陆的儿子。1991年12月5日,李云秀女士在儿子郭献藩的陪同下专程到马鞍山市台湾事务办公室,感谢浦江之声电台《服务天地》栏目,使他们这对分散40年的母子得以重新团聚。

五、中国首个纪录片电视频道

乘改革开放之势,上海电视工作者在国内率先组建纪录片创作团队,开办第一个纪录片栏目,创设第一个纪录片电视专业频道,在题材挖掘、拍摄角度、表现手法、叙事方式等方面显示出海派纪实风格,引领纪录片创作与传播潮流。

1979年,上海电视台新闻部成立纪录片组。1984年,上海电视台开设《上海万象》《吴越风采》栏目,拍摄播出反映上海及周边地区改革开放风貌的纪录片。1985年,上海电视台新闻部专题科扩展为以拍摄外宣纪录片为主的对外报道部,当年为中央电视台海外播出渠道供片时长跃居全国首位,并在此后多年稳居榜首。1987年起,上海电视台对外报道部扩展为国际部,与国内外电视同行交流增多,逐渐涌现出一批反映中国人真实生活的纪录片作品。

1993年2月1日,中国第一个以纪录片命名的栏目《纪录片编辑室》在上海电视台开播。《纪录片编辑室》以平民视角和跟踪纪实手法关注社会大背景下普通百姓的情感与命运,追踪外来打工妹婚姻、台湾老兵探亲、蜗居平民搬家动迁、下岗工人转型、贫困学生逆境成才、棚户区改造等鲜活题材,记录大时代浪潮中小人物的悲喜故事和市井传奇,创作了《毛毛告状》《重逢的日子》《大动迁》《下岗以后》《上海滩最后的三轮车》《沈漱舟的家》《我的潭子湾小学》《一个叫做家的地方》等一大批经典纪录片,开创出"见微知著、刚柔相济、学贯中西、雅俗共赏"的海派纪录片风格。

2002年1月1日,中国第一个纪录片专业电视频道——上海文广新闻传媒集团纪实频道开播。纪实频道成为中国纪录片创作与传播领域具有实力和活力的产业引领者,不断积极推动纪录片与政治、经济、社会、人文各领域的全方位结合,形成传承红色文脉、集聚江南文化和海派文化的电视文化地标。纪实频道推出《大师》《档案》《往事》《经典重访》《看见》《眼界》等纪实类栏目和纪录片栏目,在丰富纪录片样式和规模化制作上进行有益探索,打造具有文化价值和知识含量的传媒品牌。

2005年1月,中国电视艺术家协会纪录片学术委员会和上海文广新闻传媒集团联合成立了"中国电视艺术家协会纪录片学术委员会东部分会"和"中国电视纪录片东部创作基地"。2006年6月19日,纪实频道启动第一届"真实中国·导演计划"。2007年1月9日,纪实频道"真实聚场"拉开帷幕。同年6月12日,纪实频道主办上海电视节开幕晚会《我们在场——中国纪录片30年》。2008年12月,纪实频道经典栏目《大师》珍藏版光碟首发。2009年,中国广播电视协会和上海文广新闻传媒集团联合主办、纪实频道和中广协会纪录片工作委员会共同承办"纪念改革开放30年中国优秀纪录片表彰大会"。

上海的纪录片创作与传播,在开放与包容的国内外交流合作中不断拓宽视野、更新理念、丰富手段。发端于1986年的上海电视节,从第二届(1988年)起所设白玉兰奖评选中,电视纪录片一直占有重要地位,所设奖项有"最佳纪录片""最佳短纪录片""最佳人文类纪录片""纪录片评委会特别奖"等。上海纪录片团队创作的《摩梭人》《十字街头》《茅岩河船夫》《魂归何处》《妈妈不在的冬天》《马戏学校》《红跑道》等诸多佳作获得白玉兰奖。纪实频道精品力作迭出,屡获中国广播电视大奖、中国电视金鹰奖、亚洲电视奖、夏威夷国际电影节纪录片特别奖、美国广播电视文化成就奖等国内、国际重要奖项。

2009年,传媒集团成立下属全资子公司——真实传媒有限公司,独家运营纪实频道内容生产和整合营销。公司以市场化机制和手段,致力于打造具有全国及全球影响力的真实类内容制作、发行及衍生业务运营平台,拥有版权节目超过 40 000 小时,成为中国纪录片产业的重要内容提供商。

2014 年 6 月 16 日,上海纪实频道成为全国首批"上星"的地方纪录片专业卫视频道,覆盖全国数亿人口,树立高端、理性和成熟的品牌形象,在广大观众中赢得良好口碑。

2019 年 4 月 15 日,上海广播电视台、上海文化广播影视集团有限公司整合优秀纪录片人才和资源成立纪录片中心,进一步提升海派纪录片在海内外纪录片领域的传播力、影响力。

2020 年 1 月 1 日,原纪实频道与原艺术人文频道整合调整为纪实人文频道。"真实启发思考、人文点亮生活"成为上海电视纪录片文化升级的发展新理念。

六、从国内首档《英语新闻》
栏目到首家外语台

　　20世纪80年代,随着改革开放的不断发展,到上海工作、旅游的外国人日益增多。他们迫切想了解上海,了解中国。可是当时的上海乃至全国,没有一家电视台开办外语节目。

　　1986年9月,上海市政府新闻办建议上海电视台开办一档英语节目。上海市广播电视局、上海电视台领导决定尽快开办日播节目《英语新闻》,为在沪工作、旅游的外国人和热爱学习英语的市民提供方便。上海电视台对外部立即抽调3人组成英语新闻节目组。组长周丽霞兼编辑和后期制作,记者兼播音员男女各1人,都是当年进台的上海高校英语专业应届毕业生。责任编辑由新闻中心负责人周济以及李喜根、汪求实、冯乔担任。《英语新闻》节目中的国内新闻由台新闻中心提供,国际新闻选用中央电视台播出的新闻。人手少,工作量大,上海电视台联系复旦大学外语系请求支援。该系欣然伸出援手,系正副主任和著名教授带头,并选派21名师生,每天安排3人轮流到电视台参加《英语新闻》的翻译、配音。

　　1986年10月1日,中国内地电视台第一档《英语新闻》栏目开播。上海市市长江泽民作为栏目采访的第一位嘉宾,用流利的英语表达了对《英语新闻》开播的良好祝愿:"得知上海电视台今晚开播《英语新闻》的消息,我感到非常高兴,我希望这个节目能满足广大外国朋友了解上海的愿望,并衷心祝愿《英语新闻》节目获得圆满成功。"

　　在栏目初创的日子里,尽管每天只播出10分钟新闻,节目组所有成员都像上紧了的发条紧张地工作。每天18时30分上海电视台《新闻报道》、19时中央电视台《新闻联播》节目一开始,便忙碌起来,一刻不停地选择新闻录像资料,翻译报道词、配音、串接和编辑合成,经常是播出前几分钟才完成节目的录制。播音员连续工作,即使生病发烧,也不甘在荧屏上缺席。

　　为了使《英语新闻》的语言更符合国际化传播要求,节目组自1987年起聘请外国专家参加新闻编译工作,不仅修改英语文字和语言表述,还注意对播音员的英语发音进行纠正。《英语新闻》节目由此更加适应外国人的视听习惯。

　　随着上海对外开放不断扩大,众多跨国公司、外资企业和外国友人纷纷入驻。上海电视台根据市委、市政府关于进一步加强外宣的要求,以《英语新闻》栏目为基础,创办全国电视界第一家以英语为主要语言的外语台。1995年8月31日,上海电视台举办外语台开播晚会。广电部部长孙家正致电视贺:"向世界介绍中国,是我国全体电视工作者的神圣使命。"上海市市长徐匡迪通过视频用英语祝贺外语台开播。市委副书记陈至立出席开播晚会,并用英语致贺词:"上海是一个充满活力的国际性大都市,应该用海外朋友熟悉的语言,向他们传播中国上海改革开放的信息。"副市长龚学平为外语台开播题词:开拓外宣事业,让世界了解中国了解上海。中央电视台和山东、四川、北京、黑龙江等省市台以及日本、美国、加拿大、丹麦等外国广播电视机构分别致贺函和贺电。

　　上海电视台外语台于1995年9月1日开播。这是一个融新闻、各类专题和影视剧为一体的外语综合台,以新闻为主干,每天晚上在14频道播出2小时,次日中午重播。晚上的《十点英语新闻》时幅比原先《英语新闻》有所扩大,内容以上海新闻为主,还包括国内要闻、国际要闻、世界主要城市天气预报等,形成新的板块结构,播出节奏更为明快。同时,扩大自采新闻范围,开掘自采新闻深度,经常播出记者对新闻事件的现场报道。在新闻节目中还辟有话题类小栏目。其中,《今日上海》注重上海政治、经济、文化的发展变化,以及上海与世界的交往、联系;《本周焦点》对重大事件做综述性的背景透析;《人物专访》介绍新闻人物与观众见面;《环球财经》播报世界主要市场的财经信息。每周安排一期经济类专题节目,着重介绍国外经济领域的现状、发展以及与中国、上海经济建设的关系。《专栏二十分》是关于中外文化娱乐、人文地理的杂志型专题栏目。每天播出一档,内容以上海、中国、世界为三大层次,广泛涉猎中外观众希望了解的领域和信息,介绍海内外风土人情、自然景观和逸闻趣事。还有《你好!上海》《都市漫步》《锦绣中华》《艺术长廊》《体育世界》《世界旅游》《七色光》等固定栏目。影视剧栏目每天晚上10时30分播出一部(集)中外优秀影视剧作品。海外原版影视片均配有中文字幕,而国产影视片则配上英文字幕,便于外籍人士和中国观众都能尽情观赏。周末晚上零点设置《深夜影院》,中外观众能完整地欣赏海外原版影视剧。

上海电视台外语台通晓外语的编辑、记者从20多人发展到50人,并聘用多名外籍专家和顾问,在高等院校、研究机构建有一支编外专家顾问队伍。此外,外语台与海内外同行保持良好的合作关系,节目来源广泛,引进渠道畅通,作品题材丰富、风格多样,其中不乏奥斯卡得奖影片和在其他国际影视节的获奖之作以及各国的当红新作。

1996年9月29日,外语台开播《中日之桥》周播栏目,用日语为中日两国人民架起电视之桥。

2008年1月1日,传媒集团专门开设外语频道,每天首播节目时长达6个小时,人员发展到150多人。这些外语节目不仅为在上海的数十万外籍人士服务,为学习外语的市民提供方便,有些还进入了CNN、NHK等西方主流媒体,其中部分佳作在国际电视节目评选中获得大奖。

上海广播电视系统积极贯彻"让世界了解中国,让中国走向世界"的方针,用外语节目为改革开放的上海国际大都市繁荣发展、创造外籍人士宜居宜业环境做出贡献。

七、"第一财经"品牌多媒体跨地域发展

进入 21 世纪后,随着中国金融业迅速发展,国内的财经媒体纷纷崛起。为服务好上海建设国际经济中心、金融中心、贸易中心和航运中心的战略,经国家广电总局批准,传媒集团下属的电视财经频道和广播财经频率自 2003 年 7 月 6 日起呼号统一改为"第一财经"。这是上海广播电视创新运行管理模式,着力打造频道、频率个性品牌的一次重大改革。8 月 13 日,上海第一财经传媒有限公司注册成立,成为传媒集团实施公司化运作改革的试点之一。

2004 年 11 月 15 日,由传媒集团与广州日报报业集团、北京青年报社联合主办的《第一财经日报》创刊。这是中国第一份市场化运作的跨区域财经日报,由传媒集团主管,报社总部设在上海。

第一财经整合广播、电视、报纸等媒体资源,实行优势互补的品牌化战略,在全国广电行业创下了多个"第一":第一家以投资者为主要收视对象的专业财经电视台、第一家整合广播电视资源的统一品牌财经传媒、第一家全国性的财经类日报、第一家携手国际财经媒体 CNBC 和道琼斯推出财经资讯的本土媒体。

2005 年 12 月 12 日,第一财经网站上线运行。2007 年 7 月 8 日,第一财经研究院在上海成立。2008 年 2 月 25 日,《第一财经周刊》首期出版发行,这是中国内地第一本商业新闻周刊。2009 年 7 月,第一财经数字媒体中心成立,整合第一财经网站、研究院、新闻社等业务,推出全新数字媒体服务产品。2010 年 2 月 8 日,第一财经与宁夏电视台卫星频道结成战略合作伙伴关系,探索制播分离改革新模式,由第一财经为宁夏电视台卫星频道制作高品质的专业财经节目,从而实现全国范围的覆盖。

第一财经逐渐成为中国规模最大、品种最完整的财经媒体集群,拥有以"第一财经"为品牌的电视、广播、日报、周刊、网站、研究院等。第一财经着力推进跨媒体、跨地域发展,是传媒集团走品牌化、专业化、市场化、公司化发展道路的全新探索。

八、首轮体制改革催生"五台三中心"

改革开放后,上海广电干部职工敢为人先、大胆探索,投身于一轮又一轮体制机制改革。1987年,市广电局决定打破电台、电视台原有的内部体制框架,按照专业化分工的新思路,建立"五台三中心"。

1987年5月,经中共上海市委批准,决定市广电局下属的上海电台和上海电视台体制实施重大改革。上海电台成立新闻教育、文艺、经济3个编辑室,对外呼号分别是上海人民广播电台新闻教育台、上海人民广播电台文艺台和上海人民广播电台经济台。上海电视台分别成立第一、第二编辑室。第一编辑室负责新闻、文艺节目,对外呼号是上海电视台一台;第二编辑室负责经济、体育、社教节目,对外呼号是上海电视台二台。同时组建由上海电视台主管的上海电视剧制作中心;原来由各台管理的技术和服务部门,全部剥离出来,成立由市广电局主管的上海广播电视技术中心、上海广播电视服务中心。

当时,上海广播电视系统遇到体制机制方面的发展瓶颈,主要是电台、电视台的台长什么事情都要管,宣传工作、广告经营、接待客人、技术支持、后勤保障等烦琐工作使领导力不从心。"五台三中心"模式的实现,革除了媒体"办小社会"的弊端,集聚上海广播电视资源,优化组合,释放创新创造活力;同时,电台、电视台的台长可以集中精力抓宣传、搞经营。此外,局下属的技术中心、服务中心,在技术支持、后勤保障等方面能够更集中、更专业、更优质地为广播电视服务。

这一改革将社会化专业生产理念引入广播电视系统中,同时也引入适度的竞争机制。广播电视的各类节目根据各个专业台的特点,做出比较合理的分工。在管理机制上,局的事业经费管理统一转向市财政局承包,内部实行财政切块、节目制作成本核算纳入量化管理,激发出新的活力。

1987年5月11日,上海人民广播电台下属的新闻教育台、经济台、文艺台开播,《今日论坛》《滑稽王小毛》等新栏目与听众见面。6月15日,上海电视台一台、二台开播,节目播出全面走向定时化、栏目化,《国际瞭望》《体育大看台》《大世界》《大舞台》《今夜星辰》《英语新闻》《法律与道德》《科技之窗》等新栏目纷纷见诸荧屏。上海电视台创办的中国内地第一个新闻杂志型栏目《新闻透视》于"五台三中心"模式建立后应运而生,7月5日开播。

九、上海广电刮起"东方旋风"

1991年,邓小平强调"思想更解放一点、胆子更大一点、步子更快一点",极大地鼓舞了上海广播电视工作者进一步深化改革的勇气和信心。1992年,邓小平南方谈话发表后,中国的改革开放进入新的阶段,上海的经济和社会发展迎来重大的历史机遇。在浦东开发开放政策的引导下,在上海市委、市政府领导下,经广电部批准,市广电局抓住时机,顺势而为,在上海电台、上海电视台的基础上,建立上海东方广播电台和上海东方电视台。这两家以"东方"命名的新台在浦东新区注册,具有独立法人资格,按全新的体制机制运作,公开招聘台长、编辑、记者、播音员、主持人和其他工作人员;两家新台的部门设置、节目内容、节目样式和制作、编排方式等都做出一系列创新。这一改革举措得到中共中央总书记江泽民的首肯,他亲自为两台题写台名。

1992年10月28日,东方电台开播,使用中波792千赫和调频101.7兆赫两个频率,并且当晚在虹口体育馆举办开播晚会。1993年1月18日,上海东方电视台开播,使用20频道,当晚播出了《风从东方来》特别节目。东方电台、东方电视台的成立开播,开创了国内在同一省级行政区拥有独立建制、并行运作的两家省级电台、电视台的先例,刮起一股"东方旋风",连同1992年12月26日成立开播的上海有线电视台,与上海电台、上海电视台形成五台共同参与市场竞争、传播内容互补、相互促进的新格局。

东方电台的办台方针是:立足浦东,服务上海,面向全国,走向世界。建台初期,东方电台792千赫为新闻综合频率,101.7兆赫为音乐频率,2个频率共设近50个栏目,日播出时间42小时。东方电台集新闻、经济、信息、服务、娱乐、谈心节目为一体,改变了原有的广播录制、单向的传播模式,凸显主持人为中心的节目特色,成为国内第一家24小时播出的都市电台。《今日新话题》《太阳神天天点播》《东方大世界》《夜鹰热线》《相伴到黎明》等节目,成为街头巷尾议论的话题。

东方电视台以"立足浦东,面向长江三角洲,突出改革开放和对外宣传"为宗旨,节目分为新闻、社教、文艺、影视剧、体育、教学、服务、广告8大类,开设《东视新闻》《东方直播室》《海外博览》《快乐大转盘》《国际体育新闻》等20多个栏目,每天播出时间为17小时以上,其中自制节目约4小时。东方电视台开播后追求创新,创办了全国首档直播谈话类节目《东方直播室》、开办综艺游戏节目《快乐大转盘》;在全国首家购买电视直播版权,直播第六十五届电影奥斯卡金像奖颁奖晚会;在全国首家采用通信卫星技术报道在新加坡举行的海峡两岸"汪辜会谈"。

东方电台、东方电视台诞生在中国改革开放之初,成为上海改革开放面貌的一个缩影,改革带来的竞争让上海广播电视充满生机和活力。

十、"影视合流"为上海广播
影视添活力增实力

　　改革开放以后,随着社会经济的不断发展,电视机迅速进入千家万户,各种新的电视文化娱乐节目层出不穷,而电影业却不景气;上海电影制作入不敷出,人才流出,设备空置,而广电事业正进入大发展时期,人才、技术、设备等紧缺。1995年,上海广播电视系统迎来又一次重大改革,重点是"影视合流"。8月15日,上海市委、市政府批准撤销原上海市广播电视局和上海市电影局,组建上海市广播电影电视局,实施以宣传为中心、以影视创作为重点的各项任务。

　　至此,市广电局形成五台、三中心、四集团(公司)为主体的组织框架,即:上海电台、东方电台、上海电视台、东方电视台、上海有线电视台;技术中心、服务中心、节目资料中心;上海电影电视集团公司、上海永乐电影电视集团公司、上海广播电影电视发展总公司、东方明珠股份有限公司,以及部分直属单位。

　　这一轮体制改革,实现了发展战略规划、基建规划、宣传管理、技术管理和财务管理的五个统一,形成"以宣传为中心,以影视创作为重点,以事业发展为基础,以队伍建设为保证,以加强管理为抓手"的工作方针,为上海广播影视事业的整体推进增添了活力,同时也增强了实力。

　　1995年12月28日,作为上海"影视合流"的试点,东方电视台与有着42年历史的上海科学教育电影制片厂以"优势互补、优化组合"的原则整合归并,实行"两块牌子、一套班子、一个实体",保持科影厂长期以来形成的艺术特色,使东方电视台的节目创作和制作能力大幅提升,科教电影精品和电影短片的创作大有起色,促进了电影电视共同繁荣。

　　1996年2月16日,上海电视台与上海美术电影制片厂合并,实行"一套班子、两块牌子"的体制。通过将原上海美术电影制片厂和上海电视台的动画片制作部门合并,成立上海动画影视(集团)公司,成为全国最大的美术片制作基地,美影厂也有了现代化的传播媒体,取得了资源优势互补的效应。动画片年生产能力从改革前的300分钟提升至1997年的1 200分钟,大大提高了动画片的生产能力和水平。合拍的百集美术片《自古英雄出少年》受到江泽民总书记赞扬,获得精神文明建设"五个一工程"奖。

　　1996年7月1日,根据市广电局"影视合流"的改革思路,原永乐发行公司和上海电视台电视剧制作中心重组成立上海永乐电影电视(集团)公司,它以原永乐股份公司为母体,原上海电视台所属的电视剧一公司、二公司、求索、创新、开拓影视制作社等5个电视剧制作单位和电视台文学编辑室、上海东海影视乐园全建制纳入,形成新的影视生产、发行实体,与上海电影电视(集团)公司形成竞争和促进关系,相继拍出《红河谷》《黄河绝恋》《紧急迫降》等一批佳作。上海有线电视台与上海电影电视(集团)公司共同组建江南影视制作公司,相继摄制《走出凯旋门》《银楼》《无花的夹竹桃》等影视剧,繁荣了影视创作。

十一、上海广电技术发展成绩斐然

改革开放后,上海广电技术坚持体制改革,坚持自主创新、自主建设,广播电视技术步入发展快车道。

技术部门体制改革有效整合了资源,大大提升了技术管理和服务质量。1987年5月,市广电局决定实现广电技术归口集中管理,成立局技术中心,面向全局行使技术管理和服务职能,参与上海电台14个频率、上海电视台4个频道的广播电视节目制作和播出任务,提供技术支撑。

1994年6月,根据上海广播电视事业的发展需要,市广电局按照"专业化组合、社会化分工"原则,对技术中心体制再次实施改革。此轮改革的重点是,组建集播出、制作、传输、科研于一体的大技术中心,即"四部一所一公司"的技术体制。技术中心下设广播技术部、电视制作部、传送播出部、技术保障部、广播科学研究所、东方广播电视技术公司和机关。2003年7月,为紧随新媒体、新技术迅猛发展的态势,为广电内容产业提供更强有力的技术平台和技术支撑,技术中心划归传媒集团。2004年5月,技术中心更名为技术运营中心。这些体制变革都适应了上海广电事业的发展和产业布局。

自主创新、自主建设是上海广电技术发展的主旋律。20世纪80年代,上海电台为了发展调频立体声广播,相继从国外购置较为先进的拾音器、录音机、调音台等专业器材,在此基础上,技术人员历经数年对这些设备和技术进行"消化"、改造,把简单的立体声录音升级为能够进行24轨多声道立体声录音,录制的节目在全国节目评选及录音技术专项比赛中频频获奖。

80年代初,上海电台技术部门开始研制晶体管式立体声调制器,用于TPF-Ⅱ型10千瓦调频发射机,用两对电话线传送信号,于1981年1月17日对外播送立体声调频节目,成为国内第一家使用晶体管激励器播送立体声节目的电台。随后几年,又自行设计安装4部10千瓦发射机,其技术指标均达到国内先进水平,于1985年9月投入使用,播出频率分别为:101.7兆赫、103.7兆赫、105.7兆赫、107.7兆赫。1987年,上海电视台有4套模拟信号的节目,分别为5频道、8频道、20频道和26频道。到了20世纪90年代,技术中心为适应国际、国内广播电视事业发展的需求,先后建成了以下机构的技术系统:题桥发射台(1990年9月25日启用播出),上海有线电视台(1992年12月26日启用),上海电台地面卫星站(1994年7月1日启用),广电大厦(1995年4月28日启用),上海东方明珠广播电视塔(1995年5月1日启用),广播大厦(1996年10月18日启用),东视大厦(1998年1月18日启用),上海广播电视卫星地球站(1998年10月1日启用"鑫诺1号"卫星向全国播出),上视大厦(1999年4月7日启用)等等。在这些工程项目技术系统建设中,技术中心专业团队从系统设计、集成、施工到保障,实行全方位服务。既利用从国外引进的先进设施与设备,也重视和实施自主创新、技术拓展,打造出先进的制作、编辑、播出、网络平台。

进入21世纪后,国家广电总局要求加快数字化建设的步伐,提升广播电视节目的制播质量和效率。上海广电系统技术中心先后对广播总控、直播室、广播电视卫星地球站总控、东视大厦主控机房、广电大厦体育节目制作播出系统等进行数字化改造。从2002年起到2005年,传媒集团基本完成了数字化改造。

2006年上线的传媒集团电视新闻共享平台,实现了新闻综合、新闻娱乐、东方卫视三个频道的新闻资源共享和新闻制播生产流程再造,提高了电视新闻制播质量和效率,在国内首次实现以文稿为主线的"制播联动",成为全国最大的省级新闻制播网。该项目达到国际先进水平,获得 2007 年上海市科技进步奖二等奖、2007 年国家广电总局科技创新奖工程技术类二等奖等 5 个奖项。

在坚持不懈的改造和建设中,上海市级广电系统从 1986 年至 2010 年获得全国性科技奖项 41 个,获得上海市的科技奖项 9 个,获得专利 31 项;参与制定国家广播电视行业标准 7 条。2006—2007 年,由传媒集团技术运营中心牵头制定了白皮书 4 本,分别为《广播电台数字化网络化建设白皮书(2006)》《广播电台数字化网络化建设白皮书(2007)》《中国电视台数字化网络化建设白皮书(2006)》《中国电视台数字化网络化建设白皮书(2007)》。

十二、中国内地首条电视
商业广告破冰突围

　　1979 年之前，上海电视台的运营完全依靠国家财政拨款。"1978 年电视台得到的日常经费比一部电影的摄制费还要少"。由于经费有限、入不敷出、装备复杂、耗资巨大的电视业举步维艰。上海电视台记者外出采制新闻，没有汽车，只能将笨重的摄录设备装在人力车上，骑到目的地。自制节目贫乏，每天不足 30 分钟；自办的 8 频道每周二、四、六演播，每次只能播两个小时，还不得不将一些老电影每半个月重播一次。经费匮乏，严重束缚了电视节目的丰富和电视事业的发展。

　　1978 年年底，党的十一届三中全会解放思想、实事求是、工作重心转移到经济建设上来、实行改革开放的决策犹如春风吹遍全国，鼓舞了电视台有识之士实施改革的胆略和勇气。邹凡扬，曾在 1949 年 5 月 25 日第一个通过广播发布"大上海解放了"振奋人心消息的新闻记者、时任上海电视台负责人。他审时度势，敏锐地抓住时机，冲破禁区，敢为人先，大胆提出在电视台播放广告的设想。对此，台内一些持陈旧观念、反对意见的则认为，广告是资本主义的产物，在全国没有先例，不宜推行；电视台作为党和政府的喉舌，播广告"有损舆论机构的尊严"，是"一切向钱看"的拜金主义在作怪。而邹凡扬曾这样说道："我主持电视台工作后，面对的最大困难是资金短缺。我提出用做广告的办法来解决生存问题。我的意见是：广告并不是资本主义专有的东西，社会主义有商品经济就有广告。电视台的广告收入是用于制作节目、购买设备的，不会落入资本家的腰包。这样的广告，与资本主义国家的广告有本质区别。我坚持要做广告，自己养活自己，自己发展自己。"1979 年 1 月 25 日，邹凡扬力排众议，起草了一份电视台试办广告业务的报告，先后请示市广播局党委和市委宣传部，得到批准和支持。在邹凡扬主持下，上海电视台当天组建广告业务科，由编辑汪志诚起草了《上海电视台广告业务试行办法》和《国内外广告收费试行标准》，直接受理广告业务，同时委托上海美术公司代理市内广告业务，委托上海广告公司代理境外广告业务。

　　此时，恰好上海市药材公司准备推销具有补气养血、益肺生津、舒经活络、悦颜明目功效的"参桂养荣酒"。广告代理方上海美术公司与上海电视台一拍即合。广告从批准到制作完成仅用了两三天时间，安排播出的日期是农历春节。可是，广告流程走到播出部门被卡住了，主管技术的某负责人表示"这样搞是要犯大错误的"，不让播放，广告面临夭折的危险。当时负责此事的汪志诚以领导已批准为由据理力争，终于这条电视广告破冰突围，见诸荧屏。

　　1979 年 1 月 28 日 17 时 09 分，上海的电视屏幕破天荒出现了"上海电视台即日起受理广告业务"的灯片字幕，随即播出了"参桂养荣酒"视频广告，片长 1 分 30 秒。根据当年制作人的回忆，广告第一段是一家三口购买参桂养荣酒；第二段是买者到长辈家送酒；第三段是老先生见到这个补酒很高兴。这便是中国内地第一条电视商业广告。紧随其后的是 4 幅灯片广告：上海美术公司承办电视、报刊、霓虹灯、路牌广告。这组广告总共 2 分 10 秒，每天播 2 次，连续播出 4 天。"参桂养荣酒"广告片虽然制作简单，一次播出费不到 300 元，却是改革开放后内地广告业的发端，具有不同凡响的破冰意义。

　　首条电视广告播出在上海市民中产生强烈反响，不到半个月，上海大部分药店的"参桂养荣酒"销售一空。而当有些观众惊呼"电视台是不是播错节目了"的时候，很少有人意识到广播电视产业发展的先河已经由此悄然开启。

内地电视广告业的兴起,预示着中国现代广告市场的复苏,从而引起外商的关注和兴趣。1979年3月15日18时51分,中国内地首条外商广告——"瑞士雷达表"通过上海广告公司代理在上海电视台播出,片长60秒,共播出11次。

1979年3月,上海人民广播电台在全国广播电台中率先恢复广告节目,播出新时期首条广播广告"春蕾药性发乳"。当年,上海广播电视广告收入尽管只有76万元,毕竟开始有了自己的经济收入,改变了此前完全依靠国家财政拨款办台的状况。

上海电视台首播电视商业广告后,引起连锁反应。经济发达的沿海地区广东、江苏、浙江等省的电视台相继开办电视广告业务。之后,电视广告遍及全国,跨国企业闻讯而至。

随着改革开放的逐步深入,国家现代化建设迅速发展,工商企业产品种类日益丰富,市民对提高生活质量充满渴望,日常生活用品中的服装、电器、钟表、文具、自行车、收音机、化妆品、儿童玩具等商品的广告逐渐出现在电视荧屏上和收音机里,起到沟通产销、引导消费的重要作用。1981年,上海广播电视系统事业费支出的32%来源于广告收入。到1985年,上海广播电视广告与经营收入总额第一次超过国家财政拨款额。广播电视广告经营收入的不断增长,为增添先进设备、制作更多丰富多彩的节目创造了条件。此后,上海的电视台频道、电台频率不断扩展,每天的节目从持续十几个小时到全天时播出,广告经营成为发展上海广播电视事业的重要经济支柱。

十三、国内首家文化企业上市公司在上海诞生

　　自 20 世纪 70 年代末起,上海在改革开放浪潮的推动下,加快建设速度,城市面貌发生日新月异的变化,一幢幢高层建筑如雨后春笋般拔地而起。市民的生活条件有了很大改善,但是越来越多的高楼使上海电视台 210 米发射塔的信号传播受到影响,盲区增加,电视图像模糊不清。1983 年,上海市广播事业局局长邹凡扬提出建造新广播电视塔的设想,得到广电部和上海市委、市政府的肯定。1984 年 3 月 25 日,市长汪道涵在市八届二次人代会的政府工作报告中提出:上海将新建一座广播电视发射塔。1985 年 5 月,市城乡建设规划委员会同意塔址选定在浦东陆家嘴。1985 年下半年起,上海市广播电视局局长龚学平主持开展建塔工程的各项实质性工作。1989 年 3 月 4 日,上海市委书记江泽民主持市委常委扩大会议,对 12 个设计方案进行比较、讨论后,决定选用华东建筑设计院的"东方明珠"方案。此方案的建筑构思和总体结构分别由建筑师凌本立和江欢成提出并完成。

　　建造东方明珠塔的最大难题莫过于资金。根据当时的估算,项目一期工程约需 7 亿~9 亿元人民币。在国家推进浦东开放、开发一系列政策的驱动下,市广电局领导班子发扬开拓创新精神,决定改变文化事业基础设施建设靠国家拨款的做法,在政府给土地、给政策的基础上,探索一条全新的文化产业发展路径,采用自筹、自借、自还的方法,解决建造东方明珠广播电视塔的资金问题。

　　然而,如此庞大的建塔费用不向国家要一分钱,完全依靠筹借集资解决,让负责此事的龚学平深感肩负责任之重。在先后与日本、加拿大等海外财团洽谈合作均告无果后,龚学平向中国人民银行上海分行行长龚浩成寻求帮助。中国人民银行上海分行经过调查了解市广电局的资产状况、还款能力和项目的价值,牵头组织以建设银行浦东分行、工商银行浦东分行为代理行的 44 家金融机构参加的银团,于 1991 年 4 月 10 日为东方明珠塔提供第一笔 1.5 亿元人民币和 1 000 万美元的贷款。同年 7 月 30 日,东方明珠广播电视塔奠基仪式隆重举行。

　　为填补项目后续资金缺口,龚学平及时把握当时中国内地证券市场刚刚起步的时代机遇,于 1991 年 12 月向市体改委递交东方明珠塔申请改制上市报告。1992 年 4 月 24 日,市委宣传部批准同意由上海广播电视发展总公司、上海电视台、上海人民广播电台、每周广播电视报社 4 家单位发起组建东方明珠股份有限公司。公司先后又向银团借款 4 次,连同第一次,总金额达 8.3 亿元人民币。

　　上海东方明珠股份有限公司的成立,拉开了上海广播电视机构事业单位的企业化改革序幕,也为公司上市、进入资本市场、运用资本的力量推进发展奠定了基础。1992 年 5 月 23 日,中国人民银行上海分行金融行政管理处批准该公司发行股票,每股面值 10 元,发行价格 51 元,共 400 万股,其中法人股、社会个人股各 200 万股。1994 年 1 月 25 日,公司第三次股东大会批准,公司股票由每股 10 元拆细为 1 元,相当于原先的发行价成为 5.10 元,股数为原来的 10 倍。

　　经上海证券交易所审核批准,1994 年 2 月 24 日,上海东方明珠股份有限公司在上海证券交易所挂牌上市交易(代码 600832)。在沪、深两地的证券市场上,东方明珠成为中国内地第一个文化股票,东方明珠公司成为内地第一家文化企业上市公司,也是内地整个广电行业中最早上市的公司。

1994 年 5 月,东方明珠公司实施第一次配股,配股额 10 配 3,配股价每股 4.10 元,募集资金 0.85 亿元人民币,用于广播电视塔建设。

1995 年 5 月 1 日,东方明珠广播电视塔正式启用,对外发射 5 套电视节目和 5 套调频广播节目信号。

1997 年,东方明珠公司进行第二次配股,募集资金 6.46 亿元人民币;2001 年第三次配股,募集资金 10.44 亿元人民币。先后三次配股,东方明珠共募集资金 17.75 亿元,使企业在发展过程中资产扩充,资金充沛,实力不断增强。

通过多年的精心运营,东方明珠在 2000 年前还清全部银行贷款。所有的建塔投资,在开业后的短短几年内已全部收回。

2002 年,东方明珠被上海证券交易所列为"180"指数样板股,2004 年进入"50"指数样板股,名列中国最具发展潜力上市公司 50 强、中国科技上市公司 50 强,上海本地上市公司盈利 15 强之一。东方明珠连续两次被评为"上海市著名商标",还得到国家工商管理总局认定,享有"中国驰名商标"的美誉。

为了坚持股东利益最大化,把维护流通股股东利益放在首位的同时确保大股东权益,2005 年,东方明珠公司贯彻中国证监会关于股改的部署,率先实施上市公司股权分置改革,公司成为唯一一家入选"十佳上市公司股权分置改革方案"的上海国有企业。

2007 年,东方明珠股票实施公开增发计划,成功募集资金 10.78 亿元人民币,用于围绕主业拓展的多个投资项目。到当年末,东方明珠公司总资产 86.45 亿元,净资产 58.51 亿元,品牌总价值高达 77.55 亿元,被上海市政府列入 50 家重点大型企业,在资本市场上确立了"蓝筹股"形象。

东方明珠公司坚持把股东利益放在重要位置,诚信回报长期支持公司发展的投资者。1992—2010 年,公司累计利润总额 76.34 亿元,分配利润总额为 37.12 亿元,分配给股东的现金红利 22 亿元,占公司可分配利润总额的 59.3%。

东方明珠公司一直坚持围绕主业综合经营的方针,向媒体广告、有线电视、对外投资等领域拓展,拥有 30 多家开展不同业务的子公司,形成多元化经营的大格局,显著提升了规模、效益和品牌优势,实现了产业结构的优化,确保了经营业绩的稳健增长和快速发展,成为广播电视文化产业领域的成功范例。

2015 年 6 月 19 日,东方明珠公司与百视通新媒体股份有限公司完成重大资产重组,新的东方明珠新媒体股份有限公司(代码 600637)在上海证券交易所上市。

十四、东方购物年销售额 全国排名同行第一

20世纪90年代,电视购物在世界范围内蓬勃发展。商家通过电视传播商品信息并迅捷满足消费者"点菜"式购物需求,成为一种电视营销的新模式。2003年8月28日,传媒集团与韩国CJ家庭购物株式会社签订合作协议,双方共同投资成立上海东方希杰商务有限公司,引进韩国电视购物模式,进军家庭购物产业。

2004年4月1日起,上海东方希杰商务有限公司制作的东方购物节目每晚8时—次日1时在传媒集团戏剧频道播出。

2007年10月起,东方购物每晚部分节目进行直播,东方购物节目播放由纯录播转变为直播与录播相结合的形式。2008年9月,东方购物日播出时长增加至13小时。2009年6月,东方购物日播出时长再次增加,达到15小时。2010年4月1日,在国家广电总局的支持下,全国首家全天时运营的电视购物模拟频道"东方购物"频道开播。

以"东方购物"为品牌的家庭购物电视节目自2004年4月开播后,带动电视购物产业迅速发展。2010年,东方购物销售收入为37.18亿元,稳居全国家庭购物行业销售额第一,并赢得上海零售业单体店销售排名第一。销售收入从2004年的1.36亿元迅速增长到2010年的37.18亿元,年均复合增长率超过70%,成为传媒集团新的经济增长点。2010年,东方购物的单频道销售收入占传媒集团当年经营总收入的35.41%,这在全国广电系统是绝无仅有的。

为了满足消费者的多样化需求,东方购物始终以创新思路拓展商品种类,包括日用家电、食品、数码电子产品、时尚美容商品、文化收藏品等,还有汽车、黄金、保险、金融衍生品、房产等。2010年,东方购物销售的商品品种将近6 000种,拥有超过500万名注册会员。

东方购物除了在上海形成规模经营,还与外省市合作,通过联合开办、参与合办、兼并收购等多种形式,与南京广电、甘肃广电等广电集团及友友购物等业内同行开展广泛合作。至2010年,东方购物节目已在南京、甘肃、成都、杭州、苏州、无锡、南通、湖州等地播出,面向全国几千万户视听家庭。

东方购物的成功,促进了上海广播电视产业结构转型,成为上海广播电视产业的重要组成部分。

十五、百视通成为全国广电首个新媒体上市企业

进入 21 世纪，互联网技术快速发展，众多网络视听新媒体迅猛崛起，作为传统广播电视主流媒体的上海文广新闻传媒集团锐意进取，在中国内地率先谋划并实施以网络媒体为特征的战略布局，拓展互动电视、数字电视、网络电视和手机电视等新媒体业务。

2005 年 3 月，传媒集团获得国家广电总局颁发的全国首张 IPTV 集成运营牌照，11 月成立专门运营 IPTV 业务的百视通网络电视技术发展有限责任公司。百视通公司与中国电信、中国联通公司合作，从黑龙江、上海等省市开始 IPTV 试点探索，业务逐步推广到中国其他省市，建立了一套以上海为总平台、外省市为分平台的全程全网 IPTV 播控系统，形成与有线数字电视差异定位、错位共赢的经营格局。

2006 年 9 月，上海 IPTV 业务商用开播。百视通公司利用新技术开发新内容、新产品、新服务，创新互动电视新业态，实现"看电视"向"用电视"的升级。百视通 IPTV 向用户提供频道直播、时移回看、视频点播(VOD)、信息服务、业务专区等主要板块。其主体视听业务内容包括新闻、财经、纪实、体育、影视剧、音乐、娱乐等。每周点播内容集成量 1 000 小时～1 500 小时，每年生产量达 5 万小时～6 万小时。百视通先后与好莱坞 6 大制片商、中国香港 TVB、韩国 SBS 等全球版权商和国内多家知名影视机构及片商合作，媒体资源库拥有超过 35 万小时的版权内容资源储备，包括 NBA、英超等独家赛事资源。百视通公司建成全国最大的新媒体内容版权库。IPTV 信息类服务包括阳光政务、互动教育、休闲游戏、互动购物、气象预报、旅游信息等内容，受到全网用户青睐。百视通与银行联调测试网络支付功能，开发的 IPTV 网银服务极大方便了用户。

百视通公司拥有兼具广电、电信技术的研发队伍。他们发扬自主创新精神，凭借团队力量解决数百个技术难题，在电子节目导视系统(EPG)、内容管控、DRM、机顶盒、遥控器等方面实现技术突破，拥有新媒体领域各项专利、著作权申请超过 200 项，被国家知识产权部门审批或受理的专利技术项目多达 50 余项。2010 年，法国电信采购百视通自主研发的 VIS 技术，为全欧洲法国电信 Orange 的 200 多万 IPTV 用户提供应用及服务，百视通获得商务部年度文化出口企业称号。

2009 年，传媒集团依托百视通对下属手机电视、网络电视等新媒体业务进行系统整合，形成"一云多屏"的业务格局。9 月起，百视通负责具体运营的 IPTV、宽频电视、手机电视实现跨平台、跨网络的"三屏融合"运营模式，属国内首创。

2010 年 7 月，上海广播电视台先后获得由国家广电总局颁发的互联网电视、3G 手机电视"内容服务＋集成播控"两张牌照。至当年底，上海率先实现城市光网全覆盖，百视通 IPTV 市内用户规模达 130 多万户，成为世界上最大规模的 IPTV 城市网；在全国则超过 500 万户，超越法国、美国等 IPTV 产业大国，成为全球用户规模最大的 IPTV 运营商。

百视通公司建成 IPTV、手机视频、互联网电视等多业务全国技术服务和市场营销平台，全程全网，服务全国，链接全球。百视通 IPTV 形成"基础业务收入＋PPV(按部点播收费)＋广告＋增值应用"等前后向结合、多层次、持续性盈收的商业模式。百视通 2008 年营业收入 2.64 亿元，净利润 3 810 万元；2010 年营业收入 5.21 亿元，净利润 1.51 亿元，增长率居行业第一。

　　百视通探索形成了"广电主导、分工负责、优势互补",跨行业、跨地域、产业化、市场化发展的中国特色的 IPTV 主流业务模式;验证了由广电负责管控 IPTV、3G 手机电视播控平台,网络运营商负责内容传输的三网融合业务模式的必要性、可行性,推动了下一代广播电视网(NGB)的建设与发展,积累了广电、电信分工合作、优势互补的经验。

　　2010 年起,百视通在全国率先启动以"云计算""云存储"为基础的"一云多屏"战略计划,打造多屏智能终端全媒体的互动互联。

　　2010 年 9 月 2 日,百视通启动借壳上市公司"广电信息"的重组上市项目。同年 10 月,欢腾宽频、东方龙新媒体和东方宽频以资产评估值 7.07 亿元注入百视通,在资本层面完成了百视通业务资产的重组整合。2011 年 1 月 7 日,上海市国资委同意《上海广电信息产业股份有限公司重大资产出售、现金及发行股份购买资产暨关联交易可行性报告》。百视通开始实施借壳"广电信息"上市的重组预案,百视通网络资产 100% 注入"广电信息",成为主营业务。同年 11 月 29 日,中国证监会出具《关于核准上海广电信息产业股份有限公司重大资产重组及向上海东方传媒集团有限公司等发行股份购买资产的批复》。同年 12 月 23 日,"广电信息"将公司更名为"百视通新媒体股份有限公司"。

　　百视通新媒体借壳上市,是由其大股东东方传媒集团推动下属新媒体可经营性资产,即百视通技术 100% 股权、文广科技 100% 股权、广电制作 100% 股权和信投股份 21.33% 股份,通过资产重组与置换方式借壳上市。

　　2011 年 12 月 29 日,上海广播电视台、上海东方传媒集团有限公司(SMG)下属百视通新媒体股份有限公司(股票代码 600637)在上海证券交易所成功借壳"广电信息"挂牌上市,股票简称"百视通",成为国内第一家实现广电新媒体可经营性资产整体上市的公司,被誉为"中国广电新媒体第一股"。

　　2015 年 6 月 19 日,百视通新媒体股份有限公司与东方明珠公司完成重大资产重组,新的东方明珠新媒体股份有限公司(代码 600637)在上海证券交易所上市。

十六、广电建筑增添上海新地标

20世纪90年代初,上海广播电视事业快速发展,广播电视产业功能显著增强,上海广电建筑方兴日盛。1991年7月30日,东方明珠广播电视塔工程奠基,9月1日打下第一根桩。随后,上海大剧院、广电大厦、广播大厦、上海国际会议中心、东视大厦、上视大厦、文广大厦一批具有标志性的建筑先后开工并拔地而起,耸立在浦江两岸。1999年11月,由上海市建委组织、经过专家论证的"新中国50年上海经典建筑"评选结果揭晓,东方明珠广播电视塔、上海大剧院、上海国际会议中心获"十大金奖经典建筑"称号;上海电视台大厦、广电大厦获"十大银奖经典建筑"称号。这5座建筑都成为上海的城市新地标。

【东方明珠广播电视塔】

1994年11月18日,位于浦东新区世纪大道1号的东方明珠广播电视塔经过此前8年的申请立项、可行性论证、方案设计和资金筹措以及3年建设,一座重达12万吨、高达468米的亚洲第一高塔对游客开放。东方明珠广播电视塔由华东建筑设计研究院设计,该塔选用东方民族喜爱的圆曲线体作为基本建筑线条,其设计寓有"大珠小珠落玉盘"的审美意味。东方明珠塔0米大厅内的上海城市历史发展陈列馆、90米观光层、263米观光层、267米旋转餐厅等对游客营业。东方明珠广播电视塔成为上海首批公布的"上海市爱国主义教育基地",是全国首批5A级旅游景区,而塔内的上海城市历史发展陈列馆展馆被国家文物局评为"全国十大文物陈列精品展"。

1995年5月1日,东方明珠广播电视塔正式对外发射4套调频广播节目和4套电视节目信号,分别是:中央人民广播电台的107.7兆赫,上海人民广播电台的103.7兆赫、105.7兆赫,东方广播电台的101.7兆赫;中央电视台的38频道,上海电视台的8频道、14频道,东方电视台的20频道。

东方明珠广播电视塔年均接待游客超过300万人次,成为吸引国内外游客的著名旅游景点、上海标志性建筑和对外宣传的重要窗口。截至2010年,累计已有4 600多万人登临这座高塔,其中包括500多位国家元首和政要。1995—2010年,累计实现营收41亿元,利润22亿元,年均游客人数、盈利水平在世界高塔同行中名列前茅。

【广电大厦】

广电大厦(上海广播电视国际新闻交流中心)位于南京西路651号,1991年5月开工建造,1995年4月28日竣工使用。该大厦由市广电局自筹资金2.808亿元建造,华东建筑设计研究院设计,总建筑面积27 000平方米,基地面积5 000平方米。主楼24层,最高点为128米,裙房6层,呈三角形布局。塔楼顶部呈旋转向上的趋势,赋予建筑以动感,三个筒体间的悬索钢梁寓意"电视之桥"。广电大厦4层有一座可容纳650名观众的多功能演播厅。楼内的电视播控中心引进国外先进的多频道控制磁带自动播出系统。大厦面向南京路的墙面镶有面积达120平方米的大型彩色电视显示屏,可以向过路行人播送综合新闻及媒介信息。

【广播大厦】

广播大厦位于虹桥路1376号,1993年12月16日开工建造,1996年10月竣工。广播大厦由市广电局投资3.067亿元建造,华东建筑设计研究院及江西省建筑设计总院上海分院联合设计。广播大厦微波传送最高点150米,主楼23层、塔楼7层、地下1层、裙房3层,总建筑面积46 334平方米,建筑用地14 577平方米,造型呈弧形曲面,立面丰富,线条流畅,色彩明快。主楼呈环抱状,寓意展开热情的臂膀,以开敞的大堂、顶端灵动的飞碟观光厅来表现"接纳"来客和"拥抱"天空的意象。1996年11月1日起,上海人民广播电台、东方广播电台由北京东路2号迁到这里。广播大厦播控中心采用奥地利西门子网络化录播一体数字音频工作站自动化播出系统,转播中央人民广播电台3套节目及国际广播电台部分节目、上海电台7套节目、东方广播电台3套节目以及浦江之声电台节目。该大厦拥有:400平方米文艺录音棚1套、200平方米文艺录音棚1套、70平方米文艺录音棚2套、语言录音室13套、直播室13套和副控室4套。上海音像资料馆暨节目资料中心、上海电影译制厂、上影演员剧团也先后搬迁到广播大厦办公。2015年4月,广播大厦3楼~5楼的球体空间改造装修,建造了5个新闻类广播频率直播室和1个备用直播室,10个大小不一的录音制作房间,以及一个约400平方米的多功能音视频演播室和100个广播多媒体公共工作工位。至2016年1月,新闻广播、东广新闻资讯广播、交通广播、第一财经广播和五星体育广播等直播室全部迁入全媒体制作中心,具有国内领先水平的广播全媒体系统@radio也同时启用。

广播大厦1997年获中国建筑业协会颁发的"鲁班奖"。

【东视大厦】

东方电视台大厦(简称"东视大厦")位于上海浦东新区东方大道2000号,1994年12月29日打桩开工,1998年1月18日竣工使用。东视大厦由东方电视台自筹资金4.48亿元建造,占地面积32 680平方米,建筑面积47 550平方米,主楼18层,建筑高度114米,最高点153.7米。东视大厦外立面呈东方电视台拼音缩写"TV"型,既生动形象,又体现建筑的个性。外装饰采用西班牙粉红、南非红花岗岩及隐框玻璃幕墙结合,更显其宏伟气势。东视大厦由主楼、9 955平方米的小型宾馆和13 452平方米的演播剧场(内含一个1 200座的综合性演播剧场和400平方米的演播厅)组成。东视大厦有演播室9套、新闻直播室4套、节目配音室7套、电视导控室及制作机房7套、电视编辑机房34套,具备3个自办频道的播出能力。同时可迅速接收和传送国内、国际的卫星电视信号。

东视大厦由上海市建筑设计研究院设计,获1998年度上海市"白玉兰"奖,2000年获"国家工程建设质量银质奖"。

【上海大剧院】

上海大剧院位于市中心人民广场,1994年9月28日开工,1998年8月27日举行首场演出。其建筑风格新颖别致,融汇了东西方文化韵味,宛如一个水晶般的宫殿。屋顶采用两边反翘和拥抱天空的白色弧形,寓意天圆地方,象征各国灿烂文化的巨大"聚宝盆"。大剧院由市广电局投资10亿元。大剧院由法国夏邦杰建筑设计公司和华东建筑设计研究院联合设计,占地面积约为2.1公顷,总建筑面积64 803平方米,总高度为40米,分地下2层、地面6层、顶部2层,共计10层。大剧院有近2 000平方米的大堂作为观众的互动共享区域。大剧院剧场共设1 800座,分三层看台,其中正厅1 100座,二层300座,三层400座。中剧场可容纳600余名观众。小剧场位于大剧院五楼,可容纳 300 名观众。舞台设备、音响和灯光等全部采用计算机控制。位于八楼的大剧院多功能观光餐厅 1 000 多平方米,可容纳 1 000 人的大型活动。此外,还有贵宾厅、咖啡厅、地下车库等配套设施。

【上视大厦】

上海电视台大厦(简称"上视大厦")位于威海路 298 号,1996 年 4 月 20 日开工建造,1999 年 4 月 7 日启用。上视大厦由上海电视台、市广电局共同投资 6.669 亿元建造,华东建筑设计研究院设计。上视大厦造型为弧形曲面,建筑占地面积 6 400 平方米,建筑面积 55 000 平方米,建设高度 168 米,主楼 32 层、辅楼 20 层、裙房 8 层、地下车库 1 层。首层拥有 2 000 平方米公众大厅。上视大厦是一幢智能性大楼,拥有先进的数字化设备和计算机管理系统制作及先进的播出设施。有 250 平方米的中型演播厅 3 个,190 平方米的小型演播室 2 个,其他小型演播室和配音厅若干。主楼顶还设置供新闻采访用的直升机停机坪。上海电视台、上海文广新闻传媒集团、上海广播电视台总部及各职能部门、融媒体中心、纪录片中心等单位在此办公。2003 年 12 月,位于此楼的东方卫视演播区和节目制作区改建竣工,采用非线性编辑网络技术和虚拟技术以及虚拟演播室直播系统。2004 年 3 月,上海电视新闻共享数字系统在楼内建成,首次将非线系统制作应用于电视新闻演播室。东方卫视与新闻综合频道的新闻节目采用该共享系统。2011 年 6 月,东方卫视 1 100 平方米高清演播室在上视大厦 3 楼改造后投入使用,其中演播区 400 平方米,导播区 100 平方米,开放式编辑区 600 平方米,高清演播室采用曲线形视频墙和先进的 103 英寸等离子显示器。2015 年,600 平方米的新闻综合频道演播室在上视大厦 4 楼装修升级后投入使用,全国首套"集控"播出系统、全自动机器人摄像机、多功能大屏、360 度旋转主播台等设施是该演播室的亮点。

【上海国际会议中心】

上海国际会议中心位于浦东滨江大道,毗邻东方明珠广播电视塔。1997 年 7 月 18 日,由上海有线电视台、东方明珠股份有限公司等单位联合投资约 8 亿元的上海国际会议中心开工建造,由浙江省建筑设计院总体设计,1999 年 8 月 8 日落成。该建筑拥有现代化的会议场馆,主楼 10 层、球体 11 层,总建筑面积达 11 万平方米。会议中心拥有 1 个 3 000 平方米的多功能厅,可容纳 50 人~800 人的会议厅 30 余个。会议中心所配置的各类通信设备、同声翻译系统、实物投影设备等均采用世界上最先进的技术。拥有豪华宾馆客房、商务套房、标准间近 270 套。该建筑还配有 600 个停车泊位。

上海国际会议中心落成启用后,承接过一系列大型国际会议,其中包括 1999 年 9 月举行的 20 世纪最后一次"财富"全球论坛年会,国家主席江泽民作主题演讲;2001 年 10 月召开的亚太经合组织(APEC)领导人第九次非正式会议。

【文广大厦】

位于虹桥路 1380 号的文广大厦 2007 年 12 月 25 日开工建造,2011 年 3 月 31 日竣工。该大厦由上海文广集团总投资 3.83 亿元,浙江省建筑设计院总体设计。它毗邻广播大厦,占地面积 8 373 平方米,设计高度为 90.05 米,共 24 层,裙房 3 层,地上建筑面积 33 410 平方米,地下建筑面积 11 410 平方米,总建筑面积 43 800 平方米。大厦外立面采用玻璃幕墙,风格色调简洁明亮。2011 年 5 月,文广集团总部、上海广播电影电视发展公司、上海文广演艺集团、上海东方数据广播公司、上海广播电影电视建设工程公司等入驻该大厦。

　　上海广电系统建造的一批经典建筑,凝聚着上海广电工作者的智慧和汗水,谱写了上海广播电视事业发展史上辉煌的篇章,既满足了广播电视节目生产和传播的新需求,又改善了员工办公条件,并以其高科技含量、环保理念、艺术价值和文化特点,为上海这座城市增色添彩。

十七、上海电视节成为国际
交流合作盛会

党的十一届三中全会后,上海先后与世界上10多个国家的著名城市结为友好城市,上海广播电视系统与这些国家电视同行的合作交流也不断增多。

1986年,由市广电局提议,经市人大常委会批准,市广电局在市外事办公室等单位的协助下,于当年12月10—16日,举办上海国际友好城市电视节。该电视节邀请了16个国家18个城市的23家电视台、制片公司以及国内各电视台的代表参加。上海广播电视系统采用国际电视节的形式进行国际交流和合作,这在中国内地还是第一次。

首届上海国际友好城市电视节举办期间,组织方以节目交换的形式,获得参加国17集电视剧、16部文化专题片、25部风光专题片的播映权,并由上海电视台向其收视范围内的近1亿观众进行播放。这是中国内地第一次集中1周时间,由1家电视台播放近20个国家的电视节目,其为观众打开了解世界之窗的同时,在中国广播电视业内引起轰动。广电部部长艾知生称赞道:"上海国际友好城市电视节的举办,是一个良好的开端,是中国电视史上的一个创举。"

在首届上海国际友好城市电视节举办成功的基础上,市广电局决定扩大参加国范围,活动内容按国际电视节惯例设置,每两年举办一届,更名为上海电视节。从1988年第二届上海电视节起,在展播国际电视节目的基础上,增设中国内地第一个国际性电视节目奖——白玉兰奖,邀请中外影视界权威和明星组成评委会。

在第二届上海电视节上,获白玉兰奖的有:澳大利亚参评片《监护》获得最佳故事片奖,日本参评片《五平太流转》获得最佳纪录片奖,联邦德国男演员克里斯托弗·沃肯(参评片《战区目击者》主演),苏联女演员安盖丽娜·斯婕潘诺娃(参评片《请记住我》主演)分别获得最佳男、女主角奖。评奖结果充分显示了上海电视节的国际性和专业性。

国际性电视节目交易市场也在此届电视节拉开帷幕。10多个国家和地区以及中国各地的近500部(3 000小时)电视节目,作为商品第一次在中国内地流通。这一举措不仅活跃了节目交易,同时有效促进电视从业者的理念更新,不仅为播出制作节目,也要为市场创作更多优秀作品。此届电视节还举办国际广播电视设备展览会,海内外40多家专业厂商展出了世界最先进的广播电视设备,其中包括预示着电视技术革命的高分辨电视制作和播映系统。

由作曲家谷建芬、词作家王健联手创作的《歌声与微笑》,由于已被群众广为传唱,在此届上海电视节被定为会歌。这首歌也随着上海电视节"友谊、交流、合作、发展"的宗旨传遍海内外。

上海电视节的迅速发展,得到党和国家领导人的关心和鼓励。1990年第三届上海电视节举办时,中共中央总书记江泽民为电视节亲笔题词:友谊的彩带,合作的桥梁。中共中央政治局常委李瑞环也致函祝贺电视节举办。

上海电视节的举办模式在实践中创新发展。第三届上海电视节开设了国际电视学术交流会,举行9场讲座,听讲者除了电视节各方代表外,还有电视界、电影界、新闻界、理论界、评论界、出版界等人士,总人数近千人次。1996年举办的第六届上海电视节,标志着办节模式成熟,形成了集优秀电视节目展播、白玉兰节目评奖、节目交易市场、广播电视设备市场、学术研讨会于一体的固定格局。

2004年,为了适应上海广播电视系统对外交流合作需要,满足上海市民日益增长的文化娱乐需求,市文广局决定,将上海电视节由两年举办一届改为每年举办一届,得到广电总局和市政府批准。

2004年举行的第十届上海电视节,作为重头戏的国际影视节目市场,协议交易总额突破9.2亿元人民币,成交电视节目总数6 997部,共16.2万多集,与1990年第三届上海电视节国际影视节目市场意向成交金额相比,增长近百倍。2007年第十三届上海电视节,除中国中央电视台等一批国内知名影视机构的电视剧作品参展外,美国、韩国、日本等国家和地区的电影电视机构也纷纷设展,国外电视作品参展量占参展总量的40％。在国际影视节目市场中,新媒体节目交易(含意向交易)2 054.6万元,占节目市场交易总量的2.9％。上海电视节影视作品交易功能的强势凸显,显示其正成为中国乃至亚洲重要的影视节目交易中心之一。

上海电视节在加强对外交流合作的同时还为优秀国产电视剧、纪录片、动画片以及编导、演员等提供展示的平台,助其提升知名度和走出国门,从而带动中国电视剧(片)产业的发展。20多年里,在历届上海电视节中,共有46部参评的国产电视剧、纪录片、动画片等获得白玉兰奖;26位中国(含中国台湾)艺术家获得白玉兰最佳导演奖、最佳编剧奖、最佳男、女演员奖。其中最为突出的是2008年第十四届上海电视节,中国电视剧《金婚》获得白玉兰最佳电视剧银奖、最佳导演奖,剧中男女主角扮演者、中国影视演员张国立、蒋雯丽分获最佳男、女演员奖,创下国产电视剧获白玉兰奖之最。

举办国际电视创投活动,是上海电视节重要组成部分。从2008年起,上海电视节战略性地发展市场投融资功能,将动画项目创投纳入市场,推动国际合作,使电视节成为扶持国内原创动漫人才的优质平台。当年第十四届上海电视节推出的"聚焦动漫谷动画项目创投""真实中国·导演计划"和"首届大学生电视节"等活动,就是上海电视节创投活动的一部分。

2009年,第十五届上海电视节积极开展动画项目的创投活动,并以最高30万元人民币的奖金,鼓励各个创投项目进行样片制作。在此基础上,组织方将入围的6部动画创投项目送往法国戛纳电视节青少年节目市场进行宣传播映,寻找买家。这些样片在戛纳节目市场受到关注,共获得234次买家点击率,其中,包括BRB、Disney等国际著名动画制片公司和电视台。翌年,第十六届上海电视节,组织方仅用4个月就征集到120多部样片及创意,除对入围的10部创投作品作者进行培训外,还为创投项目引入资金合作者。

除此以外,上海电视节根据全球广电技术发展趋势,举办了多届白玉兰国际广播影视技术论坛。论坛研讨的主题有:"走进数字化时代——新技术、新媒体、新产业的发展""新技术带来的融合趋势""媒体让生活更精彩"等。其中,第十六届上海电视节国际广播影视技术论坛,围绕"媒体让生活更精彩"的主题,来自中外广播电视界以及科研院所、高等院校等单位的专家、领导,从战略高度出发,为中国广播电视技术的未来发展提供最新研究成果和战略指导。

经过20多年的发展,上海电视节作为全球为数不多的集优秀节目展播、评奖、市场交易与创投、论坛于一体的综合性国际电视节,在亿万电视观众中产生广泛影响,赢得口碑;在广播电视界也享有良好声誉,其不断扩大的规模与影响力赢得各国业界的注目和尊重。上海电视节已成为上海著名的"文化名片"之一,亚洲规模最大、颇具影响力的综合性国际电视节。

十八、上海国际广播音乐节引来海内外同行参与

20世纪80年代,随着改革开放的不断深入,上海广播电视系统对外交往日益活跃。

1988年5月28日—6月12日,由上海人民广播电台举办的首届国际音乐节目展播开播。该展播邀请与上海结成友好城市的外国广播电台参与,在丰富广播音乐节目的同时加强对外交流与合作。

首届上海国际音乐节目展播共有14个国家广播电台(公司)以及外国驻沪总领事馆提供的15套音乐节目参加。展播期间,上海电台每天在调频103.7兆赫播出1小时外国电台参展的音乐节目,在国内广播界产生较大影响。上海电台还制作一套具有中国民族风格和特色的音乐专辑,以上海市副市长刘振元的名义回赠给参加首届展播的外国广播电台(公司)。

上海国际音乐节目展播受到上海市领导的高度关心和支持。1989年,第二届上海国际音乐节目展播举行,中共上海市委书记江泽民题词:办好'89上海国际音乐节目展播活动,发展各国人民的友好往来。1991年,中共上海市委副书记吴邦国为第三届上海国际音乐节目展播题词:加强音乐文化交流,增进上海和各国人民的友谊。

1993年4月,经中共上海市委、市政府和广电部批准,上海国际音乐节目展播更名为上海国际广播音乐节,每两年举办一次。这是中国内地第一个国际广播音乐节,引起海内外广播同行的关注。

是年举办的第四届上海国际广播音乐节,设立了以中国著名古代打击乐器——金编钟为名的国际性音乐广播节目奖项,这在上海广播史上还是首次。第四届上海国际广播音乐节以节目展播、金编钟奖评奖、音乐广播学术研讨、祝贺演出等为主体活动。此届音乐节,上海电台制作的《神州采风》音乐节目获得首个金编钟奖。

1997年举办的第六届上海国际广播音乐节,首创"中国优秀广播音乐节目主持人评选大赛",来自国内10多个省市的37位音乐节目主持人,经过角逐及现场演示,8位主持人脱颖而出,分别获得金、银、铜奖。东方广播电台制作的音乐专题《琵琶与吉他——丝绸之路上的姐妹花》获得金编钟奖。

1999年,由上海电台承办的第七届上海国际广播音乐节,凸显了以节目展播、金编钟奖评选、学术论文交流、全国优秀音乐节目主持人大赛、音像资料汇展为主体活动的节日特色,因此,与以往历届相比,第七届上海国际广播音乐节吸引了广大听众参与。此届音乐节,上海电台音乐专题《龙吟》获得金编钟奖,上海电台主持人晓露在"全国优秀音乐节目主持人大赛"最后决赛中,技高一筹,获得最高分。

2001年,上海国际广播音乐节与上海之春音乐会合并,改名为上海之春国际音乐节,每年举行一次。2001上海之春国际音乐节于5月4—13日举行,这是上海在21世纪举办的第一项国际性大型音乐舞蹈交流活动,来自30多个国家和地区的3 000多名音乐界、舞蹈界和广播界人士参加了音乐节的各项活动。音乐节设有:金编钟奖评选、国内外音乐舞蹈演出、《东方风云榜》十大金曲评选颁奖演唱会、上海地区群众合唱邀请赛等9项主体活动。其中,《东方风云榜》由11万张观众选票

决定的十大金曲当场揭晓，中国内地歌手孙楠、那英分别蝉联"最受欢迎男、女歌手"奖。德国之声电台选送的《全球首部虚拟歌剧》和中国内蒙古电台选送的《至尊至纯，天籁之音》分别获得金编钟奖。

2002 年，南京人民广播电台选送的《吴歌》和罗马尼亚广播电台选送的《在时间的世界里》获金编钟奖，这是上海之春国际音乐节最后一次举行的国内外广播电台优秀音乐节目展评活动。2006 年，来自安徽音乐广播的孙晨和深圳飞扬 971 的庞舸获得全国优秀广播音乐节目主持人大赛金奖，这是上海之春国际音乐节最后一次举行的广播音乐节目主持人比赛。

在以后的上海之春国际音乐节中，中外经典及新创作的音乐文艺演出和群众音乐文化活动成为主要内容；中外广播音乐节目展播、评选和全国优秀广播音乐节目主持人大赛停办。2010 年，传媒集团不再参与上海之春国际音乐节的合办，该音乐节改由上海市文联和上海音乐家协会承办。

附　录

一、重 要 文 献

龚学平：改革创新精神是推动上海文化事业大发展大繁荣的最大动力

口述：龚学平
采访：徐建刚　谢黎萍　郭继　孙宝席　张鼎
整理：孙宝席　张鼎
时间：2018 年 8 月 21 日、30 日，9 月 6 日

我 1962 年至 1967 年在复旦大学新闻系新闻专业学习。后参军到西藏服役。1974 年复员到上海市广播事业局，此后长期在上海宣传文化系统工作。从 20 世纪 90 年代起，我先后担任上海市副市长、市委副书记，在长达 10 年时间里分管宣传文化教育系统的改革发展工作，亲历了上海文化教育事业大改革、大发展的波澜壮阔历程。此后，我当选为市人大常委会主任，继续关注宣传文化教育工作。我这一生和上海的文化教育工作结下了难以割舍的情缘。习近平同志在上海工作时提出：上海要努力建设文化大都市。而我们加强改革创新推动文化事业繁荣发展，就是在着力推进文化大都市建设。

下面，我结合自己的工作实践，谈谈改革开放以来上海宣传文化教育事业是如何改革创新、阔步发展的。这其中既包括上海解放思想，转变观念，促进文化设施大发展；也包括上海敢为人先，加快改革，推动文化建设取得丰硕成果；同时也包括上海积极举办艺术节庆，锻造城市名片，不断提升国际大都市的文化能级和核心竞争力。

创新融资渠道建设一流文化设施

文化是一个城市的灵魂。上海要建设国际大都市，就必须要有一流的文化，这其中就包括建设一流的文化设施。但在改革开放之初，上海的文化设施非常薄弱，上海市对文化事业的投入非常少。这是因为当时由于十年"文革"动乱的干扰，对文化教育事业的发展不太重视；再加上中央统收统支的财政政策，导致上海虽然财政收入很高，但作为共和国的"长子"，上海的绝大部分财政收入是要上交中央的，导致上海可用的财政资金很少，对文化的投入就更少了。所以当时上海的文化体育设施是很滞后的，跟我们的地位不相匹配。

当时，上海地标性的建筑基本上都是解放前留下来的。上海最大的电影院，是始建于 1928 年的大光明电影院；最好的剧场，是建于 1941 年的美琪大戏院；最大的体育场，是建于 1934 年的江湾体育场。这种状况使得国际上著名的艺术表演团体到上海演出，找不到与其相匹配的一流演出场所，只能到上海体育馆、市政府大礼堂等进行。记得 1994 年世界小提琴大师帕尔曼曾率以色列爱乐乐团到上海演出，上海没有像样的专业演出场所，只能放在市政府大礼堂。礼堂里没有演员休息室，只好临时把一间办公室改为"休息室"。帕尔曼是一位残疾人士，演出当天，由于没有残疾人通

道,他是被人抬到"休息室"的。对此,大师很不高兴,当记者想进屋给他拍照时,他手一挥,大声说"不要"。演出很成功,帕尔曼对上海观众的热情也很感动。演出结束后,他半开玩笑半认真地说:"上海拥有最好的观众,但也有世界上最差的剧场。"我当时在场,就对帕尔曼说:"请放心,我们正在建设一流的大剧院,到时一定请你来作专场演出。"2002年8月,帕尔曼再次来上海,专门在上海大剧院搞了一场"帕尔曼在上海"专场演出。演出结束时,他在观众经久不息的掌声中多次谢幕,最后一次他从边门出来,把那条擦汗的白手帕轻轻地丢到台上,表示向观众"投降"了,真正感到上海不仅有最好的观众,更有了最好的剧场。临走时,他激动地说,回去后,要告诉他的朋友们:"到上海去!"此外,在体育设施方面,当时全市体育场总数3 989户,人均体育设施只有0.13平方米,在全国排名倒数第6。在投入方面,20世纪80年代以前的30年,上海用于文化建设的投资总额为26亿元,仅占30年国民生产总值的0.3%,在全国百万人口以上城市中排名倒数第一。这也是我们分管文化干部的最大"心病"。

因为这个问题是每次人代会上代表们议论和质询的焦点,往往弄得我们下不了台,想解决又没有办法。就在这时,邓小平发表南方谈话,给我们吹来了一股改革的春风,"大胆试,大胆闯"增添了我们改革开放的决心和信心。当时我们估算,要从根本上改变上海文化设施的落后面貌,需要200亿元,而财政每年只能给6 000万元。出路只能是解放思想、转变观念,努力学习借鉴经济战线的成功做法,通过市场运作、社会融资、政策支持、市区联动等方式积极筹措资金,促进文化设施大发展。

上海国际网球中心,是通过土地批租、房屋置换筹集资金推进文化设施建设和改造的成功例子。现在的上海国际网球中心设施很漂亮、很完善,但是衡山路这个地方原先是上海田径队的风雨训练场。由于场地小、设施差,再加上管理跟不上,田径队在此训练,参加全国七运会比赛一块金奖也拿不到,急需建设一个高标准的训练场进行封闭式训练。当时上海正着手举办第八届全国运动会,需要场地,需要成绩。我们想,把田径训练队搬到新的训练场,在原先的场地建网球中心,这样既腾出了土地,又有了成绩,不是很好嘛!于是我们在莘庄买了一两百亩土地建了室内田径场、自行车赛场,又搞了配套齐全的运动员宿舍,然后把位于市中心区的训练场搬到莘庄去。田径队在新的场地加强训练就出成绩了。田径训练队搬走后,我们在原地建了两栋楼,一栋作为公寓,一栋作为宾馆。公寓楼造好后对外出售,是2 300美元一平方米,销售很好。通过级差地租,一下子筹集很多资金,这样就把网球场造起来了。通过土地置换,我们既解决了网球比赛的场地,又解决了来参加八运会高级贵宾的住宿问题,又为运动员提供了很好的运动场地。真是一举三得。上海博物馆新馆的建设资金也是采用这个办法解决的。上海博物馆新馆造起来之后,成为著名的文化地标。

东方明珠电视塔是通过银团贷款筹措资金加快建设的典型例子。随着改革开放的深入,上海原先的电视塔不能满足人们日益增长的文化需求。为此,时任上海市市长汪道涵在政府工作报告中提出要建造新的电视塔。当时我们曾想利用境外资金进行建造,但由于种种原因都没有成功。我们只能走中国道路,看是不是能得到国内银行贷款。经过努力,我们和包括中国银行在内的十几家银行,一共四十几家银团签约,这些银团给我们1 000多万美元和1.5亿元人民币贷款。用全部由中国银行业参与的本外币银团联合来贷款,这在中国是第一次。中国工商银行原行长姜建清说:"东方明珠银团贷款的成功,对中国银团贷款的发展起到了重要的示范作用,将永远记载在中国银团贷款的历史中。"以后浦东开发,建造杨浦大桥、浦东国际机场、轨道交通、内环线等基础设施也采取了这个办法。另外,上海电视台大楼、东方电视台大楼、广电大厦等,也是通过贷款来筹措建造资金的。当时造一幢大楼也就是投资四五亿元,现在二三十亿元也不见得能造这么好。所以说解放思想、抢抓机遇,问题就解决了。

建造东方明珠电视塔,虽然银团给我们贷款 1.5 亿元人民币,但总共需要 8 亿元,缺口很大。当时我就想能不能通过上市来进行融资呢?有一次是我问时任市计委主任陈祥麟:公司上市有什么要求?他讲:公司上市有三个必须条件,一个是属于上海市重大工程,第二个是在浦东新区开发的项目,第三个是要有回报能力。我一想,这些条件我们都具备。当时市计委还有几个指标没有用掉,于是,我们马上打报告积极争取。很幸运,这时候我们又碰到中国银行的一位处长,专门负责贷款管理。她被我们的闯劲所感动,建议我们在一个礼拜时间内,做好上市申请报告。我们当时真的有干劲,一个礼拜时间,一帮人天天晚上在我家里一间小房间加班,终于做好了报告。后来公司就上市了。标书出来后,我们在 1992 年 5 月公布招股说明书,募集 2 亿多元。后来开展三次送股配股:第一次在 1994 年募集 6 400 万元,第二次在 1997 年募集 6.4 亿元,第三次在 2000 年募集到 10 亿元,一共 17 亿多元。这不仅从根本上解决了建造东方明珠塔的资金问题,而且为东方明珠集团的发展打下扎实基础。1997 年我们就还清了贷款,2000 年公司税利已经超过了建塔经费 8.3 亿元。

建设文化体育设施,还需要文化经济政策支持,以集中财力办大事。1988 年江泽民同志担任上海市委书记时,领导我们制定了文化经济政策,推出把文化系统的所得税全额退返的零税收政策,这项政策后来复制推广到全国。由于文化经济政策能发挥巨大作用,1993 年我担任副市长后,又向市领导吴邦国、黄菊、徐匡迪提出来,是不是能够把营业税也返还给宣传文化系统。市里领导同意了我的意见,这对我们是很大的支持。通过这个办法,我们连续 5 年筹集返税的资金达 20 亿元,到后来每年可拿到 8 亿元。对一个城市来讲,宣传文化单位有 8 亿元来发展文化事业产业,上海独此一家。对这些资金,我们十分珍惜,从不"撒胡椒面",而是坚持集中使用,集中力量办大事,主要是推动文化设施等建设。短短 10 年中,我们先后投资 200 多亿元,建成了东方明珠广播电视塔、上海博物馆、上海图书馆、上海美术馆、上海大剧院、上海马戏城、上海书城、上海国际会议中心、上海国际网球中心、上海影城等具有国际一流水准的标志性文化体育设施。在 1999 年上海市建委组织评选的建国 50 周年经典建筑 10 个金奖项目中,文化体育建筑就占了 6 项,同时还获得了 5 项银奖。当时有一句话,"十大文化设施"深入人心,也一举扭转了上海没有一流文化设施的窘境。此外,上海先后新建、改造体育设施 5 000 多个,使全市文化体育设施人均面积达到 0.9 平方米,在全国名列前茅。

搞文化体育设施建设,仅靠市里是不够的,因为上海历史欠账太多。如我们上海举办八运会就需新建和改造 38 个体育场馆,是一笔巨大的开支。针对这个问题,我们通过采取全市一盘棋、市区大联动的办法来解决的。具体来说,就是市财政出一点,区县提供资金配套,有关部门政策支持这个办法解决资金问题。

大量文化设施不仅要建设好,还要运作好、管理好。许多人建造文化体育设施的积极性很高,但建成之后如果没有好的思路,就会造成建一个就是一个包袱。这一点,我们想得很清楚,建造好的文化体育设施,一定要转变思路,采用市场机制来运营,使原来的经济包袱变成聚宝盆,产生新的效益,保证我们建好的文化体育设施继续发挥它的作用。比如说上海大剧院建成之后,我就对相关管理人员说,大剧院造好后政府一分钱都不能给,不仅不给钱,还要上交资金。我特别强调要转变思路,大剧院一年不止演 150 场,要翻几倍。最后,他们是 1 年演 500 场至 700 场,第一年就盈利了。2003 年,大剧院演出主业收入 1 亿元,盈利 3 000 多万元,这在中国乃至世界上的文化剧场演出界都是一种开拓性创举。

体育场馆也是这样。从世界范围看,许多体育场馆举办完大型体育活动后就"空置"了,需要财政补贴。但这个"世界难题"被上海八万人体育场解决了。我们在建造八万人体育场的时候,就在考虑造好之后如何创造财富的问题。当时我就想,体育场馆这么大,是不是在里面搞个宾馆。我考察过日本的一个棒球馆,它里面有包房;我考察过加拿大的一个体育馆,它里面有宾馆。于是,我们就把这两者结合起来,在看台里面搞了一个四星级宾馆,宾馆里面建了104个包厢,一个包厢卖出500万元,这样我们就筹集到很多资金。现在,八万人体育场,每年共计收入1亿元左右,净利润2000多万元。

上海文化体育设施建设能取得上述成绩,还有一个关键,就是我们上海的宣传文化工作有一种特殊的领导体制。首先,市委宣传部实行"三位一体"体制。江泽民同志在上海时就对我们说,市委宣传部是"三位一体",具体来说,一是市委分管全市意识形态的部门,二是宣传文化系统的领导部门,三是主管和协调宣传文化事业建设的职能部门。为此,市委宣传部在全国率先设立了事业发展处。后来全国纷纷设立类似的处室,包括中央也设立了。这样"三位一体"的体制,容易做事。其次,我们建立联席会议制度,推进文化事业发展。我担任市委副书记后,建立了成员由市委宣传部长、副市长、市政府副秘书长等组成的联席会议制度,凡是文化领域的大事都拿到会上讨论,主管单位和市有关部门领导列席会议。会上集思广益,领导当场拍板,主管单位严格执行,形成一种敢作为、敢担当的工作作风和工作氛围,保证改革设想予以顺利实现。比如东方绿舟,它的建设和管理,涉及体委、教委、广电局等几个部门。我们就在联席会议上拍板,请教委带头搞建设;建好以后,委托东方明珠管理团队进行管理;体委管理的水上运动中心,也成为整个东方绿舟儿童游戏的一个很好的场所。这样,虽然东方绿舟分属三个部门,但是在外面看来是一个整体,管理经费节省不少,孩子们活动的余地也大了,这是很成功的。

总之,大规模推进文化体育设施建设,对推进上海经济社会发展和提高城市文明程度,发挥了很大作用:提升了地区的文明程度和市民素质;推动了企业发展,使许多企业扬名于全国甚至全世界;还培养了一大批人才。这是了不起的事情。很多外省市领导参观完上海文化教育设施后,在赞叹之余,总要悄悄地问我,这么搞中央给了多少钱?市政府投了多少钱?我说,可以讲,中央是一分钱没给,市里通过政策给了10%的资金,我们用了200亿元,实际上政府给了20亿元左右,其他都是我们自筹资金得来的。一句话,是解放思想、转变观念使我们充满激情,海阔天空,大有作为;是改革开放,让我们走上一条加快发展事业的康庄大道。

率先改革文化管理体制激发活力

改革开放以来,上海宣传文化系统锐意进取,率先改革,推动了文化建设。上海为什么要进行文化体制改革?这是因为宣传文化系统在管理体制和管理模式上存在许多弊端:一是政事不分,政企不分,管办合一;二是条块分割,重复建设,浪费严重;三是内部管理机制比较落后,"等、靠、要"的现象还比较严重;四是我们的人才资源配置也不合理。所以,要改变这种状况,必须从管理体制入手,推动资源的优化配置和内部机制的转换。从1987年开始,我们先后在宣传文化系统进行了四次体制改革。

在这之前,广电系统成功地做了三个大动作,初试改革牛刀。一是转变观念,突破广告经营的禁区。1979年1月28日,播出了全国第一条电视广告"参桂养荣酒",之后又播出全国第一条外商广告"瑞士雷达表",引发轰动,使大家知道电视台不仅是宣传单位,而且也是非常有发展前途的文化产业。1984年,我在南京召开的全国广告经营会上公开提出:在坚持正确导向的前提下,要一手抓节目生产,一手抓广告经营,以节目促经营,用广告保节目,多快好省地发展电视事业,轰动全场,得到认可。到1987年,上海电视台的广告和其他收入突破了3 000万元,大大超过了财政拨款,成为全国第一家不用财政拨款的电视台。

二是解放思想,突破新闻改革的难区。首先在新闻部开展新闻属性大讨论。通过讨论使大家明白电视台是一个新闻单位,"新"是第一位,"形"是第二位的。如果没有新闻价值,形象再好也不用去拍,把指导思想彻底转了过来。在新闻属性大讨论基础上,我们对播出方式进行改革,实现了"采、编、录、播一条龙",使电视新闻由原来的录播变成直播,大大提高了新闻时效性,在全国电视界引起了很大震动。此后,中央电视台专门派人到上海学习,回去后中央电视台也开始直播了。

三是大胆创新,积极作为,突破电视栏目的"盲区"。为了丰富市民文化生活,上海电视台努力创新,在20世纪80年代初期、中期推出了一批领先全国的电视栏目,如《新闻透视》《观众中来》《国际瞭望》《智力游戏竞赛》《60秒智力竞赛》《卡西欧睦邻家庭演唱大奖赛》《大世界》《大舞台》《体育大看台》《海外影视》等。这些节目以其耳目一新的节目内涵和表现形态,开风气之先,令中央电视台和各地同行刮目相看,纷纷到上海考察学习;也使上海乃至长江三角洲的1亿多观众,足不出户就可以饱览闻所未闻的国内外优秀电视节目。同时,我们积极改进新闻节目内容,提高经济新闻质量,扩大文体新闻,增加社会新闻,提高新闻的可看性,也就是今天所说的传播力、引导力、影响力和公信力。上海电视台在领导和市民心中的地位也越来越重要了。每次重大活动,有关部门总是要问电视台记者来了吗?有时因为突发原因记者迟到,有关部门的领导还会说,等电视台记者来了再开始。由此,大家才真正领会了我讲的"有作为才有地位"的含义。

20世纪80年代,尽管上海电视台改革开放激情四溢,但是在发展过程中尤其是要进一步发展时也碰到了难处,主要是体制机制方面的:一是上海电视台和上海电台各自为政,平均主义仍很严重;二是技术和后勤两台分设,力量分散;三是台长什么都管,有时忙不过来就把宣传耽误了。针对上述情况,我就和大家商量,广电局下一步改革应从管理体制入手,推动资源的优化配置和内部机制转换,党委一致同意。于是,第一次管理体制改革就此开始了。

第一次体制改革,我们推出了"五台三中心"。根据广电局党委的意见,我直接向时任市委副书记曾庆红同志、宣传部部长陈至立同志和副市长刘振元同志汇报,他们非常支持我们的改革思路,让我们试着先干起来。1987年5月,经上海市委批准:决定上海市广播电视局旗下的上海人民广播电台和上海电视台的体制实施重大改革。上海人民广播电台成立新闻、文艺、经济节目3个编辑室,分管新闻、教育、文艺、经济方面的宣传,对外的呼号分别是上海人民广播电台新闻教育台、经济台和文艺台。上海电视台分别成立第一、第二编辑室。第一编辑室,负责新闻、文艺类节目,对外呼号上海电视一台;第二编辑室,负责经济、体育、社教节目,对外呼号上海电视二台。同时组建上海电视剧制作中心、上海市广播电视局技术中心、上海市广播电视局服务中心。这就是广电人常称的"五台三中心"体制。这种体制不仅为宣传提供了更集中、更专业、更有质量的技术和后勤服务,而且形成了竞争态势,激发了大家工作和创新热情。一时间,上海电台、电视台呈现出新节目、好节目层出不穷的新景象。

1992年,邓小平南方谈话发表后,我们进一步深化改革。在全国率先成立了具有法人地位的上海东方电视台、上海东方广播电台和上海有线电视台,与已建立的上海人民广播电台、上海电视台真正形成了五台友好竞争、相互促进的新格局。建造东方明珠广播电视塔,并在此基础上率先成立全国第一家文化企业股份有限公司——东方明珠股份有限公司,为探索文化企业自主建设、自主经营、自我发展迈出了重要一步。通过深化改革,上海广电系统创收能力不断增强,到 1997 年收入高达 15 亿元,在全国率先结束了依赖国家财政拨款发展事业的局面,为形成集团化管理奠定了基础。广电局还勇挑重担,支持市政府举办东亚运动会、八运会、上海电视节、中国上海国际艺术节,并出资建设上海国际会议中心、八万人体育场、东方绿舟、松江大学城,资助上海男女排球队、男子篮球队、女子足球队,为上海文化事业发展做出了重大贡献。

第二次体制改革,我们推出了"影视合流"。改革开放以后,随着经济的不断发展,电视机深入到千家万户,各种新的文化娱乐方式层出不穷,电影那种"皇帝女儿不愁嫁"的卖方市场地位被动摇了。上海电影制作入不敷出,人才大量流出,设备空置;广电事业正大发展,缺人才、缺摄影棚、缺技术。为此,我们在 1995 年果断将原广电局与电影局合并,组建上海市广播电影电视局,实现了发展战略规划、基建规划、宣传管理、技术管理和财务管理的五个统一,为上海广播影视事业的整体推进增添了活力和实力。比如,通过将原美术电影制片厂和上海电视台的动画片制作部门合并,成立上海动画影视(集团)公司,取得资源优势互补效应,年生产能力从改革前的 800 分钟提升至 1 万分钟,极大地提高了动画片生产能力和水平。再比如,以原永乐发行公司和上海电视台电视剧制作中心为基础合并重组成立的永乐影视集团,与上影厂形成一定的竞争和促进关系,相继推出了《红河谷》《黄河绝恋》《紧急迫降》等一批佳作,繁荣了影视创作。《生死抉择》电影得到江泽民同志的高度评价,票房收入高达 1.2 亿元,创造了当时历史最高纪录。

第三次体制改革,我们组建了"五大集团",即文汇新民联合报业集团、上海世纪出版集团、解放日报报业集团、上海新华发行集团和上海文化广播影视集团。为什么要组建报业集团? 大家知道,《解放日报》《文汇报》和《新民晚报》在全国极有影响,发行量达到 200 多万份。到 20 世纪 90 年代后期,尤其是《解放日报》和《新民晚报》,无论是资产还是创利能力都名列全国报业前茅。但是,他们在发展中也暴露出一些突出问题:第一,重复建设,小而全,资源浪费;第二,领导体制不合理。为此,我们对报纸原先的管理体制坚决而大胆地进行了改革。1998 年 7 月,具有 69 年历史的新民晚报社和 60 年历史的文汇报社"撤二建一",组建强强联手的"文汇新民联合报业集团",成为当时全国最大的报业集团。文新报业集团成立后,实行党委领导下的行政首长负责制,对宣传、经营、财务、广告、发行等十个方面实行了一系列的调整和重组,取得了积极的成效。不仅使总编辑能集中精力办好报纸,保证了舆论导向的正确;而且通过资源重组和集约经营,大大提高了资金和生产设备的利用效率。集团成立一年后,利润就从 1998 年原两报 3.2 亿元上升至 1999 年整个集团 4.8 亿元,2000 年达到了 5.2 亿元,总资产达到 27 亿元。同时,还加强了新闻队伍的职业道德建设,基本上制止了记者拉广告、拿回扣和参与经营活动的现象。按照同样的思路,我们在 1999 年 2 月经中宣部、新闻出版总署批准,成立世纪出版集团;2000 年 6 月成立上海新华发行集团;2000 年 10 月,成立解放日报报业集团等。

第四次体制改革,我们推动实现"文广合并"。针对文化局长期以来"管办不分"现象严重、文化系统资源配置不合理、"大锅饭"现象比比皆是的状况,在影视合流与报业改革成功的基础上,我们在征得中央领导的意见后,对文化体制改革又推出了两项举措:一是从 2000 年开始,率先在全国将原来分散在广电、文化和出版三个系统的文化市场执法队伍合并起来,组建统一的文化市场稽查总队,把原来分散的"五指"捏为"拳头",为构筑强有力的文化市场管理系统提供了体制保障。二是在 2000 年 4 月,将原市文化局与市广播电影电视局合并,组建市文化广播影视管理局,为政府职能进一步转换和文化资源的合理配置提供了重要条件。自影视合流、文广合并后，文广集团在创作上投入 3.5 亿元，使一些重大节目和项目得以上马。如优秀传统节目的整理与保存，是文化局长期以来一直想做而因财力无法做的事，现在由广电系统的媒体、报业集团和文艺院团联手合作，取得实质性的进展：上海越剧院推出新版越剧《红楼梦》，上海歌舞团推出舞剧《野斑马》《闪闪的红星》，上海京剧院推出《大唐贵妃》《曹操与杨修》《贞观盛世》，上海话剧团推出《商鞅》，上海淮剧团推出《金龙与蜉蝣》，等等。

特别是大型景观歌剧《阿依达》的成功上演，更是媒体优势与社会力量联手参与文艺创作和演出的生动事例。这是意大利作曲家威尔第的著名歌剧。该剧结构宏大，气势恢宏，演出难度很大：500 人组成的合唱团，160 人组成的大型交响乐团，60 人的专业舞蹈演员，上场演员近 3 000 人。歌剧写成后一个多世纪，在世界范围内全本演出的也只有 7 场。我们下决心不仅要演，而且要在上海体育场演成"实景歌剧"。我们从动物园"请"来 3 头大象、3 匹骆驼、2 头狮子、2 头老虎、1 条蟒蛇、10 匹白马、10 匹杂色马等动物上台参与演出。2000 年 11 月，超大型景观歌剧《阿依达》在上海体育场首演，演出结束后，运动场四周上空焰火四溅。纽约大都会歌剧院的艺术经理莎兰在观看演出时惊讶地问："难道这么多演员以前都演过《阿依达》？"当她得知演员实际排练时间只有半个月，绝大多数演员都是武警战士和志愿者扮演的，连说："这是一个奇迹！"充分显示了文广合并、资源整合的优势。《阿依达》总共投资 1 300 万元，演出两场，最后总收益达到 1 900 万元，实现盈利 600 万元。演出成为上海文化界的盛事。舞台繁荣了，演员就有了展示才华的天地。在这期间，上海涌现了一批像廖昌永、黄豆豆、赵志刚、茅善玉、梁伟平、辛丽丽等享誉全国的明星演员。同时，我们还放眼全国引进了尚长荣、陈少云、关栋天、李军、安平、钱惠莉、方亚芬、单仰平、王志萍、梁伟平、于丽红、陈莉伊等一批著名演员和导演。当时上海的舞台真是明星荟萃、好戏不断，全国每年评选，上海都是得奖大户，名列前茅。

文广合并成立上海市文化广播影视管理局后，上海宣传文化系统第一阶段体制改革基本完成，而且走在全国的前列。为了展示体制改革后的整体合力，我们又做了三件事：

第一件事，是在市委的支持下，在全国率先构建面向基层、遍布全市的书报零售网络——东方书报亭。经过两年努力，书报亭成为上海精神文明建设的一道亮丽风景线，成为传播先进文化的"文化亭"，服务市民生活的"便民亭"，帮助下岗工人再就业的"安民亭"，维护社会治安的"安全亭"，得到江泽民、李岚清、丁关根等领导同志的高度赞扬。各省市纷纷派人来到上海考察、学习，书报亭的模式一下子推广到全国各大城市。

第二件事，是联手共建本市最大的新闻网站——东方网。20 世纪 90 年代，互联网在中国刚刚起步，基本上以民营为主，当时我就感到此事不抓，将来会失控出问题。于是，我们在 2000 年初组织上海主要新闻媒体共同出资 6 亿元人民币，联手共建本市最大的新闻网站——东方网。东方网运行不到一年，就初步确立了"大众网"、"健康网"、"放心网"的形象和以"新"为主、综合性的大型网站地位，也是全国唯一一个自负盈亏的官方网站。目前，东方网的传播力、影响力、竞争力始终位居中国新闻网站前列。

第三件事，是推出媒体或媒体集团托管国有文艺院团改革。如上海京剧院、上海民族乐团、上海歌舞团、上海芭蕾舞团、上海交响乐团、上海昆剧团、上海淮剧团、上海评弹团，上海话剧艺术中心、上海轻音乐团、上海木偶剧团、上海杂技团、上海滑稽剧团由文广集团托管，上海越剧院由文新报业集团托管，上海沪剧院由解放日报托管，充分发挥媒体在市场运作、宣传推广、资金筹措等方面的优势和能力，努力构建艺术院团和媒体之间优势互补互利的机制，为文艺繁荣构建新型体制环境,这在全国是独此一家。

体制改革的成功,进一步解放了人们的思想,有力促进了文化生产力的发展,从 20 世纪 90 年代末到 21 世纪初,上海宣传系统各个领域在宣传质量和创收方面均处于全国前列。2006 年我们有个统计:上海文化产业总产出为 2 349.51 亿元,占全市 GDP 的 5.61%,经济贡献率达到 6%,居全国各省市区领先地位。应该说,在改革开放春风的吹拂下,上海宣传文化事业生机盎然,呈现一派欣欣向荣的景象。

打造节庆名片提升城市文化能级

举办节庆和重大赛事活动是国际大都市文化魅力的重要体现,也是提升文化软实力的必要举措。现在世界上大多数城市举办节庆和赛事活动都以城市名命名,例如美国纽约伍德斯托克流行音乐节、英国伦敦 BBC 逍遥音乐节、法国巴黎秋季音乐节、德国柏林艺术节、爱尔兰爱丁堡艺术节。就是奥运会,也不以国家名命名,而是以城市名命名,如美国洛杉矶奥运会,英国伦敦奥运会,澳大利亚悉尼奥运会,西班牙巴塞罗那奥运会,中国是北京奥运会。由此可见,节庆和重大赛事活动也是一张亮丽的城市名片。从 1986 年以来,上海先后举办过上海电视节、上海国际广播音乐节、上海国际电影节、上海旅游节、上海国际时装文化节、上海国际茶文化节、中国上海国际艺术节,以及东亚运动会、八运会等活动。从实践来看,我认为举办节庆和重大赛事活动对上海建设卓越的全球城市和国际文化交流中心至少有五大作用:

一是有利于提升城市知名度和号召力,让世界更好地了解上海。改革开放初期,我们对外国了解甚少,要学习外国先进技术和先进的管理观念,又缺乏必要的信息渠道。另外,出国访问时,在国外媒体上很少看到中国的形象,听到中国的声音太少了。当时,上海已同 16 个国家和地区建立了友好城市,我就想到搞一个上海国际友好城市电视节,通过电视媒体交流加快、加深上海和各国之间的了解,我的这个想法与市外办领导不谋而合。于是,我们从 1984 年起就积极筹划举办国际电视节目展播活动。

1986 年 8 月初,在市外办领导的支持下,上海市广电局上报广电部请示举办电视节。尔后,广电部请示中宣部。中宣部回复,地方性的节庆经地方人大通过即可实施。消息传来,大家非常振奋。经市委同意,市人民政府于 8 月 27 日致函市人大,要求在市人大常委会会议上增加一项审议批准举办上海国际友好城市电视节的议程。8 月 29 日在市人大第八届常务委员会第二十三次会议上,我代表广电局作了关于举办"上海国际友好城市电视节"的情况说明。经过审议,常委会委员一致通过在 12 月份举办上海电视节的决议。这是全国范围内第一个从地方立法角度确立举办节庆活动的决议。

第一届上海国际友好城市电视节开幕式在南京西路上海展览中心大厅举行,气势十分宏伟。江泽民等市领导和广电部部长艾知生亲临会场,16 个国家的 18 个友好城市不仅派出了以市长为团长的代表团,而且这些城市的 23 家电视台选送的电视节目多达 121 部,其中有电视剧、文化专题片、音乐、舞蹈和纪录片,从各个角度反映了各友好城市人们的生活状态、经济情况和文化形态,呈现了丰富多彩的异国风情,让上海人民大饱眼福。每到晚上,大家就围坐在电视机前,上海出现了万人空巷的景象。市民反响很好,有位观众在来信中说:"电视节应大力赞扬肯定,她开全国之先,创电视之新,其意义不仅在丰富电视节目,重要的是让上海人民了解世界,也让外国的城市了解上海、熟悉上海。这是世界各国文化交流的新途径。"加拿大魁北克广播电视台台长回国前对我们说:

"我没来过上海,认为上海是一个很小很小的地方,现在看到上海是一个很大很大的上海,上海的变化给我留下了非常深刻的印象。"从这两段讲话中可以看出,电视节的举办不仅丰富了人们的文化生活,更重要的是让上海人民了解了世界,开阔了眼界,增强了改革开放的意识;同时,也让世界了解上海,塑造了上海城市的形象。广电部部长艾知生在开幕致辞当中特别强调:"上海电视节的举办,是广播电视界贯彻改革开放方针的一个创举。"江泽民同志后来给我们题词:"友谊的纽带,合作的桥梁。"

二是有利于丰富市民的文化生活。老百姓视节庆活动为自己的节日,文化艺术的盛宴。因为节庆活动带来精彩纷呈的文化节目,丰富了市民文化生活。如中国上海国际艺术节从1999年成立到2017年,一共有五大洲70多个国家和地区4万多名艺术家、700多个中外艺术团体到上海演出,共上演1 034台节目,有超过465万观众走进剧场观看演出。同时,为使艺术节真正成为老百姓的节日,我们还动员文艺团体进社区、进工厂、进学校、进街道。刚开始叫"周周演",我说要改成"天天演",还要求电台实况转播。我们作了一个统计,从1999年到2013年,一共举办了5 000多场的各种类别的群众文艺活动,有超过10 000个艺术团体到社区进行表演,吸引3 000多万人次观看。上海成了一座没有围墙的大舞台,整个城市充满了活力,充满了激情,真正使艺术节不光是艺术家的节日,更是老百姓的节日。

三是为文化产业及其从业人员提供了施展才华的舞台,促进了文化产业的发展,推动了城市创意的活力。节庆活动涉及方方面面,包含了文化产业的各个领域。文化产业各个领域的人为了能参加我们的节庆活动,充分发挥自己的创意,参加竞争。比如说参加中国上海国际艺术节、上海国际电影节等,不是你有节目就可以来,要中标的。我们事先要到各个省市去看,考察哪个节目好,我们才要,节目不好不要。我们也到国外去看,好作品才能进来。所以国外也好,国内也好,文化团队为了进艺术节,早在一年甚至几年前就有创意了,拿最好的东西到上海来。当然,上海为他们服务的各种行业也是各显才华。节庆的大舞台,为我们的艺术工作者和文化产业的各种人才施展才华,提供了一个没有围墙的大舞台和一个没有围墙的大作坊,使文化产业创意活力迸发出来了。

四是体现了城市的执政和管理能力。节庆活动不仅是文化演出,同时也是一项社会系统工程,涉及安全、交通、宾馆、餐饮,还有旅游、接待等各方面工作。这个工作既要做得安全又要热闹,而且还要有序,才能吸引人们参加,参加以后还想再来。这就体现了一个城市的管理水平,体现了一个政府的执政能力。我们上海这种艺术节庆活动非常多,5月上海国际广播音乐节,6月上海电视节,7月上海国际电影节,10月茶文化节,以及11月中国上海国际艺术节,再加上体育赛事等等。所以我们的公安、消防、政府职能部门等,一般一个月就要组织一次大型节庆活动。现在上海搞大型活动底气这么足,跟我们过去搞节庆活动、重大赛事活动是有关系的。

五是塑造了城市品牌,营造了文化环境,大大提升了城市文化软实力。举办艺术节庆活动,环境卫生要搞好,基础设施要完善。参加节庆活动的,除了文艺工作者,还有很多外国游客、企业商人,他们看了以后,对上海城市形象评价很好,就会吸引他们前来投资。八运会开幕式结束后,有位香港大企业家说,"上海开幕式搞得这么好,的确很难,上海通过这次开幕式充分显示了上海人的水平、素质和能力。上海有这么好的形象,我们和你们做生意是非常有信心,非常放心"。所以说,我们举办节庆活动,是塑造城市、建设城市、提升城市软实力的很重要的一个部分。

习近平总书记在党的十八届三中全会上说:"改革开放是决定当代中国命运的关键一招,也是决定实现'两个一百年'奋斗目标,实现中华民族伟大复兴的关键一招。"这同样也是决定上海文化宣传教育事业发展,把上海建成国际文化交流中心的关键一招。今年是改革开放40周年,回顾改革开放 40 周年发展的历程,我们深深地感到,解放思想永无止境,改革开放永无止境。我们要高举改革开放的大旗,继续发扬当年那种努力拼搏,敢试、敢闯、敢作为、敢担当的大无畏精神;继续发扬当年那种追求卓越、勇创一流的领先精神;继续发扬当年那种艰苦奋斗、自力更生、乐于奉献的精神;继续发扬当年那种心往一处想、劲往一处使、互学互帮、协同创新的团队精神。我认为,上海作为卓越的全球性的国际大都市,成为国际文化交流中心的梦想一定会实现!

  原载《口述上海改革开放(1978—2018)》一书,由中共上海市委党史研究室编,学林出版社出版,2018 年 11 月第 1 版。

二、重要文件辑存

上海市广播电视局关于实行全局性财政总承包改革试点事函
(1988年5月9日)

上海市财政局：

为了鼓励创收,搞活事业,发展广播电视事业,我局要求财政从1988年起到1990年3年中,对我局系统(包括局属各事业单位)核定基数,实行经费包干;同时实行增收同抵顶财政拨款与提高职工奖励双挂钩的办法,具体意见：

一、以1987年财政拨款1900万元和收入2500万元作为基数实行包干。

二、我局系统内各单位收入的分配原则。事业单位按当年度收入的10%上交局,60%作为事业发展基金,其余15%为福利基金,10%为奖励基金,5%为后备基金。企业化管理单位除上交局部分净利润外,其余分配比例为：事业发展基金不低于25%,福利基金和奖励基金各不超过10%,后备基金5%。

各单位在增收的前提下,如果人均收入比上年反而下降,可以从后备基金中提取3%充作奖励基金之用。

三、根据三者利益结合的原则和鼓励创收精神,实行双挂钩的办法：

1. 局属各单位年度收入超过2500万元基数的,超收部分以10%抵顶财政拨款数。收入的计算指我局系统所有事业单位的业务收入和系统内企业化管理单位上交局部分净利润之和。

2. 奖金税免税限额除享受税务部门规定的以外,以局收入2500万元为基数,完成基数按4.5个月为免税限额。超收不满10%(含10%),增加免税额度1个月;超过10%,每超过1%增加0.1个月免税额度。我局按实际人数乘可享受免税额度月份,乘市规定的事业单位平均月工资额,计得全局奖金免税总额度,再由我局分配到各单位,各单位所发奖金在分配额度内的部分给予免税,超过部分按税率计征奖金税。

3. 为了鼓励局机关职工在创收中作出努力,机关职工奖金同事业单位捆在一起发放,取平均水平,在各单位上交资金中支付。现已征得市人事局同意。

四、电视台电视剧制作中心拍摄电视剧实行酬金制,职工酬金计入产品成本,实行个人收入调节税。

五、关于特殊经费问题。由于局机关及所属单位在建设项目和开展业务工作中活动频繁,交往甚多,而按现行规定所提特殊经费又不敷使用。为此,全局系统按事业单位收入和企业化管理单位上交局部分净利润之和的0.5%提取该项费用。实际使用时应按照政策规定,尽量节约,从严掌握。

六、对企业化管理的事业单位,继续减免所得税。减免的所得税全部留给广播电视局用于发展事业。

七、凡国家统一规定调整职工工资,按当年全局在编人员的增资额在30万元以内的,由局自我消化;超过30万元以上的部分,请财政局另行拨款,或者从增收部分抵顶财政拨款中扣除。

八、我局将根据以上承包原则和办法,与各基层事业单位分别签订分承包合约。

以上办法自 1988 年起试行 3 年,到 1990 年止。

上海市财政局关于上海市广播电视局实行财政承包的复函

(1988 年 5 月 31 日)

上海市广播电视局:

你局《关于实行全局性财政总承包改革试点事函》悉。经研究,原则同意你局提出的承包改革试点方案,并作以下补充修改:(1)第二点,关于事业单位按当年收入的"60％作为事业发展基金"一句,应改为"60％抵顶本单位预算经费,用于事业发展"。(2)第三点第一项"超收部分以 10％抵顶财政拨款"应改为"超收大部分用于发展广播事业。补充经费,其中以 10％抵顶财政拨款"。(3)第三点第二项。关于奖金税免税额度问题,应改为:凡是局属各单位年度收入完成 2 500 万元基数的,按规定标准为免税限额。超收部分,超收 5％以下的(含 5％)增加奖金税免税额度半个月;超过 5％以上,每超过 1％,增加 0.1 个月免税额度。在计算奖金税优惠免税限额时,按单位进行结算。各单位增收的基数由主管部门核定,市财政局按上述原则进行审批。(4)第四点,关于拍摄电视剧实行酬金问题,请从速根据部颁布标准,制订具体实施办法,商我局同意后实行。

实行财政总承包自 1988 年至 1990 年一定 3 年。望你局进一步加强财务管理,正确核算,做到一切收入都入账,并认真执行有关财务制度。

此复

上海市广播电视局关于"东方明珠"广播电视塔
转型为股份有限公司并向社会公开募股的请示

(1991 年 12 月 22 日)

市政府经济体制改革办公室:

位于浦东新区的上海"东方明珠"广播电视塔工程,是"八五"期间上海重大项目之一,这个工程的兴建,是为了有效地改善市民收看电视、收听调频广播效果,也是上海城市的重要标志和重要的旅游中心。第一期建设所需资金,一部分由我局向银行贷款 2 亿元人民币解决,但第一期建设工程还短缺 2 亿元人民币。同时,与之配套的第二期大型文化娱乐旅游设施仍需建设资金 3 亿元人民币。

建成后的"东方明珠"广播电视塔,经测算,第一期塔的两个球体投入营业,全年将有近 5 000 万元的收入,另外 1 万平方米的商场和登高观光等收入,全年也有 7～8 千万元;第二期大型文化娱乐餐饮旅游业投入营业,全年将有 5 000 多万元收入,预计建成后 5 年可以还清本息。

对这一社会和经济效益皆很好的长线文化娱乐旅游产业,利用金融手段筹措建设资金,一方面市民投资既无风险又能从中得到实惠;另一方面也是我国文化事业用股票形式筹集资金的首次尝试,使文化事业由管理型转向经营型,由自筹资金发展为吸收一部分社会闲散资金,积极探索和开拓文化事业建设的新路子。

鉴此,经我局讨论决定,拟在国内分两步采用溢价发行 1.5 亿元人民币股票。为了做好这项工作,准备将上海"东方明珠"广播电视塔转型为股份有限公司,并向社会公开募股,祈盼领导和有关部门支持批准。

上海市广播电视局关于在上海浦东建立
上海东方广播电台和上海东方电视台的请示

（1992年8月10日）

广播电影电视部：

　　在小平同志重要谈话精神的鼓舞下，上海开发开放浦东的步伐大大加快。根据中央的部署，以浦东开发为龙头，上海将逐步建成为国际性经济中心、金融中心、贸易中心之一。为了适应上海改革开放的新形势，大力宣传浦东的开发开放，同时加快上海广播电视事业的改革步伐，经市委宣传部和上海市编委批准，我局拟将上海人民广播电台经济台的792千赫和文艺台的101.7兆赫，将上海电视台的二十频道，分别组成两个独立建制的电台、电视台，迁往浦东新区，人员编制从两台原有编制中调剂解决。鉴于体制的扩充与频率、播出范围和内容的拓展，原来台名已不适应当前的情况，拟将新组建的电台取名为"上海东方广播电台"，将电视台取名为"上海东方电视台"。这两个台均属直接管理，其宣传方向为：立足浦东，背靠上海，面向长江三角洲地区，服务全国，突出改革开放和对外宣传。

　　以上请示妥否，请复。

广播电影电视部地方司关于同意
建立上海东方广播电台的批复

（1992年8月15日）

上海市广播电视局：

　　沪广局办字(92)第223号文收悉。经研究，同意将原上海人民广播电台经济台和文艺台重新组建为独立建制的电台，对外呼号为"上海东方广播电台"，隶属你局直接领导与管理。

　　该台开播后，要严格遵守宣传纪律，把节目办得健康、活泼、生动，更好地为上海的改革开放和对外宣传服务。

　　你局要加强对广播两台的领导、管理与协调，以利发挥广播的整体优势。

广播电影电视部地方司关于同意
建立上海东方电视台的批复

（1992年8月15日）

上海市广播电视局：

　　沪广局办字(92)第223号文收悉。经研究，同意将原上海电视台的二十频道，迁往浦东建立新台，呼号为"上海东方电视台"，隶属你局直接领导与管理。

　　该台建立后，要严格遵守宣传纪律，要立足浦东，面向长江三角洲，突出改革开放和对外宣传。

　　你局要加强对电视两台的领导、管理与协调，以利发挥电视的整体优势。

上海市广播电视局关于尽快建立上海有线电视台的请示

(1992 年 10 月 18 日)

广播电影电视部:

在广播电影电视部和上海市领导的关心和指导下,上海有线电视台自 1991 年 4 月开始筹建,至今已逾一年。发展上海有线电视已被列入市政府工作今年必须完成的十二件实事之一。目前经多方努力,各项筹备工作已经就绪,建立上海有线电视台的条件已经成熟。

上海有线电视建设打破办事业向国家伸手要投资的一贯做法,所需巨额款项已全部由市广播电视局自筹;现已设置一室(办公室)三部(节目部、技术部、管理部),并由市编委批准正式编制 80 人;网络建设按广电部要求,实行三级管理、两级播放的原则,即市成立有线电视台、区(县)设分台、街道设站以及市、区两级播放。

从长远考虑,市有线电视台采用以光缆和电缆相结合的传输手段,能有效地增加节目容量和提高收视质量,到目前为止,上海两个区的试点工程的线路敷设工作已初步完成,并已于 10 月 1 日实现技术开通。经测试,各项技术指标基本符合设计施工要求,第一批用户终端至年底可达 6 万个。

在播出内容上,有线电视台除了将收转中央和上海电视台的节目外,还将收转部分省市电视台的节目;在目前有线台自办的一个综合频道中,将以国内外影视片、儿童节目为主要内容,全天播映时间约 9 小时 30 分。所需片源已经落实。

综上所述,为把节目早日送入千家万户,特此提出申请:建立上海有线电视台。祈请审批。

广播电影电视部地方司关于同意建立上海有线电视台的批复

(1992 年 10 月 26 日)

上海市广播电视局:

沪广局办字(92)第 319 号文收悉。经研究同意上海市建立有线电视台,呼号为"上海有线电视台"。该台必须完整转播中央、上海电视台节目和国家教委办的教育电视节目。该台所需事业经费和人员编制均列入地方计划解决,实行有偿服务。

有线电视台正式播出后,要严格遵守我部 2 号令、5 号令和有关文件的规定,建立和健全各项规章制度,包括节目的重播重审制度。要严格执行宣传纪律,杜绝各种政治事故和责任事故。

中共上海市委、上海市人民政府关于上海市 广播电视局、上海市电影局机构改革方案的批复

(1995 年 8 月 15 日)

市委宣传部:

沪委宣〔1995〕第 259 号《关于组建上海市广播电影电视局的请示》收悉。现批复如下:

一、同意撤销上海市广播电视局、上海市电影局建制,同时撤销中共上海市广播电视局委员会、中共上海市电影局委员会,组建上海市广播电影电视局和中共上海市广播电影电视局委员会。

新组建的上海市广播电影电视局为局级建制,是市人民政府主管本市广播电视宣传和广播电影电视的职能部门,党的工作和业务工作归口中共上海市委宣传部。

二、新组建的上海市广播电影电视局必须尽快转变职能、理顺关系,进一步强化对本市广播电影电视事业发展的规划、协调、监督、检查及服务等职能。

三、新组建的上海市广播电影电视局机关机构要小、人员要精干。有关该局职能配置、内设机构和人员编制等问题,由市机构编制委员会另行核定。

四、为保证上海市广播电视局、上海市电影局机构改革的顺利进行和新组建的上海市广播电影电视局工作的正常开展,市各有关部门应予积极支持。

希望你们精心组织实施,加强思想政治工作,特别要处理好改革、发展与稳定的关系,保证各项工作不断不乱,促进本市广播电影电视事业的发展。

中共上海市委
关于建立东方新闻网站并确定
机构级别等问题的批复

(2000 年 12 月 19 日)

市机构编制委员会:

沪编〔2000〕178 号《关于建立东方新闻网站并确定其机构级别的请示》悉。

市委同意:建立东方新闻网站,机构性质为事业单位,机构级别定为相当于局级。东方新闻网站的内设机构设置和人员编制由市编委会另行核定。

特此批复。

上海市文化广播影视管理局党委、
上海市文化广播影视管理局
关于组建文广集团的请示

(2001 年 2 月 5 日)

市委宣传部:

根据市委领导的要求和中宣部、国家广电总局关于深化广播影视改革的精神,现提出组建文广集团的请示。

一、组建文广集团的目的和指导思想

为适应我国加入世贸组织后的新形势,为应对国际传媒竞争的挑战作好准备;适应当今国际上在信息化、高新技术条件下传媒业组织结构变化的趋势,做大做强广播影视业,积极参与国际竞争;适应文广合并后深化改革的需要,进一步转变政府职能,做到政企、政事分开,按照中宣部把上海作为新闻出版广播影视业改革的综合试验区的精神,根据市委关于领先一步推进体制创新的要求和全市宣传文化领域改革发展的实际,决定组建上海文广集团。

组建文广集团,必须立足于上海广播影视业以往的改革实践,体现继续推进改革发展的思想。要通过集团的组建,进一步增强党对广播影视业的领导和控制力,进一步增强广播影视业的活力和竞争力,进一步壮大广播影视业的实力,拓展发展空间,为最终形成多媒体、多品种、多功能和跨地区、跨行业、跨国界的综合性大型传媒集团打下坚实基础。

组建文广集团工作要在全国广播影视改革发展的总体思路和规划指导下进行,同中央有关部门的改革要求相适应。

二、新组建的文广集团的性质和定位

新组建的文广集团是以广播、电视、电影、传输网络、网站和报刊宣传为主业,兼营其他相关产业的新闻文化集团。集团属于事业性质,是以事业单位为主体、企业公司参加的特殊的产业集团,实行企业化管理。

文广集团作为新闻文化运作实体,按照党对宣传思想工作的要求,做好新闻宣传工作,发挥好舆论导向的作用;根据党的文艺方针和影视文艺创作的特点,承担影视和舞台艺术创作、繁荣影视和演出市场的任务;作为文化产业集团,承担国有资产保值增值的责任。

新组建的文广集团在党的关系和行政上直属市委宣传部,接受市文广局的行业管理。文广集团所属事业单位职级不变。市委宣传部对新闻、文化单位的指导、管理方式不变。市文广局和文广集团的领导班子除少数同志因工作需要可兼职外,其他成员不交叉任职。

三、新组建的文广集团的组织结构

文广集团组建后,要按照有利于加强党的领导,有利于提高集团的综合竞争能力,有利于国有资产保值增值,有利于集团内部各单位发挥积极性、增强活力的原则,推行科学管理,建立合理的管理体制,形成高效的运作机制。集团主要负责制定发展规划、资产运作、财务管理和队伍建设。从集团所属实体的业务实际考虑,有的实体仍然保持其独立法人地位。在明确集团各层次政治、经济责任的前提下,形成既增强集团调控、配置各种资源的能力,又激发各层实体经营活力的集团运作模式。

文广集团实行党委领导下的行政首长负责制。集团党委领导整个文广集团的各项工作,并对上级党委负责。行政首长为总裁。

新组建的文广集团拥有总资产142亿元,2000年营业额27亿元,利润9亿元。其中正局级单位2个,副局级单位5个。员工人数约1.5万人,其中专业人员占46.2%,具有中高级职称的占31.4%;35岁以下的占14.7%,45岁以上的占35.2%。

四、文广集团组建后市文广局的职能和结构

市文广局作为市政府的组成部门,转变政府职能,依法实施行业管理和市场管理。市文广局的主要职责是贯彻执行有关文化艺术、新闻宣传、广播影视工作的方针、政策和法律、法规、规章,结合本市实际,起草并组织实施有关法规、规章和政策;研究制定本市文化艺术、广播影视事业发展战略,编制有关发展规划;负责广播电视新闻宣传、专业艺术团体、影视制作单位的行业管理;负责管理本市群众文化艺术事业、公共图书馆事业和社会文化社团等,指导开展群众性业余文化工作;依法管理文化娱乐、演出、美术、影视、音像等文化市场;负责有关行政复议受理和行政诉讼应诉工作。

上海美术馆、刘海粟美术馆、上海少儿图书馆、上海群艺馆、上海中国画院、上海油雕院、上海表演艺术学院、上海市戏曲学校、上海市舞蹈学校、电影艺术研究所、上海艺术研究所等文化事业单位由市文广局直接管理。

五、推进文广集团组建工作需要明确的几项政策

1. 市政府对文化广播影视事业原有各类拨款继续不变;对列入国家重点建设计划的广播电视高新科技等文化发展重大项目给予资金、政策上的支持。文广集团继续享受国家对文化事业发展的各项政策。

2. 对文广集团内部媒体重组给予政策支持。允许集团在媒体总量不变的前提下,调整内部媒体结构。在全市的媒体结构调整中适当向集团集中。

3. 文广集团作为跨媒体集团,应拥有一个出版机构。

以上意见当否? 请指示。

中共上海市委宣传部关于同意组建文广集团的批复
(2001 年 2 月 13 日)

上海市文化广播影视管理局:

你局《关于组建文广集团的请示》沪文广影视[2001]151 号文收悉。经我部部长办公会研究,原则同意你局报送的方案。请抓紧时间,尽快起草上报国家广电总局的请示文,由我部请示学平、慕尧同志同意后,即报国家广电总局审批。

组建文广集团是上海积极推进文化事业改革,最终组建多种媒体集团的重要一步。希望局党委和行政领导予以高度重视,尽快细化实施方案,加强引导,进一步统一干部、群众的思想,积极稳妥地抓好落实。

为加强对文广集团组建工作的指导,经研究,拟成立市委宣传部组建文广集团工作指导小组,由王仲伟同志任组长,方全林同志任副组长,干部处、文艺处、事业处、基层处、纪检组派员参加。请你们积极主动地做好有关工作,遇有重大问题及时请示报告。

上海市文化广播影视管理局关于组建上海文广集团的请示
(2001 年 2 月 15 日)

国家广播电影电视总局:

根据中宣部、国家广电总局关于深化广播影视改革的精神和上海市委领导的要求,现提出组建上海文广集团的请示。

一、组建文广集团的目的和指导思想

为适应我国加入世贸组织后的新形势,为应对国际传媒竞争的挑战作好准备;适应当今国际上在信息化、高新技术条件下传媒业组织结构变化的趋势,做大做强广播影视业,积极参与国际竞争;适应文广合并后深化改革的需要,进一步转变政府职能,按照中宣部把上海作为新闻出版广播影视业改革的综合试验区的精神,根据国家广播电影电视总局关于深化广播影视业改革的思路和上海市委的要求,从上海宣传文化领域改革发展的实际出发,决定组建上海文广集团。

组建文广集团,必须立足于上海广播影视业以往的改革实践,体现继续推进改革发展的思想。要通过集团的组建,进一步增强党对广播影视业的领导和控制力,进一步增强广播影视业的活力和竞争力,进一步壮大广播影视业的实力,拓展发展空间,为最终形成多媒体、多品种、多功能和跨地区、跨行业、跨国界的综合性大型传媒集团打下坚实基础。

组建文广集团工作要在全国广播影视改革发展的总体思路和规划指导下进行。

二、新组建的文广集团的性质和定位

新组建的文广集团是以广播、电视、电影、传输网络、网站和报刊宣传为主业,兼营其他相关产业的新闻文化集团。集团属于事业性质,是以事业单位为主体、企业公司参加的特殊的产业集团,实行企业化管理。

文广集团作为新闻文化运作实体,按照党对宣传思想工作的要求,做好新闻宣传工作,发挥好舆论导向的作用;根据党的文艺方针和影视文艺创作的特点,承担影视和舞台艺术创作、繁荣影视和演出市场的任务;作为文化产业集团,承担国有资产保值增值的责任。

新组建的文广集团所属事业单位职级不变。市委宣传部对新闻、文化单位的指导、管理方式不变。市文广局和文广集团的领导班子除少数同志因工作需要可兼职外,其他成员不交叉任职。

三、新组建的文广集团的组织结构

文广集团组建后,要按照有利于加强党的领导,有利于提高集团的综合竞争能力,有利于国有资产保值增值,有利于集团内部各单位发挥积极性、增强活力的原则,推行科学管理,建立合理的管理体制,形成高效的运作机制。集团主要负责制定发展规划、资产运作、财务管理和队伍建设。从集团所属实体的业务实际考虑,有的实体仍然保持其独立法人地位。在明确集团各层次政治、经济责任的前提下,形成既增强集团调控、配置各种资源的能力,又激发各层实体经营活力的集团运作模式。

文广集团实行党委领导下的行政首长负责制。集团党委领导整个文广集团的各项工作,并对上级党委负责。行政首长为总裁。

文广集团的基本框架见附图。

文广集团对频道实施专业化运作和管理,撤销上海有线电视台建制。

新组建的文广集团拥有总资产 142 亿元,2000 年营业额 27 亿元,利润 9 亿元。其中正局级单位 2 个,副局级单位 5 个。员工人数约 1.5 万人,其中专业人员占 46.2%,具有中高级职称的占31.4%;35 岁以下的占 14.7%,45 岁以上的占 35.2%。

四、文广集团组建后市文广局的职能和结构

市文广局作为市政府的组成部门,转变政府职能,依法实施行业管理和市场管理。市文广局的主要职责是贯彻执行有关文化艺术、新闻宣传、广播影视工作的方针、政策和法律、法规、规章,结合本市实际,起草并组织实施有关法规、规章和政策;研究制定本市文化艺术、广播影视事业发展战略,编制有关发展规划;负责广播电视新闻宣传、专业艺术团体、影视制作单位的行业管理;负责管理本市群众文化艺术事业、公共图书馆事业和社会文化社团等,指导开展群众性业余文化工作;依法管理文化娱乐、演出、美术、影视、音像等文化市场;负责有关行政复议受理和行政诉讼应诉工作。

上海美术馆、刘海粟美术馆、上海少儿图书馆、上海群艺馆、上海中国画院、上海油雕院、上海表演艺术学院、上海市戏曲学校、上海市舞蹈学校、电影艺术研究所、上海艺术研究所等文化事业单位由市文广局直接管理。

五、推进文广集团组建工作需要明确的几项政策

1.市政府对文化广播影视事业原有各类拨款继续不变;对列入国家重点建设计划的广播电视高新科技等文化发展重大项目给予资金、政策上的支持。文广集团继续享受国家对文化事业发展的各项政策。

2.对文广集团内部媒体重组给予政策支持。允许集团在媒体总量不变的前提下,调整内部媒体结构。在全市的媒体结构调整中适当向集团集中。

3.文广集团作为跨媒体集团,应拥有一个出版机构。

以上意见当否? 请指示。

附图：

文化广播影视集团机构设置图

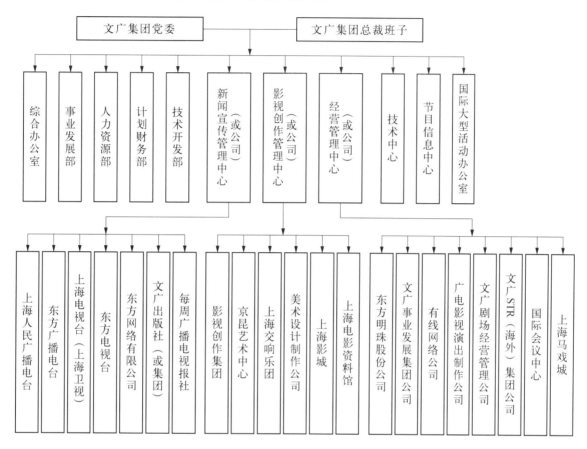

国家广播电影电视总局关于同意成立上海文广集团的批复

(2001 年 2 月 22 日)

上海文化广播影视管理局：

　　《关于组建上海文广集团的请示》收悉。经研究,原则同意你局关于组建上海文广集团的方案。希望你们在市委、市政府的领导下,认真贯彻党对宣传思想文化工作的要求,牢牢把握正确的舆论导向,积极稳妥地做好集团的组建工作。

　　此复。

中共上海市委、上海市人民政府
关于组建上海文化广播影视集团的批复

(2001 年 3 月 29 日)

市委宣传部：

　　沪委宣〔2001〕077 号《关于组建上海文化广播影视集团并确定其机构级别的请示》悉。

市委、市人民政府同意组建上海文化广播影视集团。上海文化广播影视集团为中共上海市委宣传部直属事业单位,实行企业化管理,机构级别定为相当于局级。上海文化广播影视集团建立党委会,实行党委领导下的行政首长负责制。

上海文化广播影视集团组建后,上海市文化广播影视管理局应进一步转变职能、精兵简政,逐步理顺与上海文化广播影视集团的政事关系。

有关上海文化广播影视集团的人员编制等具体事宜,由上海市机构编制委员会另行核定。

上海市机构编制委员会
关于同意上海市文化广播影视管理局所属部分事业单位
划归上海文化广播影视集团管理的通知
(2001 年 4 月 18 日)

市委宣传部:

沪委宣〔2001〕114 号文悉。经研究,同意上海市文化广播影视管理局所属 64 个事业单位划归上海文化广播影视集团管理;东方新闻网站划归上海文化广播影视集团管理。

请按《事业单位登记管理暂行条例》的规定,办理有关手续。

上海文化广播影视集团
关于组建上海文广新闻传媒集团的函
(2001 年 7 月 27 日)

上海市文化广播影视管理局:

上海文化广播影视集团为适应优化资源配置、做大更要做强的发展要求,迫切需要建立和完善与集团化管理体制相适应的内部管理结构和运行模式,以体制机制创新有效重组和整合资源,带动产业优化升级和经济规模增长。经过三个月的研究、酝酿,我集团初步确立了统分结合的内部管理模式,既强调文广集团宏观调控、配置各种资源的能力,同时以专业分工、集约经营为主,探索和建立分块经营和管理的机制,以充分激发各实体的经营活力,搞活微观。为此,新成立的上海文广集团加大加快了对内部管理结构的调整力度,继不久前提出组建上海电影集团,拟于今年第三季度在上海文广集团内再组建上海文广新闻传媒集团。具体方案如下:

一、目标和宗旨

拟成立上海文广新闻传媒集团,对文广集团内的广播、电视、报纸、网络等传播媒体,以及由这些媒体主要控股和投资的公司进行资源重组,实行统一管理,强化党对新闻媒体的领导和控制力,不断增强新闻传媒业的活力和竞争力,进一步壮大实力,以应对日趋激烈的全国乃至全球传媒市场竞争,上海文广新闻传媒集团凭借所属新闻媒体的传播和影响力,凭借综合实力,预计用 3 至 5 年的时间分步实现"立足华东、辐射全国、走向世界"的发展目标,用 5 至 8 年的时间建成亚太地区具有影响力的集内容制作与发布于一体的多媒体集团。

二、机构名称

为便于今后跨地区、跨行业、跨国界发展,拟采用简洁明了的名称:上海文广新闻传媒集团

（Shanghai Media Group）。

三、机构设置和实施步骤

目前，拟组建的上海文广新闻传媒集团涉及十个单位：上海人民广播电台、上海东方广播电台、上海电视台、上海东方电视台、每周广播电视报社、东方网股份有限公司、东上海国际影视文化有限公司、上海广电影视制作有限公司、东方明珠股份有限公司、上海国际会议中心有限公司，以及这些单位托管的院团等。

上海文广新闻传媒集团的下属部门拟一次规划、分步组建。根据未来发展的需要，上海文广新闻传媒集团规划下设党委办公室、总裁办公室、总编辑办公室、人力资源部、财务部、发展研究部、监察室等职能部门；下设广告经营中心、节目营销中心（已以文广集团广告经营中心、文广集团节目营销中心名义报宣传部审批）等职能机构；拟重组上海电视台新闻综合频道、生活时尚频道、卫星频道、影视频道、体育频道、财经频道、纪实频道及上海东方电视台综艺综合频道、文化频道、戏剧频道、音乐频道等 11 个电视专业频道；拟重组上海人民广播电台和上海东方广播电台的 10 个广播专业频率；集团通过资产关系控股东方明珠股份有限公司、上海国际会议中心有限公司、东方网股份有限公司、东上海国际影视文化有限公司。

上海文广新闻传媒集团成立之初拟暂保留各电台、电视台的建制，集团先设总裁办公室、总编辑办公室、财务部 3 个职能部门和广告经营中心、节目营销中心 2 个职能机构，采用集团、台两级运行的体制。与此同时，集团积极进行电视专业频道、广播专业频率的重组工作。待电视专业频道、广播专业频率的重组工作完成后，集团将成立党委办公室、人力资源部、发展研究部、监察室等职能部门，电台、电视台的管理职能逐步转移到集团，最终形成集团一级管理的运行体制。全部体制转换工作拟于明年一季度完成。

四、单位性质和人员编制

新组建的上海文广新闻传媒集团的单位性质为独立核算、自收自支的事业单位，集团本部人员编制数为 100 名，所需人员编制数从上海电视台、上海东方电视台编制数中各划转 50 名。

五、领导班子

上海文广新闻传媒集团拟成立集团党委班子和行政班子，实行党委领导下的总裁负责制。集团设总裁、执行副总裁、副总裁、财务总监等行政领导职位，集团党政领导拟由各电台、电视台和公司的现职领导兼任。

各专业频率、频道实行总监负责制，由总监负责全面工作，下设主编，主管宣传和节目制作工作。各股份公司、有限公司实行董事会领导下的总经理负责制。

六、两个请求

1. 考虑到上海人民广播电台、上海东方广播电台、上海电视台、上海东方电视台在长期的发展中已形成广泛的社会影响和品牌效应，组建上海文广新闻传媒集团后，拟仍保留四台建制、编制、台标、对外呼号及相关品牌形象，四台台级领导的职务不免。

2. 考虑到新闻媒体的特殊性质和工作特点，同时有利于保护干部的积极性，对承担重要宣传任务及节目制作规模较大的专业频率、专业频道，在定级和干部委派上，拟高于一般专业频率、专业频道。

以上请转报国家广电总局。

上海市文化广播影视管理局
关于拟组建上海文广新闻传媒集团的请示

(2001 年 7 月 31 日)

国家广播电影电视总局:

上海市委宣传部直属事业单位上海文广集团拟于今年第三季度组建上海文广新闻传媒集团。具体方案见附件。

妥否,请示。

附:上海文广集团关于组建上海文广新闻传媒集团的函

国家广播电影电视总局
对《关于拟组建上海文广新闻传媒集团的请示》的批复

(2001 年 8 月 15 日)

上海市文化广播影视管理局:

《关于拟组建上海文广新闻传媒集团的请示》收悉。经研究,同意组建上海文广新闻传媒集团。作为上海文广集团的子集团,文广新闻传媒集团要正确处理好与上海文广集团的关系,有利于进一步增强宏观控制力和微观竞争力,进一步把党的广播影视阵地搞强搞大。有关频道、频率的重组,请按有关规定另报总局审批。

中共上海市委、上海市人民政府关于组建
上海电影(集团)公司和上海文广新闻传媒集团的批复

(2003 年 6 月 12 日)

市委宣传部:

沪委宣〔2002〕259 号《关于组建上海电影(集团)公司和上海文广新闻传媒集团的请示》悉。

市委、市人民政府同意:

撤销上海文化广播影视集团所属的上海人民广播电台、上海东方广播电台、上海电视台、上海东方电视台的建制,组建上海文广新闻传媒集团,保留上海人民广播电台、上海东方广播电台、上海电视台、上海东方电视台的牌子。

上海文广新闻传媒集团为上海文化广播影视集团的子集团,机构性质为独立核算、自收自支事业单位,机构级别为相当于副局级。

中共上海市委关于上海文广新闻传媒集团机构级别的批复

（2005 年 4 月 16 日）

市机构编制委员会：

《关于确定上海文广新闻传媒集团机构级别的请示》（沪编〔2005〕47 号）收悉。

市委同意上海文广新闻传媒集团机构级别为相当于正局级。

上海市文化广播影视管理局关于上报
《上海文广新闻传媒集团体制改革方案》的请示

（2009 年 8 月 3 日）

国家广播电影电视总局：

为贯彻落实党的十七大精神和中央关于深化文化体制改革的重要部署，确保正确舆论导向和改革方向，进一步深化电台电视台体制机制改革，繁荣广电事业产业，根据国家广电总局改革工作部署，上海文化广播影视集团向我局报送了《上海文广新闻传媒集团体制改革方案》。我局按照有关规定进行了认真审核，同意该方案，报国家广电总局审批。

当否，请示。

国家广播电影电视总局关于
《上海文广新闻传媒集团体制改革方案》的批复

（2009 年 8 月 19 日）

上海市文化广播影视管理局：

你局《关于上报〈上海文广新闻传媒集团体制改革方案〉的请示》收悉。经研究，批复如下：

一、《上海文广新闻传媒集团体制改革方案》符合中央关于文化体制改革的精神和总体部署，符合总局关于广播影视改革的要求，原则同意该方案。撤销上海文广新闻传媒集团，撤销上海电视台、上海人民广播电台、上海东方电视台、上海东方广播电台，合并组建上海广播电视台。上海广播电视台要坚持正确舆论导向，深化改革，促进发展，进一步创新管理理念、管理制度、管理方式，积极探索建立台属事业产业统筹协调、分开运行、分类管理的科学运行机制。

二、同意上海广播电视台将政策允许的影视剧、动画、少儿、综艺、体育、生活、科技等类节目制作业务进行分离，同可经营性资产合并组建上海东方传媒集团有限责任公司。东方传媒集团公司作为上海广播电视台台属、台控、台管的控股企业集团公司，要面向群众、面向市场、做强做大。上海广播电视台要牢牢把握东方传媒集团公司重大事项的决策权、资产配置的控股权、主要领导干部的任免权、节目内容的编辑权、审查权和播出权，确保舆论导向正确和国有资产的保值增值。

三、建议在方案中补充关于 IP 电视、手机电视、互联网视听节目服务、广播电视视频点播业务等新媒体新业务的开办、经营内容。对"方案"中涉及频道频率的更名和定位调整等具体事项，请你局和上海广播电视台按照总局相关规定和程序，逐项另行专报总局审批。

四、制播分离是涉及广播电视核心业务的重大改革,你局要加强指导,加强管理,加强服务,进一步理顺局台关系,更好的发挥依法行政、依法管理的职能。严格宣传导向、节目内容、安全播出、频道频率和资本准入等方面的管理,确保广播电视的喉舌和公益性质,确保正确的改革方向和舆论导向。改革中的重大问题要按规定及时请示汇报。

上海文广新闻传媒集团关于制播分离转企改制设立上海东方传媒(集团)有限公司的请示

(2009 年 9 月 27 日)

上海文化广播影视集团:

为了深入贯彻落实党的十七大精神,推动文化体制改革,加快上海广播电视改革发展进程,根据国家广电总局《关于〈上海文广新闻传媒集团体制改革方案〉的批复》,和上海市委、市政府、市委宣传部关于上海广播电视制播分离转企改制的指示,上海文广新闻传媒集团进行制播分离改革,将经营性资产改制设立上海东方传媒(集团)有限公司。

原上海文广新闻传媒集团的非经营性资产(即频道资源、广播电视新闻采编制作、编播管理、技术播出总控等相关资产)及下属事业单位以划拨方式注入上海广播电视台(事业单位)。

原上海文广新闻传媒集团非经营性资产划出之后的全部资产,转制设立上海东方传媒(集团)有限公司,并由该公司承继原上海文广新闻传媒集团除划出资产以外的全部资产、对外投资、债权债务、经济合同及税务关系。

转制后的上海东方传媒(集团)有限公司注册资本 32 亿元,出资人为上海广播电视台。

妥否,请示。

中共上海市委宣传部关于同意上海文广新闻传媒集团制播分离转企改制资产划分方案的批复

(2009 年 10 月 1 日)

上海文化广播影视集团:

你集团《关于上海文广新闻传媒集团制播分离转企改制资产划分方案的请示》收悉,经研究,批复如下:

一、同意你集团将原上海文广新闻传媒集团的频道资源、广播电视新闻采编制作、编播管理、技术播出总控等相关资产及下属事业单位以划拨方式注入上海广播电视台(事业单位),金额为9.28 亿元,上海广播电视台(事业单位)的出资主体为上海文化广播影视集团。

二、同意你集团将原上海文广新闻传媒集团划拨至上海广播电视台上述资产后的全部资产,转制设立上海东方传媒(集团)有限公司,金额为 32.22 亿元,并由该公司承继原上海文广新闻传媒集团除上述划拨给上海广播电视台(事业单位)资产以外的债权债务。

三、同意资产划分的金额以清产核资、审计报告为依据按你集团所报方案确定,资产划分的基准日为 2009 年 6 月 30 日。

四、上海东方传媒(集团)有限公司的出资主体为上海广播电视台(事业单位)。

请你集团据此办理相关手续。

中共上海市委宣传部关于同意设立
上海东方传媒（集团）有限公司的批复

（2009 年 10 月 13 日）

上海文化广播影视集团：

你集团《关于制播分离转企改制设立上海东方传媒（集团）有限公司的请示》收悉。经研究，批复如下：

一、同意你集团设立上海东方传媒（集团）有限公司，公司注册资本为 32 亿元，出资主体为上海广播电视台（事业单位）；

二、上海东方传媒（集团）有限公司的经营范围为：广播电视节目（含电视购物）的制作和销售；影视剧、动漫产品的摄制和发行；承办大型活动（含演出、球类、会展业）；主持人、演员的培训经纪；广告经营；劳务派遣、人事代理等（上述经营涉及行政许可的，凭许可证件经营）。

中共上海市委、上海市人民政府
关于上海文广新闻传媒集团更名的批复

（2009 年 10 月 21 日）

市机构编制委员会：

《关于上海文广新闻传媒集团更名的请示》（沪编〔2009〕232 号）收悉。

市委、市人民政府同意：

一、上海文广新闻传媒集团更名为上海广播电视台，原机构级别维持不变。

二、上海广播电视台人员编制由上海市机构编制委员会另行核定。

索 引

H

（王彦祥、刘子涵、张若舒 编制）

编　后　记

　　一本厚重的《上海市志·新闻出版分志·广播电视卷(1978—2010)》终于同读者见面了。此时此刻,我们全体编纂人员百感交集,甚是欣慰。

　　《上海广电卷》的编纂工作是在中共上海市委宣传部的关心下、在上海市地方志办公室的指导下、在上海市广播电视局和上海广播电视台的领导下,由《上海广电卷》编辑组团队负责完成的,它得到了有关单位、部门和有关人士的积极支持和帮助。

　　承蒙领导的信任,我于2017年7月接手主编《上海广电卷》的任务,当时面临的工作是极富挑战性的。卷中所涵盖1978—2010年的33年,正是上海广播电视事业、产业蓬勃发展的黄金时期。上海广播电视工作者励精图治,改革创新,出色完成了重要的宣传任务,创作了一大批具有社会影响力的广播影视精品力作,涌现出一批优秀记者、编辑、编导和知名播音员、节目主持人;广播电视产业迅猛发展,积累了许多宝贵经验和财富。要全面编纂这一时期的上海广播电视史志,既要纵观历史发展的方方面面,还要挖掘史料、梳理线索、考证史实,工作之繁多,不胜枚举。正因如此,在我之前的编辑组耗费5年时间,仅完成大纲修订、资料征集、资料长编等初步工作;市方志办要求我们再用2年时间,必须完成剩下的约90%的工作量。面对这一超乎寻常、极其艰巨的任务,我们深感时间紧迫、责任重大。于是,我们向《上海报业卷》同行请教取经,请市方志办专家讲解指导,边干边学,摸索前行。

　　在工作中,我们首先克服了三大难题:

　　第一,寻找"写手"难。编纂工作需要一批熟悉广电历史、具有写作能力、又甘愿吃苦耐劳的"写手"。修志编书从来就是一份"苦差事",需要投入大量的时间和精力,还有严格的要求。有些合适的人选不愿前来承受这些压力;有的编辑畏惧困难,中途退场。然而,要想成其事,关键在人才。经过苦苦寻觅,我邀请了6位退休老同志和2位在职年轻人补充加入编辑队伍。3年多来,14位编辑(其中6位是原有的编辑)孜孜不倦,攻坚克难,百折不挠,辛勤耕耘。最令我感动的是:文字功底扎实的唐书林年逾七旬,曾患大病做过手术,他康复后主动请缨归队参战;路世贵、夏飞飞因腿脚骨折做了手术,植入钢板、钢钉后,挂着拐杖,继续挑起工作重担。他们怀揣着一个坚定信念:"我无论如何都要顶住,千万不能半途而废。"即使在新冠疫情防控任务最吃紧的日子里,编纂人员仍坚持居家写稿、电话联系、线上切磋、通力协作。对于这些同甘共苦、相随相伴、完成艰难任务的同志,他们的付出、担当和情怀,让我心存感激,在此谨致谢意。

　　第二,收集资料难。这33年,也是上海广播电视改革力度最大、机构变动最多的时期。一些单位分了又合,合了又分,发生了颠覆性的变化;机构拆并,人员流动,资料散失,情况不明;有的管理人员因没有历经那段历史,对来龙去脉一问三不知;有的单位甚至连最起码、最基本的人事档案都保存不全,更勿论大事记录、历史照片。遇到这些难题,我们请市局领导、市台领导、区台领导出面开会协调,发动有关人员踏破铁鞋,四处征集,不厌其烦,钩沉挖掘,竭尽全力找出真实的历史。

第三,资金短缺难。我接手这项工作时,修志经费(由市财政拨款)已经透支10万元。粮草即将断供,工作怎么开展?我向上海广播电视台时任台长高韵斐求援。当时,台里办公经费并不宽裕,王建军书记、高韵斐台长给了我们大力支持,修志的后续经费改由上海广播电视台拨款,为加速推进编纂、出版工作提供了资金保障。

修志过程中,我们贯彻的编纂原则是:

一、突出改革主旨。20世纪80年代起,上海广播电视系统持续推进体制机制改革,相继建立3个新的省级电台、电视台,成立首家文化企业上市公司,影视合流,文广合并,政企分开,管办分离,实行企业化、集团化、市场化管理运作,等等,许多单位成为宣传文化系统体制改革的实践者和先行者,它们在改革嬗变中自我完善、发展壮大。基于这些重要特征,我们在谋篇布局、内容择选、结构编排等方面,努力用史料去佐证上海广播电视改革创新的主题和主线,以此作为贯穿全卷的灵魂和主旨。

二、体现广电特色。33年间,上海广播电视工作者求新求变,敢试敢闯,追求卓越。他们坚持新闻立台,开创重大事件现场直播、重要活动异地联播、中外文化洲际连线互动等诸多新型节目形态,努力提高舆论引导能力,加强内容制作生产,不断丰富人民群众的精神文化生活,向世界展现上海文明、开放、进步的良好形象;上海广播电视行业率先在管理体制、经营机制、运行模式、产业开拓方面进行改革创新探索,整体发展速度、能级和水平均走在全国广电系统的前列。我们在资料选编上,努力凸显这些特点和特色。

三、遵循修志规范。我们按照市方志办规定的修志程序,认真做好收集整理资料、制作资料卡片、编辑资料长编、撰写志书初稿等规定动作,坚持实事求是、客观公正、准确全面的原则,经过多轮编辑反复修改,努力使文稿达到体例正确、用语规范、行文简练的基本要求。

编纂过程中,我们遵循了三个理念:

一、述而不议。本卷是一本志书,与史书相比,在内容和体例上都有所不同。史书侧重对重大事件、重要人物的记述和分析,夹叙夹议;志书涵盖面广,分门别类,面面俱到,但述而不议。我们注意到上述区别和要求,志稿以述为主,客观记录,"纪事从实",不抒情,不溢美,不议论,对人物或事物的褒贬寓于事实的记述之中,将观点作为概括或引领寓于事实的记述之中,让读者从事实中去认识历史,受到启迪。

二、适当延伸。本卷的时间下限为2010年,而某些人物、事项或机构在此后至本卷出版前的10余年间发生了重要变化,比如:某些人物去世,大小文广合并,两家上市公司合并重组,某些报刊、企业关停,某些频率、频道回归、合并,郊区台并入区融媒体中心,文广旅游两局合并,等等。为了对这些人或事有一个较为完整的交代,我们适当延伸记载时间的下限,在志稿中点明其发展变化的结果,便于读者了解相关事实的最新演进。

三、注重品质。我们是历史的记录者和讲述者,倘若志书中出现一个错误表达或失实记录,将会成为擦不去的污垢和遗憾。因此,志稿不能有重大差错和遗漏,这是编纂工作的底线。我们要求编纂人员一丝不苟地对待每一句话、每一个字、每一张照片和每一份表格;提倡大家思考问题、发现问题、讨论问题、解决问题;不但考核编辑的文字水平,也考核他的思想水平。编辑组建立三级审稿制度,对每一篇文稿都要求字斟句酌,反复修改,仔细核查,严格把关。整个团队的每个人,共同努力打造本书的文化品质。

《上海广电卷》内容涉及宣传、技术、管理、经营、队伍建设等方面。编纂过程中,市广播电视局、上海广播电视台、上海教育电视台、各区广播电视台以及一些民营广电制作机构、新媒体平台的相关部门,为我们提供了大量资料。编辑组还从《上海广播电视志》《中国广播电视年鉴》《上海年鉴》《上海文化年鉴》《上海电视栏目志》等公开出版物,《广播与电视》《广播影视》《文广影视》《电视信息》《传媒人》等广电系统内部报刊上搜集材料,考辨真伪。编辑组曾多次邀请部分老广播电视工作者和现职领导干部座谈、审稿,请他们介绍情况、核实材料,他们中有的还亲自动笔修改,补正缺失的史实。以上来自多方面的材料,对本书成稿起了不可或缺的作用。

值得一提的是,本书在编纂过程中曾得到上海市人大常委会原主任龚学平、国家广电总局副局长朱咏雷、中共上海市委宣传部原副部长宋超等有关领导和专家的指点和帮助,让我们获益匪浅,这对于提高本书的思想性、准确性、权威性有着重要的意义。

《上海广电卷》的史料必须是真实、丰富、可信的。之所以能够完成这项内容浩如烟海、记述绵密深长的工程,依靠的是编纂团队和所有资料提供者不辞辛劳、抢救而来的翔实史料,依靠的是集体的记忆、集体的智慧和集体的力量。在此,我们谨向为本书问世做出贡献的所有同志表示衷心的感谢!

有幸参加《上海广电卷》的编纂工作,我们得以重温历史,重新思考,其实这也是一次不忘初心的学习和历练。衷心希望这本志书能给读者提供有益的参考和借鉴。由于各种原因,卷中难免存在缺点和不足,敬请读者批评指正。

《上海广电卷》 **主编**

2021 年 6 月于本书付梓前

图书在版编目(CIP)数据

上海市志. 新闻出版分志. 广播电视卷：1978—
2010/上海市地方志编纂委员会编. —上海：上海古
籍出版社，2021.12
ISBN 978 - 7 - 5732 - 0061 - 7

Ⅰ.①上… Ⅱ.①上… Ⅲ.①上海-地方志②广播工
作-概况-上海- 1978 - 2010③电视工作-概况-上海-
1978 - 2010 Ⅳ.①K295.1②G229.275.1

中国版本图书馆 CIP 数据核字(2021)第 224151 号

责任编辑 乔颖丛
封面设计 严克勤

上海市志·新闻出版分志·广播电视卷(1978—2010)
上海市地方志编纂委员会 编

出版发行 上海古籍出版社
　　　　　　(201101 上海市号景路 159 弄 A 座 5 层)
印　　刷 上海中华商务联合印刷有限公司
开　　本 889×1194 1/16
印　　张 75
插　　页 34
字　　数 1,966,000
版　　次 2021 年 12 月第 1 版
印　　次 2021 年 12 月第 1 次印刷
ISBN 978-7-5732-0061-7/K · 3045
定　　价 480.00 元